भारत का इतिहास

सिविल सेवा की परीक्षा हेतु उपयोगी

द्वितीय संस्करण

भारत का इतिहास

सिविल सेवा की परीक्षा हेतु उपयोगी

द्वितीय संस्करण

के. कृष्ण रेड्डी
भूतपूर्व निदेशक, हैदराबाद स्टडी सर्किल

McGraw Hill Education (India) Private Limited

Published by McGraw Hill Education (India) Private Limited
Registered Office: Anjana Complex No: 5/90 A, Butt Road, St. Thomas Mount, Chennai – 600016

Bharat ka Itihas, 2e

Second reprint 2023

ISBN-13: 978-93-5316-245-0
ISBN-10: 93-5316-245-9

03 04 05 06 07 MAG 27 26 25 24 23

Typeset at Srikrishna Graphics, New Delhi 110092, and Printed and bound in India at
Magic International Pvt. Ltd., Plot No. 26E, Sector-31 (INDUSTRIAL), Site-IV, Greater Noida - 201306

Cover Design: Rajesh Pandey

Visit us at: www.mheducation.co.in; Phone (Toll free in India): **1800 103 5875**
Write to us at: info.india@mheducation.com

CIN: U80302TN2010PTC111532

To

Late Dr. Y. Gopal Reddy

who has been a constant source

of inspiration throughout

my teaching career

द्वितीय संस्करण की प्रस्तावना

भारतीय इतिहास सिविल सेवा परीक्षा के पाठ्यक्रम में अत्यंत महत्वपूर्ण स्थान रखता है। इसकी उपयोगिता प्रारंभिक तथा मुख्य परीक्षा दोनों के लिए समान रूप से साबित हो चुकी है।

इसके अतिरिक्त यह विषय प्रारंभ से ही छात्रों के बीच लोकप्रिय विषय रहा है। यद्यपि इस विषय के संबंध में कुछ भ्रांतियां भी हैं, जैसे- इसके पाठ्यक्रम की विशालता तथा तथ्यों की भरमार। मैं इन विचारों से सहमत नहीं हूँ। वे लोग जो इसे भ्रांति मानते हैं, इस विषय की प्रकृति समझने में चुक कर रहे हैं। सही मनोवृत्ति एवं सटीक रणनीति का अनुपालन ही इस विषय को रूचिकर तथा प्रासंगिक बनाता है।

इतिहास सामयिक परिवर्तन की दास्तान है। यह साक्षी है ऐसे व्यक्तित्व एवं घटनाओं का, जिसमें एक अमिट छाप छोड़ने का सामर्थ्य निहित है। हमारा दायित्व इसको सही परिप्रेक्ष्य एवं प्रमाणिक सूत्रों को आधार पर प्रस्तुत करना होता है। शिक्षार्थियों का दायित्व इससे भी बड़ा है। इनकी जिम्मेदारी ऐतिहासिक घटनाक्रम में होने वाले परिवर्तन को समझना तथा इसका सही परिप्रेक्ष्य में अवलोकन करना है।

इतिहास का तात्पर्य सिर्फ नाम, तिथि अथवा तथ्य का संग्रहण करना नहीं है, बल्कि इसका अवलोकन और विवेचना इसे ठोस आधार प्रदान करता है। अतः तथ्यात्मक जानकारी को अवधारणात्मक स्पष्टता के लिए प्रयोग में लाया जाता है।

मेरा अनुरोध है कि इस विषय को सही मायने में समझने के लिए, इस पुस्तक का अध्ययन करें। इतिहास की उपयोगिता समझने में यह पुस्तक मार्गदर्शन प्रदान करने का काम करेगी। यह प्रारंभिक एवं मुख्य परीक्षाओं में अत्यंत महत्वपूर्ण साबित होगी। जिन अभ्यर्थिओं का विषय अलग है, उनके लिए इसकी भाषा गुणवत्ता एवं तथ्यों की प्रमाणिकता अत्यधिक प्रासंगिक है।

अंततः पुस्तक का द्वितीय संस्करण सिविल सेवा प्रतियोगियों की कठिनाईयां, उनकी मुख्य जरूरतों को ध्यान में रखकर लिखा गया है। यह अभ्यर्थियों का बहुमूल्य समय एवं ऊर्जा बचाने में अवश्य मदद करेगा। इसके अतिरिक्त निबंध के प्रश्नपत्र को ऐतिहासिक परिपेक्ष्य में लिखने और समझने में समान रूप से सार्थक साबित होगी। आप सभी अभ्यर्थियों की सफलता का रसास्वादन करने का अवसर मिले, ऐसी मेरी कामना है।

के. कृष्ण रेड्डी

भूतपूर्व निदेशक,

हैदराबाद स्टडी सर्किल

राज्यों की सिविल सेवा परीक्षाओं में भारतीय इतिहास का विषय काफी महत्वपूर्ण स्थान रखता है। वस्तुतः राज्य सिविल सेवा की प्रारंभिक परीक्षा में भारतीय इतिहास प्रारंभ से ही एक ऐसा विषय रहा है, जिसमें पर्याप्त ध्यान देने की आवश्यकता होती है। इसके अतिरिक्त यह विषय प्रारंभ से ही छात्रों के बीच लोकप्रिय विषय रहा है। इस विषय में जो भी कठिनाइयां हैं, वे वास्तव में विषय या छात्रों के अतिरिक्त इस विषय की विवेचना से है। वास्तव में सिविल सेवा में भारतीय इतिहास एक सुरक्षित वैकल्पिक विषय है। यद्यपि इस विषय के संबंध में कुछ भ्रांतियां भी हैं, जो मैं नीचे उल्लिखित कर रहा हूं।

इस विषय के संबंध में भ्रांतियां दो प्रकार की हैं–(1) यह की इस विषय का पाठ्यक्रम अत्यंत विशाल है, तथा; (2) इस विषय में और कुछ नहीं बस तथ्यों की भरमार है। मैं इन दोनों ही विचारों से अत्यंत असहमत हूं। वे लोग जो इस विषय के संबंध में उक्त दोनों भ्रांतियों को मानते हैं, मेरे विचार से वे इस विषय की प्रकृति को बिल्कुल भी नहीं समझते हैं। यदि विषय के संबंध में सही मनोवृत्ति अपनायी जाये तथा इसके संबंध में सही रणनीति का अनुपालन किया जाये, तो यह विषय अत्यंत रुचिकर, सारगर्भित एवं अच्छा विषय है।

प्रारंभ से ही इतिहास में समय-समय पर यथानुसार परिवर्तन होते रहे हैं। यह समय-समय पर होने वाले विभिन्न परिवर्तनों एवं सिद्धांतों का साक्षी रहा है। यद्यपि ये परिवर्तन कभी बहुत बड़े नहीं रहे हैं, मुख्य कार्य इन परिवर्तनों को समझने एवं उनका अवलोकन करने की है। दूसरे शब्दों में, प्रत्येक ऐतिहासिक चरण का स्वयं का अपना एक आधार होता है। इस प्रकार इतिहास विषय के संबंध में जो भी भ्रांतियां हैं, वे मिथक से ज्यादा कुछ भी नहीं हैं।

अगला यह कि इस विषय की प्रकृति को गलत तरीके से समझा गया है। इतिहास नामों एवं तिथियों के रूप में मात्र तथ्यों का संग्रहण नहीं है, बल्कि इस विषय की व्याख्या एवं विवेचना ही इसके आधारभूत स्तंभ हैं। इस प्रकार तथ्यात्मक सूचनाओं को अवधारणात्मक स्पष्टता के लिये स्पष्ट रूप से प्रयुक्त किया जा सकता है। यह कार्य मात्र इतिहास के विभिन्न चरणों को भली-भांति समझ के ही किया जा सकता है।

मेरा आपसे अनुरोध है कि इस विषय को समझने के लिये आप इस पुस्तक का अवश्य अध्ययन करें। इस विषय की उपयोगिता एवं प्रासंगिकता का वर्णन भी उपयुक्त होगा। सबसे पहले, यह कि इतिहास एक ऐसा विषय है कि अभ्यर्थी चाहे किसी भी विषय को लेकर स्नातक हुआ हो, वह आसानी से एक सीमित समय में सही रणनीति अपनाकर इस विषय को तैयार कर सकता है। दूसरा, यह प्रारंभिक एवं मुख्य दोनों परीक्षाओं में सामान्य अध्ययन के एक बड़े भाग को कवर करता है। इससे यह अभ्यर्थियों की मूल्यवान ऊर्जा एवं समय की बचत करता है, जो सामान्य अध्ययन के इस भाग की तैयारी के लिये व्यय होती है। अंततः यह विषय अभ्यर्थियों को निबंध के प्रश्नपत्र को ऐतिहासिक उपागम के दृष्टिकोण से लिखने में सहायक होता है।

के. कृष्ण रेड्डी

विषय-सूची

खण्ड B: मध्यकालीन भारत

खण्ड C: आधुनिक भारत

खण्ड D: पुनरावृत्ति

खण्ड A

प्राचीन भारत

- भारत की प्रागैतिहासिक संस्कृतियाँ
- सिंधु घाटी की सभ्यता
- वैदिक समाज
- पूर्व-मौर्य अवस्था
- मौर्य साम्राज्य
- मौर्यों के पश्चात् का भारत (200 ई.पू.-300 ई.)
- गुप्त शासक तथा उनके उत्तराधिकारी (300-750 ई.)
- समाज और संस्कृति

घटनाक्रम - प्राचीन भारत

ईसा पूर्व

600 बलूचिस्तान में नव-पाषाण बस्तियां

4000-3000 सिंधु घाटी में बस्तियां

3000-1500 सिंधु सभ्यता का व्यापक काल

3000-2500 सिंधु सभ्यता की शुरुआत/प्रारंभिक काल

2700 मेसोपोटामिया में किश से प्राप्त सिंधु मुहर की तारीख

2500-1750 सिंधु सभ्यता का परिपक्व चरण; सिंधु घाटी (मोहनजोदड़ो और हड़प्पा), राजस्थान (कालीबंगन) तथा गुजरात (लोथल) में विशाल नगरों की सभ्यता

1750-1500 परवर्ती चरण/सिंधु सभ्यता का पतन; वैदिक आर्यों का अप्रवास

1500-1000 ऋग्वैदिक काल; पंजाब तथा पश्चिमी गंगा-यमुना दोआब में आर्य बस्तियां

1000 भारत में लोहे का प्रयोग

100-600 उत्तर वैदिक काल; मध्य एवं पूर्वी गंगा के मैदान में आर्य बस्तियां; जनपद अथवा क्षेत्रीय राजतंत्रों का उदय; आर्य बस्तियों में चित्रित धूसर मृद्भांड (PWG)

817 तेइसवें तीर्थंकर पार्श्वनाथ के जन्म का परंपरागत वर्ष

600 भारत में द्वितीय नगरीकरण की पूर्वी गंगा घाटी में शुरुआत; सोलह महाजनपदों की उत्पत्ति

563-483 अब तक स्वीकृत बुद्ध का काल

542-413 मगध के हर्यक

540-468 अब तक स्वीकृत महावीर का काल

518 फारस के साम्राज्य के गांधार और सिंध क्षत्रपी; डेरियस प्रथम का बेहिस्तुन अभिलेख

413-364 मगध के शिशुनाग

364-321 मगध के नंद

327-325 भारत पर सिकंदर का आक्रमण

326 हाइडास्पस (झेलम) की लड़ाई तथा सिकंदर द्वारा पोरस (पुरुषोत्तम) की पराजय

321-184 मौर्य साम्राज्य

305-303 सेल्युकस निकेटर के साथ चंद्रगुप्त का युद्ध

272-268 अशोक तथा उसके भाईयों के बीच उत्तराधिकार का युद्ध

268-232 अशोक का काल

260 अशोक की कलिंग पर विजय

257 उपगुप्त द्वारा अशोक को बौद्ध धर्म की दीक्षा

250 पाटलिपुत्र में तृतीय बौद्ध परिषद; दक्षिण एशिया तथा हेलेनिस्टिक विश्व में बौद्ध मिशन

248 बैक्ट्रिया में यूनानियों की स्वतंत्रता

232-184 परवर्ती मौर्य

184-75 शुंग (पुष्यमित्र - संस्थापक, देवभूमि - अंतिम शासक)

182 दिमेत्रियस द्वारा इंडो-ग्रीक साम्राज्य की स्थापना

166-150 इंडो-ग्रीक शासकों में सर्वाधिक महत्वपूर्ण मिनेडर का काल

141 शकों का बैक्ट्रिया पर अधिकार

94 उत्तर-पश्चिम भारत में शक शासक मेउज

75-28 कण्व (वसुदेव - संस्थापक, सुशर्मण-अंतिम शासक)

58 उज्जैन के विक्रमादित्य द्वारा विक्रम संवत की शुरुआत; उत्तर-पश्चिम भारत में द्वितीय शक शासक एजेज प्रथम

58 दक्कन में सातवाहनों का उदय; कलिंग का राजा खारवेल (हाथीगुंफ अभिलेख)

2 बैक्ट्रियन दरबार से बौद्ध मिशनरी चीनी सम्राट के पास भेजे गए

ईसवी

20-46 तक्षशिला का महान इंडो-पर्शियन शासक गोंडोफर्नेस; भारत में संत थॉमस

45 यूची लोगों द्वारा उत्तर-पश्चिम भारत में कुजुल कैडफिशेज के नेतृत्व में आक्रमण, जिसने यूची जनजातियों को एकजुट करके कुषाण साम्राज्य की स्थापना की

46 ग्रीक नाविक हिप्पेलस द्वारा मानसून हवाओं की खोज
64 चीनी सम्राट मिंग्ती ने बौद्ध ग्रंथों के लिए भारत में प्रतिनिधि भेजा
77 प्लिनी की '*नेचुरल हिस्ट्री*'
78 कनिष्क द्वारा शक संवत की शुरुआत
78–100 कनिष्क का काल; कुषाण साम्राज्य का चरमोत्कर्ष
80–128 गौतमीपुत्र शातकर्णी तथा वशिष्ठीपुत्र पुलमयी के अधीन सातवाहनों का पुनर्रुस्थान
130–150 पश्चिम भारत का महान शक क्षत्रप रुद्रदमन प्रथम
226 पर्शिया में सासानियन वंश की स्थापना
250 सातवाहन साम्राज्य का विघटन
320 चंद्रगुप्त प्रथम द्वारा गुप्त संवत की शुरुआत
320–325 चंद्रगुप्त प्रथम का शासन काल
335–375 समुद्रगुप्त का काल जो सैन्य विजयों के कारण भारतीय नेपोलियन कहा जाता है
360 समुद्रगुप्त के दरबार में श्रीलंका के राजदूत
375–413 चंद्रगुप्त द्वितीय का शासनकाल; गुप्त राज्य का पश्चिम में विस्तार तथा संस्कृत साहित्य का चरमोत्कर्ष
405–411 फाह्यान भारत में
413–455 कुमारगुप्त प्रथम का शासनकाल; नालंदा विश्वविद्यालय की स्थापना
455–467 स्कंदगुप्त का शासनकाल; हूणों का प्रथम आक्रमण
467–540 गुप्त वंश का पतन
500–527 तोरामण एवं मिहिरकुल के आधीन उत्तर भारत में हूणों का शासन
527 यशोधर्मन द्वारा मिहिरकुल की पराजय
543–755 बादामी के चालुक्य (पूर्व चालुक्य)
547 कॉस्मस की 'इंडिकोप्लेउस्तेस'
560–903 कांचीपुरम के महान पल्लव
606–647 हर्षवर्धन का काल
622 हिज्री (मुस्लिम) संवत की शुरुआत
625 फारस के शासक खुसरो द्वितीय के दरबार में पुलकेशिन द्वितीय के राजदूत
630 नर्मदा के किनारे हर्ष की पुलकेशिन द्वितीय से मुठभेड़
630–643 ह्वेन सांग भारत में
630–1070 वेंगी के पूर्वी चालुक्य
634 पुलकेशिन द्वितीय का ऐहोल अभिलेख
642 कांची के नरसिंहवर्मन प्रथम द्वारा बादामी पर अधिकार
643 प्रयाग में हर्ष की पंचवर्षीय सभा
648 भास्करवर्मन (कामरूप का शासक) ने हर्ष के उत्तराधिकारी को कन्नौज की गद्दी पर बिठाने में ह्वेन सांग (चीनी राजदूत) की मदद की
675–685 नालंदा विश्वविद्यालय मे इत्सिंग
700–728 कांची के नरसिंहवर्मन द्वितीय का शासनकाल; समृद्धि एवं सांस्कृतिक गतिविधियों का चरमोत्कर्ष
712 सिंध पर अरब का अधिकार
743–789 संतरक्षित एवं पद्मसम्भव (बौद्ध भिक्षु) तिब्बत में।

वंशानुक्रमिक तालिकाएँ - प्राचीन भारत

मौर्य

- चंद्रगुप्त (सेण्ड्रोकेट्स)
  - बिंदुसार (अमित्रघात या अमित्रोकेट्स)
    - अशोक (देवानामप्रिय प्रियदर्शन)
      - महेन्द्र
      - संघमित्रा
      - चारूमति
      - कुनाल
        - बंधुपालित (दशरथ)
        - सम्प्रति
          - सालिसुक
            - देववर्मन
              - शतधन्वा
                - वृहदृथ
      - जालौक
      - तीवर

गुप्त साम्राज्य

- श्री गुप्त
  - घटोत्कच गुप्त
    - चंद्रगुप्त प्रथम – कुमार देवी (लिच्छवि)
      - समुद्रगुप्त (परांक्रमांक, श्री विक्रम)
        - रामगुप्त
        - चंद्रगुप्त द्वितीय (विक्रमादित्य)
          - गोविंदगुप्त
          - कुमार गुप्त प्रथम
            - स्कंदगुप्त
            - पुरुगुप्त
              - नरसिंह गुप्त
              - बुद्ध गुप्त
                - कुमार गुप्त द्वितीय
                  - विष्णु गुप्त
            - घटोत्कच गुप्त
          - प्रभावती (वाकाटक रानी)

थानेश्वर के पुष्यभूति

- नरवर्धन
  - राज्यवर्धन प्रथम
    - आदित्यवर्धन
      - प्रभाकरवर्धन
        - राज्यवर्धन द्वितीय
        - हर्षवर्धन
          - पुत्री का विवाह बल्लभी के ध्रुवसेन द्वितीय के साथ
            - धारासेन चतुर्थ (वल्लभी)
        - राजश्री (मौखरि रानी)

प्रारंभिक पल्लव

सिंहवर्मन प्रथम (275-300 ई.)
↓
स्कंदवर्मन
↓
बुद्धवर्मन
↓
बुद्धांकुर
↓
कुमार विष्णु प्रथम (350-70 ई.)
↓
स्कंदवर्मन प्रथम (370-85 ई.)
↓
वीरवर्मन (385-400 ई.)
↓
स्कंदवर्मन द्वितीय (400-36 ई.)

- सिंहवर्मन प्रथम (436-60)
  ↓
  स्कंदवर्मन तृतीय (460-80)
  - नंदीवर्मन (480-510)
  - कुमार विष्णु द्वितीय (510-30)
    ↓
    बुद्धवर्मन (530-40)
    ↓
    कुमार विष्णु तृतीय (540-50)
- विष्णुगोप वर्मन
  ↓
  सिंह वर्मन द्वितीय
  ↓
  विष्णु गोपवर्मन द्वितीय

आन्ध्र के विष्णुकुण्डिन

- माधववर्मन प्रथम (440–60)
  - देववर्मन
    - माधव वर्मन
  - विक्रमेन्द्रवर्मन प्रथम (460–80)
    - इन्द्र भट्टार्क (480–515)
      - विक्रमेन्द्र द्वितीय (515–35)
        - गोविंदवर्मन (535–56)
          - माधव वर्मन द्वितीय (556–616)
            - मंचन भट्टार्क

बनवासी के कदंब

- मयूर शर्मन (345–60)
  - कांगवर्मन (360–85)
    - भागीरथ (385–410)
      - रघु (410–25)
      - काकुस्थवर्मन (425–50)
        - शांतिवर्मन (450–75)
          - मृगेश वर्मन (470–88)
            - रवि वर्मन (500–38)
              - हरि वर्मन (538–50)
            - भानुवर्मन
            - शिवरथ
        - कुमार वर्मन
          - मानधात्री वर्मन (488–500)
        - कृष्णावर्मन प्रथम
          - विष्णु वर्मन
            - सिंह वर्मन
              - कृष्ण वर्मन द्वितीय (550–65)
                - अजवर्मन
          - देव वर्मन

पश्चिमी गंग (मैसूर)

- कोंगनी वर्मन (400)
  - माधव प्रथम (425)
    - अय्यावर्मन (450)
      - माधव द्वितीय
        - अविनीत (500)
    - कृष्णवर्मन (450)
      - सिंह वर्मन (475)
      - वीर वर्मन

बादामी के चालुक्य (प्रारंभिक चालुक्य)

- जय सिंह प्रथम
  - रणराग
    - पुलकेशिन प्रथम (543–66)
      - कीर्तिवर्मन प्रथम (566–67)
        - पुलकेशिन द्वितीय (609–42)
          - चन्द्रादित्य
          - आदित्यवर्मा
          - विक्रमादित्य (554–81)
            - विनयादित्य (681–96)
              - विजयादित्य (696–733)
                - विक्रमादित्य द्वितीय (733–45)
                  - कीर्तिवर्मन द्वितीय (745–55)
          - जय सिंह
          - अंबेरा
        - विष्णुवर्धन
        - जय सिंह
      - मंगलेश (597–609)

महान पल्लव (काँचीपुरम)

- सिंहवर्मन (550–60 ई.)
  - सिंहविष्णु (555–90)
    - महेन्द्र (590–630)
      - नरसिंह प्रथम (630–68)
        - महेन्द्र द्वितीय (660–70)
          - परमेश्वर प्रथम (670–700)
            - नरसिंह द्वितीय (राज सिंह 700–28)
              - महेन्द्र तृतीय (728)
              - परमेश्वर द्वितीय (728–31)
  - भीमवर्मन
    - बुद्ध वर्मन
      - आदित्य वर्मन
        - गोविंद वर्मन
          - हिरण्यवर्मन
            - नंदिवर्मन द्वितीय (731–96)
              - दंतिवर्मन (796–847)
                - नंदिवर्मन तृतीय (846–69)
                  - नृपतुंग (869–99)
                  - अपराजित (899–903)
                  - कंपावर्मन (903–12)

मदुरा के पांड्य

काडुंगोन (560-90)

↓

मारवर्मन अवनिसुलामणि (590-620)

↓

सेलियन सेंदन (620-50)

↓

अरिकेसरी परांकुश मारवर्मन (650-700)

↓

कोच्चडय्यन (700-30)

↓

मारवर्मन राजसिंह प्रथम (730-65)

↓

जटिल परांतक नेडुंजेडियन (766-815)

↓

श्रीमार श्रीवल्लभ (815-62)

↓

वरगुण द्वितीय (862-85) | परांतक वीरनारायण (860-905)

परांतक वीरनारायण (860-905) ↓ मारवर्मन राजसिंह द्वितीय (905-20)

अध्याय 1

भारत की प्रागैतिहासिक संस्कृतियाँ

1.1 भारत में प्रस्तर-युग की अवस्थाओं का निर्धारण

अवस्थाओं के निर्धारण का आधार

भारत में मानव के अस्तित्व की पहचान को प्राप्त सूचनाओं के आधार पर 3,00,000 से 2,00,000 ई.पू. के बीच रखा जा सकता है। सोन घाटी तथा दक्षिणी भारत में बहुतायत में पाए गए प्राचीनतम् पत्थर के औजारों के अध्ययन के आधार पर यह बात कही गई है।

लगभग 36,000 ई.पू. आधुनिक मानव (हेमोसेपियन्स) पहली बार अवतरित हुआ। आदिम मानव 8,000 ई.पू. तक, पुरापाषाण युग में पत्थर के अनगढ़ तथा अपरिष्कृत औजारों का इस्तेमाल करता था। इस युग का मानव शिकार तथा खाद्य-संग्रह पर जीता था और प्रकृति पर पूरी तरह निर्भर था। उसने आग पर नियंत्रण करना सीखा, जिससे उसके जीवन स्तर में काफी उन्नति हुई।

करीब 8,000 ई.पू. से मध्य पाषण युग शुरू हुआ जो 4,000 ई.पू. तक बना रहा। इस युग में तेज तथा नुकीले औजारों का प्रयोग तेज भागने वाले पशुओं को मारने में किया गया। छोटानागपुर की पहाड़ी, मध्य भारत तथा कृष्णा नदी के दक्षिण में कुछ मध्य पाषाणयुगीन स्थल पाए गए हैं।

करीब-करीब सभी नव पाषाणयुगीन बस्तियां 4,000 ई.पू. से अधिक पुरानी नहीं हैं। इस युग में लोग जानवरों को पालतू बनाने लगे, पेड़-पौधे लगाने लगे, गांवों में रहने लगे तथा उन्होंने सामुदायिक कृषि का विकास भी किया। पहिये का प्रयोग एक महत्वपूर्ण आविष्कार था।

नवपाषाण युग के अंत तक तांबे तथा कांस्य से बने सामानों का प्रयोग शुरू हो गया था। इस युग को ताम्रपाषाणिक युग (1800 ई.पू. से 1000 ई.पू.) कहते हैं। यह संस्कृति छोटानागपुर की पहाड़ी से लेकर गंगा के दोआब तक फैली थी।

युगों का निर्धारण

पुरापाषाण युग– इसे प्राचीनतम पत्थर का युग भी कहते हैं, जिसमें सभ्यता की एक लंबी अवधि समाहित है। इस युग में वर्तमान मानव जाति के पहले पूर्वजों ने भारत उप-महाद्वीप में रहना शुरू किया। इसका मतलब है कि यह अवधि 3 लाख वर्ष ई.पू. तक की है। पुरापाषाण युग को तीन अवस्थाओं में बांटा जा सकता है-निम्न पुरापाषाण युग, मध्य पाषाणयुग तथा उत्तरी पाषाण युग। यह विभाजन उस समय के मानव द्वारा प्रयोग किए जाने वाले पत्थर के औजारों के स्वरूप पर आधारित है।

मध्यपाषाण युग– पुरापाषाण युग के पश्चात् मध्यपाषाण युग आया, जिसे उत्तरी पत्थर का युग भी कहते हैं, जो लगभग 8,000 ई.पू. से 4,000 ई.पू. तक का काल है। यह पुरापाषाण तथा नव पाषाण युग के बीच का संक्रमण काल है। इस युग में पत्थर के बहुत छोटे औजार (माइक्रोलिथ्स) होते थे।

नवपाषाण युग– तीसरा नवपाषाण युग या नया पत्थर का युग है जो 4,000 ई.पू. से 1800 ई.पू. के समय को समाहित करता है और इसकी पहचान पॉलिशदार पत्थरों के औजारों से होती है।

ताम्रपाषाण युग– इसे कैल्कोलिथिक युग या ताम्र-पत्थर का युग कहते हैं, जो सामान्यतया 1800 ई.पू. 800 ई.पू. तक का समय है। इस युग में पत्थर के अलावा तांबे (सबसे पहली बार भारत में) का प्रयोग किया गया।

मानव जीवन का विकास

प्राक्-विकास का अर्थ– मानव का भूतकाल काफी समय पहले शुरू हुआ। इसका अधिकांश अलिखित ही रहा और यही अलिखित भूतकाल प्राक्-इतिहास की रचना करता है। किन्तु मानव के भूतकाल का एक छोटा-सा कालखंड अभिलेखित या लिखित रूप में भी मौजूद है जो इतिहास का निर्माण करता है। भूतकाल के भौतिक अवशेषों की प्रकृति के आधार पर प्राक्-इतिहास को विभिन्न युगों या कालों में विभक्त किया गया है।

विकिरण-सिद्धांत– यह एक रोचक सिद्धान्त है जो दावा करता है कि आधुनिक मानवों का विकास अफ्रीका में होमोरेक्ट्स से हुआ और बाद में ये विभिन्न मार्गों से प्रवासन करते हुए पृथ्वी के विभिन्न भागों में बस गये। यह दृष्टिकोण विकिरण सिद्धांत कहलाता है और आधुनिक मानव जनसंख्या के आनुवांशिक प्रमाणों द्वारा समर्थित है। पृथ्वी के सभी क्षेत्रों व प्रजातियों के मानव डी.एन.ए. लगभग पहचान योग्य हैं तथा यह संकेत देते हैं कि हमारी प्रजातियां उत्पत्ति का एक अद्यतन व सामान्य बिंदु रखती है।

समांतर विकास सिद्धांत– यह सिद्धांत इस बात पर बल देता है कि आधुनिक मानव का विकास एक ही समय में होमो ईरेक्ट्स जनसंख्या के समान्तर फैलावों से हुआ। इन क्षेत्रीय जनसंख्या समूहों के बीच अंत:सम्पर्क की प्रक्रिया भी चलती रही थी। जीवाश्म प्रमाणों से भी इस सिद्धांत की पुष्टि होती है।

मानव जीवाश्म प्रमाण– अफ्रीका को मानव जाति का पालना या मूल स्थान माना जाता है। मानव शास्त्रियों को पूर्वी अफ्रीका के हादार, ओल्डुबाई, लीतोली आदि स्थानों से खुदाई में प्राचीनतम मानव कंकाल प्राप्त हुए हैं। इथोपिया के हादार में मादा कंकाल सर्वाधिक संरक्षित मानवावशेषों में से एक है। नृविज्ञान-शास्त्रियों ने इस मादा कंकाल के 40 प्रतिशत हिस्से को एकत्रित किया था और इसे 'लकी' उपनाम दिया। लकी को आस्ट्रेलोपेथिकस की श्रेणी में रखा गया।

हाथनोरा प्रमाण– कुछ समय पहले तक भारतीय उप-महाद्वीप में किसी भी स्थान पर मानव अवशेषों की प्राप्ति का पुष्ट प्रमाण नहीं मिला था। यह पूर्वी व दक्षिणी अफ्रीका, यूरोप तथा एशिया के भागों (चीन, जावा, इंडोनेशिया आदि) में पाये गये मानव जीवाश्मों की संख्या की तुलना में एक तीव्र विरोधाभास था। एक भूगर्भशास्त्री द्वारा 1982 में नर्मदा घाटी के हाथनोरा (मध्य प्रदेश में होशंगाबाद के समीप) में एक जीवाश्म की खोज करके उप-महाद्वीप को मानव जीवाश्म प्राप्ति स्थलों के वैश्विक मानचित्र पर अंकित कर दिया गया।

खोजकर्ता के अनुसार, हाथनोरा प्रमाण या नर्मदा मानव का समय मध्य प्लीस्टोसीन तक जाता है और यह मानव जीवाश्मों की होमोइरेक्ट्स' विशेषता से जुड़ा है। फिर भी अपनी अपेक्षाकृत विस्तृत कपाल क्षमता, उच्चतर छलांग एवं मानसिक उत्कृष्टता की वजह से यह होमोइरेक्ट्स की सभी ज्ञात उप-प्रजातियों से भिन्नता रखता है। इसे होमोइरेक्ट्स की उन्नत अवस्था का प्रतिनिधि भी माना जाता है।

इसी कारण नर्मदा कंकाल की विकासमूलक अवस्था के संबंध में एक विवाद का जन्म हुआ है कि यह होमोइरेक्ट्स है या आद्य होमोसैपियंस। हालांकि ताजा मान्यता का झुकाव उत्तरवर्ती मत के पक्ष में दिखाई देता है। इस समय नर्मदा कंकाल की आयु 27 से 32 वर्षों के बीच मानी गयी है और यह एक मादा कंकाल है, जिसकी कपाल क्षमता 1115 से 1421 सीसी के बीच है। यह क्षमता अफ्रीकी व एशियाई होमोइरेक्ट्स से उच्च किन्तु होमोसैपियन्स की श्रृंखलाओं के निकटतम है।

तालिका 1: प्रजातियों का विकास

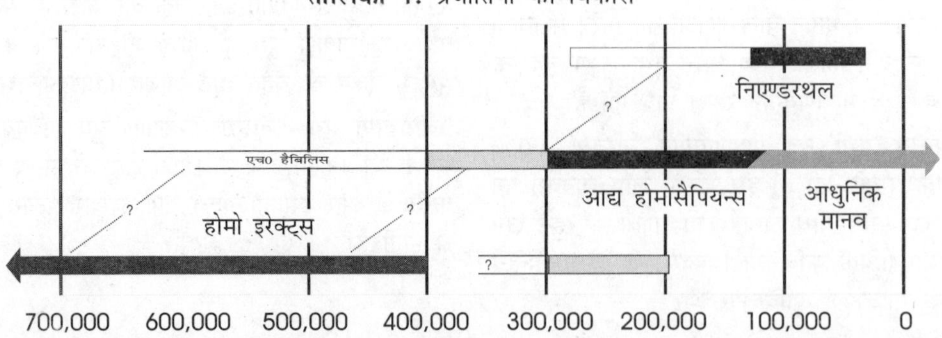

वर्ष पूर्व

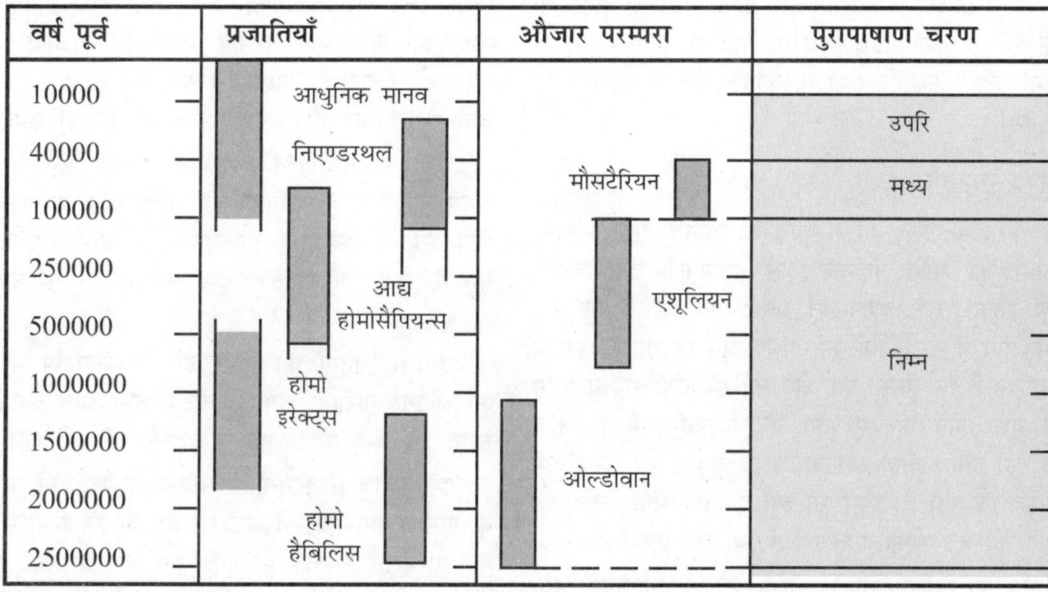

तालिका 2: मानव जीवन का विकास

भूगर्भिक काल	पुरातात्विक काल		जीविकोपाय के साधन	जीवन-शैली
प्लीस्टोसीन काल (हिम युग) 1.64 से 0.01 मिलियन वर्ष पूर्व	पुरापाषाण काल	निम्न	आखेटन-संग्रहण	यायावरीय या प्रवासी जीवन
		मध्य		
		उपरि		
वर्ष पूर्व होलोसीन काल (हिमविहीन युग) ई.पू. 10000 से	मध्यपाषाण काल		पशुपालन	
	नवपाषाण काल		कृषि	व्यवस्थित या स्थायी जीवन
	ताम्रपाषाण काल			

1.2 प्रागैतिहासिक संस्कृतियां

मानव इतिहास के प्रारंभिक दिनों की जानकारी हमें उनके द्वारा छोड़ी गई चीजों के अवशेषों के आधार पर ज्ञात करनी पड़ती है, जो आज भी उपस्थित हैं और यह अधिक विकसित अवस्था से थोड़ा भिन्न क्योंकि वहां अनेकों प्रकार के स्रोत उपलब्ध हैं।

जब पुरातत्वविद् तथा इतिहासकार प्रागैतिहासिक अवस्थाओं का जिक्र करते हैं तो इस बात को बताते हैं कि उस समय मनुष्य मुख्यत: आखेटक और खाद्य संग्राहक था या अभी हाल ही में उसने स्थिर जीवन व्यतीत करना शुरू किया था। हमें उस समय का कोई लिखित लेखा-जोखा नहीं मिलता है।

इस युग में मनुष्यों को लगातार प्रकृति से समझौता करना पड़ता है। उपलब्ध संसाधनों के अनुरूप ही उनकी जीवन शैली बन गई थी। इसी के अनुसार उन्होंने औजारों का इस्तेमाल किया, आपने निवास-स्थान को चुना तथा उसी के अनुरूप उनके सामाजिक जीवन और विश्वास-आस्था इत्यादि का जन्म हुआ।

इस युग के अवशेष ज्यादातर पत्थर के औजार ही हैं जो कभी-कभी पशुओं के जीवाश्मों (फॉसिल) के साथ मिले हैं। किंतु ये इनकी जीवन पद्धति पर ज्यादा प्रकाश नहीं डालते।

पत्थर के औजार तथा उनके वास-स्थान से मिली बुनियादी सूचनाओं के आधार पर इतना अवश्य कहा जा सकता है कि यद्यपि इस प्रारंभिक युग में मनुष्य रहते थे फिर भी उनकी संस्कृति तथा सांस्कृतिक क्षेत्र में काफी कुछ अन्तर था।

सामान्य लक्षण

यद्यपि भारत में मानव की संस्कृति का विकास एक सामान्य कालक्रम की भांति पुरापाषाण से नवपाषाण तक चलता रहा है लेकिन एक ध्यान देने योग्य बात यह है कि इस उप-महाद्वीप में संस्कृतियों का अधिव्यापन भी रहा है। इसका मतलब यह है कि किसी एक क्षेत्र की संस्कृति का कालक्रम किसी दूसरे क्षेत्र की संस्कृति के कालक्रम के बिल्कुल समान नहीं होगा। इनके अलावा, प्रस्तर युग में भी संस्कृतियों की विविधता रही है। फिर भी इस प्रागैतिहासिक काल की संस्कृति के कुछ सामान्य लक्षण हैं, जो इस प्रकार हैं-

- निम्न पुरापाषाण युग में मुख्य औजार कुल्हाड़ी तथा विदारणी थे, मूल औजार भी कुल्हाड़ी की तरह ही थे, खंडक अलग-अलग तरीके के थे।
- पुरापाषाण से थोड़े विकसित औजार मध्य पुरापाषाण युग में थे। ये औजार पपड़ियों के बने विविध प्रकार के फलक, बेधनी, छेदनी और खुरचनी थे।
- ऊपरी पुरापाषाण युग के मुख्य औजार माइक्रोलिथ तथा पत्थर के काफी छोटे औजार थे जो काफी मात्रा में पाए गए जिनकी विविधता क्षेत्र के अनुसार बढ़ती या घटती थी।

यद्यपि तकनीकी तौर पर माना जाता है कि एक युग से दूसरे युग की जीवन शैली में परिवर्तन अवश्य होगा किंतु मोटे तौर पर यह देखा गया है कि पुरापाषाण युग के लोग मुख्यतः आखेटक तथा खाद्य संग्राहक थे। फिर भी ऊपरी पुरापाषाण युग में व्यवस्थित जीवन के शुरू होने के कुछ अवशेष मिले हैं।

गांवों में बसी संस्कृतियों की शुरूआत नवपाषाण युग और ताम्रपाषाण युग के समय हुई। इस युग के लोग पॉलिशदार पत्थर के औजारों तथा हथियारों का प्रयोग करते थे।

कुछ क्षेत्रों में, कश्मीर के बुर्जहोम में, नवपाषाण युग अभी आखेटन पर निर्भर था जबकि ज्यादातर क्षेत्रों में जीवन शैली बदल चुकी थी और लोग फसलों को पैदा करने तथा पशुपालन करने लगे थे।

इस भारतीय उप-महाद्वीप में इस तरह के परिवर्तन सबसे पहले उत्तर-पश्चिम, मध्य, उत्तर तथा दक्षिण बलूचिस्तान, सिंधु नदी के दक्षिणी दोआब तथा उत्तरी राजस्थान में पाए गए जहां नवपाषाण-ताम्रपाषाण युग चार हजार ई.पू. शुरू हो चुके थे जो बाद में हड़प्पा सभ्यता के रूप में उभरे।

ऐसा सोचना गलत होगा कि हड़प्पा सभ्यता ही उस समय की सभी संस्कृतियों की प्रतिनिधित्व करती थी। कई ऐसी स्वतंत्र संस्कृतियां भी जहां-तहां नवपाषाण-ताम्रपाषाण युग में उभरीं जो या तो हड़प्पा सभ्यता के समकालीन थीं या बाद की।

इन संस्कृतियों का प्रसार इस पूरे महाद्वीप में कश्मीर की श्रीनगर घाटी से लेकर कर्नाटक तथा आंध्र तक तथा जो समय और क्षेत्र के हिसाब से बदलती भी रही थीं।

इन क्षेत्रीय संस्कृतियों में भविष्य में पैदा होने वाले भारत के ग्रामीण समुदायों की जड़ें थीं क्योंकि इन सभी संस्कृतियों का सम्मिलन निश्चय ही लौह युग का प्रारंभिक अधिवास बना।

खाद्य संग्राहक समुदाय : पाषाण युग का आदिम मानव

लिथिक स्रोतों से पता चलता है कि मनुष्य की गतिविधियां लगभग 250,000 वर्षों पहले भारत में शुरू हो गई थीं और प्रागैतिहासकारों ने अध्ययन कर इस बात को जानना चाहा कि नूतन भूतल युग में होने वाले अचानक जलवायु परिवर्तन का लोगों के ऊपर क्या प्रभाव पड़ा। उन आदिम मानवों के जीवाश्मों और उसके वास-स्थानों की खोज अभी भी जारी है।

इसलिए पुरापाषाण युग में प्रयोग होने वाले औजार इस महाद्वीप के कई क्षेत्रों में पाए गए हैं और उनमें सबसे मुख्य पोटवर का क्षेत्र है जो सोन नदी के द्वारा उत्तरी-पश्चिमी पंजाब में बांटा गया है। अन्य हैं- व्यास एवं वेनगंगा घाटी, नेवासा, प्रावरा घाटी, आंध्र प्रदेश की गुंडल्काम्मा घाटी में गुडलूर, कृष्णा घाटी में नागार्जुनकोण्डा तथा अन्य जगह (वडमदुरई, अतैरामपक्कम इत्यादि) चेन्नई के तटीय क्षेत्र में तथा ओडिसा की महानदी के उत्तरी तट।

वास्तव में, यदि हमारा ज्ञान इन आदिम मानव द्वारा इस्तेमाल किए गए औजार तक ही सीमित है तो यह बात तय है कि इनके प्रति पहाड़ी तथा घाटियों में रहने वाले लोगों का मुख्य आकर्षण रहा होगा। यह बात उनके औजारों के सर्वेक्षण से भी सिद्ध होती है कि वे कितने सर्वव्यापक थे।

हाल के अनुसंधानों से यह पता चला है कि भारत में आज से लगभग 35,000 वर्ष पहले एक नई तकनीक संभवतः पुरापाषाण युग से निकली। इसमें इनके औजार बिल्कुल भिन्न थे। वे शल्क पपड़ी या उससे ही मिलते पिंडों से बनाए जाते थे, जैसे- चकमक हथियार, चीनी मिट्टी इत्यादि। मध्यपाषाण युग के लोगों का पर्यावरण भी भिन्न था। संभवतः पुरापाषाण युग से कम गीला पर्यावरण महाराष्ट्र क्षेत्रों में पाया गया है। तात्कालिक जंतु समूह का पाया जाना अभी बाकी है।

मध्यपाषाण युग देश के विभिन्न क्षेत्रों में एक ही निश्चित अवधि में या उतना पुराना सभी जगहों पर नहीं है। इनकी समय सीमा 33,000 ई.पू. से 16,500 ई.पू. तक की है। इसके लिए यह भी संकेत मिले है कि पश्चिमी राजस्थान तथा मध्य-प्रदेश में फलक बनाने की पद्धति अन्य क्षेत्रों की तुलना में ज्यादा बेहतर थी।

ऊपरी पुरापाषाण युग में यह पाया गया कि इनकी तिथियों में क्षेत्रीय विषमता है। संपूर्ण सांस्कृतिक संकलन माइक्रोलिथ के प्रयोग से ज्यादा महत्वपूर्ण हुआ। मध्य प्रदेश, गुजरात, राजस्थान तथा अन्य कई स्थानों पर इस संस्कृति का एक लंबा समय 8500 ई.पू. से 1700 ई.पू. तक रहा।

माइक्रोलिथ ऐसे कठिन एवं मिश्रित औजार थे जो विशेष तकनीक के बिना नहीं बनाए जा सकते थे। ये हड्डी, लकड़ियों या बांस से बनाए जाते थे। यही तकनीक बाद में धातु से बने औजारों में लगाई गई और उसी के अनुरूप उनकी बनावट तथा उनका प्रयोग किया गया।

कुछ क्षेत्रों में माइक्रोलिथ के साथ-साथ बर्तन बनाने की पद्धति भी सामने आई है जो मानव इतिहास में एक क्रांतिकारी घटना है क्योंकि यह खाद्य उत्पादन तथा व्यवस्थित जीवन से जुड़ी है कई मामलों में ऊपरी पुरापाषाण युग से संबंधित है।

गुजरात में लालगंज तथा मध्य प्रदेश में आजमगढ़ इस बात को प्रमाणित करते हैं कि इस समय तक जानवरों को घरेलू बनाया जा चुका था। इस बात के भी सबूत मिले हैं कि विभिन्न समुदायों के बीच वस्तुओं का विनिमय भी होता था।

पाषाणकालीन संस्कृतियों का वितरण एवं विशेषताएं

पाषाणकालीन औजार परम्पराएं- भारतीय शिवालिक पर्वतीय क्षेत्र में प्लीस्टोसीन काल से जुड़े औजारों के आंकड़ों का क्रमिक संग्रह जारी रहा है। जम्मू क्षेत्र (ऊपरी शिवालिक) के उत्तर बेणी में पुरापाषाण कालीन औजार प्राप्त हुए हैं। शिवालिक क्षेत्र के ही पोटवार पठार (पश्चिमी पंजाब) से भी प्रचुर प्रमाण प्राप्त हुए हैं। वर्तमान परिप्रेक्ष्य में रिवात (रावलपिंडी के दक्षिण-पूर्व में) एक निर्णायक स्थल है। झेलम के पूर्व में पब्बी हिल्स से भी सम्बद्ध प्रमाण मिलते हैं। महाराष्ट्र के पुणे क्षेत्र में कुकदी घाटी भी एक उल्लेखनीय स्थल है। यहाँ बोरी गांव के निकट आठ ज्वालामुखी राख छिद्र मौजूद हैं। यह भारतीय शिवालिक, रिवात एवं पब्बी पहाड़ियों की भांति पूर्ववर्ती प्लीस्टोसीन काल से सम्बद्ध नहीं है किन्तु यदि इसकी कालावधि को सार्वभौम रूप से स्वीकार किया जाए तो दक्कन के एशूलियन उद्योग को मध्य प्लीस्टोसीन के पूर्ववर्ती चरण से जोड़ा जा सकता है। वास्तव में, पुरापाषाणिक अवशेष सभी पर्यावरणीय क्षेत्रों में या अधिकांशतः प्रमुख जलोढ़ निक्षेपों से बाहर, बांग्लादेश की पश्चिमी सीमाओं एवं बलूचिस्तान के बीच तथा लद्दाख एवं केरल के पालघाट (पालक्कड़) क्षेत्र के बीच मिले हैं।

अधिवास सम्बंधी ज्ञान- हमारे पूर्वज अपने औजारों के लिए कच्चे माल के रूप में स्थानीय पत्थरों के विभिन्न प्रकारों की उपयोगिता के सम्बद्ध में निश्चित रूप से जानकारी रखते थे और जहाँ ऐसे पत्थर उपलब्ध नहीं थे (त्रिपुरा व बांग्लादेश की भांति) वहाँ उन्होंने उपयुक्त प्रकार के जीवाश्मकाष्ठ को अपनाया। वे उस भू-भाग से अच्छी तरह से परिचित थे, जहाँ वे निवास करते थे। उन्हें भोजन-पानी के स्थानीय स्रोतों की जानकारी रखनी पड़ती थी तथा उसी के अनुसार अपनी योजना बनानी पड़ती थी। इस प्रकार वे भारतीय भू-स्थलाकृति के पहले खोजकर्ता थे। जैसे-जैसे हम निम्न पुरापाषाणकाल की ओर लौटते हैं, सबसे ज्वलंत प्रश्नों से एक यह उभरता है कि मानव विकास क्रम की समग्र योजना में एक भौगोलिक क्षेत्र के रूप में भारतीय उप-महाद्वीप का विकास किस प्रकार हुआ। हाथनोरा प्रमाण के आधार पर मात्र इतना माना जा सकता है कि यह क्षेत्र आद्य होमोसैपियन्स के वितरण क्षेत्र के अंतर्गत शामिल था। उससे पहले या बाद की जानकारी अभी भी स्पष्ट नहीं है। जब हम ऊपरी पुरापाषाण काल में पहुचते हैं तो प्रमाण प्रचुरता में प्राप्त होते हैं तथा प्राप्त औजार सुन्दर और विविधतापूर्ण हैं।

मध्य पुरापाषाण काल का वितरण क्षेत्र एवं विशेषताएं

प्लीस्टोसीन एवं होलोसीन कालों के मध्य का संक्रमण- प्लीस्टोसीन (हिम युग) के अंत व होलोसीन (हिमविहीन युग) के आरंभ और आखेटन वाले ऊपरी पुरापाषाण काल व खाद्य उत्पादन एवं ग्रामीण कृषि अर्थव्यवस्था वाले नवपाषाण काल के बीच एक विशिष्ट पुरातात्विक स्तर के रूप में मध्य पाषाणकाल का स्थान पुरातत्व विज्ञान में अतिमहत्वपूर्ण

माना गया है। भारतीय स्थिति में, इस स्तर को एक ओर हम पूर्ववर्ती ऊपरी पुराषाणाण के साथ जोड़ सकते हैं वहीं दूसरी ओर क्षेत्रीय सन्दर्भ में ग्रामीण कृषि अर्थव्यवस्था के प्रथम प्रकटीकरण से पहले के कालखंड से भी सम्बद्ध कर सकते हैं। इसे उत्तर प्लीस्टोसीन-पूर्व होलोसीन चरण के एक भूगर्भिक संदर्भ के रूप में भी माना जा सकता है।

सूक्ष्म पाषाण औजार

सूक्ष्म पाषाण उद्योग की पहचान आसानी से की जा सकती है। ये सामान्यत: छोटे समांतर फलकों पर बने एक से पांच सेमी. लम्बे उपकरण हैं। इनमें ऊपरी पाषाणकालीन प्रकार के पिग्मी रूपांतरों (बेधनी, खुरपी, सूआ, तक्षणी आदि) के साथ-साथ अर्द्धचंद्राकार, समचतुर्भुज, समलंब एवं त्रिभुजाकार जैसी ज्यामितीय आकृतियां भी शामिल हैं। भारत में सूक्ष्म पाषाण उपकरणों की प्राप्ति वाले स्थलों की पहचान करना सरल है। सिंधु-गंगा मैदान में, बनारस के आस-पास के क्षेत्रों को छोड़कर, कहीं भी सूक्ष्म पाषाण उपकरण प्राप्त नहीं हुए हैं। पूर्वोत्तर के पर्वतीय क्षेत्रों में भी अभी तक इन औजारों की प्राप्ति का स्पष्ट प्रमाण नहीं मिला है। फिर भी सूक्ष्म पाषाण औजार भारतीय उप-महाद्वीप में पुरापाषाण औजारों की तुलना में अधिक स्पष्ट रूप में दिखाई देते हैं।

उत्खनित स्थल- वर्तमान में, पूर्व-मध्यपाषाण कालीन जानकारी काफी सीमित है। मात्र सात या आठ उत्खनित स्थल समुचित प्रमाण उपलब्ध कराते हैं, जो राजस्थान, उत्तर प्रदेश, मध्य प्रदेश, बिहार के सीमित क्षेत्रों तथा उत्तर प्रदेश से गुजरात तक मध्य भारतीय उच्च भूमि में प्राप्त गुफा चित्रों की श्रेणी में दिखाई देते हैं। ईसा पूर्व छठी सहस्राब्दी के दो स्थलों बागोर व आदमगढ़ से ज्ञात होता है कि पशुपालन की शुरूआत हो चुकी थी और लोग अपनी आखेटन गतिविधियों को एक सीमा तक त्याग चुके थे।

खाद्य-उत्पादक मानव : नवपाषाण-ताम्रपाषाण संस्कृति

खाद्य उत्पादन पर आधारित व्यवस्थित जीवन सबसे पहले उत्तर-पश्चिम में शुरू हुआ। यहीं से मनुष्य ने अपना विकास किया। खाद्य-उत्पादन से नवपाषाण-ताम्रपाषाण युगीन ग्रामीण संस्कृति का विकास हुआ। अन्य जगहों पर खाद्य-उत्पादक संस्कृति का विकास धीरे-धीरे दूसरी ई.पू. शताब्दी से हुआ।

श्रीनगर घाटी के बुर्जहोम में लोग 2400 ई.पू. तक में भी नवपाषाण संस्कृति को नहीं दर्शाते हैं क्योंकि वे अभी भी आखेटक थे। ऐसा ही ताम्रपाषाण की अर्थव्यवस्था में खासकर राजस्थान की बनास घाटी की अहर में, महेश्वर-नव दातुली नर्मदा की घाटी में, नाकदा चम्बल घाटी में तथा दैमाबाद, चंदौली और उत्तरी दक्षिण के क्षेत्रों से पता चलता है जहां प्रारंभिक किसानों की जीवन शैली खुले गांव की थी। इन जगहों पर ऐसा अनुमान किया जा रहा है कि गेहूं, चावल तथा कई किस्मों की फलियां (Legume) भी पैदा की जाती थीं जिन्हें वहां से प्राप्त अवशेषों के आधार पर जाना गया।

दक्षिण, मध्य तथा पूर्वी दक्कन में अर्थव्यवस्था मुख्यत: ग्रामीण तथा पशुओं के ऊपर आधारित थीं, जिसने इस क्षेत्र की परिस्थिति के साथ तारतम्य बनाया हुआ था। नवपाषाण तथा ताम्रपाषाण का संयुक्त प्रभाव 2000 ई.पू. से 1000 ई.पू. के मध्य तक इस क्षेत्र में कर्नाटक के पिकलीहाल तथा तिकलाकोटा, आंध्र प्रदेश के उत्नूर तथा नागार्जुनकोंडा में दिखाई पड़ता था जबकि कुछ अन्य क्षेत्रों में नई धातुयुगीन संस्कृति अपना अस्तित्व बनाने लगी थी।

चाहे जो कुछ भी कालक्रम तथा क्षेत्रीय विभिन्नताएं इन संस्कृतियों में दिखती हों लेकिन यह बात निश्चित है कि इन्होंने आने वाले लौह युग की बुनियाद रखी।

कृषि आधारित प्रारंभिक बस्तियां

अभी तक के पाए गए नवपाषाण युग के क्षेत्रों में कोई भी क्षेत्र इस भारतीय उप-महाद्वीप में 7000-6000 ई.पू. से पुराना नहीं है, जबकि दक्षिणी तथा पूर्वी भारत में पाई गई कुछ जगहें 1000 वर्ष ई.पू. की हैं। फिर भी यह कहा जा सकता है कि नवपाषाण युग भारतीय उप-महाद्वीप में 4000-8000 ई.पू. तक का था। प्रारंभिक नवपाषाण युग के लोग मुख्यत: पशुपालक थे और उनकी अर्थव्यवस्था भी उसी पर आधारित थी। लेकिन ऊपरी नवपाषाण युग के लोग कृषक बने और उन्होंने कई तरह की फसलों को पैदा किया। वे कच्ची मिट्टी तथा सरकंडे से बने वृत्ताकार या आयताकार मकानों में रहते थे।

कृषि पर आधारित सबसे पुरानी बस्तियां भारतीय उप-महाद्वीप में सिंधु नदी के पश्चिमी क्षेत्रों में आती हैं और उत्तरी-पूर्वी बलूचिस्तान का मेहगढ़ ऐसा पहला गांव था (6000 ई.पू.)।

नवपाषाण युग के लोगों की सबसे बड़ी मजबूरी यह थी कि वे पत्थरों पर आश्रित थे। इसीलिए उनके गांव पहाड़ी क्षेत्रों से दूर नहीं बन पाते थे। किंतु नवपाषाण से होकर ताम्रपाषाण युग में आने पर धातुओं के प्रयोग से उन्होंने एक नयी सभ्यता की शुरूआत की।

ये सारे परिवर्तन उत्तरी-पश्चिमी भारत में हुए, जो बाद में सिंधु सभ्यता के उत्थान और विकास के रूप में फलीभूत हुए जबकि भारतीय उप-महाद्वीप के शेष भागों में मध्य पाषाण से नवपाषाण युग और फिर ताम्रपाषाण युग का संक्रमण काल धीरे-धीरे चला।

मेहरगढ़ गांव पहला ऐसा गांव था जिसमें नवपाषाण से ताम्रपाषाण के संक्रमण काल को 5000 ई.पू. में देखा गया। उत्तरी-पश्चिमी भारत ने 5000 से 3000 ई.पू. के बीच न केवल नवपाषाण युग के संक्रमण काल को देखा बल्कि इस अवधि में अत्यधिक कृषि आधारित बस्तियां भी बनीं। संभवत: मेहरगढ़ की बस्तियां ही पड़ोसी क्षेत्रों में आगे बढ़ती गई, जिसमें सिंधु सभ्यता भी आई।

स्थायी बस्तियों के बनने से एक नए सिरे से हस्त कौशल वर्ग का विकास हुआ, जिसमें महत्वपूर्ण तकनीकी खोज समाहित थी। इन नए हस्त कौशलों में बर्तन का बनाया जाना, औज़ार तथा हथियार बनाने में तांबे तथा उसके मिश्रण का प्रयोग शामिल था। इन सारे परिवर्तनों ने पूरी सिंधु सभ्यता को शामिल किया। लेकिन यह सिंधु सभ्यता पूर्वी भाग वाले उप-महाद्वीप को प्रभावित नहीं कर पाई।

यह उल्लेखनीय है कि इस 5000-3000 ई.पू. युग में इस महाद्वीप में कहीं भी स्थायी कृषक बस्तियां नहीं थीं। इन जगहों पर मध्यपाषाण युग के आखेटक-खाद्यसंग्रहक या नवपाषाण युग के पशुपालक लोग रहते थे।

सिंधु सभ्यता के दौरान भारत के मुख्य भाग वाले लोग संभवत: ऊपरी हड़प्पा वाले लोगों के साथ मिलते-जुलते थे और उनकी जीवन शैली के अनेक रूपों को अपनाते थे। परिणामत: ताम्रपाषाणिक संस्कृतियां आंतरिक भारत की अनेक जगहों पर उभरीं लेकिन उनमें से कोई भी 1800 ई.पू. से पुरानी नहीं थी। इनमें से कुछ 1000 ई.पू. तक तथा अन्य 8000 ई.पू. तक बनी रहीं।

1.3 प्रारंभिक लौह युग : ऐतिहासिक युग की शुरूआत

धातुओं के प्रयोग के इतिहास में सबसे पहले लोहा, उसके बाद तांबा तथा सबसे बाद में कांसा आता है। भारत में लौह धातु का प्रयोग सिर्फ तकनीकी परिवर्तन ही नहीं लाया बल्कि सांस्कृतिक परिवर्तन भी लाया और इसकी उपयोगिता की पारिस्थितिकी कारणों से और अधिक बढ़ गई जहां अधिक परिष्कृत औज़ारों की आवश्यकता थी ताकि उन जगहों का संपूर्ण सांस्कृतिक विकास हो सके। इस उप-महाद्वीप में लौह धातु ने धीरे-धीरे किंतु निश्चित रूप से प्रागैतिहासिक काल को ऐतिहासिक काल में बदलने में अच्छी भूमिका निभाई।

लौहयुगीन स्थान तथा संस्कृतियां

हमें लौह धातुयुगीन इतिहास की समीक्षा विभिन्न क्षेत्रीय विकास के क्रम में करनी है और इस विवाद से दूर रहना है कि भारत का लौह-तकनीकी विकास पश्चिमी सभ्यता से प्रभावित था या नहीं।

लौह धातु पर आधारित संस्कृति का कालक्रम एक जगह से दूसरी जगह पर भिन्न है लेकिन यह 1000 ई.पू. से 500 ई.पू. के बीच का है। लौह संस्कृति निम्नलिखित क्षेत्रों में फैली थी–

- ऊपरी गंगा का दोआब तथा उसके आसपास का क्षेत्र
- मालवा का पठार तथा ताप्ती नदी घाटी
- दक्षिण तथा मध्य भारतीय महापाषाण युगीन क्षेत्र
- बलूचिस्तान का मैदानी इलाका
- मध्य तथा निम्न गंगा नदी घाटी
- उत्तर-पश्चिम विशेषकर पेशावर क्षेत्र

अभी तक के प्राप्त प्रमाणों के अनुसार लौह धातु का प्रयोग सबसे पहले ऊपर दिए गए प्रथम तीन स्थानों में हुआ।

ऊपरी गंगा घाटी तथा सिंधु गंगा घाटी विभाजन में लौह धातु सबसे पहले एक ऐसी संस्कृति से संबंधित है जिसे हम चित्रित धूसर मृद्भांड (पी.जी.डब्ल्यू) कहते हैं, जो 800 ई.पू. की है। इसका प्रयोग शुरू के दिनों में काफी कम था किंतु छठी शताब्दी ई.पू. के मध्य तक इसका प्रयोग काफी बढ़ा और यह एक नई संस्कृति से जुड़ा, जिसे उत्तरी काली पॉलिशदार मृद्भांड (एन.बी.पी.डब्ल्यू) कहते हैं और इसका प्रसार बढ़कर मध्य तथा निम्न गंगा घाटी तक पहुंचा जिससे अभूतपूर्व परिवर्तन हुए।

मालवा क्षेत्र तथा ताप्ती नदी घाटी के कुछ स्थानों पर, जैसे- नाकदा, ईरान तथा प्रकाश, लौह धातु पहले की ताम्रयुगीन संस्कृति में परिवर्तन लाई। ऐसा संभव है कि इस क्षेत्र में लोहे का प्रयोग (1000 ई.पू.) गंगा नदी घाटी की तुलना में थोड़ा पहले हुआ।

इसी तरह संभवत: लोहे का प्रयोग दक्षिणी भारत में कम-से-कम एक जगह पर हुआ है। उत्तरी कर्नाटक के हलुर में लोहे का प्रयोग और नवपाषाण युगीन औज़ारों का प्रयोग (900 ई.पू.) साथ-साथ पाया गया है। अगर यह तिथि दक्षिणी भारत की किसी अन्य लौहयुगीन जगह से मेल नहीं

खाती है तो यह बात अस्पष्ट है कि महापाषाणयुगीन सभ्यता के साथ लोहे का प्रयोग यहां हुआ था और यह निश्चित तौर पर नवपाषाणयुगीन संस्कृति से भिन्न थी।

लोहे का प्रभाव

ऊपर लिखे गए क्षेत्रों में लौह धातु ने वहां की आर्थिक व्यवस्था में परिवर्तन किया और उनमें से एक है कृषि का विकसित रूप।

गंगा नदी घाटी तथा मालवा क्षेत्र में लौह धातु के प्रयोग से शहरी क्षेत्रों का विकास हुआ। ब्राह्मण तथा बौद्ध ग्रंथों में ऐसे नगर क्षेत्रों का परिचय मिलता है, जिनका विकास ई.पू. मध्य शताब्दी में हुआ था। ये नगर क्षेत्र इस प्रकार हैं- अहि क्षेत्र, वाराणसी, कौशांबी, श्रीवास्ती तथा उज्जैन, जिनके पुरातत्व साक्ष्य यह बताते हैं कि ये लौहावस्था संस्कृति से जुड़े हुए नगर केन्द्र थे।

गंगा नदी घाटी में बस्तियों के पुरातात्विक साक्ष्यों से पता चलता है कि वहां लौहावस्था संस्कृति ज्यादा बेहतर और विस्तृत थी।

छठी शताब्दी ई.पू. के मध्य से इनमें से कुछ बस्तियां नगरों का रूप लेने लगीं, जो इस बात को बताती हैं कि हड़प्पा सभ्यता के पतन के पश्चात पहली बार कृषि उत्पादकता जरूरत से ज्यादा बढ़ी थी, जिसने इन शहरी क्षेत्रों के निर्माण तथा विस्तार में सहयोग किया। चांदी तथा तांबे के सिक्कों का ज्यादा संख्या में प्रयोग इस बात को दर्शाता है कि इस समय व्यापार और वाणिज्य विकसित अवस्था में पहुंच चुके थे।

कुछ शहरी क्षेत्र तो बड़ी-बड़ी राजनैतिक शक्तियों के केन्द्र बन चुके थे जहां पर विस्तृत रक्षा व्यवस्था बनाई गई थी। इस तरह एक राजनैतिक व्यवस्था एक निश्चित क्षेत्र पर बनाई जाने लगी।

यद्यपि शहरीकरण के प्रमाण दक्षिणी भारत में बाद की शताब्दियों में भी नहीं मिलते हैं, लेकिन दक्षिणी भारतीय सामाजिक संस्थानों के कुछ महत्वपूर्ण तथ्य महापाषाणयुगीन अवस्था से मिलते हैं जो शुरू के ऐतिहासिक काल से संबंधित हैं। कम-से-कम यह तो स्पष्ट है कि ऐसे तथ्य सुदूर दक्षिण के संगम साहित्य में समाहित हैं।

तालिका-3: पुरापाषाण कालीन औजार परम्परा

पाषाण काल	आरम्भ (वर्ष पूर्व)	सांस्कृतिक परम्परा
उच्च पाषाणकालीन	17000 21000 27000 33000	मैग्डालेनियन सोलूट्रियन ग्रैवेटियन औरिग्नेशियन
मध्य पाषाणकालीन	75000	मौसटेरियन
निम्न पाषाणकालीन	700000 +?	एशूलियन

तालिका-4: पाषाणकालीन संस्कृतियां

श्रेणी	क्षेत्र, जहां स्थल पाये गये हैं
निम्न पाषाणकालीन	सोहन घाटी (पाकिस्तानी पंजाब), बेलन घाटी (मिर्जापुर, उ.प्र.)
मध्य पाषाणकालीन	सोहन घाटी, बेलन घाटी, नर्मदा घाटी, तुंगभद्रा घाटी
उच्च पाषाणकालीन	बेलन घाटी, छोटानागपुर पठार, मध्य भारत, गुजरात, महाराष्ट्र, कर्नाटक, आंध्र प्रदेश

तालिका-5: मध्य पाषाणकालीन संस्कृतियां

स्थल	स्थानीयता	काल
आदमगढ़	होशंगाबाद के निकट, म.प्र.	6वीं सहस्राब्दी ई.पू.
भीमबेटका	भोपाल के निकट, म.प्र.	7वीं से 5वीं सहस्राब्दी ई.पू.
बागोर	भीलवाड़ा के निकट, राजस्थान	6वीं सहस्राब्दी ई.पू.
महागारा	मेजा के निकट, उ.प्र.	10वीं सहस्राब्दी ई.पू.

स्थल	स्थानीयता	काल
सराय नाहरराय	प्रतापगढ़ के निकट, उ.प्र.	10वीं सहस्राब्दी ई.पू.
बाघोर	सीधी के निकट, म.प्र.	8वीं से 5वीं सहस्राब्दी ई.पू.
पैसरा	मुंगेर के निकट, बिहार	7वीं सहस्राब्दी ई.पू.

तालिका-6: नवपाषाण कालीन संस्कृतियां

भू-भाग	क्षेत्र	स्थल
उत्तरी-पश्चिमी भारत	बलूचिस्तान	मेहरगढ़, किलीगुल मुहम्मद, राणा घुंडई इत्यादि
	ऊपरी सिंधु प्रणाली	गुमला, घालीगई, जलीलपुर एवं सरायखोला (इस स्थल से गर्तावास के प्रमाण)
कश्मीर	झेलम घाटी क्षेत्र	बुर्जहोम एवं गुफ्कराल (दोनों स्थलों से गर्तावास एवं पालतू कुत्तों को दफनाने के प्रमाण)
उत्तरी भारत	उत्तर प्रदेश	कोल्डीहवा एवं महागारा
	बिहार	चिरांद एवं सेनौर
पूर्वी भारत	पश्चिम बंगाल	पांडु राजार ढीबी
	असम	सारूतारू एवं मरक डोला
प्रायद्वीपीय भारत	कर्नाटक	ब्रह्मगिरि, हल्लूर, कोडेकल, कुपगल, मस्की, पल्लवाय संगानाकल्लू, टेक्कला कोटा इत्यादि।
	आंध्र प्रदेश	नार्गाजुनकोंडा, पिक्लीहल, उतनूर
	तमिलनाडु	पायमपल्ली

तालिका-7: ताम्र-पाषाणकालीन संस्कृतियां

क्षेत्र	संस्कृति	प्रारूप स्थल	अन्य स्थल
बलूचिस्तान	बलूची संस्कृति	मेहरगढ़	नाल, कुल्ली, जोब, क्वेट
सिंध	आमरी संस्कृति	आमरी	.....
सिंध	कोटदीजी संस्कृति	कोटदीजी	.....
उत्तरी-पश्चिमी राजस्थान	सोथी संस्कृति	कालीबंगा	.....
उत्तरी-पूर्वी राजस्थान	गणेश्वर संस्कृति	गणेश्वर	83 स्थल
दक्षिणी-पूर्वी राजस्थान	बनास संस्कृति	आहाड़	गिलंड एवं 90 अन्य स्थल
पश्चिमी म.प्र.	मालवा संस्कृति	नवदाटोली	कायथा, डंगवाड़ा, एरण एवं अन्य 100 स्थल
पश्चिमी महाराष्ट्र	सवालदा संस्कृति	जोर्वे	100 स्थल
पश्चिमी महाराष्ट्र	जोर्वे संस्कृति	जोर्वे	दायमाबाद, इनामगांव, नेवासा, सोनगांव एवं अन्य 200 स्थल
उत्तर प्रदेश	गेरुवर्णी मृद्भांड संस्कृति (ओसीपी)	अतरंजीखेड़ा	लालकिला, साइपेई इत्यादि

तालिका-8: प्रागैतिहासिक भारत का कालक्रम

ई.पू. 7000	कृषि (जौ व गेहूँ) पशुपालन, पूर्व मृद्भांड स्तर पर स्थिर जीवन की मेहरगढ़ में शुरूआत
ई.पू. 4700	हस्तनिर्मित एवं लेपयुक्त टोकरी मृद्भांड तथा कपास का उपयोग
ई.पू. 4000	चाक निर्मित मृद्भांड एवं तांबे का प्रयोग
ई.पू. 3500-2500	पूर्व-हड़प्पाई क्षेत्रीय संस्कृतियां
ई.पू. 2500-2000	नगर केन्द्रों व बंदरगाहों के साथ केन्द्रीकृत व परिपक्व हड़प्पाई चरण। गुजरात में दो फसलें एक साथ उगाने की शुरुआत।
ई.पू. 2000-1300	हड़प्पोत्तर स्थानीय संस्कृतियां। उ.प्र. भारत में दो फसलें।
ई.पू. 850-400	हड़प्पोत्तर स्थानीय संस्कृतियों के साथ, पशुचारण व कृषि आधारित चित्रित धूसर मृद्भांड संस्कृति का विलय। लोहे का सीमित प्रयोग।
ई.पू. 700-100	गंगा के मैदान में शहरीकरण तथा लोहे के व्यापक उपयोग के साथ उत्तरी काले चमकदार मृद्भांडों की संस्कृति।

तालिका-9: बेलन घाटी (उ.प्र.) के पुरातात्विक चरण

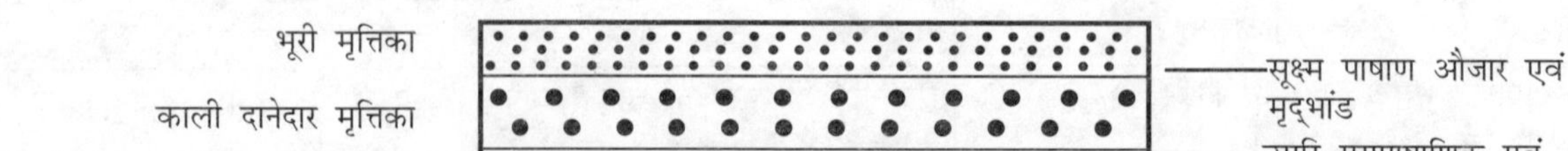

बेलन नदी (उ.प्र.) का आरेखीय विभाजन (मजूमदार एवं राजगुरु के पश्चात्)

1.4 पुरातात्विक शब्दों की शब्दावली

आहाड़ संस्कृति राजस्थान के आहाड़ स्थान पर पाई गई संस्कृति के अवशेष। यह बनास संस्कृति के नाम से भी जानी जाती है क्योंकि यह स्थान बनास नदी के किनारे बसा हुआ था।

अश-माउंड इस टीले का निर्माण गोबर तथा जानवरों के अवशेष के इकट्ठा होने से बना है और यह दक्षिणी नवपाषाणिक संस्कृति से संबंधित है। यह करीब 2000-1000 ई.पू. का है।

अवल ये पत्थर, हड्डी या धातु के बने नुकीले औजार थे जिनका प्रयोग चमड़े, लकड़ी आदि में छेद करने में किया जाता था। इन्हे रंधक भी कहा जाता था।

काले तथा लाल बर्तन ऐसे बर्तन जिनकी आंतरिक तंथा शीर्ष की बाहरी सतह काले रंग की और नीचे की बाहर सतह लाल है। भारत में ऐसे बर्तन 2000 ई.पू. के लगभग पाए गए थे जो कुछ परिवर्तन के साथ ई.पू. के प्रारंभ तक मिलते थे।

काले के ऊपर लाल रंग वाले बर्तन लाल रंग के बर्तनों पर काले रंग की पेंटिंग की गई है।

बुरीन पत्थर से बने औजार थे जिनका एक किनारा इतना शल्कदार होता था कि वह रुखानी या छैनी का काम करता था। इसका प्रयोग नक्काशी के लिए किया जाता था।

प्रमार्जक अनेक धातुओं से बने औजार हैं जिनका प्रयोग बर्तनों को चिकना तथा चमकीला बनाने के लिए किया जाता था।

कार्बन-14 डेटिंग प्राचीन समय का तिथिकरण करने का एक तरीका है। यह इस सिद्धांत पर आधारित है कि कार्बन-14 एक रेडियोधर्मी कार्बन है जो वातावरण में लगातार बनता रहता है और बाद में सभी जीवित प्राणियों का एक अंग बन जाता है। सभी सजीव प्राणी कार्बन-14 को धारण करते हैं और सामान्य कार्बन-12 एक निश्चित अनुपात में पाए जाते हैं। जैसे ही वह जैव मरता है, उसके पश्चात् वह कार्बन-14 को प्राप्त करना बंद कर देता हे। और दूसरी तरफ उस पदार्थ में उपस्थित कार्बन-14 की मात्रा समय के साथ-साथ क्षीण होना प्रारंभ हो जाती है और वह भी रेडियोधर्मी विकरण के नियमानुसार। कार्बन-14 के क्षय होने की दर तथा कार्बन-14 और कार्बन-12 के अनुपात (जो क्षय नहीं होता) की गणना कर उस जैव की जीवन अवधि या प्राचीनता का अंदाजा लगाया जाता है इस विधि को कार्बन-14 डेटिंग कहा जाता है।

सेल्ट पत्थर, तांबे या लोहे की बनी हुई कुल्हाड़ी। इसमें से एक नवपाषाणिक युग का बना हुआ औजार है। इसका प्रयोग हाथ में सीधा रखकर करते हैं या उसमें लकड़ी का डंडा लगाकर प्रयोग में लाते हैं।

गंडासा प्रारंभिक पुरापाषाण युग का बना हुआ एक औजार है जो बटिया पर बनाया जाता था और इसका प्रयोग काटने में लिया जाता था।

विदारक प्रारंभिक पुरापाषण युग का बना औजार जो चौड़ी रुखानी जैसी धार वाली होता था जो दो बड़े शल्कों के मिलने से बनता था।

तांबे की ढेर यह एक धातु है जिससे औजार बनाए जाते थे। ये एक ही स्थान पर काफी मात्रा में ढ़ेर के रूप में पाया गया है। इनमें प्रमुख है-अंगूठियां, तलवार, विदारक, सेल्ट इत्यादि। ये मुख्यतः बिहार, उत्तर प्रदेश, ओडिशा, मध्य प्रदेश, गुजरात तथा मैसूर के कुछ भागों में भी पाए गए हैं। ये प्रायः 1900-1300 ई.पू. के हैं।

हाथ की कुल्हाड़ी बादाम में आकार जैसा औजार जो परतों को नीचे तथा ऊपर से उतार कर बनाई जाती थी। यह पूर्वपाषाण युग में पाई जाती थी।

मत्स्य भाला यह हड्डी या पत्थर का बना हुआ कंटीला तथा नुकीला औजार है, जिसका प्रयोग जल-जीवों के पकड़ने में किया जाता था।

होलोसीन यह एक भौगोलिक अवधि है जो नूतन भूतल अवधि के बाद शुरू होकर वर्तमान युग तक की है। इसका प्रारंभ करीब 10,000 हजार वर्ष पूर्व हुआ था।

जार्वे संस्कृतिक यह महाराष्ट्र में पाए गए अवशेष के नाम से पुकारी जाने वाली संस्कृति है। इसके लाल बर्तन प्रायः निष्प्रभ सतह वाले, काली कलाकृतियों के साथ होते थे। यह उत्तरी दक्कन की ताम्र पाषाण युग का प्रतिनिधित्व करती है। यह संभवतः 1600-1000 ई.पू. की है।

खरोष्ठी यह इस महाद्वीप के उत्तरी-पश्चिमी क्षेत्र में प्रयोग की जाने वाली लिपी थी जो तीसरी सदी ई.पू. से प्रथम शताब्दी मध्य तक की थी। पड़ोसी देशों में यह बाद में भी प्रयोग में आती रही। इसे दाहिने से बाएं लिखा जाता था।

मद्रासी प्रारंभिक पुरापाषाण युग से संबंधित दक्षिणी भारत में पाए जाने वाले औजार हैं। यहां पाए गए औजारों, जैसे-हाथ की कुल्हाड़ी, विदारक इत्यादि के कारण इसे मद्रासी संस्कृति कहते हैं।

मालवा पात्र मध्य प्रदेश के दक्षिण-पश्चिम क्षेत्र में अवस्थित मालवा नामक स्थान पर पाए गए बर्तनों के अवशेष को मालवा पात्र कहते हैं। इन्हें लाल रंग की सतह पर काले या भूरे रंग द्वारा चिन्हित किया गया है। ये मध्य भारत के ताम्रपाषाणिक युग का प्रतिनिधित्व करते हैं, जो संभवत: 1700-1000 ई.पू. काल का है।

मेगालिथ दफनाने की एक विशेष प्रक्रिया है जो बड़े पत्थरों के मिलने से बनाई जाती थी। इनके विविध प्रकार हैं, जैसे- महापाषाण टूब., गढ्ढा खोदकर दफनाना, उर्न, मेनहिर इत्यादि। इनमें से कई ऊपर से वृत्ताकार रूप में पत्थर द्वारा चिन्हित हैं। पूर्वी तथा उत्तरी-पूर्वी भारत के सांस्कृतिक संबंधों का मेगालिथ के संदर्भ में पता करना अभी बाकी है। दक्षिण भारत में लौह औजारों से संबंधित और काले तथा लालवर्णी बर्तनों की तिथि संभवत: 1000 ई.पू. से 100 सदी की हो सकती है।

माइक्रोलिथ पत्थरों के बने हुए छोटे-छोटे काफी सुंदर औजार। आकार के आधार पर इनका विभाजन दो वर्गों में किया गया है-बिना ज्यामितीय आकार वाले जिनमें प्रस्तर, विदारक, इत्यादि प्रमुख हैं और ज्यामितीय आकार वाले त्रिभुजाकार, चतुर्भुजाकार आकार वाले औजार। साक्ष्यों के आधार पर यह पता चलता है कि बिना ज्यामितीय आकार वाले औजारों की तिथि 6000 ई.पू. की है।

मध्य पाषाणिक युग पाषाणिक युग का एक भाग जो पुरापाषाण तथा नवपाषाण युग के बीच पड़ता है। इस काल में मध्यम आकार के औजार प्रस्तर, विदारक, गंडासा आदि अच्छे पत्थरों से बने होते थे।

नस्तालिक अरब की लिपि का एक सुसज्जित नमूना है। यह 14वीं शताब्दी के लगभग प्रयोग में आया जो नुस्ख तथा तालिका परंपराओं के मिलने से बना है। इसमें अक्षरों की आकृति नस्ख की अपेक्षा गोलाकार है।

उत्तरी काले चमकीले मृद्भांड (NBW) एक विशेष प्रकार का बर्तन जो सतह पर काफी चमकीला और कभी-कभी भूरे, चांदी तथा सोने के रंग का पाया गया है। यह पहिया द्वारा बनाया जाता था। सामान्यतया पतले-पतले खंड़ों में विभाजित था और धातु की अंगूठी के आकार की तरह का दिखता था। कटोरे तथा थालियों का आकार सामान्य होता गया। यह मुख्यत: उत्तरी भारत में पाया गया है। इसके अलावा इसके अवशेष अफगानिस्तान, ओडिशा तथा आंध्र प्रदेश में भी पाए गए हैं। इसका काल 600-200 ई.पू. का है।

गेरुवर्णी पात्र खराब स्थिति में पाए गए गुलाबी रंग से लेकर गाढ़े लाल रंग के बर्तन। स्पर्श करने पर इनका गेरुआ रंग हाथों में लग जाता है। इसी कारण इनका नाम गेरुवर्णी पात्र रखा गया है। ये मुख्यत: गंगा की ऊपरी घाटी में पाए गए हैं। ये संभवत: 1200 ई.पू. के हैं।

चित्रित धूसर मृद्भांड चित्रित मृद्भांड या धूसर रंग से रेखांकित किए गए और जिनके बीच में काले चिन्ह हैं। ये पहिए द्वारा बनाए गए हैं, पतले-पतले खंडों में विभाजित हैं। इनकी कटोरियों तथा थालियों के आकार में एकरूपता है। ये मुख्यत: पंजाब, दिल्ली तथा उत्तर प्रदेश और उत्तरी राजस्थान में पाए गए हैं। ये प्राय: 1100-600 ई.पू. काल के हैं।

पी.जी. डब्ल्यू. संस्कृति चित्रित धूसर मृद्भांड के आधार पर इस संस्कृति का नाम रखा गया है। इस संस्कृति के प्रारंभिक दिनों में तांबे का प्रयोग और बाद के दिनों में लोहे का प्रयोग पाया गया है। मुख्यत: पंजाब, उत्तर प्रदेश तथा उत्तरी राजस्थान में पाए गए हैं। ये 1100-600 ई.पू. के काल के हैं।

नूतन भूतल युग यह एक भौगोलिक युग है, जो वर्तमान युग के पहले का काल है। इस युग में वर्तमान मानव का अवतरण हुआ। इसी युग में बैल, हाथी तथा घोड़े का विकसित रूप बना।

चमकदार पाषाणिक औजार इस युग में पत्थर के औजार काफी चमकीले होते थे, जिनकी धार बहुत तेज होती थी और इनके कुंदे नुकीले होते थे। ये नवपाषाण युग के महत्वपूर्ण औजार थे और इनका निर्माण छीलकर, पीटकर तथा चंचु प्रहार कर होता था।

दफनाने के बाद पद्धति शव का अंतिम संस्कार करने के बाद हड्डियों को दफनाने की प्रक्रिया।

छिद्रित चिन्हित सिक्के चांदी तथा तांबे के बने वर्गाकार सिक्के, जिन्हें किसी आकार से छिद्रित किया जाता था। ये करीब 600-200 ई.पू. के हैं।

प्रागैतिहासिक काल भारत में इतिहास की पहली शुरुआत। यह काल मुख्यत: उत्तरी पाषाण युग तथा 6वीं ई.पू. में जनपकों के निर्माण के बीच का काल है। इसलिए इस काल में सिर्फ सिंधु सभ्यता को ही नहीं (इसी काल में लोगों ने लिखना शुरू किया था), बल्कि अन्य संस्कृतियों को भी रखा

गया है, जो ज्यादा विकसित नहीं थीं किंतु जिन्होंने ऐतिहासिक काल से ठीक पहले अपनी स्थिति का अनुभव कराया।

पत्थरनुमा गुफा वे स्थान जो पहाड़ों के पत्थरों पर स्थित थे जो प्राकृतिक बड़े आकार वाले पत्थरों से बने थे और जिनका प्रयोग आदम जाति करती थी।

दांतेदार चक्र मृद्‌भांड ऐसे बर्तन जो चिन्हित बिंदुओं के कारण जाने जाते हैं और जो रूलेट की मदद से बनाए जाते थे। थालियों का आकार अंतर्मुखी होता था जो दांतेदार चक्र की शक्ल का था। ये बर्तन पहियों द्वारा बने धूसर या काले रंग के हैं। ये अच्छी तरह आग में पकाए जाते थे और एक धातु के गोलाकार छल्ले की तरह होते थे। इन बर्तनों का आकार संभवत: भूमध्य सागरीय प्रजाति के बर्तनों से मिलता है। ये मुख्यत: दक्षिण भारत तथा प. बंगाल के कुछ क्षेत्रों में पाए गए हैं। ये क्रिस्टोशियम काल के प्रारंभ से लेकर 200 ई. तक के हैं।

गेरुवर्णी चित्रित मृद्‌भांड इसके बर्तन मुख्यतया आयताकार या वृत्ताकार है और उनके ऊपर गेरू रंग चढ़ाया गया है। इनके मुख्यत: आकार कटोरे और थालियों की हैं। मुख्यत: दक्षिणी भारत में पाए गए हैं और इनका काल 50-200 शताब्दी का हैं।

खुरचनी पत्थर, हड्डी या धातु का बना हुआ औजार जिसे मुख्यतया खुरचने के काम में लाया जाता था, खासकर जानवरों की खाल खींचने तथा लकड़ी के सामान को समतल बनाने में।

चिकनी मिट्टी घोल चिकनी मिट्टी का घोल जिसका प्रयोग बर्तनों को आग में पकाने से पूर्व उनके ऊपर चिकनाई लाने के लिए किया जाता था।

टेरी स्थल (Teri-sites) बालू से बने हुए टीले जो तमिलनाडु के तटीय क्षेत्रों में पाए गए हैं। नवपाषाण युग के माइक्रोलिथ टीलों पर मिले हैं।

मृण्यमूर्ति इस शब्द का इस्तेमाल मिट्टी से बनाए हुए पक्के बर्तनों के लिए किया जाता था।

1.5 सिंधु क्षेत्र के बाहर ग्रामीण तथा कृषक समुदाय

नवपाषाण अवस्था

नवपाषाण संक्रमण काल में जमीनी उपयोगिता की तुलना में तकनीकी परिवर्तन कम प्रभावकारी रहा। यदि मनुष्य ने आखेटक तथा खाद्य संग्राहक के रूप में हजारों वर्ष जीवन व्यतीत किया, तो प्रश्न यह है कि कौन-से कारक हैं जिन्होंने मनुष्यों को कृषक तथा पशुपालक बनाया? कब और कैसे मनुष्यों का संबंध कुछ पौधों तथा पशुओं के साथ इतनी तेज रफ्तार के साथ बदला कि इन प्रजातियों में भी अभूतपूर्व जैविक परिवर्तन हुआ? इन प्रश्नों का उत्तर सिर्फ पारिस्थितिकी सोच ही दे सकती है।

हजारों वर्षों तक आखेटक तथा खाद्य संग्राहक का जीवन व्यतीत करने के पश्चात् लोग गांवों में बसने लगे और कृषक तथा पशुपालक का जीवन व्यतीत करने लगे। यह संयोग की बात है कि व्यवस्थित जीवन व्यतीत करने तथा पशुओं के पालतू बनाने के क्रम में मनुष्य गेहूं, जौ, भेड़ तथा बकरी इत्यादि के संपर्क में आया, जिनके पूर्वज तथा प्रजातियां काफी विस्तृत किंतु व्यतिक्रमीत अवस्था में एशिया के ऊपरी क्षेत्रों से तुर्की तथा अफगानिस्तान में फैले थे। सबसे पहले इसके अवशेष दक्षिण एशिया के मेहरगढ़ में (6000 ई.पू.) पाए गए हैं।

दक्षिण एशिया में ऐसी कोई निश्चित अवधि का पता नहीं चला है जिससे यह माना जाए कि इस समय में आखेटक तथा खाद्य संग्राहक की जीवन शैली छोड़कर लोग कृषि तथा पशुपालन करने लगे थे। नवपाषाण युग विभिन्न क्षेत्रों में विभिन्न प्रकार से, विभिन्न स्तरों पर एक विशेष प्रकार के पत्थर और मृद्‌भांड की तकनीक तथा अलग-अलग तरह के पशुओं के साथ आया।

स्पष्टत: नवपाषाणीय अर्थव्यवस्था स्थानीय पशुओं के पालतू बनाने को उत्सुक नहीं थी। नवपाषाण संस्कृतियां जो झेलम घाटी, गारो तथा उत्तरी चांचर पहाड़ियों में पाई गई हैं, वे एक अलग तरह की विचित्रता को दर्शाती हैं, जिससे यह लगता है कि इनका शिल्प कलात्मक संबंध इस महाद्वीप के बाहर स्थित संस्कृतियों से रहा है। दूसरी तरफ, ओडिशा में हमें उत्तर-पूर्व तथा दक्कन पठारी संस्कृतियों का सम्मिश्रण मिलता है।

विभिन्न संस्कृतियों का विस्तृत विवरण नहीं दिया जा सकता क्योंकि कुछ संस्कृतियों के बारे में हमें सिर्फ तिथिविहीन तथ्यों पर निर्भर रहना पड़ता है और में हम जैविक तथा जंतु समूह संबंधी प्रमाण भी उपलब्ध नहीं पाते है।

कद्दी मैदानी क्षेत्रों की तरह विंध्य पठार की बेलन घाटी तथा गंगा के मैदानी क्षेत्रों में इलाहाबाद का इलाका काफी महत्वपूर्ण है। यहां हमें पुरापाषाण युग, मध्य पाषाण युग तथा प्रारंभिक नवपाषाण युग के घटनास्थल एक क्रम में मिले हैं।

यहां से हमें चावल के अवशेष तथा कूबड़वाले पशुओं में पालतू होने का संकेत भी मिला है। संक्रमण काल की अवधि अभी विवाद का मुद्दा बनी हुई है।

ताम्रपाषाणिक युग

हड़प्पा सभ्यता के पश्चात हमें ताम्रपाषाणिक संस्कृतियों का एक सिलसिला मिला है, जो 2000 ई.पू. की हैं और जो भौगोलिक रूप से उदयपुर के उत्तर-पूर्व में स्थित बनास तथा बेचान दोआब से होते हुए मालवा और पश्चिम महाराष्ट्र में भीमा घाटी तक गई है।

कुछ मुख्य स्थानों-दंगवाडा तथा उज्जैन के नजदीक कायथा और प्रवारा के पास दायमाबाद-का स्तरित शैल विज्ञान पद्धति द्वारा अध्ययन करने पर यह पता चला है कि कायथा संस्कृति के बाद बनास, फिर मालवा और तब जार्वे संस्कृति का विकास हुआ है। इस प्रकार यह संभव है कि हम लगभग एक शताब्दी तक महत्वपूर्ण क्षेत्रों खासकर पश्चिमी मध्य भारत में प्रभावित करने वाले सांस्कृतिक विकास और उनके विचारों के आदान-प्रदान का अध्ययन कर सकें और उनके आधार पर ''दक्षिणी नवपाषाणिक'' बस्तियों के विकास स्थल कृष्णा तथा तुंगभद्रा का भी अध्ययन कर सकें।

प्रारंभिक लौहावस्था

जिस तरह व्यवस्थित ग्रामीण जीवन शैली के उदय ने विभिन्न क्षेत्रों में विभिन्न रूप लिए, वैसे ही लोहे के प्रयोग ने विभिन्न क्षेत्रों में विभिन्न तरीकों से लोगों की जीवन शैली को प्रभावित किया। दक्षिणी एशिया के छह प्रमुख क्षेत्रों से लोहे के प्रयोग की प्राचीनता को जानने के लिए एक सर्वेक्षण (Survey) किया गया जिससे यह पता चलता है कि यहां पर काफी मात्रा में लौह अयस्क (जो आसानी से पिघलाया जा सकता था) पाया गया है।

रेडियो कार्बन पद्धति से पता चला है कि मालवा क्षेत्र में करीब 1100 ई.पू. लोहे का प्रयोग शुरू हो गया था। यह बात इस आधार पर कही गई है कि मालवा में ताम्रपाषाणिक युग के पश्चात् लौहावस्था आई थी। प्राप्त साक्ष्य बतलाते हैं कि दोनों अवस्थाओं में एक निरंतर संबंध है। मालवा में ताम्रपाषाणिक युग का अंत करीब 1300 ई.पू. का है।

प्रथम लोहे के प्रयोग का एक निश्चित स्थान या क्षेत्र खोजना बहुत महत्वपूर्ण प्रश्न नहीं है क्योंकि बहुत कम ही रेडियो कार्बन तिथि उपलब्ध हैं। यह बात निश्चित रूप से कही जा सकती है कि किसी एक क्षेत्र विशेष में लोहे का प्रयोग नहीं हुआ होगा अपितु कुछ शताब्दियों के अंदर ही बहुत सारे समुदायों ने लोहे का प्रयोग शुरू कर दिया होगा।

यह स्पष्ट है कि लोहे के अगणित प्रयोग गंगा-यमुना दोआब क्षेत्र में मिलते हैं। इन स्थलों पर जनसंख्या का दबाव उत्तरी हड़प्पा की तुलना में ज्यादा था। मगध के राजतंत्रों तथा कोशल और उत्तरी गणराज्यों का उदय ऊपरी लौहावस्था के परिप्रेक्ष्य में देखा जाता है।

डी. डी. कौशांबी ने 1963 में इस बात की घोषणा की थी कि इतने बड़े पैमाने पर जंगलों का काटा जाना तथा कृषि व्यवस्था का गंगा घाटी में अपनाया जाना बिना लोहे के प्रयोग के संभव नहीं हो सकता। पुरातात्वविद् उत्तर भारत में लौह तकनीक के प्रयोग बस्तियों के बनने के आधारभूत तत्वों तथा राजनीतिक विकास के मध्य संबंध का अध्ययन कर रहे हैं।

1.6 भौगोलिक ढांचा तथा पशुपालकों और कृषक समुदायों की विशेषताएं (2000-500 ई.पू.)

उत्तर-पश्चिम सीमांत तथा कश्मीर

यह क्षेत्र तीन खंडों में बंटा हुआ है- पेशावर तथा तक्षशिला के बीच का क्षेत्र जिसमें पेशावार घाटी तथा पोतवार का पठार सम्मिलित हैं, स्वात तथा चित्राल के बीच का क्षेत्र, और कश्मीर की घाटी।

पोतवार पठार के सरायखोला का नवपाषाणिक स्तर कोटदीजी से संबंधित जानकारी देता है तथा ऐसा प्रतीत होता है कि यह सारा क्षेत्र तत्कालीन हड़प्पा से व्यापारिक स्तर पर जुड़ा था।

स्वात-चित्राल क्षेत्र में अनेक पुरातात्विक स्थान मिले हैं जो यह दर्शाते हैं कि यहां के लोग विभिन्न प्रकार की धातुएं, पत्थर तथा अन्य चीजों का इस्तेमाल करते थे, जिनमें शंख, मूंगा तथा हाथी दांत संभवतः इस क्षेत्र में सिंधु घाटी से आया था। घुंडई का पत्थरनुमा स्थान, जो करीब-करीब 3000 ई.पू. का है, स्वात-चित्राल की आधारशिला के बारे में बताता है।

इस क्षेत्र से प्राप्त ''आद्य ऐतिहासिक कब्रिस्तान'' 2000 ई.पू. का है। ऐसे कब्रिस्तानों के प्रमाणों तथा संबंधित बस्तियों को ''गांधार कब्र संस्कृति'' के नाम से जाना जाता है और ये कब्रिस्तान नम्यतापूर्ण तथा कलश स्वरूप

(फलेक्सड तथा अर्न) शवाधान से तथा ताम्रपाषाणिक युग से संबंधित है।

कब्रिस्तानों तथा संबंधित बस्तियों का अध्ययन कई स्थानों पर किया गया है, जिनमें मुख्य हैं - लेबनार, अलीग्राम, बीरकोट, घुड़ई, खेराटी, लालबटाई, तिमरगढ़, बालाम्बात, कालको-दीरेय तथा जरीफ करुणा जो चित्राल स्वात, दिर बनर इत्यादि घाटियों में स्थित हैं।

कश्मीर में तीस से अधिक नवपाषाणिक घटनास्थल पाए गए हैं जिनमें से ज्यादा बारामूला, अनंतनाग तथा श्रीनगर खंड क्षेत्रों में पाए गए हैं। इतने बड़े क्षेत्रों में इसका फैला होना इस बात की और इंगित करता है कि यहां की संस्कृति मैदानी क्षेत्रों में पाई गई संस्कृतियों से भिन्न नहीं है।

पुरातत्व के स्तर पर यह बात स्पष्ट है कि गुफकराल में कुंडलीनुमा तांबे की बालों की चिमटी तथा बुर्जहोम में कोटदीजी की तरह गोलाकार बर्तन पर ''सिंहनुमा देवी'' का चित्रण, कश्मीर तथा सिंधु सभ्यता के बीच आपसी आदान-प्रदान था।

गुफकराल का एकरमिक (acirmic) युग यह बताता है कि इस समय तक छोटे तथा बड़े-बड़े रहने वाले कमरों का निर्माण हो चुका था। छिछले तथा बड़े कमरों का निर्माण पहले के युगों में भी पाया गया है। बाद के युगों में दो कमरों वाला मकान भी मिलता है। चटाईनुमा आधार वाले हाथ से बने हुए भूरे रंग के बर्तन कश्मीर के नवपाषाणिक युग की एक विशेष कृति है। इस प्रकार के बर्तन गुफकरशल तथा बुर्जहोम में पाए गए हैं। कश्मीर का नवपाषाणिक युग दो हजार ई.पू. के मध्य तक महापाषाणिक युग में परिवर्तित हो गया था।

उत्तर-पूर्व राजस्थान

सहीबी नदी के तट पर जोधपुरा का बड़ा-सा टीला मिला है, जो ज्ञानेश्वर-जोधपुरा संस्कृति का पहला साक्ष्य है। यह टीला चौथी-तीसरी शताब्दी ई.पू. का लगता है। बाद में, निदानकारी बर्तन-पहियों से बना, गुलाबी तथा कत्थई रंगों से उत्कीर्ण चित्र तथा अन्य विभिन्न आकारों में ज्ञानेश्वर में पाया गया है, जो दिल्ली-जयपुर रेलवे लाइन के छोटे अरावली पहाड़ों में मिला है।

ज्ञानेश्वर से काफी मात्रा में तांबे के औजारों विशेषकर तीरों के मिलने के बाद इस संस्कृति पर ध्यान गया जो यहां पर उत्खनन् में पाई गई थी। पुरातत्वविदों ने ज्ञानेश्वर का पुनः खनन किया और वहां काफी संख्या में इस तरह के औजार (करीब 83 की संख्या में) पाए गए, जो उत्तर-पूर्व राजस्थान के विभिन्न क्षेत्रों - सीकर, जयपुर तथा चुरू जिलों में स्थित हैं। उत्तर-पूर्व राजस्थान का महत्व तांबे के खनन् तथा संबंधित कार्यों के कारण है। ज्ञानेश्वर, जो 3 या 4 एकड़ से बड़ा क्षेत्र नहीं है, वहां से लगभग 2000 तांबा निर्मित साक्ष्य मिले है और जब ऐसे-ऐसे 83 घटनास्थल हों तो यह अनुमान लगाया जा सकता है कि वहां पर तांबे का इस्तेमाल किस स्तर पर हुआ होगा।

दक्षिण-पूर्व राजस्थान

दक्षिण-पूर्व राजस्थान के तीन ताम्रपाषाणयुगीन क्षेत्रों- आहाड़, गिलन्द तथा बलथल- का सही ढंग से पुरातत्वविदों ने अध्ययन किया है जो वहां की बनास, बेरॉच तथा उसकी सहयोगी नदियों द्वारा जल प्राप्त किया करते थे। आहाड़ या बनास संस्कृति के स्थलों की संख्या नब्बे से अधिक है, जो उदयपुर, चित्तौड़गढ़, भीलवाडा, अजमेर, जयपुर तथा टोंक जिलों में और मध्य प्रदेश के मंदसौर जिले में पाई गई है।

संस्कृतियों की गति समान रूप से दक्षिण-पश्चिम से उत्तर-पूर्व गिलंद राजस्थान की और तथा बेरॉच एवं बनास की और उन्मुख थी। आहाड़ स्थल नदियों के किनारे स्थित थे जिनका आकार एक-दो एकड़ से लेकर दस एकड़ तक का था और दो भिन्न स्थलों के बीच की दूरी पांच से दस मील की थी।

आहाड़ संस्कृति की बड़ी विशेषता यह है कि यहां के लोग तांबे की धातु-विद्या से परिचत थे। आहाड़ में उपस्थित खनिज उरेहित मनका, लेपिस-लेजुली तथा रंगपुर जैसे आकर्षक लाल बर्तन इस बात को दर्शाते हैं कि इनका संबंध गुजरात स्थित हड़प्पा संस्कृति से रहा होगा। दूसरी ओर, इस संस्कृति का विस्तार मालवा की तरफ और दक्कन तक (जैसे- आहाड़ में महाराष्ट्र का जार्वे बर्तन) भी था।

आहाड़ और गिलंद की संस्कृतियों का उत्खनन (आहाड़ 1953-54 और गुलिंद 1959-60) बहुत पहले हुआ था किंतु (1994-98) में उत्खनित बलथल ज्यादा साक्ष्य प्रस्तुत करता है। इन स्थलों का आरंभिक इतिहास काल आद्य ऐतिहासिक काल द्वारा एक लंबे अंतराल के बाद भरा गया। बलथल के आद्य ऐतिहासिक कालक्रम ने आहाड़ संस्कृति को समझने में एक नया आयाम दिया। इस बात में कोई संदेह नहीं है कि बलथल में आद्य ऐतिहासिक काल का प्रारंभ शताब्दी ई.पू. के लगभग अंत तक हुआ था।

धातु-विद्या का ज्ञान तथा इसका विशेष प्रयोग धातु बने बर्तनों पर किया गया, जो प्रौढ़ हड़प्पा सभ्यता के विकास का

एक उदाहरण है, इससे राजस्थान की अपनी अलग पहचान बनी है। यह इस बात को भी दर्शाता है कि आद्य ऐतिहासिक काल में अरावली क्षेत्र की एक विशेष भूमिका है।

मालवा

मध्य प्रदेश का आद्य ऐतिहासिक अभिलेख मुख्यतया मालवा क्षेत्र से प्रभावित है जो एक विस्तृत उपजाऊ पठार है तथा यह चंबल, काली, सिंधु, नर्मदा, क्षिप्रा, बेतवा आदि नदियों द्वारा सिंचित है। इस क्षेत्र से होकर उत्तर से दक्कन का जाने वाला पश्चिमी भारत को जाने वाला रास्ता है। इस क्षेत्र में ताम्रपाषाणिक अवशेष भी मिले हैं लेकिन उनके वितरण और स्थान-स्थिति का कोई विस्तृत अध्ययन नहीं हुआ है। कई स्थलों पर पुरातात्विक खुदाई हुई हैं किंतु विस्तृत ब्यौरा सिर्फ नागदा, कायथा तथा नावदाटोली का ही उपलब्ध है।

इनमें नवादाटोली अनुक्रमिका प्रदान करता है। मालवा में 100 ताम्रपाषाणिक स्थल पाए गए हैं। साक्ष्य बतलाते हैं कि नवादाटोली एक नाभकीय बस्ती थी। ईरान की बस्तियों से अलग ही चित्र उभरता है। ईरान के तीन तरफ बीना नदी और चौथी तरफ परकोटा तथा खड्ड था। परकोटे के निर्माण की दो अवस्थाएं थीं जो ताम्रपाषाणिक युग के मध्य में बनाया गया था। मालवा के किसी भी अन्य क्षेत्रों से परकोटे (Rampart) के साक्ष्य नहीं मिले हैं।

सबसे महत्वपूर्ण प्रकार के मृद्भांड हैं- लाल पर काले रंग का मृद्भाड़, जो अन्य प्रकार के काले तथा लाल मृद्भांडों से मिलते थे। ताम्रपाषाणिक फलक का प्रयोग इस काल में प्राय: होता था। तांबे के प्रयोग के साक्ष्य कम मिले है यद्यपि नावदाटोली में तांबे की बनी चौड़ी कुल्हाड़ी मिली है। विभिन्न चीजों से बने हुए मनका शिल्प काफी पाए गए हैं। नावदाटोली में कई तरह की फसलें भी पैदा की जाती थी। मालवा संस्कृति नावदाटोली की तरह ही दी गई तिथि यानी दूसरी शताब्दी ई.पू. के मध्य में पड़ती है। मालवा संस्कृति एक तरफ राजस्थान से जुड़ी हुई है तो दूसरी तरफ दक्कन से, लेकिन सबसे विशेष बात मालवा में प्रौढ़ हडप्पा का पाया जाना है। मालवा की ताम्रपाषाणिक संस्कृति के अध्ययन के दौरान अग्निकक्ष तथा दंगवाड़ा में मंदिर पाए गए हैं, जिनमें सांड की पूजा तथा लिंग पूजा के भी साक्ष्य मिले हैं।

महाराष्ट्र

महाराष्ट्र में ताम्रपाषाणिक युग से संबंधित पहला पुरातात्विक खनन जार्वे में (नासिक के नजदीक) हुआ। उसके बाद यह कान निवासा में शुरू किया गया। हाल ही में प्राप्त साक्ष्य दायमाबाद तथा इनाम गांव के बारे में विस्तृत सूचना नहीं देते। प्रारंभिक बस्तियों का प्रतिनिधित्व करने वाली सावल्दा संस्कृति ताप्ती और गोदावरी नदियों के बीच में स्थित थी। इस संस्कृति का उद्गम संभवत: तीसरी शताब्दी के अंत तथा दूसरी शताब्दी ई.पू. के प्रारंभ में हुआ था।

कायथा क्षेत्र में हुए शोध कार्य के आधार पर सावल्दा संस्कृति के बारे में यह कहा जाता है कि यह संस्कृति अर्द्ध-घुमक्कड़ समुदाय वालों की थी। यह व्याख्या संभवत: उन स्थलों पर पाए गए घरों तथा वहां के स्थानीय अर्द्ध-घुमक्कड़ धांगर समुदाय की तुलना के आधार पर की गई है।

दायमाबाद में सावल्दा संस्कृति के द्वारा लगभग तीन हैक्टेयर जमीन ली गई है लेकिन इसका अर्द्ध खानाबदोशी वाला चित्रण इस बात को दर्शाता है कि यह कैथे से मिली-जुली हुई है। यहां पर आयताकार मिट्टी के घर, ताम्रपाषाणिक फलक की फैक्ट्री, हड्डी तथा पत्थर की विविध वस्तुएं कुछ संख्या में मनकाशिल्प तथा अनेक किस्मों के अनाज मिले हैं।

- महाराष्ट्र में पाये जाने वाले प्रौढ़ हड़प्पा के अवशेष सावल्दा संस्कृति के क्षेत्र में पाए गये हैं। सिंधु सभ्यता की लिपि (दो मृण्यमूर्ति, बटन के आकार की मोहर तथा चार बर्तनों के टुकड़े, सब पर सिंधु लिपि है) जो दायमाबाद में पाई गई है, उससे इसकी पहचान की धारणा विवादास्पद हो गई है।
- दायमाबाद की द्वितीय व्यवस्था करीब-करीब 20 हैक्टेयर में फैली हुई थी। कच्ची ईंटों से बनी एक कब्र 4:2:1 में पाई गई है जो रिहायशी इलाका था और यह कब्र हड़प्पा में निर्धारित मानदंडों से मिलती-जुलती थी। दायमाबाद के सांस्कृतिक स्तरों पर पाए जाने वाले सामान-फलकों की समृद्ध फैक्ट्री, तांबे के बने सामान, मनकाशिल्प तथा पत्थरों के विविध सामान हैं।
- इस काल में दायमाबाद में महत्वपूर्ण वस्तु तांबे की बनी हुई भारी ठोस चीज का पाया जाना है, जिसमें 4 आकृतियां है (जिनका कुल वजन 60 कि.ग्रा. है) इसमें एक मनुष्य को रथ चलाते हुए दिखाया है, एक भैंस चार पहियों वाले प्लेटफॉर्म पर दिखाई गई है, जो चार ठोस पहियों से जुडी हुई हैं, एक हाथी उस प्लेटफॉर्म से जुड़ा हुआ है, एक गैंडा भी चारों पहियों के कक्षों से जुड़ा हुआ दिखाया गया है।

दायमाबाद की तीसरी अवस्था को ''दायमाबाद संस्कृति'' के नाम से जाना जाता है, जो करीब 20 हेक्टेयर के क्षेत्र में फैली हुई थी। इसकी विशेषता काले पॉलिशकृत् लाल मृद्‌भांड हैं। मालवा सांस्कृतिक अवस्था दायमाबाद की चौथी स्थिति को समाहित करती है। इस काल से संबंधित अनेक साक्ष्य मिले हैं। इनमें से कुछ को धार्मिक भावनाकृति माना गया है क्योंकि उनमें अग्निकक्ष भी मिले हैं। इसी समय महाराष्ट्र के विदर्भ क्षेत्र में ताम्रपाषाणिक बस्तियों के अवशेष मिले हैं। जार्वे अवस्था से संबंधित साक्ष्यों का अध्ययन किया गया है। दायमाबाद में बस्तियों का आकार बढ़कर 30 हेक्टयर तक पाया गया है। जार्वे में लगभग 200 बस्तियों का 'वर्णन' मिला है, जिसमें से अधिकांश गांव 1 से 3 हेक्टेयर तक के थे।

इनामगांव में जार्वे संस्कृति की प्रारंभिक अवस्था में सिंचाई सुविधा के साक्ष्य मिले हैं तथा मुख्य आबादी वाले क्षेत्र के पश्चिम में एक बांध भी मिला है। हस्तचलित हल तथा बीज बोने वाली मशीन प्रयोग में लाई जाती थी। मृद्‌भांड, सोने के गहने, तांबे, मिट्टी की बनी मूर्तियां, पशुओं तथा आग की पूजा इत्यादि के संकेत जो ताम्रपाषाणिक युग के गांव की जीवन शैली से मिलता है, वे सभी महाराष्ट्र की इस जार्वे संस्कृति में पाये गये हैं। इस संस्कृति का अंत लगभग 1000 ई.पू. या उसके बाद का है। जार्वे काल के साथ महाराष्ट्र ज्यादा दक्षिण मुखी हो गया, जिसके अवशेष हमें आंध्र प्रदेश तथा दक्षिणी मैसूर तक मिलते हैं।

दक्षिणी भारत

यह क्षेत्र ''दक्षिणी नवपाषाणिक संस्कृति'' के नाम से जाना जाता है, जो भौगोलिक विचित्रता के साथ तीन ''राज्यों'' के मिलने से बना है। इसमें कर्नाटक का पठारी भाग समाहित है जो तमिलनाडु के उत्तर पश्चिमी भाग तथा आंध्र प्रदेश के तेलांगना और रॉयलानीमा के बीच का दोआब है। यहां अध्ययन का मुख्य केन्द्र ''दक्षिणी नवपाषाणिक संस्कृति'' है क्योंकि यहां ऐतिहासिक अनुसंधान की एक लंबी परंपरा रही है और चर्चा का मुख्य विषय नवपाषाणिक युग का राख भरा टीला तथा उनकी बस्तियों की भौगोलिक स्थिति रही है।

इस क्षेत्र का एक बड़ा हिस्सा दो दोआबों से आता है– *पहला*, रायचूर का दोआब जो कृष्णा और तुंगभद्रा नदी के बीच पड़ता है। *दूसरा* सोरापुर का दोआब भीमा तथा कृष्णा नदियों के बीच में पड़ता है। कुछ स्थल तुंगभद्रा नदी के पूर्व में भी पाए गए हैं। नवपाषाणिक स्थल इस क्षेत्र में काफी हैं, अकेले तेकलाकोटा में उन्नीस नवपाषाणिक स्थल पाए गए हैं। इस क्षेत्र में ग्रेनाइट वाली बड़ी पहाड़ी तथा नदियों का किनारा संभवतः नवपाषाणिक लोगों के विकास के लिए एक बड़ा ही उपयुक्त स्थल था। निम्नलिखित मुख्य स्थलों का पुरातात्विक दृष्टि से खनन किया गया है- ब्राह्मगिरि, मास्की, पिकलीहल, उत्तनूर, कुपगल, हल्लुर, नागार्जुनकोंडा, वीरापुरम्, रामापुरम्, हेमीगे, संगनक्कालू, पल्लाओ, पैमापल्ली, तेकलाकोता, कोदेकल बनहल्ली इत्यादि।

अभी हाल ही में दक्षिणी नवपाषाणिक संस्कृति का एक नया स्थल वतगल खोजा गया है, जो पिकलीहल तथा रायचूर के मास्की क्षेत्र से काफी दूर नहीं है। यदि वलगत इस संस्कृति पर कुछ प्रकाश डाल सका तो यह निश्चित ही एक महत्वपूर्ण उपलब्धि होगी। सोरापुर दोआब में बुदीहाल ने नवपाषाणिक संस्कृति के बारे में सामान्य सूचना दी है।

आंध्र प्रदेश में ताम्रपाषाणिक संस्कृति काफी विस्तार पर पाई है। कुरनूल क्षेत्र में बहुत सारे स्थल मिले हैं। सिगनापल्ली एक ऐसा सांस्कृतिक क्षेत्र है जहां से काफी मात्रा में रंगीन बर्तन, पत्थरों के बने हुए फलक आदि पाए गए हैं। आंध्र नवपाषाणिक संस्कृति संभवतः तमिलनाडु तथा कर्नाटक की संस्कृतियों के अनुरूप है और यह महाराष्ट्र से ज्यादा प्रभावित रही है क्योंकि जार्वे के मृद्‌भांड इस क्षेत्र में पाए गए हैं।

महाराष्ट्र के विदर्भ क्षेत्र तथा दक्षिणी पठार के मध्य के क्षेत्र में मृतकों के दफनाने के विभिन्न तरीके (Megaliths) पाए गए हैं। दफनाने की पद्धति ऐतिहासिक काल में भी काफी विस्तृत क्षेत्र में अपनाई जाती रही है और इसमें कई तरह की मेगालिथिक आकृतियां, जैसे- दीलानुमा वृत्त, महापाषाण तुंब, इत्यादि भी विभिन्न तरीकों से प्रयोग में लाई जाती रही हैं।

- अभी तक गलती से ऐसा माना जाता था कि मेगालिथ इस क्षेत्र का एक स्वतंत्र संस्कृति क्षेत्र है।
- अब यह बिल्कुल स्पष्ट है कि यह सिर्फ इसके दफनाने की प्रक्रिया के कारण से है, जो नवपाषाणिक-ताम्रपाषाणिक संस्कृति के परिप्रेक्ष्य में उत्पन्न होकर एक बड़े क्षेत्र में फैला तथा काफी लंबे समय तक इस संस्कृति का एक अंग था।
- सामान्यतः इसे लोहे से जोड़ते हैं। किंतु इस संभावना से भी इनकार नहीं किया जा सकता है कि यह लौह युग के पहले की संस्कृति हो।

- हल्लुर तथा कुमारांहल्ली जैसे स्थल लौहावस्था संस्कृति की प्रथम अवस्था से जुड़े मालूम पड़ते हैं जो लगभग 1300 ई.पू. का समय है।

पूर्वी भारत

पूर्वी भारत बंगाल, ओडिशा तथा असम तक फैला हुआ है और भू-आकृति विज्ञान के मुताबिक एक जैसा क्षेत्र नहीं है। उपजाऊ घाटियों तथा डेल्टा के क्षेत्र छोड़कर नवपाषाणिक अवशेष (celts) इस पूरे क्षेत्र में पाए गए हैं। इसका संग्रह इतना ज्यादा है कि इसे विभिन्न समूहों तथा उप-समूहों में बांटना पड़ा है। प्रतीकात्मक अध्ययन के आधार पर यह पता चला है कि यहां की संस्कृति दो नवपाषाणिक सांस्कृतिक क्षेत्रों में विभाजित है। *पहला भाग* बगांल, बिहार, ओडिशा तथा असम के कुछ क्षेत्रों के मिलने से बना हुआ हैं जो बाद में अन्य कई उप-क्षेत्रों में विभाजित हुआ है। प्रतीकात्मक अध्ययन के अलावा अन्य ऐसा कोई भी साक्ष्य नहीं मिला है जिसके आधार पर यह कहा जा सके कि इतने बड़े क्षेत्र में कृषि होती थी या नहीं।

ओडिशा के कुचाय क्षेत्र में हस्तनिर्मित बर्तन के साथ-साथ पत्थरों की कुछ कुल्हाड़ी तथा बलुआ पत्थर से बना फलक पाया गया है। ओडिशा के ही अन्य क्षेत्र गोलबाई शासन में नवपाषाणिक अवशेष जैसे हड्डियों से बने औजार तथा चाकनिर्मित बर्तन काफी संख्या में पाए गए हैं। ये सारा संकलन संभवतः द्वितीय शताब्दी ई.पू. का है।

1.7 सिंधु सभ्यता के साथ सम्पर्क

सम्पर्कों की विस्तार एवं प्रकृति

उनकी उत्पत्ति की व्याख्या- सैंधव क्षेत्र के बाहर विभिन्न नवपाषाणिक-ताम्रपाषाणिक संस्कृतियों की गहरी जड़ें अपने-अपने क्षेत्रों में अपनी उत्पत्ति की किसी भी व्याख्या को विशुद्धतः भ्रामक शब्दों में अस्वीकार कर देती हैं। इसके लिए एक स्थिर अनुरूप व्याख्या की आवश्यकता है। दक्षिणी-पूर्वी राजस्थान से लेकर दक्कन व आंध्र तक सिंधु-गंगा विभाजक से लेकर ऊपरी दोआब व पूर्वी भारत तक ये संस्कृतियां फैली हैं। यद्यपि इनमें से कुछ संस्कृतियां ईसा पूर्व तीसरी सहस्राब्दी के उत्तरार्द्ध में अस्तित्वमान हुईं किंतु इनसे जुड़ी समद्ध सांस्कृतिक जानकारी ईसा पूर्व दूसरी सहस्राब्दी से ही प्राप्त होती है। दूसरे शब्दों में इन संस्कृतियों के जिन रूपों से हम प्रमुखतः परिचित हैं, मात्र उत्तर-हड़प्पा काल के समकालीन हैं।

आंतरिक भारत की स्थिति- जब चोलिस्तान की हकराघाटी में ईसा पूर्व 2700 के लगभग सिंधु सभ्यता विकसित हो रही थी, उस समय शेष उप-महाद्वीप (विशेष रूप से अरावली के पूर्वी क्षेत्रों में) में क्या स्थिति थी? इस प्रश्न का एकमात्र संभव उत्तर यह है कि आंतरिक भारत (बेलन घाटी व विंध्य के अपवाद की संभावना के साथ) के लोग उस समय मात्र आखेटक थे। आंतरिक भारत में कई आखेट संग्राहक स्थलों से मिले प्रमाण संकेत देते हैं कि अर्थव्यवस्था के इस प्राथमिक आखेटन-संग्रहण चरण के घटकों में पशुओं को पालतू बनाना, प्रारंभिक खाद्य उत्पादन तथा वनस्पतियों का उपयोग करना शामिल था। उदाहरण के लिए पूर्वी राजस्थान में बागोर ईसा पूर्व पांचवीं सहस्राब्दी के मध्य पाषाणकालीन स्तर को प्रदर्शित करता है।

हड़प्पाई लोगों के साथ सम्पर्क की शुरूआत- वृहत्तर सिंधु घाटी, विशेषतः हकरा पाट में कृषक अधिवासी अपने संसाधनों के लिए न केवल सिंधु घाटी के पार पश्चिमी पहाड़ियों की ओर देखते होंगे बल्कि पूर्व के अवदोहन की इच्छा से उस क्षेत्र के आखेटक-संग्राहकों के साथ सम्पर्क की पुष्टि गणेश्वर की सांस्कृतिक दशा से भी हो जाती है जिसकी उत्पत्ति परिपक्व हड़प्पा काल से पहले की मानी जाती है। गणेश्वर का अनुक्रम स्पष्ट करता है कि यहाँ में मध्य पाषाण कालीन आखेटक-संग्राहक समूह तांबे के खनन एवं प्रगलन के माध्यम से पूर्ववर्ती हड़प्पाई लोगों की आवश्यकताओं को परिपूर्ण करते थे।

व्यवस्थित कृषकों के रूप में उनका रूपांतरण- परिपक्व हड़प्पा काल के लोग उत्तरी-पूर्वी राजस्थान में अरावली रेखा (गणेश्वर क्षेत्र इत्यादि) के साथ ही नहीं अपितु सिंधु-गंगा विभाजक से लेकर एक ओर हरियाणा तक तथा दूसरी ओर गुजरात तक सम्पर्क रखते थे। ये व्यापक अवस्थितियां आंतरिक भारत के साथ घनिष्ठ सम्पर्क की संभानाओं को खोलती हैं तथा यह एक पहेली जैसा है कि उत्कीर्णित कार्नेलियन मनके, जो कि एक परिपक्व हड़प्पाकालीन विशिष्टता है, आहाड़ एवं अतरंजीखेड़ा, दोनों स्थलों पर पाये गये हैं। यह सम्पर्क प्रक्रिया उत्तरी महाराष्ट्र तथा मालवा में कई उत्तर-हड़प्पाकालीन बस्तियां अस्तित्व में आ गईं। वास्तव में उत्तर-हड़प्पाई संस्कृति आंतरिक भारत के मुख्य सांस्कृतिक प्रवाह में विलीन हो गई।

इन सम्पर्कों का महत्व

हड़प्पाई लोगों की उत्प्रेरक भूमिका- यह तर्क दिया जा सकता है कि आंतरिक भारत की नवपाषाणिक-ताम्रमाषाणिक संस्कृतियां पूर्व हड़प्पाई, परिपक्व हड़पाई व उत्तर-हड़प्पाई वितरण क्षेत्रों तथा दिल्ली-अरावली-खंभात रेखा के पूर्व में मौजूद उन्नत आखेटक-संग्राहक समूहों के बीच सम्पर्क का परिणाम थीं। कृषि की दिशा में इन समूहों के व्यापक संक्रमण का कारण ऊपरी दोआब से गंगा घाटी की ओर आये तथा गुजरात से मालवा व महाराष्ट्र की ओर आये उत्तर-हड़प्पाई लोगों द्वारा उपलब्ध कराये गये औजार थे। इस संक्रमण के पीछे उत्प्रेरक कारण एक अतिविकसित कांस्ययुगीन सभ्यता के वंशजों का क्षेत्रीय आखेटक-संग्राहकों के साथ सम्पर्क था। विभिन्न क्षेत्रों में इस संक्रमण के विशेष रूप को जानने के लिए अभी व्यापक शोध की आवश्यकता है।

अपेक्षाकृत पहले ही अपने जीवन में बदलाव न लाने का कारण- यह प्रश्न अभी भी शेष रहता है कि आंतरिक भारत के पूर्ववर्ती मध्य पाषाणिक समुदाय पशुपालन व वनस्पति उपयोग की अपनी जानकारी के बावजूद, हडप्पाई लोगों के साथ सम्पर्क से पहले या अपने मध्य उत्तर-हड़प्पाई लोगों की प्रत्यक्ष मौजूदगी के प्रभाव को अनुभव करने से पहले, अपनी अर्थव्यवस्था के आधार को विस्तारित करने में क्यों असफल रहे। इसका कोई तैयार उत्तर नहीं हैं किन्तु मस्तिष्क में एक महत्वपूर्ण बिंदु यही उभरता है कि इन आखेटक-संग्राहकों पर अपनी जीवन-शैली में बदलाव लाने के लिए कोई दबाव नहीं था और साथ ही वनों में वनस्पति व पशु खाद्य पर्याप्त मात्रा में उपलब्ध था।

अभ्यास प्रश्न

1. कौन-सा शब्द औजार परम्परा से संबंधित नहीं है?
(a) माउसटेरियन (b) एक्यूलियन
(c) ग्राउटियन (d) ओल्डवान

2. माइक्रोलिथ पाए जाते थे-
(a) पुरापाषाण (b) मध्यपाषाण
(c) नवपाषाण (d) ताम्रपाषाणिक

3. निम्नलिखित में से कौन पुरापाषाण के आरंभिक युग का मुख्य औजार नहीं है?
(a) खुरचनी (b) हाथ की कुल्हाड़ी
(c) विदारक (d) गंडासा

4. बर्तन बनाने का तरीका मनुष्य के इतिहास में एक बड़ी उपलब्धि थी, यह सबसे पहले कब पाया गया?
(a) निम्न पुरापाषाण युग
(b) मध्य पुरापाषाण युग
(c) ऊपरी पुरापाषाण युग
(d) नवपाषाण युग

5. निम्नलिखित में से कौन-सा पुरापाषाण युग का स्थान और क्षेत्र का युग्म गलत है?
(a) डिडवाना - पश्चिमी राजस्थान
(b) संगकुला - कर्नाटक
(c) उत्तरबैनी - जम्मू क्षेत्र
(d) रिवत - पंजाब (पाकिस्तान)

6. कौन-सा युग्म गलत है?
(a) बुर्जहोम संस्कृति - झेलम घाटी
(b) ज्ञानेश्वर संस्कृति - उत्तर पूर्व राजस्थान
(c) जार्वे संस्कृति - महाराष्ट्र
(d) आहाड़ संस्कृति - मध्य प्रदेश

7. मालवा संस्कृति का कौन-सा ताम्रपाषाणिक स्थान अग्नि-हवन, सांड की पूजा तथा लिंग-पूजा का साक्ष्य प्रस्तुत करता है?
(a) ईरान (b) दंगवाड़ा
(c) कायथा (d) नवदातोली

8. सही कूट को चुनें-

तालिका-I (ताम्रपाषाणिक संस्कृति)	तालिका-II (स्थल)
A. बनास संस्कृति	(i) घालीगवई
B. गांधार संस्कृति	(ii) इनामगांव
C. मालवा संस्कृति	(iii) गिलण्ड
D. सावल्दा संस्कृति	(iv) नावदाटोली

कूटः

	A	B	C	D
(a)	(i)	(ii)	(iii)	(iv)
(b)	(iii)	(i)	(ii)	(iv)
(c)	(i)	(iii)	(iv)	(ii)
(d)	(iii)	(i)	(iv)	(ii)

9. पूर्वी भारत के किस ताम्रपाषाणिक स्थल पर चावल के प्रर्याप्त साक्ष्य मिले हैं?
(a) सेनुयर (b) चिरंड
(c) तारादीह (d) पांड राजार धिबि

10. कौन-सा स्थल गेरुवर्णी मृद्भांड (OCP) संस्कृति से संबंधित नहीं है।
(a) अतरंजी (b) लाल किला
(c) सैपाय (d) महागर

11. कौन-से स्थान पर गढ्ढे वाली बस्तियों के साक्ष्य नहीं मिले हैं?
(a) बुर्जहोम (b) सराय खोला
(c) जलीलपुर (d) गुफकर्ल

12. राख का ढेर (एश-माउंड), जो अभी तक पुरातत्वविदों को उलझाए हुए है, कहां पाया गया है?
(i) महागर (ii) पल्लावोय
(iii) कूपगल (iv) चिरांद
(v) उत्तनूर (vi) कोदेकल
सही उत्तर दिए गए कूटों से चुनें
(a) (i), (ii), (iii) तथा (iv)
(b) (ii), (iii), (iv) तथा (v)
(c) (iii), (iv), (v) तथा (vi)
(d) (ii), (iii), (v) तथा (vi)

13. मनुष्य संबंधी प्रमाण सबसे पहले भारत के किस स्थान पर मिला?
(a) नीलगिरि (b) नल्लामाला पहाड़ी
(c) शिवालिक पहाड़ी (d) नर्मदा घाटी

14. हमें कहां पर पुरापाषाण, मध्यपाषाण तथा नवपाषाण संस्कृति के अवशेष एक कुमगत श्रेणी में मिले हैं?
(a) कश्मीर (b) गोदावरी घाटी
(c) बेलन घाटी (d) कृष्णा घाटी

15. व्यवस्थित कृषि का पहला साक्ष्य हमें कहां से मिलता है?
(a) कालीबंगा (b) आमरी
(c) मेहरगढ़ (d) इनामगांव

16. गलत युग्म को चुनें-
(a) बेलन घाटी - उत्तर प्रदेश
(b) प्रवार घाटी - राजस्थान
(c) सोन घाटी - मध्य प्रदेश
(d) हिरण घाटी - सौराष्ट्र

17. इनमें से कौन एक प्रजाति के नहीं है?
(a) नवचंद्रकार (b) समानांतर विषमचतुर्भुज
(c) विषम चतुर्भुज (d) त्रिभुज

18. मध्यपाषाणिक युग की सुंदर गुफा पेंटिंग कहां मिली है?
(a) भीमबेटका (b) अतरंजीखेड़ा
(c) महिषदल (d) बारूदीह

19. कौन-सा युग्म गलत है?
(a) आदमगढ़ - मध्य प्रदेश
(b) बागोर - राजस्थान
(c) सराय नहर राय - उत्तर प्रदेश
(d) बाछोर - बिहार

20. OCP संस्कृति मुख्यत: पाई गई है-
(a) पूर्वी उत्तर प्रदेश (b) पश्चिमी उत्तर प्रदेश
(c) बिहार (d) बंगाल

21. ऊपरी गंगा घाटी में सबसे पहले लोहे का प्रयोग हुआ-
(a) गेरुवर्णी
(b) चित्रित धूसर मृद्भांड
(c) काले तथा लाल मृद्भांड
(d) उत्तरी काले चमकीले मृद्भांड

22. दक्षिण भारत में मेगालिथ किससे संबंधित है?
(a) मध्य पाषाण युग (b) नवपाषाणयुग
(c) ताम्रपाषाण युग (d) लौह युग

23. 'अवल' जाना जाता है-
(a) छेद करने वाला (b) खंगरी
(c) विदारक (d) गंडासा

24. कार्बन-14 का आधा जीवन है-
(a) 3750 वर्ष (b) 5730 वर्ष
(c) 7350 वर्ष (d) 9530 वर्ष

25. सुमेलित करें-

	तलिका-I (संस्कृति)		तालिका-II (बर्तन)
A.	मालवा	(i)	काला तथा लाल
B.	पूर्वी नवपाषाण	(ii)	भूरा-लाल
C.	बुर्जहोम	(iii)	धूसर
D.	जार्वे	(iv)	लाल
E.	दक्षिणी नवपाषाण	(v)	चमकीला-धूसर

कूट:

	A	B	C	D	E
(a)	(iii)	(ii)	(iv)	(i)	(v)
(b)	(iv)	(v)	(ii)	(iii)	(i)
(c)	(ii)	(iii)	(iv)	(i)	(v)
(d)	(i)	(ii)	(iii)	(iv)	(v)

26. टेरी (Teri) स्थान, जो लाल बालू के टीले से संबंधित हैं, कहाँ पाए गए हैं?
(a) असम (b) मध्य प्रदेश
(c) तमिलनाडु (d) आंध्र प्रदेश

27. उत्तर-पश्चिम भारत में पाए गये लेबोनर तथा कलाको डेरे किससे संबंधित हैं?
(a) खड़-बस्तियों (b) अग्नि-हवन
(c) हड्डियों के औजार (d) लौह औजार

28. निम्नलिखित में से कौन-सा मेगालिथ बुरियल नहीं है?
(a) डोलमेनोड (b) इनतार्डो
(c) मेंहीर (d) कैर्न

29. नवपाषाणिक स्थल गैक तथा क्यारी पाए गए हैं-
(a) नागालैंड (b) अल्मोड़ा
(c) ओडिशा (d) लद्दाख

30. 'घोड़ों को दफनाने' के साक्ष्य कहां मिले हैं।
(a) कश्मीर के गुफकर्ल में
(b) उत्तर-पश्चिम के हालीगई में
(c) अल्मोड़ा के उलेरी में
(d) राजस्थान के बलथल में

31. मालवा संस्कृति के किस स्थान से परकोटा के साथ गढ्ढे का साक्ष्य मिला है?
(a) नावदाटोली (b) ईरान
(c) नागदा (d) कायथा

32. महाराष्ट्र के किस ताम्रपाषाणिक स्थल से सिंचाई की नहर और बांध के साक्ष्य मिले हैं?
(a) दायमाबाद (b) इनामगांव
(c) जार्वे (d) सोनगांव

33. एक वृहत सोने का कान-गहना कहां प्राप्त हुआ है?
(a) नागार्जुनकोंडा (b) मास्की
(c) पैयमपल्ली (d) टेक्लाकोटा

34. नवपाषाणिक स्थल कुचय तथा गोलबय ससन कहां प्राप्त हुए हैं?
(a) केरल (b) गुजरात
(c) ओडिशा (d) असम

35. निम्नलिखित में से कौन-सा स्थल बिहार में नहीं है?
(a) तारादीह (b) सारूतारू
(c) चिरांद (d) सेनुअर

36. गेरुवर्णी मृद्भांड संबंधित हैं:
(a) आर्य (b) पूर्व हड़प्पा
(c) उत्तरी हड़प्पा (d) मध्य हड़प्पा

कथन तथा तर्क

निर्देश:

(a) चिन्हित करें जब कथन (A) और तर्क सही हों और (R) सही व्याख्या करता हो (A) की।
(b) चिन्हित करें जब कथन (A) और तर्क (R) सही हो किंतु (R) सही व्याख्या नहीं करता हो (A) की।
(c) चिन्हित करें जब (A) सही है और (R) गलत हो।
(d) चिन्हित करें जब (A) गलत है और (R) सही हो।

37. ***कथन (A):*** गांवों में व्यवस्थित स्थायी समाज संभवत: नवपाषाणिक युग में मिलते हैं।
तर्क (R): नवपाषाणिक युग में भी कश्मीर घाटी के लोगों का जीवन आखेटक के रूप में था।

38. ***कथन (A):*** पहाड़ी जीवन के प्रति प्रारंभ के लोगों का आकर्षण था।
तर्क (R): पहाड़ियां उनको जीवनयापन की सुविधाएं मुहैया कराती थी।

39. ***कथन (A):*** माइक्रोलिक भविष्य में होने वाले धातु-औजार के मॉडल थे।
तर्क (R): माइक्रोलिक एक कठिन औजार थे, जो यह दर्शातें है कि तकनीकी विकास हो चुका था।

40. ***कथन (A):*** झेलम के पूर्व में पब्बी पहाड़ी पर पाए जाने वाला पाषाणिक ढेर अक्यूलियन पूर्व का लगता है।
तर्क (R): यह ढेर हाथ की कुल्हाड़ी या विदारक का साक्ष्य प्रस्तुत नहीं करता है।

41. ***कथन (A):*** ताम्रपाषाणिक बस्तियाँ पहाड़ियों से ज्यादा दूर नहीं थीं।
तर्क (R): जबसे पहली कृषक बस्ती सिंधु व्यवस्था के पश्चिम में पाई गई हैं।

42. ***कथन (A):*** दक्षिण-पूर्व राजस्थान के बलथल में हमें प्रागैतिहासिक काल के साक्ष्य मिलते हैं, जो चौथी सदी ई.पू. के हैं।

तर्क (R): उत्तर-पूर्व राजस्थान की ज्ञानेश्वर-जोधपुर संस्कृति की शुरूआत भी इसी काल के लगभग हुई थी।

43. *कथन (A)*: नवपाषाणिक-ताम्रपाषाणिक समुदाय में कोई भी अकेले विकसित नहीं हुआ।
तर्क (R): संसाधनों का वितरण विभिन्न क्षेत्रों में अत्यधिक मात्रा में पाया गया है।

44. *कथन (A)*: प्रागैतिहासिक स्तरों से यह पता चलता है कि इस अवधि में लोगों का प्रकृति के साथ लगातार समझौता हो रहा था।
तर्क (R): उस समय के अवशेष साक्ष्यों से पता चलता है कि आदम मानव की जीवन शैली में काफी विकास हो चुका था।

45. *कथन (A)*: पुरापाषाणिक सभ्यता के साक्ष्य, जो भारत के विभिन्न क्षेत्रों से पाए गए हैं, एकरूपता दर्शाते हैं।
तर्क (R): एक विस्तृत सांस्कृतिक परिभाषा के तौर पर यह कहा जा सकता है कि सभी पाषाणिक संस्कृतियां भारत में खाद्य संग्राहक, खाद्य उत्पादक के ऊपर निर्भर थीं।

46. *कथन (A)*: इस महाद्वीप में लोहे का प्रयोग धीरे-धीरे हुआ लेकिन निश्चित ही यह प्रागैतिहासिक काल से ऐतिहासिक युग का संक्रमण काल था।
तर्क (R): इस महाद्वीप मे लोहे का प्रयोग किसी एक से अधिक क्षेत्रों मे एक ही बार हुआ।

47. *कथन (A)*: मध्य पाषाणिक युग और नवपाषाणिक युग के संक्रमण काल में भूमि के प्रयोग की तुलना में कम तकनीकी विकास हुआ।
तर्क (R): नवपाषाण तथा ताम्रपाषाण संस्कृतियों के सामाजिक तथा आर्थिक स्तर विन्यास में बहुत कम परिवर्तन हुआ था।

48. *कथन (A)*: विभिन्न पशुचालक तथा कृषक उत्पादक समुदायों की जीवन शैली के बारे में वास्तविक जानकारी का मिलना संभव नहीं है।
तर्क (R): कुछ स्थितियों में हमें अलिखित सतही साक्ष्य और कुछ में हमें पारिस्थितकीय तथा जैव-वैज्ञानिकी साक्ष्य नहीं मिले हैं, जिनके आधार पर आर्थिक-स्थिति पर प्रकाश डाल सकें।

49. *कथन (A)*: लोहे के प्रयोग के साथ ही गंगा-यमुना दोआब में असंख्य स्थलों के बारे में सूचना मिलती है।
तर्क (R): दोआब क्षेत्र में जनसंख्या का दबाव पुरा पाषाण युग में भी हड़प्पा सभ्यता से कम था।

50. *कथन (A)*: विदर्भ और उत्तरी दक्कन के बीच एक विशेष प्रकार की सभ्यता का विकास हुआ जिसमें विभिन्न तरह के मेगालिथ पाए गए हैं।
तर्क (R): मेगालिथ इस क्षेत्र की नवपाषाणिक-ताम्रपाषाणिक युग की दफनाने की प्रक्रिया थी जो एक लंबे समय तक उनकी सांस्कृतिक जीवन शैली का एक अंग थी।

उत्तरमाला

1. (c)	2. (b)	3. (a)	4. (d)	5. (b)	6. (d)	7. (b)
8. (d)	9. (a)	10. (d)	11. (c)	12. (d)	13. (d)	14. (c)
15. (c)	16. (b)	17. (a)	18. (a)	19. (d)	20. (b)	21. (c)
22. (d)	23. (a)	24. (b)	25. (d)	26. (c)	27. (a)	28. (b)
29. (d)	30. (c)	31. (b)	32. (b)	33. (d)	34. (c)	35. (b)
36. (c)	37. (b)	38. (c)	39. (a)	40. (a)	41. (d)	42. (b)
43. (a)	44. (c)	45. (d)	46. (b)	47. (b)	48. (a)	49. (c)
50. (d)						

अध्याय

2

सिंधु घाटी की सभ्यता

2.1 इतिहास में सिंधु सभ्यता का स्थान

विश्व की प्रथम चार सभ्यताएँ

लगभग पाँच हजार साल पहले मानव सभ्यता चार अलग-अलग स्थानों पर गहन कृषि क्षेत्र से शहरों के विकास की तरफ उन्मुख हुई। पहले कस्बे बने फिर शहरों का विकास हुआ। तदुपरान्त इन क्षेत्रों में शहरी सभ्यता का विकास दृष्टिगोचर होता है, ये सभी सभ्यताएं अलग-अलग नदियों की घाटियों में स्थित थी-टिगरिस और यूफरेटस के तट पर मेसोपोटामिया, नील के तट पर मिस्त्र सभ्यता, सिन्धु के तट पर सिन्धु सभ्यता तथा ह्वांग-हो (पीली नदी) के तट पर चीनी सभ्यता।

करीब-करीब 3500 वर्ष पूर्व मेसोपोटामिया में पहले शहर का विकास हुआ तदुपरान्त मिस्त्र और भारत में और अन्त में चीन में ऐसी प्रवृत्ति देखने को मिलती है। ये सभी की सभी ऐतिहासिक सभ्यताएँ बड़ी घाटियों की नदी में स्थित थी, जो कि कृषि उत्पादन के लिए अत्यन्त उपयुक्त थीं और उत्पादित अधिशेष से शहरी जनसंख्या का निर्वाह सम्भव था।

इन नदियों के तटों पर बाढ़ द्वारा सिंचित भूमि इतनी उपजाऊ थी कि प्राचीन मेसोपोटामिया, मिस्त्र, चीन तथा भारतीय सभ्यताओं में कुछ जनसंख्या कृषि के कार्य करने से मुक्त थी। इन 'मुक्त' हुए व्यक्तियों ने धीमे-धीमे कुछ कार्य विशेषों-लेखन, ताम्र उद्योग, मुहर निर्माण, भव्य-भवन निर्माण आदि कार्यों में विशिष्ट योग्यता विकसित कर ली थी।

वैसे तो ये सारी सभ्यताएँ स्वतंत्र रूप से विकसित हुईं तथापि इनमें काफी समानताएं थीं और ये अपनी पूर्ववर्ती कृषि आधारित समाज से काफी भिन्न थीं। विस्तृत शहरों का विकास इनकी एक बड़ी महत्वपूर्ण समानता थी। ये सभी अपनी किसी भी पूर्ववर्ती तथा भविष्य में भी काफी समय तक विकसित किसी भी सभ्यता से भव्य थीं, अतः चौथी शताब्दी ई.पू. की यह 'शहरी क्रांति' मानव विकास का एक महत्वपूर्ण चरण मानी जाती है।

'इंडिया' शब्द की उत्पत्ति 'इण्डस' (सिन्धु) नदी के नाम पर आधारित है अर्थात् 'इण्डस' (सिन्धु) का क्षेत्र, प्रारम्भिक साहित्यिक (लिखित) प्रमाण के अनुसार इस क्षेत्र में आकर बसने वाले शुरूआती आर्यो ने इण्डस को सिन्धु (पानी की बड़ी झील) कहा। ईरान होते हुए भारत की तरफ अपनी लम्बी यात्रा में आर्यो ने कभी भी इतनी (सिन्धु) विशाल नदी नहीं देखी थी, 2825 ई.पू. में पर्शियन सम्राट डेरियस-I ने सिन्धु क्षेत्र को जीतकर अपने साम्राज्य का एक प्रान्त बना दिया था। 'स' शब्द उच्चारित न कर पाने की वजह से पर्शिया वासियों ने सिन्धु को हिन्दू कर दिया जिसे बाद में ग्रीकों ने इण्डस उच्चारित किया। अतः ग्रीकों और रोमवासियों के लिए सिन्धु क्षेत्र इण्डस का पर्यायवाची बन गया। सिन्ध पर अरब की विजय के पश्चात् पुराने सिन्धु से हिन्दुस्तान शब्द की उत्पत्ति हुई तथा वहाँ के वासी हिन्दू नाम से जाने जाने लगे तथा उनका धर्म हिन्दूइज़्म कहलाया।

अतः इंडिया नाम भारत की सर्वप्रथम सभ्यता-सिंधु सभ्यता के समय से प्रचलित हैं-हालांकि बीसवीं शताब्दी के तीसरे दशक तक इसके बारे में कोई नहीं जानता था। 2620 के दशक में तो प्राचीन नगरों-हड़प्पा और मोहनजोदडो की खोज हुई। इन शहरों की खोज के शुरू में इसे सिन्धू घाटी सभ्यता कहा गया। परन्तु बाद में सिन्धु घाटी से काफी दूर के इलाके तक में ऐसी ही सभ्यता की खोज के बाद से इसे

सिन्धु सभ्यता कहा जाने लगा। साथ ही साथ हड़प्पा शहर के नाम पर इसे हड़प्पा सभ्यता भी कहते हैं।

प्रारम्भिक सभ्यता की खोज ने एक पहेली का स्वरूप ले लिया है, ऐसा लगता है कि यह अपने पूर्ण विकसित रूप में एकाएक उत्पन्न हुई थी, जबकी इसके पहले की सभी सभ्यताएँ छोटे स्तर पर शुरू हुई थीं और सैकड़ों वर्षों बाद पूर्ण विकसित हो पायी थीं लेकिन अभी कुछ समय पहले तक इसकी उत्पत्ति और विकास के बारे में काफी कम जानकारी थी। परन्तु 2673 से 2680 के बीच दो फ्रांसीसी पुरातत्व शास्त्री (जीन फ्राकोयस जैरिज और रिचर्ड एच. मिडो) द्वारा बलूचिस्तान के मेहरगढ़ इलाके में की गई विस्तृत खोजों ने काफी हद तक इस पहेली को सुलझा दिया। इन पुरातत्व शास्त्रियों के अनुसार मेहरगढ़ में पुरानी बस्तियों के अवशेषों की श्रृंखला मिलती है। इस श्रृंखला से अनाज उत्पादन, पशुपालन, हस्तकला, वास्तुकला तथा विचारों के क्षेत्र में विकास की पूरी प्रक्रिया साफ नजर आती है तथा कोई भी इस प्रक्रिया में सिन्धु सभ्यता के विकास की प्रक्रिया को समझ सकता है।

क्षेत्रीय पुरातत्व विज्ञान में हालिया प्रवृत्तियां

क्षेत्रीय पुरातत्व विज्ञान के आठ दशक

1922 में इसकी खोज के समय से अब तक पुरातत्व शास्त्रियों का अबाध ध्यानाकर्षण सिंधु सभ्यता के अध्ययन को पूर्ववर्ती भारतीय इतिहास के सर्वाधिक गहन अनुसंधानित चरणों में से एक बना देता है। वर्तमान भारत में अनेक महत्वपूर्ण स्थलों की खोज के कारण पिछले पांच स्थलों की खोज के कारण पिछले पांच दशकों में इस सभ्यता के बारे में हमारी समझ उल्लेखनीय रूप से बढ़ी है। वर्तमान जानकारी के अनुसार इसका क्षेत्र विस्तार अफगानिस्तान में शोर्तुघई से दक्षिणी गुजरात तक तथा मकरान तट पर सुत्कांगेडोर से लेकर आलमगीरपुर तक है। इस सभ्यता का क्षेत्र वर्तमान पाकिस्तान के आकार से भी बड़ा है तथा इसके स्थल लगभग पाँच लाख वर्ग मील क्षेत्र में फैले हुए हैं। यद्यपि इस सभ्यता की उत्पत्ति, पतन एवं कालक्रम के विषय में विद्वानों के बीच मतभेद है किन्तु इसकी सांस्कृतिक परिपक्वता व एकरूपता, समृद्ध कृषि, विविधीकृत शिल्प कला, व्यापक वाणिज्यिक सम्पर्क, एकरूप लिपि (जिसको अभी पढ़ा जाना शेष है) तथा धार्मिक विश्वासों व कर्मकांडों के बारे में कोई विवाद नहीं है। यह सभ्यता उप-महाद्वीप में शहरीकरण के उस प्रथम चरण को चिन्हित करती है, जिसमें हड़प्पा, मोहनजोदड़ो, लोथल, कालीबंगा व धौलावीरा जैसे विस्तृत शहरी केन्द्र तथा छोटे नगरों की एक बड़ी संख्या शामिल थी।

हड़प्पा सभ्यता की उत्पत्ति एवं विकासक्रम–उत्तरी-पश्चिमी क्षेत्र में मेहरगढ़ एवं सिंध व बलूचिस्तान के अन्य स्थलों की खुदाई से हमें ग्रामीण अर्थव्यवस्था की शुरूआत से लेकर हड़प्पा सभ्यता की दहलीज तक एक सतह पुरातात्विक सतत् अनुक्रम प्राप्त होता है। फिर भी हम अभी तक यह समझने में असमर्थ हैं कि यह शहरी सभ्यता कैसे और क्यों अपने विशिष्ट रूप में प्रकट हुई। इतिहास एवं मानवशास्त्र के मान्य विचारों के अनुसार एक राज्य स्तरीय राजनीतिक संगठन के अभाव में शहरीकरण का होना असंभव है। हड़प्पाई शासक वर्ग कैसे सत्ता में आया, अधिशेष उत्पादन संग्रह के इसके तरीके क्या थे तथा किस प्रकार इसने अंतर-क्षेत्रीय सम्बंधों का प्रबंधन किया? इन सभी प्रश्नों का संतोषजनक उत्तर अभी अप्राप्य है। अभी इस बारे में भी निश्चित नहीं हैं कि यह एक राज्य था या कई स्वायत्त किन्तु अंत:क्रियाशील राज्यों का समूह।

पूर्ववर्ती हड़प्पाकाल के शहरी युग की लाक्षणिक विशेषताएं निर्धारक रूप में उपस्थित हैं। इस पूर्ववर्ती चरण में आमरी, कोटदीजी एवं सोथी संस्कृतियों के बीच व्यापक समानताएं दिखाई देती हैं तथा विभिन्न समाजों के बीच गहन अंत:क्रिया व राजनीतिक नियंत्रण में वृद्धि के प्रमाण मिलते हैं। किन्तु स्मारकीय वास्तुशिल्प एवं शिल्प उत्पादन के सम्बन्ध में, मानचित्र पर स्थलों के विस्तार के साथ-साथ, परिवर्तन दिखाई देने लगते हैं। राज्य निर्माण से पहले एवं बाद के कालों के बीच घरेलू शिल्पाकृतियों एवं ग्रामीण तकनीकों में निरंतरता देखी जा सकती है। शिल्पाकृति परम्पराओं की निरंतरता के अलावा, हमें यह जानने की जरूरत है कि परिपक्व हड़प्पाई विशेषताओं व लक्षणों का प्रवेश किस प्रकार हुआ। पूर्ववर्ती काल के एक स्थल से एक समुदाय पर राजनीतिक संस्थाओं के आरोपण की जानकारी मिलती है। संक्रमण की प्रकृति और अधिक स्पष्ट हो सकती है यदि परिवर्तन के कुछ विशिष्ट पहलुओं का गहन अध्ययन किया जाए, जैसा कि चमकदार पाषाण औजारों के विषय में किया गया है। ये अध्ययन दर्शाते हैं कि, शहरी युग में पाषाण पर निर्भरता कम हुई तथा चमकदार पाषाण औजारों के संग्रह अधिक मानकीकृत बन गये क्योंकि तांबे व कास्य के औजारों पर बढ़ती हुई व्यापक निर्भरता के कारण पाषाण उपकरणों को पुनर्शोधित नहीं किया गया तथा उनका उपयोग भी बहुत सीमित हो गया था।

परिपक्व चरण की प्रकृति–हड़प्पा सभ्यता की प्रकृति के सम्बन्ध में विद्वान कुछ पहलुओं पर अत्यधिक जोर देते हैं जबकि कुछ को आश्चर्यजनक रूप से नकार देते हैं। उदाहरण

के लिए, लिपि के कूटवाचन को लेकर अनेकों दावे किये गये हैं किंतु इनमें से अधिकांश अवैज्ञानिक विधियों पर आधारित हैं। मुहरों तथा मुद्रांकन के संभावित उपयोग एवं वितरण के बारे में भी कोई विस्तृत विश्लेषण उपलब्ध नहीं है। अध्ययनकर्ता इस बात की भी स्पष्ट व्याख्या नहीं कर पाये हैं कि वे किसी स्थल को परिपक्व हड़प्पाकाल के साथ जोड़ने के लिए कौन-से मापदंड अपनाते हैं। शिल्पाकृतियों की एक पूरी शृंखला मौजूद है जिन्हें विद्वान विशेषीकृत मानते हैं। इनमें मृद्भांड का एक विशिष्ट प्रकार, धात्विक औजारों की एक सीमित शृंखला, विशिष्ट आकार व अनुपातों की ईंटें, बैलगाड़ी व पहिए के साक्ष्य, लम्बे चकमकी बाट, चकमक फलक, मृण्मूर्तियां एवं अभिलेखित मुद्राओं का एक विशिष्ट प्रकार आदि शामिल हैं। किंतु ये सभी वस्तुयें हड़प्पा सभ्यता के सभी स्थलों से प्राप्त नहीं हुई हैं तथा कुछ अन्य स्थलों पर अलग विशेषताएं दिखाई देती हैं। मात्र कुछ स्थलों पर मुहरों व बाटों के सीमित वितरण की व्याख्या अथवा विभिन्न स्थलों पर उच्चतर आवृत्तियों में प्राप्त मूलभूत तत्वों के अध्ययन के बिना हड़प्पा सभ्यता की प्रकृति का सार्थक विश्लेषण कर पाना संभव नहीं है।

पतन सम्बन्धी समस्याएं—हड़प्पा सभ्यता के पतन का एक निर्णायक आयाम एक वृहद स्तर पर बस्तियों का उजाड़ होना था। इसी कारण शाब्दिक अर्थों में पतन की व्याख्या करने के लिए कई प्रयास किये गये जिनमें बाढ़ की विभीषिका, समुद्री स्तर का नीचा होना, निर्वनीकरण, विवर्तनिक विक्षोभ, सूखा, आर्यों का आक्रमण आदि शामिल हैं। मिस्र की सभ्यता नील नदी में आने वाली भयंकर बाढ़ों के बावजूद कायम रही तथा मेसोपोटामिया की सभ्यता दक्षिण में खारेपन की समस्या (जिससे कृषि उत्पादकता में कमी आयी) के बाद भी लम्बे समय तक जीवित रही। मिस्र और मेसोपोटामिया पर विदेशियों के निरंतर आक्रमण भी होते रहे। यद्यपि ये सभी उदाहरण हमें इन विध्वंस से जुड़ी व्याख्याओं पर जोर देने से नहीं रोकते हैं किंतु अभी तक पतन के राजनीतिक व आर्थिक कारणों से जुड़ी व्याख्याओं के प्रयास नहीं किये गये हैं, जिसका कारण हड़प्पा के राजनीतिक व आर्थिक संगठन का समुचित अध्ययन न हो पाना है।

2.2 उत्पत्ति

उत्पत्ति सम्बन्धी विभिन्न सिद्धांत

देशी से लेकर विदेशी उत्पत्ति से जुड़े सिद्धांत—पचास के दशक की शुरूआत में सिंधु सभ्यता की उत्पत्ति से जुड़े सिद्धांतों में घरेलू उत्पत्ति का अपेक्षाकृत कमजोर सिद्धांत (क्योंकि भारत से बाहर उत्पत्ति को 'सहज असंभाव्य' माना जाता था) तथा अधिक लोकप्रिय विदेशी उत्पत्ति का सिद्धांत (दक्षिणी-पश्चिमी ईरान के एलम तथा मेसोपोटामिया से होने वाले थोक या खुदरा आयात पर आधारित) प्रमुख थे। इन दोनों अतिवादी मान्यताओं के बीच में 'उद्दीपक विसरण' का सिद्धांत था, जो मेसोपोटामिया से सिंधु की ओर सभ्यता के प्रवासन की मान्यता पर टिका था। हमें यह भी ध्यान में रखना चाहिए कि इसी समय सिंधु सभ्यता के बारे में यह संकल्पना उभरी कि इसका पोषण कुछ विशेष अर्थों में मेसोपोटामिया द्वारा तथा सामान्य रूप में पश्चिमी एशिया द्वारा हुआ।

पूर्व एवं आद्य-हड़प्पा संस्कृतियां

पचास के दशक के मध्य में कोटदीजी स्थल (सिंधु) का उत्खनन हुआ। यहाँ पहली बार प्राक्-हड़प्पा चरण से जुड़ी किलेबंद बस्तियों के प्रमाण प्राप्त हुए। इन प्रमाणों को आमरी (सिंध) तथा सूखी घग्गर घाटी में कालीबंगा के उत्खनन से और अधिक मजबूती मिली। साठ के दशक की शुरूआत तक सिंधु सभ्यता की उत्पत्ति के बारे में और अधिक सार्थक पुरातात्विक विचार-विमर्श संभव हो गया। कोटदीजी, आमरी एवं कालीबंगा (सोथी) की संस्कृतियों को न केवल पूर्व-हड़प्पाकालीन अपितु आद्य-हड़प्पाकालीन सिद्ध किया गया। किंतु अभी भी उत्पत्ति के तंत्र के विषय में मतभेद मौजूद था क्योंकि यह विसरण सिद्धांत से सम्बन्ध रखता था। इसके अनुसार, सिंधु सभ्यता का स्वरूप कुछ प्रबुद्ध निरंकुश शासकों की सोची समझी इच्छा का प्रतिफल था, जिन्होने समृद्धि हासिल करने के लिए विदेशी व्यापार व मानकीकरण को प्रोत्साहन दिया तथा समकालीन सुमेरियाई सभ्यता से नगरों का विचार ग्रहण किया।

समझौता सिद्धांत—साठ के दशक के आखिरी वर्षों में, कुछ विकासशील चरणों के रूप में, बलूचिस्तान एवं सिंधु तंत्र में आद्य-ऐतिहासिक सांस्कृतिक वृद्धि को विश्लेषित करने के प्रयास किये गये। इस सिद्धांत के अनुसार, सिंधु सभ्यता ने अपनी लाक्षणिक विशेषताएं घरेलू स्तर पर अर्जित कीं किंतु इसका परिष्कार सुमेरियाई सम्पर्क के फलस्वरूप ही संभव हुआ।

व्यापार की विशिष्ट भूमिका के संदर्भ में विदेशी उत्पत्ति के सिद्धांत का पुनर्रुत्थान—सत्तर के दशक की शुरूआत में विवाद का एक नया आयाम उभर कर आया। इस नये सिद्धांत का सर्वाधिक महत्वपूर्ण अंग सिंधु घाटी में पूर्ववर्ती

हड़प्पा कालीन भौतिक अवशेषों तथा उनके वितरण प्रतिदर्शों का तुलनात्मक विश्लेषण करना था। यह तर्क दिया गया कि सिंधु घाटी में शहरीकरण के लिए उत्तरदायी परिस्थितियों की पुनर्रचना संभव दिखाई नहीं देती। यह माना गया कि परिपक्व हड़प्पा काल में शक्ति का केन्द्र उत्तर से दक्षिणी बलूचिस्तान में चला गया तथा समुद्र तट के आस-पास बस्तियों के विस्तार से मेसोपोटामिया के साथ व्यापार प्रगाढ़ होता गया।

सत्तर एवं अस्सी के दशकों के एक अन्य सिद्धान्त के अनुसार व्यापार को सिंधु सभ्यता में शहरीकरण की वृद्धि के लिए संभावित कारक माना गया। यह सिंधु शहरी विकास को ईरान, मध्य एशिया एवं अफगानिस्तान में हुई विकासात्मक गतिविधियों के साथ जोड़ने का एक स्पष्ट प्रयास था। इसमें भारतीय मिट्टी की जगह अभिगृहीत विदेशी विकासात्मक प्रवृत्तियों को अधिक महत्व दिया गया। इस प्रयास की प्रतिध्वनि भारत में पश्चिमी पुरातत्वशास्त्रियों के लेखों में निरंतर मौजूद रही। यहां तक कि अस्सी के दशक के प्रारंभ में भी यह माना गया कि पूर्ववर्ती चरण से परिपक्व चरण तक होने वाले रूपांतरण में मेसोपोटामिया के साथ होने वाले व्यापार की निर्णायक भूमिका थी। फिर भी, इस मान्यता को पूर्णत: स्वीकार नहीं किया जा सकता क्योंकि पूर्ववर्ती हड़प्पा काल में मेसोपोटामिया के साथ व्यापार के कोई प्रमाण नहीं मिलते हैं। इस प्रकार अधिकांश पश्चिमी विद्वानों के लिए मेसोपोटामिया के साथ सम्पर्क के प्रश्न को अलग रखकर सिंधु सभ्यता की उत्पत्ति के बारे में विचार कर पाना कठिन है।

संस्कृति की शुरुआत

लगभग 8000 ईसा पूर्व, दक्षिण एशिया की जलवायु लगभग आज के ही समान थी। इसके चलते मनुष्य को पर्यावरण पर अपनी पकड़ मजबूत करने के प्रयास में महत्वपूर्ण अवसर प्राप्त हुए तथा 4000 ईसा पूर्व तक ऐसी कई घटनाएँ हुईं जिनके कारण इस क्षेत्र में प्रथम शहरी समाज की प्रादुर्भाव हुआ। संभवत: इस काल की सबसे मौलिक प्रगति कई पशुओं तथा पौधों की नस्लों को पालतू बनाए जाने तथा कृषि के क्षेत्र में हुई।

जहां एक ओर विभिन्न पशुओं की नस्लों को पालतू बनाए जाने के कारण विशिष्ट पशुचारी वर्ग का प्रादुर्भाव हुआ, वहीं दूसरी ओर कई जंगली पौधों की नियमित खेती के कारण स्थानबद्ध बस्तियां अस्तित्व में आईं। कृषि कार्य प्रारंभ होने के बाद इसका असर सभी आर्थिक एवं सांस्कृतिक गतिविधियों पर हावी रहा। जबसे मनुष्य ने पशुपालन तथा खेती करना प्रारंभ किया, इसकी वृद्धि हेतु उर्वरता (fertility) तथा जादुई शक्तियों में रुचि एक विश्वव्यापी पहलू की तरह देखने को मिलती है।

स्थायी बस्तियों के प्रादुर्भाव के साथ-साथ महत्वपूर्ण तकनीकी खोजों पर आधारित कई शिल्पों का भी जन्म हुआ।

इन शिल्पों तथा तकनीकी खोजों में मिट्टी के बर्तनों का निर्माण तथा उनका प्रयोग, ताँबे तथा इसकी मिस्र धातुओं (alloys) का प्रगलन (smelting) और उपकरणों एवं हथियारों के निर्माण में उनका प्रयोग महत्वपूर्ण है।

सिंधु प्रणाली

सिंधु के मैदान में जब प्रारम्भिक बस्तियाँ बसी थीं, संभवत: वे कई अर्थों में आज की बस्तियों की तरह ही थीं। सिंधु की मुख्य धारा एक विस्तृत और अत्यंत उपजाऊ जलोढ (alluvial) मैदान से होकर गुजरती है। इस क्षेत्र की कृषि-क्षमता का अनुभव होने तथा बाढ़ के मैदान में बस्तियों को छाड़न (innundation) से बचाव के साधनों की खोज के साथ ही यहाँ एक नई जीवन शैली का प्रादुर्भाव हुआ। स्पष्ट रूप से, यह प्रक्रिया कई चरणों में पूरी हुई तथा इसका चरमोत्कर्ष लगभग तीसरी सहस्त्राब्दि (millenium) ईसा पूर्व के प्रारंभ में देखने को मिलता है।

मेहरगढ़ इस क्षेत्र का प्रथम और सर्वाधिक महत्वपूर्ण स्थल (site) है। भौगोलिक दृष्टिकोण से यह पूर्वी ईरानी पठार की ऊपरी घाटी तथा सिंधु प्रणाली के मैदानी भाग के प्रारंभ के संक्रमण पर स्थित है। यहाँ से प्राप्त सांस्कृतिक अवशेषों में यह संक्रमण स्पष्ट नजर आता है।

यहाँ छः टीले पाए गए हैं, जिनमें सबसे पुराना एक नव-प्रस्तर (neolithic) गाँव है, जो रेडियोकार्बन (radiocarbon) काल-निर्धारण के अनुसार छठी सहस्त्राब्दि ईसा पूर्व का है। यहाँ से पाई गई चीजों में कई अनाजों के अवशेष तथा चकमक फलक (flint blades) महत्वपूर्ण हैं (जिनका प्रयोग हंसिए की तरह किया जाता था)। इससे बिल्कुल स्पष्ट हो जाता है कि उस समय बलूचिस्तान में खेती की जाती थी। खानाबदोश जीवन में स्थित कृषि एवं पशुपालन से संबंधित संक्रमण का अंदाजा इस टीले से प्राप्त पशुओं की अस्थियों से लगाया जाता है।

इस प्राचीनतम टीले के साथ एक दूसरा टीला है जिसमें ताम्र प्रस्तर बस्तियाँ हैं। यह टीला प्रस्तर युग (StoneAge) से काँस्य युग (BronzeAge) का संक्रमण दर्शाता है। मेहरगढ़

का यह हिस्सा पाँचवीं सहस्त्राब्दि ईसा पूर्व का है। यहाँ से एक ताँबे का छल्ला, ताँबे का मनका (bead) तथा मृत्तिका-शिल्प (ceramics) प्राप्त हुए हैं। हस्तशिल्पों का विकास इस स्तर पर स्पष्ट नजर आता है।

मेहरगढ़ की बस्तियों के तीसरे चरण में, जो लगभग चौथी सहस्त्राब्दि ईसा पूर्व का काल है, कुशलता (skill) में काफी वृद्धि देखने को मिलती है। इस काल में सर्वप्रथम बर्तन बनाए जाने वाले चाक का प्रयोग हुआ, जिससे अधिक संख्या में एवं ज्यादा सुंदर बर्तन बनने लगे। यहाँ से प्राप्त अन्य महत्वपूर्ण चीजें हैं– मनकों (beads) में छेद करने के लिए बरमा (drill) तथा ताँबा पिघलाने के लिए छरिया (crucible)।

चौथे चरण में, लगभग 3500 ईसा पूर्व, मृत्तिका-शिल्प काफी महत्वपूर्ण हो गया। कुम्हारों ने ज्यामितीय आकृतियों से सुसज्जित बड़े मर्तबानों के साथ दैनिक प्रयोग हेतु छोटे पात्र भी बनाए। इसके साथ-साथ यहाँ से टेराकोटा की छोटी महिला आकृतियाँ टेराकोटा की मुहरें (सिंधु घाटी से प्राप्त मुहरों की सबसे पूर्वगामी मुहरें) भी पाई गई हैं।

मेहरगढ में बस्तियों के विकास का पाँचवां चरण लगभग 3200 ईसा पूर्व में प्रारंभ हुआ। इस चरण के अभिलक्षण (characteristic features) पूर्वी ईरान तथा मध्य-एशिया में भी पाए गए हैं। इस काल में दूरगामी व्यापार ने सांस्कृतिक उपलब्धियों में निःसंदेह महत्त्वपूर्ण भूमिका निभाई।

मेहरगढ का अंतिम चरण (3000-2600 ईसा पूर्व) बढ़ती हुई संपन्नता तथा शहरीकरण की प्रक्रिया को दर्शाता है। इस काल में पशु-संकेतकों से युक्त एक नई प्रकार की मुहर तथा विशिष्ट, केश-सच्चा युक्त नर एवं नारियों की टेराकोटा आकृतियां एक नवीन जीवन-शैली को दर्शाती हैं। मनुष्य के सिर की वास्तविक आकृति तथा अनेक उत्कृष्ट आकृतियाँ इस काल के हस्तशिल्प के ऐसे नमूने हैं जो बाद की हड़प्पा कला को मात करते नजर आते हैं। इस स्थल पर सबसे ऊपरी स्तर पर दो मंजिला इमारतें भरी हुई हैं। लेकिन लगभग तीसरी सहस्त्राब्दि ईसा पूर्व के मध्य में मेहरगढ़ का समृद्ध शहर अज्ञात कारणों से त्याग दिया गया।

सिंधु घाटी में तीसरी सहस्त्राब्दि ईसा पूर्व बस्तियों के विस्तार का महत्त्वपूर्ण काल था। जमीन पर जनसंख्या का दबाव बढ़ता जा रहा था अतः दूसरे स्थानों में उपनिवेशों की तलाश जरूरी थी। पश्चिमी घाटी में, जहाँ एक ओर मेहरगढ से बस्तियों का फैलाव पूर्वी ईरान और दक्षिणी तुर्कमेनिस्तान की ओर हुआ, वहीं दूसरी ओर दक्षिणी बलूचिस्तान की ओर भी हुआ। पूर्वी घाटी में हड़प्पा, मोहनजोदड़ो, कालीबंगन, सुकोट्दा तथा लोथल नगरों की स्थापना हुई। इस प्रकार, तीसरी सहस्त्राब्दि ईसा पूर्व के मध्य तक सिंधु सभ्यता, सिंधु के दोनों ओर स्थापित हो चुकी थी।

सिंधु प्रणाली में एक दूसरी प्राचीन बस्ती गुमला है, हालांकि यह मेहरगढ़ जैसी प्राचीन नहीं है। इस स्थल की स्थिति कुछ मामलों में मेहरगढ़ की तरह ही है। गुमला बस्ती सिंधु के दाहिने किनारे पर स्थित इसकी सहयोगी नदी गोमल के जलोढ़ मैदान में स्थित है। यह छोटा टीला है, जिसका उत्खनन 1971 में हुआ। यहाँ से छह कालों का अनुक्रम (sequence) प्राप्त हुआ है।

तीसरी प्राचीन बस्ती सराय खोला है, जो तक्षशिला के लगभग 3 किलोमीटर दक्षिण-पश्चिम में स्थित है। यह स्थल ऊँचे जलोढ़ पठार पर स्थित है तथा इस क्षेत्र में सिंधु मैदान की उत्तरी सीमा है। इसका उत्खनन 1968 से 1971 के बीच हुआ। यहाँ से प्राप्त चार कालों में सिर्फ पहला ही हमारे मतलब का है। भौतिक संस्कृति (material culture) के आधार पर यह स्थल नव-प्रस्तर युग का है। इस काल में यहाँ कई गर्त-निवासों (Pit-dwellings) का भी पता चला है।

सिंधु प्रणाली के अंतर्गत चौथी प्राचीन बस्ती दक्षिणी-पश्चिमी पंजाब में जलीलपुर में स्थित है। यह हड़प्पा से लगभग 65 किलोमीटर दक्षिण-पश्चिम दिशा में रावी नदी के बाएँ किनारे पर स्थित है। इसका उत्खनन 1971 में हुआ था। यहाँ का भी प्राचीनतम काल नव-प्रस्तर युगीन है। यहाँ से ताँबे अथवा काँसे की कोई वस्तु नहीं प्राप्त हुई है।

बलूचिस्तान

इस शुष्क पर्वतीय क्षेत्र तथा इसकी पृथक् घाटियों में प्राचीन बस्तियों के कई चिह्न मौजूद हैं। ऐसे संकेत उत्तर में क्वेटा घाटी में तथा पूर्व में लोरलाई एवं झोब नदियों की घाटियों में बहुत मिलते हैं। इस स्थल से चार सांस्कृतिक चरण प्राप्त हुए हैं, जिनमें काल-प्राचीनतम है। यहाँ से प्राप्त अवशेषों के रेडियोकार्बन काल-निर्धारण से इस स्थल को 4400-4100 ईसा पूर्व का बताया जाता है। यहाँ से उपलब्ध आंकड़े इस बात की ओर संकेत करते हैं कि यहाँ के निवासी शुरू में खानाबदोश थे पर बाद में भेड़, बकरी तथा बैल पालने लगे। काल-II से अनगढ़ मिट्टी के बर्तन प्राप्त हुए हैं। काल-II एवं काल-IIII में कच्ची ईंटों की दीवारें प्राप्त हुई

हैं। काल-III में हस्तनिर्मित एवं चाक-निर्मित बर्तनों, जिन पर सामान्य ज्यामितीय आकृतियाँ बनी हैं, के साथ ताँबा भी प्राप्त हुआ है।

उत्तर और मध्य बलूचिस्तान में कई स्थल पाए गए हैं जिन्हें किली गुल मुहम्मद II एवं III से संबंधित किया जा सकता है। लोरलाई घाटी में राणा घुंडई टीले के उत्खनन में विस्तृत अनुक्रम प्राप्त हुए हैं।

इस क्षेत्र में प्राचीनतम बस्तियों के अन्य प्रमाण दक्षिण-पूर्व अफगानिस्तान से प्राप्त होते हैं। मुंडीगक में प्रारंभिक सतह से कोई ढाँचा नहीं प्राप्त हुआ है। अत: यहाँ के भी प्राथमिक निवासी अर्द्ध-खानाबदोश लगते हैं। इसके बाद के स्तर से संपीड़ित मिट्टी (pressed earth) की दीवारों वाले छोटे आयताकार कक्ष प्राप्त हुए हैं। अगले स्तर से धूप में पकाई गई ईंटों से बने हुए कई कमरों वाले मकान मिले हैं। मिट्टी के बर्तन, जिनमें चाक से बने तथा रंगे हुए बर्तन भी शामिल हैं, प्रारंभिक स्तर से ही मिलने लगते हैं। इस काल में सबसे पहली बार पाषाण-फलक (stone blades), सेलखड़ी के मनके (stealite beads), लाजवर्त (lapis lazuli) तथा फ्रिट (frit) देखने को मिलते हैं। ताँबे से बनी वस्तुएं भी पहली बार देखने को मिलती हैं।

इन उदाहरणों से ऐसा प्रतीत होता है कि पश्चिमी सीमा-क्षेत्र पर ऐसे स्थानों पर बस्तियाँ बसीं जो मूल रूप से पशुचारी खानाबदोशों के पड़ाव थे। इस स्थिति से स्थायी बस्तियों के बसने एवं कृषि कार्य प्रारंभ होने तक काफी समय लगा होगा। बलूचिस्तान में यह प्राचीनतम काल लगभग चौथे सहस्त्राब्दि ईसा पूर्व में समाप्त हो गया होगा।

विकासक्रम तथा अवस्थाएं

पिछले सात दशकों के पुरातात्विक शोधों से कई स्थानों पर सतत्, संस्तरों का पता चलता है जो उच्चस्तरीय पूर्ण-विकसित सिंधु सभ्यता के क्रमिक विकास को दर्शाते हैं। इन संस्तरों को पूर्व-हड़प्पा, प्रारंभिक हड़प्पा, परिपक्व हड़प्पा तथा परवर्ती हड़प्पा का नाम दिया गया है। इस शोध का सर्वाधिक महत्त्वपूर्ण परिणाम सभ्यता के देशी विकास का सबूत है जो कि सिंधु घाटी के, बाहरी हिस्से, पूर्वी बलूचिस्तान की पहाड़ियों में विकसित हुई तथा बाद में इसका विस्तार मैदानी भाग में हुआ। मेसोपोटामिया के साथ सिंधु सभ्यता के संपर्क थे लेकिन यह मेसोपोटामिया का विस्तार नहीं था और न ही इसे मेसोपोटामिया की नकल पर बसाया गया था।

सिंधु घाटी सभ्यता के देशी विकास के प्रमाण हाल के वर्षों में चार स्थलों पर की गई खुदाई से प्राप्त विभिन्न चरणों के आधार पर निर्धारित किए जा सकते हैं। ये चार स्थल हैं-मेहरगढ़, आमरी, कालीबंगन तथा लोथल। ये चार स्थल भारतीय उप-महाद्वीप के उत्तरी-पश्चिमी क्षेत्र में प्रागैतिहास तथा आद्य-इतिहास के चार महत्वपूर्ण चरणों का अनुक्रम दर्शाते हैं। अनुक्रम का प्रथम चरण संक्रमण काल है। खानाबदोश पशुचारी लोग पूर्वी बलूचिस्तान में स्थायी कृषक बने। दूसरा सतत् चरण सिंधु घाटी में बड़े गांवों का विकास एवं शहरों की उत्पत्ति दर्शाता है। दूसरे चरण का विकास तीसरे चरण में हुआ जब बड़े शहरों का विकास हुआ तथा अंतत: चौथे चरण में उनका पतन हुआ। इनमें से चारों चरण इन चारों स्थलों-प्रथम मेहरगढ में, द्वितीय आमरी में, तीसरा कालीबंगन में तथा चौथा लोथल में पाए गए हैं।

प्रथम चरण : मेहरगढ़

यह मोहनजोदड़ो से लगभग 150 मील उत्तर-पश्चिम बोलन दर्रे के पास स्थित है। वैसे तो यह प्रशासकीय दृष्टिकोण से बलूचिस्तान का भाग है पर जल-विज्ञान की दृष्टि से यह सिंधु प्रणाली का अंग है। यहां पर खुदाई में हमें भारतीय उपमहाद्वीप में स्थायी कृषि का प्रथम प्रमाण प्राप्त हुआ है। मेहरगढ़ स्थल का व्यास लगभग 1000 गज है। जैसे कि हम पहले देख चुके हैं, इसमें प्रारंभिक बस्तियों के विभिन्न संस्तर वाले छह टीले हैं।

दूसरा चरण : आमरी

पूर्व-हड़प्पा से परिपक्व हड़प्पा का संक्रमण आमरी में सर्वाधिक स्पष्ट है। ऐसा प्रतीत होता है कि आमरी के लोग बलूचिस्तान की प्रारंभिक संस्कृति के संपर्क में रहना चाहते थे तथा सिंधु के पास के मैदानों में बसना कठिन मान रहे थे। यह नया कार्य 4000 ई.पू. के आसपास अर्थात् बलूचिस्तान में मेहरगढ़ जैसे स्थलों की उत्पत्ति के 2000 वर्ष बाद ही प्रारंभ हो सका था। लेकिन आमरी तथा निम्न सिंधु घाटी के अन्य स्थल (जैसे- कोटदीजी) सिंधु घाटी सभ्यता के सहस्राब्दि तक बसते रहे। ये घाटी में सांस्कृतिक विकास के रोचक तथ्य प्रस्तुत करते हैं।

आमरी में 1959 से 1969 के बीच खुदाई की गई। यहाँ सिंधु सभ्यता के चारों चरण स्पष्ट दिखाई देते हैं– पूर्व- हड़प्पा, प्रारंभिक हड़प्पा (जो कि संक्रमण का चरण

है) परिपक्व हड़प्पा तथा परवर्ती हड़प्पा संस्कृति (जिसे झांगर संस्कृति भी कहा जाता है)।

तीसरा चरण : कालीबंगन

आकार में कालीबंगन हड़प्पा तथा मोहनजोदड़ो के बाद था। लेकिन इसके छोटे आकार के बावजूद इस पूर्व-हड़प्पा संस्तर का बेहतरीन परिरक्षण अत्यंत रोचक है। इसके कारण कालीबंगन पूर्व हड़प्पा और प्रारंभिक हड़प्पा से परिपक्व हड़प्पा चरण के संक्रमण की परिस्थितियों का महत्त्वपूर्ण साक्षी है।

प्राचीन कालीबंगन की स्थापना लगभग 2400 ई.पू. के आस-पास हुई। इसके कुछ प्रमुख लक्षण बाद में सिंधु सभ्यता के शहरों में मानक बन गए। उदाहरणार्थ, यह एक आयताकार सुनियोजित शहर था, जो लगभग 750 फीट लंबा तथा उत्तर-दक्षिण अक्ष पर बसा हुआ है। शहर की किलेबंदी की गई थी तथा मकान 10×20×30 सेमी. की पक्की ईंटों के बने हुए थे। जल निकास प्रणाली पक्की ईंटों की बनी हुई थी। यहां के बर्तन चाक के बने हुए उच्च कोटि के बर्तन थे जिनको सुन्दर ढंग से सजाया गया था तथा ये बाद के काले बर्तनों से बिल्कुल अलग थे।

लगभग 2250 ई.पू. के लगभग, जब हड़प्पा सभ्यता का विस्तार हो रहा था, अज्ञात कारणों से प्राचीन कालीबंगन को त्याग दिया गया। लगभग 50 से 100 वर्षों बाद उसका पुनर्निर्माण हड़प्पा एवं मोहनजोदड़ो की पद्धति पर हुआ। पहली बार नगर दुर्ग एवं निम्न शहर में अब स्पष्ट अंतर देखने को मिला। नगर दुर्ग प्राचीन कालीबंगन के अवशेषों पर बना था तथा निम्न शहर नगर दुर्ग से लगभग 120 फीट की दूरी पर बसा था। निम्न शहर प्राचीन कालीबंगन से चार गुना बड़ा था तथा मोहनजोदड़ो एवं हड़प्पा के निम्न शहरों के योजनानुसार बना था।

नए कालीबंगन में मानकीकरण के स्तर अत्यंत कठोर थे महत्त्व के सापेक्ष विभिन्न सड़कें 12 18, या 24 फीट चौड़ी थीं। प्राचीन कालीबंगन में जो ईंटें विशिष्टताओं के साथ बनाई जाती थीं, वे अब हड़प्पा एवं मोहनजोदड़ो के अनुरूप बनने लगीं। नए कालीबंगन की एक खास विशेषता थी कि वहां निम्न शहर से लगभग 240 मीटर दूर एक प्राकृतिक टीला था। इस टीले पर सिर्फ अग्निवेदियों के अवशेष हैं। यह संभवत: निम्न शहर के लोगों का धार्मिक स्थल था जबकि नगर दुर्ग के दो चबूतरों की अग्निवेदियां वहां के निवासियों के लिए थीं। कालीबंगन में मातृदेवियों की मूर्ति की अनुपस्थिति वहां की प्रमुख विशेषता है क्योंकि ये देवियां सिंधु सभ्यता के बाकी अन्य केन्द्रों में बहुतायत में प्राप्त हुई हैं।

चौथा चरण : लोथल

लोथल की स्थापना उपरोक्त तीन स्थलों के काफी बाद हुई थी। यहां निर्माण कार्य 2100 ई.पू. के आसपास परिपक्व हड़प्पा काल में प्रारंभ हुआ था। सिंधु शहरों की सभी विशेषताएं यहाँ से प्राप्त हुई थीं। इसका नगर दुर्ग 150 × 120 फीट ऊंचे चबूतरे पर बना था। इसके नगर दुर्ग तथा निम्न शहर के चारों ओर एक ईंट की दीवार थी। गलियों तथा पगडंडियों के नमूने मोहनजोदड़ो और हड़प्पा की तरह थे।

लोथल का अतिविशिष्ट लक्षण यहां का गोदीबाड़ा है-यह एक बड़ा कुंड था, जिसकी माप 770×120×15 फीट क्रमश: लंबाई, चौड़ाई और गहराई के अनुसार है। शहर के पूर्व में स्थित, इसकी दीवारें कठोर ईंटों की बनी है, जिनमें पानी के निकास के लिए दो छिद्र बने हैं। इस कुंड के तल में चार बड़े गोल पत्थर हैं, जिनके बीच में छेद हैं। ये संभवत: जहाजों के लंगर डालने के लिए बने हुए थे जो इसे गोदीबाड़े के रूप में इस्तेमाल किए जाते थे। कुंड और शहर के बीच एक बड़ा चबूतरा संभवत: गोदी का कार्य करता था तथा यह शहर सिंधु सभ्यता एवं मेसोपोटामिया के बीच व्यापार का मुख्य केंद्र था।

यहां से कई उपकरण, मनके तथा मुहरें प्राप्त हुई हैं जिनमें प्रसिद्ध 'फारस की खाड़ी की मुहर' भी है। संभवत: लोथल मात्र सुदूर व्यापार का केंद्र ही नहीं था बल्कि यह सिंधु शहरों को गुजरात से कपास तथा राजस्थान से तांबा जैसे कच्चे माल का निर्यातक भी था। साथ ही यह भी संभावना है कि जब हड़प्पा एवं मोहनजोदड़ो जैसे शहर चरमोत्कर्ष पर थे तब इनको कच्चे माल की आपूर्ति हेतु लोथल की स्थापना बाद में हुई थी।

मेहरगढ़ में की गई हाल की खुदाई से पता चलता है कि बलूचिस्तान क्षेत्र में छठे सहस्राब्दि ई.पू. से चौथे सहस्राब्दि ई.पू. तक सांस्कृतिक विकास की प्रक्रिया लगातार होती रही। मेहरगढ के प्राचीनतम टीले समेत बलूचिस्तान में कई नव-पाषाण बस्तियों की खोज से ज्ञात होता है कि सिंधु सभ्यता भारतीय उप-महाद्वीप के उत्तर-पश्चिम में प्रारंभ हुई संस्कृति के देशी विकास का परिणाम थी। खुदाई द्वारा हाल में प्राप्त चौथे सहस्राब्दि ई.पू. की बस्तियां इस परिकल्पना को और भी बल प्रदान करती हैं। आमरी की खुदाई से ज्ञात होता

है कि सिंधु घाटी में बस्तियां चौथे सहस्राब्दि में बसनी प्रारंभ हो गई थीं। यह मेसोपोटामिया, ईरान अथवा मध्य एशिया के अप्रवासियों द्वारा स्थानांतरित संस्कृति का परिणाम न होकर देशी विकास का विस्तार था।

स्वदेशी शिल्प की उत्पत्ति के कारण पश्चिम तथा मध्य एशिया के देशों के साथ व्यापार का विकास स्वाभाविक था लेकिन, जैसा कि पहले के विद्वानों की धारणा है, इस व्यापार के कारण सिर्फ एकतरफा सांस्कृतिक लेन-देन नहीं हुआ। ऐसे विद्वानों की इस प्रकार की धारणा का कारण यह था कि वे एक परिपक्व संस्कृति, जिसका कोई स्थानीय पूर्ववर्ती अवशेष नहीं मिला था, की खोज के कारण स्वाभाविक रूप से किंकर्तव्यविमूढ़ थे।

अभी, हालांकि सिंधु सभ्यता के देशी मूलों की स्पष्ट जानकारी हमारे पास है पर दुर्भाग्यवश विशिष्ट परिपक्व संस्कृति की उत्पत्ति के बारे में हम कम जानते हैं। इसकी उत्पत्ति का वास्तविक काल अभी भी विवाद का विषय है। इसके अलावा सर्वाधिक महत्त्वपूर्ण स्थल, मोहनजोदड़ो का प्रारंभिक संस्तर पानी से बुरे ढंग से प्रभावित है। मोहनजोदड़ो का प्रारंभिक संस्तर पानी के सतह से लगभग 24 फीट नीचे है। पानी की सतह का ऊपर उठना इसके पतन का एक कारण हो सकता है तथा इसके कारण इस शहर की उत्पत्ति पर भी पर्दा पड़ा हुआ है। इसी कारण सिंधु सभ्यता के अन्य स्थलों पर समांतर खुदाई की आवश्यकता है जिन्हें कि आसानी से खोदा जा सकता है तथा उनकी तिथि रेडियो कार्बन पद्धति से आसानी से निर्धारित की जा सकती है।

2.3 प्रौढ़ अवस्था

कालक्रम

सर जॉन मार्शल ने 1931 में मोहनजोदड़ो पर अधिकार के काल का प्रथम आकलन किया। मेसोपोटामिया से सामंजस्य के आधार पर उन्होंने इसका काल 3250 से 2750 ई.पू. बताया। बाद के वर्षों में मेसोपोटामिया के स्थलों, खासकर उर, से प्राप्त सिंधु अथवा सिंधु प्रकार के मुहरों पर सी.जे. गैड्ड ने एक लेख प्रकाशित किया। उन्होंने उन मुहरों के कालों का भी विवरण दिया।

अधिकतर मुहरों से 2350 से 1770 ई.पू. के बीच सक्रिय व्यापार का संकेत मिलता है। उसके बाद पिग्गट (1950) तथा ह्वीलर (1946, 1960) ने इन तथ्यों का पुनरावलोकन किया जिसमें मेसोपोटामिया से आयातित वस्तुओं के काल के साथ सामंजस्य बिठाया गया।

आम सहमति के आधार पर इसका काल 2500 से 1500 ई.पू. माना गया है। लेकिन विगत 35 वर्षों में पुरातात्विक तथ्यों के आधार पर इस काल में परिवर्तन के कई साक्ष्य प्राप्त हुए हैं। रेडियोकार्बन पद्धति की खोज के कारण जानकारी का एक नया तरीका ज्ञात हुआ है जिसके बिना कालक्रम में असमंजस की स्थिति बनी रहती थी तथा पुराने विचारों में परिवर्तन की आवश्यकता महसूस की जा रही थी।

क्वेटा घाटी में स्वयं द्वारा की गई खुदाई के रेडियोकार्बन के काल में परिवर्तन की आवश्यकता वॉल्टर फेयरसर्विस ने 1956 में महसूस की तथा हड़प्पा संस्कृति का काल 2000 से 1500 ई.पू. करने कर सुझाव दिया।

डी.पी. अग्रवाल ने 1964 में कोटदीजी, कालीबंगन तथा लोथल समेत दो दर्जन तारीखों का निर्धारण किया। उनका निष्कर्ष था कि संस्कृति का कुल काल 2300 से 1750 ई.पू. के बीच होना चाहिए।

इस प्रकार मास्का (MASCA—Magazine of Applied Sciences and Centre for Archaeology)–के रेडियोकार्बन काल निर्धारण के अंशाकन ने सिंधु सभ्यता के कालक्रम को मेसोपोटामिया के कालक्रम से संबद्ध करने में पहले की परेशानी को समाप्त कर दिया, लेकिन अभी भी अनिश्चितता की काफी संभावना है तथा यह संभावना बाद के काल और परिपक्व सिंधु सभ्यता के संदर्भ में और भी अधिक है।

विस्तार

सिंधु सभ्यता कांस्ययुगीन है। यह उप-महाद्वीप की ताम्र पाषाणीय, सभ्यताओं से प्राचीन रूप में अधिक विकसित है। उस काल का यह सबसे बड़ा सांस्कृतिक क्षेत्र है-इसका क्षेत्रफल (1.3 मिलियन वर्ग किलोमीटर) है, जो मिस्र अथवा मेसोपोटामिया दोनों सभ्यताओं से बड़ा है। अब तक लगभग 1000 स्थलों की खोज हुई है। यह उत्तर में रोपड़ (पंजाब) से दक्षिण (1100 किमी.) में भगत राव (गुजरात) तथा परिचम में क्लाजेंडोर (पाकिस्तान-ईरान सीमा) से पूरब (1600 किमी.) में आलमगीरपुर (उत्तर प्रदेश) तक फैला हुआ है, लेकिन नवीनतम खोजों के अनुसार सबसे उत्तर का स्थल मांडा (जम्मू एवं कश्मीर) तथा सर्वाधिक दक्षिण का स्थल दायमाबाद (महाराष्ट्र) है।

राजस्थान के हाल के उत्खनन (1994-95) में उदयपुर के निकट बालाथल में एक 4000 वर्ष पुरानी बस्ती का पता

चला है। यहां की पत्थर एवं मिट्टी की इमारतों, मिट्टी के बर्तनों के आकार, डिजाइनों, तांबे एवं कांसे के उपकरणों, आभूषणों एवं मनकों से बालाथल एवं परवर्ती हड़प्पा के बीच महत्त्वपूर्ण सांस्कृतिक सबंधों के संकेत प्राप्त होते हैं। इन संबंधों से ज्ञात होता है कि बालाथल की स्थापना की प्रेरणा गुजरात के हड़प्पावासियों से प्राप्त हुई तथा इसके कुछ प्रारंभिक निवासी उस क्षेत्र के अप्रवासी रहे होंगे।

उपलब्ध रेडियोकार्बन तारीखों के अनुसार भारतीय उप-महाद्वीप में ज्ञात प्राचीनतम कृषिगत बस्ती मेहरगढ़ है, जबकि भारत में सिंधु क्षेत्र के बाहर ज्ञात सर्वाधिक प्राचीन बस्ती बालाथल है।

मुख्य शहर तथा उनकी विशेषताएं

मुख्य शहर

- मोहनजोदड़ो (सिंध) सिंधु नदी के दाहिने किनारे पर बसा हुआ है।
- हड़प्पा (पंजाब, पाकिस्तान) रावी नदी के बाएं किनारे पर स्थित है।
- चन्हूदड़ो (सिंध) सिंधु नदी के बाएं किनारे पर है तथा यह मोहनजोदड़ो से लगभग 130 किमी. दक्षिण में है।
- कालीबंगन (राजस्थान) घग्गर नदी के किनारे था। यह नदी सैकड़ों वर्ष पहले सूख गई।
- लोथल (गुजरात) खम्भात की खाड़ी के सिरे पर है।
- बनवाली (हरियाणा) विलुप्त सरस्वती नदी के किनारे पर था।
- सुत्कांगेडोर (गुजरात) कच्छ के रण के किनारे पर है।
- धौलावीरा (गुजरात) नवीनतम उत्सनित शहर, कच्छ जिले में है।

सामान्य लक्षण

सर्वाधिक विशिष्ट गुण है– 'ग्रिड प्रणाली' के अनुसार योजनाबद्ध नगर योजना, जिसमें गलियां तथा सड़कें एक-दूसरे को लगभग समकोण पर काटती हैं, जिसके अनुसार शहर कई आयताकार खंडों में विभाजित हुआ था। (यह प्रणाली मिस्त्र तथा मेसोपोटामिया में अज्ञात थी)। शहरों के योजना की एकरूपता सर्वाधिक स्पष्ट है। हड़प्पा, मोहनजोदड़ो तथा कालीबंगन की नगर योजना के दो विशिष्ट तत्व हैं-नगर के पश्चिमी भाग में मिट्टी की ईंटों के ऊंचे चबूतरे पर 'नगर दुर्ग' जिसका अक्ष उत्तर से दक्षिण की ओर है तथा पूर्वी भाग में निम्न शहर है, जो मुख्य आवसीय क्षेत्र रहा होगा।

सिंधु सभ्यता की विशेषता है– निर्माण कार्यों के लिए मानकीकृत आकार की पक्की ईंटों का बड़े पैमाने पर प्रयोग, जबकि पत्थर के मकानों का अभाव था। ईंटों की चौड़ाई उनकी ऊंचाई की दो गुनी तथा लंबाई चौड़ाई की दो गुनी थी (7.5×15×30 से.मी. अथवा 10×20×40 से.मी.। अधिकतर ईंटें खुले सांचों में बनती थीं पर खास कार्यों के लिए, जैसे– स्नानागार में निश्चित तौर पर काटी गई ईंटों का प्रयोग होता था तथा कुओं का निर्माण फनाकर (wedge shaped) ईंटों से होता था। निर्माण कार्य में पत्थरों का प्रयोग बिरले ही होता था तथा ठीक (True) मेहराब का प्रयोग नहीं होता था, लेकिन ईंटों में टोडाकृत (Corbelled) मेहराब का प्रयोग व्यापक था। नालियों को ढकने के लिए तराशे गए चूना पत्थर की पट्टियों का भी कभी-कभी प्रयोग होता था। चिपटी छतों के लिए लकड़ियों का प्रयोग होता था। कभी-कभी लकड़ी का उपयोग निर्माण में अथवा ईंटों के, साथ-साथ भी होता था।

अन्य विशिष्ट लक्षण, भूमिगत जल निकास प्रणाली थी जो सभी घरों को, गलियों के नाले से जोड़ती थी। ये नाले ईंटों अथवा पत्थर के पट्टों से ढंके होते थे, जिनमें मेनहोल भी बने होते थे। नगर दुर्ग में आम भवन, जैसे कि धार्मिक भवन, धान्य कोठार, शासकीय वर्ग के लोगों के निवास आदि होते थे। नगर दुर्ग के नीचे निम्न शहर में आम जनता का निवास था। घरों में सामान्यत: बगल के दरवाजे होते थे तथा मुख्य गलियों की ओर खिड़कियां भी नहीं होती थीं। निर्माण कार्य का एक विशेष लक्षण यह था कि खंड का सड़क वाला भाग सपाट दिखता था सिर्फ नालियों के स्थान पर टूटा हुआ होता था।

विशेष लक्षण

मोहनजोदड़ो-यह सिंधु सभ्यता के शहरों में सबसे बड़ा है तथा इसमें उपरोक्त सभी सामान्य लक्षण देखे जाते हैं। इसकी जनसंख्या अनुमानत: 41,000 से 35,000 के बीच थी।

मोहनजोदड़ो का विशाल स्नानागार सर्वाधिक महत्वपूर्ण आम इमारत है। इसकी माप 39 फीट (लंबाई) × 23 फीट चौड़ाई) × 8 फीट (गहराई) है। नगर दुर्ग के मध्य में अवस्थित, इसमें ईंट निर्माण कार्य असाधारण एवं सुन्दर है। इसकी सतह पक्की ईंटों की है, जिसे जिप्सम तथा मोर्टार द्वारा जोड़ा गया है। यह धार्मिक स्नान का स्थान रहा होगा।

यहां से प्राप्त विशाल धान्य कोठार यहां की सबसे बड़ी इमारत है। इसकी माप 150 फीट (लंबाई) × 50 फीट

चौड़ाई है। यह नगर दुर्ग में विशाल स्नानागार के पास स्थित है। इसकी उपस्थिति से एक केंद्रीय कर वसूलने वाली सत्ता की उपस्थिति का पता चलता है।

यहां से एक बहुस्तंभीय सभागार तथा एक आयताकार इमारत भी प्राप्त हुई है। ये संभवत: प्रशासकीय कार्यों के लिए थी। निम्न शहर में एक इमारत प्राप्त हुई है, जिसे ह्वीलर ने मंदिर का नाम दिया है। इसमें भव्य द्वार है तथा एक ऊंचे चबूतरे पर जाने के लिए दो सीढ़ियां बनी हैं। इस चबूतरे पर बैठने की मुद्रा में पत्थर की मूर्ति प्राप्त हुई है।

निम्न शहर में कुछ एक कक्षीय बैरक नुमा आवास भी हैं, जो हड़प्पा के धान्य कोठार के पास वाले आवासों की याद दिलाते है।

घोड़े के प्रयोग के प्रमाण ऊपरी स्तर से प्राप्त हुए हैं। यहां से बुने हुए कपड़े का एक टुकड़ा भी प्राप्त हुआ है।

हड़प्पा-खोज तथा 1921 में उत्खनन किया जाने वाला यह प्रथम सिंधु स्थल है। इस सभ्यता के नाम पर सिंधु सभ्यता को हड़प्पा सभ्यता कहा गया।

हड़प्पा के विस्तृत टीले की जानकारी सर्वप्रथम मैसन ने 1826 में दी तथा कनिंघम ने 1853 एवं 1873 में यहां का दौरा किया। लगभग 60 वर्ष बाद एम.एस. वत्स के निर्देशन में 1921 से 1934 के बीच यहां उत्खनन हुआ।

यहां का धान्य कोठार, नगर दुर्ग क्षेत्र से बाहर, लेकिन इससे सटे हुए पश्चिम में अवस्थित है। यह छह धान्य कोठारों वाली ईंट के चबूतरों की दो श्रृंखला है तथा प्रत्येक की माप 50×20 फीट है। यह नदी के काफी नजदीक है तथा जल परिवहन द्वारा इसमें आपूर्ति की जाती होगी।

धान्य कोठार के दक्षिण में ईंट के गोल चबूतरों की कतार बनी है जिस पर अनाजों की धुनाई होती थी।

नगर दुर्ग की दीवार के ठीक नीचे, एक कक्षीय कमरों के बैरक बने हुए हैं। इनमें संभवत: मजदूर रहते थे।

चन्हूदड़ो-यह एक मात्र सिंधु शहर है, जिसमें नगर दुर्ग नहीं है। मोहनजोदड़ो की तरह यहां भी कई बार बाढ़ आने के चिन्ह हैं। यहां से एक छोटा पात्र प्राप्त हुआ है, जो संभवत: एक दवात था, पर इसके बारे में कुछ निश्चित तौर पर नहीं कहा जा सकता है।

पुरातत्वविदों ने यहां से धातुकर्मियों, सीपी के आभूषण निर्माताओं तथा मनका निर्माताओं की दुकानें खोजी हैं (सोना, चांदी, टिन, तांबा आदि धातुओं का प्रयोग होता था)।

कालीबंगन-यह दो सिंधु शहरों में से एक है जहां से आद्य-हड़प्पा तथा हड़प्पा सांस्कृतिक संस्तर प्राप्त हुए हैं। आद्य-हड़प्पा चरण में खेत जोते जाते थे, लेकिन हड़प्पा काल में उन्हें जोता नहीं जाता था बल्कि खोदा जाता था।

नगर दुर्ग तथा निम्न शहर के चारों और विशाल ईंट की दीवारों के अवशेषों के चिह्न प्राप्त हुए हैं।

नगर दुर्ग में पुरातत्वविदों ने दो चबूतरे खोजे हैं जो यज्ञ करने के काम आते होंगे।

लोथल-ईंट के कृत्रिम गोदी बाड़े वाला यह एकमात्र सिंधु शहर है। यह सिंधुवासियों का मुख्य बंदरगाह रहा होगा।

यह लगभग चतुर्भुजाकार था तथा इसका लंबवत अक्ष उत्तर से दक्षिण दिशा की ओर था। संभवत: बाढ़ से बचाव के लिए इसके चारों तरफ विशाल ईंटों की दीवार थी।

चावल की खेती का प्राचीनतम (1800 ई.पू.) उदाहरण, लोथल से प्राप्त हुआ है। इसके अलावा एकमात्र स्थल अहमदाबाद के निकट रंगपुर है जहां से चावल का भूसा प्राप्त हुआ है। यहां से भी धातुकर्मियों, सीप, आभूषण निर्माताओं तथा मनका निर्माताओं की दुकानें प्राप्त हुई हैं।

यहां से एक संदेहास्पद घोड़े की टेराकोटा आकृति से घोड़ों का प्रमाण मिलता है।

यहां से प्राप्त कुछ मुहरों पर कपड़े की छाप के चिह्न प्राप्त हुए हैं (एक दूसरे स्थल, आमगीरपुर से एक नाली पर कपड़े के छाप के चिह्न प्राप्त हुए हैं)।

बनवाली–यहां से आद्य-हड़प्पा तथा हड़प्पा संस्कृति के चरण प्राप्त हुए हैं।

सिंधु सभ्यता के शहरों के सभी आम लक्षण, जैसे कि नगर योजना, ग्रिड प्रणाली, जल निकास प्रणाली तथा अन्य, यहां से प्राप्त हुए हैं।

सुरकोटदा-यह एकमात्र सिंधु स्थल है जहां से वास्तव में घोड़े के अवशेष प्राप्त हुए हैं।

यह पत्थर के टुकड़ों की दीवार से घिरा हुआ था, जिसके कोनों पर तथा बड़ी दीवारों के बीच वर्गाकार बुर्ज बने हुए थे। यह सम्भवत: अन्य बंदरगाह नगर था, हालांकि लोथल की तरह यहां गोदीबाड़े की सुविधा नहीं थी।

धौलावीरा-सिंधु शहरों की खोज में नवीनतम, यह गुजरात में स्थित है तथा सिंधु सभ्यता के विशालतम स्थलों में से एक है। हालांकि इस पर पहले जे.पी. जोशी का ध्यान गया पर इस स्थल का विस्तृत उत्खनन आर.एस. विष्ट तथा उनके दल ने 1990-91 में किया।

सिंधु शहरों की सभी आम विशेषताएं जैसे कि नगर योजना, ग्रिड प्रणाली, जल निकास प्रणाली तथा विस्तृत घेराबंदी, यहां पाई गई हैं।

यहां की विशिष्ट विशेषता यह है कि यह अन्य शहरों की तरह दो नहीं, तीन भागों में बंटा हुआ है। इसके दो भागों की मजबूत घेराबंदी की गई थी।

यहां दो आंतरिक अहाते हैं-पहला नगर दुर्ग (जहां संभवत: उच्चतम सत्ता का निवास था) तथा दूसरा मध्य नगर (जहां संभवत: शासक-शासकों के निकट संबंधी व अन्य अधिकारी रहते थे)। निम्न शहर से अलग इस मध्य शहर का अस्तित्व यहां की खास विशेषता है।

सामान्य लाक्षणिक विशेषताएं

बस्तियों की मूलभूत प्ररूपता–आधुनिक शोधों ने इस मान्यता को खंडित कर दिया है कि सिंधु सभ्यता के नगर ग्रिड पैटर्न (जाली प्रतिरूप) पर आधारित थे। मार्ग सदैव सीधे नहीं है और न ही वे सीधे समकोण पर एक-दूसरे को काटते हैं। फिर भी सभी उत्खनित स्थलों पर केन्द्रीकृत योजना के स्पष्ट प्रमाण मिलते हैं। यह प्रत्येक बस्ती के भौतिक विन्यास से भी स्पष्ट होता है। दो पृथक् और पृथक् रूप से परिबद्ध टीलों को एक-दूसरे के सम्पर्क में बनाने के तरीके, किलेबंदी तथा परिबद्ध दीवारों का बुर्जों, प्रवेश द्वारों व कोने की मीनारों के साथ जुड़ा होना इत्यादि इसके उदाहरण हैं।

उपलब्ध मूल बस्तियों के प्रकारों से उनके प्रारूप की विस्तृत अवधारणा इस तरह स्पष्ट होती है:

- मोहनजोदड़ो, हड़प्पा एवं कालीबंगा जैसी बस्तियों में जुड़वां टीले हैं, जो पृथक् रूप से परिबद्ध हैं। इससे स्पष्ट होता है कि पश्चिमी टीलों में प्रशासनिक-कर्मकांडीय-आवासीय गतिविधियां सम्पन्न होती थीं तथा पूर्वी टीलों में निजी या सामान्य आवास थे।
- हड़प्पा के पश्चिमी टीले पर उत्तरी किलेबंद दीवार एवं नदी के बीच कुछ प्रमुख सार्वजनिक इमारतों के प्रमाण मिलते हैं।
- मोहनजोदड़ो में किले बंद दीवार के पृष्ठ में कोई इमारती परिसर नहीं है।
- कालीबंगा में पश्चिमी टीले को दो किलेबंद भागों में बांटा गया है, जिनमें से एक कर्मकांडीय गतिविधियों के लिए तथा दूसरा प्रशासनिक गतिविधियों व अभिजात्य वर्ग के आवासीय उपयोग के लिए था।
- सुरकोटदा जैसे स्थल कालीबंगा के पश्चिमी टीले की प्रतिकृति मात्र हैं।
- लोथल में एकमात्र परिबद्ध परिसर है, जिसमें सार्वजनिक इमारतों, सामान्य आवासों तथा शिल्पशालाओं के चिन्ह मिलते हैं।
- एकमात्र दीवार से परिबद्ध बनवाली में दो आंतरिक परिबद्ध भाग हैं किंतु बनवाली के नगर दुर्ग एवं निचली बस्ती के बीच विभाजित दीवार का सरेखण नगर दुर्ग को एक गुम्बदाकार असममित रूप प्रदान करता है।
- धौलावीरा की अपनी अलग विशेषता है क्योंकि इसका खुला क्षेत्र एवं त्रिविभाजन (निचली बस्ती, मध्य बस्ती एवं दुर्ग) अन्य किसी बस्ती से मेल नहीं खाता है।
- इसके अलावा अहलादीनों व हुलास जैसी छोटी शहरी बस्तियां भी थीं, जिनमें आंतरिक विभाजन एवं परिबद्ध दीवारों का अभाव है।

नियोजन व आकार के बीच सम्बन्ध–सिंधु सभ्यता के नगरों की योजना व आकार के बीच कोई प्रत्यक्ष सम्बद्ध मौजूद नहीं हैं। लोथल एवं मोहनजोदड़ो विरोधाभास के सबसे अच्छे उदाहरण हैं। मोहनजोदड़ो आकार में लोथल से लगभग 18 गुना बड़ा है किन्तु पक्की ईंटों के घर, पंक्तिबद्ध सड़कें, पक्की ईंटों की नालियां जैसी विशेषताएं दोनों स्थलों पर समान रूप से दिखाई देती हैं। दूसरी ओर, कालीबंगा आकार में लोथल से दो गुना बड़ा है किंतु पक्की ईंटों, नागरिक जलवहन तंत्र व कुओं के सीमित उपयोग के कारण लोथल से तुलना करने योग्य नहीं है। इसलिए सिंधु सभ्यता के संदर्भ में छोटा आकार किसी बस्ती की समृद्धि-बदहाली या नियोजन-गैर नियोजन का निर्धारण नहीं हो सकता। इस प्रकार हड़प्पा बस्तियों में ग्राम, कस्बा एवं नगर के बीच का भेद कुछ सीमा तक अस्पष्ट है।

सड़कों व गलियों की व्यवस्था–प्रत्येक नगर में मुख्य सड़क की चौड़ाई उल्लेखनीय थी। मोहनजोदड़ो के एच. आर. क्षेत्र में उत्तरी-दक्षिणी प्रथम सड़क की चौड़ाई 30-5 फुट (9.14-10.66 मीटर) थी। 13 फुट (3.96 मी.) की चौड़ाई सामान्य समझी जाती थी। किंतु सभी गलियां अधिक संकरी थीं। मोहनजोदड़ो में इनकी चौडाई 3 फुट 7 इंच (1.11मी.) से लेकर 7 फुट (2.13 मी.) के बीच थी। लोथल में गलियों की चौड़ाई 6-9 फुट (1.82-2.74 मी.) थी। सड़कों की योजना से स्पष्ट होता है कि एक सड़क की चौड़ाई स्थिर नहीं थी। उदाहरण के लिए कालीबंगा की निचली बस्ती में एक प्रमुख सड़क की उत्तरी छोर पर चौड़ाई लगभग

6.15 मी. है, जबकि दक्षिणी छोर पर इसकी चौड़ाई लगभग 8.20 मी. है। किंतु चौड़ाई का यह अंतर कोई बाधा पैदा नहीं करता क्योंकि सड़कें एक सीध में ही आगे बढ़ती हैं। फिर भी, अंदर का गलियां कभी-कभी इधर-उधर मोड़ ले लेती हैं किंतु ये मोड़ घुमावदार न होकर समकोणीय थे। इस प्रकार, हड़प्पावासियों की सीधी रेखाओं एवं तीखे किनारों के प्रति गहरी दिलचस्पी थी।

जल निकास प्रणाली–सिंधु सभ्यता की सर्वाधिक महत्वपूर्ण मुखर विशेषता पकी ईंटों से निर्मित जल निकास प्रणाली का व्यापक उपयोग है। मोहनजोदड़ो एवं लोथल जैसे स्थलों पर तो जल निकास प्रणाली अपने अतिविस्तृत रूप में दिखाई देती है। इन दोनों स्थानों पर सभी बड़ी सड़कों के साथ-साथ गलियों में भी नालियां बनी थीं। गंदे जल की निकासी के लिए बनी बड़ी नालियां घरों की छोटी-छोटी नालियों से एक जल प्रवणिका द्वारा जुड़ी थीं। नालियों की चौड़ाई व गहराई में भिन्नता होती थी। मोहनजोदड़ो में नालियों की सामान्य चौड़ाई 9 इंच थी। नालियों की नियमित सफाई की जाती थी। पत्थर या ईंटों के आवरण से नालियों को ढंका जाता था ताकि सफाई करने में कोई कठिनाई न हो। नालियों का निर्माण सावधानीपूर्वक किया जाता था और उनके मोड़ घुमावदार बनाये जाते थे ताकि जल का प्रवाह अवरुद्ध न हो। नगर की नालियों के पानी को बाहर ले जाने के लिए मोहनजोदड़ो के बाहरी इलाके में ईंटों की पुलियां बनायी गयी थीं।

स्वच्छता के लिए नगरों में नालियों के अलावा कूड़ेदान भी बनाये गये थे। कहीं-कहीं घरों की नालियों के मुहाने पर छोटे-छोटे मिट्टी के हौद रखे जाने के प्रमाण मिलते हैं। इन हौदों के तल में एक छोटा सा छिद्र होता था, जिसके द्वारा जल धीरे-धीरे रिसकर धरती के अंदर पहुँच जाता था। समुचित प्रकार के अवसाद गर्त ईंटों से बने होते थे, जिनमें अंदर की ओर खांचे होते थे ताकि उनकी सफाई में आसानी हो।

कालीबंगा में सड़क के किनारे जल निकासी तंत्र का अभाव एक रोचक तथ्य हो सकता है। यहाँ लकड़ी व ईंटों से बनी घरेलू नालियों के मुहानों पर जलावशोषी हौद रखे जाते थे। इसे दृष्टि में रखते हुए हड़प्पाई जल निकास तंत्र को नगर के सामान्य भौतिक मानदंड के साथ जोड़ा जा सकता है। यदि कालीबंगा के कच्ची ईंटों से बने आवासों की एकरूपता एवं भौतिक वस्तुओं की अल्पता को संकेतक माना जाए, तो यह लोथल या मोहनजोदड़ो की तुलना में एक हीनतर बस्ती थी।

कुओं की व्यवस्था–पक्की ईंटों से निर्मित कुओं की एक बड़ी संख्या हड़प्पा के नागरिक नियोजन की एक अन्य जीवंत विशेषता है। मोहनजोदड़ो में कुओं के सर्वाधिक प्रमाण मिलते हैं। यहाँ लगभग 700 कुएं थे तथा प्रत्येक तीसरे घर में औसतन एक कुआँ था। कुओं का आंतरिक व्यास 2 फुट से लेकर 7 फुट 6 इंच के बीच था किंतु सामान्य आकार 2 फुट 2 इंच था। कुएं सामान्यत: गोलाकार थे किंतु कहीं-कहीं दीर्घवृत्ताकार के भी प्रमाण मिलते हैं। ये विशेष रूप से बनायी गयी टंकाकार ईंटों से बनाये जाते थे। अधिकांशत: कुएं घरों के अंदर होते थे किंतु कभी-कभी दो घरों के बीच में भी इनका निर्माण कर दिया जाता था। घरों के बाहर निर्मित कुओं का सार्वजनिक उपयोग होता था। कालीबंगा के पूर्वी टीले में कुओं के प्रमाण न के बराबर हैं। इस काल में नगर के भीतर एक वृहद स्तरीय जलापूर्ति तंत्र की कल्पना करना निरर्थक है। समकालीन मिस्र एवं मेसोपोटामिया की सभ्यताओं में लोग नदी से विभिन्न पात्रों में पानी भरकर लाते थे और अपने घरों में बने कुंडों में एकत्रित करते थे।

आवास निर्माण में एकरूपता–हड़प्पा के आवास हमें अपनी सामान्य एकरूपता से भी प्रभावित करते हैं। ईंटों के साथ बड़े पैमाने पर लकड़ी का प्रयोग होता था। मोहनजोदड़ो में पक्की ईंटों तथा काष्ठ वास्तुशिल्प के सम्मिलित प्रयोग के उल्लेखनीय प्रमाण मिलते हैं। सीढ़ियों के अवशेषों, जो सामान्यत: संकरी व गहरे ढाल वाली थीं, से ऊपरी मंजिल के अस्तित्व का प्रमाण मिलता है।

छतें लकड़ी के आधार पर कच्ची मिट्टी के लेपन से बनायी जाती थी। मृत्तिका का लेपन सामान्य था। मृत्तिका का गारा बनाया जाता था यद्यपि जिप्सम एवं चूना का प्रयोग भी ज्ञात था। आंतरिक फर्श ईंटों से या भूतल को पीटकर बनाया जाता था। कालीबंगा में मात्र एक कमरे का फर्श अंतर्विभाजित वृत्ताकार डिजायनों वाले टाइल्स बिछाकर बनाने का प्रमाण मिलता है। बालाकोट एवं अहलोदीनों से भी इसी प्रकार की सजावट के दो अन्य उदाहरण मिलते हैं।

काष्ठ निर्मित दरवाजे सादा और पाखों के निकट होते थे। प्रवेश द्वार सामान्यत: गलियों में खुलते थे तथा अपवाद रूप में ही मुख्य सड़क की ओर खुले पाये गये हैं। खिड़कियां भी अवपाद स्वरूप में ही पायी गयी हैं। घरों के भीतर प्रकाश का प्राथमिक स्रोत भीतरी खुला आंगन ही होता था। घरों में शौचालयों व स्नानघरों का होना एक महत्वपूर्ण विशेषता है। स्नानागारों में अपशिष्ट जल की निकासी के लिए छोटी-छोटी नालियां बनायी जाती थीं तथा मोहनजोदड़ो के घरों से इसके

व्यापक प्रमाण मिलते हैं। दूसरी ओर शौचालयों का उपयोग अपेक्षाकृत कम ही किया जाता था।

सामान्यीकरण–सामान्य तत्वों में विभिन्नताओं की एक व्यापक श्रृंखला मौजूद है। उदाहरणार्थ, मोहनजोदड़ो, हड़प्पा, कालीबंगा, लोथल, बनवाली, सुरकोटदा, धौलावीरा एवं कुन्तासी आदि स्थलों की मूलभूत बसावट का प्रकार स्पष्ट है किंतु विस्तृत रूप में सभी भिन्नताएँ रखते हैं। तकनीकी जानकारियों पर पूरी पकड़ है। निगरानी मीनार सहित किलेबंदी, दुर्ग, प्रवेश द्वार, खाई आदि संरचनाएं समझी जा चुकी हैं। जल निष्कासन (नालियां, अवसाद गर्त, अवशोषी हौद) तथा जल प्रबंधन (कुओं, तथा धौलावीरा में बांध के प्रमाण) के बारे में भी कोई संशय नहीं है। गृह निर्माण सामग्री से भी हम परिचित हैं क्योंकि मानकीकृत मापदंडों की ईंटें, मिट्टी के गारे में पत्थरों की चिनाई तथा धौलावीरा में पत्थरों की कटाई व पॉलिश के प्रमाण मिलते हैं। सभी बस्तियां भू-आकृति के अनुसार नियोजित थीं तथा उनकी विशेषताएं उनके आकार पर निर्भर नहीं करती हैं। मोहनजोदड़ो, लोथल तथा कुन्तासी के आकारों में व्यापक असमानता है किंतु उनके नियोजन की विशेषताएं सामान्य हैं। कार्य विभाजन सम्बन्धी विभेदों की भी आशा की जा सकती है क्योंकि कुन्तासी जैसे स्थल मुख्यत: कच्चे माल के उपार्जन एवं प्रसंस्करण से ही सम्बद्ध थे।

सिंधु स्थलों का आकार एवं वितरण

ग्रामीण विकास के स्पष्ट कालक्रमानुसार सिंधु सभ्यता के सिर्फ तीन क्षेत्र हैं– सिंध के मैदान से पश्चिम-दक्षिण-पश्चिम में किरथर गिरिपद एवं कोहिस्तान; चोलिस्तान क्षेत्र तथा गोमल घाटी जहां प्राचीन स्थल अवस्थित हैं, पर यह गोमल तट की अपेक्षा सिंधु के प्राचीन तट पर अधिक हैं। इन तीनों में सिर्फ चोलिस्तान क्षेत्र में प्रारंभिक हड़प्पा स्थलों का सघन एवं विस्तृत वितरण है। यही बाद में अधिक सघन एवं विस्तृत परिपक्व हड़प्पा स्थल भी हैं (इनकी संख्या 174 हैं, जबकि राजस्थान-पंजाब-हरियाणा में 138 स्थल हैं तथा गुजरात में 101 स्थल हैं)। यह भी ध्यान देने योग्य बात है कि चोलिस्तान के घग्गर-हाकड़ा प्रणाली में ही पूर्व हड़प्पा 'संस्कृति' का संक्रमण परिपक्व हड़प्पा 'सभ्यता' में हुआ है।

2.4 चोलिस्तान (घग्गर-हाकड़ा प्रणाली)

बहावलपुर का पूर्व राजतंत्रीय राज्य लम्बाई के अनुसार तीन विस्तृत पट्टियों में विभाजित किया गया है। इनमें से प्रथम विशाल भारतीय मरुभूमि का अंग है जिसे रोही या चोलिस्तान कहा जाता है।

मध्य भाग भी मरुभूमि ही है। सिर्फ सतलज के किनारे का क्षेत्र उपजाऊ है। हाकड़ा बहावलपुर के मध्य भाग को चोलिस्तान मरुस्थल से विभाजित करता है। इस प्रकार चोलिस्तान मरुस्थल हाकड़ा गर्त के पूर्व तथा दक्षिण में स्थित है। निचले भाग में हाकड़ा सिंधु से मिलकर कच्छ के रण (Runn) में गिरती है। भारतीय क्षेत्र में इसे घग्गर के नाम से जाना गया है, जो वैदिक सरस्वती नदी है।

घग्गर प्रणाली के बारे में निम्नलिखित बातें ध्यान देने योग्य हैं:

1. घग्गर का प्राचीन प्रवाह दो भागों में विभक्त था तथा दोनों ही धाराएं अचानक सूख गईं। सम्भवत: ये दोनों धाराएं एक गर्त में विलीन हो गईं। प्राचीन घग्गर को सिंधु अथवा लूनी नदियों से जोड़ने वाली किसी प्राचीन धारा का भी संकेत नहीं मिलता है।
2. प्राचीन यमुना की प्राचीन धाराओं से ज्ञात होता है कि विगत काल में इसके बहाव में तीन बार परिवर्तन हुए। इसकी प्रथम धारा घग्गर की प्राचीन धारा से मिलती थी; इसकी दूसरी धारा वर्तमान चौतांग (प्राचीन द्रषादवती) से मिलती हुई घग्गर से मिलती थी; तीसरी बार यह दक्षिण की ओर मुड़ी और चंबल के साथ गंगा से मिली।

निष्कर्षत: घग्गर नदी प्राचीन सरस्वती नदी की ही वंशज है। नव-विवर्तनों के कारण इसकी दो मुख्य सहायक नदियां- प्राचीन सतलज और प्राचीन यमुना-क्रमश: सिंधु और गंगा से जुड़ गईं। इसके कारण सरस्वती (वर्तमान घग्गर) सूख गई। घग्गर नदी के सूखने के कारण मानव बस्तियों पर विनाशकारी परिणाम हुए तथा मानव इन परिवर्तित धाराओं की तलाश में भटकता रहा।

चोलिस्तान अथवा बहावलपुर में हाकड़ा नदी के 300 मील के क्षेत्र में 414 स्थलों की खोज हुई है, जिनमें से 174 परिपक्व हड़प्पा के काल के हैं। सिर्फ ईंट भट्ठों तथा अन्य व्यापक उत्पादनों के लिए 79 स्थल थे। इनमें से कुछ ताम्र उपकरण उत्पादन केन्द्र थे। इस क्षेत्र में राजस्थान से आयातित ताम्बे को पिघलाया जाता होगा। पूर्व की ओर, भारतीय सीमा में, परिपक्व हड़प्पा के स्थलों की उपस्थिति कम है, तथा राजस्थान एवं उससे आगे के परिपक्व हड़प्पा के स्थलों को अलग वितरण क्षेत्र माना जा सकता है।

राजस्थान, हरियाणा एवं पंजाब

चोलिस्तान से बाहर उत्तरी-पूर्वी दिशा में राजस्थान, हरियाणा, पंजाब तथा उत्तर प्रदेश में गंगा-यमुना दोआब के ऊपरी भाग

में हड़प्पा स्थलों का विकास पहले विरल तथा बाद में सघन रूप में हुआ। यहाँ की बस्तियों का औसत आकर कुछ एकड़ से ज्यादा नहीं था। बनवाली 40 एकड़ तथा राखीगढ़ी 60 एकड़ के थे। लेकिन उस क्षेत्र के 50×25 वर्ग कि.मी. में 21 स्थलों का वितरण एक जटिल प्रक्रिया है। इनमें से पांच स्थलों- धालेवां, गुरनी कलां, हसनपुर, बगलियां दा ठेह तथा लखमिरवाला- से पूर्व हड़प्पा तथा परिपक्व हड़प्पा मृद्भांड प्राप्त हुए हैं। ये स्थल एक-दूसरे से 3 से 5 कि.मी. की दूरी पर स्थित हैं। इसके अलावा ये नियमित एवं बड़ी बस्तियां थीं। इनमें से शुरू की चार बस्तियां हड़प्पा की श्रेणी की थीं तथा अंतिम मोहनजोदड़ो के बराबर थी।

हड़प्पा निश्चित तौर पर एक निर्माण केन्द्र था, क्योंकि वहां से कई प्रकार के कच्चे माल के प्रयोग के उदाहरण मिलते हैं। जहां तक पंजाब की शिवालिक पहाड़ियों की बात है, रोपड़ के निकट कोटला निहंग खान लगभग 2.60 हेक्टेयर में है। ये स्थल मुख्यत: सहारनपुर तथा मेरठ जिलों में यमुना की छोटी सहायक नदी घाटियों में हैं।

सिंध

सिंध, कोहिस्तान तथा किरथार पहाड़ियों के हड़प्पा स्थल मुख्यत: स्थानीय बारहमासी झरनों के निकट थे तथा सम्भवत: कृषि एवं साधन आपूर्ति का काम करते थे।

मोहनजोदड़ो सिंध के लरकाना जिले में अवस्थित होने के कारण कृषि उत्पादों का अधिक लाभ तो उठाता ही था साथ ही ईरान एवं मध्य एशिया के स्थलमार्गीय व्यापार में यह एक महत्वपूर्ण व्यवसाय केन्द्र की भूमिका भी निभाता था। एक प्राचीन वाणिज्य मार्ग उत्तर में कराची से, थानो बुलो खान तथा आज के लरकाना जिले तक जाता था। इस मार्ग के आसपास अहलादीनों, आमरी, गाजी शाह, अली मुराद तथा लरकाना जिले में लोहुमजोदड़ो से मोहनजोदड़ो के बस्तियों के झुंड होने के कारण यह मार्ग निश्चित तौर पर महत्वपूर्ण रहा होगा। मोहनजोदड़ो सम्भवत: पश्चिमी कारवां व्यापार एवं अंतर्देशीय जलमार्गीय व्यापार के कारण निर्माण एवं पुनर्वितरण केन्द्र के रूप में कार्य करता था।

विस्तार के संबंध में मोहनजोदड़ो सिंध में निकटतम हड़प्पा बस्ती नारू वारो धारो से आकार में लगभग तिगुना है। मोहनजोदड़ो 240-50 एकड़ (नवीनतम आंकड़ों के अनुसार 500 एकड़) है जबकि नारू वारो धारो लगभग 86 एकड़ है। चन्हूदड़ो और भी छोटा है-(लगभग 16 एकड़), जबकि अहलादीनों सबसे छोटा-एकड़ है।

गुजरात

कच्छ में हड़प्पा बस्तियां पूर्ण विकसित संस्कृति का अंग थीं। इस संस्कृति के पतन के बाद कच्छ से गुजरात के ग्रामीण क्षेत्रों एवं सौराष्ट्र में बड़े पैमाने पर लोगों का अप्रवास हुआ। इसके अतिरिक्त कच्छ के हड़प्पा स्थल सिर्फ कृषि पर आधारित नहीं रहे होंगे क्योंकि कच्छ कृषि के दृष्टिकोण से महत्वपूर्ण क्षेत्र नहीं है; लेकिन साथ ही कच्छ की भूमि कपास उत्पादन के लिए उपयुक्त है तथा यहां बड़े चारागाह भी हैं। अत: कपास उत्पादन एवं पशुपालन के अतिरिक्त यह क्षेत्र साधन आपूर्ति का काम भी करता होगा। उदाहरणार्थ, खंडारिया से चर्ट, कार्नेलियन गोमेद तथा जैस्पर जैसे बहुमूल्य पत्थरों के प्राप्त किए जाने के प्रमाण मिलते हैं।

हालांकि सौराष्ट्र प्रायद्वीप तथा मुख्य भूमि गुजरात कच्छ की तरह अर्द्ध-शुष्क है पर यहां की भूमि ज्यादा अच्छी है, यहां अधिक नदियां हैं तथा यहां वर्षा भी अच्छी होती है। अर्द्ध-कीमती पत्थर, समुद्री सीपियां, ताम्बा, सेलखड़ी, हाथी दन्त, एमेजोनाइट, सोना तथा साधारण पत्थर जैसे कच्चे माल भी यहां बहुतायत में उपलब्ध हैं। इसके अलावा गुजरात में कपास की खेती की व्यापक सम्भावनाएं हैं। सौराष्ट्र प्रायद्वीप तथा मुख्य भूमि गुजरात, दोनों ही क्षेत्रों में पशुपालन हड़प्पा अर्थव्यवस्था की मुख्य अंग था। इस क्षेत्र के कुछ स्थल सिर्फ साधन आपूर्ति का कार्य कराते थे, जैसे कि नागेश्वर में चूड़ियों, शंखों आदि के लिए समुद्री सीपियों को एकत्रित किया जाता था। एक अन्य स्थल, नागवडा, अर्द्ध-कीमती पत्थरों से विभिन्न वस्तुओं के निर्माण का महत्वपूर्ण केन्द्र था।

मकरान तट

मकरान तट के तीन हड़प्पा स्थल- सुत्कागेंडोर, सोत्का कोट तथा खैरिया कोट-मेसोपोटामिया तथा खाड़ी के साथ समुद्री व्यापार के बंदरगाह थे। सुत्कागेंडोर में ओमान के बर्तन प्राप्त होने से इस परिकल्पना को और बल मिलता है। साथ ही यह इन बस्तियों का एकमात्र प्राथमिक कार्य नहीं रहा होगा।

बलूचिस्तान

दक्षिण बलूचिस्तान की पहाड़ियों में हड़प्पा बस्तियों के स्पष्ट प्रमाण प्राप्त नहीं होते हैं। लेकिन उत्तरी बलूचिस्तान के दबरकोट में एक स्पष्ट हड़प्पा स्तर प्राप्त हुआ है। इस क्षेत्र से अफगानिस्तान की निकटता देखते हुए सम्भव है कि दबरकोट एक व्यापारिक अथवा साधन आपूर्ति बस्ती थी।

अफगानिस्तान

उत्तर-पूर्वी अफगानिस्तान के शोर्तुघई में एक परिपक्व हड़प्पा बस्ती है, जो छोटा (2.5 हेक्टेयर) एवं अलग-थलग स्थल है। सम्भवत: यह एक व्यापारिक उपनिवेश था। हड़प्पा के लिए यह व्यापार बदखशान के लाजवर्त एवं माणिक तथा मध्य एशिया एवं अफगानिस्तान के टीन व्यापार पर आधारित रहा होगा।

सामान्यीकरण

मोटेतौर पर यह स्पष्ट है कि सिंधु बस्तियों के मूलभूत लक्षण स्थानीय कृषि भूगोल, कच्चे माल के वितरण एवं आंतरिक वाणिज्य मार्गों की संधि द्वारा निर्धारित होता था। सिंधु सभ्यता का अस्तित्व न सिर्फ व्यापक भौगोलिक क्षेत्र पर वरन् व्यापक काल खंड में भी रहा। इसकी शुरूआत घग्गर-हाकड़ा नदी के किनारे चोलिस्तान में हुई। इसके कुछ समय बाद यह सभ्यता हाकड़ा-सिंधु दोआब में मोहनजोदड़ो तथा सिंध में अन्य स्थानों पर फैली रेडियोकार्बन प्रमाणों से ज्ञात होता है कि लगभग 2500 ई.पू. के आसपास निम्न सिंध में विस्तार के बाद यह विस्तार राजस्थान, हरियाणा तथा पंजाब में हुआ। निम्न सिंध में विस्तार के साथ-साथ कच्छ क्षेत्र में भी विस्तार हो रहा था, जो सम्भवत: उस समय एक प्रायद्वीप था तथा हाकड़ा-सिंधु प्रवाह के मुख पर स्थित था।

वास्तव में अगर राजस्थान-पंजाब-हरियाणा के स्थलों पर गौर किया जाए तो पता चलता है कि इन स्थलों का वितरण घग्गर-हाकड़ा तट पर तीन बिन्दुओं पर सघन है- चोलिस्तान में सरहिन्द नाला के किनारे, जो भटिंडा क्षेत्र में घग्गर-सरस्वती प्रणाली का हिस्सा है, तथा कच्छ में घग्गर/हाकड़ा-सिंधु के संयुक्त मुहाने पर। सौराष्ट्र प्रायद्वीप तथा मुख्य भूमि गुजरात में सम्भवत: बाद के काल में कच्छ क्षेत्र से विस्तार हुआ।

2.5 अर्थव्यवस्था

सिंधु अर्थव्यवस्था की प्रकृति

बड़े पैमाने पर कृषि अधिशेष का उत्पादन- लगभग एक दर्जन बड़े नगरों तथा अनेक छोटी बस्तियों वाली विस्तृत हड़प्पा सभ्यता को कायम रखने के लिए जरूरी अधिशेष के उत्पादन हेतु एक सुसंगठित व प्रभावी कृषि तंत्र का होना अत्यावश्यक था। हड़प्पा व मोहनजोदड़ो के अन्नागारों से स्पष्ट होता है कि खाद्यान्न उत्पादन की मात्रा इतनी अधिक थी जिससे न केवल लोगों की दैनिक जरूरतें पूरी की जा सके बल्कि सम्भावित आपदा की स्थिति में पर्याप्त अधिशेष भी उपलब्ध रहे। हालांकि सार्वजनिक अन्नागारों में खाद्यान्नों का संग्रह राजसत्ता द्वारा नियोजित था फिर भी लोग अपने घरों में बड़े-बड़े भांडों में अनाज एकत्रित करते थे। कालीबंगा के एक कक्ष में इस प्रकार के भांड एक के ऊपर एक रखे मिले हैं।

हल जोतने के संवर्द्धित प्रमाण

खेत जोतने के लिए, ताम्बे के फलक युक्त, लकड़ी का हल प्रयुक्त किया जाता था। कालीबंगा में जुते हुए खेतों के प्रमाण के अलावा बनावाली से हल की पूर्ण मृण्य प्रतिकृति प्राप्त हुई है। ये हल बैलों द्वारा खींचे जाते थे, जो हड़प्पाई लोगों की भारवाही पशु सम्पदा का एक प्रमुख अंग थे। हड़प्पाई लोगों द्वारा नहर सिंचाई के उपयोग की भी बात की जाती है किन्तु इसके पुख्ता प्रमाण नहीं मिलते हैं। वर्षा जल उपयोग के स्पष्ट प्रमाण मिलते हैं। इस प्रकार हड़प्पा कृषि नहर सिंचाई की बजाए उत्थापक सिंचाई पर अधिक निर्भर थी और इसी कारण अधिक श्रमसाध्य थी। किन्तु हमें हड़प्पा के अस्तित्व या निर्वाह को मात्र कृषि के संदर्भ में रखकर ही नहीं देखना चाहिए।

पशुचारकों एवं कृषकों के बीच सहजीवी संबंध- हड़प्पा मानचित्र पर विशाल अनाधिगृहीत स्थानों तथा प्रवासी पशुचारकों से जुड़े कुछ पुरातात्विक प्रमाणों से पता चलता है कि पशुचारक किसानों के साथ सहजीवी संबंद्ध रखते थे। ये पशुचारक वस्तुओं व सूचनाओं के प्रवाहक के रूप में विभिन्न बस्तियों के बीच सम्पर्क रखते थे और इस प्रकार भौतिक संस्कृति की एकरूपता में अपना योगदान देते थे। हकरा घाटी एवं उत्तरी गुजरात में कुछ सम्भावित पशुचारण शिविरों की खोज से पता चलता है कि पशुचारण एक महत्वपूर्ण क्षेत्र के रूप में मौजूद रहा होगा।

अंतर्राष्ट्रीय व्यापार का प्रतिरूप- यद्यपि हड़प्पाई विदेशी व्यापार (खाड़ी व मेसोपाटेमिया के साथ) के विषय में हम पहले ही बहुत कुछ जान चुके हैं, फिर भी पिछले कुछ वर्षों में हुई खोजों से चित्र और भी अधिक स्पष्ट हो जाता है। ईसा पूर्व तीसरी सहस्राब्दि में एक प्रकार की अंतर्राष्ट्रीय अर्थव्यवस्था मौजूद थी, जिसमें दक्षिण एशिया, मकरान, दक्षिण ईरान, ओमान प्रायद्वीप, बहरीन, कुवैत एवं सुमेर के बीच धातुओं, पत्थरों, काष्ठ एवं शिल्प उत्पादों का आदान-प्रदान होता था। ईसा पूर्व तीसरी सहस्राब्दि के मध्य में कई अन्त क्रियाशील क्षेत्रों का एक तंत्र इन क्षेत्रों को परिवेष्ठित करता

था। किन्तु पूर्ववर्ती शताब्दियों में मध्य एशिया अफगानिस्तान, सीस्तान, उत्तरी बलूचिस्तान सिंधु मैदान के बीच अपेक्षाकृत अधिक अन्तःसम्पर्क कायम था। अन्तःक्रियाशील क्षेत्रों का विस्थापन तथा हड़प्पा सभ्यता के उदय का काल क्रमिक संयोग आकस्मिक नहीं हो सकता था।

व्यापार एवं सामाजिक परिवर्तन के बीच सह-संबंध- क्या एक समृद्ध विदेशी व्यापार तथा दक्षिण एशिया में एक शासक वर्ग व शहरी केन्द्रों के उदय के बीच कोई संबंध था? हमें इस बात का परीक्षण करना चाहिए कि बाह्य व्यापार ने कुलीन तंत्र वे एक अंग के रूप में विलासितापूर्ण वस्तुओं के संग्रह को किस प्रकार बढ़ाया या व्यापार ने किस प्रकार उत्पादकता में वृद्धि की। उदाहरण के लिए निर्यात वस्तुओं के उत्पादन हेतु शिल्प कार्यशालाओं का उदय कुछ उत्पादन गतिविधियों की भौगोलिक अवस्थिति में परिवर्तन को प्रोत्साहन दे सकता था ताकि एक क्षेत्रीय अर्थव्यवस्था अस्तित्व में आ सके। यही कारण है कि, चकमक फलक एवं शंख कवच से निर्मित वस्तुएं हड़प्पा सभ्यता के मात्र कुछ स्थलों पर हो उत्पादित की जाती थीं किन्तु ये अनेक स्थलों पर पायी गयी हैं। शंख कवच का निर्यात पश्चिम के लिए होता था। चन्हूदड़ो व लोथल की शिल्पशालाएं कार्यशाला (वर्कशॉप) जैसी स्थितियां दर्शाती हैं। इस संवृद्धि के लिए एक सीमा तक मेसोपटामिया में हड़प्पाई वस्तुओं की बढ़ती हुई मांग भी उत्तरदायी थी।

खाड़ी क्षेत्र पर हड़प्पाई प्रभाव- हाल के उत्खनन ईसा पूर्व 200 के संदर्भ में ताम्र समृद्ध ओमान में हड़प्पाई उपस्थिति (मृद् भांड, मनके, अभिलेखित मुद्राएं, बाट इत्यादि) दर्शाते हैं। जब मेसोपोटामिया एवं हड़प्पा के बीच व्यापार आरम्भ हुआ, उस समय खाड़ी के समाज मेसोपोटामिया के सांस्कृतिक प्रभावों के अंतर्गत थे किन्तु ईसा पूर्व 2000 के बाद यहां हड़प्पाई प्रभाव बढ़ने लगा। कुछ खाड़ी स्थलों के कालक्रम पर पुनः कार्य किया गया है। इस संक्रमण काल के दौरान हड़प्पाई प्रभाव स्पष्ट दिखाई देता है, जिसका चरमोत्कर्ष बहरीन (दिलमुन) की बसावट व समृद्धि में झलकता है। इस परिवर्तन की व्याख्या के प्रयास में हमें हड़प्पाई छोर से व्यापार के संगठन से जुड़े कुछ और प्रमाण भी मिल सकते हैं।

कृषि

गेहूं तथा जौ मुख्य फसलें थीं। चावल की खेती के प्रमाण सिर्फ लोथल और रंगपुर (गुजरात) से प्राप्त हुए हैं। गेहूं की दो प्रजातियां उपजाई जाती थीं- क्लब ह्वीट तथा भारतीय ड्वार्फ ह्वीट। हड़प्पा एवं मोहनजोदड़ो से छह कतारों एवं छोटे बीजों वाले जौ की प्रजाति प्राप्त हुई है। उत्खनन में अभी तक गन्ना उपजाए जाने के प्रमाण प्राप्त नहीं हुए हैं, हालांकि सम्भवतः इसका उत्पादन होता था। अन्य फसलों में खजूर, सरसों, तिल, कपास एवं मटर जैसी कई दलहन फसलें थीं। सिंधुवासियों को विश्व में सर्वप्रथम कपास उगाने का श्रेय दिया जाता है।

कृषि-प्रणाली- मुख्य फसलें (गेहूं तथा जौ) रबी (जाड़े के मौसम में उगाए जाने वाली) की फसलें थीं, अर्थात् इनकी बुआई नदियों की बाढ़ के वापस होने के बाद की जाती थी तथा मार्च या अप्रैल में इन्हें काट लिया जाता था। अन्य फसलें खरीफ (गर्मी के मौसम में उगाई जाने वाली) की फसलें थीं, अर्थात् इनकी बुआई तथा कटाई बाढ़ आने के पहले की जाती थी। खेतों को जोता नहीं जाता था बल्कि खोदा जाता था।

कालीबंगन से परिपक्व हड़प्पा के शुरू के काल की खेत की सतह प्राप्त हुई है, जो भवनों के मलबे से ढंकी हुई थी। इस सतह पर दो दिशाओं में एक-दूसरे से समकोण बनाते हुए हल चलाए जाने के चिन्ह् अभी भी सुरक्षित हैं। इस चिन्ह् से लगता है कि लकड़ी का हल प्रयुक्त होता था।

पालूत एवं जंगली जानवर

भेड़ों और बकरियों के अलावा भारतीय कूबड़दार पशु के प्रयोग के कई उदाहरण हैं। इसकी एक नस्ल हड़प्पा मुहरों पर (बिना कूबड़ के सांड के साथ) दिखाई गई है।

एक अन्य पशु, जिसकी अस्थियां कई स्थलों से प्राप्त हुई हैं, वह भारतीय सूअर है। भैंस भी इसी प्रकार का पशु है पर इसकी अस्थियां कम प्राप्त हुई हैं। ऊंट की अस्थियां सिर्फ कालीबंगन से प्राप्त हुई हैं।

भारतीय बारहसिंगे का एकमात्र प्रमाण आमरी से प्राप्त एक मुहर में मिला है। वर्तमान प्रमाणों के आधार पर यह निष्कर्ष निकालना ठीक नहीं होगा कि पूर्व हड़प्पा अथवा हड़प्पा काल में घोड़ों का नियमित प्रयोग होता था। अन्य कई प्रकार के पशुओं का शिकार भोजन के लिए किया जाता था। इनमें सांभर हिरण, चीतल हिरण, पाढ़ा (हिरण) तथा कछुओं की कई प्रजातियां थीं।

शिल्पकारी उत्पादन एवं तकनीक

कसेरा, सोनार, ईंट निर्माता, पत्थर काटने वाले, बुनकर (सूती एवं ऊनी कपड़ों के), नाव-निर्माता, टेराकोटा निर्माता एवं

अन्य विशिष्ट शिल्पकार वर्ग की उपस्थिति के पर्याप्त प्रमाण हैं। ईंट निर्माण जैसे कुछ कार्य राज्य द्वारा नियंत्रित शिल्प थे।

लगभग सभी मूल उपकरण-चपटी कुल्हाड़ियां, छैनी, चाकू, बर्छी, तीर का मुख, छोटी आरी तथा अन्य-सम्भवत: साधारण ढांचे में अथवा छैनी और हथौड़े की सहायता से बनाए जाते थे।

मोहनजोदड़ो के सबसे निचले संस्तर से ही कांसा मिलना शुरू हो गया था लेकिन ऊपरी संस्तरों में इसकी संख्या बढ़ जाती है। हड़प्पा के धातु शिल्प के ताम्बे एवं कांसे के भव्य बर्तन महत्वपूर्ण हैं। इसमें मनुष्यों एवं पशुओं की ढलवां आकृति, बैलगाड़ी की आकृति (जो कि हड़प्पा एवं चन्हूदड़ो से प्राप्त हुई) हैं।

सम्भवत: स्वर्ण कणों की धुलाई द्वारा सोना प्राप्त किया जाता था। स्वर्ण वस्तु आम थीं लेकिन बहुतायत नहीं थी। सोने से मनकों, झुमकों, ताबीजों, कलगी, सुई तथा अन्य निजी आभूषणों का निर्माण होता था।

भारत में चांदी सर्वप्रथम सिंधु सभ्यता में पाई गई। चांदी से बने बड़े बर्तनों तथा इनकी आकृति से ज्ञात होता है कि यह तुलनात्मक रूप से अधिक प्रचलित थी।

सिंधु शहरों में सीसा सिल्ली के रूप में मंगाया जाता था तथा इसका प्रयोग वस्तुओं एवं बर्तनों के निर्माण में होता था।

धातुओं के आम प्रयोग के बावजूद पत्थरों का प्रयोग बिल्कुल बंद नहीं हुआ था। सुक्कुर जैसे स्थानों से चर्ट फलकों का निर्यात अन्य स्थलों में होता था। रेहड़ी एवं सुक्कुर की चूना-पत्थर पहाड़ियों से फ्लिंट लाकर स्थानीय स्थलों में फ्लिंट फलकों का निर्माण किया जाता था। इनका निर्यात नदी मार्गों द्वारा हड़प्पा, मोहनजोदड़ो, लोथल, रंगपुर, कोटदीजी और कालीबंगन किया जाता था।

बलूचिस्तान का बालाकोट, लोथल एवं चन्हूदड़ो सीप एवं चूड़ी निर्माण के केन्द्र थे; लोथल तथा चन्हूदड़ो में कार्नेलियन आदि के मनके बनाए जाते थे।

परिपक्व हड़प्पा के बर्तन बलूचिस्तान और भारत की बर्तन निर्माण परम्परा के सम्मिश्रण के परिणाम हैं। हालांकि परिपक्व हड़प्पा के बर्तन बलूचिस्तान के चाक, भट्ठी एवं पकाए जाने की पद्धति पर आधारित हैं, लेकिन इसके कुछ अपने विशिष्ट लक्षण हैं। अधिकतर बर्तन सादे हैं लेकिन इनमें से काफी लाल अथवा काले रंग से रंगे गए हैं। बहुरंगी बर्तन कम हैं। इनमें चिड़िया, मछली, पशु, पेड़ तथा पीपल के पत्ते जैसी प्राकृतिक आकृतियां अत्याधिक हैं।

हाथी के दान्त का काम तुलनात्मक रूप से कम होता था। इससे कंघे, सिलिंडर, छोटी छड़ी तथा पिन बनाए जाते थे।

सिंधु संस्कृति में सीपियों का कार्य एक अन्य विकसित शिल्प था। चन्हूदड़ो, लोथल तथा बालाकोट में सीप निर्माण के काफी बड़े निर्माण केन्द्रों का पता चला है।

मनका निर्माण के लिए एक अन्य महत्वपूर्ण वस्तु कार्नेलियन था। इसके लम्बे सुराखदार मनके हड़प्पा के लोगों की तकनीकी उपलब्धि है। मनकों का निर्यात मेसोपोटामिया में भी किया जाता होगा।

मुहरें सेलखड़ी की बनती थीं तथा इन्हें आरी से काटकर बनाया जाता था। सेलखड़ी का प्रयोग मनके, कंगन, बटन, बर्तन आदि बनाने में भी किया जाता था।

व्यापार एवं वाणिज्य

अंतर्क्षेत्रीय व्यापार राजस्थान, सौराष्ट्र, महाराष्ट्र, दक्षिण भारत, पचिमी उत्तर प्रदेश तथा बिहार के भागों के साथ होता था। विदेशी व्यापार मुख्यत: मेसोपोटामिया या सुमेरिया (आधुनिक ईराक) और बहरीन से होता था।

आयात की मुख्य चीजें थीं, बहुमूल्य धातुएं-जैसे सोना (अफगानिस्तान, फारस तथा दक्षिण भारत से), तांबा (राजस्थान, बलूचिस्तान तथा अरब से) तथा टीन (अफगानिस्तान एवं बिहार से)। इसके अलावा अर्द्ध-कीमती पत्थर, जैसे- लाजवर्त (अफगानिस्तान), फिरोजा (फारस), जामनी (महाराष्ट्र), गोमेद (सौराष्ट्र), संगशयब (मध्य एशिया) तथा शंख (सौराष्ट्र एवं दक्कन से) मंगाए जाते थे। निर्यात की चीजें गेहूं, मटर, जौ, तिलहन जैसे कृषि उत्पाद तथा कपास की वस्तुएं, मिट्टी के बर्तन, कार्नेलियन के मनके, सीपी की वस्तुएं, टेराकोटा मूर्तियां, हाथी के दांत की चीजों तथा अन्य सामान तैयार होते थे।

सुमेरिया तथा सिंधु सभ्यता के बीच व्यापारिक सम्पर्क के कई साहित्यिक प्रमाण उपलब्ध हैं। सुमेर के ग्रंथों में 'मेलुहा' से व्यापारिक संबंधों की चर्चा है, जो कि सिंधु क्षेत्र का प्राचीन नाम है। इनमें दो मध्यवर्ती स्थानों, दिलमन (बहरीन) तथा मकन (मकरान तट) की भी चर्चा है।

मेसोपोटामिया में कई सिंधु मुहरों की प्राप्ति तथा हड़प्पावासियों द्वारा सुमेरियों के नकल पर श्रृंगार प्रसाधन की सामग्रियों के प्रयोग से लगता है कि हड़प्पा व्यापारी, मेसोपोटामिया जाकर निवास करते थे। मेसोपोटामिया के शहरों उर, किश, सुशा, लगाश तथा तेल अम्मार से लगभग एक

दर्जन सिंधु की मुहरों की तरह मुहरें प्राप्त हुई हैं। सिंधु शहरों से भी इस प्रकार के उदाहरण मिले हैं। मेसोपोटामिया की सिलिंडर आकार की मुहरों की तरह तीन मुहरें, मेसोपोटामिया मूल की धातु की कई चीजें तथा पत्थर के बर्तन के टुकड़े मोहनजोदड़ो से प्राप्त हुए हैं। लोथल से गोलाकार बटन मुहर (फारस की खाड़ी के मुहरों जैसी), मेसोपोटामिया मूल की ताम्बे की गोल सिल्ली तथा चमकीले बर्तन प्राप्त हुए हैं। हड़प्पा से भी मेसोपोटामिया मूल के चमकीले बर्तन मिले हैं। ये सभी दोनों सभ्यताओं के बीच व्यापारिक सम्पर्क के पर्याप्त प्रमाण हैं।

उनकी मुद्रा के बारे में कोई जानकारी नहीं है। सभी विनिमय सम्भवत: वस्तु विनिमय प्रणाली द्वारा किए जाते थे।

थल तथा समुद्री मार्ग से व्यापार होता था। बैलगाड़ी (टेराकोटा आकृतियों से स्पष्ट) तथा लदाई के पशुओं का प्रयोग थल मार्ग में होता था। लोथल के गोदीबाड़े के अलावा समुद्री तथा नदी यातायात के प्रमाण कई मुहरों तथा टेराकोटा आकृतियों से मिलते हैं। हड़प्पा एवं मोहनजोदड़ो से प्राप्त कई मुहरों पर जहाजों की आकृतियां प्राप्त हुई हैं। टेराकोटा के एक जहाज का आकार लोथल से प्राप्त हुआ है, जिसमें मस्तूल लगाने के लिए सुराख बना है। थलमार्गीय यातायात के लिए कई प्रकार की टेराकोटा आकृतियां प्राप्त हुई हैं जो बैलगाड़ियों की हैं। हड़प्पा तथा चन्हूदड़ो से ताम्बे अथवा कांसे की बैलगाड़ियों की आकृतियां प्राप्त हुई हैं जिन पर उनका चालक भी बैठा हुआ है, इसके साथ ही साथ पंजाब में अब भी प्रचलित इक्कों की आकृतियां प्राप्त हुई हैं। इनमें सवारी के बैठने के स्थान पर छावनी लगी हुई है। लम्बी तथा कठिन यात्राओं में मालवाहक पशुओं द्वारा कारवां व्यापार किया जाता होगा।

आंतरिक व्यापार के स्पष्ट प्रमाण

ये प्रमाण विभिन्न क्षेत्रों में हड़प्पा सभ्यता के स्थलों पर मिले अनेक प्रकार के कच्चे मालों के रूप में प्राप्त होते हैं। मात्र गुजरात में ही कच्चे माल के स्थलानुसार वितरण में कुल 28 वस्तुएं शामिल हैं। गुजरात के विभिन्न स्थलों से उनकी प्राप्ति से पता चलता है कि आर्थिक परिदृश्य के पीछे कच्चे माल की अधिप्राप्ति, प्रसंस्करण, विनिर्माण एवं वितरण का एक अन्य परिदृश्य भी मौजूद था। गुजरात हड़प्पाई वितरण का एकमात्र क्षेत्र है, यदि सभी क्षेत्रों को शामिल किया जाए तो यह परिदृश्य अतिव्यापकता धारण कर लेता है।

प्रमुख व्यापारिक मार्ग- कराची क्षेत्र से आरम्भ होकर एक मार्ग सिंधु के पश्चिमी तट के साथ-साथ कोहिस्तान से होकर लरकाना जिले तक जाता था जहां मोहनजोदड़ो स्थित है। लरकाना से सिंधु पार करके चन्हूदड़ो तथा सिंध के पूर्वी भाग में पहुंचते थे। एक अन्य मार्ग द्वारा सक्कर/रोरही पहाड़ियां पार करके एक ओर हड़प्पा तक तथा दूसरी ओर घग्गर/हकरा पाट तक पहुंचा जा सकता है। सिंधु नदी का भी यातायात के लिए कुछ सीमा तक उपयोग किया जाता था। सिंध व बलूचिस्तान स्थल व जलमार्ग द्वारा गुजरात से जुड़े थे। सिंध के पूर्वी भाग में मौजूद एक मार्ग सिंधु मैदान को कच्छ व काठियावाड़ होकर गुजरात के साथ जोड़ता था। समुद्र तट के साथ एक अन्य समुद्री मार्ग का भी पता चलता है।

स्थल एवं नदी मार्ग बहावलपुर एवं मध्यवर्ती सिंधु क्षेत्र को राजस्थान से जोड़ते थे। एक स्थल मार्ग मुल्तान-मॉण्ट-गोमरी क्षेत्र से बहावलपुर तक गया था। गणेश्वर से खेतड़ी होकर एक स्थल मार्ग सोधी-भद्रा तक जाता था। राजस्थान तथा इसके उत्तरी व पश्चिमी क्षेत्रों के बीच कांतली नदी मार्ग का भी उपयोग किया जाता था। सिंध एवं पूर्वी पंजाब के बीच दो प्रमुख मार्ग थे जो बहावलपुर से होकर गुजरते थे। पहली शाखा ऊपरी सतलज क्षेत्रों से निकलकर भटिंडा व लुधियाना जिलों से होकर हिमालय के छोर तक जाती थी, जहां मांडा स्थित था। दूसरी शाखा मध्य पंजाब के घग्घर दृषद्वती विभाजक को पर करके हिसार व जींद होते हुए रोहतक पहुंचती थी। इसी की एक शाखा रोहतक से गुड़गांव तक तथा दूसरी यमुना पार करके मेरठ तक जाती थी। हड़प्पा सभ्यता के विभिन्न क्षेत्रों को जोड़ने वाले प्रमुख मार्ग का उपर्युक्त पुनरावलोकन (जो कि विभिन्न स्थलों पर कच्चे माल के वितरण के सजग अध्ययन पर आधारित हैं) किसी अन्य चीज की तुलपना में हड़प्पा के आंतरिक व्यापार की महत्ता पर अधिक प्रकार डालता है।

बाह्य व्यापार

बाह्य क्षेत्रों में प्रमाण- हड़प्पाई विदेशी व्यापार के प्रमाण प्रमुखत: उत्तरी अफगानिस्तान, तुर्कमेनिस्तान, उत्तरी व दक्षिणी ईरान, बहरीन के द्वीप समूह, खाड़ी में ओमान प्रायद्वीप व फाईलका तथा उत्तरी व दक्षिण मेसोपोटामिया में प्राप्त होते हैं। ये विभिन्न श्रेणियों के अंतर्गत रखे जा सकते हैं:

- सबसे स्पष्ट वस्तुओं में दो प्रकार के सिंधु मनके (उत्कीर्णित कार्नेलियन या लम्बे नलिकाकार/बेलनाकार कार्नेलियन प्रकार के) तथा अभिलेखित मृद्भांड या अभिलेखित वर्गाकार/अष्टभुजाकार सिंधु मुहरें शामिल हैं। ये वस्तुएं प्रत्येक क्षेत्र में प्राप्त हुई हैं।
- अपेक्षाकृत कम प्रत्यक्ष वस्तुओं में मृद्भांड, सिंधु चिन्हों वाली स्थानीय मुहरें, हाथी दांत से बनी वस्तुएं, विभिन्न प्रकार की मृण्यमूर्तियां शामिल हैं। सिंधु सभ्यता या उससे जुड़ी वस्तुएं सभी क्षेत्रों में मिलती हैं।
- दूसरी ओर सिंधु प्रतीकों व लिपियों के उत्कीर्णन वाली खाड़ी मूल की अनेक गोलाकार मुहरें व केवल खाड़ी क्षेत्र में अपितु मेसोपोटामियाई स्थल उर तथा ईरानी खुजेस्तानी स्थल सूसा में भी पायी गयी हैं। विस्तार रूप में वह पूरा क्षेत्र स्थलीय व सामुद्रिक व्यापार के एक तंत्र द्वारा बंधा हुआ प्रतीत होता है।

सिंधु क्षेत्र में प्रमाण- सिंधु सभ्यता क्षेत्रों के भीतर बाह्य प्रतीकों वाली मुहरें तथा सेलखड़ी के विशेष डिजायनों वाले पात्र आदि शामिल हैं। इन सभी प्रतीक चिन्हों व वस्तुओं के संदर्भ एवं प्ररूपता की विस्तृत जानकारी पर काफी विचार-विमर्श हो चुका है। इस प्रकार, सिंधु सभ्यता के वितरण क्षेत्र में गैर-सिंधु या बाहरी वस्तुएं मौजूद हैं। मेसोपोटामिया, ईरान व मध्य एशिया की बेलनाकार मुहरें मोहनजोदड़ो एवं कालीबंगा में मिलती हैं। किन्तु ये सिंधु प्रतीकों को दर्शाती हैं। लोथल में फारस की खाड़ी की एक मुहर मिली है तथा द्वारका में खाड़ी चिन्हों वाली एक मुहर प्राप्त हुई है।

प्रमुख बाह्य मार्ग- उप-महाद्वीप के बाहर प्रत्येक स्थान पर मिलने वाली संबद्ध वस्तुएं सुपरिभाषित व्यापार मार्गों के साथ-साथ ही मिलती हैं। उत्तरी अफगानिस्तान के शोर्तुघई पहुंचने के लिए व्यापारियों को हिन्दुकुश के विभिन्न दर्रों की दिशा स्थिति से परिचित होना अनिवार्य था। ईरान में दक्षिणी ईरान का बलूचिस्तान-खुजिस्तान मार्ग तथा उत्तरी ईरान का कांधार-हेरात, हिस्सार मार्ग प्रयोग किया जाता था। ये स्थल मार्ग मेसोपोटामिया तक जाते थे। शोर्तुघई एवं हेरात क्षेत्रों से होकर या कोपेटदाघ श्रृंखला को पार करके तुर्कमेनिस्तान पहुंचा जा सकता था।

खाड़ी तक पहुंचने के लिए दक्षिणी ईरानी मार्ग का प्रयोग भी किया जाता था किन्तु सामुद्रिक मार्ग द्वारा खाड़ी के साथ-साथ मेसोपोटामिया तक पहुंच सकते थे। सामुद्रिक मार्ग मकरान तट तक पहुंच सकते थे किन्तु जहाज मानसूनी हवाओं की सहायता लेकर गुजरात से ओमान प्रायद्वीप तक जाते थे इस क्षेत्र में सिंधु सभ्यता की उपस्थिति स्पष्ट देखी जा सकती है। यहां सिंधु मृद्भांड एवं सिंधु डिजायनों वाले स्थानीय मृद्भांड प्रचुर रूप में मिलते हैं। रास-अल-जुनायज में (ओमान तट) गुजरात से आने वाले जहाजों का ठहराव छोटा था तथा यहां निर्विवादित सिंधु शिल्पाकृतियां प्राप्त होती हैं।

मेसोपोटामिया एवं बैक्ट्रिया के साथ हड़प्पाई सम्पर्क- मेसोपोटामियाई साहित्य में उल्लिखित 'मेलुहा' शब्द द्वारा विशेष रूप से हड़प्पा सभ्यता के क्षेत्र को ही सूचित करना सम्भव नहीं है। इसके स्थान पर यह ईरान में पूर्वी खुजेस्तान एवं उसके निकटवर्ती क्षेत्र को सूचित कर सकता है, जिसमें सम्भवतः सिंधु क्षेत्र भी शामिल हो। मेसोपोटामियाई नगरों में हड़प्पाई व्यापारियों की बस्तियां भी हो सकती थीं। इस सम्पूर्ण क्षेत्र में वस्तुओं का व्यापार नियमित रूप से होता था और सम्भव है कि हिन्दुकुश क्षेत्र की खानाबदोश जातियां भी इस व्यापारिक प्रक्रिया में अपनी भूमिका निभाती हों।

हड़प्पाई विदेशी व्यापार की योजना में खाड़ी क्षेत्र की भांति बैक्ट्रिया (उत्तरी-पूर्वी अफगानिस्तान) भी एक विशेष ठहराव स्थल प्रतीत होता है। बैक्ट्रियाई क्षेत्र के दसली नामक स्थल पर विभिन्न लुटी हुई कब्रों से हड़प्पा या उससे जुड़ी अनेक वस्तुएं प्राप्त हुई हैं। दूसरी ओर, क्वेटा, मेहरगढ़ एवं सिबरी में बैक्ट्रियाई व्यापार सामग्री प्राप्त हुई है। कुछ विद्वानों के अनुसार ये वस्तुएं सिंधु सभ्यता के उत्तरवर्ती काल से संबंध रखती हैं किन्तु वास्तव में इनके हड़प्पा के परिपक्व काल से जुड़े न होने का कोई विशेष कारण मौजूद नहीं हैं।

2.6 संस्कृति तथा समाज

राजनैतिक स्थिति

राजनैतिक व्यवस्था के बारे में कोई भी स्पष्ट प्रमाण नहीं है। डी.डी. कोसांबी के अनुसार पुरोहित शासक हुआ करते थे, लेकिन आर.एस. शर्मा के अनुसार व्यवसायी वर्ग शासन करता था। राजनैतिक संगठन की प्रकृति चाहे जो रही हो, इतना स्पष्ट है कि, हड़प्पा की शासन व्यवस्था कुशल एवं संगठित थी।

राजनीतिक व्यवस्था

राजनीतिक कार्यतंत्र की प्रकृति- सिंधु व्यवस्था की विशेषताएं, मुख्यतः नगरीकरण, एक ऐसे कार्यतंत्र की अपेक्षा रखती हैं जो इन विशेषताओं को उभारने के क्रम में न केवल उच्च प्रतिस्पर्द्धी हो अपितु इन्हें लागू करने के लिए

पर्याप्त शक्ति रखता हो। इस कार्यतंत्र की प्रकृति क्या थी? क्या हड़प्पाई संगठन रक्त संबंध या पारिवारिक बंधनों पर आधारित मुखियाओं के प्रभुत्व तक ही समित था या वहां वास्तविक अर्थों में एक राज्य मौजूद था? क्या परिपक्व हड़प्पा सभ्यता के सभी ज्ञात स्थलों का एक सूत्र में बांधने वाला एक साम्राज्य अस्तित्वमान था या वहां अनेक छोटे-छोटे राज्यों का अस्तित्व था? उक्त सभी प्रश्नों पर विचार-विमर्श आवश्यकता है। क्योंकि हड़प्पा सभ्यता किसी अन्य देश से आयातित न होकर घरेलू स्तर पर विकसित हुई थी, इसलिए इस बात की कोई सम्भावना नहीं प्रतीत होती कि किसी अन्य स्थान से आए विजेताओं ने उप-महाद्वीप के उत्तरी-पश्चिमी भाग को जीतकर वहां अपना शासन स्थापित कर लिया होगा और साथ अपने देश की संस्कृति यहां के लोगों पर लाद दी होगी। यदि ऐसी कोई विजय हुई होती तो यह निश्चित रूप से 'रेडीमेड' या बने बनाए साम्राज्य का उदाहरण कोई होता।

अनेक क्षेत्रीय राज्यों की सम्भाव्यता- कुछ विद्वान परिपक्तव हड़प्पाई परिदृश्य को छोटे-छोटे कबीलाई राज्यों (अपनी क्षेत्रीय पहचान के साथ) के संगठित राज्यों में रूपांतरण के साथ जोड़कर देखते हैं। ये विद्वान निम्न राजनीतिक परिदृश्य की परिकल्पना करते हैं-

- सिंध का एक राज्य यह होगा, जिसका मुख्यालय मोहनजोदड़ो में रहा होगा।
- उत्तरी पंजाब (पाकिस्तान) के एक राज्य की राजधानी हड़प्पा रही होगी।
- दक्षिणी-पूर्वी पंजाब (चोलिस्तान) राज्य की राजधानी गणवेरीवाला में रही होगी।
- कालीबंगा स्थित राजधानी वाला उत्तरी राजस्थान एक राज्य रहा होगा।
- हरियाणा क्षेत्र के राज्य की राजधानी सम्भवतः राखीगढ़ी होगी।
- इसके उत्तरी-पश्चिमी क्षेत्रों का नियंत्रण बनवाली से किया जाता होगा।
- दक्षिणी क्षेत्र में धौलावीरा से सम्भवतः कच्छ व उसके निकटवर्ती क्षेत्रों पर नियंत्रण रखा जाता होगा।
- गुजरात एवं उसके पड़ोसी राज्यों की राजधानी लोथल रही होगी।

प्रागैतिहासिक कालीन इन राज्यों के परिकल्पित परिदृश्य की तुलना पूर्ववर्ती ऐतिहासिक काल (ईसा पूर्व छठी शताब्दी) के सोलह महाजनपदों के साथ करना असंभाव्य नहीं है।

केंद्रीकृत साम्राज्य की संभाव्यता- एक अन्य वैकल्पिक परिकल्पना यह है कि कोटदीजी, हड़प्पा, गणवेरीवाला, मोहनजोदड़ो या किसी भी अज्ञात स्थल से जुड़े पूर्वज सरदारों में से एक ने व्यापार-वाणिज्य के माध्यम से अपेक्षाकृत अधिक आर्थिक ताकत अर्जित करके खुद को नेता के रूप में स्थापित कर लिया होगा और अन्य छोटे राज्यों को मिलाकर एक साम्राज्य की नींव रख दी होगी। किन्तु हमें इसके एक अन्य पहलू पर भी विचार करना होगा, जैसे कि एक साम्राज्य को अपना नियंत्रण कायम रखने के लिए आक्रमण एवं बचाव के पर्याप्त अस्त्र-शस्त्रों सहित एक सुसंगठित सेना की भी जरूरत होती है। वास्तव में इस संबंध में बहुत ही कम पुरातात्विक प्रमाण उपलब्ध हैं।

एक साम्राज्य के पक्ष-विपक्ष में तर्क- प्रायः यह तर्क दिया जाता है कि एक साम्राज्य के समर्थन के बिना परिपक्व हड़प्पा सभ्यता इतने विस्तृत क्षेत्र में एकरूपता हासिल नहीं कर सकती थी। किन्तु यह तर्क पूर्ववर्ती ऐतिहासिक युग के एक सशक्त उदाहरण द्वारा खंडित हो जाता है। ईसा पूर्व पहली सहस्राब्दी के मध्य में एक एकरूप भौतिक सभ्यता का अस्तित्व था जिसका प्रतिनिधित्व उत्तरी काले पॉलिशदार भांडों, चकमक/सूर्यकांत के बेलनाकार बाटों, आहट एवं ढलवां ताम्र सिक्कों द्वारा किया जाता है। इस संस्कृति के अवशेष पश्चिम में तक्षशिला (पाकिस्तानी पंजाब) से लेकर पूर्व में तामलुक (पश्चिम बंगाल) तक तथा उत्तर में उप-हिमालयी क्षेत्र से लेकर दक्षिण में नर्मदा तक पाए गए हैं। इतनी विस्तृत संस्कृति के पीछे किसी साम्राज्य के अस्तित्व का प्रमाण नहीं मिला है। पहला ज्ञात साम्राज्य लगभग दो सौ वर्षों पश्चात् अस्तित्व में आया।

शासक वर्ग की पहचान एवं सरकार की प्रकृति- भले ही हम अनेक राज्यों या एक साम्राज्य की परिकल्पना करें किन्तु एक प्रश्न का उत्तर खोजना फिर भी शेष रह जाता है-क्या प्रत्येक राज्य में राजा या साम्राज्य की स्थिति में एक सम्राट मौजूद था? राजाओं या सम्राट के अस्तित्व को स्वीकार किया जाए तो उसकी जीवन शैली, यहां तक कि उसका मृत्यु संस्कार, शेष लोगों से पूर्णतः भिन्न रही होगी। यदि राजप्रसादों व शाही स्मारकों के अभाव के कारण राजाओं या सम्राट का अस्तित्व सिद्ध नहीं किया जा सकता तो क्या हम उनकी उपस्थिति को पूर्णतः नकार सकते हैं? और यदि हम इस परिकल्पना को नकार दें तो अन्य विकल्प क्या हो सकते हैं? क्या प्रशासन अल्पतंत्रीय आधार पर संगठित था? क्या यह पूर्णतः धर्मनिरपेक्ष था अथवा पुरोहित वर्ग भी इसमें कोई भूमिका निभाता था और यदि हां तो किस सीमा तक?

ये कुछ ऐसे प्रश्न हैं जिनके संतोषजनक उत्तर के लिए कुछ और पुरातात्विक प्रमाणों की प्रतीक्षा करना आवश्यक है।

धर्म

उपलब्ध प्रमाण- सिंधु लिपि के संतोषजनक कूटवाचन के अभाव में सिंधु मुहरों व भांडों के निर्माणकर्ताओं द्वारा छोड़ी गई शिल्पाकृतियां ही सिंधु धर्म के बारे में हमारी सूचना का मुख्य स्रोत बन जाती हैं। इसके अलावा, हमारे पास कुछ ऐसे संरचानात्मक अवशेष भी हैं जिनका कुछ कर्मकांडीय या धार्मिक महत्व हो सकता है, फिर भी उपलब्ध प्रमाणों के हमारे अध्ययन के आधार पर ऐसी किसी भी धारणा का खंडन किया जा सकता है जो विश्वासों व कर्मकांडों के एकमात्र तंत्र की वकालत करती हो। हड़प्पाई जनसंख्या के विभिन्न भागों के अपने-अपने पंथों व देवताओं का अस्तित्व सम्भव था।

सैंधव राजकीय धर्म

सैंधव मुहरें तथा उनके संदर्भ इस बात की पूरी सम्भावना दर्शाते हैं कि सिंधु सभ्यता के अंतर्गत शासक वर्ग, राजकीय कर्मचारी तथा व्यापारी (जो इन मुहरों का प्रयोग करते थे) एक समान भाव के साथ एक 'राजकीय धर्म' में विश्वास रखते थे। सैंधव मुहरों का लगभग 75 प्रतिशत मात्र एक पशु को ही प्रदर्शित करता है जो सदैव दक्षिणाभिमुख रूप में अंकित होता था। अधिकांश पशु चित्रित मुहरों (1524 में से 1150 मुहरों पर पशुचित्रित हैं) तथा कुछैक ताम्र ताबीजों पर एक श्रृंगी कूबड़ रहित बैल आगे की ओर बढ़ते हुए दर्शाया गया है तथा इसके सामने एक त्रिस्तरीय 'नांद' रखी है। तुलनात्मक रूप से अन्य पशुओं का अपेक्षाकृत कम चित्रण हुआ है जो इस प्रकार हैं, कूबड़रहित या जंगली सांड-95 मुहरें, हाथी-55, जेबू या कूबड़दार बैल-54 (किंतु गाय का चित्रण नहीं), बाघ-21, खरगोश-15 तथा भैंसा-14 इत्यादि।

पशुरूपी देवता- ऊपर उल्लिखित पशुओं को सम्भवत: पशुरूपी देवताओं के अवतार की मान्यता दी जाती थी जिनके संरक्षण की प्राप्ति के लिए मुद्रा धारक प्रार्थनाएं करते थे। इस बात की भी सम्भावना दिखाई देती है कि ये चित्रित पशु मुद्राधारकों के वंशों या परिवारों की टोटम संबंधी पहचान को दर्शाते हों। किंतु इतना सुनिश्चित रूप से कहा जा सकता है कि ये पशु विभिन्न वंशों के सम्मानित देवताओं के पशुरूप थे। दूसरे संदर्भ में पशु किसी भी टोटम संबंधी कर्मकांड में नहीं दर्शाये गए हैं।

पशुपति महादेव- उदाहरण के रूप में, मोहनजोदड़ो से प्राप्त तथाकथित 'पशुपति महादेव' मुद्रा पर एक ओर गैंडा व जलभैंस तथा दूसरी ओर एक हाथी या बाघ चित्रित हैं जो भैंस के सींग धारण किए त्रिमुखी मानवरूपी देवता से घिरे हैं। एक हालिया अध्ययन के अनुसार देवता की तथाकथित 'योगी' मुद्रा वास्तव में आद्य इलेमाइट (प्राचीन ईरान) युग के उदारणों में बैठे वृषभ देवता की अनुकृति प्रतीत होती है। इस अध्ययन के अनुसार इस देवता को उत्तर सनातनकाल में जोड़े गए प्रतीकों के बिना 'शिव' (पशुपति, पशुओं के स्वामी या मवेशियों के संरक्षक, के अर्थों में) का पर्याय मानना कठिन है।

अन्य देवता- कालीबंगा से प्राप्त एक बेलनाकार मुहर एक देवी को दर्शाती है जो दो भालाधारियों को लड़ने से रोकती हैं तथा अपने शरीर को बाघ की बनावट से आविष्ट किए हुए श्रृंग सज्जा के साथ प्रकट होती है। इन सभी चित्रणों मे।पशुओं को देवता की शक्ति या भावना के रूप में मूर्तिमान किया गया है।

- ऐसे चित्रणों में नायिका या नायक के रूप में मानव भी शामिल हैं, जो एक मुहर या पट्टिकाओं पर दो बाघों का सामना करते हुए दर्शाया गया है। इसी प्रकार के दो पशुओं के साथ युद्ध का चित्रण आद्य-इलेमाइट सूसा (दक्षिणी-पश्चिमी ईरान) तथा मेसोपोटामिया (सुमेरियाई राजा व पौराणिक नायक गिलमिगीश के चित्रण) में भी किया गया है।
- एक अन्य पट्टिका पर वृषभ-देवता की मुद्रा में बैठे एक सींगों से सज्जित देवता के सामने एक भालाधारी को भैंसा मारते हुए दर्शाया गया है। सम्भवत: देवता के लिए पशु एक उपयुक्त बलि थी।
- वृक्ष-देवता की मान्यता भी प्रचलित थी। मुहरों व वंश पट्टिकाओं पर एक बाघ को एक वृक्ष देवता की ओर देखते हुए दर्शाया गया है। यह पशु एवं वृक्ष से जुड़े भावों का सम्मिलित प्रतीक था।
- मुहरों पर 'पीपल' की शाखाएं भी चित्रित हैं किन्तु मोहनजोदड़ो से प्राप्त एक मुहर पर एक विस्तृत दृश्यांकन किया गया है, जिसमें पीपल के नीचे एक देवता मछली व बड़ी बकरी के साथ दिखाया गया है। एक मानव उपासक द्वारा बलि देकर इस देवता की पूजा की जा रही है, जबकि आधारतल पर सात स्त्रियां (सम्भवत: पुरोहित) पंक्तिबद्ध खड़ी हैं। अनेक विद्वान इस बलि की पहचान एक मानव सिर के रूप में करते हैं।
- चन्हूदड़ो की खुदाई से ईंटों की चिनाई में एक जार में एक किशोरी का कंकाल मिला है। इसकी पूर्ण व्याख्या

कर पाना कठिन है किन्तु इतना कहा जा सकता है कि यह कंकाल बलि प्रथा का एक शिकार था तथा जार में इसका परिरक्षण एक संरक्षक देवता को मनाने के लिए किया था।

मातृदेवी एवं प्रतीकात्मक उपासना- निजी आवासों में प्राप्त मृण्मूर्तियों एवं अन्य आकृतियों को घरेलू अंधविश्वासों एवं विश्वासों के प्रमाण के रूप में देखा जाता है। मातृदेवी की मृण्मूर्तियां न केवल प्रभावी हैं बल्कि प्रजननक्षम नर लिंगाकृतियों से संख्या में भी अधिक हैं। इनकी उपासना सम्भवतः संतान की प्राप्ति के लिए की जाती होगी। किंतु पाषाण शंकुओं एवं बड़े पाषाण छल्लों के बारे में निश्चित रूप से कुछ नहीं कहा जा सकता, जिन्हें कुछ विद्वानों द्वारा एक लैंगिक पंथ के प्रतीकों के रूप में नर एवं मादा जननांगों का प्रतिनिधि माना जाता है।

धार्मिक स्थल पर संरचनाएं- इस बिन्दु पर हम पूर्णतः यह कह पाने में असमर्थ हैं कि सैंधव राजकीय धर्म का कोई पवित्र धर्मस्थल या मंदिर था या नहीं। यदि मोहनजोदड़ो की निचली बस्ती में व्हीलर द्वारा पहचाने गए एक आवास (एक स्मारकीय प्रवेश द्वार तथा एक उठे हुए चबूतरे तक जाने वाली दोहरी सीढ़ियों सहित) की एक मंदिर के रूप में पुष्टि की जाती है, तो यह सम्भवतः एक श्रृंगीय देवता को समर्पित रहा होगा, क्योंकि एक श्रृंगी ही एकमात्र ऐसा पशु है जो वहां पायी गयी अनेक मुहरों पर अंकित है। मोहनजोदड़ो के महास्नानागार को कर्मकांडीय स्नान हेतु एक राजकीय इमारत मानने का आधार भी यह अपुष्ट अभिधारणा है कि सिंधु सभ्यता के लोगों में कर्मकांडीय शुद्धता के लिए प्रमुखतः जल का उपयोग करने की परम्परा थी।

बलि प्रथा से जुड़े पंथ- कालीबंगा, लोथल, बनवाली एवं नागेश्वर के उत्खन्न में कुछ आवासों के साथ-साथ सार्वजनिक स्थानों पर छोटे-छोटे चाक-लेपित गर्त पाए गए हैं। फिर भी, अग्निवेदियों के रूप में पहचाने गए ये गर्त हड़प्पा व मोहनजोदड़ो जैसे अन्य महत्वपूर्ण स्थलों पर प्राप्त नहीं होते हैं। इसलिए यदि ये सभी गर्त कोई कर्मकांडीय महत्व रखते हैं, तो उनका संबंध सम्भवतः एक क्षेत्रीय पंथ से हो सकता है। कालीबंगा में एक छोटे बलि संबंधी गर्त की पहचान की गई है जिसमें बैल की हड्डियां मिली हैं। लोथल में प्राप्त बैल के झुलसे हुए जबड़े के आधार पर एक घर में स्थित मिट्टी के चबूतरे की पहचान बलिवेदी के रूप में की गई हैं। सम्पूर्ण सिंधु सभ्यता में प्राप्त इन अल्प प्रमाणों के आधार पर यह प्रतिपादित कर पाना सम्भव नहीं है कि पशुबलि प्रथा का अस्तित्व था, जो वैदिक काल तक अनवरत रूप से जारी रही।

सैंधव धर्म की रिक्थ- सिंधु सभ्यता का यह राजकीय धर्म (पशुरूपी भावनाओं तथा पवित्र पीपल वृक्ष सहित) अपनी जड़ें प्रागैतिहासिक काल के प्रकृतिवादी विश्वासों में रखता था। ये विश्वास आद्य-ऐतिहासिक काल में भी प्रासंगिक बने रहे जब हड़प्पाई बस्तियों के निकटवर्ती जंगलों में लोगों को खतरनाक वन्य पशुओं का सामना करना पड़ता था। पूर्व प्रचलित विश्वासों को मिथकों एवं प्रतीकों के बढ़ते हुए संग्रह से मजबूती मिली, जिसे सिंधु लिपि के कूटवाचन के अभाव में हम पुनः खोज पाने में असमर्थ हैं। कई विद्वान सिंधु सभ्यता के राजकीय धर्म तथा ऋग्वैदिक कर्मकांड व धर्म के बीच अधिक समानता नहीं देखते हैं। सिंधु सभ्यता के पतन के लगभग 1800 वर्षों के बाद हिन्दू धर्म में शामिल हुई प्रथाओं व पंथों (योग, शैववाद) को सैंधव प्रवाह का ही एक अंग मानने की धारणा को भी अधिक विश्वसनीय नहीं माना जाता है।

लिपि एवं भाषा

हड़प्पा की लिपि को चित्रलिपि माना जाता है क्योंकि इसमें चिड़िया, मछली तथा विभिन्न प्रकार की मानवाकृतियां बनी हुई हैं। हड़प्पा की लिपि में संकेतों की संख्या 400 से 600 के बीच मानी गई है, जिसमें 40 से 60 मूल हैं तथा अन्य उनके विभिन्न अभिरूप हैं। मूल संकेतों में कई चिन्ह् लगाकर अभिरूप बनाए गए हैं।

हड़प्पावासियों की भाषा अभी अज्ञात है और यह तब तक अज्ञात रहेगी जब तक कि उनकी लिपि पढ़ नहीं ली जाती। भाषा की प्रकृति के संदर्भ में दो प्रकार के तर्क दिए गए हैं कि यह भाषा या तो इंडो-यूरोपीय या इंडो-आर्य समूह की भाषा है या द्रविड़ परिवार की है।

अभिलेखों के छोटे आकार (क्योंकि ये लगभग सभी मुहरों, ताबीजों तथा गोलियों पर हैं) होने के कारण हड़प्पा लिपि को पढ़ने का कार्य कठिन है। अब तक का कोई भी प्रयास सफल नहीं हो सका हैं।

परपोला तथा उसके स्कैंडिनेवियाई सहयोगियों ने इस परिकल्पना के साथ प्रयास किया कि यह भाषा द्रविड़ है तथा इसकी लिपि एकध्वनीय (homophones) है। सोवियत विद्वानों के एक समूह का मानना है कि यह किसी ज्ञात भाषा की अपेक्षा द्रविड़ के अधिक निकट है। एक भारतीय विद्वान महादेवन ने भी एक प्रभावशाली कम्प्यूटर अन्विती

तैयार किया गया है। द्रविड़ परिकल्पना को स्वीकार करने में लगभग सहमति-सी बन गई है।

हाल के प्रयासों में हड़प्पा एवं सुमेरियाई अभिलेखों में सदृश्यता ढूंढ़ने की कोशिश की गई है। यह विधि मुख्यत: क्नीयर-विल्सन की है।

एसआर राव ने इस लिपि में इंडो-यूरोपीय परिवार की प्री-इंडो-आर्य भाषा के तत्व मानते हुए, इसे पढ़ने का एक बिल्कुल अलग प्रयत्न किया है। इस प्रयास को अधिकतर विद्वानों का समर्थन नहीं प्राप्त हुआ है।

इस दिशा में नवीनतम प्रयत्न पुरातात्वविद एवं वैदिक विद्वान नटवर झा का है। उन्होंने अपना अलग तरीका विकसित किया है तथा इस पर *'वैदिक ग्लॉसरी ऑन इंडस सील्स'* (1977) नामक पुस्तक लिखी है। झा के अनुसार, इस लिपि में आक्षारिक तथा स्वर नहीं लिखे गए हैं। फोनेशियाई तथा अरबी जैसी सिमिटिक भाषाओं में अक्षरीय प्रणाली का प्रयोग हुआ है क्योंकि उन भाषाओं का कोई भी शब्द स्वर से प्रारम्भ नहीं होता है, अत: इन्हें समझने में कोई कठिनाई नहीं होती है। हिब्रू तथा अरबी के आधुनिक समाचार-पत्र भी इस प्रणाली का उपयोग करते हैं तथा इन भाषाओं में परिचित व्यक्तियों को इन्हें पढ़ने में कोई कठिनाई नहीं होती है। झा ने करीब 35,000 मुहरों के अभिलेखों को पढ़ने का दावा किया है।

राजाराम के अनुसार यह लिपि चित्रलिपि तथा अक्षरीय दोनों है। बाद के चरण में चित्रों के स्थान पर अक्षरों का प्रयोग हुआ है। उनके अनुसार ब्राह्मी तथा सिंधु लिपि में काफी समानता है। आश्चर्यजनक रूप से अधिकतर लेखन बाईं से दाईं ओर है, दाईं से बाईं ओर नहीं, जैसा कि पहले सोचा जाता था। फिर भी दाईं ओर से बाईं ओर भी लिखा जाता है तथा कुछ मुहरों में 'बुस्ट्रोफेडन' पद्धति का भी प्रयोग हुआ है, जिसमें क्रमानुसार बाईं से दाईं, दाईं से बाईं लिखा जाता है। उन्होंने यह भी बताया है कि फोनेशियाई, अरमाईक तथा हेमिरेटिक जैसी कई प्राचीन लिपियां या तो हड़प्पा की लिपि से संबद्ध है या उसी से विकसित हुई है। यह उस धारणा के विपरीत है जिसमें कहा गया है कि सभी अक्षरीय लेखन प्रणालियों का विकास दूसरी सहस्त्राब्दि के अंत में फेनेशियाई लिपि से हुआ है।

मुहरें

ये सिंधुवासियों की सर्वाधिक महत्वपूर्ण कलात्मक रचनाएं हैं। ये सेलखड़ी (मुलायम पत्थर) की बनी हैं तथा इनका आकार आधा इंच से ढ़ाई इंच है। इन मुहरों को काटना एवं चमकाना सिंधुवासियों का अपना आविष्कार है। हालांकि मुहरें कई प्रकार (जैसे कि वर्गाकार, आयाताकार, बटन की आकृति की, घनाकार, बेलनाकार तथा गोलाकार) की हैं। फिर इनमें से दो मुख्य हैं- वर्गाकार आकृति, जिन पर जानवरों की आकृतियां तथा अभिलेख खुदे हैं, और आयातकार, जिन पर सिर्फ अभिलेख है। प्रत्येक मुहर पर अलग-अलग चिन्ह और नाम या सिर्फ संक्षिप्त अभिलेख है। चिन्हों में पशुओं की आकृति अथवा, संभवत: धार्मिक दृश्य हैं।

अधिकतर-मुहरों में बिना कूबड का सांड देखने को मिलता है तथा इसके दोनों सींग एक हैं। इसके कारण इसे एक श्रृंग भी कहा गया है। यह जानवर हमारे लिए दो कारणों से महत्वपूर्ण है- *पहला*, यह भारतीय सांड की अपेक्षा प्रारंभिक सांड से ज्यादा करीब है, तथा *दूसरा*, भारतीय एक श्रृंगी वास्तविक नहीं बल्कि मिथकीय पशु है। टेराकोटा में भारतीय कूबड़दार सांड का कम प्रतिनिधित्व संभवत: इस बात की ओर संकेत करता है कि इस क्षेत्र में यह मुख्य नस्ल थी। भारतीय सांड को 'मानक' प्रतिष्ठा प्राप्त नहीं थी, अत: संभवत: बिना कूबड़ के सांड को धार्मिक मान्यता प्राप्त थी।

इस जानवर के समक्ष एक छोटा एवं सुसज्जित खंभा है। (जिसे मानक, झंडा, नाद अथवा धूपदानी बताया गया है।) जिसके तीन स्पष्ट हिस्से हैं- **पहला** एक गोल एवं पतला होता हुआ डंडा; **दूसरा**, एक धनुषाकार शीर्ष, तथा; तीसरा वर्गाकार अथवा गोल वेदिका। मुहरों पर मानक अथवा नांद के साथ अन्य पशु हाथी, बाघ, जंगली सांड तथा बारहसिंगे हैं।

मुहरों का उद्देश्य संभवत: संपत्ति के स्वामित्व का संकेत है। (अत: इसे प्रत्येक नागरिक के पास होना चाहिए)। इन मुहरों के पीछे सूत अथवा मैट के निशान है। लोथल के गोदीबाड़े के अतिरिक्त धान्य-कोठार अथवा गोदाम में इस प्रकार की बहुत-सी मुहरों की प्राप्ति से इनके प्रयोग की परिकल्पना को और बल प्रदान होता है।

टेराकोटा मूर्तियां

खिलौनों तथा सांप्रदायिक वस्तुओं के रूप में बहुत-सी टेराकोटा मूर्तियां प्राप्त हुईं। इनमें अधिकतर हाथ से बनी हुई हैं, हालांकि कुछ सांचे में भी बनी हैं।

अधिकतर मूर्तियां कई प्रकार की चिड़ियों तथा जानवरों (बंदर, कुत्ते, भेड़ तथा मवेशी) की हैं कूबड़दार तथा बिना कूबड़ वाले, दोनों प्रकार के सांड पाये गए हैं, अधिक सम्मान और स्थान बिना कूबड़ के सांड को प्राप्त है।

पुरुष तथा महिला मानव आकृतियां भी प्राप्त हुई हैं, इनमें महिला आकृतियों की संख्या अधिक है। कुछ महिला

आकृतियां अत्यधिक गहनों से लदी हैं तथा इनके आकार को बढ़ा-चढ़ाकर दिखाया गया है तो कुछ का श्रृंगार अधिक है। बैठी महिलाओं तथा माता-पुत्र के समूह अधक दिखाये गए हैं।

एक समूह कुछ सिरों की आकृतियों का है, जिसमें सींग अथवा सींग की तरह के परिशिष्ट लगे हुए हैं। यह महिला तथा पुरुष, दोनों के धड़ों पर हैं तथा इन्हें मुहरों की सींग वाली आकृतियों से संबद्ध माना जा सकता है। हम उन्हें देवता मान सकते हैं। कुछ टेराकोट आकृतियां गाड़ियों की आकृति के समान हैं, जिनका उपयोग खिलौनों की तरह होता होगा।

मूर्तियां

पत्थर तथा धातुओं से बनी मूर्तियों के कुछ नमूने प्राप्त हुए हैं। पत्थर की कई मूर्तियां प्राप्त हुई हैं-मोहनजोदड़ो से ग्यारह, हड़प्पा से दो, दबरकोट तथा मुंडीगक (अफगानिस्तान) प्रत्येक से एक मूर्ति मिली है। पत्थरों की मूर्तियों में सर्वोत्तम उदाहरण मोहनजोदड़ो से प्राप्त सेलखड़ी निर्मित दाढ़ी वाले व्यक्ति का है, जिसके वस्त्र-आभूषण सज्जित हैं। हड़प्पा से प्राप्त दो मूतियों में से एक छोटा एवं (चार इंच ऊंची) लाल बलुआ पत्थर का नग्न पुरुष धड़ है तथा, दूसरी भी नग्न एवं छोटी, धूसर रंग की नृत्य मुद्रा की प्रतिमा है। इनमें से अधिकतर मूर्तियां सेलखड़ी, चूना-पत्थर या अलबैस्टर जैसे मुलायम पत्थरों से बनी हैं।

मोनजोदड़ो, हड़पा, चन्हूदड़ो एवं दायमाबाद से कुछ कांसे की मूर्तियां भी प्राप्त हुई हैं। इनमें सर्वोत्तम उदाहरण नृत्य मुद्रा में नग्न महिला की छोटी (4.5 इंच ऊंची) मूर्ति है। इसका दहिना हाथ नितंब पर है, सिर थोड़ा झुका हुआ एवं घुंघराले बालों वाला तथा आंखे बड़ी, आधी खुली हुई हैं। इसी तरह की एक दूसरी आकृति मोहनजोदडो से प्राप्त हुई है। हड़प्पा तथा चन्हूदड़ों से प्राप्त बैलगाड़ी तथा इक्के की कांस्य आकृतियां इस कला की अन्य विशेषताएं हैं। दायमाबाद के उत्खनन से प्राप्त चार कांस्य आकृतियों (हाथी, बारहसिंगा, भैंस तथा रथ, प्रत्येक का वजन 60 किलो) से हड़प्पा के कांस्य धातुकर्म पर विशेष प्रकाश पड़ता है।

मिट्टी के बर्तन

हड़प्पा के मिट्ट के बर्तन चमकीले अथवा गहरे लाल, लाल मजबूत तथा अच्छी तरह से पकाये गए हैं। ये अधिकतर सादे तथा रंगीन चाक पर बने बर्तन हैं। सादे बर्तन रंगीन बर्तनों की अपेक्षा अधिक हैं। सादे बर्तन अधिकांश लाल मिट्टी के बनते थे जिस पर लाल कलई की जाती थी। चित्रित बर्तन लाल तथा काले रंग के है।

बर्तनों की सजावट में कई तरीकों का प्रयोग होता था। जामितीय आकृतियां, वृत्त वर्ग तथा त्रिभुज, जानवरों की आकृतियां, चिड़ियां, सांप या मछलियां हड़प्पा के बर्तनों पर अधिक बनाई जाती थी। पेड़ की आकृतियां एक अन्य लोकप्रिय डिजाइन था। बर्तनों पर पौधे, वृक्ष तथा पीपल के वृक्ष देखने को मिलते हैं। कब्रिस्तान-एच से प्राप्त बर्तन के टुकड़े पर एक शिकारी तथा दो हिरणों का शिकार दृश्य दिखाया गया है। लोथल से प्राप्त एक जार के दृश्य में एक वृक्ष पर दो चिड़ियां अपनी चोंच में मछली पकड़कर बैठी हैं। इसके नीचे एक लंबी पूंछ वाला जानवर बैठा है, जो एस.आर. राव के अनुसार लोमड़ी है। उन्होंने जमीन पर भी कुछ मछलियों का उल्लेख किया है। यह पहचान अगर सही है तो 'पंचतंत्र' की उस कहानी का सार है, जिसमें लोमड़ी ने कौए की चापलूसी करके उसके मुंह का भोजन ले लिया।

हड़प्पावसी कई प्रकार के मिट्टी के बर्तनों का प्रयोग करते थे, जिसमें चमकीले, बहुरंगी, उत्कीर्णित, छिद्रित तथा मूंठदार बर्तन थे। हड़प्पा के चमकीले बर्तन प्राचीन विश्व में अपनी तरह के प्रथम उदाहरण हैं। बहुरंगी बर्तन बहुत कम थे और छोटे आकार के ज्यामितीय डिजाइन वाले होते थे। ये अधिकतर लाल, काले तथा हरे रंग के होते थे, परन्तु कुछ पीले और सफेद भी थे। उत्कीर्णित कम होते थे तथा उत्कीर्ण डिजाइन कड़ाहियों के आधार भाग में होते थे। छिद्रित बर्तन में पेंदे में एक बड़ा छिद्र तथा चारों ओर दीवारों पर छोटे छिद्र होते थे। इसका उपयोग संभवतः मदिरा बनाने में किया जाता था। मूंठदार बर्तन को बाहर से अलंकृत किया जाता था।

हड़प्पाकालीन बर्तन पान-पात्र, थाली, कुंड़ी, बोतल, पतले सुराहीदार बर्तन, बेलनाकार बोतल, ग्लास, अनाज मापक, टोंटीदार बर्तन तथा एक विशेष प्रकार की स्टैंडयुक्त थाली थी। स्टैंड वाली थाली का प्रयोग धूपदानी के रूप में होता होगा। इस प्रकार हड़प्पाकालीन बर्तन पूर्णतः उपयोगितावादी थे, हालांकि कुछ बर्तनों में कला का पुट भी देखने को मिलता है।

माप-तौल

हड़प्पावासी व्यावसायिक तथा निर्माण कार्यों में माप-तौल का प्रयोग करते थे। तौल के रूप में प्रयुक्त कई चीजें प्राप्त हुई हैं। तौल पद्धति की एक श्रृंखला 1,2,4,8 से 64 इत्यादि की तथा 16 के दशमलव गुणांजो की थी।

माप चिन्हों से युक्त कई छड़ें (इनमें से एक कांसे की है) प्राप्त की गई हैं। हड़प्पावासी माप की रैखिक प्रणाली

के जनक थे, जो कि 'अर्थशास्त्र' के अंगुल के बराबर था, जिसका प्रचलन अभी तक भारत में हो रहा है। लम्बाई का माप 37.6 से.मी. तथा 51.8 से 53.6 से.मी. के हाथ के माप पर आधारित थे।

अंतिम संस्कार

पुरातत्ववेत्ताओं ने मोहनजोदड़ो, हड़प्पा, कालीबंगन, लोथल तथा रोपड़ जैसे कई स्थानों पर कब्रिस्तानों का उत्खनन किया है। ये कब्रिस्तान साधारणत: बस्तियों की परिधि में हैं तथा हड़प्पावासियों के अंतिम संस्कार की तीन विधियां थीं-पूर्ण दफन, आंशिक दफन (शव को जंगली जानवरों तथा चिड़ियों के समक्ष कुछ दिन छोड़कर कुछ अस्थियों का दफन) तथा दाह संस्कार के बाद दफन। लेकिन साधारणत: पूर्ण दफन का प्रयोग होता था, जिसमें मृतक शरीर को पीठ के बल, सिर को साधारणत: उत्तर दिशा में रखकर दफनाया जाता था। कई कब्रें ईंट की प्रकोष्ठ बन गईं थीं, जैसा कि कालीबंगन में देखने को मिलता है। लोथल में एक जगह कच्ची ईंटों का गर्त देखने को मिला है, जिसमें यह निष्कर्ष निकाला जा सकता है कि संभवत: ताबूतों का प्रचलन था। हड़प्पा में फूस से ढ़ंके हुए लकड़ी के ताबूत तथा शव प्राप्त हुए हैं। सुरकोटदा से पात्र-दफन का उदाहरण मिलता है। लोथल से एक ही कब्र से पुरुष और महिला के दफन किये जाने के कई उदाहरण हैं। हालांकि यह आवश्यक रूप से सती-प्रथा नहीं हो सकती है, पर संभवत: पति अथवा पत्नी को साथ में दफनाया जाता था।

2.7 पतन की समस्याएं

पतन के सिद्धांत

आर्य आक्रमण/प्रवासन सिद्धांत- परम्परागत दृष्किोण यह था कि हड़प्पाई लोगों का विनाश आर्य आक्रमणकारियों द्व ारा किया गया। किन्तु इस प्रकार के हिंसक विनाश से जुड़ा कोई प्रमाण नहीं है। तब यह सिद्धांत सामने आया कि उत्तर की ओर से आये आप्रवासियों ने इस क्षेत्र में प्रवेश करके यहां के मूल निवासियों को दक्षिण की ओर खदेड़ दिया।

- आक्रमणकारियों के एक समूह द्वारा मोहनजोदड़ों के पतन का विचार दो पुरातात्विक प्रमाणों पर आधारित है। मोहनजोदड़ों के पूर्वी टीले के ऊपरी स्तरों पर इधर-उधर बिखरे पुरुषों-महिलाओं और बालकों के लगभग 33 कंकाल प्राप्त हुए हैं।
- ये कंकाल समकालीन नहीं हैं। यह भी माना गया है कि कटाव के चिन्ह मृत्यु का कारण नहीं हैं। यह नरसंहार का विचार एक मिथक मात्र है।
- उत्तर-पश्चिम के कुछ क्षेत्रों में पश्चिमी व मध्य एशियाई उद्गम वाली कुछ पुरातात्विक सामग्री प्राप्त हुई है। ये परिभाषित पुरातात्विक संदर्भो मे।नहीं पायी गई थी। इसे समकालीन या आने वाले आक्रमण ाकारियों का संकेतक नहीं माना जा सकता।
- फिर भी उपर्युक्त पुरातात्विक सामग्री को, नर कंकालों के साथ, इस प्रकार से व्याख्यायित किया गया, जिसके फलस्वरूप यह परिकल्पना सामने आई कि सामान्यत: सिंधु सभ्यता तथा विशेषत: मोहनजोदड़ो का पतन आक्रमणकारियों के एक समूह द्वारा किया गया।
- बोलन दर्रे के समीप क्वेटा एवं मेहरगढ़ क्षेत्र में पायी गई उत्तरी अफगानिस्तान मूल की कुछ वस्तुओं को विदेशी घुसपैठ के चिन्हों के रूप में देखा जाता है, जो आगे चलकर सिंधु सभ्यता के पतन का कारण साबित हुई।
- इस दृष्टिकोण के समर्थक इन तथ्यों की उपेक्षा करते है कि ये वस्तुएं परिपक्व हड़प्पा काल से सम्बद्ध भी हो सकती है तथा ऑक्सस-सिंधु अन्त:क्रियात्मक क्षेत्र में इन वस्तुओं की प्राप्ति को सम्पूर्ण अन्त:क्रियात्मक क्षेत्र में मौजूद घनिष्ठ व्यापारिक तंत्र के परिप्रेक्ष्य में देखा जाना चाहिए।
- ऐसे किसी आर्य आक्रमण या घुसपैठ के प्रमाण नहीं मिलते हैं, जो हड़प्पाई लोगों के निष्कासन का कारण रहा हो। इस त्रुटि का स्रोत यूरोपीय विद्धानों द्वारा संस्कृत एवं स्थानीय भाषाओं की सही-सही व्याख्या न कर पाना है। तो वास्तव में हड़प्पाई लोगों के साथ क्या घटित हुआ?

पर्यावरणीय कारक- हड़प्पाई स्थल वर्तमान में सूख चुकी घग्गर-हकरा नदी, जो सिंध के दक्षिण में उसके सामांतर प्रवाहित होती थी, के आस-पास पाये गए हैं। अधिकांश विद्धान अब अनुभव करते हैं कि घग्गर-हकरा नदी हड़प्पा काल में एक शक्तिशाली नदी रही होगी और यह ऋग्वेद व अन्य स्त्रोतों में उल्लिखित मिथकीय 'सरस्वती' नदी हो सकती है। इस सिद्धांत के अनुसार वलित पर्वत हिमालय में भूकंप आने के बाद संभवत: घग्गर-हकरा नदी में एक दरार पैदा होने के कारण आस-पास के नगरों का विनाश हुआ था। नदी मे निरंतर बाढ़ों एवं सूखे की स्थिति के फलस्वरूप

हड़प्पावासियों का जीवन निर्वाह अति कठिन हुआ होगा और वे दक्षिण की ओर पलायन कर गए होंगे।

आर्थिक कारक- ये अन्य सिद्धांत के अनुसार यदि व्यापार मे हड़प्पावासियों की संवृद्धि एवं समृद्धि को गतिशील प्रदान की थी, तो यह व्यापार इस सभ्यता के पतन का कारक भी हो सकता है। व्यापार में आई एक तीव्र गिरावट एक घोर आर्थिक संकट का कारण हो सकती है, जिसके अनेक शहरी केन्द्रों को भुतहा कस्बों में बदल दिया गया हो। इसके अलावा पुरातत्वशास्त्रियों के पास सड़क अतिक्रमण, सफाई व्यवस्था के बिखराव तथा बिखरी हुई विशल कॉलोनियों के प्रमाण भी हैं, जो सामाजिक-सांस्कृतिक विघटन का संकेत देते हैं।

उत्तरजीविता एवं सतत्ता- प्राकृतिक आपदाओं तथा सामाजिक-आर्थिक विघटन से बचकर निकलने वाले हड़प्पावासियों ने दक्षिण में जाकर वहां की मूल संस्कृति को अपना लिया होगा। प्राकृतिक आपदाओं और बाढ़ों की कहानियां लोकगीतों में समाहित होकर आने वाली पीढ़ियों के मिथकों में बदल गई होगीं। हड़प्पाई लोगों की हानि गंगा के मैदानों के लिए लाभकारी साबित हुई जहां प्राचीन भारतीय इतिहास मे एक समान रूप से स्मरणीय युग के लिए मंच तैयार था। इसकी आधारशिला रखने में हड़प्पा सभ्यता के उत्तरजीवियों का भी आंशिक योगदान है।

पतन की प्रक्रिया एवं प्रकृति

उत्तर-हड़प्पाई चरण में पतन- सिंधु सभ्यता के पतन एवं रूपांतरण को इसके अपने शब्दों में समझा जा सकता है तथा यहां हमें पुरातात्विक स्तर-विन्यास एवं परिवर्तित सांस्कृतिक अवस्था पर ध्यान केन्द्रित करना है, जो सिंध के संदर्भ में काफी पहले से ही ध्यानाकर्षण का विषय रहे हैं।

- उत्तर-हड़प्पा काल में पतन का विचार सबसे पहले झूकर व लोहुमजोदड़ो नामक सिंध के दो स्थलों के ऊपरी स्तरों पर प्राप्त होने वाले भांडों के संदर्भ में सामने रखा गया। सिंधु सभ्यता के ऊपरी स्तर विन्यास या उत्तरवर्ती चरण में कुछ सुनिश्चित सेरेमिक या मृद्भांडीय परिवर्तन हो रहे थे।
- मोहनजोदड़ो में उत्तर-हड़प्पा काल मे की गई ईंटों की चिनाई का स्तर पूर्ववर्ती काल की तुलान में हीनतर है। मोहनजोदड़ो के उत्तरवर्ती काल से सम्बद्ध एक विशेष क्षेत्र के उत्खनन में कुछ भट्ठियों के प्रमाण मिले हैं, जिनमें से एक मुख्य सड़क के मध्य में थी। मृद्भांड या ईंट निर्माताओं द्वारा एक रिहायशी क्षेत्र में भट्टियों की स्थापना से इस बात का संकेत मिलता है कि इस काल में नागरिक मानदंडों में उल्लेखनीय गिरावट आ चुकी थी।
- यही बिन्दु हड़प्पा की ताजा खुदाई में उभरकर सामने आता है। उत्तरवर्ती चरण में यहां जनाधिक्य देखने को मिलता है। उत्तरवर्ती हड़प्पा काल को काल पंचम के रूप में पहचाना जाता है तथा इसका प्रतिनिधित्व कब्रिस्तान एच. मृद्भांड हड़प्पा की शुरूआती खुदाई में पहली बार एक कब्रिस्तान में पाये गए 'एच' अंकित मृद्भांड छोटे आकार की पकी ईंटों एवं नालियों द्वारा किया जाता है। उल्लेखनीय तथ्य यह है कि, मृद्भांडों में बदलाव आने के बाद भी नगर नियोजन के तत्व शेष रह जाते है।
- गुजरात में रंगपुर के संदर्भ में यह सततृता पहली बार देखी गई। मृद्भांडों की गुणवत्ता में भारी गिरावट, नालियों-स्नानागारों के अभाव तथा घरों की छप्परयुक्त छतों से पता चलता है कि रंगपुर में उत्तर जीवित हड़प्पा वासियों की समृद्धि का पतन हो चुका था। परिपक्व हड़प्पाकालीन मृद्भांड़ो को चमकीले लाल मृदभाड़ो ने प्रतिस्थापित कर दिया था। रंगपुर में लाल चमकीले मृद्भांड़ो की संस्कृति किसी बाहरी घुसपैठ का परिणाम नहीं, अपितु स्थानीय लोगों के विकासात्मक प्रयासों का प्रतिफल थी।
- सिंधु-गंगा विभाजन में भी रूपांतरण के स्पष्ट प्रमाण मिलते हैं। शुरूआत में यह रूपांतरण स्तर विन्यास एवं उससे जुड़ी मृद्भांड़ीय निंतरता व परिवर्तनों के आधार पर हरियाणा के मित्ताथल और सिसवाल जैसे स्थलों पर संपन्न हुआ। कहीं भी नाटकीय सांस्कृतिक अनिरंतरता के चिन्ह नहीं मिते हैं। वस्तियों की स्थापना एवं परित्याग किया गया तथा भौतिक संस्कृति की चीजें समयानुसार बदल दी गई किंतु इस बात का कोई संकेत नहीं मिलता है कि किसी क्षेत्र का हमेंशा के लिए पूर्णतः परित्याग कर दिया गया हो या विदेशी सांस्कृतिक समूहों द्वारा किसी क्षेत्र में नाटकीय रूप से अपनी संस्कृति लाद दी गई हो।

निरंतरता एवं रूपांतरण- उत्तरवर्ती हड़प्पाकालीन सभी वितरण क्षेत्रों की मूलभूत विशेषताएं निरंतरता एवं रूपांतरण है। प्रत्येक क्षेत्र की सांस्कृतिक दशा में भिन्नता है।

- कच्छ मैदान में पिराक स्थल पर पूर्ववर्ती परंपरा नये तथ्यों के साथ जारी रही, वहीं दक्षिण बलूचिस्तान में संभवतः कुल्ली संस्कृति ठहरी हुई थी।

- सिंध के झूकर में मात्र एक नयी मृद्भांड शैली, परिपक्व हड़प्पाई परम्परा की निरंतरता में किसी प्रकार के विखंडन या आकस्मिक परिवर्तन के बिना, उभरकर आयी किन्तु सैंधव लिपि मात्र मृद्भांड ठीकरों तक ही सीमित थी।
- उत्तर-हड़प्पा काल में कब्रिस्तान एच संस्कृति का सर्वाधिक मुखर रूप चोलिस्तान के अलग-अलग 50 स्थलों पर परिलक्षित होता है।
- सतलज एवं यमुना के बीच स्थित सम्पूर्ण क्षेत्र में उत्तर में हड़प्पाकालीन स्थलों की पहचान की गई है तथा इनका सर्वाधिक संकेन्द्रण ऊपरी दोआब में है।
- यह सोचने का कोई कारण नहीं है कि इसकी कृषि विविधिता एवं समृद्धि इस काल के दौरान कुछ कम हो गयी थी।
- गुजरात में मवेशी बाड़ों (बांस की दीवारों) वाले छोटे स्थलों से लेकर रोजदी व बेटद्वारका जैसे किलेबंद स्थलों तक विभिन्न अवस्थाएं दृष्टिगोचर होती हैं।
- लिपि का प्रयोग पूर्ववर्ती काल की तुलना में कम हो गया किन्तु लुप्त नहीं हुआ।
- कृषि अवशेष, पूर्ववर्ती काल की भांति, दृढ़तापूर्वक अतिक्रमित हैं तथा इसके क्षेत्र का विस्तार भी हुआ होगा।
- गुजरात में उत्तर-हड़प्पाकालीन स्थलों की संख्या परिपक्व हड़प्पाकालीन स्थलों की संख्या से अधिक है।
- कम-से-कम गुजरात में विदेशी व्यापार की परंपरा जारी रही। बेटद्वारका में प्राप्त आवर्त चिन्ह युक्त मुहर, खाड़ी की सामान्य विशेषता तथा निप्पूर एवं फईलका में प्राप्त सैंधव मुहरों के प्रमाण परिपक्व हड़प्पाकलीन बाह्य व्यापार की निरंतरता की पुष्टि के लिए पर्याप्त हैं।

बस्तियों के पतन एवं विस्थापन के प्रमाण- एक ही समय पर पतन के सभी तत्व चिन्हित किये गए है। पुरातत्विक संग्रह अधिक साधारण बन जाता है, लिपि का प्रयोग काफी सीमित हो जाता है तथा लंबी दूरी के लिए कच्चे माल का परिवहन भी कम हो जाता है। इस पतन की व्याख्या करते समय सतलज एवं यमुना के बीच स्थित उत्तर-हड़प्पाकालीन स्थलों के वितरण की एक प्रमुख विशेषता को ध्यान में रखना आवश्यक है। इस काल के दौरान दोआब की ओर बस्तियों के संकेन्द्रण का उल्लेखनीय विस्थापन देख गया है।

- वास्तव में इस बात की जानकारी हमें नहीं है कि यह विस्थापन क्यों हुआ किन्तु घग्गर-हकरा तंत्र की तेजी से बढ़ती शुष्कता इसका एक कारण हो सकती है।
- एक अन्य कारण इस तथ्य मे निहित हो सकता है कि हड़प्पाई लोगों ने खुद को जरूरत से ज्यादा फैला दिया था। उसके अधिकांश वितरण क्षेत्रों में उनकी जड़ें विशेष गहरी नहीं थी। चोलिस्तान, सिंध के कुछ भागों, पचिमी पंजाब, हरियाणा एवं गुजरात में उसकी वंश-परंपरा हकरा मृद्भांड युग या पूर्ववर्ती हड़प्पाई चरण से आरंभ होती थी।
- हमें स्वीकार करना ही होगा कि हड़प्पाई लोग धरातल पर छिछले विस्तार के साथ आगे आये तथा उनके राजनैतिक तंत्र की कमजोरी लगभग अवश्यम्भावी थी। हड़प्पाई लोगों को आंतरिक भारत के अपेक्षाकृत कम उन्नत प्राक-कृषि समूहों ने निगल लिया था।
- जैसे ही हड़प्पाई लोग दोआब के भाग में आकर बसे, वे गंगा घाटी के मुख्य सांस्कृतिक विकास के प्रवाह के चक्र में फंसने के लिए भौगौलिक रूप से बाध्य हो गए।
- इसी प्रकार भौगौलिक दृष्टिकोण से गुजरात में उनके सघन वितरण का अर्थ था कि उत्तर-हड़प्पा काल में दक्षिणी-पूर्वी राजस्थान, मालवा एवं दक्कन की ओर उनका संचरण तथा इन क्षेत्रों के साथ उनकी अन्त:क्रिया एक विशिष्ट सम्भावना बन गयी थी।
- ताप्ती घाटी के साथ-साथ दक्कन की ओर एक सीधा संचरण भी हुआ तथा मालवा व दक्षिणी-पूर्वी राजस्थान दोनों के साथ सम्पर्क के प्रमाण मिलते हैं। वास्तव में, हड़प्पाई लोग आंतरिक भारत के सांस्कृतिक विकास के प्रवाह में शामिल हो रहे थे।

निष्कर्ष- इस प्रकार वर्तमान उपलब्ध आंकड़े सुझाते हैं कि एक आकस्मिक पतन की बजाय सिंधु सभ्यता आंतरिक भारत के सांस्कृतिक विकास के मुख्य प्रवाह में विलीन हो गई। हड़प्पाईयों ने सिंधु-गंगा विभाजन से गंगा-जमुना दोआब की ओर संचरण किया तथा उनकी कई शाखाएं गुजरात से मालवा एवं दक्षिणी-पूर्वी राजस्थान की ओर फैल गई। किन्तु जिस रूप में सिंधु सभ्यता आंतरिक भारत के नवपाषाणिक-ताम्रपाषाणिक विकास क्रम में विलीन हुई, वह इसका शहरी रूप नहीं था। गुजरात के रोजदी व बेटद्वारका तथा चोलिस्तान के कुडवाला जैसे स्थलों पर कुछ शहरी विशेषताएं बची रहीं किन्तु अधिकांश छोटी बस्तियों में एक अधिक विविधीकृत कृषि अर्थव्यवस्था के चिन्ह ही परिलक्षित होते हैं।

अभ्यास प्रश्न

1. निम्नलिखित में से किसे हड़प्पा की मुहरों का पूर्वगामी कहते हैं?
   (a) मेहरगढ़ से प्राप्त टेराकोटा मुहरें
   (b) आमरी से प्राप्त पाषाण मुहरें
   (c) कालीबंगन से प्राप्त मिट्टी की टिकियां
   (d) कोटदीजी से प्राप्त तांबे की टिकियां
2. निम्नलिखित में से किस सिंधु स्थल में पुरातत्ववेत्ताओं ने एक मध्य शहर की खोज की है, जो नगर-दुर्ग (citadel) तथा निम्न शहर (lower twon) से भिन्न है-
   (a) सुरकोटदा (b) दायमाबाद
   (c) धौलावीरा (d) लोथल
3. हाल की खोजों में प्राप्त महत्वपूर्ण हड़प्पा स्थल, जो संभवत: विदेशी व्यापार का स्थल था तथा जहां विशेष रूप से लाजवर्त प्राप्त किया जाता था, कहां स्थित है?
   (a) उत्तर-पूर्व अफगानिस्तान में शार्तुघई
   (b) उत्तर-पश्चिम सीमांत प्रदेश में मुसा खेल
   (c) दक्षिण अफगानिस्तान में मुण्डीगक
   (d) उत्तर-पूर्व बलूचिस्तान में दम्ब सदात
4. **कथन:** हड़प्पा के भवन निर्माण की एक विशिष्ट विशेषता यह थी कि सड़क की तरफ का अग्रभाग भावशून्य लगता था।
   तर्क: घरों में प्रवेश संकरी गलियों से होता था, जो मुख्य गली से समकोण बनाती थीं।
   उपर के कथनों के संदर्भ में क्या सत्य है?
   (a) 'कथन' तथा 'तर्क' दोनों सत्य हैं तथा 'तर्क' 'कथन' की सही व्याख्या करता है।
   (b) 'कथन' तथा 'तर्क' दोनों सत्य हैं पर 'तर्क' 'कथन' की सही व्याख्या नहीं करता।
   (c) 'कथन' सत्य है पर 'तर्क' गलत है।
   (d) 'कथन' गलत है पर 'तर्क' सही है।
5. कुम्हार की चाक, एक महान तकनीकी आविष्कार, प्रायद्वीप की सबसे पुरानी कृषि बस्ती मेहरगढ़ में किस सहस्त्राब्दी में लाया गया?
   (a) पांचवी (b) चौथी
   (c) तीसरी (d) छठी
6. अनाजशाला या गोदाम महां पाए गए हैं?
   (i) मोहनजोदड़ो (ii) हड़प्पा
   (iii) चन्हूदड़ो (iv) कालीबंगन
   (v) लोथल (vi) बनवाली
   कूट:
   (a) उपरोक्त सभी (b) (i), (ii), (iii) और (iv)
   (c) (i), (ii) और (v) (d) (i), (ii) और (vi)
7. **कथन:** सिंधु सभ्यता में पाए जाने वाले बिना कूबड़ के सांड (humpless bull) को एक शृंगी (unicorn) कहा जाता है। मुहरों में दिखाया गया है कि इसके दोनों सींग एक-दूसरे से सटे हुए तथा आगे की ओर निकले हुए होते थे। यह शायद एक काल्पनिक पशु था।
   तर्क: मुहरों तथा टेराकोटा में भारत के कूबड़ वाले पशुओं को बिना कूबड़ वालों से कम प्राथमिकता मिली है।
   ऊपर के कथनों के संदर्भ में क्या सही है?
   (a) 'कथन' तथा 'तर्क' दोनों सत्य हैं तथा 'तर्क' 'कथन' की सही व्याख्या करता है।
   (b) 'कथन' तथा 'तर्क' दोनों सत्य हैं, परन्तु 'तर्क' 'कथन' की सही व्याख्या नहीं करता।
   (c) 'कथन' सत्य है 'तर्क' गलत है।
   (d) 'कथन' गलत है 'तर्क' सही है।
8. सिंधु सभ्यता की अधिकतम टेराकोटा मूर्तियां कैसे बनी थीं?
   (a) हाथ से
   (b) ढांचे में
   (c) आरी से काटकर
   (d) छैनी से तराशकर
9. सिंधु सभ्यता के लोगों की धार्मिक मूर्तियों में शामिल थीं-
   (i) मुहरें और मुहरबंदी (ii) आकृति और मूर्तियां
   (iii) टेराकोटा मूर्तियां (iv) ताबीज और गोलियां
   कूट:
   (a) (i) और (ii) (b) (i), (ii) और (iii)
   (c) (i), (iii) और (iv) (d) उपरोक्त सभी

10. भारत में कौन-सी धातु विश्व में सबसे पहली बार पाई गई?
(a) तांबा (b) सोना
(c) टीन (d) चांदी

11. हड़प्पा की मुहरें किस प्रक्रिया से बनती थीं?
(a) चखंपकर (pinching)
(b) सांचे में
(c) काटकर
(d) ढालकर

12. निम्न में क्या हड़प्पावासियों का मानकीकृत उत्पादन था?
(a) मिट्टी के बर्तन (b) टेराकोटा
(c) ईंट (d) मूर्तियां

13. विश्व में सबसे प्राचीन जोता गया खेत कहां है?
(a) हड़प्पा (b) कालीबंगन
(c) रोपड़ (d) रंगपुर

14. हड़प्पा संस्कृति के पतन के संदर्भ में परिस्थितियां पतन (ecdogicval degradation) का सिद्धांत किसने दिया?
(a) वॉल्टर फेयरसर्विस
(b) एच.टी. लैम्ब्रिक
(c) जॉर्ज एफ. डेल्स
(d) रॉबर्ट रेक्स

15. हड़प्पा के घरों की विशेषताएं क्या थीं?
(i) आयताकार घर
(ii) लकड़ी का अत्यधिक प्रयोग
(iii) सूखी ईंटों के स्नानागार तथा कुएं
(iv) बाहर से सीढ़ी
(v) घर के मध्य से प्रवेश द्वार

कूटः
(a) (i), (ii) और (i) (b) (i), (ii) और (iii)
(c) (i), (iii) और (iv) (d) (ii), (iii) और (iv)

16. कौन-सा सिंधु स्थल आग के कारण नष्ट हुआ?
(a) लोथल (b) कालीबंगन
(c) कोटदीजी (d) आमरी

17. हड़प्पा शहरों के अधिकतर कब्रिस्तान किन क्षेत्रों में होते थे?
(a) बस्ती की परिधि के चारों ओर
(b) नगर-दुर्ग में
(c) शहर के मध्य में
(d) निवासों के करीब

18. किस स्थन से गर्त-निवास के प्रमाण नहीं प्राप्त हुए हैं?
(a) बुर्जहोम (b) सराय खोला
(c) जलीलपुर (d) गुफकराल

19. कौन-सा सिंधु स्थल गुजरात में नहीं है?
(a) सुटकागेंडोर (b) सुरकोटदा
(c) धौलावीरा (d) लोथल

20. भारतीय परंपरा के लिए, मालिक के साथ उनके कुत्तें को कब्र में रखने की प्रथा कहां देखने को मिलती है?
(a) मेहरगढ़ (b) बुर्जहोम
(c) लोथल (d) कालीबंगन

21. निम्न में से कौन हड़प्पा के नगर-दुर्ग के बाहर नहीं है?
(a) अनाजशालाएं (b) काम करने का तल
(c) बैरक (d) 'H' कब्रिस्तान

22. किन जानवरों को मुहरों के मानकीकृत किया गया है?
(i) कूबड़ वाले पशु (ii) बिना कूबड़ के पशु
(iii) बाघ (iv) हाथी
(v) बारहसिंगा (vi) भैंस

कूटः
(a) (i), (ii), (iii) और (iv)
(b) (ii), (iii), (iv) और (vi)
(c) (ii), (iii), (iv), (v) और (vi)
(d) उपरोक्त सभी

23. हड़प्पा सभ्यता का सुंदरतम ईंटों का काम कहां देखने को मिलता है?
(a) अग्निवेदियों में
(b) गोदी-बाड़ा में
(c) मुंदिरनुमा ढांचों में
(d) विशाल स्नानागार में

24. कौन-से जानवर मुहरों तथा टेराकोटा में देखने को नहीं मिलते हैं?
(i) गाय (ii) घोड़ा
(iii) शेर (iv) शेर

कूटः
(a) उपरोक्त सभी (b) (i), (ii) और (iii)
(c) (ii), (iii) और (ii) (d) (i), (ii) और (iv)

25. किस सिंधु स्थल से कुछ लोगों की हिंसक मौत के सबूत मिलते हैं?

(a) लोथल (b) हड़प्पा
(c) मोहनजोदड़ो (d) कालीबंगन

26. ऋग्वेद संहिता के अतिरिक्त कौन-सी वैदिक पुस्तक इंद्र को सिंधु सभ्यता का विनाशक बताती है?
(a) अथर्ववेद (b) तैत्तिरीय ब्राह्मण
(c) ऐतरेय ब्राह्मण (d) शतपथ ब्राह्मण

27. सिंधु सभ्यता के काल निर्धारण का नवीनतम स्रोत क्या है?
(a) मेसोपोटामिया में प्राप्त हड़प्पा की वस्तुएं
(b) सिंधु सभ्यता के शहरों से प्राप्त मेसोपोटामिया की वस्तुएं
(c) सुमेरी पुस्तकों के मेलुहा की सिंधु क्षेत्र से पहचान
(d) रेडियोकार्बन काल निर्धारण

28. किस हड़प्पा स्थल की टेराकोटा आकृतियों में मातृदेवी देखने को नहीं मिलती है?
(a) कालीबंगन (b) मोहनजोदड़ो
(c) हड़प्पा (d) सुरकोटदा

29. सिंधु सभ्यता के पहिए ठोस हैं, लेकिन इसका अपवाद एक स्थल से प्राप्त हुआ है, जहां टेराकोटा खिलौने में कमानीदार पहिए लगे हैं। वह स्थल कौन-सा है?
(a) हड़प्पा (b) कालीबंगन
(c) धौलावीरा (d) मोहनजोदड़ो

30. किन स्थानों से अग्निवेदियां प्राप्त हुईं; परंतु उनकी ठीक पहचान नहीं हो सकी?
(i) कालीबंगन (b) लोथल
(iii) आमरी (iv) चन्हूदड़ो
(v) सुरकोटदा (vi) आलमगीरपुर

कूट:
(a) (i), (ii) और (iii) (b) (ii), (iii) और (iv)
(c) (iii), (iv) और (v) (d) (ii), (iv) और (vi)

31. पाकिस्तान की किस जनजाति को विद्वानों ने हड़प्पावासियों का वंशज माना है?
(a) वाल्मीकि (b) ब्रहुई
(c) पक्था (d) पठान

32. मेसोपोटामिया को निर्यात किए जाने वाले अधिकतर सिंधुकालीन मनके किसके बने होते थे?
(a) सेलखड़ी (b) टेराकोटा
(c) कार्नेलियन (d) संगयशब (Jade)

33. सिंधु संस्कृति को निम्न में से किस काल के अंतर्गत माना जाता है?
(a) ऐतिहासिक काल
(b) प्रागैतिहासिक काल
(c) उत्तर-ऐतिहासिक काल
(d) आद्य-ऐतिहासिक काल

34. पक्की ईंटों तथा गारे के अलावा विशाल स्नानागार की सतह पर किसी चीज का प्रयोग हुआ है?
(a) पत्थर (b) टेराकोटा
(c) सेलखड़ी (d) जिप्सम

35. पशुपति महादेव की मुहर में निम्न में से कौन-सा जानवर नहीं पाया गया है?
(a) हाथी (b) बाघ
(c) शेर (d) भैंस

36. मुहरों के निर्माण में मुख्यत: किस चीज का प्रयोग होता था?
(a) चूना-पत्थर (b) टेराकोटा
(c) चांदी (d) सेलखड़ी

37. किस स्थान से इकट्ठी मानव अथियां प्राप्त हुई हैं, जिससे उनकी हिंसक मृत्यु का संकेत मिलता है?
(a) सुत्कागेंडोर (b) सुरकोटदा
(c) मोहनजोदड़ो (d) हड़प्पा

38. किसने सिंधु स्थल हड़पपा के नाम पर सिंधु सभ्यता का नाम 'हड़प्पा सभ्यता' दिया?
(a) सर एम.ई.एम. ह्वीलर
(b) डॉ. एस.आर.राव
(c) सर जॉन मार्शल
(d) डॉ. संकालिया

39. किस सिंधु स्थल से सूती कपड़े के ठोस सबूत मिले हैं?
(a) कालीबंगन (b) रंगपुर
(c) सुत्कागेंडोर (d) मोहनजोदड़ो

40. सिंधु शहरों के घरों में प्रवेश द्वार घर के बगल में होते थे। किस शहर में प्रवेश द्वार मुख्य सड़क पर थे?
(a) चन्हूदड़ो (b) मोहनजोदड़ो
(c) लोथल (d) कालीबंगन

41. सिंधुवासी अपने मृतकों का अंतिम संस्कार कई तरह से करते थे; लेकिन सबसे आम तरीका था-

(a) जलाना
(b) शवाधान या संपूर्ण दफन
(c) नदी के जल में डुबो देना
(d) शव को खुले स्थान में रख देना

42. कई सिंधु स्थलों से प्राप्त मानव अस्थियों के नृशास्त्रीय (Authropological) अध्ययन के आधार पर सिंधु सभ्यता के निर्माण में किन प्रजातियों का योगदान बताया जाता है?

(i) अल्पाईन (ii) भूमध्यसागरीय
(iii) मंगोल (iv) प्रोटो-आस्ट्रोलायड
(v) शामी

कूटः
(a) उपरोक्त सभी
(b) (i), (ii), (iii) और (iv)
(c) (ii), (iii), (iv) और (v)
(d) (i), (iii), (iv) और (v)

43. कुछ शहरों को छोड़कर, लगभग सभी सिंधु शहरों में निम्न शहर की घेराबंदी नहीं की गई थी। किस शहर में नगर-दुर्ग के साथ निम्न-शहर की भी घेराबंदी हुई थी?

(a) हड़प्पा (b) मोहनजोदड़ो
(c) कालीबंगन (d) लोथल

44. लोथल के उत्खनन से-

(i) एक कृत्रिम ईंट निर्मित गोदी-बाड़े का पता चलता है।
(ii) अग्निवेदियों की अग्नि पूजा का पता चलता है।
(iii) मापांकित कांस्य छड़ का पता चलता है।
(iv) धान के भूसे द्वारा सर्वप्रथम चावल के प्रयोग का पता चलता है।
(v) एक मुहर पर जहाज के छापे तथा जहाज की एक टेराकोटा आकृति का पता चलता है।

कूटः
(a) उपरोक्त सभी
(b) (i), (ii), (iii) और (iv)
(c) (i), (ii), (iv) और (v)
(d) (ii), (iii), (iv) और (v)

45. सिंधुवासियों का निम्न में से किन में विश्वास था?

(i) लिंग और योनि पूजा, जैसा कि पत्थर के संकेतों से ज्ञात होता है।
(ii) वृक्षों, पशुओं और पक्षियों की पूजा।
(iii) विभिन्न देवताओं की मूर्तियों की पूजा।
(iv) भूत-प्रेतों में विश्वास।
(v) मृत्यु के बाद जीवन में विश्वास जैसा कि धनी व्यक्तियों की कब्रों से ज्ञात होता है।

कूटः
(a) (i), (ii) और (iii)
(b) (ii), (iii) और (iv)
(c) (i), (ii), (iv) और (v)
(d) उपरोक्त सभी

46. सिंधुवासियों द्वारा निर्यात की मुख्य वस्तु क्या थी?

(i) सोना और चांदी (ii) कपास का सामान
(iii) टेराकोटा (iv) मुहरें
(v) मिट्टी के बर्तन

कूटः
(a) (ii), (iii) और (v) (b) (i), (iii) और (iv)
(c) (i), (ii), (iv) और (v) (d) उपरोक्त सभी

47. सुमेलित कर कूटों से उत्तर चुनें-

तालिका-I	**तालिका-II**
(A) लोथल	(i) सिंधु
(B) रोपड़	(ii) सरस्वती
(C) चन्हूदड़ो	(iii) भोगवा
(D) बनवाली	(iv) सतलज

कूटः

	A	B	C	D
(a)	(iv)	(iii)	(i)	(ii)
(b)	(iii)	(iv)	(i)	(ii)
(c)	(ii)	(i)	(iv)	(iii)
(d)	(i)	(iv)	(iii)	(ii)

48. निम्न सिंधु स्थलों का उनकी खास विशेषताओं के साथ जोड़ा बनाएं-

तालिका-I	**तालिका-II**
(A) हड़प्पा	(i) सबसे बड़ा सिंधु स्थल
(B) चान्हुदाड़ो	(ii) धान का भूसा पाया गया
(C) मोहनजोदड़ो	(iii) खोजा जाने वाला पहला सिंधु स्थल
(D) रंगपुर	(iv) बिना नगर-दुर्ग का एकमात्र स्थल

कूट:

	A	B	C	D
(a)	(iv)	(ii)	(iii)	(i)
(b)	(iii)	(i)	(ii)	(iv)
(c)	(i)	(iii)	(iv)	(ii)
(d)	(ii)	(iv)	(i)	(iii)

49. तालिका - I एवं तालिका - II पर ध्यान दें-

तालिका-I	तालिका-II
(A) रोपड़	(i) सबसे पूर्वी स्थल
(B) भगतराव	(ii) सबसे दक्षिणीप स्थल
(C) आलमगीर पुर	(iii) सबसे उत्तरी स्थल
(D) सुत्कागेंडोर	(iv) सबसे पश्चिमी स्थल

इनमें सुमेलित कौन-से हैं

(a) (i), (ii) और (iii) (b) (ii), (iii) और (iv)
(c) (ii) और (iv) (d) (iii) और (iv)

50. सिंधुवासियों के निम्न आयातों को उनके स्रोतों से सुमेलित करें-

तालिका-I	तालिका-II
(A) तांबा	(i) राजस्थान
(B) टीन	(ii) बिहार
(C) लाजवर्त	(iii) मध्य एशिया
(D) फिरोजा	(iv) पर्शिया
(E) संगयशब	(v) अफगानिस्तान

कूट:

	A	B	C	D	E
(a)	(i)	(ii)	(v)	(iv)	(iii)
(b)	(ii)	(i)	(iii)	(v)	(iv)
(c)	(i)	(v)	(ii)	(iii)	(iv)
(d)	(iv)	(v)	(i)	(ii)	(iii)

51. "पारिस्थितिकी सबूतों के आधार पर इंद्र दोषी साबित होता है।" यह किसका कथन है तथा इंद्र दोष क्या है?
(a) सर जॉन मार्शल - इंद्र सिंधुवासियों को ठगने का दोषी है।
(b) सर एम.ई. एम. ह्वीलर - इंद्र सिंधु सभ्यता के पतन का दोषी है।
(c) डॉ एस. आर. राव - इंद्र सिंधुवासियों में विद्रोह भड़काने का दोषी है।
(d) डॉ सफालिया - इंद्र अपने लोगों को धोखा दने का दोषी है।

52. "प्रकृति हड़प्पावासियों की दुश्मन है। इंद्र और बर्बर समूह निर्दोष है।" यह किसका कथन है तथा यहां 'प्रकृति' से क्या तात्पर्य है?
(a) सर कनिंघम इसका तात्पर्य सिंधुवासियों की प्रकृति और चरित्र से है।
(b) के. एम. श्रीवास्तव - इसका तात्पर्य आर्य आक्रमणकारियों की प्रकृति से है।
(c) जी. एफ. डेल्स - इसाक तात्पर्य प्राकृतिक विपदाओं से है।
(d) ए. घोष - इसका तात्पर्य हड़प्पावासियों की विषमता से है।

53. भारत में मनुष्य की उत्पत्ति का सबसे पहला प्रमाण कहां मिलता है?
(a) नीलगिरि (b) नल्लमल पहाड़ी
(c) शिवालिक पहाड़ी (d) नर्मदा घाटी

54. भारतीय उप-महाद्वीप में स्थापित कृषि का प्राचीनतम प्रमाण कहां से प्राप्त होता है?
(a) कालीबंगन (b) आमरी
(c) मेहरगढ़ (d) इमामगढ़

55. किस सिंधु स्थल की विशाल घेराबंदी रूखड़े पत्थर से की गई है?
(a) लोथल (b) बुनवाली
(c) सुत्कागेंडोर (d) सुरकोटदा

56. निम्न कथनों पर ध्यान दें-
(i) सामान्यतया दफन प्रक्रिया विस्तृत शवाधान द्वारा होती थी।
(ii) लोथल से दोहरे दफन के प्रमाण मिलते हैं।
(iii) मोहनजोदड़ोवासियों को भिन्नात्मक दफन (fractional burial) का ज्ञान नहीं था।
(iv) मोर्टाइमर ह्वीलर ने हड़प्पा से लकड़ी के शव-पेटियों के प्रमाण प्राप्त किए थे।

इनमें से:
(a) (i), (ii) और (iii) सत्य हैं।
(b) (ii), (iii), और (iv) सत्य हैं।
(c) (i), (ii) और (iv) सत्य हैं।
(d) सभी सत्य हैं।

57. हड़प्पा की लिपि के बारे में कौन-सा कथन असत्य है?
(a) हड़प्पा की लिपि के चिन्हों की संख्या 400 से 600 के बीच है, जिसमें लगभग 40 से 60 मूल चिन्ह हैं तथा शेष परिवर्ती हैं।

(b) परिवर्ती चिन्ह मूल चिन्ह में अलग-अलग उच्चारण तथा स्वरों में उतार-चढ़ाव जोड़कर बनाए गए हैं।

(c) एस.आर. राव ने हड़प्पा की लिपि को पढ़ने का दावा किया है जिसे अधिकतर इतिहासकार मानते हैं।

(d) हड़प्पा की लिपि चित्रलिपि है क्योंकि इसके संकेत चिड़ियों, मछलियों आदि के हैं।

58. एक टेराकोटा जहाज का नमूना, जिस पर मस्तूल लगाने के लिए लकड़ी से छेद किया गया है तथा साजो-सामान के लिए चक्षु-छिद्र बने हैं, कहां से प्राप्त हुआ है?

(a) लोथल (b) मोहनजोदड़ो

(c) सुरकोटदा (d) चन्हूदड़ो

59. हड़प्पावासियों ने पकी ईंटों का विस्तृत प्रयोग किया है, क्योंकि

(i) इससे बार-बार आने वाली बाढ़ से बचाव होता है।

(ii) इससे उनकी संपत्ति की डाकुओं से रक्षा होती थी।

(iii) पत्थर आसानी से नहीं मिल सकता था।

(iv) आर्द्र तथा बरसाती परिस्थितियों में कच्ची ईंटें मजबूत नहीं होतीं।

कूट:

(a) (i) और (ii) (b) (i), (ii) और (iii)

(c) (i), (iii) और (iv) (d) उपरोक्त सभी

उत्तरमाला

1. (a)	2. (c)	3. (a)	4. (b)	5. (b)	6. (c)	7. (b)
8. (a)	9. (d)	10. (d)	11. (c)	12. (c)	13. (b)	14. (c)
15. (c)	16. (c)	17. (a)	18. (c)	19. (a)	20. (b)	21. (d)
22. (c)	23. (d)	24. (b)	25. (c)	26. (b)	27. (d)	28. (a)
29. (c)	30. (a)	31. (b)	32. (c)	33. (d)	34. (d)	35. (c)
36. (d)	37. (c)	38. (c)	39. (d)	40. (c)	41. (b)	42. (b)
43. (d)	44. (a)	45. (c)	46. (a)	47. (b)	48. (c)	49. (c)
50. (a)	51. (b)	52. (c)	53. (c)	54. (c)	55. (d)	56. (c)
57. (c)	58. (a)	59. (c)				

अध्याय 3

वैदिक समाज

3.1 सामान्य सर्वेक्षण

वैदिक संस्कृति के स्रोत–उत्तर भारत, विशेषतः गंगा घाटी, वैदिक संस्कृति का पालना थी, जिसे वृहद वैदिक साहित्य (ऋग्वेदिक काल 1500-1000 ईसा पूर्व तथा उत्तर वैदिक काल 1000-600 ईसा पूर्व) के माध्यम से जाना जाया है। सिंधु-गंगा विभाजक, ऊपरी गंगा घाटी एवं गंगा-यमुना दोआब (जहाँ हरियाणा में कुल 700 चित्रित धूसर मृद्भांड स्थलों में से 285 स्थलों का संकेंद्रण है) के विभिन्न स्थलों से चित्रित धूसर भांडों की खोज वैदिक साहित्य (विशेष उत्तर वैदिक ग्रंथ) में साहित्यिक जानकारियों के संवर्धन, विस्तारण, पुनरीक्षण एवं अनुमोदन हेतु बहुमूल्य पुरातात्विक सामग्री उपलब्ध कराती है। लोहे के प्रयोग की शुरूआत भी पुरातात्विक दृष्टि से इसी काल में अभिलेखित हुई। यद्यपि ईसा पूर्व 1200 या 1000 को भारत में लौह तकनीक के आरंभ की निश्चित तिथि मानने के बारे में मतैक्य नहीं हैं, फिर भी विद्वान इस बिंदु पर सहमत हैं कि लोहे उपकरणों का नियमित प्रयोग लगभग 800-750 ईसा पूर्व से होने लगा था।

सर्वाधिक पुरानी साहित्यिक रचना (मात्र भारत की नहीं अपितु सम्पूर्ण भारोपीय साहित्य की) **ऋग्वेद** एक साधारण समाजार्थिक, राजनीतिक व्यवस्था एवं धर्मिक जीवन के बारे में बताती है। पशुपालन एवं आरंभिक कृषि के आस-पास घूमता भौतिक जीवन एक ऐसी राजनीतिक व्यवस्था से जुड़ा था, जिसमें मुखियाओं (राजा, विशपति व गोपति) के नेतृत्व वाले पारिवारिक संगठन दैनंदिन व्यवस्था चलाते थे।

शेष वैदिक साहित्य से जाना जाने वाला उत्तर वैदिक काल पंजाब से दक्षिण, पूर्व एवं दक्षिण-पूर्व की ओर गंगा घाटी के विभिन्न भागों में वैदिक संस्कृति के विस्तार को दर्शाता है। इसका सम्बन्ध एक स्थिर कृषि समाज के विकास, चतुर्वर्णी समाज की बढ़ती कट्टरताओं, बलि के एक जटिल व व्यापक पंथ की शुरूआत, ब्राह्मण पुरोहितों की सर्वोच्चता तथा एक क्षत्रिय शासक वर्ग के क्रमिक उदय से है। उत्तर वैदिककालीन समाजार्थिक राजनीतिक एवं धार्मिक दशाओं में होने वाले परिवर्तन ऋग्वेदिक काल की तुलना में व्यापक जटिलता रखते हैं। इन परिवर्तनों के विषय में चित्रित धूसर भांड स्थल जीवंत प्रमाण उपलब्ध कराते हैं। राजनीतिक प्रणाली एक राज्य तंत्र की देहलीज पर खड़ी थी क्योंकि एक नियमित राजस्व प्रणाली एवं स्थायी सेना के अभाव में पूर्ण राजतंत्र का विकास अभी होना शेष था।

ऋग्वैदिक कालीन दशा–भारत की सर्वाधिक प्राचीन साहित्यिक कृति **ऋग्वेद** पुरोहित परिवारों द्वारा तैयार किये गये स्रोत्रों का एक संग्रह है। इसके काल के सम्बन्ध में गंभीर अनिश्चित्ताएं हैं। दूसरे, उपलब्ध पुरातात्विक सामग्री एवं वैदिक प्रमाण के बीच संगति के प्रयासों के बावजूद वेदों का पुरातत्व विज्ञान अभी भी पुरातत्वविदों की समझ से बाहर है। फिर भी, कुछ ऐसे कारण हैं, जिनके चलते ऋग्वैदिक सामग्री को प्राचीन भारत में सामाजिक परिवर्तन की प्रक्रिया को समझने की अन्तर्दृष्टि उपलब्ध कराने के लिए प्रयुक्त किया जा सकता है। **ऋग्वेद**, एक ऐसे समाज का चित्र सामने प्रस्तुत करता है, जो प्राक्-सभ्यता चरण में था और इस प्रकार सभ्यता के संक्रमण के अध्ययन हेतु एक

आरंभिक बिन्दु हो सकता है। दूसरे, इस प्रकार की जानकारी, जो साहित्यिक स्त्रोतों में पायी जाती है, सदैव पुरातत्व विज्ञान में उपलब्ध नहीं होती है।

ऋग्वैदिक अर्थव्यवस्था मुख्यत पशुचारण पर आधारित थी तथा पशु सम्पदा के उल्लेख कृषि के उल्लेखों की तुलना में काफी अधिक हैं। तकनीक भी पूर्व-लौह काल को दर्शाती है। जनजातियों को 'जन' के रूप में माना जाता था, जो 'विश' (वंश) और 'कुल' (परिवार) में उप-विभाजित थीं। जन-जातीय सैनिक नेता 'राजन' द्वारा शासित होने के बावजूद 'सभा' एवं 'समिति' के संगठन में जन-भागीदारी स्पष्ट की। उत्तरवर्ती काल में गणतंत्र बाद की अग्रगामी गैर-राजतंत्रीय राज्य व्यवस्था में गणों का प्रधान 'गणपति' या 'ज्येष्ठ' होता था।

धर्मिक प्रणाली विभिन्न प्राकृतिक परिघटनाओं के चारों ओर केन्द्रित थी, जिसमें जीववाद के प्रतिरूप में देवत्व को निहित व साकार किया गया था। उत्तरकालीन परिवर्तनों के तत्व भी समाज में मौजूद थे। पशु संपदा के अपने महत्व के बावजूद ऋग्वैदिक समाज में शिल्पों का विविधीकरण विभिन्न पेशों के रूप में उपस्थित था। जाति प्रथा का पूर्ण विकास नहीं हुआ था किन्तु ब्राह्मण, राजन्य एवं वैश्य के अर्थों में विभाजन के आरंभिक चिन्ह मौजूद थे। पुरोहित एवं राजन्य की घनिष्ठता में उत्तर काल के ब्राह्मण एवं क्षत्रिय के बीच अन्तर्निर्भरता के सम्बंध की पूर्व छाया देखी जा सकती है।

देशी लोगों के साथ सम्पर्क की शुरूआत हो चुकी थी। ऋग्वैदिक जनजातियाँ मात्र आपसी युद्धों में व्यस्त ही नहीं रहीं बल्कि देशी मूल के 'दासों' व 'दस्युओं' के साथ भी उनका संघर्ष हुआ। एक अन्य स्तर पर अन्तःसंम्पर्क भी महत्वपूर्ण है-ऋग्वैदिक समाज में दासों तथा ऋग्वेद में गैर-संस्कृत शब्दों का आत्मसातीकरण संकेत करता है कि उत्तर काल में होने वाले परिवर्तन एक विशुद्ध ऋग्वैदिक आर्य संस्कृति की विशुद्ध प्रशाखाएँ नहीं थे।

उत्तर-वैदिक कालीन परिवर्तन-ऋग्वैदिक समाज मूलतः जनजातीय था, अतः उत्तर-वैदिक ग्रंथों में इस जनजातीय संरचना में परिवर्तन के स्पष्ट प्रमाण मौजूद हैं। इस परिवर्तन का आधार एक व्यवस्थित एवं जोत कृषि की प्रधानता वाली एक भिन्न प्रकार की अर्थव्यवस्था की ओर होने वाला क्रमिक विस्थापन था। पुनश्चः यह उपजाऊ गंगा मैदानों के उपनिवेशीकरण व उनके विस्तार तथा पर्याप्त कृषि उत्पादन अधिशेष को संभव बनाने वाली लोहे प्रयोग की नयी जानकारी जैसे कारकों से सम्बन्धित था। उत्तर-वैदिक साहित्य में लोहा, तांबा, टिन जैसी धातुओं तथा गेहूं, जौ, ज्वार-बाजरा, चावल एवं दाल जैसी फसलों का निरंतर उल्लेख है। कृषि गतिविधियों की महत्ता कुछ कर्मकांडों तथा ज्योतिष विज्ञान की शुरूआत में भी प्रकट होती है, जो ऐसी गतिविधियों से प्रत्यक्ष सम्बंध रखते थे। सामाजिक संरचना में होने वाले परिवर्तन भी उन्य परिवर्तनों से जुड़े होने के कारण व्यापक महत्व रखते हैं। चारों वर्णों-ब्राह्मण, क्षत्रिय, वैश्य, एवं शूद्र के बीच तीव्र विभेदों के साथ जाति प्रथा इस काल में ठोस आकार ग्रहण कर चुकी थी। वैश्यों एवं शूद्रों को ब्राह्मण व क्षत्रियों का अनुसेवक बनाकर जाति प्रथा ने भारत में सामाजिक स्तरीकरण का एक ढांचा उपलब्ध कराया। हालांकि बाद के काल में जाति प्रथा ने एक अधिक जटिल संरचना धारण कर ली थी। जनजातीय पहचान का ह्रास भू-प्रादेशिक इकाइयों के उदय में स्पष्ट देखा जा सकता है। सोलह महाजनपदों की बौद्ध सूची अस्तित्व में आने से पहले ही हम कुरू, पांचाल या विदेह, जैसे उत्तर-वैदिक जनपदों के बारे में सुनते हैं। भू-प्रादेशिक इकाइयों का निर्माण भू-प्रादेशिक राज्यों (राजतंत्रीय या अल्पतंत्रीय) के गठन से जुड़ा था। अब राजस्व की प्रकृति में भी एक परिवर्तन आया जिसके अंतर्गत न केवल बलि प्रथाओं व समारोहों (अश्वमेध, वाजपेय, रत्नहवींशी आदि) की एक श्रृंखला आरंभ हुई बल्कि राजा को नियमित करों के रूप में अधिशेष उत्पादन को हस्तगत करने का अधिकार भी प्राप्त हो गया।

पुरोहितों, जो राजा के साथ मिलकर, कर्मकांडों व समाराहों का नियंत्रण करते थे, को बौद्ध धर्म से चुनौतियाँ मिलनी आरंभ हो गईं। बलिमूलक कर्मकांडों का अत्यधिक विस्तार होता गया और ये एक विस्तारित कृषि व वाणिज्यिक अर्थव्यवस्था के लिए घातक सिद्ध होने लगे।

3.2 आर्यों का मूल निवास

आर्यों (आर्यन शब्द का शाब्दिक अर्थ है- उच्च कुल का, पर सामान्यतः इसका प्रयोग भाषा के लिए हुआ है जबकि कुछ लोग इसे जाति मानते हैं) के मूल निवास की पहचान एक कठिन पहेली बनी हुई है, जिसके हल के लिए अनेक विद्वानों ने दावा किया है। भाषा विज्ञान, साहित्य, पुरातत्व तथा नृ-शास्त्र जैसे अलग-अलग स्त्रोतों का प्रयोग कर विद्वानों ने इस पर अलग-अलग मत दिए हैं। अतः यह प्रश्न आज भी विवाद का विषय है और एक मत पर पहुंचने के प्रयास सफल नहीं रहे हैं।

भाषा विज्ञान संबंधी अध्ययन

इस समस्या पर 16वीं शताब्दी के अंत में स्थान दिया गया जब फ्लोरेंस (इटली) निवासी फिलिप्पो सासेत्ती ने कई प्राचीन भाषाओं का तुलनात्मक अध्ययन किया। उसने संस्कृत तथा यूरोप की कुछ मुख्य भाषाओं, यथा- यूनानी, लैटिन, गोथिक ट्यूटोनिक अथवा जर्मन) एवं सेल्टिक (अंग्रेजी) और फारसी के बीच घनिष्ठ संबंधों की खोज की। इन भाषाओं में आम व्यवहार के कुछ महत्वपूर्ण शब्दों में समानता देखने को मिलती है। उदाहरण के लिए अंग्रेजी की 'मदर' 'संस्कृत में 'मातृ', फारसी में 'मातेर', यूनानी में 'मेतोर', लैटिन में 'मातेर' तथा जर्मन में 'मत्तर' के नाम से जानी जाती है। ये एक समान शब्द परिवारों में तभी प्रयुक्त हो सकते हैं जब उनके पूर्वज किसी एक स्थान पर काफी लंबे समय तक रहे हों।

लेकिन 1876 में सर विलियम जोंस ने सुझाव दिया कि ये समानताएं तथा घनिष्ठता दुर्घटनावश नहीं हैं बल्कि एक खास 'मातृ भाषा' से उत्पन्न हुई होंगी जिसके बारे में हमें जानकारी नहीं है। उस 'मातृ भाषा' को बोलने वालों को अब 'भारतीय-यूरोपीय' कहा जाता है तथा उनके उत्तराधिकारियों की भाषाओं को 'भारतीय-यूरोपीय (यारोपीय) भाषा' कहा जाता है।

मैक्स मूलर ने इन भाषाओं को 'आर्यन' कहा पर स्पष्ट बल दिया कि 'आर्यन' शब्द का अर्थ भाषा है, जाति नहीं। लेकिन अन्य जर्मन विद्वान पेन्क्रा ने इस भाषा को जाति के साथ पहचाना तथा यहीं से यह विवाद शुरू हो गया कि 'आर्यन' शब्द का प्रयोग सिर्फ भाषा के लिए होना चाहिए या सिर्फ जाति के लिए होना चाहिए या दोनों के लिए होना चाहिए। आजकल अधिकतर लोगों का मानना है कि इस शब्द का अर्थ सिर्फ भाषा से है लेकिन कुछ लोग इसका प्रयोग जाति के रूप में भी करते हैं।

भाषा-विज्ञानीय अध्ययन

अधिकतर विद्वानों ने आर्यों का मूल निवास जानने के लिए प्राचीन साहित्यों का इस्तेमाल किया है। इंडो-आर्यों ने एक समयांतराल में मौखिक रूप में **ऋग्वेद संहिता** की रचना की, जिसका काल भाषा विज्ञान के आधार पर 1500 से 1000 ई.पू. के बीच निर्धारित किया गया है। **जेंद अवेस्ता** (प्राचीन फारसी) की भाषा भी ऋग्वैदिक संस्कृत के काफी निकट है। वास्तव में वैदिक संस्कृति ईरान की प्राचीन आर्य संस्कृति से काफी मिलती-जुलती है तथा संभवतः ये दोनों एक ही इंडो-ईरानियन संस्कृति से उत्पन्न हुए लगते हैं।

पुरातात्विक अध्ययन

विद्वानों ने पश्चिम एशिया तथा भारत से प्राप्त कुछ पुरातात्विक अवशेषों पर भी प्रकाश डाला है। उत्खनन एवं बोघज कुई (तुर्की) अभिलेखों, जो कि बेबिलोनियायी क्युनिफार्म लिपि में हैं, से आर्यों के प्राचीनतम ज्ञात समूह, हित्ती के बारे में जानकारी प्राप्त होती है, जो 1950 ई.पू. के पहले एशिया माइनर में पहुंचे। बोघाज कुई के अभिलेखों में से एक 1400 ई.पू. में हिट्टी तथा मिटानी के मर्यानी शासकों के बीच हुई शांति समझौते का उल्लेख करता है जिसमें मर्यानी शासकों की ओर से वैदिक देवताओं–इंद्र, वरुण, मित्र तथा नासत्य–का आह्वान किया गया है।

इसी स्थान के एक अन्य विकसित अभिलेख से ज्ञात होता है कि मिटानी (उत्तरी मेसोपोटामिया में रहने वाले) के मर्यान्नी शासकों की भाषा प्राचीन भारतीय-ईरानी भाषा का एक रूप है, क्योंकि उनकी भाषा की संख्या निश्चित तौर पर भारतीय-यूनानी है, जैसे-एक तेरा, पंज, सत्त इत्यादि। भारतीय पुरातत्विक वस्तुओं के प्रमाण से यह माना गया है कि आर्य धूसर मृद्भांड संस्कृति (PGW) के रचयिता थे (1100-600 ई.पू.) तथा इनका केंद्र गंगा-यमुना दोआब में था।

नृशास्त्रीय अध्ययन

नृविज्ञान की सहायता से भी कुछ विद्वानों ने आर्यों के मूल निवास को जानने की कोशिश की है। वेदों में आर्यों को लंबे कद, सफेद चमड़ी, कांतिमय काया तथा साफ बालों वाली जाति का बताया गया है। लेकिन इस प्रकार के आर्यों के कंकाल के अवशेष अभी तक प्राप्त नहीं हुए हैं। ये आर्य जहां बसे, वहां की स्थानीय जनता से घुल-मिल गए। ये पूरे विश्व में अपना विशिष्ट परिचय नहीं बनाए रह सके। अतः उनके जातीय गुणों को जानना तथा इसके आधार पर उनके मूल निवास को जानना संभव नहीं है।

विभिन्न सिद्धांत

विभिन्न विद्वानों ने आर्कटिक जर्मनी, मध्य एशिया तथा दक्षिणी रूस जैसे अलग-अलग क्षेत्रों को आर्यों का मूल निवास बताया है। दक्षिणी रूस अथवा यूरेशिया का सिद्धांत

अन्य सिद्धांतों से अधिक स्वीकार्य लगता है। इस क्षेत्र से वे एशिया और यूरोप के विभित्र भागों में गए। आर्य भाषा की मूल जनजातियां हैं-हिट्टी, इंडो-आर्य, ईरानी, कस्साइद मिटानी तथा यूनानी। हिट्टी लगभग 1950 ई.पू. कप्पादोसिया (एशिया माईनर) चले गए, जबकि इंडो-ईरानी लगभग 2000 ई.पू. पामीर एवं ऑक्सस तथा जक्सेट्स घाटी में गए। तब ईरानी ईरान गए तथा इंडो-आर्यो ने लगभग 1500 ई.पू. भारत में प्रवेश किया, लेकिन 2000 ई.पू. के पहले नहीं। कस्साईट लोगों ने लगभग 1760 ई.पू. में बेबिलोनिया पर अधिकार स्थापित किया जबकि लगभग 1500 ई.पू. में मिटानी लोग मेसोपोटामिया के उत्तरी भागों की ओर चले। अंततः यूनानी-आर्य लगभग 1200 ई.पू. यूनान पहुंचे।

3.3 वैदिक मूल-पाठ

अर्थ

'वेद' शब्द का मूल 'विद्' है जिसका अर्थ है- 'जानना' और इसका महत्व है 'असीमित ज्ञान'। इसका प्रयोग साहित्य की उस शाखा के लिए हुआ है, जिसे पवित्र ज्ञान अथवा अलौकिक उक्ति अर्थात् श्रुति कहा गया है। हालांकि श्रुति के इन श्लोकों की रचना का श्रेय कई ऋषियों को दिया गया है, परंतु परंपरा के अनुसार ये श्लोक ऋषियों को बताए गए हैं, उनके द्वारा रचित नहीं हैं। अतः **ऋग्वेद** को अपौरुषेय (मनुष्य द्वारा नहीं रचित) तथा नित्य (शाश्वत) बताया गया है। ऋषियों को मंत्रदृष्टा कहा गया है, जिन्होंने ये मंत्र सीधे परम पिता परमेश्वर से प्राप्त किए।

रचना

वैदिक साहित्य दो भागों में है- संहिता तथा ब्राह्मण। ब्राह्मण तीन भागों में विभाजित है- शुद्ध एवं सरल ब्राह्मण, आरण्यक तथा अंततः उपनिषद्।

संहिता

ये विभिन्न देवताओं की प्रशंसा में गाए गए श्लोकों के संग्रह हैं। ये वैदिक साहित्य के सर्वाधिक महत्वपूर्ण अंग हैं। इनकी संख्या चार है- ऋग्वेद संहिता, सामवेद संहिता, यजुर्वेद संहिता तथा अथर्ववेद संहिता।

ऋग्वेद (प्रशंसा का वेद) में 1017 सूक्त हैं तथा इसके अतिरिक्त 11 वालखिल्य हैं। यह दस मंडलों में विभाजित है। प्राचीनतम सूक्त II से VII मंडलों (कुछ ऋषियों के परिवारों- गृतसमद, विश्वामित्र, वामदेव, अत्रि, भारद्वाज तथा वशिष्ठ-के द्वारा उनकी रचना के कारण उन्हें 'परिवार मंडल' अथवा 'कुल मंडल' भी कहा गया है) में निहित हैं तथा नवीनतम I और X मंडल में हैं। ऋग्वेद सभी संहिताओं में प्राचीनतम तथा सर्वाधिक महत्वपूर्ण है। इसकी रचना से ज्ञात होता है कि इसे विभिन्न पुरोहित कुलों ने अलग-अलग समय में तैयार किया। यह एक धार्मिक ग्रंथ है तथा इसके अधिकतर सूक्तों में देवताओं का आह्वान है। दानस्तुति या 'उदारता की प्रशंसा' संबंधी कुछ श्लोक पूर्व वैदिक काल के राजनैतिक, सामाजिक तथा आर्थिक पहलुओं पर प्रकाश डालते हैं। इस काल का मानव-मस्तिष्क प्राकृतिक प्रक्रियाओं को ईश्वर के रूप में मानने लगा था। कला ग्रंथ के रूप में भी इसका विश्व-साहित्य में महत्वपूर्ण स्थान है। विश्वामित्र द्वारा रचित दूसरे मंडल में सूर्य देवता-सावित्र को समर्पित प्रसिद्ध गायत्री मंत्र है।

सामवेद (यह नाम 'समन' से उत्पन्न हुआ है जिसका अर्थ गीत या संगीत है) में 1810 श्लोक हैं। अगर ऋग्वेद के आठवें एवं नवें मंडल से लिए गए बंदों (75 बंद छोड़कर) को इसमें से निकाल दिया जाए जिन्हें उद्गातृ पुरोहित सोम यज्ञ के समय गाते थे, तो इनकी संख्या 1810 होती है। यज्ञों में गान के लिए इन्हें स्वर में ढाल दिया गया था। इसे गान-ग्रंथ भी कहा जाता है तथा भारतीय संगीत की उत्पत्ति इसी से मानी जाती है। यजुर्वेद (यजु अथवा सूत्रों का वेद) में विभिन्न मंत्र सून तथा नियम हैं जिनका पालन यज्ञ के समय किया जाता था। यह मुख्यतः अध्वर्यु पुरोहितों की दिग्दर्शिका पुस्तिका है जो कर्मकांडों की नियमावली का पालन करते थे। इस वेद में सर्वप्रथम राजसूय तथा वाजपेय यज्ञों का उल्लेख मिलता है। पहले दो पूर्णतः छंद में हैं जबकि यह छंद और गद्य दोनों में है। यह दो भागों में विभाजित है-कृष्ण यजुर्वेद तथा शुक्या यजुर्वेद। पहला (काला) इन दोनों में प्राचीन है तथा इसमें सूक्तों के अतिरिक्त गद्य टिप्पणी भी है। दूसरे (श्वेत) में सिर्फ सूक्त हैं। पहले में चार संहिताएं हैं कथक, कपिस्थल-कथा, मैत्रायानी तथा तैत्तिरीय संहिता) लेकिन दूसरे में सिर्फ वाजसनेयी संहिता है।

अथर्ववेद (जादुई सूत्रों का वेद) में शैतान तथा बीमारियों को दूर करने वाले मंत्र छंदों में हैं। यह युद्ध वर्ग से संबद्ध था तथा इसके दो सूक्त दुंदुभि को समर्पित हैं। यह अनायी

द्वारा रचित माना जाता है तथा इससे अनार्यों के विश्वासों तथा कार्यों पर प्रकाश पड़ता है। यह दो भागों में विभाजित है- पिप्पलाद तथा शौनक। पहले के बारे में पूर्ण जानकारी नहीं है पर दूसरा 20 मंडलों में विभाजित है, जिसमें 731 (या 760) सूक्त हैं।

ब्राह्मण

ये प्रार्थना तथा यज्ञ उत्सव से संबंधित ग्रंथ है। इनका विषय कर्मकांड से संबंधित है तथा भाषा गद्यात्मक है। संक्षेप में, इसमें यज्ञ विज्ञान का उल्लेख है। महत्वपूर्ण ब्राह्मण निम्नलिखित हैं- (1) ऐतरेय, (2) कौशितकी, (3) तांड्यः (4) जैमिनीय, (5) तैत्तिरीय, (6) शतपथ, तथा; (7) गोपथ ब्राह्मण। ऐतरेय तथा कौशितकी ऋग्वेद से, तांड्यः तथा जैमिनीय सामवेद से, तैत्तिरीय तथा शतपथ यजुर्वेद से और गोपथ अथर्ववेद से संबद्ध हैं। तांड्यः ब्राह्मण प्राचीनतम ब्राह्मणों में से एक है, जिसमें कई कल्पित कहानियां हैं। इसमें व्रात्यस्तोम उत्सव का उल्लेख है जिसके द्वारा अनार्य लोगों को आर्य बनाया जाता था। लेकिन सबसे बड़ा एवं सर्वाधिक महत्वपूर्ण शतपथ ब्राह्मण है। इसमें सिर्फ यज्ञों का ही नहीं, बल्कि उत्तर वैदिककालीन धर्म, दर्शन, रहन-सहन तथा रीति-रिवाजों का उल्लेख है। ऋग्वेद के ब्रह्मणों का उपयोग आह्वानकर्ता पुरोहित (होतृ) यजुर्वेद के ब्राह्मणों का आधिकारिक पुरोहित (अध्वर्यु) तथा सामवेद के ब्राह्मणों का उपयोग गायन करने वाले ब्राह्मण (उद्गातृ) करते थे।

आरण्यक

ये ग्रंथ यज्ञ एवं पुरोहित दर्शन के रहस्यों एवं संकेतों से संबद्ध हैं। आरण्यकों में एक ओर संहिताओं तथा ब्राह्मणों के मिथकों एवं कर्मकांडों का तथा दूसरी ओर उपनिषदों के दर्शनों का संक्रमण देखने को मिलता है। कर्मकांड का एक सांकेतिक अर्थ है तथा इस अर्थ का ज्ञान कर्मकांड करने से अधिक महत्वपूर्ण है। यही सिद्धांत उपनिषदों के चिंतन का आधार है। ऐतरेय तथा कौशितकी उपनिषद् ऋग्वेद से संबद्ध हैं। कौशितकी आरण्यक में मूल कर्मकांडों की जगह प्राणाग्निहोत्र (श्वास द्वारा अग्नि-समर्पण) का उल्लेख है। यज्ञ के बाह्य रूपों के स्थान पर आतरिक मानसिक भेंट ब्राह्मणों से उपनिषदों में संक्रमण का एक महत्वपूर्ण तत्व है।

उपनिषद्

ये सर्वव्यापी आत्मा, परमात्मा, विश्व की उत्पत्ति, प्रकृति के रहस्य तथा अन्य विषयों से संबंद्ध दार्शनिक ग्रंथ हैं। ये वैदिककालीन भारतीय चिंतन की पराकाष्ठा को दर्शाते हैं। इनमें कर्मकांडों की आलोचना तथा सम्यक विश्वास एवं ज्ञान के मूल्यों पर बल दिया गया है। कई उपनिषदों में सिर्फ 12 महत्वपूर्ण हैं। ये हैं- (1) ऐतरेय, (2) कौशितकी, (3) छांदोग्य, (4) केन, (5) तैत्तिरीय, (6) कथा, (7) श्वेतास्वतार, (8) वृहदारण्यक (9) ईष, (10) मुंडक, (11) प्रश्न, तथा (12) माण्डुक्य हैं (1 और 2 ऋग्वेद से, 3 और 4 सामवेद से, 5 से 9 तक यजुर्वेद से तथा 10 से 12 तक अथर्ववेद से संबद्ध हैं)।

उपनिषदों के अनुसार ज्ञान दो प्रकार का होता है-उच्च और निम्न। उच्च ज्ञान की सहायता से हमें अविनाशी ब्राह्मणों को जानने में मदद मिलती है जबकि निम्न ज्ञान-चार वेदों तथा छह वेदांगों से प्राप्त किया जा सकता है। मुंडक उपनिषद् परम ब्रह्म के उच्च ज्ञान तथा अनुभूतिमूलक विश्व के निम्न ज्ञान के अंतर स्पष्ट करने के कारण महत्वपूर्ण है।

उपनिषदों में समानुरूप, समांगी अथवा एकल दर्शन प्रणाली नहीं है, हालांकि कुछ सिद्धांत आम हैं। एक ही उपनिषद् में विधि, विचार तथा निष्कर्ष की विभिन्नता देखने को मिल जाती है। इसी कारण उपनिषदों को मीमांसात्मक ग्रंथ माना जाता है। पुराने उपनिषदों की एक अन्य विशेषता यह है कि व्यवहारतः इनके सभी मूल चितनों का आधार पहले के वैदिक ग्रंथों में है। उपनिषदों में ब्रह्मांड एवं मानव के बारे में प्राचीन वैदिक सिद्धांतों की नई व्याख्या है। इसमें मनुष्य तथा ब्रह्मांड के बीच कर्मकांड का नहीं, अपितु कुछ बलों का ज्ञान है जिन्हें कर्मकांड में सांकेतिक रूप में दिखाया गया है।

पुनर्जन्म का विचार सर्वप्रथम वृहदारण्यक उपनिषद् के पूरक खंडों तथा अधिक विकसित रूप में छांदोग्य उपनिषद् में देखने को मिलता है। ये दोनों ही प्राचीनतम उपनिषद् हैं। इसके अलावा वृहदारण्यक उपनिषद् का विचार है कि मृत्यु (एक सिद्धांत जो सर्वप्रथम ब्राह्मणों में देखने को मिलता है) एक ऐसी चीज है जिससे कुछ विशेष ज्ञान वाला व्यक्ति बच सकता है।

छांदोग्य उपनिषद् की कई कहानियों में वैश्वनर आत्मन का सिद्धांत बताया गया है। एक कहानी में पांच गृहस्थ प्रसिद्ध दार्शनिक उद्दालक आरुणि के साथ आत्मा का ज्ञान प्राप्त करने कैकय के दार्शनिक राजा अश्वपति के पास जाते हैं। लेकिन सबसे महत्वपूर्ण कहानी वह है जिसमें उद्दालक अपने पुत्र स्वेतकेतु को आत्मा और ब्राह्मण के बीच समानता के सत्य को बताता है।

वेदांग तथा सूत्र साहित्य

वेदांगों की संख्या छह है- (1) शिक्षा (स्वर विज्ञान) (2) कल्प (कर्मकांड) (3) व्याकरण, (4) निरुक्त व्युत्पत्ति) (5) छंद, तथा; (6) ज्योतिष। वैदिक ग्रंथों, जिन्हें श्रुति कहा जाता है, के विपरीत वेदांगों को स्मृति अथवा परंपरागत माना जाता है क्योंकि इनकी उत्पत्ति मनुष्यों द्वारा हुई है।

वेदांग सूत्र के रूप में, अर्थात् सघन गद्य के रूप में याद किए जाने के लिए हैं। हालांकि सूत्रों को वैदिक ग्रंथ का अंग नहीं माना जाता है, पर इनसे वैदिक साहित्य को समझने में सहायता मिलती है। सभी सूत्र ग्रंथों में हमें सिर्फ कल्पसूत्र मिला है जिसके तीन वर्ग हैं- (1) स्रोत सूत्र (2) गृह्य सूत्र तथा (3) धर्म सूत्र। *पहला* अग्नि, सोम तथा अन्य विशाल यज्ञों के कर्मकांड से संबद्ध हैं, *दूसरा* गृहस्थों द्वारा सम्पन्न उत्सवों तथा यज्ञों से संबद्ध है; तथा *तीसरा* आम जनता के कानूनों, रहन-सहन तथा रीति-रिवाजों से संबद्ध है। इतिहासकारों के लिए इनमें से तीसरा महत्वपूर्ण है क्योंकि यह मनुस्मृति जैसे धर्मशास्त्रों का आधार है। स्रोत सूत्र से सुल्व सूत्र संबद्ध हैं जो भारतीय ज्यामिति के सर्वाधिक प्राचीन ग्रंथ हैं। इनमें वैदिक अग्निवेदियों तथा यज्ञ क्षेत्र के निर्माण के माप के निर्देश हैं।

वैदिक समाज व संस्कृति की पुनर्रचना हेतु स्रोत

साहित्यिक एवं पुरातात्विक स्रोतों की तुलना

आर्य आक्रमण सिद्धांत का अस्वीकरण—उत्तरी भारत के आक्रमण का पुरातन सिद्धांत, जो देशज लोगों को हराकर एक आर्य सभ्यता की स्थापना पर बल देता है, अब स्वीकार योग्य नहीं है। यह गत वैदिक ग्रंथों की विशिष्ट व्याख्या, जब मात्र साहित्यिक स्रोतों का ही उपयोग किया गया था, के कारण प्रचलित हुआ था, किंतु हड़प्पा एवं उत्तर-हड़प्पा काल को पुरातात्विक खोजों तथा भाषाई अध्ययनों के परिष्करण ने इस सिद्धांत का खंडन कर दिया है। वैदिक कालीन परिप्रेक्ष्य अपेक्षा करता है कि हम हड़प्पाकालीन नगरों तथा उत्तरी भारत के विभिन्न भागों में उनका स्थान लेने वाली पुरातात्विक संस्कृतियों के पतन जैसी घटनाओं को ध्यान में रखें। महत्वपूर्ण बात यह है कि वैदिक युगीन साहित्य की व्याख्या में वैदिक साहित्यिक स्रोतों पर निर्भरता की बजाय पुरातात्विक आंकड़ों के समुचित उपयोग पर बल दिया जाने लगा है।

उत्तर-हड़प्पाई पुरातात्विक संस्कृतियाँ—उत्तरी भारत में हड़प्पा सभ्यता की उत्तराधिकारी प्रमुख संस्कृतियां थीं—स्वात घाटी में गांधार कब्रिस्तान संस्कृति, ईसा पूर्व दूसरी सहस्राब्दी के मध्य की गेरुवर्णी मृद्भांड संस्कृति तथा ताम्रनिक्षेप शिल्पाकृतियां, काले-लाल मृद्भांड तथा काले सर्पित मृद्भांडों से जुड़ी ताम्रपाषाणिक संस्कृतियां (ई.पू. दूसरी सहस्राब्दी से पहली सहस्राब्दी के मध्य तक) या चित्रित धूसर मृद्भांड संस्कृति (जो ईसा पूर्व 1200-400 के बीच पहले राजस्थान व पंजाब में तथा बाद में दोआब में पल्लवित हुई)। इनमें कुछ संस्कृतियां उत्तरी भारत में दूर-दूर तक फैली थीं, जबकि कुछ का क्षेत्र विस्तार सीमित था।

वैदिक साहित्य द्वारा ज्ञात वैदिक संस्कृति—कुछ समकालीन पुरातात्विक संस्कृतियों को वैदिक साहित्य की संस्कृति कहा जाता था। सबसे प्राचीन ग्रंथ ऋग्वेद है। अन्य वेदों में अथर्व, यजु तथा साम शामिल हैं। प्रत्येक वेद से संलग्न ब्राह्मण, आरण्यक व उपनिषद जैसी ग्रंथों की अन्य श्रेणियां बाद में रचित हुईं। यह प्रमुख साहित्यिक ग्रंथ सामग्री उत्तर-वैदिक साहित्य के रूप में जानी जाती है, जो ऋग्वेद के प्रणयन के बाद रची गयी। कालक्रम की अनिश्चित्ता इस तथ्य से और बढ़ जाती है कि वैदिक रचनाएं स्मरण रखी जाती थीं तथा अनेक शताब्दियों तक मौखिक रूप से हस्तांरित होती रहीं और ईसा पूर्व 400 के लगभग ही इन्हें लिपिबद्ध किया गया। वैदिक ग्रंथ सामग्री में ईसा पूर्व पहली सहस्राब्दी के मध्य में सूत्र ग्रंथों को जोड़ा गया। इनमें ग्रंथों में धर्मसूत्रों (जिनसे बाद में धर्मशास्त्रों का विकास हुआ) के आदर्श समाज से लेकर व्युत्पत्ति विज्ञान (यास्क के 'निरूक्त' में) तक की जानकारी शामिल है। सामाजिक कर्तव्यों से जुड़े मानदंड, अनुग्रह व संस्कार धर्मसूत्रों, गृहसूत्रों एवं श्रौत सूत्रों में शामिल हैं जो गृहस्थों के सामाजिक दायित्वों व अपेक्षित कर्मकांडों से जुड़ी सूचनाएं भी उपलब्ध कराते हैं। इन तीन सूत्रों के एक संग्रह 'कल्प सूत्र' की रचना का श्रेय कल्प नामक लेखक को दिया जाता है। एक विभाजन श्रुति (वे ग्रंथ जो वेदों की भांति प्रकट और इसलिए मूलतः सुने गये माने गये हैं) तथा स्मृति (सूत्रों की भांति जाने गये व स्मरण किये गये ग्रंथ) के बीच भी है। कुछ समीक्षकों के अनुसार स्मृति की श्रेणी में इतिहास-पुराण परम्परा (एक परम्परा जिसमें बाद के काल की घटनाएँ तथा प्राचीन गौरव गाथाएं शामिल हैं तथा दो महाकाव्य व पुराण जिसके अंग हैं) भी सम्मिलित की जा सकती है।

स्रोत सामग्री के रूप में वैदिक साहित्य के उपयोग की कठिनाइयाँ—वेदांग (अतिरिक्त ग्रंथ) सहित वैदिक साहित्यिक सामग्री को साधारण कालक्रमिक युगीकरण द्वारा विभाजित नहीं किया जा सकता। इन ग्रंथों में अनुभाग हैं जो

अलग-अलग समय में रचे गये हैं। इसलिए इन ग्रंथों का बालक्रम मात्र अनुमानित हो सकता है। स्रोत-सामग्री के रूप में इन ग्रंथों का उपयोग करते समय हमें विभिन्न अनुभागों पर सावधानीपूर्वक ध्यान देना होगा। साथ ही, हमें यह भी दिमाग में रखना होगा कि ये रचनाएं धार्मिक कर्मकांडों व विश्वासों से जुड़ी हैं। इनका कार्यक्षेत्र सीमित है तथा ये सामान्य लोगों की भाषा में रचित न होकर एक ऐसी भाषा में रचित की गई है, जो संभवत: पुराहित वर्ग तक सीमित थी।

साहित्यिक एवं पुरातात्विक स्रोतों की तुलना एवं संगति– चूंकि इन ग्रंथों का कालक्रम अनिश्चित है अत: साहित्यिक व पुरातात्विक स्रोतों को कालक्रमानुसार समीकृत करना कठिन हो जाता है। प्रत्येक श्रेणी से पुनर्रचित किये गये व्यापक सामाजिक व आर्थिक रुझानों की तुलना की जा सकती है। इस प्रकार का परस्पर सम्बंध भौतिक सभ्यता के एक तुलनात्मक अध्ययन (पुरातात्विक प्रमाणों से प्राप्त शिल्पाकृतियों व तकनीकों तथा वैदिक साहित्य में उनके उल्लेखों की तुलना के आधार पर) द्वारा आसानी से स्पष्ट किया जा सकता है। मृद्‌भांड धातु से बनी वस्तुएँ जैसी अनेक चीजों की तुलना दोनों स्रोतों से की गई है। इसी प्रकार बस्तियों के प्रकार तथा समाज के स्वरूप की भी पुनर्रचना की जा सकती है। फिर भी, दो समस्याओं के कारण सह-सम्बंध स्थापित करने में सावधानी बरतना जरूरी हो जाता है। कर्मकांडों के निष्पादन से जुड़े उल्लेखों में जानबूझकर आद्य विधियों या तकनीकों को अंगीकृत किया जा सकता है ताकि कर्मकांडों को एक प्राचीनता का प्रभाव दिया जा सके। इसके ठीक उलट समस्या यह है कि बाद के कालों में कई प्राचीन ग्रंथों में क्षेपक जोड़े गये हैं तथा इन क्षेपकों को पृथक् करना कठिन हो जाता है।

इंडोलॉजीकल अध्ययन–इंडोलॉजीकल शोध में वैदिक कर्मकांड तथा धार्मिक विचारों के साथ-साथ वैदिक संस्कृत पर आवश्यकता से अधिक जोर दिया गया है। इसके तहत प्राचीन ईरान जैसे पड़ोसी क्षेत्रों के साथ तथा भारोपीय परिवार के भाषायी ग्रंथों के साथ तुलनात्मक अध्ययन भी किया गया है। उन्नीसवीं सदी के इन अध्ययनों के आधार पर ही आर्य जाति का सिद्धांत सामने रखा गया। यह माना गया कि आर्यों की एक जाति वे उत्तरी भारत को जीतकर अपनी इंडो-आर्य भाषा को विजित लोगों पर लाद दिया था।

आर्यों की भाषा एवं संस्कृति का विकास–क्योंकि एक आर्य जाति का सिद्धांत अब नकारा जा चुका है तथा उत्तरी भारत के आर्य आक्रमण को भी नकारा जा चुका है, इसलिए अब विचार योग्य प्रश्न यह है कि इंडो-आर्य भाषा भारत में कैसे प्रविष्ट हुई, इसका विकास किस प्रकार हुआ तथा इसे उत्तर भारत के प्रमुख भाषायी प्रणाली के रूप में धीरे-धीरे क्यों व कैसे स्थापित किया गया? ऐतिहासिक प्रमाण सुझाते हैं कि उत्तरी भारत में इंडो-आर्य भाषा का विकास एक घुसपैठ के रूप में हुआ। भाषा विभिन्न तरीकों, जैसे- प्रवासन द्वारा, पशुचारण द्वारा (पशु चराने वाले खानाबदोश होकर भी व्यवस्थित समुदायों के साथ घनिष्ठ सम्बंध रखते थे) या व्यापारियों द्वारा, के माध्यम से संचारित हो सकती है।

आक्रमण या विजय एक भाषा को विस्तारित करने के विशिष्ट तरीके नहीं हैं। इंडो-आर्य भाषाओं पर गैर-आर्य भाषियों के प्रभाव तथा विभिन्न लोगों को दर्शाने वाली पुरातात्विक संस्कृतियों की विविधता एक अन्य विचार सामने लाती है, जिसमें विभिन्न संस्कृतियों के लोगों के आपसी सम्पर्क में आने तथा भाषायी व सांस्कृतिक अनुकूलन स्थापित करने की संभावना निहित है। इसके अलावा इंडो-आर्य भाषा एवं धार्मिक क्रिया-कलापों की केन्द्रीयता से हटकर अब ध्यान का विषय पुरातात्विक व साहित्यिक आंकड़ों के उपयोग से समकालीन समाज की पुनर्रचना के प्रयासों पर आ टिका है। इसलिए भाषा एवं धर्म से जुड़े अध्ययन इस काल के समाज के विभिन्न आयामों के वृहत चित्र का एक भाग बन रहे हैं।

पहले यह माना जाता था कि आक्रमणकारी आर्यों ने देशज लोगों को अधीनस्थ बनाकर एक राज्यतंत्र की स्थापना की थी। यदि उस समय कोई बड़ा आक्रमण नहीं हुआ था, जैसाकि आज तर्क दिया जाता है, तो उत्तरी भारत में राज्य के विकास क्रम के अन्य दूसरे कारणों की खोज करना आवश्यक है। यह कई शताब्दियों तक चलने वाली एक क्रमिक प्रक्रिया थी जिसमें कई प्रकार के कारकों का सम्मिलित योगदान था।

वैदिक समाज की पुनर्रचना

देशज संस्कृतियों की विविधता–हमें उन तरीकों का परीक्षण करना होगा, जिनके माध्यम से इंडो-आर्य भाषा उत्तरी भारत में प्रविष्ट तथा विस्तारित हुई और उन लोगों द्वारा बोली जाने लगी जो सांस्कृतिक व नृजातीय रूप से भिन्नता रखते थे। इसीलिए समकालीन लोगों की विभिन्न बस्तियों तथा जीवनशैलियों के बारे में जानना आवश्यक हो जाता है। उत्तरी भारत में ईसा पूर्व पहली सहस्राब्दी के आरंभ के समय का पुरातात्विक चित्र संकेत देता है कि विभिन्न क्षेत्रों में अलग-अलग प्रकार की संस्कृतियां मौजूद थीं। गंगा के मैदान

के कुछ भागों में बसावट की प्रकृति के विस्तृत विश्लेषण का कार्य संभव हुआ है। जो वृहत चित्र उभरता है वह एक विशिष्ट संस्कृतियों का है।

बस्तियों की साधारण प्रकृति–पुरातात्विक प्रमाणों के आधार पर किया गया सामाजिक पुनर्रचना का कार्य कृषकों व पशुचारकों की छोटी बस्तियों के आरंभ का संकेत देता है। किसी प्रकार भी भव्य जीवन शैली का पुख्ता प्रमाण नहीं मिला है। आवास सामान्यतः छप्पर व लेप वाली झोंपड़ियां थीं, जिनके फर्श धरती को पीटकर तैयार किये गये थे। इन्हीं से ईसा पूर्व पहली सहस्राब्दी के मध्य में कच्ची ईंटों की संरचनाओं का मार्ग प्रशस्त हुआ। अवासीय क्षेत्रों से प्राप्त शिल्पाकृतियाँ संकेत देती हैं कि बस्तियों में अधिकांश जरूरतों की पूर्ति हो जाती थी तथा धीरे-धीरे विशेषीकृत शिल्प उतपादन का विकास हुआ। इसलिए पुरातात्विक प्रमाण उन संकल्पनात्मक पुनर्रचनाओं के लिए एक संशोधक है, जिन्हें कुछ आधुनिक विद्वानों में वैदिक ग्रंथ सामग्री में वर्णित जीवन के विषय में हमारे सामने रखा है। राजप्रसादों एवं समृद्ध नगरों से जुड़े धन व विलासित सम्बंधी महाकाव्यों के विवरण काव्यात्मक कल्पनाओं या उत्तरकालीन क्षेपकों का अंश हो सकते हैं।

किसी पुरातात्विक संस्कृति को आर्यों के रूप में पहचानने की समस्या–कई पुरातात्विक संस्कृतियों को आर्यों के साथ जोड़ने के प्रयास किये गये हैं किंतु ऐसे प्रयास 'परिकल्पना' तक ही सीमित रहे हैं। यह भी सुझाव दिया गया है कि द्रविड़ों या आर्यों के साथ पुरातात्विक संस्कृतियों की पहचान स्थापित करने की बजाय इन्हें पुराणों व महाकाव्यों में उल्लिखित वंश परम्पराओं (जैसे- पुरुओं को चित्रित धूसर मृद्भांडों के साथ तथा यदुओं को काले-लाल मृद्भांड के साथ) के साथ सह-संबधित करने का प्रयास अधिक उपयोगी हो सकता है। किंतु इस प्रकार की पहचान बहुत अस्थायी बनी रहती है।

ऋग्वैदिक से उत्तर-वैदिक चरणों में परिवर्तन

ऋग्वैदिक चरण

भौगोलिक ज्ञान–ऋग्वेद में उल्लिखित लोगों का भौगोलिक वितरण 'सप्त सिंधु' क्षेत्र को शामिल करता है। यह सिंधु एवं उसकी सहायक नदियों का क्षेत्र है। यह पूर्वी अफगानिस्तान से लेकर सिंधु-गंगा विभाजक एवं दोआब के किनारों तक विस्तृत है। स्थानों, लोगों, भौगोलिक विशेषताओं तथा बोलियों के उल्लेखों के आधार पर वैदिक ग्रंथों के भूगोल को परिभाषित करने के प्रयास किये गये हैं। कुछ नदी प्रवाहों में आये परिवर्तन, भू-स्थलाकृतियों व सीमाओं के बदलाव तथा स्थानों के नामों का परिवर्तन जैसी समस्याएँ इन प्रयासों को एक कठिन कार्य बना देती हैं।

अर्थव्यवस्था–ऋग्वैदिक अर्थव्यवस्था मूलतः पशुचारण पर आधारित थी किंतु लोग कृषि से भी परिचित थे। सम्पत्ति का संचय मवेशियों, घोड़ों (जो अधिक मूल्यवान किंतु प्राप्ति में सुगम माने जाते थे), रथों, सोना तथा दासी कन्याओं के रूप में किया जाता था। जैसा कि 'दानसूक्त' नामक स्त्रोत्र में उपहार देने की प्रशंसा से स्पष्ट है। मुख्य सम्पदा होने के कारण मवेशियों की लूट सम्पत्ति बढ़ाने का प्रमुख साधन था। यह अनेक मवेशीधारी समाजों में सामान्य बात थी। सरस्वती के किनारों को समृद्ध चारागाहों के रूप में वर्णित किया गया है किंतु जलीय परिवर्तनों की संभावना के साथ इस क्षेत्र से जल विभाजक एवं ऊपरी दोआब की ओर प्रवासन के संकेत मिलते हैं। यह तर्क दिया जाता है कि पशुचारणता पृथक् रूप से अस्तित्व में नहीं रह सकती और यह किसानों के साथ एक सम्बंध की अपेक्षा करती है। इस प्रकार का सम्बंध पुरातात्विक व साहित्यिक प्रमाणों से भी स्पष्ट होता है तथा इस समय संभवतः उत्तर भारत में अलग-अलग भाषाएँ बोलने वाले दो समूह मौजूद थे। रोचक तथ्य यह है कि वैदिक ग्रंथों में कृषि से सम्बद्ध अनेक शब्द गैर-आर्य प्रतीत होते हैं।

समाज–प्रारंभ में समाज दो वर्णों में बंटा था–आर्य वर्ण एवं दास वर्ण। जहाँ दास शब्द कभी-कभी शारीरिक विशेषताओं से जुड़ा लगता है वहीं आर्य शब्द सामान्यतः सम्मानित व्यक्ति के लिए प्रयुक्त होता था और कोई विशेष जातीय अर्थ नहीं रखता था। कभी-कभी आर्य व दास का प्रयोग प्रतीकात्मक रूप में भी होता था। उत्तर वैदिक ग्रंथों में चार वर्गों-ब्राह्मण, क्षत्रिय, वैश्य व शूद्र का उल्लेख प्राप्त होता है।

राजनीतिक प्रतिरूप–ऋग्वैदिक काल की पहचान 'जन' के साथ स्थापित की जाती है, जो उस राजनीति का परिचायक था जिसमें उसका जन्म होता था। पहचान के संकेतक के रूप में जन्म का केन्द्रीय महत्व था। 'विश' जो जन से छोटी इकाई थी, संभवतः एक वंश या जिसका उल्लेख बार-बार हुआ है। वंशों के पदानुक्रम में राजा शासक वंश के दर्जे का उपयोग करता था। फिर भी राजा प्रायः अपने वंश का नाम धारण करते थे। 'राजा' शब्द किसी राजा की बजाय मुखिया के अर्थ में प्रयुक्त होता था। परिवारों का एक समूह 'ग्राम' का गठन करता था।

उत्तर वैदिक चरण

भौगोलिक ज्ञान–उत्तर वैदिक ग्रंथों में एक शब्द बृहद भौगोलिक क्षेत्र का उल्लेख है, जिसमें पश्चिमी गंगा मैदान एवं मध्य गंगा मैदान शामिल है। पूर्व की ओर विस्तार दो दिशाओं के साथ-साथ हुआ था- *पहला* हिमालय की तलहटियों के साथ एक मार्ग जो बाद में उत्तरापथ के नाम से प्रसिद्ध हुआ तथा दूसरा दक्षिणी मार्ग जो यमुना व गंगा के किनारों के साथ-साथ जाना जाता था। बाद में, दूसरे दक्षिणापथ मार्ग ने गंगा घाटी को प्रायद्वीप के साथ संबद्ध कर दिया था। इस विस्तृत भौगोलिक क्षेत्र से परिचित होने का अर्थ था। विभिन्न प्रकार के नये पर्यावरणों के साथ अनुकूलन स्थापित करना।

उत्तरी बिहार का उल्लेख विशाल दलदली क्षेत्र के रूप में किया गया है। इस क्षेत्र में पहले से मौजूद बस्तियों का कालक्रम कुल मामलों में नवपाषाण काल तक जाता है, जैसा कि चिरांद के उत्खनन से पता चलता है। ग्रंथों में असुरों की शवाधान विधियों का उल्लेख है जिससे आर्यों व असुरों के बीच विभेदों का पता चलता है। मिर्जापुर क्षेत्र में शवाधान रीतियाँ महापाषाणकाल से सम्बद्ध मानी जा सकती हैं। मगध में व्रात्यों की अन्नदेशी संस्कृति के उल्लेखों से भी मध्यगंगा मैदान में विविध संस्कृतियों की उपस्थिति के संकेत प्राप्त होते हैं।

बस्तियों के विस्तार का कारण संभवत: पुरातन बस्तियों से समूहों का आप्रवासन व प्रशाखन तथा जनसंख्या में कुछ वृद्धि होना रहा होगा। कुछ पुरानी बस्तियों का नई बस्तियों में विलय भी हुआ होगा, जिसके फलस्वरूप बस्तियों का आकार बढ़ा होगा। निकट बसी हुई छोटी-छोटी बस्तियों को पूर्ववर्ती चित्रित घूसर मृद्भांड स्थलों की विशेषता माना जाता है।

अर्थव्यवस्था–पूर्ववर्ती एवं उत्तरवर्ती वैदिक ग्रंथों का तुलनात्मक अध्ययन सुझाता है कि प्रभुचारक से कृषि की ओर एक कृषिक परिवर्तन हुआ, हालांकि पश्चिमी गंगा मैदान में किसानों का पूर्णत: पतन कभी नहीं हुआ था। फिर भी प्रत्येक क्षेत्र में अर्थव्यवस्था का प्रतिरूप भिन्न था। इस प्रकार मथुरा के आसपास के क्षेत्र में सदियों तक पशुचारण की प्रधानता रही, वहीं मध्य गंगा मैदान में पशुचारण के प्रमाण सीमित हैं। अर्थव्यवस्था के परिवर्तन को अप्रत्यक्ष स्रोतों से समझा जा सकता है, जैसे- विशेष संदर्भों में मवेशियों का उल्लेख कम होना तथा उन्हीं संदर्भों में अनाज का उल्लेख अधिक होना इत्यादि। इसी प्रकार राजसूय जैसे प्रमुख बलिमूलक कर्मकांडों तथा डेयरी उत्पादन की बजाय कृषि उत्पादन पर आधारित भेंट अर्पित करने के उल्लेख अधिक हैं। कृषि संकेत देती है कि सिंचाई साधनों एवं भूमि पर कुछ नियंत्रण अवश्य था। उत्तरी बिहार में धान की एकमात्र फसल मौसमी वर्षा द्वारा उपलब्ध कराये गये जल पर निर्भर थी। मध्य गंगा मैदान के दलदल सूख गये होंगे और यहाँ श्रम की अति आवश्यकता हुई होगी। धान की खेती भी श्रम गहन होती है। ऐसी गतिविधियाँ न केवल श्रम की उपलब्धता को अनिवार्य बनाती हैं बल्कि श्रम करने वालों एवं श्रम पर नियंत्रण रखने वालों के बीच एक सामाजिक दूरी को भी अपरिहार्य बनाती हैं। इसका अर्थ है कि ऐसा समाज मौजूद था जिसमें कुछ शक्तिशाली लोग अधिकांश लोगों को अपने लिए काम करने का आदेश दे सकते थे।

समाज–उक्त परिवर्तनों के द्वारा समाज में अन्य परिवर्तनों का मार्ग भी प्रशस्त हुआ। जाति की उत्पत्ति को सामान्यत: वैदिक स्रोतों व उनमें उल्लिखित समाज से जोड़ा जाता है क्योंकि इन्हीं ग्रंथों में वर्णों के प्राचीनतम् उल्लेख मिलते हैं। चार वर्णों के बारम्बार उल्लेखों से उत्तर वैदिक समाज की अपेक्षाकृत अधिक जटिल प्रकृति का पता चलता है। इन चारों वर्णों का मात्र उल्लेख ही नहीं किया गया अपितु इनके विभिन्न कार्यों का वर्णन तथा इनके पदानुक्रम की स्थापना भी की गई। सामाजिक स्तरीकरण के एक प्रकार के रूप में वर्ण की अवधारणा स्तरीकरण के अन्य प्रकारों, जैसे- जाति के सन्दर्भ में भी देखी जा सकती है, जो बाद के ग्रंथों (विशेषत: गैर-ब्राह्मण ग्रंथों में) निरंतर ध्वनित होती रही। वर्ण एवं जाति की सामाजिक भूमिका के सम्बन्ध में विद्वानों का मत अलग-अलग है। जाति की उत्पत्ति का अध्ययन वैदिक साहित्य एवं भारोपीय मूल स्रोतों में वर्णों के विवरण से परे जाकर किया जाना चाहिये। इसमें जाति के विकास में महत्वपूर्ण भूमिका निभाने वाले सभी कारकों–पर्यावरण, रक्त संबन्ध प्रतिरूप, आर्थिक संसाधनों तक पहुंच एवं धार्मिक विचारधारा की भूमिका आदि की जांच को भी शामिल किया जाना चाहिए। इस तंत्र की जड़ें वैदिक ग्रंथों में वर्णित समाज से पहले के समाजों में भी ढूंढ़ी जा सकती है और उत्तरी भारत के उत्खननों से हमें इसकी जानकारी मिलती है। इसलिये जाति एवं इसके इतिहास पर पूर्व में किये गये स्तरीय अध्ययन को एक ताजा संदर्भ के रूप में देखा जाने लगा है। जाति के अधिक हालिया अध्ययनों में जाति को एक ऐसे भारतीय सामाजिक संगठन के रूप में देखने का प्रयास किया गया है जो धीरे-धीरे विकसित हुआ है। ऐसे विद्वान सगोत्रता के आयामों पर जोर देते हैं। यह जाति

के कार्यों के सम्बन्ध में महत्व रखता है और उत्तरकालीन संदर्भ में भी उपयोगी है।

'जाति' अपना अर्थ 'जन' से प्राप्त करती है और इसीलिए सगोत्रीय सम्बन्धों का प्रतिरूप जाति संगठन के लिए प्राथमिक महत्व रखता है। ये प्रतिरूप भी क्षेत्रीय विभेद रखते हैं। जाति स्तरीकरण का एक तत्व रूप ढ़ोती है, जो सगोत्रीय समाजों, जैसे- प्राक्-राज्यीय जनजातियाँ एवं वर्ग स्तरीकरण से पहले के कबीलों से सम्बन्ध रखता है। ऐसे समूहों का पदानुक्रम या बिखराव या सम्मिलन जाति के पदानुक्रमों को प्रभावित कर सकता था। इसमें शक्ति के एक मार्ग के रूप में उत्पादन संसाधनों पर नियंत्रण को भी जोड़ा जा सकता है। यह तर्क कि वर्णों के टूटने से जातियों का उदय हुआ, शायद अति साधारण है। कर्मकांडीय वैधता से जुड़े वर्ण तथा रक्त सम्बन्धों पर आधारित जाति-ये दोनों प्रणालियाँ साथ-साथ संयोजित हुईं थीं।

राजनैतिक रूपांतरण–'जन' का उल्लेख पहले ऋग्वेद में हुआ था किन्तु उत्तर-वैदिक ग्रंथों में कुरू व पांचाल जैसे जनों के गठबन्धन व संघटन के फलस्वरुप बने बृहत् समूहों का उल्लेख है। वैदिक राजन् धीरे-धीरे राजा के रूप में विकसित हुआ था। यह एक ऐसा विकासक्रम था, जिसमें राजन्य का क्षत्रिय (वैदिक ग्रंथों में उल्लिखित शब्द जिसकी जड़ें क्षत्र या शक्ति में निहित थीं) के रूप में रूपांतरण शामिल था। शक्ति का उत्कर्ष राजसूय, वाजपेय व अश्वमेध जैसे विशाल यज्ञीय कर्मकांडों के निष्पादन से भी जोड़कर देखा जाता है। इन कर्मकांडों के माध्यम से राजा दैवीय तत्वों के साथ निकटता व संवाद और अपने चमत्कारिक गुणों का दावा करता था, जो उसे शेष समाज से अलग विशिष्टता प्राप्त करने के लिए आवश्यक था। कर्मकांडों ने ब्राह्मणों की शक्ति को भी बढ़ाया। कभी-कभी राजा एवं पुरोहित के बीच का संतुलन स्पष्ट नहीं होता था फिर भी यह ब्राह्मण के पक्ष में ही प्रतीत होता था। इन कर्मकांडों का उद्देश्य शक्ति का संकेन्द्रण करना था और इस प्रकार इनसे राजत्व के संक्रमण को प्रोत्साहन मिला। इस शक्ति का एक प्रतिबिम्ब 'जनपद' में दिखाई देता है, जो जनों से सम्बद्ध थे और शासक क्षत्रिय वंशों के नाम से गठित किये जाते थे।

पूर्ववर्ती स्रोतों में वर्णित समाजों की तुलना प्रभुता सम्पन्न कबीलों से भी की जाती है, जिनमें से कुछ अंततः राजाओं द्वारा शासित राज्यों के रूप में विकसित हो गये थे। पूर्ववर्ती राजा एवं राजन्य तथा उत्तरकालीन क्षत्रिय एवं राजा के मध्य का विभेद उनके प्रयुक्त अर्थों में कम किन्तु उनके सन्दर्भों में अधिक देखा जा सकता है। कबीलों तथा राज्यों की विशेषतायें भी पूर्णतः असमान नहीं हैं क्योंकि कबीलों की कुछ विशेषतायें राज्यों में उभरकर सामने आयीं हैं। भेंट या पेशगी प्राप्त की जाती थी किन्तु एक नियमित कर प्रणाली का अभाव था। धार्मिक एवं राजनीतिक सत्ता संसाधनों की बजाय लोगों पर प्रभावी नियंत्रण रखने के लिये कार्य करती थी। संसाधनों पर निजी लोगों की बजाय एक वंशानुगत समूह, जो सगोत्रता के सम्बन्ध में बंधे हों, का अधिकार माना जाता था। सत्ता का वैधीकरण भी गहन हो चुका था।

इस प्रकार स्पष्ट होता है कि वैदिक काल में वंशानुगत प्रणाली (ऋग्वेद के आंकड़ों द्वारा प्रदर्शित) से लेकर एक संयुक्त वंश परम्परा एवं गृहस्थीमूलक अर्थव्यवस्था (उत्तर वैदिक ग्रंथों द्वारा सुझावित) तक का परिवर्तन दिखाई देता है। उत्तर-वैदिक काल में मध्य गंगा घाटी के कबीलों का तीव्र स्तरीकरण वंशानुगत प्रणाली की निरंतरता का ही एक अंग था किंतु यह उन प्रवृत्तियों से भी घनिष्ठतः जुड़ा था जो राज्य निर्माण को प्रोत्साहित कर रही थी।

3.4 ऋग्वैदिक अवस्था से उत्तर वैदिक व्यवस्था

ऋग्वैदिक काल का भूगोल

प्रारंभिक वैदिक के भौगोलिक विस्तार को जानने का एकमात्र स्रोत ऋग्वेद है। आर्य 'सप्त सिंधु' अथवा 'सप्त सैंधव' (सात नदियों की भूमि) तक सीमित थे, जिसमें आधुनिक पूर्वी अफगानिस्तान, पंजाब (भारतीय एवं पाकिस्तानी) तथा पश्चिमी उत्तर प्रदेश के क्षेत्र थे। मैक्स मूलर के अनुसार, ये सात नदियां सिंधु तथा सरस्वती के अतिरिक्त पंजाब की पांच नदियां हैं। ऋग्वेद में निम्नलिखित नदियों का उल्लेख है-कुभा (आधुनिक काबुल), कुमु (कुर्रम), गोमती (गुमल) सिंधु तथा इसकी पांच सहायक नदियां-(a) वितसे या झेलम, (b) अशिकिनी या चेनाब, (c) परुष्णी या रावी, (d) विपासा या व्यास तथा (e) सुतुद्री या सतलज, गंगा, यमुना, सरस्वती, घग्गर (दृषादवती) सरयू तथा कुछ अन्य।

ऋग्वेद में समुद्र का भी उल्लेख है, पर यह संभवतः पानी के जमाव के लिए प्रयुक्त हुआ है। ऋग्वैदिक ऋषियों को 'हिमवंत' अथवा हिमालय पहाड़ की जानकारी थी तथा सोम का स्रोत इसकी एक चोटी 'मुजवंत' बताई गई है।

दासराज्ञ अथवा दस राजाओं का युद्ध एक महत्वपूर्ण ऐतिहासिक घटना है तथा इस काल के सभी महत्वपूर्ण कबीलों का इसमें उल्लेख है। सुदास तृश्तु परिवार का एक 'भरत' राजा था। शुरू में विश्वामित्र सुदास का पुरोहित था पर बाद में सुदास ने विश्वामित्र को हटाकर वशिष्ठ को नियुक्त कर लिया। बदला लेने की भावना से विश्वामित्र ने दस राजाओं के एक कबीलायी संघ का गठन किया, जिसमें पांच महत्वपूर्ण कबीले–पुरु, यदु, तुर्वश, अनु तथा दुसु-तथा पांच छोटे कबीले-अलीन, पक्थ, भालन, शिव तथा विशाणिन थे। यह संघर्ष परुष्णी (रावी) नदी के किनारे हुआ, जिसमें भरत विजयी रहे। इस युद्ध का एक अन्य कारण परुष्णी नदी के जल का बंटवारा भी था।

सुदास ने एक अन्य युद्ध भी लड़ा था, जिसमें तीन अनार्य कबीले-अज, सियु तथा यक्षु-राजा भेद के विरुद्ध संगठित हुए थे, लेकिन यमुना के किनारे लड़े गए इस युद्ध में भी भीषण नरसंहार के साथ सुदास ही विजयी रहा।

ऋग्वेद के उल्लेखों के अनुसार कबीलायी बस्तियों की स्थिति तथा उनका विस्तार इस प्रकार निर्धारित किया जा सकता है-

1. सबसे उत्तर-पश्चिम में गांधारी, पक्थ, अलिन भालन तथा विशाणिनों का अधिकार था।
2. ऊपरी सिंध तथा पंजाब क्षेत्र में शिव, परशु केकय, वृचिवंत बहु, अनु तुर्वशु तथा द्रुह्यु रहते थे।
3. इससे पूरब (पश्चिमी उत्तर प्रदेश) तृश्तु भारत, पुरु तथा सृंजय रहते थे, जबकि एकदम पूरब में कीकातों का निवास था।
4. मत्स्य तथा चेदी पंजाब के दक्षिण राजस्थान एवं मध्य प्रदेश के क्षेत्रों में रहते थे।

उत्तर वैदिक काल का भूगोल

इस काल में आर्यों का विस्तार पूरब की ओर राजस्थान, पूर्वी उत्तर प्रदेश तथा उत्तरी बिहार के क्षेत्रों में हुआ। पूर्वी गंगा-मैदान के इस विस्तार पर शतपथ ब्राह्मण से प्रकाश पड़ता है। इसमें विदेघ माधव नामक एक राजा द्वारा 'विदेह' की स्थापना का उल्लेख है। इस ग्रंथ के अनुसार राजा सरस्वती नदी के किनारे से अग्नि के साथ चला। विदेघ ने अग्नि का अनुसरण सदानीरा (आधुनिक गंडक) नदी तक किया फिर वहां वह रुक गया।

उत्तर वैदिक साहित्यों में अनेक कबीलों तथा राजतंत्रों का उल्लेख है। पुरु तथा भारतों ने मिलकर कुरु राज्य की स्थापना कुरु राज्य आधुनिक थानेश्वर, दिल्ली तथा ऊपरी गंगा दोआब के समकक्ष था। अथर्ववेद में कुरु राजा परीक्षित का उल्लेख है जिसके काल में यह राज्य फला-फूला। इसका वंशज जनमेजय महान विजेता था, जिसने अश्वमेघ यज्ञ किया।

पांचाल भी एक संयुक्त वर्ग था जैसा कि इनके नाम–पंच (पांच)–से लगता है। शतपथ ब्राह्मण के अनुसार उन्हें पहले कृवि कहा जाता थी जो इस संयुक्त कबीले में से एक रहे होंगे। संभवतः प्राचीन अनु द्रुह्यु तथा तुर्वशु जो इस काल में नहीं मिलते हैं, इसमें विलीन हो गए होंगे। उपनिषदों में प्रवाहन जैवाली का उल्लेख है जो विद्वानों का संरक्षक था तथा अपने दरबार में बुद्धिजीवियों का वाद-विवाद आयोजित करता था। इस कबीले का क्षेत्र आधुनिक बरेली, बदायूं फर्रुखाबाद तथा निकटस्थ क्षेत्रों के समकक्ष था।

कुरु तथा पांचालों के पतन के बाद उत्तर-वैदिक काल में कोशल, काशी तथा विदेह महत्वपूर्ण हो गए। वैदिक सभ्यता के प्रभाव में पहले कोशल आया। यह इक्ष्वाकु वंश के अधीन था। इसकी प्रारंभिक राजधानी अयोध्या थी जो बाद में श्रावस्ती हो गई। यह राज्य आधुनिक अवध के समकक्ष था। इसका सर्वाधिक महत्वपूर्ण शासक 'परा' था।

काशी का प्रसिद्ध शासक अजातशत्रु था। तेइसवें जैन तीर्थांकर पार्श्वनाथ, जिनकी मृत्यु महावीर से 250 वर्ष पूर्व हुई, काशी के राजा अश्वसेन के पुत्र थे।

विदेह, जिसकी राजधानी मिथिला थी, आधुनिक तिरहुत के समकक्ष है। इसका महत्वपूर्ण शासक उपनिषदों का विद्वान तथा दार्शनिक राजा जनक था। याज्ञवल्क्य उसके दरबार में रहता था।

मगध, अंग तथा वंग सबसे पूर्वी कबीले थे। मगध लगभग दक्षिण बिहार के समकक्ष था। अंग सोन तथा गंगा नदियों पर थे। बंग संभवतः पूर्वी बंगाल में थे। मगधों को व्रात्यों के साथ भी जोड़ा गया है। यजुर्वेद में पुरुषमेघ के शिकारों की सूची में मगध का भी नाम है।

उत्तरी कबीले उत्तर कुरु, उत्तरमाद्र, गांधारी, केशिन कैकय तथा कंबोजों के थे। दक्षिण भारत में सतवंत, विदर्भ, निषाद और कुंती जैसे कबीले थे। ऐतरेय ब्राह्मण में आंध्र पुण्ड्र शबर, पुलिंद तथा मुत्वी जैसे कुछ उत्तर वैदिककालीन अनार्य कबीलों का उल्लेख है। उत्तर-वैदिक ग्रंथों में नर्मदा, गंडक, चंबल आदि कुछ अधिक नदियों का उल्लेख है। शतपथ ब्राह्मण में पूर्वी तथा पश्चिमी समुद्र (बंगाल की खाड़ी तथा अरब सागर) का उल्लेख मिलता है। विंध्य (दक्षिणी पर्वत)

को महत्वपूर्ण बताया गया है जब कि काम्पिल (पश्चिमी उत्तर प्रदेश का आधुनिक काम्पिल), पंचक्र (काम्पिल के निकट एक पांचाल नगर), कोशल (पूर्वी 4 प्रदेश में), विदेह (उत्तरी बिहार में) इत्यादि स्थानों का भी उल्लेख मिलता है।

ग्रंथों में भारत के क्षेत्रीय विभाजन की चर्चा है। बाद के तीन वेदों में भारत के तीन मुख्य विभाजन हैं-आर्यावर्त (उत्तर भारत) मध्यदेश (मध्य भारत) तथा दक्षिणापथ (दक्षिण भारत)। लेकिन ऐतरेय ब्राह्मण में पूरे देश का विभाजन पांच भागों में किया गया है–(a) पूर्वी, (b) पश्चिमी, (c) उत्तरी, (d) मध्य, तथा; (e) दक्षिणी।

3.5 आर्थिक स्थिति

वैदिक अर्थव्यवस्था की प्रकृति

ऋग्वैदिक काल–ऋग्वैदिक अर्थव्यवस्था मूलत: पशुचारण पर आधारित थी किंतु लोग कृषि से भी परिचित थे। सम्पत्ति का संचय मवेशियों, घोड़ों (जो अधिक मूल्यवान किंतु प्राप्ति में सुगम माने जाते थे), रथों, सोना तथा दासी कन्याओं के रूप में किया जाता था। जैसा कि 'दानसूक्त' नामक स्तोत्र में उपहार देने की प्रशंसा से स्पष्ट है। मुख्य सम्पदा होने के कारण मवेशियों की लूट सम्पत्ति बढ़ाने का प्रमुख साधन था। यह अनेक मवेशीधारी समाजों में सामान्य बात थी। सरस्वती के किनारों को समृद्ध चारागाहों के रूप में वर्णित किया गया है किंतु जलीय परिवर्तनों की संभावना के साथ इस क्षेत्र से जलविभाजक एवं ऊपरी दोआब की ओर प्रवासन के संकेत मिलते हैं। यह तर्क दिया जाता है कि पशुचारणता पृथक रूप से अस्तित्व में नहीं रह सकती और यह किसानों के साथ एक सम्बंध की अपेक्षा करती है। इस प्रकार का सम्बंध पुरातात्विक व साहित्यिक प्रमाणों से भी स्पष्ट होता है तथा इस समय संभवत: उत्तर भारत में अलग-अलग भाषाएँ बोलने वाले दो समूह विद्यमान थे। रोचक तथ्य यह है कि वैदिक ग्रंथों में कृषि से सम्बद्ध अनेक शब्द गैर-आर्य प्रतीत होते हैं।

उत्तरवैदिक काल–पूर्ववर्ती एवं उत्तरवर्ती वैदिक ग्रंथों का तुलनात्मक अध्ययन सुझाता है कि प्रभुचारक से कृषि की ओर एक कृषिक परिवर्तन हुआ, हालांकि पश्चिमी गंगा मैदान में किसानों का पूर्णत: पतन कभी नहीं हुआ था। फिर भी प्रत्येक क्षेत्र में अर्थव्यवस्था का प्रतिरूप भिन्न था। इस प्रकार मथुरा के आसपास के क्षेत्र में सदियों तक पशुचारण की प्रधानता रही वहीं मध्य गंगा मैदान में पशुचारण के प्रमाण सीमित है। अर्थव्यवस्था के परिवर्तन को अप्रत्यक्ष स्रोतों से समझा जा सकता है, जैसे- विशेष संदर्भों में मवेशियों का उल्लेख कम होना तथा उन्हीं संदर्भों में अनाज का उल्लेख अधिक होना इत्यादि। इसी प्रकार राजसूय जैसे प्रमुख बलिमूलक कर्मकांडों तथा डेयरी उत्पादन की बजाय कृषि उत्पादन पर आधारित भेंट अर्पित करने के उल्लेख अधिक हैं।

श्रमगहन कृषि अर्थव्यवस्था–कृषि संकेत देती है कि सिंचाई साधनों एवं भूमि पर कुछ नियंत्रण अवश्य था। उत्तरी बिहार में धान की एकमात्र फसल मौसमी वर्षा द्वारा उपलब्ध कराये गये जल पर निर्भर थी। मध्य गंगा मैदान के दलदल सूख गये होंगे और यहाँ श्रम की अति आवश्यकता हुई होगी। धान की खेती भी श्रमगहन होती है। ऐसी गतिविधियाँ व केवल श्रम की उपलब्धता को अनिवार्य बनाती हैं बल्कि श्रम करने वालों एवं श्रम पर नियंत्रण रखने वालों के बीच एक सामाजिक दूरी को भी अपरिहार्य बनाती हैं। इसका अर्थ है कि ऐसा समाज मौजूद था जिसमें कुछ शक्तिशाली लोग अधिकांश लोगों को अपने लिए काम करने का आदेश दे सकते थे। अधिशेष जल की प्राप्ति के लिए छोटी-छोटी नालियां खोदकर दलदली क्षेत्रों का प्रवाह मोड़ना सिंचाई तंत्रों या कुंडों के अस्तित्व का संकेतक है, जिनके माध्यम से कृत्रिम सिंचाई के प्रयोग द्वारा आने वाली फसलों को सुनिश्चित किया जाता था। इस मामले में भी सिंचाई प्रणालियों के रख-रखाव में श्रम की आवश्यकता को नजरअन्दाज नहीं किया जा सकता।

आर्थिक परिवर्तन का प्रतिरूप–ऋग्वैदिक समाज अनिवार्यत: पशुचारक था किंतु इसमें कृषि का पूर्ण तिरस्कार नहीं था। वास्तव में, ऋग्वेद के उत्तरकालीन अनुभागों में कृषिक गतिविधियों का उल्लेख बार-बार हुआ है। उत्तर वैदिक ग्रंथों में प्रतिबिम्बित गंगा-यमुना दोआब का समाज कृषि पर अधिक निर्भर था फिर भी पशुपालन गतिविधियां महत्वपूर्ण बनी हुई थीं। ऐतिहासिक रूप से यमुना का पश्चिमी किनारा पशुचारण से सम्बद्ध बना रहा, जबकि दोआब बहुत पहले ही प्रमुख कृषि भूमि के रूप में विकसित हो चुका था। स्थिर बस्तियां कृषि को दिये जाने वाले बढ़ते हुए महत्व की एक विशेषता बन गईं, फिर भी ये परिवर्तन आकस्मिक नहीं थे। गेरुवर्णी मृद्भांड एवं ताम्रनिक्षेप संस्कृतियों से संकेत मिलता है कि दोआब में नयी बस्तियों को पुरानी छोटी बस्तियों के साथ अनुकूलन स्थापित करना पड़ा होगा। इस क्षेत्र में पूर्ववर्ती कृषक समुदायों के अस्तित्व ने वृहत्तर समुदायों के नाभिक का निर्माण किया होगा, जिसका प्रमाण उन स्थलों से प्राप्त होता है जहाँ 'गेरुवर्णी मृद्भांड' संस्कृति की बस्तियों का स्थान चित्रित धूसर मृद्भांड संस्कृति की बस्तियों ने ले लिया था।

ऋग्वैदिक पशुचारण–ऋग्वैदिक समाज के पशुचारण में पशुओं को चराना व पालना प्रमुख गतिविधियां थीं। पशुचारण सुनिश्चित

चरागाहों एवं पशु समूहों को बढ़ाने व संचित करने की योग्यता पर निर्भर रहता है। इसके राजनीतिक निहितार्थ चरागाह मैदानों की हदबंदी तथा उठाईगीरों पर कड़ी निगरानी की अपेक्षा रखते थे। मवेशियों का संचय 'गविष्टि' प्रजनन के अलावा अन्य पशु समूहों को लूटकर भी किया जाता था। इसलिए मवेशियों की लूट ताजा संग्रह का एक माध्यम थी और 'गविष्टि' शब्द को इस अर्थ में भी प्रयुक्त किया जाता है। पशुओं की चोरी करने वाले 'पणि' सबसे घातक शत्रु थे। पशुओं की लूट के साथ-साथ चरवाहों को भी बंदी बनाकर इनसे दास का काम लिया जाता था। इस स्थिति में नेतृत्व से अपेक्षा की जाती थी कि वह न केवल पशु सम्पदा की रक्षा करे अपितु अपने वंश को सुरक्षा देने के साथ-साथ चरागाहों या 'व्रज' पर अपने नियंत्रण व पशु सम्पदा पर अपने स्वामित्व के दावों की भी सुरक्षा करे। इसलिए गोप, गोपति एवं जनस्य गोपति जैसे राजा के पर्यायवाची बाद के काल में 'नृपति' व 'नरेश्वर' जैसे शब्दों द्वारा प्रतिस्थापित कर दिये गये। इस प्रकार पशु समूहों के स्वामी ने मनुष्यों के स्वामी के लिए मार्ग प्रशस्त कर दिया। राजा या मुखिया लूट या बाद में युद्ध का सफल नेता होता था। लूट का माल वंश के लोगों में बांट दिया जाता था किंतु यह वितरण समान नहीं होता था। इसका कुछ भाग राजा के लिए था, जबकि एक महत्वपूर्ण हिस्सा पुरोहित परिवारों के लिए था, जो यह दावा करते थे कि उनके कर्मकांडों से युद्ध में विजय सुनिश्चित हुई है और उन्हीं के आशीर्वाद से नायक को अमरत्व प्राप्त होता है।

कृषि अर्थव्यवस्था की ओर विस्थापन—मुखिया एवं पुरोहित का पारस्परिक सम्बंध पहली बार उत्तर वैदिक काल में परिवर्तन से गुजरा, जैसा कि अन्य वैदिक ग्रंथों में प्रतिबिम्बित होता हैं यद्यपि पूर्ववर्ती काल की पशुचारण अर्थव्यवस्था में कृषि अपवर्जित नहीं थी किंतु दोनों के बीच का संतुलन धीरे-धीरे कृषि के पक्ष में झुकता चला गया। ऋग्वेद में हल से खेती किये जाने का उल्लेख है (विशेषत: उत्तरवर्ती मंडलों में) किंतु प्रमुख कृषि औजारों के नाम, जैसे-लांगल, भाषायी रूप से गैर-आर्य प्रतीत होते हैं। पुरातात्विक प्रमाणों से भी इस क्षेत्र में वैदिक काल से पहले स्थायी किसानों के अस्तित्व का पता चलता है। उदाहरण के लिए, असुरों को कृषि गतिविधियों के लिए मौसमों की सही जानकारी थी। पशुचारकों व कृषिकर्मियों की घनिष्ठ समीपता से पारस्परिक निर्भरता के एक प्रतीकात्मक सम्बंध का आभास होता है। संभवत: चरवाहे ठूंठदार खेतों में अपने पशु चराते होंगे तथा खेतों की सुरक्षा के बदले में चारा प्राप्त करते होंगे। ऐसे कृषक, बिना विजित हुए भी, चरवाहे मुखियाओं की सत्ता को स्वीकार कर लेते होंगे। दोआब में प्रवसन के दौरान स्थानीय जनसंख्या के विरुद्ध युद्ध या विजय के कुछ ही उल्लेख मिलते हैं। अधिकांश युद्ध भू-प्रादेशिक नियंत्रण के दावों तथा इन प्रदेशों पर उत्तराधिकार के दावों के लिए प्रमुख वंशों के बीच लड़े गये। ऐसे उल्लेख ऋग्वेद में मिलते हैं या उत्तरकालीन ग्रंथों में पूर्ववर्ती घटनाओं के उत्तरी-पश्चिमी क्षेत्रों या दोआब में प्रवासन से पहले घटित माने जाते हैं।

नई भूमि में देशज जनसंख्या को अवशोषित या किनारे किये बिना बस्तियों का व्यवस्थित विकास किया गया। अब ये भूमि सम्पदा की एक वस्तु मानी जाने लगी थी जैसा कि इसका स्वामित्व वंश में निहित किये जाने से स्पष्ट होता है। पृथ्वी द्वारा भूमिदान की कोशिश करने वाले राजा विश्वकर्मा भुवन की निंदा करने का उल्लेख है तथा साथ ही यह भी उद्धरित किया गया कि राजा 'विश' की सहमति के बिना भूमि पर लोगों को नहीं बसा सकता था। वैदिक ग्रंथों में भूमि के विक्रय का कोई उल्लेख नहीं है।

पशु

प्रारंभिक वैदिक काल में आर्य पशुचारी अर्थव्यवस्था पर निर्भर थे, हालांकि वे कुछ हद तक कृषि, व्यापार तथा उद्योग में भी संलग्न थे। अत: इस काल में उनका मुख्य पेशा पशुपालन था। (मवेशी उनकी मुख्य संपत्ति थे)। वे मांस, दुग्ध उत्पाद तथा कृषि कार्यों के लिए मवेशीय रथ खींचने तथा युद्ध के लिए घोड़े, मांस के लिए भेड़-बकरी, मवेशियों की रक्षा, पहरेदारी तथा शिकार के लिए कुत्ते, और बोझ ढोने के लिए गधे पालते थे। जंगली पशु शेर, हाथी तथा भालू थे।

पूर्व वैदिक काल में पशुचारी अर्थव्यवस्था का महत्व मवेशियों के प्रत्यक्ष उल्लेख तथा 'पशु' के लिए प्रार्थना से स्पष्ट होता है। 'पशु' का अर्थ यहां मवेशी के अतिरिक्त बकरी, भेड़ घोड़ा तथा मनुष्य है। ऋग्वेद में धनी व्यक्ति को गोमत कहा गया है, जिसका शाब्दिक अर्थ है- वह व्यक्ति जिसके पास मवेशी हैं। 'गविष्टी' जैसे कई शब्द युद्ध के लिए प्रयुक्त हुए हैं। गविष्टी का अर्थ मवेशियों की खोज भी है। ऋग्वैदिककालीन राजा को 'गोमत' कहे जाने से भी मवेशियों का महत्व स्पष्ट होता है। उस काल में बेटी को दुहित्री-अर्थात् वह जो दूध दोहती है-कहा जाता था।

कृषि

पूर्व वैदिक काल में खेती बहुत छोटे स्तर पर की जाती थी कृषि प्रक्रिया के विभिन्न चरणों का उल्लेख मिलता है। बैलों द्वारा हल (सिर) खींचे जाने, जोते गए खेत (सीता) में बीज

डालने, हंसिया (दत्र) से अनाज काटने, इसके बोझे बनाकर पिटाई के लिए लाने, पिटाई तथा चलनी (त्रितड) अथवा पंखे (सुप्रा) से चोकर अलग करने का उल्लेख मिलता है। कृत्रिम जलमार्गों (जैसे- कुल्य तथा खनित्रिमा अप:) के उल्लेख से लगता है कि उन्हें सिंचाई की जानकारी थी। गेहूं (गोधूम) मुख्य खाद्यान्न था। अन्य फसलें जौ (यव) दलहन, तिल तथा कपास थीं।

उत्तर वैदिक काल में कृषि में कई सुधार हुए तथा यह मुख्य पेशा हो गया। हल को विकसित किया गया तथा इसके आकार में वृद्धि हुई। खाद का ज्ञान एक अन्य विकास था। उपरोक्त फसलों के अतिरिक्त चावल (जिसे वृहि कहा गया है) की खेती अब बड़े पैमाने पर होने लगी थी (चावल के बारे में संभवत: पूर्व आर्यों को भी ज्ञान था लेकिन इसकी खेती अधिक नहीं होती थी)। उत्तर वैदिक आर्य चावल की बरसाती मौसम में खेती करने लगे, जिसे षष्टिक कहा गया है, जो साठ दिनों में तैयार हो जाता था। हालांकि प्लशुक (शाब्दिक अर्थ प्रत्यारोपण) शब्द शतपथ ब्राह्मण में देखने को मिलता है पर उत्तर वैदिक काल में या तो प्रत्यारोपण नहीं होता था या बहुत छोटे स्तर पर होता था। लेकिन वैदिक काल के बाद इसका प्रचलन प्रारंभ हो गया। शतपथ ब्राह्मण में कृषि कार्यों के विभिन्न चरणों का उल्लेख है-जैसे कि जुताई, बुआई, कटाई तथा पिसाई। चावल तथा जौ के अलावा अन्य कई प्रकार के अनाज, जैसे-गेहूं दलहन तथा तिल की खेती उपयुक्त मौसम में होने लगी थी। कृषि के लिए भूमि का व्यक्तिगत स्वामित्व स्थापित हो चुका था। तैत्तिरीय संहिता में मनु द्वारा अपने बेटों में संपत्ति के विभाजन का प्रसिद्ध प्रकरण है।

उद्योग

बढ़ईगीरी, धातु कर्म, चमड़े का काम, बुनाई, मृद्भांड निर्माण तथा अन्य मौलिक शिल्प का प्रचलन ऋग्वैदिक काल में था। धातुकर्म करने वाला अयस (तांबे) से विभिन्न चीजें बनाता था तथा उसे कर्मार कहा जाता था। बढ़ई (तक्षण) रथ, गाड़ी (अनस) तथा नाव (नौ) बनाते थे। सुनार (हिरण्यकार), मृद्भांड निर्माता, अनाज पीसने वाले, नाई (बालू), चमड़े का काम करने वाले (चर्मम्ण) तथा वैद्य अपना-अपना काम करते थे।

उत्तर वैदिक काल में रथ-निर्माण, रंगाई, धुलाई, तीर-धनुष, कशीदाकारी, बेकरी-निर्माण, अग्नि-शमन आदि जैसे नए पेशों के अस्तित्व में आने से कार्य में विशिष्टीकरण हुआ। उत्तर वैदिक काल में धातु कर्म में भी प्रगति हुई। इस काल में शीशा, टीन (त्रपु), चांदी (रजत), सोना (हिरण्य), अयस (तांबा) तथा 'काले' अथवा श्याम अयस (लोहा) का प्रयोग होता था। लोहे की जानकारी ऋग्वैदिक काल में भी थी, लेकिन इसका प्रयोग आठवीं या सातवीं शताब्दी ई. पू. में आम हो गयी।

व्यापार

ऋग्वैदिक काल से ही छोटे स्तर पर व्यापार का प्रचलन रहा था। यह मुख्यत: वस्तु-विनिमय प्रणाली पर आधारित था। वैदिक भारतीयों की धन गायें थीं, जो विनिमय के माध्यम का भी काम करती थीं। उस समय में निष्क हिरण्यपिंड तथा मन माप एवं मूल्य की इकाइयां थीं, लेकिन उन्हें सोने का सिक्का नहीं माना जा सकता। पणि आंतरिक तथा विदेशी व्यापार में संलग्न थे। कई ग्रंथों में इनके लालच के कारण इनकी आलोचना की गई है। स्थल मार्गों पर बैलों तथा टट्टुओं का प्रयोग किया जाता था। जल मार्ग का भी प्राय: प्रयोग होता था।

उत्तर वैदिक काल में व्यापार का विकास हुआ तथा इसके संगठन की आवश्यकता महसूस हुई। व्यापारी ऋग्वैदिक काल में गणों तथा उत्तर वैदिक काल में श्रेणियों में संगठित हुए। वैश्य (श्रेष्ठिन) व्यापार एवं वाणिज्य का कार्य करते थे। बाजार में मोल-भाव इस हद तक बढ़ गया था कि अथर्ववेद के एक सूक्त में मोल-भाव के द्वारा व्यापार में सफलता का उल्लेख भी मिलता है। कुछ लोग ऋण देने लगे। शतपथ ब्राह्मण में ऋण देने वाले को कुशीदीन कहा गया है। निष्क के अलावा शतमान और कृष्णाल मूल्य की इकाइयों के रूप में प्रयुक्त किए गए। शतपथ ब्राह्मण में शतमान नामक सोने के टुकड़े का उल्लेख ब्राह्मणों को दान देने के संबंध में हुआ है। इसमें एक अन्य प्रकार के सोने के टुकड़े स्वर्ण का भी उल्लेख है। वृहदारण्यक उपनिषद् में पाद का उल्लेख है। लेकिन ये सभी स्वर्ण आभूषण अथवा सोने के टुकड़े थे, सिक्के नहीं।

3.6 राजनीतिक संगठन और राजतंत्र का विकास

राजनीतिक व्यवस्था की प्रकृति

ऋग्वैदिक कालीन राजन्य–वैदिक 'जन' में कई 'विश' होते थे जो ऋग्वैदिक काल के दौरान 'विश' एवं 'राजन्य' में बंट गये। राजन्य से शासक परिवारों का बोध होता था। उत्तर वैदिक कालीन ग्रंथों में भी 'राजन्य' का उल्लेख नायक के लक्षण के रूप में किया गया हैं तथा इन्हीं परिवारों में से राजा का चुनाव होता था। एक स्थान पर कहा गया है

कि जो सफलतापूर्वक अश्वमेध यज्ञ का संपादन करेंगे वे 'राष्ट्र' में भागीदारी करेंगे और राज्याभिषेक के पात्र बन जायेंगे जबकि जो असफल होंगे वे 'राजन्य' के सदस्य बने रहेंगे। विश एवं राजन्य का मूलभूत सम्बन्ध ऋग्वैदिक काल की तुलना में उत्तरवैदिक काल में अधिक स्पष्ट था। 'विश' 'बलि' के रूप में राजन या मुखिया को उपहार देते थे तथा यह एक अधीनतामूलक सम्बन्ध था क्योंकि 'राजन' सदैव अन्य 'राजनों' द्वारा चुना जाता था और 'विश' अनिवार्यत: राजकर उपलब्ध कराते थे। इसी राजकर तथा लूट के माल से राजन्य परिवारों का निर्वाह होता था।

उत्तर-वैदिक कालीन क्षत्रिय–ऋग्वैदिक कालीन राजन्य को उत्तर वैदिक कालीन 'क्षत्रिय' द्वारा प्रतिस्थापित कर दिया गया। क्षत्र या शक्ति जन एवं उसके भू-प्रदेश के नियंत्रण पर आधारित थी और क्षत्रिय वंश परम्परा के नाम पर ही भू-प्रदेशों के नाम रखे जाने पर यह मुखर हुई। क्षत्रिय एवं विश की दूरी ने कुछ तनाव भी पैदा किया और अंत में क्षत्रिय निर्णय अधिकार सम्पन्न हो गये किन्तु विश अधीनस्थ की श्रेणी में आ गये।

सत्ता के रूप में वंश का महत्व–क्षत्र 'विश' का भक्षण करता है या विशमत्ता के रूप में राजा के उल्लेखों या हिरण के अनाज खाने के दृष्टांतों जैसे उदाहरणों से दोनों के बीच तनाव का संकेत मिलता है। विश द्वारा क्षत्रिय के लिए एक अंश छोड़ा जाता था तथा क्षत्रिय उस प्रत्येक चीज में हिस्सेदार थे जो विश के स्वामित्व से जुड़ी थी। इसी से उस भ्रूण विचार का आभास मिलता है, जो बाद में 'भाग' (एक अंश) या 'बलि' (एक स्वैच्छिक राजकर) जैसे करों के नामकरण का आधार बना। सभी रूपों में 'विश' क्षत्रिय का आज्ञापालक था। विश एवं क्षत्रिय की दूरी के बावजूद कर्मकांडीय या समाजिक बहिष्कार के प्रमाण नहीं मिलते हैं, जैसा कि शूद्रों के साथ किया गया था, जो ब्राह्मणों, राजन्य व वैश्यों के साथ यज्ञीय कर्मकांडों में भाग नहीं ले सकते थे।

नयी मांगों की पूर्ति हेतु नयी बस्तियों की स्थापना–नयी जरूरतों की पूर्ति हेतु अपना उत्पादन बढ़ाने की विश की अनिवार्यता दो कारणों पर टिकी थी–एक कृषि योग्य भूमि का विस्तार करने व नयी बस्तियां बसाने के लिए तथा दूसरी वंश परम्परा से बाहर के लोगों की सेवाएँ प्राप्त करने व उन्हें नियोजित करने के लिए। इस स्थिति में शूद्र एवं दास ऐसे कार्यों के लिए उपलब्ध थे। इसके परिणामस्वरूप एक गृहस्थीमूलक अर्थव्यवस्था का विकास हुआ, जिसमें विस्तारित परिवार गृहस्थी की स्थापना करते थे और सम्बंधों की एक शृंखला में श्रम का नियोजन करते थे। क्षत्रियों को विश द्वारा की जाने वाली अदायगी तथा शूद्रों द्वारा उपलब्ध करायी गयी श्रमशक्ति स्तरीकरण के लिए एक पर्याप्त आधार थी यद्यपि इस स्तरीकरण की देखभाल के लिए एक राज्यतंत्र की जरूरत अभी नहीं थी फिर भी सत्ता के दावे के लिए वंश का महत्व अभी भी पर्याप्त महत्वपूर्ण बना हुआ था। शायद इसी संदर्भ में 'विश' और 'प्रजा' को क्षत्रिय का आज्ञापालक बताया गया। 'प्रजा' एक नयी अवधारणा थी जिसमें अगोत्रीय समूहों के साथ-साथ शूद्रों जैसे गैर-वंशीय समूह भी शामिल थे।

जनपदों का उदय–वंशों का एक समूह जन की स्थापना करता था तथा वह भू-प्रदेश, जहाँ वे बसते थे 'जनपद' कहलाता था। जब तक बस्तियों का आकार छोटा था, वंश की सत्ता, नियंत्रण के एक कार्यतंत्र के रूप में, पर्याप्त थी। इसका संकेत इस बात से भी मिलता है कि क्षत्रिय वंशों द्वारा नियंत्रित क्षेत्रों के नाम भी उनके वंशों के पर्याय के रूप में रखे गये थे। इनमें कुरु व पांचाल से लेकर कैकेय, मद्र, मत्स्य आदि का उल्लेख है। क्षत्रिय वंश जनपद के भूभाग पर नियंत्रण का दावा करते थे किंतु इस समय सुपरिभाषित भू-प्रादेशिक इकाई की धारणा अनिश्चित थी। जनपदों की सीमाएं भू-स्थलाकृतिक विशेषताओं, जैसे–वन, नदी या पहाड़ियां, के आधार पर निर्धारित की जाती थी। इसी समय राष्ट्र का भी उल्लेख मिलता है किंतु इसका अर्थ एक निरपेक्ष नियंत्रण का दावा करने वाले सुपरिभाषित क्षेत्र के रूप में प्रतीत नहीं होता है। राज (चमकाना) से व्युत्पन्न 'राष्ट्र' शब्द का प्रयोग ऋग्वेद या उत्तर वैदिक ग्रंथों में एक राज्यक्षेत्र या सत्ता के अर्थ में अधिक हुआ है।

क्षत्रियों एवं गृहपतियों के बीच सम्बंध–जब राजन्य शक्ति प्राप्त करने के बाद क्षत्रियों में रूपांतरित हो गये और पुनर्वितरण प्रणाली का केन्द्र बन गये, तब वे विश की अदायगी एवं कृषि गतिविधियों पर अधिक निर्भर हो गये। क्योंकि मुखियाओं के रूप में क्षत्रियों की संख्या विश के सदस्यों की संख्या से कम थी अत: ऐसी निर्भरता असंभव नहीं थी। इसीलिए गृहस्थीमूलक अर्थव्यवस्था धीरे-धीरे क्षत्रिय वंशों की बजाय विश के साथ जुड़ती चली गयी। इसी के परिणामस्वरूप एक सामाजिक वर्ग के रूप में गृहपतियों का उदय हुआ जो विश से संबद्ध थे। जब वैश्यों द्वारा विश को प्रतिस्थापित किया गया तो एक बदली हुई स्थिति सामने आयी जिसमें वंशीय तत्वों की बजाय व्यक्तिगत प्रस्थिति महत्वपूर्ण बन गई। इस चरण में शूद्रों का उल्लेख भी बारम्बार होने लगा और वैश्यों एवं शूद्रों के बीच भेद पैदा होने लगा, जैसा कि एक उद्धरण में कहा गया है कि

वैश्य को पीड़ित किया जा सकता है किंतु शूद्र को पीटा और कत्ल किया जा सकता है। ऐसे में यह प्रश्न उभरता है कि वैश्य और शूद्र में से वास्तविक कृषक कौन था? तकनीकी अर्थों में ऋग्वेद में प्रयुक्त 'किनास' शब्द को कृषक का पर्याय माना गया है तथा उत्तरवैदिक ग्रंथों में कर्षक, क्षेत्रक एवं शूद्र का उल्लेख है। खेती में वैश्यों का उपयोग नहीं था फिर भी वैश्यों ने अपनी सम्पत्ति कृषि के माध्यम से बढ़ायी होगी। अब विश की पहचान एक गृहस्थी मूलक प्रणाली के रूप में की जाने लगी जिसका पैतृक मुखिया गृहपति घरेलू श्रमिकों के साथ-साथ शूद्रों व दासों पर भी नियंत्रण रखता था। दास या शूद्र पराधीन नहीं थे बल्कि दास वर्ण के दरिद्र सदस्य थे तथा उनकी अधीनस्थता उनकी वंश परम्परा से बाहरी व्यक्ति होने का परिणाम न होकर संभवतः उनकी दरिद्रता का प्रतिफल रही होगी।

पेशगी या कर के बीच का अंतर

बलि, भाग एवं शुल्क जैसे शब्दों की व्याख्या विभिन्न प्रकार के करों के रूप में की गई है। किंतु इनमें से कोई भी एक निश्चित समय पर नियमित रूप से नहीं वसूला जाता था। इनकी मात्रा भी निर्धारित नहीं थी। इसके साथ ही ऐसे विशिष्ट व्यावसायिक समूहों का अभाव था, जिनसे इनका संग्रह किया जाता और न ही वसूली करने वाले अधिकृत लोग थे। ये सभी शर्तें पहली बार वैदिक काल में पूरी हुईं जब कर वसूले गये और करों के रूप में उक्त शब्द प्रयुक्त किये गये। वैदिक ग्रंथों के एक उदाहरण से स्पष्ट है कि 'बलिहृत' विजित जातियों द्वारा चुकाया जाने वाला एक 'नजराना' था। अपेक्षाकृत अधिक उल्लिखित 'बलि' विश द्वारा दी जाने वाली सामान्य भेंट थी, जिसे 'कर' की बजाय एक भेंट या पेशगी के रूप में देखा जा सकता है। यदि बलि को किसी नियत काल के साथ जोड़ा गया था तो इसका सम्बन्ध राज्याभिषेक के अवसरों या कर्मकांडों के निष्पादन से हो सकता है। यह मूल रूप में एक पराजित जाति द्वारा दी जाने वाली भेंट या नजराना हो सकता है किंतु बाद में इसका विस्तार ऐसी भेंटों के रूप में हो गया जो अधीनस्थ समूहों द्वारा सत्तारूढ़ समूहों को दी जा रही थीं। 'बलिहृत' एवं 'बलिकृता' जैसे शब्दों का प्रयोग कर चुकाने वाले समूहों की बजाय भेंट वहन या उपलब्ध कराने वाले लोगों के लिए किया जा सकता है।

एक अंश के अर्थ में 'भाग' का सम्बन्ध कर्मकांडीय अवसरों पर पेशगी के बंटवारे या लूट में बचे माल के वितरण से था। इसकी उत्पत्ति मुखिया द्वारा दिये गये प्रथम प्रसाद की परम्परा में ढूँढ़ी जा सकती है जो पुरातन समाजों में प्रचलित थी। इसका सम्बन्ध 'भागदुध' से था। 'दुध' (दुहना) शब्द से उत्पन्न होने के कारण संग्राहक के रूप में व्याख्यायित किया जाता है। भागदुध को 'पूसन' (वितरक) के साथ भी जोड़ा जाता है।

ऋग्वेद में 'शुल्क' शब्द का अर्थ एक कर के रूप में नहीं है किंतु इसका प्रयोग मूल्य के एक मापक के रूप में किया गया है। अथर्ववेद में इस शब्द का प्रयोग कमजोर द्वारा शक्तिशाली को चुकाये जाने वाले एक मूल्य के रूप में हुआ है। ऋग्वेद में बलि, भाग एवं शुल्क शब्दों का अर्थ भेंट, बंटवारा एवं मूल्य के रूप में था जबकि उत्तरकालीन धर्मशास्त्र साहित्य में इनका अर्थ करों एवं वसूलियों से लिया जाने लगा।

राजतंत्र का विकास

ऋग्वेद में राजा–यह बहुत ही विवादास्पद है कि राजा वंशों द्वारा चुना जाता था या एक अधिक चयनित समूह की इच्छा द्वारा। ऋग्वेद के एक स्रोत में स्पष्ट है कि जो राजा का चुनाव करते थे वे 'विश' से अलग होते थे। बलि की मांग कमजोर हुई होगी, यदि विश का राजा चुनने का अधिकार मिला होता। फिर भी एक अन्य स्रोत में विश द्वारा राजा को चुने जाने का उल्लेख है। संभावना यह भी कि पुरानी प्रथाएँ बाद में अप्रचलित हो गयीं जब राजा अधिक शक्तिशाली बन गया। वैदिक स्रोतों में राजा का पद प्रमुखतः युद्ध में एक मेहा तथा बस्तियों के संरक्षक का था। शुरूआत में यह पद वंशानुगत नहीं था और प्रत्येक रिक्त अवसर पर राजा का चयन एवं राज्याभिषेक होता था।

उत्तर वैदिक काल में राजा–उत्तर वैदिक काल में राजा का राज्याभिषेक क्षत्र के दावों के साथ अधिक भव्य हो गया और यह शक्ति का एक मार्ग बन गया। राजव्य शब्द वंश परम्परा में अन्तर्निहित अनिवार्य दर्जे का सूचक था। क्षत्रिय अस्थायी शक्ति व सत्ता का सूचक था जो न्यूनतम युद्ध में सफलतापूर्वक नेतृत्व पर तथा अधिकतर वंशभूमियों पर प्रतीकात्मक स्वामित्व व पेशगी की मांग करने वाली मूर्त शक्ति (जो भू-प्रदेश पर प्रभुता के दावों में निहित थी) पर आधारित थी। 'क्षत्र' की अवधारणा की तह में ही

'राज्य' (अस्थायी सत्ता) की अवधारणा छुपी हुई थी तथा राज्याभिषेक के समय नारा देकर कहा जाता था कि राजा प्रजा के ऊपर अपनी सत्ता रखता है। राजा कई अर्थों में वंशमूलक प्रणाली का राजनीतिक व आर्थिक केन्द्र बिन्दु था। उसके उपलब्ध संसाधनों तक पहुँच बनाकर भू-प्रदेश इकाई पर नियंत्रण को एकीकृत किया था। उसकी प्रस्थिति वंश के कल्याण तथा मुखिया के शारीरिक कल्याण के भी एक सम्बंध का प्रतीक थी। मुखिया की इसी केन्द्रीय स्थिति के कारण उसके अधिकार व विशिष्टताएँ बढ़ते गये। इसमें ईश्वर के साथ सम्पर्क की क्षमता भी शामिल थी। हालांकि राजा द्वारा खुद के दैवत्व का दावा नहीं किया गया था किंतु उसके चयन में ईश्वरीय हस्तक्षेप के उदाहरण उसे एक विशिष्ट व्यक्ति बना देते थे।

राजत्व का उदय

मुखिया परिवारों में शक्ति के क्रमिक संकेन्द्रण के साथ ही अन्य परिवर्तन हुए जिन्होंने राजत्व के उदय को गतिशीलता प्रदान की। परिवर्तन के बिंदु की पहचान आसान नहीं है किंतु प्रवृत्तियाँ स्पष्ट थीं।

- निर्वाचन एवं चयन का स्थान वंशानुगत दावों ने ले लिया जैसा कि वंशानुक्रमों (सुदास के उदाहरण सहित) से स्पष्ट होता है। धीरे-धीरे ज्येष्ठता पर दिये जाने वाले बल ने वंश में निहित उत्तराधिकार को सुरक्षा प्रदान की।
- एक अन्य महत्वपूर्ण रियायत राजा को दण्ड देने का अधिकार मिलना था। यह उसके अस्तित्व का अनिवार्य सहगामी था, जिसने उसके कानून व व्यवस्था के अनुकरण हेतु उत्तरदायी बनाया। फिर भी इसके पहलुओं को परवर्ती काल तक विशेष रूप से प्रकाशित नहीं किया गया था।
- राजा के पद से जुड़ी दैवीयता की धारणा राज्य की ओर अनिवार्य संक्रमण को सुनिश्चित करती थी। परिवारों में राजा की प्रस्थिति हेतु यह समिति अर्हता पहले ही उसके पद के साथ सम्बद्ध हो चुकी थी। सामुदायिक हित के प्राचीन विचार प्रत्यक्षत: मुखिया के स्वास्थ्य व कल्याण से जुड़े थे तथा इन्हें कर्मकांडीय अवसरों पर मजबूती प्रदान की जाती थी।
- राजसूय, अश्वमेध, वाजपेय जैसे प्रमुख यज्ञीय कर्मकांड बड़े समारोहों में धन व्यय करने के अवसर बन गये। इनमें दूध व घी के तर्पण, विभिन्न अनाजों की भेंटें तथा पशुओं की बलि भी शामिल थी।
- उपहारदेयता सामाजिक दर्जे तथा प्रभावी समूहों के बीच पारस्परिकता को मजबूत बना लिया था। अनुग्रह की धारणा पुरोहितों द्वारा राजा के लिए निष्पादित की गयीं सेवाओं के बदले उपहार प्राप्ति के रूप में देखी जाती थी। क्षत्रियों एवं ब्राह्मणों के बीच एक विनिमय के रूप में उपहारदेयता प्रतिबंधित नहीं थी। उदाहरणार्थ–राजसूय यज्ञ के अवसर पर आरंभिक रूप में अन्य मुखियाओं द्वारा यजमान के लिए पेशगी के रूप में उपहार दिये जाते थे।

वंशमूलक प्रणाली से राज्य की ओर संक्रमण

राज्य का अवरुद्ध विकास–पश्चिमी प्रंगा घाटी में विकसित वंशमूलक प्रणाली के फलस्वरूप एक ऐसी स्थिति पैदा हुई जिसे ' ' राज्य का अवरुद्ध विकास के रूप में संबोधित किया जाता है। इस काल के दौरान इस क्षेत्र में वंशमूलक प्रणाली सीधे एक राज्य के रूप में विकसित नहीं हुई थी। कुछ प्रवृत्तियाँ राज्य के उदय में प्रोत्साहक थीं किंतु अन्य बाधाओं के रूप में जारी रहीं।

- भू-प्रादेशिक इकाइयों तथा इनके साथ पहचान के बारे में एक जागरूकता विद्यमान थी। मुखिया से भू-प्रदेश में संसाधनों व आर्लिन्ज उत्पादन व वितरण को एकीकृत करने की अपेक्षा की जाती थी और इसी भूमिका के कारण उसे अधिक महत्व दिया जाता था।
- व्यापक संसाधनों तक पहुँच गहन कृषि के कारण संभव हुई तथा जनसंख्या में वृद्धि के कारण संभव हुई तथा जनसंख्या में वृद्धि के फलस्वरूप कृषि का विस्तार हुआ। किंतु एक राज्यतंत्र को वित्त पोषित करने की दृष्टि से संसाधनों की वृद्धि अपर्याप्त थी।
- राजा के हाथों में शक्ति के संकेन्द्रण ने उसके नियंत्रण व दर्जे को बढ़ाया किंतु उस समय भी छोटे मुखिया उसके द्वारा नियुक्त न होकर खुद अपने अधिकार से नियुक्त होते थे। सत्ता का प्रतिनिधित्व बहुत ही कम था।
- पवित्र सत्ता एवं राजा दोनों की प्रस्थिति को कायम रखने के लिए आयोजित कर्मकांडों के समर्थन हेतु अनेक भेंटें व पेशगियां दी जाती थीं। किंतु एक राज्य की संस्थाओं के वित्त पोषण हेतु आय अर्जित करने का कोई व्यवस्थित तरीका मौजूद नहीं था। अधिकांश धन प्रतिष्ठामूलक कर्मकांडों पर व्यय किया जाता था।

वंशप्रणाली की सत्त्ता हेतु उत्तरदायी कारण–वंशमूलक प्रणाली की सत्त्ता कई कारणों से संभव थी।

- यह नृजातीय व सांस्कृतिक समूहों की विविधता को समावेशित करने का एक सफल तंत्र था, जिसमें प्रत्येक समूह अपनी पहचान को एक-दूसरे के साथ सान्निध्यपूर्ण सम्बन्ध के रूप में कायम रखता था। यह चन्द्रवंशी क्षत्रियों के वंशानुक्रम में व्यापक विखंडन का एक संभावित कारण था। इन वंशों की भौगोलिक पहुँच में उत्तरी, पश्चिमी एवं मध्य भारत शामिल थे।
- जहाँ भूमि सुगमता से उपलब्ध थी, वहाँ वंश प्रणाली बिखराव के माध्यम से खुद को पुनर्स्थापित कर सकती थी और ऐसी स्थिति में उस संख्या के दबाव से जूझने या और अधिक संसाधन जुटाने की जरूरत के कारण किसी परिवर्तन से गुजरने की आवश्यकता नहीं थी।
- पुनश्चः, जहाँ खेती योग्य भूमि आसानी से बिना किसी सहकारी संगठन के उपलब्ध थी तथा एक मजबूत पशुधन आधार पर कृषि की जड़ें जमी थीं। वंश प्रणाली अपने में निहित समूहों को एक राज्य का अधीनस्थ बनाये बगैर उनके कार्यों को सम्पन्न कराने में सहायक थीं। ऐसी स्थितियों के लिए अनुकूल पश्चिमी गंगा घाटी में उन परिवर्तनों की जरूरत अनुभव नहीं की गयी, जो मध्य गंगा घाटी में हुए थे।
- पश्चिमी गंगा घाटी में न तो एक राज्य संस्थाओं के वित्त पोषण हेतु पर्याप्त संसाधन थे और न ही ऐसी संस्थाओं के निर्माण के बारे में इन संसाधनों की भूमिका स्पष्ट हुई थी।
- ईसा पूर्व पहली सहस्राब्दी के मध्य तक लौह प्रयोग ने कृषि तकनीक को प्रभावित नहीं किया था। दोआब में जलाकर वनों की सफाई के प्रमाण मिलते हैं, जैसा कि इन्द्रप्रस्थ को बसाने के लिए खांडव-वन को जलाने के उल्लेख से पता चलता है। मध्य गंगा घाटी में मानसूनी वनों एवं दलदलों को साफ करने में लोहे का प्रयोग अधिक आवश्यक हो गया था।

पी.जी.डब्ल्यू. एवं एन.बी.पी.डब्ल्यू. बस्तियों की तुलना–चित्रित धूसर मृद्‌भांडों (पी. जी. डब्ल्यू.) की संस्कृति के पुरातात्विक प्रमाणों से पता चलता है कि इन बस्तियों व समुदायों का आकार, परवर्ती उत्तरी वाले पॉलिशदार मृद्‌भांडों से जुड़ी बस्तियों व समुदायों की तुलना में छोटा था। भू-प्रदेश को जन के राजनीतिक नियंत्रणाधीन क्षेत्र के रूप में नहीं देखा गया किंतु क्षत्रिय वंशों के वैवाहिक सम्बन्धों का भू-प्रादेशिक आयाम अधिक विस्तीर्ण था। वंश की भांति वर्ष आत्मसातीकरण का एक कार्यतंत्र था किंतु यह एक स्तरीकृत समाज को प्रतिबिंबित करता था। वैदिक साहित्य एवं पुरातात्विक प्रमाणों से स्पष्ट है कि कुरू-पांचाल क्षेत्र में विविध समूहों के वंश नियंत्रण पर आधारित एक कार्यशील तंत्र में अनुकूलित होने की विधियाँ विकसित कर लेने के संकेत मिलते हैं। वैदिक साहित्य में अपेक्षाकृत सतही वंश सूचियों तथा चंद्र वंश के निरंतर प्रशासन से अनुमान लगाया जा सकता है कि तनाव के शमन की विधियों के रूप में राज्य के माध्यम से नियंत्रण की प्रणाली विकसित करने की जरूरत ने बजाय प्रवासन अधिक उपयुक्त था।

एक समग्र राज्य की ओर संक्रमण–मध्य गंगा घाटी से पूर्व की ओर प्रवासन एक भिन्न पारिस्थितिकी परिदृश्य को दर्शाता है, जिसमें वंश परम्परा एवं गृहयति की भूमिका में परिवर्तन शामिल था और विशेषतः व्यापार इस समय एक नये कारक के रूप में दस्तक दे रहा था। इस नयी परिस्थिति में क्षत्रियों ने व्यापक शक्ति का दावा किया तथा पेशगियां करों में रूपांतरित हो गयीं। इसलिए समग्र राज्य का निर्माण मध्य गंगा घाटी में हुए पारिस्थितिकी परिवर्तनों का परिणाम था।

राजनैतिक इकाइयां

ऋग्वैदिक काल में राजनैतिक संगठन की निम्न इकाइयों को देखा जा सकता है–'कुल' अथवा परिवार राजनैतिक संगठन की मौलिक इकाई थी तथा इसका प्रमुख कुलप या गहपति था। अगली इकाई ग्राम या गांव थी जिसका प्रधान ग्रामणी होता था। विश अथवा गांवों के समूह का प्रमुख विशपति होता था। सबसे बड़ी इकाई जन अथवा कबीला था (जो कि यूनानी जेनस तथा रोम के जेन्स के समान है जिसका अर्थ है-एक पूर्वज के वंशज परिवार जिनके एक प्रकार के नाम तथा धार्मिक कर्मकांड होते हैं)। ऋग्वेद में जन शब्द का उल्लेख 275 बार हुआ है जबकि विश 117 बार तथा ग्राम सिर्फ 13 बार देखने को मिलता है। 'कुल' शब्द स्वतंत्र रूप से एक बार भी उल्लिखित नहीं है लेकिन कुलप एक बार मिलता है।

उत्तर वैदिक काल में कई जनों (कबीलों) ने मिलकर राष्ट्रों या जनपदों (क्षेत्रीय राज्यों) का निर्माण किया तथा इस प्रकार कबीलायी सत्ता का विस्थापन क्षेत्रीय सत्ता द्वारा हुआ।

राजन या कबीलायी प्रमुख

पुरु कबीले में चार पीढ़ियों तक तथा सृंजय में दस पीढ़ियों तक राजत्व के वंशानुगत होने का उल्लेख है। प्रारंभिक वैदिक काल में राजत्व एक मानवीय संस्था थी तथा अलौकिकता का सिद्धांत अज्ञात था। सिर्फ पुरुकुत्स नामक एक राजा को 'अर्द्धदेव' गया है। हालांकि अधिकतर परिस्थितियों में मुख्य का पद वंशानुगत होता था, पर उसकी शक्ति असीमित नहीं थी तथा उसे ऋग्वैदिक काल में कबीलायी सदनों का ध्यान रखना पड़ता था। कभी-कभी समिति (कबीलायी सदन) द्वारा भी राजा का चुनाव होता था। कबीले के मवेशियों की रक्षा, कबीले के लिए युद्ध करना तथा कबीले के लिए ईश्वर से प्रार्थना करना राजा के मुख्य कार्य थे।

उत्तर वैदिक काल में कई कबीलों के आपस में मिलने से राज्यों के आकार में वृद्धि हुई, जिससे राजा की शक्ति में भी वृद्धि हुई। राजा अपनी स्थिति को मजबूत करने के लिए कई प्रकार के यज्ञ तथा कर्मकांड करता था। इनमें राजसूय (समर्पण समारोह जिसमें राजा को असीमित शक्ति प्रदान की जाती थी), अश्वमेघ (घोड़े की बलि जिसके द्वारा वह अपने पड़ोसियों पर अपना अधिकार स्थापित करता था) तथा वाजपेय (रथों की दौड़ जिसके द्वारा वह अपने राज्य में अपने लोगों के बीच अपनी सर्वोच्चता को पुनर्स्थापित करता था)। ऐतरेय तथा शतपथ ब्राह्मणों में कौशल के परा, शतणिक शतराजित तथा पुरुकुत्स इक्ष्वाकु जैसे कुछ सम्राटों का उल्लेख है जिन्होंने अश्वमेघ यज्ञ किया था।

राजसूय यज्ञ में पांच मुख्य समारोह होते थे- (a) रत्नविंशी (यह उत्तर वैदिक काल के राजनैतिक संगठन पर प्रकाश डालने वाला सर्वाधिक महत्वपूर्ण उत्सव है, जिसमें विभिन्न अधिकारी विभिन्न देवी-देवताओं का आह्वान करते थे), (b) देवसुहविंशी (देवी-देवताओं को भेंट करना), (c) अभिसेचनियम (छिड़काव समारोह) (d) प्रतिष्ठापन समारोह, तथा, (e) आघात समारोह। वाजपेय अथवा रथ दौड़ में साधारणत: राजन सहित 17 रथ चालक भाग लेते थे।

उत्तर वैदिक ग्रंथों में राजत्व की उत्पत्ति पर विवाद हैं। विभिन्न संभावनाओं को तलाशा गया और फिर यह प्रकाश में आया कि युद्ध में एक नेता की आवश्यकता के कारण राजत्व की उत्पत्ति हुई। अन्य सिद्धांतों में भी राजत्व की अलौकिक उत्पत्ति का उल्लेख है। अश्वमेघ आदि यज्ञों द्वारा इन सिद्धांतों को और बल प्रदान कर राजा की स्थिति को मजबूत बनाया गया। अथर्ववेद तथा शतपथ ब्राह्मण में राजा की बढ़ती हुई शक्ति का कारण अलौकिकता बताई गई है। अथर्ववेद में राजा परीक्षित को मनुष्यों के बीच देवता बताया गया है जबकि शतपथ ब्राह्मण में राजा को स्वयं प्रजापति का दृश्य-संकेत बताया गया है। कुछ अन्य सिद्धांतों में बताया गया है कि राजा को भौतिक प्राप्ति की आशा में प्रजा के द्वारा चुना गया है। इन सिद्धांतों के अस्तित्व से ज्ञात होता है कि राजनैतिक सत्ता की प्रकृति बदल रही थी तथा साथ-साथ इन परिवर्तनों को समझने तथा इन्हें सही ठहराने के प्रयत्न चल रहे थे।

राजा भूमि दान दे सकता था, परंतु इसका तात्पर्य सिर्फ कर के अधिकार से था, कृषकों पर उसका कोई स्वामित्व नहीं था। इसी प्रकार राजा गांवों के वित्तीय मसलों के संबंध में अपने अधिकार अपने प्रिय लोगों को सौंप देता था। भूमि दान को 'स्वामित्व दान' के संदर्भ में अच्छा नहीं माना जाता था क्योंकि शतपथ और ऐतरेय ब्राह्मणों की कहानी में जब राजा विश्वकर्मण ने अपने पुरोहित को पृथ्वी देने की पेशकश की तब पुरोहित ने पृथ्वी दान में लेने से इनकार कर दिया। इस प्रकार का भूमि दान रीति-रिवाजों का उल्लघंन था। सभी प्रकार की भूमि पर राजा के पूर्ण अधिकार वाले सिद्धांत का अभी तक प्रतिपादन नहीं हुआ था।

गणराज्य

गणराज्यों के लिए 'गण' शब्द का प्रयोग ऋग्वेद में 46 बार हुआ है। इन उल्लेखों से लगता है कि गण एक प्रकार का धार्मिक एवं सांस्कृतिक [नृत्य एवं पान (dancing and drinking)] सदन था। शासन पद्धति के विभिन्न प्रकारों के वर्गीकरण का प्रथम प्रयत्न ऐतरेय ब्राह्मण में देखने को मिलता है जिसमें 10 प्रकार की शासन पद्धतियों का उल्लेख है। इस ग्रंथ में 'स्वराज्य' और 'वैराज्य' जैसे शब्द गणराज्य संविधानों से संबद्ध हैं। हिमालय के पार के दो कबीलों-उत्तरामाद्र तथा उतरकुरु के बारे में उल्लेख है कि उनकी शासन पद्धति वैराज्य थी।

कबीलायी सभा

ऋग्वैदिक काल में 'विदथ', 'सभा' और 'समिति' की अपेक्षा, 'सभा' अधिक लोकप्रिय थी। विदथ में महिला और पुरुष दोनों भाग लेते थे। इसमें विवादों का निपटारा भी किया जाता था। यह पुनर्वितरण का कार्य करती थी। इस सभा में यज्ञ भी किए जाते थे जहां लोग एकत्र होकर मौज-मस्ती करते थे।

संभवतः 'विदथ' मूल सभा थी, जिससे 'सभा' और 'समिति' अलग हुए। 'सभा' को 'नरिष्ट' कहा गया है जिसका अर्थ है- 'कई लोगों का प्रस्ताव', जिसे तोड़ा नहीं जा सके। यह कार्यपालिका का कार्य देखती थी। 'समिति' सभी लोगों की आम सभा थी। 'समिति' का सर्वाधिक महत्वपूर्ण कार्य राजा का चुनाव था।

उत्तर वैदिक काल में राजा की शक्ति में वृद्धि के कारण उन सभाओं का महत्व समाप्त हो गया। 'विदथ' और 'गण' बिल्कुल समाप्त हो गए। 'सभा' तथा 'समिति' हालांकि बने रहे, परंतु उनमें अभिजातों तथा बाह्मणों का वर्चस्व स्थापित हो गया। उनका स्थान मंत्रिपरिषद् एवं आधिकारिक मशीनरी ने ले लिया।

अधिकारी

पुरोहित, सेनानी, व्राजपति (चारागाह प्रभारी), स्पश (जासूस) जीवगृभ (पुलिस अधिकारी), मध्यांशी (विवादों का मध्यस्थ), ग्रामणी (ग्राम-प्रमुख), दम्पत्ति या कुलप (परिवार का प्रधान) तथा अन्य मुख्य अधिकारीगण थे। ऋग्वैदिक काल में कर वसूलने के लिए न तो कोई नियमित कर था और न ही कोई अधिकार। स्वैच्छिक भेंट, बलि तथा युद्ध में विजित चीजें ही राजा की आय के मुख्य स्रोत थे।

उत्तर वैदिक काल में कई नए अधिकारियों की नियुक्ति की आवश्यकता के कारण शासन अधिक जटिल हो गया। इसकी जानकारी हमें राजसूय यज्ञ के रत्नविंशी समारोह से मिलती है। आर्थिक परिवर्तनों के कारण उपरोक्त अधिकारियों के अतिरिक्त कुछ अन्य अधिकारी भी अस्तित्व में आए। इनमें से दो हैं—भागदुघ (कर संग्रहक) तथा संगृहित्री (खजांची)। अतः कर वसूलने की प्रथा का प्रचलन हो गया। इस काल के अन्य अधिकारी हैं-महिषी (मुख्य रानी), सूत (चारण, जिनका मूल काम रथ चलाना था), क्षत (राजसी गृह प्रबंधक), अक्षवाप (शुरू में पासा फेंकने वाले, बाद में लेखापाल), गोविकर्तन (वनपाल), तक्षण (बढ़ई) रथकार (रथ बनाने वाला) तथा पलागल (संदेशवाहक)।

रत्नविंशी समारोह में प्रत्येक उपरोक्त अधिकारी को, जिसे अब रत्निन कहा जाता था, विभिन्न देवी-देवताओं का आह्वान करना होता था। राजन स्वयं इंद्र का आह्वान करता था जबकि अन्य निम्न देवताओं का आह्वान करते थे-महिषी-अदिति, पुरोहित-वृहस्पति, सेनानी-अग्नि, भागदुघ-पुषन, संगृहित्री-अश्विन, सूत-वरुण, क्षत-सावित्री, गोविकर्तन-रुद्र तथा ग्रामणी-मारुत।

दोनों कालों में न्याय प्रशासन के लिए कोई अधिकारी नहीं था। न्याय संभवतः ग्राम सभाओं द्वारा किया जाता था। वित्तीय सीमाओं के कारण राजा अपनी सेना नहीं रखता था। युद्ध के समय कबीलायी इकाइयां सेना प्रदान करती थीं।

राजनैतिक परिवर्तन

ऋग्वैदिक काल में प्रशासन कबीलायी पद्धति पर आधारित था। उत्तर वैदिक काल में कृषि तथा स्थिर जीवन की शुरुआत के कारण प्रशासन का प्रारंभिक स्वरूप उभरा। इस प्रकार कबीलयी राजनैतिक व्यवस्था के स्थान पर मुख्य परिस्थितियों में राजतंत्रीय तथा अन्य परिस्थितियों में गणतंत्रीय व्यवस्था की स्थापना हुई।

3.7 सामाजिक संगठन और वर्ण व्यवस्था

सामाजिक विभाजन के आधार

दासों व आर्यों का वैध विभाजन—आर्थिक विकास एवं इसके साथ जुड़े परिवर्तित सामाजिक सम्बंधों ने विरोधाभासी प्रस्थितिमूलक स्तरीकरणों की एक श्रृंखला को जन्म दिया है जो वर्ण योजना के माध्यम से एक तंत्र में प्रबंधित की जाती थी। पूर्ववर्ती ग्रंथ एक 'आर्य वर्ण' तथा एक 'दास वर्ण' की बात करते हैं जिससे एक द्वैध विभाजन का संकेत मिलता है। इस वैध विभाजन के अंतर्गत आर्य सम्पत्ति एवं प्रतिष्ठा से पहचाने जाते थे। आर्यों में वंश परम्परा से जुड़े वरिष्ठों (राजन्य या विश) के साथ-साथ पुनर्वितरण व पेशगियों के चक्र में शामिल लोग (ब्राह्मण) थे। दासों को संपत्तिवान (जो ब्राह्मणों को पर्याप्त उपहार दे सकते थे) होने के उपरांत इस घेरे से बाहर रखा गया।

दासों एवं दस्युओं का दर्जा—उत्तर हड़प्पाई संस्कृतियों के क्षेत्र में फैले कृषक समुदायों की पहचान ऋग्वेद में संभवतः दासों के रूप में की गई क्योंकि इस क्षेत्र में अभी भी कृषि क्षेत्र बिखरे हुए थे। दास शब्द का शुरूआती अर्थ अधीनस्थता की बजाय शत्रुता के अधिक निकट था। दस्युओं की पहचान उनके भिन्न धार्मिक विश्वासों व प्रथाओं के आधार पर की जाती थी जिन्हें आर्य अपनी स्वयं प्रथाओं व विश्वासों के अस्वीकरण के रूप में देखते थे। अधीनस्थ दर्जा देकर इन समूहों के आत्मसातीकरण को प्रोत्साहित किया गया।

चातुर्वर्ण प्रणाली

वर्ण सामाजिक संरचना के साथ-साथ चलने वाली एक प्रणाली बन गया था और रंग प्रतीकवाद को सुरक्षित रखा गया। चारों वर्ण बाद में सफेद, पीला, लाल व काले रंगों से जुड़ गये। स्तरीकरण की मजबूती तथा व्यावसायिक विशेषीकरण की शुरूआत के साथ आर्यों का ब्राह्मण, क्षत्रिय, वैश्य एवं शूद्र में अधिक स्पष्ट विभाजन हो गया। शूद्र बहिष्कृत वंशों तथा निम्न स्तरीय व्यवसायों का एक आकारहीन समूह था। पहले तीनों वर्णों को उत्तरकालीन ग्रंथों में 'द्विज' (दीक्षा द्वारा दुबारा जन्म) कहा गया, जिससे विभाजन और गहरा हो गया और दीक्षा व वंश प्रक्षाओं के बीच एक सम्बन्ध उभरकर सामने आया।

आर्य-मलेच्छ भाषायी विभाजन–इस सूची में एक और सामाजिक द्वैधता जोड़ी जा सकती है, जो मात्र उत्तर वैदिक ग्रंथों में उल्लिखित है। आर्य व मलेच्छ के बीच यह अनिवार्य भाषायी विभाजन इंडो-आर्य भाषियों की अन्य भाषियों से पृथक्ता के साथ आरंभ हुआ तथा इसने एक सामाजिक अर्थ भी ग्रहण कर लिया, जिसमें मलेच्छ का तात्पर्य एक बर्बर या विवर्ण या कर्मकांडीय अपवित्रता से था। आर्य-दास, देव-असुर तथा आर्य मलेच्छ की इन द्वैधताओं में मूलभूत विभेदों को मान्यता इस बात का संकेतक थी विजातीयता को स्वीकार किया जा चुका था और विभेदों को एक कार्यप्रणाली के सान्निध्य में लाने की आवश्यकता महसूस की जा रही थी।

सगोत्रता के रूप में एवं सामाजिक इकाइयाँ

गोत्र बहिर्विवाह–सगोत्रता के विशिष्ट रूपों के माध्यम से समूहों का एकीकरण एक समांतर प्रक्रिया थी और प्रायः 'गोत्र' (साहित्यिक अर्थ में गायों का झुंड) की अवधारणा से जुड़ी थी, जिसका प्रयोग उच्च प्रतिष्ठित वर्णों के बीच वंशक्रम की पहचान हेतु किया जाता था। शुरूआत में यह ब्राह्मणों के साथ अधिक मुखरता से संबद्ध थी और ब्राह्मण की पहचान के लिए अनिवार्य बनी रही। बाद के स्रोतों में गोत्रीय पहचान का प्रयोग करने वाले कुछ क्षत्रियों (जैसे-अंधाक-वृष्णि, शास्य तथा लिच्छवि) का उल्लेख है। किंतु इनमें इसका अर्थ एक व्यापक सामाजिक पहचान की बजाय वंश के भीतर परिवारों के मध्य विभिन्नताओं से अधिक था। गोत्र एक ऐसा वंश था, जिसमें सगोत्र विवाहों को प्रतिबंधित करके बहिर्विवाह पर बल दिया जाता था। पितृ पक्ष की सात पीढ़ियों तथा मातृपक्ष की पांच पीढ़ियों का अंतर होने पर ही विवाह सम्बन्ध स्थापित हो सकता था।

बाद के समय में यह व्यवस्था की गई कि गोत्र प्रणाली ब्राह्मणों के बीच ही अस्तित्व में रहेगी, फिर भी क्षत्रियों को अपने पुरोहितों के गोत्र धारण करने की अनुमति दी गयी। क्षत्रियों के सम्बन्ध में, वर्ण में प्रवेश का अर्थ था- दो प्रमुख वंशावलियों-सूर्य वंश एवं चन्द्रवंश में शामिल हो जाना। इससे ईसवी की पहली सहस्राब्दि में एक उल्लेखनीय सुविधा प्राप्त हुई जब निम्न दर्जे के मुखियाओं ने शक्ति अर्जित करके सर्वोत्कृष्ट वंशक्रमों में शामिल होने की दावेदारी प्रस्तुत की।

सामाजिक इकाइयों के घेरों का फैलाव–इस प्रकार के समाज में 'कुल' (परिवार) नाभिकीय इकाई थी तथा ऐसे परिवारों के समूह मिलकर 'ग्राम' बनाते थे। इसलिए विस्तृत अर्थों में ग्राम का उल्लेख समुदाय के रूप में भी किया जाता था। कुछ उदाहरणों में इसका अर्थ मात्र शरीर से जोड़ा गया है। अतः यह कुल से बड़ी तथा 'विंश' से छोटी इकाई थी। कई स्रोतों में उल्लिखित 'ग्रामणी' शब्द गाँव के मुखिया के लिए प्रयुक्त होता था, जो तत्कालीन समय में एक ही स्थान पर बसे समुदायों या परिवारों के समूहों का मुखिया भी था। 'विंश' या 'वंश' की इकाई दासों के बीच भी मौजूद थी। यह जन या जनजातीय पहचान के साथ जुड़ी थी। 'जन' शब्द 'लोगों' के साथ-साथ वृद्धि एवं उर्वरता का बोधक था।

पंचजन की धारणा–वैदिक साहित्य में उल्लिखित 'पंचजन' का सही-सही अर्थ स्पष्ट नहीं है। यह माना जाता है कि यह उन पाँच विशिष्ट जनजातियों के सम्बन्ध में प्रयुक्त किया जाता था जिनके पूर्वजों ने पांच वंशों-यदु, तुर्वश, द्रुयु, अनु, पुरु की स्थापना की थी। यह लोगों की समग्रता (हाथ की पाचों उंगलियों से प्रेरित चित्र) के प्रतीक के रूप में भी प्रयुक्त हो सकता था।

पंचजन की धारणा मूलतः प्रमुख क्षत्रिय वंशों के एक या दो प्रमुख प्रतिरूपों (जैसे- **पुराणों** व **महाभारत** में दिये गये अइला या चंद्रवंश) से सम्बद्ध रही है।

प्रमुख वंश–मुख्य वंशों के रूप में यथति के पाँच पुत्रों (जिनमें यादव व पौरव सबसे महत्वपूर्ण थे) के वंशजों तथा कुरुक्षेत्र युद्ध में जीते पांडु के पाँच पुत्रों के वंशक्रमों का वर्णन किया जाता है। भौगोलिक विसरण के निर्णायक बिंदुओं पर वंशावली सूचियों में पांच भाइयों के एक प्रतिरूप को

शामिल किया गया जैसा कि यमुना के पश्चिमी किनारे के साथ-साथ मगध तक स्वयं को स्थापित करने वाले उपरिचर के पांच पुत्रों तथा पूर्वी भारत में खुद को स्थापित करने वाले बालि के पांच पुत्रों के उल्लेखों से स्पष्ट होता है। एक स्तर पर पंचजन की अवधारणा सभी वंशों के सम्बंध में लागू हो सकती थी वहीं एक अन्य स्तर पर यह एक प्रतीकवाद से जुड़ी थी, जो अस्पष्ट ही बना रहा।

ऊर्ध्वाधर एवं क्षैतिज विभाजन–कुल, विश एवं जन एक स्थानिक वितरण था जो एक घेरे में नाभिक से चारों ओर फैलता था। राजन्य एवं विश के विभेद के साथ 'जन' में भी एक ऊर्ध्वाधर पदानुक्रम मौजूद था, जहाँ 'राजन्य' वरिष्ठ वंशों तथा 'विंश' निम्नतर वंशों का परिचायक था। राजन्य के बीच वे लोग भी थे जो मुखिया के रूप में अभिषिक्त हो चुके थे। राजन्य ने शक्ति (क्षत्र) तक अपनी पहुँच बनायी और क्षत्रिय कहलाने लगे तथा क्षत्रिय शब्द द्वारा धीरे-धीरे 'राजन्य' का स्थान लेना शासक वंशों के मध्य शक्ति के नये केन्द्र के उदय का संकेतक था।

क्षत्रिय के उदय का सम्बन्ध भूमि पर वंशाधिकारों के साथ-साथ ब्राह्मणों द्वारा नयी प्रस्थिति को दी गयी स्वीकृति से भी था। 'आर्य' की परिभाषा में तीन समूहों का उल्लेख है–ब्राह्मण, क्षत्रिय और विश। कोई इन तीनों के बीच सम्बंधों के दर्शाने वाले त्रिपक्षीय कार्य विभाजन के सिद्धान्त या ऐसे कार्यों से जुड़ा इन तीनों की परिभाषा से सहमत हो या न हो किंतु यह स्पष्ट है कि, इन्हें जोड़ने के प्रयास अवश्य किये गये थे। किंतु धीरे-धीरे आपस में यह सम्बन्ध दूर गया जब वैश्यों को प्राय: शूद्रों के साथ शामिल किया जाने लगा और शूद्रों व वैश्यों का स्तर ब्राह्मणों व क्षत्रियों की तुलना में हीन माना जाने लगा। ब्राह्मण एवं क्षत्रिय के बीच सगोत्रीय सम्बन्धों को स्वीकृति दी गयी किंतु औपचारिक प्रणालियां पूर्णत: विभेदमूलक बनी रहीं।

उच्चतर वर्णों के बीच पारस्परिकता–ब्राह्मण एवं क्षत्रिय के बीच पदानुक्रम उभयभावी था जिसमें ब्राह्मण दान व दक्षिणा के लिए क्षत्रियों पर निर्भर थे वहीं क्षत्रिय अपनी सत्ता की वैधता की मंजूरी के लिए ब्राह्मणों पर निर्भर थे। दोनों अन्य सभी मामलों में शेष समुदाय पर अपनी सर्वोच्चता रखते थे। यह सर्वोच्चता उस सूत्र से भी अभिव्यक्त होती है जिसके अनुसार ब्राह्मण व क्षत्रियों द्वारा यज्ञ के अवसर पर शूद्रों व वैश्यों को पृथक् रखना चाहिए ताकि वे अधीनस्थ बने रहें।

इसीलिए क्षत्रिय एवं ब्राह्मण के बीच पारस्परिकता की जरूरत के अनुसार सम्पत्ति के पुनर्वितरण में कटौती की जाती थी, जिसके कारण पारस्परिक सम्बंध दोनों के दर्जे में वृद्धि करते थे। क्षत्रियों द्वारा ब्राह्मणों को कर्मकांडीय उपहारों के रूप में कर्मकांड सम्पन्न करने का शुल्क अनिवार्यत: उपलब्ध कराया जाता था। ब्राह्मण न केवल क्षत्रियों की सत्ता को वैधता प्रदान करते थे बल्कि उन्हें कर्मकांडों से जुड़ी विशिष्ट जानकारी व युक्तियों से परिचित भी कराते जो अनिवार्यत: क्षत्रियों की शक्ति में अभिवृद्धि करती थीं।

शूद्रों का दर्जा–प्रथम तीनों के अलावा जातिमूलक समाज की परिभाषा के अंतर्गत एक विशिष्ट इकाई के रूप में 'शूद्र' को शामिल किया गया जो पूर्वकालीन ग्रंथों में दासता से जुड़े थे। उत्तरकालीन धर्मशास्त्रों में शूद्रों को संकीर्ण या मिश्रित जाति के रूप में उल्लिखित किया गया है। प्रत्येक जाति उच्च जातियों के बीच अनुलोम एवं प्रतिलोम विवाहों के परिणामस्वरूप उत्पन्न होती थी। सैद्धांतिक रूप में, प्रत्येक नये अन्तर्जातीय विवाह के कारण जातियों की संख्या बढ़ सकती थी किंतु वास्तव में यह वृद्धि तभी होती थी जब कुछ प्रमुख परिवर्तनों के बाद नये सामाजिक समूहों एवं व्यवसायों की स्थापना होती थी। एक वर्ण के रूप में शूद्र स्पष्टत: मूल संरचना में जोड़ी गयी एक श्रेणी थी जो शिल्पकारों व कृषकों के अनुकूलन है तथा बाहरी समूहों के जातिमूलक समाज में आत्मसातीकृत होने व विभिन्न दर्जे हासिल करने के समय अस्तित्व में आयी थी। संकीर्ण जाति की अवधारणा यथास्थिति को व्याख्यायित करने का एक उत्तरकालीन प्रयास था, जो शूद्र संतानें उत्पन्न करने वाले विशिष्ट जाति संयोजनों के सम्बन्ध में ग्रंथों के अलग-अलग विवरणों से भी स्पष्ट होता है।

व्रात्य व अन्य–द्विज एवं शूद्र के बीच की दूरी को अपवित्रीकरण की धारणा के माध्यम से भी कायम रखा गया। इसका प्रभाव व्रात्य (पत्ति) नामक श्रेणी पर भी पड़ा, जो अपेक्षित कर्मकांड संपादित न करने के कारण तीनों उच्च वर्णों से पतित हुई मानी जाती थी। इस प्रकार व्रात्य-क्षत्रिय एक उपयोग श्रेणी बन गये, जिनमें राजनीतिक रूप से शक्तिशाली किंतु वास्तविक अर्थों में गैर-क्षत्रिय लोगों को रखा जाता था। दूरी एवं पृथकता का चरमोत्कर्ष अस्यपृश्यता के रूप में हुआ, जिसका उल्लेख उत्तरकाल में मिलता है।

वर्ण व्यवस्था का औचित्य

वर्ण ढांचे को एक ऐसी संरचना के रूप में देखा गया, जिससे विभिन्न उप-प्रणालियों का एकीकरण हुआ था। यह सामाजिक पदानुक्रम को प्रतिबिंबित करने वाली संरचना नहीं थी। यह सामाजिक कार्यतंत्र के नियमों की अपरिवर्तनशीलता का कारण भी रहा होगा हालांकि प्रत्येक उप-प्रणाली के अंतर्गत स्पष्ट परिवर्तन देखे गये। ईसा पूर्व पहली सहस्राब्दि के मध्य तक वर्ण व्यवस्था तक सोची समझी संरचना के रूप में सामने आ चुकी थी जो कि ऋग्वेद में जोड़े गये परवर्ती स्रोतों (जिनमें चारों वर्णों की उत्पत्ति प्रजापति के शरीर से बतायी गयी) से स्पष्ट होता है। पुरुषसूक्त में वर्णित इस प्रतीकवाद के अनुसार प्रत्येक अंग अलग-अलग कार्य करता है किंतु शरीर की इकाइयों के साथ समन्वय स्थापित करता है और पदानुक्रम में श्रेणीबद्ध होता है। इस उद्धरण को एक कर्मकांडीय घटनाक्रम से जोड़ने का संभावित अर्थ था–कर्मकांडीय दर्जे को बढ़ाने के उद्देश्य से वर्ण पर एक स्पष्ट जोर देना। वर्ण की अवधारणा में न केवल स्तरीकरण को तर्कसंगत ठहराया गया बल्कि प्रत्येक समूह के कार्यों की स्पष्ट परिभाषा भी दी गयी। अब ब्राह्मण ज्ञानी और कर्म कर्मकांडों के विशेषज्ञ अधिक थे। राज्याभिषेक जैसे विशाल कर्मकांडों हेतु प्रशिक्षित व पुरोहितों की आवश्यकता थी- सादे गृह कर्मकांड, पेशेवर जो गृह्यसूत्र में उल्लिखित हैं- संस्कार मार्गों से जुड़े थे तथा इनके लिए अधिकांशतः एक ब्राह्मण ही पर्याप्त था।

दोनों कर्मकांडों का बढ़ता हुआ महत्व न केवल मुखियाओं के लिए वैधता के स्रोत के रूप में ब्राह्मणों की राजनीतिक भूमिका को बल्कि नये समूहों के आत्मसातीकरण हेतु या गृहपतियों के सम्बन्ध में सांस्कृतिक पहचान को मंजूरी देने वाली सत्ता के रूप में उनकी भूमिका में मजबूती प्रदान करता है।

कुल या परिवार

वैदिक समाज में सामाजिक संरचना का आधार 'कुल' था। घर के मालिक को गृहपति या दम्पत्ति या कुलपति जैसे कई नामों से संबोधित किया जाता था। पुत्र को दान में देने अथवा बेचने का अधिकार पिता को प्राप्त था। पुत्र के बेचे जाने का उदाहरण सुनहसेप की कहानी में मिलता है जिसे राजा हरिश्चंद्र ने उसके पिता अजिगार्थ से एक यज्ञ की समाप्ति के लिए खरीदा था। अतिथि को अग्नि की उपाधि दिए जाने से अतिथि के प्रति प्रेम का पता चलता है। यह एक धार्मिक कार्य माना जाने लगा तथा प्रतिदिन किए जाने वाले पांच महान यज्ञों (पंच महायज्ञ) में से एक बन गया।

उत्तर वैदिक काल में पिता की परिवार के सदस्यों के ऊपर शक्ति और बढ़ गई। पिता के स्थान पर उसके सबसे बड़े पुत्र के उत्तराधिकारी बनने की प्रथा, पूर्वज पूजा तथा अन्य प्रथाएं उस काल में प्रारंभ हो गईं।

वर्ण व्यवस्था तथा सामाजिक विभाजन

ऋग्वैदिक काल में जाति जन्म द्वारा नहीं निर्धारित होती थी, बल्कि व्यक्ति स्वेच्छा से इसे अपनाता था। यह कई उदाहरणों से स्पष्ट है। ऋग्वेद के नवें मंडल में एक कवि कहता है-'मैं सूक्तों का उच्चारण करता हूं। मेरे पिता वैद्य हैं तथा मेरी माता पत्थरों से (अनाज) पीसती है। हम विभिन्न कार्यों से धन प्राप्त करना चाहते हैं। 'तीसरे मंडल में वही कवि इंद्र से कहता है- "हे सोम प्रेमी इंद्र। क्या तुम मुझे लोगों का रक्षक अथवा राजा बनाआगे? क्या तुम मुझे असीमित धन दोगे?" इससे पता चलता है कि एक ही व्यक्ति ऋषि अथवा संभ्रांत व्यक्ति अथवा राजा बन सकता था। आर्यों के विभिन्न वर्गों में अंतर्विवाह पर प्रतिबंध नहीं था। ययाति (एक क्षत्रिय राजा) तथा देवयानी (एक ब्राह्मण कन्या) जैसे मिश्रित विवाह ज्ञात थे।

वर्ण का शाब्दिक अर्थ रंग है। समाज के विभाजन में चमड़े के रंग की महत्वपूर्ण भूमिका है तथा यह आर्यों द्वारा देशी लोगों पर विजय के कारण हुआ। दासों को अन्नत (ईश्वर के आदेशों का पालन नहीं करने वाले), अक्रतु (जो यज्ञ नहीं करता है), मृध्रवाचः (जिसकी बोली अस्पष्ट है) तथा अनशः (चिपटी नाक वाला) बताया गया है। आर्यों द्वारा विजित दास धीरे-धीरे शूद्र बन गए।

प्रारंभ में कबीलायी समाज (ऋग्वैदिक) तीन समूहों में विभाजित था-योद्धा, पुरोहित तथा सामान्य जनता। यह विभाजन पेशे पर आधारित था। चौथा विभाजन, अर्थात् शूद्र, ऋग्वैदिक काल के अंत में हुआ (यह ऋगवेद के दसवें मंडल में उल्लिखित है)। इस मंडल का पुरुषसूक्त समाज का चतुर्वर्णीय विभाजन स्पष्ट करता है। ब्राह्मण, क्षत्रिय, वैश्य तथा शूद्र की उत्पत्ति क्रमशः आदि पुरुष के मुख, भुजाओं, जांघ तथा पैरों से बताई गई है। बृहदारण्यक उपनिषद् महाभारत तथा मनुस्मृति में जाति प्रथा की उत्पत्ति का यही सिद्धांत दुहराया गया है। पुरुषसुक्त में भी ब्राह्मण, राजन्य, वैश्य तथा शूद्र शब्दों के साथ वर्ण शब्द का प्रयोग

नहीं हुआ है। ऋग्वेद में ब्राह्मण शब्द का प्रयोग कई बार हुआ है पर जाति के संदर्भ में नहीं। राजन्य शब्द सिर्फ पुरुषसूक्त। में है लेकिन ऋग्वेद में अन्य स्थानों पर क्षत्रिय शब्द का प्रयोग हुआ है। ऋग्वेद में वैश्य शब्द का प्रयोग सिर्फ पुरुषसूक्त में हुआ है, किंतु विश शब्द का प्रयोग कई स्थानों पर हुआ है। ऋग्वेद में सभी स्थानों पर विश का अर्थ वैश्य नहीं हो सकता है। ये वैसे लोग थे जो पशुपालन करते थे।

उत्तर वैदिक काल में वर्ण प्रणाली में महत्वपूर्ण परिवर्तन हुए। ऊपर के दो वर्गों (ब्राह्मण एवं क्षत्रिय) की सुविधाएं दो निचले वर्गों (वैश्य एवं शूद्र) की कीमत पर बढ़ गईं। चार वर्णों की प्रथा इतनी बुरी तरह स्थापित हो चुकी थी कि देवताओं का विभाजन भी वर्ण के आधार पर होने लगा था। अग्नि एवं बृहस्पति ब्राह्मणों के देवता, इंद्र, वरुण, सोम तथा यम क्षत्रियों के देवता, वश्भु, रुद्र तथा मारुत वैश्यों के देवता तथा पूषन शूद्रों का देवता।

उत्तर वैदिक समाज में ब्राह्मण का स्थान क्षत्रिय से ऊंचा था। लेकिन कभी-कभी क्षत्रिय उच्च दर्जे का दावा करते थे तथा ब्राह्मणों का आदर नहीं करते थे। ऐतरेय ब्राह्मण में उल्लेख है कि, लोग ब्राह्मणों को आदर प्रदान नहीं करते थें। वृहदारण्यक उपनिषद के एक उद्धरण में बताया गया है कि क्षत्रियों से उच्च कोई नहीं है। उपनिषद साहित्य से स्पष्ट होता है कि कुछ राजा न सिर्फ दार्शनिकों के संरक्षक थे, वरन स्वयं भी दार्शनिक थे। ब्राह्मण भी ज्ञान प्राप्ति के लिए उनके पास शिष्यों की तरह आते थे। उदाहरण के लिए याज्ञवल्क्य ने राजा जनक से ज्ञान प्राप्त किया, बालकी गार्ग्य ने अजातशत्रु (काशी के राजा) से ज्ञान प्राप्त किया। कुछ विद्वानों का मानना है कि उपनिषदों का गहन चिंतन ब्राह्मणों द्वारा नहीं, क्षत्रियों द्वारा प्रारंभ किया गया।

कई पेशागत समूह जाति में परिवर्तित हो गए। चमड़े का काम करने वालों तथा अन्य पेशों के व्यक्तियों के सामाजिक स्तर में पतन हुआ। कुछ व्यवसाय तथा शिल्पों ने जाति का रूप ले लिया, जैसे कि वाप्त (नाई), तक्षण (बढ़ई), भीषक (वैद्य), कर्मार (लोहार) चर्माम्ण (चमड़े का काम करने वाले), रथकार (रथ बनाने वाले), कुलल (मिट्टी के बर्तन बनाने वाले), ईशुकृत (तीर बनाने वाले), धन्वकृत (धनुष बनाने वाले), मृगय (शिकारी), इत्यादि।

व्यक्तियों के दो समूह-व्रात्य तथा निशाद-वर्ण व्यवस्था से अलग थे। व्रात्य आर्य थे, लेकिन ब्राह्मण व्यवस्था से अलग थे (अथवा वैदिक धर्म से अलग थे) अत: ब्राह्मणवादी नियमों का पालन नहीं करते थे। निशाद अनार्य थे तथा उनके अपने अलग नियम थे।

आश्रम अथवा जीवन के चरण

आश्रम प्रणाली का सर्वप्रथम उल्लेख ऐतरेय ब्राह्मण में मिलता है। तीन आश्रमों का अधिक स्पष्ट उल्लेख छांदोग्य उपनिषद में है। जबाला उपनिषद में याज्ञवल्म ने चार आश्रमों का प्रतिपादन किया है। अत: ये उत्तर वैदिक काल के थे। इनका उद्देश्य उच्च वर्गों के पुरुष सदस्यों के जीवन का निर्धारण था। ये चार चरणों में है- (a) ब्रह्मचारी या छात्र जीवन, (b) गृहस्थ, (c) वानप्रस्थ तथा (d) संन्यास। चौथे चरण को पूर्ण स्वीकृति वैदिक काल के बाद मिली। शतपथ ब्राह्मण में उपनयन संस्कार का एक महत्वपूर्ण संस्कार के रूप में उल्लेख है।

गोत्र

इसका शाब्दिक अर्थ गोशाला है। यह उत्तर-वैदिक काल में सर्वप्रथम देखने को मिलता है क्योंकि इसका सर्वप्रथम उल्लेख अथर्ववेद में है। इसी काल में एक गोत्र में विवाह नहीं करने की प्रथा का प्रचलन हुआ। गोत्र का महत्त्व इस काल में ब्राह्मणों के लिए अधिक था। गोत्र प्रथा की शुरुआत सामाजिक-राजनैतिक बंधनों को व्यापक करने के लिए हुई होगी तथा अब तक असंबद्ध लोगों के बीच एक नया रिश्ता विकसित हुआ होगा।

महिलाओं की स्थिति

एकपत्नी प्रथा आम थी। बहुपत्नी प्रथा का प्रचलन था, पर यह प्रथा आम नहीं थी। बहुपति प्रथा के बहुत कम उदाहरण मिलते हैं। कुछ लोगों में नियोग (मृत व्यक्ति की विधवा से उसके छोटे भाई या निकट संबंधी का विवाह) का भी प्रचलन था। विधवाओं को पुनर्विवाह की अनुमति प्राप्त थी। बाल विवाह नहीं होते थे। महिलाएं धार्मिक समारोहों तथा कबीलायी सभाओं (सभा तथा विदथ) में भाग लेती थीं। घरेलू तथा सामाजिक गतिविधियों से महिलाओं को अलग नहीं रखा जाता था, पर वे आजीवन पुरुष संबंधियों पर निर्भर (कानून की नजर में) रहती थीं। भारतीय-यूरोपीय काल में आर्यों में सती प्रथा का प्रचलन था, लेकिन उनके भारत में आने के बाद इस प्रथा का प्रचलन समाप्त हो गया। यह सांकेतिक रूप में किया जाता होगा। ऋग्वेद में इसका उल्लेख नहीं है पर अथर्ववेद से ज्ञात होता है कि विधवा को चिता पर अपने पति के शव के साथ सांकेतिक रूप में लेटने का प्रचलन था।

उत्तर-वैदिक काल में महिलाओं का सभाओं में बैठने का राजनैतिक अधिकार समाप्त हो गया। बाल विवाह का प्रचलन प्रारंभ हो गया। ऐतरेय ब्राह्मण के अनुसार पुत्री दु:खों का कारण है। लेकिन इस काल में भी कुछ मातृसत्तात्मक लक्षण देखे जा सकते हैं। राजसूय यज्ञ में राजन की पत्नी को दिया गया महत्त्व मातृसत्तात्मकता के प्रभाव का संकेत है। वृहदारण्यक उपनिषद् में दी गई शिक्षकों की वंशावली में कई ऋषियों के नाम उनकी माताओं के नाम पर आधारित हैं। यह भी मातृसत्तात्मकता का द्योतक है। इसके अलावा गार्गी तथा मैत्रेयी जैसी विदूषियों का उल्लेख प्रारंभिक वैदिक काल की परंपरा की निरंतरता है। लेकिन समकालीन ग्रंथों में पुरुष एवं महिला के अंतर स्पष्ट कर महिलाओं को पुरुषों के अधीन करने के उदाहरण देखे जा सकते हैं जिन्हें धार्मिक संदर्भों से जोड़कर लिंग के आधार पर समाज को विभाजित करने का प्रयत्न किया गया है।

दास प्रथा

यह ऋग्वैदिक काल से प्रचलित थी। अधिकतर महिलाएं दास होती थीं जिन्हें घरेलू कार्यों में लगाया जाता था, कृषि या उद्योग जैसी उत्पादक गतिविधियों में नहीं। उनके साथ अच्छा व्यवहार किया जाता था तथा उन्हें कुछ अधिकार भी प्राप्त थे। अत: प्राचीन भारतीय दास प्रथा (वैदिक काल संहित) प्राचीन यूनानी या रोमन दास प्रथा से निश्चित रूप से अलग थी।

शिक्षा

ऋग्वैदिक आर्यों को लिखने-पढ़ने की कला का ज्ञान नहीं था। लेकिन यह संभव है कि 700 ई.पू. के बाद से उत्तर वैदिक आर्यों ने लिपि का प्रयोग आरंभ कर दिया था (हालांकि हड़प्पावासियों की चित्रलिपि के अलावा भारत में लिपि का प्रारंभ मौर्य काल में हुआ तथा यह अशोक के अभिलेखों में है)। ऋग्वैदिक काल में मौखिक निर्देश तथा स्मरण की एक विकसित पद्धति का प्रयोग होता था। शिक्षा की अनुमति सिर्फ उच्च जातियों को प्राप्त थी तथा वेद पाठ ब्राह्मणों तक सीमित था। अध्ययन के मुख्य विषय ज्यामिति और व्याकरण थे।

ऋग्वेद में 'शमन' शब्द का कई बार उल्लेख हुआ है। वैदिक शमन संभवत: लोकप्रिय संस्थान थे जहां कवि, कलाकार, तीरंदाज तथा कुशल घुड़सवार एक-दूसरे के साथ प्रतियोगिता करते थे।

3.8 धर्म तथा उपनिषदीय विचारधारा

उपनिषदों का स्थान-उपनिषद तीन शब्दों से मिलकर बना है, उप-नि एवं षद। उप का अर्थ है- 'नजदीक', नि का अर्थ है- 'नीचे' तथा षद का अर्थ है- 'बैठना'। इस प्रकार उपनिषद का अर्थ है- ''शिक्षा प्राप्ति के समय गुरु के चरणों के पास बैठना।''

उपनिषद को हम वेदांत 'वेदों का अंत' भी कहते हैं लेकिन इसे ऐसा सिर्फ इस कारण से नहीं कहते हैं कि यह वेदों का अंतिम अध्याय है बल्कि यह वास्तव, में अध्ययन-अध्यापन का वह उत्कर्ष बिंदु और तात्विक स्तर पर पहुंचने की वह अंतिम सीढ़ी है जिसके बाद महाशांति का क्षेत्र शुरू होता है।

प्रारंभ के उपनिषद वेदों का एक अंग माने जाते हैं इसलिए उन्हें इति का अंग भी कहते हैं। उनमें वैदिक दर्शन का मूल तत्व समाहित है। ये ज्ञान के सागर से जुड़े हुए हैं और उनमें जगत की उत्पत्ति के कारण, ब्रह्मा की प्रकृति और जीवात्मा, मानसिक चिंतन और भौतिक तत्वों के बीच स्थापित संबंधों आदि की चर्चा है। इस प्रकार उपनिषदों की मुख्य विषय-वस्तु पूर्ण ज्ञान से संबंधित है। इसमें ब्रह्म तथा जीवात्मा के बीच का संबंध-'तत् त्वम् असि- तुम वही हो (छांदोग्य उपनिषद), अनेकता में एकता का समन्वय (जिसके द्वारा सारा विश्व ब्राह्मांड जाना जाता है-मुण्डक उपनिषद) आदि की व्याख्या है। उपनिषद ही ऐसा पहला शास्त्र है जिसमें याज्ञवल्क्य के द्वारा सबसे पहले कर्म के सिद्धांत की व्याख्या दी गई (वृहदारण्यक उपनिषद)।

उपनिषदों की मुख्य विशेषता विश्व व्यापकता की धारणा तथा अंधविश्वास वाली विचारधारा को पूर्णत: नकारना है। यह मानव मन द्वारा प्राप्त किया गया उच्चतम दर्शन है। उपनिषदों की कुल संख्या 108 है, जिसमें प्रथम 12 वैदिक साहित्य के भाग हैं।

1. बारह मुख्य उपनिषद हैं-
   - (i) ऐतरेय तथा कौशित्की जो 'ऋग्वेद' से संबंधित हैं।
   - (ii) छांदोग्य तथा केन, जो 'सामवेद' से संबंधित हैं।
   - (iii) तैत्तिरीय, कठ, श्वेतास्वत्र, वृहदारण्यक तथा ईष उपनिषद 'यजुर्वेद' से संबंधित हैं।
   - (iv) प्रश्न, मुण्डक तथा माण्डुक्य 'अथर्ववेद' से संबंधित हैं।

2. तेईस समन्यायुवेदांत उपनिषद
3. बीस योग उपनिषद
4. सत्रह संन्यास उपनिषद
5. चौदह वैष्णव उपनिषद
6. चौदह शैव उपनिषद
7. आठ शाक्त उपनिषद

उपनिषदीय विचारों की प्रकृति

उपनिषदों ने अध्यात्मिक ज्ञान एवं अन्वेषण के नए आयाम प्रस्तुत किए। उपनिषद, वेदों को धार्मिक ग्रंथ न मानने वाले नास्तिक चिंतकों एवं अन्य अनेक दार्शनिकों के लिए मुख्य प्रेरणा-स्रोत बने। महान दार्शनिक शंकर ने उपनिषदों पर ग्यारह टिप्पणियां की हैं और इन ग्यारह टिप्पणियों ने अपनी विशेष जगह बनाई है जिसे बहुत कम लोग समझते हैं। उपनिषदीय उपनिषैदिक परंपरा की उत्पत्ति इसकी अध्यात्मिक अनुभूति में है लेकिन यह तार्किक तथा अप्रत्यक्ष अभिव्यक्ति खोजकर अपने निष्कर्ष की जांच भी करती है। उपनिषद काल के ऋषि वैदिक काल से जुड़े हुए हैं क्योंकि उनके द्वारा दिया गया प्रशिक्षण सिर्फ वैदिक साहित्य के मूल पाठ में ही समाहित नहीं है बल्कि वह जीवित रूढ़िवादी परंपरा के अंदर भी उपस्थित है। वे पुरोहितवादी परंपरा के आलोचक हैं और आडंबरों, कर्मकांडों तथा बलि चढ़ाने आदि को मुक्ति का माध्यम नहीं मानते हैं। वे अभी भी उन्हीं पुरोहितों की परंपराओं से जुड़े हुए हैं जो बलि में विश्वास रखते हैं क्योंकि वे (आलोचक) बलि संबंधी परिकल्पना का प्रयोग मानव जीवन की व्याख्या या विश्व ब्रह्माण्ड की रचना को समझने में प्रस्तुत करते हैं।

रूढ़िवादी परंपरा से जुड़े होने के बाद भी उपनिषद काल के महात्मा वेदों के मूल पाठों से बिल्कुल पृथक् धार्मिक विचारधारा का प्रतिनिधित्व करते हैं। इस प्रकार धार्मिक चेतना में एक महत्वपूर्ण परिवर्तन आया।

उपनिषदों ने धर्म संबंधी धारणाओं को एक अद्‌भुत आयाम दिया। ऋषियों ने जानबूझकर यह प्रयास किया वे पहले की परंपराओं से जुड़े रहें जैसे-वे अभी भी बलिदान की धार्मिक महत्ता पर विचार व्यक्त करते थे किंतु वास्तव में वे स्वयं बलि-प्रथा एवं कर्मकांड में विश्वास नहीं रखते थे। उपनिषद काल के ऋषियों और कर्मकांड के पंडितों की अनुभूतियों के बीच व्यापक अंतर था, जैसे- स्वकेतु के पिता ने अपने पुत्र की विद्वता को बिल्कुल नकारा या छांदोग्य उपनिषद में एक जगह कुत्तों के जुलूस की व्याख्या है जिसमें एक कुत्ते की पूंछ दूसरे कुत्ते के मुंह में है और सभी कुत्ते एक स्वर से गा रहे हैं-"ओम हमें खाने दो! ओम हमें पीने दो।" कभी-कभी तो ऋषि बलि की प्रथा के महत्व पर विचार करते हैं और कभी ये इनके विरुद्ध बातें करते हैं।

उपनिषद भारत की सोच में एक महत्वपूर्ण संक्राति काल को प्रस्तुत करते हैं। ये साधना, आध्यात्मिक अनुभूति और इसकी दार्शनिक व्याख्या की महत्ता को धार्मिक श्रद्धालुओं के दिल में रखते हैं। ये सिर्फ स्वयं या सत्य की बौद्धिक व्याख्या से ही संबंधित नहीं हैं बल्कि उन अनुभूतियों पर भी प्रकाश डालते हैं जिसके लिए ऋषि साधना पर बैठते हैं। उपनिषदों में कुछ परिष्कृत दार्शनिक तथ्यों के विवरण हैं जो ये बताते हैं कि सिर्फ बौद्धिक विश्वास से काम नहीं चलता बल्कि अनुभव द्वारा ही उसकी महत्ता को महसूस किया जा सकता है। प्रायोगिक अनुभव पर ज्यादा जोर उपनिषद में इसलिए दिया गया है ताकि लोग साधना के द्वारा अपने अस्तित्व का अनुभव कर सकें। इसमें कोई आश्चर्य की बात नहीं है कि उपनिषद का प्रयोग सिर्फ रूढ़िवादी विचारक एक स्रोत के रूप में करते हैं बल्कि नास्तिक लोग भी इसका प्रयोग करते रहे हैं। बौद्ध धर्म के मूल पाठों में भी प्रारंभिक उपनिषदों से काफी कुछ विचार लिए गए हैं।

उपनिषद की परंपरा को भी चुनौतियों का सामना करना पड़ा है। यह सत्य है कि प्रारंभिक उपनिषद महात्मा बुद्ध के पहले के हैं जबकि बाद के उपनिषद उनके समय के या उनके बाद के काल के हैं.। रूढ़िवादी परंपरा पर बौद्धों तथा जैनों द्वारा प्रहार से पहले ही अन्य ऋषिगण एक अलग विचारधारा का प्रचार कर रहे थे जिन्होंने उपनिषदों में दी गई शिक्षा को नकारा। हमें उपनिषद को एक स्वच्छ आत्मविश्वासी तथा वैधानिक प्रतियोगिता से अलग नहीं मानना चाहिए क्योंकि यह प्रारंभ से ही इसका आध्यात्मिक घोषणा पत्र रूढ़िवादियों के प्रभाव में था। इसके ऋषियों की स्थिति और भी चिंतनीय थी क्योंकि ये एक रक्षात्मक कार्यवाही का प्रतिनिधित्व न करके, एक तरफ अपनी ही परंपरा के आलोचक थे तो दूसरी ओर इसके लिए वफादार भी थे। नास्तिकों की तरह जहां ये लोग पुरोहित वर्ग के कर्मकांडों और आडंबरों पर आघात करते थे, वहीं वैदिक परंपरा के प्रति वफादार भी रहते थे।

वैदिक धर्म की प्रकृति

वैदिक धर्म एकैकाधिदेववाद था, जिसमें एक देवता में विश्वास था। घर, कबीला आदि का अपना एक मुख्य देवता था, लेकिन अन्य देवता भी थे। यह एकदेववाद तथा

बहुदेववाद के बीच की स्थिति है। एकैकाधिदेववाद में एक देवता में विश्वास होता है तथा प्रत्येक एक-दूसरे से बड़ा होता है। विभिन्न प्राकृतिक शक्तियों को नहीं समझ सकने के कारण आर्यों ने उन्हें मानवीय या पशु रूपी गुण प्रदान कर उन्हें पूजना प्रारंभ किया।

मुख्य देवता

ऋग्वैदिक काल: इस काल में देवताओं की संख्या 33 थी जो तीन भागों में विभाजित थे। यह विभाजन ब्रह्मांड के तीन विभाजनों के अनुसार था। पृथ्वीस्थान, अंतरिक्षस्थान या मध्यमस्थान तथा दयुस्थान। पृथ्वी, अग्नि, सोम, बृहस्पति तथा नदियां पहली श्रेणी की हैं; इंद्र, रुद्र, वायु वात, प्रजन्य तथा मातरीश्वन दूसरी श्रेणी के हैं; तथा सीस, मित्र, सूर्य, सावित्री, पूषण, विष्णु आदित्य, ऊषा तथा अश्विन तीसरी श्रेणी के हैं। यह विभाजन स्पष्ट नहीं है क्योंकि अग्नि तथा पृथ्वी को 'तीनों श्रेणियों में रखा गया है; उषा को पृथ्वीस्थान तथा दयुस्थान दोनों श्रेणियों में रखा गया है तथा वरुण, यम एवं सावित्री को मध्यमस्थान तथा सीस दोनों श्रेणियों में रखा गया है।

शतपथ ब्राह्मण की सबसे महत्वपूर्ण कहानी देवासुर संग्राम की है। इसके अनुसार देवता पहले चार समूहों में विभाजित थे- मरुतों का नेता इंद्र था, वशु का नेता अग्नि था, रुद्रों का नेता सोम तथा आदित्यों का नेता वरुण था। सभी देवता इंद्र को अपना नेता मानते थे।

इंद्र अथवा पुरंदर ऋग्वेद काल का सर्वाधिक महत्वपूर्ण देवता था (250 ऋग्वैदिक सूत्र उसे समर्पित हैं)। वह युद्ध सामंत की भूमिका निभाता था तथा बरसात का देवता भी माना जाता था। वह एक योद्धा तथा राजा था, जिसके कारण विश्व का क्रम बना हुआ था तथा आर्य संपन्नता के बाधक किसी भी मानवीय एवं अलौकिक शक्ति के विरुद्ध युद्ध करने के लिए इंद्र का आह्वान किया जाता था। एक सूक्त में उसके द्वारा वृत्र को (एक विशाल सर्प) पराजित कर जल को मुक्त कराने का उल्लेख है जिसने एक पर्वत को घेर रखा था जिसमें सारे विश्व का जल घिर गया था। एक घनघोर युद्ध के बाद इंद्र अपने वज्र से वृत्र की हत्या करता है, पर्वत को खोलता है तथा जल को मुक्त करता है। वृत्र के नाम का अर्थ 'अवरोध' है तथा इंद्र की यह विजय सभी प्रकार के अवरोधों पर विजय की प्रतीक है।

अग्नि दूसरा महत्वपूर्ण देवता था (200 ऋग्वैदिक स्रोत उसे समर्पित हैं)। वह अग्नि का देवता है तथा मनुष्यों एवं देवताओं के बीच मध्यस्थ माना जाता है। अग्नि देवता यज्ञ की अग्नि का मानवीकरण अथवा दैवीकरण है। वह देवताओं का पुरोहित तथा पुरोहितों का देवता है। ऋग्वेद में महत्व के संदर्भ में उसका स्थान इंद्र के बाद है। उसके तीन रूप हैं-पृथ्वी पर अग्नि के रूप में, वायुमंडल में तड़ित के रूप में तथा द्यूतान में सूर्य के रूप में। अत: वह ब्राह्मणों द्वारा यज्ञों में चढ़ाए गए उपहारों को देवताओं तक पहुंचाता है। अत: वैदिक अनुष्ठान में अग्नि का सही प्रसाधन आर्यों के लिए अत्यंत महत्वपूर्ण था।

वरुण जल का रूप था तथा ऋतु का पालक था। ऋतु के प्रशासक के रूप में वह विश्व की सभी गतिविधियों का संचालन करता है। उसी ने पृथ्वी का विस्तार किया है वही सूर्य को गति प्रदान करता है, बरसात का जल देता है परंतु सुनिश्चित करता है कि नदियों के जल के कारण समुद्र का जल बढ़े नहीं। अत: ठीक ही उसे विश्व का संप्रभु माना गया है। ऋतु का यह रक्षक मानवीय नैतिकता का भी देवता है। वरुण सुनिश्चित करता है कि मानवीय तथा अलौकिक नियमों का उल्लंघन नहीं हो। जनता के शासक तथा न्यायाधीश की तरह वह राजा का ही रूप है। वह इंद्र का समकक्ष है तथा योद्धा राजा का रूप है।

सोम पौधों का देवता था। एक मादक पेय का नाम उसके नाम पर था। समर्पित सूक्तों के आधार पर सोम, इंद्र तथा अग्नि के बाद ऋग्वैदिक काल का तीसरा महत्वपूर्ण देवता था। सोम यज्ञ ऋग्वैदिक अनुष्ठान का मुख्य लक्षण है तथा नवें मंडल के 120 श्लोकों में छह श्लोकों को छोड़कर बाकी सभी सोम को समर्पित हैं, जबकि अन्य देवताओं को समर्पित सूक्त ऋग्वेद के विभिन्न भागों में बिखरे हुए हैं। 'सोम' शब्द का प्रयोग पौधे, इससे निकाले गए पेय तथा इन दोनों के दैवीकरण के लिए हुआ है। कवि के दिमाग में पौधा तथा/या पेय हमेशा बने रहने से इंद्र आदि अन्य देवताओं की तरह सोम की मानवीय परिकल्पना कम हुई है। सोम के पौधे के बारे में किसी को जानकारी नहीं है तथा उत्तर वैदिक काल से लेकर अब तक इसके कई नाम सुझाए गए हैं। आर.जी. वासन नामक एक कवक विज्ञानी ने 1968 में प्रकाशित अपनी पुस्तक **'सोमा: डिवाईन मशरूम ऑफ इम्मॉर्टलिटी'** में बताया है कि सोम एक प्रकार का मशरूम था जिस 'अमैनिता मस्कारिया' कहा जाता है। सोम पौधा चाहे जो भी हो, इससे एक प्रकार का मादक पेय तैयार किया जाता था, जो सुरा अथवा मदिरा से अलग होता

था। ऋग्वेद में इसकी मादक शक्ति का सर्वाधिक महत्वपूर्ण प्रयोग इंद्र द्वारा वृत्र तथा अन्य राक्षसों के विरुद्ध युद्ध में हुआ है।

सूर्य, प्रभात, रात्रि, तड़ित तथा प्रकृति के अन्य देवताओं को समर्पित सूक्तों में कवि कि कल्पना हमेशा दृश्य घटनाओं से संबंधित है। सूर्य का आह्वान इसके प्रकाश एवं गति के विवरणों से हुआ है। इन विवरणों में कवियों ने सिर्फ इसकी शक्तियों का ही उल्लेख नहीं किया है वरन मानव जीवन एवं व्यवहार में इसके महत्व का भी उल्लेख है। एक सूक्त में कवि ने सूर्य को देवताओं की औख के रूप में देखा है जो मानवीय गतिविधियों पर नजर रखती है तथा देवताओं की उपस्थिति का दृश्य संकेत है।

ऊषा को समर्पित सूक्त ऋग्वेद के आकर्षक सूक्तों में से हैं, जिसमें ऊषा की सुंदरता का उल्लेख है। ऊषा एक सुंदर महिला है, जो प्रत्येक दिन अपने रथ से आकाश में निकलती है, एक युवा लड़की उसके वस्त्रों को उतारकर उसकी नग्न आभा को बिखेर देती है; लेकिन ये सूक्त कवि की प्रकृति के प्रति भावुकता से तथा उसकी सुंदरता से अधिक प्रेरित हैं। ये कवि उषा से संपन्नता प्रदान करने का आग्रह करते हैं तथा ऊषा में अलौकिक शक्तियों का पुन: दृढ़ीकरण देखते हैं, उसकी प्रशंसा से यज्ञ के दिन की शुरूआत होती है तथा पुरोहित की आशाएं उस पर टिकी होती हैं। अन्य मुख्य देवियां थीं-अदिती (शाश्वत्ता की देवी), अरण्यानी (जंगल की देवी), निर्रती (पतन एवं मृत्यु की देवी), तथा अन्य।

उत्तर वैदिक काल-प्रजापति (सृष्टा), विष्णु (पालक एवं रक्षक) तथा रुद्र (मवेशियों के देवता) जैसे नए देवता ऋग्वैदिककालीन देवताओं, इंद्र तथा अग्नि से ज्यादा महत्वपूर्ण हो गए। रुद्र की पूजा का प्रचलन हड़प्पा के धर्म (पशुपति महादेव) के प्रभाव से हुआ, जो कि एक अनार्य प्रभाव था। कुछ सामाजिक तबकों के लिए विशेष देवता निर्धारित किए गए जैसे कि पूषण (मवेशियों का रक्षक) शूद्रों का देवता हुआ। दोनों कालों में पुरुष देवताओं का वर्चस्व स्पष्ट था।

एकदेववाद तथा अद्वैत वाद

एकदेववाद के सिद्धांत में सिर्फ एक देवता का अस्तित्व स्वीकार किया जाता है जब कि अद्वैतवाद में विभिन्न दृश्य घटनाओं की व्याख्या एक सिद्धांत द्वारा की जाती है। ऋग्वैदिक काल से ही कुछ समूहों में दोनों सिद्धांतों के प्रति झुकाव देखने को मिलता है।

पुनर्जन्म

ऋग्वैदिक काल में इसका ठोस सिद्धांत स्थापित नहीं था। आत्मा के मानवीय, पशु तथा पौधों के रूप में पुनर्जन्म के सिद्धांत का विकास नहीं हुआ था। उत्तर वैदिक काल में पुनर्जन्म को किए अपराध की सजा तथा अच्छे गुणों के पुरस्कार के रूप में देखा गया। उत्तर वैदिक सूक्तों में पुनर्जन्म के प्रमाण प्राप्त होते हैं। वेदों में पूनर्जन्म का विचार स्पष्ट नहीं है, परंतु उपनिषदों में मनुष्य के पूर्व जन्म के कर्मों के आधार पर आत्मा के एक से दूसरे जीवन में प्रवेश के सिद्धांत का प्रतिपादन हुआ। इस विश्वास के कारण कर्म का सिद्धांत विकसित हुआ। कर्म के सिद्धांत का वर्णन ऋग्वेद में नहीं है, पर इस बात का उल्लेख है कि इस जीवन में व्यक्ति के आचरण पर ही उसकी मृत्यु के बाद का जीवन निर्धारित होता है। लेकिन वृहदारण्यक उपनियद्द में इस सिद्धांत का स्पष्ट उल्लेख है कि मनुष्य जैसे रहता है, वैसा ही होता है।

पूजा पद्धति

ऋग्वैदिक काल में व्यक्तिगत अथवा सामूहिक स्तर पर प्रार्थना की जाती थी। यज्ञ या फिर प्रार्थना दोनों ही किए जाते थे। भेंट (अनाज, सब्जी, मांस, घी आदि) किसी अनुष्ठान के द्वारा अर्पित नहीं किए जाते थे क्योंकि मंत्र की शक्ति को अधिक महत्वपूर्ण नहीं माना जाता था।

उत्तर वैदिक काल में पूजा पद्धति में परिवर्तन हुआ। प्रार्थनाओं का महत्व घटा तथा यज्ञों का बढ़ गया। यज्ञों में बड़े पैमाने पर पशुओं की बलि दी जाती थी तथा यज्ञकर्ता को सूत्रों का सावधानी से उच्चारण करना पड़ता था।

दोनों कालों में लोग देवताओं की पूजा भौतिक लाभ के लिए करते थे, आध्यात्मिक उत्थान के लिए नहीं।

सोम यज्ञ जैसे सरल यज्ञों के अलावा बड़े-बड़े यज्ञ होते थे, जिन्हें 'सत्र' कहा जाता था। इन यज्ञों को एक विशेष क्रम तथा पद्धति के अनुसार किया जाता था, जिसके लिए नियमित पद्धतियों का विकास हुआ। पुजारी का काम पेशागत तथा वंशानुगत हो गया था। यजमान (यज्ञकर्ता) को सिर्फ अपने पुरोहितों को उदारतापूर्वक दान देना होता था। पुरोहितों के चार समूह इन जटिल अनुष्ठानों को समुचित ढंग से संपन्न कराने के लिए आवश्यक थे। ये मुख्य पुरोहित होतृ (आह्वानकर्ता), उद्गातृ (गायक), अधवर्यु (कर्ता) तथा ब्राह्मण (निरीक्षक) थे।

यज्ञों तथा अनुष्ठानों पर अत्यधिक बल दिया जाता था। अनुष्ठानों एवं कर्मकांडों पर इतना बल दिए जाने के कारण श्रमण धर्म के रूप में एक स्वाभाविक प्रतिक्रिया हुई, जिसने वेदों की अलौकिक उत्पत्ति तथा यज्ञों की क्षमता का विरोध किया। श्रमण धर्म की उत्पति ने आरण्यकों तथा उपनिषदों के लेखकों को प्रभावित किया जिन्होंने शांति तथा मोक्ष के लिए अनावश्यक अनुष्ठानों के बजाय ज्ञान पर बल दिया। श्रमण किसी खास जाति अथवा वर्ग के नहीं थे। इनके शिक्षक वेद-विरोधी तथा ब्राह्मण-विरोधी थे तथा इन्होंने वैदिक ज्ञान तथा अनुष्ठानों के महत्व को चुनौती प्रदान की। याज्ञवल्क्य ने सर्वप्रथम श्रमणों पर ध्यान देने को कहा है। इन्हें तित्थिय या तीर्थांकार भी कहा गया है। ये ब्रह्मचर्य जीवन व्यतीत करते थे तथा इन्हें असामान्य शक्तियां प्राप्त थीं। आजीवक (एक वर्ग) भी श्रमण माने जाते थे। गोशाल से पूर्व दो आजीवक नेता, नंदवच्छ तथा किससंकिच्छ, भी श्रमण माने जाते थे।

श्रमण दोलनों के कारण वैदिक चिंतकों ने वैदिक धर्म में सुधार की आवश्यकता को महसूस किया। उन्होंने श्रमण धर्म के अच्छे पहलुओं को स्वीकार करने के साथ वैदिक धर्म की यज्ञ, अनुष्ठान, जातिवाद तथा अन्य बुराइयों को दूर करने का प्रयत्न किया। आरण्यकों तथा उपनिषदों में यह वैदिक धर्म देखने को मिलता है।

आरण्यकों में बाह्य या औपचारिक अनुष्ठानों के स्थान पर आंतरिक अथवा मानसिक अनुष्ठानों के महत्व पर बल दिया गया है। इन्होंने ब्राह्मणों के कर्म मार्ग तथा उपनिषदों के ज्ञान मार्ग के बीच की खाई को पाटने का प्रयत्न किया है। वृहदारण्यक उपनिषद् के एक उद्धरण में आत्मा के गुणों का उल्लेख है। इसमें कर्म के सिद्धांत के साथ-साथ आत्मा के पुनर्जन्म के सिद्धांत का भी उल्लेख है।

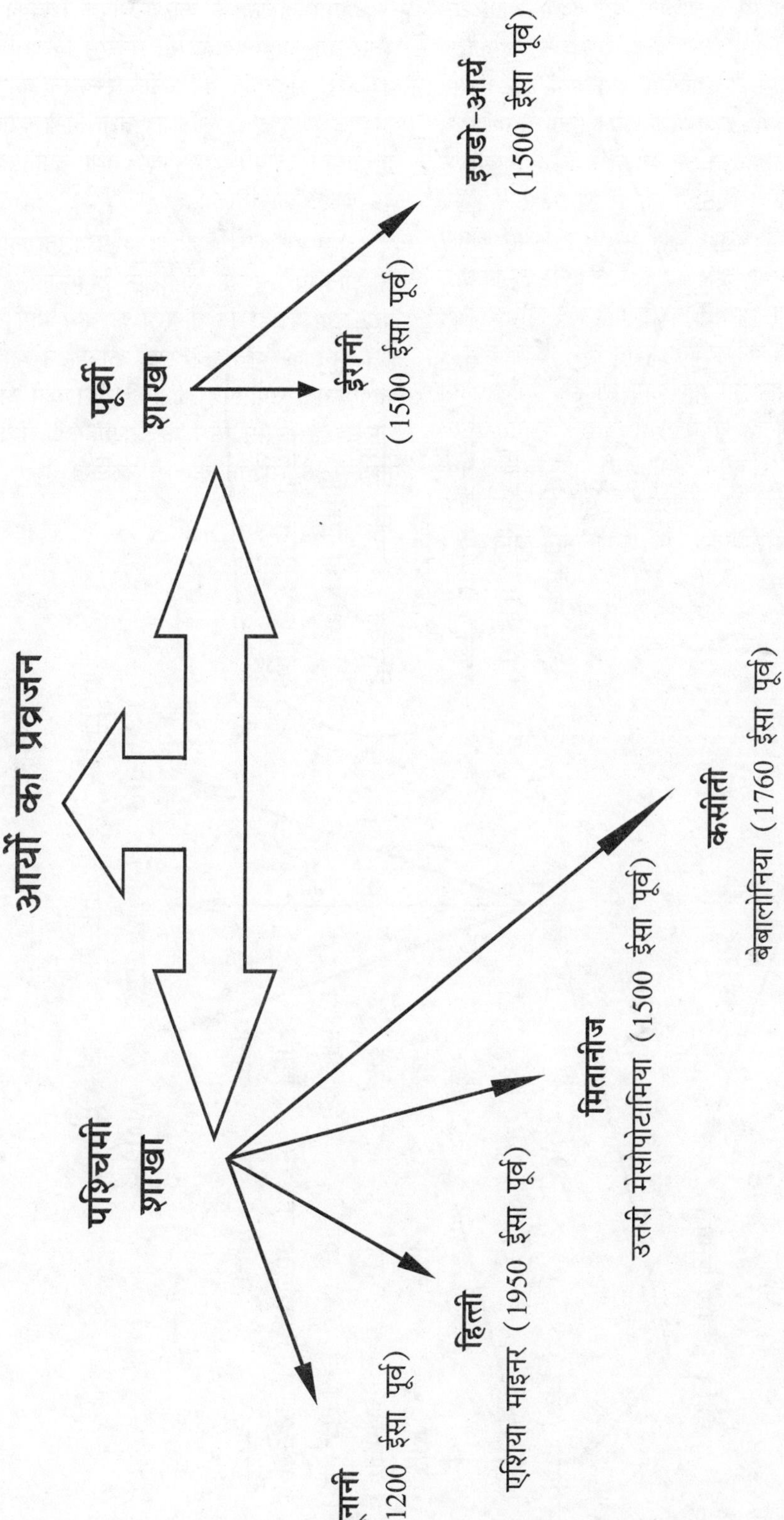
आर्यों का प्रव्रजन
पश्चिमी शाखा
पूर्वी शाखा
ईरानी (1500 ईसा पूर्व)
इण्डो-आर्य (1500 ईसा पूर्व)
यूनानी (1200 ईसा पूर्व)
हित्ती
एशिया माइनर (1950 ईसा पूर्व)
मितानीज
उत्तरी मेसोपोटामिया (1500 ईसा पूर्व)
कसीती
बेबालोनिया (1760 ईसा पूर्व)

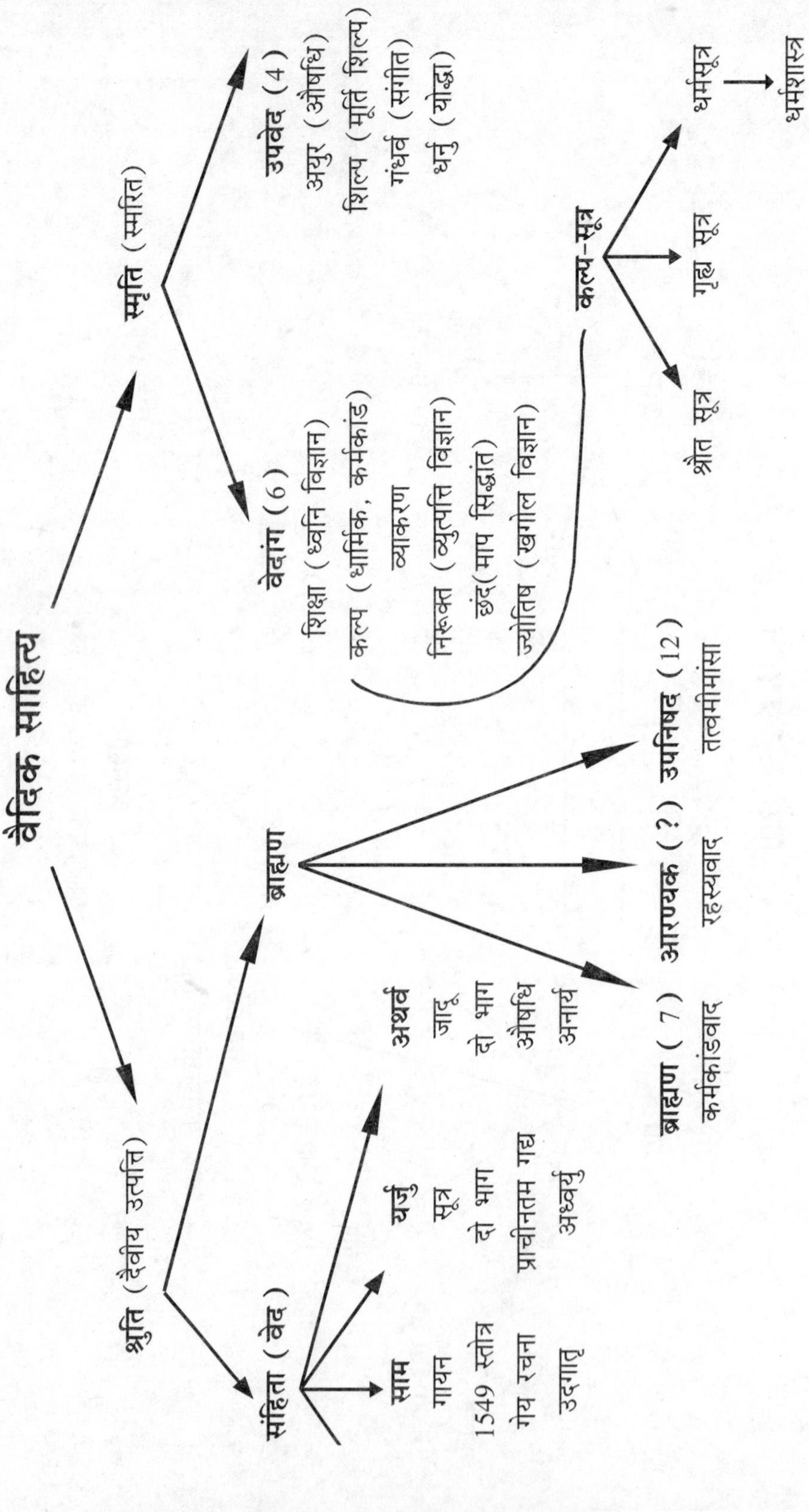
वैदिक साहित्य
श्रुति (दैवीय उत्पत्ति)
स्मृति (स्मरित)
संहिता (वेद)
ब्राह्मण
साम
गायन
1549 स्तोत्र
गेय रचना
उद्गातृ
यजु
सूत्र
दो भाग
प्राचीनतम गद्य
अध्वर्यु
अथर्व
जादू
दो भाग
औषधि
अनार्य
ब्राह्मण (7)
कर्मकांडवाद
आरण्यक (?)
रहस्यवाद
उपनिषद (12)
तत्वमीमांसा
वेदांग (6)
शिक्षा (ध्वनि विज्ञान)
कल्प (धार्मिक, कर्मकांड)
व्याकरण
निरूक्त (व्युत्पत्ति विज्ञान)
छंद(माप सिद्धांत)
ज्योतिष (खगोल विज्ञान)
उपवेद (4)
अयुर (औषधि)
शिल्प (मूर्ति शिल्प)
गंधर्व (संगीत)
धर्नु (योद्धा)
कल्प-सूत्र
श्रौत सूत्र
गृह्य सूत्र
धर्मसूत्र
धर्मशास्त्र

अभ्यास प्रश्न

1. दासराज्ञ क्या था?
   (a) विष्णु के दस अवतार
   (b) एक दास जो राजा बना
   (c) दस राजाओं का युद्ध
   (d) दास माता के पुत्र द्वारा किए जाने वाले दस यज्ञ

2. सुमेलित करें ओर दिए गए कूटों से उत्तर चुनें–

	तालिका-I		**तालिका**-II
A.	उत्तर पश्चिम भारत	(i)	भारत, पुरु और सृंजय
B.	सिंध और पंजाब	(ii)	मत्स्य और चेदी
C.	हरियाणा और पश्चिमी उत्तर प्रदेश	(iii)	अलीन, भालन, गांधारी, पक्थ तथा विशणिन
D.	बिहार तथा पूर्वी उत्तर प्रदेश	(iv)	अनु, दुह्य, केकय, शिव
		(v)	चंडाल, कीकट, किरात परनाक तथा सिम्यु

कूटः

	A	B	C	D	E
(a)	(iii)	(i)	(iv)	(ii)	(v)
(b)	(iii)	(iv)	(i)	(v)	(ii)
(c)	(i)	(ii)	(iv)	(iii)	(v)
(d)	(v)	(iii)	(iv)	(i)	(ii)

3. नीचे दो कथन दिए गए हैं–एक 'कथन' है तथा दूसरा 'तर्क' है:

   कथनः ऋग्वैदिक काल में राजत्व का दैवी सिद्धांत नहीं था।

   तर्कः ऋग्वेद में पुरुवंश के राजा पुरुकुत्सस को अर्द्ध-दैविक बताया गया है।

   उपरोक्त कथनों संदर्भ में क्या सत्य है?
   (a) 'कथन' तथा 'तर्क' दोनों ही सत्य है तथा 'तर्क' 'कथन' की सही व्याख्या है।
   (b) 'कथन' तथा 'तर्क' दोनों ही सत्य हैं पर 'तर्क' 'कथन' की सही व्याख्या नहीं है।
   (c) 'कथन' सत्य है लेकिन 'तर्क' असत्य है।
   (d) 'कथन' असत्य है लेकिन 'तर्क' सत्य है।

4. ययाति (एक क्षत्रिय) का देवयानी (एक पुजारी की पुत्री) से विवाह किस प्रकार का है?
   (a) प्रतिलोम विवाह (b) अनुलोम विवाह
   (c) सवर्ण विवाह (d) नियोग विवाह

5. चतुर्वर्ण प्रणाली सबसे पहले ऋग्वेद के पुरुषसूक्त में मिलती है। दूसरी किस वैदिक पुस्तक में यह प्रणाली दुहराई गई है?
   (a) अथर्ववेद
   (b) शतपथ ब्राह्मण
   (c) वृहदारण्यक उपनिषद्
   (d) छांदोग्य उपनिषद्

6. ऋग्वेद के तृतीय मंडल के निम्न श्लोक पर ध्यान दें–
   ''हे सोम प्रेमी इंद्र! क्या तुम मुझे प्रजा का रक्षक अथवा राजा बनओगे क्या तुम मुझे ऐसा ऋषि बनाओगे जिसनें सोम पिया था? क्या तुम मुझे कभी नहीं समाप्त होने वाला धन प्रदान करोगे?''

   यह श्लोकः
   (a) लोगों की पेशागत अभिरुचियों को दर्शाता है।
   (b) ईश्वर की पूजा का उद्देश्य दर्शाता है।
   (c) अपना पेशा चुनने में लोगों की अनिश्चित्ता दर्शाता है।
   (d) जनता में व्याप्त सामाजिक गति को दर्शाता है।

7. ऋग्वैदिक समन संभवतः–
   (a) धार्मिक समूह थे, जो अभौतिक विषयों पर बहस करते थे।
   (b) विभिन्न प्रकार के खेल आयोजित करने वाली प्रसिद्ध संस्थाएं थीं।
   (c) योगी थे, जिन्होंने इस विश्व की इच्छाओं का परित्याग कर दिया था दूसरी दुनिया के बारे में बताते थे।
   (d) विभिन्न आर्य कबीलों में होने वाली लड़ाइयां थीं।

8. ऋग्वेद के अनुसार दास क्या है?
   (i) अव्रत–वे जो ईश्वरीय नियमों का पालन नहीं करते थे।
   (ii) अक्रतु–वे जो यज्ञ नहीं करते थे।
   (iii) मृध्रवाचः–वे जिनकी भाषा अलग अथवा खराब थी।
   (iv) अनशः–वे जिनकी नाक चपटी थी।
   (v) कृष्णत्वच–जिनकी चमड़ी श्याम थी।

   कूटः
   (a) (i), (ii) और (iii) (b) (ii), (iii) और (iv)
   (c) (ii), (iv) और (v) (d) उपरोक्त सभी

9. निम्न में से किस ऋग्वैदिक देवता की उपाधि 'अतिथि' थी?

(a) अग्नि (b) इंद्र
(c) वरुण (d) सोम

10. **कथन (A):** पूर्व और उत्तर वैदिक काल में पिता द्वारा पुत्र को दहान में दिया अथवा उसे बेचना पिता के अधिकार के बाहर नहीं था।

तर्क (R): ऋग्वेद के प्रथम मंडल की एक कहानी के अनुसार राजा हरिशचंद्र ने एक यज्ञ के लिए सुनहसेप को उसके पिता अजीगर्थ से खरीदा।

उपरोक्त कथनों के संदर्भ में निम्न में से कौन-सा कथन सत्य है?

(a) A और R दोनों सत्य हैं तथा A की सही व्याख्या R है।
(b) A और R दोनों सत्य हैं तथा A की सही व्याख्या R नहीं है।
(c) A सत्य है, परंतु R असत्य है।
(d) A असत्य है, परंतु R सत्य है।

11. ऋग्वेद के हिरण्यपिंड तथा मान क्या हैं?

(a) मृत आत्माओं को चढ़ाई गई भेंट।
(b) सोने के सिक्के अथवा नियत मूल्य के गहने जिनका उपयोग विनिमय के लिए किया जाता था।
(c) यज्ञोत्सवों का अधिकारी।
(d) अपराधों के प्रायश्चित हेतु धार्मिक अनुष्ठान।

12. तेइसवें जैन तीर्थांकर पार्श्वनाथ किस शासक परिवार के थे?

(a) मगध (b) विदेह
(c) कोशल (d) काशी

13. **ऐतरेय ब्राह्मण** में चर्चित कौन-से अनार्य कबीले दक्षिण भारत के थे?

(i) आंध्र (ii) पुंध्र
(iii) पुलिंद (iv) सबर
(v) मुत्बी

कूट:

(a) उपरोक्त सभी (b) (i), (ii) और (iii)
(c) (i), (iii) और (iv) (d) (i), (iv) और (v)

14. निम्न में से कौन-सी वैदिक देवी पतन, विनाश और मृत्यु का प्रतिरूप थी?

(a) अदिति (b) निर्ती
(c) सावित्री (d) अरण्यानी

15. सूची-I को सूची-II से सुमेलित कर दिए गए कूटों से सही उत्तर चुनें–

सूची-I (संहिताओं के ब्राह्मण)	**सूची-II** (पुरोहित जो उनका प्रयोग करते थे)
A. ऋग्वेद के ऐतरेय और कौशितकी	(i) ब्राह्मण अथवा पर्यवेक्षक
B. सामवेद के तांइयम: और जैन्मिनिय	(ii) अध्वर्यु अथवा अनुष्ठान कर्ता
C. यजुर्वेद के तैत्तिरीय और शतपथ	(iii) होतृ अथवा आह्वान कर्ता
D. अथर्ववेद को गोपथ	(iv) उद्‌गातृ अथवा गायक

कूट:

	A	B	C	D
(a)	(iii)	(iv)	(ii)	(i)
(b)	(ii)	(iii)	(iv)	(i)
(c)	(iv)	(i)	(iii)	(ii)
(d)	(i)	(ii)	(iv)	(iii)

16. उत्तर वैदिक काल में सत्र क्या हुआ करते थे?

(a) बुद्धिजीवियों के वाद-विवाद
(b) तपस्वी
(c) विशाल यज्ञ
(d) गृह अनुष्ठान

17. निम्नलिखित में से कौन सर्वप्रथम क्रमबद्ध ढंग से आत्मा के पुनर्जन्म की व्याख्या करता है?

(a) *ऐतरेय उपनिषद्* (b) *वृहदारण्यक उपनिषद्*
(c) *छांदोग्य उपनिषद्* (d) *केन उपनिषद्*

18. उत्तर वैदिक काल के वेद विरोधी तथा ब्राह्मण विरोधी शिक्षकों को क्या कहा जाता था?

(a) यजमान (b) श्रेष्ठिन
(c) अथर्वन (d) श्रमण

19. तालिका-I एवं तालिका-II पर ध्यान दें–

तालिका-I	**तालिका-II**
(i) द्युस्थान	वरुण, सूर्य, मित्र, पुषाण, विष्णु, अश्विन, अदिती, सावित्री, ऊषा, इत्यादि।
(ii) अंतरिक्ष स्थान या मध्यम स्थान	इंद्र, रुद्र, मारुत, वायु, वात, पराजन, इत्यादि।
(iii) पृथ्वी स्थान	अग्नि, सोम, वृहस्पति, पृथ्वी इत्यादि।

इनमें कौन-से सुमेलित हैं? दिए गए कूटों से उत्तर चुनें–

(a) (i) और (ii) (b) (ii) और (iii)
(c) (i) और (iii) (d) सभी

20. निम्न में से कौन-सा वैदिक ग्रंथ उपनयन संस्कार का विस्तृत विवरण देता है?

(a) *शतपथ ब्राह्मण* (b) *अथर्ववेद*
(c) *यजुर्वेद* (d) *ऐतरेय ब्राह्मण*

21. **कथन (A):** स्वामित्व के साथ भूमि दान एक गलत प्रथा थी।

तर्क (R): शतपथ और ऐतरेय ब्राह्मण के अनुसार जब राजा विश्वकर्मन ने अपने राज्य पुरोहित को पृथ्वी दान में देनी चाही तो पृथ्वी ने दान में दिए जाने से इंकार कर दिया।

उपरोक्त कथनों के संदर्भ में क्या सत्य है?

(a) A और R दोनों सत्य हैं तथा A की सही व्याख्या R है।
(b) A और R दोनों सत्य हैं पर A की सही व्याख्या R नहीं है।
(c) A सत्य है R असत्य है।
(d) A असत्य है R सत्य है।

22. कबीलायी प्रमुख के चुनाव में साधारणत: निम्न में से कौन-सी कबीलायी सभा भाग लेती थी?

(a) समिति (b) सभा
(c) गण (d) विदथ

23. श्रोत सूत्र के अंतर्गत आने वाले सुल्व सूत्र किससे संबंधित थे?

(a) खगोल विज्ञान (b) रसायन शास्त्र
(c) रेखागणित (d) चिकित्सा

24. इनमें कौन-सा युगम सुमेलित नहीं है?

(a) *सामवेद संहिता*–भारतीय संगीत की उत्पत्ति
(b) *अथर्ववेद संहिता*–भारतीय चिकित्सा की उत्पत्ति
(c) *ऋग्वेद संहिता*–प्राचीनतम गद्य
(d) *यजुर्वेद संहिता*–कर्मकांड की उत्पत्ति

25. किस उत्तर वैदिक उपनिषद् में सर्वप्रथम त्रिमूर्ती के बारे में चर्चा हुई है?

(a) *केन उपनिषद्*
(b) *मैत्रायन उपनिषद्*
(c) *श्वेतास्वतार उपनिषद्*
(d) *मुंडक उपनिषद्*

26. सुप शास्त्र किस विज्ञान का ग्रंथ है?

(a) कृषि विज्ञान (b) उद्यान विज्ञान
(c) पाक-शास्त्र (d) धातु विज्ञान

27. किस वैदिक ग्रंथ में खेत जोतने के अनुष्ठान की विस्तृत चर्चा हुई है?

(a) *यजुर्वेद संहिता* (b) *शतपथ ब्राह्मण*
(c) *कौशितकी ब्राह्मण* (d) *अथर्ववेद संहिता*

28. किसने सर्वप्रथम संस्कृत तथा यूरोप की कुछ प्रमुख भाषाओं के बीच साम्य पाया?

(a) मैक्स मूलर (b) सर विलियम जोंस
(c) पेंक (d) फिलिप्पो ससेत्ती

29. निम्नलिखित में से प्राचीनतम आर्यों का समूह कौन-सा है जिसके बारे में जानकारी प्राप्त है?

(a) हिट्टी (b) मिटानी
(c) कसाइट (d) यूनानी

30. तालिका-I एवं तालिका-II पर ध्यान दें–

तालिका-I	**तालिका**-II
(i) ऋग्	प्रशंसा
(ii) समन	राग
(iii) यजु	जादुई सूत्र
(iv) अथर्वन	अनुष्ठान सूत्र

इनमें कौन सुमेलित नहीं हैं? कूट से उत्तर चुनें।

(a) उपरोक्त सभी (b) (i), (ii) और (iii)
(c) (iii) और (iv) (d) (i) और (iv)

31. कौन-सा युग्म सुमेलित नहीं है?

(a) अश्किनी–चेनाब (b) शुतुद्री–सतलज
(c) विपापा–झेलम (d) परुष्णी–रावी

32. रत्नविंशी किस यज्ञ का हिस्सा था?

(a) सोम यज्ञ (b) अश्वमेघ यज्ञ
(c) वाजपेय यज्ञ (d) राजसूय यज्ञ

33. कौन-सा ग्रंथ श्रुति साहित्य का अंग नहीं है?

(a) *ब्राह्मण* (b) *वेदांग*
(c) *आरण्यक* (d) *उपनिषद्*

34. निम्न में से कौन-सा सूत्र इतिहासकारों के लिए उपयोगी है?

(a) *निरुक्त सूत्र* (b) *गृह्य सूत्र*
(c) *स्त्रौत सूत्र* (d) *धर्म सूत्र*

35. निम्नलिखित में से कौन-सा वैदिक देवता ऋतु को कायम रखने वाला बताया गया है?

(a) इंद्र (b) अग्नि
(c) वरुण (d) सोम

36. निम्न में से कौन-सा उत्तर वैदिक देवता हड़प्पा के पशुपति महादेव का रूप है?

(a) प्रजापति (b) रुद्र
(c) विष्णु (d) पूषण

37. किस ग्रंथ में सूर्य देव एवं सावित्र को समर्पित गायत्री मंत्र वर्णित है?

(a) *छांदोग्य उपनिषद्* (b) *तैत्तिरीय ब्राह्मण*
(c) *ऋग्वेद संहिता* (d) *यजुर्वेद संहिता*

38. किन ग्रंथों में सर्वप्रथम राजसूय, अश्वमेघ तथा वाजपेय यज्ञों की चर्चा हुई है?

(a) *संहिता* (b) *ब्राह्मण*
(c) *आरण्यक* (d) *उपनिषद*

39. ऋग्वैदिक काल में आर्यों द्वारा कितने देवताओं की पूजा की जाती थी?

(a) 3 (b) 12
(c) 24 (d) 33

40. ऋग्वेद संहिता का कौन-सा मंडल मादक पेय सोम तथा इसी नाम के देवता को समर्पित है।

(a) X (b) IX
(c) I (d) VI

41. दस राजाओं के युद्ध के बारे में निम्नलिखित में से कौन-से कथन सत्य हैं?

(i) यह भारत और पुरु वंशों के बीच परुष्णी नदी के किनारे लड़ा गया।
(ii) भारत वंश का राजा पुरुकुत्स था जबकि पुरु वंश का राजा सुदास था।
(iii) पुरु वंश की कई अन्य कबीलों की मदद के बावजूद भारत विजयी हुए।
(iv) बाद में विजेता भारत वंश तथा विजित पुरु वंश ने मिलकर कुरु वंश की स्थापना की।
(v) इस युद्ध का वर्णन *ऋग्वेद संहिता* के दसवें मंडल में मिलता है।

कूट:

(a) उपरोक्त सभी (b) (i), (ii), (iii) और (iv)
(c) (ii), (iii) और (iv) (d) (i), (iii) और (iv)

42. विवाहों के बारे में निम्नलिखित में से कौन-से कथन असत्य हैं?

(i) अनुलोम विवाह उच्च वर्ण के पुरुष तथा निम्न वर्ण की महिला के बीच होता है।
(ii) प्रतिलोम विवाह निम्न वर्ण के पुरुष तथा उच्च वर्ण की महिला के बीच होता है।
(iii) अनुलोम विवाह निम्न वर्ण के पुरुष तथा उच्च वर्ण की महिला के बीच होता है।
(iv) प्रतिलोम विवाह उच्च वर्ण के पुरुष तथा निम्न वर्ण की महिला के बीच होता है।

कूट:

(a) (i) और (ii) (b) (iii) और (iv)
(c) (i) और (iii) (d) (ii) और (iv)

43. वैदिक काल की निम्नलिखित राजनीतिक संस्था की इकाइयों को अवरोही क्रम में सजाएं–

(i) विश (ii) गण
(iii) ग्राम (iv) राष्ट्र
(v) कुल

कूट:

(a) (iv), (ii), (i), (iii) और (v)
(b) (ii), (iii), (i), (v) और (iv)
(c) (v), (ii), (i), (iii) और (iv)
(d) (iii), (ii), (iv), (i) और (v)

44. ऋग्वैदिक कालीन इंद्र के बारे में निम्नलिखित में से कौन-से कथन सत्य हैं?

(i) ऋग्वेद के लगभग 250 श्लोक उसको समर्पित है।
(ii) वह युद्ध नेता था।
(iii) वह आम जनता तथा देवताओं के बीच मध्यस्थ था।
(iv) वह वर्षा का देतवा माना जाता था।

कूट:

(a) उपरोक्त सभी (b) (i), (ii) और (iii)
(c) (i), (ii) और (iv) (d) (ii), (iii) और (iv)

45. निम्नलिखित को सुमेलित करें–

तालिका-I	**तालिका-II**
A. एकैकाधिदेववाद	(i) एक देवता में विश्वास
B. अद्वैतवाद	(ii) आत्मा का वृक्ष में पुनर्जन्म का सिद्धांत
C. एकेश्वरवाद	(iii) एक से अधिक देवताओं में विश्वास
D. पुनर्जन्म	(iv) विविध घटनाओं की व्याख्या करने वाला एक सिद्धांत

कूटः

	A	B	C	D
(a)	(ii)	(iii)	(i)	(iv)
(b)	(iii)	(iv)	(i)	(ii)
(c)	(i)	(iv)	(iii)	(ii)
(d)	(iv)	(ii)	(i)	(iii)

46. आर्यों के मूल स्थान के बारे में तालिका-I में दिए गए विद्वानों के विचारों को तालिका-II से मिलाकर दिए गए कूटों से उत्तर चुनें–

तालिका-I	**तालिका**-II
A. बाल गंगाधर तिलक	(i) मध्य एशिया
B. दयानंद सरस्वती	(ii) उत्तरी ध्रुव
C. मैक्स मूलर	(iii) जर्मनी
D. मैकडॉनेल	(iv) ऑस्ट्रिया-हंगरी
E. पेंक	(v) तिब्बत

कूटः

	A	B	C	D	E
(a)	(ii)	(v)	(i)	(iv)	(ii)
(b)	(ii)	(i)	(v)	(iii)	(iv)
(c)	(i)	(iii)	(iv)	(ii)	(v)
(d)	(iii)	(iv)	(ii)	(i)	(v)

47. निम्नलिखित में से कौन-से युग्म सुमेलित हैं?

(i) दैव–पुरोहित को उसके शुल्क के बदले लड़की देना

(ii) ब्रह्म–किसी व्यक्ति को दहेज के साथ लड़की देना

(iii) प्रजापत्य–बिना कन्या-शुल्क लिए किसी व्यक्ति को लड़की देना

(iv) आर्ष–कन्या-शुल्क लेकर किसी व्यक्ति को लड़की देना।

दिए कूटों से उत्तर चुनें:–

(a) उपरोक्त सभी (b) (i), (ii) और (iii)

(c) (ii), (iii) और (iv) (d) (i), (ii) और (iv)

48. सुमेलित कर दिए गए कूटों से उत्तर चुनें–

तालिका-I	**तालिका**-II
A. सांख्य	(i) बदरायण
B. वैशेषिक	(ii) जैमिनी
C. न्याय	(iii) पातंजलि
D. योग	(iv) गौतम
E. मीमांसा	(v) कंड
F. वेदांत	(vi) कपिल

कूटः

	A	B	C	D	E	F
(a)	(vi)	(v)	(iv)	(iii)	(ii)	(i)
(b)	(iv)	(iii)	(i)	(vi)	(v)	(ii)
(c)	(i)	(ii)	(iii)	(iv)	(v)	(vi)
(d)	(iii)	(iv)	(v)	(vi)	(i)	(ii)

49. निम्नलिखित कथनों को पढ़ें–

(i) *ऋग्वेद* का दसवां मंडल समाज के चतुर्वणीय विभाजन की बात करता है।

(ii) *पुरुषसूक्त* में कॉस्मिक पुरुष के मुख, भुजाओं, जांघों तथा पैरों से क्रमशः ब्राह्मण, राजन्य, वैश्य तथा शूद्र की उत्पत्ति का मिथक है।

(iii) *पुरुषसूक्त ऋग्वेद* में बाद में जोड़ा गया है।

(iv) 'शूद्र' शब्द *ऋग्वेद* में कई बार आया है।

इनमें:

(a) सभी सत्य हैं

(b) (i), (ii), और (iii) सत्य हैं

(c) (i) और (ii) सत्य हैं

(d) (iii) और (iv) सत्य हैं

50. **छांदोग्य उपनिषद्** में सर्वप्रथम तीन आश्रमों की बात की गई है परंतु चार आश्रमों को सर्वप्रथम वर्णन किस ग्रंथ में है?

(a) *जबाला उपनषिद्*

(b) *मुंडक उपनिषद्*

(c) *कौशितकी उपनिषद्*

(d) *श्वेताश्वतार उपनिषद्*

51. निम्नलिखित में से किस महिला को **ऋग्वेद** में ऋषि का दर्जा प्राप्त नहीं था?

(a) विश्वतारा (b) अपाला

(c) अरुंधती (d) घोषा

52. निम्न कथनों पर ध्यान दें–

(i) पर्दा प्रथा नहीं थी।

(ii) महिलाएँ प्रायः सती होती थीं।

(iii) लड़कियों की शादी रजस्वला होने के बाद होती थी।

(iv) कभी-कभी लड़कियाँ अपने वर स्वयं चुनती थीं।

इनमें से:

(a) (i) और (ii) सत्य हैं

(b) (ii) और (iii) सत्य हैं

(c) (i), (ii) और (iii) सत्य हैं

(d) (i), (iii) और (iv) सत्य हैं

53. **ऋग्वेद** के नवें मंडल सभी 114 श्लोक एक ही देवता को अर्पित हैं, वह देवता कौन है?

(a) सोम (b) अग्नि
(c) इंद्र (d) वरुण

54. इनमें से कौन सुमेलित नहीं है?

(a) गृह्य सूत्र–घरेलू अनुष्ठान
(b) सुल्व सूत्र–रेखागणित
(c) श्रोत सूत्र–शाही यज्ञ
(d) धर्म सूत्र–रीति रिवाज

55. आर्य संस्कृति को विंध्य पर्वत के दक्षिण में कौन ले गया?

(a) ययाति (b) सुदास
(c) अगस्त्य (d) विश्वामित्र

56. निम्न कथनों को पढ़ें–

(i) ऋग्वैदिक काल में महिलाओं को वेद पढ़ने की अनुमति प्राप्त थी।
(ii) इनमें से कुछ ने वैदिक श्लोकों की रचना की।
(iii) उन्हें सभा और विदथ में बैठने की अनुमति थी।
(iv) वे पर्दे में रहती थीं।

इनमें से:

(a) सभी गलत हैं
(b) (i) और (ii) गलत हैं
(c) (iii) और (iv) गलत हैं
(d) सिर्फ (iv) गलत है

57. प्राचीन भारत में एक बालक तब तक पशु समझा जाता था जब तक उसका–

(a) उपनयन संस्कार न हो जाए
(b) विद्यारंभ संस्कार न हो जाए
(c) जातकर्म संस्कार न हो जाए
(d) परिणय संस्कार न हो जाए

58. **ब्राह्मण ग्रंथ** क्या हैं?

(a) आरण्यकों पर टिप्पणी जो दार्शनिक संभावनाओं की चर्चा करते हैं।
(b) उत्सवों तथा यज्ञों की नियमावलियाँ हैं।
(c) देवताओं की प्रशंसा में कविताओं की नियमावलियाँ हैं।
(d) संहिताओं के मूल ग्रंथ हैं।

59. आर्यों को सिंधुवासियों से निम्नलिखित में से कौन-सी चीज अलग करती है?

(i) युद्ध कला के प्रति प्रेम
(ii) खेती
(iii) पशुपालन
(iv) लोहे का प्रयोग

कूट:

(a) (i) और (ii) (b) (i) और (iii)
(c) (i) और (iv) (d) उपरोक्त सभी

60. उत्तर वैदिक काल में किसके कारण ब्राह्मणों का प्रभुत्व स्थापित हुआ?

(a) उन्होंने सोलह प्रकार के पुरोहितों से अधिक प्रभाव बना लिया
(b) वे राजाओं के लिए यज्ञ तथा अनुष्ठान करते थे।
(c) वैदिक काल के अंत में उन्हें भूमिदान मिले।
(d) उन्होंने धार्मिक, सामाजिक, आर्थिक तथा राजनीतिक महत्व के हर मौके के लिए अनुष्ठान एवं कर्मकांड विकसित किए।

उत्तरमाला

1. (c)	2. (b)	3. (b)	4. (a)	5. (c)	6. (d)	7. (b)
8. (d)	9. (a)	10. (a)	11. (b)	12. (d)	13. (c)	14. (b)
15. (a)	16. (c)	17. (b)	18. (d)	19. (d)	20. (a)	21. (a)
22. (a)	23. (c)	24. (c)	25. (b)	26. (c)	27. (b)	28. (d)
29. (a)	30. (c)	31. (c)	32. (d)	33. (b)	34. (d)	35. (c)
36. (b)	37. (c)	38. (b)	39. (d)	40. (b)	41. (d)	42. (b)
43. (a)	44. (c)	45. (b)	46. (b)	47. (a)	48. (a)	49. (b)
50. (a)	51. (c)	52. (d)	53. (a)	54. (c)	55. (c)	56. (d)
57. (a)	58. (b)	59. (c)	60. (d)			

अध्याय

4

पूर्व-मौर्य अवस्था

4.1 प्रारंभिक ऐतिहासिक अवस्था

गैर-सनातनी संप्रदायों की पृष्ठभूमि

सातवीं से पांचवीं शताब्दी ई.पू. के बीच भारत का बौद्धिक जीवन उथल-पुथल की स्थिति में था। यह काल संपूर्ण विश्व के बौद्धिक तथा आध्यात्मिक विकास में एक निर्णायक काल था। इस काल में यूनान में प्रारंभिक दार्शनिकों, महान हिब्रू पैगंबरों, चीन में कन्फ्यूशियस तथा फारस में जरथुष्ट्र का विकास हुआ। इस काल में, भारत में एक ओर उपनिषदों का ज्ञान देने वाले ऋषि थे, जिनकी प्रेरणा-स्रोत वेद थे, तो दूसरी ओर कुछ ऐसे कम परंपरावादी उपदेशकों का अविर्भाव हुआ जिन्होंने वेदों को पूरी तरह से अस्वीकार कर दिया। इस काल में विशेष सिद्धांत वाली अनेक गैर-सनातनी प्रणालियों का विकास हुआ जिनके मोक्ष प्राप्त करने के अलग-अलग नियम थे। इसी काल में बौद्ध तथा जैन धर्मों का उदय हुआ।

इस महान गैर-सनातनी विकास की सामाजिक पृष्ठभूमि जैन तथा बौद्ध परंपराओं से ठीक तरह से नहीं जानी जा सकती है। ये परंपराएं बाद के चिंतकों ने अंशत: विकसित की हैं; लेकिन ऐसा प्रतीत होता है कि इसका ठोस विकास बिहार तथा पूर्वी उत्तर प्रदेश में हुआ। इस क्षेत्र में आर्य सभ्यता तथा ब्राह्मण धर्म का आगमन तुलनात्मक रूप से हाल ही में हुआ था। लोग आर्य जाति प्रथा से कम प्रभावित थे। ब्राह्मणों का प्रभाव पूरी तरह से स्थापित नहीं हुआ था। आर्य देवताओं की पूजा की अपेक्षा चैत्यों तथा विहारों में यक्षों तथा नागों जैसे स्थानीय देवताओं की पूजा पर ज्यादा ध्यान दिया जाता था। शहरों की उत्पत्ति हो चुकी थी जिनमें समृद्ध व्यवसायियों का वर्ग रहता था जबकि किसानों का जीवन स्तर भी तुलनात्मक रूप से अच्छा था।

प्राचीन कबायली ढांचे का पतन हो रहा था तथा कई गणराज्यों सहित राजतंत्रों का उदय हो चुका था। गणराज्यों में कबायली ढांचे के अधिक तत्व विद्यमान थे। अधिकतर गणराज्य राजनैतिक रूप से कम महत्वपूर्ण थे तथा सर्वाधिक विशाल राजतंत्र कोशल (पूर्वी उत्तर प्रदेश) पर आश्रित थे; इस तरह का एक गणराज्य हिमालय की पहाड़ियों में शाक्य गणराज्य था। इन गणराज्यों में सर्वाधिक महत्वपूर्ण वज्जियन संघ था, जिसका सबसे बड़ा अंग लिच्छवि कबीला था। इस संघ का नियंत्रण उत्तरी बिहार पर था तथा इनका शासन एक प्रमुख के हाथ में था। इस प्रमुख की राजनैतिक शक्ति का स्रोत कबीले के पुरुषों की एक बड़ी सभा थी। यह अन्य छोटे प्रमुखों की सहायता से शासन करता था। दक्षिण बिहार में मगध का राजतंत्र था। मगध ने शीघ्र ही वज्जी तथा कोशल पर अधिकार कर लिया तथा इसका विकास तब तक होता रहा जब तक सुदूर दक्षिण के अलावा संपूर्ण भारतीय उप-महाद्वीप की राजधानी पाटलिपुत्र हुई।

सुव्यवस्थित राज्यों तथा भौतिक संस्कृति के विकास के साथ-साथ नए धार्मिक विचारों का विकास हुआ, जो शीघ्र ही प्राचीन भारतीय विचारधारा के केंद्रबिंदु बन गए। यह ध्यान देने योग्य है कि वेदों तथा प्राचीन ब्राह्मण साहित्यों में

आत्मा के पुनर्जन्म का स्पष्ट वर्णन नहीं मिलता है। आद्य रूप में पहली बार एक नए सिद्धांत के रूप में यह प्रारंभिक उपनिषदों में देखने को मिलता है। जैन तथा बौद्ध धर्म ग्रंथों में पुनर्जन्म के सिद्धांतों का व्यापक प्रयोग देखने को मिलता है।

संपूर्ण उत्तर भारत में अत्मा के पुनर्जन्म में विश्वास के तीव्र विकास की व्याख्या आसान नहीं है। संभवत: समाज का सरल वर्ग हमेशा से पुनर्जन्म में विश्वास करता आया है, परंतु इस काल में ही इसने ऊपरी वर्गों को प्रभावित करना प्रारंभ किया।

सांसारिक मुद्दों से एक किस्म के बढ़ते अलगाव तथा वहां से पलायन की इच्छा को स्पष्ट कर सकना भी उतना ही मुश्किल है। एक ऐसी संस्कृति जो बौद्धिक एवं भौतिक तौर पर काफी तेजी से विकसित हो रही थी तथा एक विस्तृत होते समाज में इस चरम निराशावादिता को स्पष्ट करने हेतु कई कारण बताए गए हैं-

प्रथम कारण है कि पुराने कबीलों के राजतंत्रों द्वारा विस्थापन के कारण नृजातीय संबंधों तथा तत्संबंधित सुरक्षा की धारणा कमजोर पड़ रही थी अथवा नष्ट हो चली थी। समाज के हर वर्ग में मनोवैज्ञानिक बेचैनी व्याप्त हो रही थी।

मन:स्थिति में परिवर्तन से संबंधित एक अन्य कारण समाज के सबसे प्रबुद्ध वर्ग द्वारा ब्राह्मणवादी पशु बलि पंथ के विरोध का था।

हमें धार्मिक चिंतन की दिशा परिवर्तन के कारकों की अपर्याप्त जानकारी होने के कारण कोई भी अकेला सुझाव संतोषप्रद नहीं है।

उपनिषदों तथा अन्य अपारंपरिक दोनों ही शाखाओं ने कर्म मार्ग की जगह ज्ञान मार्ग की शिक्षा दी। उनका मुख्य लक्ष्य जन्म-मरण के चक्र से मुक्ति तथा दूसरों को इस लक्ष्य तक पहुंचाना था। उनमें से अधिकतर का मानना था कि मोक्ष प्राप्ति लंबे शारीरिक तथा मानसिक अनुशासन (जिसका प्रतिफलन अक्सर अक्खड़पन से होता था) से ही संभव थी। फिर भी अलग-अलग मतों में गहरा मतभेद था।

बौद्ध ग्रंथों के अनेक अवतरण हमें छ: गैर-पारंपरिक आचार्यों की जानकरी देते हैं जिनमें से हर एक महत्वपूर्ण पंथ का अगुआ था एवं जिनके पास समर्थक थे। दीर्घनिकाय के एक अनुच्छेद में इन धाराओं के मूल विचारों का संक्षिप्त विवरण है। इन पर एक नजर डालने से विभिन्न संप्रदायों के सिद्धांतों की विविधता का पता चलता है।

सर्वप्रथम वर्णित आचार्य पूरण कश्यप का मानना था कि पुण्य आदि का मानव के कर्म पर कोई प्रभाव नहीं होता।

शृंखला में दूसरा, आजीवक पंथ था, जो अपने संस्थापक मक्खलिपुत्त गोशाल की मृत्यु के बाद लगभग दो हजार वर्षों तक जीवित रहा। गोशाल ने पूरण से सहमत होते हुए माना कि अच्छे कार्यों का पुनर्जन्म पर कोई प्रभाव नहीं पड़ता जो एक सर्वशक्तिमान सिद्धांत 'नियति' के दृढ़ प्रारूप का अनुगमन करती है।

तीसरे आचार्य अजित केशकम्बलिन भौतिकवादी थे। विचार दर्शन के इतिहास में अभौतिक इकाइयों में पूर्ण अविश्वास के ये प्राचीनतम उदाहरणों में है।

पकुध कच्चायन (चौथे आचार्य), जो एक अणुवादी तथा वैशेषिक परंपरा के पूर्ववर्ती थे, ने ग्रीक डेमोक्रेट्स से लगभग एक सदी पहले अपने सिद्धांत दिए।

पांचवां निगंठ नाथपुत्र (निर्ग्रंथ ज्ञानपुत्र) कोई और नहीं, वरन् जैन संप्रदाय के अगुआ वर्धमान महावीर ही थे।

छठे तथा अंतिम संजय वेलट्‌ठिपुत्र अनिश्चयवादी थे तथा उन्होंने बिलकुल निश्चित ज्ञान की संभावना को नकार दिया।

इनकी तरह अन्य पंथों द्वारा सुझाया गया रास्ता सिद्धांत-मात्र की स्वीकृति अथवा तार्किक आधार के विश्वास पर आधारित नहीं था। पुनर्जन्म के चक्र से मुक्ति के लिए व्यक्तिगत तौर पर आधारभूत सिद्धांतों को हृदयंगम करना आवश्यक था जो योग नाम से ज्ञात रहस्यपूर्ण तथा वैरागी तरीकों से ही संभव था। इनमें से प्रत्येक के यहां तक कि भौतिकवादी अजित के पंथानुयायियों तक की अपनी विशिष्ट ध्यान-प्रणाली, मानसिक एवं आध्यात्मिक निर्दिष्ट अभ्यास थे तथा सबके पास समर्थकों (आमतौर पर वैरागियों) का संगठित दल था।

4.2 राज्यों की उत्पत्ति तथा शहरीकरण

स्त्रोत

साहित्यक स्त्रोत

शतपथ ब्राह्मण, श्रावस्ती से मध्य गंगा घाटी की ओर हुए आर्यों के विस्तार का वर्णन विदेघ माथवा की कहानी के माध्यम से करता हो जो पूरब की ओर यात्रा करता है और सदानीरा (गंडक) नदी के किनारे विश्राम के लिए रुकता है। मध्य गंगा दोआब ऐतिहासिक चर्चा का विषय लोगों के प्रवसन तथा पुनर्वास दो रास्तों के किनारे पर होने से बना। उत्तरी रास्ता हिमालय की पहाड़ियों से जाता था जिसे संभवत: विदेघ माथवा ने अपनाया तथा दूसरा रास्ता यमुना के दक्षिणी किनारे होते हुए निम्न गंगा नदी के विध्यंह दृश्यांस तक जाता था।

वैदिक साहित्य मध्य गंगा दोआब के बारे में बहुत कम जानकारी देते हैं। इस क्षेत्र में हुए परिवर्तन का सबूत हमें मुख्यतया बौद्ध साहित्य से मिलता है। गणसंघ के प्रधानों की कार्यशैली का ज्यादा विवरण हमें पाणिनी की '*अष्टाध्यायी*' से मिलता है जो बौद्ध स्रोतों से मिली सूचनाओं का समर्थन करती है, यद्यपि पाणिनी ने गणसंघ की चर्चा उत्तरी भारत के विभिन्न क्षेत्रों के संदर्भ में अधिक और मध्य गंगा दोआब के संदर्भ में काफी कम की है।

दोनों स्रोतों से गणसंघों की कार्यप्रणाली के बारे में प्राप्त सूचना उनके बीच के अंतर को स्पष्ट करती है। पाणिनी द्वारा संदर्भित क्षेत्र उत्तरी तथा पश्चिमी भारत के हैं, जैसे- मद्र, अधका वृशणी, क्षुद्रका तथा मालवा। जो वहां के प्रधानों द्वारा शासित होते थे उस समय तक राज्यों की उत्पत्ति नहीं हुई थी। मध्य गंगा घाटी में वृजियों का उदय हो चुका था जो बाद में राज्य के रूप में परिवर्तित हो गए। कुछ गणसंघ एक ही गोत्र से बने हुए थे- शाक्य, कोलिया और मल्ल, जो हिमालय की तराई के किनारे पर स्थित थे। कुछ अन्य गोत्रों के संघ भी थे जिनमें सबसे महत्वपूर्ण वृजि था और उनके बीच लिच्छवि।

राजतंत्र सबसे पहले कौशल तथा मगध में स्थापित हुआ जबकि अन्य क्षेत्रों, जैसे- गांधार, काशी (वाराणसी जिला), कौशांबी (इलाहाबाद जिला) में भी राजतंत्र के लक्षण दिखाई देते थे।

पुरातात्विक साक्ष्य

नव पाषाणिक बस्तियां इस बात की ओर इंगित करती हैं कि काले तथा लाल मृद्भांड सभ्यता वाले लोगों से पहले वे लोग दक्षिण के रास्ते पश्चिमी तथा मध्य भारत से आए थे। चित्रित धूसर मृद्भांड कोशल के श्रावस्ती द्सेठ महेठ, (पूर्वी उत्तर प्रदेश) में पाए गए हैं, जो ये दर्शाते हैं कि पश्चिमी गंगा घाटी का संबंध उत्तरी रास्ते के साथ-साथ कौशांबी तथा गंगा-यमुना के संगम से था और विंध्य के दृश्यांश पर बस्तियां थी।

शहरीकरण के पहले काले तथा लाल मृद्भांड वाली सभ्यता अस्तित्व में आ गई थी और ये दक्षिण के रास्ते चली और उत्तर की ओर होते हुए मध्य गंगा घाटी तक फैली। ये मुख्यतः नदियों के किनारे और ज्यादातर नदियों के उपजाऊ संगम के इर्द-गिर्द ही बढ़ी।

शहरीकरण के लिए यह जरूरी है कि वहां लोगों की आबादी में बढ़ोतरी हो। इस समय तक लोग लोहे से बने औजार तथा उनकी तकनीक से परिचित हो गए थे और चावल की खेती करने लगे थे। अगर मूर्ति कला के उद्योग को एक सांस्कृतिक विविधता के संकेत के रूप में देखा जाए तो हम यह पाते हैं कि काले तथा लाल मृद्भांड वाली संस्कृति पश्चिमी गंगा घाटी वाली संस्कृति से अलग थी किंतु बिल्कुल ही संबंधित न हो, ऐसा भी नहीं था।

छठी सदी ईसा पूर्व के लगभग के उत्तरी काले चमकीले मृद्भांडों में काफी परिवर्तन पाया गया। इसके उद्गम स्थान वाराणसी और पटना के बीच गंगा नदी के दोनों तरफ पाए गए हैं। ये क्षेत्र पहले काले तथा लाल मृद्भांड से संबंधित थे। उत्तरी काले, चमकीली, मृद्भांड वाली सभ्यता एक कठिन तथा परिष्कृत शहरी संस्कृति से मिलती थी। इसकी महत्वपूर्ण जगहों की जानकारी शहरों के रूप में हमें साहित्यिक स्रोतों से ही मिलती है।

राज्य का निर्माण

सामाजिक-आर्थिक भूमिका

मध्य गंगा घाटी एक नई पारिस्थितिकीय रूप में उभरी थी चाहे वे चित्रित धूसर मृद्भांड सभ्यता हो या काले तथा लाल मृद्भांड सभ्यता। उस समय वहां पर चावल की खेती बड़े पैमाने पर की जा रही थी।

प्रति एकड़ चावल का उत्पादन गेहूं की तुलना में ज्यादा था। इस प्रकार चावल की खेती वहां पर ज्यादा लोगों को खिलाने में सक्षम रही। उत्तरी काले, चमकीले मृद्भांड काल में हुई जनसंख्या की अत्यधिक वृद्धि इस बात को दर्शाती है कि बस्तियों के आकार में वृद्धि हो चुकी थी और उसके लिए एक बड़ी उपजाऊ भूमि की आवश्यकता थी।

जहां जमीन, मजदूर और सिंचाई की सुविधा उपलब्ध हो, वहां जरूरत से ज्यादा पैदावार बहुसंख्यक समुदाय को खिलाने में सक्षम थी। ऐसी परिस्थिति में सामाजिक आधार का स्तर विन्यास हुआ। राजकुल (क्षत्रिय गोत्र के जमींदार) की जमीनों पर दास-कर्माकरस (दास और मजदूर) के काम करने की सूचना मिलती है। सामाजिक स्तरविन्यास में भी हमें आर्थिक विषमता के साक्ष्य मिले हैं। राजकुल में दास-कर्माकरस के दोहरे स्तरविन्यास का नियोजन और गणसंघ में गहपति की अनुपस्थिति इस बात को बताती है कि निजी स्वामित्व की धारणा समाज में आ चुकी थी।

गणसंघ से संबंधित स्रोतों में गृहपति का नाम एक कृषक के रूप में आता है। गहपतियों की चर्चा मध्य गंगा घाटी के राजतंत्रों से मिलती है।

पश्चिमी गंगा घाटी के विपरीत मध्य गंगा घाटी में भूमि और सिंचाई के प्रयोग के लिए अधिक मेहनत की आवश्यकता के साथ-साथ कार्य का आधार सहकारिता के सिद्धांत पर आधारित था। गणसंघ के प्रधानों तथा मध्य गंगा घाटी के राज्यों के बीच विविधता पाई गई है। इन दोनों के बीच पूर्व की स्थितियां एक समान थी फिर भी राजतंत्रीय व्यवस्था में राज्य का विकास ज्यादा स्पष्ट हुआ।

गणसंघ तथा राजतंत्र के बीच तुलना करने पर पता चलता है कि दोनों में से किस के पास राज्य की उत्पत्ति के तत्व थे और इनमें से कौन आर्थिक संसाधनों पर नियंत्रण रखता था और किसके यहां कौन-सी राजनीतिक व्यवस्था थी।

राज्य निर्माण की प्रकृति

मध्य गंगा घाटी में एक समान राजनीतिक व्यवस्था नहीं थीं क्योंकि कुछ जनपदों ने राजाओं को समर्थन दिया और कुछ ने गणसंघीय व्यवस्था को। गणसंघीय व्यवस्था को आधुनिक इतिहासकार गणतंत्र और अल्पतंत्र के नाम से संबोधित करते हैं, जो सरदारों के अधीन थी ओर जहां के शासक वर्ग स्वयं को गैर-क्षत्रिय जाति से संबंधित रखते थे। शासक वर्ग के लोग राजा, राजकुल तथा क्षत्रिय के नाम से पुकारे जाते थे। इस प्रकार मल्लय के पास पांच सौ राजा, वज्जि गणराज्य के पास सात हजार सात सौ सात राजा और चेदि के पास साठ हजार राजा थे। केंद्रीय नेतृत्व जन्म के आधार पर सरदारों को वैधता देता था। वंशावली चाहे वास्तविक हो या काल्पनिक, यह महत्वपूर्ण बन गई थी। शासक तथा शासित वर्गों में विभाजन का मुख्य आधार यह था कि कुछ वंशानुगत समुदायों को शासन करने का अधिकार था जबकि दूसरे वर्ग को यह अधिकार प्राप्त नहीं था। उनमें से जो उनसे संबंधित नहीं थे वे मजदूर के रूप में काम करते थे। इस अंतिम वर्ग के लोग संभवत: यहां के मूल निवासी थे जो इस वंश प्रणाली वाले लोगों द्वारा पराजित किए गए थे या ये किसी अन्य जगह से दास के रूप में लाए गए थे। 'जन' शब्द का प्रयोग सिर्फ उन लोगों के लिए होता था जो क्षत्रिय जाति से संबंधित थे, दास वृत्ति से नहीं।

प्रधान के पास कर्मचारियों का एक बड़ा समुदाय होता था जो उसके परिवार के ही युवा सदस्य हुआ करते थे, वे प्रशासन के प्राथमिक कार्यों को देखते थे। महात्मा बुद्ध ने लिच्छिवियों की प्रशासन व्यवस्था की प्रंशसा की थी। ऐसा कहा जाता था कि वैशाली में 7707 राजा रहते थे, जो वज्जि जनपदों की राजधानी थी। ये सभी लोग राजकुल परिवार के प्रधान थे जो वज्जि की संसद में बैठने के योग्य थे। ये लोग संसद भवन (संथागर) में मिलते थे। ऊपर दी गई सूचना संभवत: वास्तविक संख्या से काफी ज्यादा है। किंतु किसी भी स्थिति में यह बात तय है कि वज्जि संसद बड़ी थी और यह आठ गोत्रों के मिलने से बनी थी।

गंगा घाटी के गणसंघों में अभी भी वंश परंपरा के आधार पर शक्ति निर्धारित होती थी। उस समय करों की वसूली में एक उच्च स्तरीय व्यवस्था का अभाव था। दूसरे शब्दों में हम यह कह सकते हैं कि, यह स्थिति राज्य के निर्माण की प्रथम अवस्था को दर्शाती है। जहां राज्य तथा गैर-राज्य की स्थिति में अंतर सही अर्थों में स्थापित करना मुश्किल था लेकिन वहीं पर इन दोनों के बीच एक निरंतर तथा निश्चित कड़ी का होना यह बताता है कि कालांतर में वृज्जियों की गणसंघ व्यवस्था एक नये राज्य के रूप में उभरी।

शहरीकरण

सामाजिक-आर्थिक भूमिका

बौद्ध स्रोतों में वर्ण व्यवस्था को एक-दूसरे रूप में प्रस्तुत किया गया है, जिसके मुताबिक क्षत्रिय सबसे ऊपर उसके बाद ब्राह्मण, वैश्य तथा शूद्र हैं। चांडालों का नाम अछूतों के रूप में लिया जाता है। अनेक बार सूची में खतीय, बाहमन तथा गहपति का नाम आता है जो ज्यादा वास्तविक प्रतीत होता है क्योंकि यह कर्मकांड पर आधारित न होकर सामाजिक-आर्थिक व्यवस्था पर आधारित था।

गणसंघीय क्षेत्रों में वर्ण एक सामाजिक प्रतिष्ठा तथा संस्था के रूप में नहीं मिलता है। इन क्षेत्रों में वंशानुगत व्यवस्था पश्चिमी गंगा घाटी की वंशानुगत व्यवस्था से भिन्न थी। बलि देने की प्रथा इस क्षेत्र में बड़े विस्तृत स्तर पर नहीं मनाई जाती थी, इस कारण से ब्राह्मण वर्ण निष्क्रिय हो गए थे और अंतत: इसका प्रभाव वहां की अर्थव्यवस्था तथा नियंत्रण की पद्धति पर पड़ा। ज्यादा प्रयास वहां कामगरों

को उपलब्ध कराने पर लगा था। इस समुदाय के लोगों को दो वर्गों में विभक्त किया जा सकता–*पहला*, जो भूमि के स्वामी थे और *दूसरा*, जो इस भूमि पर काम करते थे। इस तरह के विभाजन से वर्ण की महत्ता ही खत्म हो गई क्योंकि दास-कर्मकार ही शूद्रों का काम करते थे। शूद्र बौद्ध स्रोतों में ब्राह्मणों के बारे में चर्चा ज्यादातर राज्यों के संदर्भ में आती है। किंतु गणसंघ क्षेत्रों में इनकी चर्चा कम हुई है क्योंकि यहां वैदिक कर्मकांड अनुपस्थित थे।

गहपति का प्रयोग वैश्यों के लिए किया जाने लगा जो इस बात को दर्शाता है कि असली विश का पतन हो चुका था। गहपति सिर्फ घर का मुखिया ही नहीं होता था बल्कि जमीन का मालिक भी होता था। ये संभवत: धनी व्यक्ति थे जिन्होंने बढ़ईगिरी एवं औषधि से संबंधित पेशों को अपनाकर जमीन तथा धन से स्वयं को जोड़े रखा। इन्होंने अन्य स्थानों पर कृषि छोड़कर अन्य लाभप्रद पेशों को भी अपनाया।

गहपति की प्रतिष्ठा के साथ कुटुंबिका और गामिणी जुड़े हुए हैं। कुटुंबिका परिवार का मुखिया एवं जमीन का मालिक था। जातक कथाओं में कुटुंबिका का नाम एक बड़े भू-स्वामी से जुड़ा मिलता है, जो हमेशा अपने कर्ज को वसूलता हुआ या व्यापार को संभालते हुए दर्शाया गया है। ग्रामीण क्षेत्रों में कुटुंबिका नाम कर्ज देने वाले नाम के रूप में जाना जाता है। गामिणी शब्द की उत्पत्ति 'ग्रामीणी' से हुई है, जो पूर्व समय में गांव का मुखिया और किसी पेशवर समुदाय का प्रधान था जो गांव में बस गया था। बौद्ध स्रोत गामिणी को निम्नलिखित पेशों में रखते हैं–सैनिक, हाथी तथा घोड़े का प्रशिक्षक और मंच प्रबंधक। कभी-कभी गांव की शक्तियां गामिणी में समाहित होती थीं। यह निगम नामक एक बड़ी बस्ती में वस्तुओं के विनिमय एवं बाजार संबंधी कामों में सहयोग भी देता था।

लौह तकनीक की भूमिका

एक वृहत सामाजिक तथा आर्थिक परिवर्तन ने शहरीकरण की प्रक्रिया को तेज किया, जिसके पीछे कई कारक थे जिनमें लोहे की भूमिका प्रमुख है जो धीरे-धीरे तकनीक में परिवर्तन लाने में सफल रहा। एक तकनीक के रूप में इसका प्रयोग करीब पहली ई.पू. के मध्य तक हुआ किंतु पाई गई शिल्पकृति और गैर-सैनिक गतिविधियों से पता चलता है कि प्रारंभ में इसका प्रयोग काफी कम था। वृहत स्तर पर लौह का प्रयोग धातु विशेषज्ञों के आगमन के पश्चात् ही हो पाया और उन्होंने ही इस संसाधन का अधिकतम प्रयोग किया।

लौह तकनीक के विकास स्वरूप धातुओं के प्रयोग में परिवर्तन आया। अन्य धातुओं की तुलना में लौह शिल्पकृतियों का प्रयोग अधिक बड़े स्तर पर होने लगा जिससे विकास की गति त्वरित हुई। इस प्रकार लौह धातु का महत्व स्थापित हुआ।

इस समय इसका ज्यादा महत्व मध्य गंगा घाटी में होने वाले परिवर्तनों से है। बड़े स्तर पर लोहे के प्रयोग का प्रत्यक्ष प्रमाण नहीं मिलता, किंतु अप्रत्यक्ष साक्ष्यों के आधार पर इसके प्रभाव को अनदेखा नहीं किया जा सकता। उत्तरी काले पॉलिशदार मृद्भांड बनाने के लिए उच्च तापमान की आवश्यकता होती है और इसे लोहे को पिघलाकर ही प्राप्त किया जा सकता था। इस प्रकार के मृद्भांड पटना तथा वाराणसी के बीच वाले क्षेत्रों में पाए गए हैं और संभवत: ऐसा इसलिए हुआ होगा कि यहां दक्षिण बिहार से मिलने वाली लोहे की खान थी।

दक्षिण बिहार में लोहे के प्रयोग के साक्ष्य मिले हैं और ऐसा लगता है कि प्रारंभ में यह तकनीक भ्रमणशील लोहारों के हाथों में थी। भ्रमणशील लोहारों द्वारा जो रास्ता अपनाया गया, उसी ने कालांतर में, स्थानीय स्तर पर व्यवसाय का रूप ले लिया।

शहरीकरण की प्रकृति

निगमों की उत्पत्ति को हम कुछ विशेष प्रकार के पेशों, जैसे-बर्तन, बढ़ई तथा नमक निर्माण से जुड़े उन ग्रामों से जोड़ सकते हैं जो कुछ समय पश्चात् एक विशेष बाजार के रूप में उभरे और अंतत: एक बड़े सामान्य बाजार के केंद्र बने। इस धारणा के पीछे वहां से प्राप्त मुद्रा-विषयक साक्ष्य हैं, जहां प्रारंभ में पाए जाने वाले सिक्कों का क्रम है जिन पर 'नेगम' लिखा गया है, जो शायद निगम द्वारा निकाले गए थे। बड़े नगरों के संदर्भ में भी इस शब्द की व्याख्या की गई है। कहा जाता है कि इन जगहों पर वे पेशेवर लोग रहते थे जो अपने किसी विशेष पेशे से जुड़े थे। इस प्रकार यह उनके व्यावसायिक संबंधों को दर्शाता है।

निगम के अस्तित्व में आने के पश्चात् ही शहरों का विकास हुआ होगा। राजनैतिक रूप से उभरे शहर तथा राजनैतिक-व्यावसायिक मिश्रित-कारणों से उभरे शहरों में विभाजन आवश्यक है। राजनैतिक कारणों से उभरे शहरों के लोकाचार में अंतर दिखाई देता है। ये शहर थे-हस्तिनापुर, इंद्रप्रस्थ, अहिच्छत्र तथा अयोध्या। राजनीतिक तथा

व्यावसायिक कारणों से उभरे शहर थे-श्रावस्ती, कौशांबी, वैशाली तथा राजगीर।

नए शहरी क्षेत्रों का विकास ज्यादा तेजी से मध्य गंगा घाटी में हुआ क्योंकि गणसंघ के केंद्र राजकुल बस्तियों के सदस्यों द्वारा प्रयोग में लाए जाते थे। ये लोग अपनी भूमि पर न रहकर छोटे-छोटे समुदायों में अलग-अलग रहते थे इसलिए इनके अंदर इन बस्तियों को नगर में बदलने की ज्यादा क्षमता थी।

'पुर' शब्द का प्रयोग प्राय: शहरों के लिए किया जाता था। इसका वास्तविक अर्थ एक किले या स्थान से था। किले का निर्माण राजनैतिक कारणों से होता था जो या तो राजा का निवास होता था या गणसंघीय व्यवस्था में आने वाले राज-कुलों का। किले का निर्माण शहरी बस्तियों को लेकर होता था, जिसके द्वारा आस-पास के क्षेत्रों से ये अलग हो जाती थीं। इस प्रकार से शहरी तथा ग्रामीण क्षेत्रों का विभाजन होता था किंतु इस विभाजन का आधार बहुत पक्का नहीं था क्योंकि दोनों क्षेत्रों के बीच का संबंध बहुत गहरा था।

'नगर' शब्द का प्रयोग मुख्यत: शहरों के लिए किया जाता था जो विशेष रूप से मध्य गंगा घाटी में स्थित थे। बौद्ध मान्यता के अनुसार 'जनपद' का उदय प्रारंभिक दौर में सिर्फ वंशानुगत बस्तियों से संबंधित नहीं था बल्कि यह शहर का भी एक केंद्र था। ब्राह्मण स्रोतों से पता चलता है कि शहरों के नाम राजा के नाम पर रखे गए थे। बौद्ध साहित्य के अनुसार ऋषियों, पेड़ तथा जानवरों के नाम पर ही शहरों के नाम रखे गए थे, जैसे- कपिलवस्तु तथा कोलियांगरा, इत्यादि।

शहरीकरण की लाक्षणिक विशेषताएँ

शहरी केन्द्रों का आकार–समकालीन साहित्य में नगरों की पहचान उनके आकार द्वारा की गई है। एक नगर का सामान्य आकार औसतन तीस से पचास वर्ग किलोमीटर माना जाता था हालांकि मौजूदा टीलों का आकार घेरे में पांच किलोमीटर जितना छोटा ही है। इस तथ्य से सहमत हुआ जा सकता है कि मूल नगर अपने आंतरिक केन्द्र से काफी दूर तक फैला हो सकता था किंतु आकार को बढ़-चढ़ कर बताने की प्रवृत्ति विद्यमान थी।

भौतिक सभ्यताओं में एकरूपता–पुरातात्विक प्रमाण बताते हैं कि शहरीकरण के पूर्ववर्ती चरण में भौतिक संस्कृति के बीच एक निश्चित समानता थी। जीवन स्तर में सुधार, उच्चतर सघनता में लोगों के संकेन्द्रण तथा उसके परिणामत: नालियों व कचरे के निपटाने की जरूरत के प्रमाण मिलते हैं। कच्ची ईंटें मुख्य निर्माण सामग्री थी, जो लकड़ी के साथ प्रयुक्त की जाती थी। बाद के काल में भट्टी में पकी ईंटों तथा पत्थर के प्रयोग के अधिक स्पष्ट उदाहरण प्राप्त होते हैं। व्यापक रूप से प्रयुक्त काले मृद्‌भांड (उत्तर काले पॉलिशदार मृद्‌भांड) विलासिता के प्रतीक थे और व्यापार की महत्वपूर्ण वस्तु थे।

नगरों की योजना–एक केन्द्रीय बाजार का अभाव मध्य गंगा घाटी के नगरों की सामान्य योजना का संकेतक हैं। ये नगर नदी किनारे के साथ-साथ या दो मुख्य मार्गों के मिलन बिंदुओं के आस-पास विकसित हुए थे। मुख्य मार्ग शहरी केन्द्र को ग्रामीण क्षेत्रों के साथ जोड़ते थे। ये समारोह अवसरों के लिए यात्रा मार्ग उपलब्ध कराते थे तथा घरों के ऊपरी बरामदों से दर्शक इन यात्राओं या समारोहों का आनंद प्राप्त करते थे। बौद्ध स्थापत्य में ऐसे दृश्यों का बहुधा चित्रण किया गया है। बाजार क्षेत्र या 'निगम' बड़े शहरों के मुख्य प्रवेश द्वारों पर स्थित छोटे थे। राजगृह व श्रावस्ती जैसे नगरों में निगम संभवत: ऐसे क्षेत्रों के संकेतक थे जो महानगर के रूप में विकसित होने से पहले एक बाजार नगर थे।

अन्नागारों एवं स्मारकीय भवनों का अभाव

पूर्ववर्ती शहरों की मुख्य विशेषता माने जाने वाले स्मारकीय भवनों के चिन्ह 'अतिदुर्लभ' हैं। इसका कारण संभवत: यह तथ्य हो सकता है कि पूर्व ऐतिहासिक लोगों द्वारा भवनों में लकड़ी का व्यापक प्रयोग किया जाता था या इस काल के दौरान प्रतिष्ठित भवनों के निर्माण हेतु कोई पर्याप्त संसाधनमुक्त अथवा शक्तियुक्त राजनीतिक व धार्मिक सत्ता नहीं थी। हड़प्पा नगरों की भांति आवासीय क्षेत्र से दूर एक दुर्ग था नगर दुर्ग के चिन्ह भी इस काल में नहीं मिलते हैं। नगरों में वृहद अन्नागारों या भंडारगृहों के अभाव से भी पता चलता है कि राजनीतिक सत्ता अभी भी अपेक्षाकृत विकेन्द्रीकृत थी। गृहपतियों के अपने अन्न भंडार थे किंतु राजकीय अन्नागारों के उल्लेख मौर्य काल में ही प्राप्त होते हैं।

व्यापारियों का उदय एवं उनकी गतिविधियाँ

वणिकों की उत्पत्ति–एक राजनीतिक केन्द्र के साथ-साथ एक वाणिज्यिक केन्द्र के रूप में नगर का उदय व्यापारियों व वणिकों के उदय के साथ घनिष्ठतापूर्वक जुड़ा था। गृहपतियों की श्रेणियों में से ही वणिक वर्ग की उत्पत्ति हुई। धर्मसूत्रों में व्यापार को वैश्यों के साथ जोड़ा गया है, जिनकी सम्पत्ति का स्रोत पशुपालन, कृषि एवं व्यापार के त्रिमुखी व्यापार में

निहित था। किंतु सभी वैश्यों के पास व्यापार में निवेश करने योग्य अधिशेष सम्पत्ति नहीं थी और इसीलिए अनेक वैश्य कृषक व पशुपालक ही बने रहे। गृहसूत्र में व्यापार कर्म को अपनाने का उल्लेख प्राप्त होता है।

व्यापारियों के प्रकार–दुकानदारों (पदणिक) तथा खुदरा व्यापारियों (क्रय-विक्रयक), पूँजी निवेशक (वसनिक) तथा छोटे व्यापारियों (वणिज) के बीच अतंर किया गया था। सेट्ठि- गृहपति बैंकर या निवेशक थे जो धन के निवेश में रुचि रखते थे किंतु वस्तुओं के वास्तविक उत्पादन या परिवहन में शामिल नहीं थे। सिक्कों के प्रयोग के साथ उनकी गतिविधियाँ बढ़ती गईं जो कि इस काल के विभिन्न स्थलों से पाये गये आहत सिक्कों से स्पष्ट हो जाता है।

व्यापारिक केन्द्र–व्यापार के स्थानीय परिपथ द्वारा ग्रामों को स्थानीय बाजार केन्द्रों (निगमों) से जोड़ा जाता था और बदले में ये केन्द्र नगरों से जुड़ते थे। इस परिपथ में मूलभूत उपभोग की वस्तुएँ अधिक होती थीं। धातु या नमक जैसी चीजें एक वृहतर परिपथ में प्रविष्ट होती थीं, जो नगरों को अन्य नगरों के साथ जोड़ता था। यह स्थानीय परिपथ से गुणात्मक भिन्नता वाला व्यापार था, जिसे गृहपति तथा उत्तरकालीन सेट्ठि संचालित करते थे। इनमें से कुछ सम्पर्क राजनीतिक केन्द्रों के बीच पुराने सम्पर्कों से जुड़ जाते थे जो आगे चलकर व्यापारिक वृद्धि के साथ वाणिज्यिक सम्पर्कों की विशेषता अपना लेते थे। ये सम्पर्क मूलत: वैवाहिक बंधनों के माध्यम से आगे बढ़े थे। व्यापारिक वृद्धि के साथ कुछ राजनीतिक केन्द्रों ने वाणिज्यिक महत्ता भी प्राप्त कर ली थी। इसी प्रकार गांधार में तक्षशिला ने अपनी वाणिज्यिक महत्ता कायम रखी थी क्योंकि यह पश्चिम एशिया तक अपनी पहुँच बना चुका था (विशेषत: ईसा पूर्व छठी शती के बाद जब यह अखमीनी साम्राज्य के पूर्वी छोर पर स्थित था)।

छह महानगर

बौद्ध स्रोतों में उल्लिखित छह महानगर थे-

- श्रावस्ती (बौद्धकाल में कोसल की राजधानी) ने रामायण की अयोध्या का स्थान ले लिया था क्योंकि अयोध्या अधिक दक्षिणवर्ती थी इसलिए पहाड़ी तलहटियों के पास से गुजरने वाले मुख्य मार्ग पर नहीं पड़ती थी।
- साकेत एक प्रमुख नगर था जो कोसल से कौशाम्बी जाने वाले मार्ग पर स्थित था और इससे कोसल को दो प्रमुख नगरों का लाभ प्राप्त होता था।
- मगध की राजधानी राजगृह गंगा तथा पूर्वी पठारी उद्गमों के मध्य स्थित उपजाऊ भू-भाग पर नियंत्रण रखती थी।
- अंग की राजधानी चंपा (बिहार के भागलपुर क्षेत्र में) गंगा तट पर स्थित एक सक्रिय नदी पत्तन था, जो पूर्व की ओर होने वाले व्यापार पर नियंत्रण रखता था।
- काशी राज्य का केन्द्र काशीनगर गंगा एवं गोमती के संगम के निकट स्थित था।
- गंगा-यमुना संगम के पास स्थित कौशाम्बी दक्षिणापथ के माध्यम से विंध्य पार करके दक्षिण तक पहुँच बनाता था।

व्यापार मार्ग–इन सभी नगरों की पहचान प्रमुख मार्गों या नदियों (जो मार्गों के रूप में प्रयुक्त होती थीं) पर अपनी अवस्थिति के द्वारा होती थी। अधिकांश नगर दो पारिस्थितिकी क्षेत्रों के मिलनबिंदु पर भी स्थित होते थे। 'उत्तरापथ' पर्वतीय पादों के साथ चलकर, गंडक का अनुसरण करते हुए दक्षिण की ओर जाता था। कितु नदी यातायात पर नियंत्रण का महत्व (जो इस समय बढ़ गया था और उत्तरापथ का स्थान नदी मार्गों ने लिया था) पाटलिग्राम के पाटलिपुत्र (गंगा घाटी की प्रमुख नदियों के संगम के निकट स्थित) में रूपान्तरण से प्रदर्शित होता है। दूसरे शब्दों में, नदियों ने विनिमय का एक वृहत परिपथ उपलब्ध कराया। 'दक्षिणपथ' उज्जैन से होकर दक्षिण की ओर जाता था तथा इसका उद्देश्य गंगा घाटी को पश्चिमी तट के साथ जोड़ना था (एक ऐसा सम्पर्क जो संभवत: इसी काल में आरंभ हुआ किंतु उत्तर काल में पूर्णत: विकसित हुआ)।

व्यापार का भौगोलिक विस्तार–उत्तर भारत में व्यापार एक बड़े भौगोलिक क्षेत्र तक फैला, जिसका प्रमाण इस संस्कृति के पूर्ववर्ती चरणों से जुड़ी शिल्पाकृतियों व उत्तरी काले चमकीले मृद्भांडों के वितरण से मिलता है। उत्तर-पश्चिम में (विशेष गांधार) में अखमीनी साम्राज्य की भागों में बाह्य व्यापार का पूर्व विकास मौर्यकाल में हुआ। एक और संभावना मुक्त क्षेत्र गुजरात था, जो सामुद्रिक सम्पर्कों द्वारा खाड़ी क्षेत्र से जुड़ा हुआ था। असीरियन साम्राज्य भी संभवत: अपने अंधकारमय युग में पश्चिम भारत के साथ कुछ व्यापार सम्पर्क रखता होगा, जिसके संकेत ऐतिहासिक स्रोतों में मिलते हैं। पश्चिमी तट पर बंदरगाहों के रूप में भृगुकच्छ एवं सोपारा का महत्व पश्चिम एशिया के साथ सामुद्रिक

व्यापार एवं अपने निजी व्यापार तंत्र सहित सिंध, श्री लंका व्यापार परिपथ के पश्चिमी तट पर उभरने के संदर्भ में ही विश्लेषित किया जा सकता है।

व्यापार की वस्तुएँ–पूर्ववर्ती व्यापार में शामिल वस्तुओं में नमक, मृद्भांड, कई प्रकार के कपड़े तथा धातुएँ (लोहा, तांबा, टिन, सीसा व चाँदी) इत्यादि प्रमुख थीं। स्थानीय परिपथों पर विनिमय ने धातु एवं नमक के विपणन को बढ़ावा दिया होगा। उत्तरी काले चमकीले मृद्भांडों जैसे विलासितापूर्ण भांडों के वितरण का स्पष्ट प्रमाण बाद के उन उल्लेखों से भी मिलता है जिनमें पांच सौ भांड निर्माण शालाओं के स्वामी समृद्ध कुम्हार का वर्णन है जो 500 नावों के द्वारा गंगा घाटी में विभिन्न नदी पत्तनों पर मृद्भांडों का परिवहन करता था। सूती कपड़ा एवं लौह तलवारों का यूनानी स्रोतों मे विशेष उल्लेख है तथा भारत के साथ व्यापार में कई शताब्दियों तक इनका महत्व बना रहा। अन्य विशेष उत्पादों में उत्तर-पश्चिम (विशेषत: गांधार) के ऊनी कम्बल, प्रचुर रूप में प्राप्त हाथी दाँत तथा सिंध व कम्बोज से आने वाले घोड़े (जिनका मुख्य बाजार काशी में था) शामिल थे।

आहत सिक्कों के प्रकार

सिक्कों का प्रयोग शहरी केन्द्रों से अधिक स्पष्टत: जुड़ा था जबकि ग्रामीण बस्तियों में इस स्तर पर सिक्कों के प्रमाण न के बराबर हैं। सर्वाधिक मूल्य वाला प्रचलित सिक्का, चांदी का 'शतमान' था किंतु चांदी का 'पण' व ताँबे के 'माशा' व 'काकणी' अधिक मानक सिक्के थे। कालापिण सोलह 'माशा' के बराबर था और अर्द्ध या अद्धा तथा पद (एक-चौथाई) में विभाजित था। काकण ी एक 'माशा' का आधा होता था तथा सबसे छोटी मुद्रा इकाई 'अर्द्ध-काकणी' थी। पालि ग्रंथों में कार्षापण या काहापण को 'पण' भी कहा गया है।

मुद्रा की विशेषताएँ–आहत सिक्कों पर उन्हें जारी करने वाले की पहचान हेतु प्रतीक अंकित होते थे। प्रतीकों का संयोजन एवं प्रकार सिक्कों को जारी करने वाली सत्ता तथा उसके उद्गम के अनुसार भिन्न-भिन्न हो सकता था। ये सिक्के विशिष्ट प्रतीकों द्वारा पहचाने जाने वाले व्यापारिक समूहों (अपने वंश के राजाओं द्वारा समर्थित) या व्यावसायिक रूप से समृद्ध समूहों द्वारा जारी किये जा सकते थे। किंतु अभी यह स्पष्ट नहीं हुआ है कि आहत सिक्के किसी राजवंश द्वारा भी जारी किये गये थे। इसलिए आहत सिक्कों को व्यापारियों की प्रतीक मुद्रा तथा राजशाही द्वारा जारी वैधानिक निविदा के बीच का संक्रमणकालीन रूप माना जा सकता है। *अर्थशास्त्र* में पहले तक सिक्कों को राज्य द्वारा पृष्ठ समर्थन दिये जाने का कोई उल्लेख नहीं है।

शिल्प एवं शिल्पकार–महीन कपड़ा एवं हाथी दाँत पर नक्काशी जैसी चीजें शहरी केन्द्रों में कुशल शिल्पकारों के साथ जुड़ी थीं। ये शिल्पी आरंभ में स्वतंत्र रूप से कार्य करते थे किंतु व्यापार के क्रमिक विस्तार के साथ ये निगमित निकायों (जैसे- श्रेणी व पूग, जो गणसंघ प्रणाली से सम्बन्धित थे) में संगठित होते गये। श्रेणी में शिल्पकार ही शामिल होते थे किंतु श्रेणी के फलने-फूलने पर सहायक शिल्पी (अन्ते वाशिक) तथा दास भूतक आदि भी नियोजित किये जाते थे। फिर भी इस काल में शिल्पकारों या श्रेणियों द्वारा दासों को रोजगार देने के उल्लेख कुछ ही हैं। श्रेणी धीरे-धीरे एक व्यावसायिक समूह में विकसित हो गयी, जो संविदात्मक गठजोड़ से बंधा था। इसकी व्यावसायिक पहचान ने जाति के रूप में इसके विकास को प्रोत्साहित किया और ये अनेक व्यावसायिक जातियां वे थीं, जिन्हें वर्ण व्यवस्था के अंतर्गत शूद्र का दर्जा दिया गया था।

4.3 राजनीतिक इतिहास

महाजनपद तथा मगध साम्राज्यवाद

मौर्य-पूर्व काल में पूरा उत्तरी भू-भाग 16 महाजनपदों में बंटा था। इनमें गणतंत्रात्मक अथवा राजतंत्रात्मक शासन था। बौद्ध साहित्य विशेषकर अंगुत्तर निकाय निम्न 16 नाम गिनाता है–1. अंग, 2. मगध, 3. काशी, 4. कोशल, 5. वज्जि, 6. मल्ल, 7. चेदि, 8. वत्स, 9. कुरु, 10. पंचाल, 11. मत्स्य, 12. शूरसेन 13. अस्मक, 14. अवंति, 15. गांधार एवं 16. कंबोज।

छोटे तथा कमजोर राज्यों को या तो मजबूत शासकों की अधीनता स्वीकार करनी पड़ी या वे खत्म हो गए। अंतत: बुद्ध के जीवन काल में मात्र वत्स, अवंति, कोशल एवं मगध राज्य ही बचे रहे थे।

वत्स

वत्स अथवा वंश जनपद यमुना नदी के किनारे स्थित था। इसकी राजधानी कोशांबी आधुनिक इलाहाबाद के निकट थी। उदयन ने अवंति, मगध तथा अंग के शक्तिशाली शासकों से वैवाहिक संबंध स्थापित करके अपनी राजनीतिक शक्ति की

अभिवृद्धि की। उदयन का पुत्र एवं उत्तराधिकारी बेधिकुमार एक दुर्बल एवं अशक्त शासक था तथा अपने राज्य की रक्षा में असमर्थ था। बाद में पालक के समय में वत्स को अवंति में मिला लिया गया।

अवंति

अवंति की पहचान आधुनिक मालवा, निमाड़ तथा मध्य प्रदेश के हिस्सों से की गई है। वेत्तावती नदी अवंति को उत्तर तथा दक्षिण दो हिस्सों में बांटती थी। क्षेत्र के हिसाब से यह एक बड़ा जनपद था जिसकी राजधानी उज्जयिनी अथवा आधुनिक उज्जैन थी। बुद्ध के समय में चंड प्रद्योत महासेन अवंति का शासक था। उसने उदयन की पुत्री वासवदत्ता से विवाह करके अपने को काफी शक्तिशाली बना लिया था। प्रद्योत की शक्ति अन्य जनपदों के लिए निरंतर खतरा बनी रही। वह बौद्ध धर्म का अनुयायी बन गया तथा उसकी राजधानी बौद्ध धर्म की गतिविधियों से असंपृक्त रूप से संबद्ध हो गई। उसके उत्तराधिकारी दुर्बल तथा निर्गुण निकले। उनके बारे में ज्यादा ज्ञात नहीं है। फिर भी ये ज्ञात है कि मरणशील जनपद को चौथी सदी ईसा पूर्व में मगध ने अपने में मिला लिया।

कोशल

मोटेतौर पर ये जनपद आधुनिक अवध जैसा था, जिसकी राजधानी अयोध्या थी। साकेत तथा श्रावस्ती इसके अन्य महत्वपूर्ण शहर थे। कोशल का राजा प्रसेनजित बुद्ध का समकालीन था। वह अत्यधिक शिक्षित था। उसकी शिक्षा तक्षशिला में हुई थी। प्रसेनजित ने वैवाहिक संबंध स्थापित करके अपनी स्थिति और सुदृढ़ कर ली। उसने मगध नरेश बिंबिसार से अपनी बहन का विवाह किया तथा दहेज में काशी दे दिया। बिंबिसार की एक अन्य पत्नी से उत्पन्न अजातशत्रु का बिंबिसार से मतभेद कलह की वजह बन गया। अजातशत्रु पितृहंता बना तथा उस शोक में प्रसेनजित की बहन भी चल बसी। प्रसेनजित ने क्रोध में काशी वापस ले ली। इस मुद्दे पर युद्ध आरंभ हो गया तथा मिश्रित परिणामों के पश्चात् अंततः सुलह हो गई। प्रसेनजित की पुत्री वज्जिरा का विवाह अजातशत्रु से कर दिया गया तथा काशी को पुनः दहेज में दे दिया गया। हालांकि प्रसेनजित बौद्ध तो नहीं बना पर वह बुद्ध और उनके सिद्धांतों का प्रशंसक था। भरहुत से प्राप्त एक मूर्ति बुद्ध तथा उसके बीच का सामंजस्य दर्शाती है। उसके बाद उसका पुत्र विदुद्भा शासक बना। कोशल अंततः मगध का अंग बन गया।

मगध

छठी सदी ईस्वी पूर्व से चौथी सदी ईस्वी पूर्व तक उत्तर भारत की सभी राजनीतिक शक्तियों में मगध सबसे शक्तिशाली था। जरासंध तथा वृहद्रथ को इसका संस्थापक माना जाता है। फिर भी स्थापना का श्रेय उचित तौर पर बिंबिसार एवं अजातशत्रु को जाना चाहिए। राजगृह उनकी राजधानी थी। उनके समय में, साम्राज्य समृद्धि के शिखर पर था।

हर्यक बिंबिसार (547-495 ई.पू.) ने वैवाहिक संबंधों के माध्यम से अपनी शक्ति संगठित की एवं प्रभाव में वृद्धि की। कोशल के प्रसेनजित की बहन कोशल देवी उसकी पटरानी थी। मशहूर लिच्छवि प्रमुख वैशाली के चेटक की पुत्री चेल्लेना उसकी दूसरी पत्नी थी। पंजाब के मद्र की पुत्री खेमा उसकी तीसरी पत्नी थी। कोशल से आई पत्नी अपने साथ दहेज में काशी लाई थी। उसने कई सैनिक अभियान किए तथा अपने राज्य की सीमा की अभिवृद्धि की। उसने अंग के ब्रह्मदत्त को हराकर अंग को अपने राज्य में मिला लिया। उसके अवंति के प्रद्योत के संग मैत्रीपूर्ण संबंध थे। पीलियाग्रस्त प्रद्योत का इलाज करने के लिए उसने अपने निजी चिकित्सक जीवक को भेजा था। निश्चित तौर पर उसे जैन अथवा बौद्ध मत का मानना मुश्किल है। दोनों ही धर्म उसके समर्थक एवं अनुयायी होने का दावा करते हैं। उसकी अत्यंत दुःखद परिस्थितियों में मृत्यु हुई। एक स्रोत के अनुसार वह अपने पुत्र अजातशत्रु द्वारा भूखा-प्यासा रखकर मार डाला गया। दूसरे स्रोत के अनुसार अपने पुत्र से कटु संबंधों के चलते उसने विष खाकर आत्महत्या कर ली।

अजातशत्रु (495-462 ई.पू.) ने युद्ध-विजय की नीति अपनाई। उसने अपने मामा कोशल नरेश प्रसेनजित के विरुद्ध युद्ध घोषित किया। वैशाली के लिच्छवियों के नेतृत्व में 36 इकाइयों के गणतंत्रात्मक संघ के विरुद्ध उसकी सफलता प्रशंसा योग्य है। यह संघर्ष लगभग 15 वर्षों तक चला और अंततः उसने लिच्छिवियों सहित अन्य को समर्पण के वास्ते मजबूर कर दिया। यह निश्चित तौर पर ज्ञात नहीं है कि वह जैन अथवा बौद्ध में से किस मत का अनुयायी था। सामान्यतः माना जाता है कि वह आरंभ में जैन था पर बाद में उसका मन परिवर्तित हुआ और वह बौद्ध बन गया। यह कहा जाता है कि उसने भगवान बुद्ध के सामने पितृहंता होने का दोष स्वीकार किया था। भरहुत की एक मूर्ति में बुद्ध के साथ उसके मिलन का चित्रण भी है। जैन तथा बौद्ध स्रोतों

के अनुसार अजातशत्रु के अनेक उत्तराधिकारियों ने लगभग 166 वर्षों तक मगध पर शासन किया। पर उनमें से एक ही शासक उदयन के बारे में ही जानकारी उपलब्ध है।

शिशुनाग वंश-शिशुनाग ने चंद्र प्रद्योत के एक उत्तराधिकारी प्रद्योत को हराकर अवंति को मगध में मिला लिया। शिशुनाग के बाद ये राज्य ताश के महल की तरह ढह गया। नंद वंश के संस्थापक ने शिशुनाग के उत्तराधिकारी कालाशोक की हत्या कर दी।

नंद वंश (345-322 ई.पू.)—महापद्मनंद एक शक्तिशाली राजा था। उसने विजय-अभियान द्वारा अपने राज्य का विस्तार किया। कहा जाता है कि, उसने उत्तरी भारत के क्षत्रिय राजवंशों को उखाड़ फेंका तथा उनके क्षेत्रों को अपने राज्य में मिला लिया। कुरु, पंचाल, इक्ष्वाकु, अश्मक, शूरसेन जैसे राज्य नवीन राजवंश के अंतर्गत अधीनस्थ बन गए। खारवेल के हाथीगुम्फा अभिलेख में एक नंद शासक द्वारा कलिंग-विजय का जिक्र है। यह मानने के पर्याप्त कारण हैं कि वह शासक महापद्मनंद ही था। कई इतिहासकार मानते हैं कि दक्कन का एक महत्वपूर्ण हिस्सा महापद्मनंद के राज्य के तहत था। सिकंदर महान् के आक्रमण के समय आने वाले अनेक ग्रीक लेखकों ने भी नंद वंश की विशालता और महानता का जिक्र किया है। एक बौद्ध ग्रंथ के अनुसार महापद्मनंद के दस वर्ष तक शासन करने के पश्चात् उसके आठ उत्तराधिकारियों ने शासन किया परंतु उनके शासन काल का विस्तृत विवरण मौजूद नहीं है। 326 ई.पू. में सिकंदर के आक्रमण के समय अंतिम नंद शासक घननंद मगध का शासक था।

प्राचीन भारतीय गणतंत्र (650-325 ई.पू.)

जैन, बौद्ध एवं ब्राह्मण ग्रंथों के अध्ययन से उत्तरी भारत में फलते- फूलते गणतंत्रों तथा अनेक स्वायत्त कुलों का पता चलता है। पालि ग्रंथों में बुद्ध के जीवन काल में उत्तरी भारत के दस गणतंत्रों का जिक्र है। कपिलवस्तु के शाक्य, कुशीनार और पावा के मल्ल तथा वैशाली के लिच्छवि महत्वपूर्ण गणतंत्रों में थे।

ऐसा प्रतीत होता है कि, भारत तथा नेपाल की सीमा पर शाक्य उपस्थित थे। प्रसेनजित के पुत्र विरुद्ध ने इस गणतंत्र पर आक्रमण कर उसे कोशल में मिला लिया। इस राजनीतिक उठा-पटक के क्रम में अनेक शाक्य निर्ममतापूर्वक मार डाले गए। मल्लों की दो शाखाएं थीं। दोनों क्रमशः पावा एवं कुशीनगर में शासन करती थीं। महावीर को निर्वाण प्राप्ति पावा में ही हुई थी। दूसरा केंद्र कुशीनगर बुद्ध के निर्वाण प्राप्ति का साक्षी बनकर प्रसिद्ध हुआ। अजातशत्रु के समय में मगध साम्राज्य में मिलाए जाने तक मल्ल गणतंत्र फलता-फूलता रहा। सर्वव्यापी युद्धों तथा विजय अभियानों के युग में वैशाली का लिच्छवि गणतंत्र सबसे शक्तिशाली तथा सबसे समृद्ध गणतंत्र था। वे युद्ध प्रेमी तथा निर्भय लोग थे। उनके योद्धाओं की प्रवृत्ति ने पड़ोसी राज्यों की महत्वाकांक्षा पर अंकुश लगाए रखा जिससे वे राज्य लिच्छवियों पर आक्रमण का दुःसाहस नहीं कर सके। अजातशत्रु की ज्यादा-से-ज्यादा भू-भाग प्राप्ति की प्यास अंततः उनके पतन का कारण बनी। फिर भी युद्ध 15 वर्षों तक चला और अजातशत्रु को उन्हें जीतने तथा मगध को मिलाने से पूर्व जनधन की काफी हानि हुई।

निम्नलिखित गणतंत्रों का उल्लेख हुआ है-

1. कपिलवस्तु के शाक्य, 2. वैशाली के लिच्छवि, 3. पावा के मल्ल, 4. कुशीनगर के मल्ल, 5. रामग्राम के कोलीय, 6. सुमसुमारा के भग, 7. पिप्पलिवन के मोरिम, 8. केशपुत्त के कलाम, 9. मिथिला के विदेह, 10. वैशाली के निकट कुंडग्राम के नाय (उनश्रिक)।

फारसी तथा ग्रीक आक्रमण

फारसी आक्रमण

1. प्राचीन पूर्व के इतिहास में फारस के सायरस (588-530 ई.पू.) को महानतम विजेता माना जाता है। वह पहला विदेशी है, जिसे भारत पर चढ़ाई करने तथा अंदर तक घुस आने का श्रेय है। उसने अनातोलिया तथा बेबीलोनिया को जीत लिया तथा मिस्र की सीमा तक जा पहुंचा था। सिंधु के पश्चिम काबुल तक के सभी भारतीय कबीले उसके अधीन रहकर उसे खिराज देते थे। कुछ स्रोतों के अनुसार उसने काबुल से सटे पूर्व में कहीं कपिसा नामक नगर को धवस्त कर दिया था।
2. केम्बेसिस (530-222 ई.पू.) ने भी विजय अभियान की नीति अपनाई, परंतु वह अपने पिता की तरह प्रगतिशील नहीं था।
3. सायरस के पौरे डेरियस प्रथम (522-486 ई.पू.) ने 518 ई.पू. में सिंधु घाटी को जीत लिया। हेरोडोट्स के अनुसार भारत डेरियस का बीसवां क्षत्रप था। वह जिक्र करता है कि डेरियस स्किलों के अधीन एक नौसैनिक अभियान सिंध क्षेत्र में भेजा गया। सिंध तथा सिंधु नदी

के पश्चिम में पड़ने वाला पंजाब का हिस्सा उसके भारतीय विजय अभियान का हिस्सा थे। संयोगवश बाद में यह हिस्सा फारस के शाह जेरेक्सस के हाथों में बना रहा।

4. जेरेक्सस (465-456 ई.पू.) ने अपने भारतीय प्रांतों का पूर्ण उपयोग सैनिक जिल्दों के बनाने में किया। भारतीय जिल्दों को ग्रीस में उसके शत्रुओं से लड़ने भेजा गया था जिसका जिक्र हेरोडोट्स ने भी किया है।
5. डेरियस तृतीय ने भारतीय सैनिकों को सूचीबद्ध करके उन्हें सिकंदर से लड़ने भेजा। स्पष्टतः सिकंदर के एशिया पर आक्रमण के संग फारसी नियंत्रण ढीला पड़ गया।

सिकंदर का भारत पर आक्रमण

ईरानियों के बाद आक्रामकों में ग्रीकों का स्थान है, जिन्होंने चौथी सदी ई.पू. में भारत पर आक्रमण किया। 324 ई.पू. में अपने पिता फिलिप की मृत्यु के पश्चात् सिकंदर मकदूनिया की गद्दी पर बैठा। 329 ई.पू. तक उसने एशिया माइनर से अफगानिस्तान तक समूचे फारस को जीत लिया था। उसने मई 327 ई.पू. में हिंदुकुश पार किया तथा शेष बचे साल में जंगली कबीलों पर नियंत्रण किया। उसने हेफास्टियन तथा पर्डिकस को सेना के मुख्य भाग के साथ आगे भेज दिया तथा दिसंबर 327 ई.पू. अथवा जनवरी 326 ई.पू. में खैबर दर्रा पार करने के बाद सिंधु नदी पर एक पुल बनाया। इस दौरान वह नव विजित क्षेत्रों में अपनी स्थिति सुदृढ़ करने में लगा रहा।

सिकंदर के आक्रमण के पूर्व उत्तरी तथा उत्तर-पूर्वी भारत में कई छोटे-छोटे मुखियों तथा स्वतंत्र कबीलों का शासन था। वे घरेलू झगड़ों तथा आवर्ती लड़ाइयों में अपनी शांति तथा संसाधनों का अपव्यय करते थे। तक्षशिला नरेश ने पौरवों से अपनी शत्रुता के कारण अपने पुत्र भी को सिकंदर को अन्य भारतीय राजाओं के विरुद्ध सहयोग का आश्वासन देने के लिए बैक्ट्रिया भेजा। अटक से उद्गम की तरफ लगभग 10 मील जाकर उंद अथवा हिंद में नावों के पुल की मदद से सिकंदर ने झेलम पार की। इस बीच तक्षशिला का अपने पिता के स्थान पर शासक बन चुके आंभी ने सिकंदर का नम्रतापूर्वक स्वागत किया। यहां से सिकंदर ने पोरस से अधीनता स्वीकार कर लेने को कहा जिसका उत्तर उसे नकारात्मक मिला तथा युद्ध की तैयारियां होने लगीं।

हिडैप्सस का युद्ध

सिकंदर अपनी टुकड़ी के साथ हिडैप्सस (झेलम) नदी के तट पर जा पहुंचा। उफनती हुई नदी के कारण कई हफ्तों के लिए उसे रुकना पड़ा। अंततः उसने अंधेरे में नदी को पार करके पोरस को चकित कर दिया। कारसी के मैदान में भीषण युद्ध हुआ। पोरस अदम्य बहादुरी के प्रदर्शन के बावजूद पराजित हुआ। लगभग 12000 सैनिक मारे गए तथा 6,000 बंदी बनाए गए। घायल पोरस आत्मसमर्पण को बाध्य हुआ। विजेता ने पोरस की स्वातंत्र्य कामना से प्रभावित होते हुए न सिर्फ उसका राज्य लौटा दिया वरन् उसकी सीमाएं और बढ़ा दीं।

झेलम को पार करके वह आगे पूर्व की ओर बढ़ा। ग्लैनसाय अथवा ग्लौगनिकाय को पराजित करने के बाद उसने तूफानी गति से अक्सिनिश (चेनाब) तथा हाइड्रोट्स (रावी) नदियों को पार करते हुए कठों की राजधानी सांगल को जीत लिया। राजा संभूति के पास आत्मसमर्पण ही एकमात्र रास्ता था। मगध को जीतने के लक्ष्य के साथ वो व्यास तट की ओर बढ़ा, लेकिन उसके क्लांत सैनिकों ने आगे बढ़ने से इनकार कर दिया। लंबे अभियानों की कठिनाइयों तथा अपने घरों से अलगाव ने उन्हें वापस मातृभूमि लौटने के बारे में सोचने को बाध्य कर दिया। साथ ही उन्होंने ये भी सुना था कि व्यास के पार के मजबूत राज्य को झुकाना इतना आसान नहीं था। इस कारण सिकंदर अपने सैनिकों को अपने नए अभियान के बारे में समझाने में असमर्थ रहा।

तत्पश्चात् सिकंदर ने नवविजित क्षेत्रों के प्रशासन के लिए पर्याप्त प्रबंध करने के बाद पीछे लौटने का आदेश दिया। उसने सिंधु से व्यास तक के पूरे क्षेत्र को तीन हिस्सों में बांटकर उन्हें गवर्नरों के जिम्मे सौंप दिया। मकदूनियाई सेना का कुछ हिस्सा गवर्नरों की सहायता के लिए छोड़ दिया।

अक्टूबर 326 ई.पू. में अंततः झेलम तथा सिंधु से प्रस्थान आरंभ हुआ; परंतु वापसी यात्रा विघ्न मुक्त नहीं थी। दक्षिणी पंजाब की गणतांत्रिक टुकड़ियों ने थकी हुई लौटती मकदूनियाई सेना पर हमले करके उसे बहुत परेशान किया। रास्ते में विघ्न-बाधाओं से मुकाबला करते हुए सिकंदर अंततः सिंधु डेल्टा के पास पाटल पहुंचा। यहां पर उसने अपनी सेना को दो भागों में विभक्त किया। एक हिस्सा नियार्कस के संचालन में समुद्र मार्ग से भेजा गया। दूसरा हिस्सा स्वयं उसके नियंत्रण में रहा। सितंबर 325 ई.पू. में उसने आधुनिक

कराची के निकट से स्थल मार्ग से प्रयाण किया। बेबीलोन (आधुनिक बगदाद) पहुंचने के बाद वह अचानक गंभीर रूप से बीमार पड़ा तथा मात्र 33 वर्ष की आयु में जून 323 ई.पू. में उसकी मृत्यु हो गई।

4.4 बौद्ध धर्म

गौतम बुद्ध का जीवन

बौद्ध धर्म के संस्थापक गौतम अथवा सिद्धार्थ का जन्म कपिलवस्तु के शाक्य नामक क्षत्रिय कुल में लुंबिनी (अब नेपाल में) में 563 ई.पू. में हुआ था। उनकी मां महामाया समीपवर्ती कोलीय कुल की राजकुमारी थीं। अशोक के मशहूर रुम्मिनदेई अभिलेख में बुद्ध की स्थानीयता का जिक्र है। बच्चे के प्रसव के दौरान महामाया के देहांत के कारण इनका पालन उनकी मौसी तथा सौतेली मां प्रजापति गौतमी द्वारा किया गया। उनके अन्य संबंधियों में शुद्धोधन (पिता) यशोधरा (पत्नी) राहुल (पुत्र) तथा चचेरा भाई देवदत्त थे।

एक जर्जर शरीरधारी वृद्ध, एक रोग ग्रस्त व्यक्ति, एक मृत व्यक्ति तथा एक संन्यासी के दृश्य ने सिद्धार्थ के मन में दुनिया के लिए तीव्र वैराग्य उत्पन्न कर दिया। उन्हें संसारिक आनंदों की व्यर्थता में विश्वास हो गया। पुत्र के जन्म के पश्चात् उन्होंने 29 वर्ष की आयु में सत्य की खोज में घर छोड़ दिया। यह गृहत्याग महाभिनिष्क्रमण के नाम से ज्ञात है।

अगले छह साल उन्होंने एक गृहहीन संन्यासी (पहले आलार कालाम ने उन्हे वैशाली में ध्यान योग की तकनीकें सिखाईं बाद में उन्होंने राजगृह में उद्दक अथवा रामपुत्र से शिक्षा ग्रहण की) की तरह दो ब्राह्मण आचार्यों से निर्देशित होते हुए तथा घूमते हुए बिताए। संतोष न होने के कारण उन्होंने काफी संयमपूर्वक रहते हुए कठोरतम प्रायश्चित किए तथा सत्य की प्राप्ति के निरर्थक प्रयास किए। तब उन्होंने प्रायश्चित छोड़कर निरंजना नदी (आधुनिक लीलाजन) में स्नान किया और आधुनिक बोध गया में एक पीपल के पेड़ के नीचे ध्यान मग्न हो गए। यहीं 35 साल की उम्र में उन्हें सर्वोच्च ज्ञान अथवा बोधि की प्राप्ति हुई। उन्हें ये दिव्यदृष्टि प्राप्त हुई कि चरम शांति तो उनके अपने ही हृदय में है और इसे वहीं खोजा जाना चाहिए। इसे संबोधि कहा जाता है। तब से उन्हें बुद्ध (प्रबुद्ध व्यक्ति) तथा तथागत (जिसने सत्य को पा लिया हो) कहा जाने लगा।

इसके बाद इन्होंने बनारस के निकट सारनाथ में अपना पहला धर्मोपदेश (धर्म चक्र परिवर्तन) दिया, जिसकी वजह से उनके पांच शिष्य बन गए। 45 वर्षों तक प्रचार के पश्चात 483 ई.पू. में उत्तर प्रदेश के कुशीनगर में एक साल वृक्ष के नीचे उन्हें निर्वाण प्राप्ति हुई। अपनी मृत्यु से पहले बुद्ध पावापुरी में चुंद नामक सुनार के घर रहे थे। कहा जाता है कि वहीं शूकरमद्दव से वो उदरविकार से पीड़ित हुए जिससे उनकी मृत्यु हुई। सुभद्र नामक भ्रमणशील परिव्राजक तथा उनके प्रिय शिष्य आनंद ने उनका अंतिम उपदेश सुना था। उनके शब्द थे कि, ''सभी वस्तुएं क्षरणशील हैं और तुम्हें अपना पथ-प्रदर्शक स्वयं होना चाहिए।''

पहले दीक्षित होने वालों में उनके पांच शिष्यों में एक अस्सजि द्वारा दीक्षित किए गए राजगीर के दो संन्यासी सारिपुत्र तथा मोग्गलान काफी प्रसिद्ध थे। उनके सुविदित शिष्यों में आनंद (मुख्य शिष्य एवं साथी), कस्सप अथवा कश्यप (सर्वाधिक शिक्षित), उपालि (विनय के विद्वान) तथा धनी युवक यश थे। अनेक राजा जैसे कोशल के प्रसेनजित तथा मगध के बिंबिसार एवं अजातशत्रु ने उनके सिद्धांतों को स्वीकृति दी और शिष्य बने।

चन्ना (उनका सारथि), कांथक (उनका घोड़ा), उन्हें ध्यान योग सिखाने वाले आलार कालाम तथा बोध गया में उन्हें खीर का भोजन कराने वाली कृषक कन्या सुजाता आदि बुद्ध के जीवन से संबद्ध अन्य महत्वपूर्ण नाम हैं।

बुद्ध के जीवन से संबंधित पांच महान घटनाएं एवं उनके प्रतीक–

- जन्म–कमल तथा सांड
- गृहत्याग–अश्व
- निर्वाण–बोधिवृक्ष
- पहला उपदेश–धर्मचक्र
- परिनिर्वाण–स्तूप

बुद्ध के उपदेश

बुद्ध ने सुनिर्दिष्ट सिद्धांतों की बजाय तार्किक, आध्यात्मिक विकास की बात की। उन्होंने वेदों की अलंघ्यता का खंडन किया, निर्मम पशुबलि का विरोध किया, जटिल, विस्तृत तथा अर्थहीन कर्मकांडों की निंदा की, जाति प्रथा तथा पुरोहित वर्ग के प्रमुख को चुनौती दी एवं ईश्वर के बारे में अज्ञेयवादी रुख अपनाया।

चार आर्य सत्य (*चत्वारि आर्य सत्यानि*)

- विश्व दु:खमय है (दु:ख)
- तृष्णा दुख के मूल में है (तृष्णा)
- इच्छाओं के त्याग से ही दु:ख निरोध संभव है।
- आष्टांगिक मार्ग दु:ख निरोध-गामिनी प्रतिपदा है।

अष्टांगमार्ग

ये आठ मार्ग हैं- 1. सम्यक् दृष्टि, 2. सम्यक् संकल्प, 3. सम्यक् वाणी, 4. सम्यक् कर्म 5. सम्यक् आजीव, 6. सम्यक् व्यायाम, 7. सम्यक स्मृति, तथा; 8. सम्यक् समाधि। बुद्ध के अनुसार किसी भी सामाजिक पृष्ठभूमि का व्यक्ति इस पथ का अनुकरण कर निर्वाण प्राप्त कर सकता है।

उनके द्वारा सुझाया गया मार्ग तार्किक तथा प्रायोगिक नीति दर्शन है। इसी कारण से बौद्ध धर्म को धार्मिक से अधिक सामाजिक क्रांति माना जाता है। उन्होंने पालन कर सकने योग्य नैतिकता की बात की तथा सामाजिक समानता के जनतांत्रिक सिद्धांत का प्रणयन किया।

अन्य सिद्धांत

निर्वाण का शाब्दिक अर्थ है–'दीपक का बुझ जाना' अथवा अपनी सभी तृष्णाओं एवं वेदनाओं का अंत। यह मात्र शारीरिक अनुपस्थिति अथवा सब कुछ समाप्त हो जाना नहीं है। जो व्यक्ति सभी तृष्णाओं एवं लालसा से दूर है वही चरम शांति का अनुभव कर सकता है। वह बारंबार जीवन-मरण के चक्र से छुटकारा प्राप्त कर सकता है।

बुद्ध ने जिस दूसरे सिद्धांत पर काफी बल दिया वह है-कर्म का सिद्धांत, इसकी कार्य-प्रणाली एवं पुनर्जन्म। उनके अनुसार वर्तमान एवं आगामी जीवन में मानव की स्थिति उसके अपने कर्म पर निर्भर है। हम अपने ही कर्म-फल प्राप्ति के लिए बार-बार जन्म लेते हैं। यही कर्म का सिद्धांत है। पापकर्म से निवृत्ति के साथ ही इस चक्र से छुटकारा मिल जाता है तथा मोक्ष की प्राप्ति होती है।

बुद्ध को अज्ञेयवादी कहा जा सकता है क्योंकि उन्होंने ईश्वर को स्वीकार अथवा अस्वीकार नहीं किया। उन्होंने अनेक पेचीदे प्रश्नों, जैसे- ईश्वर एवं आत्मा की प्रकृति, में उलझने से इनकार कर दिया। प्रश्न किए जाने पर इस संबंध में या तो वे मौन रहे या उन्होंने देवताओं के भी कर्म के सिद्धांत के अंतर्गत होने की बात कही। प्रतीत होता है कि वे मानव की मुक्ति में ज्यादा रुचि लेते थे तथा उन्होंने अन्य दुर्बोध प्रश्नों से परहेज किया। बुद्ध के अनुसार सभी वस्तुएं सम्मिश्रित हैं और इस कारण नश्वर भीर्था क्योंकि उनके घटक परिवर्तनशील हैं। आवश्यक रूप से नश्वर होने के कारण वे अनित्य हैं (अर्थात् शाश्वत नहीं) अनिवार्य रूप से दु:ख भोगी हैं।

बौद्ध साहित्य में विश्व की प्रकृति के बारे में ये त्रिपदीय चित्रण-दु:खमय, नश्वर, तथा अनात्म-बारंबार वर्णित है तथा बिना इनको ठीक से समझे निर्वाण प्राप्ति संभव नहीं है क्योंकि बिना ठीक से समझे मानव लगातार प्रदर्शन का एक अथवा दूसरे रूप से इच्छुक बना रहता है तथा इस क्रम में, वस्तुओं की प्रकृति की वजह से स्वयं भी दु:ख पाता है और सभवत: दूसरों को भी दु:ख पहुंचाता है।

बुद्ध का दूसरा महत्वपूर्ण सिद्धांत आत्मन् अथवा अस्त (आत्मा अथवा अहम) से संबंधित है। उन्होंने अनात्मवाद की शिक्षा दी। दूसरे शब्दों में उन्होंने मनुष्यों के लिए अनत अथवा अनात्मन् की शिक्षा दी। उनके अनुसार वास्तव में खंड अथवा स्कंद कहे जाने वाले पांच अनित्य या अस्थायी स्थितियों का भौतिक एवं मानसिक योग 'आत्मा' है।

इस तरह विश्व की सभी वस्तुएं पांच स्कंधों (घटकों) में अथवा उनके मिश्रण के रूप, में वर्गीकृत की जा सकती हैं-रूप एवं पदार्थ (रूप), अहसास एवं भावनाएं (वेदना), समझ (सन्न) आत्मविषयक प्रबंध या इच्छा (सखार) तथा सचेतता (विन्नना)। प्रथम में संवेदना तथा अन्य कम महत्वपूर्ण तत्व शामिल हैं। इंद्रियजनित ज्ञान छह इंद्रियों (छठा मस्तिष्क) के अनुप्रयोग का नतीजा है तथा समझ इन सबका योग है। आत्मा अथवा ब्रह्म विषयक प्रकृति व्यक्ति की सभी मानसिक अवस्थाओं, रुझानों तथा स्थितियों का योग है तथा पांचवां तत्व चेतनता का उदय अन्य संकल्पनाओं में होता है। व्यक्तिगत इकाई प्रतिक्षण परिवर्तित होने वाले पांच घटकों के संयोग से बनी होती है अत: लगातार प्रवाहमान होती है।

जीवन क्रम को कारण विषयक सिद्धांत (पटिच्च-सम्मुप्पाद अथवा प्रतीत्य समुत्पाद-शाब्दिक अर्थ आश्रित उद्भव) की प्रक्रिया से समझाया गया है। जन्म-मरण तथा पुनर्जन्म के चक्र की मूल वजह अविद्या है। स्थायित्व तथा वैयक्तिकता के अस्तित्व को मानने से जीव में तृष्णा जैसी विविध मानसिक परिघटनाएं पैदा होती हैं, जिनका फैलाव वस्तुओं को हड़पने की कामना में सन्निहित है।

अगली कड़ी का मूल कारण यौनेच्छा तथा यौन समागम है जो उम्र एवं मृत्यु के संग ही समाप्त होता है। हर बार अगले जन्म में पुनः दुहराए जाने मात्र के लिए। कर्म के सिद्धांत के अनुसार इसी असंतृप्त इच्छा के कारण ही पुनर्जन्म होता है। हालांकि बौद्ध मत में कर्म का कुछ भिन्न विवरण है, पर यह हिंदू 'कर्म' से आवश्यक रूप से अलग नहीं है।

बौद्ध संघ

बुद्ध के दो प्रकार के अनुयायी थे-भिक्षु (संन्यासी) तथा सामान्य उपासक। भिक्षुगण संघों में संगठित थे, जिनकी समस्या बौद्ध धर्म में विस्तार के साथ खूब बड़ी। संघ अथवा धार्मिक व्यवस्था की सदस्यता 15 वर्ष से ऊपर उन सभी स्त्री-पुरुषों के लिए खुला था, जो कुष्ठ रोग, क्षय रोग तथा संक्रामक रोगों से मुक्त हों। राजा अथवा किसी व्यक्ति के सेवकों, ऋणग्रस्त लोगों तथा दस्युओं एवं अपराधियों के लिए सदस्यता वर्जित थी। फिर भी अपवादस्वरूप सजायाफ्ता लोगों, दासों तथा शारीरिक विकलांगता के संबंध में पुनर्विचार संभव था। सदस्यता के संबंध में जाति बंधन नहीं था। भिक्षुओं एवं भिक्षुणियों के अध्ययन एवं मनन में सहायता के लिए मठों का निर्माण किया जाता था। क्रमशः ये मठ बौद्ध धर्म का उपदेश देने वाले दार्शनिकों एवं धर्मवेत्ताओं के विकास के अकादमिक केंद्र बन गए।

वर्षा ऋतु में तीन-चार महीनों के दौरान (आषाढ़ की पूर्णिमा तक) परिव्राजकों को निश्चित स्थान पर आश्रय लेना पड़ता था तथा अपने निर्वाह के लिए पड़ोसी आबादी पर निर्भर रहना पड़ता था। इस दौरान वे स्थानीय आबादी को सायंकाल में आधुनिक कथावाचन शैली में उपदेश देते थे। इस वास के उपरांत वे एक जगह मिलते थे तथा इस अवधि में अगर कोई भूल हुई हो तो उसे स्वीकार करते थे। इस उत्सव को पवरना (उपोस्था अथवा उपवस्था भी) कहते थे।

भिक्षुणियों के लिए विशिष्ट नियम थे। उनके क्रिया-कलापों, आवास तथा भिक्षुओं से संपर्क से संबंधित कुछ अतिरिक्त निषेध आते थे।

निश्चित सीमा में रहने वाले भिक्षुओं को हर पक्ष में एक सभा में एक प्रधान (संघथेर या संघपीटनायक) धम्म तथा विनय पट बोलने वाले एक-एक वक्ता का चुनाव करना पड़ता था। सभाओं में प्रस्ताव (नत्ति) पेश करने, उस पर छड़ियों (शलाका) द्वारा मत विभाजन, उप-समितियों की स्थापना, धार्मिक नीति नियमों, अपराध एवं दंड निर्धारण, संघ में भिक्षुओं के प्रवेश एवं पुनर्प्रवेश, भिक्षुओं के विशेषाधिकारों की वापसी आदि पर विचार होता था। बैठक हेतु आवश्यक न्यूनतम संख्या निर्धारित थी।

संघ में प्रवेश की प्रक्रिया बिल्कुल सरल थी। प्रवेश के इच्छुक व्यक्ति को मुंडन कर तथा पीत वस्त्र धारण कर स्थानीय संघ के प्रमुख के समक्ष त्रिरत्न (बुद्ध, धर्म, संघ) के प्रति अपनी वफादारी की शपथ लेनी पड़ती थी। तत्पश्चात् उसे दस शीलों को मानना पड़ता था। उसे किसी भिक्षु के पास आवश्यक प्रारंभिक शिक्षा ग्रहण करनी पड़ती थी, उसके बाद उस भिक्षु को सभा के समक्ष अपने को विधिवत् संघ में लिए जाने का अनुरोध करना पड़ता था। स्वीकृति के पश्चात् उसे भिक्षु रूप में नियुक्त कर लिया जाता था। उसके बाद से उसे संघ के अनुशासन एवं नियमों का पालन करना पड़ता था।

संघ का संचालन गणतांत्रिक आधार पर होता था तथा संचालक को अनुशासन पालन करवाने की शक्ति प्राप्त थी। इसका उल्लंघन करने वाले सदस्यों को दंडित करने का भी अधिकार था। सभा की बैठक के समय भिक्षु तथा भिक्षुणियां अपनी वरिष्ठता के अनुसार अपना स्थान ग्रहण करते थे। सामान्यतः किसी सभा में जब तक कम-से-कम दस सदस्य उपस्थित न हो, वैध नहीं समझी जाती थी हालांकि दूरस्थ इलाकों में अपवादस्वरूप ये संख्या पांच हो सकती थी। नौसिखियों तथा स्त्रियों को मत देने अथवा इस उपस्थिति संख्या (कोरम) में शामिल होने का अधिकार नहीं था।

भिक्षुओं एवं भिक्षुणियों का जीवन कठोरता से निर्दिष्ट एवं दस शीलों द्वारा परिचालित था। भिक्षुओं के लिए मालाओं, इत्र तथा निजी सजावट की अन्य वस्तुओं का निषेध था। भिक्षुणियों के लिए प्रतिबंध और ज्यादा थे। डर ये था कि बराबरी का प्रश्रय देने पर अनुशासन भंग एवं अनैतिकता का खतरा था। गौतम बुद्ध स्वयं भिक्षुणियों के संघ में प्रवेश के मुद्दे पर अनिक्षक थे। ये स्वीकृति उन्होंने आनंद के बार-बार अनुरोध पर ही दी।

4.5 धर्म : हीनयान तथा महायान

पहला चरण-बुद्ध का संबोधि प्राप्ति (528 ई.पू.) तथा परिनिर्वाण पूर्वी भारत में विस्तार का चरण है। पहली दो बौद्ध संगीतियां भी इसी दौरान हुईं।

दूसरा चरण-यह अशोक के धर्मांतरण से आरंभ होता है। इस दौरान तृतीय बौद्ध संगीति हुई तथा बौद्ध उपदेशकों को बाहर भेजने की प्रथा का भी आरंभ हुआ।

तीसरा चरण-यह शुंग-कण्व काल के दौरान पूर्वी भारत में राजकीय संरक्षण में कमी आने के बावजूद धनी वणिक वर्ग द्वारा समर्थन (उदाहरणार्थ भरहुत स्तूप, सांची स्तूप तथा कार्ले गुफाओं को बड़ी मात्रा में दान), उत्तर-पश्चिमी भारत में शासकों द्वारा स्वीकार किए जाने तथा गांधार कला के विकास के कारण बौद्ध धर्म में अच्छी प्रगति हुई सातवाहनों के सहिष्णु रुख के कारण बौद्ध धर्म दक्षिण भारत में भी फैला तथा अमरावती एवं नागार्जुन कोंडा जैसे केंद्र दक्षिण में अस्तित्व में आए। फिर भी बौद्ध धर्म 18 इकाइयों में बंट गया, जिसके मूल में सैद्धांतिक मतभेदों से कहीं अधिक भौगोलिक दूरी थी।

चौथा चरण-ये चरण कनिष्क के धर्मांतरण से आरंभ होता है। चतुर्थ बौद्ध संगीति हुई तथा इसका फैलाव मध्य एशिया एव चीन तक होना शुरू हुआ। मुख्य पंथ-विभाजन इसी दौरान हुआ तथा दो मुख्य शाखाएं- महायान एवं हीनयान बन गईं। इसी दौरान महायानों द्वारा मूर्ति-पूजन भी आरंभ हुआ।

पांचवां चरण-गुप्त काल के दौरान राजकीय संरक्षण की हानि के बावजूद निजी तौर पर संरक्षण के कारण यह लोकप्रिय बना रहा। फाह्यान इसकी लोकप्रियता के जारी रहने का संकेत देता है। कुमार गुप्त प्रथम द्वारा नालंदा महाविहार की स्थापना एक निर्णायक विकास था।

छठा चरण-हर्ष के संरक्षण के बावजूद सातवीं सदी के मध्य से इसका पतन आरंभ हो गया। इसी दौरान ह्वेनसांग आया तथा उसने बौद्ध मठों के कई ध्वंसावशेष देखे। हूण आक्रमण तथा उनके द्वारा बौद्ध केंद्रों के विनाश ने इसे और चोट पहुंचाई।

सातवां चरण-पूर्वी भारत में पालों के संरक्षण (8वीं तथा 9वीं सदी) के कारण इस दौरान इसका पुनर्रुत्थान हुआ। धर्मपाल ने मशहूर विक्रमशिला विश्वविद्यालय की स्थापना की थी। फिर भी पालों के पश्चात् पुनः सामान्य पतन की प्रक्रिया आरंभ हो गई तथा तुर्की आक्रमण एवं बख्तियार खिलजी द्वारा 1198 ई. में पूर्वी भारत में बौद्ध केंद्रों को तहस-नहस किए जाने से भारी क्षति पहुंची।

बौद्ध संगीतियां

बुद्ध के जीवन काल में ही संघ अथवा भिक्षुओं की व्यवस्था शुरू हो चुकी थी। उनकी मृत्यु के उपरांत संघ ने बौद्ध धर्म की शुद्धता को कायम रखने का बीड़ा उठाया।

पहली संगीति-पहली संगीति बुद्ध के निर्वाण के तुरंत बाद महाकस्सप के नेतृत्व में राजगृह में हुई थी, जिसका लक्ष्य बुद्ध की शिक्षाओं की पवित्रता कायम रखनी थी। इसके तहत आनंद एवं उपालि द्वारा क्रमशः सुत्तपिटक (बुद्ध के कथन) एवं विनय पिटक (संघ विषयक संहिता) का संकलन किया गया। पिटक का शाब्दिक अर्थ 'टोकरी' है तथा ऐसा कहने के पीछे मूल प्रलेखों को ताड़-पत्रों पर लिखने तथा उन्हें टोकरी में रखने की पुरानी भावना काम कर रही थी।

दूसरी संगीति-दूसरी संगीति उनके निर्वाण के सौ वर्ष पश्चात् (लगभग 383 ई.पू.) में वैशाली में हुई थी, जिसके अगुआ संभवतः शब्बकामी थे। इसका उद्देश्य कट्टर समूहों तथा कुछ वज्जि मठों द्वारा कुछ अपारंपरिक प्रथाओं के अनुपालन से उत्पन्न विवाद का निपटारा था। दुर्भाग्यवश मठीय अनुशासन के प्रश्न पर सहमति न बन सकी एवं संघ का बंटवारा कट्टर स्थविरवादियों एवं उदारपंथी महासंघिकों में हो गया।

तीसरी संगीति-तीसरी संगीति अशोक के संरक्षण में (लगभग 250 ई.पू.) तथा मोग्गलिपुत्त तिस्स (उपगुप्त भी कहा जाता है) की अध्यक्षता में हुई, जिसका लक्ष्य विभिन्न दावों का संशोधन करना था। इसके परिणाम थे-(i) स्थविरवादियों की सच्चे साधकों के रूप में स्थापना तथा विरोधी पंथी का निष्कासन। (ii) त्रिपिटकों का अंतिम वर्गीकरण (नया अभिधम्म पिटक, जिसमें दो पूर्ववर्ती पिटको की दार्शनिक व्याख्या थी, भी अब जुड़ गया) तथा, (iii) विश्व के विभिन्न हिस्सों में उपदेशकों का भेजा जाना।

चौथी संगीति-चौथी संगीति कनिष्क के संरक्षण (प्रथम सदी ई.) में, अश्वघोष की सहायता एवं वसुमित्र की अध्यक्षता में कश्मीर में हुई थी। इसका उद्देश्य सभी 18 पंथों के बीच सहमति निर्माण तथा टीकाओं का लिखा जाना था। महत्वपूर्ण परिणाम थे-(i) बौद्ध धर्म का दो मुख्य हिस्सों में विभाजन, जिसके तहत कश्मीर एवं मथुरा में लोकप्रिय सर्वस्तिवादियों एवं महासंघिकों ने मिलकर महायान (महाचक्र के अनुयायी) तथा स्थविरवादियों सहित शेष ने हीनयान (लघु चक्र के अनुयायी) पंथ बना लिया (ii) सर्वस्तिवादी सिद्धांतों का महाविभाषों के रूप में सूत्रबद्धीकरण (ये ताम्र-पत्रों पर लिखे जाते थे, बाद में स्तूपों में संगृहीत) (iii) समिति की कार्रवाई का पालि के स्थान पर संस्कृत में परिचालन एवं (iv) बौद्ध धर्म का अन्य देशों-मध्य एशिया, चीन, जापान में महायान, श्रीलंका, बर्मा, थाइलैंड तथा दक्षिण-पूर्वी एशिया के देशों में हीनयान में प्रसार।

बौद्ध धर्म के पंथ

वैशाली की द्वितीय संगीति में सर्वप्रथम बौद्धों का स्थविरवादियों एवं महासंघिकों में विभाजन हुआ परंतु मुख्य मतभेद चौथी संगीति (कश्मीर) में पैदा हुए तथा महायान एवं हीनयान नामक दो मुख्य संप्रदाय बन गए। 18वीं सदी ई. में आगे चलकर वज्रयान भी एक अलग पंथ बन गया।

लघु पथ

बुद्ध के परिनिर्वाण की दूसरी तथा तीसरी सदियों में कई उप-श्रेणियां बन गईं। फलतः तीसरी संगीति के काल तक दो मुख्य समूहों (स्थविरवादी तथा महासंघिक) में से 18 पंथों का उदय हो चुका था। वसुमित्र की 18 पंथों पर लिखित पुस्तक से विभिन्न पंथों के उदय का पता चलता है।

महासंघिकों से निम्नलिखित पंथ उभरे-

1. एकव्यवहारिक
2. लोकोत्तर वादी
3. काकुत्रिय
4. बहुश्रुतिय
5. प्रज्ञपतिवादी
6. चैत्य-शैल
7. अपर-शैल
8. उत्तर-शैल

स्थविरवादियों से निकले पंथ थे-

1. हेमावत
2. सर्वस्तिवादी
3. वत्सिपुत्रिय
4. भद्रजनिक
5. धमेत्रिरीय
6. सम्मितिय
7. शन्नागरिका
8. महिपासक
9. धर्म गुण्टिक
10. कस्यपीय अथवा सुवर्षक
11. सौज्ञनितक या संक्रांतिवादिन

हालांकि *दीपवंश* में दिए गए आरंभिक विवरण के आधार पर कथावत्यु के भाष्य में मूल संघ से पंथों के उदय का रूप है-

1. महासंधिक
2. गोकुलिक
3. एकब्बोहारिक या एकव्यवहारिक
4. बहुश्रुतिक
5. प्रज्ञप्तिवादी
6. चैत्यवादी या लोकोत्तरवादी
7. स्थविरवादी
8. वज्जिपुत्रक
9. महिशासक
10. धर्मोत्तरीय
11. भद्रजनिक
12. सन्नगटिक
13. सम्मितीय
14. सर्वास्तिवादी
15. धर्मगुप्तिक
16. कस्यपीय
17. संक्रांतिक एवं
18. सौत्रन्तिक

पालि स्त्रोतों में छह अन्य पंथों-हैमावतिक, राजगितिक, सिद्धस्थिक पुब्बसेलिय, अपरसेलिय तथा वजिटिय का जिक्र है।

इनमें से कुछ पंथ समय के साथ महत्वपूर्ण हो गए। इनके पास समर्थकों को अपना हुजूम तथा विशिष्ट साहित्य था। महायानियों के अग्रदूत महासंधिक का अपना विनय था। अन्य पंथों को जन्म देने वाले स्थविरवादियों तथा सर्वस्तिवादियों के अपने विनय तथा अभिधम्म सूत्र थे।

कथावत्यु में एक संघ के एक अथवा अनेक सदस्यों के विभिन्न मतों का उल्लेख है। इन्हीं के आधार पर *कथावत्यु* भाष्य में इस ग्रंथ के संकलन का समय तक प्रकाश में आ चुके पंथों की पहचान करता है। अशोक के स्तंभ अभिलेखों में पंथों के साक्ष्य पर कुछ विद्वान इस मतभेद तथा विभाजन को अशोक के समय आरंभ हुआ मानते हैं।

स्थविरवादी–बुद्ध के व्यक्तित्व एवं उनकी शिक्षाओं का स्पष्ट एवं सरल चित्रण अवंति के महाकच्चायन द्वारा स्थापित थेरवाद अथवा स्थविरवाद के पालि साहित्य में मिलता है। हालांकि इस साहित्य में बुद्ध का देवताओं के देवता (देवातिदेव अथवा एक अतिप्राकृतिक, शक्ति जो विभिन्न चमत्कारों का प्रदर्शन कर सकते हैं तथा विश्व शिक्षक होने योग्य हैं) के रूप में भी वर्णन है पर सामान्यतः उन्हें भी आम अयोग्यताओं तथा दुर्बलताओं के संग दिखाया गया है। बुद्ध का दर्शन भी काफी सरल था तथा उसे तीन शब्दों में कहा जा सकता है–अनात्मन्, अनित्य तथा दुःख।

सर्वस्तिवादी–थेरवादी संप्रदाय के साथ बिल्कुल निकट से संबद्ध सर्वस्तिवाद 'सब कुछ अस्तित्वमान है' के विचार के इर्द-गिर्द केंद्रित था (सब्बम् अत्थि)। यह विचार संयुक्त निकाय में भी मौजूद है। यह स्थविरवादियों के साथ वास्तविकतावादी पंथ था। उनके लिए बाहरी दुनिया तथा धर्म आदि का सचमुच अस्तित्व है। अतः इस पंथ का मानना है कि सभी वस्तुएं निरंतर अस्तित्वमान हैं–भूत, वर्तमान एवं भविष्य में भी।

इस पंथ का महानतम ज्ञाता, व्यवस्थित निबंध '*अभिधर्मकोष*' का लेखक वसुबंधु था। कश्मीर तथा गांधार में फलने-फूलने वाले इस पंथ का संरक्षक कनिष्क था। वह पंथ हेतुवाद के नाम से भी ज्ञात था।

महासंधिक-इनका बुद्ध के श्रेष्ठ होने में इतना विश्वास था कि उन्हें कई किस्म की अतिप्राकृतिक शक्तियों से युक्त माना गया है। अतिप्राकृतिक शक्तियों के स्वामी होने तथा विश्व के लिए ज्यादा लाभप्रद होने की वजह से बोधिसत्वों को अर्हतों से ज्यादा महत्व दिया गया है।

कथावत्थु के अनुसार इस पंथ में अर्हतों का प्रतिगामी हो जाना संभव था पर श्रोतपाणों का नहीं।

महासंधिकों का दर्शन स्थविरवादियों के धर्म के त्रिपादस्वरूप (अर्थात् अच्छे, बुरे तथा अव्यकृत) से भिन्न था। किंतु यहां 9 असंस्कृत धर्म थे। इनके अनुसार भूत तथा भविष्य में धर्म का अस्तित्व नहीं होता। इस जीवन में मृत्यु तथा अगले जन्म के बीच अंतरभव (बीच की स्थिति) नहीं था।

पूर्वी घाट, अमरावती एवं नागार्जुनकोंडा के इर्द-गिर्द बसे महासंधिक अनुयायियों को सामान्यतः अंधर्क कहा जाता था। बसुमित्र ने इस पंथ के तीन समूहों-चैत्य, अपर तथा उत्तर शैलों का नाम बताया है, कथावत्थु भाष्य में पुब्बसेलिय, अपर सेलिय, राजगिटिक तथा सिद्धत्थिक का जिक्र किया है। वसुमित्र के अनुसार यह पंथ बोधिसत्वों को दुर्गति से परे नहीं मानता था तथा मात्र रूपों के पूजन से बोधि प्राप्ति को असंभव मानता था।

उपर्युक्त सभी पंथ एवं उपपंथ हीनयान के अंतर्गत थे। कुछ की आंशिक रूप से महायानी अभिमत से सादृश्यता थी-इस अर्थ में उन्हें महायान सिद्धांतों का अग्रदूत मान सकते हैं। उदाहरण के लिए महासंघिकों एवं लोकोत्तरवादियों ने बुद्ध को देवत्व प्रदान करने को बोधिसत्व परंपरा का प्रारंभ, बुद्धत्व प्राप्ति को अर्हत्व से बड़ा आदर्श बनाना जैसे कार्य किए।

हीनयान

हीनयान पंथ के अनुयायी बुद्ध की मौलिक शिक्षाओं में विश्वास करते थे तथा आत्म-अनुशासन एवं ध्यान के द्वारा व्यक्ति रूप से पाप मुक्ति, निस्तार में विश्वास करते थे। महायानियों के विपरीत वे मूर्ति-पूजन को नहीं मानते थे किंतु प्रतीक चिह्नों को वे भी पूजते थे। बाद में भारत में इसकी लोकप्रियता समाप्तप्राय हो गई पर श्रीलंका, म्यांमार, कंबोडिया, थाइलैंड तथा लाओस में इसने अपनी जडें जमा लीं।

महायान

पहली अथवा दूसरी सदी ई. के लगभग भारत में एक नए तथा बहुत भिन्न किस्म के पंथ का उदय हुआ। यह पंथ सबके लिए मोक्ष का संदेश लाया। उसने अपने को महाचक्र का उपासक (महायान) कहा तथा प्राचीनतर पंथ को लघु चक्र का उपासक (हीनयान) कहकर उनकी खिल्ली उड़ाई। महायान साहित्य के हीनयान लेखन को मात्र प्रारंभिक प्रकृति का बताते हुए उनके आध्यात्मिक रूप से सर्वाधिक प्रबुद्ध शिष्यों को बतायी गई बातों के प्रतिनिधित्व का दावा करता है। स्वर्गिक बुद्धों, बोधिसत्वों एवं अपने आध्यात्मिक आदर्शों के समूह के संग यह हीनयान से काफी भिन्न था (जिसका मुख्य अंग थेरवाद था) परंतु उत्तरी-पश्चिमी भारत में होने वाले महान ऐतिहासिक परिवर्तनों द्वारा प्रस्तुत एवं तेज विकास जैसी अनेक प्रवृत्तियों का इसमें स्पष्ट योगदान रहा। बुद्ध के जीवन काल में ही संभवतः उन्हें पूर्ववर्ती बुद्धों की श्रेणी में अंतिम माना जाता था।

कहते हैं गौतम से पहले छह बुद्ध हुए (i) विपास्यी, (ii) सिखि, (iii) विसवभु (iv) क्रकुच्छंद, (v) कनक मुनि तथा (vi) कस्यप। इन पूर्ववर्ती बुद्धों के पूजन की बात उपलब्ध कला प्रारूपों में स्पष्ट होती है। अशोक के निगालिसागर अभिलेख से भी एक मौर्य राजा द्वारा कनक मुनि के सम्मान में बनाए गए एक स्तूप के वृहदीकरण की बात सिद्ध होती है। सिखि को छोड़कर शेष पांचों का भरहुत में अनुमानतः अपने विशिष्ट वृक्ष प्रतीकों एवं रूपकों के साथ चित्रण हुआ है। बाद में संभवतः पारसी प्रभाव के कारण और बुद्धों के भविष्य में होने की बात स्वीकारी गई। 'मैत्रेय', जो भविष्य में अपनी शिक्षाओं से विश्व का शुद्धिकरण करेंगे तथा जिनके बारे में गौतम बुद्ध ने स्वयं कहा भी था (मान लिया गया), में रुचि विकसित हुई।

बौद्ध धर्म के इस नए रूप के विकास क्रम में अगला कदम सीधे अनुयायी के लक्ष्य का भी परिवर्तन था। बौद्ध

दर्शन के अनुसार तीन प्रकार के पूर्ण जीव हैं–'बुद्ध', जो ज्ञान प्राप्तिकर इसे दूसरों तक पहुँचाते हैं; 'प्रत्येक बुद्ध' जो ज्ञान प्राप्त कर भी इसे बांटते नहीं तथा 'अर्हत' जो दूसरों से ज्ञान प्राप्त कर इसका पूर्ण उपयोग करते हैं। प्राचीनतम पंथों के अनुसार एक अनुयायी का लक्ष्य 'अर्हत' होना था, जिसके लिए पुनर्जन्म नहीं था तथा मृत्यु पश्चात् निर्वाण प्राप्ति तय थी।

अर्हत के आदर्श की जगह बोधिसत्व की बात ही महायान एवं पुराने पंथों के बीच विशिष्टतम भेद था। यह माना गया कि पुराने बोधिसत्व को न मानने वाले पंथ सिर्फ गिने-चुने क्लांत लोगों को राहत पहुंचा सकते थे जबकि बोधिसत्वों में विश्वास सबके लिए सुखदायक था।

सामंतभद्र एवं विमलकीर्ति आदि जैसे कुछ अपवादों को छोड़कर अधिसंरूप बोधिसत्व मिथकीय हैं। श्रुतियों के अनुसार शाश्वत आनंद की अवस्था छोड़कर उनके इस दुःख पूर्ण जगत में आकर उपेदश देने के पीछे उनमें कुछ का दयार्द्र तथा सहानुभूतिपूर्ण होना ही था। कुछ अन्य के पर्वतों पर ऊंचाई में समाधि की अवस्था में रहने तथा मानव के सद्मार्ग का अनुसरण करने हेतु शक्तिशाली तरंगों के माध्यम से अपना प्रभाव डालने की बात कही गई है। तांत्रिक बौद्ध मत में बोधिसत्वों को शक्तियुक्त तथा देवी-देवताओं जैसा माना गया है।

प्रमुख बोधिसत्व निम्नलिखित थे-

1. **अमिताभ (बंधनहीन ज्योति पुंज)** को पश्चिम का सरंक्षक माना गया है। उन्होंने मानव-मुक्ति के लिए सुखावती का निर्माण किया जहां प्रवेश उनमें विश्वास तथा उनके प्रति समर्पण से ही संभव था। यह सिद्धांत विख्यात महायान सूत्र सुखावती-व्यूह के मूल में है। पंडर को अमिताभ की शक्ति या सहयोगी माना गया है।
2. **अवलोकितेश्वर (सचेत प्रभु)** को (हस्त कमल) भी कहते थे। इनकी सहानुभूति निम्नतम पाप-मोचन-स्थान अविचि तक के लिए भी सुलभ थी। उनका लोक 'अकनिस्थ' तथा उनकी शक्ति 'तारा' है। चीन तथा जापान में इन्हें स्त्री रूप में मान्यता है।
3. **मंजुश्री (मोहक)**-सुबुद्ध सिद्धांत के ज्ञान मूलक रूप के प्रतिनिधि हैं। ये समझ को बढ़ाते हैं एवं अपनी नग्न कृपाण द्वारा दोषों एवं मिथ्यावाद को नष्ट कर डालते हैं।
4. **वैरोचन (प्रकाशक)** ये बुद्ध के धर्मकाय भाव के रूप में मान्य हैं। इन्हें केंद्र का अभिभावक मानते हैं तथा इनकी शक्ति 'मरीचि' है।
5. **सामंत-भद्र (आशुमंगलकारी)** को चक्रपाणि भी कहते थे। युवा सुधन को बोधिसत्व के जीवन की दस प्रतिज्ञाओं के बारे में बताने वाले सामंतभद्र गंधव्यूह में एक परोपकारी संन्यासी के बारे में प्रमुखतः वर्णित हैं। इनके वास्तविक व्यक्ति होने का विश्वास किया जाता है।

कम महत्वपूर्ण बोधिसत्व हैं- (i) अक्षोम्य (अकंप), वज्रपाणि जिनकी शक्तिलोचन (प्रकाश) है, (ii) रत्न संभव या रत्न पति जिनकी शक्ति मामकि (मातृक) है, (iii) अमोघसिद्धि (अभ्रांतसिद्धि) या विश्वपागि (सर्वधारक) जिनकी शक्ति वज्रघतेश्वरी है, (iv) महास्थाम, जो बुद्धि के प्रतीक हैं, (v) मैत्रेय (उदार) तुषित लोक में निर्धारित समय का इंतजार कर रहे मसीहाई रक्षक।

नव-बौद्ध दर्शन के विकास क्रम में अगला चरण 'त्रिकाय' का सिद्धांत था जिसके अनुसार बुद्ध के तीन स्वरूप हैं–धर्मकाया, संभोगकाया एवं निर्माणकाया। पृथ्वी पर बुद्ध का आगमन निर्माण काया के रूप में हुआ था जो वास्तव में स्वर्ग में सर्वोच्च ईश्वर के रूप में विराजमान संभोगकाया से उद्भूत था। संभोगकाया परम धन्य रूप भी अंततः धर्मकाया जो संपूर्ण बुद्ध के स्वामी हैं (अंतिम बुद्ध), से उद्भूत है। अध्यात्म संबंधी इन विचारों के संग ही सूक्ष्म दर्शन एवं ब्रह्म विषयक प्रारूपों का विकास हुआ तथा धर्मकाया को निर्वाण के संग पहचाना गया। तत्वतः यह एक विश्वात्मा थी, जो उपनिषदों के ब्रह्म का ही एक अन्य रूप थी।

महायान विश्वविधा में एक धर्मकाया से उद्भूत कई संभोगकाया मानी गई हैं। स्वर्गलोकवासी बुद्ध अमिताभ अपरिमित दिप्तिमान सुखावती में रहकर भी इसे लोक के क्रिया-कलापों से मुख्यतः संबद्ध थे। अमिताभ से ही भू-लोकवासी गौतम बुद्ध तथा एक बहुत शक्तिशाली एवं सहानुभूतिपूर्ण बोधिसत्व अवलोकितेश्वर (नीचे भी देखने वाला प्रभु) से संबद्ध थे।

ईसा की आरंभिक सदियों में महायान एवं हीनयान का समानांतर विकास होता रहा। हमें ऐसे मठों की जानकारी मिलती है जिनमें दोनों ही मतानुयायी रहते थे। पर सामान्यतः उत्तर-पश्चिमी भारत के बौद्ध या तो महायानी थे या महायानी आदर्शों से प्रभावित हीनयानी। हीनयान का ज्यादा शुद्ध स्वरूप पश्चिमी-दक्षिणी भारत एवं श्रीलंका में बना रहा। महान कुषाण साम्राज्य के शासन में ही उत्तर-पश्चिमी भारत तथा मध्य एशिया से चीन तक बौद्ध धर्म का विस्तार हुआ।

महायानी भौतिक नियमों में से कुछ का प्रभाव हिंदू धर्म पर भी पड़ा। महायान दर्शन के दो महत्वपूर्ण संप्रदायों में से एक माध्यमिका तथा दूसरा विज्ञानवाद (चेतना का सिद्धांत) या योगाचार थे। माध्यमिका परंपरा के संस्थापक (पहली-दूसरी सदी ई.) ने सिखाया कि दुनिया अनावश्यक तथा अस्पष्ट स्वरूप वाली है बल्कि दरअसल सबसे मूल में शून्य ही है। सचमुच का अस्तित्व सिर्फ रिक्तता (शून्यत्) का ही है। इसलिए माध्यमिकों को कभी-कभी शून्यवादी भी कहते हैं।

नागार्जुन की '*माध्यमिका कारिका*' इस पंथ की आधार पुस्तक है।

मैत्रेयनाथ द्वारा प्रतिपादित 'विज्ञानवाद' परंपरा एक आदर्शवादी दर्शन था। इसके अनुसार संपूर्ण विश्व का अस्तित्व तो व्यक्ति के मस्तिष्क में ही है। एक समाधि में लीन भिक्षु के लिए सत्य की तरह तमाम किस्मों की दृश्यावलियों की स्पष्ट मौजूदगी संभव है, पर वह जानता है कि यह सब अवास्तविक है। अतः किसी किस्म का बोध दरअसल वस्तु की निरपेक्ष उपस्थिति का सबूत नहीं है। इन्हें मस्तिष्क की रचना माना जा सकता है। माध्यमिका परंपरा से कम महत्वपूर्ण होने के बावजूद इस परंपरा ने असंग (इनका 'सूत्रलंकार' इस परंपरा का प्राचीनतम ग्रंथ है, चौथी या पांचवीं सदी) वसुबंधु (असंग के कनिष्ट भ्राता) दिग्नाग एवं धर्मकीर्ति जैसे महत्वपूर्ण दार्शनिक एवं तार्किक दिए।

पदाक्ली के अलग होते हुए भी महायानी अध्यात्म कुछ उपनिषदों एवं शंकर (9वीं सदी) से कुछ समानता रखता है। शंकर ने शायद बौद्ध धर्म से काफी कुछ सीखा था तथा अपने विरोधियों द्वारा 'गुप्त बौद्ध' कहे जाते थे।

हीनयान तथा महायान की तुलना

1. हीनयान ने बुद्ध की शिक्षाओं का शब्दशः अनुपालन पर बल दिया किंतु महायान ने प्रवृत्ति तथा सत्व पर।
2. हीनयान ने संघ को केंद्र में रखकर विकास किया, महायान ने व्यक्तिगत इकाई को।
3. हीनयान साहित्य मुख्यतः पालि में लिखित एवं त्रिपिटकों में प्राप्य है, महायान साहित्य मुख्यतः संस्कृत में तथा सूत्रों में प्राप्य है।
4. हीनयान कर्म द्वारा प्रत्येक की मुक्ति में भरोसा रखता है, महायान विश्वास द्वारा।
5. हीनयान बुद्ध के कार्यों के इर्द-गिर्द केंद्रित है, महायान उनके जीवन प्रतीकों तथा व्यक्ति से।
6. हीनयान ने न्याय परायण कार्यों तथा कर्म सिद्धांत पर बल दिया, महायान ने करुणा या सहानुभूमि सिद्धांत को कर्म सिद्धांत के ऊपर स्थान दिया।
7. 'अर्हत' 'हीनयान' आदर्श है जो अपनी मुक्ति की कोशिश करता है महायान आदर्श बोधिसत्व है जो दूसरों की मुक्ति से संबद्ध है।

वज्रयान

5वीं सदी ई. मध्य के लगभग से भारतीयों ने मातृदेवी पंथ तथा जादुई-धार्मिक कर्मकांडों में अधिक रुचि लेनी शुरू की। कई अनैतिक तथा निषेधात्मक लक्षणों के बावजूद इन कर्मकांडों को मुक्ति मार्ग अथवा अतिप्राकृतिक शक्तियों की प्राप्ति में सहायक माना जाता था। जादुई तथा तांत्रिक प्रवृत्तियां हिंदू धर्म में भी लगभग साथ ही दिखाई दीं। तंत्रों में मंत्रों, अभिक्रियाओं तथा सिद्धांतों का विवरण है। तंत्रवाद संगठित बौद्ध धर्म में सातवीं सदी तक पूर्णतः समाविष्ट नहीं हो पाया था। ह्वेनसांग ने कुछ मठ समुदायों की जादुई प्रथाओं के पालन की ओर संकेत किया है। तांत्रिक हिंदू धर्म की तरह उसके भी वाम तथा दक्षिण दो समूह थे। चीन तथा जापान में अत्यंत लोकप्रिय दक्षिणाचार का संस्कृत में कुछ साहित्य मौजूद है। उसमें मुख्यतः पुरुष देवताओं की प्रधानता थी। वामाचार संप्रदाय (मुख्यतः वज्रयान के लिए उसी का प्रयोग) बुद्धों, बोधिसत्वों तथा बाद के बौद्ध धर्म के मिथकीय चरित्रों से पत्नियों को स्पर्धा रूप में मान्यता दी तथा अपना मुख्य ध्यान इन 'ताराओं' अथवा 'रक्षिणियों' पर लगाया।

वज्रयानी कर्मकांडों के मुख्य लक्षणों में 'ओम मणि' 'पद्मे हुम' जैसे मंत्रों तथा पहेलीनुमा छंदों का बारंबार उच्चारण शामिल थे। योग एवं ध्यान क्रियाएं सामान्य थीं पर तांत्रिक समूहों ने मोक्ष प्राप्ति के लिए कई अन्य प्रश्न करने योग्य तरीके भी अपनाए। यह मान्यता थी कि आध्यात्मिक प्रवीणता का एक स्तर प्राप्त कर लेने के पश्चात् सामान्य नैतिक नियम उसके लिए लागू नहीं होते थे तथा पवित्र माहौल में जान-बूझकर किया गया उल्लंघन भी इस मार्ग पर और सहायक ही होता था। अतः मांस-मंदिरा सेवन, उत्सुक्त संभोग आम थे तथा मल खाने एवं कर्मकांडी बलि तक का रिवाज था।

पांचवीं-छठी सदी तक बौद्ध दार्शनिक विद्वता में कमी के संग सिद्धों अथवा सिद्धाचार्यों के रूप में ज्ञात तांत्रिक साधकों के मत साहित्य एवं कर्मकांडीय पूजन का पुनरुद्धार हुआ। गुह्यसमाज एवं *मंजूश्री मूल कल्प* तांत्रिक बौद्ध धर्म के प्राचीनतम ज्ञात साहित्य हैं। इनमें से प्रथम, योग एवं अनुत्तरयोग

(तांत्रिक ध्यान योग) एवं द्वितीय मुद्राओं (उंगलियां एवं शारीरिक मुद्राएं), मंडलों (रहस्यपूर्ण रेखाचित्रों) मंत्रों तथा अन्य विधाओं से संबंधित हैं। फिर भी कुछ तांत्रिक केंद्रों में कर्मकांडों का मात्र सांकेतिक महत्व था। उनके आचार्यों द्वारा पर्याप्त दार्शनिक साहित्य लिखा गया। तांत्रिक साराह के 'दोहाकोष' के कुछ छंदों में प्रतिध्वनित नैतिक रुख (भारत में उत्तरवर्ती बौद्ध साहित्य में से एक) उच्चतम स्तर का है।

इस प्रकार वज्रयानियों का विश्वास था कि जादुई शक्ति अर्थात् वज्र की प्राप्ति ही मुक्ति का सर्वोत्तम मार्ग थी। इस पंथ की देवियों, ताराओं (बुद्धों एवं बोधिसत्वों की पत्नियां) को तंत्रों तथा मंत्रों के माध्यम से पूजक पर जादुई शक्तियां आरोपित करने के लिए दबाव डाला जाता था। पालों के संरक्षण में 8 वीं सदी सुए पूर्वी भारत, विशेष रूप से बंगाल और बिहार में यह लोकप्रिय हो गया और बाद में तिब्बत में फैल गया।

बौद्ध देवतागण एवं ध्यानी बुद्ध

तंत्रवाद के सुस्थापित होने से पूर्व बौद्ध धर्म में तत्संबंधित कोई देव समूह नहीं था। अतः बाद का विस्तृत एवं वर्गीकृत देव सिद्धांत वजयान अथवा तांत्रिक बौद्ध धर्म से ही उद्भूत है। आरंभ में बौद्ध धर्म ने 33 देवताओं को मान्यता दी थी जो एक अलग किस्म के रूप तवतिम्सों अथवा त्रयस्त्रिम्स (शाब्दिक अर्थ तैंतीस देवों का निवास) में रहते थे। असंदिग्ध रूप से बुद्ध का दैवीकरण महायानियों ने ही उन्हें लोकोत्तर अतिप्राकृतिक मानकर किया। सांची एवं भरहुत जैसे प्राचीनतर निकायों से बुद्ध की मूर्ति प्राप्त नहीं हुई है पर गांधार तथा मथुरा स्कूलों का बुद्ध की मूर्ति निर्माण का दावा भी उतना ही मजबूत है।

सातवीं-आठवीं सदी में महायान के वज्रयान में रूपांतरण के संग ही एक विस्तृत देवतावस्थी का उद्भव हुआ, जो दसवीं सदी तक और विस्तृत हो गया। *मंजूश्री मूलकल्प* में कई देवी-देवताओं का विवरण है पर *गुह्यसमाज* में ही सर्वप्रथम बिल्कुल व्यवस्थित बौद्ध देव समूह की जानकारी है। इस श्रेणीक्रम के उच्चतम स्तर पर यदि आदि प्रज्ञा का दैवी-युग्म (बौद्ध धर्म के ब्रह्मांडीय अभिभावक) हैं जिनमें पांच ध्यानी बुद्धों का उद्भव हुआ- (i) अमिताभ, (ii) अक्षोभ्य, (iii) वैरोचन, (iv) रत्नसंभव, एवं; (v) अमोघसिद्धी। ये ध्यानी बुद्ध वायु जल, गगन, आग एवं पृथ्वी जिनसे ये विश्व निर्मित है तथा ब्रह्ममांडीय तत्वों (स्कंधों) संस्कार, संज्ञान, वेदना तथा विज्ञान के प्रतिनिधि हैं। निर्माण कार्य में भाग लेने का कार्य ये ध्यानी बुद्ध बोधिसत्वों पर छोड़ देते हैं और आगे बोधिसत्वों के मानुषी बुद्धों (मर्त्य बुद्धों), जैसे- काकुच्छंद, कनक मुनि एवं गौतम के माध्यम से कार्य करने की बात पर यह विचार भारतीय नहीं है। मातृ-सिद्धांत के बढ़ते महत्व के साथ सभी ध्यानी बुद्धों एवं बोधिसत्वों के साथ एक स्त्री को स्वतंत्र कर दिया गया। साथ ही हर ध्यानी बुद्ध को विविध देवी-देवताओं के 'कलेश' (परिवार-प्रमुख) रूप में देखा जाने लगा। द्वेष (घृणा), मोह (माया), राग (संबद्धता) चिंतामयी तथा समय (परिपाटी) पांच कुल (परिवार) हैं। स्पष्टतः नवीन देवताओं के प्रवेश के संग वज्रयान पुरोहितों तथा लेखकों ने अपने को ध्यानी बुद्धों (एक या अधिक) से संबद्ध करना शुरू कर दिया।

चित्रों में ध्यानी बुद्धों को स्थायी तौर पर पूर्णतः विकसित कमलों पर आबद्ध पैरों के संग ध्यान मुद्रा में रत दिखाया गया है। उनमें से हरेक के पास अपना प्रतीक है जिसे शक्ति तथा बोधिसत्व के माध्यम दिखाया गया है। उदाहरण के लिए कमल प्रतीक रूप में ध्यानी बुद्ध अमिताभ, उनकी पत्नी पांडर तथा उनके बोधिसत्व अवलोकितेश्वर से संबद्ध है। हर ध्यानी बुद्ध की अपनी विशिष्ट मुद्रा तथा रंग था। नीचे की दो सारणियों में ध्यानी बुद्धों के नाम, उनकी मूर्ति तथा अन्य प्रकार की छवियों के साथ ही संगत बोधिसत्वों तथा पत्नियों का उल्लेख है।

तालिका-1

तत्वीय नाम	पदार्थ	ब्रह्मण्डीय पदार्थ	मुद्राएं	रंग	प्रतीक	वाहन
अमिताभ	वायु	खंजना	समाधि	लाल	पद्मा	मयूर
अक्षोम्य	जल	विज्ञान	भू-स्पर्श	नीला	वज्र	हाथी
बैरोचन	आराश	रूप	धर्मचक्र	श्वेत	यक	ड्रैगन
रत्नसंभव	अग्नि	वेदना	वरद	पीत	रत्न	सिंह
अमोधसिद्धि	पृथ्वी	संस्कार	अमय	हरित	विश्ववज्र	गरुड़

तालिका-2

नाम	शक्तियां	बौधिसत्व	मानुषी बुद्ध
अमिताभ	पांडर	पद्मपाणि या	गौतम
अक्षोम्य	लोचन	अवलोकितेश्वर	कनकमुनि
वैरोचन	मरीचि	सामंतमड	क्राकुच्छंद
रत्नसंभव	मामकि	रत्नपाणि	कस्यप
अमेधसिद्धि	वज्रधत्वेश्वरि	विश्वपाणि	मैत्रेय

बौद्ध साहित्य

बौद्ध धर्म ग्रंथों को दो प्रमुख भागों में विभाजित कर सकते हैं–(i) मुख्यत: पालि में लिखा गया, पालि धर्मग्रंथ नाम से हीनयान साहित्य। (ii) मुख्यत: संस्कृत में लिखित तथा चीनी, जापानी, तिब्बती तथा मंगोल भाषाओं में व्यापक रूप से अनूदित महायान धर्मग्रंथ।

इनके तहत 350 से 90 ई.पू. के बीच संकलित त्रिपिटक आते हैं।

I. *विनयपिटक* (350 ई.पू.)–इसमें बौद्ध धार्मिक नियम है। इसमें भिक्षुओं के लिए परिमोम्ख अथवा मठ संबंधी नियमों का एवं तत्संबंधित टीकाओं का विवरण है। पूरक रूप में मठ व्यवस्था में शामिल करने, वर्षा ऋतु में तीक्त पद्धति गणवेश संबंधी नियमन तथा निजी तौर पर स्वच्छंदता आदि का विवरण है। छुल्लभग्ग (लघु प्रभाग) में बौद्ध कथाओं का निर्माण, भिक्षुओं-भिक्षुणिओं के लिए कर्तव्यों, भिक्षुओं के आपसी विवादों का निपटारा, निष्कासन तथा प्रायश्चित आदि शामिल हैं।

II. *सुत्तपिटक* (300 ई.पू.)-इसमें जनसामान्य के लिए सूत्रों तथा उपदेशों के पांच निकाय (संग्रह) हैं, ये हैं–(i) दीघनिकाय-इसमें ब्रह्मांड की उत्पत्ति, पुनर्जन्म, संन्यास, चमत्कार, निर्वाण, धर्मविरोध, जाति निंदा तथा बुद्ध के अंतिम उपदेशों, उनकी मृत्यु तथा शव संस्कार जैसे विषयों पर लंबे संवादों का संग्रह है। (ii) मज्झिम निकाय-इसमें बुद्ध के तथा अन्य समकालीन पंथों से संबन्ध सन्यास के विभिन्न रूप तथा सांघातिक एवं मौखिक अपराधों, जैसे- चोरी, डकैती, व्यभिचार तथा तत्संबंधित दंडों से संबद्ध मध्यम आकार के सूत्रों का संग्रह है। (iii) संयुक्त निकाय में बौद्ध सिद्धांतों, पहेलियों तथा सूत्रों, गद्य एवं छंद मिश्रित आख्यानों तथा बुद्ध के अनेक वचनों का विवरण है। (iv) अंगुत्तर निकाय (अथवा एकोत्तर निकाय) में आरोही संख्यात्मक क्रम में सिद्धांतों तथा नीतियों पर आधारित उपदेश हैं, तथा; (v) खुद्दक निकाय में बौद्ध धर्म को समझाने के लिए आवश्यक 15 छोटे एवं विविध ग्रंथ हैं।

खुद्दक-निकाय के महत्वपूर्ण हिस्से पालि ग्रंथ विषयक सर्वाधिक विस्तृत समूह हैं। इसमें महत्वपूर्ण हैं-

(क) *खुद्दक पथ* इसका अर्थ है, प्रारंभिक अथवा लघु अध्ययन, यह संघ मे प्रवेश पाने वाले नवागंतुकों के लिए था।

(ख) *धम्मपद (नियामक रास्ता)*-यह बौद्ध धर्मग्रंथों में सबसे प्रसिद्ध है। इसमें बुद्ध के कथनों में से नि:सृत 400 से ज्यादा सूत्रीय पाद है।

(ग) *उदान*–ये कथा ध्यान रूप में बुद्ध के कथनों पर आधारित है (इसी में विश्व की मशहूर कथा है जिसमें प्रत्येक अंधे व्यक्ति ने हाथी के अलग-अलग अंग छूकर उसका अलग-अलग विवरण दिया था)।

(घ) *इतिवत्तक*–इसमें उदान की तरह मानव अस्तित्व की कुछ गंभीरतम समस्याओं को शामिल करते हुए 120 कथन हैं।

(च) *सुत्तनिपात*–प्राचीनतम बौद्ध पद्य के कई अवशेष इसमें संरक्षित हैं तथा बौद्ध भारत की सामाजिक एवं आर्थिक स्थिति का महत्वपूर्ण ब्यौरा भी मिलता है।

(छ) *जातक*-इसमें बुद्ध के पूर्ववर्ती जन्मों का उल्लेख है, जो विश्व साहित्य के प्राचीनतम कथा-साहित्य में एक है।

(ज) *बुद्ध वंश*-प्राचीनतम काल में बुद्ध से पहले के 24 बुद्धों के बारे में काव्यात्मक आख्यान है।

(झ) *थेरगाथा*–इसमें बुजुर्गों के गीत हैं तथा थेरीगाथा में बुजुर्ग स्त्रियों के गीत हैं। ये उच्च स्तर के धार्मिक गथकवित्त है।

III. अभिधम्मपिंटक-सुत्रपिटक के समान विषयों को इसमें अधिक पाण्डित्यपूर्ण शैली में प्रस्तुत किया गया है। इसमें मानसिक-शिक्षण, मनोविज्ञान तथा कट्टरता की दार्शनिक

व्याख्या एवं विवेचन पूरक रूप में है। इससे संबंधित सात ग्रंथों में धम्मसंगनी (350 ई.पू.) में बौद्ध दर्शन तथा नीतिशास्त्र का अच्छा विवेचन है वहीं मोग्गलिपुत्र तिस्स जो तीसरी संगति के अध्यक्ष थे, द्वारा रचित *कथावत्थु* (या विनत्तपद) का महत्व इसके बौद्ध धर्म मत के विकास को रेखांकित करने की वजह से है।

अन्य पालि ग्रंथ (गैर-धार्मिक)

बौद्ध साहित्य के बाद के कई हिस्सों का बैक्ट्रियाई ग्रीक एवं कुषाण काल के आसपास लिखा जाना उनके महायान पंथ के समर्थन से संबंधित है, जो बौद्धों में उत्पन्न पहले मतभेद से ही उभर रहा था।

इस काल की एक रचना *मिलिंदपन्हो* में बौद्ध आचार्य नागसेन द्वारा बैक्ट्रियाई ग्रीक नरेश मिनांडर (मिलिंद) के बौद्ध धर्म ग्रहण करवाने से संबंधित है।

एक अन्य ग्रंथ *महावस्तु* (75 ई.पू.) अर्थात् महान विषय में महासंघिक (आदिमहायान) अध्यात्मविषयक धारणाओं के संग कुछ हीनयान सिद्धांतों का विवरण है। इसमें जातकों की तरह ही बुद्ध के स्पृहणीय जीवन से पूर्व के जन्मों की पूरी शृंखला तथा उनके आध्यात्मिक ज्ञान प्राप्ति के माध्यम से बुद्ध बनने का वर्णन है।

ललितविस्तार गाथा रूप में एक अज्ञात लेखक द्वारा लिखित बुद्ध की जीवनी है। कुछ हीनयान तत्व होने के बावजूद यह सामान्यतः एक महायान ग्रंथ है।

वर्तमान सदी की आरंभिक सदियों में श्रीलंकाई थेरवाद पंथ के भिक्षुओं द्वारा उनके देश में बौद्ध धर्म के प्रसार से संबंधित लेखन शुरू हुआ। यह दो महत्वपूर्ण ग्रंथों में संकलित हुआ, जिसमें *दीपवंश* (350 ई.) अज्ञात लेखक का द्वीपीय लेखा- जोखा है। अशोक के पुत्र महेन्द्र द्वारा बौद्ध धर्म में श्रीलंका को लाए जाने का तथा दूसरा ग्रंथ *महावंश* (550 ई.) (भिक्षु महानामा द्वारा एक विस्तृत ग्रंथ पर आधारित) उसी कथा का थोड़े विस्तार में द्वितीय इतिहास का 350 ई. तक का ब्यौरा देता है।

संस्कृत ग्रंथ

दूसरी से छठी सदी ई. का काल महायान क्लासिकी ग्रंथों के लेखन एवं महान अनुवाद कार्यों का काल है। समूचे सूत्र (पालि में सुत्त) साहित्य जिसे वपुल्य सूत्र (अथवा विस्तारित उपदेश) भी कहते हैं, बुद्ध के उपदेशों का वार्तालाप, संभाषण अथवा उपदेशात्मक शृंखलाबद्ध विवरण है। उनका चीनी भाषा तथा पुनः चीनी से जापानी एवं तिब्बती भाषाओं में अनुवाद हुआ, जिसमें से कुछ में आज सिर्फ अनुवादित रूप ही बचे रहे हैं। मूल ग्रंथ अप्राप्य हैं।

माध्यमिका संप्रदाय के संस्थापक एवं कई महायान ग्रंथों के लेखक नागार्जुन (100 ई.) बुद्ध की एक पद्यात्मक जीवनी *बुद्धचरित* है, जो एक महायान क्लासिकी ग्रंथ है। अन्य ग्रंथों के लेखक असंग एवं वसुबंधु नामक भाइयों ने (500 ई.) महायान सिद्धांतों का नियमन एवं मौलिक सिद्धांतों की रचना की। कुछ मुख्य सूत्र निम्न हैं–

1. **प्रज्ञा परमिता**–शून्य अथवा शून्यवाद से संबंधित सूत्रों का यह वर्गीय नाम है। उसके अनुसार इस मायावी तथा क्षणिक विश्व के परे एक उन्मुक्त दुनिया है, जिसकी प्राप्ति प्रज्ञा, अंत ज्ञान अत्युत्तम बुद्धि द्वारा संभव थी।
2. **सद्दर्मपुंडरीक (250 ई.)**–कमल सूत्र को आधे एशिया की बाईबल माना जाता है। लेखक के अज्ञात रहने पर भी यह सूत्रों में सबसे महत्वपूर्ण है। इसमें काया परिवर्तित एवं गौरवपूर्ण बुद्ध द्वारा एक गृद्धकूट पर्वत पर दिया गया उपदेश है। हालांकि तथागत कई हितकर उपायों द्वारा मानवता की रक्षा करते हैं, पर कमलसूत्र में वर्जित एक मान द्वारा ही सभी प्राणियों की मुक्ति संभव है।
3. **आवर्तशक**–माना जाता है कि ज्ञान प्राप्ति के तीन हफ्तों बाद बुद्ध ने शिक्षा दी थी कि इस सूत्र का मुख्य सिद्धांत 'परस्पर भेदन' का है जिसके अनुसार दुनिया की प्रत्येक वस्तु अन्य द्वारा भेदित एवं पारस्परिक रूप से प्रभावित होती एवं करती है। दूसरे 25वें पाठ में 'परिनमन' अर्थात् किसी की मेधा के दूसरों की मुक्ति में उपयोग का सिद्धांत है। इस तरह से बोधिसत्व अपनी अतिरिक्त मेधा का प्रयोग कर मानवता की रक्षा करते हैं।
4. **गंधव्यूह**–वास्तव में यह ऊपरवर्जित '*अवर्तशक सूत्र*' का ही हिस्सा है, पर उसे अक्सर संपूर्णसूत्र भी कहा जाता है। उसमें वर्णन है कि एक बार बुद्ध श्रावस्ती में एक कुंज में ध्यानमग्न हो गए इससे कुंज का उत्तना विस्तार हुआ कि वह स्थान विविध संसारों से भर गया तथा उनके संग सभी बौधिसत्व अनेक जीवों के अपार करुणा से भर गए।

अन्य महत्वपूर्ण सूत्र हैं- (अ) सखावती-सूत्र, जिसमें अमिताभ में आस्था के माध्यम से मुक्ति का वर्णन है, (ब) वज्रछेदिक या हीरक सूत्र, जिसमें शून्यता के सिद्धांत की प्रस्थापना तथा महायान केंद्रित कई अन्य धारणाओं का स्पष्टीकरण है, (स) महापरिनिर्वाण, जिसमें बुद्ध की निर्वाण-प्राप्ति से ठीक पहले का उपदेश है, (द) संभवतः

वसुबंधु लिखित लंकावतार (400 ई.), जिसमें मस्तिष्क के अंतिम सत्य का विवरण है, तथा, (क) सुरंगम, जिसमें ध्यान, चिंतन एवं परमचेतन अंतर्ज्ञान के साधनों से बोधि-प्राप्ति का रेखांकन है। सुरंगम अंशतः वार्तालाप शैली में लिखित है जो बुद्ध एवं चित्त नाक वैश्या द्वारा प्रलोभन दिए गए आनंद के मध्य है।

बौद्ध धर्म की लोकप्रियता के कारण

- आध्यात्मिक वितंडों से परहेज एवं मौलिक सरलता का जनता पर प्रभाव पड़ा।
- वर्ण-व्यवस्था को महत्व न देने के कारण निम्न वर्गों के लोग आकर्षित हुए।
- संघ में स्त्री प्रवेश की अनुमति ने भी इसकी पहुंच बढ़ाई। (बुद्ध की विधवा सौतेली मां पहली बौद्ध भिक्षुणी बनी)।
- आरंभ में जन-सामान्य की भाषा पालि के अनुप्रयोग ने भी मदद पहुँचाई।
- आरंभ में मगध, कोशल तथा कौशांबी में राजतंत्रों एवं कुछ गणतंत्रों के द्वारा इस धर्म को स्वीकार्य किया गया। बाद में अशोक, हिंद, यूनानी, कुषाणों, हर्ष तथा पालों के बौद्ध धर्म अंगीकार कर लेने से भी मदद मिली।

बौद्ध धर्म के पतन के कारण

- भागवत संप्रदाय का उद्भव एवं सुधारवादी ब्राह्मण धर्म आदोलन।
- प्रथम सदी से पालि के बदले संस्कृत भाषा का प्रयोग।
- मूर्ति-पूजा तथा व्यापक-पैमाने पर दान एवं तर्पण स्वीकार्य किए जाने के कारण नैतिक मानकों में कमी।
- पांचवी-छठी सदी में हूणों एवं 12वीं सदी में तुर्कों के आक्रमण।

बौद्ध धर्म का योगदान

- अहिंसा की अवधारणा इसका प्रमुख योगदान थी, जो अपने समय में पशुधन की वृद्धि में सहायक बनने के अतिरिक्त बाद में भारतीय-संस्कृति के मानव मूल्यों में समावेशित हो गई।
- कला एवं स्थापत्य के क्षेत्र में बौद्ध धर्म को श्रेय मिलता है। इनमें हैं-(i) सर्वप्रथम-पूजित मानव मूर्तियां, हैं। (ii) गया, सांची तथा भरहुत में बुद्ध की जीवनी उकेरे हुए प्रस्तर-स्तंभ, (iii) गांधार कला तथा बुद्ध की सुंदर छवियां, (iv) गया में बराबर की पहाड़ियां तथा पश्चिम भारत में नासिक के आसपास स्थापत्य गुफा, (v) अमरावती एवं नागार्जुन कोण्डा के कला-प्रारूप एवं अन्य असंख्य-कृतियां एवं स्थल।
- बौद्ध स्थापत्य का अनिवार्य तौर पर तीन रूपों में विकास हुआ-(i) स्तूप एक किस्म की गुंबद के आकार की समाधि है जिसमें बुद्ध एवं किसी भिक्षु के अवशेष संगृहीत होते थे, (ii) चैत्य (प्रार्थना युक्त एक पवित्र स्थान था) (iii) मंदिर, (iv) विहार (भिक्षुओं का निवास स्थान)।
- तक्षशिला, नागार्जुन कोण्डा, नालंदा एवं विक्रमशिला जैसे आवासीय विद्यालयों के माध्यमों से शिक्षा का प्रसार।
- पालि एवं अन्य स्थानीय भाषाओं, जैसे- कन्नड़, गुजराती आदि का विकास।
- स्त्रियों तथा अन्य दमित प्रजातियों की स्थिति में सुधार।
- कट्टरता के स्थान पर, तर्क पर आधारित विश्वास।
- वाणिज्य एवं व्यापार की उन्नति।
- भारतीय संस्कृति का एशिया के अन्य हिस्सों में प्रसार।

4.6 जैन धर्म

उद्भव

जैन धर्म का उद्भव रहस्यपूर्ण है। ऋग्वेद की ऋचाओं में दो जैन तीर्थंकरों ऋषभ तथा अरिष्टनेमि का स्पष्ट उल्लेख है। विष्णु एवं भागवत पुराण में ऋषभ का उल्लेख नारायण अवतार रूप में है।

जैनों का मानना है कि, उनकी धार्मिक व्यवस्था क्रमशः होने वाले 24 क्षत्रिय तीर्थंकरों के उपदेशों से युक्त है। पहले 23 तीर्थंकरों का काफी मिथकीय चरित्र होने की वजह से उनके संबंध में कुछ कहना कठिन है। 23वें, तीर्थंकर पार्श्वनाथ जो महावीर से 250 वर्ष पूर्व हुए ऐतिहासिक प्रतीत होते हैं। वे वाराणसी के राजा अश्वसेन के पुत्र थे। पार्श्वनाथ ने अपने पीछे एक संगठित प्रारूप छोड़ा था। वर्धमान महावीर के माता-पिता तथा परिवार के अन्य सदस्य पार्श्वनाथ की परंपरा के ही अनुयायी थे। अगले तथा अंतिम तीर्थंकर स्वयं वर्धमान महावीर थे। उन्हें उच्चतम पद-प्राप्त जैन पुरुषों का तीर्थंकर (पथ-प्रदर्शक) इसीलिए कहते थे कि वे जीवन के अंधेरे पक्ष से विकास का मार्ग बताते थे। उन्हें जिन (विजेता) भी कहा जाता था। हालांकि वर्तमान चक्र में 24 तीर्थंकरों के

होने की बात कही गई है, पर उनमें से अधिकतर मात्र नामों एवं प्रतीकों द्वारा ही ज्ञात है।

तीर्थंकर एवं उनके प्रतीक

1. ऋषभ-सांड़
2. अजित-हाथी
3. संभव-घोड़ा
4. अभिनंदन-कणि
5. सुमति-सारस
6. पद्म प्रभा-लाल कमल
7. संपर्श्व-स्वास्तिक
8. चंद्रप्रभा-चांद
9. सुविधि-डॉलफिन
10. सीतल-वक्ष
11. श्रेयंस-गैंडा
12. वसुपूज्य-भैंस
13. विमल-शूकर
14. अनंत-बाज या साही
15. धर्म-वज्र
16. शांति (हस्तिनापुर नरेश)-सींगदार हिरण
17. कुंथु-अज
18. अर-मत्स्य
19. मल्लि (मिथिला नरेश की पुत्री)-कलश
20. सुव्रत-कच्छव
21. नामि-नीलकमल
22. अरिष्टनेमि या नेमि (कृष्ण के संबंधी)-शंख
23. पार्श्व-ऋजदार सर्प
24. महावीर-सिंह

महावीर का जीवन एवं उपदेश

महावीर (महान वीर) तथा जिन (विजेता) कहलाने वाले महावीर का जन्म वैशाली के निकट कुंडग्राम में 540 ई.पू. में अपने माता-पिता के दूसरे पुत्र के रूप में हुआ था। उनके पिता सिद्धार्थ जांत्रिक नामक क्षत्रिय परिवार गण के मुखिया तथा मां त्रिशला वैशाली नरेश एवं लिच्छवि राजकुमारों में सबसे लोकप्रिय चेटक की बहन थी। चूंकि मगध के बिंबिसार ने चेटक की पुत्री चेल्लना से विवाह किया था इस नाते महावीर मगध के हर्यक वंश से भी संबंधित थे। उनका विवाह यशोदा से हुआ था तथा उनसे उन्हें अनोना नामक पुत्री भी थी।

30 वर्ष की अवस्था में अपने माता-पिता की मृत्यु के पश्चात् उन्होंने संन्यास ले लिया। दो वर्ष तक पार्श्वनाथ द्वारा स्थापित श्रेणी का सदस्य रहने के पश्चात् उसे छोड़कर अगले 10 वर्षों तक भ्रमण करते रहे। अपने भ्रमणकाल के प्रथम छह वर्ष उन्होंने आजीवक पंथ के संस्थापक मक्सलिमोजाल के संग बिताए। 42 वर्ष की उम्र में पूर्वी भारत में ऋम्भिक ग्राम में केवल्य (पूर्ण-सत्य ज्ञान) प्राप्ति के पश्चात् (एक वर्ष वृक्ष के नीचे) और अगले तीस वर्ष तक उपदेश देने के उपरांत 468 ई.पू. में राजगृह के निकट पावापुरी में 72 वर्ष की आयु में उनका देहांत हो गया। वे निग्रंथ (बंधनमुक्त) नामक संप्रदाय के प्रमुख थे, जिन्हें बाद में जिनों (जैनों) के नाम से जाना गया।

पंच अणुव्रत

जैन धर्म में पांच महाव्रत हैं-अहिंसा, सत्य, अस्तेय (कोई चीज न चुराना), अपरिग्रह (धन संचय नहीं करना) तथा ब्रह्मचर्य। इनमें से प्रथम चार उनके पूर्ववर्ती तीर्थंकरों की देन थे, सिर्फ ब्रह्मचर्य महावीर ने जोड़ा था। भिक्षु कठोर रूप से पालन करने पर महाव्रत तथा सामान्य गृहस्थ सरलतम अनुपालन करने पर अणुव्रत कहलाते थे।

त्रिरत्न

- सम्यक ज्ञान
- सम्यक कर्म
- मुक्ति

महावीर के मुख्य उपदेश

महावीर को द्वैध-दर्शन (स्यद्वात) में विश्वास था तथा वे मात्र पदार्थ एवं आत्मा को ही दो मौजूद तत्व मानते थे। पदार्थ क्षयशील है पर आत्मा शाश्वत एवं विकासमान है। उनके अनुसार कर्म (पूर्व-जन्मों के कार्यों का संचित प्रभाव) की वजह से आत्मा तृष्णा जनित बंधन में कैद रहती है। लगातार प्रयासों के द्वारा ही आत्मा को कैद रखने वाली कार्मिक ताकतों से मुकाबला किया जा सकता है एवं आत्मा को तृष्णा मुक्त किया जा सकता है। कार्मिक शक्तियों के छिन्न-भिन्न होने से ही आत्मा (जीव) की अंतिम मुक्ति

होती है। इसके साथ ही आत्मिक तत्व के सद्‌गुण प्रकट होने शुरू होते हैं, जीव अपनी प्रभा बिखरने लगता है तथा परमात्मा बन जाता है।

गृहस्थ एवं गृहत्यागी भिक्षु दोनों के लिए एक निश्चित नैतिक विधान तय किया गया है। जीवन का लक्ष्य मुक्ति प्राप्ति होने के कारण पहले अपकर्मों से परहेज, पुनः क्रमशः नए कर्मों से रक्षण तथा वर्तमान कर्मो को नष्ट करना पड़ता है। इस उद्देश्य के लिए एक गृहस्थ को 5 नियमों का पालन करना पड़ता है। उसे दो और नियमों सम्यक् विश्वास एवं सम्यक् ज्ञान (क्रमशः जिनों में आस्था एवं अंतिम मुक्ति व सभी विद्यमान वस्तुओं के जीवन का ज्ञान) का भी पालन करना पड़ता है। भिक्षुओं के लिए तय नियम और अधिक कठोर थे।

महावीर सभी जैव या अजैव पदार्थों को चेतना के विविध स्तरों से युक्त मानते थे। सब में जीव है तथा घायल होने पर सब को पीड़ा होती है। उन्होंने वेदों की सर्वोच्चता को नकारा तथा वैदिक कर्मकांडों एवं ब्राह्मण वर्चस्व पर प्रश्न उठाया। उन्होंने मोक्ष या उच्चतम आध्यात्मिक अवस्था प्राप्त करने के लिए पवित्र, नैतिक तथा कल्याणकारी जीवन पद्धति, कठोर काया-क्लेश एवं प्रायश्चितों का प्रावधान किया।

जैन महासभाएं तथा विभिन्न पंथ

चौथी सदी ई.पू. के अंत में गंगा घाटी में एक गंभीर अकाल की वजह से भद्रबाहु एवं चंद्रगुप्त मौर्य के संग अनेक जैन भिक्षु दक्कन एवं दक्षिण भारत (श्रावणबेलागोला) को पलायन कर गए। 12 वर्षों की अवधि के पश्चात् वे वापस लौटे। मगध में ही रह जाने वाले समूह का नेता स्थलबाहु था। इनकी जीवन-शैली में इस बीच आ चुका बदलाव जैनों में विभाजन का कारण बना एवं परिणामस्वरूप वे दिगम्बर (नग्न) एवं श्वेताम्बर (श्वेत वस्त्रधारी) संप्रदायों में विभाजित हो गए।

तीसरी सदी ई.पू. के आरंभ में पहली जैन महासभा पाटलिपुत्र में स्थलबाहु के नेतृत्व में हुई तथा इसमें 14 पूर्वों (पुराने ग्रंथों) के स्थान पर 12 अंगों की रचना हुई। हालांकि इन ग्रंथों को सिर्फ श्वेतांबरों ने मान्यता दी। दूसरी महासभा देवार्द्ध क्षमाश्रमण के नेतृत्व में हुई जहां 12 अंगों एवं 12 उपांगों का अंतिम संकलन किया गया।

आगामी सदियों में दिगम्बरों एवं श्वेताम्बरों दोनों में ही विभाजन हुए। दिगम्बरों से समैया एवं श्वेताम्बरों से तेरपंथी अलग हो गए। दोनों नए समूहों ने मूर्ति-पूजन को त्याग दिया तथा मात्र ग्रंथ-पूजन को पूज्य माना।

जैन-संघ

महावीर स्वयं इसके संस्थापक थे। उनके कठोर संन्यास एवं सरल सिद्धांतों ने अनेक अनुयायी पाए। उनके 11 निकटतम शिष्यों को गणधर (समूहों का प्रधान) कहा जाता था। उनमें से महावीर के पश्चात् बचे एकमात्र गणधर आर्य सुधमनि को जैन संघ का थेर बनाया गया। इनकी महावीर के 20 वर्षों बाद मृत्यु हुई। उनके उत्तराधिकारी जंबु अगले 44 वर्षों तक थेर रहे। बीच में 3 पीढ़ियों के पश्चात् अंतिम नंद शासक के समय दो थेरों संभूति विजय एवं भद्रबाहु का जिक्र मिलता है।

संभूति विजय एवं भद्रबाहु द्वारा प्राचीन धर्म पुस्तकों अर्थात् 14 पूर्वों, जिन्हें महावीर ने स्वयं गणधरों को पढ़ाया था, का संशोधन किया।

जैन संघ की स्थापना से चौथी या तीसरी सदी ई.पू. तक के इतिहास के लिए चंद्रगुप्त मौर्य के समकालीन एवं महावीर के उपरांत छठे थेर भद्रबाहु के जैन कल्पसूत्र के हम ऋणी हैं। जैन कल्पसूत्र के तीन प्रभागों में प्रथम जैन-चरित में महावीर के पूर्ववर्ती 23 तीर्थंकरों का जीवन-चरित है। इसके अनुसार पार्श्वनाथ की रखी गई नींव पर ही महावीर ने संघ स्थापित किया था। दूसरे प्रभाग *थेरावली* में विभिन्न परंपराओं (गण) एवं उनके प्रमुख गणधरों का वर्णन है। तीसरे प्रभाग में समाचारि या संन्यासियों एवं जैन भिक्षुओं के लिए विहित नियम हैं।

जैन दर्शन

जैन दर्शन का सांख्य से निकट का संबंध है। इसे स्यादवाद भी कहते हैं। स्यादवाद के अनुसार ज्ञान के 7 विभिन्न स्वरूपों का विधान है (सप्तभगी)। इससे संबद्ध नयवाद के अनुसार 7 विभिन्न तरीकों से किसी वस्तु का अध्ययन हो सकता है। इन दोनों को मिलाकर जैन दर्शन को बहुधा अनेकांतवाद कहा जाता है (बहुदिश सिद्धांत)।

जैन धर्म में वास्तविकता का भी सिद्धांत है। इसके अनुसार विश्व दो शाश्वत स्वतः उद्‌भूत तथा सहगामी, पर स्वतंत्र दो तत्वों- चेतन (जीव) एवं अचेतन (अजीव) से बना है। चेतन (आत्मा) जानती, महसूस करती, कार्य करती, पदार्थ से अपनी अंतर्क्रिया से दुःख पाती तथा बार-बार पीड़ा भोगने हेतु पैदा होती है। जीव का परम लक्ष्य, आत्मा को भौतिक तत्व से मुक्त करना है। ये मुक्ति उच्चतर ज्ञान एवं महान सत्य से संबंधित चिंतन के ही माध्यम से संभव है। अचेतन (अजीव) पदार्थ-मात्र नहीं है। इसमें पुद्‌गल (भौतिक तत्व) के अलावा आकाश, काल, धर्म, अधर्म आदि भी शामिल हैं।

जैन दर्शन के अनुसार सभी जैव पदार्थों के ज्ञानेंद्रियों के 5 प्रकार हैं–

- पांचों ज्ञानेन्द्रीधारी उच्चतम समूह में मनुष्य, देवतागण, उच्च पशु एवं नरकगामी प्राणी हैं। इनमें से मनुष्य, देवता तथा कुछ पशुओं (कपि, पालतू पशु, अश्व, हाथी, शुक, कबूतर एवं सर्प), आसुरी शक्तियों के पास प्रज्ञा होती है।
- दूसरी श्रेणी के प्राणियों में मात्र चार इंद्रियजनित बोध-स्पर्श, स्वाद, गंध तथा दृश्य ही होते हैं तथा इसमें कुछ कीट मसलन मक्खियां, बर्रे तथा तितलियां शामिल हैं।
- दृश्य तथा श्रवण बोध से रहित तृतीय श्रेणी में लघु आधार के कीट मसलन चींटियां, खटमल, पिस्सू तथा शलभ शामिल हैं। ये प्रकाश स्रोत के नजदीक मंडराने की अपनी दुर्भाग्यपूर्ण प्रवृत्ति के कारण अंधे माने जाते हैं।
- स्वाद तथा स्पर्श-मात्र का बोध रखने वाले प्राणियों में कृमि, जोंक तथा कवचयुक्त मछली आदि शामिल हैं।
- जैन वर्गीकरण के अंतिम प्रारूप अर्थात् मात्र स्पर्श वाले प्राणियों से संबंधित विश्लेषण सबसे मौलिक विवरणों में से एक है। इस संकाय को आगे पांच भागों में विभाजित किया गया है–(i) वानस्पतिक, जिसमें एकात्म वृक्षों से लेकर जटिल एवं अनेकात्म शलजम भी शामिल है; (ii) स्थलीय, जिसमें स्वयं पृथ्वी तथा इससे निकली सभी वस्तुएं, जैसे-पत्थर, मिट्टी, खनिज तथा रत्न शामिल हैं; (iii) जलीय, जो जल स्रोतों के सभी संभव रूपों-नदी, तालाब, समुद्र व वर्षा से प्राप्य हैं (iv) आग्नेय, जिसमें हर किस्म की प्रकाशीय एवं ज्वालायुक्त (तड़ित भी) वस्तुएं हैं, तथा; (v) वायवीय, जिसमें सभी गैसीय तथा वायवीय वस्तुएं आ जाती हैं।

हालांकि आत्मा के कल्याण के लिए वायवीय तथा जलीय रूपों के प्रति अनुचित व्यवहार भी हानिप्रद है। परंतु उच्चतर प्रारूपों को क्लेश पहुंचाना तो और दुःखकारी है। एक गृहस्थ के लिए एकबोधि प्रारूपों के लिए बिल्कुल हानिरहित होना असंभव है, फिर भी अनावश्यक तथा मर्यादाहीन आचरण यहां भी निंदनीय बताया गया है। एक जैन साधु भौमिक, जलीय, आग्नेय या वायवीय रूपों को यथासंभव हानि न पहुंचाने के लिए प्रतिज्ञाबद्ध होता था।

जीवित रहने के लिए खाना-पीना अनिवार्य था, फिर भी जीवित पादपों को भी इसके लिए प्रयोग में लाने एवं तैयार करने का कार्य भिक्षुओं को सहारा देने वाले गृहस्थों के जिम्मे था।

मठ संबंधी अनुशासन

- आलू एवं कंद-मूलों में पादप जीवन के सामूहिक संचय के कारण भिक्षुओं के लिए ये अग्राह्य थे।
- जल में विद्यमान जीवों को कम-से-कम हानि पहुंचाने के उद्देश्य से पानी को छानकर पीते थे।
- चिकित्सकों की तरह वायवीय जीवों के रक्षण के उद्देश्य से उन्हें अपनी नाक को ढकना पड़ता था।
- भौमिक जीवों, पत्थरों तथा लघु कीटों के रक्षण के लिए उन्हें दौड़ने या पैर पटककर चलने की मनाही थी।
- वायवीय जीवों को कम-से-कम हानि पहुँचाने के उद्देश्य से उनके लिए चप्पल तथा अनियंत्रित अंग संचालन मना थे।

इस तरह एक भिक्षु की पूरी जिंदगी जागृत एवं पूर्णतः नियंत्रित थी। बौद्ध दर्शन में भी भिक्षुओं के जीवन के निरीक्षण की व्यवस्था तो थी, पर इतनी कठोर नहीं थी।

बौद्ध धर्म की तुलना में जैन गृहस्थ के लिए कहीं अधिक कठोर अनुशासन था। उनके जीवन पर जैन साधुओं का अधिक नियंत्रण था। गृहस्थ के लिए सिद्धांत–पूर्णिमा एवं अमावस्या के दिन बसाड़ि (जैन मठ) में जाकर उपवास रखना एवं प्रायश्चित करना आवश्यक था। जुलाई की समाप्ति के समय पर्यूषण नामक श्वेतांबरों के लिए आठ तथा दिगंबरों के लिए 15 दिनों का उपवास काल होता है। जैन आज भी जैन पोषध नामक ये उपवास रखते हैं। साल का अंत सभी समर्पित जैन भिक्षुओं तथा गृहस्थों के लिए समान रूप से दोष स्वीकार, ऋण-चुकती तथा पड़ोसियों के प्रति वांछित या अनजाने में किए दुर्व्यवहार के लिए क्षमा, प्रार्थना करने तथा सामान्य प्रायश्चित के लिए होता है।

जैन दर्शन में किसी सर्जक अथवा सृष्टिकर्ता का स्थान नहीं है। इन कष्टों से मानव की मुक्ति के लिए किसी सर्जक की दयादृष्टि गैर-जरूरी है। मानव अपने भविष्य का स्वयं निर्माता है। पवित्रता, गुणवान, भद्र जीवन शैली तथा सोचपूर्ण संयमी जीवन बिताकर इस जीवन की बुराइयों से बचा जा सकता है। कठोर त्यागपूर्ण जीवन मुक्ति का सबसे छोटा रास्ता है।

जैन ब्राह्मांडीय चक्रीय प्रणाली

ब्रह्मांड विकास तथा पतन के असंख्य चरणों से गुजरता है। परिवर्तन की प्रक्रिया शाश्वत है। लगभग समान बौद्ध एवं हिंदू चक्रों से अलग हटकर, जैन चक्र में उसकी समाप्ति के

समय किसी महती विराम के स्थान पर संकुचन एवं फैलाव की एक अशोच्य प्रक्रिया का स्थान है। हर ब्रह्मांडीय चक्र दो भागों-आरोही (उत्सर्पिणी) तथा अवरोही (अवसर्पिणी) में विभाजित है। वर्तमान अवरोही युग 6 कालों में विभाजित है।

प्रथम चरण में लोग खूब डीलडौल वाले, दीर्घजीवी, चिंतामुक्त तथा खूब खुश (सुषमा-सुषमा) थे तथा स्वतः ही गुणी होने के कारण उन्हें नैतिकता अथवा धर्म की जरूरत नहीं थी। द्वितीय काल में इन सुखी (सुषमा) लोगों की बनावट, दीर्घजीविता तथा आनंद में कुछ कमी आई।

तीसरा चरण सुख-दु:ख (सुषमा-दुषमा) का चरण था, जिसमें दु:खों तथा दुष्टता के मृदु रूप दृष्टिगोचर हुए। अपने सौभाग्य के क्रमशः पतन के प्रति सचेत मानवता ने पहले अपने मान्य पुरुषों (कुलकारों) की तरफ देखना शुरू किया तथा अंतिम कुलकार ऋषभदेव ने मानवता की नियति को जानते हुए शासन और सभ्यता की स्थापना की। अपने पुत्र भरत को पहला सर्वव्यापी सम्राट (चक्रवर्ती) बनाकर ऋषभ ने संन्यास ले लिया। ऋषभदेव पहले तीर्थंकर थे तथा जैन परम्परा के अनुसार इस युग में जैन धर्म के वास्तविक संस्थापक थे। ऋषभ की पुत्री ब्राह्मी ने भारत की अनेक अक्षरलिपियों की रचना की।

चौथा चरण दु:ख-सुख (दुषमा-सुषमा) काल, पतन तथा अगले 23 तीर्थंकरों के आगमन का काल था।

पांचवां चरण दु:ख (दुषमा) काल महावीर की मृत्यु के लगभग तीन साल बाद शुरू हुआ तथा अभी जारी है। उसकी 21000 वर्षों की अवधि के दौरान जैन धर्म धीरे-धीरे खत्म हो जाएगा तथा मानव की ऊंचाई, गुणों तथा अवधि में क्रमशः कमी होगी।

छठा एवं अंतिम चरण 'अत्यंत दु:खपूर्ण' (दुषमा-दुषमा) काल की 21000 वर्षों का होगा तथा उसके अंत में पतन तक पहुंच जाएगा। मानव की जीवन-अवधि मात्र 20 वर्ष तथा ऊंचाई मात्र हाथ भर होगी। सभ्यता विस्तृत हो जाएगी तथा लोग गुफाओं में रहेंगें। नैतिकता का कोई अस्तित्व नहीं होगा तथा चोरी, संबंधियों से व्यभिचार तथा हत्यावृत्ति सामान्य हो जाएंगे। इस युग की समाप्ति पर भयंकर आंधियां ज्यादातर मानवों को खत्म कर देगीं तथा बचे लोगों के माध्यम से पृथ्वी पुनः विकासमान होगी तथा आरोही क्रम का आरंभ हो जाएगा।

ये छह चरण विपरीत क्रम में परम आनंद तथा परमगुणी स्तर तक पुनः पहुंचने तक जारी रहेंगे तथा चक्र पुनः आरंभ हो जाएगा।

जैन धर्म का विस्तार एवं वृद्धि

महावीर तथा अन्य सन्यासियों द्वारा संस्कृत की जगह जनभाषा का प्रयोग, सरल तथा घरेलू नैतिक नियम, आम जनता के लिए आध्यात्मिक सत्यों की उपलब्धता, जैन संन्यासियों के क्रियाकलाप तथा राजकीय संरक्षण जैन धर्म के फैलाव के पीछे मुख्य शक्तियां थीं।

महावीर के अनुयायी क्रमशः पूरे देश में फैल गए। सिकंदर के भारत-आक्रमण के समय जैन-भिक्षु सिंधु तट पर देखे गए थे। जैन परंपरा के अनुसार अजातशत्रु का उत्तराधिकारी उदयन एक समर्पित जैन था। संभवतः नंद भी जैन थे। जैन संत कालकाचार्य एवं गर्दभिल्ल एवं उसके पुत्र उज्जैन के विक्रम के आख्यान से स्पष्ट है कि प्रथम सदी ई.पू. में उज्जैन जैन धर्म का एक महान केंद्र बन चुका था।

चौथी सदी ई.पू. की समाप्ति के लगभग जैन संन्यासियों का एक समूह भद्रबाहु के नेतृत्व में दक्कन (दक्षिण) चला गया तथा मैसूर में श्रावणबेलगोला को अपना केंद्र बनाकर जैन धर्म का दक्षिण में प्रचार किया। 1900 ई. का एक अभिलेख चंद्रगिरि (मैसूर) की चोटी पर भद्रबाहु तथा चंद्रगुप्त मुनिपति के चरण चिह्नों का उल्लेख करता है। यहां जैन धर्म विशेषकर वाणिज्यिक वर्ग में, खूब लोकप्रिय हुआ। राजकीय संरक्षण, जैसा कि पहले बताया गया है, की भी जैन धर्म पर काफी अनुकंपा रही।

1. चंद्रगुप्त मौर्य दूसरा समर्पित संरक्षक था। वह स्वयं भद्रबाहु के दक्षिण प्रयाण का सहभागी था। एक गुफा उसे समर्पित करने के अलावा उस पहाड़ी को चंद्रगिरि नाम से जाना जाता है।
2. दूसरी सदी ई.पू. में कलिंगराज खारवेल ने जैन धर्म स्वीकार किया तथा उसके सुविज्ञात संरक्षक के रूप में स्वयं जैन-मूर्तियां स्थापित करवाईं।
3. कुषाण काल में मथुरा में फलने-फूलने के पश्चात् हर्ष के समय में यह पूर्वी भारत में प्रमुखकारी रहा।
4. काफी संख्या में अभिलेखों तथा स्मारकों के मिलने से पता चलता है कि ईसा की आरंभिक सदियों में उत्तर में मथुरा एवं दक्षिण में श्रावणबेलगोला जैन क्रियाकलापों के महत्वपूर्ण केंद्र थे।
5. पांचवी सदी ई. में दक्षिण के कई राजवंशों मसलन-गंगों, कदंबों, चालुक्यों तथा राष्ट्रकूटों ने जैन धर्म को सरंक्षण दिया।
6. मान्यखेत के कुछ राजाओं ने जैन धर्म के प्रति विशेष झुकाव दिखाया। उन्होंने जैन कला एवं स्थापत्य के

विकास को काफी प्रोत्साहन दिया। कई विख्यात जैन कवियों ने उनसे संरक्षण प्राप्त किया। जिनसेन तथा गुणभद्र ने अपना महापुराण राजा अमोघवर्ष के काल में (जिसका महान जैन ग्रंथ रत्नमालिका सभी समूहों में लोकप्रिय हुआ) पूर्ण किया। कहा जाता है कि अमोघवर्ष अपने जीवन के अंतिम वर्षों में जैन संन्यासी बन गया था। शिलालेखीय साक्ष्यों के अनुसार उसके एक उत्तराधिकारी, इंद्र चतुर्थ ने पारंपरिक जैन विधि 'सल्लेखन' द्वारा उपवास करते हुए प्राणोत्सर्ग किया था।

7. 1100 ई. के लगभग जैन धर्म का तेजी से गुजरात में विकास हुआ। वहां गुजराती आख्यानों के महान नायक तथा अन्हिलवाड़ा के चालुक्य नरेश सिद्धराज (1094-1143) जयसिंह के नाम से भी ज्ञात) और उसके पुत्र कुमारपाल जैन धर्म के महान संरक्षकों में से थे। उन्होंने खुले तौर पर जैन धर्म अंगीकार किया एवं जैनों की साहित्यिक एवं मंदिर निर्माण गतिविधियों को बढ़ावा दिया। कुमारपाल के दरबार में प्रख्यात जैन विद्वान हेमचंद्र राजकीय पंडित एवं इतिहास लेखक के रूप में रहता था। हेमचंद्र स्पष्टत: बहुमुखी प्रतिभा का व्यक्ति था, उसके कार्यों में दर्शन प्रबंध, संस्कृत एवं प्राकृत व्याकरण, दोनों भाषाओं के शब्दकोश पद्यशास्त्र पर प्रबंध तथा आख्यानात्मक कविताएं शामिल हैं। उसकी सबसे लंबी कविताओं में '*त्रिशस्ति शलाका पुरुषचरित*' (63 प्रमुख पुरुषों के महान कार्य) एक महान रचना है जिसमें 24 तीर्थंकरों एवं जैन मिथकों में वर्जित महान पुरुषों एवं विविध पौराणिक विश्व सम्राटों का वर्णन है। उसका अंतिम प्रभाग 'महावीर के कार्यों' एवं जैन धर्म के ऐतिहासिक संस्थापक से संबंधित एक स्वतंत्र हिस्सा है। इसमें सर्वज्ञानी महावीर के द्वारा हेमचंद्र के संरक्षक कुमारपाल के सत्ता में आने तथा उसके द्वारा लाए जाने वाले सुधारों की भविष्यवाणी का उल्लेख है।

8. मुस्लिम युग में जैनों ने विशेषकर राजपूताना राज्यों में अपनी महत्ववृद्धि की तथा सेनापतियों एवं मंत्रियों जैसे महत्वपूर्ण पद पाए।

जैन साहित्य

जैनों ने धार्मिक प्रचार एवं पवित्र ज्ञान के संरक्षण के लिए विविध स्थानों में प्रभावी बोलियों एवं भाषाओं का सहारा लिया। उन्होंने पहली बार कुछ स्थानीय बोलियों को साहित्यिक रूप दिया। महावीर ने स्वयं अर्द्ध-मगधी जैसी मिश्रित बोली में उपदेश दिए ताकि मगधी या शूरसेनी बोलने वाले उन्हें पूर्णत: समझ सकें। उनके उपदेशों के 12 ग्रंथों में संकलन अर्थात् सूत्रांग भी अर्द्ध-मगधी में हैं।

जैन धार्मिक साहित्य

श्वेताम्बरों का पवित्र साहित्य प्राकृत के अर्श अथवा अर्द्ध-मगधी रूप में लिखा गया है तथा उसे 12 अंगों, 10 प्रकीर्णों, 6 छेदसूत्रों, चार मूल सूत्रों तथा दो विविध ग्रंथों में वर्गीकृत किया जा सकता है। स्वयं जैन भी इन ग्रंथों के संस्थापक द्वारा लेखबद्ध करने का दावा नहीं करते। जहां 12 अंगों का महावीर की मृत्यु के 200 वर्ष पश्चात् संकलन हुआ, वहीं शेष धार्मिक साहित्य का संकलन 5 वीं सदी में सौराष्ट्र में वल्लभी नामक स्थान पर हुई महासभा में ही निश्चित तौर पर हो सका।

I. अंग

1. *आयरांग सूत्र (आचरांगसूत्र)* में जैन सन्यासियों द्वारा पालन किए जाने वाले नियमों का वर्णन है।
2. *सुमगदाग (सुत्रकृतांग)* यह मुख्यत: विरोधी सिद्धांतों का खंडन है।
3. *थानांग* (स्थानांग) तथा *सामवायांग* में आरोही संख्यात्मक श्रेणी में जैन सिद्धांतों की व्याख्या है।
4. '*भगवती*' सबसे महत्वपूर्ण जैन धार्मिक ग्रंथों में एक है। उसमें जैन मान्यताओं का विस्तृत विवरण तथा स्वर्ग के आनंदों एवं नरक के कष्टों का स्पष्ट उल्लेख है। इस ग्रंथ का एक महत्वपूर्ण प्रभाग महावीर तथा उनके पूर्ववर्ती एवं समसामयिकों के उल्लेख से संबंधित है। उदाहरण के लिए, पांचवें प्रभाग में अजीवक पंथ में संस्थापक मक्खलि गोशाल का रोचक विवरण है।
5. *नायधम्मकहाओ (ज्ञाताधर्मकथा)* में मुख्य जैन सिद्धांतों को उपमाओं, आख्यानों तथा कथाओं के माध्यम से सिखाया गया है।
6. *उवासगदसाओं* (उवासकदशा) में जैन धर्म में शामिल किए गए 10 धनी व्यापारियों की कथा है।
7. *अंतगड़दलाओं* (अंतकृद्दशा) तथा अनुत्तरोव वाउदूसाओ (अनुत्तत्तरोपपातिक दशा) में तपस्या तथा अनशन द्वारा प्राण-त्याग करके मोक्ष पाने वाले जैन तपस्वियों का विवरण है।
8. *पन्हवगरेणैम* (प्रश्नव्या करणिनी) जैन धर्म की दस शिक्षाओं एवं दस निषेधों पर कट्टर प्रबंध है।

9. *विवागसुयम* (विपाकश्रुतम) में मृत्यु के पश्चात् जीवन के अच्छे-बुरे कर्मों से मिलने वाले फलों का कथात्मक विवरण है।
10. *दिढिढ़वाय* (दृष्टिवाद) जैन धर्म ग्रंथ पूर्णतः उपलब्ध नहीं है (अन्य में ही वर्णित) उसमें संभवतः विविध मुद्दों पर बहुविध सिद्धांत समाहित थे।

II. उपांग

बहुधा कट्टर एवं मिथकीय चरित्र होने के कारण इनका महत्व अपेक्षाकृत बहुत कम है। हालांकि दूसरा रायापसेनज्ज (राजप्रश्नीक) एक जैन साधु केशि तथा एक राजा पैसि (शायक कोशल का प्रसेनजित) के मध्य हुए वार्तालाप की वजह से कुछ साहित्यिक महत्व का है। पांचवें, छठे तथा सांतवें उपांगों में नक्षत्र-विद्या, भूगोल तथा ब्रह्मांड-विद्या का वर्णन है। आठवें निरक्लिसुत्तम नित्यावली में राजा अजातशत्रु का रोचक विवरण है, पर उसकी ऐतिहासिक प्रमाणिकता संदिग्ध है।

III. प्रकीर्ण

जैसा कि नाम से स्पष्ट है (प्रकीर्ण-बिखरा हुआ) इनमें पञ्च रूप में विविध सिद्धांतों का वर्णन है।

IV. छेदसूत्र

यह संन्यासियों एवं संन्यासिनियों के लिए अनुशासनिक नियमों से संबंधित है तथा कथाओं के माध्यम से उनका जिक्र होता है। भद्रबाहु द्वारा लिखित *कल्पसूत्र* सबसे अच्छा ज्ञात उदाहरण है। *कल्पसूत्र*, जिसके तीन प्रभाग हैं, चौथे छेदसूत्र का हिस्सा है। पांचवे छेदसूत्र का हिस्सा एक अन्य *कल्पसूत्र* जैन भिक्षुणियों के आचार-नियमों से संबंधित सबसे महत्वपूर्ण प्रबंध माना जाता है।

V. मूलसूत्र

ये काफी मूल्यवान जैन-ग्रंथ है। पहला उत्तरंझयान (उत्तरा-अध्ययन सूत्र) धार्मिक साहित्य के सबसे महत्वपूर्ण हिस्सों में से एक है। इसमें उपमाएं दृष्टांतों, संवादों तथा रोमांचक विवरणों का सहारा लिया गया है।

VI. विविध ग्रंथ

ऐसे धर्म-ग्रंथ, जो किसी विशेष समूह से संबद्ध नहीं हैं, में नंदिसूत्र तथा अनुयोत्रद्वार का जिक्र किया जा सकता है जो ज्ञानकोषिक ग्रंथ है तथा जिनमें विभिन्न शाखाओं के जैन-भिक्षुओं के ज्ञान का वर्णन है।

गैर-धार्मिक साहित्य

1 टीकाएं

गैर-धार्मिक ग्रंथों में धर्म पर लिखी गईं टीकाएं सबसे महत्वपूर्ण हैं। इनमें से प्राचीनतम टीकाओं निजुजुत्रियों (नियुक्तियों) को भद्रबाहु के समय का माना जा सकता है। बाद में उनका विकास प्राकृत में विस्तृत भाष्यों एवं चूर्णियों एवं संस्कृत में टीकाओं एवं कृतियों के रूप में हुआ।

एक विद्वान के रूप में यश प्राप्त करने वाला हरिभद्र सबसे मशहूर टीकाकारों में एक था। नवीं सदी के उत्तरार्द्ध में उसे कथित तौर पर 1,444 कृतियों की रचना का श्रेय दिया जाता है। 11वीं सदी के तीन अन्य सुविदित टीकाकारों में शांतिसूरि, देवेन्द्रग्नि तथा अभयदेव थे।

2. कथा

उपाख्यान एवं कल्पित कथाएं जैन साहित्य का महत्वपूर्ण अंग हैं। एक कहानी अथवा कहानी-संग्रह के कई स्वतंत्र उदाहरण मौजूद हैं। इनमें से कुछ हैं–

(i) *डालकाचार्य*-कथानक को काफी प्राचीन माना जाता है। इसमें शकों द्वारा उज्जयिनी की विजय का उपाख्यानात्मक विवरण है।
(ii) *उत्तम-चरित्र*-कथानक में धारावाहिक रूप में रोमांचक विवरण है।
(iii) *चंपक-श्रेष्ठि*-कथानक एवं पालगोपाल-कथानक दोनों ही जिनकीर्ति सूत्रि द्वारा 15वीं सदी में लिखे गए थे।
(iv) '*सम्यकत्वकौमुदी*' में एक व्यापारी तथा उसकी आठ पत्नियों द्वारा धार्मिक सम्बकत्व (पूर्णता) की प्राप्ति का विवरण है।
(v) कथाकोश एक समूह रचना है। इनमें कुछ कहानियां भारत के बाहर भी पहुंची। इसमें *महाभारत* के नल-दमयंती प्रकरण का जैन रूपांतर है।
(vi) राजशेखर (14 -वी सदी ई.) का *अंतर्कथा संग्रह।*
(vii) सोमचर्द्र (15 वीं सदी ई.) की *कथामहोदधि।*
(viii) हेमविजय (16 वीं सदी ई.) की *कथारत्नाकार।*
(ix) सभाषिग्नि (15 वीं सदी ई.) की *कथाकोश* एवं *पंचशती प्रबोध* संबंध।

3. ऐतिहासिक ग्रंथ

इसके अलावा जैनों के पास चरित्रों एवं प्रबंधों के रूप में विस्तृत पद्यात्मक साहित्य है। चरित्रों में तीर्थंकरों एवं मिथकीय महात्माओं की कथाओं एवं प्रबंधों में ऐतिहासिक जैन मुनियों एवं गृहस्थों का विवरण है।

(i) जैनों में महत्वाकांक्षा के तौर पर मान्यता प्राप्त सबसे मशहूर कृतियों में हेमचंद्र की '*त्रिधस्तिमलाका पुरुषचरित्रम्*' (63 सर्वोत्तम पुरुषों का जीवन) है। इसमें 10 पर्व हैं जिसमें अंतिम पर्व ''महावीर-चरित'' महावीर के जीवन से संबंधित होने के कारण सबसे महत्वपूर्ण माना जाता है। साहित्यिक इतिहास की दृष्टि इस पुस्तक की सारणी *परिशिष्टपर्वन* अथवा *स्थवीरबलिचरित* ज्यादा महत्वपूर्ण है, जिसमें जैन धर्म के पूर्ववर्ती भिक्षाओं का विवरण है तथा जिनके नामों एवं अस्तित्व के क्रम को ऐतिहासिक माना जा सकता है।

(ii) धर्मसामररीणि के गुरुवाणलिसूत्र एवं मेरुतुंग के थेरावली एवं अन्य पदावलियों में भी जैन आचार्यों की सारणी एवं उनका इतिहास तैयार किया गया है।

(iii) प्रभाचंद्र तथा प्रद्युम्नसूत्रि (1250 ई.) के प्रभावकचरित्र में हेमचरित्र को भी शामिल करते हुए 32 जैन आचार्यों का वर्णन है।

4. अर्द्ध ऐतिहासिक ग्रंथ

(i) मेरवतुंग के प्रबंध चिंतामणि (1306 ई.) एवं राजशेखर के *प्रबन्धकोश* (1349 ई.) जैसे अर्द्ध-ऐतिहासिक ग्रंथों में जैन आचार्यों एवं भोज, विक्रमादित्य, शिलादित्य आदि राजाओं से संबंधित उपाख्यानों का संग्रह है।

(ii) विमलसूत्रि का *पद्मोमचरित्र* अथवा *पद्मपुराण* दिगंबरों द्वारा पुराणों की शैली में चरित्र लेखन का उदाहरण है।

(iii) जिनसेन एवं उसके शिष्य गुणभद्र द्वारा लिखित *महापुराण* में ब्राह्मणवादी पुराणों की तरह विविध अवसरों एवं कर्मकांडों का समावेश है। जिनसेन को 783 ई. में पूर्ण हरिवंश पुराण के लेखन का भी श्रेय है।

5. कल्पित कथाकोष

(i) हरिभद्र के समत्रइच्छकहा तथा सिद्धर्षि (906 ई.) के *उपमितिमद प्रपंच कथा* जैसे अनेक जैन कथाकोष प्राप्य है।

(ii) जैन साहित्य में पद्यात्मक विवरणों की भी अच्छी खासी उपस्थिति है। वन्न की '*कादंबरी*' सोमदेव की '*यशस्तिकला*' (959 ई.) तथा धनपाल की *तिलकमंजरी* (970 ई.) के लिए आदर्श प्रारूप बनी। माघ के *शिशुपाल वध* की अनुकृति करते हुए कवि हरिचंद्र ने *धर्मसर्मअभुदय* नामक महाकाव्य लिखा। विक्रम की *नेभिदूत* नामक एक रोचक कविता के प्रत्येक पाठ की अंतिम पंक्ति कालिदास के *मेघदूतम्* से ली गई हैं। स्वतंत्र रूप से लिखी अन्य महान कविताओं की श्रेणी में कनसेन वाज्सित्र (10वीं सदी) की *मलयसुंदरी* कथा तथा *यशोधराचरित* एवं *मालाधारी* देवप्रभा (13वीं सदी ई.) की *मृगवटीचरित* शामिल है।

6. धार्मिक ग्रंथ काव्य

1. मनतुंग की *मत्तममस्तोत्रः*
2. कुंडकुंड की (7वीं सदी ई.) *पावयनसार* (प्रावचनसार)
3. धर्मदास की *उवैसमाला*
4. सोम प्रथा (1276 ई.) की *श्रृंगार वैराग्य तरंगिणी* तथा
5. मुनिचंद्र सूत्रि (1122 ई.) का *पद्यावली गाथाकोष*

अन्य मशहूर लेखकों में उमस्वती अथवा उमास्वामिन् (7वीं सदी ई.) को कम-से-कम 500 रचनाओं का श्रेय दिया गया है। दिगंबरों एवं श्वेतांबरों दोनों पंथों द्वारा मान्य उसकी *तत्वार्थधिगामासूत्र* में ब्रह्मांड विज्ञान अध्यात्म तथा जैन-नीतिशास्त्र का समागम है। उसके एक अन्य ग्रंथ *भावक प्रजापति* में मुख्यतः गृहस्थ अनुयायियों के लिए जैन धर्म की काफी व्यवस्थित व्याख्या है।

सुभाषितरत्नसंदीहा तथा *धर्मपरीक्षा* के लेखक अमितगति दसवीं सदी के अंत तथा 11वीं सदी के आरंभ में हुए थे। उसकी पुस्तकों में ब्राह्मण धर्म विशेषकर जाति-प्रथा की कठोर आलोचना है।

978 ई. में चामुंड महाराज ने *चरित्रसार* लिखा। इस ग्रंथ में दिगंबरों के नैतिक सिद्धांतों का विवरण है।

शांतिसूरि का *जीववियार* एक विशिष्ट ग्रंथ है, जिसमें देववाद, जंतु-विज्ञान, पादपशास्त्र नृविज्ञान तथा मिथक-शास्त्र सब पर चर्चा है। जैनों द्वारा प्रस्तुत समृद्ध साहित्य आधुनिक भाषाओं विशेष रूप से हिंदी, गुजराती तथा मराठी के पूर्व की प्रचलित बोलियों, भाषाओं में लिखित है। इस साहित्य को अपभ्रंश में लिखा गया है। प्राचीनतम कन्नड़ साहित्य में जैन प्रभाव की स्पष्ट झलक है। जैनों ने अपना धार्मिक लेखन संस्कृत में भी किया।

जैन स्थापत्य

मथुरा, बुदेलखंड, मध्यभारत तथा दक्षिण भारत में काफी जैन मूर्तियां हैं। इनमें अधिकतर 11वीं-12वीं सदी की हैं।

1. गोमतेश्वर कही जाने वाली बाहुबली की विशाल मूर्तियां, जो मैसूर के श्रवणबेलागोला एवं करकाल में है, दुनिया के आश्चर्यों में गिनी जाती हैं। गंग नरेश रछमल के मंत्री चामुंडराय द्वारा 982 ई. में बनवाई गई श्रवणबेलागोला की मूर्ति ग्रेनाइट की बनी है तथा 65 फीट ऊंची है।

2. ग्वालियर के निकट मध्य भारत में पत्थर पर उकेरी गईं दीर्घकाय छवियां 15वीं सदी की हैं।
3. मध्य-भारत में भिलसा के निकट उदयगिरि पहाड़ियों एवं महाराष्ट्र में एलोरा में नक्काशीदार तथा मूर्तिमान गुफाएं उस समय के स्थापत्य एवं मूर्तिकला की कुशलता के शानदार उदाहरण हैं।

जैनों द्वारा चट्टानों को काटकर बनाए गए गुफा मंदिरों का प्राचीनतम उदाहरण दूसरी सदी ई.पू. के ओडिशा का है। इन्हें हाथी गुम्फा गुफाएं कहते हैं। भिन्न समयावधि के उदाहरण जूनागढ़, जुन्नार, उस्मानाबाद तथा अन्य स्थलों पर मौजूद हैं। बिहार में पार्श्वनाथ पहाड़ों, पावापुरी तथा राजगीर एवं कठियावाड़ में गिरनार एवं पालिताना जैसे स्थलों में भिन्न समयावधियों के मंदिर तथा स्थापत्य स्मारक मौजूद हैं। राजस्थान के चित्तौड़ में बना दुर्ग (Tower) जैन स्थापत्य के सर्वश्रेष्ठ उदाहरणों में से एक है।

राजस्थान के माउंट आबू में 11वीं सदी में बने मंदिर गरिमापूर्ण आकृतियों की खोज एवं राजगीर में उनकी सजावटपूर्ण अनुप्रयोग में भारतीय मेधा के गवाह हैं।

बौद्ध तथा जैन धर्म की तुलना

समानताएं-(i) दोनों ही अदेववादी पंथ थे। बुद्ध अपने को अज्ञेयवादी (जो ईश्वर को नहीं जानता) मानते थे। वहीं महावीर ने ब्रह्मांड के रचयिता के रूप में ईश्वर को मान्यता नहीं दी तथा ईश्वर को (यदि वह है) जैन आचार्यों के नीचे माना। (ii) दोनों ही वैदिक धर्म या ब्राह्मणवाद की कुछ प्रथाओं के विरोध में प्रतिरोधी दोलक थे, न कि उसके सार के विरुद्ध। (iii) दोनों ही जाति-प्रथा के विरोधी थे हालांकि न तो उनका लक्ष्य उसे खत्म करना था, न वे ऐसा कर सके। (iv) दोनों ने ही कर्म तथा पुनर्जन्म के सिद्धांतों को स्वीकार किया। (v) दोनों ने सांसारिक जीवन के त्याग एवं मुक्ति प्राप्ति की बात की। (vi) दोनों ही धर्मों के संस्थापक क्षत्रिय कुल के थे।

विभेद-(i) जैनों के लिए मुक्ति-प्राप्ति एक अतिवादी पथ था, वहीं बौद्धों के लिए यह मध्यम-पथ था। (ii) जैन धर्म ने गृहस्थ अनुयायियों को प्रमुखता दी, वहीं बौद्ध धर्म मुख्यतः संघ एवं मठ निवासियों पर निर्भर रहा। (iii) जैन धर्म भारत तक सीमित रहने के बावजूद यहां जीवित रहा। बौद्ध धर्म विदेशी-भूमि में प्रसार के बावजूद अपनी जन्मभूमि से ही खत्म हो गया। (iv) जैन धर्म ने ब्राह्मणवादी आध्यात्मिक संस्थापनाओं को भी प्रश्रय दिया, वहीं बौद्धों ने उनकी अवहेलना की।

भागवत संप्रदाय

एक छोर पर बौद्ध एवं जैन धर्म जैसे धार्मिक दोलनों तथा दूसरे छोर पर कट्टर वैदिक धर्म के मध्य कुछ ऐसी धार्मिक प्रणालियां सामने आईं, जिनमें लोकप्रियता के बीज छिपे थे। इन धार्मिक पंथों का वेदों में वर्णित यांत्रिक पूजन प्रणाली में विश्वास नहीं था। पर बौद्धों तथा जैनों के धर्म के कुछ तत्वों से सहमति के बावजूद नास्तिकता के प्रश्न पर ये पंथ काफी अलग सोच वाले थे। सभी नवीन पंथ विष्णु, शिव, शक्ति अथवा किसी अन्य देवता की सर्वोच्चता को केंद्र में रखकर आगे बढ़ो। देव विशेष की कृपा से ही से ही मुक्ति संभव थी जिसे उनके प्रति अगाध विश्वास एवं पूर्ण समर्पण अर्थात् भक्ति से ही प्राप्त किया जा सकता था।

उदय

आरंभ में इसमें हरि अर्थात् सर्वोच्च देव अथवा देवाधिदेव की पशु बलि तथा अन्य कर्मकांडीय तरीकों के स्थान पर संपूर्ण भक्तियुक्त पूजन पर बल दिया गया। वैदिक साहित्य, बलि प्रथा आदि को पूर्णतः न नकारते हुए उन्हें गौण महत्व दिया गया। ब्राह्मण धर्म का केंद्र, पशु बलि, को छोड़ दिया गया। इस तरह इस पंथ ने बौद्ध और जैन धर्म से कहीं अधिक संरक्षणशील नीतियों के सहारे धार्मिक सुधार का प्रयास किया। पशु बलि विरोध, इसकी व्यर्थता तथा संयमित जीवन आदि सवालों पर इनकी बौद्ध धर्म से समानता थी परंतु सर्वोच्च देव हरि के समर्पणपूर्वक पूजन तथा आरण्यकों को नकारने से इनकार करना इसकी अपनी विशेषताएं थीं।

वासुदेव कृष्ण तथा उनकी शिक्षाएं

सात्वतों के ही संभवतः एक अन्य नाम वृष्णि कुल के देवकी पुत्र वासुदेव कृष्ण से इस संप्रदाय को शक्ति एवं प्रेरणा प्राप्त हुई। *भगवत् गीता* की दार्शनिक शिक्षा के द्वारा इस संप्रदाय का सैद्धांतिक रूप स्थापित हुआ। इसका प्रतिफल एक स्वतंत्र पंथ के विकास के रूप में हुआ तथा जल्दी ही वासुदेव को सर्वोच्च देव माना जाने लगा।

छांदोग्य उपनिषद् के एक अवतरण में ऋषि घोर अंगिरस के शिष्य तथा देवकी पुत्र महात्मा कृष्ण का एवं अंगिरस की कुछ शिक्षाओं का जिक्र मिलता है। अंगिरस ने दान अर्जव (पवित्रता) अहिंसा तथा सत्य-वचन जैसे नैतिक गुणों की बात की। तप (ध्यान) पर बल दिया तथा यज्ञ (बलि) की निंदा की है। भागवत पंथ की शुरुआत घोर अंगिरस से ही मानी गई है।

अपने विकसित रूप में भागवत पंथ ने दो बातों की मुख्यत: वकालत की। प्रथम, उसने धार्मिक उच्चता की प्राप्ति के लिए संन्यासी जीवन की अपरिहार्यता के स्थान पर समाज में अपनी हैसियत के अनुसार अपने सांसारिक कार्यों को करते रहने को सर्वोच्च प्राथमिकता दी। दूसरे उसने आस्तिक पंथों के शुष्क उपदेशात्मक तथा नैतिक चरित्र को अधिक ग्राह्य एवं सरस बनाने की कोशिश की। उपनिषदों में भी आस्तिकता संबंधी विचार बिखरे पड़े हैं, पर सर्वप्रथम इनका आसानी से सर्वग्राह्य एवं मुक्ति का रूप *भागवद् गीता* में ही सामने आया।

इस प्रकार वासुदेव कृष्ण ने मोक्ष-प्राप्ति हेतु मुक्ति कर्म तथा ज्ञान के संयुक्त मार्गों पर बल दिया। इस वजह से आदि भागवत पंथ के महत्वपूर्ण अभिलक्षण थे– मुक्ति, कर्म, ज्ञान तथा त्याग।

साहित्यिक उल्लेख

1. *छांदोग्य उपनिषद्* में वासुदेव कृष्ण का सर्वप्रथम उल्लेख है।
2. गाथा-जातक वासुदेव के ऊपरी मथुरा के राजवंश से संबंधित होने की बात कहता है।
3. जैन ग्रंथ उत्तराध्ययन सूत्र में काफी रोचक ढंग से वासुदेव को जैन तीर्थंकर अरिष्टनेमि का समकालीन और शोरियपुर शौर्यपुर के शहर का राजकुमार बताया गया है।
4. एक जननायक, वासुदेव के दैवीकरण का प्राचीनतम उल्लेख पाणिनी की *अष्टाध्यायी* में मिलता है। इस कृति में वासुदेव तथा कृष्ण का साथ-साथ उल्लेख है।
5. वासुदेव कृष्ण तथा उनके मामा कंस के युद्ध का जिक्र पतंजलिकृत *महाभाष्य* में भी है। पतंजलि को कृष्ण के संकर्षक- बलदेव के अनुज होने की बात ज्ञात थी।
6. मेगास्थनीज की *इंडिका* को उद्धृत करते हुए अरियान कहता है कि, दो बड़े शहरों, मथुरा तथा क्लीसाबोरा, के अधिपति तथा जिनके प्रदेश से जोबेरस नदी बहती है, सूरसेन (एक भारतीय कबीला) हेराम्लीज का काफी सम्मान करते थे। हेराप्लीज को डोरसेनश भी कहा गया है, जो आरियान के अनुसार पांडिया का पिता था। इस संदर्भ मुख्य सिद्धांत में मेगास्थनीज एक अपमिश्रित कथा के माध्यम से हेराम्लीज तथा पांडवों को दक्षिण भारत के पांड्यों से जोड़ देता है। इस तथ्य के अलावा मथुरा से नि:स्तृत पांड्य राजधानी मदुरै के साक्ष्यों के आधार पर कुछ विद्वान दक्षिण भारत में चौथी सदी ई. पूर्व से ही भागवत पंथ का प्रसार मानते हैं।
7. क्विंटस कर्टियस ने सिकंदर के संग हुई लड़ाई में पोरस की पैदल सेना द्वारा हेराम्लीज की एक मूर्ति का ढोए जाने का वर्णन किया है।

दोनों ही देशी तथा विदेशी ग्रंथों में इन उदाहरणों से स्पष्ट है कि सिकंदर के भारत आगमन से पूर्व यहां वासुदेव पंथ मौजूद था।

पुरातात्विक साक्ष्य

दूसरी सदी ई.पू. तक नवीन पंथ निश्चित रूप से मथुरा की सीमाएं लांघ चुका था। वासुदेव के पूजन से संबंधित अभिलेख महाराष्ट्र, राजस्थान एवं मध्य भारत से मिले हैं। इनमें से एक बेसनगर स्तंभ अभिलेख से पता चलता है कि राजा एंटियालसिडस के ग्रीक राजदूत हेलियोडोरस (तक्षशिला का निवासी) ने अपने को भागवत मानते हुए देवाधिदेव वासुदेव के सम्मान में मध्य भारत में बेसनगर (जो प्राचीन विदिशा थी) में एक गरुड़ध्वज बनवाया था। अत: स्पष्ट है कि दूसरी सदी ई.पू. में बौद्ध धर्म की भांति भागवत पंथ भी विशिष्ट एवं सर्वाधिक सभ्य लोगों को आकर्षित करने में सक्षम था।

ऊपर वर्णित बेसनगर अभिलेख में अन्य किसी देवता का जिक्र वहीं है, परंतु दूसरी सदी ई.पू. के ही राजा सर्वतात के नागरी अभिलेख में संकर्षण तथा वासुदेव कृष्ण की पूजा के लिए उसके पूजाशिला स्थान बनाने की जानकारी है। खास क्रम में किया गया इन दोनों का जिक्र दोनों वृष्णि वीरों के सर्वाधिक महत्व को दिखाता है न कि व्यूह को। मथुरा से प्राप्त पहली सदी ई. के मोर अभिलेख में वृष्णियों के पांच वीरों संकर्षण, वासुदेव, प्रद्युम्न, सांब तथा अनिरुद्ध का इसी क्रम में जिक्र है। एक सीरियाई अनुश्रुति के अनुसार कृष्ण पूजन पंथ अर्मीनिया में दूसरी सदी ई. में भी लोकप्रिय था। नवीन पंथ की लोकप्रियता उस समय वासुदेव कृष्ण के अनुश्रुविय अद्भूत कार्यों के नाटकीय मंथन के विषय बनाने से भी प्रकट होती है। दूसरी सदी ई. पूर्व में उस काल की समाप्ति से पहले ही कृष्णा नदी के पार दक्षिण भारत में इसके स्थापित होने की बात शिलालेखीय साक्ष्यों से स्पष्ट है।

मुख्य सिद्धांत

I. पंचवीर

आरंभ में दैवीय नायकों की पूजा इस पंथ की सबसे महत्वपूर्ण मान्यताओं में से एक था। पांडव अर्जुन को इस तालिका में जगह नहीं मिली थी, परंतु इसमें (1) संकर्षण

या बलदेव (2) वासुदेव-कृष्ण (3) प्रद्युम्न (4) सांब तथा (5) अनिरुद्ध के नाम थे जिनमें से सभी वृष्णि कुल के तथा एक-दूसरे से निकट संबंध रखने वाले थे। संकर्षण तथा वासुदेव, वासुदेव की दो पत्नियों (रोहिणी तथा देवकी) से उत्पन्न थे। प्रद्युम्न तथा सांब वासुदेव के पुत्र थे (प्रद्युम्न रुक्मिणी से तथा सांब चंडाल मानी जानी वाली जांबवती से उत्पन्न) वहीं अनिरुद्ध प्रद्युम्न के पुत्र थे।

II. व्यूहवाद

वासुदेव कृष्ण को इनके पांच रूपों में देखा जाता था-

- 'पर' प्रभु का सर्वोपरि रूप था।
- 'न्यूह' उनसे ही उद्‌भूत था।
- 'विभव' उनका अवतार रूप था।
- 'अंतर्यामी' रूप प्रत्येक व्यक्ति के अंत:करण में निवास करते हुए उसके कर्मों को नियंत्रित करता है, तथा;
- 'अर्च' ईश्वर का साकार रूप है जिनकी पञ्चरात्र भी विग्रह रूप में कल्याणकारी रूप में पूजा करते थे।

भगवत् गीता में वासुदेव कृष्ण के व्यक्तित्व पर इस एकांतिक धर्म का प्रथम सुव्यवस्थित विवेचन मिलता है।

व्यूहवाद की अवधारणा मुख्यत: 'शुद्ध सृष्टि' की विचारधारा के चारों ओर केंद्रीभूत थी अर्थात् 6 आदर्श गुणों का विकास—1. ज्ञान 2. ऐश्वर्य 3. शक्ति 4. बल 5. वीर्य तथा 6. तेज। इस धारणा के अनुसार सर्वोच्च देव के रूप में वासुदेव पूर्वोक्त आदर्श गुणों का सृजन करने के लिए अपनी सहधर्मिणी श्री लक्ष्मी के साथ भूतिशक्ति एवं क्रियाशक्ति के रूप में दोहरी भूमिका निर्वाह करते हैं। वासुदेव को इन छह गुणों से विभूषित माना गया है। ये गुण तीन-तीन के दो मुख्य समूहों में हैं–

(क) पहले तीन (ज्ञान, ऐश्वर्य अर्थात् मिल्कियत एवं शक्ति) विश्राम भूमय: (विश्राम चरण) के प्रथम समूह में आते हैं तथा (ख) शेष तीन (बल, वीर्य तथा तेजस) दूसरे समूह 'श्रम भूमय:' (क्रियाशील चरण) में शामिल हैं।

विपरीत समूहों में वैयक्तिक गुणों के गुम्प निर्माण से (उदाहरणार्थ-ज्ञान, बल, ऐश्वर्य, वीर्य तथा शक्ति-तेजस) प्रगति होती है।

इस तरह से तीऩ स्वतंत्र युग्मों में बांटा गया है। अपनी संपूर्णता तथा युग्म रूप में ये शुद्ध सृष्टि के पदार्थ अथवा उपकरण हैं (सर्वगुणधारी सर्वश्रेष्ठ देव परा वासुदेव) तथा तीनों व्यूहों-संकर्षण, प्रद्युम्न एवं अनिरुद्ध के शरीरों में तीनों युग्मों में से एक की मौजूदगी है। परा-वासुदेव से उद्‌भूत व्यूह वासुदेव को इन छह गुणों से पूर्णत: विभूषित माना गया है पद्य-गुणा विग्रहम देवर)। संकर्षण, प्रद्युम्न तथा अनिरुद्ध-प्रत्येक का जन्म इस क्रम में अपने पूर्ववर्ती से हुआ है। हालांकि इन सभी प्राकृतिक उद्‌भवों में, गुणों के किसी एक युग्म का विकास है पर अन्य चार युग्म भी आरंभिक तौर पर प्राप्य हैं।

कुछ विद्वान व्यूह सिद्धांत का प्राचीनतम उल्लेख *ब्रह्मसूत्र* अवतरण से मानते हैं, परंतु स्पष्ट तौर पर अभिलाक्षणिक रूप तो शंकराचार्य एवं रामानुज की ही टीकाओं से उभरकर सामने आता है। पतंजलि के समय यह विकास की प्रारंभिक अवस्था में था। इस महान भाष्यकार ने पाणिनी के सूत्र पर टिप्पणी करते हुए संभवत: इसका उल्लेख किया है।

वर्तमान अभिलेखों से ये स्पष्ट होता है कि दूसरी तथा प्रथम सदी ई.पू. तथा प्रथम ईसा सदी के आरंभ तक वीरवाद एक प्रमुख सिद्धांत बन चुका था।

ब्राह्मण धर्म के साथ तादात्म्य

इस नवीन पंथ को कट्टर ब्राह्मण धर्म में समाहित हो जाने के कारण प्राचीन भारतीय धार्मिक इतिहास पर दूरगामी प्रभाव हुए। यह सम्मिश्रण वासुदेव के दो प्रमुख वैदिक देवताओं विष्णु जो आरंभ में एक सूर्य देवता थे, पर उत्तर-वैदिक काल में उनका प्रधान्य स्थापित हो गया तथा नारायण जो एक देवत्व आरोपित महात्मा थे, तथा बाद में हरि तथा सर्वशक्तिमान शाश्वत देवता के रूप में प्रतिष्ठित हुए, के साथ सफलतापूर्वक एकात्म्य स्थापित कर देने से स्पष्ट है। हेलियो-डोर द्वारा देवादेव वासुदेव का गरुड़ध्वज दूसरी सदी ई.पू. से पहले ही स्थापित हो चुका था। गरुड़ नारायण विष्णु का मान्य वाहन था। ये दोनों देवता एक माने जाने लगे थे।

इस सम्मिश्रण के कारणों अथवा प्रक्रिया को बिल्कुल सही तौर पर दर्शा पाना कठिन है। तेजी से फैलते बौद्ध धर्म से बचाव के लिए संभव है कि, ब्राह्मणों ने ही यह पहल की हो। वहीं भागवतों को एक प्राचीन, सम्मानित तथा लंबे समय से मान्य नाम की महत्ता का जुड़ना, संभवत: आकर्षक लगा। जो भी कारण हों, ब्राह्मणों के लिए यह एक पीड़ादायक अनुभव रहा होगा। *महाभारत* के उस यादगार प्रकरण में जब शिशुपाल भीष्म द्वारा कृष्ण को सर्वाधिक प्रिय देवता कहने के लिए काफी जली-कटी सुनाता है, उन प्रवृत्तियों की याद दिलाता है, जो गैर-ब्राह्मण के देवत्व को नहीं मान सकती थीं।

भागवद्‌पंथ में कट्टर ब्राह्मण धर्म से तालमेल से जहां प्रथम को स्थायित्व मिला, वहीं दूसरे का स्वरूप ही बदल गया। इसके पश्चात् से भागवत पंथ अथवा ज्यादा लोकप्रिय रूप में वैष्णव पंथ एवं शैव पंथ, बौद्ध धर्म के विरोध में पारंपरिक धर्म के मुख्य स्तंभ रहे। नवीन प्रभावों के फलस्वरूप ही वैदिक काल में अज्ञात मूर्ति-पूजा ने क्रमशः ब्राह्मण धर्म पर अपना प्रभुत्व जमा लिया। वेदों में वर्णित कई कर्मकांड जारी रहे, परंतु उनका महत्व गौण हो गया।

ब्राह्मण धर्म

उपनिषदों की रचना (लगभग 800 से 400 ई.पू.) के तुरंत पश्चात् ब्राह्मण धर्म ने अपना अभिलाक्षणिक रूप ग्रहण कर लिया था। सैद्धांतिक रूप से तो वैदिक धर्म को इसका आधार कहा जाता है, पर तत्वतः इस लंबे तथा निरंतर विकासमान सांस्कृतिक सम्मिश्रण का यह एक कारण मात्र था।

यह असंख्य धार्मिक विश्वासों, पंथों, रिवाजों तथा कर्मकांडों का समुच्चय है। किसी केंद्रीय संख्या, संस्थापक तथा पूर्व-निश्चित कट्टर नियमों की किसी अकेली व्यवस्था के अभाव में इसे एकांतिक धर्म मानना मुश्किल है।

बहुविध प्रजातियों एवं संस्कृतियों का मिलन-नवपाषाणी दक्कन (2000-750 ई.पू.) और उत्तर-पूर्वी भक्ति पंथों के विकास में महत्वपूर्ण योगदान करने वाले द्रविण थे। समाज के निम्नतम स्थान पर आरूढ़ कबीलायी, आदिम समूह एवं आर्य संस्कृति से ही विविध मान्यताओं एवं विचारों का उद्‌भव हुआ।

उपर्युक्त समूहों की अंतर्क्रिया से लगातार बदलते (कुछ का विकास, कुछ का सुधार, कई अन्य विलुप्त) नवीन, विशाल तथा असंबद्ध विश्वास तथा प्रथाएं सामने आईं। धार्मिक महत्व प्राप्त किसी भी अवशेष के लिए बाद में कभी भी महत्व प्राप्ति का रास्ता खुला था। इस तरह से ब्राह्मण धर्म को अपनी संपूर्णता में व्यक्त कर सकने वाली कोई धार्मिक व्यवस्था अनुलब्ध थी।

उदय

आदिम धार्मिक विश्वास के तहत यक्षों, नागों तथा अन्य जनश्रुतिय देवों का पूजन सबसे महत्वपूर्ण था। साहित्यिक तथा पुरातात्विक साक्ष्यों से लोगों में इस किस्म के पूजन का प्रचलन प्रमाणित होता है। देश के विभिन्न हिस्सों में ईसा पूर्व एवं बाद की सदियों में निर्मित, यक्ष-यक्षिणियों एवं नाग-नागिनों की विशिष्ट मूर्तियां प्राप्त हुईं। यक्षों तथा नागों पर आधारित पंथ कट्टर ब्राह्मण धर्म में गणेश-पूजन (हाथी का मुख) के रूप में बचे रहे, जिनकी मिश्रित आकृति कुंभ के जैसे उदर वाले यक्ष तथा हस्तिसदृश नाग (नाग का अर्थ सर्प और हाथी दोनों है) का मिला-जुला रूप थी। धर्म में जनप्रिय तत्वों की वास्तविक जानकारी पांच प्रधान पौराणिक देवों में गणेश को पहला स्थान (गणेशादि पञ्देवता गणेश, विष्णु शिव, शक्ति तथा सूर्य) दिए से भी स्पष्ट है।

देवतागण

देवता के लिए संस्कृत पद 'देव' मूल धातु 'दिव' से बना है, जिसका अर्थ है- चमकना अथवा दिए दीप्तमान होना। यह मानवीय रूप में मानवीय रूप में दिखाए जा सकने वाले किसी भावात्मक अथवा ब्रह्मांडीय शक्ति अथवा दैवी मान्यता प्राप्त पशु अथवा अवतारों के लिए है।

भारतीय गांवों तथा अन्य इकाइयों के अपने स्थानीय कबीलायी देव, असंख्य वानप्रस्तिक, वन्य प्रदेशी तथा क्षेत्रीय देव-देवियां हैं, जो आह्वान किए जाने पर समुदाय को समृद्ध बनाना तथा रक्षा दोनों ही कार्य करते हैं।

ज्यादातर वैदिक देवता प्राकृतिक शक्तियों के दैवीकृत रूप हैं। प्राकृतिक विपत्तियों तथा रोगों को 'अनुदार शक्तियों' जैसे (सूत्र अथवा देवी निर्ति) को क्षय, वंस तथा मृत्यु का वाहक बताया गया है। पहली सदी ईस्वी तक ज्यादातर हिंदू वैष्णव या शैव थे। उनके सामंजस्यपूर्वक रहने तथा पंचविशेष की विशिष्टता के प्रति सामान्य दृष्टि रखने के संकेत हैं। इस पारस्परिक सहिष्णुता का प्रतिफलन गुप्त काल में मान्यता प्राप्त करने वाली 'त्रिमूर्ति' के अच्छे संश्लेषण से हुआ। इसमें ब्रह्मा, विष्णु तथा महेश आते हैं। शिव उस मूर्ति के तीसरे सदस्य हैं। उनका विशिष्ट कार्य विश्व के संहार का नेतृत्व है, परंतु संकट काल में रक्षा के लिए भी हस्तक्षेप कर सकते हैं। 'हरिहर' हरि तथा हर क्रमशः विष्णु तथा शिव के लिए अपने संश्लेषणात्मक रूप में कहीं ज्यादा लोकप्रिय हुआ।

सांख्य परंपरा मानवीय आध्यात्मिक अवधारणा की व्यापक विविधता को त्रिगुणों (प्रत्येक वस्तु के मुख्य घटक) से समझाती है। अच्छाई, परोपकार, पूर्णता तथा कांति के सर्वोच्च स्तर पर सत्व गुण की प्रधानता रहती है। ईश्वर के क्रोधपूर्ण क्रूर तथा उग्र रूप के दौरान रजोगुण सबसे प्रधान रहता है तथा असंतोष, ध्वंस, रोग तथा मृत्यु वाहक रूप के दौरान तमोगुण प्रमुख रहता है।

देवियां

ऋग्वैदिक देवियों के गुण तथा प्रतीक निम्न हैं–

(अ) इड़ा तर्पित होने वाले भोज्य पदार्थों की प्रतिनिधि है। (ब) होत्र तथा स्वाह कर्मकांडीय आह्वानों के वैयक्तिक रूप हैं। (स) हालांकि ऋग्वेद में देवियों का अधीनस्थ दर्जा है, पर अदिति अन्य देवियों से विशिष्ट है। वह स्वतंत्रता तथा सभी चीजों को अपने में समाहृत रखने वाले अनंत का प्रतीक है। उसके 12 पुत्र आदित्यगण सौर वर्ष के महीनों के प्रतिनिधि हैं तथा उसका मानवता की भलाई के लिए आह्वान का विधान है। (द) अखणोदय की देवी तथा तम् पर प्रकाश एवं मृत्यु पर जीवन के विजय की द्योतक ऊषा को लगभग 25 मंत्र समर्पित हैं।

अन्य वैदिक देवियों में-(i) पृथ्वी, (ii) दैत्यों की माता दिति, (iii) वन्यों तथा अन्य प्राणियों की मायावी देवी अरण्यानी, (iv) वाक् (v) उर्वरता तथा प्रचुरता की देवियां पुरमाधि तथा दिशान् (vi) उदार देवियां राका एवं सिनि वालि (viii) पशु समूहों की देवी इला, तथा; (viii) दुर्भाग्य, क्षय तथा मृत्यु की देवी निर्ति थीं।

शाक्त तथा तांत्रिक पंथों में शक्ति जैसी देवियां ब्राह्मण से प्रत्यक्ष ब्रह्म के उद्भव का प्रतिनिधित्व करती हैं। दूसरे शब्दों में, ब्रह्मांड के अंतिम सत्य को स्त्री रूप माना गया है। शक्ति अत्यधिक बह्मांडीय ऊर्जा का प्रतीक है, जिससे सभी देवता, विश्व तथा प्राणी उत्पन्न होते हैं। दरअसल इसे प्रकृति से अलग देखना कठिन है।

वैदिकोत्तर काल में शक्ति को देवताओं की ताकत के रूप में उनकी सहधर्मिणी माना गया है। 7वीं सदी से शक्ति को शिव की अर्द्धांगिनी मान लेने के अनेक साहित्यिक साक्ष्य मिलने लगते हैं। उनके गरिमापूर्ण रूपों को पार्वती, उमा, पद्मा एवं गौरी तथा उग्र शैव रूपों को श्यामा, भैरवी, चामुंडा, काली तथा दुर्गा के नामों से जाना जाता है।

बंगाल में विशेषकर लोकप्रिय मुंडों की माला पहने काली के पंथ ने कई स्थानीय देवियों जैसे- मनसा (सर्प देवी), शीतला (चेचक की देवी), चंडी (शिकारियों की देवी) तथा अन्य पर अपना प्रभुत्व कर लिया है। दस महाविद्याएं, सात माताएं, 64 योगिनियां तथा डाकिनियां भी काली में ही विद्यमान हैं।

सौंदर्य तथा समृद्धि की देवी 'श्री' अभी सबसे लोकप्रिय है। उनका जिक्र ऋग्वेद में एक, अथर्ववेद एवं अन्य ग्रंथों में कई बार हुआ है। बाद में ये वैदिकोत्तर देवी लक्ष्मी से संबद्ध हो गईं जो देवों तथा असुरों द्वारा मिलकर किए गए क्षीरसागर मंथन से निकली थीं। दोनों देवियों का एकात्म तथा संबंधित मिथकों का उद्भव जनश्रुतियों के सम्मिश्रण की कहानी है। श्री को मालाओं में निवास करने वाला बताया गया है। इस प्रकार से उन्हें धारण करने वालों को समृद्धि, सौभाग्य तथा विजय के बारे में आश्वस्त किया गया है।

आत्मा प्रेत एवं अधिदेव

वैदिक, वैष्णव, शैव तथा शक्ति पंथों के अलावा भारत में असंख्य रूप के जीववाद तथा प्रकृति पूजा का अस्तित्व है। इनमें से ज्यादातर स्थानीय आत्माएं प्राचीनतम इतिहास का हिस्सा हैं जो बाद में उच्च तथा विकसित पंथों द्वारा समाहित कर लिए गए रहस्यपूर्ण यक्ष (जैन तथा बौद्ध धर्म में भी) को पिशाच अथवा दैवी गुणों से युक्त माना जाता है। ये निर्जन स्थलों पर रहते हैं तथा संभवत: आर्य-पूर्व जनजातियों के वनस्पति अधिदेव थे। यक्षों को अक्सर गांवों में किसी पवित्र पेड़ के नीचे किसी शिला अथवा वेदी पर स्थान दिया जाता है, वे गांव की समृद्धि सुनिश्चित करते हैं। यक्षणियां (यक्षों की स्त्रियां) पादप जीवन में सार (रस) की सूचक थीं। कुछ यक्ष पागलपन तथा अन्य बीमारियों के वाहक थे। अन्य अप्राकृतिक जीवों की तरह ही यक्ष भी मानवों के लिए उदार-अनुदार, दोनों ही हो सकते थे। समुदाय के संरक्षकों के तौर पर उन्हें स्थानीय समाधियों आदि पर पौरुषी अथवा शक्तिशाली रूप में दिखाया गया है। उत्तरवर्ती मिथकों में कुबेर को यक्षों का नेता माना गया है। विविध आत्माओं के रूप में प्रेतगण हाल में ही मरे लोगों के वायवीय रूप हैं। काफी पहले मर चुके लोगों की आत्माएं पितर कहलाती हैं। पितर तथा प्रेत दोनों ही सक्रिय रहते हैं तथा कई मौकों पर अपने वंशजों की मदद करते हैं। मृतक का तब तक अपने पूर्वजों से सम्मिलन एवं पितर के स्तर तक पहुंचना संभव नहीं होता जब तक जल तर्पण एवं पिंडदान (श्राद्ध) मृतक की तीन पूर्ववर्ती पीढ़ियों को न किया जाए।

अस्वाभाविक तथा उग्र रूप में आत्माएं भूत (निशाचर प्राणी) बन जाती हैं विशेष रूप से, वे जिनकी अस्वाभाविक मृत्यु हुई हो अथवा अंतिम संस्कार संपन्न न हुआ हो, प्रेतों में शामिल हो जाते हैं। पेड़ तथा निर्जन मकान भूतों के आश्रय हैं तथा उत्तर भारत में लोग इनकी पूजा करते हैं।

प्रेत तथा पिशाच कहलाने वाली अन्य बेतालिक आत्माएं युद्ध क्षेत्रों में मृतकों एवं घायलों के बीच नृर्तन करती हैं अथवा श्मशानों में भी दिखती हैं। कुबेर पर्वत के संरक्षक

चतुर्द्धनों की तरह वे भी तमस, क्रूरता, हिंसा तथा मृत्यु की प्रतिमूर्ति हैं। यतुधन आदि जनजातियों से संबंधित होते हैं तथा उनके पशुओं जैसे पैर होते हैं।

राक्षस, भैरव, नाग, असुर तथा बेताल अन्य आत्माएं हैं। राक्षस एवं पिशाच मायावी, रक्तपिपासु एवं रात में कच्चा मांस खाने वाले हैं। पिशाच मानवों को अधीन कर सकते हैं, परंतु अथर्ववेद मंत्रों तथा खास पादपों की सहायता से उनसे बचने का उपाय सुझाता है। भैरव रुद्र के आतंकी सहायक हैं। नाग सर्प देवता हैं एवं वे पृथ्वी के कोष के संरक्षक हैं। असुर जादुई विद्या में निपुण एवं युद्धकुशल होते हैं। *ऋग्वेद* में असुर सुरों के समान बताए गए हैं, परंतु उत्तर वैदिक काल से इस शब्दार्थ का प्रयोग शैतानों के लिए हुआ है। बेताल पिशाचों जैसे हैं जो मृतकों को जीवित कर देते हैं। इनका डरावना संगीत श्मशानों में सुना जा सकता है। बेताल शब्द का प्रयोग एक किस्म के काले जादू के लिए भी किया जाता है।

मानवों तथा देवताओं के बीच माने जाने वाले गंधर्व दिव्य संगीतकार हैं। ये पृथ्वी के संगीतकारों, गायकों तथा नृर्तकों के प्रेरक हैं। उनकी स्त्रियां अपसराएं अथवा देव नृर्तकियां हैं, जो मानवों में कलह का कारण बन सकती हैं। गंधर्व तथा अपसराएं विशिष्ट वृक्षों में निवास करते हैं।

योगिनियों (योगी का स्त्री रूप) को जादूगरनियों अथवा भूतनियों के रूप में देखा जाता है। इन स्त्रियों की यौगिक क्रियाओं के अनुपालन में प्रतिबंध हैं। योगिनियों को दुर्गा या शिव की सहायिकाएं माना गया है। कच्चा मांस खाने वाली डाकिनियां दुर्गा से संबद्ध अन्य शक्तियां हैं। डाकिनियां बौद्ध तथा हिंदू तन्त्रवाद दोनों से संबद्ध हैं।

ब्राह्मण धर्म के विभिन्न पंथ

अदेववादी प्रकृति वाले धर्मों के साथ नवीन (धार्मिक संप्रदाय आरंभ में अदेववादी तथा अधिकता नैतिक प्रकृति के थे। उन्होंने ईश्वर तथा आत्मा से संबंधित पेचीदे प्रश्नों को उत्साहित नहीं किया) निश्चित तौर पर देववादी समूह भी उभरे। जिन केंद्रिय तत्वों के इर्द-गिर्द वे उभरे, वे प्राथमिक रूप से वैदिक न होकर गैर-धर्मी स्रोतों से उभरे थे। दरअसल, प्राक्-वैदिक तथा वैदिकोत्तर पौराणिक तत्वों का अधिक प्रत्यक्ष उदय हुआ। इन आस्तिक आदोलनों के उदय को अभिप्रेरित करने वाला महत्वपूर्ण कारक भक्ति था (अनुयायी का देवता विशेष के प्रति एकांतिक एवं पूर्ण समर्पण)। इस उत्प्रेरण ने बाद में कट्टर ब्राह्मण धर्म के घटकों के रूप में मान्यता पा जाने वाले विभिन्न धार्मिक पंथों, जैसे- वैष्णव, शैव तथा शाक्त पंथ को प्रभावित किया।

वैष्णव धर्म

वैष्णव धर्म का उदय एवं अभिवृद्धि भागवद समुदाय के उभरने तथा समृद्धि से गहन रूप से संबंधित था। प्राक्-गुप्त काल में उदित हुए वैष्णव धर्म ने गुप्त काल के दौरान भागवत पंथ पर नियंत्रण करना एवं उसका अवशोषण करना प्रारंभ कर दिया था। इसके बाद से उत्तर वैदिक विष्णु तत्व एवं अवतार की प्रधानता के साथ वैष्णव धर्म ही प्रचलित नाम बन गया।

विष्णु अनेक स्थानीय देवताओं के संयोजन से उभरे। इसमें सौर अभिलाषाओं युक्त वैदिक देवता, पश्चिमी भारत में पूजित एवं देवत्व आरोपित एक स्थानीय नायक वासुदेव तथा उपनिषदों में वर्णित दार्शनिक 'परम' शामिल हैं।

देवताओं का सम्मिश्रण दूसरी सदी ई.पू. से पहले हुआ क्योंकि बेसनगर स्तंभ अभिलेख में ग्रीक राजदूत 'हेलियो डोरस' के देवों के देव 'वासुदेव' के भक्त होने की बात कही गई है। कुछ सौर तत्वों से युक्त भागवद् धर्म का प्रतिपादन वासुदेव ने किया था, जिसका बाद में बौद्ध धर्म के रूप में विकास हुआ। अवतारवाद के सिद्धांत के जनप्रिय अधिदेवों ने वैष्णव धर्म में प्रवेश को काफी आसान बना दिया। इसका महाकाव्य युग में काफी विकास हुआ तथा पुराणों में जिक्र हुआ है।

विष्णु के अम्मुदय के चरणों की संपूर्ण जानकारी सुप्तप्राय है, पर कुछ संकेत मिलते हैं। ऋग्वेद में अनुग्रहशील देव भाग की वरुण तथा विष्णु से पहचान की गई है। ब्राह्मणों में विष्णु को 'बलियों' के मानवीकृत रूप (एक ब्रह्मांडीय सत्ता जिसके विभिन्न अंग-खंडों से इस दुनिया का उदय हुआ) में देखा गया है।

वैष्णव पंथ

भागवत तथा पंचरात्र पंथ आरंभ में भिन्न थे। पंचरात्र, जहां देवत्व-आरोपित महात्मा 'नारायण' के पूजक थे, वहीं भागवत वृदिण-नायक वासुदेव की पूजा करते थे। नारायण तथा वासुदेव की एक-दूसरे से पहचान करने के क्रम में दोनों पंथ बाद में एक हो गए।

भागवतों का उदय एक आस्तिक भक्ति पंथ के रूप में ईसा युग से सदियों पूर्व हुआ। इसका आधार भगवद् गीता में है, पर बाद में *भागवत पुराण* एवं *विष्णु पुराण* इसके

मुख्य ग्रंथ बन गए। दूसरी सदी ई.पू. में विकास के चरण पर पहुंचने के साथ इसे पंचरात्र आगम से जाना जाने लगा। इसका मतलब पांच रातों से है, किंतु इसका महत्व अज्ञात है।

राजपूत राजाओं के भागवत पंथ से जुड़ने से इसे अखिल भारतीय प्रसार में मदद मिली। तमिल भूमि में भागवत आदोलन 12 अलवारों (जिन्हें ईश्वर का अंतर्ज्ञान था) द्वारा प्रसारित हुआ। वे आठवीं तथा नवीं सदी के आरंभ में फले-फूले।

अलवार समाज के विभिन्न हिस्सों से आए थे। उनमें एक मालाबार नरेश, एक मशहूर स्त्री अंदाल जिसके जन्म-स्थल श्रीविल्लिपुचूर में एक भव्य मंदिर बनवाया गया था, एक निम्न कुल व्यक्ति तथा एक पश्चाताप करने वाला पापी उनमें शामिल थे। अलवारों के बाद के आचार्यों ने भक्ति को ज्ञान एवं कर्म के साथ संबद्ध करके देखा।

पंचरात्र

परंपरानुसार लगभग 100 ई. में शांडिल्य द्वारा सर्वप्रथम पांचरात्रिक शिक्षाओं का व्यवस्थित नियमन हुआ जिसने वासुदेव कृष्ण के प्रति पूर्ण समर्पण पर बल दिया। आदि-पंचरात्र एवं बाद में '*वैष्णव*' पंथ की एक महत्वपूर्ण विशिष्टता वासुदेव कृष्ण एवं उनके परिवार जनों को विशेष सामूहिक व्यूहों से संबद्ध मानकर उन्हें ब्रह्मांडीय आधार देना था। ईसा की आरंभिक सदियों में अवतारवाद के साथ ही उद्भव सिद्धांत का भी विकास हुआ। पंचरात्रों ने एक सर्वशक्तिमान ब्रह्म की स्थापना की जो अपने को विष्णु वासुदेव तथा नारायण रूप में अभिव्यक्त करता है तथा जिसकी शक्तियों से ब्रह्मांड का उद्भव होता है। आरंभ में वासुदेव कृष्ण के सर्वश्रेष्ठ रूप से व्यूह संकर्षण की उत्पत्ति हुई (कृष्ण के भाई) जिसे मौलिक पदार्थ या प्रकृति से संबद्ध माना गया है। संकर्षण तथा प्रकृति के युगम से व्यूह प्रद्युम्न एवं मस्तिष्क (वृद्धि) की उत्पत्ति हुई। इनसे अनिरुद्ध (कृष्ण के पौत्र) तथा अहंकार तत्व का सृजन हुआ। अंतिम दो से पंचभूति (पांच तत्वों) तथा उनके गुणों (महाभूतों) एवं साथ ही ब्रह्मा का उद्ध्भव हुआ, जिन्होंने इन्हीं तत्वों से पृथ्वी को गढ़ा।

अंतिम तीन को दैविक सत्ता से उद्भूत मानते हुए देवता भी मान लिया गया। इस विरोधाभास के कारण देवता एक तथा अनेक दोनों माने गए हैं। विष्णु के अवतार रूपों के लोकप्रिय होने एवं गुप्त युग में वैष्णव धर्म पर प्रभुत्व स्थापित कर लेने के बाद यह प्रवृत्ति कमजोर पड़ गई। ऊपर वर्णित सभी देवत्व-आरोपित नायक मथुरा क्षेत्र में यादव-सात्वत कृष्ण एक यादव थे तथा वृष्णि समूह के लोगों द्वारा पूजित थे। स्थानांतरणशील यादव कबीलों द्वारा पश्चिमी भारत एवं उत्तरी दक्कन में इन शिक्षाओं का प्रसार हुआ।

वैखानश

इस कर्मकांडीय पंथ की स्थापना पौराणिक वैखानशों की थी। जिनकी शिक्षाओं का चार प्राचीन महात्माओं- अत्रि, मरीचि, भृगु तथा कश्यप-द्वारा प्रसार किया गया।

आरंभ में ये पंथ कृष्ण यजुर्वेद की तैत्तिरीय परंपरा का हिस्सा था, परंतु बाद में एक कट्टर वैष्णव पंथ बन गया। इसके मुख्य ग्रंथ '*वैखानश सूत्र*' में (तीसरी सदी ई.पू. के लगभग) के अनुसार, वैदिक सौर देवता विष्णु एवं नारायण एक हो जाते हैं।

वैखानश कर्मकांडीय सिद्धांत विष्णु के पंचरूप व्याख्या पर आधारित है-ब्राह्मण (सर्वश्रेष्ठ देव) पुरुष, सत्य, अच्छत (नित्य स्थिर) तथा अनिरुद्ध (जिसे घटाया न जा सके) रूपों में। पंचविधिक कर्मकांडों के पालन से पापनिवृत्ति होती है तथा सभी समृद्धि प्राप्त करते हैं।

विशिष्ट उद्देश्यों से विष्णु के दशावतारों की भी पूजा होती है। इसमें मूर्तिपूजन महत्वपूर्ण है, जिसे सांकेतिक वैदिक कर्मकांडों का विकास माना गया है।

10वीं सदी के अंत से वैखानश आचार्य ही वैष्णव मंदिरों एवं समाधियों के नियंत्रक थे। श्री वैष्णव पंथ के उदय से थोड़ा मंद पड़ने के बावजूद आज भी कुछ मंदिरों (तिरुपति तथा कांजी के वेंकटेश्वर मंदिर आदि) में पुरोहित संस्कृत भाषा में कुछ कर्मकांडों का निष्पादन करते हैं।

अलवार या वैष्णव संत

गुप्तोत्तर काल से तेरहवीं सदी ई. के पहले दशक तक वैष्णव धर्म का इतिहास मुख्यत: दक्षिण भारत ही से संबंधित है। दक्षिण भारत में अलवारों के रूप में ख्याति प्राप्त वैष्णव संतों ने विष्णु के प्रति एकांकी तथा प्रेमपूर्ण समर्पण का उपदेश दिया तथा तमिल में इनके गीतों को सामूहिक रूप में '*प्रबंधों*' के नाम से जाना गया। 12 अलवारों में नाम्भलवर तथा तिरुमलिसई अलवार सबसे मशहूर हैं।

वैष्णव आचार्य या शिक्षक

दक्षिण भारत में लोकप्रिय वैष्णव आचार्यों ने विष्णु भक्ति की। अलवार लहर का सैद्धांतिक पक्षपोषण किया। आरंभिक महान आचार्यों में एक रामानुज ने यमुनाचार्य (एक अन्य महत्वपूर्ण

आचार्य) के साथ मिलकर शंकराचार्य के अद्वैतवाद (शंकर वैष्णव अथवा शैवपंथ के न होकर निर्गुण पंथ के थे) के विरोध में कुछ उपनिषद् ग्रंथों के आधार पर विशिष्टा द्वैत के सिद्धांत का विकास किया। रामानुज के पश्चात् दक्षिण भारत के दो वैष्णव आचार्य, मध्वाचार्य तथा निम्बीर्क थे। मध्वाचार्य ने द्वैतवाद तथा निम्बार्क ने द्वैताद्वैतवाद के वैष्णव पंथ में स्थापना की।

इस प्रकार जहां अलवारों ने दक्षिण भारतीय वैष्णव धर्म के भावनात्मक पक्षों को प्रतिनिधित्व किया, वहीं आचार्यों ने उसके बौद्धिक पक्ष का प्रतिनिधित्व किया।

शैव धर्म

उदय तथा विकास

वैष्णव धर्म के विपरीत शैव धर्म के उदय की जड़ें काफी गहरी हैं। सुविधा के विचार से आदि-शिव के रूप में वर्णित पशुपति महादेव का पूजन प्राक्-वैदिक (सैधव धर्म) का एक महत्वपूर्ण घटक था। वैदिक विशेषकर, उत्तर वैदिक धर्म में रुद्र को पशुपति महादेव का वैदिक समांतर मान सकते हैं।

फिर भी, वैदिकोत्तर काल के वैयाकरण ही हमें शैव-धर्म के एक धार्मिक दोलन के रूप में विकास की जानकारी देते हैं। उदाहरणस्वरूप पाणिनी ने अपने समय के एक शैव उपासक समूह का जिक्र किया है। पतंजलि ने भी अपने महाभाष्य में (दूसरी सदी ई.पू.) में शैव उपासकों के एक समूह को शिव भागवत कहा है। उन्होंने अप्रत्यक्ष तथा संक्षिप्त रूप से इनकी ओजपूर्ण तथा विलक्षण मान्यताओं का उल्लेख किया है। यह हमें '*पाशुपत सूत्रों*' में वर्णित पाशुपहों की रौद्र धार्मिक प्रथाओं की याद दिलाता है।

इस तरह से शैव धर्म उपनिषदकोत्तर काल में सामने आया जब शिव को आतंकी वैदिक देवता रुद्र की पहचान मिली। शाब्दिक तौर पर शिव का अर्थ शुभ है। शिव के अनेक नाम, रूप तथा विशेषणों से उनके विविध कार्यों का पता चलता है।

- विनाशक शक्ति काल के रूप में उन्हें नरमुंडों की माला धारण किए तथा सर्पों को शरीर पर लपेटे हुए दिखाया गया है (यहां सांपों को समय चक्र का सूचक माना गया है)।
- समय बीतने के साथ अनिवार्य रूप में मृत्यु के कारण उन्हें महाकाल या हर (अपमार्जक) कहा गया है। श्मशान तथा युद्ध भूमि उनका नृत्य स्थल है।
- पर्वतों के अधिपति के रूप में उन्हें गिरीश कहा जाता है।
- पशुओं तथा भिखारियों के अधिपति 'पशुपति' रूप में वे आखेट, युद्ध तथा रोगों द्वारा जीवन के अंत के प्रतिनिधि हैं।
- भूतों के अधिपति 'भूतनाथ' के रूप में हैं।
- सर्वश्रेष्ठ योगी के रूप में वे 'महायोगी' हैं।
- यौगिक विद्या, संगीत तथा वेदों के ज्ञाता के रूप में वे 'दक्षिणमूर्ति' हैं।
- परम ज्ञान की प्राप्ति से उद्भूत आनंद के दाता रूप में वे शंकर हैं।
- नृत्य के ब्रह्मांडीय प्रभु के रूप में (नटराज) वे शाश्वत ऊर्जा के स्रोत हैं।

सामान्य रूप से शिव का पूजन जीवन स्रोत के रूप में लिंग रूप में होता है जिसमें अनिवार्यतः क्षय तथा मृत्यु भी निहित है। स्त्री प्रजनन अंग (योनि) शिव की शक्ति का प्रतिनिधित्व करता है तथा उनकी ब्रह्मांडीय ऊर्जा का द्योतक है। एक साथ इन दोनों को ब्रह्मांड के दो महान प्रजनकों के रूप में महत्व प्राप्त हैं।

कुछ पुराणों में संपूर्ण सृजन को शिव के पांच रूपों-ईषान, तत्पुरुष, अघोरी, वामदेव तथा साद्यजात के माध्यम से देखा गया है। शिव के पांच रूपों को पांचों दिशाओं (चार दिशाएं तथा ऊंचाई) के रूप में संपूर्ण विस्तार का अधिपति बताया गया है। अधिकतर गुप्त शासकों के वैष्णव होने के बावजूद शैव धर्म इस समय फला-फूला। दक्षिण भारत में पल्लव नरेश महेंद्रवर्मन प्रथम जैन से शैव बन गया था। 63 शैव नायनारों की रहस्य एवं भक्तिपूर्ण कविताओं के साथ ही राजसी संरक्षण ने शैव धर्म की लोकप्रियता में खूब अभिवृद्धि की।

नायनार अथवा शैव संत

वैष्णव धर्म की तरह दक्षिण भारत में शैव मत का भी प्रचार आरंभ में लोकप्रिय नायनारों अथवा शैव संतों द्वारा हुआ। इन कविताओं को तमिल में तेवरम् कहा जाता है। 63 नायनारों में तिरुजनान संबंध तथा तिरुनवुक्करास (अधर के रूप में स्याही) सबसे महत्वपूर्ण है।

शैव आचार्य या शिक्षक

शैव दोलनों जैसे आगमत, शुद्ध तथा वीर शैव से संबंधित शैव आचार्यों की बड़ी संख्या ने नयनारों द्वारा प्रचारित भावनात्मक शैव मत के सिद्धांत का पोषण किया। आगमतों ने अपनी

शिक्षाएं शिव के विभिन्न पक्षों की व्याख्या करने वाले 28 आगमों पर आधारित कीं। शुद्ध शैवों ने रामानुज की शिक्षाओं का पालन किया। श्रीकांत शिवाचार्य उनका महान व्याख्याकार था। 21वीं सदी के चालुक्य नरेश बीजल राय का मंत्री बासव वीर शैवों अथवा लिंगायतों का नेता था। बासव ने अपनी राजनैतिक शक्ति तथा स्थिति का प्रयोग इस आदोलन को आगे बढ़ाने में किया। ये लोग रामानुज की शिक्षाओं से भी प्रभावित हुए।

शैव संप्रदाय

लकुलीश द्वारा प्रस्थापित पशुपत सिद्धांत द्वैत प्रकृति का था। पशु हमेशा (वैयक्तिक आत्मा) हमेशा पति (परमात्मा) के साथ विद्यमान होता है। योग एवं विधि (साधन) के माध्यम से ही दुःखांत संभव था। विधि के अंतर्गत अनेक अबूझ तथा असामाजिक (अथवा अतिवादी) आचार आते थे। असंदिग्ध रूप से पाशुपत संप्रदाय की शाखाएं कापालिक एवं कालमुख गुप्त काल में फल-फूल रही थीं। अघोरी (कपालिकों के उत्तराधिकारी) तथा गौरखनाथ शैव पंथ के अन्य अतिवादी प्रारूप थे।

आदि मध्य काल में उत्तरी तथा मध्य भारत में ऊपर वर्णित रौद्र रूपों के अलावा कुछ उदार पंथों का भी आगमन हुआ। कश्मीर में उदार शैव पंथ की दो परंपराएं थीं। वसुबंधु ने प्रत्यभिज्ञ एवं उसके शिष्यों, कल्लात एवं सोमानंद ने स्पंदशास्त्र परंपरा की स्थापना की। एक नई मठ प्रणाली 'तृक' के संस्थापक अभिनव गुप्त ने इन सभी शिक्षाओं को व्यवस्थित किया। इसी समय मध्य भारत एवं कुछ समय पश्चात् दक्कन के कुछ हिस्सों में एक अन्य उदार पंथ 'मंत्रमयूर' फलता-फूलता रहा। मध्य भारत से प्राप्त शिला लेखीय साक्ष्यों से स्पष्ट है कि कई मंत्रमयूर आचार्य कलचुरि नरेशों के गुरु थे।

पाशुपत

इसके नाम एवं शिव के पशुपति (पशु-जीव तथा पति-प्रभु) कहलाने से इसके प्राचीनतम शैवपंथ होने की बात कही जाती है। ओडिशा तथा पश्चिम भारत में यह पंथ 7वीं से 11वीं सदी के बीच फलता-फूलता रहा।

पाशुपत पंथ के संस्थापक लकुलीश को शिव का एक अवतार माना जाता है। इसका विशेष चिह्न 'गदा' (लकुट) कभी-कभी लिंग का सूचक होने की प्रतीति कराता है। उसे सामान्यतः नग्न और चित्रित करने का उद्देश्य उत्तेजना न होकर यौगिक तकनीकों से यौन नियंत्रण दर्शाना ही है।

लकुलीश द्वारा रचित *पाशुपत सूत्र* ही पंथ का प्रमुख ग्रंथ है। यह मुख्यतः आचार एवं अनुशासन विषयक ग्रंथ है। 13वीं सदी के एक अभिलेख के अनुसार लकुलीश के प्रमुख चार शिष्यों ने चार उप-पंथों की स्थापना की। हालांकि 6वीं सदी ई.पू. उत्तर भारत में अनेक पाशुपत मंदिरों का निर्माण हुआ, परंतु 11वीं सदी तक यह दोलन पतनोन्मुख हो चला था।

इस पंथ का चरम लक्ष्य शिव के साथ स्थायी एकात्म प्राप्ति तथा तद्नुसार हर प्रकार के दुःख एवं वेदना से छुटकारा पाना था। इस लक्ष्य के विभिन्न चरण हैं। पहले चरण में अनुयायी एक वस्त्रधारी अथवा नग्न रूप में मंदिर में सेवा कार्य करता है। तत्पश्चात् वह मंदिर तथा पंथिक प्रतीकों को छोड़कर असभ्य व्यवहार करता है। वह कट्टर हिंदुओं की घृणा एवं अवमानना अर्जित करता है। इस अवमानना से उसे अपने बुरे कर्म फलों से मुक्ति तथा निंदकों की मेधा प्राप्त होती है। ये असभ्य युक्ति अनुयायी को सामान्य समाज से काटकर उसे अलग कर देती है। वह गुफा या निर्जन स्थान में निवास करने लगता है। उत्तरवर्ती चरणों में काफी कठिन सधुक्कड़ी साधनाओं की सहायता से मति पर पूर्ण नियंत्रण किया जाता है। लंबे, दुःसाहय प्रशिक्षण के पश्चात् साधक शिव की तरह अतिप्राकृतिक शरीर प्राप्त करता है। वह शिव की सर्वशक्तिमत्ता एवं प्रकृति का सहभागी बनता है। पाशुपत पंथ ही एक ऐसा अकेला पंथ था, जो मुक्ति को साधारण शक्तियों के माध्यम से प्राप्त करता था।

कापालिक तथा कालमुख

10वीं तथा 13वीं सदी ई. के बीच मुख्यतः कर्नाटक में उत्पन्न होने वाले ये दो तांत्रिक पंथ संभवतः पाशुपत आदोलन की उपज थे। उन्होंने निर्माण की विविधताओं को दो तत्वों-सृर्जक तथा प्रभु एवं उसकी सृर्जना (रचना) में सीमित कर दिया।

दुर्भाग्यवश उनकी कोई कृति प्राप्त नहीं है। पुराणों तथा सातवीं सदी एवं बाद की साहित्यिक कृतियों में उनका रोमांचक तथा तिरस्कारपूर्ण उल्लेख है।

कुछ अभिलेखीय एवं साहित्यिक स्रोत कापालिकों का उदय दक्कन अथवा दक्षिण भारत में छठी सदी ई. के लगभग स्थिर करते हैं। 8वीं सदी से उनका उत्तर की ओर प्रसार आरंभ हुआ, पर लोकप्रिय लिंगायत आदोलन के उदय अथवा अन्य शैव तांत्रिक पंथों, जैसे-कनफटों तथा अघोरियों में विलय के कारण 14वीं सदी तक वह लगभग समाप्त हो चुका था।

कापालिक (मुंडधारी) शिव के रौद्र रूपों महाकाल, कापालमृत (मुंडवाहक) तथा भैरव की उपासना केंद्रित एक प्राचीन साधना व्यवस्था के अनुचर थे। वे जादुई विद्या तथा सिद्धियों की प्राप्ति में रत थे।

सभी मान्य सामाजिक एवं धार्मिक परंपराओं की वे खिल्ली उड़ाते थे। वे मांस-भक्षण, मादक द्रव्य पान, कर्मकांडीय रहिक्रिया को शिव के साथ एकात्म्य स्थापित करने हेतु साधक के रूप में देखते थे। वो नर-कपाल में भोजन एवं शिव की उपासना करते थे। वे अपने साथ एक त्रिपाद डंडा, एक कमंडल तथा एक छोटा खटवंजा (नरमुंड जैसा ऊपरी भाग वाला) डंडा रखते थे।

कालमुख 11वीं सदी से 13वीं सदी के बीच कर्नाटक क्षेत्र में फलते-फूलते रहे। वे मानव के क्षणभंगुर अस्तित्व को चेतावनी के रूप में नरमुंड से पानी पीते थे तथा श्मशान की राख शरीर पर लगाते। दोनों ही पंथों की शिक्षाएं समान हैं। योग अनिवार्य था तथा दोनों में ही महाप्रतिज्ञा (महाव्रत) होती थी, जिसका महत्व अब अज्ञात है। उनकी अनुगामिनी चंडिका को नरबलि तथा मदिरा अर्पित की जाती थी।

अघोरी

अब विलुप्त हो चुका यह तांत्रिक दोलन दो शाखाओं-शुद्ध एवं मलिन-वाला था। ये कापालिक पंथ के उत्तराधिकारी थे। शीतला, पर्णगिरि देवी (साधकों की संरक्षिका देवी) तथा काली पूजित देवियां थीं। तांत्रिकों में सामान्यत: गुरु के प्रति बड़ा सम्मान था। मूर्ति पूजा, धार्मिक अथवा जातीय विशेषताओं का कोई स्थान नहीं था। सभी पंथानुयायियों के लिए बह्मचर्य अनिवार्य था। नरभक्षण, पशु-बलि तथा अन्य क्रूर कर्मकांड किए जाते थे। अश्वमल को छोड़कर सब तरह का उत्सर्जित पदार्थ खाया जाता था। उसके पीछे तर्क था कि जैसे मल पृथ्वी का उपजाऊपन बढ़ाता है वैसे ही उसके सेवन से मस्तिष्क की क्षमता बढ़ती है और वह ध्यान योग्य बनता है।

अघोरी निठल्लों-सा घुमक्कड़ जीवन बिताते थे। शिव के भैरव रूप की तरह ही प्रत्येक गुरु का अपना श्वान (कुत्ता) रहता था। अघोरी योगियों का दाह संस्कार न करके उन्हें दफनाते थे तथा वे चिर समाधि में लीन माने जाते थे।

कनफट योगी या गोरखनाथी

पूर्वी बंगाल के निवासी गोरखनाथ ने इस आंदोलन की प्रारंभिक शिक्षाओं को पुनर्व्यवस्थित किया। अपने अनुयायियों द्वारा वे शिव माने जाते हैं। गोरखनाथ के पास महान जादुई शक्ति तथा क्रीमियगिरी का ज्ञान था। उसने पाशुपत की शिक्षाओं का तंत्रवाद तथा योग के साथ समन्वय किया।

अपने छिदे कानों तथा सुलेमानी पत्थर (Agate) सींग तथा कांच के बड़े कुंडलों (जो पंथप्रदेश के समय दिए जाते थे) से ये अतिवादी साधक पंथ अभिलक्षित होता था।

ये योगी श्मशानों में कर्मकांडीय मैथुन तथा कभी-कभी नरभक्षण भी करते थे। अनुयायी का परम लक्ष्य यौगिक तकनीकों के माध्यम से शिव से स्थायी तादात्म्य स्थापित करना था। कुछ ग्रंथों में 32 यौगिक आसनों का जिक्र हैं, (शिव संहिता में 84) जिनमें जादुई तथा पोषक महत्व वाले थे। कुछ आसन तो रोगों, वृद्धावस्था तथा मृत्यु को दूर रखते थे। शेष आध्यात्मिक सिद्धियां प्रदान करते थे।

इस आदोलन में 9 नाथों तथा 84 सिद्धों की महत्वपूर्ण भूमिका थी। इनसे अनेक जनश्रुतियां संबद्ध हैं। गोरखनाथ की शिक्षाएं शाश्वत होने के कारण जाति-बंधनों की विरोधी थीं। आहार विषयक निषेधों के तहत ''गौ एवं सूअर'' के मांस की मनाही थी। तीक्ष्ण मदिरा एवं अफीम सेवन की योगियों को अनुमति थी। वे विवाह कर सकते थे।

मृतकों को स्थायी समाधि में मानने के कारण उन्हें उसी मुद्रा में दफनाया जाता था। इसलिए समाधियों को वे समाध कहते थे। इनके ऊपर लिंग तथा योनि के प्रतीक बने होते थे।

कनफट योगी भैरव, शक्ति या देवी एवं शिव के समर्पित मंदिरों के संचालक थे। एक समय में गोरखनाथी अघोरियों से संबंधित थे। अब गोरखनाथी पंथ भारत तथा नेपाल (गोरखनाथ के गोरख वंश के कुल देवता होने के कारण, जिन्होंने नेपाल को एकीकृत किया था, इन्हें 18वीं सदी के उत्तरार्द्ध में राजकीय संरक्षण मिला था) दोनों जगहों पर पतनोन्मुख है।

अगमंत या शैव सिद्धांत

यह एक महत्वपूर्ण दक्षिण भारतीय अनेकांत यथार्थवादी समूह था। इसके अनुसार विश्व वास्तविक तथा आत्माएं अनेक हैं। यह आदोलन अंशत: आदि शैव संतों की कविताओं तथा अंशता नयनारों (7वीं से 10वीं सदी के बीच) की उत्तम-भक्तिपूर्ण कविताओं से विकसित हुआ।

इस पंथ के मान्य ग्रंथों के चार वर्गों में वेद, 28 शैव आगम, 12 तिमुराई तथा 14 शैव सिद्धांत शास्त्र शामिल हैं। हालांकि वेदों का उच्च स्थान है, पर एक्यं शिव द्वारा अपने भक्तों के लिए वर्णित गोपनीय आगमनों को ज्यादा महत्व दिया गया है। 13वीं तथा 14वीं सदी के आरंभ में 6 आचार्यों

(ज्यादातर गैर-ब्राह्मण तथा निम्न उत्पत्ति वाले) द्वारा सिद्धांत शास्त्र रचे गए थे। तमिल ग्रंथों तथा कविताओं में तीन महान शैव आचार्यों अप्पर तिरुज्ञान, संबंध एवं सुन्दर मूर्ति की रचनाएं भी शामिल हैं।

अघोर शिवाचार्य को संस्थापक माना जाता है, परंतु तमिल शैव पंथ के प्रथम आचार्य मेयकांतर (13वीं सदी, उनकी रचना थी शिवग्नबोधम्) थे। शैव सिद्धांत का लक्ष्य शाश्वत आनंद की अवस्था तथा द्वंद्व में एक्यं के अनुभव की प्राप्ति थी। शैव सिद्धांत उत्तरी श्रीलंका सहित तमिल भाषी क्षेत्रों में विद्यमान है।

कश्मीरी शैव पंथ

'त्रिक' त्रिपक्षी भी कही जाने वाली इस ब्रह्मवादी प्रणाली की कश्मीर में अभिनव गुप्त (993-1015 ई.) द्वारा व्याख्या की गई, जिसने आदि महात्माओं की शिक्षाओं के सहारे अपना मत विकसित किया था।

विलुप्त सोमानंद (वह इस श्रेणी में चौथा उत्तराधिकारी था) के 'शिवदृष्टि' ग्रंथ पर उसने कई टीकाएं लिखी थीं। संयोगवश अभिनव के एक शिष्य 'उत्पल' द्वारा 'प्रत्यभिज्ञ सूत्र' के नाम से इसका संक्षिप्त रूप लिखा गया था।

फिर भी, 9वीं सदी के प्रत्यभिज्ञ परंपरा के संस्थापक वसुगुप्त को पहला आचार्य माना जाता है। उसके अनुसार कठोर यौगिक साधना के माध्यम से आत्मा को ज्ञान प्राप्ति होती है।

गैर-धार्मिक आगमों से तीन प्रकार के धार्मिक तत्व ग्रहण के कारण ही उसे त्रिक भी कहा गया। इस प्रणाली पर सांख्य, अद्वैत वेदांत तथा पंचरात्र सिद्धांतों का प्रभाव पड़ा।

इस प्रणाली में दीक्षा संस्कार का सर्वाधिक महत्व था। शिव की दैवी कृपा से दीक्षा-आकांक्षी को दीक्षित करने वाला सच्चा सुख मिलता है। इस तरह से उसकी आत्मा की क्रियाशक्ति जगाई जाती है, जिससे अंततः मुक्ति प्राप्ति होती है।

शुद्ध-शैव या शिवद्वैत

श्रीकांत द्वारा व्याख्यायित इस पद्धति में कुछ तत्व तो शैव सिद्धांतों एवं कश्मीरी शैव मत के समान हैं, अन्य विशिष्ट हैं।

श्रीकांत की शिक्षा वेदांतसार पर आधारित थी। परा-शिव (सर्वश्रेष्ठ शिव) को ब्रह्मांड के पदार्थीय तथा क्रियामूलक कारण से ब्राह्मण के रूप में देखा गया है। शिव के गहरे ध्यान से मुक्ति मिलती है तथा इससे व्यक्ति को शिव के संग एकाकार होने का ज्ञान प्राप्त होता है।

वीर शैव

लिंगायत भी कहा जाने वाला यह दक्षिण भारतीय भक्ति पंथ विशिष्टाद्वैत का ही एक रूप था। यद्यपि मुख्य वीर शैव के धार्मिक ग्रंथ 'शून्य संपादन' में लिंगायत का जिक्र नहीं है, परंतु संभव है उन्हें यह नाम लिंग को देवत्व के एकमात्र सच्चे प्रतीक मानने के कारण अन्य पंथों द्वारा दिया गया हो।

बासव इस पंथ का संस्थापक अथवा, अधिक सम्भव है, व्यवस्थापक था। 16 वर्ष की आयु में वह घर छोड़कर धार्मिक शहर संगमा चला गया जहां उसने जाति-बंधनों को तोड़ने, विधवा-पुनर्विवाह पर प्रतिबंध को हटाने तथा शैव धर्म के सुधार का कार्य शुरू कर दिया। बाद में वह कल्याणी के शासक बीजल का मंत्री बन गया। राजा की सेवा के दौरान, उसने अनेक जैनों को इस पंथ में दीक्षित किया। पर उसके अनुदार विचारों की वजह से राजा तथा प्रजा के बीच तनाव पैदा हुआ। तब उसने राजा की सेवा त्याग दी। 1168 ई. में बासव की मृत्यु के पश्चात् उसके अनुयायियों का उत्पीड़न होने पर भी आज अधिकतर कर्नाटक एवं आंध्र प्रदेश में उसके अनेक अनुयायी हैं।

दीक्षा-संस्कार के समय प्रत्येक भक्त को दैनिक पूजा के लिए एक लिंग-प्रारूप दिया जाता है। पूजा के दौरान इसे खोल में बंद करके गले में पहना जाता है अथवा हाथ में रखा जाता है। सामान्यतः बाल्यावस्था में किए जाने वाले वीर शैव को दीक्षा में अभिषेक के स्थान पर पवित्र धागा पहनाया जाता है।

बासव की शिक्षा के अनुसार हर मानव स्वयं एक मंदिर है अतः बिना पुरोहित, कर्मकांड, उपवास अथवा धर्मयात्रा की मदद के वह सीधे शिव की उपासना कर सकता है। बाद में इस पंथ ने भी अपने पुरोहितों की परंपरा डाली जिन्हें जंगम कहते थे तथा जिन्हें शिव का अवतार रूप माना जाता था। स्मारकीय उदाहरणों को छोड़कर इस पंथ का कोई मंदिर नहीं है। स्त्रियों को पुरुषों के समान माना गया था तथा वे अपने पतियों को चुन सकती थीं।

पंथ के अनुयायियों के लिए घमंड, बेईमानी, संकीर्णता, पशुबलि, मांस-भक्षण, मदिरा सेवन, ज्योतिष, बाल-विवाह, यौन-दुराचार तथा दाह संस्कार का निषेध था। दाह संस्कार की मनाही, मृत्यु के तुरंत पश्चात् मृतक के सीधे शिव के पास पहुंचने तथा रक्षा के पूर्ण आश्वासन के कारण

थी (मृतकों को उत्तर की तरफ मुंह करके बैठे हुए तथा अविवाहितों को नीचे झुकी मुद्रा में दफनाया जाता था)।

शक्ति पंथ

प्रारंभ में शक्ति पंथ तथा तंत्रवाद मूल रूप से दो भिन्न सांस्कृतिक प्रारूप थे, परंतु बाद में उन्हें काफी संबंधित माना जाता है। दोनों ही अंतिम सत्य रूप में (ब्रह्म) के नारी रूप-शक्ति के पूजन के इर्द-गिर्द हैं। इस प्रकार इन दोनों पंथों के अनुसार ईश्वर की परिकल्पना स्त्री-रूप में की गई है।

शक्ति पंथ की जड़ें उस प्रागैतिहासिक पृथ्वी पंथ तक जाती हैं जब पृथ्वी को धार्मिक रूप में सम्मान देते थे-इसी से पृथ्वी को बाद में महामाता रूप में मान्यता मिली। भारत में लोकप्रिय ग्राम देवियां (स्थानीय संरक्षिकाएं) महामाता देवी की ही अवधारणा का विस्तार है। इस महादेवी पंथ में कुछ जटिल भारतीय कबीलायी पंथ, शैव द्राविड़ी तथा सैंधव सभ्यता जैसे-प्राचीन तत्वों का मिश्रण है। शक्ति के विविध नाम होने का तथ्य उसकी समष्टिगत प्रकृति दर्शाता है, जिसमें अनेक स्थानीय तथा कबीलायी देवियों के कार्य शामिल हैं। शैव पंथ से शक्ति पंथ के समीप होने के बावजूद ये अलग से पहचानने योग्य हैं।

ऋग्वेद में भी वाक्‌देवी को (बाद में शक्ति के रूप में देवत्व-आरोपित) ब्रह्मांडीय ऊर्जा का प्रतिनिधि माना गया है। समान रूप से इंद्र पत्नी शचि भी दैवी शक्तियों का रूप थीं। *अथर्ववेद* में ग्नस् (Gans–शब्दार्थ स्त्री) के संक्षिप्त उल्लेख से लगता है कि तांत्रिक शिक्षाओं के उद्भव के काफी पहले से प्राकृतिक शक्तियों को स्त्री ऊर्जा का रूप माना जाने लगा था। ग्नत् संभवत: अनार्य भारत की वनस्पतीय एवं प्रजनन पंथी देवियां थीं।

बंगाल में 7वीं सदी ई. तक अनेक स्थानीय मातृक पंथों-मनसा, शीतला तथा आखेटकों की देवी चंडी का काली पूजन में विलय हो चुका था, जिसे बाद में शिव पत्नी पार्वती भी मान लिया गया।

शक्ति के अनेक नामों में से दुर्गा तथा काली भी हैं। बंगाल के इस पंथ में गहन समर्पण, पवित्रता तथा धार्मिक भय के संग ही एक प्राचीन कबीलायी पंथ से नि:सृत विद्रोहपूर्ण रक्तिक कर्मकांडों का मिश्रण है।

आदर्श रूप में दुर्गा-काली को आदि शक्ति कहा गया है। बीजभूत मौलिक सक्रिय स्त्री-रूप में जिसमें द्वैत का अस्तित्व नहीं है, सभी विरोधी तत्व एक हो जाते हैं।

देवी के अपने को अभिव्यक्त न करने पर काल का अस्तित्व नहीं रहता अत: उन्हें 'काल माता' कहा गया है। संपूर्ण रचना के साकार रूप में उन्हें 'महाकाली' तथा ब्रह्मांड एवं काल विनाशिनी रूप में 'कालहर्षिणी' कहा गया है। किसी भी रूप अथवा नाम में उसका सारतत्व अपरिवर्तित रहता है।

काली-दुर्गा का चंद्र पक्ष खगोलीय संपूर्णता का सूचक है इसीलिए चांद की सोलह कलाओं के अनुरूप में 16 भुजाओं में इन्हें दिखाया जाता है, जो इस वैदिक विश्वास को व्यक्त करते हैं कि विश्व 16 हिस्सों से मिलकर बना है।

शिव की पत्नी रूप में शैव का उदार रूप सामने आता है तथा उसे पार्वती, देवी, उमा (आदर्श स्त्रीत्व का रूप) या महादेवी कहा गया है। शिव तथा शक्ति का शाश्वत आनंदमय युग्म समरस्य शक्ति तथा शैव पंथों के वास्तविक ब्रह्मवाद का आधार है।

तंत्रवाद

अनेक मंत्रों, यंत्रों तथा यौगिक तकनीकों, जैसे- गोपनीय एवं जादुई पक्षों सहित यह एक रहस्यमयी कर्मकांडीय पंथ था। जैन धर्म, महायान बौद्ध धर्म, शैव, वैष्णव एवं शक्ति पंथों में भी तांत्रिक तत्व मौजूद हैं।

तंत्र कहे जाने वाले पवित्र ग्रंथों से ही तंत्रवाद नाम उद्‌भूत है। इस विशाल साहित्य के प्राचीनतम ग्रंथों का लेखन गुप्त काल में हुआ था। तांत्रिकों के लिए 'तंत्र' वेदों की तरह ही प्रामाणिक हैं तथा पंचम वेद कहलाते हैं।

आंशिक रूप से हिंदूकृत अफगान सीमा से सटे उत्तर- पश्चिमी भारत, पश्चिमी बंगाल तथा असम में तंत्रवाद का प्रथमत: विकास हुआ, इस कारण इसमें अनेक अनार्य तत्व भी शामिल हैं।

तांत्रिक पंथों में दीक्षा तथा एक ज्ञात गुरु से मंत्र विशेष का ग्रहण किया जाना काफी महत्वपूर्ण है। दीक्षित व्यक्ति का पुनर्जन्म होता है तथा मुक्ति मार्ग पर निर्देशन के लिए उसे गुप्त ज्ञान दिया जाता है। संन्यास के नवीन रूपों का विकास हुआ तथा शिव-शक्ति की अनुकृति में यौन समागम को ठोस रूप दिया गया।

हालांकि शक्ति के पूजन से अपार ताकत उत्पन्न होने की बात कही गई, परंतु दार्शनिक तौर पर देवी के उद्‌भव को आध्यात्मिकता के निम्न स्तर का परिणाम माना गया। इस तरह सिर्फ यौन विधियों से ही श्रेष्ठता प्राप्ति संभव थी।

तंत्रवाद के दो मुख्य भाग हैं-तथाकथित वामाचार एवं दक्षिणाचार पंथ। दक्षिणाचारी प्रथाएं वामाचारियों जैसी अतिवादी नहीं हैं तथा उनके कर्मकांड वामाचारियों जैसे होने के बावजूद उनका मात्र सांकेतिक (भौतिक नहीं) क्रियान्वयन होता है। दोनों ही पंथों में जाति-भेद अमान्य है तथा इच्छुकों को जटिल दीक्षा कर्मकांडों से गुजरना पड़ता है। वामाचारी सैद्धांतिक कर्मकांडीय रूप वाले हिंदू धर्म के सामाजिक नियमों एवं निषेधों की बलपूर्वक खिल्ली उड़ाते हैं। यह प्रयास सांसारिक अस्तित्व की सीमाओं से मुक्ति पाने तथा महत्तर आध्यात्मिक शक्ति प्राप्ति से संबंधित है।

आरंभ में तंत्रवाद के कामुक तथा गोपनीय क्रियाकलाप सिर्फ पूर्ण-दीक्षितों की मुक्ति तकनीक थे। तांत्रिक कर्मकांडीय मैथुन में स्त्री सहायक (शक्ति की प्रतीक) की भक्तिपूर्ण आराधना के पश्चात् यौन क्रियाओं के दौरान भी अपनी पवित्रता को बरकरार तथा मस्तिष्क को निष्क्रिय रखना होता था। तांत्रिक ध्यान योग के सर्वोच्च रूप में मादा योनि, ब्रह्मांडीय गर्भ, जो कि संपूर्ण सृजन का स्रोत है, प्रतिनिधित्व करती है। मुक्ति के उपरांत शुद्धतम चेतना के आनंद में मग्न आत्माओं का ब्रह्मांडीय सार में विलय हो जाता है। अधिक आध्यात्मिक महत्व वाले ज्यामिति संकेतक प्रकृति वाले यंत्रों का भी उपयोग होता था। उन्हें अगम्य दैवी निकाय के ठोस साकार रूप में माना जाता था। यंत्रों का दृश्य रूप तथा मंत्रों का ग्रंथ रूप में प्रयोग होता है।

यंत्रों के माध्यम से श्रद्धालुगण ब्रह्मांडीय शक्तियों में कर्मकांडीय हिस्सेदारी निभाते हैं। एक केंद्र बिंदु के साथ अनेक आपस में गुंथे हुए त्रिभुजों वाला त्रियंत्र सर्वश्रेष्ठ ज्ञात उदाहरण था, जो शाश्वत एकरूप ब्रह्म का प्रतीक था।

शून्य ही सत्य और प्रकृति होने पर सहजिया तांत्रिकों ने मंत्रों, ग्रंथों, मूर्तियों तथा ध्यान के उपयोग को नकार दिया। शून्य को परिभाषित करने एवं इसकी आध्यात्मिक अस्पष्टता ने अनेक अतिवादी यौन आचारों को बढ़ावा दिया।

ब्राह्मण साहित्य

महाकाव्य

रामायण

परंपरा के अनुसार रामायण 500 ई.पू. के लगभग लिखी गई थी। वाल्मीकि को इस महान ग्रंथ का रचयिता माना जाता है। लेखन की दो-तीन सदियों पश्चात् यह वर्तमान रूप में आया, पर आज इसके कई पाठांतर मौजूद हैं।

इसके सात मंडलों में प्रथम तथा अंतिम सबसे परवर्ती हैं। प्रथम मंडल में राम के विष्णु-अवतार माने जाने से इसके बाद में लिखे जाने का पता चलता है, पर कई कथाएं काफी पुरानी हैं जिनमें से कुछ का संबंध मगध तथा कौशल जनपदों से है।

महाभारत

मूलतः '*जय संहिता*' नाम से ज्ञात *महाभारत में हरिवंश पुराण* (हरि अथवा विष्णु की वंशावली) तथा *भगवद् गीता* (ईश्वर का गीत) शामिल हैं। परंपरानुसार यह कृष्ण द्वैपायन अथवा व्यास विरचित है।

इसे पूरा होने में कई सदियां लगीं। यद्यपि भगवद गीता एवं अन्य क्षेपक बाद में जोड़े गए परंतु मुख्य हिस्से का अंतिम संकलन तीसरी या दूसरी सदी ई.पू. तक हो चुका था। *महाभारत* में वर्णित महान युद्ध का ऐतिहासिक आधार संभवतः 9वीं सदी ई.पू. में उत्तर भारत में हुआ एक युद्ध है। इसके 18 खंड हैं। इसके परिशिष्ट हरिवंश के तीन हिस्से हैं जिनमें सृजित यादवों की वंशावली, मिथकों, रोमांचक कार्यों तथा कृष्ण एवं गोपियों के प्रेम का वर्णन है। *महाभारत* का हिस्सा होने के दावे के बावजूद ये काफी बाद में रचित हैं तथा शैली में लोकप्रिय *पुराणों* के समकक्ष हैं।

गीता में देवकी नंदन कृष्ण के विचार हैं तथा यह घोषणा है कि धर्म-परायण सदाचार यज्ञकर्ता पुरोहितों को दान देने से ज्यादा प्रभावी है।

पुराण

परंपरानुसार *पुराण* पांच चीजों की व्याख्या करते हैं-

(i) विश्व की रचना,
(ii) इसका ध्वंस तथा पुनर्सृजन,
(iii) देवताओं तथा मान्य पुरुषों की वंशावलियां,
(iv) मत्वंतरों अर्थात मनु की विभिन्न शासन अवधियों, एवं;
(v) सूर्य तथा चंद्र राजवंशों का इतिहास।

यद्यपि कई आख्यान काफी प्राचीन हैं परंतु 18 पुराणों में से एक भी गुप्त काल से पूर्व का नहीं है। 18 पुराण हैं–*विष्णु, अग्नि, भविष्य, भागवत, नारदीय, गरुड़, पद्म, कराह, मत्स्य, कूर्म, लिंग, शिव, स्कंद, ब्रह्म, ब्रह्माड, ब्रह्मवैवर्त, मार्कण्डेय*, तथा *वामन*। कुछ श्रेणियों में वायु को *अग्नि पुराण* की जगह तथा अन्य में *शिव पुराण* की जगह माना गया है। संभवतः *वायु पुराण* प्राचीनतम है, कुछ अन्य 15वीं 16वीं सदी तक लिखे जाते रहे हैं, परंतु लगभग सभी का बारंबार लेखन तथा सुधार हुआ।

पुराणों ने निरक्षरों तथा शिक्षा से वंचित नारियों के लिए उपनिषदीय शिक्षाओं का प्रचार करने में महान सहायता की।

धर्मशास्त्र या स्मृतियां

इनमें सम्मिलित हैं-

1. धर्म का स्रोत;
2. चतुर्वर्णों एवं आश्रमों के कर्तव्य;
3. मनुष्य के विविध संस्कार;
4. चारों वर्णों के कर्तव्य और वृत्तियां;
5. राजा के कर्तव्य तथा जिम्मेदारियां, कर प्रणाली नियम, स्वामित्व, संरक्षण, गवाही, ऋण, चुकती तथा जमा, विभिन्न अपराधों के लिए दंड, विभाजन, उत्तराधिकार;
6. अवैध जन्म, मृत्यु तथा अन्य कारण;
7. श्राद्धों के प्रकार, आहार नियम, स्त्रियों के कर्तव्य तथा उनका धर्म, नियम तथा शर्तें, तथा;
8. पाप तथा इसका विमोचन, प्रायश्चित के प्रकार।

स्मृतियों में इन सभी विषयों की विवरणात्मक तथा व्यवस्थित व्याख्या है। तीन मुख्य स्तर हैं - आचार, व्यवहार तथा प्रायश्चित।

मुख्य स्मृतियां

1. मनु स्मृति प्राचीनतम तथा सबसे मान्य है। आचार, व्यवहार तथा प्रायश्चित से संबंधित इसके 12 प्रभाग हैं। इसे सभी परवर्ती स्मृतियों का आधार माना गया है। मेधा तिथि, गोविंदराज तथा कुल्लक भट्ट ने इस पर कुशल सीमाएं लिखी हैं। वर्तमान रूप में यह मनु के शिष्यों में से एक भृगु द्वारा लिखित है।
2. महत्वानुसार दूसरे स्थान पर *याज्ञवक्य स्मृति* में आचार, व्यवहार तथा प्रायश्चित संबंधित 3 खंड हैं। मोटेतौर पर मनु से सहमति के बावजूद नियोग, उत्तराधिकार तथा धूर्त जैसे मुद्दों पर इसके अलग विचार हैं। इस पर लिखित बालाकृत अपारार्क तथा मिताक्षर की उपयोगी सीमाओं में मिताक्षर की टीका सर्वाधिक मान्य एवं आलोचनापूर्ण है।
3. *पराशर स्मृति* अपने उत्तरवर्ती विचारों के कारण कलियुग के लिए सर्वाधिक उपयुक्त माना गया है। यह सिर्फ आचार तथा प्रायश्चित से संबंधित है। यह चारों वर्णों में अपधर्मों की घोषणा करता है, जैसे-ब्राह्मणों के लिए कृषि, वाणिज्य एवं व्यापार आदि। इस पर लिखी गई माध्वाचार्य की काफी लोकप्रिय टीका में राजधर्म व्यवहार का वर्णन है।
4. *नारद स्मृति* के दो पठांतर मौजूद हैं। यह सिर्फ व्यवहार से संबंधित है। हालांकि यह मनु की लगभग अनुकृति है पर विशेष स्थितियों में नियोग, स्त्री-पुनर्विवाह तथा 18 कानूनी प्रभागों में द्यूत क्रीड़ा की अनुमति नवीन तत्व का आगमन है।
5. *वृहस्पति स्मृति* में आचार, व्यवहार तथा प्रायश्चित से संबंधित 7 खंड हैं। यह *मनुस्मृति* का अनुकरण करती है तथा इसमें परिशिष्ट के रूप में ज्ञात है।
6. *कात्यायन स्मृति* मनु बृहस्पति तथा नारदीय स्मृतियों से काफी निकट रूप से संबंधित है। विशेष रूप से इसमें स्त्रीधन की व्याख्या है।

अंगिरस, दक्ष, प्रजापति, मरीचि यम, विश्वामित्र, व्यास, संग्राहकार तथा सामावर्त की अन्य स्मृतियों का भी जिक्र किया जा सकता है।

षड्‌दर्शन

दर्शन शब्द 'दृष्टि' से निकला है, जिसका अर्थ है-देखना या सोच। यद्यपि भारतीय दर्शन धार्मिक विश्वासों से काफी गहरे संबद्ध है, फिर भी एक हिंदू के लिए नास्तिक होना संभव है। विश्व के रचयिता ईश्वर के अस्तित्व से इनकार करने के कारण कुछ पारंपरिक दर्शन नास्तिक भी थे। पुनर्जन्म को स्वीकारने के बावजूद भी एक देवता द्वारा शून्य से विश्व की रचना को न मानना भी संभव था।

बुद्ध तथा महावीर के उद्‌भव के पश्चात् छह आस्तिक धार्मिक-दार्शनिक प्रणालियों का उद्‌भव हुआ। अनेक मुद्दों पर मतभेद के बावजूद सभी ने वेदों को मान्यता दी तथा आस्तिक, एक देववादी, नास्तिक तथा द्वैत विचार रखे। फिर भी इन पद्धतियों में से एक भी कट्टर पंथ का रूप न ले सकी।

इनके मतभेदों के बावजूद इन्हें विभिन्न कोणों से देखे गए एक सत्य का पूरक माना गया है।

इन पद्धतियों के वास्तविक या अनुमानित संस्थापकों के बारे में कुछ भी ज्ञात नहीं है तथा उनके नाम व्यक्तियों की जगह संभवतः पूरी पद्धतियों का प्रतिनिधित्व करते हैं। हर पद्धति में अपने संस्थापक के लिए एक सूत्र है।

छहों पद्धतियां सामान्यतः युग्मों में संयोजित हैं–*सांख्य* (बौद्धिक ज्ञान पर आधारित) तथा *योग* (ज्ञानेंद्रियों पर अंतर्भूत तत्वों के नियंत्रण पर आधारित); *वैशेषिक* (इंद्रियानुभूत ज्ञान पर आधारित प्रयोगधर्मी विचार) तथा *न्याय* (द्वंद्व

वाद पर आधारित तार्किक सोच); *वेदांतर* (आध्यात्मिक अनुमानों पर आधारित) तथा *मीमांसा* (पवित्र ग्रंथों पर आधारित दैवीय तथा कर्मकांडीय सोच)।

प्रत्येक धाम की दूसरी पद्धति आध्यात्मिक ग्रंथ की अपेक्षा एक 'विधि' ज्यादा है। पारंपरिक छह पद्धतियों के बाहर शैव सिद्धांत जैसी पद्धतियां भी हैं।

बौद्ध, जैन तथा चर्वाक तीन मुख्य नास्तिक पद्धतियां हैं। प्रथम दो वेदों को न मानने के बावजूद भविष्य में जीवन के किसी-न-किसी रूप को स्वीकारती हैं, परंतु भौतिकवादी चर्वाक दोनों ही से इनकार करता है।

सांख्य

सांख्य का शाब्दिक अर्थ है–'गणना'। अर्द्ध-मिथकीय मुनि कपिल द्वारा प्रस्थापित यह द्वैत सत्यवादी दर्शन है। प्राचीनतम प्राप्त सांख्य ग्रंथ ईश्वर-कृष्ण (तीसरी या चौथी सदी ई.) की '*संख्या कारिका*' है।

इस पद्धति में जिन दो अंतिम शाश्वत सत्यों को पहचाना गया है, वे हैं-पुरुष एवं प्रकृति। प्रकृति एकल, सर्वव्याप्त तथा जटिल पदार्थ है जो विश्व में अगणित विविध रूपों में विकसित होती है। सत्, रज तथा तम दूसरे तीन महत्वपूर्ण घटक अथवा गुण हैं। प्रत्येक गुण के अपने विशिष्ट लक्षण हैं, जो कुछ हद तक दूसरे की प्रकृति के विरुद्ध होने पर भी सदा सह-अस्तित्वमान, संयुक्त एवं सहयोगबद्ध होकर विश्व की प्रत्येक वस्तु का निर्माण करते हैं। पुरुष तथा प्रकृति के संयोग से नवीन विश्व का आविर्भाव होता है जिसका एक लंबी प्रक्रिया में प्रकृति द्वारा स्तरीकरण होता है। आरंभ में सांख्य दर्शन अनीश्वरवादी था। बाद में योग पद्धति के प्रभाव के कारण (जिससे ये संबंधित हुआ था) फिर भी यह आस्तिक बन गया।

योग

सांख्य से अनेक समानताएं रखने वाला योग एक आस्तिक दर्शन है। शाश्वत आत्मा से ही वैयस्तिक आत्मा का जन्म होता है। सांख्य की इस मान्यता से योग भी सहमत है। जैसा कि श्वेताश्वतर उपनिषद कहता है कि सांख्य ज्ञान है और योग इसका अनुप्रयोग योग पद्धति सांख्य का दैनिक प्रयोग करती है।

पातंजलि को योग सूत्रों का प्रणेता माना जाता है। यौगिक अभ्यास के आठ चरण हैं- 1. यम (संयम), 2. नियम, 3. आसन (जिसमें सबसे सामान्य पद्मासन है), 4. प्राणायाम-श्वास नियंत्रण की तकनीक, 5. प्रत्यहार 6. धारण-केंद्रित करना, 7. निर्बाध ध्यान तथा, 8. संपूर्ण तल्लीनता की स्थिति, समाधि।

योग दर्शन में शाश्वत परम सत्ता स्थिर दैवी सिद्धांतों अथवा प्रकृति एवं पुरुष को निकट लाने में सक्षम है जिससे ब्रह्मांडीय प्रक्रिया का आरंभ होता है।

योग सिखाता है कि सामान्यत: महसूस होने वाली चेतना के कई अन्य स्तर भी हैं तथा इन्हीं स्तरों के वास्तविक अनुभव से मनुष्य पूर्ण भौतिक तथा आध्यात्मिक क्षमता अर्जित कर सकता है।

वैशेषिक

पौराणिक ऋषि कणाद (उलूक भी कहा जाता है) द्वारा प्रस्थापित तथा वैशेषिक सूत्रों पर आधारित (100 ई.) यह पद्धति आरंभ में अनीश्वरवादी थी।

आरंभिक वैशेषिकों ने ब्रह्मांड के परमाण्विक रूप की उद्घोषणा की। यह इस धारणा पर आधारित था कि आत्मा, चेतना, समय, स्थान तथा मस्तिष्क को छोड़कर विश्व की प्रत्येक वस्तु अणुओं के विभिन्न संयोगों से बनी प्रत्येक अणु अपनी छोटी-से-छोटी स्थिति को प्राप्त करने के पश्चात् भी भौतिक पदार्थ बना रहता है। वैशेषिक दर्शन का न्याय में विलय हो गया। विश्व तथा इसकी प्रत्येक वस्तु के शाश्वत अणुओं के विभिन्न योगों से ईश्वर के माध्यम से अस्तित्वमान होने की मान्यता के साथ यह भी आस्तिक दर्शन हो गया।

न्याय

गौतम अवथा गौतम अक्षपाद द्वारा संस्थापित यह तार्किक वस्तुवादी दर्शन है। यह संभवत: द्वितीय सदी ई. में रचित न्याय सूत्र पर आधारित है।

न्याय दर्शन में पांच धाराएं हैं- 1. प्रस्तावना 2. कारण, 3. उदाहरण, 4. सारांश, 5. निष्कर्ष।

न्याय शिक्षा के अनुसार विचार, विश्वास, सोच तथा भावनाएं सभी मस्तिष्क पर आश्रित हैं क्योंकि बिना इसके उन्हें सोचना संभव नहीं होगा। हम जानें अथवा न जानें (सोचें अथवा न सोचें) फिर भी पशु पादप, नदी, पर्वत, घर, स्मारक आदि मस्तिष्क पर निर्भर न होने के कारण भी मौजूद हैं।

9वीं सदी अथवा थोड़ा पहले (तथा शायद कुछ शैव प्रभाव के कारण) वैशेषिक के न्याय में विलय के पश्चात् ये आस्तिक दर्शन बन गया।

वेदांत

वेदांत का अर्थ है-वेदों का अंत अथवा वैदिक कल्पना, सिद्धांतों का शिखर। 200 से 450 ई. के बीच बदरायण द्वारा प्रवर्तित 'ब्रह्मसूत्र' या 'वेदांत सूत्र' इसके आधार ग्रंथ हैं।

पूर्व तथा उत्तर-मीमांसा के साथ पारंपरिक वेदांत में वेदों की सबसे वृहत टीकाएं हैं। अद्वैत, विशिष्टत तथा द्वैत वेदांत की मुख्य धाराएं हैं।

गौड़पाद तथा तथा अद्वैत वेदांत के संस्थापक शंकर इसके पहले व्यवस्थापक थे। इसमें महायान बौद्ध धर्म की अनेक मान्यताएं शामिल हैं, जिसमें शून्यवाद का सिद्धांत प्रमुख है। शंकर द्वारा प्रतिपादित सिद्धांत छांदोग्य उपनिषद के प्रसिद्ध अवतरण '*तत्वागासि*' पर आधारित था।

मीमांसा

इसका अर्थ आलोचनात्मक परीक्षण अथवा परावर्तन द्वारा किसी समस्या का हल है उपनिषदीय शिक्षाओं पर आधारित आदि मीमांसा को उत्तरवर्ती तथा ज्यादा जटिल वेदांत उत्तर-मीमांसा या ब्रह्म-मीमांसा से अलग करने के लिए इसे 'पूर्व मीमांसा' भी कहा जाता है। जैमिनी द्वारा परिवर्तित इस नास्तिक पद्धति को '*मीमांसा सूत्र*' में इकट्ठा किया गया है। वेदों को शाश्वत तथा अपरिवर्तित मानने के कारण इसने हिंदू परंपरा में लगभग सर्वमान्य इस ब्रह्माण्डीय विचार को अस्वीकार किया कि सृष्टि विश्व आवर्ती कुंभ में अस्तित्वमान होकर निर्दिष्ट समय के पश्चात् अव्यस्त रूप बन जाती है। मीमांसा के अनुसार विश्व हमेशा बिना किसी आरंभ अथवा अंत के मौजूद रहा है।

मंदिर

वैदिक काल में मंदिरों अथवा मूर्तियों का प्रचलन नहीं था। उपनिषदोत्तर काल में मंदिरों के निर्माण के पूर्व ज्यादातर कर्मकांड पशु बलि से संबंधित थे। उनका निष्पादन या तो खुली जगह में होता था या अस्थायी संरचनाओं में।

इनके निर्माण पर तीसरी सदी ई. पूर्व से बनने वाले बौद्ध-चैत्य सभागृहों तथा पत्थर से काट कर बनाए गए पूजा स्थलों का प्रभाव पड़ा। यह शैली हजार वर्ष से भी अधिक समय तक स्थापत्य रूपों को प्रभावित करती रही।

क्षयशील पदार्थों से निर्मित होने के कारण अभी कोई भी प्राक्-गुप्त काल का मंदिर दृढ़ रूप में मौजूद नहीं है।

7वीं ई. सदी तथा पश्चात् मंदिर निर्माण गतिविधि व्यापक तौर पर आरंभ हुई।

हिंदू ब्रह्मांड विद्या

इसके अनुसार श्रेणीक्रम में विश्व चक्रायमान है। एक ब्रह्मदिवस 930 लाख मानव वर्षों के बराबर है तथा कल्प कहलाता है। ब्रह्म-रात्रि भी इतनी ही अवधि की है। एक ब्रह्मवर्ष ऐसे 360 रात्रि-दिवसों से मिलकर बना है तथा उनकी जीवन आयु एक सौ दैवी वर्ष है जो 3,11,04,00,000 लाख वर्षों के बराबर है। इस लंबी अवधि के उपरांत ब्रह्मांड का लोप हो जाता है तथा कल्पों, युगों उपरांत द्वितीयक सृजनकर्ता ईश्वर के आगमन पश्चात् पुनः नया सृजन होता है। अपने दिवस समय में ब्रह्मा सर्वभूत पदार्थ से ब्रह्मांड रचते हैं तथा अंततः स्वयं में ही समाहित कर लेते हैं जो रात्रिकाय के दौरान सुषुप्तावस्था में (जब तक कि इस प्रक्रिया का पुनः आरंभ न हो) रहता है।

प्रत्येक दो चक्र के बीच लंबी विराम-अवधि होती है तथा हर कल्प को 14 दीर्घ विधि मन्वंतरों में बांटा गया है। विराम अवधि के बाद सर्वथा नए मनु के मानवों के पुरखा रूप में नए विश्व का उद्भव होता है। अभी विश्व वैवश्वत मनु के तहत सातवें मन्वंतर में है।

प्रत्येक मन्वंतर 71 महायुगों तथा प्रत्येक महायुग चार युगों- सत्; त्रेता, द्वापर तथा कलियुग क्रमशः 4800, 3000, 2400 तथा 1200 दैवी वर्ष के एक दैवी वर्ष 360 मानवी में विभाजित है। ये युग सोना-चांदी, ताम्र अथवा लोहा नामक धातुओं से भी तुल्य है। अभी कलियुग है जिसमें अच्छाई, दयालुता, गुण, न्याय, शक्ति, दीर्घ जीविता तथा हर्ष अपने न्यूनतम स्तर पर है। वर्तमान युग का आरंभ 3102 ई.पू. में हुआ जो महाभारत युद्ध की पारंपरिक तिथि भी है। स्वर्ण युग में शत् प्रतिशत, रजत युग में तीन-चौथाई, ताम्र अथवा कांस्य युग में आधे तथा वर्तमान मिलावटी लौह-युग में मात्र एक-चौथाई लोग धर्मपरायण है।

अभ्यास प्रश्न

1. बौद्ध धर्म में तथागत का क्या अर्थ था?
   (a) जिसने सांसारिक जीवन त्याग दिया हो।
   (b) जिसने इच्छाओं पर विजय प्राप्त की हो।
   (c) जो मध्य मार्ग का अनुसरण करता हो।
   (d) जिसने सत्य को प्राप्त कर लिया हो।
2. जैन दर्शन किस नाम से जाना जाता है?
   (a) पुद्गल (b) सांख्य
   (c) समचारी (d) स्यादवाद
3. प्रसिद्ध जैन विद्वान हेमचंद्र का संरक्षक कौन था?
   (a) सिद्धराज (b) कुमारपाल
   (c) तेजपाल (d) विमल
4. निम्नलिखित वाक्यों पर ध्यान दें–
   कथन: बौद्ध धर्म अकर्मण्यता की शिक्षा देता है, अर्थात्–गतिविधियां त्याग देना, कम चीजों की इच्छा करना, कम काम करना।
   तर्क: बौद्ध धर्म में निर्वाण का शाब्दिक अर्थ है–तृष्णा के सभी रूपों तथा इससे होने वाली पीड़ा का सदा के लिए अंत।
   कूट:
   (a) 'कथन' तथा 'तर्क' दोनों सत्य हैं तथा 'तर्क' 'कथन' की व्याख्या करता है।
   (b) 'कथन' तथा 'तर्क' दोनों सत्य हैं, पर 'तर्क' 'कथन' की व्याख्या नहीं करता है।
   (c) 'कथन' सत्य है, पर 'तर्क' गलत है।
   (d) 'कथन' असत्य है, पर 'तर्क' सत्य है।
5. पारंपरिक छह भारतीय दर्शनों में से कौन-सा दर्शन जैन दर्शन के काफी समीप है?
   (a) न्याय (b) सांख्य
   (c) मीमांसा (d) वैशेषिक
6. निम्नलिखित हिंदू देवताओं में से किनको बाद के जैनों ने 63 शलाका पुरुषों की सूची में संलग्न किया जिन्होंने विश्व के इतिहास को कई प्रकार से प्रभावित किया?
   कूट:
   (i) इंद्र (ii) वासुदेव कृष्ण
   (iii) बलराम (iv) अग्नि
   (a) उपरोक्त सभी (b) (i) और (ii)
   (c) (ii) और (iii) (d) (iii) और (iv)
7. बुद्ध के जीवन की कौन-सी घटना पूर्णिमा के दिन नहीं घटी?
   (a) जन्म (b) मृत्यु
   (c) बौद्धत्व (d) परित्याग
8. महावीर की मृत्यु के बाद जैन संप्रदाय का प्रथम थेर कौन बना?
   (a) जंबू (b) संभूतविजय
   (c) स्थूलबाहु (d) सुधर्मण
9. बुद्ध का पतिच्च-समुपाद चार आर्य सत्यों में से किसमें हैं?
   (a) प्रथम (b) द्वितीय
   (c) तृतीय (d) चतुर्थ
10. जैन धर्म के प्रारंभिक इतिहास के दृष्टिकोण से महत्वपूर्ण ग्रंथ '*कल्पसूत्र*' की रचना किसने की थी?
   (a) स्थूलबाहु (b) भद्रबाहु
   (c) संभूतविजय (d) देवार्धि क्षमाश्रमण
11. निम्नलिखित कथनों पर ध्यान दें–
   (i) महावीर का विश्वास था कि ईश्वर ने इस विश्व की रचना की है तथा इस पर उसका नियंत्रण है।
   (ii) सजीव और निर्जीव सभी वस्तुओं में अलग-अलग मात्रा में जागरुकता मानते थे।
   (iii) वेदों के प्रभाव, वैदिक कर्मकांडों तथा ब्राह्मणों के प्रभुत्व को नहीं मानते थे।
   (iv) उच्चतम आत्मिक अवस्था प्राप्त करने के लिए कठोर तपस्या की सलाह देते थे।
   कूट
   (a) उपरोक्त सभी (b) (i), (ii) और (iii)
   (c) (ii), (iii) और (iv) (d) (ii), (ii), और (iv)
12. निम्नलिखित में से किसके होने पर भी बौद्ध संघ में प्रवेश मिल सकता था?
   (a) कोढ़, यक्ष्मा जैसी छूत की बीमारी से प्रभावित होने पर।
   (b) सार्वजनिक जीवन से सेवानिवृत्त होने पर।
   (c) अपराधी घोषित किए जाने पर।
   (d) कर्ज वापस करने की असमर्थता पर।
13. बुद्ध के जीवन को बदलने वाले चार दृश्यों का सही घटनाक्रम क्या है?
   (a) वृद्धावस्था, बीमारी, मृत्यु तथा संन्यास
   (b) बीमारी, वृद्धावस्था, मृत्यु तथा संन्यास
   (c) मृत्यु, संन्यास, बीमारी तथा वृद्धावस्था
   (d) संन्यास, मृत्यु, बीमारी तथा वृद्धावस्था

14. पश्चिम भारत के किस स्थान में अधिकतम बौद्ध प्रतिष्ठान हैं, जहां लगभग 136 गुफाएं हैं?
(a) कार्ले (b) कन्हेरी
(c) अजंता (d) जुनार

15. अशोक ने रुम्मिनदेई स्तंभ बुद्ध की किस स्मृति में बनावाया?
(a) जन्म (b) बौद्धत्व
(c) प्रथम उपदेश (d) मृत्यु

16. प्राचीनतम उपलब्ध बौद्ध स्तूप कहां स्थित हैं?
(a) सांची (b) सारनाथ
(c) बोध गया (d) अमरावती

17. निम्न कथनों पर ध्यान दें–
महायानवादी
(i) बुद्ध की मूल शिक्षा से अलग हो गए।
(ii) आत्मानुशासन तथा आत्मचिंतन के द्वारा व्यक्तिगत मोक्ष प्राप्त करना चाहते थे।
(iii) बुद्धों तथा बोधिसत्वों की पारलौकिकता में विश्वास रखते थे तथा उनकी मूर्तियों की पूजा करते थे।
(iv) माध्यमिक तथा योगाचार नामक दो दार्शनिक प्रणालियों को विकसित किया।

इनमें से:
(a) (i), (ii) और (iii) सत्य हैं।
(b) (ii), (iii) और (iv) सत्य हैं।
(c) (i), (iii) और (iv) सत्य हैं।
(d) (i), (ii) और (iv) सत्य हैं।

18. नागार्जुन की शिक्षा 'शून्यवाद' ने हिंदू धर्म के किस एक महत्वपूर्ण दर्शन को प्रभावित किया?
(a) वल्लभ का शुद्धाद्वैत
(b) शंकर का अद्वैत
(c) माधव का द्वैत
(d) रामानुज का विशिष्ट द्वैत

19. बोध गया के मूल पीपल वृक्ष (बोधि वृक्ष) को किसने नष्ट किया?
(a) बख्तियार खिलजी
(b) पुष्यमित्र शुंग
(c) शशांक
(d) मिहिरकुल

20. इनमें से कौन-से युग्म सुमेलित हैं:

	तलिका-I	**तालिका-II**
(i)	जन्म	घोड़ा
(ii)	परित्याग	सांड
(iii)	ज्ञान	बोधि वृक्ष
(iv)	प्रथम उपदेश	आठ कमानियों का चक्र
(v)	मृत्यु	स्तूप

कूट:
(a) उपरोक्त सभी
(b) (i), (ii), (iii) और (iv)
(c) (ii), (iii) और (iv)
(d) (iii), (iv) और (v)

21. छठी शताब्दी ई.पू. के किस गैर-परंपरावादी विद्वान का विचार था कि पुनर्जन्म की प्रक्रिया शक्तिशाली अलौकिक प्रणाली, नियति के द्वारा नियंत्रित होती है?
(a) संजय बेलाठीपुर
(b) अीत केशकांबलिन
(c) गोसाल मरवली
(d) पूरण कश्यप

22. बौद्ध धर्म के अनुसार निम्नलिखित में से कौन-सी प्रकृति विश्व की तीन विभाजनों में से एक नहीं है?
(a) स्थायी (b) दुःख
(c) नश्वर (d) आत्माविहीन

23. बौद्ध धर्म का त्रिशूलनुमा संकेत किसका संकेतक नहीं है?
(a) निर्वाण (b) संघ
(c) बुद्ध (d) धम्म

24. महायान बौद्धवाद के किस ग्रंथ में इस संप्रदाय के सभी प्रमुख महत्वपूर्ण सिद्धांत स्थापित किए गए हैं?
(a) *ललितविस्तार* (b) *सद्धर्म पुण्ड्रिक*
(c) *सुखवाटिव्यूह* (d) *करंडव्यूह*

25. महावीर के अनुयायियों का मूल नाम क्या था?
(a) जैन (b) अर्हंत
(c) निर्ग्रंथ (d) केवलिन

26. निम्नलिखित में से कौन-सा शब्द जैन धर्म के त्रिरत्नों में से एक नहीं है?
(a) पूर्ण ज्ञान (b) मनन
(c) कर्म (d) मुक्ति

27. निम्नलिखित में से कौन-सा सिद्धांत जैन धर्म का नहीं है?
(a) शून्यवाद (b) अनेकांतवाद
(c) न्यायवाद (d) स्यादवाद

28. जैन भिक्षुओं के नियमों की चर्चा करने वाला समाचारी किस ग्रंथ में है?

(a) *छेदसूत्र* (b) *मूलसूत्र*
(c) *कल्पसूत्र* (d) *नंदीसूत्र*

29. जैन धर्म के जीवों के वर्गीकरण के अनुसार चींटियों में कितनी इन्द्रियां होती हैं?

(a) पांच (b) चार
(c) तीन (d) दो

30. जैन धर्म के एक-इंद्रिय वर्गीकरण के अनुसार पौधों, पृथ्वी, जल तथा अग्नि में सिर्फ एक कौन-सा अनुभव होता है?

(a) दृश्य (b) स्वाद
(c) गंध (d) स्पर्श

31. श्रवणबेलागोला में 982 ई. में प्रसिद्ध बाहुबली अथवा गोमतेश्वर की मूर्ति का संस्थापक चामुंडराय किसके दरबार में मंत्री था।

(a) रचमल्ल—एक पश्चिमी गंग शासक
(b) विष्णुवर्धन—एक होयसाल शासक
(c) ककुत्सवर्मन—एक कदंब शासक
(d) बिज्जलाराय—एक पश्चिमी चालुक्य शासक

32. निम्न कथनों पर ध्यान दें—

रामायण:

(i) *महाभारत* से काफी बड़ी है।
(ii) सात खंडों में है, इनमें से प्रथम और सप्तम बाद में लिखे गए हैं।
(iii) परंपरा के अनुसार वाल्मीकि ऋषि द्वारा लिखी गई है।
(iv) ऐतिहासिक दृष्टिकोण से *महाभारत* से पुरानी है।

इनमें से:

(a) सभी सत्य हैं।
(b) (i), (ii) और (iii) सत्य हैं।
(c) (ii) और (iii) सत्य हैं।
(d) (iii) और (iv) सत्य हैं।

33. वैष्णव धर्म के पंचरात्र संप्रदाय का सस्थापक कौन था?

(a) शांडिल्य (b) कश्यप
(c) कौंडिल्य (d) मतंग

34. कौन-सा शैव संप्रदाय प्राचीनतम है?

(a) कापालिक (b) कालमुख
(c) पाशुपत (d) कनफटा

35. वासुदेव कृष्ण का प्राचीनतम अभिलेखीय साक्ष्य क्या है?

(a) जूनागढ़ शिलालेख
(b) इलाहाबाद स्तंभ अभिलेख
(c) बेसनगर स्तंभ अभिलेख
(d) बराबार गुफा अभिलेख

36. यंत्र क्या हैं?

(a) शक्तिवाद के अनुयायियों के कर्मकांड।
(b) तंत्रवाद के पवित्र ग्रंथ।
(c) तंत्रवादियों द्वारा पूजा-पाठ में प्रयुक्त ज्यामितीय सांकेतिक नमूने।
(d) शाक्तवादियों द्वारा उच्चरित अत्यंत शक्तिशाली शब्द।

37. सुमेलित कर दिए कूटों से उत्तर चुनें—

तलिका-I	**तालिका-II**
A. कलियुग	(i) स्वर्ण युग
B. द्वापरयुग	(ii) रजत युग
C. त्रेतायुग	(iii) ताम्र युग
D. कृतयुग	(iv) लौह युग

कूट:

	A	**B**	**C**	**D**
(a)	(i)	(ii)	(iii)	(iv)
(b)	(iii)	(iv)	(i)	(ii)
(c)	(ii)	(iii)	(iv)	(i)
(d)	(iv)	(iii)	(ii)	(i)

38. 'योग' के प्रथम क्रमबद्ध प्रतिपादन का श्रेय किसको है?

(a) पातंजलि (b) जैमिनी
(c) कणाद (d) गौतम

39. किस दर्शन को भेदाभेद भी कहा जाता है?

(a) द्वैतवाद (b) अद्वैतवाद
(c) विशिष्टाद्वैतवाद (d) द्वैताद्वैतवाद

40. किस एक शैव संप्रदाय में अलौकिक शक्ति द्वारा मोक्ष की बात की गई है?

(a) पाशुपत (b) वीरशैव
(c) आगमंत (d) अघोरी

41. किस शैव संप्रदाय के मृतकों को उत्तर की ओर मुख करके बैठने की मुद्रा में दफनाया जाता है?

(a) लिंगायत (b) पाशुपत
(c) गोरखनाथी (d) अघोरी

42. निम्नलिखित युगों को सही कालक्रम में सजाएं

(i) द्वापर (ii) सत
(iii) कलि (iv) त्रेता

कूट:
(a) (iv), (i), (ii), (iii) (b)(ii), (iv), (i), (iii)
(c) (ii), (i), (iv), (iii) (d) (i), (iv), (iii), (ii)

43. दक्षिण भारत के नयनारों को क्या कहा जाता है?
(a) अदियार (b) शाक्त
(c) अघोरी (d) कनफटा

44. जंगम कौन थे?
(a) कश्मीरी शैववाद के अनुयायी
(b) वीर शैववाद के पुजारी
(c) कापालिक संप्रदाय की महिला सदस्य
(d) शैव मंदिरों की नर्तकियां

45. किस शैव संप्रदाय के अनुयायियों को ध्यान की अवस्था में दफनाया जाता है, जिनकी कब्रों को समाध कहा जाता है?
(a) पाशुपत (b) कापालिक
(c) गोरखनाथी (d) कालमुख।

46. सुमेलित कर दिए कूटों से उत्तर चुनें:–

तालिका-I	**तालिका-II**
A. सांख्य	(i) द्वंद्व पर आधारित तार्किक विचार
B. योग	(ii) ऐंद्रिक अनुभवों पर आधारित प्रयोगात्मक विचार
C. वैशेषिक	(iii) पवित्र ग्रंथों पर कर्मकांडीय विचार
D. न्याय	(iv) बौद्धिक ज्ञान पर आधारित द्विविध विचार
E. वेदांत	(v) इंद्रियों तथा आंतरिक क्षमता के नियंत्रण पर आधारित
F. मीमांसा	(vi) गूढ़ विचारों पर आधारित चिंतन

कूट:

	A	B	C	D	E	F
(a)	(i)	(v)	(iii)	(iv)	(ii)	(vi)
(b)	(iii)	(vi)	(ii)	(i)	(v)	(iv)
(c)	(ii)	(i)	(vi)	(iii)	(iv)	(v)
(d)	(iv)	(v)	(ii)	(i)	(vi)	(iii)

47. *महाभारत* के बारे में कौन-से कथन सत्य हैं?
(i) इसके लेखक कृष्ण द्वैपायन (जिन्हें व्यास भी कहा जाता है) थे।
(ii) इसमें 90,000 से ज्यादा छंद हैं तथा यह 18 भागों में विभक्त है।
(iii) हरिवंश भी महाभारत के अंतर्गत है लेकिन इसे काफी बाद में जोड़ा गया है तथा इसकी रचना शैली पुराणों जैसी है।
(iv) *भगवद् गीता* भी इसी का अंग है, हालांकि इसे बाद में जोड़ा गया है।

कूट:
(a) (i) और (ii) (b) (ii) और (iii)
(c) (i) , (iii) और (iv) (d) उपरोक्त सभी

48. भगवान विष्णु के सुदर्शन चक्र में कितने अर (spokes) हैं?
(a) आठ (b) बारह
(c) छह (d) चौबीस

49. कौन-सा वैष्णव संप्रदाय अत्यंत कर्मकांडी था?
(a) वैखनास (b) श्री वैष्णव
(c) पंचरात्र (d) भागवत

50. वामचर और दक्षिणचर क्या थे?
(a) शाक्तवाद के दो मुख्य कर्मकांड
(b) तंत्रवाद के दो मुख्य भाग
(c) वीर शैववाद के पुरुष और महिला सदस्य
(d) गौरखनथी संप्रदाय के पुजारी

51. निम्नलिखित वाक्यों पर ध्यान दें–
कथन: संकर्षण, प्रद्युम्न तथा अनिरुद्ध की पूजा में गुप्तकाल से पतन प्रारंभ हो गया।
तर्क: गुप्त काल में विष्णु के अवतार प्रसिद्ध हो गए तथा उनका प्रभाव बढ़ गया।
उपरोक्त वाक्यों के संदर्भ में निम्नलिखित में से कौन सत्य हैं?
(a) 'कथन' एवं 'तर्क' दोनों सत्य हैं पर 'तर्क' 'कथन' की व्याख्या करता है।
(b) 'कथन' एवं 'तर्क' दोनों सत्य हैं पर 'तर्क' 'कथन' की व्याख्या नहीं करता है।
(c) 'कथन' सत्य हैं परंतु 'तर्क' असत्य है।
(d) 'कथन' असत्य हैं, परंतु 'तर्क' सत्य है।

52. इनमें से कौन सुमेलित हैं?
(a) प्रसेनजीत-मगध (b) प्रद्यौत-कोशल
(c) कालाशोक-अवंती (d) उदयन-वत्स

53. छठी शताब्दी ई.पू. का जीवक कौन था?
(a) अजातशत्रु का प्रतिभाशाली मंत्री
(b) बिंबिसार का निजी वैद्य जिसे अवंती के राजा की चिकित्सा के लिए भेजा गया था।
(c) अंग का शासक जिसे बिंबिसार ने पराजित किया।
(d) मगध के धननंद का प्रधानमंत्री।

54. फारस के किस राजा ने सर्वप्रथम भारत के एक क्षेत्र पर अधिकार किया, जो उसका बीसवां क्षत्रप बना?
(a) डेरियस प्रथम (b) साइरस
(c) डेरियस द्वितीय (d) जेरेक्स

55. 600-300 ई.पू. के बीच के काल के आहत सिक्कों पर कौन से चिह्न नहीं होते थे?
(a) पहाड़ी (b) वृक्ष
(c) मछली (d) घुड़सवार

56. मगध का कौन-सा शासक वैशाली की प्रसिद्ध नर्तकी आम्रपाली के प्रेम में पड़ गया?
(a) बिंदुसार (b) महापद्म
(c) अजातशत्रु (d) शिशुनाग

57. सुमेलित कर दिए गए कूटों से उत्तर चुनें:-

तलिका-I (बौद्ध परिषद)	**तालिका-II (स्थान)**
A. प्रथम	(i) पाटलिपुत्र
B. द्वितीय	(ii) गिरिव्रज
C. तृतीय	(iii) काश्मीर
D. चतुर्थ	(iv) वैशाली

कूट:

	A	B	C	D
(a)	(iv)	(ii)	(iii)	(i)
(b)	(ii)	(iv)	(iii)	(i)
(c)	(iv)	(ii)	(i)	(iii)
(d)	(ii)	(iv)	(i)	(iii)

58. प्रथम बौद्ध परिषद के बारे में कौन-से कथन सत्य हैं?
(i) यह बुद्ध के जीवनकाल में आयोजित की गई।
(ii) इसका उद्देश्य बुद्ध की शिक्षाओं की शुद्धता को बरकरार रखना था।
(iii) आनंद तथा उपालि ने क्रमशः सुत्र पिटक और विनय पिटक को स्थापित किया
(iv) इसको संस्कृत में संचालित किया गया

कूट:
(a) उपरोक्त सभी (b) (i), (ii) और (iii)
(c) (i) और (iv) (d) (ii) और (iii)

59. चतुर्थ बौद्ध परिषद के बारे में निम्नलिखित में से कौन-सा/से कथन असत्य है/हैं?
(i) इसका आयोजन हर्ष के संरक्षण से हुआ।
(ii) इसका उद्देश्य बौद्ध धर्म के 18 संप्रदायों में उत्पन्न विरोधों को दूर करना था।
(iii) इसमें बौद्ध धर्म का विभाजन हीनयान और महायान में हुआ।

कूट:
(a) (i) और (iii) (b) (ii) और (iii)
(c) सिर्फ (i) (d) केवल (iv)

60. सुमेलित कर दिए गए कूटों से उत्तर चुनें–

तलिका-I	**तालिका-II**
A. बुद्धचरित	(i) नागसेन
B. सूत्रालंकार	(ii) अश्वघोष
C. मिलिंद पन्हों	(iii) नागार्जुन
D. माध्यमिक कारिक	(iv) असांग

कूट:

	A	B	C	D
(a)	(iii)	(i)	(ii)	(iv)
(b)	(i)	(ii)	(iv)	(iii)
(c)	(iv)	(iii)	(ii)	(i)
(d)	(ii)	(iv)	(i)	(iii)

उत्तरमाला

1. (d)	2. (d)	3. (b)	4. (d)	5. (b)	6. (c)	7. (d)
8. (d)	9. (b)	10. (b)	11. (c)	12. (b)	13. (a)	14. (d)
15. (a)	16. (b)	17. (c)	18. (b)	19. (c)	20. (d)	21. (c)
22. (a)	23. (a)	24. (b)	25. (c)	26. (b)	27. (a)	28. (c)
29. (b)	30. (d)	31. (a)	32. (c)	33. (a)	34. (c)	35. (c)
36. (c)	37. (d)	38. (a)	39. (d)	40. (a)	41. (a)	42. (b)
43. (a)	44. (a)	45. (c)	46. (d)	47. (d)	48. (c)	49. (a)
50. (b)	51. (a)	51. (d)	53. (b)	54. (a)	55. (d)	56. (c)
57. (d)	58. (d)	59. (c)	60. (d)			

अध्याय 5

मौर्य साम्राज्य

5.1 स्त्रोत

परिचय– भारत के भूतकाल के बारे में हमारी समझ ईसा पूर्व चौथी शताब्दी के अंतिम चतुर्थांश में ही स्पष्ट होने लगती है। इस काल के दौरान उत्तरी भारत में मगध की शक्ति का विस्तार हुआ, जो धीरे-धीरे उप-महाद्वीप के बड़े भागों में व्याप्त हो गया। मगध की सर्वोच्चता अपने चरमोत्कर्ष पर मौर्य शासन (विशेषत: महानतम मौर्य शासक अशोक के शासन काल, 227-233 ईसा पूर्व) के दौरान पहुँची। बड़ी संख्या में स्त्रोतों की उपलब्धता के कारण मौर्यकाल प्राचीन भारतीय इतिहास के सर्वाधिक ज्ञात चरणों में से एक का प्रतिनिधित्व करता है। मौर्यकालीन भारत के इतिहासकार मेगस्थनीज के विवरणों (वर्तमान में लुप्त किंतु उत्तरकालीन उद्धरणों व सारांशों में परिरक्षित), कौटिल्य के '*अर्थशास्त्र*', अशोक के अभिलेखों की समृद्ध जानकारियों, बौद्ध ग्रंथों में अशोक से जुड़े आख्यानों (यद्यपि उत्तरकालीन), ऐतिहासिक कला तथा पुरातात्विक सामग्री का उपयोग करने की स्थिति में हैं।

परिवर्तित दृष्टिकोण एवं जिज्ञासाएँ–मौर्य इतिहास हेतु स्त्रोतों के चयन के सम्बन्ध में इतिहासकारों के दृष्टिकोण एवं जिज्ञासाओं में रोचक परिवर्तन आया है। कौटिल्य के अर्थशास्त्र पर इतिहासकारों की निर्भरता में कमी आई है। डॉ. ट्राटमैन द्वारा किये गये इस ग्रंथ के सांख्यकीय विश्लेषण से ज्ञात होता है कि यह लगभग तीसरी सदी में अपने वर्तमान आकार में आया तथा इसे किसी काल विशेष या लेखक विशेष के साथ नहीं जोड़ा जा सकता। हालांकि इससे मौर्य राजव्यवस्था पर रचित इस प्रसिद्ध कृति की सामग्री के उपयोग में कठिनाई आती है किंतु इस ग्रंथ का पूर्ववर्ती खंड (अध्यक्ष प्रकरण) कुछ न्यूनाधिक रूप में मौर्यकाल से ही जुड़ा माना जाता है। मौर्य काल को जानने के लिए अर्थशास्त्र का उपयोग इसी पूर्ववर्ती खंड तक सीमित है।

मेगस्थनीज की '*इंडिका*' के विवरणों एवं सारांश में भिन्नता से भी एक प्रमुख स्त्रोत के रूप में इसकी विश्वसनीयता के बारे में संदेह पैदा होता है। दूसरी ओर अशोक के शासन काल की हमारी जानकारी अवश्य बढ़ी है क्योंकि कई लेखों की निरंतर खोज जारी है और ये अभी भी भारत के सबसे प्राचीन लिखित अभिलेख माने जाते हैं। अशोक के लघु शिलालेखों एवं शिलालेखों के नये रूपान्तरों से मौर्यकाल पर नया प्रकाश पड़ता है।

अशोक के यूनानी व अरामाइक लेखों का महत्व–यूनानी, अरामाइक एवं यूनानी-अरामाइक (द्विभाषी) भाषाओं व लिपियों में पाये गये अशोक के लेख सबसे प्रभावशाली प्रमाण हैं, जो अफगानिस्तान (लगमान से दो अरामाइक लेख पुल-ई-दरुन्ता से एक पाषाण पट्टिका, शार-ए-कुना से यूनानी-अरामाइक द्विभाषी अभिलेख तथा कंधार से एक अरामाइक लेख) तथा पाकिस्तान में तक्षशिला से मिले हैं। लेखों की प्राप्ति के विस्तृत स्थलों से मौर्यकाल के व्यापक विस्तार का पता चलता है जिसे स्वयं अशोक द्वारा 'महालक' (विस्तृत) की संज्ञा दी गयी थी। अफगानिस्तान एवं तक्षशिला से अशोक के अरामाइक व यूनानी लेखों की खोज में इस बारे में कोई संदेह नहीं रह जाता कि अशोक अराकोसिया, एरिया पेरीपोमिसदाई तथा जेड्रोशिया पर नियंत्रण रखता था। ये प्रदेश ईसा पूर्व 301 में ही सेल्यूकस द्वारा चन्द्रगुप्त मौर्य को सौंपे गये थे।

अशोक के लेखों की विविधता–अशोक के लेखों की वृहत शृंखला (जिनमें एक व्यक्ति अपने अधीनस्थों या अधिकारियों को संबोधित करता है) से इन अभिलेखों की विषय सूचियों में विविधता का पता चलता है। इससे वास्तव में नहीं किंतु यह प्रभाव दर्शाया गया है कि ये लेख संभवत: एक केन्द्रीय या मुख्य दस्तावेज थे जिन्हें पाटलिपुत्र में सम्राट स्वयं तैयार करता था। बाद में इन लेखों को केन्द्रीय संदेशों के ढांचे में स्थानीय शासकों द्वारा अपनी जरूरतों के अनुसार अंगीकृत, विस्तारित एवं संक्षपित कर लिया जाता था। सम्राट द्वारा स्वयं भी अपने लेखों को विस्तत (विस्तृत) माज्झिम (मध्यम आकार) एवं सम्खित (संक्षिप्त) के रूप में वर्गीकृत किया जाता था। यूनानी व अरामाइक लेख कुछ हद तक अशोक के वाह्मी व खरोष्ठी लिपियों में लिखे प्राकृत अभिलेखों में प्राप्त विचारों एवं आदर्शों का ही अनुवाद, व्याख्या एवं सारांश थे।

संचार एवं यातायात का वृहत तंत्र–यद्यपि भारत से बाहर तक फैले मौर्य साम्राज्य में सम्पर्क की समस्याएँ अवश्यम्भावी थीं, फिर भी अशोक के लेखों का फैलाव व वितरण इस बात का स्पष्ट संकेत देता है कि साम्राज्य के भीतर संचार एवं अन्तर्सम्पकों का एक तंत्र मौजूद था।

- लमगान से प्राप्त एक अरामाइक लेख में कुछ ऐसे विषय हैं, जो अन्य अधिकांश लेखों में नहीं हैं। यदि लमगान से प्राप्त एक अन्य लेख के साथ पढ़ा जाए तो यह एक शाही मार्ग (कारापथि, जैसे–राज्यपथ) तथा इसकी देखभाल से जुड़े अधिकारियों के बारे में बताता है, जिनके कार्य को सराहनीय माना जाता था।
- लमगान लेखों में उल्लिखित दूरियों व स्थानों के नाम संभवत: मार्ग निर्देशक संकेतों एवं चौकियों का प्रमाण देते हैं।
- लमगान लेखों में इरातोस्थनीज (अशोक का एक ज्येष्ठ समकालीन) के विवरणों से ज्ञात होता है कि एक मौर्य राजमार्ग पश्चिम एशिया को पालिब्रोथा (पाटलिपुत्र) के साथ जोड़ता था।
- शास्त्रीय लेखकों के उद्धरण भी स्पष्ट करते हैं कि मौर्य शासक सड़क तंत्र की समुचित देखभाल करते थे और मार्गों पर दूरी व दिशा निर्देशक चिन्ह स्थापित करते थे।
- अरामाइक अभिलेख भी स्पष्ट करते हैं कि अशोक के अभिलेखों में काल निर्धारण पद्धति अशोक के राज्याभिषेक की तारीख से गिने गये व्यतीत वर्ष में थी।

5.2 चन्द्रगुप्त तथा बिन्दुसार

चंद्रगुप्त मौर्य (321 -297 ई.पू.)–चंद्रगुप्त ने 25 वर्ष की आयु में कौटिल्य, जिसे चाणक्य अथवा विष्णुगुप्त भी कहा जाता है, की सहायता से अंतिम नंद शासक (घननंद) को गद्दी से हटाकर पाटलिपुत्र पर अधिकार स्थापित किया। गंगा की घाटी को अपने नियंत्रण में लाने के बाद वह उत्तर-पश्चिम की ओर मुड़ा। उसने सिंधु तक के क्षेत्रों को आसानी से अपने अधीन कर लिया। वहां से वह वापस मुड़ा तथा 321 ई.पू. तक नर्मदा के उत्तर के क्षेत्रों पर अधिकार कर लिया। लेकिन 305 ई.पू. में उसे पुन: उत्तर-पश्चिम जाना पड़ा, जब उसने सेल्युकस निकेटर (सिकंदर का सेनापति, जिसने मकदूनियाई साम्राज्य के अधिकतर एशियाई प्रांतों पर अधिकार कर लिया था) के विरुद्ध अभियान प्रारंभ किया। सन् 303 ई.पू. की एक संधि द्वारा मौर्यों के पक्ष में युद्ध का अंत हुआ। इस संधि के द्वारा चंद्रगुप्त (जिसे यूनानी 'सैण्ड्रोकोट्स' कहते थे) ने सेल्युकस को 500 हाथियों का उपहार देकर सिंधु नदी के पार के क्षेत्रों पर अपना अधिकार स्थापित किया। दोनों के बीच वैवाहिक संबंध भी स्थापित हुए हालांकि यह स्पष्ट नहीं है कि किसकी पुत्री का विवाह किससे हुआ। सेल्युकस का राजदूत मेगस्थनीज पाटलिपुत्र में कई वर्षों तक रहा तथा भारत का भ्रमण किया एवं उसने समकालीन भारत का एक श्रेष्ठ विवरण तैयार किया।

जैन परंपरा (परिशिष्टपर्वन) के अनुसार, अपने जीवन के अंतिम काल में चंद्रगुप्त ने जैन धर्म स्वीकार कर राजगद्दी अपने पुत्र बिंदुसार के पक्ष में त्याग दी। कहा जाता है कि, वह भद्रबाहु एवं कई जैन मुनियों के साथ मैसूर के निकट श्रावणबेलागोला चला गया जहां उसने स्वीकृत जैन परंपरा (संल्लेखना) के अनुसार स्वेच्छा से बिना खाए-पिए अपने शरीर को त्याग दिया।

बिंदुसार (297-272 ई.पू.)–यूनानियों ने बिंदुसार को 'अमित्रोकेट्स' (संस्कृत शब्द 'अमित्रघट' अथवा शत्रुओं का नाश करने वाला से उत्पन्न) कहा है। उसने प्रायद्वीपीय भारत में मैसूर तक मौर्य नियंत्रण स्थापित किया।

तिब्बत के एक बौद्ध भिक्षु तारानाथ के अनुसार जो 16वीं सदी में भारत आया था, बिंदुसार ने 'दो समुद्रों के बीच की भूमि संभवत: अरब सागर एवं बंगाल की खाड़ी, समेत 16 राज्यों को जीता। प्रारंभिक तमिल ग्रंथों में भी सुदूर दक्षिण (तमिलनाडु एवं केरल) में मौर्य आक्रमणों का उल्लेख है। लेकिन इसके आधार पर यह नहीं माना जा सकता कि

चंद्रगुप्त ने सुदूर दक्षिण के क्षेत्रों को मौर्य साम्राज्य में मिला लिया। हालांकि हम मान सकते हैं कि बिंदुसार के अधीन मौर्य साम्राज्य दक्षिण में मैसूर तक था (साहित्यिक स्रोतों के अतिरिक्त मैसूर में अशोक के अभिलेख तथा उन अभिलेखों में दक्षिण भारत में किसी अभियान की चर्चा का अभाव हमारी धारणा को पुष्ट करते हैं)। सुदूर दक्षिण संभवत: मौर्यों की अधीनता को स्वीकार करता था, परंतु मौर्य साम्राज्य का अंग नहीं था।

बिंदुसार के सीरिया के सेल्युसिड राजा के साथ संपर्क थे, जिसका राजदूत देमिएकस मौर्य दरबार में था। बिंदुसार ने एन्टिओकस प्रथम से मीठी मदिरा, सूखे अंजीर तथा मौर्य दरबार के लिए एक कुतर्की (sophist) भेजने का आग्रह किया। उसने कुतर्की के अलावा सारी चीजें भिजवाईं, क्योंकि यूनानी कानून में इसकी अनुमति नहीं थी।

धार्मिक मामलों में बिंदुसार किसी अन्य संप्रदाय की अपेक्षा आजीवक संप्रदाय में अधिक रुचि लेता था। उसके दरबार में एक आजीवक भविष्यवक्ता पिंगलवत्स, था जिसने अशोक के जन्म के समय भविष्यवाणी की थी कि वह राजा बनेगा।

अशोकावदन से ज्ञात होता है कि बिंदुसार के शासनकाल में उच्च अधिकारियों की प्रताड़ना से पीड़ित होकर तक्षशिला के निवासियों ने विद्रोह कर दिया। बिंदुसार ने अशोक को इस विद्रोह को समाप्त करने के लिए भेजा तथा अशोक इसमें सफल रहा। अधिकतर बौद्ध ग्रंथों के अनुसार अशोक अपने पिता की मृत्यु के बाद गद्दी पर अधिकार करने के लिए सीधे उज्जैन से पाटलिपुत्र गया, पर ऐसा लगता है कि वह उज्जैन का उप-राजा बनने से पहले वह तक्षशिला गया था तथा तक्षशिला में उसकी सेवाओं के बदले उसे उज्जैन का उप-राजा बनाया गया था।

5.3 मेगस्थनीज

भूमिका- सेल्युकस निकेटर ने मेगस्थनीज नामक राजदूत चंद्रगुप्त के दरबार में भेजा। काबुल तथा पंजाब की यात्रा करते हुए मेगस्थनीज मौर्य साम्राज्य की राजधानी पाटलीपुत्र पहुंचा। संयोगवश वह देश के उस क्षेत्र को जानता था जिसके लिए उसने यात्रा की थी। उसी के द्वारा अपने भारत के शेष भागों की जानकारी प्राप्त की। यहां की भाषा और रीति-रिवाजों को न जानने के कारण उसके द्वारा प्रस्तुत की गई रिपोर्ट में अनेक कमियां नजर आईं, फिर भी उसकी रिपोर्ट एक ऐतिहासिक साक्ष्य है, जो उसके समय में घटित घटनाओं का वर्णन करती है। मेगस्थनीज द्वारा लिखित *इंडिका* का मूल रूप नष्ट हो चुका है लेकिन उसके कुछ अवशेष अभी स्ट्राबो, एरियन, दायोदोरस तथा अन्य लोगों के लेखों में वर्णित हैं, जो चंद्रगुप्त की नागरिक तथा सैन्य व्यवस्था, इस देश की जलवायु, जानवरों, पौधों तथा लोगों के आचार-विचार का वर्णन करते हैं।

राजधानी नगर तथा राजशाही महल- यूनानी लेखक शाही सड़क का वर्णन करते हैं जो उत्तर-पश्चिम से चलकर पाटलीपुत्र तक आती थी, जिसकी लंबाई 1840 किमी. (1150 मील) थी। हर मील पर एक पत्थर होता था जो साथ की सड़कों और दूरी को इंगित करता था। साम्राज्य की राजधानी पालिमबोथरा या पाटलीपुत्र थी, जो दो नदियों, गंगा तथा सोन, के संगम पर स्थित थी। यह एक बड़ी नगरी थी, जो 9½ मील लंबी तथा 11 मील चौड़ी थी।

राजमहल मुख्यतया लकड़ी का बना हुआ था और वर्तमान के कुमहरार गांव में सभी साज-सज्जा से सुशोभित था। राजमहल बड़े से पार्क से घिरा हुआ था और उसके चारों तरफ खूब छायादार वृक्ष तथा मछली के तालाब थे सोने जैसा चमकीला स्तंभ राजमहल के दरवाजे पर था, जो चांदी की चिड़ियां से सुसज्जित था। पार्क में पालतू मोर तथा तीतर रखे गए थे।

राजा प्राय: राजदरबार में महिला सुरक्षा प्रहरियों के बीच घिरा रहता था और आम लोगों के बीच युद्ध के समय, न्याय सुनाने के लिए, यज्ञ करने के लिए तथा शिकार पर जाते समय ही आता था। उस समय शिकार एक शाही शौक था।

केंद्रीय प्रशासन- प्रशासन के केंद्र में राजा था। मेगस्थनीज का मानना था कि राजा योग्य तथा मेहनती होता था। वह दिन-भर अपने व्यक्तिगत आराम को त्याग कर न्यायालय में रहता था।

प्रशासन का भार राजा और उसके मंत्रिमंडल पर निर्भर था। यूनानी लेखक राजा के मंत्रिमंडल में मंत्रियों की संख्या तथा मूल्यांकनकर्ता की चर्चा करते हैं, जो राजा को लोक प्रशासन में सलाह देते थे। राजा काफी संख्या में खुफिया लोगों को रखता था जो राजा को गुप्त तथा अत्यधिक महत्व की बातों को सूचित करते थे। मेगस्थनीज इन गुप्तचरों को पर्यवेक्षक के नाम से बुलाता है और ये पर्यवेक्षक अपने अधीन अन्य लोगों को नियुक्त करते थे जो उनके सहायक हुआ करते थे।

सैन्य प्रशासन- मेगस्थनीज मौर्यकालीन सैन्य व्यवस्था का विस्तृत वर्णन देता है। इस बड़े साम्राज्य के लिए सैन्य व्यवस्था अत्यधिक जरूरी थी। चंद्रगुप्त की सेना में छह लाख सैनानी थे जो एक युद्ध कार्यालय द्वारा नियंत्रित होते थे। इस युद्ध कार्यालय में 30 सदस्य थे, जो छह समितियों में विभाजित थे। प्रत्येक समिति में 5 सदस्य थे। ये सारी समितियां अलग-अलग विभागों में विभाजित थी, जैसे- पैदल, घुड़सवार, हाथी, रथ, नाव, इत्यादि।

मेगस्थनीज के अनुसार 'सेना' समाज का एक बहुत ही महत्वपूर्ण अंग थी। ये सरकार से नियमित वेतन लेते थे और हथियार तथा गोला बारूद प्राप्त करते थे। सेना को आवश्यकता के अनुसार शस्त्र उपलब्ध थे। रथ हमेशा चार घोड़ों वाले होते थे। हर रथ पर कम-से-कम दो योद्धा तथा एक सारथी हुआ करता था। पैदल सेना मुख्य शस्त्रों को ले जाया करती थी। तीर धनुष तथा भाला अन्य शस्त्र थे।

नगर पालिका तथा स्थानीय प्रशासन- चंद्रगुप्त का नगर पालिका संस्थान राजधानी में स्थित था जो काफी अच्छी व्यवस्था के अनुसार काम करता था। मेगस्थनीज नगर के इन अधिकारियों को अस्तनोमोयी कहा करता था। नगर पालिका संस्थान 30 सदस्यों के मिलने से बना था जो छह समितियों में विभक्त था, प्रत्येक समिति में पांच सदस्य थे।

- पहली समिति औद्योगिक कला, मजदूरी का नियंत्रण, वस्तुओं के निर्माण में शुद्ध पदार्थों का उपयोग इत्यादि से संबंधित सभी मुद्दों को देखती थी। शिल्पकार को बहुत इज्जत दी जाती थी और उनके काम में विघ्न डालने वाले को मृत्यु दंड तक दिया जाता था।
- दूसरी समिति विदेश से आए यात्रियों की आवभगत पर काफी ध्यान देती थी और उनकी गतिविधियों की सूचना लेती थी। यदि कोई विदेशी यात्री बीमार पड़ जाता या उसकी मृत्यु हो जाती तो उसके लिए उपचार की व्यवस्था, उसके दफनाने की व्यवस्था और उसके सामान की हिफाजत की जिम्मेदारी इस समिति की थी।
- तीसरी समिति जन्म तथा मृत्यु का पंजीकरण करती थी ताकि उसी के अनुसार कर लगाया जाए और सरकार को उचित सूचना मिल सके।
- चौथी समिति वाणिज्य एवं व्यापार से संबंधित गतिविधियों को देखती थी जो नियंत्रित बिक्री तथा उचित माप-तौल की इकाइयों के रख-रखाव पर ध्यान देती थी। व्यापारी लाइसेंस कर भी देते थे।
- पांचवीं समिति उत्पादित सामानों पर नियंत्रण रखती थी। पुरानी और नई वस्तुओं में अंतर होता था और उन्हें अलग-अलग बेचा जाता था, जो भी इस नियम का उल्लंघन करता था उनके ऊपर दंड लगाया जाता था।
- छठी समिति का काम बिक्री कर वसूलना था और इस कर की चोरी करने वाले को मृत्यु दंड दिया जाता था।

मेगस्थनीज के अनुसार, जिला प्रशासन, अग्रोनोमायी नामक पदाधिकारियों के नियंत्रण में था। वे लोग सिंचाई की सुविधा, जमीन की माप, जंगल संबंधी कानून, कृषि, खनन तथा धातु संबंधी उद्योगों को नियंत्रित तथा संचालित करते थे। ये अधिकारी करों की वसूली करते, सड़कों की मरम्मत कराते तथा मील के पत्थर गढ़वाते थे ताकि दूरी का पता चल सके।

समाज तथा लोग- मेगस्थनीज ने भारतीय समाज की जातियों को उनके पेशे से जोड़ कर देखा है। उनके अनुसार भारत का समाज सात वर्गों में विभाजित था।

- पहले वर्ग में उस दार्शनिक समुदाय को रखा गया जो ब्राह्मण और साधुओं के मिलने से बना या जिनकी समाज में प्रतिष्ठा काफी अधिक थी किंतु संख्या में वे काफी कम थे। दूसरे वर्ग में कृषक वर्ग था जो समाज का एक बहुत बड़ा अंग था। ये लोग अपनी पैदावार का एक-चौथाई भाग लगान के रूप में राजा को देते थे।
- तीसरा वर्ग शिकारियों, गड़ेरियों तथा जंगलों में घूमने वाले लोगों का था। ये लोग जंगली जानवरों को मारने के पश्चात् वहां की जमीन को कृषि योग्य, बनाते थे। इस काम के लिए राजा उन्हें अनाज तथा पशु देता था।
- चौथा वर्ग शिल्पकारों का था, जो राजा को कर देने से मुक्त था। राजा उन्हें कई प्रकार से सहायता भी देता था।
- पांचवां वर्ग सैनिकों का था जो कृषकों की तुलना में कम संख्या में थे और सरकार ही उनकी देखभाल करती थी।
- छठा तथा सातवां वर्ग उन अधिकारियों का था (पर्यवेक्षक, निर्धारक तथा अधीक्षक) जो विभिन्न विभागों के कार्यों का सर्वेक्षण करते थे। इस वर्ग में गुप्तचरों की बड़ी फौज थी, जो राजा को गुप्त सूचनाएं देते थे।

आम लोगों की ईमानदारी का इसी बात से पता लगाया जा सकता है कि चोरी की घटना शायद ही सुनने को मिलती थी। दंड संहिता बड़ी ही कठोर थी-गलत प्रमाण या साक्ष्य प्रस्तुत करने पर अंग-भंग कर दिया जाता था और राजकीय

शिल्पकारों को छेड़ने पर मृत्यु दंड दिया जाता था। शारीरिक आगत करने पर उसके उसी अंग को भंग कर दिया जाता था और साथ ही उसका हाथ भी काट दिया जाता था।

मेगस्थनीज की सूचना से पता चलता है कि साम्राज्य में शांति व्यवस्था कायम थी। इसका कारण यहां की उपजाऊ भूमि तथा पर्याप्त मात्रा में खनिज भंडार थे। मेगस्थनीज के अनुसार उस समय के लोग किफायती थे और शराब सिर्फ यज्ञ के समय पीते थे। उसका कहना था कि, भुखमरी तथा किसी भी चीज की कमी तात्कालिक भारत को मालूम नहीं थी।

मेगस्थनीज के अनुसार सभी भारतीय स्वतंत्र थे, एक भी दास का कहीं उल्लेख नहीं मिलता। यहां पाए जाने वाले दासों का रूप यूरोप में पाए जाने वाले दासों से भिन्न था।

5.4 अशोक और उसके उत्तराधिकारी

अशोक (268-232 ई.पू.)– 20वीं सदी के प्रारंभ तक अशोक पुराणों में वर्णित मौर्य राजाओं में से एक था। जेम्स प्रिंसेप ने ब्राह्मी लिपि में लिखित 'देवनामपिय पियदस्सी' (देवताओं का प्रिय) का उल्लेख करने वाले राजा का अभिलेख सर्वप्रथम पढ़ा। बाद में इस प्रकार के अन्य कई अभिलेखों की खोज हुई। शुरू में इन्हें अशोक के साथ नहीं जोड़ा गया।

लेकिन 1915 में मास्की अभिलेख प्राप्त हुआ, जिसमें अशोक पियदस्सी का उल्लेख है। इसकी पुष्टि श्रीलंका के ग्रंथ *महावंश* से हुई तथा यह बात स्थापित हुई कि अशोक ने अपने अभिलेखों में पियदस्सी का प्रयोग अपने दूसरे नाम के रूप में किया है। उपलब्ध प्रमाणों (खासकर बौद्ध साहित्यों) से ज्ञात होता है कि बिंदुसार की मृत्यु के बाद अथवा कुछ पहले राजकुमारों के बीच गद्दी के लिए संघर्ष हुआ। इसमें अशोक भी शामिल था। अशोक ने अपने विरोधी भाइयों (कुछ को, सभी को नहीं जैसा कि बौद्ध ग्रंथों में बताया गया है) को समाप्त किया। *दीपवंश* तथा *महावंश* के अनुसार अशोक ने अपने निन्यानवे भाइयों को मार कर सत्ता पर अधिकार किया। इनमें उसका बड़ा भाई सुशीम भी था जो तक्षशिला में विद्रोह के समय वहां का उपराजा था। इन श्रीलंकाई स्रोतों के अनुसार सिर्फ उसका छोटा भाई तिस्स बचा। लेकिन तारानाथ के अनुसार अशोक ने सिर्फ छः भाइयों की हत्या की। स्पष्टतः निन्यानवे की अपेक्षा छः अधिक सत्य प्रतीत होता है। इसके अलावा, वृहत शिलालेख में अशोक उन अधिकारियों का उल्लेख करता है जिन्हें अध्यक्षता के कार्यों के अतिरिक्त उसके भाइयों, बहनों एवं अन्य संबंधियों के परिवारों के कल्याण का कार्य देखना था। उत्तराधिकार की यह लड़ाई चार वर्षों तक चली (272-68 ई.पू.) तथा अपनी स्थिति मजबूत करके ही उसने 286 ई. पू. में अपना राज्याभिषेक किया।

तारानाथ के अनुसार, गद्दी पर बैठने के बाद अशोक कई वर्षों तक भोग-विलास में लिप्त रहा तथा 'कामाशोक' कहा जाने लगा। इसके बाद उसने क्रूरता से शासन किया, जिसके कारण उसे 'चण्डाशोक' कहा गया। अंततः वह बौद्ध बना।

उसके जीवन की सर्वाधिक महत्वपूर्ण घटना कलिंग युद्ध (260 ई.पू.) थी जिसमें वह विजयी रहा। अशोक स्वयं उस संत्रास का वर्णन करता है "डेढ़ सौ हजार लोग मारे गए तथा उससे कई गुना अधिक का नाश हुआ....।" पहले यह माना जाता था कि इस युद्ध के बाद वह नाटकीय ढंग से बौद्ध बन गया, परंतु ऐसा नहीं था। भाबरा अभिलेख से ज्ञात होता है कि दो वर्षों के बाद वह बौद्ध भिक्षु उपगुप्त के प्रभाव के कारण बौद्ध अनुयायी बना। इस अभिलेख में वह बौद्ध संप्रदाय में, बुद्ध में, धम्म में,तथा संघ में विश्वास व्यक्त करता है। यह अभिलेख बौद्ध भिक्षुओं के लिए था, जनता के लिए नहीं। इस अभिलेख में मात्र एक बार वह स्वयं को 'मगध का राजा' कहता है।

तृतीय बौद्ध परिषद का आयोजन 250 ई.पू. पाटलिपुत्र में हुआ था, जिसका अध्यक्ष मोगलिपुत्र तिस्स था। विभज्जवाद (थेरवादी विचारधारा का सिद्धांत) को वास्तविक धर्म माना गया। लेकिन अपने किसी भी अभिलेख में अशोक ने इसका उल्लेख नहीं किया है। विभिन्न बौद्ध स्रोतों में वर्णित जिन विभिन्न घटनाओं में से मात्र एक की पुष्टि अशोक के अभिलेखों से होती है, वह संघ का शुद्धिकरण है।

तृतीय बौद्ध परिषद की समाप्ति के बाद प्रतिष्ठित बौद्ध भिक्षुओं को चुनकर विभिन्न क्षेत्रों में बौद्ध मिशनरी के रूप में भेजा गया। इनमें मज्झांतिक (जिसे कश्मीर और गांधार भेजा गया), महादेव (महिषमंडल) रक्खित (वनवासी) योन धम्मरक्खित (अपरांतक), महाधम्मरक्खित (महारथ) महारक्खित (योन), मज्झिम (हिमालय क्षेत्र) सोन एवं उत्तर (स्वर्णभूमि) तथा महिन्द (लंका) हैं।

धम्मरक्खित के नाम के पहले योन (साधारणतः एक यूनानी के लिए प्रयुक्त) शब्द से ज्ञात होता है कि वह गैर-भारतीय भिक्षु-संभवतः यूनानी या फारसी था। लेकिन उसे भारत के पश्चिम तट पर अपरांतक भेजा जाना चाहिए

हालांकि महारक्खित को योन क्षेत्र में भेजा गया। योन संभवत: उत्तर-पश्चिम की इंडो-ग्रीक बस्तियां हैं, पर तुशष्प (अशोक का गवर्नर) के उल्लेख, जो रुद्रदमन के जूनागढ़ अभिलेख में है, से यह प्रतीत होता है कि पश्चिम भारत में फारसी अथवा यूनानी बस्तियां रही होंगी। अशोक के अभिलेख, खासकर वृहत शिलालेख 11, सुदूर दक्षिण के राज्यों का उल्लेख करते हैं जैसे- चोल, पांड्य, सत्यपुत्र तथा केरलपुत्र इनका उल्लेख प्रचान्त (सीमावर्ती) राज्यों के रूप में हुआ है तथा इन्हें विजित या राज-विषय से अलग माना गया है। अत: संभवत: ये राज्य मौर्य सीमा से बाहर रहकर मौर्यों के साथ मित्रवत संबंध बनाए रखें।

परंपरा के अनुसार (कल्हणा की राजतरंगिणी) कश्मीर मौर्य साम्राज्य का अंग था तथा अशोक ने श्रीनगर शहर की स्थापना की थी। मध्य एशिया में खोतान भी संभवत: मौर्य प्रभाव के अंतर्गत आया था तथा तिब्बती स्त्रोत इस क्षेत्र में अशोक की एक यात्रा का वर्णन करते हैं। अगर खोतान मौर्य साम्राज्य का अंग नहीं था तो भी इन दोनों के बीच मित्रवत् संबंध से इनकार नहीं किया जा सकता। मौर्यों के आधुनिक नेपाल के साथ घनिष्ठ संबंध थे क्योंकि हिमालय की तराई मौर्य साम्राज्य के अंदर थी। अशोक की एक पुत्री का विवाह नेपाल के एक भद्र व्यक्ति के साथ हुआ था।

एक श्रीलंकाई परंपरा के अनुसार मौर्यों तथा श्रीलंका के बीच अत्यंत घनिष्ठ संबंध थे तथा वहां के शासक तिस्स के बारे में बताया जाता है कि उसने स्वयं को अशोक के अनुरूप परिवर्तित किया। मौर्य सम्राट ने अपने पुत्र (महेंद्र) तथा पुत्री (संघमित्रा) को बौद्ध धर्म के प्रचार के लिए श्रीलंका भेजा तथा वे अपने साथ मूल पीपल (बोधि) वृक्ष की एक शाखा भी ले गए थे, जिसके नीचे बुद्ध को ज्ञान प्राप्त हुआ था (बताया जाता है कि यह आज भी श्रीलंका में विद्यमान है जबकि भारत में इसके मूल वृक्ष को गौड़ के शासक शशांक ने सातवीं सदी में नष्ट कर दिया था)।

अपने वृहत शिलालेख XIII में अशोक ने अपने समकालीन हेलेनिक विश्व के शासकों के नाम बताए है, जिनके साथ उसके राजनैतिक, कूटनीतिक तथा अन्य संबंध थे। ये पांच राजा हैं- एंण्टियोक, तुर्मय, अंतिकनी, मक तथा अलिकफ। इन्हें सीरिया का एण्टिओकस II थिओस सेल्युकस निकेटर का पोता) 'मिस्र का टॉलेमी II फिलाडेल्फस, मकदूनिया का एन्टिगोनस गोनातस, सीरीन के मगास तथा एपिरस का एलेक्जेंडर माना गया है। अनेक स्त्रोतों में अशोक के अनेक रिश्तेदारों का उल्लेख मिलता है। अशोक की माता के बारे में निश्चित संकेत *वंशथपकासिनी दिव्यवदन* तथा *अशोकवदन* में प्राप्त होते हैं। *अशोकवदन* में उसे सुभद्रांगी कहा गया तथा उसे चंपा के एक ब्राह्मण की पुत्री बताया गया है।

अशोक के शासनकाल में अधिक समय तक रही उसकी मुख्य रानी असंधमित्त की *महावंश* में प्रशंसा की गई है। असंधमित्त की मृत्यु के बाद तिस्सरक्स को मुख्य रानी बनाया गया। बौद्ध स्त्रोतों में उसे अच्छा नहीं बताया गया है क्योंकि उसने बोधि वृक्ष को नुकसान पहुंचाया था। एक अन्य रानी कारूवाकी का उल्लेख इलाहाबाद स्तंभ के रानी आदेश में प्राप्त होता है जिसमें उसके धार्मिक तथा कल्याणकारी कार्यों का वर्णन है। उसे राजकुमार तिवर की मां बताया गया है जो अभिलेखों में नाम से वर्णित एकमात्र व्यक्ति है। बताया गया है कि वास्तव में रानी तिस्सरक्स का मूल नाम कारूवाकी था तथा उसने मुख्य रानी बनने के बाद अपना नाम परिवर्तित कर लिया था। *दिव्यवदन* में अशोक की एक तीसरी रानी पद्मावती का भी उल्लेख मिलता है। यद्यपि पद्मावती कभी भी मुख्य रानी नहीं थी, परंतु वह युवराज कुणाल की मां थी जिसे धर्मविवर्धन भी कहा गया है। *राजतंरगिणी* में अशोक के एक अन्य पुत्र जालीक का उल्लेख है, पर उसकी मां का नाम नहीं बताया गया है। हमें अशोक की दो पुत्रियों के बारे में जानकारी है जिनमें से एक श्रीलंकाई स्त्रोतों की संघमित्रा थी। दूसरी चारुमति थी जिसका विवाह नेपाल के क्षत्रिय देवपाल के साथ हुआ था। अशोक के पौत्रों में से दो का उल्लेख बार-बार मिलता है। ये हैं- सम्प्राति (कुणाल का पुत्र) तथा दशरथ।

अशोक के शासन काल के अंतिम वर्ष की निम्न घटना *महावंश* में वर्णित है। उसके शासनकाल के 29वें वर्ष में उसकी मुख्य रानी असंघमित्त की मृत्यु हो गई। इसके चार वर्ष बाद, 237 ई.पू. उसने तिस्सरक्स को मुख्य रानी बनाया। दो वर्ष बाद राजा की बोधि वृक्ष के प्रति भक्ति से ईष्यालु होकर उसने उसमें एक जहरीला कांटा चुभा दिया, जिससे यह पेड़ सूख गया। अशोक इससे बहुत दु:खी हुआ तथा अत्यंत परिश्रम के बाद वह पेड़ के एक छोटे से हिस्से को बचाने में सफल रहा। इस कहानी को फाह्यान ने भी दुहराया है पर उसने रानी का नाम नहीं बताया है।

परवर्ती मौर्य (232-184 ई.पू.)

परवर्ती मौर्यों के बारे में जानकारी काफी कम है तथा जो भी जानकारी है वह भ्रामक तथा अनिश्चित है जिसके कारण उनके इतिहास का पुनर्गठन कठिन है। बौद्ध तथा जैन

साहित्यों के अलावा हमें परवर्ती मौर्यों के बारे में पुराणों से भी जानकारी मिलती है, पर इनमें मतैक्य नहीं है। पुराणों में भी एक-से-दूसरे पुराण में काफी विभिन्नता है। परंतु सारे पुराण एक चीज के बारे में एक मत हैं कि मौर्य वंश 137 वर्षों तक रहा। अत: तीन मौर्यों के 90 वर्ष निकालकर परवर्ती मौर्यों के 47 वर्ष रहते हैं।

अशोक की मृत्यु के बाद मौर्य साम्राज्य पश्चिमी तथा पूर्वी, दो भागों में विभाजित हो गया। पश्चिमी भाग पर कुणाल (अशोक का पुत्र) तथा उसके बाद कुछ समय के लिए सम्प्राति का शासन था। बाद में इस पर उत्तर-पश्चिम से बैक्ट्रियन-ग्रीक तथा उत्तरी दक्कन से सातवहन तथा अन्य के द्वारा खतरा उत्पन्न हो गया। राज्य के पूर्वी भाग, जिसकी राजधानी पाटलिपुत्र थी, पर दशरथ (संभवत: अशोक का पौत्र) का शासन था।

दशरथ का उल्लेख *मत्स्य पुराण* के अलावा उसके द्वारा आजीवकों को प्रदत्त नागार्जुनी पहाड़ी गुफाओं में भी है। दशरथ देवनामप्रिय द्वारा तैयार करवाए गए तीन अभिलेखों से ज्ञात होता है कि ये गुफाएं उसने सत्ता संभालते ही बनवाईं थीं।

सम्प्राति का भी उल्लेख *मत्स्य पुराण* के अलावा बौद्ध तथा जैन साहित्यों में कुणाल के पुत्र के रूप में हुआ है। जैन परंपरा के अनुसार वह अशोक का पोता था तथा उसने जैन धर्म को प्रश्रय दिया। कहा जाता है कि उसे सुहास्तिन ने जैन बनाया था, जिसके बाद उसने इस धर्म को एक शासक का सहयोग एवं प्रोत्साहन प्रदान किया।

गांधार तथा काश्मीर के साथ-साथ उत्तर-पश्चिमी प्रांतों का शासन कुणाल के हाथ में था। संभवत: कुणाल ने धीरे-धीरे अपनी सीमाओं का विस्तार किया तथा साम्राज्य के पश्चिमी प्रांत को भी इसमें सम्मिलित कर लिया।

पुराणों के अनुसार दशरथ का शासनकाल आठ वर्षों का था। इससे निष्कर्ष निकल सकता है कि उसकी मृत्यु के समय उसका उत्तराधिकारी इतना वयस्क नहीं था जो बिना किसी संरक्षक के शासन कर पाता। इन्हीं स्त्रोतों के अनुसार कुणाल का भी शासनकाल आठ वर्षों का था। उसकी मृत्यु भी दशरथ की मृत्यु के समय के लगभग ही हुई होगी जिसके कारण पश्चिम के शासक सम्प्राति ने पाटलिपुत्र पर अधिकार कर साम्राज्य का पुन: एकीकरण किया। यह घटना 223 ई.पू. की है।

परंतु संभवत: राज्य का विघटन पहले ही प्रारंभ हो चुका था। जैन स्त्रोतों के अनुसार सम्प्राति उज्जैन तथा पाटलिपुत्र से शासन करता था। इससे प्रतीत होता है कि पश्चिमी भाग की राजधानी उत्तर से हटाकर उज्जैन बना दी गई। इसके बाद के दशकों में सीरिया के एंटिओकस III तथा बैक्ट्रिया के यूथिदेमस के बीच संघर्ष हुआ जिसमें बैक्ट्रिया एक मजबूत शक्ति के रूप में उभरकर उत्तर-पश्चिमी भारत के लिए खतरा बन गया। इस बात की काफी संभावना है कि जब सम्प्राति स्वयं को पाटलिपुत्र में स्थापित करने में व्यस्त था उस समय सिंधु के पार के क्षेत्र साम्राज्य से अलग हो गए। धीरे-धीरे ध्यान का केंद्र मगध बन गया तथा मौर्य साम्राज्य की मुख्य शाखा अपने अंतिम दिनों में पाटलिपुत्र में सिमटकर रह गई तथा साम्राज्य के दूरस्थ क्षेत्रों को बिखरने से नहीं रोक सकी। सम्प्राति के 9 वर्षों के शासन के बाद सलिशुक राजा बना जिसने 13 वर्षों तक शासन किया। सलिशुक के उत्तराधिकारी सोमवर्मन अथवा देववर्मन ने 7 वर्षों तक शासन किया। मौर्य वंश के अंतिम दो शासक शतधन्वन, जिसने 8 वर्षों तक शासन किया तथा वृहद्रथ जिसने 7 वर्षों तक शासन किया। वृहद्रथ की हत्या पुष्यमित्र शुंग ने की।

5.5 अशोक के अभिलेख तथा उनके स्थल

अशोक के आदेश

ईस्ट इंडिया कंपनी के जेम्स प्रिंसेप द्वारा 1837 में इन्हें पहली बार पढ़े जाने के बाद इनके महत्व का पता लगा तथा यह भी ज्ञात हुआ कि इनका लेखक अशोक है। इनमें से अधिकतर प्रजा के लिए अशोक की घोषणाएं हैं तथा एक छोटे समूह में उसके द्वारा बौद्ध धर्म की स्वीकृति तथा बौद्ध संघ से उसके संबंधों का उल्लेख है। अशोक के आदेशों एवं अभिलेखों से न सिर्फ अशोक के व्यक्तित्व का वरन् उसके शासनकाल की मुख्य घटनाओं का पता चलता है।

अशोक के अभिलेख- (a) प्राकृत भाषा (जिसकी क्षेत्रीय विविधताएं हैं) तथा ब्राह्मी लिपि, (b) उत्तर-पश्चिमी प्राकृत तथा खरोष्ठी लिपि, (c) यूनानी भाषा तथा लिपि एवं (d) अरेमिक भाषा तथा लिपि में हैं।

अशोक के विभिन्न आदेश पत्रों अथवा अभिलेखों का विभाजन उन सतहों के अनुसार हुआ है जिन पर उन्हें उत्कीर्ण किया गया है-शिला, स्तंभ और गुफा। इन अलग-अलग सतहों का अलग-अलग उद्देश्य था एवं इसके कारण अशोक के अभिलेखों की स्थिति तथा उनके सारांश एक खास पैटर्न का अनुसरण करते हैं।

साम्राज्य की सीमाओं पर वृहत शिलालेख लगे हुए हैं, जिनमें नव-विजित बंगाल की खाड़ी क्षेत्र के दो कलिंग अभिलेख भी हैं। चौदह वृहत शिलालेखों का विषय व्यापक है। शुरू के दो अभिलेखों में पशु वध तथा चिकित्सकीय एवं कल्याण कार्यों के प्रावधानों का उल्लेख है। फिर नैतिकता एवं प्रशासन में धम्म के प्रयोग, धम्म की प्रकृति तथा प्रेम, कर्मकांड एवं सहनशीलता पर इसके प्रभावों की चर्चा है। अंत में कलिंग युद्ध तथा इसके प्रभावों का उल्लेख है।

कलिंग के दो अभिलेख (जिन्हें अभिलेख XV और XVI भी कहा गया है) तीन अभिलेखों (मानव के बंधुत्व एवं प्रेम पर XI धार्मिक सहिष्णुता पर XII, एवं कलिंग युद्ध तथा 'हृदय परिवर्तन' पर XIII के स्थान पर हैं। इन दो अभिलेखों में विजित क्षेत्र के प्रशासनिक अधिकारियों को नैतिकता, न्याय प्रशासन, पड़ोसी राज्यों के भय को कम करने तथा अंतराष्ट्रीय शांति स्थापित करने की समस्याओं पर ध्यान देने को कहा गया है।

वृहत स्तंभ लेख साम्राज्य के महत्वपूर्ण शहरों में तथा सड़कों के किनारे लगे हैं। तीन स्तंभ पाटलिपुत्र से हिमालय तक बौद्ध धर्म से संबंधित धार्मिक स्थलों पर लगे हैं। इनके विषयों का पैटर्न सरल है- शुरू के दो अभिलेखों में धम्म की प्रकृति, तीसरे में अपराध तथा इच्छा को रोकने के लिए धम्म का प्रयोग, नैतिकता एवं न्याय को प्रोत्साहन, भोज एवं पशु वध के अधिनियम तथा अंत में नैतिकता को प्रोत्साहित करने वाला एक अभिलेख (टोपरा स्तंभ के संदर्भ में इसकी संख्या दी है)।

लघु शिलालेख अधिकांशतः साम्राज्य के दक्षिण तथा मध्य में स्थित हैं। ये सामान्य बौद्ध के रूप में अशोक की गतिविधियों, नीतिशास्त्र की व्यावहारिक संहिता तथा अंततः बौद्ध भिक्षुओं के प्रति एक आदेश, लघु शिलालेख III-धम्म के ऊपर बौद्ध ग्रंथों से संबद्ध हैं।

दो लघु स्तंभ लेख तथा दो स्तंभ अभिलेख (नेपाल में) बौद्ध धर्म से संबद्ध हैं। बराबर की पहाड़ियों में प्राप्त गुफा अभिलेख बरसात के मौसम में बौद्ध भिक्षुओं को समर्पित है।

चौदह वृहत शिलालेख अलग-अलग रूप में दस (कलसी, गिरनार, सोपारा, धौली, जीगड़ा, येर्रागुडी, सन्नति, शहबाजगढ़ी, मानशेरा तथा कंधहार) स्थानों पर मिले हैं। इनमें से सात पाठ प्राकृत और ब्राह्मी में, दो प्राकृत और खरोष्ठी में तथा एक ग्रीक में है। सभी चौदह शिलालेखों में आदेश नहीं हैं। दो स्थानों (धौली तथा जौगड़ा) पर शिलालेख XI, XII और XIII के स्थान पर कलिंग आदेश हैं। ये दोनों आदेश अन्यत्र (सन्नति) में भी प्राप्त हुए हैं।

प्राकृत तथा ब्राह्मी में लिखित अशोक के तीन लघु शिलालेख हमें ज्ञात हैं। इनमें से पहला, प्राकृत एवं ब्राह्मी में लिखित–सत्रह स्थानों (सहसराम, रूपनाथ, गुजर्रा, पंगुदरिया, अहरौरा, दिल्ली के निकट बहापुर, बैराठ, ब्रह्मगिरि, सिद्दपुर, जतिंग-रामेश्वर, मस्की, गविमठ, पल्किगुण्डु, नित्तुर, उदेगोलम, येर्रागुडी तथ राजुला मंदगिरि) से प्राप्त हुआ है। इनमें से सात (ब्रह्मगिरि, सिहपुर, जतिंग, रामेश्वर, नित्तुर, उदेगोलम, येर्रागुडी तथा रजुला-मंदगिरि) स्थानों से प्रथम लघु शिलालेख के साथ-साथ द्वितीय लघु शिलालेख प्राप्त हुआ है। तृतीय लघु शिलालेख बैराठ से प्राप्त हुआ है।

प्रथम लघु शिलालेख के सिर्फ तीन पाठों (मस्की, गुजर्र तथा नित्तुर) तथा द्वितीय लघु शिलालेख के दो पाठों (नित्तुर एवं उदेगोलम) में 'अशोक' नाम लिखा हुआ है। इनमें से अधिकतर संस्करणों में राजा प्रियदर्शी तथा अथवा देवनामप्रिय कहा गया है। उसके सभी शेष अभिलेखों में दोनों में से एक या दोनों नाम देखने को मिलते हैं।

छह आदेशों की शृंखला वृहत स्तंभ अभिलेखों पर उत्कीर्ण हैं, जो पांच स्थानों से प्राप्त हुई हैं-मेरठ (14वीं शताब्दी में दिल्ली लाया गया) तथा कौशांबी (इलाहाबाद ले जाया गया) उत्तर प्रदेश में, बिहार में लौरिया-अरेराज, लौरिया-नंदनगढ़ तथा रामपुरवा। एक छठा स्तंभ, जिस पर छह आदेशों के अतिरिक्त सातवां आदेश भी उत्कीर्ण है, पूर्वी पंजाब के टोपरा में था जिसे 14 वीं सदी में दिल्ली लाया गया। प्रथम छह आदेशों के पाठ लगभग समान हैं।

इलाहाबाद स्तंभ पर, जो कि मूलतः कौशांबी (आधुनिक कोसम) में था, दो अतिरिक्त आदेश हैं- *प्रथम*, जिसे लघु स्तंभ लेख I कहा जाता है, भोपाल के पास सांची तथा उत्तर प्रदेश में सारनाथ में भी पाया गया है। तीनों स्थानों पर अभिलेख ठीक ढंग से नहीं रखे गये हैं तथा पाठों में भी बहुत अंतर है। सारनाथ स्तंभ पर एक और आदेश है जिसे लघु स्तंभ लेख II कहा गया है। इलाहाबाद-कोसम स्तंभ के द्वितीय अतिरिक्त आदेश को कभी-कभी लघु स्तंभ लेख III भी कहा जाता है। यह अशोक की एक रानी द्वारा दिए गए दानों का उल्लेख करता है अतः इसे रानी का आदेश भी कहा जाता है। दो स्तंभ लेख नेपाल में प्राप्त हुए हैं- *एक*, बुद्ध के जन्म स्थान-रुग्मिनदेई मंदिर-के पास तथा *दूसरा*, निगली सागर अथवा निलगीव के विशाल तालाब के पास, जहां चार बुद्धों में से एक, कनकमुनि, के अवशेष रखे हुए हैं। अशोक ने कई अनुत्कीर्णित स्तंभ भी लगवाए लेकिन आदेश स्तंभों की तरह उनमें से बहुत कम बचे हैं।

अशोक के गुफा लेख बराबर की ग्रेनाइट पहाड़ियों के चार में से तीन गुफाओं में मिलते हैं; चौथे में पांचवीं शताब्दी का अभिलेख है। अशोक के तीन में से दो अभिलेखों में ये गुफाएं आजीवक संप्रदाय के भिक्षुओं को समर्पित हैं। तीन अन्य गुफाओं में भी अभिलेख प्राप्त हुए हैं जो बराबर पहाड़ियों के दूसरे भाग नागार्जुनी पहाड़ियों में हैं।

ये भी आजीवक भिक्षुओं को एक ऐसे राजा द्वारा समर्पित हैं जो स्वयं को 'देवताओं का प्रिय' बताता है। पर ये समर्पण अशोक के पोते दशरथ द्वारा किए गए थे।

वृहत शिलालेख XII एवं XIII के ग्रीक पाठ के अवशेष कंदाहार क्षेत्र में प्राप्त हुए हैं। कंधाहार के निकट शर-ए-कुना में अरेमिक तथा ग्रीक में एक दुभाषिया आदेश मिला है। अरेमिक भाषा के अभिलेख तक्षशिला, कंधाहार एवं पुल-ए-दरूता और लमघान घाटी से प्राप्त हुए हैं। इस घाटी में एक लेख के दो पाठ प्राप्त हुए हैं।

उपरोक्त अभिलेखों में जो प्रकृत भाषा तथा खरोष्ठी लिपि में हैं वे अब पाकिस्तान क्षेत्र में हैं। अरेमिक भाषा एवं लिपि का एक अभिलेख तक्षशिला से तथा पांच पूर्वी अफगानिस्तान से प्राप्त हुए हैं। ग्रीक भाषा एवं लिपि के दो अभिलेख उसी क्षेत्र के हैं। प्राकृत भाषा एवं ब्राह्मी लिपि के अभिलेख उत्तर एवं प्रायद्वीपीय भारत में कई स्थानों से प्राप्त हुए हैं।

इन सभी अभिलेखों के प्राप्ति क्षेत्र एक समय संभवतः अशोक के साम्राज्य में थे। इनके उद्गम स्थान हमें इसकी सीमा निर्धारित करने में मदद करते हैं। खरोष्ठी एवं ब्राह्मी के अशोक के अभिलेखों पर काफी बहस हो चुकी है। लेकिन ग्रीक एवं अरेमिक अभिलेखों का महत्व हाल के दशकों में जाना गया है।

धम्म यात्राओं की शुरूआत लगभग 260 ई.पू. में हुई और लघु शिलालेख I और II (और संभवतः III) उसी साल जारी किए गए। ये प्रारंभिक आदेशों में से थे। कलिंग आदेश (शिलालेख XV एवं XVI) 259 ई.पू. में प्रकाशित हुए होंगे पर चौदह शिलालेख तथा बराबर पहाड़ियाँ की दो गुफाएं 258-257 ई.पू. के आस-पास लागू एवं समर्पित किए गए। नेपाल में दो स्मृति स्तंभ 250 ई.पू. के आस- पास खड़े किए गए। स्तंभ लेख 243-42 ई.पू. में खड़े किए गए थे।

अशोक के अभिलेखों के स्थान

अहरौरा–उत्तर-पूर्वी मध्य प्रदेश में स्थित यह अशोक के लघु शिलालेख I का स्थल है।

इलाहाबाद-कोसम (स्तंभ अभिलेख I से VI, रानी का अभिलेख तथा कौशांबी अभिलेख या विभाजन अभिलेख)–यह स्थल इलाहाबाद से 28 मील दक्षिण पश्चिम यमुना के बाएं किनारे पर स्थित आधुनिक कोसम है। अशोक के स्तंभ पर समुद्रगुप्त तथा जहांगीर सहित बाद के कई शासकों ने अपने आदेश उत्कीर्ण करवाए। समुद्रगुप्त के अभिलेख से लगता है कि गुप्तकाल में यह स्तंभ कौशांबी में ही था। संभवतः जहांगीर इसे इलाहाबाद के किले में ले गया था तथा उसने ऐसा फिरोजशाह की नकल पर किया था जिसने टोपरा तथा मेरठ के ऐसे ही स्तंभों को दिल्ली मंगवाया था।

बहापुर–दिल्ली के निकट स्थित, यह लघु शिलालेख I का स्थल है।

बैराठ (लघु शिलालेख I तथ भाबरा अभिलेख)–बैराठ जयपुर से 42 मील उत्तर-पूर्व राजस्थान में स्थित है। इसे मत्स्य राज्य की राजधानी विराट के रूप में जाना गया है। भाबरा अभिलेख संघ को आदेश देता है तथा यहां दो विहारों के अवशेष भी पाए गए हैं।

बराबर पहाड़ी गुफा (आजीवक संप्रदाय को दान का अभिलेख)– इस गुफा के अभिलेख दान से संबंधित हैं, अतः इनका महत्व इनके स्थल के कारण नहीं हैं। ये गुफाएं राजगृह शहर के आसपास के पहाड़ी समूहों में थीं।

ब्रह्मगिरि (लघु शिलालेख I और II)– यहां उत्खनन से ज्ञात हुआ है कि ब्रह्मगिरि मौर्यकाल से भी पहले दक्षिण भारत का एक महत्वपूर्ण केंद्र था।

दिल्ली-मेरठ एवं दिल्ली-टोपरा (क्रमशः स्तंभ लेख I से VI तथा I से VII)– इन्हें फिरोजशाह द्वारा उनके मूल स्थान मेरठ एवं टोपरा से दिल्ली लाया गया था इसलिए उन्हें दिल्ली-मेरठ एवं दिल्ली-टोपरा कहा जाता है।

धौली (वृहत शिलालेख)– धौली अभिलेख एक ऊंची चट्टान पर है। इस स्थान को तोसली के नाम से जाना गया है जिसे तोलमी एक महानगर बताता है।

गाविमठ (लघु शिलालेख I)– गाविमठ आधुनिक कर्नाटक में स्थित है।

गिरनार (वृहत शिलालेख)–यह कठियावाड़ में जूनागढ़ से एक मील पूर्व में स्थित है। यहां अशोक के अलावा रुद्रदमन तथा स्कंदगुप्त के अभिलेखों सहित कई बड़े अभिलेख पाए गए हैं। चंद्रगुप्त के शासन काल में गिरनार के पड़ोस में सुदर्शन झील पर एक बांध बनाए जाने के कारण इसका

महत्व बढ़ गया है। रुद्रदमन के अभिलेख से ज्ञात होता है कि यह झील मूलतः चंद्रगुप्त के प्रांतीय गर्वनर पुष्यगुप्त ने बनवाई थी। बाद में अशोक के शासनकाल में तुशस्प ने इसमें नालियों का निर्माण करवाया। स्कंदगुप्त के अभिलेख से लगता है कि इस झील से आस-पास के क्षेत्रों को गुप्त काल तक सिंचाई का जल प्राप्त होता रहा।

गुजर्रा (लघु शिलालेख I)- गुजर्रा मध्य प्रदेश के दातिया जिले में झांसी के निकट स्थित है।

जतिंग-रामेश्वर (लघु शिलालेख I एवं II)–यह स्थल ब्रह्मगिरि से लगभग तीन मील दूर हैं तथा यह अभिलेख मैसूर समूह का है।

जौगड़ा (वृहत शिलालेख, धौली पाठ की तरह)- जौगड़ा श्रृंखला में दो अतिरिक्त आदेशों को जोड़े जाने से लगता है कि यह कलिंग क्षेत्र में था। ये दो आदेश समप के महामत्तों के लिए हैं। समप संभवतः मौर्य काल में उस शहर का नाम था।

कालसी (वृहत शिलालेख)–यह शहर उत्तर-पश्चिमी उत्तर प्रदेश में तोंस और यमुना नदियों के संगम पर है।

कंधाहार (लघु शिलालेख, ग्रीक-अरेमिक द्विभाषी अभिलेख)– इस द्विभाषी अभिलेख का स्थल शर-ए-कुना है, जो दक्षिण-अफगानिस्तान का प्राचीन कंधाहार है। इस क्षेत्र में बड़ी संख्या में ग्रीक-भाषी जनता की उपस्थिति इस बात से ज्ञात होती है कि यह अभिलेख ग्रीक तथा अरेमिक, दोनों भाषाओं में है।

लाम्पक (अरेमिक अभिलेख)- लाम्पक अरेमिक अभिलेख अभी काबुल संग्रहालय में है। यह लाम्पक अथवा लाम्बक में प्राप्त हुआ था, जो जलालाबाद के निकट काबुल नदी के उत्तरी किनारे पर आधुनिक लामघान से पहचाना गया है। इसमें देवानामप्रिय द्वारा एक स्तंभ अभिलेख स्थापित किए जाने का उल्लेख है। इसी के आधार पर इस अभिलेख को अशोक का अभिलेख माना गया है।

लैरिया-अरेराज (स्तंभ अभिलेख I से VI)–यह स्तंभ उत्तर बिहार के इस स्थल पर है।

लौरिया-नंदनगढ़ (स्तंभ अभिलेख I से VI)–यह स्थल भी उत्तर बिहार में नंदनगढ़ गांव तथा उपरोक्त स्थल के समीप है।

महास्थान (अशोक के पहले का मौर्य अभिलेख)–यह अभिलेख बांग्लादेश के बोगरा जिले के महास्थानगढ़ में है। यह स्थान शायद स्थानीय प्रशासक (साम्राज्य के पूर्वी भाग) का मुख्यालय था। अभिलेख के अनुसार इस स्थान का नाम पुंद्रनगर था। पुंद्रनगर के महामत्त को सूखा राहत कार्यों का प्रभारी बताया गया है।

मानशेरा (खरोष्ठी लिपि में वृहत शिलालेख)–यह स्थान पाकिस्तान के उत्तर-पश्चिम प्रांत के हजारा जिले का गांव है।

मस्की (लघु शिलालेख I)- मस्की कर्नाटक के रायपुर जिले में स्थित है।

निगली-सागर (स्तंभ अभिलेख)- अभिलेख से निगली-सागर में स्तंभ खड़ा करने का उद्देश्य स्पष्ट है। यह मूलतः बुद्ध कोनकमन के स्तूप के निकट पहले स्तूप के विस्तार तथा बाद में वहां अशोक की यात्रा को दर्ज करने के लिए बनाया गया था। अब यह रुम्मिनदेई के निकट नेपाल में है।

नितुर–कर्नाटक के बेल्लारी जिले में स्थित इस स्थल में लघु शिलालेख I और II हैं।

पल्किगुंडु (लघु शिलालेख I)- यह गाविमठ से चार मील दूर स्थित है।

पंगुदरिया-यह लघु शिलालेख प्रथम का स्थल है तथा मध्य प्रदेश के सिहोर जिले में स्थित है।

राजुला-मंदगिरी (लघु शिलालेख I और II)–यह स्थल औंध्र प्रदेश के येर्रागुडी के समीप है तथा अभिलेखों के दक्षिणी समूह का एक अंग है।

रामपुरवा (स्तंभ लेख I से VI)- रामपुरवा उत्तरी बिहार में बेतिया से 32 मील उत्तर में स्थित है।

रुम्मिनदेई (स्तंभ लेख)- रुम्मिनदेई स्तंभ नेपाल की सीमा के ठीक पार रुम्मिनदेई मंदिर के पास है। अशोक ने लुंबिनी वन में बुद्ध के जन्म की स्मृति में इस स्तंभ को खड़ा करवाया था।

रूपनाथ (लघु शिलालेख)- रूपनाथ मध्य प्रदेश में सलीमाबाद के निकट कैमूर पहाड़ियों पर स्थित है। प्रयाग (इलाहाबाद) से बड़ौच जाने वाला मार्ग अवश्य रूपनाथ होकर गुजरता होगा।

सहसराम (लघु शिलालेख I)- यह पटना से 90 मील दक्षिण पश्चिम शाहाबाद जिले में स्थित है।

सन्नति–यह कर्नाटक में स्थित है तथा वहां दो अतिरिक्त कलिंग आदेशों के साथ चौदह वृहत शिलालेख पाए गए हैं।

सांची (विभाजन अभिलेख)–बौद्ध काल से गुप्तकाल तक इसका नाम काकनादबोटा था, जिसका सांची नाम बाद में दिया गया। यह भोपाल के पास भीलसा से कुछ दूरी पर स्थित है। भीलसा संभवतः प्राचीन विदिशा था।

सारनाथ (स्तंभ लेख, महामत्तों के लिए विभाजन आदेश)– सारनाथ बनारस से साढ़े तीन मील दूर है।

शहबाजगढ़ी (वृहत शिलालेख, खरोष्ठी लिपि में)– यह पेशावर के युसुफजाई क्षेत्र में मर्दान के निकट है।

सिद्दपुर- कर्नाटक में स्थित यह लघु शिलालेख I एवं II का स्थल है।

शहगौरा (मौर्यकालीन ताम्रपत्र अभिलेख)- शहगौरा उत्तर प्रदेश के गोरखपुर जिले में स्थित है।

सोपारा (वृहत शिलालेख, आठवें आदेश का टुकड़ा)– सोपारा मुंबई के थाने जिला में स्थित एक पुराना बंदरगाह एवं शहर है। इसका प्राचीन नाम सुप्पारक था।

उदेगोलम- कर्नाटक में स्थित यह लघु शिलालेख I और II का स्थल है।

येर्रागुडी (वृहत शिलालेख एवं लघु शिलालेख I और II)– येर्रगुडी कुर्नूल जिले की दक्षिणी सीमा पर गूटी से 8 मील की दूरी पर है। यह सिद्दपुर से 80 मील उत्तर-पूर्व में है।

5.6 अशोक का धम्म

धम्म का उद्देश्य एवं संदर्भ- लगभग 137 वर्षो तक साम्राज्य की रचना एवं एकीकरण, आक्रामक नीतियां, दृढ़ प्रशासनिक प्रणाली तथा आगे चलकर अशोक की 'धम्म' विचारधारा के द्वारा पूरा किया गया। यूनानी एवं अरामाइक लेख इस पहलू पर महत्वपूर्ण प्रकाश डालते हैं। अशोक का बौद्ध धर्म की ओर झुकाव उसके प्राकृत लेखों में अभिलेखित है, जिनके आधार पर विद्वान अशोक के धम्म एवं बौद्ध धर्म के बीच तथा अशोक व एक बौद्ध राजा के बीच समानता ढूँढ़ते हैं। यह साधारण संयोग शार-ए-कुना से प्राप्त यूनानी लेख से खंडित हो जाता है जिसमें धम्म शब्द का अनुवाद शार-ए-कुना लेख में 'क्विस्त' (सत्य) तथा तक्षशिला स्तंभ लेख में 'डाटा' (कानून) के रूप में किया गया है। इन लेखों से स्पष्ट है कि अशोक ने धम्म की उद्घोषणा अपने राज्याभिषेक के 10 वर्षों के बाद की थी। इसलिए अशोक के धम्म को बौद्ध धर्म या किसी अन्य मत के साथ समीकृत नहीं किया जा सकता। इतिहासकार अब कम या अधिक रूप में सहमत हैं कि 'धम्म' आचार का राजा के व्यापक सामाजिक व नैतिक संहिता को अभिदीप्त करता था, जो विशाल मौर्य साम्राज्य के विविध समुदायों (अपने बीच के समाजार्थिक सांस्कृतिक व राजनीतिक विभेदों को मिटाकर) हेतु स्वीकार योग्य थीं। इस प्रकार धम्म किसी पंथवादी उपागम की तुलना में कहीं अधिक व्यापक था। विशाल मौर्य साम्राज्य को एकीकृत करने में धम्म विचारधारा की भूमिका उल्लेखनीय रही है।

धम्म का अर्थ

अशोक का धम्म न तो एक नया धर्म था और न ही एक नया राजनैतिक दर्शन। यह जीवन की एक पद्धति तथा लोगों द्वारा व्यवहार में लाई जाने वाली आचार संहिता तथा सिद्धांतों का एक समुच्चय था। उसका विषय इतना व्यापक तथा मानवीय था कि अशोक द्वारा इसके प्रचार का किसी सांस्कृतिक अथवा धार्मिक वर्ग ने इसका विरोध नहीं किया। यद्यपि कानून एवं सामाजिक व्यवस्था के संदर्भ में धम्म का सिद्धांत प्राचीन भारतीयों के लिए नई बात नहीं थी, परंतु अशोक ने इसका मानवीकरण कर इस सिद्धांत को नया अर्थ तथा महत्व प्रदान किया।

ऐसा माना जाता है कि धम्म अशोक का अपना आविष्कार था। वह हिंदू तथा बौद्ध विचारों से प्रभावित हुआ होगा, परंतु वास्तव में यह एक व्यावहारिक, सरल तथा नैतिक जीवन बिताने के लिए एक राजा का प्रयास था। अगर उसकी धम्म की नीति सिर्फ बौद्ध सिद्धांतों पर आधारित रही होती तो अशोक इसकी घोषणा अवश्य करता क्योंकि उसने बौद्ध धर्म के अपने सहयोग को कभी नहीं छिपाया। अभिलेखों में यह उल्लेख कि, नैतिक जीवन के पुरस्कारस्वरूप स्वर्ग प्राप्त होता है, धर्म से नहीं जुड़ा हुआ है। अशोक आम मानव के मस्तिष्क में पहले से विद्यमान एक ज्ञात एवं महत्वपूर्ण संकेत को पुरस्कार के महत्व के साथ जोड़ने की कोशिश कर रहा था।

धम्म का प्रचार–उप-महाद्वीप के उत्तरी-पश्चिमी सीमांत भाग में धम्म के संदेश का अरामाइक व यूनानी भाषाओं में प्रचार संकेत देता है कि मौर्य सम्राटों द्वारा इस क्षेत्र के भाषायी व सांस्कृतिक भारत के भौतिक व राजनीतिक परिवेश में इनके सम्मिलन को बढ़ावा दिया जा सके। दूसरी ओर, सम्राट ने दक्कन के क्षेत्रों में जो अभिलेख जारी किये वे प्राकृत भाषा में ब्राह्मी लिपि के साथ लिखे गये थे जो द्रविड़ भाषाओं के अधिक निकट थी। दक्कन में प्राकृत भाषा के अभिलेखीय प्रयोग को एक घुसपैठ तत्व के रूप में देखा जा सकता है जो शीर्ष राजनीतिक सत्ता द्वारा इस सुदूर दक्षिणी क्षेत्र पर अपने नियंत्रण को सुनिश्चित करने के लिए लादा गया था।

कंधहार के यूनानी लेख का विषय शिलालेख बारह एवं तेरह के साथ उल्लेखनीय समानताएं रखता है तथा इसमें 'यू-सेबिया' (धम्म) का पालन करने वाले लोगों को दिये गये निर्देशों का उल्लेख है।

इनमें से एक निर्देश या उपदेश था ''राजा के हितों को ध्यान में रखना।'' यह कहा जाता है कि यह प्राकृत शिलालेख 13 में प्राप्त दिद्भतिता (दृढ़भक्तिता) की अवधारणा का ही विस्तृत रूप था। इस आधार पर हम कह सकते हैं कि अशोक के धम्म में एक राजनीतिक तत्व भी निहित था। सम्राट द्वारा अपनी प्रजा से राजा के हितों के प्रति निष्ठा की मांग की अपेक्षा की गयी थी बदले में शासक अपनी प्रजा के पिता की भांति कार्य करेगा। एक सामाजिक व नैतिक संहिता के अलावा धम्म एक राजनीतिक उद्देश्य भी रखता था तथा यह तथ्य मौर्यकाल के अध्ययनों के लिए एक नया संदर्भ संबद्ध कर देता है।

धम्म के मुख्य लक्षण

अभिलेखों के माध्यम से अशोक ने अपने धम्म का विस्तार किया। अलग-अलग वृहत शिलालेखों में धम्म के विभिन्न पहलुओं का उल्लेख है, लेकिन वृहत शिलालेख XI में धम्म की विस्तृत व्याख्या है। इसके अतिरिक्त इसमें प्रेम एवं मानवीय बंधुत्व का उल्लेख है। इससे स्पष्ट होता है कि धम्म एक धर्मनिरपेक्ष सिद्धांत है। इस अभिलेख व अन्य अभिलेखों से धम्म के निम्नलिखित लक्षण ज्ञात होते हैं–

1. पशु बलि एवं त्योहारों पर प्रतिबंध (वृहत शिलालेख I), तथा खर्चीले एवं अर्थहीन उत्सवों तथा कर्मकांडों से परहेज (वृहत शिलालेख IX)।
2. समाज कल्याण के लिए (वृहत शिलालेख I) कुशल प्रशासन का गठन (वृहत शिलालेख IX)।
3. पशुओं के प्रति अहिंसा तथा संबंधियों के प्रति उचित व्यवहार (वृहत शिलालेख IV) तथा ब्राह्मणों एवं श्रमणों आदि के प्रति उदारता (वृहत शिलालेख III)।
4. सेवकों का मालिकों द्वारा एवं बंदियों का राज्य अधिकारियों द्वारा मानवीय व्यवहार (वृहत शिलालेख V; इसमें धम्म महामात्तों की नियुक्ति का भी उल्लेख है।
5. सभी संप्रदायों में सहिष्णुता (वृहत शिलालेख VIII एवं XII)।
6. भेरीघोष (नगाड़े की आवाज, जो युद्ध में बजाया जाता है) का धम्म घोष (शांति की आवाज) से विस्थापन, अर्थात् युद्ध के स्थान पर धम्मविजय (वृहत शिलालेख XIII)। धम्म यात्राओं द्वारा ग्रामीण लोगों से संपर्क कायम रखना (वृहत शिलालेख VIII)।

अशोक के धम्म का आकलन

अशोक प्रारंभ में बौद्ध धर्म का अनुयायी था लेकिन बाद में उसके संघ के साथ निकट संबंध स्थापित हुए तथा उसका विश्वास ईर्ष्यालु होने लगा। वह अपनी प्रजा को ईर्ष्यालु बनने की सलाह देता है क्योंकि इससे प्रगति होती है। हालांकि वह धम्म की तुलना बौद्ध शिक्षाओं से नहीं करता है, फिर भी बौद्ध धर्म में उसका व्यक्तिगत विश्वास बना रहा। येर्रागुडी लघु शिलालेख से यह बात और निश्चित हो जाती है कि उसकी इच्छा धम्म को प्रत्येक सामाजिक स्तर तक ले जाने की थी। तृतीय बौद्ध परिषद का आयोजन 250 ई.पू. पाटलिपुत्र में अशोक के संरक्षण में हुआ। लेकिन वह मतांध नहीं था क्योंकि जब परिषद अपने आतरिक विरोधों को दूर करने तथा अन्य संप्रदायों पर आक्रमण करने में व्यस्त थी तो अशोक ने अपने शासन के 12 वें वर्ष में बराबर पहाड़ियों में आजीवक संप्रदाय को एक गुफा दान की। अपने शासन के बाद के वर्षों में अशोक ने कई लघु शिलालेख जारी किए। उनमें से कुछ सिर्फ उसकी बौद्ध गतिविधियों से संबद्ध हैं जबकि अन्य उसकी सामान्य गतिविधियों से संबद्ध हैं। वह धम्म की प्रगति से संतुष्ट है, पर उसका विचार है कि प्रत्येक व्यक्ति को धम्म का पालन करना चाहिए लेकिन लघु स्तंभ लेख 1 से लगता है कि कट्टरपन अथवा मतांधता का प्रारंभ हो चुका था। यह दुर्भाग्यपूर्ण बात थी। उसके बाद के अभिलेख इस बात का पूरा संकेत देते हैं कि वह गुण और अवगुण के अतिनैतिक उन्माद में संलग्न हो रहा था।

5.7 मौर्य प्रशासन, अर्थव्यवस्था, समाज तथा कला

केंद्रीय प्रशासन

सप्तांग सिद्धांत– कौटिल्य ने सप्तांग सिद्धांत या राज्य के सात तत्वों के सिद्धांत की व्याख्या की। उनके अनुसार राज्य निम्न तत्वों से बनता है- (1) स्वामी (राजा), (2) अमात्य (मंत्री या उच्चाधिकारी) (3) जनपद (क्षेत्र तथा जनसंख्या), (4) दुर्ग (किला) (5) कोष, (6) बल (सेना) तथा (7) मित्र।

राजा–स्वामी अथवा राजा राज्य के सभी सात तत्वों की आत्मा है। कौटिल्य राजा के कई गुणों तथा प्रशिक्षणों का उल्लेख करता है। वह राजा को अपनी प्रजा की खुशी से अपनी खुशी प्राप्त करने का परामर्श देता है। मौर्य शासक पितृ सत्तात्मक राजा थे। उन्होंने कौटिल्य के परामर्श को

मानते हुए प्रजा के कल्याण तथा हित जैसे महत्वपूर्ण विषयों को सम्मान दिया। अशोक अपने वृहत शिलालेख VI में कहता है "सब्बे मुनिस्से पजा मम" (सभी मनुष्य मेरी संतान हैं)। यह अपनी प्रजा के प्रति उसके पितृ भाव को दर्शाता है। यह शिलालेख सफल प्रशासन के महत्व पर भी प्रकाश डालता है। इसके अतिरिक्त सभी महत्वपूर्ण स्रोत राजा के. अत्यंत व्यस्त कार्यक्रमों को निर्धारित करते हैं।

मंत्रिमंडल—मंत्रिमंडल राजनैतिक व्यवस्था का महत्वपूर्ण अंग है। कौटिल्य के अनुसार जिस प्रकार रथ सिर्फ एक पहिए पर चलता है उसी तरह बिना मंत्रिमंडल का शासन राजा द्वारा अकेले होता है।

मंत्री उच्च श्रेणी के परामर्शदाता होते थे। मंत्रिपरिषद एवं राजा द्वारा सभी प्रशासनिक मसलों पर उनका परामर्श लिया जाता था। कौटिल्य उनकी योग्यता एवं उनके द्वारा उत्तीर्ण की जाने वाली परीक्षाओं का उल्लेख करता है।

मौर्य मंत्रिमंडल, जिसे मंत्रिपरिषद कहा जाता था, के सदस्य मंत्री होते थे। उनकी शक्तियों का कोई कठोर नियम नहीं था। इसके मुख्य सदस्य पुरोहित, महामंत्री, सेनापति, युवराज इत्यादि होते थे। अशोक के अभिलेख इसके अस्तित्व की पुष्टि करते हैं। कौटिल्य, मंत्रिपरिषद के सदस्य-मंत्रियों का उनके कार्यों तथा वेतन के आधार पर अंतर स्पष्ट करता है।

अमात्य—अमात्य एक प्रकार के प्रशासनिक अधिकारी अथवा नागरिक प्रशासक थे, जिनकी नियुक्तियां उच्च प्रशासनिक एवं न्यायिक पदों पर होती थीं। उनके वेतनमान, सेवा के नियम तथा भुगतान की विधि इस प्रकार थी-

धार्मिक परीक्षा (धर्मोपधशुद्ध) उत्तीर्ण होने वालों की नियुक्ति प्रशासनिक न्याय के लिए होती थी आर्थिक परीक्षा (अर्थोपधशुद्ध) उत्तीर्ण होने वालों की नियुक्ति कर अधिकारी के रूप में होती थी; प्रेम-परीक्षा (कमोपधशुद्ध) उत्तीर्ण होने वालों की नियुक्ति विहार भूमि के अधिकारी के रूप में होती थी तथा भयहीनता की परीक्षा (भयोपधशुद्ध) उत्तीर्ण होने वालों की नियुक्त शीघ्र ध्यान देने योग्य कार्यों में होती थी-इनका उल्लेख कौटिल्य द्वारा किया गया है। केवल वे लोग, जिनका आचरण सभी प्रकार के प्रलोभनों से जांच लिया जाता था, को उच्च पदों पर पदोन्नत किया जाता था जैसे कि मंत्री अथवा राजा के परामर्शदाता। यद्यपि उनकी योग्यता तथा चयन की विधि कौटिल्य द्वारा दी जाती थी लेकिन उनका व्यवहार में सख्ती के साथ लागू होना संदेहात्मक है। उनकी भूमिका तथा कार्य बहुत महत्वपूर्ण थे क्योंकि सभी सरकारी कार्य उन्हीं के द्वारा किए जाते थे।

कौटिल्य के अमात्य यूनानी इतिहासकारों के मजिस्ट्रेट तथा पार्षद; अशोक के अभिलेख के महामत्त; ब्रिटिश भारत के आईसीएस अधिकारी तथा स्वतंत्र भारत के आईएएस अधिकारियों के समान थे।

राजस्व विभाग

समाहर्ता—उसके पास राज्य के सभी राजस्वों का प्रभार था तथा वह अक्षपटलाध्यक्ष महालेखापाल के कार्यों के निरीक्षण द्वारा आय तथा व्यय पर नियंत्रण रखता था।

राजस्व के स्रोत भूमि, सिंचाई, सीमा शुल्क, पथ अधिभार, दुकान कर, जहाज कर, जंगल, खान, चारागाह, राज्य भूगि, शिल्पकारों का शुल्क, जुआघर इत्यादि थे। कौटिल्य कुछ अन्य आय के स्रोतों का भी उल्लेख करता है जैसे कि पिंडकर (गांवों द्वारा समय-समय पर दिया जाने वाला एक रूपांतरित कर) तथा सेनभक्तम (सेना द्वारा गुजरने वाले क्षेत्रों पर लगाया जाने वाला कर) इत्यादि।

सन्निधत—यह मुख्य कोषाध्यक्ष समाहर्ता का सहयोग करता था। वह खजाने को मजबूत भवन में सुरक्षित रखता था जिसे कोषगृह तथा कोष्ठागार कहा जाता था।

सैन्य विभाग—प्लिनी के अनुसार मौर्य सेना में 6 लाख पैदल सैनिक, 30 हजार घुड़सवार, 9 हजार हाथी तथा 8 हजार रथ थे। सेना सेनापति के नियंत्रण में थी, जिसके अधीन अनेक अध्यक्ष थे जो सेना के विभिन्न विभागों के प्रमुख थे जैसे-पैदल सेना (पदाध्यक्ष) घुड़सवार (अश्वाध्यक्ष) हाथी (हस्ताध्यक्ष) रथ (रथाध्यक्ष) नौसेना (नावाध्यक्ष) तथा शस्त्रागार (अयुधागाराध्यक्ष)।

कौटिल्य ने कई प्रकार कें सैनिकों का उल्लेख किया है जैसे कि वंशानुगत (मूल) भाड़े के सैनिक (भृतक जंगली कबीलों के सैनिक (अटाविवल) तथा मित्रों द्वारा दिए गए सैनिक (मित्रवल)। कौटिल्य विभिन्न सैनिक अध्यक्षों के वेतन का भी उल्लेख करता है। सेनापति का वेतन 48000 पण प्रतिवर्ष, प्रशस्त का 24000 पण, नायक का 12000 पण, मुख्य का 8000 पण, अध्यक्ष का 4,000 पण तथा साधारण प्रशिक्षित सैनिक का वेतन 500 पण प्रतिवर्ष था। वेतन का भुगतान नकद रूप में होता था।

वाणिज्य एवं उद्योग विभाग—यह वस्तुओं के खुदरा एवं थोक बाजार की कीमतों को नियंत्रण कर इसके अध्यक्षों द्वारा वस्तुओं की आपूर्ति सुनिश्चित करता था। यह माप एवं तौल भी नियंत्रित करता था; सीमा शुल्क लगाता था; विदेश व्यापार नियंत्रित करता था तथा तस्करी को रोकता था।

अशोक अभिलेखों में अंत: महामत्त अधिकारी वर्ग का उल्लेख है। ये सीमांत तथा असभ्य जनजातियों के बीच कार्य करते थे। ये अर्थशास्त्र के अंतपाल अधिकारियों के समान होंगे। ये चुंगी के अध्यक्ष थे। नि:संदेह, प्रत्येक प्रांत के अंतपाल होते होंगे तथा संभवत: अंत कुछ प्रांतों में अलग-अलग जिलों में चुंगी लगाई जाती होगी। लेकिन चुंगी घर साम्राज्य की सीमाओं पर रहे होंगे। संभवत: महामत्त अधिकारियों के कार्य बकाया चुंगी से राजस्व वसूली था। वे चुंगी संग्रहकर्ताओं का निरीक्षण करते थे तथा चुंगी के अध्यक्ष भी उनके प्रति उत्तरदायी थे।

न्याय एवं पुलिस विभाग–कौटिल्य दो प्रकार के न्यायालयों का उल्लेख करता है-धर्मास्थिय तथा कंटकशोधन या दीवानी तथा फौजदारी न्यायालय। सर्वोच्च न्यायालय राजधानी में था जिसका मुख्य न्यायाधीश धर्माधिकारिन कहा जाता था। प्रांतीय राजधानियों, मंडलों तथा जिलों में अधीनस्थ न्यायालय थे जो अमात्य तथा प्रदेष्ट्र के अधीन थे। कौटिल्य ने विधि के चार स्रोतों का उल्लेख किया है। ये धर्म, व्यवहार, चरितम् (रीति-रिवाज तथा पूर्व उदाहरण) तथा राजशासन (राजकीय घोषणाएं) हैं। जुर्माना, सजा, अंगभंग तथा मृत्यु (इसका उल्लेख अशोक के अभिलेखों में भी है) जैसी कई प्रकार की सजाओं का भी उल्लेख है।

वक्ता-कर्मानुयोग अध्याय में कौटिल्य गवाहों की जांच का उल्लेख करता है जो लेखकों द्वारा लिपिबद्ध किये जाते थे। सभी मुख्य केंद्रों में पुलिस मुख्यालय होते थे। प्रत्येक 800 गांवों के लिए एक 'स्थानीय', 400 गांवों के लिए एक द्रोणमुख', 200 गांवों के लिए एक खरवाटिक तथा 10 गांवों के लिए एक 'संग्रहण' होता था। जेल (बंधनागार) पुलिस लॉकअप (चरक) से अलग होती थी। कौटिल्य बंधनागाराध्यक्ष द्वारा लापरवाही बरतने पर कठोर जुर्माने का उल्लेख करता है। अशोक के अभिलेखों में भी जेल तथा जेल अधिकारियों का उल्लेख है। धम्म-महामत्त अधिकारियों को अपने अन्य कार्यों के अतिरिक्त अनुचित कारावास के विरुद्ध उचित कदम उठाना पड़ता था। अशोक के अभिलेखों में सजाओं में कमी तथा जेलों में प्रसव का उल्लेख है। अशोक अपने शासनकाल के शुरू के 26 वर्षों में 25 जेल प्रसवों का उल्लेख करता है।

जासूसी विभाग–इसका संचालन गूढ़पुरुष (जासूस) करते थे जो महामात्यपसर्प के नियंत्रण में होते थे। इस विभाग में स्मष्ट (स्थित) एवं संचार (भ्रमणशील) दोनों प्रकार के अधिकारी थे। इसमें संन्यासी, विद्यार्थी, गृहस्थ एवं विषकन्याओं की नियुक्ति की जाती थी। वे मेगस्थनीज के 'ओवरसियर' तथा अशोक के अभिलेखों के 'पतिवेदक' और 'पुलिसनी' से पत्र व्यवहार करते थे।

विदेश विभाग–कौटिल्य विभिन्न प्रकार के राजदूतों तथा उनके कार्यों का उल्लेख करता है। पूर्ण राजदूत 'निशृष्टार्थ दूत' कहा जाता था, जबकि बातचीत में दिए गए निर्देश की सीमा पार नहीं करने वाला राजदूत 'परिमितार्थ-दूत' कहा जाता था। 'शासनहार दूत' सिर्फ एक विशेष दूत था।

महल विभाग-यह एक नियंत्रक के अधीन था जो राजसी गृह की देख-रेख करता था। उसे चौके में विशेष ध्यान रखना पड़ता था जिससे कि भोजन में विष नहीं मिलाया जाए। द्वार पर प्रवेश एवं निकास को नियंत्रित करने के लिए एक 'द्वारिक' रहता था।

योजना एवं बंदोबस्त विभाग-यह गांवों को विभिन्न इकाइयों में गठित करता था जिन्हें संग्रहण (10 गांव) खरवटिक (200 गांव) द्रोणमुख (400 गांव) तथा स्थानीय (800 गांव) कहा जाता था। राज्य द्वारा अनेक ग्रामीण विकास के कार्य किए जाते थे। इनमें यातायात के लिए सड़कों का निर्माण वहिकपथ जलमार्ग तथा वस्तुओं के बाजार पण्यपत्तन सम्मिलित हैं।

प्रांतीय एवं स्थानीय प्रशासन

प्रांत-इस विषय में कौटिल्य कोई महत्वपूर्ण जानकारी नहीं प्रदान करता है। सिर्फ अशोक के अभिलेख, विशेषकर ब्रह्मगिरि लघु शिलालेख I एवं II, स्थानीय प्रशासन का उल्लेख करते हैं। साम्राज्य चार प्रांतों में विभाजित था तथा प्रत्येक प्रांत उपराजा की मंत्रिपरिषद के अधीन थे। चार प्रांत थे- उत्तरापथ (राजधानी-तक्षशिला) अवंतीरथ (उज्जैन) दक्षिणपथ स्वर्णगिरि तथा कलिंग (तोशली या धौली)। उपराजा कानून एवं व्यवस्था बनाए रखने तथा राज्य के लिए कर वसूलने के लिए उत्तरदायी था। लेकिन न तो कौटिल्य और न ही अशोक के अभिलेखों में प्रांतों की स्वायत्तता, अगर उन्हें प्राप्त थी तो, का उल्लेख है।

प्रांतीय स्तर पर मंत्रिपरिषद स्थानीय राज्यपाल की शक्तियों पर नियंत्रण रखती थी। यह अशोक के शासन काल तथा उसके पूर्व की घटनाओं से स्पष्ट होता है। बिंदुसार के शासन काल में तक्षशिला में विद्रोह स्थानीय मंत्रियों तथा अधिकारियों के विरुद्ध हुआ था, राजकुमार अथवा राज्यपाल के विरुद्ध नहीं। संभवत: मंत्रियों ने आवश्यकता से अधिक शक्ति अपने हाथों में ले ली थी। दूसरा संकेत अशोक के आदेश पर

कुणाल को अंधा किए जाने से प्राप्त होता है। इस कहानी से लगता है कि मंत्रियों को राजा से सीधे आदेश प्राप्त होते थे तथा उपराजा को इसकी जानकारी नहीं रहती थी। यह एक नियमित चीज थी, क्योंकि राजकुमारों के राजा के आदेशों से अनभिज्ञ होने पर मंत्रियों को आश्चर्य नहीं होता था।

मंडल प्रदेष्ट्ट (कौटिल्य) अथवा प्रादेशिक (अशोक के अभिलेख) के प्रभार में थे जिनकी सलाहकार परिषद नहीं थी। उनके कार्य कार्यकारी, राजस्व, न्याय तथा सामान्य निरीक्षण थे। वे समाहर्ता के प्रति सीधे उत्तरदायी थे।

जिला–जिले का प्रभारी 'राजुक' (अशोक के अभिलेख) था, जिसके कार्य एवं स्थिति आधुनिक जिला कलक्टर के समान थे। उसके कार्य में 'युक्त' (कौटिल्य एवं अशोक) सहयोग करते थे। ये अधीनस्थ अधिकारी थे जो सचिव एवं लेखा का कार्य देखते थे।

मध्य स्तर-पांच से दस गांवों की यह इकाई 'गोप' एवं 'स्थानिक' के अधीन थी। गोप का कार्य रिकार्ड एवं लेखा को सही रखना था तथा स्थानिक कर वसूलता था।

ग्राम-यह 'ग्रामणी' के अधीन था जिसे ग्राम प्रशासन में वयस्कों की परिषद सहायता प्रदान करती थी।

निगम प्रशासन–कौटिल्य ने एक पूरे अध्याय में नागरिक अथवा नगर अध्यक्ष की भूमिका का उल्लेख किया है। उसका मुख्य कार्य कानून एवं व्यवस्था बनाए रखना था, लेकिन उसके कुछ और भी कार्य थे। 'गोप' तथा 'स्थानिक' उसकी सहायता करते थे।

मौर्य राज्य की प्रकृति

पूर्ववर्ती मत–मौर्य राज्य को एक कम या अधिक कल्याणकारी राज्य माना जाता रहा है क्योंकि सामान्य रूप में इसे लोगों के न्यासी के रूप में देखा जाता था जिसमें विभिन्न वर्गों के बीच परस्पर संघर्षरत हितों को समन्वित करने का भी प्रयास किया था। नियोक्ता-नियोजित सम्बन्धों के नियंत्रण उपभोक्ता के संरक्षण व्यापारियों को प्रोत्साहन कृषकों को सहायता अक्षम व असहायों के संरक्षक, जन-स्वास्थ्य व सफाई की चिंता संक्रामक बीमारियों से बचने के उपायों तथा अंत में प्रजा का मानसिक व नैतिक कल्याण आदि सभी राज्य के कार्यक्षेत्र में शामिल थे। मौर्य प्रशासन का महत्व सरकार के एक नये रूप के पश्चिम में देखा जा सकता है। यह अति केन्द्रीकृत सरकार भारतीयों द्वारा साम्राज्यीय सरकार के प्रथम सफल प्रयोग के रूप में चिन्हित की जाती है। मौर्य संगठन अपनी वसीयत मुगलों व अंग्रेजों के लिए भी छोड़ता है।

मौर्य राज्य का ताजा मूल्यांकन–मौर्य राज्य की प्रकृति के ताजा मूल्यांकन के लिए इतिहासकारों ने अशोक के अभिलेखों के अध्ययन को अपना आधार बनाया है। मौर्य शासन एक अखंडित राजनीतिक, प्रशासनिक संगठन की धारणा, जो अर्थशास्त्र के आधघर पर निर्मित थी महत्वपूर्ण बदलावों एवं संशोधनों के दायरे में आ चुकी है। मौर्य साम्राज्य को अब तीन इकाइयों में बांटने का आग्रह किया जाता है–

- मगध के आसपास का महानगरीय क्षेत्र।
- पूर्ववर्ती महाजनपदों के भू-भाग को आवृत्त करने वाला केन्द्रीय क्षेत्र।
- सीमावर्ती क्षेत्र।

असमान विकास–अब इन विस्तृत क्षेत्रों में सामाजिक-आर्थिक, राजनीतिक व सांस्कृतिक असमानताओं तथा असंतुलनों को भी ध्यान में रखा जाने लगा है। एक कल्याणकारी प्राचीन राज्य के रूप में मौर्य साम्राज्य के चित्र पर अब प्रश्न चिन्ह लगने लगा है क्योंकि दक्कन में मौर्यों के लम्बे शासन के बावजूद भौतिक दशाओं में नाममात्र के बदलाव ही दिखाई पड़ते हैं। वास्तव में मौर्य शासकों की प्राथमिक रुचि दक्कन के खनिज संसाधनों में ही थी, जिनके माध्यम से वे अपने महानगरीय क्षेत्र को समृद्ध बनाना चाहते थे। अशोक के कई लेख वास्तव में दक्कन की स्वर्ण एवं हीरे की खानों के आस-पास ही पाये गये हैं। मौर्यकाल में जिंक के प्राचीनतम खनन एवं उत्पादन से भी यही बात स्पष्ट होती है।

मध्य भारत का महत्व–रूपनाथ (जबलपुर के पास) व सांची के लेखों के अलावा अहरौरा (उ.प्र. में चुनार के निकट) व पनगुररिया (म.प्र.) से अशोक के लेखों की नयी खोज से संकेत मिलता है कि मगध में अपने आधार के साथ मौर्य शासकों के लिए मध्य भारत का महत्व काफी अधिक था क्योंकि यह क्षेत्र पश्चिमी भारत एवं दक्कन के साथ सम्पर्क उपलब्ध कराता था। पनगुररिया लेख से पता चलता है कि मनेमदेश का प्रशासक 'साम्बा' नामक कुमार (राजकुमार) था। यह केवल नयी सूचना ही नहीं अपितु साम्राज्य की संरचना पर एक ताजा दृष्टि डालने का आधार भी है।

प्रांतीय प्रशासन के बारे में पुनरीक्षित मत–पुरानी धारणा के अनुसार मौर्य साम्राज्य का प्रांतीय संगठन विशुद्ध रूप से चार दिशाओं में मौजूद चार प्रांतीय केन्द्रों-तक्षशिला

(उत्तर), उज्जयनी (पश्चिम), तोसाली (पूर्व) एवं स्वर्णगिरि (दक्षिण) से बना था, जिन पर कुमारों अथवा मौर्य वंश के प्रांतीय गवर्नरों (ओडिसा में धौली व जौगड़ लेखों से ज्ञात) द्वारा शासन किया जाता था। किंतु अब नयी धारणा के अनुसार मौर्य साम्राज्य में प्रांतों की संख्या अधिक थी। साथ ही प्रांतीय व स्थानीय प्रशासन में केन्द्रीय सत्ता के स्थिर नियंत्रण व हस्तक्षेप की पुरानी मान्यता को भी प्रांतीय प्रशासकों को प्राप्त उल्लेखनीय स्वायत्तता समेत एक कम केन्द्रीयकृत राजव्यवस्था की नयी मान्यता के रूप में पुनरीक्षित किया गया है। शिलालेखों के दो समूहों (तथाकथित बलिंग लेख) में लिखित प्रावधानों से पता चलता है कि इस नव-विजित कलिंग क्षेत्र में केन्द्रीय सत्ता की मजबूत उपस्थिति थी किंतु ये प्रावधान समूचे साम्राज्य में लागू नहीं होते थे।

सन्नथि लेख का महत्व

नये खोजे गये लेखों तथा मौजूदा लेखों के ताजा अध्ययन से इस तथ्य को बल मिलता है कि मौर्य साम्राज्य एक एकात्मक राज्य नहीं था जैसा कि पहले माना गया था। मौर्य साम्राज्य की संरचना की यह नयी समझ भी कर्नाटक में गुलबर्गा के निकट सन्नथि से प्राप्त अशोक के एक लेख की खोज से प्रश्नचिन्हित हो जाती है। इस लेख के महत्वपूर्ण बिंदु प्राचीन कलिंग से प्राप्त लेखों (धौली व जौगड़) के समान ही है। सामान्यतः यह विश्वास किया जाता था कि कलिंग के लेख विशिष्ट प्रकृति के हैं (मात्र कलिंग से सम्बन्धित होने के कारण) जहाँ अशोक ने जानबूझकर शिलालेख 13 जारी नहीं किया था क्योंकि यह कलिंग में नरसंहार का जीवंत विवरण देता था। यह पृथक शिलालेख कलिंग लेख जैसी अभिव्यक्तियों के प्रयोग की व्याख्या करता है। सन्नति अभिलेख की खोज से यह स्पष्ट होता है कि अशोक द्वारा जारी वक्तव्य एवं लागू उपाय मात्र कलिंग पर ही लागू नहीं होते थे बल्कि सामान्यतः पूरे साम्राज्य के लिए लागू किये जाते थे।

निष्कर्ष- निष्कर्ष के रूप में अति केन्द्रीकरण के बिना मौर्य साम्राज्य के खाके को खींचने के सम्बन्ध में ताजा बहस आरंभ हो चुकी हैं। मौर्य साम्राज्य एकात्मक और कल्याणकारी राज्य नहीं हो सकता था। किंतु राज्य में असमानता एवं असंतुलन के प्रमाणों के बावजूद केन्द्रीयता की ओर झुकाव को अनदेखा नहीं किया जा सकता। निःसन्देह राज्य के महानगरीय क्षेत्र के लिए केन्द्रीयता अनुकूल साबित हुई होगी।

मौर्यकालीन अर्थव्यवस्था

कृषि

भू-स्वामित्व की प्रकृति-मौर्य राज्य में पांच प्रकार के भू-स्वामित्व की संभावना है-

1. ***कृषक***-लेकिन स्रोत इसकी ओर संकेत नहीं करते हैं।
2. ***सामुदायिक स्वामित्व***-लेकिन यह काफी बाद में देखने को मिलता है।
3. ***बड़े भूस्वामी***-ठेकेदारों के एक वर्ग (गहपति) के अस्तित्व का प्रमाण है, लेकिन वे भू-स्वामी की अपेक्षा कृषकों को वित्तीय सहायताएं प्रदान करते थे।
4. ***राजा***-मेगस्थनीज का कथन कि "सभी प्रकार की भूमि का मालिक राजा था", विवाद का विषय है।
5. ***राज्य***-मौर्य काल में राजा और राज्य में अंतर नहीं था।

अतः राजा, कुछ निजी भूमि का स्वामी होने के अतिरिक्त राज्य की भूमि से भी कर प्राप्त करता था। इसके कारण मेगस्थनीज को ऐसा लगा कि राजा सभी भूमि का स्वामी है। राज्य 'राजा के सैद्धांतिक भू-स्वामित्व के बावजूद व्यवहार रूप में कृषकों के भूमि पर कुछ वंशानुगत अथवा रीति-रिवाज संबंधी अधिकार थे।

भूमि कर–यह राज्य की आय का मुख्य स्रोत था तथा कर की मात्रा उपज के चौथे से छठे भाग के बीच होती थी। यह राजा के अधिकारियों द्वारा, बिना किसी मध्यस्थ के, सीधे किसानों से लिया जाता था। आवश्यकता पड़ने पर राजा कर माफ करता था अथवा उसमें कमी करता था।

एक-चौथाई भूमि कर एक सामान्य अनुमान है तथा संभवतः उन उपजाऊ क्षेत्रों में अत्यधिक लगाया जाता होगा, जिनसे मेगस्थनीज अधिक परिचित था। पाटलिपुत्र का क्षेत्र उसके अंतर्गत आता होगा। वास्तविक कर स्थानीय परिस्थितियों के अनुसार बदलता होगा। इसका एक उदाहरण *अर्थशास्त्र* में देखने को मिलता है। इसमें अलग-अलग प्रकार की सिंचाई सुविधाओं वाली भूमि से अलग-अलग कर लेने की बात की गई है। यह उपज के पांचवें भाग से तीसरे भाग के बीच तक होता था। भूमिकर के साथ भी ऐसा ही रहा होगा लेकिन विभिन्नताएं कम रही होंगी। एक-चौथाई सामान्य कर से अधिक रहा होगा क्योंकि भारतीय ग्रंथों में उत्पादन का छठा भाग कर के रूप में लिए जाने का उल्लेख है।

अर्थशास्त्र सलाह देता है कि आपातकालीन परिस्थितियों में कर एक-तिहाई से एक-चौथाई तक बढ़ाया जा सकता है, लेकिन सिर्फ सिंचाई सुविधा से युका उपजाऊ क्षेत्रों में। यद्यपि एक-चौथाई कर ज्यादा लगता है पर बाद की शताब्दियों में एक-तिहाई नियमित कर के रूप में लिया जाने लगा था।

अशोक का रुम्मिनदेई अभिलेख एकमात्र अभिलेख है जिसमें करों का उल्लेख है। बताया जाता है कि लुंबिनी ग्राम बुद्ध का जन्म स्थान था इसलिए उसने यहां के लोगों के करों के बोझ को कम कर सिर्फ उत्पादन का आठवां भाग देने को कहा।

यह स्पष्ट है कि, मौर्यकाल में कृषि योग्य भूमि का कर निर्धारण राज्य के अधिकारियों द्वारा किया जाता था। यह निर्धारण पूरे गांव की भूमि का नहीं बल्कि प्रत्येक किसान की भूमि के आधार पर होता था। कर निर्धारण की दिशा में पहला कदम भूमि का विभाजन तीन श्रेणियों-उत्तम, मध्यम और निम्न में किया जाता था। इसके बाद उस गांव को निम्नलिखित श्रेणियों में से एक में रखा जाता था। कर मुक्त गांव (परिहारक), सैनिक आपूर्ति करने वाले गांव (आयुधिक), अनाज, मवेशी, सोना अथवा कच्चे माल के रूप में कर देने वाले गांव (कुप्य) तथा करों के बदले मुफ्त सेवा तथा दुग्ध-उत्पाद प्रदान करने वाले गांव। इससे स्पष्ट है कि करों का निर्धारण करने से पहले प्रशासन सभी स्थानीय विशेषताओं पर विचार करता था।

कृषि का सघनीकरण एवं विस्तार—मौर्य राज्य ने कृषि विस्तार के लिए महत्वपूर्ण कदम उठाए। अर्थशास्त्र में अधिक जनसंख्या वाले क्षेत्रों से शूद्रों को नई बस्तियों में भेजने का उल्लेख है। अशोक के अभिलेखों में भी कलिंग के 15 लाख युद्धबंदियों को बेकार भूमि तथा नई बस्तियों में भेजने का उल्लेख है। राज्य सिंचाई के लिए जलकुंड, तालाब, नहर तथा कुएं बनवाता था तथा उनकी देखरेख करता था।

औद्योगिक शिल्प

1. ***धातुकर्म:*** लोहा, तांबा, टिन, सोना, चांदी आदि कई प्रकार की धातुओं की जानकारी में वृद्धि हुई। इनका प्रयोग कई प्रकार की सामग्रियों के निर्माण में होता था। लोहे की सामग्रियों के प्रयोग में विशेष रूप से वृद्धि हुई।
2. ***वस्त्र निर्माण:*** यह कार्य मथुरा, काशी, पाटलिपुत्र, वंग, महिष तथा अन्य क्षेत्रों में विशेष होता था। इसके अनेक साहित्यिक तथा पुरातात्विक प्रमाण उपलब्ध हैं।
3. ***मृद्भांड:*** मौर्य स्थलों से अनेक बर्तन तथा उनके टुकड़े (NBPW) प्राप्त हुए हैं।
4. ***काष्ठकर्म:*** इसका प्रमाण उत्खनन (पाटलिपुत्र) एवं साहित्यों से प्राप्त हुआ है।
5. ***पत्थर कटाई:*** इसका सर्वोत्तम उदाहरण अशोक की स्थापत्य कला, विशेष रूप से उसके स्तंभ हैं।

शिल्पकार श्रेणियां—बुद्ध के काल की प्रचलित श्रेणी प्रणाली की मौर्यकाल में शिल्पों तथा व्यापार के विकास के कारण काफी प्रगति हुई।

इनका संगठन काफी बड़ा हो गया। कौटिल्य व्यक्तिगत सदस्यों द्वारा प्राप्त कुछ अधिकारों; कार्य की मात्रा एवं गुणवत्ता के आधार पर वेतन निर्धारण; का घटिया काम तथा धोखाधड़ी के लिए कठोर सजाओं आदि का उल्लेख करता है। पेशों के स्थानीयकरण एवं वंशानुगत आधार पर निर्धारित होने के कारण श्रेणियों का मजबूतीकरण हुआ।

किराए के मजदूरों को श्रेणियां नियुक्त करती थीं। ये दो प्रकार के होते थे-कर्मकार तथ भृतक। जो स्वतंत्र होते थे तथा नियमित मजदूरी के आधार पर काम करते थे एवं दास जो कि वास्तव में दास थे। अशोक दोनों श्रेणियों—भृतक एवं दास का उल्लेख करता है।

राज्य के एकाधिकार—राज्य का खदानों, शस्त्र तथा शस्त्र-निर्माण, मदिरा निर्माण, जहाज निर्माण आदि पर एकाधिकार था। उदाहरणार्थ, सभी मदिरा निर्माण करने वाली 'फैक्टरियां' राज्य के नियंत्रण में थीं, जिनके अधिकारी सुराध्यक्ष थे।

व्यापार एवं वाणिज्य

आंतरिक व्यापार—आतरिक व्यापार कई प्रकार की वस्तुओं का तथा विभिन्न क्षेत्रों में बड़े पैमाने पर होता था। उत्तर की चीजों (कंबल, चमडा आदि) का दक्षिण की चीजों (कीमती पत्थर, मोती, हीरा, शंख, सोना आदि) से विनिमय एक महत्वपूर्ण व्यापार था।

विदेशी व्यापार—विदेशी व्यापार विशेषकर यूनान तथा कुछ हद तक बर्मा से होता था। निर्यात की मुख्य चीजें थीं-विभिन्न मसाले (काली मिर्च, इलायची, दालचीनी, हल्दी आदि), मोती, हीरे, सूती वस्त्र, हाथी दांत की चीजें, शंख, चमड़ा, कंबल आदि। व्यापार का संतुलन भारत के पक्ष में अत्यधिक था।

यातायात एवं संचार–मुख्य सड़कें तथा नदियां आंतरिक वाणिज्य मार्ग थीं। विदेशी व्यापार मुख्यत: तटीय तथा स्थल मार्गों से होता था। भारूकच्छ (गुजरात में भरूच) के बंदरगाह का उल्लेख कई बार मिलता है। सड़क निर्माण तथा उनकी देखरेख पर मौर्य विशेष ध्यान देते थे। इसके लिए एक खास अधिकारी, अग्रनोमोई, का उल्लेख मेगस्थनीज ने किया है। कलिंग उत्तर तथा दक्षिण को जोड़ता था तथा सामरिक दृष्टि से महत्वपूर्ण था।

महत्वपूर्ण वाणिज्य मार्ग (1) दक्षिण-पश्चिम मार्ग (श्रावस्ती से प्रतिष्ठान) (2) दक्षिण-पूर्वी मार्ग (श्रावस्ती से राजगृह); (3) पूर्व-पश्चिम मार्ग (तक्षशिला से पाटलिपुत्र, गंगा-यमुना के साथ-साथ) थे।

सर्वाधिक महत्वपूर्ण मार्ग उत्तर-पश्चिम (तक्षशिला क्षेत्र) से पाटलिपुत्र तक का राज्य मार्ग था। यह शताब्दियों से ग्रांड ट्रंक रोड के रूप में बना हुआ है। इसका पूरब में विस्तार तामलुक अथवा गंगा के मुख तक था। समुद्री व्यापार के विकास के पहले यह पश्चिम के साथ व्यापार का मुख्य मार्ग था तथा तक्षशिला विनिमय केंद्र था। आंतरिक व्यापार के लिए भी यह मार्ग महत्वपूर्ण था क्योंकि गंगा के क्षेत्रों से उत्तर-पश्चिम में वस्तुओं का विनिमय बड़ी मात्रा में हो रहा था।

व्यापार पर राज्य नियंत्रण–राज्य सभी निर्मित एवं आयातित वस्तुओं पर कर लगाता था। व्यापार कर वस्तु के कुल मूल्य का पांचवां भाग होता था। कर चोरी करने पर कठोर दंड दिया जाता था। विशेषज्ञ मंडलों द्वारा व्यापारियों द्वारा बेची गई चीजों का निरीक्षण होता था तथा लाभ का प्रतिशत तय किया जाता था (यह स्थानीय वस्तुओं पर 5% तथा आयातित वस्तुओं पर 10% था)।

मुद्रा अर्थव्यवस्था तथा मुद्रा–व्यापक कृषि ने साम्राज्य को वित्तीय आधार प्रदान करने के अलावा पूंजी निर्माण के लिए भी अधिशेष प्रदान किया जिसके कारण बाद में आहत चांदी एवं तांबे के सिक्कों के रूप में धातु मुद्रा का व्यापक प्रयोग प्रारंभ हुआ।

सूदखोरी अथवा महाजनी–मेगस्थनीज के विचार से भारत में सूदखोरी की अनुपस्थिति की धारणा सही नहीं है क्योंकि बौद्ध ग्रंथों तथा *अर्थशास्त्र* में इसके अस्तित्व का प्रमाण है। ब्याज की दर प्रतिवर्ष 15% से 60% के बीच होती थी। संभवत: ब्याज की दर राज्य द्वारा नियंत्रित होती थी जिसके कारण मेगस्थनीज इसे नहीं जान सका।

शहरीकरण–व्यापार एवं शिल्प में वृद्धि के कारण यह प्रक्रिया स्वाभाविक है। इस काल में कई महत्वपूर्ण शहर तथा व्यापार केंद्र थे, जैसे कि श्रावस्ती, कपिलवस्तु, राजगृह, पाटलिपुत्र, उज्जैन आदि। महत्वपूर्ण बंदरगाह भारूकच्छ, ताम्रलिप्ति, सुपारा आदि थे।

मौर्य समाज

वर्ण व्यवस्था में परिवर्तन

आर्थिक परिवर्तनों ने चतुर्वर्णीय वैदिक व्यवस्था को आसानी से नहीं चलने दिया। अब वैश्यों (जिनमें से कुछ खेती करते रहे पर अधिकांश व्यापार करने लगे) तथा शूद्रों (इनमें से अधिकतर खेती करने लगे तथा कुछ शिल्पकार बने रहे) का अंतर कम हो गया। उनकी आर्थिक स्थिति अच्छी हुई पर उनकी सामाजिक स्थिति में कोई प्रगति नहीं हुई जिसके कारण सामाजिक तनाव बड़े तथा अंतत: गैर-सनातनी संप्रदायों की लोकप्रियता में वृद्धि हुई। ब्राह्मणों की प्रारंभिक प्रतिक्रिया वर्ण व्यवस्था को और कठोर बनाने के रूप में हुई। इन्हीं सामाजिक तनावों के कारण अशोक ने सामाजिक सौहार्द पर अधिक बल दिया। उसके धम्म का उद्देश्य सामाजिक दायित्व तथा स्थायित्व की भावना को फैलाना था।

महिलाओं की स्थिति

ब्राह्मण साहित्य में महिलाओं को समाज में निम्न स्थान प्रदान किया गया है। दूसरी ओर बौद्ध ग्रंथों में ऐसी बात नहीं है। मेगस्थनीज बढ़ती हुई बहुपत्नी प्रथा महल के रक्षकों के, राजा के अंगरक्षकों तथा जासूस आदि के रूप में महिलाओं की नियुक्ति का उल्लेख करता है। वह विधवा पुनर्विवाह तथा तलाक का भी उल्लेख करता है। अत: महिलाओं की स्थिति पुरुषों की अपेक्षा निम्न थी तथा इसमें और पतन हो रहा था, परंतु गुप्त काल जितनी खराब नहीं थी।

तत्कालीन समाज में महिलाओं की दयनीय स्थिति के कारण ही शायद अशोक ने, सिर्फ महिला कल्याण के लिए एक विशेष महामत्त अधिकारी वर्ग को नियुक्त किया। इस अधिकारी को इथिझख-महामत्त कहा जाता था, जिसका अर्थ है- 'महिलाओं का अध्यक्ष'। इन अधिकारियों तथा वेश्याओं के अध्यक्षों, गणिकाध्यक्ष में एक संबंध स्थापित किया गया है।

दास एवं मजदूर

भारत में दासों की अनुपस्थिति के बारे में मेगस्थनीज का विचार सही नहीं है। पाश्चात्य (यूनानी तथा रोमन) दास प्रथा से बिल्कुल अलग होने के कारण वह शायद इसे नहीं पहचान सका। लेकिन इनकी उपस्थिति का स्पष्ट प्रमाण बौद्ध ग्रंथों (विशेषकर *जातक*) तथा अर्थशास्त्र में है। भारतीय दासों के साथ मानवतापूर्ण व्यवहार किया जाता था तथा इनकी नियुक्ति मुख्यतः गृह कार्यों में होती थी। भाड़े के मजदूरों की सामाजिक स्थिति दासों की अपेक्षा अच्छी थी, लेकिन उनकी आर्थिक स्थिति दासों से भी खराब थी। भाड़े के मजदूर बेगार अथवा विष्टी से अलग थे जो शायद इस काल में नहीं थे।

विजातीय

विजातीय लोगों की सामाजिक तथा आर्थिक स्थिति दासों तथा भाड़े के मजदूरों से भी खराब थी। चमड़े की धुलाई आदि का काम करने के कारण ये विजातीय अथवा हीनज अशुद्ध माने जाते थे। उनके सामाजिक बहिष्कार का यही मुख्य कारण था।

मौर्य कला

अशोक से पहले के भवन लकड़ी अथवा अन्य चीजों के बने हुए थे। पत्थरों का प्रयोग अशोक के काल से प्रारंभ हुआ। लकड़ी के स्थान पर पत्थर का प्रयोग कुछ तो अकेमेनिदकालीन फारस (जहां पत्थर का व्यापक प्रयोग होता था) के साथ संपर्क से और कुछ गंगा के मैदान में जंगलों के नष्ट होने से हुआ होगा। मौर्यकालीन कलात्मक अवशेष निम्न रूपों में देखे जा सकते हैं–(1) स्तंभ एवं मूर्ति, (2) रूप, (3) गुफा, (4) महल, तथा; (5) टेराकोटा वस्तुएं।

स्तंभ एवं मूर्ति

अशोक के स्तंभ मौर्य कला के सर्वोत्तम अवशेष हैं। अशोक के आदेशों वाले ये स्तंभ या तो धार्मिक स्थानों पर या शहरों के आस पास लगे हुए थे।

ये स्तंभ दो प्रकार के पत्थरों से बनाए जाते थे–(1) मथुरा क्षेत्र के लाल दाग वाले एवं सफेद पत्थर, तथा (2) बनारस के निकट चुनार से प्राप्त पांडु रंगी कठोर बलुआ पत्थर। संभवतः मथुरा एवं चुनार से बहुत से स्थानों पर, जहां स्तंभ लगे हैं, पत्थर ले जाया जाता था जहां तक्षशिला से आए शिल्पकार उन्हें काटकर तैयार करते थे।

प्रत्येक स्तंभ के तीन भाग हैं-नींव के नीचे टेक, स्तंभ तथा शीर्ष। टेक जमीन में गड़ा हुआ है। एक बलुआ पत्थर के टुकड़े का स्तंभ दूसरे बलुआ पत्थर से बने शीर्ष को सहारा देता है। यह गोल और थोड़ा टेढ़ा स्तंभ काफी पालिश किया हुआ है तथा इसका अनुपात मनोहारी है। स्तंभ के तीसरे भाग, शीर्ष में (a) किसी जानवर की सुंदर आकृति, जैसे कि शेर अथवा हाथी, (b) धर्मचक्र (24 कमानियों वाला) संकेत के साथ पशु आकृति, तथा; (c) उल्टा अथवा घंटी के आकार का कमल।

सारनाथ स्तंभ का शीर्ष निश्चित तौर पर इस श्रृंखला का सबसे सुंदर नमूना है। इसमें सजीव आकृति के चार शेर एक दूसरे की ओर पीठ करके खड़े हैं तथा शीर्ष फलक के उभार में छोटे, मनोहारी तथा भव्य, चार जानवरों (शेर, हाथी, घोड़ा तथा सांड) की आकृतियां तथा उल्टा हुआ कमल है–ये सभी अत्यंत विकसित कला-रूप की ओर संकेत करते हैं। (इस शीर्ष में कुछ सुधार कर भारत सरकार ने इसे राज्य चिह्न के रूप में अपनाया है)। मौर्यकालीन मूर्तियां हैं–(1) बेसनगर (मध्य प्रदेश) की यक्षी, (2) पर्खम (मथुरा के निकट) का यक्ष, (3) दीदारगंज (बिहार) का चौरी वाहक, तथा (4) धौली (ओडिसा) का पत्थर का हाथी।

स्तूप

स्तूप एक गोल आधार पर स्थित ईंट अथवा पत्थर की ठोस गुंबदाकार आकृति है। इसके ऊपर आध्यात्मिक संप्रभुता का प्रतीक एक दंड तथा छाता होता है। कभी-कभी स्तूप के चारों ओर एक सादा अथवा अलंकृत बाड़ा बना रहता था जिसमें एक या अधिक द्वार होते थे जिसे सुसज्जित बनाया जाता था। स्तूप का मुख्य उद्देश्य बुद्ध अथवा किसी महान बौद्ध भिक्षु के अवशेषों को सुरक्षित रखना अथवा बौद्ध धर्म के दृष्टिकोण से महत्वपूर्ण स्थान की स्मृति को सुरक्षित रखना था।

अशोक को भारत तथा अफगानिस्तान में 84,000 स्तूप बनवाने का श्रेय प्राप्त है। अपनी भारत यात्रा के दौरान ह्वेन सांग (सातवीं सदी) ने इनमें से कई स्तूप देखे, पर इनमें से अधिकतर अब नहीं हैं। लोगों तथा राजाओं द्वारा घेराबंदी तथा विस्तृत करवाए हुए इनमें से कुछ स्तूप आज भी विद्यमान हैं।

इन रूपों में सर्वोत्तम उदाहरण सांची (भोपाल के निकट) का विशाल स्तूप है (इसका व्यास 121.5 फीट, ऊंचाई 77.5 फीट, पत्थर के घेराबंदी की ऊंचाई 11 फीट है)। मूल रूप से अशोक द्वारा बनवाया गया यह स्तूप वर्तमान के आधे से अधिक नहीं था, जिसे बाद में बड़ा किया गया है। वर्तमान घेराबंदी अशोक द्वारा बनवाई गई घेराबंदी से काफी बड़ी है।

गुफा

गुफाएं मौर्यकाल की अन्य महत्वपूर्ण विरासत हैं, जो कठोर चट्टानों को काटकर बनाई गई हैं। इनकी अंदरूनी दीवारों की पालिश इतनी अच्छी है कि ये शीशे की तरह चमकती हैं। यह भिक्षुओं के निवास थे तथा सभा भवन अथवा चैत्य का काम भी करते थे।

अशोक तथा उसके पोते दशरथ ने इस प्रकार की कई गुफाएं बोध गया के निकट बराबर पहाड़ियों में बनवाकर बौद्ध एवं आजीवक संप्रदाय के भिक्षुओं को दान कीं। बराबर की दो प्रसिद्ध गुफाओं (सुदामा तथा लोमस ऋषि गुफाएं) में काष्ठ वास्तुकला के प्रभाव शिलाखंड वास्तुकला में देखने को मिलते हैं।

इस प्रकार बराबर गुफाएं शिलाखंड वास्तुकला के प्राचीनतम उदाहरण हैं, तथा एक ऐसी परंपरा की शुरूआत है जो भारतीय कला के इतिहास में 1000 वर्षों तक छाई रही।

महल

समकालीन यूनानी लेखक राजधानी पाटलिपुत्र के विशाल भवनों का उल्लेख करते हैं तथा उन्हें विश्व में सर्वोत्तम एवं विशालतम बताते हैं। चौथी शताब्दी में भारत आने वाला चीनी धर्मयात्री फाह्यान भी मौर्य भवनों को देखकर आश्चर्यचकित था। ये सभी अब नष्ट हो चुके हैं, पर हाल के उत्खनन में इनके अवशेष प्राप्त हुए हैं जिनमें सर्वाधिक उत्कृष्ट सौ स्तंभों वाला हॉल है।

टेराकोटा वस्तु

मौर्य स्थलों से टेराकोटा की चीजें प्राप्त हुई हैं। मिट्टी की मातृदेवियां बनाने की जो परंपरा प्रागैतिहासिककालीन है, अहिच्छत्र के मौर्य स्तर से प्राप्त हुई हैं।

ये पाटलिपुत्र से तक्षशिला तक प्राप्त हुए हैं। तकनीकी रूप से इनका आकार तथा स्पष्ट अलंकार महत्वपूर्ण है। इनमें से कुछ सांचों में बनी हैं।

मौर्यकालीन टेराकोटा मुख्यत: मूर्तियां या आकृतियां, देवताओं के व्रतानुष्ठित आकार, खिलौने, पासे, आभूषण तथा मनके हैं। अधिकतर खिलौने पहियों वाले पशु थे जिनमें हाथी लोकप्रिय था। आभूषणों में गोलाकार फलक थे जो ताबीजों की तरह प्रयुक्त होते थे।

5.8 अर्थशास्त्र

ऐतिहासिक प्रस्तावना

बाद में लिखी गई किताबों तथा अन्य संदर्भों से पता चलता है कि कौटिल्य से पूर्व *अर्थशास्त्र* के कम-से-कम चार विशेष विचारक तथा तेरह व्यक्तिगत शिक्षक थे। दुर्भाग्यवश, पहले के सभी कार्य नष्ट हो गए और सिर्फ कौटिल्य लिखित '*अर्थशास्त्र*' ही प्राप्त हुआ है।

इस प्रकार अर्थशास्त्र का अध्ययन, विदेश नीति और सरकार चलाने की कला काफी पुरानी है, कुछ विद्वानों के अनुसार भारत में विज्ञान का विकास लगभग 650 ई.पू. का है। पहले के सभी साहित्यों तथा कृतियों के नष्ट होने के पीछे यह भी एक कारण है कि कौटिल्य का ''*अर्थशास्त्र*'' इतना बढ़िया था कि इसने पिछले कामों को महत्वहीन बना दिया।

कौटिल्य कौन था? वह कैसा व्यक्ति था, जिसने राजनैतिक अर्थशास्त्र पर इतनी बढ़िया व्याख्या उस समय दी जब सारा विश्व बौद्धिक अंधकार में डूबा हुआ था? भारतीय परंपराओं एवं ब्राह्मण, बौद्ध तथा जैन संप्रदाय-सभी इस बात से सहमत है कि कौटिल्य (कुछ परंपरागत साहित्यों में विष्णुगुप्त के नाम से विख्यात है) ने नंद वंश का नाश किया तथा चंद्रगुप्त मौर्य को मगध की गद्दी पर आसीन किया।

''कौटिल्य'' नाम यह दर्शाता है कि वह 'कुटिल गोत्र' का था, 'चाणक्य' यह बतलाता है कि वह चणक का पुत्र था और 'विष्णुगुप्त' उसका व्यक्तिगत नाम था।

संगृहीत सामग्री

कौटिल्य के 'अर्थशास्त्र' की भारत में बहुत मान्यता है और इसकी चर्चा यत्र-तत्र देखने में आती है। किंतु इस पुस्तक के तथ्य कहीं उपलब्ध नहीं हो पाए। अचानक 1904 में मैजूर के डॉ. आर. रामशास्त्री के हाथ इस किताब के सारे तथ्य ताड़ के पत्ते पर ग्रंथ लिपि में, भक्वामीन द्वारा लिखी कुछ आलोचना के साथ मिले। इन्होंने ही मूल पाठ को 1909 में तथा इसके अंग्रेजी अनुवाद को 1915 में प्रकाशित किया। इसके उपरांत एक अन्य असली पांडुलिपि और अनेक लिपियों में लिखित, कुछ अन्य अवशेष तथा कुछ आलोचनाएं भी मिली। बंबई विश्वविद्यालय के डा. आर. पी. कांगले ने अनेक वर्ष इन मूल पाठों को पढ़ने और इनकी तुलना अनुवाद से करने में लगाए।

मूल पाठ पंद्रह अधिकरणों या पुस्तकों में बंटा है। पुस्तक-1 का पहला अध्याय विस्तृत विषय सूची के बारे जानकारी देता है और इसके अनुसार मूल पाठ के 150 अध्याय है, 180 प्रकरण हैं और 6 हजार श्लोक हैं। प्रकरण एक खंड का नाम है जो किसी एक भाग के लिए समर्पित होता है। अध्यायों की संख्या तथा खंडों की संख्या एक जैसी नहीं है क्योंकि कई बार एक अध्याय ही एक से अधिक विषय-वस्तुओं का वर्णन करता है और कई बार एक ही विषय-वस्तु एक से अधिक अध्यायों में चर्चित मिलती हैं। '*अर्थशास्त्र*' मुख्यत: सूत्र के गद्य के रूप में है जिसमें सिर्फ 380 श्लोक हैं। अध्ययन की सरलता के हिसाब से हम 'अर्थशास्त्र' को उसकी विषय-वस्तु के अनुसार इस प्रकार पढ़ सकते हैं-

किताब–1: ''अर्थशास्त्र'' की संक्षिप्त प्रस्तावना तथा अन्य विज्ञानों से इसका संबंध, राजा के बारे में, उसका प्रशिक्षण, मंत्रियों की नियुक्ति तथा राज्य के अन्य अधिकारीगण, शासक द्वारा रोजमर्रा के कर्तव्य तथा उसकी सुरक्षा एवं संरक्षा इत्यादि।

किताब–2: यह राज्य के विभिन्न कार्यपालक अधिकारियों के कर्तव्यों का वर्णन करती है और राज्य के विभिन्न कार्यों जैसे- कृषि, खनन इत्यादि पर पूरा प्रकाश डालती है।

किताब–3: यह न्याय से संबंधित कानून और व्यवस्था का जिक्र करती है। यह कानून की संहिता का प्रारूप है।

किताब–4: यह अपराध को दबाने के बारे में चर्चा करती है। साथ ही इसमें अपराध पता करने के तरीके, व्यापारियों तथा शिल्पकारों पर नियंत्रण रखने का कार्य तथा मृत्यु दंड संबंधी प्रकरण की चर्चा है।

किताब–5: इसमें विविध विषय वस्तुएं हैं तथा अधिकारियों के वेतन निर्धारण की भी सूचना है।

किताब–6: यह एक छोटा-सा खंड है जिसमें सिर्फ दो अध्याय हैं किंतु ये दोनों अत्यधिक महत्वपूर्ण हैं। इनके द्वारा पूरे कामों की सैद्धांतिक व्याख्या है। पहला अध्याय राज्य निर्माण के तत्वों के सिद्धांत की व्याख्या करता है जबकि दूसरा अध्याय विदेश नीति की चर्चा करता है।

किताब–7: इसमें विदेश नीति की विस्तृत व्याख्या है। इसी में उन छह परिस्थितियों की व्याख्या है जो विदेश नीति के कार्यान्वयन में सहायक होती हैं।

किताब–8: यह व्यसन से संबंधित है और यह आने वाली प्राकृतिक आपदाओं की ओर इंगित करती है और यह बताती है कि ऐसी परिस्थितियों में विभिन्न विभागों का सुचारू रूप से चलना संभव नहीं हो सकेगा।

किताब–9: यह युद्ध की तैयारी की चर्चा करती है, जैसे-विभिन्न प्रकार की सेना, युद्ध की तैयारी और युद्ध में जाने के पहले की सावधानियां।

किताब- 10: यह लड़ाई से संबंधित है और यह मुख्य लड़ाई कैंप, लड़ाई के चक्रव्यूह की रचना तथा व्यावहारिकता के बारे चर्चा करती है।

किताब–11: इसमें सिर्फ एक अध्याय है और यह बताता है कि एक युद्ध विजेता को किस प्रकार अल्पतंत्र मंडल से व्यवहार करना चाहिए और किस प्रकार एक राजा से।

किताब–12: यह बताती है कि एक कमजोर शासक को एक शक्तिशाली राजा के साथ कैसे निपटना चाहिए।

किताब–13: यह वर्णन करती है कि किस प्रकार शत्रु के किले पर फतह करनी चाहिए तथा जीते हुए क्षेत्रों पर शासन कैसे करना चाहिए।

किताब–14: यह गुप्त तथा रहस्यमयी पद्धतियों की चर्चा करती है।

किताब–15: यह किसी काम को सफलतापूर्वक करने के लिए उसकी विधि तथा तकनीक की चर्चा करती है।

यद्यपि कुछ किताबों तथा कुछ अध्यायों की संकलन जगह सही नहीं है किंतु सब मिलाकर यह कहा जा सकता है कि प्रथम पांच किताबें राज्य के आंतरिक मामलों पर प्रकाश डालती हैं और अंत की आठ किताबें पड़ोसी देशों के साथ संबंधों पर प्रकाश डालती हैं।

प्रकृति तथा महत्व

कौटिल्य की नीतियों को सभी जगहों पर अपनाया जा सकता है। शासक तथा शासित के बीच के संबंधों, राष्ट्र के दायित्व, लोक कल्याण के लिए धन का सदुपयोग, पड़ोसी देशों के साथ संबंध, विदेश नीति और संधि के आधार, इत्यादि मुद्दों के लिए कौटिल्य के विचार आज भी उतने ही उपयोगी हैं जितने उस समय थे। हालांकि कौटिल्य कालीन समाज और आज के समाज में काफी परिवर्तन आ गया है और इसी कारण उस समय की कुछ नीतियां आज के युग के लिए प्रभावी नहीं हैं।

यदि हमें कौटिल्य की नीतियों तथा उपदेशों को सही ढंग से समकालीन समय में रूपांतरित करना है तो उसके लिए हमें काम के व्यावहारिक पक्षों पर ध्यान देना होगा। कौटिल्य द्वारा लिखी गई किताब मुख्यत: एक आदर्श 'राज्य की रचना' पर आधारित है जो पहले न कभी अस्तित्व में आई, न आज कहीं उपस्थित है और न भविष्य में होगी।

"*अर्थशास्त्र*" मुख्यत: प्रशासन के विभिन्न पक्षों पर लिखा एक विस्तृत आलेख है, जो स्वभाव से नसीहत देने वाला है। यह सभी शासकों को निर्देश देती है और उस काल एवं स्थान के लिए उपयोगी है जहां धर्म का महत्व अधिक हैं। चूंकि यह एक निर्देशिका है इसलिए इसका आधार सरकार के कार्यकलापों पर केंद्रित हैं। राज्य की उपस्थिति की आवश्यकता ही क्या है और अगर है तो वह किस तरह का हो-इस प्रकार के सिद्धांत को हम इसमें नहीं पाते। अपितु कौटिल्य के अनुसार राज्य का अस्तित्व और शासक का होना एक स्वयं सिद्ध सिद्धांत है।

राज्य के कार्यकलापों के सैद्धांतिक विश्लेषक के रूप में कौटिल्य का विशेष योगदान है। ये दो प्रकार के हैं- (1) राज्य के सात निर्धारक तत्वों के आधार पर आंतरिक प्रशासन की व्याख्या, तथा (2) राज्यों का संबंध उनके वृत्तीय राज्यों के परिप्रेक्ष्य में। किताब-6 के दो अध्यायों का उपयोग सैद्धांतिक अवधारणा और इनसे संबंधित शब्दों के विकास के लिए किया गया है। इस आलेख का शेष भाग सिर्फ शासकों तथा अधिकारियों को दी जाने वाली नीतियों से संबंधित है।

अर्थशास्त्र पर आधारित तालिकाबद्ध जानकारी

तालिका-1: अध्यक्षों की सूची

क्र. सं.	नामावली	राज्य कार्यालय का प्रधान
1.	अकराध्यक्ष	खान एवं धातुकर्म नियंत्रक
2.	अक्षपटलाध्यक्ष	लेखा नियंत्रक
3.	अश्वाध्यक्ष	अश्वारोही सेना का सेनाध्यक्ष
4.	अयुधागाराध्यक्ष	आयुध-विभाग का अध्यक्ष
5.	बंधनगाराध्यक्ष	कारागार का अध्यक्ष
6.	देवताध्यक्ष	मंदिर का अध्यक्ष
7.	ध्यूताध्यक्ष	धुतक्रीड़ा का अध्यक्ष
8.	गणिकाध्यक्ष	मनोरंजनकर्ताओं का नियंत्रक
9.	गो-अध्यक्ष	राजसी मवेशियों का अध्यक्ष
10.	हस्त्याध्यक्ष	हाथी दल का सेनाध्यक्ष
11.	मान्याध्यक्ष	खान का अध्यक्ष
12.	कोषाध्यक्ष	कोष का अध्यक्ष
13.	कोष्टागाराध्य	गोदाम का अध्यक्ष
14.	कुप्याध्यक्ष	वन उत्पादों का अध्यक्ष
15.	लक्षणाध्यक्ष	टकसाल का प्रमुख
16.	लवणाध्यक्ष	नमक आयुक्त
17.	लोहाध्यक्ष	धातुओं का अध्यक्ष
18.	मनाध्यक्ष	सर्वेक्षक एवं समयपालक
19.	मद्राध्यक्ष	पारपत्र अधिकारी
20.	नागवनाध्यक्ष	हाथी वनपाल
21.	नावाध्यक्ष	जहाज वाहन नियंत्रक
22.	पण्याध्यक्ष	राज्य व्यापार नियंत्रक

क्र. सं.	नामावली	राज्य कार्यालय का प्रधान
23.	पत्तनाध्यक्ष	बंदरगाह नियंत्रक
24.	पत्त्याध्यक्ष	पैदल सेनाध्यक्ष
25.	पौथवाध्यक्ष	माप-तौल नियंत्रक
26.	रथाध्यक्ष	रथ सेनाध्यक्ष
27.	संस्थाध्यक्ष	निजी व्यापार नियंत्रक
28.	सीताध्यक्ष	राजसी भूमि का अध्यक्ष
29.	शुल्काध्यक्ष	सीमा शुल्क एवं चुंगी नियंत्रक
30.	सुनाध्यक्ष	पशुओं का रक्षक एवं बूचड़खाना नियंत्रक
31.	सुराध्यक्ष	मदिरा नियंत्रक
32.	सुत्राध्यक्ष	वस्त्र आयुक्त
33.	स्वर्णाध्यक्ष	कीमती धातु एवं आभूषण अध्यक्ष
34.	विविताध्यक्ष	चारागाह नियंत्रक

तालिका-2: अधीनस्थ अधिकारी

क्र. सं.	नामावली	राज्य कार्यालय
1.	चोरज्जु	चोर पकड़ने वाला
2.	गणिका	वेश्या प्रमुख
3.	हस्तिपक	महावत
4.	करणिक	लेखा अधिकारी
5.	कार्मिक	कार्य अधिकारी
6.	नदीपाल	नदी रक्षक
7.	नागवनपाल	हाथियों का रक्षक
8.	निबंधक	बहीपाल
9.	निधायक (निविग्रह)	भंडारपाल
10.	पदपासिक	पद्या अधिकारी (Tethera)
11.	पण्याधिष्टाधार	खुदरा बाजार प्रबधक
12.	परिकार्मिक	परिचारक
13.	रूपदर्शक	मुद्रा निरीक्षक
14.	सैमिक	सीमा पाल
15.	संख्यात्मक	लेखापाल
16.	तज्जत	मूल्यांकक
17.	तत्पुरुष (लेखक)	लिपिक
18.	वनचारिक	खोजी
19.	वनपाल	वन रक्षक
20.	उपायुक्त	अधीनस्थ अधिकारी

तालिका-3: कर

क. सं.	कर	स्रोत
1.	अयुधिय	आपूर्ति
2.	भाग	उत्पादन का हिस्सा
3.	द्वारबाहिरिकदेय	चुंगी तथा राह कर
4.	गुल्म	सैन्य ठिकानों पर देय कर
5.	कर	नकद कर
6.	मनबाजी	राजसी वस्तुओं की खरीद-बिक्री कर
7.	निष्क्रम्य	निर्यात कर
8.	परिघ	एकाधिकार कर
9.	पार्श्वम	उपकर
10.	पिंडकर	गांवों द्वारा उत्पाद के रूप में देय कर
11.	प्रकृय	राजसी कर
12.	प्रतिकर	उत्पाद के रूप में देय कर
13.	प्रवेश्य	आयात कर
14.	सेनाभक्तम	सेना रख-रखाव
15.	षड्भाग	छठा हिस्सा
16.	शुल्क	सीमा शुल्क
17.	वैधारण	बराबर कर
18.	वर्तनी	पथ कर
19.	विष्टी	श्रम
20.	व्याजी	खरीद-बिक्री कर

तलिका 4–समय

समय की मौलिक इकाई एक नलिका है। इसे इस प्रकार परिभाषित किया गया है- एक अधक (1.87 क्रि.ग्रा. या लीटर) पानी को 4 माशा सोने से बने 4 अंगुल तार की परिधि के बराबर छिद्र वाले एक बर्तन से निकलने में लगा समय। यह छिद्र लगभग 0.6 मिमी. परिधि (23 या 24 गेज तार) का होगा।

= एक सेकेंड का 6/100वां भाग

= एक सेकेंड का 12/100वां भाग

= एक सेकेंड का 24/100वां भाग

= 1.2 सेकेंड

= 36 सेकेंड

= 24 मिनट

= 48 मिनट

I. नलिका के उप-विभाजन

		1 तूत
2 तूत	=	1 लव
2 लव	=	1 निमेष
5 निमेष	=	1 काश्त
30 काश्त	=	1 कला
40 कला	=	1 नलिका
2 नलिका	=	1 मुहूर्त
15 मुहूर्त	=	1 दिन या रात

II. दिन और रात की लंबाई

समान समय (प्रत्येक 15 मुहूर्त) के दिन और रात चैत्र (वसंत- विषुव) और अश्वयुज (शरद-विषुव) में होते हैं।

दिन में वृद्धि तथा कमी इस प्रकार होती है :

1. वसंत-विषुव से कर्क-संक्रांति तक दिन तीन महीने तक बढ़ता है (सबसे बड़ा दिन–18 मुहूर्त–14घंटे 24 मिनट)।
2. कर्क-संक्रांति से शरद-विषुव तक दिन तीन महीने तक घटता है (15 मुहूर्त-12 घंटे-का बराबर दिन)।
3. शरद-विषुव से मकर-संक्रांति तक दिन तीन महीने तक घटता है (सबसे छोटा दिन-12 मुहूर्त-9 घंटे 36 मिनट।
4. मकर-संक्रांति से वसंत-विषुव तक दिन तीन महीने तक बढ़ता है।

III. समय की माप

दिन के समय 12 अंगुल (9 इंच) लंबाई के शंकु (परछाईं देने वाली केंद्रीय छड़) के सूर्य यंत्र से समय मापा जाता था। परछाईं नहीं होने पर दोपहर, दोपहर के पहले व बाद में 27 इंच, 9 इंच, 3 इंच परछाईं की लंबाई दिन को आठ भागों में बांटती थी। आषाढ़ के महीने में दोपहर में शंकु की परछाईं नहीं होती है। उसके बाद, श्रावण से पौष तक दोपहर में परछाईं 2 अंगुल (1 इंच) प्रतिमाह बढ़ती है। माघ से आषाढ़ तक दोपहर की परछाईं प्रतिमाह 2 अंगुल घटती है।

IV. कैलेंडर

15 दिन (तथा रात)	=	शुक्ल पक्ष (घटता हुआ चंद्रमा)
		बकुल पक्ष (बढ़ता हुआ चंद्रमा)
2 पक्ष	=	1 माह
2 माह	=	1 मौसम
3 मौसम	=	1 अयान
2 अयान	=	1 वर्ष
वर्ष	=	1 युग

V. मौसम पर टिप्पणी

A. उत्तरायण

1. ***शिशिर***-माघ (जनवरी/फरवरी) तथा फाल्गुन (फरवरी/मार्च)
2. ***वसंत***-चैत्र (मार्च/अप्रैल तथा वैशाख (अप्रैल/मई)
3. ***ग्रीष्म***-ज्येष्ठमूल्य (मई-जून) तथा आषाढ़ (जून/जुलाई)

B. दक्षिणायण

1. ***वर्षा***-श्रावण (जुलाई/अगस्त) तथा प्रौशतपद (अगस्त/सितंबर)
2. ***शरद***-अश्वयुज (सितंबर/अक्तूबर) तथा कार्तिक (अक्तूबर/नवंबर)
3. ***हेमंत***–मार्गशीर्ष (नवंबर/दिसंबर) तथा पौष (दिसंबर/जनवरी)

तालिका 5–व्यवसाय

I. शिल्पकार तथा व्यवसाय

1 अयस्कार	कुम्हार
2. चर्मकार	चमडे का काम करने वाला
3. कर्मार	लुहार
4. कुटुक	बढ़ई
5. मेदक	टोकरी बनाने वाला
6. नपित	नाई
7. रजक	धोबी
8. रज्जुवर्तक	रस्सी बनाने वाला
9. शिल्पी	कलाकार/मूर्तिकार
10. स्वर्णकार	सुनार
11 तन्तुवाय	जुलाहा
12. तुन्नवाय	दर्जी
13. वर्धकी	इंजीनियर
14. वर्मकार	पट्टी बनाने वाला

II. मनोरंजनकर्ता

1. चारण	घूम-घूमकर गाने वाला
2. गणिका	वेश्या
3. गायन	गायक
4. कुहक	बाजीगर/विदूषक
5. नर्तक	नाचने वाला/वाली
6. नट	नायक/नायिका
7. पौराणिक	पुराण का पाठ करने वाला
8. प्लावक	कलाबाज
9. सुतमगध	प्रशंसा का गान करने वाला
10. तुर्यकार	तूर्यवादक
11. वादक	संगीतकार
12. वाग्जीवन (कथानक)	कहानी कहने वाला

III. कृषि एवं अन्य वर्ग

1. दोहक	दूध दोहने वाला
2. गोपालक	गाय पालने वाला
3. कर्षक	किसान
4. लुब्धक	शिकारी रक्षक
5. मंथक	मंथन करने वाला
6. मत्स्यबंधक	मछली मारने वाला
7. मुक्तग्रहिण	मोती पकड़ने वाला
8. पिंडारक	भैंस पालने वाला
8. शंदपाल	माली
9. वटपाल	बाग का रखवाला

IV. आभूषण निर्माता

1. धमयक	भट्ठी में पिघलाने वाला
2. कंचनकारू	मणि लगाने वाला
3. पृष्टकारू	मनके बनाने वाला
4. तपनीयकारू	मीनाकारी करने वाला
5. त्वस्त्रकारू	विसर्पक

V. अन्य

1. अश्वबंधक	जीनसाज
2. अश्ववाह	अस्तबल का अध्यक्ष
3. औदानिक	चावल विक्रेता
4. चरक	सफाई करने वाला
5. चिकित्सक	इलाज करने वाला
6. धारक	तौलने वाला
7. हस्तिपाक	महावत
8. कल्याक	नाई
9. कर्मक	मजदूर
10. कतीन्तिक	ज्योतिषी
11. लेखक	लिपिक
12. लुभक	शिकारी
13. मर्जक	झाड़ू लगाने वाले
14. मयक/मापक	माप करने वाला
15. नागवनपाल	वन में हाथियों का रक्षक
16. नैमित्तक	शगुन करने वाला
17. परिचारक	रसोइया
18. प्रसाथक	नौकर
19. रथिक	रथ हांकने वाला
20. संख्यात्मक	लेखापाल
21. सर्पग्रह	सांप पकड़ने वाला
22. सौंदिक	मदिरा बेचने वाला
23. सुदरालिक	परिवेषक
24. सुतिक	दाई
25. उदकपरिचारक	पानी लाने वाला
26. यांत्रिक	तकनीकिज्ञ

(निम्न तालिका पृष्ठ A 141 पर मानचित्र से पहले जोड़ी जाय)

मौर्यकालीन स्त्रोत

- **पुरातात्विक स्त्रोत**
  - **पुरा लेख**
    - **मौर्य**
      - अशोक
        - शिलालेख
          - 10 स्थलों पर 14 शिलालेख
          - कई स्थलों पर 3 लघु शिलालेख
          - 3 स्थलों पर 2 विशिष्ट या कलिंग लेख
        - स्तंभ लेख
          - 6 स्थलों पर 7 स्तंभ लेख
          - 3 स्थलों पर 3 लघु स्तंभ लेख
        - गुहा लेख
          - बराबर पहाड़ियों में 3 गुहा लेख
      - अन्य
        - सोहगौरा व महास्थान अभितंक
        - दशरथ का नागार्जुनी गुहालेख
    - **अन्य**
      - रूद्रदामा का जूनागढ़ लेख
  - **मुद्रा**
    - चांदी के पना
  - **कला अवशेष**
    - **दरबारी कला**
      - स्तंभ
      - स्तूप
      - गुफा
      - महल
    - **लोक कला**
      - मूर्तिकला
      - मृण्मूर्तियाँ
  - **भौतिक अवशेष**
    - **उत्तरी वाले चमकीले भांड**
      - छल्लेदार कुएं
      - लौह वस्तुएँ
- **साहित्यिक स्त्रोत**
  - **निरपेक्ष स्त्रोत**
    - **देशी**
      - कौटिल्य का *अर्थशास्त्र*
    - **विदेशी**
      - मेगस्थनीज की *इण्डिका*
  - **धार्मिक स्त्रोत**
    - **बौद्ध**
      - देशी
        - *जातक*
        - *दीर्घनिकाय*
        - *वामस्थपक्षिणी*
      - विदेशी
        - *दीपवंश*
        - *महावंश*
    - **जैन**
      - *परिशिष्ट* पर्वन
    - **ब्राह्मण**
      - *पुराण*

अभ्यास प्रश्न

1. चंद्रगुप्त मौर्य का शिलालेखों में प्रथम वर्णन कहाँ मिलता है?
   (a) अशोक का बराबर पहाड़ी गुफा अभिलेख
   (b) दशरथ का नागार्जुना पहाड़ी गुफा अभिलेख
   (c) अशोक जूनागढ़ शिलालेख
   (d) रुद्रदमन का जूनागढ़ शिलालेख

2. निम्न कथन पर ध्यान दें
   "हम आपको जंजीर और शराब भेजेंगे पर यूनान वाक्छली व्यक्ति (sophist) को बेचे जाने पर कानूनी प्रतिबंध है।" यह किसने किसको लिखा था?
   (a) सेल्यूकस निकेटर ने चंद्रगुप्त मौर्य को
   (b) एंटिओक्स ने बिंदुसार को
   (c) एंटिओक्स ने गोनातस अशोक को
   (d) सिंकदर ने बिंदुसार को

3. इनमें से कौन सुमेलित नहीं है?
   (a) कलिंग–जौगड़ा (b) दक्षिणापथ–स्वर्णगिरी
   (c) अवंतिरथ–उज्जैन (d) उत्तरापथ–तक्षशिला

4. किस स्थान पर एक ही वृहत और लघु स्तंभ स्थित है?
   (a) सांची (b) इलाहाबाद
   (c) सारनाथ (d) रुम्मिनदेई

5. मौर्यकालीन व्यापार और वाणिज्य के बारे में क्या सही नहीं है/हैं?
   (i) कुछ निर्मित वस्तुओं पर कर नहीं लिया जाता था।
   (ii) नए और पुराने के बीच अंतर स्थापित करने के लिए वस्तुओं पर तारीख अंकित की जाती थी।
   (iii) मूल्य का पांचवां भाग व्यापार कर के रूप में लिया जाता था तथा उसके अतिरिक्त व्यापार कर का पांचवां भाग चुंगी के रूप में लिया जाता था।
   (iv) व्यापारियों को अत्यधिक फायदा लेने से रोकने के लिए वस्तुओं का मूल्य निर्धारित किया जाता था।
   (v) सभी समकालीन ग्रंथों में कर्ज देना अच्छा नहीं माना गया है।

   कूट:
   (a) (i) और (ii) (b) (iii) और (iv)
   (c) (i) और (v) (d) (iii) और (v)

6. किस ग्रंथ में बताया गया है कि मगध में 12 वर्षों का अकाल पड़ा था?
   (a) *वंशथपकासिनी* (b) *परिशिष्टपर्वन*
   (c) *दिव्यवदन* (d) *कल्पसूत्र*

7. मौर्य समाज में महिलाओं की स्थिति के बारे में मेगस्थनीज के कौन-से कथन सत्य हैं?
   (i) शासकीय वर्ग में बढ़ती बहुपत्नी प्रथा
   (ii) महिलाओं की महल तथा राजा के अंगरक्षकों के रूप में नियुक्ति
   (iii) विधवा विवाह की अनुमति
   (iv) तलाक की अनुमति

   कूट :
   (a) (i) और (ii) (b) (iii) और (iv)
   (c) (i) और (iv) (d) उपरोक्त सभी

8. *अर्थशास्त्र* के बारे में कौन-सा कथन असत्य है/हैं?
   (i) यह 15 पर्वों में विभाजित है।
   (ii) यह मूलतः प्राकृत भाषा में लिखा गया था।
   (iii) यह मौर्यकालीन राजनीतिक अर्थव्यवस्था एवं प्रशासन के बारे में है।
   (iv) इसके प्रमाणों की किसी अन्य स्रोत से पुष्टि नहीं की गई है।

   कूट:
   (a) (i), (ii), और (iv) (b) (ii) और (iii)
   (c) (ii) और (iv) (d) (i) और (iv)

9. मौर्यकालीन सिक्कों के बारे में कौन-से कथन सत्य हैं?
   (i) मौर्य शासकों ने काफी बड़ी संख्या में आहत सिक्के जारी किए।
   (ii) अशोक के सिक्के किसी अन्य मौर्य शासक के सिक्कों से बड़े थे।
   (iii) उनसे हमें मौर्यकालीन अर्थव्यवस्था की जानकारी मिलती है।
   (iv) मौर्यकालीन सिक्कों के संकेत निश्चित रूप से शासकीय चिह्न हैं।

   कूट:
   (a) (i) और (iii) (b) (i) और (ii)
   (c) (ii) और (iii) (d) (i), (iii), और (iv)

10. भारत सरकार के राज्य चिह्न के शीर्ष फलक के नीचे देवनागरी लिपि में खुदा हुआ है–'सत्यमेव जयते।' यह किस स्रोत से लिया गया है?

(a) *ऋग्वेद* (b) *मत्स्यपुराण*
(c) *मुंडक उपनिषद* (d) *ऐतरेय ब्राह्मण*

11. बिहार स्थित दीदारगंज किसके लिए प्रसिद्ध है?
(a) यक्षी की प्रस्तर प्रतिमा
(b) यक्ष की प्रस्तर प्रतिमा
(c) चौरी वाहक की प्रस्तर प्रतिमा
(d) पत्थर का हाथी

12. कौन-सा युग्म सुमेलित है?
(a) *जातक*–मौर्यकालीन सामाजिक-आर्थिक स्थिति
(b) *पुराण*–मौर्य वैश्य वर्ण के थे
(c) *दीपवंश*–अशोक के श्रीलंका में बौद्ध धर्म के प्रसार के प्रयास
(d) *दिघ्घ निकाय*–बौद्ध विचारों का मौर्य राजनीति पर प्रभाव

13. किन मौर्य अभिलेखों में अकाल के समय सहायता की बात की गई है?
(i) तक्षशिला अभिलेख
(ii) महास्थान अभिलेख
(iii) लम्पाक अभिलेख
(iv) शहगौरा अभिलेख

कूटः
(a) (i) और (iv) (b) (ii) और (iii)
(c) (ii) और (iv) (d) सिर्फ (iv)

14. पश्चिमी प्रांत प्रशासन के लिए अशोक ने किस फारसी को नियुक्त किया?
(a) तुनस्प (b) जस्टीन
(c) प्लुयर्क (d) सुनासेपह

15. किस अभिलेख में अशोक ने अपना मत बुद्ध, धम्म तथा संघ में व्यक्त किया है तथा बुद्ध को भागवत कहा है?
(a) मास्की लघु शिलालेख
(b) रुम्मिनदेई लघु स्तंभ अभिलेख
(c) सारनाथ स्तंभ अभिलेख
(d) भावरा लघु शिलालेख

16. उपगुप्त बौद्ध भिक्षु, जिसने अशोक को बौद्ध बनाया, संभवतः कौन था?
(a) महाकस्सप (b) सबाकामी
(c) मोगलिपुत्त तिस्स (d) वासुमित्र

17. मौर्य प्रशासन में रूपदर्शक क्या था?
(a) मंच का व्यवस्थापक
(b) सोना, चांदी, तांबा परीक्षक
(c) आहत सिक्कों का परीक्षक
(d) गणिकाओं का अध्यक्ष

18. हालांकि अशोक के अभिलेख चार लिपियों में थे, पर कुछ एक को छोड़कर लगभग सभी में प्राकृत भाषा का प्रयोग किया गया है। इन अभिलेखों में प्राकृत के किस विशेष रूप का प्रयोग हुआ है?
(a) मागधी (b) अर्द्ध-मागधी
(c) शूरसेनी (d) मराठी

19. मौर्यकालीन कंटकाशोधन क्या थे?
(a) शाही खजाना (b) सिविल कोर्ट
(c) अपराधिक कोर्ट (d) पुलिस थाना

20. अशोक का कौन-सा अभिलेख रानी की घोषणा के नाम से जाना जाता है?
(a) वृहत स्तंभ अभिलेख V
(b) लघु स्तंभ अभिलेख III
(c) लघु स्तंभ अभिलेख I
(d) वृहत स्तंभ अभिलेख II

21. बिंदुसार का कौन-सा पुत्र तक्षशिला में हुए विद्रोह को दबाने में असफल रहा था तथा उसके स्थान पर उसके छोटे भाई अशोक को भेजा गया?
(a) तिस्स (b) सुशीम
(c) नेमित (d) सारिपुत्त

22. अशोक के किस एकमात्र पुत्र का नाम उसके अभिलेखों में देखने को मिलता है?
(a) महेंद्र (b) तिवर
(c) कुणाल (d) जौलक

23. किस एकमात्र अभिलेख में अशोक ने स्वयं को 'मगध का राजा' बताया है?
(a) भाबरा अभिलेख (b) मास्की अभिलेख
(c) बराबर गुफा अभिलेख (d) गुजर्रा अभिलेख

24. किस स्थान पर अशोक का प्रसिद्ध विभाजन अभिलेख नहीं पाया जाता है, जिसमें वह स्पष्ट रूप से विरोधी भिक्षुओं तथा भिक्षुणियों के निष्कासन एवं बौद्ध संघ में अनवरत एकता की बात करता है?
(a) इलाहाबाद (b) सांची
(c) सारनाथ (d) सहसाराम

25. अशोक के किस एकमात्र अभिलेख में करों का स्पष्ट वर्णन मिलता है?

(a) वृहत शिलालेख VI
(b) रुम्मिनदेई स्तंभ अभिलेख
(c) कलिंग अभिलेख
(d) ब्रह्मगिरि लघु शिलालेख

26. अशोक का कथन- "सर्वे मुनिस्से पज मम" किस वृहत शिलालेख में है?

(a) III (b) VI
(c) VIII (d) IX

27. अशोक के अभिलेखों को सर्वप्रथम कब और किसने पढ़ा?

(a) 1787–जॉन टॉवर
(b) 1810–हैरी स्मिथ
(c) 1825–चार्ल्स मेटकाफ
(d) 1837–जेमस प्रिंसेप

28. परवर्ती मौर्यों में से एक दशरथ का अभिलेख कौन-सा है?

(a) तक्षशिला का प्रियदर्शी अभिलेख
(b) शहगौरा ताम्रपत्र अभिलेख
(c) नागार्जुनी पहाड़ी गुफा अभिलेख
(d) जूनागढ़ शिलालेख

29. किसने बिंदुसार को 'दो समुद्रों के बीच की भूमि' को जीतने का श्रेय दिया है?

(a) मेगस्थानीज (b) तारानाथ
(c) कौटिल्य (d) विशाखदत्त

30. बिंदुसार के दरबार में सीरिया के एंटिओक्स प्रथम का यूनानी राजदूत कौन था?

(a) मेगस्थनीज (b) दियोदोरस
(c) देमिएक्स (d) एंटिगोनस

31. मेगस्थनीज द्वारा भारत के समाज के सात वर्गों के वर्गीकरण में निम्नलिखित में से कौन-सा वर्ग नहीं था?

(a) कृषक (b) व्यवसायी
(c) दार्शनिक (d) शिल्पकार

32. किस वृहत शिलालेख में अशोक के धम्म का संक्षिप्त रूप तथा उसकी व्याख्या है?

(a) I (b) V
(c) X (d) XI

33. भारत सरकार द्वारा अशोक के सारनाथ स्तंभ से लिए गए राज्य चिह्न एवं राष्ट्रीय ध्वज में प्रयुक्त चक्र में कितनी कमानियां हैं?

(a) पंद्रह (b) बीस
(c) चौबीस (d) छत्तीस

34. कौन-सा स्तूप मूल रूप से अशोक द्वारा ईंटों का प्रयोग कर बनवाया गया था?

(a) सांची स्तूप (b) भरहुत स्तूप
(c) अमरावती स्तूप (d) नालंदा स्तूप

35. अशोक के अभिलेखों के बारे में कौन-से कथन सत्य हैं?

(i) इनमें से अधिकतर अशोक के बौद्ध धर्म तथा संघ से उसके संबंधों से संबद्ध हैं।
(ii) ये सभी प्राकृत भाषा में हैं।
(iii) सभी अभिलेखों में ब्राह्मी लिपि का प्रयोग हुआ है।
(iv) इनमें प्रमाणों की पुष्टि कई साहित्यिक स्रोतों से हुई है।

कूट:

(a) उपरोक्त सभी (b) (ii) और (iv)
(c) (i) और (iii) (d) (iii) और (iv)

36. मौर्यकालीन सिक्कों के बारे में कौन-सा/से कथन असत्य है/हैं?

(i) मौर्य शासकों ने चांदी और तांबे के कई आहत सिक्के तथा कुछ चांदी के शलाका सिक्के (bar coins) भी जारी किए।
(ii) इन सिक्कों को जारी करने वाले शासकों के साथ वर्गीकृत किया जा सकता है।
(iii) इनमें हमें मौर्यकालीन अर्थव्यवस्था की जानकारी प्राप्त होती है।
(iv) मौर्यकालीन सिक्कों के संकेत निःसंदेह आधिकारिक चिह्न हैं।

कूट:

(a) सिर्फ (i) (b) सिर्फ (ii)
(c) (ii) और (iii) (d) (ii) और (iv)

37. अशोक के अभिलेखों में दक्षिण के किन लोगों की चर्चा मिलती है?

(i) चोल (ii) पल्लव
(iii) पांड्य (iv) केरलपुत्र
(v) सत्यपुत्र (vi) विष्णुकुंडिन

कूटः
(a) (i), (ii), (iii) और (iv)
(b) (i), (iii), (iv) और (v)
(c) (ii), (iii), (iv) और (v)
(d) (iii), (iv), (v) और (vi)

38. मौर्यकालीन शिल्पकारों की श्रेणियों के बारे में कौन-से कथन सत्य हैं?
(i) ये सर्वप्रथम मौर्यकाल में अस्तित्व में आए।
(ii) इनके सदस्यों को कुछ अधिकार प्राप्त थे तथा उनके कुछ कर्तव्य थे।
(iii) इसके सदस्यों की मजदूरी कार्य की मात्रा एवं गुण पर निर्भर थी।
(iv) घटिया काम अथवा धोखाधड़ी के लिए इन्हें जुर्माना देना पड़ता था।

कूटः
(a) (i), (ii) और (iii) (b) (ii), (iii) और (iv)
(c) (i), (iii) और (iv) (d) उपरोक्त सभी

39. अशोक के सारनाथ स्तंभ के शीर्ष-फलक पर निम्नलिखित में से कौन-से जानवर बने हुए हैं?
(i) हाथी (ii) बाघ
(iii) घोड़ा (iv) सांड
(v) बारहसिंगा (vi) शेर

कूटः
(a) (i), (ii), (iii) और (iv)
(b) (ii), (iii), (iv) और (v)
(c) (i), (iii), (iv) और (v)
(d) (iii), (iv), (v) और (vi)

40. अशोक के सारनाथ स्तंभ के शीर्ष के बारे में कौन-से कथन सत्य हैं?
(i) इसमें चार शेर एक-दूसरे की ओर पीठ करके खड़े हैं, शीर्ष-फलक पर इनके बीच चार अलग-अलग जानवर तथा चार चक्र हैं, एक घंटी के आकार का कमल है।
(ii) इसका प्रयोग भारत सरकार राज्य चिह्न के रूप में करती है।
(iii) राज्य चिह्न में सिर्फ तीन शेर नजर आते हैं (चौथा नजर नहीं आता), शीर्ष-फलक पर एक सांड तथा एक घोड़े के बीच चक्र नजर आता है तथा दो किनारों पर दो और चक्रों की बहिर्रेखा नजर आती है।
(iv) मूल स्तंभ का उल्टा अथवा घंटी के आकार का कमल राज्य चिह्न में हटा दिया गया है।
(v) शीर्ष-फलक के नीचे, राज्य चिह्न में, देवनागरी लिपि में 'सत्यमेव जयते' लिखा है जो मुंडक उपनिषद से लिया गया है।

कूटः
(a) उपरोक्त सभी
(b) (i), (ii), (iii) और (iv)
(c) (ii), (iii), (iv) और (v)
(d) (i), (ii), (iii) और (v)

41. सुमेलित कर दिए गए कूटों से उत्तर चुनें–

तालिका-I (मौर्य कला)	तालिका-II (स्थान)
(A) यक्षी	(i) ओडिसा में धौली
(B) यक्ष	(ii) मध्य प्रदेश में बेसनगर
(C) चौरी वाहक	(iii) मथुरा के निकट परखम
(D) हाथी	(iv) बिहार में दीदारगंज

कूटः

	A	B	C	D
(a)	(iii)	(i)	(ii)	(iv)
(b)	(ii)	(iii)	(iv)	(i)
(c)	(i)	(iv)	(iii)	(ii)
(d)	(iv)	(ii)	(i)	(iii)

42. सुमेलित कर दिए गए कूटों से उत्तर चुनें–

तालिका-I	तालिका-II
(A) चौदह वृहत शिलालेख	(i) अशोक का व्यक्तिगत इतिहास
(B) कई लघु शिलालेख	(ii) अशोक के धम्म के विभिन्न सिद्धांत
(C) सात वृहत स्तंभ लेख	(iii) अशोक के धम्म के प्रति उन्माद के संकेत
(D) चार लघु शिलालेख	(iv) अशोक के ब्राह्मण-विरोधी कार्य
	(v) शिलालेखों के परिशिष्ट

कूटः

	A	B	C	D
(a)	(i)	(ii)	(v)	(iv)
(b)	(v)	(i)	(iii)	(iv)
(c)	(ii)	(i)	(v)	(iii)
(d)	(i)	(ii)	(iv)	(v)

43. अशोक के किस अभिलेख को भाबरा अभिलेख भी कहा जाता है?
(a) बैराठ लघु शिलालेख III
(b) ब्रह्मगिरि लघु शिलालेख I
(c) कलसी वृहत शिलालेख IV
(d) मास्की लघु शिलालेख I

44. रुद्रदमन प्रथम के जूनागढ़ शिलोलख के अनुसार चंद्रगुप्त मौर्य का साला कौन था?
(a) वैन्यगुप्त (b) पुष्यगुप्त
(c) पुरुगुप्त (d) राधागुप्त

45. किस अभिलेख से ज्ञात होता है कि कलिंग अशोक की एकमात्र विजय है तथा इसके बाद उसने धम्म विजय की।
(a) वृहत स्तंभ लेख II
(b) वृहत शिलालेख XIII
(c) लघु शिलोलख II
(d) वृहत शिलालेख XI

46. कौन-सा कथन असत्य है?
(a) मौर्यों के बारे में पुराणों, बौद्ध एवं जैन स्रोतों से जानकारी मिलती है।
(b) विभिन्न स्रोतों में मौर्यों के बारे में अलग-अलग जानकारियां हैं।
(c) मौर्यों के बारे में सभी पुराण किसी एक विषय पर भी सहमत नहीं हैं।
(d) परवर्ती मौर्यों के बारे में बहुत कम प्रमाण उपलब्ध हैं।

47. मौर्यकाल में निर्माण के दौरान किस वस्तु का अत्यधिक प्रयोग होता था?
(a) लकड़ी (b) पक्की ईंट
(c) पत्थर (d) धूप में पकी ईंट

48. अशोक के धम्म को क्या कहा जा सकता है?
(a) दूषित बौद्ध धम्म
(b) सामाजिक समस्याओं के प्रति धार्मिक दृष्टिकोण
(c) सामाजिक-नैतिक आचार संहिता
(d) धर्मशास्त्रों का विकसित रूप

49. किस बैक्ट्रियन राजा ने लगभग 182 ई.पू. में भारत आक्रमण कर उत्तर-पश्चिम भारत के एक अच्छे-खासे भू-भाग पर अधिकार कर लिया?
(a) दिमेट्रियस (b) एंटिगोनस
(c) फिलाडेल्फस (d) गोंडोफर्नेस

50. अशोक के अभिलेखों में नगलवियोहालक (नगरव्योहारिक) महामत्तों का जिक्र है, जिनका कार्य था-
(a) व्यवसाय अधिकारी के रूप में
(b) न्यायिक अधिकारी के रूप में
(c) सैन्य अधिकारी के रूप में
(d) जनसंख्या अधिकारी के रूप में

उत्तरमाला

1. (d)	2. (d)	3. (b)	4. (b)	5. (c)	6. (b)	7. (d)
8. (a)	9. (d)	10. (c)	11. (c)	12. (b)	13. (c)	14. (a)
15. (d)	16. (c)	17. (c)	18. (b)	19. (c)	20. (b)	21. (b)
22. (b)	23. (a)	24. (d)	25. (b)	26. (b)	27. (d)	28. (c)
29. (b)	30. (c)	31. (b)	32. (d)	33. (c)	34. (a)	35. (b)
36. (b)	37. (b)	38. (b)	39. (c)	40. (a)	41. (b)	42. (c)
43. (a)	44. (b)	45. (b)	46. (c)	47. (a)	48. (c)	49. (a)
50. (b)						

अध्याय 6

मौर्यों के पश्चात् का भारत (200 ई.पू.–300 ई.)

6.1 सामान्य सर्वेक्षण

परिचय-मौर्य साम्राज्य के पतन के बाद के काल को भारतीय इतिहास के 'अंधकारमय युगों' में से एक माना जाता है। यह मत राजनीतिक केन्द्रीकरण को सभ्यता का एकमात्र मापदंड मानने की धारणा पर टिका है। किंतु ऐसी मान्यताओं के पश्चात् इस युग द्वारा देश के समाजार्थिक व सांस्कृतिक इतिहास में कुछ महत्वपूर्ण विकास दर्शाये गये हैं।

मौर्योत्तर परिवर्तन-पुरातात्विक स्रोतों द्वारा प्रकट एक प्रमुख मौर्योत्तर परिवर्तन भारत के एक बड़े भू-भाग में आद्य इतिहास का ऐतिहासिक काल में संक्रमण था। उदाहरण के लिए, एक जनजातीय चरण को दर्शाने वाली दक्षिण की पूर्ववर्ती महापाषाण कालीन संस्कृतियों का स्थान पूर्ववर्ती ऐतिहासिक संस्कृतियों ने ले लिया था, जो उत्तर भारत के सांस्कृतिक तत्वों से अनुकूलन स्थापित करती थीं। यह संक्रमण की प्रक्रिया किसी साहित्यिक दस्तावेज में परिरक्षित नहीं है यहाँ तक कि चोल, चेर, पांड्य आदि राज्यों में पूर्ववर्ती ऐतिहासिक संस्कृति की अनेक जानकारियां भी संगम साहित्य में शामिल नहीं हैं। पूर्व-ईसाई एवं उत्तर-ईसाई युगीन सामग्री दोनों से युक्त संगम साहित्य एक ऐसी संस्कृति को दर्शाता है जो जनजातीय चरण को पार कर चुकी थी किंतु जिसमें इस चरण के कुछ तत्व अभी भी विद्यमान थे।

दो अन्य मौर्योत्तर परिवर्तनों की उत्पत्ति अधिक पुरानी थी और इन परिवर्तनों को गति देने में मौर्यों ने भी महत्वपूर्ण भूमिका निभायी थी। भौगोलिक पृथक्करण (जिसने भारत को एक उप-महाद्वीप का आकार दिया था) के उपरांत भारतीय संस्कृति में गैर-देशज तत्व भी मौजूद थे तथा इसके पर्याप्त प्रमाण हैं कि बाहरी दुनिया के साथ सम्पर्क उत्तर-मौर्यकाल में उल्लेखनीय रूप से बढ़ा था।

बाहरी दुनिया के साथ सम्पर्क के दो मुख्य मार्ग-सम्पर्क के दो मुख्य मार्ग थे, जिनके माध्यम से भारतीय सामाजिक-राजनीतिक संगठन बाहरी विश्व के साथ अन्तर्क्रिया करते थे। एक मार्ग उत्तर-पश्चिम से होकर विभिन्न नृजातीय समूहों की निरंतर घुसपैठ संभव बनाता था जो मध्य एशिया में नृजातीय संचरण का एक हिस्सा थी। उत्तरी भारत के एक बड़े हिस्से में इस घुसपैठ के फलस्वरूप न केवल रानीतिक हलचलें पैदा हुईं बल्कि राजनीतिक संगठन व संरचना में भी परिवर्तन आये। बैक्ट्रियाई यूनानी सबसे प्राचीन आक्रमणकारी थे जिनके बाद सीथियन, पार्थियन एवं कुषाण आये। भारतीय साहित्यिक संदर्भों में इन्हें यवन, शक, पहलव एवं कुषाण कहा गया है। इस मार्ग के माध्यम से मध्य एशियाई एवं अन्य प्रभाव धीरे-धीरे भारतीय सामाजिक संरचना में घुलना शुरू हो गए। सम्पर्क का दूसरा मार्ग विस्तृत बाह्य व्यापार था, जिसमें भारत पुराने काल की अपेक्षा अधिक गहनता से शामिल था। पूर्व की विलासिताओं के बारे में पश्चिम की जिज्ञासा ने उत्तर-पश्चिम गंगा घाटी तथा सम्पूर्ण प्रायद्वीप जैसे कई क्षेत्रों को प्रभावित किया। दक्षिण में विदेशी व्यापारियों की उपस्थिति यवनों एवं धम्मयवनों के साहित्यिक उल्लेखों से ही नहीं बल्कि अनेकों पुरातात्विक स्थलों के प्रमाणों से भी प्रतिध्वनित होती है। ईसवी की पहली दो शताब्दियों में रोमन

मुद्रा का प्रवाह इतना अधिक था कि यह रोमन अभिजात्य वर्ग की चिंता का कारण बन गया था।

विदेशी आक्रमणों के कारण सामाजिक पुनर्संरचना– अनेकों नृजातीय समूहों के आगमन ने सामाजिक विचार एवं संगठन के आगमन ने सामाजिक विचारों एवं संगठनों (जो देश में नये ऐतिहासिक केन्द्रों के उदय के कारण पुन: आकार ग्रहण कर रहे थे) की पुनर्संरचना को अपरिहार्य बना दिया। विधि निर्माताओं की प्रवृत्ति थी कि नव-प्रवेश को निम्न दर्जा दिया जाए किंतु इससे सांस्कृतिक समन्वय की प्रक्रिया पर कोई भौतिक प्रभाव नहीं पड़ा। वास्तव में राजनीतिक रूप से शक्तिशाली यवन, शक एवं कुषाण अपने भारतीय समकक्षों (सातवाहनों) की तुलना में 'विशुद्ध क्षत्रिय' के दर्जे से कहीं अधिक प्रतिष्ठा अर्जित कर चुके थे। किंतु विधि निर्माताओं द्वारा स्थापित प्रणाली को न केवल धार्मिक संरक्षण के रूप में अपितु वर्ण व्यवस्था को दूषित होने से बचाने के संदर्भ में भी महत्वपूर्ण माना गया। अब अधिकांश राजपरिवार वर्ण व्यवस्था को संरक्षण देने के लिए उठ खड़े हुए थे। यह मान्यता धीरे-धीरे भाषा के क्षेत्र में भी विस्तारित हो गयी। संस्कृत का प्रयोग अधिकतर राजकीय कार्यों के लिए होने लगा तथा राजदरबारों में संस्कृत साहित्य की रचनाएँ की जाने लगीं। विदेशियों के लिए भारतीय सामाजिक परिदृश्य में खुद को समावेशित करने का सुगम तरीका बौद्ध धर्म को अपनाना था जिसे इस काल में व्यापक संरक्षण प्राप्त था।

धार्मिक परिवर्तन– ब्राह्मणवाद एवं गैर-शास्त्रीय धर्म दोनों इन नयी परिस्थितियों में महत्वपूर्ण परिवर्तनों के दौर से गुजरे। हालांकि बौद्ध धर्म एवं जैन धर्म में मत विभाजन पहले ही हो चुका था किंतु विभिन्न मतों के विस्तार तथा महायानियों के उदय के द्वारा होने वाले क्रिस्टलीकरण ने पुराने प्रतिरूपों को विस्थापित कर दिया था। बौद्ध धर्म में परिवर्तन कुछ सीमा तक इसके भू-प्रादेशिक विस्तार से जुड़े थे क्योंकि यह भारत की सीमाओं के पार ही नहीं बल्कि भारत के भीतर भी फैल रहा था और भारत में इसे नागा, यक्ष जैसे कई स्थानीय पंथों का सामना करना पड़ा था जो अंतत: इसके अंदर ही समाते चले गये।

वास्तव में बौद्ध धर्म ने पौराणिक धर्म (जो इस काल में उभरना शुरू हुआ) से समानता वाली कई विशेषताएँ दर्शाईं दोनों में मूर्ति पूजा सामान्य थी। जहाँ बौद्ध धर्म के लिए 'बोधिसत्व' की अवधारणा महत्वपूर्ण थी वहीं पौराणिक धर्म में भक्ति की अवधारणा जो कि *'भगवद गीता'* में अपने सर्वोत्कृष्ट रूप में अभिव्यक्त हुई थी।

दक्कन में राज्य निर्माण एवं नगरीकरण– दक्कन पर शासन करने वाले सातवाहन उन सभी भौतिक घटकों के स्वामी थे, जो मौर्यकाल में मौर्यों के पास (उत्तरी भारत में) थे। वे मुद्रा व लोहे के प्रयोग से भिज्ञ थे। वे भवन निर्माण सामग्री में उत्तर की भांति टाइलों एवं पकी ईंटों को प्रयोग करते थे। इसके अलावा उन्होंने उस महापाषाणकालीन विरासत का लाभ उठाया, जो सातवाहन राज्य समाज व अर्थव्यवस्था के निर्माण हेतु सैनिक संगठन दस्तकारी एवं कृषि से जुड़ी पूर्व-दशाएं निर्मित कर चुकी थी। उनके शासन की अन्य विशेषताओं में भूमध्यसागरीय क्षेत्र के साथ वृहत व्यापार, दक्कन में बड़े स्तर पर शहरी बस्तियों का उदय तथा रोमन मुद्रा का प्रवाह शामिल था। इन सभी दशाओं ने प्रायद्वीप में राज्य निर्माण को प्रोत्साहन दिया।

मातृसत्तात्मक परम्पराओं वाले गैर-आर्य सातवाहन ब्राह्मणीकृत किये जाने वाले दक्कन के प्राचीनतम राजवंशों में से एक थे। नव-मतांतरण के रूप में वे वर्ण व्यवस्था के उत्साही समर्थकों के रूप में आगे आये क्योंकि वर्ण व्यवस्था ही उनकी बस्तियों में गैर-जनजातीय तरीके से उत्पादन सम्बन्धों को संगठित कर सकती थी। अभिलेखों में सातवाहनों का उल्लेख बौद्धों एवं ब्राह्मणों को भूमि एवं नकद अनुदान देने वाले प्राचीनतम शासकों के रूप में किया गया है। इसी कारण ये दोनों तत्व सातवाहन राजव्यवस्था एवं समाज में समान रूप से महत्वपूर्ण बन गये थे। मौर्य शासन के अनुभव का लाभ उठाते हुए सातवाहनों ने खुद को व्यवस्थित क्षेत्रों में कई कमतर राजकुमारों व 9 मुखियाओं की सहायता से स्थापित किया। सातवाहनों द्वारा विकसित प्रशासन था, जो कि इंडो-यूनानी, शक, पार्थियन एवं कुषाणों द्वारा विकसित राजनीतिक प्रणाली से पूर्णत: विमुख था।

मौर्यकाल के विपरीत 200 ई.पू. से 300 ई. का काल छोटे राजतंत्रों का काल था, जिनमें से अधिकतर विदेशी मूल के थे। अत: कई रूढ़िवादी इतिहासकारों ने इसे 'अंध युग' (Dark Age) की संज्ञा दी है। लेकिन आधुनिक इतिहासकार इसे 'भारत का वाणिज्य काल' मानते हैं, क्योंकि इस काल में व्यापार का अत्यधिक विकास हुआ। वास्तव में अस्पष्ट लगने वाले इस काल का व्यापार एक ऐसा कारक है जिसके कारण इस काल को एकरूपता एवं निरंतरता प्राप्त हुई तथा यह तथाकथित 'अंध युग' वास्तव में समृद्ध अर्थव्यवस्था एवं सांस्कृतिक सम्मिलन का काल था।

6.2 संगम साहित्य तथा समाज

मदुरै में राजकीय संरक्षण के अंतर्गत तमिल कवियों का एक संगम फला-फूला, लेकिन इसका प्रारंभिक विवरण अपूर्व कथात्मक है। इसके अनुसार 9990 वर्षों के लबे अंतराल पर तीन संगम आयोजित हुए, जिनमें 5898 कवियों ने भाग लिया (इनमें शैव पंथ के कुछ देवता भी थे) तथा 197 पाड्य राजा इनके संरक्षक थे। कदुंगों तथा उग्रप्पेरुवालुदी जैसे कुछ राजाओं एव कवियों के नाम अभिलेखों तथा अन्य विश्वसनीय रिकॉर्डों में मिलते हैं, जिससे लगता है कि कुछ तथ्य कथानकों से मिल गए हैं।

माना जाता है कि, प्रथम संगम में देवताओं तथा पौराणिक ऋषियों ने भाग लिया, परंतु इसकी रचना नष्ट हो गई है। दूसरे संगम में अनेक कवियों ने बृहद् साहित्य की रचना की, उनमें से सिर्फ *तोल्काप्पियम* (प्रारंभिक तमिल व्याकरण) बचा हुआ है। तीसरे संगम में भी कई कवियों ने मिलकर वृहद साहित्यिक रचना की, पर इनमें से कुछ ही बचे हुए हैं। यह हिस्सा आज का उपलब्ध संगम साहित्य है।

रचनाएं

संगम साहित्य में प्राचीनतम तमिल ग्रंथ (जैसे- *तोल्काप्पियम*), *एट्टुटोगई* (आठ काव्य संग्रह), *पाटुप्पत्तु* (दस ग्राम्य-काव्य), पादिनेनकिलकणक्कु (अठारह लघु-काव्य) तथा तीन महाकाव्य आते हैं।

प्राचीनतम तमिल ग्रंथ

प्राचीनतम उपलब्ध तमिल साहित्य *तोल्काधियम* माना जाता है, जिसकी रचना संभवतः तोल्काप्पियार (अगस्त्य ऋषि के 12 शिष्यों में से एक) ने की थी। यह अहम अथवा अगम (प्रेम) तथा पुरम (युद्ध, प्रशासन, आदि), वर्ण विचार, निर्माण, छंद शास्त्र, बोली के रूप, सामाजिक प्रथाओं, साहित्यिक प्रचलनों तथा अन्य का तमिल व्याकरण है। यह तीन खडों में विभाजित है, प्रत्येक खड में नौ इयाल (उप-अध्याय) तथा कुल मिलाकर 1612 सूत्र हैं।

अन्य प्राचीन तमिल ग्रथ संत अगत्तियार का ***अगत्तियम*** (जीवन और शिक्षण का व्याकरण), संत अगस्त्य के 12 शिष्यों द्वारा लिखित ***पन्निरूपदलम्*** (पुरम् साहित्य का व्याकरण) तथा एक अज्ञात लेखक का ***कक्कीपदिनियम*** (छंदशास्त्र ग्रंथ) हैं, लेकिन व्यावहारिक तौर पर ये सभी नष्ट हो चुके हैं।

एट्टुटोगई (आठ काव्य संग्रह)

एट्टुटोगई के आठ काव्य संग्रह इस प्रकार हैं-

- गुडालुर किलार द्वारा लिखित *ऐनगुरुनुरु,* जिसमें 500 उत्तेजक कविताएं हैं।
- *नर्रिनाई,* जिसमें प्रेम पर 400 लघु कविताएं हैं।
- रुद्रशर्मण द्वारा लिखित *अगनानरु* जिसमें विभिन्न प्रकार की 400 प्रेम कविताएं हैं।
- *कुरुंत्तोगई* में 400 प्रेम कविताएं हैं।
- *कलित्तोगई* में 150 प्रेम कविताएं हैं।
- *परिपडाल* में देवताओं की प्रशंसा में 24 कविताएं हैं।
- *पडिर्रुपत्तु* चेर राजाओं की प्रशंसा में 8 कविताओं का लघु संग्रह है।

कुल मिलाकर इस साहित्य में 2,282 कविताएं हैं, जो 200 लेखकों की रचनाएं हैं।

पाटुप्पत्तु (दस ग्राम्य-काव्य)

मुरुगरुप्पदै (नकीरर रचित) ***सिरुपाणर्रुप्पदै*** (नतत्तनार रचित) ***पेरुम्बनरुप्पदै*** *मदुरैक्काजी* (मांगुडी मरुड़म रचित)। *पट्टिनमलाई* (कण्णन रचित) तथा अन्य रचनाएं इस श्रेणी में आती हैं। उनमें से प्रथम रचना मुरुगन के उपासकों द्वारा पूजित हैं। शेष रचनाएं इस श्रेणी से आती हैं। इनमें से प्रथम रचना मुरुगन के उपासकों द्वारा पूजित हैं, शेष रचनाओं में समाहित ऐतिहासिक तथ्यों की वजह से इतिहासकारों के काम की हैं। ये ग्राम्यशष्य अन्य उपलब्ध पच्यावलियों से लंबे हैं।

पादिनेनकिलकणक्कु

18 लघु काव्य-18 पदावलियों अथवा दस ग्राम्यकाव्यों के अलावा अपने छोटे आकार की वजह से इन्हें लघुकाव्य कहते हैं न कि महत्व के कारण। इनमें से ज्यादातर नीति-उपदेशक हैं।

संत तिरुवल्युवर रचित *तिरुकुराल* को (तमिल भूमि की गीता माना जाता है, इसमें धर्म तथा जीवन दर्शन संबंधित छंदबद्ध लोकोक्तियों का संकलन है), मुनरुराई अरय्यर द्वारा रचित *पालामोली* (नैतिक सिद्धांतों को लोक प्रसिद्ध उक्तियों द्वारा समझाया गया है) *नालाडियार* (उसमें नैतिक आचरण का पद्यात्मक संग्रह है), तथा *अचारक्कोवई* उनमें सबसे महत्वपूर्ण है, जिसमें एक कट्टर हिंदू की दैनिक परिचर्चा की व्याख्या है। ये सभी लघु काव्य तमिलों पर आर्यों की धार्मिक मान्यताओं एवं प्रथाओं के बढ़ते प्रभाव के प्रत्यक्ष सूचक हैं।

महाकाव्य

सिलप्पादिकारम् ***(अर्थात रत्न-जटित नुपुर)*** संगमयुगीन प्राचनीतम तथा महानतम महाकाव्यों में था। दूसरी सदी ईस्वी में लिखित इस पुस्तक का लेखक महान चोल शासक करिकाल के पौत्र इलंगो वडिगल को माना जाता है। यह दु:खांत विवरण मुहार के एक धनी व्यापारी कावेलन के अपनी पत्नी कन्नगी की उपेक्षा कर एक अन्य नृत्यांगना माधवी से प्रेम करने से संबंधित है तथा अंत में कन्नगी पांड्य नरेश के हाथों अपनी पति की मृत्यु का बदला लेती है और अंतत: देवी बन जाती है, जिसके तहत कन्नगी की आदर्श पत्नी के रूप में पूजा होती है। इस महाकाव्य में संगम युग के बारे में पर्याप्त सामाजिक तथा ऐतिहासिक जानकारी समाहित है।

मणिमेखलई–मदुरै के कवि सत्तनार को इसका लेखक माना जाता है तथा यह सिलप्पादिकारम की (बौद्ध मतानुसार) लिखित पूरक रचना, है। यह मणिमेखलई (जो पुराने महाकाव्य के कोवलन तथा माधवी की पुत्री थी) के राजकुमार उदय कुमारन से अपनी पवित्रता की रक्षा तथा अंत में बौद्ध भिक्षुणी एवं उपासिका बनने के बारे में है। पर्याप्त मात्रा में सामाजिक एवं ऐतिहासिक जानकारी देने के अलावा यह एकमात्र प्राचीन रचना है, जिससे संगम युग में चित्रकला के विकास की जानकारी मिलती है।

शिवग सिंदामणि–एक जैन तिरूत्वक देवर द्वारा रचित शिवग अथवा जीवक की यह कहानी उसके हर क्षेत्र में शक्तिशाली होने, हर बार प्राप्त विजय के माध्यम से अपने हरम के लिए एक नई वधू हासिल करने तथा अंततः एक जैन साधु बन जाने के बारे में है।

उपर्युक्त तीनों महाकाव्य तमिल भूमि में आर्यों के क्रमिक प्रभाव-विस्तार को दर्शाते हैं। फिर भी जहां प्राचीनतम ग्रंथ सिलप्पादिकारम संस्कृत काव्य से बहुत भिन्न था, सबसे बाद का ग्रंथ ***शिवग सिंदामणि*** स्थानीय शैली पर संस्कृत शैली का प्रमुख द्योतक है। इसके अतिरिक्त, इसी समय पेरुनदेवनार द्वारा ***महाभारत*** के तमिल प्रारूप की रचना की गईं

संगम साहित्य का काल

खुदाइयों से ज्ञात होता है कि दूसरी सदी ई.पू. अर्थात् ईसा संवत के आरंभ के पहले से ही तमिलों को लेखन कला का ज्ञान था। तमिलों द्वारा प्रयुक्त प्राचीनतम लिपि ब्राह्मी थी। बहुत बाद में अर्थात् उत्तर प्राचीन काल एवं आदि मध्यकाल से ही उन्होंने एक नई कोणीय लिपि का विकास शुरू किया जिसे ग्रंथ लिपि कहा जाता है। आधुनिक तमिल वर्णमाला का उद्‌भव इसी लिपि से हुआ है। पहली तथा दूसरी सदी ई. के कुछ ग्रीक तथा रोमन क्लासिकी लेखकों के टॉलेमी, प्लिनी प्रथम, स्ट्राबो तथा पेरिपल्स जिसका लेखन अज्ञात है) संगम साहित्य के अनुरूप दिए गए विवरणों की मदद से संगम युग का काल मोटे तौर पर तीसरी सदी ई. पूर्व से तीसरी ई. सदी के बीच निर्धारित करने में मदद मिली है। अतः संगम साहित्य के अधिकतर हिस्से की रचना इसी दौरान हुई, हालांकि आधुनिक रूप में प्राप्त प्रारूप का अंतिम संकलन चौथी-पांचवीं सदी में ही हुआ।

6.3 राजनीतिक इतिहास

स्त्रोत

दक्षिण भारतीय राज्यों के बारे में पहला साहित्यिक जिक्र मेगस्थनीज द्वारा पांड्यों का जिक्र है।

अशोक के अभिलेखों, विशेषकर द्वितीय वृहत् शिलालेख में तीनों राज्यों-पांड्यों, चोलों तथा पड़ोसी राज्यों के रूप में उल्लेख है। अशोक के अभिलेखों के पश्चात् खारवेल का हाथी गुफा अभिलेख ही तमिल राज्यों का उल्लेख करने वाला एकमात्र अन्य शिलालेखीय स्त्रोत है। कहते हैं कि, खारवेल ने तमिल संघ ट्रामिरादेश संघटम् को पराजित किया। फिर भी संगम युग से संबंधित प्राथमिक स्त्रोत संगम साहित्य ही है, जिसमें प्रथमत: पांड्यों का जिक्र होने के साथ-साथ चोलों तथा चेरों से संबंधित जानकारी भी है। एक संगम कवि मामुलनार ने तो पुराणनुरू नामक एक पंच्चावली में नंदों तथा मौर्यों का भी जिक्र किया है।

पांड्य

पांड्यो का राज्य मुख्यत: आधुनिक तमिलनाडु के दक्षिणी हिस्से में फैला था। उनकी राजधानी मदुरई थी (पहले तेनमदुरई तथा बाद में कपातपुरम उनकी राजधानी थी)। नेडुनजेलियान, जिसने तलेयालगानम् की लड़ाई जीती थी, ने 210 ई. सन् के लगभग शासन किया। दो महान कवियों, मांगुड़ी मरुदन तथा नक्कीरर, ने पत्तुप्पत्तु में इस शासक को एक-एक कविता समर्पित की है। मांगुड़ी मरुदन की *मदुरैक्कांजी* तथा अन्य स्त्रोतों से हमें नेहुनजेलियान के तीन पूर्वजों की जानकारी मिलती है। *प्रथम* शासक नैडियोल मिथकीय चरित्र प्रतीत होता है। *दूसरा* शासक पलसालै मुदुकुडुमी था। मदुरैकांजी में वर्जित *तीसरा* शासक कोई अन्य नेडुनजेलियान था। इसी शासक के काल में मदुरई में

कोवलन की दु:खद मृत्यु हुई थी तथा सिलप्पादिकारम के अनुसार राजा की इसी अघात से मृत्यु हुई

तालैयालंगानम का विजेता नेडुनजेलियान राज्यरोहण के समय युवक ही था, परंतु इसके तुरंत पश्चात् उसने दो पड़ोसी राजाओं तथा पांच छोटे सामंतों के विरोधी गुट का सफलतापूर्वक सामना किया। राजधानी पर आक्रमण किए जाने पर उसने तलैयालंगानम में अपने शत्रुओं को गहरी शिकस्त दी (तंजरि जिले में तिरवालूर से आठ मील उत्तर-पश्चिम में स्थित)। इस विजय से नेडुनजेलियान ने न सिर्फ अपनी गद्दी को सुरक्षित किया वरन तमिल देश के राज्यों पर अपना नियंत्रण एवं प्रभाव भी स्थापित किया।

मदुरैक्कांजी में मदुरै तथा नेडुनजेलियान के शासन के तहत पांड्य्य देश का विस्तृत विवरण है। इसके लेखक ने अलंगनम् के युद्ध का भी जिक्र किया है तथा कहा है कि मोती तथा मछली प्राप्त होने वाले समुद्री तट के लोगों का उसकी सेना में महत्वपूर्ण स्थान था।

पातुप्पतु में सिरुपाणर्रुप्पदै नामक नतत्तनार की कविता से दक्षिण भारत में राजनीतिक परिवर्तनों तथा एक युग की समाप्ति की जानकारी मिलती है। इस कविता का नायक नल्लियक्कोडन है और इसे संगम काल का अंतिम शासक माना जा सकता है। उसका शासन दक्षिणी आरकोट जिले के सभी हिस्सों पर था। उसका शासन 275 ई. के लगभग माना जा सकता है। कवि के अनुसार उसके समय से तमिल देश की तीनों राजधानियों में दानशील शासकों का काल समाप्त हो चुका था। हालांकि यहां अतिशयोक्ति संभव है पर स्पष्ट तौर पर वंजी, उरैयूर तथा मदुरई के ह्रास का काल प्रारंभ हो चुका था।

चोल

इनका शासन आधुनिक उत्तरी तमिलनाडु तथा दक्षिणी आंध्र प्रदेश तक विस्तृत था। उनकी राजधानी पहले उरैयूर तथा बाद में पुहार (कावेरीपट्टनम्) थी।

दूसरी सदी ई. पूर्व के लगभग एलारा पहला महत्वपूर्ण चोल शासक था। उसने श्रीलंका पर विजय प्राप्त की थी, परंतु करिकाल (190 ई. सर) सर्वाधिक महत्वपूर्ण शासक था। करिकाल के पिता का नाम इलनजेतसेन्नि था। करिकाल का अर्थ है- जले हुए पैरों वाला व्यक्ति। जीवन के आरंभ में ही उसे बंदी बना लिया गया था। *पट्टिनाप्पालै* के लेखक ने उसके निकल भागने तथा अपने को गद्दी पर पुन: स्थापित करने का रोचक वर्णन चोल राजधानी कावेरीपट्टनम् पर रचित *पातुप्पतु* नामक लंबी कविता में किया है। उसकी आरंभिक उपलब्धियों में तंजौर से 15 मील पूर्व वैन्नि में हासिल जीत थी, जिसका वर्णन विभिन्न कवियों ने अपनी कविताओं में किया है। इस तरह वर्जित करिकाल के जीवन में एक महत्वपूर्ण मोड़ साबित हुआ क्योंकि इसका मतलब था- उसके विरुद्ध निर्मित विस्तृत तथा बड़े संघ का पतन। करिकाल की दूसरी सफलता थी- वाहैप्परन्दलई के युद्ध में 9 छोटे शासकों को हराना। इस तरह इन युद्धों के परिणामस्वरूप तमिल देश तथा समीपवर्ती क्षेत्रों में भी करिकाल का वर्चस्व स्थापित हुआ।

पट्टिनप्पलाई के कवि ने कावेरीपट्टनम के क्षेत्रों में उद्योगों तथा व्यापार की समुन्नति का बड़ा ही विस्तृत एवं जीवंत वर्णन प्रस्तुत किया है। करिकाल ने जंगल को कृषि योग्य भूमि में परिवर्तित करने को प्रोत्साहन दिया तथा सिंचाई के लिए तालाबों की संख्या में वृद्धि की। वैदिक धर्म मानने की वजह से उसने यज्ञ भी किए। बाद में करिकाल *सिलप्पादिकारम* की अनुभूतियों का केंद्र बन गया। उसे ही अपने अधीनस्थों के संग कावेरी नदी की बाढ़ से बचाने के लिए एक बांध के निर्माण का श्रेय दिया गया है।

दो अन्य चोल शासक भी गौर करने लायक हैं। इलंजेतसेन्ति के नेडलांगनल ने चेरों से दो किले छीन लिए थे। अनुश्रुतियों में अपनी शिवभक्ति के लिए विख्यात सेंगणनपेरी की लड़ाई में चेर शासक कनाइक्कल इरुम्पोराई के विरुद्ध विजय पाई थी। शिव को समर्पित 70 बेहतरीन मंदिरों का निर्माता ये शासक संभवत: चौथी अथवा पांचवीं सदी ई. में मौजूद था।

चेर

चेरों का आधुनिक केरल के हिस्सों पर शासन था। उनकी राजधानी वंजी अथवा कारूर थी। मात्र चेरों के लिए ही क्रमिक वंशावली उपलब्ध है तथा शासकों की दो धाराओं का संकेत मिलता है। अन्यथा अन्य उदाहरणों में तो मात्र असंबद्ध नामों का जिक्र है जो सुसंगत इतिहास निर्माण हेतु अपर्याप्त है।

पुगालूर में अरनाट्टमलाई पहाड़ियों से प्राप्त एक अभिलेख (प्रथम सदी ईस्वी) चेर शासकों की तीन पीढ़ियों को-अंदसल इरुम्पोरई, उसके पुत्र पेरुमकाहुंगो तथा उसके पुत्र इलमाकाहुंगो का जिक्र करता है। चेर श्रृंखला में दो राजकीय कवि पेरुमकाडुंगो तथा इलमकांडुगो संगम साहित्य में मौजूद हैं। अभिलेख में मौजूद दोनों नामों की पहचान संगम साहित्य में समान नामधारी कवियों से की गई है।

संगम कविताओं में सभी शासकों की *महाभारत* के युद्ध से येन-केन प्रकरेण अपने को संबद्ध करने की चिंता दृष्टव्य है। प्रथम चेर शासक उदियनजेरल (लगभग 130 ई.) द्वारा कुरुक्षेत्र में भाग लेने वाले सभी योद्धाओं को भोजन कराने की बात कही गई है।

चेर शासक उदियनजेरल के पुत्र नेदुनजेरल आदन ने किसी स्थानीय शत्रु को नौ सैनिक युद्ध में पराजित करके कुछ यवन व्यापारियों को बंदी बना लिया था। उसने सात राजाओं को युद्ध में परास्त कर अधिराजा की पदवी धारण की। उसे इमायवरंबन भी कहते थे। अत: वो जिसकी सीमा हिमालय तक थी उसने अपने समकालीन चोल राजा से युद्ध किया और दोनों मारे गए। दोनों की रानियां सती हो गईं। आदन के छोटे भाई कुक्टुवन ने चेर शक्ति की अभिवृद्धि की। आदन को अलग-अलग रानियों से दो पुत्र थे। उनमें से एक 'अभिषिक्त शासक' कहलाता था और उसने भी अधिराज की उपाधि धारण की।

आदन के दूसरे पुत्र सेनगुट्टुवन का यशोगान संगम युग के सर्वाधिक प्रसिद्ध कवियों की श्रेणी में आने वाले परनर ने किया है। यह राजा घुड़सवारी, हाथी की सवारी तथा दुर्ग की घेरेबंदी में कुशल था। कन्नगी की आदर्श पत्नी के रूप में 'पूजा' अथवा 'पत्तिनी पूजा' उसी ने शुरू करवाईं 'पत्तिनी पूजा' के लिए पत्थर किसी आर्य शासक से युद्ध के बाद प्राप्त किया गया तथा उसे गंगा में स्नान कराकर चेर देश में लाया गया। ये सभी विवरण सिलप्पादिकारम में काफी विस्तार से तथा सुसज्जित रूप में दिए गए हैं। सिलप्पादिकारम के अनुसार सेनगुट्टुवन के नेतृत्व तथा पांड्य तथा चोल एवं श्रीलंका के शासकों की सहायता से ही उस पंथ का संगठन हुआ।

पडिर्रुप्पत्तु में उदियनजेरल की कड़ी में तीन पीढ़ियों के पांच राजाओं का जिक्र है। कुला मिलाकर इन लोगों ने 209 वर्ष तक शासन किया था। साथ ही उसी वंश की अन्य शाखा के तीन शासकों ने 58 वर्ष तक शासन किया। पडिर्रुप्पत्तु के विद्यमान हिस्से में उल्लिखित अंतिम शासक कुडको इलंजेराल इरुम्पोरई (लगभग 190 ई.) है। उसने दो बड़े राजाओं संभवतः पांड्यों तथा चोलों से युद्ध किया तथा चोल शासक को हराकर लूट की बहुमूल्य सामग्री वंजी (करुवुर) ले आया। करूवुर दरअसल वंजी ही था। करुवुर के निकट चेर अभिलेखों की खोजों टॉलेमी के उल्लेख तथा उस नगर एवं आसपास के अनेक स्थलों से रोमन सिक्के प्राप्त होने से भी यही निष्कर्ष निकलता है। मैदारनजेरल इरुम्पोरई नामक एक अन्य चेर शासक भी महत्वपूर्ण था। नेडुनजेलियान (पांड्य शासक) के साथ हुए युद्ध में उसे बंदी बना लिया गया था।

6.4 राजव्यवस्था एवं प्रशासन

राजव्यवस्था का स्वरूप

हालांकि आनुवांशिक राजतंत्र प्रभावी प्रारूप था पर विवाहित उत्तराधिकार एवं गृहयुद्ध अज्ञात नहीं थे। राजा सभी अर्थों में एकाधिकारी थाय पर उसकी निरंकुशता पर विवेकपूर्ण मंत्रियों, कवियों अथवा मित्रों का अवसर आने पर हल्का अंकुश रहता था। राजा प्रतिदिन अपनी नालवै में प्रजा के कष्टों को सुनता था और न्यायकार्य संपन्न करता था।

राजा में विजेता (विजिगीषु) होने की आकांक्षा होती थी तथा उसके लिए युद्ध भी करते थे। सात राजाओं के विरुद्ध विजय का मतलब उच्चतर अधिसत्ता थी तथा विजेता सातों अधीनस्थ राजाओं के मुकुटों की माला पहनकर उसका प्रदर्शन करता था। सबसे शक्तिशाली शासकों से दिग्विजय की उम्मीद रहती थी, जो सदैव ही भारतीय शासकों के लिए आदर्श रहा है।

पुरनानुरू की एक कविता में चक्रवर्ती की अवधारणा का जिक्र किया गया है जिसमें दिग्विजय एक आभूषण जड़ित स्वर्णचक्र के निर्बाध घूमने से तय होता था। उसी कृति में सम्मिलित एक अन्य कविता में राजा की मृत्यु के बाद उसके साथियों द्वारा आत्महत्या का उल्लेख है-बाद में इस परंपरा का व्यापक प्रचलन मिलता है (बाद में वेलाईक्कराट, गुरुदास, सहावसिष, अपालुदविगल आदि नामों से ज्ञात)। राजा बहुत-सी पदवियां धारण करता था। उदाहरण के लिए चेरों ने बनावर, विल्लवर, कुड़ावर, कुशवर, परयार, मलैयार आदि, चोलों ने सेन्ति, सेम्बिदास, वलावन, किल्लि तथा पांड्यों ने मिनावर पंचवार, तेन्नार आदि पदवियां धारण कीं।

राजा प्रशासन का केंद्र-बिंदु और अपरिमित शक्ति का स्रोत था। उसका जन्मदिवस प्रतिवर्ष मनाया जाना (पेरुनल नाम से जानना) एक महत्वपूर्ण घटना थी। हर संगम राजवंश का अपना राजसी प्रतीक-चिह्न था। पांड्यों का मक्य, चोलों का बाघ तथा चेरों का धनुष प्रतीक चिह्न था। राजकीय सभा में सारे महत्वपूर्ण अधिकारीगण उपस्थित होते थे।

राजा का सर्वोच्च न्यायालय राजा की सभा (मन्रम) ही होता था। कहा जाता है कि बुजुर्गगण सभा में भाग लेते

वक्त अपने निजी विवादों से परे रहते थे। 'कुरल' में 'सभा' को सभी कार्यों को संपादित करने वाली साधारण परिषद कहा गया है। उससे भी कम विशेषीकृत मन्रम नामक सभा ग्रामीण जीवन की सामाजिक तथा धार्मिक समस्याओं के समाधान के लिए भी होती थी। प्रत्येक गांव में एक विशेष स्थान (सामान्यत: किसी बड़े पेड़ की छाया में) होता था जहां सभी स्त्री, पुरुष एवं बच्चे सार्वजनिक कार्यों, खेलकूद, मनोरंजन आदि के लिए मिलते थे। इन सामूहिक क्रियाकलापों का राजनीतिक उद्देश्य भी संभव है।

अधिकारीगण-राजा की मदद करने को विशाल अधिकारी वर्ग था, जिन्हें हम पांच सभाओं में वर्गीकृत कर सकते हैं। वे थे- (1) अचार (मंत्री), (2) पुरोहित्तार (पुरोहित), (3) सेनापत्तियार (सेनानायक), (4) दूतार (राजदूत या दूत), तथा (5) ओररि (गुप्तचर)।

प्रांतीय एवं स्थानीय प्रशासन-राज्य (मंड़लम), नाडुओं (प्रांतों) में विभाजित था। नाडु में अनेक छोटे एवं बड़े गांव (सिरूर एवं पेरूर) तथा शहर (उर) सम्मिलित थे। सामान्यत: नाडु का प्रशासन वंशानुगत मुखियों द्वारा एवं गांवों और शहरों का स्थानीय सभाओं द्वारा चलाया जाता था।

राजस्व प्रशासन-भूमि तथा व्यापार, राज्य की आय के मुख्य साधन थे। भूमि की इकाइयों के रूप में *मा* एवं *वेलि* तथा अनाज की माप के वास्ते कलम ज्ञात थे पर कृषि के उत्पादन में राजा का भाग (कराई अथवा भूमि राजस्व) कितना होता था, इसका कहीं पर भी स्पष्ट उल्लेख नहीं है। विदेशी व्यापार महत्वपूर्ण था तथा सीमा-शुल्क (कस्टम) के रूप में राज्य को भारी धनराशि प्राप्त होती थी सुंगम। पट्टिनप्पलाई में पुहार कावेरीपट्टनम में वहां के कस्टम अधिकारियों का बड़ा सजीव वर्णन है। आंतरिक व्यापार में भी चुंगी ली जाती थी। युद्ध में लूट की सामग्री (उरै) भी राजकीय आमदनी का एक महत्वपूर्ण स्रोत थी। चोलों के बारे में कहा जाता है कि उनके पास कुम्भकोणम् में एक अत्यंत सावधानीपूर्वक रक्षित कोष संगम युग में था।

सैन्य प्रशासन-शासक चतुरंगिणी सेना-बैलों द्वारा कर्षित रथ, पैदल, घुड़सवार तथा गजारूढ़-नियमित आधार पर रखते थे। वीरक्कल अथवा नाएडुकुल की संस्था युद्ध में मृत सैनिकों की पत्थर की मूर्तियां बनाने का रिवाज मान्य था। कवलारम अथवा कडिमारम (सरंक्षक वृक्ष) के तहत हर राजा अपने प्रासादों के प्रांगण में शक्ति के प्रतीक चिह्न के रूप में एक बड़ा वृक्ष लगाते थे।

न्याय प्रशासन-गोहत्या, भ्रूण हत्या तथा ब्रह्म हत्या को जघन्य अपराध माना जाता था पर स्थापित मानदंडों के अनुसार कृतध्नता कहीं अधिक दंडनीय अपराध था।

6.5 समाज

सामाजिक श्रेणियां

संगम युग के दौरान ब्राह्मणों का एक नियमित वर्ण के रूप में उदय हुआ तथा उनके प्रभाव की अभिवृद्धि हुईं उन्हें पुरोहितों तथा कवियों के रूप में राज्य से संरक्षण मिलता था। इस दौरान अनेक ब्राह्मणों का मांस एवं मदिरा सेवन करना एक महत्वपूर्ण पहलू है। क्षत्रिय तथा वैश्य इस समय तक नियमित वर्ण के रूप में स्थापित नहीं थे, पर योद्धागण एवं व्यापारियों को अलग वर्ग के रूप में पहचाना जा सकता था। चौथी श्रेणी कृषि में संलग्न तबका था, जिन्हें वेलाल (Vallalas) कहा जाता था। अधिकतर भूमि इन्हीं के स्वामित्व में थी। इनमें से ही अधिकतर समृद्ध व्यक्ति नागरिक तथा सैनिक पदों पर थे। सेना के नायकों को 'एनाडी' (enadi) की और मंत्रियों को कविदी (kavidi) की उपाधि दी जाती थी। शासन वर्ग को अरशर (arasar) कहते थे तथा ये किसी भी मौजूद श्रेणी के हो सकते थे।

इनके अलावा अनेक द्वितीयक वर्ग थे, जैसे-कडैसियार (कृषि श्रमिक), मलवर (दस्यु), ऐनार (शिकारी), पुलैयन (रस्सी की चारपाई निर्माता) तथा अन्य बहुत-से जंगली कबीले थे जो अत्यंत गरीबी में रहते थे। अत: जातिगत समानता अभी उतनी रूढ़ नहीं हुई थीं किंतु सामाजिक असमानता बिलकुल प्रत्यक्ष थी।

पुरनानुरु की एक कविता में जिक्र है कि, सिर्फ चार जातियां (कुड़ी) हैं–तूदिया, पनन, परैया तथा रंदब जिनका सिर्फ एक ही देवता नदुकल पूजन के योग्य है। यह जातियां तथा यह पूजन प्राचीनतर परंपरा थी, संभवत: आर्य-पूर्व समय के अवशेष थे।

धर्म

राजाओं द्वारा वैदिक यज्ञों के निष्पादन एवं उच्च वर्गों द्वारा वैदिक देवताओं को मान्यता देने के साथ ही ब्राह्मणवाद का दक्षिणी भारत में विस्तार आरंभ हुआ; हालांकि बौद्ध एवं जैन धर्म का भी फैलाव हुआ, पर ब्राह्मणवाद का केंद्रीय महत्व रहा। साथ ही साथ आम जनता में तथा विभिन्न कबीलों में एनिमिज्य एवं स्थानीय देवताओं का पूजन भी जारी रहा।

संगम काल का सबसे महत्वपूर्ण देवता स्कंद अथवा सुब्रह्मण्य था (स्कंद, कार्तिकेय अथवा सेयान भी कहा जाता था)। त्रिनेत्रधारी शिव, इंद्र, वरुण, कुबेर, यम, तिरुमल, बलराम आदि अन्य ज्ञात देवता थे। देव वृंद पद का प्रयोग पांच देवताओं के समूह अर्थात् मुरुगन, शिव, कृष्ण, बलराम एवं इंद्र के लिए किया जाता था। विभिन्न कर्मकांडों के निष्पादन के अलावा लोग अलग-अलग देवताओं के लिए मंदिरों (कोइल) का भी निर्माण करते थे।

संन्यास सम्मानित था तथा त्रिदंडी संन्यासी खासतौर पर उल्लिखित हैं। मुरुगन की पूजा काफी प्राचीन थी तथा उसके सम्मान में वेलनाड्ल जैसा उल्लासमय नृत्य होता था। संगमोत्तर काल की कविताओं से पता चलता है कि धार्मिक कृत्यों एवं अनुष्ठानों में गायन और नृत्य का प्रचलन था, उदाहरणार्थ कलवारों अथवा मारबाडो (योद्धा) द्वारा कोट्रावई की पूजा, कुरुम्बरों गड़रियों) द्वारा कृष्ण की तथा कुरुवरों (शिकारियों) द्वारा मुरुगन की पूजा उसके महत्वपूर्ण उदाहरणों में है। मणिमेखलई में सरस्वती के एक मंदिर तथा कापालिकों की शैव संन्यासियों के रूप में चर्चा है। सभी भारतीय धर्मों में अवतार ग्रहण, पुनर्जन्मों में कर्म का प्रभाव तथा भाग्य की शक्ति में आधारभूत विश्वास था और उन्हें तमिल देश में भी सामान्यत: स्वीकृति प्राप्त थी। शकुन-चिह्नों तथा ज्योतिष शास्त्र में खूब विश्वास किया जाता था। भविष्यवेत्ता हमेशा व्यस्त रहते थे। बच्चों को अपशक्तियों से बचाने के लिए तावीज पहनाया जाता था तथा बुरी शक्तियों से रक्षा, वर्षा एवं अन्य वांछित प्राप्तियों के वास्ते कर्मकांड किए जाते थे। बरगद के पेड़ को देवताओं का निवास स्थल एवं ग्रहण को सांचों द्वारा चांद एवं सूर्य को खा लेना माना जाता था। कौए अतिथियों, विशेषकर अकेली पत्नी के पास अनुपस्थित पति के वापस आने की खबर देने वाले माने जाते थे।

स्त्रियों की दशा

आर्यों के बढ़ते प्रभाव के संग ही स्त्रियों की दशा में गिरावट आनी शुरू हुई विधवा-पुनर्विवाह का सामान्यत: समर्थन नहीं किया जाता था। विधवा जीवन कठिन था, उन्हें केश कटवाने पड़ते थे, आभूषण मना थे एवं उन्हें बिल्कुल सादा भोजन करना पड़ता था। अत: आश्चर्य नहीं कि उनमें से कई पति के संग मरकर सती रूप में लोकप्रिय होना चाहती थीं। विधवाओं का मुंडन, विवाह संस्कार के समय 'तालि' के बंधन जैसा ही पाक्-आर्य तमिल रिवाज था जिसे बाद में जारी रखा गया।

संस्कृत व्याकरण के पंथ के प्रारूप पर आधारित *तोल्काप्पियम* के अनुसार तमिल देश में विवाह को एक संस्कार के रूप में आर्यों द्वारा स्थापित किया गया। सबसे आरंभिक धर्मशास्त्रों में आठ प्रकार के विवाहों का जिक्र है। इन आठ प्रकारों का उल्लेख *तोल्काप्पियम* एवं अन्य तमिल ग्रंथों में भी है तथा उन्हें तमिल परंपरा में समन्वित करने का यथेष्ट प्रयास किया गया है। तमिलों के एक तरफा प्रेम (कैक्किलै) तथा अवैध प्रेम (पेरुन्दिनै) के लिए अलग-अलग शब्द थे।

कला

संगमयुगीन जन-समुदाय में कविता, संगीत तथा नृत्य खूब प्रचलित था। स्त्री तथा पुरुष दोनों ही समूहों के कवि-कवयित्री थे तथा उन्हें उदारतापूर्वक पुरस्कृत किया जाता था। राजदरबार का माहौल गायक मंडली तथा तत्संबंधित स्त्री-नृत्य द्वारा जीवंत बना रहता था। इनमें *पानार विरालियार* प्रमुख थे, जो अपने जत्थे एवं विलक्षण वाद्ययंत्रों के संग भ्रमण करते रहते थे। ये प्राचीन काल के आदिम जनजातीय कबीलों के जन-गीतों एवं जन-नृत्य के प्रतिनिधि प्रतीत होते थे।

संगीत एवं नृत्य कला काफी विकसित एवं लोकप्रिय थे। *याल* (वीणा जैसा वाद्य यंत्र) तथा कई किस्म के ढोलों सहित बहुविध किस्म के वाद्य यंत्रों का वर्णन है। दीपक के प्रकाश में *विरालिस* का यदा-कदा नृत्य होता था, भरत ने अपने *नाट्यशास्त्र* में कई हस्त-मुद्राओं का जिक्र किया है।

सिलप्पादिकारम में एक सचेत एवं व्यवस्थित प्रयास के माध्यम से स्थानीय आर्य-पूर्व (देशी) तथा उत्तर से (मार्ग) परंपराओं को निकट लाने तथा उनके सम्मिश्रण का प्रतिबिंब दृष्टिगोचर होता है। नृत्यांगनाएं विवाहिताओं के लिए एक गंभीर प्रतिद्वंद्वी थीं। कोवलन एवं कन्नगी की महत्वपूर्ण कहानी का कथानक इसी पर आधारित है। वात्स्यायन के *कामसूत्र* की तरह *मणिमेखलई* भी लंबे समय तक नियमित निर्देशों के माध्यम उन्हें (नृत्यांगनाओं को) से दरबारी एवं लोक नृत्य, गायन, वीणा एवं बांसुरी वादन, पाक कला, चित्रकला, गंधदृष्यकला तथा अन्य कलाओं में निपुण बनाए जाने का जिक्र करता है।

शवाधान संस्कार

अंत्येष्टी के लिए कोई सर्वस्वीकृत विधि नहीं थीं। दाह संस्कार एवं भस्म अथवा बिना भस्म के दफनाना दोनों के ही विवरण हैं। पत्नी द्वारा अपने मृत पति को दूर्वा (घास) से चावल का पिंड अर्पित किया जाता था तथा अंत्येष्टि में पुलैयन हिस्सा लेते थे। सती प्रथा सामान्यत: ज्ञात थी

पर अनिवार्य नहीं थी। हालांकि सती की महत्ता तथा पूजन जनमत में श्रद्धा प्राप्त थे, परंतु इस प्रथा को प्रोत्साहित नहीं किया जाता था-दबाव डालने वाला तत्व तो और कम प्रभावी था।

6.6 अर्थव्यवस्था

कृषि

कृषि मुख्य पेशा था। चावल मुख्य फसल थी। अन्य फसलों में कपास, गन्ना, रागी, काली मिर्च, अदरक इलायची, हल्दी, दालचीनी और कई किस्म के फल थे। बांधों एवं सिंचाई के लिए नहरों का निर्माण स्वयं राज्य के कार्य थे।

चेर राज्य कटहल, काली मिर्च तथा हल्दी के लिए विख्यात था। चोल देश में एक 'वेलि' भूमि में लगभग हजार 'कलम' धान का उत्पादन होता था। संगम कविताओं में रागी और गन्ने के उत्पादन तथा फसल काटने एवं सुखाने का बड़ा सजीव वर्णन है।

शिल्पोद्योग

बुनाई, जहाज निर्माण, धातुकर्म, बढ़ईगीरी, रस्सी-निर्माण, आभूषण निर्माण, हाथी दांत, उप्पाद-निर्माण (tanning), चर्मोद्योग आदि का व्यापक प्रचलन था। उत्पादित वस्तुओं की प्रभावी आतरिक एवं बाह्य मांग ने इन पेशों को और प्रोत्साहन दिया।

कपास (संभवत: रेशम भी) की कताई एवं बुनाई में निपुणता प्राप्त की जा चुकी थी। कताई हमेशा की तरह स्त्री-समुदाय का अंशकालिक कार्य था। वस्त्रों तथा रेशम पर जटिल बेल-बूटों के बुनने की चर्चा अक्सर वर्जित थी। पेरिप्लस के अनुसार उरैयूर कपास व्यापार का एक महान केंद्र था। कविताओं में सूती वस्त्रों को सांप की केंचुली अथवा बादलों को वाष्प जैसा महीन बताया गया है-बुनाई की बारीकी का नंगी आखों से पता लगना मुश्किल बताया गया। कैंची तथा सूई का प्रयोग बाल बनाने तथा वस्त्र निर्माण में किया जाता था। एक किस्म के केश-उबटन 'टमरम' का भी जिक्र है।

पुलैयन द्वारा रस्सी की चारपाई निर्माण तथा पशुचर्म से लेटने की चटाइयों को निर्माण ध्यान देने योग्य है। पट्टिनप्पलाई में पुहार के मछुआरों के अवकाश के दिनों में आमोद-प्रमोद के अलावा उनकी जीवनशैली का जीवंत विवरण है।

व्यापार एवं वाणिज्य

तमिल कविताएं क्लासिकी लेखक तथा पुरातात्विक साक्ष्य सभी इस बात पर एकमत हैं कि आंतरिक तथा बाह्य व्यापार सुसंगठित रूप में जारी रहा।

आंतरिक व्यापार काफी तीव्र गति से जारी था। एक स्थान से दूसरे स्थान अथवा एक मेले से दूसरे मेले में हाट लगाने के लिए व्यापारी गाड़ियों तथा लद्दू पशुओं का कारवां बनाकर जाते थे। नमक के व्यापारियों का उल्लेख है जो गाड़ियों में परिवार सहित अभीष्ट व्यापारिक केंद्रों पर जाते थे। अधिकांश आतरिक व्यापार विनिमय द्वारा होता था। उदाहरण के लिए पशु जड़ी-बूटी, मछली के तेल, ताड़ी, गन्ना आदि सामानों के विनिगय का उल्लेख मिलता है। मुजिरिस में मछली चावल के बदले बेची जाती थी।

दक्षिण भारत का पश्चिमी राज्यों में मिस्र तथा अरब लोगों से तथा पूर्व में मलय द्वीप समूहों से बाह्य व्यापार होता था। ग्रीस के पतन एवं पहली सदी ईस्वी में मिस्र की रोमन विजय के पश्चात् रोमन व्यापार काफी महत्वपूर्ण हो गया।

बड़े समुद्री बंदरगाह विदेशी व्यापार के केंद्र थे। पुहार बंदरगाह बड़े जहाजों द्वारा समुद्रपार से लाई गई वस्तुओं से भरा रहता था। यहां के भवनों में ऊपर तो धनी व्यापारियों का परिवार रहता था और नीचे की मंजिल का उपयोग व्यापार के लिए होता था। कविताओं में पांड्य राज्य में शालियूर तथा चेर राज्य में बंदर नामक तटों की गणना महत्वपूर्ण बंदरगाहों में की जाती थी।

भारत तथा रोमन साम्राज्य के व्यापार के संबंध में सबसे महत्वपूर्ण जानकारी *पेरिप्लस* के लेखक (75 ईस्वी) ने दी है। इस ग्रंथ में नौका (कैन्तनीर), तोण्डी (आधुनिक पोन्नानी), मुजिरिस (मुशिरी क्रेगनोर) तथा नेल्लिसंडा (कोट्टायम) पश्चिमी तट के महत्वपूर्ण बंदरगाह बताए गए हैं। मुजिरिस अरब तथा ग्रीस से सामग्री लाने वाले जहाजों से भरा रहता था। मिस्री ग्रीक नाविक हिप्पालस के मानसून के सहारे बड़े जहाजों से सीधे समुद्र पार करने (बजाय कि तमाम खतरे झेलकर छोटी नावों द्वारा) की जानकारी प्राप्त करने से इस व्यापार में और वृद्धि हुईं दक्षिण भारत के अन्य वर्जित बंदरगाहों में बलीता (वारकालै) कोमारी, कोच्चि कोरके जहां पांड्य राज्य के निंदित अपराधी मोती निकालने का काम करते थे), कामारा (कावेरीपट्टनम), पोडुका (अरिकमेडु पांडिचेरी के निकट) तथा सोपात्मा (मरकाणम) है। पूर्वी तट पर तीन किस्म के जहाज प्रयुक्त होते थे-स्थानीय तटीय व्यापार में संलग्न नावें, संगारा नामक अपेक्षाकृत बड़े जहाज

जो लठ्ठों को जोड़कर बनते थे तथा गंगा घाटी आदि तक जा सकने वाले सबसे बड़े जहाज।

पेरिप्लस के लेखक के अनुसार, तटों पर एकत्र सारा मोती पहले अर्गरू (उरैयूर) पहुंचता था। यहीं से मलमल का भी निर्यात होता था। उसने आगे बताया है कि मसालिया (आंध्र देश में) विशाल मात्रा में मलमल का तथा उत्तर माने पर दोसरीन (दसराना, ओडिशा) का विशिष्ट उत्पाद हाथी दांत था।

बड़ी मात्रा में नीरो (54-68 ई.) तक के काल के रोमन शासकों के सोने और चांदी के सिक्के तमिल देश में मिलने से व्यापार की मात्रा, स्थानीय तौर पर रोमनों के बसने तथा इस व्यापार के उदय, इसकी सर्वोच्चता तथा तत्पश्चात् इसके पतन के सबूत मिलते हैं।

इसकी शुरूआत संभवतः ऑगस्टस के समय में हुई क्योंकि काफी बड़ी मात्रा में उसके (टाइबेरियस के भी) सीलयुक्त सिक्के मिले हैं। फिर भी उसके समय तक पांड्य राजा द्वारा दूतों के भेजे जाने के बावजूद व्यापार बहुत विस्तृत तथा महत्वपूर्ण नहीं हो पाया था। जल्द ही उसमें अप्रत्याशित मात्रात्मक बढ़ोतरी हुई तथा मात्र वैलासिक वस्तुओं का व्यापार नहीं रह गया।

नीरो की मृत्यु के बाद परिवहन मात्र तमिल देश तक सीमित न रहकर भारतीय तट के दोनों तरफ फैलने लगा तथा नीरो के बाद के शासकों के मौद्रिक अर्थव्यवस्था में कम दिलचस्पी लेने से विनियम ज्यादा प्रमुख तरीका बन गया।

दूसरी सदी के अंत में रोमन साम्राज्य में मिस्त्री भवनों (ग्रीक) तथा भारत के बीच सीधे व्यापार का ह्रास होने लगा तथा व्यापार मार्ग पर अरब और विशेष रूप से पूर्वी अफ्रीका के लोगों का प्रभुत्व स्थापित हो गया। कांस्टेंष्टिनोपल के चौथी सदी में उदय के साथ एक नए युग का प्रारंभ हुआ। रोमन सिक्कों का दक्षिण भारत में पुनः आगमन हुआ तथा कांस्टेन्टाइन के पास अन्य देशों के साथ श्रीलंका तथा मालदीव से भी दूत पहुंचे थे।

फिर भी बाइजेन्टाइन काल का व्यापार पूर्ववर्ती चरण में होने वाले व्यापार के इर्द-गिर्द भी नहीं था; रोमन साम्राज्य के खजाने का बड़ा हिस्सा इसमें लग गया तथा समाज के वित्तीय प्रबंधकों तथा नीतिवादियों ने इसका विरोध तक किया। आरंभिक रोमन साम्राज्य के संग व्यापार के महत्वपूर्ण परिणाम हुए, जो ग्रीकों-रोमनों तथा भारतीयों के समन्वेषण तथा उपनिवेशन से संबद्ध थे।

संगम युग की महत्वपूर्ण निर्यात-सामग्रियों में कपास उत्पाद, काली मिर्च, अदरक, इलायची, दालचीनी जैसे मसाले तथा हल्दी, चावल, हाथी दांत के सामान, मोती, बहुमूल्य पत्थर तथा अन्य वस्तुएं थीं। घोड़े, स्वर्ण आदि आयातित मुख्य वस्तुएं थीं।

संगम युग का अंत

संगम युग के बाद लंबा ऐतिहासिक अंधकार युग आया। इन तीन सदियों से भी कुछ अधिक समय के बारे में बहुत कम जानकारी है। धुंध छंटने के साथ (छठी सदी के अंत में) हम सभ्य जीवन के सर्वव्यापी तथा रहस्यपूर्ण शत्रुओं के रूप में कालाम (कालाप्पर) शासकों की स्थापित राजनीतिक व्यवस्था को उलटते हुए पाते हैं-बाद में पांड्यों, पल्लवों तथा बादामी के चालुक्यों के द्वारा हराए जाने पर ही उसकी पुनर्स्थापना हो सकी।

तालिका-1: संगम काल की क्षेत्रीय विशिष्टताएं

तिनाई (क्षेत्र)	अगम (प्रेम)	पुरम (युद्ध)	निवासी	देवतागण
1. कुरिंजी पहाड़ियां	विवाह-पूर्व प्रेम	पशुओं की लूट	कुरुवर (शिकारी)	मरुगन, सुब्रह्मण्य, स्कंद, कार्तिकेय, सेयन
2. पलाई शुष्क भूमि	प्रेमियों का लंबा विरह	अग्निदहन, विध्वंस	मारावर (योद्धा)	कोर्रवै, दुर्गा
3. मुल्लै वन प्रदेश	संक्षिप्त विरह काल	छापामार अभियान	कुरुम्बर (गडरिए)	कृष्ण, तिरुपल मेयन
4. मारुडम (मैदानी इलाके)	विवाहेत्तर प्रेम	घेराबंदी	उलवर (कृषक)	सेनन, इंद्र
5. नेडल (तटीय इलाके)	मछुआरों की पत्नियों का अलग होना	स्थायी पारंपरिक युद्ध	पटदावर (मछुआरे)	वरुण, काड़लण

6.7 सातवाहन तथा अन्य स्थानीय राजवंश

पुराणों के अनुसार मौर्यों द्वारा उत्पन्न रिक्त स्थान को भरने के लिए शुंग, कण्व तथा आंध्र जैसे कई वंशों का उदय हुआ। कलिंग राज्य स्वतंत्र हो गया तथा दक्षिण के तमिल राज्य अब उत्तर के अधीन नहीं रहे बल्कि इन्होंने हिंद महासागर के समुद्र व्यापार तथा दक्षिण-पूर्व एशिया के औपनिवेशीकरण में स्वतंत्र रूप से भाग लिया। उत्तर-पश्चिमी भारत में कई विदेशी आक्रमण हुए–यूनानी, पार्थियन, सीथियन तथा युह्ची या कुषाण, जिन्होंने भारत में अपना राज्य स्थापित कर यहां के सामाजिक तथा राजनैतिक जीवन में अमिट छाप छोड़ी। यूनानियों के हिंदुओं से मिलने के परिणामस्वरूप गांधार की यूनानी-बौद्ध कला का विकास हुआ, जिसने भारत तथा विदेशों में दूरगामी छाप छोड़ी। बौद्ध धर्म में व्यापक परिवर्तन हुए तथा महायान का सिद्धांत तुर्किस्तान होते हुए चीन पहुंचा।

शुंग

शुंगों के बारे में *गार्गी संहिता,* पातंजलि के *महाभाष्य, दिव्यवदन,* कालीदास के *मालविकाग्निमित्रम्* तथा बाण के *हर्षचरित* से जानकारी प्राप्त होती है। बाद के शुंगों के इतिहास पर अयोध्या, विदिशा (आधुनिक भिलसा) तथा भरहुत के अभिलेखों तथा कौशांबी (आधुनिक *कोसम*) अयोध्या, अहिच्छत्र तथा मथुरा से प्राप्त सिक्कों से पर्याप्त प्रकाश पड़ता है।

पुष्यमित्र शुंग का राज्य विप्लव अंतिम मौर्य शासक (बृहद्रथ) की कमजोरी के कारण सफल हुआ था क्योंकि वह अपनी जनता को ग्रीक आक्रमणों से बचाने में असफल रहा था जिसका क्षोभ जनता में व्याप्त था। *गार्गी संहिता* के *युग पुराण* के अनुसार ग्रीक उत्तर भारत के क्षेत्रों को जीतते हुए पाटलिपुत्र तक पहुंचे। यह आक्रमण दिमेत्रियस के नेतृत्व में हुआ होगा जब पुष्यमित्र मौर्यों का सेनापति था। युगों को भारद्वाज वंश का ब्राह्मण माना जाता है।

पुष्यमित्रं का उत्तराधिकारी उसका पुत्र अग्निमित्र था। वह कालिदास के *मालविकाग्निमित्रम्* का नायक है। अग्निमित्र का उत्तराधिकारी सुज्येष्ठ था जिसे सिक्कों के जेठमित्र से पहचाना गया है। उसके बाद अग्निमित्र का पुत्र वसुमित्र बना जो शीघ्र ही कोशल के मूलदेव द्वारा मारा गया।

वसुमित्र का उत्तराधिकारी वज्रमित्र था। उसके महत्वहीन शासन के बाद भागवत शासक बना जिसे बेसनगर के स्तंभ अभिलेख के भागभद्र से पहचाना गया है। उसके दरबार में यूनानी राजा एंटिएलिक्टास का राजदूत हेलियोडोरस नियुक्त हुआ था। शुंगों के इंडो-ग्रीक शासकों के साथ मित्रवत् संबंध थे। उन पर भारतीय संस्कृति की छाप हेलियोडोरस के भागवत धर्म स्वीकार करने से स्पष्ट है। भागवत का शासन काल लंबा था। उसके बाद देवाभूति शासक बना, जिसके ब्राह्मण मंत्री वसुदेव ने उसे पदक्षत कर दिया। इसके साथ शुंग वंश का पतन हो गया।

शुंग काल में ब्राह्मणवाद की पुनरावृत्ति हुई तथा भागवत धर्म का प्रभाव बढ़ा। पातंजलि, जिसका जन्म मध्य भारत के गोंडारा में हुआ था, पुष्यमित्र का समकालीन था। शुंग काल में एक नई कला का विकास हुआ, जो मौर्य कला से बिल्कुल अलग थी। भरहुत के स्तूप की कला ऐहिक विश्व के प्रति समकालीन जीवन तथा विचारों पर महत्वपूर्ण टिप्पणी है। शुंग कला की विशेषता अधिक लोकप्रिय थी। शुंग कला भारतीय जीवन के संगठित एवं समेकित कला कार्य का प्रथम प्रयत्न है और इस प्रकार यह मौर्यकालीन दरबारी कला के विपरीत है।

कण्व

देवाभूति के एक मंत्री वसुदेव ने देवाभूति की हत्या कर गद्दी पर कब्जा कर लिया तथा मगध में एक नए वंश की स्थापना की, जिसे कण्व या कण्वायन कहा जाता है। इसका शासन सिर्फ मगध तक सीमित था।

वसुदेव के उत्तराधिकारी भूतिमित्र का उत्तराधिकारी उसका पुत्र नारायण था। कुछ लोग उसे सिक्कों के विष्णुमित्र से पहचानते हैं। नारायण का उत्तराधिकारी उसका पुत्र सुशर्मण था जो कण्व वंश का अंतिम शासक था। आंधों ने 27 ई.पू. में उसे विस्थापित कर दिया।

उत्तर भारत के अन्य वंश

मिनेंडर ने सिंधु को पार कर पंजाब में रावी तक अधिकार कर लिया था। यूनानियों की सफलता से उत्साहित होकर प्रांतीय शासकों ने स्वयं को स्वतंत्र घोषित कर दिया तथा अयोध्या, कोशांबी, मथुरा तथा अहिच्छत्र में कई स्वतंत्र राज्यों की स्थापना हुईं मथुरा के दक्षिण-पश्चिम में अर्जुनायनों का कबीलायी गणराज्य था जो पूरब में आगरा से पश्चिम में जयपुर तक था। शुंगों के पतन के बाद रावी तथा यमुना के बीच के क्षत्रिय कबीले स्वतंत्र राजनैतिक इकाई के रूप में स्थापित हो गए। औदाबरों का शासन ऊपरी रावी से बेआस

के बीच था। इनके सिक्कों पर इनके कुल देवता महादेव (शिव) की आकृति है।

कुणिंदों का शासन ऊपरी बेआस से यमुना के बीच था। इनके सिक्कों पर इनके कुलदेवता छत्रेश्वर (शिव) की आकृति है। पंजाब के एक भाग पर त्रिगर्त योद्धाओं का शासन था। यौधेय सतलज तथा यमुना के बीच की भूमि पर शासन करते थे। इनके सिक्कों पर इनके कुल देवता कार्तिकेय, जिसे ब्राह्मण भी कहा गया है, का नाम अंकित है।

सातवाहन

उत्पत्ति

दक्कन में सातवाहन मौर्यों के उत्तराधिकारी के रूप में उभरे तथा इन्होंने लगातार 460 वर्षों तक शासन किया। इतिहासकार उनके मूल निवास, उनके वंश के नाम के अर्थ तथा उनके उपनाम 'शातकर्णी' से विस्मित हैं। अभिलेखों में उल्लिखित राजाओं को पुराणों में आंध्र, आंध्रजातिय: तथा आंध्रभृत्य: कहा गया है। आंध्र एक कबीलायी तथा क्षेत्रीय नाम, दोनों हैं। आंध्रों का एक समुदाय के रूप में उल्लेख 5वीं शताब्दी ई.पू. में हुआ है। *ऐतरेय ब्राह्मण* में उन्हें विश्वामित्र की पथभ्रष्ट संतान कहा गया है। वयस्क प्लिनी उन्हें एक शक्तिशाली जाति बताता है जिन्होंने राजा की सेना को 1 लाख पैदल सैनिक, 2000 घुड़सवार तथा 1000 हाथियों की आपूर्ति की। अशोक के अभिलेखों में आंध्रों का उल्लेख परिंदो के साथ सीमावर्ती जन समुदाय के रूप में हुआ है।

पहले की यह धारणा कि सातवाहनों के प्रारंभिक विवरण सिर्फ महाराष्ट्र में प्राप्त हुए हैं, अब मान्य नहीं है। केवल दो अभिलेख (नानाघाट तथा नासिक) तथा कुछ संदेहास्पद सिक्के महाराष्ट्र से प्राप्त हुए हैं। तेलंगना में अत्यधिक सातवाहन सिक्के तथा मुहरें प्राप्त हुई हैं। कोटीलिंगल में सातवाहन वंश के संस्थापक सिमुक तथा कन्ह और शातकर्णी प्रथम जैसे प्रारंभिक सातवाहन शासकों के अनेक सिक्के प्राप्त हुए हैं। इसी प्रकार कोंडापुर, पेद्दाबांकुर तथा धुलीकट्टा से अनेक मुहरें, सिक्के तथा टेराकोटा सामग्री प्राप्त हुई है। इन खोजों से पता चलता है कि सातवाहन साम्राज्य का केंद्र तेलंगना था। इसके अलावा नानाघाट अभिलेख में शातकर्णी प्रथम की 'दक्षिणपथपति' उपाधि से ज्ञात होता है कि सातवाहनों का वर्चस्व सिर्फ पश्चिम दक्कन में नहीं बल्कि दक्कन के अन्य क्षेत्रों में और उससे आगे तक था।

सातवाहन तथा शातकर्णी का अर्थ विवाद का विषय है। कुछ लोगों ने सातवाहन का सतियपुत्रों से संबंध स्थापित किया है। कुछ अन्य का मानना है कि सातवाहन सप्तवाहन का प्राकृत रूप है जिसका अर्थ है-इस वंश का सूर्य से संबंध क्योंकि सूर्य का रथ सात घोड़ों द्वारा खींचा जाता है। शातकर्णी सातवाहनों द्वारा धारित उपनाम है। कुछ लोगों ने सातवाहनों को ब्राह्मण माना है जबकि अन्य उन्हें ब्राह्मण तथा नागों के मिश्रित वंशज बताते हैं। बलश्री के नासिक अभिलेख में गौतमीपुत्र शातकर्णी को 'एकब्राह्मण' कहा गया है जिसका अर्थ या तो 'द्वितीय ब्राह्मण' या 'ब्राह्मणों का एकमात्र रक्षक' है।

प्रारंभिक सातवाहन

सातवाहन वंश का प्रथम शासक, सिमुक, अशोक का तत्कालीन उत्तराधिकारी था। उसने शक्तिशाली बौद्ध तथा जैन समुदाय की कृपादृष्टि प्राप्त करने के लिए कई बौद्ध तथा जैन मंदिरों का निर्माण करवाया।

सिमुक का उत्तराधिकारी उसका भाई कन्ह (कृष्ण) था, जिसने राज्य का विस्तार पश्चिम में नासिक तक किया। तीसरा शासक, श्री शातकर्णी प्रथम, सिमुक का पुत्र था। उसने पश्चिमी मालवा, अनूप (नर्मदा घाटी) तथा विदर्भ (बेरार) पर अधिकार किया। उसने अश्वमेघ तथा राजसूय समेत कुछ वैदिक यज्ञ किए तथा यज्ञ कराने वाले पुजारियों को हजारों गाय तथा घोड़ों का दान किया। इस वंश का छठा राजा शातकर्णी द्वितीय था जिसने पूर्वी मालवा शुंगों से छीन लिया। उसका मध्य प्रदेश पर भी आक्रमण हुआ होगा क्योंकि उसके उत्तराधिकारियों में से एक, अपिलक, का एक सिक्का उस राज्य के पूर्वी भाग से प्राप्त हुआ है। शातकर्णी द्वितीय के उत्तराधिकारी लंबोदर का उत्तराधिकारी उसका पुत्र अपिलक था जो इस वंश का आठवां शासक था। हाला इस वंश का सत्रहवां राजा था। अपिलक से हाला तक का काल लगभग एक अंधकारमय काल है, जिसके बीच सिर्फ कुंतल शातकर्णी का रहस्यमयी उल्लेख है। हाला का पांच वर्षों का शासनकाल संपन्नता का काल था। हाला ने स्वयं *गाथासप्तसती* (इसे सत्तासी भी कहा जाता है) की रचना की जो महाराष्ट्री अथवा पैशाची प्राकृत में 700 छंदों का श्रृंगार काव्य है।

सातवाहन साम्राज्य पर सभी दिशाओं से विदेशी (पश्चिमी शक क्षत्रप) आक्रमणों से अल्पकालिक ग्रहण लगा। इसी काल में उत्तर भारत में कुषाणों का प्रसार हो रहा था। हाला

के बाद के चार शासकों ने सिर्फ 12 वर्षों तक शासन किया, जो साम्राज्य की कठिन परिस्थितियों का संकेतक है। पश्चिमी क्षत्रपों के सबसे महान शासक नाहपण के अधीन गुजरात, कठियावाड़, उत्तरी महाराष्ट्र तथा दक्षिणी महाराष्ट्र के भी कुछ भाग थे।

परवर्ती सातवाहन

एक शताब्दी के राजनैतिक ग्रहण के बाद सातवाहन शक्ति का अचानक सर्वाधिक एवं महत्वपूर्ण सातवाहन गौतमीपुत्र शातकर्णी के अधीन उत्कर्ष हुआ। उसकी उपलब्धियों का उल्लेख उसकी माता, गौतमी बलश्री की नासिक प्रशस्ति में हुआ है। सभी स्रोतों को एकत्र कर गौतमीपुत्र ने नाहपण को उखाड़ फेंका और उत्तरी महाराष्ट्र, कोंकण, नर्मदा घाटी, सौराष्ट्र, मालवा तथा पश्चिमी राजपुताना पर पुनः अधिकार कर लिया। उसका शासन दक्षिण में कृष्णा से उत्तर में मालवा तथा सौराष्ट्र तक और पूरब में बेरार से पश्चिम में कोंकण तक फैला हुआ था। ब्राह्मण होते हुए भी उसने बौद्धों को अपार दान दिया। ब्राह्मणवाद को संरक्षण प्रदान करने के कारण उसे 'एक ब्राह्मण' की उपधि प्रदान की गईं

गौतमीपुत्र के उत्तराधिकारी वशिष्ठीपुत्र पुलवामी प्रथम ने सातवाहन शक्ति का दक्षिण में कृष्णा के मुहाने तक विस्तार किया तथा बेल्लारी जिला क्षेत्र पर अधिकार किया। यह निष्कर्ष कोरोमंडल तट से प्राप्त 'दो मस्तूल वाला जहाज' के उसके विशेष सिक्के के आधार पर निकाला जा सकता है। इससे यह भी ज्ञात होता है कि सातवाहन नौसेना शक्ति तथा समुद्री व्यापार पर विशेष ध्यान देते थे। सातवाहन अभिलेखों तथा बड़ी संख्या में सिक्कों से पुलवामी के बारे में जो संकेत प्राप्त होते हैं उनसे पता चलता है कि उसका साम्राज्य विस्तृत व आर्थिक रूप से समृद्ध था। उसके काल में अमरावती के पुराने स्तूप की मरम्मत करवाई गई तथा इसके चारों ओर पत्थर के मूर्तिनुमा पटल लगाए गए। पुलवामी के शासन काल के अंत में चश्ताना के अधीन क्षत्रप शक्ति का पुनः उदय हुआ।

पुलवामी का उत्तराधिकारी वशिष्ठीपुत्र श्री शातकर्णी था। संभवतः क्षत्रपों की शक्ति को संतुलित करने के लिए उसने महाक्षत्रप रुद्रदमन की पुत्री से विवाह किया। लेकिन अगले शासक शिव श्री पुलवामी द्वितीय के काल में शक-सातवाहन संघर्ष पुनः प्रारंभ हो गया। एक अभिलेख में बताया गया है कि रुद्रदमन ने उसे दो बार पराजित कर अपरांत (उत्तरी कोंकण) तथा अनूप (नर्मदा घाटी) पर अधिकार कर लिया।

सातवाहन वंश का अंतिम महान शासक यज्ञ श्री शातकर्णी था। नासिक, कहरी तथा गुण्टूर से प्राप्त अभिलेखों से ज्ञात होता है कि उसका शासन पूर्वी तथा पश्चिमी दक्कन पर था। उसने पश्चिमी क्षत्रपों द्वारा जीते गए अधिकतर क्षेत्र पर पुनः अधिकार कर लिया तथा पश्चिमी क्षत्रपों की नकल पर चांदी के सिक्के जारी किए। विभिन्न अभिधान के उसके सिक्के अनेक क्षेत्रों से प्राप्त हुए हैं। अधिक संख्या में सिक्के जारी किए जाने के कारण हैं-व्यापार एवं व्यवसाय का विकास तथा शकों के साथ संघर्ष की सफल समाप्ति। लेकिन यज्ञश्री के शासन के अंतिम वर्षों में आभीरों ने नासिक के आस-पास के क्षेत्र पर अधिकार कर दक्कन की राजनैतिक एकता को समाप्त कर दिया। मुख्य वंश का अंतिम सातवाहन शासक पुलवामी चतुर्थ था।

सातवाहनों के उत्तराधिकारी

सातवाहनों के पतन का इतिहास उनके अभिलेखों तथा सिक्कों द्वारा निर्धारित किया जा सकता है। साम्राज्य पांच छोटे-छोटे वंशों में विभाजित हो गया। उत्तरी प्रांत सातवाहनों की ही एक शाखा के अधीन रहे। पश्चिम से नासिक के आस-पास आभीरों का कब्जा हो गया; पूर्वी क्षेत्र (कृष्णा-गुण्टूर क्षेत्र) में इक्ष्वाकु वंश का शासन स्थापित हुआ, चुतु शासकों ने दक्षिणी-पश्चिमी भागों में अपना शासन स्थापित कर उत्तर तथा पूरब में अपने क्षेत्र का विस्तार किया था दक्षिण में दक्षिणी-पूर्वी क्षेत्र पर पल्लवों का अधिकार हुआ।

राजनीति एवं प्रशासन

बौद्ध ग्रंथ तथा आधिकारिक रिकॉर्डों से सातवाहन राजनीति की रोचक जानकारी प्राप्त होती है। राजतंत्र वंशानुगत था। सातवाहन शासक स्वयं को अलौकिक अधिकारों से युक्त नहीं मानते थे तथा राजन् की साधारण उपाधि से संतुष्ट थे। सौद्धांतिक रूप से सातवाहन राजा को असीमित शक्ति प्राप्त थी लेकिन प्रशासन में रीति-रिवाज तथा शास्त्रों के नियम राजा पर अंकुश लगाते थे। राजकुमारों को कुमार कहा जाता था तथा उनकी नियुक्ति प्रांतीय उपराजा के रूप में होती थी।

सातवाहन प्रशासन व्यवस्था में विभिन्न दर्जों के अधीनस्थ शासकों की भूमिका अत्यंत महत्वपूर्ण थी। सबसे ऊपर का वर्ग अधीनस्थ राजकुमारों का था, जिन्हें राजा कहा जाता था जो सिक्के जारी कर सकते थे। इसके बाद महारथी तथा महाभोज थे। ये वंशानुगत उपाधियां थीं तथा महाराष्ट्र के ठाणे एवं कोलाबा और उत्तरी मैसूर के कुछ परिवारों तक

सीमित थे। महारथी को कुछ अधिकार प्राप्त थे तथा वह वित्तीय प्रतिरक्षा युक्त गांवों का दान स्वयं कर सकता था। नानाघाट तथा कन्हेरी अभिलेखों के अनुसार महारथी वर्ग के शासक परिवार के साथ वैवाहिक संबंध भी स्थापित होते थे। दो अन्य उपाधियों-महासेनापति तथा महातलवार का सृजन विस्तृत साम्राज्य की बढ़ती प्रशासकीय आवश्यकताओं को पूरा करने के लिए किया गया।

साम्राज्य जनपदों तथा आहारों में विभाजित था। आहार विषय (जिला) के समकक्ष था। गाम आहार के नीचे की इकाई थी। आहार अमाच के अधीन होते थे। गाम का निरीक्षक गामिक कहा जाता था। अन्य अधिकारी थे-महाताडक (मुख्य कंचुकी), भंडागरिक (भंडारपाल), हेरणिक (खजांची) निबंधकार (निबंधीकरण प्रभारी), दूतक तथा प्रतिहार।

सामाजिक स्थिति

सामाजिक पदसोपान में कम-से-कम चार वर्ग थे। महाभोज, महारथी तथा महासेनापति समाज के सर्वोच्च वर्ग थे। दूसरे वर्ग में अमात्य, महामात्र तथा भंडागरिक जैसे अधिकारी तथा नौगम (व्यवसायी) सार्थवाह (मुख्य व्यापारी) श्रेष्ठिन (व्यापारिक निगमों के प्रमुख) जैसे गैर-अधिकारी थे। तीसरा वर्ग वैद्य, लेखक, स्वर्णकार (सुनार), गंधिक (इत्र विक्रेता), हलकिय (कृषक) का था, जबकि चौथे वर्ग में मालाकार (माली), वर्द्धकी (बढ़ई) दभक (मछुआरा), लोहवंज (लुहार) आदि थे। चौथा वर्ग समाज का सबसे निचला वर्ग था।

आर्थिक स्थिति

सातवाहन काल में सुदूर पूर्व के उपनिवेशीकरण के कारण व्यापारिक गतिविधियों में वृद्धि हुईं कानेरिपट्टिनम से ताम्रलिप्ती का पूरा तटीय क्षेत्र व्यापारिक गतिविधियों का केंद्र था। टॉलेमी दूसरी शताब्दी में मलाया, इंडो-चीन के साथ-साथ दक्कन तथा चोल क्षेत्र के कई स्थानों का उल्लेख करता है। पूर्वी दक्कन में कंटकोस्सिला कटकशिला ककुद (आधुनिक गुडूर) तथा एल्लोसिंगे महत्वपूर्ण बंदरगाह थे। समुद्री तट के निकट चिन्न गंजम (प्रकाशम जिला) में यज्ञश्री शातकर्णी के काल का एक स्तंभ अभिलेख मिला है। चिन्न गंजम से कुछ मील दूर उत्तर एक स्तूत स्तंभ के अवशेष मिले हैं। चिन्न गंजम से तीन मील उत्तर-पूर्व में एक अन्य बंदरगाह, मोटुपल्ली स्थित था। पश्चिमी दक्कन में सबसे बड़ा सातवाहन बंदरगाह, बंबई (वर्तमान मुंबई) के निकट कल्याण था, जिसे *पेरिप्लस* कल्लियाना कहता है। बर्यगाजा तथा सोपारा पश्चिमी तट के अन्य महत्वपूर्ण बंदरगाह थे।

धार्मिक गतिविधियां

सातवाहनों ने बौद्ध धर्म तथा ब्राह्मण धर्म को संरक्षण प्रदान किया। कार्ले के उत्कृष्ट चैत्य प्रथम शताब्दी ई.पू. के हैं। लेकिन दक्कन में बौद्ध धर्म के लिए सर्वाधिक महत्वपूर्ण काल 90-180 ई. के बीच का है। पश्चिमी दक्कन में नासिक तथा कार्ले में चैत्य एवं विहार निर्माण में तथा भूमि दान में सातवाहनों और उनके प्रतिद्वंद्वी क्षहरतों ने एक-दूसरे का अनुकरण किया। सातवाहनों का ध्यान पूर्वी दक्कन पर भी था जहां उन्होंने अमरावती तथा अन्य स्तूपों का निर्माण किया एवं उनकी मरम्मत करवाईं एक-दूसरे से वैमनस्य की भावना के बगैर बौद्ध धर्म में कई संप्रदायों की उत्पत्ति हुईं भद्यानी नासिक तथा कन्हेरी में, धम्मत्तोरिय सोपारा में तथा महासंघिक कार्ले तथा इसके आस पास फले-फूले। पूर्वी दक्कन के मुख्य संप्रदाय थे-चेतिकीय, पुब्बसेलिय, अवरसेलिय, उतयिपभाही तथा महाविनासेलिय।

चेत

खारवेल के काल में कलिंग के अधीन पुरी, कटक तथा गंजाम जिला क्षेत्र के अतिरिक्त संभवतः विशाखपत्तम जिले के भाग भी थे। पुरी जिले में उदयगिरी पहाड़ पर स्थित हाथीगुंफा अभिलेख में खारवेल, चेदि या चेद वंश के संस्थापक महामेघवाहन के वंशज की उपलब्धियों का उल्लेख है। महामेघवाहन तथा खारवेल के बीच मूल संबंध स्थापित करना तथा इन दोनों के बीच और शासकों की संख्या बताना कठिन है। हाथीगुंफा अभिलेख पर तारीख नहीं है तथा इसकी स्थिति भी ठीक नहीं है। अतः यह कई अटकलों का विषय रहा है। इस अभिलेख की सत्रह लाइनों में से सिर्फ चार लाइनों को पढ़ा जा सकता है जिसमें खारवेल के शासन के प्रथम 13 वर्षों का उल्लेख है।

खारवेल ने सिंहासनारूढ़ होने के बाद आस-पास के क्षेत्रों पर आक्रमण किया। अपने शासन के द्वितीय वर्ष में शातकर्णी शासक को पराजित करने के लिए अपनी एक सेना को पश्चिम भेजा। कलिंग की सेना कन्वेम्बा (आधुनिक कृष्णा) नदी तक पहुंच गई तथा मुशिकनगर को खतरा उत्पन्न हो गया। मुशिकनगर नालगोंडा जिले की सीमा पर कृष्ण तथा मूसी के संगम के निकट है। अगले वर्ष उसने भोजकों के विरुद्ध आक्रमण कर पूर्वी खानदेश तथा अहमदनगर के पूर्व मराठी-भाषी जिलों के पास बेरार तथा रथिक शासक परिवारों को पराजित किया।

आठवें वर्ष में खारवेल ने गया जिले के बराबर पहाड़ी में स्थित एक दुर्ग गोरथगिरी को नष्ट किया तथा राजगढ़ शहर

पर घेरा डाल दिया। खारवेल की सफलता से यवन सेनापति संशंकित हो गया जो शीघ्र मथुरा वापस आया। यवन शासक संभवत: पूर्वी पंजाब का एक परवर्ती इंडो-ग्रीक शासक था, किंतु दिमेत्रियस नहीं। दसवें वर्ष में खारवेल ने पुन: भारतवर्ष (गंगा की घाटी) पर आक्रमण किया परंतु उसे कोई खास सफलता नहीं प्राप्त हुईं ग्यारहवें वर्ष में उसने आंध्र प्रदेश में मसूलीपट्टनम क्षेत्र के राजा की राजधानी पिथुदा पर आक्रमण कर उसे नष्ट कर दिया तथा तमिल क्षेत्र में पांड्यों की राजधानी तक के क्षेत्र को तहस-नहस कर दिया। बारहवें वर्ष में फिर वह अपनी सेना के साथ उत्तर के मैदान की ओर बढ़ा तथा मगध के शासक को पराजित कर अपार धन के साथ कलिंग वापस लौटा। बताया जाता है कि मगध से लाए गए अथाह धन से उसने भुवनेश्वर में एक विशाल मंदिर का निर्माण किया।

खारवेल एक योद्धा राजा था पर इसके बावजूद उसने जन कल्याण पर ध्यान दिया। वह जैन धर्म का कट्टर अनुयायी था तथा जैन साधुओं के निर्वाह के लिए उसके व्यापक प्रावधान थे। जैन साधुओं के सम्मेलन के लिए उसने उदयगिरि पहाड़ी पर आवासीय कक्षों तथा विशाल स्तंभों से युक्त सभा-भवन का निर्माण करवाया। लेकिन वह धर्मांध नहीं था तथा सभी संप्रदायों को समान आदर प्रदान करता था। हालांकि हाथीगुंफा अभिलेख में उसकी उपलब्धियों को बढ़ा-चढ़ाकर बताया गया है, पर इसमें कोई संदेह नहीं है कि खारवेल एक महान योग्यता का सैनिक शासक था तथा उसके काल में कलिंग जिस चरमोत्कर्ष पर था उसे, खारवेल की मृत्यु के बाद, कलिंग कई शताब्दियों तक नहीं प्राप्त कर सका।

6.8 मौर्योत्तर राजव्यवस्था

राजव्यवस्था की प्रकृति

राज्य का सिद्धांत एवं राजतंत्र का बढ़ता महत्व—राज्य की उत्पत्ति के कारणों के सम्बन्ध में प्राचीन भारतीय राजनीतिक सिद्धांतकारों के बीच सामान्य सहमति है तथा उनके अनुसार राज्य ने अराजकता एवं विधि विहीनता की पूर्व दशाओं का अंत किया। फिर भी, राज्य के विभिन्न अंगों के बीच श्रेष्ठता की स्थिति के बारे में उनके बीच मतभेद हैं। समय के प्रवाहानुसार राजा अग्रणी अंग बन गया तथा दैवीय शक्ति से मुक्त होने के कारण उसकी स्थिति एक विशेष पवित्रता के साथ जुड़ गयी। यदि अशोक मात्र देवताओं का प्रिय था तो कुषाण 'देवताओं के पुत्र' (देवपुत्र) थे। गौतमीपुत्र शातकर्णी एवं रूद्रदमन अपनी प्रशस्तियों में ऐसे गुणों से सम्पन्न हैं, जो सामान्य व्यक्ति की क्षमता से परे थे। मनु भी इसी परिवर्तित स्थिति को दर्शाता है जब वह कहता है कि राजा (शिशु होने पर भी) मानव रूप में महान देवता है।

राजतंत्र पर दिया जाने वाला यह बल तत्कालीन राजनीतिक संगठनों पर गंभीर प्रभाव डालता था। पूर्ववर्ती काल के गण अभी लुप्त नहीं हुए थे तथा यौधेय, मालव जैसे गणराज्य समृद्धशाली थे किंतु ये भी राजतंत्रीकरण की ओर जाने वाली विकासात्मक प्रवृत्ति दर्शाते थे। राजतंत्रीय व्यवस्था को 'दंड' के साथ मजबूती से संयोजित किया गया था तथा मनु ने इसे अत्यधिक महत्व दिया है। यदि राजा अथक रूप से, दोषी लोगों को दंडित नहीं करता है तो 'शक्तिशाली' कमजोर लोगों को उसी प्रकार भूनेंगे जैसे मछली सींक पर भूनी जाती है। विधिवेत्ताओं का यह विचार कि दंड का प्रयोग राजा के विरुद्ध भी किया जा सकता है, निरंकुश राजा के प्रति सामान्य प्रतिरोध की संभावना को मजबूती देता हुआ प्रतीत होता है। यह शक्ति प्रणाली में संतुलन लाने के लिए सुरक्षोपाय उपलब्ध कराने का साधन भी हो सकता था।

प्रशासनिक संरचना में परिवर्तन—साम्राज्य के विखंडन ने भी उन संस्थाओं की संरचना में बदलाव ला दिया जो साम्राज्य को कायम रखे थीं। उत्तर भारत के कुछ शहरों में स्वायत्त नगर शासन के अस्तित्व का पता सिक्कों से चलता है, जबकि अन्य स्थानों से प्राप्त प्रमाण एक केन्द्रीकृत नौकरशाही की बजाय क्षेत्रीय नौकरशाही के क्रमिक निर्माण का संकेत देते हैं। इंडो-यूनानी पुरालेखों में 'मेरीदस्ख' एवं 'अप्राचराज' नामक पदाधिकारियों तथा सीथियन-पार्थियन व कुषाण वालों 'क्षत्रप' व 'महाक्षत्रप' का उल्लेख मिलता है। 'महारठिन' एवं 'महाभोज' सातवाहन राज्य के तथा 'महासेनापति' व 'महातलवार' आंध्र के इक्ष्वाकु राज्य के पदाधिकारी थे, जो नये राज्यों की प्रशासनिक संरचना को दर्शाते हैं।

प्रायद्वीप में राज्य निर्माण

प्रशासन का विकासक्रम—मौर्य प्रशासन की विशेषताएँ तथा संचार साधनों के रूप में प्रजा व अधिकारियों द्वारा प्राकृत का प्रयोग सातवाहनों द्वारा स्पष्टत: उन पूर्व सातवाहन मुखियाओं से विरासत में लिया गया, जो लगभग 200 वर्षों से स्वतंत्रतापूर्वक शासन कर रहे थे। ऐसे मुखियाओं के लगभग 300 उत्कीर्णित सिक्के पाये गये हैं तथा इनमें से कुछ पर 'भद्र' एवं 'मित्र' शब्द नामों के बाद में जुड़े हैं। स्वाभाविक रूप से पश्चिम दक्कन में मौर्य प्रशासन की कुछ विशेषताएं सातवाहनों के अधीन भी जारी रहीं। मौर्यों की भांति प्रारंभिक

सातवाहन शासकों को भी 'राजा' कहा गया है। यद्यपि गौतमी बलश्री (गौतमीपुत्र शातकर्णी की माता) द्वारा अपने पुत्रों व पौत्रों के 'महाराजा' होने का दावा किया गया किंतु वास्तव में यह उपाधि न तो गौतमी पुत्र द्वारा और नहीं वशिष्ठीपुत्र पुलवामी द्वारा धारण की गयी थी। इन शासकों ने ऐसी आडंबरपूर्ण उपाधियां धारण नहीं कीं जो कुषाण राजकुमारों के नामों की पहचान थीं। इसके अतिरिक्त सातवाहन राजा अपने आदेश के अधीनस्थ अधिकारियों के नाम जारी करते थे, जिन्हें अशोक के लेखों में प्राकृत भाषा में 'अमात्य' कहा जाता था (न कि कुमार, आर्यपुत्र या महामात्र)।

सातवाहनकालीन राजकीय पद–सातवाहन राजनीतिक अधिकारियों ने पहली बार 'महा' उपाधि का प्रयोग किया जो बाद में गुप्त युवराजों, अधिकारियों व सामंतों द्वारा सामान्य रूप से प्रयोग की जाने लगी। सातवाहन प्रायः खुद को राजा कहते थे, फिर भी उनके अभिलेखों में 'महाराजा' शब्द का भी उल्लेख है। महासेनापति, महारठी, महाभोज, महतलवार जैसे अन्य पदनाम सातवाहनों के सामंतों द्वारा धारण किये जाते थे। महारठी जैसे कुछ सामंत सातवाहनों की भाँति मातृनाम धारण करते थे और वंशानुगत दर्जे का उपभोग करते हुए अपने स्वत्वाधिकारों से सिक्के जारी करते थे व ग्राम अनुदान देते थे। इनमें से कुछ पदनाम इक्ष्वाकुओं, चटुसों, विष्णु कुण्डिनों इत्यादि के द्वारा भी धारण किये गये तथा सातवाहनों की कुछ शाखाएँ भी इनका प्रयोग करती थीं। भू-अधिकार पत्रों के लेखन से अनेक अधिकारी जुड़े थे। किसी मामले में ये 'प्रतिहार' (सातवाहन काल में प्रथम उल्लेख प्राप्त) या 'महासेनापति' द्वारा लिखे जाते थे। इसका अर्थ था कि पत्र लेखन किसी एक अधिकारी से जुड़ा कार्य नहीं था, हालांकि गुप्तोत्तरकाल में यह कार्य 'संधिविग्रहिक' तक सीमित हो गया था। सातवाहनों द्वारा भू-अनुदान-पत्रों की देखरेख के लिए 'पट्टिका पालक' नामक कर्मचारी नियुक्त किये थे तथा साथ ही अनुदान-पत्रों को उत्कीर्ण करने वाले 'नक्काश' एवं लाभार्थियों को अनुदान-पत्र जारी करने वाले अभिकर्ताओं की नियुक्ति भी की जाती थी।

भुगतान का माध्यम–सातवाहन अधिकारियों को नकद वेतन दिया जाता होगा जिसका संकेत *अर्थशास्त्र* की अनुशंसाओं के अलावा नागनिका के नानाघाट, गुहा अभिलेख में 'कार्षापणों' की विभिन्न कर्मकांडीय अवसरों पर दिया जाने वाला नकद शुल्क 148000 कार्षापण तक हो सकता था। मुख्यतः महाराष्ट्र में पाये गये सीसे, पोटिन, ताँबे व चांदी के अनेक सिक्कों से भी नकद भुगतान की पुष्टि होती है। ये सिक्के आंध्र व मध्य प्रदेश के कुछ भागों में भी प्राप्त हुए हैं। कोई भी मौर्योत्तर राजवंश सातवाहनों के बराबर सिक्के नहीं ढाल सकता था। ये मौर्य सिक्कों की तुलना में अधिक बड़े थे। यह अधिकारियों पर मजबूत नियंत्रण द्वारा ही संभव था। सातवाहन प्रदेश में प्राप्त रोमन स्वर्ण सिक्कों के ढेर संभवतः बड़े स्तर के लेन-देन में प्रयुक्त किये जाते होंगे। किंतु सातवाहन सिक्के दैनंदिन लेनदेन में प्रयुक्त किये जाते थे, जिसमें राज्य के अधिकारियों का वेतन भुगतान भी शामिल था जो वस्तुओं के रूप में भी भुगतान पाते थे।

राजस्व प्रशासन–सातवाहनों की राजस्व प्रणाली के संकेत धार्मिक उद्देश्यों से दिये जाने वाले ग्राम अनुदानों में शामिल राजस्व रियायतों के परिप्रेक्ष्य में ढूँढे जा सकते हैं। व्यवस्थित ग्रामों एवं कृषित भूमि के आधार पर कर निर्धारण किया जाता था, जबकि नमक सहित खनिज संसाधनों पर राजा का पूर्ण अधिकार होता था। राज्य के अधिकारी, पुलिसकर्मी या सैनिक किसानों के यहाँ ठहर सकते थे, जिससे वे स्वयं का या सरकारी तंत्र का रख-रखाव कर सकें। उत्पादन में राज्य के अंश को 'देय-मेय' या 'भोग' कहा जाता था। राजा 'कारूकर' भी प्राप्त करता था, जो शिल्पकारों पर भारित होता था। यदि शिल्पकार अपने मुखिया के लिए महीने में एक दिन कार्य नहीं करते थे, तो उन्हें नकद कर देना पड़ता था, जिसकी अनुशंसा धर्मशास्त्रों में भी की गई थी। राजस्व नकद एवं द्रव्य के रूप में वसूला जाता था। साधारण धातु के अनेक सिक्कों की खोज से पता चलता है कि नकद में संग्रह व्यावहारिक था। खजांची के लिए लिए प्रयुक्त शब्द 'हिरण्यक' से भी इसकी पुष्टि होती है।

भू-अनुदान सातवाहन, ग्रामीण प्रशासन की एक महत्वपूर्ण विशेषता थी। अभिलेख दर्शाते हैं कि सातवाहनों ने ब्राह्मण एवं बौद्ध भिक्षुओं को राजस्व व प्रशासनिक रियायतें देने की प्रथा आरंभ की। संभवतः सबसे प्राचीनतम पुरालेखीय भू-अनुदान नागनिका के नानाघाट गुहा अभिलेख में पाया गया है, जिसमें वैदिक यज्ञों को सम्पन्न करने के लिए पुरोहितों को ग्राम दान किया गया है किंतु यह किसी प्रकार की रियायतों का उल्लेख नहीं करता है। रियायतों का उल्लेख पहली बार गौतमीपुत्र शातकर्णी द्वारा ईसवी की दूसरी सदी के पूर्वार्द्ध में दिये गये अनुदान में मिलता है, जिसमें जुते खेतों से प्राप्त नमक पर राजकीय अधिकार का परित्याग किया गया था। महत्वपूर्ण बात यह थी कि दान में दिये गये खेत या ग्राम का प्रशासन सरकारी अधिकारियों के हस्तक्षेप से मुक्त करके, पूर्णतः धार्मिक लाभार्थियों के हाथों में सौंप दिया गया था।

प्रशासन की इकाइयां—दूसरी व तीसरी शती के सातवाहन अभिलेखों से ज्ञात होता है कि सातवाहन राज्य 'राष्ट्र','आहार' एवं 'ग्राम' में विभाजित था। इसका प्रशासन अमात्य या महासेनापति एवं गौल्मिक नामक पदाधिकारियों द्वारा किया जाता था। बाद के दोनों अधिकारी प्रादेशिक इकाइयों के प्रमुखों के रूप में तीसरी सदी में (बेल्लारी जिले में) सामने आते हैं। यद्यपि अशोक के लेखों में 'आहार' का उल्लेख नहीं है फिर भी सातवाहन अभिलेखों में 'गोवर्धन आहार' के अलावा कई आहारों के स्पष्ट उल्लेख हैं। इस विशुद्ध प्रादेशिक व्यवस्थापन राजरूपता की कल्पना सम्पूर्ण काल के लिए या सम्पूर्ण सातवाहन राज्य के लिए करना कठिन हो जाता है। अनेक पुरालेखीय उल्लेखों से संकेत मिलता है कि सातवाहन राजव्यवस्था व्यापारियों व भिक्षुओं द्वारा कायम रखी गयी थी किंतु प्रशासन में उनके सही-सही योगदान का मूल्यांकन नहीं किया जा सकता। संभवतः भिक्षु शांति व्यवस्था बनाये रखने में योगदान करते थे और बदले में अनुदान प्राप्त करते थे, जबकि वणिक वर्ग राज्य के खर्चों हेतु आवश्यक संसाधन उपलब्ध कराता था।

सातवाहन शासन का सैनिक चरित्र—सातवाहन शासन की एक विशेषता उसका दमनकारी एवं सैनिक चरित्र था। सातवाहन सैन्य संगठन में घुड़सवार सेना का महत्वपूर्ण स्थान था। दमनकारी तत्वों का महत्व पुलिस व सैनिकों को सम्पूर्ण राज्य में दौरे करने की स्वतंत्रता तथा 'महासेनापति' व 'गौल्मिक' के रूप में प्रशासनिक अधिकारियों के नामों से भी स्पष्ट हो जाता है। सातवाहन राज्य का सैनिक चरित्र उनके द्वारा 'कंटक' व 'स्कंधावार' (अर्थ-सैन्य शिविर) जैसे शब्दों के सामान्य प्रयोग से झलकता है। यह प्रतीत होता है कि प्रत्येक आहार में एक कटक होता था, जैसे-गोवर्धन आहार में एक बेणकटक का उदाहरण दिया जा सकता है। सातवाहनों ने भू-अनुदान-पत्र विजय शिविरों से जारी करने की प्रथा आरंभ की, जो मध्य काल में व्यापक रूप से प्रचलित हुई

एक सम्पर्क सूत्र के रूप में सातवाहन राजव्यवस्था का महत्व—सातवाहन राज्य में अशोकयुगीन तत्वों की मौजूदगी से अनुमान लगाया जाता है कि यह एक द्वितीयक राज्य निर्माण का उदाहरण था। किंतु महापाषाणकालीन भौतिक विरासत, तमिल राज्यों (चोल, चेर, पांड्य) के साथ सम्पर्क तथा रोमन व्यापार से उत्प्रेरणा को उपेक्षित नहीं किया जाना चाहिए। मौर्य प्रतिदर्श ने सम्भवतः सातवाहन राज्य निर्माताओं को प्रभावित किया होगा किंतु इसे मौर्य राज्य का नवरूपांतर नहीं माना जा सकता। सातवाहन प्रशासन मौर्य एवं गुप्तों के बीच तथा उत्तर एवं दक्षिण के बीच महत्वपूर्ण सेतु के रूप में दिखाई देता है। सातवाहन मौर्यों की कुछ विशेषताएँ संजोए हुए थे किंतु उन्होंने कई नयी विशेषताओं को जन्म दिया जो गुप्तों का वाकाटकों द्वारा भी अपनायी जाती रहीं। उनकी सरकार में महिलाओं व वणिकों द्वारा निभायी गयी भूमिका लम्बे समय तक जीवित नहीं रह सकी किंतु ग्रामीण जिलों को सैनिक प्रशासन के अधीन रखने व राजस्व व प्रशासनिक रियायतें देने की प्रथा उत्तर व दक्षिण दोनों दिशाओं में फैली। इस अर्थ में पल्लव प्रशासन, सातवाहन राजव्यवस्था का दक्षिणी विस्तार था।

राजव्यवस्था पर विस्तारित अर्थव्यवस्था का प्रभाव

शिल्पियों व वणिकों द्वारा धार्मिक संरक्षण के पुरालेखीय प्रमाण—दक्कन में सातवाहन राजव्यवस्था पर समृद्ध शिल्प एवं वृद्धिशील व्यापार व वाणिज्य के प्रभावों को देखना उचित ही है। एक अभिलेख एक अधिदर्शक (ओपरसियर) के बारे में बताता है जिसके अधीन कुछ शिल्पियों ने एक गुफा का निर्माण किया था। अधिदर्शकों के इस वर्ग में भिक्षु, वरिष्ठ नागरिक, वणिक इत्यादि शामिल थे, जो 'नव-निर्मित' व 'उपरक्षित' जैसे नामों से जाने जाते थे किंतु राज्य के साथ उनके कार्य सम्बन्ध स्पष्ट नहीं थे। अभिलेखों में उल्लिखित शिल्पी व वणिक समूहों (निगम), के साथ व्यवहार करने वाली सातवाहनों की सरकारी मशीनरी का संकेत नहीं मिलता है। ये श्रेणी या गिल्ड बनाने के लिए स्वतंत्र थे तथा इनमें राजपरिवार के लोग भी धन जमा या निवेश करते थे। भरहुत एवं सांची के उदाहरणों से ज्ञात होता है कि बौद्धों व उनकी संस्थाओं को अधिकांशतः शिल्पियों एवं वणिकों के एक वर्ग (गंधिक, जिसमें गांधी, उपनाम प्राप्त किया गया) से उपहार प्राप्त होते थे। किंतु नासिक एवं जुन्नार गुहा लेखों में दर्शाया गया है कि अधिकांश निजी उपहार 'निकम' या 'निगम' नामक वणिक समूहों द्वारा अभिलेखित किये गये थे, फिर भी गंधिकों, सेट्ठियों व सार्थवाहों का दानदाताओं के रूप में उल्लेख किया गया है।

राज्य की आय में इनका योगदान—यदि शिल्पी एवं वणिक अपने धार्मिक संरक्षण हेतु अति अपार थे तो राज्य राजनीतिक प्रयोजनों में उनकी कृपणता से अप्रसन्न रहा होगा। यद्यपि शिल्पियों व वणिकों से प्राप्त होने वाली राजकीय आय कम थी, फिर भी 'कारूकर' शब्द का प्रयोग दर्शाता है कि गांवों

में रहने वाले शिल्पी भी करों का भुगतान करते थे। नौवहन शुल्क, जो कुछ मामलों में ऊषावदात (जो शक शासक नहपान का दामाद था) ने माफ कर दिया था, मुख्यत: वणिकों द्वारा ही अदा किया जाता था। सातवाहन राज्य में विभिन्न बंदरगाहों पर सीमा शुल्क गृहों की देखभाल के लिए सीमा शुल्क अधिकारी नियुक्त किये जाते थे किंतु वास्तविक स्थिति जानने का कोई साधन हमारे पास उपलब्ध नहीं है।

प्रशासन में वणिकों का स्थान–सातवाहनों ने वणिकों को उच्च पद प्रदान किये। वणिक संभवत: नगरों के प्रबंधन से जुड़े थे, जिनकी संख्या सातवाहन राज्य में सबसे अधिक थी। अभिलेखों में भड़ौच, सोपाश, कन्हेरी, कल्याण, पैठन, तैगारा (तेर), जुन्नर, कार्ले, गोवर्धन, नासिक एवं धान्यकटक का उल्लेख मिलता है। उत्खनन से इनमें से अधिकांश तथा अन्य शहरी बस्तियों के अस्तित्व का प्रमाण मिलता है। इनमें मस्की, ब्रह्मगिरि, चंद्रवल्ली, ब्रह्मपुरी (कोल्हापुर), जोर्वे, कोंडापुर, बाहल, संगानाकल्लू, अमरावती, नागार्जुनकोंडा एवं अरिकमेडु को भी शामिल किया जा सकता है। टॉलेमी के 'अरिएक सेंदनन' की पहचान सातवाहन राज्य के साथ जोड़ी गयी है, जिसमें पाँच बंदरगाह और अठारह आंतरिक नगर शामिल थे। उत्खननों एवं अभिलेखों से प्राप्त प्रमाण भी टॉलेमी के उल्लेख से मेल खाते हैं। वणिक अपनी पहचान प्रकट करने के लिए अपने पूर्वजों की बजाय अपने नगरों के नाम का उपयोग करने के लिए उत्सुक रहते थे। कल्याण के नाम से अनेक निगमों की पहचान जुड़ी थी। हम सोपारा के एक निगम, कल्याण के एक लोहार एवं धोनुकाकटक के एक बढ़ई के बारे में भी सुनते हैं। कुछ लोग खुद को 'निगमपुत्र' भी कहते थे। यद्यपि ये उदाहरण सम्पूर्ण नहीं हैं फिर भी ये संकेत देते हैं शिल्पी व वणिक अपने नगरों व अपने नागरिक जीवन, जिसके लिए वे अपना अंशदान करते थे, पर गर्व करते थे। इस प्रकार के कई उदाहरण प्रकट करते हैं कि वणिक जनजातीय या पारिवारिक पहचान की अपेक्षा शहरी या प्रादेशिक संलग्नता को अधिक महत्वपूर्ण मानते थे।

श्रेणियों की भूमिका व महत्व–इनमें से कुछ शहरों का प्रबंधन 'निगम सभा' करती थी, जिसमें ऊषावदात ने सीमा शुल्क के अनुसार अपने उपहार पंजीकृत व उद्दोलिज किये थे। कभी- कभी किसी नगर के निवासी एक निगमित निकाय के रूप में दान देते थे तथा धान्यकटक नगर द्वारा अमरावती मूर्तिशिल्प हेतु उपहार देने के कई उल्लेख प्राप्त हुए हैं। नगर सभा के सदस्य वणिक होते थे किंतु कुछ गहपति भी इसमें शामिल थे। स्थानीय प्रशासन में लोकप्रियता के तत्व को कई विद्वानों ने भी रेखांकित किया है। संभवत: प्राचीन इतिहास के किसी भी काल में पुरालेखीय व पुरातात्विक प्रमाण दक्कन में इतने अधिक नगरों का अनावरण नहीं करते हैं (विशेषत: ईसवी की पहली दो सदियों के दौरान महाराष्ट्र में)।

वणिकों ने भी प्राचीन भारत के किसी काल के दौरान नागरिक जीवन में इतनी भागीदारी नहीं की जितनी उन्होंने सातवाहन काल के दौरान दक्कन में की थी। कारीगरों व व्यापारियों की श्रेणियों के प्रमाण हमें सातवाहन काल में अभूतपूर्ण बुर्जुआ नागरिक जीवन की एक झलक दिखाते हैं। निगम सभा के साथ व्यापारियों व कारीगरों की श्रेणियों का सम्बंध अभी अज्ञात है तथा इसी प्रकार राज्य एवं श्रेणियों के बीच सम्बन्ध की प्रकृति भी अनिश्चित है। किंतु यह स्पष्ट है कि श्रेणियां राज्य की आर्थिक स्थिरता को कायम रखने का स्रोत थीं और नगरों के प्रशासन में उनकी सहायता महत्वपूर्ण थी। रोचक तथ्य यह है कि ऐसे वणिक निकाय सातवाहनों के उत्तराधिकारियों के अधीन सुनने में नहीं आते हैं।

सुदूर दक्षिण में राज्य निर्माण

विभिन्न चरण–प्राचीन दक्षिण भारत में समाज निर्माण के ढांचे में राजनीतिक स्तर के चरित्र चित्रण में रुचि बढ़ी है। यह रुचि पूर्ववर्ती समाजों में समाज निर्माण की प्रक्रिया के अध्ययनों द्वारा निकाले गये निष्कर्षों से प्रेरित है। अब यह प्रश्न राज्य पूर्व समाज में राज्य शक्ति के निर्माण की प्रक्रियाओं, कार्यतंत्रों व पूर्व शर्तों के संबंध में विचारों की विस्तृत श्रृंखला से जोड़ा जा सकता है।

- सुदूर दक्षिण में राज्य निर्माण प्रक्रिया के प्राचीनतम चरण को संभावित निर्वाह रूपों पर निर्भर समुदायों के प्राथमिक अधिवासों या सूक्ष्म-पारितंत्रीय क्षेत्रों के उदय के साथ आद्य ऐतिहासिक काल से जोड़ा गया है। यहाँ वंश आधारित मुखियाओं के अस्तित्व की परिकल्पना की गई है। पाँच प्रकार के भू-प्रदेशों का उल्लेख मूलभूत परितंत्रीय क्षेत्रों या समष्टि पारितंत्रीय क्षेत्रों के रूप में पहचाना गया है।
- सूक्ष्म परितंत्रीय क्षेत्रों के परस्पर सम्पर्क के माध्यम से वृहत-परितंत्रीय क्षेत्रों का निर्माण एक अगला चरण था, जिसमें बड़े कबीलों का उदय हुआ।
- अंतिम चरण को कई वृहद-परितंत्रीय क्षेत्रों के एक वृहद प्राथमिक क्षेत्र (नाडु) में धीरे-धीरे एकीकृत होने की प्रक्रिया के साथ सम्बद्ध किया जाता है। इसी चरण में सम्पूर्ण राज्य के निर्माण का संकेत मिलता है।

राज्य निर्माण को प्रभावित करने वाले कारक–वृहत क्षेत्रों के निर्माण एवं उनके एकीकरण हेतु उत्तरदायी कारकों व बलों को बाहरी (मौर्य राज्य एवं उत्तरी सामाजिक व धार्मिक विचारों व संस्थाओं का प्रभाव) एवं आंतरिक (आर्थिक व सांस्कृतिक कारक) के रूप में बांटा गया है। तमिल समाज पर संकलनों से भी स्पष्ट होता है किंतु इस क्षेत्र में मौर्यों की उपस्थिति से पुरातात्विक प्रमाण नहीं मिलते हैं। साहित्यिक प्रमाणों से उत्तरी सामाजिक व धार्मिक विचारों व संस्थाओं की घुसपैठ का भी पता चलता है। फिर भी ऐसे वाह्य कारकों की भूमिका को राज्य निर्माण प्रक्रिया में आंतरिक कारकों की भूमिका के समतुल्य महत्वपूर्ण नहीं माना जा सकता क्योंकि राज्य मूलतः आंतरिक हलचलों का प्रतिफल होता है।

पूर्व-राज्य समाज से राज्य-समाज की ओर संक्रमण

यह अभी भी स्पष्ट नहीं है कि कौन-से काल में वास्तविक रूप से पूर्व राज्य-समाज के राज्य-समाज में रूपांतरण की प्रक्रिया सम्पन्न हुईं काव्य संकलनों के प्रमाण न्यूनाधिक रूप में एक कबायली समाज का संकेत देते हैं, जिसमें राजनीतिक शक्तियाँ थीं-'किलार' (ग्राम मुखिया) 'वेलिर' (पहाड़ी मुखिया) एवं 'वेन्तर' (निम्न भूमि के मुखिया)।

- 'उर-किलार' एक वंश आधारित मुखिया था, जो अपने लोगों के साथ सगोत्रता के बंधन से जुड़ा था।
- 'वेलिर' पहाड़ी क्षेत्रों के मुखिया थे, जो कभी-कभी पड़ोसी उर-किलारों को अवैध वसूली के लिए बंदी बना लेते थे किंतु प्रायः अपने पहाड़ी प्रभाव क्षेत्रों तक ही सीमित रहते थे। ये भी वंश के आधार पर अपने लोगों से जुड़े थे।
- 'वेंतर' सबसे बड़े मुखिया थे, जो अधीनस्थ किलारों (जो उनके लिए युद्ध करते थे तथा लूट के माल में उन्हें अंश देते थे) के माध्यम से विस्तृत क्षेत्रों पर नियंत्रण रखते थे।
- **त्रिवंशीय राजनीति का उदय**–ये तीन वंश चेर, पांड्य व चोल थे। चेर अरब सागर से पश्चिमी घाट तक फैले 'कुरिजि (पर्वतीय)' क्षेत्र पर, चोल कावेरी बेसिन, व मुल्लई-पलाई (वन-शुष्क भूमि) पर तथा पांड्य समुद्रतटीय भाग (तेडाल) समेत दक्षिणी केन्द्रीय भाग पर नियंत्रण रखते थे। किंतु प्रत्येक क्षेत्र की निश्चित सीमा की धारणा तथा निर्धारित कर वसूली प्रथा के चिह्न नहीं मिलते हैं। साथ ही इस बात का भी कोई प्रमाण नहीं है कि सीमावर्ती क्षेत्रों में छोटे-छोटे मुखिया किसी 'वेन्तर' के प्रति अनिच्छित निष्ठा रखते थे। प्रादेशिकता स्पष्ट रूप से अनुपस्थित थी अतः पूर्ववर्ती ऐतिहासिक युग में राज्य के अस्तित्व की धारणा पर स्वतः ही प्रश्न-चिन्ह लग जाता है।

संरचनात्मक रूपांतरण की ओर ले जाने वाले घटनाक्रम–कुछ ऐसे विकासों को पहचानने का प्रयास किया गया है जिन्होंने सामाजिक निर्माण का मार्ग प्रशस्त किया और अंत में संरचनात्मक रूपांतरण की प्रक्रिया को जन्म दिया। प्राथमिक कारकों के रूप में न सही लेकिन पूर्व-ऐतिहासिक तमिल समाज में होने वाले सभी प्रमुख समाजों को सामाजिक, आर्थिक परिवर्तनों के द्वंद्व का परिणाम माना जाता है। सामाजिक, आर्थिक परिवर्तन का द्वंद्व संकेत देता है कि लोगों के बीच अन्तर्क्रियाओं की समग्र गतिशीलता विद्यमान थी। वृहद-परितंत्रीय क्षेत्रों का निर्माण एवं ऐसे क्षेत्रों का सामंती, राज्यों के रूप में विकास विभिन्न सूक्ष्म-परितंत्रीय क्षेत्रों के सामाजिक समूहों के बीच आर्थिक अन्तर्क्रिया का परिणाम था। भागों पर राजनीतिक सर्वोच्चता स्थापित करने वाली एकमात्र शक्ति का अंत हो गया और उप-महाद्वीप में कई विदेशी शक्तियों का आगमन व संगठन हुआ। मौर्य साम्राज्य के पतन तथा उत्तर-पश्चिम से होने वाले आक्रमणों की श्रृंखलाओं ने कई इतिहासकारों को प्रभावित किया और वे इस युद्ध को 'अंधकार युग' मानने लगे। धीरे-धीरे यह मत नकारा जाने लगा। राजनीतिक रूप से मौर्य साम्राज्य का पतन किसी विपदा का सूचक नहीं था क्योंकि राज्य निर्माण की प्रक्रिया निर्विवाद रूप से जारी रही और दक्कन की ओर फैलती गयी। इसे कम या अधिक रूप में 'द्वितीयक राज्यों' का अवतरण माना जाता है क्योंकि ईसा पूर्व छठी और पांचवीं शताब्दियों के दौरान गंगा घाटी में प्राथमिक राज्य के निर्माण का प्रतिरूप सामने आया था। प्राचीन भारत में राज्य के अध्ययन में राजनीतिक मानवशास्त्रियों तथा प्राचीन भारत के इतिहासकारों के मध्य सार्थक संवाद को भी समझा जा सकता है। निरंतर विदेशी आक्रमणों के फलस्वरूप जीवन व सम्पत्ति को हानि हुई तथा राजनीतिक अनिश्चितता का वातावरण निर्मित हुआ। किंतु सामान्य रूप में उप-महाद्वीप का पश्चिम के साथ सम्पर्क बढ़ा, जिसके कुल लाभ, सामाजिक-आर्थिक व सांस्कृतिक जीवन में दृष्टिगोचर हुए।

तीव्र आर्थिक वृद्धि–ईसा पूर्व 200 से लेकर 300 ईसवी तक के समय में भौतिक संस्कृति कृषि व सिंचाई विकास, शिल्प कलाओं का विविधीकरण, व्यापार वृद्धि तथा मुद्रा

का बढ़ता प्रयोग जैसे उल्लेखनीय विकासों को दर्शाती हैं। ये पाँच सौ वर्ष विशेषतः सम्पूर्ण उप-महाद्वीप में शहरी बस्तियों के फैलाव के लिए भी जाने जाते है। इस युग के दौरान द्वितीय नगरीकरण अपने चरम पर पहुँचा। शहरी विकास एवं राज्य समाज का विस्तार साथ-साथ एवं अन्तर्सम्बन्धित रूप में सम्पन्न हुआ।

बैक्ट्रियाई-यूनानी–उत्तरी-पश्चिमी सीमांत क्षेत्रों से होकर आने वाली बाहरी शक्तियों में बैक्ट्रियाई-यूनानी शासक मूलतः पश्चिम एशिया के सेल्यूसिड घराने के अधीनस्थ सबसे पहले आक्रमणकारी थे, जो लगभग ईसा पूर्व 187 में (मौर्य साम्राज्य के पराभव के समय) भारत आये। उप-महाद्वीप के उत्तर-पश्चिमी सीमांत प्रदेशों में यूनानियों की उपस्थिति ऑक्सस (अफगानिस्तान) में आइखानूम स्थल पर एक यूनानी नगर के उत्खनन से भी स्पष्ट होती है। इस नगर के उत्खनन में प्राप्त कुल 682 सिक्कों में से 676 आहत सिक्के हैं। इनमें यूनानी राजा अगाथोक्लस (180-165 ई.पू.) द्वारा जारी छह सिक्के विशेष महत्व रखते हैं। कांस्य निर्मित इन आयताकार सिक्कों का वजन 2.33 से लेकर 3.307 ग्राम तक था। किंतु इन सिक्कों की उल्लेखनीय विशेषता इनका दोनों ओर उत्कीर्णित होना है। सिक्कों के दोनों ओर दो प्रमुख चरित्रों का खड़ी अवस्था में अंकन है। इनमें से एक पुरुष चरित्र एक चक्र तथा नाशपातीनुमा कलश (मंडल) धारण किये हैं, जबकि दूसरा चरित्र गदा तथा अंकुश व हल जैसा कोई औजार हाथ में लिए है। दोनों आकृतियों की कमर में एक बड़ी म्यान में रखी तलवारें लटकी हैं। चक्रधारी आकृति की पहचान वासुदेव कृष्ण से तथा गदा व हलधारी आकृति की पहचान बलराम से की गयी है। इस प्रकार यह कृष्ण व बलराम का प्राचीनतम अंकन दिखाई देता है। एक यूनानी शासक के द्विभाषी व द्विलिपीय सिक्कों में दो प्रसिद्ध भारतीय देवताओं के अंकन से ज्ञात होता है कि भारत की मुख्य भूमि तथा यूनानी प्रभाव वाले उत्तर-पश्चिमी सीमांत प्रदेश के बीच घनिष्ठ सांस्कृतिक गठजोड़ स्थापित हो चुका था।

सांस्कृतिक प्रभाव–दक्षिण एशिया, मध्य एशिया एवं पश्चिम एशिया की सांस्कृतिक परम्पराओं को समृद्ध बनाने वाली मानव सम्पर्कों की गहनता व नियमितता को गांधार कला के अध्ययन में स्पष्ट देखा जा सकता है, जो अंतर्राष्ट्रीय ध्यानाकर्षण का विषय रही है। ताजा अध्ययन पश्चिम एशियाई (विशेषतः ईरानी) तत्वों एवं मध्य एशियाई जनजातीय तत्वों की उपस्थिति का भी संकेत देते हैं। इस तथ्य को अस्वीकार नहीं किया जा सकता कि बौद्ध धर्म गांधार कला की रचना में प्रधान भाव था किंतु हाल के वर्षों में गांधार कला के अंतर्गत ब्राह्मण व गैर-बौद्ध प्रतीकों के महत्व को भी प्रभावी ढंग से पहचाना गया है।

मध्य एशियाई जनजातियों का संचरण–मध्य एशिया व पश्चिम एशिया के साथ भारत के बढ़ते हुए सम्पर्कों का मुख्य कारण ईसा पूर्व दूसरी शताब्दी के आरंभिक वर्षों में खानाबदोश के युद्धप्रिय मध्य-एशियाई जनजातियों का संचारण था। प्राचीन चीनी ग्रंथ हमें 'सियुंग नू' (बाद में 'हूण' नाम से प्रसिद्ध) 'सेक' (शक या सीथियन) एवं 'यू ची' के बारे में सूचित करते हैं।

- इन युद्ध प्रिय समूहों द्वारा आपसी संघर्ष के परिणाम स्वरूप पश्चिम की ओर संचरण किया गया। श व यू ची उत्तरी-पूर्वी अफगानिस्तान में बैक्ट्रिया की ओर बढ़े, जो कृषि समद्धता, सिंचाई नहरों, सोने की उपलब्धता तथा अपनी अंतर्राष्ट्रीय व्यापार का केन्द्र मानी जाने वाली राजधानी बैक्ट्रा (आधुनिक मजार-ए-शरीफ) के लिए विख्यात था।
- शकों ने इस क्षेत्र में आकर यूनानी राज्य को उखाड़ा फेंका किंतु बाद में यू ची कबीले ने शकों को भी यहाँ से खदेड़ दिया।
- चीनी इतिवृत्तों के अनुसार, यू ची जनजाति के पांच वंशों (यागबू) में से एक 'कुई-सांग' ने 'ता-सिआ' (बैक्ट्रिया का पूर्वी भाग) पर नियंत्रण जमाया और बाद में राजधानी बैक्ट्रा सहित सम्पूर्ण बैक्ट्रिया को जीत लिया।
- कुई-सांग शासनों का विस्तारवादी दृष्टिकोण प्रथम शासक मिआओन के शासन काल में ऑक्सस के उत्तरवर्ती प्रदेशों पर अधिकार करने से स्पष्ट हो गया था। इससे कुषाण नामक महान राजनीतिक शक्ति के उदय व विकास का मार्ग प्रशस्त हुआ।

कुषाण साम्राज्य का उदय एवं विस्तार–कुषाण साम्राज्य विश्व की क्लासिकयुगीन सर्वाधिक शक्तिशाली राजनीतिक शक्तियों (अन्य शक्तियों में रोमन साम्राज्य, पार्थियन साम्राज्य व चीन का हानवंशी साम्राज्य शमिल हैं) में से एक था। एक यायावरीय पृष्ठभूमि से इस साम्राज्य का निर्माण स्वाभाविक रूप से सम्पूर्ण विश्व के अध्ययनकर्ताओं की रुचि का विषय रहा है। कुषाणकालीन अध्ययन में कई विवाद हैं, जिनमें कुषाण शासकों के वंशक्रम व कालक्रम सम्बंधी विवाद प्रमुख हैं। इसमें एक सम्वत की शुरूआत (जो सामान्यतः महान कुषाण शासक कनिष्क प्रथम द्वारा मानी जाती है) से जुड़े विवाद भी शामिल हैं।

अपनी शक्ति के उत्कर्ष पर कुषाण शासकों ने मध्य एशिया, अफगानिस्तान, उत्तरी भारत एवं पाकिस्तान के विस्तृत क्षेत्रों पर शासन किया। 1960 के दशक से पहले के भारतीय इतिहासकारों ने कुषाणों के अध्ययन में बताया कि वे मध्य एशियाई मूल के थे किंतु वे बाद में एक भारतीय शक्ति के रूप में भारत से बाहर के क्षेत्रों में फैलते गये। यह मत महत्वपूर्ण बदलाव के अधीन आ चुका है क्योंकि वर्तमान में खोजा गया कुषाणों का केन्द्रीय क्षेत्र भारत में नहीं बल्कि बैक्ट्रिया में है, जहाँ से उन्होंने उप-महाद्वीप के उत्तरी व उत्तरी-पश्चिमी भागों में विस्तार किया। 262 ईसवी में सासानी शासक शापुर प्रथम का बैक्ट्रिया पर अधिकार वास्तव में कुषाण साम्राज्य के पतन की शुरूआत थी।

विदेशी आक्रमणों का प्रभाव–विदेशी शक्तियों (शक, पहलव व कुषाण) के उत्तर-पश्चिम से गंगा घाटी में प्रवेश ने इन दोनों क्षेत्रों के व्यापक अंतर्सम्पर्क की आधारशिला रखी। इसका सर्वाधिक प्रभाव गंगा घाटी एवं गंगा डेल्टा क्षेत्र में खरोष्ठी लिपि (जो उत्तर-पश्चिम की सांस्कृतिक विशेषता थी) के विस्तार में देखा जा सकता हैं। बनारस के निकट चुनार से बालुका पत्थर के कई खरोष्ठी अभिलेख मिले हैं, जो ईसा की दूसरी सदी से सम्बद्ध हैं। पटना के निकट कुम्रहार में ईसा की तीसरी सदी का एक खरोष्ठी अभिलेखयुक्त फलक पाया गया है किंतु सर्वाधिक महत्वपूर्ण प्रमाण गंगा के निकटवर्ती पश्चिमी बंगाल क्षेत्र से मिले हैं, जिनमें खरोष्ठी या ब्राह्मी-खरोष्ठी मिश्रित लिपि में उत्कीर्णित कई मुहरें व मृद्भांड शामिल हैं, जो ईसा की पहली चार शताब्दियों से सम्बन्ध रखती हैं।

6.9 विदेशी राजवंश

इंडो-ग्रीक

तीसरी शताब्दी ई.पू. के मध्य बैक्ट्रिया तथा पार्थिया सेल्युसिड साम्राज्य से अलग होकर स्वतंत्र हो गए। लेकिन उसके पहले 293 ई.पू. में एंटिओकस प्रथम अपने पिता सेल्युकस के साथ संयुक्त शासक बना तथा उसे बैक्ट्रिया का प्रभारी बनाया गया। दो वर्षों बाद वह स्वतंत्र रूप से शासक हो गया। उसका पुत्र सेल्युकस द्वितीय 266 ई.पू. में संयुक्त शासक बना तथा कुछ वर्षों बाद स्वतंत्र शासक हो गया। जस्टिन के अनुसार अर्साසेज के अधीन विद्रोह कर पार्थिया सेल्युसिड साम्राज्य से स्वतंत्र हो गया। लगभग उसी समय बैक्ट्रिया के डियोडोट्स ने भी विद्रोह कर दिया तथा वह भी स्वतंत्र हो गया। गवर्नर जस्टिन के अनुसार डियोडोट्स के पार्थिया के शासक अर्सासेन के साथ अच्छे संबंध नहीं थे। डियोडोट्स का उत्तराधिकारी उसका पुत्र बना तथा उसका नाम भी डियोडोट्स था। उसने अपने पिता की पार्थिया विरोधी नीतियों को जारी रखा तथा बाद में वह सेल्युसिड के शत्रु पार्थिया का सहयोगी बन गया। उसकी हत्या यूथिदेमस नामक एक व्यक्ति ने कर दी तथा स्वयं राजा बन गया।

यूथिदेमस का परिवार

स्वतंत्र बैक्ट्रिया का इतिहास वास्तव में यूथिदेमस तथा उसके बड़े पुत्र दिमेत्रियस का इतिहास है। यूथिदेमस के सिक्कों की अधिकता से लगता है कि उसका शासनकाल काफी बड़ा तथा बड़े क्षेत्र पर था। उसकी रजत मुद्राएं बाल्स (बैक्ट्रिया) तथा बोखारा सोग्दियाना से काफी संख्या में प्राप्त हुई हैं पर काबुल, कांधार तथा सिस्तान में कांस्य मुद्राओं की संख्या अधिक है। उसका साम्राज्य दक्षिण अफगानिस्तान तथा उससे लगे ईरान के क्षेत्र एवं उत्तर-पश्चिम भारत तक फैला हुआ था।

वह संभवतः सिंकदर के बाद पहला यूनानी राजा था जिसकी सेना ने भारत के आंतरिक क्षेत्र में प्रवेश किया। अपनी अनुपस्थिति में बैक्ट्रिया-सोग्दियाना का शासन अपने बड़े पुत्र यूथिदेमस द्वितीय के हाथ में सौंपकर उसने अपने दूसरे पुत्र दिमेत्रियस द्वितीय तथा सेनापति मिनेंडर के साथ भारत की ओर कूच किया। दिमेत्रियस ने गांधार को जीता, सिंधु को पार किया तथा तक्षशिला पर अधिकार कर उसे अपनी सैन्य गतिविधियों का केंद्र बनाया। उसने हिंदुकुश तथा सिंधु के बीच के क्षेत्र का शासन अपने पुत्र दिमेत्रियस द्वितीय को सौंपा तथा उसके बाद वापस चला गया।

दिमेत्रियस ने भारत के अंदर चढ़ाई करने की योजना बनाई उसने अपनी सेना के दो भाग किए तथा एक भाग को पंजाब तथा दिल्ली के रास्ते मौर्य राजधानी पाटलिपुत्र भेजा एवं दूसरे भाग को सिंधु के दक्षिण भेजा। पातंजलि के *महाभाष्य* तथा *गार्गी संहिता* के *युग पुराण* के अनुसार पांचाल देश को तहस-नहस कर दिया, माध्यमिक (नागरी, चित्तौड़) तथा साकेत पर अधिकार कर लिया तथा पाटलिपुत्र के लिए खतरा उत्पन्न कर दिया। मिनेंडर के पाटलिपुत्र तथा अपोलोडोट्स को उज्जैन में नियुक्त कर दिमेत्रियस स्वयं तक्षशिला में स्थापित हुआ तथा इस प्रकार भारत के तीन महत्वपूर्ण स्थानों पर अपना अधिकार स्थापित किया।

भारत पर विजय अभियान के कारण बैक्ट्रिया में उसकी स्थिति कमजोर हो गई होगी तथा 171 ई.पू. महत्वाकांक्षी

यूक्रेटाइड्स के नेतृत्व में वहां विद्रोह हो गया। संभवत: उसे पराजित करने के असफल प्रयास में दिमेत्रियस की मृत्यु हो गई। यूक्रेटाइड्स की सफलता का श्रेय कुछ असंतुष्ट तत्वों को भी जाता है। लेकिन यूक्रेटाइड्स की भारत में सफलता क्षणिक थी क्योंकि उसे यूथिडेमस के परिवार के कई शासकों से समझौता करना पड़ा जिनका भारत के कई भागों पर अधिपत्य स्थापित हो चुका था। इन्हीं असमंजस की परिस्थितियों में भारत में बैक्ट्रिया के सबसे प्रमुख शासक मिनेंडर अथवा मिलिंद का उदय हुआ। क्लासिकी लेखकों ने भारतीय विजय के संदर्भ में उसका उल्लेख अपोलोडोट्स के साथ किया है। दोनों के बीच वास्तविक रिश्ते की जानकारी नहीं है, लेकिन मिनेंडर यूथिडेमस के परिवार का नहीं था। मिनेंडर के काल में इंडो-ग्रीक शक्ति अपने उत्कर्ष पर थी। उसका शासन पश्चिम में काबुल से पूरब में रावी तक तथा उत्तर में स्वात घाटी से दक्षिण में दक्षिणी अराकोसिया तक था। संभवत: भारत में अपनी सफलता से प्रभावित होकर मिनेंडर ने बैक्ट्रिया पर अधिकार करने की योजना बनाई लेकिन पश्चिम की ओर जाते हुए उसकी मृत्यु हो गई।

मिनेंडर की प्रसिद्धि का सर्वाधिक लोकप्रिय साक्ष्य पालि ग्रंथ *मिलिंद पान्हो* (मिलिंद के प्रश्न) है, जो सकला (पंजाब में सियालकोट) के राजा तथा एक बौद्ध-भिक्षु नागसेन के बीच संवाद के रूप में है। सभी इंडो-ग्रीक शासकों में मिलिंद ने भारतीय विद्वानों का ध्यान आकर्षित किया है, क्योंकि क्षेमेंद्र (11वीं शताब्दी) ने *अवदानकल्पलता* में उसका उल्लेख आदर से किया है।

यूक्रेटाइड्स का परिवार

बैक्ट्रिया तथा भारत पर शासन करने वाला अंतिम शासक हेलिडोक्लस था। हेलिओक्लस के बाद बैक्ट्रिया पर मध्य-एशिया के शकों ने आक्रमण कर दिया। हेलिओक्लस का उत्तराधिकारी एन्टिआल्किडास था। भिलसा के निकट बेसनगर में प्राप्त गरुड़ स्तंभ के ब्राह्मी अभिलेख के अनुसार एन्टिआल्किडास ने हेलियोडोट्स नामक एक राजदूत कपिसपुत्र को भागभद्र के दरबार में भेजा जिसे अंतिम से पूर्व शुंग, भागवत, से पहचाना गया है। एंटिआल्किडास का मुख्यालय तक्षशिला में था, जहां उसके एक राजदूत, जिसे भागवत (कृष्ण का पूजक) बताया गया है, का घर था। अभिलेखीय प्रमाणों तथा सिक्कों के आधार पर कहा जा सकता है कि तक्षशिला, कपिसा-गांधार तथा परोपामिसेड (काबुल क्षेत्र) पर उसका अधिकार था।

एन्टिआल्किडास की मृत्यु के कुछ समय बाद अर्मीतास अगला शासक बना। बताया जाता है कि अर्मीतास संभवत: हरमौस का पिता था। हरमौस अंतिम इंडो-ग्रीक शासक था जिसने शक, पार्थियन तथा युहची आक्रमण के विरुद्ध अपने साम्राज्य को बचाने का प्रयत्न किया। उसने दो शत्रु परिवारों को एकत्र कर आक्रमणकारी दुश्मनों को रोकने का असफल प्रयास किया। लेकिन खतरा ज्यादा बड़ा था और वह अंतत: कांधार क्षेत्र के पार्थियनों अथवा पहलवों से पराजित हो गया।

यूनानी आक्रमण के प्रभाव

भारत पर दूसरा यूनानी आक्रमण सिकंदर के आक्रमण से ज्यादा प्रभावशाली था। दिमेत्रियस, यूक्रेटाइस तथा मिनेंडर के आक्रमण साधारण आक्रमण नहीं थे, ये साम्राज्य स्थापित करने के उद्देश्य से भारत में अंदर तक आए थे। पंजाब तथा आस-पास के क्षेत्रों में बैक्ट्रिया के इंडो-ग्रीक शासकों द्वारा स्थापित यूनानी शासन लगभग डेढ़ शताब्दी तक बना रहा।

यूनानी राज्य का प्रांतीय संगठन स्ट्रैटेगोई तथा मेरिडार्कस के साथ यूनानी क्षत्रप-देश में इस प्रकार स्थापित हो गया था कि शकों ने कुछ सुधार कर इसी का प्रयोग किया।

यूनानी सिक्के कला तथा बनावट में विश्व के किसी अन्य सिक्कों से कम नहीं थे जो देशी मुद्रा के मॉडल के रूप में स्थापित हो गए। इसी प्रकार कुछ इंडो-ग्रीक चांदी के सिक्के भारतीय विशेषताओं से युक्त थे। यूनानी तथा खरोष्ठी लिखावट वाले दुभाषिया सिक्के शकों, पार्थियनों तथा प्रारंभिक कुषाणों ने भी जारी रखे, खरोष्ठी लिखावट को कनिष्क ने बंद कर दिया। दिमेत्रियस द्वारा भारत लाया गया यूनानी कैलेंडर कई युगों का जनक बना। भारत में यूनानियों द्वारा एक खास तारीख से हमेशा के लिए समय मापने की पद्धति लाई गई। शकों तथा कुषाणों ने इसका इतनी बारीकी से अनुकरण किया है कि प्रारंभिक वर्ण को छोड़कर सब कुछ ज्यों का त्यों है-उपविभाजन तथा मकदूनियाई माह भी वैसे ही बने रहे।

यूनानी विजय के कारण भारत तथा पश्चिम के बीच बड़े पैमाने पर व्यापार शुरू हुआ। सेल्युसिया की समृद्धि तथा दिमेत्रियस से मिनेंडर तक भारत में यूनानी शासन की समृद्धि समकालीन है जो व्यापारिक गतिविधियों की प्रमाण है। सेल्युसिया व्यापारिक गतिविधियों का केंद्र था जहां से स्थल मार्ग द्वारा सीरिया और फोनेशियन बंदरगाहों तक सामान जाता था। प्रथम शताब्दी ई.पू. में भारतीय यूनानियों ने अपने प्रयोग

के लिए चीन से सिल्क तथा सामान मंगवाए। बैक्ट्रिया तथा बर्यगाजा के बीच एक नियमित व्यापारिक मार्ग था।

साहित्य के क्षेत्र में कुछ यूनानी शब्दों को संस्कृत में स्थान मिला। पेन, स्याही, टैबलेट, फलक तथा किताब के संस्कृत शब्द यूनानी शब्दों से व्युत्पन्न है। हालांकि सभी प्रमाण नष्ट हो चुके हैं, पर यूनानियों द्वारा भारत में रचित साहित्य के संकेत प्राप्त होते हैं।

ज्योतिष के क्षेत्र में भारतीय यूनानियों के ऋणी हैं। *गार्गी सहिता* के अनुसार, ''यवन बर्बर हैं पर ज्योतिष का उत्पत्ति उन्हीं के द्वारा हुई है और इसके लिए उन्हें देवताओं की तरह पूजा जाना चाहिए।'' साधारणत: माना जाता है कि शून्य के दशमलव मान का आविष्कार भारत में किया गया था, लेकिन 'स्थानीय मान तथा शून्य के संकेत बेबिलोनिया तथा यूनानी ज्योतिष में साधारण प्रयोग में हैं।' भारत में इस प्रणाली को दशमलव युक्त संख्या प्रणाली में स्थापित किया गया। आर्यभट्ट तथा वाराहमिहिर की पुस्तकों में राशियों तथा ग्रहों के नाम निश्चित तौर पर यूनानी मूल के हैं।

लेकिन धर्म के क्षेत्र में दोनों देशों के बीच विचारों के लगातार प्रवाह के दूरगामी प्रभाव हुए। हेलियोडोरस के भागवत तथा मिनेंडर के बौद्ध धर्म अपनाने से लगता है कि यूनानी भारतीय धर्मों के प्रभाव से वंचित नहीं रह सके।

इंडो-ग्रीक शासकों ने कुछ हद तक भारतीय कला तथा स्थापत्य कला को भी प्रभावित किया है। उत्तर-पश्चिम भारत की गांधार कला शुरू में मुख्यत: यूनानी थी लेकिन समय के साथ इसमें भारतीयता के तत्व ज्यादा प्रभावी हो गए। बौद्ध धर्म के संस्थापक को मानवीय रूप में निरूपित करने का विचार भारतीयों का नहीं, यूनानियों का है। यह एक महान चिह्न है जो यूनानियों ने भारतीयों को दिया और यह दुर्घटनावश हो गया। यूनानियों ने भारतीयों को प्रभावित किया और उनसे प्रभावित भी हुए।

शक

उत्पत्ति

दूसरी शताब्दी ई.पू. में मध्य एशिया में उथल-पुथल के कारण खानाबदोश कबीलों ने इधर-उधर फैलना शुरू किया। हिउंग्नु ने 176 ई.पू. में यू ची को पराजित किया जिन्होंने पश्चिम की ओर बढ़कर साई-वांग अर्थात् शकों को पराजित कर उनके क्षेत्र से बाहर कर दिया। लेकिन यू ची को इस बार बु-सुन ने पराजित कर खदेड़ दिया भारत में आने के पहले शक काफी दिनों तक पार्थियन शासकों के अधीन शकिस्तान में रहे थे। हिंदुकुश पार कर शकों ने एरिया, अराकोसिया तथा जेड्रोसिया होते हुए बोलन दर्रे के मार्ग से सिंधु घाटी में प्रवेश किया। उन्होंने तुलनात्मक रूप से ऊंचे खैबर दर्रे का प्रयोग नहीं किया।

पातंजलि के *महाभाष्य* में उनका उल्लेख अनिर्वासित (साफ) शूद्रों के रूप में हुआ है। *रामायण* के अनुसार शक कंबोजों तथा यवनों के साथ सुदूर उत्तर में रहते थे जबकि *महाभारत* के अनुसार वे सकला के पार सुदूर उत्तर-पश्चिम में रहते थे। हरिवंश के अनुसार शक अपना आधा सिर मूंडते थे।

मध्य तथा निम्न सिंधु घाटी, डरांगियाना तथा अशकोसिआ में शकों तथा पार्थियनों का शासन इतना ज्यादा मिलता-जुलता था कि उनके बीच अंतर करना कठिन था। सुविधा के ख्याल से मेउस के परिवार के शासक जिन्होंने सिंधु घाटी पर आक्रमण किया तथा शक तथा वोनोन्स के परिवार के लोग जो डरांगिआना तथा अराकोसिया पर शासन करते थे क्रमश: पहलव अथवा पार्थियन कहलाए।

तक्षशिला के शक शासक

भारत में प्रथम शक शासक मेउस अथवा मोगा रहा होगा। मेउस ने काफी बड़ी संख्या में ताम्र तथा कुछ रजत सिक्के जारी किए। मेउस ने 'महाराजा महात्मा', 'राजाओं का राजा', की उपाधियां धारण कीं, जो कि इंडो-ग्रीक शासकों द्वारा धारित उपाधि 'बैंसिलिओस मेगालोउ' का प्राकृत अनुवाद है। उसका शासन सिंधु के दोनों ओर पूरब में तक्षशिला से पश्चिम में पुष्कलावती तक था। मेउस के सिक्कों के दूसरी ओर मेउस की नहीं बल्कि कई यूनानी तथा गैर-यूनानी देवताओं की तस्वीर है। उनमें से कुछ में शिव तथा बुद्ध की भी तस्वीरें है।

सिक्कों से ज्ञात होता है कि मेउस का उत्तराधिकारी एजेस प्रथम था। एजेस प्रथम ने एजिलिसेस नामक एक राजा के साथ संयुक्त रूप से सिक्के जारी किए जिसकी एक ओर एजेस प्रथम का नाम यूनानी में तथा दूसरी ओर एजिलिसेस का नाम खरोष्ठी में है। इस तरह एजिलिसेस संभवत: एजेस प्रथम का शासक था जिसने स्वतंत्र रूप से राजा बनने से पूर्व कुछ दिनों तक अपने पिता के साथ संयुक्त रूप से शासन किया। एक दूसरे वर्ग के सिक्कों में एजिलिसेस का नाम यूनानी में तथा एजेस का नाम खरोष्ठी में है। कुछ विद्वानों के अनुसार यह एजेस संभवत: एजिलिसेस का पुत्र था जिसने उसके साथ संयुक्त शासन किया।

एजिलिसेस के सिक्कों पर कुछ बिस्कूल नए चिह्न देखने को मिलते हैं। इनमें से एक भारतीय देवी अभिषेक-लक्ष्मी है। एजेस द्वितीय के चांदी तथा तांबे के सिक्कों में खोट है तथा सिक्कों में कमी से लगता है कि उसका साम्राज्य छोटा था। एजेस द्वितीय के बाद शक क्षेत्र गोडोफर्नेश के अधीन चला गया।

क्षत्रपाल प्रणाली तथा पश्चिमी क्षत्रप

उत्तर-पश्चिम भारत के अकेमेनिड विजेताओं ने सर्वप्रथम देश में प्रशासन की क्षत्रप प्रणाली को लागू किया। क्षत्रप की उपाधि प्राचीन फारस की उपाधि क्षत्रपवन का यूनानी रूप है जिसका अर्थ होता है- ''राजतंत्र का रक्षक।'' ग्रीक शब्द 'स्ट्रैटेगो' का अर्थ सेनापति होता है, लेकिन शक-पहलव शासन काल में भारत में इसका अर्थ अधीनस्थ शासक रहा होगा। सिथियन शासनकाल में भारत में क्षत्रप शासन पद्धति को एक नया रूप प्राप्त हुआ जिसकी मुख्य विशेषता थी। महाक्षत्रप तथा क्षत्रप का संयुक्त शासन अर्थात् प्राचीन भारतीय प्रशासन व राजन और युवराज के संयुक्त शासन की तरह। मध्य तथा पश्चिम भारत में प्रारंभिक शताब्दियों में भारत क्षत्रपों तथा महाक्षत्रपों के अधीन था लेकिन यह प्रथा कुषाणों के अधीन पूरी तरह से स्थापित हुईं सिक्कों तथा अभिलेखों में प्राप्त विभिन्न नामों के आधार पर क्षत्रपों के दो मुख्य वर्ग किए जा सकते हैं– प्रारंभिक वर्ग, जिसमें क्षहरत परिवार के सिर्फ दो व्यक्ति भूमक और नाहपण थे तथा का वर्ग जिसमें चश्ताना के कई वंशज क्षत्रप थे।

क्षहरत–क्षहरत परिवार का प्रथम क्षत्रप भूमक था जिसे संभवतः कुषाण साम्राज्य के दक्षिण-पश्चिमी भाग के शासन का भार सौंपा गया था। सिक्कों के प्रकार तथा उन पर लिखित अभिलेखों से ज्ञात होता है कि भूमक नाहपण का पूर्वगामी था, परंतु दोनों के बीच वास्तविक संबंध ज्ञात नहीं है। भूमक के सिक्कों से ज्ञात होता है कि क्षत्रप के राज्य में सिर्फ ब्राह्मी के प्रचलन वाले क्षेत्र, जैसे कि मालवा, गुजरात तथा सौराष्ट्र ही नहीं थे, बल्कि पश्चिमी राजस्थान तथा सिंध के भी क्षेत्र थे जहां खरोष्ठी का प्रचलन था।

भूमक के उत्तराधिकारी नाहपण के बारे में सिक्कों के अतिरिक्त कई अभिलेखों से भी जानकारी प्राप्त होती है। कई विद्वान नाहपण को *पेरिप्लस* का माम्बारूस मानते हैं जिसकी राजधानी अरिआके के मिन्नागारा में थी। मिन्नागारा आधुनिक मंदसौर तथा अरिआके अपरांत है।

उसके दामाद तथा सेनापति उषवदाता के पांडुलेना (नासिक के निकट) जुनार तथा काले (पूना जिला) से प्राप्त अभिलेखों से ज्ञात होता है कि नाहपण का शासन महाराष्ट्र के बड़े भाग पर था। उसके राज्य में दक्षिणी गुजरात, उत्तरी कोंकण, नासिक तथा पूना के अतिरिक्त सौराष्ट्र कठियावाड़ कुकुरा (दक्षिण राजपुताना का एक भाग), अकरा (पूर्वी मालवा), अवंती (पश्चिमी मालवा) और पुष्कर (अजमेर में) भी थे। नासिक अभिलेख तथा जोगलथेबी (नासिक जिला) के सिक्कों से ज्ञात होता है कि नाहपण की शक्ति को सातवाहन शासक गौतमीपुत्र शातकर्णी ने कुचलकर क्षहरत साम्राज्य के दक्षिणी प्रांतों पर अधिकार कर लिया। नाहपण की मृत्यु के बाद क्षहरत परिवार संभवतः समाप्त हो गया। कुषाण साम्राज्य के दक्षिण-पश्चिमी क्षत्रपी में क्षहरतों के स्थान पर एक परिवार के कर्दमकों का शासन स्थापित हुआ।

कर्दमक-कर्दमकों के मूल निवास की जानकारी नहीं है, पर चश्ताना सिंध में कुषाणों के अधीनस्थ के रूप में शासन करता होगा। नाहपण की मृत्यु के बाद चश्ताना को खोए गए क्षत्रपी पर पुनः अधिकार करने का निर्देश देकर दक्षिणी-पश्चिमी प्रांतों का उपराजा बनाया गया। इस कार्य में संभवतः उसके पुत्र जयदमन तथा पौत्र रुद्रदमन ने सहयोग किया होगा। अपने पिता के अधीन क्षत्रप के रूप में जयदमन की मृत्यु पहले हो गई लेकिन उसका पोता, रुद्रदमन, उसके साथ कुछ समय तक क्षत्रप बना रहा। इस वंश का चश्ताना एकमात्र शासक था जिसने सिक्कों पर यूनानी, खरोष्ठी तथा ब्राह्मी लिपियों का प्रयोग किया है।

चश्ताना का वंश लगातार चौथी शताब्दी तक शासन करता रहा। चश्ताना का प्रत्येक उत्तराधिकारी पहले महाक्षत्रप या क्षत्रण के रूप में शासक रह चुका था। चश्ताना के शासनकाल को ठीक तरह से निर्धारित नहीं किया जा सकता, परंतु टॉलेमी के *जियोग्राफी* में तिस्तानेस चश्ताना तथा उसकी राजधानी ओजेने (उज्जैन) के उल्लेख से लगता है कि उसका अंत 140 से 150 ई. के बीच हुआ होगा।

चश्ताना का उत्तराधिकारी उसका पोता रुद्रदमन था। जूनागढ़ शिलालेख के अनुसार उसने महाक्षत्रप की उपाधि धारण की। जूनागढ़ अभिलेख से ज्ञात होता है कि रुद्रदमन ने दक्षिण के स्वामी शातकर्णी को दो बार पराजित किया। इस पराजित राजा को ठीक प्रकार से नहीं पहचाना जा सका। कुछ लोग उसे गौतमीपुत्र मानते हैं जबकि अन्य उसे उसका पुत्र वशिष्टीपुत्र पुलवामी मानते हैं। लेकिन आम धारणा है कि यह पराजित शासक गौतमीपुत्र का बेटा तथा पुलवामी का भाई और पूर्व शासक वशिष्ठीपुत्र शातकर्णी था।

रुद्रदमन ने मालवा, सौराष्ट्र, गुजरात, उत्तरी कोंकण तथा महिष्मती पर अधिकार किया। उसके राज्य में कच्च (कच्छ) स्वभ्र (साबरमती घाटी), मारू (मारवाड़ क्षेत्र), सिंधु-सौविरा (निम्न सिंधु घाटी) तथा निषाद (पश्चिमी विंध्य तथा अरावली पहाड़ी के पास क्षेत्र) के क्षेत्र भी शामिल थे। उसने पंजाब तथा उसके आस पास के क्षेत्रों में रहने वाले यौद्धेयों को भी पराजित किया। उसकी राजधानी उज्जैन थी।

रुद्रदमन एक महान विजेता ही नहीं, वरन् ज्ञान का बहुत बड़ा संरक्षक भी था। उसने व्याकरण, राजनीति, संगीत तथा तर्कशास्त्र का अध्ययन किया था, संस्कृत में गद्य और पद्य रचनाएं की थीं। संस्कृत के प्रति उसके ज्ञान का अनुमान इससे भी लगाया जा सकता है कि जबकि अन्य शक राजाओं के अभिलेख प्रकृत और संस्कृत मिश्रित हैं, उसका प्रसिद्ध अभिलेख शुद्ध और उत्कृष्ट संस्कृत में है। वह एक दयालु शासक था। उसने अपनी प्रजा पर बिना कोई अतिरिक्त कर लगाए सुदर्शन झील के बांध की मरम्मत करवाईं

उसके मंत्री काफी शिक्षित थे जिन्हें दो वर्गों में बांटा जाता है-मतिसचिव (पार्षद) तथा कर्मसचिव (कार्यकारी अधिकारी)। ये राजा को प्रशासन में सहयोग प्रदान करते थे।

जूनागढ़ अभिलेख से ज्ञात होता है कि रुद्रदमन की कई शादियां हुई थीं। कर्दमकों के दक्कन के सातवाहनों, आंध्र के इक्ष्वाकु तथा वैशाली के लिच्छवी परिवारों में हुए वैवाहिक संबंधों से ज्ञात होता है कि सीथियन धीरे-धीरे भारतीय समाज में समाहित हो रहे थे। नाहपण की तरह उसका भी शासनकाल लंबा था। रुद्रदमन प्रथम के उत्तराधिकारी क्रमशः दमघसाद प्रथम, रुद्रसिंह प्रथम, जीवदमन, रुद्रसेन प्रथम, संघदमन तथा दामसेन थे। इस वंश का अंतिम ज्ञात शासक रुद्रसिंह तृतीय था, जिसने 388 ई. तक शासन किया। बाण की *हर्षचरित* के अनुसार उसकी हत्या गुप्त सम्राट चंद्रगुप्त द्वितीय ने की। गुप्तों ने शकों के क्षेत्र पर अधिकार कर लिया तथा उनकी नकल पर क्षत्रप प्रकार के सिक्के जारी किए।

पार्थियन

इस वंश का पहला सदस्य वोनोन्स था जिसने अराकोसिया तथा सीस्तान में महत्व प्राप्त किया था। लेकिन इस वंश का सर्वाधिक महत्वपूर्ण शासक गोडोफर्नेश था। तख्त-ए-भाई के अभिलेख के अनुसार इसका शासनकाल 19 से 45 ईस्वी के बीच था। गोंडोफर्नेश ने काफी बड़े क्षेत्र पर अधिकार स्थापित किया। उसने ऊपरी काबुल घाटी के अंतिम यूनानी शासक हरमेयुस को पराजित किया जबकि उसे अपने कुषाण सहयोगी कुजुल कैडफिसेस की सहायता प्राप्त थी। लेकिन गोडोफर्नेश की शकों पर विजय अधिक स्पष्ट है। अस्पवर्मन के सिक्कों से ज्ञात होता है कि उसने कुछ क्षेत्रों से एजेस द्वितीय को उखाड़ फेंका था। अस्पवर्मन पहले एजेस द्वितीय का स्ट्रैटेगो था। पर बाद में उसने गोडोफर्नेश की अधीनता स्वीकार कर ली।

संत थॉमस तथा गोंडोफर्नेश के बीच संबंधों का उल्लेख सर्वप्रथम सीरिया के ग्रंथ *एक्टस ऑफ सेंट थॉमस* में हुआ है। संत *थॉमस* संभवतः धर्मप्रचार के क्रम में गोडोफर्नेश के क्षेत्र में आया होगा तथा बाद में दक्षिण भारत गया होगा।

गोडोफर्नेश की मृत्यु के बाद पार्थियन साम्राज्य छोटे-छोटे राज्यों में विभक्त हो गया। कुषाणों ने इस स्थिति से फायदा उठाकर अफगानिस्तान, पंजाब तथ सिन्ध से पार्थियन शासन को उखाड़ फेंका

सीथियन-पार्थियन शासन का महत्व

सीथियन साम्राज्य भारत में सुदूर उत्तर, उत्तर-पश्चिम, पंजाब के भाग, मथुरा तथा आस-पास के क्षेत्र, उत्तर पश्चिम तथा पश्चिमी भारत में फैला हुआ था। शक तथ पार्थियन अपने अधिकतर भारतीय क्षेत्रों पर स्ट्रैटेगोई तथा क्षत्रपों द्वारा शासन करते थे। जिलों तथा अन्य छोटी इकाइयों के प्रभारी मिरिडार्ख जैसे अधिकारी हुआ करते थे-यह प्रथा इंडो-ग्रीक शासकों द्वारा शुरू की गई थी।

शकों ने सोने के सिक्के जारी नहीं किए। उनके अधिकतर सिक्के चांदी तथा तांबे के थे। पहलवों के सिक्के तांबे के थे, एक-आध सिक्के चांदी के थे।

देश का आर्थिक तथा सामाजिक संगठन निगमों द्वारा संगठित था तथा इसके लिए राज्य इन्हें आवश्यक सहयोग प्रदान करता था। नासिक गुफा अभिलेख के अनुसार नाहपण के दामाद उषवदाता ने गुफा में रहने वाले बौद्ध धर्म के किसी संप्रदाय के भिक्षुओं को 3000 कर्षपण का दान किया। नासिक के एक अन्य गुफा अभिलेख में किसी संप्रदाय के संघ के बीमार भिक्षुओं की चिकित्सा के लिए गोवर्धन के एक निगम को अनुदान का उल्लेख है।

कुषाण

उत्पत्ति

कुषाण नाम का मौलिक अर्थ यू ची लोगों का एक कबीला अथवा परिवार था। पहली शताब्दी ई.पू. तक यू ची लोग

अपनी खानाबदोश आदतें छोड़ चुके थे तथा पांच वर्गों में विभाजित हो गए थे। इस विभाजन के लगभग एक शताब्दी बाद कुजुल कैडफिशेज (पांच वर्गों में से एक का राजा) ने बाकी चार वर्गों पर अधिकार कर लिया। इसके बाद भारत तथा सीमावर्ती क्षेत्रों में एक विशाल साम्राज्य की स्थापना हुईं

बैक्ट्रियाई अभिलेखों से प्राप्त मूल्यवान प्रमाण– कुषाणकालीन अध्ययन में एक भारी बदलाव एक बैक्ट्रियाई अभिलेख की ताजा खोज से आया है। बैक्ट्रियाई भाषा एक मध्य ईरानी भाषा थी, जो यूनानी लिपि में लिखी जाती थी तथा कनिष्क प्रथम के काल से ही कुषाण सिक्कों पर नियमित रूप से प्रयोग की जाती थी। सफेद चूना पत्थर पर उत्कीर्ण इस अभिलेख (जो अफगानिस्तान से मिलता है) को कनिष्क ने अपने शासनकाल के प्रथम वर्ष में जारी किया था। 23 पंक्तियों का यह अभिलेख कनिष्क का प्राचीनतम अभिलेख है।

- यह अभिलेख पूर्व में चम्पा (भागलपुर के निकट) तक कुषाण साम्राज्य के विस्तार का उल्लेख करता है। चम्पा, पाटलिपुत्र व साकेत को बुलाव साम्राज्य का अंग बताने वाला यह पहला कुषाण अभिलेख है। फिर भी, कुषाण शक्ति का यह उल्लेखनीय विस्तार बनारस के पूर्व में अधिक समय तक कायम नहीं रहा। कुषाण उत्तराधिकारियों में से किसी के भी द्वारा मथुरा के पूर्व में स्थित क्षेत्रों पर शासन करने का उल्लेख नहीं है।
- यह सर्वाधिक लम्बा तथा संभवत: सबसे महत्वपूर्ण कुषाण अभिलेख कुषाण राजनीतिक इतिहास के बारे में कुछ प्रमुख विवादों व प्रश्नों को उभारता है। इस अभिलेख के अनुसार तथाकथित कनिष्क शासक वर्ग से अलग कोई डफिसेज शासक वर्ग नहीं था। यह भी स्थापित किया गया है कि कुजुल कुडफिसेज से आरंभ होने वाली वंश परम्परा का प्रत्यक्ष वंशज था।
- वंशावली के अनुसार कुषाण शासकों में कनिष्क कम से कम चौथा था। तथाकथित शक संवत की शुरूआत थी, कनिष्क ने स्वयं की थी, हालांकि ईसवी सन में इसका सही–सही वर्ष ज्ञात कर पाना अभी भी संभव नहीं हुआ है।
- यह विचाराधीन अभिलेख कुषाण राजाओं के धार्मिक व राजनीतिक दृष्टिकोण के बारे में सूचनाओं की एक खान है। इस अभिलेख में शासकों को मरणोपरांत या जीवित देवत्व प्रदान करने की कुषाणप्रथा का स्पष्ट उल्लेख है। कुषाण राजाओं की देवत्व आरोपित मूर्तियां राजवंशीय पवित्र गृहों या 'देवकुलों' में स्थापित की जाती थीं।
- रबातक अभिलेख हमें कुषाण साम्राज्य के पांचवें देवकुल के निर्माण की जानकारी देता है; अन्य चार देवकुल माँट (मथुरा), सुर्खकोतल (अफगानिस्तान), ऐरताम (पाकिस्तान) तथा दलवर्दजिन-तेपे में स्थित थे।

कैडफिशेज

सिक्कों से ज्ञात होता है कि कुजुल कैडफिशेज काबुल घाटी के अंतिम यूनानी राजकुमार हरमेउस का सहयोगी तथा बाद में उसका उत्तराधिकारी था। कैडफिशेज ने कुछ समय बाद पार्थियन शासन को काबुल तथा कांधार क्षेत्रों से उखाड़ फेंका। उसके जीवन काल में उसके पुत्र विम कैडफिशेज ने गांधार तथा तक्षशिला क्षेत्र को जीतकर उसके राज्य में मिलाया।

कैडफिशेज ने संभवत: सिर्फ तांबे के सिक्के जारी किए सोने के नहीं। उसके सिक्कों पर रोमन प्रभाव स्पष्ट है-ये ऑगस्ट्स, तिबेरियस अथवा क्लौडियस के सिक्कों के सीधे अनुकरण हैं। धर्माथिद (धर्मस्थित) तथा सचध्रमाथिद (सत्यधर्मस्थित) उपाधियों, जिनका अर्थ 'दृढ़ धर्म वाला' है, से ज्ञात होता है कि कुजुल या तो बौद्ध था या शैव। कैडफिशेज प्रथम का शासनकाल लगभग 15 से 64 ई. के बीच था।

कुजुल कैडफिशेज का उत्तराधिकारी उसका पुत्र विम कैडफिशेज (64-78 ई.) था। अपने छोटे शासनकाल में उसने कुषाण प्रभाव का विस्तार भारत के आंतरिक भाग में किया। तक्षशिला और पंजाब के अलावा संभवत: मथुरा कुषाण साम्राज्य के अंतर्गत लाया गया। 'सोत्तेर मेगास' सिक्कों का अनाम राजा संभवत: विम कैडफिशेज द्वारा नियुक्त किया गया उपराजा था जिसकी नियुक्ति उसने सिंधु से गंगा के बीच के व्यापक क्षेत्र पर शासन करने के लिए की थी।

विम कैडफिशेज एक कट्टर पाशुपत समर्थक था। उसके सभी स्वर्ण तथा ताम्र सिक्कों पर शिव के साथ संबंध के संकेत हैं। सिक्कों के एक ओर सिंहासन पर बैठे हुए अथवा वेदी के पास खड़े हुए अथवा दो घोड़ों के रथ पर बैठे हुए राजा की आकृति है। दूसरी ओर लंबे त्रिशूल वाले, कभी नंदी के साथ और कभी बिना नंदी के, शिव की आकृति है।

विम कैडफिशेज जारी की गई स्वर्ण एवं ताम्र मुद्राओं की बहुलता से साम्राज्य की संपन्नता का पता चलता है। उसके काल में चीन तथा रोमन साम्राज्य के बीच सिल्क, मसालों, कीमती पत्थरों तथा अन्य वस्तुओं का व्यापार काफी

ज्यादा हो रहा था। व्यापार के द्वारा आए रोमन सिक्कों ने कुषाणों के सिक्कों को प्रभावित किया। कनिष्क को विम कैडफिशेज का उत्तराधिकारी माना जाता है, हालांकि इन दोनों के बीच वास्तविक संबंध की जानकारी प्राप्त नहीं है।

कनिष्क

कनिष्क प्रथम शताब्दी का शासक था तथा 78 ई. में उसने एक संवत प्रारंभ किया। कनिष्क के वंश के शासकों को ठीक तरह से समझने के बाद यह स्पष्ट हो जाता है कि कनिष्क ने ही प्रसिद्ध शकाब्द संवत को प्रारंभ किया था, किसी अन्य संवत को नहीं। शक संवत को शककाल अथवा शक-नृप-काल (शक राजाओं का संवत) भी कहा गया है। ऐसा संभवत: इस कारण है कि कनिष्क को गलती से शक माना गया, या इस संवत का प्रयोग पश्चिमी भारत के शक क्षत्रपों के शासन काल में लगातार हुआ।

कनिष्क, अपने वंश का महानतम शासक था। अभिलेखों से साबित होता है कि उसका अधिकार उत्तर प्रदेश, पंजाब, उत्तर पश्चिम सीमांत प्रांत तथा सिंध के बहावलपुर क्षेत्र पर था। मथुरा एवं सांची संग्रहालयों के उसके अभिलेखीय रिकॉर्डों से लगता है कि राजपुताना, मालवा तथा सौराष्ट्र पर भी कनिष्क का वर्चस्व था। अल-बरुनी के अनुसार कनिष्क का शासन अफगानिस्तान तथा मध्य एशिया के क्षेत्रों पर भी था। चीनी तथा तिब्बती लेखकों के अनुसार उसने पूर्वी भारत में साकेत तथा पाटलिपुत्र के शासकों के साथ संघर्ष किया तथा अपने साथ प्रसिद्ध बौद्ध भिक्षु अश्वघोष को ले गया। ह्वेन सांग के अनुसार कनिष्क अपने विशाल साम्राज्य पर अपनी राजधानी पुरुषपुर अथवा पेशावर से शासन करता था।

कनिष्क ने पश्चिम में पार्थियनों को पराजित किया तथा पामीर को पार कर खोतान, यारकंद तथा काशगार के शासकों को पराजित किया। कनिष्क ने चीनी राजकुमारों को अगवा कर लिया तथा उनके साथ दयालुतापूर्ण व्यवहार किया। अपने शासनकाल के अंतिम वर्षों में चीनी सम्राट हो-ती के सेनापति पान-चाओं के द्वारा उत्तर तथा उत्तर-पूर्व में पराजित होना पड़ा। भारत के बाहर के उसके क्षेत्र उसके हाथ से निकल गए पर उसका भारतीय साम्राज्य उसके जीवन काल में ज्यों-का-त्यों बना रहा।

अपने जीवन के अंत में वह बौद्ध संघ का सक्रिय संरक्षक बन गया। पार्श्व के सुझाव पर उसने प्रसिद्ध चौथे बौद्ध परिषद का काश्मीर के कुंडलवन विहार में आयोजन किया। बौद्ध धर्म से अपने संबंधों के बावजूद कनिष्क कई जरथ्रुष्ट्र, युनानी तथा मिथारिक देवताओं से जुड़े हुए भारतीय देवताओं की पूजा करता था। इस संदर्भ में ओएशो (शिव) शाक्यमो बोद्धो (शाक्य मुनि बुद्ध), वायु देवता (फारसी वादो, भारतीय वात), अग्नि देवता अथ्शो (फारसी अतश), चंद्र देवता माओ, सूर्य देवता मिओरो (फारसी मिह्र, भारतीय मित्र) अग्नि देवता फर्रो (फारसी फर्र), यूनानी सूर्य देवता हेलिओस आदि का उल्लेख किया जा सकता है। देश के विभिन्न भागों में पूजे जाने वाले इन विभिन्न देवताओं का संगुटीकरण कनिष्क की अन्य धर्मों के प्रति सहिष्णुता को दर्शाता है।

कनिष्क कला तथा ज्ञान का महान संरक्षक था। कनिष्क के काल में गांधार शैली की सर्वोत्तम कलाओं का निर्माण हुआ। पेशावर में यूनानी अभियंता एजेसिलाओ के निरीक्षण में निर्मित 400 फीट ऊंचे लकड़ी के टॉवर ने चीनी तथा मुस्लिम यात्रियों का ध्यान आकर्षित किया। कनिष्क ने तक्षशिला के निकट एक टॉवर का निर्माण करवाया तथा संभवत: काश्मीर के कनिष्कपुर शहर की स्थापना उसी ने की थी। मथुरा में भी उसके कई सुंदर भवन थे।

कनिष्क के दरबार में प्रसिद्ध बौद्ध विद्वान नागार्जुन, अश्वघोष, पार्श्व तथा वसुमित्र रहते थे। नागार्जुन महायान सिद्धांत का प्रतिपादक था तथा अश्वघोष संगीतकार, कवि, विद्वान तथा कट्टर बौद्ध भिक्षु था। आयुर्वेद का प्रसिद्ध विद्वान चरक उसका दरबारी वैद्य था तथा मथर, प्रतिभाशाली राजनैतिक, उसका मंत्री था।

उत्तराधिकारी

कनिष्क का उत्तराधिकारी वशिष्क था, जिसका शासनकाल छोटा था। वशिष्क के बाद हुविष्क शासक बना जो कुषाण वंश का अन्य महत्वपूर्ण शासक था। अभिलेखों तथा सिक्कों से ज्ञात होता है कि उसे अपने पिता से एक विशाल साम्राज्य प्राप्त हुआ जिसकी उसने रक्षा की। कल्हण की *राजतंगिणी* के अनुसार हुविष्क वशिष्क द्वितीय अथवा वाझेष्क तथा उसके पुत्र कनिष्क द्वितीय के साथ-साथ शासन करता था। कनिष्क द्वितीय ने कैसर की उपाधि धारण की तथा उसकी मृत्यु संभवत: हुविष्क के पहले हो गईं

हुविंष्क के बहुत से सिक्कों पर, जो कि कनिष्क के सिक्कों से विविध हैं, राजा की सुंदर तस्वीर है। उसके सिक्कों पर कनिष्क के सिक्कों की तरह विभिन्न देवताओं की तस्वीरें हैं। इनमें स्कंदकुमार, विशाख, महासेन तथा उमा उल्लेखनीय हैं। इसके अतिरिक्त अलेक्लेंड्रियन सेरापिज

(सेरापो), रोम (रियोन-रोम), यूनानी हेराक्लेस तथा विभिन्न जरथुष्ट्वादी देवता हैं। इसके सिक्कों पर बुद्ध की तस्वीर नहीं है। संभवत: हुविष्क ब्राह्मण धर्म के प्रति निष्ठा रखता था।

अंतिम महान कुषाण शासक वसुदेव था। यह एक विशुद्ध भारतीय नाम है जो विदेशियों के भारतीयकरण को दर्शाता है। उसके अधिकतर अभिलेख मथुरा के आस-पास प्राप्त हुए हैं, अत: यह माना जा सकता है कि उत्तरी अथवा उत्तर-पश्चिमी भागों पर उसका नियंत्रण समाप्त हो गया था। उसके अधिकतर सिक्कों पर नंदी के साथ शिव की आकृति है। लगभग 25 वर्षों के शासनोपरांत वसुदेव के शासनकाल का 220 ई. में अंत हो गया। किसी साहित्यिक तथा पुरातात्विक साक्ष्य के अभाव के कारण वसुदेव के बाद का कुषाण इतिहास अस्पष्ट है। फारसी आक्रमण के बाद महान कुषाण साम्राज्य तेजी से बिखरने लगा। विकासशील सासानियन शक्ति ने भारत के उत्तरी तथा पश्चिमी भाग में कुषाण शक्ति का अंत कर दिया।

कुषाणों के पतन के कारणों में से एक है-तीसरी शताब्दी में यौधेय, कुणिंद तथा मालव जैसे स्वतंत्र गणराज्यों की उत्पत्ति, जिन्होंने कुषाणों द्वारा शासित क्षेत्रों पर अधिकार कर लिया। यमुना की घाटी के भाग में कुषाण शासन को नाग शासकों ने विस्थापित किया जिनका आधिपत्य पद्मावती, मथुरा तथा मध्य-भारत के अन्य स्थानों पर स्थापित हुआ।

चौथी शताब्दी के अंत में कुषाणों ने 'किदार' नामक एक नई उपाधि धारण की। ये किदार-कुषाण पंजाब, उत्तर-पश्चिमी भारत तथा काश्मीर के क्षेत्रों में शासन करते थे। उनके शासकों का कालक्रम निर्धारण, उनका शासन काल तथा उनका शासन क्षेत्र निर्धारित करना असंभव था। लेकिन वे सासानिद शासकों की अधीनता में शासन करते थे।

कुषाण शासन का महत्व

कुषाण काल भारतीय इतिहास में एक महत्वपूर्ण अध्याय है। कुषाणों का साम्राज्य सिर्फ संपूर्ण उत्तर भारत तक ही नहीं वरन् भारतीय सीमाओं के पार भी था। उनके विशाल साम्राज्य में कई प्रकार के लोग रहते थे। कुषाणों पर यूनानियों तथा भारतीयों की संस्कृति का गहरा प्रभाव पड़ा इसके कारण गांधार तथा मथुरा में कला की दो शैलियों का विकास हुआ।

कुषाणों के सिक्के रोमन तकनीक पर आधारित थे जिन पर भारतीय कला एवं परंपरा का प्रभाव था। कुषाणों ने गुप्त मुद्रा के साथ-साथ यौधेय, चेदी, गहड़वाल तथा कुछ अन्य वंशों की मुद्राओं को भी प्रभावित किया। भारतीय शासकों ने 'बैठी हुई देवी' तथा 'शिव और नंदी' प्रकार के सिक्के कुषाणों के अनुकरण पर तैयार किए।

कुषाण काल में भारतीय साहित्य की अत्यधिक प्रगति हुईं अश्वघोष *बुद्धचरित सौंदरानंद* तथा *सारीपुत्रप्रकरण* का लेखक था। इस काल में कई प्रकार की धार्मिक गतिविधियां भी हुईं तथा महायान का विकास, शिव के विभिन्न संप्रदायों का विकास कार्तिकेय तथा कृष्ण की पूजा प्रारंभ हुईं इस काल में काश्यप मतङ्ग (61-67 ई.) द्वारा चीन में बौद्ध धर्म का प्रचलन प्रारंभ किया गया।

कुषाणों ने बाहर के देशों, खासकर रोम, से व्यापारिक संबंधों को तीव्र किया। रोमन सम्राटों के पार्थियन शासकों से अच्छे संबंध नहीं थे अत: वे कुषाणों की ओर झुके। रोमन सिक्के संपूर्ण पश्चिम भारत में प्रचलन में थे जो कुषाण शासकों द्वारा प्रारंभ किए गए थे। उन्होंने रोम के शासक ट्राजन के दरबार में अपने राजदूत भेजे। मथुरा के अधिकतर अनुदान साधारण पुरुष एवं महिलाओं द्वारा दिए गए हैं। इससे ज्ञात होता है कि लोग आर्थिक रूप से संपन्न थे। व्यापार निगमों में स्थायित्व तथा आत्मविश्वास था। चीन तथा रोम के बीच कुषाण साम्राज्य के सुदूर उत्तर-पश्चिम भाग से गुजरने वाले मार्ग से प्रसिद्ध सिल्क व्यापार में भारतीय व्यापारियों की भूमिका अनिश्चित है। कुषाण शासकों द्वारा रोमन औरेई की शुरुआत-खासकर कुजुल कैडफिशेज (डिजाइन तथा वजन) –संभवत: व्यापार को बढ़ावा देने के लिए की गई थी।

6.10 बाहरी दुनिया से व्यापारिक संबंध

मुख्य लक्षण

इस काल में व्यापारिक गतिविधियों का असाधारण विस्तार तथा इसके संगत आयात-निर्यात के स्तर में वृद्धि, नए बाजारों की खोज, शहरी बस्तियों का विस्तार तथा इन सब के अनुरूप संपन्नता के स्तर में भी वृद्धि हुईं

यह काल देश के सुदूरवर्ती हिस्सों के पहुंच योग्य बनने तथा संपर्क के नवीन आयामों के विकास का भी समय था। इस दिशा में हिप्पालस द्वारा पश्चिमी एशिया से भारत आने के लिए मानसूनी समुद्री रास्ते की खोज, भारत होकर चीन से यूरोप जाने वाले रेशम मार्ग की स्थापना तथा दक्षिण-पूर्वी एशिया जाने वाले समुद्री मार्ग का उपयोग मुख्य विकास थे।

व्यापार संगठन निगमों के माध्यम से, बढ़ते व्यापार सिक्कों की अधिकता की वजह से तथा व्यापार के बढ़ते मौद्रीकरण तथा अन्य कारणों से भी और विकसित हुआ।

आवश्यक वस्तुओं की जगह विलासी वस्तुओं का अधिक व्यापार होता था। प्लिनी जैसे लेखकों की इस शिकायत से कि उसके देश से मुद्रा (स्वर्ण-रजत) का बहाव भारत की ओर हो रहा था, व्यापार संतुलन के भारत के अनुकूल होने का पता चलता है।

व्यापार की भूमिका

किसी अर्थव्यवस्था में विशेष क्षेत्र में विशेष समय पर व्यापार की भूमिका तथा इसके अन्य प्रभाव पूरी आर्थिक संरचना पर इसके प्रभुत्व से तय होते हैं। उदाहरण के लिए पश्चिमी तट पर जहां मुख्य राजस्व व्यापार से आता था, उसने अन्य स्रोतों के भू-राजस्व के जैसी ही महत्वपूर्ण भूमिका यहां निभाई होगी। अर्थव्यवस्था तथा समाज पर व्यापार का प्रभाव विविध क्षेत्रों द्वारा निभाई गई भूमिका से भी निर्धारित होता है। ये बताया गया है कि जहां उस समय उत्तर भारत व्यापार की संक्रमण-अवस्था में था, दक्षिण भारत में बड़े पैमाने का व्यापार प्रमुख था। अरिकाभेडु में मात्र कुछ महीनों की खुदाइयों में भूमध्यसागरीय वस्तुओं का विशाल संग्रह मिला है, वहीं तक्षशिला में वर्षों की खुदाइयों से भी बहुत कम वस्तुएं प्राप्त हुई हैं। यह बाह्य व्यापार, खासकर रोमन व्यापार के उत्तर की अपेक्षा दक्षिण पर अधिक प्रभाव डालने के संभावित कारणों में से एक है।

बाह्य व्यापार

भारत-मिस्त्र व्यापार-हालांकि टॉलेमी वंश के शासकों ने बेरेनिस तथा म्यॉस-हारमुख जैसे बंदरगाहों का तीसरी सदी में ई.पू. में निर्माण कर प्रत्यक्ष व्यापार को प्रोत्साहित करने की कोशिश की थी पर भारत तथा मिस्त्र के बीच प्रत्यक्ष व्यापार (समुद्री) 23 ई.पू. के बाद ही शुरू हो पाया। हालांकि पूर्णतः समुद्री मार्ग 23 ई.पू. तक भी बहुत लोकप्रिय नहीं हो पाया था। स्ट्राबो के अनुसार प्लिनी के समय में शायद ही कोई भारत से व्यापार के लिए इस मार्ग से जाता था। भारतीय व्यापारी 23 ई.पू. के बाद ही सोमाली बंदरगाहों से होते हुए मिस्त्र पहुंचे। रेडेसिया से प्राप्त एक अभिलेख में सोफोन नामक एक भारतीय व्यापारी का उल्लेख है जो कारवां मार्ग से कॉप्टस तक गया। प्रथम शताब्दी ई.पू. के अंत में भारत-मिस्त्र व्यापार के आयतन में वृद्धि हुई लूंको लिखता है कि सिर्फ म्यॉस-होर्मस के बंदरगाह से एक मौसम में लगभग 120 जहाज भारत जाते थे।

भारत-रोम व्यापार-व्यावसायिक दृष्टिकोण से इस काल की सर्वाधिक महत्वपूर्ण घटना भारत का, विशेषकर दक्षिण भारत का, रोमन साम्राज्य के साथ उन्नतशील व्यापार था। प्रारंभ में यह व्यापार अधिकतर भूमि मार्ग द्वारा होता था। शकों, कुषाणों एवं पार्थियनों के कारण इसमें कठिनाई होने लगी लेकिन प्रथम शताब्दी से यह व्यापार समुद्री मार्ग से होने लगा। मौनसून (अरबी शब्द मौसिम से उत्पन्न) की हिप्पेलस (एक यूनानी नाविक) द्वारा 45 ई. में खोज के बाद इस व्यापार को और बल प्राप्त हुआ (कुछ इतिहासकारों के अनुसार अरबों को इसकी जानकारी पहले से ही थी पर उन्होंने इसे किसी को नहीं बताया था)। नाविक अब बर्यगाजा अथवा (भृगुकच्छ भड़ौच), अरिकमेडु (पांडिचेरी के निकट) तथा ताम्रलिप्ति (तामलुक) जैसे भारतीय बंदरगाहों पर आसानी से पहुंचने लगे। बाद में कुषाणों की राजनैतिक स्थिति मजबूत होने तथा सिंधु और पश्चिमी भारत के क्षेत्रों में उनका अधिकार स्थापित होने के बाद इस व्यापार का और भी विस्तार हुआ।

इस व्यापार का सचित्र विवरण *पेरिप्लस मेरिस एरिथ्रियाई* अथवा *पेरिप्लस ऑफ इरिथ्रियन सी* (अर्थात् लाल सागर की समुद्री यात्रा) में मिलता है, जिसे लगभग 60 ई. में अलेक्जेंड्रिया के एक अनाम नाविक ने लिखा था। इसने भारत से आयात तथा निर्यात की जाने वाली वस्तुओं के साथ भारतीय बंदरगाहों का उल्लेख किया है। ये बंदरगाह हैं-बारबेरिकम (सिंधु के मुहाने के पास) बर्यगाजा (भड़ौच सुप्परा (सोपारा) कल्लिएना (कल्याण) सेमिल्ला, मंदरोगा, पालेपात्मे, मेलिजिगरा, बाइजेंटियन, तोगरूम, तौरा, तिण्डीस, मुजिरिस, नेलसिंडा (सभी पश्चिमी तट पर) कोमारी, कोल्वी कोरकई पोडुका (अरिकमेडु) सोप्रमा, मसालिया मसुलीपट्टनम तथा गंग या ताम्रलिप्ति (सभी पूर्वी तट पर)।

भारत का रोम के साथ व्यापार दैनिक आवश्यकताओं की सामग्रियों का नहीं होता था। विवरणों के अनुसार विलासिता संबंधी सामग्रियों का व्यापार अत्यधिक होता था लेकिन इनका उत्पादन व्यापाक नहीं था। संभवतः रोम मुख्यतः मसालों (काली मिर्च, जिसे यवनप्रिय कहा गया है, इलायची, दालचीनी, जयमंशी आदि) का आयात करता था जिसके लिए भारत प्रसिद्ध था। रोम कई कीमती पत्थरों (हीरा, नीलम, गोमेद, कार्नेलियन, फिरोजा, सुलेमानी, सार्डोनिक्स आदि) मोती, मोनाखे (उच्च कोटि का) तथा सगमातोजेने (साधारण कोटि का) नाम सूती वस्त्र, मलमल, नील, हाथी दांत, चंदन, पशु-छाल, लोहा तथा स्टील आदि का मध्य एवं दक्षिण भारत से आयात करता था। इन्हें 'क्षेत्रीय व्यापार' माना जा सकता है क्योंकि ये उत्पाद भारत द्वारा सीधे निर्यात किए

जाते थे। भारत पारगमन (transit) व्यापार में भी संलग्न था। यह व्यापार अधिकतर सिल्क का होता था। पार्थियन आक्रमण ों के कारण स्थल मार्ग से इसका व्यापार बंद होने के बाद यह चीन से भारत के पूर्वी तटों से होता हुआ मालाबार तट तक पहुंचता था जहां से यह पश्चिम भेजा जाता था।

इसके बदले में रोम भारत को सोने तथा चांदी के सिक्के काफी बड़ी संख्या में भेजता था। एम.ई.एम. व्हीलर ने पचास के दशक में बताया कि भारतीय उप-महाद्वीप से प्रथम शताब्दी के रोमन सिक्कों के 68 जखीरे प्राप्त हुए हैं और इनमें कम-से-कम 57 विंध्य के दक्षिण से प्राप्त हुए हैं और इनमें से अधिकतर प्रायद्वीपीय भारत से प्राप्त हुए हैं। यह वयस्क प्लिनी (77 ई.) के विलाप को सही साबित करते हैं जब उसने कहा था कि भारत तथा पूर्व के अन्य देश प्रतिवर्ष 550 मिलियन सेस्टेर्सेस (रोमन स्वर्ण मुद्रा) का रोम से दोहन कर रहे हैं। यह उलाहना बढ़ा-चढ़ाकर दिया जा रहा होगा लेकिन इसे गलत साबित नहीं किया जा सकता क्योंकि रोम को पूरब से किए जाने वाले सिल्क, बर्तन तथा अन्य सामग्रियों के व्यापार को प्रतिबंधित करना पड़ा था। प्रथम शताब्दी में कुषाण शासक विम कैडफिशेज द्वारा बड़े पैमाने पर स्वर्ण मुद्राएं जारी किए जाने से लगता है कि रोम के साथ व्यापार में व्यापार का संतुलन भारत के पक्ष में था। रोम भारत को मदिरा वाला दोहत्था कलश (इटली, लाओडिसिया तथा अरब की शराब) तथा चमकीले-लाल अरेंटाइन मृद्भांड का भी निर्यात करता था, जो हाल के उत्खनन में अरिकमेडु से प्राप्त हुए हैं। इसके अतिरिक्त रोम भारत को तांबा, टिन तथा सीसा जैसी धातु; मैनसिल तथा सुरमा जैसे खनिज; पुखराज, मूंगा तथा पन्ना जैसे अर्द्ध-कीमती पत्थर, शिला रस, सिंजी तथा लोबान जैसे पौधों के उत्पाद, कई प्रकार के वस्त्र, काँच एवं चांदी के कीमती बर्तनों का निर्यात करता था।

पश्चिमी भारत के अभिलेखों (दूसरी शताब्दी) में विदेशी इत्र विक्रेताओं (यवनगंधिक) का उल्लेख है तथा संभवतः पश्चिम भारत के बंदरगाह वाले नगरों में उनके अपने मकान थे। अरिकमेडु-वीरपतिनम से प्राप्त इटली के विवे जैसे प्रसिद्ध मृद्भांड निर्माताओं के एरेंटाइन बर्तनों से साबित होता है कि कम-से-कम 30 ई. से यह एक संपन्न दक्षिण भारतीय बस्ती थी। इसी स्थान से उत्सनन में एक रोमन व्यापार केंद्र के अवशेष प्राप्त हुए हैं जो भारत में अपनी तरह का प्रथम है। भारत के विभिन्न स्थानों से प्राप्त रोम के सिक्कों के आधार पर यह अनुमान लगाया जा सकता है कि यहां इस प्रकार के और केंद्र होंगे। इन्हीं सिक्कों के आधार पर यह भी ज्ञात होता है कि भारत-रोम व्यापार में रोमन सम्राट कार्साला (217 ई.) के काल में पतन हो गया।

दक्षिण-पूर्व एशिया से व्यापार-भारत-रोम व्यापार के पतन के साथ ही भारत के दक्षिण-पूर्व एशिया के देशों के साथ व्यापार में वृद्धि हुई प्रथम शताब्दी में भारतीय या भारतीयकृत राज्यों का उदय स्वर्णभूमि-स्वर्णद्वीप (मलय प्रायद्वीप तथा इंडोनेशियाई द्वीप समूह), कंबोज तथा चंपा (कंबोडिया तथा अन्नाम) में हो रहा था। प्रत्येक देश में भारतीयों की संख्या अत्यधिक थी। भारतीय इन देशों में मुख्यतः व्यापार के लिए गए थे। पुरातत्व के आधार पर ज्ञात होता है कि अरिकमेडु पहले रोम और थाईलैंड तथा बाद में चंपा और चीन के बीच व्यापार में गोदाम के रूप में प्रयुक्त होता था।

दक्षिण-पूर्व एशिया के साथ व्यापार में भारतीयों की मुख्य भूमिका होती थी। पश्चिम के साथ व्यापार में उनकी अरब तथा रोमन व्यापारियों के साथ प्रतियोगिता रहती थी, परंतु पूर्व में वे स्वतंत्र थे। प्रथम शताब्दी के उत्तरार्द्ध में, पाश्चात्य स्रोतों में, चोल बंदरगाहों से क्राइसे (भारतीय स्वर्णभूमि के समतुल्य) जाने वाले जहाजों का उल्लेख है। ये जहाज संभवतः यज्ञश्री शातकर्णी के सिक्कों पर दिखाए गए जहाजों जैसे होंगे जिनमें दो मस्तूल लगे हुए थे। ये सिक्के मुख्यतः मद्रास तथा कुडुलुर के बीच कोरोमंडल तट से प्राप्त हुए हैं।

भारत के पूर्वी तट से दक्षिण-पूर्व एशियाई देशों के बीच एक नियमित समुद्री मार्ग का प्रयोग होता था। *जातक वृहत्कथामंजरी* तथा *कथा सरित्सागर* की कहानियों में भारतीय व्यापारियों की स्वर्णभूमि-स्वर्णद्वीप में साहसिक समुद्री यात्राओं का उल्लेख मिलता है।

चीनी लेखकों के अनुसार तीसरी शताब्दी में भी भारतीय व्यापारी मलय प्रायद्वीप तथा कंबोडिया की साहसिक समुद्री यात्रा करते थे। भारतीय तथा उसके बाद अरब एवं यूनानी, स्रोतों से ज्ञात होता है कि सोने की तलाश में भारतीय व्यापारी दक्षिण-पूर्व एशियाई देशों की साहसिक समुद्री यात्राओं का जोखिम उठाते थे।

चीन के साथ व्यापार-चीन के साथ भारत का सीधा संपर्क संभवतः प्राचीन हान वंश के काल में हुआ था जिसके इतिहास में ह्वांग-चे (संभवतः दक्षिण भारत में कांचीपुरम) की समुद्री यात्रा का उल्लेख है। मैसूर से प्राप्त एक चीनी सिक्का (इस पर 138 ई.पू. की तारीख है, जो कि अनिश्चित लगती है) चीन तथा भारत के बीच समुद्री व्यापार का एक प्रमाण हो सकता है। चीनी राजदूत कांग ताई (250 ई.) द्वारा

चीनी सम्राट को प्रस्तुत की गई रिपोर्ट तथा ईसाई काल के प्रारंभ से चीनी बौद्ध प्रचारकों की यात्रा इसी निष्कर्ष की ओर इंगित करते हैं। भारत तथा चीन के बीच स्थलमार्गीय व्यापार भी समृद्ध रहा होगा तथा मध्य एशिया में सर रेल स्टीन द्वारा खोजे गए बौद्ध विहार व्यवसायियों के रात्रि विश्राम के लिए कारवां-सराय का भी कार्य करते थे।

प्रथम शताब्दी में निम्न गंगा के रास्ते कच्चा चीनी सिल्क, सिल्क के धागों तथा वस्त्रों का नियमित स्थलमार्गीय व्यापार होता था। इन वस्तुओं के व्यापक व्यापार के कारण निम्न गंगा क्षेत्र में स्वर्ण मुद्राएं जारी की गईं। *पेरिप्लस* के अनाम लेखक को भी प्रथम शताब्दी के अंत में चीन के समुद्री मार्ग की जानकारी थी, हालांकि वह स्पष्ट नहीं थी। द्वितीय शताब्दी से हमें भारतीयों तथा भारतीय तटों से अन्य लोगों की चीन की समुद्री यात्राओं की स्पष्ट जानकारी प्राप्त होती है।

आतंरिक व्यापार

आंतरिक व्यापार के लिए कुछ पुरातात्विक प्रमाण उपलब्ध हैं। अयोध्या से दाँतेदार मृद्भांड (रोम के खास मृद्भांड, जो विंध्यपार क्षेत्रों में अधिक पाए गए हैं) के टुकड़े प्राप्त हुए हैं, जिनका काल प्रथम-द्वितीय शताब्दी है। यह उत्तर भारत में इस संपर्क का सर्वाधिक महत्वपूर्ण प्रमाण है तथा यह यहां ताम्रलिप्ति से गंगा और सरयू नदियों के रास्ते पहुंचा होगा। इसी प्रकार खरोष्ठी अभिलेख युक्त लाल पॉलिश वाले मृद्भांड (जो पश्चिम भारत तथा कुषाणों के खास मृद्भांड थे) के टुकड़े, जिनका काल प्रथम-द्वितीय शताब्दी है, कुर्नूल जिले के सतनीकोट से प्राप्त हुए हैं, जो आंध्र प्रदेश तथा उत्तरी भारत के बीच व्यापार की ओर संकेत करते हैं। कई सातवाहन स्थलों से लाल पॉलिश वाले मृद्भांड प्राप्त हुए हैं, जो स्थानीय व्यापार की ओर संकेत करते हैं, परंतु इन्हें उत्तर भारत भेजा जाता होगा। काँच की चीजों तथा अर्द्ध-कीमती मनकों के व्यापार के कई उदाहरण हैं। मथुरा तथा गांधार के बीच व्यापारिक संपर्क के स्पष्ट प्रमाण हैं। मथुरा की एक देवी की मूर्ति गांधार की नीली स्तरित चट्टान की बनी है तथा इसका शॉल यूनानी-बौद्ध पद्धति से बनी है।

पश्चिमी तट के विकास का मुख्य कारण नारियल था। यह नारियल, जो कि आज की तटीय अर्थव्यवस्था का मुख्य आधार है, संभवतः मलेशिया से लाया गया था। पूर्वी तट पर इसका प्रसार प्रथम शताब्दी ई.पू. के मध्य हो रहा था तथा यह पश्चिमी तट पर लगभग एक शताब्दी के बाद पहुंचा। शक उषवदाता, जो दिनिक का पुत्र तथा तत्कालीन शासक नहपण का दामाद था, ने 120 ई. में हजारों-हजार नारियल पेड़ों के बागान ब्राह्मणों को देना प्रारंभ कर दिया। उषवदाता बौद्धों के प्रति भी उदार था।

इंडो-ग्रीक, शक तथा कुषाणों जैसे विदेशी वंशों के काल में भारत में कई व्यापार केंद्रों का विकास हुआ। इंडो-ग्रीक शासक मिनेंडर ने सगला (सकला) के व्यवसायी गृहों को संरक्षण प्रदान किया जहां विभिन्न स्थानों के व्यवसायी एकत्रित होते थे। इसी प्रकार शकों के क्षेत्र में कपिसा, तक्षशिला, पुष्कलावती तथा मथुरा में व्यापार केंद्र थे। कुषाणों के काल में भारतीय व्यापार की काफी उन्नति हुई तथा कुषाण व्यापारियों ने विभिन्न क्षेत्रों तथा विदेशों के साथ व्यापारिक संपर्क स्थापित किया। प्रारंभिक शताब्दियों में विदिशा, उज्जैन, भारूकच्छ, सुपारक, प्रभास, दासपुर तथा नासिक के व्यापारिक केंद्र पश्चिमी क्षत्रपों के अधीन थे।

व्यापार मार्ग

आंतरिक व्यापार मार्ग-गुप्त काल से पहले सर्वाधिक महत्वपूर्ण आतरिक व्यापार मार्ग को 'उत्तरापथ' का नाम दिया गया है जो मथुरा से तक्षशिला के बीच था तथा इसके बीच में कई महत्वपूर्ण व्यापारिक केंद्र थे। इस मुख्य मार्ग के कई सहायक मार्ग थे, जैसे कि वाराणसी से मथुरा, वाराणसी से वैशाली, साकेत से श्रावस्ती, कपिलवस्तु से राजगीर, वैशाली से पाटलिपुत्र होते हुए राजगीर तथा चंपा से ताम्रलिप्ति।

उत्तर तथा दक्षिण भारत के बीच विंध्य के आर-पार अवंती होते हुए जो मार्ग जाता था उसे 'दक्षिणापथ' कहा गया है। यह महिष्मति से अमरावती के बीच था। उत्तरापथ की तरह इसके भी कई सहायक पथ थे, जैसे कि प्रतिष्ठान (पैठान) से नासिक, भारूकच्छ से सुपारक तथा कल्याण तथा मुजिरिस से कावेरीपट्टिनम या पूमुहार।

बाह्य व्यापारिक मार्ग-पश्चिम (सेल्युसिड साम्राज्य, मिस्र तथा बाद में रोमन साम्राज्य) के साथ भारतीय व्यापार 45 ई. तक मुख्यतः तीन स्थल मार्गों द्वारा होता था। पहला सबसे उत्तर में था, जो काबुल नदी के समांतर अफगानिस्तान की संकरी पहाड़ियों से निकलता था। दूसरा मार्ग अफगान पहाड़ियों की समाप्ति से 500 मील दक्षिण पश्चिम था। यहां से कांधार से हेरात तक 400 मील का पठारी मार्ग था तथा दूसरा मार्ग कांधार के दक्षिण-पश्चिम से बोलन दर्रा होते हुए निम्न सिंधु घाटी तक जाता था। तीसरा मार्ग मकरान के रेगिस्तान अथवा बलूचिस्तान के तट से होकर था लेकिन

45 ई. के बाद यह व्यापार अधिकांशतः मानसून मार्ग द्वारा अरब सागर से होता था। मानसून की खोज के पहले भी भारत तथा पश्चिम के बीच समुद्री मार्ग थे, हालांकि इनका नियमित प्रयोग नहीं होता था। उदाहरण के लिए भारत लाल सागर मार्ग से मिस्र के संपर्क में था तथा फारस के खाड़ी मार्ग द्वारा सेल्युसिड साम्राज्य के संपर्क में था। इन दोनों मार्गों पर शक्तिशाली अरब कबीलों का अधिकार था। इसके अलावा, स्ट्रैबो भारतीयों द्वारा लाल सागर मार्ग के रास्ते पश्चिमी व्यापार का रोचक विवरण प्रस्तुत करता है।

दक्षिण-पूर्व एशिया के साथ भारतीय व्यापार सिर्फ समुद्री मार्ग द्वारा होता था। दूसरी शताब्दी में पूर्वी भारतीय तट से विपरीत तट के लिए एक नियमित समुद्री मार्ग का प्रयोग होता था। टॉलेमी के अनुसार आंध्र तट से मलाया बर्मा के तट के सादा तथा तमाले होते हुए जहाज गुजरते थे। अन्य समुद्री मार्ग निम्न गंगा क्षेत्र से मलय प्रायद्वीप तथा इंडोनेशियाई द्वीप समूह को जाता था। भारूकच्छ से सीधे समुद्री यात्रा भी होती थी। पश्चिमी भारत तट के इस बंदरगाह से स्वर्णभूमि-स्वर्णद्वीप जाने वाले व्यापारी बीच में श्रीलंका में रुकते होंगे।

भारत-चीनी व्यापार समुद्री तथा स्थल मार्ग, दोनों से होता था। प्रारंभिक शताब्दियों में उत्तर-पश्चिमी भारत चीन द्वारा कई स्थल मार्गों से जुड़ा हुआ था। उत्तर-पश्चिम सीमांत से प्रारंभ होकर यह सड़क कपिसा तथा बामियान होते हुए बैक्ट्रिया तक जाती थी जहां यह प्रसिद्ध 'सिल्क मार्ग' से मिलती थी, जो चीन को पश्चिमी देशों से जोड़ती थी। यहां से उत्तरी मार्ग कुचा तथा करशार होते हुए तकलामकान रेगिस्तान से गुजरता था, जबकि दक्षिणी मार्ग रेगिस्तान के दक्षिण खोतन तथा यारकंद होते हुए जाता था। दोनों मार्ग अंततः चीनी सीमा पर तुनहांग के पास मिलते थे। लेकिन एक छोटा परंतु कठिन मार्ग ऊपरी सिंधु क्षेत्र से गिलगिट होते हुए यासीन से काशगार और तब चीन की ओर जाता था। चीन के लिए समुद्री मार्ग का पता प्रथम शताब्दी के उत्तरार्द्ध में चला लेकिन इसका व्यापक इस्तेमाल द्वितीय शताब्दी से ही प्रारंभ हो सका।

व्यापार का संगठन

व्यापार निगमों के प्रकार–व्यापार तथा वाणिज्य को वित्तीय सहायता प्रदान करने की आवश्यकता के कारण व्यापारिक निगमों का उदय हुआ। ये निगम व्यापारिक प्रचलनों तथा रीति-रिवाजों के संरक्षक का कार्य करते थे। ये आधुनिक बैंकों की तरह भी कार्य करते थे तथा लोगों द्वारा जमा की गई राशि पर ब्याज देते थे और लोगों को कर्ज भी प्रदान करते थे।

व्यापारिक निगमों को सामान्यतः श्रेणी अथवा संघ कहा जाता था। लेकिन इनका खास नाम 'निगम' था जबकि 'पुग' एक क्षेत्र के व्यवसायियों, शिल्पकारों तथा अन्य पेशों में लगे लोगों का प्रतिनिधित्व करता था।

इसके अलावा 'सार्थ' निगम थे जो चलनशील निगमों की भांति कारवां व्यापार के लिए थे। 'सार्थ' को निगम का मुख्य सार्थवाह कहा जाता था। 'सार्थ' निगमों को उनकी प्रकृति के आधार पर कई श्रेणियों में बांटा जा सकता है, जैसे-कि व्यापारियों द्वारा व्यक्तिगत रूप से संगठित, अनुबंधिक व्यापारी जो अपने द्वारा लगाई गई पूंजी पर एक हिस्सा प्राप्त करते थे, तथा कारवां व्यापारी जो अपने निवेश से हिस्सा प्राप्त करते थे।

निगमों का संचालन-गुप्त काल से पूर्व व्यापार तथा वाणिज्य के संचालन में निगम महत्वपूर्ण भूमिका निभाते थे। गौतम (राजनैतिक व्यवस्था के प्राचीनतम लेखकों में से एक) का कहना है कि अन्य वर्गों के अलावा व्यापारियों को अपने वर्ग के लिए नियम बनाने के अधिकार प्राप्त थे। समकालीन प्रमाणों से ज्ञात होता है कि पेशे साधारणतः वंशानुगत तथा स्थानीय होते थे। उदाहरण के लिए जातकों में 18 प्रकार के निगमों का उल्लेख है। इनमें कई ग्रामीण तथा शहरी उद्योगों का भी उल्लेख है जिसके अपने-अपने निगम थे तथा प्रत्येक निगम का एक प्रमुख अथवा जेठ उसका अध्यक्ष होता था। इन्हीं में से एक न्यायाधीश होता थ जो इनके आपस के विवादों का निपटारा करता था। *जातक* से ही ज्ञात होता है कि व्यापार मार्गों पर कारवां व्यापारी सार्थवाह की आज्ञा का पालन करते थे।

स्मृतियों के अनुसार निगमों की एक उच्च कार्यकारी समिति होती थी, जिन्हें अध्यक्ष अथवा मुख्य कहा जाता था। इनकी सहायता के लिए दो, तीन अथवा पांच व्यक्तियों की समितियां थीं जिन्हें समुकहितवादिन (जन-कल्याण सलाहकार) अथवा कार्य-चिंतक (जन-व्यवसाय सलाहकार) कहा जाता था। बृहस्पति (हालांकि इसका काल चौथी शताब्दी का है पर इसकी टिप्पणी गुप्त काल से पूर्व के लिए भी वैध है) के अनुसार अध्यक्ष गलत कार्य करने वालों को कई प्रकार से सजा दे सकते थे तथा उनके निर्णयों को राजा को भी स्वीकार करना पड़ता था। नारद (चौथी

शताब्दी) के अनुसार सलाहकारों के विचारों का निगम प्रमुखों द्वारा सम्मान किया जाता था तथा दोनों के बीच मतभेद होने पर इसका निर्णय राजा द्वारा किया जा सकता था। नारद तथा बृहस्पति विभिन्न अनुबंधों का उल्लेख करते हैं जिन्हें 'संवितपत्र' कहा जाता था। अन्य प्रमुख स्मृतिकार, कात्यायन, इन्हें 'स्थितिपत्र' कहता है तथा इन्हें निगमों द्वारा अपने प्रयोग अक्षत रखने का अनुबंध बताता है। ये अनुबंध, अगर राजा के हितों के विरुद्ध न हों तो, राजा द्वारा लागू किए जाते थे, या जनता द्वारा अस्वीकार किए जाते थे, या जन-कल्याण के लिए थे। निगमों के सदस्यों को इन अनुबंधों का अनुपालन करने के लिए तब बाध्य होना पड़ता था जब इससे राजा के हित का कोई नुकसान नहीं हो रहा हो। अनुबंधों के पालन करने के योग्य होने पर भी अगर कोई व्यक्ति इनका पालन नहीं करता था तो विभिन्न सजाओं के अतिरिक्त उसकी संपत्ति जब्त कर ली जाती थी तथा उस पर प्रतिबंध लगा दिया जाता था।

उपरोक्त स्मृतिकारों ने व्यक्तिगत सदस्यों के अधिकारों तथा कर्तव्यों का भी उल्लेख किया है। निगम के हर प्रकार के आय तथा बचत में प्रत्येक सदस्य का हिस्सा बराबर होता था। इसी प्रकार इसे राजा के प्रति दायित्व तथा आम ऋण में भी बराबर का सहयोग देना पड़ता था। सदस्यों को गठजोड़ करने, गैर-कानूनी शस्त्र रखने तथा आपस में संघर्ष करने पर प्रतिबंध था। आम हितों को नुकसान पहुंचाने अथवा वेद ज्ञानियों के साथ दुर्व्यवहार करने वाले सदस्य पर प्रतिबंध लगा दिया जाता था।

6.11 माप-तौल

विषय तथा प्रकृति

'तुलुमान' अथवा 'माप' एक प्रकार की दार्शनिक श्रेणी है, जिसके अधीन मात्रा, वजन, संख्या (राशि) आकार तथा वजन आते हैं। यह कुल संख्या तथा आकार से संबंधित है।

अर्थशास्त्र तथा पणिनी के अध्ययन से ज्ञात होता है कि प्राचीन भरत में कुछ राज्यों में एक समान माप-तौल की पद्धति के प्रयोग के लिए समय-समय पर प्रयास किए जाते थे।

वस्तुओं को तुला अथवा तराजू में बीज, जौ के दाने, दसरसफल, कौड़ी आदि रखकर तौला जाता था तथा माप की एक प्रणाली (प्रायः काल्पनिक) विकसित की जाती थी। अधिकतर तौलों के नाम संबंधित बीजों आदि के नाम पर होते थे। सिक्कों से भी तौला जाता था। एक खास वजन के लिए खास संख्या में सिक्के प्रयुक्त होते थे, जिनके अपने नाम होते थे। तरल तथा अन्य पदार्थों की माप अंजुली, बर्तन, चाल तथा टोकरी आदि से की जाती थी तथा ये प्रायः तौल के बराबर होते थे। क्षमता की माप क्षेत्रफल की माप से भी संबंधित थी जैसे कि द्रोण, 'बाल्टी भर' आदि शुष्क तथा तरल क्षमता के माप थे। 'बाल्टी भर' के द्वारा उस क्षेत्र की माप भी होती थी जिसकी बुआई एक बाल्टी अनाज से हो सके।

रैखिक माप में भी इसी तरह का लचीलापन था। परिणाम यह हुआ कि एक विशेष माप-तौल की पद्धति एक विशेष काल में एक विशेष क्षेत्र में ही वैध रही। पांचवीं शताब्दी के उज्जैन की काकिनी अथवा किश्कु पाटलिपुत्र के काकिनी अथवा किश्कु से अलग थी। निम्नांकित विवरण मुख्य प्रणालियों का एक मोटेतौर पर सर्वेक्षण है।

सैद्धांतिक आधार

सैद्धांतिक रूप में सभी माप-तौल अणु से प्रारंभ होते हैं। दो अणु का ही माप 'द्वयोणुक' तथा तीन अणु का माप 'त्रयाणुक' है। उसके बाद 'परमाणु' है। यह भौतिक माप-तौल की प्रथम इकाई है। कम-से-कम तीस अणु का 'त्रसारेणु' होता है जो देखने में सूर्यकिरण की कणिका जैसा होता है। पांच 'त्रसारेणु' का एक 'रेणु' बनता है, जो धूल के बिंदु के समान होता है। चलते हुए रथ से उड़ने वाले धूल का एक दाना 'रथ- धूलि' कहलाता है जो 8 'त्रसारेणु' के बराबर होता है। जूं के एक अंडे, जिसे 'लिकृत' कहा गया है, का वजन अथवा लंबाई 8 बलाग्र के बराबर होता है। सरसों का बीज अथवा सर्शप, 3 'लिकृत' अथवा 24 'त्रसारेणु' के बराबर होता है। सफेद अथवा 'गौर' सरसों का बीज 3 सर्शप अथवा 72 'त्रसारेणु' तथा यव या जौ 3 गौर के बराबर होता है।

तौल की तरह माप भी अत्यंत अव्यवस्थित है, जो काल तथा क्षेत्र के अनुसार बदलते रहे हैं। मनुष्य (मूर्ति बनाने के लिए), घर (निर्माण के लिए) आदि के माप के विशेष माप एवं अनुपात पद्धतियों का प्रयोग हुआ है। तौल की तरह माप भी काल्पनिक अणु से प्रारंभ होकर द्वयुवाणुक, परमाणु यव इत्यादि तक जाते हैं तथा क्रमशः एक अणु, दो अणु, जौ के दाने जैसी लंबाई के होते हैं।

तौल

I. ट्रॉय तौल (कीमती पत्थरों तथा धातुओं की माप)

1 पल या निष्क	= 4 कर्ष
1 कर्ष या स्वर्ण	= 16 माशक
1 माशक	= 2 रत्ती (रक्तिका या लाल सरसफल)
1 रत्ती	= 2 गुंजा सरसफल
1 गुंजा*	= 2 यव (जौ के दाने)

* गुंजा आभूषण निर्माताओं की सबसे छोटी इकाई है।

II. एवॉयरहुपोइस तौल (अन्य सभी वस्तुओं की माप)

1 भर	= 20 तुला या 70 किलो
1 तुला	= 100 तोला या 35 किलो
1 पल	= 10 धरना या 35 ग्राम
1 धरना*	= 320 गुंजा या ग्राम

* इस श्रेणी में मौलिक तौल धरना है।

माप

I. क्षमता की माप

1 वाह या गाड़ी	= 10 कुम्भा या भर
1 कुम्भा	= 5 गोनी
1 गोनी या बोरा	= 2 सुरप या कलश
1 सुरपा या टोकरी	= 2 द्रोण
1 द्रोण या बालटी	= 2 कंसा
1 कैसा या जार	= 2 अधक
1 अधक	= 4 प्रस्थ
1 प्रस्थ	= 2 सरव
1 सरव या थाली	= 2 कुव
1 कुडव	= 6 अंजली
1 अंजुली	= 2 पण
1 पण या हाँथभर	= 2 पल
1 पल	= 2 शुक्ति

* शुक्ति कस्तूरे का कवच है, जो लगभग 1 औंस के बराबर है।

II. लंबाई की माप

1 योजन	= 2 गत्युति
1 गव्युति	= 2 क्रॉस या शोरूत
1 क्रॉस	= 20 रज्जु
1 रज्जु	= 10 दंड या धनु
1 दंड	= 4 अरली या हस्त
1 अरली	= 2 वितस्ती
1 वितस्ती	= 3 धनुग्रह
1 धनुग्रह	= 4 अंगुल
1 अंगुल*	= 8 यव
1 यव	= 8 युक
1 युक	= 8 लिक्ष
1 लिक्ष	= 8 धूलि
1 धूलि	= 8 अणु

* अंगुल, जो कि एक इंच का लगभग तीन-चौथाई है, रैखिक माप की मौलिक इकाई है।

6.12 मुद्रा

स्वर्ण एवं रजत मुद्राएं

बताया जाता है कि प्रायद्वीपीय भारत के भारतीय स्वर्ण और रजत मुद्राओं का प्रयोग नहीं जानते थे तथा आयातित सिक्कों का प्रयोग अधिकतर सोने-चांदी के रूप में होता था। लेकिन सातवाहनों द्वारा रजत मुद्राओं के प्रयोग के प्रमाण हैं तथा अभिलेखीय प्रमाण के अनुसार रजत 'पण' का प्रयोग किया जाता था। अत: रोमन स्वर्ण सिक्कों का प्रयोग सोने के रूप में होने के साथ-साथ बड़े-बड़े लेन-देन में भी होता होगा।

इंडो-ग्रीक शासकों ने उत्तर-पश्चिम में कुछ सोने के सिक्के जारी किए लेकिन इन्हें बड़ी संख्या में जारी किए जाने का श्रेय कुषाणों को जाता है। यह मत सही नहीं प्रतीत होता कि सभी कुषाण स्वर्ण मुद्रा रोमन स्वर्ण मुद्रा को पिघला कर तैयार हुए थे। पांचवीं शताब्दी ई.पू. में ही भारतीय क्षत्रप फारसी साम्राज्य को 320 तोड़ा सोना प्रतिवर्ष देता था। इस धातु का स्रोत सिंध की वह खान रही होगी, जिसका उल्लेख सिकंदर के काल में हुआ है। यह क्षेत्र और संभवत: दालभूम की खान कुषाणों के अधीन थी जिन्होंने मुद्रा निर्माण की कला मौर्यों से सीखी थी। लेकिन रोम से संपर्क के कारण उन्होंने 'दीनार' स्वर्ण मुद्राएं जारी कीं, जिनकी संख्या गुप्त काल में काफी बढ़ गईं।

सीसा एवं तांबे के सिक्के

दैनिक व्यवहार में लोग रजत तथा स्वर्ण मुद्राओं का प्रयोग नहीं करते थे। पातंजलि मजदूरों (कर्मकार) को निष्क में

भुगतान करने का उल्लेख करता है, लेकिन ये स्वर्ण मुद्राएं नहीं थीं। इस संदर्भ में सातवाहनों द्वारा सीसा अथवा पोटीन (तांबा, जस्ता, सीसा तथा टीन का मिश्रित धातु) के सिक्कों का जारी किया जाना महत्वपूर्ण है। इससे ज्ञात होता है कि दक्कन तथा तटीय क्षेत्रों में मुद्रा अर्थव्यवस्था स्थापित हो चुकी थी।

इसी प्रकार का निष्कर्ष उत्तर तथा उत्तर-पश्चिमी भारत के संदर्भ में निकाला जा सकता है जहां कुषाणों ने सर्वाधिक तांबे के सिक्के जारी किए। तांबे के सिक्के नाग शासकों, खासकर गणपति नाग द्वारा बड़ी मात्रा में जारी किए गए। यौधेय, कौशांबी, मथुरा, अवंती तथा अहिच्छत्र के मित्र शासक तथा अन्य देशी वंशों ने भी तांबे के सिक्के जारी किए। विभिन्न राजा, कबीले तथा महत्वपूर्ण नगर एक से बढ़कर एक मुद्राएं जारी कर रहे थे, जो अधिकतर कांसे की थीं।

इससे ज्ञात होता है कि अन्य किसी काल में कस्बाई तथा नगरीय जीवन में मुद्रा अर्थव्यवस्था का प्रवेश उतना नहीं था जितना इस काल में हुआ था। इसके साथ-साथ कला एवं शिल्प तथा भारत के साथ रोम के व्यापार का विकास भी हो रहा था।

सूदखोरी

गुप्तकाल से पूर्व का स्मृति साहित्य ऋण, ब्याज-दर, आय तथा अन्य विकसित मुद्रा अर्थव्यवस्था संबंधी विषयों का उल्लेख करता है। ऋण शपथ के द्वारा प्राप्त या अप्राप्त किया जाता था तथा इसे नकद या अन्य रूप में दिया जाता था। ऋण लेने वाले अधिकतर समुद्री मार्ग अथवा वन मार्ग से गुजरने वाले व्यापारी होते थे।

ब्याज-दर से संबंधित कानून का रोचक विकास हुआ है। उदाहरण के लिए मनु सामान्य परिस्थितियों में 2 प्रतिशत लेकिन ब्राह्मण, क्षत्रिय, वैश्य तथा शूद्र ऋण प्राप्तकर्ताओं के लिए क्रमशः 2, 3, 4 तथा 5 प्रतिशत ब्याज-दर की अनुमति प्रदान करता है। अन्य महत्वपूर्ण स्मृतिकार, याज्ञवल्क्य मनु द्वारा बताए गए ब्याज-दर को दुहराता है तथा शपथ पत्र द्वारा ऋण लेकर अनियमितता बरतने पर 11 प्रतिशत ब्याज लेने की सलाह देता है। ब्याज की वैध दर 24 प्रतिशत प्रतिवर्ष तक हो सकती थी। कुछ खास जोखिम के संदर्भ में याज्ञवल्क्य और ज्यादा ब्याज लेने की अनुमति प्रदान करता है। उदाहरण के लिए वन मार्ग से व्यवसाय करने वालों से 10 प्रतिशत तथा समुद्री मार्ग से व्यवसाय करने वालों से 20 प्रतिशत प्रतिमाह की दर से ब्याज लिया जाना चाहिए। इनसे ज्ञात होता है कि मांग की अपेक्षा पूंजी की कमी थी। लेकिन इस काल में व्यावसायिक उद्देश्यों से लिए गए ऋण पर ब्याज-दर 15 प्रतिशत प्रतिवर्ष थी।

सूदखोरी के विरुद्ध बनाए गए नियमों से भी पूंजी की कमी का पता चलता है। गौतम, विष्णु तथा मनु का मानना है कि ब्याज कभी भी मूलधन से अधिक नहीं होना चाहिए। लेकिन उन्होंने कुछ खास वस्तुओं पर खास दरों से अधिकतम ब्याज लेने का प्रावधान किया। मनु के अनुसार अनाज, फल, ऊन तथा बोझ ढोने वाले पशुओं के संदर्भ में कुल रकम पूंजी का पांच गुना हो सकती थी जबकि याज्ञवल्क्य के अनुसार सोना, अनाज, वस्त्र तथा तरल पदार्थों के संदर्भ में यह रकम क्रमशः दो गुनी चार गुनी तथा आठ गुनी हो सकती थी।

लेकिन, दुर्भाग्यवश स्मृति द्वारा प्रदत्त ब्याज-दर के नियमों की पुष्टि अभिलेखों से नहीं हुई है। इसके बदले शक उषवदाता के एक अभिलेख से ज्ञात होता है कि गोवर्धन के दो बुनकर निगमों को सिर्फ 1 प्रतिशत तथा 3/4 प्रतिशत प्रतिमाह (12 प्रतिशत तथा 9 प्रतिशत प्रतिवर्ष) की दर से ब्याज देना था।

नगरवाद का विकास

द्वितीयक नगर केन्द्रों का निर्माण—मौर्योत्तर काल को नगर विकास के इतिहास की दृष्टि से भी उल्लेखनीय माना जाता है। हम पहले ही जान चुके हैं कि भारतीय इतिहास द्वितीय नगरीकरण की प्रक्रिया ईसा पूर्व छठी शताब्दी के लगभग गंगा घाटी में जारी थी। यदि ये प्राथमिक नगर केन्द्रों के निर्माण का उदाहरण या तो मौर्य साम्राज्य के विस्तार ने भी उत्तरी भारत दक्कन एवं दक्षिण भारत में नगरीयता के फैलाव को प्रोत्साहित किया होगा। इसे दक्कन व दक्षिण भारत में द्वितीयक राज्य के उदय के साथ-साथ होने वाले द्वितीयक नगर केन्द्रों के निर्माण के रूप में देखा जाता है जिसका अधिकेन्द्र नगर व राज्य निर्माण के गंगा घाटी प्रतिरूपों में था।

साहित्यिक व पुरातात्विक प्रमाणों का संयोजन

शहरी केन्द्रों के अध्ययन हेतु पुरातात्विक सामग्री के महत्व को शायद ही अतिरंजित किया जा सकता है। अनेक शहर जो ईसा पूर्व छठी शताब्दी के आस-पास अस्तित्व में आये थे, विकसित होते रहे और अपनी समृद्ध चरण में पहुँचे। तक्षशिला, चारसद्दा, उज्जयिनी, मथुरा, श्रावस्ती, खैरा, डींह, कौशाम्बी, वाराणसी, पाटलिपुत्र, चम्पा इत्यादि के सम्बन्ध

में यह देखा गया है। बंगाल में नगरीकरण की शुरूआत मौर्यकाल से हुई और उत्तर मौर्यकाल तक यह जारी रही जिसके प्रमाण महास्थान, बानगढ़, मंगल-कोट, चन्द्रकेतु-गढ़, एवं ताम्रलिप्ति जैसे शहरी केन्द्रों के अवशेषों से मिलते हैं। शिशुपालगढ़ अपने प्रभावशाली प्रवेश द्वारा द्वारा दर्शाता है कि पूर्व ऐतिहासिक ओडिशा ने मौर्य एवं मौर्यात्तर काल के दौरान नगरवाद का विस्तार हुआ। उत्तर मौर्य काल के दौरान पूर्वी दक्कन के तटीय क्षेत्रों में शहरी केन्द्रों का तेजी से विस्तार अति महत्वपूर्ण है, जिसकी पुष्टि उत्खनन एवं खोजे गये अवशेषों से भी होती है।

संगम ग्रन्थों में कई शहरी केन्द्रों का उल्लेख है किन्तु साहित्यिक प्रमाण पुरातात्विक सामग्री से बहुत ही कम मेल खाते हैं फिर भी हाल ही में तमिलनाडु में कई तटीय स्थलों ने पुरातत्वविदों का ध्यान आकृष्ट किया है और तमिलनाडु में तटीय नगरों के तीव्र विकास का संकेत दिया है। दक्कन के आन्तरिक भागों में पौनी, नासिक, पैठन, नैवासा, तेर, कोल्हापुर, सतनीकोटा एवं सन्नाथी जैसे कई स्थलों के उत्खननों से शहरी केन्द्रों व राज्य समाज के उदय के स्पष्ट संकेत मिलते हैं जो पूर्ववर्ती महापाषाणकालीन संस्कृतियों का स्थान ले रहे थे।

संक्षेप में, शहरी केन्द्रों को मौर्योत्तर काल की भौतिक संस्कृति में एकता के कारक के रूप में देखा जा सकता है।

सामाजिक एवं सांस्कृतिक जीवन पर व्यापार का प्रभाव–मानव शास्त्रीय प्रतिदर्शों से प्रेरित कुछ इतिहासकारों ने पूर्व ऐतिहासिक भारत में विलासितापूर्ण वस्तुओं के व्यापार तथा राज्यों व द्वितीयक शहरी केन्द्रों के निर्माण के बीच एक आपसी सम्बन्ध का तर्क दिया है ऐसा विशेषत: दक्षिण भारत के सम्बन्ध में माना गया जहाँ दूरी के व्यापार तथा पश्चिम में भारतीय विलासी वस्तुओं की माँग ने शहरी समाज एवं शक्तिशाली सरदारों के उदय का मार्ग प्रशस्त किया जिन्हें दक्षिण भारतीय सामाजिक एवं सांस्कृतिक इतिहास में प्रमुख बदलाव का प्रदर्शक माना जाता है। उक्त दृष्टिकोण अन्य विद्वानों द्वारा संदेहजनक माना जाता हैं व्यापार के तटीय केन्द्रों के विकास हेतु प्रमुखत: बाहरी प्रोत्साहन को उत्तरदायी माना जाता है किन्तु वास्तव में इसके प्रभाव अल्पकालिक थे और ये दूरगामी परिणामों हेतु प्रमुख परिवर्तनों को जन्म नहीं दे सके।

मथुरा एवं उसके निकट सौंख के उत्खनन से ज्ञात होता है कि मथुरा के शहरी समाज की समृद्धि का कारण उसके उत्तर भारतीय व्यापार तन्त्र में एक संगम बिंदु के रूप में उपस्थित होना था। मथुरा के पास कोई समृद्ध कृषि पश्च: प्रदेश नहीं था और वह केवल व्यापार की एक वस्तु (कपड़ा) उत्पादित करता था। उत्तर-पश्चिम, पूर्व में गंगा घाटी दक्षिण में मालवा पठार एवं दक्षिण पश्चिम में गुजरात तट के साथ इसके संचार सम्पर्क वास्तव में इसकी समृद्धि के सूत्र थे। फिर भी सामान्य रूप में पूर्व ऐतिहासिक काल में शहरी केन्द्रों के विकास एवं विस्तार का प्रमुख उत्प्रेरक उपमहाद्वीप के विभिन्न क्षेत्रों में राजनीतिक शक्तियों के संघटन एवं स्थायी कृषि दशाओं में निहित था। यह विशेषत: पूर्वी दक्कन में शहरी केन्द्रों के अध्ययन द्वारा दर्शाया गया है। जहाँ समृद्ध कृषि आधार एवं तीव्र व्यापार (स्थल, नदी एवं समुद्री मार्ग द्वारा) का पृष्ठ समर्थन मौजूद था।

शहरीकरण

प्रारंभिक तीन शताब्दियों में शहरीकरण उत्कर्ष पर था। इस काल में कला, शिल्प तथा व्यापार के कई केंद्र देखने को मिलते हैं। इस काल के उत्सनित लगभग सभी कुषाण तथा सातवाहन स्थलों से अच्छे ढांचे प्राप्त हुए हैं। मथुरा तथा गनवरिया (उत्तर-पूर्वी उत्तर प्रदेश के बस्ती जिले में) में तल का निर्माण चूना मिश्रित ईंट की कंक्रीट से हुआ है। यह सुर्खी के प्रयोग का संकेतक है, जिसके कारण भवनों को मजबूती प्राप्त हुई इसके अलावा कुषाण तथा सातवाहन क्षेत्रों में छत के लिए पक्की टाइलों का प्रयोग देखने को मिलता है। इन दो कारणों से प्रारंभिक शताब्दी के भवनों को मजबूती तथा लंबी उम्र प्राप्त हुई

6.13 कला के केन्द्र

I. गांधार शैली

काल, स्थान एवं संरक्षक–यह शैली गांधार क्षेत्र (उत्तर-पश्चिमी भारत) में प्रथम शताब्दी ईसा पूर्व के मध्य से पांचवीं शताब्दी के बीच फली-फूली, अत: इसे 'गांधार शैली' कहा जाता है। इसकी उत्पत्ति इंडो-ग्रीक शासकों द्वारा हुई, पर इस शैली के मुख्य संरक्षक शक तथा कुषाण (खासकर कनिष्क) थे। महायान बौद्ध धर्म से इसके निकट संबंधों के कारण इसे 'यूनानी-बौद्ध शैली' भी कहा जाता है।

गांधार मूर्तिकला-गांधार मूर्ति कला के नमूने काफी बड़ी संख्या में तक्षशिला तथा अफगानिस्तान के विभिन्न प्राचीन स्थानों तथा उत्तर-पश्चिमी भारत के अवशेषों में प्राप्त हुए हैं। ये काले पत्थर के बने हैं। गांधार शैली की मुख्य विशेषताएं निम्नलिखित है–

1. इस शैली में मानव शरीर का वास्तविक चित्रण हुआ है। इसमें शारीरिक विवरणों की शुद्धता पर अधिक ध्यान दिया गया है। यह ध्यान खासकर मांसपेशियों, मूंछों, घुंघराले बालों आदि पर अधिक है।
2. बड़ी और मोटी तह वाले वस्त्रों का चित्रण।
3. अलंकरण तथा जटिल संकेतवाद।

गांधार स्थापत्य कला मुख्यतः विहारों तथा चैत्यों के निर्माण में अधिक प्रभावशाली है।

बौद्ध विहार—प्रारंभिक शताब्दियों में कई बौद्ध विहारों का निर्माण हुआ। पेशावर तथा रावलपिंडी के आस-पास लगभग 15 विहारों के अवशेष मिले हैं, जबकि अकेले काबुल घाटी में इस प्रकार के लगभग 50 उदाहरण हैं।

बौद्ध रूप—यूनानी, रोमन स्थापत्य कला ने स्तूप निर्माण में सुधार किया। परंपरागत भारतीय स्थापत्य कला में अनुपात एवं चरित्र पर अधिक बल दिया गया था। इसको एक ऊंचे प्लेटफॉर्म पर बनाकर तथा इसके मुख्य ढांचे की ऊंचाई बढ़ाकर स्तूप की ऊंचाई बढ़ाई गईं इसके अलावा स्तूप में प्लास्टिक से अलंकरण किया गया। इससे स्तूप की झलक प्रभावशाली तथा रंगीन हो गईं गांधार शैली महायान बौद्धवाद पर आधारित थी तथा इसका सर्वाधिक महत्वपूर्ण योगदान बुद्ध की मूर्ति का विकास है।

II. मथुरा शैली

काल एवं स्थान—मथुरा (उत्तर प्रदेश) में विकसित कला की शैली को 'मथुरा शैली' कहा गया है। इसकी उत्पत्ति द्वितीय शताब्दी ईसा पूर्व में हुई, लेकिन इसकी वास्तविक प्रगति पहली शताब्दी में प्रारंभ हुईं मथुरा के शिल्पकार मूर्तियों के निर्माण में चित्तीदार लाल पत्थरों का प्रयोग करते थे हालांकि मथुरा शैली की विशेषता प्राचीन भारतीय परंपरा (भरहुत, गया तथा सांची) पर आधारित थी, लेकिन इसने गांधार शैली से कई यूनानी-रोमन गुण उधार लिए।

जैन मूर्तियां—प्रारंभ में संभवतः मथुरा शैली जैन धर्म से प्रभावित थी क्योंकि मथुरा के शिल्पकारों ने पालथी मारे हुए ध्यानमग्न तीर्थंकरों की मूर्तियां बनाई हैं।

बौद्ध मूर्तियां—मथुरा शैली के प्रारंभिक बुद्ध तथा बोधिसत्व मांसल मूर्तियों में चित्रित किए गए हैं, जिनमें अध्यात्मिकता बहुत कम है, लेकिन बाद में इनमें लावण्य तथा धार्मिकता का विकास हुआ। मूर्ति के चेहरे के पीछे एक वृत्त बनाकर अध्यात्मिक शक्ति को बढ़ाने का प्रयास वस्तुतः मथुरा शैली में ही प्रारंभ हुआ। ब्राह्मणवादी मूर्तियां-मथुरा के शिल्पकारों ने ब्राह्मण धर्म की देवताओं के लिए भी मूर्तियां बनाईं प्रसिद्ध देवता शिव तथा विष्णु अकेले तथा कभी-कभी क्रमशः पार्वती एवं लक्ष्मी के साथ निरूपित किए गए। ब्राह्मण धर्म के अन्य देवताओं की मूर्तियां भी पूर्ण आस्था के साथ बनाई गईं।

महिला मूर्तियां—यक्षिणी, नागिनी तथा अप्सराओं की मूर्तियां सर्वाधिक विशिष्ट अवशेष हैं। पूर्ण आभूषित ये मूर्तियां सिंधु सभ्यता की नर्तकी कन्या की याद दिलाती हैं।

राजसी मूर्तियां—कुषाण राजाओं की अधिकतर मूर्तियां मट (मथुरा के निकट) नामक गांव से प्राप्त हुई हैं जहां कुषाण राजाओं का जाड़ों में निवास का महल था। बाद के वंशों के राजाओं ने लगभग सभी मूर्तियों को तोड़ दिया है। इन मूर्तियों में सर्वाधिक महत्वपूर्ण कनिष्क की मूर्ति का दुर्भाग्यवश सिर नहीं है।

III. अमरावती शैली

काल एवं स्थान-कृष्णा एवं गोदावरी की निम्न घाटी में, जो द्वितीय शताब्दी ईसा पूर्व में एक महत्वपूर्ण बौद्ध केंद्र था, कला की एक नई शैली का विकास हुआ, जिसे 'अमरावती शैली' कहा जाता है। इसकी शुरुआत द्वितीय शताब्दी ईसा पूर्व में हुई थी, परवर्ती सातवाहन काल (दूसरी एवं तीसरी शताब्दी) में इसे परिपक्वता प्राप्त हुई तथा चौथी शताब्दी के अंत तक इसका पतन हो गया। इसके मुख्य केंद्र अमरावती, नागार्जुनकोंडा तथा जग्गथ्यापेट थे। इसके शिल्पकार मुख्यतः सफेद पत्थर का प्रयोग करते थे।

बौद्ध मूर्तियां—अमरावती के विशाल स्तूप में बुद्ध के जीवन की घटनाओं का चित्रण चूना-पत्थर में किया गया तथा इसके चारों ओर खड़ी बुद्ध की प्रतिमाएं बनाई गईं

धर्मनिरपेक्ष मूर्तियां—अमरावती के शिल्पकारों ने धार्मिक मूर्तियों की अपेक्षा सुंदर मानवीय मूर्तियों का अधिक निर्माण किया। पुरुषों तथा महिलाओं की ये मूर्तियां न सिर्फ उनके आकार, शारीरिक सुंदरता तथा मानवीय भावनाओं की अभिव्यक्ति के कारण बल्कि उनके गठन के कारण भी इस प्रकार की समकालीन सर्वोत्तम मूर्तियों में से हैं। विभिन्न मनोदशाओं तथा भंगिमाओं की महिला मूर्तियां इस शैली की सर्वोत्तम विशेषता है। पुरुषों, पशुओं तथा पौधों को भी सुरुचिपूर्ण ढंग से बनाया गया है।

महत्व—आसपास की शैलियों पर अमरावती शैली का व्यापक प्रभाव था। इसके उत्पाद श्रीलंका तथा दक्षिण-पूर्व एशियाई देशों में भेजे जाते थे। इस शैली के प्रभाव बाद की दक्षिण भारतीय मूर्ति कला पर भी दृष्टिगोचर होते हैं।

बौद्ध धर्म में मतभेद

बौद्ध संघ

उदार-अरुढ़िवादी		अनुदारवादी-रूढ़िवादी
	राजगृह संगीति (483 ईसा पूर्व)	
वज्जिक	बनाम	गैर- वज्जिक
	वैशाली संगीति (383 ईसा पूर्व)	
महासंघिक	बनाम	थेरवादी (स्थिविरवादी)
	पाटलिपुत्र संगीति (250 ईसा पूर्व)	
महासंघिक	बनाम	सर्वास्तिवादी और अन्य
	कश्मीर संगीति (प्रथम सदी के उत्तरार्द्ध में)	
महायान (विपुल्य सूत्र)	बनाम	हीनियान (त्रिपिटक)

महायान (विपुल्य सूत्र) →

दक्षिणमार्गी	बनाम	वाम मार्गी
दक्षिणाचार	बनाम	वामाचार
(पुरुष पूजा)		(स्त्री पूजा)

(स्त्री पूजा) → वज्रयान (तांत्रिक साहित्य)

ब्राह्मणवादी पंथ

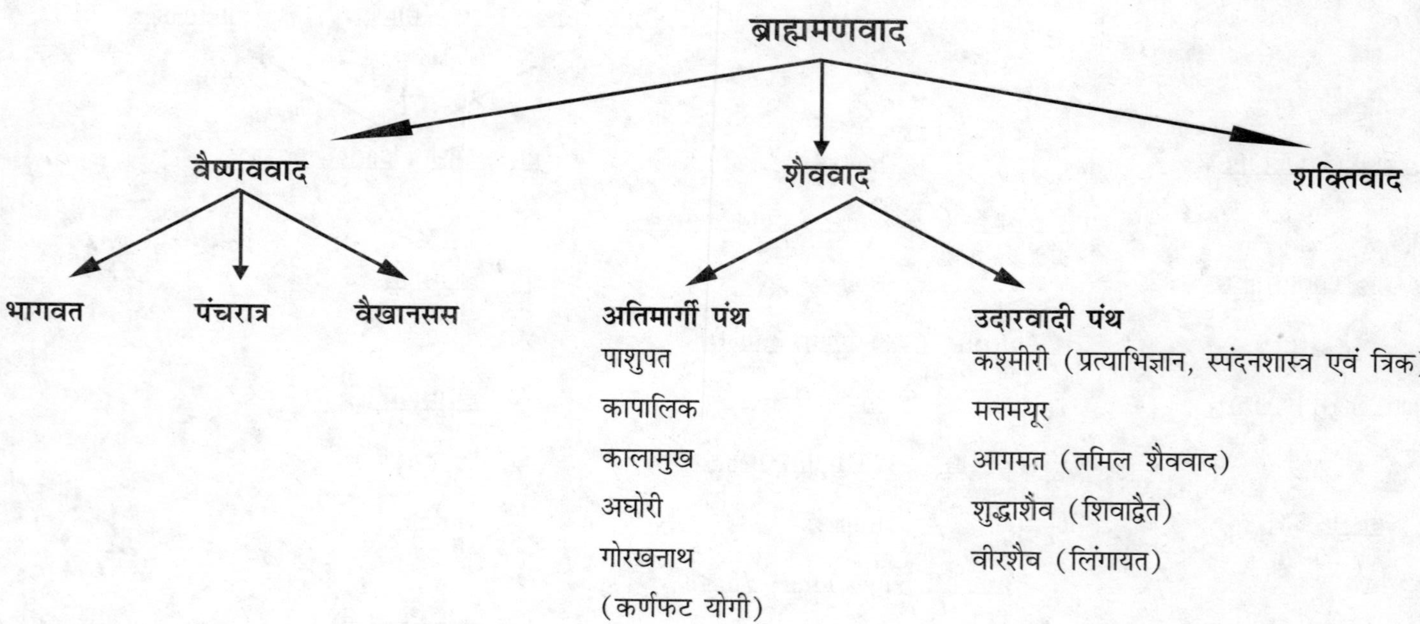
ब्राह्मणवाद
वैष्णववाद
शैववाद
शक्तिवाद
भागवत
पंचरात्र
वैखानसस
अतिमार्गी पंथ
पाशुपत
कापालिक
कालामुख
अघोरी
गोरखनाथ
(कर्णफट योगी)
उदारवादी पंथ
कश्मीरी (प्रत्याभिज्ञान, स्पंदनशास्त्र एवं त्रिक)
मत्तमयूर
आगमत (तमिल शैववाद)
शुद्धाशैव (शिवाद्वैत)
वीरशैव (लिंगायत)

अभ्यास प्रश्न

1. अशोक के अभिलेखों के बाद निम्नलिखित में से कौन-सा गैर-तमिल अभिलेख संगम राज्यों की जानकारी देता है?
(a) रुद्रदमन प्रथम का जूनागढ़ अभिलेख
(b) गौतमीपुत्र शातकर्णी का नासिक अभिलेख
(c) खारवेल का हाथीगुम्फा अभिलेख
(d) हेलियोडोरस का बेसनगर स्तंभ अभिलेख

2. निम्नलिखित में से रोम के साथ दक्षिण भारत के व्यापार का सचित्र विवरण कौन प्रस्तुत करता है?
(a) *मणिमेगेलई* (b) *सिलप्पादिकारम*
(c) *पुरनानुरु* (d) *मदुरैक्कांजी*

3. *पेरिप्लस* तथा संगम ग्रंथों, खासकर *मदुरैक्कांजी* के अनुसार मोती पालन का कार्य कहां होता था?
(a) मुजिरिस (b) अरिकमेडु
(c) कोरकई (d) कावेरीपट्टिनम

4. निम्नलिखित वाक्यों पर ध्यान दें–
कथन: संगम युग के दौरान सती प्रथा व्यापक रूप में प्रचलित थी।
तर्क: संगम काल के लोगों द्वारा सती की बहादुरी तथा भक्ति की काफी प्रशंसा की गई है।
इन वाक्यों के संदर्भ में क्या सत्य है?
(a) 'कथन' और 'तर्क' दोनों सत्य हैं तथा 'तर्क' 'कथन' की व्याख्या करता है।
(b) 'कथन' और 'तर्क' दोनों सत्य है, परंतु 'तर्क' 'कथन' की व्याख्या नहीं करता है।
(c) 'कथन' सत्य है परंतु 'तर्क' गलत है।
(d) 'कथन' गलत है, परंतु 'तर्क' सत्य है।

5. तुडियन, पनन, परैयन एवं कदंबन जातियों का वर्णन किस ग्रंथ में हुआ है?
(a) *तोल्कापिप्यम* (b) *पट्टिनप्पलाई*
(c) *पुरनानुरु* (d) *सिलप्पादिकारम*

6. कौन-सा संगम ग्रंथ सिर्फ चेर शासकों का विवरण देता है?
(a) *पुरनानुरु* (b) *पदिर्रुप्पत्तु*
(c) *परिपडाल* (d) *पन्निरूपदलम*

7. संगमकालीन राजनीति से संबंधित निम्न कथनों पर ध्यान दें–
(i) वंशानुगत राजतंत्र शासन का प्रचलित रूप था।
(ii) विवादस्पद उत्तराधिकार तथा गृहयुद्ध नहीं होते थे।
(iii) विजिगिषु अथवा विजेता राजा को आदर्श माना जाता था।
(iv) सर्वाधिक शक्तिशाली शासकों से दिग्विजय की अपेक्षा होती थी।
(v) राजा की मृत्यु पर उसके साथी द्वारा आत्महत्या की प्रथा आम थी।

कूट:
(a) सभी सत्य हैं।
(b) (i), (ii), (iii) और (iv) सत्य हैं।
(c) (i), (iii) और (iv) सत्य हैं।
(d) (ii), (iv) और (v) सत्य हैं।

8. किस ग्रंथ में ललित कला का विस्तृत विवरण मिलता है?
(a) *मणिमेखलाई* (b) *तोल्काप्पियम*
(c) *सिलप्पादिकारम* (d) *नर्रीनाई*

9. सिलप्पादिकारम की नायिका–
(a) कावेरीपट्टनम के नर्तकी समुदाय से थी।
(b) चेर देश के चरवाहा कबीले से थी।
(c) चोल देश के व्यवसायी समुदाय से थी।
(d) मदुरै के पांड्य शासक परिवार से थी।

10. रोम की सीनेट ने भारत से आयातित किस वस्तु पर प्रतिबंध लगा दिया था, जिससे वहां के शहरों के सदाचार पर संकट आ गया था?
(a) केसर (b) शराब
(c) काली मिर्च (d) मलमल

11. संगम काल में किन देवताओं के एक समूह को देववृंद कहा जाता था?
(i) मुरुगन (ii) शिव
(iii) इंद्र (iv) कृष्ण
(v) बलराम

कूट:
(a) (i) और (ii)
(b) (iii) और (iv)
(c) (ii), (iii) और (iv)
(d) उपरोक्त सभी

12. सुमेलित कर दिए कूटों से उत्तर चुनें–

	तालिका-I		तालिका-II
A.	सिलप्पादिकारम	(i)	तिरुट्टक्कदेवर
B.	मणिमेखलाई	(ii)	सत्तनार
C.	सिवगसिंदामणि	(iii)	मुनुरुराई अरैयार
D.	कुराल	(iv)	इल्लांगो वाडिगल
E.	पलामोली	(v)	तिरुवल्लूवर

कूटः

	A	B	C	D	E
(a)	(iii)	(iv)	(ii)	(i)	(v)
(b)	(i)	(iii)	(iv)	(ii)	(v)
(c)	(ii)	(i)	(v)	(iii)	(iv)
(d)	(iv)	(ii)	(i)	(v)	(iii)

13. दक्षिण भारत की प्राकृतिक गुफाओं से प्राप्त अभिलेखों में किस लिपि का प्रयोग है?
(a) ब्राह्मी (b) खरोष्ठी
(c) ग्रंथ (d) देवनागरी

14. इनमें से संगम साहित्य का अंग कौन नहीं है?
(a) एट्टुटोगाई (b) पाटुप्पत्तु
(c) तेवरम (d) पादिनेनकिलकणक्कु

15. तोल्कप्पियम क्या है?
(a) तमिल महाकाव्य
(b) यज्ञों का ग्रंथ
(c) पांड्य शासकों की प्रशस्ति
(d) तमिल व्याकरण की पुस्तक

16. किस ग्रंथ को 'तमिल भूमि का बाइबल' कहा जाता है?
(a) सिलप्पादिकारम (b) मुरुगरुप्पदाई
(c) तिरुक्कुराल (d) एनगुरुनुरु

17. स्ट्राबों के अनुसार एक पांड्य शासक ने 20 ई.पू. किस रोमन शासक के दरबार में दूत भेजा था?
(a) नीरो (b) क्लौडियस
(c) अगस्तस (d) पिउस

18. किन ग्रंथों की कविता 'अगम' और 'पुरम' में विभाजित है?
(a) एट्टुटोगाई
(b) पाटुप्पत्तु
(c) पादिनेनकिलकणक्कु
(d) संगम महाकाव्य

19. संगम काल के दौरान निम्नलिखित में से कौन-सी वस्तुएं मुख्य निर्यात की थीं?
(i) सूती वस्तुएं
(ii) मसाले
(iii) हाथी दांत से बनी चीजें
(iv) कीमती पत्थर
(v) घोड़े
(vi) सोने के सिक्के

कूटः
(a) (i), (ii), (iii) और (iv)
(b) (ii), (iii), (iv) और (v)
(c) (ii), (iii) और (iv)
(d) (i), (iii) और (v)

20. सुमेलित कर दिए कूटों से उत्तर चुनें:

	तालिका-I		तालिका-II
A.	कुरिंजी	(i)	कृषि, भूमि
B.	पलाई	(ii)	जंगल, भूमि
C.	मुलाई	(iii)	तटीय भूमि
D.	मरुदम	(iv)	पहाड़ी भूमि
E.	नेडाल	(v)	शुष्क भूमि

कूटः

	A	B	C	D	E
(a)	(iv)	(v)	(ii)	(i)	(iii)
(b)	(ii)	(iii)	(i)	(v)	(iv)
(c)	(iii)	(ii)	(v)	(iv)	(i)
(d)	(v)	(i)	(iii)	(iv)	(ii)

21. कौन-सा युग्म सुमेलित नहीं है?
(a) स्वर्णभूमि–मलय प्रायद्वीप
(b) स्वर्ण द्वीप–इंडोनेशियाई प्रायद्वीप
(c) कंबूज–वियतनाम
(d) चंपा–अन्नाम

22. किनके सिक्कों पर हिमस्तूलय जहाज के चित्र हैं?
(i) गौतमीपुत्र शातकर्णी
(ii) यज्ञश्री शातकर्णी
(iii) वशिष्ठीपुत्र शातकर्णी
(iv) श्री शातकर्णी

कूटः
(a) (i) और (ii) (b) (ii) और (iii)
(c) (iii) और (iv) (d) (i) और (iii)

23. ईंट के बने हुए रंगाई के कुंड कहां से प्राप्त हुए हैं?

(i) पाटलिपुत्र (ii) अरिकमेडु

(iii) प्रतिष्ठान (iv) उरैयुर

कूट:

(a) (i) और (ii) (b) (ii) और (iii)

(c) (iii) और (iv) (d) (ii) और (iv)

24. तांबे के सर्वाधिक सिक्के किन शासकों ने जारी किए?

(a) कुषाण (b) सातवाहन

(c) गुप्त (d) शक

25. चरक का मित्र एवं सरंक्षक कौन था?

(a) चंद्रगुप्त द्वितीय (b) मिनेंडर

(c) पुष्यमित्र शुंग (d) कनिष्क

26. गुप्तकाल के पहले के व्यापार के बारे में कौन-सा कथन असत्य है?

(a) उत्तर-पश्चिमी भारत में विदेशियों का अधिकार व्यापारियों के लिए लाभदायक सिद्ध हुआ।

(b) इंडो-ग्रीक शासकों ने पश्चिम एशिया तथा भूमध्य सागरीय क्षेत्र के साथ व्यापार को प्रोत्साहन दिया।

(c) शक, पार्थियन तथा कुषाण शासकों ने मध्य एशिया को भारतीय व्यापारियों का क्षेत्र बनाया।

(d) रोम भारत से आवश्यक वस्तुओं का आयात करता था।

27. गुप्तकाल से पहले व्यापारिक समुदाय की समृद्धि के कौन-से प्रमाण हैं?

(a) उस काल के अभिलेख

(b) पुण्य कार्यों के लिए व्यापारियों द्वारा अनुदान

(c) उस काल का साहित्य

(d) व्यापारियों द्वारा सहयोग किए जाने वाले धर्मों की प्रगति

कूट:

(a) उपरोक्त सभी (b) (i), (ii) और (iii)

(c) (ii) और (iii) (d) उपरोक्त कोई नहीं

28. सातवाहन शासक किन सिक्कों का सर्वाधिक प्रयोग करते थे?

(a) सोना (b) तांबा

(c) सीसा (d) कांसा

29. कुषाण काल में प्रसिद्ध व्यावसायिक मार्ग 'उत्तरापथ' किन दो शहरों के बीच था?

(a) उज्जैन से मथुरा

(b) पुरुषपुर से मथुरा

(c) मथुरा से तक्षशिला

(d) पुरुषपुर से तक्षशिला

30. द्वितीय शुंग शासक अग्निमित्र किसके द्वारा लिखित पुस्तक का नायक है?

(a) कालिदास (b) पातंजलि

(c) अश्वघोष (d) बाण

31. हाथीगुंफा अभिलेख के बारे में कौन-से कथन सत्य हैं?

(i) अशोक के अभिलेखों के बाद यह दूसरा अभिलेख है, पहला नागनिका का नानाघाट अभिलेख है।

(ii) यह साबित करता है कि महावीर की मृत्यु के 100 साल बाद जैन धर्म का ओडिशा में प्रवेश हुआ।

(iii) इसके आधार पर हम खारवेल का काल तीसरी शताब्दी में निर्धारित करते हैं।

(iv) यह सर्वप्रथम अभिलेख है जो 'राजा मुरिया का काल' नामक युग की चर्चा करता है।

कूट:

(a) (i) को छोड़कर सभी

(b) (ii) को छोड़कर सभी

(c) (iii) को छोड़कर सभी

(d) (iv) को छोड़कर सभी

32. प्राचीन भारत का दूसरा महान व्याकरण लेखक, पातंजलि, किसका समकालिक था?

(a) कनिष्क (b) चंद्रगुप्त द्वितीय

(c) गौतमीपुत्र शातकर्णी (d) पुष्यमित्र शुंग

33. किस बौद्ध विद्वान को कनिष्क का संरक्षण नहीं प्राप्त था?

(a) अश्वघोष (b) वासुमित्र

(c) नागार्जुन (d) वसुगुप्त

34. शक संवत किसने और कब कब शुरू किया?

(a) कैडफिशेज, 58 ई.पू.

(b) रुद्रदमन, 78 ई.

(c) विक्रमादित्य, 58 ई.पू.

(d) कनिष्क, 78 ई.

35. किसके काल में ईसाई धर्म के प्रसार के लिए संत थॉमस उत्तर-पश्चिम के रास्ते भारत आए?

(a) मिनेंडर (b) मोग

(c) गोंडोफर्नेस (d) वासुदेव

36. किसने कहा कि रोम का सोना-चांदी भारत जा रहा है?
(a) *पेरिप्लस* का अनाम लेखक
(b) वरिष्ठ प्लिनी
(c) स्ट्रैबो
(d) टॉलेमी

37. कौन-से शासक प्रमुख 'सिल्क' मार्ग को नियंत्रित करते थे तथा इसके करों से लाभ उठाते थे?
(a) पार्थियन (b) सातवाहन
(c) कुषाण (d) शक

38. लगभग 220 ई.पू. में किस चीनी सम्राट ने चीन की विशाल दीवार बनवाई?
(a) वांग शु सी (b) पु यी
(c) शीह ह्वांग ती (d) ह्वांग सांग ती

39. सातवाहनों के बारे में कौन-से कथन सत्य हैं?
(i) ये ब्राह्मण वंश के थे।
(ii) इनकी आधिकारिक भाषा संस्कृत थी।
(iii) पुराणों की परंपरा के अनुसार चार सौ वर्षों में तीस सातवाहन शासक हुए।
(iv) इन्होंने अधिकारियों को कर के साथ भूमि-अनुदान की प्रथा की शुरुआत की।

कूटः
(a) उपरोक्त सभी (b) (i) (ii) और (iii)
(c) (iii) और (iv) (d) (i) और (iii)

40. इंडो-ग्रीक शासकों ने-
(i) सर्वप्रथम सोने के सिक्के जारी किए।
(ii) सर्वप्रथम ऐसे सिक्के जारी किए जिन्हें किसी राजा के साथ निश्चित तौर पर संबद्ध किया जा सकता है।
(iii) उत्तर-पश्चिम भारत में हेलेनिस्टिक कला के गुणों का प्रयोग प्रारंभ किया, जिसमें गांधार शैली के विकास में योगदान दिया।
(iv) ब्राह्मणवादी ग्रंथों में पतित क्षत्रिय का स्थान प्राप्त किया।

कूटः
(a) सभी सत्य हैं।
(b) (i), (ii) और (iii) सत्य हैं।
(c) (ii), (iii) और (iv) सत्य हैं।
(d) (ii) और (iii) सत्य हैं।

41. रुद्रदमन प्रथम-
(i) द्वितीय शताब्दी के प्रथम पूर्वार्द्ध में था।
(ii) एक सातवाहन शासक दो बार पराजित हुआ।
(iii) मौर्यकालीन प्रसिद्ध सुदर्शन झील की मरम्मत करवाई
(iv) सर्वप्रथम विशुद्ध संस्कृत में लंबा अभिलेख जारी किया।

कूटः
(a) सभी सत्य हैं।
(b) (i), (ii) और (iii) सत्य हैं।
(c) (iii) और (iv) सत्य हैं।
(d) (i), (iii) और (iv) सत्य हैं।

42. गुप्तकाल से पहले के व्यापार के बारे में कौन-से कथन सत्य हैं?
(i) व्यापारिक गतिविधियों का अत्यधिक विस्तार हुआ।
(ii) इस काल में पश्चिम एशिया से भारत की ओर मानसून समुद्री मार्ग का पता चला, प्रसिद्ध 'सिल्क' सड़क की स्थापना हुई तथा दक्षिण-पूर्व एशिया के समुद्री मार्ग का पता चला।
(iii) उत्तर-भारत में मुख्यतः संक्रमण व्यापार (transit trade) चल रहा था, जबकि दक्षिण भारत में क्षेत्रीय व्यापार हो रहा था।
(iv) शासकों तथा श्रेणियों द्वारा काफी बड़ी संख्या में सिक्के जारी किए जाने के कारण व्यापार का मौद्रीकरण हो रहा था।

कूटः
(a) (i) और (ii) (b) (i), (ii) और (iii)
(c) (ii), (iii) और (iv) (d) उपरोक्त सभी

43. गांधार-शिल्प के बारे में कौन-से कथन सत्य हैं?
(i) इसको कुषाणों, विशेषकर कनिष्क, का संरक्षण प्राप्त था।
(ii) महायान बौद्धवाद इसका मुख्य विषय था तथा इसने सर्वप्रथम बुद्ध की मूर्तियां बनाईं।
(iii) यह यथार्थवादी प्रकृति का था तथा इसमें मुद्रा, मांसपेशियों, मूंछों, बालों, वस्त्रों आदि पर विशेष बल दिया जाता था।
(iv) इसके कलाकारों ने वृहद पैमाने पर लाल चित्तीदार पत्थरों का प्रयोग किया।

कूटः

(a) (i), (ii) और (iii) (b) (ii), (iii) और (iv)

(c) (i), (iii) और (iv) (d) उपरोक्त सभी

44. मथुरा शैली के बारे में कौन-सा/से कथन असत्य है/हैं?

(i) यह भरहुत, गया तथा सांची की परंपराओं से प्रभावित थी।

(ii) इसमें मूर्तियों के सिर के पीछे एक चक्र जोड़कर अध्यात्मिक बल दिखाने का प्रयत्न किया गया।

(iii) इसके शिल्पकारों ने केवल धार्मिक मूर्तियां बनाईं

(iv) इसमें सफेद पत्थर का व्यापक प्रयोग किया गया।

कूटः

(a) सिर्फ (i) (b) (i) और (ii)

(c) (ii) और (iii) (d) (iii) और (iv)

45. अमरावती शैली के बारे में कौन-से कथन सत्य हैं?

(i) परवर्ती सातवाहनों के काल में इसका प्रसार कृष्णा एवं गोदावरी की निचली घाटियों में हुआ।

(ii) इसकी मूर्तियों में तीव्र ओजस्विता है तथा पैर लंबे और छरहरे हैं।

(iii) इसने न सिर्फ धार्मिक मूर्तियां बल्कि धर्मनिरपेक्ष मूर्तियां भी बनाईं।

(iv) इसने बाद की दक्षिण भारतीय मूर्तिकला, विशेषकर पल्लव मूर्तिकला को अत्यधिक प्रभावित किया।

कूटः

(a) उपरोक्त सभी (b) (i), (ii) और (iii)

(c) (i), (ii) और (iv) (d) (ii), (iii) और (iv)

46. सुमेलित कर दिए गए कूटों से उत्तर चुनें–

	तालिका-I		तालिका-II
A.	नानाघाट अभिलेख	(i)	शक शासक रुद्रदमन प्रथम
B.	नासिक अभिलेख	(ii)	सातवाहन रानी नागनिका
C.	जूनागढ़ अभिलेख	(iii)	चेट राजा खारवेल
D.	हाथीगुंफा अभिलेख	(iv)	सातवाहन राजा की मां बलश्री
		(v)	इंडो-ग्रीक राजा मिनेंडर

कूटः

	A	B	C	D
(a)	(ii)	(iii)	(v)	(iv)
(b)	(v)	(ii)	(iv)	(i)
(c)	(ii)	(iv)	(i)	(iii)
(d)	(iv)	(ii)	(i)	(iii)

47. सुदर्शन झील के बारे में कौन-से कथन सत्य हैं?

(i) यह झील मूलतः चंद्रगुप्त मौर्य के अधीनस्थ वैश्य राष्ट्रीय पुष्यगुप्त ने बनवाई थी।

(ii) अशोक के अधीनस्थ यवन राज तुशाष्प ने इसको संरक्षित किया।

(iii) रुद्रदमन के काल में स्वर्णरेखा, पलाशिनी आदि नदियों की बाढ़ के कारण इसका बांध टूट गया।

(iv) इसकी मरम्मत कुलैप के पुत्र पार्थियन अमात्य शुविष्क की देख-रेख में हुई थी।

(v) जब शुविष्क ने इसकी मरम्मत करवाई उस समय रुद्रदमन शासक था।

कूट :

(a) (i), (ii) और (v)

(b) (i), (ii), (iii) और (v)

(c) (i), (ii), (iv) और (v)

(d) उपरोक्त सभी

48. किस सातवाहन राजा को अत्यधिक प्रसिद्धि प्राप्त हुई तथा जिसने स्वयं को 'दक्षिणापथपति' कहा?

(a) शिमुख

(b) श्री शातकर्णी

(c) गौतमीपुत्र शातकर्णी

(d) यज्ञश्री शातकर्णी

49. उज्जैन के शासक विक्रमादित्य ने किनको पराजित करने की स्मृति में 58 ई.पू. विक्रम संवत प्रारंभ किया?

(a) इंडो-ग्रीक (b) शक

(c) पार्थियन (d) कुषाण

50. कुषाण शासकों को 'देव पुत्र' कहा जाता था। यह उपाधि कुषाणों ने किनसे ग्रहण की?

(a) चीनी (b) पार्थियन

(c) ग्रीक (d) श्रीलंकाई

51. कौन-सा युग्म सुमेलित है?

(a) संघ–बौद्ध विहार

(b) चैत्य–बौद्ध संस्था

(c) स्तूप–एक प्रकार का मकबरा जहां बुद्ध तथा अन्य बौद्ध भिक्षुओं के अवशेष रखे जाते हैं।

(d) विहार–बौद्ध सभा भवन अथवा मंदिर

52. *सुत्त पिटक* के किस निकाय में जातक और धम्मपाद हैं?

(a) दिघ्घ निकाय (b) मज्झिम निकाय

(c) सम्युत्त निकाय (d) खुद्दक निकाय

53. दर्शन की माध्यमिक विचारधारा का संस्थापक कौन था?

(a) असंग (b) वसुबंधु

(c) नागार्जुन (d) नागसेन

54. किस अभिलेख से ज्ञात होता है कि एक यूनानी राजा का राजदूत, हेलियोडोरस, वासुदेव कृष्ण का पूजक था?

(a) रुद्रदमन प्रथम का जूनागढ़ अभिलेख

(b) खारवेल का हाथीगुंफा अभिलेख

(c) अशोक का बाराबर गुफा अभिलेख

(d) बेसनगर स्तंभ अभिलेख

55. पुराणों के प्रमुख देवता, गणेशादि पंचदेवता कौन हैं?

(i) गणेश (ii) विष्णु

(iii) शिव (iv) अग्नि

(v) शक्ति (vi) सूर्य

कूट:

(a) (i), (ii), (iii), (iv) और (v)

(b) (i), (ii), (iv), (v) और (vi)

(c) (i), (iii), (iv), (v) और (vi)

(d) (i), (ii), (iii), (v) और (vi)

56. किस ग्रंथ को द्रविड़ वेद कहा जाता है?

(a) *प्रभंद* (b) *तेवरम*

(c) *एट्टुटोगई* (d) *पाटुप्पत्तु*

57. *महाभारत* का प्राचीनतम नाम क्या है?

(a) भारत (b) महासंहिता

(c) जयसंहिता (d) विजयसंहिता

58. कौन-सा तीर्थंकर वासुदेव कृष्ण का रिश्ते में भाई था तथा पार्श्वनाथ से पहले था?

(a) कुन्छर (b) जंबू

(c) मंधात्ती (d) अरिष्टनेमी

59. मेगस्थनीज के अनुसार मथुरा क्षेत्र के लोग हेराक्लीज नामक देवता के प्रति विशेष श्रद्धा रखते थे। हेराक्लीज कौन था?

(a) हेलियोडोरस (b) हिरण्याक्ष

(c) वासुदेव कृष्ण (d) विष्णु

60. मानव में अंतर्निहित चेतना को जगाने की शक्ति, कुंडलिनी, किससे संबद्ध है?

(a) भागवत (b) कालमुख

(c) शाक्त (d) वीर शैव

उत्तरमाला

1. (c)	2. (b)	3. (c)	4. (d)	5. (c)	6. (b)	7. (c)
8. (a)	9. (c)	10. (d)	11. (d)	12. (d)	13. (a)	14. (c)
15. (d)	16. (c)	17. (c)	18. (b)	19. (a)	20. (a)	21. (c)
22. (b)	23. (d)	24. (a)	25. (d)	26. (d)	27. (a)	28. (c)
29. (c)	30. (a)	31. (c)	32. (d)	33. (d)	34. (d)	35. (c)
36. (b)	37. (c)	38. (c)	39. (d)	40. (a)	41. (c)	42. (d)
43. (a)	44. (c)	45. (a)	46. (c)	47. (d)	48. (b)	49. (b)
50. (a)	51. (c)	52. (d)	53. (c)	54. (d)	55. (d)	56. (b)
57. (c)	58. (d)	59. (c)	60. (c)			

अध्याय 7

गुप्त शासक तथा उनके उत्तराधिकारी (300–750 ई.)

7.1 सामान्य सर्वेक्षण

उत्तरी भारत

स्रोत–गुप्तकालीन शोध के निरन्तर परीक्षण से स्पष्ट होता है कि इस काल में इतिहासकारों एवं पुरातत्वविदों की गहरी रुचि है। यदि विभिन्न प्रकार की साहित्यिक व पुरातात्विक सामग्री की उपलब्धता के सन्दर्भ में समझा जा सकता है जो उप-महाद्वीप में सापेक्षिक राजनीतिक स्थिरता एवं रचनात्मक सांस्कृतिक गतिविधियों में साहसिक उपलब्धियों के बारे में बताती है। उत्तर भारतीय परिदृश्य गुप्तों द्वारा प्रभावित था जबकि दक्कन में इसी समय वाकाटकों का उदय हुआ। गुप्तों के राजनीतिक इतिहास के बारे में कुछ नया नहीं है जबकि वाकाटकों के इतिहास को कुछ अभिलेखों की ताजा खोज के साथ अब बेहतर ढंग से समझा जा सकता है।

वाकाटकों का शासन–पुरालेखीय खोजें इस शासक परिवार की दो शाखाओं के संबंध में बताती हैं। मुख्य शाखा का शक्ति केन्द्र नागपुर के निकट रामगिरि (वर्तमान रामटेक) में था जबकि दूसरी शाखा वात्सगुल्म (अकोला जिले में वासिम) से शासन करती थी। 325 ईसवी में विन्ध्य शक्ति द्वारा स्थापित राज्यवंश से दो विभिन्न शाखाओं का उदय हुआ। मुख्य शाखा में दस शासक हुए तो तीसरी शताब्दी के मध्य (सातवाहन राज्य के पतन के बाद) से लेकर (पांच सौ सात) 507 ईस्वी (अन्तिम शासक पृथ्वीसेन द्वितीय) तक शासन करते रहे। बासिम शाखा से जुड़े छः शासक हुए जिन्होंने 335 से 500 ईसवी तक शासन किया। इस प्रकार दोनों शाखाएँ लगभग समान अवधि तक अस्तित्वमान रहीं।

उत्तर गुप्त एवं हूण आक्रमणकारी–उत्तरी भारत में गुप्तों का शासन जारी रहा यद्यपि साम्राज्य की शक्ति एवं वैभव 500 ईसवी के बाद से धूमिल होना शुरू हो गया था। स्कंदगुप्त (455-67) के समय साम्राज्य को हूण आक्रमणकारियों द्वारा संकट में डाल दिया गया किंतु स्कंदगुप्त ने उनका सफलतापूर्वक प्रतिरोध किया। पांचवीं सदी के अंत तथा छठी सदी के आरंभ में तोरमाण एवं उसके पुत्र मिहिरकुल के नेतृत्व में हूणों द्वारा पुनः आक्रमण किये गये। साहित्यिक व पुरालेखीय उल्लेखों से उनकी सैन्य सफलताओं की जानकारी पहले सही मौजूद है। गुजरात में संजेली से प्राप्त तीन अभिलेखों से तोरमाण के शासनकाल पर नया प्रकाश पड़ता है। इनमें से एक में तोरमाण की मालवा व गुजरात विजय का उल्लेख है। दो अभिलेख समान प्रकृति के हैं जो पश्चिमी भारत के एक बड़े भाग पर उसके नियंत्रण का उल्लेख करते हैं। मिहिरकुल की ग्वालियर प्रशस्तियों में उसकी व्यापक विजयों का उल्लेख है। किंतु हूणों के राजनीतिक व सैनिक लाभ अल्पकालिक ही थे। ह्वेनसांग के विवरणों, बाणभट्ट के हर्ष चरित तथा कन्नौज के मौखरि शासक ईशानवर्मन के एक अभिलेख से हूणों की कई विजयों का संकेत मिलता है।

गुप्त साम्राज्य का पतन–हूणों की सैनिक सफलता अस्थायी थी, फिर भी वे भारतीय राजनीतिक परिदृश्य में कुछ समय के लिए संकट साबित हुए। यह माना जा सकता है कि 500-550 ईसवी के मध्य गुप्त साम्राज्य के पतन का मुख्य कारण हूणों का आक्रमण नहीं था क्योंकि हूणों को भी कई राजाओं द्वारा हराया गया था। इनमें से कई विजेता राजा

मूलतः गुप्तों के अधीनस्थ थे किंतु छठी सदी के पूर्वार्द्ध में सुस्पष्ट राजनीतिक महत्व हासिल कर चुके थे। गुप्त शासन के अंतिम चरण में हूणों के बाहरी आक्रमण के बजाय गुप्तों के लिए उनके अधीनस्थों ने अधिक संकट पैदा किया और वे गुप्त राजाओं के प्रति नाममात्र की निष्ठा रखते थे।

स्वर्ण युग अवधारणा की आलोचना

ऐसी अनेकों ऐतिहासिक कृतियाँ प्रकाशित हो चुकी हैं जिनमें चौथी से छठी शताब्दियों के दौरान हासिल की गयी महान राजनीतिक व सांस्कृतिक उपलब्धियों का गुणगान किया गया है तथा इसीलिए भारतीय इतिहास में इस काल को 'स्वर्ण युग' या 'क्लासिक युग' की संज्ञा दी जाती है। कई मार्क्सवादी इतिहासकारों ने इस युग को 'स्वर्ण युग' के रूप में मानने की आलोचना की हैं। इनका मानना है कि भारतीय इतिहास में स्वर्ण युग की रचना मुख्यतः राष्ट्रवादी एवं परम्परावादी इतिहासकारों की देन है जो बीसवीं सदी के पहले तीन दशकों में औपनिवेशिक शासन के विरुद्ध राष्ट्रवादी विद्राह को उभारने के लिए इस अवधारणा को लाभदायक मानते थे। यह भी संकेत दिया कि इस तथाकथित स्वर्ग युग में दलित समुदायों की उल्लेखनीय संख्या मौजूद थी तथा जन-शोषण (विशेषतः किसानों का) के एक आर्थिकेत्तर रूप में बलात्श्रम को लादा गया था। दूसरे शब्दों में, महान उपलब्धियों के लाभों का उपयोग समाज के उच्च वर्ग द्वारा किया जा रहा था और सामान्य जन इनसे वंचित था। ये इतिहासकार भारतीय इतिहास के किसी युग में एक स्वर्ण युग की खोज को भी व्यर्थ मानते हैं। इस दृष्टिकोण की वैधता पर संदेह नहीं किया जा सकता।

गुप्तकालीन उपलब्धियों की सराहना

इस प्रक्रिया में गुप्तकालीन इतिहास की सभी उपलब्धियों को सस्ती चमक-दमक दर्शाने वाली माना गया है। इस बारे में कोई विवाद नहीं है कि राजनीतिक व सांस्कृतिक क्षेत्र की महान उपलब्धियों का लाभ थोड़े से लोगों तक ही सीमित रहा फिर भी इन उपलब्धियों को सस्ती चमक-दमक के रूप में संकुचित नहीं किया जा सकता। गुप्त काल में शक-कुषाण-सातवाहन चरण की कई सांस्कृतिक विशेषताओं के फलीकरण को ताजा लेखन शैली में अपेक्षाकृत कम महत्व दिया गया है। इसलिए इन तीन शताब्दियों की कमियां व उपलब्धियाँ वस्तुपरक अध्ययन उक्त शैलियों के बिना भी किया जा सकता है।

एशिया व यूरोप में समकालीन घटनाक्रमों के व्यापक चित्र को ध्यान में रखकर हमें इस बात की सराहना करनी पड़ती है कि जब शक्तिशाली रोमन साम्राज्य का पतन हो रहा था, चीन तांगकाल के गौरवशाली दिनों को पुनः हासिल कर पाने में असमर्थ हो रहा था, ईरान में सासानी अपनी प्रमुखता खो चुके थे और हूण व्यवस्थित व दीर्घकालिक महान शक्तियों के समक्ष गंभीर चुनौतियाँ पेश कर रहे थे, उस समय भारतीय उप-महाद्वीप एक आकर्षक विरोधाभास को दर्शा रहा था। आदेशित राजनीतिक समाज एवं अबाधित शांतिपूर्ण जीवन मार्ग कला, वास्तुशिल्प व साहित्य में अनुपम कृतियों (असमानताओं, असंगतियों व दमन के बीच) के साथ भारत में विद्यमान इस विरोधाभास का परिचय कराते हैं एवं गुप्तकाल के मूल्यांकन में इसे नजरअंदाज नहीं किया जा सकता।।

दक्षिण भारत

परम्परागत उपागम—परम्परागत इतिहास लेखन में राज्य व अर्थव्यवस्था की प्रकृतिकों प्रायः राजनीतिक या राजवंशीय इतिहास का एक अंग मान लिया जाता है। यह प्रवृत्ति राज्य व अर्थव्यवस्था को पृथक पहलुओं के रूप में विभाजित कर देती है और समाज व अर्थव्यवस्था में होने वाले परिवर्तनों व रूपांतरणों तथा उनके राजनीतिक प्रक्रियाओं के साथ सम्बन्धों को विश्लेषित करने का प्रयास नहीं करती। मंदिरों व उनके इतिहासों का अध्ययन किया जाता है किंतु समाज तथा संस्थात्मक विकास की वृहत प्रक्रियाओं के एक अंग के रूप में उनके अध्ययन की उपेक्षा की जाती है। इन आपसी सम्पर्कों की पहचान एवं इनकी सराहना करने की विफलता संगमकाल से लेकर विजयनगर काल तक की राजव्यवस्था के सम्बन्ध में अपनाये गये समान दृष्टिकोण से भी स्पष्ट हो जाती है। फिर भी परम्परागत उपागम का लाभ इस तथ्य में निहित है कि यह राजनीतिक इतिहास का एक कालक्रमिक ढांचा तथा सूचना आधार उपलब्ध कराता है।

आधुनिक उपागम—नया उपागम इस सूचना आधार से ही अपनी उड़ान भरता है और समान तथ्यों के विश्लेषण के नये तरीकों व ताजा व्याख्याओं के माध्यम से नयी अंतर्दृष्टि प्रदान करने का प्रयास करता है। परिणामस्वरूप भूतकाल से जुड़ी मान्यताएं परिवर्तित हो गयी हैं। क्षेत्रीय राजनीतिक व्यवस्थाओं व संस्कृतियों को समझने के बेहतर दृष्टिकोण

एवं परिप्रेक्ष्य सामने आये हैं। इस पृष्ठभूमि में राज्य संरचना व राज्य निर्माण की प्रक्रियाओं के अध्ययन का महत्व बढ़ गया है। नया परिप्रेक्ष्य दो कालक्रमिक चरणों से जुड़ा है, जो इस प्रकार हैं–

- उत्तर संगम काल से नये समाजिक-आर्थिक निर्माण (चौथी-छठी शताब्दी) की ओर संक्रमण।
- पल्लव-पांड्य राजवंशों का काल।

एक नये सामाजिक-आर्थिक निर्माण की ओर संक्रमण–उत्तर संगमकालीन संक्रमण के चरण में तमिल क्षेत्र एक तरल दशा में था। संगम या पूर्व ऐतिहासिक काल की पहचान एक ऊर्जावान भौतिक संस्कृति तथा सामाजिक-आर्थिक-सांस्कृतिक रूपों की एक विविधता (जो नदी घाटियों में तीन जनजातीय कबीलों द्वारा नियंत्रित परितंत्रीय प्रकारों (तिनई) की विशिष्ट अवधारणा में प्रतिबिम्बित होती है) से की जाती है। नई आर्थिक व सामाजिक संरचना की ओर संक्रमण ने पल्लव-पांड्य राजतंत्रों के उदय से पहले ही कृषि का महत्व स्थापित कर दिया था। रोचक बात यह है कि इसी समय दक्कन व आंध्र क्षेत्र में ऐसे छोटे-छोटे वंशीय राज्यों का उदय हो रहा था जो ब्राह्मणवादी विचारधारा एवं पौराणिक मंदिरों व 'ब्रह्मदेय' (ब्राह्मण को दिया जाने वाला भू-अनुदान) जैसे संस्थात्मक रूपों द्वारा समर्पित थे और इसी वातावरण में पल्लवों ने अपने राजनीतिक भविष्य का निर्माण शुरू किया।

परम्परागत इतिहास में उत्तर-संगमकाल को एक 'अंधकार युग' के रूप में दर्शाया जाता है, जिसमें 'कलभ्र' नामक जनजाति के शैतान राजाओं (कलि अरसर) ने तमिल समाज व राजव्यवस्था पर अधिकार करके एक अराजकता अव्यवस्था की स्थिति पैदा कर दी। अंधकार युग की धारणा परम्परागत इतिहास का एक बार-बार दोहराया जाने वाला विचार है, जिसमें पूर्ववर्ती एवं उत्तरवर्ती कालों को तमिल इतिहास के गौरवशाली युगों के रूप में माना जाता है। यह भी माना जाता है कि अंधकार युग का अंत वर्ण, पौराणिक पूजा जैसी ब्राह्मणवादी सामाजिक-धार्मिक संस्थाओं के पुनरोत्थान के साथ हुआ, जिससे यह संकेत मिलता है कि ये रूप संगम काल में ही स्थापित हो चुके थे।

नये उपागमों में इस काल का सम्बन्ध विभिन्न परितंत्रों से जुड़े मैदानी लोगों (कृषक) एवं वनवासी व पर्वतीय लोगों (आखेटक इत्यादि) के बीच की शत्रुता के साथ स्थापित किया है। पूर्व ऐतिहासिक एवं पूर्व मध्य काल के अध्ययन का परितंत्रीय उपागम दर्शाता है कि पूर्ववर्ती काल में आर्थिक संगठन असमान था, जिसका प्रमाण नदी घाटियों (मरूदम-मैदान) में कृषक संगठन की मौजूदगी से मिलता है। मरूदम एवं अन्य परितंत्रों में सातवीं सदी तक कृषक खेती का विस्तार व प्रभुत्व कृषक समाजों के एक नये कृषिक संगठन की उत्पत्ति का संकेत देता है।

संक्रमण काल को एक ऐसे संकट के रूप में भी देखा जाता है जो सामुद्रिक व्यापार (जो संगमकालीन पूर्ववर्ती जनजातीय राजव्यवस्थाओं के लिए प्रमुख संसाधन आधार था) एवं उसके परिणामस्वरूप होने वाले शहरी केन्द्रों के पतन के कारण पैदा हुआ था। अतः यह काल स्पष्ट राजनीतिक व आर्थिक संरचना के अभाव, छोटे मुखियाओं के बीच हित संघर्ष (राजनीतिक सत्ता व आर्थिक प्रभाव की प्राप्ति हेतु) तथा संरक्षण व समर्थन की खोज में रत विभिन्न धार्मिक मतों (ब्राह्मण, बौद्ध, जैन) के बीच प्रतिस्पर्द्धा के लिए जाना जाता है।

पल्लव-पांड्य राजतंत्रों के अधीन एक नयी राज्य प्रणाली का उदय-छठी शताब्दी से राजनीतिक व आर्थिक विन्यास पुनः आकर्षण का केन्द्र बन गया, जब तमिलनाडु के उत्तर व दक्षिणी क्षेत्रों (कांचीपुरम व मदुरै) में पल्लव व पांड्यों के प्रभुत्व के साथ एक नयी राज्य प्रणाली का उदय हुआ। इन दो शासक परिवारों के चरमोत्कर्ष काल से ही राजव्यवस्था व अर्थव्यवस्था का अध्ययन अपरिहार्य हो जाता है। इस काल के इतिहास के बारे में कई अध्ययन उपलब्ध हैं किंतु वे मात्र राजनीतिक इतिहास पर ही ध्यान केन्द्रित करते हैं तथा राजव्यवस्था पर प्रसंगवश ही दृष्टिपात करते हैं, जिसे केन्द्रीकृत व अधिकार तंत्रीय माना गया है। इन अध्ययनों में मंदिरों एवं ब्रह्मदेय जैसे भू-अनुदानों के संस्थात्मक पहलुओं के अध्ययन के अलावा आर्थिक इतिहास पर बहुत ही कम ध्यान दिया गया है।

नये उपागमों में इन संस्थाओं को कृषि विस्तार व एकीकरण के उपकरणों के रूप में अधिक उपयुक्त समझा जाता है। पुराने परिप्रेक्ष्य के विपरीत (जिसमें इस काल को राजनीतिक व आर्थिक संरचनाओं के एक पूर्णतः नये समुच्चय की शुरूआत करने वाले वियोजक के रूप में देखा जाता है) नये उपागमों में इसे निरंतर कृषि विस्तार, कृमिक परिवर्तन तथा नयी संस्थाओं के माध्यम से होने वाले कृषक क्षेत्रों के एकीकरण का काल माना जाता है।

पल्लव राजव्यवस्था सम्बन्धी परम्परागत व आधुनिक मत–पल्लव राजव्यवस्था सम्बन्धी परम्परागत मत के अनुसार ये ब्राह्मणवादी राज्य उत्तर-गुप्तकालीन उत्तर भारतीय राज्यों के प्रतिदर्श पर स्थापित किया गया था जिसमें उत्तरी सांस्कृतिक

तत्वों का प्रसार निहित था। पल्लव तमिल क्षेत्र के लिए विदेशी होने के कारण ऐसे नव-खोजकर्ता माने गये, जिन्होंने तमिल क्षेत्र को उत्तरी तत्वों से परिचित कराया। पांड्यों ने दक्षिणी क्षेत्र में इन तत्वों को अंगीकार कर लिया था।

आधुनिक इतिहास लेखन राजव्यवस्था के एक ऐसे प्रकार के विकासक्रम को सामने रखता है जिसमें उत्तरी तत्वों को, विशेषत: उसके राजशाही रूपों में, विभिन्न परिस्थितियों के अनुकूल स्वीकार किया गया था तथा इस प्रक्रिया को कृषि संदर्भों (अतिक्रमित कृषक क्षेत्रों के साथ) में सही ढंग से समझा जा सकता है। अपने द्विभाषीय ताम्रपत्रों (संस्कृत व तमिल में) एवं पौराणिक मंदिरों के द्वारा पल्लवों ने नि:सन्देह मंदिरों व ब्राह्मणों को भू-अनुदान की संस्था के माध्यम से आर्थिक व सामाजिक पुनर्रचना की एक प्रक्रिया शुरू की थी। इसलिए वास्तुशिल्प की विशिष्ट द्रविड़ शैली के विकास तथा पल्लव, शिलाकृत व संरचनात्मक मंदिरों में पत्थर जैसे स्थायी निर्माण सामग्री के प्रयोग का व्यापक महत्व है, जिसने शैववाद एवं वैष्णववाद के पौराणिक धर्मों का प्रभुत्व स्थापित कर दिया था। इसे उनके पौराणिक ब्रह्माण्डीय संसार के मत के साथ जोड़ा गया जो एक विचारधारा के रूप में पल्लवों की शक्ति जो वैधता प्रदान करता था।

7.2 गुप्त साम्राज्य

अभिलेख

गुप्त अभिलेखों को मोटेतौर पर दो समूहों में विभाजित किया जा सकता है। *प्रथम*, निजी अभिलेख तथा *द्वितीय*, राजा की ओर से जारी किए गए अभिलेख।

निजी रिकॉर्ड-इनमें धार्मिक संस्थाओं अथवा मूर्तियों की स्थापना के समय दिए गए अनुदानों का उल्लेख है। इनमें कभी-कभी तत्कालीन शासक तथा उसकी उपलब्धियों का भी उल्लेख मिलता है। यह ध्यान रखने योग्य तथ्य है कि ये रिकॉर्ड 'आधिकारिक' नहीं हैं तथा इनकी रचना आधिकारिक रिकॉर्ड की तरह उतने ध्यान से नहीं की गई है। उदाहरणार्थ, एक निजी व्यक्ति को गुप्त सम्राट को सिर्फ 'महाराजा 'कहने में कोई झिझक नहीं होती थी। मनकुँवर बौद्ध प्रतिमा अभिलेख में कुमारगुप्त प्रथम के लिए प्रयुक्त इस उपाधि के आधार पर डॉ० एलीट ने निष्कर्ष निकाला कि यह एक ऐतिहासिक तथ्य की ओर संकेत कर सकता है- अपने जीवन के अंतिम वर्षों में कुमारगुप्त पुष्टामित्रों तथा हूणों का एक सामंत मात्र रह गया था, जिनके आक्रमणों की व्यापक चर्चा स्कंदगुप्त के भितरी अभिलेखों में मिलती है। उपलब्ध 42 अभिलेखों में से 23 निजी रिकॉर्ड तथा शेष 19 आधिकारिक रिकॉर्ड हैं।

आधिकारिक रिकॉर्ड-ये या तो प्रशस्ति के रूप में हैं अथवा भूमि अनुदान के अभिलेख हैं जिन्हें ताम्र-शासन या ताम्र पत्र कहा जाता है। इन ताम्र शासनों में अनुदानकर्ता अथवा अनुदान प्राप्तकर्ता की वंशावली की जानकारी है। इनसे तत्कालीन आर्थिक स्थिति का पता लगाने में सहायता मिलती है। इनमें कुछ-कुछ राजनैतिक घटनाओं का भी विवरण मिलता है। उदाहरण के लिए इस प्रकार के अनुदानों में, चंद्रगुप्त द्वितीय तथा बुद्धगुप्त के शासन काल की घटनाओं की जानकारी प्राप्त होती है।

प्रस्तर तथा ताम्र पत्र आदेश-गुप्त शासकों के काल के 42 अभिलेख प्राप्त हुए हैं, जिनमें 27 पत्थर पर खुदे हुए हैं। इनमें से 27 निजी अनुदान हैं, एक आधिकारिक अनुदान है तथा शेष चार प्रशस्तियां हैं (दो समुद्रगुप्त की तथा दो स्कंदगुप्त की)। शेष 15 अभिलेखों में से एक लौह-स्तंभ है जो चंद्रगुप्त द्वितीय की प्रशस्ति है। शेष ताम्र पत्र हैं-इनमें से तीन राजकीय भूमि अनुदान से संबंधित हैं, 10 अभिलेखों में ब्राह्मणों तथा मंदिरों को अनुदान हेतु राज्य द्वारा भूमि विक्रय का उल्लेख है, शेष एक अभिलेख एक निजी व्यक्ति द्वारा अनुदान से संबंधित है।

गुप्त अभिलेखों की उपयोगिता–इन अभिलेखों में गुप्त काल की सामाजिक एवं राजनैतिक स्थिति के अतिरिक्त राजनैतिक इतिहास संबंधी महत्वपूर्ण जानकारी है। इन अभिलेखों में पाए गए क्षेत्रों के आधार पर इन क्षेत्रों के गुप्त साम्राज्य के अधीन होने की जानकारी प्राप्त होती है। उदाहरण के लिए स्कंदगुप्त का जूनागढ़ अभिलेख, अपनी स्थिति तथा इसमें निहित जानकारी के आधार पर साबित करता है कि सौराष्ट्र में उसका प्रभाव स्थापित था। इन प्रारंभिक अभिलेखों से जानकारी प्राप्त होती है कि किसी परिवार की उत्पत्ति किस क्षेत्र में हुई। प्रशस्तियों तथा ताम्र शासनों ने साधारणत: उनमें वर्णित राजाओं की वंशावली प्राप्त होती है।

समकालीन गैर–गुप्त अभिलेख-कदंब वंश के शासक काकुष्ठवर्मन के अभिलेखों से ज्ञात होता है कि उसकी एक पुत्री का विवाह गुप्त वंश में हुआ था। वर्मन वंश के अभिलेखों से ज्ञात होता है कि चंद्रगुप्त द्वितीय तथा कुमारगुप्त प्रथम के काल में वर्मन शासक, गुप्त अधीनता स्वीकार किए बिना, मंदसौर के पास मालवा के एक बड़े क्षेत्र पर शासन करते थे। कुमारगुप्त प्रथम के अभिलेख के साथ इन अभिलेखों के अध्ययन से उस क्षेत्र में गुप्त शासकों

के अधिकार के बारे में जानकारी मिलती है। तोरायण तथा मिहिरकुल के अभिलेखों से गुप्त वंश के पतन की जानकारी प्राप्त होती है।

परवर्ती अभिलेख-राष्ट्रकूट ताम्रपत्र में राष्ट्रकूट शासक की प्रशंसा के क्रम में गुप्त सम्राट चंद्रगुप्त द्वितीय का अप्रत्यक्ष उल्लेख है। पकटादित्य के सारनाथ अभिलेख तथा यशोधर्मण के नालंदा अभिलेख में भी गुप्त शासकों के बारे में कुछ अप्रत्यक्ष जानकारियां हैं।

सिक्के

आंतरिक प्रमाण–आंतरिक प्रमाणों से किसी मुद्रा श्रृंखला के द्वारा शासकों का इतिहास कई प्रकार से निर्धारित किया जा सकता है। इनसे हमें उन शासकों के शासन काल की वैसी घटनाओं की जानकारी प्राप्त होती है जो किसी अन्य स्रोत में नहीं मिलती (उदाहरणार्थ कुमारगुप्त प्रथम के अश्वमेघ सिक्के)। चंद्रगुप्त प्रथम के कुमारदेवी सिक्कों से कुछ असामान्य राजनैतिक घटना का संकेत मिलता है। इन सिक्कों से राजा की धार्मिक भावना तथा उसके दरबार के वातावरण का ज्ञान होता है। समुद्रगुप्त के सिक्कों से लगता है कि उसके शासनकाल में सैनिक गतिविधियों का बोलबाला था। चंद्रगुप्त द्वितीय के सिक्कों से लगता है कि उसके दरबार का वातावरण अधिक परिष्कृत था।

बाह्य प्रमाण–किसी सिक्के की बनावट अत्यधिक सुंदर अथवा खराब भी होती थी। यद्यपि सिक्कों की बनावट में अंतर से स्पष्ट तौर पर कुछ नहीं कहा जा सकता, लेकिन उसके आधार पर राजनैतिक परिस्थितियों तथा विचारों का अनुमान लगाया जा सकता है। उदाहरणार्थ कुमारगुप्त प्रथम के उत्तराधिकारियों के सिक्कों की सुंदरता में धीरे-धीरे पतन देखने को मिलता है। इन सिक्कों से साम्राज्य की पतनशील अर्थव्यवस्था का तो अनुमान लगता ही है, साथ ही ऐसे राजा के शासन काल का निर्धारण भी होता है जिसके बारे में किसी अन्य स्रोत से जानकारी प्राप्त नहीं होती।

7.3 साहित्यिक प्रमाण

धर्मेत्तर स्रोत

विधि-विषयक ग्रंथ-कमंडक का *नीतिसार* चंद्रगुप्त प्रथम के काल का है जिसकी तुलना कौटिल्य के *अर्थशास्त्र* से की जाती है। इससे हमें गुप्त राजनीति एवं प्रशासन के बारे में पर्याप्त जानकारी प्राप्त होती है। चौथी शताब्दी में लिखित *नारद स्मृति* तथा बृहस्पति खति ने गुप्त शासकों के न्याय प्रशासन को अत्यधिक प्रभावित किया।

कालिदास के ग्रंथ-कालिदास के ग्रंथों में *अभिज्ञान शाकुंतलम्, मेघदूतम्, रघुवंशम्, मालविकाग्निमित्रम् ऋतुसंहार* तथा *कुमारसंभव* शामिल हैं। हालांकि इन ग्रंथों की विषय-वस्तु प्रेम, प्रकृति तथा सुंदरता है लेकिन साथ ही ये गुप्तकालीन प्रशासन, समाज तथा धर्म पर भी प्रकाश डालते हैं। इसके अलावा इनमें राजनैतिक इतिहास के संकेत भी प्राप्त होते हैं।

राजनैतिक नाटक–विशाखदत्त के *देवीचंद्रगुप्तम्* से एक शक शासक (बासन) द्वारा रामगुप्त की पराजय, चंद्रगुप्त द्वितीय द्वारा शक शासक तथा रामगुप्त की हत्या, चंद्रगुप्त का राज्यारोहण तथा ध्रुवदेवी (उसके भाई की विधवा) से उसके विवाह की जानकारी मिलती है। लेकिन दुर्भाग्यवश यह नाटक संपूर्ण रूप में उपलब्ध नहीं है। वज्जिक के *कौमुदीमहोत्सव* में चंद्रगुप्त प्रथम के राज्यारोहण तथा उसकी उपलब्धियों का उल्लेख है। सुदूक का *मृच्छकटिकम्* मूलतः चारुदत्त (एक धर्मपरायण ब्राह्मण) तथा वसंतसेना (एक प्रसिद्ध वेश्या) के बीच की प्रेम कहानी है लेकिन इसमें तत्कालीन अस्थायी राजनैतिक परिस्थितियों की भी झलक मिलती है।

संस्कृत काव्य तथा अन्य साहित्य–सोमदेव की *कथासरित्सागर*, भास की *स्वनवासवदत्तार*, चंद्रगुप्त *परिपृच्छ सेतुबंध, काव्यमीमांसा आयुर्वेद दीपिका* तथा कुछ अन्य ग्रंथों में गुप्त शासकों से संबंधित कहानियां तथा आख्यान हैं।

धार्मिक स्रोत

हिंदू ग्रंथ–*वायु, मत्स्थ, विष्णु, भागवत, स्कंद, ब्राह्मण* तथा मार्कण्डेय पुराणों की एक आध लाइनों में गुप्त शासकों तथा उनके क्षेत्र का अस्पष्ट उल्लेख है। कलियुग राज वृत्तांत में कलियुग के वंश का इतिहास है तथा कुछ इतिहासकार इसे गुप्त इतिहास का मूल स्रोत मानते हैं।

बौद्ध ग्रंथ–चीनी बौद्ध धर्म यात्रियों के विवरणों से गुप्त काल के बारे में काफी जानकारी प्राप्त होती है। फाह्यान चंद्रगुप्त द्वितीय के शासन काल में भारत आया था। ह्वेनसांग हालांकि हर्ष के काल में आया था लेकिन उसने गुप्त काल के दौरान बौद्ध धर्म की लोकप्रियता का उल्लेख किया है। इसी प्रकार इत्सिंग 675 ई. के आस-पास भारत आया लेकिन उसने गुप्त वंश के प्रथम शासक श्रीगुप्त द्वारा नालंदा विहार के चीनी बौद्ध भिक्षुओं को ग्राम अनुदान का उल्लेख किया है।

गुप्तकालीन एक भारतीय बौद्ध भिक्षु यति वृषब के *तिल्स्य पन्नति* में भी गुप्तकाल के दौरान बौद्ध धर्म की की लोकप्रियता का उल्लेख है। *मंजुश्री मूलकल्प* में गुप्त शासकों से संबंधित कई छंद हैं। लेकिन दुर्भाग्यवश ये कई वंशों के छंदों के बीच बिखरे हुए हैं जिसके कारण दुविधा की स्थिति उत्पन्न होती है। **जैन ग्रंथ**-जिनसेन शूरी का *हरिवंश पुराण* हालांकि काफी बाद के काल का है लेकिन इसमें गुप्त शासकों का भी कुछ उल्लेख है।

तालिका 1: गुप्त अभिलेखों की सूची

शासक का नाम	अभिलेखों की संख्या	अभिलेखों के नाम	प्रकृति
समुद्रगुप्त	4	इलाहाबाद शिला स्तंभ ऐरण शिला स्तंभ नालंदा ताम्र पत्र गया ताम्र पत्र	प्रशस्ति प्रशस्ति शाही आदेश शाही आदेश प्रशस्ति
चंद्रगुप्त द्वितीय	6	महरौली लौह स्तंभ (अन्य पांच अनुदान रिकॉर्ड हैं)	
कुमारगुप्त प्रथम	14	इसमें से पांच अधिकारिक ताम्रपत्र तथा अन्य नौ निजी रिकॉर्ड हैं।	
स्कंदगुप्त	5	जूनागढ़ शिलालेख भीतरी स्तंभ इन्दौर शिला स्तंभ	प्रशस्ति प्रशस्ति शाही आदेश उप-सामंतीकरण के प्रमाण)
बुद्धगुप्त	7	पहाड़पुर ताम्रपत्र	शाही आदेश (राज्य के भू-स्वामित्व का प्रमाण)

निम्नलिखित गुप्त शासकों के शासन काल में एक-एक अभिलेख जारी हुआ-(i) पुरुगुप्त, (ii) नरष्पत, (iii) कुमारगुप्त द्वितीय, (iv) विष्णुगुपत, (v) वैन्यगुप्त, तथा; (vi) भानुगुप्त।

7.4 आर्थिक स्थिति

कृषि-संरचना–भूस्वामित्व की प्रकृति

कई विद्वानों का मानना है कि राज्य भूमि का मालिक था। इस तर्क का आधार बुद्धगुप्त का पहाड़पुर ताम्र पत्र अभिलेख है जिसमें कहा गया है कि भूमिदान करने से सम्राट (राज्य का प्रतिनिधि) को आर्थिक तथा अध्यात्मिक गुण प्राप्त होते हैं। इससे स्पष्ट है कि वह भू-स्वामी है। भूमिदान की आधिकारिक प्रक्रिया से भी इस विषय में कुछ अप्रत्यक्ष प्रमाण प्राप्त होते हैं। इसके अलावा, भूमि अनुदानों से निश्चित तौर पर स्पष्ट होता है कि भूमि का सर्वोच्च स्वामी राजा था, अन्यथा वह अनुदान प्राप्तकर्ता को व्यापक अधिकार स्थानांतरित नहीं करता। भूमि अनुदान के बाद भी राजा को उसके ऊपर कुछ अधिकार प्राप्त थे। इस प्रकार यह लगता है कि व्यावहारिक तौर पर भूमि किसानों की थी, लेकिन राजा को इस पर सैद्धांतिक अधिकार प्राप्त था।

भूमि का वर्गीकरण

आर्थिक दृष्टिकोण से गुप्तकालीन भूमि के निम्नलिखित वर्गीकरण किए जा सकते हैं-

क्षेत्र	खेती योग्य भूमि
खिला	बेकार भूमि
अप्राहत	जंगल भूमि
बस्ती	निवास योग्य भूमि
गपत सर:	चारागाह

भूमि धृति के प्रकार

गुप्तकालीन भूमि अनुदान अभिलेखों के आधार निम्नलिखित प्रकार की भू-धृतियां देखने को मिलती हैं-

- *निविधर्म:* सदा के लिए भूमि अनदान।
- *निविधर्म अक्षयण:* सदा के लिए दिया गया भूमि अनुदान जिसका प्राप्तकर्ता इसे किसी प्रकार दूसरे को नहीं दे सकता था पर इससे प्राप्त आय का भोग सदा के लिए कर सकता था।
- *अप्रद धर्म:* इसके प्राप्तकर्ता को संपत्ति के सभी अधिकार प्राप्त थे पर वह इसे दूसरे को अनुदान में नहीं दे सकता था तथा उसे प्रशासकीय अधिकार प्राप्त नहीं थे।
- *भूमिछिद्रन्याय:* इसका अर्थ था कि जो व्यक्ति सर्वप्रथम बंजर भूमि पर खेती प्रारंभ करेगा, वही इसका भू-स्वामी होगा, तथा उसे इस पर कर नहीं देना पड़ेगा।

निविधर्म भू-धृति का प्रचलन उत्तरी तथा मध्य भारत के कई भागों में था, अन्य भू-धृतियां संभवत: गुप्त साम्राज्य के पूर्वी भाग में प्रचलित थीं। इसी कारण बंगाल के अभिलेखों में उनका अधिक उल्लेख मिलता है।

भू-सर्वेक्षण

प्रभावती गुप्त के पूना ताम्र पत्रों तथा अन्य कई अभिलेखों से गुप्तकालीन भू-सर्वेक्षण की जानकारी प्राप्त होती है। पहाड़पुर ताम्र पत्र अभिलेख के अनुसार व्यक्ति भूखंडों की माप, रिकॉर्ड रखने वाले अधिकारियों तथा स्थानीय प्रभावशाली व्यक्तियों द्वारा की जाती थी तथा इसकी सीमाओं का निर्धारण किया जाता था। जिला स्तर पर भूमि की खरीद-बिक्री का रिकॉर्ड पुस्तपाल के पास रहता था, जबकि ग्रामीण लेखपाल ग्रामीण भूमि का लेखा-जोखा रखता था।

भूमि की खरीद-बिक्री

गुप्त काल के भूमि विक्रय संबंधी लगभग 10 ताम्र पत्र अभिलेख प्राप्त हुए हैं। भूमि खरीदने के समय कुछ विधियों का पालन करना होता था। सर्वप्रथम संबंधित जिले के पुस्तपाल के पास एक आवेदन भेजा जाता था। आवेदन प्राप्ति के बाद पुस्तपाल स्थानीय तथा पड़ोस के व्यक्तियों को सूचित करता था कि उनका कोई विरोध हो तो वे उसे प्रस्तुत कर सकें। अगर कोई विरोध नहीं होता था तो विषयपति (जिला प्रमुख) के सहयोग से पुस्तपाल का विभाग भूमि को बेच देता था।

धार्मिक अनुदान

अग्रहार अनुदान-ये अनुदान सिर्फ ब्राह्मणों को दिए जाते थे। ये हमेशा के लिए वंशानुगत तथा कर मुक्त थे, जिसके साथ भूमि कर का अधिकार भी सौंप दिया जाता था। अग्रहार अनुदानों पर सर्वप्रथम समुद्रगुप्त के नालंदा तथा गया अनुदानों से प्रकाश पड़ता है। इन अनुदानों की आवश्यक शर्त यह थी कि कर देने वाले कृषक इन गांवों में नहीं जा पाएं जिससे कि राज्य के कर को नुकसान पहुंचे। इन अनुदानों को राजा के विरुद्ध षड्यंत्र, चोरी, व्याभिचार आदि की स्थिति में जब्त किया जा सकता था। अग्रहार अनुदानों से ब्राह्मणों की विशेष स्थिति का ज्ञान होता है। इस प्रकार के अनुदान प्राप्तकर्ताओं को किसी प्रशासकीय कार्य की अनुमति नहीं थी।

देवाग्रह अनुदान-कुछ अनुदानों से ज्ञात होता है कि गुप्त काल में कुछ धर्मेत्तर व्यक्तियों को धार्मिक कार्यों के लिए अनुदान दिए जाते थे। मध्य भारत के उच्चकल्प वंश के महाराजाओं (ये गुप्त शासकों के अधीनस्थ शासक थे) के अभिलेखों से ज्ञात होता है कि उनका सिर्फ एक अनुदान ब्राह्मणों के पक्ष में था। बाकी अनुदान उन्होंने लेखकों, व्यापारियों आदि को मंदिरों की मरम्मत तथा पूजा के लिए दिए थे।

धर्मोत्तर अनुदान

उच्चकल्प वंश के अनुदानों से लगता है कि धर्मेत्तर व्यक्तियों को स्वतंत्र रूप से भी भूमि अनुदान दिए जाते थे। इसके अनुसार, एक जनजातीय प्रमुख, पुलिंदभट्ट को प्रशासकीय तथा वित्तीय अधिकारों सहित दो गांवों का अनुदान दिया गया था। इस काल में इस प्रकार के अन्य अनुदान भी दिए गए थे पर इनके धार्मिक प्रकृति के नहीं होने के कारण इनको पत्थर अथवा ताम्र पत्र पर उत्कीर्ण नहीं किया गया।

अधिकारियों तथा सैन्य अधिकारियों को भूमि अनुदानों के अभिलेखीय प्रमाण अनुपलब्ध हैं पर इसकी संभावना से इनकार नहीं किया जा सकता है। कुछ प्रशासकीय अधिकारियों के भोगिक तथा भोगिक जैसी उपाधियों तथा प्रशासकीय इकाइयों से लगता है कि राज्य की सेवाओं के बदले भूमि अनुदान दिए जाते थे।

उप-सामंतीकरण की शुरूआत

बंगाल तथा पूर्वी भारत के गुप्त अनुदानों में अनुदान प्राप्तकर्ता को अपनी भूमि को दूसरे को देने अथवा उसके लगान वसूलने का कार्य दूसरे को सौंपने का अधिकार नहीं था। लेकिन मध्य भारत में स्कंदगुप्त के इंदौर अनुदान में अनुदान की शर्तों को मानते हुए अनुदान-प्राप्तकर्ता को उस भूमि पर खेती करने अथवा करवाने का अधिकार दिया गया था। इससे अनुदान प्राप्त भूमि पर काश्तकार रखने का अवसर प्राप्त हो गया। यह संभवत: उप-सामंतीकरण का पहला अभिलेखीय उदाहरण है, जिसका प्रचलन मध्य भारत में पांचवीं शताब्दी में चलता रहा तथा जो छठी एवं सातवीं शताब्दी के वल्लभी शासकों के अनुदानों की विशेषता है।

किसानों की स्थिति

पाँचवीं शताब्दी के बाद पश्चिमी तथा मध्य भारत में अनुदान प्राप्तकर्ताओं को चोरों को सजा देने के साथ-साथ दीवानी मुकदमों की सुनवाई का अधिकार भी प्रदान कर दिया गया। इसके कारण अनुदानित गांवों में, जिनमें वित्तीय अधिकार भी सौंप दिए गए थे, किसानों तथा अन्य निवासियों का दमन हुआ। इन्हें अपने मालिकों की आज्ञा माननी होती थी तथा उनके आदेशों का पालन करना होता था। गुजरात, मध्य भारत तथा ओडिशा में छठी शताब्दी के बाद के अभिलेखों से संकेत मिलता है कि दूसरों को अनुदान दिए जाने की स्थिति में भी कृषकों को उसी भूमि पर रहना पड़ता था। इस तरह देश के कुछ भागों में स्वतंत्र कृषकों की स्थिति में पतन हुआ तथा वे कृषि-दास अथवा अर्द्ध-कृषि-दास की स्थिति में पहुंच गए। उप-सामंतीकरण के कारण अनुदानित भूमि के कृषकों का दमन और भी बढ़ गया। इसके द्वारा अनुदान प्राप्तकर्ता, कृषकों को उनकी भूमि से बेदखल कर सकते थे। उप-सामंतीकरण की प्रक्रिया ने स्वतंत्र कृषक को 'इच्छा पर निर्भर कृषक 'बना दिया। बेगारी तथा अन्य करों के बोझ लादे जाने के कारण कृषकों की स्थिति और भी खराब हुई।

कृषि

कृषि की स्थिति

गुप्तकालीन स्रोतों में कृषि तथा इसके विभिन्न पहलुओं का पर्याप्त उल्लेख है। प्रकृति एवं सिंचाई के साधनों द्वारा कृषि का विस्तार हो रहा था। राज्य तथा व्यक्तिगत कृषकों के अतिरिक्त अनुदानित भूमि पर ब्राह्मण, जैन तथा बौद्ध संघ कृषि द्वारा बेकार भूमि को कृषि के अधीन ला रहे थे। कालिदास के ग्रंथों से ज्ञात होता है कि संन्यासी भी अपने निर्वाह के लिए भूमि का प्रयोग कर रहे थे तथा उस पर खेती कर रहे थे।

कृषि के महत्व को ध्यान में रखते हुए *नारद* तथा *वृहस्पति* ने फसलों को नुकसान पहुंचाने तथा अन्न की चोरी करने वालों के लिए कठोर दंड का प्रावधान किया। अगर चरवाहों की लापरवाही के कारण पशु फसल को नुकसान पहुंचाते थे तो चरवाहों को भी दंडित किया जाता था। कृषक को भी अपने खेत की ठीक तरह घेराबंदी करने को कहा जाता था। इस काल में कृषि की संपन्नता के साथ अकाल, बाढ़, फसलों की असफलता के उल्लेख भी प्राप्त होते हैं।

तालिका 2: विभिन्न प्रकार के करों की सूची

कर	अर्थ एवं प्रकृति
भाग	यह सभी कृषकों द्वारा देय उत्पादन में राजा का प्रथागत हिस्सा था जो साधारणत: उत्पादन का छठा भाग हुआ करता था।
भोग	ग्रामीणों द्वारा राजा को दी जाने वाली फल, फूल, लकड़ी आदि की नियमित आपूर्ति।
कर	ग्रामीणों द्वारा समय-समय पर देय एक कर। यह नियमित भूमि कर का भाग नहीं था बल्कि एक विशेष कर था जिसे ईमानदार शासकों द्वारा माफ किया जा सकता था।
बली	मूलत: यह लोगों द्वारा राजा को स्वेच्छा से दिया जाता था, पर बाद में आवश्यक हो गया। गुप्त काल में यह अतिरिक्त दमनकारी कर था।
उदिआंग	यह पुलिस चौकियों के रख-रखाव के लिए लिया जाने वाला पुलिस कर होगा अथवा जल कर होगा। यह भी लोगों पर एक अतिरिक्त कर था।

उपरिकर	इसकी प्रकृति के बारे में भी एकमत नहीं है, पर यह भी एक प्रकार का अतिरिक्त कर होगा।
हिरण्य	इसका शाब्दिक अर्थ स्वर्ण मुद्राओं में लिया जाने वाला कर है लेकिन व्यवहार में संभवत: यह कुछ फसलों पर अनाज के रूप में राजा के हिस्से की तरह लिया जाता था।
वात-भूत	वात (वायु) तथा भूत (आत्मा) के रख-रखाव के लिए विभिन्न प्रकार के कर।
हलिवकर	हल रखने वाले प्रत्येक कृषक द्वारा दिया जाने वाला कर।
शुल्क	व्यापारियों द्वारा शहर अथवा बंदरगाह पर लाई गई सामग्रियों पर लगाया जाने वाला राजसी कर। इसकी तुलना सीमा-शुल्क तथा चुंगी से की जा सकती है।
क्लिप्त एवं उपक्लिप्त	क्रय एवं विक्रय कर।

भूमि जोत

गुप्त काल में भूखंड संभवत: छोटे आकार के होते थे जिस पर कृषक अपने परिवार के सदस्यों की सहायता से खेती करता था। लेकिन गुनाईगढ़ पत्रों में उल्लिखित ग्यारह पताका की तरह के भूमि जोत भी थे जिस पर भू-स्वामी मजदूरों की अथवा बटाईदारों की सहायता से खेती करता था। नारद तथा वृहस्पति ने भू-स्वामियों तथा मजदूरों एवं बटाईदारों के बीच संबंध के कुछ नियम बनाए थे। ये नियम दोनों पक्षों के हितों की रक्षा के लिए बनाए गए थे।

पैदावार का प्रतिरूप तथा पैदावार

अधिकतर क्षेत्रों में कृषि में बरसात की महत्वपूर्ण भूमिका होती थी अत: वाराहमिहिर की *बृहतसंहिता* में कृषकों को निर्देश देने के लिए मौसम विज्ञान संबंधी अवलोकनों का विवरण दिया गया है। वाराहमिहिर के अनुसार देश के कुछ भागों में तीन फसलें उगाई जाती थीं-ग्रीष्म, शरद तथा वसंत।

वाराहमिहिर तथा अमरसिंह ने चावल, गेहूं, जौ, मटर, मसूर, दाल, गन्ना तथा तिलहन जैसी कई फसलों का उल्लेख किया है जिनका उत्पादन गुप्त काल में होता था। कालिदास के ग्रंथों से ज्ञात होता है कि दक्षिण भारत काली मिर्च तथा इलयाची के लिए प्रसिद्ध था। आम, नारियल, अंगूर, पंखिया खजूर जैसे फलों का भी भारत के विभिन्न भागों में उत्पादन होता था। वाराहमिहिर ने फलों के वृक्ष लगाए जाने की पद्धति का भी उल्लेख किया है।

सिंचाई

प्राचीन काल से ही भारत में कृषि कार्यों के लिए सिंचाई के महत्व को स्वीकार किया गया है क्योंकि देश के सभी भागों में वर्षा तथा नदियों से सिंचाई की सुविधा उपलब्ध नहीं थी। भारत के उत्तरी-पश्चिमी भाग में सिंचाई विभिन्न साधनों द्वारा की जाती थी। बाढ़ को रोकने तथा शुष्क भागों की सिंचाई के लिए नहरों का निर्माण होता था। नारद के अनुसार दो प्रकार के बांध होते थे-बर्ध्य, जो खेतों को बाढ़ से बचाते थे, तथा; खय, जो सिंचाई का काम करते थे। अमरसिंह ने जलनिग्रह का उल्लेख किया है जो बाढ़ रोकने के लिए थे। नदियों के अलावा तालाबों तथा झीलों से भी नहरें निकाली जाती थीं। आकार के अनुसार तालाबों को वापी, तड्ग तथा दीर्घुल कहा जाता था। सबसे प्रसिद्ध झील गुजरात की गिरनार पहाड़ी के नीचे की सुदर्शन झील थी। छोटे खेतों की सिंचाई के लिए कुओं का प्रयोग होता था। वृहस्पति के अनुसार सिंचाई के साधनों को नुकसान पहुंचाने वालों पर दंड लगाया जाता था।

वनखंड

कालिदास ने गुप्तकालीन वनों तथा वन उत्पादों का विस्तृत विवरण प्रस्तुत किया है। जंगलों से भवन, नाव तथा जहाज की लकड़ी, विभिन्न जानवरों की खाल, हाथी दांत, कस्तूरी, लाख जैसे सामान पाए जाते थे। जंगलों की सुरक्षा के लिए एक गौल्मिक नामक अधिकारी की नियुक्ति से वनों का महत्व समझा जा सकता है।

7.5 उद्योग

खनिज एवं धातुकर्म

गुप्तकालीन सभी उद्योगों में खनिज तथा धातुकर्म सर्वाधिक महत्वपूर्ण थे। अमरसिंह, वाराहमिहिर तथा कालिदास ने खनिजों के अस्तित्व का व्यापक उल्लेख किया है। उनके विवरणों से लगता है कि कुषाणकालीन खनिज गुप्त काल में भी प्रयुक्त होते रहे। अमरसिंह के *अमरकोष* में लोहा, सोना, चांदी, तांबा, टिन, सीसा, पीतल, कांसा, अभ्रक, मैगनीज, एंटिमनी, सिलाजीत तथा लाल आर्सेनिक सहित कई धातुओं की विस्तृत सूची दी गई है।

सभी धातुओं में लोहा सर्वाधिक महत्वपूर्ण था तथा ग्रामीण समुदाय में कृषकों के बाद लुहारों का महत्व था। समकालीन साहित्यों से ज्ञात होता है कि वे विभिन्न प्रकार के घरेलू तथा कृषि उपकरणों के अतिरिक्त बर्तन तथा हथियार बनाते थे। *अमरकोष* में हल के पांच नामों का उल्लेख है जिससे उसकी उपलब्धता तथा कृषि के महत्वपूर्ण उपकरण के रूप में उसकी उपयोगिता का पता चलता है। संभवतः इस काल के हल में कुछ विकास हुआ जिसके कारण ज्यादा गहरी जुताई हुई तथा अधिक बंजर भूमि पर खेती प्रारंभ हुई। धातुकर्म में उत्कृष्टता का सर्वाधिक महत्वपूर्ण उदाहरण राजा चंद्र का महरौली स्तंभ है जिसे चंद्रगुप्त द्वितीय का माना गया है। शताब्दियों से खड़े इस लौह स्तंभ में जंग नहीं लगा है जो प्राचीन भारत के लौहकर्मियों की प्रतिभा का स्मारक चिह्न है।

लुहार समाज के सभी वर्गों की आवश्यकता का सामान बनाते थे जबकि सुनार साधारणतः धनी वर्ग की मांगों की पूर्ति करते थे। समकालीन साहित्य में इस काल के लोगों द्वारा आभूषणों के व्यापक प्रयोग का उल्लेख है। आभूषणों का प्रयोग सिर्फ महिला सुंदरता को बढ़ाने के लिए ही नहीं, वरन कई अपशकुनों से बचने के लिए भी होता था। इस काल की धातु तकनीक की एक महत्वपूर्ण विशेषता मुहरों तथा विशेषकर बुद्ध की मूर्तियों का निर्माण है। धातुकर्मी शिल्पकारों की एक बड़ी संख्या के महत्वपूर्ण भाग थे। लोहा, सोना, चांदी, तांबा, सीसा अथवा टिन के धातुकर्मियों को इन धातुओं के मालिकों को निर्माण प्रक्रिया के दौरान एक विशेष सीमा से अधिक नुकसान होने पर हर्जाना देना पड़ता था।

मृद्भांड एवं टेराकोटा

मृद्भांड, टेराकोटा मूर्तियों तथा मुहरों का निर्माण एक लोकप्रिय तथा व्यापक उद्योग था। उपलब्ध नमूनों से ज्ञात होता है कि इनके निर्माण तथा रंगाई में उत्कृष्ट शिल्प कला का प्रयोग हुआ था। मिट्टी के बर्तनों का प्रयोग दैनिक कार्यों के लिए होता था जबकि मिट्टी की मूर्तियां धार्मिक तथा धर्मेत्तर कार्यों में प्रयुक्त होती थीं। मिट्टी की सुलभ उपलब्धता के कारण मिट्टी की सामग्रियों का प्रयोग स्वाभाविक था।

राजगीरी तथा मूर्तिकला

राजगीर तथा मूर्तिकार पत्थरों का प्रयोग करते थे। ये भवनों, स्तंभों तथा मूर्तियों का निर्माण करते थे। अनेक सुंदर मंदिरों तथा विहारों का निर्माण किया गया। इनमें से कुछ के अवशेष देश के विभिन्न भागों में विद्यमान हैं।

वस्त्र-निर्माण

सिल्क, ऊन तथा पशुओं की खालों पर आधारित कई उद्योग थे तथा इनमें काफी बड़ी संख्या में लोग कार्य करते थे। महंगे सिल्क तथा चमड़े के वस्त्रों का प्रयोग धनी लोग करते थे। सिल्क, ऊन तथा वस्त्र उद्योग के साथ रंगाई तथा काशीदाकारी भी काफी विकसित थे। अभिलेखों से ज्ञात होता है कि मध्य तथा पश्चिम भारत में सिल्क बुनकरों का व्यवसाय काफी फल-फूल रहा था। ये निगमों में संगठित थे तथा इन्होंने धार्मिक उद्देश्यों के लिए अनुदान भी दिया। लेकिन कुछ सिल्क बुनकरों को संभवतः उनके उत्पादों की मांग में कमी के कारण गुजरात से मालवा जाना पड़ता था।

7.6 व्यापार एवं वाणिज्य

आंतरिक व्यापार

व्यापारियों के प्रकार-व्यापारी अपने आपमें एक वर्ग थे, हमें दो विशिष्ट वर्गों को उल्लेख मिलता है-श्रेष्ठी साधारणतः किसी खास स्थान पर रहते थे तथा उनकी सामाजिक स्थिति अच्छी थी क्योंकि उनके पास अत्यधिक धन था और वे प्रशासन एवं वाणिज्यिक क्षेत्रों में प्रभावशाली थे। सार्थवाह कारवां व्यापारी थे जो घूम-घूमकर अपना सामान बेचते थे। वे वस्तुओं की मूल कीमत से चार या पांच गुणी कीमत पर उन्हें बेचते थे। व्यापारिक मार्गों पर विद्यमान खतरों को देखते हुए यह अनुपयुक्त नहीं था। श्रेष्ठी की तरह सार्थवाह भी शहर का महत्वपूर्ण व्यक्ति हुआ करता था।

व्यापार सामग्री-स्थानीय व्यापार मुख्यतः दैनिक प्रयोग की वस्तुओं का हुआ करता था, देश के विभिन्न भागों के बीच साधारणतः काली मिर्च, चंदन, मूंगा, कस्तूरी, केसर, हाथी, घोड़ा, सोना, तांबा, लोहा तथा अभ्रक आदि का व्यापार होता था।

व्यापारिक रिवाज-नारद तथा वृहस्पति ने व्यापार के लिए कई अधिनियम बनाए हैं। ये नियम विशेष बेची गई चीजों को वापस करने, वस्तुओं की गुणवत्ता, चोरी की वस्तुओं को बेचने आदि से संबंधित हैं। इन नियमों के बावजूद व्यापार में बेईमानी होती थी।

मूल्य एवं माप-गुप्त काल मौर्य काल से एक महत्वपूर्ण मायनें में अलग था। मौर्यों के विपरीत गुप्तों ने वस्तुओं का मूल्य निर्धारित नहीं किया जो कि मांग एवं आपूर्ति के आधार पर घटता-बढ़ता रहता था। गुप्त काल में सिर्फ कीमतें ही नहीं बल्कि माप की इकाइयां भी अलग-अलग स्थानों पर अलग-अलग थीं।

बाह्य व्यापार

कला और शिल्प के साक्ष्यों के बावजूद गुप्त काल का विदेशी व्यापार गुप्त काल से पहले की तरह नहीं था। भारत सोना चांदी का मुख्य स्रोत रोमन व्यापार दो कारणों से लगभग समाप्त हो गया- *एक* था, कीमती धातुओं के भारत निर्यात के प्रति प्रतिक्रिया, तथा; *दूसरा* रोमन एवं गुप्त साम्राज्य पर बर्बर आक्रमण। लेकिन प्रोकोपियस के विवरण से लगता है कि बाईजेंटाईन साम्राज्य के साथ भारत का पुन: व्यापार प्रारंभ हो गया था और यह भारत के हक में था।

बाईजेंटाईन साम्राज्य के साथ व्यापार-भारत एवं बाईजेंटाईन साम्राज्य के बीच बड़े स्तर पर व्यापार हो रहा था। दक्षिण, पश्चिम तथा पूर्वी भारत से प्राप्त बाईजेंटाईन स्वर्ण मुद्राओं से इसकी पुष्टि होती है। जस्टिनियन ने अपने विधि पुस्तक में आयातित सामग्रियों की जो सूची दी है उनमें से कई भारतीय अथवा भारतीय मूल की हैं। इनमें लोहा, हाथी दांत तथा कपास का उल्लेख किया जा सकता है, परंतु इनमें मसाले तथा सिल्क सर्वाधिक महत्वपूर्ण थे। फारसी व्यापारी भारत तथा बाईजेंटाईन के बीच के सिल्क व्यापार में काफी लाभ प्राप्त करते थे तथा जस्टिनियन ने इनके एकाधिकार को समाप्त करने के लिए कई प्रयत्न किया। इसके अतिरिक्त भारत के अरब, फारस तथा संभवत: आर्मीनिया से भी व्यापारिक संबंध थे।

श्रीलंका से व्यापार-इस काल में भारत के श्रीलंका के साथ घनिष्ठ व्यापारिक संबंध थे। श्रीलंका भारत से वस्त्र, मसाले, चंदन, कस्तूरी, घोड़े तथा हाथी आयात करता था। ये संभवत: श्रीलंका से अन्य देशों को निर्यात होते थे। भारत संभवत: श्रीलंका से मोती तथा चांदी मंगाता था।

दक्षिण-पूर्व एशिया से व्यापार-दक्षिण तथा पूर्वी भारत के लोगों के दक्षिण-पूर्वी एशियायी देशों के साथ व्यापारिक संबंध थे जहां उनके उपनिवेश थे। पूरब (चीन तथा पूर्व एशिया) के देशों के साथ भारत के व्यापारिक संबंध पश्चिम के देशों की तरह नहीं थे और इससे भारत की आंतरिक अर्थव्यवस्था को कोई नुकसान नहीं हो रहा था। दक्षिण-पूर्व एशियायी देशों के साथ भारत के संपर्क के दूरगामी प्रभाव पड़े तथा इससे उन देशों की संस्कृति प्रभावित हुई।

श्रेणी तथा निगम

गुप्तकालीन स्मृतियों में श्रेणी तथा निगमों के संचालन के नियम दिए गए हैं। ये व्यापारिक गतिविधियों, धन जमा करने के कार्य के अतिरिक्त कार्यकारी तथा न्यायिक गतिविधियों में भी संलग्न थे। अभिलेखों से ज्ञात होता है श्रेणियों द्वारा सिक्के तथा मुहरें जारी की जाती थीं। कालचुरी अभिलेख के अनुसार इनकी अपनी सेना भी थी जिसे श्रेणीबल कहा जाता था। उत्पादन तथा राजनैतिक शक्ति की स्वतंत्र इकाइयों के रूप में श्रेणियों की बढ़ती हुई स्वायत्तता राज्यों तथा श्रेणियों के बीच के नियमों के आधार पर देखी जा सकती है। प्रारंभिक ग्रंथों में राजा के श्रेणियों के नियमों (श्रेणीधर्म) का आदर करने को कहा गया है, लेकिन गुप्तकाल के ग्रंथों में राजा से श्रेणियों में प्रचलित नियमों को लागू करने को कहा गया है।

उदाहरण के लिए वृहस्पति ने लिखा है कि अधिनियमों के आधार पर श्रेणियों के प्रमुखों द्वारा लोगों के साथ जो किया जा रहा हो, उसे राजा को स्वीकृति प्रदान करनी चाहिए क्योंकि वे विभिन्न गतिविधियों के नियुक्त व्यवस्थापक हैं। उसने चेतावनी दी है कि अगर स्थान, जाति तथा परिवारों के रीति-रिवाजों का पालन नहीं किया गया तो लोगों में असंतोष फैलेगा जिससे धन की कमी होगी। अत: ऐसा लगता है कि श्रेणी अपने कार्यों में स्वतंत्र थे तथा राजा उनके निर्णयों को मानने के लिए बाध्य थे।

लेकिन कुछ मौकों पर राजा श्रेणी की गतिविधियों में हस्तक्षेप कर सकता था। नारद लिखता है कि राजा दो श्रेणियों का एकीकरण नहीं होने देगा तथा बिना उपयुक्त कारणों के इनके शस्त्रीकरण की अनुमति नहीं देगा। नारद ने राजा को इन श्रेणियों की राज्य विरोधी, अनैतिक तथा आपराधिक गतिविधियों पर भी रोक लगाने को कहा है। लेकिन उपरोक्त विवरणों से लगता है कि श्रेणियां राज्य की शक्ति को चुनौती प्रदान करने में सक्षम थीं। इनमें से कुछ श्रेणियों का वैशाली तथा मंदसौर जैसे शहरों के आर्थिक जीवन पर वर्चस्व था तथा ये उत्पादन की स्वतंत्र इकाइयों के रूप में कार्य करती थीं।

मुद्रा

यह सुनिश्चित तौर पर नहीं कहा जा सकता कि गुप्त मुद्रा प्रणाली की शुरुआत किसके द्वारा हुई। अभी तक यह माना जाता था कि वंश का प्रथम प्रतापी शासक होने के कारण चंद्रगुप्त प्रथम ने मुद्रा प्रणाली की शुरुआत की थी तथा चंद्रगुप्त-कुमारदेवी स्वर्ण सिक्के इस वंश के प्रारंभिक सिक्कों में से हैं। लेकिन इन सिक्कों के तुलनात्मक अध्ययन के बाद कुछ विद्वानों का मानना है कि गुप्त सिक्कों का प्रचलन सर्वप्रथम समुद्रगुप्त ने प्रारंभ किया। उसके पहले सिक्के मानक प्रकार के थे तथा बाद में उसने अपने पिता

के लिच्छवि राजकुमारी से विवाह की स्मृति में चंद्रगुप्त-कुमारदेवी प्रकार के सिक्के जारी किए। इस वैवाहिक संबंध से गुप्त वंश को काफी लाभ हुए।

इतना सुनिश्चित है कि चांदी के सिक्कों का प्रचलन चंद्रगुप्त द्वितीय के द्वारा प्रारंभ हुआ तथा कुमारगुप्त प्रथम तथा स्कंदगुप्त ने इन्हें जारी रखा। चंद्रगुप्त द्वितीय तथा कुमारगुप्त प्रथम के काल में स्वर्ण मुद्राओं के साथ-साथ चांदी तथा तांबे के सिक्कों का प्रचलन, हालांकि सीमित स्तर पर, जारी रहा।

गुप्त काल के बाद सिक्कों की कमी दिखती है इसका कारण यह है कि गुप्त शासकों ने अपने पूर्वजों की तरह तांबे के सिक्के जारी नहीं किए। इंडो-ग्रीक शासकों तथा विशेष कुषाणों ने तांबे के काफी सिक्के जारी किए थे जो कि उनके साम्राज्य के विभिन्न क्षेत्रों में आम प्रचलन में थे। फाह्यान ने बताया है कि आम विनिमय का माध्यम कौड़ियां थीं। गुप्तकालीन सिक्कों की तुलनात्मक कमी का कारण एक ऐसे विनिमय के माध्यम की कमी थी, जिसके द्वारा एक क्षेत्र के लोग दूसरे क्षेत्र से विनिमय कर पाते। गुप्त राजाओं द्वारा जारी की गई स्वर्ण मुद्राओं का प्रयोग बड़े लेन-देन में होता था, जैसे- भूमि विक्रय आदि। इन कार्यों में दीनारों (स्वर्ण मुद्रा) का प्रयोग होता था। छोटे लेन-देन वस्तु विनिमय प्रणाली कौड़ियों के द्वारा होते थे।

अत: यह कहा जाता है कि गुप्त काल में गांव तथा शहर: मुख्यत: उत्पादन की आत्मनिर्भर इकाइयों पर आधारित थे तथा मुद्रा अर्थव्यवस्था कमजोर पड़ती जा रही थी। मौर्य काल में इन इकाइयों को एक साथ जोड़ने वाला राज्य नियंत्रण का बंधन तथा मौर्योत्तर काल में इन्हें एक साथ रखने वाले ताम्र सिक्के गुप्त काल में प्रचलित नहीं थे। लेकिन इसका अर्थ यह नहीं है कि उत्पादन में किसी प्रकार का पतन आया। वास्तव में शिल्प एवं कृषि उत्पादन में वृद्धि ही हुई।

सूदखोरी

महाजनी अथवा सूदखोरी मुद्रा से जुड़ी हुई प्रक्रिया है। यद्यपि यह एक स्थापित पेशा था परंतु गुप्तकाल में इससे प्राप्त धन को सामाजिक प्रतिष्ठा प्राप्त नहीं थी। नारद तथा वृहस्पति ने इस व्यापार के संचालन के लिए नियमों का निर्धारण किया तथा ब्याज के वैधानिक, नैतिक तथा आर्थिक आधार को सही ठहराया। ऋणदाता तथा ऋण प्राप्तकर्ता के बीच अनुबंध में गुप्त राज्य का कोई दायित्व नहीं था। राज्य सिर्फ विषम परिस्थितियों में ही हस्तक्षेप करता था। राज्य नियंत्रण की अनुपस्थिति के कारण ऋण प्राप्तकर्ता को कभी-कभी कठिन परिस्थितियों का सामना करना पड़ता था।

निगमों तथा श्रेणियों के अतिरिक्त निजी व्यक्ति भी इस व्यवसाय में थे। कर्ज देने के लिए वे अपने नियम बनाते थे, हालांकि इस संदर्भ में वे स्थानीय रीति-रिवाजों का पालन करते थे। नारद तथा वृहस्पति ने सुरक्षा, जमानतकर्ता, वैधता और ऋण-पत्र की उपयोगिता के संबंध में नियमों का निर्माण किया। उनके अनुसार ब्याज की सामान्य दर 15 प्रतिशत प्रतिवर्ष थी। लेकिन ब्याज की दर जाति के अनुसार अलग-अलग होती थी तथा ब्राह्मणों को सबसे कम ब्याज देना पड़ता था। कर्जदार की मृत्यु के बाद कर्ज वापस करने का दायित्व उसके पुत्र तथा वैध उत्तराधिकारी का होता था।

शहरी केंद्र

गुप्त काल में आत्म-निर्भर स्थानीय इकाइयों की उत्पत्ति से शहरी केंद्रों के पतन का पता चलता है। प्रथम तीन शताब्दियों का कुषाण संस्तर पुरातत्व के दृष्टिकोण से काफी धनी है। दूसरी ओर चौथी से छठी शताब्दी तक का गुप्त संस्तर पतन की स्थिति में दिखता है तथा कई जगह कुषाणकालीन ईंटों का प्रयोग गुप्त संरचनाओं में हुआ है। कई शहरी बस्तियां छठी शताब्दी में समाप्त हो गईं। यह संघोल (लुधियाना) इंद्रप्रस्थ, हस्तिनापुर तथा चिरांद जैसे उत्तर भारत के स्थलों के उत्खनन से जाहिर होता है। महाराष्ट्र, कर्नाटक तथा आंध्र प्रदेश की भी यही स्थिति है।

7.7 राजनैतिक इतिहास

प्रारंभिक गुप्त शासक

श्री गुप्त तथा उसका पुत्र घटोत्कच गुप्त महाराज की साधारण उपाधि धारण करते थे। वे किस क्षेत्र में शासन करते थे वे किसी शासक के अधीनस्थ शासक थे अथवा नहीं, इसकी भी जानकारी प्राप्त नहीं है। अत: प्रथम दो शासक हमारे लिए उतने महत्वपूर्ण नहीं हैं।

चंद्रगुप्त प्रथम

चंद्रगुप्त प्रथम तीसरा शासक था। वह घटोत्कच का पुत्र तथा उत्तराधिकारी था जो निश्चित तौर पर एक शक्तिशाली शासक था तथा उसका विवाह लिच्छवि राजकुमारी कुमारदेवी से हुआ था। इस ऐतिहासिक परिवार से विवाह संबंध के कारण गुप्तों की प्रतिष्ठा में वृद्धि हुई। उत्तरी बिहार का लिच्छवि क्षेत्र तथा आस-पास के राज्यों पर चंद्रगुप्त का अधिकार स्थापित

हुआ। चंद्रगुप्त ने अपने राज्य में अवध, मगध तथा प्रयाग को भी मिला लिया। चंद्रगुप्त को गुप्त संवत का संस्थापक माना जाता है, जिसकी शुरुआत 26 फरवरी, 320 ई. को हुई थी। यह संवत उसने अपने राज्यारोहण की स्मृति में प्रारंभ किया था जो भारत के कई क्षेत्रों में शताब्दियों तक चलता रहा।

समुद्रगुप्त

चंद्रगुप्त का उत्तराधिकारी उसका पुत्र समुद्रगुप्त था जो कच नामक अपने ही वंश के एक राजकुमार को पराजित कर शासक बना।

हरिसेन द्वारा लिखित इलाहाबाद स्तंभ अभिलेख में समुद्रगुप्त की विजयों का उल्लेख है। इस विवरण में राज्यों, राजाओं तथा कबीलों की एक लंबी सूची है जिन्हें कई प्रकार से समुद्रगुप्त ने अपने अधीन किया। इसको चार श्रेणियों में बांटा जा सकता है–

- पहली श्रेणी में दक्षिणापथ के 12 राज्यों के नाम उनके राजाओं के नाम के साथ हैं जिन पर समुद्रगुप्त ने विजय प्राप्त कर उन्हें स्वतंत्र किया तथा फिर से उन्हें राजा बनाया। ये राज्य हैं- कोशल, पिष्टपुर, कांची, देंगी, एरनादपल्ली, देवराष्ट्र, अवमुक्त दुष्ठलपुर, महाकंतर, कुराल, कोथुर तथा पलक्क।
- दूसरी श्रेणी में आर्यावर्त के आठ राजा हैं जिन्हें पराजित कर गुप्त राज्य में मिलाया गया।
- तीसरी श्रेणी में जंगली राज्यों के वे शासक हैं जिन्हें पराजित कर दास बनाया गया। इनमें पांच प्रत्यांत या सीमावर्ती राज्यों के प्रमुख, नौ कबीलायी गणराज्य हैं जिन्हें सभी प्रकार के कर देने, समुद्रगुप्त की आज्ञा मानने तथा उसकी सेवा में उपस्थित होने को मजबूर किया गया। पांच सीमावर्ती राज्य थे, समतट (पूर्वी बंगाल), दवक (असम), कामरूप (असम), नेपाल तथा कार्तिपुर (काश्मीर)। नौ कबीलायी गणराज्य थे-मालव, अर्जुनायन, यौधेय, माद्रक, आभीर, प्रार्जुन, सरकिणक, काव तथा खरपारिक।
- चौथी श्रेणी में दैवपुत्र शाहनुशाह (कुषाण) शक मुरुंड तथा सिंहल व अन्य द्वीपों के निवासी थे जिन्होंने समुद्रगुप्त की सेवा में स्वयं को समर्पित किया।

आर्यावर्त अभियान-यह निश्चित है कि आर्यावर्त के राजाओं के दमन के साथ-साथ साधारणत: उनके आस-पास के क्षेत्रों को भी गुप्त राज्य में मिला लिया गया।

नाम राजतंत्रों पर विजय के कई कारण थे। इनमें भौगोलिक राजनैतिक कारण सर्वप्रमुख है। चौथी शताब्दी में आर्यावर्त क्षेत्र में गुप्तों के अतिरिक्त नाग सर्वाधिक शक्तिशाली थे। अत: विस्तार की किसी भी योजना में पहली सीढ़ी थी-नागों के विरुद्ध संघर्ष।

धार्मिक अंतरों की भी भूमिका थी। गुप्त विष्णु के पूजक थे जबकि उनके प्रतिद्वंद्वी नाग, वाकाटक, हूण तथा मैत्रक शिव के कट्टर उपासक थे।

लेकिन नागों पर समुद्रगुप्त के अभियान का सबसे महत्वपूर्ण कारण था- भारशिव तथा वाकटक राज्यों में आंतरिक गड़बड़ी, जिसके कारण भारशिव वंश के भनाग तथा वाकटक वंश के प्रवरसेन प्रथम की मृत्यु हुई तथा समुद्रगुप्त को आक्रमण का मौका मिल गया। इस परिस्थिति से लाभ उठाकर समुद्रगुप्त ने नागों पर आक्रमण कर दिया तथा उनका नाश कर दिया। नागों की समाप्ति के बाद वाकटकों से युद्ध अवश्यंभावी हो गया। वाकटक हालांकि दक्कन के शासक थे पर वे आर्यावर्त की राजनीति में हस्तक्षेप करते रहते थे, जिसको उत्तर भारत का सम्राट बनने की चाह रखने वाला कोई भी व्यक्ति स्वीकार नहीं कर सकता था। समुद्रगुप्त ने वाकटकों को पराजित किया जिसके कारण उनकी शक्ति में काफी कमी आई। प्रवरसेन प्रथम के बाद किसी वाकटक शासक ने सम्राट की, या इस प्रकार की अन्य, उपाधि धारण नहीं की।

कुछ समय बाद समुद्रगुप्त ने गंगा बेसिन के दक्षिणी पश्चिमी भाग, अर्थात् आधुनिक पश्चिम बंगाल पर अपना ध्यान केंद्रित किया। प्राचीन काल में ताम्रलिप्ति के बंदगाह से ईस्ट-इंडीज, मलय प्रायद्वीप, इंडो-चीन तथा श्रीलंका जाया जाता रहा है। इसके अलावा, यह बंगाल तथा पूर्वी भारत के अन्य मुख्य शहरों से स्थल मार्ग से जुड़ा हुआ था। अत: आर्थिक दृष्टिकोण से इस पर अधिकार करना आवश्यक था।

कबीलायी तथा सीमा प्रांत के राज्यों के विरुद्ध अभियान–हरिसेन ने इस प्रश्न का जवाब नहीं दिया है कि तीसरी श्रेणी में (कबीलायी राज्य, सीमा प्रांत के राज्य इत्यादि) में वर्णित राज्यों ने स्वेच्छा से गुप्त शासक की अधीनता स्वीकार की थी या उनके विरुद्ध सैनिक अभियान का सहारा लिया गया था। प्रारंभ में उसने पंजाब तथा राजस्थान के कबीलायी लोगों से मित्रता स्थापित करने का प्रयत्न किया जो नाग सीमा से बाहर हाने के कारण उसके स्वाभाविक मित्र थे पर बाद में जब वह आर्या वर्त का राजा बन गया तो उसने अपने पहले के मित्रों को अपना अधीनस्थ

सहयोगी बना लिया। संभवतः कुछ परिस्थितियों में उसने बल प्रयोग भी किया।

दक्षिणापथ अभियान–अपने बीस वर्षों से अधिक के शासन काल में समुद्रगुप्त ने कई बार दक्षिण भारत पर आक्रमण किया। प्रकृति ने प्रायद्वीपीय भारत को छोटे-छोटे भागों में बांटा था अतः उनमें आपस में संचार की कमी थी जिसके कारण गंगा की घाटी के साम्राज्य निर्माता वहां ठीक तरह से नहीं टिक सके। दक्षिण भारतीय लोगों द्वारा समुद्री व्यापार द्वारा एकत्रित संपत्ति के लोभ का वे संवरण नहीं कर सके, इसके कारण उनकी दक्षिण भारत की नीति इस क्षेत्र पर अधिकार किए बिना यहां से धन प्राप्त करने की थी। अतः समुद्रगुप्त ने भी इसी नीति का अनुसरण किया तथा जो चाहा उसे प्राप्त किया।

द्वीपीय राज्यों से संबंध-पूर्वी तथा दक्षिण-पूर्व एशियाई देशों से व्यापारिक संबंधों ने प्रारंभिक गुप्त शासकों के राजनैतिक दृष्टिकोण को प्रभावित किया। श्रीलंका तथा अन्य द्वीपीय शासकों ने समुद्रगुप्त के साथ कूटनीतिक संबंध स्थापित किए।

चंद्रगुप्त द्वितीय

राज्यारोहण-समुद्रगुप्त का उत्तराधिकारी उसका पुत्र चंद्रगुप्त द्वितीय बना जिसका उपनाम विक्रमादित्य था। लेकिन कुछ विद्वानों के अनुसार समुद्रगुप्त का तात्कालिक उत्तराधिकारी चंद्रगुप्त द्वितीय का बड़ा भाई रामगुप्त था। विशाखदत्त के नाटक *देवीचद्रंगुप्तम्* के अनुसार शक प्रमुख (बासन) द्वारा आक्रमण किए जाने पर रामगुप्त अपनी रानी ध्रुवदेवी को शक राजा को सौंपने के लिए राजी हो गया। रानी की प्रतिष्ठा रामगुप्त के छोटे भाई चंद्रगुप्त ने बचाई। उसने शक राजा की हत्या कर गद्दी पर अधिकार कर लिया तथा रामगुप्त की विधवा से विवाह किया। इस कहानी का दूसरा रूपों में उल्लेख बाण की *हर्षचरित,* राजेश्वर की *काव्यमीमांसा* तथा नवीं एवं दसवीं शताब्दी के कुछ राष्ट्रकूट अभिलेखों में हुआ है। लेकिन रामगुप्त की ऐतिहासिकता पर संदेह है क्योंकि न तो समकालीन उल्लेखों में और न ही सिक्कों में इस नाम के किसी राजा का उल्लेख मिलता है।

पश्चिमी भारत की विजय-चंद्रगुप्त को सैन्य गुण उसके पिता से विरासत में मिले थे तथा उसने गुप्त साम्राज्य का और विस्तार किया। उसका मुख्य विरोधी गुजरात तथा कठियावाड़ का शक शासक (पश्चिमी क्षत्रपों के परिवार का) था, जिसकी स्वतंत्रता भारत की राजनैतिक एकता में बाधक थी। इसके लिए उसे बेरार के वाकटकों की सहायता की आवश्यकता थी। इसे उसने अपनी पत्नी कुबेर नागा से उत्पन्न पुत्री प्रभावती का विवाह वाकटक राजा रुद्रसेन द्वितीय से करके प्राप्त किया।

शक राजा के विरुद्ध इस अभियान के विवरण उपलब्ध नहीं हैं पर चंद्रगुप्त द्वितीय को अपने अधीनस्थ शासकों एवं मंत्रियों के साथ अंतिम आक्रमण से पूर्व मालवा में प्रतीक्षा करनी पड़ी थी। उसके प्रयास सफल रहे। शक क्षत्रप परिवार के अंतिम राजा रुद्रसिंह तृतीय की हत्या की गई।

विजय के परिणाम-कठियावाड़ एवं गुजरात को गुप्त साम्राज्य का अंग बना लेने से न सिर्फ साम्राज्य का विस्तार बंगाल की खाड़ी से अरब सागर तक हुआ, वरन् गुप्त साम्राज्य पश्चिमी देशों के सीधे संपर्क में भी आ गया। भड़ौच, सोपारा, खंभात तथा पश्चिमी तट के अन्य बंदरगाहों पर अधिकार के कारण गुप्त साम्राज्य की आर्थिक समृद्धि बड़ी होगी। इस काल का सर्वाधिक महत्वपूर्ण गोदाम उज्जैन में था जहां कि अधिकतर वाणिज्य मार्ग एक-दूसरे से मिलते थे।

पश्चिमी सीमांत के विस्तार के उत्तर भारत की संस्कृति एवं वाणिज्य पर व्यापक प्रभाव पड़े। कठियावाड़ के बंदरगाहों पर गुप्त अधिकार से यूरोप तथा अफ्रीका के देशों के साथ व्यापारिक संबंध बढ़े। एक बार फिर पाटलिपुत्र की सड़कें उत्तरी तथा मध्य भारत के निर्माण केंद्रों से होती हुई समुद्र तक पहुंचीं। पूर्वी बंगाल के उत्तम सूती वस्त्र, पश्चिम बंगाल का सिल्क, बिहार का नील, बनारस, अनहिलपताका या अनहिनवाड़ा-पाटन की स्वर्ण कशीदाकारी तथा किनख्वाब, हिमालय क्षेत्रों के राज्यों के इत्र, कपूर तथा दक्षिण भारत के मसाले इन बंदरगाहों तक बेरोकटोक पहुंचने लगे। पश्चिमी व्यापारी इस व्यापार के बदले बड़ी मात्र में रोम से सोना लाए जिसका प्रभाव चंद्रगुप्त द्वितीय की विभिन्न स्वर्ण मुद्राओं में देखा जा सकता है।

अन्य विजय-चंद्रगुप्त ने अन्य सैन्य विजय भी प्राप्त कीं, दिल्ली में कुतुबमीनार के निकट एक लौह स्तंभ पर उत्कीर्ण अभिलेख के अनुसार चंद्र नामक एक राजा ने बंग में विरोधी प्रमुखों के एक संघ को पराजित किया तथा सिंधु नदी को पार कर उसने वाह्लीक पर अधिकार किया। वंग पूर्वी बंगाल है तथा कुछ विद्वानों के अनुसार वाह्लीक हिंदुकुश पर्वत के पार का बाल्स (बैक्ट्रिया) है। लेकिन अन्य विद्वानों के अनुसार वाह्लीक पंजाब में था। लौह स्तंभ अभिलेख के राजा चंद्र को चंद्रगुप्त द्वितीय माना गया है। अगर यह पहचान सही है तो चंद्रगुप्त द्वितीय ने गुप्त साम्राज्य का पूरब, पश्चिम, उत्तर तथा दक्षिण, सभी दिशाओं में विस्तार किया।

वैवाहिक संबंध-वैवाहिक संबंधों का गुप्त विदेश नीति में महत्वपूर्ण स्थान है। चंद्रगुप्त द्वितीय ने नागवंश की राजकुमारी कुबेर नागा से विवाह किया। शक्तिशाली नाग वंश में इस विवाह से गुप्त शासक को अपने साम्राज्य विस्तार में मदद मिली। उसकी पुत्री प्रभावती के वाकटक शासक रुद्रसेन द्वितीय के साथ विवाह के कारण उसे दक्कन में राजनैतिक पहचान प्राप्त हुई। कदंब शासक काकुष्ठवर्मन अथवा कुंतल के अभिलेख के अनुसार उसकी पुत्रियों का विवाह गुप्त शासकों से हुआ था।

फाह्यान की यात्रा

प्रसिद्ध चीनी तीर्थयात्री फाह्यान चंद्रगुप्त द्वितीय के शासन काल में भारत आया। उसका मुख्य उद्देश्य था- बौद्ध पांडुलिपियां प्राप्त करना। फाह्यान गोबी मरुस्थल, खोतान, पामीर, स्वात तथा गांधार के रास्ते भारत आया था। भारत में उसने पेशावर, मथुरा, कन्नौज, श्रावस्ती, कपिलवस्तु कुशीनगर, वैशाली, पाटलिपुत्र, काशी, बोध गया आदि स्थानों का भ्रमण किया। वह दो वर्षों तक पाटलिपुत्र में तथा एक वर्ष ताम्रलिप्ति में रहा। वापस जाते हुए वह समुद्री मार्ग से श्रीलंका तथा जावा होते हुए गया। फाह्यान ने चंद्रगुप्त विक्रमादित्य का उल्लेख नहीं किया है पर उसने समकालीन जनता तथा देश की स्थिति की रोचक जानकारी प्रदान की है।

कुमारगुप्त प्रथम

चंद्रगुप्त का उत्तराधिकारी उसका पुत्र कुमारगुप्त था जिसने चालीस वर्षों तक शासन किया। उसने एक अश्वमेघ यज्ञ किया जो प्राय: किसी नए क्षेत्र को जीतने पर किया जाता है। हालांकि इस प्रकार का कोई उल्लेख नहीं मिलता है, परंतु उसने अपने पिता से विरासत में प्राप्त साम्राज्य को ज्यों-का-त्यों बनाए रखा। पश्चिम में अहमदाबाद, वल्लभी, जूनागढ़ तथा मोखी एवं सतारा तथा इल्लिचपुर (बेरार), जैसे- दूर-दराज क्षेत्रों में प्राप्त उसके सिक्कों से यह निष्कर्ष निकाला जा सकता है। संभवत: कुमारगुप्त ने पश्चिमी मालवा के एक भाग को गुप्त साम्राज्य में मिलाया। कुमारगुप्त के शासन के अंतिम वर्षों में हूणों के एक सहयोगी पुष्यमित्रों का गुप्त साम्राज्य पर आक्रमण हुआ। कुछ समय के लिए गुप्त साम्राज्य अत्यंत दयनीय अवस्था में चला गया था, पर राजकुमार के अदम्य साहस एवं सैन्य क्षमता की बदौलत गुप्त साम्राज्य को बचा लिया गया।

स्कंदगुप्त

राज्यारोहण के शीघ्र बाद स्कंदगुप्त को हूणों का सामना करना पड़ा जिन्होंने यूरोप तथा एशिया में आंतक मचा रखा था। पांचवीं शताब्दी के मध्य हूणों की एक एफ्थाल्टी अथवा श्वेत हूण कही जाने वाली अक्षक्सस शाखा ने घाटी पर अधिकार कर फारस तथा भारत के लिए खतरा उत्पन्न कर दिया। उन्होंने गांधार पर अधिकार कर गुप्त साम्राज्य के अस्तित्व पर खतरा उत्पन्न कर दिया। स्कंदगुप्त ने परिस्थिति का गंभीरता से सामना किया तथा हूणों को इतनी बुरी तरह पराजित किया कि अगले पचास वर्षों तक वे साम्राज्य पर पुन: आक्रमण करने का साहस नहीं कर पाए। इस महत्वपूर्ण उपलब्धि के बाद उसने अपने दादा की तरह विक्रमादित्य की उपाधि को धारण किया। स्कंदगुप्त के हूणों पर विजय का उल्लेख चंद्र *व्याकरण* तथा *कथासरित्सागर* में हुआ है।

उसकी लगातार चिंता का कारण सौराष्ट्र का प्राचीन शक राजतंत्र था जो तभी गुप्त साम्राज्य में मिलाया गया था। वहां उसने परणदत्त नाम एक योग्य व्यक्ति को नियुक्त किया। कठियावाड़ में जूनागढ़ के निकट गिरनार पहाड़ी के एक अभिलेख में प्राचीन बांध के पुनर्निर्माण का उल्लेख है, जो स्कंदगुप्त के शासन काल के प्रथम वर्ष में भयंकर वर्षा से टूट गया था। परणदत्त तथा उसके पुत्र चक्रपालित ने इसका पुनर्निर्माण कर देश को भीषण विपदा से बचाया।

हूणों के विरुद्ध युद्ध के कारण राज्य को भारी आर्थिक दबाव का सामना करना पड़ा, जो कि स्कंदगुप्त के सिक्कों से स्पष्ट होता है। उसकी स्वर्ण मुद्राओं की संख्या कम है तथा उनमें मिलावट अधिक है। हूण आक्रमण से उत्पन्न समस्याओं के बावजूद स्कंदगुप्त ने महान साम्राज्य की रक्षा की तथा लोगों के बीच उसका प्रशासन लोकप्रिय रहा।

अन्य उत्तराधिकारी

स्कंदगुप्त की मृत्यु के बाद के गुप्त शासकों का इतिहास अस्पष्ट है। इतिहास के पन्नों में कई शासक भरे हुए हैं जिनका काल तथा संबंध इतिहासकारों के लिए विवाद का विषय है। आधिकारिक वंशावली में कुमारगुप्त के बाद पुरुगुप्त का नाम है पर स्कंदगुप्त का नाम नहीं है। यह स्पष्ट नहीं है कि पुरुगुप्त अपने पिता की मृत्यु के बाद शासक बना अथवा अपने भाई स्कंदगुप्त की मृत्यु के बाद उसने गद्दी पर अधिकार किया। लेकिन वह कुछ समय के लिए शासक था तथा उसके बाद उसके दो पुत्र, बुद्धगुप्त तथा नरसिंहगुप्त, शासक बने।

अभिलेखों में कुमारगुप्त द्वितीय का नाम आने से आधिकारिक वंशावली में और जटिलता उत्पन्न हो जाती है। वह स्कंदगुप्त का पुत्र रहा होगा जिसके बाद बुद्धगुप्त शासक बना। यह भी संभव है कि कुमारगुप्त द्वितीय पुरुगुप्त का एक पुत्र था तथा उसकी मृत्यु के बाद शासक बना। किसी भी परिस्थिति में पुरुगुप्त तथा कुमारगुप्त द्वितीय का शासन काल काफी कम था।

बुद्धगुप्त के राज्यारोहण के बाद गुप्त वंश का इतिहास पुनः स्पष्ट हो जाता है। उस काल के साक्ष्यों के आधार पर उसका शासन क्षेत्र बंगाल से मलावा तक फैला हुआ था। लेकिन उसके काल में अधीनस्थ राज्यों के साम्राज्य से अलग होने के कारण गुप्त साम्राज्य का पतन प्रारंभ हो गया।

कठियावाड़ प्रायद्वीप में वल्लभी के मैत्रक तथा बुंदेलखंड के परिव्राजक शासकों ने सर्वोच्च सत्ता के रूप में गुप्त शासक का अस्पष्ट शब्दों में उल्लेख किया है, जिससे उनके द्वारा गुप्त अधीनता को अस्वीकार करने का संकेत मिलता है। इसी प्रकार बुद्धगुप्त के समकालीन महाराज सुबंधु ने प्राचीन नगर महिष्मती से एक अभिलेख जारी किया जिसमें उसने गुप्त सम्राट का उल्लेख न कर अपनी स्वाधीनता को स्थापित किया।

गुप्त साम्राज्य के पतन की प्रक्रिया बुद्धगुप्त के सिक्कों में भी झलकती है। उसकी स्वर्ण मुद्राएं अत्यंत कम हैं। इन सभी उदाहरणों से लगता है कि स्कंदगुप्त के बाद आंतरिक कमजोरियों तथा उत्तराधिकार के युद्धों कारण उत्पन्न कमजोरी काफी बढ़ चुकी थी।

बुद्धगुप्त की मृत्यु के बाद अंतर्विरोध और भी बढ़े जिसके कारण साम्राज्य टुकड़ों में बंट गया तथा इसी समय हूणों का आक्रमण पुनः प्रारंभ हो गया। आधिकारिक वंशावली के अनुसार बुद्धगुप्त के बाद उसका भाई नरसिंह गुप्त शासक बना तथा उसके बाद उसका पुत्र तथा पौत्र शासक बने। इन शासकों का शासन काल छठी शताब्दी के पूर्वार्द्ध तक था।

लेकिन इसी काल में हमें दो अन्य शासकों का उल्लेख मिलता है–समतट तथा नालंद का शासक वैन्यगुप्त (506 ई.) तथा ऐरण (सागर जिला, मध्य प्रदेश) का शासक भानुगुप्त (510–511 ई.)। वैन्यगुप्त के सिक्कों तथा मुहरों से स्पष्ट है कि, वह गुप्त वंश का व्यक्ति था। संभवतः बुद्धगुप्त ने उसे बंगाल का प्रांतीय गवर्नर बनाया था तथा उसकी मृत्यु के बाद वैन्यगुप्त 506 ई. में गुप्त साम्राज्य का शासक बना। भानुगुप्त का उल्लेख ऐरण के एकमात्र अभिलेख में है, जिसमें एक युद्ध में उसके सेनापति गोपराज की मृत्यु तथा गोपराज की पत्नी के सती होने का विवरण है। ऐरण में यह युद्ध हूण प्रमुख तेरामण के विरुद्ध लड़ा गया होगा, जिसने उस समय तक इस क्षेत्र पर अधिकार कर लिया था। लेकिन युद्ध का परिणाम ज्ञात नहीं है तथा भानुगुप्त एक अस्पष्ट शासक बना हुआ है।

लगभग 230 वर्षों तक शासन करने वाले गुप्त वंश का अंतिम शासक विष्णुगुप्त था।

हूण

छठी शताब्दी के प्रारंभ में तोरामण नामक एक हूण प्रमुख गांधार से चलकर मालवा तक पहुंच गया। उसका आक्रमण ऐसे समय में हुआ जब गुप्त काल का इतिहास अत्यंत नाजुक दौर में था। लेकिन 510 ई. में भानुगुप्त ने उसे पराजित कर दिया। उसके सिक्कों के आधार पर उसका शासन उत्तर प्रदेश, राजपूताना, पंजाब तथा कश्मीर के भागों पर था। एक जैन ग्रंथ के अनुसार वह जैन बन गया था तथा चंद्रभागा (चेनाब) नदी के किनारे पवैया में रहता था।

तोरामण का उत्तराधिकारी मिहिरकुल लगभग 510 ई. के आस-पास राजा बना जिसकी शक्ति तथा क्रूरता का उल्लेख ह्वेनसांग ने तथा कल्हण ने *राजतरंगिणी* में किया है। ह्वेनसांग के अनुसार, उसकी राजधानी सकला (पंजाब में सियालकोट) थी। विवरणों से पता लगता है कि उसका शासन ग्वालियर तक था। एक एलेक्लेंड़ियाई यूनानी कॉस्मॉस ने अपनी *क्रिश्चियन टोपोग्राफी* नामक पुस्तक में भारत में श्वेत हूणों की शक्ति का उल्लेख किया है। कॉस्मॉस के अनुसार उनका राजा गोल्लास (जिसे मिहिरकुल माना जाता है) भारत का सम्राट था तथा उसने लोगों को कर देने के लिए मजबूर किया। वह लिखता है कि, "फिशन नदी हूण क्षेत्र को भारत से अलग करती हैं।" फिशन सिंधु नदी है, अतः हूण राजतंत्र मूलतः सिंधु के पश्चिम में अवस्थित था।

मिहिरकुल अधिक समय तक अपने उत्थान का लाभ नहीं प्राप्त कर सका। मंदसौर के यशोधर्मन तथा नरसिंहगुप्त ने उसकी शक्ति का अंत कर दिया। मालवा के एक महत्वाकांक्षी प्रमुख यशोधर्मन ने मिहिरकुल को सम्मान प्रदान करने के लिए मजबूर किया। मिहिरकुल पराजित हो गया पर उसकी पराजय से भारतीय राजनैतिक परिदृश्य से एक सक्रिय कारक का अंत नहीं हुआ। कुछ दिनों के बाद यशोधर्मन का पतन हो गया तथा हूण प्रमुख ने अपना अभियान पुनः प्रारंभ कर दिया।

गुप्त शासक नरसिंह गुप्त बलादित्य पहले से ही यशोधर्मन के कारण दबाव में था, इसी समय मिहिरकुल

ने पुनः आक्रमण कर दिया। ह्वेनसांग के अनुसार मिहिरकुल ने नरसिंहवर्मन को बुरी तरह परास्त कर उसे कर देने पर मजबूर कर दिया। लेकिन बाद में उसने फिर मिहिरकुल को पराजित किया। ह्वेनसांग लिखता है कि किस प्रकार हूण प्रमुख ने मगध पर आक्रमण किया तथा राजा बलादित्य द्वारा पराजित हुआ। नालंदा से हाल में प्राप्त एक अभिलेख में नरसिंहगुप्त को अदम्य साहसी तथा पराक्रमी शासक बताया गया है जिसने अपने सभी शत्रुओं का नाश किया। मिहिरकुल ने कश्मीर में शरण ली पर शीघ्र ही उसकी मृत्यु हो गई। मिहिरकुल की पराजय और मृत्यु से हूण काफी कमजोर हो गए। अब भारत के लिए खतरा नहीं था, यद्यपि उनका अस्तित्व बाद में भी बना रहा।

गुप्त प्रशासन

अभिलेखों में निम्नलिखित उपाधियां देखने को मिलती हैं : परमाद्वैत, महाराजाधिराज, परमभट्टारक, पृथ्वीपाल, परमेश्वर, सम्राट, एकाधिराज तथा चक्रवर्ती। राजा को प्रशासन में मुख्य मंत्री सहायता देता था जिसे मंत्री अथवा सचिव कहा गया है। प्रतिहार तथा महाप्रतिहार दरबार के मुख्य अधिकारी थे, पर वे प्रशासन में भाग नहीं लेते थे।

महत्वपूर्ण सैन्य अधिकारियों में सेनापति, महासेनापति, बलाध्यक्ष, महाबलाध्यक्ष, बलाधिकृत तथा महाबलाधिकृत का उल्लेख हुआ है जो विभिन्न पदों पर थे। इसके अलावा दो अन्य सैनिक अधिकारियों का उल्लेख हुआ है–भाटस्वपति, अश्वसेना तथा पैदल सेना का सेनापति एवं कटुक, हाथी सेना का सेनापति। बसाढ़ मुहर के अनुसार एक अन्य महत्वपूर्ण अधिकारी रणभंडागाराधिकरण (युद्ध गह का मुख्य खजांची) था। गुप्त रिकॉर्डों में सर्वप्रथम एक नए अधिकारी, संधिविग्रहिक अथवा महासंधिविग्रहिक का उल्लेख है जो एक तरह का विदेश मंत्री था।

एक अभिलेख में सर्वाध्यक्ष का उल्लेख है, पर यह स्पष्ट नहीं है कि वह केंद्रीय अधिकारी था अथवा प्रांतीय। कई अभिलेखों में दूतक अथवा दूत का उल्लेख है जो अधिकारियों अथवा लोगों तक शाही आदेश पहुंचाते थे। पुलिस प्रमुख दंडापाशोधिकरण था। साधारण पुलिस अधिकारी दंडपाशिक चाट, भट, दंडिक तथा चौरधारणिक (चोर पकड़ने वाले अधिकारी) थे।

राजा कुमारमात्य तथा अमात्य नामक अधिकारियों के माध्यम से प्रांतों का प्रशासन करता था। प्रांतों को मुक्ति कहा जाता था जो साधारणतः उपरिक के अधीन हुआ करता था। आधिकारिक रिकॉर्डों में प्रांत प्रमुख को भोगिक, गोप्त, उपरिक-महाराज तथा राजस्थनीय आदि कहा गया है। मुक्ति का विभाजन विषय में हुआ था, जिसका शासक विषयपति होता था।

जिले का मुख्यालय अधिष्ठान कहा जाता था तथा इसके कार्यकारी अधिकारी संव्यवहारी तथा आयुक्त कहलाते थे। जिला मजिस्ट्रेट को प्रशासन में कई अधिकारी मदद करते थे। ये महत्तर (ग्राम वृद्ध), अष्टकुलाधिकरणिक (आठ परिवारों के समूह का अधिकारी), ग्रामिक (ग्राम प्रधान), शौल्किक (सीमा शुल्क एवं चुंगी संग्रहकर्ता), गौल्मिक (वन एवं दुर्ग अधिकारी), अग्रहारिक (अग्रहार का अधिकारी), ध्रुवाधिकारणिक (भूमि कर अधिकारी), भंडागाराधिकृत (खजांची), तलवटक (ग्राम लेखाकार), उत्खेतयित (कर संग्रहकर्ता) तथा पुस्तापाल (रिकॉर्ड रखने वाला अधिकारी) आदि थे।

जिला रिकॉर्ड कार्यालय अक्षपटल कहा जाता था तथा यह महाक्षपटलिक के अधीन था। जिला कार्यालय में सर्वोध्यक्ष भी होते थे जिनके अधीन भ्रष्टाचार रोकने वाले अधिकारी कुलपुत्र की नियुक्ति होती थी। ये जिला प्रशासन के लोकप्रिय तत्व थे। जिला सलाहकर्ता परिषद में चार व्यक्ति होते थे-नगरश्रेष्ठी (निगम अध्यक्ष), सार्थवाह (मुख्य व्यवसायी), प्रथम कुलिक (मुख्य शिल्पकार) तथा प्रथम कायस्थ (मुख्य लिपिक)।

गांव ग्रामिक के अधीन थे जिन्हें विभिन्न वर्गों के महत्तरों अथवा वयस्क नागरिकों से सहयोग प्राप्त होता था। नगर प्रशासन का प्रमुख पुरपाल था, जो मौर्य काल के नगर व्यवहारक के समतुल्य था।

7.8 संस्कृति

गुप्त कला

स्थापत्य कला

गुप्त काल में नगर तथा द्रविड़ शैली का विकास हुआ, जिसमें बाद में इस कला के विस्तार तथा अलंकरण की पर्याप्त संभावनाएं थीं।

शिलाखंड गुफाएं–गुफाओं के निर्माण में मुख्यतः पुरानी परंपरा जारी रही, पर इसके अग्रभाग के अलंकरण तथा अंदर के खंभों के डिजाइन में विशेष परिवर्तन हुए। शिलाखंड

गुफाओं में अजंता तथा एलोरा (महाराष्ट्र), बाघ (मध्य प्रदेश) तथा उदयगिरि ओडिशा हैं।

मंदिर

मंदिरों के निन्नलिखित पांच प्रकार थे-

1. चपटी छत का वर्गाकार मंदिर;
2. चपटी छत का वर्गाकार मंदिर जिसके ऊपर विमान (दूसरी मंजिल) थी;
3. वक्ररेखीय शिखर युक्त वर्गाकार मंदिर;
4. आयताकार मंदिर तथा;
5. वृत्ताकार मंदिर।

दूसरे वर्ग के मंदिर में द्रविड़ शैली के कई गुण पाए जाते हैं। तीसरे वर्ग का मुख्य लक्षण शिखर के विकास में है जो कि देवालय के ऊपर होता था तथा यह नगर-शैली का मुख्य लक्षण

स्तूपः इनका निर्माण भी बड़ी संख्या में हुआ तथा इनमें से सर्वोत्तम स्तूप सारनाथ (उत्तर प्रदेश), रत्नगिरि ओडिशा) तथा मिरपुर खान (सिंध) में पाए जाते हैं।

मूर्तिकला

पत्थर मूर्तिकला–इसका सुंदर नमूना सारनाथ की बुद्ध की मूर्ति है जो खड़ी मुद्रा में है। ब्राह्मण धर्म की मूर्तियों में सर्वोत्तम उदयगिरि की गुफा के द्वार पर बनी वाराह की मूर्ति है।

धातु मूर्तिकला–गुप्तकालीन शिल्पकारों ने सिरे (Cire) प्रक्रिया द्वारा मूर्ति ढालने में विशिष्ट सफलता प्राप्त कर ली थी। गुप्तकालीन धातु मूर्तिकला के दो महत्वपूर्ण उदाहरण हैं (1) बिहार के नालंदा में बुद्ध की अठारह फीट ऊंची ताम्र प्रतिमा, तथा; (2) सुल्लानगंज में बुद्ध की साढ़े-सात फीट ऊंची मूर्ति।

चित्रकला

पत्थर मूर्तिकला से ज्यादा लोकप्रिय गुप्तकालीन कला चित्रकला की थी तथा इसकी मांग भी अधिक थी। इस काल की चित्रकला के अवशेष अजंता, बाघ, बादामी तथा अन्य स्थानों पर हैं।

तकनीक के दृष्टिकोण से इन चित्रकलाओं की सतह अत्यंत ही सरल ढंग से तैयार की जाती थी। वास्तव में अजंता की चित्रकला भित्ति चित्र (fresco) नहीं है, क्योंकि भित्ति चित्र तभी बनाया जाता है जब प्लास्टर गीला होता है, जबकि अजंता के चित्र प्लास्टर सूख जाने के बाद बनाए गए हैं।

अजंता तथा बाग की चित्रकला में कला की 'मध्यदेश शैली 'अपने चरमोत्कर्ष पर दिखती है।

टेराकोटा तथा मृद्भांड

मिट्टी की मूर्तियों का प्रयोग धार्मिक तथा धर्मेत्तर कार्यों में होता था। विष्णु कार्तिकेय, सूर्य, दुर्गा, कुबेर, नाग तथा अन्य देवताओं की मूर्तियां प्राप्त हुई हैं।

अहिच्छत्र, राजगढ़, हस्तिनापुर तथा बसाढ़ से प्राप्त मृद्भांड अवशेषों से उत्कृष्ट गुप्तकालीन मृद्भांड की जानकारी प्राप्त होती है। इस काल का विशिष्ट मृद्भांड 'लाल मृद्भांड 'है।

गुप्त साहित्य

संस्कृत-गुप्त शासकों ने संस्कृत को आधिकारिक भाषा बनाया तथा उनके सभी अभिलेख संस्कृत में हैं।

स्मृति–यह काल स्मृति साहित्य का अंतिम काल था।

इतिहास– *महाभारत* तथा *रामायण* का विस्तार इस काल में पूरा हुआ। इनका वर्तमान स्वरूप गुप्त काल से ही विद्यमान है।

पुराण–पुराणों का वर्तमान स्वरूप गुप्त काल में ही प्राप्त हो गया था। ये ब्राह्मणों द्वारा रिकॉर्ड की गई इतिहास की परंपराएं हैं। इनकी रचना मूलतः चारणों द्वारा हुई थी, परंतु ब्राह्मणों के हाथ में आने के बाद इनका लेखन संस्कृत में हुआ तथा इसे धार्मिक रूप देने के लिए इसमें हिंदू संप्रदायों, अनुष्ठानों तथा रीति-रिवाजों की जानकारी भरी गई। वंशों के उत्तराधिकार का भविष्यवाणी के रूप में पुनर्लेखन किया गया। इस प्रकार जो प्रथा भूतकाल की लोकप्रिय स्मृतियों के रूप में प्रारंभ हुई उसकी ब्राह्मणवादी व्याख्या कर भविष्यवाणी के रूप में पुनर्लेखन किया गया।

बौद्ध साहित्य–प्रारंभिक बौद्ध ग्रंथ पालि में लिखे गए थे, लेकिन बाद के काल में इसके लिए संस्कृत का व्यापक प्रयोग हुआ तथा इस काल के ग्रंथ पद्यों तथा छंदों में मिश्रित संस्कृत में लिखे गए। गुप्त काल के मुख्य लेखक आर्य देव तथा आर्य असांग हैं। बौद्ध धर्म का प्रथम नियमित तर्क वसुबंधु ने लिखा। वसुबंधु का शिष्य दिग्नाग भी कई ग्रंथों का प्रसिद्ध लेखक था।

जैन साहित्य–जैन धार्मिक ग्रंथ पहले प्राकृत भाषा में लिखा जाता था। बाद में इसका माध्यम संस्कृत हो गया। कुछ समय

में ही जैन धर्म में कई विद्वान हुए जिनके प्रयासों से हिंदू इतिहास तथा पुराणों को जैन धर्म के अनुसार लिखा गया। विमल ने जैन धर्म की *रामायण* लिखी। सिद्धसेन दिवाकर ने जैन धर्म में तर्क की स्थापना की।

धर्मेत्तर साहित्य-समुद्रगुप्त स्वयं कविराज के रूप में प्रसिद्ध था। उसके दरबार का मुख्य कवि हरिसेन था। उसके दरबार में प्रसिद्ध नवरत्न रहते थे-कालिदास, अमरसिंह, विशाखदत्त तथा ध्वंतरि। कालिदास प्रेम, सुंदरता तथा प्रकृति के कवि हैं। इस काल की अन्य मुख्य रचनाएं हैं- शुद्रक की *मृच्छकटिकम्*, विशाखदत्त की *मुद्राक्षस* तथा *देवीचद्रंगुप्तम*। इसके अतिरिक्त भी इस काल में कुछ अन्य लेखक हुए पर इन सबकी चमक कालिदास के समक्ष फीकी पड़ गई। इस काल के नाटकों की एक मुख्य विशेषता यह है कि उच्च वर्णों के चरित्र संस्कृत में बोलते हैं जबकि निम्न वर्णों के चरित्र तथा सभी वर्णों की महिलाएं प्राकृत भाषा का प्रयोग करती हैं।

संस्कृत व्याकरण

गुप्तकाल में पाणिनी की *अष्टाध्यायी* तथा पातंजलि के *महाभाष्य* पर आधारित संस्कृत व्याकरण का विकास हुआ। यह काल अमरसिंह की रचना *अमरकोष* के कारण विशेष रूप से यादगार माना जाता है। बंगाल के एक बौद्ध विद्वान चंद्रगोमिन ने *चद्रंव्याकरण* की रचना की।

प्राकृत भाषा और साहित्य

संस्कृत के अतिरिक्त प्राकृत भाषा के साहित्य को भी दरबार के बाहर संरक्षण मिल रहा था। गुप्त काल में प्राकृत के कई रूपों, जैसे कि मथुरा और इसके आसपास प्रयुक्त शूरसेनीय अवध तथा बुंदेलखंड में प्रयुक्त अर्द्धमागधीय बिहार में प्रयुक्त मागधी तथा बेरार में प्रयुक्त महाराष्ट्री का विकास हुआ।

गुप्त विज्ञान

गणित तथा खगोलशास्त्र

इसी काल के चिंतकों द्वारा शून्य के सिद्धांत का प्रतिपादन तथा दशमलव प्रणाली का विकास किया गया।

सूर्य सिद्धांत में आर्यभट्ट (पांचवीं शताब्दी के अंत तथा छठी शताब्दी के प्रारंभ) ने सूर्यग्रहण तथा चंद्रग्रहण के कारणों की व्याख्या की है। पृथ्वी के आकार के बारे में उसकी गणना आधुनिक अनुमान के बिस्कूल करीब है। वह प्रथम भारतीय खगोलशास्त्री था जिसने बताया कि पृथ्वी अपने अक्ष पर चक्कर काटती है। उसने अंकगणित, ज्यामिती तथा बीजगणित से संबंधित ग्रंथ *आर्यभट्टियम* की रचना की।

वाराहमिहिर (छठी शताब्दी) की *वृहत संहिता* खगोलशास्त्र, भौतिक भूगोल, वनस्पति विज्ञान तथा प्राकृतिक इतिहास का विश्वकोश है।

ब्रह्मगुप्त (छठी शताब्दी के अंत तथा सातवीं शताब्दी के प्रारंभ में) ने न्यूटन से काफी पहले कहा था कि, "प्रकृति के नियम के अनुसार सभी चीजें धरती पर गिरती हैं, क्योंकि पृथ्वी की प्रकृति चीजों को आकर्षित कर उन्हें रखने की है।" उसने *ब्रह्मस्फूट सिद्धांत* तथा *खंड खाद्यक* की रचना की।

संभवत: विज्ञान के क्षेत्र में इस काल का सर्वाधिक सारगर्भित सिद्धांत वैशेषिक विचारधारा के विद्वानों द्वारा दिया गया आणविक सिद्धांत था।

चिकित्सा एवं अन्य विज्ञान

वाराहमिहिर द्वारा दवाओं के लिए तथा अन्य द्वारा लोहे तथा पारे के उपयोग द्वारा रसायन शास्त्र में हुई प्रगति का पता चलता है। *नवनितकम* एक चिकित्सा शास्त्र से संबंधित ग्रंथ है, जिसमें रसोई, सिद्धांत तथा दवाओं के निर्देश हैं।

पलकप्य द्वारा रचित *हस्त्यायुर्वेद* गुप्तकालीन पशु विज्ञान की प्रगति का प्रमाण है।

7.9 उनके उत्तराधिकारियों का राजनीतिक तथा सांस्कृतिक इतिहास

हर्षवर्धन (606–47 ई.)

हर्ष के काल के लिए स्रोत

- बाण हर्ष के दरबारी कवि थे तथा *हर्षचरित*, *कादंबरी* और *पार्वती परिणय* के रचियता थे।
- चीनी तीर्थयात्री ह्वेनसांग सातवीं शताब्दी में भारत आया था। बाण और ह्वेनसांग दोनों हर्ष के युद्ध के बारे में बताते हैं, पर आमतौर पर इससे उलझन और बढ़ जाती है। साथ ही, वे कभी-कभी हर्ष का बढ़ा-चढ़ा कर वर्णन करते हैं।

- *रत्नावली, नागनंद* तथा *प्रियदर्शिका* जैसे हर्ष के नाटक उस समय की राजनीतिक स्थिति के बारे में बताते हैं।
- हर्ष के वल्लभी के विरुद्ध साकल अभियान की हमें नौसारी ताम्र पत्र से जानकारी मिलती है।

हर्ष की उत्पत्ति तथा प्रारंभिक जीवन

हर्ष प्रभाकरवर्धन पुश्यभूति वंश के प्रथम महत्वपूर्ण शासक (जिनकी राजधानी थानेश्वर थी) के दूसरे पुत्र थे। पुष्यभूति गुप्तों के सामंत थे, पर हूण आक्रमण के बाद उन्होंने स्वतंत्रता की घोषणा कर दी थी।

हर्ष को अपने बड़े भाई राज्यवर्धन के स्थान पर उनके पिता तथा मंत्रियों ने चुना, परंतु हर्ष अपने भाई के स्थान पर आने में झिझक रहा था। राज्यवर्धन, जिसे राजा बनाया गया, को गद्दी पर आते ही संकटों का सामना करना पड़ा। कन्नौज के मौखरी राजा ग्रहवर्मन तथा राज्यश्री के पति (प्रभाकर की पुत्री) की देवगुप्त (मालवा का शासक) ने हत्या कर दी तथा उसने शशांक (बंगाल के गौड का शासक) के साथ मिलकर कन्नौज पर अधिकार कर लिया तथा राज्यश्री को बंदी बना लिया। राज्यवर्धन ने देवगुप्त के विरुद्ध अभियान कर उसे मार डाला पर शशांक ने उसे धोखा देकर मार डाला। इस बीच राज्यश्री मध्य भारत के जंगलों में भाग गई।

थानेश्वर में अपने भाई की गद्दी पर हर्ष बैठे। उनका पहला कार्य अपने भाई तथा जीजा के हत्यारों को सजा देना तथा अपनी बहन को बचाना था, वह इसमें सफल रहा। उसने शशांक को कन्नौज से बाहर खदेड़ दिया। 606 तथा 612 के बीच उन्होंने उत्तर भारत का अधिकांश भाग (पंजाब, कन्नौज, गौड़ का भाग, ओडिशा तथा मिथिला) को अपने अधीन कर 'शिलादित्य' की पदवी को धारण किया।

हर्ष के सैन्य अभियान

कन्नौज पर कब्जा—अपने पहले अभियान में हर्ष ने शशांक को कन्नौज से बाहर खदेड़ा जहां वह उनके भाई की हत्या कर बैठ गया था। इसके बाद उसने न सिर्फ कन्नौज को थानेश्वर में मिला लिया अपितु इसे अपनी राजधानी बनाया जिससे वह उत्तर भारत का सबसे शक्तिशाली राजा बन गया।

वल्लभी विजय—वल्लभी से उसके प्रारंभिक संबंध मैत्रीपूर्ण थे क्योंकि वह प्रारंभ में गुप्त-गौड़ ध्रुव को पूर्व में तोड़ने में लगा हुआ था। शीघ्र ही मालवा इनके बीच विवाद का कारण बन गया तथा उसने अपना ध्यान पश्चिम भारत की ओर मोड़ा। उसके मालवा अभियान की जानकारी नौसारी ताम्र पत्र से मिलती है। इसमें वल्लभी का राजा ध्रुवसेन II पराजित हुआ तथा उसने अधीनस्थ सामंत का पद स्वीकार कर लिया।

पुलकेशिन II के साथ युद्ध

ऊपर वर्णित सफलता उसके तथा पुलकेशिन II के बीच संघर्ष का कारण बनी। साथ ही लता, मालवा तथा गुजरात पर अधिकार के प्रश्न दीर्घकालीन कारण थे। ह्वेनसांग हर्ष द्वारा इस युद्ध की तैयारी का विस्तृत वर्णन करते हैं किंतु इसके परिणाम के बारे में नहीं बताते। वे यह जताते हैं कि हर्ष आक्रमणकारी था तथा इस संघर्ष में पूरी तरह सफल नहीं रहा। पुलकेशिन के उत्तराधिकारी चालुक्यों के स्रोतों में हर्ष की पराजय की बात कही गई है। रवि कीर्ति (पुलकेशिन II के दरबारी कवि तथा ऐहोल अभिलेख के लेखक) भी पुलकेशिन की विजय के बारे में बात करते हैं। परंतु रवि कीर्ति तथा पुलकेशिन के उत्तराधिकारी के साक्ष्य को हम अंतिम नहीं मान सकते हैं क्योंकि किसी भी समकालीन स्रोत में हर्ष की पुलकेशिन के हाथों पराजय की बात नहीं कही गई है। अतः हम यह कह सकते हैं कि हर्ष का अभियान पूर्णतः सफल नहीं रहा तथा पुलकेशिन दक्षिण का स्वामी बना रहा।

अन्य अभियान—कुछ विद्वानों के अनुसार हर्ष ने पल्लव राजा महेंद्रवर्मन 1 तथा कुछ अन्य दक्षिण के राजाओं को भी पराजित किया। किसी सीधे साक्ष्य के अभाव में कुछ भी निश्चय के साथ न कहकर सिर्फ इतना कह सकते हैं कि ओडिशा या कलिंग पर संभवतः उसने अधिकार किया था। अतः हर्ष ने संपूर्ण उत्तर भारत पर अधिकार किया तथा उनका प्रभाव क्षेत्र काश्मीर, सिंध, वल्लभी तथा कामरूप तक फैला था जिन्होंने उनका स्वामित्व माना।

हर्ष की सरकार

हर्ष ने अपने राज्य को गुप्तों की तरह ही चलाया, पर उसका राज्य और भी सामंती तथा विकेंद्रीकृत हो गया था। कहा जाता है कि हर्ष के पास 1 लाख से ज्यादा घुड़सवार तथा 60,000 हाथी थे। यह आश्चर्यजनक है क्योंकि मौर्य, जिन्होंने पूरे देश पर शासन किया मात्र 30,000 घुड़सवार तथा 9,000 हाथी रखते थे। युद्ध के समय सामंतों से मदद के कारण ही हर्ष की यह बड़ी सेना बनी होगी। हरेक सामंत अपने

हिस्से के पैदल सैनिक तथा घोड़े देता होगा, जिससे सेना का स्वरूप बड़ा हुआ। पुजारियों को राज्य की विशेष सेवा के बदले भूमिदान मिलता रहा। हर्ष ने अधिकारियों को अनुबंध द्वारा दान दिया जिससे पुजारी तथा अधिकारी ज्यादा स्वतंत्र होकर काम कर पाए। अतः अधिकारियों को भूमि दान देकर पुरस्कार देने की सामंती प्रथा हर्ष के समय से प्रारंभ हुई थी।

हर्ष के अधीन अर्थव्यवस्था

हर्ष के अधीन अर्थव्यवस्था सामंती तथा स्वावलंबी होती गई। गुप्त काल में व्यापार तथा वाणिज्य में जो कमी आनी प्रारंभ हुई थी, वह अभी भी जारी रही। यह मुद्रा में आई कमी, व्यापारिक केंद्रों के पतन तथा व्यापारिक संघ तथा श्रेणियों के पूर्णतः समाप्त हो जाने से सिद्ध होती है। इसका असर हथकरघा पर भी पड़ा तथा मांग कम हो गई।

इस पतन का प्रभाव कृषि पर भी पड़ा, पर यह परोक्ष रूप में था। व्यापार के विकास के दिनों में अनेक खाद्यान्नों का व्यापार होता था तथा कई हथकरघा उद्योगों का कच्चा माल इसी क्षेत्र से आता था, परंतु अब इसका अभाव था। अब कृषि सिर्फ स्थानीय मांग के लिए उपजाई जा रही थी, बाजार, भीतरी तथा बाहरी के लिए नहीं। इससे, स्वावलंबी ग्रामीण अर्थव्यवस्था का उदय हुआ जिसमें सभी स्थानीय जरूरत स्थानीय रूप से पूरी की जाती थीं। कृषि पर बोझ कम हुआ।

हर्ष के अधीन समाज

इस समय वर्णाश्रम धर्म का उदय हुआ तथा यह ब्राह्मणवादी व्यवस्था का अंग बन गया। ह्वेनसांग भारत में चार वर्ण की बात करते हैं। बाण के अनुसार हर्ष हरेक कार्य वर्ण या आश्रम के नियमों से करता था। प्रथम वर्ण–ब्राह्मण–अब भी समाज से सबसे ऊपर था तथा उन्हें दिए जाने वाले दान का वर्णन ब्राह्मणवाद का अंग बन गया। कुछ शूद्र राजाओं के होते हुए भी ज्यादातर राजा क्षत्रिय थे। तीसरा वर्ण–वैश्य–, ह्वेनसांग के अनुसार व्यापारी था तथा चौथा वर्ण–शूद्र कृषि कार्य करता था। बाण तथा ह्वेनसांग दोनों अनेक उप-जातियों की बात करते हैं, जैसे- क्षेत्रीय भाषाओं के कवि, भाट इत्यादि। परंतु ये सारे समूह तथा उप-जाति इस समय के लिए नए नहीं थे, कुछ पहले से भी थे। इन उप-जातियों का उदय विवाह के नियमों का सही पालन नहीं करने तथा अनेक व्यवसायों की वजह से आया था। ह्वेनसांग अनेक अछूत तथा जाति से बाहर रहने वालों जैसे कसाई, मछुआरे, हाड़ी की बात करते हैं जिन्हें आम लोगों से मिलने की इजाजत नहीं थी।

इस समय महिलाओं की स्थिति और गिरी। स्वयंवर की प्रथा समाप्त हो गई तथा समकालीन साहित्य में इसका वर्णन नहीं है। विधवा-विवाह, विशेषकर उच्च वर्ण में, नहीं होता था। बाण के अनुसार दहेज प्रथा आम थी। सती के भी कुछ उदाहरण हैं।

हर्ष के अधीन धर्म

ब्राह्मणवाद, जो गुप्त काल में फिर उभरा था, इस दौरान और शक्तिशाली, हो गया। हर्ष के प्रश्रय के बाद भी इस दौरान बौद्ध धर्म का पतन हुआ, परंतु जैन धर्म में कोई परिवर्तन नहीं आया न तो इसका विकास हुआ न ही पतन। शैव इस समय प्रमुखताद में आया। गुप्त काल में लोकप्रिय वैष्णव धर्म का उस समय पतन होने लगा, जो इसके बारे में कम होते उल्लेख से पता चलता है। वैदिक अनुष्ठान तथा व्यवहार फिर ब्राह्मणवादी व्यवस्था के अंग बन गए तथा लोगों में लोकप्रिय हो गए।

7.10 चालुक्य (543-755 ई.पू.)

उत्पत्ति के बारे में विवाद

उत्तर भारतीय उत्पत्ति-विक्रमांकदेवचरित के लेखक तथा एक कल्याणी चालुक्य राजा के दरबारी कवि बिल्हण के अनुसार चालुक्यों का मूल निवास स्थान अयोध्या था। बाद के चालुक्य अभिलेख भी यही दावा करते हैं, परंतु इसका कारण सम्मान तथा वैधता प्राप्त करना जान पड़ता है।

पश्चिम भारतीय उत्पत्ति-दूसरे मत के अनुसार चालुक्य गुर्जर से संबंधित थे परंतु इस विचार का कोई सीधा साक्ष्य नहीं है।

स्थानीय विकास-एक तीसरे विचार के अनुसार चालुक्य स्थानीय कनारी लोग थे जो ब्राह्मणवादी प्रभाव में शासक वर्ण में परिवर्तित हुए। तीसरा विचार सबसे संभावित लगता है यद्यपि इसके लिए भी कोई सीधा साक्ष्य नहीं है।

राजनीतिक इतिहास

पुलकेशिन I (543-66)–चालुक्य वंश का संस्थापक जिसने बादामी (वातापी) राजधानी के साथ एक छोटे-से राज्य की स्थापना की।

कीर्तिवर्मन I (566-597)–पुलकेशिन I का पुत्र था तथा उत्तराधिकारी, उन्होंने राज्य का युद्धों द्वारा बनवासी के कदम्ब तथा बस्तर के नल क्षेत्र में विस्तार किया।

मांगलेसा (597-606)–कीर्तिवर्मन की मृत्यु के बाद उसके भाई संरक्षक बन गए क्योंकि उनका पुत्र पुलकेशिन II अवयस्क था। उसने गुजरात, खानदेश तथा मालवा के क्षेत्र को लूटा।

पुलकेशिन II (609-42)–यह बादामी के चालुक्यों का महानतम राजा माना जाता है, जिसने न सिर्फ गद्दी प्राप्त करते समय कठिनाइयों का सामना किया अपितु अपनी सैन्य तथा कूटनीतिक सफलताओं के कारण प्रसिद्धि प्राप्त की।

- उसे अपने चाचा के विरुद्ध गृहयुद्ध लड़ना पड़ा जिन्होंने (मांगलेसा) उसे राज्य सौंपने से इकार कर दिया।
- अपने चाचा को पराजित कर मार देने के पश्चात राज्य में चारों तरफ विद्रोह होने लगा। परंतु इन विद्रोहों को दबाने में वह सफल रहा। उसने विद्रोही सामंत अप्पयिका को पराजित किया तथा गोविंद के समर्पण कर देने पर उसे क्षमा कर दिया।
- अपने पड़ोसी, जैसे- बनवासी के कदंब, दक्षिण कनारा के अलुप, मैसुर के गंगा तथा उत्तरी कोंकण के मौर्यों के ऊपर अधिकार किया। इसके अलावा लता, मालवा तथा गुर्जरों ने भी कन्नौज के हर्षवर्धन के भय से इनके सामने समर्पण कर दिया।
- हर्ष के साथ उसकी मुठभेड़ जिसमें उसने हर्ष की दक्षिण विजय के इरादे को रोका।
- पूर्वी दक्कन-दक्षिण कोशल, कलिंग, पिस्तपुरा तथा रायलसीमा द्वारा समर्पण तथा उन पर विजय।
- कांची के पल्लवों से संघर्ष-पल्लवों के विरुद्ध उनका पहला अभियान जो उस समय महेंद्रवर्मन I के अधीन था, पूर्णत: सफल रहा तथा उसने पल्लव राज्य के उत्तरी हिस्से पर अधिकार कर लिया परंतु पल्लवों के विरुद्ध उसका दूसरा अभियान उसके तथा उसके राज्य के लिए विनाशकारी सिद्ध हुआ। पल्लव राजा नरसिंहवर्मन जो महेंद्रवर्मन के स्थान पर गद्दी पर आए थे, न सिर्फ चालुक्य सेना को पीछे धकेलने में सफल रहे, पर उन्होंने चालुक्य राज्य पर आक्रमण कर पुलकेशिन II की हत्या कर बादामी पर अधिकार कर लिया।
- कूटनीतिक सफलता-उसने फारस के राजा खुसरो II के पास 625 ई.पू. में एक दूतमंडल भेजा तथा उनका एक दूत चालुक्य राज्य में आया था। फारस के दूत मंडल को दिया गया सम्मान अजंता की एक गुफा में चित्रित है।
- ह्वेनसांग की यात्रा-चीनी यात्री के द्वारा दिया गया वर्णन पुलकेशिन के समय की सामाजिक तथा आर्थिक जानकारी के लिए काफी उपयोगी है।

विक्रमादित्य I (644-81)–12 वर्ष के पल्लव अधिकार के बाद इसने पल्लवों को बाहर खदेड़ कर अपने राज्य को मजबूत किया तथा पल्लव राज्य को लूटकर अपने पिता की पराजय तथा मृत्यु का बदला पल्लवों से लिया।

विनयादित्य (681-93)–इनका शासनकाल आमतौर पर शांति तथा खुशहाली का था।

विजयादित्य (693-733)–यह सबसे लंबा तथा शांति तथा खुशहाली का शासन काल था। इस समय मंदिरों की संख्या में बहुत वृद्धि हुई।

विक्रमादित्य II (733-44)–इसका काल पल्लव राज्य पर तीन सफल आक्रमण तथा दक्षिण गुजरात में अरब आक्रमण को विफल बनाने के लिए महत्वपूर्ण था।

कीर्तिवर्मन II (744-45)–अंतिम बादामी के चालुक्य शासक, राष्ट्रकूट वंश के संस्थापक दांतिदुर्ग द्वारा पराजित हुए तथा इस तरह बादामी का चालुक्य वंश समाप्त हुआ।

चालुक्यों का योगदान

कला का भवन निर्माण

- उन्होंने मंदिर निर्माण में दक्कन या बेसर शैली का विकास किया जो शीर्ष पर राष्ट्रकूट तथा होयसल काल में पहुंचा।
- चालुक्यों ने पत्थर भवन अर्थात् बिना सीमेंट के पत्थरों को जोड़ने की शैली में महारथ हासिल की।
- इनके अधीन बौद्ध, जैन तथा ब्राह्मण गुफा मंदिर बनाने के लिए एक-दूसरे से प्रतियोगिता करते रहे।
- यद्यपि गुफा शैली पहले प्रारंभ हो चुकी थी, इसके कुछ उत्कृष्ट उदाहरण इसी काल के हैं। दीवारों पर सजावट के लिए धार्मिक तथा अन्य विषयों का प्रयोग होता था। अजंता के पहले संघीय गुफा में हम पुलकेशिन II के समय फारसी दूतमंडल के स्वागत का दृश्य पाते हैं।

मंदिर

बादामी के चालुक्यों के अधीन मंदिर निर्माण कार्य के दो स्तर रहे। पहले में ऐहोल तथा बादामी के मंदिर हैं। ऐहोल मंदिरों का शहर है, जिसमें कम-से-कम 70 भवन हैं, जिनमें से 4 देखने लायक हैं।

- लाध खान मंदिर सपाट छत वाला मंदिर है।
- बौद्ध चैत्य को ब्राह्मण मंदिर में शामिल करने के लिए दुर्गा मंदिर एक प्रयोग था।
- हुसीमालीगुडी दुर्गा मंदिर के समान पर उससे छोटा है।
- मेगुती का जैन मंदिर भवन निर्माण प्रणाली में कुछ प्रगति दिखाता है, परंतु यह पूरा नहीं है।

बादामी के मंदिरों में मेलागित्ती शिवालय एक छोटा पर समानुपाती तथा वैभवशाली मंदिर है। चार पत्थरों को काटकर बनाए गए हॉल (तीन हिंदू तथा एक जैन) बादामी में हैं तथा सभी एक जैसे हैं। गुफाओं की कारीगरी काफी कुशलतापूर्वक की गई है। यद्यपि सामने का भाग बहुत अच्छा नहीं है, अंदर का भाग काफी कुशलता के बनाया गया था।

दूसरा काल पत्तादकाल के मंदिरों द्वारा इंगित है। यहां लगभग 10 मंदिर हैं, जिनमें से 4 उत्तरी शैली तथा 6 दक्षिणी शैली के हैं। दक्कन में दोनों शैलियों का प्रयोग होता था। इन दोनों शैलियों को मिलाने की भी प्रवृत्ति थी।

- उत्तरी शैली के मंदिरों में सबसे महत्वपूर्ण पापनाथ मंदिर था, जिसमें उत्तरी तथा दक्षिणी तत्वों को मिलाने का प्रयास हुआ था।
- विरुपाक्ष मंदिर विक्रमादित्य II की एक रानी ने बनवाया था। इसके निर्माण हेतू कांची से कारीगरों को लाया गया था। परिणामतः यह कांची के कैलाशनाथ मंदिर की नकल लगता है, जो कुछ दशक पहले बना था।
- इस मंदिर से कुछ वर्ष पहले बनाया गया संगमेश्वर मंदिर भी लगभग इसी श्रेणी में आता है।

धर्म

बादामी के चालुक्य ब्राह्मणवादी हिंदू थे, पर दूसरे धर्म का भी सम्मान करते थे। वैदिक बलि तथा कर्मकांड को काफी महत्व दिया गया। वस्तुतः इस वंश के संस्थापक पुलकेशिन I ने अश्वमेध यज्ञ किया था। इस समय कुछ ब्राह्मणवादी ग्रंथ भी लिखे गए थे। चालुक्य काल में ब्राह्मणवाद के परंपरागत रूप के साथ-साथ इसका पौराणिक रूप भी लोकप्रिय हुआ। वस्तुतः इसी लोकप्रियता ने विष्णु शिव, तथा अन्य भगवानों के मंदिर निर्माण को बढ़ाया।

ह्वेनसांग के वर्णन से स्पष्ट है कि पश्चिमी दक्कन में बौद्ध धर्म पतन की ओर था। यह पूरे देश में 5वीं तथा 6ठीं सदी में इस धर्म के पतन का हिस्सा था। परंतु जैन धर्म की लोकप्रियता बढ़ती रही तथा बौद्ध धर्म के पतन से इसे फायदा मिला।

प्रशासन

बादामी के चालुक्यों के अधीन केंद्रीय प्रशासन का ग्रामीण प्रशासन ऊपर दबदबा रहा जो दक्षिण भारत की प्रशासनिक परंपरा के विरुद्ध था। अतः चालुक्य प्रशासन तथा दक्षिण भारत के अन्य शासनों जैसे- पल्लव तथा चोल में मुख्य अंतर यह था कि बाकी शासक ग्रामीण प्रशासन को काफी स्वतंत्रता देते थे, पश्चिमी दक्कन के चालुक्य नहीं।

बादामी के चालुक्य एक महत्वपूर्ण समुद्री शक्ति थे। पुलकेशिन II ने 100 जहाजों के बेड़े के साथ एक विरोधी पर आक्रमण कर उस पर विजय प्राप्त की थी। चालुक्यों की सेना में एक छोटी मुख्य सेना तथा सामंतों की सेना थी। सैन्य प्रशासकों को जरूरत पड़ने पर नागरिक कार्य में प्रयोग किया जाता था।

निष्कर्ष

चालुक्य काल पड़ोसियों पर लगातार आक्रमण तथा लूट का काल था। इसके कुछ खास कारण थे। भूमि से होने वाली आय काफी सीमित थी क्योंकि अधिकांश चालुक्य राज्य पथरीला तथा उपजहीन था। व्यापारिक कार्य से भी ज्यादा आय नहीं हो रही थी क्योंकि भारत में आमतौर पर इस समय व्यापारिक कार्य का पतन हो रहा था। अतः चालुक्य पड़ोसियों को लूटने में लग गए। एक-दूसरे के लिए विनाशकारी चालुक्य-पल्लव संघर्ष उसी पृष्ठभूमि में समझा जा सकता है।

7.11 पल्लव (560-903 ई.पू.)

उत्पत्ति के बारे में विवाद

पार्थियन संबंध–एक विचारधारा के अनुसार ये पार्थियनों की एक शाखा थे। परंतु पार्थियनों के दक्षिण अप्रवास का कोई साक्ष्य नहीं है।

वकाटाक संबंध–अन्य विचार के अनुसार पल्लव दक्षिण की ब्राह्मण शाही वंश वकाटाक की शाखा थे, परंतु इसका भी कोई सीधा साक्ष्य नहीं है।

स्थानीय उत्पत्ति–तीसरे विचार के अनुसार ये एक स्थानीय शक्ति थे जो इक्ष्वाकु राज्य के टूटने से उभरे। दूसरे शब्दों में ये स्थानीय नाग थे।

अत: पल्लव संभवत: स्थानीय कबीलायी लोग थे जिन्होंने तोण्डाइनाडु में अपना शासन स्थापित किया था।

राजनीतिक इतिहास

सिम्हाविष्णु (560-90)–इन्हें पहला महत्वपूर्ण पल्लव राजा माना जाता है यद्यपि पल्लव समुद्रगुप्त के दक्षिण भारत पर आक्रमण के समय भी मौजूद थे। उन्होंने अपने पड़ोसी चोल तथा अन्य दक्षिणी शक्तियों को, जिसमें श्रीलंका सम्मिलित है, पराजित किया। पुरातात्विक साक्ष्यों से यह पता चलता है कि वे वैष्णव थे।

महेंद्रवर्मन I (590-630) इनके शासनकाल में पल्लव तथा चालुक्यों के बीच लंबा संघर्ष प्रारंभ हुआ। पुलकेशिन II ने उन्हें पराजित कर उनके राज्य के एक हिस्से पर अधिकार किया।

नरसिंहवर्मन I (630-68)–इन्हें सबसे महान पल्लव राजा माना जाता है। उन्होंने पुलकेशिन II के दूसरे आक्रमण को विफल कर उनकी हत्या कर बादामी पर अधिकार कर लिया। अत: उन्होंने 'वातापी कोण्डा' (वातापी जीतने वाला) की उपाधि को धारण किया। उन्होंने चोल, चेरा तथा पांड्यों को हराकर दक्षिण में अपना प्रभुत्व स्थापित किया। उन्होंने श्रीलंका दो नौसैनिक अभियान भेजकर अपने मित्र एक राजकुमार को श्रीलंका की गद्दी पर कब्जा करने में मदद दी। वे एक महान निर्माता भी थे तथा उन्होंने ममल्लापुरम तथा उसके अनेक भवनों का निर्माण किया। उनके शासन काल की एक अन्य महत्वपूर्ण बात ह्वेनसांग की कांची यात्रा थी।

महेंद्रवर्मन II (688-70)–उन्होंने बहुत कम समय तक शासन किया क्योंकि चालुक्य राजा विक्रमादित्य I (पुलकेशिन II का पुत्र) ने उनकी हत्या कर दी।

परमेश्वरवर्मन II (670-700)–उन्हें भी विक्रमादित्य I के आक्रमण का सामना करना पड़ा, परंतु अंतत: उसे पराजित करने में सफल रहे।

नरसिंहवर्मन II (700-28)– इनका शासन काल शांति, समृद्धि, साहित्यिक गतिविधियों तथा बड़े मंदिरों के निर्माण का काल था, जैसे- ममल्लापुरम् का मंदिर तथा कांची का कैलाशनाथ मंदिर। इन्होंने अपने दूत चीन भेजे थे तथा इनके समय समुद्री व्यापार बढ़ा।

परमेश्वरवर्मन II (728-31)– इनके समय भी पल्लव राज्य को पराजय तथा अपमान का सामना करना पड़ा। चालुक्य राजा विक्रमादित्य II ने पल्लव राजधानी पर आक्रमण किया तथा परमेश्वरवर्मन को अपमानजनक संधि करनी पड़ी। जब पल्लव राजा ने बदला लेने का प्रयास किया तो चालुक्य के गंगा मित्र ने इन्हें मार डाला।

नंदिवर्मन II (731-96)–चालुक्य विक्रमादित्य II ने पुन: पल्लव राजधानी पर इनके शासनकाल में कब्जा कर लिया। परंतु इस बार विक्रमादित्य विजित के प्रति दयालु व्यवहार रखते हुए इस पूरे संघर्ष में मात्र एक बार विवेकपूर्ण निर्णय लेते हुए बिना कांची को नष्ट किए लौट गया। नंदि ने शीघ्र अपने को मजबूत कर चालुक्य मित्र गंगा को पराजित किया। किंतु वह पांड्यों के हाथों पराजित हो गया। इस पराजय के बाद नंदि ने घरेलू क्षेत्र पर अपना ध्यान दिया। ये एक वैष्णव था तथा शिक्षा का प्रवर्तक था। इसने अपने काल में अनेक पुराने मंदिरों की मरम्मत करवाई तथा नए मंदिर, जैसे- बैकुण्ठपेरूमल मंदिर का कांची में निर्माण करवाया।

उत्तराधिकारी-दांतिवर्मन (796-847), नंदिवर्मन III (847-69), नृपतितुंगा (869-99) तथा अपराजिता (899-903) उत्तराधिकारी राज्य को अंतिम धक्का आदित्य चोल ने अपराजिता पल्लव पर आक्रमण कर 9वीं सदी के अंत में दिया। परंतु पल्लव प्रमुख 13वीं शताब्दी तक सामंतों के रूप में बने रहे।

पल्लवों का योगदान

कला तथा वास्तुकला

मंदिर निर्माण में, विशेष रूप से पल्लवों के समय द्रविड़ शैली के विकास के चार चरण थे-

महेंद्र समूह: इस शैली पर गुफा शैली का प्रभाव मिलता है। इसके उदाहरण हैं-शिला खंड मैखकोंडा मंदिर (उत्तर अरकोट जिला) तथा उन्दावल्ली का अनंतेश्वर मंदिर (गुंटूर जिला)।

नरसिंह समूह: इसमें रथ या एक शिलाखंडीय मंदिर हैं जिनमें से प्रत्येक का निर्माण एक पत्थर को तराशकर किया गया था। ये ममल्लापुरम् में पाए जाते हैं। रथ, लोकप्रिय रूप से सात पैगोड़ा के नाम से जाने जाते थे, पर वास्तव में आठ हैं। ये हैं 1. धर्मराज 2. भीम 3. अर्जुन 4. सहदेव 5. द्रौपदी 6. गणेश 7. पिदारी तथा 8. वालायानकुट्टीय।

राजसिम्हा समूह: इस समूह के पांच उदाहरण हैं-तीन महाबलीपुरम में (शोर, इशवरा तथा मुकुंद मंदिर) एक दक्षिण अरकोट के पन्नामलाई में तथा कांची का कैलाशनाथ मंदिर। इनमें सबसे परिपक्व अंतिम उदाहरण है।

नंदिवर्मन समूह: इस समूह में कांची के बैकुंठपेरूमल मंदिर को छोड़कर मुख्यत: छोटे मंदिर हैं जो किसी भी तरह पिछले काल से ज्यादा उन्नत नहीं हैं, परंतु ये ज्यादा अलंकृत हैं तथा चोल वास्तुकला से मिलते हैं। सबसे अच्छा उदाहरण कांची का मुक्तेश्वर तथा मातंगेश्वर मंदिर, औरगाडम (चिंगालपुट के निकट) का वाडमालेश्वर मादर और गुडिमल्लम (रेनिगुंटा के निकट) का परशुरामेश्वर मंदिर है।

पल्लवों ने दक्षिण भारत में मूर्ति कला के विकास में भी योगदान दिया। पल्लव मूर्ति कला आमतौर पर बौद्ध विचार से प्रभावित थी। यह दक्षिण के परंपरागत अलंकार के स्थान पर ज्यादा विशाल तथा रैखीय है। इसका सर्वोत्तम उदाहरण महाबलीपुरम का 'गंगा का उतरना 'या 'अर्जुन की तपस्या' है।

धर्म

पल्लव रूढ़िवादी हिंदू थे तथा उनका प्रश्रय मध्य काल की सुधारवादी परंपरा के लिए उत्तरदायी था। मुख्यत: पल्लव राजा शैव थे, पर सिम्हाविष्णु तथा नंदिवर्मन अपवाद थे जो वैष्णव थे। महेंद्रवर्मन I सर्वप्रथम उस समय के शैव संतों के प्रभाव में आए। शिव की उपासना के साथ-साथ उन्होंने अन्य हिंदू देवताओं के प्रति भी सम्मान दिखाया। पल्लव बौद्ध तथा जैन जैसे अन्य धर्मों के प्रति भी सहनशील थे। परंतु कुछ धर्म जैसे बौद्ध, शैव धर्म के सामने अपनी ख्याति खो रहे थे। वैदिक परंपरा आमतौर पर स्थानीय परंपरा पर हावी थी। वस्तुत: शंकराचार्य ने वैदिक परंपरा को प्रोत्साहन दिया।

छठी तथा सातवीं सदी के तमिल संत भक्ति आदोलन के जनक थे। नयनार (शैव) तथा अलवार (वैष्णव) संतों के उपदेश तथा श्लोक ने भक्ति परंपरा को आगे बढ़ाया। अप्पार, सबनदार, सुन्दरार तथा अन्य शैव संत थे। इस समय की एक खास बात महिला संत, जैसे अंदाल (अलवार) थीं।

ज्ञान एवं शिक्षा

प्रारंभिक दिनों में शिक्षा पर जैन तथा बौद्धों का प्रभुत्व था। जैन संस्था मदुरै तथा कांची में स्थित थी, परंतु कुछ ब्राह्मणवादी संस्थाओं ने उन्हें दबा दिया। घटिका या ब्राह्मणवादी संस्था मंदिरों से जुड़ी थी तथा आमतौर पर उच्च शिक्षा से जुड़ी थी। आठवीं सदी में मठ लोकप्रिय हो गए। मठ बहुउपयोगी संस्था थे, जिनका शिक्षा संस्था के साथ ही आराम गृह, भोजन घर के रूप में भी प्रयोग किया जाता था। इन सभी संस्थाओं में शिक्षा का माध्यम संस्कृत था क्योंकि यह राजकीय भाषा थी।

साहित्य

पल्लव राजधानी कांची संस्कृत शिक्षा का महान केंद्र थी *किराताअर्जुनियम* तथा *दशकुमारचरितम* के लेखक भारती दाण्डिन पल्लव दरबार में रहते थे। वराहमिहिर के वैज्ञानिक कार्य तथा कालिदास की कविता पल्लव राज्य में प्रचलित थी। अधिकांश राजा विद्वान थे तथा महेंद्रवर्मन I ने प्रसिद्ध प्रहसन *मत्तविलास प्रहसन* लिखा था।

भारतीय संस्कृति का प्रसार

पल्लव दक्षिण-पूर्व एशिया में भारतीय संस्कृति के प्रसार के लिए उत्तरदायी थे। आठवीं शताब्दी तक पल्लव कंबोडिया में प्रभावशाली थे। इन देशों में शैव धर्म को आधिकारिक प्रश्रय मिला था। जावा, कंबोडिया तथा अन्नाम में पल्लवों की तरह का शिकारा मंदिरों में मिलता है।

7.12 सामंतवाद एवं गुप्त राजव्यवस्था

भारतीय सामंतवाद की उत्पत्ति

व्याख्याओं में विविधता–भारतीय सामंतवाद की व्याख्या दो अन्तर्सम्बन्धित प्रश्नों से शुरू करनी है–भारतीय सामंतवाद कब और क्यों विकसित हुआ? क्योंकि निजी इतिहासकारों के मत इन प्रश्नों की खोज सामंतवाद की कुछ प्रमुख व्याख्याओं तक सीमित रखते हैं और मात्र कुछ विचारों की ही पहचान कर पाते हैं।

विकेन्द्रीकृत राज्य संरचना का सिद्धान्त–इस दृष्टिकोण के निर्माण के आरंभिक चरण में राजनीतिक सामंतवाद की उत्पत्ति को राजनीतिक पदानुक्रम की वृद्धि के माध्यम से निर्मित विकेन्द्रीकृत राज्य संरचना के द्वारा प्रदर्शित परिदृश्य के साथ जोड़ा गया तथा इस अर्थ में पूर्ववर्ती गुप्त काल

में आद्य-सामंतीचरण विद्यमान था। सामंती अर्थव्यवस्था की उत्पत्ति प्रशासनिक अधिकारों समेत भू-अनुदान प्रथा के विकास (जो राज्य की शक्ति को कम करता था) में देखी गयी। इस स्थिति में भी यह सिद्धान्त दो असंगतियों की निरंतरता से जूझता दिखाई देता है; जहाँ पदानुक्रमिक राजव्यवस्था को सामंती व्यवस्था के विकास द्वारा दर्शाया गया वहीं प्रशासनिक सत्ता के साथ भू-अनुदान प्राप्त करने वाले (जो राज्य की सत्ता में कटौती करते थे) ब्राह्मण तथा धार्मिक संस्थाएं थीं।

सामाजिक संकट का सिद्धान्त–भू-अनुदानों द्वारा एक नयी सामाजिक संरचना उत्पन्न होने के विचार से पूर्णत: भिन्न एक विचार सामाजिक संकट के सिद्धान्त के रूप में भू-अनुदान प्रथा की उत्पत्ति को व्याख्या करने की कोशिश करता है। इस सामाजिक संकट ने पूर्ववर्ती सामाजिक संरचना को उसके अंत तक पहुँचा दिया था। यह माना जाता है कि कुछ अन्तर्निहित विरोधाभासों ने सामाजिक संघर्षों को जारी रखा था। ये सामाजिक संघर्ष पूर्व-गुप्तकाल में रचित महाकाव्यों व पुराणों में भी 'कलियुग' में सामाजिक व्यवस्था के ढह जाने के रूप में उल्लिखित हैं तथा इन्होंने ही राज्य पर भू-अनुदान प्रथा शुरू करने का दबाव डाला क्योंकि राज्य अपने बलबूते पर प्रजा से राजस्व वसूलने में असमर्थ था। कलियुग की सामाजिक व्यवस्था तथा नयी सामंती व्यवस्था के बीच सामंजस्य स्थापित करके इस संकट को नयी सामाजिक संरचना का कारण व सदर्भ दोनों बताता है जो कि तार्किक रूप से स्वीकार नहीं किया जा सकता। अतिमहत्वपूर्ण बात यह है कि वास्तविक ऐतिहासिक घटनाक्रम यह सुझाता है कि ऐसे काल में, पूर्ववर्ती ऐतिहासिक नगरीय सभ्यता अपने चरमोत्कर्ष पर थी, राज्य की सत्ता के लिए संकट का एक कारण बनने लायक व्यापक सामाजिक संघर्षों के प्रमाण अभी तक नहीं मिल सके हैं।

नगरीय पतन का सिद्धान्त–राज्य की सत्ता के संकट से जुड़ा सामाजिक संकट एक नयी सामाजिक संरचना की उत्पत्ति की एक व्याख्या के रूप में संरचनात्मक रूप से उस नयी परिकल्पना से भिन्न है, जो सामंतवाद की उत्पत्ति में नगरों के पतन की भूमिका पर बल देती है। इस परिकल्पना के अनुसार नगरों की बाजार अर्थव्यवस्था में बदल जाने के फलस्वरूप तीसरी सदी से नगरों का तेजी से पतन आरंभ हो गया, जो सामंतवाद की उत्पत्ति को समझने में मूल कारक प्रतीत होता है। इस परिकल्पना में भी आंतरिक असंगतियां मौजूद हैं। किंतु ध्यान देने योग्य बात यह है कि नगरीय पतन का व्याख्यात्मक प्रतिदर्श (जो राज्य के संसाधनों की मात्रा में घटाव को दर्शाता है) राज्य की सत्ता को ढहाने वाले सामाजिक संघर्षों के सिद्धान्त से अलग है। लंबी दूरी के विनिमय तंत्र के बिखराव से जुड़े नगरीय पतन को सामाजिक संघर्षों को दर्शाने वाली 'आतंरिक व्याख्या' की तुलना में 'बाहरी व्याख्या' माना जा सकता है।

एक नवीन व्याख्या की जरूरत–इस प्रकार स्पष्ट है कि भारतीय सामंतवाद की उत्पत्ति के लिए अभी कोई संतोषजनक संगठित तर्क उपलब्ध नहीं है। जैसा कि पहले कहा गया है, भारतीय सामंतवाद का ताजा सिद्धान्त प्राचीन भारतीय संदर्भ में एक विकेन्द्रीकृत राज्य तथा एक केन्द्रीकृत राज्य था। एक शहरी अर्थव्यवस्था तथा एक प्राकृतिक अर्थव्यवस्था जैसे विरोधाभासों को निरंतर रूप से स्वीकार करता है। यह सिद्धान्त उन दो प्रमुख प्रक्रियाओं को (320-750 ईसवी के बीच के अध्ययन हेतु उनके संकेतकों को समझने में अपनी असफलता के कारण) पूरी तरह से लाँघ जाता है। भारतीय इतिहास की ये समान्य मानी जाने वाली प्रक्रियाएँ हैं–(अ) राज्य निर्माण की प्रक्रिया के माध्यम से पूर्व-राज्य समाज का राज्य समाज में रूपान्तरण, तथा; (ब) जनजातियों का कृषक समुदायों में रूपांतरण तथा इसके माध्यम से जाति व्यवस्था के पदानुक्रम में विभिन्न दर्जों की प्राप्ति। ये प्रक्रियाएं अन्तर्सम्बंधित थीं तथा भारतीय इतिहास के किसी भी चरण में इनके कार्य संचालन को क्षेत्रीय संदर्भ में देखना चाहिए क्योंकि भारत में सांस्कृतिक/ऐतिहासिक क्षेत्रों का निर्माण मुख्यत: इस बात से सुनिश्चित हुआ कि विभिन्न स्थान/समय सन्दर्भों में विशेषताएं कैसे प्रमुख बन गयी थीं।

क्षेत्रीय राज्यों का निर्माण–परम्परागत वंशानुक्रमिक एवं कालक्रमिक पुनर्रचना से अलग हटकर किये गये ताजा अनुसंधान से स्पष्ट होता है कि यह काल स्थानीय व क्षेत्रीय राज्यों के निर्माण की दृष्टि से अति निर्णायक था। पूर्व-मध्य काल के उदय हेतु एक आवश्यक पृष्ठभूमि के रूप में पूर्ववर्ती नगर केन्द्रों के पतन पर जोर देने वाला एक ताजा अध्ययन भी यह बताता है कि नये राज्यों व राजतंत्रों के उदय हेतु यह काल विशेष महत्व रखता है। गुप्तों के साम्राज्य को छोड़कर, इस काल के दौरान पूरे देश में लगभग 69 राज्य अस्तित्व में आये। जिनमें से 48 महाराष्ट्र, पूर्वी मध्य प्रदेश, आंध्र प्रदेश, ओडिशा व बंगाल में थे। इन राज्यों द्वारा आवृत्त क्षेत्र अंतरालों समेत एक सतत् क्षेत्र का निर्माण करता था। इस क्षेत्र का एक भाग वनीय पठार था, जिसमें विंध्याचल क्षेत्र शामिल था।

गुप्तकालीन आद्य-सामंती राजव्यवस्था

सामाजिक-आर्थिक पृष्ठभूमि–गुप्तकाल आर्थिक विस्तार का एक काल था, जिसे मध्य भारत, दक्कन व दक्षिण भारत के निर्जन व अपरिचित क्षेत्रों में ब्राह्मणों को दिये जाने वाले भू-अनुदानों ने प्रोत्साहन दिया था। यह काल निजी भू-सम्पत्ति की वृद्धि को दर्शाता है जिसे विधि ग्रंथों द्वारा मान्यता दी गयी तथा स्वर्ण सिक्कों के माध्यम से भूमि के वास्तविक क्रय-विक्रय से इसका प्रभाव मिलता है। शासक वर्ग की आर्थिक समृद्धि का संकेत स्वर्ण सिक्कों की प्रचुर संख्या (जो प्राचीन भारत के किसी अन्य राजवंश की तुलना में अधिक है) से मिलता है। स्वर्ण मुद्रा के प्रयोग ने शिल्पियों एवं व्यापारियों को सुदृढ़ बनाया, जिनकी श्रेणियों में स्वर्ण नकदी के रूप में जमा होता था। विदेशी व्यापार में गिरावट तथा नगरों के पतन के बावजूद श्रेणियां गुप्तकालीन कई नगरों के आर्थिक व प्रशासनिक संगठन में भागीदारी करती रहीं।

राजनीतिक पृष्ठभूमि–गुप्त काल के राजनीतिक संगठन के समग्र चित्र के लिए हमें देश की पूर्ण लम्बाई-चौड़ाई में कई राजवंशों की उपस्थिति को ध्यान में रखना होगा। हरिषेण के अतिरंजित वर्णन के अनुसार इनमें से गई को समुद्रगुप्त ने पराजित किया था तथा पश्चिमी भारत निश्चित ही चंद्रगुप्त ने जीता था। दूरवर्ती प्रदेशों की विजयों ने एक प्रकार सामंती संगठन के विकास को अनिवार्य बना दिया था। मौर्यों के विपरीत, गुप्त राजाओं ने 'परमेश्वर', 'महाराजाधिराज' 'परमभट्टारक' जैसी आडम्बरपूर्ण उपाधियां धारण कीं जो उनके साम्राज्य में छोटे राजाओं के अस्तित्व का संकेत देती हैं।

केन्द्रीय शासन

राजा व उसके मंत्री–यद्यपि राजा का पद आनुवांशिक था, फिर भी राजकीय शक्ति ज्येष्ठाधिकार की प्रथा के अभाव द्वारा सीमित थी। गुप्त राजा को अपने मंत्रियों, सामंतों व ब्राह्मणों से मान्यता लेनी पड़ती थी। ब्राह्मण, *नारद स्मृति* कई विशेषाधिकारों का दावा करते हैं तथा वे स्मृतियों में बताये गये कानून के मुख्य व्याख्याकर्ता व संरक्षक थे। फिर गुप्त अभिलेखों में उच्च पदाधिकारी के रूप में पुरोहित का उल्लेख नहीं है हालांकि ब्राह्मणों को भारी-भरकम उपहार दिये जाते थे, जिन्होंने गुप्त अभिलेखों की रचना की और गुप्त राजाओं की तुलना विभिन्न देवताओं से की थी और इस प्रकार उन्होंने वे सातवाहन प्रथा को जारी रखते हुए उत्तरी भारत तक विस्तारित कर दिया।

सैन्य प्रशासन–समुद्रगुप्त की चौमुखी विजयों के विवरण के बावजूद हमें गुप्तों के सैन्य संगठन की जानकारी कम ही। दुर्भाग्य से, फाह्यान गुप्त सेना की संख्यात्मक शक्ति का वैसा उल्लेख नहीं करता जैसा कि शास्त्रीय लेखकों ने नंदों व मौर्यों तथा ह्वेनसांग ने हर्षवर्धन के बारे में किया है। फिर भी यह स्पष्ट है कि, गुप्त सेना का एक बड़ा हिस्सा सामंतों द्वारा उपलब्ध कराये गये सैनिकों से निर्मित हुआ था।

राजस्व प्रशासन–गुप्त अभिलेखों में उल्लिखित करों की संख्या कौटिल्य के '*अर्थशास्त्र*' में उल्लिखित करों से कम है। किंतु भूमिकरों की संख्या बढ़ी थी तथा व्यापार व वाणिज्य पर आरोपित करों की संख्या घटी थी। गुप्त काल में भूमिकर के दो प्रकार मुख्य थे- 'उद्रंग' एवं 'उपरिकर' किंतु कृषि उत्पादन का कितना अंश उनमें शामिल था, यह स्पष्ट नहीं है। समृद्ध किसान, नकद रूप (मुख्यतः सोने में) से कर चुके थे, जैसे- 'हिरण्य' कहा जाता था। मध्य एवं पश्चिमी भारत में शासकों ने किसानों पर 'विष्टि' (बेगार) लागू किया था। वाकाटक एवं अन्य मध्य भारतीय राज्यों में किसानों को ग्रामीण दोनों में कार्यरत राजकीय अधिकारियों के लिए पशुओं, खाद्यान्नों व अन्य आवश्यक सामानों की आपूर्ति करनी होती थी।

न्यायिक प्रशासन–विधि संहिता तीन न्यायालयों का पदानुक्रम उपलब्ध कराती है, जहाँ से राजा के यहाँ अंतिम अपील की जा सकती थी। इन न्यायालयों द्वारा प्रशासित कानून के बारे में कोई जानकारी प्राप्त नहीं होती है। किंतु सामान्य वैधानिक व्यवस्था ब्राह्मण विधि निर्माताओं के हाथों में थी जिन्होंने गुप्त काल में विधि ग्रंथों के एक समृद्ध संग्रह की रचना की थी। वैधानिक व्यवस्था ने कई दिशाओं में प्रगति की थी। प्रथम, उत्तराधिकार कानून (भू-समर्पित के विभाजन की शुरूआत के कारण) को *याज्ञवल्क्य स्मृति* में विस्तृत रूप से व्याख्याति लिया गया। द्वितीय, *नारद* एवं *वृहस्पति* ने दो प्रकार के कानूनों के बीच ऐसी रेखा खींच दी जिसमें 14 कानून सम्पत्ति से तथा 4 कानून फौजदारी से जुड़े थे। तृतीय, *नारद*, *वृहस्पति* एवं *काब्यायन* की स्मृतियां हमें न्यायालयों के गठन, न्यायिक प्रक्रिया एवं परीक्षा या प्रमाण के कानून की विस्तृत जानकारी देती हैं। विधि निर्माताओं ने ब्राह्मण न्यायाधीशों को प्राथमिकता दी तथा ऐसा संभव न हो पाने पर नीचे के दोनों के वर्गों के लोग भी न्यायाधीश बनाये जा सकते थे किंतु शूद्र को किसी भी स्थिति में न्यायाधीश नियुक्त नहीं किया जा सकता था। स्मृतियों में उल्लिखित न्यायिक अधिकारियों एवं न्यायालयों की पुष्टि अभिलेखों द्वारा नहीं होती है दूसरी

ओर वैशाली मुहर में उल्लिखित एकमात्र महत्वपूर्ण न्यायिक अधिकारी विनयस्थिति-स्थापक स्मृतियों के लिए अज्ञात था।

गुप्त नौकरशाही—यद्यपि गुप्तकालीन भू-अनुदान पत्रों में कुछ अधिकारियों का उल्लेख है जो वित्तीय एवं आर्थिक प्रशासन में भागीदारी निभाते थे किन्तु इनकी संख्या मौर्य काल की तुलना में कम थी। गुप्तकालीन नौकरशाही मौर्यों की तुलना में विस्तृत और संगठित नहीं थी। कुमारामात्य नामक कैडर से उच्च अधिकारियों का चयन होता था तथा इस कैडर की पहचान अशोक के महामात्यों तथा सातवाहन अभिलेखों के अमात्यों से की जाती है। सबसे ऊँचे अधिकारी राजा द्वारा गृह प्रदेशों में स्वयं नियुक्त किये जाते थे और उन्हें नकद वेतन दिया जाता था किन्तु एक ही व्यक्ति के हाथों में कई पद थे और अधिकांश पद वंशानुगत हो गये थे। इसने स्वाभाविक रूप से प्रशासनिक तंत्र पर केन्द्रीय नियंत्रण को कमजोर किया।

प्रांतीय एवं स्थानीय प्रशासन

प्रशासन की इकाइयाँ—गुप्त काल में पहली बार अभिलेखों से हमें प्रांतीय एवं स्थानीय प्रशासन के व्यवस्थित स्वरूप के बारे में पता चलता है। साम्राज्य भुक्तियों में बंटा था जो एक उपरिक के अधीन होती थी। हम बंगाल, बिहार, उत्तर-प्रदेश, मध्य प्रदेश में कम-से-कम एक दर्जन भुक्तियों के बारे में जानते हैं। भुक्ति, विषयों में बंटी थीं और विषय का प्रधान विषयपति होता था। पूर्वी भारत में विषय वीथी में बंटा था और वीथी गाँवों में बंटी होती थी फिर भी यह प्रतिरूप केवल गुप्त राजाओं द्वारा प्रत्यक्ष रूप से शासित प्रदेशों में ही अपनाया गया था। हमें देश, मंडल, भोग इत्यादि जैसी विभिन्न वित्तीय एवं प्रशासनिक इकाइयों के बारे में भी पता चलता है जो विशेषत: मध्य एवं पश्चिमी भारत में मौजूद थीं।

ग्राम प्रशासन—गुप्त काल में ग्राम प्रशासन ने नये आयाम प्राप्त किये। गुप्तों ने ग्रामों पर उतनी कड़ी निगरानी नहीं रखी जितनी कि मौर्य काल में गोप पर रखी जाती थी। गृहस्थ लोगों का पंजीकरण भी नहीं किया जाता था। गाँव के मामलों का प्रबंधन ग्राम मुखिया द्वारा वरिष्ठजनों (महत्तर) की सहायता से किया जाता था, जो कभी-कभी विषय के प्रशासन में भी सहायता करते थे। गुप्त अभिलेखों में ग्रामों या छोटे नगरों (वीथी) के प्रशासन में स्थानीय तत्वों की भागीदारी का उल्लेख है। कोई भी भू लेन-देन उनकी सहमति के बिना नहीं जा सकता था। इस प्रकार मौर्य काल में गाँव का प्रबंधन ऊपर से किया जाता था, जबकि गुप्तों के अधीन यह नीचे से होने लगा।

नगर प्रशासन—उत्तरी भारत में नगरीय व्यवस्था उस प्रकार की नहीं रही जैसी कि उत्तर मौर्य काल में सिक्के जारी करने वाले नगरों के अस्तित्व से स्पष्ट होती थी। अब ये नगर मात्र अपनी सत्ता को लागू करने के लिए मुहरें ही जारी कर सकते थे। वैशाली मुहर से स्पष्ट होता है कि शिल्पी, वणिक एवं महाजन एक ही निकाय के अंग थे और नगर के प्रशासन में अपनी क्षमतानुसार भूमिका निभाते थे। शिल्पियों एवं महाजनों के अलग-अलग निगम भी मौजूद थे। इसके अलावा हम भिलसा एवं वैशाली में कई पृथक् शिल्प एवं व्यापार श्रेणियों के बारे में सुनते हैं। मन्दसौर में रेशम बुनकरों की श्रेणी तथा इन्दौर (बुलन्दशहर) में तैलिकों की श्रेणियों का उल्लेख गुप्त अभिलेखों में है। व्यावसायिक श्रेणियाँ पारिवारिक संगठनों से अलग होती थीं और महत्वपूर्ण गतिशीलता दर्शाती थीं जैसा कि मंदसौर रेशम बुनकरों के संचरण के उदाहरण से पता चलता है, श्रेणियाँ प्रथाओं द्वारा निर्देशित होती थीं और उनके अधिकारी बिना किसी राजकीय हस्तक्षेप के कार्य करते थे। इस प्रकार स्पष्ट होता है कि गुप्तकालीन श्रेणियाँ अपने सदस्यों के साथ-साथ अपने नगर के मामलों में भी हस्तक्षेप करती थीं। इसके फलस्वरूप राज्य की नगरों के प्रशासन की जिम्मेदारी कम होती थी और अभिलेखों में ऐसे किसी राजकीय अधिकारी का उल्लेख नहीं है जो विशेष रूप से ऐसी जिम्मेदारियों को निभाने के लिए ही नियुक्त किया गया हो।

अप्रत्यक्ष शासन वाले क्षेत्र—यद्यपि उत्तरी बंगाल, बिहार तथा उत्तर प्रदेश पर गुप्त राजा द्वारा नियुक्त अधिकारियों द्वारा प्रत्यक्ष रूप से शासन किया जाता था किंतु साम्राज्य के कई प्रमुख भागों में परिव्राजकों, जैसे- सामन्तों एवं उक्कल्प राजकुमारों द्वारा शासन किये जाने का उल्लेख है। सामन्त राजा जो साम्राज्य के बाहरी हिस्सों में रहते थे वे अपनी निष्ठायें तीन प्रकार से व्यक्त करते थे। वे राजदरबार में निजी रूप से उपस्थित होकर निष्ठा समर्पित करते थे या राजकर व भेंटें देते थे अथवा अपनी पुत्रियों की शादी गुप्त राजाओं के साथ करते थे। समुद्रगुप्त के इलाहाबाद अभिलेख में इन सभी प्रथाओं का उल्लेख है किंतु इसके अलावा सामन्त राजा को सैनिकों की आपूर्ति भी करते थे। गुप्तों के मुख्य सामंतों में वल्लभी के मैत्रक, थानेश्वर के वर्धन, कन्नौज के मौखरी, मगध के परवर्ती गुप्त, बंगाल के चन्द्र इत्यादि थे जिन्होंने गुप्त साम्राज्य के पतन के बाद अपने-अपने स्वतंत्र राज्य स्थापित कर लिये थे।

प्रशासनिक अधिकारों का हस्तांतरण–किंतु गुप्त काल में वास्तविक सामंती विकास पुरोहितों व मन्दिरों को दिये जाने वाले राजस्विक व प्रशासनिक विशेषाधिकारों के रूप में हुआ जो भू-अनुदानों के परिणाम थे। यह प्रथा दक्कन में सातवाहनों ने प्रारंभ की थी और शीघ्र ही यह गुप्त सामंतों एवं वाकाटकों के प्रभाव वाले मध्य भारत में फैल गई फिर भी गुप्त सम्राटों द्वारा बहुत कम अनुदान दिये गये। नई राजस्व रियायतों में नमक एवं खानों पर से राजकीय अधिकारों का हस्तांतरण शामिल था जो राज्य एकाधिकार एवं प्रभुसत्ता का स्पष्ट प्रतीक माना जाता था। धार्मिक लाभार्थियों को ग्राम अनुदान दिये गये और बिना किसी जिम्मेदारी के उनके सभी कर माफ किये गये। गुप्तकालीन भू-अनुदान पत्रों की एक विशेषता लाभार्थियों को प्रशासनिक विशेषाधिकार प्रदान करना था। उन्हें राजकीय अभिकर्ताओं के प्रवेश से छूट प्राप्त थी और ये विशेषाधिकार सातवाहन अनुदान पत्रों में भी मौजूद था किंतु गुप्त काल में ये लाभार्थी दस अपराधों के ऐवज में दण्ड देने की शक्ति भी रखते थे। दूसरे शब्दों में उन्हें न्यायिक व पुलिस शक्तियाँ प्राप्त हो चुकी थीं। इस प्रकार गाँव के निवासियों को भू-अनुदान प्राप्तकर्ताओं के नियंत्रण में रखा गया और राजा द्वारा इन निवासियों को अपने नये स्वामियों की आज्ञा मानने का आदेश दिया गया।

राजव्यवस्था की सामंती प्रकृति–क्योंकि साम्राज्य के प्रशासन का एक बहुत बड़ा भाग सामंतों व लाभार्थियों द्वारा प्रबंधित किया जाता था इसलिए गुप्त राजाओं को उतने अधिकारियों की आवश्यकता नहीं थी जितनी कि मौर्य सम्राटों को थी। राज्य की आर्थिक गतिविधियों के अभाव में भी अधिकारियों की आवश्यकता कम ही थी। स्थायी सेना का आकार भी मौर्यों की तुलना में बहुत छोटा था। ग्रामीण एवं शहरी प्रशासन में शिल्पियों, वणिकों एवं वरिष्ठजनों की भागीदारी ने भी प्रशासनिक जिम्मेदारियों को कम कर दिया था, जबकि मौर्य काल में गाँव व नगर के प्रशासन में अनेक अधिकारी नियुक्त थे। गाँव के पास अधिक सत्ता थी जिससे केन्द्र का भार कम होता था इसलिए गुप्तों ने मौर्य काल जैसी विस्तृत नौकरशाही की जरूरत महसूस नहीं की। गुप्त राजाओं की शक्तिशाली सेना के बावजूद विकेन्द्रीकरण के कारक पूर्व गुप्त काल की तुलना में अधिक मजबूत थे। गुप्तों ने कई प्रकार से सामंती राजव्यवस्था के आरंभ को चिन्हित किया जो कि पूर्व मध्यकालीन भारत की एक विशेषता बन गई।

7.13 उनके उत्तराधिकारियों का सामाजिक-आर्थिक इतिहास

नई कृषि आधारित अर्थव्यवस्था का उदय

गुप्तोत्तर काल में नई कृषि आधारित अर्थव्यवस्था के उदय का कारण भूमि अनुदानों का बढ़ता हुआ प्रचलन था। जैसा कि पहले के अध्यायों में देखने को मिला है, इस प्रथा का प्रचलन गुप्त पूर्व काल में प्रारंभ हुआ, गुप्त काल में इसका विकास हुआ तथा गुप्तोत्तर काल में आम हो गया। यद्यपि समकालीन रिकॉर्डों में इन अनुदानों का करिण धार्मिक बताया गया है, लेकिन इसका मुख्य कारण प्राचीन सामाजिक क्रम में उत्पन्न संकट है। समकालीन पौराणिक ग्रंथों (तीसरी-चौथी शताब्दी) में ऐसी स्थिति के प्रति असंतोष देखने को मिलता है जिसमें विभिन्न वर्णों ने अपने दायित्व निभाने बंद कर दिए थे। इस संकट से निपटने के विभिन्न उपायों में सबसे महत्वपूर्ण वेतन तथा अन्य भुगतानों के बदले अधिकारियों तथा पुरोहितों को भूमि का अनुदान था। इस उपाय का फायदा यह था कि अनुदानित क्षेत्र में कर वसूलने तथा कानून एवं व्यवस्था बनाए रखने का बोझ अनुदान प्राप्त करने वाले को सौंप दिया गया। इसके अतिरिक्त, इसके द्वारा नई भूमि पर खेती प्रारंभ की जा सकी।

लेकिन अनुदान प्राप्तकर्ता न तो स्वयं खेती कर सकते थे और न ही कर एकत्र कर सकते थे। अत: वास्तविक खेती का कार्य कृषकों और बटाईदारों को सौंपा गया जो भूमि से जुड़े तो थे, परंतु वैधानिक तौर पर इस भूमि का स्वामित्व उन्हें प्राप्त नहीं था। इत्सिंग (सातवीं शताब्दी के अंत का एक चीनी धर्मयात्री) के अनुसार अधिकतर भारतीय बौद्ध विहार अपनी भूमि पर नौकरों तथा अन्य व्यक्तियों से खेती करवाते थे। छठी शताब्दी के बाद से कृषकों तथा बटाईदारों को अनुदानित भूमि पर बने रहने को कहा जाता था। अत: वे एक गांव से दूसरे गांव नहीं जा सकते थे तथा उसी गांव में रहकर अपनी सभी संभावित आवश्यकताओं की पूर्ति करते थे।

फलस्वरूप गुप्तोत्तर काल में एक नई कृषि आधारित अर्थव्यवस्था का उदय हुआ। कृषि आधारित इस नई कृषि अर्थव्यवस्था, विशेषकर इस नई कृषिगत संरचना के कुछ विशेष लक्षण थे। इनमें उजाड़ तथा खेती योग्य भूमि का अनुदान, अनुदान प्राप्तकर्ता को भूमि के साथ इसके कृषकों का स्थानांतरण, बंधुआ मजदूरी, कृषकों की गतिशीलता पर प्रतिबंध, अनुदान

प्राप्तकर्ता को वित्तीय तथा आपराधिक प्रशासनिक अधिकार सौंपना, अनुदान प्राप्तकर्ताओं के अधिकारों का विकास, करों में वृद्धि, जटिल कर प्रणाली का विकास तथा कृषि संरचना में व्यापक क्षेत्रीय विभिन्नताएं उल्लेखनीय हैं।

सामंतवाद का उदय

सामंतवाद की उत्पत्ति एवं विकास प्रथम शताब्दी के बाद ब्राह्मणों को दिए जाने वाले भूमि अनुदानों में देखा जा सकता है। गुप्त काल में उत्तर भारत में इनकी संख्या में वृद्धि हुई जो बाद के काल में और बढ़ती गई। हर्ष के शासन काल में नालंदा बौद्ध विहार को 200 गांवों का स्वामित्व प्राप्त था। ब्राह्मणों तथा मंदिरों को भूमि कर सौंपने का उद्देश्य अपने संरक्षकों के प्रति नागरिक एवं सैनिक सेवा नहीं बल्कि अध्यात्मिक सेवा प्रदान करना था। उन्हें वित्तीय अधिकार एवं कानून-व्यवस्था तथा अपराधियों से जुर्माना वसूलने जैसे प्रशासनिक अधिकार सौंपे जाते थे। ह्वेनसांग के अनुसार राज्य के उच्च अधिकारियों का वेतन भूमि अनुदान के रूप में दिया जाता था लेकिन ऐसे अनुदान प्राप्त नहीं हुए हैं। संभवत: वे ऐसी वस्तु पर अंकित किए गए होंगे जो नष्ट हो गई होंगी।

भूमिपतियों के एक वर्ग के निर्माण की यह प्रक्रिया पूरे देश में असामान्य थी। यह रिवाज सर्वप्रथम पहली सदी के लगभग महाराष्ट्र में प्रारंभ हुआ था। ऐसा प्रतीत होता है कि चौथी-पांचवीं सदी में भूमि अनुदान मध्य प्रदेश के एक बड़े भाग में होता था। पश्चिम बंगाल और बंगलादेश में पांचवीं-छठी सदी में ओडिशा में छठी-सातवीं में, असम में सातवीं सदी में, तमिलनाडु में आठवीं सदी में तथा केरल में नवीं-दसवीं सदी में यह प्रथा महत्वपूर्ण हो गई थी। ब्राह्मणों के लिए आय के अतिरिक्त स्रोत का पता लगाने के लिए तथा नए क्षेत्रों में कृषि के विस्तार के लिए भूमि अनुदान की प्रथा सबसे पहले सुदूर, पिछड़े तथा कबीलायी क्षेत्रों में प्रारंभ की गई थी। उपयोगी पाने पर इसका विस्तार मध्य भारत या मध्य प्रदेश में किया गया जो देश का सभ्य भाग था तथा ब्राह्मणवादी समाज तथा सभ्यता का केंद्र था।

प्रारंभिक भारतीय सामंतवाद की एक विशेष बात थी- 10, 12 या 16 गांव या उनके गुणको की आर्थिक इकाई की व्यवस्था करना। पहली-दूसरी शताब्दी के *मनु के नियम* पुस्तक में यह कहा गया है कि 10 गांवों के संग्राहक को भूमि दान द्वारा वेतन देना चाहिए। ये इकाई राष्ट्रकूट तथा कुछ हद तक पाल राज्य में भी थी।

भारत में सामंतवाद का सामाजिक-आर्थिक पक्ष गुप्त काल से बाद के (जिन्हें ऊपर के तीन वर्णों का सेवक माना जाता था) कृषक के रूप में परिवर्तन के साथ जुड़ा हुआ है। पुराने बसाए गए क्षेत्रों में संभवत: शूद्रों को जमीन दी गई। पिछड़े क्षेत्रों में अनेक जनजातीय कबीलों को ब्राह्मणवादी व्यवस्था में भूमि-अनुदान के द्वारा सम्मिलित किया गया तथा उन्हें शूद्र कहा गया। इसी कारण से ह्वेनसांग ने शूद्र को किसान कहा तथा लगभग चार शताब्दियों के बाद अल-बरूनी ने भी इसी बात को दोहराया।

किसानों को पराधीन बनाने के कारण

प्राचीन काल के अंतिम दिनों में तथा मध्य काल के प्रारंभिक दिनों में भारतीय किसानों की अधीनता, खासकर पुराने रिहायशी क्षेत्रों में, सामंतवाद के सामाजिक तथा आर्थिक पहलू से जुड़ी एक महत्वपूर्ण घटना थी। इसके कई कारण थे तथा इनमें सबसे महत्वपूर्ण गांवों पर कर का बढ़ता हुआ बोझ था। अनुदानों में करीब 11 तरह के करों का उल्लेख किया गया है जो गांव पर लगाए जाते थे। इन सभी करों की वसूली राज्य द्वारा करने पर किसान के पास जीवन निर्वाह हेतु आवश्यक अनाज मात्र ही बच पाता था। इन करों के साथ-साथ कई बार अनुदान मिलने वाले को निर्धारित-अनिर्धारित, उचित-अनुचित करों को भी स्थानांतरित कर दिया जाता था। कई बार अनुदान में करों का व्यापक ब्यौरा नहीं दिया जाता था तथा 'आदि' तथा 'सर्व-आय-समेत' या 'समस्त-प्रत्यय' जैसे शब्दों द्वारा इसे अपरिभाषित छोड़ दिया जाता था। इसका अर्थ यह था कि वे नए कर लगा सकते थे। किसान द्वारा राज्य को दिया जाने वाला राजस्व कई बार परिवर्तित हो जाता था क्योंकि कई बार पुजारियों या धार्मिक संस्थाओं को दान दिया जाता था जो अपनी आय का कोई भी हिस्सा कर के रूप में राज्य को नहीं देते थे।

एक दूसरा कारण, जिससे किसानों की स्थिति खराब हुई थी, उनसे बलपूर्वक कार्य (बेगार) लेना था। मौर्य काल में दासों तथा किराये के मजदूरों से यह कार्य करवाया जाता था। परंतु दूसरी शताब्दी से यह कार्य सभी लोगों से लिया

जाने लगा। 10वीं शताब्दी के अनुदानों में भी हमें भिश्ती का उल्लेख मिलता है। शासकों द्वारा कभी-कभी प्रयोग की जाने वाली यह प्रथा जब स्थानीय लोगों के हाथ में आई तब शोषण के लिए इसका प्रयोग होना स्वाभाविक था।

एक तीसरा कारण, जिसने किसानों की स्थिति को खराब किया, वह था-करों को वसूलने के अधिकार को भाड़े पर देना। दान प्राप्त करने वाले को जमीन पर खुद खेती करने अथवा दूसरों से करवाने का अधिकार होता था। कुछ प्राचीन काल के अंत तथा प्रारंभिक मध्य काल की नियम पुस्तकों तथा अभिलेखों में राजा तथा वास्तव में खेती करने वाले के बीच के चार स्तरों की बात की गई है। मालवा, गुजरात, राजस्थान तथा महाराष्ट्र में 5वीं से 12वीं शताब्दी के बीच किसानों को खेतों से हटाने की परंपरा से उनकी स्थिति स्थायी किरायेदार की मर्जी पर आधारित हो गई।

सार्वजनिक अधिकारों के ग्रामीणों से अनुदान प्राप्त करने वालों के पास स्थानांतरण से भी किसानों की स्थिति पर प्रभाव पड़ा। कई स्थितियों में अनुदान में दिए गए गांव की सीमाएं अपरिभाषित छोड़ दी जाती थीं जिसका फायदा उठाकर प्राप्तकर्ता अपनी सीमाओं का विस्तार कर लेता था। उसी प्रकार खुले जमीन, जंगल, चारागाह, पेड़ों तथा जलाशयों पर अपने अधिकार के कारण वे किसानों से कर लेते थे। इन अधिकारों का स्थानांतरण गुप्त तथा गुप्तोत्तर काल में राजाओं के परिभाषित अधिकारों के विपरीत था।

सार्वजनिक अधिकारों की पुष्टि इस बात से होती है कि गुप्त काल में बंगाल में जमीन की बिक्री से पहले समुदाय की अनुमति की आवश्यकता होती थी। अतः अनुदान के साथ किसानों के कृषि अधिकारों के स्थानांतरण से किसानों के अधिकारों में कमी आई।

ये तरीके राजा अथवा उसके धार्मिक अथवा धर्मेत्तर अनुदान प्राप्त करने वालों द्वारा किसान से अर्थ प्राप्त करने के माध्यम बने। इससे नई संपत्ति के रिश्ते तथा आर्थिक सहयोग की एक नई परपंरा को प्रारंभ किया गया जिससे वापस लौटना संभव नहीं था।

किसानों की प्रतिक्रिया

बेदखली तथा आर्थिक क्षीणता की इस प्रक्रिया के प्रति किसानों की प्रतिक्रिया क्या थी? दरबारी दान पत्र तथा समकालीन साहित्य में इसका कोई उत्तर नहीं मिलता है। परंतु कुछ पुस्तकें दो संभावित प्रतिक्रियाओं की तरफ इशारा करती हैं। पहला तरीका था–देश छोड़ देना, जो जातकों में वर्णित एक पुराना तरीका था। *सुभाषितेरत्नकोष* में छठी सदी के खगोलशास्त्री वाराहमिहिर के हवाले से यह बताया गया है कि किस तरह किसानों के चले जाने के बाद वीरान गांव भोगपति (दान धारक) के अत्याचारों की कहानी कहते थे, जिसे बाण के *हर्षचरित* में भी दोहराया गया है। उसी तरह *वृहणरादिय पुराण* में बताया गया है कि अकाल तथा कठोर करों के कारण लोग भागकर ज्यादा विकसित प्रदेशों की तरफ जाने लगे थे। जिन गांवों को उनमें रहने वाले लोगों के साथ दान में दिया गया था उनके किसान भाग नहीं सकते थे क्योंकि दान प्राप्त करने वालों को उनके ऊपर कुछ वैधानिक अधिकार प्राप्त होते थे।

किसानों के विरोध प्रदर्शन का दूसरा तरीका था- अपने भूमि अधिकारों को जताना, जिसका उदाहरण हमें संध्याकर नंदी के *रामचरित* में पूर्वी बंगाल के कैवर्त विद्रोह से मिलता है। इस घटना का महत्व सही रूप में समझने के लिए हमें यह याद रखना चाहिए कि कैवर्त को सेवा के रूप में दी गई जमीन से हटाकर उन पर भारी कर लगाया गया था। यह संभवतः पाल राजाओं के विरुद्ध किसानों का विद्रोह था। राजा ने इसमें अपने सामंतों का साथ दिया। हम अपने विचार को मात्र इस एक घटना पर बहुत ज्यादा आश्रित नहीं कर सकते हैं क्योंकि हमें इसके बारे में और ज्यादा उदाहरण नहीं मिलता है।

अतः प्रतिक्रिया का सामान्य तरीका पलायन था। परंतु पूर्णतः स्वावलंबी तथा लगभग बंद अर्थव्यवस्था पर इसका ज्यादा प्रभाव नहीं पड़ा, जो प्राचीन काल के अंतिम समय में तथा मध्य काल के प्रारंभ में था। आर्थिक तथा राजनीतिक व्यवस्था लगभग सभी जगह एक जैसी होने के कारण किसानों की स्थिति में एक जगह से दूसरी जगह चले जाने से कोई खास परिवर्तन नहीं होता था।

स्वावलंबी आर्थिक इकाई

देश के विभिन्न भागों में सामंती व्यवस्था स्वावलंबी आर्थिक इकाई पर आधारित थी। इसका प्रमाण मुद्रा के अभाव, स्थानीय नाप-तौल की इकाइयों का प्रचलन तथा राजा द्वारा नकद तथा वस्तुओं में अपनी आय को व्यापार तथा उद्योग से हटाकर मंदिरों में लगाने से मिलता है।

शहरों के कम होने से भी व्यापार तथा लघु उद्योग में गिरावट नजर आती है। पुरातात्विक साक्ष्यों से पता चलता है कि जहां 1-3 शताब्दियों के बीच का कुषाण स्तर् प्रगति कर रहा था, वहीं चौथी, पांचवीं तथा छठी सदी का गुप्त स्तर गिरावट पर था। कई जगहों पर गुप्तकालीन ईंट का प्रयोग

कुषाण भवनों में हुआ है। कई शहरी केंद्रों से 6ठीं सदी ईसवी के बाद जनसंख्या समाप्त हो गई। यह हस्तिनापुर, मथुरा, कौशांबी, वाराणसी, वैशाली, चिरांद, राजगृह तथा चंपा जैसे केंद्रों पर देखी जा सकती है। यही स्थिति महाराष्ट्र, कर्नाटक तथा आंध्र की भी थी। उल्लेखनीय है कि निगम, जिसका पहले अर्थ बाहर होता था, अब गांव के लिए प्रयोग होने लगा।

अगर हम इन सभी बातों पर ध्यान दें तो यह स्पष्ट होता है कि बाजारीकरण काफी कम हो गया था तथा स्थानीय जरूरतों को स्थानीय स्तर पर ही पूरा किया जाता था। अतः इसी समय जजमानी प्रथा का विकास हुआ। कारीगर शहरों में विक्रय का भरोसा न होने पर गांवों में जाकर किसानों के कार्यों में हाथ बंटाने लगे जो फसल कटते समय पारिश्रमिक के रूप में अनाज का भुगतान करते थे। किसानों तथा कारीगरों को अपने-अपने गांव में बने रहने की आज्ञा से जजमानी प्रथा को बल मिला। मंदिर तथा विहार बड़ी आर्थिक इकाई बन गए जिनमें कई बार सैकड़ों गांव होते थे। कभी-कभी कुछ गांव अनाज, कपड़ा तथा श्रम प्रदान करते थे जिससे भवनों की मरम्मत होती थी या सभी गांव इन वस्तुओं का कुछ हिस्सा प्रदान करते थे।

प्रारंभिक सामंतवाद की भूमिका

प्रारंभिक भारतीय सामंतवाद की ऐतिहासिक भूमिका कई कारणों से महत्वपूर्ण थी। सर्वप्रथम, भूमि अनुदान द्वारा मध्य भारत, ओडिशा तथा पूर्वी बंगाल में नए क्षेत्रों में कृषि का विस्तार संभव हो पाया। यही स्थिति दक्षिण भारत की भी थी। कुल मिलाकर प्रारंभिक सामंतवाद के काल में कृषि का काफी विस्तार हुआ।

उद्यमी ब्राह्मणों ने पिछड़े तथा आदिवासी क्षेत्रों में कृषि के नए तरीकों को पहुंचाया। पुजारियों द्वारा कुछ परंपरा तथा विश्वासों को बढ़ावा देने से कबीलायी लोगों की प्रगति हुई। पुजारियों ने आदिवासियों को हल चलाने, खाद का प्रयोग करने, मौसम तथा पौधों का ज्ञान देकर खेती के विकास को मदद दी विशेषकर बरसात के ज्ञान द्वारा। इनमें से अधिकांश बातें *कृषि पराशर* में अंकित हैं जो इस समय की रचना थी।

दूसरा, भूमि-अनुदान द्वारा दान में दिए गए क्षेत्र का प्रशासन चलाने के लिए एक व्यवस्था मिली क्योंकि यह कार्य दान प्राप्त करने वाले का होता था। स्थापित तथा पिछड़े क्षेत्र में धार्मिक दान से लोगों में स्थापित व्यवस्था के लिए वफादारी के भाव का विकास हुआ। दूसरी तरफ धर्मनिरपेक्ष सामंत युद्ध के समय सैनिकों द्वारा तथा क्षेत्र के प्रशासन द्वारा स्वामी की सेवा करते थे।

तीसरा, भूमि अनुदान के द्वारा कबीलायी क्षेत्रों का ब्राह्मणीकरण हुआ तथा उन्हें उन्नत जीवन के लाभ मिले। इस अर्थ में सामंतवाद ने देश को जोड़ने का काम किया। *ब्रह्मविवर्त पुराण* के अनुसार सैकड़ों जातियों में तथा मिश्रित जातियों में चार वर्णों के विभाजित होने का मुख्य कारण इन कबीलायी लोगों का ब्राह्मणवादी व्यवस्था से सीधा संपर्क भूमि दान द्वारा स्थापित होना था।

अतः भारतीय सामंतवाद अनेक विकास चरणों से गुजरा। गुप्त काल तथा उसके बाद की दो शताब्दियों में ब्राह्मणों तथा मंदिरों को भूमि अनुदान देने की परंपरा प्रारंभ हुई जिसके स्वरूप तथा संख्या पाल, प्रतिहार तथा राष्ट्रकूट राज्य में परिवर्तित होते है। प्रारंभिक काल में सिर्फ आर्थिक अधिकार दिए जाते थे, पर 8वीं शताब्दी के बाद मालिकाना हक भी दिया जाने लगा। 11वीं तथा 12वीं सदी में यह प्रक्रिया पूर्ण हुई जब पूरा उत्तर भारत आर्थिक तथा राजनैतिक टुकड़ों में बंट गया तथा किसी-न-किसी धार्मिक अथवा धर्मनिरपेक्ष व्यक्तियों का दान में दिया गया था, जो इसे जागीर की तरह भोग रहे थे।

7.14 सामंत व्यवस्था

उत्पत्ति तथा अर्थ

सामंत व्यवस्था गुप्तोत्तर काल को प्राचीन भारत के अन्य कालों से अलग करती है। सामंत का मूल अर्थ पड़ोसी होता है तथा इसका प्रयोग मौर्य काल में पड़ोसी शासकों के लिए कौटिल्य के *अर्थशास्त्र* तथा अशोक के अभिलेख में प्रयोग किया गया है। गुप्त काल के पहले इस शब्द का प्रयोग नीतिकारों द्वारा पड़ोस की भूमि-संपत्ति के लिए किया जाता था। समुद्रगुप्त के इलाहाबाद प्रशस्ति में वर्णित 'सीमावर्ती राजा' (प्रत्यंतनिर्पति) भी सामंत के मूल अर्थ में आते थे। गुप्त काल के समाप्त होते-होते तथा निश्चित रूप से छठी शताब्दी तक इसका एक नया अर्थ सामने आया। अब सामंत का अर्थ एक पराजित पर पुनर्स्थापित भेंट देने वाला राजा हो गया जो राज्य की सीमाओं के अंदर था।

सामंतों की उत्पत्ति तथा विकास सामंतवादी व्यवस्था के विकास में एक महत्वपूर्ण कड़ी थी। जहां प्रारंभिक काल में प्रशासन का काम केंद्र द्वारा नियुक्त व्यक्ति देखता या, वहीं गुप्त काल के बाद यह काम पराजित पर पुनर्स्थापित राजाओं

के पास आ गया जो राजा के प्रति वफादार होते थे तथा भेंट भेजते थे। गुप्तोत्तर काल में यह शासन व्यवस्था सीमांत प्रांतों में देखी जा सकती थी, जबकि हर्ष तथा उसके बाद के काल में यह राज्य के केंद्र में भी पाई जाने लगी। सामंत अपने क्षेत्र में काफी स्वतंत्र होता था। शीघ्र ही उसने पुराने नायबों को संपत्ति तथा सम्मान में पीछे छोड़ दिया।

इन शक्तिशाली तत्वों को राज्य का अंग बनाने के उद्देश्य से इन्हें (सामंतों को) राजा के दरबार में ऊंचे पद दिए जाते थे। अत: वल्लभी के राजा, जिसे हर्ष ने पराजित किया था, न सिर्फ महासामंत बने बल्कि महाप्रतिहार तथा महादंडनायक जैसे उच्च पदों पर भी गए। केंद्रीय दरबार के अधिकारियों ने भी इन पराजित राजाओं के समान सम्मान की मांग की तथा उसे प्राप्त भी किया परंतु सिर्फ पदवियों से संतुष्ट न होकर इन अधिकारियों ने क्षेत्र की भी मांग की। यह भारत के सामंतीकरण की प्रक्रिया थी जिसे भारतीय सामंती स्वरूप माना जा सकता है।

सामंतीकरण की प्रक्रिया को दो बातों ने तेज किया-वेतन में देने के लिए मुद्रा का अभाव तथा यह विचार कि राजा का सम्मान उसके सामंतचाकर के आकार पर निर्भर करता था। *अर्थशास्त्र* जैसी पुरानी संहिता अधिकारियों के वेतन का विस्तृत ब्यौरा देती हैं तथा ह्वेनसांग बताते हैं कि सातवीं शताब्दी में भी कुछ उच्च अधिकारी अपना वेतन नकद पाते थे। इसके बाद विश्व व्यापार में आई मंदी तथा मुद्रा के प्रचलन में कमी के कारण यह आवश्यक हो गया कि अधिकारियों को वेतन के स्थान पर गांव अथवा जिले का राजस्व प्रदान कर दिया जाए। कुछ समकालीन स्रोत हमें बताते हैं कि राजा ऐसे दान को रद्द करने में प्रसन्न होते थे, खासकर अगर उस अधिकारी ने राजा को नाराज किया हो। परंतु आमतौर पर सामंतीकरण की प्रक्रिया केंद्रीय शासक से ज्यादा मजबूत थी।

अभिलेखीय स्रोत

पांचवीं शताब्दी के अंत में 'सामंत' शब्द का प्रयोग हमें दक्षिण भारत में अधीनस्थ के लिए (सामंतचुदामणिह) शांतिवर्मण (455-470 ई.) के काल के पल्लव अभिलेख में मिलता है। पांचवीं शताब्दी के अंतिम दशकों में यह शब्द दक्षिण तथा पश्चिम के कुछ दानों में अधीनस्थ के लिए प्रयोग किया गया है। उत्तर भारत में इसका प्राचीनतम प्रयोग बंगाल अभिलेख तथा मौखरि प्रमुख अनंतवर्मन (प्रारंभिक छठी शताब्दी) की बराबर पहाडी गुफा अभिलेख में मिलता है, जिसमें उनके पिता को गुप्तों का सामंतचुदामणिह बताया गया है। अगला महत्वपूर्ण उल्लेख यशोधर्मन (525-535 AD) के मंदसौर स्तंभ अभिलेख में मिलता है जिसमें उन्होंने पूरे उत्तर भारत के सामंतों को वश में कर लेने के बात कही है। जैसा बताया जा चुका है, छठी तथा सातवीं शताब्दी में वल्लभी के शासक ने महासामंत या सामंत महाराजा की पदवी को धारण किया था। धीरे-धीरे इसका प्रयोग फाजित राजाओं से शाही अधिकारियों के लिए होने लगा। उदाहरण के लिए कालचुरी-चेदी युग में, 597 ई. के बाद उपारिका तथा कुमारमत्य के स्थान पर सामंत तथा राजा का प्रयोग होने लगा। बाद में, हर्ष के भूमि दानों में सामंत महाराजा तथा महासामंत पद का प्रयोग राज्य अधिकारियों के लिए होने लगा था।

साहित्यिक स्रोत

बाण अपने *हर्षचरित* में अनेक प्रकार के सामंतों का उल्लेख करते हैं। इनमें से, सामंत सबसे छोटा साधारण अधीनस्थ होता था। महासामंत स्वाभाविक रूप से सामंत से एक पद ऊपर होता था। शत्रुमहासामंत एक पराजित शत्रु राजा होता था। स्वेच्छा से अधीनस्थ बनने वाले अप्तसामंत कहलाते थे। प्रधानसामंत राजा के सबसे विश्वासी होते थे तथा वह उनकी सलाह जरूर मानता था। प्रतिसामंत शायद राजा का विरोध करने वाला सामंत होता था, पर यह बात विश्वास के साथ नहीं कही जा सकती है। अनुरक्त महासामंत, जिसका उल्लेख बाण मात्र एक बार करते हैं, विशेष रूप से संबंधित सामंत होते थे।

व्यवस्था का काम करने का तरीका

सामंत के अपने स्वामी के प्रति दायित्व का बाण सर्वप्रथम उल्लेख करते हैं। उनके *हर्षचरित* से यह स्पष्ट है कि उनका पहला काम वार्षिक नजराना देना होता था। हमें बताया गया है कि हर्ष ने अपने महासामंतों को कराद बनाया था। सामंतों द्वारा प्रकाशित क्षेत्र से राजा वार्षिक कर प्रजा के स्थान पर सामंतों से वसूलते थे। यद्यपि यह स्पष्ट नहीं है कि ये सामंत करों की संख्या या स्वरूप को परिवर्तित कर सकते थे या नहीं, वे अपने क्षेत्र में राजसी करों के संग्रह के लिए उत्तरदायी थे।

बाण के अनुसार सामंतों का दूसरा काम राजा के सामने व्यक्तिगत रूप से उपस्थित होकर सम्मान देना था। वे बताते हैं कि पराजित महासामंत विजेता सम्राट के सामने सम्मान

प्रदर्शित करने के लिए अपना मुकुट तथा पगड़ी (शेखर तथा मौली) हटाते थे। ऐसा प्रतीत होता है कि हर्ष के दरबार में इन्हें अनेक तरह के अपमान का सामना करना पड़ता था। कुछ पंखा झलते थे, कुछ गर्दन पर तलवार रख अपने प्राणों की भीख मांगते रहते थे तथा कुछ हमेशा राजा को सलाम करने के लिए तैयार रहते थे। बाण अपनी *कदंबरी* में पराजित राजाओं द्वारा सलाम करने के चार तरीकों (प्रणाम-अगमन) का वर्णन करते हैं। इनमें सिर झुकाकर सलाम करना, सिर झुकाकर राजा के पैरों को छूना, सिर झुकाकर राजा की चरण धूलि लेना तथा अंततः राजा के पैरों पर अपना सिर रख देना था। पुनः इसी पुस्तक में बाण पराजित राजाओं द्वारा की जाने वाली तीन प्रकार की सेवा (परिचारिकी- करण) का उल्लेख करते हैं। वे हर्ष के दरबार में चौरी पकड़कर रहते थे, दरबार के द्वारपाल का काम करते थे तथा जयघोषणा करने वाले व्यक्ति का काम करते थे।

बाण के अनुसार पराजित सामंत का तीसरा काम अवयस्क राजकुमार या पुत्र को राजा के समक्ष प्रस्तुत करना था। उन्हें राजसी परंपरा का प्रशिक्षण दिया जाता था ताकि वे आगे चलकर वफादार बनें। परंतु आमतौर पर बाण पराजित शत्रु-महासामंत के द्वारा किए जाने वाले कार्य का उल्लेख करते हैं जिन्हें अपने स्वामी के लिए अनेक तरह का कार्य करना पड़ता था।

आमतौर पर सामंतों का एक महत्वपूर्ण कार्य अपने स्वामी को सैन्य सहायता देना था। *हर्षचरित* में बाण हमें बताते हैं कि हर्ष की सेना राजाओं तथा सामंतों द्वारा प्रदत्त सैनिकों से मिलकर बनी थी तथा उनकी संख्या इतनी ज्यादा थी कि हर्ष भी उसे देखकर आश्चर्य में हो गया। संभवतः उनकी सेना सामंती व्यवस्था पर आधारित थी जो जरूरत पड़ने पर ही एकत्र की जाती थी। इस मत का समर्थन पुलकेशिन के ऐहोल अभिलेख से होता है जो हर्ष को अपने सामंतों की सेना से सज्जित बताता है।

परंतु बाण या अन्य स्रोत से यह स्पष्ट नहीं हो पाता है कि सामंतों को शाति के समय कोई प्रशासनिक या न्यायिक कार्य करना होता था या नहीं। *हर्षचरित* से हमें पता चलता है कि अपनी बहन राजश्री के बंदी बना लिए जाने के शोक के समय राज्यवर्धन ने अपने प्रधान सामंत के कहने पर भोजन लिया। अतः अगर सामंतों की सलाह व्यक्तिगत कार्य में नहीं ली जा सकती थी तो प्रशासनिक कार्य में ऐसा होने की उम्मीद और भी कम थी, जहां वह इन कार्यों के लिए उन पर आश्रित होता था।

ऐसा प्रतीत होता है कि अपने स्वामी के दरबार में रहने वाले सामंतों को कई सामाजिक कार्य भी करने होते थे। *कादंबरी* के अनुसार उन्हें जुआ, चौसर, बांसुरी वादन, राजा का चित्र बनाना, गुत्थियां सुलझाना तथा अन्य कार्य करने होते थे। *हर्षचरित* में कहा गया है कि सामंतों की पत्नियों को उत्सवों में दरबार में जाना पड़ता था। अतः सामंत अपने स्वामी से आर्थिक तथा सैन्य मामलों के अलावा प्रशासनिक तथा सामाजिक रूप से भी जुडा हुआ था।

सामंतीकरण का परिणाम

सामंतीकरण के परिणामतः राजा का प्रभाव उसके केंद्रीय क्षेत्र में भी धीरे-धीरे कम होने लगा क्योंकि राजस्वदायक भूमि केंद्रीय प्रशासन के प्रभाव से दूर होने लगी। केंद्रीय शक्ति के कमजोर होने की यह प्रक्रिया इन देशों में भी हुई, पर भारत में यह राजत्व का अभिन्न अंग बन गया था। सामंत चक्र पर विशेष जोर से यह एक आवश्यक अंग बन गया। समकालीन स्रोतों में राजा के दरबार में सामंतों के वैभव का विस्तृत वर्णन है। इस तरह दरबार शाही-वैभव के प्रदर्शन का विशेष तरीका बन गया। सामंत तथा महासामंतों की संख्या से राजा के वैभव का पता चलता था, परंतु इस तरह का सामंत चक्र अस्थिर था। केंद्रीय शक्ति के कमजोर पड़ते ही महासामंत स्वतंत्रता या सामंत चक्र के केंद्र में आने का प्रयास करने लगता था।

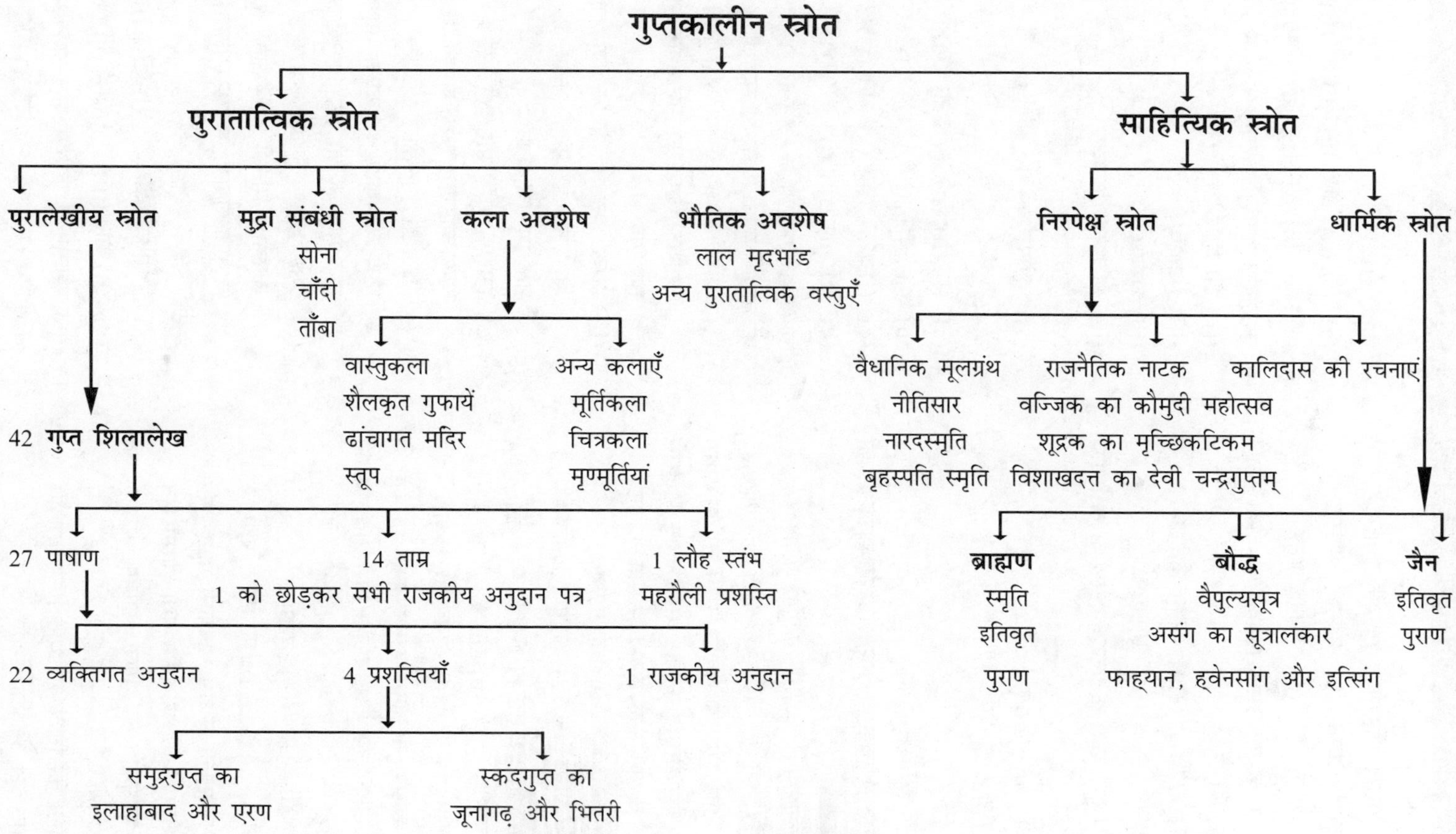
गुप्तकालीन स्त्रोत
पुरातात्विक स्त्रोत
साहित्यिक स्त्रोत
पुरालेखीय स्त्रोत
मुद्रा संबंधी स्त्रोत
सोना
चाँदी
ताँबा
कला अवशेष
वास्तुकला
शैलकृत गुफायें
ढांचागत मदिर
स्तूप
अन्य कलाएँ
मूर्तिकला
चित्रकला
मृण्मूर्तियां
भौतिक अवशेष
लाल मृदभांड
अन्य पुरातात्विक वस्तुएँ
42 गुप्त शिलालेख
27 पाषाण
14 ताम्र
1 को छोड़कर सभी राजकीय अनुदान पत्र
1 लौह स्तंभ
महरौली प्रशस्ति
22 व्यक्तिगत अनुदान
4 प्रशस्तियाँ
1 राजकीय अनुदान
समुद्रगुप्त का
इलाहाबाद और एरण
स्कंदगुप्त का
जूनागढ़ और भितरी
निरपेक्ष स्त्रोत
वैधानिक मूलग्रंथ
नीतिसार
नारदस्मृति
बृहस्पति स्मृति
राजनैतिक नाटक
वज्जिक का कौमुदी महोत्सव
शूद्रक का मृच्छिकटिकम
विशाखदत्त का देवी चन्द्रगुप्तम्
कालिदास की रचनाएं
धार्मिक स्त्रोत
ब्राह्मण
स्मृति
इतिवृत
पुराण
बौद्ध
वैपुल्यसूत्र
असंग का सूत्रालंकार
फाह्यान, ह्वेनसांग और इत्सिंग
जैन
इतिवृत
पुराण

अभ्यास प्रश्न

1. कौन-सा अभिलेख लौह स्तंभ से प्राप्त हुआ है?
   (a) इलाहाबाद प्रशस्ति (b) महरौली प्रशस्ति
   (c) एरान प्रशस्ति (d) जूनागढ़ प्रशस्ति
2. किस गुप्त शासक को उसके सिक्को पर वीणा बजाते हुए दिखाया गया है?
   (a) चंद्रगुप्त प्रथम (b) चंद्रगुप्त द्वितीय
   (c) समुद्रगुप्त (d) समुद्रगुप्त
3. कौन-सा ग्रंथ गुप्त काल के लिए कौटिल्य के अर्थशास्त्र के समतुल्य है?
   (a) कमंडक का *नीतिसार*
   (b) *कलियुगराज, वृत्तांत*
   (c) *नारद स्मृति*
   (d) *बृहस्पति स्मृति*
4. किस पुस्तक से चंद्रगुप्त प्रथम के राज्यारोहण की जानकारी प्राप्त होती है?
   (a) *देवीचंद्रगुप्तम* (b) *कौमुदी महोत्सव*
   (c) *मृच्छकटिकम्* (d) *अभिज्ञान शांकुतलम्*
5. मौर्यों द्वारा निर्मित प्रसिद्ध सुदर्शन झील की सर्वप्रथम रुद्रदमन प्रथम ने मरम्मत करवाई थी। इतिहास में दूसरी बार किस गुप्त शासक ने इसकी मरम्मत करवाई?
   (a) समुद्रगुप्त (b) स्कंदगुप्त
   (c) चंद्रगुप्त प्रथम (d) चंद्रगुप्त द्वितीय
6. प्रसिद्ध इलाहाबाद प्रशस्ति का लेखक कौन है?
   (a) कालिदास (b) शूद्रक
   (c) हरिसेन (d) रविकीर्ति
7. किस गुप्त शासक ने अपने शासन काल के अंत में बौद्ध धर्म अपना लिया तथा नालंदा विश्वविद्यालय की स्थापना की?
   (a) स्कंतगुप्त (b) बुद्धगुप्त
   (c) पुरुगुप्त (d) कुमारगुप्त प्रथम
8. गुप्त कालीन सिक्कों से हमें जानकारी प्राप्त होती है?
   (i) गुप्त शासकों का कालक्रम तथा शासन क्षेत्र
   (ii) गुप्त शासकों का निजी जीवन, स्वाद एवं अभिरुचियां
   (iii) गुप्तकाल की लिपि एवं धातु विज्ञान पद्धति
   (iv) गुप्तकाल की आर्थिक स्थिति

   कूटः
   (a) (i), (ii) और (iii) (b) (ii), (iii) और (iv)
   (c) (i), (iii) और (iv) (d) उपरोक्त सभी
9. कालिदास द्वारा रचित ग्रंथ कौन-से हैं?
   (i) *अभिज्ञान शाकुंतलम्*
   (ii) *मेघदूतम्*
   (iii) *रघुवंश*
   (iv) *मालविकाग्निमित्रम्*
   (v) *ऋतुसंहार*
   (vi) *कुमारसंभव*

   कूटः
   (a) (i), (ii), (iv), (v) और (vi)
   (b) (ii), (iii), (iv), (v) और (vi)
   (c) (i), (iii), (iv), (v) और (vi)
   (d) (i), (ii), (iii), (iv) और (vi)
10. इलाहाबाद प्रशस्ति के अनुसार समुद्रगुप्त के अभियानों के बारे में कौन-से कथन सत्य हैं?
    (a) अभिलेख के अनुसार दक्षिणापथ के आठ शासक पराजित किए गए पर उनके राज्य वापस लौटा दिए गए थे।
    (b) इसके अनुसार आर्यावर्त के आठ राजा पराजित किए गए पर उनके राज्यों को गुप्त साम्राज्य में नहीं मिलाया गया।
    (c) इससे पांच सीमावर्ती राज्यों, नौ जनजातीय गणराज्यों तथा कुछ जंगली क्षेत्रों के राज्यों की जानकारी मिलती है, जिसके शासकों ने या तो सैन्य कार्यवाही के कारण अथवा मजबूर होकर गुप्त साम्राज्य की संप्रभुता स्वीकार की।
    (d) इससे शकों, कुषाणों तथा कुछ द्वीपीय राज्यों की जानकारी मिलती है, जिनके क्षेत्रों को समुद्रगुप्त ने गुप्त साम्राज्य में मिला लिया।

    कूटः
    (a) उपरोक्त सभी (b) (i), (ii) और (iii)
    (c) (ii) और (iii) (d) (iii) और (iv)
11. गुप्त प्रशासन के बारे में कौन-से कथन सत्य हैं?
    (i) गुप्त साम्राज्य में प्रत्यक्ष शासन वाले क्षेत्रें के अतिरिक्त अधीनस्थ शासकों द्वारा शासित स्वायत्त प्रदेश थे।

(ii) प्रत्यक्ष प्रशासन वाले क्षेत्र प्रान्तों में विभाजित थे जिन्हें देश अथवा भुक्ति कहा जाता था।
(iii) प्रांत जिलों में विभाजित थे जिन्हें प्रदेश अथवा विषय कहा जाता था।
(iv) गुप्त प्रशासन नौकरशाही पर आधारित पूर्णत: केंद्रीकृत प्रशासन था।

कूट:
(a) उपरोक्त सभी (b) (i), (ii) और (iii)
(c) (ii), (iii) और (iv) (d) (i), (iii) और (iv)

12. गुप्त काल के भूमि अनुदान के बारे में कौन-सा/से कथन असत्य हैं/हैं?
(i) भूमि अनुदान गुप्त राजाओं, उनकी रानियों, अधीनस्थ राजाओं, राज्य अधिकारियों तथा अन्य व्यक्तियों द्वारा दिए जाते थे।
(ii) अधिकतर भूमि अनुदान धर्मनिरपेक्ष उद्देश्यों के लिए दिए जाते थे।
(iii) अग्रसर अनुदान ब्राह्मणों को दिए जाते थे। ये सतत्, वंशानुगत तथा कर मुक्ति थे।
(iv) देवाग्रहार अनुदान अधिकारियों को उनकी प्रशासनिक तथा सैन्य सेवाओं के बदले दिए जाते थे।

कूट:
(a) उपरोक्त सभी (b) (i) और (ii)
(c) (ii) और (iv) (d) (iii) और (iv)

13. निम्नलिखित चीनी बौद्ध यात्रिओं को ऐतिहासिक क्रम दें–
(i) ह्वेनसांग (ii) वांग ह्वेन से
(iii) इत्सिंग (iv) फाह्यान

कूट:
(a) (i), (iii), (ii), (iv) (b) (iii), (ii), (iv), (i)
(c) (iv), (i), (ii), (iii) (d) (ii), (iv), (i), (iii)

14. निम्नलिखित प्राचीन भारतीय खगोलशास्त्रियों एव गणितज्ञों को सही कालक्रम में सजाएं-
(i) वाराहमिहिर (ii) भास्कर
(iii) आर्यभट्ट (iv) ब्रह्मगुप्त

कूट:
(a) (i), (iii), (iv), (ii) (b) (iii), (i), (iv), (ii)
(c) (iv), (iv), (i), (iii) (d) (iv), (ii), (iii), (i)

15. प्राचीन भारतीय व्याकरणाचार्यों को सही कालक्रम दें–
(i) पातंजलि (ii) पाणिनी
(iii) चंद्रगोमिया (iv) अमरसिंह

कूट:
(a) (i), (ii), (iii), (iv) (b) (ii), (iii), (i), (iv)
(c) (iii), (i), (iv), (iii) (d) (iii), (i), (iv), (ii)

16. तालिका-I तालिका-II में उनके कार्यों से सुमेलित करें तथा दिए गए कूटों से उत्तर चुनें–

तालिका-(I)	**तालिका-(II)**
A. आर्यभट्ट	(i) बृहत संहिता
B. ब्रह्मगुप्त	(ii) हस्त्यायुर्वेद
C. वाराहमिहिर	(iii) सूर्य सिद्धांत
D. भास्कर	(iv) खंड खाद्यक
E. पलकप्य	(v) सिद्धांत शिरोमणि

कूट:

	A	**B**	**C**	**D**	**E**
(a)	(ii)	(iii)	(iv)	(i)	(v)
(b)	(iii)	(i)	(v)	(iv)	(v)
(c)	(v)	(i)	(iii)	(ii)	(iv)
(d)	(iii)	(ii)	(i)	(iv)	(v)

17. गुप्तकालीन फलकों में मुख्य देवता की आकृति बड़ी तथा अन्य देवताओं की छोटी दिखाई गई हैं। इसका अर्थ है–
(a) देवताओं की संख्या में वृद्धि।
(b) त्रिदेव के सिद्धांत का विकास।
(c) सामाजिक तथा राजनैतिक पदसोपान एवं अंतर।
(d) अविकसित कला एवं स्थापत्य कला।

18. रोमन साम्राज्य के पतन के बाद भारतीय व्यापारी मुख्यत: किसके साथ व्यापार करते थे?
(a) मध्य एशिया (b) चीन
(c) पश्चिम एशिया (d) दक्षिण पूर्व एशिया

19. गुप्त काल में ब्राह्मणों की महत्वपूर्ण भूमिका किसके आधार पर ज्ञात होती है?
(a) काफी बड़ी संख्या में भूमि अनुदान ब्राह्मणों को पुरोहित तथा अधिकारी के रूप में दिए गए।
(b) कर प्रशासन में उनका बढ़ता योगदान।
(c) कर्मकांडों तथा उत्सवों की बढ़ती हुई भूमिका।
(d) मनु द्वारा ब्राह्मणों में दैवत्य होने का मिथक।

20. गुप्त शासकों को उतने अधिकारियों की आवश्यकता नहीं थी जितनी मौर्य शासकों को थी। इनमें से इसका कौन-सा कारण नहीं है?
    (a) अधिकतर प्रशासनिक कार्य सामंतों तथा अनुदान प्राप्तकर्ताओं द्वारा देखे जाते थे।
    (b) राज्य मौर्य काल की तरह बड़े पैमाने पर आर्थिक गतिविधियों में भाग नहीं लेता था।
    (c) शिल्पकारों, व्यावसायियों तथा बुजुर्गों के शहरी तथा ग्रामीण प्रशासन में भागादारी के कारण ज्यादा अधिकारियों की आवश्यकता नहीं पड़ी।
    (d) गुप्त शासकों ने साधारणतः ब्राह्मण धर्म के स्थान पर गैर-सनातनी संप्रदायों को संरक्षण प्रदान किया।

21. ग्राम प्रधान को क्या नहीं कहा जाता था?
    (a) ग्रामणी (b) ग्रामयेक
    (c) गमसमिक (d) गहपति

22. कृषि दासता की शुरूआत–
    (i) स्वतंत्र कृषकों से हुई तथा बाद में बटाईदार भी इसके अंतर्गत आ गए।
    (ii) पहले देश के मध्य में हुई धीरे-धीरे बाहरी क्षेत्रों में फैली।
    (iii) पहले पहाड़ी अथवा पिछड़े क्षेत्रों में हुई तथा बाद में विकसित क्षेत्रों में हुई।
    (iv) पहले छोटे भू-भागों पर हुई तथा बाद में समूचे गांव में हुई।

    कूट:
    (a) सभी सत्य हैं
    (b) (i), (ii) और (iii) सत्य हैं
    (c) (i) और (ii) सत्य हैं
    (d) (iii) और (iv) सत्य हैं

23. अधीनस्थ के रूप में 'सामंत' शब्द का प्रयोग सबसे पहले किस अभिलेख में किया गया है?
    (a) छठी शताब्दी का वकाटक शासक धरासेन द्वितीय
    (b) पांचवीं शताब्दी का पल्लव शासक शांतिवर्मन
    (c) चौथी शताब्दी का गुप्त शासक समुद्रगुप्त
    (d) पांचवीं शताब्दी का वकाटक शासक प्रवरसेन द्वितीय

24. बाण के अनुसार हर्ष की सेना सामंतों द्वारा दी गई सैनिक टुकड़ियों से निर्मित थी। इस बात की पुष्टि किससे होती है?
    (a) ह्वेनसांग की *सी-यु-की*
    (b) हर्ष का नौसासी ताम्र पत्र अभिलेख
    (c) पुलकेशिन द्वितीय का ऐहोल अभिलेख
    (d) हर्ष की *रत्नावली*

25. निम्नलिखित स्मृतिकारों का सही कालक्रम क्या है?
    (a) मनु (b) नारद
    (c) मेधतिथि (d) याज्ञवल्क्य

    कूट:
    (a) (i), (ii), (iv), (iii) (b) (iii), (iv), (i), (ii)
    (c) (i), (iv), (ii), (iii) (d) (iv), (i), (ii), (iii)

26. किस क्षेत्र में बेगार को सर्वविष्टी कहा जाता था?
    (a) दक्षिण भारत (b) मध्य भारत
    (c) उत्तर भारत (d) पश्चिम भारत

27. निम्न वक्तव्यों पर ध्यान दें–
    कथन: गुप्तोत्तरकालीन भूमि अनुदान गांवों के सामाजिक विन्यास पर प्रकाश डालते हैं।
    तर्क: उस काल के अधिकतर भूमि आदेश पत्रों में ग्रामीणों की जातिगत पहचान स्थापित की गई है।
    उपरोक्त वक्तव्यों के संदर्भ में निम्नलिखित में से कौन-से कथन सत्य हैं?
    (a) 'कथन' एवं 'तर्क' सत्य हैं तथा 'तर्क' 'कथन' की व्याख्या करता है।
    (b) 'कथन' एवं 'तर्क' सत्य हैं पर 'तर्क' 'कथन' की व्याख्या नहीं करता है।
    (c) 'कथन' सत्य है, 'तर्क' असत्य है।
    (d) 'कथन' असत्य है, 'तर्क' सत्य है।

28. कृषि दासता, अर्थात् भूमि के साथ कृषकों के स्थानांतरण की प्रथा, कब और किनके द्वारा शुरू की गई?
    (a) तीसरी शताब्दी–वकाटक
    (b) चौथी शताब्दी–पल्लव
    (c) पांचवीं शताब्दी–गुप्त
    (d) छठी शताब्दी–मौखरी

29. किस चीनी धर्मयात्री ने बताया है कि अधिकतर भारतीय बौद्ध विहारों की भूमि पर सेवकों तथा अन्य लोगों से खेती कराई जाती है?
    (a) इत्सिंग (b) वांग ह्वेन से
    (c) ह्वेनसांग (d) फाह्यान

30. किस पुस्तक में हर्षकालीन विभिन्न सामंतों का उल्लेख है?
(a) हर्ष का *नागनंद* (b) बाण का *हर्षचरित*
(c) हर्ष की *प्रियदर्शिका* (d) बाण की *कादंबरी*

31. निम्न वक्तव्यों पर ध्यान दें–
कथन: गुप्तोत्तर काल में शायद ही कोई सिक्का निश्चित तौर पर किसी शासकीय वंश का बताया जा सकता है।
तर्क: ह्वेनसांग के अनुसार राज्यपालों, मंत्रियों, मजिस्ट्रेटों तथा अन्य अधिकारियों को उनके निजी खर्च के लिए भूमि दी गई थी।
उपरोक्त वक्तव्यों के संदर्भ में क्या सत्य है?
(a) 'कथन' एवं 'तर्क' सत्य हैं तथा 'तर्क' 'कथन' की व्याख्या करता है।
(b) 'कथन' एवं 'तर्क' सत्य हैं, पर 'तर्क' 'कथन' की व्याख्या नहीं करता है।
(c) 'कथन' सत्य है, 'तर्क' असत्य है।
(d) 'कथन' असत्य है, 'तर्क' सत्य है।

32. किस ग्रंथ में माप-पद्धति के आधार पर कृषकों को निर्देश दिया गया है?
(a) बाण की *हर्षचरित*
(b) कालिदास का *ऋतुसंहार*
(c) वाराहमिहिर की *बृहत संहिता*
(d) अमरसिंह का *अमरकोश*

33. कौन-सा चीनी धर्मयात्री हर्षवर्धन के साम्राज्य में आया?
(a) इत्सिंग (b) फाह्यान
(c) ह्वेनसांग (d) वांग ह्वेन से

34. हर्ष किन पुस्तकों का लेखक था?
(i) हर्षचरित (ii) *रत्नावली*
(iii) *नागनंद* (iv) *प्रियदर्शिका*
(v) *कादंबरी*
कूट:
(a) (i), (ii) और (iii) (b) (ii), (iii) और (iv)
(c) (iii), (iv) और (v) (d) (i), (iii) और (iv)

35. बाण किन पुस्तकों का लेखक था?
(i) *पार्वती परिणय* (ii) *कादंबरी*
(iii) *हर्षचरित* (iv) *पंचतंत्र*
(v) *रत्नमालिका*
कूट:
(a) (i), (ii) और (iii) (b) (ii), (iii) और (iv)
(c) (iii), (iv) और (v) (d) (i), (iii) और (iv)

36. *विक्रमांकदेव चरित* का लेखक कौन है?
(a) रवि कीर्ति (b) मंगलेश
(c) बाण (d) बिल्हण

37. ह्वेनसांग ने किसके शासन काल में चालुक्य राज्य का भ्रमण किया?
(a) विक्रमादित्य द्वितीय (b) पुलकेशिन द्वितीय
(c) कीर्तिवर्मन द्वितीय (d) विजयादित्य

38. प्रसिद्ध अजंता की गुफा चित्रकला के अनुसार किस चालुक्य शासक ने फारस के राजा खुसरो द्वितीय के दरबार में 625 ई. में राजदूत भेजा तथा फारस के राजा ने भी अपना राजदूत भेजा?
(a) कीर्तिवर्मन प्रथम (b) विनयादित्य
(c) पुलकेशिन द्वितीय (d) विजयादित्य

39. बादामी के चालुक्यों ने स्थापत्य कला की किस शैली को विकसित किया?
(a) नगर (b) द्रविड़
(c) बेसर (d) गोपुरम

40. पट्टडकाल के किस मंदिर में स्थापत्य कला की दक्कन शैली का प्रारंभ हुआ?
(a) विरुपाक्ष मंदिर (b) संगमेश्वर मंदिर
(c) पापनाथ मंदिर (d) कपोलेश्वर मंदिर

41. कौन पल्लव शासक शंकराचार्य का समकालीन था?
(a) महेंद्रवर्मन प्रथम (b) नरसिंहवर्मन द्वितीय
(c) नंदीवर्मन द्वितीय (d) दंतिवर्मन

42. कांचीपुरम के प्रसिद्ध बैकुण्ठ पेरूमल मंदिर का निर्माण किसने करवाया?
(a) नरसिंहवर्मन द्वितीय (b) परमेश्वरवर्मन द्वितीय
(c) नंदीवर्मन द्वितीय (d) अपराजित

43. *दशकुमारचरितम* का लेखक कौन था तथा वह किसके दरबार में रहता था?
(a) दण्डिन - नंदीवर्मन द्वितीय
(b) भारवी - नंदीवर्मन द्वितीय
(c) अप्पार - दंतिवर्मन
(d) अंडाल - महेंद्रवर्मन

44. मामल्लपुरम अथवा महाबलीपुरम शहर की स्थापना किसने की?
(a) सिंहविष्णु (b) नरसिंहवर्मन प्रथम
(c) महेंद्रवर्मन द्वितीय (d) नंदीवर्मन प्रथम

45. घटिक क्या थे?
(a) जैन शिक्षण संस्थान
(b) बौद्ध सांस्कृतिक केंद्र
(c) उच्च शिक्षा के ब्राह्मण संस्थान
(d) पल्लवकालीन ग्राम सभाएं

46. सैन्य विजयों तथा सांस्कृतिक योगदानों के कारण किस महान पल्लव शासक को जाना जाता है?
(a) महेंद्रवर्मन प्रथम (b) परमेश्वरवर्मन द्वितीय
(c) महेंद्रवर्मन द्वितीय (d) नरसिंहवर्मन प्रथम

47. कौन-से पल्लव शासक विष्णु के पूजक थे जबकि अन्य शिव के पूजक थे?
(i) सिंहविष्णु (ii) नरसिंहहवर्मन द्वितीय
(iii) महेंद्रवर्मन द्वितीय (iv) नंदीवर्मन द्वितीय

कूट:
(a) (i) और (ii) (b) (ii) और (iii)
(c) (iii) और (iv) (d) (i) और (iv)

48. पल्लवकालीन नयनार (शैव संत) कौन थे?
(i) अप्पार (ii) संबंदार
(iii) तिरुमंगई (iv) सुंदरार
(v) शंकर

कूट:
(a) (i), (ii) और (iii)
(b) (i), (ii) और (vi)
(c) (ii), (iii) और (iv)
(d) उपरोक्त सभी

49. सुमेलित कर दिए गए कूटों से उत्तर चुनें–

	तालिका-I		**तालिका-II**
A.	सिंहविष्णु	(i)	गुणभद्र
B.	नरसिंहवर्मन प्रथम	(ii)	राजसिंह
C.	नरसिंहवर्मन द्वितीय	(iii)	अवनि सिंह
D.	महेंद्रवर्मन प्रथम	(iv)	वातापीकोंडा

कूट:

	A	**B**	**C**	**D**
(a)	(ii)	(i)	(iii)	(iv)
(b)	(iii)	(ii)	(iv)	(i)
(c)	(iii)	(iv)	(i)	(ii)
(d)	(iii)	(ii)	(ii)	(i)

50. सुमेलित कर दिए गए कूटों से उत्तर चुनें–

	तालिका-I (पल्लव मंदिर)		**तालिका-II** (उदाहरण)
A.	महेंद्र समूह	(i)	कांची का कैलाशनाथ मंदिर
B.	नरसिंह समूह	(ii)	कांची का मुक्तेश्वर मंदिर
C.	राजसिंह समूह	(iii)	भैरवकोंडा का शिलाखंड मंदिर
D.	नंदी समूह	(iv)	महाबलीपुरम के एक शिलाखंड मंदिर

कूट:

	A	**B**	**C**	**D**
(a)	(iii)	(iv)	(i)	(ii)
(b)	(iv)	(i)	(ii)	(iii)
(c)	(i)	(ii)	(iv)	(iii)
(d)	(ii)	(iii)	(iv)	(i)

51. पल्लवकालीन साहित्य एवं शिक्षा के बारे में कौन-सा कथन असत्य है?
(a) शुरू के कुछ संस्कृत अभिलेखों को छोड़कर बाकी अभिलेख तमिल में हैं।
(b) दक्षिण भारत में कांची संस्कृत शिक्षा का केंद्र था।
(c) कालिदास एवं वाराहमिहिर के अलावा मंदिरों के मंडपों में *महाभारत* के पाठ की व्यवस्था की गई।
(d) एक सामाजिक हास्य, *मत्तविलास प्रहसन* इस काल का है।

52. पल्लव समाज के बारे में कौन-से कथन सत्य हैं?
(a) शैव और वैष्णव संत, जिनका दक्षिण भारत के धर्म पर अत्यधिक प्रभाव था, पल्लव काल में हुए।
(b) पल्लव रूढ़िवादी हिंदू थे तथा सामान्यतः विष्णु के अनुयायी थे, पर उनमें से कुछ शिव के भक्त थे।
(c) कांची से ही दक्षिण भारत तथा सुदूर पूर्व में भारतीय उपनिवेशों का संस्कृतिकरण प्रारंभ हुआ।
(d) पल्लव काल में दक्षिण भारत का आर्यीकरण प्रारंभ हुआ।

कूट:
(a) (i) और (ii) (b) (i), (iii) और (iv)
(c) (i), (ii) और (iii) (d) उपरोक्त सभी

53. पल्लव राजाओं और रानियों की आदमकद तस्वीरें कहां लगी हैं?
   (a) कांची का कैलाशनाथ मंदिर
   (b) तिरूतानी का वीरथाणेश्वर मंदिर
   (c) कांची का बैकुंठ पेरूमल मंदिर
   (d) महाबलिपुरम् का ईश्वर मंदिर

54. अधिकतर पल्लव स्तंभों में किस जानवर की आकृति दिखाई गई है, जो कि उस वंश की स्थापना का प्रतिनिधित्व करती है?
   (a) बाघ   (b) शेर
   (c) हाथी   (d) सांड

55. बाण के *हर्षचरित* के बारे में कौन-सा कथन असत्य है?
   (a) इसमें आठ अध्याय हैं तथा प्रथम अध्याय में हर्ष के जीवन तथा उसके परिवार के विषय में जानकारी है।
   (b) छठे एवं सातवें अध्याय में हर्ष के युद्धों तथा उसकी विजयों का उल्लेख है।
   (c) अंतिम, अर्थात् आठवें अध्याय में विंध्य के जंगलों में रहने वाले विभिन्न धार्मिक संप्रदायों के बारे में जानकारी है।
   (d) हर्षकालीन समृद्ध अर्थव्यवस्था के बारे में यह पुस्तक जानकारी प्रदान करती है।

56. ह्वेनसांग द्वारा वर्णित सामाजिक रीति-रिवाजों में से कौन-से सत्य हैं?
   (a) विधवा विवाह की प्रथा नहीं थी।
   (b) उच्च वर्गों में संभवतः पर्दा प्रथा थी।
   (c) सती प्रथा की जानकारी थी।
   (d) समकालीन स्मृतिकारों द्वारा अंतर्जातीय विवाह की अनुमति नहीं दी गई है।

   कूट:
   (a) (i) और (ii)   (b) (i), (iii) और (iv)
   (c) (i), (ii) और (iii)   (d) उपरोक्त सभी

57. हर्ष द्वारा प्रयाग में आयोजित 'महामोक्ष परिषद' में किसकी मूर्ति स्थापित नहीं की गई?
   (a) बुद्ध   (b) महाविष्णु
   (c) आदित्यदेव   (d) ईश्वर देव

58. निम्नलिखित चीनी यात्रियों को सही कालक्रम में सजाएं–
   (a) ह्वेनसांग   (b) फाह्यान
   (c) इत्सिग   (d) वांग ह्वेन से

   कूट:
   (a) (ii), (i), (iii), (iv)   (b) (ii), (i), (iv), (iii)
   (c) (ii), (iv), (i), (iii)   (d) (ii), (iii), (i), (iv)

59. सामंतवादी प्रथा का महत्वपूर्ण परिणाम क्या हुआ?
   (a) जाति प्रथा में स्थायित्व
   (b) हस्तशिल्पों का विकास
   (c) खेती योग्य भूमि में विस्तार
   (d) व्यापार का विकास

60. गुप्तोत्तरकालीन कृषि प्रणाली के संदर्भ में कौन-सा कथन सत्य नहीं है?
   (a) सैद्धांतिक रूप में सामंतों को सिर्फ भूमि कर दिया जाता था, भूमि नहीं।
   (b) कृषक की मृत्यु के बाद उसकी भूमि किसी अन्य व्यक्ति को दी जा सकती थी।
   (c) भूमि अनुदान के बाद राजा उसे जब्त नहीं कर सकता था।
   (d) सामंतों की भूमि वंशानुगत होने लगी।

उत्तरमाला

1. (b)	2. (c)	3. (a)	4. (b)	5. (b)	6. (c)	7. (d)
8. (d)	9. (a)	10. (c)	11. (b)	12. (c)	13. (c)	14. (b)
15. (c)	16. (d)	17. (c)	18. (d)	19. (a)	20. (d)	21. (c)
22. (d)	23. (b)	24. (b)	25. (c)	26. (b)	27. (a)	28. (b)
29. (a)	30. (b)	31. (b)	32. (c)	33. (c)	34. (b)	35. (a)
36. (d)	37. (b)	38. (c)	39. (c)	40. (c)	41. (d)	42. (d)
43. (a)	44. (b)	45. (c)	46. (d)	47. (d)	48. (b)	49. (d)
50. (a)	51. (a)	52. (c)	53. (a)	54. (b)	55. (d)	56. (b)
57. (b)	58. (b)	59. (c)	60. (c)			

अध्याय 8

समाज और संस्कृति

8.1 समाज-जाति का विकास

परिचय

अनेक इतिहासकारों ने अपने अध्ययन में प्राचीन भारतीय समाज के संदर्भ में दो बातें स्वीकार की हैं- **प्रथम**, प्राचीन भारतीय समाज इस काल में छोटे-छोटे परिवर्तनों को छोड़कर लगभग स्थिर समाज था। **दूसरे**, इनके अनुसार सामाजिक प्रचलन का आधार वर्ण व्यवस्था थी तथा यह समाज सामाजिक-पदसोपान पर आधारित एक कठोर संरचना का समाज था, लेकिन इन दोनों मान्यताओं पर अब प्रश्नचिह्न लग गया है। तथ्यों के पुन:परीक्षण से ज्ञात होता है कि इस काल के आर्थिक परिवर्तनों ने समकालीन सामाजिक संस्थानों तथा जीवन के अन्य पहलुओं को प्रभावित किया। मुख्य रूप से प्राचीन भारत के आर्थिक परिवर्तन इस प्रकार हैं-

- प्रारंभिक वैदिक साहित्य का परिप्रेक्ष्य चारागाह पर आधारित अर्थव्यवस्था है जिसने धीरे-धीरे कृषिगत बस्तियों का मार्ग प्रशस्त किया।
- प्रारंभिक बौद्ध साहित्य में एक स्थापित कृषिगत अर्थव्यवस्था तथा व्यावसायिक शहरी अर्थव्यवस्था की जानकारी मिलती है।
- मौर्योत्तर काल में उप-महाद्वीप के विभिन्न भागों में छोटे-छोटे राजतंत्रों की शृंखला के साथ-साथ आतरिक एवं विदेशी व्यापार का व्यापक विस्तार देखने को मिलता है।
- गुप्त तथा गुप्तोत्तर काल में धार्मिक तथा धर्मेत्तर अनुदान प्राप्तकर्ताओं के भूमि अनुदान के कारण कृषि प्रणाली में व्यापाक परिवर्तन प्रारंभ हुए, जिसके कारण उप-महाद्वीप के विभिन्न भागों में नए राजनैतिक-आर्थिक ढांचे उभरे।

आर्थिक ढांचे की परिवर्तित प्रकृति के कारण प्राचीन भारत के काल में समाज का सामान्यीकरण का प्रयास सही नहीं लगता है।

हालांकि वैसे कारण, जो समाज के अंदर से उभरते हैं तथा जो सामाजिक परिवर्तन का स्पष्ट चित्र प्रस्तुत करते हैं, अस्पष्ट हैं। उच्च वर्गों में परिवर्तन के स्तर पर विदेशी आक्रमण तथा आव्रजन अधिक महत्वपूर्ण है।

- आर्यभाषी लोगों के आव्रजन से आर्यों का नया उच्च वर्ग आया।
- हालांकि सिकंदर के संक्षिप्त अभियान के कारण पंजाब तथा सिंध के राजनैतिक ढांचे में कोई महत्वपूर्ण फेरबदल नहीं हुआ, पर दो शताब्दियों तक इंडो-ग्रीक, शकों तथा कुषाणों के आक्रमणों के कारण उप-महाद्वीप के उत्तरी तथा उत्तरी- पश्चिमी हिस्सों में भारतीय समाज निश्चित रूप से प्रभावित हुआ।
- पांचवीं शताब्दी में हूण आक्रमणों का प्रभाव गंगा-धारी के केंद्रीय भाग तक महसूस किया गया।
- गुप्तोत्तर काल में मध्य एशिया के लोगों के उत्तरी तथा उत्तर-पश्चिमी भारत में आव्रजन के कारण और भी ज्यादा प्रभाव पड़ा।

8.2 वर्ण व्यवस्था

अर्थ एवं विशेषताएं

प्राचीन भारतीय समाज चतुवर्णीय था, पांचवां क्रम बाद में जोड़ा गया। प्रथम चार ब्राह्मण, क्षत्रिय, वैश्य तथा शूद्र थे जिनमें से प्रथम तीन द्विज माने जाते थे। बाद में अस्पृश्यों को पंचम वर्ण माना गया। **ऋग्वेद** के दसवें मंडल के पुरुषसूक्त के अनुसार प्रथम चार वर्णों की उत्पत्ति दैविक है तथा ये प्रजापति से उत्पन्न हुए हैं। इसके कारण इस योजना को धार्मिकता तथा स्थायित्व प्राप्त हुआ।

ब्रह्मांडीय नियम के संदर्भ में वर्ण का सिद्धांत धर्म के सिद्धांत से गहन रूप से जुड़ा हुआ है। इस प्रकार समाज के कल्याण तथा इसके सुचारू रूप से संचालन के लिए सामाजिक नियम बनाने हेतु वर्ण धर्म एक प्रयास था।

इनसे आश्रमों अथवा जीवन के विभिन्न चरणों की अवधारणा (जिसे वर्णश्रम धर्म कहते हैं) जुड़ी थी तथा जो कर्म के सिद्धांत की मदद से उचित ठहराई गईं थी। उत्तर वैदिक एवं वैदिकोत्तर काल में हम जीवन की चार अवस्थाओं-ब्रह्मचर्य (विद्यार्थी जीवन), गृहस्थ्य (गृहस्थ जीवन), वानप्रस्थ (आंशिक एकांतवास) तथा संन्यास (संसार से पूर्ण एकांतवास) के विषय में सुनते हैं। परंतु ये आश्रम की अवधारणाएं मुख्यतः ऊपरी दो वर्णों के लिए अथवा अधिक-से-अधिक द्विजों के लिए थीं। व्यक्ति का पूरा जीवन संस्कारों की श्रेणियों में विभाजित था। जन्म से मृत्यु तक उसके कर्तव्यों तथा प्रत्येक अवसर पर संस्कारों का ब्यौरा तय कर दिया गया था।

वर्ण की अवधारणा के मुख्य पहलू थे-जन्म से हैसियत का निर्धारण, सामाजिक इकाइयों का श्रेणीक्रम में होना तथा अंतः सामुदायिक विवाहों एवं कर्मकांडीय शुद्धता को सुनिश्चित करना। सैद्धांतिक रूप से किसी के भी जीवनकाल में इसका वर्ण-परिवर्तन असंभव था। चारों वर्णों तथा विविध जातियों को, जो किसी-न-किसी वर्ण की हैं, एक किस्म के कर्मकांडीय वरीयता कम में रखा गया है। वर्ण विशेष के सदस्य न तो अपने वर्ण से बाहर विवाह कर सकते थे, न ही वरीयता में निम्न स्तर के किसी सदस्य के हाथों भोजन ग्रहण। उच्च तथा निम्न का विचार स्पष्टतः जन्म एवं आनुवांशिकता से जुड़ा था।

सैद्धांतिक रूप से हैसियत में वृद्धि करने के दो स्पष्ट तरीके थे-**पहला**, समाज से बाहर निकलकर संन्यासी बन जाना तथा **दूसरा**, अगले जन्म में उच्च वर्ण में जन्म लेना। फिर भी वर्ण-प्रणाली में गतिशीलता की संभावनाओं को पूर्णतः अवरुद्ध नहीं किया गया था। इस क्रम में पतन का रास्ता खुला था। इस दिशा में व्यक्तिगत तौर पर लगभग बेहतरीकरण असंभव था। यद्यपि समयांतराल में सामूहिक तौर पर ये संभव था तथा निवास स्थान अथवा भौगोलिक स्थिति में परिवर्तन से इसमें मदद मिलती थी। वर्णसंकर सिद्धांत (मिश्रित जातियों, जो कर्मकांडीय तौर पर अशुद्धता से संबंधित हैं) के उद्‌भव के पीछे कर्मकांडीय हैसियत या स्थिति का विचार था। मनु के धर्मशास्त्र में मिश्रित जातियां विभिन्न पेशा समूह थे, पर आर्य समाज में आसानी से न पहचाने जा सकने योग्य कबीले इस श्रेणी में रखे गए थे। रोचक ढंग से अपनी विशिष्ट पहचान के साथ ये कबिलायी नाम आदि मध्य-काल तक जारी रहे, जो **मनुस्मृति** एवं उत्तरवर्ती पुराणों की सूचियों के तुलनात्मक अध्ययन से स्पष्ट है। इसमें बताया गया है कि ब्राह्मण पुरुष एवं वैश्य पत्नी से उत्पन्न संतान को अंबष्ठ माना जाता था, वहीं उत्तरवर्ती पुराणों में अर्द्धव क्षत्रियों से अपनी उत्पत्ति मानने वाले अंबष्ठ कबीले का जिक्र है जिसमें कबिलायी पहचान के अक्षुण्ण रहने की बात का पता चलता है। सामान्य रूप से ब्राह्मण तथा शूद्र स्त्री से उत्पन्न निषाद को एक प्राचीन कबीला माना जा सकता है। स्पष्टतः जिन कबीलों का विलय संभव नहीं हुआ, उन्हें इस प्रणाली में शामिल करके कोई कर्मकांडीय स्थान दे दिया गया तथा मिश्रित जातियों की अवधारणा रखी गई।

उद्‌भव–विभिन्न सिद्धांत

प्रथम सिद्धांत के अनुसार प्राकृतिक प्रवृत्तियों अथवा प्रदत्त गुणों के आधार पर समस्त मानव-समुदाय को चार श्रेणियों में बांटा गया है। कुछ उच्च आध्यात्मिक तथा बौद्धिक गुण युक्त, कुछ युद्ध-कला में निपुण तथा अन्य उत्पादन कार्य में दक्ष हैं तथा तद्‌नुरूप श्रेणीबद्ध किए गए हैं। इस प्रकार वर्ण-व्यवस्था मानव के प्राकृतिक तथा निहित गुणों पर आधारित है। परंतु बिना उस सामाजिक तथा भौतिक वातावरण को ध्यान में रखे, जिसमें वे पैदा होते एवं बढ़ते हैं, मानव की प्राकृतिक प्रवृत्तियों की बात करना एकदम अनुपयुक्त होगा। वर्ण व्यवस्था के उद्‌भव का ऐसा सिद्धांत सिर्फ उनका हित साधन करता है, जो उसे जारी रखना चाहते हैं।

दूसरा सिद्धांत, श्रम विभाजन के आधार पर वर्ण व्यवस्था की उत्पत्ति मानता है। यह कहा गया है कि अधिक उत्पादन तथा ज्यादा कुशलता प्राप्ति के लिए पेशागत विभाजन ने वर्णों तथा जातियों को जन्म दिया। यद्यपि इसमें सत्य का अंश है,

पर यह सिद्धांत वर्ण-व्यवस्था की आनुवांशिक धारणा की उपेक्षा करता है।

तीसरे सिद्धांत के अनुसार, वर्ण व्यवस्था पवित्रता तथा अपवित्रता के सिद्धांत पर आधारित है। वर्णों तथा जातियों का कर्मकांडीय स्थान उनकी सापेक्ष पवित्रता पर निर्भर है। लेकिन इस सिद्धांत के मानने वाले इस बात को महसूस नहीं करते कि भारत से बाहर अन्य आदिम तथा प्राचीन समाजों में पवित्रता तथा अपवित्रता के मानकों ने अनिवार्य तौर पर वर्ण व्यवस्था को जन्म नहीं दिया।

चौथा सिद्धांत वर्ण-व्यवस्था के उद्भव को भारतीय प्राचीन कबीलायी समुदायों की विरासत के तौर पर पहचानता है। इसके अनुसार प्रत्येक कबीला अनेक कुलों में विभाजित है। कुल के सदस्य कुल से बाहर कबीले में अपने विवाह करते थे। पर कबीले युद्धों तथा व्यापार के माध्यम से एक-दूसरे से वैवाहिक संबंध बना सकते थे। दूसरी तरफ वर्ण में भीतर विवाह करने का, उच्च वर्णों द्वारा अपने विशेषाधिकारों की रक्षा तथा निम्नतर वर्णों के साथ सामाजिक भागीदारी को रोकने का प्रयास था।

पांचवें सिद्धांत के अनुसार, जो अब लोकप्रिय हो रहा है, वर्ण-व्यवस्था के उद्भव का बेहतर अनुमान वर्ण को सामाजिक विभेद का एक रूप मानने से लगाया जा सकता है। चूंकि सामाजिक विभेद सामाजिक तनावों तथा संसाधनों के असमान वितरण से पैदा होता है, अत: सामाजिक प्रक्रियाओं को (जो भौतिक जीवन में आए परिवर्तनों से सीधे संबंधित हैं) ठीक से समझे बिना वर्ण के उद्भव एवं विकास को समझना मुश्किल है।

ऐतिहासिक पृष्ठभूमि

ऋग्वैदिक आर्यों का समाज अनिवार्यत: कबीलायी, पशुचारी तथा समतावादी था। पशु तथा युद्ध से प्राप्त लूट ही संपत्ति के मुख्य स्रोत थे। मजबूत आर्य भोजन उत्पादक अर्थव्यवस्था के अभाव में प्रथमत: तथा स्थायी रूप से दूसरों द्वारा उपलब्ध अधिशेष पर निर्भर रहने वाले पुरोहितों तथा योद्धाओं का उदय अभी नहीं हुआ था। हालांकि असमानताएं थीं, परंतु अधिशेष संसाधनों तथा उत्पादन के साधनों के असमान वितरण के संस्थागत रूप के अभाव में बद्धमूल सामाजिक वर्गों का अभाव था।

उत्तर-वैदिक काल में कृषकों की जरूरतों से अधिक आपूर्ति कर सकने योग्य कृषि अभी विकसित नहीं थी। वैदिक काल के अंत में, कृषि के अधिक प्रसार तथा आर्यों तथा अनार्यों के सम्मिश्रण से सार्वजनिक बलियों के कर्मकांडीय पक्षों की जरूरतों की पूर्ति हेतु 17 किस्म के पुरोहित सामने आए, जिनमें से ब्राह्मण भी एक थे। क्रमश: ब्राह्मणों ने अन्य पर अपना प्रभाव बना लिया तथा पुरोहित व्यवस्था के एकमात्र प्रतिनिधि बन गए। फिर भी, उत्तर वैदिक काल में सामाजिक स्पष्टीकरण उतना तीव्र नहीं हो पाया था। कृषि के आदिम स्वरूप की वजह से गैर-उत्पादकों के उपभोग एवं संचय के लिए कृषकों द्वारा अधिक उत्पादन कर सकना संभव नहीं था।

परंतु बुद्ध के काल में लौह उपकरणों की भागीदारी एवं कृषि में व्यापक पैमाने पर उपयोग के आरंभ होने के साथ जनजातीय पशुचारी व्यवस्था का उदय हुआ। इसके साथ ही, लगभग समतावादी वैदिक समाज के पूर्णत: पुष्पित कृषि आधारित तथा वर्ग-विभाजित सामाजिक व्यवस्था के रूप में परिवर्तन की स्थितियां तैयार हुईं। मध्य गंगा के जंगली इलाकों के एक बार लौह-कुल्हाड़ी से साफ किए जाने के बाद विश्व के सबसे उपजाऊ इलाकों में से एक स्थायी निवास तथा कृषि के लिए स्थान उपलब्ध हो गया। कृषकों का अपनी जरूरत से ज्यादा उपजाना संभव हो गया। कारीगरी उत्पादन द्वारा कृषि उत्पादन की सहायता हुई, जिसमें कृषकों को उपकरणों तथा वस्त्रों, राजाओं एवं पुरोहितों को हथियारों तथा वैलासिक वस्तुओं की प्राप्ति हुई। तीन उच्च वर्णों के सदस्य कर्मकांडीय तौर पर चौथे वर्ण से भिन्न थे जो दासों एवं वैतनिक श्रमिकों के रूप में उनकी सेवा के निमित्त थे। इस तरह से तीन उच्च वर्णों और द्विजों को नागारिक तथा शूद्रों को गैर-नागरिक माना जा सकता है।

नागरिकों को श्रेणी में भी विभेद पैदा हुए। द्विजों के अंदर, प्रथम दो वर्णों में शारीरिक श्रम के प्रति उपहासात्मक भाव पैदा हुए। वैश्य द्विज समूह के सदस्य होने के बावजूद कृषकों, चरवाहों, कारीगरों तथा बाद में व्यापारियों के रूप में कार्यरत हुए। वैश्य ही मुख्यत: करदाता वर्ग थे जिनके करों तथा खिराजों पर क्षत्रियों तथा ब्राह्मणों का अस्तित्व निर्भर था।

चूंकि ब्राह्मण एवं क्षत्रिय दोनों ही वैश्यों द्वारा शूद्रों से प्राप्त करों, खिराजों, धर्मकरों तथा श्रम पर निर्भर थे, अत: सामाजिक लाभ के प्रश्न पर उनके बीच विवाद भी होते थे। फिर निम्नतर दो वर्णों के विरोध का सवाल उन्हें एकजुट बनाए रखता था। प्राचीन ग्रंथ लगातार पारस्परिक सहयोग तथा मदद की बात करते हैं।

तीसरी सदी में लगभग एक गहरे सामाजिक संकट ने, वैश्य-शूद्र संरचना, विशेष रूप से संपूर्ण वर्ण-व्यवस्था पर

प्रश्न चिह्न लगा दिया। तीसरी तथा चौथी सदी से संबद्ध पुराणों के हिस्सों में कलियुग से संबंधित विवरण में ये चिंता स्पष्ट झलकती है। शांति पर्व में दंड (दमनकारी प्रारूप) तथा महाकालों में अराजकता पर जोर देने वाले खंड इसी युग तथा संबद्ध संकट की ओर इशारा करते हैं। वैश्यों और शूद्रों में से एक ने अपने निर्धारित उत्पादन कार्यों से इन्कार कर दिया था अथवा वैश्य कृषकों ने कर तथा शूद्रों ने शारीरिक श्रम से इकार कर दिया था। इस वजह से समाज एवं राज्य का संचालन असंभव नहीं तो कठिन अवश्य हो गया था।

संकट से उबरने के लिए शासकों ने भू-अनुदान की परंपरा बड़े पैमाने पर अपनाई। पुरोहितों तथा अधिकारियों को भू-अनुदान देने से राज्य की राजस्व उगाही तथा अनेक हिस्सों में शांति एवं व्यवस्था बनाए रखने की जिम्मेदारी कम जरूर हो गई। इस परंपरा का विस्तार स्थायी तथा निर्जन दोनों इलाकों के लिए किया गया। इन अनुदानों ने भौतिक संस्कृति का प्रसार कर कुल कृषि उत्पादन को बढ़ाने में सहायता की।

भू-अनुदान की इस प्रक्रिया में अनेक प्राचीन कृषक समूह शूद्रों के रूप में ब्राह्मणवादी व्यवस्था में समाहित कर लिए गए। इस प्रकार उत्तरवर्ती प्राचीन तथा आदि मध्यकालीन ग्रंथों में कृषि कार्य से संबद्ध लोगों को शूद्र कहा जाने लगा। शूद्रों के लिए अनेक संस्कारों, व्रतों तथा तीर्थों का विधान बनाया गया ताकि साधारण ब्राह्मणों एवं निम्न श्रेणी के पुरोहितों को भी प्रत्येक मौके पर उनका हिस्सा मिल सके। शूद्रों को अब महाकालों तथा पुराणों को सुनने की अनुमति मिल गई।

गुप्त तथा गुप्तोत्तर काल में जातियों का तेज प्रवर्जन हुआ। कबीलायी इलाकों में अधिकाधिक भू-अनुदानों को दिए जाने के साथ हिंदू व्यवस्था में प्रत्येक कबीला एक शूद्र जाति के रूप में सम्मिलित होता गया। **मनुस्मृति** में 61 तथा **ब्रह्मवैवर्तपुराण** में 100 जातियों की चर्चा है। यद्यपि इन जातियों में सम्मिलित अधिकतर लोग प्राचीन काबीलायी लोग थे, परंतु ब्राह्मण विधि-मान्यताओं ने इन्हें वर्णों के मिश्रण से उद्‌भुत मानते हुए वर्ण संकरों अथवा मिश्रित जातियों की श्रेणी में रख दिया। समान रूप से कबीलायी प्रमुखों तथा कुछ विदेशी शासकों को ब्राह्मण समाज में क्षत्रियों के रूप में मान्यता मिल गई तथा गुप्तोत्तर काल में उन्हें राजपूत कहा जाने लगा।

गुप्त तथा गुप्तोत्तर काल में पुनः दूसरे रूप में जातियों का प्रवर्जन हुआ। व्यापार तथा कारीगरों के पतन के साथ भू-अनुदानों की संख्या बढती गई। स्थानीय आवश्यकताओं की पूर्ति स्थानीय तौर पर होने से कारीगरों तथा व्यापारियों की गतिशीलता खत्म हो गई। फलतः विभिन्न पेशे वंशानुगत हो गए तथा विभिन्न कारीगरी करने वाली जातियों में बदल गये। इस प्रकार उत्तरवर्ती प्राचीन काल में जाति प्रथा के विकास के लिए अनुकूल स्थितियों का आगमन हुआ।

वर्ण व्यवस्था

अच्छी संख्या में विद्वानों ने वर्ण की अवधारणा को मोटे तौर पर एक सैद्धांतिक प्रारूप माना है जो कभी भी समाज का वास्तविक रूप नहीं रहा। वर्ण के बारे में हमारे मुख्य स्रोत प्राचीन भारतीय ब्राह्मण धर्मशास्त्र हैं। विभिन्न वर्णों में हमेशा संगति नहीं रही अपितु कई बार चरित्र विरोधी चित्रण भी मिलता है। वर्णों के लिए प्रयुक्त पदावली भी काफी रोचक है। ब्राह्मण एवं वैश्य पद का प्रयोग पेशों से संबद्ध लोगों के संदर्भ में किया गया है। पर राजन्य (बाद में क्षत्रिय) एवं शूद्र या तो कबीलायी नाम हैं या कबीलों की एक श्रेणी का प्रतिनिधित्व करते हैं। राजन्य कबीले के होने का साक्ष्य साहित्यिक (उदाहरणार्थ पाणिनी की अष्टाध्यायी) एवं मौद्रिक दोनों ही प्राचीन काल के स्रोतों में मौजूद हैं। एक राजकीय परिवार के सदस्य अथवा भद्र-पुरुष होने के रूप में पेशाई पद राजन्य एक अल्पतन्त्रीय प्रणाली वाले कबीले के लिए प्रयुक्त मूल पद का विस्तृत अर्थ हो सकता है; हालांकि शूद्रों की कबीलायी रूप में पहचान करना आसान है। महाभारत मेगास्थनीज की **इंडिका** पतंजलि की **महाभाष्य** तथा अनेक पुराणों में इसका स्पष्ट जिक्र है। आर्य समाज की तुलना में शूद्रों की हीनतर स्थिति के कारण ही वर्ण-व्यवस्था में इनका स्थान निर्धारित हुआ, ऐसा प्रतीत होता है। शूद्रों में निषादों, आमीरों तथा मल्लों के संबंध से उनकी निम्न स्थिति स्पष्ट है।

गैर-धर्मशास्त्रीय स्रोतों द्वारा वर्ण-व्यवस्थानुसार मान्य पेशे के अलावा अन्य अनेक उदाहरणों के विवरण से स्पष्ट है कि **मनुस्मृति** में विभिन्न वर्णों में पेशों की सूची मोटे तौर पर सैद्धांतिक है। इस वजह से जातियों का जारी रहना अंशतः विवाह सजातीयता के नियमों एवं अंशतः इस संरचना के आर्थिक संबंधों के एक अविभाज्य घटक होने से संबंधित है।

चार मुख्य वर्णों एवं मिश्रित जातियों के अन्य अपरूपों के बीच का भेद काफी स्पष्ट होता यदि वर्ण-व्यवस्था सामाजिक समूहों के अध्यारोपित श्रेणीक्रमिक स्तरों के रूप में लागू होती। काफी रोचक तौर पर जहां ब्राह्मणों एवं पंचम वर्ण (अछूतों) की पहचान स्पष्ट है, वहीं धर्मशास्त्रों में अन्य

मध्यवर्ती समूहों का विवरण अन्तर्विरोधी नहीं तो भ्रामक जरूर है।

बौद्ध पालि ग्रंथ इन बीच के समूहों का स्पष्ट विवरण देते हैं। इनमें खत्रीय, बहमन तथा सरद को सामाजिक वर्णों के रूप में पहचाना गया है, लेकिन हमेशा सामाजिक इकाइयों के तौर पर नहीं। प्रथम दो को तो वास्तविक सामाजिक इकाई मान सकते हैं, पर अंतिम दो का अस्पष्ट-सा स्वरूप वर्णित है। फिर भी, इस साहित्य के आधार पर कहा जा सकता है कि ''उक्कठ्ठ'' जाति एवं हीनजाति के रूप में समाज का द्विवर्गीय विभाजन ज्यादा प्रचलित था। खत्रीय, बहमन तथा गृहपति को बारंबार प्रथम श्रेणी में रखा गया है। खत्रीय पद का प्रयोग सामान्यत: शाक्यों, मल्लों तथा लिच्छवियों जैसे अल्पतंत्रों के राजकीय परिवारों के लिए हुआ है। बहमन की पहचान स्पष्ट तौर पर ब्राह्मण के साथ की गई है। हांलाकि गहपति कोई वास्तविक सामाजिक इकाई नहीं थी फिर भी सामाजिक तौर पर उसे समृद्ध गृहपति के समकक्ष रखा जा सकता है।

ये स्पष्ट था कि राजनीतिक शांति की महत्वाकांक्षा सिर्फ क्षत्रिय वर्ण का विशेषाधिकार नहीं था। अत: इस संदर्भ में रियायतें देनी पड़ी। लगता है कि गैर-क्षत्रिय उत्पत्ति के राजा को वैधता प्राप्ति के सहारे अपने को क्षत्रिय घोषित करवाना पड़ता था तथा उन्हें उचित वंशावली प्रदान की जाती थी। इस प्रकार सैद्धांतिक तौर पर तो राजन्त्र क्षत्रियों का ही विशेषाधिकार रहा, पर वास्तव में गैर-क्षत्रिय भी राजा बने। पर वैधता प्राप्ति के सहारे ब्राह्मण-क्षत्रिय संबंध का कर्मकांडिय प्रारूप बनाए रखा गया। इस कार्यकारी व्यवस्था को उभरने में कई सदियां लगीं तथा गुप्त युग से पहले यह बहुत दृढ़ रूप में सामने नहीं आ पाई थी। क्षत्रयित्व की पद प्राप्ति को आवश्यक तौर पर उचित तथा वैध वंश परंपरा दिखाने का प्रयास होता था। पुराणों में वैधता का पहला महत्त्वपूर्ण उदाहरण मिलता है। गुप्त काल में रचित **विष्णु पुराण** के वंशावली वृत्तांत में उन विभिन्न राजवंशों तथा राजाओं की सूची है जिनको उत्तरी भारत में मिथकीय काल से हूणों के आगमन से पूर्व तक शासन करने का विश्वास किया जाता है। सभी आरंभिक राजवंशों को दो सुपरिभाषित श्रेणियों- सूर्यवंशी तथा चंद्रवंशी में विभाजित किया गया है तथा मनु के उभयालिंगी पुत्र प्रथम मानव को इन दोनों का पूर्वज माना गया है।

उपर्युक्त विवरण से यह स्पष्ट है कि दोनों द्विज श्रेणियों में एक सामाजिक समूह के रूप में ब्राह्मण सबसे आसानी से पहचानने योग्य हैं। हालांकि बुद्ध के समय में खत्रियों के रूप में वर्णित क्षत्रियों की विशिष्ट पहचान थी, पर बाद में उनका वास्तविक रूप अस्पष्ट हो जाता है। यही बात अंतिम द्विज श्रेणी के वैश्यों के लिए भी सच है। हालांकि सैद्धांतिक रूप में सुविख्यात होने पर भी अपने को वास्तव में वैश्यों के रूप में देखने वाले समूहों की पहचान मुश्किल है। फिर भी, वैश्य जाति के सैद्धांतिक कार्यों के तहत विभिन्न जातियों तथा पेशों को शामिल किया जा सकता है।

इस तरह प्राचीन भारत की सामाजिक संरचना में परिवर्तन का अध्ययन वर्ण-आधारित समाज के रूप में उभरने के जिम्मेदार कारकों का प्राथमिक अध्ययन है। फिर भी, वर्ण-व्यवस्था सैद्धांतिक रूप का दृढ़ता से अनुपालन संभव नहीं हुआ क्योंकि इसके लिए एक स्थिर समाज जरूरी होता।

8.3 आश्रम

अर्थ एवं संभावनाएं

व्यक्ति के लिए चरणबद्ध रूप में सर्वोच्च आध्यात्मिक आदर्शों की ओर विकास के लिए कर्तव्यों के स्तरित प्रारूपों के रूप में जीवन की चार अवस्थाएं मानी गई थीं। इन अवस्थाओं में घनीभूत प्रयासों, शारीरिक-मानसिक कोशिशों, धार्मिक जीवन, संयम, आत्मानुशासन एवं आत्मनिषेध के सहारे किसी के लिए वांछित स्थिति की प्राप्ति संभव थी।

पहली अवस्था ब्रह्मचर्य हेतु आध्यात्मिक पूर्णता से परिचित होने के लिए जहां पहुंचना लक्ष्य है, वेदों का अध्ययन, कठोर अनुशासन, पवित्रता तथ इंद्रिय-दमन शामिल थे।

पूरी सामाजिक संरचना के आधारस्तंभ के रूप में गृहस्थ जीवन के हेतु सबसे महत्वपूर्ण कर्तव्यों में परिवार, संतानोपत्ति, यज्ञ-पूजा, दान तथा त्याग के माध्यम से आदर्श की ओर बढ़ना शामिल था। सामान्यत: आध्यात्मिक विकास के लिए अनुपयुक्त वातावरण के चलते गृहस्थ का आत्म-संघर्ष सबसे मुश्किल माना जाता था। छादोग्य उपनिषद के अनुसार पहली दो अवस्थाओं के कर्तव्यों का समुचित अनुपालन किया जाए तो अंतिम लक्ष्य के निकट पहुंचना तथा पुनर्जन्म के चक्र के छुटकारा संभव था। वृहदारण्यक उपनिषद के अनुसार गृहस्थ को वृद्धावस्था के आरंभिक चिह्न के दिखते ही घरेलू आराम की चीजों का त्याग कर सांसारिक मामलों से दूर होकर संतान, धन-संपत्ति आदि कामनाओं को छोड़ देना चाहिए। उसे उस भीड़-भरे मानवीय वातावरण को छोड़कर

वन प्रदेश में निवास करते हुए शरीर को कष्ट देकर आत्मा की शुद्धि एवं जंगली कंद-मूलों पर ही निर्भर करना चाहिए। यह वानप्रस्थ अवस्था है।

जीवन का अंतिम चतुर्थांश मनुष्य को अंतिम लक्ष्य तक पहुंचने, आत्मज्ञान प्राप्ति तथा जीवन-मरण के बंधन से मुक्ति का निश्चित मार्ग बताता है। वह जीवन की परम खोज के निमित्त पहले से कहीं अधिक तथा विशिष्ट रूप से प्रवृत्त होता है।

वैखानरा धर्मसूत्र के अनुसार यति की अंतिम अवस्था अथवा सन्यास सिर्फ ब्राह्मणों के निमित्त है जिन्हें दूसरों की अपेक्षा ज्यादा कठोर आत्मनिषेध तथा अनुशासनपूर्वक रहना पड़ता है। क्षत्रिय, जिन्हें अपनी स्थिति के कारण शक्ति तथा सांसारिक सुख-भोग का ज्यादा अनुभव रहता है, में से अधिकांश के लिए कठोर वैराग्य को मुश्किल मानते हुए अंतिम चरण वन में एकांतवास रखा गया। वैश्यों के लिए उनकी पूरी जीवन दृष्टि के आर्थिक होने एवं भौतिक प्राप्तियों से संचालित होने के कारण मात्र प्रथम दो आश्रम थे उनके लिए सांसारिक सुखों का त्याग मुश्किल था। वे गृहस्थ रूप में ही अपना जीवन बिता देते थे। शूद्रों को वेदों से अनजान रहने के कारण उन्हें उस व्यवस्था में सिर्फ गृहस्थ अवस्था के लायक समझा गया।

ऐतिहासिक पृष्ठभूमि

ऋग्वेद में आश्रमों का जिक्र तो नहीं, पर अध्यवसायी, गृहस्थ तथा संन्यासी जीवन मौजूद हैं। आरंभिक उपनिषदों में आश्रम पूर्णतः विकसित न होने के बावजूद कहीं ज्यादा निश्चित आकार में मौजूद हैं।

उपनिषदों में प्रारूपित इस जीवन क्रम का वैदिक कल्पसूत्रों के रचे जाने तक पूर्ण विकास हो चुका था। प्रतीत होता है कि परमावस्था तक पहुंचने के लिए चतुर्थ चरण में कठिनाइयों के बावजूद संन्यास की लोकप्रियता बढ़ती जा रही थी तथा लोग चारों अवस्थाओं के नियमित क्रम से गुजरे बिना भी संन्यास की ओर मुड़ रहे थे। दरअसल, कुछ सामाजिक विधानकारों के अनुसार अध्ययन काल में समुचित कर्तव्यों के निर्वाह के पश्चात् कोई अपनी खुशी से किसी भी आश्रम में प्रवेश पा सकता था। इस तरह एक छात्र जीवन के अंतिम क्षण तक अध्यवसायी गृहस्थ, वैरागी अथवा संन्यासी के रूप में रह सकता था।

इस प्रकार विभिन्न चरणों से बिना गुजरे संन्यास क्रम में लोगों के निर्बाध प्रवेश की अनुमति से इसमें अवांछित तत्वों का आना संभव था, जो इतने कठोर अनुशासन के पालन के लिए उपयुक्त नहीं थे। विधानकारों ने महसूस किया कि गृहविहीन परिव्राजकों हेतु अपरिपक्व लोगों के इस प्रवेश से पूरी सामाजिक संरचना की भौतिक नींव तथा समाज के सामान्य हित को क्षति पहुंच सकती थी। इस कारण उन्होंने अवस्थाओं की क्रमिक प्रगति पर बल देते हए गृहस्थ अवस्था को पूरी सामाजिक संरचना का संबल माना एवं ब्रह्मचर्य, वानप्रस्थ एवं संन्यास की अवस्थाओं की पवित्रता भंग करने वालों के लिए अनेक प्रायश्चितों के माध्यम से दंड की व्यवस्था की तथा अंततः कहा कि संन्यास ग्रहण अपरिहार्य नहीं था क्योंकि घरेलू जीवन में भी सांसारिक वस्तुओं का कम-से-कम उपयोग करके परमज्ञान की अनुभूति संभव थी।

मनु ने तो धर्मशास्त्रों से भी आगे बढ़कर घोषणा की कि, "जब गृहस्थ ने कानून के अनुसार महान ऋषियों, पित्तरों की आत्माओं तथा देवताओं का ऋण चुका दिया हो, उसे सब कुछ संतान को सौंपकर असंयुक्त रूप से रहना चाहिए। उसे लगातार एकात्म में आत्मा हेतु कल्याणकर ध्यान करना चाहिए क्योंकि एकांत में मनन करने वाले को परम सुख की प्राप्ति होती है।" मनु विशेष रूप से ये भी घोषित करते हैं कि जो संतान प्राप्त करके अपने पूर्वजों का ऋण नहीं उतारता वो अपने लक्ष्य के नजदीक पहुंचने के बजाय और दूर हो जाता है।

8.4 संस्कार

संस्कार कर्मकांडों के महत्वपूर्ण हिस्से हैं क्योंकि ये व्यक्ति के भ्रूण प्रवेश से मृत्यु तक सभी महत्वपूर्ण अवसरों पर उसे संवारते तथा मान्यता दिलाते हैं। उनका प्रभाव मृत्यु के पश्चात् भी बना रहता है तथा ये आत्मा की भावी गति तय करते हैं।

संस्कारों का अर्थ

संस्कार का अर्थ मात्र पवित्र धार्मिक माना जाने वाला कोई बाह्य आचार या विधान मात्र नहीं है। इन शास्त्र सम्मत विधानों के निष्पादन द्वारा अपूर्व निपुणता की वृद्धि होती है जो आत्मा अथवा शरीर में समाविष्ट हो जाती है। इससे लगता है कि हिंदू संस्कारों का उद्देश्य शरीर शुद्धि मात्र न होकर मान्यता, प्रभाव, अशुद्धि दूर करने तथा बेहतरीकरण के माध्यम से प्राप्तकर्ता में विशिष्ट प्रतिभा का समावेश कर उसके पूरे व्यक्तित्व का विकास करना था।

संस्कारों की संख्या एवं अवसर

संस्कारों का पहला व्यवस्थित लेखा-जोखा **गृह्यसूत्रों** से मिलता है, परंतु इनमें संस्कारों को इसके विशिष्ट अर्थ में न लेकर इन्हें घरेलू यज्ञों में शामिल किया गया है। इन सूत्रों में सामान्यत: यज्ञों एवं शरीर को मान्यता एवं व्यक्तित्व को पूर्णता दिलाने वाले संस्कारों के बीच कोई स्पष्ट भेद नहीं किया गया है। ये अंतर सर्वप्रथम वैखानरा सूत्रों में स्पष्ट होता है। यद्यपि 22 किस्म के यज्ञों को शारीरिक संस्कारों की सूची में भी शामिल कर लिया गया है, पर वास्तव में वे दैनिक तथा विभिन्न अवसरों पर किए जाने वाले कर्मकांड हैं।

गृह्यसूत्रों में सामान्यत: शारीरिक संस्कारों का आरंभ विवाह से एवं अंत समावर्तन से हुआ है। मृतक शरीर के संग जुड़ी अपवित्रता तथा अशुभ की अवधारणा के कारण अंत्येष्टि को अलग रखा गया है, पर पराशर अश्वलायन तथा बौद्धायन गृह्यसूत्रों में संबंधित प्रभाग दिए गए हैं। गृह्यसूत्रों में संस्कारों की संख्या 12 से 18 के बीच है।

समयांतराल में निम्न 16 पारंपरिक तौर पर मान लिए गए हैं।

1. गर्भाधान
2. पुंसवन
3. सिमंतोन्नयन
4. जातकर्म (जन्म संबंधी)
5. नामकरण
6. निष्कर्मण (पहली बार बाहर निकलना)
7. अन्नप्राशन (पहली बार अन्न खिलाना)
8. चूड़ाकरण (मुंडन)
9. कर्णभेद (कानों में छिद्र करना)
10. विद्यारंभ
11. उपनयन
12. वेदारंभ
13. वेदांत
14. समावर्तन (पढ़ाई खत्म करना)
15. विवाह तथा
16. अंत्येष्टि

संस्कारों का उद्देश्य

सर्वप्रथम, संस्कार बिल्कुल सरल मस्तिष्क के असंदिग्ध विश्वास पर टिके हैं। आदि हिंदुओं के अपकारी एवं हितकारी अतिमानवीय प्रभावों से समाहृत होने के विश्वास के कारण बुरी शक्तियों को दूर रखने एवं हितकारी शक्तियों के समय पर मदद के लिए प्रयास किए जाते थे। बुरी शक्तियों को शांत करने के लिए शमन का प्रावधान था। अवांछित शक्ति को शांत करने के पश्चात् संस्कार से शुद्ध हुआ व्यक्ति नुकसान से बच जाता था। दूसरा तरीका कपट अथवा छल था। व्यक्ति विशेष को छिपाकर या उसकी जगह किसी और को लाकर अपकारी शक्ति को विचलित कर दिया जाता था। इन दोनों तरीकों के असफल रहने पर तीसरा तरीका धमकी एवं खुले आक्रमण का था, जो प्रभावित व्यक्ति अथवा किसी अन्य पुरोहित द्वारा किया जाता था। संस्कारयुक्त मानव को क्षति से बचाने के लिए देवताओं का भी आह्वान किया जाता था।

जिस तरह विरोधी शक्तियों का शमन किया जाता था, उसी प्रकार हितकारी शक्तियों को लाभ हेतु आमंत्रित एवं आकर्षित किया जाता था। ये विश्वास था कि मानव जीवन का हर महत्वपूर्ण समय किसी विशेष देवता द्वारा नियंत्रित था। अत: अवसर आने पर आशीर्वाद आदि देने के लिए उस देवता का आह्वान किया जाता था।

साथ ही, समाज के विकास को नियंत्रित करने के लिए उनका सांस्कृतिक उद्देश्य भी है क्योंकि इनमें सम्मिलित यज्ञों एवं कर्मकांडों का पशुधन, संतति, दीर्घायु धन, समृद्धि, शक्ति तथा बौद्धिक तत्व प्राप्ति के माध्यम से घरेलू बेहतरी का लक्ष्य शामिल है।

विशिष्ट पुरोहित समाज के रीति-रीवाजों एवं आचारों से और भी सुधार करता था। वह हमेशा गृहस्थी की भौतिक आकांक्षाओं का विस्तार करता एवं आशीर्वचन देता तथा समुदाय के सदस्यों को मान्यता देकर उनके आध्यात्मिक विकास का प्रयत्न करता था।

तीसरे, संस्कारों का निष्पादन आत्माभिव्यक्ति का अवसर भी था। गृहस्थ हमेशा ही भयभीत होकर हितकारी शक्तियों को गुहार लगाने वाला भिक्षुक न था। संस्कारों का निष्पादन उसकी अपनी खुशी तथा दु:ख व्यक्त करने का जरिया भी था।

मुनियों तथा विधानकारों के अनुसार संस्कारों के लोकप्रिय एवं सांस्कृतिक उद्देश्यों के अलावा वे उच्चतर धार्मिक मान्यताओं की तरफ जीवन को प्रवृत्त करने में सहायता करते थे। भौतिक शरीर से संबद्ध वास्तविक या

काल्पनिक अशुद्धियां संस्कारों के निष्पादन से दूर होती थीं। पूरा शरीर शुद्ध होकर आत्मा के निवास के लिए उपयुक्त स्थान बन जाता था।

ये सिद्धांत आज भी जारी हैं कि मनुष्य शूद्र रूप में पैदा होता है, संस्कारों के द्वारा द्विज बनता है। वैदिक ज्ञान प्राप्त करके विप्र एवं ब्रह्म की प्राप्ति कर ब्राह्मण बन जाता है। फिर भी संस्कारों को कभी भी पूर्ण लक्ष्य नहीं माना गया बल्कि वे नैतिक गुणों की वृद्धि तथा पूर्णता में सहायता करते थे। संस्कारों के अनुपालन की अनिवार्यता को रेखांकित करते हुए 'गौतम' कहते हैं कि जब तक आत्मगुणों का विकास न हो, संस्कार अपने आप अंतिम लक्ष्य तक पहुंचने में प्रभावकारी नहीं हो सकते। अत: जीवन के विभिन्न चरणों में किए जाने वाले संस्कार विस्तारपूर्वक बताए गए सम्यक् आचरण से आवृत्त हैं।

जन्म से पूर्व के संस्कार

मानव का जीवन जन्म से शुरू न होकर कहीं और पहले कुल, आनुवांशिकता तथा वातावरण से प्रभावित होता है, अत: इसका सुधार गर्भाधान से ही किया जाना चाहिए। सबसे पहले संस्कार गर्भाधान का अर्थ ही गर्भ में बीज का प्रत्यारोण है। विवाहित युगल के लिए संतति के हित एवं जाति के कायम रहने के लिए उपयुक्त समय पर समागम एक पवित्र कर्तव्य है। पूर्वजों का ऋण उतारने के लिए संतति पैदा करना आवश्यक था तथा इसमें असफलता को धार्मिक ग्रंथों में पाप ठहराया गया है, पर इस पवित्र कर्तव्य का निर्वहन शारीरिक स्वास्थ्य युग्म की वैज्ञानिक इच्छा, उचित समय के चयन, माता-पिता की योग्यता में बारे में उचित आस्था तथा जाति के प्रति कर्तव्य की भावना से जुड़ा था। सांस्कृतिक नजरिए से यह संस्कार इसीलिए बहुत महत्वपूर्ण था।

गर्भाधान के निश्चित होने पर अगला पवित्रीकरण संस्कार पुंसवन था। गर्भवती माता के चिकित्सकीय तथा मानसिक उपचार द्वारा गर्भस्थ शिशु पर प्रभाव पड़ता है अत: इस उपचार को आवश्यक माना गया था। पुंसवन गर्भ में तीसरे या चौथे महीने या बाद में जब चंद्रमा पुरुष नक्षत्र समूह विशेषकर तिष्य-नक्षत्र में हो तब किया जाता था। उस दिन माता को दिन में उपवास करना पड़ता था तथा रात में बरगद की कोचलों को पीसकर तथा उसका रस निकालकर हिरण्यजमी आदि के पाठ के संग माता के दाहिने नासिका-रंध्र में डाला जाता था। चांद का नर नक्षत्र समूह से योग बालक अथवा पौरुष का द्योतक है अत: शाब्दिक रूप से उस पद का अर्थ भ्रूण के उक्तेरण द्वारा पुत्र पैदा करने से है।

तीसरे संस्कार सिमांतोन्नयन में गर्भवती माता के केश समारोहपूर्वक छोटे कर दिए जाते हैं। यह संस्कार सांकेतिक एवं वास्तविक दोनों महत्व रखता है। यह माना जाता है कि गर्भवती महिलाओं को अपशक्तियों के संभावित प्रभाव से बचाने के लिए उपर्युक्त विधानों का किया जाना जरूरी है। संस्कार के किए जाने के पीछे धार्मिक उद्देश्य माता के लिए समृद्धि तथा अजन्मे शिशु के लिए दीर्घायु प्राप्ति है। हिंदुओं की मनोवैज्ञानिक समझ भी इस संस्कार के प्रारंभ के लिए उत्तरदायी थी। गर्भ के पांचवें महीने से शिशु की मानसिक संरचना तैयार होनी शुरू होती है। अत: गर्भवती स्त्री के भ्रूण को किसी तरह के शारीरिक एवं मानसिक आघात से बचाने के लिए काफी सचेत रहना पड़ता है। इस संस्कार में उन्नत सन्तति प्राप्त करने हेतु गर्भवती तथा उसके प्रति अनेक स्वास्थ्यकारी विधान किए गए हैं। उनमें से एक (दोहद) के तहत गर्भवती पत्नी की इच्छाओं को पूरा किया जाना चाहिए।

बचपन के संस्कार

माता के गर्भ से निकलने एवं स्वतंत्र अस्तित्व ग्रहण करने के पश्चात शिशु के जीवन का दूसरा चरण आरंभ होता है। इस अवसर पर नवजात शिशु को उचित आचारों के माध्यम से पवित्र किया जाता है। शिशु तथा माता की रक्षा के लिए अन्य सहायक आचारों का भी प्रावधान है।

'जात कर्म' उत्सव, जिसमें अनेक विधान हैं, सामान्यत: नाभिनाल काटने से पहले किया जाता है। पहले हिस्से मेधाजनन् (मेधा की उत्पत्ति) के दौरान कुछ मंत्रों का पाठ होता है। शिशु को महीन स्वर्ण-सूत से घी तथा मधु चटाते समय मंत्रों का बारंबार उच्चारण किया जाता है और यह सब शक्ति तथा मेधा की ओर संकेतित है। इससे हिंदुओं को अपने शिशुओं को बौद्धिक प्रखरता को निश्चित करना उनके प्रति अपना पहला कर्तव्य प्रतीत होता है। दूसरा हिस्सा आयुष्य दीर्घजीविता है। शिशु को लंबी आयु के सभी संभव उदाहरणों, जैसे- ऋषि, पित्तर, अग्नि तथा सोम से परिचित कराते हैं तथा माना जाता है कि उसकी मदद से उसकी आयु बढ़ेगी। तीसरा हिस्सा शक्ति से संबंधित है। इसमें पिता बहुत नाटकीय ढंग से शिशु से कहता है कि वह वस्तुत: उसका पुत्र है तथा उसे सौ साल जीने की शुभकामना देता है। उसके बाद नाल को हटाकर शिशु को नहलाया जाता है तथा उसे माता के स्तनपान का मौका मिलता है।

अगला संस्कार 'नामकरण' है हालांकि अन्य मुद्दे भी प्रभावी हो सकते हैं, पर सामान्यत: नाम का चयन अक्सर धार्मिक विचारों से प्रभावित होता है। **गृह्यसूत्रों** में विभिन्न

नामों का वर्णन है। **परिष्कार गृह्यसूत्र** के अनुसार नाम उच्चारण योग्य अक्षर से आरंभ हो एक अर्द्ध-स्वर युक्त तथा दीर्घस्वर हो अथवा विसर्ग से समाप्त हो तथा उसमें दो या चार अक्षर हों। अन्य **गृह्यसूत्रों** में विविध किस्म के सुझाव हैं। लड़की के नाम का समापन 'आ' से होना चाहिए तथा कुल अक्षरों की संख्या विषम होनी चाहिए। नामकरण के चार प्रारूप सुझाए गए हैं-**प्रथम,** जन्म के समय की नक्षत्र दशा पर, **दूसरा,** उस महीने के देवता के नाम पर, **तीसरा,** कुल देवता के नाम पर तथा **चौथा,** जो नाम लोकप्रिय तौर पर मान्य हो। उनमें से अंतिम का चयन परिवार की सांस्कृतिक पृष्ठभूमि तथा शिक्षा पर निर्भर करता है। इसके मंगलकारी तथा महत्वपूर्ण होने की कामना की गई है। देर से पैदा होने वाला अथवा पूर्व में अनेक बच्चों की हानि के बाद पैदा होने वाले बालक की बीमारी तथा मृत्यु से रक्षा करने के लिए डरावना तथा भद्दा नाम रखा जाता था।

शिशु को पहली बार घर से बाहर लाने को 'निष्क्रमण' कहा गया है। आरंभ में शिशु को पालने तथा घर की चारदीवारी तक सीमित रखा जाता है पर महीने-दो महीनों में बढ़ते बच्चे, उसकी बढ़ती जिज्ञासा तथा अंग संचालन के लिए घर छोटा पड़ने लगता है तब 'निष्क्रमण' संस्कार करके उसे बाहरी दुनिया के दर्शन कराते हैं। बास्प परिवेश प्राकृतिक तथा अप्राकृतिक खतरों से मुक्त नहीं है अत: बच्चे की सुरक्षा निश्चित करने के लिए अनेक भौतिक तथा धार्मिक प्रकार के निवारण के उपाय किए जाते हैं। यह संस्कार महत्वपूर्ण है, क्योंकि उसमें बढ़ते बच्चे को ब्रह्मांड के प्रभावशाली रूप से परिचित कराने को काफी महत्वपूर्ण माना गया है। 'अन्नप्राशन' प्रथमत: बच्चे की शारीरिक जरूरतों से संबंधित है और उसके तहत उसे पहली बार ठोस भोजन कराया जाता है। सुश्रुत ने शिशु के छठे महीने में मां का दूध छुड़ाने तथा वृद्धि के अनुकूल भोजन करवाने की सिफारिश की है। हालांकि खाद्य-पदार्थ जीवन रक्षक है, पर जीवन के उनसे उद्भूत होने तथा उनके आध्यात्मिक एवं पहेलीनुमा पक्षों का भी विश्वास किया जाता है। इस संस्कार के दिन विशिष्ट रूप से तैयार आनुष्ठानिक भोजन शिशु को खिलाते वक्त उपयुक्त वैदिक मंत्रों का उच्चारण किया जाता है।

आठवें संस्कार 'चूड़ाकरण' (मुंडन) का अर्थ प्राप्तकर्ता के लिए दीर्घ आयु तथा सौंदर्य की प्राप्ति है। मुंडन से दीर्घ जीविता तथा उसके बिना अल्पजीविता संभावित है अत: उसे हर हालत में किया जाना चाहिए। सुश्रुत तथा चरक दोनों ने ही मुंडन में आयुवृद्धि तथा सौंदर्य प्राप्ति की बात स्वीकार की है। हालांकि कुछ लोगों के विचार में बालों को काटकर किसी देवता को देने के पीछे उसका अर्पण भाव था पर गृह्यसूत्रों तथा स्मृतियों में उसका समर्थन नहीं होता। देवमंदिर में ये संस्कार या तो लंबे इंतजार के बाद अथवा पूर्ववर्ती शिशुओं की मृत्यु के बाद उत्पन्न बच्चों के लिए ही अभिहित हैं। नियम के अनुसार मुंडन एवं किसी देवता को केश अर्पित करने के बीच सीधा संबंध नहीं है।

गृह्यसूत्रों के अनुसार 'चूड़ाकरण' प्रथम वर्ष के अंत अथवा तीसरे वर्ष के खत्म होने से पहले होना चाहिए पर उत्तरवर्ती ग्रंथों में इस सीमा को बढ़ाकर सात वर्ष कर दिया गया है, दूसरा सबसे विशिष्ट पक्ष शिखा का प्रावधान है। समयांतराल में शिखा हिंदू धर्म के सर्वमान्य मानक के रूप में स्थापित हो गई तथा उसको कटवाना महान पाप समझा जाने लगा।

शिशु के प्रथम से चौथे वर्ष के बीच उसके कानों को छिदवाना 'कर्णबेध' संस्कार है। हालांकि उत्पत्ति के तौर पर उसका आभूषणात्मक महत्व है पर बाद में उसे स्वास्थ्यकर मानकर उस पर जोर डालने के लिए उसे धार्मिक रूप दे दिया गया हो, ये संभव है। क्षत्रियों के लिए सोने एवं ब्राह्मणों-वैश्यों के लिए चांदी की सूई का प्रावधान है। कर्णबेध का धार्मिक महत्व मिलने के बाद यह भी शिखा रखने की तरह अनिवार्य बन गया। एक मध्यकालीन स्मृतिकार देवल के अनुसार तो जिस ब्राह्मण के कर्णछिद्रों से सूर्य की किरणें नहीं गुजरतीं उसके दर्शन मात्र से समस्त संचित मेधा नष्ट हो जाएगी।

शैक्षिक संस्कार

दसवां संस्कार 'विद्यारंभ' शिक्षा के आरंभ अथवा वर्णमाला सीखने से संबंधित है। शिशु के मस्तिष्क के शिक्षा ग्रहण कर सकने योग्य हो जाने पर सर्वप्रथम उसे वर्णमाला से परिचित करवाया जाता है ताकि वह शिक्षा के विकसित रूप को आगे समझ सके। इस संस्कार को अक्षरारंभ अथवा अक्षर लेखन भी कहते हैं तथा इन नामों से लगता है कि सांस्कृतिक विकास के उच्च चरण में जब वर्णमाला का विकास साहित्यिक उद्देश्यों के लिए हो चुका था, ये उसी दौरान उत्पन्न हुए। ये संस्कार शिशु के पांचवें वर्ष में किया जाता है पर विश्वामित्र ने सात वर्ष को समय सीमा माना है। कुछ विधानकारों के अनुसार उसका निष्पादन चूड़ाकरण के तुरंत बाद होना चाहिए।

'उपनयन' बालक को शिक्षा प्राप्ति हेतु गुरु के पास भेजने से संबंधित है। सांस्कृतिक तौर पर यह सबसे महत्वपूर्ण संस्कार बन जाता है। जहां विद्यारंभ प्राथमिक शिक्षा शुरू

करने का सूचक है, उपनयन द्वितीयक अथवा उच्च शिक्षा का। उपनयन से जुड़ा सबसे विशिष्ट पक्ष यह मान्यता देता है कि दीक्षित व्यक्ति का सांस्कृतिक एवं आध्यात्मिक पुनर्जन्म होता है। शिशु का शारीरिक तौर पर जन्म लेना अपरिपक्व है तथा पशुता से संबंधित है पर अनुशासन एवं ज्ञान के माध्यम से पुनर्जन्म का गुणगान करते हुए इसे पवित्र माना गया है।

समयांतराल में उपनयन का अर्थ एवं उद्देश्य दोनों बदल गए। **अथर्ववेद** में उपनयन पद का अर्थ जहां छात्र को अपने प्रभार में लेने से संबंधित है, वहीं बाद में ये गुरु द्वारा छात्र को पवित्र विद्या में दीक्षित करना माना जाने लगा। हालांकि ब्राह्मणों एवं सूत्रों के काल में भी यह वैदिक मान्यता प्राप्त थी, पर उसके रहस्यमयी अवयवों की वृद्धि के बाद विद्या हेतु दीक्षित करने के मूल विचार की जगह धार्मिक समारोह द्वारा पुनर्जन्म का विचार हावी हो गया। इस प्रकार से मूलत: इस संस्कार का मुख्य उद्देश्य शिक्षा थी, कर्मकांड सहायक मात्र थे, पर समयांतराल में कर्मकांडों का निष्पादन तथा व्रतादेश अथवा प्रतिज्ञा करना मुख्य विषय बन गया, शिक्षा द्वितीयक।

इस संस्कार से जुड़ी पहली बार प्राप्तकर्ता की आयु शिशु का सामाजिक स्तर तथा उसकी व्यावसायिक जरूरतों पर निर्भर करती है। यह दीक्षा-आयु, ब्राह्मण, क्षत्रिय तथा वैश्य शिशुओं के लिए क्रमश: 8, 11 तथा 12 वर्ष है। उपनयन के निष्पादन हेतु अंतिम उम्र-सीमा ब्राह्मणों, क्षत्रियों तथा वैश्यों के लिए क्रमश: 16, 22 तथा 24 वर्ष है। समयावधि में छात्र का 'यज्ञोपवीत' से अभिषेक इस संस्कार का सबसे महत्वपूर्ण तत्व बन गया है। इसके दौरान गुरु शिष्य की लंबी आयु शुद्धता तथा प्रकाश की कामना करते हुए उपयुक्त मंत्रों का पाठ करता है तथा इस दौरान छात्र सूर्य की ओर देखता रहता है। यज्ञोपवीत को हमेशा धारण किए रहना बताता है कि सामाजिक तथा धार्मिक जरूरतों की वजह से द्विज का जीवन सतत रूप से आचारबद्ध है। छात्र को लगभग संन्यासियों जैसा कठोर जीवन व्यतीत करना पड़ता है अत: उसे अजिन (मृगचर्म) तथा एक छड़ी दी जाती है।

'वेदारंभ' अर्थात् वैदिक अध्ययन का आरंभ इस कड़ी में तेरहवें स्थान पर है। ये संस्कार तथा 'केशांत' धर्मसूत्रों में वर्जित प्राचीनतम संस्कार सूची में नहीं हैं। उपनयन के संग उच्च शिक्षा की शुरूआत होने के बावजूद लगता है कि ये वैदिक अध्ययन की शुरूआत नहीं थी क्योंकि इस दौरान गैर-वैदिक ज्ञान भी लगातार विकसित हो रहा था। अत: वैदिक ज्ञान की स्वतंत्र रूप से शुरूआत करने के लिए एक विशिष्ट संस्कार की जरूरत समझी गई तथा वेदारंभ की शुरूआत हुई। प्रत्येक छात्र को अपनी कुल परंपरानुसार वेदों की किसी विशेष शाखा में निपुणता प्राप्त करनी थी तथा तद्नुसार छात्रों के विभिन्न समूहों के लिए उसका निष्पादन भिन्न-भिन्न रूपों में होता था।

'केशांत' जैसा कि नाम से ही स्पष्ट है, यह 16 वर्ष की आयु में छात्र के पहली बार हजामत बनवाने से संबंधित संस्कार है। पौरुषी चेतना के जागृत होने के कारण उसे अपने उद्रेकों पर ज्यादा सतर्कता का पालन करना होता है। इस संस्कार के माध्यम से उसे पुन: ब्रह्मचर्य व्रत का स्मरण कराया जाता है। इस संस्कार की प्रक्रिया लगभग चूड़ाकरण जैसी ही है। केशांत को गोदान भी कहते थे, क्योंकि समारोह के अंत में छात्र अपने गुरु को दक्षिणा के रूप में एक गाय देता था।

'समावर्तन' नामक संस्कार का निष्पादन छात्र द्वारा शिक्षा समाप्त कर अपने घर लौटने पर होता है। उसे स्नान भी कहा जाता है। ब्रह्मचर्य काल को महान त्याग का समय मानने के कारण सभी संस्कारों की तरह उसमें भी 'अवमृत स्नान' (कर्मकांडीय स्नान) किया जाता है। आलंकारिक तौर पर ज्ञान तथा अनुशासन के सागर को पार कर लेने के कारण उस पंडित को 'निष्णात' या 'स्नान' कहा जाता है।

एक छात्र के जीवन में शिक्षा समाप्ति के पश्चात घर लौटना काफी महत्वपूर्ण घटना है क्योंकि वह या तो विवाह करके उस व्यस्त संसार में प्रवेश हेतु प्रस्तुत है अथवा वैदिक ज्ञान प्राप्त करके वह शारीरिक अथवा मानसिक पार्थक्य का जीवन बिताने के लिए इस सांसारिक बाधाओं को दूर रखने में सक्षम हो गया है। प्रथम पथ के अनुगामी 'उपकूर्वन' तथा द्वितीय पथ के अनुगामी 'नैस्तिक' कहे जाते हैं। अधिकतर छात्र प्रथम पथ तथा शेष द्वितीय पथ का चयन करते हैं।

प्रत्येक स्थिति में गुरु की अनुमति जरूरी है। इस अनुमति के पहले छात्र गुरु को शुल्क रूप में दक्षिणा देता है। अध्ययन काल में वह गुरु की सेवामात्र करता है। यद्यपि गुरु की दी हुई शिक्षा का मूल्य काफी अधिक है फिर भी वह अपने साधनों के अनुसार ही गुरु का सत्कार करता है।

विवाह

समस्त हिंदू संस्कारों में विवाह का सर्वाधिक केंद्रीय महत्व है। **गृह्यसूत्र** तो संस्कारों का आरंभ ही इसी से करते हैं। **प्रथमत:** उनके अनुसार ये सभी घरेलू यज्ञों एवं समारोहों के स्रोत हैं, **द्वितीय,** सूत्र लेखकों के अनुसार हर व्यक्ति विवाह कर अपना घर बसाता है।

स्मृतियों में अवरोही क्रम में 8 प्रकार के विवाह गिनाए गए हैं–पैशाच, राक्षस, गंधर्व, असुर, प्रजापत्य, आर्ष, दैव तथा ब्रह्म। फिर भी ये संस्कार मानवी युग्म के सभी संभव रूपों को आशीर्वाद देने तथा पवित्रीकृत करने का प्रत्यय है। वैवाहिक संस्कार विवाह-संबंध को पवित्रता देने वाले माने जाते हैं।

विवाह संस्कार के विवाह-पूर्व वैवाहिक तथा अनेक चरण हैं। इनमें सबसे महत्वपूर्ण हैं-

1. वाग्दान (सगाई)
2. वर-वरण (वर की विधिवत् स्वीकृति)
3. कन्यादान (विधिक संरक्षक द्वारा वर को कन्या देना)
4. विवाह-होम
5. पाणिग्रहण
6. हृदय-स्पर्श
7. सप्तपदी (समृद्धि तथा सौभाग्य के सात पग)
8. अश्वारोहण (स्थिरता के सूचक पत्थर पर पैर रखना)
9. सूर्यावलोकन (साक्षी के तौर पर सूर्य की ओर देखना)
10. ध्रुव-दर्शन (नियत रूप के सूचक ध्रुव तारा को देखना)
11. त्रिरात्र-व्रत (तीन रातों का ब्रह्मचर्य)
12. चतुर्थीक्रम (युगल का विधिवत संभोग)

संस्कारों द्वारा अभिलक्षित हिंदू विवाह आधुनिक पदावली में एक सामाजिक समझौता न होकर एक धार्मिक संस्था, एक धर्मविधि है। विवाह में वर एवं वधू के अतिरिक्त तीसरे तत्व के रूप में धर्म अथवा विवाहित युगल के रूप में उनके धार्मिक कर्तव्य होते हैं जिसके माध्यम से वे एक हुए हैं। इसीलिए उन्हें स्थायी, अलंध्य माना जाता है। युगल के बीच विवाद होने पर तृतीय पक्ष धर्म मध्यस्थता करके उन्हें एक रखता है। धर्म उन्हें अलग नहीं होने देता।

अंत्येष्टि

हिंदू जीवन का अंतिम संस्कार 'अंत्येष्टि' है। एक हिंदू जीवन पर्यंत उपयुक्त संस्कारों के माध्यम से अपनी पवित्रता कायम रखता है तथा उसकी मृत्यु के पश्चात् उसके उत्तराधिकारी श्राद्ध कर्म के द्वारा उसके भावी सौभाग्य तथा आध्यात्मिक कल्याण को निश्चित करते हैं। एक हिंदू के लिए मृत्यु पश्चात यह संस्कार अधिक महत्वपूर्ण है क्योंकि उसके लिए इस अगली दुनिया (आध्यात्मिक जगत) का महत्व इस दुनिया से अधिक होता है।

'दाह संस्कार' के द्वारा शवाधान को एक यज्ञ मानने के कारण यह प्रचलित रूप बन गया, परंतु विशिष्ट स्थितियों में दफनाने तथा जल प्रवाह की भी अनुमति थी। एक हिंदू के संपूर्ण जीवन को यज्ञरत मानते हुए मृत्यु को उसके सांस्कारिक अस्तित्व का अंतिम यज्ञ माना गया है। मृत्यु तथा शवाधान के निम्नलिखित आयाम हैं-

- **मृत्यु का आगमन**-जिसकी मृत्यु आसन्न हो वह अपने एकत्रित संबंधियों तथा इस संसार को विदा कहता है। भावी कल्याण के लिए उपहार दिए जाते हैं।
- **शवाधान पूर्व विधि**-उसके द्वारा आहूत यज्ञ-अग्नि में आहुति दी जाती है। आमतौर पर मृत्यु आसन्न (करीब) होने पर गंगाजल तथा तुलसी पत्र मुंह में डालते हैं।
- **अर्थी**-एक विशिष्ट आयताकार संरचना पर मृतक को श्मशान ले जाने के लिए विधिवत रखते हैं।
- **मृतक को ले जाना**-प्राचीनकाल में अर्थी को बैलगाड़ी पर रखते थे। अब मृतक के सम्मान में नजदीकी मित्र तथा संबंधी उसे अपने कंधे पर ढोकर ले जाते हैं।
- **अंत्येष्टि जुलूस**-सामान्यतः ज्येष्ठ पुत्र के चिता की स्थल की ओर बढ़ते समय अन्य संबंधी तथा मित्र पीछे-पीछे चलते हैं।
- **अनुष्तरणि (साथ चलने वाली गाय)**-गाय को भवसागर पार करने में सहायक माना गया है। उसे दान में दे दिया जाता है।
- **शव दहन**-सर्वप्रथम शव का अभिषेक (स्नान एवं चिता तैयार) करते हैं। उसके बाद वैदिक मंत्रों के साथ चिता में आग लगाई जाती है।
- **उदककर्म (जल में प्रवाह)**- मानते हैं कि दहन के बाद उससे मृतक को शांति मिलती है।
- **शोकसंतप्त परिजनों को सांत्वना**-एक निपुण व्यक्ति जीवन की क्षणभंगुरता से संबंधित आख्यान सुनाकर इस आपत्ति में सांत्वना देता है।
- **अशौच**-सामाजिक पृथकीकरण।
- **अस्थिसंचयन**-अस्थियों का संग्रह
- शांतिकर्म
- **स्मारक**-मृतक के अवशेषों के उपर टीला बनवाना
- **बाद**-मृतक को तर्पण

◆ **संपिंडकरण (मृतक का पूर्वजों से संयोग कराना)**- इस अंतिम संस्कार में मृतक के जीवन की अपरिहार्य घटना 'मृत्यु' से अभिभूत परिजनों की इच्छाओं तथा जरूरतों का ध्यान रखा जाता है।

विवाह के प्रकार एवं प्रथाएं

विवाह के प्रकार

अधिकतर धर्मशास्त्रों में वर्जित विवाह के 8 प्रकारों में से प्रथम 4 मान्य तथा शेष अमान्य हैं। ब्रह्म, प्रजापत्य, दैव तथा आर्ष चार स्वीकृत विवाह हैं।

- ब्रह्म तथा प्रजापत्य विवाह के बीच अंतर बिल्कुल स्पष्ट नहीं है। इन दोनों ही प्रारूपों में विवाह निश्चित धार्मिक विधानों से होते थे।
- दैव विवाह में यज्ञ के संपादक पुरोहित को कन्या दे दी जाती थी।
- आर्ष विवाह में आचारों का एक हिस्सा वर के पिता द्वारा बहू के पिता को एक सांड तथा एक गाय दिए जाते थे। उसे अन्य तीन विवाहों से हीन समझा जाता था क्योंकि इसमें वधू की कीमत लगाने जैसा तत्व शामिल था।
- अंतिम चार अमान्य विवाह असुर, पिशाच, राक्षस तथा गंधर्व थे।
- असुर विवाह खरीदने के बाद किया जाता था।
- पिशाच विवाह में वधू का अवैध ढंग से अपहरण कर लिया जाता था।
- राक्षस विवाह जबरन किया जाता था।
- गंधर्व विवाह प्रेम विवाह था।

चार मान्य विवाह प्रथम दो वर्णों, विशेषकर ब्राह्मणों के लिए थे। ये चारों धर्म्य हैं। कौटिल्य के अनुसार, इनका धर्म्य होना ये सूचित करता है कि उनमें पैतृक तत्व सर्वोच्च है जबकि अमान्य प्रारूपों में माता-पिता दोनों की अनुमति की जरूरत है। साथ ही, इन विवाहों का धर्म, चरित्र सभी वर्णों को उन्हें मान्यता देने को बाध्य कर देता है। ब्राह्मणों तथा क्षत्रियों को सामाजिक व्यवस्था के रक्षण का जिम्मेदार मानने के कारण उनके लिए इन मान्य विवाहों का अनुपालन आवश्यक है।

चारों मान्य विवाह सामान्यत: क्षत्रियों सहित शेष दो वर्णों में निमित्त थे। उनमें भी राक्षस तथा गंधर्व सिर्फ क्षत्रियों के निमित्त थे। असुर विवाह प्राचीन काल में लगभग हर जगह प्रचलित थे पर धर्मशास्त्रों में संभवत: निम्न वर्णों से संबंधित होने के कारण उनकी कठोर शब्दों में आलोचना की गई है।

सभी प्रारूपों में पैशाच विवाह सबसे हीन माना गया है। बौद्धायन उसकी वैश्यों तथा शूद्रों के लिए सिफारिश करते हैं। मनु से इस बात का समर्थन होता है। संभवत: ये सुझाव प्राचीन समय में दो निम्न वर्णों के रूप में शामिल कर लिए गए विवाह विधियों की मान्यता देने का प्रयास था।

मनु ने क्षत्रियों को भी राक्षस विवाह की अनुमति दे दी थी। लेकिन तीसरी सदी ई.पू. क्षत्रिय स्वयं भी इसे नहीं मानने लगे थे।

कुछ लोगों के द्वारा सिर्फ क्षत्रियों के लिए मान्य गंधर्व विवाह संभवत: अन्य वर्णों के स्त्री-पुरुषों द्वारा भी किया जाता था। धर्मशास्त्रों में उल्लिखित नियमों तथा साहित्यिक स्रोतों में प्राप्त अनेक उदाहरणों से इस निष्कर्ष पर पहुंचा जा सकता है।

विवाह की प्रथाएं

तलाक तथा अलग होना

पति द्वारा एकतरफा तौर पर व्यभिचार, बांझपन तथा अन्य मुद्दों पर तलाक देना संभव था। पर कौटिल्य धर्म विवाहों की स्थिति में इसकी अनुमति नहीं देते अर्थात ये अमान्य विवाहों से संभव थे।

विवाह की समाप्ति से संबंधित विधान वर्ण-विचार से प्रभावित थे। अनिवार्यत: दो कारणों से यह समाप्त हो सकता है।

- अंतर्विवाह की अनिवार्य शर्त 'कुल' थी अत: पति के जातिक्षत होने की स्थिति में पत्नी उसे छोड़कर दूसरा विवाह कर सकती थी।
- पति की लंबी अनुपस्थिति की स्थिति में कौटिल्य तथा अन्य कई विधानकार पत्नी से पुनर्विवाह तथा नियोग सहित अनेक उपाय बताते हैं। अगर यात्रा पर गया पति निर्दिष्ट समय पर नहीं लौटता तो कौटिल्य के अनुसार ब्राह्मण, क्षत्रिय, वैश्य तथा शूद्र नि:संतान स्त्री को क्रमश: चार, तीन, दो, एक वर्ष का इंतजार करना चाहिए। संतानवती होने अथवा जीविकोपार्जन की सुविधा उपलब्ध होने की स्थिति में समयांतराल के बढ़ाए जाने के बावजूद वर्णगतु अंतर को कायम रखा गया है। आरंभिक धर्मशास्त्रों में भी समान स्थितियों में लगभग

समान प्रावधान है। पर उत्तरवर्ती विधानकार सभी वर्णों के लिए इंतजार अवधि को बढ़ा देते हैं तथा संतानयुक्त ब्राह्मण सभी के लिए यह अवधि आठ वर्ष हो जाती है।

विधवा पुनर्विवाह तथा नियोग

हालांकि प्राचीन भारत में विधवा पुनर्विवाह से संबंधित साहित्यिक अथवा शिलालेखीय साक्ष्य प्राप्त नहीं हैं, पर निम्न वर्णों में दूसरा रिवाज था। मनु के अवतरण में ब्राह्मणों के लिए उसका निषेध था किंतु अन्य तीन वर्णों हेतु उसके प्रचलन का संकेत-साक्ष्य भी हैं।

ईसा की आरंभिक सदियों में शूद्रों में निश्चित रूप से नियोग के प्रचलित होने की बात निम्न वर्णों में विधवा पुनर्विवाह की पुष्टि ही करती है। वैदिक तथा महाराज युग में हालांकि नियोग किसी वर्ण विशेष हेतु निर्दिष्ट नहीं है, पर इस समय के अधिकतर उदाहरण क्षत्रियों तथा एकाध उदाहरण ब्राह्मणों से संबंधित हैं। बाद में स्मृतियों ने इन्हें शूद्रों तक सीमित कर दिया।

बहु एवं एकल विवाह

वर्ण से ही पत्नियों की नियत संख्या की भी जानकारी मिलती है। उच्च वर्ण के लोगों में बहु-विवाह एवं सामान्यत: निम्न-वर्ण में एकल विवाह प्रचलित था। उदाहरणार्थ विष्णु ब्राह्मणों, क्षत्रियों तथा शूद्रों के लिए क्रमशः चार, तीन तथा एक पत्नी की अनुमति देते हैं। उच्च वर्णों का एक से अधिक पत्नियां रख सकना जहां उनके सामाजिक अधिशेष के बड़े हिस्से के अधिग्रहण से संबंधित है, वहीं निम्न वर्णों में एकल विवाह उनकी आर्थिक असमर्थता का भी द्योतक है।

अंतर्जातीय विवाह

हालांकि वैदिक तथा महाकाव्य युग में अंतर्जातीय विवाह के उदाहरण तो हैं, पर ये सभी प्रतिलोम न होकर अनुलोम हैं। उनके अलावा अधिकतर उदाहरण ब्राह्मण वर एवं क्षत्रिय वधू होने के हैं।

दो उच्च वर्णों के बीच वैवाहिक संबंध बाद में भी जारी रहे हैं। मशहूर परंपरानुसार कण्व, वत्स तथा सत्यकामजावाल जैसे ऋषि दासी पुत्र एवं शांतनु एक मछुआरिन के पुत्र थे। परंतु गुप्त-पूर्व एवं गुप्त काल में ऐसे उदाहरण बहुत कम हैं।

धर्मशास्त्रों में अनुलोम एवं विशेष प्रतिलोम विवाहों के फलस्वरूप उद्‌भुत, अनेक अनियमित अथवा मिश्रित जातियों की चर्चा हुई है। उनमें से कुछ को अंत्यजों अथवा हीनतम जातियों की श्रेणियों में रख दिया गया है। उत्तर वैदिक ग्रंथों में चार वर्णों के अलावा 8 मिश्रित जातियों का जिक्र है, वहां वशिष्ट, बौद्धायन, गौतम तथा मनु में मिश्रित जातियों की संख्या क्रमशः 10, 15, 18 तथा 60 हो गई है, साथ ही उनकी उत्पत्ति सभी ग्रंथों में समान नहीं मानी गई है। आदि मध्यकालीन ग्रंथ **ब्रह्मवैवर्त पुराण** में उनकी संख्या बढ़कर 100 से भी अधिक हो गई है।

फिर भी, ऊपवर वर्णित सिद्धांत जातियों के प्रगुणन की सिर्फ आंशिक व्याख्या करता है। उल्टे ये चातुर्वर्ण व्यवस्था में कबीलायी लोगों को सम्मिलित किए जाने के बाद का विचार लगता है। ये स्पष्ट है कि मूलतः निषाद, अम्बष्ठ तथा पुलकस कबीलायी समुदाय थे, पर ब्राह्मण व्यवस्था में समावेश के पश्चात् निपुणतापूर्वक इन्हें चातुर्वर्ण व्यवस्था में स्थान दिया गया, जिसके चलते वर्ण-संकर की अवधारणा सामने आई।

आगे मनु द्वारा दी गई मिश्रित एवं निम्नतम जातियों की सूची है। श्रेत्रोक्रम में तत्काल बाद आने वाली स्त्री से उत्पन्न संतान को उसी जाति का मानकर, अलग से कोई जाति नहीं माना गया है।

पिता	माता	उत्पन्न जाति
ब्राह्मण	वैश्य	अम्बष्ठ
ब्राह्मण	शूद्र	निषाद
क्षत्रिय	शूद्र	उर्ग
क्षत्रिय	ब्राह्मण	सूत
वैश्य	ब्राह्मण	वैदेह
शूद्र	वैश्य	अयोगव
शूद्र	ब्राह्मण	चंडाल
ब्राह्मण	उग्र	अवृत
ब्राह्मण	अम्बष्ठ	आमीर
ब्राह्मण	अयोगव	धिग्वन
निषाद	शूद्र	पुक्कुस
शूद्र	निषाद	कुक्कुटक
क्षत्री	उग्र	श्वपाक
वैदेहिक	अम्बष्ठ	वेण
दस्यु	अयोगव	मैत्रेयक
निषाद	अयोगव	भार्गव अथवा कैवत
निषाद	वैदेह	करवार
वैदेहिक	करवार	आंध्र

वैदेहिक	निषाद	भेद
चंडाल	वैदेह	पुडुसोपाक
निषाद	वैदेह	अहिंदक
चंडाल	पुक्कुस	सोपाक
चंडाल	निषाद	अत्यवासयिव
प्रथम तीन जातियां	उसी जाति की पत्नी से पर संस्कारहीन	व्रात्य
ब्राह्मण व्रात्यों से	उसी जाति की पत्नी से पर संस्कारहीन	भ्रिझकंटक,अवंत्य वातधन पुष्पाध, सैरव
क्षत्रिय व्रत्यों से	उसी जाति की पत्नी से पर संस्कारहीन	झल्ल, मल्ल, लच्छवि, नट, खास द्रविण
वैश्य व्रात्यों से	उसी जाति की पत्नी से पर संस्कारहीन	सुधन्वन आचार्य करूष, विजन्यन मैत्र, सात्वत

मनु की अनार्य प्रजातियों की यह सूची अपर्याप्त है फिर भी महान स्मृतिकार ने पृथ्वी की सभी ज्ञात प्रजातियों को समेटने की कोशिश की है। पौंड्रक (उत्तरी बंगाल) उद उड़िया द्रविण (दक्षिण भारतीय), कंबोज (काबुली), यवन (पैक्ट्रियाई ग्रीक), शक, परद, पहलव (फारसी), चीनी तथा किरात पहाड़ी दरादों तथा खासों के पहले क्षत्रिय तथा बाद में पवित्र आचारों को छोड़ने एवं ब्राह्मणों से संपर्क न रखने के कारण क्रमशः शूद्रों की दशा में पहुंचने की बात की गई है।

इस प्रकार ऊपर वर्णित विभिन्न प्रकार के विवाहों तथा पद्धतियों से हमें निम्न निष्कर्ष मिलते हैं–

- अमान्य विवाहों के कुछ रूपों, विशेषकर सबसे लोकप्रिय तथा ध्यान देने योग्य 'असुर', जिसमें नारियों को कुछ स्वतंत्रता थी, को निम्न वर्ण के लिए उचित ठहराया गया था।
- सामान्यतः निम्न वर्ण की स्त्रियों के लिए विवाह बंधन तोड़ने की अनुमति थी जिसके लिए पति के लिए वापस आने की इंतजार अवधि का कोई विशेष अर्थ नहीं था। इस प्रकार शूद्रों की पत्नियों के लिए ये अवधि सबसे कम रखी गई थी।
- समस्त प्राचीन भारतीय काल में विधवा पुनर्विवाह सामान्यतः निम्न वर्णों तक सीमित था।
- वैदिक युग में क्षत्रियों एवं ब्राह्मणों में धड़ल्ले से प्रचलित नियोग ईसा की आरंभिक सदियों में शूद्रों तक सीमित हो गया। समाज के ऊपरी तबके में बहुविवाह काफी प्रचलित था, निम्न तबके में एकल विवाह प्रचलित रहा।
- अंतर्जातीय विवाहों के अधिकतर उदाहरण उच्च वर्ण पुरुष तथा निम्नतर स्त्री होने एवं ज्यादातर ब्राह्मणों एवं क्षत्रियों तक सीमित हैं।
- जाति श्रेणीनुमा में अनेक विदेशी एवं स्थानीय कबीलों को समाविष्ट करने के लिए ही वर्ण संकर सिद्धांत सामने आया।

सर्वप्रथम युगल जोड़े का चयन एवं तय किया जाना इस संस्थात्मक विवाह-संस्कार का नियंत्रण करता एवं उसे आकार देता है। सामान्यतः व्यक्ति को अपने वर्ण में गोत्र तथा पिंड से बाहर विवाह करना होता है। अनुलोम विवाह, जिसमें पत्नी निम्न वर्ण की हो सकती थी, की इजाजत तो थी पर उसे प्रोत्साहित नहीं किया जाता था। प्रतिलोम विवाह जिसमें पति निम्न वर्ण का होता है, को आरंभ में तो अनुमति दी गई, पर बाद में उसे हतोत्साहित करते हुए प्रतिबंधित कर दिया गया। सगोत्र तथा सपिंड विवाहों पर अनेक प्रतिबंध हैं तथा उन्हें व्यभिचार मानते हुए उन पर वैधानिक प्रतिबंध लगा दिए गए हैं।

8.5 स्त्रियों की दशा

किसी देश का वास्तविक अध्ययन उसकी वास्तविक सफलताओं-असफलताओं के स्थान पर उसके लक्ष्यों, आदर्शों, अपनाए गए साधनों तथा चुने गए रास्ते का होना चाहिए। इसी वजह से भारतीय नारी-समूह की वास्तविक स्थिति आवश्यक रूप से विविध पक्षयुक्त आदर्शों पर आश्रित है। यह सच है कि धर्म (नैतिक व्यवहार), अर्थ (धन), काम (सांसारिक खुशी) तथा मोक्ष (शांति-प्राप्ति) अर्थात्-चतुर्वर्ग ही भारतीय साहित्य में जीवन के चार लक्ष्य घोषित किए गए हैं। पर साथ ही सर्वसम्मत तथा स्पष्ट तौर पर मोक्ष को मनुष्य का परम लक्ष्य माना गया है।

भारतीय स्त्रीत्व का आदर्श

भारत में सामान्यतः संन्यासियों एवं गृहस्थों को दो मान्य वर्गों के रूप में पहचाना गया है। स्त्रियों के हेतु भारतीय दो आदर्श-ब्रह्मवादिनी तथा सद्योवधू के हैं। ब्रह्मवादिनी संन्यास

परंपरा के तहत ही सर्वश्रेष्ठ आध्यात्मिक ज्ञान प्राप्ति का प्रयत्न करती थीं तथा उनका लक्ष्य आध्यात्मिक कल्याण होता था। दूसरी ओर, सद्योवधू परिवार कल्याण को समर्पित घरेलू स्त्री है जो अपना अधिकांश समय दैनिक घरेलू कामों में बिताती है। उनमें से प्रत्येक की अपनी महानता है। अतः ब्रह्मवादिनी तथा सद्योवधू की स्थिति में वास्तविक अंतर्विरोध का प्रश्न नहीं उठता। इसी वजह से ब्रह्मवादिनी के लिए ब्रह्मचर्य-व्रत, सांसारिक त्याग तथा एकांत पहाड़ी साधना में अनिवार्य नहीं था। उसके विपरीत ब्रह्म ज्ञान से युक्त विवाहित ब्रह्मवादिनियों के उदाहरण उपलब्ध हैं। समान रूप से सद्योवधुओं की भी आध्यात्मिक प्रकृति थी तथा बहुविध घरेलू कर्तव्यों के बीच भी वह आध्यात्मिक पूर्णता तथा आत्मज्ञान प्राप्ति की कोशिश करती थीं। अतः स्त्री के विवाहित तथा अविवाहित होने की जगह उसका आंतरिक झुकाव तथा अंतर्वर्ती आदर्श ही गणना में शामिल थे।

वैदिक साहित्य में स्त्री

वैदिक युग में ज्ञान, संस्कृति तथा सर्वांगीण विकास में भारतीय स्त्रियों का बहुत उच्च स्तर प्राप्त करना एक सर्वज्ञात तथ्य है। समस्त दुनिया का प्राचीनतम प्राप्त ग्रंथ वेद इसका सबसे अच्छा उदाहरण है, जिसमें 27 ब्रह्मवादिनियों अथवा साध्वियों द्वारा रचे गए मंत्र सम्मिलित हैं। ''सौणक'' ने ऋग्वेद से संबंधित अपने कार्य **वृहद् देवता** (पांचवीं सदी ई.पू.) में इन 27 साध्वियों के नाम दिए हैं। सुविदित वैदिक भाष्यकार सायण ने 27 के अलावा दो और नाम गिनाए हैं। वैदिक युग में घरेलू जीवन को आध्यात्मिक जीवन के असंगत नहीं समझा जाता था तथा सामान्य समझ के विपरीत ब्रह्मवादिनी स्त्रियां वनों में विचरण करने वाली तथा संसार त्याग कर गुफाओं में पालथी मारकर तपस्या करने वाली नहीं थीं। इसके विपरीत गहस्थ जीवन में भी रहने वाली ब्रह्मवादिनी के अलावा वर्णित 27 में से अधिक प्रशंसित या तो विवाहित थीं या विवाह की इच्छा रखती थीं।

उपनिषदों में एक ही साथ ब्रह्मवादिनी एवं सद्योवधू का सर्वश्रेष्ठ उदाहरण मिलता है। प्राचीन तथा प्रशंसित **वृहदारण्यक उपनिषद** में महान ऋषि याज्ञवल्क्य तथा अक्षय कीर्तियुक्त मार्गो के बीच उच्च स्तरीय दार्शनिक विवाद का दो बार जिक्र हुआ है। इसी उपनिषद् में गौरवपूर्ण सद्योवधू रूप का भी जिक्र है जब याज्ञवल्क्य ने अपने अंतिम प्रयाण से पूर्व अपनी समस्त संपत्ति का दोनों पत्नियों मैत्रेयी तथा कात्यायिनी में बंटवारा करना चाहा तो मैत्रेयी ने दृढ़ शब्दों में कहा कि ''मैं उसे लेकर क्या करूंगी जिससे मैं अमर नहीं हो सकती।'' तद्नुसार उसे पति द्वारा आत्मन् के अद्वैत पर वांछित प्रकाशपूर्ण उपदेश दिया गया।

वैयाकरणिक साहित्य में स्त्रियां

पाणिनी-युग (पांचवीं सदी ई.पू.) में वैदिक सांस्कृतिक तथा शिक्षा परंपरा जारी रही। अध्यापन करने वाली ब्रह्मवादिनियों को सम्मानपूर्वक उपाध्याय, उपाध्याया अथवा अचार्या कहते थे। गुरु-पत्नी सद्योवधुओं को उपाध्यायानी अथवा आचार्याणी कहते थे। पाणिनी तथा पतंजलि दोनों ही, वैदिक युग में ब्रह्मवादिनियों द्वारा प्राप्त उच्च वैदिक ज्ञान के कारण उन्हें विशिष्ट नामों से संबोधित करते हैं। इस प्रकार कठ परंपरा में परंपरागत स्त्रियों को कुठी तथा **ऋग्वेद** की ज्ञात साध्वियों को बहाविर्च कहते थे। **अपिसाली व्याकरण** में निपुण स्त्रियों को अपिसाली तथा **कासाकृत्सना मीमांसा** में पारंगत स्त्रियों को काताकृत्सना कहते थे (पंतजलि) विदुषियां तथा औदमेधय शिक्षिका के शिष्यों को औदमेध कहते थे।

महाकाव्यों एवं पुराणों में स्त्रियां

रामायण तथा **महाभारत** में भी संन्यासिनी तथा घरेलू दोनों तरह की स्त्रियों का जिक्र है। **रामायण** में ब्रह्मवादिनी का अच्छा उदाहरण अत्रि मुनि की पत्नी अनुसूइया है। **रामायण** में 'शबरी' एक अन्य चर्चित साध्वी हैं। शबरी सबसे महान् ऋषि मातंग की शिष्या थी तथा पंपा झील के किनारे उनकी कुटिया थी। दूसरी तरफ **रामायण** में घरेलू पूर्णता का विकास सीता के अनुकरणीय व्यक्तित्व में हुआ है, जो भारतीय नारीत्व का आदर्श है।

महाभारत भी अपने प्रारब्ध की पूर्ति करने वाली अनेक महिलाओं के उदाहरण से दीप्त है। उदाहरण के लिए सुलभा एक महान विदुषी थी। उपयुक्त वर पाने के लिए वह संन्यासी बन गई तथा ज्ञान प्राप्ति हेतु जगह-जगह घूमती रही। 'शाण्डिल्य' की पत्नियां ब्रह्माणी तथा शिवा, जिन्होंने वेदों का अच्छा ज्ञान प्राप्त किया था, अन्य प्रशंसित ब्रह्मवादिनियां हैं। इनसे काफी अधिक संख्या समर्पित घरेलू जीवन बिताने वाली नारियों की है। इनमें से गांधारी, कुंती तथा द्रौपदी के उदारहण सुविदित हैं।

राजा ऋतधवज की सहचरी 'मदालसा' पुराण की चर्चित नारियों में एक है। वह एक ही साथ महान विदुषी, संत, नारी तथा कर्तव्यशील पत्नी थी। पुराण की एक और संत नारी महान ऋषि प्रजापति कर्दम की पत्नी एवं भारतीय दर्शन की सांख्य पद्धति के प्रणेता कपिल मुनि की मां 'देवहुति' है। घरेलू जीवन जीने के बावजूद भी अपने ज्ञानी पति तथा

पुत्र के साथ उनका आध्यात्मिक आदान-प्रदान इस क्षेत्र में अद्वितीय प्राप्तियों का सूचक है।

स्मृतियों में नारियां

समयांतराल में ऐक्य तथा समानता के स्वर्णिम वैदिक आदर्शों के ह्रास के साथ भारत में स्त्रियों की दशा में क्रमिक गिरावट आई। स्मृति काल में स्त्रियों को शूद्रों के समकक्ष रखकर उन्हें वेदों के अध्ययन, वैदिक मंत्रों के उच्चारण तथा वैदिक विधानों से वंचित कर दिया गया।

अतः इस युग में ये उम्मीद नहीं की जा सकती थी कि उन्हें ब्रह्मचर्य तथा संन्यास के चयन का पुराना सौभाग्य प्राप्त है। दूसरी तरफ उनके लिए विवाह या घरेलू जीवन अनिवार्य हो गया तथा अपने को विलीन कर पति की सेवा उनका एकमात्र कर्तव्य बन गया। मनु के सुविदित प्रावधान के अनुसार ''बचपन में पिता द्वारा, यौवन में पति द्वारा तथा वृद्धावस्था में पुत्रों द्वारा उसकी रक्षा की जाती है। वह कभी भी स्वतंत्रता के उपयुक्त नहीं है।''

आर्थिक स्थिति

महाकाव्यों, पुराणों तथा स्मृतियों के अनेक उदाहरणों में स्त्री तथा संपत्ति को एक साथ दर्शाने से इसमें कोई संदेह नहीं है कि स्वयं स्त्री को भी किसी-न-किसी प्रकार की संपत्ति माना जाता था। उसे संपत्ति के रूप में किसी को हमेशा के लिए अथवा कर्ज के तौर पर दिया जा सकता था। उदाहरण के लिए मनु तथा याज्ञवल्क्य स्त्री को कभी भी स्वतंत्र नहीं मानते।

यह निजी संपत्ति पर आधारित पैतृक समाज की प्राखणिक सोच थी। इसी सोच के कारण ब्राह्मण कानूनों ने स्त्रियों को किसी प्रकार का स्वामित्व अधिकार नहीं दिया तथा काफी सीमित चरित्र वाले स्त्री धन की सीमा रत्नों, आभूषणों तथा उपहारों तक ही रखी। मनु के अनुसार पत्नी, पुत्र तथा दास संपत्तिहीन हैं इसलिए वे जो कुछ अर्जित करते हैं वह उनके स्वामी की हो जाती है। यद्यपि एकल परिवारों तथा निजी संपत्ति का काफी पहले विकास हो चुका था, पर गुप्त तथा गुप्तोत्तर काल में इस तरह के सामाजिक दर्शन ने गहरी जड़ें जमा लीं।

सामाजिक स्थिति

गुप्त-पूर्व तथा गुप्त काल के ब्राह्मणवादी ग्रंथों में स्त्रियों की स्थिति के अनेक उल्लेख शूद्रों के संग हैं। **भराव गीता** में स्त्रियों एवं शूद्रों को वैश्यों के साथ निम्न पायदान पर रखा गया है।

अनेक धर्मशास्त्र तथा पुराण लेखकों ने स्त्रियों तथा शूद्रों का उपहासात्मक विवरण दिया है। सामाजिक तौर पर उन्हें सर्वाधिक अपवित्र माना जाता था। मनु सामाजिक अंतर दर्शाते वक्त द्विज पुरुषों को एक तरफ तथा शूद्रों एवं समस्त स्त्रियों को दूसरी तरफ रखते हैं। उनके अनुसार प्रथम कोटि के पुरुष तीन बार जल ग्रहण करके शारीरिक रूप से शुद्ध हो सकते हैं, परंतु दूसरी कोटि के सिर्फ एक बार से। औरतों तथा शूद्रों की जूठन खाना पाप माना गया तथा उस नियम को भंग करने पर सात दिन तक जी पर निर्वाह करने पर पाप-मुक्ति संभव थी।

धार्मिक स्थिति

उत्तर वैदिक काल से ही स्त्रियों की धार्मिक स्थिति दूसरे दर्जे की हो गई थी। उदाहरण के लिए **शतपथ ब्राह्मण** में यह चेतावनी है कि प्रवज्या के वक्त शिक्षक को स्त्री, शूद्र, श्वान तथा कृष्णवर्ण पक्षी की ओर नहीं देखना चाहिए क्योंकि वे अपवित्र हैं।

परस्कर **गृह्यसूत्र** में भी लगभग समान रूप से कहा गया है कि समावर्तन संस्कार के बाद स्त्रियों, शूद्रों, मृतकों, कृष्णवर्ण पक्षियों तथा कुत्तों की ओर नहीं देखना चाहिए एवं उनके संसर्ग से दूर रहना चाहिए।

मनु ये भी मानते हैं कि क्र. व्रत के दौरान किसी भी स्थिति में स्त्रियों, शूद्रों तथा विजातीय व्यक्ति से बात करने से बचना चाहिए। गुप्तकालीन ब्रह्मपुराण के अनुसार प्रथम तीन वर्णों के पुरुषों को वैदिक तरीकों के अनुरूप संस्कार एवं मंत्र पाठ करना चाहिए पर स्त्रियों एवं शूद्रों को इसकी इजाजत नहीं है।

स्त्रियों का आचरण

सभ्रांत परिवारों में घूंघट निकालने का रिवाज था। प्रभाकरवर्धन की पुत्री राज्यश्री ने अपने पति कन्नौज के मौखरी शासक गृहवर्मन से पहली बार मिलने पर घूंघट निकाला था। **कादंबरी** में पत्रलेखा को लाल वस्त्र का पर्दा किए हुए दिखाया है यद्यपि यह सामान्य रिवाज नहीं था। 12वीं सदी की **पवनदूत** के कवि धोयी ने विजयपुर (बंगाल) की स्त्रियों के पर्दा नहीं करने की बात की है।

तत्कालीन विधि की पुस्तकों एवं पुराणों से हमें आदर्श पत्नी का चरित्र मिलता है। वह घरेलू जीवन की धुरी तथा खुशी की स्रोत थी। वह परेशानियां तथा विपत्तियों को दूर रखती थी। वह कुलदेवता एवं अतिथियों का ध्यान रखती थी। वह सबसे पहले जागती थी। वह परिवार के बड़े लोगों का

अभिवादन करके भोजन तथा व्यंजन तैयार करती थी। वह अपने पति को पूर्णत: समर्पित होती थी। वह अपने पति का नाम नहीं लेती थी क्योंकि उससे उसके पति की उम्र कम हो जाती थी। पति के विदेश में होने पर आभूषण पहनना त्याग देती थी। इस दौरान वह श्रृंगार, नृत्य, गायन आदि से परहेज करती थी। वह अपने पति के साथ धार्मिक गतिविधियों में हिस्सा ले सकती थी। लेकिन पति की सहमति के बिना वह व्रत नहीं रख सकती थी तथा तीर्थयात्रा नहीं कर सकती थी।

कानूनी सुरक्षा

नारी के साथ व्यवहार के बारे में **बृहस्पति** का कहना है कि सास एवं परिवार की अन्य महिला सदस्यों द्वारा रात-दिन इसका ध्यान रखा जाना चाहिए। साथ ही किसी स्त्री के अधिकारों का अतिक्रमण करने वाले की संपत्ति झक कर उसे गधे पर घुमाने का प्रस्ताव उसी ग्रंथ में है। स्मृति लेखकों ने व्यभिचार के आधार पर पत्नी को पति द्वारा छोड़े जाने की वकालत न करते हुए उल्टे उपयुक्त प्रायश्चित कर लेने पर समस्त अधिकारों की पुन: प्राप्ति की बात की है। स्त्री त्याग केवल व्यभिचार के माध्यम से गर्भवती होने पर संभव था। कुछ स्थतियों एवं पुराणों में स्त्रियों के चारित्रिक पतन के लिए उनकी निंदा की गई है। पर अन्य मान्यकार या विधानकार स्त्रियों के नैतिक जीवन का भिन्न चित्र देते हैं। वाराहमिहिर के अनुसार स्त्रियां सामान्यत: शुद्ध तथा निर्दोष होती हैं तथा उच्चतम सम्मान की अधिकारिणी होती हैं। उन्होंने उन लेखकों की भर्त्सना भी की है जिन्होंने स्त्रियों के गुणों की जगह सिर्फ उनके दोषों का विवरण दिया है। कालिदास, बाणभट्ट, भवभूति तथा उस युग के अन्य वाच्चासिकल लेखकों के लेख में नारी का यही चरित्र उभरता है।

सती-प्रथा एवं कठोर आत्मसंयम

स्मृति लेखकों की व्यवस्था के अनुसार कोई नारी अपने पति की मृत्यु के पश्चात् या तो सती हो सकती है या धर्मशास्त्रों में वर्णित विधानों के अनुरूप पवित्र जीवन जी सकती है। हालांकि ये सच है कि कुछ स्थतियों एवं पुराणों में सतीकर्म को प्रोत्साहित किया गया है। जैसे **बृहस्पति** स्त्री को पति के साथ समर्पित होने, सुख-दु:ख में साथ रहने तथा मरने पर अनुगमन करने की बात कहते हैं। अथवा **वृहदधर्म पुराण** में घोषणा करता है कि एक महान पाप के बावजूद चिता पर पति के संग जलने वाली स्त्री पति की आत्मा को लाभ पहुंचाती है। फिर भी विधानकारों ने गर्भवती, छोटे बच्चे वाली स्त्री आदि को ऐसा करने से मना किया है। पर कभी-कभी विशेष ब्राह्मण एवं क्षत्रिय स्त्रियां संबंधियों द्वारा तिरस्कृत होने की अपेक्षा जल मरना अधिक पसंद करती थीं।

समस्त उत्तरावर्ती प्राचीन काल में प्राप्त ऐतिहासिक साक्ष्यों की मदद से सती कर्म के विकास को दर्शाया जा सकता है। गुप्त नरेश भानुगुप्त के सेनापति गोपराज की पत्नी ने 510 ई. में सती रूप में आत्मदाह किया था। अनेक स्त्री स्मारक प्रारूपों के अस्तित्व से पता चलता है कि इस काल में मध्य भारत तथा दक्कन में यह प्रथा प्रचलित थी। राजा हर्षवर्धन की माता यशोमति ने यह जानने के बाद कि उसके पति कम ही समय के लिए जिंदा हैं, आत्मदाह कर लिया।

हालांकि सती-प्रथा का सार्वभौमिक अस्तित्व नहीं था। इस काल की अनेक मशहूर स्त्रियों मसलन प्रभावती देवी (दक्कन के वकाटक वंश की), के सती न होने के बावजूद उनका अपने पतियों के प्रति समर्पण के लिए काफी सम्मानपूर्ण था।

खतियों के विधानों के तहत एक विधवा को कठोर संयम का जीवन जीना पड़ता था। वह फर्श पर सोती थी तथा उसे चारपाई के प्रयोग की इजाजत नहीं थी। उसे रंगदार तथा भड़कीला पहनावा, आखों में सुरमा लगाने, चेहरे पर पीला उबटन या इत्र लगाने की इजाजत नहीं थी। वह दिन में एक ही बार खा सकती थी। बाणभट्ट ने **हर्षचरित्र** में विधवाओं के जूड़ा बांधने का जिक्र किया है। दूसरी ओर **स्कंद पुराण** में स्त्रियों के मुंडन की वकालत की गई है। ऐसा प्रतीत होता है कि ये प्रथा 11वीं सदी से पहले प्रचलित नहीं थीं।

स्मृति लेखकों तथा पुराण ने विधवा-पुनर्विवाह की इजाजत नहीं दी है। नारद ने आरंभिक स्मृतिकारकों का अनुसरण करते हुए नियोग की इजाजत दे दी है। पर बाद में इसे हतोत्साहित किया गया। **बृहस्पति** के अनुसार "विश्व के चारों युगों के क्रमिक पतन की वजह से मर्त्य जीवों को इससे अवश्य ही दूर रहना चाहिए।"

इस काल में स्त्रियों के स्वतंत्र अस्तित्व को मान्यता नहीं थी। वह विवाह से पूर्व अपने पिता, विवाह पश्चात् अपने पति तथा पति की मृत्यु के पश्चात् अपने पुत्र पर आश्रित थी। पुत्र के न होने पर वो निकटतम संबंधी पर आश्रित रहती थी। दूसरी तरफ पुत्रहीन विधवा को पति की संपत्ति पर दावे को स्वीकृति प्राप्त थी।

स्त्रियों के मनोरंजन

प्राचीनतम भारतीय घरों में युवतियां काफी निपुणतापूर्वक नाचती, गाती थीं। बृहस्पति का यह कथन कि पति के विदेश

में रहने पर पत्नी को नृत्य से परहेज करना चाहिए इसकी लोकप्रियता दर्शाता है। बाणभट्ट के हर्षवर्धन के जन्म-समारोह में सभी समूहों की स्त्रियों का नृत्य महत्वपूर्ण था।

देवदासियों के रूप में नर्तकियों को मंदिरों की सेवा में बहाल किया जाता था। चोल नरेश राजराज प्रथम के समय में तंजौर के महान मंदिर में 400 देवदासियां थीं। इनको आमतौर पर अनश्वर जीवन जीते दिखाया गया है। देवदासियों के जीवन एवं चरित्र का भिन्न विवरण देते हुए मार्कोपोलो बताता है कि कई बार माता-पिता अपने आस्था वाले देवता के मंदिर के लिए अपनी पुत्रियों को भेंट कर देते थे। इन नर्तकियों के कुछ अवसरों पर नाटकों के मंचन की भी बात ज्ञात है।

परिचय

दक्षिण में सभ्यता का उदय—दक्षिण में पूर्ववर्ती ऐतिहासिक समाज की पुनर्रचना मुख्यत: प्राचीन तमिल काव्य संकलनों के आधार पर की जाती है और यह हाल ही में संभव हुआ है कि पुरातात्विक साक्ष्यों के आलोक में सम्पूर्ण परिदृश्य को जीवित करने का प्रयास किया जाये। संस्कृति सम्मिलित थी जिसमें उत्तरी एवं स्थानीय तत्व पहले ही समेकन का एक उच्च स्तर हासिल कर चुके थे किंतु **'तोलिकाप्पियम'** (प्राचीनतम व्याकरण ग्रंथ) में उल्लिखित क्षेत्रीय योजना के आधार पर इस संस्कृति की विभिन्नताओं को अच्छी तरह से विश्लेषित किया जा सकता है।

दक्षिण की क्षेत्रीय विविधता—तोलिकाप्पियम में भूमि एवं जलवायु का पाँच भू-प्राकृतिक भागों में विभाजन किया गया है—वन, पर्वत, मैदान, शुष्क भूमि एवं समुद्र तटीय। इन क्षेत्रों के मौसमी प्रतिरूपों के सम्बन्ध में यह ग्रंथ ईश्वर, वनस्पति, जीव, खाद्य, लोक आदतों, व्यवसायों, संगति उपकरणों आदि के बारे में बताता है किंतु प्रत्येक क्षेत्र में जीवन का प्रतिरूप अलग-अलग था। इस प्रकार उदाहरण के लिए जहाँ मैदानों में जीवन कृषि के चारों ओर केन्द्रित था, वहीं समुद्रतटीय भागों में यह वाणिज्य से जुड़ा था। शहरी एवं ग्रामीण क्षेत्रों के बीच भी अंतर तथा अधिकांश शहरी बस्तियाँ इसी काल में उभरकर आयीं थीं।

दक्षिण के मुख्य राज्य—चोल, पांड्य व चेर मुख्य तीन राज्य थे किंतु अन्य जनजातीय कबीले भी कम महत्वपूर्ण नहीं थे। युद्ध एवं जनजातीय संघर्ष निरंतर होते रहते थे और राजा एक युद्ध नेता के रूप में, अपनी जनजाति या राज्य की सुरक्षा के साथ जुड़ा था। यह अस्वाभाविक नहीं है कि संगम कविताओं में समाज की बढ़ती जटिलता के अनुरूप परिष्करण का एक प्रकार दर्शाते हुए युद्ध एवं प्रेम में जनजातीय भावनाओं का व्यापक रूप से अभिव्यक्त किया गया है।

जनजातीय तत्वों का अधिप्रभाव—धर्म में भी इन तत्वों का प्रभाव था। एक भू-प्राकृतिक क्षेत्र के देवता 'मुरुगन' की पहचान पौराणिक देवता 'कार्तिकेय' के साथ की जाती है किंतु वह अनिवार्य रूप से युद्ध उर्वरता का तमिल देवता ही था और उसकी पूजा चावल व रक्त के तर्पण एवं आडंबरपूर्ण कर्मकांडीय नृत्य के द्वारा की जाती थी।

8.6 मौखिक संचार की शुरूआत

लगभग दो करोड़ वर्ष पहले होमोहेबलिस लोगों ने अपने मस्तिष्क में ब्रोकाज क्षेत्र विकसित किया, जिसके द्वारा वे बोल सकते थे किंतु उनका वाचन शब्दों की अपेक्षा भाव-भंगिमाओं, संकेतों व तरह-तरह की ध्वनियाँ निकालने तक सीमित था। यह शरीर रचना तंत्र के कारण था क्योंकि वे अभी समुचित वाचन के लिए जरूरी नि:श्वास पर नियंत्रण नहीं रख पाते थे। होमोइरेक्ट्स लोगों ने अपनी इस क्षमता में कितना सुधार किया यह अभी विवादास्पद है। निम्न कशेरुक का छिद्र जिससे होकर मेरुरज्जु गुजरती है, वह अभी भी छोटा था। होमोसैपियन्स लोगों ने बोलने की क्षमता का पूर्ण विकास किया। वे शब्दों का ढाँचा बना सकते थे और उन्हें वाक्यों में रख सकते थे। यह मानव जाति की सभी ज्ञात भाषाओं की एक सामान्य विशेषता है। नवपाषाणकालीन क्रांति से पहले बोली जाने वाली भाषाओं की संख्या अवश्य अधिक रही होगी क्योंकि यह माना जाता है कि मानव समाज जितना प्राचीन होगा उसमें उतनी ही अधिक भाषाएँ बोली जायेंगी।

प्रभावी भाषाओं का विस्तार—जैसे-जैसे मानवों के बीच सम्पर्क बढ़ा, व्यापारिक तंत्र विस्तृत होता गया और प्रत्येक राज्य का नियंत्रण अधिक-से-अधिक क्षेत्रों पर होता गया वैसे-वैसे एकमात्र भाषा के उपयोग की जरूरत बढ़ती गई। बहुत सीमित लोगों तक बोली जाने वाली भाषाएँ लुप्त होने लगीं। अप्रवासियों ने भी प्राचीन मूल निवासियों की भाषा को प्रतिस्थापित कर दिया और शासक वर्ग या प्रभुत्वशाली वर्ग द्वारा शेष जनसंख्या पर अपनी भाषा लादी जाने लगी। परिणामस्वरूप नवपाषाणकालीन क्रांति के समय से बोली जाने वाली भाषाओं की संख्या में व्यापक कमी आई।

भारत के प्रमुख भाषा परिवार

भाषाएँ खुद को समय के अनुसार परिवर्तित करती हैं किन्तु उनमें अपनी पूर्व दशा एवं पूर्वज भाषाओं के चिन्ह भी मौजूद रहते हैं। ऐसे चिन्ह हमें यह पहचानने में सहायता करते हैं कि कौन-सी भाषा किस परिवार या उप-परिवार के साथ सम्बन्ध रखती है। भारत में कुछ प्रमुख भाषाएँ नहीं बल्कि कई छोटी-छोटी भाषाएँ भी हैं जो अपेक्षाकृत कम लोगों द्वारा बोली जाती हैं। भारत में बोली जाने वाली भाषाओं के प्रमुख चार परिवार हैं– 1. इण्डो-यूरोपियन (इण्डो-आर्यन या इण्डिक, नॉर्डिक, ईरानियन एवं नूरिस्तानी शाखाएँ), 2. द्रविण (दक्षिणी, दक्षिण-मध्य तथा उत्तरी शाखाएँ), 3. ऑस्ट्रोएशियाई (मुण्डा एवं मोन-खमेर शाखाएँ) तथा 4. चीनी-तिब्बती (तिब्बती-बर्मी शाखा)

इण्डो-यूरोपियन परिवार

प्रमुख क्षेत्र–इण्डो-यूरोपियन परिवार में इण्डो (आर्यन या इण्डिक भाषाएँ वर्तमान में भारतीय उप-महाद्वीप की अधिकांश जनसंख्या द्वारा बोली जाती हैं। इनमें हिन्दुस्तानी (हिन्दी और उर्दू), मराठी, गुजराती, बंगाली, पंजाबी, सिन्धी, उड़िया, असमी, नेपाली तथा अन्य भाषाएँ शामिल हैं। इण्डो-आर्यन से निकटता रखने वाली नॉर्डिक शाखा में उत्तर-भारत की कई भाषाएँ शामिल हैं जिनमें से एक प्रमुख साहित्यिक भाषा कश्मीरी है। ईरानियन भाषाओं में पश्तो एवं बलूची पाकिस्तान में बोली जाती हैं। नूरिस्तानी भाषाएँ उत्तरी-पश्चिमी अफगानिस्तान की घाटियों तथा उत्तरी-पश्चिमी सीमा प्रांतों में बोली जाती हैं जो न तो इण्डो-आर्यन और ना ही ईरानियन शाखा से सम्बन्ध रखती हैं तथा अनेक आद्य लक्षण दर्शाती हैं।

प्राचीनतम ज्ञात भाषाएँ–इण्डो, आर्य एवं ईरानी भाषाओं को प्राचीनतम भाषाओं के रूप में जाना जाता है जो ऋग्वेद एवं जींद *अवेंस्ता* में हमारे सामने आती हैं। ये भाषा परिवार इतने निकट हैं कि भाषा शास्त्री इन्हें आद्य आर्यन अथवा आद्य-इण्डो ईरानियन भाषा के रूप में पुनर्रचित करते हैं। भारतीय की एक पहचान के रूप में आर्यन का प्रयोग तथा भारोपीय परिवार की ईरानी शाखाओं को सामान्यतः स्वीकार किया जाता है। इसलिए भारतीय शाखा के लिए इण्डो-आर्य नाम का प्रयोग भी होता है। आर्यन शब्द का ऐसा प्रयोग कोई नस्लवादी अर्थ नहीं रखता है किन्तु इस पदनाम को सम्पूर्णतः भारोपीय परिवार या इसकी किसी के साथ नहीं जोड़ा जाना चाहिए। फिर भी इस बात में कोई सन्देह नहीं है कि आर्यन या इण्डो-ईरानियन भाषा समूह भारोपीय परिवार से सम्बन्ध रखते हैं। जो कि सामन्य प्रयोग के अनेक शब्दों में पायी जाने वाली समानताओं से भी स्पष्ट होता है, जैसे- फादर, मदर, डॉटर, ब्रॉदर इत्यादि।

पुनर्रचित शब्दावली–निरन्तर शोध ने भारोपीय परिवार में न केवल कई भाषाएँ जोड़ी हैं बल्कि परिवर्तनों का एक अनुक्रम भी स्थापित किया है जिसके द्वारा शब्दों के आद्य रूपों को बाद के रूपों के साथ पहचाना जा सकता है। ऐसे प्रयासों से पूर्वज आद्य-इण्डो यूरोपियन भाषाओं की विशुद्ध परिकल्पनात्मक शब्दावली पुनर्रचित की गई है। यह शब्दावली दर्शाती है कि जो लोग पूर्वज भाषा बोलते थे वे पशुचारण एवं हल आधारित खेती में संलग्न थे और वे घोड़ों तथा ताँबा, सोना व चाँदी जैसी धातुओं से परिचित थे। समग्र रूप में ये दशाएँ पुरातात्विक खोजों द्वारा स्थापित दशाओं से समानता रखती हैं और संकेत देती हैं कि ईसा पूर्व 3000 से पहले यूक्रेन से लेकर पूर्वी कजाकिस्तान तक फैले घास-क्षेत्रों में ये दशाएँ मौजूद थीं। यह पूरी तरह संभव है कि इस भूमि के कुछ भाग में आद्य इण्डो-यूरोपियन भाषाएँ बोली जाती थीं अतः आद्य इण्डो-यूरोपियन भाषाओं की उत्पत्ति के चिन्हें को भारत में ढूँढ़ने के प्रयास सफल नहीं हो रहे हैं।

हित्ती एवं हुरियन भाषाओं के बीच अन्तर्क्रिया–अपने पूर्वज भारोपीय परिवार से अलग होने के बाद आर्य भाषा समूह का प्राचीनतम सुनिश्चित कालक्रम बोर्गाजकुई लेख (तुर्की) द्वारा उपलब्ध कराया गया है जो कि हित्ती में लिखा है जिसे एक पुरानी भारोपीय भाषा माना जाता है। अभिलेखों में एक अन्य भाषा हुरियन पाई गई है जिसके शब्द और नाम ऊपरी मेसोपोटामिया (उत्तर-पूर्वी सीरिया) के मितानी शासकों (ईसा पूर्व 1500–1300) की भाषा से प्राप्त किये गये थे। ईसा पूर्व 1380 की एक सन्धि में मितानी शासकों ने ऋग्वेद के मित्र, वरुण, इन्द्र एवं नासत्य देवताओं की प्रार्थना की थी। ऋग्वेद की भाषा एवं मितानी शब्दों के बीच काफी निकटता है जो भारोपीय भाषाओं से अलग होने के बाद भी पूर्णतः मिट नहीं सकी है। यह अलगाव 2000 ईसा पूर्व से पहले सम्भव नहीं था और इसने पूर्वी ईरान के क्षेत्रों में जन्म लिया होगा क्योंकि ऋग्वेद के रचियताओं के साथ मितानी लोगों ने घोड़ों एवं रथों में एक गहरी रुचि दर्शायी है। अतः पालतू घोड़ों की उपस्थिति को पुरातात्विक लेख में उनके सामान्य भाषायी पूर्वजों की उपस्थिति के एक आवश्यक चिन्ह के रूप में लिया जाना चाहिए।

ऋग्वैदिक भाषा–यदि इण्डो-आर्य भाषायियों ने ईसा पूर्व 1500 से पहले स्वात एवं पिराक की ओर प्रस्थान किया होगा तो इस समय ही उन्होंने पंजाब में प्रवेश किया होगा। घोड़ों एवं रथों के साथ उन्हें अपने पूर्वी शत्रुओं के खिलाफ एक निर्णायक लाभ प्राप्त था। ये शत्रु अभी तक मात्र बैलगाड़ियाँ ही रखते थे (कब्रिस्तान एच. एवं उत्तर हड़प्पाई संस्कृतियों से प्राप्त मृण्मूर्तियों से प्रमाणित)। ऋग्वेद, सुवास्तु (स्वात) नदी एवं अधिकांश अफगानिस्तान के सम्बन्ध में ऐसी ही समानताएँ दर्शाता है जिससे हमें मानना पड़ता है कि इण्डो-आर्य भाषा के पंजाब में प्रसार के बाद पंजाब एवं सीमांत प्रदेशों के बीच भाषायी एकता कुछ समय के लिए कायम रही थी। इण्डो-आर्य भाषा के इस विस्तार में सीमा प्रांतों से सिन्धु मैदानों की ओर बड़ी संख्या में लोगों का प्रवासन भी निहित था। किंतु उसी समय ऐसा बड़े स्तर पर अप्रवासन नहीं हुआ जो इस क्षेत्र की आनुवांशिक जटिलता पर अपनी छाप छोड़ सके फिर भी क्योंकि इण्डो-आर्य भाषायी इन क्षेत्रों में कुछ समय के ही रहे थे इसलिए वे अवश्य ही सिन्धु लोगों की पड़ोसी जनसंख्या के साथ मिश्रित अवश्य हुए होंगे और वे जीव वैज्ञानिक रूप से सिन्धु लोगों से अधिक भिन्न भी नहीं थे।

मेसोपोटामिया एवं सिन्धु क्षेत्र में तुलनात्मक विकास–अभिलेखों से मितानी साम्राज्य के सम्बन्ध में हासिल जानकारी के आधार पर हम ईसा पूर्व 1500-1300 के दौरान सिन्धु बेसिन में होने वाली घटनाओं का एक दृश्य खींच सकते हैं। ऊपरी मेसोपोटामिया में मितानी राज्य के इण्डो-आर्य भाषायियों में शासक, योद्धा, सारथी, अश्व प्रशिक्षक एवं संभवतः पुरोहित भी शामिल थे। फिर भी साम्राज्य की जनसंख्या का एक बड़ा भाग हुरियन भाषा बोलता रहा जो कि भारोपीय परिवार से सम्बद्ध नहीं थे। स्वयं मितानी शासक तुसरत (संस्कृत में दशरथ) ने ईसा पूर्व 1400 में मिस्र के शासक को हुरियन में 500 पंक्तियों का एक पत्र लिखा था। इससे हमें निरन्तर रूप से जारी द्विभाषावाद का स्पष्ट संकेत मिलता है। किंतु हुरियन एक लिखित भाषा होने के कारण तेजी से फैली किंतु इण्डो-आर्य भाषा कुछ समय के लिए एक अभिजात्य भाषा तक ही सीमित रही और अन्त में पूर्णतः लुप्त हो गई। सिन्धु बेसिन में सिन्धु लिपि की लुप्तता के कारण इण्डो-आर्य को किसी प्रतिरोध का सामना नहीं करना पड़ा। वास्तव में कुछ ऐसी उप-भाषाएँ मौजूद थी जिनमें से एक संभवतः द्रविड़ थी, जिसका पता ऋग्वेद में द्रविड़ शब्दों से चलता है।

प्राकृत की उत्पत्ति

भाषाओं का अन्य समुच्चय जो न द्रविड़ और न ही आस्ट्रो-एशियाई था। जिसने ऋग्वेद एवं प्रारम्भिक संस्कृत को गैर-इण्डो-यूरोपियन शब्द उपलब्ध कराये। अफगानिस्तान में ऐसी भाषाओं (जैसे-नूरिस्तानी) के साथ संवाद इण्डो-आर्य भाषाओं के भारत में पहुँचने से पहले ही शुरू हो चुका था और इसने इण्डो-आर्य भाषाओं को एक अनुपम विशेषता प्रदान की जिसे प्राकृतवाद कहा जाता था। इसके अन्तर्गत इण्डो-आर्य शब्द संरचना को सरलीकृत किया गया और इसमें संयुक्त व्यंजनों (सामान्यतः एकमात्र व्यंजनों को प्रतिस्थापित करके, जैसे–पुत्र के स्थान पर पुत्त का प्रयोग) किया गया है। कुछ प्राकृत शब्द ऋग्वेद के अलावा मितानी भाषा में भी पाये गये जैसे कि संस्कृत के अश्व के लिए मितानी में अस्सु तथा संस्कृत शब्द के लिए सत्त का प्रयोग। ऐसे सरलीकरण ने साधारण लोगों के बीच इण्डो-आर्य भाषा के विस्तार में सहायता की, जबकि ऋग्वैदिक संस्कृत कुछ लोगों की ही भाषा बनी रही। ईसा पूर्व छठी शताब्दी तक प्रत्येक क्षेत्र में प्राकृत भाषा को लोग समझ सकते थे और यह मगध की प्राकृत भाषा ही थी जिसमें महावीर स्वामी और गौतम बुद्ध ने अपने उपदेश दिये। इसीलिए यदि इण्डो-आर्य भाषा अभिजात्य प्रभाव के द्वारा फैलती रही तो वहीं प्राकृत एक जनप्रिय भाषा के रूप में लोगों के बीच मौजूद रही।

द्रविड़ परिवार

प्रमुख क्षेत्र–द्रविड़ भाषाएँ भारत में दूसरे सबसे बड़े भाषा परिवार का निर्माण करती हैं। इस परिवार में तमिल, मलयालम एवं कन्नड़ का सम्बन्ध दक्षिणी समूह से; तेलुगू एवं गोंड (मध्य प्रदेश के कुछ भागों में) दक्षिणी मध्य समूह से; कोलामी (मुख्यतः महाराष्ट्र में) मध्य समूह से; कुरख (झारखण्ड, छत्तीसगढ़ एवं नेपाल में) तथा ब्राहुई (बलूचिस्तान) उत्तरी समूह से सम्बन्ध रखती हैं। इन विभिन्न समूहों से अन्य कई छोटी भाषाएँ भी जुड़ी हुई हैं। इन भाषाओं की शब्दावली एवं व्याकरणों की तुलना से हम एक परिकल्पनात्मक आद्य द्रविण भाषा की पुनर्रचना कर सकते हैं जो अलग-अलग द्रविण भाषाओं के विभाजित होने से पहले बोली जाती थी। कुछ प्रतिध्वनियों का प्रयोग, जैसे-(ल, न, र एवं रह) जीभ को अन्दर की ओर खींचने की अपेक्षा रखता है ताकि इनका उच्चारण सही प्रकार से हो सके।

किन्तु इस प्रकार के प्रतिध्वनात्मक शब्द आस्ट्रो-एशियाई एवं भारोपीय भाषाओं में नहीं मिलते जो भारतीय उप-महाद्वीप के बाहर बोली जाती हैं। इस प्रकार यह माना जाता है कि आद्य द्रविण एवं उसके पूर्ववर्ती उत्तराधिकारियों से ऑस्ट्रो-एशियाई एवं भारोपीय भाषाओं ने अपने प्रतिध्वनात्मक शब्द प्राप्त किये। इस धारणा के कई परिणाम सामने आये हैं।

इण्डो-आर्य भाषाओं के साथ अन्तर्क्रिया--ऋग्वेद में द्रविण मूल के दो दर्जन से अधिक शब्दों का प्रयोग है तथा इसमें प्रतिध्वनात्मक शब्द भी शामिल हैं किन्तु शब्दावली एवं व्याकरण में *ऋग्वेद* के अधिक निकट माने जाने वाले प्राचीनतम ईरानी ग्रंथ *जींद अवेस्ता* में प्रतिध्वनात्मक शब्दों का पूर्ण अभाव है। अत: यह माना जाता है कि *ऋग्वेद* दोहराने वाले लोगों ने ही इण्डो-ईरानी लोगों को उच्चारण में प्रतिध्वनात्मक शब्दों का प्रयोग करना सिखाया होगा क्योंकि ऋग्वैदिक स्रोत्रों को हिन्दुकुश एवं गंगा के बीच के क्षेत्र में रचित किया गया था। इसलिए पंजाब और सिन्धु बेसिन की भाषाएँ उस समय द्रविण भाषा परिवार का ही अंग थीं। ये संभावना ब्राहुई भाषा की भौगोलिक समीपता के द्वारा भी बढ़ी जो उत्तरी-पूर्वी बलूचिस्तान में बोली जाती थी। ब्राहुई की प्राचीनता एलमाइट (फारस में एलम की भाषा) के साथ उसके सम्पर्कों की ताजा खोजों से भी स्पष्ट होती है हालांकि इस सम्पर्कों का सही-सही विस्तार अभी तक विवादास्पद है। इसी प्रकार के सम्पर्क आद्य द्रविण एवं साइबेरिया व पूर्वी यूरोप की यूरालिक भाषा के बीच देखा जा सकता है और यह सुझाता है कि द्रविण भाषियों का उत्तर की ओर विस्तार आज की अपेक्षा कहीं अधिक था।

राजकीय सैन्धव भाषा–विद्वानों के अनुसार कुछ ऐसे संकेत भी हैं कि सिन्धु लिपि का सम्बन्ध द्रविण भाषा परिवार से था और यह संभवत: राजकीय या आधिकारिक सैन्धव भाषा के रूप में प्रचलित थी। सिन्धु बेसिन में कृषि आधारित सांस्कृतिक एकता से भी इस राजकीय भाषा के अन्य भाषाओं की कीमत पर विस्तार का पता चलता है। द्रविड़ भाषाएं दक्षिण भारत में भी इस समय बोली जाती थीं यह निश्चित नहीं है। यह माना जाता है कि ताम्र प्रयोग के विस्तार तथा फसलों की वृद्धि के माध्यम से द्रविड़ भाषायी लोगों ने मालवा व जोरवे के सांस्कृतिक चरणों से गुजरकर दक्षिण की ओर प्रवासन किया। यहाँ पहुँचकर कुछ द्रविड़ भाषाओं ने अनेक भाषाओं को जन्म दिया, जो यायावर पशुचारकों कृषकों, शिल्पियों व व्यापारियों द्वारा विस्तृत क्षेत्रों में फैल गई। इस परिकल्पना की पुष्टि भी अभी की जानी शेष है।

ऑस्ट्रो-एशियाई परिवार

प्रमुख क्षेत्र–पूर्वी मेघालय में बोली जाने वाली खासी मोनखमेर शाखा से सम्बन्ध रखती है, जो दक्षिण-पूर्व एशिया में अपने मूल भाषा परिवार से अलग मानी जाती है। मुण्डा शाखा में मुण्डारी एवं संथाली झारखण्ड, बिहार एवं ओडिशा में बोली जाती हैं। दक्षिणी ओडिशा में सवारा तथा महाराष्ट्र-मध्य प्रदेश सीमा पर कोरकू बोली जाती है। मुण्डा शाखा भारत तक सीमित है, जबकि मोनखमेर शाखा में भारत के बाहर बोली जाने वाली भाषाएँ, जैसे–वियतनामी, खमेर (कम्बोडिया) तथा मोन (म्यांमार एवं थाइलैण्ड) शामिल हैं।

प्रवासन एवं अन्तर्मिश्रण-ऑस्ट्रो-एशियाई परिवारों के वितरण के आधार पर यह माना जाता है कि मूलभूत पूर्वज भाषा दक्षिण-पूर्व एशिया में बोली जाती थी तथा ईसा पूर्व 5000 के बाद जैसे चावल की खेती का विस्तार हुआ वैसे-वैसे कृषक समुदायों द्वारा बोली जाने वाली भाषाएँ फैलती चली गईं। स्थानीय पुरापाषाणकालीन या मध्य-पाषाणकालीन आखेटक समुदायों के साथ मिलते हुए या उन्हें लाँघते हुए ये ईसा पूर्व 3000 से पहले पूर्वी एवं मध्य भारत में पहुँचे। ऐसा भाषायी विस्तार इस परिकल्पना के साथ घटित हुआ कि कृषि के विस्तार ने पुरानी कई भाषाओं के बदले एक प्रभावी भाषा को प्रचलित किया। किन्तु यह आवश्यक नहीं है कि भाषा का ऐसा विस्तार एक भिन्न-भिन्न नस्लों वाले समुच्चय को सामने लाया हो क्योंकि जो लोग ऑस्ट्रो-एशियाई भाषाएँ बोलते थे वे अपने प्रवासन के प्रत्येक चरण में स्थानीय भाषाओं के साथ अन्तर्मिश्रित होते गये होंगे।

चीनी-तिब्बती परिवार

पूर्वोत्तर भारतीय भाषाएँ–चीनी तिब्बती परिवार कम-से कम टिप्पणी की माँग करता है। इस परिवार से जुड़ी भाषाएँ उत्तरी-पूर्वी भारत एवं हिमालय के सीमावर्ती क्षेत्र में बोली जाती हैं जहाँ तिब्बती-बर्मी शाखा (मुख्यत: तिब्बत, भूटान एवं म्यांमार में) की भाषाएँ भी प्रचलित हैं। केवल गारो भाषा पश्चिमी मेघालय में बोली जाती है और यह उत्तर में मुख्य तिब्बती क्षेत्र से एक संकरी इण्डो-आर्य भाषा पेटी द्वारा पृथक् की गई है। यह इण्डो-आर्य घुसपैठ इस क्षेत्र में तिब्बती-बर्मी शाखा के पहुँचने से पहले ही हो चुकी थी।

सामान्यीकरण

- अधिकांश भाषाएँ सामान्यत: भौगोलिक रूप से सीमित क्षेत्रों में बोली जाती हैं क्योंकि उनका विस्तार मानव अन्तर्सम्पर्क की मात्रा पर निर्भर करता है। लोग सामान्यत: ऐसे क्षेत्रों में अन्तर्मिश्रण एवं अन्तर्विवाह की ओर झुकाव रखते हैं ताकि आनुवांशिक एवं भाषायी सीमाओं के बीच एक व्यापक सम्बन्ध उभर सके किन्तु ऐसा सम्बन्ध गलत दिशा में भी ले जा सकता है इसलिए इस बिन्दु पर अधिक जोर नहीं दिया जाना चाहिए।
- वास्तव में ऐसा कोई आनुवांशिक नियंत्रण नहीं है जिसके द्वारा कोई व्यक्ति एक भाषा की तुलना में दूसरी भाषा को अधिक अच्छी तरह बोल सके। दूसरे शब्दों में, उच्चारण की विशेषताएँ जन्म के द्वारा संचारित नहीं होतीं बल्कि बचपन में घर एवं बाहर सुनी गई बातों के आधार पर संचारित होती हैं। इस प्रकार एक भाषायी समूह एवं एक आनुवांशिक समूह के बीच किसी अनिवार्य सम्बन्ध का होना आवश्यक नहीं है।
- इसे कई उदाहरणों द्वारा सिद्ध किया जा सकता है। तुर्की अपेक्षाकृत भाषाओं के एक युवा परिवार से जुड़ी हैं (1500 वर्षों से अधिक प्राचीन नहीं) जो एशिया व यूरोप के विस्तृत भागों में बोली जाती हैं। इन भाषाओं का विस्तार अधिकांशत: प्रवासन (मूलत: मंगोलिया व पश्चिमी चीन से) द्वारा हुआ जो ऐतिहासिक स्रोतों में भी उल्लिखित है। किंतु तुर्की के लोग, जो कि अधिकांशत: तुर्की भाषा बोलते हैं, आनुवांशिक रूप से कॉकेसॉइड हैं जो यूनानियों से निकटता रखते हैं और ये लोग प्राचीन तुर्की भाषी (पश्चिमी चीन के यूघुर जो उत्तरी मंगोलाभ नस्ल के हैं) लोगों से काफी अलग हैं।
- इसी प्रकार भारत में मुंडा (ऑस्ट्रो-एशियाई) द्रविड़ एवं इंडो-यूरोपियन भाषाएँ बोलने वालों के बीच कोई अनुवांशिक भिन्नता नहीं पाई जाती और ये सभी कॉकेशस नस्लीय समूह से सम्बन्ध रखते हैं इसलिए एक आर्य (इण्डो-ईरानी) या एक इण्डो-यूरोपियन नस्ल का होना संभव नहीं है।

पूर्व-ऐतिहासिक काल–पूर्व ऐतिहासिक काल में आर्य भाषा से तीन विशिष्ट बोलियों का विकास हुआ। पहली उत्तर व उत्तर-पश्चिम क्षेत्रों में (उदिच्य), दूसरी मध्य देश में तथा तीसरी पूर्वी (प्राच्य) क्षेत्रों में बोली जाती थी। पहली को आर्य भाषा का विशुद्धतम रूप माना जाता है इसका एक नया रूप संस्कृत के रूप में सामने आया जिसे पाणिनी ने भाषा के रूप में उद्धृत किया है और यह रूप शीघ्र ही अभिजात्य या ब्राह्मण वर्ग की अभिव्यक्ति का साधन बन गया। अशोक के अभिलेखों में तीन विशिष्ट स्थानीय बोलियों का उल्लेख है। इनमें से एक प्राकृत या उत्तर-पश्चिम की आर्य भाषा थी जो मनसेहरा एवं शाहबाजगढ़ी के लेखों में प्रयुक्त होती है, दूसरी पूर्वी भाग के लेखों में प्रयुक्त पूर्वी प्राकृत थी जो पाटलिपुत्र के राजदरबार की भाषा थी। इस प्रकार राजपूताना, पश्चिमी उत्तर-प्रदेश, उत्तर पश्चिमी उत्तर प्रदेश (कलसी) एवं मध्य उत्तर प्रदेश (इलाहाबाद) में पूर्वी भाषा उसी प्रकार अपनाई गई, जैसे- पूर्वी उत्तर-प्रदेश, बनारस (सारनाथ) एवं बिहार (लौरिया, रुम्मिनदेई एवं बराबर गुफाएँ) में अपनाई गई थीं, अन्त में पश्चिम में गिरनार गुहालेख पूर्वी मध्य देश की भाषाओं के रूप में थोड़ा-सा संशोधन लाते हैं हालांकि देश के इस भाग में भी पूर्वी राजकीय भाषा को अभिलेखों में प्रयुक्त किया गया था।

अशोक के राजदरबार की अधिकृत भाषा प्राकृत या मागधी थी जो लोगों द्वारा व्यापक रूप से बोली जाती थी। पाटलिपुत्र में पहली बार लिखे गये लेखों में इसी भाषा का प्रयोग किया गया था और ये पत्थरों पर उत्कीर्ण करके साम्राज्य के विभिन्न भागों में स्थापित किये गये थे। बुद्ध एवं महावीर की धार्मिक संस्कृति के एक साधन के रूप में भी पूर्वी प्राकृत का महत्वपूर्ण स्थान था किंतु इस भाषा ने मौर्य साम्राज्य के पतन के साथ ही अपना प्रभाव खो दिया था। भारत के वास्तविक हृदय स्थल मध्य देश में इसने स्वाभाविक स्थान प्राप्त किया और बुद्ध ने भी मध्यदेशीय बोली में अपने उपदेश दिये तथा इसी से पूर्व मध्य काल (600-1200 ईसवी) में सौरसेनी अपभ्रंश का विकास हुआ। मध्य देशी बोली के साहित्यिक रूप पालि को महेन्द्र द्वारा उज्जैन से पाटलिपुत्र व ताम्रलिप्ति होकर श्रीलंका ले जाया गया।

यद्यपि इस काल में भी शास्त्रीय संस्कृत ने अपना महत्व नहीं खोया था। ब्राह्मणवादी विद्यालयों एवं अन्य व्याकरणवादियों-कात्यायन एवं पतंजलि जो क्रमश: मौर्य व शुंग काल से सम्बद्ध थे, व्याकरणों ने इस भाषा को पोषित किया और विकास के उच्च स्तर तक पहुँचाया। पाणिनि के हाथों सरलीकृत हुई यह भाषा वेदों के समय से ही विशिष्ट बन गई थी और महाकाव्यों एवं काव्यात्मक साहित्य में अधिकांशत: प्रयोग की जाती थी।

लेखन एवं भाषाएँ

लेखन की शुरूआत किसी समाज में एक युग की प्रगति का महत्व दर्शाती है। ईसा पूर्व तीसरी सहस्राब्दि के सैन्धव अक्षरों को छोड़कर भारत में अशोक के लेखों तक लेखन का भौतिक प्रमाण नहीं मिलता है। वैदिक साहित्य में भी लेखन का कोई उल्लेख नहीं है। लेखन का प्राचीनतम साहित्यिक प्रमाण पाणिनि के *अष्टाध्यायी* से मिलता है, जिसमें लिपि एवं लिबि शब्दों का उल्लेख है। हालांकि यह माना जाता है कि पाणिनि ने अपनी रचना ईसा पूर्व चौथी शताब्दी में की थी किन्तु इसकी तारीख का कोई सुनिश्चित प्रमाण नहीं है। इसके अलावा यह भी संभव है कि उसने लिपि शब्द का प्रयोग अरामाइक लिपि के लिए किया हो जो कि ईसा पूर्व चौथी सदी में उसके गृह प्रदेश गांधार के लोगों को ज्ञात थी। आरम्भिक पालि साहित्य में लेखन का उल्लेख भी अधिक प्रांसगिक नहीं है क्योंकि इसका अधिकांश हिस्सा बुद्ध के बाद मौर्य काल या उसके बाद पूरा किया गया था। यूनानी स्रोत यह बताने का प्रयास करते हैं कि भारत में चन्द्रगुप्त मौर्य और सिकन्दर के समय किसी प्रकार का लेखन नहीं होता था। स्ट्राबो का कहना है कि जब अन्य लेखक कहते हैं कि वे (भारतीय) लिखित अक्षरों का प्रयोग नहीं जानते तो केवल सिकन्दर के नौसेनापति नियार्कस ने अभिलेखित किया कि वे बुने हुये वस्त्र पर ही लिखते थे। पाणिनि की भाँति नियार्कस के वक्तव्य को उत्तर-पश्चिम में आरमाइक लिपि के प्रयोग के उद्धरण के रुप में देखा जा सकता है। स्ट्राबो ने भी स्वयं मेगस्थनीज को उद्धृत करते हुये बताया है कि भारतीय केवल अलिखित कानूनों का प्रयोग करते थे और लेखन से अनभिज्ञ थे। साथ ही वे सभी मामलों में अपनी स्मृति पर निर्भर रहते थे। क्योंकि मेगस्थनीज मौर्य राजधानी में रुका था और भारत के बारे में अधिक जानकारी रखता था, इसलिये उसके प्रमाण को व्यापक महत्व दिया जाना चाहिये।

भारत में लेखन की शुरूआत के प्रश्न को सामान्यत: ब्राह्मी लिपि की उत्पत्ति के साथ जोड़ा जाता है। ऐसा मानने वालों के अनुसार भारत में लेखन पूर्व मौर्य काल में ही आरंभ हुआ जो कि उत्तरी भारत में ब्राह्मी लिपि के विकास के साथ जुड़ा था। इसी समय इस लिपि के चिन्ह एवं प्रतीकों का विकास हुआ। कुछ लोग सैन्धव लिपि के साथ भी एक सम्पर्क जोड़ते हैं फिर भी यदि ब्राह्मी अक्षर सैन्धव चित्राक्षरों से असमानता रखने वाली किसी अन्य लिपि से उत्पन्न हुए होते तो वे किसी भी प्रकार की लिपि से उत्पन्न हो सकते थे। दूसरी ओर खरोष्ठी लिपि की उत्पत्ति सुस्पष्ट रूप से स्थापित है। खरोष्ठी के अधिकांश अक्षर पहचान योग्य ध्वनियों वाले आरमाइक अक्षरों के साथ एक विशिष्ट समानता दर्शाते हैं। ये दोनों लिपियाँ दाईं से बाईं ओर लिखी जाती हैं और दोनों गांधार में पायी गयी हैं। खरोष्ठी एवं आरमाइक लिपियों में व्यंजनों से जुड़े स्वरों को अभिव्यक्त करने में कठिनाई होती है। यह लक्षण ब्राह्मी में भी पाया जाता है। श्रीलंका एवं उत्तरी भारत के कुछ गैर-अशोक अभिलेखों (ईसा पूर्व तीसरी शताब्दी) की ब्राह्मी लिपि की भाँति अशोक द्वारा प्रयुक्त खरोष्ठी लिपि में भी लम्बे स्वरों का अभाव है। इससे यह प्रश्न उठता है कि आरंभिक ब्राह्मी को भी आरमाइक पर उसी प्रकार चित्रित किया गया था जैसा कि खरोष्ठी को एक प्रतिदर्श या एक समान्तर विकास के रूप में किया गया था।

ब्राह्मी की शुरूआत का तरीका कोई भी हो किन्तु अशोक के शासन से थोड़ा पहले या उसकी शुरूआत में लेखन की कला तेजी से विकसित हो रही थी। अपने साम्राज्य के विभिन्न स्थानों पर उत्कीर्ण अपने लेखों में दिखाई गयी अशोक की रुचि का अर्थ था कि वह यह आशा करता था कि कुछ लोग प्रत्येक जगह हैं, जो इन अभिलेखों को पढ़कर दूसरों को सुना सकते हैं। उसने हल्के पदार्थों पर लिखे अपने लेखों की प्रतिलिपियाँ भी वितरित कराईं। महास्थान पट्टिका अभिलेख एवं सोहगोरा ताम्रपट अभिलेख दर्शाता है कि किस प्रकार राजकीय कार्यों में लेखन का प्रयोग किया जा रहा था। पिपरहवा अभिलेख एवं भट्टीप्रोल अभिलेख में प्रमाण मिलता है कि बौद्ध संघों में भी लेखन का प्रयोग किया जा रहा था। तमिल ब्राह्मी अभिलेख भी बताते हैं कि इसका प्रयोग जैन भिक्षुओं एवं उन्हें उपहार देने वाले लोगों के बीच होता था।

लेखन के प्रयोग का यह विस्तार निश्चित रूप से समाज की विभिन्न संस्थाओं के लिए सर्वाधिक दूरगामी परिणाम रखता था। नौकरशाही तंत्र में इसमें व्यावसायिक स्मरणकर्ताओं को प्रतिस्थापित कर दिया और अभिलेखों व वित्तीय लेखे-जोखों को रखना आसान बना दिया, जिससे प्रशासन की प्रभावशीलता पर सुधार हुआ। लेखन ने सभी धार्मिक पंथों को अपने पवित्र ग्रन्थों को परिरक्षित एवं संचरित करने में समर्थ बनाया। हालांकि इस उद्देश्य से होने वाले लेखन के प्रयोग में थोड़ा समय लगा। निरपेक्ष रचनाएँ पुराने दिनों की अपेक्षा अब अधिक सुरक्षित रखी जा सकती थीं क्योंकि पवित्रता के दावे के लिए अब स्मृति आधार को संरक्षित रखना आवश्यक नहीं था। लिखित लेखों जोखों एवं संदेशों से वाणिज्य को भी काफी लाभ पहुँचा।

मौर्य काल के दौरान व्याकरण सम्बन्धी गतिविधियों में तेजी आई। संस्कृत में पाणिनि पहले ही अष्टाध्यायी की रचना कर चुके थे। पाणिनि और पतंजलि के बीच कई ऐसे टीकाकार (वर्तिकाकार) हुए जिन्होंने पाणिनि की रचना पर कई टीकाएँ लिखीं। व्याडि (जो मातृ वंश की ओर से पाणिनि का एक वंशज था) ने एक लाख श्लोकों में अपना स्मरणीय कार्य संग्रह पूरा किया। व्याडि ने परिभाषा अथवा पाणिनि के सूत्रों की व्याख्या करने के नियमों की रचना भी की जिसे उत्पालिनी कहा जाता है। नन्द मौर्य युग के एक अन्य विद्वान कात्यायन या वररुचि थे, जिन्होंने पाणिनि के सूत्रों पर प्रसिद्ध टीका लिखी। उन्होंने अपने वाजसनेयी प्रतिसाख्य में पाणिनि के 1500 सूत्रों की समालोचना की।

एक अन्य विद्वान कात्य थे, जिनका उल्लेख पतंजलि ने भगवान कात्य के रूप में तथा उनकी टीकाओं का उल्लेख महावर्तिका के रूप में किया है। कात्य एवं कात्यायन के बाद कई अन्य टीकाकार अस्तित्व में आये, जैसे–भारद्वाज, सुनाग, क्रोष्ठ, कुनर्वदेव एवं सूर्य इत्यादि पाणिनि की रचनाओं की सभी टीकाओं एवं टीकाकारों पर पतंजलि के महाभाष्य में प्रकाश डाला गया है। महाभाष्य एक विश्वकोश की भाँति है जिसमें समकालीन समाज, धर्म, साहित्य, दर्शन एवं कला की स्थिति का विवरण दिया गया है। व्याकरण के प्रश्नों पर पतंजलि की सत्ता को कोई चुनौती नहीं दी जा सकी है।

पूर्व गुप्त काल–शास्त्रीय भाषा की उत्पत्ति पूर्व ऐतिहासिक या उत्तर-वैदिक काल से मानी जाती है किंतु मौर्य काल में ही इसका प्रभावशाली रूप सामने आया। *महाभारत* एवं *रामायण* महाकाव्यों की भाषा अपने में लोकप्रिय तत्वों को भी शामिल करती थी जो शूद्र जैसे वर्णों से जुड़े थे फिर भी इन महाकाव्यों ने आरंभिक शास्त्रीय लेखकों पर अपना उल्लेखनीय प्रभाव छोड़ा और संस्कृत अधिकाधिक साहित्यिक भाषा बनती चली गई और बोली जाने वाली भाषा के रूप में इसका क्षेत्र संकुचित होता गया। इसने राजदरबारी व डिडेक्टिड साहित्य का पोषण किया और संस्कृत को मिलने वाला समर्थन रुद्रदामन प्रथम के समय लिखी गई जूनागढ़ प्रशस्ति (मध्य दूसरी शताब्दी) के रूप में सामने आता है, जो कि संस्कृत में लिखी गई प्राचीनतम प्रशस्ति मानी जाती है।

क्योंकि भाषा का सम्बन्ध समाज के सामान्य स्तर से होता है, अतः कई संस्कृत नाटकों के पात्रों को भी संस्कृत की बजाय प्राकृत बोलते हुए दर्शाया गया है। ईसवी की पहली शताब्दी के अन्त या दूसरी शताब्दी के शुरूआत तक अश्वघोष के नाटकों में प्राकृत के तीनों प्रकार पहचाने जा चुके थे जो इस प्रकार थे- अर्द्ध-मागधी, मागधी एवं सौरसेनी। दक्षिण में तमिल कविताओं के प्राचीनतम संग्रह ईसवी सदी की शुरूआत में रचित हुए। ये रचनाएँ पांड्यों की राजधानी मदुरई में आयोजित तीन संगमों के द्वारा रची गई थीं। इस साहित्य में कविताओं की 33000 पंक्तियाँ बची हैं, जिन्हें 8 काव्य संग्रहों (ऐत्तुतोगे) एवं 10 ग्रामगीत संग्रह (पत्तुपात्तु) में वर्गीकृत किया गया है। इस संग्रह में तमिल व्याकरण की प्राचीनतम रचना *तोलिकाप्पियम* भी शामिल है। तमिल महाकाव्यों जिनमें से तीन अभी मौजूद हैं, की रचना उत्तर काल में हुई।

इस काल में विज्ञान एवं प्रौद्योगिकी, खगोलशास्त्र एवं चिकित्सा जैसे क्षेत्रों में उल्लेखनीय प्रगति हुई और कुछ सीमा तक यह प्रगति अन्य समकालीन सभ्यताओं के साथ सम्पर्क का परिणाम भी थी जबकि खगोलशास्त्रीय ग्रंथ लुप्त हो चुके हैं (*वृहतसंहिता* जैसे उत्तरकालीन ग्रंथों में केवल उनके नाम और महत्व का उल्लेख है), किंतु चिकित्सा की घरेलू प्रणाली पर दो महत्वपूर्ण रचनाएँ आज भी मौजूद हैं। उत्तरकालीन दोहराव के बावजूद मूल रचनाओं का काल ईसा की आरंभिक शताब्दियों में ही माना जाता है। बाद की रचनाएँ *अग्निवेश* एवं *सुश्रत संहिता* पर ही आधारित थीं।

भारत की प्राचीन चिकित्सा प्रणाली या आयुर्वेद के सम्बन्ध में हमारा ज्ञान चरक एवं सुश्रत संहिताओं पर आधारित है इस प्रणाली के कुछ चिन्ह उत्तर वैदिक साहित्य में भी देखे जा सकते हैं जहाँ बीमारियों के अनगिनत नामों तथा उनके लौकिक व पारलौकिक कारणों तथा निदानों का उल्लेख मिलता है। वाजसनेयी, तैत्तरीय एवं मैत्रयणी संहिताओं में पौधों, धातुओं, पशु-उत्पादों एवं सूर्य प्रकाश के द्वारा उपचार के तरीके बताये गये हैं फिर भी इस ज्ञान का व्यवस्थित रूप चरक एवं सुश्रत संहिताओं के द्वारा ही सामने लाया गया, जिनमें चिकित्सकीय ज्ञान की 8 शाखाओं का उल्लेख है। इन दोनों के बीच मुख्य अंतर यह है कि मुख्यतः चरक निदान चिकित्सा पर जोर देते हैं पर सुश्रत शल्य चिकित्सा पर, किंतु दोनों ही आयुर्वेदिक चिकित्सा प्रणाली के अन्तर्गत प्राकृतिक संसाधनों के अधिकतम उपयोग पर जोर देते हैं और शरीर, मस्तिष्क, आत्मा एवं ब्रह्माण्ड के बीच एक वास्तविक संबध की वकालत करते हैं।

गुप्त एवं उत्तर-गुप्त काल–इस काल की भाषा का सर्वाधिक उल्लेखनीय बिन्दु संस्कृत का चरमोत्कर्ष था तथा

इसकी प्रक्रिया काफी पहले सही शुरू हो चुकी थी। इस काल में ब्राह्मणों को भूमि दान के माध्यम से व्यापक संरक्षण दिया गया था। अभिलेखों में (जो अब राजकीय अभिलेख के रूप में थे) प्राकृत से संस्कृत की ओर होने वाला संक्रमण पूर्ण होता हुआ दिखाई देता है और ये प्रक्रिया विभिन्न क्षेत्रों में आद्य क्षेत्रीय भाषाओं के उदय तक चलती रही। कहने की आवश्यकता नहीं है कि यह परिवर्तन इस काल के सामाजिक इतिहास के संदर्भ में अति महत्वपूर्ण था।

संस्कृत की यह विजय महत्वपूर्ण निरपेक्ष साहित्य के स्तर पर भी प्रमाणित होती है जो इसी काल में रचा गया था। परम्परा एवं राजकीय प्रशस्तियों के इस काल में साहित्यिक गतिविधियाँ राजदरबार के चारों ओर केन्द्रित थीं और कविता, नाटक जैसे प्रमुख रचना क्षेत्रों को इसका लाभ मिला। इसी समय प्रमुख रीतियों का विकास प्रारंभ हुआ। इस समय तक कई छन्दों का प्रयोग सामान्य हो चुका था और वराहमिहिर की *वृहतसंहिता* में लगभग 60 छन्द से दर्शाये गये हैं।

एक अन्य स्तर पर संस्कृत आकारहीन रचनाओं को एक स्तरीय आकार देने का साधन भी बन गई। इसका सबसे अच्छा उदाहरण पुराणों में देखा जा सकता है। पुराणों का अस्तित्व काफी पहले से था किंतु इस काल में इन्हें जन-मानस से जोड़ने के लिए आवश्यक रूप से संशोधित किया गया। संस्कृतकरण की प्रक्रिया लोक कथाओं व लोकोक्तियों के क्षेत्र में भी देखी जा सकती थीं, *पंचतत्र* इसका एक स्पष्ट उदाहरण था।

संस्कृत ने राजकीय भाषा के रूप में सुदूर दक्षिण (दक्षिण-पूर्वी एशियाई देशों तक) में घुसपैठ की किंतु तमिल की समृद्ध साहित्यिक विरासत स्थानीय संरक्षण के माध्यम से फलती-फूलती रही। इस काल में दो महाकाव्य जैसी रचनाएँ सामने आईं जिनमें इलंगोवडिगल द्वारा रचित शिल्पादिकारम से पता चलता है कि तमिल समाज में ब्राह्मणवाद एवं इसके मूल्यों का प्रवेश हो चुका था किंतु यह महाकाव्य संरचनात्मक रूप से भिन्न है और उच्च एवं लोक परम्पराओं का एक संयोजन प्रस्तुत करता है, जो उत्तर-भारतीय महाकाव्यों में पूर्णतः अनुपस्थित है।

इस काल के अनेक वैज्ञानिक चिंतकों ने अपने पूर्ववर्तियों के काव्यों का संदर्भ देते हुए सुझाया है कि उनके चिंतन में देशी या विदेशी दोनों प्रभावों का आत्मसातीकरण किया गया था। उदाहरण के लिए वराहमिहिर ने अपनी '*पंचसिद्धांतिका*' में पाँच पूववर्ती सिद्धान्तों का उल्लेख किया है जिनमें से रोमक एवं पोलिस यूनानी जगत से ग्रहण किये गये थे। इसी प्रकार दक्षिणी चीन के सम्पर्क में आकर विकसित हुई तांत्रिक प्रथाएँ पूर्ववर्ती रसविद्या के साथ सम्बन्ध रखती थी। पारा एवं गन्धक से जुड़े नर-नारी सिद्धांत दोनों क्षेत्रों में सामान्य थे।

फिर भी व्यावहारिक जरूरतों से पैदा हुआ देशी वैज्ञानिक चिन्तन (जो वैदिक काल से सम्बन्ध रखता था) अब अपने आविष्कारी चरण में प्रवेश कर चुका था। आर्यभट्ट की रचनाओं को इस काल की मुख्य देन माना जाता है। कुछ दार्शनिक प्रणालियाँ भी विज्ञान की ओर झुकाव रखती थीं कि न्याय वैशेषिक दर्शन में द्वि-अणुक एवं त्रि-अणुक के माध्यम से अणुओं से निर्मित सम्पूर्ण संरचनाओं के निर्माण की व्याख्या की गई तथा इसी से यंत्र की धारणा का विस्तार हुआ, जो समकालीन वैज्ञानिक जिज्ञासाओं की परस्पर विरोधी धाराओं द्वारा पोषित हुई थी।

भारतीय विज्ञान को मान्यता उस समय मिली जब अरब जगत में कई रचनाओं का अनुवाद किया गया और इनकी जानकारी पश्चिम में पहुँची फिर भी यह ध्यान रहना चाहिए कि भारत में वैज्ञानिक पूछताछ या जिज्ञासा की भावना विरोधों से परे नहीं रही। आर्यभट्ट की कुछ महान खोजों को भी अस्वीकार किया गया था और वराहमिहिर एवं ब्रह्मगुप्त जैसे उसके उत्तराधिकारियों ने भी उसकी आलोचना की थी।

8.7 प्राचीन भारतीय निरपेक्ष साहित्य

काव्य साहित्य—हालांकि *रामायण* व *महाभारत* को संस्कृत काव्य साहित्य की आरंभिक रचनाएँ माना जाता है कि किंतु इनकी उत्पत्ति को वैदिक स्त्रोत्रों में ढूँढ़ा जा सकता है। पतंजलि तीन अक्षयकिस का उल्लेख करता है- वासवदत्ता, सुमनोत्तर एवं भीमारथी कंस वध एवं बलिबन्ध का भी उल्लेख है जो संभवतः नाटक थे। दुर्भाग्य से हमें ईसा पूर्व दूसरी सदी तथा ईसा की पहली सदी के बीच काव्य के विकास की सुनिश्चित जानकारी नहीं है तथा कोई भी काव्य रचना इस काल से सम्बद्ध नहीं की जा सकती है किंतु गीतकाव्य की एक मजबूत शैली का अस्तित्व ईसा की पहली शताब्दियों के दौरान मौजूद था। संस्कृत गीतकाव्य की धारा में कालिदास का नाम (सबसे उल्लेखनीय भारतीय कवि जो चन्द्रगुप्त द्वितीय के काल में सामने आया किंतु जिसकी सर्वश्रेष्ठ रचनाएँ कुमारगुप्त प्रथम के शासन काल में लिखी गईं) सबसे ऊपर है। उसकी सर्वश्रेष्ठ काव्य रचना '*मेघदूत*'

है। घटकर्पर (चन्द्रगुप्त द्वितीय के नवरत्नों में से एक) द्वारा *घटकर्पर* काव्य लिखा गया। सातवीं शताब्दी में भर्तहरि ने तीन शतक–'*श्रृंगार शतक*', '*नीति शतक*' एवं '*वैराग्य शतक*' लिखे। अमरू द्वारा लोकप्रिय गीतकाव्य '*अमरूशतक*' की रचना की गई।

संस्कृत साहित्य के पुनर्जागरण सिद्धान्त के समर्थक यह सिद्ध करने की कोशिश करते हैं कि ब्राह्मण संस्कृति उस समय अन्धकार युग से गुजर रही थी जब भारत पर विदेशी आक्रमण हो रहे थे और इस संस्कृति का तथाकथित स्वर्ण काल गुप्तों के शासन में स्थापित हुआ। फिर भी हाल के शोध पुनर्जागरण के सिद्धान्त एवं स्वर्ण युग की अवधारणा को अस्वीकार करते हैं। ईसा की आरंभिक शताब्दियों के अभिलेख दर्शाते हैं कि संस्कृत काव्य का अध्ययन एवं विकास कभी भी बाधित नहीं हुआ था। उदाहरण के लिए रुद्रदामन के गिरनार अभिलेख (150 ईसवी) को व्याकरण के नियमों सहित विशुद्ध काव्य शैली में लिखा गया था।

राजदरबारी महाकाव्य–संस्कृत का सबसे उत्कृष्ट बौद्ध लेखक अश्वघोष कनिष्क के दरबार की शोभा बढ़ाता था। उसने *बुद्धचरित* एवं *सौंदरानन्द* नामक महाकाव्य लिखे। अश्वघोष के बाद सबसे प्रसिद्ध भारतीय कवि कालिदास ने सत्रह अध्यायों वाले *कुमार संभव* महाकाव्य की रचना की जिसमें पहले आठ अध्याय मौलिक माने जाते हैं। इसका विषय भगवान शिव और उमा का विवाह तथा कार्तिकेय का जन्म है। कालिदास के एक अन्य महाकाव्य *रघुवंश* के सभी उन्नीस अध्याय इक्ष्वाकु वंश के राजाओं के इतिहास पर आधारित हैं।

कांची के पल्लव दरबार से जुड़े भारवि का उल्लेख ऐहोल अभिलेख (634 ईसवी) में कालिदास के साथ किया गया है। भारवि ने '*किरातार्जुनीय*' की रचना की, जिसमें 18 अध्याय हैं। *महाभारत* पर आधारित कविता में उल्लेख है कि अर्जुन ने किस प्रकार शिव से पाशुपत अस्त्र प्राप्त किया था। छठी शताब्दी के अन्त तथा सातवीं शताब्दी की शुरूआत से सम्बन्ध रखने वाले भट्टी ने *भट्टिकाव्य* या *रावण* वध की रचना की, जिसमें व्याकरण और अलंकार के नियम व सिद्धांत दर्शाये गये हैं। भट्टी को वल्लभी के श्रीधर सेन का संरक्षण प्राप्त था। इसमें राम के जन्म से लेकर रावण के वध तक का ऐतिहासिक चित्रण किया गया है। संस्कृत महाकाव्यों के अन्य रचनाकारों में कुमारदास (*जानकी हरण*–छठी शताब्दी) तथा माघ (शिशुपाल *वध–आठवीं* शताब्दी) शामिल थे।

नाटक

संस्कृत नाटक की जड़ों को भरत के *नाट्य शास्त्र* में खोजा जा सकता है जो संस्कृत नाट्य साहित्य की प्राचीनतम कृति मानी जाती है किंतु आरंभिक संस्कृत नाटककारों में सबसे श्रेष्ठ भास को माना जाता है जिसके लिखे 13 नाटकों को खोजा जा चुका है। यद्यपि विद्वान इन नाटकों की प्रमाणिकता एवं रचनाकार के बारे में अलग-अलग मत रखते हैं किंतु कालिदास, बाण, राजशेखर एवं अन्य उत्तरकालीन लेखकों ने व्यापक सम्मान के साथ भास का उल्लेख किया है। उसके नाटक विभिन्न लोक कथाओं एवं दोनों महाकाव्यों से लिये गये हैं। *रामायण* पर आधारित उसके नाटक *प्रतिमा* एवं अभिषेक हैं जबकि *मध्यमव्यायोग*, *दुतघटोत्कच* एवं *कर्णभर* नाटक *महाभारत* पर आधारित हैं। भास का सबसे श्रेष्ठ नाटक *स्वप्न वासवदत्ता* है।

हालांकि प्रसिद्ध नाटक *मृच्छकटिकम* का रचनाकार शूद्र को माना जाता है, जो कि विवादास्पद है फिर भी यह भास के *चारुदत्त* के बाद लिखा गया था। कालिदास द्वारा भास सौमिल्ल एवं कवि पुत्र का उल्लेख किया गया है किंतु वह शूद्रक के बारे में एक शब्द भी नहीं बताता है। फिर भी कल्हण के राजतरंगिणी, सोमदेव के *कथासरित्सागर* एवं स्कन्दपौरव में राजा शूद्रक के नाम का उल्लेख है। कालिदास के '*मालविकाग्निमित्रम*', '*विक्रमोवशियम*' एवं '*अभिज्ञान शाकुन्तम्*' नामक ग्रन्थों ने उसे महानतम भारतीय नाटककारों में स्थान दिलाया। उसके नाटक *अभिज्ञान शाकुन्तलम्* को सम्पूर्ण विश्व में पहचान मिली है और ये उसकी प्रतिभा का सबसे परिपक्व उत्पादन माना जाता है।

हर्ष ने तीन नाटक लिखे जिनमें *रत्नावली*, *प्रियदर्शिका* एवं *नागानन्द* शामिल हैं। भवभूति ने कालिदास के बाद कन्नौज के राजा यशोवर्मन के दरबार में रहकर काव्य रचनाएँ कीं, जिसका उल्लेख कल्हण द्वारा भी किया गया है। भवभूति ने *महावीर चरित*, *मालती माधव* एवं *उत्तर रामचरित* नामक नाटक लिखे।

गद्य साहित्य–भारतीय लेखन के प्राचीनतम नमूने *कृष्ण यजुर्वेद* में पाये जाते हैं। *महाभारत*, *वायु* एवं *भागवत पुराण* तथा चरक की चिकित्सकीय रचनाओं के गद्य भाग भी

उल्लेखनीय माने जाते हैं। सबरस्वामिन एवं वात्स्यायन के संस्कृत गद्य की रचनाएँ भी महत्वपूर्ण मानी जाती हैं। गद्य साहित्य को दो वर्गों में विभाजित किया जा सकता है- प्रेम-प्रसंग एवं कथा साहित्य। प्रेम-प्रंसग सम्बन्धी गद्य लेखन के दो मुख्य प्रकार हैं—आख्यायिक एवं कथा। दण्डिन का '*दसकुमार चरित*' (सातवीं शताब्दी) आख्यायिक प्रकार की एक रचना है। सातवीं शताब्दी की शुरूआत में सुबन्धु ने '*वासवदत्ता*' की रचना की। बाणभट्ट सबसे महान भारतीय गद्य लेखक था, जिसने *हर्षचरित* एवं *कादम्बरी* (चन्द्रपीड़ एवं कादम्बरी की प्रेम-कथा) की रचना की थी। लघु कथाएँ तीन विभिन्न श्रेणियों से जुड़ी थीं-लोक कथाएँ, उपदेशात्मक कथाएँ एवं काल्पनिक कथाएँ। लोक कथाओं का सबसे श्रेष्ठ संग्रह *वृहत कथा* था, जो प्राकृत में रचित की गई थी और वर्तमान में यह रचना लुप्त हो चुकी हैं। फिर भी इसकी कई रचनायें पूर्व मध्य काल के कुछ ग्रन्थों, जैसे- बुद्धस्वामिन का *श्लोक संग्रह* (आठवीं-नौवीं शताब्दी), क्षेमेन्द्र की *वृहत कथा- मंजरी* (1037 ईसवी) तथा सोमदेव की '*कथासरित सागर*' (1063-68 ईसवी) में संकलित की गई थीं। उपदेशात्मक या नैतिक कहानियों में सबसे *महत्वपूर्ण* विष्णु शर्मा की '*पंचतत्र*' नामक रचना है।

8.8 मन्दिर वास्तु शिल्प

भारतीय मन्दिरों की उत्पत्ति पूर्व एशियाई युग से पहले ही मानी जाती है तथा एक महान वास्तु शिल्प के स्मारक के रूप में इसका विकास चौथी से सातवीं शताब्दी के बीच शासन करने वाले कई राजवंशों के सक्रिय प्रयासों के द्वारा ही सम्भव हुआ और इसी समय मन्दिरों में उप-महाद्वीप के सामाजिक, आर्थिक एवं राजनीतिक एकीकरण में महत्वपूर्ण भूमिका निभाने वाली एक संस्था का रूप ले लिया। भारतीय संस्कृति के प्रतीक के रूप में इसके विकास की प्रक्रिया में कई क्षेत्रीय विभिन्नताएँ मौजूद थीं। इसीलिए इनका ऐतिहासिक भूतकाल अध्ययन का एक आकर्षक विषय बन जाता है। उपासना के एक केन्द्र के रूप में मन्दिर मुख्यत: पौराणिक परम्परा की रचना के साथ-साथ उसका एक माध्यम भी थे। पुराणों में हिन्दू मिथकों, आख्यानों एवं विश्वासों को शामिल किया गया है। हिन्दू देवता की उत्पत्ति करने वाले दो ब्राह्मणवादी मतों (शैव व वैष्णव) से जुड़े ग्रंथों को भी पौराणिक परम्परा का एक भाग माना जा सकता है जिसे अब हिन्दुत्व के नाम से जाना जाता है।

किंतु हिन्दुत्व या हिन्दूवाद शब्द पूर्व मध्यकाल में ही सामने आया और इसे उपासना एवं विश्वासों की बहुलता एवं विषमांगी परम्पराओं के एक संग्रह के रूप में देखा जाता है तथा इसका इतिहास वैदिक कर्मकांडीय धर्म से शुरू होकर पौराणिक नायकों की पूजा निजी देवताओं की उपासना विभिन्न पंथों व मतों के आत्मसातीकरण के साथ-साथ दार्शनिक पद्धतियों के विकास तक जाता है। हिन्दुत्व विश्वासों एवं उपासना की एकमात्र पद्यति पर आधारित एक देववादी परम्परा या संरचना नहीं है। मंदिर कई अर्थों में अपनी वास्तु शिल्प, मूर्तिकला, प्रतीक चित्रण, कर्मकांडों एवं संस्थात्मक संगठन द्वारा विकास की इस प्रक्रिया के कई पहलुओं को प्रदर्शित करते हैं।

भारतीय मन्दिरों की उत्पत्ति—यहाँ महत्वपूर्ण प्रश्न यह है कि भारतीय मन्दिरों के विकास में किसने और क्या योगदान दिया? क्या यह एक अकेली परम्परा थी या यह विभिन्न परम्पराओं का एक सम्मिश्रण था? यह माना जाता है कि वैदिक वेदियों (जो सामान्यत: चौकोर होती थी) से मन्दिरों ने अपना आकार प्राप्त किया फिर भी उत्पत्ति के अन्य चिन्हों को समान महत्व दिया जाता है यद्यपि वैदिक वेदियों से लेकर पौराणिक मन्दिरों तक वर्गाकार रूप अस्तित्व में रहा किंतु मन्दिरों की उत्पत्ति किसी एक परम्परा से पूर्णत: सम्बद्ध नहीं की जा सकती। जब वैदिक धर्म के यज्ञों ने पौराणिक पंथों की भक्ति एवं देवोपासना को स्थान दे दिया तो मन्दिर मानव गतिविधि के प्रत्येक क्षेत्र का केन्द्र बन गये। वैदिक वेदी के विपरीत मन्दिर ने केवल अपने निर्माण द्वारा ही अपना उद्देश्य पूरा नहीं किया बल्कि इनका दर्शन करना ही अधिक महत्वपूर्ण था। कला ने इनका महत्व बढ़ाया और ये पवित्र स्थल (तीर्थ) बन गये। मन्दिर जाने का उद्देश्य दर्शन करना था और यहीं देवता की उपासना की जाती थी। पुरानी यज्ञमूलक परम्पराओं का स्थान भेंटों और उपहारों (दान) ने ले लिया।

वैदिक वेदियों के अलावा अन्य गैर-वैदिक, गैर-ऐतिहासिक एवं गैर-तात्विक शुरूआतों को मन्दिर के साथ जोड़ा जाता है। उदाहरण के लिए चपटी छतों वाले मन्दिरों को उन प्राचीन पाषाण शवाधान संरचनाओं से उत्पन्न माना जाता है, जो ईसा की पहली या ईसा पूर्व पहली शताब्दियों के दौरान महापाषाणकाल में पहली बार दिखाई दिये थे। ये संरचनाएँ एक छोटे कक्ष के रूप में थीं जो एक बड़े पाषाणफलक द्वारा निर्मित होती थीं। इस पाषाणफलक को तीन सीधे खड़े पत्थरों का समर्थन दिया जाता था और खुले हुए भाग को प्रवेश द्वार के रूप में प्रयुक्त किया जाता था। इन्हें ही आरंभिक मध्यकालीन गौड मन्दिरों एवं मध्य भारत तथा दक्षिण भारत के समतल छत वाले मन्दिरों का पूर्ववर्ती रूप माना जा सकता

है। गाँव एवं मार्गों के किनारे बने पूजा स्थलों पर समतल छत वाली ये संरचनाएँ आज भी देखी जा सकती हैं। मन्दिर का एक अन्य महत्वपूर्ण विकास जंगल के तम्बू (बाँस या पाम वृक्षों की शाखाओं से निर्मित) के माध्यम से हुआ जिसमें देवताओं का निवास होता था। वेदी के रूप में दिखने वाले तम्बू चार वक्राकार शाखाओं के द्वारा पवित्र स्थल से जोड़े जाते थे। इनके छोर तीन त्रि-आयामी रूप के एक घटते हुए बिन्दु के साथ जुड़े होते थे। यह रूप आज भी गाँव की झोंपड़ियों में देखा जा सकता है और इसी ने उत्तर भारतीय मन्दिरों की शिखर संरचना को जन्म दिया, जिसके ऊपर बाद में एक कलश रखा जाने लगा।

प्रारंभिक मन्दिर शैलियाँ–देवताओं की प्रतिमाओं के लिए पूजा-स्थल बनाने की प्रथा का आरंभ दूसरी शताब्दी ईसा पूर्व से माना जाता है। ईसा पूर्व शताब्दियों के कई देवग्रह ध्वंस अवस्था में पाये गये हैं। वियोजनीय पदार्थों से बने ये स्थल स्थापत्य कला के सिद्धांतों की दृष्टि से अधिक महत्व नहीं रखते हैं। गुप्त काल में पत्थरों एवं ईंटों से निर्मित भवनों की शुरूआत हुई जो काष्ठ या बाँस निर्माण एवं गुहा उत्खनन की सीमाओं से मुक्त थे। भारतीय भवन निर्माताओं ने अपनी निर्माण सामग्री विशेषतः पत्थर, का बहुत ही सूक्ष्मता एवं प्रभावशीलता के साथ प्रयोग किया।

गुप्तकाल में संरचनात्मक मन्दिर स्थापत्य की शुरूआत हुई जिसके प्रमाण विस्तृत स्मारकों से मिलते हैं। इस समय दो प्रकार की मन्दिर शैलियाँ विकसित हुईं, जिनमें से एक उत्तर में थी और अन्य दक्षिण में। सुपरिभाषित प्रकारों में निम्न की पहचान की जा सकती है- 1. एक स्तंभ गलियारे के साथ वर्गाकार समतल छत वाले मन्दिर, 2. एक स्तंभ गलियारे तथा गर्भगृह को घेरने वाले एक प्रदक्षिणापथ द्वारा आवृत्त वर्गाकार समतल छत वाले मन्दिर, जिनमें कभी-कभी दूसरी मंजिल भी बनाई जाती थी, 3. निम्न शिखर वाले वर्गाकार मन्दिर, 4. गुम्बदाकार छत वाले अष्टभुजाकार मन्दिर, 5. चारों दिशाओं की ओर मुख किये अष्टभुजाकार प्रक्षेपण वाले गोलाकार मन्दिर।

पाँचवें और अन्तिम प्रकार को एक स्मारक द्वारा प्रदर्शित किया जाता है, जिसे मनियार मठ (मणिनाग का पूज्य स्थल) के नाम से जाना जाता है, जो राजगीर (बिहार) में ध्वंसावस्था में मौजूद है। चौथे प्रकार का उदाहरण तेर (शोलापुर जिला) स्थित मन्दिर एवं सिजारला (कृष्णा जिला) के कपोतेश्वर मन्दिर से मिलता है, जो चौथी या पांचवीं शताब्दी से सम्बन्ध रखते हैं। एहोल का दुर्गा मन्दिर डिजायन में चौथे प्रकार से मिलता है और इसमें शिखर के साथ सपाट छत का निर्माण किया गया है जो कि नई जरूरतों के अनुसार किये गये संशोधनों का परिचय देता है। चौथे और पांचवें प्रकार ने बाद के विकासों पर कोई उल्लेखनीय प्रभाव नहीं डाला।

पहले तीन प्रकारों को उत्तर-भारतीय मन्दिर शैलियों के पूर्वगामी के रूप में देखा जाता है। पहले प्रकार के उदाहरणों में साँची का मन्दिर संख्या 17, तिगवां का कनकली देवी मन्दिर तथा ऐरण के विष्णु एवं वराह मन्दिर शमिल हैं। इन सभी में एक साधारण वर्गाकार गर्भगृह बना है जिसके सामने एक खुला स्तंभयुक्त गलियारा है। मन्दिर का गर्भगृह एक प्रवेश द्वार एवं मण्डप से संलग्न है जो कि इस प्रकार के मन्दिरों में पहली बार देखा गया था। द्वितीय प्रकार को नचनाकुठार के पार्वती मन्दिर, भूमरा के शिव मंदिर (दोनों मध्य प्रदेश में) एवं ऐहोल के लाड़ खान मन्दिर में देखा जा सकता है। इनमें से प्रत्येक में वर्गाकार गर्भगृह के ऊपर समतल छत है तथा अन्दर एक चौकोर विशाल कक्ष है। यह विशाल कक्ष आन्तरिक गर्भगृह के चारों ओर निर्मित प्रदक्षिणापथ से घिरा था और इसके सामने एक छोटा अष्टभुजाकार गलियारा खुले रूप में मौजूद था। नचना कुठार एवं लाड़ खान मन्दिरों में आन्तरिक कक्ष के ऊपर एक ऊपरी मंजिल (विमान) बनाई गई थी।

तीसरे प्रकार को देवगढ़ के (जिला झाँसी) दशावतार मन्दिर एवं भितरगाँव (कानपुर जिला) के ईंटों से बने मन्दिर द्वारा दर्शाया गया है। इनमें से प्रत्येक मन्दिर में एक चौकोर गर्भगृह मौजूद था जो एक निचली मंजिल द्वारा समर्थित और एक शिखर द्वारा घिरा था। डिजाइन में यह पहले दो प्रकारों के साथ समानता रखता है फिर भी इसमें कुछ महत्वपूर्ण विकास पहचाने जा सकते हैं। आधार के रूप में एक ऊँचे चबूतरे तथा गर्भगृह की अधिसंरचना के रूप में एक शीर्ष स्तंभ का प्रयोग इसकी ऊँचाई को बढ़ाता था। सादा दीवारों की जगह दशावतार मन्दिर में दो लेपन स्तरों के बीच इसके तीनों मुखों पर मूर्तियां उकेरी गई हैं। इस सजावटी योजना ने भविष्य के लिए स्थापत्यकर्मियों को मार्ग दिखाया भितरगाँव मन्दिर में इस प्रभाव को एक नियमित प्रतिसंतुलनकारी प्रक्षेपण द्वारा (प्रत्येक दिशा के बीच में) मजबूत किया गया है।

गुप्त मंदिरों के दूसरे एवं तीसरे प्रकारों को विमान एवं शिखर प्रकार कहा जा सकता है। बाद की शताब्दियों में इन दोनों प्रकारों में और भी सुधार हुए और इनके परिष्करण से उत्तर और दक्षिण में दो अलग-अलग मन्दिर शैलियाँ अस्तित्व में आईं। इस प्रकार गुप्त काल भारत में संरचनात्मक मंदिर स्थापत्य की शुरूआत को चिन्हित करता है किंतु हमें यह ध्यान में रखना होगा कि एक संरचनात्मक मंदिर की सम्पूर्ण इकाई भारत में 550 ईसवी से पहले कहीं भी दिखाई नहीं देती और भितरगाँव मन्दिर ऐसे मंदिरों में सबसे पहला और सबसे श्रेष्ठ उदाहरण था।

उत्तरकालीन मंदिर शैलियों का उदय—वास्तुशास्त्रीय ग्रंथों में प्रमुख मन्दिर शैलियों के रूप में नागर, द्रविड़ एवं बेसर शैलियों का उल्लेख है, जिनमें से नागर शैली ने उत्तर भारत की प्रमुख शैली के रूप में मुख्य स्थान प्राप्त किया था। इसके बाद दक्षिण भारत में द्रविड़ शैली का महत्व था। बेसर शैली दक्कन की मिश्रित शैली है और यह उस समय एक प्रयोगात्मक चरण में थी जब दसवीं, ग्यारहवीं शताब्दी के ग्रंथों का सृजन किया जा रहा था और जब मंदिर वास्तुशिल्प अपने चरम पर था। दक्कन बेसर शैली के विकास का मुख्य क्षेत्र था, जो उप-क्षेत्रों एवं उनकी राजवंशीय प्राथमिकताओं पर आधारित विभेदों के साथ विकसित हुई थी। इन तीनों शैलियों का वर्गीकरण दर्शाता है कि इनके नाम विभिन्न क्षेत्रीय शैलियों के नाम पर रखे गये थे और इन्हें इनकी अधिसंरचनाओं के अनुसार वर्गीकृत किया गया था। अपनी अवस्थिति एवं तिथिक्रम से अलग हटकर उत्तर भारत का प्रत्येक मंदिर नियोजन एवं ऊँचाई की दृष्टि से कुछ लाक्षणिक विशेषताएँ प्रकट करता है। उत्तर भारतीय मंदिर प्रत्येक दिशा के मध्य में क्रमिक प्रक्षेपणों (रथक) के साथ वर्गाकार थे जो इसे बाहरी रूप से एक स्वास्तिक का आकार प्रदान करता है। ऊँचाई में यह एक शीर्ष (शिखर) को दर्शाता है जो अंदर की ओर झुका हुआ होता था और गोल घेरों (आमलक) द्वारा आवृत्त होता था। स्वास्तिक आकार की धरातल योजना एवं वक्ररेखीय शीर्ष को नागर मन्दिरों की एक प्रमुख विशेषता माना जा सकता है। इन संदर्भों में नागरशैली के आद्य रूपों में गुप्त मंदिरों के तीसरे प्रकार को रखा जा सकता है जिसमें ये विशेषताएँ न्यूनाधिक रूप में मौजूद थीं। दक्षिण भारत के मन्दिर में गर्भगृह एक प्रदक्षिणा कक्ष तथा एक पिरामिड शीर्ष (जो घटते हुए आकार में बनने वाली मंजिलों की समुच्चय द्वारा निर्मित होता था) के भीतर बना होता था। ये द्रविड़ मन्दिरों की विशेषताएँ मानी जा सकती हैं। गुप्तों के मंदिरों का दूसरा प्रकार जो ऐसे धरातलीय नियोजन एवं ऊँचाई के प्रारंभ को प्रदर्शित करता है, को इन मन्दिरों के पूर्वगामी के रूप में माना जा सकता है।

नागर शैली—आरंभ में ये मन्दिर एक स्तंभयुक्त गलियारे के साथ बने एक कक्ष के रूप में वर्गाकार संरचना में बने निर्मित हुए थे जिनकी छतें समतल थीं। उत्तरी एवं मध्य भारत के उत्तर गुप्तकालीन राजवंशों के अधीन समतलीय संरचना के विभेद सामने आये और वर्गाकार संरचना के ऊपर एक अधिसंरचना या शिखर के विकास के साथ नागर शैली का उदय हुआ।

नागर शैली का उत्तरकालीन विकास उन क्षेत्रीय शैलियों के माध्यम से चिन्हित किया जा सकता है, जो ओडिशा (प्राचीन कलिंग), मध्य भारत (जेजाकभुक्ति-महोबा), राजस्थान (राजपूत राजवंशों का गृह प्रदेश) एवं गुजरात (प्राचीन गुर्जर देश) में प्रचलित थीं। ये शैलियाँ मन्दिर संरचना के ऊर्ध्वाधर एवं क्षैतिज विस्तार में विभेदों एवं महत्वपूर्ण सौन्दर्यात्मक विकासों को दर्शाती हैं। उत्तर प्रदेश, उत्तराखण्ड, बिहार, बंगाल एवं हिमाचल प्रदेश के मन्दिर उत्तरी शैली में बिना किसी स्थापत्य महत्व की भिन्नताओं के साथ निर्मित हुए थे। कश्मीर में मुख्य नागर शैली से अलग एक विशिष्ट वर्ग के मंदिरों का विकास हुआ।

द्रविड़ शैली—द्रविड़ मंदिरों का मूल रूप गुप्त मंदिरों (मंजिलयुक्त) तथा महाबलीपुरम के शैलकृत रथों में देखा जा सकता है जो द्रविड़ शैली के विकास में एक रुचिपूर्ण अवस्था को दर्शाते हैं।

प्रत्येक रथ (द्रौपदी के अलावा) छत की एकमंजिला ऊँचाई को दर्शाता है और प्रत्येक मंजिल चैत्र गुम्बदों के साथ एक सज्जित एवं उत्तल आकार में बनी थी। भूतल मंजिल की दीवारें लेपनों एवं उत्कीर्णन द्वारा सजाई गई थीं जबकि ऊपरी मंजिलें छोटे-छोटे बरामदों द्वारा घिरी थीं। इन रथों में द्रविड़ मन्दिरों की दो मूलभूत विशेषताओं को पहचाना जा सकता है—1. विमान, 2. गोपुरम् (मंदिर के परिसर की ओर जाने वाला प्रवेश द्वार)। सांतवी शताब्दी के पूर्वार्द्ध में इन पल्लवकालीन शैलकृत रथ मंदिरों की शुरूआत के साथ ही द्रविड़ शैली दक्षिण के विभिन्न राजवंशों के अधीन विकास एवं विस्तार की लम्बी प्रक्रिया से गुजरती रही।

यह शैली लगभग 1000 हजार सालों तक फलती-फूलती रही और एक छोटे-से क्षेत्र में सीमित बनी रही। प्रारंभिक चरण की शिलाकृत पद्धति को नरसिंहवर्मन द्वितीय (राज

सिंह) के शासन काल के दौरान संरचनात्मक पद्यति द्वारा प्रतिस्थापित कर दिया गया। महाबलीपुरम् के तट मन्दिर संभवतः दक्षिण में बने पहले संरचनात्मक मंदिर थे, जिनमें दो पूजा स्थल एक-दूसरे के साथ सममित रूप से जुड़े हैं। मंदिर योजना की एक सजीव एवं एकीकृत अवधारणा, जिसमें द्रविड़ शैली की सभी विशेषताएँ मौजूद थीं।

पहली बार राजसिंह द्वारा बनवाये गये कैलाशनाथ मन्दिर (कांचीपुरम) में दृष्टिगोचर होती है। इस मंदिर में चारदीवारीयुक्त दरबार, गोपुरम्, स्तंभयुक्त मंडप तथा विमान जैसी सभी विशेषताएं मौजूद थीं और इसे आरंभिक द्रविड़ शैली का सबसे प्रमुख स्मारक माना जाता है। इस शैली का एक अधिक विकसित रूप नन्दीवर्मन द्वितीय द्वारा बनवाये गये वैंकट पेरूमल मंदिर (कांचीपुरम) मन्दिर में स्पष्ट दिखाई देता है। दक्षिण में स्थापत्य गतिविधियाँ पल्लव शासन के अन्तिम चरण तक जारी रहीं। पल्लव परम्परा की समृद्ध विरासत को चोलों द्वारा संभाला गया और उनके शासन काल में द्रविड़ शैली एक अन्य मेधावी और विशिष्ट चरण में दाखिल हुई।

बेसर शैली–बेसर शैली को चालुक्य या दक्कन शैली के रूप में भी जाना जाता है। इसकी शुरूआत सातवीं-आठवीं शताब्दियों में आरम्भिक चालुक्य राजाओं के शासन में खोजी जा सकती है। ऐहोल, पट्टदकल एवं अन्य स्थानों पर द्रविड़ एवं नागर मंदिरों को साथ-साथ बनाया गया। इस सह-अस्तित्व ने दोनों शैलियों के सम्मिश्रण का एक अवसर प्रदान किया और उत्तरी चालुक्यों ने इसी का लाभ उठाते हुए एक मिश्रित शैली के विकास को प्रोत्साहन दिया। इस विकास में नागर की अपेक्षा द्रविड़ शैली ने तुलनात्मक रूप से अधिक महत्वपूर्ण भूमिका निभाई। द्रविड़ मन्दिरों की भाँति चालुक्य मंदिरों में भी दो मुख्य विशेषताएँ (विमान और मण्डप) उभरीं जो एक अन्तराल द्वारा जुड़ी थीं तथा इनके सामने एक खुले मण्डप का निर्माण भी किया जाता था। समय के प्रवाह में विमान की मंजिलों की ऊँचाई भी संकुचित होती गई। इसी समय प्रतीकों का चित्रण शीर्ष के ऊपर किया जाने लगा। यह नागर शैली से ग्रहण की गई एक प्रेरणा थी। चालुक्य मंदिरों में द्रविड़ शैली की एक विशेषता नहीं अपनाई गई तथा इनमें एक प्रदक्षिणापथ से घिरे गर्भगृह का अभाव था। बाहरी दीवारों की संरचना भी नागर एवं द्रविड़ विचारों के मिश्रण से तैयार की गई थी। दीवारें नागर शैली की भाँति रथों से विभजित थीं और द्रविड़ शैली के अनुसार एक नियमित अन्तराल के साथ इनका लेपन हुआ था। कुछ चालुक्य एवं अधिकांश होयसल मंदिरों में तीन या चार पवित्र स्थलों की व्यवस्था की जाती थी, जो एक मंडप कक्ष के चारों ओर होते थे। स्थापत्य विशेषताओं के अलावा चालुक्य एवं होयसल मंदिरों में बाहरी सतह के बाहर प्रचुर प्लास्टिक नक्काशी की गई थी जो आधार से लेकर शीर्ष तक इन मंदिरों को एक आकर्षक रूप प्रदान करती थी। स्तंभों, दरवाजों एवं भीतरी छतों की आन्तरिक सज्जा भी प्रचुरता से की गई थी। समग्र रूप में चालुक्य मंदिर अपने होयसल उत्तराधिकारियों के साथ भारतीय वास्तुशिल्प की सर्वाधिक साज-सज्जात्मक अभिव्यक्तियों में एक को दर्शाते हैं।

8.9 चित्रकला

प्राक-ऐतिहासिक शुरूआत–नेवासा की ताजा खुदाई में दो मृद्भांड के टुकड़े मिले हैं जिन पर दो सींगों वाले हिरण तथा एक कुत्ते का चित्रण है। इन्हें भारत में रचनात्मक चित्रकला के प्राचीनतम नमूनों के रूप में देखा जाता है। सिन्धु घाटी से भी ज्यामितीय एवं वनस्पति चित्रण वाले मृद्भांड मिले हैं किन्तु इन्हें अर्थपूर्ण पंक्ति आकार एवं रंग की दृष्टि से रचनात्मक अभिव्यक्तियों के रूप में मान्यता नहीं दी जा सकती। प्राचीन लोगों द्वारा गुफाओं की दीवारों पर आरेखन एवं चित्रण के प्रमाण भी भारत में कुछ बाद के समय में आजमगढ़ एवं मिर्जापुर जैसे स्थानों से प्राप्त होते हैं। ये प्रायः आखेटन दृश्य थे, जो तीखी रेखाओं एवं कोणों के द्वारा पृथक् इकाइयों या समूहों में बनाये गये थे। जीवन एवं गतिशीलता से पूर्ण ये चित्र जादुई प्रभाव पैदा करते हैं। ब्राह्मण एवं बौद्ध साहित्य में ईसाई युग से पहले ही चित्रकला के विभिन्न प्रकारों एवं तकनीकों के कई उल्लेख प्राप्त होते हैं।

पूर्व ऐतिहासिक काल में चित्रकला–चित्रकला के प्रत्यक्ष साहित्यिक अभिलेख वास्तव में कई हैं किंतु वास्तविक प्राचीन चित्रकला का कोई नमूना प्राप्त नहीं होता है क्यों कि ये कपड़े, पत्तियों, काष्ठ या अस्थाई पदार्थों जैसे लेपित दीवार आदि पर उकेरी जाती थीं। प्राचीनतम चित्रों में मानव आकृतियों की कुछ अनियमित पंक्तियाँ एवं पशुओं के कुछ झुण्ड दर्शाये गये हैं जो ईसा पूर्व पहली शताब्दी के मध्य से सम्बन्ध रखने वाली रामगढ़ पहाड़ियों की जोगीमारा या सीताबेंगा गुफाओं की गुम्बदाकार भीतरी छत पर देखे जा सकते हैं। पूर्व ऐतिहासिक चरण की चित्रकला के विकास

में अजन्ता की गुफा संख्या 9 एवं 10 के भित्ति चित्र भी अत्यन्त महत्व रखते हैं। हालांकि इनका छोटा भाग ही परिरक्षित हो सका है किन्तु इनके अवशेष परिपक्व रचनाओं का संकेत देते हैं। पूर्ववर्ती चित्रकला के कुछ चिन्ह विदिशा चैत्य गुहा की दीवारों पर भी पाये गये हैं किंतु ये बाद में पुताई के कारण धुंधले हो चुके हैं।

शास्त्रीय साहित्य में चित्रकला

शास्त्रीय युग (350–700 ईस्वी) के दौरान चित्रकला ने एक उच्च लोकप्रियता एवं एक उच्च सौंदर्यपरक व तकनीकी मानक हासिल किया। शास्त्रीय साहित्य दर्शाता है कि चित्रकला को एक अनिवार्य सामाजिक पूर्णता माना जाता था और यह समाज के ऊपरी स्तर के सदस्यों के बीच ही नहीं बल्कि व्यावसायिक श्रेणियों एवं पेशेवर संघों के बीच भी योग्यता का पर्याय मानी जाती थी। वात्स्यायन के *कामसूत्र* में चित्रकला को ललित कलाओं अथवा 64 कलाओं में से एक कला माना गया है। वात्स्यायन पर रचित यशोधर की टीका में इस बात का संकेत मिलता है कि चित्रकला को सीखने वाले पेशेवर व गैर-पेशेवर लोगों की बढ़ती संख्या के लिए सैद्धांतिक एवं तकनीकी मार्गदर्शन देने के प्रयास पहले से ही किये जा रहे थे। वृहत् संहिता (छठी शताब्दी) तथा विष्णु धर्मोत्तर (सातवीं शताब्दी) में विषयों के अनुसार चित्रकला के वर्गीकरण एवं तकनीकी जानकारियों का परिचय मिलता है। ये सभी उद्धरण जिनमें भास, कालिदास, विशाखदत्त, बाण, बुद्धघोष की रचनाओं एवं इतिहासों व पुराणों में मिलते हैं और इनसे स्पष्ट होता है कि शास्त्रीय युग का बौद्धिक वर्ग चित्रकला के सिद्धांत एवं तकनीक के बारे में विस्तृत एवं गम्भीर चिन्तन करता था।

गुप्त एवं उत्तर गुप्तकालीन चित्रकला–इस काल की चित्रकला के अवशेष बाघ (गुफा संख्या 4, 500 ईसवी), अजन्ता (गुफा संख्या 1, 2, 16, 17, 19, छठी एवं सातवीं शताब्दी) तथा बादामी (गुफा संख्या 3, छठी शताब्दी) में मिलते हैं। दक्षिण में सित्तनवासल स्थित जैन पवित्र स्थल (सातवीं शताब्दी) तथा कांचीपुरम के कैलाशनाथ मंदिर (सातवीं शताब्दी) से भी चित्रकला के प्रमाण मिले हैं। श्रीलंका में सीगिरि की शिलाकृत गुफा से भी पाँचवी एवं छठी शताब्दी के चित्रों के अवशेष मिलते हैं। कन्हेरी की गुफाओं (गुफा संख्या 14, छठी शताब्दी), औरंगाबाद (गुफा संख्या 3 और 6, छठी शताब्दी), पीतलखोरा (गुफा संख्या 1, छठी शताब्दी) से दक्कन में चित्रकला सम्बन्धी गतिविधियों का पता चलता है। क्योंझर (छठी शताब्दी) तथा तिरुमलाईपुरम के गुहा मंदिर (दिगम्बर जैन, सातवीं शताब्दी) एवं मलयदीप्ति (वैष्णव, 788–840 ईसवी) से भी चित्रकला सम्बन्धी प्रमाण मिलते हैं। किंतु उत्तर दक्कन या दक्षिण से प्राप्त इन चित्रों (चाहे ये बौद्ध, जैन या ब्राह्मण मतों से सम्बन्ध रखते हों) के बावजूद बाघ अजन्ता एवं सीगिरि के चित्रों को ही मानदण्ड के रूप में स्वीकार किया जाता है। साहित्यिक ग्रंथों में भित्ति चित्र का उल्लेख मिलता है जिनमें मात्र ऐलोरा की चित्रकृतियाँ कुछ भिन्न थीं और उत्तरकाल से जुड़ी होने के कारण ये एक नई परम्परा के उदय को चिन्हित करती हैं।

चित्रकला की तकनीक सबसे पहले धरातल की तैयारी के तरीकों के साथ जुड़ी है। शैल, चूर्ण, चाक, गोबर जो वनस्पति रेशों के साथ मिला होता था, के द्वारा एक लेप तैयार किया जाता था जो चट्टान की सतह पर प्लास्टर की भाँति लेपा जाता था। यह लेपन समतल किया जाता था और उसे कन्नी के साथ चमकाया जाता था। इस गीली सतह पर सफेद चूना-पत्थर की एक परत चढ़ाई जाती थी। अब यह सतह सूखने के लिए छोड़ दी जाती थी ताकि बाद में रंग अच्छी तरह चढ़ सके। इस प्रकार ये भारतीय गुहा चित्र फ्रेस्कोसीको के अनुसार थे और वास्तविक फ्रेस्को या फ्रेस्कोबूनो नहीं थे। प्रयोग में लाये जाने वाले मुख्य रंग लाल, गेरुआ, सुर्ख लाल, पीले गेरुआ, नीले, लाजवर्द नीले, चाक श्वेत, लैम्प ब्लैक एवं हरे थे। सभी रंग (लाजवर्द को छोड़कर जो जयपुर या विदेश से आयात होती थी) स्थानीय स्रोतों से प्राप्त होते थे। बाघ, अजन्ता, बादामी एवं सित्तनवासल के चित्रों का मूल विषय धार्मिक था। किंतु इनकी आन्तरिक भावना एवं अर्थ परिष्कृत थी। अजन्ता एवं बाघ की गुफाओं के सम्पूर्ण समतल स्थानों का कुछ चित्रित भाग ही शेष बचा है। समकालीन जीवन के नाटकीय परिदृश्य को एक प्रभावशाली व सुस्पष्ट कौशल के साथ चित्रित किया गया है फिर भी इसे एक प्रभावशाली अनासक्ति के द्वारा एक उच्च अध्यात्मिक स्तर तक उठाया गया था। यदि बाघ, अजन्ता एवं बादामी उत्तर व दक्कन की शास्त्रीय परम्परा को अपने सर्वोत्तम रूप में दर्शाते हैं तो वहीं सित्तनवासल, कांचीपुरम, मलयदीप्ति एवं तिरुमलईपुरम दक्षिण में इसके प्रवेश को दर्शाते हैं। सित्तनवासल के चित्र जैन विचारों एवं प्रतीकों से सम्बद्धित हैं, जबकि अन्य तीनों स्थलों पर शैव या वैष्णव विषय एवं प्रेरणा दिखाई देती है।

अभ्यास प्रश्न

1. निम्न में से वर्ण स्तर सुधारने के लिए कौन-सा उपाय नहीं था?
(a) समाज छोड़कर संन्यासी बनना
(b) उच्च सामाजिक वर्ग में पुनर्जन्म
(c) दूसरे वर्ण में विवाह
(d) निवास स्थान अथवा भौगोलिक क्षेत्र बदलकर

2. भारतीय इतिहास के किस काल में क्षत्रियों की अपनी अलग पहचान थी?
(a) बुद्ध का काल (b) मौर्य काल
(c) मौर्योत्तर काल (d) गुप्त काल

3. स्मृति साहित्यों में 'आपद धर्म' का क्या अर्थ है?
(a) सामाजिक नियमों का उल्लंघन
(b) वर्णसंकरों के विशेष कर्तव्य
(c) विपत्ति के समय विभिन्न वर्णों के कर्तव्य
(d) लोगों द्वारा बुरे कर्म नहीं करना

4. प्राचीन काल में शूद्रों को क्या सलाह दी गई है, जिससे कि आम ब्राह्मण तथा निम्न दर्जे के पुजारी भी प्रत्येक अवसर पर अपना देय प्राप्त कर सकें?
(i) गोत्र (ii) संस्कार
(iii) तीर्थ (iv) व्रत
कूटः
(a) उपरोक्त सभी (b) (i), (ii) और (iii)
(c) (ii), (iii) और (iv) (d) (i), (iii) और (iv)

5. मनु ने क्षत्रियों को किस प्रकार के विवाह की सलाह दी है, हालांकि बाद के ग्रंथों में उसे स्वीकार नहीं किया गया है?
(a) राक्षस (b) असुर
(c) पैशाच (d) गंधर्व

6. किसने शूद्रों की एक विशेष श्रेणी अनिर्वासित का उल्लेख किया है, जो साफ माने जाते थे तथा प्रदूषित नहीं करते थे?
(a) पाणिनी (b) पातंजलि
(c) मनु (d) याज्ञवल्क्य

7. प्राचीन भारत की सामाजिक संरचना में परिवर्तन के क्या कारण थे?
(i) आर्थिक परिवर्तन
(ii) नए धर्मों का उदय
(iii) विदेशी आक्रमण तथा प्रव्रजन
(iv) स्थानीय जनजातियों का आर्यीकरण
कूटः
(a) (i), (ii) और (iii) (b) (ii), (iii) और (iv)
(c) (i), (iii) और (iv) (d) उपरोक्त सभी

8. पालि बौद्ध ग्रंथों में उल्लिखित चार वर्णों का सही क्रम क्या है?
(a) शूद्द, खत्तीय, बहमण्ण तथा वेस्स
(b) वेस्स, बहमण्ण, शूद्द तथा खत्तीय
(c) बहमण्ण, खत्तीय वेस्स तथा शूद्द
(d) खत्तीय, ब्रहमण्ण, वेस्स तथा शूद्द

9. **लीलावती** तथा **खन** के नाम किससे संबद्ध हैं?
(a) गणित तथा ज्योतिष
(b) संगीत एवं नृत्य
(c) चिकित्सा एवं धातु विज्ञान
(d) भाषा एवं साहित्य

10. पुजारियों के कितने वर्ग थे, जिनमें से ब्राह्मण एक थे?
(a) दस (b) सत्रह
(c) चौबीस (d) छत्तीस

11. किस पुराण में सौ से अधिक जातियों का उल्लेख है?
(a) *विष्णु पुराण* (b) *मार्कंडेय पुराण*
(c) *स्कंद पुराण* (d) *ब्रह्मवैवर्त पुराण*

12. मिश्रित जातियों की उत्पत्ति के क्या कारण थे?
(i) विशिष्ट कार्यों से संबद्ध समुदायों की उत्पत्ति
(ii) आर्य समाज में नई जनजातियों का समावेश
(iii) अंतर्जात वर्ण नियमों का उल्लंघन
(iv) विजातीय विवाह वर्ण नियमों का उल्लंघन
कूटः
(a) (i), (ii) और (iii) (b) (ii), (iii) और (iv)
(c) (i), (iii) और (iv) (d) उपरोक्त सभी

13. उत्तर वैदिक साहित्य में किस वर्ण को 'जौ' कहा गया है?
(a) शूद्र (b) वैश्य
(c) ब्राह्मण (d) क्षत्रिय

14. प्राचीन काल के निम्न वर्णों में किस विवाह का प्रचलन सर्वाधिक था?
(a) गंधर्व विवाह (b) असुर विवाह
(c) राक्षस विवाह (d) अर्ष विवाह

15. वर्णसंकर के सिद्धांत की उत्पत्ति का क्या कारण था?
(a) कार्यगत विशेषताओं के कारण
(b) कर्मकांडीय स्थिति के कारण
(c) विजेताओं एवं विजितों में अंतर
(d) उत्पादन के साधनों तथा उत्पादों का विवरण

16. उपनिषदों के काल में किस महिला दार्शनिक ने याज्ञवल्क्य को चुनौती दी?
(a) गार्गी (b) घोषा
(c) मैत्रेयी (d) विश्ववरा

17. उत्तर-प्राचीन तथा पूर्व-मध्य काल की स्मृतियों के अनुसार शूद्र किसका श्रवण कर सकते थे?
(i) इतिहास (ii) वेद
(iii) स्मृति (iv) पुराण

कूटः
(a) (i) और (ii) (b) (i) और (iv)
(c) (i), (ii) और (iii) (d) (i), (iii) और (iv)

18. धर्मशास्त्रों के अनुसार विवाह विच्छेद किन परिस्थितियों में हो सकता था?
(i) व्यक्ति अगर अपना वर्ण स्तर खो दे।
(ii) पति यात्रा से बताए गए समयावधि से नहीं लौटे।
(iii) पति अगर दूसरा विवाह कर ले।
(iv) व्यक्ति अगर अपने परिवार का भरण-पोषण नहीं करे।

कूटः
(a) (i), (ii) और (iii) (b) (ii), (iii) और (iv)
(c) (ii) और (iii) (d) (i) और (ii)

19. किस काल से महिलाओं तथा संपत्ति को एकसमान माना जाने लगा?
(a) मौर्य काल (b) गुप्त काल से पूर्व
(c) गुप्त काल (d) गुप्तोत्तर काल

20. विजातियों के लिए किस शब्द का प्रयोग नहीं होता था?
(a) यवन (b) हीनसिप्प
(c) अपषड (d) म्लेच्छ

21. वर्ण प्रथा में सामाजिक संकट कब उत्पन्न हुआ?
(a) छठी और पांचवीं सदी ई.पू.
(b) चौथी और तीसरी सदी ई.पू.
(c) तीसरी और चौथी शताबदी
(d) छठी और सातवीं शताब्दी

22. किसने कहा है कि वैश्य और शूद्र महिलाओं के कृषि में लगे होने के कारण उन्हें नियंत्रित नहीं किया जा सकता है?
(a) बौधायन (b) मनु
(c) नारद (d) याज्ञवल्क्य

23. प्राचीन भारत में सामाजिक गतिशीलता के बारे में कौन-से कथन सत्य हैं?
(i) अधोमुखी गतिशीलता काफी आसान थी।
(ii) ऊर्ध्वमुखी गतिशीलता अधिक कठिन थी तथा सामान्य जीवन जीने वाले व्यक्ति के लिए संभव नहीं थी।
(iii) कोई व्यक्ति समाज त्याग कर संन्यासी होकर ऊर्ध्वमुखी गतिशीलता प्राप्त कर सकता था।
(iv) अगले जन्म में उच्च सामाजिक वर्ग अथवा वर्ण में जन्म लेकर कोई व्यक्ति ऊर्ध्वामुखी सामाजिक गतिशीलता प्राप्त कर सकता था।
(v) अपना निवास अथवा भौगोलिक क्षेत्र बदलकर कोई वर्ग उर्ध्वमुखी सामाजिक गतिशीलता प्राप्त कर सकता था।

कूटः
(a) (i), (iii), (iv) और (v)
(b) (i), (ii), (iv) और (v)
(c) (i), (ii), (iii) और (v)
(d) उपरोक्त सभी

24. प्राचीन भारत में दास प्रथा के संदर्भ में कौन-से कथन सत्य हैं?
(i) एक ब्राह्मण कभी दास नहीं हो सकता था।
(ii) ब्राह्मण महिला की खरीद-बिक्री अवैध थी।
(iii) गैर-ब्राह्मण वर्ग की कोई भी स्वतंत्र महिला अगर एक दास से विवाह करे तो वह भी दास हो जाती थी।
(iv) दास महिला को अगर उसके मालिक से संतान उत्पन्न हो जाए तो वह स्वतंत्र कर दी जाती थी।

कूटः
(a) (ii), (iii) और (iv)
(b) (i), (iii) और (iv)
(c) (i), (ii) और (iv)
(d) उपरोक्त सभी

25. विवाह और विवाह विच्छेद अधिनियमों के संदर्भ में कौन-सा कथन असत्य है?
(a) अलग-अलग जातियों में विवाह के तरीके अलग-अलग थे, विशेषकर उच्च और निम्न जातियों में यह अधिक था।
(b) विवाह विच्छेद सभी प्रकार के विवाहों तथा सभी जातियों में संभव था।
(c) पति व्यभिचार, बांझपन, आज्ञा नहीं मानने के आधार पर एकतरफा विवाह विच्छेद कर सकता था।
(d) पति की अनुपस्थिति में प्रतीक्षा की अवधि वर्णो के आधार पर थी। जितना छोटा वर्ण होता था, प्रतीक्षा की अवधि उतनी ही कम होती थी। शूद्र महिला के प्रतीक्षा की कोई अवधि नहीं थी।

उत्तरमाला

1. (a)	2. (a)	3. (c)	4. (c)	5. (a)	6. (b)	7. (c)
8. (d)	9. (a)	10. (b)	11. (d)	12. (a)	13. (b)	14. (b)
15. (b)	16. (a)	17. (b)	18. (d)	19. (c)	20. (a)	21. (c)
22. (a)	23. (d)	24. (d)	25. (b)			

खण्ड B

मध्यकालीन भारत

घटनाक्रम - मध्यकालीन भारत

753-973 : दक्कन के राष्ट्रकूट

760-1142 : पूर्वी भारत के पाल

770-810 : धर्मपाल, महान पाल शासक का काल; विक्रमशिला विश्वविद्यालय की स्थापना

773-1036 : राजस्थान के वत्सराज द्वारा उत्तर भारत में गुर्जर-प्रतिहार वंश की स्थापना तथा उनका शासन काल

788-820 : शंकराचार्य तथा उनका अद्वैतवाद दर्शन

835-885 : गुर्जर-प्रतिहार वंश का राजा भोज, अरब के व्यापारी सुलेमान का उसके राज्य में आगमन

850 : विजय चोल द्वारा पांड्यों को पराजित कर तंजौर पर अधिकार

860 : सुमात्रा (इंडोनेशिया) के राजा बलपुत्र द्वारा नालंदा में एक बौद्ध विहार की स्थापना

871-1173 : तंजौर के शाही चोल

883-1026 : पंजाब और काबुल के हिंदुशाही।

915-927 : महान राष्ट्रकूट शासक इंद्र तृतीय; अरब यात्री अल-मसूदी का उसके दरबार में आगमन

916-1203 : जेजाभुक्ति (बुंदेलखंड) के चंदेल; खजुराहो के मंदिरों का निर्माण

940-967 : महान राष्ट्रकूट शासक कृष्ण तृतीय तथा उसके द्वारा चोलों की पराजय

950-1195 : मध्य भारत में त्रिपुरी के कालचुरी

973-1189 : कल्याणी का चालुक्य वंश (परवर्ती अथवा पश्चिमी चालुक्य)

973-1192 : शांकभरी (अजमेर) के चहमान (चौहान)

974–1238 : अनहिलवाड़ा (कठियावाड़) के सोलंकी (गुजराती चालुक्य)

985-1014 : राजराजा चोल का शासन काल; तंजौर के प्रसिद्ध शिव अथवा बृहदेश्वर मंदिर का निर्माण

1000-1323 : वारंगल के काकतिया, बेतराज प्रथम (संस्थापक) प्रताप रुद्र देव (आखिरी शासक)

1001 : वैहिंद की लड़ाई तथा जयपाल हिंदूशाही शासक) की महमूद गजनी द्वारा पराजय

1001-1026 : भारत पर महमूद गजनी द्वारा सत्रह आक्रमण – अंतिम आक्रमण में सोमनाथ की लूटपाट

1014-1044 : राजेन्द्र चोल का शासन काल

1020-1030 : अल-बरूनी भारत में

1022 : गंगा की घाटी में चोल आक्रमण, ओडिशा के सोमवंशों तथा बंगाल के पालों की पराजय

1025 : श्री विजय साम्राज्य में चोलों द्वारा जलमार्ग से आक्रमण तथा उस पर विजय

1076 : कुलोत्तुंग प्रथम द्वारा वेंगी राज्य काचोल साम्राज्य में विलय

1076-1435 : ओडिशा के पूर्वी गंग शासक; अनंतवर्मन चोदगंग (संस्थापक) द्वारा भुवनेश्वर में लिंगराज तथा पुरी में जगन्नाथ मंदिरों का निर्माण; नरसिम्ह प्रथम (द्वितीय गंग शासक) द्वारा 1025 में कोणार्क में सूर्य मंदिर का निर्माण

1080-1194 : कन्नौज के गहड़वाल

1106-1141 : होयसाल शासक विष्णुवर्धन का शासन काल उसके द्वारा रामानुज का संरक्षण; हलेबिड में प्रसिद्ध होयसालेश्वर अथवा विष्णु मंदिर का निर्माण

1118-1205 : बंगाल के सेन; विजयसेन (संस्थापक); लक्ष्मण सेन (अंतिम शासक)

1175 : पंजाब पर मुहम्मद गौरी का अधिकार

1178 : गुजरात के सोलंकी शासक मूलराज द्वितीय द्वारा मुहम्मद गौरी की पराजय

1189-1311 : देवगिरि के यादव; संस्थापक-भिल्लमा; अंतिम शासक-रामचंद्र

1191 : तराइन की प्रथम लड़ाई तथा मुहम्मद गौरी पर पृथ्वीराज की विजय

1192 : तराइन की दूसरी लड़ाई तथा पृथ्वीराज पर मुहम्मद गौरी की विजय

1194 : चंदावर की लड़ाई तथा गौरी द्वारा कन्नौज के गहड़वाल शासक जयचन्द्र की पराजय तथा हत्या

1347-1518 : बहमनी साम्राज्य

1351-1318 : फिरोजशाह तुगलक का शासन काल

1361 : फिरोजशाह का जाज नगर (ओडिशा) पर आक्रमण

1389–1601 : खानदेश का फारूकी साम्राज्य
1394–1505 : जौनपुर का शर्की साम्राज्य
1398 : तैमूर का भारत पर आक्रमण
1401–1436 : मालवा का धूरीद वंश
1460–1572 : शाहों के अधीन गुजरात राज्य
1414–1491 : दिल्ली के सईद
1420 : वेनेशियन यात्री निकोलो डी कॉण्टी का विजय नगर भ्रमण
1429 : अहमद शाह वली द्वारा बहमनी की राजधानी गुलबर्गा से बीदर स्थानांतरित
1435–1545 : ओडिशा के गजपति
1436–1531 : मालवा के खिलजी सुल्तान
1438–1468 : मेवाड़ में राणा कुम्भा का शासन काल
1443 : पर्शिया के अब्दूर रज्जाक का भारत आगमन
1491–1526 : दिल्ली के लोदी सुलतान
1469 : गुरु नानक का जन्म
1481 : बहमनी साम्राज्य के वजीर महमूद गवां (1463-81) की हत्या तथा बहमनी साम्राज्य का पतन प्रारम्भ
1490–1633 : अहमद नगर के निजाम शाही
1490–1686 : बीजापुर के आदिल शाही
1490–1574 : बेरार के इमादशाही
1498 : वास्कोडिगामा कालीकट (बर्तमान कोसीकोड) में
1506 : सिकंदर लोदी द्वारा राजधानी दिल्ली से आगरा स्थानांतरित
1509–1528 : मेवाड़ में राणा सांगा का शासन काल
1409–1529 : श्री कृष्णदेवराय का शासन काल; पुर्तगीज यात्री पाएस तथा बारबोशाह का विजय नगर भ्रमण
1510 : पुर्तगालियों द्वारा गोवा पर अधिकार
1518–1687 : गोलकुंडा के कुतुबशाही
1202 : बख्तियार खिलजी द्वारा बिहार एवं बंगाल पर अधिकार
1206 : मुहम्मद गौरी की मृत्यु तथा कुतुबुद्दीन ऐबक द्वारा दिल्ली सल्नत की स्थापना
1206–1290 : दिल्ली सलनत के गुलाम शासक
1211–1236 : इल्तुत्मिश का शासन काल तथा उत्तर भारत में तुर्की शासन की स्थिति मजबूत
1226–1323 : मदुरै के पांड्य
1221 : चंगेज खान द्वारा उत्तर-पश्चिम भारत पर आक्रमण
1228 : प्रथम अहोम राजा सुखप द्वारा कामरूप पर अधिकार
1231 : दिल्ली में कुतुब मीनार का निर्माण पूरा
1266–1286 : बलबन का शासन काल
1288–1293 : वेनेशियन यात्री मार्को पोलो का भारत आगमन
1290–1320 : दिल्ली सल्नत के खिलजी
1296–1300 : मंगोलों का आक्रमण तथा अलाउद्दीन द्वारा आक्रमण विफल
1296–1316 : अलाउद्दीन खिलजी का शासन काल, उसके सुधार तथा विजय
1309–1311 : दक्षिण भारत में मलिक काफूर का विजय अभियान
1320–1414 : दिल्ली सल्तनत के तुगलक
1325–1391 : मुहम्मद-बिन-तुगलक का शासन काल
1327 : दिल्ली से दौलताबाद (देवगिरि) राजधानी का स्थानांतरण
1329 : ताम्र सांकेतिक मुद्रा की समस्या
1334–1337 : मदुरै की सल्तनत
1336–1652 : विजयनगर साम्राज्य
1336–1342 : मोरक्कन यात्री इब्न बतूता भारत में
1337 : मुहम्मद-बिन-तुगलक का काराजाल विजय अभियान
1339–1561 : कश्मीर का शाहमीरी वंश
1345–1538 : बंगाल का इल्याशशाही वंश
1526 : पानीपत की पहली लड़ाई तथा बाबर द्वारा इब्राहिम लोदी की पराजय
1527 : खनवा की लड़ाई तथा बाबर द्वारा राणा सांगा की पराजय
1528–1619 : बीदर के बारिद शाही
1529 : घाघरा की लड़ाई तथा मोहम्मद लोदी के अधीन अफगानों की बाबर द्वारा पराजय
1535 : पुर्तगीज यात्री न्यूनीज का विजय नगर भ्रमण
1539 : चौसा की लड़ाई तथा शेरशाह द्वारा हुमायूं की पहली पराजय
1540 : बिलग्राम (कन्नौज) की लड़ाई तथा शेरशाह द्वारा हुमायूं की दूसरी और अंतिम पराजय

1540-1555 : सूर साम्राज्य

1542 : अमरकोट में अकबर का जन्म

1545 : कालिंजर की लड़ाई तथा शेरशाह सूरी की मृत्यु

1555 : हुमायूं द्वारा दिल्ली पर पुनः विजय

1556 : पानीपत की दूसरी लड़ाई तथा अफगान, हेमू के नेतृत्व में, अकबर द्वारा पराजित

1556-1605 : अकबर का राज काल

1556-1560 : बैरम खान का संरक्षण

1562 : अकबर का आमेर की राजकुमारी से विवाह

1564 : अकबर द्वारा जजिया समाप्त करना तथा गढ़कटंगा की रानी दुर्गावती पर विजय

1556 : तालीकोटा का युद्ध तथा विजयनगर शहर का विनाश

1569 : सलीम चिश्ती के आशीर्वाद से अकबर के बड़े पुत्र सलीम का जन्म

1571 : फतेहपुर सीकरी की स्थापना

1573 : अकबर द्वारा दाग तथा चेहरा प्रारंभ किया जाना; फतहपुर सीकरी में बुलंद दरवाजा का निर्माण

1575 : तुकरोई का युद्ध तथा अकबर द्वारा बंगाल के दाउद खान की पराजय

1576 : हल्दी घाटी (गोगुंडा) का युद्ध तथा आमेर के राजा मान सिंह के नेतृत्व में मुगलों द्वारा राणा प्रताप की पराजय

1579 : राजस्व प्रशासन में दहसाला प्रथा, अकबर द्वारा मजहर की घोषणा

1582 : अकबर द्वारा तौहीद-ए-इलाही अथवा दीन-ए-इलाही की घोषणा

1589 : टोडरमल तथा भगवान दास की मृत्यु

1595-1600 : चांद बीबी के द्वारा अहमदनगर की रक्षा

1596 : जात एवं सवार के दोहरे पद (मनसब) का आरंभ

1602 : सलीम के भड़काने पर वीर सिंह बुंदेल द्वारा अबुल फजल की हत्या

1605-1627 : जहांगीर का शासन काल

1606 : राजकुमार खुसरो का विद्रोह तथा जहांगीर द्वारा पांचवें सिख गुरु अर्जुनदेव का परिचय

1608-1626 : अहमदनगर के मलिक अंबर का प्रधान मंत्रितत्व उनके सैन्य अभियान तथा प्रशासनिक सुधार

1611 : नूरजहां की जहांगीर से शादी

1612 : कूच हाजी का मुगल साम्राज्य में विलय

1615 : मेवाड़ के राणा अमर सिंह के साथ शांति स्थापना

1622-1624 : राजकुमार खुर्रम (शाहजहां) का विद्रोह

1626 : महाबत खान का विद्रोह तथा जहांगीर की अस्थायी कैद

1627-1658 : शाहजहां का शासन काल

1631 : मुमताज महल की मृत्यु

1636 : शाहजहां द्वारा बीजापुर एवं गोलकुंडा के साथ संधि स्थापना; औरंगजेब की दक्षिण के वायसराय के रूप में नियुक्ति

1656 : जावली पर शिवाजी की जीत

1656-1658 : शाहजहां के चारों पुत्रों के बीच उत्तराधिकार का युद्ध

1658 : धरमत (अप्रैल) तथा शामूगढ़ (मई) का युद्ध जिसमें औरंगजेब द्वारा दारा पराजित; आगरा में औरंगजेब द्वारा शाहजहां को बंदी बनाया जाना (जून) औरंगजेब का राज अभिषेक

1658-1707 : औरंगजेब का शासन काल

1659 : खाजवाह एवं देवरिया का युद्ध, जिसमें अंततः दारा पराजित हुए; दारा बंदी एवं उन्हें प्राण दंड; मुराद बंदी (उन्हें अंततः 1661 में प्राण दंड दिया गया); शिवाजी द्वारा अफजल खान की हत्या

1660 : शुजा को बंगाल से निकाल कर अराकान भेजा गया; मीर जुमला बंगाल के वजीर नियुक्त

1661 : मुगलों का कूच और बिहार पर उनका कब्जा

1662 : मीर जुमला द्वारा असम पर हमला तथा अहोमों पर संधि लागू

1664 : सूरत पर शिवाजी का कब्जा

1665 : शिवाजी एवं जयसिंह के बीच पुरंधर की संधि

1666 : शाहजहां की मृत्यु, शिवाजी की आगरा यात्रा एवं वहां से उनका भाग निकलना

1668 : औरंगजेब द्वारा नए धार्मिक नियमों की घोषणा

1669 : गोकला के नेतृत्व में जाटों द्वारा विद्रोह

1670 : सूरत पर शिवाजी की दूसरी विजय

1671 : छत्रसाल बुंदेल का विद्रोह

1672 : सतनामी विद्रोह; उत्तर-पश्चिम में अफरीदियों का विद्रोह

1674 : शिवाजी का राज्याभिषेक तथा छत्रपति की पदवी धारण

1675 : गुरु तेग बहादुर (नवें सिख गुरु) को प्राण दंड

1678 : मारवाड़ के राजा जसवंत सिंह की मृत्यु

1679 : औरंगजेब द्वारा पुन: जजिया लगाया गया; दुर्गादास के नेतृत्व में मारवाड़ के राठौरों का विद्रोह तथा मुगलों का मारवाड़ अभियान

1680 : शिवाजी की मृत्यु; राजकुमार अकबर द्वितीय का विद्रोह

1681 : विद्रोही पुत्र अकबर द्वितीय को मनाने औरंगजेब का दक्षिण आगमन

1686 : बीजापुर विजय एवं विलय

1687 : गोलकुंडा विजय एवं विलय

1689 : मुगल सेना अध्यक्ष मुकरब खान द्वारा संगमेश्वर में संभाजी को बंदी बनाकर प्राण दंड; मराठा गद्दी पर राजाराम

1700 : राजाराम की मृत्यु एवं शिवाजी II गद्दी पर, ताराबाई संरक्षक

1707 : औरंगजेब की औरंगाबाद में मृत्यु; मुगल बंदीत्व से साहू की मुक्ति, साहू एवं ताराबाई के बीच गृहयुद्ध आरंभ

1708: खेड़ का युद्ध तथा सतारा पर साहू का कब्जा, साहू छत्रपति घोषित तथा उनके द्वारा बालाजी विश्वनाथ को सेनकर्ता की उपाधि

17013-1720: बालाजी विश्वनाथ का पेशवा काल

1714 : ताराबाई साहू द्वारा निर्णायक रूप से पराजित तथा बंदी और इस तरह गृह युद्ध समाप्त

1719 : बालाजी विश्वना एवं सैयद बंधुओं के बीच संधि

1720-1740 : बाजी राव I का पेशवा काल, मराठा संघ की शुरुआत तथा उनका उत्तर की ओर विस्तार

1740-1761 : बालाजी बाजी राव (नाना साहेब) का पेशवा काल; मराठा राज्य एवं शक्ति का विस्तार साहू की मृत्यु तथा पेशवा की स्थिति और मजबूत

1761 : मराठा तथा अफगानों के बीच पानीपत की तीसरी लड़ाई, पेशवा बालाजी बाजी राव की मृत्यु

मध्यकालीन राजवंशों का क्षेत्रीय कालक्रम

अवस्थिति/काल राजवंश, केन्द्र व विस्तार

आंध्र प्रदेश

1000–1300 ई.	काकतीय	वारंगल-तेलंगाना-तटीय क्षेत्र
1500–1600 ई.	कुतुबशाही	गोलकुंडा-तेलंगाना-तटीय क्षेत्र

बंगाल

0750–1170 ई.	पाल	गौड़-ओडिशा-जालंधर
1000–1200 ई.	सेन	नवद्वीप-विजयपुरा
1200–1700 ई.	इलियासशाही	ढाका
1500 ई.	हुसैनशाही	ढाका
1700 ई.	नवाब	मुर्शिदाबाद

गंगा नदी घाटी

500–840 ई.	पुष्यभूति	थानेश्वर-उज्जैन-ओडिशा
700–1150 ई.	गुर्जर-प्रतिहार	उज्जैन-गुजरात-पंजाब-बंगाल
800–1300 ई.	चंदेल	खजुराहो-अवध-गोरखपुर
1000–1200 ई.	गहड़वाल	काशी-कन्नौज-अवध
1162–1206 ई.	गजनवी	लाहौर-गजनी-मध्य एशिया
996–1118 ई.	गौरी	अफगानिस्तान-उत्तरी भारत
1206–1526 ई.	दिल्ली सल्तनत	उत्तरी भारत-गुजरात-दक्कन-बंगाल
1527–1707 ई.	मुगल	काबुल-दिल्ली-गुजरात-दक्कन
1540–1555 ई.	सूर राजवंश	बंगाल-पंजाब

गुजरात

900–1200 ई.	चालुक्य	अन्हिलपाटन
1500 ई.	निजामशाही	औरंगाबाद

कर्नाटक

500-750 ई.	चालुक्य	वातापी-नर्मदा-गुण्टूर
1000-1340 ई.	होयसल	द्वारसमुद्र (दोनों तटवर्ती क्षेत्र)
1336-1672 ई.	विजयनगर	रायचूर-मैसूर (दोनों तटवर्ती क्षेत्र)
1500-1600 ई.	आदिलशाही	बीजापुर
1500-1831 ई. (1947)	वाडियार	मैसूर क्षेत्र

कश्मीर

620-850 ई.	कार्कोट	श्रीनगर-काबुल
900-1300 ई.	लोहार	श्रीनगर-कश्मीर
1339-1561 ई.	शाहमीर	श्रीनगर-कश्मीर
1561-1586 ई.	चाक	श्रीनगर-कश्मीर

केरल

300-1100 ई.	चेर	कोल्लम-त्रिवेन्द्रम (तिरुवनंतपुरम)
1700 ई.	जमोरिन	कालीकट (कोझीकोड़)
1700 ई.	त्रावणकोर	त्रिवेन्द्रम (तिरुवनंतपुरम)

महाराष्ट्र

600-900 ई.	राष्ट्रकूट	विदर्भ (ऐलोरा)-दक्कन
800-1300 ई.	यादव	देवगिरि
1300-1500 ई.	बहमनी	अहमदनगर
1500-1600 ई.	निजामशाही	दौलताबाद (देवगिरि)
1600-1818 ई.	मराठा	पुणे-मालवा-नागपुर

ओडिशा

300-1400 ई.	गंग	कटक-भुवनेश्वर
1300-1500 ई.	गजपति	जाजनगर

राजस्थान

800-1300 ई.	परमार	उज्जैन-धारा (मालवा)
900-1100 ई.	चाहमान	अजयमेरू-शाकम्भरी
1200-1750 ई. (1948)	राठौर	जोधपुर-मांडोर
1300-1700 ई. (1948)	सिसौदिया	उदयपुर-चित्तौड़

तमिलनाडु

300-900 ई.	पल्लव	वेंगी-कांचीपुरम-तंजावुर
600-1300 ई.	पांड्य	मदुरै-तंजावुर-कांचीपुरम्
800-1200 ई.	चोल	तंजौर-कन्याकुमारी-श्रीलंका
1336-1672 ई.	विजयनगर	विजयनगर-कर्नाटक-आंध्र-तमिलनाडु
1600 ई.	नायक	मदुरै-जिंजी-तंजावुर

वंशानुक्रमिक तालिकाएं– मध्यकालीन भारत

प्रतिहार वंश

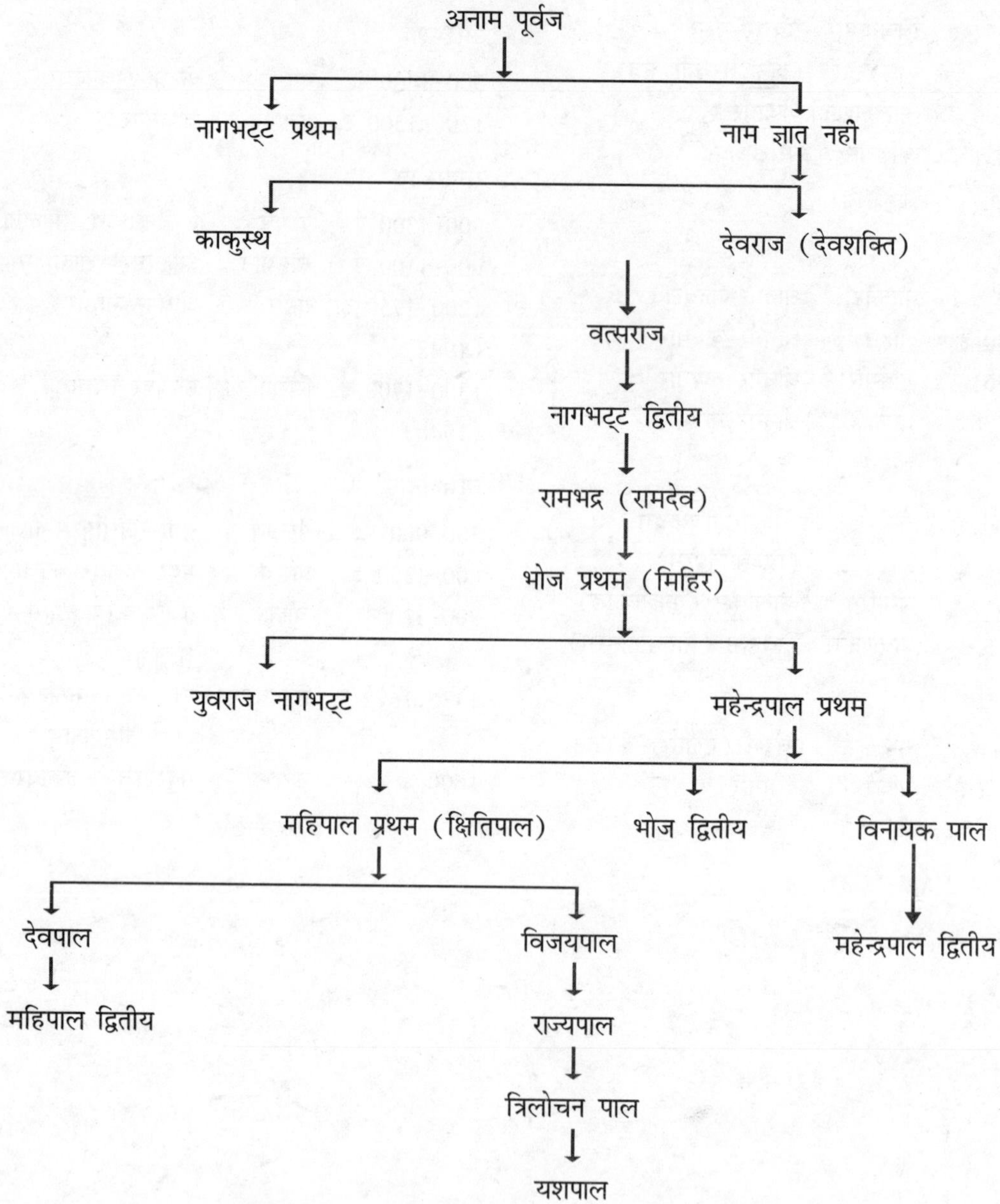

बंगाल के पाल

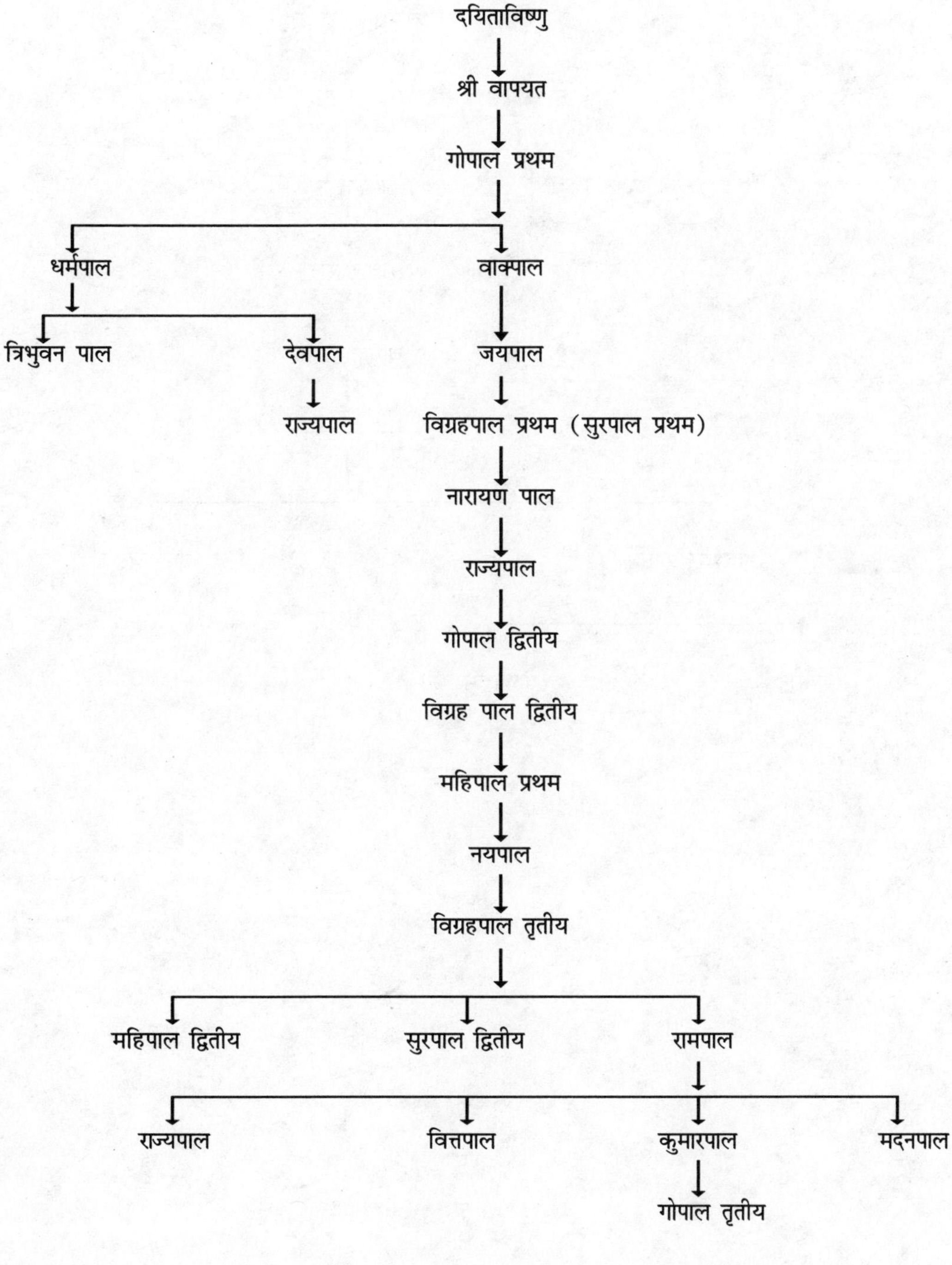
दयिताविष्णु
श्री वापयत
गोपाल प्रथम
धर्मपाल
वाक्पाल
त्रिभुवन पाल
देवपाल
जयपाल
राज्यपाल
विग्रहपाल प्रथम (सुरपाल प्रथम)
नारायण पाल
राज्यपाल
गोपाल द्वितीय
विग्रह पाल द्वितीय
महिपाल प्रथम
नयपाल
विग्रहपाल तृतीय
महिपाल द्वितीय
सुरपाल द्वितीय
रामपाल
राज्यपाल
वित्तपाल
कुमारपाल
मदनपाल
गोपाल तृतीय

बंगाल के सेन

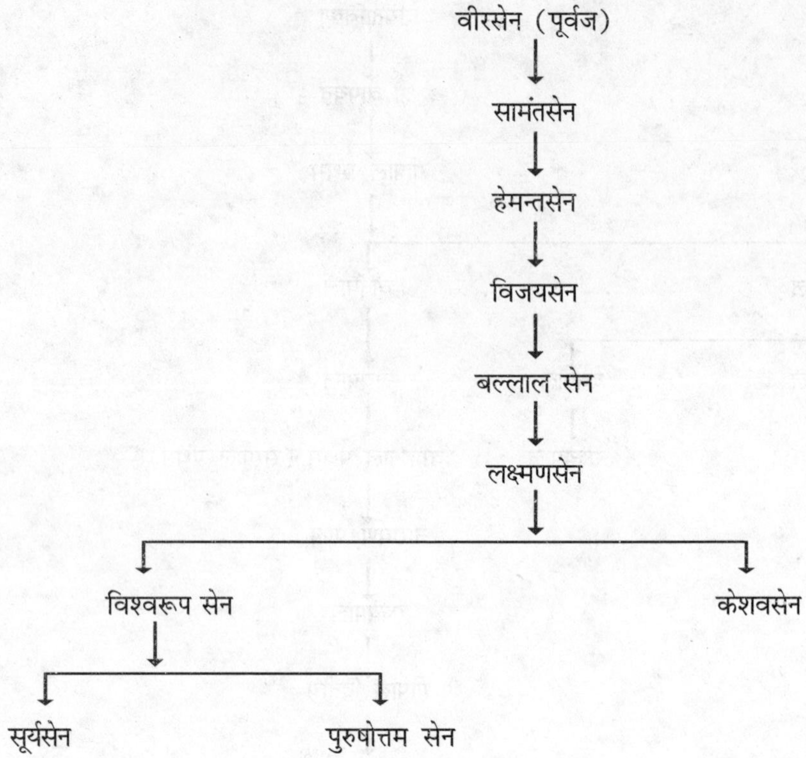
वीरसेन (पूर्वज)
सामंतसेन
हेमन्तसेन
विजयसेन
बल्लाल सेन
लक्ष्मणसेन
विश्वरूप सेन
केशवसेन
सूर्यसेन
पुरुषोत्तम सेन

दक्कन के राष्ट्रकूट

दंतिवर्मन
↓
इन्द्र प्रथम
↓
गोविन्दराज प्रथम
↓
कर्क प्रथम
↓
इन्द्र द्वितीय
↓

1- दंतिदुर्ग (752-56 ई.) | 2- कृष्ण प्रथम (756-75 ई.) | नन्न

2- कृष्ण प्रथम ↓

3-गोविंद द्वितीय (775-80 ई.) | 4- ध्रुव (780-92 ई.)

4- ध्रुव ↓

कम्भकर्क | सुवमवर्ष | 5- गोविन्द तृतीय (792-814 ई.) | इन्द्र राजा

5- गोविन्द तृतीय ↓

6- अमोघवर्ष (सर्व 814-80 ई.)

6- अमोघवर्ष ↓

7- कृष्ण द्वितीय (880-915 ई.) | अब्बालेब (गंग भुतंग प्रथम के साथ विवाह) | शंखा (पल्लव नंदी तृतीय के साथ विवाह)

7- कृष्ण द्वितीय ↓

जगत्तुंग (चेदि की लक्ष्मी के साथ विवाह)

जगत्तुंग ↓

8- इन्द्र तृतीय (915-27 ई.) | 11- अमोघवर्ष तृतीय (934-39 ई.)

8- इन्द्र तृतीय ↓

9- अमोघवर्ष द्वितीय (927-30 ई.) | 10-गोविंद चतुर्थ (930-934 ई.)

11- अमोघवर्ष तृतीय ↓

12-कृष्ण तृतीय (939-68 ई.) | 13-खोटिग (968-72 ई.) | निरूपम

12-कृष्ण तृतीय ↓ इन्द्र

निरूपम ↓ 14- कर्क (972-1003 ई.)

कन्नौज के गहड़वाल

यशोविग्रह
↓
महिचन्द्र
↓
चन्द्रदेव
↓
मदनपाल
↓
गोविंदचन्द्र
↓
विजय चन्द्र
↓
जय चन्द्र
↓

हरिश्चन्द्र | संयुक्ता (पृथ्वीराज चौहान 'तृतीय' के साथ विवाह)

पूर्वी (वेंगी) चालुक्य

1- कुब्ज विष्णुवर्धन (624-41 ई.)

2- जयसिंह (641-73 ई.)
3- इन्द्र भट्टारक (673 ई.)

4- विष्णुवर्धन द्वितीय (673-682 ई.)

5- मंगी युवराज (682-706 ई.)

6- जयसिंह द्वितीय (706-18 ई.)
8-विष्णुवर्धन तृतीय (719-55 ई.)
7-कोक्कीली (719 ई.)

9- विजयादित्य प्रथम (755-72 ई.)

10- विष्णुवर्धन चतुर्थ (782-808 ई.)

11- विजयादित्य द्वितीय (808-47 ई.)
भीमसालुकी
नृपरुद्र

12-कलि विष्णुवर्धन पंचम (847-48 ई.)

13- गुणग विजयादित्य तृतीय (849-92 ई.)
विक्रमादित्य प्रथम
युद्धमल्ल प्रथम

14- चालुक्य भीम प्रथम (892-921 ई.)
18- ताल प्रथम (927 ई.)

15- विजयादित्य चतुर्थ (921 ई.)
19- विक्रमादित्य द्वितीय (927-08 ई.)

21- युद्ध मल्ल द्वितीय (928-35 ई.)

16- अम्मा (921-27 ई.)
22-चालुक्य भीम द्वितीय (935-47 ई.)
बाडप
24-ताल द्वितीय (970 ई.)

17- विजयादित्य पंचम (927 ई.)
20-भीम (928 ई.)

25-दानमव (970-1003 ई.)
23- अम्मा द्वितीय (947-70 ई.)

26-शक्तिवर्मन प्रथम (1000-11 ई.)
27- विमलादित्य (1011-18 ई.)

28-राजराजा नरेन्द्र (1019-61 ई.)
29- विजयादित्य सप्तम

राजेन्द्र द्वितीय (कुलोत्तुंग)
शक्तिवर्मन द्वितीय

साम्राज्यीय चोल

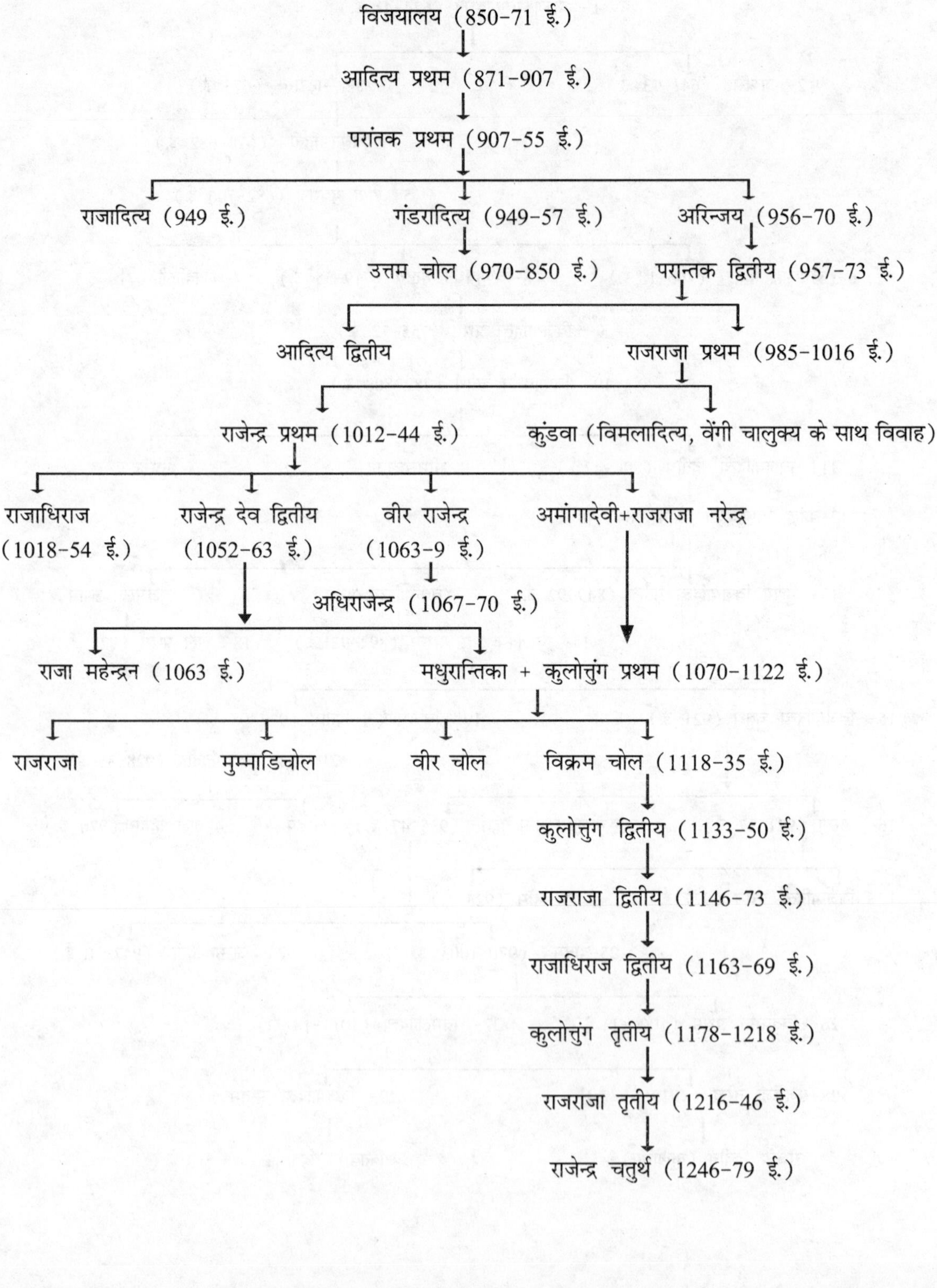
विजयालय (850-71 ई.)
आदित्य प्रथम (871-907 ई.)
परांतक प्रथम (907-55 ई.)
राजादित्य (949 ई.)
गंडरादित्य (949-57 ई.)
अरिन्जय (956-70 ई.)
उत्तम चोल (970-850 ई.)
परान्तक द्वितीय (957-73 ई.)
आदित्य द्वितीय
राजराजा प्रथम (985-1016 ई.)
राजेन्द्र प्रथम (1012-44 ई.)
कुंडवा (विमलादित्य, वेंगी चालुक्य के साथ विवाह)
राजाधिराज (1018-54 ई.)
राजेन्द्र देव द्वितीय (1052-63 ई.)
वीर राजेन्द्र (1063-9 ई.)
अमांगादेवी+राजराजा नरेन्द्र
अधिराजेन्द्र (1067-70 ई.)
राजा महेन्द्रन (1063 ई.)
मधुरान्तिका + कुलोत्तुंग प्रथम (1070-1122 ई.)
राजराजा
मुम्माडिचोल
वीर चोल
विक्रम चोल (1118-35 ई.)
कुलोत्तुंग द्वितीय (1133-50 ई.)
राजराजा द्वितीय (1146-73 ई.)
राजाधिराज द्वितीय (1163-69 ई.)
कुलोत्तुंग तृतीय (1178-1218 ई.)
राजराजा तृतीय (1216-46 ई.)
राजेन्द्र चतुर्थ (1246-79 ई.)

पश्चिमी (कल्याणी) चालुक्य

- 1- तैल द्वितीय (973-97 ई.)
  - सत्याश्रय (997-1008 ई.)
    - महादेवी
  - दासवर्मन
    - (महादेवी और दासवर्मन की संतानें)
      - 3- विक्रमादित्य पंचम (1008-15 ई.)
      - 4- अय्यन (1015 ई.)
      - अक्कादेवी
      - 5-जयसिंह द्वितीय (1015-42 ई.)
        - 6-सोमेश्वर प्रथम (1042-68 ई.)
          - 7- सामेश्वर द्वितीय (1068-76 ई.)
          - 8- विक्रमादित्य षष्ठम (1076-1126 ई.)
            - जयकर्ण
            - 9- सोमेश्वर तृतीय (1126-38 ई.)
              - 10-जगेदक मल्ल द्वितीय (1138-55 ई.)
              - 11-तैलप तृतीय (1150-63 ई.)
                - 13- सामेश्वर चतुर्थ (1184-1200 ई.)
              - 12-जगदेकमल्ल तृतीय (1163-83 ई.)
          - जयसिंह तृतीय
        - अवल्लादेवी

द्वारसमुद्र (हेलिबिड) के होयसल

- 1- नृपकाम (1022-47 ई.)
  - 2- विनयादित्य (1047-98 ई.)
    - 3- इरियंग (1063-1100 ई.)
      - 4- बल्लाल प्रथम (1100-10 ई.)
      - 5- विष्णुवर्धन (1110-52 ई.)
        - 6- नरसिंह प्रथम (1152-73 ई.)
          - 7- बल्लाल द्वितीय (1173-1220 ई.)
            - 8- नर सिंह द्वितीय (1220-38 ई.)
              - 9- सोमेश्वर (1233-67 ई.)
                - 10- नरसिंह तृतीय (1254-92 ई.)
                  - 11- बल्लाल तृतीय (1291-1342 ई.)
                    - 12- बल्लाल चतुर्थ
                - रमानाथ (1254-95 ई.)
                  - विश्वनाथ (1295-1300 ई.)
      - उदयादित्य

वारंगल के काकतीय

1- बेटा प्रथम (1000-30 ई.)
↓
2- प्रोल प्रथम (1030-75 ई.)
↓
3- बेटा द्वितीय (1075-1110 ई.)
↓
4- प्रोल द्वितीय (1110-58 ई.)
↓
- 5- प्रतापरुद्र प्रथम (1158-96 ई.)
- 6- महादेव (1196-99 ई.)
  - 7- गणपति (1199-1262 ई.)
    - 8- रुद्राम्बा (1262-96 ई.)
      ↓
      मुम्मदम्बा (महादेव के साथ विवाह)
      ↓
      9- प्रतापरुद्र द्वितीय (1295-1326 ई.)
    - गणपम्बा
  - माईलम्बा

गुलाम सुल्तान (1206-90 ई.)

1- कुत्बुद्दीन ऐबक (1206-10 ई.)
↓
- 2- आरामबख्श (1210 ई.)
- 3- पुत्री (विवाह शम्सुद्दीन इल्तुतमिश 1210-36 के साथ)
  - नासिरुद्दीन
  - 4- रुक्नुद्दीन (मई-नव. 1326 ई.)
    - 7- अलाउद्दीन मसूद (1242-46 ई.)
  - 5- रजिया (1236-40 ई.)
  - 6- बहराम (1240-42 ई.)
  - 8- महमूद (1246-66 ई.)
  - पुत्री का विवाह 9- बलबन के साथ (1266-87 ई.)
    - मुहम्मद
      ↓
      10- कैकुबाद (1287-90 ई.)
    - बुगराखान

खलजी (1290-1320 ई.)

- कुन्दुज का तुलक खान
  - मालवा के खलजी
  - 1- जलालुद्दीन(1290-96 ई.)
    - 2- रुक्नुद्दीन
  - मसूद
    - 3- अलाउद्दीन (1296-1316 ई.)
      - खिज्रखान
      - 4- शिहाबुद्दीन (जनवरी-अप्रैल 1316 ई.)
      - 5- कुत्बुद्दीन मुबारक (1316-20 ई.)
        - 6- नासिरुद्दीन खुसरो (बलात् ग्राही) (अप्रैल-सितम्बर 1320 ई.)

तुगलक (1320-1413 ई.)

- पूर्वज
  - 1- गियासुद्दीन (गाजी मलिक)
    - 2- मुहम्मद बिन (जौना खाँ) (1325-51 ई.)
  - रजब (भट्टी राजकुमारी के साथ विवाह)
    - 3- फीरोजशाह (1351-88 ई.)
      - फैथखान
        - 4- गियासुद्दीन (1388-89 ई.)
        - 8- नुसरतशाह (1395-98 ई.)
      - जफर खान
        - 5- अबूबकर (1389-90 ई.)
      - 6- नासिरुद्दीन मुहम्मद शाह (1390-94 ई.)
        - 7- अलाउद्दीन (1394 ई.)
        - 9- महमूदशाह (1399-1413 ई.)

सैय्यद (1414-51 ई.)

1- खिज्रखान (1414-21 ई.)
↓
2- मुबारक (1421-34 ई.) | फरीदखान
फरीदखान
↓
3- मुहम्मद शाह (1434-45 ई.)
↓
4- अलाउद्दीन आलमशाह (1445-51 ई.)

लोदी (1451-1526 ई.)

1- बहलोल लोदी (1451-89 ई.)
↓
बारबकशाह | 2- सिकंदर लोदी (निजाम खान) (1489-1517 ई.) | आलम
2- सिकंदर लोदी (निजाम खान) (1489-1517 ई.)
↓
3- इब्राहीम लोदी (1517-26 ई.)

विजयनगर के राजवंश

1- संगम वंश

- संगम प्रथम
  - हरिहर प्रथम (1336-57 ई.)
  - कम्पा
  - बुक्का प्रथम (1344-77 ई.)
    - कुमार कम्पन
    - वीरुप्पन
    - हरिहर द्वितीय (1377-1404 ई.)
      - विरुपाक्ष प्रथम (1404-05 ई.)
      - बुक्का द्वितीय (1405-06 ई.)
      - देवराय प्रथम (1406-22 ई.)
        - रामचन्द्रराय (1422 ई.)
        - विजयराय प्रथम (1422 ई.)
          - प्रौढ़ देवराय द्वितीय (1422-46 ई.)
            - मल्लिकार्जुन (1447-65 ई.)
              - राजशेखर (1466 ई.)
          - प्रताप देवराय
            - विरुपाक्ष द्वितीय (1466-85 ई.)
              - प्रौढ़राय (1485 ई.)
  - मरापा
  - मुडप

? विजयराज द्वितीय (1446-47 ई.)

2- सालुव वंश

- गुंड
  - सालुव नरसिंह (1486-91 ई.)
    - तिरुमल
    - इम्माडि नरसिंह
  - तिम्म

3- तुलुव वंश

- ईश्वर नायक
  - नरसा नायक
    - वीर नरसिंह (1505-09 ई.)
    - कृष्णदेवराय (1509-29 ई.)
      - तिरुमलादेवी (विवाह अलिय रामराजा के साथ)
      - तिरुमल राय
    - अच्युतदेवराय (1529-42 ई.)
      - वेंकट प्रथम (1542 ई.)
    - रंग
      - सदाशिव (1542-76 ई.)

4- अरावीडु वंश

- अरावीति बुक्का
  - रामराजा
    - श्री रंग
      - अलिय रामराजा (1542-65 ई.)
        - पेड तिरुमल
        - श्री रंग
          - 6- वेंकट तृतीय (1630-41 ई.)
          - चेन्नवेंकट
            - 7- श्री रंग तृतीय (1642-49 ई.)
      - 1- तिरुमल (1570-72 ई.)
        - 2- श्री रंग (1572-85 ई.)
        - रामा
          - तिरुमल
          - 4- श्री रंग द्वितीय (1614 ई.)
            - 5-रामादेवराय (1618-30 ई.)
        - 3- वेंकट द्वितीय (1586-1614 ई.)
      - वेंकटाद्रि

बहमनी

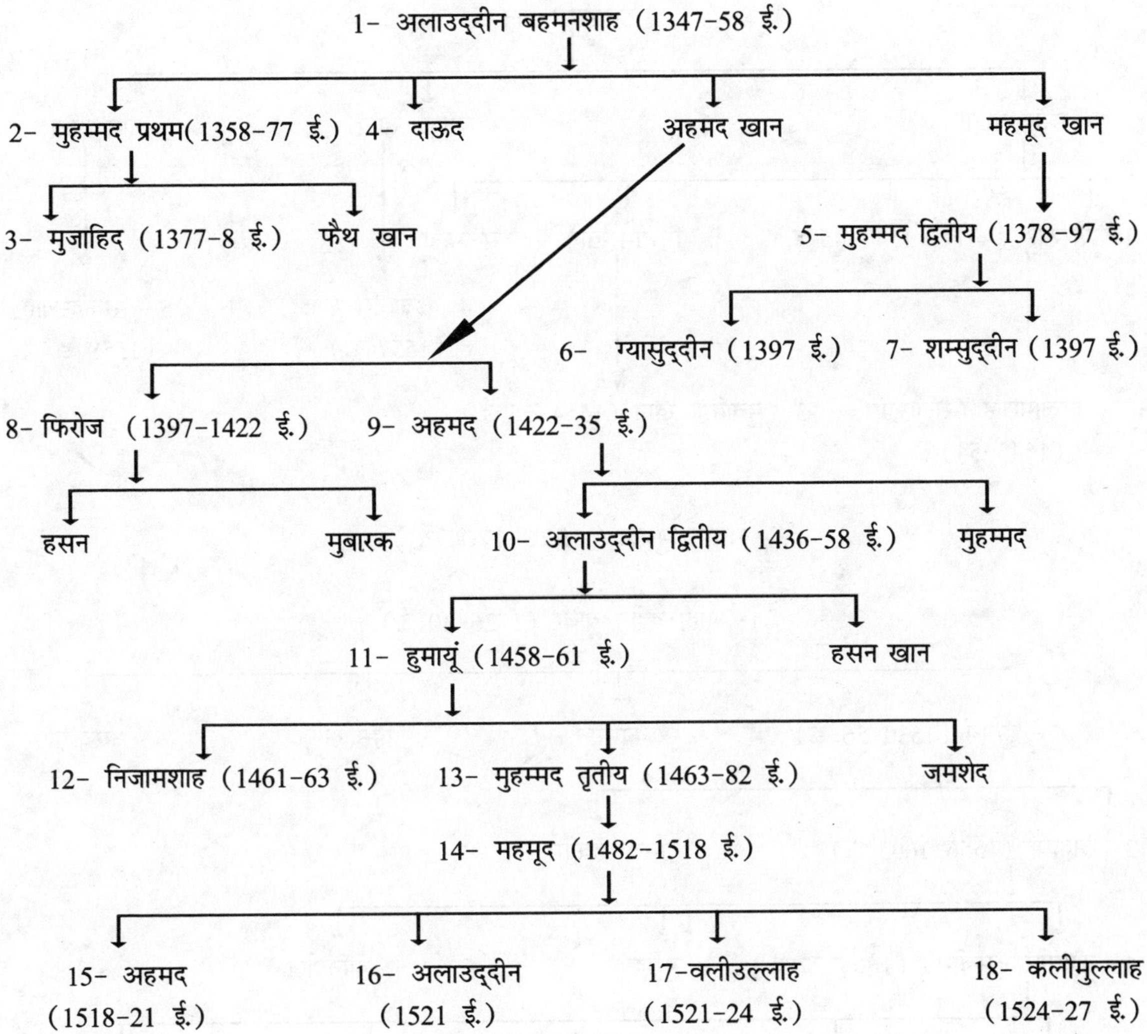
1- अलाउद्दीन बहमनशाह (1347-58 ई.)
2- मुहम्मद प्रथम(1358-77 ई.)
4- दाऊद
अहमद खान
महमूद खान
3- मुजाहिद (1377-8 ई.)
फैथ खान
5- मुहम्मद द्वितीय (1378-97 ई.)
6- ग्यासुद्दीन (1397 ई.)
7- शम्सुद्दीन (1397 ई.)
8- फिरोज (1397-1422 ई.)
9- अहमद (1422-35 ई.)
हसन
मुबारक
10- अलाउद्दीन द्वितीय (1436-58 ई.)
मुहम्मद
11- हुमायूं (1458-61 ई.)
हसन खान
12- निजामशाह (1461-63 ई.)
13- मुहम्मद तृतीय (1463-82 ई.)
जमशेद
14- महमूद (1482-1518 ई.)
15- अहमद (1518-21 ई.)
16- अलाउद्दीन (1521 ई.)
17-वलीउल्लाह (1521-24 ई.)
18- कलीमुल्लाह (1524-27 ई.)

सूर शासक (1540-55 ई.)

- इब्राहीम खान
  - हसन खान
    - 1- शेरशाह (फरीद)(1540-45 ई.)
      - 2- इस्लामशाह (सलीम) (1545-54)
    - निजाम खान
      - 3- मुबारिज खान (1554-56 ई.)
    - सुलेमान
  - गाजी खान
    - 4- इब्राहीम शाह (1557 ई.)
  - नाम अज्ञात
    - 5- सिकंदरशाह (1558 ई.)

महान मुगल (1526-1707 ई.)

- 1- जहीरुद्दीन बाबर (1526-30 ई.)
  - 2- हुमायूं (1530-56 ई.)
    - 3- अकबर (1556-1605 ई.)
      - 4- जहांगीर (सलीम) (1605-27 ई.)
        - खुसरो
        - परवेज
        - 5- शाहजहाँ (खुर्रम) (1627-58 ई.)
          - दाराशिकोह
          - शुजा
          - 6- औरंगजेब (1658-1707 ई.)
          - मुराद
        - शहरयार
      - मुरीद
      - दानियाल
    - मिर्जा हकीम
  - कामरान
  - हिन्दाल
  - अस्करी

उत्तरकालीन मुगल (1707-1858 ई.)

- औरंगजेब (आलमगीर प्रथम)
  - मुहम्मद (मृत्यु 1676 ई.)
  - 7- मुअज्जम (बहादुरशाह प्रथम/शाहआलम प्रथम) (1707-12 ई.)
    - 8- जहांदार शाह (1712-13 ई.)
      - 14- आलमगीर द्वितीय (1754-59 ई.)
        - 15- शाहआलम द्वितीय (1759-1806 ई.) (1788 में अंधा हुआ)
          - 16- अकबर द्वितीय (1806-37 ई.)
            - 17- बहादुरशाह द्वितीय (1837-58 ई.) (1862 में रंगून में मृत्यु)
    - अजीम
      - 9- फर्रुखशियर (1713-19 ई.)
    - रफी-उल-कद्र
      - 11- रफी-उद-दौला (1719 ई.)
      - 10- रफी-उद-दरजात (1719 ई.)
    - अख्तर
      - 12-मुहम्मद शाह (रंगीला) (1719-48 ई.)
        - 13- अहमशाह (1748-54 ई.)
  - आजम (मृत्यु 1707 ई.)
  - अकबर (मृत्यु 1704 ई.)
  - कामबख्श (मृत्यु 1708 ई.)

भोंसले (छत्रपति)

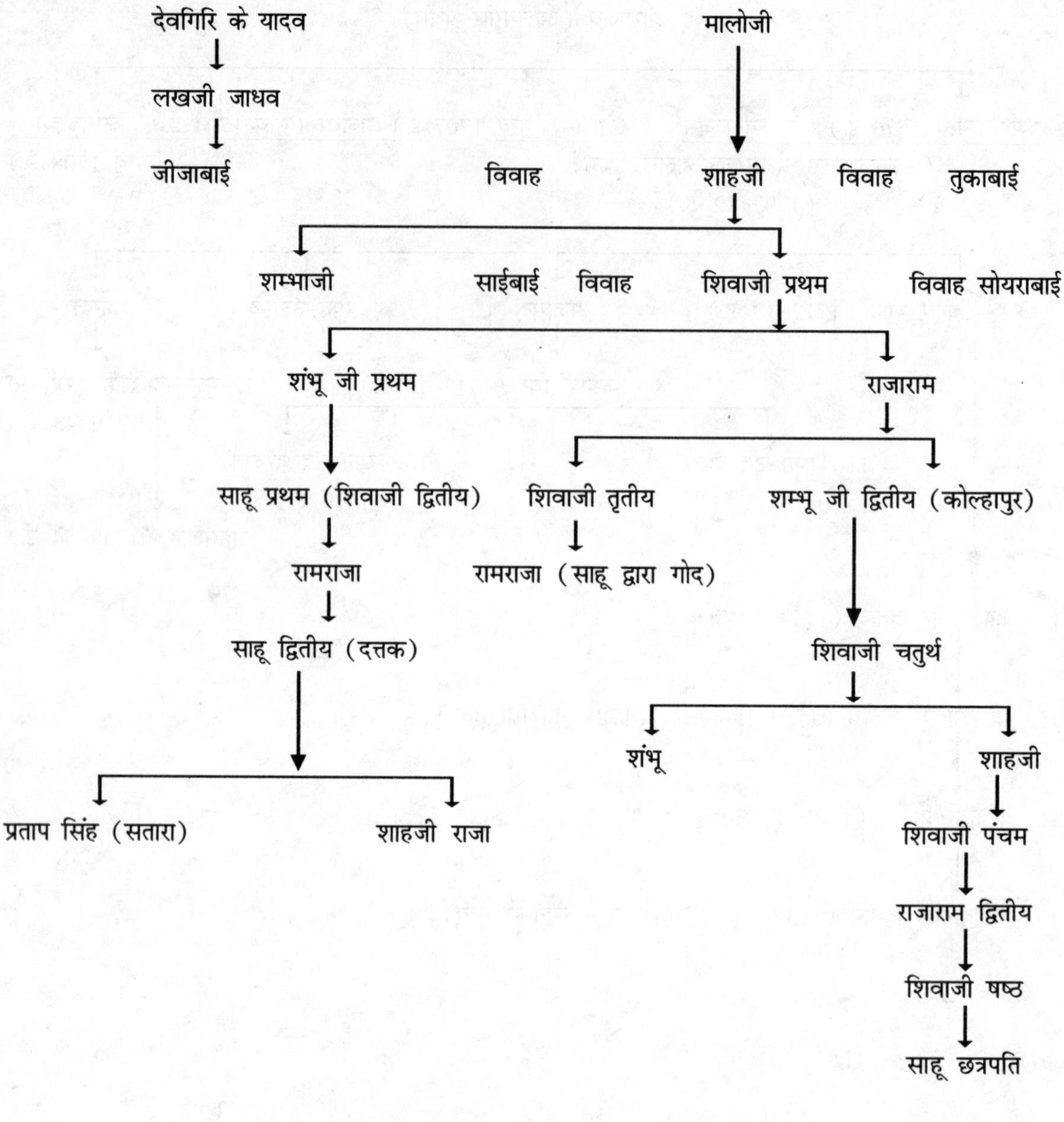
देवगिरि के यादव
लखजी जाधव
जीजाबाई
मालोजी
विवाह
शाहजी
विवाह
तुकाबाई
शम्भाजी
साईबाई
विवाह
शिवाजी प्रथम
विवाह सोयराबाई
शंभू जी प्रथम
राजाराम
साहू प्रथम (शिवाजी द्वितीय)
शिवाजी तृतीय
शम्भू जी द्वितीय (कोल्हापुर)
रामराजा
रामराजा (साहू द्वारा गोद)
साहू द्वितीय (दत्तक)
शिवाजी चतुर्थ
शंभू
शाहजी
प्रताप सिंह (सतारा)
शाहजी राजा
शिवाजी पंचम
राजाराम द्वितीय
शिवाजी षष्ठ
साहू छत्रपति

पेशवा

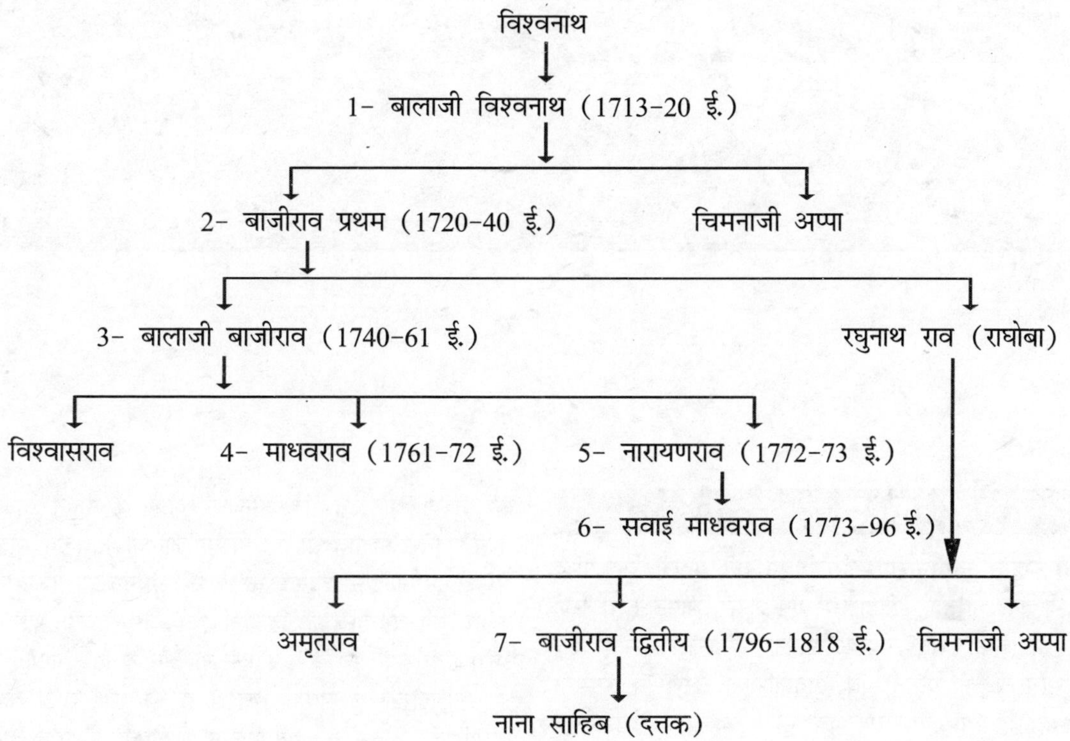
विश्वनाथ
1- बालाजी विश्वनाथ (1713-20 ई.)
2- बाजीराव प्रथम (1720-40 ई.)
चिमनाजी अप्पा
3- बालाजी बाजीराव (1740-61 ई.)
रघुनाथ राव (राघोबा)
विश्वासराव
4- माधवराव (1761-72 ई.)
5- नारायणराव (1772-73 ई.)
6- सवाई माधवराव (1773-96 ई.)
अमृतराव
7- बाजीराव द्वितीय (1796-1818 ई.)
चिमनाजी अप्पा
नाना साहिब (दत्तक)

अध्याय

9

प्रारंभिक मध्यकालीन भारत

9.1 सामान्य सर्वेक्षण

द्वितीय महान रूपान्तरण–ईसाई युग की पहली सहस्राब्दि के मध्य तक भारतीय इतिहास में एक दूसरा महान रूपान्तरण प्रारंभ हो चुका था, जबकि पहला रूपान्तरण मौर्य एवं गुप्त साम्राज्य के दौरान पूर्व ऐतिहासिक चरण में सम्पन्न हुआ था। द्वितीय रूपान्तरण पूर्व मध्य काल से लेकर पूर्व आधुनिक काल तक लगभग 10 शताब्दियों तक (आठवीं सदी के मध्य से लेकर 18वीं सदी के मध्य तक) चलता रहा। इसके पूर्ववर्ती इतिहास में प्राचीन प्रवृत्तियाँ मौजूद थीं, अब वे उतनी शक्तिशाली नहीं थीं। इसके उत्तरकालीन इतिहास ने आधुनिकता की विशेषता को आकार दिया था। यह लम्बा मध्यकालीन रूपान्तरण पहली बार उन अभिलेखों के प्रसार में दिखाई दिया जो राजवंशीय सत्ताओं के क्षेत्रों में होने वाली विविध जनसंख्याओं की सामाजिक गतिविधियों को अभिलेखित करते थे। इस सन्दर्भ में हमें उन प्रमुख आविष्कारों पर विचार करना होगा जिन्होंने 1200 ईसवी से पहले पूर्व-मध्यकालीन शताब्दियों के दौरान समाजों एवं सामाजिक पहचानों को रूपान्तरित किया था।

भू-राजनैतिक पृष्ठभूमि–पल्लव एवं पुष्यभूतियों की भाँति अन्य पूर्व-मध्यकालीन राजवंश भी अपनी प्राचीन वंशावली रखते थे। गुप्तों की भाँति अधिकांश मध्यकालीन राजाओं का मूल निवास नदी घाटियों के साथ जुड़े उपजाऊ स्थानों पर था। किन्तु मध्यकालीन समाजों में लोगों ने कुएँ खोदकर, बांध, तालाब व नालियों का निर्माण करके एवं सिंचाई की नयी प्रविधियों के द्वारा कई उपजाऊ भू-भागों का निर्माण कर लिया था। इन नये उपजाऊ क्षेत्रों में उदित होने वाले मध्यकालीन राजतंत्र प्राचीन संस्कृतियों के अवशेष मात्र नहीं थे। वे सामाजिक शक्ति के श्रेष्ठ संगठन थे जिन्होंने नये प्रकार की सामाजिक पहचानों को जन्म दिया था। उनके अभिजात्य वर्गों के विभिन्न मूल थे और वे कई भाषाएँ बोलते थे। अभिलेखों से संकेत मिलता है कि पूर्व-मध्य काल में सामाजिक जीवन की भौगोलिक विशेषता में एक दृश्यमान क्रांति हुई थी क्योंकि हजारों नये लोगों एवं स्थानों के नाम पहली बार ऐतिहासिक अभिलेखों में सामने आये थे।

सामाजिक-आर्थिक पृष्ठभूमि–पहली सहस्राब्दि में अधिकांश नये राजवंश उन स्थानों पर विकसित हुए जहाँ लम्बे व्यापारिक मार्ग उपजाऊ घाटियों व डेल्टाओं से होकर गुजरते थे। पंजाब में वे गिरिपदों में बसे। वे गंगा, नर्मदा, ताप्ती, साबरमती, महानदी, कृष्णा, गोदावरी, पेन्नार, कावेरी और वैगई जैसी नदियों के किनारे बसे। प्रायद्वीप में वे नदियों के डेल्टा क्षेत्रों में विकसित हुए। मध्य काल में राजनीतिक भूगोल की जानकारियों को चित्रित करने वाला कोई भी मानचित्र बहुरूपदर्शी दिखाई देता है क्योंकि राजवंशीय भू-प्रादेशिक ईकाइयों का विस्तार प्राय: परिवर्तित होता रहा था किन्तु मध्य काल में विकसित सामाजिक पर्यावरण अपेक्षाकृत स्थिर आर्थिक क्षेत्रों में टिके थे तथा प्रमुख राजवंशों का जीवन काल औसतन 300 वर्षों से अधिक था, जबकि मौर्यों व गुप्तों के सन्दर्भ में यह क्रमश: 135 एवं 230 वर्ष ही था। उनकी सफलता उस केन्द्रीय भूमिका में निहित थी जो राजवंशों ने भौतिक व आध्यात्मिक शक्ति को संगठित करने के लिए सामाजिक प्रणालियों के निर्माण में निभाई थी।

इन राजवंशों ने स्थायी एवं अस्थायी जीवन शैली वाले लोगों के बीच रचनात्मक अन्तर्सम्पर्कों को बढ़ावा दिया। उन स्थानों में जहाँ स्थानीय अभिजात्य वर्ग गाँव तथा नगरों पर अपना प्रभुत्व रखता था वहाँ भी भ्रमणशील वणिकों, योद्धाओं, शिल्पियों एवं तीर्थयात्रियों के लिए सेवाएँ प्रदान की जाती थीं। इसी के फलस्वरूप राजवंश सांस्कृतिक भू-प्रादेशिक इकाइयों में परम्परा के सांस्कृतिक प्रतीक बन गये, जो कि अधिकांश आधुनिक सामाजिक पहचानों का आधार बन गया। ऐतिहासिक नवीकरण के लम्बे काल के दौरान सामाजिक पहचान के नये रूप व समूह अस्तित्व में आये। इनकी विदग्धता राजवंशीय सत्ता के अभिन्न प्रभाव क्षेत्रों में संकेन्द्रित थी, जहाँ राजा सामाजिक परिवर्तन के प्रवाह को दिशा देने के लिए स्थानीय अभिजात्य वर्ग के साथ सहयोग करते थे।

राजवंशीय मूल क्षेत्र–पूर्व-मध्यकालीन राज्यों ने अपनी शक्ति राजवंशीय मूल क्षेत्रों के सामाजिक समूहों से प्राप्त की थी। ये राज्य प्राचीन साम्राज्यों की तुलना में छोटे थे किन्तु समग्र रूप में अधिक समृद्ध, शक्तिशाली एवं उत्पादक थे। मध्यकालीन राजवंश क्षेत्रीय समाजों के साथ अधिक घनिष्ठता से जुड़े थे और इन समाजों ने उनकी उत्पादक क्षमताओं को अभूतपूर्व वृद्धि दर से बढ़ाया। इस सन्दर्भ में राजवंशीय अभिजात्य वर्ग ने स्वयं को पेशगियों व करों के माध्यम से सम्पन्न बनाया। इन्होंने अपनी सम्पदा का उपयोग स्थानीय अभिजात्य वर्गों के हितों की परियोजनाओं पर किया, जिनमें मन्दिर एवं मठों का निर्माण, कर्मकांडों का निष्पादन, सिंचाई विस्तार, विद्वान भिक्षुओं एवं ब्राह्मणों को समर्थन, डकैतों से खेतों व नगरों की रक्षा, घुसपैठियों के विरुद्ध अपने प्रदेशों की सुरक्षा तथा अन्य क्षेत्रों से कर वसूलने के लिए सेनायें भेजना आदि शामिल था। स्थानीय अभिजात्य भूमि एवं श्रम पर अपनी स्थानीय सत्ता को कायम रखने के लिए कर एवं भेंट देते थे और वे भूमि की उत्पादकता को बढ़ाने के लिए शासकों के साथ संयुक्त रूप से निवेश करते थे। राजवंशीय व्यवस्था में स्थानीय अभिजात्य वर्ग की भागीदारी ने राजवंश के मूल या कोर क्षेत्र में उसके स्थानीय समर्थन को बढ़ाया और उनकी दीर्घकालिकता को कायम रखा। सभी प्रमुख मध्यकालीन राजवंशों ने स्थानीय अभिजात्य पहचानों को आकार दिया और इनमें से अधिकांश पहचानें आधुनिक काल तक जारी रहीं।

क्षेत्रीय राज-व्यवस्थाओं का सामान्य प्रतिरूप–राजनीतिक व्यवस्थाओं का संगठन क्षेत्र व समय के अनुसार बदलता रहा किन्तु समकालीन अभिलेख कुछ सुनिश्चित सामान्य प्रतिरूपों का संकेत देते हैं। अधिकांश अभिलेखों में लोगों के बीच राजवंशीय उपाधियों के लेन-देन का चित्रण है जिससे पता चलता है कि संप्रभुता वैधानिक या संवैधानिक नियमों की बजाय इस प्रकार के लेन-देनों से उभरी थी। संप्रभुता के अन्तर्गत लोगों द्वारा सार्वजनिक अन्तर्सम्पर्कों में सम्मान एवं निष्ठा को अभिव्यक्त करना शामिल था। अभिलेखीय लेन-देनों में अधिकांशतः उपहार, संविदायें एवं प्रतिबद्धताएँ होती थीं, जिनके द्वारा लोग उच्चतर-अधीनतर सम्बन्धों में प्रवेश करते थे।

बहुल संप्रभुताओं का विकास

जैसे-जैसे राजाओं ने मौजूदा स्थानीय अभिजात्य वर्गों को अधीन बनाया और सार्वजनिक समारोहों में उनके दर्जे को राजकीय मान्यता प्रदान की वैसे-वैसे राजवंशों का विकास होता गया। पुराने स्थानीय शासकों को संप्रभुता की निचली श्रेणी में प्रतिस्थापित करना एक जोखिम भरी धोखाधड़ी थी क्योंकि इससे आस-पास अनेक गठजोड़ बन जाते थे। स्थानीय गठजोड़ों ने उभरते हुए राजवंशों को स्थानीय ताकत प्रदान की और महत्वाकांक्षी राजाओं ने उन्हें उपाधियाँ एवं सम्मान देकर मजबूत बनाया। राजवंशों के बीच स्थानीय अभिजात्यों पर सर्वोच्चता स्थापित करने को लेकर आपस में प्रतिस्पर्द्धा मौजूद थी और इन अभिजात्य वर्गों को कई बार एक से अधिक राजाओं द्वारा भी मान्यता मिल जाती थी। बहुल संप्रभुताओं ने श्रेणीक्रम का निर्माण किया, जैसे एक राजा, महाराजा या महाराजाधिराज बन गया और उसके अधीन कई शासकों के नाम (सामंत) जोड़े गये। फलस्वरूप स्थानीय लोग उच्च श्रेणी के पदधारी राजा को समर्थन प्रदान करने लगे। कोई भी बड़ा राजा तब बनता था, जब वह लोगों के अलावा अन्य राजाओं की मान्यता भी प्राप्त कर लेता था।

विस्तारमूलक राजवंशीय विकास–पूर्व मध्यकालीन शासकों ने अपने उत्तर-मध्यकालीन उत्तराधिकारियों के समान अपनी शक्ति स्थानीय संसाधनों पर अपने प्रत्यक्ष नियंत्रण को गहरा करके नहीं बल्कि सुदूरवर्ती प्रदेशों में आयोजित समारोहों में अधिक आडम्बरपूर्ण उपाधियाँ धारण करके तथा अधिक स्थानीय प्रभाव क्षेत्रों को बढ़ाकर अर्जित की थी। राजकीय प्रभावक्षेत्र कृषि उपनिवेशीकरण के साथ-साथ भी विस्तारित हुआ। यद्यपि प्रत्येक राजवंश अपना ध्यान अपने मूल प्रदेश पर रखता था और यह मात्र अपने वितान को फैलाकर ही अपना विकास कर सकता था। विस्तारमूलक राजवंशीय विकास ने नयी स्थानीयताओं में राजकीय सत्ता के नये छोटे-छोटे केन्द्रों का निर्माण किया जो कि मध्य काल में एक तार्किक प्रवृत्ति थी क्योंकि इस समय नये खेतों व गाँवों को बसाने के लिए

अधिकांश भूमि खाली पड़ी थी। ऐसे विस्तार ने स्थानीय अभिजात्यों की शक्ति को भी बढ़ाया, जिन्होंने ग्रामीण कृषि के विस्तार को संगठित व नियंत्रित किया था। मध्य काल में कहीं भी कृषि उपनिवेशीकरण की किसी बड़ी राज्य प्रायोजित योजना के प्रमाण नहीं मिलते हैं। स्थानीय अभिजात्यों ने खेती के विस्तार को नियंत्रित किया था। इस प्रकार उन्होंने अपने हाथों में उन संसाधनों को रखा जिनकी मध्यकालीन राजवंशों को सबसे अधिक आवश्यकता थी।

राजनीतिक भूगोल की बहुरूपदर्शी प्रकृति–राजनीतिक भूगोल उन स्थानों से संघटित होता है जहाँ अभिलेख प्राप्त होते हैं। इन स्थानों में बहुल या स्तरित संप्रभुताओं ने स्थानीयता को निगल लिया था क्योंकि स्थानीय शासक उन राजवंशों को मान्यता देते थे जिनका शाही विस्तार विभिन्न दिशाओं में हुआ था। ऐसे कई विशाल भू-भाग हैं, जहाँ कोई अभिलेख नहीं मिलता है। इस प्रकार राजवंशीय प्रभाव क्षेत्र स्थायी सीमाओं के साथ सुनिश्चित राज्य भू-भाग की अपेक्षा अभिलेखीय स्थलों के एक विस्थापित द्वीप समूह को दर्शाते हैं। संप्रभुता का यह स्थानीय प्रतिरूप आधुनिक राजनीतिक संस्थाओं के क्रमिक रूप से सामने आने तक जारी रहा जो कि 16वीं शताब्दी में आरम्भ हुआ और 19वीं शताब्दी में जाकर परिपक्व हुआ था।

साम्राज्यवाद और क्षेत्रवाद का संयोजन

अधिकांश मध्यकालीन राजवंशों में साम्राज्यवाद, क्षेत्रवाद एवं स्थानीयतावाद के तत्व मौजूद थे। इनमें से अधिकांश ने साम्राज्यों की भाँति विस्तार किया। सभी ने प्रतिस्पर्द्धा के क्षेत्रों का निर्माण किया और संप्रभुता का उल्लंघन किया। पूर्ववर्ती राजवंश केन्द्रीय भू-प्रादेशिक इकाईयों से प्राप्त स्थानीय समर्थन पर पल्लवित हुए थे। तमिलनाडु विस्थापित सांस्कृतिक भू-प्रदेश के उस प्रतिरूप को दर्शाता है जो इन्होंने बनाये थे।

- छठी शताब्दी से शुरू होकर 17वीं सदी तक चले इस दौर में पल्लव, चोल, पांड्य, चेर, विजयनगर एवं नायक राजवंशों के बीच संप्रभुताओं का अतिक्रमण हुआ और ये सभी राजवंश तमिल भाषा बोलते थे और अपनी भू-प्रादेशिक सत्ता कर्नाटक, केरल, आंध्र प्रदेश एवं उत्तरी श्रीलंका तक विस्तारित कर चुके थे।
- तमिल प्रदेश में सबसे बड़ा राजवंश विजयनगर (कर्नाटक) में 14वीं सदी के दौरान उभरा, जिसके शासक तेलुगू और कन्नड़ बोलते थे।
- तमिलभाषी लोगों पर शासन करने वाले सभी राजवंश अपने खुद के गृहक्षेत्रों में स्थानीयता के साथ प्राथमिक रूप से जुड़े हुए थे। पांड्य देश (मदुरई के आस-पास) से प्राप्त अभिलेखों में चोल विजय का उल्लेख साम्राज्यीय प्रभुत्व के रूप में किया गया है जबकि तंजावुर के चोल अभिलेखों में पांड्य विजय को भी इसी रूप में दर्शाया गया है। मध्यकालीन शब्दों में चोल एवं पांड्य राजा पृथक् देशों पर शासन करते थे, जो प्रादेशिक सीमाओं की बजाय व्यक्तिगत निष्ठाओं द्वारा परिभाषित थे।
- सर्वाधिक लचीला मध्यकालीन भू-प्रदेश 'नाडु' था जिसमें कुछ गाँव शामिल होते थे। अकेले पांड्य देश में मदुरई के दक्षिण में 30 नाडु थे। मध्यकालीन नाडु एक स्थानीय प्रभाव क्षेत्र था, जिसके चारों ओर निजी निष्ठा एवं गठजोड़ का एक व्यापक तंत्र बुना जाता था। फिर भी स्थानीय प्रभाव क्षेत्रों को संस्कृति के व्यापक तंत्रों में परिभाषित किया गया था जैसा कि इस तथ्य से प्रकट होता है कि नाडु शब्द ने संप्रभुता के क्षेत्रों को अतिक्रमित कर दिया था और आज भी तमिलनाडु के रूप में इसका उदाहरण जीवित है।

दक्षिण भारत एवं दक्कन के योद्धा राजवंश–जैसे ही ईसाई युग की पहली सहस्त्राब्दि ने दूसरी के लिए मार्ग दिया वैसे ही राजनीतिक भूगोल की परिरेखायें भी बदलती चली गईं। प्रायद्वीप में चोल साम्राज्यीय चरम विस्तार के बाद, राजवंशीय शक्ति का केन्द्र तटवर्ती क्षेत्रों से हटकर आंतरिक भू-भागों में विस्थापित हो गया जहाँ लड़ाकू, खानाबदोश एवं पशुचारक कई शताब्दियों से योद्धा-कृषक गठजोड़ में रूपान्तरित हो रहे थे। राजवंशीय शक्ति के नये केन्द्र कर्नाटक, आंध्र एवं महाराष्ट्र में उभरे जहाँ स्थानीय योद्धाओं ने उन शत्रुओं का सामना किया जो मालवा, राजस्थान, अफगानिस्तान एवं मध्य एशिया से यहाँ आये थे। खानदेश, बरार, महाराष्ट्र, आंध्र एवं कर्नाटक में आधारित उत्तर मध्यकालीन सैन्यवाद अपनी सामाजिक जड़ें दक्कन के प्राचीन इतिहास में रखता था। मुख्यतः कृषि समुदायों के भीतर व आस-पास योद्धाओं के संचरण से राजवंशों का उदय हुआ किन्तु ये पशुचारक, आखेटक एवं पर्वतीय समाजों से भी आये थे। पूर्ववर्ती राजवंश पशुचारक अधिक थे किन्तु बाद के राजवंश कृषि पर आधारित थे। दक्कन में, जहाँ सूखा एक सामान्य बात थी, गर्मी व शुष्कता में लड़ने की इच्छाशक्ति व तत्परता स्वाभाविक थी। सभी प्रभावी कृषि जातियों (जो मध्यकालीन दक्कन में मौजूद थीं) में सैनिक एवं किसान शामिल थे।

राजस्थान एवं मध्य भारत के राजपूत योद्धा राजवंश– राजस्थान में एकमात्र प्रभावी योद्धा समूह विकसित हुआ जिसे राजपूत (राजपुत्र से व्युत्पन्न) कहते थे जो कृषि कार्य से पूर्णत: विरत थे और मात्र उनके अधीनस्थ किसान ही यह कार्य करते थे।

नौवीं शताब्दी में चौहान, परमार, गुहिल (सिसौदिया) एवं चालुक्य (सोलंकी) जैसे पृथक् राजवंशों का गुर्जर-प्रतिहारवंश से प्रशाखन हुआ। गुर्जर-प्रतिहार वंश के पूर्वज पशुचारक थे और उन्होंने राजस्थान, मालवा एवं गंगा घाटी में एक साम्राज्यीय मध्यकालीन राजवंश का निर्माण किया था। बाद की शताब्दियों में पृथक् राजपूत राजवंश मैदानों एवं आस-पास के पर्वतीय क्षेत्रों में फैलते गये और किले बनाकर किसानों पर शासन करने लगे। राजपूत शासकों ने मन्दिरों का निर्माण किया और ब्राह्मणों को नियोजित किया किन्तु युद्ध व वंश के उनकी निष्ठा तथा समर्पण एवं किसानों पर सर्वोच्चता राजपूत धर्म के वास्तविक मानदंड थे।

उन्होंने मित्रों एवं अनुसरणकर्ताओं को आकर्षित किया क्योंकि उन्होंने खुद को आदर्श क्षत्रिय के रूप में दर्शाया। राजपूतों का सांस्कृतिक प्रभाव उनके मित्रों, प्रतिस्पर्धियों एवं अनुकरणकर्ताओं पर भी व्यापक रूप से पड़ा। वंशावलियाँ, जिनमें राजपूत पूर्वजों का गौरवशाली अभिलेखन होता था, महत्वाकांक्षी शासकों के बीच एक महत्वपूर्ण सम्पदा बन गईं। ये शासक 18वीं शताब्दी तक पूर्वी राजस्थान में मौजूद रहे। पूर्वी एवं मध्य भारत के पर्वतीय भागों में जनजातीय राज्यों का सांस्कृतिक राजपूतीकरण भी चलता रहा। राजस्थान, पश्चिमी गंगाघाटी एवं पंजाब में जाट, कृषक वंशों के योद्धाओं के रूप में उदय ने भी उत्तर भारत में राजपूत सर्वोच्चता को बढ़ाया। जाटों ने किलेबन्द गाँव एवं पर्वतीय दुर्गों का निर्माण किया।

अफगानिस्तान एवं मध्य एशिया के घुड़सवार खानाबदोश–

मध्यकालीन भारत में योद्धाओं के तीसरे समूह में तुर्क, अफगान एवं मंगोल वंश के घुड़सवार खानाबदोश शामिल थे जिन्होंने अफगानिस्तान, फारस एवं मध्य एशिया की उच्च भूमियों में योद्धा समाज के रूप में अपना प्रभुत्व स्थापित किया था। 10वीं शताब्दी के बाद ये निम्न भूमियों में एक प्रभावी सैन्य शक्ति बन गये। महमूद गजनवी के पिता सुबुक्तगीन ने पंजाब में हिन्दूशाही वंश के शासकों के साथ युद्ध किया ताकि अफगानिस्तान एवं फारस में अपने युद्धों के लिए जरूरी राज कर प्राप्त कर सके।

997 ईसवी में महमूद गद्दी पर बैठा और उसने अपने पिता की महत्वाकांक्षाओं को सभी दिशाओं में विस्तारित किया। उसने अफगानिस्तान एवं फारस को जीता और खलीफा से यामीन अल दौला (राज्य का दायां हाथ) की उपाधि प्राप्त की और भारत पर 17 बार आक्रमण करके स्थानीय शासकों से कर वसूला। महमूद ने अपनी कुछ सम्पदा का प्रयोग अल-बरूनी (विख्यात भूगोल विद) को समर्थन देने के लिए भी किया। अल-बरूनी ने अरब भूगोलशास्त्रियों द्वारा वर्णित किये गये व्यापारिक मार्गों की यात्रा की और अपनी जानकारी के द्वारा महमूद के पश्चिम की ओर विस्तार एवं पूर्व व दक्षिण की ओर आक्रमणों को दिशा-निर्देशित किया। अल-बरूनी के भूगोल में सिन्धु गंगा घाटी एवं हिन्द महासागर तट के सभी महत्वपूर्ण स्थानों का उल्लेख है। गजनी में संभवत: समृद्ध भारतीय व्यापारियों ने महमूद को अपने सैन्य आक्रमणों के लिए सर्वाधिक लाभकारी स्थानों की जानकारी उपलब्ध कराई होगी। महमूद के समय तक सिन्धु एवं गंगा घाटी, राजस्थान व गुजरात की भाँति, मध्य एशिया के व्यापारिक जगत का भाग बन चुके थे और महमूद इन्हें मध्य एशियाई राजनीति के अन्तर्गत लेकर आया।

राजनीतिक बिखराव पर अत्यधिक जोर–भारतीय इतिहास में 11वीं एवं 12वीं सदियों को मुस्लिम आक्रमणों के राजनीतिक परिणामों के सन्दर्भ में देखा जाता है न कि एक सतत् ऐतिहासिक प्रक्रिया द्वारा विकसित एक परिस्थिति के रूप में। इस प्रकार देश के राजनीतिक बिखराव एवं निरंतर युद्ध पर जोर दिया जाता है और ऐसी राजनीतिक परिस्थिति द्वारा दर्शायी जाने वाली व्यापक सामाजिक संरचना को ध्यान में नहीं रखा जाता। अभिलेखीय प्रमाणों से, जो कि पूरे भारत में पहली बार इतनी अधिक संख्या में मिले हैं, पता चलता है कि सम्पूर्ण देश में विभिन्न श्रेणियों के सामाजिक एवं राजनीतिक अभिजात्यों का उदय हो रहा था। ये अभिजात्य या तो लाभार्थी थे या फिर स्थानीय सरदार जो उस क्षेत्र में सामाजिक व राजनीतिक श्रेष्ठता का दर्जा पाने के इच्छुक थे।

नये सामाजिक व राजनीतिक अभिजात्य वर्गों का उदय– इस प्रकार पूर्व मध्यकालीन भारत में सामंतों, महासामंतों, मण्डलेश्वरों, महामण्डलेश्वरों, राजकुलों, राजपुत्रों के विभिन्न समूह सर्वाधिक महत्वपूर्ण थे और ये सभी मूलत: भूमि से जुड़े थे किन्तु विभिन्न क्षेत्रीय अभिव्यक्तियों द्वारा जाने जाते थे। इनके तथा राजपरिवारों के प्रमुखों के बीच का सम्बन्ध संभवत: विभिन्न रूप से परिभाषित थे और दरबारी पदानुक्रम की व्यवस्था के द्वारा इस सम्बन्ध की प्रकृति निर्धारित होती

थी। यह कहने की आवश्यकता नहीं है कि इस प्रकार की स्थिति ने सैन्यवाद को बढ़ावा दिया जो कि शासक राजवंशों के निरन्तर निर्माण में प्रतिबिम्बित होता है। यह प्रक्रिया समकालीन राजनीतिक सिद्धान्त में भी स्वीकार की गई है जिसमें राजा की अवधारणा को एक लचीली परिभाषा प्रदान की गई थी। कुछ पूर्व मध्यकालीन राज्य शक्ति के अबाध केन्द्रों में स्थित थे, जबकि कुछ पृथक् क्षेत्रों में उदय हुए थे और इन क्षेत्रों में नयी सामाजिक प्रक्रियाओं की शुरूआत को चिन्हित करते थे। पूर्ववर्ती कालों की भाँति ये राजवंश और राज्य एक ब्राह्मणवादी ढांचे के अन्तर्गत अपनी वैधता को प्राप्त करने के इच्छुक थे।

सम्माननीय वंशावलियों का निर्माण

इतिहास-पुराण परम्परा अब अपने सर्वोच्च स्तर पर पहुँच चुकी थी और सम्माननीय वंशावलियों का निर्माण होने लगा जिनमें राजवंशों के पूर्वजों को सूर्य, चन्द्रमा या अन्य मिथकीय रूपों के साथ जोड़ा गया। अधिकांशतः संस्कृत में रचित ये वंशावलियाँ कभी-कभी अतिरंजित रूप में तथा कभी-कभी वास्तविक रूप में राजवंशों को सैन्य शोषण के लिए जरूरी राजनीतिक छवि उपलब्ध कराने में सहायता करती थीं। इस प्रकार नया राजनीतिक अभिजात्य वर्ग अपने द्वारा शासित क्षेत्रों पर प्रभावी नियंत्रण को सुनिश्चित करने के लिए पुरोहित वर्ग तथा मन्दिरों जैसी संस्थाओं पर निर्भर था।

शासक एवं पुरोहित वर्गों के बीच सहयोग—यह सहयोग का तंत्र व्याख्या करता है कि क्यों ब्राह्मणों एवं मन्दिरों को दिये जाने वाली अनुदानों की संख्या बढ़ती गई। उदाहरण के लिए पल्लव एवं चोल काल के मध्य इस प्रकार के अनुदानों की तुलना की जा सकती है। चोल अभिलेखों का अध्ययन दर्शाता है कि ब्रह्मदेय गाँव का वितरण उनकी समस्त भू-प्रादेशिक इकाइयों में हुआ था और ऐसे गाँव में व्यवस्थित रूप से सभाएँ स्थापित की गई थीं, जिनमें केवल ब्राह्मण सदस्य होते थे। इससे पता चलता है कि मात्र धार्मिक उद्देश्यों को लेकर ही ये अनुदान नहीं दिये गये थे। अनुदानों की दूसरी श्रेणी देवदान मन्दिर को न केवल ग्रामीण क्षेत्रों में बल्कि कुछ शहरी क्षेत्रों में भी गतिविधियों का मुख्य केन्द्र बनाती थी।

सामंतीकरण की प्रक्रिया—पूर्व मध्य काल को प्रायः भारतीय समाज में एक प्रमुख संरचनात्मक परिवर्तन को दर्शाने वाले युग के रूप में देखा जाता है। अर्थव्यवस्था ग्राम केन्द्रित थी तथा कार्यों की बढ़ती संख्या के कारण भू-बिचौलियों का विस्तार हुआ था, जिससे बाद में सामंती विशेषताएँ उभरकर सामने आने लगीं। व्यापार, शहरी केन्द्रों एवं पुरानी श्रेणियों का पतन होने से निम्न जातियों की स्थिति में और गिरावट आ गई थी। स्रोतों से ज्ञात होता है कि, ग्रामीण समाजों का संगठन इस प्रकार किया गया कि राज्य के लिए अधिकतम मात्रा में राजस्व प्राप्त किया जा सके। इस राजनीतिक संरचना में व्यापारिक गतिविधियों की भूमिका तुलनात्मक रूप से अधीनतामूलक थी फिर भी इस काल में एक निर्णायक चरण तक पहुँचने वाली क्षेत्रों के क्रिस्टलीकरण की प्रक्रिया बताती है कि ठहराव एक सामान्य लक्षण नहीं था। इस काल के क्षेत्र अभी भी आरम्भिक अवस्था में थे किन्तु वे पूर्वकालीन जनपद इकाइयों के पूर्णतः समान नहीं थे।

क्षेत्रवाद के सांस्कृतिक पहलू—राजनीतिक प्रक्रिया के अलग हटकर क्षेत्रों के उदय में अनेक सांस्कृतिक पहलू भी निहित थे। यद्यपि इन क्षेत्रों के उदय के लिए उत्तरदायी कारकों की पहचान करना आसान नहीं है फिर भी जाति एवं भाषा की संरचना के क्षेत्रीय संदर्भ को पहचान का आधार बनाया जा सकता है। जाति का निर्माण सांस्कृतिक एवं व्यावसायिक परिवर्तनों का परिणाम था और इस प्रक्रिया का विश्लेषण ही हमें एक क्षेत्र की सांस्कृतिक गतिशीलता का एक सूचक उपलब्ध करा सकता है। इसी प्रकार की गतिशीलता क्षेत्रीय भाषाओं के विकास के कालक्रमिक चरणों में देखी जा सकती है। संस्कृत राजकीय भाषा बनी रही किन्तु किसी क्षेत्र के लिए वहाँ की क्षेत्रीय भाषा ही सबसे अच्छा माध्यम थी। यह प्रवृत्ति महाकाव्यों के क्षेत्रीकरण में स्पष्ट दिखाई देती है। राज्य शक्ति के अबाध केन्द्रों में स्थित थे, जबकि कुछ पृथक् क्षेत्रों में उदय हुए थे और इन क्षेत्रों में नयी सामाजिक प्रक्रियाओं की शुरूआत को चिन्हित करते थे। पूर्ववर्ती कालों की भांति ये राजवंश और राज्य एक ब्राह्मणवादी ढांचे के अन्तर्गत अपनी वैधता को प्राप्त करने के इच्छुक थे।

9.2 उत्तर भारत के प्रमुख राजवंश

प्रतिहार

उत्पत्ति

प्रतिहार प्रसिद्ध गुर्जरों की एक शाखा थे। गुर्जर उन मध्य एशियाई कबीलों में से एक थे, जो गुप्त साम्राज्य के पतन के बाद हूणों के साथ आए थे। राष्ट्रकूट रिकॉर्डों के अनुसार प्रतिहार गुर्जरों से सम्बद्ध थे। अबु जैद एवं अल-मसूदी जैसे अरब लेखकों ने उत्तर के गुर्जरों से उनके संघर्ष का उल्लेख किया है। सबसे महत्वपूर्ण प्रमाण कन्नड के कवि पंपा का है, जिसने महीपाल को 'गुर्जरराज' कहा है। यह नाम राष्ट्रकूट

दरबार के 'प्रतिहार' (उच्च अधिकारी) पद धारण करने वाले राजा से व्यूत्पन्न है।

नागभट्ट प्रथम-प्रतिहार सर्वप्रथम आठवीं शताब्दी के मध्य में लोकप्रिय हुए जब उनके शासक नागभट्ट प्रथम ने अरबों के आक्रमण से पश्चिम भारत की रक्षा की तथा भड़ौच तक अपना प्रभुत्व स्थापित किया। उसने अपने उत्तराधिकारियों को मालवा, गुजरात तथा राजस्थान के कुछ हिस्सों समेत एक शक्तिशाली राज्य सौंपा। नागभट्ट प्रथम के उत्तराधिकारी उसके भाई के पुत्र ककुष्ठ तथा देवराज थे तथा दोनों ही महत्वपूर्ण नहीं थे।

वत्सराज-वत्सराज एक शक्तिशाली शासक था तथा उसने उत्तर भारत में एक साम्राज्य की स्थापना की। उसने प्रसिद्ध भांडी वंश को पराजित किया, जिनकी राजधानी सम्भवत: कन्नौज थी। उसने बंगाल के शासक धार्मपाल को भी पराजित किया तथा एक महान साम्राज्य की नींव डाली। लेकिन उसे राष्ट्रकूट शासक ध्रुव ने बुरी तरह पराजित किया।

नागभट्ट द्वितीय-वत्सराज का उत्तराधिकारी उसका पुत्र नागभट्ट द्वितीय था, जिसने अपने परिवार की खोई हुई प्रतिष्ठा को पुनः प्राप्त करने का प्रयास किया। लेकिन वह अपने पूर्वज की भांति दुर्भाग्यशाली सिद्ध हुआ और उसे राष्ट्रकूट शासक गोविंद तृतीय से पराजित होना पड़ा। नागभट्ट द्वितीय ने दूसरी दिशाओं में अपनी तकदीर आजमाई। उसने कन्नौज पर आक्रमण कर धर्मपाल के नामजद शासक चक्रयुद्ध को पदच्यु किया तथा कन्नौज को प्रतिहार राज्य की राजधानी बनाया। अपने अधीनस्थ शासक की पराजय का बदला लेने के लिए धर्मपाल ने तैयारियां शुरू कर दीं तथा संघर्ष अवश्यंभावी हो गया। प्रतिहार शासक ने धर्मपाल को पराजित कर मुंगेर तक अधिकार कर लिया।

उसके पोते के ग्वालियर अभिलेख के अनुसार नागभट्ट द्वितीय ने अनर्त्त (उत्तरी कठियावाड़), मालवा या मध्य भारत, मत्स्य या पूर्वी राजपूताना, कीरात (हिमालय का क्षेत्र), तुरुष्क (पश्चिम भारत के अरब निवासी) तथा कौशांबी (कोसम) क्षेत्रों में वत्सों को पराजित किया। नागभट्ट द्वितीय के अधीन प्रतिहार साम्राज्य की सीमा में राजपूताना के भाग, आधुनिक उत्तर प्रदेश का एक बड़ा भाग, मध्य भारत, उत्तरी कठियावाड़ तथा आस-पास के क्षेत्र थे। नागभट्ट द्वितीय का उत्तराधिकारी उसका पुत्र रामभद्र था, जिसके तीन वर्षों के छोटे शासन काल में पाल शासक देवपाल की आक्रामक नीतियों के कारण प्रतिहारों की शक्ति पर ग्रहण लग गया।

मिहिर भोज-रामभद्र के पुत्र मिहिरभोज के राज्यारोहण के साथ ही प्रतिहारों की शक्ति दैदीप्तमान हो गई। उसने अपने वंश का वर्चस्व बुंदेलखंड में पुनः स्थापित किया तथा जोधपुर के प्रतिहारों (परिहार) का दमन किया। भोज के दौलतपुर ताम्रपत्र अभिलेख से ज्ञात होता है कि प्रतिहार शासक मध्य तथा पूर्वी राजपूताना में अपना वर्चस्व स्थापित करने में सफल रहा था। उत्तर में उसका वर्चस्व हिमालय की पहाड़ियों तक स्थापित हो चुका था, जैसा कि गोरखपुर जिले में एक कालचुरी राजा को दिए गए एक भूमि अनुदान से ज्ञात होता है। लेकिन भोज का साम्राज्यवादी लक्ष्य सभी जगह सफल नहीं रहा। वह पाल शासक देवपाल से पराजित हुआ। पूरब की इस पराजय से निराश न होते हुए उसने अपना ध्यान दक्षिण की ओर केंद्रित किया एवं दक्षिण राजपूताना एवं उज्जैन के आस-पास के क्षेत्रों समेत नर्मदा तक अधिकार कर लिया। अब उसका सामना राष्ट्रकूटों से हुआ जिसके शासक ध्रुव द्वितीय ने उसके विजय अभियानों पर रोक लगाई।

शक्तिशाली पाल शासक देवपाल की मृत्यु के बाद राजनैतिक परिदृश्य में परिवर्तन हुआ तथा राष्ट्रकूटों ने बंगाल पर आक्रमण किया। भोज ने कमजोर नारायण पाल को पराजित कर उसके पश्चिमी क्षेत्रों के बड़े भाग पर अधिकार कर लिया। इस विजय से प्रेरित होकर भोज ने राष्ट्रकूट शासक कृष्ण तृतीय पर भी आक्रमण कर दिया और कृष्ण तृतीय को नर्मदा के किनारे पराजित कर मालवा पर अधिकार कर लिया।

इस प्रकार भोज का विशाल साम्राज्य उत्तर-पश्चिम में सतलज, उत्तर में हिमालय की पहाड़ियों, पूर्व में बंगाल, दक्षिण तथा दक्षिण-पूर्व में बुंदेलखंड तथा वत्स के क्षेत्र, दक्षिण-पश्चिम में नर्मदा तथा सौराष्ट्र एवं पश्चिम में राजपूताना के हिस्सों तक फैला हुआ था। भोज का शासन काल काफी लम्बा 46 वर्षों तक का था। अरब यात्री सुलेमान ने उसकी उपलब्धियों का उल्लेख किया है।

महेंद्रपाल प्रथम भोज का उत्तराधिकारी उसका पुत्र महेंद्रपाल प्रथम था। उसकी सर्वाधिक महत्वपूर्ण उपलब्धि मगध तथा उत्तरी बंगाल की विजय थी। महेंद्रपाल प्रथम विद्वानों का उदार संरक्षक था। उसके दरबार का सबसे प्रतिभाशाली व्यक्ति राजशेखर है जिसकी अनेक रचनाएं हैं-*कर्पूरमंजरी बाल रामायण, बाल* तथा *भारत, काव्य मीमांसा*।

महिपाल-महेंद्रपाल की मृत्यु के बाद गद्दी पर अधिकार के लिए संघर्ष छिड़ गया। पहले उसके पुत्र भोज द्वितीय ने राजगद्दी पर अधिकार कर लिया। एक बार फिर इंद्र तृतीय के अधीन राष्ट्रकूटों ने प्रतिहारों पर प्रहार किया तथा कन्नौज नगर को नष्ट कर दिया।

लेकिन इंद्र तृतीय के दक्कन वापस लौट जाने के बाद महिपाल को अपनी स्थिति सुधारने का मौका मिला। अरब यात्री अल-मसूदी, जो 1915-16 में भारत आया था, ने कन्नौज के राजा की शक्ति तथा उसके संसाधनों का उल्लेख किया है जिसका राज्य पश्चिम में सिंध तक तथा दक्षिण में राष्ट्रकूट सीमा तक था। अरब यात्री ने राष्ट्रकूटों तथा प्रतिहारों के संघर्ष की पुष्टि की है तथा प्रतिहारों की महत्वपूर्ण सेना का उल्लेख किया है।

परवर्ती शासक–महिपाल का पुत्र तथा उत्तराधिकारी महेंद्रपाल द्वितीय था जिसके काल में साम्राज्य अविछिन्न बना रहा। चंदेलों के स्वतंत्र हो जाने के बाद देवपाल के शासन काल में साम्राज्य टूटना प्रारंभ हो गया। देवपाल के शासन काल में प्रारंभ विघटन की प्रक्रिया विजयपाल के शासन काल में बढ़ गई। दसवीं शताब्दी में जब विजयपाल का उत्तराधिकारी राज्यपाल शासक बना, तब तक प्रतिहार साम्राज्य की शक्ति समाप्त हो चकी थी। सन 1036 ई. के एक अभिलेख में उल्लिखित यशपाल सम्भवत: इस वंश का अंतिम शासक था।

पाल

गोपाल–शशांक की मृत्यु के बाद 650 से 750 ई. के बीच बंगाल का इतिहास अराजकता तथा अस्त-व्यस्तता से परिपूर्ण था, जिसका परिणाम था- राजनीतिक विघटन। इस अराजकता तथा अस्त-व्यस्तता के विरुद्ध स्वाभाविक प्रतिक्रया हुई। सम्भवत: बंगाल के मुख्य लोगों ने गोपाल को समूचे राज्य का शासक चुना। गोपाल ने एक वंश की स्थापना की, जिसने बंगाल में लगभग चार शताब्दी तक शासन किया। उसका जन्म सम्भवत: पुंड्रवर्धन (बोगरा जिला) में हुआ था। गोपाल की वास्तविक शासन सीमा को तय करना कठिन है लेकिन सम्भवत: उसने सम्पूर्ण बंगाल पर अपना नियंत्रण स्थापित कर लिया था। गोपाल बौद्ध धर्म का प्रबल अनुयायी था और ओदंतपुरी (आधुनिक बिहार शरीफ) का बौद्ध विहार सम्भवत: उसी ने बनवाया था।

धर्मपाल–गोपाल का उत्तराधिकारी उसका पुत्र धर्मपाल था जिसने पाल राज्य को महानता प्रदान की। राज्यारोहण के तुरंत बाद ही धर्मपाल को उस काल की दो मुख्य शक्तियों-प्रतिहार और राष्ट्रकूट के साथ संघर्ष में उलझना पड़ा। प्रतिहार शासक वत्सराज ने धर्मपाल को एक युद्ध में हरा दिया, जो गंगा के दोआब क्षेत्र में कहीं लड़ा गया था, लेकिन वत्सराज के अपनी विजय का सुख भोगने से पहले ही राष्ट्रकूट राजा ध्रुव ने उसे पराजित कर दिया। उसके बाद उसने धर्मपाल को पराजित किया तथा कुछ समय के बाद दक्कन की ओर प्रस्थान किया।

इन सभी पराजयों के बावजूद धर्मपाल को उसकी उम्मीद से ज्यादा फायदा हुआ। प्रतिहार शक्ति के पराजय तथा राष्ट्रकूटों के वापस चले जाने के बाद धर्मपाल अब महान पाल साम्राज्य स्थापित करने की सोच सकता था। धर्मपाल ने कन्नौज की गद्दी पर चक्रयुद्ध को बैठाया।

धर्मपाल के अधीन पाल साम्राज्य काफी विस्तृत था। बिहार और बंगाल सीधे उसके शासन के अधीन आते थे। इसके अलावा कन्नौज का राज्य धर्मपाल पर आश्रित था तथा वहां के शासक को धर्मपाल ने नामजद किया था। कन्नौज से आगे पंजाब, राजपूताना, मालवा तथा बेरार के कई छोटे-छोटे राज्यों ने भी धर्मपाल की अधीनता स्वीकार की।

धर्मपाल के विजय अभियान को उसके प्रतिहार प्रतिद्वन्द्वी नागभट्ट द्वितीय ने चुनौती दी तथा कन्नौज से उसके आश्रित चक्रयद्ध को खदेड़ दिया। इन दोनों शासकों के बीच अब श्रेष्ठता की लड़ाई अवश्यंभावी हो गई। प्रतिहार शासक मुंगेर तक चला गया तथा एक घमासान यद्ध में धर्मपाल को पराजित किया। लेकिन धर्मपाल को समय रहते राष्ट्रकूट राजा गोविन्द तृतीय ने बीच-बचाव कर बचा लिया जिससे शायद धर्मपाल ने सहायता माँगी थी। लगभग 32 वर्षों के शासन काल के बाद धर्मपाल की मृत्यु हो गई तथा उसके विशाल राज्य का स्वामी उसका बेटा देवपाल बना।

वह बौद्ध था तथा उसने भागलपुर के निकट विक्रमशील के प्रसिद्ध महाविहार का निर्माण कराया। सोमपर (पहाडपुर) के विहार के निर्माण का श्रेय भी उसी को दिया जाता है। तारानाथ के अनुसार धर्मपाल ने 50 धार्मिक संस्थानों की स्थापना की तथा वह महान बौद्ध लेखक हरिभद्र का संरक्षक भी था।

देवपाल–धर्मपाल का उत्तराधिकारी देवपाल बना जिसे सर्वाधिक शक्तिशाली पाल शासक माना जाता है। शिलालेखों से प्राप्त जानकारी के अनुसार उसे हिमालय से विंध्य तक तथा पूर्वी पश्चिमी समुद्र तक के क्षेत्रों को जीतने का श्रेय दिया जाता है। कहा जाता है कि, उसने गुर्जरों तथा हूणों को पराजित किया और उत्कल तथा कामरूप पर अधिकार कर लिया। जिन हूण तथा कंबोज शासकों को देवपाल ने पराजित किया उनकी पहचान कभी स्थापित नहीं हो पाई है। गुर्जर प्रतिद्वन्द्वी मिहिरभोज को माना जा सकता है जिसने अपने राज्य का विस्तार पूर्व की ओर करना चाहा था किन्तु देवपाल ने उसे पराजित कर दिया।

अपने पिता की तरह देवपाल भी बौद्ध था तथा इस रूप में उसकी ख्याति भारत के बाहर कई बौद्ध देशों में फैली। जावा के शैलेन्द्र शासक बलपुत्र देव ने देवपाल के पास अपना राजदूत भेजकर उससे नालंदा के एक बौद्ध विहार को पांच गांव दान में देने का आग्रह किया। देवपाल ने आग्रह स्वीकार कर लिया। बौद्ध कवि वज्रदत्त देवपाल के दरबार में रहता था जिसने *लोकेश्वर शतक* की रचना की।

एक अरब व्यापारी सुलेमान, जो भारत आया था और जिसके अपनी यात्रा का विवरण 85 ई. में लिखा, पाल राज का नाम रूमी बताता है। उसके अनुसार पाल शासक का गुर्जरों एवं राष्ट्रकूटों से युद्ध चलता था तथा उसके पास अपने प्रतिद्वन्द्वियों से अधिक सेना थी।

परवर्ती पाल–देवपाल की मृत्यु के साथ ही पाल साम्राज्य का गौरव समाप्त हो गया तथा वह फिर से प्राप्त नहीं किया जा सका। उसके उत्तराधिकारियों के काल में राज्य का विघटन धीरे-धीरे होता रहा। देवपाल का उत्तराधिकारी विग्रहपाल था। तीन या चार साल के छोटे शासन काल के बाद विग्रहपाल ने गद्दी त्याग दी।

विग्रहपाल के पुत्र और उत्तराधिकारी नारायण पाल का शासन काल बड़ा था। राष्ट्रकूट राजा अमोघवर्ष ने पाल शासक को पराजित किया। प्रतिहारों ने धीरे-धीरे पूर्व की ओर अपनी शक्ति का विस्तार प्रारंभ किया। नारायण पाल को न सिर्फ मगध से हाथ धोना पड़ा अपितु पाल राज्य का मुख्य भाग उत्तरी बंगाल भी उसके हाथ से निकल गया। यद्यपि अपने शासन के अंतिम चरणों में उसने प्रतिहारों से उत्तरी बंगाल और दक्षिणी बिहार को छीन लिया क्योंकि प्रतिहार राष्ट्रकूटों के आक्रमण के कारण कमजोर हो गए थे।

नारायणपाल का उत्तराधिकारी उसका पुत्र राज्यपाल बना तथा राज्यपाल का उत्तराधिकारी उसका पुत्र गोपाल द्वितीय था। इन दो शासकों का शासन पाल शक्ति के लिए अनर्थकारी सिद्ध हुआ। चंदेल तथा कालचुरी आक्रमणों के कारण पाल साम्राज्य चरमरा गया।

पालों की गिरती हुई साख को कुछ हद तक महिपाल प्रथम ने 98 ई.पू. में अपने राज्यारोहण के बाद संभाला। महिपाल के शासन काल की सबसे महत्वपूर्ण घटना बंगाल पर राजेन्द्र चोल का आक्रमण है। राजेन्द्र चोल के उत्तरी अभियान का विवरण उसके तिरुमलाई शिलालेख में मिलता है। यद्यपि चोल आक्रमण द्वारा बंगाल में उसकी संप्रभुता स्थापित नहीं हो सकी। उत्तरी और पूर्वी बंगाल के अलावा महिपाल बर्दवान प्रभाग के उत्तरी भाग को भी वापस पाल राज्य में मिलाने में सफल रहा। महिपाल की सफलता उत्तरी तथा दक्षिणी बिहार में ज्यादा प्रभावशाली रही। वह बंगाल के एक बड़े भाग पर दोबारा अपना अधिकार जमाने में सफल रहा। उसकी सफलता का एक बड़ा कारण महमूद का लगातार आक्रमण था जिसके कारण शायद उत्तरी भारत के राजपूतों की शक्ति तथा स्रोत क्षीण हो गए थे। पाल वंश का अंतिम शासक मदनपाल था।

सेन

प्रारम्भिक शासक

पालों के बाद सेन परिवार ने बंगाल पर शासन किया। उसका संस्थापक सामंत सेन था जिसे 'ब्रह्मक्षत्रिय' कहा जाता था। ब्रह्मक्षत्रिय की उपाधि से लगता है कि सामंत सेन ब्राह्मण था, लेकिन उसके उत्तराधिकारियों ने स्वयं को सिर्फ क्षत्रिय कहा। सामंत सेन के पुत्र हेमंत सेन ने बंगाल की अस्थिर राजनीतिक स्थिति का फायदा उठाते हुए एक स्वतंत्र राज्य बनाया।

विजय सेन–हेमंत सेन के पुत्र विजय सेन ने 60 वर्ष के अपने लंबे शासन काल में सेन परिवार को लोक प्रसिद्धि प्रदान की। अपने जीवन की शुरुआत एक साधारण सरदार के रूप में कर विजय सेन ने लगभग समस्त बंगाल को जीता तथा इस परिवार की महानता की नींव डाली।

विजय सेन ने परमेश्वर, परमभट्टक, महाराजाधिराजा जैसी कई अन्य शाही उपाधियां धारण कीं। उसकी दो राजधानियां थीं- *एक* पश्चिम बंगाल में विजयपुरी तथा *दूसरी*, बांगलादेश में विक्रमपुरा। प्रसिद्ध कवि श्री हर्ष ने उसकी स्मृति में विजय प्रशस्ति की रचना की।

बल्लाल सेन–विजय सेन का उत्तराधिकारी उसका पुत्र बल्लाल सेन था। उसका शासन काल सामान्य तथा शांतिपूर्ण रहा तथा उसने अपने पिता से प्राप्त राज्य क्षेत्र को ज्यों का त्यों बचाए रखा। बल्लाल सेन महान विद्वान था। उसने चार पुस्तकें लिखीं, जिनमें से दो ही अभी प्राप्य हैं। ये हैं- *दानसागर* और *अद्भुत सागर*। पहली पुस्तक शकुन-अपशकुन पर है जबकि दूसरी का विषय खगोल है।

लक्ष्मण सेन–वह 60 वर्ष की उम्र में 1179 ई. में अपने पिता का उत्तराधिकारी बना। अपने शासन काल के अंत में उसे कई समस्याओं का सामना करना पड़ा। आंतरिक विद्रोहों से कमजोर हुई सेन शक्ति को बख्तियार खिलजी के आक्रमण ने ध्वस्त कर दिया। *तबाकत-इ-नासिरी* में बख्तियार खिलजी के आक्रमण का विस्तृत विवरण मिलता है।

लक्ष्मण सेन का शासन काल साहित्यिक गतिविधियों के संरक्षण के लिए महत्वपूर्ण माना जाता है। वह धर्मपरायण वैष्णव था। *गीत गोविंद* के लेखक तथा बंगाल के प्रसिद्ध वैष्णव कवि जयदेव उसके दरबार में रहते थे। *पवनदूत* के लेखक धोयी तथा *आर्यशप्त* के लेखक गोवर्धन अन्य प्रसिद्ध कवि थे, जो उसके दरबारी थे।

स्वयं लक्ष्मण सेन ने अपने पिता द्वारा शुरू की गई *अद्भुत सागर* नामक पुस्तक को पूर्ण किया। *तबाकत-ई-नासिरी* के अनुसार लक्ष्मण सेन के वंशज बंगाल के कुछ हिस्सों पर कुछ दिन तक शासन करते रहे।

राष्ट्रकूट

उत्पत्ति

राष्ट्रकूट शब्द का अर्थ है-राष्ट्र नामक क्षेत्रीय इकाई के अधिकार वाला अधिकारी। 7वीं तथा 8वीं शताब्दी के भूमि अनुदानों में राष्ट्रकूटों से यह प्रार्थना की गई है कि वे अनुदानित क्षेत्र की शांति भंग न करें। राष्ट्रकूट मूलतः महाराष्ट्र के लात्रालुर (आधुनिक लातूर) के थे। वे कन्नड़ मूल के थे तथा कन्नड़ उनकी मातृ भाषा थी।

दांतिदुर्ग–दांतिदुर्ग ने अपना जीवन चालुक्यों के सामंत के रूप में प्रारंभ किया था। उसने एक दीर्घकालीन राज्य की नींव रखी। दांतिदुर्ग के विजय अभियानों के बारे में हमें दो स्रोतों से पता चलता है–*प्रथम*, समागद पत्र तथा *द्वितीय*, एलोरा का दशावतार गुफा अभिलेख। दांतिदुर्ग की विजय का इरादा पूर्व तथा पश्चिम का क्षेत्र था तथा वह चालुक्यों के गढ़ कर्नाटक को नहीं छेड़ना चाहता था। उसने मालवा पर आक्रमण किया जो उस समय गुर्जर-प्रतिहारों के अधीन था तथा इसे अपने अधिकार में कर लिया। मालवा पर अपनी विजय के उल्लास में उसने उज्जैन में हिरण्यगर्भदान उत्सव किया। उसके कुछ दिनों के बाद वह मध्य प्रदेश के महाकोशल या छत्तीसगढ़ क्षेत्र में गया। अतः 75 ई. पूर्व तक उसने सम्पूर्ण मध्य प्रदेश तथा मध्य एवं दक्षिण गुजरात पर अधिकार कर लिया था। उसके बाद उसने अपने स्वामी चालुक्य राजा कीर्तिवर्मन II पर आक्रमण किया तथा अपने को पूरे दक्षिण का स्वामी घोषित कर दिया। परंतु इस विजय के बाद वह ज्यादा दिनों तक जिन्दा नहीं रहा।

कृष्णा-I–दांतिदुर्ग के कोई संतान नहीं थी। उसके बाद गद्दी पर उसके चाचा कृष्णा-I आए। महाराष्ट्र एवं कर्नाटक में अपनी स्थिति मजबूत करने के बाद कृष्णा-I दक्षिण की तरफ बढ़े। उन्होंने गंगावड़ी (आधुनिक मैसूर) पर आक्रमण किया जो उस समय गंग राजा श्रीपुरुष के अधीन था। श्रीपुरुष को अपने अधीनस्थ के रूप में शासन की अनुमति देकर वे वापस लौट गए। पूर्व में कृष्णा-I का मुकाबला वेंगी के चालुक्यों से हुआ। उन्होंने राजकुमार गोविंद को वेंगी भेजा, जहां के शासक विजयादित्य-I ने बिना किसी संघर्ष के समर्पण कर दिया। एक महान विजेता के साथ-साथ कृष्णा एक महान निर्माता भी था। उसने ऐलोरा में एक भव्य विशाल एकल शिलाखंडीय पत्थरों को काटकर बनाए गए मंदिर का निर्माण करवाया जिसे अब कैलाश नाथ मंदिर के नाम से जाना जाता है।

गोविंद II–कृष्णा-I के बाद उसका ज्येष्ठ पुत्र गोविंद-II गद्दी पर बैठा। उसने वस्तुतः सारा प्रशासन अपने छोटे भाई ध्रुव के भरोसे छोड़ दिया। ध्रुव महत्वाकांक्षी था, उसने स्वयं गद्दी पर कब्जा कर लिया।

ध्रुव–गद्दी पर आने के तुरंत बाद ध्रुव ने उन राजाओं को दंडित करना प्रारंभ किया जिन्होंने उसके भाई का साथ दिया था। उसके बाद ध्रुव ने उत्तर भारत की राजनीति पर नियंत्रण स्थापित करने का साहसिक प्रयास किया जिसे सातवाहनों के बाद कोई भी दक्षिण भारतीय शक्ति नहीं कर पाई थी। उस समय उत्तर भारत में श्रेष्ठता के लिए वत्सराज प्रतिहार तथा बंगाल के पाल शासक धर्मपाल के बीच संघर्ष चल रहा था।

जब वत्सराज दोआब में धर्मपाल के साथ युद्धरत था, ध्रुव ने नर्मदा पार कर मालवा पर बिना ज्यादा प्रतिरोध का सामना किए, अधिकार कर लिया। उसके बाद वह कन्नौज की तरफ बढ़ा तथा वत्सराज को इतनी बुरी तरह पराजित किया कि उसे राजस्थान के रेगिस्तान में शरण लेनी पड़ी। उत्तर की ओर बढ़ते हुए ध्रुव ने गंगा-यमुना दोआब क्षेत्र में धर्मपाल को पराजित किया। शाही शहर कन्नौज की तरफ न जाकर ध्रुव लूट के बड़े भंडार के साथ वापस लौट गया।

उनके चार पुत्र थे- कारक, स्तंभ, गोविंद तथा इंद्र। कारक की मृत्यु पिता से पहले ही हो गई थी। बाकी बचे तीनों बेटों में से राजा ने सबसे योग्य गोविंद को अपना उत्तराधिकारी चुना तथा युवराज बना दिया।

गोविंद III–यद्यपि गोविंद शांति के साथ पद पर आया परंतु शीघ्र ही उसे अपने बड़े भाई स्तंभ के विरोध का सामना करना पड़ा, जिसके गद्दी के दावे को निरस्त कर उसे राजा बनाया गया था। स्तंभ को पराजित करने तथा दक्षिण में अपनी स्थिति मजबूत करने के बाद गोविंद ने भी अपना ध्यान उत्तर भारत की राजनीतिक स्थिति की तरफ मोड़ा। गोविंद ने उत्तर भारत की तरफ रुख किया तथा नागभट्ट II को पराजित किया। नागभट्ट दोआब को आक्रमणकारियों

की दया पर छोड़ कर राजपूताना भाग गया। कन्नौज के कठपुतली शासक चक्रयुद्ध तथा धर्मपाल ने बिना शर्त समर्पण कर दिया। शक्तिशाली गुर्जर-प्रतिहार तथा पाल राजाओं के अलावा उत्तर भारत के दूसरे राजाओं को भी गोविंद III ने पराजित किया।

अमोघवर्ष I–गोविंद II के बाद गद्दी पर उसका पुत्र सार्व आया, जिसे अमोघवर्ष के नाम से जाना जाता है। उसे अपने 64 वर्ष के लम्बे शासन काल में शांति नसीब नहीं हुई। उसे अपने शासन काल में अपने सामंतों के अनेक विद्रोहों का सामना करना पड़ा तथा अपने शक्तिशाली पड़ोसियों से युद्ध करना पड़ा। अमोघवर्ष में अपने पिता की विलक्षणताओं का अभाव था। मालवा तथा गंगवड़ी उसके राज्य से छीन लिए गए।

युद्ध के स्थान पर उन्हें शांति, धर्म तथा साहित्य में ज्यादा रुचि थी। अपने जीवन के पूर्वार्द्ध में उनका झुकाव जैन धर्म की ओर हो गया तथा *आदिपुराण* के लेखक जिनसेन उनके मुख्य शिक्षक हुए।

अमोघवर्ष खुद भी एक लेखक थे तथा उन्होंने साहित्यकारों को काफी प्रोत्साहन दिया। कन्नड़ भाषा में कविता पर पहली पुस्तक *कविराजमार्ग* के लेखक वे खुद थे। उन्होंने भवन निर्माण के क्षेत्र में भी काफी महत्वपूर्ण योगदान दिया। उन्होंने मान्यखेत नगर का निर्माण करवाया तथा वहां एक वैभवशाली महल भी बनवाया। उनके बाद उनका पुत्र कृष्ण-II गद्दी पर आया।

कृष्णा-II–वह न तो एक अच्छा शासक था, न कुशल सेना अध्यक्ष। उनकी एकमात्र उपलब्धि गुजरात शाखा की समाप्ति थी। उसने सिर्फ अपने आपको भोज I के विरुद्ध खड़ा कर पाया तथा वेंगी और चोलों के साथ उसके युद्ध काफी विनाशकारी सिद्ध हुए। अपने पिता अमोघवर्ष की तरह कृष्ण भी जैन था।

इंद्र III–कृष्णा-II के बाद उनका पोता इन्द्र III आया। अपने महान पूर्वजों का गौरव बढ़ाते हुए इन्द्र ने गुर्जर-प्रतिहार राजा महिपाल के साथ युद्ध छेड़ दिया। उसने कन्नौज पर अधिकार कर लिया। वेंगी के शासकों के लिए समस्याएं उत्पन्न कर उसने अपने प्रतिनिधि को वहां की गद्दी पर बिठा दिया।

अमोघवर्ष-II–इंद्र III के बाद उनके पुत्र अमोघवर्ष II आया परंतु गद्दी पर आने के एक वर्ष के अंदर उसकी मृत्यु हो गई तथा उसकी जगह उसके छोटे भाई गोविंद ने ली।

गोविंद IV–गोविंद एक क्रूर शासक था, जिसके विरुद्ध व्यापक असंतोष था। उसके एक सरदार ने गोविंद IV के शासन को समाप्त करने में व्यापक सहयोग दिया तथा सत्ता अमोघवर्ष III के पास स्थानांतरित हो गई।

अमोघवर्ष III–प्रशासन के बदले धर्म में इनकी ज्यादा रुचि थी। शासन का कार्य युवराज कृष्ण III के हाथों में था।

कृष्ण III–गद्दी पर आने के बाद कृष्ण ने कुछ वर्ष प्रशासन को सुधारने में बिताया। कृष्ण ने चोल राज्य पर अचानक हमला कर कांची तथा तंजौर पर अधिकार कर लिया। चोलों को इससे उबरने में कुछ वर्ष लग गए तथा 949 ई.पू. में उत्तरी आरकोट में ताक्कोलम का निर्णायक युद्ध लड़ा गया। कृष्ण ने दक्षिण की ओर बढ़ते हुए केरल तथा पांड्य शासकों को भी पराजित किया तथा कुछ समय तक रामेश्वरम् पर उसका अधिकार रहा। उनसे जीते हुए प्रदेश में अनेक मंदिरों का निर्माण करवाया, जिसमें रामेश्वरम् के कृष्णवेश्वर तथा गंदमातंड्य मंदिर मशहूर हैं। अपने लम्बे शासन काल में कृष्ण III का तोंडइमंडलम् पर पूरा अधिकार रहा, जिसमें आरकोट, चिंगलेपुट तथा वेल्लोर जिले थे।

अपने अधिकांश पूर्वजों की तरह कृष्ण III ने भी वेंगी के मामले में रुचि ली परंतु वेंगी में राष्ट्रकूट शासन ज्यादा लम्बा नहीं चला। अपने शासन के अंतिम दिनों में कृष्ण ने मालवा के परमार शासक हर्ष सियाक पर आक्रमण किया तथा उज्जैन पर अधिकार कर लिया।

कृष्ण के समय से राष्ट्रकूट शासन का पतन प्रारंभ हो गया। वह राज्य की उन सामंती गतिविधियों से अनभिज्ञ था, जो राज्य के बीचों-बीच स्थित तारदावड़ी को जागीर के रूप में तैलाप को देने से उत्पन्न हुई थी तथा जिससे राज्य की स्थिरता को खतरा था। कृष्ण की मृत्यु के कुछ वर्षों में ही तैलाप इतना शक्तिशाली हो गया कि उसने राष्ट्रकूटों को उखाड़ फेंका तथा कल्याणी के पश्चिमी चालुक्य वंश की स्थापना की।

खोट्टिगा–कृष्ण III के बाद उसका भाई खोट्टिगा आया। उसके शासन काल में राष्ट्रकूट राज्य को गहरा झटका लगा जिससे उसकी प्रतिष्ठा नष्ट हुई। परमार राजा सियाक कृष्ण III के हाथों अपनी पराजय को भूल नहीं पाया था तथा बदले की ताक में लगा था। सियाक ने राष्ट्रकूट राजधानी मालखेद पर आक्रमण किया तथा खोट्टिगा इस अपमान के साथ ज्यादा दिनों तक जिंदा नहीं रह पाया। उसके बाद उसका भतीजा करक II आया।

करक II–जब करक गद्दी पर आया उस समय तक राज्य की प्रतिष्ठा को काफी नुकसान हो चुका था। नए राजा के कुशासन के कारण स्थिति और भी खराब हो गई। सामंत स्वाभाविक रूप से केंद्रीय शक्ति को चुनौती देने लगे तथा

उनमें से एक ने गद्दी पर आने के 18 महीनों के अंदर करक से उसका दक्षिण का राज्य छीन लिया। वह था चालुक्य वंश का तेल II (तैलाप)।

प्रशासन

राजत्व वस्तुतः अनुवांशिक था तथा सबसे बड़ा अथवा सबसे योग्य बेटा गद्दी पर आता था। युवराज अथवा उत्तराधिकारी का चुनाव राजा अपने जीवन में ही कर लेता था। युवराज आमतौर पर राजधानी में रहता था तथा राज्य के प्रशासनिक मामलों में मदद देता था और कभी-कभी सैन्य अभियानों में भी राजा के साथ होता था। छोटे राजकुमारों को आमतौर पर प्रांतों का वजीर बनाया जाता था।

राजा को राज्य का प्रशासन चलाने में मदद करने के लिए एक मंत्री परिषद होती थी जिसमें प्रधानमंत्री, विदेश मंत्री, राजस्व मंत्री, कोषाध्यक्ष, प्रधान न्यायाधीश, सेनापति एवं पुरोहित होते थे।

राष्ट्रकूट राज्य का कुछ भाग क्षत्रपों के अधीन था तथा कुछ भाग पर राज्य का सीधा प्रशासन था। महत्वपूर्ण सामंत लगभग पूर्णतः स्वतंत्र थे, पर उन्हें शाही दरबार में उपस्थित होना अनिवार्य था, उन्हें नियमित लगान देना होता था तथा एक निश्चित संख्या में सैनिक उपलब्ध कराने होते थे।

राष्ट्रकूट राज्य कई प्रांतों अथवा राष्ट्रों में विभाजित था जो विषय अथवा जिलों में विभाजित थे। विषय पुनः भुक्तियों में विभाजित थे, जो 50 से 70 गांवों को मिलाकर बना होता था। भुक्ति 10 से 20 गांवों के छोटे समूहों में बंटा होता था।

क्षेत्रीय प्रशासन का प्रमुख राष्ट्रपति होता था। उसे अपने अधीनस्थ अधिकारियों के ऊपर काफी अधिकार होता था। विषयपति अथवा जिलाधिकारी तथा भोगपति अथवा तहसील अधिकारी भी राष्ट्रपति के तरह की शक्तियों का अपने सीमित क्षेत्र में प्रयोग करते थे। कुछ विषयपतियों को क्षेत्रीय वजीर का स्तर प्राप्त था। भुक्ति का प्रधान भोगपति होता था तथा उसकी नियुक्ति सीधे केंद्र सरकार के द्वारा की जाती थी। भोगपति नलगवंदों अथवा देशग्रामुक्तों की मदद से, जिनका पद आनुवांशिक होता था, राजस्व प्रशासन चलाते थे। गांवों के स्तर पर प्रशासन ग्राम प्रमुख तथा लेखापाल द्वारा चलाया जाता था, जिनका पद आमतौर पर आनुवांशिक होता था।

ग्रामीण प्रशासन में ग्रामीण सभाओं अथवा समितियों ने काफी महत्वपूर्ण भूमिका निभाई। ग्रामीण सभाएं अनेक उप-समितियों में विभाजित होती थीं। हरेक उप-समिति एक खास काम के लिए उत्तरदायी होती थी, जैसे- गांव का तालाब, मंदिर, सड़क इत्यादि। राष्ट्रकूट स्रोतों में कहीं-कहीं विषय-महारत तथा राष्ट्र-महारत का उल्लेख मिलता है, जिससे जिला प्रांतीय मुख्यालयों में इन लोकप्रिय परिषदों के होने का प्रमाण मिलता है।

साहित्य

आमतौर पर संस्कृत साहित्य को प्रश्रय प्रदान किया गया। राष्ट्रकूट दरबार में अनेक विद्वान थे। *नालचंपु* के रचयिता त्रिविकाराम 10वीं शताब्दी के उत्तरार्द्ध में हुए। हालयुद्ध ने *कविरहस्य* की रचना कृष्ण-III के शासन काल में की।

राष्ट्रकूटों द्वारा जैन धर्म को संरक्षण प्रदान करने पर जैन साहित्य ने स्वाभाविक रूप से इस दौरान काफी विकास किया। अकलंक तथा विद्यानंद ने अष्टसती तथा *अष्टसहस्त्री* की रचना की जो कि *आप्तमीमांसा* पर टिप्पणियां हैं। तर्क के क्षेत्र में माणिक्यनंदिन ने *परीक्षा मुख सहस्त्र* की रचना 8वीं शताब्दी के पूर्वाद्ध में की। उन्होंने *न्याय कौमुदी चन्द्रोदय* के नाम से एक स्वतंत्र रचना भी की। अमोघवर्ष I के समय जैन साहित्य राष्ट्रकूट राज्य में अपने चरम बिंदु पर था। अमोघवर्ष I के धार्मिक गुरु हरिसेन ने *हरिवंश* की रचना की। वे *आदिपुराण* पूरा नहीं कर पाए जो विभिन्न जैन संतों की जीवनी है। इसे उनके शिष्य गुनाभद्र ने पूरा किया। जिनसेन की *पारस्वम्युदय* परस्व की जीवनी है जो कि छंद शैली में लिखी गई है। अमोघवर्ष के शासन काल में ही व्याकरण पर शाकातयान द्वारा रचित *अमोघवृद्धि* तथा गणित पर वीरचर्या की *गणितसरसम्ग्रहक* की रचना की गई।

राष्ट्रकूट काल में ही कैनरी साहित्य प्रारंभ हुआ। कैनरी काव्यशास्त्र पर पहली पुस्तक *कविराजमार्ग* के रचयिता खुद अमोघवर्ष I थे। कैनरी काव्य के प्राचीनतम तथा महानतम रचनाकार तथा *आदिपुराण* और *विक्रमराजुनाविजया* के लेखक पंपा I 10वीं शताब्दी के उत्तरार्द्ध में हुए। *शांतिपुराण* के लेखक पोन्ना 10वीं शताबदी के तीसरे भाग में हुए, वे भी एक प्रख्यात कवि थे।

9.3 राजपुत्र

उदय

हर्ष की मृत्यु के बाद जो अव्यवस्था तथा अराजकता उत्पन्न हुई, वह भारत के परिवर्तन का काल है। इस समय की प्रमुख बात थी राजपूतों का उदय, जिन्होंने 8वीं शताब्दी से उत्तरी तथा पश्चिमी भारत के इतिहास में महत्वपूर्ण भूमिका अदा की।

राजपूत का अर्थ है–कबीला अथवा समुदाय, जिसके सदस्यों ने अपने को क्षत्रिय कहते हुए सूर्य अथवा चंद्र राज्यवंशों से स्वयं को सम्बद्ध घोषित किया। कुछ विद्वानों के अनुसार राजपूतों का उदय गुर्जरों से सम्बन्धित है। छठी शताब्दी के प्रारम्भिक वर्षों में हूणों के साथ खाजर जनजाति भारत आई। भारत में ये खाजर गुर्जर के नाम से जाने जाते थे। भार कथाओं के अनुसार प्रतिहार (परिहार), चालुक्य (सोलंकी), परमार (पवार) तथा चाहमन (चौहान) अग्नि से जन्मे हैं (अग्निकुल) तथा इनका उदय दक्षिणी राजस्थान के माउंट आबू में बलि के लिए बनी अग्निशाला से हुआ।

जिस तरह ग्रीक, कुषाण तथा शक भारतीयों से मिल गए थे, उसी तरह हूण, गुर्जर तथा दूसरी जनजातियां, जिन्होंने 5वीं से 6ठीं शताब्दियों के बीच भारत में प्रवेश किया था, भारतीयों से मिल गईं। दक्षिण के प्रमुख समूहों में चंदेल, कालचुरी अथवा होयानल तथा गहडवाड थे। ये गोंड़ तथा भार जैसे आदिवासी कबीलों से निकले थे। चंदेल तथा गोंड़ के बीच के नजदीकी रिश्तों के काफी ठोस प्रमाण हैं। चंदेल राजपूत मूलतः हिंदूकृत भार अथवा गोंड़ अथवा दोनों थे। राजनीतिक शक्तियां मिलने पर ये क्षत्रिय बन गए। गहडवाड, उसी तरह; भारों से सम्बन्धित हैं; बुंदेल तथा उत्तरी राठौर गहडवाड की उप-शाखा हैं। आमतौर पर विदेशी मूल के राजपूतों का स्थान सामाजिक उन्नति द्वारा आदिवासी से राजपूत बने लोगों से ऊपर होता था।

परमार

उपेन्द्र–परमार राज्य कालचुरियों से पश्चिम में स्थित था। उपेन्द्र, जिसे कृष्णराजा के नाम से भी जाना जाता था, परमार परिवार के संस्थापकों में से एक था। इनकी राजधानी धारा (आधुनिक धार) थी।

सियाक II–परमारों का इतिहास वास्तव में सियाक के गद्दी पर आने के साथ प्रारंभ होता है। उसकी सबसे प्रमुख उपलब्धि थी- राष्ट्रकूट शक्ति का विरोध, जिसे उस समय तक परमार मानते थे। कृष्ण III की मृत्यु से उत्पन्न हुई स्थिति में उसने अपनी स्वाधीनता की घोषणा कर दी। सियाक ने प्रतिहार तथा राष्ट्रकूट राज्य के एक बड़े हिस्से पर अधिकार कर लिया। उनके दो पुत्रों में से मुंज तथा सिंधुराज थे। मुंज उनके बाद गद्दी पर आए।

मुंज–ये इस वंश के सबसे मनमोहक व्यक्तित्व वाले व्यक्ति थे। वे एक महान योद्धा थे तथा उनकी वीरता के कई गीत गाथागीतों में गाए जाते हैं। उन्होंने कालचुरी राजा युवराज II को पराजित किया। उनका मुख्य प्रयास था- राजपूताना के क्षेत्र में अपने राज्य का विस्तार। मुंज ने उसके बाद अनहिलपाटक के चालुक्य राजा मूलराज को पराजित किया।

मुंज के प्रमुख शत्रु थे- चालुक्य राजा तैल II, जिन्होंने दक्षिण में राष्ट्रकूटों को हटाकर अपनी सत्ता स्थापित कर ली। वे मालवा पर अधिकार करना चाहते थे, जो कभी उनका था। तैल ने 6 बार मालवा पर आक्रमण किया परंतु प्रत्येक बार उन्हें मुंज ने नाकाम कर दिया। इस समस्या को समाप्त करने के लिए मुंज ने तैल के विरुद्ध अभियान छेड़ा परंतु इसमें उसकी मृत्यु हो गई।

सिंधुराजा–मुंज के बाद उनके छोटे भाई सिंधुराज आए जिन्होंने तैल II से हारे हुए प्रदेश को पुनः छीन लिया। उन्होंने लता (दक्षिणी गुजरात) पर भी विजय प्राप्त की, परंतु उत्तरी गुजरात के ऊपर अधिकार के उनके प्रयासों को मूलराज के पुत्र चालुक्य राजा चामुंडराय ने विफल कर दिया।

भोज–सिंधुराजा के बाद उनके छोटे पुत्र भोज आए जो परमारों के सबसे महान राजा हुए। भोज ने अपने पचास वर्षों के शासन काल में अनेक राजाओं के खिलाफ अभियान चलाया, परंतु इसके बाद भी कोंकण को छोड़कर वे कोई भी नया क्षेत्र नहीं जीत पाए। उनकी सबसे विलक्षण बात उनकी विद्वता तथा ज्ञान था। उन्होंने विभिन्न विषयों पर 23 से भी ज्यादा पुस्तकें लिखीं। पातंजलि के *योगसूत्र* पर उनकी टिप्पणी उनके ज्ञान का एक प्रमुख उदाहरण है। उनकी *समरांगनासूत्रधार* कला एवं वास्तुकला पर एक श्रेष्ठ पुस्तक है। धनपाल, उवत जैसे अनेक विद्वान उनके दरबार में थे। उन्होंने भोजपुर शहर की स्थापना की तथा अनेक मंदिरों का निर्माण करवाया।

बाद के शासक–भोज की मृत्यु के बाद परमार प्रभुत्व समाप्त हो गया। भोज की मृत्यु के बाद उत्तराधिकार के लिए विवाद हो गया। जयसिम्हा, जो गद्दी के लिए दावेदार था तथा सम्भवतः भोज का पुत्र था, ने अपने शत्रु चालुक्य विक्रमादित्य IV, जो दक्षिण के थे, की मदद से गद्दी पर अधिकार किया। इसके उपरांत जयसिम्हा विक्रमादित्य के मित्र बन गए तथा वेंगी के पूर्वी चालुक्यों के विरुद्ध असफल अभियान में उनकी मदद भी की। जयसिम्हा के बाद भोज के एक भाई उदयादित्य आए। उन्होंने भिलसा में उदयपुर का प्रसिद्ध नीलकंठेश्वर मंदिर बनवाया। उदयादित्य के अनेक पुत्र थे तथा उनमें से दो–लक्षमादेव तथा नरवर्मन ने एक के बाद एक शासन किया।

माल्हक देव परमारों के अंतिम राजा हुए जिनके बारे में सूचना उपलब्ध है। अलाउद्दीन खिलजी ने उन्हें पराजित कर उनकी हत्या कर दी तथा उसके बाद मालवा सल्तनत का ही एक प्रांत बन गया।

परमारों की कई छोटी शाखाएं राजपूताना के विभिन्न हिस्सों में शासन कर रही थीं–माउंट आबू, वगाड़ा (आधुनिक बांसवाड़ा तथा डूंगरपुर), जवाली (जालौर) तथा भीनमल (दक्षिण मारवाड़)। अंततः इन सब पर गुहिला तथा चाहमन जैसे पड़ोसियों ने कब्जा कर लिया। परमारों के समय अनेक विद्वान मालवा आए। भोज के समय धार 'साहित्य का मक्का' हुआ करता था। भोज एक महान कला प्रेमी तथा निर्माता था। धार के सरस्वती मंदिर में सरस्वती की मूर्ति परमार वास्तुकला की शीर्षता को दर्शाती है।

सोलंकी

मूलराज I–चालुक्य अथवा सोलंकियों ने गुजरात तथा काठियावाड़ के क्षेत्र में लगभग साढ़े तीन सौ वर्षों तक (950-1300 ई.पू.) शासन किया। मूलराज ने एक स्वतंत्र राज्य की स्थापना की, जिसकी राजधानी अनहिलपटक थी। परमार राजा मुंज के हाथों पराजित होने के बाद मूलराज ने स्वयं को मारवाड़ में सीमित कर लिया। अपना राज्य प्राप्त करते ही उन्हें कालचुरी लक्ष्मण के हाथों पराजय का सामना करना पड़ा। उनका राज्य उत्तर में जोधपुर तक तथा दक्षिण में नर्मदा तक फैला हुआ था। वे एक कट्टर शैव थे तथा उन्होंने अनहिलपटक में दो मंदिरों का निर्माण करवाया। मूलराज की मृत्यु तथा भीम I के बीच के 25 वर्ष अकीर्तिकर थे।

भीम I–उनके राज्य को गजनी के महमूद के आक्रमण ने हिला दिया, जिसने सोमनाथ के मंदिर से अथाह सम्पत्ति लूटी। महमूद के आक्रमण के साथ भीम कच्छ भाग गए तथा हमलावरों के लौटने के बाद ही अपनी राजधानी वापस आए। भीम I का शासन काल भारत की वास्तुकला के इतिहास में महत्वपूर्ण है। आबू के प्रसिद्ध दिलवाड़ा मंदिरों का निर्माण उसके शासन काल में हुआ। उन्होंने अपने पुत्र कर्ण के लिए गद्दी को छोड़ दिया।

कर्ण–अपने तीस साल के लंबे शासन काल के बाद भी कर्ण कुछ खास नहीं कर पाए। परंतु उन्होंने अनेक मंदिरों का निर्माण करवाया तथा अपने नाम पर एक शहर बनवाया जिसे अब अहमदाबाद के नाम से जाना जाता है।

जयसिम्ह सिद्धराजा–जयसिम्हा अपने पिता कर्ण के बाद गद्दी पर आए तथा उन्होंने सिद्धराजा की पदवी धारण की। उन्होंने लगभग पचास वर्षों तक शासन किया। उन्होंने अपने राज्य के विस्तार के लिए विजय यात्राएं कीं। उत्तर में, परमारों को पराजित कर उन्होंने भीनमल पर कब्जा कर लिया। उसके बाद उन्होंने शाकंभरी के चाहमनों को पराजित किया। उन्होंने चंदेल राज्य पर भी आक्रमण किया तथा कालिंजर और महोबा तक पहुंच गए। दक्षिण में उन्होंने कल्याणी के चालुक्य राजा विक्रमादित्य IV को पराजित किया।

जयसिम्हा की साहित्य में भी रुचि थी। उनके समय गुजरात अध्ययन तथा साहित्य का केन्द्र बन गया। उन्होंने आसपास के अनेक कवियों एवं विद्वानों को जमा किया जिनमें हेमचंद्र भी थे, जो व्याकरण की प्रसिद्ध पुस्तक *सिद्ध हेमचंद्र* के रचयिता थे। वे एक शैव थे तथा उन्होंने अनके मंदिरों का निर्माण करवाया जिसमें सिद्धपुर का प्रसिद्ध रुद्र महाकाल मंदिर सबसे भव्य है। उनकी मृत्यु के बाद गद्दी पर उनके एक दूर के रिश्तेदार कुमारपाल ने कब्जा कर लिया।

कुमारपाल–हेमचंद्र के प्रभाव में आकर कुमारपाल जैन बन गए तथा पशुबलि पर रोक लगा दी। जैन धर्म के प्रति अपनी आस्था के बाद भी अपने पारिवारिक देव शिव के प्रति भी उन्होंने श्रद्धा का प्रदर्शन किया तथा जैन एवं ब्राह्मण, दोनों धर्मों के मंदिर बनवाए।

मूलराज II–1178 ई.पू. में मोइजुद्दीन मुहम्मद गोरी ने गुजरात पर आक्रमण किया परंतु मूलराज की माता के नेतृत्व में सोलंकियों ने मुसलमानों का विरोध किया तथा माउंट आबू के निकट उन्हें पराजित कर दिया। भारत पर तुर्की विजय के बाद कुतुबुद्दीन ने 1197 में गुजरात पर आक्रमण किया तथा अनहिलपटक को लूटा।

भीम II–भीम के समय गुजरात को पड़ोसियों से बचाने के लिए लवणप्रसंद तथा उनके योग्य पुत्र वीरधवल द्वारा इंतजाम किया गया, परंतु यादव सिंघुना ने गुजरात पर अनेक आक्रमण किए जिनका वीरधवल ने जमकर सामना किया।

बाद के शासक–भीम II के बाद त्रिभुन पाल आए तथा उनके बाद वीरमा जो वीरधवल के पुत्र थे। सांगदेव तथा उनका भतीजा कर्ण अगले दो शासक थे। कर्ण गुजरात का अंतिम हिंदू राजा था। शीघ्र ही अलाउद्दीन खिलजी ने गुजरात पर अधिकार कर लिया। कर्ण देवगिरि भाग गया परंतु उसकी रानी कमला देवी तथा पुत्री देवला देवी अलाउद्दीन के हाथ लग गईं।

सोलंकी कला

चालुक्य राजा कला तथा वास्तुकला के प्रेमी थे तथा उन्होंने इसे प्रोत्साहन दिया। भीम II के मंत्री वस्तुपाल तथा तेजपाल ने एक-दूसरे से बढ़कर कला के हर क्षेत्र को बढ़ावा दिया। पूरे प्रांत में अनेक स्मारकों का निर्माण हुआ, जो काफी वैभवशाली थे। सबसे प्राचीन सुनक, कनोडा, देलमाल तथा केसरा के चार मंदिर हैं जो अनहिलपटक से 15 मील की परिधि में हैं। मोधरा में, बड़ोदरा के निकट बना सूर्य मंदिर सबसे विशाल है तथा अपनी शैली का एक उत्कृष्ट उदाहरण हैं। माउंट आबू में विमल के जैन मंदिर सोलंकी कला के सर्वश्रेष्ठ उदाहरण हैं।

चाहमन

इस वंश की कई शाखाएं थीं। मुख्य शाखा, शाकंभरी (आधुनिक सांभर) जयपुर तथा अन्य जगहों पर शासन करने वाले संगोत्री थे। इनमें से कुछ प्रतिहारों के सामंत थे।

प्रारम्भिक शासक–वासुदेव ने छठी शताब्दी के मध्य में मुख्य शाखा की स्थापना की। इनकी राजधानी अहिक्षत्र थी। राष्ट्रकूटों से संघर्ष के कारण प्रतिहारों की क्षीण होती शक्ति का फायदा उठाते हुए अगले महत्वपूर्ण राजा वाक्तिराज ने प्रतिहारों का विरोध करना प्रारंभ कर दिया। उनके शासन काल में चाहमनों की प्रतिष्ठा में काफी वृद्धि हुई। इसका प्रमाण उनके द्वारा महाराजा की पदवी धारण करने से मिलता है। उन्होंने पुष्कर में एक शिव मंदिर का निर्माण करवाया। उनके तीन पुत्र थे-सिम्हराज, वत्सराज तथा लक्ष्मण।

सिम्हराज तथा विग्रहराज II–सिम्हराज इस वंश के पहले व्यक्ति थे जिन्होंने महाराजाधिराज की उपाधि धारण की। इससे लगता है कि उन्होंने कन्नौज के प्रतिहारों से स्वतंत्रता प्राप्त कर ली थी। सिम्हराज का पुत्र तथा उत्तराधिकारी विग्रहराज II अपने वंश की महानता का वास्तविक संस्थापक था। उसने गुजरात पर आक्रमण किया तथा चालुक्य मूलराज को कच्छ में (कंठकोट) शरण लेने के लिए बाध्य कर दिया। उसने दक्षिण में नर्मदा तक विजय प्राप्त की।

पृथ्वीराज I तथा अजयराज II–पृथ्वीराज I के बारे में यह कहा जाता है कि उन्होंने पुष्कर में ब्राह्मणों को लूटने आए 700 चालुक्यों को मारा था। उनके पुत्र एवं उत्तराधिकारी अजयराज II के समय से चाहमनों ने आक्रामक साम्राज्यवादी नीति अपनाई। उसने अजयमेरू अथवा अजमेर नगर की स्थापना की और इसका विस्तार किया। अजयराज के बाद उसका पुत्र अरनोराज आया। उसे चालुक्यों का प्रभुत्व स्वीकार करना पड़ा तथा सिद्धराज जयसिम्ह ने अपनी पुत्री का विवाह उससे करवाया। इस वैवाहिक रिश्ते से कुछ दिनों के लिए शांति स्थापित हो गई परंतु चालुक्य गद्दी पर कुमारपाल के आते ही पुनः युद्ध छिड़ गया।

विग्रहराज III–यह एक महान विजेता था तथा उसने अपने राज्य की सीमाओं को विभिन्न दिशाओं में फैलाया। उन्होंने तोमरों से दिल्ली जीती तथा पंजाब के हिसार जिले के हांसी पर अधिकार कर लिया। दक्षिण में उसने कुमारपाल के राज्य को लूटकर चालुक्यों के हाथों अपने पिता के अपमान का बदला लिया। उसके राज्य में सतलज तथा यमुना के बीच पंजाब का बहुत बड़ा हिस्सा था। उत्तर-पूर्व में उत्तरी गांगीय मैदान का एक हिस्सा उसके राज्य का अंग था। विग्रहराज एक प्रख्यात लेखक भी था। उसने *हरीकली* नाटक जैसे नाटकों की रचना की। अजमेर में उनके द्वारा बनवाए गए अनेक मंदिरों में सरस्वती मंदिर सर्वश्रेष्ठ है।

पृथ्वीराज II तथा सोमेस्वर–अरनोराज के पोते पृथ्वीराज II के समय मुसलमानों के साथ पुराना झगड़ा पुनः प्रारंभ हो गया। पृथ्वीराज के बाद उनका चाचा तथा अरनोराज का पुत्र सोमेश्वर आया। कुमारपाल के दरबार में रहते हुए उसने एक कालचुरी राजकुमारी कपूरदेवी से विवाह किया जिनसे पृथ्वीराज III तथा हरीराज नाम के दो पुत्र हुए।

पृथ्वीराज III–पृथ्वीराज III के प्रारम्भिक दिनों की एक महत्वपूर्ण घटना अपने चचेरे भाई नागार्जुन के विद्रोह को दबाना थी। उसके बाद उसने चंदेल राज्य पर आक्रमण कर वहां के राजा परामार्दी को पराजित किया। उसके बाद उसने गुजरात के चालुक्य राज्य पर हमला किया तथा वहां के राजा भीम II को संधि के लिए बाध्य किया। पृथ्वीराज II ने कन्नौज के गहड़वाल राजा जयचंद के साथ भी युद्ध किया। ऐसा कहा जाता है कि जयचंद ने अपनी सुंदर पुत्री संयुक्ता के लिए स्वयंवर का आयोजन किया था। यद्यपि पृथ्वीराज को आमंत्रित नहीं किया गया था, फिर भी वे राजकुमारी को बलपूर्वक भगा ले गए।

शिहाबुद्दीन के द्वारा ताब्रहिंद (सरहिंद) पर कब्जा करने से पृथ्वीराज को स्थिति की गम्भीरता का आभास हुआ। पृथ्वीराज शत्रुओं से तराई में 1190-91 में भिड़ा। यह पहली लड़ाई सुल्तान के लिए विनाशकारी सिद्ध हुई, परंतु इस विजय के बाद भी पृथ्वीराज III ने अपने राज्य की उत्तर-पश्चिमी सीमाओं की सुरक्षा पर ध्यान नहीं दिया तथा अपना ध्यान गहड़वाल राजा जयचंद से संघर्ष में लगाया।

इस बीच शिहाबुद्दीन 1192 में मुल्तान तथा लाहौर के रास्ते बिना किसी प्रतिरोध का सामना किए फिर तराई में आया। दिल्ली के प्रमुख गोविन्दराज सहित एक लाख लोगों की मौत हुई। पृथ्वीराज खुद बंदी बना लिए तथा उन्हें मार दिया गया।

देश के अनेक भागों से विभिन्न कवि तथा विद्वान पृथ्वीराज III के दरबार में जमा हुए, जो स्वयं *पृथ्वीराज विजय* तथा *पृथ्वीराज रासो* जैसे महान कविताओं के विषय बने तथा इन्हें लिखने वाले क्रमशः जयनक तथा चांद (चंदबरदाई) थे, जो उनके दरबारी कवि थे।

गहड़वाल

ग्यारहवीं शताब्दी के पूर्वार्द्ध में गहड़वालों का उदय इस शीघ्रता से हुआ कि उनके उदय के बारे में पता करना बहुत कठिन है। सूर्य तथा चंद्र राजवंशों के साथ उनके संबंधों की कहानी को सत्य नहीं माना जा सकता, यद्यपि परम्परागत स्रोत उनका संबंध अज्ञात ययाति से बताते हैं।

प्रारम्भिक शासक–इस वंश की स्थापना यशोनिग्रह के द्वारा की गई थी। यशोनिग्रह के पुत्र महिचंद्र, जिसे महिन्द्र तथा महितल के नाम से भी जाना जाता था, एक महत्वपूर्ण शासक थे, जिन्होंने उत्तर प्रदेश के कुछ भाग पर शासन किया। उनके पुत्र चंद्रदेव ने उत्तर भारत से महमूद की अनुपस्थिति का फयदा उठाते हुए राष्ट्रकूट राजा गोपाल को यमुना के तट पर बुरी तरह पराजित किया। उन्होंने इलाहाबाद से बनारस के बीच के पूरे क्षेत्र पर अधिकार कर लिया तथा बनारस को अपने राज्य की दूसरी राजधानी बनाया। उन्होंने तुरुक्षादंड नाम का एक नया कर लगाया, जो मुस्लिमों से होने वाले युद्ध पर आने वाले खर्च अथवा उन्हें वार्षिक भुगतान करने के लिए था। उनके बाद गद्दी पर उनका पुत्र मदनाचंद्र आया जिसे मदनपाल के नाम से भी जाना जाता था।

गोविन्द चंद्र–वे मदनचंद्र के बाद गद्दी पर आए तथा सम्भवतः पूरे वंश के सबसे महान शासक थे। उनके राज्य के वैभव को बताने वाले 40 से भी ज्यादा अभिलेख मिले हैं। पाल राजाओं की कमजोरी का फायदा उठाते हुए उन्होंने मगध के हिस्से पर कब्जा कर लिया। उन्होंने चेदी तथा चंदेलों को भी पराजित किया तथा चंदेलों से पूर्वी मालवा छीन लिया।

वस्तुतः गोविन्द चंद्र ने कन्नौज को अभूतपूर्व ख्याति दी। उनके पड़ोसी उनकी शक्ति से भयभीत थे तथा उन्हें उचित सम्मान देते थे। उनके शासन काल में उनके मंत्री लक्ष्मीधर ने कानून और तरीकों (Procedure) पर अनेक पुस्तकें लिखीं जिनमें से *कृत्य कल्पतरू* अथवा *कल्पद्रुम* सबसे महत्वपूर्ण है।

विजयचंद्र–गोविंद चंद्र के बाद उनके पुत्र विजयचंद्र आए। *पृथ्वीराजरासो* के अनुसार उन्होंने कई युद्ध जीते परंतु इस तरह की लोकोक्तियों को पूरी तरह सत्य नहीं माना जा सकता।

जयचंद्र–विजयचंद्र के पुत्र एवं उत्तराधिकारी, 1170 में गद्दी पर आए। उनके जीवन के बारे में *पृथ्वीराजरासो* अथवा ताम्र प्रशस्तियों के स्थान पर मुस्लिम एवं स्वतंत्र स्रोतों से ज्यादा पता चलता है। जयचंद्र कन्नौज के अंतिम महान शासक थे तथा उनकी शक्ति तथा समृद्धि ने मुस्लिम इतिहासकारों को अवश्य प्रभावित किया होगा।

जयचंद्र के शांतिपूर्ण शासन को मोईजुद्दीन मुम्मद गोरी ने पूरी तरह से तोड़ डाला। वह दिल्ली तथा अजमेर पर कब्जा करने के बाद एक बड़ी सेना के साथ 1193 में कन्नौज की तरफ बढ़ा। जयचंद्र ने चंदावर तथा इटावा के बीच के मैदानों में उसका सामना किया तथा पराजित हुआ।

जयचंद्र का नाम संस्कृत साहित्य के इतिहास के साथ भी जुड़ा है। उन्होंने श्रीहर्ष को काफी प्रश्रय दिया, जिन्होंने *नैसादचरित्र, खानदान-खानदा-खाद्य* जैसे प्रसिद्ध ग्रंथों की रचना की, जिसमें से उनकी दूसरी रचना महत्वपूर्ण एवं प्रसिद्ध वेदांत प्रबन्ध है, जो व्यवस्था के ऋणात्मक पहलुओं पर है।

अंतिम शासक–जयचंद्र की मृत्यु तथा पराजय से मुस्लिम कन्नौज पर अधिकार नहीं कर पाए। जयचंद्र के पुत्र हरिश्चंद्र शिहामुद्दीन के सामंत के रूप में शासन करते रहे। हरिश्चंद्र के उत्तराधिकारी अदाक्कमल को इल्तुतमिश ने अपने पैतृक राज्य से अलग कर दिया। इस तरह 6 शताब्दियों तक उत्तर भारत की राजनीति पर छाए रहने के बाद कन्नौज के साम्राज्य का अंत हो गया।

चंदेल

प्रतिहारों के राज्य के बिखरने के बाद बुंदेलखंड में चंदेल राज्य का उदय हुआ। अधिकांश मध्यकालीन राजवंशों की तरह चंदेल भी अपना उदय चंद्रवंशी चंद्रात्रेय से मानते थे। चंदेलों की पहली राजधानी शायद खजुराहो थी, जो 10वीं शताब्दी में अपने वैभव के शीर्ष पर पहुंच गई।

प्रारम्भिक शासक–9वीं शताब्दी के पहले भाग में कन्नौज ने इस देश की स्थापना बुंदेलखंड में खजुराहो के समीप की। नान्नुका के पुत्र तथा उत्तराधिकारी वाक्पति ने, जो

9वीं शताब्दी के उत्तरार्द्ध में हुए थे, अपने समकालीन पाल देवपाल तथा प्रतिहार भोज से युद्ध किया। वाकपति के दो पुत्र थे–जयशक्ति तथा विजयशक्ति। जयशक्ति जो अपने पिता के बाद गद्दी पर आया, एक प्रसिद्ध राजा था तथा चंदेल राज्य उसी के नाम से 'जेजाकभुक्ति' के नाम से जाना जाता था। जयशक्ति के बाद उनके भाई विजयशक्ति आए तथा उनके बाद उनका पुत्र राहिल आया।

यशोवर्मण–राहिल के बाद उनका पुत्र यशोवर्मण आया जिसे लक्षवर्मण के नाम से भी जाना जाता था। प्रतिहारों की क्षीण होती शक्ति का फायदा उठाकर उन्होंने चंदेलों पर आक्रामक सैन्य की शुरुआत की। खजुराहो अभिलेख उनके व्यापक सैन्य अभियानों का थोड़ी बढ़ा-चढ़ा कर जानकारी देता है। यद्यपि यशोवर्मण की उपलब्धियों को थोड़ी शक की दृष्टि से देखा जाता है परंतु इस बात में कोई शक नहीं कि उसने उत्तर भारत में व्यापक जीत हासिल की तथा चंदेल शक्ति को स्थापित किया। उसने खजुराहो में विष्णु के एक भव्य मंदिर का निर्माण करवाया, जिसका नाम चतुर्भुज मंदिर है।

धांग–यशोवर्मण के बाद उनके पुत्र धांग गद्दी पर आए (954-1002) तथा वंश के सबसे प्रसिद्ध शासक सिद्ध हुए। उन्हें अपने पिता से विरासत में एक बड़ा राज्य मिला था। धांग ने महाराजाधिराज की उपाधि धारण की तथा चंदेल राज्य को उसके शीर्ष पर ले गए। अपनी शक्ति के बल पर उन्होंने चंदेल राज्य की सीमाओं को गंगा की तह तक पहुंचा दिया।

खजुराहो के अनेक भवन धांग की कलात्मक गतिविधियों का प्रमाण हैं। उनके द्वारा निर्मित विश्वनाथ मंदिर खजुराहो का सबसे अलंकृत मंदिर है तथा सबसे अच्छी स्थिति में है। जिननाथ एवं वैद्यनाथ के मंदिर भी धांग के शासन काल में बंटे थे।

धांग के कमजोर उत्तराधिकारी–धांग के बाद उनके पुत्र गंद तथा उनके बाद उनके पुत्र विद्याधर आए। सुलतान महमूद ने, 1019 तथा 1022 में, दो बार उनके राज्य पर हमला किया। शत्रु से युद्ध के मैदान में भिड़ने के स्थान पर उन्होंने अपने आप को कालिंजर के दुर्ग में बंद कर लिया। किले की घेराबंदी कर ली गई, जो काफी समय तक चली तथा अंतत: विद्याधर को शांति के लिए पहल करनी पड़ी। उनकी मृत्यु के बाद चंदेल शक्ति कुछ दिनों के लिए काफी कमजोर पड़ गई तथा यह विजयपाल, कीर्तिवर्मण, सल्लाक्षावर्मण, जयवर्मण, पृथ्वीवर्मण तथा मदनवर्मण के हाथों में रही।

मदनवर्मण के बाद उनका पोता परमार्दी आया जिसका शासन काल 1165-1202 तक था। उसे पृथ्वीराज II के हाथों एक अपमानजनक हार झेलनी पड़ी परंतु पृथ्वीराज खुद 1192 में आक्रमणकारी शिहाबुद्दीन मुहम्मद के हाथों पराजित हुए। दस साल बाद मुहम्मद के छत्रप कुतुबुद्दीन ने (1202) चंदेल शक्ति के केन्द्र कालिंजर पर आक्रमण किया। कुतुबुद्दीन ने कालिंजर को लूटने के बाद महोबा पर कब्जा किया तथा जीते गए क्षेत्र के प्रशासन के लिए अपना वजीर नियुक्त किया।

परमार्दी के पुत्र त्रिलोकवर्मण ने मुसलमानों को काकड़वा में पराजित कर सारा क्षेत्र पुन: हासिल कर लिया। त्रिलोक वर्मण ने लगभग 45 वर्षों तक शासन किया तथा उसके बाद उसका पुत्र वीरवर्मण आया। परंतु 1309 में अलाउद्दीन खिलजी ने उनके राज्य का एक बड़ा हिस्सा जीत लिया। बुंदेलखंड का अंतिम ज्ञात राजा वीरवर्मण II था।

कालचुरी

प्रारम्भिक इतिहास–कालचुरी अथवा होयसर्लो का उल्लेख महाकाव्यों (Epics) तथा पुराणों में मिलता है। चेदी राज्य से संबंध स्थापित होने के बाद इन्हें चेदी नाम से भी जाना गया। उनकी शक्ति का प्रारम्भिक केन्द्र सम्भवत: नर्मदा के तट पर स्थित महिष्मती थी।

छठी शताब्दी के पूर्वार्द्ध में कालचुरी राजनीतिक शक्ति के रूप में उभरे। उनके राज्य में गुजरात, उत्तरी महाराष्ट्र तथा मालवा का कुछ हिस्सा सम्मिलित था। 550-620 के बीच तीन कालचुरी राजाओं ने–कृष्णाराज, उनके पुत्र शंकरागन तथा उनके पुत्र बुद्धराज ने शासन किया था। उनका सामना उनके दो शक्तिशाली पड़ोसी–वल्लभी के मैत्रक तथा बादामी के चालुक्यों से हुआ। कालचुरियों ने पूर्वी मालवा में अपना महत्व बनाए रखा तथा पूर्वी और पश्चिमी चालुक्यों के साथ वैवाहिक संबंध स्थापित किए।

त्रिपुरी के कालचुरी–8वीं शताब्दी में कालचुरियों की विभिन्न शाखाएं उत्तर भारत के विभिन्न भागों में स्थित थीं। उनमें से एक ने आधुनिक गोरखपुर जिले के सरयुपारा में अपने राज्य की स्थापना की। दूसरी सबसे शक्तिशाली शाखा बुंदेलखंड के चेदी प्रांत पर शासन कर रही थी। चेदी के कालचुरी, जिन्हें ढाल-मंडल के राजा के नाम से भी जाना जाता था, ने अपनी राजधानी मध्य प्रदेश के जबलपुर के निकट त्रिपुरी में बनाई थी।

कोकल्ला I–त्रिपुरी के कालचुरियों का इतिहास 845 में अथवा उसके आसपास कोकल्ला I के आने के साथ प्रारंभ होता है। उन्होंने अनेक शक्तिशाली राजाओं पर विजय प्राप्त की। उनका संघर्ष प्रतिहार राजा भोज-I के साथ हुआ, जिसे उन्होंने बुरी तरह पराजित किया। उनके बारे में कहा जाता है कि उन्होंने पूर्वी बंगाल में वांग को लूटा, राष्ट्रकूट राजा कृष्णा II (जो कि उनके रिश्तेदार थे) को हराया तथा उत्तरी कोंकण पर आक्रमण किया। उसके बाद कृष्ण III के समय तक कालचुरियों के राष्ट्रकूटों के साथ अनेक वैवाहिक संबंध हुए तथा इन दोनों के बीच सौहार्दपूर्ण रिश्ता बना रहा।

शंकरागन I–कोकल्ला I ने चंदेल राजकुमारी नट्ट देवी से विवाह किया तथा उनके 18 पुत्र हुए। सबसे बड़े लड़के शंकरागन ने अपने पिता का स्थान लिया तथा कोशल राजा सोमवंशी को पराजित किया। उनके बाद उनका पुत्र बालहर्ष आया परंतु उसका शासन काल बहुत छोटा था।

युवराज I–कालचुरी तथा राष्ट्रकूटों के बीच के मधुर संबंधों के बाद भी राष्ट्रकूट कृष्ण III ने युवराज I के राज्य पर हमला किया। बाद में युवराज राष्ट्रकूटों को अपने राज्य से भगा पाने में सफल रहे। यह एक महत्वपूर्ण घटना थी तथा इसकी याद में कालचुरी दरबार में रह रहे प्रसिद्ध कवि राजशेखर ने विद्धशालभिंजका नामक प्रसिद्ध नाटक युवराज के दरबार में किया। युवराज I एक शैव था तथा उसने इस विचारधारा के विस्तार में मदद दी।

लक्ष्मणराज तथा शंकरागन II–युवराज I के बाद उनका पुत्र लक्ष्मणराज गद्दी पर आया तथा उसने चालुक्य अथवा सोलंकियों के संस्थापक मूलराज I को पराजित किया। अपने पिता की तरह लक्ष्मणराज ने शैव धर्म को प्रश्रय दिया। उनके बाद गद्दी पर उनका भाई शंकरागन II आया जो एक वैष्णव था। उसके बाद गद्दी पर उनका भाई युवराज II आया। वे एक अच्छे योद्धा नहीं थे तथा उनके शासन काल में राज्य को बहुत नुकसान हुआ। उनके मामा चालुक्य तैल II ने उनके राज्य पर हमला किया। वे इससे उबर भी नहीं पाए थे कि परमार राजा मुंज ने उन पर आक्रमण कर दिया।

कोकल्ला II–परमारों के लौटने के बाद शंकरागन II के मंत्रियों ने उनके पुत्र कोकल्ला II को गद्दी पर बिठा दिया। उनके शासन काल में कालचुरी पुनः शक्तिशाली हो गए। उनके बाद गद्दी पर उनका पुत्र गंगेयदेव आया।

गंगेयदेव–उनके शासन काल में कालचुरी उत्तर भारत की सबसे महत्वपूर्ण राजनीतिक शक्ति बन गए। उनकी सफलता का सर्वप्रमुख कारण यह था कि कालचुरी सुल्तान महमूद के आक्रमणों से बचे रहे। वे ओडिशा के समुद्र तट तक अपनी शक्ति ले गए। उन्होंने अपनी इस जीत के उपलक्ष्य में 'त्रिकलिंगाधिपति' अथवा 'त्रिकलिंग के स्वामी' की उपाधि को धारण किया। उन्होंने अपने पुत्र करण के नेतृत्व में अंग तथा मगध के विरुद्ध एक अभियान भेजा जो उस समय पाल राजा नयापाल के अधीन था। तिब्बती स्रोतों के अनुसार अतिश दिपांकर, जो उस समय मगध में रह रहे थे, ने करण तथा नयापाल के मध्य संधि करवाई जिसके अनुसार दोनों ने अपनी पुरानी स्थितियों पर लौट आने का फैसला किया।

करण–गंगेयदेव के बाद गद्दी पर उनका पुत्र लक्ष्मीकरण आया, जिसे करण के नाम से भी जाना जाता था। वह अपने समय के महानतम योद्धाओं में से था। उसने प्रतिहारों से इलाहाबाद छीन लिया था। उसने चंदेल राजा कीतिवर्मण को पराजित कर बुंदेलखंड पर अधिकार कर लिया परंतु चंदेलों के एक सामंत ने इसे कालचुरियों से वापस जीत लिया। उससे कहीं महत्वपूर्ण करण द्वारा गुजरात के चालुक्य राजा भीम I के साथ मिलकर मालवा के परमारों पर आक्रमण करना था। इस युद्ध के दौरान परमार राजा भोज की मृत्यु हो गई तथा दोनों ने मालवा पर अधिकार कर लिया। बाद में इसके बंटवारे के प्रश्न पर करण तथा भीम के बीच झगड़ा हो गया।

अपनी पूरी जिन्दगी युद्ध करते रहने के बाद भी करण की उपलब्धियां नगण्य थीं। वह अपने पैतृक राज्य में मात्र इलाहाबाद जोड़ पाया। अपने शासन के अंतिम दिनों में करण को जिन पराजयों का सामना करना पड़ा उससे उसके सम्मान को काफी चोट पहुंची तथा उसके सामंतों के ऊपर उसकी पकड़ कमजोर हुई।

बाद के शासक–करण ने अपने पुत्र यशकरण के लिए गद्दी त्याग दी। उसके ऊपर अनेक आक्रमण हुए। चालुक्य राजा विक्रमादित्य VI ने उन पर आक्रमण किया; गहड़वाल वंश के चंद्रदेव ने उनसे इलाहाबाद तथा बनारस छीन लिया, चंदेलों ने उन्हें पराजित किया तथा परमार राजा लक्ष्मणदेव ने उनकी राजधानी को लूटा। विजयसिंह अंतिम महत्वपूर्ण कालचुरी राजा थे। चंदेल राजा त्रैलोक्यवर्मण ने उन्हें पराजित कर पूरे दहाल मंडल पर अधिकार कर लिया।

तोमर

तोमरों को 36 राजपूत वंशों में से एक माना जाता है। पारम्परिक स्रोतों के अनुसार अनंगपाल तोमर ने 736 में दिल्ली की नींव डाली तथा तोमर वंश की स्थापना की। तोमरों ने हरियाणा पर अपनी राजधानी ढ़िल्लिका अथवा

दिल्ली से शासन किया। जौला राजा तोमर वंश का एक छोटा सामंत था। इस वंश का अगला महत्वपूर्ण शासक वजरत था जो 9वीं शताब्दी के मध्य में हुआ था।

वजरत के बाद उनका पुत्र जिज्जुक आया, जिसके तीन पुत्र थे-गोग्गा, पुर्णराजा तथा देवराजा। इन तीनों भाइयों ने करनाल जिले के पृथुदक में सरस्वती नदी के किनारे विष्णु के तीन मंदिरों का निर्माण करवाया। 11वीं शताब्दी के प्रारंभ में तोमर मुस्लिम आक्रमणकारियों भिड़े। शाकंभरी के चाहमनों के उदय के साथ ही उन पर दबाव बढ़ने लगा। रुद्रसेन नामक एक तोमर प्रधान की मृत्यु चाहमन राजा चंदनराज II के साथ युद्ध में हुई थी। इस संघर्ष को 12वीं शताब्दी के मध्यम में चाहमनों ने विग्रहराजा के नेतृत्व में दिल्ली पर अधिकार कर हमेशा के लिए समाप्त कर दिया।

9.4 सामंतवाद

द्वि-चरणीय सामंतवाद

पूर्व मध्यकालीन राजव्यवस्था की विकेन्द्रीकृत प्रकृति– क्षेत्रीय शक्तियों की बहुलता एवं एक सर्वोच्च शक्ति का अभाव इतिहासकारों को बाध्य करता है कि वे 750 से लेकर 1200 ईसवी के बीच राजव्यवस्था की प्रकृति में एक विस्थापन को स्वीकार करें। जहाँ राजनीतिक इतिहास के परम्परागत विवरणों में स्वामियों एवं उनके अधीनस्थ सरदारों के बीच सम्बन्धों में उतार-चढ़ाव पर जोर दिया गया है वहीं मार्क्सवादी विद्वान पूर्व-मध्य काल की राजव्यवस्था में एक प्रमुख सरंचनात्मक परिवर्तन का सुझाव देते हैं। पूर्व-मध्यकालीन राजव्यवस्था को प्राचीन ऐतिहासिक राजव्यवस्था (जो केन्द्रीय शक्तियों को प्रोत्साहित करती थी) की तुलना में विकेन्द्रीकृत और विखण्डित माना जाता है। मार्क्सवादी इतिहासकारों के अनुसार पूर्व मध्यकालीन राजव्यवस्था की विकेन्द्रीकृत प्रकृति को पूर्व मध्य काल में एक नये प्रकार की संरचना (जिसमें भारतीय सामंतवाद का उदय या क्रिस्टलीकरण हुआ) के व्यापक परिप्रेक्ष्य में विश्लेषित, अवस्थित एवं मूल्यांकित किया जाना चाहिए।

प्रथम चरण–ऊपर से सामंतवाद–मार्क्सवादी मानते हैं कि भारत में सामंती संरचना के दो चरण हैं–ऊपर से सामंतवाद और नीचे से सामंतवाद। प्रथम चरण में स्वामी एवं उसके स्वायत्त सरदारों के बीच प्रत्यक्ष सम्बन्ध था। दूसरा चरण अधिक जटिल था जिसमें शासक एवं किसानों के बीच शक्तिशाली बिचौलियों के रूप में ग्रामीण भू-स्वामियों का उदय हुआ।

द्वितीय चरण–नीचे से सामंतवाद–चौथी से 17वीं शताब्दी के बीच इस दूसरे चरण में सामंतों का विकास हुआ जिसके फलस्वरूप प्रशासनिक विकेन्द्रीकरण तथा सामुदायिक सम्पदा का सामंती सम्पदा में रूपान्तरण हुआ। इस चरण में भारतीय इतिहास लेखन की सर्वाधिक रोचक एवं महत्वपूर्ण बहसों में से एक को जन्म दिया है। चौथी से 17वीं सदी के बीच सामाजिक एवं सांस्कृतिक जीवन में महत्वपूर्ण परिवर्तन हुए। ये परिवर्तन कुछ मध्यकालीन कारकों द्वारा प्रेरित थे और ये भारतीय संदर्भ में मध्ययुगवाद एवं सामंतवाद के बीच एक पहचान का संकेत देते हैं।

सामंतों के उदय के अभिलेखीय प्रमाण–प्राथमिक प्रमाण पूर्व मध्य काल के दौरान दिये गये भू-अनुदान पत्रों में ढूंढे गये। इन अनुदान पत्रों में शासक, राजाओं एवं राजवंशों की प्रशस्तियों का उल्लेख है तथा आरम्भ में इनका उपयोग राजवंशीय इतिहास की पुनर्रचना हेतु किया गया था। वर्तमान में विद्वानों का ध्यान अनुदान पत्रों के कार्यकारी भाग की ओर आकर्षित हुआ है, जिसमें अग्रहारों की वास्तविक रचना का विवरण दिया गया है। राजस्व के रूप में अनेक शब्द सामने आ गये थे, जिनमें विष्टि जैसे गैर-आर्थिक शब्द भी शामिल थे। ताम्र पत्रों में विष्टि (बलात् श्रम) जैसे शब्दों के उत्कीर्णन से पता चलता है कि क्यों करों को सामान्यत: पीड़ा या उत्पीड़न का पर्याय माना जाता था? दानग्रहिताओं को राजस्व अधिकारों के साथ-साथ प्रशासनिक व न्यायिक अधिकार भी प्राप्त होते थे। अनुदान प्राप्तकर्ता शासकों (महीपति) एवं वास्तविक कृषकों के बीच भू-बिचौलियों (स्वामी या भूज्य मान्यक) के रूप में उभर आये थे और दोनों की कीमत पर भौतिक लाभ प्राप्त कर रहे थे।

नगरीय पतन के पुरातात्विक प्रमाण–पुरातात्विक आंकड़ों के विश्लेषण से भी यह निष्कर्ष निकलता है कि नगरों का व्यापक स्तर पर पतन हुआ था जो पहले गंगा घाटी और बाद में सम्पूर्ण उप-महाद्वीप में देखा गया। भारत-रोम व्यापार के पतन के साथ ही पूर्व ऐतिहासिक काल की मुद्रा आधारित अर्थव्यवस्था एवं विदेशी व्यापार भी अवरुद्ध हो गया था। शहरी एवं मौद्रिक अल्पता के कारण शासन के अधिकारियों को नकद की बजाय भूमि के रूप में वेतन दिया जाने लगा। अब धार्मिक अनुदानभोगियों के साथ-साथ निरपेक्ष अनुदानभोगी भी अस्तित्व में आ गये।

सामंतों के उदय के साहित्यिक प्रमाण–इन विकासों का सम्मिलित परिणाम सामंतों के अभूतपूर्व उदय के रूप में

सामने आया। पूर्व मध्यकालीन ग्रंथों, जिनमें *हर्षचरित* व *राजतरंगिणी* जैसी आत्मकथात्मक व ऐतिहासिक कृतियाँ तथा वास्तुकला से जुड़े *मानसोल्लास* व *अपराजितपृच्छा* जैसे ग्रंथ शामिल हैं, से प्रमाण मिलता है कि इस काल में सामंतों की अनेक श्रेणियों का उदय हो चुका था जो आर्थिक एवं राजनीतिक अधिकारों के विभिन्न प्रकारों का उपभोग करती थीं। सामंत वास्तविक रूप से राजनीतिक मामलों को नियंत्रित करते थे, जिससे प्रभुसत्ता के बिखराव एवं राजनीतिक विकेन्द्रीकरण का मार्ग प्रशस्त हुआ।

आत्मनिर्भर एवं परिबद्ध ग्राम-अर्थव्यवस्था का उदय-राजनीतिक क्षेत्र की इन परिस्थितियों के साथ मुद्रा आधारित अर्थव्यवस्था का एक आत्म-निर्भर एवं परिबद्ध ग्राम अर्थव्यवस्था में रूपान्तरण भी हुआ, जिसमें कृषकों की स्थिति निर्भर कृषि दास (आश्रितहलिक या बद्धहालै) जैसी हो गई। सोमदेव के *यशस्तिलक चम्पू* जैसे जैन ग्रंथों, संध्याकर नंदि के *रामचरित* जैसे उत्कृष्ट संस्कृत काव्य ग्रंथ तथा *सुभाषितरत्नकोष* जैसे संस्कृत काव्य संग्रह का उपयोग किसानों की गरीबी के अपेक्षित प्रमाणों को जुटाने के लिए किया जाता है। ये किसान सामंती अर्थव्यवस्था एवं राजनीतिक तंत्र में घोर निराशा एवं दरिद्रता का जीवन बिता रहे थे और कभी-कभी भू-स्वामी के विरुद्ध विद्रोह भी कर देते थे या उस क्षेत्र को छोड़कर भाग जाते थे। ये अभिलेखीय एवं साहित्यिक प्रमाण भारतीय सामंतवाद के तत्वों को सामने लाते हैं और दर्शाते हैं कि यह एक आर्थिक पतन और एक विखण्डित राजव्यवस्था का काल था। प्रतिहारों, पाल, सेन एवं राष्ट्रकूटों के शासन की दशाओं को भारतीय सामंती राजव्यवस्था, अर्थव्यवस्था एवं समाज के लक्षणों के रूप में देखा जाता है।

त्रि-चरणीय सामंतवाद

एक अपरिवर्तित भारतीय समाज की परम्परागत छवि का अस्वीकरण—कुछ विद्वान भारतीय सामंतवाद की संरचना को तीन चरणों के दौरान निर्मित मानते हैं। इसकी उत्पत्ति 300-600 ईसवी के बीच, इसका विकास एवं परिपक्वता 600-1000 ईसवी के बीच तथा इसका चरमोत्कर्ष व पतन 1000-1200 ईसवी के बीच माना जाता है। यह योजना भारतीय सामाजिक, आर्थिक एवं सांस्कृतिक परिदृश्य में आये बदलावों की संभावनाओं पर, राजवंशीय विस्थापनों से अलग हटकर जोड़ देती है। ग्राम समुदायों की अवधारणा उत्पादन के एशियाई तरीके तथा प्राचीन निरंकुशवाद जैसी विशेषताओं के साथ एक अपरिवर्तित भारतीय समाज की छवि को इस योजना के द्वारा चुनौती दी गई। तीन चरणों में इसके विकास का अनुमान भी पुराने प्रतिदर्श से इसके विचलन को चिन्हित करता है। यद्यपि यह सूत्र उत्तर भारत से प्राप्त प्रमाणों पर आधारित है फिर भी भारतीय सामंतवाद के समर्थक इसे एक अखिल भारतीय परिघटना के रूप में देखते हैं जिसमें कई क्षेत्रीय भिन्नताएँ भी निहित थीं, फिर भी भारतीय सामंतवाद के ताजा अध्ययनों में यह निष्कर्ष निकलता है कि 1000 ईसवी के बाद विशेषतः 1100 ईसवी से आर्थिक दशा में सुधार होना शुरू हो गया था।

विखण्डित राज्य

भारतीय सामंतवाद के मार्क्सवादी चित्रण की आलोचना–भारतीय सामंतवाद की संरचना निर्विवाद या चुनौती रहित नहीं रही। भारतीय सामंतवाद के विश्लेषण में कई कमियाँ पहचानी गई हैं जो निगमनात्मक एवं अवधारणात्मक दोनों आधारों पर टिकी हैं। मार्क्सवादी इतिहासकारों पर पूर्व मध्यकालीन भारत की परिस्थितियों पर यूरोपीय इतिहास लेखन की प्रवृत्तियों को लादने का आरोप लगाया जाता है। आलोचक विखण्डित सामंती राजव्यवस्था के स्थान पर विखण्डित राज्य की धारणा को सामने लाते हैं जो दक्षिण भारत में चोलों के काल से विजयनगर साम्राज्य के अन्तिम दिनों तक मौजूद रही थी। भारत में ईस्ट इण्डिया कम्पनी के उदय तक विखण्डित राज्य का निरन्तर अस्तित्व माना जाता है।

विखण्डित राज्य के आधार के रूप में नाडु—यह सैद्धान्तिक सूत्र चोल राज्य की उस पुरानी छवि को भी तोड़ता है जिसमें शीर्ष स्तर पर अतिशक्तिशाली राजतंत्र तथा निचले स्तर पर स्थानीय स्वायत्त निकायों की सक्रिय उपस्थिति का संयोजन था। अभिलेखों एवं अन्य आंकड़ों से दक्षिण भारत की राजव्यवस्था में नाडु के महत्व का पता चलता है और नाडु को विखण्डित चोल राज्य के आधार एवं कृषि व सामाजिक संगठन की प्रमुख इकाई के रूप में सामने रखा गया है। नाडु गाँव के ऊपर टिके थे इसलिए वे स्थानीय केन्द्रों के रूप में कार्य करते थे। स्थानीय अभिकरण के रूप में उनकी भूमिका तथा कृषि बाहुल्य क्षेत्रों में उनके महत्व के कारण प्रशासन के वास्तविक कार्यचालक के रूप में नाडु का चित्रण किया गया है। यह अवधारणात्मक ढाँचा केन्द्रीय चोल शक्ति के वास्तविक नौकरशाही नियंत्रण की उपस्थिति के लिए बहुत की कम स्थान छोड़ता है।

संसाधन संग्रह गतिविधियों के रूप में सैन्य विजयों का बोध- चोल सेनाओं को इस मान्यता के आधार पर भी कटघरे में खड़ा किया जाता है कि उनका संगठन मात्र

किराये के सैनिक समूहों पर आधारित था और इसमें एक सुसंगठित एवं स्थाई सेना की विशेषताएँ मौजूद नहीं थीं। प्रसिद्ध सामुद्रिक अभियानों सहित चोलों की व्यापक विजयों को संसाधन संग्रह गतिविधियों के रूप में देखा जाता है, जो लूट-पाट के उद्देश्य से प्रेरित थीं। इस विखण्डित राज्य प्रतिदर्श के अनुसार चोल शासक कावेरी डेल्टा (चोल राज्य का केन्द्रीय भाग) के बाहर नाममात्र का नियंत्रण रखते थे। तो फिर चोलों ने अपने शासन के मध्यवर्ती व परिधीय क्षेत्रों पर किस प्रकार नियंत्रण किया? उनके मतानुसार यह कर्मकांडीय प्रभुसत्ता पर जोर देकर किया गया जो चोलों के संरक्षण में भव्य मंदिरों के निर्माण में अभिव्यक्त होती थी।

एकीकृत राज्य

एक राजनीतिक प्रक्रिया के रूप में राज्य पर नई दृष्टि– पूर्व मध्यकालीन भारत के अध्ययन से जुड़ी ये बहसें एवं विभिन्न उपागम निश्चित ही हमारी समझ को समृद्ध करते हैं। इसका एक सकारात्मक परिणाम राजनीतिक इतिहास में एक नई रुचि के रूप में सामने आया है। यह भारत में पूर्व मध्यकालीन राज्य के अध्ययन पर प्रकाशित होने वाली विभिन्न कृतियों से भी स्पष्ट होता है। यह विभिन्न क्षेत्रों के शासकों के शोषण पर आधारित परम्परागत उपागमों की तुलना में एक अधिक जटिल अभ्यास है। यह राज्य को राजनीतिक प्रक्रिया की एक अभिव्यक्ति के रूप में देखती है जिसे समकालीन सामाजिक, आर्थिक, धार्मिक व सांस्कृतिक परिस्थितियों से पृथक् नहीं किया जा सकता।

गुटनिरपेक्ष इतिहासकारों का वैकल्पिक उपागम– विखण्डित राज्य एवं सामंती राजव्यवस्था के प्रतिपादकों के बीच विभिन्नताओं के बावजूद एक बिन्दु पर सहमति है। दोनों यह मानते हैं कि पूर्व मध्यकालीन राजव्यवस्था में एकीकृत तत्वों का अभाव था। इसने एक वैकल्पिक उपागम के उदय को प्रोत्साहित किया है। यह उपागम पूर्व-मध्यकालीन राजव्यवस्था को केन्द्रीयता एवं विखण्डन के तत्वों के बीच उतार-चढ़ाव या अर्न्तक्रिया का परिणाम मात्र नहीं मानता। विद्वानों का यह तीसरा समूह गुटनिरपेक्ष इतिहासकारों के रूप में जाना जाता है और यह सामंती व विखण्डित प्रतिदर्शों के दृष्टिकोण की बजाय राजतंत्रीय राज्य समाज के पूर्व राज्य (जनजातीय या गैर-राजतंत्रीय) राजव्यवस्था वाले समुदायों व क्षेत्रों में विस्तार के द्वारा स्थानीय व क्षेत्रीय शक्तियों की बहुलता का विश्लेषण करता है।

भू-अनुदानों एवं मन्दिर निर्माण गतिविधियों की नई व्याख्या– धार्मिक ग्रहीताओं के पक्ष में भू-अनुदानों की बढ़ती हुई संख्या ने कृषिक समाज के विस्तार एवं प्रसार को बढ़ावा दिया। कृषि बस्तियों का यह विस्तार जनजातीय समाज में जाति-वर्ण समाज की घुसपैठ के साथ निकटता से जुड़ा था। जनजातीय समाज का जातियों में रूपान्तरण ब्राह्मणवादी भक्ति पंथों में अनेक जनजातीय देवताओं के विलय के साथ सम्पन्न हुआ। नये शासक समूहों द्वारा इन ब्राह्मणवादी पंथों को संरक्षण दिया जा रहा था। इस प्रक्रिया में कुछ पंथों ने कुछ क्षेत्रों में केन्द्रीय महत्व प्राप्त कर लिया तथा इन पंथों की केन्द्रीयता को वास्तव में उनके संरक्षकों की केन्द्रीयता के रूप में दर्शाया गया। इस प्रकार पूर्व मध्यकालीन राजवंशों द्वारा संचालित मन्दिर निर्माण गतिविधियों को इतिहासकारों द्वारा एक समृद्ध अर्थव्यवस्था में फिजूलखर्ची के उदाहरणों या किसी शासक की राजनीतिक घबराहट या अनिश्चितताओं के एक संकेतक के रूप में नहीं देखा जाता।

एक एकीकृत राजव्यवस्था के रूप में पूर्व मध्यकालीन राजव्यवस्था का बोध– दक्षिण भारत से प्राप्त व्यापक पुरालेखीय प्रमाणों से स्थानीय केन्द्रों पर चोल अधिकारियों की उपस्थिति का पता चलता है। यह प्रमाण चोल खण्डित राज्य के संघटन के दावों को चुनौती देने के लिए प्रयुक्त किया गया है। चोल केन्द्रीय सत्ता नाडुओं के मामलों में हस्तक्षेप करती दिखाई देती है और प्रशासनिक पुनर्संरचना का प्रयास करती है तथा कम-से-कम दो बार भू-राजस्व का निर्धारण करती है। एकीकृत राजव्यवस्था की धारणा के द्वारा विखण्डित राजव्यवस्था की छवि को चुनौती दी गई है।

राजव्यवस्था की प्रकृति

समकालीन वैधानिक टीकाएँ– प्राचीन स्मृतियों पर लिखी गईं समकालीन टीकाओं से इस काल के राजनीतिक संगठन में हुए महत्वपूर्ण बदलाव का पता चलता है। राजा की परिभाषाओं पर विस्तृत रूप से विचार हुआ और कुछ परिभाषाएँ संकेत देती हैं कि इस शब्द के अधीन अब सत्ताओं के कई रूप शामिल किये जा चुके थे। विज्ञानेश्वर ने राजा के कर्तव्यों का उल्लेख करते हुए लिखा कि "ये कर्त्तव्य अन्य जाति के उस व्यक्ति पर भी लागू होने चाहिए जो राज्य व जिलों की रक्षा के कार्य में संलग्न है।" एक अन्य लेखक ने सिंहासनारोहण एवं राज्याभिषेक जैसे कर्मकांडों को प्रतीकात्मक बताया और कहा कि राजा साधारण रूप से देशों व परिवारों के विशिष्ट परिपाटियों के अनुसार सिंहासन पर बैठकर भी घोषित किया जा सकता है। सिद्धान्तकारों ने राजत्व को सैद्धान्तिक रूप से क्षत्रियों के कार्यों के साथ जोड़ने का प्रयास किया, जिससे विकट परिस्थितियों में एक

राजनीतिक मानदंड को कायम रखने का प्रयास प्रकट होता है। विभिन्न राजवंशों के नियमित वैधीकरण की प्रक्रिया के उपरांत भी स्मृति सिद्धान्त यह सुनिश्चित करना चाहते थे कि क्षत्रिय के निर्धारित कार्यों के साथ सामाजिक व्यवस्था बनी रहे।

राजकीय प्रशस्तियाँ–फिर भी उस समय राजनीतिक शक्ति संचित करने की प्रक्रिया ने सैन्य उपलब्धियों को एक अतिरिक्त लाभ प्रदान किया था। शाही विजयों को उल्लिखित करने वाली राजकीय प्रशस्तियों ने एक वंश के सम्पूर्ण इतिहास की प्रतिकृति का निर्माण किया था। राजत्व का उद्देश्य राजा के लिए कम या अधिक वैयक्तिक बन गया था और मेधातिथि द्वारा नये क्षत्रिय मूल्यों को अपने इस कथन द्वारा व्यक्त किया गया कि राजशाही का उच्चतम उद्देश्य विजय प्राप्त करने तथा एक राजनीतिक सर्वोच्चता स्थापित करने की राजा की इच्छा को पूर्ण करना है।

पदानुक्रमिक राजनीतिक संरचना–एक बड़ी सीमा तक इस प्रकार के मूल्य एक पदानुक्रमिक राजनीतिक संरचना का परिणाम थे, जिसमें उस संरचना में विभिन्न स्थान प्राप्त लोगों के बीच प्रतिस्पद्धा निहित थी। 12वीं शताब्दी की कृति *अपराजितपृच्छा* में सामंतों तथा उप-सामंतों की कम-से-कम 6 प्रमुख श्रेणियों का वर्गीकरण किया गया है। अन्य कृतियों में कई श्रेणियों का उल्लेख है तथा इन श्रेणियों की स्थिति व दर्जा राजस्व या क्षेत्रों के आकार पर निर्भर करता था। इस संरचना के अन्दर निजी संचरण के मुख्य साधन सैन्य नियंत्रण एवं भव्यता बन गये थे। ऐसी स्थिति में सर्वोच्च स्वामी की स्थिति इस संरचना में एक संतुलन को परिरक्षित करने वाली होती थी। फिर भी अनेक राजवंशों के पतन का इतिहास बताता है कि ऐसा संतुलन बहुत ही अल्पकाल तक ही स्थापित रह पाता था।

राजनीतिक संरचना की प्रकृति

750 ई.पू. से 1200 ई.पू. के बीच सामंतवाद उत्तर भारत की राजनीति का एक महत्वपूर्ण अंग बन गया। इसका मुख्य कारण यह था कि शासकों के अधिकार कई मामलों में कम हो गए। सर्वप्रथम, अधिकांशतः मंत्री कुछ चुने हुए परिवारों से होते थे तथा उनके पद भी वंशानुगत होते थे जिस कारण उनके अधिकार बहुत बढ़ गए, उनके सुझावों को भी नजरअंदाज करना बहुत कठिन हो गया। दूसरा अनेक सामंतों के शाही परिवारों से वैवाहिक संबंध थे। स्थानीय तथा केन्द्र प्रशासन में इन्हें अनेक विशेष अधिकार प्राप्त थे तथा किसी भी शासक के लिए इनके दावों को नजरअंदाज करना आसान नहीं था। इससे भी राजा के अधिकारों पर अंकुश लगा। तीसरा, चूंकि इन्हें शास्त्रों तथा स्थतियों के आधार पर शासन करना होता था। ये शासक अपनी आवश्यकता के अनुरूप नियम नहीं बना सकते थे। अतः इस समय में उत्तर भारत के शासक वंश व्यवस्था पर आधारित सामंत प्रमुख थे जो चाह कर भी असीमित शक्ति नहीं जमा कर सकते थे।

राजस्व का सिद्धांत–समय राजा की शक्ति का आधार राजत्व का दैवी सिद्धांत तथा समझौता सिद्धांत तथा समझौता सिद्धांत का मिश्रण था। एक ओर जनता तथा राजनीति राजा को विष्णु का आंशिक अवतार मानते थे वहीं दूसरी तरफ उनका यह भी मानना था कि जनता के प्रतिनिधि राजा को सार्वभौमिकता प्रदान करनी चाहिए। अतः राजा का यह स्वाभाविक कर्तव्य था कि वह प्रजा के भलाई के लिए काम करे, वहीं प्रजा का यह दायित्व था कि वह राजा के प्रति वफादार रहे अतः सार्वभौमिकता का आधार राजा तथा जनता के बीच का समझौता था।

उत्तराधिकार के नियम-राजा के बाद आमतौर पर उसका सबसे बड़ा बेटा गद्दी पर आता था क्योंकि गद्दी पर सबसे बड़े बेटे का अधिकार माना जाता था। अगर कोई राजा संतानहीन मरता था तो गद्दी पारिवारिक नियमों के अनुसार निकटतम संबंधी को मिलती थी। अतः इस समय की राजनीति में विवादास्पद उत्तराधिकार की सम्भावना बहुत कम थी।

राजा तथा सामंतों के बीच का संबंध-यद्यपि सैद्धान्तिक रूप से राजा को असीमित शक्तियां प्राप्त थीं, व्यवहारिक सच्चाई यह थी कि सामंतों के बढ़ते प्रभाव के कारण ये शक्तियां काफी समिति हो गई थीं। चूंकि सिद्धान्तः राजा सारी जमीनों का मालिक था अतः सारी जागीरों को उनसे मान्यता चाहिए थी। वास्तविकता यह थी कि सामंतों के वंशानुगत अधिकारों के कारण राजा की शक्तियां काफी सीमित हो जाती थीं। साथ ही, यद्यपि राजा पूरे राज्य की विधि व्यवस्था के लिए उत्तरदायी था, किन्तु वास्तव में सामंतों को पूरी छूट थी।

मंत्रिपरिषद-राज्य के प्रशासन में युवराज तथा मुख्य रानी (पट्ट महिषी) के अलावा राजा की मदद के लिए एक मंत्रिपरिषद होती थी। इनमें से मुख्य पुजारी तथा राज ज्योतिषी ब्राह्मण होते थे जबकि बाकी के पदों पर सामंतों का एकाधिकार था जो आमतौर पर क्षत्रिय होते थे तथा शाही परिवार के ही होते थे। वैश्यों तथा शूद्रों को मंत्रिपरिषद में कोई जगह नहीं मिलती थी।

प्रशासन

प्रशासनिक कारणों से राज्य का विभाजन केन्द्रीय क्षेत्र (जिसका प्रशासन सीधे राजा के द्वारा होता था) तथा सामंतों के द्वारा शासित क्षेत्र में होता था। केन्द्रीय क्षेत्र पुनः मुक्ति तथा राष्ट्रों में विभाजित होते थे जिसके शासन के लिए वायसराय होते थे, विश का प्रशासन विशपति के हाथ में तैथा गांवों का प्रशासन ग्रामपति के द्वारा होता था। जागीरों का प्रशासन भी इसी प्रणाली पर आधारित होता था। परन्तु इस दौरान उत्तर भारत में ग्रामीण स्वशासन सामंतों के बढ़ते प्रभाव के कारण कमजोर होता गया, जबकि उसी समय दक्षिण में चोलों के अधीन यह अपने शीर्ष पर था।

सैन्य प्रशासन–सेना में राजा की अपनी व्यक्तिगत सेना तथा सामंतों के द्वारा भेजी जाने वाली टुकड़ियां सम्मिलित होती थीं। शासकों की सेना में सामंजस्य का यह अभाव उनकी एकता के अभाव का मुख्य कारण था। इसमें पैदल सेना, घुड़सवार तथा युद्ध-हाथी सम्मिलित होते थे, परन्तु न तो घुड़सवार सैनिकों की संख्या बहुत अधिक थी, न ही घोड़े अच्छी नस्ल के होते थे। साथ-साथ, सेना के पदों पर मुख्य रूप से राजपूतों का एकाधिकार था। परिणामतः 90 प्रतिशत जनता को अपने देश की रक्षा में योगदान का अवसर नहीं मिलता था।

राजस्व प्रशासन–प्राचीन काल की तुलना में इस समय करों का बोझ अधिक था। इसका मुख्य कारण था- राजपरिवार तथा दरबारों का बढ़ता खर्च। सेना पर होने वाला खर्च भी लापरवाह युद्धों के कारण बढ़ता जा रहा था। अतः करों का बोझ स्वाभाविक रूप से बढ़ता जा रहा था।

न्याय प्रशासन–भारत में राज्य के मुख्य कर्तव्यों में से एक न्याय प्रक्रिया थी। परन्तु शासकों ने इस दौरान इस ओर पर्याप्त ध्यान नहीं दिया। भुक्तियों में न्याय, पुलिस तथा कारागार का प्रमुख सम्भवतः दण्डनायक होता था। परन्तु मुख्य रूप से न्याय प्रशासन से जुड़े किसी अधिकारी का कोई उल्लेख नहीं था। अतः ऐसा प्रतीत होता है कि सारे विवाद जाति तथा गांवों की पंचायतों में सुलझाए जाते थे।

सामाजिक गतिशीलता तथा महिलाओं की स्थिति

विभिन्न प्रकार के सामंत

कुछ सामंत सरकारी अधिकारी होते थे जिन्हें पैसों के स्थान पर राजस्व गांवों का आवंटन किया जाता था। कुछ में पराजित राजा तथा उनके समर्थक आते थे जिन्हें एक सीमित क्षेत्र से राजस्व प्राप्त करने की छूट थी। कुछ वंशानुगत सरदार तथा सैन्य शक्ति रखने वाले लोग भी अपने सैन्य बल पर अपने लिए स्थान बना लेते थे। कुछ जनजातीय तथा वर्ग विशेष के प्रमुख अपनी स्थिति मजबूत कर चुके थे। परन्तु इन सबकी वास्तविक स्थिति भिन्न-भिन्न थी। कुछ मात्र गांव के प्रधान थे, कुछ के अधिकार क्षेत्र में अनेक गांव आते थे जबकि कुछ पूरे क्षेत्र पर अधिकार रखते थे। इस प्रकार इन सामंतों के बीच भी अनेक श्रेणियां थीं। ये अपनी स्थिति मजबूत करने के लिए हमेशा आपस में लड़ते रहते थे।

जाति व्यवस्था

ब्राह्मणों तथा क्षत्रियों के बढ़ते अधिकार: प्राचीन काल की तरह जाति व्यवस्था इस समय भी समाज का आधार थी, जबकि शूद्रों तथा अन्य निम्न जातियों पर प्राचीन काल की तुलना में और अधिक प्रतिबन्ध लगाए जा रहे थे।

जाति प्रथा कर प्रसार: तत्कालीन लेखक कुम्हार, बुनकर, सुनार, संगीतज्ञ, नाई तथा मछुआरों जैसी अनेक उप-जातियों के बारे में बताते हैं। इनमें से कुछ पहले मजदूरों का समुदाय था जो बाद में स्वतंत्र जाति बन गया। महत्वपूर्ण बात यह है कि स्मृतियों के रचयिता हस्तकला को निम्न दर्जे का व्यवसाय मानते थे। अतः बहुत-से मजदूरों को अछूत माना जाता था।

कायस्थों का उदय: कई बार नई जातियों को वर्ण व्यवस्था में स्थान देना कठिन होता था। कायस्थ इसका एक उदाहरण थे। सम्भवतः पहले एक विशेष काम को करने वाले ब्राह्मणों तथा क्षत्रियों को कायस्थ कहा जाता था। इसमें दूसरी जातियों के लोग भी होते थे। कालांतर में ये एक अलग जाति के रूप में उभरे।

स्त्रियों का स्थान

मध्यकालीन उत्तर भारतीय समाज में स्त्रियों को शिक्षा का अधिकार नहीं था। साथ ही उनके विवाह की आयु में भी कमी आई जिससे उनके अन्य शिक्षा के अधिकार जाते रहे। इस समय के महत्वपूर्ण ग्रंथों में महिला शिक्षक का एक भी उल्लेख न होना इस धारणा को सिद्ध करता है। आमतौर पर महिलाओं पर विश्वास नहीं किया जाता था। उन्हें समाज की मुख्य धारा से दूर रखा जाता था तथा उनके पुरुष संबंधी पिता, भाई, पति तथा पुत्र आदि उनके जीवन को नियंत्रित करते थे।

जमीन में सम्पत्ति अधिकारों की वृद्धि के साथ-साथ स्त्रियों के भी सम्पत्ति अधिकारों में वृद्धि हुई। सम्पत्ति को

परिवार के भीतर रखने के प्रयास में स्त्रियों को भी अपने पुरुष रिश्तेदारों की सम्पत्ति विरासत में मिलने लगी। अतः सामंती समाज के विकास ने निजी सम्पत्ति के विचार को मजबूती प्रदान की। सती प्रथा व्यापक रूप से फैल गई तथा कुछ लेखकों ने इसे अनिवार्य बना दिया। सामंतों द्वारा अनेक विवाह करने के कारण सम्पत्ति के लिए होने वाले विवाद को सुलझाने के लिए, विशेषकर उच्च वर्णों में, सती प्रथा फैलने लगी।

ज्ञान तथा शिक्षा

उत्तर भारत में शिक्षित वर्ग का रुख कड़ा होता गया। नए विचारों के स्थान पर पुराने रुढ़िवादी ज्ञान को ही प्रचारित किया जा रहा था। भारत से बाहर हो रही वैज्ञानिक खोजों से भी उन्होंने अपने आपको अलग रखा। महमूद गजनी के साथ आए मध्य एशिया के विख्यात विद्वान तथा वैज्ञानिक ने अपनी पुस्तक में इन बातों का उल्लेख किया है। यद्यपि वे भारतीय विज्ञान तथा शिक्षा के प्रशंसक थे, उन्होंने शिक्षित वर्ग, विशेषकर ब्राह्मणों, के इस रवैये का उल्लेख किया है। शिक्षा को खास लोगों तक सीमित रखना तथा किसी भी बाहरी स्रोत से आने वाली नई जानकारी को नकारने की प्रवृत्ति मुख्यतः भारत के पिछड़ेपन के लिए उत्तरदायी थी।

धार्मिक स्वरूप

इस समय जैन तथा बौद्ध धर्म का पतन जारी रहा। पालों के बाद बौद्ध धर्म अपने जन्म स्थान से ही लगभग लुप्त हो गया। साथ-साथ हिन्दू धर्म को पुनर्जीवन मिला तथा इसका व्यापक विस्तार हुआ। इसके कई स्वरूप थे। सबसे लोकप्रिय शिव व विष्णु थे। इनके चारों ओर अनेक लोकप्रिय धार्मिक आन्दोलनों ने स्वरूप लिया जबकि बौद्धिक स्तर पर जैन तथा बौद्ध धर्म की शिक्षाओं को चुनौती दी गई। कालान्तर में, शिव तथा विष्णु मुख्य देव हो गए जबकि सूर्य, ब्रह्म इत्यादि की लोकप्रियता कम हो गई। पूर्वी भारत में एक नया धार्मिक स्वरूप उभरा। यह था शक्ति अथवा सृष्टि के महिला अवयव की पूजा। अतः हिन्दू दुर्गा, काली इत्यादि की पूजा-करने लगे, जो शिव से सम्बन्धित थी जबकि बौद्ध तारा तथा बुद्ध के अन्य सहयोगियों की पूजा करने लगे।

समाज का स्वरूप

समाज में ऐसे लोगों की प्रधानता थी जो बिना जमीन पर काम किए जमीन से अपनी आय प्राप्त करते थे, अतः हम इसे सामंती समाज कह सकते हैं। उत्तर भारत में इस समय इस समाज के विकास के दूरगामी परिणाम हुए।

कृषक सरचना

सामंती अर्थव्यवस्था का अर्थ–ऐसी अर्थव्यवस्था जिसमें जमीन से होने वाली सारी अतिरिक्त आय को एक ऐसा वर्ग हथिया लेता है जिसे वह जमीन पैतृक सम्पत्ति के रूप में मिली हो तथा वह उत्पादन की प्रक्रिया में किसी भी तरह भागीदार नहीं हो, सामंती अर्थव्यवस्था कहते हैं।

आत्मनिर्भर ग्रामीण अर्थव्यवस्था का उदय–इस समय की एक और महत्वपूर्ण घटना थी-ऐसी आत्मनिर्भर ग्रामीण अर्थव्यवस्था का उदय जहां अपनी जरूरत के अनुसार उत्पादन होता था तथा व्यापार अथवा विनिमय हेतु फालतू उत्पादन के लिए कोई प्रयास नहीं होता था। उत्पादकता बढ़ाने के लिए कोई प्रोत्साहन न होने पर उत्पादन न्यूनतम स्तर पर रहा। अतः किसानों पर दबाव बढ़ने के बाद भी उत्पादकता नहीं बढ़ी।

व्यापार में कमी–स्थानीय जरूरतों पर आधारित अर्थव्यवस्था के कारण व्यापार में कमी आने लगी। माप-तोल की स्थानीय इकाइयों के विकास से लंबी दूरी के व्यापार में कई कठिनाइयां आने लगीं। व्यापार में कमी से मुद्रा में कमी आई जिससे पुनः व्यापार प्रभावित हुआ। अस्थायी राजनीतिक स्थितियों ने तथा आपसी झगड़ों ने भी व्यापार पर प्रभाव डाला। इनके साथ ही रोमन तथा सस्सानिद साम्राज्यों के पतन के कारण बाहर से भी मांग में कमी आई तथा इसका कुप्रभाव भी व्यापार पर पडा।

नगरों तथा शहरों का पतन–व्यापार में आई कमी से शहरों के विकास पर भी प्रभाव पड़ा। जो शहर बड़े आर्थिक केन्द्र बन चुके थे, उनका अस्तित्व तो बना रहा, परन्तु नए शहरों के उभरने की प्रक्रिया धीमी पड़ गई। इस समय के अरब भूगोल शास्त्रियों ने लिखा है कि चीन की तुलना में भारत में शहरों की संख्या में कमी आई थी, किन्तु पश्चिमी एशिया तथा दक्षिण-पूर्व एशिया से व्यापारिक संबंधों के कारण तटीय क्षेत्रों तथा बंगाल के शहर फलते-फूलते रहे।

सामंतवाद का प्रभाव–सामंती प्रथा में उप-सामंतों की बढ़ती संख्या के कारण जमीन से होने वाली आय अब अधिक लोगों के बीच बंटने लगी, परन्तु इन बिचौलियों के हाथों आय का बड़ा भाग पड़ जाने के कारण उत्पादक तथा राजा दोनों की आय पर बुरा प्रभाव पड़ा। अतः उत्तर भारत में एकमात्र धनी वर्ग सामंती वर्ग था, परन्तु इस वर्ग का धन व्यापार अथवा शिल्प उत्पादन के क्षेत्र में खर्च नहीं हो रहा था। इसका उपयोग आलीशान महलों तथा भव्य मंदिरों

के निर्माण में किया जा रहा था। स्वाभाविक था कि ये मंदिर आक्रमणकारियों के मुख्य निशाने बने जिनका उद्देश्य मूर्तिभंजन से ज्यादा धन को लूटना था।

9.5 चोल तथा दक्षिण भारत के अन्य शासक

चोल

विजयलया-पांड्यों के सहयोगी गुत्तरयार से 850, ई.पू. के लगभग विजयलया द्वारा तंजौर छीनना तथा उसके द्वारा निशुंभ- सुदीनी (दुर्गा) के मंदिर की स्थापना-चोलों के उदय से पहले चरण थे जो उस समय पल्मों के सामंत थे।

आदित्य-उसने अपने पल्लव अधिराज (overlord) को युद्ध में पराजित कर उसकी हत्या कर दी तथा पूरे तोंडाइमंडलम पर अधिकार कर लिया। आदित्य ने उसके बाद कोंगु राज्य पर भी अधिकार किया। कहा जाता है कि, उन्होंने कावेरी नदी के दोनों तटों पर शिव के मंदिरों का निर्माण करवाया।

परान्तक I–अपने शासन के प्रारंभिक दिनों में उन्होंने पांड्य राज्य पर आक्रमण किया तथा 'मदुरै कोंडा' (मदुरै को जीतने वाला) की उपाधि धारण की। जब 916 में राष्ट्रकूट राजा कृष्ण II ने चोल राज्य पर आक्रमण किया, उन्हें वल्लाल (उत्तरी आरकाट जिला) में बुरी तरह पराजित होना पड़ा। परन्तु 940 के बाद परांतक को अपने राज्य की रक्षा में परेशानियां आने लगीं। राष्ट्रकूट राजा कृष्ण III ने परांतक को तावकोलम के युद्ध में (आरकोनम के निकट) 949 में पराजित कर उत्तरी चोल राज्य के एक बड़े भाग पर अधिकार कर लिया।

अत: परांतक के राज्य का एक बड़ा भाग सफलता तथा समृद्धि का था परन्तु इसका अन्त राष्टकूटों की शत्रुता के कारण काफी दारुण रहा। परांतक I के बाद अगले 30 वर्षों तक काफी अव्यवस्था रही। उनके उत्तराधिकारी गणरादित्य, अरिंजय, परांतक II तथा उत्तम चोल थे। इनमें से मात्र परांतक II का कुछ महत्व है क्योंकि उन्होंने राष्ट्रकूटों से हारे गए क्षेत्रों में से कुछ वापस जीते।

राजाराज I–ये मूलत: अरुमोलिवर्मण के नाम से जाने जाते थे तथा परांतक II के पुत्र थे। चोलों का वास्तविक महान युग उनके समय से प्रारंभ हुआ। उन्होंने पांड्य, केरल तथा सिलोन राज्य की एक सम्मिलित सेना को पराजित कर इनके राज्यों पर अधिकार कर लिया। महेंद्र को पराजित कर सिलोन की राजधानी अनुराधापुर को नष्ट कर उत्तरी सिलोन में चोल प्रान्त की स्थापना की गई, जिसकी राजधानी पोलोन्नारुवा थी। आधुनिक मैसूर के कुछ भाग पर अधिकार करने के साथ ही वे नई शक्ति के साथ कल्याणी के चालुक्यों से संघर्ष में आ गए। उन्होंने चालुक्यों को वेंगी से (जहां का शासन चोलों का मित्र था) बाहर करने के लिए चालुक्य राज्य पर आक्रमण किया। हिन्द महासागर के व्यापारिक रास्तों को खोलने के लिए उन्होंने सम्भवत: मालदीव पर कब्जा किया था।

उन्होंने तंजौर के भव्य शिव अथवा वृहदेश्वर (राजराजेश्वर) मंदिर का निर्माण करवाया था। उन्होंने श्री विजया (दक्षिण पूर्व एशिया) के शैलेन्द्र राजा श्री मारा विजयोतुंगवर्मण को नागपट्टिनम् में एक बौद्ध विहार बनाने के लिए प्रोत्साहित किया। इसे श्री मारा के पिता के नाम पर 'चुदामणि विहार' के नाम से जाना जाता है। राजा राज ने पत्थरों पर समय-समय पर राज्य की प्रमुख घटनाओं को लिखवाने की परम्परा आरंभ करवाई।

राजेन्द्र I–उन्होंने चोल राज्य को विस्तारित कर उस समय का सबसे सम्मानित राज्य बना दिया। उन्होंने महेन्द्र V को पराजित कर उसे बंदी बना लिया तथा सिलोन की विजय को पूरा किया। उन्होंने पांड्य तथा केरल राज्यों को पराजित कर अपने एक बेटे को इस क्षेत्र का वायसराय बना दिया तथा मदुरै को इसकी राजधानी। वेंगी के उत्तराधिकार में दखलंदाजी कर रहे पश्चिमी चालुक्यों को पराजित कर वहां की गद्दी पर राजेन्द्र के एक भतीजे राजराजा को बिठाया। उन्होंने कलिंग के पूर्वी गंगा राजा मधुकुमारनव को भी पराजित किया जिसने पश्चिमी चालुक्यों का साथ दिया था।

राजेन्द्र I ने गंगा घाटी पर एक सफल सैनिक अभियान का नेतृत्व किया तथा इस अवसर पर एक नई राजधानी तथा मंदिर का निर्माण करवाया, जिसका नाम था- गंगाई कोंडाचोलापुरम। श्री विजय साम्राज्य के विरुद्ध उनका नौसैनिक अभियान सम्भवत: सफल रहा था जिसका उद्देश्य या तो ख्याति प्राप्त करना था अथवा वहां के शासक को सबक सिखाना जिन्होंने चीन के साथ चोलों के संबंधों में व्यवधान उत्पन्न किया होगा। यह राज्य संग्राम विजयोतुंगा (श्री मारा के पुत्र) को वापस सौंप दिया गया था। उन्होंने राजनीतिक तथा व्यापारिक उद्देश्य से दो कूटनीतिक दल चीन भेजे थे।

राजाधिराज-उन्होंने पांड्य, केरल तथा सिलोन में विद्रोहों को दबाया था। उन्होंने वेंगी में चोल राज्य को पुन: स्थापित करने के लिए भी अभियान छेड़ा। कृष्णा के किनारे पश्चिमी चालुक्योंद में धन्नाडु (धन्यकटक) में पराजित कर राजराजा

के विरोधी विजयादित्य को वापस जाने के लिए भी मजबूर किया। उसके बाद उन्होंने पश्चिमी चालुक्य राज्य में प्रवेश कर कृष्णा के तट पर मुंडेर की लड़ाई में उन्हें पराजित किया। येतागीरी (याडगीर) में उन्होंने शेर चिह्न वाला एक स्तम्भ बनवाया। बाद में, कल्याणी पर अधिकार कर राजाधिराज ने वहां विराभिषेक (विजय उत्सव) मनाया तथा 'विजयराजेन्द्र' की उपाधि धारण की। अपने शासन के अन्तिम दिनों में उन्होंने पश्चिमी चालुक्य शासन सोमेश्वर के खिलाफ अभियान छेड़ा परन्तु इसमें उनकी मृत्यु हो गई। उनके पुत्र तथा उत्तराधिकारी राजेन्द्र II ने इस पराजय को विजय में बदल दिया।

राजेन्द्र II–विजय के बाद उसने एक जय स्तम्भ कोल्लापुरा में लगवाया तथा अपनी राजधानी वापस लौट गया। बाद में सोमेश्वर को कोप्पम की पराजय को बदलने का प्रयास किया किन्तु उसमें वह असफल रहा। इसके कुछ ही दिनों के बाद राजेन्द्र की मृत्यु हो गई।

वीर राजेन्द्र–सोमेश्वर ने वीर राजेन्द्र को चुनौती दी जिसके परिणामत: कुदाल-संगमम का युद्ध हुआ परन्तु चालुक्य राजा अपनी बीमारी के कारण इस युद्ध में नहीं आए तथा कुछ समय बाद अपने को तुंगभद्रा में डुबोकर परमयोग प्राप्त किया। वीर राजेन्द्र ने सिलोन से चोल राज्य को उखाड़ फेंकने के सिंहली राजा विजय बाहु I के प्रयास को भी विफल कर दिया। उन्होंने सहायता तथा संरक्षण के लिए अपनी शरण में आए राजकुमार के पक्ष में कदारम (श्री विजय) एक नौसैनिक अभियान भेजा (1068)।

कुलोत्तुंग I–वेंगी के राजराजा नरेन्द्र तथा चोल राजकुमारी अम्मगादेवी के इस पुत्र का मूल नाम राजेन्द्र II था। इसने वीर राजेन्द्र की मृत्यु का फायदा उठाकर चोल गद्दी पर अधिकार कर लिया। इस तरह उसने वेंगी तथा चोल राज्यों को मिला दिया। जब विजयबाहु ने सिलोन में चोल राज्य को उखाड़ दिया तो इसने इस पर प्रतिक्रिया नहीं की। यह मुख्य भूमि पर पांड्य तथा केरल राज्य के विद्रोह को नजरअंदाज करने की स्थिति में नहीं थे। कुलोत्तुंग ने पूरे राज्य पर पुन: एक मजबूत सैन्य अभियान छेड़ दिया। 1115 तक सिलोन को छोड़कर चोल राज्य का स्वरूप अपरिवर्तित रहा परन्तु अपने शासन के अंतिम दिनों में यह वेंगी तथा मैसूर के चालुक्य राजा विक्रमादित्य से हार गए।

कुलोत्तुंग I ने 72 व्यापारियों का एक दल चीन भेजा तथा श्री विजया से भी उनके अच्छे संबंध थे जहां से उसके लिए भी एक दूत भेजा गया था। पुरालेख तथा लोक अवधारण उन्हें ' 'शुंगम तविर्त्त' की उपाधि देते हैं। (करों को समाप्त करने वाला) परन्तु इसका पूरा विवरण प्राप्त नहीं है।

बाद के चोल-कुलोत्तुंग I के बाद विक्रम चोल, कुलोत्तुंग II, राजराजा II, राजाधिराज II, कुलोत्तुंग III आए। राजाधिराज II के समय से सामंतों की बढ़ती स्वतंत्रता राजाधिराज II के समय पूरी तरह उभरने लगी। कुलोत्तुंग III ने चोल राज्य के विघटन को कुछ समय तक रोके रखा। उनका समय चोल कला तथा वास्तुकला का अन्तिम पड़ाव है क्योंकि वे स्वयं अंतिम महत्वपूर्ण चोल शासक थे। उसके बाद चोल स्थानीय प्रमुखों के रूप में बने रहे।

प्रशासन

चोल प्रशासन की मुख्य विशेषता ग्रामीण तथा शहरी प्रशासन में स्वायत्तता तथा केन्द्र एवं क्षेत्रीय प्रशासन में अन्दर का अभाव था किन्तु उनका प्रशासन राष्ट्रकूटों तथा चालुक्यों के प्रशासन की तुलना में ज्यादा केन्द्रीयकृत था।

केन्द्रीय प्रशासन–राजा प्रशासन के शीर्ष पर होता था। प्रशासन में उसकी मदद के लिए विभिन्न विभागों के प्रमुखों की एक मंत्रिपरिषद, उदनकुट्टम् तथा एक न्यायालय होता था (ओलाई)। मृत राजाओं की पूजा तथा उनके सम्मान में मंदिरों का निर्माण चोल काल की एक विशेषता थी।

चोल प्रशासन में विभिन्न वर्गों के अधिकारियों का एक जटिल जाल था। अधिकारी समाज में एक अलग वर्ग था जिनके दो वर्ग थे-उच्च (पेरुन्दनाम) तथा निम्न (सिरुन्दनाम)। उच्चाधिकारियों को आदिगरिगल की पदवी से जाना जाता था जबकि सभी स्तरों के अधिकारियों को कारुमिगल तथा पाणिमक्कल के आम संबोधनों से जाना जाता था। उनके वेतन का भुगतान उनके स्थिति के अनुरूप जमीन देकर (जीवित) किया जाता था। सम्मानसूचक पदवियां तथा युद्ध में लूट के हिस्से में भागीदारी उनके अन्य पारितोषित होते थे।

क्षेत्रीय प्रशासन–राज्य को प्रशासनिक उद्देश्य से कई टुकड़ों में बांटा जाता था। सामंती जमीन के अलावा राज्य मंडलम् (शाही कुमारों के अंदर) में बंटा होता था जो कि वालानाडु (क्षेत्र) नाडु (जिला) तथा कुर्म्मो (गांव) में बंटा होता था।

शहरी तथा ग्रामीण प्रशासन-शहरों का अपना स्वायत्त प्रशासन होता था जिसे तंकुरम् कहते थे। शहरों की स्वायत्तता गांवों की तरह होती थी तथा दोनों का प्रशासन समितियों के द्वारा होता था।

राजस्व प्रशासन–भू-राजस्व के लिए एक बहुत ही नियोजित विभाग होता था जिसे पुरवूवरित्तिनक-कलाम कहते थे। खेती योग्य सारी जमीन को तीन भागों में बांटा गया था-किसानों की जमीन (वेलनवगाई) कामगार भूमि तथा दान में मिली भूमि। प्रथम वर्ग के गांव आम रैयती गांव होते थे, जो सरकार को भू-राजस्व देते थे, जिसे समय-समय पर बदला जा सकता था।

सारी जमीन का सावधानीपूर्वक सर्वेक्षण कर उसे कर देने वाले तथा कर मुक्त वर्गों में बांटा जाता था। सभी गांवों तथा शहरों में रिहायशी इलाके (उर, नाट्टम्) मंदिर, तालाब, गुजरने वाली नहर, अछूतों की बस्ती (पराचचेरी) काश्तकारों की बस्ती (कुम्मनचचेरी) तथा श्मशान घाट (सुदुगुदु) करों से मुक्त होते थे। खेती योग्य जमीन को उसकी उर्वरकता तथा फसलों के आधार पर विभिन्न वर्गों में बांटा गया था। भू-राजस्व के अलावा आवागमन में वस्तुओं पर कर, व्यवसाय पर कर, विवाह जैसे उत्सवों पर कर तथा न्यायिक दण्ड कर भी लिए जाते थे।

सैन्य प्रशासन-चोल राज्य में दो तरह के सैनिक होते थे- शाही खजाने से वेतन पाने वाले सैनिक-काईक्कोलार; स्थानीय रक्षा के लिए भर्ती किए गए सैनिक नाट्टप्पादाई। काईक्कोलार में पैदल सैनिक, घुड़सवार सैनिक, हाथी तथा नौसेना सम्मिलित होती थी। चोल शासकों ने अपनी नौसेना पर विशेष ध्यान दिया। काईक्कोलार में वेलाईक्कारार सबसे भरोसे की टुकड़ी होती थी, जो राजा के लिए अपनी जान देने को तैयार रहती थी। सेना के प्रशिक्षण पर धयान दिया जाता था तथा सैन्य छावनियां (कादागाम) भी होती थीं।

प्रशासनिक इकाइयाँ एवं संरचनाएं

विभिन्न क्षेत्रों के नियंत्रण हेतु विभिन्न संरचनाएँ-चोलों ने अपने भू-प्रदेश में विभिन्न क्षेत्रों पर नियंत्रण हेतु विभिन्न प्रकार की संरचनाएँ विकसित कीं।

- चोलमंडलम् में 1003 ईसवी तक सभी क्षेत्रों में पूर्ण किये गये राजस्व सर्वेक्षण व मूल्यांकन के बाद नाडुओं को एक वृहत इकाई में पुनर्गठित करके वलनाडु (एक कृत्रिम राजस्व राजनीतिक इकाई) की स्थापना की गई थी। वलनाडु की सीमाएँ जलधाराओं जैसी प्राकृतिक सीमाओं से निर्धारित होती थीं। दूसरी ओर वलनाडु के निर्माण में नाडुओं को तोड़ा गया और एक नाडु के गाँवों को दूसरे में स्थानान्तरित किया गया। ब्रह्मदेय एवं देवदान गाँवों को नाडु के अधिकार क्षेत्र से बाहर किया गया दूसरी ओर कबीलों को वलनाडु योजना के अन्तर्गत लाया गया। नई राजस्व इकाई एक बड़ी सीमा तक कृषि क्षेत्र नाडु की अखण्डता एवं एकाकीपन को कमजोर करती थी। चोलों ने अपनी संस्थाओं को विभिन्न मंडलमों में विभिन्न उप-क्षेत्रीय विभेदों के अनुकूल बनाते हुए निर्मित किया और वास्तविक राजनीतिक नियंत्रण को लागू किया।
- पांडिमंडलम् में पुरानी संरचनाएँ अपरिवर्तित बनी रहीं फिर भी ताम्रपर्णी घाटी के क्षेत्रों में गहन कृषि विस्तार एवं संगठन द्वारा इन संस्थाओं का भी सुधार हुआ।
- तोण्डईमंडलम् में पुराने कोट्टम या विस्तृत चरागाह-कृषि क्षेत्र परिरक्षित रखे गये। एक विशिष्ट राजस्व इकाई के रूप में इस क्षेत्र में टंकरू या तीनयूर का व्यवस्थित प्रयोग बताता है कि चोलों द्वारा नियंत्रण की एक विशिष्ट उप-प्रणाली विकसित की गई थी। सीमित विस्तार में तनियूर चोल केन्द्रीय भूमि के अन्दर भी अस्तित्वमान था। तनियूर के अन्तर्गत प्रमुख ब्रह्मदेय एवं मन्दिर बस्तियां विकसित हुईं तथा इसके अधिकार क्षेत्र में अनेकों राजस्व ग्राम छोटी बस्तियाँ एवं शिल्प केन्द्र शामिल थे। राजा की सरकार एवं तनियूर के बीच कर समझौते प्रत्यक्ष थे। तनियूर के आस-पास एक नये प्रकार का नाडु विकसित हुआ, जिसे पेरिलामई-नाडु कहते थे। तनियूर नगरीय केन्द्रीकरण का मूल भी बन गये थे और ये नगर पदानुक्रम के कई स्तरों की रचना करते थे तथा कई महत्वपूर्ण कार्य सम्पादित करते थे। वलनाडु, पेरिलामई-नाडु, तनियूर, राजस्व संगठन एवं कृषि क्षेत्रों को परिभाषित व पुनर्परिभाषित करने का उदाहरण थे जो राजनीतिक सत्ता की इच्छा से प्रेरित थे और जैसा कि चोलों द्वारा किया भी गया था।
- नियंत्रण का एक अन्य तंत्र सामरिक स्थानों में सेना के शिविरों निलईप्पदई की स्थापना भी था। सेना की इकाइयों मन्दिरों की सम्पत्ति की रक्षा के लिए बड़े व्यापारिक केन्द्रों पर भी तैनात की जाती थीं जैसा कि **कोंगूमंडलम** में देखा जा सकता था। मंडलम की अवधारणा अपने आप में एक नवाचार थी जिसके द्वारा परम्परागत राजनीतिक-भौगोलिक भू-प्रदेशों को पुनः पदनामित किया गया था और यह सम्पूर्ण भू-प्रदेश के पुनर्गठन का संकेत देती है। इस प्रकार चोल एक चोल-पांड्य को पांड्य क्षेत्र पर शासन के लिए तथा मंडल-मुदालिस को अन्य उप-क्षेत्रों पर शासन करने

के लिए नियुक्त किया गया था। कर शब्दों एवं उनके बार-बार उल्लेख से यह प्रमाण मिलता है कि मंडलम् में आर्थिक नियंत्रण एवं विभिन्न प्रशासनिक प्रक्रियाओं का अस्तित्व था।

बिचौलियों के रूप में छोटे सरदारों को मान्यता– चोल राजव्यवस्था में छोटे कबीलों से एक मध्यवर्ती स्तर का पता चलता है जिसकी भूमिका चोल शक्ति के विकास (विशेषत: उनके पूर्ववर्ती काल में) में महत्वपूर्ण थी। इन कबीलों के साथ विभिन्न शर्तों के आधीन समझौते किये गये थे तथा कुछ शक्तिशाली सरदारों को सैन्य समर्थन या व्यापार तंत्र के विस्तार में सहायता के बदले राजस्व में कुछ स्थानीय रियायतें प्रदान की गई थीं। इनमें से अनेक को नागरिक एवं सैनिक सेवाकाल प्रदान किये गये थे तथा इनके पुलिस अधिकारों को **पडिकावल** कहते थे। परम्परागत दृष्टिकोण में वे सामन्त थे तथा खण्डित राज्य के संदर्भ में वे स्थानीय मुखिया थे जो कृषक आधार या पुराने मुखियाओं (जो चोल शासन के पूर्णत: अधीन कभी नहीं रहे थे) से अलग होकर सामने आये थे। फिर भी तथ्य यह है कि मध्य चोल काल के दौरान ये अभिलेखों से लुप्त हो गये क्योंकि तब इनके भू-प्रदेश वलनाडुओं में विलय कर लिये थे। इन सरदारों ने अपनी श्रेष्ठता 12वीं सदी के उत्तरार्द्ध में पुन: हासिल की और आपस में गठबन्धन करके या नये सरदारों या चोलों के परम्परागत शत्रुओं से मिलकर चोलों के समक्ष एक गम्भीर राजनीतिक चुनौती प्रस्तुत की।

चोल कर प्रणाली

परम्परागत उपागम बनाम विखण्डित राज्य के प्रतिपादक– परम्परागत रूप से चोलों एवं पल्लवों के आधीन एक सुसंगठित कर प्रणाली का अस्तित्व माना जाता है। चोल अभिलेखों में *पुरावु वारि तिनईक्कलम* के बार-बार उल्लेख से यह माना जाता है कि एक नियमित भू-राजस्व विभाग मौजूद था तथा सर्वेक्षणों एवं जाँचों पर आधारित करों एवं भू-अधिकारों का सही व्यवस्थित ढंग से रख-रखाव (वारिप्पोत्तगम) किया जाता था और ताजा प्रविष्टियों द्वारा इन्हें अद्यतन रखा जाता था। फिर भी स्थानीय अधिभारों एवं केन्द्रीय करों के बीच एक विभेद था तथा स्थानीय अधिभार स्थानीय निकायों द्वारा एकत्रित किये जाते थे और केन्द्र सरकार इस कार्य में उनकी सहायता करती थी। केन्द्रीय अधिकारियों द्वारा वसूले जाने वाले भूमि करों (पुरावु, कडमई, इरई) के असंख्य उल्लेखों के बावजूद विखण्डित राज्य के प्रतिपादक मानते हैं कि स्थानीय केन्द्रों से सर्वोच्च केन्द्र की ओर राजस्वों का कोई प्रवाह नहीं होता था।

प्रमुख स्रोत के रूप में भू-राजस्व–कर शब्दावली के स्थानीय वितरण व काल क्रम के सांख्यिकीय विश्लेषण तथा उनके उल्लेखों के सन्दर्भ में यह प्रकट किया गया है कि प्रमुख भू- कर (कडमई) मानकीकृत किया गया था, जबकि भूमि से जुड़े हुए अन्य छोटे कर भी मौजूद थे। स्थानीय स्तर से सरकार को हस्तांतरित होने वाले करों के संग्रह व संचय के तरीकों की पहचान विभिन्न स्तरों पर अन्नागारों के उल्लेखों द्वारा होती है। नाडु एवं वलनाडु द्वारा राज्य के लिए नाट्टुमुडल (नाडु से संगृहीत कुल राजस्व) एकत्रित किया जाता था। समय के साथ-साथ गैर-कृषि कर बढ़ते गये और उत्तर-चोल काल में ये अधिक महत्वपूर्ण हो गये जिससे शिल्प उत्पादन एवं व्यापारिक गतिविधियों में वृद्धि का प्रमाण मिलता है।

स्थानीय संग्रहण एवं पुनर्निवेशन–संग्रह के स्थानीय रूपों तथा इस प्रकार के करों के क्षेत्रीय अर्थव्यवस्था में पुनर्निवेशन ने केन्द्रीय संग्रहण एवं पुनर्वितरण की समस्याओं को दरकिनार किया। राज्य द्वारा संसाधन संचरण को संसाधनों के पुनर्वितरण की प्रक्रिया से अलग नहीं किया जा सकता था। यह पुनर्वितरण राज्य संरचना में निहित एकीकृत तत्वों, जैसे- ब्रह्मदेय एवं मन्दिरों के लिए होता था। फिर भी विखण्डित राज्य की अवधारणा संसाधन एवं राजस्व उपयोग की इस अन्तर्बद्धता को पहचानने में असफल रही क्योंकि यह राज्य संरचना को राज्य कर्मकांडों से पृथक् करके देखती है।

द्वितीय संसाधन के रूप में वाणिज्यिक उद्यमों में राज्य की रुचि–यही बात 'लूट-पाट की राजनीति' की परिकल्पना पर लागू होती है, जो इस अन्तर्निभर प्रबन्धन के साथ-साथ, एक द्वितीय संसाधन आधार के रूप में व्यापार व वाणिज्य में राज्य की सक्रिय रुचि की उपेक्षा करती है। यह परिकल्पना चोल युद्धों को मुक्त प्रवाहित संसाधनों तक अपनी पहुँच सुनिश्चित करने वाली आर्थिक जरूरतों द्वारा निर्धारित मानती है जो कि लूट-पाट पर आधारित थी। इस नई मान्यता के अनुसार चोलों की नीति सामुद्रिक अभियानों द्वारा व्यापारिक हितों का विस्तार करने की थी क्योंकि इसी वाणिज्य द्वारा राजशाही एवं मन्दिरों जैसे विशाल उपभोक्ताओं के लिए व्यापक विलासिता सामग्री उपलब्ध होती थी। बन्दरगाहों पर सीमा शुल्क अधिकारियों की नियुक्ति, चोल बंदरगाहों पर विदेशी अभिकर्ताओं (श्री विजयन) की उपस्थिति तथा चीनी दूतावास के अस्तित्व से भी ज्ञात होता है कि वाणिज्य को राजस्व का द्वितीय स्रोत माना जाता था।

चोल नौकरशाही

परम्परागत उपागम बनाम खण्डित राज्य उपागम–साम्राज्यीय आयामों की एक बैजण्टाइन राजशाही की भाँति चोल राज्य को एक केन्द्रीकृत राजव्यवस्था मानने वाले परम्परागत उपागम के अन्तर्गत अधिकारियों के प्रचुर उल्लेखों का हवाला देकर एक शक्तिशाली, पदानुक्रमिक व संगठित नौकरशाही के अस्तित्व को सिद्ध किया जाता है। यह स्थानीय अधिकारियों से अलग थी। विखण्डित राज्य की अवधारणा शक्तिशाली नौकरशाही के अस्तित्व को झुठलाती है एवं यह मानती है कि अधिकारी एवं मुवेन्दवेलन जैसी उपाधियाँ शक्तिशाली स्थानीय सरदारों व मुखियाओं को प्राप्त थीं तथा इनकी जड़ें राजा की सरकार के साथ महत्वपूर्ण सम्पर्कों में नहीं बल्कि स्थानीयता में थीं। इन्हें अपने नाडुओं में प्रभावी कृषक वर्ग की राजनीतिक भुजा के रूप में देखा जाता था। इस उपागम का संशोधित निष्कर्ष यह है कि चोल राज्य में नौकरशाही का अस्तित्व नाममात्र का था।

ताजा निगमनात्मक अध्ययनों पर आधारित नया उपागम– चोल अभिलेखों में निजी एवं पदनामों, उपाधियों के कालक्रमिक व भू-स्थलाकृतिक वितरण, प्रस्थितिमूलक शब्दों इत्यादि के सांख्यिकीय विश्लेषण व सह-संयोजन पर आधारित ताजा निगमनात्मक अध्ययन पद एवं दर्जे के बीच, केन्द्रीय व स्थानीय अधिकारियों के बीच प्रयुक्त शब्दों के अन्तर को स्पष्ट करता है जिससे संकेत मिलता है कि राजस्व प्रशासन में एक पदानुक्रमिक रूप से संगठित अधिकारी तंत्र मौजूद था। नाडलवन जैसी उपाधियों के साथ स्थानीय मुखिया नाडु पर नियंत्रण रखते थे और राजा के साथ घनिष्ट सम्पर्क कायम रखते थे। आर्य उपसर्ग वाली सामंती उपाधियाँ उन लोगों की ओर संकेत करती हैं जो राजस्व विभाग एवं सेना में उच्च पदों पर आसीन थे। मुवेन्दवेलन एवं ब्रह्म आर्य जैसी उपाधियाँ उन अधिकारियों को प्रदान की जाती थीं जिनका राजा के साथ घनिष्ठ सम्बन्ध होता था। मुवेन्दुवेलन एक राजकीय अधिकारी के रूप में राजा एवं स्थानीय लोगों के बीच मुख्य राजनीतिक सम्पर्क जोड़ता था कि फिर भी ये उपाधि धारक या प्रभावी तत्व कृषि आधार के अन्तर्गत ही उदित हुए होंगे।

एक नौकरशाही की धारणा को मजबूती–यद्यपि एक सुसंगठित नौकरशाही तंत्र का कोई स्पष्ट प्रमाण उपलब्ध नहीं है फिर भी उपाधि धारक अधिकारियों को स्थानीय मामलों में राजकीय हस्तक्षेप की भुजाओं के रूप में माना जाता है। ये अधिकारी एक केन्द्रीकृत नौकरशाही के ढाँचे से बाहर राजकीय प्रभाव के विस्तार में निर्णायक भूमिका निभाते थे। इसके अलावा भू-राजस्व विभाग कुछ केन्द्रीकृत विशेषताएँ दर्शाता है, जिसके अन्तर्गत इसके अधिकारियों को पदानुक्रमिक भूमिकाएँ सौंपी गई थीं और एक ऊर्ध्वाधर संचरण के लिए स्थान छोड़ा गया था, जिससे नौकरशाही राज्यतंत्र का संकेत मिलता है। नागरिक एवं सैन्य अधिकारियों के लिए उच्च (पेरून्दरम) एवं निम्न (सिरूतरम) पदों की श्रेणियाँ एवं राजदरबारी (उडानकुट्टम) एवं प्रांतों में नियुक्त अधिकारियों (विडाईयिल) के भेद से भी एक नौकरशाही को मजबूती मिलती है भले ही यह अधिक शक्तिशाली न रही हो। स्थानीय तत्वों की केन्द्रीय सरकार में उपस्थिति को इस प्रकार देखा जा सकता है- मंडलमुडालि (मंडलम स्तर), नाडु वैगई (नाडु स्तर) एवं मुडालिगल व मध्यस्थ (ग्राम स्तर)। इनमें अन्तिम केन्द्र एवं ग्राम के बीच सर्वाधिक महत्वपूर्ण कार्यकारी सम्बन्ध स्थापित करते थे।

संगठित सेना के अस्तित्व के पक्ष-विपक्ष में तर्क–दुर्भाग्य से सैन्य संगठन के प्रमाण नगण्य हैं इसलिए इस बारे में विभिन्न मत सामने आये हैं। खण्डित राज्य पर मुख्य विवाद इसी सैन्य संगठन के अभाव के कारण उभरा है। इसलिए चोल सेनाएँ विभिन्न कृषक समुदायों या जातियों या श्रेणी संगठनों की सेनाओं से मिलकर बनी मानी जाती हैं और इसी कारण विभिन्न समूहों के नाम (वलंगई एवं इडंगई) दोहराये गये हैं। इस दृष्टिकोण के अनुसार इन सेनाओं को एक स्थायी सैनिक इकाई का दर्जा देने की अपेक्षा विभिन्न समूहों की राजनीतिक निष्ठाओं का संकेतक माना जाता है इसलिए यह तर्क दिया जाता है कि सैन्य टुकड़ियों के रूप में एक एकीकृत सैन्य संरचना के अन्तर्गत इनका उल्लेख स्वीकार नहीं किया जा सकता। इसी प्रकार अभिलेखों में नौसैनिक उद्यमों का उल्लेख होने के बावजूद खण्डित राज्य का प्रतिदर्श चोल सैनिक अभियानों को एक तदर्थ अभियान के रूप में देखता है जिसमें स्थायी नौसेना की बजाय भाड़े के सैनिक शामिल होते थे फिर भी खण्डित राज्य का यह प्रतिदर्श को अब चुनौती दी जाने लगी है क्योंकि वीर भोग एवं पडईप्परू अनुदानों तथा सामरिक स्थानों पर सेना के ठहराव (निलइप्पदई) से यह संकेत मिलता है कि 12वीं सदी तक एक शाही सेना अस्तित्व में आ चुकी थी। पडइमुडालि एवं नयगम जैसे सैन्य अधिकारियों को अभिलेखीय विवरणों के माध्यम से जाना जाता है। दक्षिण पक्षीय वैलइक्करर इकाइयों के बीच पेरून्दरम व सिरूतरम जैसे श्रेणीक्रमों से भी नियमित सेना का संकेत प्राप्त होता है। राजकीय सैन्य अभियानों में निःसन्देह रूप से स्थानीय सरदारों की सेनाएँ

भी भाग लेती थीं। पेरून्दरम व सिरूतरम जैसे श्रेणीक्रमों से भी नियमित सेना का संकेत प्राप्त होता है। राजकीय सैन्य अभियानों में नि:सन्देह रूप से स्थानीय सरदारों की सेनाएँ भी भाग लेती थीं।

संस्कृति

मंदिर वास्तुकला

मुख्य अवयव–मंदिर निर्माण कला, विशेषकर द्रविड़ अथवा दक्षिण भारतीय शैली अपने वैभव के शिखर पर चोलों के शासन काल में पहुंची। चोल मंदिरों के मुख्य अवयव विमान होते थे जिनके महत्व को बाद के काल में अति-सुसज्जित गोपुरम् ने कर दिया। चोलों के अधीन विशेष ग्रामीण क्षेत्रों में, मंदिर जीवन के केन्द्र बन गए। ग्रामीण सभाओं का मुख्य स्थान इन मंदिरों के मंडप होते थे।

प्रारंभिक काल–तमिलनाडु के पुदुकोट्टाई जिले में प्रारम्भिक चोल काल के अनेक मंदिर हैं, जो पल्लव से चोल काल के बीच दक्षिण भारतीय शैली के विकास के उत्तम उदाहरण हैं। इनमें सबसे महत्वपूर्ण विजयालया चोलेश्वर मंदिर (नारथामलाई में) है, जिसे मेलामलाई मंदिर भी कहते हैं। अन्य महत्वपूर्ण मंदिरों में कुम्भकोणम् तथा नागेश्वर स्वामी मंदिर, श्री निवासानाल्लुर का कुरंगनाथ मंदिर तथा तिरुवलिश्वरम् अगस्तेश्वर तथा चोलेश्वर मंदिर हैं।

परिपक्व काल–इसका सबसे अच्छा उदाहरण शिव (वृहदेश्वर अथवा राजराजेश्वर) मंदिर है जिसे 1009 में राजराजा I ने तंजौर में बनवाया था। यह चोलों द्वारा राजराजा I के शासन में प्राप्त भौतिक उपलब्धियों का प्रतीक है। मध्य कालीन भारतीय मंदिरों में सबसे ऊंचा (216 फीट) होने के साथ-साथ यह दक्षिण भारतीय कला का एक अत्यन्त उत्कृष्ट उदाहरण है। इस मंदिर के एक सहायक भाग में एक व्यक्ति को यूरोपीय टोपी में दर्शाया गया है, जो सम्भवत: वेनिस का व्यापारी मार्को पोलो (13वीं शताब्दी का पूर्वार्द्ध) था। राजेन्द्र I द्वारा निर्मित गंगाई कोण्डडाचोलापुरम मंदिर (1030) भी शिव अथवा वृहदेश्वर को अर्पित है तथा इसे पहले मंदिर से ज्यादा भव्य बनाने का प्रयास किया गया था। इसकी व्यापकता तथा वैभव उस समय की स्थिति का प्रतिबिंब माना जा सकता है।

बाद का काल–इस वर्ग में जिन दो मंदिरों का उल्लेख किया जा सकता है, वे हैं- तंजौर जिले में दारासुराम का ऐरावतेश्वर मंदिर तथा श्रीभुवनम् का कम्पहरेश्वर मंदिर।

शिल्प कला

चोल काल में शिल्प कला के क्षेत्र में भी अनेक प्रगतियां हुई। चोल मूर्तिकला के तीन मुख्य वर्ग थे। प्रतिमाएं, मूर्तियां तथा सजावट की मूर्तियां। श्रीनिवासनाल्लुर के कुरंगनाथ मंदिर में आदम कद की प्रतिमाएं आज भी देखी जा सकती हैं। कुंभकोणम् के नागेश्वर मंदिर में ऐसे अनेक उदाहरण हैं।

तिरुवल्लीश्वरम् का शिव मंदिर आरम्भिक चोल मूर्ति विद्या का संग्रहालय कहा जा सकता है। तंजौर का बृहदरेश्वर मंदिर तथा गंगाईकोंडा चोलापुरम् के मंदिर बड़े आकार की अनेक मूर्तियों से सुसज्जित हैं। 9वीं शताब्दी के मध्य में चोल मूर्तिकारों ने कांस्य मूर्तियों को ढालना प्रारंभ किया। इस कला के सर्वश्रेष्ठ उदाहरण कांस्य नटराज शिव प्रतिमा है। नटराज की सबसे अच्छी प्रतिमा कुम्भकोणम् के नागेश्वर मंदिर में है। तिरुक्काडियुर (तंजौर जिला) के राम, लक्ष्मण, सीता तथा उनके चरणों में हनुमान की प्रतिमा राजराजा I के काल की सर्वश्रेष्ठ चोल कांस्य प्रतिमा है।

सजावट के लिए शिल्प कला का कई रूप से उपयोग होता था–फूल, पत्तियां, जानवर, पक्षी, नाचती आकृतियां तथा पुराण की कथा इसके विशेष विषय होते थे।

चित्रकला

चोल भित्ति चित्र विजयालया चोलेश्वर तथा राजराजेश्वर मंदिरों में देखने को मिलते हैं। विजयालया चोलेश्वर मंदिर की दीवारों पर महाकाल, देवी तथा शिव के बड़े चित्र अभी भी देखे जा सकते हैं। राजराजेश्वर मंदिर में शिव को कैलाश में नटराज के रूप में तथा त्रिपुरंतक में दीवारों पर चित्रित किया गया है।

शिक्षा तथा साहित्य

इन समय मंदिरों में महाकाव्यों तथा पुराणों पर आधारित शिक्षा दी जाती थी। उच्च शिक्षा के लिए महाविद्यालय थे। इस समय *शिबाकाशींदामणि कंबन की रामायण* जैसे तमिल की सर्वोत्कृष्ट रचनाएं लिखी गईं। संस्कृत में बहुत ही कम रचनाएं लिखी गईं। राजराजा I दो रचनाओं का विषय बना–एक नाटक (*राजराजेश्वर नाटकम्*) तथा एक काव्य (*राजराजा विजयम्*)। कुलोत्तुंग के कवि जयंगोदर ने अपने राजा के कलिंग युद्ध पर कलिंगात्तुप्परानी लिखा। विक्रम चोल, कुलोत्तुंग II तथा राजराजा II के दरबारी कवि कुत्तन ने एक *पुराण* की रचना की (विक्रम चोल के कलिंग युद्ध पर) तथा एक *पिल्लाईतामिल* (कुलोत्तुंग II के बचपन पर

कविता) लिखा। इसके अतिरिक्त उसने तीनों राजाओं पर उला भी लिखा। पुगालेंदी कुत्तन का समकालीन था तथा उसकी सबसे अच्छी रचना नालवेंबा (नल तथा दमयंती की कहानी) है। शंक्किलार ने प्रसिद्ध *पेरिया पुराणम् (तिरुत्तोंडर पुराणम्)* की रचना कुलोत्तुंग II के शासन काल में की।

धर्म

चोल आमतौर पर शैव थे परन्तु विष्णु तथा बुद्ध की उपासना भी करते थे। जैन धर्म का पतन हुआ। चोल धर्म की एक विशेषता यह थी कि इसमें दान पर यज्ञ से ज्यादा जोर दिया जाता था।

जन कार्य

चोलों ने सिंचाई के साधनों, सड़कों तथा नगरों का व्यापक निर्माण करवाया। गंगाईकोंडाचोलापुरम्, के निकट की कृत्रिम झील (16 मील लंबी) तथा कावेरी पर बांध बनाने हेतु तराशे पत्थरों का प्रयोग चोल जन कार्य के उदाहरण हैं।

सामाजिक विभाजन

राज्य की कामकाजी जनता मुख्यत: वालनगाई (दाहिना भाग) तथा इदंगाई (बायां भाग) में विभाजित थी। चोल राज्य में कभी-कभी इनके बीच संघर्ष देखने को मिलता है। कुलोत्तुंग के शासन के दूसरे वर्ष इनके बीच के एक संघर्ष में एक गांव को जला दिया था, इसके धार्मिक स्थल नष्ट कर दिए गए तथा इसके मंदिरों की सम्पत्ति को लूट लिया गया था।

व्यापार तथा कूटनीति

समुद्री गतिविधियां

प्राचीन काल से ही भारतीय विशेषकर दक्षिण भारतीय व्यापारी अन्तर्राष्ट्रीय व्यापार में हिस्सा ले रहे थे। इनके बारे में जानकारी पुरातात्विक स्रोतों तथा कुछ साहित्यों से मिलने वाली जानकारी तक सीमित थी जो बहुत ज्यादा नहीं बता पाती है, परन्तु मध्य काल के लिए अनेक स्रोत हैं, जिसमें अनेक अभिलेख सम्मिलित हैं जो कई बार व्यापारियों द्वारा भी लिखे जाते थे।

स्वदेशी तथा नानादेशी (विदेशी) व्यापार में पृथक्ता रखी जाती थी। व्यापारियों के अपने स्वायत्त शहर नगर (नगर) भी होते थे। बड़े बन्दरगाहों (पट्टिनम्) में भी इनके संघ होते थे परन्तु इन शहरों पर राजा के अधिकारियों का नियंत्रण ज्यादा होता था।

पल्लवों के समय से अनेक देशों से व्यापार करने वाले बड़े संघ (नानादेशी) अस्तित्व में आ चुके थे तथा दक्षिण भारत की राजनीति में महत्वपूर्ण थे। वे न सिर्फ स्थानीय विकास कार्यों तथा मंदिर निर्माण के लिए अपितु राजा को भी पैसा उधार देते थे। अत: राजा इन संघों को अपने हित के लिए ज्यादा-से-ज्यादा सुविधाएं देने का प्रयास करता था। अपने अन्तर्राष्ट्रीय संबंधों सेना तथा सुविधाओं के कारण राज्य के भीतर अलग राज्य बन गए थे।

सबसे शक्तिशाली संघों में अय्यावोल तथा मणिग्रामम् थे। चालुक्य राजधानी आईहोल के नाम पर बना अय्यावोल संघ, दक्कन तथा मणिग्रामम् संघ तमिलनाडु में स्थित थे। अय्यावोल के अन्तर्राष्ट्रीय संबंध पश्चिम एशिया तक थे जबकि मणिग्रामम् ने दक्षिण-पूर्वी एशिया पर अपना ध्यान रखा। ताकुआपा (श्याम के भू-डमरूमध्य में) अभिलेख (9वीं शताब्दी के मध्य) में मणिग्रामम् का उल्लेख है जबकि सुमात्रा में पाया गया 1088 का एक तमिल अभिलेख भी तमिलनाडु के एक संघ का था। व्यापारिक कार्यों में इन संघों के बीच कोई ठोस बंटवारा नहीं था। मालाबार तट (मलाई मंडलम्) को एक नानादेशी व्यापारी ने 13वीं शताब्दी में पागान (म्यांमार) में विष्णु का एक नानादेवी विनागार मंदिर बनवाया।

पश्चिम एशिया के साथ व्यापार में दक्षिण-पश्चिमी तट पर स्थित व्यापारियों को कुछ सरलता होती थी। जातिगत संबंधों ने भी इसमें सहयोग दिया। दक्षिण-पश्चिमी तटों पर बसे अरब तथा यहूदी व्यापारी कायरो तक के अपने मित्रों से पत्राचार करते थे। काहिरा (मिस्त्र) के एक सायनागाग (यहूदी उपासना-गृह) में पाए गए पत्रों तथा कागजों से उनके दक्षिण भारत के व्यापारियों के साथ के संबंधों का पता चलता है। दक्षिण में यहूदियों को मिलने वाले सम्मान का प्रतीक यहां मिला एक ताम्रपत्र पर अभिलेख है, जो इश्शुप्पु इराप्पन (जोसफ राबन) को मिले शाही दान के बारे में है। उसे शाही सुविधाएं, करों से छूट तथा मालाबार तट पर स्थित करंगनोर के व्यापारिक क्षेत्र का राजस्व जैसी सुविधाएं प्राप्त थीं।

चोलों ने अपनी समुद्री शक्ति को बढ़ाने के लिए सामरिक रूप से महत्वपूर्ण स्थानों पर अधिकार किया। उन्होंने दक्षिण-पश्चिमी तट पर गंगा के मुहाने तक पूरे पूर्वी तट पर

अधिकार किया। उन्होंने मालदीव, श्रीलंका तथा अंडमान पर भी अधिकार किया। इसी नीति के अधीन उन्होंने अन्तत: श्री विजया पर कब्जा किया।

इन सारे सैन्य प्रयासों को समझने के लिए यह याद रखना जरूरी है कि इस समय व्यापार तथा व्यापारिक मार्गों के लिए काफी कड़ी प्रतिस्पर्द्धा थी। चोल तथा दक्षिण-पूर्व एशिया के शासक बाजार का बड़ा हिस्सा हथियाना चाहते थे। राजेन्द्र I के अभिलेखों से पता चलता है कि 1014 से 1019 तक चोलों के श्री विजया तथा कंबोडिया से मित्रवत् संबंध थे, परन्तु इसके बाद भी 1025 में उसने अपनी सेना सुमात्रा तथा मलाया के विरुद्ध भेजी, जिसने श्री विजया तथा उसके सभी सहयोगियों को पराजित किया। यद्यपि इस अभियान के ठीक-ठीक कारणों का पता तभी चल सकता है जब इससे संबंधित स्रोत मिलें, अभियान व्यापारिक एकाधिकार स्थापित करने के प्रयासों का चरम बिन्दु था।

राजेन्द्र चोल के दक्षिण-पूर्व एशिया के अभियान से इस क्षेत्र पर दीर्घकालीन अधिकार नहीं हो पाया, परन्तु पूरी 11वीं शताब्दी में दक्षिण-पूर्व एशिया में चोल तथा दक्षिण भारतीय व्यापारियों का प्रभाव देखने को मिलता रहा। 1069-69 में चोल नौसेना ने पुन: इस क्षेत्र पर आक्रमण किया। एक चोल अभिलेख के अनुसार राजा के अनुरोध पर मलाया के बड़े हिस्से को जीत कर वहां के राजा को लौटा दिया गया। सम्भवत: चोलों ने वहां के उत्तराधिकार के युद्ध में सही पक्ष का साथ दिया था। 1088 के एक तमिल अभिलेख में सुमात्रा में एक तमिल संघ की उपस्थिति का प्रमाण मिलता है।

कूटनीतिक उपलब्धियां

बढ़ती समुद्री गतिविधियों को उस समय की कूटनीतिक गतिविधियों के परिपेक्ष्य में भी देखना चाहिए। 10वीं शताब्दी के पूर्वार्द्ध में चीन ने दक्षिण के देशों में अपने दूतों को भेजा, जिसके पीछे व्यापारिक उद्देश्य भी था। श्री विजया ने इसके उत्तर में 1003 से 1018 के बीच चीन के राजा के पास छह अभिमण्डल भेजे।

दक्षिण-पूर्व एशिया के देश चीन के साथ-साथ चोलों से भी अच्छे संबंधों के इच्छुक थे। 1005 के लगभग श्री विजया के शैलेन्द्र राजा ने नागपट्टनम् में एक बौद्ध विहार का निर्माण करवाया, जिसके लिए राजराजा I ने कुछ जमीन दान में दी। राजेन्द्र I ने भी अपने पिता के स्थान पर गद्दी सम्भालते ही इस दान को स्वीकृति प्रदान की।

कंबोडिया ने भी 1012 में चोलों के साथ कूटनीतिक संबंध स्थापित किए। यहां के राजा सूर्यवर्मण I ने जब मलाया में अपने हितों की रक्षा के लिए श्री विजया राज्य के अंकोर तक अपने राज्य का विस्तार किया तो अपनी स्थिति बनाए रखने के लिए राजराजा I को एक रथ भेंट में भेजा। यह कहना कठिन है कि कम्बोडिया का राज्य चोलों की बढ़ती शक्ति से भयभीत था अथवा अपने दक्षिण-पूर्वी एशियाई प्रतिद्वन्द्वी श्री विजया से।

राजेन्द्र I ने 1015 तथा 1033 में चीन के राजा के पास कूटनीतिक अभियान भेजा जिन्होंने चोल राज्य को मान्यता प्रदान की। चीनी दृष्टिकोण से यह सम्मान की बात थी। 1015 में चोल कूटनीतिक दल चीन के रास्ते श्री विजया में रुका। पुन: 1019 में वहां के शासक ने नागपट्टनम के बौद्ध विहार के लिए अनेक कीमती तोहफे भेजे जिसे राजेन्द्र ने अपने अभिलेखों में वर्णित किया है।

चोल राजा कुलोत्तुंग I ने 1071 में 72 व्यापारियों का एक दल चीन भेजा जिसने इस गलतफहमी को दूर किया कि चोल श्री विजया के सहायक राज्य हैं। 1089 में श्री विजया ने दो राजदूतों को भेजा तथा उनके अनुरोध पर नागपट्टनम को दिए गए दान की पुन: स्वीकृति हुई। कम्बोडिया के साथ भी कूटनीतिक संबंधों को पुन: प्रारंभ किया गया। अंकोर के राजा सूर्यवर्मण II (जिन्होंने अंकोर भाट का निर्माण करवाया था) ने 1114 में कुलोत्तुंग को एक बहुमूल्य माणिक भेजा था जिसे उन्होंने चिन्दबरम के मंदिर को दान में दे दिया। वर्मा के राजा क्यान जिट्टा (1086-1113) ने चोला राजा को स्वर्ण पत्र पर एक चिट्ठी लिखी। इन सभी सूचनाओं से यह परिणाम निकलता है कि कुलोत्तुंग का लंबा शासन काल (1070-1118) दक्षिण-पूर्व एशियाई देशों के साथ शान्तिपूर्ण संबंधों का काल था जिसमें दक्षिण भारत के व्यापारिक संघों को अपने अन्तर्राष्ट्रीय व्यापार को बढ़ाने का मौका मिला होगा।

दक्षिण भारतीय ग्रामीण व्यवस्था

राजनीतिक परिवर्तन के इस काल में दक्षिण भारत को जोड़े रखने में सबसे महत्वपूर्ण भूमिका गांवों ने अदा की, जिनकी भूमिका के बारे में पूरे दक्षिण भारत में सैकड़ों अभिलेख मिलते हैं। इन गांवों के स्तर पर उपलब्ध स्वायत्तता काफी महत्वपूर्ण थी। गांवों के स्तर पर शाही अधिकारियों की भागीदारी प्रशासन की न होकर एक सलाहकार तथा पर्यवेक्षक की होती थी।

गांवों के प्रकार

- सबसे अधिक वैसे गांव थे जिनमें सभी जातियों के लोग होते थे तथा वे राजा को कर के रूप में भू-राजस्व देते थे।
- ब्रह्मदेय अथवा अग्रहार, वैसे गांव होते थे जिन्हें ब्राह्मणों को दान में दिया गया हो तथा पूरी जनसंख्या उन्हीं की हो। ये पहली तरह के गांवों से कम थे, परन्तु कर मुक्त होने के कारण ज्यादा समृद्ध होते थे।
- देवदान वैसे गांव थे जो देवताओं को दान में दे दिए गए थे। ये गांव पहले प्रकार के ही होते थे, परन्तु यहां से आने वाला राजस्व मंदिर को सीधे मिलता था।

पल्लवों के समय पहले दो प्रकार के गांव ज्यादा लोकप्रिय थे, परन्तु चोल काल में तीसरे प्रकार के गांवों की संख्या में वृद्धि हुई क्योंकि मंदिर जीवन के केन्द्र बन गए थे।

आम सभाओं के प्रकार

- 'उर' गांव के कर देने वाले नागरिकों की एक आम सभा थी।
- सभा की सदस्यता या तो ब्राह्मणों तक सीमित होती थी अथवा इसकी स्थापना ब्राह्मणों के गांवों में ही होती थी।
- नगरम् व्यापारिक शहरों तथा कस्बों में पाया जाता था।

कुछ गांवों में 'उर' तथा 'सभा' साथ-साथ पाई जाती थी, जबकि कुछ बड़े गांवों में दो 'उर' होते थे।

सभाओं के कार्य तथा संविधान

इन सभाओं के कार्य स्थान तथा जरूरत के आधार पर भिन्न-भिन्न होता था। उर गांव के सभी करदाताओं के लिए खुली थी, परन्तु वास्तव में इसमें बुजुर्ग व्यक्तियों की ज्यादा चलती थी। 'उर' के अंदर एक प्रशासनिक खण्ड होता था जिसे 'अलंगानम्' कहते थे। इसके सदस्यों की संख्या तथा उनकी नियुक्ति की प्रक्रिया स्पष्ट नहीं है। सभा की कार्यशैली ज्यादा जटिल होती थी तथा यह अपनी समितियों (वरियम) के द्वारा काम करती थी। विशेष कार्यों के लिए इन दोनों की छोटी समितियां होती थीं।

उर तथा सभा के प्रशासनिक खण्ड तथा कमेटियों के लिए सम्भवतः चुनाव होते थे जिसमें योग्य व्यक्तियों को समूह से चुना जाता था। परन्तु आवश्यकतानुसार उर तथा सभा के कार्यकलाप तथा संविधान में परिवर्तन किया जाता था। परांतक I (10वीं शताब्दी) का उत्तरामेरूर अभिलेख स्थानीय सभाओं के कार्य के बारे में विस्तार से बताता है। इसमें न सिर्फ योग्यताएं, जैसे–सम्पत्ति, शिक्षा तथा ईमानदारी इत्यादि वर्णित हैं, अपितु अयोग्यताएं, जैसे–पागलपन, भ्रष्टाचार इत्यादि भी वर्णित हैं। दूसरे अभिलेख भी कुछ अंतरों के साथ यही सूचना देते हैं। सभाएं आम तौर पर मंदिरों के अंदर मिलती थीं तथा विभिन्न सभाओं के बीच ताल-मेल होता था।

कार्य–*सर्वप्रथम* ये सभाएं भू-राजस्व का आकलन कर राजा अथवा मंदिर के लिए उसके संग्रह का काम भी करती थीं (व्यक्तिगत तथा सम्मिलित दोनों)। *दूसरे*, ये किसी विशेष कार्य, जैसे- तालाब का निर्माण, के लिए अतिरिक्त कर लगाती थी। *तीसरे*, ये कृषि संबंधी विवाद (सिंचाई, कब्जा इत्यादि) का निबटारा भी करती थीं। *चौथा*, ये दान तथा कर से संबंधित कागजों को सम्भाल कर रखती थीं। बड़ी सभाएं अपने काम के लिए वेतन पर कर्मचारी रखती थीं, परन्तु इनका ज्यादातर काम लोग स्वेच्छा से करते थे।

कल्याणी के चालुक्य

तैल II–इसने अपना जीवन राष्ट्रकूट राजा कृष्ण III के सामंत के रूप में प्रारंभ किया था, परन्तु शीघ्र ही उसने राष्ट्रकूट राजा करक्का II को मारकर अपने को मुक्त कर लिया। वह गुजरात छोड़ पूरे राष्ट्रकूट राज्य का मालिक बन गया। मालवा के परमारों के साथ इसकी कई लड़ाइयां हुईं। इसने परमार राज्य पर 6 आक्रमण किए परन्तु प्रत्येक बार मुंज उसे वापस खदेड़ देता था। जब मुंज ने चालुक्य राज्य पर आक्रमण किया तो तैल ने उसे पराजित कर मार डाला। तैल की राजधानी मान्यखेत थी तथा कल्याणी का महत्व सोमेश्वर I के समय से हुआ।

सत्यसराया–इन्हें जो साम्राज्य अपने पिता से मिला वह काफी बड़ा था। इनके मुख्य शत्रु चोल थे तथा इन्होंने बहुत कठिनाई से राजेन्द्र को पराजित कर अपने राज्य के एक बड़े हिस्से को चोलों से मुक्त करवाया।

विक्रमादित्य V–सत्यसराया के बाद उनका भतीजा विक्रमादित्य V आया जिसने 6 सालों तक शासन किया। इसके शासन की एकमात्र महत्वपूर्ण घटना राजेन्द्र चोल का आक्रमण था।

जयसिम्हा II–इन्होंने अपने पूर्वजों के समय चोलों को हारे क्षेत्र पर पुनः कब्जा करने का प्रयास किया। वेंगी के विवादास्पद उत्तराधिकार ने इन्हें वहां दखल देने का मौका

दिया। इन्होंने राजराजा के खिलाफ विजयादित्य VII का साथ दिया। आरंभ में जयसिम्हा को कुछ सफलता हाथ लगी परन्तु राजेन्द्र चोल ने एक साथ दो सेनाओं को भेज स्थिति में नाटकीय परिवर्तन ला दिया। रायचूर दोआब में मस्की में हुए युद्ध में चोलों को सफलता प्राप्त हुई। वेंगी में चोल सेना ने विजयादित्य को पराजित कर दिया, जिन्होंने जयसिम्हा के पास शरण ली थी।

सोमेश्वर I–सोमेश्वर I के गद्दी पर आते ही कल्याणी के चालुक्यों के इतिहास का वह गौरवपूर्ण काल प्रारंभ हुआ जो उनके पुत्र विक्रमादित्य VI के समय अपने शीर्ष पर पहुंचा। परन्तु इनका काल चोलों से संघर्ष से भरा रहा। इन्होंने राजधानी मान्यखेत से कल्याणी स्थानान्तरित की तथा इसे अनेक नए भवनों को सजाया।

गद्दी पर आते ही सोमेश्वर ने वेंगी पर नया आक्रमण किया। इसके परिणामत: राजाधिराज चोल ने आक्रमण कर पश्चिमी चालुक्यों को पराजित कर दिया। परन्तु सोमेश्वर ने अचानक अपनी स्थिति सुधार चोलों को अपने राज्य से बाहर कर दिया। कुछ समय बाद यह झगड़ा पुन: प्रारंभ हो गया तथा कोप्यम (कोपबाल) के युद्ध में यद्यपि राजाधिराज मारे गए परन्तु उनके पुत्र राजेन्द्र II ने अपनी सेना को एकत्र कर पराजय को विजय में बदल दिया।

चोलों के साथ अपनी व्यस्तता के बाद भी सोमेश्वर दूसरी शक्तियों के साथ युद्ध करने के लिए समय निकाल पाने में सफल रहे। इन्होंने उत्तरी कोंकण पर विजय प्राप्त कर गुजरात तथा मालवा पर भी आक्रमण किया तथा परमार राज भोज की राजधानी धार पर आक्रमण कर उन्हें पराजित किया। सोमेश्वर I के चार पुत्र थे जिनमें से उन्होंने अपने सबसे बड़े पुत्र सोमेश्वर II को अपना उत्तराधिकारी घोषित किया।

सोमेश्वर II–इनके आठ साल के छोटे शासन काल में इनके तथा इनके भाई विक्रमादित्य VI के बीच संघर्ष होता रहा। अन्तत: विक्रमादित्य ने अपने बड़े भाई की हत्या कर 1076 में गद्दी पर अधिकार कर लिया। *विक्रमाकउदेवचरित* के रचियता बिल्हन ने यह कहकर अपने राजा का पक्ष लिया है कि सोमेश्वर II एक क्रूर राजा था तथा अपनी जनता को यातना देता था।

विक्रमादित्य VI–इन्हें भी अपने छोटे भाई जयसिम्हा के विद्रोह का सामना करना पड़ा, जो अन्तत: विफल रहा। परन्तु इससे कहीं ज्यादा गम्भीर खतरा होयसाल सामंतों ने उत्पन्न किया। विक्रमादित्य के शासन काल में चार होयसाल प्रधान हुए विनयादित्य, इरेयांगा, बल्लाल I तथा विष्णुवर्धन। पहले तीन प्रधानों ने अपने स्वामी के साथ अच्छे संबंध बनाए रखे। परन्तु विष्णुवर्धन, जो एक महत्वाकांक्षी व्यक्ति तथा अच्छा योद्धा था, ने चोल तथा चालुक्य राज्यों में अपना विस्तार आरंभ कर दिया। अनेक युद्धों के बाद अन्तत: विष्णुवर्धन ने समर्पण कर दिया।

होयसालों के साथ अपनी व्यस्तता के बाद भी विक्रमादित्य ने वेंगी के कार्यकलापों में हस्तक्षेप करने के लिए समय निकाल लिया जो उस समय तक चोल राज्य का पूरक बन गया था। कुछ वर्षों के लिए वेंगी से चोल शक्ति समाप्त हो गई। विक्रमादित्य का राज्य उत्तर में नर्मदा तक तथा दक्षिण में तुमकुर तथा कोद्दापाह जिलों तक था। 50 सालों का इसका लम्बा शासन काल कला तथा साहित्य के क्षेत्र में भी विकास का समय था। *विक्रमांकदेवचरित* के लेखक बिल्हन तथा मिताक्षर के रचियता विजननेश्वर को उनका प्रश्रय मिला हुआ था।

सोमेश्वर III–विक्रमादित्य के बाद गद्दी पर सोमेश्वर III आए जिनके शासन काल में चालुक्य राज्य बिखरने लगा। होयसाल सामंत विष्णुवर्धन ने अपनी स्वतंत्रता की घोषणा कर दी तथा पश्चिमी चालुक्य राज्य के कुछ भाग पर अधिकार कर लिया। इन्हें राजनीति तथा युद्ध से ज्यादा धर्म तथा ज्ञान में रुचि थी। ये *अभिलाषीतर्पचिन्तामणि* अथवा *मनासोल्लासा* विश्वकोष के रचियता थे तथा इस कारण इन्हें सर्वज्ञ भी कहा जाता था।

बाद के शासक–सोमेश्वर के पुत्र जगदेकामाल्ल तथा तैल III के समय कालचुरियों की शत्रुता के कारण चालुक्य राज्य टूट गया। यद्यपि तैल के पुत्र सोमेश्वर IV ने कुछ समय तक राज्य को सम्भाल लिया परन्तु यादव राजा भिल्लामा ने उसे पूरी तरह तोड़ दिया। इसके साथ ही कर्नाटक में चालुक्य शासन समाप्त हो गया तथा यहां अब तुंगभद्रा के ऊपर यादवों का तथा उसके नीचे होयसालों का राज्य था।

प्रशासन

सरकार के राजतंत्र पर आधारित होने से सारी शक्तियां राजा के हाथों में थीं। यह वंशागत भी थी तथा उत्तराधिकारी आमतौर पर राजा का बड़ा पुत्र होता था। युवराज केंद्रीय क्षेत्र के प्रशासन को देखता था। राजा को सलाह देने के लिए अनेक उच्चस्तरीय मंत्री होते थे। प्राय: सभी अधिकारी किसी-न-किसी विभाग के प्रशासन को देखते थे। युद्ध तथा शान्ति विभाग के प्रमुख को संधिविग्रहिका कहते थे। शाही

महल का प्रमुख अन्तःपुराध्यक्ष होता था। समकालीन स्रोतों में तंत्राध्यक्ष का उल्लेख मिलता है, जो सम्भवतः प्रशासन का अध्यक्ष था। शाही कोष के अध्यक्ष को भण्डारी कहते थे। चूंकि सभी अधिकारियों को सैन्य जिम्मेदारियों को भी निभाना होता था अतः उन्हें दण्डनायक भी कहते थे। घुड़सवार सेना का प्रमुख साहनी होता था तथा हाथी सेना का प्रमुख अन्यासाहनी होता था। अधिकांश अधिकारियों को भू-दान के रूप में वेतन दिया जाता था।

राज्य कई प्रान्तों में बंटा होता था, जिसका प्रशासन प्रान्तीय गर्वनर करते थे। उन्हें मण्डलेश्वर अथवा महामण्डलेश्वर कहा जाता था। सबसे लोकप्रिय क्षेत्रीय विभाजन नाडु, विषय अथवा काम्पन तथा थाना थे। नाडु बड़ा प्रशासनिक खण्ड था। काम्पन अथवा विषय नाडु के अंग होते थे। थाना एक क्षेत्रीय विभाजन था, जिसका उपयोग सैनिक छावनी के रूप में किया जाता था। ग्रामीण अधिकारी अथवा गवंदा गांवों की भलाई के लिए उत्तरदायी होता था। उसकी सहायता के लिए सेनाबोवा (कारनिक) अथवा लेखपाल होते थे। गांवों के अलावा बड़े शहर पर कस्बे होते थे जिन्हें नगर कहा जाता था। नगरों का प्रशासन व्यापारिक संघ करते थे। ऐसी जगहों का प्रमुख नगराध्यक्ष कहलाता था। बड़े शहरों में तीन आम सभाएं होती थीं जिन्हें महाजन कहा जाता था। इनमें से एक शहर की आम समस्याओं के लिए, दूसरी ब्राह्मणों की समस्याओं के लिए तथा तीसरी व्यापारिक वर्ग की समस्याओं के लिए होती थी।

राजस्व का मुख्य स्रोत भू-राजस्व था। करों के अन्य विभिन्न प्रकारों में सिद्धय, दासवंदा, निरूनी-शंका तथा मेलीवना थे। सिद्धय एक स्थायी कर होता था, जो जमीन के अलावा मकानों तथा दुकानों पर भी लगाया जाता था। जमीन अथवा राजस्व आय का दसवां हिस्सा जिस कर में लिया जाता था उसे दासवंद कहते थे। निरूनी शंका पानी पर लगाया जाने वाला अधिभार था, जिसे किसानों को देना होता था। मेलीवाना हल पर लगाया जाने वाला कर था। आय के स्रोतों में व्यापारिक कर, न्यायिक दण्ड, व्यावसायिक कर, समाज तथा समुदाय पर लगाए गए कर सम्मिलित थे। पेरज्जुमका, वोलावारू (आयात), होरावारू (निर्यात) इत्यादि सीमा शुल्क थे जो व्यापारिक वस्तुओं पर लगाए जाते थे। अंगादीदेरे (दुकान पर लगाया गया कर), ग्गानीदेरे (तेल मील पर लगने वाला कर) नावीदादेरे (हज्जामों पर लगने वाला कर) व्यावसायिक करों के रूप में थे। मनोवाना (गृह कर) तथा होशतीलु स्थानीय निकायों द्वारा लगाए जाने वाले सम्पत्ति कर होते थे। न्यायिक दण्डों को दंड्या कहते थे। विवाह पर लगाया जाने वाला कर (मधुवेया-शुका) चालुक्य प्रशासन की एक विशेष बात थी।

शिक्षा तथा साहित्य

मंदिरों ने शिक्षा, छात्र तथा शिक्षकों के रख-रखाव तथा कला की प्रगति में महत्वपूर्ण भूमिका अदा की। मंदिरों को राजा से लेकर आम जनता से दान में बहुत सम्पत्ति मिलती थी। कर्नाटक में शिक्षा के मुख्य केन्द्र ब्रह्मपुरी, अग्रहार, ध टिकास्थान तथा मठ थे। ब्रह्मपुरी ब्राह्मणों की अलग बस्ती होती थी जहां वे शिक्षा देते थे। अग्रहार ब्राह्मणों का पूरा गांव होता था जो उन्हें राजा अथवा अन्य सामंतों द्वारा शिक्षा तथा धार्मिक कार्यों के लिए मिलता था। अपेक्षाकृत धरिकास्थानों की संख्या कम थी।

चालुक्य काल में संस्कृत तथा कन्नड़ साहित्य ने बहुत प्रगति की। संस्कृत में, मुख्य रूप से विक्रमादित्य के राजकवि बिलहन थे। उनका विक्रमनकाचरित एक महाकाव्य है। उन्होंने अनेक। दूसरी पुस्तकें भी लिखीं। प्रसिद्ध न्यायविद विज्ञनेश्वर, जो विक्रमादित्य के दरबार में थे, ने यज्ञनावल्क स्मृति पर अपनी टिप्पणी मिताक्षर लिखी। सोमेश्वर III ने मनशोल्लेसा अथवा अमिलाषीतार्थचिन्तामणि की रचना की।

पश्चिमी चालुक्यों के शासन काल में कन्नड़ साहित्य भी काफी प्रगति कर रहा था। 10वीं शताब्दी में तीन महान विद्वानों–पंपा, पोन्ना तथा रान्ना ने कन्नड़ साहित्य के विकास में बहुत योगदान दिया। इनमें से राना सत्यसराय का दरबारी कवि था जबकि बाकी के दोनों पहले के थे। नागवर्मा I प्रसिद्ध कवि थे। वे छंदशास्त्र पर पुस्तक छंदोमबुधी के लेखक थे जो इस विषय पर कन्नड़ की सबसे प्राचीन रचना है। उन्होंने बाण के संस्कृत प्रेमप्रसंग पर आधारित कर्नाटक-कादंबरी की रचना की। जयसिम्हा II के मंत्री दुर्गासिम्हा भी एक प्रख्यात लेखक थे तथा उन्होंने पंचमंत्र लिखा था। वीरशिव धर्मानुयायी, विशेषकर बासव ने भी कन्नड़ साहित्य की प्रगति में योगदान दिया। उन्होंने दर्शन के नियमों को सरल भाषा में बनाने हेतु वाचन साहित्यों की रचना की जो आम आदमी के लिए था।

पूर्वी चालुक्य

बादामी के राजा पुलकेषिन II ने पिशहतापुर (जो गोदावरी जिला का पीथापुरम्) के राजा तथा विष्णुकुंदीन को पराजित कर इस नए जीते गए क्षेत्र का वायसराय अपने भाई विष्णुवर्धन को बना दिया। जल्दी ही यह एक स्वतंत्र राज्य

बन गया तथा विष्णुवर्धन ने वेंगी के पूर्वी चालुक्य वंश की स्थापना की। यह मुख्य राज्यवंश द्य से कहीं लंबा चला। कई बार उत्तराधिकार के प्रश्न पर यह राज्य राष्ट्रकूटों, चोलों तथा कल्याणी ने चालुक्यों के बीच विवाद का कारण बना।

प्रारम्भिक शासक–विष्णुवर्धन ने 18 वर्षों तक शासन किया। उनकी रानी अय्याना-महादेवी ने विजयवाड़ा में एक जैन मंदिर का निर्माण करवाया। तेलुगू प्रदेश में यह जैन धर्म का पहला उल्लेख है। विष्णुवर्धन स्वयं एक भागवत था। उनके बाद उनका पुत्र जयसिम्हा I आया जो अपने पिता की तरह ही भागवत था। उनके बाद विष्णुवर्धन II, विजयासिद्धी, विजयासिम्हा II, विक्रमादित्य, विष्णुवर्धन III तथा विजयादित्य एक के बाद एक आए।

विजयादित्य–इनके शासन काल में दक्षिण में एक बड़ा राजनीतिक परिवर्तन आया जब राष्ट्रकूटों ने महान चालुक्यों की मुख्य शाखा को उखाड़ फेंका।

विष्णुवर्धन IV–उन्हें राष्ट्रकूट राजा ध्रुव से शान्ति समझौते के लिए बाध्य होना पड़ा। इनका विवाह ध्रुव की पुत्री शिलम्हा देवी से हुआ था। जिसके साथ ही वेंगी राष्ट्रकूटों के अधीनस्थ बन गए।

विजयादित्य II–ये एक शक्तिशाली राजा थे तथा इन्होंने 40 वर्षों तक शासन किया। इनके बाद विजयादित्य III आए जिनकी मां राष्ट्रकूट शिलम्हा देवी थीं।

विजयादित्य III गुनागा–इन्होंने उग्र साम्राज्यवाद की नीति का पालन किया। जिसमें इनकी मदद इनके योग्य मंत्री विनयदिशरमण तथा सैनिक अध्यक्ष पांदुरंगा ने किया, जो प्रसिद्ध थे। अमोघवर्ष की मृत्यु के बाद इन्होंने कृष्णा II को पराजित कर राष्ट्रकूट पराधीनता से मुक्ति प्राप्त की। उसके बाद इन्होंने चेदी राज्य के खिलाफ पादुरंगा के नेतृत्व में एक अभियान भेजा। रास्ते में इन्होंने कलिंग तथा कोशल के राजाओं का समर्पण भी प्राप्त किया। इन्होंने अपने आपको पूरे दक्षिणपंथ का स्वामी घोषित कर दिया। ये पूरे वंश का सबसे महान शासक था तथा इसका राज्य उत्तर में महेन्द्र गिरि से दक्षिण में पुलिकट झील तक फैला था। 44 वर्षों के लंबे शासन काल के बाद गद्दी पर उनके भाई का पुत्र भीम आया।

भीम I–इनके उत्तराधिकार को इनके चाचा युद्धमल्ला ने चुनौती दी तथा राष्ट्रकूट कृष्ण II के सहयोग से वेंगी पर कब्जा कर लिया, परन्तु चालुक्य सामंतों ने कृष्णा II को पराजित कर पुन: भीम को गद्दी पर बिठाया। ये एक शैव थे तथा इन्होंने पूर्वी गोदावरी जिले में भीमवरम् तथा दराक्षरभम् मंदिरों का निर्माण करवाया।

कमजोर उत्तराधिकारी

विजयादित्य IV, अम्मा I, विजयादित्य V, युद्धमल्ल II, भीम II, अम्मा II तथा दनारनव के रूप में एक के बाद एक कमजोर उत्तराधिकारी गद्दी पर आए। अन्तिम ज्ञात राजा तेलुगू चोड़ा प्रधान से उलझ पड़ा। पेडुकोल्लु का जाट चोड़ा भीम, जिसने चालुक्यों से संप्रभुता को ग्रहण किया।

जाट चोड़ा भीम–इनके 27 वर्षों का शासन काल चालुक्य राज्य में अवकाशकाल के रूप में जाना जाता है। ये एक शक्तिशाली शासक थे तथा एक बड़े भू-भाग पर इनको अधिकार था। परन्तु चोलों के साथ इनकी मुठभेड़ विनाशकारी सिद्ध हुई। राजराजा I चोल ने दनारखा के पुत्र शक्तिवर्मण I के लिए वेंगी पर आक्रमण कर उस पर कब्जा किया तथा वहां की गद्दी पर शक्तिवर्मण को बिठाया।

चोल-चालुक्य संधि

शक्तिवर्मण I के गद्दी पर आते ही वेंगी की स्वतंत्रता समाप्त हो गई तथा वह चोल राज्य का पूरक बन गया। उसके शासन काल में पश्चिमी चालुक्य शासक सत्यसरया ने वेंगी पर आक्रमण किया। परन्तु राजेन्द्र चोल के कर्नाटक आ जाने के कारण उन्हें वापस लौटना पड़ा। शक्तिवर्मण के बाद उनका छोटा भाई विमलादित्य गद्दी पर आया। उनके समय की सबसे महत्वपूर्ण घटना उनकी चोल राजा राजराजा I की पुत्री कदवई से विवाह था, जिससे उन्हें एक पुत्र प्राप्त हुआ जिसका नाम उन्होंने राजराजा रखा। इस तरह चोल-चालुक्य वैवाहिक संबंधों का युग प्रारंभ हुआ, जो अन्तत: कुलोत्तुंग के समय इन दोनों के विलय के साथ समाप्त हुआ। विमलादित्य की एक अन्य पत्नी थी- मेलामा, जिससे उन्हें एक पुत्र विजयादित्य VII प्राप्त हुआ था। विजयादित्य ने कल्याणी के जयसिम्हा II की मदद से गद्दी छीन ली। परन्तु राजेन्द्र चोल अपने भतीजे की मदद के लिए आए तथा उन्होंने गद्दी पर राजराजा को बिठाया।

राजराजा नरेन्द्र का लम्बा शासन काल अशान्ति का समय था, उनके सौतेले भाई विजयादित्य गद्दी पर अधिकार करने का प्रयास करते रहे। राजराजा नरेन्द्र की मृत्यु के बाद गद्दी पर विजयादित्य II ने अधिकार कर लिया जो वीर राजेन्द्र के चोल गद्दी पर आने तक वेंगी के शासन बने रहे। परन्तु 1070 में वीर राजेन्द्र की मृत्यु के साथ ही चोल राज्य में गृह युद्ध छिड़ गया जो राजेन्द्र चोल II के गद्दी पर आने के साथ समाप्त हुआ। वे कुलोत्तुंगा I के नाम से भी जाने जाते थे तथा विजयादित्य के भान्जे थे। चोल राज्य पर अपनी

पकड़ मजबूत करने के बाद उन्होंने वेंगी पर आक्रमण किया। विजयादित्य भागकर कलिंग के राजा राजराजा देवेन्द्रवर्मण के पास चले गए। 1075 में उनकी मृत्यु के साथ ही पूर्वी चालुक्य वंश समाप्त हो गया।

देवगिरि के यादव

प्रारंभिक इतिहास

इस परिवार का पहला व्यक्ति दृधप्रहार था। उनके पुत्र सेउनाचंद्र I ने सर्वप्रथम परिवार के लिए सामंतों का स्तर प्राप्त किया था। उनके महत्व को इस बात से समझा जा सकता है कि यादवों के राज्य को सेउना-देश के नाम से जाना गया। भील्लम II के समय राष्ट्रकूट राज्य में पश्चिमी चालुक्यों ने नष्ट कर दिया। परिणामतः भील्लम चालुक्यों के साथ हो गया। उनके बाद वेसुंगी, भील्लाम III, के भील्लाम IV, सेउनाचन्द्र II, सिम्हराज, मल्लुजी तथा भील्लाम V आए।

भील्लाम V–जब ये गद्दी पर आए तो चालुक्य शक्ति का पतन हो रहा था। यादवों ने इस स्थिति का फायदा उठा अपनी स्वतंत्रता घोषित कर दी। भील्लाम ने इस तरह जिस यादव साम्राज्य की नींव रखी वह लगभग एक शताब्दी तक चली।

जैतुगी–इन्होंने अपनी दक्षिणी सीमाओं को सुरक्षित करने के लिए काकातियें की उभरती शक्ति पर आक्रमण किया। काकातिय राजा रुद्र इसमें मारा गया तथा उसके भतीजे गणपति को बन्दी बना लिया गया। काकतिया राज्य को अपने राज्य में मिलाने के बदले जैतुगी ने गणपति को गद्दी पर बिठाया। अपने पिता की तरह जैतुगी भी नर्मदा से उत्तर के अपने पड़ोसियों से लड़ा। इन्होंने मालवा, लता तथा गुजरात के राजाओं को पराजित किया। वह मात्र, एक सैनिक नहीं था बल्कि एक विद्वान भी था। महान खगोलशास्त्री भास्कराचार्य का पुत्र लक्ष्मीधर इनका मुख्य दरबारी कवि था।

सिम्हन–यह पूरे परिवार का सबसे शक्तिशाली राजा था। चूंकि होयसाल दक्षिण में उसके राज्य के विस्तार में रुकावट उत्पन्न कर रहे थे, इसने उनके विरुद्ध अभियान छेड़ा। दक्षिण में अपनी सफलता के बाद इन्होंने अपना रुख उत्तर के अपने शत्रुओं की ओर–मालवा के परमार तथा गुजरात के चालुक्यों की तरफ किया। इन्होंने परमार राजा अर्जुनवर्मण को पराजित कर उसे मौत के घाट उतार दिया। इस तरह यादव राज्य अपने पराक्रम तथा वैभव के शीर्ष पर पहुंच गया। होयसाल, काकातिय, परमार तथा चालुक्य में से किसी ने उनकी स्थिति को चुनौती देने की हिम्मत नहीं की।

सिम्हन एक योद्धा के साथ-साथ संगीत तथा साहित्य में रुचि रखने वाला व्यक्ति था। संगीत पर बहुत ही महत्वपूर्ण कार्य, सारंगदेव का *संगीतरत्नाकर* इनके दरबार में लिखा गया था। अनन्तदेव तथा चांगदेव इनके दरबार के दो प्रसिद्ध खगोलशास्त्री थे। चांगदेव ने अपने दादा भास्कराचार्य की याद में खानदेश के पटाना में एक खगोलीय महाविद्यालय की स्थापना की थी। अनन्तदेव ने ब्रह्मगुप्त के *ब्रह्मस्फूर्त* सिद्धान्त तथा वराहमिहिर के *वृहद जातक* पर टिप्पणियां लिखी थीं।

कृष्ण–इन्हें अपने राज्य की जड़ों को मजबूत करने में अनेक योग्य मंत्रियों तथा सेना प्रमुखों की सहायता मिली थी। इनके शासन काल में *वेदान्तकल्पतरु,* जो कि भामती पर टिप्पणी (जो खुद शंकराचार्य के *वेदांतसूत्रभाष्य* पर टिप्पणी लिखी गई थी) है।

महादेव–इन्होंने काकातिय राजा रुद्रंब को पराजित किया परन्तु उन्हें जीवनदान दिया। इन्होंने होयसाल राजा नरसिम्ह II को पराजित करने का असफल प्रयास किया। हेमादी, जो एक महत्वपूर्ण स्मृति लेखक था, महादेव का एक महत्वपूर्ण अधिकारी था। इन्होंने अपने व्रतखांदा की रचना महादेव के शासन काल में की।

रामचन्द्र–रामचन्द्र ने होयसालों के हाथों पराजय की याद को मिटाने का बहुत कड़ा प्रयास किया, परन्तु यादव पुनः पराजित हुए। इनके शासन के अन्तिम दो दशक बहुत विनाशकारी थे। जिसमें यह राजवंश ही समाप्त हो गया। प्रारंभ में 1296 में अलाउद्दीन खिलजी ने देवगिरि पर आक्रमण कर रामचन्द्र को शान्ति के लिए बाध्य कर दिया। यद्यपि रामचन्द्र अपना राज्य बचा पाने में सफल रहा परन्तु अपनी स्वतंत्रता खो बैठा। इस स्थिति का इसके परम्परागत शत्रुओं ने फायदा उठाया जो दक्षिण तथा पूर्व में थे। रामचन्द्र ने 1303-04 तक अलाउद्दीन को कर भेजना जारी रखा। इसी साल सुल्तान की सेना प्रतापरुद्र से पराजित हुई। इससे उत्साहित हो यादवों ने, खासकर युवराज शंकरदेव ने लगान भेजना बन्द कर दिया। 1307 के अलाउद्दीन ने मलिक काफूर को उन्हें सबक सिखाने भेजा। काफूर ने शंकरदेव को पराजित कर रामचन्द्र को बन्दी बना लिया। बाद में इन्हें आजाद कर दिया गया तथा सुल्तान के सामंत के रूप में शासन करने दिया गया।

शंकरदेव–विदेशी शासन के खिलाफ रहे तथा गद्दी पर आते ही पुन: अलाउद्दीन को चुनौती दे बैठे। अलाउद्दीन ने फिर से काफूर को भेजा, जिन्होंने शंकरदेव को मारकर यादव राज्य पर कब्जा कर लिया।

आर्थिक स्थिति

खेती योग्य जमीन पर लगने वाला कर अरुवन था। बाजार पर लगाए गए कर से होने वाली आय को सांथेय-आय कहते थे। गृह कर अथवा माने-देर तक पशु पर लगने वाले कर का भी उल्लेख है। बढ़ई, लुहार, चमार, धोबी तथा अन्य लोगों को व्यवसाय पर कर देना होता था। इन्हें बान्नीगे कहते थे। तालेवन खास स्थान अथवा अवसरों पर लगाया जाने वाला व्यक्तिगत कर था। कर संग्रह तथा उसे खजाने में जमा करने का कार्य शुंकाधिकारी अपने सहयोगियों की मदद से करता था। एक अन्य अधिकारी। शंका-वीरगादे था जिसका अधिकार क्षेत्र सम्भवत: गांव अथवा शहर था। शाही कोष के रखवाले को महाभण्डारी कहते थे।

वाणिज्य तथा व्यापार में लगे लोगों को शेट्टी तथा व्यवहारा कहा जाता था। विभिन्न वस्तुओं को व्यापार करने वाले भिन्न-भिन्न नामों से जाने जाते थे, जैसे- गत्रीगास या हन्नावा निगास (पान तथा सुपारी के व्यापारी) तथा तेलीगास (तेल का व्यापारी)। सबसे महत्वपूर्ण व्यापारिक संस्था वीरबालान्जा थी जिसका मुख्यालय आईहोल था तथा इसकी शाखाएं पूरे दक्षिण भारत के महत्वपूर्ण शहरों में थीं। व्यापार मुख्यत: थल मार्ग से होता था। व्यापार पर नियंत्रण के लिए नखरा, शेट्टी तथा शेट्टी-गुड़ा जैसे संघ थे।

धर्म

यादव शासकों ने सभी धर्मों को प्रश्रय दिया। बौद्ध धर्म पतन की ओर था, जबकि जैन धर्म को शाही प्रश्रय मिल रहा था। वीरशिव सम्प्रदाय के उदय ने जैन धर्म की स्थिति पर प्रभाव डाला। इस क्षेत्र में कृष्ण की उपासना करने वाले एक नए सम्प्रदाय महानुभावों ने जन्म लिया। परम्परा के अनुसार भगवान दत्तात्रेय ने इसकी स्थापना की थी, परन्तु चक्रधर ने 1273 में आत्मज्ञान प्राप्त करने के बाद महानुभाव सम्प्रदाय की स्थापना की थी। 13वीं शताब्दी के अन्त में श्री विठ्ठल अथवा पांडुरंगा (पंधारपुर में) के साथ जुड़े भक्ति आन्दोलन ने दक्कन में जोर पकड़ लिया। कई गैर-ब्राह्मण सन्तों ने, जैसे- नामदेव (दर्जी), जानाबाई (दाई) तथा नरहरि (सुनार) ने भक्ति आन्दोलन को महाराष्ट्र का आम धर्म बना दिया।

साहित्य

सैलुओं ने संस्कृत साहित्य के विकास को काफी मदद दी। प्रसिद्ध ज्योतिषी तथा गणितज्ञ भास्कराचार्य का परिवार इसी काल में हुआ था। भास्कराचार्य के पिता महेश्वर (जिन्हें कवीश्वर के नाम से जाना जाता था) ने ज्योतिष पर दो पुस्तकें लिखीं- *शेखर* तथा *लघुतिका*। भास्कराचार्य के प्रसिद्ध कार्यों में सबसे प्रसिद्ध *सिद्धांत शिरोमणि* (1150) तथा *करणकौतुहल* है, जिसमें से पहली पुस्तक बीज गणित पर संस्कृत में सबसे अच्छी पुस्तक है। उनका पुत्र लक्ष्मीधर तथा पोता चांगदेव जैतुगी तथा सिम्हन के दरबारी ज्योतिषी थे। भास्कराचार्य के प्रपौत्र अनन्तदेव, जो सिम्हन के दरबारी थे, ज्योतिष की तीन धाराओं के विद्वान थे तथा उन्होंने वरहामिहिर की *वृहत जातक* तथा ब्रह्मगुप्त के *ब्रह्मस्फूर्त* सिद्धान्त के एक अध्याय पर टिप्पणी लिखी है।

संगीत पर प्रसिद्ध पुस्तक *संगीतरत्नाकर* के लेखक शारंगदेव सिम्हन के दरबारी थे। संस्कृत का एक महाकाव्य *शुक्तिमुक्तावली* की रचना 1258 में की गई थी। परन्तु इस समय का सबसे प्रसिद्ध लेखक हेमाद्री था, जिसे 1263 में महादेव के दरबार में मुख्य सचिव का पद दिया गया था। उनके अनेक कार्यों में धर्मशास्त्रों पर उनका कार्य बाद के समय में भी सम्मान की दृष्टि से देखा जाता था। *चतुर्वर्ग चिन्तामणि* में उन्होंने धार्मिक रीति-रिवाजों का संकलन किया है। हेमाद्री हमें इस वंश के बारे में अनेक बहुमूल्य सूचनाएं भी देते हैं। हेमाद्री के एक समकालीन बोपादेव ने भागवत पर *हरिलीला* लिखी।

सैन काल मराठी साहित्य के इतिहास में भी महत्वपूर्ण है। भाषा की सबसे प्राचीन उपलब्ध पुस्तक मुकुंदराज की *विवेक सिंधु* है, जिसमें वे अद्वैत दर्शन की बात करते हैं। मराठी की सबसे महत्वपूर्ण पुस्तक *ज्ञानेश्वरी* है। मराठी संगीत नामदेव, मुक्ताबाई जैसे लोगों के भक्ति गानों से भी काफी धनी हुआ जिसे अभंग कहते हैं। मराठी भाषा को महानुभाव धर्म से भी काफी लाभ। हुआ जिसके संस्थापक चक्रधर ने अपने अनुयायियों को संस्कृत के स्थान पर मराठी का प्रयोग करने को कहा। साहित्यिक कार्यों में (मुख्यत: धार्मिक) भानुभट्ट का *शिशुपाल वध*, नरेन्द्र पंडित का *रुक्मणी स्वयंवर*, नृसिम्ह केसरी का *नालोपख्यान* तथा महेन्द्र का *लीलाचरित* उल्लेखनीय हैं।

वारंगल के काकातिय

प्रारम्भिक शासक–उनका पहला ज्ञात प्रधान बेटा I था जो 11वीं शताब्दी के उत्तरार्द्ध में पश्चिमी चालुक्यों का सामंत था। उन्होंने आंध्र प्रदेश के कोरावी क्षेत्र पर शासन किया तथा उनके बाद उनका पुत्र परोला I आया। चालुक्य सोमेश्वर I के लिए परोला I की वफादारी के बदले उन्हें अनुमाकोंडा विषय स्थायी जागीर के रूप में मिला। इस तरह परोला I काकातिय राज्य के संस्थापक बने। उनके बाद उनका छोटा पुत्र बेटा II आया तथा उनके बाद उनका पुत्र दुर्गानृपति।

परोला II–परोला II का काल जो कि अगले राजा थे, काकातिय इतिहास में महत्वपूर्ण है। उन्होंने चालुक्य से स्वतंत्रता घोषित कर अपने लिए राज्य बनाया जो उनके उत्तराधिकारियों के समय बढ़कर पूरे आंध्र क्षेत्र में फैल गया।

रुद्रदेव–इनकी उपलब्धियों का उल्लेख उनके अनुमाकोंडा अभिलेख में है। इसके अनुसार इन्होंने अपने अनेक पड़ोसियों को पराजित किया। ये अपने राज्य की सीमाओं को गोदावरी के तट तक ले गए। दक्षिण की तरफ इन्होंने तेलुगू चोड़ा मूल के चार राजाओं को पराजित किया। इन्होंने वेंगी पर भी आक्रमण किया। परन्तु इस क्षेत्र में इन्हें वेलानाडु के प्रधान के विरोध का सामना करना पड़ा। अपने शासन के अन्तिम दिनों में देवगिरि के यादवों से इनका युद्ध हुआ, जिसमें इनकी पराजय तथा मृत्यु हुई।

रुद्रदेव कला तथा ज्ञान के संरक्षक थे तथा इन्होंने अपने राज्य में भगवान शिव के अनेक मंदिरों का निर्माण करवाया। सम्भवत: इन्होंने अनुमाकोंडा के हजार स्तम्भों वाले मंदिर का निर्माण करवाया था। इन्होंने अपनी राजधानी अनुमाकोंडा के पास ओरुगाल्लु (आधुनिक वारंगल) नामक नया शहर बसाया, जो उनके उत्तराधिकारियों के समय मुख्य शहर बन गया। रुद्रदेव के बाद गद्दी पर महादेव आए जो तीन साल के अल्पकाल के लिए शासन कर पाए। उन्होंने सेउना राज्य पर हमला किया। देवगिरि पर एक आक्रमण में उनकी मृत्यु हो गई, जबकि उनका पुत्र गणपति बन्दी बना लिया गया।

गणपति देव–यद्यपि गणपति ने अपना शासन काफी प्रतिकूल परिस्थितियों में प्रारंभ किया था, किन्तु इनका राज्य आंध्र देश के सबसे गौरवपूर्ण काल में से एक बना। अपने 63 साल के लंबे शासन में इन्होंने पूरे तेलुगू भाषा-भाषी प्रदेश पर अपने राज्य का विस्तार कर लिया।

गणपति ने तटीय जिलों पर आक्रमण कर विजयवाड़ा तथा दिवी द्वीप पर अधिकार कर लिया। पृथ्वीश्वर की मृत्यु के बाद वेलनती प्रमुखों का सारा क्षेत्र काकातिय राजा के हाथ में आ गया। दक्षिण में काकातिय शक्ति का विस्तार तेलुगू चोड़ो के साथ उनके सहयोग का परिणाम था जो नेल्लोर के थे। तेलुगू चोड़ों के पारिवारिक कलह का फायदा उठाकर गणपति ने नेल्लोर पर आक्रमण किया तथा अपने पैतृक राज्य की गद्दी पर टिक्का को बैठा दिया। टिक्का की मृत्यु के बाद उनके पुत्र मनुमा सिद्दी II तथा विजयागंदगोपाल के संघर्ष के कारण नेल्लोर राज्य में अव्यवस्था तथा अराजकता फैल गई। कवि तिक्कना की सलाह पर गणपति के मनुमा सिद्धी की उसके घरेलू शत्रुओं के विरुद्ध मदद कर नेल्लोर की गद्दी पर मजबूती के साथ स्थापित कर दिया।

गणपति सबसे शक्तिशाली काकातिय राजा था जिसने अपने राज्य का विस्तार गोदावरी जिले में चिंगेलपुट तक तथा येलगंडाल से समुद्र तट तक किया। वह एक अच्छा प्रशासक था तथा उसने व्यापार तथा कृषि को सुधारने के लिए कदम उठाए। मोटुपल्ली, जो अब कृष्णा जिले में है, उनके राज्य का महत्वपूर्ण बन्दरगाह था जहां विदेशी व्यापारी आते रहते थे। गणपति ने वारंगल में एक के अन्दर एक दो-महलों का निर्माण कर इस शहर को पूरा किया तथा अपनी राजधानी यहां स्थानान्तरित की। गणपति के सिर्फ दो पुत्रियां थींरुद्रंबा तथा गणपांबा। गणपति ने रुद्रंबा को अपना उत्तराधिकारी चुना जिसकी शादी पूर्वी चालुक्य वंश के राजकुमार वीरभद्र से हुई।

रुद्रंबादेवी–गद्दी पर आने के बाद इन्हें अभिजात वर्ग के एक विद्रोह का दमन करना पड़ा जो एक महिला के शासन से प्रसन नहीं था। इन्हें ज्यादा परेशानी बाहरी खतरों से हुई। यादव राजा महादेव ने काकातिय राज्य पर हमला किया परन्तु रुद्रंबा ने उन्हें पराजित कर शान्ति के लिए मजबूर किया। सबसे कठिन संकट काकातिय सामंत अंबादेव ने उत्पन्न किया, जिन्होंने मनुमा गंदगोपाल को नेल्लोर में पुनर्स्थापित किया। रुद्रंबादेवी के पोते तथा काकातिय राज्य के उत्तराधिकारी कुमार रुद्रदेव अथवा प्रतापरुद्र के इस संघर्ष में कूदते ही शक्ति संतुलन बिल्कुल बदल गया। कुमार रुद्रदेव ने अंबादेव के क्षेत्र तथा उनके सहयोगियों पर तीन तरफ हमला किया। रुद्रंबा ने स्वयं एक बड़ी सेना का संचालन कर अंबादेव को पराजित किया तथा त्रिपुरांतकम तथा उसके अगल-बगल के क्षेत्रों पर अधिकार कर लिया।

रुद्रंबादेवी आंध्र क्षेत्र की एक महान शासिका थीं, जिन्होंने प्रशासन में काफी रुचि ली तथा आवश्यकता पड़ने पर खुद सेना का संचालन भी किया।

प्रतापरुद्र–इनके राज्य की सबसे महत्वपूर्ण घटना मुस्लिम आक्रमणों का एक लंबा क्रम है, जो 1303 में वारंगल पर

एक असफल अभियान के साथ प्रारंभ होकर 20 साल बाद इनकी सफलता के साथ समाप्त हुआ।

प्रशासन

काकातिय राजाओं के अभिलेखों के अतिरिक्त इस विषय पर गणपति-रुद्रंबा के सामंत बाद्देना द्वारा लिखी पुस्तक *नीतिशास्त्र-मुक्तावली* तथा 15वीं शताब्दी के उत्तरार्द्ध में मदीकी सिंगना द्वारा लिखित पुस्तक *सकलानीतिस्मत्‌सु* से पता चलता है। प्रतापरुद्र के *नीतिसार* के अनुसार राजा को अपनी प्रजा से एक निश्चित समय पर नियमित रूप से मिलना चाहिए। राजा को प्रशासन में मदद करने के लिए अनेक मंत्री होते थे, जैसे–महाप्रधान, प्रधान, प्रेग्गीदा, अमान्य तथा मंत्री।

यद्यपि राजा के मंत्रियों की निश्चित संख्या ज्ञात नहीं है, ऐसा प्रतीत होता है कि राजा को 18 तीर्थ अथवा मंत्रियों का सहयोग मिलता था। जैसे- मंत्री, पुरोहित, मंत्री–जनाध्यक्ष, सैनाधी–नायक, सन्निधात्री, अताविक, प्रशस्त्र, अयुध-नायक, व्यावहारिक, समाहत्री, दंडपाल, दुर्गपाल, परन्तपाल, प्रदेशत्री, कर्मन्तिका, अंतर्खंशिकाधिकारी, युवराज तथा दौवरिका। सैनिक तथा असैनिक सभी वर्गों के अधिकारियों को नियोगों अथवा वर्गों में बांटा जाता था (कुल 72) जिन्हें संयुक्त रूप से भट्टार कहते थे। वे राज्य के एक उच्चाधिकारी भट्टा-नियोगाधिपति के निरीक्षण में होते थे।

राज्य का प्रशासन सैन्य व्यवस्था पर आधारित होता था। काकातिय शासकों ने अपने राज्य को अनेक सैन्य प्रधानों, नायकों में बांट रखा था। इन्हें काकातिय शासकों से भूमि दान में मिलती थी, जिससे वे अपना काम चलाते थे। राजा को वार्षिक लगान देने के साथ-साथ इन नायकों को राजा की सेवा में एक निश्चित सैन्य टुकड़ी भी रखनी होती थी। आने वाले समय में यह नायक प्रथा दक्षिण भारतीय राजनीति की एक खासियत बन गई।

गजवाहिनी तथा अश्ववाहिनी का पद इस बात की ओर संकेत करता है कि इन्हें युद्ध के लिए हाथियों तथा घोड़ों को क्रमशः प्रशिक्षण देना होता था। राजसी व्यवस्था से एक अधिकारी पट्टासाहिनी भी जुड़ा होता था। साधारणतः राजा के चारों तरफ अनेक अधिकारी होते थे, जिन्हें अंगरक्षक कहा जाता था तथा सैन्य सहयोगी लेनका भी होते थे। अंगरक्षकों का काम राजा को सुरक्षा प्रदान करना होता था जबकि लेनका राजा के साथ-साथ युद्ध करते थे।

गांवों के अलावा प्रशासनिक विभाजन के दो प्रमुख खण्ड थे–स्थल तथा नाडु। इनमें से पहला कई गांवों के समूह को मिलाकर बनाया जाता था (दस से साठ तक), जबकि दूसरा अनेक स्थलों का समूह था। गांव की देख-रेख ग्रामीण अधिकारी अयगर करते थे। कर मुक्त भूमिदान के अलावा अयगरों को अनाज भी आवंटित होता था, जिसे मेरास कहते थे। आमतौर पर अयगरों की संख्या बारह होती थी परन्तु उनकी संख्या में अन्तर भी हो सकता था। वे कारनाम, रेड्डी, तालारी, पुरोहित, लुहार, सुनार, बढ़ई, कुम्हार, धोबी, नाई, वेट्टी तथा जूते बनाने वाले होते थे।

उत्तर के पटवारी की तरह 'करनाम' गाँव का लेखा तथा योजन, जैसे–जोती गई भूमि, उपजहीन जमीन, बेकार भूमि, बाग, चारागाह इत्यादि का हिसाब रखता था। वह ग्रामीण प्रशासन में रेड्डी से सहयोग रखता था। रेड्डी गांव का मुखिया होता था जिसका मुख्य कार्य राज्य की बकाया कर की वसूली थी। 'तालारी' गांव का पुलिसवाला होता था जबकि 'पुरोहित' गांव का पुजारी था। बढ़ई तथा लुहार कृषि उपकरणों का निर्माण करते थे। वेट्टी का मुख्य काम सिंचाई हेतु जल का नियंत्रण था। अधिकतर अयगार, करनाम, रेड्डी तथा तालारी को छोड़कर गांवों के सेवक होते थे तथा उन्हें राज्य से कुछ लेना-देना नहीं होता था।

राजस्व प्रशासन–सरकार की आय का मुख्य स्रोत भू-राजस्व था। इसके बाद दूसरे स्थान पर व्यापार तथा उद्योगों पर लगाया जाने वाला कर तथा जंगलों की लकड़ियों से होने वाली आय थी। निर्धारण हेतु जमीन का विभाजन सूखे (वेली-वोलामु अथवा वेली-चेनु), गीला (नीरू-नेला) तथा बगान (टोमटा भूमि) में किया जाता था। जिले के प्रत्येक गांव में राजा की अपनी जमीन होती थी जिसे राचा डोडी अथवा राचा-पोलामु कहते थे। कर का संग्रह मुद्रा तथा वस्तु, दोनों रूपों में होता था परन्तु सूखी जमीन तथा बागानों पर लगाया जाने वाला कर हमेशा नकद वसूला जाता था। गीली जमीन से लिया जाने वाला कर पारा अर्थात् लगान का एक बटा आठवां हिस्सा तथा सूखी जमीन से लिया जाने वाला कर पनगामु कहलाता था, जिसका अर्थ था–लगान का चौथाई।

बागान पर लगने वाला वाला कर, आयात तथा निर्यात पर लगने वाला शुल्क, सीमा शुल्क तथा अबकारी कर को सनकामु कहते थे। करों तथा शुल्कों को जमा करने का काम एक निश्चित भाड़े के बदले व्यापारिक संघों को दिया जाता था। इन लगान वसूलने वालों का होक क्षेत्र में अपना कार्यालय तथा अधिकारियों का एक जाल होता था। इन्हें किसी भी व्यापारी को किसी विशेष अनुग्रह के बदले कर से छूट प्रदान करने का अधिकार होता था। व्यापारिक संघों

को असीमित शक्तियां प्राप्त थीं तथा अपने आन्तरिक प्रबन्धन में ये पूरी तरह स्वायत्त थे। यह सम्भवत: मुस्लिम आक्रमण के समय काकातिय राजा को सैन्य सहायता (श्रीणीबाला) के बदले था।

साहित्य

काकातिय शासकों ने संस्कृत को काफी प्रश्रय दिया। कई प्रख्यात संस्कृत लेखकों तथा कवियों ने अभिलेख लिखे जिन्हें सूक्ष्म काव्य कहा जा सकता है। इन लेखकों में से रुद्रदेव ने अचिंतेन्द्र को अनुमाकोंडा अभिलेख के प्रशस्ति को लिखने का काम दिया था। परन्तु इस समय का सबसे प्रसिद्ध प्रशस्ति लेखक बोथपुर अभिलेख का लेखक इसवारसरी था। साथ ही काकातिय कवियों ने संस्कृत साहित्य को बहुमूल्य योगदान दिया। एक प्रसिद्ध लेखक तथा कवि शकाल्य मल्ला प्रतापरुद्र के दरबार में था तथा उसने *उदत्तराधवकाव्य* तथा *निरोषथ्या रामायण* की रचना की थी। अलंकार सूत्र के क्षेत्र में सबसे अच्छा उदाहरण विद्यनाथ का *प्रतापरुद्र-यशोभूषणम्* है।

काकातिय राज्य में तेलुगूदेशम साहित्य भी पनपा। कई अभिलेख आंशिक अथवा पूर्णत: तेलुगू में लिखे गए, जैसे- गुदुर (बेटा II का), करीमनगर (गंगाधर), उप्पारापाल्लेए (काता) तथा कोनीदेना (ओपीलीसिद्धी) अभिलेख। वैष्णव तथा वीरशिवा जैसे धार्मिक सम्प्रदायों ने तेलुगू साहित्य की बहुत मदद की। *रामायण* तथा *महाभारत* जैसे दो राष्ट्रीय महाकाव्यों पर अनेक काम हुए। इनमें से तेलुगू का सबसे प्राचीन तथा सबसे लोकप्रिय तिक्काना का *नीरवचनोत्तर-रामायण* है। इसके बाद *भास्कर-रामायण* (पांच लोगों द्वारा लिखित) तथा *रंगनाथ-रामायण* आया (बुद्धिराजा)। नान्याभट्ट द्वारा 11वीं शताब्दी में प्रारंभ की गई। आंध्र-महाभारत 13वीं शताब्दी में तेलुगू चोल राजा मनुमा सिद्दी II (नेल्लोर के) के मंत्री तथा कवि तिकन्ना सोमयाजी द्वारा पूरा की गई थी।

धर्म

काकातिय काल का मुख्य धर्म शैव धर्म का विभिन्न रूप था। शैवधर्म के कई सम्प्रदाय थे, जैसे–कालमुख, कापालिका तथा पाशुपत। प्रारम्भिक काल में कालमुखों का प्रभुत्व होने के बावजूद अंतत: पाशुपतों के लोगों तथा राजा का समर्थन मिला।

परोला I तथा बेटा II शैव थे तथा उनके गुरु कालमुख शैव संत रामेश्वर पंडित थे। अपने दादा बेटा II की तरह ही रुद्रदेव तथा उनके भाई महादेव परममहेश्वर थे। गणपतिदेव का काल, जिनके गुरु विश्वेश्वर संभु थे, शैव धर्म का गौरवपूर्ण काल था। पाशुपत शैव अन्तिम काकातिय राजा प्रताप रुद्र के काल तक बना रहा जो स्वयं एक परममहेश्वर था।

शैव धर्म के अलावा दूसरे धर्म भी थे, जैसे–अरहतमता (जैन) तथा वैष्णव। वारंगल के रहने वाले एक जैन अप्पयाचार्य ने प्रतापरुद्र के शासन काल में *प्रतिस्थासार* नामक पुस्तक लिखी थी। काकातियें ने अनुमाकोंडा, पालमपेटा, पिल्लामाररी तथा अन्य जगहों पर अनेक मंदिरों का निर्माण करवाया। इन मंदिरों ने इस काल के सामाजिक तथा धार्मिक जीवन में महत्वपूर्ण भूमिका अदा की।

होयसाल

प्रारम्भिक शासक–होयसालों का मूल क्षेत्र मैसूर में गंगावड़ी के उत्तर-पश्चिम के पहाड़ी क्षेत्र में है। चालुक्यों तथा चोलों के बीच के लम्बे संघर्ष के दौरान इन्होंने महत्वपूर्ण स्थान प्राप्त किया। प्रारंभ में ये चालुक्यों के सामंत बने पर उनके पतन के बाद चालुक्यों के दक्षिण के भाग पर अधिकार कर इन्होंने अपनी स्वतंत्रता की घोषणा कर दी।

इस वंश का संस्थापक साल था जिसे नृपकमा के नाम से भी जाना जाता था। उनका पुत्र तथा उत्तराधिकारी विनयादित्य चालुक्य राजा विक्रमादित्य का सामंत था। विनयादित्य के बाद उनका पुत्र इरेयांगा आया और फिर उनका पुत्र बल्लाल I आया। उन्होंने एक छोटे-से क्षेत्र पर शासन किया तथा उनकी राजधानी बेलूर थी, जबकि द्वारसमुद्र (आधुनिक हेलिबिड़) वैकल्पिक राजधानी थी।

बत्तिगा या विष्णुवर्धन–बल्लाल के बाद उनका छोटा भाई अत्तिगा आया जो विष्णुवर्धन के नाम से जाना जाता था। वह होयसाल राज्य का वास्तविक संस्थापक था। उन्होंने चोल प्रात्र गंगावड़ी तथा नालंबावड़ी का हिस्सा हथिया लिया। इन्होंने पड़ोसी सामंतों को पराजित कर अपने लिए एक छोटा-सा राज्य बना लिया।

चोलों से अपने दक्षिण की सीमा को सुरक्षित करने के बाद विष्णुवर्धन चालुक्यराज विक्रमादित्य की ओर मुड़े। परन्तु विक्रमादित्य ने होयसाल राजा को अपने क्षेत्र में वापस खदेड़ दिया। चालुक्य राज सोमेश्वर III के शासन काल में विष्णुवर्धन ने न सिर्फ चालुक्यों की अवहेलना की बल्कि उनकी कीमत पर अपने राज्य के विस्तार का प्रयास किया। मूलत: वे एक जैन थे परन्तु रामानुज के वैष्णव उपदेशों से प्रभावित होकर वे वैष्णव बन गए।

बल्लाल II–विष्णुवर्धन के बाद गद्दी पर उनका पुत्र विजया नरसिम्हा I आया, जिसके बाद उनका पुत्र बल्लाल II आया। अपने शासन के प्रारम्भिक बीस वर्षों तक इन्हें चालुक्य साम्राज्य के सामंतों से लड़ते रहना पड़ा। इन्होंने यादवों से एक लम्बा युद्ध किया तथा कादंबों के विरुद्ध एक सफल युद्ध किया। चालुक्यों की गिरती शक्ति का फायदा उठाते हुए इन्होंने अपनी स्वतंत्रा की घोषणा कर दी। इन्होंने कुलोतुंगा II तथा राजराजा III चोलों की सुन्दर पांड्या के विरुद्ध मदद की। उनके बाद गद्दी पर उनका पुत्र नरसिम्हा आया।।

नरसिम्हा II **तथा सोमेश्वर**–चोलों को पांड्यों से बचाने के लिए नरसिम्हा II को हस्तक्षेप करना पड़ा। इन्होंने राजराजा III को पुनः गद्दी पर स्थापित किया। नरसिम्हा के पुत्र तथा उत्तराधिकारी सोमेश्वर ने दक्षिण में अपने को स्थापित किया तथा श्रीरंगम के निकट कन्नानुर में अपनी राजधानी बनाया। इन्होंने पांड्यों से बार-बार युद्ध किया, अन्ततः उनसे पराजित हुए तथा इसमें इनकी मृत्यु भी हो गई। पांड्यों ने चोल राज्य को रौंद डाला।

नरसिम्हा III तथा बल्लाल III ने उत्तर में होयसाल सीमाओं की यादवों से सफलतापूर्वक रक्षा की। इनके पुत्र बल्लाल II ने यादवों के खिलाफ सफल संघर्ष करते हुए राज्य के सामंतों के शक्तिशाली विद्रोह का सामना किया तथा दक्षिण से पांड्या हमलों का निशाना बने। ये 1310 तक राज्य की सफलतापूर्वक रक्षा कर पाए परन्तु उस साल अलाउद्दीन खिलजी के जनरल मलिक काफूर ने इन्हें पराजित कर दिया। लगभग तीन दशक तक खिलजियों तथा उसके बाद तुगलकों के विरुद्ध अपनी स्थिति बनाए रख सके। अन्ततः त्रिचुरापल्ली में मदुरै के सुल्तान के विरुद्ध युद्ध में इनकी मृत्यु हो गई। उन्हीं के साथ होयसाल वंश भी समाप्त हो गया।

कला तथा वास्तुकला

होयसाल मंदिरों के कई उदाहरण एकल न होकर दोहरे होते थे, जिसमें सभी मुख्य अवयवों को दोहराया जाता था। इनकी एक दसरी खास बात यह थी कि ये किसी भवन निर्माता के बदले किसी मूर्तिकार के द्वारा बनवाए गए प्रतीत होते हैं। यह हालेबिड़ के होयसालेश्वर मंदिर में अच्छी तरह दर्शित हैं। इसके आसन (Plinth) में नौ पट्टियां हैं तथा हरेक पट्टी में हजारों सजावटी आकृतियां विभिन्न मुद्राओं में हैं। अतः होयसाल मंदिरों को मूर्तिकारों का मंदिर भी कहते हैं।

मैसूर क्षेत्र में अनेक मंदिर इस मूर्तिकला के वैभव को दर्शाते हैं। इनमें अपने प्रकार के प्रसिद्ध मंदिरों में सोमनाथपुर का केशव मंदिर, बेलूर का चेन्ना केशव तथा हालेबिड़ का होयसालेश्वर है। श्रीरंगपट्टनम के निकट सोमनाथपुर का केशव मन्दिर, जो लगभग 1268 में बना था, अभी भी अच्छी स्थिति में है।

9.6 सांस्कृतिक प्रवाह (750-1200)

सामान्य सर्वेक्षण

सामाजिक पर्यावरण कई शताब्दियों के दौरान दीर्घकालिक आर्थिक प्रवृत्तियों के संदर्भ में विकसित हुआ था–स्थायी किसानों ने श्रम एवं तकनीकी विशेषता के साथ भूमि की उत्पादकता में सुधार किया तथा खानाबदोश समूहों ने भूमि एवं समुद्र के द्वारा यातायात व संचार को दक्षिण एशिया से लेकर मध्य एशिया, चीन व भूमध्य सागर तक विस्तारित कर दिया था। 17वीं शताब्दी तक मानव संचरण के व्यापक मार्ग यूरेशिया को पार करके दक्षिण एशिया में क्षेत्रीय मार्गों के साथ जुड़ गये थे और स्थानीय मार्ग कृषि उत्पादन के विस्तार वाले क्षेत्रों में फैल रहे थे। पहली सहस्राब्दि में उदित होने वाले नये राजवंशों का बहुमत उपजाऊ डेल्टाओं व घाटियों के बीच से गुजरने वाले लम्बे व्यापारिक मार्गों पर ही अवस्थित था। पंजाब में उन्होंने गिरिपादों को अपना ठिकाना बनाया। वे गंगा, नर्मदा, ताप्ती, साबरमती, महानदी, कृष्णा, गोदावरी, पेन्नार, कावेरी और वैगई जैसी नदियों के प्रवाह के साथ-साथ फैले थे। प्रायद्वीप में वे अधिकांशतः उन स्थानों पर पल्लवित हुए जहाँ नदियाँ समुद्र से जुड़ती थीं।

मध्यकालीन समाज के निर्माण में राजवंशों की भूमिका– मध्यकालीन भारत के राजनीतिक भूगोल को दर्शाने वाला कोई भी मानचित्र चलचित्र की भाँति प्रतीत होता है क्योंकि राजवंशीय भू-प्रदेशों में निरन्तर बदलाव होता रहा था किन्तु मध्यकालीन शासन में विकसित सामाजिक पर्यावरण अपेक्षाकृत स्थिर आर्थिक क्षेत्रों पर टिके थे तथा प्रमुख राजवंशों का औसत जीवनकाल 300 वर्षों से भी अधिक था जो कि मौर्यों व गुप्तों की तुलना में (क्रमशः 135 व 230 वर्ष) बहुत अधिक था। उनकी सफलता का रहस्य राजवंशों द्वारा निभायी गई उस महत्वपूर्ण भूमिका में निहित था जिसके द्वारा उन्होंने भौतिक व आध्यात्मिक शक्ति को संगठित करने के लिए सामाजिक प्रणालियों का निर्माण

किया था। राजवंशों ने जीवन के स्थायी व संचारी तरीकों को अपनाने वाले लोगों के बीच रचनात्मक अन्तर्सम्पर्कों को बढ़ावा दिया और उन स्थानों में जहाँ स्थानीय अभिजात्य वर्गो का गाँवों एवं नगरों पर प्रभाव था वहाँ यह वर्ग भ्रमणशील व्यापारियों, योद्धाओं, शिल्पियों एवं तीर्थयात्रियों को भी अपनी सेवाएँ प्रदान करता था। परिणामस्वरूप सांस्कृतिक भू-प्रदेशों में राजवंश परम्परा के प्रतीक बन गये, जिससे कई आधुनिक सामाजिक पहचानों की नींव रखी गई। ऐतिहासिक नवाचार के लम्बे काल के दौरान सामाजिक पहचान के कई रूप एवं समूह अस्तित्व में आये। पूर्व मध्य काल की मौलिकता राजवंशीय सत्ता के छोटे क्षेत्रों में संकेन्द्रित थी जहाँ राजा स्थानीय अभिजात्य वर्ग को सामाजिक परिवर्तन के प्रवाह में दिशा-निर्देशित करता था।

नये अति जटिल व स्तरीकृत समाजों का उदय–दूसरी सहस्राब्दि के दौरान सामाजिक पर्यावरण धीरे-धीरे किन्तु अनवरत रूप से परिवर्तित होते रहे जिससे प्रत्येक पीढ़ी के समाजीकरण हेतु नये वातावरण एवं सामाजिक अनुभवों के नये प्रकार सामने आये। प्रत्येक काल में पूर्णतः नये समाज अस्तित्व में आये। जीवन के कुछ तरीके लुप्त हो गये जबकि कुछ विकसित हुए। नये लोगों के आगमन के साथ ही पुराने सांस्कृतिक क्षेत्रों में नये सांस्कृतिक तत्वों की घुसपैठ हुई जिससे अति जटिल संरचनाओं का निर्माण हुआ। समग्र रूप में लोग अपने आस-पास के क्षेत्रों, नगरों एवं गाँवों के साथ पहचाने जाने लगे। समाज अधिकाधिक जटिल विविधतापूर्ण एवं स्तरीकृत बनते गये।

हिन्दू समाजों का निर्माण–पूर्व मध्यकालीन शताब्दियों में परिवर्तन से गुजरने वाले स्थान बड़े शहर नहीं थे जैसा कि प्राचीन साम्राज्यीय समाजों में देखा गया था। प्राचीन नगर काफी विशाल थे किन्तु खुली भूमि तथा नगरीय जीवन से कटे समुदायों द्वारा परिबद्ध थे। ये नगर समर्थन की लम्बी दूरवर्ती पंक्तियों पर निर्भर थे जो कि उस समय टूट जाती थीं जब नये राजवंश अपना क्षेत्रीय प्रभाव स्थापित करते थे। पूर्व मध्यकालीन व्यापार ने स्थानीय लोगों (जिनका खेतों व बाजारों पर वर्चस्व था) के बीच गहरा सम्पर्क स्थापित किया। क्षेत्रीय राज्य लम्बी दूरी के व्यापार एवं व्यापक सैन्य अभियानों पर कम निर्भर थे। प्रत्येक मध्यकालीन भारतीय राज्य पेड़ों के एक ऐसे बाग की भाँति थे जहाँ विभिन्न यात्री आकर आराम करते थे और अपनी शक्ति पुनः अर्जित करते थे।

धर्म पर मध्यकालीन ग्रन्थ–जब मध्यकालीन कृषि राज्य क्षेत्रों का खानाबदोश आखेटक एवं वनवासियों की भूमि पर विस्तार हुआ तो नये प्रकार के समाज अस्तित्व में आये। राजा, पुरोहित एवं स्थानीय नेता धर्म की नैतिक सत्ता को संरक्षित एवं विस्तारित करने के लिए आगे आये। धर्म को संरक्षण देने से राजपरिवारों एवं स्थानीय अभिजात्य वर्गों को सम्मान के पदों एवं आध्यात्मिक गुणों को निर्मित करने की छूट मिलती थी जिससे भू-सम्पदा पर अधिकार सुनिश्चित करने, आर्थिक गतिविधियों को समन्वित करने तथा श्रमशक्ति को अनुशासित करने में सहायता प्राप्त होती थी। धर्म पर लिखे गये मध्यकालीन ग्रंथों में हमेशा यह बात नहीं दोहरायी गई कि राजा एक क्षत्रिय ही होना चाहिए तथा अधिकांश क्षेत्रों में सभी चार वर्णों की उपस्थिति के बिना जाति पदों का विकास हुआ। मध्यकालीन धर्मशास्त्रों में कहा गया कि राजा का पवित्र कर्तव्य (राजधर्म) स्थानीय प्रथाओं को संरक्षित रखना है। राजा, ब्राह्मण एवं स्थानीय अभिजात्य वर्ग धर्म को लागू करने के लिए मिलकर कार्य करते थे।

जाति समाजों की रचना एवं विस्तार–जाति समाजों की रचना में दमन का स्पष्ट संकेत मिलता है किन्तु विभिन्न समूहों के लिए (विशेषतः उच्च स्तरों पर) वर्ण के अनुसार जाति समूहों को पदानुक्रम में रखने की प्रथा काफी आकर्षक थी। जाति नियम समुदायों को स्थिरता प्रदान करते थे, उत्पादन को व्यवस्थित करते थे और शक्ति को अनुमोदित करते थे। जाति पदानुक्रम के कर्मकांडों ने पारिवारिक दर्जे को आधार बनाकर पारिवारिक गठजोड़ों को बढ़ावा दिया। निम्न जातियों के श्रम, भूमि तथा सम्पत्ति को उच्च जाति के परिवारों (जो ब्राह्मणों व राजाओं के साथ रणनीति वैवाहिक या पारिवारिक बन्धनों में बँधे होते थे) द्वारा नियंत्रित किया जाने लगा। दूसरे शब्दों में, राजवंशीय भू प्रदेशों में प्रभावी जातियाँ स्थानीय समुदायों को नियंत्रित करने लगीं। जाति समाज के विस्तार को एक ऐसी प्रक्रिया के रूप में देखा गया है जो अनिवार्य रूप से दैनिक उत्पीड़न पर आधारित नहीं थी। यह एक विकसित जाति साहचर्य के रूप में प्रकट हुई जिसमें दमनात्मक विशेषताएँ धार्मिक विश्वासों के द्वारा समायोजित कर ली गईं। धर्म एक व्यापक स्वीकार्यता रखता था क्योंकि यह सामाजिक पदानुक्रम में सभी के लिए एक स्थान प्रदान करता था।

जाति पदानुक्रम में नये समूहों का सम्मिलन—सामाजिक जीवन की एक विशेषता के रूप में जाति पदानुक्रम का विस्तार उच्च संचारी समूहों के बीच कर्मकांडीय गठबन्धनों द्वारा संचालित प्रतीत होता है। नये राजवंशीय राज्य उन स्थानों पर थे जहाँ पदानुक्रम व्यवस्था का निर्माण सही अर्थों में हुआ था। राजवंशीय नेता तथा ब्राह्मण सामाजिक विभेद, दर्जा, पद एवं शक्ति की इन व्यवस्थाओं के निर्माण में महत्वपूर्ण अभिनेता थे। व्यवहार, पहचान, सौन्दर्य बोध के प्रतिदर्शों के चारों ओर निर्मित संस्थाओं व नये सामाजिक समूहों का नये समाजों में सम्मिलन हुआ तथा संस्कृत ग्रंथों में कूटबद्ध संरक्षण के द्वारा इन्हें मान्यता दी गई। इन कूटों को स्थानीय स्तर पर सामाजिक मंजूरी देने वाले ब्राह्मणों द्वारा व्याख्यायित किया जाता था। उभरते हुए परिवारों ने ब्राह्मण वंशावली निर्माताओं व दरबारी कवियों को नियुक्त किया, ब्राह्मणों व मन्दिरों को संरक्षण दिया, तीर्थयात्रियों के लिए स्थान उपलब्ध कराये, उत्सवों का आयोजन किया एवं सन्तों को पोषित किया। इस प्रकार की गतिविधियों से ईश्वर, पुरोहित, राजा एवं किसान एक ही संघ में बँध गये। समाज में लोग ब्राह्मणों का अनुसरण एवं समर्थन करके आगे बढ़ने लगे।

प्रभावी कृषि जातियों का उदय

जिस समय किसान भूमि एवं श्रम पर अपना नियंत्रण बढ़ा रहे थे उसी समय किसानों, खानाबदोशों, पशुचारकों, आखेटकों एवं जंगली जनजातियों की जनसंख्या धीरे-धीरे अपनी नयी पहचान प्राप्त कर रही थीं। कई पीढ़ियों के बाद ये लोग उच्च जातियों के भू-स्वामियों, राजाओं, धर्म के संरक्षकों, क्षत्रियों, वैश्यों, उच्चतर शूद्रों, हीनतर शूद्रों, अस्पृश्यों तथा विदेशियों के रूप में स्थापित होते चले गये। विभिन्न क्षेत्रों में प्रभावी कृषि जातियाँ अस्तित्व में आयीं, जिनमें जाट, राजपूत, कुनविस, वेल्लाल, वेलमास, रेड्डी, कापुस, नायर एवं अन्य शामिल थे। इस विस्तारित प्रक्रिया में पुरानी पहचानें समाप्त हो गईं। उदाहरण के लिए होयसल राजा मेलापस (सोसियूर जंगलों के पहाड़ी मुखिया) के वंशज थे वहीं यादव एवं वाडियार राजवंश चरवाहों के वंशज थे। गुर्जर एवं राजपूत भी कभी खानाबदोश चरवाहे रहे थे।

नयी क्षेत्रीय पहचानों का उदय—स्थानीय समूहों के नियंत्रण में आने तथा राजवंशों के साथ नाम जुड़ने के कारण स्थानों ने भी नयी पहचान प्राप्त कर ली। भूमि नृजातीय रूप से समूह नियंत्रण की परम्पराओं द्वारा चिन्हित की जाने लगी। प्रभावी जातियाँ अपनी पहचान राजवंशीय भू-प्रदेशों के साथ जोड़ने लगीं जो कि उनके गृह प्रदेश बन गये किन्तु ब्राह्मण ही मात्र ऐसे लोग थे जिन्हें धर्म की सभी भूमियों पर समान रूप से आदरणीय माना जाता था। आज भी ब्राह्मणों को सभी हिन्दू समाजों में उच्च दर्जा प्राप्त है जबकि अन्य उच्च जातियाँ परम्परागत आवास एवं दर्जे के भू-प्रदेशों के अनुसार अपनी क्षेत्रीय पहचानें रखती हैं।

मन्दिरों द्वारा सामाजिक पदानुक्रम को मंजूरी—पूर्व मध्य काल के कई मन्दिर अभिलेख स्पष्ट रूप से उस गतिविधि को दर्शाते हैं जो उभरती हुई सामाजिक पहचानों को नाटकीय रूप देती थी। ब्राह्मणों द्वारा निष्पादित कर्मकांडों को एक जाति सामाजिक व्यवस्था को अनुमोदन देने के लिए ब्रह्मांडीय आध्यात्मिक शक्तियों को पृथ्वी पर बुलाने का एक उपक्रम माना जाता था। मन्दिर उपासकों के बीच सामाजिक पदानुक्रम को स्थापित करने वाले दैवीय स्थल माने जाते थे तथा ये उपासक धर्म को संरक्षण प्रदान करते थे और कर्मकांडों के लिए धन खर्च करते थे। यह कर्मकांड ही थे जो स्थानीय, क्षेत्रीय एवं साम्राज्यीय देवताओं को पास-पास लाते थे। मध्यकालीन समाजों में कर्मकांडों के कई प्रकार मौजूद थे जिनमें आध्यात्मवादियों व अधिकारियों द्वारा किये गये कर्मकांड, विभिन्न प्रकार की सामाजिक पृष्ठभूमियों में किये गये कर्मकांड तथा वर्षा, अच्छी फसल, बीमारी उन्मूलन, सन्तान प्राप्ति तथा राजवंशीय विस्तार हेतु किये गये कर्मकांड शामिल थे किन्तु मध्य भारत के अभिलेखों में केवल उन्हीं कर्मकांडों को महत्व दिया गया है, जो ब्राह्मण पुरोहितों द्वारा शिव, विष्णु तथा उनके पौराणिक सम्बन्धियों के लिए संचालित किये जाते थे। इन महान सम्प्रभु देवताओं के मन्दिर पवित्र इमारतों एवं राजनीतिक शक्ति के स्मारकों के रूप में बनाये गये।

स्थानीय पंथों के सम्मिलन द्वारा मन्दिरों का विस्तार—7वीं सदी से लेकर 17वीं सदी तक हिन्दू मन्दिरों का विस्तार महाबलीपुरम् से लेकर खजुराहो तक एक भव्य मध्यकालीन विरासत उपलब्ध कराता है। पौराणिक साहित्य व उससे जुड़े मिथकों, लोक गीतों एवं कलात्मक प्रदर्शनों के अन्तर्गत स्थानीय देवताओं, कर्मकांडों, प्रतीकों एवं आध्यात्मिक प्रवृत्तियों के आत्मसातीकरण में स्थानीय देवताओं, उनके अनुयायियों व संरक्षकों की सांस्कृतिक शक्ति को बढ़ाने वाली हिन्दू उपासना शामिल थी। जैसे-जैसे स्थानीय समुदाय राजकीय सत्ता के अधीन आते गये वैसे-वैसे पौराणिक परम्पराओं एवं मन्दिर कर्मकांडों में स्थानीय पंथों को गूँथा जाने लगा।

मन्दिरों एवं पुरोहितों को राजकीय संरक्षण

देवताओं की महानता राजसी संरक्षकों की शानो-शौकत में अभिवृद्धि करती थी। एक महान मन्दिर का निर्माण ब्राह्मणों को आकर्षित करता था और राजकीय भव्यता का एक रंग-मंच स्थापित करता था। महान राजाओं ने महान मन्दिर बनवाये तथा अनेक विद्वान ब्राह्मणों को समर्थन प्रदान किया। इसीलिए मन्दिरों एवं अभिलेखों का वितरण एवं मूल विषय मध्यकालीन सामाजिक भूगोल का मानचित्रण करता है। अभिलेखों की प्रचुरता वाले क्षेत्रों का संकेन्द्रण पूर्वी व मध्य उत्तर-प्रदेश, पश्चिमी बंगाल, गुजरात, पश्चिमी महाराष्ट्र एवं तटवर्ती मैदानों के साथ-साथ हुआ है। पंजाब, पश्चिमी गंगा मैदानों के जाट प्रदेशों तथा पर्वतीय क्षेत्रों में हमें मध्यकालीन मन्दिर अभिलेख अधिक संख्या में नहीं मिलते हैं जिससे पता चलता है कि इन क्षेत्रों में ब्राह्मण प्रभाव सीमित था और संस्कृतियों का हिन्दूकरण अपेक्षाकृत कम हुआ था।

मन्दिरों के निकट सामाजिक पहचानों का उभार–मन्दिरों के आस-पास सामाजिक पहचानें प्रकट हुईं क्योंकि यहाँ लोग और देवता साथ-साथ रहते थे। एक मन्दिर जितना अधिक लोकप्रिय होता था उतने ही उसके संरक्षक तथा उससे जुड़े लोगों के मूल्य महान बन जाते थे। बढ़ते हुए भक्ति आन्दोलनों ने तीर्थ-स्थानों का वाणिज्यिक मूल्य, परिमाण एवं श्रेष्ठता में वृद्धि की। सामाजिक संचरण के चिन्ह एवं साधन के रूप में दान अधिकाधिक लोकप्रिय होते गये तथा मन्दिर भू-स्वामियों, नियोक्ताओं एवं विनिर्माण व वाणिज्यिक गतिविधियों के केन्द्र बन गये। मन्दिर कर्मकांडों में बढ़ती हुई भागीदारी ने उन्हें सामाजिक पदानुक्रम के लिए अधिक प्रभावी स्थल बना दिया क्योंकि मन्दिरों में इसी पदानुक्रम के अनुसार सम्मान बाँटा जाता था और सभी उपासक देवता के समक्ष अपने पदानुक्रम के अनुसार खड़े होते थे। लोकप्रिय भक्ति आन्दोलनों ने सम्प्रभु देवताओं को रोजमर्रा के सामाजिक जीवन में और अधिक महत्वपूर्ण बना दिया था। यहाँ तक कि सबसे गरीब लोग भी कठिनतम शारीरिक श्रम करने के बावजूद मन्दिर की सीढ़ियों पर बैठने के योग्य नहीं माने जाते थे तथा उनका बहिष्करण उनकी निम्नतम सामाजिक श्रेणी का प्रतीक माना जाता था। रोचक तथ्य यह है कि सबसे लोकप्रिय भक्ति संत सबसे निचली जातियों से आये थे किन्तु उनकी मजबूत भक्ति व निष्ठा मानती थी कि देवता मन्दिरों से बाहर प्रकट होकर अपना प्रेम अवश्य लौटायेंगे।

ब्राह्मणों द्वारा लाभों का परिपोषण–समय के साथ-साथ सगोत्रीय घेरों का विकास वंशों एवं परिवारों के चारों ओर हुआ जिसने देवताओं एवं ब्राह्मणों को पोषित किया। इन गोत्र समूहों में से उच्च दर्जा प्राप्त लोग (गैर-ब्राह्मण अभिजात्य जातियाँ) कर्मकांड एवं समाज में अन्य लोगों से ऊपर उठ गये थे। ब्राह्मणों ने नि:सन्देह रूप से प्रमुख लाभ अर्जित किये, उदाहरण के लिए एक राष्ट्रकूट अभिलेख में 1000 हजार ब्राह्मणों को भूमि के 8000 मापों एवं 1 ब्राह्मण को भूमि के 4000 मापों का उपहार दिये जाने का उल्लेख है। ऐसे अभिलेख गैर-ब्राह्मण शक्तियों तथा उनके स्थानीय सहयोगियों द्वारा अपने दर्जे को बढ़ाने के लिए किये गये प्रयासों को दर्शाते हैं। फिर भी कुछ अभिलेखों में ब्राह्मण व्यवस्थाओं के विरोध का भी उल्लेख है जिसमें चरागाह जैसे स्थानीय संसाधनों व करों संग्रह के उनके दावों का विरोध शामिल था। राजकीय सत्ता धीरे-धीरे- प्राय: हिंसात्मक रूप से- उन विस्तृत स्थानों पर फैली जो पूर्व मध्य काल में उसकी पहुँच से बाहर थे। अनेक उदाहरणों में भू-अनुदानों से राजकीय सत्ता की सीमाओं का संकेत मिलता है तथा इन सीमाओं के बाहर ही प्रतिरोध की आशा की जा सकती थीं उन स्थानों पर भी जहाँ स्थानीय समाज ने ब्राह्मणों के सामाजिक दर्जे एवं कर्मकांड को स्वीकार कर लिया था वहाँ भी भू-अनुदानों के सम्बन्ध में कड़े प्रतिस्पर्द्धात्मक संघर्ष मौजूद थे। नौवीं शताब्दी में इस प्रकार के स्थानीय संघर्षों ने तमिल तटवर्ती क्षेत्र में नयी ब्राह्मण व्यवस्थाओं को चुनौती दी। कुछ पूर्व मध्यकालीन ग्रंथों में दावा किया गया कि जो लोग ब्राह्मणों की हत्या करेंगे उन्हें अत्यन्त कठोर दण्ड दिया जायेगा। इससे संकेत मिलता है कि ऐसी हत्यायें होना असामान्य बात नहीं थी।

योद्धाओं का उदय–पूर्व मध्य काल के दौरान अनेक हिंसक संघर्ष हुए। 9वीं शताब्दी का एक राजकीय अभिलेख बताता है कि चंदेलों ने भील, शबर, पुलिन्द जैसी जंगली जनजातियों को अपनी अधीनता स्वीकार करने के लिए विवश किया था। अधिकांश राजवंशावलियों ने शत्रुओं एवं जनजातियों को अधीन बनाने का उल्लेख है। साहित्य एवं लोक गीतों में भी हत्याओं के अनेकानेक उल्लेख मिलते हैं। संगठित युद्धकौशल की प्रकृति समय के साथ बदल चुकी थी। मौर्य एवं गुप्त युद्ध को एक सभ्यता निर्माण करने वाली शक्ति मानते थे जबकि मध्यकालीन राजाओं ने अपनी उपाधियों को परिभाषित करने के लिए युद्ध किया तथा ये राजा धर्म के संसार से बाहर समझी जाने वाली जनजातियों एवं खानाबदोशों

को जीतने के लिए युद्ध का सहारा लेते थे। धर्म के बाहर के ये जनजातीय समाज नगरों एवं गाँवों की अधिकांश भूमि पर अपना स्वामित्व रखते थे। जनजातीयों को अधीन बनाने, गैर-शासित तत्वों को खदेड़ने, खानाबदोशों से खेतों की रक्षा करने तथा जनजातीय समूहों को जाति समाज में आत्मसात करने के लिए संगठित हिंसा की आवश्यकता होती थी।

पशुचारक एवं जनजातीय समूहों का अधीनीकरण एवं अवशोषण—मध्यकालीन राजवंश स्थायी कृषि के विस्तार की तीव्र इच्छा रखते थे तथा इसके लिए कृषि के सीमांतों पर लगातार लड़ने की जरूरत थी। स्थायी किसानों, पशुचारकों, खानाबदोशों, विस्थापित कृषकों, आखेटकों, योद्धाओं एवं वनवासियों के बीच हिंसात्मक संघर्ष दर्शाते हैं कि अनेक समूह धर्म के शासन का प्रतिरोध करते थे। किन्तु अनेक पशुचारक एवं जनजातीय लोग समाहित भी किये गये। पश्चिमी मैदानों, मध्य पर्वतीय क्षेत्रों, पंजाब, पश्चिमी गंगा घाटी तथा आन्तरिक प्रायद्वीप की कृषि जनसंख्या में इनका अनुपात विशेष रूप से अधिक था। इन क्षेत्रों में जनजातीय समूहों ने महत्वपूर्ण राजनीतिक सत्ता प्राप्त की। उदाहरण के लिए राजपूत शासकों ने अपने सहयोगी मित्रों के रूप में भील सरदारों को न केवल मान्यता दी बल्कि उन्हें कुछ राजपूत राज्याभिषेक समारोहों में एक केन्द्रीय भूमिका भी प्रदान की।

विस्तारित कृषि समाजों में गैर-कृषि समूहों का सम्मिलन—मध्यकालीन राज्यों में किसान समुदायों ने पशुचारक, खानाबदोशों एवं वन कृषकों को धकेल कर खेती का विस्तार किया था किन्तु उसी समय चरवाहे आखेटक खानाबदोश एवं अन्य लोग भी विस्तारित कृषि समाजों में प्रवेश कर रहे थे और कृषि, श्रमिक, शिल्पी, पशुपालक, डेरी उत्पादक, सैनिक, व्यापारी, योद्धा एवं राजा बन रहे थे। कृषि भू-प्रदेशों में अधिक विविधीकृत जनसंख्याएँ शामिल थीं जिनमें न केवल विभिन्न प्रकार के किसान (खेतिहर, भू-स्वामी एवं भूमिहीन श्रमिक) शामिल थे अपितु शिल्पी, पशु चरवाहे, व्यापारी, पुरोहित, वास्तुशिल्पी, ज्योतिषी, अभियांत्रिक एवं योद्धा जैसे गैर-कृषि समूह भी सम्मिलित थे, जो कृषि कार्य के लिए आवश्यक माने जाते थे। इनमें से अधिकांश लोग धर्म के शासन द्वारा अपने प्रभाव में ले लिये गये थे। इन लोगों के बिना अर्थव्यवस्था विस्तार नहीं कर सकती थी तथा इनका सम्मिलन एक महत्वपूर्ण सामाजिक परियोजना थी।

योद्धा शक्ति के उदय के कारण—इसी सन्दर्भ में योद्धाओं ने अपना प्रभाव बढ़ाया। योद्धा शक्ति का उदय कई कारकों पर निर्भर था जिनमें से एक था- कृषि समाजों में विशेष सैन्य कुशलता वाले लोगों की बढ़ती हुई संख्या। खानाबदोश जड़ों वाले योद्धा प्रायः सैन्य विशेषज्ञ बन जाते थे जैसा कि राजस्थान एवं उसके आस-पास के क्षेत्रों में देखा गया, जहाँ योद्धा राजवंशों का उदय उस गुर्जर-प्रतिहार वंश से हुआ था, जिसने आठवीं शताब्दी के बाद अधिकांश गंगा घाटी को जीत लिया था। 10वीं शताब्दी तक व्यावसायिक सैनिक संवर्ग राजवंशीय शक्ति की सामान्य विशेषताओं में शामिल हो चुका था।

पेशेवर सैनिक संवर्ग के साथ नये राजवंशों की उत्पत्ति—पुराने राजवंश अपनी विशाल सेनाओं का प्रयोग अपने केन्द्रीय भू-प्रदेशों से बाहर की सम्पदा को इकट्ठा करने के लिए करते थे जोकि अधिक समय तक उनके शासक वर्गों को कायम रखने का आधार नहीं बन पाती थी। चोलों ने इस प्रवृत्ति को दोहराया। चोल सेनाओं ने आंध्र एवं उत्तरी कर्नाटक से कन्याकुमारी व केरल तक अभियान किये और पाक जलडमरू मध्य को पार करके श्रीलंका में युद्ध किया। उन्होंने पांड्यों को जीता और खुद को एक नये शासक अभिजात्य वर्ग के रूप में स्थापित किया तथा ब्राह्मणों एवं शूद्र जातियों को अपने लिए कार्य करने हेतु नियुक्त किया। चोल विस्तार ने प्रतिस्पर्द्धियों के बीच नये राजवंशों को उत्पन्न किया। चोलों द्वारा तटीय आंध्र से खदेड़े गये योद्धाओं ने वारंगल व उसके आस-पास की आन्तरिक उच्च भूमियों में एक नये काकतीय राजवंश की नींव रखी। काकतीयों ने सिंचाई तालाबों का निर्माण कराया जो एक युगीय देन माने जाते हैं। मैसूर क्षेत्र में भी इसी प्रकार के राजवंशीय विकास हुए, जहाँ दक्कन में चालुक्य विस्तार एवं चोल दबाव के फलस्वरूप एक नये होयसल राजवंश की उत्पत्ति हुई। होयसलों के मन्दिरों का मूर्तिशिल्प उनकी घुड़सवार सेना के पेशेवर चरित्र को प्रदर्शित करता है।

सामाजिक संचरण का विस्तार—इस काल के दौरान समाज में होने वाले परिवर्तन के विभिन्न चिन्हों में से एक था—उपेक्षित सामाजिक समूहों को शूद्र वर्ण में शामिल करना तथा वैश्यों एवं शूद्रों के बीच विभेद का धीरे-धीरे कम होना। सैद्धान्तिक रूप से प्राचीनकालों की भाँति दुराचार को सभी मिश्रित जातियों की जड़ माना गया तथा *विष्णुधर्मेत्तर पुराण* में कहा गया कि निम्न जाति के पुरुषों एवं वैश्य जाति की महिलाओं के बीच सम्बन्ध के द्वारा हजारों मिश्रित जातियों का जन्म हुआ। फिर भी यह समाज में बढ़ते हुए जाति समूहों की एक परिकल्पनात्मक व्याख्या थी तथा जातियों के फैलाव

का वास्तविक कारण संस्कृतिकरण की निरन्तर प्रक्रिया में छुपा था जो नये क्षेत्रों एवं नये सामाजिक समूहों को जाति समाज के अन्तर्गत ले आई थी। यहाँ तक कि गैर-देशज के रूप में उल्लिखित किये गये समूहों (शक व हूण) ने भी उच्च जाति के दर्जे का दावा किया था।

नयी जातियों का उदय

फिर भी जाति समाज में नव प्रवेशकों के दर्जे अलग-अलग थे और समान जनजाति भी कई वर्णों एवं जातियों में बाँटी जा सकती थी। उदाहरण के लिए आभीरों को ब्राह्मणों, क्षत्रियों, वैश्यों एवं महाशूद्रों जैसी अलग-अलग श्रेणियों में रखा गया था। कुछ नव प्रवेशक अपवित्र शूद्र माने गये तथा इस काल में अपवित्र शूद्रों या अस्पृश्यों की संख्या में उल्लेखनीय वृद्धि देखी गई। उच्चतर स्तरों पर भी नयी जातियों का उदय हुआ। विभिन्न प्रकार की अदालतों में अपनी सेवायें अर्पित करने वाले नये पेशेवर वर्ग से कायस्थों का विकास हुआ। उत्तर भारत में सरदारों के बीच एक नयी श्रेणी उभरी जिसे राजपुत्र या राजपूत कहा जाता था। लगभग 12वीं-13वीं शताब्दी तक पश्चिमी भारत में राजपूत वंशों की संख्या 36 हो चुकी थी किन्तु लचीली संरचना शासक अभिजात्य वर्गों के बीच संचरण को पर्याप्त स्थान उपलब्ध कराती थी जैसा कि राजपुत्रों के बीच जनजातीय मेदों के सम्मिलन में देखा गया। सैद्धान्तिक रूप से, *वर्णरत्नाकर* में इसका उल्लेख है। राजपुत्र की अवधारणा दक्षिण में भी विस्तारित हुई थी।

ब्राह्मणों के बीच क्षेत्रीय विभेद-ब्राह्मणों के बीच भी क्षेत्रों के आधार पर विभेद पैदा हो गये। अनेक पूर्व मध्यकालीन पुरालेख संकेत देते हैं कि कन्नौज ब्राह्मण, गौड़ ब्राह्मण, कोलंका ब्राह्मण जैसी क्षेत्रीय जातियों से जुड़ना विशेष सामाजिक प्रतिष्ठा का प्रतीक माना जाता था। वास्तव में इस काल में स्थानीयतावाद इतना मजबूत था कि ग्रामचर से जुड़ा होना भी विशेष महत्व रखता था। इनमें से कुछ पुरालेख ग्राम को सामाजिक संगठन की मूलभूत भू-प्रादेशिक इकाई के रूप में दर्शाते हैं।

9.7 क्षेत्रीय संस्कृति का उदय

क्षेत्रीय संस्कृति के विकास की प्रक्रिया में जिन तीन मुख्य तत्वों का महत्वपूर्ण योगदान रहा। वे थे-क्षेत्रीय राज्यों का उदय, ब्राह्मणवादी धर्म का एक नए तरह के लोकप्रिय हिन्दुत्व में पविर्तन तथा क्षेत्रीय भाषाओं एवं साहित्य का विकास।

भारत के कुछ क्षेत्रों में, जैसे-पूर्वी, मध्य तथा दक्षिण, स्थानीय शासकों का उदय हुआ जिन्होंने स्थानीय तथा जनजातीय शक्तियों को मिलाकर एक नई शैली का विकास किया तथा क्षेत्रीय शासक बन गए। कुछ अर्थों में 'नीचे से विकास' की यह प्रक्रिया 6ठी शताब्दी ई.पू. में गंगा के मैदानी भाग में हुए राज्य के विकास की प्रक्रिया के समान था। आमतौर पर इस प्रक्रिया की तीन अवस्थाएं थीं- *पहली* अवस्था में एक कबीलायी प्रधान स्थानीय हिन्दू प्रधान में परिवर्तित हो जाता था; *दूसरी* अवस्था में वह एक राजा बन जाता था जिसके कई सामंत होते थे तथा इस तरह एक प्रारम्भिक राज्य की स्थापना होती थी, तथा *तीसरी* अवस्था में 'साम्राज्यवादी राज्य' का महान राजा में विलय होता था जिसका एक बड़ा राज्य होता था।

उत्तर मध्यकालीन क्षेत्रीय राज्यों के विस्तार तथा सामंतों के उदय से समस्याएं उत्पन्न हुईं जो प्राचीन राजाओं के द्वारा स्थापित पैतृक व्यवस्था द्वारा नहीं सुलझाई जा सकीं। मुख्य समस्या दूरस्थ सामंतों पर नियंत्रण की थी। इन पर विजय द्वारा विलय की नीति के लिए सिर्फ अधिक सैन्य तथा प्रशासनिक योग्यता की आवश्यकता थी अपितु उस विचारधारा में भी परिवर्तन आवश्यक था जिसमें राजा की शक्ति उसके सामंतों की संख्या द्वारा निर्धारित होती थी। दूसरी तरफ ये सामंत अपनी आजादी के लिए प्रयत्नशील रहते थे। वे केन्द्र की शक्ति के कमजोर पड़ते ही अपनी स्वायत्तता बढ़ा लेते थे तथा लगान में कमी लाते थे। अतः समकालीन पुस्तकों में सामंत को राजा का शत्रु बताते हुए उसकी सेना को राजा की सुरक्षा की सबसे कमजोर कड़ी माना गया है। अतः प्रान्तीय राज्यों के राजाओं की सफलता अपने सामंतों की शक्ति पर नियंत्रण में तथा उनमें वफादारी स्थापित करने की सफलता पर निर्भर करता है, किन्तु अभिलेख सामंतों पर सफल नियंत्रण की कहानी नहीं कहते हैं।

सामंत चक्र की इस अस्थिरता के कारण राजा उस आन्तरिक भाग पर आश्रित रहता था, जो सीधे उसके प्रशासन में था। परन्तु राजा के लिए सुरक्षित यह क्षेत्र (राज-भोग) भी प्रारम्भिक मध्यकालीन क्षेत्रीय राज्यों में संस्थागत परिवर्तनों से प्रभावित हो रहे थे।

अपने आन्तरिक क्षेत्र पर अधिकार तथा सामंतों के साथ अपने संबंधों के दृष्टिकोण से राजा की स्थिति अच्छी नहीं थी। इसलिए अपनी शक्तियों को बढ़ाने के लिए राजा के लिए यह आवश्यक हो गया कि वह अपने पद की वैधता सिद्ध करे। इस उद्देश्य की प्राप्ति हेतु राजा ने धर्म पर

कर्मकांड का सहारा लिया। इस कार्य की वैचारिक पृष्ठभूमि ब्राह्मणों ने प्रदान की।

9.8 धार्मिक स्थिति तथा मंदिरों का महत्व

ब्राह्मणों का अधिवास–ब्राह्मणों को दिए जाने वाले भू-दान से संबंधित अभिलेखों में ब्राह्मणों द्वारा वैचारिक स्तर पर समर्थन का प्रमाण मिलता है। गुप्त काल में ऐसे दान आमतौर पर दूरस्थ अकृष्य जगहों पर दिया जाता था जहां ब्राह्मणों को हिन्दू संस्कृति के प्रचारक का काम भी करना होता था। परन्तु 10वीं शताब्दी के बाद भू-दानों की इस शैली में परिवर्तन आया। क्षेत्रीय राज्यों के राजा ब्राह्मणों को अपने सामंतों के क्षेत्र में भी भूमि अथवा पूरे गांव का राजस्व देने लगे। इससे सामंत को हानि होती थी तथा राजा को एक भरोसे योग्य अनुयायी मिल जाता था। ब्राह्मणों को दिए जाने वाले दान में एक और महत्वपूर्ण परिवर्तन आया। जहां पहले ये दान किसी एक परिवार अथवा ज्यादा-से-ज्यादा एक छोटे समूह को दिया जाता था, वहीं 10वीं तथा 10वीं शताब्दी के आलेख ब्राह्मणों के बड़े समूहों को दान का विवरण देते हैं।

राजसी मंदिरों की स्थापना

भू-दान की नई भूमिका दक्षिण में बड़े राजसी मंदिरों के परिपेक्ष में और भी स्पष्ट होती है जो अपने क्षेत्र में धार्मिक प्रभुत्व स्थापित करने का प्रयास होते थे। 11वी, 13वीं शताब्दियों के बीच ये महल विभिन्न क्षेत्रीय राज्यों में बनवाए गए। इस तरह के मंदिरों का उत्तम उदाहरण खजुराहो का कंदरिया महादेव मंदिर, तंजौर का राजराजेश्वर मंदिर, उदयपुर का उदयेश्वर मंदिर, भुवनेश्वर का लिंगराज मंदिर तथा पुरी का जगन्नाथ मंदिर है। इन मंदिरों का उद्देश्य राज्य की विघटनकारी शक्तियों को कमजोर करना होता था। इस उद्देश्य की पूर्ति के लिए इन्हें व्यापक भू-दान दिया जाता था। राजसी कर्मकांडों को करने के लिए इन मंदिरों में सैकड़ों ब्राह्मण तथा मंदिर दास होते थे। सामंतों तथा राज्य अधिकारियों को भी इन मंदिरों में विशेष कार्य करने होते थे। कुछ ही समय में ये मंदिर स्वावलम्बी हो गए तथा राजा की मदद करने में सफल हुए, जबकि इनके निर्माण पर बहुत लागत आई थी। राजराजेश्वर मंदिर को दान के रूप में प्राप्त भूमि से अनाज के रूप में होने वाली आय 502 किलोग्राम स्वर्ण के बराबर थी। इन मंदिरों की अतिरिक्त आय से आन्तरिक क्षेत्र को कृषि संबंधी विकास के लिए 12 प्रतिशत प्रतिवर्ष की ब्यांज दर पर ऋण दिया जाता था। मंदिरों के इन राजनीतिक एवं आर्थिक कार्यों को राजा के राजसी क्रिया-कलापों के विस्तार के रूप में देखा जाता था। मंदिर के लिंग का नाम आमतौर पर उस राजा के नाम पर रखा जाता था जो उसे देता था। मंदिर की दीवारों पर बने चित्रों तथा मूर्तियों में राजा को भगवान की तरह दर्शाया जाता था जबकि भगवानों को राजसी अनुरूपों से सज्जित किया जाता था। अपने राज्य को और अधिक वैधता प्रदान करने के लिए कुछ राजा अपने को भगवानों को हस्तान्तरित कर देते थे तथा उनके प्रतिनिधि अथवा पुत्र के रूप में शासन करते थे। इस प्रकार वे मंदिर एवं उसके कर्मचारियों को सरकारी तंत्र के रूप में प्रयोग कर सकते थे तथा विद्रोही प्रवृत्ति वाले सामंतों को भगवान का डर दिखाकर अपनी आज्ञा मनवा सकते थे।

रिश्तों का नया तंत्र–ब्राह्मणों को बसाकर तथा मंदिर के सामंतों के द्वारा रिश्तों का एक राजनीतिक, आर्थिक तथा धार्मिक नया तंत्र बनाया जाता था। यह तंत्र राजा पर केन्द्रित था तथा विघटनकारी सामंत चक्रों के विरुद्ध एक हथियार था।

प्रमुख धार्मिक विकास

मन्दिरों का बढ़ता महत्व–मन्दिर पहले से ही एक महत्वपूर्ण धार्मिक संस्था थे किन्तु इस काल में यह सभी प्रमुख धार्मिक विकासों के साथ घनिष्ठता से जुड़ गये। विभिन्न पंथों के विकास के साथ-साथ मन्दिरों की संख्या ही नहीं उनका आकार भी बढ़ता चला गया। अनेक पूर्व मध्यकालीन मन्दिरों का आकार काफी छोटा था किन्तु नियमित संरक्षण एवं विभिन्न पंथों के सम्मिलन के परिणामस्वरूप ये मन्दिर धीरे-धीरे विशाल जटिल संस्थाओं में बदल गये। मन्दिरों के निर्माण को सामाजिक स्थिति के बारे में समकालीन चेतना के साथ जोड़ा गया तथा दक्षिण भारत में अनेक देवता उपासकों के निजी नाम धारण करते थे। विभिन्न पंथों के अनुयायियों ने मन्दिरों के निर्माण में एक-दूसरे के साथ प्रतिस्पर्धा की उदाहरण के लिए कर्नाटक में जैन, शैव एवं श्री वैष्णव मतावलम्बियों के बीच कड़ी प्रतिस्पर्द्धा विद्यमान थी। राजस्थान एवं गुजरात में एक ही मत के अनुयायियों ने अपनी सामाजिक प्रतिष्ठा को बढ़ाने के लिए व्यापक स्तर पर मन्दिरों का निर्माण कराया।

मन्दिर सुधार आन्दोलन-मठीय संगठनों ने धीरे- धीरे मन्दिरों को अपनी सम्पत्ति मानना शुरू कर दिया और त्यागपूर्ण जीवन

शैली को छोड़कर जातीय एवं उप-जातीय विशेषाधिकारों पर जोर देने लगे। इससे कई क्षेत्रों में विरोध आन्दोलनों का जन्म हुआ। इस प्रकार के आन्दोलनों में जैन-विधि चैत्य आन्दोलन या पश्चिमी भारत में चौत्य बेसिन के विरुद्ध सुधारवादी आन्दोलन तथा नये जंगम पुरोहितों के साथ उभरने वाला वीर शैव आन्दोलन शामिल थे।

विभिन्न धर्मों द्वारा तंत्रवाद का आत्मसातीकरण–पूर्व मध्य काल में धर्मों के मूल विषयों को प्रभावित करने वाला सबसे महत्वपूर्ण कारक तंत्रवाद था। कितने विभिन्न पंथों ने तंत्रवाद (जिसमें गैर-ब्राह्मण एवं गैर-देशज दोनों तत्व मौजूद थे) को आत्मसात् किया, यह अभी पूर्णतः स्पष्ट नहीं है। फिर भी जप शब्द एवं मंत्र पर जोर देने के साथ तंत्रवाद ने बौद्ध एवं शैव मतों के साथ-साथ वैष्णव एवं जैन मतों को भी प्रभावित किया था। उपासना के स्वतंत्र पंथ के रूप में जैन यक्षिणियों का रूपान्तरण तांत्रिक प्रथाओं के साथ जुड़ा था जो कि पूर्व मध्य काल में धर्मो पर तांत्रिक प्रभाव की शृंखला का सबसे स्पष्ट उदाहरण है।

वेदान्त चिन्तन द्वारा विपंथियों का अधीनीकरण–दर्शनशास्त्र में पूर्ववर्ती काल के विवाद एक नये चरण से गुजरे जिसमें वेदान्त चिन्तन द्वारा विपंथियों को अधीन बनाया गया। इस चरण का अन्त बौद्ध धर्म के पतन के साथ हुआ। महान दार्शनिक शंकर के द्वारा वेदान्त ने अन्य ब्राह्मणवादी चिन्तन को भी अपनी परिधि में ले लिया किन्तु पूर्व-मध्यकालीन धर्म के पंथमूलक चरित्र ने शीघ्र ही अपना प्रभाव स्थापित कर लिया और वेदान्त विभिन्न समकालीन मतों को दार्शनिक आधार एवं पृष्ठभूमि उपलब्ध कराने का साधन बन गया। यदि वेदान्तिक ब्राह्मण श्री वैष्णव के रूप में विष्णु के साथ पहचान रखते थे तो यही पहचान शैव ब्राह्मण के रूप में शिव के साथ स्थापित की जाती थी।

देवत्व एवं पुरोहित

देवत्व का प्रभाव–देवत्व एवं मानवता से परिपूर्ण मध्यकालीन सांस्कृतिक परिदृश्य में दोनों के बीच कोई रेखा नहीं खींची गई थी। राजशाही वंशावलियों में सूर्य व चन्द्रमा के रूप में अलौकिक पूर्वजों को शामिल किया गया था। रोजमर्रा के जीवन में प्रत्येक स्थान पर आध्यात्मिक जगत मौजूद था। अलौकिक शक्तियाँ युद्ध में विजय दिलाती थीं और मानव के भाग्य पर नियंत्रण रखती थीं। प्रकृति की शक्तियाँ बीमारियों, सूखा, बाढ़ तथा पशुओं, फसलों व मानवों की प्रजनन क्षमता का कारण थीं। दृश्य एवं अदृश्य शक्तियाँ आपस में घुली-मिली थीं। पुरोहित, शासक, सन्त एवं चमत्कारी व्यक्ति समाज में रहकर देवत्व एवं देवताओं का आह्वान करते थे। मध्यकालीन राज्य लोगों तथा देवताओं के मध्य संचरण करने वाली शक्तियों को नियंत्रित, विस्तारित, संगठित करने वाले संस्थात्मक पर्यावरण थे।

स्थानीय देवताओं एवं पंथों का सम्मिलन–राजनीति की भाँति धर्म में भी स्थानीयता को प्राथमिकता देने का उपागम उपयोगी समझा गया और पूर्व मध्य काल में यह प्रवृत्ति तमिलनाडु में स्पष्ट देखी जा सकती थी। ईसाई युग से पहले के तमिल श्लोकों में स्थानीय भावों का प्रभावपूर्ण उल्लेख है जिनमें से एक को सियोन कहा जाता था, जो लाल रंग का प्रतीक था क्योंकि उसके पर्वतीय निवास स्थान की भूमि भी लाल थी। भयभीत एवं अलग-थलग सियोन को कहानियों का विषय बनाया गया ताकि उसकी शक्तियों को उभारा जा सके। प्राचीन तमिल श्लोकों में उसे मूर्त रूप दिया गया और वह एक मानवीय देवता बन गया, बाद में वह अनेक नामों से जाना जाने लगा जिनमें मुरुगन प्रमुख था। पहली सहस्राब्दि के मध्य में मुरुगन शिव का पुत्र बन गया और उसकी पहचान स्कन्द के साथ जोड़ी जाने लगी। इस प्रकार एक प्राचीन स्थानीय भाव धीरे-धीरे पुराणों की ग्रंथात्मक परम्परा में सम्मिलित होती गई। संस्कृत से अनुवाद करके तमिल भाषा में स्कन्द पुराण की पुनर्रचना की गई। अन्य संस्कृत ग्रंथों में भी नई व्यवस्थाओं को स्वीकारा गया। कम्बन द्वारा रचित *रामायण* के तमिल संस्करण में सीता का अपहरण करने वाले रावण के चरित्र को मूल *रामायण* की तुलना में अधिक नायकत्वपूर्ण चित्रित किया गया। सैकड़ों स्थानीय भाव एवं देवता एक ऐसे विशाल महासागर में विलीन हो गये जहाँ शिव एवं विष्णु जैसे दो महान राजा राज्य करते थे और जिनकी अपने विशाल वंश थे।

पुराहितों की भूमिका एवं प्रभाव–मध्यकालीन राज्यों में एक विविध हिन्दू सांस्कृतिक जटिलता का विस्तार हुआ जिसमें सामान्य विशेषताओं वाली अनेक स्थानीय परम्पराएँ शामिल थीं किन्तु इनको प्रत्येक स्थान के अनुसार पृथक्-पृथक् रूपों में परिभाषित किया गया था। विद्वान ब्राह्मण शासकों एवं स्थानीय अभिजात्य वर्गों से समर्थन व उपहार प्राप्त करते थे ताकि मन्दिरों एवं समारोहों का प्रबन्धन व संचालन कर सकें जिनमें स्थानीय देवताओं, भावनाओं एवं प्रथाओं को समाहित किया जाता था। इसी समय ब्राह्मणों द्वारा स्थानीय सामाजिक पदानुक्रम को कर्मकांडीय एवं तार्किक रूप दिया गया। उन्होंने स्थानीय पहचानों को वर्ण एवं जाति की कर्मकांडीय

शब्दावली में परिभाषित किया। उन्होंने प्राचीन संस्कृत ग्रंथों के उच्च सांस्कृतिक तत्वों का उपयोग स्थानीय आधार वाली हिन्दू कर्मकांडीय व्यवस्थाओं के संघटन में किया एवं ये व्यवस्थाएँ छोटे-छोटे टुकड़ों में तदर्थ व्यवस्थाओं के एक प्रतिरूप में जुड़ती चली गईं।

हिन्दू संस्कृति का विस्तार–ब्राह्मणों ने उसी समय एवं उसी तरीके से हिन्दू सांस्कृतिक रूपों का विस्तार किया जिस समय व जिन तरीकों द्वारा अन्य धार्मिक विशेषज्ञों द्वारा जैन, बौद्ध, इस्लाम एवं ईसाई धर्मों का विस्तार किया जा रहा था। व्यापक यात्रा-भ्रमण करते हुए ब्राह्मण राजवंशीय संरक्षण के अधीन सामरिक स्थानों पर जाकर बसे। उन्होंने क्षेत्रीय तथा स्थानीय सहयोगियों के साथ मिलकर स्थानीय भाषा में अपने विचारों एवं कर्मकांडों का अनुवाद व व्याख्या की। उन्होंने नगरीय तत्वों को अपने में विलय किया। प्रतिस्पर्द्धी राजवंशीय संरक्षक प्राय: एक ही समय पर प्रतिस्पर्द्धी धार्मिक विशेषज्ञों को समर्थन प्रदान करते थे।

स्थानीय समाजों के साथ पहलकारी अनुकूलन–सांस्कृतिक राजनीति के इस सक्रिय जगत में ब्राह्मणों ने स्थानीय शब्दों में हिन्दू धर्म की रूढ़ियों व विचारों को परिभाषित किया। उनकी सफलता विकसित हो रहे सामाजिक पर्यावरणों के प्रति नवाचारी अनुकूलन पर टिकी थी। वे दो विशिष्ट रणभूमियों में सक्रिय थे। इनमें से एक राज्य के अन्दर ही थी जबकि दूसरी राज्य के बाहर विशेषत: ग्रामीण समाज में थी। ब्राह्मण कर्मकांडों एवं संस्कृत ग्रंथों ने मध्यकालीन राजवंशों में महान प्रभाव अर्जित कर लिया था। अभिलेखों व प्रशस्तियों में संस्कृत पद्य, पौराणिक देवताओं एवं दैवीय वंशावलियों के महत्व से ज्ञात होता है कि एक राजवंशीय समझौता पूरे भारत में मौजूद था, जिसके द्वारा ब्राह्मणों ने मध्यकालीन शासन तंत्र को एक शक्तिशाली प्रतीकात्मक तकनीक प्रदान की थी।

संस्कृत अभिजात्यवाद एवं स्थानीय भाषाओं का द्विभाषावाद– अधिकांश अभिलेख द्विभाषिक दस्तावेज हैं जो द्विस्तरीय सांस्कृतिक क्षेत्र को दर्शाते हैं जिनमें मध्यकालीन राजवंश कार्य करते थे। अभिलेखों में संस्कृत अभिजात्यवाद का स्थानीय भाषाओं के साथ मिलन हुआ। कई पूर्व मध्यकालीन संस्कृत प्रशस्तियाँ वैदिक कर्मकांडों के राजकीय संचालन का उल्लेख करती हैं वहीं कई अभिलेखों में स्थानीय भाषा के उल्लेख बताते हैं कि ब्राह्मण बस्तियों, वैदिक शिक्षण, मन्दिर निर्माण एवं कर्मकांडों के लिए शासकों द्वारा वित्तीय समर्थन उपलब्ध कराया जाता था। उस समय हिन्दू संस्कृति को प्रायोजित करने के कई तरीके मौजूद थे और ये सभी मन्दिरों पर केन्द्रित थे जहाँ अधिकांश अभिलेखों की रचना होती थी और जहाँ अधिकांश हिन्दू पहचानों का आरिम्भक निर्माण हुआ था। ब्राह्मणों की आध्यात्मिक शक्तियाँ देवताओं की शक्तियों के साथ विलीन हो गई थीं और वे मध्यकालीन जीवन में केन्द्रीय तत्व बन गये थे।

धर्म की भू-राजनीति

विभिन्न सांस्कृतिक क्षेत्रों में संरक्षण प्रतिरूप–ब्राह्मण अनेक सांस्कृतिक क्रियावादियों में से एक थे, जो आध्यात्मिक शक्ति के संचालन को संगठित करने के लिए एक-दूसरे के साथ प्रतियोगिता में संलग्न थे और सभी को अपने पोषण के लिए स्थानीय संरक्षण की आवश्यकता थी। भू-स्वामी अभिजात्य वर्गों, व्यापारियों व शासक राजवंशों के द्वारा वित्तीय समर्थन के प्रतिरूप विभिन्न सांस्कृतिक क्षेत्रों के परिवर्तित धार्मिक विषयों पर प्रमुख प्रभाव रखते थे।

उत्तरी एवं उत्तर-पश्चिमी भारत

- बौद्ध धर्म एवं इस्लाम व्यापारिक मार्गों एवं अप्रवासन (जो एशिया के एक छोर से दूसरे छोर तक होता था) के साथ-साथ सर्वाधिक सक्रिय थे। छठी शताब्दी में बौद्ध धर्म को अफगानिस्तान, ऊपरी सिन्धु घाटी एवं कश्मीर से नेपाल तक के हिमालयी क्षेत्र में सर्वाधिक संरक्षण प्राप्त हुआ।
- बौद्धों ने मध्य एशिया को पार करके पूर्व की ओर बढ़ते हुए स्वयं को तिब्बत, चीन एवं जापान में दृढ़तापूर्वक स्थापित कर लिया था।
- फिर भी 8वीं शताब्दी के बाद पश्चिमी एवं मध्य एशिया से पूर्व एवं दक्षिण की ओर बढ़ने वाले अरबों व तुर्कों ने अफगानिस्तान, सिन्धु, पंजाब एवं कश्मीर क्षेत्र में इस्लाम को संरक्षण प्रदान किया था।

श्रीलंका एवं दक्षिण पूर्व एशिया

- बौद्ध भिक्षु श्रीलंका में हिन्द महासागरीय व्यापार केन्द्र पर अपना एक स्थायी राजनीतिक आधार रखते थे तथा 8वीं शताब्दी से उन्होंने म्यांमार एवं दक्षिण-पूर्व एशिया में भी राजकीय समर्थन प्राप्त कर लिया था।
- जावा में पूर्व मध्यकालीन राजाओं ने हिन्दू धर्म को संरक्षण दिया था किन्तु 9वीं शताब्दी में बौद्ध धर्म ने दरबार में हिन्दू धर्म को प्रतिस्थापित कर दिया फिर भी बाली में राजवंशीय प्रभावक्षेत्र में हिन्दुओं की उपस्थिति बनी रही।

- 10वीं शताब्दी तक अरब व्यापारियों ने हिन्द महासागर में अपनी गतिविधियों का विस्तार कर लिया था। तटवर्ती श्रीलंका एवं प्रायद्वीप के साथ-साथ मुस्लिम केन्द्रों की संख्या बढ़ती गई और इस्लाम के लिए मिलने वाले व्यापारियों के संरक्षण ने मध्य काल में कई दक्षिण-पूर्व एशियाई बन्दरगाहों के आस-पास स्थानीय शासकों को बौद्ध धर्म से दूरी बनाने के लिए विवश कर दिया था।

पूर्वी भारत

- पूर्व मध्य काल में बौद्ध धर्म बंगाल में अच्छी तरह से स्थापित हो चुका था और पाल राजवंश ने 400 वर्षों तक इसे संरक्षण प्रदान किया था। किन्तु हेमन्तसेन द्वारा पालों से स्वतंत्र अपने अलग राजवंश की घोषणा की गई तथा उसके उत्तराधिकारी विजयसेन (1095-1158 ईसवी) ने पालों को हराया तथा अपनी सेनाओं को पश्चिम में बंगाल एवं उत्तरी बिहार तक भेजा। उसने वैष्णव धर्म को संरक्षण दिया और बौद्ध भिक्षुओं को बहिष्कृत किया। सेन राज्य में वैष्णव हिन्दूवाद पोषित व पल्लवित हुआ। अन्तिम सेन शासक लक्ष्मण सेन ने सर्वाधिक प्रसिद्ध बंगाली वैष्णव कवि जयदेव को संरक्षण प्रदान किया, जिसने 'गीत गोविन्द' नामक श्रेष्ठ भक्ति काव्य की रचना की थी। 1206 में लक्ष्मणसेन को तुर्क विजेता बख्तियार खिलजी ने बंगाल से खदेड़ दिया और इस्लाम धर्म को अपना संरक्षण प्रदान किया।
- खिलजी की विजय के बाद बंगाल के पूर्वी क्षेत्रों में इस्लाम के संरक्षण में एक सामान्य दरार मौजूद थी क्योंकि यहाँ सेन शासक ने बौद्ध धर्म को जड़ से नहीं उखाड़ पाए थे, जबकि बंगाल के पश्चिमी क्षेत्रों में वैष्णव हिन्दुओं को व्यापारियों, भू-स्वामियों एवं स्थानीय शासकों का समर्थन प्राप्त था।
- खिलजी के समय से ही मुस्लिम धर्मान्तरित एवं प्रवासी पूर्वी बंगाल के नयी कृषि बस्तियों में बस गये थे वहीं हिन्दू भू-स्वामियों, व्यापारियों एवं प्रशासनिक अभिजात्य वर्ग के संरक्षण में हिन्दू मन्दिरों, कलाओं, काव्य एवं संगीत का महत्वपूर्ण विकास हुआ था। मध्यकालीन राज्यों में बहुल प्रभुसत्ताओं की भाँति बहुल धार्मिक संस्कृतियों का विकास हुआ जहाँ विभिन्न धार्मिक संस्थाओं को निरन्तर संरक्षण प्राप्त होता था।
- नेपाल का हिमालयी राज्य हिन्दू शासकों द्वारा शासित था किन्तु यहाँ बौद्ध धर्म का व्यापक प्रभाव था। काठमांडू के आस-पास का राज्य उत्तर के बौद्धों तथा दक्षिण के हिन्दूओं के लिए एक मिश्रित आधार उपलब्ध कराता था। इसी प्रकार की विशेषता बंगाल में विभिन्न धर्मों को प्राप्त होने वाले राजवंशीय संरक्षण में देखी गयी। इन राजवंशों ने एक दीर्घकालिक धार्मिक परम्परा के लिए बहुल सांस्कृतिक संरक्षण प्रदान किया।

पश्चिमी भारत

- गुजरात, राजस्थान, मालवा एवं बुन्देलखण्ड में मध्यकालीन हिन्दू राजवंशों (कल्चुरी, चालुक्य, परमार एवं चन्देल) ने जैन धर्म को भी अपना संरक्षण प्रदान किया, जो कि व्यापारियों में अधिक लोकप्रिय था।
- जैन एवं हिन्दू सांस्कृतिक विशेषताएँ एक-दूसरे में घुल-मिल गई थीं तथा जैन मन्दिर उपासना एवं हिन्दू-जैन विवाह सामान्य हो गये थे। विशेषत: गुजरात में यह कहना कठिन था कि कहाँ से जैन धर्म का अन्त होता है और हिन्दू धर्म की शुरूआत होती है?
- जैनों का मूल सिद्धान्त अहिंसा इस क्षेत्र के हिन्दुओं में दार्शनिक रूप से श्रेष्ठ बन गया था तथा जैनों को संरक्षण देने वालों में क्षत्रिय योद्धाओं वाले महान राजपूत वंश शामिल थे। गुजराती बनिया जातियों ने अपनी वैश्य संस्कृति को जैनों के अनुरूप परिवर्तित कर लिया था तथा यह एक ऐसी सांस्कृतिक परिघटना थी जो मध्यकालीन राजवंशों के मिश्रित संरक्षण में पैदा हुई थी।

दक्कन एवं दक्षिणी भारत

- प्रायद्वीप में मदुरई एवं कांचीपुरम जैसे स्थानों पर पूर्व मध्य काल में जैन एवं बौद्ध सांस्कृतिक श्रेष्ठता का उपभोग करते थे किन्तु मध्यकालीन शिव एवं विष्णु के उपासकों ने इन्हें प्रतिस्थापित कर दिया।
- फिर भी जैन धर्म के छोटे-छोटे केन्द्र प्रायद्वीपीय तट के साथ-साथ बने रहे। विशेष रूप से केरल में हिन्दू राजाओं ने विभिन्न व्यापारिक समुदायों को संरक्षण प्रदान किया जो अरब सागर तट के साथ-साथ बसे थे और जैन, पारसी, इस्लाम, ईसाई एवं यहूदी धर्मों में आस्था रखते थे।
- प्रायद्वीपीय तट के गैर-मुस्लिम शासकों ने अरब मुस्लिम बस्तियों को संरक्षण प्रदान किया और ऐसा ही संरक्षण श्रीलंका में भी अरबों को प्राप्त हुआ था। मध्यकालीन सांस्कृतिक पर्यावरणों के भीतर लोकप्रिय धर्म में मौजूद

प्रवृत्तियों से संकेत मिलता है कि एक विशिष्ट गैर-ब्राह्मण प्रकार की धार्मिक भावनाओं का प्रभाव बढ़ रहा था और ब्राह्मणों के मूल प्रदेश में मन्दिर उपासना में इनकी प्रधानता बढ़ती जा रही थी।

- सुदूर दक्षिण में 8वीं शताब्दी से गैर-ब्राह्मण सांस्कृतिक कर्मियों ने प्राचीन दक्षिणापथ में शिव एवं विष्णु उपासना का विस्तार करके खुद को नेतृत्वकर्ता के रूप में स्थापित कर लिया था। ऐसा भक्ति उपासना (जो ज्ञान, अनुशासन एवं कर्मकांड पर भाव की प्रधानता स्थापित करती थी) की खोज करके, तमिल श्लोकों की रचना करके, देवपूजा में जन-भागीदारी एवं महिला सन्तों को प्रोत्साहन देकर, ब्राह्मणों की मध्यस्थता के बिना उपासकों को ईश्वर के साथ प्रत्यक्ष सम्बन्ध बनाने की अनुमति देकर, ईश्वर की दृष्टि में निम्न जातियों को सम्मानपूर्ण दर्जा देकर, ब्राह्मण गुरुओं की अपेक्षा काव्य सन्तों को प्रधानता देकर तथा स्थानीय परम्पराओं पर टिके तीर्थ स्थलों की रचना करके किया गया।
- भक्ति कवियों ने भावनात्मक व लोकप्रिय सांस्कृतिक राजनीति की एक नई शैली को जन्म दिया भक्तिवाद ने ईश्वर के लिए एक तीव्र लगाव की भावना पैदा कर दी और 10वीं शताब्दी तक ये ऊर्जा धार्मिक प्रतिस्पर्द्धियों के विरुद्ध मुड़ गई। अनेक ग्रंथों से बौद्धों एवं जैनों के नरसंहार का संकेत मिलता है।
- चोल राजाओं के अधीन शैव धर्म, वैष्णव धर्म की कीमत पर समृद्ध हुआ और इससे विभिन्न पंथों के बीच संघर्ष में तेजी आई। भक्तिवाद एवं पंथमूलक प्रतिस्पर्द्धा ने परम्परागत संस्कृत धर्म के ब्राह्मणवादी अभिजात्य प्रतिपादकों को चुनौती पेश की क्योंकि यह धर्म शासक राजवंशों से अधिक संरक्षण प्राप्त करता था। लोकप्रियता को महत्व देते हुए अनेक शासकों ने दक्षिण भारत में वैष्णव (अलवार) एवं शैव (नयनार) भक्ति कविओं को संरक्षण प्रदान किया।
- पूर्व-मध्य काल के सर्वाधिक विख्यात हिन्दू बुद्धिजीवी शंकराचार्य (788-820 ईसवी) ने अल्प जीवनकाल में ही तमिल भक्तिकाव्य की संस्कृत आधारित एक उच्च सांस्कृतिक परम्परा को विकसित किया और एक अद्वैत दर्शन के माध्यम से शैववाद और वैष्णवाद में समन्वय स्थापित किया। शंकर का यह दर्शन उपनिषदों पर आधारित था और इसमें बौद्ध धर्म के तत्व भी शामिल थे। शंकराचार्य ने केरल से कश्मीर तक की यात्रा करके अनेक मठों की स्थापना की। शंकराचार्य ने लोकप्रिय भक्तिवाद को अभिजात्य ब्राह्मण उच्च संस्कृति में अवशोषित एवं सरलीकृत करने में सहायता प्रदान की।
- ब्राह्मणों की आध्यात्मिक शक्ति को दी जाने वाली लोकप्रियवादी चुनौतियाँ अधिकांशतः स्थानीय महत्व की थीं किन्तु कन्नड़भाषी प्रायद्वीपीय अन्तःक्षेत्र में एक प्रमुख क्षेत्रीय आन्दोलन का उदय हुआ जहाँ भक्ति सन्त बासव ने वीर शैव (लिंगायत) नामक एक पंथ की स्थापना की थी, जिसमें गैर-ब्राह्मण जंगम पुरोहितवाद विद्यमान था। वीर शैववाद ने व्यापारिक समुदायों एवं राजवंशों का संरक्षण प्राप्त किया और उत्तरी कर्नाटक में क्षेत्रीय रूप से प्रभावशाली बन गया। इस क्षेत्र में आज भी लिंगायतों की स्थिति प्रभावपूर्ण बनी हुई है।
- लोकप्रिय भक्तिवाद ने हजारों श्रद्धालु मतावलम्बियों को मन्दिरों एवं तीर्थस्थानों की ओर आकर्षित किया। इसने सार्वजनिक संरक्षण को अधिक जटिल बना दिया क्योंकि पंथ निर्णायक सैनिक व वित्तीय समर्थन द्वारा राजवंशीय प्रतिस्पर्द्धियों की मदद कर सकते थे। बहुल एवं स्तरित प्रभुसत्ताएँ मध्यकालीन रूप में स्थापित देवताओं के बीच निरन्तर बनी रहीं। राजवंशों ने विभिन्न धार्मिक संस्थाओं एवं उनके नेताओं को विभिन्न रूपों में विशेषाधिकार एवं अनुदान प्रदान की। लोकप्रिय आन्दोलन ने इस प्रकार के समर्थन को प्रतिस्पर्द्धी बना दिया था। शासकों को अपनी केन्द्रीय धार्मिक भू-प्रादेशिक इकाइयों में सभी मतों को समर्थन देकर एक सन्तुलन स्थापित करना पड़ता था तथा इसके लिए उन्हें अपने सहयोगियों की आलोचना का पात्र बनना पड़ता था। मुसलमान शासकों को प्रायः इसलिए आलोचना का सामना करना पड़ता था कि वे हिन्दू समूहों को भी संरक्षण देते थे।
- विष्णु एवं शिव के उपासकों को समान रूप से क्षमा नहीं किया जा सकता। जैसे-जैसे भक्ति का शंकर के मार्गों के साथ-साथ उत्तर की ओर विस्तार हुआ वैसे ही प्रतिस्पर्धी हिन्दू मतावलम्बियों द्वारा न केवल गीत-गोविन्द जैसे काव्य लिखे गये बल्कि मन्दिर उत्सवों एवं तीर्थ स्थलों पर अपने मतों के नियंत्रण के लिए संगठित सेनाएँ भी तैयार की गईं। शैवों एवं वैष्णवों की सेनाएँ अपने-अपने मतों की सम्पदा को लूट से बचाने एवं लोकप्रिय धार्मिक समारोहों (जैसे- हरिद्वार एवं प्रयाग में कुम्भ मेला) से अर्जित राजस्व को अधिगृहीत करने के लिए युद्ध करती थीं।

मन्दिरों एवं मठों का महत्व

हिन्दू मन्दिर संरचना

स्थानीय देवताओं एवं मतों का सम्मिलन

एक कर्मकांडवादी एवं वास्तुकलात्मक संरचना के रूप में हिन्दू मन्दिर अपने सम्पूर्ण रूप में उत्तर गुप्तकाल में प्रकट हुए। छठी शताब्दी से लेकर 14वीं शताब्दी तक इनका विकास एवं विस्तार एक भव्य मध्यकालीन विरासत को उपलब्ध कराता है जो महाबलीपुरम् से लेकर खजुराहो फैली थी। पौराणिक साहित्य व उससे जुड़े मिथकों, लोक गीतों तथा कलात्मक निदर्शनों में स्थानीय देवताओं, कर्मकांडों, प्रतीकों एवं भावनाओं का सम्मिलन किया गया ताकि स्थानीय देवताओं, उनके उपासकों एवं संरक्षकों की बढ़ती हुई सांस्कृतिक शक्ति को अपेक्षित महत्व दिया जा सके। स्थानीय समुदायों के राजकीय सत्ता के नियंत्रण के अधीन आने के साथ ही स्थानीय मतों को पौराणिक परम्पराओं एवं मन्दिर कर्मकांडों में पिरो लिया गया।

मन्दिरों के विषय व वितरण द्वारा सामाजिक भूगोल का प्रदर्शन- मन्दिर उपासना के समृद्ध केन्द्रों से कई तकनीकी युक्तियाँ (ब्राह्मणों द्वारा नियंत्रित) जुड़ी थीं, जो कृषि, वास्तुशिल्प, अभियांत्रिकी, विधि एवं वित्तीय प्रबंधन के विकास के लिए जरूरी थीं। एक महान मन्दिर का निर्माण ब्राह्मणों को आकर्षित करता था और राजकीय वैभव के लिए एक रंगमंच की स्थापना करता था। महान राजाओं ने महान मन्दिर बनवाये तथा अनेक विद्वान ब्राह्मणों को समर्थन प्रदान किया। इसीलिए मन्दिरों एवं अभिलेखों का वितरण एवं मूल विषय मध्यकालीन सामाजिक भूगोल का मानचित्रण करता है। अभिलेखों की प्रचुरता वाले क्षेत्रों का संकेन्द्रण पूर्वी व मध्य उत्तर-प्रदेश, पश्चिमी बंगाल, गुजरात, पश्चिमी महाराष्ट्र एवं तटवर्ती मैदानों के साथ-साथ हुआ है। पंजाब, पश्चिमी गंगा मैदानों के जाट प्रदेशों तथा पर्वतीय क्षेत्रों में हमें मध्यकालीन मन्दिर अभिलेख अधिक संख्या में नहीं मिलते हैं, जिससे ज्ञात होता है कि इन क्षेत्रों में ब्राह्मण प्रभाव सीमित था और संस्कृतियों का हिन्दूकरण अपेक्षाकृत कम हुआ था।

सामाजिक पदानुक्रम हेतु प्रभावी स्थलों के रूप में मन्दिरों का उदय–एक मन्दिर जितना अधिक लोकप्रिय होता था उतने ही उसके संरक्षक तथा उससे जुड़े लोगों के मूल्य महान बन जाते थे। बढ़ते हुए भक्ति आन्दोलनों ने तीर्थ-स्थानों का वाणिज्यिक मूल्य, परिमाण एवं श्रेष्ठता में वृद्धि की। सामाजिक संचरण के चिन्ह एवं साधन के रूप में दान अधिकाधिक लोकप्रिय होते गये और मन्दिर भू-स्वामियों, नियोक्ताओं एवं विनिर्माण व वाणिज्यिक गतिविधियों के केन्द्र बन गये। मन्दिर कर्मकांडों में बढ़ती हुई भागीदारी ने उन्हें सामाजिक पदानुक्रम के लिए अधिक प्रभावी स्थल बना दिया क्योंकि मन्दिरों में इसी पदानुक्रम के अनुसार सम्मान बाँटा जाता था और सभी उपासक देवता के समक्ष अपने पदानुक्रम के अनुसार खड़े होते थे।

सामाजिक-आर्थिक महत्व

स्थानीय वितरण प्रक्रिया का प्रबन्धन–नौवीं शताब्दी से मन्दिरों ने एकीकरण के एक अतिसाधारण उपकरण की विशेषता धारण कर ली थी। मध्यवर्ती चोलों के अधीन (985-1118) इनकी भूमिका भू-प्रादेशिक प्रभुसत्ता के लिए संस्थात्मक सम्पर्कों के निर्माण में बढ़ती जा रही थी। विशेष रूप से तन्जावुर एवं गंगईकोंडचोलपुरम् के साम्राज्यीय मन्दिरों ने इसी प्रकार की भूमिका निभायी थी। मन्दिरों ने धीरे-धीरे स्थानीय वितरण प्रक्रिया के प्रबन्धन की जिम्मेदारी भी ग्रहण कर ली। अधीक्षण के कार्य स्थानीय सभाओं से मन्दिरों के पास स्थानान्तरित हो गये और विशेष रूप से ऐसा मन्दिरों की विशाल सम्पदा के कारण हुआ था। अधिकांश मामलों में ब्रह्मदेय एवं तानियूर में स्थित मन्दिरों का प्रबंधन ब्राह्मण सभाओं एवं उनकी समितियों द्वारा अभी भी किया जाता था। उर में प्रभावी वेल्लाल भू-स्वामी वर्गों द्वारा भी मन्दिर के प्रशासन में भागीदारी की जाती थी।

स्थानीय मामलों में राजकीय हस्तक्षेप के साधन–फिर भी स्थानीय मन्दिर एवं स्थानीय अभिजात्य वर्ग के बीच मौजूदा गठजोड़ को कई कारकों ने कमजोर कर दिया था जिनमें मन्दिरों की बढ़ती हुई अर्थव्यवस्था, नाडु की सीमाओं से बाहर संसाधनों का प्रबंधन, राजकीय अधिकारियों द्वारा मन्दिरों के मामलों में अधीक्षण के द्वारा राजाओं के केन्द्रीकरण के उपाय, मन्दिर सम्पत्तियों की जाँच व लेखा-जोखा, मन्दिर खर्चों का पैमाना तथा पुनर्वितरण की व्यवस्था इत्यादि शामिल थे। मन्दिरों के माध्यम से राजाओं ने स्थानीय मामलों में हस्तक्षेप किया।

राजकीय मन्दिरों की एकताकारी भूमिका–मन्दिरों की प्रभावशाली आर्थिक पहुँच का सर्वोत्तम रूप विशाल राजकीय मन्दिरों में दिखाई देता है। तन्जावुर के मामलें में यह सम्पूर्ण चोल राज्य को शामिल करते थे और कांचीपुरम जैसे राजनीतिक-सांस्कृतिक केन्द्रों में यह सभी सम्बद्ध मंडलम को शामिल करते थे। इन मन्दिरों की विशाल सम्पदाओं के प्रबंधन में राज्य के सीमांत क्षेत्रों से केन्द्रीय क्षेत्रों की ओर राजस्व का प्रवाह तथा विपरीतगामी प्रवाह राजकीय अभिलेखों द्वारा अनुमोदित होता था। तन्जावुर में अनेक सभाओं एवं नगरम के अलावा उत्तरी श्रीलंका के क्षेत्र भी शामिल थे, जो सामान्य

उपयोग की वस्तुओं एवं कर्मकांडी एवं अन्य उपभोक्ता वस्तुओं की आपूर्ति करके बदले में राजकीय मन्दिरों से सोना प्राप्त करते थे। कांचीपुरम में नगर के मन्दिर एवं इसके विशाल पश्च: प्रदेश (तौंडईमंडलम) के बीच इसी प्रकार के पारस्परिक लेन-देन के माध्यम से सम्पर्क कायम किये गये थे।

राजनीतिक महत्व

विचारधारा की भूमिका के सम्बन्ध में विभिन्न परिप्रेक्ष्य– पल्लव-चोल काल के हिन्दू धर्म आधारित मन्दिरों ने ब्राह्मण-कृषक गठजोड़ को सेवायें प्रदान कीं और इस गठजोड़ ने स्थानीय स्वायत्त कृषि क्षेत्रों की नींव का निर्माण किया। इसने कृषक वर्ग (नात्तार, जिस पर ब्रह्मदेय टिके थे) में मौजूद विशेषाधिकार प्राप्त तत्वों के प्रभुत्व को बढ़ावा दिया। दूसरा विरोधी परिप्रेक्ष्य स्थानीय स्तर पर राजकीय शक्ति की वास्तविकता को स्वीकार करता है और मन्दिरों को शासक राजवंशों की विचारधारा को पोषित करने वाला माध्यम मानता है। चोलों ने भक्ति स्त्रोतों के संग्रह तथा मन्दिर कर्मकांडों व अनुदानों के माध्यम से इन स्त्रोतों को लोकप्रिय बनाने जैसे उपायों द्वारा इस विचारधारा को व्यापक स्तर पर लागू किया। भक्ति स्त्रोतों से जुड़े सभी केन्द्रों में इस प्रकार के मन्दिरों का निर्माण एवं कर्मकांडों का निष्पादन किया गया। मन्दिर आधारित भक्ति बढ़ते हुए धार्मिक एवं पंथ मूलक विभेदों के एक सार्वभौमिक मानदंड के रूप में विकसित हुई। चोलों ने सभी मतों के केन्द्रों को संरक्षण प्रदान किया। विशेषत: शिवलिंग उपासकों को दिये जाने वाले प्रश्रय में देखा गया कि पुराने ईंट निर्मित पवित्र स्थलों को पाषाण निर्मित स्थलों में बदला गया और नये स्थलों के निर्माण द्वारा मन्दिरों की भूमिका दर्शायी गई।

मुख्य विचारधारात्मक औजार

मन्दिरों ने चोलों के विकसित होते हुए राजनीतिक प्रतीकवाद के लिए मुख्य विचारधारात्मक औजार की विशेषता धारण कर ली थी और ऐसा उन विशाल राजकीय मन्दिर परियोजनाओं के माध्यम से किया गया जो वास्तुशिल्प एवं संलग्न कलाओं की द्रविड शैली के चरमोत्कर्ष को चिह्न्ति करती हैं। ईश्वर एवं राजा के मध्य एक लगभग सम्पूर्ण पहचान स्थापित की गई जिसने पवित्र एवं अस्थाई क्षेत्रों को समायोजित करने की क्षमता पैदा कर दी थी। भक्ति विचारधारा ने दैवीय एवं मानवीय दोनों प्रभुसत्ताओं की शक्ति को बढ़ाने की प्रक्रिया में सहायता की और ब्रह्माण्ड/मन्दिर/भू-प्रदेश के प्रतीकवाद को इसका माध्यम बनाया गया।

नगरीय वृद्धि का निर्धारण– मन्दिर भूगोल एवं पारिस्थितिकीय तंत्र ने मन्दिर वितरण एवं वास्तविक राजनीतिक-आर्थिक एकीकरण के साथ इसकी संगति के सम्बन्ध में आँकड़ों के सन्दर्भीकरण का एक उपयोगी माध्यम उपलब्ध कराया है। परवर्ती आर्थिक विविधीकरण के द्वारा शहरी केन्द्रों की वृद्धि हुई तथा इसमें मन्दिरों की भूमिका महत्वपूर्ण थी। मन्दिर द्वारा नगर एवं कस्बों का चरित्र निर्धारित होता था और ये मन्दिर एक बस्ती के केन्द्रीय भाग का निर्माण करते थे। क्षैतिज प्रतिरूप में मन्दिर का विस्तार पदानुक्रमिक जातियों एवं व्यावसायिक समूहों के स्थान का स्पष्ट क्षैतिज स्तरीकरण करता था। यह प्रक्रिया शहरी विकास की एकल मन्दिर एवं बहुल मन्दिर संरचनाओं द्वारा दर्शायी गई है।

सांस्कृतिक महत्व

द्रविड शैली की प्रगति

पल्लव-चोल कालों (7वीं-13वीं शताब्दी के बीच) में मन्दिर कला एवं स्थापत्य शैलियों का अध्ययन इस क्षेत्र के सामाजिक-राजनीतिक व सांस्कृतिक एकीकरण में मन्दिरों की भूमिका पर अतिरिक्त दृष्टि डालने के क्रम में कला इतिहास के महत्व को स्थापित करता है। शैलकृत स्थापत्य तथा उससे जुड़ी शैल उत्कीर्णन की अन्य सहयोगी तकनीकें 7वीं-9वीं शताब्दियों की पल्लव-पांड्य कला पर अत्यधिक प्रभाव रखती हैं, जबकि संरचनात्मक तरीके ने 10वीं शताब्दी तक इस प्रभाव को पूर्णत: समाप्त कर दिया था। अब कृषि बस्तियों के नाभिक के रूप में मन्दिर स्थलों का क्षैतिज विस्तार हुआ और मंदिर संरचनाओं का शहरी रूपों एवं स्थानों पर विस्तार एवं संकेन्द्रण हुआ। छोटे गर्भगृह व मध्य आकार के शिखर तथा एक स्तंभयुक्त गलियारे (अर्द्ध-मण्डप) जैसी विशेषताओं वाली द्रविड शैली ने 11वीं शताब्दी तक प्रभावशाली ऊँचाईयों वाली एक ऊर्ध्वाधर पिरामिड संरचना के रूप में अपना विकास कर लिया था।

ब्रह्माण्ड का प्रतीकवाद– चोलों के अधीन इसने नियोजन, आकार एवं ऊँचाई में उल्लेखनीय संतुलन हासिल कर लिया था जैसा कि तंजावुर एवं गंगईकोंडचोलपुरम् के राजकीय मन्दिरों में देखा गया जिनमें एकमात्र पंक्ति में बड़े स्तंभयुक्त कक्षों को जोड़ा गया था। दिशात्मक बिन्दुओं पर प्रवेश द्वारों (गोपुरम) के साथ एक खुले प्रांगण (प्रकार) द्वारा परिबद्ध इन संरचनाओं में छोटे देवता को खुले प्रांगण में सहायक पवित्र स्थलों पर तथा संरक्षक देवताओं को विभिन्न बिन्दुओं

पर उनके महत्व के अनुसार स्थापित किया जाता था। इन सहायक पूजा स्थलों में तमिल देवता मुरुगन (जिसे ब्राह्मण परम्परा में शिव परिवार का सदस्य माना गया था) एवं उमा या पार्वती नामक देवी का आवास था जो अन्य स्थानीय मातृदेवियों के बीच केन्द्रीय स्थान प्राप्त किये थी। पूजा स्थलों की सम्पूर्ण संरचना ब्रह्माण्ड-भू-प्रदेश के प्रतीकवाद का अनुसरण करती थी।

सामाजिक-राजनीतिक प्रभाव एवं स्तरीकरण का प्रतिबिम्बन–मंजिलयुक्त प्रवेश द्वारों तथा स्तंभयुक्त कक्षों के साथ मन्दिरों का संरचनाओं के एक विशाल परिसर के रूप में क्षैतिज विस्तार उत्तर-चोल काल में हुआ जो यह संकेत देता है कि समाज के विभिन्न स्तरों को सम्मिलित करने में मन्दिरों की भूमिका काफी बढ़ चुकी थी और इससे मन्दिर के कर्मकांडों व गतिविधियों के माध्यम से होने वाले सम्बन्धों की संरचना तथा सामाजिक-राजनीतिक प्रभाव व स्तरीकरण को दर्शाने वाले सम्बन्ध का पता चलता है। इस समाज के शीर्ष पर मन्दिरों के संरक्षक एवं रचनाकार के रूप में राजपरिवार खड़ा था तथा विमान एवं गोपुरम जैसी मुख्य संरचनायें राजपरिवार की इसी स्थिति को प्रदर्शित करती थीं। राजपरिवार के बाद कर्मकांडों को निष्पादित करने वाले ब्राह्मणों, प्रशासनिक अभिजात्य वर्ग, प्रभावी कृषि एवं व्यापारी समूहों का स्थान था जो मन्दिर प्रशासन में शामिल थे। पदानुक्रम के अन्त में मन्दिर में सेवायें प्रदान करने वाले निम्न वर्गों (कृषि श्रमिक, शिल्पी इत्यादि) का स्थान था।

प्रतीक चित्रण का विकास–शासक परिवारों एवं उनके ब्राह्मण मार्ग निर्देशकों की विचारधारात्मक अभिव्यक्तियों में प्रतीक चित्रण का विकास एक समान प्रतिरूप में होता है। पल्लव काल की व्यापक स्तर पर जारी वर्णनात्मक पट्टिकाओं में समृद्ध पौराणिक विषयों से तुलनीय बादामी के चालुक्यों व मान्यखेत के राष्ट्रकूटों के अधीन दक्कन के उदाहरणों से शुरू करके प्रतीकात्मक विषय चोल मन्दिरों में एक वर्णनात्मक से एक प्रभावी प्रतीकात्मक प्रदर्शन में बदल गये। पाषाण तथा कांस्य निर्मित मूर्तियों ने सत्तासीन वर्गों का ध्यान विशेष रूप से आकर्षित किया। यह आश्चर्यजनक नहीं है कि चोल मूर्तियाँ एवं कांस्य दक्षिण एशियाई मूर्तिकला के प्रभाव को दर्शाती हैं तथा इनमें सबसे उल्लेखनीय नटराज, त्रिपुरान्तक एवं सोमस्कन्द के रूप में शिव की कांस्य मूर्तियाँ हैं।

9.9 शंकराचार्य तथा हिन्दूवाद

पहले स्त्रहस्राब्दी (Ist millenium) के दूसरे भाग में ब्राह्मणवाद का इतिहास ऐसी दो परस्पर विरोधी प्रवृत्तियों द्वारा प्रभावित हुआ, जिनके संयोजन से एक नई तरह के हिन्दू धर्म का प्रारंभ हुआ जो अभी तक चल रहा है। एक तरफ, जहां महान दर्शन व्यवस्था 'ब्राह्मण प्रति-धर्म सुधार' का जैन तथा बौद्ध धर्म के विवाद द्वारा जन्म हुआ, वहीं दूसरी तरफ, भक्ति पर आधारित लोकप्रिय आन्दोलनों का जन्म हुआ जिन्होंने ब्राह्मणवादी, रुढ़िवादी तथा एकत्ववादिता को ठुकराकर व्यक्तिगत भगवान में भक्ति द्वारा मुक्ति का प्रयास किया।

शंकर का दर्शन

दर्शन की परम्परागत छह व्यवस्थाएं थीं। इनमें से सबसे प्रभावशाली वेदान्त को माना जाता है। आमतौर पर इसे भारतीय दर्शन का सार भी कहा जाता है। शंकराचार्य (788 -820) ने वेदान्त दर्शन को पुनर्जीवित कर नियोजित किया तथा इसके मुख्य सिद्धांत एकत्ववादी (केवल अद्वैत) पर जोर दिया। मालाबार के कालाड़ी में जन्मे, शंकर ने अपने मुख्य काम, ब्रह्मसूत्रों पर टिप्पणियां, वाराणसी में पूरी कीं तथा पूरे देश का भ्रमण किया। साथ ही इन्होंने देश के चार केन्द्रों-बद्रीनाथ (हिमालय में), द्वारका (गुजरात), पुरी (ओडिशा) तथा श्रृंगेरी (कर्नाटक) में मठों की स्थापना की। 32 वर्ष की आयु में हिमालय में केदारनाथ में उनकी मृत्यु हो गई। उनका मानना था कि व्यक्ति की आत्मा जीवित अवस्था में (जीव) पुनर्जन्म के चक्र (संसार) से जुड़कर इस दुनिया को वास्तविक मानने लगती है जबकि यह मात्र एक भुलावा (माया) है। इस विश्वास का कारण अज्ञानता है (अज्ञान या अविद्या), जो आत्म को आलौकिक शक्ति से दूर रखती है। सिर्फ सही जानकारी (ज्ञान) द्वारा इसे दूर किया जा सकता है तथा मोक्ष प्राप्त किया जा सकता है जिससे पुनर्जन्म के चक्र से मुक्ति मिल सकती है। इसके साथ इन्होंने लोकप्रिय हिन्दुत्व के लिए जगह छोड़ी तथा छोटी सच्चाइयों के लिए स्थान बनाकर दुनिया को अनेकता से जोड़ते हुए एक आलौकिक निर्माता (ईश्वर) की बात कही। अत: प्रत्येक आदमी अपने स्तर के 'उच्च' अथवा 'निम्न' सत्य के संयोजन को तलाश सकता है। इस तरह शंकराचार्य प्रचलित हिन्दुत्त्र तथा रूढ़िवादी ब्राह्मणवाद के संयोजन द्वारा दर्शन व्यवस्था के निर्माण में सफल हुए।

भक्ति आन्दोलन

ब्राह्मवाद के सही कार्य (कर्म मार्ग) तथा दार्शनिकों के सही ज्ञान (ज्ञान मार्ग) के विपरीत प्यार तथा उपासना का मार्ग (भक्ति मार्ग) ईश्वर की इच्छा के आगे स्व-समर्पण की बात करता है। इसका सबसे प्राचीन प्रमाण *भगवत गीता* में पाया जाता है परन्तु भक्ति आन्दोलन 6ठी शताब्दी ई.पू. में तमिलनाडु में प्रारंभ हुआ था। इसके बाद यह आन्दोलन दक्षिण भारत के दूसरे हिस्सों में तथा उत्तर भारत में पहुंचा जिसने हिन्दू धर्म को एक नई पहचान दी।

धार्मिक स्थल तथा उससे जुड़ा तीर्थयात्रा का विचार इस प्रचलित धार्मिक व्यवस्था से जुड़ा हुआ था। विष्णु तथा शिव का धरती के अनेक स्थानों पर तथा उनके स्वर्गीय घरों में प्रारूपण हुआ। प्रारंभ में एक भक्त उन्हें किसी पेड़, पत्थर अथवा आश्रम में देख सकता था। अनेक बड़े मंदिरों की परम्परा इन भगवानों के स्थायीकरण तथा पूजा की तरफ इशारा करती है। इस तरह की पौराणिक कथाओं को स्थल-महात्म्य कहा जाता है। भक्तों द्वारा पूजी जाने वाली मूर्तियां भगवान के अवतार कहलाती थीं जो लोगों के समक्ष साकार रूप में अवतरित हुए थे।

एक बार जब इन बड़े देवताओं को लोगों ने स्थानीय रूपों में स्वीकार कर लिया, तब उसके बाद अन्य छोटे देवताओं तथा ग्राम देवताओं ने भी हिन्दू मंदिरों में प्रवेश पाया। कई स्थानीय छोटे देवता अपनी पहचान बड़े महत्वपूर्ण देवताओं के साथ बनाकर अपने महत्व को बढ़ा पाने में सफल रहे तथा ब्राह्मण पुजारियों द्वारा उनकी सेवा हुई। ऐसे देवता जो पहले आदिम चिन्हों जैसे पत्थर आदि के रूप में पूजे जाते थे, अब मानवीय रूप ग्रहण कर रहे थे। अब इनकी पूरी तरह मानवाकृत मूर्तियां हिन्दू मंदिरों में स्थापित होने लगी थीं।

किसी भी स्थानीय मंदिर का क्षेत्रीय स्तर के धार्मिक स्थल में परिवर्तन का एक उत्तम उदाहरण तमिलनाडु का चिदम्बरम मंदिर है। चिदम्बरम शिव के नृर्तक रूप नटराज के साथ सम्बन्धित है। इसकी उत्पत्ति एक स्थानीय तालाब के पास एक पत्थर के पूजन साथ-साथ हुई प्रतीत होती है। इस पत्थर को बाद में शिवलिंग के रूप में पहचाना गया तथा इस स्थान को मूल स्थान मान लिया गया। स्थानीय नृर्तक देवताओं की पहचान शिव के साथ 6वीं शताब्दी ई.पू. तक हो चुकी थी। इसी तरह अनेक स्थानीय देवता हिन्दू धर्म में अपना स्थान बना पाने में सफल रहे। मदुरै के पांड्यों की मत्स्यनेत्री देवी मीनाक्षी को शिव की पत्नी पार्वती के साथ जोड़कर तथा शिव-पार्वती विवाह को मीनाक्षी पंथ का केन्द्र बनाकर उन्हें भी हिन्दू धर्म की मुख्य धारा में सम्मिलित कर लिया गया। दक्षिण भारत में दूसरे मुख्य देवता विष्णु की मुख्य पीठ तिरुपति तथा श्रीरंगम् में है, जहां वे क्रमशः भगवान वेंकटेश्वर तथा भगवान रंगनाथ के रूप में पूजे जाते हैं। उसी तरह दक्कन के पंडारपुर का बिठोवा पंथ भी विष्णु से सम्बन्धित है तथा मुख्य तीर्थस्थली है। पूर्व में पुरी के जगन्नाथ (एक कबीलायी देवता) के हिन्दू धर्म में सम्मानजनक स्थान प्राप्त करने का उत्तम उदाहरण है। उनकी पहचान भी विष्णु के साथ होती है तथा पूरे भारत से तीर्थयात्री वहां आते हैं।

भक्ति आन्दोलनों के भगवानों का अपना इलाका होता था, एक क्षेत्र जिसमें उनका प्रभाव काफी अधिक होता था तथा जिसकी परम्परा से वे जुड़े होते थे। महान देवताओं के अवतार के रूप में वे 'महान परम्परा' के अंग होते थे। परन्तु उनकी शक्ति तथा महात्म्य एक विशेष सीमा के अन्दर ही सीमित होता था। यह शक्ति उनके स्थान अथवा क्षेत्र में सबसे अधिक होती थी। भक्त भौतिक चेतना का आभास कर सकते थे। सीमान्त क्षेत्रों में उनकी शक्ति कम होने लगती थी तथा पड़ोसी देवता की शक्ति अधिक होने लगती थी। देवताओं के इस अधिकार क्षेत्र की तुलना उत्तर मध्यकालीन राजाओं के अधिकार क्षेत्र से की जा सकती है। उन्हें चक्रवर्ती (पूरी दुनिया को जीतने वाला) कहा जाता था जबकि उनकी वास्तविक शक्ति सीमित होती थी। राज्य की सीमाओं के पास दूसरे चक्रवर्ती की शक्ति का आभास होने लगता था।

साथ ही, भगवानों की क्रम-परम्परा में सरकार के स्तर का भी आभास होता है। गांवों के स्तर पर ग्राम देवता होते थे, जिनकी शक्तियां गांवों तक सीमित होती थीं। अगले स्तर पर उप-प्रान्तीय देवता होते थे जो स्थानीय कुमार के अधीनस्थ होते थे। उनके बाद क्षेत्रीय देवता होते थे जिनके महत्वपूर्ण बनने का मुख्य कारण उनके राजवंशों का कुल देवता तथा बाद में राष्ट्र देवता होना होता था। कई बार ऐसे देवता पूरे क्षेत्र के वास्तविक स्वामी होते थे।

स्थानीय, उप-प्रान्तीय तथा क्षेत्रीय देवताओं के आपसी संबंध के अनेक रूप होते थे। महान राजाओं की तरह क्षेत्रीय देवाताओं के दरबार में भी उप-प्रान्तीय देवताओं की भीड़ होती थी तथा राजा के सामंतों के देवता भी उनमें होते थे। उसी तरह उप-प्रान्तीय देवताओं के चारों तरफ ग्रामीण देवता

होते थे जैसे-ग्राम प्रधानों को कुमार के दरबार में कभी-कभी आमंत्रित किया जाता था।

तीर्थ यात्रा हिन्दू धर्म का एक महत्वपूर्ण अवयव रहा है। यह स्थानीय, प्रान्तीय तथा राष्ट्रीय स्तर के पवित्र स्थानों को जोड़ती है। ऐसे धार्मिक स्थलों के लिए प्राचीन वैदिक शब्द तीर्थ का व्यवहार होता था। आर्य संस्कृति के विस्तार के साथ इन पवित्र स्थानों की संख्या में वद्धि हुई। परन्तु इन जगहों पर किसी विशेष प्रायोजन, जैसे-पुरखों के लिए चढ़ावा, के लिए ही जाया जाता था। ईसा की प्रारम्भिक शताब्दियों से लंबी तीर्थ यात्रा की परम्परा प्रारंभ हुई, जिसका मुख्य कारण बड़े मंदिरों का उदय तथा उनकी मूर्तियों में दैवी निवास की धारणा का उदय था। समय के साथ तीर्थ मार्ग पूरे भारत में फैलने लगे।

दार्शनिक संयोजन तथा नया हिन्दुत्व

शंकर के एकेश्वरवाद से नास्तिक तथा आस्तिक दोनों प्रसन्न थे। समस्त सार के रूप में ब्राह्मण व्यक्तिगत आत्मा के समान है तथा इसमें सार्वजनिक नियम तथा ब्रह्म रूपक सम्मिलित हैं जो भक्त की व्यक्तिगत रुचि हों। इस तरह शंकर ने एक दार्शनिक व्यवस्था तथा विश्वास के अनेक रूपों के बीच सामंजस्य स्थापित करने में सफलता प्राप्त की। जहां पहले के दार्शनिक विचार किसी पंथ विशेष से संबंध नहीं रखते थे। मध्य काल में यह अन्तर धीरे-धीरे समाप्त हो गया। शिव, विष्णु अथवा शक्ति की उपासना उनके भक्तों के द्वारा सर्वोच्च देव के रूप में की जाती थी। वैष्णव विचाराधारा में सबसे प्रसिद्ध व्यक्ति रामानुज हुए जिन्होंने शंकर के अद्वैत का वैष्णव पंचरात्र (विष्णु को ब्रह्मांड के केन्द्र में मानने वाली विचारधारा) के साथ समायोजन किया। लेखों तथा श्रीरंगम के विष्णु मंदिर के प्रधान पुजारी के रूप में रामानुज अपने योगदान के परिणामस्वरूप वैष्णवों के बीच काफी लोकप्रिय हुए तथा उन्हें श्रीवैष्णव पंथ का संस्थापक माना जाता था।

कृष्ण उपासना के साथ वैष्णव धर्म में प्रगति हुई। विष्णु के एक अवतार मात्र के स्थान पर कृष्ण एक महत्वपूर्ण भगवान के रूप में स्थापित हो गए। भगवत पुराण (10वीं या 11वीं शताब्दी) जो सभी पुराणों में सबसे महत्वपूर्ण है, कृष्ण के इस विकास की कथा कहता है। जयदेव का गीत-गोविन्द (1200 ई.पू.) इस कृष्ण उपासना की एक अति महत्वपूर्ण कड़ी है। 15वीं तथा 16वीं शताब्दियों में निम्बारक, बल्लभ, चैतन्य तथा मीराबाई जैसे भक्ति सन्तों ने कृष्ण उपासना को लोकप्रिय किया। शैव धर्म ने भी अनेक सम्प्रदायों को जन्म दिया, जैसे- प्रत्याभंजन, स्पंदशास्त्र, मत्तमयूर, अगमंतिन, शुद्धशैव तथा वीर शिव। यद्यपि ये सभी इस बात से सहमत थे कि भगवान महादेव सृष्टि के मध्य में हैं, किन्तु भगवान से व्यक्ति के संबंधों के बारे में उनके विचार अलग-अलग थे।

9.10 भाषा तथा साहित्य

क्षेत्रीय भाषाओं का उदय

पूर्व मध्य काल का सबसे उल्लेखनीय भाषात्मक विकास कई क्षेत्रीय भाषाओं का क्रमिक उदय था। इण्डो-आर्य भाषी पेटी में यह विकास अपभ्रंश के मध्यवर्ती चरण के माध्यम से हुआ। अपभ्रंश प्राकृत के अन्तिम चरण को दर्शाती थी किन्तु जैनों के बीच साहित्यिक गतिविधियों में प्राकृत का प्रयोग अभी भी जारी था। अपभ्रंश के चिन्ह पूर्ववर्ती साहित्यिक कृतियों में पाये गये हैं किन्तु भरत के *नाट्यशास्त्र* के काल तक इसे एक बोली माना जाता था और बाद के काल में ही इसका विकास एक साहित्यिक भाषा के रूप में हुआ। इसके विभेदों की क्षेत्रीय जड़ें प्राकृत में भी थीं तथा इसके लेखकों द्वारा इसे भूमि की या देशी भाषा के रूप में उद्धृत किया गया था। कभी-कभी इसे प्रतीकात्मक भाषा या सन्धभाषा भी कहा जाता था तथा इसका प्रयोग रहस्यपूर्ण विषयों के लिए ही नहीं बल्कि महाकाव्यीय आयामों की रचनाओं के लिए भी किया जाता था।

इनका क्षेत्रीय सामाजिक राजनीतिक आधार–इस काल में जन्मी उत्तर भारतीय देशीय भाषाओं में मराठी, बंगाली एवं गुजराती को शामिल किया जा सकता है। इसी प्रकार का एक भाषायी विस्फोट दक्षिण भारत में देखा गया जहाँ कनारी एवं तेलुगू भाषा ने अपना स्वतंत्र अस्तित्व स्थापित कर लिया था। इन भाषाओं का विकास क्षेत्रीय सामाजिक-राजनीतिक संरचनाओं के साथ घनिष्ठता के साथ जुड़ा था और इन क्षेत्रों के धार्मिक आन्दोलनों ने इन भाषाओं के विकास में महत्वपूर्ण योगदान दिया था। इस प्रकार नई भाषायें एक व्यापक सामाजिक आधार रखती थीं। महाराष्ट्र में नामदेव जैसे भक्ति संतों ने अपने गीत संग्रह अभंग के माध्यम से जाति के अवरोधों को लाँघने की कोशिश की थी। बंगाल में बौद्ध चर्यापदों के रचनाकार समाज के निम्न स्तर के प्रतिनिधि थे। जैनों, वीर शैवों तथा श्री वैष्णवों के योगदान से कनारी का विकास हुआ। तेलुगू ने मार्गी से अलग हटकर देशी के रूप में संस्कृत से स्वतंत्र एक ग्रामीण व लोकप्रिय धारा का प्रतिनिधित्व किया था।

संस्कृत के क्षेत्र का संकुचन–इन विकासों ने रचनात्मक साहित्यिक प्रयासों के मुख्य साधन के रूप में संस्कृत के क्षेत्र को स्वाभाविक रूप से संकुचित कर दिया था। संस्कृत की प्रेरणायें अभी भी परम्परागत विचारों पर आधारित थीं। नवाचार की खोज काव्य के क्षेत्र में की जानी थी जहाँ एक संस्कृत विद्वान को अपनी विद्वता, ध्वनि एवं अर्थ पर अपनी विशेषज्ञता, अपनी किलिष्ट शब्दावली एवं कुछ आश्चर्यजनक व जटिल युक्तियों को जन्म देने की अपनी शक्ति का प्रदर्शन करना था। संस्कृत ने व्यवस्थीकरण एवं विश्लेषण की जरूरतों को पूरा किया किन्तु उस काल के साहित्यिक उभारों की व्यापक श्रृंखला के प्रति उदासीनता बरती।

प्राचीन भारतीय इतिहास लेखन–भारतीय परम्परा एवं इसके विभिन्न आयामों के विकास में विभिन्न चरण इस सामान्य धारणा को मजबूत बनाते हैं कि प्राचीन भारतीयों में ऐतिहासिक चेतना का अभाव था। हालांकि यह परम्परा धर्म निरपेक्ष इतिहास की एक धारणा के साथ सहमति नहीं रखती और न ही इसे अपरिवर्तित दोहराव के रूप में देखती है। अन्य स्थानों की भाँति प्राचीन भारतीय इतिहास लेखन ने भी विभिन्न कालों में नये सामाजिक आयाम धारण किये हुये थे। *शतपथ ब्राह्मण* के काल में 'इतिहास' शब्द एक सीमित अर्थ रखता था और इसका अध्ययन देवों व असुरों के संदर्भ में (इतिहास देव का उच्चारण अश्वमेध यज्ञ का एक भाग था) किया जाता था। *अर्थशास्त्र* के काल में इस शब्द ने अधिक व्यापक अर्थ धारण कर लिया था और इसका अध्ययन राजा के लिए भी अनुमोदित किया जाने लगा था।

पूर्व-मध्यकालीन इतिहास लेखन–पूर्व मध्यकालीन इतिहास लेखन की उत्पत्ति पूर्ववर्ती कालों के राजनीतिक एवं सामाजिक परिवर्तनों में निहित थी। इतिहास परम्परा ने पुराणों के पूर्ण होने के साथ ही एक नया व्यवस्थित रूप प्राप्त कर लिया था। नये इतिहास लेखन का एक पहलू 'चरितों' की बढ़ती संख्या में भी देखा जा सकता है, जो राजपरिवारों से जुड़े लोगों व राजा के व्यक्तित्व व कृतित्व पर विषय केन्द्रित होते थे। चरित वर्णनात्मक शैली की आत्मकथाएँ नहीं थे किन्तु इनकी रचना एक साहित्यिक ढाँचे के अनुरूप की गई थी। संभवत: इतिहास लेखन के इन पहलुओं का प्रस्तुतीकरण अनेक पूर्व मध्यकालीन राजवंशीय व सामान्य आधिकारिक या निजी प्रशस्तियों में देखा जा सकता है। सामान्यत: प्रशस्ति के दो सम्बद्ध भागों में परिवार की वंशानुक्रमिक जानकारी तथा घटनाओं का एक वर्णन (अधिकांशत: सैनिक अभियान) शामिल होता था। निर्विवाद रूप से इतिहास लेखन की इस परम्परा का एक अपवाद कल्हण की *राजतरंगिणी* है। कल्हण अपने समकालीन चरित लेखकों से अलग था फिर भी कल्हण की ऐतिहासिक अभिधारणाओं में देवत्व एवं अलौकिक शक्तियों से जुड़े विश्वास शामिल थे।

ललित कलाओं के सिद्धान्तों का व्यवस्थितीकरण–इस काल के साहित्यिक कार्यों का एक महत्वपूर्ण भाग ललित कलाओं से जुड़े सिद्धान्तों के व्यवस्थितीकरण के लिए समर्पित था। शास्त्रीय युग द्वारा ललित कलाओं का एक सुनिश्चित विचार विकसित किया गया था और उस काल की कृतियों में कलाओं की सूची पाठ्यक्रम में ललित कलाओं के महत्वपूर्ण अंश का एक अच्छा दृश्य प्रदान करती है। पूर्व-मध्य काल में कई कारकों ने इसे आगे बढ़ाने में अपना योगदान दिया। अभिजात्यों की बढ़ती संख्या ने कला की विभिन्न शाखाओं के नियमित संरक्षण एवं संवर्द्धन हेतु एक अच्छा वातावरण निर्मित कर दिया था। इस विकास के साथ ही कई संस्थाएँ भी प्रकट हुईं जो ऐसी कलाओं के पोषण के लिए धीरे-धीरे महत्वपूर्ण केन्द्र बन गईं। उदाहरण के लिए मन्दिर एक ऐसी संस्था थी, जो समाज के विभिन्न भागों से समर्थन प्राप्त करती थी तथा एक ओर स्वयं स्थापत्य रूपों में प्रयोग को बढ़ावा देती थी दूसरी ओर नृत्य एवं कला के केन्द्र के रूप में विभिन्न कलाओं को वित्तीय समर्थन देकर संरक्षण प्रदान करती थी। ललित कलाओं की अनेक शाखाओं का ऐतिहासिक विकास इस प्रकार के केन्द्रों में ही ढूँढ़ा जा सकता है।

क्षेत्रीय वर्गीकरण के प्रयास–समाज की ये जरूरतें व्यवस्थितीकरण की ओर ले गईं और पूर्व-मध्य काल की विभिन्न रचनाओं में ललित कला के अलग-अलग भाग शामिल किये गये। स्वतंत्र शिल्प ग्रंथ भी लिखे जाने लगे। समकालीन अभिजात्यों या राजदरबारों का संरक्षण इन रचनाओं को पृष्ठ समर्थन देता था। वास्तव में *मानसोल्लास* व *समरांगण सूत्रधार* जैसी महत्वपूर्ण रचनायें क्रमश: सोमेश्वर एवं भोज जैसे महान शासकों से सम्बन्धित थीं। संगीत पर सबसे मानकीकृत रचना संगीत रत्नाकर यादव वंश के सिंहड़ के काल में उसके अधिकारी सारंगदेव द्वारा लिखी गई थी। क्षेत्रीय वर्गीकरण के प्रयास इन कृतियों में भी देखे जा सकते हैं। उदाहरण के लिए स्थापत्य कला पर लिखे गये शिल्प ग्रंथों में नागर, बेसर एवं द्रविड शैलियों का एक क्षेत्रीय वर्गीकरण विद्यमान था।

1000-1300 ई.पू. के बीच उत्तर, मध्य तथा पूर्वी भारत की आर्य-भारतीय भाषाओं ने एक विशेष क्षेत्रीय

स्वरूप प्राप्त कर लिया था। इनमें से हिन्दी, मराठी, बंगाली, असमिया, तथा ओड़िया विशेष रूप से महत्वपूर्ण हैं। उनका प्रारम्भिक विकास तथा मध्यकालीन भारतीय संस्कृत, प्राकृत तथा अपभ्रंश के साथ संबंध एक रोचक विषय है।

क्षेत्रीय भाषाओं तथा साहित्य के विकास में भक्ति पंथ का महत्वपूर्ण योगदान था। कुछ पंथों के संस्थापक संस्कृत नहीं जानते थे। इसी कारण वे क्षेत्रीय भाषाओं में अपने विचार प्रकट करते थे। परन्तु इनमें से संस्कृत जानने वाले ब्राह्मण भी आम लोगों तक पहुंचने हेतु क्षेत्रीय भाषाओं का प्रयोग कर रहे थे। साथ ही, इस आन्दोलन को प्रारंभ करने वाले अनेक सन्तों ने महत्वपूर्ण साहित्यिक रचनाओं के द्वारा क्षेत्रीय भाषाओं को धनी बनाने में अपना योगदान दिया।

इसके अलावा मंदिरों तथा राजवंशों के अभिलेख भी महत्वपूर्ण हैं। सभी बड़े मंदिरों ने अपने इतिहास पर संस्कृत में महात्म बनवाए जिन्हें शीघ्र ही क्षेत्रीय भाषाओं में अनुवादित किया गया। देश के विभिन्न भागों में तीर्थयात्रियों को उत्साहित करने वाले पुजारियों ने भी इस दिशा में अपना योगदान दिया। राजाओं तथा स्थानीय शासकों के अभिलेख (राजवंशावली) का भी यही कार्य होता था। ये आमतौर पर कवियों द्वारा राजसंरक्षण प्राप्त करने के उद्देश्य से तैयार किए जाते थे जिनमें राजा के पूर्वज को किसी बड़े वंश अथवा प्राचीन वीर व्यक्तियों से संबंधित दिखाया जाता था। इनमें राजवंशों द्वारा स्थापित मंदिरों के बारे में कहानियां भी होती थीं।

कला तथा वास्तुकला

नागर शैली की विशेषता-पूरे उत्तर भारत में पाई जाने वाली नागर शैली के मंदिरों की मुख्य विशेषता उसकी स्वास्तिकार (Cruciform) योजना तथा वक्रीय (curvilinear) शिकारा थे। यद्यपि इनमें कुछ क्षेत्रीय विशेषताएं देखने को मिलती हैं परन्तु मूल योजना में कोई परिवर्तन नहीं किया जाता था।

ओडिशा के मंदिर—नागर की सभी क्षेत्रीय शैलियों में ओडिशा की शैली सबसे प्रमुख है। इसे नागर शैली का 'सबसे शुद्ध रूप' माना जाता है। भुवनेश्वर का 8वीं शताब्दी में बना परशुरामेश्वर मंदिर वास्तुकला में गुप्त काल के बाद आई प्रगतियों को दर्शाता है। 9वीं शताब्दी का वहीं पर बना मुक्तेश्वर मंदिर ओडिशा की नागर शैली के परिपक्व रूप को दर्शाता है। कालान्तर में ओडिशा के नागर मंदिरों ने अपना एक विशेष स्वरूप धारण कर लिया। भुवनेश्वर का लिंगराज मंदिर (1100- ई.पू.) ओडिशा शैली कीपरिपक्वता को दर्शाता है। शिकारों की लम्बाई में वृद्धि के द्वारा मंदिर की भव्यता को बढ़ाया गया। इस शैली में बने दूसरे किसी मंदिर में (12वीं शताब्दी के पूर्वार्द्ध में बना पुरी का जगन्नाथ मंदिर भी) यह भव्यता देखने को नहीं मिलती परन्तु नरसिंह I (ई.पू. 1238-64) के शासन काल में बना कोणार्क का सूर्य मंदिर अपनी योजना तथा बारीकियों के कारण अपवाद है। इसके खण्डहरों की भव्यता भी इस बात का सबूत है कि यह ओडिशा के भवन निर्माण कला का शीर्ष बिन्दु था।

मध्य भारत के मंदिर-मध्य भारत में नागर शैली के एक-दूसरे रूप का विकास हुआ। यह शैली मध्य प्रदेश के खजुराहो मंदिरों में अपनी परिपक्वता पर पहुंची। इन मंदिरों का निर्माण 950-1050 ई.पू. के बीच जेजाकमुक्ति के चंदेलों ने करवाया था। खजुराहो के प्रमुख मंदिरों में कंदरिया महादेव मंदिर देवी, जगदंबा मंदिर, दूलादेव, पार्श्वनाथ, लक्ष्मण तथा विश्वनाथ मंदिर हैं। कंदरिया महादेव मंदिर मध्य भारत में भारत में वास्तुकला के शीर्ष बिन्दु को दर्शाता है। इसके गहरे भूगह तथा दोहर शिकारे के कारण इसकी ऊंचाई बहुत अधिक लगती है। पुष्पीय तथा मानवीय सजावट के कारण इसकी सुन्दरता और भी बढ़ गई है।

पश्चिम भारत के मंदिर-अनहिलवाड़ा के सोलंकी शासकों के समय नागर शैली का पश्चिम भारतीय स्वरूप उभरा। इस शैली को शासकों के नाम पर सोलंकी शैली कहते हैं। पश्चिम भारत के अनेक मंदिरों में से माउंट आबू के दिलवाड़ा मंदिर इस शैली के शीर्ष बिन्दु हैं। 1031 में विमल द्वारा बनावाए गए तथा 1230 में तेजपाल द्वारा बनवाए गए मंदिर विशेष रूप से उल्लेखनीय हैं। इन मंदिरों में राजस्थान के सफेद संगमरमर का काफी खूबसूरती केसाथ प्रयोग किया गया है। सिद्धराज ई.पू. 1093-1143) में निर्मित रुद्रमल मंदिर अन्य महत्वपूर्ण उदाहरणों में से है।

मालवा तथा खानदेश के मंदिर—मालवा तथा खानदेश में परमारों के अधीन नागर शैली के एक और रूप ने जन्म लिया जिस कारण इसे परमार शैली भी कहा जाता है। इस शैली का सबसे अच्छा उदाहरण उदयपुर (मध्य प्रदेश) में परमार राजा उदयादित्य (ई.पू. 1059-1080) के द्वारा बनवाया गया। नीलकंठेश्वर मंदिर है जिसे उदयेश्वर मंदिर के नाम से भी जाना जाता है। इसके शिकारों की सजावट के लिए चार पतली पटियों का प्रयोग किया गया है जो आधार से शीर्ष तक जाती हैं। परमार शैली का दूसरा महत्वपूर्ण उदाहरण अम्बरनाथ मंदिर (थाने, महाराष्ट्र में) है।

9.11 इस्लामिक इतिहास

इस्लाम की उत्पत्ति तथा विकास

इस्लाम, जिसका शाब्दिक अर्थ 'समर्पण' है, की उत्पत्ति अरब में मक्का में हुई थी। व्यस्त व्यावसायिक मार्गों के संगम पर बसे होने के कारण मक्का अत्यंत समृद्ध हो गया था। मक्का में स्थित 'काबा' के वार्षिक धार्मिक दर्शन के कारण मक्का का व्यावसायिक महत्व दोगुना हो गया था।

इस्लाम के संस्थापक मुहम्मद अब्दुल्ला तथा अमीना के पुत्र थे, जिनका पालन-पोषण उनके चाचा अबु तालिब ने किया था। खजीदा नामक एक विधवा से विवाह कर उन्होंने अपनी पहचान समाज के कमजोर वर्गों में स्थापित की। मुहम्मद का मानना था कि वे अल्लाह के दूत हैं। उनकी पत्नी तथा उनका चचेरा भाई अली उनके प्रारंभिक अनुयायी बने तथा शीघ्र ही उनके मित्रों ने उन्हें पैगंबर के रूप में स्वीकार कर लिया। लेकिन उनकी शिक्षाओं के कारण मक्का के समृद्ध व्यक्ति उनके शत्रु बन गए। परिणामस्वरूप 24 सितंबर, 622 ई. को मुहम्मद मदीना चले गए।

बाद में उनके प्रवृजन के साथ मुस्लिम हिज्रा युग की शुरुआत मानी गई तथा चंद्रमा की गति पर आधारित मुस्लिम कैलेंडर से मेल खाने के लिए इसे 24 सितंबर की जगह 16 जुलाई, 622 ई. माना गया। प्रवर्जनकारी मुहाजिर कहे गए। मदीना के निवासी, जिन्होंने प्रव्रजनकारियों की सहायता की, अंसार अथवा मददगार कहलाए। मुहम्मद अपने अनुयायियों के साथ 630 ई. तक मक्का लौट गए। उनकी मृत्यु जून 632 ई. में हो गई।

मुहम्मद की मृत्यु के पश्चात् मदीना के मुहाजिरों तथा अंसारों ने अबु बक्र को खलीफा (उत्तराधिकारी) चुना क्योंकि मुहम्मद ने किसी को अपना उत्तराधिकारी नियुक्त नहीं किया था। लेकिन पैगंबर के कुछ अन्य अनुयायी तथा पैगंबर के हाशिमी कबीले के सदस्य इससे अलग हो गए जिनका मानना था कि मुहम्मद ने अपने दामाद अली को अपना उत्तराधिकारी नामजद किया था। अली के समर्थक शिया कहलाए जबकि अबु बक्र के समर्थक सुन्नी कहे गए।

अबु बक्र (632-4) ने उमर अल-खत्तब (634-44) को अपना उत्तराधिकारी नियुक्त किया, जिसके काल में सीरिया फिलिस्तीन एवं मिस्र के बाई जेंटिनियायी क्षेत्र तथा ईरान एवं ईराक के सासानियायी क्षेत्र खलीफा के अधीन आ गए। उमर की हत्या उसके एक ईरानी दास ने कर दी तो पैगंबर के वरिष्ठ सहयोगियों में से एक, उस्मान (644-56) को खलीफा बनाया गया। उस्मान के शासन काल के 6 वर्षों का पूर्वार्द्ध शांतिपूर्ण रहा पर उत्तरार्द्ध में गृहयुद्ध छिड़ गया। परिणामस्वरूप समुदाय के पतन को रोकने के लिए अली (656-61) ने खलीफा का पद स्वीकार किया।

उस्मान के संबंधी सीरिया के शासक मुआविया ने अली की अधीनता मानना अस्वीकार कर दिया। अंततः अली की हत्या हो गई और मुआविया खलीफा बना, जिसने उमय्यद वंश (661-743) की नींव डाली। एक शताब्दी के अंदर ही उमय्यद वंश अब्बासिद वंश (749-1258) द्वारा विस्थापित कर दिया जो ईरान तथा अरब की उमय्यद विरोधी जनता के बीच लोकप्रिय थे। हालांकि उमय्यद तथा अब्बासिद खलीफा कहे जाते थे, पर वे वंशानुगत थे। पैगंबर के बाद के चार शासक (अबु बक्र, उमर, उस्मान तथा अली) रशीदुन (उचित खलीफा) कहे जाते हैं।

सिंध में अरब

सिध पर मुहम्मद-बिन-कासिम का आक्रमण ईराक के उमय्यद शासक, हज्जाज के सिंध से ट्रान्सोक्सिआना तक के क्षेत्र पर अधिकार करने की अग्रगामी नीति का परिणाम थी। उस समय सिंध का शासक चाप का पुत्र दाहिर था जिसने पूर्ववर्ती बौद्ध शासकों से सत्ता छीनी थी। मुहम्मद ने 712 ई. में सिंध पर आक्रमण कर ब्राह्मणबाद के युद्ध में दाहिर की हत्या कर दी। मुहम्मद ने दाहिर की विधवा, रानी लाडी, से विवाह किया तथा संपूर्ण निम्न सिंध का स्वामी बन गया। सिंध में मुहम्मद द्वारा लागू किए गए प्रशासनिक अधिनियमों का उल्लेख '*चचनामा*' में मिलता है। हज्जाज के आदेश पर सिंध के लोगों को जिम्मी (सुरक्षित जनता) का स्तर प्रदान किया गया तथा उनकी संपत्ति एवं जीवन पर कोई हस्तक्षेप नहीं किया गया। इस्लामी कानून के विभिन्न संस्थापकों में से सिर्फ अबु हनीफा (हनाफी विचारधारा के संस्थापक, 8वीं सदी) ने हिंदुओं से जजिया लेने का अधिकार दिया है जबकि दूसरों ने उन्हें 'मृत्यु अथवा इस्लाम' में से एक को धारण करने का आदेश दिया है। 714 ई. में हज्जाज तथा अगले वर्ष उसके संरक्षक खलीफा वलीद की मृत्यु के कारण मुहम्मद को वापस बुला लिया गया। नए खलीफा ने उसे बंदी बना लिया जिसके बाद सिंध का प्रशासन बिखर गया।

इसके बाद सिंध मुसलमानों के अधीन बना रहा। परंतु आठवीं सदी में अरबों के इसके आगे भारत में प्रवेश नहीं कर सकने का कारण शक्तिशाली प्रतिहार राज्य तथा सिंध का उनका गलत चुनाव था, जो उन्हें विजय के लिए पर्याप्त संसाधन उपलब्ध नहीं करा सका।

एक शक्ति के रूप में अरबों का उदय–इस्लाम का उदय अरब के रेगिस्तानों में हुआ था और इसके प्रथम अनुयायी अरब थे जिन्होंने इसे एशिया में एक शक्तिशाली ताकत बना दिया। उन्होंने अपने नये धर्म को फैलाने का निर्णय किया और पूरे विश्व में सैन्य विजय का अभियान शुरू कर दिया। उन्होंने एक विशाल साम्राज्य की स्थापना की जो पश्चिम में अन्ध महासागर से लेकर पूर्व में सिन्धु नदी के तट तक तथा उत्तर में कैस्पियन सागर से लेकर दक्षिण में नील नदी की घाटी तक फैला था। पैगम्बर मोहम्मद (622-32 ईसवी) के उत्तराधिकारियों को खलीफा कहा जाता था और अबूबक्र पहले खलीफा थे। अबू तथा उनके तीन उत्तराधिकारियों (632-661 ईसवी) को रशीदुन (सम्यक् निर्देशित खलीफा) के रूप में जाना जाता था तथा उनके बाद उमैय्यद (661-749 ईसवी) का राजवंशीय शासन आरम्भ हुआ जिन्हें बाद में अब्बासियों (749-1258 ईसवी) द्वारा पदस्थापित कर दिया गया। शासक परिवारों में परिवर्तन के बावजूद खलीफा पूरी दुनिया के मुसलमानों के औपचारिक मुखिया बने रहे। उमैय्यद के काल में अरबों ने सिन्ध पर विजय प्राप्त की।

अरब विजय के कारण

- सबसे मुख्य कारण सम्पत्ति का लालच था। अरब प्राचीन काल से ही भारत के साथ व्यापार कर रहे थे और जानते थे कि भारत एक समृद्ध देश है। उनका पहला निशाना सिन्ध बना क्योंकि इसका मकरान तट अन्तर्राष्ट्रीय व्यापार में महत्वपूर्ण भूमिका निभाता था और यह अरब साम्राज्य की सीमाओं के निकट था।
- अरबों का धार्मिक उत्साह भी एक महत्वपूर्ण कारण था। इस्लाम ने अरबों के बीच एक युद्ध जैसी भावना तथा राष्ट्रीय चेतना पैदा कर दी थी।
- भू-प्रादेशिक विस्तार की इच्छा भी एक अन्य कारण था। खलीफा, इस्लामी आस्था के मुखिया ही नहीं बल्कि इस्लामी राज्य के मुखिया भी थे। अरब आक्रमण का तात्कालिक कारण सिन्ध के समुद्री लुटेरों द्वारा कुछ अरब जहाजों पर कब्जा करना था। सिलोन के राजा ने ईराक के अरब गवर्नर हज्जाज के पास कुछ मुसलमान महिलायें भेजी थीं किन्तु इन औरतों को ले जाने वाले जहाज पर देवल (सिन्ध का एक बन्दरगाह) के समुद्री लुटेरों ने कब्जा कर लिया। हज्जाज ने सिन्ध के शासक दाहिर से उन औरतों को छोड़ने के लिए कहा किन्तु दाहिर ने उत्तर दिया कि इन समुद्री लुटेरों पर उसका कोई नियंत्रण नहीं था। इस उत्तर से क्रोधित हज्जाज ने सिन्ध को जीतने का निश्चय किया और खलीफा वालिद से अनुमति माँगी जिन्होंने कुछ संकोच के बाद इसकी अनुमति दे दी।

विजय एवं शासन का प्रवाह

- हज्जाज ने मोहम्मद-बिन-कासिम के अधीन एक शक्तिशाली सेना 711 ईसवी में भेजी। मोहम्मद ने सिन्ध की ओर बढ़ते हुए देवल को जीत लिया। उसने कुछ अन्य मजबूत ठिकानों पर भी विजय प्राप्त की। अब तक दाहिर ने किसी प्रकार का प्रतिरोध नहीं किया था किन्तु अब वह शत्रु का सामना करने के लिए ब्राह्मणाबाद से चलना प्रारंभ हुआ। 20 जून, 712 ईसवी को युद्ध हुआ और दाहिर कड़े संघर्ष के बाद शत्रु से पराजित हो गया।
- राजकुमार जय सिंह ने ब्राह्मणाबाद के किले पर कुछ प्रतिरोध किया किन्तु उसे भी पराजित होना पड़ा। मोहम्मद ने अलोर के किले पर कब्जा किया तथा कुछ अन्य किलों पर कब्जा करके अपनी सिन्ध विजय पूरी की। सिन्ध विजय के बाद मोहम्मद ने 713 ईसवी में मुल्तान पर आक्रमण किया।
- मोहम्मद की वापसी एवं मृत्यु के बाद जय सिंह ने ब्राह्मणाबाद पर पुनः कब्जा कर लिया किन्तु सिन्ध के नये अरब गवर्नर जुनैद ने जय सिंह को हराकर मृत्यु दण्ड दे दिया। बाद में जुनैद ने भारत के आन्तरिक भागों में कई अभियान भेजे किन्तु ये सभी असफल रहे। इन अभियानों को असफल बनाने के लिए मुख्यतः प्रतिहार नागभट्ट प्रथम एवं चालुक्य विक्रमादित्य द्वितीय जैसे भारतीय शासक उत्तरदायी थे।
- बीच अब्बासी खलीफाओं की शक्ति का पतन आरम्भ हो गया और वे अपने दूरवर्ती प्रांतों पर नियंत्रण रखने में विफल हो गये। 871 ईसवी में सिन्ध खलीफा के नियंत्रण से मुक्त हो गया।
- इस समय तक सिन्ध में अरब खुद को संगठित कर चुके थे और उनका राज्य दो भागों में बँटा था– ऊपरी एवं निचला सिन्ध। जिनकी राजधानियाँ क्रमशः मुल्तान एवं मन्सूरा में थीं। मोहम्मद गजनी के आक्रमणों के समय तक सिन्ध में दो अरब राज्य मौजूद थे।

इसका महत्व

- भारत की राजनीति पर इसका बहुत ही सीमित प्रभाव पड़ा। अरब भारत की सैन्य ताकत को नहीं तोड़ पाये थे और इसलिए इस्लाम द्वारा भारत की विजय का मार्ग प्रशस्त नहीं कर सके। किन्तु उन्होंने भारतीयों एवं अरबों को एक-दूसरे के निकट लाने का कार्य किया।
- भारत में इस्लामी राज्य की स्थापना करने वालों में अरब प्रथम थे तथा सिन्ध में उनका प्रशासन इस्लाम के इतिहास में एक आदर्श माना जाता है। इस्लाम सभी गैर- मुस्लिमों को दो श्रेणियों में बाँटता था।
- पहली श्रेणी से जुड़े लोगों को जिम्मी कहा जाता था और ये जजिया नामक धार्मिक कर का भुगतान करके एक इस्लामी शासक के संरक्षण में रह सकते थे।
- दूसरी श्रेणी से जुड़े लोग काफिर कहे जाते थे। काफिरों को इस्लामी राज्य में रहने की अनुमति नहीं थी तथा उन्हें दो विकल्पों का चुनाव करना पड़ता था–धर्मान्तरण या मौत। हिन्दू काफिरों की श्रेणी के अधीन आते थे। जब मोहम्मद-बिन-कासिम ने सिन्ध को जीता तो उसने यह अव्यावहारिक माना कि सभी हिन्दुओं को इस्लाम में मतान्तरित किया जाये या सभी को मृत्यु दण्ड दिया जाये। इसलिए उसने खलीफा की अनुमति से हिन्दुओं को जिम्मी के रूप में स्वीकार कर लिया। इस प्रकार तुर्कों को एक तैयार उपाय मिल सका। सिन्ध की अरब विजय के साथ ही गैर-मुस्लिमों के प्रति इस्लामी राज्य की नीति में नये युग का आरम्भ हुआ।
- अरब की विजय भारतीय संस्कृति को इस्लामी जगत तक ले गई और वहाँ से यह अरबों के माध्यम से यूरोप तक पहुँची। अरबों ने भारतीयों से बीजगणित के बारे में सीखा जिसे अब अरबी अंकगणित के रूप में जाना जाता है। अरबों ने भारतीयों के चिकित्सा विज्ञान एवं ज्योतिषशास्त्र सम्बन्धी ज्ञान का लाभ भी उठाया।

गजनी का काल

भारत पर महमूद का आक्रमण 1000 ई. में प्रारंभ हुआ जब उन्होंने लामघन के निकट एक किले पर कब्जा किया। उन्होंने 1001 ई. में पेशावर के निकट एक युद्ध में हिंदू शाही राजा जयपाल को पराजित किया। जयपाल के बाद उनका पुत्र आनंदपाल आया। आठ साल बाद महमूद ने दुबारा सिंध पार कर जयपाल के उत्तराधिकारी आनंदपाल को 1009 ई. में वाईहिंद में पराजित किया। पंजाब तथा पूर्वी राजस्थान पर महमूद के बार-बार आक्रमण से राजपूत प्रतिरोध नष्ट हो गया। 1025-26 में वह गुजरात के प्रसिद्ध सोमनाथ अभियान पर निकला। अनहिलवाड़ा के चालुक्य राजा भीम I ने कोई प्रतिरोध नहीं किया तथा मंदिर लूट लिया गया।

महमूद सिर्फ उन कवियों के प्रति काफी उदार था जो उसकी प्रशंसा करते थे, अन्य को कुछ नहीं मिला। वैज्ञानिकों को तो खासकर, जैसे- अल-बरूनी जिसे 1017 ई. में ख्वारजशाह में बंदी बनाया गया था, प्रोत्साहन नहीं दिया जाता था। फिरदौसी, जिसने 1010 में *शाहनामा* लिखा था, को भी खास इनाम नहीं मिला।

महमूद की पृष्ठभूमि एवं उसका जीवन

- सुबुक्तगीन (मध्य एशिया मूल का एक तुर्की दास) ने सामीनिदों के शासन के पतन के बाद 977 ईसवी में एक विशाल भू-भाग पर कब्जा जमा लिया, जिसमें अधिकांश मध्य फारसी भाग शामिल था जिसकी पूर्वी सीमा सिन्धु तक फैली थी। उसकी राजधानी काबुल के दक्षिण में स्थित गजनी थी।
- जब 27 वर्ष की आयु में महमूद गद्दी पर बैठा तो उस समय उसके पास पहले से ही एक शक्तिशाली आधार मौजूद था जिसे उसने काफी तेजी से बढ़ाया। महमूद ने 997 ईसवी में अपने पिता का स्थान लिया एवं अपने पिता की महत्वाकांक्षा को सभी दिशाओं में विस्तारित किया।
- उसने अफगानिस्तान एवं फारस को जीता और खलीफा से यामिन-अल-दौला (राज्य का दायां हाथ) की उपाधि प्राप्त की। उसने भारत में 17 बार आक्रमण करके स्थानीय शासकों से कर वसूल किया। महमूद ने हिन्दूशाही वंश को हराया, उसके बाद उसने मथुरा एवं कन्नौज को लूटा। 1025-26 ईसवी में उसने गुजरात में सोमनाथ मन्दिर को लूटा।
- उसके कार्य आख्यात्मक बन गये, जिनका स्मरण प्रशंसकों एवं निरंकुश शासकों की नई पीढ़ियों द्वारा किया गया। लूट एवं विधर्मियों व विरोधियों की हत्याओं (जिनमें मुस्लिम और गैर-मुस्लिम दोनों शामिल थे) तथा पूजा स्थलों के विनाश ने उसे कभी न खत्म होने वाली ख्याति प्रदान की थी। सांस्कृतिक राजनीति में वह एक प्रतीक बन गया था।
- 14वीं शताब्दी में दो सुन्नी लेखकों बरनी एवं इसामी- जो क्रमश: दिल्ली एवं दक्कन के बहमनी राज्य में

लेखन करते थे–ने एक आदर्श मुस्लिम शासक के रूप में महमूद की प्रशंसा की क्योंकि उसने गैर-इस्लामी लोगों के साथ-साथ शिया व इस्माइली जैसे विरोधी मुस्लिम पंथों को भी अपना निशाना बनाया था। महमूद गजनवी ने अल-बरुनी को भी अपनी सम्पत्ति का कुछ भाग प्रदान किया और बरनी ने अपनी गजनवी संरक्षकों द्वारा उपलब्ध कराई गई सामग्री का प्रयोग करते हुए मध्यकालीन भारत का एक श्रेष्ठ विवरण तैयार किया।

महमूद के अभियानों का प्रवाह

- महमूद के भारतीय अभियान शुष्क मौसम में आरंभ होते थे। पंजाब की नदियों में मानसून की वर्षा का जल भरने से पहले ही महमूद अफगानिस्तान वापस चला जाता था क्योंकि इन नदियों से उसका मार्ग बाधित हो सकता था और उसकी सेनाओं को लूट का भारी माल ढोने में कठिनाई हो सकती थी।
- वर्ष 1000 ईसवी में उत्तरी भारत में शक्ति का एक संतुलन कम या अधिक रूप में बिखर गया जब महमूद गजनवी ने भारत के विरुद्ध विनाश और लूट का एक युद्ध छेड़ दिया। 1025 तक उसने इस प्रकार के कुल 17 अभियान किये और कन्नौज एवं सौराष्ट्र जैसे दूरवर्ती क्षेत्रों पर कब्जा किया।
- हिन्दुकुश पर्वतों के आस-पास के भू-प्रदेश पर शासन करने वाले हिन्दू शाही राजवंश ने गजनवियों का दबाव पहली बार तब महसूस किया जब महमूद के पिता का शासन था किन्तु इस राजवंश के राजा लगभग 25 वर्षों तक प्रतिरोध करने में सफल रहे फिर भी अन्त में उन्हें झुकना पड़ा।
- इसी प्रकार कन्नौज के शक्तिशाली गुर्जर-प्रतिहारों के भाग्य का सूर्य अस्त हो गया। ग्वालियर के राजपूत शासकों एवं खजुराहो के चन्देलों को भी हरा दिया गया और उनके खजाने लूट लिये गये। महमूद ने मुल्तान के मुस्लिम शासक के साथ भी ऐसा ही व्यवहार किया क्योंकि उसका राज्य महमूद के मार्ग की बाधा बनता था। थानेश्वर, मथुरा एवं कन्नौज जैसे पवित्र स्थानों की लूट एवं विनाश ने हिन्दुओं को विशेष रूप से प्रभावित किया था।
- महमूद के इन व्यवस्थित अभियानों का चरमोत्कर्ष गुजरात में काठियावाड़ के दक्षिणी तट पर स्थित प्रसिद्ध सोमनाथ शिव मन्दिर पर आक्रमण के रूप में सामने आया। रेगिस्तान को पार करके एक साहसिक अभियान के बाद 1025 ईसवी में महमूद इस मन्दिर तक पहुँचा। तात्कालिक उल्लेखों से पता चलता है कि इस मन्दिर की रक्षा करने में 50000 हिन्दुओं को अपने जीवन से हाथ धोना पड़ा। महमूद ने खुद अपने हाथों से शिवलिंग को नष्ट किया तथा ऐसा कहा जाता है कि वह रेगिस्तान होकर 2 करोड़ स्वर्ण दीनारों (लगभग 6.5 टन सोना) के साथ वापस लौटा था। उसके अधिकांश सैनिक इस अभियान में मारे गये।

उसके अभियानों का उद्देश्य एवं प्रकृति

- इतिहासकार उसके कार्यों की व्याख्या को कठिन मानते हैं क्योंकि उसने भारत में एक साम्राज्य स्थापित करने की कोई इच्छा नहीं दर्शायी थी। हालांकि अपने संसाधनों एवं शक्ति के बल पर वह आसानी से ऐसा कर सकता था।
- कुछ इतिहासकारों का मानना है कि उसने भारत का उपयोग एक ऐसे खजाने के रूप में किया जिसके प्रयोग द्वारा वह मध्य एशिया में अपने साम्राज्य को सशक्त बना सकता था किन्तु उसने अपने साम्राज्य के प्रति वही उपेक्षा दर्शायी थी जो भारत के प्रति थी और वह केवल विद्रोह के समय में ही अपने साम्राज्य पर ध्यान देता था।
- उसकी राजधानी गजनी एकमात्र स्थान था जो निश्चित रूप से उसकी व्यापक लूट-पाट से लाभान्वित हुआ था। उसने इसे अपने समय के सबसे भव्य नगरों में से एक बना दिया था। उसके दरबार में अनेक विद्वान एवं कवि थे जिनमें प्रसिद्ध ऐतिहासिक कृति '*शाहनामा*' का लेखक फिरदौसी तथा अल-बरुनी, जिसने यूरोपीयों के भारत आने से पहले ही भारत के सम्बन्ध में एक सर्वाधिक विस्तृत विवरणात्मक ग्रंथ की रचना की थी, शामिल थे।
- महमूद की कट्टरता विशेष रूप से हिन्दुओं या अन्य विधर्मियों के विरुद्ध ही निर्देशित नहीं थी। उसने विरोधी इस्लामी मतावलम्बियों के साथ भी समान क्रूरता के साथ व्यवहार किया। इसी प्रकार उसने इस्माइली मत को मानने वाले मुल्तान के शासक दाउद के खिलाफ दो बार युद्ध छेड़ा था। अपने दूसरे मुल्तान आक्रमण के दौरान उसने अनेक स्थानीय मुसलमानों की हत्याएं कीं क्योंकि उन्होंने कट्टर इस्लाम धर्म को पुनः अपनाने का वायदा नहीं निभाया था।

उसके अभियानों का प्रभाव–महमूद के बारे में कुछ भी सोचा जाए किन्तु वह उन गिने-चुने लोगों में से एक था जिन्होंने भारतीय इतिहास पर गहरा प्रभाव छोड़ा है। फिर भी उसकी महान सैनिक सफलतायें उसकी स्वयं की कुशलता या बहादुरी का पूर्ण परिणाम नहीं थीं। उत्तर भारत में 1000 ईसवी के आस-पास की राजनीतिक परिस्थिति एक प्रतिबद्ध आक्रमणकर्ता के लिए पूरी तरह अनुकूल थी। उत्तर, पूर्व एवं मध्य भारत की शक्तियों के बीच स्थायी त्रिकोणीय संघर्ष ने उन सभी को कमजोर कर दिया था। विशेष रूप से गुर्जर-प्रतिहारों की शक्ति में काफी कमी आई और उत्तर भारत में 1100वीं शताब्दी की शुरूआत में उनका स्थान लेने के लिए कोई ऐसी नेतृत्वकारी शक्ति नहीं उभरी जो उत्तर भारत के मैदानों की महमूद के आक्रमणों से रक्षा कर पाती। उस समय का महानतम भारतीय राजवंश चोल, महमूद के परिदृश्य से अत्यधिक दूर था। महमूद की मृत्यु के बाद एक शताब्दी तक भारत में शान्ति रही और उसके बाद अफगानिस्तान के मैदानों से आये नये आक्रमणकारियों ने एक बार फिर भारतीय परिदृश्य को हलचलपूर्ण बना दिया। भारतीय शासकों ने अपनी कमजोरियों को सुधारने में 100 वर्ष से अधिक समय के अवकाश का लाभ नहीं उठाया।

अल-बरूनी का भारत–इन्होंने गजनी के राजा की जानकारी हेतु किताब की *तहकीक मा लील-हिंद* लिखा। यद्यपि वे गजनी में रहते थे तथा ब्राह्मण शिक्षा के गढ़ कन्नौज, बनारस तथा कश्मीर वे कभी नहीं गए थे, इन्हें कुछ संस्कृत विद्वानों तथा व्यापारियों द्वारा सूचना मिलती थीं। वे पातंजलि के *योगसूत्र भगवद्गीता* तथा *सांख्य-कारिका* से उदाहरण लेकर अपनी बातों को सिद्ध करते थे। मानवीय तथा सांस्कृतिक संबंधों की विभिन्न विश्वासों के परिपेक्ष्य में तुलना के साथ ही वे हिंदू वर्ण विभाजन के वर्ग तबाकात तथा जाति को जन्म विभाजन (नसब) बताते हैं। उनके अनुसार शुद्रों के नीचे अंत्यज अथवा जातिहीन होते थे जो आठ श्रेणियों में विभाजित थे परिष्कारक, मोची, बाजीगर, डलिया तथा ढाल बनाने वाला, नाविक, गहुआरा, शिकारी तथा बुनकर। सफाई करने वाले हाड़ी, डोम तथा चांडाल वर्ण व्यवस्था से बाहर थे। अंतत: विदेशियों को मलेच्छ अथवा अशुद्ध माना जाता था।

अभ्यास प्रश्न

1. पांड्यों की मत्स्य नेत्री देवी मीनाक्षा पहचानी जाती है–
   (a) लक्ष्मी (b) पार्वती
   (c) सरस्वती (d) सावित्री

2. दिलवाड़ा के प्रसिद्ध जैन मंदिरों को बनवाया था–
   (a) परमारों ने (b) चंदेलों ने
   (c) सोलंकियों ने (d) चौहानों ने

3. लक्ष्मीसेन के दरबार में इनमें से उपस्थित थे–
   (i) धोयी (ii) राजशेखर
   (iii) जयदेव (iv) धनंजय
   उत्तर नीचे दिए गए कूट में से चुनिए–
   (a) (i) तथा (ii) (b) (ii) तथा (iii)
   (c) (iii) तथा (iv) (d) (i) तथा (iii)

4. इनमें से कौन-सा मंदिर विष्णु को अर्पित नहीं था?
   (a) श्रीरंगम का रंगनाथ मंदिर
   (b) पांडुपुर का बिठोवा मंदिर
   (c) पुरी का जगन्नाथ मंदिर
   (d) भुवनेश्वर का लिंगराज मंदिर

5. इनमें से कौन-सा कथन उत्तर मध्यकालीन भारत के महत्वपूर्ण व्यापारिक संघ अय्यावोले के बारे में सही है?
   (i) इसका तमिलनाडु के आन्तरिक व्यापार पर अधिपत्य था।
   (ii) दक्कन के आन्तरिक व्यापार पर इसका अधिकार था।
   (iii) बाहरी व्यापार में यह मुख्यत: पश्चिम एशिया के साथ व्यापार पर केन्द्रित था।
   (iv) इसके अन्तर्राष्ट्रीय संबंध मुख्यत: दक्षिण-पूर्व एशिया से थे।
   उत्तर नीचे दिए गए कूट में से चुनिए–
   (a) (i) तथा (ii) (b) (ii) तथा (iii)
   (c) (iii) तथा (iv) (d) (i) तथा (iv)

6. स्थल महामंत्र थे–
   (a) भगवानों की उत्पत्ति पर स्थानीय धारणाएँ
   (b) मंदिर के प्रबंधन के लिए उत्तरदायी अधिकारी
   (c) धार्मिक व्यक्तियों द्वारा की जाने वाली धर्मयात्रा
   (d) मंदिरों द्वारा लिया जाने वाला विशेष अधिभार

7. कोर्णाक के प्रसिद्ध सूर्य मंदिर के निर्माता थे–
(a) प्रातपरुद्र (b) अनन्तवर्मन
(c) नरसिम्हा I (d) नरसिम्हा II

8. राजेन्द्र चोल ने श्री विजया के विरुद्ध प्रसिद्ध नौसैनिक अभियान भेजा था–
(a) 1015 में (b) 1020 में
(c) 1025 में (d) 1035 में

9. उत्तरामेरू अभिलेख किसके शासन काल का है?
(a) परान्तक I (b) परान्तक II
(c) राजराजा I (d) राजेन्द्र I

10. जयदेव का गीत-गोविन्द सम्बन्धित है–
(a) राम से (b) कृष्ण से
(c) शिव से (d) शक्ति से

11. पुरी के जगन्नाथ मंदिर तथा लिंगराज मंदिर का निर्माण करवाया था–
(a) कपिलेन्द्र ने (b) भानुदेव I ने
(c) पुरुषोत्तम ने (d) अनंतवर्मन चोल ने

12. बर्मा के राजा क्यांजिताह ने किस चोल राजा को स्वर्णपत्र पर पत्र लिखा था?
(a) राजराजा I (b) राजेन्द्र I
(c) कुलोतुंगा (d) राजाधिराज

13. इदंगाई तथा वालंगाई दक्षिण भारतीय–
(a) सामाजिक विभाजन थे
(b) शैव सम्प्रदाय थे
(c) शाही समारोह थे
(d) वैष्णव सम्प्रदाय थे

14. इनमें से राजसी मंदिर कौन-सा नहीं था?
(a) कंदरिया महादेव मंदिर
(b) उदयेश्वर मंदिर
(c) राजराजेश्वर मंदिर
(d) सूर्य मंदिर

15. द्वारसमुद्र के होयसाल राजा, जिन्हें रामानुज ने जैन से वैष्णव बनाया था तथा हेलिबिड के प्रसिद्ध होयसालेश्वर मंदिर का निर्माण करवाने वाले, विष्णुवर्धन का मूल नाम क्या था?
(a) विट्टादेव (b) रुद्रदेव
(c) कोत्तिया (d) अनिरुद्ध

16. निम्नलिखित चोल प्रशासनिक इकाइयों को अवरोही क्रम में लिखिए–
(i) वालानाडु (ii) नाडु
(iii) मंडलम् (iv) कुररम
नीचे दिए गए कूट में से उत्तर चुनें–
(a) (i), (iii), (ii), (iv) (b) (iii), (i), (ii), (iv)
(c) (ii), (iv), (i), (iii) (d) (iv), (i), (ii), (iii)

17. पट्टिनम थे–
(a) मंदिर नगर (b) औद्योगिक नगर
(c) बन्दरगाह (d) व्यापारिक केन्द्र

18. अंकोरवाट का निर्माण कंबोडिया के किस राजा ने करवाया था?
(a) अनन्तवर्मन (b) सूर्यवर्मन I
(c) सूर्यवर्मन II (d) चन्द्रवर्मन

19. चोल काल में तानकुरर्म का प्रशासन देखते थे–
(a) उर (b) नगरम्
(c) सभा (d) महासभा

20. परमार राजा भोज द्वारा लिखित *समरंगना सूत्रधार* किस विषय पर है?
(a) कला तथा स्थापत्य कला
(b) संगीत तथा नृत्य
(c) गणित तथा खगोलशास्त्र
(d) युद्ध तथा शान्ति

21. किस चोल राजा ने 72 व्यापारियों का एक प्रतिनिधिमंडल चीन भेजा था, जिन्होंने चीनियों के इस गलत विचार को समाप्त किया कि चोल श्री विजया का सामंती राज्य है?
(a) राजराजा I (b) राजेंद्र I
(c) कुलोत्तुंग I (d) विक्रमचोल

22. तोक्कोलम का युद्ध किनके बीच हुआ था?
(a) कृष्ण III तथा परांतक I
(b) अनंतवर्मन चोड़ गंगा तथा कुलोत्तुंगा I
(c) विष्णुवर्धन तथा विक्रमादित्य IV
(d) राजराजा I तथा विक्रमादित्य IV

23. चोलों का शाही निशान क्या था?
(a) बाघ (b) शेर
(c) मछली (d) घोड़ा

24. तमिलनाडु का प्रसिद्ध चिदंबरम मंदिर अर्पित है–
(a) सुब्रह्मण्यम (b) नटराज
(c) पार्वती (d) विष्णु

25. राजेंद्र चोल ने गंगा घाटी के अभियान में पाल शासक को पराजित किया था। राजेंद्र I के तिरुमई अभिलेख में वर्णित वह पाल राजा कौन है?

(a) महिपाल I (b) नारायणपाल
(c) मदनपाल (d) विग्रहपाल

26. इनमें से किस सेन राजा ने *दानसागर* तथा *अद्भुतसागर* की रचना की थी?
(a) लक्ष्मणसेन (b) विजयसेन
(c) बल्लालसेन (d) सामंतसेन

27. *आदिपुराण* के रचयिता तथा प्रसिद्ध जैन विद्वान जिनसेन किसके दरबार में थे?
(a) पाल राजा, देवपाल
(b) राष्ट्रकूट राजा, अमोघवर्ष I
(c) प्रतिहार राजा, मिहिर भोज
(d) सोलंकी राजा, कुमारपाल

28. खजुराहो के चतुर्भुज विष्णु मंदिर का निर्माण करवाया था–
(a) धांग (b) यशोवर्मन
(c) परमार्दी (d) जयशक्ति

29. इनमें से किस तोमर राजा को दिल्ली की स्थापना का गौरव प्राप्त है?
(a) अनंगपाल (b) वज्रता
(c) रुद्रना (d) देवराज

30. 'दहाल मंडल' के राजा जाने जाते थे–
(a) जेजाभुक्ति के चंदेल
(b) कन्नौज के गहड़वाल
(c) शाकंभरी के चौहान
(d) चेदी के कालचुरी

31. इनमें से चोल मंदिर का महत्वपूर्ण अवयव कौन-सा नहीं है?
(a) मंडपम अथवा गलियारा
(b) शिकारा अथवा वक्रीय मीनार
(c) विमान अथवा मंजिल
(d) गोपुरम् अथवा द्वार

32. कन्नौज पर अधिकार के लिए हुए त्रिकोणीय संघर्ष में इनमें से किसने हिस्सा नहीं लिया थ?
(a) पाल (b) प्रतिहार
(c) सेन (d) राष्ट्रकूट

33. किस राष्ट्रकूट राजा ने एलोरा का प्रसिद्ध शिव को अर्पित कैलाश मंदिर का निर्माण करवाया था?
(a) दांतिदुर्ग (b) अमोघवर्ष I
(c) कृष्णा I (d) खोत्तिगा

34. किस पाल शासक ने बौद्धों के लिए प्रसिद्ध विक्रमशिला विश्वविद्यालय की स्थापना की थी?
(a) महिपाल (b) देवपाल
(c) गोपाल (d) धर्मपाल

35. नवीं शताब्दी का अरब व्यापारी सुलेमान किसके राज्य में आया था?
(a) गोपाल के पाल राज्य में
(b) विजयसेन के सेन राज्य में
(c) मिहिर भोज के प्रतिहार राज्य में
(d) दांतिदुर्ग के राष्ट्रकूट राज्य में

36. एलोरा में 'दशावतार' तथा 'रावण-की-खाई' का निर्माण किसने करवाया था?
(a) दांतिदुर्ग (b) अमोघवर्ष I
(c) कृष्णा I (d) इंद्र I

37. श्री विजया के शैलेंद्र राजा को नागपट्टम में बौद्ध विहार बनाने की अनुमति देने वाले चोल शासक का नाम था–
(a) राजेंद्र I (b) राजराजा I
(c) राजेंद्र II (d) राजराजा II

38. इनमें से किस चोल राजा का मूल नाम अरुमोलिवर्मन था?
(a) बीरराजेंद्र (b) राजेंद्र I
(c) राजराजा I (d) विक्रमचोल

39. मध्यकालीन मंदिरों में सबसे लंबा मंदिर कौन-सा है?
(a) एलोरा का कैलाश मंदिर
(b) कोणार्क का सूर्य मंदिर
(c) उदयपुर का नीलकंठेश्वर मंदिर
(d) तंजौर का बृहदेश्वर मंदिर

40. इनमें से कौन-से राजपूत वंश अग्निकुल स्तर का दावा करते थे?
(i) परिहार (ii) चंदेल
(iii) परमार (iv) तोमर
(v) सोलंकी (vi) चौहान
उत्तर का चयन निम्न कूटों में से करें–
(a) उपरोक्त सभी
(b) (i), (iii), (v) तथा (vi)
(c) (ii), (iii), (v) तथा (vi)
(d) (i), (ii), (iv) तथा (v)

41. उत्तर मध्य काल में इनमें से कौन-सा नागर शैली का मुख्य अंश था?

(i) घटते आकार की चौकोर छतें
(ii) वक्रीय मीनारें
(iii) स्वास्तिकार जमीन योजना
(iv) ऊंचे सजे हुए द्वार

नीचे दिए कूटों से उत्तर का चयन करें–

(a) ऊपर वर्णित सभी (b) (i), (ii) तथा (iii)
(c) (ii) तथा (iii) (d) (ii) तथा (iv)

42. इनमें से भुवनेश्वर में कौन-सी ओडिशा की शैली का नागर मंदिर पाया जाता है?

(i) जगन्नाथ मंदिर (ii) परशुरामेश्वर मंदिर
(iii) मुक्तेश्वर मंदिर (iv) लिंगराज मंदिर
(v) सूर्य मंदिर

नीचे के कूटों से उत्तर का चयन कीजिए–

(a) (i), (ii) तथा (iii)
(b) (ii), (iii) तथा (iv)
(c) (i), (ii), (iv) तथा (v)
(d) (i), (ii), (iii) तथा (iv)

43. इनमें से नागर शैली के कौन-से मंदिर खजुराहो में स्थित हैं?

(i) कंदरिया महादेव मंदिर
(ii) देवी जगदंबा मंदिर
(iii) दुलादेव मंदिर
(iv) पार्श्वनाथ मंदिर
(v) नीलकंठेश्वर मंदिर

नीचे दिए कूटों में से सही उत्तर का चयन करें–

(a) (i), (ii) तथा (iii)
(b) (ii), (iii) तथा (iv)
(c) (i), (ii), (iv) तथा (v)
(d) (i), (ii), (iii) तथा (iv)

44. प्रसिद्ध राष्ट्रकूट शासक अमोघवर्ष इनमें से किनका लेखक था?

(i) *गीत-गोविंद* (ii) *सिबाकासिंदामणि*
(iii) *कविराजमार्ग* (iv) *रत्नामलिका*

उत्तर का चयन नीचे दिए कूटों में से करें–

(a) (i) तथा (ii) (b) (ii) तथा (iii)
(c) (iii) तथा (iv) (d) (i) तथा (iii)

45. पालों के समय तिब्बत में बौद्ध धर्म ले जाने वाले दो बौद्ध भिक्षु कौन थे?

(i) अश्वघोष (ii) अतिवा दिपांकर
(iii) संतरक्षिता (iv) धर्मरजिका

नीचे दिए कूटों में से उत्तर का चयन करें–

(a) (i) तथा (ii) (b) (ii) तथा (iii)
(c) (iii) तथा (iv) (d) (i) तथा (iii)

46. सूची-I तथा सूची-II को मिलाकर उत्तर का चयन नीचे दिए कूटों से कीजिए–

	सूची-I	सूची-II
A.	जयदेव	(i) पवनद्वार
B.	धोयी	(ii) पृथ्वीराज रासो
C.	कंबन	(iii) रामनाटक
D.	सेक्किलार	(iv) गीत गोविंद
E.	चंद बरदाई	(v) पेरिया पुराणम

कूट:

	A	B	C	D	E
(a)	(ii)	(v)	(iv)	(iii)	(i)
(b)	(ii)	(iv)	(iii)	(i)	(v)
(c)	(iv)	(ii)	(iii)	(v)	(i)
(d)	(i)	(iii)	(ii)	(iv)	(v)

47. सूची-I तथा सूची-II को मिलाकर उत्तर का चयन नीचे दिए कूटों से कीजिए–

	सूची-I	सूची-II
A.	उर	(i) शहरों की आम सभाएं
B.	सभा	(ii) तालाब की भूमि
C.	नगरम्	(iii) आम गांवों की आम सभा
D.	इरीपट्टी	(iv) ब्राह्मणों की आम सभा
		(v) चारागाह

कूट:

	A	B	C	D
(a)	(iv)	(iii)	(i)	(v)
(b)	(v)	(iv)	(ii)	(i)
(c)	(iii)	(iv)	(i)	(ii)
(d)	(i)	(v)	(iii)	(iv)

48. चोल मंदिरों के बारे में इनमें से कौन-सा कथन सही है?

(i) चोल मंदिर की मुख्य विशेषता मुख्य मूर्ति कक्ष के ऊपर मंजिलों के ऊपर मंजिलों का निर्माण था
(ii) मंजिलों की संख्या 5 से 7 तक होती थी तथा वे एक विशेष शैली के होते थे, जिन्हे विमान कहते थे।
(iii) इन मंदिरों को अपने खर्च के लिए आमतौर पर कर-मुक्त जमीन मिली होती थी तथा अमीर व्यापारी भी इन्हें दान तथा रुपया देते थे।
(iv) मंदिर पुजारियों तथा अन्य लोगों के भवनों के साथ एक छोटा महल बन गया।

(v) कुछ मंदिर वाणिज्य में संलग्न हुए, कर्ज में रुपया दिया तथा व्यापार में हिस्सा लिया।

उत्तर का चयन निम्न कूट में से करें–

(a) (i), (ii) तथा (iii)
(b) (i), (ii), (iii) तथा (iv)
(c) (i), (ii), (iii) तथा (v)
(d) उपरोक्त सभी

49. चोल अर्थव्यवस्था के बारे में इनमें से कौन-सा कथन सही है?

(a) चोल शासकों ने सड़कों का एक जाल बनवाया जो व्यापार तथा सेना के आवागमन के लिए उपयोगी थे।
(b) भू-राजस्व के अलावा चोल शासकों की आय व्यापार, व्यवसाय तथा लूट पर कर से होती थी।
(c) कुछ चोल शासकों ने राज्य का हिस्सा निश्चित करने के लिए भूमि सर्वेक्षण करवाया।
(d) राज्य का हिस्सा उत्पाद का ½ था।

50. इनमें से किसके राज्य को सेयुना-देश के नाम से भी जाना जाता था?

(a) यादव (b) काकातिय
(c) होयसाल (d) चंदेल

51. 'राजा सोना, माणिक तथा मोती के रूप में जो धारण करता था, वह एक शहर की कीमत से अधिक था।' यह किसका वाक्य है?

(a) अल-मसूदी (b) अल-बरूनी
(c) मार्को पोलो (d) सुलेमान

52. कल्याणी चालुक्यों के वोलावारू तथा होरावारू थे–

(a) राजस्व अधिकारी (b) सीमा शुल्क
(c) सामाजिक समूह (d) सैनिक पद

53. इनमें से क्या परमार राजा भोज के बारे में सही नहीं है?

(a) वह परमार वंश का सबसे महान राजा था।
(b) उसने धार में भोजशाला महाविद्यालय स्थापित किया था।
(c) उन्होंने दवा, ज्योतिष, धर्म, व्याकरण, भवन निर्माण इत्यादि पर दो दर्ज से अधिक पुस्तकें लिखी थीं।
(d) उनके राज्य में अरब व्यापारी सुलेमान आया था।

54. इनमें से कौन-सा युगल गलत है?

(a) मानेवानु–न्यायिक दंड
(b) अंगादीदेरे–दुकानों पर लगा कर
(c) गानादेरे–तेल की मिल पर लगने वाला कर
(d) नावीदादेरे–नाई पर लगा कर

55. पालों के बारे में इनमें से क्या सही है?

(a) देवपाल ने सुमात्रा के राजा के पास अनेक दूतों को भेजा।
(b) पाल दरबार में शैलेंद्र वंश ने अनेक दूत नालंदा में विहार बनाने की अनुमति प्राप्त करने के लिए भेजे थे।
(c) पालों ने दक्षिण-पूर्व एशिया में अनेक बौद्ध विहारों का निर्माण करवाया।
(d) धर्मपाल ने श्री विजया के खिलाफ एक अभियान का नेतृत्व किया था।

56. दक्कन में मदुवेय-सुंक कर लगाया जाता था–

(a) नशीले पदार्थ (b) युद्ध में मिली लूट
(c) विवाह (d) वेश्यावृत्ति

57. दक्कन में नखरों का अर्थ है–

(a) नृत्य विद्यालय (b) शिल्प पर कर
(c) व्यापारिक श्रेणी (d) बाजार

58. इनमें से चोल व्यापारिक गतिविधियों के लिए क्या गलत है?

(a) चोल राज्य तथा चीन के बीच व्यापार होता था तथा दूतों का आदान-प्रदान भी होता था।
(b) चोल चीन तथा पश्चिम को कपड़े, मसाले, दवाएं, माणिक, हाथी दांत, निर्यात करता था।
(c) चोल शासक व्यापारिक श्रेणी की गतिविधि पर नजर रखते थे।
(d) दक्षिण-पूर्व एशिया से मसालों का आयात होता था जिसे अरब पश्चिम ले जाते थे।

59. इनमें से चोल स्थानीय प्रशासन के लिए क्या सही नहीं है?

(a) सभा तथा महासभा ब्राह्मण गांवों की सभाएं होती थीं।
(b) ये स्थानीय प्रशासन में सभी विभागों पर पूरा अधिकार रखती थीं।
(c) इसकी गतिविधियों पर राजसी अधिकारियों का नियंत्रण होता था।
(d) इसके सदस्य सिर्फ एक वर्ष के लिए ड्रॉ (लॉटरी) द्वारा निर्वाचित होते थे।

60. सूची-I तथा II को मिलाकर सही उत्तर का चयन नीचे दिए कूट से करें–

सूची-I	सूची-II
A. वेली-चेनु	(i) सूखी जमीन
B. नीरू-रेला	(ii) गीली जमीन
C. टोमटा-भूमि	(iii) बागान
D. राचा-डोडी	(iv) राजसी जमीन

कूट:

	A	B	C	D
(a)	(i)	(ii)	(iii)	(iv)
(b)	(i)	(ii)	(iv)	(iii)
(c)	(ii)	(i)	(iii)	(iv)
(d)	(iv)	(iii)	(ii)	(i)

उत्तरमाला

1. (b)	2. (c)	3. (d)	4. (d)	5. (b)	6. (a)	7. (c)
8. (c)	9. (a)	10. (b)	11. (d)	12. (c)	13. (a)	14. (d)
15. (a)	16. (b)	17. (c)	18. (c)	19. (b)	20. (a)	21. (c)
22. (a)	23. (a)	24. (b)	25. (a)	26. (c)	27. (b)	28. (b)
29. (a)	30. (d)	31. (b)	32. (c)	33. (c)	34. (d)	35. (c)
36. (a)	37. (b)	38. (c)	39. (d)	40. (b)	41. (c)	42. (b)
43. (d)	44. (c)	45. (b)	46. (d)	47. (c)	48. (d)	49. (d)
50. (a)	51. (c)	52. (b)	53. (d)	54. (a)	55. (b)	56. (c)
57. (c)	58. (c)	59. (c)	60. (a)			

अध्याय

10

13वीं तथा 14वीं शताब्दी

10.1 सामान्य सर्वेक्षण

मध्यकालीन संक्रमण–पहली सहस्राब्दि के अन्त में शुरू हुआ मध्यकालीन संक्रमण पूर्व एवं उत्तर-मध्यकालीन इतिहास को अलग करता है। पूर्व मध्यकाल में राजवंशीय सत्ता के केन्द्रीय क्षेत्र के भीतर चलने वाले आन्तरिक विकासों ने स्थानीय समाजों के परिवर्तन में अग्रणी भूमिका निभाई थी, 1200 ईसवी तक यह सत्य नहीं रहा था। दूरवर्ती गृह प्रदेशों के योद्धा प्रत्येक स्थान पर स्थानीय इतिहासों में प्रधानता हासिल कर चुके थे। योद्धाओं का उदय गुर्जर-प्रतिहारों एवं साम्राज्यीय चोलों की शुरुआत के साथ हुआ था। कृषि अभिजात्यों पर योद्धाओं का प्रभुत्व महमूद के भारत आने से पहले तक काफी बढ़ चुका था। गजनवियों एवं उसके उत्तराधिकारियों ने पेशेवर योद्धा साम्राज्यवाद को विस्तारित, एकीकृत एवं संस्थाकृत किया था और उन्होंने सैन्य नेताओं की क्षेत्रीय उत्पत्तियों एवं सांस्कृतिक संयोजन में एक विस्थापन को भी चिन्हित किया था।

मध्य एशियाई लोगों की सैनिक सर्वोच्चता–भारत के मध्यकालीन संक्रमण के दौरान मध्य एशियाई योद्धाओं ने तेजी से अपनी सर्वोच्चता स्थापित कर ली। तेज घुड़सवार सेना (जो तेजी के साथ तीरों की बौछार कर सकती थी), खुले एवं बन्द युद्ध के लिए समर्पित विशाल सेनायें, आधुनिकतम शस्त्रों एवं कवचों से सज्जित घुड़सवार सेना जो तेजी से लम्बी दूरी तय कर सकती थी और विजय के लाभों को लम्बे समय तक कायम रख सकती थी, आदि के माध्यम से ऐसा संभव हुआ था। तुर्की एवं अफगान जनजातियों ने इस प्रकार के युद्ध के लिए सर्वोत्कृष्ट आदमी उपलब्ध कराये एवं उनके अनुशासन एवं प्रेरणा के लिए नस्लीय साहचर्य भी उपस्थित था। मध्य एशियाई स्टेपी घास मैदानों तथा चरागाहों ने कम मूल्य पर घोड़ों की आपूर्ति को सुनिश्चित किया जबकि मंगोल राज्य से गुजरने वाले मार्गों ने उत्कृष्ट सैनिक तकनीक उपलब्ध कराई। दूसरी ओर हिंदुकुश के पूर्व एवं दक्षिण में स्थित समकालीन राजवंश घोड़ों के आयात पर निर्भर थे जो भूमि के द्वारा अफगानिस्तान और समुद्र के द्वारा अरब से किया जाता था। वे अभी भी घोड़ों की तुलना में हाथियों पर चढ़कर लड़ते थे और अंतिम समय तक लड़ते थे और घुड़सवारों से लड़ने के लिए किलों का निर्माण अपवाद रूप में ही करते थे।

दिल्ली सल्तनत की पृष्ठभूमि–12वीं से 14वीं शताब्दियों तक मध्य एशिया की सेनाओं ने भारत के उत्तरी मैदानों को रौंद दिया था। अलबरुनी के भौगोलिक मार्ग (1048 ईसवी), मार्कोपोलो की यात्राओं (1271-1295 ईसवी) तथा इब्नबतूता (1325-1354 ईसवी) के बीच के समय में दक्षिणी यूरेशिया में संचरण के आन्तरिक मार्ग राजवंशीय प्रतिस्पर्धा का एक सतत क्षेत्र बन गये थे जो फारस में कुम से लेकर मध्य एशिया में समरकन्द तथा भारत में दिल्ली, सूरत व ढाका तक फैले थे। इसी समय हिन्द महासागर एक एकीकृत वाणिज्यिक तंत्र बन गया। 13वीं शताब्दी में दिल्ली में एक नये प्रकार के राजवंशीय शासन का उदय हुआ। दिल्ली सल्तनत की उत्पत्ति मोहम्मद गौरी की विजयों में छुपी थी, जिसने 1186 ईसवी में सिन्धु घाटी में गजनवियों को

उखाड़ फेंका था। 1190 में उसने राजस्थान में भटिण्डा पर कब्जा कर लिया जिसके कारण उसका युद्ध पृथ्वीराज चौहान के साथ हुआ। 1192 में पृथ्वीराज चौहान की अन्तिम रूप से हार हुई। 1206 में जब मोहम्मद गौरी की मृत्यु हुई तो उसके विश्वासपात्र मामलूक (पूर्व दास), सेनापति कुतबुद्दीन ऐबक ने दिल्ली में एक स्वतंत्र राजवंश की घोषणा कर दी। उसका राजवंश उस शृंखला में पहला था, जिसे सामूहिक रूप से 'दिल्ली सल्तनत' के रूप में जाना जाता है।

दिल्ली सल्तनत एवं मध्य एशियाई—मध्य एशियाई योद्धाओं ने भारत को अपने मध्य एशियाई युद्धों के वित्त पोषण हेतु लूटने के एक समृद्ध स्थान के रूप में देखा। गजनवियों, गौरियों, मंगोलों तथा तैमूर सभी ने इसी तरीके से भारत पर नजर दौड़ाई। किन्तु दिल्ली सल्तनत द्वारा मंगोलों की पराजय ने राजनीतिक पर्यावरण को बदल दिया क्योंकि यह भारत के भीतर मध्य एशियाई सुल्तानों के घरेलूकरण को चिन्हित करती थी। जहाँ वे समृद्ध भू-प्रदेश की रक्षा करते थे और एक परिवर्तित राजनीतिक संरचना का हिस्सा बन गये थे। इस प्रकार मंगोलों ने भारतीय क्षेत्रों पर ऐसे कई अप्रत्यक्ष प्रभाव डाले जो उन्होंने कभी नहीं देखे थे। ऐबक, इल्तुतमिश, बलबन जैसे योद्धा मंगोल सैन्य कौशल के साथ प्रशिक्षित हुए थे और इस कौशल का प्रयोग उन्होंने मंगोलों के विरुद्ध अपने राज्यों की रक्षा में किया। भारतीय निम्न भूमियों में बसने के बाद तुर्क एवं अफगान सुल्तान स्थानीय समाजों के सदस्य बन गये। वे भारत में पुन: बसने वाले विकीर्णित मध्य एशियाई प्रवासी बन गये; फिर भी मध्य एशिया से आने वाले प्रवासी योद्धाओं ने भारतीय निम्न भूमियों को जीतने के प्रयास जारी रखे क्योंकि इन भूमियों से मध्य एशियाई आन्तरिक भागों में व्यापारिक मार्गों पर स्थानीय प्रतिस्पर्धियों की तुलना में आसानी से पहुँचा जा सकता था जो नवीनतम सैन्य तकनीक उपलब्ध कराते थे। बाबर 16वीं शताब्दी में एक शानदार उदाहरण है जिसने अन्तिम दिल्ली सुल्तानों के विरुद्ध बारूद एवं तोपों का प्रयोग किया था किन्तु ये सुल्तान अभी भी स्टेपी युद्ध नीति की सम्माननीय किन्तु प्राचीन विधियों पर निर्भर थे।

चंगेज खान एवं मंगोल साम्राज्य

दिल्ली सुल्तानों ने उन मंगोलों को खदेड़ कर ख्याति अर्जित की जो एशिया में कहीं भी नहीं रोके गये थे। चंगेज खान (1150 या 1160 के दशक से 1227 ईसवी) ने मंगोल जनजातियों को एकीकृत करके इतिहास के सबसे बड़े साम्राज्य की स्थापना की थी। उसके एक पौत्र बाटू खान ने 1237 ईसवी में यूरोप पर आक्रमण किया और बुलगारिया, मॉस्को, कीव, हंगरी एवं पोलैण्ड को विजित कर स्थानीय शासकों को कर देने के लिए बाध्य किया। एक अन्य पौत्र कुबलाईखान ने उत्तरी चीन को जीता और 1271 ईसवी में युआन सम्राट बन गया। उसकी सेनाओं ने 1279 ईसवी में अन्तिम रूप से दक्षिणी सुंग को हराया और उसके राजवंश ने 1368 ईसवी तक शासन किया। पूरे यूरेशिया में चीन से लेकर तुर्किस्तान, फारस एवं रूस तक फैला मंगोल डाकतंत्र एवं सड़कतंत्र स्थलीय व्यापार को बढ़ावा देता था और इसी के द्वारा चीन से बारूद, दिशासूचक यंत्र एवं मुद्रण कला यूरोप में पहुँची। इन्हीं मार्गों के साथ मार्कोपोलो ने वेनिस से चीन तक की यात्रा की और वापस लौटा। किन्तु मंगोल भारत को नहीं जीत सके। भारत को जीतने में निरन्तर असफल रहे मंगोलों ने सिन्धु घाटी से ही वापस लौटकर अपनी शक्तियों को अन्य स्थानों पर संकेन्द्रित किया और प्रशंसनीय सफलतायें अर्जित कीं।

भारत पर तैमूर का आक्रमण—मंगोलों के साथ वैवाहिक संबंधों में बंधे तुर्क योद्धाओं ने भारत में सफलता प्राप्त की। तैमूर को तैमूरलंग के नाम से भी जाना जाता है तथा उसका जन्म समरकन्द के निकट किश नामक स्थान पर हुआ था। तैमूर ट्रांस-ऑक्सियाना के चगताई खान के अल्पजीवित मंगोल उत्तराधिकारी राज्य में एक गवर्नर बना और बाद में अपने खान का वजीर बनने के बाद अन्त में स्वयं शासक बन बैठा। 1370 ईसवी में शासक बनने के बाद उसने अपना विजय अभियान आरंभ किया और 1387 ईसवी तक अफगानिस्तान और फारस को जीत लिया। उसके बाद उसने 1398 ईसवी में भारत पर आक्रमण किया। उसने गंगाघाटी को जीतकर मुल्तान के गवर्नर को दिल्ली के सिंहासन पर बिठा दिया और वापस अफगानिस्तान लौट गया। उसकी विजय ने दिल्ली सल्तनत की साम्राज्यीय सत्ता का अन्त कर दिया जो अब कई छोटे-छोटे सुल्तानों के आधीन बिखर गई थी और बाबर द्वारा 1526 में विजित होने से पूर्व एक क्षेत्रीय शक्ति के रूप में मौजूद रही थी। बाबर ने तैमूर एवं चंगेजखान दोनों के वंशज होने का दावा किया था।

10.2 गौरी का आक्रमण

गौर साम्राज्य अपने शिखर पर दो भाई शमसुद्दीन मुहम्मद तथा शिहाबुद्दीन (बाद में मुइजुद्दीन मुहम्मद के आधीन पहुंचा। इनमें से पहले ने पश्चिम की ओर विस्तार पर ध्यान दिया, दूसरे ने,

जिसकी राजधानी गजनी थी, महमूद के भारत पर आक्रमण की परंपरा का अनुसरण किया। उन्होंने 1175 ई. में मुल्तान पर कब्जा कर लिया परंतु जब 1178 में उन्होंने अनहिलवाड़ा अथवा पटन (गुजरात के वघेल राजा मूलराज II की राजधानी) पर आक्रमण किया तो माउंट आबू के पास पराजित हुए। इसके बाद उन्होंने सिंध तथा मुल्तान के रास्ते भारत पर आक्रमण के महमूद के तरीके को त्याग दिया। इसके स्थान पर वे पंजाब की तरफ मुड़े जहां से अच्छे आसार थे। धीरे-धीरे मुल्तान, लाहौर तथा सिंध गौर साम्राज्य का अंग बन गया।

जीते गए क्षेत्र पर अपनी पकड़ मजबूत करने के बाद मुइजुद्दीन ने तब्रहिंद (भटिंडा) पर 1189 ई. में कब्जा कर लिया जिसके परिणामस्वरूप पृथ्वीराज चौहान को तुरंत प्रतिक्रिया करनी पड़ी। दोनों 1191 में दिल्ली के निकट तराई के युद्ध में मिले। सुल्तान को कुछ खिलजी सैनिकों ने बंदी बनने से बचा लिया। पृथ्वीराज ने तब्रहिंद पर अधिकार कर लिया परंतु उसके आगे हमलावरों का पीछा नहीं किया। तराई के दूसरे युद्ध (1192) में मुहम्मद विजयी हुआ। दिल्ली के तोमर राजा गोविंदराज सहित लगभग एक लाख राजपूत सैनिक मारे गए। पृथ्वीराज को बंदी बनाकर अजमेर ले जाया गया जहां वे गौर सामंत के रूप में कुछ दिनों तक शासन करते रहे। बाद में धोखे से उन्हें मार दिया गया।

कन्नौज का गहड़वाल राजा जयचंद्र 1194 में यमुना के तट पर चंदवार के युद्ध में मारा गया। महमूद के सेनापति कुतुबुद्दीन के नेतृत्व में तुर्कों ने कालिंजर, महोबा तथा खजुराहो पर भी अधिकार कर लिया। सन् 1200 ई. तक बनारस से पंजाब तक तथा ग्वालियर से अनहिलवाड़ा तक तुर्की सैन्य चौकियां स्थापित हो चुकी थीं तथा दुर्ग प्रधानों की नियुक्ति हो चुकी थी।

इस बीच मुहम्मद के अन्य दास बख्तियार खिलजी ने बिहार तथा बंगाल पर कब्जा कर लिया। उन्होंने बिहार के बौद्ध विश्वविद्यालय ओदंतीपुरी तक कब्जा किया जहां उन्होंने अनेक बौद्ध भिक्षुओं को मारकर शहर पर अधिकार कर लिया। सन् 1204-05 में बख्तियार ने बंगाल के राजा लक्ष्मणसेन की राजधानी नाडिया अथवा नवद्वीपा पर आक्रमण किया। तबकाते-ए-नसीरी के अनुसार वे जब जबरदस्ती महल में दाखिल हुए उस समय उनके साथ सिर्फ अठारह घुड़सवार थे। लक्ष्मणसेन भाग खड़ा हुआ तथा बख्तियार ने अंततः अपना डेरा सेन की पश्चिमी राजधानी गौर के निकट लखनौटी में डाला। दुर्भाग्य से कुछ समय बाद बख्तियार की हत्या उनके सेनापति ने कर दी।

इस बीच मुइजुद्दीन मुहम्मद ऑक्सस में ख्वाराजय शासकों द्वारा पराजित हो गया। इस समाचार से उत्साहित होकर पंजाब के खोखरों ने विद्रोह कर दिया परंतु मुहम्मद ने उनके विद्रोह को कुचल दिया तथा वापस गजनी लौट गए। 1206 में झेलम के तट पर एक खोखर ने उनकी हत्या कर दी। मुहम्मद का एक भी पुत्र नहीं था, परंतु उसके अनेक दास थे। सबसे महत्त्वपूर्ण दास ताजुद्दीन यिलदोज था जो उनके बाद गजनी का शासक बना।

10.3 दासों के अधीन दिल्ली के सुल्तान

संघटन एवं विस्तार—अन्य तुर्क अधिकारियों के द्वारा मान्यता दिये जाने के बाद कुतबुद्दीन ऐबक ने भारत में एक तुर्क राज्य की स्थापना की। उसके बाद उसका पुत्र आराम बख्श शासक बना जिसे कुतबुद्दीन के दामाद ने 1211 ईसवी में पदस्थापित कर दिया। 1229 ईसवी में इल्तुतमिश ने बगदाद के अब्बासी खलीफा के प्रतिनिधि द्वारा दिल्ली के सुल्तान के रूप में अपना राज्याभिषेक कराया। उसने कुतबुद्दीन के सहयोगियों (दास सेनापति जिनका अधिकांश उत्तर-पश्चिमी भारत में नियंत्रण था) के विरुद्ध कड़े युद्धों में सफलता प्राप्त करके अपनी पहचान स्थापित की। उसे राजपूत प्रतिरोध का भी सामना करना पड़ा। हालांकि उसने ग्वालियर एवं रणथम्भौर पर पुनः कब्जा कर लिया किन्तु कई राजपूत नेताओं (उदाहरण के लिए उदयपुर के निकट नागदा के गहलौत एवं आगरा के दक्षिण में बूँदी के चौहान) ने उसका सफलतापूर्वक सामना किया। किन्तु 1236 ईसवी में अपनी मृत्यु से पहले उसने बिहार में बख्तियार खिलजी के अनुयायियों को पराजित करने के बाद बंगाल पर अपना नियंत्रण स्थापित कर लिया था।

मंगोल चुनौती

अपने शासन के आन्तरिक संघटन की इन समस्याओं के अलावा इल्तुतमिश को मंगोलों के विरुद्ध भी रक्षात्मक उपाय करने पड़े जो इस समय भारत में दस्तक दे रहे थे। ख्वारिज मुशाह को हराने के बाद उसके पुत्र का पीछा करते हुए चंगेजखान 1221 ईसवी में सिन्धु तक पहुँच गया। इल्तुतमिश की मंगोलों को अपने राज्य से बाहर रख पाने की सफलता का कारण यह था कि उसने ख्वारिज मुशाह का पक्ष लेने से परहेज किया था। चंगेज खान ने अपनी कुछ सेनायें पंजाब में छोड़ीं जो कि दिल्ली सल्तनत के लिए 13वीं शताब्दी तक एक काँटे की भाँति बना रहा लेकिन सुल्तान एवं उनकी सेनाएँ हिन्दू राजाओं की तुलना में मंगोलों के लिए अधिक बेहतर प्रतिस्पर्धी साबित हुई क्योंकि इन हिन्दू राजाओं की पुरानी युद्ध नीतियाँ नई आवश्यकताओं के अनुरूप नहीं थीं और ये भारत की प्रभावी रक्षा करने में असमर्थ थीं।

आन्तरिक संघर्ष–इल्तुतमिश की मृत्यु के बाद के तीन दशक सुल्तान के पूर्वजों, दासों, प्रांतीय शासकों व सेनापतियों के बीच आन्तरिक संघर्ष के काल को चिन्हित करते हैं। इल्तुतमिश की पुत्री रजिया ने 3 वर्षों तक शासन किया। समकालीन ऐतिहासिक कृति तबकात-ए-नासिरी में उसका उल्लेख एक बुद्धिमान शासक एवं योग्य सेनापति के रूप में किया गया है: 'उसके पास एक शासक के अनुरूप सभी गुण थे किन्तु इन गुणों का उसके लिए क्या उपयोग था, क्योंकि भाग्य ने एक पुरुष के रूप में पैदा न होने के कारण उसका पक्ष लेने से इनकार कर दिया था? उसे दरबारियों द्वारा पद से हटा दिया गया और जब उसने एक अमीर की सहायता से सिंहासन को पुन: पाने का प्रयास किया तो उसकी हत्या कर दी गई।

चालीसा और बलबन

बाद के संघर्षों में चालीसा का प्रभावी समूह (चालीसा या चहलगानी), जिसमें अधिकांशत: इल्तुतमिश के शक्तिशाली तुर्क दास थे, ने अधिकाधिक प्रभाव अर्जित करना शुरू कर दिया और इल्तुतमिश के सभी पुरुष वंशजों की मृत्यु के बाद इनमें से एक ने सत्ता पर अधिकार कर लिया। यह नया सुल्तान बलबन अपनी मजबूत रणनीतियों के लिए कुख्यात था। वह पहले ही विद्रोही राजपूतों को कुचल चुका था और अब उसने चालीसा समूह के अन्य सभी सदस्यों की हत्या करवा दी। इसके बाद उसने मंगोलों के विरुद्ध सुरक्षा को सशक्त बनाया एवं उसके पुत्र मोहम्मद ने 1279 ईसवी में मंगोलों को हराया। उसने दिल्ली सल्तनत से अपनी स्वतंत्रता की घोषणा करने वाले बंगाल के सुल्तान, जो कि एक तुर्क अधिकारी था, की हत्या भी करवा दी। बलबन के वंशजों ने बंगाल पर 1338 ईसवी तक शासन किया उसके बाद बंगाल पुन: एक स्वतंत्र राज्य बन गया।

ऐबक (1206-10)

ऐबक भारत में मुहम्मद की मृत्यु के बाद भारत का प्रथम स्वतंत्र मुस्लिम शासक बना ये मुहम्मद का सहायक तथा दास था। इसने गुलाम वंश की स्थापना की (इसे मामलुक वंश भी कहा गया) इसकी मृत्यु चौगान अथवा पोलो खेलते हुए हुई तथा उसके बाद उसका पुत्र अराम बक्श (1210-11) आया।

इल्तुत्मिश (1211-36)

इल्तुत्मिश ऐबक के गुलाम तथा दामाद थे। ये गद्दी पर आराम बक्स को हटाकर आए। यद्यपि ये भारत में मुस्लिम राज्य को वास्तविक मजबूती प्रदान करने वाले व्यक्ति थे, प्रारंभ में सार-ए-जानदार (शाही अंगरक्षकों के प्रमुख) थे तथा बदायूं जैसे महत्वपूर्ण इक्ता के इक्तादार थे। इलबेरी कबीले के होने के कारण इनके उत्तराधिकारी इलबेरी तुर्क कहे जाते हैं।

अपने शासन के प्रारंभिक दस वर्षों में इल्तुत्मिश अपने विरोधियों से अपनी गद्दी बचाने में लगा रहा। इस बीच मंगोल चंगेज खान काफी शक्तिशाली बन गया तथा उसने एक विशाल साम्राज्य स्थापित कर लिया। जब अंतिम ख्वारज्म शासक जलालुद्दीन ने गजनी के क्षेत्र में 1221 ई. में एक मंगोल सेना को पराजित किया तो चंगेज ने बिजली की तेजी से आकर इस पराजय का बदला लिया तथा जलाल को सिंधु तक खदेड़ा। अपने अनेक आग्रहों के बाद भी जलाल इल्तुतमिश को मदद भेजने के लिए राजी नहीं कर पाया। इल्तुत्मिश तथा जलाल के लिए सौभाग्य से चंगेज को अपना ध्यान अपने राज्य की ओर मोड़ना पड़ा।

1228 ई. में मुल्तान तथा सिंध दिल्ली सल्तनत के अंग बना लिए गए परंतु इसके पहले इल्तुत्मिश ने बिहार तथा बंगाल पर अपने अधिकार को पुन: दर्शाया। सुलतान ने राजस्थान में भी विद्रोहों को दबाया। 1226 से 1231 के बीच उसने रणथंभौर, अजमेर, सांभर, नागौर तथा ग्वालियर पर पुन: अधिकार कर लिया। 1231-35 में इल्तुत्मिश ने मालवा के विरुद्ध एक अभियान छेड़ा तथा भिलसा पर कब्जा कर लिया। उज्जैन पर अधिकार करने के बाद प्राचीन महाकाल मंदिर को गिरा दिया गया। उनके बदायूं, कन्नौज तथा बनारस के विरुद्ध सैन्य अभियानों से वहां के राजाओं की स्वतंत्रता समाप्त हो गई।

इल्तुत्मिश 13वीं शताब्दी का भारत का एक महान शासक तथा एक कुशल राजनीतिज्ञ था। 1229 में अब्बासीद खलीफा से मंसूर (स्वीकृति पत्र) मिलने के बाद उसके राज्य को वैधता मिल गई। इल्तुत्मिश प्रतिभाशाली लोगों के प्रति काफी उदार था जो उसके साम्राज्य के स्तंभ बन गए।

रुक्न-उद-दीन (अप्रैल-नवंबर 1236)

अपने बाकी अयोग्य पुत्रों के स्थान पर इल्तुत्मिश ने अपनी योग्य पुत्री रजिया को आगे बढ़ाया। 1231 ई. में अपने ग्वालियर अभियान के दौरान उसने रजिया को दिल्ली में अपना प्रतिनिधि नियुक्त किया था। इल्तुत्मिश की मृत्यु के बाद उनके सबसे बड़े लड़के की मां, शाह तुर्कोन ने अपने बेटे को रुक्न-उद-दीन के रूप में गद्दी पर बैठा दिया जब इल्तुत्मिश के एक दूसरे पुत्र ने अवध में विद्रोह किया तो उसे दबाने रुक्न-उद-दीन राजधानी से बाहर निकले। इससे

रजिया को गद्दी पर कब्जा करने तथा, अपने भाई को मरवाने का मौका मिल गया।

रजिया (1236-40)

अनेक ताजीकों को ऊंचे पद देने के बाद रजिया ने इथियोपिया के एक हब्शी दास जमाल-उद-दीन याकूत को शाही अस्तबल का प्रधान बना दिया। इससे पहले से असंतुष्ट तुर्की अमीर पूरी तरह भड़क गए। साथ-साथ सुल्तान जनता में बिना पर्दे के आने लगी। यद्यपि दिल्ली की जनता ने उनका साथ दिया किंतु इक्तादारों का विरोध बढ़ने लगा। 1239-40 के बीच उन्होंने अधिकांश विद्रोही इक्तादारों का दमन कर दिया, परंतु उनमें से एक, अल्तूनिया ने याकूत की हत्या कर रजिया को बंदी बना लिया। इस बीच तुर्की अमीरों ने इल्तुत्मिश के तीसरे बेटे बहराम को गद्दी पर बैठा दिया। रजिया ने अस्तुनिया से विवाह कर लिया तथा दिल्ली पर कब्जा करने का उनका संयुक्त प्रयास विफल रहा। उन दोनों की कुछ लुटेरों ने हत्या कर दी।

रजिया की पराजय से तुर्की अमीरों के प्रभुत्व का काल प्रारंभ हुआ तथा इनमें सर्वोच्चता के लिए संघर्ष प्रारंभ हो गया। यद्यपि जिया-उद-दीन बरानी ने उन्हें चालीसा अथवा चिहलगानी (चालीस का समूह) बुलाया है परंतु न तो वे संगठित समूह थे, न ही उनकी संख्या चालीस थी। वस्तुतः इल्तुत्मिश के मात्र पचीस प्रमुख मलिकों का उल्लेख मिनहाज सिराज करते हैं।

बहराम शाह (1240-42)

बहराम को मलिक नायब या नायब-ए-माम्लाकात के पद को बनाने के लिए बाध्य किया गया जो वास्तविक शासक बन बैठा जबकि सुलघन नाममात्र को शासक था। जब बहराम ने अपने अधिकार जतानें का प्रयास किया तो उन्हें बंदी बना लिया गया तथा उनकी हत्या कर दी गई।

मसूद शाह (1242-46)

रुक्न-उद-दीन के पुत्र मसूद को अगला सुल्तान बनाया गया परंतु बलबन के नासिर-उद-दीन की मां मलिक-ए-जहान के साथ मिलकर मसूद के विरुद्ध षड्यंत्र रचा। परिणामतः मसूद को गद्दी से हटाकर बंदी बना लिया गया।

नासिर-उद-दीन महमूद (1246-66)

अपने से पहले के सुल्तानों के परिणाम से अवगत नासिर-उद-दीन के पास प्रशासन को पूरी तरह बलबन के हाथों में छोड़ने के अलावा और कोई रास्ता नहीं था। अगस्त 1249 ई. में सुल्तान ने बलबन की पुत्री से विवाह किया तथा उसे मलिक नायब बना दिया। उसे उलुग (महान) खान की उपाधि से भी सम्मानित किया गया। अब वस्तुतः बलबन ही शासक था, परंतु सुल्तान को बलबन की बढ़ती शक्तियों से चिंता होने लगी। 1253 में एक परिवर्तित हिंदू रेहन ने सुल्तान को प्रभावित कर बलबन को उनके इक्ता नागौर भिजवा दिया, परंतु बलबन के समर्थक ने जल्दी ही सुल्तान को प्रभावित कर रेहन को बदायूं भिजवा दिया तथा बलबन वापस दिल्ली आ गया। इसामी के फतुह-उस-सलातीन के अनुसार बलबन ने बाद में नासिर-उद-दीन को जहर दे दिया तथा गद्दी पर अधिकार कर लिया, किंतु कुछ लोग इस कहानी की सत्यता पर शक करते हैं।

बलबन (1266 -87)

बलबन ने दिल्ली सल्तनत की समस्याओं को सही प्रकार से समझा तथा उसका ठीक-ठाक निदान किया। वह जानता था कि सुल्तान को मुख्य खतरा चहागानी के आपसी झगड़े तथा उनकी ज्यादा शक्ति प्राप्त करने के प्रयासों से है। उसने सिजदा तथा पाइबोस (सुल्तान के पाँव-चूमना) जैसे दरबार के कड़े नियम प्रारंभ किए जिससे वे अमीरों तथा मलिकों के ऊपर अपना स्थान सिद्ध कर सकें। जनता तथा अपने अमीरों को अपने धन का प्रदर्शन करने के लिए उसने फारसी पर्व नौरोज प्रारंभ किया। बहादुर सिपाहियों का एक दल गद्दी की रक्षा के लिए होता था। दरबार में किसी भी प्रकार का हंसी-मजाक बिलकुल मना था। वह अपने बेटों तथा अमीरों को यह एहसास दिलाता रहता था कि सुल्तान भगवान का प्रतिनिधि होता है तथा वह पैगंबर के बाद आता है। सुल्तान जमीन पर भगवान का साया है जिसे सीधे भगवान से निर्देश मिलते हैं।

कट्टर समर्थक अमीरों को छोड़कर शेष का सही अथवा गलत तरीकों से सफाया कर दिया गया। बदायूं के गवर्नर मलिक बकबक को अपने नौकर को मारने के आरोप में खुलेआम कोड़े लगाए गए। अवध के गवर्नर हैबत खान को नशे में एक आदमी की हत्या के आरोप में कोड़े लगवाकर उस आदमी की विधवा को सौंप दिया गया। भटिंडा के गवर्नर शेरखान को जहर दे दिया गया।

सल्तनत के विस्तार के स्थान पर बलबन ने दिल्ली की अगल-बगल शांति स्थापित करने पर ज्यादा ध्यान दिया। बलबन ने दीवान-ए-अर्ज (सैन्य विभाग) एक अलग विभाग बनाया तथा सेना को पुनः नियोजित किया। मेवातियों के गांवों

पर बार-बार आक्रमण कर उसने दिल्ली को उनके प्रकोप से मुक्त करा दिया। सुल्तान ने दो बार अवध पर आक्रमण किया तथा विद्रोहियों को मारकर गांवों को लूटा। बदायूं अमरोहा तथा कटिहार (आधुनिक रोहिलखंड) के विद्रोहियों को भी मार डाला गया। उनके शिकारों से दिल्ली से अवध तक का क्षेत्र काफी सुरक्षित हो गया। सड़कें यातायात के लिए सुरक्षित हो गई जिससे व्यापार तथा कृषि ने उन्नति की तथा शहरीकरण की प्रक्रिया बड़ी। परंतु बलबन के गुलाम तुघरिल, जिसे उन्होंने बंगाल का गवर्नर बनाया था, ने विद्रोह करके उन्हें कड़ा झटका दिया। तुघरिल को अंततः बलबन की सेना ने पकड़ लिया तथा उसका कटा हुआ सिर सुल्तान के पास भेज दिया गया। दुर्भाग्यवश 1285 ई. में एक मंगोल सेना आई। बलबन के बड़े बेटे मुहम्मद ने मंगोलों पर आक्रमण किया परंतु वह इस लड़ाई में मारा गया। यह बलबन के लिए एक बड़ा धक्का था। सुल्तान ने अपने गमों को दबाकर अपना काम चालू रखा परंतु कहा जाता है कि वह अपने मृत पुत्र के लिए रात-रात भर रोता था।

कैकुबाद (1287-90)

बलबन की मृत्यु के बाद दिल्ली के शक्तिशाली कोतवाल फकर-उद-दीन ने कैकुबाद (बलबन के एक पोते) को गद्दी पर बिठा दिया। यह सुल्तान अय्याशी में डूब गया तथा अपनी अय्याश जीवन शैली को नहीं छोड़ पाया। उसे लकवा मार गया तथा कुछ दिनों के बाद उसे एक खिलजी मलिक ने मार डाला। इस प्रकार इलबेरी शासन समाप्त हुआ।

10.4 अला-उद-दीन खिलजी : सुधार तथा विजय

जलाल-उद-दीन (1290-96)

उनके शासनकाल में उनके भतीजे तथा कारा के नायब अलाउद्दीन ने यादव राज्य पर हमला किया था। जब अलाउद्दीन की विजय का समाचार दिल्ली पहुंचा तो सुल्तान ने यह इच्छा व्यक्त की कि उनका भतीजा देवगिरी से प्राप्त लूट (घनीगा) उनके हवाले कर दे। बिना अनुमति के देवगिरी पर आक्रमण करने के लिए खेद व्यक्त करते हुए अलाउद्दीन ने अपने चाचा को कारा आने के लिए मना लिया। जलालुद्दीन के पहुंचने पर अलाउद्दीन उनके पैरों पर गिर पड़ा परंतु अपने सहयोगियों को इशारा किया जो उसके आदेश का इंतजार कर रहे थे। उन्होंने सुल्तान की हत्या कर दी तथा अलाउद्दीन (मूल नाम-अली गुरशस्प) ने गद्दी पर कब्जा कर लिया।

अला-उद-दीन के सुधार

नया धर्म स्थापित करने की इच्छा–बरनी के अनुसार, अलाउद्दीन एक नए धर्म की स्थापना की इच्छा रखते थे तथा हजरत मुहम्मद से आगे निकलना चाहते थे, परंतु बरनी के चाचा अला-उल-मुल्क ने उन्हें इस विचार को त्यागने के लिए तैयार कर लिया।

अमीरों पर नियंत्रण-अलाउद्दीन के खास विश्वास प्राप्त लोगों के विश्लेषण के अनुसार विद्रोहों का मुख्य कारण उनके अधिकारियों का धनी होना, उनके आपसी वैवाहिक रिश्ते, जासूस तंत्र की असफलता तथा शराब का सेवन था। अतः अलाउद्दीन ने चार अध्यादेश जारी किए। पहले के द्वारा उन्होंने सारे कर मुक्त दान वापस ले लिए तथा मुस्लिम धार्मिक दानों को जब्त कर लिया। जासूसी तंत्र को दुरुस्त किया तथा अमीरों के घरों में होने वाली सारी गोपनीय गतिविधियों की सूचना सीधे सुल्तान को मिलने लगीं। तीसरा, शराब तथा नशीले पदार्थों की आम बिक्री पर रोक लगा दी गई। चौथे, अध्यादेश के द्वारा अमीरों के घरों पर होने वाले सामाजिक समारोहों पर तथा सुल्तान की अनुमति के बिना आपस में वैवाहिक संबंधों की स्थापना पर प्रतिबंध लगा दिया गया।

ग्रामीण अमीरों का दमन-ऊपर वर्णित उपायों का उद्देश्य मुस्लिम अमीरों पर नियंत्रण स्थापित करना था, परंतु ग्रामीण प्रमुख, सूत तथा मुकद्दम, भी काफी धनी थे। वे कभी-कभी विद्रोहियों को सैन्य सहयोग देते थे। सुल्तान के राजस्व नियंत्रण से ये गरीब होकर मामूली किसानों के स्तर पर आ गए।

सैन्य सुधार–सुल्तान को अपने साम्राज्यवादी विचारों को पूरा करने के लिए एक संगठित सेना की आवश्यकता थी। फरिश्ता के अनुसार उन्होंने 4,75,000 घुड़सवार भर्ती किए। उनके सैन्य सुधारों में दाग घोड़ों को दागना) तथा चेहरा (सिपाहियों का विवरण) प्रारंभ करना, सेना की नियमित हाजिरी, सैनिकों के इक्ता समाप्त कर उन्हें नियमित वेतन देना इत्यादि सम्मिलित था, परंतु बड़े अमीरों तथा बड़े सेनाध्यक्षों के इक्ता को नहीं छेड़ा गया।

बाजार नियंत्रण

अपने सैनिकों को सीमित वेतन से संतुष्ट रखने हेतु सुल्तान ने कीमतों पर कड़ा नियंत्रण प्रारंभ किया जो लागत पर आधारित था। इन प्रयासों को मजबूत करने के लिए उन्होंने दिल्ली में चार बाजार स्थापित करवाए।

पहला, अनाज के लिए दूसरा कपड़ों, चीनी, सूखे फल, जड़ी-बूटी, मक्खन तथा तेल के लिए, तीसरा घोड़े, गुलाम तथा पशुओं के लिए तथा चौथा विभिन्न सामग्रियों के लिए थे। अनाज की आपूर्ति सुनिश्चित करने के लिए दोआब से अनाज के रूप में कर लिया जाता था जिसे राजसी भंडार गृह में रखा जाता था। उत्पादकों को अपनी फसल खेतों में ही निश्चित मूल्य पर बेचनी पड़ती थी। निजी बिक्री के लिए उन्हें कुछ भी ले जाने की अनुमति नहीं होती थी। शाहना (बाजार नियंत्रक) बरीद (जासूस) तथा मुन्हिया (सुल्तान के गुप्तचर) अपना-अपना ब्यौरा स्वतंत्र रूप से सीधे सुल्तान को देते थे। नियमों की छोटी-से-छोटी अनदेखी को भी बर्दाशत नहीं किया जाता था। व्यापारी भी वाणिज्य विभाग में अनुबंधित होते थे। अपनी-अपनी वस्तुओं की नियमित आपूर्ति का उन्हें अनुबंध देना होता था। दिल्ली के लिए निश्चित की गई दरें प्रांतीय राजधानियों तथा शहरों में भी लागू होती थीं।

अन्य आर्थिक सुधार–उनके अन्य आर्थिक सुधारों में भू-राजस्व को बढ़ाकर उपज का 50% करना तथा सभी बिचौलियों को हटाना, इनाम तथा वक्फ जैसे भू-दानों को पुनः प्रारंभ करना, युद्ध की लूट का एक चौथाई खुद लेना तथा एक बटा पांचवां भाग सैनिकों के लिए छोड़ना, राजस्व बकाया पता लगाने तथा उसकी वसूली के लिए एक नया विभाग, दीवान-ए-मुस्तखराज प्रारंभ करना सम्मिलित था।

अला-उद-दीन के विजय–अलाउद्दीन की सेना ने मंगोलों के खिलाफ तथा उनकी योजना के अनुसार सफलता प्राप्त की। उनके शासन के प्रारंभिक दिनों में अनेक मंगोल आक्रमण हुए। पहले दो आक्रमण विफल कर दिए गए परंतु 1297 ई. के आक्रमण में कुतलुघ ख्वाजा दिल्ली के निकट किली तक आ गए। सुल्तान के सेनापति जफर खान दुश्मनों से लड़ते हुए मारे गए। अंततः विजय सुल्तान की हुई। 1303 में पुनः मंगोल सिरी तक पहुंच गए परंतु उन्हें पराजित किया गया। दो साल बाद मंगोल अमरोहा तक जाने में सफल रहे, उन्हें पुनः खदेड़ा गया। 1306 के उनके आक्रमण को रावी के पास रोका गया था।

1299 ई. में अलाउद्दीन ने अपनी सेना अपने भाई नुसरत खान तथा उलुघ खान के नेतृत्व में विजय के लिए गुजरात भेजी। अलाउद्दीन की सेना से राजा करण की राजधानी अनहिलवाड़ा पर घेरा डाला। राजा तथा उनकी पुत्री (देवल देवी) भागने में सफल रहे, परंतु उनकी पत्नी (कमला देवी) को पकड़कर दिल्ली भेज दिया गया, जहां सुल्तान ने उनसे विवाह कर लिया। हिंदू हिजड़ा काफूर हजारदिनारी, जिसे बाद में सुल्तान ने मलिक नायब बना दिया, भी अपने मालिक से छीना गया था। नुसरत खान तथा उलुघ खान ने उसके बाद रणथंभौर के हमीर देव पर आक्रमण किया। नुसरत खान मारा गया तथा स्थिति को संभालने खुद सुल्तान को आना पड़ा जिसके बाद उन्हें सफलता मिली। 1302-03 में वारंगल के प्रतापरुद्र देव के विरुद्ध सेना भेजी गई, वे आक्रमणकारियों को पराजित कर पाने में सफल रहे। सुल्तान की सेना ने उज्जैन, मांडु, धार तथा चंदेरी पर भी अधिकार किया तथा इन क्षेत्रों के लिए नायब नियुक्त किए गए।

1303 में सुल्तान ने खुद चित्तौड़ पर आक्रमण किया। राजपूत जमकर लड़े। अंततः राजा रतन सिंह ने समर्पण कर दिया। अलाउद्दीन ने मारवाड़ पर भी आक्रमण किया, जहां के शासक ने अंततः समर्पण किया। सुल्तान राजपूतों पर अपना प्रभुत्व स्थापित कर संतुष्ट थे क्योंकि वे दिल्ली से गुजरात का रास्ता साफ रखना चाहते थे।

अलाउद्दीन की सबसे महत्त्वपूर्ण सफलता दक्कन तथा सुदूर दक्षिण पर उनकी विजय थी जो तीन महत्त्वपूर्ण हिंदू वंश-वारंगल के काकातिया, द्वारसमुद्र के होयशाल तथा मदुरै के पांड्या के अधीन था। अलाउद्दीन ने उनके राज्य पर अधिकार करने के स्थान पर उनके खजाने को लूटा तथा उसे वार्षिक रूप से भेंट भेजने के लिए बाध्य किया। उसने 1306-07 में मलिक काफूर को देवगिरी के राजा रामदेव को वार्षिक लगान बंद करने के लिए दंडित करने भेजा। कड़े संघर्ष के बाद रामदेव ने समर्पण कर दिया। 1308 में मलिक काफूर ने वारंगल पर आक्रमण किया जहां के राजा प्रतापरुद्र देव II ने भी अंततः समर्पण कर दिया। कुछ समय आराम करने के बाद मलिक काफूर ने होयशाल पर आक्रमण किया। राजा वीर बल्लाल III इसके लिए तैयार नहीं थे तथा उन्होंने सुल्तान का सामंत बनना स्वीकार कर लिया। यहां भी अपार धन हाथ लगा। काफूर इसके बाद पासा राज्य की तरफ गए। वहां के राजा वीर पांडया राजधानी छोड़कर भाग गए तथा काफूर ने वहां जमकर लूटा। काफूर का शाही स्वागत हुआ तथा उसे मलिक नायब बना दिया गया।

जब 1315 में अलाउद्दीन बीमार पड़े तो काफूर ने अभिरक्षक बनकर सरकार पर अधिकार कर लिया। अपनी मृत्यु के पहले काफूर ने अलाउद्दीन के 6 वर्षीय पुत्र शिहाब-उद-दीन को शासक नियुक्त कर अलाउद्दीन के दूसरे पुत्र मुबारक खान को बंदी बना लिया। अतत: अपने राजा के परिवार को समाप्ति से बचाने के लिए काफूर को अलाउद्दीन के एक वफादार अंगरक्षक ने मार डाला। यद्यपि सुल्तान खुद

अनपढ़ थे परंतु उनके दरबार में अमीर खुसरो तथा अमीर हसन जैसे कवि थे।

मुबारक (1316 - 20)

कैद से मुक्त होने के बाद कुछ दिनों तक मुबारक अपने भाई के रक्षक बने रहे परंतु शीघ्र ही गद्दी पर अधिकार कर लिया। अपनी विलासी जीवनशैली के बिना मुबारक कई वर्षों तक शासक कर सकते थे। अपनी समलैंगिक प्रकृति के कारण वे दो इस्लामीकृत बरादु (हिंदू) भाई हसन तथा हुसम-उद-दीन के आशिक बन गए। सुल्तान ने हसन को खुसरो खान की उपाधि दे उन्हें मलिक काफूर का इक्ता तथा सेना सौंप दी। खुसरो के अनुरोध पर लगभग 10,000 बरादुओं को महल के रक्षक के रूप में नियुक्त किया गया जिन्होंने पूरी तरह महल पर कब्जा कर लिया। जुलाई 1320 में खुसरो ने मुबारक की हत्या कर गद्दी पर अधिकार कर लिया तथा नासिर-उद-दीन की उपाधि को धारण किया।

खुसरो (जुलाई-सितंबर, 1320)

तुर्की अमीरों के एक वर्ग ने खुलकर खुसरों का समर्थन किया। केवल दिपालपुर के नायब गाजी मलिक तथा उनके पुत्र फकरुउद्दीन ने उनका जमकर विरोध किया। जब खुसरो ने गाजी मलिक के विरुद्ध सेना भेजी तो गाजी ने उसे पराजित कर दिया। खुसरो का गला काट कर गाजी मलिक ने गियास-उद-दीन तुगलक के नाम से गद्दी पर अधिकार कर लिया।

10.5 मुहम्मद तुगलक के नवप्रवर्तन

गियास-उद-दीन (1320-25)

जूना खान, जिसे उलुघ खान की उपाधि दी गई थी, को 1321 ई. में वारंगल के विद्रोही राजा प्रतापरुद्र देव को दबाने तथा दिल्ली के अधिकार को पुनः स्थापित करने भेजा गया था, परंतु यह अभियान विफल रहा तथा युवराज को देवगिरी लौटना पड़ा। 1323 में राजकुमार ने पुनः वारंगल के खिलाफ अभियान कर उस पर अधिकार कर लिया। बंगाल, जो उत्तराधिकार के प्रश्न पर गृह युद्ध में था, ने सुल्तान का ध्यान आकर्षित किया तथा इसे भी दिल्ली के अधीन लाया गया। जब सुल्तान दिल्ली वापस लौट रहे थे तो उनके पुत्र उलुघ खान ने जल्दी से तुगलकाबाद के पास एक लकड़ी के महल का निर्माण करवाया। भोजन के बाद सुल्तान ने यह आदेश दिया कि बंदी बनाए गए हाथियों की वहां परेड हो, परंतु लकड़ी का वह महल इतना मजबूत नहीं था, वह गिर गया। सुल्तान तथा उनके छोटे लड़के की मृत्यु हो गई। इस कहानी का इसामी तथा इब्न बतूता ने विस्तार से वर्णन किया है तथा दोनों ही उलुघ खान को पितृहत्या का दोषी मानते हैं, परंतु कुछ बाद के लेखक उलुघ खान को निर्दोष मानते हैं।

मुहम्मद (1325-51)

उनके व्यक्तित्व के बारे में विवाद–उलुघ खान अपने पिता के बाद गद्दी पर आए तथा मुहम्मद बिन तुगलक के नाम से जाने गए। तत्कालीन लेखक उनके व्यक्तित्व का सही आकलन कर पाने में असमर्थ थे तथा इसी कारण वे अपने पाठकों को भ्रमित करते हैं। वस्तुतः न तो बरनी, न ही इब्न बतूता ने सुल्तान के व्यक्तित्व के सभी पहलुओं का ठीक से अध्ययन किया है। यह सत्य है कि मुहम्मद बिन तुगलक एकमात्र दिल्ली का सुल्तान था जिसे साहित्यिक, धार्मिक दार्शनिक तथा सैन्य प्रशिक्षण पूरी तरह प्राप्त था।

सैय्यद, अफगान तथा तुर्की अमीरों के विद्रोहों से निराश होकर उन्होंने साधारण पृष्ठभूमि वाले मेधावी लोगों को उच्च पदों पर स्थापित किया। उन्होंने सारी दुनिया से विद्वानों को अपने दरबार में बुलाया परंतु आहत पुराने अमीर तथा मलिक ने उनके साथ सहयोग नहीं किया।

गद्दी पर आने के तुरंत बाद मुहम्मद को एक मंगोल आक्रमण का सामना करना पड़ा, परंतु उसे विफल कर दिया गया तथा उसके बाद उनके शासनकाल में और आक्रमण नहीं हुए। 1326-27 में उनके चचेरे भाई सागर (गुलबर्ग के निकट) के नायब गुरशस्प ने विद्रोह कर दिया। उन्हें कैद कर निर्दयता के साथ मार डाला गया।

राजधानी का स्थानांतरण–मुहम्मद राज्य के केंद्र में स्थित देवगिरी को अपनी दूसरी राजधानी बनाना चाहता था। 1327 में उन्होंने शाही परिवार, मुल्लाओं तथा सूफियों को दिल्ली से देवगिरी ले जाने की वृहत योजना बनाई जिसका नाम उन्होंने दौलताबाद रखा। 1328-29 में अमीर तथा मलिक, मुल्ला तथा सूफी समुदाय को दौलताबाद जाने का आदेश दिया गया। जब लोगों ने इसका विरोध करने का प्रयास किया तो सुल्तान ने काफी क्रूरता के साथ अपना आदेश मनवाया जिससे दिल्ली के लोगों को बहुत असुविधा हुई। दिल्ली के सामाजिक तथा सांस्कृतिक जीवन को धक्का लगा, परंतु बड़े स्तर पर लोग नहीं गए। वस्तुतः दोनों राजधानी साथ-साथ पनपनें लगीं।

कराचिल अभियान–यह सूचना मिलने पर कि चीनी हिमालय साम्राज्य में घुसपैठ कर रहे हैं, मुहम्मद ने कांगड़ा क्षेत्र पर विजय प्राप्त कर अपनी उत्तरी सीमाओं को सुरक्षित करने के लिए सेना भेजी। तत्कालीन इतिहासकार इसे कराचिल अभियान बुलाते हैं। यह संभवत: 1329-30 में हुआ था। कुछ प्रारंभिक सफलताओं के बाद सेना कांगड़ा से तिब्बत की तरफ गई जहां स्थानीय पहाड़ी लोगों ने इसे पूरी तरह नष्ट कर दिया। यह एक बड़ी विपत्ति थी जिसके लिए मुख्यत: उत्तरदायी वह सेनापति था जिसे सुल्तान ने मात्र कांगड़ा विजय के लिए भेजा था। वह अपने आदेशों से आगे चला गया।

सांकेतिक मुद्रा

1329-30 में मुहम्मद ने एक सांकेतिक मुद्रा चलाई जो 1331-32 तक चलन में रही। चीन के 'कुबलाई खान के चाउ' (कागज मुद्रा) तथा ईरान के 'गई खातु' (मंगोल शासक) की नकल में सुल्तान ने कांसे (या तांबे) की मुद्रा चलाई जिनका मूल्य चांदी के टका के बराबर था। इसका उद्देश्य सोना तथा, चांदी की कमी को पूरा करना था। सुनारों ने व्यापक स्तर पर इस नई मुद्रा की नकल निकाल दी। भू-राजस्व इसी मुद्रा में दिया जाता था तथा अन्य व्यापारिक कार्य भी किया जाता था। विदेशी व्यापारियों ने स्वाभाविक रूप से भारत से व्यापार बंद कर दिया। बढ़ती आर्थिक अव्यवस्था पर नियंत्रण पाने के लिए सुल्तान को वापस सोने की मुद्रा देनी पड़ी, नकली मुद्राओं के लिए भी। बरनी के अनुसार कांसे के सिक्कों का तुगलकाबाद के पास पहाड़-सा ढेर लग गया।

भू-राजस्व में वृद्धि–1328-29 में आर्थिक कठिनाई दूर करने के लिए मुहम्मद ने दोआब के क्षेत्र में भू-राजस्व बढ़ाकर उत्पादन का 50% कर दिया। बरनी के अनुसार किसानों ने अपने खलिहानों में आग लगा दी तथा खेतों को छोड़कर भाग गए। बरनी के घर बरन (बुलंदशहर) में दूसरे शहरों के साथ व्यापक विद्रोह हुआ। यद्यपि विद्रोहों को निर्दयतापूर्वक कुचल दिया गया, सुल्तान ने मदद की जरूरत को समझा तथा कृषि उत्पादन पुन: प्रारंभ करने का प्रयास किया। परिणामत: किसानों को बीज खरीदने के लिए कुएं खुदवाने हेतु तथा कृषि के विस्तार के लिए काफी तक्कावी ऋण दिया गया।

कृषि सुधार–अपने दिल्ली प्रवास (1338-44) के दौरान सुल्तान ने कृषि में सुधार लाने के लिए नए प्रयास किए। खाली जमीन को कृषि योग्य बनाने के लिए एक अलग कृषि मंत्रालय दीवान-ए-कोही की स्थापना की गई। जरूरतपरस्त तथा धोखेबाज लोगों ने नई जमीनों पर खेती करने का वादा कर पैसा ले लिया तथा उसे व्यक्तिगत कामों में खर्च किया।

विद्रोह का भड़कना–जब माबार के नायब सैयद अहसान शाह ने विद्रोह किया तो सुल्तान उसे दबाने गए, परंतु बिदर में उनके अनेक अधिकारी प्लेग की चपेट में आ गए तथा सुल्तान खुद भी बीमार हो गए जिस कारण उन्हें वापस दौलताबाद लाया गया। विद्रोही अहसान शाह जो अपराजित रहा, ने मदुरै सल्तनत की स्थापना की। 1336 में विजयनगर राज्य की स्थापना तथा उसके बाद वारंगल तथा कामपिली की आजादी सुल्तान के लिए सबसे बड़ा धक्का थी। दिल्ली लौटने के बाद सुल्तान कन्नौज के पास स्वरगादवरी में रहे। इस बीच चार अलग-अलग नायबों ने विद्रोह कर दिया। सबसे खतरनाक विद्रोह अवध के नायब एन-उल-मुल्क मुल्लानी का विद्रोह (1340) था। अंतत: उन्हें पराजित कर दिया गया, लेकिन तब तक पूर्वी तथा पश्चिमी बंगाल आजाद हो चुका था। 1347 में हसन गंगु ने बहमनी राज्य स्थापित किया।

मुहम्मद का स्वास्थ्य तेजी से गिरने लगा तथा राज्य को जोड़े रखने का उसका प्रयास विफल होने लगा। तीन वर्षों तक सुल्तान एक बागी अधिकारी ताघी तथा गुजरात के प्रांतीय प्रशासन को सुधारने के प्रयास में लगा रहा। ताघी ने थट्टा के सुमरा के पास शरण ली। अत: सुल्तान ने थट्टा के लिए प्रस्थान किया, किंतु रास्ते में ही 1351 में उनकी मृत्यु हो गई। बरनी के अनुसार मृत्यु ने सुल्तान को उसकी जनता से तथा जनता को सुल्तान से मुक्त कर दिया।

10.6 फिरोज तुगलक और दिल्ली सल्तनत का पतन

फिरोज तुगलक (1351-88)

फिरोज का लंबा शासन (37 वर्ष) दो भागों में देखा जा सकता है। 20 वर्षों के पहले भाग में पहले के काल के केंद्रीकरण की नीतियों को परिवर्तित किया गया तथा सुख-शांति वापस लाई गई। इस समय शारिया के नियम भी फिर से लागू हो गए जो सुल्तान ने फिरोजाबाद के जामा मस्जिद के सामने के अष्टकोणीय मीनार पर खुदवाए। वजीरखान-ए-जहान मकबूल, जो एक इस्लामीकृत तेलंगानी हिंदू था, ने इस दौरान सुल्तान की गरिमा को बनाए रखा। 17 वर्षों के दूसरे भाग में सल्तनत की शक्ति तथा वैभव का पतन प्रारंभ हुआ।

प्रशासनिक सुधार-पहले से दिए गए कृषि ऋण को माफ कर दिया। मुहम्मद ने जिनको मरवाया था उनके परिवार वालों को मुआवजा दिया गया तथा उनसे एक क्षमा पत्र प्राप्त कर मृत सुल्तान के सिर के पास एक बक्से में रख दिए गए। भूमि कर के निर्धारण तथा संग्रह प्रक्रिया में व्यापक सुधार लाया गया। सुल्तान ने 6 वर्षों तक उपज का सर्वेक्षण करवाया जिसके आधार पर उन्होंने सल्तनत की संभावित आय 6 करोड़ 75 लाख (जामा) पर निर्धारित की। नए कुओं तथा नहरों ने सिंचाई की स्थिति को सुधारा। शहरी व्यापार तथा वाणिज्य की 28 वस्तुओं पर लगने वाला एक इस्लाम विरोधी विशेष कर समाप्त कर दिया गया। कारखानों को दासों की फौज द्वारा तेजी से बढ़ाया गया। इन दासों की भर्ती तथा रख-रखाव के लिए फिरोज ने एक नया विभाग दीवान-ए-बंदगन प्रारंभ किया। सुल्तान ने बेरोजगारों के लिए नौकरी का इंतजाम करने का आदेश दिया। मुफ्त अस्पताल स्थापित किए गए तथा गरीब मुस्लिम लोगों को अपनी बेटी के विवाह में मदद हेतु एक विभाग गठित किया गया। ये सभी कल्याणकारी कार्य एक नए विभाग दीवान-ए-खैरात के द्वारा किए जाते थे। अंततः सभी पदों को वंशगत बना दिया गया तथा अमीरों को प्रसन्न करने के लिए इक्ताओं के प्रशासन का विकेंद्रीकरण किया गया।

सैन्य अभियान–फिरोज ने कमजोर पड़ती केंद्र शक्ति को मजबूत करने के लिए बंगाल, कांगड़ा तथा सिंध के क्षेत्र में अनेक सैन्य अभियान किए। 1353 से 1358 ई. के बीच उसने बंगाल पर पुनः अधिकार करने का प्रयास किया, परंतु वहां के शासक सिकंदर से शांति स्थापित कर अपना प्रभुत्व मनवा पाने में ही सफल रहा। सुल्तान ओडिशा में ज्यादा सफल रहे जहां जाजनगर का राजा गजपति बंगाल के विद्रोही सुल्तान से मिल गया था। फिरोज ने कटक पर कब्जा कर पुरी के जगन्नाथ मंदिर को नष्ट कर दिया। उसके बाद उसने कांगड़ा क्षेत्र में नगरकोट पर आक्रमण किया। राजा ने समर्पण कर भेंट देना स्वीकार कर लिया। सुल्तान ने ज्वालामुखी तथा अन्य मंदिरों से 1,300 संस्कृत पांडुलिपियां संग्रहित कीं। फिरोज इसके बाद निचले सिंध में थट्टा की तरफ गए। कुछ प्रारंभिक असफलताओं के बाद वे यहां के शासक पर अपना प्रभुत्व स्थापित कर पाने में सफल रहे। सुल्तान के अंतिम दिनों में केंद्रीय राजनीतिक शक्ति में काफी कमी आई। फिरोज ने 1387 ई. में प्रिंस मुहम्मद के लिए गद्दी छोड़ दी। दो महीने बाद फिरोज के एक लाख दासों ने विद्रोह कर दिया जिससे सुल्तान को भागना पड़ा। तुगलक ने अपने पोते तुगलक शाह 11 को अपना उत्तराधिकारी नियुक्त किया तथा एक वर्ष बाद 82 वर्ष की अवस्था में उसकी मृत्यु हो गई।

बाद के तुगलक शासक (1388–1414)

फिरोज की मृत्यु के बाद सल्तनत और बिखर गई। 1394 में जौनपुर का शारकी साम्राज्य बना। मालवा तथा गुजरात भी अलग हो गए। 1398-99 में तैमूर के आने के साथ तुगलक वंश का भविष्य खत्म हो गया। सिंधु पार करने के बाद तैमूर को पंजाब में कोई बड़ा प्रतिरोध नहीं मिला। यद्यपि दिल्ली बिना किसी कड़े संघर्ष के ही मिल गई थी, तैमूर के सिपाहियों ने तीन दिनों तक इसे कहा तथा हिंदू और मुसलमान दोनों को मारा। हरिद्वार, नगरकोट तथा जम्मू के रास्ते वह मार्च 1399 में वापस चला गया। उसके इस लूट-पाट के आक्रमण ने तुगलक वंश को समाप्त कर दिया।

सैय्यदों के काल में पतन

खिजर खान (1414-21)

भारत से वापस जाने के पहले तैमूर ने मुल्तान तथा दिपालपुर खिजर खान को सौंप दिया। इससे खिजर खान का महत्त्व बढ़ गया तथा उसने दिल्ली पर कब्जा कर लिया। इन्होंने मुल्तान से कन्नौज तक तथा हिमालय की तराई से मालवा तक दिल्ली के प्रभुत्व को फैलाने का प्रयास किया।

मुबारक शाह (1421-34)

मेवाती, कटिहार तथा गंगा दोआब के क्षेत्र में इनके सफल अभियान से इस क्षेत्र से राजस्व संग्रह करना संभव हो पाया जबकि इन क्षेत्रों पर दिल्ली का प्रभाव बहुत अधिक नहीं था। मुबारक शाह की हत्या उनके ही कुछ अमीरों ने कर दी।

मुहम्मद शाह (1434-43)

नया सुल्तान भी अभिजात वर्ग के झगड़ों को सँभाल पाने में विफल रहा। वस्तुतः उसे दिल्ली के आस-पास 40 मील के शासक की दयनीय स्थिति में पहुंचा दिया गया था।

आलम शाह (1443-51)

अब आलम शाह 1447 में बदायूं गया तो बहलोल लोदी ने दिल्ली पर कब्जा कर लिया। सुल्तान ने बहलोल के दावे का विरोध नहीं किया तथा औपचारिक रूप से 1451 में सत्ता उन्हें दे दी। सैय्यदों ने नाममात्र का शासन किया था परंतु लोदियों ने दिल्ली सल्तनत के गौरव को लौटाया।

10.7 प्रशासन

तुर्कों द्वारा स्थापित सरकार इस्लामी राजनीतिक विचारों, संस्थानों तथा राजपूत नीति के बीच का एक समझौता था। परिणामत: राजपूत शासन नीति के कई अवयव बिना किसी परिवर्तन के तुर्की प्रशासन के अंग बन गए।

इस्लामी राजनीतिक विचार

धार्मिक आधार-मुसलमानों का मानना था कि इस्लामी समाज तथा सरकार को कुरान के नियमों के आधार पर गठित किया जाना चाहिए। हजरत मुहम्मद के कथन तथा कार्य, जिसे 'हदीस' कहते थे, इससे विस्थापित होने लगे। उलेमा, कुरान तथा हदीस के आधार पर विभिन्न स्थितियों के लिए अलग-अलग व्यवस्था दी जिसे शारिया (इस्लामी कानून) कहा गया।

धर्मनिरपेक्ष आधार-साथ ही सुल्तान द्वारा बनाए नियम तथा कानून, जवाबित का उपयोग भी सुचारु रूप से सरकार चलाने के लिए होता था।

खुदा खलीफा संबंध-कुरान के अनुसार इस संसार का सच्चा मालिक तथा शासक खुदा है। खुदा ने समय-समय पर अपनी बात लोगों तक पहुंचाने के लिए पैगंबर भेजे, हजरत मुहम्मद इनमें से अंतिम थे। जहां जनता का यह फर्ज बनता है कि वह शासक की बातों को माने वहीं यह शासक का भी फर्ज बनता है कि वह अपना काम ठीक से करे।

खलीफा-सिद्धांतत: पूरे इस्लामी समाज का सिर्फ एक सुल्तान होना चाहिए, परंतु जब खलीफा का साम्राज्य काफी बड़ा हो गया तो विघटनकारी प्रवृत्तियां उभरने लगीं तथा उलेमा या इस्लामी न्यायविदों ने नायबों का अपना सिद्धांत विकसित किया तथा कहा कि जिसका विरोध खलीफा नहीं करेगा, वे उसका समर्थन करते हैं।

उसी प्रकार उन्होंने कहा कि एक चुना हुआ व्यक्ति ही शासक बन सकता है। परंतु जब खलीफा का पद अनुवंशिक हो गया तो उन्होंने एक नया सिद्धांत निकाल लिया। लोगों का विश्वास प्राप्त 11 या 5 या सिर्फ 1 व्यक्ति द्वारा चुना गया व्यक्ति भी लोगों द्वारा चुना गया माना जाता था। इससे किसी शासक द्वारा मनोनीत व्यक्ति को भी वैधानिक वैधता मिल जाती थी। अगर उनके विरुद्ध कोई विद्रोह व्यापक रूप से नहीं हुआ हो, तो उसे लोगों के द्वारा स्वीकृत माना जाता था।

खलीफा-सुल्तान संबंध

अधिकांश शासकों ने यह जताया कि खलीफा वैधानिक शासक है तथा वह उसके प्रतिनिधि के रूप में शासन कर रहा है। ये अपने कुतबा तथा सिक्कों में खलीफा का नाम रखते थे तथा ऐसे नामों को धारण करते थे जिससे इनके खलीफा के प्रतिनिधि होने का बोध होता था।

इसके बावजूद तीन शासकों ने अपना महत्त्व जताने का प्रयास किया। बलबन के अनुसार सबसे महत्त्वपूर्ण पद राजा का है। उसने अपने आपको 'भगवान का साया' कहा। मुहम्मद तुगलक ने भी अपने प्रारंभिक वर्षों में ऐसा ही करने का प्रयास किया तथा जहां बलबन ने अपने कुतबा तथा सिक्का में खलीफा का नाम बनाए रखा, मुहम्मद ने खलीफा के नाम का कहीं उल्लेख नहीं किया, इसके बाद भी इनमें से किसी ने अपने आप को खलीफा नहीं कहा। ऐसा करने वाला एकमात्र व्यक्ति था कुतुब-उद-दीन मुबारक खिलजी।

मात्र तीन सुल्तानों ने खलीफा से 'मंसूर' मांगा तथा प्राप्त किया। इनमें पहला था इल्तुत्मिश। इसके बाद मुहम्मद बिन तुगलक ने अपने उलेमा को प्रसन्न करने के लिए मिस्र के अब्बासिद खलीफा से अनुमति प्राप्त की। इसके बाद फिरोज ने यह दो बार प्राप्त की।

खलीफा को सम्मान देने का सही कारण काफी रोचक है। जनता आमतौर पर उस सुल्तान का सम्मान करती थी जो खलीफा को सम्मान देते थे तथा उस तरह के सुल्तान का विरोध करना इस्लामी नियमों के विरुद्ध समझते थे। अत: सुल्तान मुस्लिम जनमानस को अपने साथ लेने के लिए खलीफा के प्रतिनिधि होने का स्वांग रचते रहते थे।

उत्तराधिकार के नियम–इस्लामी विचारों के अनुसार शासकों के निम्न विशेष गुण थे– जवान पुरुष, शारीरिक अवगुणों से मुक्त, एक स्वतंत्र मुस्लिम इस्लाम में विश्वास रखने वाला, इसकी जानकारी रखने वाला तथा लोगों द्वारा चुना हुआ, परंतु वास्तविकता में इनमें से कई नियमों का उल्लघंन होता था। रजिया महिला होने के बाद भी गद्दी पर आई। अल्पसंख्यक होना मुहम्मद बिन तुगलक के लिए कोई बाधा नहीं बना तथा ऐबक मुक्त होने के पहले सुल्तान बन गए। कैकुबाद लकवाग्रस्त होने के बाद भी सुल्तान बने रहे तथा नासिरुद्दीन इस्लाम में खास सम्मान नहीं रखने के बाद भी सुल्तान के रूप में स्वीकार किए गए। अलाउद्दीन खिलजी ने खुलकर शरिया के प्रति अनभिज्ञता जताई परंतु किसी ने उन्हें अयोग्य सुल्तान नहीं माना। जहां तक चुनाव का प्रश्न है, यह इस्लाम में कभी नहीं रहा था। अधिक-से-अधिक कुछ खास लोगों का इस चयन में हाथ होता था। इस व्यवस्था का उपयोग इल्तुत्मिश, गियासुद्दीन तुगलक तथा फिरोज तुगलक के समय हुआ था।

राजत्व का सिद्धांत–फरह अथवा फराह का सिद्धांत सबसे पहले फिरदौसी ने अपने शाहनामा में दिया था जिसके अनुसार भगवान शासक को फरत से विभूषित करता है जो दैवी कृपा का बोधक है। दिल्ली सुल्तानों में सर्वप्रथम इस सिद्धांत को बलबन ने लोकप्रिय किया था जिसने कहा कि राजा के हृदय में दैवी अच्छाई प्रतिबिंबित होती है। बाद में, अमीर खुसरो हमें बताते हैं कि कैकुबाद को फरर् प्राप्त था।

सुल्तान के प्रभाव की सीमाएं–नए नियमों के गठन में सुल्तान की शक्तियों पर काफी अंकुश लगाया गया तथा सभी शासक अलाउद्दीन खिलजी या मुहम्मद तुगलक की तरह उलेमा की पूरी तरह उपेक्षा नहीं कर पाए। अभिजात वर्ग की शक्ति ने भी उनकी शक्ति को कम किया। जब भी गद्दी पर कमजोर शासक होता था अमीर तथा उलेमा उस पर हावी हो जाते थे, परंतु बलबन, अलाउद्दीन तथा मुहम्मद तुगलक के शासन काल में ये नियंत्रण प्रभावहीन सिद्ध हुए। सुल्तान हिंदुओं की भावनाओं का भी पूरी तरह अनादर नहीं कर पाए। साथ में संख्या की कमी के कारण मुसलमान स्थानीय प्रशासन में कोई दखलअंदाजी नहीं कर पाए।

केंद्रीय सरकार

सुल्तान–केंद्रीय सरकार पर उनका प्रभुत्व होता था। वह राज्य का वैधानिक प्रमुख होता था तथा राज्य प्रमुख के साथ-साथ उच्चतम न्यायालय भी था। अपने इस अंतिम अधिकार से वह एक धर्मनिरपेक्ष दरबार, मजालिम, में बैठता था। बरनी के अनुसार मुहम्मद बिन तुगलक ने दीवान-ए-सियासत के नाम से एक विशेष दरबार की स्थापना की थी। वह सेना प्रमुख था तथा सैन्य तथा असैनिक उच्च पदों पर नियुक्तियां करता था। पूरा प्रशासनिक तंत्र उनके नीचे तथा निरीक्षण में होता था। उनकी सहायता के लिए अनेक अधिकारी होते थे, जिनमें से प्रमुख निम्न थे–

नायब सुल्तान–इस पद पर नियुक्ति आमतौर पर तभी होती थी अगर सुल्तान कमजोर अथवा अवयस्क हो, परंतु कभी-कभी अलाउद्दीन जैसे मजबूत सुल्तान भी अपने अमीर को सम्मान के रूप में यह पद देते थे। नायब सुल्तान के सभी अधिकारों का उनके लिए उपयोग करता था तथा विभिन्न विभागों पर उसका नियंत्रण होता था।

वजीर–वह अर्थ विभाग, दीवान-ए-वजारत, का प्रमुख होता था। उसके अनेक शक्तिशाली सहयोगी होते थे जिनमें से प्रमुख तीन थे– (i) नायब वजीर (ii) मुशरिफ-ए-मुमालिक तथा (ii) मुस्तफ-ए-मुमालिक। इनमें से पहला अपने प्रमुख का सहायक होता था। दूसरे विभिन्न प्रांतों से प्राप्त हिसाब रखते थे तथा केंद्रीय सरकार के विभिन्न विभागों का भी हिसाब रखते थे। तीसरे इन सारे लेखाओं की परीक्षा करते थे। अतः दूसरा महालेखाकार था जबकि तीसरा लेखा-परीक्षक, परंतु शासकों ने इसमें थोड़ा बदल कर राजस्व का सारा भार मुशरिफ को तथा खर्च की देख-रेख मुस्तउफ को सौंप दी।

अरीज-ए-मुमालिक–वह सैन्य विभाग, दीवान-ए-अर्ज का प्रमुख होता था तथा वजीर के बाद दूसरा सबसे महत्त्वपूर्ण व्यक्ति था। परंतु वह सेनाध्यक्ष नहीं होता था, सुन्तान खुद सेना का नियंत्रण करते थे। अर्ज विभाग के विशेष कार्य में भर्ती, उपकरण तथा वेतन सम्मिलित थे।

सदर-उस-सुदुर–यह जन कार्य तथा धार्मिक विभाग, दीवान-ए-रिसालत, का प्रमुख होता था। यही मस्जिद, मकबरा खानकाह तथा मदरसे के निर्माण के लिए नगद या जमीन दान की व्यवस्था करता था। साथ ही वह विद्वान, संत, अनाथ तथा अपाहिज लोगों के लिए दान की व्यवस्था भी करता था। इस परोपकार विभाग के पैसे को सिर्फ मुस्लिम लोगों के कल्याण के लिए खर्च किया जाता था। इसका एक अलग खजाना होता था जिसमें सभी जकत (अमीर मुसलमानों से लिया जाने वाला एक कर) संग्रहित होता था। इसे फिरोज तुगलक ने राज्य के मांग की सूची में सम्मिलित किया था।

काजी-उल-कुजत–यह न्याय विभाग का प्रमख होता था तथा आमतौर पर मुख्य सदर तथा मुख्य काजी के पदों को एक ही व्यक्ति को दिया जाता था। काजियों की नियुक्ति राज्य के हरेक भाग में होती थी, विशेषकर उस भाग में जहां मुसलमानों की संख्या अधिक होती थी। काजी शरिया पर आधारित दीवानी मामलों को देखता था। सुल्तान की अनुपस्थिति में धर्मनिरपेक्ष मामलों को एक अधिकारी अमीर-ए-दाद देखता था। वह काजी के फैसलों को लागू करवाता था। उसके बाद मुफ्ती होते थे जो शरिया नियम के विशेषज्ञ होते थे तथा उनको जो विवादास्पद मामले दिए जाते थे उन पर वे फतवा जारी करते थे। अन्य न्यायिक मामलों का निर्णय या तो काजी करते थे या सुल्तान पर छोड़ा जाता था। हिंदुओं का अपना अलग नियम होता था जिसे गांव के स्तर पर पंचायत तथा शहरों में विभिन्न जातियों के प्रमुख लागू करते थे। फौजदारी मामलों का फैसला विभिन्न शासकों द्वारा समय-समय पर बनाए गए नियमों के आधार पर होता था।

अमीर मुंशी–यह पुराने बही के संग्रह विभाग का अध्यक्ष था जिसे दीवान-ए-इंशा कहते थे। सुल्तान के फरमान इसी विभाग द्वारा जारी किए जाते थे तथा सभी उच्च स्तरीय डाक उनके हाथ से गुजरती थी।

बरीद-ए-मुमालिक–यह सूचना तथा गुप्तचर विभाग का प्रमुख था। एक अमीर, जिसे राजा का पूरा विश्वास प्राप्त हो, मुख्य बरीद नियुक्त किया जाता था। राज्य के विभिन्न भागों में स्थापित बरीद सारी घटनाएं मुख्य बरीद द्वारा सुल्तान तक पहुंचाते थे। दरबार तथा शाही महल से भी संबंधित कुछ अधिकारी होते थे। वकील-ए-दार शाही महल तथा राजा के खिदमतगारों के लिए उत्तरदायी होता था। बरबाक शाही दरबार की देखभाल करता था तथा वहां अमीरों को उनके पद तथा ओहदे के अनुसार स्थान देता था। अमीर-ए-हजेब सुल्तान के सामने आने वाले सभी व्यक्तियों की जांच करता था तथा उन्हें दरबार के नियमों के अनुरूप सुल्तान के सामने लाता था। अमीर-ए-शिकार सुल्तान के शिकार का प्रबंध देखता था तथा सुल्तान जहां भी शिकार के लिए जाते थे वह जगह उसके अधीन होती थी। अमीर-ए-मजलिस उत्सव सभा तथा विशेष आयोजनों का प्रबंध देखता था। सर-ए-जानदार सुल्तान का मुख्य अंगरक्षक होता था। उसके अधीन अनेक जानदार होते थे जिन्हें सम्मिलित रूप से हशहाम-ए-कुल्व या अफवाज-ए-कुल्व कहते थे तथा हशहाम-ए-अतराफ से भिन्न होते थे जिन्हें प्रांतीय राजधानी या छावनी में रखा जाता था। नकीब-उल-नुकाबा तथा उसके सहयोगी (नकीब) सुल्तान के फैसलों का लोगों में ऐलान करते थे तथा महल के अंदर उनकी उपस्थिति की घोषणा करते थे।

प्रांतीय सरकार

पूरे राज्य को अनेक प्रांतों में विभाजित कर दिया जाता था जिसे विलायत या इकलीम कहते थे। साथ ही सहायक राज्य भी होते थे। सहायक राज्यों के आंतरिक मामलों में तब तक दखल नहीं दिया जाता था जब तक वह राज्य की अखंडता के लिए खतरा नहीं बन जाए। परंतु सुल्तानों के अधीन प्रांतीय प्रशासन न तो व्यवस्थित था, न ही सक्षम।

प्रारंभिक काल में अविजित अथवा हाल में जीते गए प्रदेश को अमीरों को इक्ता के रूप में दिया जाता था तथा वह अपने बल पर जितने प्रदेश में इसका विस्तार कर सकता था, उसे उसका नायब माना जाता था। पर यह बाद में लागू नहीं हुआ। शासक खुद जीतने के काम में लग गए तथा वह जीते गए क्षेत्र में नायब नियुक्त करते थे। प्रारंभिक काल में नायब का स्थानांतरण एक विरल बात थी, पर बाद में यह घटना तेजी से होने लगी। बरनी के अनुसार अलाउद्दीन खिलजी के शासन काल में बारह प्रांत थे।

नायब को नयीम या वली कहते थे। प्रांतीय नायब के नीचे एक प्रांतीय वजीर, एक प्रांतीय अरीज तथा एक प्रांतीय काजी होता था। इनके कार्य केंद्र के इन पदों के कार्य के समान होते थे। केंद्र में सुल्तान की तरह ही प्रांतीय नायब विधि व्यवस्था, सेना, राजस्व तथा न्याय के लिए उत्तरदायी होता था।

स्थानीय सरकार

प्रांत में 'शिक' तथा इसके नीचे 'परगना' होता था। शिक का नियंत्रण शिकदार के हाथ में होता था। परगना में अनेक गांव होते थे तथा इसका नियंत्रण अमील के पास होता था। गांव प्रशासन का सबसे छोटा हिस्सा होता था तथा आमतौर पर यहां स्वशासन के अवयव होते थे। गांव में सर्वप्रथम व्यक्ति मुखिया होता था जिसे 'मुकद्दम' या 'चौधरी' कहते थे।

10.8 कृषि व्यवस्था तथा संबंध

दिल्ली प्रशासन की एक प्रमुख उपलब्धि कृषि से होने वाली आय तथा इससे संबंधित राजस्व व्यवस्था थी। किसी भी प्रदेश को जीतने के तुरंत बाद उस प्रदेश के अभिजात वर्ग के साथ समझौता किया जाता था। इस तरह इस प्रदेश का भू-राजस्व हराए गए राजा पर निश्चित किया गया भेंट स्वरूप था। भू-राजस्व के क्षेत्र में मूलभूत परिवर्तन लगभग एक शताब्दी के अनुभव के बाद आया।

भारत में अपनी स्थिति मजबूत करने के बाद दिल्ली सुल्तानों ने जमीन को तीन वर्गों में विभाजित किया-इक्ता जमीन अर्थात् अधिकारियों को इक्ता के रूप में दी गई जमीन, खलीसा जमीन या शासक की जमीन अर्थात् वह जमीन जो सीधे सुल्तान के अधीन होती थी तथा जहां का राजस्व दरबार तथा राजा के घर को चलाने में प्रयुक्त होता था तथा इनाम जमीन मदद-ए-माश सथुरघल या वक्क जमीन) अर्थात् धार्मिक व्यक्ति या संस्था को दी जाने वाली जमीन।

10.9 कर प्रणाली

करों के प्रकार- दिल्ली के सुल्तानों द्वारा आरोपित एवं संग्रहीत करों के विभिन्न प्रकारों को दो वर्गों में बाँटा जा सकता है- (1) धार्मिक कर एवं (2) निरपेक्ष कर।

- पहले वर्ग में जकात मुसलमानों की भूमि एवं सम्पत्ति पर लगाया जाने वाला एक कर था। यह अनिवार्य रूप से धार्मिक एवं कल्याणकारी उद्देश्यों से सद्र के विभाग द्वारा लगाया जाता था।
- दूसरा धार्मिक कर जजिया था जो गैर-मुसलमानों या जिम्मी पर राज्य द्वारा उनकी सम्पत्ति, जीवन एवं पूजा स्थलों की सुरक्षा के बदले में लगाया जाता था फिर भी भिक्षु, पुरोहित, अल्प वयस्क, दिव्यांग जैसे कुछ प्रकार के लोग इसकी परिधि में नहीं आते थे।
- निरपेक्ष करों में खराज राज्य की आय का सबसे महत्वपूर्ण स्रोत या कर था। यह एक भूमि कर था जो मूलरूप से गैर-मुस्लिम किसानों पर लगाया गया था किन्तु बाद में खालिसा भूमि पर खेती करने वाले मुसलमानों से भी वसूला जाने लगा। यह संभवत: व्यापक स्तर पर होने वाले धर्मान्तरण के फलस्वरूप राज्य की राजस्व आय में आने वाली तीव्र गिरावट के कारण हुआ होगा। भू-राजस्व के निर्धारण में खेत के क्षेत्रफल तथा फसल की प्रकृति दोनों को ध्यान में रखा जाता था किन्तु अधिक प्रचलित तरीका फसलों का विभाजन था। अलाउद्दीन एवं मुहम्मद तुगलक ने क्षेत्र की एक इकाई के आधार पर भू-राजस्व निश्चित करने के लिए विशेष उपाय अपनाये किन्तु यह योजना अधिक सफल नहीं हो सकी और न ही इसने भूमि के पट्टों पर कोई गहरा प्रभाव डाला था।
- राज्य की आय का एक अन्य निरपेक्ष स्रोत खुम्स या खानों व खजानों पर आरोपित कर तथा युद्ध में लूटे गये माल का अंश था। वैधानिक रूप से राज्य को युद्ध की लूट में 1/5वाँ हिस्सा प्राप्त करने का अधिकार था। किन्तु दिल्ली के सभी सुल्तानों ने, फिरोज को छोड़कर, राज्य के लिए 4/5वाँ भाग वसूला 1/5वाँ भाग सैनिकों के लिए छोड़ा। इसी प्रकार खानों एवं खजानों पर लगने वाला कर सम्पत्ति के 1/5वें भाग के रूप में वसूला गया।
- इसके अतिरिक्त अन्य कई निरपेक्ष कर थे, जिनमें सिंचाई कर (शर्ब), चराई कर, व्यापारियों एवं वणिकों से वसूला जाने वाला सीमा शुल्क एवं उत्पाद शुल्क तथा ग्रहकर इत्यादि शामिल थे।

संग्रहण की विधि–करों का भुगतान नकद एवं द्रव्य के रूप में किया जाता था हालांकि अलाउद्दीन जैसे सुल्तानों ने दोआब जैसे कुछ क्षेत्रों में वस्तुओं के रूप में भुगतान को वरीयता दी थी। राज्य के सम्पूर्ण राजस्व को एक केन्द्रीय खजाने में रखा जाता था। कुल राजस्व संग्रह के आधार पर वजीर विभिन्न विभागों के लिए अनुदानों की मंजूरी देता था। राजस्व प्रशासन में अन्य कई अधिकारी वजीर की सहायता करते थे किन्तु बजट की आधुनिक विधि का ज्ञान नहीं था और सुल्तान शाही कोष का प्रयोग अपने निजी विशेषाधिकार के रूप में करने के लिए स्वतंत्र था।

इक्ता प्रथा की प्रगति

प्रथम काल (1206-1290)–इस प्रथा का प्रारंभ सैन्य प्रमुखों को विभिन्न क्षेत्र इक्ता के रूप में (क्षेत्र या इकाई जहां का राजस्व उन्हें वेतन के बदले दे दिया जाता था) देने से प्रारंभ हुआ जिससे वे अपनी तथा अपनी सैन्य टुकड़ी की देखभाल करते थे। इस समय इक्ता एक राजस्व इकाई के साथ-साथ प्रशासनिक इकाई भी था। इस दौरान इक्ता का एक व्यक्ति से दूसरे के पास स्थानांतरण बहुत कम होता था।

दूसरा काल (1290-1351)–खिलजी तथा प्रारंभिक तुगलकों के समय इस प्रथा में बदलाव लाया गया। उन्होंने इक्ता का जल्दी-जल्दी स्थानांतरण प्रारंभ किया। उन्होंने समय-समय पर इक्तादारों (मुक्ति) द्वारा खर्च का हिसाब लेना प्रारंभ किया। बाकी बची रकम (फाजिल) खजाने में जमा करवाई जाती थी। हरेक क्षेत्र के राजस्व दे सकने की सीमा का निर्धारण, अधिकारियों का नकद वेतन निर्धारित कर उसके लगभग राजस्व को इक्ता के रूप में देना इस समय की खास बात थी।

तीसरा काल (1351-1526)–इसकी शुरुआत फिरोज तुगलक द्वारा अधिकारियों को अनेक छूट देने के साथ हुई। इक्ता से प्राप्त होने वाले धन का स्थायी निर्धारण कर दिया गया जिससे आय में होने वाली कोई भी वृद्धि मुक्ति का हिस्सा होती थी। पद तथा दान लगभग वंशगत कर दिए गए। फिरोज द्वारा प्रारंभ किए गए इन परिवर्तनों को उनके सारे उत्तराधिकारियों ने लागू रखा।

इक्ता प्रथा में होने वाले ये सारे परिवर्तन दिल्ली सुल्तानों के अधीन अभिजात वर्ग में परिवर्तन के साथ संबंधित थे। प्रारंभ में इस पर तुर्कों का एकाधिकार था पर धीरे- धीरे इसमें फारसी, अफगान, हब्शी तथा भारतीय मुसलमान भी आए, जिससे इसका स्वरूप बदला। खिलजी तथा प्रारंभिक तुगलकों के अधीन इन नए लोगों के सम्मिलित होने से इक्ता प्रथा पर सुल्तान की पकड़ मजबूत हुई पर एक बार जब इनकी जड़ मजबूत हो गई तब वे ज्यादा अधिकार की मांग करने लगे जिसके परिणामत: फिरोज तुगलक के समय विकेंद्रीकरण तथा मुक्तवाद हुआ।

ग्रामीण वर्ग

किसान–किसान, जिसे बलाहार कहते थे, उपज का एक तिहाई तथा कई बार आधा हिस्सा भू-राजस्व के रूप में देते थे। भू- राजस्व के अलावा भी उन्हें कुछ कर देने होते थे जिससे यह प्रमाण मिलता है कि इस समय कर का बोझ काफी था। दूसरे शब्दों में, किसानों की स्थिति दयनीय थी। इसी के परिणामस्वरूप अनेक अकाल हुए।

मुकद्दम तथा छोटे जमींदार–उनकी स्थिति अच्छी थी क्योंकि वे अपने पद का गलत प्रयोग साधारण किसान का शोषण के लिए करते थे।

स्वतंत्र जमींदार–ये सबसे धनी ग्रामीण वर्ग थे। यद्यपि ये पराजित शासक वर्ग के लोग थे, ये अब भी अपने क्षेत्र में शक्तिशाली थे तथा मुस्लिम पूर्व काल की तरह ही विलासिता का जीवन व्यतीत कर रहे थे।

कृषि में सुधार

सुल्तानों ने सिंचाई व्यवस्था में सुधार द्वारा 'तक्कवी' ऋण (विभिन्न कृषि कार्य के लिए) देकर कृषि व्यवस्था को सुधारने का प्रयास किया। उन्होंने किसानों को खाद्यान्न के स्थान पर नकदी फसल, कम उन्नत फसलों (जौ) के स्थान पर उन्नत फसल (गेहूं) उपजाने के लिए प्रेरित किया। भारतीय फलों तथा बगीचों के स्तर में आमतौर पर काफी सुधार हुआ। बेकार जमीन विभिन्न लोगों को दी गई जिससे कृषि का विस्तार हुआ।

10.10 वाणिज्य का विकास तथा शहरीकरण

शहरी केन्द्रों का विकास

13वीं तथा 14वीं शताब्दी में भारत में अनेक शहरों तथा नगरों का विकास हुआ। उदाहरण के लिए लाहौर तथा मुल्तान (आधुनिक पाकिस्तान), बरूच, कैम्बे तथा अनहिलवाड़ा (पश्चिमी भारत), लखनौटी, गौर तथा सोनारगांव (पूर्वी भारत), दौलताबाद (दक्कन), दिल्ली तथा जौनपुर (उत्तरी भारत) इत्यादि। इब्न बतूता के अनुसार (मोरक्को का यात्री जिसने आठ वर्ष मुहम्मद बिन तुगलक के दरबार में बिताए थे) पूर्वी इस्लामी दुनिया में दिल्ली सबसे बड़ा शहर था तथा दौलताबाद लगभग दिल्ली के बराबर था।

शहरी विकास

प्रमुख मार्गों पर पाषाण किलों का उदय–प्रत्येक नये राजवंशीय राज्य के हृदयस्थल पर राजधानियों में गम्भीर किलेबन्दी की जरूरत होती थी। प्रमुख मार्गों पर जो उत्तरी मैदानों में पूर्व से पश्चिम तक तथा प्रायद्वीप में उत्तर से दक्षिण तक फैले थे, में विशाल विशाल पाषाण निर्मित किलों का तेजी से निर्माण हुआ था। कोटा (1264), बीजापुर (1325), विजयनगर (1336), गुलबर्गा (1347), जौनपुर (1359), हिसार (1361), अहमदाबाद (1413), जोधपुर (1465), लुधियाना (1481), अहमदनगर (1494), उदयपुर (1500) तथा आगरा (1506) में इस प्रकार की किलेबन्दी की गई। इस सन्दर्भ में दिल्ली ने एक साम्राज्यीय राजधानी के रूप में अपना लम्बा कार्यकाल आरंभ किया और यह सामरिक रूप से गंगा एवं मालवा व दक्षिण की ओर जाने वाले मार्गों पर स्थित थी।

नये शहरी केन्द्रों में किलों का विकास–नयी राजवंशीय राजधानियाँ प्रायः अधिक उपजाऊ कृषि प्रदेशों में या नदी घाटियों के पुराने मध्यकालीन केन्द्रों में अवस्थित नहीं होती थीं बल्कि संचार एवं आपूर्ति के एक मार्ग के साथ-साथ रण सामरिक महत्व वाले शुष्क क्षेत्रों या उच्च भूमियों में अवस्थित होती थीं जैसे-जैसे नये राज्यों ने समृद्धि हासिल की वैसे-वैसे किले, महलों, विशाल खुले स्थानों, उद्यानों, फब्बारों, बाजारों, मस्जिदों, मन्दिरों, कर्मचारी आवासों वाले किलेबन्द नगरों में परिवर्तित होते चले गये। किलेबन्द स्थान का वास्तु कलात्मक विस्तार एक बड़ा उद्यम बन गया जिसने एक नये प्रकार की शहरी स्थलाकृति को जन्म दिया। एक किले के अन्दर हमें महलों की चमक-दमक के साथ-साथ मोर्चेबन्दी एवं सैनिक आवासों के चिन्ह भी मिलते हैं। हमें एक ऐसा सैन्य सज्जित नगर दिखाई देता है, जिसके अधिकांश तत्व बाहर से आये थे। स्थायी सेना ने विशेषज्ञ सैनिकों को आकर्षित किया तथा व्यापार के एक व्यापक तंत्र से होने वाली आपूर्ति तथा प्रवासन ने इन नये शहरी केन्द्रों को कायम रखा। किसी भी राजवंश की राजधानी अपने पश्च प्रदेश के संसाधनों पर निर्भर नहीं थी और इस विस्तार तक ये सभी राज्य पूर्णतः साम्राज्यीय थे भले ही वे कितने ही छोटे क्यों न हों।

सैनिक मार्गों द्वारा राजनीतिक भूगोल का निर्धारण–राजनीतिक भूगोल पहले की भाँति अधिक समय तक कृषि केन्द्रीय क्षेत्रों पर केन्द्रित नहीं रहा और इसने सैनिक मार्गों का अनुसरण करना शुरू कर दिया। एक सुल्तान के राज्य में किलेबन्द स्थलों की एक शृंखला होती थी और इन स्थलों पर रहने वाली सेना आस-पास की भूमि से कर जुटाकर अपना

भरण-पोषण करती थी। राजवंशों का विस्तार स्थानीय किलेदारों के एक केन्द्रीय नियंत्रणकर्ता के अधीन आने के फलस्वरूप होता था और इन किलेदारों द्वारा अपनी स्वतंत्रता की घोषणा करने के साथ ही राजवंशों का भी विखण्डन हो जाता था जैसा कि प्रायः होता रहता था। दिल्ली के सुल्तानों, जिनके पाँच राजवंशों ने 300 वर्षों (1206-1526 ईसवी) तक शासन किया, तथा मुगलों, जिनके एक वंश ने 1556 में अकबर के राज्याभिषेक के दिन से 1707 में औरंगजेब की मृत्यु के दिन तक एक विशाल सेना का नियंत्रण किया था, की कहानियाँ दो महान साम्राज्यीय सफलताओं को प्रदर्शित करती हैं।

सैन्य शासन प्रणालियों द्वारा भौतिक एवं सामाजिक संचरण को प्रोत्साहन—सैन्य शासन प्रणालियों ने व्यापक रूप से भौतिक एवं सामाजिक संचरण को प्रोत्साहन दिया जिसके फलस्वरूप नगरीकरण ने नई ऊँचाईयाँ हासिल कीं। सेनाओं ने व्यापार मार्गों की रक्षा की और सुल्तानों ने सामरिक सड़कें बनवाईं। सेना ने ऊपर की ओर संचरण के लिए सुरक्षित मार्ग उपलब्ध कराये जो हमेशा व्यापक यात्रा की माँग करते थे। अनेक लोगों ने लड़ने के लिए लम्बी दूरियाँ तय कीं। यह भोजपुरी क्षेत्र (उत्तर प्रदेश एवं बिहार की सीमा पर) के किसानों के लिए एक सामान्य प्रथा बन गई जो प्रत्येक वर्ष फसल कटाई के बाद लड़ने के लिए दक्कन चले जाते थे और पारिश्रमिक व लूट का माल एकत्रित करके अगली फसल बोने के लिए घर वापस लौट आते थे। छोटी दूरी के मौसमी सैनिक प्रवासन दक्कन में किसानों की एक अखण्डित विशेषता बन गये थे। राजवंशों का विस्तार केवल इस कारण हुआ क्योंकि योद्धा अपनी परिधि से प्रवासन करते थे और सैनिक प्रवासन की नई लहरों को आकर्षित करते हुए लड़ते और बसते थे। युद्ध ने किसानों को उनके घरों से दूर कर दिया और ग्रामीणों को सेनाओं में भर्ती होने के लिए बाध्य किया। अनेक लोगों के लिए गतिशील जीवन एक सामान्य सामाजिक अनुभव बन गया। इनमें मौसमी प्रवासी, युद्ध एवं अकाल से भागे लोग, सैनिक, आपूर्तिकर्ता एवं शिविर कर्मी, शिल्पकार, किसान, व्यापारी, खानाबदोश, आखेटक, चरवाहे तथा मालवाहक आदि शामिल थे। मध्यकाल में प्रमुख राजवंशीय राज्यों की कुल जनसंख्या का लगभग आधा भाग प्रत्येक वर्ष के कम से कम कुछ समय के लिए संचरणशील रहता था।

व्यापार की वृद्धि तथा व्यापारियों का बढ़ता हुआ महत्व—इस संचरण ने कई प्रकार से वाणिज्य को बढ़ाया किन्तु विशेष प्रकार के नगरीकरण, जो मध्यकालीन राज्यों की विशेषता थी, का विकास राजवंशीय सैनिक शक्ति के किलेबन्द स्थलों के आस-पास वाणिज्यिक आपूर्ति एवं माँग तथा वस्तुओं एवं सेवाओं के संकेन्द्रण के फलस्वरूप हुआ था। संचरण या ठहराव के समय सेना को विभिन्न प्रकार के सामानों एवं सेवाओं की जरूरत होती थी जिनमें घोड़े से लेकर मनोरंजन, कला, आभूषण, खान-पान से जुड़ी वस्तुएँ शामिल होती थीं। शासक सैनिकों को वेतन देने तथा युद्ध सामग्री खरीदने के लिए नकद एवं साख के रूप में संचय करते थे। युद्ध के समय शासकों को कई महीनों तक सैनिक नगरों के लिए निरन्तर आपूर्ति करनी पड़ती थी और इसके लिए सभी प्रकार के सैनिक, कर्मियों, आपूर्तिकताओं एवं सहयोगी सेवा समूहों को नकद भुगतान दिया जाता था। सर्वोच्चता को कायम रखने के लिए एक सुल्तान को अपनी सैन्य शक्ति दर्शाने के लिए नकद वित्त की आवश्यकता होती थी। वित्तीय समर्थन राजवंशीय संकट के समय में कठिन हो गया और परिणामस्वरूप महाजन एवं वणिक राजनीतिक में अधिक शक्तिशाली हो गये और साथ ही वे नगरीय समाज एवं संस्कृति में प्रभावशाली बनते गये।

व्यापार एवं वाणिज्य की वृद्धि

विस्तारित वाणिज्यवाद

इब्नबतूता की यात्राएँ

मंगोलों की छाया में उदित हुए नये एशियाई जगत में इब्नबतूता द्वारा भ्रमण किया गया। मोरक्को के टैंजियर में जन्मे बतूता ने अपनी यात्रा 1325 ईसवी में आरम्भ की और वह स्थल मार्ग से मक्का, फारस एवं समरकन्द होते हुए दिल्ली पहुँचा। वह दिल्ली के सुल्तान के दरबार में आठ वर्षों तक रहा और बाद में सुल्तान के दूत के रूप में चीन गया और सुमात्रा, श्रीलंका, केरल, गोवा एवं गुजरात के समुद्री मार्ग से होकर वापस लौटा और बाद में मोरक्को वापस चला गया। उसके अवलोकनों को प्रायः वाणिज्यिक परिस्थितियों के साथ जोड़ा जाता है। तुर्किस्तान में उसने पाया कि घोड़े बहुत अधिक संख्या में हैं और इनका मूल्त नगण्य है। उसने बंगाल को एक ऐसे विशाल देश के रूप में पाया जहाँ चावल की प्रचुरता थी और विश्व में कोई भी ऐसी जगह नहीं थी जहाँ के मूल्त बंगाल की तुलना में कम हों। गोवा से क्विलोन तक जाने वाले मार्ग के बारे में उसने लिखा कि 'ऐसा सुरक्षित मार्ग उसने कहीं नहीं देखा था क्योंकि वहाँ एक नायिरल चुराने वाले को भी मृत्यु दण्ड दिया जाता था और गिरे हुए फल को उसके स्वामी के अलावा कोई नहीं उठाता था।'

भूमि सेतु के रूप में दक्षिण एशिया की भूमिका—हालांकि पूर्व मध्यकालीन अभिलेख व्यापक वाणिज्यिक गतिविधियों का संकेत देते हैं जिनमें प्रमुख वणिक समुदायों द्वारा किया जाने वाला लम्बी दूरी का व्यापार शामिल था फिर भी मध्यकालीन दस्तावेज बताते हैं कि 1200 के बाद वाणिज्य का नाटकीय रूप से विस्तार हुआ था। जैसा कि इब्नबतूता संकेत देता है, कि विशिष्ट क्षेत्रों में विशेषीकृत वस्तुओं का प्रचुरता में उत्पादन होता था और शासक अपने अधिकार क्षेत्रों में व्यापारिक गतिविधियों को संरक्षण प्रदान करते थे। इसके अलावा उसका मार्ग अपने आप में-एक शताब्दी पहले मार्कोपोलो की भाँति-इस बात का संकेतक था कि मध्य एशिया के पार होने वाला आन्तरिक परिवहन उस व्यापक संचरण परिपथ का एक भाग था, जिसमें हिन्द महासागर एवं दक्षिणी चीन सागर शामिल थे। दक्षिण-एशिया, दक्षिणी समुद्रों एवं मध्य एशिया के बीच एक विशाल भू-सेतु था।

हिन्द महासागर में व्यापारिक मार्गों का तंत्र—हिन्द महासागर में लम्बे एवं छोटे व्यापारिक मार्गों का एक जाल प्राचीनकाल से ही तटों से जुड़ा था। चीन एवं यूरोप के बीच लम्बे मार्ग सदैव दक्षिण एशिया को स्पर्श करते थे जहाँ वे गुजरात से बंगाल तक की स्थानीय लोगों की आवश्यकताओं को पूरा करते थे। काहिरा के पूर्व-मध्यकालीन अभिलेखों में गुजरात एवं मालावार तक के सामुद्रिक अभियानों का उल्लेख है तथा इन अभियानों के द्वारा अनेक व्यापारी भूमध्यसागर से भारत के प्रवेश बन्दरगाह कोचीन तक आते थे। पूर्व मध्यकालीन केरल में पश्चिम से आये अनेक ईसाई मुस्लिम एवं यहूदी व्यापारियों ने अपनी बस्तियाँ बसा ली थीं तथा यहाँ के हिन्दू शासक अपनी सम्पत्ति बढ़ाने के लिए इन व्यापारियों पर निर्भर थे। इब्नबतूता उल्लेख करता है कि 'फारस एवं यमन से आये अधिकांश व्यापारी मंगलौर में ठहरते थे जहाँ काली मिर्च एवं अदरक की प्रचुरता थी।' 1357 में पोप बैनेडिक्ट द्वादश द्वारा चीन भेजे गये दूत जॉन ऑफ मैरीनोला ने क्विलोन को भारत का सबसे प्रसिद्ध बताया, जहाँ विश्व की सम्पूर्ण काली मिर्च पैदा की जाती थी। पश्चिमी तट पर यूरोपीयों ने स्थाई आवास हेतु किलेबन्द बस्तियाँ बसाने का कार्य वास्कोडिगामा के 1498 ईसवी में मालाबार पहुँचने के बाद शुरू किया।

स्थलीय समाजों के लिए सामुद्रिक सम्पर्कों का महत्व—तट एवं इनके सामुद्रिक सम्पर्क आन्तरिक स्थलीय भागों में रहने वाले लोगों के लिए महत्वपूर्ण होते चले गये। अन्य स्थानों पर चल रही प्रवृत्तियों ने हिन्द महासागर के बन्दरगाहों को स्थलीय समाजों के लिए अधिक महत्वपूर्ण बना दिया था। योद्धाओं को समुद्र के माध्यम से आयायित घोड़ों की आवश्यकता थी। किसानों द्वारा आन्तरिक उच्च भूमियों में कृषि का विस्तार करने के कारण उनके लिए निर्यात अधिक महत्वपूर्ण होता गया तथा यहाँ के स्थानीय लोगों ने विविध प्रकार के उत्पादों द्वारा व्यापार तंत्र में प्रवेश किया और नदियों के माध्यम से माल को समुद्र तक पहुँचाने लगे। उच्च भूमि के वनों द्वारा मसालों, इमारती लकड़ी, शहद, फलों, हाथियों एवं अन्य बहुमूल्य वस्तुओं की तट पर आपूर्ति की जाती थी और बदले में चावल, माँस, उपकरण तथा तटीय व्यापार मार्गों से आने वाली अन्य चीजें प्राप्त की जाती थीं। इस सन्दर्भ में किसानों ने काली ज्वालामुखी मिट्टी में कपास उगाने की विशेषज्ञता हासिल कर ली थी। 1500 तक सूती एवं रेशमी वस्त्र निर्माण, व्यापार एवं खपत में अनेक प्रकार के विशेषज्ञ शामिल हो चुके थे जिनमें उत्पादक, बुनकर, रंगरेज, मालवाहक, महाजन, थोक एवं खुदरा विक्रेता आदि शामिल थे। कपड़ों के उपभोक्ता आरंभ में नगरीय केन्द्रों तक सीमित थे जहाँ शहरी व्यापारी, महाजन, थोक विक्रेता एवं वाणिज्यिक विनिमय की एक जटिल शृंखला में जुड़ चुके थे, जिससे तट एवं तटों के पार विनिर्माण का बड़े स्तर पर विस्तार हुआ।

व्यापार तथा वाणिज्य का विकास

सिक्कों में वृद्धि—दिल्ली सल्लनत काल में पिछले काल की तुलना में सिक्कों की संख्या में वृद्धि हुई जिससे व्यापारिक कार्यो में वृद्धि का संकेत मिलता है।

व्यापारी तथा उनकी गतिविधि—व्यापारियों के कार्यकलापों के बारे में काफी साक्ष्य मौजूद हैं। भारत ने पुनः फारस की खाड़ी तथा लाल सागर के देशों में (पश्चिम एशिया) तथा दक्षिण पूर्व एशिया के देशों मै अनेक वस्तुओं का निर्योत प्रारंभ कर दिया। तटीय तथा समुद्री व्यापार जैन मारवाड़ी, गुजराती और मुस्लिम वोहरा व्यापारियों के हाथ में था। मध्य तथा पश्चिम एशिया के साथ जमीनी व्यापार मुल्लानी (मुख्यतः हिंदू) तथा खोरासानी (अफगान मुस्लिम) के हाथ में था। समकालीन इतिहासकार बरनी उनके धन का बहुत अच्छा वर्णन देते हैं।

सुल्तान द्वारा व्यापार में वृद्धि का प्रयास—भारत के प्रमुख भाग के राजनीतिक एकीकरण से राजनीतिक तथा आर्थिक बाधाएं समाप्त हो गई। दलाल या बिचौलियों (दलाल एक अरबी शब्द है जिसके अर्थ हैं मध्यस्थ) के आगमन से बड़े

स्तर पर लेन-देन संभव हो पाया। नई सड़कों के निर्माण तथा पुरानी की मरम्मत से सुचारू व्यापार तथा संचार संभव हो पाया। व्यापारियों की सुविधा के लिए सड़कों पर सराय बनी होती थीं।

10.11 तकनीक आधारित परिवर्तन

सूती वस्त्र उद्योग–इस क्षेत्र में उत्पादकता में वृद्धि में अनेक नई तकनीक, जैसे-रूई धुनने की मशीन, चरखा इत्यादि का योगदान था।

रेशम उद्योग–इसके उत्पादन में भी रेशम की खेती के प्रारंभ होने के कारण वृद्धि हुई। परिणामत: भारत कच्चे रेशम के लिए ईरान तथा अफगानिस्तान पर कम आश्रित हुआ।

कागज उद्योग–भारत में इसका प्रयोग तुर्कों ने प्रारंभ किया तथा 14वीं एवं 15वीं शताब्दियों में इसका प्रयोग काफी बढ़ा।

भवन निर्माण उद्योग–इस क्षेत्र में भी नई तकनीक तथा निर्माण के नए पदार्थों के उपयोग से बड़ी छतों वाले ईंट के भवन का निर्माण संभव हो पाया।

अन्य उद्यम–चमड़ा उद्योग, धातु उद्योग तथा कालीन निर्माण के क्षेत्र में उत्पादकता में वृद्धि देखने को मिलती है जिसके कारण सुल्तानों द्वारा मांग में वृद्धि थी। परंतु इन क्षेत्रों में किसी तकनीकी परिवर्तन का प्रमाण नहीं मिलता है।

शहरी अर्थव्यवस्था में परिवर्तन के कारण

इसका सबसे प्रमुख कारण था इस्लामी पूर्व से कारीगरों तथा व्यापारियों का भारत आगमन जो अपने साथ अपनी कला, कुशलता तथा तरीके भी साथ लाए। दूसरा इस समय सस्ते मजदूर दासों के रूप में आसानी से मिल जाते थे। अंतत: दिल्ली सुल्तान ने एक ऐसी राजस्व व्यवस्था स्थापित की जिसमें गांवों से पैसा शहरों में खर्च के लिए लाया जाता था।

समकालीन इतिहासकार जैसे इस्लामी कलाकारों तथा व्यापारियों के भारत की तरफ आने की घटना का काफी विस्तार में वर्णन देते हैं। बड़ी संख्या में युद्ध बंदियों को प्रशिक्षण द्वारा कुशल कारीगर बनाया जाता था तथा वे बाद में स्वतंत्र हो जाते थे। अत: जहां एक तरफ लोगों का यहां बसने के लिए आना शहरी केंद्रों के विकास के लिए उत्तरदायी था, वहीं दूसरी तरफ नए भू-राजस्व के द्वारा इन नए केंद्रों के विकास को सहारा मिला। शासक वर्ग गांवों से आने वाले राजस्व का बड़ा हिस्सा शहरों में खर्च करते थे।

दिल्ली सल्तनत के सिक्के

मुहम्मद गौरी द्वारा कन्नौज के हिंदू राजा की नकल में बनाई गई स्वर्ण मुद्रा, जिसके एक तरफ लक्ष्मी थी, इस्लामी इतिहास में अद्वितीय है। प्रारंभ के 40 वर्षों तक प्राय: तांबा आदि के सिक्कों का चलन था, शायद ही कभी सोने के सिक्के बनाए गए। प्रारंभिक सुल्तानों के चांदी के सिक्के बहुत कम मिलते हैं।

इल्तुत्मिश ने अनेक प्रकार के चांदी के सिक्के चलाए जिसे 'टका' कहा गया तथा सबसे पीछे घोड़े पर सवार राजा की तसवीर है। बाद के सिक्कों में बगदाद के खलीफा अल-मुस्तनसीर से मिली अनुमति का प्रमाण मिलता है।

सोने के सिक्के यद्यपि मसूद, नसीरुद्दीन महमूद, बलबन तथ जलालुद्दीन खिलजी ने चलाए पर अलाउद्दीन के द्वारा दक्षिण कई संपत्ति से अपने खजाने को भरने के पहले इनकी संख्या कम् थी। ये स्वर्ण मुद्रा, चांदी की मुद्रा का स्वरूप एवं वजन में नकल थीं। अलाउद्दीन, जिसके चांदी के सिक्कों की संख्या बहुत कम है, ने अपने सिक्कों से खलीफा का नाम हटाकर अपने गुणगान के शब्द जैसे दूसरा सिकंदर, खलीफा का दायां हाथ छपवाया। उनके उत्तराधिकारी, मुबारक, जिनके जारी किए गए सिक्के कुछ मामलों में सबसे अच्छे हैं, ने प्राचीन भारतीय तरीके के चौकोर तरह की कुछ स्वर्ण तथा चांदी की मुद्रा चलाई। उनके सिक्कों पर 'इस्लाम का प्रमुख, धरती तथा आसमान के खुदा का खलीफा' जैसे शब्द मिलते हैं। गियासुद्दीन तुगलक गाजी शब्द का प्रयोग करने वाले पहले भारतीय शासक थे।

मुहम्मद गौरी सहित अधिकांश प्रारंभिक सुल्तानों के द्वारा चलाए गए सिक्के आमतौर पर समान आकार तथा भार (लगभग 56 ग्रेन) के होते थे। इनके अनेक प्रकार बनाए गए। भारतीय प्रकार, जिसे देहलीवाला कहते थे, में कुबड़ा बैल तथा दूसरी तरफ नागरी में सुल्तान का नाम .होता था। दिल्ली चौहान प्रकार, जिसमें पहली तरफ घुड़सवार होता था, मसूद के शासनकाल तक चला। एक अन्य प्रकार, जिसमें पहली तरफ घुड़सवार तथा दूसरी तरफ सुल्तान नाम तथा पद अरबी में होता था, नासिर-उद-दीन महमूद के शासनकाल तक चला। अलाउद्दीन के छोटे सिक्कों पर पहली बार तिथि मिलती है। इस समय का प्राचीनतम तांबे का सिक्का छोटा तथा अतिमहत्वपूर्ण है। कुछ सिक्कों पर 'अदल' लिखा मिलता है जिसका अर्थ संभवत: मात्र मुद्रा रहा होगा। सभी तांबे के सिक्के बिना तिथि के हैं।

मुहम्मद बिन तुगलक को मुद्रा व्यवस्था का राजा कहा जाता है। न सिर्फ उन्होंने अपने से पहले के सभी सुल्तानों से अधिक सिक्के जारी किए बल्कि उनके सिक्कों पर लेख भी होते थे। बड़ी संख्या में स्वर्ण मुद्रा जारी करना, सभी मूल्त के सिक्के बड़ी संख्या में जारी करना, सिक्कों पर उनकी गतिविधियों का आलेख तथा मुद्रा व्यवस्था के साथ उनके प्रयोगों के द्वारा वे इतिहास के प्रमुख मुद्रा विशेषज्ञ में आ जाते हैं। अपने प्रारंभ के सोने तथा चांदी के सिक्कों में उन्होंने पहले के 172.8 ग्रेन को ही जारी रखा। उनके पहले प्रयोग में 201.6 ग्रेन की स्वर्ण दीनार तथा 144 ग्रेन के चांदी 'असलिस' जारी करना था। मुहम्मद बिन तुगलक के स्वर्ण तथा चांदी, उनके पहले की तरह सभी प्रकार से समान हैं। इनमें से सबसे पहले तथा रोचक सिक्के एक साथ दिल्ली तथा दौलताबाद में ढाले गए थे जो उनके पिता की स्मृति में थे। इन पर गियासुद्दीन के साथ-साथ उनकी उपाधि 'अल- शहीद' भी लिखा हुआ है। प्रारंभिक सोने तथा चांदी के सिक्के, जिनके लगभग आधे दर्जन उदाहरण हैं, आठ अलग-अलग जगहों पर ढाले जाते थे जिनमें दिल्ली एक था। लगभग 25 तरह के उनके छोटे सिक्कों का ज्ञान है। सांकेतिक मुद्रा पर अभिलेखों से इसके विभिन्न स्तरों का पता चलता है। इसके दो स्तर थे, पहला दिल्ली में तथा दूसरा दक्षिण तथा दौलताबाद में चलता था। पहले में चांदी टका 48 भागों में विभाजित होता था जबकि दूसरे में 50 जीतल में।

फिरोज शाह की स्वर्ण मुद्रा काफी व्यापक थी तथा इनकी 6 प्रकार की जानकारी है। अपने से पहले के सुल्तानों की परंपरा को जारी रखते हुए उन्होंने इसके एक तरफ खलीफा, तथा दूसरी तरफ अपना नाम लिखवाया। फिरोज ने अपने पुत्र फतह खान का नाम भी अपने सिक्कों पर लिखवाया। बाद के शासकों की स्वर्ण मुद्रा कम मिलती है तथा चांदी के सिक्कों की कमी और भी गंभीर लगती है। फिरोज के मात्र तीन चांदी के सिक्के मिले हैं जबकि तांबे के सिक्के व्यापक रूप से मिलते हैं। फिरोज के सिक्कों की तालिका निम्न है–

तांबा जीतल के टुकड़े :

1 अधी	=	½ जीतल
1 दंगी या फुलुस (तांबा)	=	¼ जीतल

तांबा जीतल के गुणक :

2 जीतल	=	दुगानी
4 जीतल	=	चहारगनी
6 जीतल	=	सहासगनी
8 जीतल	=	हस्तीगनी
10 जीतल	=	देहगनी
12 जीतल	=	दवाजदाहगनी
24 जीतल	=	निसफी
25 जीतल	=	पंजगनी
48 जीतल	=	टंका (चांदी)

बाद के शासकों की मुद्रा, संख्या में अधिक होने के बाद भी मुख्यत: तांबा तथा अन्य छोटी धातुओं में सीमित है। पूरे काल में दो अपवाद छोड़कर सिक्के ढालने के लिए दिल्ली का उल्लेख मिलता है। फिरोज के लंबे शासनकाल ने पैसों को विनिमय के लोकप्रिय तरीके के रूप में स्थापित कर दिया तथा संभवत: इसी कारण उनकी मृत्यु बाद लंबे समय तक (लगभग 40 वर्षों तक) उनके सिक्कों का प्रयोग होता रहा तथा उनके पुत्र मुहम्मद तथा पौत्र महमूद की मृत्युपरांत इनमें से कुछ सिक्के दौलत खान लोदी तथा खिजर खान ने जारी करवाये थे। लोदियों के सिक्के, कुछ अंतर के साथ जौनपुर के शारकियों की मुद्रा से काफी मिलते हैं।

10.12 भारतीय-फारसी संस्कृति का विकास

दिल्ली सल्तनत की स्थापना के साथ देश के सांस्कृतिक इतिहास में एक नया अध्याय जुड़ गया। जब तुर्क भारत आए थे, उनका न सिर्फ इस्लाम में गहरा विश्वास था, अपितु सरकार, कला तथा वास्तुकला के बारे में भी उनके विचार काफी स्पष्ट थे। भारतीयों के साथ मिलने-जुलने से उनके गहरे धार्मिक विश्वास, कला, वास्तुकला तथा विकसित साहित्य से नई तुर्की परपंरा का विकास हुआ। पर यह प्रक्रिया काफी लंबी थी तथा अनेक उतार-बढ़ाव वाली थी।

वास्तुकला

मुख्य विशेषताएँ

मेहराब तथा गुंबद-मेहराब तथा गुबंद के प्रयोग के अनेक लाभ थे। गुंबद से भवन देखने में सुंदर लगता था। मेहराब तथा गुंबद प्रणाली के उपयोग से छत को सहारा देने के लिए बड़ी संख्या में खंभों की आवश्यकता नहीं रही तथा साफ-सुथरे बड़े कमरों का निर्माण संभव हो पाया। इस तरह के कमरे, मस्जिद तथा महलों में काफी उपयोगी थे।

अच्छे सीमेंट का उपयोग–मेहराब तथा गुंबद के निर्माण के लिए अच्छे सीमेंट की आवश्यकता थी अन्यथा पत्थरों

को अपनी जगह पर स्थिर नहीं रखा जा सकता था। तुर्कों ने चूना तथा सीमेंट के अच्छे मिश्रण का प्रयोग अपने भवनों में किया।

शिलापट्ट तथा बल्ली प्रणाली–भारत में प्रयोग में आने वाली प्रणाली में एक पत्थर के ऊपर दूसरे पत्थर को रख उस दूरी को धीरे-धीरे कम किया जाता था तथा इस तरह जगह को पूरी तरह भरा जाता था। अंतिम पत्थर के साथ बल्ली द्वारा स्थिरता प्रदान की जाती थी और इसी कारण इसे शिलापट्ट एवं बल्ली प्रणाली कहते थे।

अलंकरण–तुर्कों ने आदमी तथा जंतुओं की आकृति का प्रयोग भवनों में नहीं किया। इसके स्थान पर उन्होंने ज्यामितिक आकृति तथा फूलों द्वारा एवं इसके साथ-साथ कुरान की आयतों द्वारा सजावट की। इस तरह अरबी भाषा खुद सजावट का जरिया बन गई। इन सजावट के तरीकों का मिला-जुला रूप 'अरबेस्कुय' कहलाया। उन्होंने हिंदू चीजों जैसे बेल-लताएं कमल इत्यादि का भी प्रयोग किया। पत्थर काटने वाले भारतीय मजदूरों के कौशल का काफी प्रयोग हुआ। उन्होंने लाल बलुआ पत्थर, पीला बलुआ पत्थर तथा संगमरमर के प्रयोग द्वारा अपने भवनों को रंगीन बनाया।

विकास

इलबेरीस–सर्वप्रथम उन्होंने उस समय के मंदिरों तथा अन्य भवनों को मस्जिद में परिवर्तित किया। इसके उदाहरण दिल्ली के कुतुब मीनार के निकट कुवात-उल-इस्लाम मस्जिद (जो मूलतः एक जैन मंदिर था तथा कुछ हिंदुओं ने इसे विष्णु के मंदिर में बदल दिया था तथा अंततः तुर्कों ने इसे मस्जिद बना दिया) तथा अजमेर का अढ़ाई दिन का झोपड़ा (जो एक विहार था) है। एकमात्र नया निर्माण जो दिल्ली की मस्जिद में किया गया था, वह था मंदिर का गर्भ-गृह (जिसे गिरा दिया गया था) के सामने तीन अलंकृत मेहराब का निर्माण।

तुर्कों द्वारा 13वीं शताब्दी में बनाया गया सबसे महत्त्वपूर्ण निर्माण दिल्ली का कुतुब मीनार (ऐबक द्वारा प्रारंभ किया गया तथा इल्तुत्मिश ने पूरा किया) था। 71.4 मीटर ऊंची यह मीनार सूफी संत कुतुब-उद-दीन बख्तियार खिलजी को अर्पित थी। यद्यपि मीनार बनाने की परंपरा भारत तथा पश्चिम एशिया दोनों में देखने को मिलती है, पर कुतुब मीनार अनेक मामलों में अनोखी है। इसकी विशेषता इसकी बालकनी है जो मुख्य भवन का हिस्सा होते हुए भी अलग-सी दिखती हैं। सफेद लाल बलुआ पत्थर तथा संगमरमर का प्रयोग एवं मोड़दार प्रभाव भी इसकी विशेषता है।

खिलजी–अलाउद्दीन ने अपनी राजधानी कुतुब से कुछ दूर सिरि में बनवाई थी, पर अब इसका कोई भी अवशेष नहीं है। अलाउद्दीन ने कुतुब की दोहरी ऊंचाई की मीनार की योजना बनाई पर इसे पूरा करने के लिए जीवित नहीं रहा। किंतु उन्होंने कुतुब में एक प्रवेश द्वार बनवाया जिसे अलाई दरवाजा कहते हैं। इसमें बहुत सुंदर मेहराब हैं। इसमें एक गुंबद भी है जो पहली बार सही वैज्ञानिक तरीकों से बनाया गया था।

तुगलक–गियासुद्दीन तथा मुहम्मद तुगलक ने दुर्ग, तुगलकाबाद, का निर्माण किया था। यमुना का मार्ग अवरुद्ध कर एक बड़ी झील का भी निर्माण किया गया था। मुहम्मद तुगलक द्वारा बनवाया गया गियासुद्दीन का मकबरा वास्तुकला में एक नई परपंरा को प्रारंभ करने वाला सिद्ध हुआ। भवन को ज्यादा दर्शनीय बनाने के लिए इसे एक ऊंचे चबूतरे पर स्थापित किया गया। फिरोज शाह तुगलक ने प्रसिद्ध हौज खास (आरामगाह) तथा कोटला (दुर्ग) का निर्माण दिल्ली में किया।

तुगलक वास्तुकला की विशेषता–इसमें ढलावदार दीवार या बटेर प्तमराटा) भवन को शक्ति तथा वैभव प्रदान करता है, परंतु हम फिरोज के भवनों में बटेर नहीं पाते हैं। दूसरा, उन्होंने अपने भवनों में मेहराब तथा गुंबद और शिलापट तथा बल्ली का समावेश करने का प्रयास किया। यह फिरोज के भवनों में पाया जाता है। हौज खास में हर दूसरी मंजिल पर मेहराब तथा बल्ली हैं। यह फिरोज के कोटला दुर्ग में भी देखने को मिलता है। अंततः तुगलकों ने सस्ते तथा ज्यादा सरलता से प्राप्त भूरे पत्थर का प्रयोग किया। चूंकि इस पत्थर पर नक्काशी करना सरल नहीं था, उनके भवनों में सजावट बहुत ही कम है।

लोदी–लोदियों ने भी तुर्कों द्वारा लाई गई परंपरा का स्थानीय कला से संयोजन जारी रखा। उनके भवनों में भी मेहराब तथा बल्ली का प्रयोग मिलता है। राजस्थान-गुजरात-शैली के बालकनी इत्यादि का प्रयोग उन्होंने किया। लोदियों ने अपने भवन तथा विशेषकर मकबरों को ऊंचे स्थानों पर बनवाया जिससे ये ज्यादा बड़े तथा वैभवशाली दिखते थे। उनके कुछ मकबरे बागानों के मध्य हैं। दिल्ली का लोदी गार्डन इसका प्रमुख उदाहरण है। कुछ मकबरे अष्टकोणीय हैं। इनमें से कई बातों को मुगलों ने भी अपनाया तथा इसका सबसे वैभवशाली उदाहरण शाहजहां द्वारा बनवाया गया ताजमहल है।

संगीत

तुर्कों को उन्नत अरबी संगीत परंपरा विरासत में मिली थी जो ईरान तथा मध्य एशिया में और भी पनपा। वे अपने साथ

रबाब तथा सारंगी जैसे अनेक नए संगीत उपकरण तथा नए राग एवं नियम भी लाए।

अमीर खुसरो ने घोरा, सनम जैसे अनेक नए राग प्रारंभ किए। उन्हें सितार के अविष्कार का श्रेय दिया जाता है, पर इसका कोई प्रमाण नहीं है। तबला, जिसका श्रेय भी उन्हें दिया जाता है, 18वीं शताब्दी के अंत तथा 19वीं के प्रारंभ में विकसित हुआ था। फिरोज तुगलक के शासनकाल में पारंपरिक भारतीय रचना रागदर्पण का फारसी अनुवाद हुआ था। संगीतमय गोष्ठियां सूफियों के घरों से चलकर अब अमीरों के घर पहुंच रही थीं। सूफी संत, पीर, बोधन इस समय के महानतम संगीतकारों में से एक थे।

प्रांतीय राज्यों में संगीत को सबसे ज्यादा प्रश्रय ग्वालियर से मिला। ग्वालियर के राजा मानसिंह एक बड़े संगीत प्रेमी थे। मान कौतूहल नामक पुस्तक, जिसमें मुस्लिमों द्वारा प्रारंभ की गई सभी संगीत पद्धतियों का वर्णन है, उनकी देख-रेख में लिखी गई थी।

हमें इस बात की जानकारी नहीं है कि उत्तर तथा दक्षिण की संगीत पद्धति कब एक-दूसरे से भिन्न हुई, पर इस बात में कोई शक नहीं कि इसके लिए फारसी-अरबी पद्धति तथा तरीकों का योगदान रहा होगा।

फारसी साहित्य

कविता–इस समय का सबसे महत्त्वपूर्ण लेखक अमीर खुसरो (1252-1325) थे। वे भारतीय होने में गौरव महसूस करते थे। उन्होंने अनेक काव्यात्मक रचनाएं जिसमें से कुछ ऐतिहासिक प्रेम प्रसंग भी थे, लिखीं। उन्होंने अनेक शैलियों के साथ प्रयोग किया तथा सबक-ए-हिंद की नई शैली को प्रारंभ किया। उन्होंने हिंदी (हिंदवी) सहित भारतीय भाषाओं की तारीफ की। वे एक दक्ष संगीतज्ञ भी थे तथा सूफी संत निजामुद्दीन औलिया द्वारा आयोजित संगीत समारोह (शमा) में वे हिस्सा लेते थे। अन्य महत्त्वपूर्ण फारसी कवियों में मीर हसन देहलवी, बदरा चाच इत्यादि सम्मिलित हैं।

ऐतिहासिक रचना–संगीत के अलावा फारसी में इतिहास लिखने की परंपरा भी यहां प्रचलित हुई। इस समय के सबसे प्रसिद्ध इतिहासकारों में जियाउद्दीन बरनी, साम्ब-ए-सिराज अफीक तथा इसामी हैं।

अनुवाद–संस्कृत ग्रंथों का फारसी में अनुवाद करने वाला पहला व्यक्ति जिया नकश्बी था। उसकी पुस्तक तूती नामा जो मुहम्मद तुगलक के समय लिखी गई थी, संस्कृत कहानियों का फारसी अनुवाद थी जो एक तोते तथा एक महिला, जिसका पति किसी यात्रा पर गया है, से संबंधित थी। जिया ने प्राचीन भारतीय पुस्तक कोक शास्त्र का फारसी में अनुवाद किया था। बाद में फिरोज के समय चिकित्सा तथा संगीत पर भी अनेक पुस्तकों का फारसी में अनुवाद किया गया। कश्मीर के प्रसिद्ध शासक जैन-उल-अबीदीन ने प्रसिद्ध ऐतिहासिक पुस्तक राजतरंगिणी का तथा महाभारत का फारसी अनुवाद करवाया। उनके निर्देश पर चिकित्सा तथा संगीत पर संस्कृत पुस्तकों का भी अनुवाद हुआ।

फारसी इतिहासकार

सामान्य गुण–विभिन्न मुस्लिम राजवंशों से जुड़े कई समकालीन एवं अर्द्ध-समकालीन फारसी इतिहासकार थे, जिन्होंने स्थलाकृति एवं कम या अधिक विश्वसनीय कालक्रम से जुड़ी जानकारियाँ देने के अलावा राजनीतिक एवं सैन्य घटनाक्रम का विवरण भी प्रस्तुत किया है। इनमें से कुछ मुस्लिम जगत के सामान्य इतिहास हैं जिनमें मध्यकालीन भारतीय इतिहास कुछ स्थान हासिल कर लेता है किन्तु कई ऐसे इतिहासकार हैं जो मध्यकालीन भारत के इतिहास से ही जुड़े थे। कुछ मामलों में ये कृतियाँ मात्र कुछ विशिष्ट क्षेत्रों, राजवंशों या शासकों से ही सम्बन्ध रखती हैं।

मुख्य अवगुण–फारसी इतिहासकारों की दो प्रमुख कमियाँ थीं। क्योंकि लेखक के रूप में वे सामान्यत: दरबार के साथ जुड़े होते थे और राजकीय संरक्षण पर निर्भर रहते थे। इसलिए वे ऐतिहासिक घटनाओं का वस्तुपरक विश्लेषण प्रस्तुत नहीं कर सके इसके अलावा वे कभी-कभी धार्मिक कट्टरता द्वारा प्रेरित हो जाते थे और न केवल हिन्दुओं बल्कि मोहम्मद तुगलक जैसे गैर-रूढ़िवादी मुस्लिम शासकों के विरुद्ध भी सक्रिय हो जाते थे। उनका ध्यान दरबार एवं शिविर पर केन्द्रित रहता था। वे लोगों की दशा तथा सामाजिक-आर्थिक विकास में नाममात्र की रुचि रखते थे।

मिनहाज-उस-सिराज–तबकात-ए-नासिरी के लेखक मिनहाज-उस-सिराज का जन्म 1193 ईसवी में हुआ था। इल्तुतमिश के शासनकाल में वह राजकीय सेवा में भर्ती हुआ और 13वीं शताब्दी के मध्य में वह दिल्ली का मुख्य काजी बना। वह एक दरबारी के अलावा एक न्यायिक अधिकारी भी था। अत: उसके इतिहास लेखन में राजनीतिक पक्ष का महत्त्वपूर्ण होना स्वाभाविक था।

- तबकात इस्लामी इतिहास का एक क्रमबद्ध विवरण है जो आदम के दिनों से शुरू होकर 1260 ईसवी तक के समय को शामिल करता है जब इस कृति की रचना पूर्ण हुई थी। इसका नामकरण सुल्तान नासिरूद्दीन महमूद के नाम पर किया गया था।

- इस ग्रंथ का सल्तनत के इतिहास से सम्बन्ध रखने वाला भाग महत्त्वपूर्ण है क्योंकि लेखक एक समकालीन व्यक्ति था और उस काल की घटनाओं के साथ निकट सम्बन्ध रखता था। उसने विभिन्न स्रोतों से सूचनायें जुटाने में काफी कष्ट सहे थे।
- विशुद्ध राजनीतिक इतिहास पर किया गया उसका कार्य मूल्यवान माना जाता है। उसने मोहम्मद गौरी एवं इल्तुतमिश के अधिकांश प्रमुख अमीरों कार्यकालों का उल्लेख किया है।
- उसने उन सभी की प्रशंसा की जिन्होंने उसे संरक्षित या उत्पीड़ित किया था। उसने उन लोगों के कार्यकालों की जानकारी नहीं दी जिनके विरुद्ध वह पूर्वाग्रह रखता था। उसने उलेमाओं की चरित्र के बुरे पक्ष को भी उभारा एवं लौकिक सफलताओं के लिए उनकी स्वार्थपूर्ण चालबाजियों का उल्लेख किया।

जियाउद्दीन बरनी

बरनी ने जब अपनी रचना पूरी की उस समय वह 74 वर्ष का था। एक राजकीय अधिकारी के पुत्र बरनी ने मुहम्मद तुगलक के शासनकाल में 17 वर्षों तक राज्य की सेवा की। बरनी की कृति 'तारीख-ए-फिरोजशाही' (जिसका नामकरण फिरोजशाह तुगलक के नाम पर हुआ था) को सल्तनत काल के दौरान लिखा गया सबसे मूल्यवान ऐतिहासिक ग्रंथ माना जाता है। इसकी शुरुआत बलबन के शासनकाल के प्रथम वर्ष (1266 ईसवी) से होती है और यह तबकात-ए-नासिरी के बाद के 6 वर्षों का स्पष्ट अन्तर छोड़ते हुए फिरोजशाह के शासनकाल के छठे वर्ष (1357 ईसवी) में समाप्त होती है। बरनी ने फतवा-ए-जहाँदारी नामक एक अन्य किताब लिखी जिसमें राज्य के मामलों पर दिशा-निर्देश दिये गये हैं और सरकार के इस्लामी आदर्श पर जोर दिया गया है। यह किसी प्रकार की दार्शनिक गहराई या व्यावहारिक बुद्धिमत्ता का दावा नहीं कर सकती।

- एक इतिहासकार के कर्त्तव्य के बारे में बरनी का कहना है कि उसे सत्यवादी, ईमानदार एवं निर्भय होना चाहिए और यदि तथ्यों का खुलासा करना किसी कारण से कठिन हो जाता है तो उसे अप्रत्यक्ष रूप से संकेतों और सुझावों द्वारा इन्हें सामने रखना चाहिए।
- उसने कई अवसरों पर दावा किया कि उसने जो भी लिखा वह सत्य था किन्तु फरिश्ता (17वीं सदी का एक इतिहासकार) द्वारा उस पर सत्य से हटने का आरोप लगाया गया है। बरनी की एक गम्भीर दुर्बलता कालक्रम के प्रति उदासीन रहना है। उसने घटनाओं को कालक्रमिक रूप से व्यवस्थित नहीं किया था।
- उसका कार्य व्यवस्थित नहीं था और कुछ मामलों में यह अपूर्ण भी था। उदाहरण के लिए उसके द्वारा मलिक काफूर के दक्कन अभियानों का विवरण बहुत ही छोटा और असन्तोषजनक है। उसने विभिन्न स्रोतों से सूचनायें इकट्ठी कीं जिनमें विशेषत: दरबार से जुड़े प्रमुख लोग थे किन्तु वह सूचनाओं के बीच समन्वय स्थापित नहीं कर सका।
- बरनी द्वारा प्रयुक्त एक विशेष पद्धति संवादों का अभिलेखन करना था। उसके वर्णन के इन अंशों की प्रमाणिकता संदेहों से घिरी है फिर भी उस काल के इतिहासकारों के लिए यह एक असामान्य प्रथा नहीं थी तथा ऐसे उदाहरण अमीर खुसरो, इसामी एवं इब्नबतूता की रचनाओं में भी प्राप्त होते हैं।
- बरनी की तारीख की सबसे महत्त्वपूर्ण विशेषता प्रशासनिक मामलों में उसकी रुचि है जो विशेषत: राजस्व एवं सामान्य उपभोग की वस्तुओं के मूल्तों से जुड़ी थी। यहाँ वह नये आधार को तोड़ता है और अन्य मध्यकालीन इतिहासकारों की भाँति अपने ध्यान केन्द्रण को शासकों, दरबारों एवं अभियानों तक सीमित करने की बजाय वह इतिहास के उन पहलुओं पर भी प्रकाश डालता है जो आधुनिक इतिहासकारों के लिए विशेष महत्त्व रखते हैं।
- उसकी भाषा कभी-कभी एक स्पष्ट अर्थ देने में असमर्थ रहती है और कभी-कभी विरोधाभासों का शिकार हो जाती है जिससे आधुनिक विश्लेषकों के सामने कठिनाइयाँ पैदा होती हैं।

इसामी–इसामी के परिवार ने तुगलक शासन के दौरान राजकीय संरक्षण खो दिया और देवगिरि को राजधानी बनाये जाने के दौरान उसका परिवार दक्कन की ओर प्रवास कर गया। इस तथ्य से इसामी के मोहम्मद तुगलक सम्बन्धी विवरण में निजी पक्षपात के एक तत्व का स्पष्टीकरण होता है।

- उसकी फुतूह-उस-सलातीन एक फारसी भाषा में लिखी गई कृति है जो फिरदौसी के शाहनामा के नमूने पर आधारित है। इसमें गजनी के यामिनीज के उदय से लेकर मोहम्मद तुगलक के शासनकाल तक के एक लम्बे समय का इतिहास है।
- फिर भी वह मामलूक एवं खिलजी सुल्तानों के बारे में महत्वपूर्ण जानकारियाँ प्रदान करता है। उसके कार्य की एक विशेषता सामाजिक एवं सांस्कृतिक जीवन की रोचक झलकियाँ दर्शाना है।

शम्स-ए-सिराज-अफीफ–अफीफ का सम्बन्ध अधिकारियों के एक परिवार से था। उसे फिरोज तुगलक द्वारा राजस्व विभाग में नियुक्त किया गया था। उसका उद्देश्य बरनी के अपूर्ण कार्य को पूर्ण करना था। यद्यपि उसकी कृति तारीख-ए-फिरोजशाही का नामकरण उसके संरक्षक के नाम पर हुआ था किन्तु यह उसकी मृत्यु के बाद लिखी गई थी। इसकी रचना वास्तव में तैमूर आक्रमण के परिणामस्वरूप तुगलक राजवंश के पतन के बाद हुई थी।

- अफीफ की कृर्ति वहाँ से शुरू होती है जहाँ बरनी के विवरणों का अन्त होता है। यह फिरोजशाह तुगलक के शासनकाल का पहला व्यवस्थित विवरण है।
- इसमें कुछ कमियाँ भी हैं वह तुकबन्दी, तुकान्त गद्य का घोर प्रशंसक था और उसके अधिकांश विवरण थोथी उक्तियाँ थे।
- किन्तु एक मात्र शासन में सीमित रहने के कारण उसकी कृति एक संकेन्द्रित वर्णन उपलब्ध कराती है। इसके अतिरिक्त यह प्रशासन पर अनेक जानकारियाँ प्रदान करती है और प्रमुख अमीरों की आत्मकथाओं पर प्रकाश डालती है।

अहमद सरहिन्दी–याहया बिन अहमद सरहिन्दी की कृति तारीख-ए-मुबारकशाही का नामकरण सैयद राजवंश के सुल्तान मुबारकशाह के नाम पर हुआ था। इसमें मोहम्मद गौरी के काल से लेकर 1434 ईसवी तक का विवरण है।

- उसका कहना है कि उसने फिरोजशाह तुगलक के राज्याभिषेक तक के तथ्यों को जुटाने के लिए अन्य ऐतिहासिक ग्रंथों का सहारा लिया था और बाद के घटनाक्रम का वह स्वयं गवाह था।
- उसने अफीफ द्वारा फिरोजशाह तुगलक के अन्तिम वर्षों के सम्बन्ध में दी गई जानकारियों में कुछ एवं सूचनायें जोड़ी थीं।
- वह 1400-1434 के काल के लिए एक मात्र विश्वसनीय लेखक है। वह एक ईमानदार तथा सजग इतिहासकार के रूप में प्रसिद्ध है।
- पहले के अन्य सुन्नी इतिहासकारों के विपरीत वह एक शिया था।

अन्य इतिहासकार

- प्रसिद्ध इण्डो-फारसी कवि अमीर खुसरो की कुछ रचनाओं में मूल्यवान ऐतिहासिक सामग्री उपलब्ध है। उसकी ग्रंथ रचनाओं में से एक खजाइन उल फुतूह अलाउद्दीन के शासनकाल से जुड़ी सूचनाओं का एक महत्त्वपूर्ण स्रोत है।
- सुल्तान फिरोजशाह तुगलक ने अपने शासनकाल का संक्षिप्त विवरण देते हुए फुतूहात-ए-फिरोजशाही नामक पुस्तक लिखी थी। उसके संरक्षण तथा दिशा-निर्देशन में संभवतः एक अन्य किताब सिरात-ए-फिरोजशाही लिखी गई थी।
- लोदियों के इतिहास पर कोई समकालीन कृति नहीं है किन्तु 17वीं शताब्दी में लिखी गई तीन ऐतिहासिक कृतियाँ भारत में अफगान शासन के इतिहास पर विशेष प्रकाश डालती हैं, ये कृतियाँ हैं– अहमद यादगार की तारीख-ए-सलातीन-ए-अफगान, नियामतउल्लाह की मखजान-ए-अफगान तथा अब्दुल्लाह की तारीख-ए-दाउदी।
- सल्तनत के इतिहास पर उत्तरकालीन इतिहासकारों (16 वीं सदी के बदायूँनी व निजामुद्दीन तथा 17 वीं का फरिश्ता) द्वारा भी प्रकाश डाला गया है।
- कई फारसी इतिहासकारों ने भी स्वतंत्र सुल्तानों के अधीन प्रांतों के इतिहास पर अपनी कृतियाँ तैयार की थीं।
- गुजरात में लिखी गई कई रचनाओं में सिकन्दर-बिन-मोहम्मद (17वीं शताब्दी) द्वारा रचित मीरात-ए-सिकंदरी तथा अली मुहम्मद खान (18वीं शताब्दी) द्वारा रचित मीरात-ए-अहमदी प्रमुख हैं।
- गुलाम हुसैन सलीम (18वीं शताब्दी) ने अपनी कृति रियाज-उस-सलातीन में बंगाल के इतिहास का वर्णन किया था।
- मिर्जा हैदर दोगलत की तारीख-ए-रसीदी तथा हैदर मलिक की तारीख-ए-कश्मीर (17वीं शताब्दी) में कश्मीर के इतिहास का उल्लेख है।

विदेशी यात्रियों के विवरण

- विदेशी यात्रियों के विवरण देश के विभिन्न भागों में राजनीतिक-सामाजिक-आर्थिक परिस्थितियों पर रोचक प्रकाश डालते हैं। ये यात्री विभिन्न देशों से आये थे और उन्होंने वही लिखा जो उन्होंने देखा था किन्तु भाषाओं से अनभिज्ञ होने के कारण वे प्रायः गलतियाँ कर जाते थे।
- तेरहवीं से सोलहवीं शताब्दी तक इन यात्रियों का निरन्तर प्रवाह बना रहा था। इतावली यात्री मार्कोपोलो ने 13वी शताब्दी के अन्तिम वर्षों में दक्षिण भारत का भ्रमण किया था।

- पूर्व मुगलकाल के दौरान भारत भ्रमण करने वाले सभी विदेशी यात्रियों में सर्वाधिक प्रसिद्ध यात्री मोरक्को का इब्नबतूता था जो 8 वर्षों तक मोहम्मद तुगलक के दरबार में रहा था। उसके विवरणों पर प्रमाणिकता की मुहर लगी हुई है।
- 15वीं शताब्दी में कई महत्त्वपूर्ण यात्री भारत आये। चीनी यात्री माहुआन ने बंगाल एवं मालाबार के अपने भ्रमण का उल्लेख किया है। इसी काल में इतावली यात्री निकोलो डि कोन्टी, फारसी यात्री अब्दुर्रज्जाक, रूसी यात्री निकितिन ने दक्षिण भारत के विषय में काफी कुछ लिखा था।
- 16वीं शताब्दी के पूर्वार्द्ध में वारथेमा, डोमिंगो पायस, बारबोसा तथा फरनाओ नूनिज भारत आये। सम्पूर्ण रूप में ये विभिन्न प्रकार के स्रोत प्रमुख फारसी ऐतिहासिक ग्रंथों के अनुपूरक हैं।

नवीन सामाजिक-सांस्कृतिक प्रवृत्तियाँ

संचरण एवं सांस्कृतिक सम्मिश्रण

विश्व के सर्वाधिक महत्त्वपूर्ण प्रवासन प्रतिरूप की शुरुआत– दक्षिण यूरेशिया में नगरों एवं कस्बों पर मंगोलों के भयंकर आक्रमणों ने शताब्दियों तक भारत की ओर होने वाले प्रवासन की शुरुआत की थी योद्धा, विद्वान, रहस्यवादी, व्यापारी, कलाकार, शिल्पी, किसान तथा श्रमिक प्राचीन व्यापार मार्ग का अनुसरण करते हुए भारत पहुँचे थे, जहाँ भारतीय सुल्तानों के नये राज्यों में उनके लिए नये अवसर खुले हुए थे। हिन्दुकुश से नीचे आने वाले प्रवासियों ने लम्बी यात्राएँ की एवं पंजाब, गंगाघाटी व बंगाल तक पहुँच गये। एक दूसरे मार्ग के द्वारा वे सिन्ध, गुजरात, विन्ध्याचल होते हुए दक्कन एवं दक्षिणी तटों तक जा पहुँचे थे। उन्होंने कार्य, शिक्षा, संरक्षण, प्रभाव, जोखिम एवं बेहतर जीवन शैली की खोज में जगह-जगह संचरण किया और जगह-जगह जाकर बसे। वे इन मार्गों पर पाँच शताब्दियों तक यात्रा करते रहे। इनकी संख्या आवासीय जनसंख्या की तुलना में कभी अधिक नहीं रही थी किन्तु समय-समय पर नये लोग आकर बसते गये तथा उनके एकत्रीकरण, स्वाभाविक वृद्धि एवं स्थानीय प्रभाव ने पूरे भारतीय उपमहाद्वीप के समाजों को हमेशा के लिए रूपान्तरित कर दिया था। यह विश्व के सर्वाधिक महत्त्वपूर्ण दीर्घावधिक प्रवासन प्रतिरूपों में से एक था और यह भारत में लोगों को ही नहीं बल्कि सम्पत्ति को भी लाया था और यह दक्षिण एशिया से पश्चिम एशिया एवं यूरोप की ओर होने वाले वस्तुओं के संतुलित प्रवाह का एक कारण भी बन गया था।

अप्रवासियों की दो सामाजिक श्रेणियाँ–अप्रवासियों ने व्यापार के मार्गों से जुड़े शहरी केन्द्रों में बसकर वहाँ के समाजों को परिवर्तित किया था। स्थलीय मार्गों से आने वाले अप्रवासियों की दो श्रेणियाँ थीं जो मध्य एवं पश्चिमी एशिया के दक्षिणी क्षेत्रों से भारत में आई थीं। संगठित योद्धा, सैन्य आपूर्तिकर्ता एवं सेवा प्रदाता समूहों में नस्लीय आधार पर जनजाति व वंश के द्वारा परिभाषित किये गये थे जिनमें अधिकांशतः तुर्क और अफगान थे। हालांकि ये समूह बहुनस्लीय थे किन्तु गैर सैनिक श्रेणी के द्वितीय समूह वाले लोगों में यह विशेषता अधिक देखी गई। फारस से आने वाली दोनों श्रेणियों के प्रवासियों की संख्या समय के अनुसार बढ़ती रही। गैर-लड़ाकू मुस्लिम प्रवासियों की बहुलता ने शहरी केन्द्रों में तथा उनके आस-पास सामाजिक परिवर्तन के बहु सांस्कृतिक केन्द्रों की रचना की थी। वास्तव में वे नगरीकरण में एक लम्बी छलाँग का कारण बने थे।

ऐतिहासिक अभिलेखन का सुधार–प्रवासन की लहरों के साथ ही ऐतिहासिक अभिलेखन में भी सुधार हुआ जो कि प्रायः सुल्तानों के संरक्षण का एक परिणाम माना जाता है। अधिकांश नये दस्तावेज साधारण अप्रवासियों की तुलना में सुल्तानों की गतिविधियों व रूचियों से जुड़े थे। अलबरुनी की किताब-फी-तहकीक (1048 में पूर्ण) नये अभिलेखन की शुरुआत करती है और खोज एवं शोध की भावना को दर्शाती है। नये वास्तुकलात्मक अभिलेखन दिल्ली में अलाउद्दीन खिलजी के अलाई दरवाजा के साथ 1311 में शुरू हुए। हम सुल्तानों के संबंध में काफी कुछ जानते हैं फिर भी अलबरुनी के लाहौर या अलाई दरवाजा को बनाने वाले लोगों के संबंध में हमारी जानकारी कम ही है।

बहुल प्रभुसत्ताओं में नयी परतों का जुड़ाव–13वीं शताब्दी से लेकर 16वीं शताब्दी तक तुर्क एवं अफगान योद्धाओं ने पुराने मध्यकालीन राजवंशों को अधीन बनाकर अपने स्वतंत्र राज्यों की स्थापना कर ली थी। उन्होंने सांस्कृतिक रूप से विशिष्ट एक नये शासक वर्ग की रचना की और उसे पुराने राजवंशीय परिवारों एवं ग्रामीण अभिजात्यों के ऊपर स्थापित किया। इस प्रकार नये राजवंशों ने मध्यकालीन इतिहास की बहुल प्रभुसत्ताओं में नयी परतें जोड़ दीं। पहले की भाँति युद्ध में हारे लोग अपना भाग्य अन्य स्थानों पर आजमाने के लिए चले गये। चोल विस्तार के दौरान शृंखलाबद्ध प्रतिक्रियाएँ देखी गईं। विजित राजपूतों ने पश्चिमी हिमालय एवं पर्वतीय पहाड़ियों में स्थानीय शासकों को पराजित किया एवं उच्च घाटियों में लड़ने के लिए ऊपर चढ़ने लगे। जैसे ही वे नेपाल में पहुँचे, यक्षमल्ल (1429-1482 ईसवी) में अपने

राज्य को अपने तीन पुत्रों के बीच बाँट दिया जो काठमांडू, पाटन एवं भक्तपुर (सभी वर्तमान में काठमांडू नगर के भीतर स्थित हैं) पर शासन करते थे और प्रत्येक पुत्र को मैदानों से हारकर आये क्षत्रियों से युद्ध करना पड़ा था। प्रतिस्पर्धी अन्तर्क्रिया की शताब्दियों ने सैन्य शासकों को अनेक सामान्य विशेषताओं के साथ जोड़ दिया था जिनमें अधीनस्थीकरण, गठजोड़ निर्माण, प्रतिस्पर्धा व सांस्कृतिक धरोहर से सीख, विसरण एवं समिलन आदि शामिल थे।

बहु सांस्कृतिक संरक्षण–नये राजवंशीय शासन में एक नये प्रकार की सांस्कृतिक जटिल संरचना का उदय हुआ जो शासकों को कई विकल्प प्रदान करती थी किन्तु अधिकांश शासक बहु- सांस्कृतिक संरक्षण में संलग्न थे। मध्यकालीन समाजों में हिन्दू भक्ति की भावना एवं प्रथा उन सूफी रहस्यवादों के साथ गुँथ गई जो दैवीय अनुभव, कविता एवं संगीत में आध्यात्मिक शक्ति के उदाहरणों से जुड़े थे। आध्यात्मिक मार्गदर्शकों, शिक्षकों, रहस्यवादियों, कवियों, समारोहों एवं कर्मकांडीय उपहारों ने लोगों का ध्यान आकर्षित किया। तुर्क, अफगान, फारसी एवं क्षेत्रीय हिन्दू सौन्दर्यपरक एवं अभियांत्रिक प्रतीकों को कलाओं, किलेबन्दियों, महलों एवं उपभोग रुचियों में प्रयुक्त किया जाने लगा।

श्रेणीक्रम के सामान्य प्रतीक एवं कर्मकांड–राजशाही के वैभव ने सम्मान की एक प्रतीकात्मक भाषा का निर्माण किया जो सभी धर्मों के शासकों द्वारा बोली जाती थी और ये सभी शासक एक-दूसरे की सत्ता को मान्यता देते थे और अपनी श्रेणी के सामान्य रीति-रिवाजों को अपनाते थे। सुल्तान एवं राजा एक-दूसरे के साथ लड़ने, करारोपण करने, निवेश करने, प्रशासन चलाने एवं विनिमय करने में एक-दूसरे से सीखी गई समान शब्दावली एवं तकनीकों का प्रयोग करते थे। विजयनगर इस प्रकार के अन्त:मिश्रण का अच्छा उदाहरण प्रस्तुत करता है। यहाँ के राय शासकों की बहमनी सुल्तानों के साथ गहरी शत्रुता थी और अन्त में बहमनी सुल्तानों ने विजयनगर का विनाश किया था यद्यपि ये राय शासक खुद को हिन्दू सुल्तान मानते थे और उनकी शक्ति की तकनीकें बहमनी सुल्तानों के समान ही थीं। दक्षिण में नायक तथा उत्तर में राजपूत हिन्दू सुल्तानों के इसी प्रकार के मिश्रित चरित्र को धारण करते थे।

नयी पहचानों का उदय

कलम व स्याही की पांडुलिपियों द्वारा उत्कीर्णित अभिलेखों का प्रतिस्थापन–स्थलीय आन्तरिक क्षेत्रों में तथा तटवर्ती क्षेत्रों के साथ-साथ नये समाजों का जन्म हो रहा था और पुराने समाज बदल रहे थे। छोटे एवं बड़े उन सैकड़ों शहरी स्थलों में सर्वाधिक नाटकीय घटनाक्रम घटित हुए थे जो मध्य एशिया एवं हिन्द महासागर के बीच के मार्गों में स्थित थे। ये घटनाक्रम नये प्रकार के अभिलेखन के रूप में हमारे सामने आते हैं। मध्यकालीन शताब्दियों में स्याही एवं कलम पांडुलिपियों ने धीरे-धीरे उत्कीर्णित अभिलेखों तथा स्थापत्य एवं मौखिक ग्रंथों जैसे पुराने स्रोतों को प्रतिस्थापित करके ऐतिहासिक अभिलेखों का स्थान ले लिया था फिर भी ग्रंथों के सारांश में अभिलेख एक विस्थापन को दर्शाते हैं जिससे सामाजिक परिवर्तन के एक महत्त्वपूर्ण लक्षण का पता चलता है। व्यक्तियों को अब अधिक प्रधानता दी जाने लगी थी।

व्यक्तित्व केन्द्रित ऐतिहासिक लेखन–द्वितीय सहस्राब्दि के अभिलेखों में व्यक्तिगत पहचान अधिक स्पष्टता एवं विस्तार के साथ प्रकट हुई थी। इस प्रकार प्रसिद्ध व्यक्तियों ने ऐतिहासिक लेखन में एक बड़ी भूमिका हासिल कर ली थी। इब्नबतूता एवं बरुनी जैसे लेखकों ने इतिहासकारों के लिए निजी अनुभव के साथ मिश्रित समृद्ध विवरण छोड़े थे। शासकों ने राजवंशीय इतिहासकारों को नियुक्त किया, दरबारियों ने जीवनियाँ लिखीं और इतिहास लेखन सांस्कृतिक राजनीति का हिस्सा बन गया। फिर भी मध्यकालीन इतिहास ने सबसे चमकते सितारे वे व्यक्ति थे जो सुल्तान शब्द का प्रयोग करते थे। वास्तव में अनेक शासकों के लिए यह एक उपाधि थी किन्तु व्यापक रूप में इससे एक प्रकार की निजी पहचान का संकेत मिलता था, जिसमें महत्त्व के अनेक लोगों की हिस्सेदारी होती थी क्योंकि सुल्तान एक आदर्श प्रकार या सांस्कृतिक प्रतिदर्श बन चुका था जो समाज में पैतृक आधार पर शक्ति प्राप्त करता था।

सुल्तान का अर्थ एवं शाब्दिक अर्थ–एक सुल्तान का क्या अर्थ था? कुरान में इस अरबी शब्द का अर्थ एक आध्यात्मिक शक्तियुक्त व्यक्ति के रूप में बताया गया। महमूद गजनवी पहला व्यक्ति था जिसे समकालीनों द्वारा सुल्तान के रूप में मान्यता दी गई।

- यह उपाधि पहली बार तुर्कों के बीच लोकप्रिय हुई थी। संजुक राजवंश जो महमूद के दिनों में फिलस्तीन एवं फारस पर शासन करता था, ने पहली बार इसका नियमित रूप से प्रयोग किया और बाद में ऑटोमन तुर्कों ने इसे यूरोप में प्रसिद्ध बनाया। जब खलीफा ने उपाधि को मान्यता देना शुरू किया तो यह तेजी से मुस्लिम शासकों के बीच फैलती चली गई।

- तारीख-ए-फिरोजशाही में जियाउद्दीन बरनी ने कहा था कि 'इतिहास पैगम्बरों, खलीफाओं, सुल्तानों और शासन एवं धर्म के महान व्यक्तियों की परम्पराओं व आख्यानों की जानकारी है।' इस समय तक सुल्तानों के पास प्रतिभासम्पन्न मित्रमण्डली विद्यमान थी।
- दक्षिण एशिया में महानतम सुल्तान मुगल सम्राट थे, जिन्होंने फारसी साम्राज्यीय संस्कृति को अंगीकार किया था और खुद को प्रतीकात्मक रूप से तुर्कों, अफगानों एवं अन्य सुल्तानों से ऊपर दिखाने के लिए पादशाह नामक फारसी उपाधि धारण की थी। उसकी उपाधि कुछ भी हो एक सुल्तान निजी महानता का एक व्यक्ति था जो एक सैनिक नेता होने के साथ-साथ एक आध्यात्मिक एवं नैतिक व्यक्तित्व का स्वामी भी होता था।
- एक सुल्तान का वैभव उसके चारों ओर के लोगों के कार्य से उदित हुआ था। मुस्लिम सुल्तानों के पास कवियों, विद्वानों (इमाम एवं उलेमा), वास्तुकारों, इतिहासकारों, जीवनी लेखकों, आध्यात्मिक मार्ग दर्शकों (सूफी) तथा मस्जिदों पर शुक्रवार की प्रार्थना करने वाले नेताओं के लिए एक रोजगार मौजूद था जो उनका महिमामण्डन करते थे।
- हिन्दू शासकों के पास इसी प्रकार का रोजगार ब्राह्मणों, पुरोहितों, वंशावली निर्माताओं, मिथक निर्माताओं, नाटककारों, गायकों, मन्दिर निर्माताओं एवं उत्सव आयोजकों के लिए था। कुशल सेवा प्रदाताओं तथा सांस्कृतिक कर्मियों के बीच सुल्तानों को महिमामण्डित करने की होड़ रहती थी और जो इसमें आगे बढ़ जाता था उसका आध्यात्मिक दर्जा तथा निजी रोजगार सुनिश्चित हो जाता था।

सुल्तानों के लिए आदर्श आचार–सुल्तान के आस-पास सार्वजनिक वाद-विवाद, नाटक एवं वैभव केन्द्रित था और इसी से उनकी विरासत का निर्माण होता था। महमूद गजनवी खुद अपना प्रचारक बन गया। खलीफा को प्रभावित करने के लिए उसने सोमनाथ मन्दिर की क्षति अतिरंजित रूप दिया था जबकि स्थानीय विवरण मन्दिरों के विनाश के उस रूप को नहीं दर्शाते जिसका उसने दावा किया था।

- तीन शताब्दियों के बाद बरनी एवं इसामी ने एक आदर्श शासक के रूप में महमूद का उल्लेख किया और उसे भारत में मुस्लिम शासन का संस्थापक बताया। किन्तु दोनों के तथ्यहीन दावों से स्पष्ट ज्ञात होता है कि वे महमूद की छवि का उपयोग अपने स्थानीय राजनीतिक उद्देश्यों के लिए कर रहे थे। वे संभवतः संरक्षण के सम्बन्ध में होने वाली प्रतिस्पर्धा में लिप्त थे जो कि सुल्तानों के चारों ओर केन्द्रित रहती थी।
- क्या सुल्तान को विभिन्न धर्मों के नेताओं को समर्थन देना चाहिए, अहमदी व इस्माइली जैसे उदारवादी मुसलमानों व गैर-मुसलमानों की हत्या करनी चाहिए, अपने सूफी मार्गदर्शकों को अन्य लोगों की तुलना में प्रोत्साहन देना चाहिए, हिन्दू मन्दिरों को संरक्षण देना चाहिए, ईसाइयों के साथ मित्रता करनी चाहिए, मुसलमानों एवं गैर-मुसलमानों पर समान दर से कर लगाने चाहिए?
- ऐसे प्रश्न सुल्तानों के आस-पास केन्द्रित बुद्धिजीवी वर्ग के बीच सार्वजनिक बहस के मुद्दे बन चुके थे। ये बुद्धिजीवी राजवंशीय राजनीतिक के लिए मार्गदर्शन एवं समर्थन देते थे। महमूद के लिए हिन्दू तीर्थस्थलों को लूटना (जो उसने किया था) स्पष्टतः उतना प्रशंसनीय नहीं था जितना कि सोमनाथ मन्दिर की मूर्तियों को तोड़ना (जो संभवतः उसने नहीं किया था)। इसलिए यह बाद का कार्य समकालीन एवं उत्तरकालीन प्रचारकों के लिए ग्रहणीय था जो इसी मानसिकता के सैन्यवादियों के बीच मित्रता की तलाश कर रहे थे। महमूद गजनवी जैसे पूर्ववर्ती सुल्तान पूर्णतः अपने वंश के तथा नस्ल के निकट सहयोगियों पर निर्भर थे। जैसे-जैसे राजनीतिक स्थलाकृति अधिक जटिल होती गई वैसे-वैसे अधिक जटिल व्यक्तित्वों का उभार हुआ जिन्होंने मुगलों के अधीन महाकाव्यीय रूप धारण कर लिया।
- चिश्ती सिलसिले के सूफी सांस्कृतिक क्रियावादियों के सुसंगठित समूहों में से एक थे जिन्होंने सुल्तानों को दूसरों पर अधिव्याप्त होने की क्षमता प्रदान की थी। चिश्ती प्रभाव आध्यात्मिक से अधिक था क्योंकि चिश्ती अनुयायी गम्भीर लक्ष्यभेदन रखते थे। उदाहरण के लिए 1400 में बंगाल में चिश्ती नेताओं (शेख) ने स्थानीय सुल्तान का इसलिए विरोध किया क्योंकि वह ब्राह्मणों को संरक्षण दे रहा था और गैर मुस्लिमों को उच्च पदों पर नियुक्त कर रहा था। उनकी रणनीति कामयाब हुई क्यों कि बंगाल के सुल्तान ने स्थानीय चिश्तियों के लिए संरक्षण बढ़ा दिया था हालांकि उसने बहुसांस्कृतिक संरक्षण के अपने प्रतिरूप को नहीं बदला था।
- सुल्तान का शरीर, भाषा, दया, निजी आदतें, रुचियाँ, परिवार, नौकर, पूर्वज, पत्नियाँ, पुत्र तथा दामाद उसकी सार्वजनिक पहचान के आन्तरिक केन्द्र का निर्माण करते थे और इन सबका प्रकटीकरण सार्वजनिक चर्चाओं, कला, लोकगीतों, गीतों तथा ऐतिहासिक कृतियों में होता था।

◆ सुल्तान के प्रचार का दैनिक नाटकीकरण उसके दरबार में देखा जा सकता था जहाँ वह मेहमानों, राजदूतों, मित्र राजाओं, फरियादियों, करदाताओं एवं बुद्धिजीवियों के साथ भेंट करता था।

दरबार का विकास–दरबार की संस्था का विकास समय के साथ-साथ हुआ था। इसके पूर्ववर्ती मध्य एशियाई घर में यह युद्धस्थल पर लगने वाला एक शिविर था बाद की शताब्दियों में इसने वास्तुकलात्मक वैभव हासिल कर लिया जैसा कि तुगलकाबाद किले तथा फतेहपुर सीकरी, आगरा एवं देहली के मुगल दुर्ग नगरों में देखा जा सकता है जहाँ दरबार कक्ष सम्राट की शक्ति के प्रदर्शन हेतु विशाल मंच की भाँति थे। अनेक दरबारों में प्रदर्शन एवं नाटक की हिन्दू एवं मुस्लिम परंपराएं शामिल थीं।

◆ दरबार उन सभी निजी पहचानों के सार्वजनिक नाटकीयकरण का एक स्थान बन गया था जो सुल्तान के सम्बन्ध में परिभाषित होती थीं। शक्ति के विभिन्न व्यक्तित्वों (जिसमें उसका राज्य भी शामिल था) के नाटकीयकरण हेतु सुल्तान अपने दरबार को कहीं भी ले जा सकता था। दरबार का अधिकांश समय संचरण में विशेषत: युद्ध के समय खर्च होता था। शासक का भ्रमणशील दरबार एक सांस्कृतिक परिघटना बन चुकी थी।

◆ सुल्तान का वैभव, कर्मचारीवर्ग तथा परिवार उसकी महानता का प्रतीक था। सुल्तानों को निर्धारित आचार मानदंड अपनाने पड़ते थे। सुल्तान खुद को सबसे बड़े, सबसे समृद्ध, सबसे विस्तृत, सबसे खर्चीले तथा सबसे मूल्तवान चीजों के स्वामी के रूप में दर्शाता था जिससे उसकी सर्वोच्चता की स्थिति निरन्तर नाटकीयकृत होती रहे। विजयनगर के राय शासकों ने खुद को पूर्वी एवं पश्चिमी समुद्रों का स्वामी घोषित किया था और वे अपने शरीर पर विदेशों से आयातित बहुमूल्य वस्तुएँ धारण करते थे जिनमें विशेष रूप से इत्र, बहुमूल्त पत्थर तथा आभूषण शामिल होते थे। शासक का घर उसके अपने शरीर का एक विस्तृत रूप था एवं उसकी संग्रह व नियंत्रित करने की तथा सम्पत्ति, मूल्त एवं स्वाद को परिभाषित करने की शक्तियों को नाटकीय रूप देता था। महान राजा के उपभोग की खर्चीली आदतें भारत में राजनीतिक जीवन का एक महत्त्वपूर्ण तथ्य बन चुकी थीं।

सुल्तान का निजी जीवन–सार्वजनिक रूप से दिखने वाले घरेलू नाटकों में सुल्तान के व्यक्तित्व की उभरती विशेषताओं में सबसे महत्त्वपूर्ण विवाह था।

◆ विवाह राजनीतिक जीवन के महान घटनाक्रम थे क्योंकि ये राजनीतिक गठबन्धन के सबसे सुरक्षित तरीके थे।

◆ महलों के अन्दर गुप्त अहातों में पारिवारिक सदस्य प्रभाव बढ़ाने के लिए षडयंत्रों में उलझे रहते थे जो कि प्राय: उत्तराधिकार के संघर्षों में बदल जाते थे, जिनमें सगे-सम्बन्धी एक-दूसरे की हत्याएं करते थे।

◆ घर में सुल्तान का सम्मान उसकी माता, पत्नियों, पुत्रियों तथा बहनों के दागरहित चरित्र पर टिका रहता था। महल की सभी प्रमुख महिलायें पर्दे के पीछे रहती थीं और ये पर्दानशीन महिलायें सुल्तान का अपना स्वयं का चरित्र बन चुकी थीं।

◆ महिलाओं की पर्दा प्रथा अभिजात्य वर्ग में फैल गई जो सुल्तानों का अनुसरण करता था। यह सभी सामाजिक स्तरों पर हिन्दू व मुसलमानों में समान रूप से अपनाई गई। इस तथा अन्य कई सन्दर्भ में राजपूत राजा आदर्श क्षत्रिय बन गये जो कि आदर्श सुल्तान भी थे।

सूफी

ये मुस्लिम छायावादी गहन भक्ति वाले संत थे जो मुस्लिम साम्राज्य की स्थापना के बाद नैतिकता के पतन और संपत्ति के दिखावे से विचलित थे।

वहादत-अल-वजूद उनका मुख्य उपदेश था। इसके अनुसार 'हक' और 'खल्क' अथवा 'निर्माता' और 'निर्मित' एक हैं।

संगठन

सूफियों का संगठन 'सिलसिला' कहलाता था। ये सिलसिला बंटे हुए थे-बा-शारा (जो इस्लामी नियमों को मानते थे) और बे-शारा (जो इस्लामी नियमों को नहीं मानते थे)। सिलसिलों का नेतृत्व अधिकतर एक संत के हाथ में होता था जो अपने समर्थकों के साथ खानकाह में रहता था। संत (पीर) और मुरीद (शिष्य) के बीच के संबंध सूफियों का एक अहम् पहलू था।

सूफियों का भारत में आना यूं तो तुर्कों के आने से पहले भी हुआ था किंतु सही मायने में इस्लामी देशों से सूफियों का आना तुर्की शासन के बाद ही हुआ। उन्होंने पूरे देश को अपने धार्मिक प्रभाव के आधार पर अपने में बांट लिया। अचल फजल के अनुसार मुगलों के समय में भारत में चौदह सूफी सिलसिले थे।

महत्त्वपूर्ण सूफी सिलसिले

चिश्ती-इसके संस्थापक शेख मोइनुद्दीन-चिश्ती (12वीं और 13वीं सदी) थे। इसके दूसरे संत थे-हमीदुद्दीन नागौरी (13 वीं सदी) कुतुबुद्दीन बख्तियार काकी (12वीं और 13वीं सदी) निजामुद्दीन औलिया (13वीं और 14वीं सदी) और शेख

सलीम (16वीं सदी)। इन्होंने अपने को अजमेर, राजस्थान के अन्य भागों, उत्तर प्रदेश, पंजाब, बिहार, ओडिशा, बंगाल और दक्कन में स्थापित किया। वे सादगी और गरीबी में विश्वास करते थे। संपत्ति का संग्रह आत्मज्ञान के रास्ते में रुकावट माना जाता था और इसीलिए वे मुख्यत: दान पर रहते थे। वे ईश्वर से समीपता के लिए 'समा' (संगीत) का मार्ग दिखाते थे।

सुहरवर्दी सिलसिला-इसकी स्थापना शेख शिहाब-उद-दीन सुहरवर्दी (12वीं और 13वीं सदी) ने की। इसके अन्य संत थे- बहाउद्दीन जकारिया (13वीं सदी) और रक्तुद्दीन अबुल फतह (14वीं सदी)। इन्होंने स्वयं को मुख्यत: उत्तर-पश्चिम भारत में स्थापित किया। इन्हें गरीबी के जीवन में विश्वास नहीं था और इन्होंने राज्य द्वारा महत्त्वपूर्ण धार्मिक पदों को स्वीकारा।

कादरी सिलसिला-इसके संस्थापक थे बगदाद के शेख अब्दुल कादिर जिलानी (12वीं सदी)। भारत में इसके महत्त्वपूर्ण संत थे-शाह निजामत उल्लाह (भारत में आने वाले पहले महत्त्वपूर्ण कादरी, उनकी मृत्यु 1430 में हुई) और नासिरुद्दीन मुहम्मद जिलानी (सबसे महत्त्वपूर्ण कादरी, उन्होंने इसे संगठित किया, उनकी मृत्यु 1517 में हुई) ये सिलसिला सिंध और लाहौर में प्रभावशाली था। दारा शिकोह इसका समर्थक था।

नक्शबंदी सिलसिला–इसके प्रमुख संत थे ख्वाजा बाकी बिल्लाह (1563-1603) और शेख अहमद सरहिंदी (अकबर और जहांगीर का समकालीन)। इन्होंने सूफियों को रहस्यवाद के साथ इस्लाम के उपदेश भी दिए।

अन्य मुस्लिम संप्रदाय–एक अन्य संप्रदाय था-महादवी जिसे जौनपुर के मुहम्मद माधी, (15वीं सदी) ने शुरू किया। अन्य संप्रदाय थे-रौशनिया जिसे जालंधर के बेआजिद अंसारी (16वीं सदी) ने शुरू किया और शत्तारी जिसे अब्दुल्ला शत्तारी ने 15वीं सदी में शुरू किया।

तालिका 10.1: दिल्ली सल्लनत का साहित्य

लेखक	पुस्तक	टिप्पणी
अल-बरूनी	किताब-फी-तहकीक	भारतीय विज्ञान पर
अल-बरूनी	कानून-ए-मसौदी	खगोल शास्त्र पर
अल-बरूनी	जवाहिर-फिल-जवाहिर	खनिज विज्ञान पर
फिरोजाबादी	क्वामुस	अरबी शब्दकोश
हसन निजामी	ताज-उल-माथीर	इलबेरी इतिहास
अबु बकर	चाच नामा	सिंध का इतिहास
बुखारी	लुवाब-उल- अलाब	फारसी चयनिका
मिनहाज-उस-सिराज	ताबाकात-ए-नासीरी	1260 तक मुस्लिम वंश का इतिहास
अमीर खुसरो	खजाइन-उल-फतह	अलाउद्दीन के अभियान
अमीर खुसरो	तुगलक नामा	गियासुद्दीन का उदय
अमीर खुसरो	मिफताह-उल-फतह	जलालुद्दीन के अभियान
अमीर खुसरो	खामसाह	उनकी 5 प्रमुख रचना मुतला-उल-अनवर, शीरीन खुसरो, लैला-मजनूं आइना-ए-सिकंदरी तथा हसहत बिहिप्त का संग्रह
फिरोज तुगलक	फुतुहत-ए-फिरोज शाही	आत्मकथा
जिया-उद-दीन बरनी	फतवा ए जहांदारी	सांसारिक बातों पर न्यायिक सलाह
जिया-उद-दीन बरनी	तारीख-ए-फिरोजशाही	तुगलकों का इतिहास
सामस-ए-सिराज अफीक	-वही-	-वही-
इसामी	फतवा-उस-सलातीन	बहमनी साम्राज्य
इब्बन बतूता	किताब-उल-रेहला	यात्रा वृतांत
फिरदौसी	शाह नामा	मुहम्मद गजनी का राज्य

अभ्यास प्रश्न

1. हजरत मुहम्मद के बाद के चार इस्लाम में 'रशिदुन' या 'सही दिशा वाले खलीफा' कहलाए। इनमें से कौन इन चार में से नहीं है?
   (a) अबु बकर (b) उमर
   (c) मुआविया (d) उस्मान
2. इनमें से क्या जिज्या के बारे में सही नहीं है?
   (a) यह गैर मुस्लिमों पर लगने वाला कर या
   (b) ब्राह्मणों को आमतौर पर इससे मुक्त रखा जाता था
   (c) इसे भारत में सबसे पहले फ़िरोज तुगलक ने संग्रहित किया था
   (d) इससे कभी खास आय नहीं होती थी।
3. दिल्ली सल्तनत में इक्तादारों को और किस नाम से जाना जाता था?
   (a) मलिक (b) मुक्ति
   (c) मामलतदार (d) मुन्हिस
4. एक टंका में कितने जीतल होते थे?
   (a) 44 (b) 40
   (c) 48 (d) 46
5. मुहम्मद तुगलक द्वारा स्थापित दीवान-ए-कोदी संबंधित था–
   (a) राजस्व संग्रह (b) कृषि
   (c) जन-कल्याण (d) राजसी जमीन
6. अपने सैनिकों को इक्ता के बदले नगद वेतन पहली बार किस सुल्तान ने दिया?
   (a) इल्तुत्मिश (b) बलबन
   (c) मुहम्मद तुगलक (d) अलाउद्दीन खिलजी
7. कुतुब मीनार को किसने पूरा किया था?
   (a) कुतुबुद्दीन ऐबक (b) रज़िया
   (c) इल्तुत्मिश (d) बलबन
8. अरोगहट्ट क्या था?
   (a) किला तोड़ने का यंत्र
   (b) सिंचाई की नहर
   (c) पानी ऊपर उठाने का तरीका
   (d) एक तरह का कपड़ा
9. तैमूर द्वारा दिल्ली पर अधिकार कर लेने पर कौन तुगलक दिल्ली छोड़कर भाग गया था?
   (a) गियासुद्दीन II (b) अबु बकर
   (c) नसीरूद्दीन महमूद (d) मुहम्मद फिरोज
10. मुहम्मद तुगलक के द्वारा दोआब में भू-राजस्व बढ़ा देने के कारण हुए किसानों के विद्रोह का विस्तृत परंतु पक्षपातपूर्ण विवरण किसने दिया है?
    (a) जियाउद्दीन बरनी (b) मिनहाज सिराज
    (c) इब्न बतूता (d) सिराज अफ़ीक
11. कुतुब मीनार का नाम किस सूफी संत के नाम पर रखा गया था?
    (a) निजामुद्दीन औलिया
    (b) मोइनुद्दीन चिश्ती
    (c) कुतुबुद्दीन बख्तियार काकी
    (d) सलीम चिश्ती
12. मुहम्मद तुगलक ने सांकेतिक मुद्रा क्यों प्रारंभ की थी?
    (a) वह पागल था
    (b) वह प्रयोग करना चाहता था
    (c) विश्व भर में चांदी की कमी के कारण
    (d) बड़े स्तर पर विदेश व्यापार करने के लिए
13. किस सुल्तान ने मोरक्को के यात्री इब्न बतूता को दिल्ली का काज़ी बनाया था?
    (a) अलाउद्दीन खिलजी (b) फिरोजशाह तुगलक
    (c) मुहम्मद तुगलक (d) बलबन
14. पहली बार 'चेहरा' किसने प्रारंभ किया था?
    (a) इल्तुत्मिश (b) कुतुबुद्दीन ऐबक
    (c) बलबन (d) अलाउद्दीन खिलजी
15. बलबन द्वारा प्रारंभ किया गया 'पाइबोस' क्या था?
    (a) एक भेंट
    (b) वर्दी
    (c) सुल्तान के जन्मदिन का औपचारिक समारोह
    (d) सुल्तान के पैरों को चूमने की प्रथा
16. 'चेहलगानी' अथवा 'चालीसा' किस दिल्ली सुल्तान के शासन काल में स्थापित हुआ?
    (a) बलबन (b) रज़िया
    (c) इल्तुत्मिश (d) अलाउद्दीन खिलजी
17. दिल्ली सल्तनत में 'घनीमा' शब्द का क्या अर्थ था?
    (a) बाजार अधिभार (b) सिंचाई कर
    (c) युद्ध की लूट (d) शाही खजाना

18. प्रसिद्ध फारसी पर्व 'नौरोज' किसने प्रारंभ किया था?
(a) अलाउद्दीन खिलजी (b) इल्तुत्मिश
(c) बलबन (d) फिरोज तुगलक

19. किसने कहा था? 'मैं यह नहीं सोचता, वह वैध है या नहीं जो भी मुझे राज्य के लिए उचित लगता है या परिस्थितियों के हिसाब से उचित होता है, वही करता हूं।'
(a) बलबन (b) अलाउद्दीन खिलजी
(c) मुहम्मद तुगलक (d) फिरोज तुगलक

20. इनमें से किस शहर की स्थापना फिरोज तुगलक ने नहीं की थी?
(a) जौनपुर (b) हिसार
(c) तुगलकाबाद (d) फिरोजाबाद

21. अलाउद्दीन खिलजी के काल में मुनहियास कौन थे?
(a) राजस्व अधिकारी
(b) बाजार की दर तथा स्थिति की जानकारी देने वाले विशेष अधिकारी
(c) बाजार नियंत्रण इकाई के प्रमुख
(d) राजा के अंगरक्षक

22. इनमें से सूती वस्त्र उद्योग का कौन-सा नया तरीका भारत में तुर्कों द्वारा प्रारंभ नहीं किया गया था?
(a) बुनने की मशीन (b) चरखा
(c) धुनिया (d) जल करघा

23. किस दिल्ली सल्तनत के शासन काल में चहलगानी की शक्ति का समापन हुआ था?
(a) इल्तुत्मिश (b) बलबन
(c) नसीरूद्दीन (d) रज़िया

24. इनमें से किस सुल्तान की मृत्यु चौगान खेलते हुए हुई थी?
(a) इल्तुत्मिश (b) अलाउद्दीन खिलजी
(c) मुहम्मद तुगलक (d) कुतुबुद्दीन ऐबक

25. दीवान-ए-खैरात किस काम के लिए एक अलग विभाग था?
(a) जनकार्य तथा कल्याण (b) गुलाम
(c) कृषि
(d) विदेशी मामले

26. किसके शासनकाल में प्रसिद्ध मंगोल चंगेज़ खान ख्वारजमी राजकुमार जलाल-उद-दीन का पीछा करते हुए भारत की सीमाओं तक आया था?
(a) अलाउद्दीन खिलजी (b) बलबन
(c) मुहम्मद तुगलक (d) इल्तुत्मिश

27. आगरा शहर का संस्थापक कौन था?
(a) अलाउद्दीन खिलजी (b) मुहम्मद तुगलक
(c) फिरोज तुगलक (d) सिकंदर लोदी

28. गुलाम वंश के काल की दिल्ली की क्वात-उल-इस्लाम मस्जिद मूलतः क्या थी?
(a) विष्णु मंदिर (b) शिव मंदिर
(c) बौद्ध विहार (d) जैन मंदिर

29. 'बट्टेर' क्या है?
(a) सजावट का एक तरीका जिसमें फूलों तथा ज्यामितिक आकृतियों को मिलाकर कुरान की आयतों के साथ प्रयोग किया जाता था।
(b) भारतीय तथा इस्लामी निर्माण कला का मिला-जुला रूप।
(c) झुकावदार दीवारें जिससे भवन को मजबूती तथा दृढ़ता मिलती थी।
(d) बागान के बीच में ऊंचे स्थान पर मकबरा बनाने की प्रथा।

30. इनमें से किसने आठ दिल्ली सुल्तानों के शासन को देखा था?
(a) जियाउद्दीन बरनी
(b) शम्स-इ-सिराज अफीक
(c) मिनहाज उस सिराज
(d) अमीर खुसरो

31. मुहम्मद तुगलक के इन प्रयोगों का सही क्रम क्या है?
(i) दोआब में भू-राजस्व 50% करना
(ii) एक अलग कृषि विभाग की स्थापना
(iii) सांकेतिक मुद्रा चलाना
(iv) राजधानी का दिल्ली से दौलताबाद स्थानांतरण
(v) नए राजस्व अधिकारियों की नियुक्ति
सही उत्तर का चयन निम्न कूटों में से करें–
(a) (v), (ii), (i), (iv), (iii)
(b) (iii), (ii), (v), (iv), (i)
(c) (iv), (iii), (i), (ii), (v)
(d) (iv), (i), (v), (ii), (iii)

32. इनमें से किन दिल्ली सुल्तानों की मां हिंदू थी?
(i) अलाउद्दीन खिलजी (ii) नसीरुद्दीन खुसरो
(iii) बलबन (iv) गियासुद्दीन तुगलक
(v) फिरोज तुगलक (vi) लसकदर लोदी

सही उत्तर का चयन निम्न कूटों में से करें–

(a) उपरोक्त सभी (b) (ii) तथा (iv)

(c) (ii), (iv), (v), (vi) (d) (i), (ii), (v), (vi)

33. इनमें से किन दो दिल्ली सल्तनत इतिहासकारों के काम का नाम तारीक-ए-फिरोजशाही था?

(i) अमीर खुसरो

(ii) जियाउद्दीन बरनी

(iii) शम्स-ए-सिराज अफीक

(iv) मिनहाज सिराज

सही उत्तर का चयन निम्न कूटों में से करें–

(a) (i) तथा (ii) (b) (ii) तथा (iii)

(c) (iii) तथा (iv) (d) (i) तथा (iii)

34. रज़िया इनमें से क्या थी?

(i) अपने पिता इल्तुत्मिश द्वारा उत्तराधिकारी घोषित की गई थी।

(ii) अपने पिता की मृत्यु के तुरंत बाद गद्दी पर आई।

(iii) वह दिल्ली की गद्दी पर आने वाली न सिर्फ एकमात्र महिला थी बल्कि किसी भी शासक द्वारा अपने बेटों की तुलना में प्राथमिकता देने का एकमात्र उदाहरण थी।

(iv) हब्शी दास याकूत को उन्होंने काफ़ी मदद दी तथा उनसे मदद ली भी।

(v) अंततः अमीरों द्वारा निर्वासित लुटेरों के हाथों कैथल में मारी गई।

इनमें से क्या सही है?

(a) उपरोक्त सभी (b) (i), (ii), (iii), (iv)

(c) (ii), (iii), (iv), (v) (d) (i), (iii), (iv), (v)

35. अपनी सेना को बेहतर बनाने के लिए अलाउद्दीन ने प्रारंभ किया:

(i) घोड़ों को दागना

(ii) सिपाहियों का ब्यौरा

(iii) सिपाहियों का रोजाना अभ्यास

(iv) सेना को दशांश पर संगठित करना

(v) शाही सैनकों को इक्ता देना बंद करना

उत्तर का चयन नीचे के कूट से करें–

(a) उपरोक्त सभी

(b) (i), (ii), (iii) तथा (iv)

(c) (i), (ii), (iii) तथा (v)

(d) (ii), (iii), (iv) तथा (v)

36. अलाउद्दीन ने–

(i) जरूरी सामानों की कीमत कम करके उनके लिए अलग बाजार बनवाए।

(ii) बिचौलियों को हटाकर राज्य की राजस्व मांग को कम किया।

(iii) 'ईनाम' तथा 'वक्फ' जैसे दानों को पुनः प्रारंभ किया।

(iv) लड़ाई में मिली लूट से राज्य की मांग को 80% से घटाकर 20% कर दिया।

(v) अमीरों के आपसी वैवाहिक संबंधों पर बिना अनुमति के प्रतिबंध लगा दिया।

सही उत्तर का चयन नीचे के कूट से करें–

(a) (i), (ii) तथा (iii) (b) (i), (iii) तथा (iv)

(c) (i), (iii) तथा (v) (d) (i), (iv) तथा (v)

37. फिरोज तुगलक ने–

(i) एक रोजगार कार्यालय स्थापित किया तथा वृद्धों को पेंशन दी।

(ii) ऐबक को छोड़कर बाकी सभी दिल्ली सुल्तानों का नाम 'कुतबा' में लिखवाया।

(iii) ब्राह्मणों को जिज्या से मिली छूट वापस ले ली तथा उपज का 10% सिंचाई कर के रूप में लिया।

(iv) लगभग 23 कर अथवा अधिभार (आबाब) समाप्त किए। जैसे- गृह कर, नमक कर इत्यादि क्योंकि ये इस्लाम विरोधी थे।

(v) ओडिशा में जाजनगर पर विजय प्राप्त की तथा जौनपुर शहर स्थापित किया।

सही उत्तर का चयन नीचे दिए कूट से करें–

(a) उपरोक्त सभी (b) (i), (ii) (iii) तथा (iv)

(c) (ii), (iii) तथा (iv) (d) (i), (iii) तथा (v)

38. सूची I तथा II को मिलाकर उत्तर का चयन कूट से करें–

सूची I	सूची II
(i) दाघ	(A) सुल्तान के पैर को चूमने की प्रथा
(ii) चेहरा	(B) घोड़ों का दागना
(iii) पाइबोस	(C) सुल्तान के सामने झुकना
(iv) नौरोज	(D) फारसी नया वर्ष
(v) सिजदा	(E) सिपाहियों का विवरण

(a) (i)–A, (ii)–C, (iii)–C, (iv)–E, (v)–B
(b) (i)–B, (ii)–A, (iii)–E, (iv)–C, (v)–D
(c) (i)–C, (ii)–D, (iii)–A, (iv)–E, (v)–B
(d) (i)–C, (ii)–A, (iii)–D, (iv)–E, (v)–B

39. सूची I तथा II को मिलाकर उत्तर का चयन करें–

सूची-I	सूची-II
(i) सिक्का	(A) अनुमति प्रदान पत्र
(ii) कुतबा	(B) मुस्लिम धार्मिक वर्ग
(iii) मनसूर	(C) अविश्वासी या अधर्मी
(iv) अलीम	(D) सिक्का
(v) काफिर	(E) शुक्रवार की नमाज

(a) (i)–B, (ii)–E, (iii)–C, (iv)–D, (v)–A
(b) (i)–B, (ii)–E, (iii)–A, (iv)–D, (v)–C
(c) (i)–E, (ii)–B, (iii)–A, (iv)–C, (v)–D
(d) (i)–E, (ii)–A, (iii)–B, (iv)–C, (v)–D

40. इनका मिलान कीजिए–

सूची-I	सूची-II
(i) खराज	(A) यह लूट, गढ़ा खजाना, खान से राज्य का 1/5 वां हिस्सा
(ii) जकात	(B) सिंचाई कर, उत्पाद का 10%
(iii) जिज्या	(B) भू-राजस्व, 1/3 से 1/2वां उत्पाद का हिस्सा जिसे प्रारंभ में सिर्फ हिंदू देते थे परंतु बाद में सभी देते थे।
(iv) शिरब	(C) मुस्लिमों द्वारा दिया जाने वाला भू-राजस्व
(v) खुम्स	(D) धनी मुस्लिमों द्वारा दिया जाने वाला धार्मिक कर, पूरी संपत्ति का 1/10 वां हिस्सा
(vi) उसर	(E) हिंदुओं द्वारा दिये जाने वाला धर्म कर जो उन्हें 'जिम्मी' होने के कारण देना होता था

(a) (i)–D, (ii)–E, (iii)–A, (iv)–B, (v)–C
(b) (i)–D, (ii)–E, (iii)–A, (iv)–C, (v)–B
(c) (i)–E, (ii)–D, (iii)–B, (iv)–A, (v)–C
(d) (i)–E, (ii)–D, (iii)–C, (iv)–B, (v)–A

41. सूची I तथा सूची II पर विचार कर सही उत्तर का चयन नीचे दिए कूटों से करें–

सूची-I	सूची-II
(i) इल्तुत्मिश	मंसूर प्राप्त करने वाला पहला दिल्ली सुल्तान
(iii) बलबन	दो मंसूर प्राप्त करने वाला पहला दिल्ली सुल्तान
(iv) फ़िरोज तुगलक	अपने आपको भगवान का साया कहने वाला
(v) मुहम्मद तुगलक	सिक्का तथा कुतबा से खलीफा का नाम हटवाया

(a) (i), (ii) तथा (iii)
(b) (i), (iv) तथा (v)
(c) (ii), (iv) तथा (v)
(d) (iii), (iv) तथा (v)

42. इनमें से कौन-से युगल का मिलान सही है?
(a) दीवान-ए-मुस्तखराज-बलबन
(b) दीवान-ए-कोही-अलाउद्दीन खिलजी
(c) दीवान-ए-अर्ज-मुहम्मद तुगलक
(d) दीवान-ए-बंदगानी-फ़िरोज तुगलक

43. सूची I तथा सूची II को मिलाकर सही उत्तर कूटों से चुनें–

सूची-I	सूची-II
(i) इक्ता	(A) जमीन के राजस्व से राजा तथा उसके महल का खर्च चलता था
(ii) खलीसा	(B) धार्मिक व्यक्ति या संस्था को दी गई जमीन
(iii) ग्रनाम	(C) अधिकारी को वेतन के बदले दी गई जमीन
(iv) मदद-ए-माश	(D) कलाकार को दी गई जमीन
(v) दार-उल-हरब	(E) धर्महीनों का देश

(a) (i)–C, (ii)–A, (iii)–D, (iv)–B, (v)–E
(b) (i)–C, (ii)–A, (iii)–B, (iv)–E, (v)–D
(c) (i)–A, (ii)–C, (iii)–B, (iv)–D, (v)–E
(d) (i)–D, (ii)–B, (iii)–A, (iv)–E, (v)–C

44. इनका मिलान कीजिए–

सूची I	सूची II
(i) इब्न बतूता	(A) फुतुह-उस-सलातीन
(ii) अल-बरूनी	(B) किताब-ए-हिंद
(iii) इसामी	(C) तुगलक नामा

(iv) अमीर खुसरो (D) ताबाकात-ए-नासारी
(v) मिनहाज सिराज (E) किताव-उल-रेहला
(a) (i)–B, (ii)–C, (iii)–A, (iv)–D, (v)–E
(b) (i)–A, (ii)–D, (iii)–E, (iv)–C, (v)–B
(c) (i)–E, (ii)–B, (iii)–A, (iv)–C, (v)–D
(d) (i)–E, (ii)–B, (iii)–D, (iv)–A, (v)–C

45. अलाउद्दीन खिलजी द्वारा इनमें से बुराई, घमंड तथा धोखे का मूल कारण क्या माना जाता था?
(i) सुल्तान द्वारा राज्य के काम में ध्यान नहीं देना
(iii) शराब का उपयोग
(iv) औरतों का उपयोग
(v) अमीरों के बीच की आपसी घनिष्ठता
(vi) पैसों की अधिकता
सही उत्तर का चयन नीचे दिए कूट से करें–
(a) (i), (ii), (iii) तथा (iv)
(b) (i), (ii), (iv) तथा (v)
(c) (i), (iii), (iv) तथा (v)
(d) (ii), (iii), (iv) तथा (v)

46. मुहम्मद तुगलक के बारे इनमें कौन-सा कथन सही है?
(i) उनका मूल नाम जौना खान था।
(ii) युवराज के रूप में वे पहली बार वारंगल पर अधिकार कर पाने में किल रहे। परंतु दूसरी बार में वे सफल रहे।
(iii) आलोचक उन्हें अपने पिता की दुर्घटना में हुई मौत का जिम्मेदार मानते हैं।
(iv) वे तर्क, दर्शन, गणित, खगोलशास्त्र, भौतिकी में दक्ष थे।
(v) निजी जिंदगी में सुल्तान सभी प्रकार के व्यसन करते थे।
सही उत्तर का चयन नीचे दिए कूट से करें–
(a) (i), (ii), (iii) तथा (iv)
(b) (i), (iii), (iv) तथा (v)
(c) (i), (ii), (iv) तथा (v)
(d) (i), (ii), (iii), (iv) तथा (v)

47. इनमें से इक्ता प्रथा के लिए क्या सही नहीं है?
(a) दिल्ली सल्तनत की इक्ता प्रथा विजयनगर काल की 'अमारम' के समान थी।
(b) इक्तादारों को सैनिकों की एक निश्चित संख्या रखनी होती थी जो जरूरत पड़ने पर सुल्तानों को भेजनी होती थी।
(c) इक्ता वंशगत था परंतु स्थानांतरित हो सकता था।
(d) इक्ता हिंदुओं तथा मुस्लिमों दोनों को दिया जाता था।

48. इनमें से सही धर्म की जानकारी के कारण इस्लाम में किसे 'जिम्मी' कहा गया?
(i) जोरोस्ट्रीयन (ii) ईसाई
(iii) हिंदू (iv) यहूदी
सही उत्तर का चयन नीचे दिए कूट से करें–
(a) उपरोक्त सभी (b) (i), (ii) तथा (iii)
(c) (ii), (iii) तथा (iv) (d) (ii) तथा (iv)

49. इनमें से कौन-सी इस्लामी विचारधारा मूर्ति पूजकों को जिज्या देने पर जिम्मी की तरह रहने की अनुमति देती थी?
(a) हनाफी (b) मलिकिता
(c) शफी सीते (d) हनबालीर

50. किस सुल्तान ने अपने को 'सिकंदर-ए-सानी' (दूसरा सिकंदर) कहा?
(a) अलाउद्दीन खिलजी (b) मुहम्मद तुगलक
(c) सिकंदर लोदी (d) खिजर खान

उत्तरमाला

1. (c)	2. (c)	3. (b)	4. (c)	5. (b)	6. (d)	7. (c)
8. (c)	9. (c)	10. (a)	11. (c)	12. (c)	13. (c)	14. (d)
15. (d)	16. (c)	17. (c)	18. (c)	19. (b)	20. (c)	21. (b)
22. (d)	23. (b)	24. (d)	25. (a)	26. (d)	27. (d)	28. (d)
29. (c)	30. (d)	31. (c)	32. (c)	33. (b)	34. (d)	35. (a)
36. (c)	37. (a)	38. (b)	39. (a)	40. (d)	41. (b)	42. (d)
43. (a)	44. (c)	45. (b)	46. (a)	47. (c)	48. (d)	49. (a)
50. (a)						

अध्याय

11

15वीं तथा प्रारंभिक 16वीं शताब्दी

11.1 विजय नगर साम्राज्य

साहित्यिक स्रोत

विदेशी यात्रियों का विवरण

एक अफ्रीकी (मोरक्को) यात्री इब्न बतूता ने हरिहर प्रथम विजय नगर साम्राज्य का विस्तृत विवरण प्रस्तुत किया है। इटली (वेनेशिया) के यात्री निकोलो डे कांटी ने विजय नगर साम्राज्य का भ्रमण कृष्ण देव राय प्रथम के काल में किया था। फारसी यात्री अब्दुर रज्जाक ने देव राय द्वितीय के अधीन साम्राज्य का विस्तृत विवरण प्रस्तुत किया है। कृष्ण देव राय के काल में आने वाला डोमिंगो पाएस पुर्तगाली यात्री था। ड्यूरेट एडवार्डो बारबोसा भी एक पुर्तगाली यात्री था जो कृष्ण देव राय के काल में विजय नगर साम्राज्य में आया था। एक अन्य पुर्तगाली यात्री, फर्नाओ न्यूनिज अच्युत देव राय के काल में आया था।

देशी ग्रंथ–श्री कृष्ण देव राय के अमुक्तमाल्यद से हमें विजय नगर के शासकों के राजनैतिक विचारों तथा राजनीति का पता चलता है। अल्लासनी पेद्दन्न के मनुचरितम से हमें विजय नगर साम्राज्य की सामाजिक स्थिति विशेषकर जाति-प्रथा की विस्तृत जानकारी प्राप्त होती है। कुमार कंपन (बुक्का प्रथम का एक पुत्र) की पत्नी गंगदेवी के मदुराविजयम में बुक्का प्रथम के शासनकाल में कंपन द्वारा मदुरै पर अधिकार किए जाने का विवरण है। एक समकालीन नाटक, गंगाधर का गंगदास प्रलाप विलासम, में देवराय द्वितीय की मृत्यु के बाद विजय नगर शहर पर बहमनी तथा ओडिशा के गजपति शासकों द्वारा घेरा डाले जाने का विवरण है। राजनत्थ दिन्दिमा की सलुवभ्युदयम सलुव वंश की प्रशंसा में ऐतिहासिक ग्रंथ है।

पुरातात्त्विक स्रोत

अभिलेख–हरिहर प्रथम के बागपेल्ल्सी ताम्र पत्र अभिलेख में उसकी उपलब्धियों का वर्णन मिलता है। संगम द्वितीय (कंपन का पुत्र) के बित्रागुंटा अभिलेख में विजय नगर साम्राज्य की स्थापना के जिम्मेदार पांच संगम बंधुओं की वंशावली मिलती है। हरिहर द्वितीय के चन्नरायपटीना अभिलेख से ज्ञात होता है कि बुक्का प्रथम कई क्षेत्रों को जीतने में सफल रहा था। देवराय द्वितीय के श्रीरंगम ताम्रपत्र में उसकी अनेक उपलब्धियों का उल्लेख मिलता है। इम्मादि नरसिंह के देवापल्ली ताम्रपत्र में सलुव वंश की वंशावली मिलती है।

सिक्के–विजय नगर के शासकों ने वाराह नाम के सिक्के काफी बड़ी संख्या में जारी किए। इनमें से कुछ पूर्ण वाराह, कुछ अर्द्ध वाराह तथा कुछ चतुर्थांश वाराह थे। इन सिक्कों के ऊपरी हिस्से में कई हिंदू देवी-देवताओं तथा हाथी एवं साँड जैसे जानवरों की आकृतियां हैं। इनमें गंदबेरुंद (एक दोमुंही चील जिसकी प्रत्येक चोंच तथा पंजों में एक हाथी फँसा हुआ है) की आकृति भी है। इन सिक्कों के निचले हिस्से में नागरी अथवा कन्नड़ लिपि में राजाओं के नाम हैं। देवराय द्वितीय के कुछ चतुर्थांश वाराहों में उसे 'गजबेंतकार' बताया गया है।

राजनैतिक इतिहास

उत्पत्ति

विजय नगर की स्थापना 1336 ई. में संगम वंश के हरिहर और बुक्का के द्वारा हुई थी जो पहले वारंगल के काकातिया

शासक प्रताप रुद्र द्वितीय की सेवा में थे, लेकिन 1323 में काकातिया राज्य पर मुसलमानों के अधिकार स्थापित हो जाने के बाद वे आधुनिक कर्नाटक के कांपिली राज्य में चले गए तथा वहां मंत्री बन गए। मुस्लिम विद्रोहियों को शरण देने के कारण जब मुहम्मद तुगलक की सेना ने कांपिली पर आक्रमण किया तो दोनों भाइयों को कैद कर लिया गया, उन्हें मुसलमान बना दिया तथा कांपिली के विद्रोह से निबटने के लिए नियुक्त कर दिया। सुल्तान के लिए कांपिली पर अधिकार करने के बाद दोनों संगम भाई संत विद्यारण्य की पहल पर पुनः हिंदू बन गए, अपनी स्वतंत्रता घोषित की तथा तुंगभद्रा नदी के दक्षिणी किनारे पर एक नए शहर की स्थापना की जो विजय नगर अथवा विद्यानगर कहलाया।

प्रारंभिक समस्याएं एवं विस्तार

इस नवजात राज्य को अभी तक मैसूर के होयसाल राजा तथा मदुरै के सुल्तान तक ही संतुष्ट होना पड़ा था। इधर मदुरै के सुल्तान की अपनी अलग विस्तार की योजनाएं थीं। उसने होयसाल राजा को युद्ध में हराया तथा मार डाला। होयसाल राज्य के बिखराव से हरिहर और बुक्का को अपने छोटे से राज्य के विस्तार के लिए एक सुनहरा मौका मिला। 1346 ई. तक पूरा होयसाल राज्य विजय नगर के राजाओं के हाथों में चला गया, परंतु विजय नगर और मदुरै के सुल्तान के बीच का संघर्ष करीब चार दशकों तक चला। 1377 तक मदुरै की सल्तनत पूरी तरह समाप्त हो गई। विजय नगर साम्राज्य अब पूरे दक्षिण भारत अर्थात रामेश्वरम तक फैल गया तथा तमिल देश और केरल भी इससे जुड़ गये।

विजय नगर बहमनी संघर्ष

टकराव के तीन क्षेत्र—संघर्ष का पहला क्षेत्र था कृष्णा और तुंगभद्रा नदी के बीच का क्षेत्र, जिसे तुंगभद्रा दोआब कहते थे। दूसरा क्षेत्र था कृष्णा गोदावरी डेल्टा जो काफी उपजाऊ भी था और जिसके विभिन्न बंदरगाहों का पूरे क्षेत्र के विदेशी व्यापार पर वर्चस्व था। संघर्ष का तीसरा क्षेत्र था मराठवाड़ा जहां मुख्य मुद्दा था कोंकण और उसके आसपास के क्षेत्र पर अधिकार, जहां से कोंकण का प्रवेश था।

संघर्ष की शुरुआत—विजय नगर और बहमनी राज्यों के बीच बड़े पैमाने पर संघर्ष की शुरुआत तब हुई जब बुक्का I ने विवादास्पद तुंगभद्रा दोआब में स्थित मुकल के किले पर आक्रमण किया और एक व्यक्ति को छोड़ किले की पूरी सेना की हत्या कर दी। ये खबर सुनते ही बहमनी सुल्तान गुस्से से पागल हो गया। विजय नगर शासकों के विरोध के बावजूद एक सफल अभियान के जरिये उसने मुलुकल पर फिर से कब्जा कर लिया। उसने फिर तुंगभद्रा को पार करके विजय नगर के शासकों को एक युद्ध में पराजित किया। यह युद्ध कई महीनों तक चला, पर बहमनी सुल्तान विजय नगर के राजा या उसकी राजधानी दोनों में से किसी पर भी कब्जा नहीं कर सका।

पूर्वोत्तर विस्तार की कोशिश—विजय नगर शासन अब हरिहर II के शासन में पूर्वी समुद्र तट की ओर विस्तार की योजनाएं बना रहा था। विस्तार की इस नई नीति ने विजय नगर के लिए कई नए। संघर्षों की शुरुआत कर दी। दूसरी ओर ये नीति बहमनी और वारंगल राज्यों के बीच की मित्रता का कारण बनी जो करीब अगले पचास वर्षों तक कायम रही। मुख्यतः जिसके कारण विजय नगर के शासक तुंगभद्रा दोआब पर पूरी तरह कब्जा करने और बहमनी आक्रमणों को रोकने में नाकाम रहे, परंतु हरिहर II ने बहमनी और वारंगल की इस मित्रता के बावजूद अपने स्थायित्व को बनाए रखा। उसकी सबसे बड़ी सफलता पश्चिम में बेलगाम और गोवा को बहमनी सुल्तान से छीनने में उसकी कामयाबी थी।

देव राय राजाओं के शासनकाल के नए संघर्ष—देव राय I के शासनकाल में तुंगभद्रा दोआब के लिए एक नए सिरे से संघर्ष की शुरुआत हुई। वह बहमनी शासक फिरोजशाह द्वारा पराजित हुआ और उसे काफी भारी रकम युद्ध के हरजाने के रूप में देनी पड़ी। इसके अलावा उसे सुल्तान के साथ अपनी बेटी की शादी भी करनी पड़ी परंतु यह शादी दोनों के बीच शांति स्थापित नहीं कर सकी। कृष्णा-गोदावरी डेल्टा के प्रश्न पर भी नए सिरे से विवादों की शुरुआत हुई जिसमें अब विजय नगर बहमनी और ओडिशा थे। इधर रेड्डी राज्य में मची गड़बड़ी को देखकर देव राय ने वारंगल के साथ रेड्डी राज्य के आपस में बंटवारे के लिए संधि कर ली किंतु वारंगल राजा के बहमनी राज्य के साथ मिल जाने से दक्कन में प्रभाव क्षेत्र की रूपरेखा ही बदल गई। देव राय फिरोजशाह को बुरी तरह पराजित करने में कामयाब रहा और कृष्णा नदी तक के पूरे क्षेत्र पर कब्जा कर लिया।

देव राय II, संगमा राजवंश का सबसे महान राजा कहा जा सकता है। उसने अपनी सेना को सुदृढ़ करने के लिए उसमें कई मुसलमानों को नियुक्त किया और सभी हिंदू सैनिकों को उनसे धनुर्विद्या सीखने का आदेश दिया। अपनी नई सेना के साथ उसने तुंगभद्रा पार करके मुकल, बंकपुर इत्यादि पर फिर से अधिकार स्थापित करने की कोशिश की जो कृष्णा नदी के दक्षिण में स्थित थे और जिन पर बहमनी

राजाओं ने अधिकार कर लिया था। इसके लिये तीन युद्ध हुए परंतु अंत में दोनों पक्षों ने तत्कालीन सीमाओं को मान लिया।

संगमा और सलुवा राजवंशों के अंतर्गत पतन–देव राय II की मृत्यु के बाद विजय नगर राज्य में काफी समस्याएं उठ खड़ी हुईं। उसी समय वहां राजगद्दी के विभिन्न दावेदारों के बीच कई गृहयुद्ध हुए। कई सामंतों ने भी इस क्रम में अपने को स्वाधीन घोषित कर दिया। राज्य के शासक इस समय भोग-विलास में लीन थे और राज्य के कार्यों में इनका ध्यान कम था। ऐसी स्थिति में कुछ समय बाद राजा के एक मंत्री सलुवा नरसिम्हा ने राजगद्दी पर अपना अधिकार कर लिया। इस प्रकार संगमा का अंत और सलुवा राजवंश की शुरुआत हुई। सलुवा नरसिम्हा ने राज्य की कानून व्यवस्था को फिर से दुरुस्त किया।

तलुवा कृष्ण देव राय द्वारा पुनरुत्थान–सलुवा राजवंश का अंत भी जल्दी ही आ गया और उसके बाद एक नए राजवंश तलुवा राजवंश की स्थापना वीरा नरसिम्हा द्वारा हुई। उसके बाद उसका सौतेला भाई कृष्ण देव राय (1509-29) राजा बना जो अपनी सैनिक और अन्य उपलब्धियों के कारण सभी विजय नगर राजाओं में सबसे महान माना जाता है।

अंतिम पतन और अराविड राजवंश–कृष्ण देव राय की मृत्यु के बाद उसके संबंधियों के बीच उत्तराधिकार की लड़ाई शुरू हो गई। दो अतिसाधारण शासकों अच्चयुत देवा और वंकटा के शासन के बाद सदाशिव राय ने शासन संभाला, परंतु इन सभी शासकों के शासनकाल में सही मायने में शासन राम राजा के हाथों में था जो कृष्ण देव राय का दामाद था। राम राजा ने सफलतापूर्वक विभिन्न मुस्लिम शासकों को एक-दूसरे के खिलाफ उलझाए रखा। उसने पुर्तगालियों के साथ एक व्यापारिक संधि की जिसके अंतर्गत बीजापुर के शासकों को घोड़ों की आपूर्ति बंद कर दी गई। उसने कई युद्धों में बीजापुर के शासकों को पूरी तरह से पराजित कर दिया और फिर बीजापुर के शासक के साथ संधि करके गोलकुंडा और अहमदनगर को बुरी तरह हराया। अंत में उसके सभी दुश्मन राज्य (बेरार को छोड़कर) एक हो गए और अंततः 1565 ई. में तालिकोटा के निकट बान्नीहट्टी में विजय नगर की बुरी तरह पराजय हुई। इस युद्ध को रकसासा तंगड़ी की लड़ाई के नाम से भी जाना जाता है। इस लड़ाई में राम राजा गिरफ्तार हुआ और मारा गया। बान्नीहट्टी की लड़ाई को विजय नगर के अंत का सूचक माना जाता है, हालांकि यह साम्राज्य करीब सौ सालों से विनाश की कगार पर खड़ा था। अराविड राजाओं के समय से ही इसकी सीमाएं सिमटने लगी थीं और राय शासकों की गिनती अब दक्षिण के महत्त्वपूर्ण शासकों में नहीं होती थी।

आंतरिक विद्रोहों का दमन–उम्मातुर के विद्रोही सरदार गंगा राय के खिलाफ पेनुगोंडा पर आक्रमण से युद्ध की शुरुआत हुई जो अब विद्रोहियों के हाथों में था। इसके बाद उम्मातुर और सिवासमुद्र (गंगा राय का मुख्यालय) पर कब्जा किया गया। इस क्रम में गंगा राय की मौत हो गई और उससे कब्जा किए गए क्षेत्र को एक नया राज्य बनाया गया जिसकी राजधानी श्रीरंगापटनम थी।

ओडिशा अभियान–सलुवा नरसिम्हा के समय से ही पूर्व के तटीय प्रदेश ओडिशा के गजपति शासक प्रतापरुद्र के अधीन थे। कई सफल युद्धों के पश्चात् जिनमें से कई में खुद राजा कृष्ण देव राय ने भाग लिया, ओडिशा के शासक की भारी पराजय हुई और संपूर्ण तेलंगाना अब विजय नगर के अधीन हो गया। कृष्ण देव राय अब उत्तर तटीय आंध्र की ओर मुड़ा जहां सबसे पहले वह राजा महेंद्रवरम् की तरफ बढ़ा। विजय नगर की सेना को रोकने की कुछ छोटी-मोटी कोशिशों को नाकामयाब करते हुए कृष्ण देव राय की सेना गजपतियों के क्षेत्र को तबाह करते हुए। पोटनुर-सिमहाद्री तक पहुंच गई। कृष्ण देव राय ने वहां एक विजय स्तंभ की स्थापना की और अपनी राजधानी लौट गया, परंतु उसकी सेना कलिंग क्षेत्र में तब तक आगे बढ़ती गई जब तक उसकी राजधानी कटक तक नहीं पहुंच गई। प्रतापरुद्र ने तब शांति के लिए पहल की और अपनी बेटी की शादी का प्रस्ताव रखा। कृष्ण देव राय ने उदारता का परिचय देते हुए कृष्णा नदी के पूर्व के सारे प्रदेश वापस कर दिए।

बीजापुर राज्य का दूसरा अतिक्रमण–इस बीच इस्माइल आदिल शाह ने रायचूर पर फिर से कब्जा कर लिया और इस कारण कृष्ण देव राय और बीजापुर शासकों के बीच फिर से युद्ध की शुरुआत हुई। रायचूर की लड़ाई में बीजापुर शासक बुरी तरह पराजित हुआ और किसी तरह जान बचाकर कृष्णा के पार भाग खड़ा हुआ। इससे पहले कि कोई संधि या शांति स्थापित होती विजय नगर की सेना गुलबर्ग को तबाह कर चुकी थी। इधर गुलबर्ग में कृष्ण देव राय ने महमूद बहमनी के बेटों को आजाद कर दिया, उनमें से सबसे बड़े को सुल्तान बना दिया और शेष को अपने साथ विजय नगर ले आया, किंतु बहमनी स्वायत्तता को हिंदूओं के अधीन पुनर्जीवित करने का दूसरा प्रयास सफल न हो सका बल्कि अन्य पांच छोटे राज्यों के सुल्तानों को काफी हद तक क्षुब्ध कर गया।

साहित्यिक कृतियों को संरक्षण

कृष्ण देव राय साहित्य और साहित्यकारों को संरक्षण देने के कारण 'आंध्र भोज' के नाम से मशहूर था। साहित्य के आठ रत्न जो 'अष्टदिग्गज' के नाम से शहर थे उसके राजदरबार में थे। इनमें सबसे मशहूर अल्लासनी पेंददाना थे जिन्हें 'आंध्रकविता पितामह' कहा जाता था। उनकी मुख्य रचनाएँ थीं–*मनुचरितम* और *हरिकथासरमामु*, अन्य रचनाएं थीं-नन्दी तिम्मना *(परिजातपहनम)*, मदय्या *(राजशेखरचरितम)*, धुराजति *(कालाहस्ति महत्तयम्)*, अयल्लाराजू रामभद्रा *(सकारामतसारा संग्रहम)*, पिंगली सुराना *(राघवा पंडवियम और प्रभावारी प्रद्युमा)*, रामराजा भूषण और तेनाली रामलिंगा *(पांडुरंगा महात्तयम)*। इसके अलावा राजा कृष्ण देव राय की खुद की भी रचनाएं थीं। इनमें प्रमुख थीं- तेलुगु में *अमक्तामलयादा* और संस्कृत में *जंबावती कल्याणम्*।

वास्तुकला के क्षेत्र में–कृष्ण देव राय ने अपनी राजधानी में कृष्णस्वामी, हजारा रामास्वामी और विठ्ठलस्वामी के मशहूर मंदिरों का निर्माण किया। उसने अपनी मां नगंबा की याद में एक नए शहर नगालपुरा का भी निर्माण करवाया। इसके अलावा उसने बहुत सारे राय गोपुरम की भी स्थापना करवाई।

प्रशासन

राजाधिकार के सिद्धांत

राजाधिकार का सिद्धांत निरंकुश राजतंत्र पर आधारित था, किंतु उसमें उदारता भी थी। राजा को अपनी प्रजा के कल्याण का ध्यान रखना होता था और उनकी समस्याओं को सुनना था। उसे कार्यकारिणी, न्यायिक और वैधानिक मामलों में निरंकुश अधिकार प्राप्त थे। राजा ही राज्य का सर्वोच्च न्यायालय तथा न्याय देने वाला था।

उत्तराधिकार का कानून

उत्तराधिकार का कानून आमतौर पर अनुवंशिक सिद्धांत पर आधारित था। किंतु ऐसे भी उदाहरण थे जहां स्वयं शासन करने वाले राजा ने शांतिपूर्ण उत्तराधिकार के लिए अपने उत्तराधिकारी की नियुक्ति की हो। दूसरी तरफ ऐसे भी उदाहरण थे जहां उत्तराधिकारी ने अवैध रूप से राज्य पर कब्जा किया हो। संगमा राजवंश का अंत सलुवा नरसिम्हा द्वारा ऐसे ही हुआ था। एक नाबालिग के उत्तराधिकारी होने की स्थिति में राज-प्रतिनिधि नियुक्त करने की भी प्रथा प्रचलित थी।

केंद्रीय प्रशासन

केंद्र के प्रशासन के लिए एक मंत्रिमंडल था, जिसका मुख्य एक प्रधानमंत्री था जो राजा को महत्त्वपूर्ण प्रशासनिक मसलों पर राय देता था तथा मदद करता था। किंतु यह अंततः राजा पर निर्भर था कि वह इन मसलों पर अमल करे या नहीं। महत्त्वपूर्ण मंत्रियों के अलावा राजा अपने मनपसंद लोगों से भी राय विचार करता था। केन्द्र प्रशासन कई विभागों में बंटा था और हर विभाग की देख-रेख के लिए एक राजाधिकारी था।

प्रातीय और स्थानीय प्रशासन

राज्य कई प्रशासनिक इकाइयों में बंटा था। ये थे मंडलम् अथवा राज्य, नाडू, स्थल और अंततः ग्राम। मंडलम् की संख्या और विस्तार समय-समय पर बदलती रहती थी। हर प्रांत एक अधिकारी की देख-रेख में था, जिसे मंडलेश्वर अथवा नायक कहते थे। विजय नगर शासक स्थानीय प्रशासन में हस्तक्षेप कम करते थे। और इसके फलस्वरूप स्थानीय इकाइयों को पूरी स्वायत्तता थी। गौडा ग्राम प्रमुख था जो ग्राम प्रशासन की देख-रेख करता था तथा जो प्रशासन की सबसे छोटी इकाई थी।

राजस्व प्रशासन

आमदनी के मुख्य स्रोत–राजकीय भूमि से मिला भू-राजस्व आमदनी का सबसे प्रमुख जरिया था। इसके अलावा सामंतों द्वारा दिए गए उपहार एवं राजकर, बंदरगाहों पर लिए गए सीमा शुल्क, अंतर्देशीय व्यापार पर चुंगी या यात्रा कर, विभिन्न व्यवसायों पर लिया गया कर, घर, बाजार और लाइसेंस, न्यायिक अर्थदंड इत्यादि महत्त्वपूर्ण आमदनी के स्रोत थे।

भू-राजस्व की वसूली–इसकी वसूली कर निर्धारण द्वारा होती थी, जो पूरे परीक्षण के बाद होती थी। दरों में विभिन्नता खेती की जमीन के आधार पर होती थी। दर निर्धारण फसल बोने और असल उपज के आधार पर होती थी। साधारणतः पूरी उपज का 1/6 भाग राजस्व के तौर पर ले लिया जाता था, परंतु कभी-कभी इसे बढ़ाकर पचास प्रतिशत तक कर दिया जाता था।

व्यय की मदें–*अमुक्तमलयादा* में दिए विवरण के अनुसार, राज्य के खर्च चार भागों में विभाजित थे। दान और राजा के निजी खर्च, घोड़ों की देखभाल, सैनिक अभियान और राज्य की सुरक्षा।

न्यायिक प्रशासन

राजा बिना किसी भेदभाव के न्याय करता था। वह सभा का सभापतित्व करता था जो उच्चतम न्यायालय था। न्याय के अन्य छोटे केंद्र भी थे जो पूरे राज्य में फैले थे। छोटे न्यायालयों में अधिकारियों की एक पूरी सीढ़ी थी। इसके अलावा ग्रामीण कोर्ट, जाति-पंचायत और श्रेणी संगठन भी थे जो छोटे अपराधों और जाति व्यवस्था के उल्लंघन के मसलों तथा व्यापार के नियमों को देखती थी। न्याय का आधार साधारणत: धर्मशास्त्र थे। कठोर दंड देने का प्रचलन था जैसे सिर काटना, अंगों का काटना और हाथी के सामने अपराधी को फेंकना आम दंड थे।

सैनिक प्रशासन

विजय नगर की सेना काफी व्यवस्थित और कार्यकुशल थी। सेना के अंतर्गत पैदल सेना, घुड़सवार सेना, तोपची सैनिक और हाथी सेना थी। सेना के सबसे बड़े अधिकारी थे-'नायक' या 'पालेगर'। राज्य की स्थायी सेना के अलावा जरूरत के समय मदद के लिए सामंतों एवं अधिकृत राज्य की सेना इत्यादि तैयार रहती थी। कुछ 'नाडप्रभु' (उप-जिला या नाडू के मुख्याधिकारी) जैसे बंगलूरू के गौडाओं ने तो वस्तुत: सीमा सुरक्षा का कार्य किया। इतना ही नहीं, उन्होंने सामंतों और अधिकृत राजाओं के विद्रोहों के दमन में भी सहायता की। साधारण सैनिकों को आमतौर पर तनख्वाह पैसे से ही मिलती थी। परंतु उच्चाधिकारी जैसे 'पालेगरों' को कभी-कभी तनख्वाह में पैसों की जगह निर्धारित राजस्व वाले क्षेत्र (अमरम) मिलते थे।

सामाजिक व्यवस्था

जाति प्रथा

अल्लासानी *पेद्दाना* ने अपने मनुचरितम् में विजय नगर की चार जातियों का उल्लेख किया है। विपुलु और ब्राह्मण अपने पारंपरिक व्यवसाय शिक्षण और पुरोहित के कार्य में लगे हुए थे। कभीकभी वे सैनिक और प्रशासक के कार्य भी करते थे-ऐसा डोमिंगो पेज के वृत्तांत में लिखा है। राजुलु और रचावारू ज्यादातर राजवंश से संबंधित होते थे और राजाओं को राजकाज और युद्ध के मामलों में मदद करते थे। शासक तथा सेना प्रधान वास्तव में शूद्र थे। किंतु अपने पद की वजह से रचावारू कहलाते थे। दक्षिण भारत के अन्य भागों की तरह यहां भी क्षत्रिय वर्ण अनुपस्थित दिखता है। माटीकरतलु अथवा वैश्य सौदागर वर्ग था जौर वाणिज्य और व्यापार में लगा हुआ था। नलवजतिवारू अथवा शूद्र मुख्यत: कृषक थे, परंतु उनमें से कुछ दूसरे व्यवसायों में भी लगे थे। वे समाज से अलग था अछूत नहीं माने जाते थे, लेकिन उन्हें निम्न स्थान प्राप्त था।

सामाजिक ढाँचे के विषय में बारबोसा के वृत्तांत काफी रोचक है परन्तु थोड़े अव्यवस्थित हैं। उसके अनुसार राज्य के गांव में मुख्यत: हिंदू और कुछ मुसलमान भी रहते थे। हिंदुओं ब्राह्मण और वीरशैव थे। राजा क्षत्रिय जाति का होता था। विवाह का प्रचलन था और स्त्रियों के बीच सती की मानता थी। ब्राह्मण पुरोहित थे और मंदिर की पूजा उनके जिम्मे थी। वे शाकाहारी थे। वीरशैव भी शाकाहारी थे और वे अपने गर्दन के चारों ओर अपने इष्टदेव की निशानी पहनते थे। अन्य जाति जैसे वैश्य और शूद्र भी मौजूद थे। जनसंख्या में महत्त्वपूर्ण गिनती जैनों की भी थी।

स्त्रियों की स्थिति

शिक्षा और ज्ञानार्जन–गंगादेवी, कंपनी की पत्नी ने मदुरविजयम् की रचना की। हन्नम्मा प्रौढ़ देवा के दरबार के प्रमुख ज्ञानियों में थीं। तिरुमलम्मा, अच्चयुत राय के दरबार की जानी-मानी संस्कृत कवयित्री थीं।

रोजगार–नुनिज के अनुसार राजदरबार में काफी औरतें नृत्यांगना, कामकाज और पालकी वाहन के कामों में कार्यरत थीं। उनमें से कुछ कुश्ती भी करती थीं। कुछ औरतें लेखपाल, अमीन, न्यायमूर्ति और चौकीदार के रूप में भी नियुक्त की गई थीं।

देवदासी प्रथा–देवदासी की प्रथा प्रचलित थी। पेज के अनुसार देवदासियों का समाज में आदरणीय स्थान था और उन्हें भूदान के अलावा नौकर-चाकर, आभूषण इत्यादि भी दिए जाते थे।

धर्म

शुरू के विजय नगर शासक शैव थे। विरूपाक्ष उनका पारिवारिक देवता था। बाद में वे वैष्णव धर्म से प्रभावित हो गए किंतु शिव की पूजा फिर भी प्रचलित रही। वैष्णव धर्म का पालन विभिन्न रूपों में होता था। रामानुज का श्रीवैष्णव रूप सबसे मशहूर था। माधव का द्वैत रूप भी प्रचलित था। *महाकाव्य* और *पुराण* भी जनसाधारण में मशहूर थे। ये स्त्रियों की शिक्षा का भी माध्यम थे।

सांस्कृतिक देन

वास्तुकला

विजय नगर शासक के मंदिर निर्माण के कार्यों के फलस्वरूप एक नई शैली की शुरुआत हुई जिसे विजय नगर शैली

के नाम से जाना गया। वैसे ज्यादातर इसे द्रविड़ शैली के नाम से जाना जाता है। इस पद्धति की अपनी खूबियाँ हैं। सेतुबंध और स्तंभों की बहुलता और उनके शिल्प की विशेष रूपरेखा उनकी प्रमुखता थी। स्तंभों पर बना सबसे महत्त्वपूर्ण जानवर घोड़ा था। मंदिरों में एक मंडपम् या खुला आँगन था जिसके साथ एक ऊंचा आसन होता था जिस पर देवता की स्थापना विशेष मौकों पर होती थी। इन मंदिरों में एक कल्याण मंडपम् भी होता था जिसके स्तंभों पर काफी कशीदाकारी होती थी। विजय नगर के मंदिरों में मुख्य स्थान केंद्र में गर्भगृह था जहां मुख्य देवता स्थापित होते थे। देवता के सहचर के लिए अम्मन होते थे।

इनमें से कुछ सबसे महत्त्वपूर्ण मंदिर थे। इस शैली के सबसे वैभवपूर्ण मंदिर हम्पी-विजय नगर में थे। इनमें सबसे अच्छे उदाहरण हैं विट्ठलस्वामी और रामास्वामी मंदिर। विट्ठलस्वामी मंदिर पुष्पकृत सज्जा में अद्वितीय हैं। दूसरे महत्त्वपूर्ण मंदिर हैं–चिदंबरम् के तदापत्री और पार्वती मंदिर तथा कांचीपुरम के वरदराजा और एकाम्बरनाथ के मंदिर। मंदिरों में राय गोपुरम् भी महत्त्वपूर्ण थे जो राजाओं के आने के उत्सव में बनाए स्तम्भ थे।

साहित्य

विजय नगर के शासक साहित्य के भी बड़े संरक्षक थे। उनके संरक्षण में कई धार्मिक तथा धर्म-निरपेक्ष पुस्तकें लिखी गई जो विभिन्न भाषाओं; जैसे- संस्कृत, तेलुगु, कन्नड़ और तमिल में थीं। साहित्य का विकास अपनी चरम सीमा पर कृष्ण देव राय के शासनकाल में पहुंचा जिसे 'आंध्रभोज' के उपनाम से जाना जाता है।

आर्थिक व्यवस्था

विजय नगर साम्राज्य अपने समय के कुछ सबसे अमीर राज्यों में गिना जाता था जिन विभिन्न विदेशी यात्रियों ने 15वीं और 16वीं सदी में इस देश का भ्रमण किया, वे इसके वैभव और प्रचुरता का विवरण देते हैं।

कृषि

कृषि काफी उन्नत स्थिति में थी। शासकों की नीति में, राज्य के विभिन्न भागों में कृषि के विकास और इसके लिए एक अच्छी सिंचाई व्यवस्था थी। पुर्तगाली यात्री नुनीज अपने यात्रा वृत्तांत में एक बांध के निर्माण और एक नहर की खुदाई की चर्चा करता है।

उद्योग

कृषि द्वारा अर्जित संपत्ति के साथ-साथ विभिन्न उद्योग-धंधे भी थे। इनमें महत्त्वपूर्ण थे वस्त्र उद्योग, खादानों की खुदाई और धातु कर्म। इत्र उद्योग भी महत्त्वपूर्ण था। उद्योग और हस्तकला को नियंत्रित करने के लिए श्रेणियां थीं। एक ही व्यापार या धंधे से संबंधित लोगों का शहर के एक ही क्षेत्र में रहना आम बात थी। अब्दुर रजाक जो ईरानी यात्री था, ने लिखा है, ''एक ही श्रेणी के व्यापारियों की दुकानें आस-पास थीं।''

व्यापार और वाणिज्य

विजय नगर में काफी उन्नत अंतर्देशीय विदेशी और तटीय व्यापार थे जो आमदनी और संपत्ति के प्रमुख स्रोत थे। पुर्तगाली यात्री डोमिंगो पेज के अनुसार यहां के राजा के खजाने में काफी संपत्ति है और यहां अनेक सैनिक और हाथी हैं..... इस शहर (विजय। नगर) में अच्छे व्यापार के कारण हर देश के लोग मिलते हैं और अनमोल रत्न; खासकर, हीरे काफी मिलते हैं.... ये दुनिया का सबसे प्रचुरता वाला शहर है और यहां चावल, गेहूं, मकई, दाल, घोड़ों इत्यादि का भंडार है.... यहां की सड़कें इनसे लदे अनगिनत बैलों से भरे हैं।'' अंतर्देशीय व्यापार के यातायात का मुख्य साधन घोड़े, बैलगाड़ी और खच्चर।

अब्दुर रजाक के अनुसार पूरे राज्य में 300 बंदरगाहें थीं। मालावार अपने कन्नानोर तट के कारण सबसे महत्त्वपूर्ण व्यापारिक क्षेत्र था। इसके व्यापारिक संबंध हिंद महासागर के द्वीपों के साथ, पूर्व में बर्मा, मलय आर्कोपिलागो और चीन के साथ और पश्चिम में अरब, ईरान, दक्षिण अफ्रीका, अबीसीनिया और पुर्तगाल के साथ थे। निर्यात की प्रमुख सामग्री थीं–कपड़ा, मसाले, चावल, लोहा, चीनी, शोरा इत्यादि। आयात में शामिल थे-घोड़े, हाथी मोती, ताम्र, रेशम, वेल्वेट और सीप। बारबोसा के अनुसार, विजय नगर की जनसंख्या काफी है और ये व्यापार का केंद्र हैं जिसमें हीरो और रूबी पेगु से, रेशम चीन और एलेक्जेंड्रिया से काली मिर्च, चंदन, कर्पूर, सिंदूर और कस्तूरी मालाबार से आती है।

रहन-सहन का ढंग

विदेशी यात्रियों के वृत्तांत के अनुसार उच्च और मध्यम वर्गीय लोगों के रहन-सहन का स्तर काफी ऊंचा था। अब्दुर रजाक कहते हैं-"देश में इतने लोग हैं कि सीमित जगह में उसका वर्णन मुश्किल है। राजा के खजाने में खाने हैं जिनमें सोना भरा है। राज्य के सभी गरीब या अमीर व्यक्ति आभूषण पहनते हैं जिनमें कर्णफूल और गले का हार, अँगूठी, बाँह और कलाई के आभूषण प्रमुख हैं।

शहर का वैभव पूरे राज्य की संपन्नता का सूचक था किंतु ये संपत्ति कुछ ही लोगों के हिस्से में थी। वस्तुओं की कीमत कम थी और न्यूनतम जरूरतें शायद आम व्यक्ति की पहुंच के बाहर नहीं थीं। फिर भी, निर्माणकर्ता खासकर कृषक को अपनी वस्तुओं की पूरी कीमत नहीं मिलती थी। आर्थिक व्यवस्था की दूसरी कमी थी आम आदमी पर करों का अधिक बोझ। स्थानीय अधिकारी वसूली के लिए कभी-कभी अत्याचारपूर्ण रवैया अपनाते थे।

11.2 अन्य प्रमुख राजवंश

बहमनी साम्राज्य

बहमनी साम्राज्य की स्थापना राजधानी गुलबर्गा के साथ अलाउद्दीन हसन बहमन शाह (1347-58) जिसे हसन गंगू के नाम से भी जाना जाता है (और जिसका असली नाम इस्माइल मुख था) ने की थी।

कुल मिलाकर चौदह बहमनी सुल्तान हुए जिनमें महत्त्वपूर्ण थे–अलाउद्दीन हसन (संस्थापक), मुहम्मद शाह I (135877) जो हसन के तुरंत बाद शासक बना; ताजउद्दीन फिरोज शाह (1398-1422) जो इनमें सबसे महान शासक माना गया; अहमद शाह वली (1422-35) जिसने गुलबर्गा से हटाकर अपनी राजधानी बिदर में बनाई और जिसके शासनकाल में बहमनी शासन के 'गुलबर्गा फेस' के अंत के बाद दूसरे पहलू 'बिदर फेस' की शुरुआत हुई।

महमूद गवन–महमूद गवन 1463-81 के बीच मुहम्मद शाह III का वकील और वजीर दोनों था। इनके शासनकाल में बहमनी साम्राज्य का पुनरुत्थान हुआ। उसके सैनिक अभियानों में शामिल थे-कोंकण, गोआ और कृष्णा-गोदावरी डेल्टा पर उसकी विजय। उसके सभी प्रशासनिक सुधार कुलीनों, सामंतों और प्रांतीय अधिकारियों पर सुल्तान के नियंत्रण को मजबूत करने पर केंद्रित थे। असंतुष्ट कुलीन (नोबल) विशेषकर दक्कनी नोबल जो अफाकियों (पश्चिम एशिया से आने वाले) के आने से खिन्न थे, ने षड्यंत्र करके गवन (जो एक आफाकी था) के खिलाफ मृत्युदंड की सजा ले ली। उस पर सुल्तान से विश्वासघात करने का इल्जाम लगाया गया। गवन के बाद बहमनी साम्राज्य बिखरने लगा और उसके पतन की शुरुआत हो गई।

बहमनी साम्राज्य का बिखराव

अहमदनगर के निजाम शाही (1490-1633)–इसकी स्थापना अहमद बाहरी द्वारा हुई थी। बाद में इस पर शाहजहां ने कब्जा कर लिया (1633)।

बीजापुर के आदिल शाही (1490-1686)–इसकी स्थापना युसुफ आदिल शाही ने की थी। बीजापुर में गोल गुंबद, एक मकबरा जिस पर दुनिया का दूसरा सबसे बड़ा गुंबद है (सबसे बड़ा रोम का सेंट पॉल चर्च है) का निर्माण मुहम्मद आदिल शाह, एक आदिल शाही राजा द्वारा हुआ था। ये फुसफुसाता गलियारा (Whispering Gallery) के लिए भी मशहूर है। इस पर औरंगजेब ने बाद में कब्जा कर लिया (1686)।

बेरार के इमाद शाही (1490-1574)–इसकी स्थापना फतुल्लाह खान इमाद-उल-मुल्क द्वारा हुई। बाद में इस पर अहमदनगर के निजाम शाही शासकों ने आक्रमण करके कब्जा कर लिया।

गोलकुंडा के कुतुब शाही (1518-1687)–इसकी स्थापना कुली कुतुब शाह (1518-43) द्वारा की गई जिसने मशहूर गोलकुंडा का किला बनवाया और उसे अपनी राजधानी बनाई। दूसरा कुतुब शाही शासक मुहम्मद कुली कुतुबशाह इन सबमें सबसे मशहूर हुआ। उसने हैदराबाद शहर की स्थापना की, जिसका असली नाम भाग्यनगर था (सुल्तान की प्रिय भाग्यमती के नाम पर)। उसने मशहूर चारमीनार का भी निर्माण करवाया। इस साम्राज्य पर औरंगजेब ने 1687 में अधिकार कर लिया।

बिदर के बारिद शाही (1528-1619)–इसकी स्थापना अली बारिद ने की। बाद में ये बीजापुर के आदिल शाहियों के अधीन हो गया।

प्रशासन

प्रशासन के केंद्र की इकाई में निम्नलिखित अधिकारी शामिल थे–

- *वकील-उस-सुल्ताना:* दिल्ली सल्तनत के नायब सुल्तान। के समतुल्य। कभी-कभी राज-प्रतिनिधि भी।
- *वजीर-ए-कुल:* प्रधानमंत्री, दूसरे मंत्रियों के कार्यों की देख-रेख।
- *अमीर-ए-जुमला:* वित्त विभाग का प्रमुख।
- *वजीर अशरफ:* विदेशी मामले और शाही दरबार का जिम्मेदार।
- *वजीर:* वित्त विभाग का उप प्रमुख।
- *पेशवा:* वकील का सहायक।।
- *सदर-इ-जहान:* न्यायिक, धार्मिक और सेवा दान विभाग।
- *कोतवाल:* पुलिस विभाग का प्रमुख।

राज्य का विभाजन कई प्रांतों में किया गया था, जिसे 'तरफ' कहते थे और उनके मुख्य अधिकारी थे 'तरफदार'।

अन्य स्थानीय अथवा प्रांतीय राजवंश

बंगाल

दूर का प्रांत होने की वजह से बंगाल हमेशा दिल्ली के सुल्तानों के लिए एक समस्या बना रहा और समय-समय पर स्वायत्तता हासिल करने में कामयाब रहा। बख्तियार खिलजी जो घुर के महम्मद के सेनानायकों में से एक था, पहला मुसलमान आक्रमणकारी था, जो बंगाल और बिहार की सेना राजवंश को हराने में कामयाब रहा। सेना शासक फिर भी कुछ समय तक पूर्वी बंगाल में शासन करते रहे। बख्तियार खिलजी ने सुल्तान की पदवी तो नहीं ली, किंतु उसने अपने नाम पर प्रार्थनाएं पढ़वाई और सिक्के खुदवाए। 1206 ई. में अली मरदान खिलजी द्वारा उसकी हत्या के बाद बंगाल के खिलजियों के बीच गृहयुद्ध की शुरुआत हुई, गियासुद्दीन इवाज-खिलजी (1213-27) ने फिर से शांति स्थापित की और राजधानी को देवकोट से हटाकर ऐतिहासिक नगरी लखनौती (गौर) ले आया। उसने सुल्तान की पदवी भी ली जो दिल्ली के सुल्तानों को एक ललकार थी। उसने अपनी स्थिति को और मजबूत बनाने के लिए यूनान के अब्बासिद खलीफा अल-नसीर से ताजपोशी भी करवा ली। इस पर इल्तुत्मिश ने बंगाल पर आक्रमण किया जिसमें गियासुद्दीन की हार हुई।

अगले साठ वर्षों में (1227-87) बंगाल कम-से-कम 15 राजाओं द्वारा शासित रहा जिसमें दिल्ली से भेजे गए करीब दस मामलुक थे। इनमें से अंतिम और सबसे महान मुगहिस-उददीन-तुघरिल (1268-81) ने स्वायत्तता घोषित कर दी जिसके फलस्वरूप बलबन ने दो सैनिक अभियान भेजे। इनमें से पहला असफल रहा, किंतु दूसरा (जिसमें खुद बलबन था) सफल रहा और बंगाल को बलबन के सबसे छोटे बेटे बुघरा खान के हवाले कर दिया गया। बुघरा ने राज्यपाल के रूप में बलबन के बाकी शासनकाल तक बंगाल पर शासन किया (1281-87)। बलबन की मृत्यु (1287) के बाद बुघरा ने स्वयं को पूरी तरह स्वतंत्र घोषित कर दिया और नासिर-उद-दीन मुहम्मद की पदवी ले ली। बुघरा का बड़ा भाई कैकुबाद जो बलबन के बाद दिल्ली का सुल्तान बना, ने बुघरा की स्वतंत्रता एवं स्वायत्तता को मान्यता दे दी। बलबन के परिवार के इस हिस्से ने (बुघरा और उसके उत्तराधिकारी) 1328 तक स्वायत्त रूप से बंगाल पर शासन किया। 1328 में गियासुद्दीन तुगलक ने बंगाल के लिए एक अभियान का नेतृत्व किया और बंगाल पर फिर से दिल्ली का अधिराजत्व स्थापित किया, परन्तु एक दशक बाद बंगाल (1339) फिर से स्वाधीन हो गया जब फक्र-उद-दीन ने मुहम्मद बिन तुगलक की उपेक्षा करके फक्र-उद-दीन मुबारक शाह की पदवी ले ली।

बंगाल के इतिहास में एक नए युग की शुरुआत हुई। शम्स-उद-दीन ने एक नए राजवंश की शुरुआत की-इल्यास शाही राजवंश जिसने बंगाल पर छोटी-मोटी रुकावटों के अलावा 1538 तक बंगाल पर शासन किया। शम्स-उद-दीन-इत्यासशाह (1345-58) पूरे बंगाल को एक छतरी के नीचे लाया। इसक अलावा उसने नेपाल और ओडिशा के भी कुछ हिस्से उसमें मिलाए। अब फिरोजशाह तुगलक के पास भी उससे संधि के अलावा कोई उपाय नहीं था। उसके शासनकाल में सिक्कों की खुदाई काफी मात्रा में हुई और कई स्मारक भी बनाए गए। सिकंदर शाह (1358-89), जो शम्स-उद-दीन का बेटा और उत्तराधि कारी था, उसने भी फिरोजशाह तुगलक के इरादों को नाकाम किया (1359) और इसके बाद करीब दो सदियों तक बंगाल पर दिल्ली से कोई खतरा नहीं आया। सिकंदर ने भी कई स्मारक बनवाए गियास-उद-दीन अजाम शाह (1389-1409), अगला सुरू भी काफी अच्छा शासक था। उसने चीन के लिए एक राज भेजा और चिटागोंग तट से चीन के साथ अच्छे व्यापार का शुरुआत की।

गियास-उद-दीन के उत्तराधिकारी के शासनकाल में दीनाजपुर (उत्तर बंगाल) का एक ब्राह्मण जमींदार राजा गणेश बहुत प्रभावशाली हो गया और उसने 1415 में सिंहासन पर कब्जा कर लिया। मुसलमानों के विरोध (अंदर और बाहर [जौनपुर] दोनों से) के कारण उसने अपने नाबालिग पुत्र जादू सेन का धर्म परिवर्तन कर उसे मुसलमान बना दिया और फिर उसके नाम पर शासन करने लगा। 1418 में गणेश की मृत्यु के बाद जादू सेन ने जलाल-उद-दीन के नाम से 1431 तक शासन किया। जलालउद-दीन के पुत्र और उत्तराधिकारी शम्स-उद-दीन अहमद शाह की 1442 ई. में हत्या के बाद राजा गणेश के वंश का अंत हो गया और इल्यास शाही राजवंश की फिर से स्थापना हुई।

रुक्न-उद-दीन बरबक शाह (1493-1519) ने अपने अबीसिनिया के गुलामों वाली नई सेना के साथ ओडिशा और कामरूप के हिंदू शासकों के खिलाफ सफलतापूर्वक युद्ध किया। वह बंगाली साहित्य को दिए गए अपने संरक्षण

के कारण भी मशहूर है। 1487 ई. में शाहजादा बरक शाह के नेतृत्व में अबीसीनिया के गुलामों द्वारा इल्यास शाही राजवंश का फिर से नाश हुआ। शहजादा बरक शाह महल के रखवालों की टुकड़ी का सेनानायक था।

स्वतंत्र मुसलमानों का सबसे महान शासक माने जाने वाले अलाउद्दीन हसन शाह (1493-1519) ने अंततः अबीसीनियाइयों का नाश किया और इल्यास शाही राजवंश का पुनरुत्थान किया। उसने अबीसीनिया के गुलामों की जगह बंगाली हिन्दुओं और सलमानों को सैनिक और असैनिक प्रशासन में रखा। उसने अपने पड़ोसियों पर विजय हासिल की और कामरूप (कमला) अहोम और ओडिशा को अधीन कर लिया। हिंदुओं और मुसलमानों दोनों के प्रति उसका रवैया काफी उदार था। उसके शासनकाल में कई बंगाली साहित्यकार हुए। चौतन्य ने बंगाल और बिहार में वैष्णव धर्म का प्रचार उसी के शासनकाल में किया।

अला-उद-दीन का बेटा और उत्तराधिकारी नुसरत शाह (1519-32) भी एक काबिल और प्रभावशाली शासक था। उसने बाबर के साथ तब संधि की जब बाबर पूर्व की ओर कूच कर रहा था। अपने पिता की तरह वह भी विभिन्न धर्मों के प्रति निरपेक्ष था और उसने भी बंगाली साहित्य को संरक्षण दिया। सबसे पहले पुर्तगाली उसके शासनकाल में ही बंगाल में प्रविष्ट हुए।

गियास-उद-दीन महमूद शाह (1532-38) के शासनकाल में हुमायूं और शेरशाह के बीच बंगाल के लिए लगातार संघर्ष हए और अंततः इस क्रम में इल्यास शाही राजवंश का अंत हो गया। 1538 ई. में शेरशाह ने गौर पर कब्जा कर लिया और इसके साथ ही बंगाल में अफगान शासन की शुरुआत हुई, परंतु इसका भी अंत 1574 ई. में हो गया जब अकबर ने बंगाल को अपने अधीन कर लिया।

असम

तेरहवीं सदी के हिंदू राज्य कामरूप के इतिहास के बारे में बंगाल के मुस्लिम राजाओं द्वारा किए गए छिट-पुट आक्रमणों के अतिरिक्त अन्य जानकारी नगण्य है। उस सदी के शुरू के छह दशकों में बख्तियार खिलजी और उसके दो उत्तराधिकारियों ने कामरूप पर आक्रमण किए। एक कामता नाम के राज्य की भी चर्चा मिलती है जिसका केंद्र कामरूप के बाहर था, किंतु यह कहना मुश्किल है कि यह एक नए राजवंश के अंतर्गत एक नया राज्य था या फिर पुराने कामरूप की ही नई राजधानी थी। 13वीं सदी के अंत में दुर्लभ नारायण ने कामता पर शासन किया। इस राज्य पर अहोम आक्रमण के फलस्वरूप एक संधि हुई जिसके पश्चात् दुर्लभ की बेटी का विवाह अहोम राजा सुखंगपा से हुआ। मुस्लिम ऐतिहासिक वृत्तांतों में 14वीं सदी के पहले पचास वर्षों में बंगाल के सुलतानों द्वारा बंगाल के दक्षिण पूर्व के इलाकों को अपने अधीन करने की चर्चा मिलती है। ये क्षेत्र हैं- माइमनसिंग, सिलहट, टिप्पेरा और चिटागौंग, किंतु इनका कामता पर हुए। प्रभाव का अंदाजा लगाना मुश्किल है।

15वीं सदी के प्रारंभ में खेन नामक ब्राह्मण आदिवासी जाति ने कामता को एक प्रभावशाली राज्य बनाया। निलांबर, जो शायद इस राजवंश का अंतिम शासक था, उसने अपनी राजधानी कामतापुर को बनाकर दूर-दूर के क्षेत्रों तक राज्य किया। इनमें कामरूपा, गौआलपुरा, माइमनसिंग और सिलहट थे। अंत में 15वीं सदी के अंत में बंगाल के अलाउद्दीन हुसैन शाह ने उसके राज्य को अपने अधीन कर लिया।

कोच आदि जाति के विशासिम्हा ने 1515 ई. में कामता का राज्य सँभाला। परंतु इस राजवंश का सबसे महान शासक नारायण था जिसके राजकाल में राज्य अपनी चरम सीमा पर था। दुर्भाग्य से राजा और उसके सामंतों के बीच सामंजस्य नहीं था जिसके कारण राज्य का विभाजन दो भागों में हुआ (1570) जिनके नाम थे कूच बिहार और कुच हाजो। इस विभाजन के बाद उनके बीच संघर्ष का एक सिलसिला शुरू हुआ और अंततः उनके पड़ोसी अहोम और मुगल ने बिचौती की। 1639 ई. में पश्चिमी भाग (कूच बिहार) मुगलों के अधीन हो गया और पूर्वी भाग (कूच हाजो) अहोम के कब्जे में हो गया।

मंगोल शान कुल के अहोम ने ब्रह्मपुत्र घाटी में उत्तरी बर्मा से प्रवेश किया और इसके पूर्वी भाग में 13वीं सदी में अपने साम्राज्य की स्थापना की। इस राजवंश की स्थापना सुखाफा ने की। किंतु साम्राज्य का विस्तार सुखंगफा के समय में पड़ोसी राज्य कामता की कीमत पर हुआ। 15वीं सदी के पूर्व से सुखंगफा के शासनकाल से अहोम समाज में ब्राह्मणवादी हिंदुत्व का प्रभाव शुरू हुआ। महोमों का सबसे महान शासक सुहंगमंग (14971539) हुआ जिसने चुटिया और चचारियों का दमन किया और बंगाल के सुल्तानों, यहां तक कि अलाउद्दीन हुसैन शाह के आक्रमणों को विफल किया। उसके शासनकाल में अहोमों के बीच सिर्फ हिन्दुत्व का ही प्रभाव (उसने अपना हिन्दू नामकरण स्वर्ग नारायण किया) नहीं बढ़ा बल्कि शंकरदेव से संबंधित वैष्णव धर्म का भी प्रभाव बढ़ा।

अहोम सम्राज्य राजनीतिक रूप से अलग-थलग था और राजनीति की मुख्यधारा में 17वीं सदी में तब तक नहीं आया जब तक ये मुगल आक्रमणों का केंद्र नहीं बन गया। इसका इतिहास तीन कारणों से महत्त्वपूर्ण है–

- अहोमों ने भारत की जनसंख्या में एक नए मूल का परिचय करवाया। वे अपने साथ अपने धर्म, सामाजिक व्यवस्था, राजनीतिक तथा सैनिक व्यवस्था लाए।
- धीरे-धीरे वे ब्राह्मणवादी हिंदुत्व से प्रभावित हुए और बहुत हद तक उसके धार्मिक और सामाजिक उपदेशों को अपनाया।
- अहोमों के ऐतिहासिक वृत्तांत जिन्हें बुरंगी के नाम से जाना जाता है, उनका उत्तर भारत की प्रांतीय भाषाओं में कोई जोड़ नहीं है।

ओडिशा

पूर्वी गंगा

अनंतवर्मन छोड़ा गंगा (1076-1148) ने ओडिशा की सीमाओं का विस्तार बंगाल में गंगा के तट से दक्षिण में गोदावरी तक किया और ओडिशा को एक शक्तिशाली राज्य बनाया। एक महान सैनिक और नायक होने के अलावा वह धर्म का और संस्कृत तथा तेलुगु साहित्य का महान संरक्षक भी था। उसने भुवनेश्वर का मशहूर लिंगराज मंदिर और पुरी के जगन्नाथ मंदिर के निर्माण करवाया। ओडिशा का दूसरा महत्त्वपूर्ण शासक नरसिम्हा I (123-864) हुआ जिसने बंगाल का एक हिस्सा उसके मुस्लिम शासकों से छीना। उसने कोणार्क के मशहूर सूर्य मंदिर का निर्माण किया। उसकी मृत्यु के साथ पूर्वी गंगा साम्राज्य के वैभव का भी अंत हो गया। हालांकि ओडिशा पर इस राजवंश का शासन 1435 तक रहा।

नरसिम्हा I के क्रमानुसार उत्तराधिकारी थे–नरसिम्हा II, भानुदेव II, नरसिम्हा II, भानुदेव III, नरसिम्हा IV और भानुदेव IV। नरसिम्हा II ने सफलतापूर्वक बंगाल से तुर्की आक्रमणों का दमन किया। भानुदेव II ने भी ओडिशा पर उलुग खान (गियास उद-दीन तुगलक का बेटा) के आक्रमण का दमन किया। भानुदेव III (1352-1378) के शासनकाल में ओडिशा पर पहले इल्यास शाह (बंगाल) और फिर फिरोजशाह तुगलक के आक्रमण हुए। 1360 ई. में फिरोज के जाजनगर अभियान (मुस्लिम ओडिशा को इसी नाम से जानते थे) के दौरान जगन्नाथ मंदिर को काफी क्षति पहुंची। भानुदेव IV (1414-35), जो पूर्वी गंगा राजवंश का अंतिम शासक था, के समय में ओडिशा पर मालवा के शासक सुल्तान हुशंग शाह, कोंडाविडु का अनापोटा रेड्डी और विजय नगर के देव राय II के आक्रमण हुए।

सूर्यवंशी गजपति

पूर्वी गंगा शासकों के शासनकाल में मंत्री कपिलेंद्र (1435-67) ने ही सूर्यवंशी राजवंश की स्थापना की जिसने ओडिशा पर एक सदी से ज्यादा शासन किया। उसने बंगाल के सुल्तान, बहमनी सुल्तान और विजय नगर, शासकों के खिलाफ सफलतापूर्वक युद्ध करके ओडिशा के खोए हुए उस प्रभाव को वापस प्राप्त किया जो पूर्वी गंगा राजवंश के समय काफी हद तक खत्म हो गया था। उसने अपना राजनीतिक प्रभाव गंगा से कावेरी तक बढ़ाया। उसके बाद के सरवर का उत्तराधिकारी उसका दत्तक पुत्र करनफल, मुबारक शासक पुरुषोत्तम (1467-97) की शासनकाल की शुरुआत अच्छी नहीं रही। उसने पहले आंध्र तट बहमनियों के और उदयगिरी विजय नगर के हाथों गंवाया किंतु वह उत्तर में गंगा से लेकर दक्षिण में पेन्नर नदी तक के क्षेत्र पर अपना प्रभाव बनाने में सफल रहा।

प्रतापरुद्र (1497-1540) ओडिशा का अंतिम प्रभावशाली हिंदू शासक था। वह बंगाल के अलाउद्दीन हुसैन और विजय नगर के कृष्ण देव राय के हाथों पराजित हुआ। अलाउद्दीन हुसैन पुरी तक पहुंच गया और उसने वहां मंदिर को तहस-नहस कर दिया। कृष्ण देव राय ने अपने को 'गजपति सपतंगा हराना (गजपति के साथ शाही हाथियों पर कब्जा करने वाला) का उपनाम दिया और कृष्णा के दक्षिण के क्षेत्र तथा गजपति की पुत्री को अपने अधीन किया। गोलकुंडा के सल्तान ने भी कोंडापल्ली पर आक्रमण किया और उसे अपने अधीन कर लिया। प्रतापरुद्र फिर भी चौतन्य के साथ अपने संबंधों और वैष्णव धर्म के प्रति अपनी भक्ति के कारण पूर्वी भारत के धार्मिक इतिहास में एक महत्त्वपूर्ण स्थान रखता है।

अन्य राजवंश

गजपतियों के बाद भोई (1542-59) आए जिनका संस्थापक, गोविंद विद्याधर था जो भोई (लेखक) जाति का था। भोई राजवंश का नाश जल्द ही मुकुंद हरिचरण (1559-68) द्वारा हुआ जिसने ओडिशा को मुस्लिम आक्रमणकारियों से बचाने का भरसक प्रयत्न किया। उसकी मृत्यु के पश्चात् ओडिशा बंगाल के सुलेमान करारनी द्वारा अपने अधीन कर लिया गया।

जौनपुर

जौनपुर शहर की स्थापना फिरोजशाह तुगलक ने अपने पूर्वज जौना खान उर्फ मुहम्मद बिन तुगलक के नाम पर की थी।

फिरोज की मृत्यु के बाद जौनपुर उन पहले राज्यों में से था जिन्होंने स्वायत्तता घोषित कर दी। तुगलकों के अंतिम शासक महमूद तुगलक ने एक नपुंसक मलिक सरवर (1394-99) को जौनपुर का राज्यपाल बनाया, परन्तु तैमूर के आक्रमण के दौरान उसने दिल्ली से संबंध तोड़ लिए। उसने राजा की पदवी तो नहीं ली किंतु एक स्वतंत्र शासक की तरह ही राज किया। महमूद ने उसे 'सुल्तान-उस-शार्क' (पूर्व का प्रमुख) का खिताब दिया था और इसी कारण उसके उत्तराधिकारी शर्की राजवंश के नाम से जाने गए। उसने अपना प्रभाव अवध तथा दोआब क्षेत्र में भी फैलाया। बिहार और तिरहुत को भी उसने अपने अधीन कर लिया। मलिक शाह (1399-1402) के खिताब के साथ बना। मुबारक शर्की राजवंश का पहला शासक था जिसने राजा का नाम धारण किया। उसने अपने नाम पर खुतबा पढ़वाए और सिक्के खुदवाए।

इब्राहिम शाह (1402-40), जो मुबारक शाह का छोटा भाई था, इस राजवंश का सबसे महान शासक था। उसने दिल्ली के शासक पहले महमूद तुगलक और फिर सैयदों से लगातार युद्ध किए किंतु उसका कोई परिणाम नहीं निकला। उसने बंगाल पर कब्जे की भी कोशिश की, किंतु असफल रहा। इब्राहिम शाह का शासन काल फिर भी सांस्कृतिक क्षेत्र में अपनी उपलब्धियों और उन्नत आर्थिक व्यवस्था के कारण महत्त्वपूर्ण माना जाता है। उसने जौनपुर को एक सुंदर शहर बनाया और वहां कई भव्य भवनों का निर्माण करवाया। वास्तुकला की एक नई शाखा जौनपुरी अथवा शर्की शाखा का विकास इसी समय हुआ। उसने कई साहित्यकारों को संरक्षण दिया और उसके समय में हशियाय-ए-हिंदी, फतवाए-इब्राहिम-शाही, इरशाद इत्यादि जैसी रचनाएं लिखी गई। इब्राहिम का पुत्र और उत्तराधिकारी महमूद शाह (1440-57)। ने चुनार के किले पर कब्जा कर लिया परंतु कालपी को अपने अधीन करने की उसकी कोशिश विफल रही। उसने दिल्ली पर भी आक्रमण किया किंतु दिल्ली के तत्कालीन शासक बहलोल लोदी ने उसे हरा दिया। महमूद शाह का उत्तराधिकारी पुत्र मुहम्मद शाह (1457-58) ने भी बहलोल लोदी के साथ युद्ध किया किंतु उसका भी परिणाम कुछ नहीं निकला। उसकी हत्या उसके अपने ही भाई हुसैन शाह (1450-1505) ने कर दी जो शक राजवंश का अंतिम शासक बना। बहलोल लोदी के साथ वह एक घमासान संघर्ष में फंसा रहा और अंततः 1483-84 में बहलोल ने जौनपुर पर कब्जा कर लिया। शक साम्राज्य पूरी तरह दिल्ली के अधीन सिकंदर लोदी के समय हो सका, जबकि हुसैन मरते दम तक अपना प्रभाव फिर से बनाने की कोशिश करता रहा।

कश्मीर

हिंदू राजवंश

सिम्हादेवा ने 1286 में नए हिंदू राजवंश की स्थापना पुराने हिंदू राजवंश के अंतिम राजा का नाश करके की। सिम्हादेवा के उत्तराधिकारी सुहादेवा के समय उसके राज्य पर मंगोलों का आक्रमण (1320) दलूचा के नेतृत्व में हुआ। सुहदेवा अपनी राजधानी इंद्रकोट से भाग खड़ा हुआ। इस स्थिति का फायदा उठाकर लद्दाखी नायक के पुत्र रिंचन ने सिंहासन पर कब्जा कर लिया। सुहदेवा के चचेरे भाई उदयनदेवा ने जल्दी ही 1323 में रिंचन को पराजित करके शासन की बागडोर सँभाली और 1339 तक कश्मीर पर शासन किया।

शाह मीर राजवंश

एक मुस्लिम उदयानंद के शासनकाल में अत्यधिक प्रभावशाली मुस्लिम योद्धा शाह मीर ने 1339 में सिंहासन पर कब्जा कर लिया। इसके पश्चात् कश्मीर में मुस्लिम शासन की शुरुआत हुई। शाहमीर ने सुल्तान शम्स-उद-दीन (1339-42) का खिताब ले लिया। शाह मीर राजवंश ने दो सदियों (1339-1561) से ज्यादा कश्मीर पर शासन किया। शाह मीर सुल्तानों ने कभी भी दिल्ली के स्वामित्व को नहीं स्वीकारा और दिल्ली के शासकों ने भी कभी काश्मीर को अधीन करने की कोशिश नहीं की।

इस राजवंश के अन्य सोलह शासकों में से दो का एक अलग। स्थान है। वे हैं सिकंदर और जैनुल अबिदीन। सिकंदर (13891413) को काश्मीर के औरंगजेब के नाम से भी जाना जाता। है। उसने हिंदुओं के उत्पीड़न से काश्मीर की धार्मिक और सामाजिक दोनों व्यवस्थाओं में परिवर्तन ला दिया। तैमूर के सैनिक अभियान के फलस्वरूप बहुत सारे मुस्लिम मध्य एशिया और ईरान से काश्मीर में आए। सिंकदर ने उन्हें काफी संरक्षण दिया। सुल्तान की मदद से उन्होंने काश्मीर की घाटी में काफी दबदबा हासिल कर लिया और इस्लाम के लिए एक सांस्कृतिक आधार दिया।

जैन-उल-अबिदीन (1420-70) को कश्मीर के अकबर के नाम से जाना जाता है। उसने फिर से हिंदुओं की ओर एक निरपेक्ष रवैया दिखाया। अपनी निजी जिंदगी में कट्टर मुसलमान होते हुए भी उसने सभी नष्ट किए हुए मंदिरों का पुनर्निर्माण किया। उसने घाटी से भाग गए काफी हिंदुओं को वापस बुलाया। वह एक न्यायप्रिय और महान शासक साबित हुआ। उसने न्यायिक प्रशासन के सुधार और आर्थिक समृद्धि के लिए कई कदम उठाए। सिंचाई के लिए नहरें

खुदवाई, पुल बनवाए और अनेक शहरों का भी निर्माण करवाया। वह स्वयं भी फारसी, संस्कृत, तिब्बती और कई अन्य भाषाओं का ज्ञाता था। उसने *महाभारत* और कल्हण की *राजतरंगिणी* का अनुवाद फारसी में करवाया। जौनाराजा और श्रीवरा जिन्होंने *राजतरंगिणी* को एक के बाद एक करके आगे बढ़ाया और 15वीं सदी तक लेकर आए, उन्हें सुल्तान का पूरा संरक्षण प्राप्त था।

बाद के शाह मीर शासक कमजोर थे और कुलीनों के हाथों की कठपुतलियां बनकर रह गए। उनका थोड़ा-बहुत प्रभाव घाटी तक ही सीमित होकर रह गया और दूर के क्षेत्र स्थानीय राजाओं के हाथों में चले गए। कुलीनों के दो वर्ग चाक और मकरी राजनीतिक लाभ के लिए एक-दूसरे के विरोधी हो गए। अंततः चाकों ने इस राजवंश का 1561 में अंत कर दिया।

चाक राजवंश

चाकों ने पूर्ण रूप से तो 1540 में शासन शुरू किया किंतु उसके पहले शाह मीर शासकों के जमाने में वे उनके वजीर थे और शाह मीर उनके हाथों में कठपुतलियां ही थे। ये असलियत 1561 में पूरी तरह सामने आ गई जब चाक वजीर ने नसीर-उद-दीन मुहम्मद गाजी शाह का खिताब ले लिया। उसके बाद पाँच और चाक शासक हुए और उसके बाद 1586 में अंतिम चाक शासक नसीर-उद-दीन मुहम्मद युसुफ बादशाह गाजी को अकबर ने पराजित करके उसके राज्य को अपने अधीन कर लिया।

राजस्थान

मेवाड़

मेवाड़ अपनी राजधानी नगदा के साथ एक छोटा पुराना राज्य था जिस पर गहलोत राजवंश का शासन था। उनके एक शासक जैत्रा सिंह (1213-61) ने दिल्ली के इल्तुत्मिश के आक्रमण को विफल कर दिया किंतु नगदा पूरी तरह ध्वस्त हो गया। तब चित्तौड़ को नई राजधानी बनाया गया। रत्नसिम्हा 1303 में अलाउद्दीन खिलजी के आक्रमण के फलस्वरूप अपनी राजधानी हार गया। इसके पश्चात् शासकों की धारा में भी फेरबदल हुआ। वरिष्ठ गहलोती राजा रत्नसिम्हा की पराजय के बाद राजवंश की छोटी शाखा-सिसौदिया का शासन शुरू हुआ। सिसौदिया शासकों ने मेवाड़ का एक भाग भी रखा।

मेवाड़ के अन्य भागों के साथ-साथ चित्तौड़ भी दिल्ली के सुल्तानों के कब्जे में रहा जब तक उसे राणा हम्मीर (1314-78) ने वापस नहीं जीता। राणा एक महत्त्वपूर्ण सिसौदिया शासक था जिसने शायद मुहम्मद-बिन-तुगलक के समय में शासन किया था। हम्मीर के शासन ने मेवाड़ के इतिहास में एक नए युग की शुरुआत की। उसने अपनी सीमाओं का विस्तार किया और उसके प्रभाव को उसके पड़ोसी राजपूत राजाओं ने भी माना। हम्मीर के उत्तराधिकारियों के शासनकाल में दिल्ली सल्तनत का बिखराव शुरू हो गया और मालवा और गुजरात में कुछ स्वतंत्र मुस्लिम शासकों के उदय के कारण एक नई राजनीतिक स्थिति पैदा हो। गई। हमर का पुत्र और उत्तराधिकारी क्षेत्रसिम्हा (1378-1405) को घुर के दिलावर खान के साथ दो बार लड़ाई करनी पड़ी। अंततः वह एक पारिवारिक झगड़े में मारा गया और उसके बाद के उत्तराधिकारी लाखा एवं मोकल काफी कमजोर निकले।

मध्ययुग के मेवाड़ के महानतम राजाओं में से एक राणा कुंभकरण (1438-68) थे। वे एक वीर योद्धा थे और प्रथम श्रेणी के सेना नायक भी थे। उस समय के कुछ शिलालेख और एक साहित्यिक रचना *एकलिंगा महात्मया* उसके अपने पड़ोसी राजाओं के खिलाफ सफल सैनिक अभियानों की भरपूर प्रशंसा करते हैं। मालवा और गुजरात के सुल्तानों के खिलाफ उसने लगातार युद्ध किया। कुछ मौकों पर वे विजयी भी हुए। इसके अलावा वे संस्कृति न और साहित्य के महान संरक्षक और ज्ञानी भी थे। वे वेद, उपनिषद, स्मृति, मीमांसा, व्याकरण, राजनीति और साहित्य के ज्ञाता भी माने जाते थे। उन्होंने जयदेव की *गीत गोविंद* पर एक टिप्पणी और *चंडीसतकाम* पर एक विवेचना भी लिखी; चार नाटक भी। लिखे जिसमें संस्कृत, प्राकृत और तीन अन्य क्षेत्रीय भाषाओं का प्रयोग किया। वे एक संगीतकार भी थे और संगीत के विज्ञान पर कई किताबें भी लिखीं। सैन्य वास्तुकला में उनकी विशेष रुचि थी। चित्तौड़ की सुरक्षा को मजबूत किया और वहां 32 किले बनवाने के साथ कुंभलगढ़ में एक नए किले की नींव भी रखी। अनेक मंदिरों का निर्माण करवाया। उनके समय का सबसे महान स्मारक कीर्तिस्तंभ है जो चित्तौड़ में मालवा पर अपनी विजय की स्मृति में बनवाया था। कुंभ की हत्या उसके अपने बेटे ने। ही कर दी। उसके उत्तराधिकार में (1468-1509) मेवाड़ एक कमजोर राज्य हो गया जिसका मुख्य कारण शाही परिवार के आपसी झगड़े और मालवा का आक्रमण था।

राणा संग्राम सिंह (1509-28) उर्फ सांगा ने मेवाड़ को उसके वैभव की चरम सीमा पर पहुंचाया। उसके

शरीर पर तलवार के 80 घाव थे। वह एक पैर से लंगड़ा, एक आंख व एक हाथ से अपाहिज भी था। उसे सैनिक का एक टुकड़ा भी कहा जाने लगा, किंतु उसकी युद्ध की कला की काबिलियत के बारे में कोई दो राय नहीं थी। वह मालवा के महमूद खिलजी और गुजरात के मुजफ्फरशाह के खिलाफ अपने युद्धों में सफल रहा। उसने दिल्ली के इब्राहिम लोदी के खिलाफ काफी संघर्ष किए और सफल भी रहा। मेवाड़ ने कई पड़ोसी राजपूत राज्यों पर अधिपत्य स्थापित किया और इसका विस्तार आगे भी हुआ। बाबर खुद अपनी जीवनी में हिंदू राजाओं में विजय नगर के बाद मेवाड़ की चर्चा करता है। संग्राम की बाबर को पराजित करने की कोशिश उसकी स्वयं की पराजय का कारण बनी। खानवा की लड़ाई (1527) में बाबर ने अनेक कारणों से अपने को मेवाड़ से अलग रखा और अकबर इसे पूर्णत: अधीन न कर पाया। अंतत: जहांगीर के शासनकाल में मेवाड़ ने दिल्ली का अधिपत्य स्वीकारा।

मारवाड़

कुछ इतिहासकारों के अनुसार मारवाड़ के राठौड़ कन्नौज के गहड़वाल के वंशज थे जबकि दूसरों के अनुसार उनके पूर्वज दक्कन के राष्ट्रकूट थे। रथादा सिहा ने अपने को पाली के इर्द-गिर्द 13वीं सदी में स्थापित किया और 1273 तक वहां शासन किया। उसके उत्तराधिकारियों ने एक नया केंद्र खैर में बनाया तथा मुस्लिम सुल्तानों और जैसलमेर के भट्टियों के साथ युद्ध भी किया। मारवाड़ के असली इतिहास की शुरुआत चुंदा (1384-1423) के शासन से होती है जिसने अपने शासन का केंद्र मंदौर को बनाया। वह नागौर के मुसलमानों और भट्टियों की मिली-जुली सेना के साथ युद्ध करता हुआ मारा गया। चुंदा का उत्तराधिकारी उसका पोता। मशहूर जोधा (1438-89) था, जिसने जोधपुर के किले का निर्माण करवाकर वहां एक शहर बसाया और अपनी राजधानी बनायी। उसने गुजरात के सुल्तान के मित्र के रूप में मेवाड़ के साथ युद्ध भी किया। मारवाड़ का सबसे महान शासक नि:संदेह मालदेव (1532-62) था जिसके शासनकाल में राठौड़ों की। शक्ति अपनी चरम सीमा पर थी। उसने शेरशाह से भी संघर्ष किया और फिर दोनों के बीच शांति भी कायम हो गई।

अन्य राजपूत राज्य

आंबेर राज्य जो बाद में जयपुर के नाम से जाना गया सूर्यवंशी कछवाहों का राज्य था जो अपनी उत्पत्ति भगवान राम से मानते थे, किंतु इतिहास के अनुसार इस राज्य की उत्पत्ति ढूंढर राज्य से हुई जिसकी स्थापना दूल्हा राय ने 10वीं सदी के उत्तरार्द्ध में की थी। दूल्हा के पुत्र और उत्तराधिकारी ककील देवा ने 1037 में आंबेर को मिनास से छीन लिया और उसे अपनी राजधानी बनाया। अपने शुरू के दिनों में ये मेवाड़ के अधिपत्य में था, किंतु इसका राजनीतिक महत्त्व चौदहवीं सदी में ही बढ़ा। वास्तव में यह राज्य मुगलों के समय में ही महत्त्वपूर्ण बना। इसके एक शासक भारामल ने अपनी खुशी से अकबर का अधिपत्य स्वीकार किया और उसके बेटे भगवान दास और पोते। मान सिंह ने भी मुगल साम्राज्य को मजबूत बनाने में महत्त्वपूर्ण योगदान दिया।

बीकानेर पर इस समय मारवाड़ के राठौड़ों की छोटी शाखा का शासन था। इसका संस्थापक बीका (1464-1504) मारवाड़ के जोधा का पाँचवाँ पुत्र था। उसने ही, जो राजस्थान के उत्तरी भाग में है, बीकानेर की स्थापना की और उसे अपनी राजधानी बनाया। उसके उत्तराधिकारी नारा और लुमाकरण दोनों ने राज्य को बहुत ही शक्तिशाली बनाया।

जैसलमेर राज्य भट्टियों के एक पुराने राजवंश का शासन था। उन्होंने अपनी चार सदियों के शासनकाल में कई तालाब खुदवाए और मंदिरों का निर्माण करवाया।

रणथंभौर के शासक मशहूर पृथ्वीराज चौहान (12वीं सदी) के वंशज थे। रणथंभौर के चौहानों में सबसे महान शासक हम्मीर देवा हुए जिसने 1283 और 1301 के बीच शासन किया। चौहानों को पराजित कर हादा राजवंश ने रणथंभौर सँभाला जो मुगलों के समय काफी प्रभावशाली हो गया।

गुजरात

गुजरात एक संपन्न राज्य था। दिल्ली सल्तनत के खंडहर पर उदित राज्यों में इसका एक अपना स्थान है। मुहम्मद बिन तुगलक द्वारा नियुक्त गुजरात का राज्यपाल जफर खान (1391) शुरू से काफी स्वतंत्र रूप में काम करता था। वास्तव में, उसने 1407-8 में शाही पदक प्राप्त किया और मुजफ्फरशाह की उपाधि लेकर शासन किया। उसने मालवा के साथ एक लंबे संघर्ष की शुरुआत की जो पश्चिमी भारत के इतिहास की एक महत्त्वपूर्ण धारा बन गई। उसने मालवा के हुशंग शाह को पराजित किया और कुछ दिनों के लिए उसके राज्य पर कब्जा भी कर लिया। मुजफ्फर का पोता और उत्तराधिकारी अहमद शाह I (1411-42) ने भी मालवा और खानदेश के साथ संघर्ष जारी रखा और कई

हिंदू राजाओं जैसे इदर, डूंगरपुर, कोटा और बूंदी के साथ भी युद्ध किए। उसने हिंदू जमींदारों का भी दमन किया, हिंदू मंदिरों को नष्ट किया और गुजरात में पहली बार जिज्या लगाया, किंतु वह कला और वास्तुशास्त्र का महान संरक्षक था। उसने अहमदाबाद शहर बनाया और अहिलवाड़ा की जगह पर उसे गुजरात की राजधानी बनाया। अगला शासक मुहम्मद शाह (1442–51), एक नम्र शासक था। उसके बाद अहमद शाह II (1451–59) का शासन हुआ जिसने कुंभा के समय मेवाड़ पर आक्रमण किया किंतु उसे कुछ विशेष हासिल नहीं हुआ।

गुजरात का सबसे महान शासक महमूद शाह I (1458–1511) हुआ जो शायद दो शक्तिशाली राजपूत गढ़ों (किलो) को फतह करने के कारण 'बेगढ़ा' के नाम से मशहूर हुआ। राजपूतों के गिरनार और चंदपानेरगढ़ थे। उसने मालवा के महमूद खिलजी I के अलावा कई हिंदू और मुस्लिम शासकों के साथ युद्ध किया। उसके शासनकाल में राज्य का सबसे अधिक विस्तार हुआ और राज्य की सीमाएं पश्चिम में अरब सागर, दक्षिण में खानदेश, पूर्व में मालवा, उत्तर में जलौर और नगौर तक पहुंच गईं। वह वास्तुकला का भी एक महान संरक्षक था। वर्थीमा (इटली) और बारबोसा (पुर्तगाल) के वृत्तांतों में उसके बारे में कुछ दिलचस्प चर्चाएं मिलती हैं। सही मायने में उसने समस्याओं का सामना सिर्फ पुर्तगालियों की तरफ से किया और उसमें भी कुछ ही समय में शांति हो गई। मुजफ्फर शाह II (1511–26) औसत किंतु काबिल शासक था। उसने पुर्तगालियों के दिऊ पर कब्जा करने की कोशिश विफल कर दी और मेवाड़ के राणा सांगा के विरुद्ध मालवा के महमूद खिलजी के साथ में युद्ध किया। तत्पश्चात् दो शासक हुए जिन्होंने बहुत कम समय के लिए शासन किया।

इसके बाद बहादुर शाह (1526–37) का शासन आया जो गुजरात के काबिल शासकों में अंतिम था। उसने मालवा पर अपना अधिपत्य जमाया और खानवा में राणा सांगा की हार और मृत्यु के बाद चित्तौड़ को भी अधीन किया। उसके शासन के बिल्कुल अंत में हुमायूं ने गुजरात के एक हिस्से पर कब्जा किया। किंतु जब हुमायूं पूर्व में शेरशाह के साथ युद्ध में व्यस्त हो गया तब बहादुर ने फिर से अपने क्षेत्र पर अधिकार कायम कर लिया। इस बीच पुर्तगाली जो पहले उससे संधि कर चुके थे (1535) उन्होंने फिर से कुछ समस्याएं खड़ी करनी शुरू कर दी। वह उनके साथ एक बातचीत के दौरान जहाज से समुद्र में गिरकर मर गया। बहादुर की मृत्यु के साथ स्वतंत्र गुजरात का वैभव भी समाप्त हो गया। उसके कठपुतली उत्तराधिकारी अकबर के अधीन हो गए।

मालवा

गुजरात की तरह मालवा भी अंतिम तुगलकों के समय दिल्ली सल्तनत के पतन के समय स्वाधीन हो गया। मालवा का राज्यपाल, दिलावर खान धुरी (1390–91) कुछ समय तक स्वतंत्र रूप से कार्य करता रहा और फिर पूरी तरह स्वायत्तता घोषित कर दी (1401–02) उसकी राजधानी ऐसे तो धर थी किंतु उसने सुरक्षा के केंद्र के रूप में मांडू की किलाबंदी शुरू कर दी। दिलावर के बाद उसका बेटा अल्प खान हुशंग शाह (1406–35) के खिताब के साथ राजा बना। वह एक बार गुजरात के मुजफ्फरशाह के हाथों पराजित हुआ और बंदी भी बनाया गया। उसके बाद उसने गुजरात के खिलाफ दो असफल सैनिक अभियान भी किए किंतु वह जाजनगर (ओडिशा) पर अपने अभियान में कामयाब रहा। उसने अपने आसपास के इलाकों पर अपना अधिपत्य जमाने की कोशिश की। उसने खेरला (गोंडवाना के दक्षिण) के राजा से कर की रकम ली और कालपी पर अधिकार किया। उसने मांडू को अपनी नई राजधानी बनाया जिसे उसके बाद होशंगाबाद कहा गया। वह वास्तुकला एवं इस्लामी साहित्य का संरक्षक था और हिंदुओं के प्रति भी उसकी नीति उदार थी। किंतु उसका बेटा मुहम्मद शाह (1435–36) एक नाकाबिल शासक सिद्ध हुआ एवं कुलीनों द्वारा पराजित हुआ।

घुरिड राजवंश के बाद 1436 में खिलजी राजवंश आया। इसका संस्थापक महमूद खिलजी (1436–69) मालवा के सुल्तानों में सबसे शक्तिशाली था। वह दिल्ली की तरफ भी बढ़ा किंतु गुजरात सुल्तान के उसके अपने राज्य पर आक्रमण की वजह से उसे बीच से ही वापस लौटना पड़ा। उसने मेवाड़, गुजरात आर बहमनी राज्य पर भी कब्जा किया किंतु वे उसे कोई स्थायी लाभ नहीं दे सके। उसका संघर्ष शर्की राज्य के साथ भी शुरू हुआ। युद्ध में लगातार व्यस्त रहने के बावजूद वह एक अच्छा प्रशासक था। उसने कृषि, व्यापार और वाणिज्य को काफी प्रोत्साहन दिया। इसके अलावा वह एक महान भवन निर्माता भी था। खिलजी राजवंश का अंतिम शासक था महमूद खिलजी II (1511–31) जो काफी कमजोर था और पूरी तरह कुलीनों के भरोसे था। उसके हिंदू और मुस्लिम कुलीनों के बीच लगातार संघर्ष होते रहे। मेदिनी राय नामक एक राजपूत काफी दिनों तक काफी प्रभावी रहा। बाद में राणा सांगा का

साथ पाकर वह सुल्तान के विरुद्ध हो गया। एक बार राणा ने खुद सुल्तान को हराया और बंदी बनाया परंतु बाद में उसे गद्दी वापस कर दी। इस बीच मालवा और गुजरात के पुश्तैनी झगड़े जारी रहे। 153 में गुजरात के बहादुर शाह ने मांडू को अपने राज्य में मिला लिया।

अगले तीस वर्षों (1531-61) में मालवा में कई राजनीतिक बदलाव आए। मुगल शासक हुमायूं ने इसे बहादुर शाह से जीता। हुमायूं के मालवा से जाने के बाद खिलजियों के एक भूतपूर्व अधिकारी मल्लू खान ने अपने को मांडू में स्थापित किया। उसके बाद मालवा शेर शाह और उसके अफगानी अधिकारियों के नियंत्रण में गया। अंततः 1561 में अकबर ने शुजात खान (जो इस्लाम शाह सूर के समय मालवा का राज्यपाल था) के बेटे बाज बहादुर से मालवा को जीता।

खानदेश

ताप्ती घाटी में स्थित खानदेश राज्य का संस्थापक मलिक राजा फारुखी (1389-99) था। पहले ये फिरोज शाह तुगलक द्वारा वहां का राज्यपाल नियुक्त हुआ था। फिरोज की मृत्यु और दिल्ली। सल्तनत में आए बिखराव की स्थिति का फायदा उठाकर वह एक स्वतंत्र शासक बन गया। शुरू में उसने गुजरात के सुल्तान के हाथों कई हार देखीं परंतु बाद में अपनी स्थिति मजबूत करने के लिए वह मालवा के सुल्तान के परिवार में विवाह बंधन से जुड़ गया। उसके उत्तराधिकारियों ने खान की पदवी ले ली और इसी कारण ये क्षेत्र खानदेश कहलाने लगा। मलिक राजा के पुत्र और उत्तराधिकारी नासिर खान (1399-1437), ने असिरगढ़ के किले को एक हिंदू नायक से हड़पा। जब उसने मालवा के साथ मिलकर गुजरात पर हमला किया तो उसकी पराजय हुई और उसे गुजरात के अहमद शाह का अधिपत्य स्वीकार करना पड़ा। वह बहमनी साम्राज्य के अलाउद्दीन अहमद के साथ युद्ध में भी पराजित हुआ। नासिर की मृत्यु के बाद खानदेश का और पतन होता गया जिसका मुख्य कारण उसके दो कमजोर उत्तराधिकारी मीरान आदिल खान I (1237-41) और मीरान मुबारक (1441-57) थे।

इसके बाद आदिल खान II (1457-1503) का शासन आया जो एक काबिल राजा था। उसने गोंडवाना और गढ़-मंडाला के हिंदू राजाओं को अपने अधीन कर लिया। जब उसने गुजरात से संबंध तोड़े और राजकर देना बंद कर दिया तो महमूद बेगारहा ने खानदेश पर हमला किया और उसे वापस पहले की स्थिति में आने के लिए मजबूर किया। आदिल अपने प्रशासनिक सुधारों और राज्य को भीलों और कोलियों से मुक्ति दिलाने के लिए भी जाना जाता है। उसने असीगढ़ को मजबूत किया और बुरहनपुर का मशहूर किला भी बनवाया। फारुखी राजवंश के बाद के शासक (दाऊद खान, गाजी खान, आदिल खान इत्यादि) किसी लायक नहीं थे। खानदेश से अंदर के झगड़े का फायदा उठाकर गुजरात के सुल्तान और महमदनगर के निजाम शाही हमेशा इसके अंदरूनी मामलों में हस्तक्षेप करते थे। 1601 में अंततः अकबर ने इसे अपने अधीन कर लिया।

मदुरै

मदुरै के पांड्या

मलिक काफूर (अलाउद्दीन खिलजी का सेना नायक) द्वारा पांड्या का आक्रमण मुख्यतः लूट-मार के लिए ही था और दिल्ली सल्तनत में उसे मिलाने की कोई कोशिश नहीं की गई थी। किंतु इस आक्रमण और पांड्यों के बीच उत्तराधिकार की लड़ाई ने पांड्या राज्य को कमजोर बना दिया। कुछ समय के लिए ही केरल के रवि वर्मा कुलशेखर द्वारा इस पर कब्जा (1312-15) आसान कर दिया। वीर पांड्या द्वारा उसके होयशाला मित्रों की मदद से कुछ हिस्सों को वापस ले लिया गया। राज्य ने जल्दी ही अंदरूनी और बाहरी दोनों दुश्मन देखे। पांड्या राजाओं की आपसी लड़ाई के कारण कुछ सामंतों ने अपने को स्वतंत्र घोषित कर दिया जबकि बाहरी खतरा काकातिया प्रतापरुद्र के आक्रमण के रूप में आया जिसने राज्य के कुछ भाग पर कब्जा रखा था। राज्य के बिखराव की गति मुबारक खिलजी के शासनकाल में खुसरो के एक आक्रमण की वजह से और भी तेज हो गई। असली खतरा तब हुआ जब 1323 में जौना खान (गियासुद्दीन तुगलक का पुत्र) ने मदुरै पर अधिकार कर लिया। मदुरै पर अधिपत्य होने पर भी पूरे पांड्या राजवंश का नाश नहीं हुआ। पांड्यों के शिलालेख जो 1315-1411 के बीच के हैं, वर्तमान तमिलनाडु के विभिन्न भागों में पाए गए हैं।

मदुरै के सुल्तान

गियासुद्दीन तुगलक के शासन के अंत में मदुरै को दिल्ली सल्तनत में मिला लिया गया और उसे माबार राज्य की राजधानी बना दिया गया। वहां के राज्यपाल जलालुद्दीन अहसन शाह (1334-40) ने मुहम्मद बिन तुगलक की समस्याओं का फायदा उठाकर खुद को स्वतंत्र घोषित कर दिया। उसके शासनकाल की एक महत्त्वपूर्ण घटना

मोरक्को के यात्री इब्न बतूता का उसके राज्य में आना थी। गियासुद्दीन दमहान शाह (1340-44) मदुरै के अगले सुल्तान ने द्वारसमुद्र के होयशाला राजा वीर बलाला को हराया। इसका फायदा मदुरै से अधिक विजय नगर को हुआ और विजय नगर के शासक ने तुरन्त होयशाला के बड़े क्षेत्र पर आधिपत्य जमा लिया। 14वीं सदी के पूर्वार्द्ध में विजय नगर की सेना ने मदुरै के खिलाफ भी कई अभियान किए। समकालीन इतिहासकार अफीफ के अनुसार सुल्तान बंदी बना लिया गया और मारा गया। पूरी सल्तनत विजय नगर के बुक्का (बिकन) के नियंत्रण में आ गयी। मुद्राओं से मिले सबूत के अनुसार सुल्तान ने 1377 तक शासन किया।

11.3 लोधी (1451–1526)

बहलोल (1451–89)

बहलोल ने शारकी सुल्तान के दिल्ली पर कब्जा करने के प्रयास को विफल किया तथा मुल्तान के राजा को पराजित किया, परंतु मालवा पर उनका आक्रमण असफल रहा। फिर भी, इनकी मृत्यु के समय लोदी साम्राज्य पंजाब से बिहार तक पूरी तरह स्थापित हो चुका था।

सिकंदर (1489–1517)

अफगानों की अपनी जातिगत शुद्धता पर अत्यधिक जोर देने के बाद भी बहलोल की एक पत्नी, जो हिंदू सुनार की पुत्री थी, अपने पुत्र निजाम खान के लिए लोदी अमीरों का समर्थन प्राप्त करने में सफल रहीं। नए सुल्तान ने सिकंदर नाम धारण किया तथा जौनपुर के हुसैन शाह शारकी को पराजित किया। आस-पड़ोस के क्षेत्र में राजपूत विद्रोहों को दबाया। बिहार पर भी अधिकार किया गया। 1506 से 1517 के बीच सुल्तान ने अपना सारा ध्यान ग्वालियार पर कब्जा करने पर लगाया (तोमर राजा राजा मानसिंह द्वारा शासित) परंतु ये मात्र चंदेरी पर अधिकार कर पाए, ग्वालियर तथा मालवा उनके राज्य से बाहर रहा। सिकंदर ने बिना अफगान अभिजात वर्ग को अलग किए सल्तनत के गौरव को बढ़ाया। इन्होंने कृषि के विकास में काफी दिलचस्पी ली। इन्होंने जमीन के नाप हेतु 32 अंकों वाला गज-ए-सिकंदरी प्रारंभ किया, परंतु यह नाप खलीसा तक सीमित था तथा इक्ता क्षेत्रों में इसका प्रयोग नहीं हुआ। सिकंदर बाजार के मूल्यों पर भी लगातार नजर रखते थे। जो काम अलाउद्दीन खिलजी शक्ति प्रयोग द्वारा कर पाए, उसे सिकंदर मेल-मिलाप से ही करवा पाने में सफल रहे।

इब्राहिम (1517–26)

महत्त्वपूर्ण अफगान अमीरों ने प्रारंभ से ही सुल्तान की निरंकुशता पर नियंत्रण लगाने का प्रयास किया तथा इस उद्देश्य से उनके छोटे भाई जलाल को जौनपुर क्षेत्र का स्वतंत्र शासक बना दिया। दोनों भाइयों के बीच गृहयुद्ध छिड़ गया जिसमें अंततः जलाल को बंदी बनाकर मृत्युदंड दिया गया। इस गृहयुद्ध का फायदा उठाकर मेवाड़ के राणा सांगा आगरा के निकट बयाना तक घुस आए। इसने कुछ लोदी अमीरों को भी सुल्तान के विरुद्ध षड्यंत्र करने का तथा बाबर को भारत आमंत्रित करने का मौका दिया।

11.4 मुगल साम्राज्य का प्रथम भाग

बाबर (1526–30)

जहीरुद्दीन मुहम्मद बाबर पिता के पक्ष से तैमूर से तथा माता के पक्ष से चंगेज खान से संबंधित था। मुगल (मंगोलों के वंशज) स्वयं को चंगेज खान के द्वितीय पुत्र चघतै के नाम पर चघतई कहते थे। बाबर फरगाना में अपने पिता का उत्तराधिकारी था, लेकिन उसके एक दूर के रिश्तेदार शैबानी खान उजबेक ने उसे पराजित कर विस्थापित कर दिया। बाबर एक शरणार्थी बन गया लेकिन शीघ्र ही उसने अपने एक चाचा से काबुल प्राप्त कर लिया। उसकी रुचि भारत में भी विकसित हुई तथा 1519 से 1523 के बीच उसने भारत पर चार आक्रमण किए।

1525 ई. के अंत में भारत पर आक्रमण करने के लिए बाबर काबुल से चला। लाहौर के तत्कालीन शासक दौलत खान लोदी ने कुछ प्रारंभिक प्रतिरोध के बाद बाबर के समक्ष समर्पण कर। दिया। इब्राहिम लोदी के विरुद्ध पानीपत के प्रथम युद्ध (1526) में बाबर की विजय के साथ भारत में मुगल वंश की स्थापना हुई। इसके बाद उसने राणा सांगा के नेतृत्त्व में राजपूतों को आगरा के निकट खानवा (1527) में तथा मुहम्मद लोदी के नेतृत्व में अफगानों को बिहार में घाघरा के युद्ध (1529) में पराजित किया। इससे भारत में मुगल शक्ति सुदृढ़ हुई। यद्यपि बाबर की मृत्यु आगरा में 1530 में हुई, परंतु कई वर्षों बाद उसके शव को काबुल ले जाकर एक बाग में दफनाया गया। उसकी इच्छा के अनुसार उसकी कब्र पर कोई गुंबद या कोई अन्य आकृति नहीं बनाई गई। चघतै तुर्की (उसकी मातृभाषा) में लिखित उसके संस्मरण तुजुक-ए-बाबरी में उसने बेझिझक अपनी असफलताओं को स्वीकार किया है। बाबर प्रसिद्ध नक्शबंदी सूफी ख्वाजा उबैदुल्लाह अहरार का अनुयायी था।

हुमायूं (1530-40)

बाबर के इस सबसे बड़े पुत्र के तीन सौतेले भाई थे-कामरान, अस्करी तथा हिंडाल। तुर्की-मंगोलियायी प्रथा का अनुसरण करते हुए हुमायूं ने अपना साम्राज्य अपने भाइयों में बांट दिया, जिसमें कामरान को काबुल तथा बदख्शान मिला। जब वह पूरब में अफगानों के विरुद्ध व्यस्त था तो उसे मुगल सीमाओं की तरफ गुजरात के शासक बहादुर शाह के बढ़ने की खबर मिली। हुमायूं ने जल्दीबाजी में उदीयमान अफगान शासक शेर खान सूर के साथ संधि कर ली तथा बनारस के पूरब का भाग उसके पूर्ण नियंत्रण में छोड़ दिया।

मालवा की ओर बढ़ते हुए हुमायूं ने मांडू पर अधिकार प्राप्त किया। बहादुरी का परिचय देते हुए उसने चम्पानेर तथा अहमदाबाद पर अधिकार किया। यद्यपि हुमायूं ने अस्करी को गुजरात का शासक नियुक्त किया, परंतु अनुभवहीनता के कारण वह अभिजात वर्ग से अलग-थलग पड़ गया। अत: जब बहादुर अहमदाबाद की तरफ बढ़ा तो अस्करी आगरा भाग गया। मालवा तथा गुजरात मुगलों के हाथ से निकल गए। इसी बीच शेर खान अत्यंत शक्तिशाली प्रतिद्वंद्वी हो गया था।

जब हुमायूं को शेर खान द्वारा बंगाल विजय की खबर मिली। तो उसने शेर खान के साथ बातचीत शुरू की तथा अपने प्रतिनिधि को बंगाल सौंपने के एवज में उसे चुनार तथा जौनपुर में निर्विरोध शासन करने देने का वादा किया। लेकिन शांति समझौते में अपनी ओर से कोई आश्वासन दिए बिना शेर खान मोलतोल करता रहा। अंतत: चौसा के युद्ध (1539) में उसने हुमायूं को पराजित कर लगभग संपूर्ण मुगल सेना को तहस-नहस कर दिया। हुमायूं को अपनी जान बचाकर भागना पड़ा तथा उसे गंगा पार करने के लिए एक भिश्ती की मदद लेनी पड़ी। हुमायूं आगरा लौटा जहां कामरान उसकी प्रतीक्षा कर रहा था। अस्करी तथा हिंडाल भी वहीं थे। जब भविष्य की योजना के बारे में बातचीत असफल रही तब शेरशाह से युद्ध करने के लिए रुकने के बादशाह के आग्रह के बावजूद कामरान अपनी सेना के साथ लाहौर लौट गया।

इसके फलस्वरूप हुमायूं ने फिर से एक बार अकेले शेर शाह के साथ बिलग्राम की लड़ाई (1540), जिसे कन्नौज की लड़ाई भी कहते हैं, में युद्ध किया और बुरी तरह पराजित हुआ। अफगानों द्वारा दबाव के कारण हुमायूं अब आगरा पहुंचा और वहां से फिर लाहौर जाने के रास्ते में दिल्ली पहुंचा। जब कामरान से मदद की सारी कोशिशें बेकार हो गई तो वह सिंध को आगे के अभियानों का केन्द्र बनाने के लिए रवाना हुआ। इस तरह उसका भारत से पंद्रह वर्षों का निर्वासन शुरू हुआ।

11.5 सूर साम्राज्य (1540-1555)

सूर राजवंश का संस्थापक शेर शाह का असली नाम फरीद था। उसने अपने जीवन की शुरुआत अपने पिता हसन के दक्षिण भारत के सहसराम में स्थित इक्ता के प्रशासन की देख-रेख से की थी। बाद में वह बिहार के अफगान शासक सुल्तान मुहम्मद नुहानी के दरबार में गया, जिसने उसे उसकी बहादुरी के लिए श्शेर खानश की उपाधि दी।

शेर शाह को इस बात की जानकारी मिली कि मारवाड़ के शासक से मदद के लिए हुमायूं की बातचीत चल रही है किंतु इस बीच मालवा पर अफगानी आक्रमण से ये राजपूत राजा डर गया और उसने हुमायूं को मदद देने का इरादा भी बदल दिया। जब शेरशाह ने मारवाड़ की तरफ कूच किया तो ये राजा डर से वहां से भाग गया, किंतु उसकी सेना ने जबरदस्त लड़ाई की। शेर शाह यहां विजयी हुआ किंतु वह हमेशा कहा करता था कि एक छोटी-सी टुकड़ी के कारण हिंदुस्तान को लगभग गंवा चुका था।

शेर शाह ने मालवा से लेकर मारवाड़ तक किलों की एक श्रृंखला पर फतह की, किंतु कालिंजर का शासक जो हुमायूं के प्रति सहानुभूति रखता था, डटा रहा। अत: शेर शाह ने आक्रमण का निश्चय किया, किंतु एक हादसे में वह बुरी तरह जल गया और 1545 में उसकी मृत्यु हो गई। शेर शाह की मृत्यु के बाद उसके दूसरे बेटे जलाल खान ने इस्लाम शाह की उपाधि के साथ गद्दी सँभाली। इस्लाम ने अफगान नेताओं के वर्चस्व को तोड़ने के साथ शुरुआत की जिनको उसके पिता ने ही बढ़ावा दिया था। किंतु 1552 में ही एक बीमारी के कारण उसकी मृत्यु ने प्रशासन को अस्त-व्यस्त कर दिया। दिल्ली पर हुमायूं के कब्जे से पहले तीन सूर शासक गद्दी पर बैठ चुके थे, परंतु इस दौरान असल शक्ति एक ब्राह्मण नायक हेमू के हाथों में थी।

हुमायूं (1555-56)

सिंध के रास्ते में हुमायूं की मुलाकात अपने भाई हिंडाल के गुरु की बेटी हमीदा बानू बेगम से हुई और उसने उससे विवाह कर लिया। हमीदा के साथ हुमायूं मालदेव की मदद के लिए जोधपुर की ओर बढ़ा। रास्ते में वे अमरकोट में रुके जहां के राजा राणा प्रसाद ने उनका स्वागत किया और वहीं 1542 में अकबर का त जन्म हुआ। इस बीच मालदेव के

दरबार में स्थित हुमायूं के राजदूत ने उसे चेतावनी दी कि राजा उसे बंदी बनाने की नीयत रखता है। अतः हुमायूं ने जोधपुर जाने का ख्याल छोड़ दिया और कांधार की ओर बढ़ा। वहां अस्करी ने भी उसे बंदी बनाने की कोशिश की। अब हुमायूं ईरान के शाह तहमस्प की ओर मदद। के लिए बढ़ा। काफी दबाव के बाद शाह ने उसे 12,000 सैनिक न दिए जिसकी मदद से उसने कांधार को अस्करी से जीता और। काबुल को कामरान से। इस बीच सूर राजवंश का बिखराव काफी में जोरों से शुरू हो रहा था।

हुमायूं ने 1555 में अफगानों को हराकर हिंदुस्तान को फिर से जीत लिया। किंतु 1556 में लाइब्रेरी की सीढ़ियों से गिरकर अचानक मृत्यु हो जाने के कारण मुगल साम्राज्य को सुगठित करने का उसका सपना अधूरा रह गया। हुमायूं न तो एक अच्छा सेनानायक था, न ही एक अच्छा प्रशासक किंतु वह आशावादी और लगनशील था। वह खगोल शास्त्र में काफी दिलचस्पी रखता था। चित्रकारी से उसे काफी लगाव था और उसने स्वयं फारसी में कविताएं लिखीं।।

सूर प्रशासन

केंद्रीय प्रशासन

- निरंकुश राजतंत्र पर आधारित।
- मंत्रियों को कोई भी वास्तविक अधिकार नहीं।
- सुल्तान द्वारा लगातार निरीक्षण।
- इसका मुख्य दोष अत्यधिक केंद्रीकरण।।

प्रांतीय प्रशासन

- प्रांतीय प्रशासन के बारे में जानकारी काफी कम मिलती है।
- प्रांतीय प्रशासन में शेरशाह के दो प्रयोग। स्थानीय प्रशासन प्रांतों का विभाजन सरकारों में जो शिकदार-ए-शिकदारन के अंतर्गत था (न्याय और कानून व्यवस्था, आम प्रशासन) और मुनसिफ-ए-मुनसिफान (स्थानीय करों और दीवानी मामले)।
- सरकारों का विभाजन परगना में था जो शिकदार के अंतर्गत थे (कानून व्यवस्था, फौजदारी इत्यादि) तथा मुनसिफ अथवा अमीन (भू-राजस्व और दीवानी मामले)।
- परगनाओं का विभाजन गाँवों में था जो ग्राम प्रधान के अंतर्गत थे और अपने क्षेत्रों में कानून व्यवस्था की देख-रेख स्थानीय लोगों के जिम्मे होती थी।,
- दो लोगों को एक समान पद पर नियुक्त करके शेरशाह (परगना और सरकार स्तर पर) ने कार्यकारिणी का विभाजन किया और अधिकारों का बँटवारा किया।
- सरकार और परगना के अधिकारियों की नियुक्ति तथा पदच्युत करने के अधिकार रखते हुए उसके सारे अधिकार अपने पास रखे

राजस्व प्रशासन

- भू-राजस्व का अंकन जमीन की नाम के अनुसार होता था।
- फसलों का निर्धारीकरण और उनकी दर जमीन की उपज के अनुसार।
- उपज के अनुसार जमीन का तीन (अच्छा, बुरा और बीच का) प्रकार से वर्गीकरण।
- तीनों वर्गों की फसलों का अंकित करके उनके औसत का एक तिहाई भू-राजस्व के रूप में निर्धारण।
- किसानों को पट्टे की बांट और उनसे काबुलियत की वसूली।
- प्रति बीघा ढाई सीयर की एक चुंगी (अकाल राहत सेवा कोष के लिए) की वसूली।

सैनिक प्रशासन

- जनजातीय सेना पर निर्भरता छोड़ सैनिकों की सीधी नियुक्ति की शुरुआत
- चहरा (सैनिकों के विवरण) और दाग (घोड़ों पर निशान) का चलन।
- विभिन्न जगहों पर सैनिक पड़ाव और प्रत्येक में एक सेना टुकड़ी।

व्यापार और वाणिज्य

- नई सड़कों का निर्माण और पुरानी सड़कों की मरम्मत।
- यात्रियों के लिए सड़कों के किनारों पर सरायों का निर्माण ताकि व्यापारियों को सुविधा हो। सरायों के आसपास कस्बा (बाजार) के रूप में गांवों का निर्माण और उनका विकास, सरायों का प्रयोग समाचारों के लिए भी होता था।
- मुद्रा-स्वर्ण मुद्राओं का चलन, एक ही स्तर के चांदी और तांबे के सिक्के, नाप-तोल का समानीकरण।
- दूसरे सुधारों में है-सामानों पर सिर्फ दो बार सीमा शुल्क वसूली-एक बार राज्य में प्रवेश के समय और दूसरा बिक्री के समय-व्यापारियों के सामान की जिम्मेदारी ग्राम प्रधान और जमींदारों पर होती थी।

11.6 पुर्तगाली

नए समुद्री मार्ग की खोज–वास्को डि गामा ने केप मार्ग की खोज की जो यूरोप से भारत तक का समुद्री मार्ग था। वह कालीकट के बंदरगाह पर 17 मई 1498 को पहुंचा जहां उसका स्वागत कालीकट के हिंदु शासक (उसकी उपाधि 'जमोरिन' थी) ने किया। वह 1499 में पुर्तगाल लौट गया।

कबाल का आगमन–सन् 1500 में पेड्रो अल्वारेज कब्राल के भारत आगमन तथा 1502 में वास्को डि गामा के दुबारा आने से कालीकट, कोचीन तथा कन्तानोर में व्यापारिक केंद्रों की स्थापना हुई। बारद में इनका स्थान गोवा ने ले लिया।

अलबुकर्कका आगमन–अल्फांसो डे अलबुकर्क 1503 में सेना का कमांडर बनकर आया तथा 1509 'में भारत में पुर्तगालियों का गवर्नर बनाया गया (अलबुकर्क भारत में दूसरा पुर्तगाली गवर्नर था, पहला फ्रांसिस्को डे अल्मिदा था जो 1505 से 1509 तक गवर्नर रहा)। उसने 1510 में बीजापुर के शासकों से गोवा छीन लिया। अलबुकर्क ने पुर्तगालियों को भारतीय महिलाओं से विवाह करने को प्रोत्साहित किया, पर वह मुसलमानों का विरोधी था। उसकी मृत्यु 1515 में हुई। तब तक पुर्तगाली भारत में सर्वाधिक शक्तिशाली समुद्री शक्ति के रूप में स्थापित हो चुके थे।

अन्य गवर्नर–अन्य महत्त्वपूर्ण गवर्नर थे निनो दा कुन्हा (1529-38) जिसने राजधानी कोचीन से गोवा स्थानांतरित (1530) किया तथा गुजरात के शासक बहादुरशाह से दिउ तथा बसीन (1534) प्राप्त किया, एवं मार्टिन अलफांसो डि सूजा (1542-45)। प्रसिद्ध जेसुइट संत फांसिस्को जेवियर उसके साथ भारत आया था।

बस्तियों की स्थापना-अलबुकर्क के उत्तराधिकारियों ने पश्चिमी तट पर दमन, सलसेट, चौल तथा मुंबई, चेन्नई के निकट सैन थोम तथा बंगाल में हुगली में बस्तियां बसाईं।

पुर्तगालियों का पतन–सोलहवीं शताब्दी के अंत तक पुर्तगाली शक्ति का हास हुआ तथा धीरे-धीरे ये बस्तियां उनके हाथों से निकलती गईं।

- एक मुगल सामंत कासिम खान द्वारा भगाए जाने के कारण 1631 ई. में उन्हें हुगली से हाथ धोना पड़ा।
- सन् 1661 में इंग्लैंड के शासक चार्ल्स द्वितीय का विवाह पुर्तगाल के राजा की बहन के साथ हुआ तथा चार्ल्स द्वितीय को दहेज के रूप में मुंबई प्राप्त हुई।
- मराठों ने 1739 में सलसेट तथा बसीन पर अधिकार कर लिया।
- अंततः उनके पास सिर्फ गोवा, दिउ तथा दमन बचा रहा जो उनके पास 1961 तक रहा।
- पुर्तगालियों के पतन के कारण निम्नलिखित थे-
  - उनकी धार्मिक असहिष्णुता के कारण भारतीय शासकों तथा जनता में विरोध की भावना उत्पन्न हुई।
  - व्यापार में उनके अनुचित तरीके ज्यादा दिन तक सफल नहीं रह सके।
  - वे अन्य यूरोपीय कंपनियों (सीमित जनसंख्या, पिछड़ी अर्थव्यवस्था आदि जैसी पुर्तगाल की आतरिक कमजोरियों के कारण) के समक्ष प्रतियोगिता में सफलतापूर्वक नहीं टिक सके।
  - ब्राजील की खोज के कारण उनका धयान भारत की ओर से हट गया।

11.7 भक्ति आन्दोलन

भक्ति आन्दोलन के कारण

सामाजिक-राजनीतिक एवं आर्थिक प्रवृत्तियाँ–भक्ति आन्दोलन एक विशिष्ट समाज में लोगों की एक अभिव्यक्ति थे ये कुछ सुनिश्चित सामाजिक, आर्थिक परिस्थितियों में से उभरे थे जिनका लक्ष्य समाज के दलित एवं वंचित भाग का उत्थान करना था। ये एक ऐसे संक्रमणशील समाज का परिणाम थे, जब राजनीतिक-आर्थिक एवं सामाजिक मोर्चों पर कई प्रकार के परिवर्तन हो रहे थे, क्योंकि धार्मिक गतिविधि एवं सामाजिक, राजनीतिक व आर्थिक प्रवृत्तियों के बीच एक घनिष्ट सम्बंध होता है इसलिए भक्ति आन्दोलन को भी इससे हटकर नहीं देखा जा सकता।

- राजनीतिक मोर्चे पर 14वीं एवं 15वीं शताब्दियाँ शक्तिशाली और केन्द्रीकृत राज्य के पतन की साक्षी थीं। सामंतों के आपसी संघर्ष, प्रांतीय राज्यों के विद्रोह एवं किसानों के बढ़ते असन्तोष-ये सभी मिलकर सल्तनत की सत्ता को चुनौती देने लगे।
- आर्थिक मोर्चे पर दिल्ली सल्तनत के काल में कई प्रकार के परिवर्तन हुए। इसके पूर्ववर्ती चरण में इसने सामाजिक शक्तियों को मुक्त कर दिया था जिससे नगरीय केन्द्रों का विस्तार हुआ और कृषि संबंधों में बदलाव आया। शिल्प उत्पादन एवं वाणिज्य की वृद्धि ने शिल्पकारों एवं वणिक वर्गों के लिए अस्थिर परिस्थितियाँ पैदा कर दी थीं। बड़ी संख्या में शिल्पकार पेशे से बाहर की श्रेणियों से आये हुए लोग थे इसलिए भारतीय शिल्पकारों के

मध्य उन्हें समानता के साथ स्वीकार नहीं किया गया। वणिकों को भी सामाजिक पदानुक्रम में स्थान नहीं मिल सका। यह उसी प्रकार की परिस्थित थी जो कि बुद्ध एवं महावीर के जीवन के दौरान मौजूद थी और जिसने विभिन्न गैर-रूढ़िवादी पंथों के उदय का मार्ग प्रशस्त किया था।

- सामाजिक मोर्चे पर यथास्थिति को बनाये रखने के क्रम में हिन्दू धर्म के कट्टर अनुयायियों द्वारा जटिल प्रथाएँ एवं रीति-रिवाज लागू किए गए। जो लोग व्यापक वर्ण व्यवस्था में समाहित नहीं हो सके उन्हें चांडाल या बहिर्जात का नाम दिया गया। इस समय तक बौद्ध धर्म एवं जैन धर्म परिदृश्य से लुप्त हो चुके थे और यह काल हिन्दू धर्म के पुनरोत्थान का गवाह था। ब्राह्मण ही मात्र संस्कृत किताबों को समझते थे जिनमें कर्मकांडों एवं संस्कारों का उल्लेख किया गया था और इसीलिए सम्पूर्ण धार्मिक संरचना पर उनका एकाधिकार था और शायद यही कारण था, जिसने भक्ति सन्तों को साधारण देशी भाषाओं में अपने उपदेश देने के लिए प्रेरित किया था।

सामाजिक सुधार की आवश्यकता—भक्ति आन्दोलन समाज का उत्पाद थे और उनके सन्त निष्क्रिय दार्शनिक या अव्यावहारिक सुधारक नहीं थे। वे समाज के निम्न वर्गों से आये थे और अपनी रोजी-रोटी के लिए श्रम करते थे, रैदास एक मोची थे, धन्ना एक अछूत थे जबकि कबीर एक मुसलमान बुनकर थे। उन्होंने अपने दार्शनिक विचारों को भजनों के रूप में स्थानीय भाषाओं में प्रसारित किया और संस्कृत की पुरानी साहित्यिक परम्पराओं के प्रति अनुराग नहीं दर्शाया। नानक के लिए धर्म वह था जो शब्दों को नहीं बल्कि सभी मानवों को समान रूप से देखता हो। दादू ने एक ऐसे आत्मनिर्भर समाज की बात की जहाँ लिंग, जाति, नस्ल एवं पंथ के आधार पर किसी प्रकार का भेदभाव न हो। कबीर ने मानव की उत्पत्ति से शुरुआत की और कहा कि शुरुआत में मानव से मानव को अलग करने वाले कोई विभेद विद्यमान नहीं थे।

धार्मिक सुधार की आवश्यकता—भक्ति संतों ने निरंतर प्रेम पर जोर दिया उनके लिए भक्ति एक एकाग्र निष्ठा थी जो बढ़ते-बढ़ते गहन प्रेम तक पहुँचती थी। कबीर ने कहा कि कोई मात्र पुस्तकें पढ़कर विद्वान नहीं बन सकता। इन संतों ने मानव एवं ईश्वर के बीच एक प्रत्यक्ष संबंध की बात की। उन्होंने परम्परागत, कठोर, विस्तृत एवं निरर्थक कर्मकांडों का विरोध किया जो समाज में घुल चुके थे।

किसानों एवं शिल्पियों की परिवर्तित स्थिति—भक्ति आन्दोलनों में शिल्पियों एवं कामगारों की संख्या अधिक थी और इन आन्दोलनों ने उन्हें अपनी स्थिति के प्रति जागरुक बना दिया था और वे समाज की सामाजिक व धार्मिक संरचना के लोकतंत्रीयकरण की जरूरत महसूस करने लगे। वास्तव में अनेक भक्ति संत मूलतः कामगार थे या छोटे किसान परिवारों से संबंध रखते थे। इनके अनुयायी भी निम्न वर्गों से आये थे। शीर्ष पर कोई विशेषाधिकार प्राप्त वर्ग नहीं था जो प्रमुख अनुयायियों के बहुमत पर प्रभाव रखता हो। इनमें से अधिकांश संतों के उपदेश आत्म-निर्भर व समतापूर्ण समाज की अवधारणा को एक वास्तविक आकार देते थे। इस आन्दोलन के अति शहरी चरित्र ने हिन्दू चेतना को जगा दिया था और हिन्दू अपनी प्रथाओं एवं अन्ध-विश्वासों के धर्म को सुधारने की जरूरत अनुभव करने लगे थे। इस प्रकार एक आकस्मिक ब्राह्मण आन्दोलन में शामिल हो गया था। कबीर और नानक ने नगरों में शहरी वर्ग के तथा गाँव व छोटी बस्तियों में कामगारों की भावनाओं को अभिव्यक्त किया था। उदाहरण के लिए संगत और पंगत की संस्था स्थापित करके नानक ने सभी लोगों को एक सामान्य मंच पर खड़ा कर दिया था।

प्रकृति एवं चरित्र

भक्ति के दो चरण

भक्ति पंथ भारतीय इतिहास के दो विभिन्न चरणों के अन्तर्गत आते हैं। पहला चरण भागवत पंथ की उत्पत्ति के समय से शुरू होकर 13वीं सदी की शुरुआत तक जारी रहा। इस चरण के संतों का दर्शन कम या अधिक रूप में एक निजी अभिव्यक्ति लिए था। दूसरा चरण लगभग 4 शताब्दियों (13वीं से 16वीं शताब्दियों) तक मौजूद रहा। यह शानदार बौद्धिक हलचल एवं हिन्दू धर्म एवं इस्लाम के बीच आपसी सम्पर्कों के एक स्वाभाविक परिणाम का युग था।

भक्ति के सामान्य लक्षण—फिर भी इन दोनों चरणों की कुछ सामान्य विशेषतायें हैं। इन दोनों चरणों में उदारवादी दृष्टिकोण, सभी धर्मों की समानता, ईश्वर की एकता, मानव कर्म की महत्ता, भक्ति के माध्यम से सहज निष्ठा इत्यादि पर समान रूप से जोर दिया गया। इनका दृष्टिकोण यह था कि ईश्वर के प्रति भक्ति या निष्ठा मोक्ष का एकमात्र साधन है। इन्होंने एक पृथक धर्म की स्थापना की इच्छा नहीं की और न ही किसी पवित्र ग्रंथ

में अन्धविश्वास प्रदर्शित किया। कर्मकांडों की आलोचना के अलावा उन्होंने मूर्ति पूजा में भी विश्वास नहीं किया। भक्ति ईश्वर के प्रति एकाग्रचित, अबाधित एवं अतिशय निष्ठा का प्रतीक थी।

दो मुख्य मत

मध्यकाल के धार्मिक इतिहास में सबसे महत्त्वपूर्ण आन्दोलन रामानंद द्वारा निर्मित एक नया पंथ था। रामानंद ने इस्लाम के बारे में उल्लेखनीय जानकारी अर्जित की थी और संभवतः यही उनकी प्रेरणा का स्रोत था। यह रामानंद ही थे जिन्होंने पहली बार हिन्दू दर्शन की कठोरता की निन्दा की। उनके सदस्य अवधूत या अनासक्त बन गए थे फिर भी वह अपने चिंतन में कुछ कमियाँ रखते थे क्योंकि उन्होंने कभी भी निम्न जातियों को वेद पढ़ने का अधि कार देने की स्वीकृति नहीं दी और कभी भी सामाजिक समानता के लिए कार्य नहीं किया। उनका सबसे प्रमुख योगदान सामान्य भाषा का प्रयोग था। रामानंद की शिक्षाओं ने उनके शिष्यों के बीच दो अलग-अलग मतों को जन्म दिया और उनके ये शिष्य ही बाद में भक्ति आन्दोलन के संत बन गये। इस काल के दौरान उत्पन्न हुए ये दो महत्त्वपूर्ण मत सगुण और निर्गुण थे।

- सगुण मत ने हिन्दू धर्म को समृद्ध करने का प्रयास किया और वेदों की सत्ता को परिरक्षित किया और उन्होंने भूतकाल से संबंध तोड़ने की इच्छा नहीं की। सर्वाधिक महत्त्वपूर्ण सगुण संतों में चैतन्य, शंकरदेव, सूरदास, मीराबाई एवं तुलसीदास थे।
- दूसरा मत कबीर द्वारा सामने लाया गया। यह निर्गुण धर्म शंकर के अद्वैतवाद से अलग था। कबीर ने जाति के पूर्ण उन्मूलन का उपदेश दिया और वेदों की सत्ता पर गंभीर सवाल खड़े किये। उन्होंने इस्लाम से सीखने का प्रयास भी किया तथा एक संश्लेषित आन्दोलन की स्थापना का प्रयास किया जिसके अन्तर्गत उन्होंने राम और रहीम को समान मानने की प्रसिद्ध उक्ति सामने रखी। निर्गुण मत के अन्य महत्त्वपूर्ण सन्तों में नानक, दादूदयाल, रैदास इत्यादि सम्मिलित थे। उन्होंने न तो उपासना पद्धतियों पर प्रहार करके संस्थाकृत हिन्दू धर्म को सुधारने का प्रयास किया और न ही उपासना की विलीनीकृत चेतना के माध्यम से पलायन के साधन तलाश किए। इन दार्शनिकों ने ईश्वर संबंधी हिन्दू एवं मुस्लिम दोनों विचारों को नकार दिया।

ऐकेश्वरवादी आंदोलन

रामानंद (1360-1470)– प्रयाग में जन्मे रामानंद वास्तव में रामानुज के अनुगामी थे। बाद में इन्होंने अपना पंथ बनाया और हिंदी में बनारस और आगरा में शिक्षा देनी शुरू की। ये राम के पूजक थे, इन्होंने जाति प्रथा के खिलाफ शिक्षा दी और अपने शिष्यों में सभी जाति के लोगों को शामिल किया। इनके शिष्यों में शामिल थे- (क) कबीर-एक जुलाहा रायदास-एक मोची ग सेना-एक नाई घ साधना-एक कसाई (ख) धन्ना-एक जाट किसान (च) नरहरि-एक सुनार और (छ) पीपा-एक राजपूत राजा।

रामानंद के बाद उत्तर भारत में भक्ति का प्रचार सगुण और निर्गुण विचारधारा के दो संप्रदायों ने किया। सगुण विचारधारा वालों का मानना था कि ईश्वर के कई रूप होते हैं और यह मनुष्य जैसे ही होते हैं। दूसरी तरफ निर्गुण विचारधारा वालों का विश्वास था कि ईश्वर का कोई आकार या प्रकार नहीं है। निर्गुण भक्ति की उत्पत्ति रामानंद की शिक्षा में मानी जाती है।

कबीर (1398-1518)– ऐसा माना जाता है कि कबीर की मां एक ब्राह्मण विधवा थी। कबीर का लालन-पालन एक दम्पत्ति नीमा नीरू नामक जुलाहे ने किया। इनकी शादी लोई से हुई, दो बच्चे हुए और उनकी जिंदगी एक आम गृहस्थ जैसी ही थी। ऐसा माना जाता है कि अपने समकालीन सिकंदर लोदी द्वारा उत्पीड़न के बाद उनकी मृत्यु उत्तर प्रदेश में मगहर में हुई। उनके *दोहा* और *साखी* जो *बीजक* में मिलते हैं काफी लोकप्रिय हुए। ये कबीर के उपदेशों पर भी रोशनी डालते हैं। उनका मानना था कि ईश्वर सर्वव्यापी है।

कबीर ने हिंदू-मुसलमान एकता और ईश्वर के निराकार होने पर जोर दिया। कबीर ने हिन्दू और मुसलमान दोनों की रुढ़ियों के खिलाफ आवाज उठाई, परंतु उन्होंने संत के जीवन को अपनाने के लिए गृहस्थ जीवन के त्याग का उपदेश कभी नहीं दिया। उनके अनुसार साधु जीवन और किताबी ज्ञान मोक्ष के लिए आवश्यक नहीं है। उन्होंने जाति भेद-भाव के खिलाफ खुलकर बात की और अपने दोहों के माधयम से भाईचारे का संदेश दिया।

नानक (1469-1539) और सिक्ख–तलवंडी (अब पाकिस्तान में ननकाना) में जन्मे नानक ने पश्चिमी एशिया और रूस में दूर-दूर तक यात्रा की। कहा जाता है कि उन्होंने बाबर से भी मुलाकात की थी। कबीर की तरह उन्होंने भी एक ऐसे समाज की शिक्षा दी जो जाति प्रथा और रूढ़ियों से

रहित हो। जहां एक ईश्वर की मान्यता हो और आत्मिक ज्ञान हो। नानक ने आचरण की शुद्धता पर काफी जोर दिया, इसे भगवान से निकटता की पहली शर्त बताई। नानक ने रास्ता दिखाने वाले एक गुरु की आवश्यकता पर भी जोर दिया। नानक की मृत्यु के बाद उनके अनुयायियों ने अपने को सिख कहकर पुकारा और इस तरह सिख धर्म की शुरुआत हुई। नानक के बाद नौ सिख गुरु हुए। दूसरे गुरु, गुरु अंगद ने गुरुमुखी लिपि की शुरुआत की। तीसरे गुरु, गुरु अमरदास ने लंगर की शुरुआत की जिसका उद्देश्य जाति भेद समाप्त करना था। चौथे गुरु, गुरु रामदास को अकबर ने अमृतसर में हर मंदिर के लिए जमीन दी। पांचवें गुरु, गुरु अर्जुन ने *आदि ग्रंथ (बाद में ग्रंथ साहिब)* लिखा और हर मंदिर का निर्माण भी पूरा किया। जहांगीर द्वारा उनकी हत्या के बाद, छठे गुरु, गुरु हरगोविंद के नेतृत्व में पहली बार सिख समुदाय में विद्रोह की भावना आई। गुरु हरगोविंद को भी जहांगीर ने दस वर्षों के लिए कैद कर रखा था। सातवें गुरू हरिराय के समय में कोई खास घटना नहीं हुई। आठवें गुरु, गुरु हरकिशन की मृत्यु चेचक से हुई। नौवें गुरु, गुरु तेग बहादुर को औरंगजेब ने मरवा दिया। दसवें और अंतिम गुरु, गुरु गोबिंद सिंह ने खालसा पंथ की स्थापना की एवं सिखों को एक सैनिक संप्रदाय के रूप में गठित किया। उनके सभी बेटे मुगल सेना द्वारा सिरहिंद में मारे गए। पठन में उनकी भी हत्या कर दी गई।

संप्रदाय में एक सिख की दीक्षा एक धार्मिक संस्कार द्वारा होती है जिसे पाहुल कहते हैं। इसके बाद वह बालिग कहलाता है और अपने नाम के आगे सिंह लगाने योग्य हो जाता है। सिख अपने पांच कक्काओं के लिए भी जाने जाते हैं (पांच क) ये हैं-केश, कच्छा, कड़ा, कंघा और कृपाण।

दादू दयाल (1544-1603)– अहमदाबाद में जन्मे दादू दयाल की देख-रेख एक लोदी हिंदू ने की थी। इन्होंने राजस्थान में पहले सांभर और फिर नारायणी (जयपुर के निकट) में उपदेश दिए जहां उनकी मृत्यु भी हो गई। खुद अनपढ़ होते हुए भी इनके शिष्यों ने इनके दोहों को हिंदी में *'वाणी'* में संग्रहित किया। इनके अनुगामी, दादूपंथी अपने मृतकों का अंतिम संस्कार पारसियों की तरह करते हैं।

इन्होंने कबीर के उपदेशों का पालन किया और जाति भेद के खिलाफ विचार प्रकट किए।

कुछ और महत्त्वपूर्ण निर्गुणपंथी थे-रायदास (कबीर के समकालीन) सुंदरदास (दादू के शिष्य) और धरणीदास (कबीर के शिष्य)।

उत्तर भारत के भक्ति संत

चैतन्य (1436-1533)– अपने कीर्तन के माधयम से इन्होंने बंगाल में वैष्णव धर्म का प्रचार किया और ये उपदेश दिए कि मोक्ष के लिए सबसे उत्तम रागमार्ग अथवा प्रेम का मार्ग है। वे भेद-अभेद में विश्वास रखते थे।

सूरदास (1483-1563)– ये दक्षिण भारत के संत वल्लभाचार्य के शिष्य थे। इन्होंने कृष्ण के बालपन के गीत गाकर उत्तर प्रदेश में कृष्ण भक्ति का प्रचार किया। ये *सूरसागर सूर सालवाली* इत्यादि के रचयिता थे।

मीराबाई (1498-1569)– से चित्तौड़ के सिसौदिया राजवंश की थीं। कृष्ण की महान भक्त थीं। इन्होंने अपने गीतों द्वारा कृष्ण भक्ति का प्रचार राजस्थान में किया।

शंकरदेव (1463-1568)– चैतन्य के समकालीन, इन्होंने वैष्णव भक्ति का प्रचार असम में किया।

तुलसीदास (1532-1623)– ये राम के पूजक थे और इन्होंने हिंदू धर्म के विभिन्न पहलुओं का विवरण *रामचरितमानस* के माधयम से दिया है।

शैव संत– कृष्णानंद, ब्रह्मानंदगिरि, पूर्णानंद और बंगाल के कविराजनन कुछ प्रमुख शैव भक्त थे।

दक्षिण भारत के भक्ति संत

रामानुज (11वीं सदी)–इन्होंने विशिष्टा द्वैतवाद के दर्शन का प्रचार किया और इस प्रकार वैष्णव भक्ति को एक दार्शनिक रूप प्रदान किया। इसके अनुसार ईश्वर सगुण है भगवान के निर्माण की हर सामग्री वास्तविक है काल्पनिक नहीं, जैसा कि शंकराचार्य (अद्वैतवाद के प्रस्तावक) ने कहा था। इस प्रकार न सिर्फ ईश्वर, बल्कि आत्मा भी वास्तविक है, परंतु ईश्वर सिर्फ बाहर का हिस्सा है, आत्मा उसका प्रकार है और इस प्रकार उस पर आश्रित है। रामानुज के बाद उनके समर्थक संतों ने 'प्रपथिमार्ग' (ईश्वर के आगे आत्मसमर्पण) का मार्ग अपनाया।

माधवाचार्य (13वीं सदी)– से द्वैतवाद के प्रस्तावक थे। इनके अनुसार संसार काल्पनिक नहीं, अपितु वास्तविक है। ईश्वर और आत्मा सब पृथक हैं और इनका एक-दूसरे में विलय नहीं हो सकता।

निंबारक (13वीं और 14वीं सदी)– इन्होंने एक अलग विचारधारा का प्रचार किया जिसे द्वैताद्वैत कहा गया। इनके अनुसार ब्रह्मा स्वयं को आत्मा और संसार के रूप में बदलता है जो वास्तविक है और इस तरह ब्रह्मा से भिन्न

और अलग भी हैं, किंतु ये ब्रह्मा की मदद के बिना अपनी स्वतंत्रता नहीं बना सकते।

वल्लभाचार्य (15वीं और 16वीं सदी)– इन्होंने शुद्धाद्वैतवाद का ज्ञान दिया। इनके अनुसार ईश्वर सर्वव्यापी है और संसार में होने वाली हर घटना का रचयिता है। वह स्वयं को मनुष्य की आत्मा और संसार के रूप में प्रकट करता है। इस प्रकार ईश्वर, आत्मा और संसार वास्तव में एक ही हैं, परंतु उनके रूप भिन्न हैं। किंतु यह ध्यान रहे कि ईश्वर शुद्ध है और संसार की हर चीज का कारण होने के पश्चात भी वह स्वयं नहीं बदलता है। वल्लभ के उपदेशों को पुष्टिमार्ग भी कहते हैं।

भक्ति आन्दोलन का प्रभाव एवं महत्त्व

क्षेत्रीय साहित्य का विकास– इन आन्दोलनों का सबसे महत्त्वपूर्ण प्रभाव, उनके धार्मिक योगदान से अलग, साहित्य के विकास में देखा गया। आन्दोलनों ने देशी भाषाओं के विकास के साधन उपलब्ध कराये। रामानंद और कबीर ने हिन्दी में उपदेश दिये जबकि नामदेव ने मराठी में शिक्षा दी। इन संतों के प्रभाव के अधीन आने वाले राजनीतिक नेताओं ने अनेक महत्त्वपूर्ण कृतियों का अनुवाद कराया जिनमें वेदों से लेकर रामायण एवं महाभारत जैसे ग्रंथ शामिल थे। भगवत गीता में वर्णित भक्ति योग पर अनेक महान टीकायें लिखी गईं।

बढ़ती हुई समझ एवं अनुकूलन– हिन्दू धर्म एवं इस्लाम के बीच मूलभूत भिन्नता के बावजूद एक सामान्य समझ की आवश्यकता पैदा हुई जिसमें ये संत अधिक सफल हुए। यह वास्तविक तथ्य है कि नानक इस्लाम से अधिक प्रभावित हुए थे। हिन्दू धर्म एवं इस्लाम बहुत निकट आ गये थे जिसका प्रमाण दोनों के द्वारा कुछ सामाजिक प्रथाओं को अंगीकृत करने से भी मिलता है। संक्षेप में, आन्दोलनों का सार इस तथ्य में निहित था कि धर्म को एक निजी अनुभव बनाकर सभी बाधाओं को पार किया जा सकता है। उन्होंने एक संन्यास की भावना पैदा की जहाँ, प्रत्येक व्यक्ति भागीदारी कर सकता था और पुरोहितों के प्रभुत्व वाले कर्मकांडीय आडम्बरों को लाँघ सकता था।

दीर्घ अन्तर्क्रिया एवं पारस्परिक प्रभाव– मुस्लिम आक्रमणों के कारण सुनिश्चित सामाजिक एवं धार्मिक विचार (जो मूलतः हिन्दू धर्म के विचारों से भिन्न थे) इस देश में प्रविष्ट हुए और यहाँ के मूल निवासियों द्वारा आक्रमणकर्ताओं का पूर्ण अवशोषण कर पाना संभव नहीं था। इन दोनों समूहों के बीच राजनीतिक संबंध प्रायः तनावपूर्ण रहते थे किंतु जहाँ भी दो सभ्यताएँ एक-दूसरे के साथ आती हैं तो वे एक-दूसरे को प्रभावित करने के लिए बाध्य हो जाती हैं। इस प्रकार लम्बे जुड़ाव के माध्यम से हिन्दू-मुस्लिम समुदायों का विकास संभव हुआ। भारत में अनेक उदारवादी आन्दोलनों के प्रभाव द्वारा हिन्दू और मुस्लिम समुदाय एक-दूसरे के विचारों व प्रथाओं को अपनाने लगे और जीवन के विभिन्न क्षेत्रों में परस्पर सामंजस्य एवं सहिष्णुता की धाराओं ने तनाव एवं हलचल की सतह को नीचे दबा दिया। प्रसिद्ध मुसलमान विद्वान मध्यकाल के दौरान भारत में रहे और उन्होंने इस्लामी दर्शन एवं रहस्यवाद के विभिन्न विचारों को फैलाने में सहायता की। पारस्परिक सामंजस्य एवं सहिष्णुता की संपूर्ण भावना की अभिव्यक्ति भारतीय चीजों (कभी-कभी इस्लामी चीजों) के लिए बढ़ते हुए सम्मान में देखी गई। यह अन्त में सत्यपीर या वास्तविक संत के प्रति सम्मान व श्रद्धा की ओर ले गई।

- यह संभवतः इसी भावना के कारण था कि भारतीय दर्शनशास्त्र की अनेक महान कृतियों को मुस्लिम दरबारों में उन्हीं की भाषा में अनुवादित या संक्षेपित किया गया। ज्योतिषशास्त्र, चिकित्सा विज्ञान तथा योग व विज्ञान जैसे भारतीय दर्शन ने मुसलमान उपदेशकों व संतों को आकर्षित किया। हिंदूओं ने भी अरबी पंचाग के संबंध में सीखा।
- हिन्दू धर्म इस्लाम को पूर्णतः अवशोषित नहीं कर सका किंतु बदले में इसके द्वारा दो प्रकार से प्रभावित हुआ। एक ओर इस्लाम के धर्मान्तरण के उत्साह ने हिंदूओं के कट्टरवादी घेरे में रूढ़िवादी को मजबूत किया, अपनी स्थिति को मजबूत करने के दृष्टिकोण के साथ हिंदूओं ने जाति नियमों की कठोरता को बढ़ा दिया। इस प्रकार के सर्वाधिक प्रसिद्ध विद्वानों में विजयनगर के माधव और मनु स्मृति के प्रसिद्ध टीकाकार विश्वेश्वर शामिल थे।
- दूसरी ओर इस्लाम के कुछ लोकतांत्रिक सिद्धातों ने हिंदूओं के धार्मिक एवं सामाजिक तंत्र ने स्थान बना लिया और ये सिद्धान्त कुछ संत उपदेशकों के आधीन उदारवादी आन्दोलनों के उदय की ओर ले गये। विस्तृत रूप में, कुछ विभेदों के साथ ये सभी सुधारक उदारवादी भक्ति पंथ के प्रतिपादक थे जिसका संदेश सार्वभौमिक था। हिन्दू एवं मुस्लिम संतों ने सभी धर्मों की मूलभूत समानता एवं ईश्वर की एकता पर बल दिया और

जोर देकर कहा कि मानव की महत्ता उसके जन्म पर नहीं बल्कि उसके कार्यों पर आधारित होती है। इन्होंने अति कर्मकांडवाद, पुरोहितों के प्रभुत्व तथा धर्म की औपचारिकताओं के विरुद्ध आपत्ति जताई एवं एक और सभी के लिए मोक्ष के साधनों के रूप में सहज निष्ठा एवं विश्वास पर बल दिया।

11.8 क्षेत्रीय भाषाओं का विकास

पंजाबी

पंजाबी में कविता की एक नई धारा की शुरुआत एक रहस्यवादी कवि मसूद-फरीद-उद-दीन (13वीं सदी) ने की। 15 वीं सदी के अंत में गुरु नानक ने पंजाबी कविता में महत्त्वपूर्ण योगदान दिया। बाद के सिख गुरुओं ने भी पंजाबी भाषा में महत्त्वपूर्ण योगदान दिया। गुरु अर्जुन ने 1604 में *आदि ग्रंथ* संग्रहित किया और *सुखमणि* की भी रचना की जो मध्ययुगीन रहस्यवादी कविताओं में अपूर्व है। गुरु गोबिंद सिंह का योगदान भी महत्वपूर्ण है। कई प्रेम कविताएं जैसे वारिस शाह की 'हीर' भी लिखी गई। पंजाबी गद्य ने भी काफी तरक्की की और अनेक धार्मिक और दार्शनिक रचनाओं का अनुवाद 1600 से 1800 के बीच संस्कृत से पंजाबी में हुआ।

हिंदी

हिंदी भाषा की उत्पत्ति वीं और 10वीं सदी के बीच में हुई। हिंदी साहित्य की पहली सीढ़ी आदि काल (1206-1318) में मुख्यत: कविताओं के रूप में हुई। नरपति नाला और अमीर खुसरो आदि काल के दो मुख्य कवि थे। दूसरा युग भक्ति काल (1318-1643) का था जो हिंदी साहित्य का सबसे सुनहरा समय था। निर्गुण और सगुण कवियों के अलावा रहस्यवादी कवियों ने भी इस युग में हिंदी साहित्य में महान योगदान दिए। निर्गुण संत कवि कबीर, गुरु नानक, दादू सुंदरदास इत्यादि थे। सगुण कवि तुलसीदास (*रामचरितमानस*) सूरदास (*सुरसागर*) मीरा बाई इत्यादि थे। रहस्यवादी कवियों में थे जायसी (*पद्मावती*) नूर मुहम्मद (*इंद्रावती*) उथमान (*चित्रावली*) इत्यादि। कई और कवियों जैसे अब्दुर रहीम खान-ए-खाना ने भी हिंदी साहित्य में अपना योगदान दिया। तीसरा युग, रीति काल (प्रेम) का था जो 1643-1850 के बीच का धर्मनिरपेक्ष काल था। इस काल के मुख्य कवि हैं- केशवदास, चिंतामणि, मतिराम, बिहारी इत्यादि

उर्दू

उर्दू की उत्पत्ति अलाउद्दीन खिलजी के सैनिक पड़ावों में फारसी और भारतीय भाषाओं के समागम से हुई। दक्कन में इस भाषा का आधार बना और इस भाषा का विकास सर्व प्रथम बीजापुर और गोलकुंडा में हुआ। सबसे पहले की दक्कनी उर्दू की रचनाओं में एक रहस्यवादी गद्य है- *मीराज-उल-आशिकी* जिसके लेखक थे गेसू दराज (51वीं सदी)। शाह मिरंजी शमसुल (*खुश नामाह*) और बीजापुर के बरहनुद्दीन जानम (*इरशाद नामाह*) गोलकुंडा के मुहम्मद कुली और गवासी (*तूती नामाह*) दक्कन के सबसे मशहूर उर्दू कवि थे। उत्तर भारत में उर्दू अधिक विकसित रूप में मुगलों के समय में आई। 18वीं सदी के हातिम, मिर्जा-जान-ए-जानम, मीर तकी, मुहम्मद रफी सौदा और मीर हसन उत्तर भारत के प्रमुख उर्दू कवि थे।

उड़िया

हालांकि उड़िया भाषा की उत्पत्ति वीं सदी में ही हुई थी किंतु इसकी प्रमुख रचनाएं 13वीं और 14वीं सदी में ही आईं। उड़िया के प्रमुख लेखकों में सरलादास (14वीं सदी में *महाभारत* बलरामदास और जगन्नाथदास थे। बलरामदास और जगन्नाथदास पंचसखा नाम की एक मंडली में से एक थे (15वीं सदी)। भक्ति आदोलन और चौतन्य का उड़िया साहित्य पर काफी प्रभाव था।

बंगाली

बंगाली साहित्य का पहला युग 10वीं और 11वीं सदी के बीच शुरू हुआ। इसका साहित्य मुख्यत: लोक गीतों से भरा था और उस पर सहज पंथ के विचारों का प्रभाव था। दूसरा युग मुस्लिमों द्वारा बंगाल को अधीन करने के बाद 13वीं सदी से 17 वीं सदी तक चला। इस काल की तीन प्रमुख धाराएं थीं-वैष्णव कविताएं - प्रमुख कवि थे चंडीदास, चैतन्य, गोविंददास और कृष्णदास कविराज (16वीं सदी में चैतन्य की *चरित्रनलता*) संस्कृत से अनुवाद-काशीराम (*महाभारत*) कृष्टिवसा ओझा (*रामायण*) और अन्य रचनाएंय कविता का मंगलकाव्य रूप-जो सांप्रदायिक था तथा सुर-असुर के बीच के संघर्ष का विवरण देता था। इसमें मुख्य योगदान माणिकदत्त और मुकुंदराम का था।

गुजराती

13वीं से 15वीं सदी के इसके पहले पक्ष में दो मुख्य रूप थे- प्रबंध (विवरणात्मक कविताएं) और मुक्त (छोटी कविताएं)। इस समय के मुख्य कवि श्रीधर और भीम थे जो पहले प्रकार के कवि थे। राजशेखर, जयशेखर और सोमसुंदर ने दूसरे प्रकार में लिखा। दूसरा युग 13वीं और 15वीं सदी के बीच का था जो गुजराती साहित्य का सुनहरा काल था। इस काल में प्रमुख योगदान करने वाले थे नरसिम्हा मेहता, भलना और अरबो।

मराठी

मराठी साहित्य 13वीं सदी के उत्तरार्द्ध में शुरू हुआ। इसमें महत्त्वपूर्ण योगदान देने वाले संत कवि थे-नाथपंथी कवि (संस्थापक गोरखनाथ) जैसेः मुकुंदराज (*विवेक सिंधु*)। महानुभाव पंथ के संत कवियों ने भी मराठी गद्य और पद्य में महत्त्वपूर्ण योगदान दिया (जैसे *लीलाचरित्र सिद्धांत सूत्रोपता* इत्यादि) दूसरे मुख्य योगदानकर्ता थे-ज्ञानदेव (*ज्ञानेश्वरी* और *अमृततभव* मराठियों के लिए पवित्र हैं) एकनाथ, तुकाराम (अभंग) रामदास और वामन पंडित। 17वीं सदी में *शेवडा* (मराठों की वीरता की युद्धगाथा और *लावणी* (प्रेम रचना)।

तमिल

अलवार और वैष्णव संतों की रचनाएं प्रबंध के नाम से जानी जाती हैं और उनमें से सबसे प्रमुख थे-नलयीराम (बारह अलवार संतों जैसे तिरूमालिसाई अलवर, नम्मलवार इत्यादि के दोहे)। नयनार और शैव संतों का साहित्य तेवरम के नाम से जाना जाता था। मुख्य नयनार संत थे अप्पर, संभनदार और सुंदर। उनकी रचनाएं तिरूमरई कहलाती थीं। कंबन की रामायण जिसे *रामानाटक* भी कहते हैं चोला काल में लिखी गई थी। चोला काल में सेक्किलार की *तिरूक्तेनदार पुराणम्* जिसे *पेरिल पुराणम्* भी कहते हैं, भी लिखी गई। ये 63 नयनार संतों की जीवन कहानी है। पुगालेंदी की नालावेन्त्रा 15वीं सदी में लिखी गई।

तेलुगु

कवियों का समूह, जिसे कवित्रय कहते थे उनमें थे नन्नाया (11वीं सदी) टिक्काना (13वीं सदी) और येराप्रगदा (13वीं और 14वीं सदी)। इन्होंने *महाभारत* का अनुवाद तेलुगु में किया। उनकी दूसरी रचनाएं हैं-नन्नाया का *आधशब्दा चिंतामणि* तथा तिक्काना की *निर्वाचनोधारा रामायण*। दूसरे प्रमुख लेखक थे- भीम कवि (*भीमेश्वर पुरामम* 17 वीं सदी की) नन्ने चौदा (13वीं सदी की *कुमारसंभव*) सोमनाथ (14वीं सदी की *वासव पुराण*) श्रीनाश् *श्रीनगरअनैसदर शिवरात्रि महग्त्यम्र* कसिखदा इत्यादि (15वीं और 16 वीं सदी)। वेमाना (*सतका*), कृष्णदेव राय और उसवेदकवि और मोल्ला (16वीं सदी में एक निम्न जाति के कवि द्वारा *रामायण*)

कन्नड़

कन्नड़ की सबसे पहली महत्त्वपूर्ण रचना है राष्ट्रकूट अमोघवर्षा I की *कविराजमार्ग*। कवि जिन्हें रत्नत्रय के नाम से जाना जाता था, वे हैं–पंपा (9वीं सदी) पूना (10वीं सदी) और रान्ना (10वीं सदी)। उनकी रचनाओं में हैं-पंप की *आपिराण* और *पंपा भारत* पूना की *शांति पुराण* रान्ना की *अजीतनाथ पुराण* और *गधामुद्ध*। नेरहरि, जिसे कन्नड़ वाल्मीकि के नाम से जाना जाता है उसने *तरवी रामायण* लिखी और विरूपाक्ष पंडित ने *चेन्ना बासव पुराण* लिखी (16वीं सदी)।

मलयालम

मलयालम की सबसे पुरानी रचना *उत्रनिली* संदेशम है जिसका 11वीं सदी का कोई अज्ञात लेखक है। इनमें से सबसे महान रामानुज एल्लुत्तोकन ने *हरिनामाकृतानम, भागवतम कीर्तिपत्तु* और अन्य रचनाएं लिखीं।

अभ्यास प्रश्न

1. विजयनगर पर शासन करने वाले वंशों का सही कालक्रम इनमें से कौन-सा है?
   (a) संगमा, तुलुवा, सलुवा, अराविडु
   (c) तुलुवा, संगमा, सलुवा, अराविडु
   (b) अराविडु, संगमा, तुलुवा, सलुवा
   (d) संगमा, सलुवा, तुलुवा, अराविडु

2. इनमें से कौन-सा युगल गलत है?
   (a) निजाम शाही–अहमदनगर
   (c) आदिल शाही–बीजापुर
   (b) बरीद शाही–बेरार
   (d) कुतुब शाही–गोलकुंडा

3. इन विदेशी यात्रियों का सही कालक्रम रूप कौन-सा है?

1	मार्को पोलो	2	निक्रितीन
3	इब्न बतूता	4	निकोलो डी कोंटी
5	अब्दुर रज्जाक	6	बारबोसा

   सही उत्तर का चयन नीचे दिए कूटों से करें–
   (a) 3, 5, 4, 2, 1, 6
   (b) 1, 3, 4, 5, 2, 6
   (c) 6, 2, 1, 4, 3, 5
   (d) 5, 3, 2, 1, 4, 6

4. इनमें से कौन इस्लाम द्वारा प्रभावित था?
   (a) नामदेव (c) चैतन्य
   (b) रामानंद (d) रामानुज

5. भारत में चिश्ती सिलसिला किसने स्थापित किया था?
   (a) निजामुद्दीन औलिया
   (b) सलीम चिश्ती
   (c) शेख मोइनुद्दीन चिश्ती
   (d) हामिदउद्दीन नागौरी

6. बिदर में एक कॉलेज की स्थापना कर इसे महत्त्वपूर्ण शैक्षणिक शहर किसने बनाया था?
   (a) मुहम्मद शाह I (b) अहमद शाह वली
   (c) अली बरीद (d) मुहम्मद गवन

7. दोहे थे–
   (a) सूफियों के धार्मिक उपदेश
   (b) बड़े कारवां ले जाने वाले व्यापारियों का समूह
   (c) मुस्लिम भक्त जो भगवान में मानव की श्रद्धा प्यार द्वारा दिखाते थे।
   (d) कबीर द्वारा लिखे दोहे जिसके द्वारा वे अपने भक्तों को उपदेश देते थे।

8. अमुक्तमाल्याद पुस्तक किस विषय पर है?
   (a) कविता (b) नृत्य
   (c) राजनीति (d) संगीत

9. गुरुमुखी लिपि के विकास में किसका योगदान था?
   (a) गुरु अर्जुन (b) गोलबद लसह
   (b) नानक (d) गुरु अंगद

10. सिख धर्म में खालसा की स्थापना किसने की थी?
   (a) गुरु अंगद (b) गुरु गोबिंद सिंह
   (c) गुरु तेग बहादुर (d) गुरु अर्जुन

11. इनमें से किसे काश्मीर का अकबर कहा जाता था?
   (a) आजम शाह (b) जैन-उल-अबीदीन
   (c) शाहिबुद्दीन शाह (d) शाह मीर

12. रूसी यात्री निकितिन बहमनी राज्य में किसके राज्यकाल में आया था?
   (a) फिरोजशाह (b) मुहम्मद शाह I
   (b) अहमद शाह वली (d) मुहम्मद शाह III

13. इनमें से सती होने के बारे में क्या सही नहीं है?
   (a) सती के बलिदान की याद में सतीकाल बनाए जाते थे।
   (b) इसके लिए कोई बाध्यता नहीं थी तथा यह ऐच्छिक रूप से किया जाता था।
   (c) उच्च वर्ग में यह काफी व्यापक तथा लोकप्रिय था।
   (d) निम्न वर्ग की सती न बनने वाली विधवाओं के साथ किसी तरह का भेदभाव किया जाता था।

14. इनमें से किस फसल का विजयनगर से निर्यात होता था?
   (a) चाय (b) कॉफी
   (c) गोल मिर्च (d) तंबाकू

15. विजयनगर काल में ग्राम सभाओं का पतन हुआ तथा इनका कार्य-कलाप किनके द्वारा ले लिया गया?
   (a) पालीगर (b) नायक
   (c) अयागर (d) महानायकाचार्य

16. किस भक्ति संत के मौखिक प्रवचन बीजक तथा सुखनीदा में संग्रहित हैं?

(a) कबीर (b) नानक

(c) तुलसीदास (d) नामदेव

17. सूफी विचार तर्क-ए-दुनिया का क्या अर्थ है?

(a) प्रबुद्ध दुनिया

(b) संयमी दुनिया

(c) दुनिया का पुनर्निर्लन

(d) चीजों की एकता

18. किस सूफी ने योगियों की सांस प्रक्रिया को अपनाया जिन्हें सिद्ध कहा जाता था?

(a) निजामुद्दीन औलिया (b) फरीद

(c) सलीम चिश्ती (d) मुहम्मद जिलानी

19. इनमें से किस विदेशी यात्री ने अच्युत देव राय के शासनकाल में विजयनगर की यात्रा की थी?

(a) फरनाओ नुनीज (b) निकोलो डी कोंटी

(c) डोलमगो पेस (d) दुआरते बारबोसा

20. किसके प्रयास से संगमा बंधु इस्लाम से वापस हिंदुत्व में आए थे?

(a) सयाना (b) माधवाचार्य

(c) वल्लभाचार्य (d) विध्यारन्य

21. इनमें से कौन-सा क्षेत्र बहमनी तथा विजयनगर के बीच झगड़े का विषय नहीं था?

(a) कावेरी मुहाना (b) कृष्णा गोदावरी मुहाना

(c) कोंकण (d) तुंगभद्रा मुहाना

22. विजयनगर के किस राजा को फिरोज बहमनी ने पराजित किया तथा युद्ध हर्जाने के साथ-साथ विवाह में अपनी पुत्री भी दी?

(a) हरिहर II (b) देव राय I

(c) देव राय II (d) बुक्का I

23. कोविलकोंडा के युद्ध में कृष्ण देव राय ने किस आदिल शाही शासक को पराजित किया था?

(a) इस्माइल आदिल शाह

(b) मुहम्मद आदिल शाह

(c) युसुफ आदिल शाह

(d) फिरोज आदिल शाह

24. 1511 में कृष्ण देव राय के साथ मैत्री संधि स्थापित करने वाले पुर्तगाली गवर्नर का नाम क्या था?

(a) वास्को डी गामा (b) अलबुकर्क

(c) डी अलमिडा (d) नीनो डा कुन्हा

25. इसमें से किस बहमनी सुल्तान ने अपनी राजधानी गुलबर्गा से बिदर स्थानांतरित की थी?

(a) मुहम्मद शाह I

(b) मुहम्मद शाह II

(c) ताज़-उद-दीन फिरोजशाह

(d) अहमद शाह वली

26. बीजापुर की प्रसिद्ध गोल गुंबज (दुनिया की दूसरी सबसे बड़ी गुंबज) तथा फुसफुसाने वाले गलियारे का निर्माण किसने करवाया था?

(a) महमूद गवन

(b) यूसुफ आदिल शाह

(c) इस्माइल आदिल शाह

(d) मुहम्मद आदिल शाह

27. तरफदार कौन थे?

(a) बहमनी राज्य के विभिन्न भागों में स्थित सैन्य अधिकारी

(b) बहमनी सल्तनत के प्रांतीय गवर्नर

(c) बहमनी से टूटे राज्यों के राजस्व अधिकारी

(d) बहमनी राज्य तथा बाद में अन्य टूटे राज्यों में इस्लामी नियमों को लागू करवाने वाले अधिकारी

28. चित्तौड़ के प्रसिद्ध कीर्ति स्तंभ का निर्माण किसने किया था?

(a) रतन सिंह (b) राणा हमीर

(c) राणा कुंभा (d) संग्राम सिंह

29. मदुरै की सल्तनत के संस्थापक कौन थे?

(a) जलालुद्दीन अहसन (b) हुसैन शाह

(c) नुसरत शाह (d) दिलवर खान

30. अभंगा क्या थे?

(a) भक्ति संतों के निवास

(b) निर्गुण संतों का साहित्य

(c) एकनाथ द्वारा रचित कविताएं

(d) महाराष्ट्र धर्म के संतों द्वारा पहने गए कपड़े।

31. इनमें से कौन-से महाराष्ट्र धर्म के संत धराकरी (आम जिंदगी तथा संत जिंदगी का संगम) थे?

(a) रामदास (b) तुकाराम

(c) ज्ञानेंद्र (d) नामदेव

32. दारा शिकोह इनमें से किस सूफी परंपरा का अनुयायी था?

(a) नक्शबंदी (b) कादरी

(c) सत्तारी (d) सुहरावर्दी

33. विजयनगर साम्राज्य की इन प्रशासनिक इकाइयों को अवरोही क्रम में सजाएं–

(i) स्थल (iii) कुरर्म
(iv) ग्राम (v) राज्य
(v) नाडू (vi) वालानाडू

सही उत्तर का चयन नीचे दिए कूटों से करें–

(a) (iv), (vi), (ii) (v), (i), (iii)
(b) (iv), (ii), (v), (i), (vi), (iii)
(c) (iii), (ii), (i), (iv), (v), (vi)
(d) (iii), (i), (v), (ii), (vi), (iv)

34. इन महाराष्ट्र धार्मिक संतों को सही क्रम में सजाएं–

(i) एकनाथ (iii) नामदेव
(iv) रामदास (v) ज्ञानदेव
(v) तुकाराम

नीचे दिए कूटों से उत्तर का चयन कीजिए–

(a) (i), (ii), (iv), (v), (iii)
(b) (iii), (iv), (v), (ii), (i)
(c) (iv), (ii), (i), (v), (iii)
(d) (ii), (iv), (i), (v), (iii)

35. इन विदेशियों की दक्षिण भारत यात्रा की कालक्रमानुसार सूची दें–

(i) निकोलो-डी-कोंटी (iii) डोलमगो पेइस
(iv) मार्को पोलो (v) इब्न बतूता
(v) अब्दुर रज्जाक

उत्तर का चयन नीचे दिए कूटों से करें–

(a) (iii), (iv), (i), (v), (ii)
(b) (iv), (i), (iii), (ii), (v)
(c) (iv), (ii), (v), (i), (iii)
(d) (ii), (i), (v), (iii), (iv)

36. इनमें से कृष्ण देवराय के बारे में क्या सही है?

(i) उन्होंने पुर्तगालियों से गोवा के महत्त्वपूर्ण तट सहित कोंकण छीना।
(ii) वे उम्मात्तुर के विद्रोह को दबाने में सफल रहे तथा श्रीरंगपटनम् राजधानी के साथ में एक नए प्रांत की स्थापना में सफल रहे।
(iii) उन्होंने ओडिशा के गजपतियों को पराजित किया तथा पोतनुरसिमधारी तक के क्षेत्र पर अधिकार कर लिया।
(iv) उन्होंने अपनी मां की याद में नागलापुर शहर बसाया था।
(v) उन्होंने मानव बलि जैसी कुरीति को समाप्त करने के लिए कई कदम उठाए।

सही उत्तर नीचे के कूट से चुनें–

(a) उपरोक्त सभी (b) (i), (ii), (iii) तथा (iv)
(c) (ii), (iii) तथा (iv) (d) (ii) तथा (iv)

37. कृष्ण देव राय के अमुक्तमल्यादा में राज्य के मुख्य खर्च के रूप में इनमें से क्या वर्णित है?

(i) राजा के व्यक्तिगत खर्च तथा दान
(ii) कवि, विद्वान तथा कलाकारों पर खर्च
(iii) विकास कार्य तथा राज्य की सुरक्षा
(iv) घोड़ों को प्राप्त कर उनका रखरखाव
(v) राज्य के विस्तार के लिए सैन्य अभियान

उत्तर नीचे दिए कूटों से चुनें–

(a) उपरोक्त सभी
(b) (i), (ii), (iii) तथा (iv)
(c) (i), (iii), (iv) तथा (v)
(d) (i), (iii) तथा (iv)

38. हाम्पी-विजयनगर में कृष्ण देव राय ने इनमें से किन मंदिरों का निर्माण करवाया था?

(i) पार्वती मंदिर (ii) विट्ठलस्वामी मंदिर
(iii) एकंवरनाथ मंदिर (iv) हजार रामस्वामी मंदिर
(v) कृष्णास्वामी मंदिर (vi) वरदराज मंदिर

उत्तर नीचे दिए कूटों से चुनें–

(a) (i), (ii) तथा (iii)
(b) (ii), (iv) तथा (v)
(c) (i), (ii), (iii) तथा (iv)
(d) (ii), (iii), (iv) तथा (v)

39. महमूद गवन

(i) मुहम्मद शाह III के वकील तथा वजीर थे।
(ii) इन्होंने बहमनी शक्ति को पुन: स्थापित किया तथा कोंकण तथा कृष्णा-गोदावरी डेल्टा को जीता।
(iii) अभिजात वर्ग तथा प्रांतीय नायबों पर अपनी पकड़ मजबूत करने के लिए अनेक प्रशासनिक सुधार किए।
(iv) 'अफाकी' अर्थात पश्चिमी एशिया से आए नए समुदाय का था जबकि उसके विरोधियों को दक्कनी कहा जाता था।
(v) सुल्तान के द्वारा धोखे के आरोप में मृत्युदंड दिया गया था।

(a) उपरोक्त सभी
(b) (i), (ii), (iii) तथा (iv) सही हैं
(c) (ii), (iii), (iv) तथा (v) सही हैं
(d) (i), (iii) तथा (iv) सही हैं

40. इनमें से निर्गुण संत कौन थे?

(i) दादू दयाल (ii) नानक
(iii) रायदास (iv) कबीर
(v) सुंदरदास (vi) धरनीदास

उत्तर का चयन नीचे दिए कूट से करें–

(a) (i), (ii), (iii) तथा (iv)
(b) (ii), (iii), (iv) तथा (v)
(c) (i), (ii), (iv), (v) तथा (vi)
(d) उपरोक्त सभी

41. इन सगुण संतों में से कौन-कौन कृष्ण के भक्त थे?

(i) सूरदास (ii) तुलसीदास
(iii) चैतन्य (iv) मीराबाई
(v) शंकरदास

नीचे दिए कूट से सही उत्तर चुनें–

(a) उपरोक्त सभी
(b) (i), (ii), (iii) तथा (iv)
(c) (i), (iii), (iv) तथा (v)
(d) (ii), (iii) तथा (v)

42. इनमें से कौन-सा सूफी संत चिश्ती सिलसिला का था?

(i) शेख हमीद-उद-दीन नागौरी
(ii) ख्वाजा बाकी बिल्ला
(iii) कुतुबुद्दीन बख्तियार काकी
(iv) शेख सलीम
(v) शेख साहिब-उद-दीन सुहारवरदी
(vi) निजामुद्दीन औलिया

उत्तर का चयन नीचे दिए कूटों से करें–

(a) (i), (ii), (iii) तथा (iv)
(b) (i), (iii), (iv) तथा (vi)
(c) (ii), (iii), (iv) तथा (v)
(d) (iii), (iv), (v) तथा (vi)

43. कन्नड़ साहित्य के रत्नात्रेय थे–

(i) नरहरि (ii) रंपा
(iii) कुमार व्यास (iv) पोन्ना
(v) रान्ना

उत्तर का चुनाव नीचे दिए गए कूटों से करें–

(a) (ii), (iv) तथा (v) (b) (i), (iii) तथा (iv)
(c) (ii), (iii) तथा (iv) (d) (iii), (iv) तथा (v)

44. सूची I तथा II को मिलाकर सही उत्तर नीचे दिए कूटों से करें–

सूची-I	सूची-II
(i) अब्दुर रज़्ज़ाक	(A) इतालवी, रुद्रमादेवी के शासनकाल में काकातिया राज्य आया
(ii) फरनाओ नुनीज	(B) इतालवी, देव राय I के समय विजयनगर आया
(iii) इब्न बतूता	(C) मोखकोटी, हरिहर I के समय विजयनगर आया
(iv) मार्को पोलो	(D) फारसी, देव राय I के समय विजयनगर आया
(v) निकोलो डी कोंटी	(E) पुर्तगाली, अच्युत देव के विजयनगर का भ्रमण

	A	B	C	D	E
(a)	(iii)	(v)	(iv)	(i)	(ii)
(b)	(iv)	(v)	(iii)	(i)	(ii)
(c)	(iv)	(v)	(iii)	(ii)	(i)
(d)	(iii)	(iv)	(v)	(ii)	(i)

45. सूची I तथा II पर विचार करें–

सूची-I	सूची-II
(i) नंदी तिम्मना	कलहस्ती महात्यम
(ii) मदेय्या	राजशेखर चरितम
(iii) धुरजाती	परिजातप हरनाम
(iv) राम राजा भूषण	वासु चरितम
(v) तेनाली रामलिंगा	पांडुरंगा महान्यम्

इनमें से कौन-कौन सही युगल हैं? उत्तर नीचे के कूटों से चुनें–

(a) (i) तथा (iii) (b) (ii) तथा (iv)
(c) (iii) तथा (v) (d) (i) तथा (iv)

46. सूची I तथा II को मिलाकर उत्तर नीचे दिए कूटों से चुनें–

सूची-I	सूची-II
(i) पेलीगार	(A) विभागों के अध्यक्ष
(ii) अयागर	(B) प्रांतीय नायब
(iii) प्रधानिस	(C) वंशगत सैन्य प्रधान
(iv) गुंटा	(D) ग्राम अधिकारी
(v) मंडलेश्वर	(E) ग्राम प्रधान

कूटः

(a) (i)–A, (ii)–E, (iii)–B, (iv)–C, (v)–D
(b) (i)–D, (ii)–C, (iii)–A, (iv)–B, (v)–E
(c) (i)–C, (ii)–D, (iii)–A, (iv)–E, (v)–B
(d) (i)–C, (ii)–D, (iii)–E, (iv)–B, (v)–A

47. सूची I तथा II को मिलाकर नीचे दिए कूटों से उत्तर चुनें–

सूची-I	सूची-II
(i) वासुदेव कृष्ण	(A) ज्ञानमार्ग अथवा ज्ञान का रास्ता
(iii) शंकर	(B) कर्ममार्ग अथवा कर्तव्य तथा कार्य का रास्ता
(iii) रामानुज	(C) राममार्ग अथवा स्वत: प्रेम का मार्ग
(iv) वल्लभ	(D) प्रपतिमार्ग अथवा आत्म समर्पण का मार्ग
(v) चैतन्य	(E) पुष्टिमार्ग अथवा गर्व का मार्ग

कूट:
(a) (i)–A, (ii)–B, (iii)–D, (iv)–E, (v)–C
(b) (i)–A, (ii)–B, (iii)–E, (iv)–C, (v)–D
(c) (i)–B, (ii)–A, (iii)–E, (iv)–C, (v)–D
(d) (i)–B, (ii)–A, (iii)–D, (iv)–E, (v)–C

48. सूची I तथा सूची II पर विचार करें–

सूची-I	सूची-II
(i) तुलसीदास	सूरसागर
(ii) सूरदास	पद्मावत
(iii) जयश्री	रामचरितमानस
(iv) नूर मुहम्मद	इंद्रावती
(v) उत्तमन	चित्रावली

इनमें से कौन-से युगल सही मिले हुए हैं? सही उत्तर नीचे के कूटों से चुनें–
(a) (i), (ii) तथा (iii) (b) (iii), (iv) तथा (v)
(c) (i), (iii) तथा (iv) (d) (ii), (iv) तथा (v)

49. कौन से युगल सही हैं?
(a) प्रबंध–मराठी की प्रेमगाथा
(b) लावणी–मराठों के तीव्र आक्रमण तथा साहस का वर्णन करती कथाएं
(c) मुक्तक–गुजराती की लघुकथा
(d) पोवादा–गुजराती की लंबी वर्णनात्मक कविता

50. सूची I तथा सूची II को मिलाकर उत्तर नीचे दिए कूट से चुनिए–

सूची-I	सूची-II
(i) अलवार	(A) शिव ज्ञान बोधम
(ii) नयनार	(B) नालवेन्बा
(iii) सेक्कीलार	(C) तिरुमुरारी
(iv) मेयकांदर	(D) नलयीरम्
(v) पुगालेंदी	(E) पेरिया पुराणम

कूट:
(a) (i)–D, (ii)–C, (iii)–E, (iv)–A, (v)–B
(b) (i)–D, (ii)–C, (iii)–A, (iv)–B, (v)–E
(c) (i)–C, (ii)–D, (iii)–B, (iv)–E, (v)–A
(d) (i)–C, (ii)–A, (iii)–D, (iv)–B, (v)–E

उत्तरमाला

1. (d)	2. (c)	3. (b)	4. (a)	5. (c)	6. (d)	7. (d)
8. (c)	9. (d)	10. (b)	11. (b)	12. (d)	13. (a)	14. (c)
15. (c)	16. (a)	17. (c)	18. (a)	19. (a)	20. (d)	21. (a)
22. (b)	23. (c)	24. (b)	25. (d)	26. (d)	27. (b)	28. (c)
29. (a)	30. (c)	31. (a)	32. (b)	33. (a)	34. (c)	35. (a)
36. (d)	37. (c)	38. (b)	39. (a)	40. (d)	41. (c)	42. (b)
43. (a)	44. (b)	45. (a)	46. (c)	47. (d)	48. (a)	49. (d)
50. (a)						

अध्याय 12

मुगल साम्राज्य (1556–1707)

12.1 परिचय

महान मुगल इतिहास की रूपरेखा

मुगल साम्राज्य का उदय मध्यकालीन भारतीय इतिहास में एक युगीय परिवर्तन के रूप में जाना जाता है। प्राचीन भारतीय साम्राज्यवादियों की भाँति मुगलों ने विजेताओं एवं शासकों की तुलना में और भी अधिक कार्य किया। उन्होंने एक साम्राज्यीय समाज की स्थापना की एवं अनेक स्रोतों से इसको मजबूती प्रदान की और इसका प्रभाव विस्तार तब तक जारी रहा जब तक बादशाह इसे अधीन बनाने में असमर्थ नहीं हो गये। यह महानतम् मध्यकालीन साम्राज्य पूर्व-मध्यकाल की दहलीज तक बना रहा।

- बाबर एक चगताई तुर्क था, जो उजबेक सेनाओं से बचने के लिए समरकन्द के निकट अपनी पूर्वज भूमि से भाग गया था, उसने भारतीय मैदानों में प्रवेश किया जहाँ उसने तोपों और छोटी बन्दूकों से सज्जित तीव्र घुड़सवार सेनाओं पर आधारित उजबेक युद्ध शैली को अपनाकर विरोधियों को पराजित किया। उसने उत्तर भारत में पंजाब से लेकर बंगाल तक अभियान किये फिर भी वह विरोधियों को पूरी तरह कुचलने में असमर्थ रहा।
- 14 वर्षों बाद लोधियों तथा बाबर के लिए लड़ने वाला एक अफगान योद्धा, जो खुद को शेरशाह सूर (जौनपुर में प्राप्त अपनी फारसी शिक्षा को दर्शाने के लिए) कहता था, ने बंगाल एवं बिहार में एक नये राजवंश की घोषणा की। शेरशाह की सेनाओं ने बाबर के पुत्र हुमायूँ को निर्वासन में धकेल दिया।
- शेरशाह की मृत्यु के उपरांत सूर राजवंश अधिक समय तक नहीं रह सका किन्तु इसकी कई उपलब्धियाँ लम्बे समय तक बनी रहीं जिनमें कई प्रशासनिक नव प्रयोग भी शामिल थे। 1555 ईसवी में दिल्ली पर पुनः अधिकार करने के तुरन्त बाद हुमायूँ की एक दुर्घटना में मृत्यु हो गई।
- उसका 14 वर्षीय पुत्र अकबर 1556 में गद्दी पर बैठा और उसके संरक्षक बैरम खाँ ने सामरिक नगरों को जीता तथा पद से हटने और अपनी हत्या से पहले ही मालवा और राजस्थान को अपने अधीन कर लिया था। अकबर (1556–1605 ईसवी) ने अपनी सेनाओं के साथ विजय अभियान जारी रखा और ये सेना अपने आकार वित्त, नेतृत्व, तकनीक एवं सफलता में सभी पुराने कीर्तिमानों को भंग कर चुकी थी। उसके बाद उसका एकमात्र जीवित पुत्र जहाँगीर (1605–1627 ईसवी) उत्तराधिकारी बना। बाद में उत्तराधिकार के युद्धों में विजय प्राप्त करके उसका पौत्र शाहजहाँ (1627–1658 ईसवी) और उसका प्रपौत्र औरंगजेब (1658–1707 ईसवी) शासक बना। औरगंजेब की मृत्यु के पश्चात साम्राज्य का पतन आरंभ हो गया फिर भी यह राजवंश 1858 ईसवी तक बना रहा जब अंग्रेजों ने इसके अन्तिम उत्तराधिकारी को गद्दी से हटा दिया था।

मुगलों की सैनिक सफलता के कारण

मुगलों की सफलता का रहस्य यह था कि प्रत्येक सम्राट अधिकाधिक सेनाओं को अपनी खुद की सर्वोच्च सत्ता के अधीन फैलाकर रखता था। मुगल सेनापति व्यक्तिगत रूप

से शक्तिशाली, गतिशील, सुसज्जित तथा निर्णायक थे किन्तु उन्हें भी जीवित रहने के लिए साम्राज्य के प्रति निष्ठावान बने रहना पड़ता था। सेनापतियों के ऊपर शक्ति का केन्द्रीकरण उन्हें एक समय तक निष्ठावान रख सकता था किन्तु यह उनकी स्थानीय चुनौतियों एवं अवसरों के प्रति तेजी से प्रतिक्रिया व निर्णय करने की क्षमता को कमजोर भी कर सकता था क्योंकि परिवहन एवं संचार धीमे और खर्चीले थे।

- अधिक केन्द्रीय नियंत्रण महत्वाकांक्षी एवं शक्तिशाली सेनापतियों के बीच निष्ठा को खंडित कर सकता था, मुगल सम्राट तब तक सफल होते रहे जब तक निर्णायक सैन्य शक्ति को नियंत्रित करने वाले अमीरों की निजी निष्ठा कायम रही।
- स्वायत्तता एवं निष्ठा के बीच एक बेहतर संतुलन बनाये रखने के लिए साम्राज्यीय संपत्ति को बढ़ाना आवश्यक था। दूसरे शब्दों में साम्राज्य को जीवित बने रहने के लिए विस्तार की आवश्यकता थी। विस्तार निजी रूप से शक्तिशाली सेनापतियों के लिए अवसर उपलब्ध कराता था जो खुद को तथा अपने अनुयायियों एवं वारिसों को समृद्ध बनाने के लिए साम्राज्य की सेवा में शामिल होते थे।
- एक विस्तारित साम्राज्य महत्वाकांक्षी पुत्रों के लिए नये अवसर पैदा करता था जो अपने भाग्य के लिए अपनी पैतृक विरासत पर निर्भर रहना नहीं चाहते थे। एक सेनापति की साम्राज्यीय संपदा वंशानुगत नहीं हो सकती थी और इसके लिए सम्राटों को अमीरों के बीच संसाधनों एवं नियुक्तियों का पुनर्वितरण करना पड़ता था। विस्तारित साम्राज्यीय संसाधनों ने प्रत्येक पीढ़ी में निष्ठा के लिए प्रेरणायें पैदा कीं। निष्ठा के खण्डन के लिए प्रभावी दण्ड थे, जबकि निष्ठा के लिए सुनिश्चित लाभ प्राप्त होते थे।

साम्राज्यीय मानकीकरण

सैनिक विस्तार के क्रम में अकबर ने नियमों एवं विनियमों की एक केन्द्रीयकृत मुगल प्रणाली का निर्माण किया जिसने उसके साम्राज्य को पूर्व कालों की तुलना में अधिक अधि कारतंत्रीय बना दिया।

- शेरशाह की पद्धतियों का उपयोग करते हुए अकबर ने अपने साम्राज्य को स्वतंत्र प्रशासनिक इकाइयों में संगठित किया जो स्थानीय जरूरतों को पूरा करती थीं। गाँव के समूहों ने परगनाओं का निर्माण किया, उसके बाद सरकार और अन्त में सूबे थे जो आकार में तालुकों, जिलों एवं प्रांतों से एकरूपता रखते थे। उदाहरण के लिए बंगाल का सूबा 19 सरकारों में बँटा था, जिनमें 600 परगने शामिल थे।
- मानक साम्राज्यीय शब्दों में भू-प्रदेशों का यह नामकरण महत्वपूर्ण प्रतीकात्मक और व्यावहारिक प्रभाव रखता था। मानकीकृत भू-प्रादेशिक नामकरण सभी लोगों को पहचान प्रदान करता था और स्थानीय महत्व रखने के बाद भी लोग एक साम्राज्यीय केन्द्रीय स्थान पदानुक्रम के भीतर अपना स्थान रखते थे। इसने साम्राज्य के सभी क्षेत्रों में सामाजिक पहचानों पर साम्राज्यीय पदानुक्रम की एक विचारधारा को लागू किया।
- साम्राज्यीय मानकीकरण मुगल उपाधियों, मुद्रा, बाट, मापदण्ड, मार्गों के नाम, नगरों के नाम, संपत्ति अधिकार, कर, डाक एवं पुलिस जैसे सरकारी कार्यों एवं नागरिक एवं फौजदारी कानून इत्यादि के साथ क्षेत्रीय एवं स्थानीय समाजों में बढ़ता चला गया। शासन की शब्दावली ने राजनीतिक व्यवस्था की एक शब्दावली उत्पन्न की जिसने भाषाओं तथा क्षेत्रों के बीच की सीमाओं को लाँघ दिया था।
- मुगल राजस्व मुख्यत: कृषि भूमि से उगाहे करों से आता था और ये भूमि मानक इकाइयों में मापी जाती थी। कर उत्तरदायित्व अधिकारियों एवं प्रजा के बीच संबंधों को चिन्हित करते थे। भू-कर के भुगतान हेतु जिम्मेदार व्यक्ति को जमींदार कहा जाता था। यद्यपि इसका शाब्दिक अर्थ 'जिसके पास जमीन हो' था फिर भी जमींदार अनिवार्यत: राजस्व बिचौलिये थे जो मुगल अधिकारियों एवं स्थानीय समुदायों के मध्य खड़े थे।
- साम्राज्यीय मानकीकरण जमींदार के ऊपर उसके परगना में शुरू हुआ था। 1556 ईसवी में अबुल फजल के आनुभाविक कृति आइने अकबरी में मुगल भू-प्रदेश की संपत्तियों एवं परिसंपत्तियों का अभिलेखन किया गया जो कि पंजाब से लेकर मालवा, गुजरात एवं बंगाल तक के भू-प्रदेशों की आर्थिक व प्रशासनिक दशाओं पर आँकड़ों का पहला मानकीकृत संग्रह था।
- भूमि के मूल्य के साथ-साथ साम्राज्य की संपत्ति बढ़ती थी और कृषि का विस्तार एक साम्राज्यीय परियोजना थी। अकबर के राज्याभिषेक से लेकर औरंगजेब की मृत्यु तक बंगाल एवं गंगाघाटी में कृषि के अन्तर्गत आने वाले कुल क्षेत्र में 60 प्रतिशत की वृद्धि हुई थी। सबसे नाटकीय परिवर्तन पूर्वी बंगाल में हुआ जहाँ मुगल सेनाओं ने खेती को प्रोत्साहित करने के लिए जंगलों को साफ किया तथा 1966 ई. में एक मस्जिद को समर्थन देने के लिए 166 एकड़ जंगल की भूमि का अनुदान (सनद) दिया गया।

- इस प्रकार पूर्व-मध्यकाल में हिन्दू धर्म के समान, इस्लाम ने भी मुगल भारत के साफ किये गये जंगलों में नये कृषि समाजों की आधारशिला रखी।

12.2 अकबर (1556-1605)

पानीपत की दूसरी लड़ाई–अकबर ने अपने पिता की मृत्यु की खबर पंजाब में अफगानों के खिलाफ युद्ध करते हुए सुनी। बैरम खान ने तुरंत अकबर का राज्याभिषेक करवा दिया, किंतु उसकी स्थिति अभी काफी नाजुक थी। अफगानों ने मुगलों से आगरा-बयाना क्षेत्र छीन लिया। दिल्ली पर हेमू का कब्जा था। पानीपत की दूसरी लड़ाई (1556) में हेमू की जीत होने ही वाली थी कि एक तीर हेमू की आख में लगा और उसके तुरन्त बाद ही हेमू की सेना भाग खड़ी हुई।

बैरम खान का राज्यकाल (राजप्रतिनिधि)–जाने-माने ईरानी विद्वान अछल लतीफ को अकबर का शिक्षक नियुक्त करने के बाद बैरम खान स्वयं अकबर के जीते हुए क्षेत्र को उसके वकील के रूप में गठित करने में लग गया। उसके बढ़ते प्रभाव के कारण अकबर के कुछ संबंधी जिन्हें 'अतकाह खाल' कहते थे, क्षुब्ध हो गए। 1560 में अकबर मात्र 18 वर्ष का था, किंतु स्वतंत्र रूप से शासन करना चाहता था। इसी साल अकबर की एक सौतेली मां महम अंगा ने उसे आगरा से दिल्ली भेज दिया। वहां से अकबर ने बैरम को हज के लिए छुट्टी लेकर मक्का जाने का लिखित निर्देश भेजा। दरबार की राजनीति के दबाव में बैरम ने विद्रोह कर दिया। अंत में जब उसने अकबर के आगे समर्पण किया तब अकबर ने उसे पुन: वहीं मक्का जाने का हुक्म दिया। 1561 में मक्का जाने के रास्ते में गुजरात के पाटन में एक अफगान ने बैरम की हत्या कर दी। उसके चार साल का बेटा अकुर रहीम दरबार में भेज दिया गया।

अकबर का विजय–अकबर के विस्तार की आकांक्षाएं दूसरे सम्राज्यवादियों जैसी ही थीं। उसने उत्तर भारत में आगरा से गुजरात और फिर आगरा से बंगाल और आसाम की सीमा तक अपने कब्जे में कर लिया। उसके बाद उसने उत्तर पश्चिमी सीमाओं को सुखढ़ किया और फिर दक्कन की ओर बढ़ा। उसने बाज बहादुर से मालवा जीता (1561) और फिर गढ़कतंगा (रानी दुर्गावती और उनका नाबालिग पुत्र वीर नारायण मुगलों से युद्ध करते हुए मारे गए) गोंडवाना (1564) गुजरात (1572-73) फतेहपुर सीकरी में बुलंद दरवाजा इसी जीत की खुशी में बनवाया था) बिहार और बंगाल (1574-76) हकीम से काबुल (1581) काश्मीर और बलूचिस्तान (1586) सिंध (1591) ओडिशा (1592) कांधार (1595) खानदेश और अहमदनगर के कुछ क्षेत्र चांद बीबी से (1593-1601) जीते।

1585 में अकबर उत्तर-पश्चिम की तरफ महत्त्वाकांक्षी अब्दुल्लाह खान उजबेक के काबुल जीतने की कोशिश को नाकाम करने के लिए बढ़ा और वहां 1598 में अब्दूल्लाह की मृत्यु तक रुका। इस क्षेत्र में अपने 14 वर्षों के प्रवास में अकबर ने अपने हसन अब्दाल के पड़ाव से तीन अभियान भेजे। एक काश्मीर और दूसरा बलूचिस्तान गया। तीसरा अफगानों की आदि जाति और अफगानों के एक धार्मिक आदोलन रोशनिया के दमन के लिए गया। अकबर के शुरू के रोशनिया और आदि जाति के लोगों के खिलाफ के ये अभियान असफल रहे। 1586 में उसका विश्वासी मित्र बीरबल (एक ब्राह्मण) यूसुफजाइयों द्वारा मारा गया। काश्मीर अभियान के सेना-नायकों में से एक राजा भगवान दास, काश्मीर के अंतिम शासक यूसुफ खान को समर्पण करवाने में कामयाब हो गया। किंतु अकबर उसकी शर्तों को मानने के लिए तैयार नहीं था। उसने राजा और उसके बेटे को बंदी बना लिया। अकबर द्वारा भेजी गई सेना ने 1586 में काश्मीर पर कब्जा कर लिया और उसे काबुल राज्य की एक सरकार घोषित कर दिया गया। बलूचिस्तान भेजी गई सेना ने भी बलूचियों से समर्पण करवा लिया और 1590-91 में सिंध भी फतह कर लिया गया। अकबर के शासनकाल के शुरू में ही ईरान के शाह ने कांधार पर कब्जा कर लिया था। अत: अकबर ने अपने मशहूर सेना-नायक अब्दुर रहीम खान-ए-खाना के नेतृत्व में वहां एक सेना भेजी। कांधार के राज्यपाल ने आत्मसमर्पण कर दिया और वह मुगल साम्राज्य का एक हिस्सा बन गया। अब मुगल की सीमाएं सिंध, बलूचिस्तान, काबुल और काश्मीर से लेकर हिंदुकुश तक थीं और समय की सबसे विस्तृत और संगठित सुरक्षा सीमाएं थीं। ऐसी सुदृढ़ सीमाएं अब तक भारत ने नहीं देखी थीं। किसी और भारतीय शासक ने ऐसी सीमाओं पर नियंत्रण नहीं किया था जैसा कि अकबर ने। अहमदनगर, चांद बीबी और दक्कन ने अभी भी वीरता से इनकी रक्षा की।

राजपूत नीति–बेर के राजा भारमल कछवाहा ने अपनी सबसे बड़ी बेटी से अकबर का विवाह करवाया। राजा भगवान दास (राजा भारमल का उत्तराधिकारी) और मान सिंह (भानजा औरदगोद लिया हुआ पुत्र) का मुगलों के उच्च पदों पर आसीन किया गया।

एक के बाद एक सारे राजपूत राज्यों ने अकबर के आगे समर्पण कर दिया। किंतु मेवाड़ के राणाओं ने कई हारों के बावजूद अभी भी मुगलों के आगे घुटने नहीं टेके थे। विशेषकर हल्दीघाटी की लड़ाई में (1576) जिसमें राणा प्रताप को मान सिह के नेतृत्व वाली मुगल सेना से बुरी तरह हारना पड़ा था।

सुलई-कुल की नीति–1575 में अकबर ने अपने द्वारा बनाए नए शहर फतेहपुर सीकरी में जामा मस्जिद के निकट इबादत खाना (प्रार्थना घर) के निर्माण का निर्देश दिया। शुरू में धार्मिक तर्क-वितर्क में सिर्फ सुन्नी भाग ले सकते थे। अब्दुला कादिर बदायूनी और अबुल फजल प्रमुख बोलने वाले थे। इन दोनों को प्रशिक्षण अबुल फजल के पिता शेख मुबारक ने दिया था। हल्दीघाटी के युद्ध के बाद अकबर ने धार्मिक वाद-विवाद में सभी धर्म के लोगों को शामिल किया जैसे शिया, हिंदू, ईसाई और पारसी। उसे इस बात का विश्वास हो गया की सभी धर्मों में कुछ सत्य है, न कि सिर्फ इस्लाम में।

एक मुश्किल समय में शेख मुबारक ने अकबर को उलेमा से लिखित निर्देश लेने की सलाह दी, जिसमें लिखा हो कि सम्राट कानूनी ममलों में निर्णय लेने में सक्षम है। अंतत: एक प्रमुख उलेमा ने शेख मुबारक के निर्देशन में एक मजहर नामक दस्तावेज पर अगस्त-सितंबर 1579 में दस्तखत कर दिया। वीए. स्मिथ ने इसे एक 'अचूक विधान' कहा है।

फादर मॉन्सरेट, अकबर के दरबार में जेस्वइट मिशन का एक सदस्य (1580-83) जो उसके सौतेले भाई मिर्जा हाकिम के खिलाफ अकबर के साथ उसके काबुल अभियान में गए थे उन्होंने यात्रा के दौरान हुई धार्मिक बातचीत का ब्यौरा दिया है। एक दूसरे जेस्टइट लेखक ने लिखा है कि काबुल से लौटने के बाद अकबर ने एक नए धर्म की स्थापना की और उसका प्रमुख भी स्वयं बना। बारतोली लिखते हैं कि इस धर्म की चर्चा ज्ञानियों ने एक समिति में की। इस समिति के साथ ही अकबर के नए धर्म दीन-ए-इलाही की शुरुआत हुई, किंतु तीन जेस्सइट मिशन के पत्र और रिपोर्टों के अनुसार किसी नए धर्म की स्थापना नहीं हुई थी। समकालीन स्रोतों में भी अकबर के किसी नए धर्म का निर्देश नहीं मिलता है, परंतु निश्चित रूप से उसने राज्य के लोगों को भक्ति के चार गुणों का पालन करने के निर्देश दिए वह था- अपने शासन के लिए अपना जीवन, संपत्ति, सम्मान तथा धर्म को त्यागना।

आइना-ए-अकबरी में अबुल फजल ने ऐसे कई आदेशों की चर्चा की है जो अकबर ने राज्य को धर्म निरपेक्ष बनाने के उद्देश्य से दिए। रूढ़िवादी बदायुनी ने इन्हें अवैध बताया है। उदाहरण के तौर पर अकबर ने बहु-विवाह को बंद कर दिया और खास मामलों में ही दूसरी पत्नी का होना जायज बताया। उसने बाल विवाह भी बंद करवा दिया और कुछ दिनों में जीव हत्या भी बंद करवा दी।

सलीम का विद्रोह–सलीम 1569, शेख सलीम चिश्ती के आशीवाद से हुआ और उन्हों के नाम पर उसका नाम पड़ा। सलीम की मां एक कछवाहा राजकुमारी थी, किंतु जब 1601 में सलीम ने इलाहाबाद में विद्रोह किया तो अकबर ने अबुल फजल से मदद करने को कहा। अबुल फजल को सलीम ने बुंदेला सरदार बीर सिंह द्वारा ग्वालियर के निकट मरवा दिया जब वह आगरा की ओर जा रहा था। सलीम ने 1591 से ही अपने कर्त्तव्यों से मुंह मोड़ रखा था और दक्कन अथवा ट्रांसआक्सीयाना के लिए अभियान का नेतृत्व करने से मना कर दिया। अकबर की मां हमीदा बानू बेगम और उसकी बुआ गुलबदन बेगम ने अकबर को सलीम की तरफ थोड़ा नरम किया।

सिंहासन पर बैठने पर जहांगीर (सलीम) को सबसे बड़ा खतरा अपने बेटे खुसरो से ही आया जो मान सिंह की बहन से पैदा हुआ था। अकबर खुसरो को उत्तराधिकारी नहीं बनाना चाहता था किन्तु उसने उसे सलीम के खिलाफ इस्तेमाल किया। 1605 में अकबर की मृत्यु के बाद सलीम के खिलाफ षड्यंत्र का अंत हो गया।

मनसब प्रथा

अर्थ

मुगलों के शासनकाल में मनसब (अथवा पद) का अर्थ था उसके पाने वाले की प्रशासनिक स्थिति। पद के अलावा यह उसके वेतन, घोड़ों और सैनिक और उपकरणों के साथ सेना रखने की क्षमता भी दर्शाता था। मुगलों की मनसब प्रथा एक ऐसी प्रथा थी जिसमें सैनिक और असैनिक प्रशासन सभी एक में मिले हुए थे। इस प्रथा के अनुसार 'मनसबदारी' कुलीनों और सेनानायकों को प्रशासन में महत्त्वपूर्ण पदों के साथ दी जाती थी। इस प्रकार मुगलों की 'मनसब प्रथा' में लोक सेवा के सभी पद (सैनिक, असैनिक और वित्तीय, न्यायिक को छोड़कर) शामिल थे।

अकबर के समय के मुख्य पहलू

दाग और चहरा–दाग (घोड़ों का) और चहरा या तशीबा (सैनिकों की सूची) जिसका उद्देश्य धोखाधड़ी को रोकना,

मरातिब के हिसाब से पदों का बंटवारा और सैनिक कार्यों की देखभाल था। ये सभी अकबर के शासन के पहले वर्ष (1574) में किया गया। इस प्रकार मनसबदार के पद और उसके द्वारा रखे गए घुड़सवारों की संख्या में सीधे संबंधों की शुरुआत हुई।

जात और सवार–नवें साल से मनसब प्रथा दो पद जात और सवार द्वारा आकी जाने लगी (1597)। जात द्वारा वेतन और प्रशासनिक पदवी ज्ञात होती थी। सवार द्वारा घुड़सवारों की संख्या और उन्हें दिया जाने वाला वेतन निश्चित होता था।

तीन वर्ग–पहला वर्ग उनका था जिनके सवार और जात पद एक बराबर थे, दूसरे वे जिनके सवार पद जात पद से कम थे, लेकिन जात से आधे से ज्यादा कम नहीं। तीसरे वे जिनके सवार उनके जात से आधे से ज्यादा कम था।

अन्य लक्षण–मनसबदार सीधे सम्राट के अधीन होता था बड़ी मनसबदारी छोटों को मिलाकर नहीं बनती थी) 5000 और उससे ज्यादा की मनसबदारी सिर्फ राजकुमारों और शाही खानदान के लोगों को दी जाती थी, मनसब आनुवंशिक नहीं थे बल्कि काबलियत पर मिलते थे। सवार पद ज्यादातर या तो जात के बराबर होते थे या उनसे कम। जात पद हमेशा सवार से पहले आते थे क्योंकि जात ज्यादा महत्त्वपूर्ण थे। सवार के बिना जात हो सकते थे किंतु जात के बिना सवार नहीं। आइना-ए-अकबरी के अनुसार पद दहबाशी (दस का नायक) से लेकर दहहजारी (10,000 का नायक) तक थे। कुल मिलाकर वे 66 थे किंतु उनमें से सिर्फ 36 की चर्चा मिलती है।

जहांगीर के योगदान

सिहस्या पद–दुअस्पा-सिहस्पा (2-3 घोड़े पद की शुरुआत जिसका अर्थ था घुड़सवार 2-3 घोड़ों वाले, अत: ये सवार पद से संबंधित थे। यह सम्राट द्वारा खास लोगों को खास अनुग्रह के रूप में दी जाती थी। यह उन मनसबदारों को भी दिया जाता था जो सैनिक अभियानों में लगे थे। ये पद सवार पद को दुगुना कर देता था और इस तरह इसके साथ खास अधिकार भी मिलते थे।

शाहजहां के योगदान

एक तिहाई-एक चौथाई के नियम-इस नियम के अंतर्गत मनसबदारों के दायित्व को कम कर दिया गया। अब जहां मनसबदार की जागीर थी, वहां उसकी सेना की टुकड़ी उसके सवार पद की एक तिहाई होनी चाहिए थी। कहीं और होने से एक चौथाई। जो बल्ख, बदाक्शां और काबुल में थे उनके लिए सिर्फ।

मासिक आय–मनसबदारों के हासिल (जागीर से मिला वास्तविक कर) हमेशा जमा (अनुमानित आय) से कम होते थे जिन पर उनका मासिक वेतन आधारित था। इस अंतर को देखते हुए सम्राट ने जागीरों को आठ मासिक जागीरों और छह मासिक जागीरों में बाँट दिया। इसके अनुसार एक वर्ष की जागीर से आय असल में आठ या छह महीने की आय के हिसाब से आकी गई न कि 12 महीनों के आधार पर। इस जमा और हासिल के अनुपात को आँकने के नए तरीके से मनसबदारों को काफी राहत मिली।

जागीर व्यवस्था

अर्थ

जागीर अथवा 'तुयुल' जमीन की एक ईकाई थी जिससे मिला राजस्व मनसबदारों को उनके वेतन के स्थान पर दिया जाता था। वेतन के स्थान पर दी जाने वाली जागीर को तनख्वाह जागीर कहते थे। इसके अलावा वेतन जागीर (आनुवंशिक) भी थे जो स्वतंत्र सरदारों के थे। इनमें जो मुगलों की सेवा में थे उन्हें भी तनख्वाह जागीर दी जाती थी। ऐसा पाया जाता है कि 1647 में राज्य की कुल जमा का साठ प्रतिशत 500 और उससे ज्यादा के 445 मनसबदारों के जिम्मे था। मुगलों के शासनकाल में जागीर क्षेत्र, जिसका राजस्व मनसबदार के वेतन के रूप में ज्यादा था, के अलावा खालिसा क्षेत्र भी थे जिसके द्वारा सम्राट के निजी खर्चे और महल के खर्चे निकाले जाते थे। इस प्रकार मुगलों की जागीर दिल्ली सल्लनत की इक्ता प्रथा जैसी थी।

इक्ता के जैसी जागीर प्रथा भी मनसबदारों को कोई आनुवंशिक हक नहीं देती थी। वह तब तक ही जागीर रख सकता था जब तक उसके पास मनसब था और जब तक वह राज्य की सेवा में था। दूसरे शब्दों में तब तक जब तक वह सम्राट की सेवा में था, क्योंकि मुगल समय में सम्राट और राज्य में कोई अंतर नहीं था। जागीरों पर किसी तरह के आनुवंशिक प्रभाव को रोकने के लिए मुगलों ने जल्दी-जल्दी जागीरों के फेरबदल की नीति अपनाई।

इस प्रकार जागीर प्रथा मनसब प्रथा से ही संबंधित थी। वास्तव में यह मनसब प्रथा का ही एक अंग था। महत्त्वपूर्ण बात यह है कि सभी जागीरदार मनसबदार थे, किंतु सभी मनसबदार जागीरदार नहीं थे क्योंकि कुछ मनसबदार नकद वेतन पाते थे, जागीर के जरिए नहीं।

जागीरदारी में अस्तव्यस्तता

जागीरदारी प्रथा में समस्यायों का अर्थ है कुलीनों द्वारा सबसे फायदे वाली जागीरों को अपने किनारे करना, किंतु एक बड़े स्तर पर ये समस्याएं मुगलों के राज्य की आर्थिक और सामाजिक संबंधों की थीं। इससे भी ज्यादा कृषि और उस पर आधारित प्रशासन के संबंधों की थीं। इसके निम्नलिखित मुख्य कारण, थे–

- मध्ययुगीन भारतीय समाज का ढाँचा, जिसने कृषि के विकास को सीमित कर दिया और जिसका संतुलन कई कारणों से बिगड़ सकता था जैसे-केंद्र में शासन के लिए संघर्ष, कुलीनों की उदासीनता इत्यादि इस अस्तव्यस्तता के मुख्य कारण थे।
- मुगलों की प्रशासन व्यवस्था का टूटना और बाद के मुगल शासकों की कमजोरी भी प्रमुख कारण था।
- एक और कारण था शासक वर्ग की संख्या में वृद्धि और उनकी बढ़ती मांगें-जैसे कुलीन वर्ग और उनके आश्रित ये सभी राज्य के राजस्व पर आश्रित थे। मनसबदारों की संख्या 1605 में 2000 से बढ़कर–1675 में 12000 हो गई।
- शाहजहां और औरंगजेब दोनों के द्वारा खालिसा क्षेत्रों में वृद्धि और युद्धों मे बढ़ते खर्चे, जो औरंगजेब के शासनकाल में काफी बढ़ गए थे।
- अंतत: जमींदारों और किसानों के विद्रोह जो कुलीनों के गैर-कानूनी करों के कारण हुए।

प्रशासनिक सुधार

राजनीतिक विचारधाराएं

राजाधिकार का सिद्धांत–अबुल फजल ने मुगल राजाधिकार के सिद्धांत को एक नया रूप दिया। उसके अनुसार राजाधिकार,एक संस्था फर-ए-इजादी (पवित्र फरमान) थी न कि कोई एक व्यक्ति। उनका बादशाह अथवा शहंशाह (राजाओं का राजा) धरती पर ईश्वर का प्रतिनिधि था और सबसे अलग था। इस विषय पर दूसरा प्रमुख ज्ञानी था शेख अक्ल हक दिहलवी जिसने *नुरिय्या-ए-सुल्तानिया* लिखी-एक विवेचना, जो जहांगीर के शासनकाल में इस विषय के सभी पहलुओं की व्याख्या करती है।

पूर्ण स्वायत्तता–सम्राट की संपूर्ण स्वायत्तता, बाहरी और भीतरी दोनों थीं। अंदर से हर व्यक्ति और संस्था सम्राट के अधीन थी। बाहर से मुगल सम्राट किसी दूसरे वशिष्ट प्रमुख जैसे खलीफा को नहीं मानते थे जो दिल्ली सल्लनत के सुलान मानते थे।

साम्राज्यवाद–मुगलों की साम्राज्यवादी नीति के कारण वे ने सिर्फ पूरे पूरे भारत को बल्कि भारत से बाहर मध्य भारत, अफगानिस्तान इत्यादि को भी अपने राज्य में मिलाना चाहते थे।

राजवांशिक निष्ठा–मुगल प्रशासन राजवांशिक निष्ठाओं पर टिका था। सैद्धांतिक तौर पर प्रशासनिक पद सभी के लिए थे किंतु वास्तव में सिर्फ शाही मूल के लोग उसमें शामिल किए जाते थे। सरकारी सेवकों की निष्ठा संस्थाओं के लिए नहीं, बल्कि राजवंशों के लिए होती थी।

केंद्रीय प्रशासन

सम्राट-मुगल शासन का रूप निरंकुश राजतंत्र का था। सम्राट कार्यपालिका, वैधानिक न्यायपालिका और सेना सभी का प्रमुख था। किंतु उसका प्रमुख कर्तव्य प्रजा का कल्याण था। शाही उजुक (छल्ला) उच्च अधिकारियों की नियुक्ति के फरमानों पर लगाए जाते थे जैसे जागीर इत्यादि। सम्राट की निरंकुशता पर सिर्फ दो बंधन थे-कुलीन और उलेमा। किंतु सिद्धांत में कुलीन सम्राट के अधीन थे, सम्राट कुलीनों को नजरअंदाज नहीं कर सकता था।

वकील–यह सम्राट का प्रतिनिधि था अत: सम्राट के नाम पर सभी अधिकार उसके पास थे। बैरम खान के बाद इस पद का प्रभाव खत्म हो गया और यह पद सिर्फ एक सजावट के ही रूप में रह गया।

वजीर अथवा दीवान–दीवान-ए-कुल के रूप में यह राजस्व विभाग का प्रमुख था। वकील के न होने पर वह प्रधानमंत्री के रूप में भी काम करता था अत: उसे वजीर भी कहते थे।

मीर बखाई-यह सैनिक विभाग का प्रमुख और मनसब प्रथा शुरू होने के बाद वेतन देने वाले के रूप में भी कार्य करता था। राज्य और मनसब प्रथा के विस्तार के बाद मीर बख्याई काफी शक्तिशाली हो गया, कभी-कभी वजीर जितना भी और इस प्रकार वजीर के प्रभाव को कम करता था।

सद्र-उस-सदर–यह धार्मिक विभाग का प्रमुख था और इस प्रकार राज्य की धार्मिक नीतियों की देख-रेख भी करता था। इसके अलावा, दान और अनुदान भी इसी के जिम्मे था-सद्र और मुख्य काजी काजी-उल-कुजत के पदों का मिला-जुला रूप और इस प्रकार न्याय विभाग का भी प्रधान था। दिल्ली सल्लनत के धर्म निरपेक्ष काजी (अमीर-ए-दाद का मुगल समतुल्य मीर- अदल था जो काजी के निर्णयों

को जारी करता था। मुहतासिब और मुफ्ती काली के अधीन अधिकारी थे।

खान-ए-सामन–यह शाही घराने और शाही कारखाने का प्रधान था। धीरे-धीरे ये केंद्र में काफी ऊंचा पहुंच गया। पहले यह सिर्फ शाही घराने की देख-रेख करता था और कारखानों की देखभाल दीवान-ए-बायुतात करता था किंतु बाद में इसे खान-ए-सामन के नीचे कर दिया गया।

अन्य–इनके अलावा केंद्र में अन्य कई मंत्री थे, किंतु उनमें से इनके जितना कोई महत्त्वपूर्ण नहीं था। ये थे दीवान-ए-खालिसा खालिसा क्षेत्रों का अधिकारी) दीवान-ए-तान (जागीरों की देख-रेख) मुशरिफ-ए-मुमालिक (खाता-मुनीम) मुस्ताइफ-ए-मुमालिक (लेखा-परीक्षक) दरोगा-ए-डाकचौकी (डाकखाना प्रधान) मीर-ए-अर्ज (अर्जियों की देख-रेख) मीर-ए-माल (खजानों की देख-रेख) मीर-ए-तोझक (उत्सवों का जिम्मेदार) मीर बहरी (जहाजों और नौकाओं का जिम्मेदार) मीर-मंजिल (महलों का जिम्मेदार) मीर आतिश और दरोगा-ए-तोपखाना (तोपों का प्रमुख)।

इनके अलावा प्रांतों में कई अधिकारी थे जो केंद्र में अपने वरिष्ठ के अंतर्गत कार्य करते थे। ये थे–मुहतासिब (जनता के आचरण का जिम्मेदार) वाकिया नवीस (संवाददाता) खुफिया नवीस (खुफिया पत्र लेखक) हरकारा (जासूस और खास पत्रवाहक) इत्यादि।

कुछ खास सेना की टुकड़ियां मनसबदारों के जिम्मे नहीं थीं बल्कि खुद सम्राट उनकी देख-रेख करता था। उनके उपकरण उच्च कोटि के थे और प्रत्येक के जिम्मे 5 घोड़े थे। वे एक खास दीवान और बागी के अंतर्गत थे।

प्रांतीय प्रशासन

अकबर ने अपने साम्राज्य का सिलसिलेवार ढंग से कई सूबों अथवा प्रांतों में विभाजन किया। अकबर की मृत्यु के समय उनकी संख्या 15 थी, शाहजहां के समय उनकी संख्या बढ़ाकर 19 की गई और औरंगजेब के शासनकाल में 21। अकबर ने सभी प्रांतों में एक समान प्रशासनिक व्यवस्था की स्थापना की।

प्रमुख अधिकारी–राज्यपाल सूबेदार या सिपह-सलार के नाम से जाना जाता था और कभी-कभी नईम भी कहा जाता था। उसकी जिम्मेदारियों में-कानून व्यवस्था की देखभाल, शाही फरमानों को लागू करना इत्यादि था। प्रांतीय दीवान राजस्व विभाग की देख- भाल करता था और उसकी अहमियत केंद्रीय दीवान-ए-कुल जैसी थी। वह प्रांतीय सूबेदार पर नजर रखता था और सीधे केंद्रीय दीवान के अधीन था। बागी सीधे मीर बखााई के अधीन था और दोनों की जिम्मेदारियां एक जैसी ही थीं। दूसरे प्रांतीय अधिकारी काजी, सद्र, मुहतासिब इत्यादि थे।

स्थानीय प्रशासन

प्रांतों का विभाजन सरकारों में किया गया था। सरकारों का विभाजन परगनाओं में किया गया था जो गांवों के समूह होते थे। सरकारें और परगनाओं का विभाजन करीब-करीब शेरशाह के प्रशासन जैसा ही था। मुगल इनमें कुछ ही बदलाव लाए थे।

गांवों के वे समूह जो केवल वित्तीय मामलों के लिए बनाए गए थे, उन्हें महल कहते थे। प्रशासनिक सुविधाओं के लिए प्रांतों का विभाजन फौजदारियों में भी किया गया था। फौजदार कई परगनाओं का जिम्मेदार होता था पर पूरी सरकार का नहीं। फौजदारी कई छोटी इकाइयों से बने थे जिन्हें थाना कहते थे और ये सैनिक अड्डे थानेदारों के अंतर्गत होते थे। सैनिक पुलिस और न्यायिक सभी कार्य फौजदार करते थे और राजस्व प्रशासन में भी मदद करते थे। जमींदार, जागीरदार और अमीलों के विद्रोहों को दबाने में उनकी मदद ली जाती थी।

केंद्र और प्रांतों के संबंध–प्रांत, सरकार और परगनाओं की नियुक्ति केंद्र द्वारा की जाती थी। अतः वे केंद्र के प्रति जिम्मेदार होते थे। इसके अतिरिक्त केंद्र, प्रशासनिक अधिकारियों के तबादले करता रहता था ताकि उनकी स्थानीय जड़ें मजबूत न हो सकें। केंद्रीय अधिकारी और स्वयं सम्राट भी बराबर प्रांतों में जाते रहते थे ताकि वहां का प्रशासन ठीक से चलता रहे। घुड़सवार एवं पत्र वाहक इत्यादि राज्य के एक कोने के समाचार दूसरे कोने में हमेशा पहुंचाते रहते थे। इब्न बतुता के अनुसार हर चार मील पर एक 'उलुक' घुड़साल था जहां शाही घोड़े खड़े रहते थे। पैदल वाहकों के अड्डे जिन्हें 'दावा' कहते थे, हर मील में तीन थे। इन दोनों में पैदल धावक, घुड़सवार से ज्यादा तेज था। इन सबके बावजूद केंद्र का प्रांतों पर हमेशा उतना प्रभाव नहीं रहा। विशेषकर, कमजोर शासकों के शासनकाल में।

राजस्व प्रशासन

अकबर के शासन के आठवें वर्ष तक कुछ बदलावों के अतिरिक्त राजस्व प्रशासन का मुख्य आधार शेरशाह के ही समय का रहा। कुछ बदलाव जागीरों की बढ़ती संख्या के कारण लाए गए थे। अकबर के 24वें वर्ष तक कई फेर-बदल हुए उसके बाद भू-राजस्व प्रशासन में स्थिरता आ गई।

भू-स्वामित्व

जमीन पर किसानों के आनुवंशिक हक को मान्यता मिली। अबुल फजल के अनुसार, 'जमीन उसकी है जो जंगल साफ करता है।' राजा, जागीरदार और जमींदार के अधिकार सिर्फ करों पर हैं।

गणना के तरीके

केंद्र के द्वारा राजस्व पूरे वर्ष के हिसाब से का जाता था, जबकि उपज में कई उतार-चढ़ाव आते रहते थे। अकबर एक समान अंकन चाहता था जिससे गरीबों पर कम से कम अत्याचार हो। इनमें से कुछ थे-

बटाई अथवा गल्ला-बख्श–इसके अंतर्गत विभाजन विभिन्न तरीकों से किया जाता था। सबसे पहले, कटाई के तुरंत बाद सीधे खेत पर जाकर प्रशासन का हिस्सा तय किया जाता था। दूसरा, कटाई के बाद पैदावार को बराबर हिस्सों में बांटा जाता था और कुछ विशेष हिस्से सरकार के करार दिए जाते थे। तीसरा, कटाई के पहले ही खड़ी फसल को देखकर राज्य का हिस्सा आंक लिया जाता था।

कंकुट–एक सर्वेक्षण के पश्चात किसान और अधिकारी आपसी समझौते के आधार पर अपने हिस्सों का अनुमान लगा लेते थे।

नसक–इसके अनुसार राजस्व का अनुमान पिछले भुगतानों के आधार पर लगाया जाता था।

गणना–सबसे पहले अलाउद्दीन खिलजी फिर शेरशाह द्वारा यह गणना प्रयोग में लाई गई-जमीन, अच्छी, बुरी और बीच की में बांटी गई।

अकबर के प्रयोग

जब्ती अथवा बंदोबस्त विधि-इस विधि के अंतर्गत एक नया जामा बनाया गया। राजा टोडरमल (एक खत्री) ने पुराने जामा को अविश्वसनीय पाया और फिर कानूनगो से एक सही विवरण लेकर अकबर के 15वें शासन वर्ष में नया जामा पेश किया- अकबर ने करोड़ी प्रयोग की शुरुआत खालिसा क्षेत्रों को बढ़ाकर की ताकि राजस्व विभाग को गणना में सुविधा हो। खालिसा क्षेत्रों को गोलाकार क्षेत्रों (वृत्तों) में बदल दिया गया। हर क्षेत्र एक करोड़ का राजस्व देता था। इसी कारण इसे करोड़ी प्रयोग कहते हैं। हर वृत्त एक राजस्व अधिकारी के अंतर्गत था जिसे करोड़ी कहते थे। कोशिश यह थी कि ज्यादा से ज्यादा वृहत अंकन किया जा सके। रस्सी के स्थान पर 1575 में 'तनब' (बीस की दो कड़ियों से बना एवं लोहे के एक छल्ले से जोड़ा गया) का प्रयोग जमीनों की माप के लिए किया गया।

इस तरह का नाप सभी 'सूबों' में संभव नहीं था। अत: कुछ सूबों में पहले के तरीके जैसे बटाई, कैकुट इत्यादि ही प्रयोग होते रहे। ये सभी एक नए राजस्व अंकन के भाग थे जिसे जब्दी या बंदोबस्त प्रथा कहते थे।

दहसाला प्रथा–जब्ती प्रथा के आधार पर टोडरमल ने दो नए सुधार कार्यक्रम लागू किए। ये दोनों कार्यक्रम सामूहिक तौर पर आइन-ए-दहसाला कहलाए और 1580 में पूरे हुए।

- इस नियम के अंतर्गत जमीन चार श्रेणियों में बांटी गइ जैसे- पोलज (प्रतिवर्ष उपज वाली) परौती-छोटे समय-1 या 2 वर्ष-के लिए परती छोड़ी जाने वाली, चचर-3-4 वर्षों तक परती छोड़ी जाने वाली और बंजर-5 वर्षों से अधिक परती छोड़ी जाने वाली जमीन।
- 1588 में टोडरमल ने नाप एक समान इकाई निकाली जिसे इलाही गज (33 इंच का गज) कहते थे। फिर जैसा कि अबुल फजल ने लिखा है आइन-ए-दहसाला के अंतर्गत हर परगने के 10 वर्षों का जायजा उसकी उपज और उपज के दामों के हिसाब से लिया जाता था। कोशिश यह थी कि एक स्थायी जमा स्थापित हो और दस्तुर-उल-अमल और वार्षिक अंकन की समस्याओं को दूर किया जा सके। अत: 24वें शासन वर्ष में विभिन्न क्षेत्रों के लिए दस्तूर तैयार किए गए जो प्रति बीघा की नकद दर थे। पिछले दस सालों की उपज का औसत लिया गया और नकद-दर स्थायी तौर पर निर्धारित की गई। व्यावसायिक पैदावार के लिए अलग दस्तूर तैयार किए गए।

भुगतान की विधि

भुगतान ज्यादातर नकद में ही होता था, पर कुछ अपवाद भी थे। जैसे काश्मीर और ओडिशा में भुगतान माल द्वारा होता था। नकद भुगतान किसानों के लिए मुश्किल था। उपज के तुरंत बाद किसानों को कम दामों पर फसल बेचनी पड़ती थी क्योंकि करों का भुगतान नकद करना पड़ता था। इस प्रकार पैसों की काफी मांग थी जिससे बनियों की पकड़ बहुत मजबूत हो गई थी।

संग्रह के तरीके

- ग्राम स्तर पर पटवारी थे। वे एक बही रखते थे जिसमें किसान, उनकी जमीन और अंकित कर का विवरण होता था। ये सबसे महत्त्वपूर्ण दस्तावेज होता था और विवादों को समाप्त करने के काम आता था। ग्राम प्रधान

जो परगने के राजस्व अधिकारी की मदद राजस्व संग्रह में करता था, उन्हें राजस्व का ढाई प्रतिशत भुगतान के रूप में मिलता था।

- इसके अतिरिक्त परगना स्तर पर कानूनगो थे। कानूनगो का पद आनुवंशिक था। वह इनका अभिलेख रखता था। दक्कन और गुजरात में इन्हें देसाई कहते थे। ये किसानों को तक्कवी उधार देने और करों के अंकन का भी जिम्मेदार था। सरकार (जिला) स्तर पर अमील अथवा अमलगुजार की मदद के लिए करकुन (लेखपाल) और खजानेदार (खजांची) होते थे।
- ये सभी अधिकारी प्रांतीय दीवान के अधीन कार्य करते थे, जो सीधे केंद्रीय दीवान के अधीन था।

12.3 अन्य महान मुगल

जहांगीर (1605-1627)

सलीम ने जहांगीर (विश्वविजेता) की उपाधि ली और अकबर के आदर्शों पर ही चला। उसने सभी धर्मों में समन्वय रखने की कोशिश रखी। उसने व्यापार और निर्माण पर कई खास करों को माफ कर दिया। उसने वृहस्पतिवार और रविवार को भोजन के लिए जीव हत्या भी बंद करवा दी और 'मजोलिम' दरबार के प्रभाव को बढ़ाने की कोशिश की।

नूरजहां

1611 में जहांगीर ने मेहरून्निसा से शादी की। नूरजहां शेर अफगान की विधवा थी जो बंगाल के गवर्नर के साथ युद्ध करता हुआ मारा गया था। विवाह के बाद मेहरून्निसा को नूर महल (महल की रोशनी) की उपाधि दी गई और फिर नूरजहां (संसार की रोशनी)। शादी के काफी पहले ही नूरजहां के पिता इतिमद-उद-दौला को दीवान नियुक्त किया गया था। शादी के बाद उसे वजीर बना दिया गया। नूरजहां के बड़े भाई मिर्जा अबुल हसन को असफ खान की उपाधि दी गई और उसे खान-ए-समन नियुक्त किया गया। 1612 में असफ खान की बेटी आरजूमंद बानू बेगम (बाद में मुमताज महल) का विवाह जहांगीर के तीसरे बेटे खुर्रम से हुआ। नूरजहां के नाम पर सिक्के भी खुदवाए गए। 1622 के बाद जहांगीर के गिरते स्वास्थ्य के कारण नूरजहां ने ही शासन की बागडोर सँभाली और जहांगीर सिर्फ नाममात्र का सम्राट रह गया।

अभियान–जहांगीर ने सैनिक बल और कूटनीति दोनों के माध्यम ने महाराणा प्रताप के उत्तराधिकारी अमर सिंह को जीतने की कोशिश की। इसके फलस्वरूप मुगल-मेवाड़ संबंधों में एक नए युग की शुरुआत हुई। दोनों सम्राटों ने 1615 में एक संधि की। मेवाड़ के बाद दक्कन की तरफ जहांगीर बढ़ा। किंतु मलिक अंबर (एक हब्शी गुलाम) जो अहमदनगर का था, उसने अपने गुरिल्ला युद्ध में मुगलों को बार-बार पराजित किया।

विद्रोह–1606 में जहांगीर के बेटे खुसरो ने विद्रोह कर दिया, परंतु वह पराजित हुआ और उसे बंदी बना लिया गया। खुसरो के एक मित्र गुरु अर्जुन (सिक्खों के पाँचवें गुरु) का सिर काट दिया गया। बाद में खुसरो की आखें निकाल दी गई ताकि वह कभी राजा न बन सके। 1621 में खुसरो बुरहानपुर में खुर्रम की कैद में मर गया। उसका सबसे छोटा बेटा शहरयार उतना लायक नहीं था। नूरजहां की बेटी (शेर अफगान से उत्पन्न) लाडिली बेगम से उसके विवाह के कारण वह भी सिंहासन की स्पर्धा में आ गया।

जब इरानियों ने कांधार पर आक्रमण किया तो उसे दबाने के लिए खुर्रम को भेजा गया, परंतु उसने काफी विलंब कर दिया। इस अभियान में फिर शहरयार को कांधार भेजा गया। अब खुर्रम ने विद्रोह कर दिया और आगरा की तरफ बढ़ा। इस गृह युद्ध (1622-24) में असफ खान ने खुर्रम की मदद की जो तीन वर्षों से ज्यादा चला। अंत में खुर्रम ने आत्मसमर्पण कर दिया और उसे माफी दे दी गई।

जहांगीर का दूसरा बेटा परवेज और महाबत खान, जिसने खुर्रम को दबाने में काफी मदद की थी, अब नए खतरे के रूप में नूरजहां के सामने उभरे। महाबत को बंगाल का राज्यपाल बनाकर भेज दिया गया। एक शाही दस्तावेज के द्वारा महाबत को यह आदेश भेजा गया कि जो रकम विश्वासघाती जमींदारों और जागीरदारों को बर्खास्त करने से हासिल हुई है उसका पूरा ब्यौरा भेजा जाए। महाबत को अपना विनाश नजर आने लगा। उसने सम्राट जहांगीर को अपनी देख-रेख में ले लिया। जहांगीर खुद भी महाबत का एहसानमंद हो गया कि उसने उसे नूरजहां से मुक्ति दिलाई। सम्राट ने भागने में महाबत की मदद की। जहांगीर के गिरते स्वास्थ्य के कारण उसके उत्तराधिकारी महत्त्वपूर्ण होते गए। 1627 में सम्राट की मृत्यु काश्मीर में भीमबार में हो गई। उसके मृत शरीर को भीमबार से लाहौर वहां के शाहदरा के दिलखुश बाग में दफनाने के लिए ले जाया गया। अपने *तुजुक-ए-जहांगीरी* (आत्मकथा) में वह शराब के लिए अपनी पसंद का विवरण देता है। इस आत्मकथा से काफी बातों का पता चलता है आर सम्राट के प्रकृति के प्रति लगाव का भी विवरण देती है।

शाहजहां (1627-1658)

जहांगीर की मृत्यु के बाद उत्तराधिकार की लड़ाई निश्चित ही थी। नूरजहां ने शहरयार को युद्ध के लिए आगाह कर दिया। असफ खान ने खुर्रम को आगरा आने के लिए संदेश भेजा। कुछ समय बिताने के लिए असफ ने थोड़े समय के लिए जहांगीर के मनपसंद खुसरो के बेटे दावर बख्श को सम्राट घोषित कर दिया किंतु असफ खान ने उसे पराजित कर दिया और उसे और दानियाल के दो बेटों को बंदी बना लिया। इससे पहले कि खुर्रम आगरा पहुंचता दावर बख्श, उसका भाई शहरयार और दानियाल के दोनों बेटों के सिर काट लिए गए। परवेज पहले ही मर चुका था और खुर्रम ने अपने को शाहजहां के नाम से सम्राट घोषित कर दिया।

सैनिक अभियान-शाहजहां बुंदेलाओं के विरुद्ध खास अर्थ रखता था। जहांगीर के समय अबुल फजल की हत्या करके बीर सिंह बुंदेला सम्राट का मनपसंद बन बैठा था। उसके बाद उसका बेटा जुझार गद्दी पर बैठा। जुझार और उसके बेटे विक्रमजीत ने मुगलों के खिलाफ विद्रोह कर दिया किंतु वे मारे गए।

पहाड़ों में लंबे समय तक युद्ध न कर पाने के कारण शाहजहां अपने पुश्तैनी ट्रांसआक्सियान पर फतह करने में सक्षम नहीं हो सका। मुगलों ने पांच हजार से ज्यादा सैनिक इन अभियानों में गंवाए (1639 और 1647 के बीच)। शाहजहां ने वास्तविकता को देखते हुए अपनी पुश्तैनी भूमि पर राज करने की कामना छोड़ दी।

शाहजहां की साम्राज्यवादी नीति दक्कन में ज्यादा सफल रही। मलिक अंबर की मृत्यु हो चुकी थी। शाहजहां ने कुछ मराठों को अपनी सेना में भर्ती कर लिया। इनमें प्रमुख था शाहजी भोंसले। मलिक अंबर का बेटा फतह खान, निजाम शाही अभिजातों की मदद पाने में विफल रहा और अंततः उसने मुगलों के आगे समर्पण कर दिया। 1636 में शाहजहां दौलताबाद पहुंचा। अहमदनगर पर मुगलों ने कब्जा कर लिया। बीजापुर और गोलकुंडा दोनों ने मुगलों से संधि कर ली। खानदेश, बेरार, तेलगांना और दौलताबाद चार मुगल प्रांत बनाए गए।

इन प्रांतों का पहला वाइसराय औरंगजेब था (1634-1644)। उसके बाद छह और वाइसराय आए किंतु सभी कुछ ही समय के लिए रहे। 1652 में औरंगजेब दूसरी बार दक्कन का वाइसराय बना। उसने खिरकी को मुगल दक्कन की राजधानी बनाया और उसे औरंगाबाद नाम दिया। किंतु इस क्षेत्र से मिला भू-राजस्व इतनी बड़ी सेना को सँभालने के लिए काफी नहीं था जो एक पहाड़ी क्षेत्र के लिए चाहिए था। औरंगजेब के *अदब-ए-आलमगिरी* में पिता-पुत्र के बीच हुए वित्तीय विवाद खतों के द्वारा) का ब्यौरा मिलता है।

उत्तराधिकार की लड़ाई-शाहजहां की अचानक बीमारी ने (1657) उसके चार बेटों के बीच एक गृहयुद्ध की शुरुआत की (1657-59) उसके बेटे थे-दारा शिकोह (युवराज) शुजा (बंगाल का गवर्नर) औरंगजेब (दक्कन का गवर्नर) और मुराद बख्श (मालवा आर गुजरात का गवर्नर) उनकी बहनों में जहांआरा बेगम जो बेगम साहिबा कहलाती थीं, दारा के साथ थी, रोशनआरा ने औरंगजेब का साथ दिया और गौहरारा ने मुराद के लिए जासूसी की। शाह शुजा और औरंगजेब ने आपस में संधि कर ली। बाद में मुराद भी औरंगजेब के साथ हो गया। शाहजहां की बीमारी के समय उनके बीच का छिपा पत्राचार और तेज हो गया।

1657 में शाहजहां के ठीक होने के बावजूद उसके बेटे शाहजहां को दारा के कब्जे से निकालने के नाम पर लड़ते रहे। मुराद ने अपने को राजा घोषित कर दिया और शाह शुजा ने बंगाल में अपने को स्वतंत्र घोषित कर दिया। जब शाह शुजा बनारस पहुंचा तब दारा के बेटे सुलेमान शिकोह ने उसे वहां हराया। औरंगजेब 1658 में औरंगाबाद की तरफ बढ़ा और उज्जैन के निकट दियालपुर में मुराद से मिला और दोनों सेनाओं ने धरमत में पड़ाव डाला। इस बीच महाराजा जसवंत सिंह की सेना औरंगजेब को आगरा की तरफ बढ़ने से रोकने के लिए उज्जैन पहुंच चुकी थी। इस युद्ध में राजपूत हार गए। अब दारा सामूगढ़ की तरफ बढ़ा (आगरा के निकट) किन्तु आगरा की तरफ भगा दिया गया।

आगरा पर फतह के बाद औरंगजेब ने शाहजहां के कई अनुरोधों के बावजूद उससे मिलने से इंकार कर दिया। जब यमुना के पानी को भी रोक दिया गया तो शाहजहां ने एक करुणापूर्ण पत्र औरंगजेब से शिकायत करते हुए लिखा और यमुना के दरवाजे खोल दिए गए। शाहजहां को जनाना महल में कैद कर दिया गया और औरंगजेब तब तक उससे नहीं मिला जब तक उसने दारा को नहीं मार डाला जिसे उसने विश्वासघाती करार कर दिया था। औरंगजेब और मुराद दोनों एक साथ दारा के लिए आगरा से दिल्ली की ओर बड़े, किंतु रास्ते में औरंगजेब ने धोखे से मुराद को बंदी बना लिया और उसे मरवा डाला, फिर औरंगजेब दिल्ली की ओर बढ़ा और दारा को पंजाब भागने के लिए मजबूर कर दिया। दिल्ली में औरंगजेब ने अपने को 'आलमगीर' (संसार फतह करने वाला) की उपाधि के साथ सम्राट घोषित कर दिया। दारा का खतरा तो टल गया, किंतु अब असल खतरा शुजा की तरफ

से था जो इलाहाबाद की तरफ आगरा पर कब्जा करने के ख्याल से बढ़ रहा था। 1658 में शुजा की सेना खजवा की लड़ाई में बुरी तरह परास्त हुई और वह खुद भाग गया, किंतु मीर जुमला बंगाल तक उसके पीछे गया। 1660 में शुजा बंगाल से विदा हो गया जहां उसने बीस वर्षों तक शासन किया था और अपने परिवार के साथ अराकान चला गया।

इस बीच जय सिंह दारा के पीछे लगा था। दारा बोलन पास की तरफ बढ़ा किंतु बीच में ही अपने विश्वासघाती अफगान सरदार मलिक जीवन द्वारा बंदी बना लिया गया, जिसने उसे जय सिंह के हवाले कर दिया। दारा को दिल्ली लाया गया और उसे धर्म त्याग के जुल्म में मृत्यु दंड दिया गया रीदा या इरितिदाद क्योंकि उसने अपने मजा-अल्प-बहरैन में यह लिखा कि हिंदुत्व और इस्लाम जुड़वां भाई हैं। 1666 में शाहजहां की मृत्यु हो गई। पूरी बीमारी में उसकी देखभाल जहांआरा ने की। ताज महल में उसकी बेगम की कब्र उप बगल में उसे दफना दिया गया।

औरंगजेब (1658-1707)

धार्मिक नीति

शुरू में नौरंगजेब ने कुछ प्रशासनिक सुधार किए। एक मनसबदार (इवान वजीह) की नियुक्ति की जिसे लोगों के आचार-विचार की जिम्मेदारी दी गई। उसका कार्य था-शराब, भांग, अफीम गलत धंधों और व्यभिचार जैसे कुकर्मों की रोकथाम। बाद में सभी सुन्नी नियमों को हटाकर शिया कानून लाए गए और सभी नैतिक सुधारों का जिम्मा उसे दिया गया। 1699 में उसे मंदिरों को नष्ट करने का कार्य दिया गया। ईरानी नवरोज पर्व भी बंद कर दिए गए। पवित्र शब्दों पर काफिरों का असर न हो इसलिए सिक्कों पर अब कलीमा खुंदा नहीं होता था। औरंगजेब का समय (1658-81) उत्तर भारत के लिए अकबर के सामंजस्य की नीति के विपरीत नीति का सूचक था। उसकी शुरू की नीतियां मुस्लिमों को राहत देने और उनके करों को घटाने के लिए थीं। सभी आयातों पर सीमा शुल्क 1665 में मुसलमानों के लिए 2½ प्रतिशत और हिंदुओं के लिए 5 प्रतिशत कर दिया गया। दो वर्षों के बाद मुसलमानों के लिए सारे सीमा शुल्क हटा दिए गए। 1669 में मंदिरों और हिंदुओं के शिक्षा केन्द्रों को नष्ट करने का हुक्म दिया गया। बनारस का मशहूर विश्वनाथ मंदिर और मथुरा का केशव राय मंदिर खंडहर में बदल दिया गया। 1679 में जिज्या फिर से लगा दिया गया।

अभियान–औरंगजेब के शासन के शुरू के दस वर्ष सैनिक और राजनीतिक मामलों में काफी सफल रहे। छोटे-मोटे विद्रोह दबा दिए गए। छत्रसाल कुछ दिनों तक विश्वासी रहे किंतु बाद में शिवाजी की तरह वे भी बुंदेलखंड की स्वतंत्रता के लिए उठ खड़े हुए। 1661 में मीर जुमला ने कूच बिहार पर कब्जा कर लिया और ब्रह्मपुत्र तक बढ़ा। अगले वर्ष वह गढ़गांव (गोवाहाटी के निकट) अहोम की राजधानी में प्रवेश कर गया। अहोम सेना पस्त हो गई किंतु अकाल और लगातार लड़ाई के कारण मुगल सेना की भी स्थिति काफी बुरी हो गई थी। अंततः बीमार होने के कारण मीर जुमला ने अहोम राजा के साथ संधि कर ली।

विद्रोह-औरंगजेब की शुरू की सफलताओं के पश्चात् बाद में उसे काफी मुश्किलों का सामना करना पड़ा। अब्द-उन-नबी, मथुरा के फौजदार की ज्यादतियों के कारण मथुरा और आगरा के आसपास के जाट विद्रोह कर बैठे। एक जमींदार किसानों का सरदार बन गया और फौजदार की हत्या कर दी। सम्राट स्वयं इस क्षेत्र की ओर बढ़ा और कुछ समय के लिए इस विद्रोह को गोकला को बंदी बनाकर और हत्या करके दबा दिया (1669)। किन्तु जल्द ही जाटों ने फिर से विद्रोह शुरू कर दिया। राजाराम के बेटे, चूरामल ने भरतपुर के निकट सिनसानी के जाट किला को मजबूत बनाया तथा दिल्ली और आगरा के पास के क्षेत्र पर आक्रमण शुरू किया। यहां तक कि खजाने की खोज में सिकंदरा में स्थित अकबर के मकबरे को भी तोड़ दिया।

1672 का सतनामी विद्रोह, एक सतनामी किसान और एक पैदल सैनिक के छोटे से झगड़े से शुरू हुआ। सतनामियों ने एक स्वतंत्र सरकार भी बनाई किंतु मुगल सेना ने उसे दबा दिया। सिक्खों के नौवें गुरु तेगबहादुर ने भी अपनी शिक्षा में मुगलों के खिलाफ बोलना शुरू किया। 1675 में जब सम्राट हसन अब्दल में था तो काजी के हुक्म से तेगबहादुर का सिर काट दिया गया। गुरु गोविंद (दसवें गुरु) ने सिक्खों के सैनिक कार्यों को जायज बताया। उन्होंने सिक्खों में खालसा की शुरुआत की और उन्हें सिंह का उपनाम दिया। मुगल सेना की एक टुकड़ी ने आनंदपुर में सिक्खों की सेना की रसद पानी को रोक रखा था। गुरु ने किला छोड़ दिया किंतु उनके दो बेटे, सरहिंद के फौजदार वजीर खान द्वारा मारे गए। गुरु ने फौजदार की भर्त्सना करते हुए सम्राट को एक पत्र लिखा। औरंगजेब और सिक्खों की सेना औरंगजेब की मृत्यु तक लड़ती रही।

औरंगजेब को सबसे बड़े खतरे का सामना 1678 में करना पड़ा जब उत्तर पश्चिम क्षेत्र में राजा जसवंत सिंह की मृत्यु हो गई। उसका कोई उत्तराधिकारी नहीं था। उसके मरने के बाद उसकी एक गर्भवती रानी ने अजीत सिंह को जन्म दिया। एक बड़े शक्ति के रूप में औरंगजेब ने महाराजा की सारी संपत्ति पर कब्जा कर लिया और पूरे मारवाड़ को 'खालिसा' करार दिया। उसके बाद जसवंत के एक भांजे इंद्र सिह राठौड़ को जोधपुर का राजा बना दिया गया। अजीत सिंह को दिल्ली में उसके घर में ही बंदी बनाकर रखा गया था, किन्तु राठौड़ों ने उसे वहां से निकालकर मारवाड़ पहुंचाया। मेवाड़ का महाराजा राज सिंह जसवंत की प्रमुख रानी हादी से जा मिला और उन्हें अजीत सिह के हक के लिए उकसाया।

1679 में औरंगजेब ने अपने चौथे बेटे अकबर को मारवाड़ पर आक्रमण का आदेश दिया, लेकिन 1681 में युवराज ने राजपूतों की मदद से अपने को सम्राट घोषित कर दिया। औरंगजेब पुत्र के इस व्यवहार से क्षुब्ध होकर उससे निपटने के लिए बढ़ा। उसने एक पत्र अकबर को संबोधित करते हुए दुर्गादास के पड़ाव पर जान-बूझकर भिजवा दिया। इससे राजपूतों ने अकबर का साथ छोड़ दिया (बीच रात में)। अकबर मारवाड़ चला गया और वहां से शिवाजी के पुत्र संभाजी के दरबार में चला गया। इस बीच राज सिंह के पुत्र जय सिह ने सम्राट के साथ संधि कर ली।

दक्कन में विस्तार—1681 के सितंबर में औरंगजेब दक्कन के लिए रवाना हुआ और फिर कभी उत्तर की तरफ नहीं आया। किंतु औरंगजेब दक्कन का वास्तविक जायजा लेने में गलती कर गया। शिवाजी ने उत्तर और दक्षिण कोंकण के आसपास एक स्वतंत्र राज्य बना लिया था। मराठों पर काबू करने के लिए उसने सिकंदर आदिल शाही के बीजापुर पर आक्रमण करने का निश्चय किया। 1686 में बीजापुर जीत लिया गया और आदिल शाह राजवंश का अंत हो गया। बीजापुर को मुगल गवर्नर का केंद्र बना दिया गया।

अब गोलकुंडा के अबुल हसन कुतुब शाह की बारी थी। औरंगजेब ने युवराज मुआज्जम को गोलकुंडा की तरफ कूच करने का आदेश दिया। मदन्ना और उसके भाई अकन्ना पर कुतुब शाही कुलीनों ने औरंगजेब के आक्रमण का सारा दोष मढ़ दिया और उनकी हत्या कर दी। इधर मुआजम को भी औरंगजेब ने विश्वासघाती करार दिया और पूरे परिवार के साथ उसे बंदी बना लिया। 1687 एक अफगान ने मुगल सेना के लिए किले का दरवाजा खोल दिया और इस तरह गोलकुंडा पर मुगलों ने कब्जा कर लिया।

संभाजी को बंदी बना लिया गया और संगमेश्वर में उनकी हत्या कर दी गई। उसके बेटे साहू के साथ उसके पूरे परिवार को बंदी बना लिया गया। औरंगजेब ने साहू के साथ अच्छा व्यवहार किया और उसे 7000 का मनसब दिया। किंतु औरंगजेब ने मराठा गुरिल्लाओं का ठीक जायजा नहीं लिया और इससे स्थिति काफी बिगड़ गई। बीजापुर और गोलकुंडा से मिली लूट के माल से कुछ दिनों की राहत तो मिली किंतु वह दक्कन के युद्धों के अंतिम चरण को सँभालने के लिए काफी नहीं था।

मुगलों की सैनिक क्षमता की प्रसिद्धि को जमींदारों के विद्रोह और मराठों के डटे रहने से कोफी धक्का पहुंचा। भीम सेन जो मुगलों की नौकरी करता था, उसने 17वीं सदी में मराठों के उदय का काफी अच्छा ब्यौरा दिया है।

1707 में 89 वर्ष की आयु में औरंगजेब की मृत्यु के बाद मुगलों के युग का अंत हो गया। उसकी असफलताओं का कारण उसकी कट्टरता और संकीर्ण धार्मिक नीति मानी जाती है; किंतु सबसे मुख्य कारण दक्कन की समस्याएं ही बनीं। बेटे अकबर के विद्रोह के बाद उसे अपने बेटों पर भी विश्वास नहीं रहा। वह जितना मराठाओं को दबाने में व्यस्त रहा, उतना ही अपने बेटों को।

12.4 शिवाजी और उनके उत्तराधिकारी

शिवाजी (1627–80)

परिचय

मराठा कौन थे? महाराष्ट्र के मराठी भाषीय समुदाय की उत्पत्ति के बारे में निश्चित रूप से कुछ नहीं कहा जा सकता यह शब्द महाराष्ट्र से लिया गया था या इस भूमि का नाम इसके निवासियों के नाम के आधार पर रखा गया था, कहना कठिन है। फिर भी मराठों की उत्पत्ति का सीथियन-द्रविड़ सिद्धान्त जो रिजले द्वारा प्रस्तुत किया गया था, नकारा जा चुका है। इस बात से इनकार नहीं किया जा सकता कि सभी श्रेणियों के मराठों में जनजातीय तत्वों का एक व्यापक सम्मिश्रण मौजूद था। अनेक मराठा वंश टोटम आस्थायें रखते थे। खाण्डोबा तथा भवानी मराठों के दो मुख्य देवता थे जो चरित्र में जनजातीय थे। मराठों व उनके देश के उल्लेख अरब भूगोलविद अलबरूनी तथा इब्नबतूता के विवरणों में पाये गये हैं। मराठों ने 17वीं शताब्दी में शिवाजी के अधीन राजनीतिक प्रधानता हासिल की। ग्रांट डफ जैसे इतिहासकार उनके उदय के लिए आकस्मिक परिस्थितियों (जैसे सहयाद्रि पर्वतों के जंगलों में एक ध्वंसक

अग्नि विस्तार) को उत्तरदायी मानते हैं, जबकि जस्टिस रानाडे इसका श्रेय उन मराठा सरदारों के मौलिक प्रयासों को देते हैं जो दक्किनी सुल्तानों की सेवा में कार्यरत थे।

विभिन्न जातीय, नृजातीय एवं जनजातीय समूहों का अधिमिश्रण

महाराष्ट्री-प्राकृत से विकसित मराठी 10वीं शताब्दी से ही इस क्षेत्र के लोगों की बोलचाल की भाषा रही थी और समय के साथ-साथ महाराष्ट्र शब्द का प्रयोग एक क्षेत्र के लिए होने लगा जिसमें अपरान्त, विदर्भ, मूलक, अश्मक और कुन्तल शामिल थे। भील, मुंडा और नागा जैसे जनजातीय समुदाय इस क्षेत्र में रहते थे, जिसे प्राचीन काल में दंडकारण्य के नाम से जाना जाता था। शीघ्र ही इस क्षेत्र में उत्तर से आये आर्य, शक, हूण तथा समुद्री मार्ग से आये विदेशियों का बसाव होता गया। दक्षिण से आये द्रविड़ लोगों ने इस भूमि में बस्तियाँ बसाई और एक समूह में शामिल हो गये जिसे सामूहिक रूप से मराठों के रूप में जाना जाता था। मराठा 17वीं शताब्दी के मध्य से लेकर 19वीं सदी के आरंभ तक महाराष्ट्र के राजनीतिक परिदृश्य में छाये रहे। फिर भी मराठा शब्द का ऐतिहासिक उद्देश्यों के लिए प्रयोग एक व्यापक अर्थ में किया जाता है जिसमें सभी मराठी भाषी लोग शामिल किये जाते हैं। वास्तव में यह शब्द एक विशिष्ट समुदाय की ओर संकेत करता है जिसने मध्यकाल से ही महाराष्ट्र के राजनीतिक परिदृश्य पर अपना वर्चस्व स्थापित कर लिया था।

राजनीतिक इतिहास की रूपरेखा–भोंसले, जाधव, निम्बालकर, मोरे, माने, घाटगे, दाफ्ले, सावंत, शिर्के, महादिक एवं मोहिते जैसे अनेक मराठा सरदारों ने अहमदनगर के निजामशाही तथा बीजापुर के आदिलशाही शासकों के लिए अपनी सेवायें अर्पित की थीं और प्रशासन एवं सेना में व्यापक प्रशिक्षण हासिल किया था।

- मालोजी भोंसले (1552-1606 ई.) ने एक छोटे घुड़सवार समूह के साथ निजामशाह की सेवा में प्रवेश लिया था। उनके पुत्र शाहजी (1599-1664 ई.) ने निजामशाह और आदिलशाह के अधीन अपनी सेवायें प्रदान कीं और एक मराठा नेता के रूप में प्रधानता हासिल की।
- शाहजी के पुत्र शिवाजी का जन्म 19 फरवरी, 1630 को शिवनेर के किले में हुआ था। वह मराठा राष्ट्र के रचनाकार थे। शाहजी ने अपनी पूना एवं सूपा की जागीरों को अपने पुत्र को सौंप दिया था।
- शिवाजी (1630-1680 ई.) ने मावल, कोंकण एवं देश क्षेत्रों के मराठा सरदारों को संगठित किया और एक छोटे राज्य का खाका खींचा।
- उन्होंने प्रभावी नागरिक एवं सैन्य प्रशासन के साथ राज्य को स्थिरता प्रदान की और अपने राज्य में सभी धर्मों एवं पंथों के बीच समन्वय स्थापित करने के लिए धार्मिक सहिष्णुता की एक नीति को अपनाया।
- वह पहले मराठा छत्रपति थे और उन्होंने अपने राज्याभिषेक (1674 ई.) के अवसर पर स्वर्ण मुद्रा (शिवराय हून) जारी की।
- उनकी 50 वर्ष की आयु में मृत्यु (5 अप्रैल 1680 ई.) ने एक निर्वात को जन्म दे दिया था।
- शिवाजी के पुत्र शम्भाजी (1657-80 ई.) ने अपनी 9 वर्षीय अल्प शासनकाल के दौरान सिद्धियों, पुर्तगालियों एवं मुगलों के साथ-साथ घरेलू सरदारों के साथ निरन्तर संघर्ष किया। मुगलों द्वारा उसकी क्रूरतापूर्वक हत्या (1689 ई) के पश्चात मराठा क्षेत्र में राष्ट्रवाद की एक लहर पैदा हो गई।
- उसके भाई राजाराम (1670-1700 ई.) के नेतृत्व में मराठों ने औरंगजेब की सेना के विरुद्ध एक व्यापक युद्ध छेड़ दिया और औरंगजेब अपनी मृत्यु (1707 ई.) तक मराठा शक्ति को कुचलने के लिए संघर्ष करता रहा।
- राजाराम की विधवा ताराबाई ने अपने पुत्र शिवाजी द्वितीय (1700 ई.) को छत्रपति घोषित किया किन्तु जब शम्भाजी का पुत्र शाहू 1707 ई. में मुगलों की कैद से आजाद हुआ और मराठा अभिजात्य वर्ग का समर्थन प्राप्त करने लगा तब महाराष्ट्र में एक गृहयुद्ध छिड़ गया। ताराबाई ने पनहाला (कोल्हापुर) में एक पृथक गद्दी की स्थापना कर ली।
- एक राजमहल क्रांति (1714 ई.) ने शिवाजी द्वितीय का अन्त कर दिया और ताराबाई ने राजाराम के दूसरे पुत्र शम्भाजी द्वितीय (1698-1760 ई.) को कोल्हापुर का छत्रपति घोषित कर दिया जिसे अन्त में शाहू ने वारना की सन्धि (1731) द्वारा अपनी मान्यता दे दी।

शिवाजी से पहले मराठा

दक्कन के सुल्तानों का कुशासन–महारएाष्ट्र का एक बड़ा भाग अहमदनगर के निजामशाही तथा बीजापुर के आदिलशाही शासकों के अधीन था। ये दोनों महाराष्ट्र को अपने बीच बाँट चुके थे। आदिलशाही एवं निजामशाही शासकों का दृष्टिकोण बहुत ही संकुचित था और उन्होंने

अपने द्वारा शासित लोगों का दमन किया। वे एक-दूसरे को भी शत्रुओं के रूप में देखते थे। वे लगातार एक-दूसरे से युद्ध करते रहे जिसके कारण महाराष्ट्र के लोगों को अकथनीय कठिनाइयाँ सहनी पड़ीं।

आंतरिक संघर्ष–महाराष्ट्र में अनेक देशमुख और देशपांडे भी थे जिनकी अपनी जागीरें थीं। वे केवल अपनी जागीरों की देखभाल करते थेऔर अपने देश के बारे में कोई चिन्ता नहीं करते थे। इनकी आपसी लड़ाइयाँ भी लोगों के कष्ट का कारण बनती थीं। प्रत्येक जगह कुशासन व्याप्त था और महाराष्ट्र के लोग इस दमन से थक चुके थे।

शिवाजी के उदय के लिए उपयुक्त वातावरण–यह सत्य है कि शिवाजी ने भारत में मराठा शक्ति के उदय एवं विकास में महत्वपूर्ण योगदान दिया था किन्तु यह भी समान रूप से सत्य है कि जिस समय वह परिदृश्य में उभरे उस समय उनके लिए जमीन पहले से ही तैयार थी। डॉक्टर ईश्वरी प्रसाद के अनुसार 'शिवाजी की शक्ति के उदय को मराठा इतिहास में एक पृथक परिघटना के रूप में नहीं देखा जा सकता यह उनके निजी साहस एवं कारनामों का परिणाम होने के साथ-साथ दक्कन देश की विशिष्ट भौगोलिक स्थिति तथा एकीकृत धार्मिक प्रभावों, जो 15वीं एवं 16वीं शताब्दियों में नयी आशाओं एवं इच्छाओं के साथ लोगों को प्रेरित कर रहे थे, का भी परिणाम था।'

भौगोलिक कारक

मराठा देश की प्राकृतिक विशेषताओं ने मराठों के बीच कुछ विशिष्ट गुण विकसित कर दिये थे जो उन्हें भारत के अन्य लोगों से अलग करते थे। पर्वतीय भू-प्रदेश ने मराठों को बाहरी आक्रमणकर्ताओं से सुरक्षा प्रदान की। इसने उन्हें परिश्रमी सैनिक भी बनाया जो कठिनाइयों से नहीं डरते थे। महाराष्ट्र में वर्षा की कमी तथा जीविकोपार्जन की कठिनाइयों ने मराठों के बीच आत्मनिर्भरता एवं कठिन परिश्रम की एक भावना विकसित कर दी थी। इन गुणों के बिना वे भूखे मर सकते थे। उनके कठोर चरित्र ने उन्हें मुगलों के विरूद्ध मजबूती से खड़ा कर दिया था। जहाँ मराठा अपने छोटे व संकरे मार्गों में बिना किसी असुविधा व कठिनाई के अपने शत्रुओं की खोज में भटकते देखे जा सकते थे, वहीं मुगल सैनिक अपने जीवन को संकट में पाते थे। पर्वतीय देश ने मराठों के लिए यह संभव बना दिया कि वे छापामार युद्ध शैली को सफलतापूर्वक अपना सकें। पर्वतों की खण्डित शृंखलाओं ने मराठों को बने-बनाये और सुगम रूप से रक्षित शैलदुर्ग उपलब्ध करा दिये थे।

मराठा सरदार

मराठों का सैनिक एवं प्रशासनिक प्रशिक्षण–शिवाजी के परिदृश्य में आने से पहले ही मराठा प्रशासन व सैन्य कला में प्रशिक्षण हासिल कर चुके थे। डॉ. बेनी प्रसाद के अनुसार 'मलिक अम्बर, जो कि छापामार युद्ध शैली का एक महान विशेषज्ञ था, को मराठा राष्ट्रीयता के निर्माणकर्ताओं का मुखिया माना जा सकता है।' मराठों ने यह प्रशिक्षण दक्कन के मुसलमान राज्यों में प्राप्त किया था। मराठा इन राज्यों के राजस्व विभाग में नियुक्त थे। इनमें से कुछ मुस्लिम शासकों द्वारा मंत्रियों के रूप में नियुक्त किये गये थे। गोलकुंडा राज्य में मंत्री पदों पर राजराय परिवार के मुरार राव, मदन पंडित तथा अन्य सदस्य नियुक्त होते रहे थे। बीजापुर राज्य में नरसो काले तथा येसू पंडित जैसे महत्वपूर्ण व्यक्तियों ने अपनी सेवायें प्रदान की थीं। अहमदनगर के शासकों द्वारा कूटनीतिक दायित्वों के लिए ब्राह्मण दूतों को नियुक्त किया जाता था।

दक्कनी सुल्तानों द्वारा मराठों का नियोजन–मराठा सिलेदार एवं बारगीर पहली बार बहमनी राज्य में नियुक्त किये गये और बाद में बहमनी राज्य से टूटकर बने पाँच राज्यों में नियुक्त हुए। इस प्रकार सैन्य एवं नागरिक प्रशासन में अर्जित प्रशिक्षण के द्वारा मराठों की शक्ति, संपत्ति एवं शिक्षा में वृद्धि हुई। जहाँगीर एवं शाहजहाँ के काल में शाहजी भोंसले एवं मोरार राव जोगदेव जैसे मराठा जागीरदारों ने अहमदनगर व बीजापुर की राजनीति में महत्वपूर्ण भूमिका निभायी थी। जैसे भक्ति संतों ने ईश्वर के प्रति निष्ठा का उपदेश दिया था उसी प्रकार बहादुर मराठा सरदारों ने बहादुरी की एक परम्परा को प्रारंभ किया। यह व्यापक अशान्ति का काल था। आदिलशाही एवं निजामशाही राज्य एक-दूसरे के साथ निरन्तर युद्धरत थे। उन्होंने इन युद्धों में मराठा सरदारों की सेनाओं का उपयोग किया था। सभी मराठा सरदारों की अपनी निजी सेनायें थीं। यदि ऐसा कोई सरदार अपनी सेनाओं के साथ सुल्तान के पास जाता था तो सुल्तान उसे रोजगार देता था और अपने राज्य में सरदार बना देता था और कभी-कभी उसे एक जागीर सौंप देता था। ऐसी जागीर प्राप्त करने वाला सरदार खुद को एक राजा मानता था।

प्रमुख मराठा परिवार–बीजापुर एवं अहमदनगर के दरबार में कई प्रसिद्ध मराठा सरदार थे। इनमें सर्वाधिक प्रसिद्ध सिन्धखेड के जाधव, फलतान के निम्बालकर, मुधोल के घोरपडे, जावली के मोरे तथा वेरूल के भोंसले थे। सिन्धखेड के जाधव देवगिरि के यादवों के वंशज होने का दावा करते थे। शिवाजी की माता जीजाबाई सिन्धखेड के लाखौजी जाधव की पुत्री थी।

ये सभी सरदार बहादुर थे किन्तु एक-दूसरे के कट्टर शत्रु थे। उन्होंने कभी नहीं सोचा था कि उन्हें संगठित होना चाहिए और अपने लोगों के लिए कुछ करना चाहिए। इसलिए उनकी सारी बहादुरी एवं परिश्रम दूसरों के हितों को पूरा करने के लिए थी। वे विशेषत: नौजवानों के बीच, युद्ध जैसी भावनायें जीवित रखते थे। अनेक प्रसिद्ध सैनिक अपने परिवारों में पैदा हुए थे जो बहादुरी की परम्परा को जीवित रखते थे।

वेरुल के भोंसले–प्रसिद्ध परिवारों में से वेरुल के भोंसले परिवार ने महान वीरता एवं उद्यम को प्रदर्शित किया था। बाबाजी भोंसले के दो पुत्र थे-मालोजी और विठोजी। बाबाजी वेरुल गाँव में एक पाटिल के अधिकार रखते थे। मालोजी और बिठोजी दोनों बहादुर और उद्यमी थे। उन्होंने अनेक मराठा सैनिक दलों में अपनी सेवायें अर्पित की थीं। यह एक व्यापक अशान्ति का काल था मुगल सम्राट निजामशाह पर आक्रमण कर चुका था जिसका मुख्यमंत्री मलिक अम्बर था।

- वेरुल के इन दोनों योग्य और बहादुर भाइयों ने शीघ्र ही मलिक अम्बर का ध्यान अपनी ओर खींच लिया। उसकी सिफारिश के बाद निजामशाह ने दोनों भाइयों को पुणे एवं सूपा परगनाओं की जागीर सौंप दी।
- मालोजी की पत्नी उमा बाई फलतान के निम्बालकर घराने से आई थी। उनके दो पुत्र थे-शाहजी और शरीफ जी। जब मालो जी इन्दापुर के युद्ध में मारे गये तब शाहजी मात्र पाँच वर्ष के थे।
- बच्चों एवं जागीर की देखभाल करने वाले बिठोजी ने बाद में शाहजी का विवाह लाखौजी जाधव की पुत्री जीजाबाई के साथ बड़ी धूमधाम के साथ कराया।
- निजामशाह ने मालोजी को सौंपी गई जागीर शाहजी राजे को स्थानान्तरित कर दी। निजामशाह के दरबार में शाहजी राजे को व्यापक सम्मान प्राप्त था। जब मुगलों ने निजामशाह के राज्य को जीतने का प्रयास किया तो शाहजी राजे और मलिक अम्बर ने इसका कड़ा प्रतिरोध किया। किन्तु बाद में निजामशाह के राज्य में व्यापक अशान्ति फैलती चली गई। अनसुलझी परिस्थितियों में थके हुए शाहजी राजे ने निजामशाह की सेवा छोड़ दी और बीजापुर के आदिलशाह के पास चले गये। आदिलशाह ने उन्हें 'सार लश्कर' की उपाधि प्रदान की।
- इसी बीच निजामशाह के राज्य में कई महत्त्वपूर्ण घटनायें घटित हुईं। मलिक अम्बर की मृत्यु हो गई और राज्य एक संकटपूर्ण व दयनीय स्थिति में था। उसी समय शाहजहाँ ने राज्य पर आक्रमण किया। इस संकट की घड़ी में शाहजी राजे एक बार फिर निजामशाह की सेवा में लौट आये।

शिवाजी का जीवन तथा उनकी विजय

शाहजी भोंसले तथा जीजा बाई से शिवनेर में जन्मे शिवाजी को अपने पिता की पूना जागीर 1637 में प्राप्त हुई। अपने अभिभावक दादा जी कोंडदेव की 1647 में मृत्यु के बाद उन्होंने जागीर का संपूर्ण जिम्मा सँभाला। उसके पूर्व 18 वर्ष की उम्र में उन्होंने बीजापुर (1645-47) में रायगढ़, कोंडन तथा तोरण को जीता।

उनका वास्तविक विजय अभियान एक मराठा प्रमुख (चंदा राव मोरे) से जावली (1656) को छीनने के बाद प्रारंभ हुआ जिसके कारण वे उच्च मवाल क्षेत्र के स्वामी बन गए (मवाली पैदल सैनिक उनकी सेना के एक प्रमुख अंग थे)। उन्होंने 1657-58 में आदिलशाही क्षेत्र पर आक्रमण किया। आदिल शाही शासक ने शिवाजी को सजा देने के लिए अफजल खान को नियुक्त किया, परंतु शिवाजी ने 1659 में उसकी हत्या कर दी।

बाद में औरंगजेब ने 1660 में दक्कन के गवर्नर, शाइस्ता खान को शिवाजी की बढ़ती ताकत को समाप्त करने के लिए नियुक्त किया। मुगल सेना ने शिवाजी पर उत्तर से तथा बीजापुर की सेना ने दक्षिण से आक्रमण किया। शिवाजी को पूना से हाथ धोने के अलावा 1660 से 1663 के बीच कई पराजयों का सामना करना पड़ा। बाद में शिवाजी ने शाइस्ता खान की सैनिक छावनी पर आक्रमण कर सूरत (1664) को लूटा तथा बाद में अहमदनगर को लूटा। औरंगजेब ने शिवाजी को पराजित करने के लिए बेर के राजा जय सिंह को 1665 में नियुक्त किया। जय सिंह ने शिवाजी को पुरंदर के किले में बंदी बना लिया। अंतत: 1665 में पुरंदर की संधि पर हस्ताक्षर हुए जिसके अनुसार–

- शिवाजी को अपने 35 किलों में से 23 किले तथा उसके आसपास के क्षेत्र मुगलों को सौंपने पड़े।
- मुगलों ने बीजापुर के कुछ क्षेत्रों पर शिवाजी का अधिकार स्वीकार किया (कुछ पहले से ही शिवाजी के अधीन थे तथा कुछ और जीते जाने थे)।
- शिवाजी के पुत्र को 5000 का मनसब दिया जाना था।

शिवाजी 1666 में आगरा गए जहां उन्हें बंदी बना लिया गया तथा इस कैद से निकलने में वह सफल रहे। अगले तीन वर्षों (1666-69) तक वह शांत रहे तथा 1670 में सूरत को

लूटकर उन्होंने पुनः मुगलों के साथ संघर्ष प्रारंभ कर दिया। चार वर्षों तक सैनिक अभियान के बाद उन्होंने अपने सभी किले तथा क्षेत्र पुनः प्राप्त कर लिए। 1674 में रायगढ़ में उनका राज्यभिषेक हुआ तथा उन्होंने 'हैदव धर्मोद्धारक' की उपाधि ग्रहण की।

उन्होंने गोलकुंडा के कुतुबशाहियों से सहयोग कर बीजापुरी कर्नाटक में सैनिक अभियान (1676-79) शुरू किया तथा जिंजी एवं वेल्लोर आदि पर अधिकार कर लिया। उन्होंने नव-विजित क्षेत्रों को कुतुबशाह को सौंपने से इकार कर दिया। शिवाजी की मृत्यु 1680 में हुई।

शिवाजी का प्रशासन

केन्द्रीय प्रशासन

शिवाजी की सहायता के लिए अष्टप्रधान (आठ मंत्री) थे, जो मंत्रिपरिषद नहीं थी, क्योंकि इसमें सामूहिक दायित्व नहीं था; प्रत्येक मंत्री प्रत्यक्ष तौर पर शिवाजी के प्रति जिम्मेदार था। अष्टप्रधान निम्नलिखित थे-

- *पेशवा*–वित्त एवं सामान्य प्रशासन; बाद में वह प्रधानमंत्री बन गया तथा ज्यादा शक्तिशाली हो गया।
- *सर-ए-नौबत*–सेनापति; यह एक सम्माननीय पद था जिसे वास्तविक सैनिक शक्ति प्राप्त नहीं थी।
- *मजूमदार या अमात्य*–पेशवा के काल में महालेखाकार; बाद में वह कर तथा वित्त मंत्री बन गया।
- *वाकेनवीस*–गुप्तचर, डाक एवं गृह विभाग।
- *सुरुनवीस या सचिव*–इन्हें चिटनिस भी कहा जाता था, ये पत्र व्यवहार देखते थे।
- *दबिर या सुमंत*–उत्सवों के अधिकारी
- *न्यायाधीश*–न्याय
- *पंडितराव*–कल्याण एवं धार्मिक कार्य।

शिवाजी के अधिकांश प्रशासनिक सुधार मालिक अंबर (अहमदनगर) के सुधारों पर आधारित थे।

राजस्व प्रशासन–भू-राजस्व का आकलन नाप पर आधारित था। अंबर की 'खती' नाप की छड़ी के रूप में ली गई। बाद के वर्ष में भू-राजस्व 33% से बढ़ाकर 40% कर दिया गया। स्वराज को अनेक राजस्व इकाइयों में बांटा गया जिसे प्रांत कहा गया। इसमें दो या अधिक जिला होते थे। शिवाजी ने आनुवंशिक राजस्व अधिकारी देशमुख, देशपांडे, पाटील तथा कुलकर्णी की स्थिति में भी परिवर्तन किए। यद्यपि उन्होंने इन पदों को समाप्त नहीं किया, परंतु इनके ऊपर दबाव बढ़ाकर इनके अधिकार काफी कम कर दिए। उन्होंने सुनाहदार या कारकुन जैसे अधिकारी प्रांतों में नियुक्त कर ठोस राज्सव व्यवस्था की नींव रखी।

चौथ तथा सरदेश मुखी स्वराज से नहीं लिए जाते थे बल्कि उन जगहों से लिए जाते थे जहां मुगल या दक्कनी राजाओं का शासन था। चौथ भू-राजस्व का एक चौथाई था जो मराठों के उस क्षेत्र पर आक्रमण नहीं करने के लिए दिया जाता था। सरदेशमुखी 10% का अतिरिक्त अधिभार था जो उस क्षेत्र से लिया जाता था जो मुगलों के अधीन था पर मराठा उस पर दावा करते थे।

सैन्य प्रशासन–साधारण सैनिक को नकद वेतन दिया जाता था। बड़े-बड़े सैन्य अधिकारियों को संरजाम या मोक्ष (जागीर) का राजस्व वेतन के रूप में दिया जाता था। न्यायधीश तथा पंडित राव को छोड़कर सभी मंत्रियों को युद्ध में हिस्सा लेना होता था। सेना के अधिकारियों का क्रम इस प्रकार था- सर-ए-नौबत (सेनापति), पंच हजारी, जुमलादार, हवलदार तथा नायक।

सेना में पैदल सेना (मवाली पैदल सैनिक सबसे महत्त्वपूर्ण होने थे), घुड़सवार सेना (जिसमें बरगीस तथा सिलाहदार थे पहले को घोड़ा तथा उपकरण राज्य देता था तथा दूसरे को अपना रखना होता था) तथा नौ सेना थी (दो खंड-एक हिंदू तथा एक मुस्लिम के अधीन था)।

किलों का महत्त्वपूर्ण स्थान था। सभी किलों में धोखे से बचने के लिए समान स्तर के तीन अधिकारी (किलादार) नियुक्त किए। जाते थे तथा समय-समय पर उनकी बदली की जाती थी। अपने शासन के अंत में शिवाजी के पास 240 किले थे।

शिवाजी के उत्तराधिकारी

संभाजी (1680-89)–शिवाजी के बड़े पुत्र संभाजी तथा छोटे पुत्र राजाराम के बीच उत्तराधिकार के युद्ध में पहले को विजय प्राप्त हुई, जबकि दूसरा कैद कर लिया गया। संभाजी ने औरंगजेब के विद्रोही पुत्र अकबर को संरक्षण प्रदान किया। परंतु अकबर अपने पिता के विरुद्ध विफल रहा तथा उसे फारस भेज दिया गया। संभाजी को भी संग्रामेश्वर में एक मुगल अमीर द्वारा पकड़कर मार डाला गया।

राजाराम (1689-1700)–राजाराम को रायगढ़ के मंत्रियों की मदद से कैद से छुड़ाकर गद्दी पर बैठाया गया। 1689 में मुगल आक्रमण के कारण वह जिन्जी भाग गया। संभाजी की पत्नी तथा पुत्र (साहु) को मुगलों ने कैद कर लिया। जिन्जी

पर मुगलों ने 1698 में अधिकार कर लिया तथा राजाराम विशालगढ़ (महाराष्ट्र) भाग गया। राजाराम की मृत्यु सतारा में हुई जो जिन्जी के बाद राजधानी बन गया था। राजाराम के प्रशासनिक परिवर्तन में प्रतिनिधि का एक नया पद प्रारंभ करना सम्मिलित था जिससे मंत्रियों की कुल संख्या 9 हो गई।

शिवाजी-II तथा ताराबाई (1700-1707)–राजाराम के बाद गद्दी पर उनका अव्यस्क पुत्र शिवाजी-II आया जिसकी संरक्षक उनकी मां ताराबाई थी। उन्होंने बेरार (1703) बड़ौदा (1706) तथा औरंगाबाद पर आक्रमण किया।

साहु (1707-1749)–साहु को मुगल बादशाह बहादुर शाह ने आजाद कर दिया जिससे गृह युद्ध (1707-14) प्रारंभ हो यह उनके तथा ताराबाई के बीच था। ताराबाई की सेना खेड़ के युद्ध में हार गई तथा 1714 में निर्णायक रूप से पराजित हो साहु द्वारा बंदी बना ली गई, परंतु मराठा राज्य का उत्तरी भाग, जिसकी राजधानी कोल्हापुर थी, राजाराम के वंशजों के अधीन ही रहा (शिवाजी II तथा संभाजी II)।

साहु के शासन काल में पेशवाओं का उदय हुआ तथा मराठा राज्य गणसंघों में बदल गया।

12.5 अर्थव्यवस्था

किसानों की स्थिति

खुदकाश्त–वे किसान जो अपने स्वयं के गांवों में रहते थे, जिनकी अपनी जमीन और उपकरण थे। उनकी दो जिम्मेदारियां थीं-करों का भुगतान और अपनी जमीनों की खेती। इनमें से कुछ अपने उपकरण और कुछ जमीन दूसरे श्रेणियों को किराये पर देते थे। उन्हें महाराष्ट्र में 'मीरासदार' कहते थे और राजस्थान में 'घारूहाला' या 'गवेती'। आर्थिक और सामाजिक रूप से वे दूसरे श्रेणी के किसानों से ऊपर थे। आर्थिक रूप से इसलिए क्योंकि वे सिर्फ पारंपरिक कर ही देते थे, बाकी सारे कर दूसरे दो श्रेणी के किसान देते थे। सामाजिक रूप से वे ऊपर थे क्योंकि उनके पास जमीन थी और गांव के समाज के केंद्र थे।

पाही–ये अधिकतर गांव के बाहर के होते थे और जमीनों पर पड़ोसी गांव में या उसी गांव में रहकर खेती करते थे। उनके दो वर्ग थे–एक वे जो गांव में रहते थे और दूसरे वे, जो दुसरे गांव में रहते थे। दूसरे गांव वाले अधिकतर पड़ोसी गांवों से आते थे। और किराए पर ली गई जमीनों पर बिना उस गांव में घर बनाए खेती करते थे। पहली श्रेणी के पाही दूर-दराज के गांवों से आते थे और उस गांव में घर बनाकर किराये के खेतों में काम करते थे। अपने पास उपकरण होने पर ये पाही स्वयं को खुदकाश्त में तब्दील कर सकते थे। उपकरण का होना जमीन के होने से ज्यादा महत्त्वपूर्ण था क्योंकि जमीनें बहुत थीं। उन्हें महाराष्ट्र में उपारी कहते थे।

मुजारियम–ये वे किसान थे जो एक ही गांव के थे, परंतु उनके पास अपने उपकरण या जमीन नहीं थीं और इस कारण वे खुदकाश्तों पर पूरी तरह आश्रित थे। इनका दो श्रेणियों में वर्गीकरण किया गया था–वे जो सिर्फ मालिक की मर्जी तक किरायेदार थे और वे जिनके किरायेदार के अधिकार आनुवंशिक ये किसानों के वर्ग के सबसे गरीब श्रेणी के थे और उनकी स्थिति बाद के बटाईदारों जैसी थी।

जमींदारों की स्थिति

स्वतंत्र जमींदार–ये अपने अपने क्षेत्रों के आनुवंशिक शासक थे। आर्थिक और सैनिक रूप से यह एक दबदबे वाला वर्ग था। मुगलों के इनके ऊपर अधिकार के आधार पर इन्हें तीन वर्गों में बांटा जा सकता है। प्रथम, जो मुगलों की सेवा में शामिल हुए और जिन्हें मनसब और जागीर मिली। द्वितीय, वे जिन्होंने मुगलों की नौकरी नहीं की और जिन्हें मनसब और जागीर भी नहीं मिली, किंतु उन्हें जरूरत पड़ने पर मुगलों की सैनिक सेवा में जाना पड़ता था और तृतीय, वे जो सैनिक सेवा भी नहीं देते थे पर कर इत्यादि देते थे। आमतौर पर मुगल इन स्वतंत्र जमींदारों के अंदरूनी मामलों में दखल नहीं देते थे।

मध्यस्थ जमींदार–वे जिनकी अपनी जमीन पर तो मालिकाना अधिकार थे, लेकिन बड़े क्षेत्र पर किसानों से राज्य के लिए। कर लेने की जमींदारी यानि आनुवंशिक अधिकार थे। राज्य के प्रति इस सेवा के लिए उन्हें उपज की बढ़ोतरी का एक हिस्सा मिलता था। ये मुगलों के राजस्व प्रशासन की रीढ़ की हड्डी थे।

प्राथमिक जमींदार–ये वे जमींदार थे जिनके अपनी जमीन पर तो मालिकाना अधिकार थे और जमींदारी जमीन पर जमींदारी अधिकार थे, किन्तु वे राज्य के लिए कर संग्रह करने का कोई आनुवंशिक कार्य नहीं करते थे। उन्हें सिर्फ पारम्परिक अथवा मालिकाना हिस्सा मिलता था, उपज की बढ़ोतरी में से चुनकर हिस्सा नहीं मिलता था। ये हिस्सा उसे तब मिल सकता था यदि वह अपनी आनुवंशिक सेवा में रहता।

इस प्रकार जमींदार के अधिकार राज्य और किसान के अधिकार के साथ थे। आर्थिक रूप से जमींदार वर्ग कृषक वर्ग से कहीं बेहतर था। बड़े जमींदार कुलीनों जैसी ही शान-शौकत से रहते थे किन्तु छोटे जमींदारों की हालत किसानों जैसी ही थी।

कृषि की स्थिति

प्रमुख फसल–विदेशी यात्रियों और आइन-ए-अकबरी के अनुसार अन्न, तिलहन, गन्ना, सूत, खसखस, पान इत्यादि उपजाए जाते थे। अजमेर में 16वीं सदी के सबसे अच्छी किस्म के गन्ने उपजाए जाते थे। यूरोपियनों द्वारा मांग बढ़ने पर नील की खेती में काफी वृद्धि हुई जो सारखीज (गुजरात) और बयाना (आगरा के निकट) काफी मात्रा में उपजाई जाती थी। तंबाकू को मुगल दरबार में अकबर के शासनकाल में बीजापुर से लाया गया था और इसका पीना जहांगीर द्वारा बंद कर दिया गया था। ये काफी महत्वपूर्ण फसल हो गई और काफी मात्रा में उपजाई जाने लगी। मिर्च और आलू पुर्तगालियों द्वारा भारत में लाए गए थे। बाबर अपने साथ मध्य एशिया से अनेक फल भी लाया।

सिंचाई–अकबर के शासनकाल में फिरोजशाह की यमुना नहर की पहली बार मरम्मत हुई। शाहजहां के शासनकाल में इसे इसके मुंह से फिर से खिजराबाद में खोला गया और इसे नहर-एबिहिश्त (स्वर्ग की नहर) कहा गया। इसका प्रयोग सिंचाई के लिए भी होता था।

धीमा विकास–विकास प्राचीन काल जैसा ही हुआ, किंतु कृषि पद्धति और उपकरणों में कोई विशेष विकास नहीं हुए। कृषि के क्षेत्र में वृद्धि हुई परंतु उपज में कोई विशेष वृद्धि नहीं हुई जो जनता की जरूरत के हिसाब से बहुत कम थी।

कारण–कृषि के इतने धीमे विकास के कारण इस प्रकार मिट्टी की उर्वरता कम होने के बावजूद कृषि की कोई नई पद्धति विकसित नहीं की गई, भू-राजस्व में बढ़ोत्तरी, जमींदारों और उच्च जाति के किसानों द्वारा यह प्रयत्न कि छोटी जाति और गरीब नए गांव बसाकर उस पर मालिकाना हक न पा सकें, जजमानी प्रथा जिसके कारण उपज स्थानीय जरूरतों तक ही सिमट कर रह गई।

शिल्पों एवं कारीगरों की गतिविधियों में वृद्धि

ग्रामीण शिल्प की दशा–विदेशी यात्रियों के विवरण बताते हैं कि भारत में ब्रिटिश विजय से पहले बड़ी संख्या में उद्योगों का विकास हुआ था। यद्यपि कृषि मुगल भारत में अधिकांश लोगों का मुख्य पेशा था फिर भी यह स्पष्ट है कि भारत एक समृद्ध विनिर्माणकर्ता राष्ट्र था जो आंतरिक एवं बाहरी माँग की पूर्ति करता था। यह ग्रामीण एवं शहरी क्षेत्रों में व्यापक गैर-कृषि उत्पादन के कारण संभव हुआ था। मुगल काल में विनिर्माण उद्योग मुख्यत: एक ग्रामीण गतिविधि थी।

- ग्रामीण अंचलों में कारीगरों का परिवार उत्पादन की एक मूल इकाई था। इसमें संदेह करने का कोई कारण नहीं है कि ग्रामीण विनिर्माणों की अधिकांश मात्रा का उत्पादन वंशानुगत कारीगर जातियों एवं व्यवसायों द्वारा किया जाता था। ऐसा प्रतीत होता है कि कृषि एवं विनिर्माण के बीच कोई वास्तविक विभाजक रेखा विद्यमान नहीं थी क्योंकि यह प्रमाण मिलता है कि अधिकांश कारीगर अपने प्राथमिक व्यवसाय के रूप में कृषि को अपनाते थे। उदाहरण के लिए बुनाई का कार्य घरों में महिलाओं द्वारा किया जाता था।
- मुख्य ग्रामीण विनिर्माण उद्योगों में बढ़ईगीरी, बुनाई, रंगाई, लुहार का कार्य आदि शामिल थे जो कि कम या अधिक रूप में घरेलू जरूरतों को पूरा करते थे। कपड़ा के अलावा नील एवं तिलहन सबसे महत्वपूर्ण ग्रामीण उद्योग थे। नील सूती कपड़ा उत्पादन के लिए एक महत्वपूर्ण सह-उत्पाद था और अधिकांश नील गाँवों में उत्पादित होता था।
- नकदी फसल आधारित अर्थ व्यवस्था के विकास (उदाहरण के लिए 17वीं शताब्दी की शुरुआत में भारत आयी तम्बाकू की फसल एक बाजारोन्मुखी फसल थी) ने भी आगे चलकर ग्रामीण हस्तशिल्प तथा गैर-कृषि उत्पादन को बढ़ावा दिया।
- गाँवों में गैर-कृषि उत्पादन के संबंध में मृदभांड तथा चमड़े के उत्पाद सबसे महत्वपूर्ण थे। चमड़े के जूते तथा थैले पूरे देश में बनते थे। घरेलू बर्तन, कृषि औजार, युद्ध के औजार तथा सोने, कांसे व ताँबे के आभूषण ग्रामीण क्षेत्रों में अन्य महत्वपूर्ण उत्पाद थे।

शहरी शिल्प की दशा–शिल्प उत्पादन पर आधारित इस परम्परागत ग्रामीण अर्थ व्यवस्था के विपरीत भारत में व्यापक और वृहद स्तरीय उद्योगों का विकास हुआ। इन वहद स्तरीय उद्योगों ने नकद अर्थव्यवस्था को जन्म दिया। 16वीं शताब्दी से लेकर 18वीं शताब्दी तक भारत सूती कपड़ा व रेशम, चीनी, जूट, रंग, खनिज, शस्त्र, तेल एवं नमक का एक वृहद स्तरीय विनिर्माता था।

- ऊपर उल्लिखित वस्तुओं में सबसे महत्वपूर्ण संभवत: कपड़ा था क्योंकि यह देश के सभी भागों में उत्पादित होता था। बंगाल, गुजरात एवं कोरोमण्डल कपड़ा व्यापार के महान केन्द्र बन चुके थे। इन उद्योगों के लिए कच्चा माल ग्रामीण अंचलों से औद्योगिक नगरों तक लाया जाता था जहाँ विशेष प्रकार की किस्में तैयार की जाती थीं। विदेशी

यात्रियों ने कपड़े की लगभग 160 किस्मों का उल्लेख किया है जो एशिया व यूरोप के विभिन्न भागों में निर्यात की जाती थीं। कोरोमण्डल तथा बंगाल के लम्बे वस्त्र एवं मखमल की एशिया के बाजारों में व्यापक माँग थी।

- गोलकुंडा में हीरों का खनन उस समय का एक महत्वपूर्ण उद्योग था किन्तु ये खानें गोलकुंडा से दूर छोटे गाँव में स्थित थीं। सिंहभूम में लोहे तथा खेतड़ी में ताँबे का खनन होता था। कश्मीर ऊनी उत्पादों के लिए प्रसिद्ध था।
- राजाओं एवं अमीरों की वाणिज्यिक गतिविधियों के साथ-साथ उत्पादन गतिविधियों में निजी रुचि एक सबसे महत्वपूर्ण विशेषता थी। मुगल सम्राटों ने शाही कारखानों में विशेष रुचि ली तथा ये कारखाने केवल राजधानी में ही नहीं बल्कि प्रांतीय मुख्यालयों एवं अन्य महत्वपूर्ण औद्योगिक नगरों में भी स्थापित किये जाते थे। मुगल सम्राट चाहते थे कि कारखानों में राज्य की सामान्य आवश्यकताओं को पूरा करने के लिए वस्तुओं का निर्माण किये जाने के साथ-साथ वैकल्पिक एवं गुणवत्तापूर्ण वस्तुओं का निर्माण भी होना चाहिए।
- यहाँ कारीगर मामूली पारिश्रमिक पर कार्य करते थे और अमीरों के स्वाद व रुचि के अनुसार वस्तुओं का उत्पादन करने के लिए निर्देशित होते थे। कारखानों में उत्पादित होने वाली विभिन्न वस्तुओं में शॉल, राजकीय परिधान, आभूषण, शस्त्र एवं बन्दूकें इत्यादि शामिल थीं। ये कारखाने अधिकांशतः विलासिता की वस्तुओं का उत्पादन करते थे।
- यद्यपि कारखाने उत्पादन में एक महत्त्वपूर्ण हिस्सा रखते थे किन्तु आंतरिक एवं बाह्य बाजारों के लिए तैयार होने वाले माल का अधिकांश हिस्सा घरेलू प्रणाली के माध्यम से कारीगरों द्वारा उत्पादित किया जाता था।

व्यापार एवं वाणिज्य

आंतरिक व्यापार–इसमें कोई सन्देह नहीं है कि बाजारी उत्पाद का अधिकांश हिस्सा स्थानीय माँग द्वारा अवशोषित कर लिया जाता था। इन उत्पादों की बिक्री काफी संगठित थी तथा प्रत्येक स्थानीय केन्द्र के लिए एक बाजार का दिन तय था जब बिक्री के लिए सारा माल उस केन्द्र पर लाया और प्रदर्शित किया जाता था। ये माल गाँव में उत्पादित अधिशेष को दर्शाता था। आंतरिक व्यापार के लिए कस्बे या छोटे नगर प्रमुख बाजार स्थलों के रूप में कार्य करते थे।

- आंतरिक व्यापार के लिए सबसे महत्त्वपूर्ण आवश्यकता परिवहन की थी। दो प्रकार के परिवहन में नदी परिवहन अपेक्षाकृत सस्ता था। ब्रह्मपुत्र, गंगा, गोदावरी एवं कृष्णा घाटियों का सम्पूर्ण क्षेत्र आंतरिक जल परिवहन तंत्र द्वारा जुड़ा था जो विभिन्न प्रांतों में सम्पर्क को बढ़ाता था। 300 से 500 टन तक का वजन ढोने वाली विशाल नावों द्वारा माल को एक स्थान से दूसरे स्थान तक पहुँचाया जाता था। इन नावों में इमारती लकड़ी जैसे भारी सामान ढोये जाते थे।
- सड़क परिवहन थोड़ा खर्चीला था क्योंकि भारत के विभिन्न भागों में कई प्रकार की चुंगी वसूली जाती थी। बंजारे कारवाँ या काफिलों में सामान को एक स्थान से दूसरे स्थान तक ले जाते थे। प्रभावी सड़क मार्ग (विशेषतः शेरशाह द्वारा) बनाये गये थे जो देश के विभिन्न भागों को जोड़ते थे उदाहरण के लिए ग्रांड ट्रंक रोड सोनारगाँव (बंगाल) से आगरा (जहाँ विभिन्न प्रकार की वस्तुओं का व्यापार होता था) होते हुए लाहौर तक जाता था।

विदेशी व्यापार–भारतीय उद्योग अपने आंतरिक व्यापार की बजाय अपने स्थल व समुद्री मार्गों द्वारा होने वाले विदेशी व्यापार के द्वारा अधिक पहचाने जाते थे। यूरोपियों के आगमन से पहले ही भारत प्राचीनकाल से ही पश्चिम के साथ व्यापार में भागीदारी कर रहा था। 7वीं शताब्दी से भारत का समुद्री व्यापार अरबों के हाथों में चला गया। जिन्होंने हिन्द महासागर एवं लाल सागर में अपना प्रभुत्व स्थापित कर लिया था। मालाबार के मसाले एवं भारतीय कपड़े पश्चिमी देशों को आकर्षित करते थे। 15वीं शताब्दी की भौगोलिक खोजों से पहले भारत का पश्चिम के साथ व्यापार स्थल द्वारा संचालित होता था। इस प्रकार लाहौर और मुल्तान प्रमुख विनिमय केन्द्र बन गये थे। भारत ने पुर्तगालियों के आगमन से पहले ही अपने विशाल तट का अवदोहन कर लिया था। उदाहरण के लिए बंगाल कोरोमंडल के साथ तटीय व्यापार में लिप्त होने के साथ-साथ तेगू, मलक्का इत्यादि के साथ विदेशी व्यापार में भी भागीदारी रखता था।

व्यापार में विकास

शहरीकरण–शासक वर्ग के मुख्य अंश और बाहर से आने वाले मुगल अधिकतर शहरों में ही रहे जिससे गांवों में उन्हें परदेशी की तरह न समझा जाए। अंग्रेजों के विपरीत उन्होंने भारत को ही अपना घर समझा और अपनी सारी आमदनी

भारत के ही गृह उद्योगों, स्मारकों, साहित्य और भारतीय शहरों पर ही लगाई।

व्यापारी वर्ग–आर्थिक और पेशेवर रूप से समाज एक वर्गीकृत समाज था। आर्थिक रूप से वे तीन प्रकारों में बांटे जा सकते थे–कई जहाजों वाले बड़े व्यापारी, धनी व्यापारी और शहर के व्यापारी, छोटे दुकानदार। पेशों में विशिष्टता का चलन था तथा थोक विक्रेता, खुदरा विक्रेता, बंजारा (जो घूमते व्यापारी थे) और श्राफ (बैंकिंग) होते थे। श्रॉफों ने हुंडी का चलन शुरू किया। बड़े और धनी व्यापारी काफी शान-शौकत से रहते थे और कुलीनों की नकल करते थे। छोटे व्यापारियों का जीवन स्तर साधारण था।

यूरोपीय आविष्कार मुगलों में काफी प्रचलित थे, पर उनकी मशीन नहीं। भीमजी पारिख, ईस्ट इंडिया कंपनी के एक दलाल ने शायद अपनी रसीदों को छापने के लिए एक प्रिंटिंग प्रैस का अनुरोध किया था। 1671 में एक प्रिंटिंग मशीन लाई भी गई परंतु ये प्रयोग सफल नहीं हुआ और इसके आगे इस प्रयोग के बारे में कोई जानकारी नहीं मिलती है।

अन्य–अधिकारियों का वर्ग बड़े मनसबदारों से लेकर आम सैनिकों और लिपिकों तक था। अन्य शहरी वर्ग थे-दस्तकार, शिक्षक, चिकित्सक इत्यादि।

व्यापार के विकास के कारण

- मुगलों के समय राजनीतिक, आर्थिक एकीकरण और कानून व्यवस्था की स्थापना।
- यातायात और संचार का विकास।
- मुगलों द्वारा मुद्रा पर आधारित अर्थव्यवस्था का विकास।
- यूरोपीय व्यापारियों का 17वीं सदी से आगमन और यूरोपीय व्यापार का विकास।

व्यापार और वाणिज्य की सामग्री

निर्यात–कपड़े विशेषकर विभिन्न प्रकार के सूती वस्त्र, नील, रेशम, चीनी, काली मिर्च, शीरा, अफीम और विभिन्न प्रकार की दवाई और अन्य कई पदार्थ।

आयात–सिक्के, घोड़े, धातु, इत्र, दवाई, चीनी-सामग्री विशेषकर पोर्सलीन और रेशम, अफ्रीकी गुलाम और यूरोपियन शराब।

सूर और मुगलों के सिक्के

सूर सिक्के

शेर शाह प्रशासनिक मामलों में काफी दूरदर्शी शासक था और अकबर के शासनकाल में पूरे हुए सिक्कों के क्षेत्र में उसके सुधार काफी हद तक शेर शाह की बुद्धिमत्ता के नतीजे थे। उसके प्रयोग मुख्यत: दो क्षेत्रों में हुए–पहला, 178 दानों के बराबर चांदी का नया स्तर और आठवें और सोलहवें हिस्से के साथ 330 दानों का तांबे का स्तर और उसके आधे, चौथाई, ये दो नए सिक्के रुपए और दाम के नाम से जाने गए। दूसरा आविष्कार था टकसालों की संख्या में भारी वृद्धि। सरसिक्कों पर कम-से-कम तेइस (23) टकसालों के नाम मिलते हैं। किंतु सूर राजाओं के असली सोने के सिक्के काफी कम हैं। रुपए दिखने में बड़े-चौड़े आकार के हैं, उनका सीधा हिस्सा हुमायूं के सिक्कों जैसा है जबकि पिछले हिस्से में हिंदी में सुल्तान का नाम खुदा है जो ज्यादातर गलत ढंग से लिखा है। किनारे में या तो सुल्तान के विशेष नाम खुदे होते थे या फिर टकसाल के नाम। अधिकतर चांदी या तांबे के सिक्कों में टकसाल के नाम नहीं मिलते हैं।

मुगल सिक्के

अकबर के मंत्री अबुल फजल ने अपने आइन-ए-अकबरी में मुगल शासकों द्वारा मुद्रा को दिए गए महत्त्व के बारे में लिखा है। जहांगीर ने अपनी जीवनी तुजुक-ए-जहांगीरी में भी इस बारे में लिखा है। इसके अलावा अन्य कई लोगों ने भी इसकी चर्चा की है। इन चर्चाओं और खुद सिक्कों के द्वारा मुगलों के सिक्कों के बारे में अब विवरण दिया जा सकता है।

अबुल फजल और जहांगीर ने बड़ी संख्या में उपस्थित चांदी और सोने के सिक्कों की चर्चा की है, जिनका वजन 2,000 तोले से लेकर कुछ दानों के बराबर भी था। उनके वृहत आकार और भारी वजन की चर्चा मानुची, हॉकिन्स और दूसरे वृत्तांतों में भी मिलती है। मानुची ने लिखा है कि शाहजहां इन सिक्कों को औरतों को तोहफे के तौर पर देता था। कभी-कभी ये राजदूतों को भी ताहफे के रूप में दिए जाते थे, परन्तु इनका मुख्य उपयोग सुविधाजनक रूप से खजाने में रखा जाना ही था।

सिक्कों के प्रकार–मुगलों का मानक 170 से 175 रत्ती की सोने की मुहर थी जो अबुल फजल के समय के नौ रुपए के समतुल्य थी। आधी और चौथाई मुहर भी कई सम्राटों ने जारी कीं और कई अन्य ने और भी बहुत छोटी इकाइयां जारी कीं।

रुपया जो शेर शाह की मुद्रा की देन था, मुगलों के सिक्कों में सबसे मशहूर है। यह नाम एक रुपए पर जो आगरा में अकबर के सैंतालिसवें शासन वर्ष में खुदा था, सिर्फ एक बार इस्तेमाल होता है। आधा, चौथाई, आठवाँ और सोलहवां भी जारी हुआ। सूरत में आधे रुपए की विशेष मांग थी।

इनके अलावा कुछ और सिक्के भी ढलवाए गए जो दान इत्यादि के लिए थे। इनमें सबसे आम जहांगीर, शाहजहां और औरंगजेब द्वारा जो चांदी में ढलवाए गए 'निसार' थे। जहांगीर ने इसके जैसे ही और नूर अफसान और खैर काबुल भी जारी करवाए।

मुगलों के ताम्र सिक्के शेर शाह के 'दाम' पर आधारित थे जो अपने आधे, चौथाई, आठवें में औरंगजेब के शासन काल के पांचवें साल तक ढलवाए जाते रहे। दाम शब्द सिर्फ एक बा अकबर के एक अर्द्ध दाम पर मिलता है। अधिक दाम पर मिलता है। अधिक प्रयोग किया जाने वाला शब्द था फुलुस (ताम्र) और सिक्का फुलुस (मुहरित ताम्र सिक्का)। अकबर के ताम्र सिक्कों पर निसफी (अर्द्ध दाम), दामरा (चौथाई दाम) और दामरी (दाम का एक आठवां) भी मिलते हैं।

मुख्य लक्षण–मुगलों की टकसालों की विभिन्नता उनके सिक्कों के सबसे प्रमुख लक्षणों में से एक था। अकबर के टकसालों की संख्या 76 थी। इनमें 59 में ताम्र सिक्के ढाले जाते थे जो किसी भी सम्राट के समय में सबसे ज्यादा थे। 39 में चांदी ढाले जाने के संकेत मिलते हैं। औरंगजेब की दक्कन पर विजय के बाद चांदी टकसालों की संख्या बढ़कर 70 हो गई जबकि तांबा घटकर 24 हो गया।

ये मुगलों के सिक्के थे। ये मानते हुए कि ये सब एक ही राजवंश की देन हैं जो तीन सौ वर्षों तक अपनी शुद्धता और उच्च स्तर को बरकरार रखे था। अपनी विविधता, टकसालों की संख्या, कलात्मक गुणों, समकालीन और बाद के सिक्कों पर इसका प्रभाव, इसके मानक सिक्के रुपए का महत्त्व आज के युग में, इन कारणों से भी उल्लेखनीय है। इसे संसार के सबसे अच्छे सिक्का श्रेणियों में गिना जा सकता है।

डच

कंपनी की स्थापना–डच संसद के एक आदेश के द्वारा मार्च 1605 में डच ईस्ट इंडिया कंपनी की स्थापना हुई जिसे युद्ध करने, संधि करने, किलों पर कब्जा करने तथा किले बनाने का अधिकार दिया गया।

कारखानों की स्थापना–डचों ने अपना कारखाना मसूलीपटम (1605), पुलीकट (1610), सूरत (1616), विमिलिपटमम (1641), कारीकल (1645), चिनसुरा (1653), कासिम बाजार, बसागोरे, पटना, बालासोर, नागापटम (सभी 1658) तथा कोचीन (1663) में स्थापित किया था।

पुर्तगालियों का विस्थापन–17वीं शताब्दी में पूर्व के साथ सबसे महत्त्वपूर्ण व्यापारिक शक्ति के रूप में, जिसमें भारत भी था, उन्होंने पुर्तगालियों को विस्थापित किया। 1690 तक भारत में उनका प्रमुख केंद्र पुलीकट था जो इसके बाद नागापट्टम हो गया।

आंग्ल-डच संघर्ष का प्रारंभ–17वीं शताब्दी के मध्य में (1654) अंग्रेज एक महत्त्वपूर्ण शक्ति बनने लगे। भारत में 60-70 वर्ष तक संघर्ष के बाद डच शक्ति अंग्रेजों के सामने कमजोर पड़ने लगी (18वीं शताब्दी के प्रारंभ में)। यह 1759 में बेदेरा के युद्ध में अंग्रेजों के हाथों पराजय के साथ पूरी तरह ध्वस्त हो गई।

क्षेत्रों की क्षति–एक-एक कर सारी डच बस्तियां अंग्रेजों के हाथ लग गईं। 1795 में उन्हें अंग्रेजों ने भारत से बाहर निकाल दिया।

अंग्रेज

मिलडेनहाल का आगमन–भारत के साथ ईस्ट इंडिया कंपनी द्वारा व्यापारिक संबंध स्थापित करने के पहले 1599 में एक व्यापारी जॉन मिलडेनहाल भूमि मार्ग से भारत आए थे।

कंपनी की स्थापना–'इंग्लिश ईस्ट इंडिया कंपनी' के नाम से लोकप्रिय इसकी स्थापना 1599 में एक व्यापारिक समूह के द्वारा किया गया था जिसे 'मर्चेंट एडवेंचर' कहते थे। रानी एलिजाबेथ ने इसे 15 वर्षों तक व्यापारिक एकाधिकार प्रदान किया (दिसंबर 1600)। पहले आदेश की समाप्ति से पहले ही जेम्स I (1609) ने एक-दूसरे आदेश के द्वारा इस एकाधिकार को अनिश्चित काल के लिए बढ़ा दिया।

सूरत में कारखाना लगाने का निर्णय–ईस्ट इंडिया कंपनी द्वारा सूरत में कारखाना लगाने के निर्णय (1608) के बाद कैप्टन हाकिन्स जहांगीर के दरबार में गए (1609)। प्रारंभ में जहांगीर अनुमति देने के लिए तैयार था, पर बाद में पुर्तगाली दबाव में मुकर गया। परंतु जब स्वाली (सूरत के निकट) में 1612 में कैप्टन बेस्ट ने पुर्तगाली बेड़े को पराजित किया तो जहांगीर ने अंग्रेजों को कारखाना लगाने के लिए फरमान जारी कर दिया (1613)।

थॉमस रो का आगमन–सर थॉमस रो 1615 में जेम्स I के राजदूत के रूप में जहांगीर के दरबार में आए तथा 1618 के अंत तक यहीं रहे और राज्य के विभिन्न भागों में कारखाने लगाने तथा व्यापार करने की अनुमति प्राप्त की। फरवरी 1619 में वे भारत से वापस गए।

कारखानों की स्थापना

पश्चिमी तट–अंग्रेजों ने आगरा, अहमदाबाद, बड़ौदा तथा बरोच में 1619 तक कारखाने लगाए जो सूरत के नियंत्रण में थे। 1665 में कंपनी ने 10 पाउंड प्रति साल के भाड़े पर चार्ल्स II से मुंबई ली। गेराल्ड औंगीयर 1669 से 1677 तक इसके पहले गर्वनर थे। 1687 में पश्चिमी तट पर कंपनी का मुख्यालय सूरत से हटाकर मुंबई कर दिया गया।

दक्षिण-पूर्वी तट–मसूलीपटनम (1611) तथा पुलीकट के निकट अरमागांव में कारखाने लगाए गए। 1639 में फ्रांसिस डे ने चंद्रगिरी के राजा से चेन्नई प्राप्त किया तथा एक किलाबंद कारखाना लगाने की अनुमति प्राप्त की जिसे फोर्य सेंट जॉर्ज कहा गया। शीघ्र ही मसूलीपटनम के स्थान पर कोरोमंडल तट पर कंपनी का मुख्यालय चेन्नई हो गया तथा 1658 में पूर्वी भारत की अंग्रेज बस्तियां (बंगाल, बिहार तथा ओडिशा) फोर्ट सेट जार्ज के अधीन कर दी गईं।

पूर्वी भारत–ओडिशा के हरिहरपुर तथा बालासोर (1633), हुगली (1651) तथा उसके बाद पटना, ढाका, कासिमबाजार में (बंगाल तथा बिहार) अनेक कारखाने लगाए गए। 1690 में जॉब चारनोक ने सुतानुती में एक कारखाना लगाया तथा सुतानुती, कालीकट तथा गोविंदपुर की जमींदारी अंग्रेजों ने (1698) में प्राप्त की। ये गांव बाद में कोलकाता के रूप में उभरे। 1696 में अंग्रेजों ने सुतानुती के कारखाने की घेराबंदी की (बर्दवान के जमींदार सोभा सिंह के विद्रेह का बहाना बनाकर) तथा इस नए रूप में 1700 में फोर्ट विलियम नाम दिया गया। एक प्रधान के साथ एक समिति का गठन किया गया (सर चार्ल्स ऐरे पहले प्रधान थे) तथा बंगाल, बिहार तथा ओडिशा इस फोर्ट विलियम की समिति के अधीन कर दिया गया (1700)।

आंग्ल-मुगल संबंध

इनके संबंध एक-दूसरे के ऊपर हावी होने की इच्छा से प्रेरित थे। प्रारंभ में 1686 में हुगली पर अधिकार कर लिय गया तथा मुगल सम्राट औरंगजेब के विरुद्ध युद्ध घोषित कर दिया। मुगलों ने जवाब में बंगाल में सारे अंग्रेज ठिकानों पर अधिकार कर लिया (1687)। अंग्रेजों ने पश्चिमी तट पर सर जॉन चाइल्ड के नेतृत्व में प्रतिरोध प्रारंभ किया, मुगल जहाजों पर कब्जा कर लिया तथा हज यात्रा में बाधा पहुंचाई। जवाब में मुगलों ने पूरे राज्य की अंग्रेज बस्तियों पर कब्जा कर लिया (1688-89)। अंततः अंग्रेजों ने समर्पण किया तथा बादशाह ने उन्हें माफ कर दिया (1690) एवं एक फरमान जारी किया।

1691 में औरंगजेब के फरमान द्वारा कंपनी को बंगाल में सीमा शुल्क से छूट मिल गई जिसके बदले वे वार्षिक भुगतान करते। थे तथा 1717 में फारुख सियार ने 1691 के अधिकारों की पुष्टि कर इसे गुजरात तथा दक्कन में भी प्रदान किया।

कंपनी की घरेलू समस्याएं

कंपनी को गहरे घरेलू संकटों का सामना करना पड़ा। 1635 में सर विलियम कोरटेन ने एक प्रतिद्वंद्वी कंपनी की स्थापना की। जिसे चार्ल्स I ने पूर्व के साथ व्यापार की अनुमति प्रदान कर दी। इन दोनों कंपनियों के बीच कुछ दिनों तक प्रतिस्पर्धा रही जो 1649 में इनके विलय के साथ समाप्त हुई। 1657 के क्रामवेल के अध्यादेश द्वारा ईस्ट इंडिया कंपनी एक सांझा कंपनी में परिवर्तित हो गई।

1644 में अंग्रेज संसद ने सारे देशवासियों को पूर्व के साथ व्यापार में समान अधिकार प्रदान कर दिया। एक नई प्रतिद्वंद्वी कंपनी *'इंगलिश कंपनी ऑफ मर्चेट्स ट्रेडिंग टू द ईस्ट इंडीज'* (1698) में गठित हुई, जिसने सर विलियम नौरीस को औरंगजेब के दरबार में राजदूत के रूप में भेजा ताकि वे कुछ छूट प्राप्त कर सकें। पर सर विलियम अपने अभियान में असफल रहे। दोनों कंपनियों के बीच कुछ दिनों की प्रतिस्पर्धा के बाद 1702 में दोनों एक हो गए। 1708 में उनका अंतिम विलय गोल्डोफिन के अर्ल के द्वारा हुआ तथा एक नई कंपनी *'द युनाइटिड कंपनी ऑफ मर्चेट्स ऑफ इंग्लैंड ट्रेडिंग टू द ईस्ट इंडीज'* बनी। यह कंपनी 1858 तक चली।

फ्रांसीसी

1664 में राज्य प्रश्रय द्वारा कोलबर्ट में फ्रांसीसी ईस्ट इंडिया कंपनी की स्थापना की। पहला फ्रांसीसी कारखाना सूरत में 1668 में फ्रांकोइस कारोन के द्वारा बनाया गया। बाद में 1669 में माराकारा ने मसूलीपटनम में कारखाना स्थापित किया था।

मुस्लिम गवर्नर (वालिकोंडापुरम) से फ्रांकोइस मार्टिन तथा बेलांगेर डी लेसपीने ने 1673 में एक छोटा-सा गांव लिया। यह गांव आगे चलकर पांडिचेरी बना तथा इसके पहले गवर्नर फ्रांकोइस मार्टिन बने। 1690 में बंगाल के मुगल नायब से चंदेरगांव लिया गया।

1706 से 1720 के बीच भारत में फ्रांसीसियों का पतन हुआ जिससे 1720 में कंपनी पुनर्गठित हुई। भारत में फ्रांसीसि शकित लिनोयार तथा दुमास द्वारा पुनः 1720 से 1742 के बीच गठित हुआ। उन्होंने मालाबार पर माहे, कोरोमंडल पर यानाम (1725 में) तथा तामिलनाडु में कराइकल पर कब्जा किया (1739)। 1742 में डुप्ले के फ्रांसीसी गवर्नर के रूप में आगमन के साथ आंग्ल फ्रांसीसी संघर्ष प्रारंभ हुआ, जिसमें अंततः वे पराजित हुए।

डेनिस

डेनमार्क की ईस्ट इंडिया कंपनी 1616 में बनी। उन्होंने 1620 में ट्रानकोबेर (तामिलनाडु) तथा 1676 में श्रीरामपुर (बंगाल) में अपनी बस्ती बनाई। श्रीरामपुर उनका भारत में मुख्यालय था। परंतु वे अपनी स्थिति मजबूत नहीं कर पाए तथा 1845 में अपनी सारी संपत्ति उन्होंने अंग्रेजों को बेच दी।

12.6 यूरोपीय व्यापार का स्वरूप तथा प्रकृति

यूरोपीय कंपनियों की भूमिका

पुर्तगाली

16वीं शताब्दी के प्रारंभ में पुर्तगाली शक्ति का काफी तेजी से उदय हुआ। अगले 100 वर्षों तक वे जल शक्ति पर हावी रहे तथा उन्होंने अनेक कीमती सामान लिसबन भेजे। यह उनके लिए काफी लाभदायक रहा क्योंकि उन्होंने मुक्त समुद्री व्यापार का तरीका खोज लिया था। कुछ समुद्री डाकुओं को छोड़कर उनके इस व्यापार को किसी अवरोध का सामना नहीं करना पड़ा, परन्तु हिंद महासागर का यह व्यापार अनेक रूप से खतरों से भरा था। यह व्यापार मात्र तिलासिता की वस्तु जैसे मसाले, कीमती कपड़े, सोना तथा हाथी दांत तक सीमित नहीं था। उन्होंने इस व्यापार में महत्त्वपूर्ण भूमिका अदा की, परंतु कई तट अनाज के व्यापार में ज्यादा प्रगति करने लगे। चूंकि कोई शुल्क अथवा संरक्षण इस मुक्त व्यापार में बाधक नहीं था अतः प्रायः सभी वस्तुओं का मूल्य भू-मध्य सागरीय तटों से कम था जहां मिश्री तथा वेनिस के व्यापारियों का एकाधिकार था।

पुर्तगालियों ने हिंद महासागर में भूमध्यीय परंपराओं को बचाए रखा। उन्होंने उन महत्त्वपूर्ण जगहों पर कब्जा कर लिया जहां से वे एशिया के साथ होने वाले व्यापार पर नियंत्रण रख सकते थे। उनके दुर्ग सीमा शुल्क केन्द्र का काम करते थे जहां से व्यापारी समुद्र में पुर्तगाली हमले से बचने के लिए अनुमति पत्र खरीदते थे।

पुर्तगाली राजा ने मसालों के व्यापार, खासकर गोल मिर्च के व्यापार को शाही एकाधिकार में ले लिया। उनका मसालों का आयात 1501 में 25 हजार पाउंड से बढ़कर 1505 तक 2.3 लाख पाउंड हो गया। वेनिस के व्यापारी अब अलेक्जेंड्रिया में मात्र 1 लाख पाउंड वाले खरीद सकते थे जबकि 1495 में उनकी वार्षिक खरीद 3.5 व पाउंड थी। यद्यपि अरब तथा वेनिस के व्यापारी इस मसाला बने रहे, पर व्यापार का संतुलन पुर्तगालियों की तरफ ने अब अरब बिचालियों के बिना ही यूरोप में बढ़ते मसाले की मांग को पूरा कर पा रहे थे।

पुर्तगाली राजा वेनिस के व्यापारियों को दुबारा नहीं उभरने देना चाहता था क्योंकि भारत में सस्ती गोल मिर्च खरीदकर उसे यूरोप में ऊंची कीमत पर बेचकर आय का एक निश्चित स्रोत मिल गया था। 1506 से 1518 के बीच का पुर्तगाल राज्य का बजट इस समय के मिर्च व्यापार के परिणाम को दर्शाता है। इस एकाधिकार से उनकी आय 1506 में 1,35,000 क्रुजादो (1 क्रुजादो- 7.5 ग्राम सोना) से बढ़कर 1518 में 3,00,00 क्रुजादो हो गई। इस बीच अन्य स्रोत से आय भी बढ़ी, पर इसने उन सब को पीछे छोड़ दिया। इस कारण इस क्षेत्र में उनका 50,000 क्रुजादो का खर्च काफी कम था तथा उन्हें अपने पैसे का अच्छा उपयोग मिल गया था।

पुर्तगाली राजा के लिए आय का एक दूसरा स्रोत हिंद महासागर में कप्तान तथा सीमा शुल्क केंद्रों का विक्रय था। पुर्तगाली फारस की खाड़ी में ओरमुज पर तथा हिंद महासागर में अन्य स्थानों पर सीमा शुल्क लेते थे। इन कार्यालयों की हर तीन साल पर नीलामी होती थी जिससे बिना किसी खतरे की आय होती थी।

डच

डचों ने 17वीं शताब्दी के प्रारंभ में हिंद महासागर पर काफी तेजी से आक्रमण किया, जैसे 100 साल पहले पुर्तगालियों ने किया था। उनके पक्ष में अनेक बातें थीं जैसे अच्छी शिक्षा व्यवस्था, विज्ञान तथा तकनीकी के क्षेत्र में उनकी प्रगति, पुर्तगालियों से समुद्री जानकारी प्राप्त करने की क्षमता, बड़ी व्यापारिक व्यवस्था तथा जहाजों के लिए आसानी से लकड़ी की उपलब्धता।

पुर्तगालियों के विपरीत डच राज्य का इस व्यापार में कोई योगदान नहीं था तथा उन्हें मात्र मसालों के व्यापार का एकाधिकार प्राप्त था। साथ ही, एकाधिकार आम्सटरड्म तट पर सामानों के पहुंचने के साथ समाप्त हो जाता था जहां सबसे ऊंची बोली लगाने वालों को सामान बेचा जाता था। इससे बाजार की स्थिति का पता चलता था। कपड़ों जैसी नई वस्तुओं के लिए जगह बनाने में सहायता हुई जिस पर उनका एकाधिकार नहीं था।

पूरी 17वीं शताब्दी में डच कंपनी अपनी अंग्रेज कंपनी की तुलना में बड़े स्तर पर काम करती रही, परंतु वे अंग्रेज प्रतिद्वंद्विता से चिंतित थे। उन्होंने उनसे निबटने का प्रयास किया। स्पेन तथा पुर्तगाली समुद्री बहुलता से लड़ते हुए उन्होंने मुक्त समुद्र के विचार पर जोर दिया, परंतु उन्होंने 17वीं शताब्दी के दूसरे दशक में ही इंडोनेशिया के मसालों के टापुओं से सारी बाहरी शक्तियों को। दूर रखने का प्रयास किया क्योंकि मात्र इसी तरह वे अपने व्यापार को बचा सकते थे।

जहां उन्होंने इंडोनेशिया के अपने ठिकानों को बचाने का प्रयास किया, उन्होंने भारत में ऐसा कोई प्रयास नहीं किया। इसका कारण यह था कि भारत से वे अधिकतर वस्त्रों को लेते थे जो उनके एकाधिकार में नहीं था। इसमें उत्पादन के केंद्र पर अधिकार के बदले अन्य तरीकों की आवश्यकता होती थी। उत्पादक तथा बिचौलियों को अग्रिम ऋण देकर बांधे रहना इसमें ज्यादा महत्त्वपूर्ण था।

कपड़ों में उनकी इस रुचि के कारण डच कारखानों के रूप में काफी परिवर्तन आया। प्रारंभ में ये फैक्ट्रियां वार्षिक ढुलाई के लिए सामान रखने का कार्य करती थीं पर बाद में उन्हें आंतरिक क्षेत्रों में भी अपने प्रभाव को बढ़ाने की आवश्यकता पड़ी। डच, जिनके पूर्वी तट पर अनेक कारखाने थे, गोलकुंडा के सुल्तान के दरबार में अपना प्रतिनिधि रखते थे जो उनके कपड़ों के महत्त्वपूर्ण स्रोत थे।

अतः डचों ने भारत, खासकर दक्षिण भारत का, अपने मसाला उद्योग के लिए गुलामों के बाजार तथा सूती वस्त्र के रूप में उपयोग किया। डचों ने गोलकुंडा के कपड़ों का प्रयोग इंडोनेशिया से मसाला प्राप्त करने में किया तथा इस तरह एक 'मसाला बहाव' स्थापित किया जो उनके घर पर सोने-चांदी ले आता था। शीघ्र ही इस त्रिकोणीय व्यापार की नकल अंग्रेजों ने की जो पूर्व में अपना खर्च कम करना चाहते थे।

हिंद महासागर पर डच आक्रमण से एक क्रांतिकारी परिवर्तन हुआ जिसे पुर्तगाली नहीं कर पाए थे। भूमध्य से वस्तुओं का बहाव पूर्णतः बदल गया। पूर्वी भूमध्य में 16वीं शताब्दी का लेवेंट का व्यापार नष्ट हो गया। अब यहां वही वस्तुएं वापस आने लगी। थीं जो कुछ वर्ष पहले यहां से पश्चिम भेजी गई थीं। वेनिस का भी यही हाल हुआ तथा शीघ्र ही यह इटली का एक क्षेत्रीय तट बनकर रह गया।

एशियाई समुद्री व्यापार इससे इतनी जल्दी प्रभावित नहीं हो। पाया। कई बड़े भारतीय जहाजों के मालिक प्रतिवर्ष इतने जहाज फारस की खाड़ी में भेजते थे कि वे सभी यूरोपीय जहाजों, जो हिंद महासागर में थे, से ज्यादा होते थे। डचों ने भी इस व्यापार में हिस्सा लिया। यूरोप की बड़ी जहाज कंपनी की तरह उन्होंने एशियाई क्षेत्र में भी अपनी सेवाएं उपलब्ध कराईं। व्यापारी, जिनके पास अपना जहाज नहीं था, इन पूरी तरह से हथियार युक्त जहाजों पर अपना सामान प्रसन्नता के साथ भेजते थे।

अंग्रेज

अंग्रेज ईस्ट इंडिया कंपनी, जिसकी स्थापना डच कंपनी से दो साल। पहले लंदन में हुई थी, इन्हीं तरीकों पर अपना काम करती थी। पूर्व में सूरत में स्थापित होकर शीघ्र ही उन्होंने फारस की खाड़ी में 1622 में ओरमुज पर कब्जा कर पुर्तगाली शक्ति को नष्ट कर दिया। इसके बाद गुजराती सूती कपड़ा फारस के रेशमी कपड़ों से प्रतिद्वंद्विता करने लगा जो 1660 तक मात्र घरेलू उपयोग जैसे तौलिया इत्यादि में प्रयोग होता था।

अंग्रेजों का वार्षिक भारतीय सूती वस्त्र आयात 1619 में 14,000 टुकड़ों (12 से 15 गज का) से बढ़कर 1625 में 2,00,000 हो गया। फारस के रेशम की मांग काफी कम बढ़ी। नील तथा शोरा अन्य भारतीय निर्यात थे। ये मुख्यतः पूर्वी भारत (बिहार) में होते थे अतः इस क्षेत्र में अंग्रेज कारखाने लगाने के प्रयास करने लगे।

पूर्व की ओर अपने पैसों का बहाव कम करने के लिए अंग्रेज व्यापार शीघ्र ही दक्षिण के बुनकरों से कपड़ा खरीद उसे इंडोनेशिया में काली मिर्च तथा लौंग के बदले बेच चार गुना मुनाफा कमाने लगे। परिणामतः उन्होंने कोरोमंडल तट पर अपना कारखाना लगाने का प्रयास प्रारंभ कर दिया।

अंग्रेजों के कारखाने भी, पुर्तगालियों की तरह, इस वस्त्र व्यापार के प्रारंभ होने के बाद परिवर्तित होने लगे। उन्हें मसाला द्वीपों पर सीधा अधिकार नहीं था तथा विशेष 1623 में, अम्बोयना में डचों द्वारा उनकी हत्या के बाद, उन्होंने भारत के साथ अपने व्यापार पर ज्यादा ध्यान दिया। 17वीं शताब्दी में अंग्रेज डचों से इस क्षेत्र में भी पीछे थे।

हिंद महासागर में इस बीच यूरोपीय लुटेरों की गतिविधि भी बढ़ने लगी क्योंकि अनेक व्यक्ति अकेले समुद्री तथा व्यापारिक ज्ञान से इस क्षेत्र में कूदने लगे। किंतु सारे यूरोपीय मध्यस्थ लुटेरे नहीं थे। इस क्षेत्र में अनेक निजी ब्रिटिश व्यापारी कार्यशील थे जिन्हें ईस्ट इंडिया कंपनी के अधिकारी नहीं चाहते थे। कंपनी ने अपना ध्यान महासागरीय व्यापार पर केंद्रित रखा; ये छोटे व्यापारी कंपनी की सुविधाओं का उपयोग कर इनके अधिकारियों की मध्यस्था से काम करते रहे तथा कंपनी के व्यापार को बढ़ाते रहे। इससे कंपनी को एशिया के अंदर के व्यापार में काफी लाभ हुआ।

फ्रांसीसी

भारत के इतिहास में एक अन्य महत्त्वपूर्ण शक्ति, 17वीं शताब्दी तक गौण शक्ति के रूप में काम कर रही थी। कोलबर्ट में फ्रांसीसी ईस्ट इंडिया कंपनी को प्रांतीय शैली में आयोजित किया था। परंतु यह हानिकारक रहा क्योंकि कंपनी सरकार द्वारा आयोजित था तथा इसमें निजी पैसा नहीं लगा था। कोलबर्ट को बड़े लोगों का पैसा लगाने के लिए तैयार करना पड़ा। राजा को प्रसन्न करने के लिए ही लोगों ने पैसा लगाया।

इस कंपनी की व्यापारिक सफलता इसके गवर्नर डूप्ले की प्रांतीय अभिलाषा की तुलना में काफी कम सफल रही। परंतु 1685 में इसके पुनर्गठन के बाद इसने व्यापार पर ज्यादा ध्यान दिया। शांति के समय इसने कुछ मुनाफा भी कमाया परंतु फ्रांसीसी व्यापारिक नीतियों के कारण यह फायदेमंद कपड़े के व्यापार से अलग रहा। यूरोपीय युद्ध के कारण कंपनी दीवालियेपन के कगार पर पहुँच गई। 1719 में फ्रांसीसी वैस्ट इंडीज कंपनी के साथ इसके विलय के बाद यह कंपनी अन्तर्राष्ट्रीय व्यापार के स्तर पर पहुंच पाई।

12.7 मुगल संस्कृति

सम्मिश्रित प्रकृति

साम्राज्यीय संरक्षण—मुगल काल की सम्मिश्रित संस्कृति को मुगल दरबारी संस्कृति कहा गया है क्योंकि यह पूरे काल के दौरान राज सिंहासन से प्रेरित होती रही और जन सामान्य का इसमें कोई महत्वपूर्ण हाथ नहीं था। यह पूरी तरह से साम्राज्यीय संरक्षण पर निर्भर थी जब मुगल सम्राट की निजी रुचि एवं इच्छा ने इसे प्रेरित किया तो इसने महानतम ऊँचाइयां हासिल कर लीं किन्तु शासक की रुचि खत्म होने पर इसका पतन होता गया। परिणामस्वरूप पहले पाँच महान मुगल शासकों के अधीन कला स्थापत्य एवं साहित्य का अभूतपूर्व विकास हुआ किन्तु दरबारी संरक्षण के हटते ही इसमें तीव्र गिरावट आ गई।

सम्मिश्रित एवं संश्लेषित संस्कृति का विकास—मुगल काल की एक भूतपूर्व विशेषता हिन्दू-मुस्लिम साहचर्य की प्रक्रिया का निरन्तर जारी रहना था और कटु राजनीतिक प्रतिस्पर्धाओं के बावजूद दोनों समुदायों के बीच सौहार्द्रपूर्ण सम्पर्क होता रहा। फलस्वरूप पारस्परिक सामंजस्य एवं संश्लेषण की भावना ने एक सम्मिश्रित व संश्लेषित संस्कृति का विकास किया जो न तो विशुद्ध रूप से फारसी (या मुस्लिम) थी और न ही पूर्णतः भारतीय (या हिन्दू)। यह संस्कृति इन दोनों के सर्वोत्तम तत्वों का एक सुखद संलयन थी।

- कला एवं स्थापत्य के प्रवाह में फारसी एवं भारतीय शैलियाँ सुगमता से एक-दूसरे में घुल-मिल गईं जिसका चरमोत्कर्ष अकबर एवं शाहजहाँ की शानदार इमारतों में प्रदर्शित होता है।
- इसी प्रकार मुगल चित्रकला ने भारतीय एवं विदेशी तकनीकों के सुन्दर सम्मिश्रण को दर्शाया।
- साहित्य भी दोनों संस्कृतियों के संलयन से बच नहीं सका। भारतीय भाषाओं की शब्दावली को फारसी एवं अरबी शब्दों द्वारा समृद्ध किया गया।

धार्मिक संश्लेषण—विशेष रूप से अकबर के शासनकाल में हिन्दू-मुस्लिम संश्लेषण एवं सामंजस्य की भावना का महत्त्वपूर्ण विकास हुआ। अकबर की सुलह-ए-कुल की धार्मिक नीति में धार्मिक संश्लेषण का प्रदर्शन हुआ। यह धर्म जाति एवं पंथों की सीमाओं तथा कर्मकांड एवं पुरोहित वर्ग के प्रभाव से मुक्त था। इसने एकेश्वरवाद और नैतिकता की उच्च भावना पर बल दिया। धार्मिक सहिष्णुता सामाजिक संबंध को गहरा बनाती थी और एक-दूसरे के प्रति प्रेम को बढ़ाती थी तथा इसका चरमोत्कर्ष शहजादा दाराशिकोह के अधीन देखा जा सकता था। उसने तर्क दिया कि हिन्दू एवं मुस्लिम रहस्यवाद के बीच मात्र शाब्दिक विभेद हैं उसने दोनों रहस्यवादी विचारों के दो सागरों को विश्लेषित करने के लिए अपनी प्रसिद्ध पुस्तक 'मज्म-उल-बहरैन' की रचना की थी। औरंगजेब के शासनकाल के दौरान सतनामी और नारायण पंथों ने हिन्दूओं और मुसलमानों दोनों के बीच लोकप्रियता प्राप्त की थी। सतनामियों ने एक दिन में पाँच बार पूर्व की ओर मुख करके प्रार्थना करने की रीति को अपनाया था। उन्होंने ईश्वर के अपने नामों में अल्लाह को शामिल किया और शवों को दफनाने की प्रथा अपनाई।

प्रथाओं एवं रीति-रिवाजों का संलयन मुगल काल प्रयोग और नवाचार का एक काल ही नहीं था बल्कि उन प्रक्रियाओं की सततता एवं चरमोत्कर्ष का काल भी था जिनके बीज दिल्ली सल्तनत के शासन के अन्तिम काल में बोये गये थे। दूसरे शब्दों में दिल्ली सल्तनत के अन्तिम वर्षों में आरम्भ हुई सामंजस्य एवं संश्लेषण की भावना मुगल काल में जारी रही और अपने चरमोत्कर्ष पर पहुँची। संक्षेप में वेशभूषा, तौर-तरीके, सामाजिक सुविधायें तथा उत्सव जो मुगलों द्वारा भारत में लाये गये थे, लोगों द्वारा स्वीकार कर लिये गये थे। अकबर दोनों लोगों को एक एकता एवं सामाजिक संसर्ग में बाँधने की इच्छा रखता था और इसी इच्छा के फलस्वरूप वेश-भूषा, खान-पान, रहन-सहन के तरीकों, उठने-बैठने के तरीकों, उत्सवों एवं समारोहों में हिन्दू-मुस्लिम संश्लेषण का विकास संभव हुआ।

- हिन्दू वैवाहिक समारोहों में 'सेहरा एवं जामा' का प्रचलन आरंभ हो गया।
- पायजामों एवं अचकन उत्सवों की वेश-भूषा बन गये तथा खाद्य पदार्थों में बालूशाही, गुलाब जामुन, बर्फी एवं पुलाव जैसे नये स्वादिष्ट व्यंजन शामिल हो गय।
- हुक्का और तम्बाकू का प्रयोग हिन्दू और मुसलमान दोनों में होने लगा।
- पुत्र के जन्म पर दोनों समुदायों में संगीत मनोरंजन के साथ व्यापक समारोह मनाये जाने लगे।
- दोनों समुदायों में स्त्रियों के आभूषणों में मामूली अन्तर रह गया।
- दोनों समुदाय एक-दूसरे के समारोहों में स्वतंत्रतापूर्वक भाग लेते थे। हिन्दूओं ने मुहर्रम मनाना शुरू कर दिया वहीं सैय्यद भाईयों में से एक अब्दुल्ला खान ने हिन्दूओं के बसन्त पंचमी व होली जैसे त्यौहारों को मनाया। बंगाल के सिराजुद्दौला एवं मीर जाफर जैसे नवाब अपने हिन्दू मित्रों के साथ प्रसिद्ध होली त्यौहार मनाते थे।

बहुपक्षीय सांस्कृतिक गतिविधियों के लिए उत्तरदायी कारक- मुगलों के अधीन बहुपक्षीय सांस्कृतिक गतिविधियों के उभार तथा विभिन्न क्षेत्रों में उच्च मानदंडों की स्थापना के लिए निम्नलिखित कारक उत्तरदायी थे:

- सबसे पहले, साम्राज्य की विशाल संपदा एवं असीमित शक्ति ने मुगलों को शिल्पकला एवं साहित्य को निरन्तर संरक्षण देने के लिए समर्थ बनाया। इसलिए यह कहने में कोई अतिशयोक्ति नहीं है कि भारत की संपदा से वार्साय की तड़क-भड़क से प्रभावित लोगों की आखें भी चौंधिया जाती थीं।
- दूसरे, अपेक्षाकृत स्थिर परिस्थितियों एवं सम्पूर्ण उत्तर भारत में शान्ति के एक लम्बे काल ने कला के व्यापक कार्यों हेतु रास्ता सुगम कर दिया था।
- तीसरे, मुगल सम्राटों के पास सौन्दर्य की समझ एवं सांस्कृतिक दृष्टिकोण था। प्रत्येक सम्राट दृश्यमान कलाओं में अभिव्यक्ति पाने के लिए उद्धत था। पहले पाँच शासक अपने आस-पास के लोगों से बौद्धिक क्षमता में अग्रणी थे। उनका सांस्कृतिक दृष्टिकोण एवं परिशुद्ध रुचियाँ उन्हें समकालीनों से आगे ले जाता था।
- चौथे, एक ओर मुगलों की तथा दूसरी ओर भारतीयों की वैभवपूर्ण एवं समृद्ध सांस्कृतिक विरासत ने ललित कलाओं के अभूतपूर्व विकास हेतु एक अनुपम वातावरण सृजित कर दिया था।

वास्तुकला

मुख्य लक्षण

- ईरानी तत्वों की भव्यता और वास्तविकता तथा भारतीय एवं हिंदू वास्तुशास्त्र की सजावट।
- वास्तुशास्त्र और भवनों के ढाँचे में पूरे राज्य में समानता।
- मकबरों का एक ऊंची सतह और खुले बगीचे जैसी जगहों पर निर्माण।
- मकबरों पर बाहरी और भीतरी दो गुंबदों का निर्माण। इसमें से भीतरी अंदर की कब्र पर छत जैसा रहता था।
- दूसरी विशेषताएं जैसे स्तंभों पर कुपोलाओं का निर्माण, भव्य दरबार और गुंबदाकार द्वार।

विकास

किला निर्माण–बड़ी संख्या में किलों का निर्माण करने वाला पहला शासक अकबर था जिसने किलों की एक श्रृंखला बनवाई जिसमें सबसे मशहूर आगरे का किला है जो लाल ईंट का बना है। उसके दूसरे किले लाहौर और इलाहाबाद के हैं।

शाहजहां के समय किला निर्माण अपनी चरम सीमा पर था। जैसा कि दिल्ली के लालकिला को देखकर पता लगता है। इसके अंदर के मुख्य भवन हैं–रंग महल, दीवान-ए-आम और दीवान-ए-खास।

महल निर्माण–अकबर के शासनकाल में फतेहपुर सीकरी में एक ही भवन में एक महल और किला एक साथ बनाया गया। यहां बहुत सारे भवन गुजरात और बंगाल शैली में बनाए गए। गुजरात शैली के भवन अकबर की राजपूत बीवियों के लिए थे। ईरानी शैली का प्रभाव नीले पत्थरों में देखने को मिलता है। इनमें सबसे वैभवशाली निर्माण है जामा मस्जिद और इसका बुलंद दरवाजा जो 176 फीट ऊंचा है। फतेहपुर सीकरी के दूसरे महत्त्वपूर्ण भवन हैं- जोधाबाई का महल (हिन्दू शैली का प्रभाव), मरियम और सुल्ताना के महल, बीरबल का घर, दीवान-ए-आम, दीवान-ए-खास और पंच महल (पिरामिड के आकार का एक पंच मंजिला भवन जो बौद्धिक विहारों का प्रभाव दिखाता है)।

मकबरों के भवन–अकबर के शासनकाल में हुमायूं का मकबरा पहला मुगल मकबरा था जो एक बागान जैसी जगह के मध्य में स्थित किया गया और इसके साथ मुगलों द्वारा सफेद संगमरमर के प्रयोग की भी शुरुआत हुई। फतेहपुर सीकरी में सलीम चिश्ती के मकबरे का निर्माण भी अकबर के शासनकाल में ही हुआ। अकबर के अपने स्वयं के मकबरे के निर्माण की शुरुआत अकबर द्वारा ही की गई किंतु उसे पूरा उसके पुत्र जहांगीर ने किया। ये आगरा के निकट सिकंदरा में स्थित था। इसमें भी बौद्धिक विहार का प्रभाव स्पष्ट है।

आगरा में नूरजहां द्वारा निर्मित अपने पिता इतिमाद-उद-दौला का भी मकबरा है जो पूरी तरह सफेद संगमरमर में पियेट्रा-ड्यूरा के साथ बना है। इसके साथ ही पूरी तरह संगमरमर में भवन बनाने की परंपरा की शुरुआत हुई और एक नई तरह की सज्जा भी शुरू हुई जैसे पियेटा ड्यूरा (दीवारों की सजावट फूलों के रूप में और अनमोल रत्न लगे होते थे)।

शाहजहां के शासनकाल में इसका काफी प्रयोग हुआ खासकर ताजमहल में जो भवन निर्माण के वैभव का चरम माना जाता है और जो मुगल भवन निर्माण की विशिष्टताओं को दर्शाता है। ये उस समय भी 50 लाख की लागत से बना था और शायद उस्ताद ईसा द्वारा बनाया गया था।

मस्जिदों का निर्माण–बाबर के शासनकाल में सम्भल, पानीपत (काबुल बाग में), आगरा (पुराना किला) और अयोध्या सभी जगहों पर एक-एक मस्जिद बनाई गई। अकबर के समय में बनी फतेहपुर सीकरी की जामा मस्जिद काफी वैभवशाली भवनों में से है। शाहजहां के शासनकाल में इस वैभव की चरम सीमा आगरा में मोती मस्जिद (पूरी तरह सफेद संगमरमर से बनी) और दिल्ली में जामा मस्जिद (लाल ईंट से बनी) के रूप में आई। मुगलों के भवन निर्माण की परंपरा 18वीं और 19वीं सदी तक चलती आई। प्रांतीय राज्यों में भी उनका प्रभाव दिखता है। मुगलों के भवन निर्माण की विशिष्टताएं अमृतसर के स्वर्ण मंदिर में भी दिखती हैं।

चित्रकला

विशिष्टताएं

- मुगलों के चित्र काफी छोटे थे अतः वे सूक्ष्म चित्र के नाम से जाने जाते हैं।
- यूं तो मुगल कला भारतीय वातावरण में ढल गई थी फिर भी ये न तो भारतीय संवेदनाओं को दिखा सकी और न ये चित्र आम भारतीयों की रोजमर्रा की जिंदगी पर आधारित थे। ये ज्यादातर दरबार और उच्च वर्ग की जिंदगी से संबंधित थे।
- मुगल शैली की दूसरी विशिष्टता प्रकृति से उनका लगाव था।
- मुगलकालीन चित्रों की खासियत मानव चित्र बनाने में उसकी विशिष्टता थी।
- रंगों का तालमेल भी मुगल चित्रकारों की खासियत थी।

विकास

हुमायूं–ईरानी शासक के दरबार में रहते हुए हुमायूं हस्तलिपियों के संग्रह और कलाकारों को कार्य करते हुए देखकर काफी प्रभावित हुआ। तबरीज में उसे दो युवक चित्रकार मीर सैयद अली और अब्द-अल-समद (अब्दुस समद) मिले जिन्हें हुमायूं ने रोजगार का वायदा किया अगर उसे उसका साम्राज्य वापस गया। उसके बाद ये दोनों उससे काबले में मिले और अब्दुस सस ने अकबर को चित्रकारी सिखाई।

अकबर-अनपढ़ होते हुए भी अकबर को ज्ञान की काफी चाहत थी। उसने कई साहित्यिक और धार्मिक रचनाओं का चित्रांकन करवाया। उसने कई कलाकारों को अपने दरबार में बुलवाया। उनके नाम को देखते हुए लगता है कि उनमें से ज्यादातर हिंदू थे। अतः मुगल चित्र शैली का असल संस्थापक अकबर ही हुआ। अकबर ने कई चित्रकारों को रोजगार दिए। अकबर के शासनकाल में हस्तलिपियों में किए गए चित्रांकनों द्वारा करीब एक सौ पचास चित्रकारों के नाम दिखते हैं।

अकबर के समय में दो या उससे अधिक चित्रकार साथ-साथ काम करते थे किन्तु चार या पांच से ज्यादा नहीं। उनमें से एक तर्राह (रेखांकन) बनाता था, दूसरा अम्ल (रंग)। कभी-कभी एक तीसरा चीरानुमा (मानव

चित्र) और बहुत ही कम एक चौथा जो सूरत बनाता था। कुछ शिलालेख एक पांचवें चित्रकार की बात भी करते हैं जो रंगमेजी अर्थात् रंगने का काम करता था। इस तरह की व्यवस्था को देखते हुए लगता है कि मुगल चित्रकारी कला से ज्यादा एक शिल्प थी।

मुख्य चित्रकार मीर सैय्यद अली, अब्द-अल समद (जो हुमायूं के समय से ही था) और एक हिंदू बसवान। मीर सैय्यद अली और अब्द-अल-समद ने शिल्पकारों को ईरानी सूक्ष्म चित्रकारी की सभी तकनीकी विशेषताओं से अवगत कराया। बहुत सारे भारतीय जैसे बसवान, मीसकीना और दसवंत ने दरबार में काफी उच्च स्थान पाए। अबुल फजल ने अपने आइन-एअकबरी (अकबर की जीवनी) में इनकी काफी प्रशंसा की है। बसवान उन बारह चित्रकारों में से एक हैं जिन्होंने राज्मनामाट (महाभारत) का चित्रांकन सूक्ष्म चित्रों द्वारा किया है जो शुरुआत में 69 पृष्ठों का चित्रांकन था। इसमें और रामायण के फारसी रूपांतर में भारतीय चित्रकारों ने अपने पसंदीदा प्रकृति चित्र और आकारों को उकेरा है।

सभी शाही चित्रकार मीर सैय्यद अली और अब्द-अल-समद। की देखरेख में ही पनपे। सबसे पहले मुगलों की सबसे पुरानी हस्तलिपि दास्तान-ए-अमीर हम्जा के चित्रों को पूरा करने का प्रयास किया गया। हुमायूं के शासनकाल में 1550 ई. में शुरू किया गया यह कार्य अगले 25 वर्षों में खत्म हुआ। किंतु सभी 1375 चित्र आपस में समन्वय दिखाते हैं क्योंकि मीर सैय्यद अली ने शरू में ही पूरे चित्रों की रूपरेखा सफाविद शैली में तैयार कर ली थी। हालांकि दूसरे चित्रकार या तो ईरानी थे या भारतीय, जिन्होंने चित्रों में उसकी मदद की।

उच्च वर्ग की पसंद के अनुसार अकबर के चित्रकारों ने कई फारसी साहित्यों का चित्रांकन किया जैसे निजामी का खामसा, का गलिस्तान, हफीज का दीवान और जामी का बहरिस्तान।

हमजा नामाह शृंखला जो एक मशहूर प्रेम प्रसंग का चित्रांकन करती है, मुहम्मद के एक चाचा से संबंधित कई कथाओं के साथ भी जुड़ी हुई है। मीर सैय्यद अली जिसने ईरानी सफाविद शैली को बरकरार रखा और अब्दुल समद जो मीर के बाद मुख्य चित्रकार बना, के चित्रों के अंतर को भी उभारता है। अब्दुल समद 1574 में मीर के ईरान चले जाने के बाद मुख्य चित्रकार बना। 1582 में पूरी होने वाली ये *हमजा नामाह* शृंखला 14 पुस्तकों की है और हरेक में करीब सौ चित्र हैं, पर इसका करीब दसवां हिस्सा ही बरकरार रह पाया है।

1580 में अकबर के दरबार में पहली बार जेस्उरट पुरोहितों का आना हुआ और उन्होंने अकबर को पालीग्लाट बाइबल की एक प्रति भेंट की जिस पर कुछ नक्काशी थी। सम्राट ने तुरंत उनकी नकल का हुक्म दिया। उसके बाद जल्दी ही और यूरोपीय चित्र उसके दरबार में लाए गए और उन्हें जिज्ञासा के साथ परखा गया। इसके कारण मुगल चित्रकारों ने भी रोशनी और छाया का प्रयोग शुरू किया जिससे चित्रों का क्षितिज थोड़ा नीचे दिखाया जा सके तथा आसमान को भी बादलों और सूर्यास्त द्वारा ज्यादा वास्तविक बनाया गया। 1595 के बाद मुगल चित्रकारी में पश्चिमी प्रभाव का समन्वय दिखता है, जिसमें तीन आयाम वाले आकार छायांकन द्वारा शामिल हैं।

कथाओं में भी पश्चिमी प्रभाव दिखता है जो अकबर के कलाकारों की दूसरी पसंद थी। *तूती नामाह* (तोते की कहानी) और *अनवर-ए-सुहाली* प्रत्येक चिड़िया और जानवर को एक विशेष वास्तविकता के साथ दर्शाते हैं। जानवरों के ये चित्रांकन जहांगीर के अंतर्गत मिली विशिष्टता की शुरुआत थी।

अकबर के चित्रकारों की सबसे बड़ी देन ऐतिहासिक हस्तलिपियों का छायांकन थी। इनमें *तारीख-ए-अलफी* (संसार का इतिहास), *जामी-उल-तवारीख* अथवा *जामी-अल-तवारीख* (रशीउद्दीन द्वारा लिखा मंगोलों का इतिहास), दरब *नामाह, शाह नामाह, तिमूर नामाह* और *बाबर नामाह* थे। वे चित्रकार जिन्होंने *जामी-अलतवारीख* में अपना योगदान दिया वे थे–बसवान लाल, भीम गुजराती, धरम दास, मधु तथा सूरदास गुजराती, किंतु सबसे अलग मिसकीना के चित्र थे जिसने नृत्य और विलाप के दृश्य बनाए जिसमें पश्चिमी आकृतियां थीं किंतु भू-दृश्य भारतीय थे। नन्हा बुराह, सरावाना और कान्हा (जो पश्चिमी कला से परिचित थे), मिसकीना ने दरब *नामाह* में अपना योगदान दिया। एक दूसरी शृंखला इकसठ चित्रों वाली *अकबर नामाह* शायद कुछ बाद की है (1605)। इसमें जिन चित्रकारों के नाम हैं वे हैं–शंकर, दौलत, गोवर्धन, इनायत और पीदारत।

अकबर के समय जिन आध्यात्मिक रचनाओं का चित्रांकन हुआ, वे थे *योगा वशिष्ठ* (वेदांत दर्शन) और *नफहत-अलउन्स* (साहचरता की सांसे)–एक गद्य रचना, जामी द्वारा सूफियों के बारे में।

अकबर ने वास्तविक मानव चित्रों पर भी जोर दिया जिनका भारतीय कला के लिए एक महत्त्वपूर्ण योगदान है। अजंता के कुछ चित्रों को छोड़कर जिसे चित्रकारों के अपनी

याददाशत पर बनाया है, भारतीय चित्रकारों ने इन्हें काफी सही रूप दिए हैं। ईरानी प्रभाव से ये इतने उत्कृष्ट हो गए कि स्वयं ईरानी कला ही इसकी दावेदार हो गई। अकबर के हुक्म से चित्रकारों ने उसके दरबार के सभी महत्त्वपूर्ण व्यक्तियों के चित्र बनाए। बाद के राजपूत चित्रों पर इनका काफी प्रभाव पड़ा।

जहांगीर–जहांगीर की चित्रकला की तरफ विशेष रुचि थी और इसे उसने वास्तुकला से ज्यादा संवारा। इलाहाबाद में सलीम के रूप में रहते हुए भी उसने कई चित्रकारों को रोजगार दिया जिनमें प्रमुख थे आका रीजा, जिसका बेटा अबुल हसन फिर जहांगीर के साथ रहा। दूसरे मशहूर चित्रकार थे-बिशन दास, मधु, अनंत, मनोहर, गोवर्धन और उस्ताद मंसूर जिन्होंने मुगल चित्रकारी को उसकी चरम सीमा पर पहुंचाया। एक चित्र पर विभिन्न चित्रकारों का एक साथ काम करना तो चलता रहा, परंतु जहांगीर उनमें से प्रत्येक के कार्य को अलग-अलग पहचान लेता था।

इस समय में यूरोपीय प्रभाव भी काफी रूपों में दिखा। रंग थोड़े हल्के और पहले से कम चमकदार हो गए। उनका मिश्रण बहुत अच्छी तरह से किया जाने लगा। विशेषकर प्राकृतिक दृश्यों में। यूरोपीय चित्रों और नक्काशियों का प्रभाव और उनकी नकल अब भी जारी रही। इस समय तक पुस्तकों का चित्रांकन बहुत कम हो गया था फिर भी जो कुछ हुईं, वे थीं *इयार-ए-दानिश* और *अनवर-ए-सुहैली*। अधिकारियों के चित्र भी बनाए जाते रहे। जहांगीर को सामूहिक चित्रों और दरबार के दृश्यों का विशेष शौक था। उसने अपनी जिंदगी के विभिन्न पहलुओं का भी चित्रांकन करवाया। जहांगीर और शाहजहां के मिलन जैसे चित्र अकबर के समय की क्षमता को दर्शाते हैं।

गद्दी पर बैठते ही जहांगीर ने मुरक्का (एक ही आकार के चित्र–40 × 24 से.मी.) बनाने का हुक्म दिया। 1618 में पूरे हुए इन चित्रों में एक तरफ एक या कई चित्र थे और दूसरी तरफ लिखावट। इन चित्रों में अरबस्क अथवा फूलों और जानवरों के छोटे चित्र किनारे-किनारे बने थे जिनमें सोने का रंग मिला था। सजाए हुए किनारे की प्रथा असल में ईरान से 1570 के आसपास आई थी, किंतु इनमें असल निखार जहांगीर के समय में आया।

सम्राट के प्रकृति से लगाव के कारण एक नई तरह की चित्रकला उभरी जिनमें मुख्यत: जानवर और फूलों के चित्र थे। जहांगीर के चित्रकार उसके साथ बाहर की यात्राओं पर जाते थे और वहां सम्राट रमणीक प्राकृतिक दृश्यों को उन्हें चित्रों में ढालने के लिए कहता। इन चित्रों में दरबार के दृश्यों से कहीं ज्यादा ताजगी थी। इनमें जहांगीर की जीवनी *तजुक-ए-जहांगीरी* का भी चित्रांकन है जो उसकी रोजमर्रा की जिंदगी के दृश्यों को आंकते हैं

जहांगीर के शासन के अंतिम दस वर्षों में मुगल चित्रकला में काफी बदलाव आए। प्रतीकवाद और रहस्यवाद में उसकी काफी रुचि बढ़ी और उसने अनेक सूफी-संतों का स्वागत किया। जहांगीर ने 1625 में बिचित्र द्वारा एक चित्र बनवाया जिसमें वह रेतगाड़ी पर बैठा है। एक में वह एक शेख को एक किताब दे रहा है जो शायद शेख हुसैन है जो अजमेर के ख्वाजा मोइन-उद-दीन चिश्ती के प्रमुख थे। उनकी बगल में खलीफा हाथ जोड़े हैं और उनके नीचे ब्रिटेन का राजा जेम्स प्रथम खड़ा है।

मानव चित्रों (पोर्ट्रेट) में भी जहांगीर के शासनकाल में विशेष उन्नति हुई जिसकी शुरुआत अकबर के जमाने में हुई थी। इनमें से शुरू के चित्रों में व्यक्ति या तो भवनों के सामने खड़ा होता था या उसके अंदर। किंतु जहांगीर के समय में व्यक्ति नीले या हरे नेपथ्य में खड़ा मिलता है। इनमें व्यक्ति का या तो बगल का चेहरा होता है या तीन चौथाई भाग। इनमें से अनेक की नकल कुलीनों के लिए हुई। इनमें से वास्तविक को पहचानना कठिन है।

उसने अपनी आत्मकथा लिखी *तुजुक-ए-जहांगीरी* जो अपनी शैली और बेबाकपन के लिए प्रसिद्ध है। उसने कई प्रसिद्ध ज्ञानियों और विद्वानों को संरक्षण दिया जैसे-गियास बेग, नाकिब खान, नियामत उल्लाह इत्यादि।

शाहजहां–मुख्यत: वास्तुकला में रुचि रखते हुए भी शाहजहां ने चित्रकला को काफी संरक्षण दिया। चित्रकारों का स्तर तो बरकरार रहा किंतु चित्रों की सजीवता में कमी आने लगी। इस समय के चित्रों में न तो अकबर के समय की सजीवता है और न ही जहांगीर के समय के प्राकृतिक सौंदर्य का चित्रण।

सम्राट के फकीरों और दरवेशों से मुलाकातों का चित्रण इस समय के चित्रों की विशेषता है। रात के दृश्यों का चित्रण पहली बार मुगल समय में हुआ। *रज्म नामाह* के नाम से महाभारत के अंशों का फारसी में अनुवाद, बदायूँनी द्वारा *रामायण* का अनुवा सहिदी द्वारा *अपरवेद*, फैजी द्वारा *लीलावती* (गणित की एक रचना) शाहबादी द्वारा राजतरंगिणी। कुछ अरबी और ग्रीक रचनाओं का भी अनुवाद हुआ।

कविताओं को भी इस समय राज्य का संरक्षण प्राप्त हुआ। प्रमुख कवियों में से थे-गीजाली, फैजी, मुहम्मद हुसैन नजीरी, जमाल-उद-दीन उरफी, अब्दुर रहीम खान-ए-खाना इत्यादि।

इसने कई विद्वानों और इतिहाकारों को संरक्षण दिया जैसे अब्दुल हामिद लाहोरी *(बादशाहनामाह)* और इनायत खान *(शाहजहां नामाह)*। शाहजहां के बेटे दारा शिकोह ने भी हिंदू भगवानों के नाम की एक टीका तथा कुछ मुसलमान संतों की जीवनी भी लिखीं। इसके अलावा *गीता, उपनिषद* इत्यादि का फारसी में अनुवाद भी करवाया।

औरंगजेब–ये इस्लामी धर्मशास्त्र और विधि शास्त्र का महान ज्ञाता था। इसने उलेमाओं को नियुक्त किया और उन्हें *हनाफी फिक* (विधि शास्त्र) के सिद्धांतों का चित्रण इस समय में पहली बार हुआ। भावनाओं का चित्रण इन दृश्यों में काफी हल्के से उजागर किया गया।

एक नई तकनीक सिहायी कलम (जिसमें हल्के रंगों की सोने से खींची गई महीन लकीरें थीं) का भी विकास इसी समय हुआ।

मुगल सूक्ष्म चित्रों में प्रमुख 'मयूर सिंहासन पर सम्राट शाहजहां' के दो पहलू हैं। एक तरफ तो ये मशहूर मयूर सिंहासन दिखाता है (जो अब खो चुका है) पर जिसकी काफी चर्चा फ्रांसीसी बनायर और अन्य समकालीन यात्रियों ने की है। दसरी तरफ ये सम्राट के व्यक्तित्व को उभारता है, जो एक रोबदार अंदाज में बैठा है, जिसके सिर के चारों तरफ एक तेज। है और जिसके दाएं हाथ में एक फूल है। इसने किसी भी कला को संरक्षण नहीं दिया। इसके फलस्वरूप कला पतन की ओर विमुख होती गई। अपने शासन के अंत में शायद इसने अपने कछ चित्र बनाने की आज्ञा दी, जिसमें वह एक दाढी वाला बुढा आदमी के रूप में चित्रित किया गया है। इनमें या तो वो शिकार करता हुआ दिखाया गया है या फिर एक हाथ में कानले बैठा हुआ है।

चित्रकला की राजपूत शैलियाँ–चित्रकला की राजपूत शैलियाँ (1550-1750 ई.) लगभग एक ही समय पर अस्तित्वमान रही थीं। बीकानेर, उदयपुर, जयपुर, जोधपुर एवं अन्य स्थानों के राजपूत राजाओं के मध्यकालीन महलों में भित्ति चित्रों के उदाहरणों से पता चलता है कि देशी चित्रकला निरन्तर जीवित बनी रही थी। चित्रकला की प्राचीन भारतीय शैली (अजन्ता के शास्त्रीय भित्ति चित्रों की प्रत्यक्ष वंशज) मुगलों के आधीन हुए नये विकासों में विलीन नहीं हुई थी। फिर भी फारसी एवं मुगलशैली के सम्पर्कों के साथ इसको एक मजबूत प्रेरणा मिली थी और इसका रोचक ढंग से पुनरोत्थान हुआ था। इसके पुनरोत्थान में हिन्दू धर्म के पुनरोत्थान, भक्ति पंथ, धार्मिक कर्मकांडों के चित्रण तथा मिथकीय साहित्य में गहरी रुचि का भी योगदान था। इसका पोषण मध्य भारत एवं राजस्थान के हिन्दू राजाओं के दरबारों में हुआ। राजपूतों के अग्रणी राज्यों में से एक की राजधानी जयपुर इसका प्रसिद्ध केन्द्र बन गया। परिणामतः इसे चित्रकला की राजपूत शैली के रूप में जाना जाने लगा। 16वीं शताब्दी के उत्तरार्द्ध में इसका उदय हुआ तथा लगभग 200 वर्षों तक यह फलती-फूलती रही।

कांगड़ा या पहाड़ी शैली–राजपूत चित्रकारों के कुछ परिवारों को हिमालय के राज्यों में आश्रय एवं संरक्षण प्राप्त हुआ इसलिए राजपूत चित्रकला शैली की एक शाखा पंजाब हिमालय क्षेत्र के छोटे राज्यों में 18वीं एवं 19वीं सदी के दौरान प्रकट हुई। कुछ कला समीक्षक इसे चित्रकला की कांगड़ा शैली का नाम देते हैं क्योंकि कांगड़ा हिमालय क्षेत्र का अग्रणी राज्य था। अन्य के द्वारा इसे पहाड़ी शैली का नाम दिया गया है क्योंकि यह पर्वतों से संबंध रखती थी। कांगड़ा या पहाड़ी शैली को भावों के प्रदर्शन के लिए उल्लेखनीय माना जाता था। पहाड़ी या कांगड़ा के चित्रों का विषय राजपूत चित्रों की तुलना में अधिक व्यापक था।

मुगल एवं राजपूत शैलियों की तुलना

अब हम राजपूत एवं मुगल शैली के बीच विभिन्नताओं को देखेंगे।

- सबसे पहले मुगल शैली कुलीनतंत्रीय एवं यथार्थवादी थी जबकि राजपूत शैली जनतंत्रीय और रहस्यवादी थी।
- मुगल शैली मुगल दरबार की भव्यता एवं वैभव तक सीमित थी। इसलिए यह मात्र मुगल विलासिता एवं शानो-शौकत को दर्शाने तक सीमित रही थी।
- इसके विपरीत राजपूत शैली लोगों की कला थी। इसका मूल विषय अधिक लोकप्रिय और जाना पहचाना था। इसने रेखाओं और रंगों के माध्यम से उस जाति के भावों को अभिव्यक्त किया था जो अपने उच्च गुणों एवं वीरतापूर्ण कार्यों के लिए विख्यात थी। वृहद रूप में यह एक लोक कला थी। इसके धर्म एवं समारोह, बाजार के सुपरिचित दृश्य, शिल्पियों के व्यवसाय, खेत और किसान गाँव के वातावरण के दृश्य, रुचि एवं स्वाद तथा दिन के मध्यावकाश जैसे सामान्य दृश्य गम्भीरता एवं सुरुचि के साथ चित्रित किये गये थे। महाभारत एवं रामायण की अनेक घटनाओं को चित्रण का विषय बनाया गया।

- दूसरे मुगल शैली में पशु जीवन के भौतिकवादी पहलुओं (जंगली पशुओं का शिकार, हिरन, हाथियों की लड़ाई इत्यादि) का चित्रण किया गया था किन्तु राजपूत शैली इन जीवों को हिन्दू देवताओं का बाह्य रूप देते हुए महत्ता प्रदान करती थी, जैसे हनुमान का चित्रण।
- तीसरे, जहाँ मुगल चित्रकला भौतिकवादी थी वहीं राजपूत चित्रकला आध्यात्मिक थी। मुगल शैली का लक्ष्य मनोरंजन करना था जबकि राजपूत शैली भारतीय जीवन के खट्टे-मीठे अनुभवों को दर्शाती थी एवं लोगों के धार्मिक विश्वास का चित्रण करती थी। इस प्रकार राजपूत शैली धर्म के साथ निकटता से जुड़ी थी और इसलिए निरपेक्ष व भौतिक मुगल शैली से भिन्नता रखती थी।

तालिका 12.1: मुगलकालीन साहित्य रचना

क्र.स.	रचनाकार	रचना	विशिष्टता
1.	गुलबदन बेगम	*हुमायूं नामाह*	हुमायूं का इतिहास
2.	अबुल फजल	*आइन-ए-अकबरी*	अकबर के शासनकाल का इतिहास
3.	अबुल फजल	*अकबर नामाह*	अकबर के शासनकाल का इतिहास
4.	बदायूंनी	*मुन्तखब-अल-तवारिख*	अकबर के शासनकाल का इतिहास
5.	मुल्ला दाऊद	*तवारिख-इ-अलफी*	अकबर के शासनकाल का इतिहास
6.	निजामुद्दीन अहमद	*तबाकत-ए-अकबरी*	अकबर के शासनकाल का इतिहास
7.	जहांगीर	*तुजुक-ए-जहांगीरी*	आत्मकथा
8.	मुतमाद खान	*इकबाल नामाह*	जहांगीर के शासनकाल का इतिहास
9.	अब्दुल हक	*नूरिया-ए-सुलानिया*	राजधिकार का सिद्धांत
10.	अब्दुल हमीद लाहोरी	*बादशाह नामाह*	शाहजहां के शासनकाल का इतिहास
11.	मुहम्मद वारिस	*पादशाह नामाह*	शाहजहां के शासनकाल का इतिहास
12.	इनायत खान	*शाहजहां नामाह*	शाहजहां के शासनकाल का इतिहास
13.	मुहम्मद सलीह	*शाहजहां नामाह*	शाहजहां के शासनकाल का इतिहास
14.	दारा शिकोह	*सफीनत अल-औलिया*	सूफी संतों की जीवनी
15.	दारा शिकोह	*सकीनत-अल-औलिया*	उपनिषदों का अनुवाद
16.	दारा शिकोह	*मजमा-अल-बहरैन*	उसके धार्मिक और दार्शनिक
17.	दारा शिकोह	*हसनत-अल-अरीफोन*	विचारों का संग्रह
18.	औरंगजेब	*रक्कत-ए-आलमगीरी*	उसके पत्रों का संग्रह
19.	खाफी खान	*मुनतखब-अल-लबब*	औरंगजेब का इतिहास
20.	मुहम्मद काजिम	*आलमगीर नामाह*	औरंगजेब का इतिहास
21.	मुहम्मद साकी	*मासिर-ए-आलमगीरी*	औरंगजेब का इतिहास
22.	अक्कबील खान जफर	*नामाह-ए-आलमगीरी*	औरंगजेब का इतिहास
23.	मुहम्मद रफी खान	*हमला-ए-हैदरी*	औरंगजेब का इतिहास
24.	सुजन राय खत्री	*खुलासत-अल-तवारिख*	औरंगजेब का इतिहास
25.	भीमसेन	*नुस्खा-ए-दिलकुशा*	औरंगजेब का इतिहास
26.	ईश्वर दास	*फुतुहत-इ-आलमगीरी*	औरंगजेब का इतिहास
27.	नीमत खान अली	*बका-ए-हैदराबाद*	गोलकुंडा पर औरंगजेब की विजय

संगीत के लिए योगदान–सांस्कृतिक जीवन की एक अन्य शाखा जिसमें हिन्दू एवं मुसलमानों ने सहयोग किया था, संगीत थी। अकबर ने ग्वालियर के तानसेन को संरक्षण दिया था जिसने अनेक नये रागों की रचना की थी। जहाँगीर एवं शाहजहाँ के साथ-साथ अनेक मुगल अमीरों ने इस उदाहरण को दोहराया। कट्टरवादी औरंगजेब द्वारा संगीत को दफन करने संबंधी अनेक कहानियाँ प्रचलित हैं। ताजा अनुसंधान दर्शाता है कि औरंगजेब ने अपने दरबार में गायन को प्रतिबन्धित कर दिया था किन्तु संगीतवाद्यों के प्रयोग को बन्द नहीं किया था। वास्तव में औरंगजेब खुद एक निपुण वीणावादक था। संगीत के सभी रूपों को अमीरों द्वारा तथा हरम में औरंगजेब की रानियों द्वारा संरक्षण दिया जाता रहा। यही कारण है कि फारसी में औरंगजेब के काल के दौरान शास्त्रीय भारतीय संगीत की सर्वाधिक पुस्तकें लिखीं गयीं किन्तु संगीत के क्षेत्र में सबसे महत्वपूर्ण विकास ने मोहम्मद शाह 'रंगीला' (1720-48 ई.) के शासनकाल के दौरान 18वीं शताब्दी में स्थान लिया।

अन्य कलाओं के लिए योगदान–मुगलों के अधीन ललित कलाओं के विवरण अपूर्ण होंगे यदि यहाँ अन्य कलाओं का उल्लेख न किया जाये। यद्यपि कुरान में मूर्ति पूजा का निषेध था फिर भी कुछ मात्रा में मूर्ति कला का विकास हुआ था। हमें मालूम है कि 1568 ई. में चित्तौड़ के दुर्ग की रक्षा करने वाले जयमल और पत्ता की मूर्तियाँ दिल्ली के किले के प्रवेश द्वारों के बाहर स्थापित की गई थीं। मोतियों, माणिक्यों, पन्नाओं व हीरों से जड़ित मयूर सिंहासन तथा इसकी रत्नजड़ित छतरी आभूषण निर्माण की कला के उत्कर्ष को चिन्हित करते हैं। स्वर्णकाल की कला उत्कृष्टता के एक उच्च स्तर तक पहुँच चुकी थी तथा नक्काशी, पच्चीकारी एवं मीनाकारी की माँग निरन्तर बढ़ती जा रही थी। सोने और चाँदी के आभूषण अत्यधिक लोकप्रिय थे। अनेक स्थानों पर स्थित साम्राज्यीय टकशालों में सोने, चाँदी एवं ताँबे के सिक्कों की एक उत्कृष्ट शृंखला उत्पादित की जाती थी और ये सिक्के सुलेखन युक्तियों से अंकित होते थे। कढ़ाई की कला का भी उल्लेखनीय विकास हुआ था। इसे साम्राज्यीय महलों में संरक्षण मिलता था। बुनाई एवं रंगाई की कला ने भी उल्लेखनीय प्रगति की थी। उत्कृष्ट रेशम, मलमल एवं जरीदार कपड़ा की सुन्दर कालीनें, शॉलें एवं छींट पूरे विश्व में प्रसिद्ध हो गई थीं।

फारसी साहित्य

अकबर–अकबर के शासनकाल में कई ऐतिहासिक रचनाएँ लिखी गईं। इनमें प्रमुख थीं–अबुल फजल द्वारा *आइन-ए-अकबरी* और *अकबर नामाह*, बदायुंनी की *मुनतखाब-अ-तवारीख*, मुल्ला दाऊद की *तारीख-ए-अलफी* और *निजाम-उद-दीन* अहमद की *तबाकत-ए-अकबरी*।

कई रचनाओं का अनुवाद भी हुआ। *फतवा-उल-आलमगिरिया* के नाम से जाना जाने वाला संग्रह 1672 में पूरा हुआ। इसके शासनकाल में कई महत्वपूर्ण ऐतिहासिक रचनाएं भी लिखी गईं जैसे–खाफी खान की *मुन्तखाब-अल-लुबाब*, मिर्जा मुहम्मद काजिम की आलमगीर नामाह, मुहम्मद साकी की *मासिर-ए-आलमगिरी* और ईश्वरदास की *फुतुहत-इ-आलमगीरि*।

फारसी ऐतिहासिक कृतियाँ

इतिहास लेखन का नया प्रकार–मुगल काल में मुस्लिम इतिहास लेखन में एक उल्लेखनीय परिवर्तन हुआ। दृष्टिकोण, तकनीक, मूल विषय एवं उपागम में एक रूपान्तरण ने स्थान ले लिया। सल्तनत काल एक परिवीक्षा अवधि थी जिसने मुगल काल में आकर एक अधिक या कम परिपक्व, शिष्ट तथा गौरवशाली वस्तुनिष्ठ मोड़ ले लिया था। लोगों की संस्थाओं, सभ्यता की उन्नति तथा विचारों के विकास से संबंध रखने वाला इतिहास का एक नया प्रकार उदित हुआ। न केवल पेशेवर इतिहासकारों बल्कि मुख्य अभिनेताओं (सम्राटों) ने भी इतिहास के नये प्रकार के लेखन में योगदान दिया।

- ऐसी तुर्की भाषा में कोई अन्य कृति नहीं है जिसकी तुलना बाबर की अपनी आत्मकथा 'तुजुक-ए-बाबरी' से की जा सके।
- उसकी पुत्री गुलबदन बेगम ने हुमायूँ नामा लिखी और अपने भाई के बारे में इतिहास के एक महत्त्वपूर्ण खण्ड से जुड़ी जानकारियाँ प्रस्तुत कीं। ये दोनों पुस्तकें भाषा, जानकारी एवं निर्णय की दृष्टि से परिमार्जित थीं।
- संभवत: सबसे खुलेपन वाली आत्मकथा जहाँगीर द्वारा लिखी गई। जहाँगीरनामा में उसने खुले रूप से अपनी कमजोरियों एवं मूर्खताओं को स्वीकार किया था।

ऐतिहासिक साहित्य की श्रेणियाँ–इस काल का ऐतिहासिक साहित्य प्रचुर है। कालक्रम से निकटता रखते हुए विशिष्ट एवं सामान्य इतिहास लिखे गये। इस काल के साहित्य के अन्य प्रकार थे– (1) सरकारी अभिलेख, (2) आधिकारिक अभिलेख, (3) जीवनियाँ एवं संस्मरण, (4) गैर-सरकारी इतिहास, (5) स्थानीय इतिहास, (6) पत्रों का संग्रह, (7) राजपत्र एवं आधिकारिक नियम-पुस्तिकायें एवं (8) साहित्यिक कृतियाँ।

अबुल फजल

इस काल का सबसे महत्वपूर्ण इतिहासकार अबुल फजल अल्लामी था। उसका जन्म 1550 ई. में हुआ था और 1602 ई. में शहजादा सलीम के उकसाने पर वीर सिंह बुन्देला द्वारा उसकी हत्या कर दी गई। उसके पिता शेख मुबारक एक प्रसिद्ध विद्वान तथा सूफी थे जिन्होंने अकबर के धार्मिक दृष्टिकोण एवं नीति के विकास में महत्त्वपूर्ण भूमिका निभाई थी। उसका भाई फैजी एक कवि था जो अकबर के दरबार में नियुक्त था। वह खुद एक श्रेष्ठ विद्वान और लेखक था जो संकलनवाद में दृढ़ आस्था रखता था। वह अकबर का एक घनिष्ट मित्र, एक असाधारण उद्यमशीलता वाला एक व्यक्ति तथा राज्य की सेवा करने वाला एक निष्ठावान व योग्य अधिकारी था। सम्राट द्वारा उसे अपने शासनकाल का इतिहास लिखने के लिए नियुक्त किया गया। उसने दो असाधारण कृतियों की रचना की। उसका तथ्यों का वर्णन तथा कालक्रम सामान्यत: परिशुद्ध होता था किन्तु उसकी शैली अति अलंकारिता पूर्ण थी और पाठक से सीधा संवाद करती थी। यह उसके द्वारा अपने संरक्षक की चापलूसी में दिखाई देता है जिसे वह एक अधिपुरुष मानता था। समग्र रूप में अबुल फजल को एक पूर्णत: वस्तुनिष्ठ और निष्पक्ष इतिहासकार के रूप में मान्यता नहीं दी जा सकती।

अबुल फजल की प्रमुख कृतियाँ

- अबुल फजल की *अकबरनामा* एक वृहदाकार कृति है। प्रथम भाग में तैमूर से लेकर हुमायूँ तक के मुगलशाही परिवार के इतिहास का वर्णन करने के पश्चात दूसरे भाग में यह अकबर के शासनकाल के इतिहास का साल दर साल 1602 ई. तक वर्णन करती है। यह सम्राट द्वारा लागू किये गये सुधारों के पीछे मौजूद कारणों की व्याख्या करती है और इस काल के इतिहास के प्रत्येक पहलू पर प्रकाश डालती है।
- अबुल फजल की आइन-ए-अकबरी अकबर की प्रशासनिक संस्थाओं के लिए प्रमुख स्रोत है और इसे कभी-कभी अकबरनामा का तीसरा और सबसे महत्वपूर्ण भाग भी माना जाता है। यह प्रमुखत: सभी विभागों में और समस्त प्रजा पर अकबर द्वारा लागू नियमों पर प्रकाश डालती है और यह ऐतिहासिक एवं अन्य उल्लेखों के साथ अकबर के साम्राज्य के एक मूल्यवान एवं सूक्ष्म सांख्यिकीय विवरण को प्रस्तुत करती है।
- रूक्कत-ए-अबुल फजल उन पत्रों का एक संग्रह है जो अबुल फजल ने अकबर और शाही परिवार के सदस्यों के पास भेजे थे। यह संग्रह कई ऐतिहासिक घटनाओं पर प्रकाश डालने में उपयोगी साबित हुआ है।

अबुल फजल की कृतियों की अच्छाईयाँ–अबुल फजल ने प्रशासन, सामाजिक स्थितियों एवं आर्थिक जीवन पर सूचनायें जुटाने के क्रम में अथक परिश्रम के साथ सामग्री का संग्रह किया था और अनेक अधिकारियों, अमीरों तथा महत्वपूर्ण व्यक्तियों के साथ साक्षात्कार किया था। उसका घर एक विशाल अभिलेख कार्यालय बन गया था। उसने सभी आधिकारिक दस्तावेजों व मंत्रियों की रिपोर्टों को संज्ञान में लिया था और विभिन्न मामलों पर सम्राट के साथ निजी रूप से परामर्श किया था। उसने मूल कृति को पाँच बार संशोधित किया था। प्रशासन वाला भाग (आइने अकबरी) 1593 ई. में पूरा हुआ था। सूचना की प्रामाणिकता के शब्दों में अनेक प्रकार के विषयों को शामिल किया गया, आलोचनात्मक एवं विश्लेषणात्मक पद्धतियों को अपनाया गया, उद्देश्य की गंभीरता को प्रदर्शित किया गया तथा जो विश्लेषण और व्याख्या की गई वो अपने-आप में एक उत्कृष्टता लिये थी। यह कृति संसाधनों, परिस्थितियों, जनसंख्या, विभिन्न सूबों में साम्राज्य के प्रशासिनक विभाजनों, उद्योग, व्यापार एवं वाणिज्य से जुड़ी सूचनाओं की एक खान है। अबुल फजल ने उस काल की मानसिकता को पकड़ने का प्रयास किया और लोगों के तौर-तरीकों का चित्रण किया।

अबुल फजल की कृतियों की कमजोरियाँ-अनेक गुणों के उपरांत भी उसकी *अकबरनामा* अपनी प्रकृति में बहुत ही विषयनिष्ठ है। उसकी शैली सुगम नहीं है और मात्र गंभीर विद्वान ही इसका सदुपयोग कर सकते हैं। यह ज्ञात है कि उसने विशाल जनसमूह को अपने मस्तिष्क में नहीं रखा था। वह केवल अकबर की सेवा कर रहा था जिसके कारण वह अति विषयनिष्ठ बन गया था। परिणामस्वरूप फिरदौसी के शाहनामा के विपरीत, *अकबरनामा* उन सभी की जबान पर नहीं चढ़ सकी जो फारसी जानते थे और मात्र एक संदर्भ पुस्तक बनी रही।

अकबरकालीन अन्य कृतियाँ–अबुल फजल का विपरीतगामी अब्दुल कादिर बदायूँनी था। उसने अकबर के प्रति विशेष रूप से कठोर रवैया अपनाया था। वह अबुल फजल के बढ़ते प्रभाव से ईर्ष्या रखता था जिसकी स्पष्ट अभिव्यक्ति उसकी रचना *मुन्तखब-उल-तबारीख* में होती है। उसने अकबर की धार्मिक नीति एवं उदारवाद तथा राजपूत नीति को पसन्द नहीं किया था। वह कट्टरवादी धार्मिक नीति के परित्याग से भी नाराज था। वह विशेष रूप से अबुल फजल को नापसन्द

करता था और इसीलिए राजा के आदर्शवाद को नहीं समझ सका और यही कारण था कि उसकी किताब इतिहास की बजाय वाद-विवाद पर केन्द्रित हो गई थी। इनायतुल्लाह की *तकमील-ए-अकबरनामा* अबुल फजल के कार्य का ही विस्तार है, जिसमें अकबर की मृत्यु के समय तक का वर्णन है। *तबकात-ए-अकबरी* 1592 में निजामुद्दीन अहमद द्वारा लिखी गई जो अकबर के काल का अगला महत्त्वपूर्ण इतिहास था। इसमें गजनी के आक्रमणों से लेकर अकबर के शासनकाल तक का देश का सामान्य इतिहास है।

जहाँगीर का काल–जहाँगीर से लेकर औरंगजेब तक के काल में ऐतिहासिक लेखन की गति बनी रही। जहाँगीर काल में उसकी खुद की आत्मकथा *तुजुक-ए-जहाँगीरी* लिखी गई जिसमें उसने सिंहासनारोहण से लेकर शासन के 12वें वर्ष तक का विवरण दिया है। यह पुस्तक काफी उपयोगी स्पष्ट एवं खुली है जिसमें अधिकांश समय तक जहाँगीर द्वारा अपनी मूर्खताओं का स्वीकरण किया गया है। यह केवल राजनीतिक एवं सैनिक घटनाओं को शामिल ही करती अपितु जहाँगीर के व्यक्तियों, तौर-तरीकों एवं घटनाओं के गहन अवलोकन सहित तत्कालीन आर्थिक, सामाजिक एवं सांस्कृतिक परिदृश्य की झलकियाँ भी प्रस्तुत करती है। मौतमिद खाँ की *इकबालनामा*, मोहम्मद मुराद की *सियार-उल-बिलाद*, सिकन्दर बिन मोहम्मद मंझू की *मिरात-ए-सिकंदरी* इत्यादि इस काल की अन्य उल्लेखनीय कृतियाँ हैं।

शाहजहाँ का काल–शाहजहाँ के शासनकाल में ऐतिहासिक साहित्य का विकास निरन्तर जारी रहा। इतिहास ने व्यापक ध्यानाकर्षण किया और इसे शिक्षण की परिमार्जित शाखा एवं एक प्रौढ़ विज्ञान माना जाता था। इस काल की प्रामाणिक व आधिकारिक पुस्तक अब्दुल हमीद लाहौरी की *पादशाहनामा* है। यह कृति साधारण और सुबोध है एवं राजनीतिक एवं सामाजिक जीवन पर प्रकाश डालती है। इसका अधिकांश हिस्सा विद्वानों एवं संतों को समर्पित है किन्तु यह धार्मिक नीति में परिवर्तन (उदारवादिता से रूढ़िवादिता की ओर) को वृहद स्तर पर दर्शाती है। मोहम्मद वारिस ने इसी नाम से एक अन्य पुस्तक लिखी थी। इनायत खान तथा मोहम्मद सालेह ने भी शाहजहाँनामा के नाम से दो भिन्न-भिन्न ऐतिहासिक कृतियाँ लिखी थीं।

औरंगजेब का काल–औरंगजेब के शुद्धतावाद ने इतिहास लेखन पर हानिकारी प्रभाव डाला था। उसने आदेश जारी किया था कि किसी इतिहासकार को उसके शासनकाल की घटनाओं का इतिहास नहीं लिखना चाहिए। संभवतः वह अपने शासनकाल की विभिन्न राजनीतिक, कूटनीतिक एवं सैनिक पराजयों को सार्वजनिक करना नहीं चाहता था, किन्तु इस हतोत्साहन के बावजूद ऐतिहासिक भावना उस स्तर तक पहुँच चुकी थी, जहाँ इतिहास लेखन को रोका नहीं जा सकता था। मोहम्मद साकी मुस्तईद खान ने 'मासिर-ए-आलमगीरी' नामक किताब लिखी। उसने 40 वर्षों तक औरंगजेब की सेवा की थी और वह अधिकांश घटनाओं का प्रत्यक्षदर्शी था। सम्राट के अनेक पत्रों की उपस्थिति द्वारा आधिकारिक इतिहासों की न्यूनता को दूर किया गया था और हमें कई ऐसे विदेशी प्रमाण मिलते हैं जो सहायक सिद्ध होते हैं। बाद के काल में मोहम्मद हाशिम खाफी खान ने *मुन्तखाब-उल-लुबाब* या *तारीख-ए-खाफी* खान लिखी जिसमें गौरी के आक्रमण से लेकर 1733 ई. तक का इतिहास शामिल है।

विदेशी यात्रियों के विवरण

यूरोपीयों द्वारा हमारे इतिहास लेखन का तीव्र रूपान्तरण–इतिहास (विशिष्ट रूप में) एवं इस्लामी इतिहास (सामान्य रूप में) की कमियों को विभिन्न यात्रियों के विवरण द्वारा पूरा किया गया जो प्राचीनकाल से ही भारत में आ रहे थे। कूतनीतिज्ञों, दार्शनिकों, धार्मिक नेताओं एवं समाज सुधारकों ने भारत का भ्रमण किया था एवं अपने पीछे मूल्यवान विवरण छोड़े थे। जो वर्तमान में विस्तृत ऐतिहासिक साहित्य का निर्माण करते हैं। भू-मण्डल के एक भाग से दूसरे भाग में लोगों के विभिन्न संचरणों ने कुछ लोगों को भारत आने के लिए प्रभावित किया और इन लोगों ने यहाँ अस्थाई रूप से रहकर अपने अवलोकनों को लेखबद्ध किया था।

- भारत में यूरोपियों के आगमन के साथ ही हमारा इतिहास लेखन एक तीव्र रूपान्तरण से गुजरा जिसमें न केवल उपागम, निरूपण, विषय एवं तकनीक का बदलाव हुआ बल्कि ऐतिहासिक साहित्य का परिमाण भी बढ़ गया। संभवतः विश्व के अन्य कोई देश ऐसे विशाल साहित्य के स्वामित्व का दावा नहीं कर सकता था।
- यह तथ्य कि यूरोपीय व्यापार के लिए आये और बाद में शासक बन गये, प्रशासन के एक प्रकार की जरूरत पैदा करता था जो पूर्ण कागजी कार्यवाही थी। भारत के विपरीत यूरोप में इतिहास लेखन की कला को हमेशा एक ऊँचा स्थान दिया जाता था और वे इस संस्कृति को भारत ले आये। क्योंकि वे मूलतः व्यापार में रुचि रखते थे इसलिए उनके द्वारा अधिकांश अवलोकन लोगों के आर्थिक जीवन से जुड़े थे और भारतीयों की सामाजिक

संरचना पर अधिक बल दिया जाता था। आज भी ये अवलोकन आर्थिक इतिहास के अध्ययन के लिए महत्वपूर्ण स्रोत बने हुए हैं।

- एक लाभ जो उन्हें प्राप्त था वह यह था कि वे मूलभूत पूर्वाग्रहों से मुक्त थे। वे स्वयं को किसी विशेष राजा या सुल्तान के साथ नहीं जोड़ते थे इसलिए भारत के बारे में एक अपेक्षाकृत वस्तुनिष्ठ चित्र प्रदान कर सके।

पुर्तगाली जेसुइट धर्म प्रचारक–अब हम उन महत्वपूर्ण यात्रियों की चर्चा करेंगे जो 1600-1800 ई. के बीच भारत में आये थे। अकबर ने यूरोपियों के साथ (विशेषत: गुजरात अभियान के बाद) प्रत्यक्ष सम्पर्क विकसित किये थे। उसने अपने दरबार में धार्मिक लोगों को आमंत्रित किया और फादर मौन्सेरात जैसे पुर्तगाली जेसुइट प्रचारक अकबर के साथ फतेहपुर सीकरी में रहे थे। मौन्सेरात ने राजा के धार्मिक जीवन और दीन-ए-इलाही की उसकी स्थापना के बारे में मूल्यवान सूचना को अभिलेखित किया फिर भी जहाँगीर के समय से ही यूरोपियों ने भारत में लगातार आना प्रारंभ किया तथा इनमें डच, अंग्रेज और फ्रांसीसी प्रमुख थे।

अंग्रेज व्यापारी–विलियम हॉकिन्स, राल्स फिंच, जॉन मिल्डेनहाल, विलियम फिंच, टॉमस रो जैसे अंग्रेज भारत में आये इनमें से कुछ व्यापारियों तथा अन्य दूतों के रूप में आये थे।

- उदाहरण के लिए विलियम हॉकिन्स सूरत में व्यापार की कुछ रियायतें प्राप्त करने के लिए जहाँगीर के दरबार में गया था जहाँ उसने सूरत में व्यापार हेतु एक फरमान प्राप्त किया था।
- सर टॉमस रो 1615 ई. में जहाँगीर के दरबार में आया। वह सूरत के बन्दरगाह तथा व्यापार संचालन के मुगल तरीके के बारे में मूल्यवान सूचनायें उपलब्ध कराता है। उसने सूरत के बन्दरगाह नगर, मुगल दरबार की शानो-शौकत एवं भारत में अन्य यूरोपीय कम्पनियों की भूमिका का विस्तारपूर्वक उल्लेख किया है।
- अंग्रेज जॉन फ्रेअर भारत में फ्रांसीसी ऐब कैरे का समकालीन था और उसने अपनी यात्राओं का उल्लेख 'ए न्यू अकाउंट ऑफ द ईस्ट इंडीज' नामक पुस्तक में किया है। वह 1672 एवं 1681 के बीच भारत में था। वह सुदूर-पूर्व एवं भारत के विभिन्न बन्दरगाह नगरों में भारतीय एवं यूरोपीय व्यापारियों की भागीदारी के संबंध में जानकारी देता है।

फ्रांसीसी यात्री

- मध्य 17 वीं शताब्दी का सबसे महत्वपूर्ण यात्री एक फ्रांसीसी फ्रांसिस बर्नियर (1656-58 ई.) था। उसकी पुस्तक का नाम 'ट्रैवल्स इन दि मुगल एम्पायर' है। उसने साम्राज्य की लम्बाई और चौड़ाई में व्यापक भ्रमण किया और किसानों, उनकी दयनीय स्थितियों, नगरों, उद्योगों, ग्रामीण जीवन, शहरी संस्कृति तथा सबसे ऊपर, भारत के प्रमुख विनिर्माण उद्योगों का उल्लेख किया। यह पुस्तक इस काल के सर्वाधिक विस्तृत इतिहास की रचना करती है।
- एक अन्य फ्रांसीसी यात्री टैवर्नियर था जो 1640 एवं 1668 ई. के बीच भारत आया था। एक हीरा व्यापारी होने के कारण हीरों में उसकी विशेष रुचि थी और उसने भारत में विभिन्न हीरा खानों (विशेषत: दक्कन की) का भ्रमण किया। उसने गोलकुंडा के राज्यों में यात्रा की और इस राज्य के विनिर्माण उद्योगों का विस्तार से उल्लेख किया। उसने विभिन्न फसलों तथा तैयार मालों में उनके प्रसंस्करण तथा लोगों की रोचक प्रथाओं का भी उल्लेख किया। उसने विभिन्न प्रचलित मुद्राओं का उल्लेख किया और यूरोपीय मानकों के साथ उनकी तुलना की। उसकी पुस्तक 'ट्रैवल्स इन इंडिया' दो खण्डों में लिखी गई है।
- ऐब कैरे नामक फ्रांसीसी यात्री ने 1672 एवं 1674 ई. के बीच मुगलकालीन भारत की यात्रा की और अपनी सूचनाओं को 'दि ट्रैवल्स ऑफ ऐब कैरे इन इंडिया इण्ड दि निअर ईस्ट' में लेखबद्ध किया। अपने समकालीनों की भाँति उसने भी बन्दरगाह नगरों के बारे में लिखा और नवगठित फ्रांसीसी ईस्ट इंडिया कम्पनी की भूमिका के बारे में उल्लेख किया।
- फ्रांसीसी यात्री थेवनॉट ने भौगोलिक रूप से नील की खेती तथा इसके विस्तार का उल्लेख अपनी रचना 'रैमोन्स त्रांत' (1626 ई.) में किया था।

इतावली एवं अन्य यात्री–एक इतावली व्यापारी निकोलाई मनूची था जो मुगल दरबार में ठहरा था और जिसने स्टोरियो डि मोगोर (स्टोरी ऑफ द मुगल्स) नामक किताब लिखी थी। वह 1653 से 1702 के बीच भारत में था और औरंगजेब के जीवन के बारे में सबसे प्रामाणिक स्रोत उपलब्ध कराता है। यद्यपि मनूची की कृति में शाही हरम, उनके षड्यन्त्र तथा राजा के निजी जीवन के बारे में प्राय: अतिरंजित उल्लेख हैं

फिर भी यह उस काल के लिए एक मूल्यवान स्रोत है। वह दक्कन अभियानों में औरंगजेब के साथ गया था और वह गोलकुंडा की विजय तथा चेन्नई नगर के संबंध में व्यापक उल्लेख करता है। अन्य महत्वपूर्ण यात्रियों में ऐथेन्सियस निकितिन (रूसी), दुआर्ते बारबोसा (पुर्तगाली), फ्रांसिस्को पल्सार्ट (डच), इत्यादि शामिल थे।

भारतीय इतिहासकारों एवं विदेशी विवरणों की तुलना-भारतीय इतिहासकारों तथा विदेशी यात्रियों के विवरणों का एक तुलनात्मक अध्ययन हमें इतिहास लेखन की धाराओं में विभिन्न क्षेपण प्रदान करता है।

- भारतीय इतिहासकार जैसा कि पहले उल्लेख किया गया है, राजनीतिक एवं प्रशासनिक इतिहास पर संकेन्द्रित रहते थे। इस प्रकार के इतिहास लेखन में एक मजबूत उपदेशात्मक तत्व एवं अपने संरक्षकों के प्रति इतिहासकारों का एक पक्षपात स्पष्ट दिखाई देता था। यह इतिहास के मात्र एक पक्ष को ही दर्शा सकता था। दूसरी ओर यूरोपीय स्रोत पूर्वाग्रहों से अपेक्षाकृत मुक्त होने के कारण एक सही दृश्य प्रदान करते थे और भारतीय इतिहास के अध्ययन के लिए प्रमुख उत्प्रेरक के रूप में कार्य करते थे। उन्होंने लोगों की दशाओं पर ध्यान केन्द्रित किया जिससे हमें लोगों के बहुमत के वास्तविक जीवन की खोज में सहायता मिलती है।
- फिर भी ये यूरोपीय स्रोत पूर्वाग्रहों से पूर्णत: मुक्त नहीं थे उनकी अपनी कमजोरियाँ थीं।
- भारतीय भाषाओं के बारे में जानकारी का अभाव एक प्रमुख बाधा थी।
- व्यापारियों के रूप में उन्होंने तटीय क्षेत्रों और यूरोपीय बस्तियों पर अधिक ध्यान केन्द्रित किया और इसलिए देश के आंतरिक भागों के बारे में सूचनायें नहीं जुटा सके।
- अन्त में, अपनी यूरोप केन्द्रित मानसिकता के कारण वे प्राय: भारत को एक पिछड़े देश के रूप में दर्शाने का प्रयास करते थे और यह इनके इतिहास का एक अतिपूर्वाग्रह था। फिर भी इतिहासकारों एवं यात्रियों के विवरणों का एक संयोजन उस काल के एक सही चित्र को सामने ला सकता है।

क्षेत्रीय भाषाएँ एवं साहित्य

स्थिरता एवं परिपक्वता का अर्जन—वास्तव में, फारसी भाषा एवं साहित्य उत्तर भारत में इतना विकसित और विस्तारित हो चुका था कि अकबर ने स्थानीय भाषा में राजस्व अभिलेख रखने की प्रथा को संशोधित करके फारसी भाषा को अपना लिया था। क्षेत्रीय भाषाओं ने स्थिरता एवं परिपक्वता अर्जित कर ली थी और इस काल के दौरान कुछ श्रेष्ठ काव्य रचनायें तैयार हुई थीं। इस विकास के लिए उत्तरदायी मुख्य कारणों में संतों द्वारा स्थानीय भाषाओं में दिये गये उपदेश, धार्मिक आन्दोलनों के उच्च नगरीय विचार तथा मुगल शासकों द्वारा स्थापित की गई शान्ति व स्थिरता शामिल थे। राधा एवं गोपियों के साथ कृष्ण की मित्रता, कृष्ण की बाल लीलाएँ एवं भागवत गीता की कहानियों को बंगाली, उड़िया, हिन्दी, राजस्थानी एवं गुजराती में रचित गीत काव्यों में व्यापक रूप से चित्रित किया गया। राम के लिए समर्पित अनेक स्तोत्र रचित किये गये एवं रामायण एवं महाभारत का क्षेत्रीय भाषाओं में अनुवाद किया गया। फारसी भाषा की कुछ कृतियों का अनुवाद भी किया गया। इस प्रक्रिया में हिन्दू और मुसलमान दोनों ने योगदान दिया।

प्रमुख विकास—मुगल सम्राटों एवं हिन्दू शासकों द्वारा मध्यकालीन हिन्दी की ब्रजभाषा (जो आगरा के आस-पास के क्षेत्र में बोली जाने वाली स्थानीय भाषा थी) को भी संरक्षण प्रदान किया गया। अकबर के समय से हिन्दू कविओं ने मुगल दरबार के साथ जुड़ना शुरू कर दिया। अब्दुर्रहीम खान ए खाना ने भक्ति काव्य का एक सुन्दर मिश्रण तैयार किया जिसमें मानवीय संबंध एवं जीवन के फारसी विचारों को स्थान दिया गया था। इस प्रकार फारसी एवं हिन्दू साहित्यिक परम्पराओं ने एक-दूसरे को प्रभावित करना शुरू कर दिया किन्तु सबसे प्रभावशाली हिन्दू कवि तुलसीदास थे जिनके नायक राम थे और उन्होंने बनारस के आस-पास उत्तर-प्रदेश के पूर्वी भागों में बोली जाने वाली हिन्दी की एक बोली (अवधी) का प्रयोग किया। तुलसीदास अनिवार्यत: एक मानववादी कवि थे जिन्होंने पारिवारिक आदर्शों को ऊपर उठाया और राम के प्रति पूर्ण निष्ठा को मोक्ष का एक मार्ग बताया जो सभी जातियों के लिए खुला था। सिक्ख गुरुओं की रचनाओं के कारण पंजाबी ने भी नया जीवन प्राप्त किया। मराठी एकनाथ एवं तुकाराम के हाथों अपने शीर्ष पर पहुँची। मराठी के महत्व पर जोर देते हुए एकनाथ ने दावा किया कि 'संस्कृत ईश्वर द्वारा बनाई गई थी, प्राकृत (स्थानीय भाषा) चोरों की देन थी, इसलिए मेरी भाषा मराठी उच्चतम भावों को अभिव्यक्त करने की दृष्टि से समृद्ध है और दैवीय ज्ञान के फलों से लदी हुई है।' यह नि:सन्देह रूप से उन सभी लोगों की भाव अभिव्यक्ति थी जो स्थानीय भाषाओं में लिख रहे थे। यह इन भाषाओं द्वारा अर्जित किये गये दर्जे एवं विश्वास को भी प्रदर्शित करता है।

महाराष्ट्र धर्म

ज्ञानदेव (13वीं सदी)–ये महाराष्ट्र में भक्ति धर्म के संस्थापक थे, जिसे महाराष्ट्र धर्म कहा गया। इनकी रचना *ज्ञानेश्वरी* (*श्री भगवद्गीता* पर एक टिप्पणी) ने इन्हें 'ज्ञानेश्वर' का उपनाम दिलवाया।

नामदेव (14वीं सदी)–इन्होंने प्रेम का मार्ग दिखाया परन्तु ये मूर्ति-पूजन और ब्राह्मणों के प्रभाव के खिलाफ थे। इन्होंने जाति प्रथा का कड़ा विरोध किया और इनके समर्थक विभिन्न जाति के थे।

एकनाथ (16वीं सदी)–ये जाति प्रथा के विरुद्ध थे और निम्नजाति के लोगों की तरफ इनकी सहानुभूति थी। इन्होंने बहुत सारे अभंगों (गेय कविताएं) की रचना की। ये अपने भजन और कीर्तन के लिए भी जाने जाते हैं।

तुकाराम (17वीं सदी)–ये शिवाजी के समकालीन और पंढरपुर के विट्ठल के महान भक्त थे। मराठी राष्ट्रीयता के विकास में इनके उपदेशों का एक महत्त्वपूर्ण योगदान है। इनकी ईश्वर की कल्पना कबीर की कल्पना से मिलती थी। ये धार्मिक रूढ़ियों में विश्वास नहीं रखते थे।

समर्थ रामदास (17वीं सदी)–दूसरों से अलग इन्होंने धार्मिक और व्यावहारिक जीवन को मिलाकर रखा और राजनीति में भी काफी दिलचस्पी ली। अत: ये धराकारीश थे जबकि दूसरे वराकारीश थे। इन्होंने शिवाजी को मुगलों को उखाड़ फेंकने के लिए काफी हद तक प्रेरित किया। ये *द्रासबोधा* के रचयिता थे। ये एक ऐसी रचना है जो जिंदगी के हर पहलू पर प्रकाश डालती है।

12.8 धार्मिक विचार : अबुल फ़जल

रूढ़िवादी धार्मिक विचार

अकबर के धार्मिक प्रयोगों का मुस्लिम लोगों पर बिलकुल प्रभाव नहीं पड़ा उसने उनके बीच तौहित-ए-एलाही का प्रचार भी नहीं किया। अकबर के शासन के अंतिम वर्षों में एक मुस्लिम कट्टरपंथी आंदोलन की शुरुआत नक्शबंदी सूफी के निर्देशन में हुई। उन्होंने जहांगीर को राजगद्दी पर बैठने में सहायता प्रदान की। इस समूह द्वारा सुन्नी रूढ़िवादिता प्रसारित की गई जिसे शाहजहां ने भी प्रोत्साहित किया। यह एक मुख्य कारण था जिससे औरंगजेब दारा शिकोह पर विजय पा सका। दारा शिकोह अकबर द्वारा प्रतिपादित धार्मिक नीति का अनुसरण कर रहा था जिसने उसे तत्कालिक परिस्थिति में कमजोर बना दिया था। औरंगजेब का शासक बनना सुन्नी रूढ़िवादिता की पराकाष्ठा थी।

शिया मुसलमानों का आम विचार था कि हिदेन इमाम और अल-महदी फिर अवतरित होंगे और वे इस्लाम में पवित्रता, न्याय, सुख और शांति बहाल करेंगे। धरती पर खुदा का शासन स्थापित होना सुन्नी लोगों का भी विश्वास था किंतु वे शिया लोगों से खलीफा के उत्तराधिकारी के प्रश्न पर मतभेद रखते थे।

समय-समय पर कई साहसी किंतु ढोंगी दावेदार आगे आए जिन्होंने अपने आपको महदी का अवतार बताया। आगे चलकर यह महदी आंदोलन के रूप में सामने आया। एक ऐसा ही ढोंगी दावेदार दिल्ली का रुकनुद्दीन था जिसे फिरोजशाह तुगलक ने मौत के घाट उतार दिया। करीब एक शताब्दी बाद एक ऐसा ही व्यक्ति जौनपुर में सैय्यद मुहम्मद के नाम से पैदा हुआ जिसने स्वयं को महदी का उत्तराधिकारी बताया। इसे गुजरात के सुल्तान महमूद शाह I ने पसंद नहीं किया जिसके कारण उसे मक्का में शरण लेनी पड़ी। इसकी शिक्षा का प्रचार-प्रसार मियाँ अब्दुला नियाजी तथा शेख अलाई ने करना चाहा किंतु इसे इस्लाम शाह सूर द्वारा दबा दिया गया। महदी आंदोलन 16वीं सदी के उत्तरार्द्ध में समाप्त हो गया।

अबुल फजल अकबर को एक मुजादीद (धार्मिक सुधारक) के रूप में देखता था। एक धार्मिक मान्यता के अनुसार मुजादीद का अवतरण हिजास के एक हजार वर्ष बाद होना है। इसी परंपरा के अनुसार अकबर के शासन काल के दौरान एक ऐतिहासिक काम 'तारीख-ए-अल्फी' का अधूरा निर्माण पूरा किया गया। नक्शबंदी संत ख्वाजा बाकी बीलाल्ह के शिष्य शेख मुहम्मद सरहिन्दी अकबर के शासन के अंतिम दिनों में मुजादीद अल्फ सानी (दूसरी सहस्त्राब्दी के धर्म सुधारक) के रूप में अवतरित हुए और दिल्ली में ही इनकी मृत्यु हुई।

प्रगतिशील धार्मिक विचार

मुगल काल में 'चिश्ती' सूफी मत की पकड़ कमजोर पड़ती गई क्योंकि बाद के संत इतने प्रभावशाली नहीं हो सके जो इस विचार को एक आयाम दे सकें। तत्कालीन राजनीति एवं प्रशासन तालमेल न रहने के कारण इस सूफी मत का प्रभाव काफी कम हो गया।

नक्शबंदी विचारधारा ने स्वयं को राजदरबार के नजदीक रखा। इसने कुलिनों से संपर्क बनाए रखा और सूफीवाद को अत्यंत रूढ़िवादी मुसलमानों के हवाले कर दिया। इस कार्यक्रम ने शेख अहमद सरहिन्दी के नेतृत्व में आक्रमक रूप अपनाया। अकबर की मृत्यु के पश्चात् सरहिन्दी इस

विचारधारा के प्रमुख प्रचारक बने और इन्होंने कुलीनों से गहरा संबंध रखा। इन सबने मिलकर इसको काफी बढ़ा चढ़ाकर बताया कि अकबर की नीति ने इस्लाम की पवित्रता को प्रदूषित किया जिसके कारण मुस्लिमों का राजनैतिक, सामाजिक तथा सांस्कृतिक पतन हुआ है। इसने उन सभी विचारों तथा परंपराओं पर आघात किया जो इस्लामी नहीं थे। इनके द्वारा दी गई शिक्षा इस्लाम को सुधारने तक ही सीमित नहीं थी बल्कि हिंदुओं के खिलाफ जेहाद की थी।

शाहजहां एक रूढ़िवादी सुन्नी था किंतु उसका प्रिय लड़का दारा अकबर की धार्मिक नीतियों के प्रति लगाव रखता था। इसके शासनकाल में रूढ़िवादियों और रहस्यवादियों के बीच तनाव बना रहा। अंततः रूढ़िवादी हावी हो गए और उत्तराधिकार की लड़ाई प्रारंभ हुई। औरंगजेब शासक बनने से पहले और बाद में शेख अहमद सरहिन्दी के पुत्र ख्वाजा मुहम्मद मासूम से संपर्क बनाए हुए था। दूसरी तरफ दारा तथा जहांआरा धार्मिक सहिष्णुता के लिए प्रसिद्ध फारसी कादरी सूफी संत मुल्ला शाह के विचारों से प्रभावित थे।

कादरी विचारधारा वाले सूफियों ने भारत में अकबर के समय में अपना प्रचार-प्रसार प्रारंभ किया था। इनकी गतिविधि का मुख्य केंद्र सिंध के ऊँच में था। इसके प्रारंभिक प्रचारक दिल्ली के शेख अब्दुल हक थे जो अकबर, जहांगीर और शाहजहां के समकालिक थे और प्रसिद्ध धर्म विज्ञानी भी थे। इस विचारधारा से संबंधित एक अन्य विद्वान मीर मुहम्मद थे जो मियां मीर के नाम से प्रसिद्ध थे। वे लाहौर में रहते थे तथा सिक्खों के बीच आदरणीय थे।

औरंगजेब के धार्मिक तथा राजनीतिक विचार सूफीवाद और रहस्यवाद के प्रगतिशील विचारों से बिलकुल मेल नहीं खाते थे। उसने शरीयत के मुताबिक शासन किया और इस कारण से उसने इसके सिद्धांतों की कठोर संहिता बनवाई जिसे फतवा-ए-आलमगिरी कहते हैं।

अबुल फजल की भूमिका

मुगलकाल का सबसे मशहूर इतिहासकार अबुल फजल अलमई था जिसका जन्म 1550 में हुआ था और उसकी हत्या राजकुमार सलीम के कहने पर 1602 में कर दी गई। उसके पिता शेख मुबारक एक सुप्रसिद्ध सूफी विद्वान थे जिन्होंने अकबर की प्रगतिशील विचारधारा के विकास में महत्वपूर्ण भूमिका निभाई। उनका भाई फजल अली अकबर का कवि था जो एक बहुत बड़ा विद्वान तथा लेखक था और प्रगतिशील विचार का समर्थक, राज्य के प्रति वफादार, अत्यधिक काम करने वाला आदमी तथा अकबर का घनिष्ट मित्र था।

सम्राट अकबर के कहने पर उसने दो महत्वपूर्ण ऐतिहासिक पुस्तकों का संकलन किया। उसके द्वारा दी गई घटनाओं का कालक्रम तथा तथ्य काफी सही है। उसके लिखने की कला अभूतपूर्व है और उसकी भाषा अलंकारिक होने के बावजूद लोगों को समझ में आती हैं। इसने सम्राट की अत्यधिक प्रशंसा की है, जिन्हें वह महामानव के रूप में देखता है। संक्षेप में, यह कहा जा सकता है कि अबुल फजल एक निष्पक्ष तथा वस्तुपूरक इतिहास नहीं है।

उसके लेख तथा इतिहास लेखन

अबुल फजल का 'अकबरनामा' एक वृहद कार्य है। मुगल शासकों के परिवार का इतिहास तैमूर से लेकर हुमायूं तक लिखने के बाद यह 1602 तक के अकबर के काल के प्रत्येक वर्ष इतिहास वर्णन करता है। यह अकबर द्वारा उठाए कदमों के पीछे के कारणों तथा उस काल के इतिहास के हर पहलू पर प्रकाश डालता है। इनायतुल्लाह का 'तकमील-ए-अकबरनामा' अबुल फजल के काम का ही विस्तार है जो अकबर के मृत्यु तक की घटनाओं का जिक्र करता है।

अबुल फजल का 'आइन-ए-अकबरी' अकबर के प्रशासनिक निकायों की भूमिका पर प्रकाश डालने वाला मुख्य स्रोत है। यह मुख्यतः अकबर द्वारा विभिन्न विभागों में लगाए गए नियम-कानूनों की व्याख्या और सभी महत्वपूर्ण विषयों का उल्लेख करता है। यह साम्राज्य के महत्वपूर्ण सांख्यिकी आकलन तथा ऐतिहासिक तथ्यों पर भी प्रकाश डालता है।

इसमें अबुल फजल द्वारा अकबर को लिखे गए पत्रों (रूक्कत-ए-अबुल फजल) का संकलन भी है जो कई रात घटनाओं पर प्रकाश डालते हैं।

12.9 समाज का स्तर विन्यास तथा महिलाओं की स्थिति

इण्डो-फारसी साम्राज्यीय समाज

उत्तर-मध्य काल का पूर्व आधुनिकतावाद के रूप में बोध–कई जरूरी स्थितियाँ, जो आधुनिक सामाजिक पर्यावरणों का निर्माण करती थीं, 16वीं शताब्दी में उदित हुई और इसे उत्तर मध्य काल (1526–1757 ई.) को पूर्व आधुनिक के रूप में उल्लिखित करने का पर्याप्त कारण माना

जा सकता है। विस्तारित कृषि क्षेत्रों में नगरवाद ने नाटकीय वृद्धि की 1595 ई. में अबुल फजल की आइने अकबरी में 180 बड़े नगरों तथा 2837 छोटे नगरों का उल्लेख मिलता है। मुगलकाल में पदानुक्रम का भी अधिक स्पष्टता से उदय हुआ। बड़े नगरों में राज्य के उच्च पदाधिकारी रहते थे तथा छोटे नगरों में निम्न पदाधिकारी, और यही क्रम निचले स्तर तक मौजूद था। नौकरशाही एवं भूगोल ने स्थानों तथा वहाँ के लोगों की पहचानों को आकार दिया। उच्चतम अभिजात्य वर्ग विशालतम नगरों में रहने वाला शहरी अभिजात्य वर्ग था। प्रांतीय एवं स्थानीय अभिजात्य वर्ग भी अपने केन्द्रों पर उपस्थित रहते थे।

अमीरों की भूमिका एवं दर्जा–आइने अकबरी में उल्लिखित नौकरशाही सम्राट के प्रति अमीरों की निजी निष्ठा पर टिकी थी और ये अमीर साम्राज्य में सभी स्थानों पर साथ-साथ रहते थे। अमीर साम्राज्यीय समाज की रीढ़ की हड्डी थे जो सेनाओं का नेतृत्व करते थे और साम्राज्यीय भू-प्रदेशों से कर वसूलकर सेनाओं का वित्त पोषण करते थे। सम्राट अपने निजी नियंत्रण में सबसे अधिक सैनिक रखता था किन्तु वह बड़े अमीरों के एक मजबूत गठजोड़ को नहीं हरा सकता था। स्वतंत्र साधनों के साथ योद्धा आरंभ में अमीर बन गये और भूमि से प्राप्त आय या वेतन के साथ उन्हें एक मनसब सौंप दिया गया। धीरे-धीरे अकबर ने अमीरों की वेतन प्रणाली को उनके नियंत्रण के अधीन आने वाले लोगों एवं घोड़ों की संख्या के अनुपात में पुनरीक्षित किया।

- इसने साम्राज्यीय पद को स्पष्ट रूप से अमीर की सैनिक संपदा के साथ जोड़ दिया था। योजना यह थी कि सेनापतियों के एक अभिजात्य वर्गीय गठजोड़ का निर्माण किया जाये जो सम्राट के प्रति सेवा और निष्ठा के माध्यम से अपने कुलीनतंत्रीय योद्धा दर्जे की गरिमा को कायम रख सके।
- मनसबदारों के लिए सभी प्रकार के मनसबों का उत्तरदायित्व सम्राट की मंजूरी के बाद सौंपी जाती थी और इसी प्रकार प्रांतीय शासकों (सूबेदार) की नियुक्तियाँ की जाती थीं। ऐसे अधिकारियों से अपेक्षा की जाती थी कि वे नौकरशाही रूप से प्रांतों के बीच संचरण करते रहें। सैद्धान्तिक रूप में इसने इन सरदारों, अधिकारियों व मनसबदारों को राजनीतिक समर्थन के स्वतंत्र क्षेत्रीय आधारों की स्थापना करने से निरोधित किया। फिर भी, व्यवहार में सभी जिम्मेदारियाँ एवं नियुक्तियाँ ऐसे राजनीतिक निर्णय थे जो एक अमीर की स्वतंत्र शक्ति को आँककर लिये जाते थे। सम्राट के विरुद्ध विद्रोह का जोखिम हमेशा बना रहा क्योंकि एक अमीर के सैनिक निजी रूप से उसके प्रति निष्ठावान होते थे। सैनिक अपने सेनापति के नस्लीय समूह से आते थे और उसके साथ रक्त संबंधों व संरक्षण के बंधन में बँध जाते थे।
- प्रांतीय जमींदार, महाजन एवं अन्य संसाधन संपन्न व्यक्ति भी अमीरों या सूबेदारों के साथ जुड़ सकते थे एवं ये दोनों ही अपनी निजी सेनाओं वाले मनसबदार थे।

गठबंधन की राजनीति–साम्राज्य को बनाये रखने के लिए मुगल सम्राट से यह अपेक्षा की जाती थी कि वह गठबंधन की राजनीति में शामिल होने के लिए अपनी निजी शक्ति का प्रयोग करे और अपनी सर्वोच्च सत्ता के अधीन अपने अमीरों को निष्ठावान बनाये रखने के लिए विरोधियों में मतभेदों को बढ़ावा देता रहे। उत्तराधिकार के प्रत्येक मुगल युद्ध का अन्त युद्धों के साथ होता था जिससे ज्ञात होता है कि अकबर के महत्वाकांक्षी वंशजों द्वारा किस प्रकार अपने प्रतिस्पर्धियों के विरुद्ध समर्थन जुटाने के लिए अमीरों को आकर्षित किया जाता था।

- अकबर ने राजपूत राजाओं के साथ सामरिक रूप से महत्त्वपूर्ण गठबंधन किया था और उन्हें अपने अमीर वर्ग में शामिल होने के लिए आमंत्रित किया था। उसने उनकी पुत्रियों से विवाह करके इस गठबंधन को औपचारिक रूप से मजबूती प्रदान की थी। अन्त में, एक प्रमुख राजपूत वंश को छोड़कर, सभी ने मुगल राजवंश के साथ वैवाहिक सम्बंध स्थापित किये।
- राजवंश के आंतरिक पारिवारिक विवाद उत्तराधिकार के युद्धों को जन्म देते थे जो अमीर वर्ग की निष्ठाओं में बदलाव को प्रेरित करते थे और यह महान मुगलों के काल के दौरान सभी उत्तराधिकार युद्धों में देखा गया था।
- औरंगजेब की मृत्यु के कुछ वर्षों के भीतर ही सम्राट एवं अमीरों के बीच का शक्ति संतुलन उल्लेखनीय रूप से विस्थापित हो गया था। अमीरों ने अब ऊपर का स्थान प्राप्त कर लिया था। प्रांतों में विद्रोहों को दबाया नहीं जा सका था फिर भी साम्राज्य के क्षेत्र उस समय तक भी मुगल सत्ता के अधीन साम्राज्यीय प्रांत बने रहे जबकि सम्राट की बाध्यकारी शक्ति धीरे-धीरे लुप्त हो चुकी थी।

अभिजात्य शाही समाज की उत्तरजीविता एवं सततता–मुगल सत्ता के क्षेत्र साम्राज्य के बाद भी बने रहे। यह लचीली सत्ता इस तथ्य से आयी थी कि क्षेत्र मूलत: मुगल सर्वोच्चता के अधीन राजनीतिक भू-प्रदेशों के रूप

में बदल चुके थे। परिवर्तन की एक प्रक्रिया में कई तत्व शामिल थे जो कई स्रोतों से आकर्षित हुए थे फिर भी सबसे महत्वपूर्ण बात यह थी कि सभी मुगल क्षेत्रों में इण्डो-फारसी संस्कृति से प्रभावित एक अभिजात्य शाही समाज का उदय हो गया था। यह साम्राज्यीय समाज न केवल उत्तर जीवित रहा बल्कि औरंगजेब की मृत्यु के बाद भी विस्तारित और पल्लवित होता रहा और उत्तरकालीन मुगलों के पास अपनी सेनाओं के लिए एक मात्र सर्वोच्च सेनापति भी नहीं बचा था।

सैनिक, प्रशासनिक एवं सांस्कृतिक तत्वों का संयोजन–मुगल शाही समाज में निजी तत्वों के साथ-साथ सांस्कृतिक एवं भौतिक तत्व भी शामिल थे जो भारत में संचरण के परिपथों से आये थे।

- इसकी सैनिक विशेषताओं में मंगोल व तुर्क तकनीकों के अलावा वे तकनीकें भी शामिल थीं जो बाबर के आगमन से पहले ही व्यापक रूप से प्रचलित थीं। बाबर ने इसमें उजबेग घुड़सवारों तथा तोपखाने, छोटी बन्दूकें, पैदल सैनिकों को जोड़ दिया था, जो ऑटोमन विस्तार के क्षेत्रों के आस-पास संचरण करते थे।
- नयी युद्ध रणनीतियाँ एवं औजार मध्य एशिया से आने वाले प्रवासियों की एक लहर के साथ भारत पहुँचते गये और ऐसा ही 1498 ई. में वास्कोडिगामा के आगमन के बाद यूरोप से होने वाले प्रवासन के फलस्वरूप देखा गया। सम्पूर्ण यूरेशिया में होने वाले सैनिक आविष्कार दिल्ली में पहुँचे और बढ़ती हुई नियमितता के साथ तटवर्ती क्षेत्रों में पहुँच गये।
- राजस्व प्रशासन में भी तुर्क प्रभाव महत्वपूर्ण था। इसकी शुरुआत तैमूर ने अपने सेनापतियों को समर्थन देने के लिए इक्ता प्रणाली को अपनाकर की थी जिसे बाद में ऑटोमन और दिल्ली के सुल्तानों ने अंगीकार कर लिया था।
- मुगलों के अधीन फारसी प्रभाव अत्यधिक बढ़ गया और अकबर ने फारसी प्रशासकों, न्यायविदों, सूफियों, कलाकारों को साम्राज्य को बढ़ाने व स्थिर रखने के उद्देश्य से भर्ती किया था। इस प्रकार मुगल प्रशासन संकलनवादी था।
- मनसबदारी प्रथा योद्धा की गरिमा के बारे में मंगोल विचारों, सेनापतियों को कर आवंटन की तुर्क तकनीकों, सेना, राजस्व व वैधानिक सत्ता को पृथक करने वाली फारसी नौकरशाही औपचारिकताओं, तथा स्थानीय समुदायों पर अभिजात्य नियंत्रण की क्षेत्रीय परम्पराओं का एक संयोजन थी।

बहुल एवं स्तरित प्रभुसत्ताएँ–मुगलों के नौकरशाही मानकीकरण के अधीन बहुल, स्तरित प्रभुसत्ताओं का पोषण जारी रहा। विस्तृत फारसी साम्राज्यीय संस्थाओं ने मुगल राजव्यवस्था को एकीकृत किया जो उन क्षेत्रों में निहित निजी निष्ठाओं की धुन पर नृत्य करती थी जहाँ सदियों के सांस्कृतिक सम्मिश्रण ने नये समाजों की रचना कर दी थी।

- मुगलों सत्ता के अधीन विस्तारित हुई इण्डो-फारसी संस्थाओं द्वारा व्यापक रूप से शाही अभिजात्य वर्ग का संगठन किया गया जो इन समाजों में अग्रणी बन गया। इनकी पहचान उनके क्षेत्रों के अन्तर्गत नृजातीय एवं धार्मिक निष्ठाओं के सम्मिश्रण में विकसित हुई थी किन्तु उनका प्रभाव एवं जीविका मुगल सर्वोच्चता के अधीन ही संगठित थी।
- शाही समाज ने महान सम्राटों को लम्बा जीवन दिया था क्योंकि मुगल शक्ति क्षेत्रीय अभिजात्यों को मजबूत बनाती थी और ये अभिजात्य शाही अधीनता में भी थे इसलिए जब वे 18वीं शताब्दी में स्वतंत्र हो गये तो उन्होंने अपनी शाही पहचानें कायम रखीं और सभी ने मुगल शक्ति की एक विरासत के रूप में अपनी शक्ति को बढ़ाया था।
- सभी मुगल क्षेत्रों में साम्राज्यीय प्रणाली ने न केवल महान योद्धाओं, राजाओं एवं भू-स्वामियों को समाहित किया था बल्कि स्थानीय प्रभावी जाति समूहों को भी अवशोषित कर लिया था। मन्दिरों एवं ब्राह्मणों के लिए शाही अनुदान जारी रहे।
- इस प्रकार मुगलों ने अधीनस्थ शासकों (सामंतों) को मजबूत बनाकर प्राचीन मध्यकालीन सिद्धान्तों को लागू किया और इण्डो-फारसी शाही संस्कृति ने बहुल-स्तरित प्रभुसत्ताओं को एक नयी वैधता प्रदान की जो एक सर्वोच्च सम्राट से प्राप्त होती थी। औरंगजेब ने अपने प्रसिद्ध 1665 के फरमान में प्राचीन धर्मशास्त्रों की वैधानिक उद्घोषणा को पुनर्जीवन दिया और घोषणा की कि 'जो बेकार भूमि को कृषि भूमि में बदलेगा उसे ही मालिक के रूप में मान्यता दी जानी चाहिए और भूमि से वंचित नहीं किया जाना चाहिए'। स्थानीय भू आधारित अभिजात्य वर्ग ग्रामीण प्रभुसत्ता के लिए सर्वोच्च सत्ता से उपाधियाँ प्राप्त करता था।

सामान्य फारसी शब्दावली

क्षेत्रीय अभिजात्यों के बीच फारसी भाषा राजनीति, प्रशासन एवं कानून के लिए एक सामान्य शब्दकोष उपलब्ध कराती थी। फारसी अप्रवासी मुगल नृजातीय राजनीति में एक विशेषाधिकार पूर्ण अभिजात्य वर्ग बन चुके थे। उन्होंने सम्राट एवं उसके अमीरों के दरबारों के आस-पास एक सांस्कृतिक अभिजात्य वर्ग का निर्माण किया था।

- मुगल दरबार, याचिकाओं, कर लेखा एवं अमीरों से जुड़े लेखन में फारसी कविता एवं गद्य का बाहुल्य था।
- एक फारसी सांस्कृतिक अभिजात्य वर्ग पहली बार लाहौर, दिल्ली, इलाहाबाद, आगरा एवं जौनपुर जैसे साम्राज्यीय नगरों में विकसित हुआ और बाद में यह लखनऊ, ढाका एवं हैदराबाद जैसी क्षेत्रीय राजधानियों में पहुँचा।
- अफगानिस्तान से लेकर बंगाल तक के उत्तरी मुगल राज्य क्षेत्रों में शहरी बोलियों एवं साहित्यिक भाषाओं (उर्दू एवं हिन्दुस्तानी) का उदय हुआ जिसमें संस्कृत, अरबी, फारसी एवं स्थानीय बोलियों के तत्व मौजूद थे।
- शाही समाज में ऊपर की ओर संचरण फारसियों के मिश्रण के साथ हुआ। शहरी इण्डो-फारसी सांस्कृतिक व्यवस्थाओं में जिसकी भाषा फारसी होती थी वह अधिक अभिजात्य और जिसकी भाषा फारसी नहीं होती थी वह निम्न वर्ग से जुड़ा माना जाता था।
- इण्डो-फारसी सांस्कृतिक रूप एवं शब्दावली मुगल सत्ता से प्राप्त की गई थी जो अनेक देशी भाषायी रूपों में शाही पहुँच रखती थी, उदाहरण के लिए सरकार शब्द का अर्थ स्थानीय बोली में शासन था और आगे चलकर यह एक उपाधि, एक स्थान का नाम या एक सम्माननीय सम्बोधन बन गया। जैसे-जैसे लोग सम्माननीय सरकार शब्द को अपने नामों के साथ जोड़ते गये और इसे सम्मान देने के लिए प्रयुक्त करते गये वैसे-वैसे यह पारिवारिक पहचानों का भाग बन गया और आगे चलकर एक पारिवारिक नाम बन गया।
- अन्य राजकीय उपाधियाँ भी निजी नामों के रूप में बदल गईं। इस प्रकार मुगल शब्दों ने शाही समाज में भ्रमण किया और मुगल विस्तार के साथ एक शहर से दूसरे शहर में फैलते गये और इसके बाद वे समाज में इतने विस्तार के साथ फैल गये कि सैनिक, प्रशासनिक एवं न्यायिक शक्ति के साथ गहन रूप से जोड़े जाने लगे

साम्राज्यीय सत्ता की सर्वशक्तिमत्ता तथा दरबारी संस्कृति का विस्तार–सम्राट को एक सम्पूर्ण शक्ति सम्पन्न सत्ता मानने का विचार व्यापक रूप से फैल चुका था। इस विचार ने साम्राज्यीय सर्वोच्चता के बारे में प्राचीन एवं पूर्व-मध्यकालीन विचारों से मजबूती प्राप्त की थी।

- इसलिए सम्राट की सत्ता मात्र बाध्यकारी नहीं थी। यह नैतिक, सौन्दर्यबोधक, वैधानिक और आध्यात्मिक थी। इसलिए वह शारीरिक शक्ति के दैनिक क्रियान्वयन पर निर्भर नहीं रहता था।
- यह विचार, कि एक सर्वशक्तिशाली सम्राट का अस्तित्व होता है जो अपने नाम पर कार्य करने वाले सभी अधिकारियों के सभी पदों को वैधता प्रदान करता है और सभी व्यक्ति जो उन अधिकारियों से उपाधियाँ प्राप्त करते हैं वे सबसे छोटे गाँव तक का प्रतिनिधित्व करते हैं, दैनन्दिन जीवन की एक महत्वपूर्ण विशेषता बन चुका था।
- फारसी भाषा की भाँति इण्डो-फारसी राजनीतिक संस्कृति सर्वाधिक विस्तृत रूप में सिन्धु एवं गंगाघाटी में विकसित हुई थी जो कि मुगलों का हृदयस्थल थी किन्तु मुगल विस्तार के सूदूर कोनों तक अनेक स्थानीय क्षेत्रों में भी इसका विस्तार हुआ था और यह भारतीय प्रायद्वीप के सुदूर दक्षिणी छोर तक जा पहुँची थी जहाँ किसी मुगल सम्राट ने पैर भी नहीं रखा था। इस क्षेत्र में मुगल सत्ता का प्रभावी आगमन मात्र 1750 के दशक में हुआ था जब एक नवाब द्वारा अरकाट (चेन्नई के निकट) में सेनायें भेजी गई थीं जिसने किसी भी मुगल सम्राट के निर्देशों का कभी पालन नहीं किया था।
- इस सांस्कृतिक संदर्भ में सार्वजनिक दरबार की संस्था का विस्तार प्रत्येक स्तर पर पद धारण करने वाले लोगों के बीच हुआ। इस प्रकार सुल्तान का सांस्कृतिक प्रतिदर्श सभी स्तरों पर लोगों के बीच फैल गया क्योंकि वे समाज में अपनी निजी स्थिति की सर्वोच्चता को प्रदर्शित करने की इच्छा रखते थे।
- कर्मकांडपूर्ण अधीनस्थता ने उपाधि एवं प्रभुसत्ता की स्तरित प्रणालियों में सत्ता के पदों को परिभाषित किया था इस प्रकार दरबारी संस्कृति इतनी दूर तक फैलती चली गई जहाँ प्रत्येक आदमी प्रभुसत्ता के एक अंश को धारण करता था और अपने अधीनस्थ लोगों से भेंट करने के लिए दरबार का आयोजन करता था जो उसे कर एवं सम्मान प्रदान करते थे।

- विस्तृत सार्वजनिक नाटक और प्रशस्ति की साहित्यिक कृतियाँ, चापलूसी एवं निष्ठा उन लोगों के ऊपर उठने का साधन बन गये जिनका वैभव अधीनस्थों की सत्ता को सुरक्षित रखता था।
- मौखिक रूप से, अधीनस्थों को उपाधियाँ व सम्मान प्रदान करना प्रत्येक स्तर पर सम्प्रभुता को परिभाषित करता था। अधीनस्थ अपनी शक्ति एक सर्वोच्च सत्ता की मान्यता के द्वारा कायम रखते थे। यह सर्वोच्च सत्ता नीचे के उन लोगों को सम्मान और उपाधियाँ प्रदान करती थी और बदले में कर्मकांडीय मान्यता एवं राजनीतिक समर्थन प्राप्त करती थी।
- साम्राज्यीय पदों में श्रेणी विभाजन रोजमर्रा के जीवन में सामाजिक संचरण के लिए मानदंड की इकाइयाँ बन गया था। जहाँ एक व्यक्ति या समूह जो शाही समाज में खड़ा होता था, वह उन पदों के कर्मकांडों व प्रतीकों से पहचाना जाता था जो महत्वपूर्ण सामाजिक परिसंपत्ति बन चुके थे।

नृजातीय सम्मिश्रण एवं सांस्कृतिक विविधता

नृजातीय संतुलन की साम्राज्यीय रणनीतियाँ–सामाजिक समूह आधिकारिक रूप से सामूहिक अस्तित्व के रूप में जाने जाते थे और जिनके प्रतिनिधि शाही समाज में सम्मान, पद एवं उपाधियाँ प्राप्त करते थे। इस प्रकार ये समूह आधिकारिक रूप से सामूहिक सामाजिक पहचानों द्वारा अलंकृत होते थे जो इनमें मौजूद सभी लोगों से जुड़ी होती थी। संभवतः अकबर द्वारा नृजातीय संतुलन की साम्राज्यीय रणनीतियों का आविष्कार किया गया था। उसकी निकटता प्राप्त लोग इस बात का ध्यान रखते थे कि किस समूह को कितना सम्मान और कितने पद प्रदान करने हैं? उसने तुर्क एवं अफगानों के बीच प्रतिसंतुलन कायम किया जो कि आरंभ में उसकी साम्राज्यीय सेवा में अपना वर्चस्व रखते थे तथा जिनकी नृजातीय निष्ठायें उन्हें संदेहास्पद बनाती थीं। उनकी शक्ति को संतुलित करने के लिए अकबर ने राजपूतों, फारसियों एवं भारतीय मुसलमानों को अमीर वर्ग में भर्ती किया।

- एक नृजातीय समूहों को विभाजित रखने की रणनीतियों के अन्तर्गत उनके नेताओं को पद के लिए एक-दूसरे के साथ प्रतिस्पर्धा में उलझाकर रखा जाता था ताकि साम्राज्यीय सेनाओं के विरुद्ध योद्धा परिवारों को संगठित करने की उनकी क्षमता को कम किया जा सके।
- पादशाहनामा से ज्ञात होता है कि 443 मध्यवर्ती मनसबदारों (एक पद जो साम्राज्य विस्तार के साथ-साथ अधिकाधिक अमीरों को अपने दायरे में लेता रहा) को नृजातीयता के आधार पर रणनीतिक रूप से विभाजित किया गया था जिसके अन्तर्गत फारसियों की हिस्सेदारी 28 प्रतिशत, तुर्कों की 23 प्रतिशत, राजपूतों की 16 प्रतिशत, भारतीय मुसलमानों की 15 प्रतिशत, अफगानों की 6 प्रतिशत तथा मराठों की 2 प्रतिशत थी।
- निचले साम्राज्यीय पदों पर स्थानीय प्रभावी जाति समूहों को प्रवासियों एवं विदेशियों द्वारा प्रतिसंतुलित किया गया था। आइने अकबरी दर्शाती है कि दिल्ली सरकार के 10 परगनों पर मुसलमान एवं हिंदूओं के विभिन्न नस्लीय समूहों के जमीदारों का नियंत्रण था जिनमें तँवर, शेख सादा, राजपूत, गूजर, जाट, ब्राह्मण, अहीर एवं अफगान आदि शामिल थे।
- मस्जिदों एवं पवित्र स्थलों के लिए प्राप्त करमुक्त समर्थन में अफगानों ने सबसे अधिक अनुपात प्राप्त किया था जिससे इस क्षेत्र में मुगल सत्ता द्वारा इनकी भर्ती का पता चलता है किन्तु स्थानीय रूप से शक्तिशाली राजपूत एवं जाट स्पष्टतः मजबूत सैनिक स्थिति प्राप्त किये थे। राजपूतों के नियंत्रण में दो प्रमुख पर्वतीय किले थे जो सम्राट के प्रति निष्ठा और उनकी स्वतंत्रता को दर्शाते थे।

साम्राज्यीय पदों द्वारा सामाजिक पदानुक्रम की पुरानी प्रणालियों का अन्तर्भेदन–इस प्रकार स्थानीय समाजों ने साम्राज्यीय पदों ने सामाजिक पदानुक्रम की पुरानी व्यवस्थाओं में घुसपैठ की और उनके ऐतिहासिक विकास को प्रभावित किया। जैसा कि हम देख चुके हैं हिन्दू समाजों का जैसे-जैसे ऊपर की ओर विकास हुआ गतिशील समूहों ने धर्म का प्रयोग वर्णव्यवस्था में जातियों के एक कर्मकांडीय पदानुक्रम को अनुमोदित करने के लिए किया जिसके फलस्वरूप पुरोहित एवं योद्धा शीर्ष पर तथा वणिक और किसान निचले पायदान पर स्थापित हो गये। अनेक स्थानीय हिन्दू पदानुक्रम व्यवस्थायें राजवंशीय शासनों में विकसित हुई थीं जहाँ शासक ऊपर से जाति श्रेणियों को परिभाषित करते थे तथा विस्तारित कृषि समाज आधार तल से जाति श्रेणियों पर कब्जा करती थीं।

- मुगलकाल में सामाजिक परिवर्तन ने हिन्दू पदानुक्रम संस्थाओं की नियामक क्षमता को अतिक्रमित कर दिया था। अनेक सुल्तान, राजा एवं पदाधिकारी उपाधियाँ बाँटते थे जो हिन्दू मन्दिर जीवन की कर्मकांडीय जटिलता के बाहर सामाजिक पदों को पुनर्भाषित करती थीं। महान लोगों के दरबार उन सम्मानों को हासिल करने के लिए मन्दिरों (कर्मकांडीय स्थलों के रूप में) के साथ प्रतियोगिता करते थे सामाजिक संचरण के प्रतीक थे।
- वास्तव में कई दीर्घकालिक प्रवृत्तियों ने हिन्दू समाज की श्रेणियों को निरपेक्ष बना दिया था। सामाजिक विभेदीकरण तथा आत्मसातीकरण ने धर्म के प्रबंधन हेतु अनेक भूमिकायें एवं श्रेणियाँ निर्मित कर दी थीं। अभिजात्य वर्ग एवं सामान्य लोग विभिन्न वर्ण श्रेणियाँ प्राप्त कर चुके थे। अभिजात्य में शामिल एक गैर-ब्राह्मण लिपिकीय जाति को स्पष्ट वर्ण स्थिति नहीं रखती थी।
- भूमिहीन श्रमिक एवं गरीबों की एक विशाल जनसंख्या वर्ण श्रेणियों के आधार तल पर आ चुकी थी और बहिर्जात या अस्पृश्य की श्रेणी में रखी जा चुकी थी। अनेक जातियाँ हिन्दू समुदायों के सीमांतों पर रहती थीं और पवित्र मन्दिर स्थलों में प्रवेश नहीं कर सकती थीं किन्तु ये जातियाँ रोजमर्रा की आर्थिक गतिविधियों के लिए अनिवार्य थीं और जहाँ वे एक अस्पष्ट वर्ण स्थिति को कायम रखती थीं।
- हिंदूओं का बहुमत मानवीय अन्तर्क्रिया के उस संसार में रहता था जो धर्म को शामिल करते हुए भी उसे अतिक्रमित कर चुका था। नगरीकर एवं प्रवासन ने नये स्थानों पर नये लोगों की पहुँच बनाई जो अपनी जन्म आधारित जाति श्रेणी से उच्चतर जाति श्रेणी में शामिल होने का दावा करते थे। उदाहरण के लिए जब सौराष्ट्र के बुनकरों ने 17वीं शताब्दी में गुजरात से मदुरई में प्रवास किया तो उन्होंने ब्राह्मण होने का दावा किया और उनके दावे को स्थानीय शासकों का समर्थन प्राप्त हुआ।
- अनेक पुनरीक्षित धर्म शास्त्रों ने जाति स्थिति की अनगिनत उत्तरकालीन तदर्थ पुनर्व्यवस्थाओं को तार्किक ठहराया। हिन्दू समाजों ने मुगल क्षेत्रों के बढ़ते विस्तार के साथ महत्वपूर्ण गैर हिंदूओं को भी शामिल कर लिया एवं वर्ण सामाजिक स्थिति को निर्देशित करने वाली कामचलाऊ व्यवस्था या नियमों का एक प्रकार बन गया।

राजनीतिक शासन प्रणालियों की बहु-सांस्कृतिक प्रकृति– सभी उत्तर-मध्यकालीन राजनीतिक शासन प्रणालियाँ व्यवहार में बहु-सांस्कृतिक थीं।

- राजपूतों ने मुगल अमीर वर्ग के साथ वैवाहिक संबंध स्थापित करके तथा हिन्दू-मुस्लिम पारिवारिक गठजोड़ निर्मित करके अपनी श्रेणी को ऊपर उठाया था।
- मराठा नेता शाह जी भोंसले ने अपना कार्यकाल दक्कनी सुल्तानों की सेवा के द्वारा शुरू किया था और इन सुल्तानों द्वारा प्राप्त सम्मान ने शाह जी को श्रेणीक्रम में ऊपर उठा दिया था।
- अठारहवीं शताब्दी के तमिल हिन्दू नायकों ने एक हिन्दू बौद्ध शासन व्यवस्था के निर्माण के लिए कैंडी के सिंहल बौद्ध राजाओं के साथ वैवाहिक संबंध स्थापित किये थे।
- मुगल एवं उत्तर मुगल काल की सभी सेनाओं में विभिन्न सांस्कृतिक समूहों से जुड़े लोग शामिल थे।
- व्यापारिक घराने सांस्कृतिक सीमाओं को लाँघकर वित्तीय लेन-देन करते थे जिनमें 1650 ई. तक जैन, बोहरा, सुन्नी, अहमदिया, बनिया, खत्री, अरब, चेटियार, आर्मेनियन, यहूदी, डच, अंग्रेज एवं अन्य शामिल हो चुके थे।
- बढ़ती हुई नियमबद्धता के साथ लोग उपसांस्कृतिक स्थलों में विस्थापित होते गये और उनकी सीमाओं को धुँधला करते गये। ईसाई एवं मुस्लिम मतान्तरित लोगों ने अपनी पुरानी जाति पहचानें बनाये रखीं। श्रीलंका में बौद्धों ने जाति श्रेणियों को कायम रखा। जनजातीय समूह जो हिन्दू बन गये थे, ने जनजातीय संस्कृति के अनेक तत्वों को संजोये रखा जिनमें वैवाहिक प्रथायें एवं कर्मकांड शामिल थे।

हिन्दू श्रेणीक्रम व्यवस्थाओं की अपर्याप्ता– उत्तर-मध्यकाल के सांस्कृतिक आत्मसातीकरण ने हिन्दू सामाजिक श्रेणीक्रम को अधिक कठोर बना दिया था और यह उस व्यापक बहु सांस्कृतिक परिदृश्य का एक हिस्सा था जिसमें लोग विभिन्न तरीकों के द्वारा श्रेणी हासिल करते थे और सरकार सामाजिक दर्जे का एक शक्तिशाली विवाचक बन चुका था। शीर्ष एवं आधारतल पर तथा हिन्दू समाजों में अनगिनत मध्यवर्ती श्रेणियों की गतिविधियाँ धर्म द्वारा परिभाषित सांस्कृतिक सीमाओं को पार करने वाली सामाजिक श्रेणी का निर्धारण करती थीं। हिन्दू श्रेणीक्रम व्यवस्थायें सर्वाधिक नियमनिष्ठ

हिंदूओं के बीच भी सामाजिक दर्जे की स्थापना के कार्य में अपर्याप्त साबित हो चुकी थीं।

- फिर भी इण्डो-फारसी संस्कृति के सभी क्षेत्रों एवं स्थानीय केन्द्रों में संपत्तिवान योद्धा, पुरोहित, व्यापारी एवं जमींदार, धर्म से अलग हटकर, ऊपरी सामाजिक श्रेणियाँ हासिल कर चुके थे।
- इसी प्रकार सभी व्यवसायों के दरिद्र लोगों की एक बड़ी संख्या–जिसमें अधिकांशत: शारीरिक श्रमिक, खानाबदोश, वन निवासी, मछुआरे तथा अन्य समूह शामिल थे–निचली आधारतलीय श्रेणीक्रम पर विद्यमान थी।
- महत्वाकांक्षी किसान, शिल्पकार, दुकानदार एवं अन्य अनगिनत लोग श्रेणीक्रम में स्थान पाने के लिए एक-दूसरे के साथ संघर्षरत थे।
- व्यक्ति सार्वजनिक कर्मकांडों में सम्मान व उपाधियों प्राप्त करके सामाजिक स्थिति अर्जित करते थे। ऐसी अनेक संस्थाएँ जो उपाधियाँ वितरित करती थीं, अपनी संख्या में बढ़ोतरी करती रहीं तथा क्षेत्रीय समाजों में समूहों द्वारा उन संस्थाओं पर ध्यान दिया जाता था जो उन्हें स्थानीय रूप से सर्वाधिक महत्वपूर्ण बनाती थीं।
- राजा, सुल्तान, पुरोहित, गुरू, सूफी एवं मठ उपाधियों का वितरण करते थे। उद्योग व व्यापार, कृषि, समुदाय, राजवंश एवं नगरीय केन्द्र सम्मान व उपाधि के अवसर प्रदान करते थे।
- सामाजिक समूह संस्थाओं के आस-पास एकत्रित रहते थे और ये संस्थायें उनके आंतरिक श्रेणीक्रम को परिभाषित करती थीं और उन्हें श्रेणीक्रम के व्यापक जगत के साथ जोड़ती थीं।

उपरिमुखी संचरण हेतु अवसर–युद्ध, बाजार, योद्धाशक्ति द्वारा अधिव्याप्त समाजों में बढ़ते हुए वाणिज्यवाद ने ऊपर की ओर संचरण के लिए अवसर उपलब्ध कराये और 18वीं शताब्दी में इसने व्यापक रूप ले लिया।

- किन्तु रणनीतिक वैवाहिक संबंध सामाजिक स्थिति को उठाने की एक मूलभूत तकनीक के रूप में बने रहे। अपनी सामाजिक श्रेणी का सुधारने एवं कायम रखने की राजनीतिक परियोजनाम में संलग्न परिवारों के बीच वैवाहिक संबंधों ने नये सामाजिक समूहों का निर्माण किया जो सामाजिक वर्ग एवं नस्ल की संयुक्त विशेषतायें रखते थे।
- राजपूतों ने अच्छे उदाहरण उपलब्ध कराये हैं। जब राजपूत परिवारों ने मुगलों के साथ वैवाहिक संबंध स्थापित किये तो वे एक शाही शासक वर्ग में प्रविष्ट हो गये और राजपूत नेताओं के रूप में अपने सामाजिक दर्जे को भी बढ़ा लिया। उनके क्षत्रिय आभामण्डल ने अपनी वर्ण चमक कभी नहीं खोयी किन्तु इसका प्रभाव सामाजिक संचरण की राजनीति में राजपूतों की सफलता के अनुपात में बढ़ता गया। यह सामाजिक संचरण वर्ण की सीमाओं को लाँघ गया था।
- राजपूतों का दर्जा मुगल सत्ता के अधीन एक क्षेत्रीय शासक के रूप में बन चुका था और जाति विवाहों के संचालन ने वर्ण योजना के भीतर जाति श्रेणी के बाहर संकेत ग्रहण कर लिये थे।

दो समाज

मध्यकालीन युग में भारतीय समाज धर्म के आधार पर दो बड़े-बड़े समूहों में बंटा था। अंग्रेजों के दस्तावेज में हिंदुओं के समय की मूर्तिपूजक काल के रूप में तथा मुसलमानों के समय की नैतिक सिद्धांतवादी काल के रूप में चर्चा है। दोनों समुदाय सामाजिक मान्यताओं तथा आचार-विचार में भिन्न थे। यहां तक कि दोनों समुदायों की नमस्कार करने की मुद्रा भी भिन्न थी। वे खान-पान तथा वेश-भूषा में भी भिन्न थे। हरेक समुदाय के अपने-अपने धार्मिक त्योहार थे। दोनों समुदायों के सामाजिक रीति-रिवाज जैसे-जन्म, मरण, विवाह इत्यादि की पद्धति भी अलग थीं। यद्यपि ये विभिन्नताएं कभी-कभी तनाव और दुश्मनी पैदा करती थीं फिर भी दोनों समुदाय आपस में मित्रतापूर्वक रहते थे और अनेक सामाजिक अवसरों पर दोनों समुदाय सौहार्दपूर्वक मिलते भी थे।

मुस्लिम समाज

मध्य तथा पश्चिमी एशिया के इस्लामी देशों के मुस्लिमों का भारत से लगातार संबंध बना रहा। ये अपने साथ उन देशों के रीतिरिवाज भी साथ-साथ लाते रहे। मध्य एशिया के उत्तरी-पश्चिमी क्षेत्रों से बाबर के समय भारत आए फारसी, मुगल समय से पूर्व आए मुसलमान और बाबर के उत्तराधिकारी के साथ-साथ रहे। तटीय क्षेत्रों में आकर रहने वाले मुसलमान मुख्यत: वह व्यापारी वर्ग था जो अरब तथा फारस की खाड़ी के क्षेत्रों से आया था। स्थानीय हिंदू तथा धर्म परिवर्तित मुसलमानों से उनका नियमित तथा अनियमित मेल-जोल हुआ जिसके कारण मिश्रित जातियों की उत्पत्ति

जातियों का दर्जामूलक नृजातीय समूहों में रूपान्तरण

क्षेत्रीय समाजों में, अनेक जाति समूह इण्डो-फारसी सांस्कृतिक श्रेणीक्रम के भीतर दर्जामूलक नृजातीय समूहों के एकत्रण में रूपान्तरित हो गये थे। यह प्रक्रिया मुगलों के अधीन उदित हुई पूर्व आधुनिकता के एक अन्य लक्षण को चिन्हित करती है। शासकीय मानकीकरण की एक आधुनिक शैली अकबर के काल में आरम्भ हुई थी। साम्राज्यीय मौद्रिक प्रणाली ने मुगल भारत को एक नये प्रकार के आर्थिक क्षेत्र में बदल दिया था। मुगल सत्ता के विस्तार ने उन यूरोपियों के लिए भारत को उसकी राजनीतिक पहचान प्रदान की जो भारतीय उत्पादों के लिए विश्व बाजारों का निर्माण करने तथा भारत को एक भू-मण्डलीय अर्थव्यवस्था (जो अन्धमहासागर और प्रशान्त महासागर के बीच फैली थी) के साथ एकीकृत करने के लिए आये थे।

- इस परिप्रेक्ष्य में, इण्डो-फारसी सांस्कृतिक वर्चस्व की शताब्दियों में मध्यकालीन एवं आधुनिक दोनों पहलू शामिल थे। ग्रंथों से भी पता चलता है कि सामाजिक व्यवस्था एवं सामाजिक विवरण के आधुनिक रूपों की दिशा में एक संक्रमण हो रहा था। आइने-अकबरी तथा 19वीं शताब्दी की शुरुआत के अंग्रेजी जनगणना आँकड़ों की सूची में जाति समूहों के साथ-साथ अन्य समूहों का उल्लेख है जो वर्ण के द्वारा नहीं बल्कि भाषा, धर्म, व्यवसाय और मूल स्थान के द्वारा परिभाषित किये गये थे।
- जाति शब्द बहु सांस्कृतिक नृजातीय पहचान की एक विशिष्ट भारतीय शैली का सूचक बन गया। यह शब्द समान विशेषताओं वाले लोगों के किसी भी ऐसे प्रकार, श्रेणी या समूह को सूचित कर सकता था जो अंतः विवाह करते थे, साथ-साथ रहते थे, समान प्रथाओं को अपनाते थे, उपासना पद्धति, वेशभूषा, भोजन व भाषा से जुड़ी समानता रखते थे और जिनका प्रतिनिधित्व समूह नेताओं द्वारा किया जाता था। इस प्रकार इरानियों, ब्राह्मणों, ईसाइयों, आर्मेनियनों, बिहारियों एवं फिरंगियों (यूरोपियों) जैसे विभिन्न प्रकार के समूह जातियों में परिवर्तित हो गये।
- 'कास्ट' शब्द का अर्थ एक नृजातीय समूह के साथ जोड़ा जाने लगा जो सामाजिक संबंधों में एक श्रेणीबद्ध स्थिति रखता था। कास्ट (Caste) शब्द पुर्तगाली कास्टा (Casta) से जन्मा था जो वर्ण की बजाय समूहों के बीच श्रेणियों को सूचित करता था। जब अकबर नृजातीय राजनीति में संलग्न था तब उसने अफगानों, फारसियों, तुर्कों, राजपूतों, जाटों, भारतीय मुसलमानों एवं अन्य जातियों के बीच एक स्पष्ट संतुलन स्थापित किया था क्योंकि उसके सांस्कृतिक परिदृश्य, में किसी व्यक्ति को प्रदान की जाने वाली कोई भी उपाधि उस व्यक्ति से जुड़े सम्पूर्ण नृजातीय समूह के लिए सांकेतिक महत्व रखती थी।
- मुगल साम्राज्य के दौरान सांस्कृतिक क्षेत्रों में नृजातीय श्रेणीक्रम का उभार हुआ जिसके अन्तर्गत क्षेत्रीय एवं स्थानीय शासक जातियों के बीच नृजातीय राजनीति में सक्रिय भाग लेते थे और इन जातियों में बौद्ध, मुसलमान, जैन, ईसाई एवं अन्य गैर-हिन्दू शामिल थे। इन समूहों ने वर्ण श्रेणियों का प्रयोग नहीं किया किन्तु सामाजिक श्रेणीक्रम की समान रणनीतियों में संलग्न रहे जिससे सांस्कृतिक सीमाओं के आर-पार संचरण एवं संचार में सुगमता आई।
- जहाँ मुस्लिम दरिद्र थे (जैसे कि पूर्वी बंगाल के ग्रामीण मुस्लिम किसान या गंगाघाटी के नगरों में मुस्लिम श्रमिक) वहाँ मुसलमानों को स्थानीय हिंदुओं के बीच निम्न श्रेणी में रखा गया किन्तु जहाँ मुस्लिम समृद्ध और शक्तिशाली थे (जैसे मुगल राजधानी के आस-पास के क्षेत्रों में मुस्लिम अमीर और जमींदार) वहाँ मुस्लिम नेताओं ने समाज में उच्च दर्जा प्राप्त किया और हिन्दू अभिजात्यों से अपेक्षित सम्मान हासिल किया। इस सांस्कृतिक सम्मिश्रण एवं विविधता के फलस्वरूप जाति एक लचीला शब्द बन गया जो पूर्व आधुनिकता के प्रत्येक क्षेत्रों में विशिष्ट लक्ष्यार्थ धारण किये था।

हुई जैसे-पश्चिमी भारत के नयवात, मालाबार के मोपला और कोरोमंडल तट के लबायस इत्यादि। अभीसीनिया से संबंध रखने वाले मुस्लिमों की संख्या भी काफी थी जिनके पूर्वज यहां दास के रूप में आए थे। मुगल साम्राज्य का विस्तार अफगानिस्तान तक था इसलिए अफगानियों को अप्रवासी के रूप में नहीं देखा जा सकता।

विदेशी उत्पत्ति से संबंध रखने वाले मुस्लिम इस्लाम के नाम पर एक थे किंतु रंग भेद तथा सामाजिक धार्मिक

परंपराओं में भिन्न थे जिसके कारण तत्कालीन समाज तथा राजनीति दोनों प्रभावित थे। मध्य एशिया के तूरानी तथा अफगानी सुन्नी थे जबकि फारसी (ईरानी) शिया मत को मानने वाले थे। इन विभिन्न समुदायों के मुस्लिमों में राजनीतिक तथा सामाजिक प्रतिद्वंद्विता थी, लेकिन मुगल साम्राज्य में विदेशी मूल के कुलिनों की प्रधानता प्रशासन में बनी रही। वे भारतीय मूल की मुस्लिमों से अपने आपको श्रेष्ठ मानते थे और हिंदू धर्म छोड़कर बने मुसलमानों और उनके वंशजों के साथ जन्म, रंग तथा संस्कृति के आधार पर व्यवहार करते थे।

अधिकांश मुसलमान हिंदू धर्म छोड़कर बने थे लेकिन वे अपने आप को विदेशी मूल का होने का दावा करते थे ताकि उन्हें राजनैतिक तथा सामाजिक लाभ मिल सके। ये लोग तुरानी तथा इरानी मुसलमानों के द्वारा हीन समझे जाते थे, लेकिन शुक्रवार की नमाज के दिन मस्जिद में तथा मुख्य धार्मिक त्योहारों पर बराबरी का दर्जा पाते थे। रंग तथा जाति भेद के आधार पर शादी विवाह में बाधा नहीं थी। समाज में आंतरिक स्तर पर ज्यादा गतिशीलता थी जबकि हिंदू समाज में ऐसा नहीं था।

जातीय तथा धर्म के अंतर जैसे शिया-सुन्नी विवाद के अतिरिक्त मुस्लिम समाज में बिल्कुल स्पष्ट सामाजिक विभाजन था। सोलहवीं शताब्दी की फारसी किताबों में तीन वर्गों की चर्चा है–पहला वर्ग शासक वर्ग था जिसमें राजा के परिवार के सदस्य, कुलीन वर्ग तथा सेना के लोग थे, दूसरा वर्ग बुद्धिजीवियों का था जिसमें धर्म-शास्त्री (उलेमा), न्यायाधीश (काजी) तथा पढ़े-लिखे लोग थे, तीसरा वर्ग संगीतकारों और नर्तकों का था। यह विभाजन अधूरा तथा अस्पष्ट है क्योंकि इसमें उत्पादन करने वाले वर्ग-कृषक तथा शिल्पकार–जो राज्य और सरकार के मेरुदंड थे, और निम्न स्तर के अधिकारियों का वर्णन नहीं है।

हिंदू समाज

सोलहवीं-सत्तरहवीं शताब्दी में हिंदू समाज में एक तरफ उदारवादी तथा प्रगतिशील विचारधारा वाले लोग थे तो दूसरी तरफ रूढ़िवादी विचारधारा वाले लोग थे।

कुछ वैष्णव तथा तांत्रिक शिक्षकों ने औरतों और शूद्रों के धार्मिक तथा सामाजिक अधिकारों को स्वीकृति दी थी। चैतन्य के कुछ अनुयायियों में गैर-ब्राह्मण भी थे जो बाद में अन्य तीन निम्न जातियों के गुरु ही नहीं बने बल्कि ब्रह्मणों के भी गुरु बने। महाराष्ट्र में शूद्र तुकाराम तथा ब्रह्मपुत्र घाटी में कायस्थ शंकर देव तथा महादेव के अनुयायी ब्राह्मण थे।

लेकिन "निबंध" के ब्राह्मण लेखकों ने प्राचीन सामाजिक धार्मिक व्यवस्था (वर्णाश्रम धर्म) को कायम करने की कोशिश की जिसके लिए उन्होंने हिंदू धर्म के सभी लोगों के लिए जाति के आधार पर नियम-कानून बनाए। स्मृति निबंध के कुछ लेखकों को राजशाही समर्थन प्राप्त था और उनके द्वारा लगाए गए नियमकानून, राजनैतिक स्तर पर समर्थित थे। उनमें से एक केशव पंडित थे जो मराठा राजा सांभा जी के काल में न्यायाधीश भी थे।

लेकिन कुछ प्रमुख विद्वान–बंगाल के रघुनंदन तथा रामनाथ, कामरूप के पीतांबर, महाराष्ट्र के कमलाकर भट्ट की बातों को हिंदू समाज ने स्वीकार किया यद्यपि उन्हें राजनैतिक समर्थन प्राप्त नहीं था। उनके बढ़ते हुए प्रभाव को उदारवादी विचारधाराओं ने काफी प्रभावित किया। उन्होंने ब्राह्मणों द्वारा निम्न जातियों के शोषण के खिलाफ आवाज उठाई।

महिलाओं की स्थिति

पर्दा व्यवस्था

इस्लाम के आगमन के साथ ही भारतीय समाज में नई शक्तियों का उदय हुआ। इस्लामी देशों में मुस्लिम महिलाओं को पर्दे के पीछे रखने की एक परंपरा थी। उनके लिए भारत एक विदेश था इसलिए यहां पर पर्दा प्रथा पर ज्यादा जोर दिया गया। हिंदुओं ने भी बदलते हुए समय के अनुसार पर्दा प्रथा को अपनाया। शासक वर्गों के बीच नकल करने की आदत होती है इसलिए कुछ कुलीन हिंदू परिवारों ने भी पर्दा प्रथा को अपनाया अलग-अलग रहना सम्मान के रूप में देखा जाने लगा। यह दोनों वाटायों के उच्च वर्गों में अपनाया जाने लगा। बारबोशा ने बंगाल की महिलाओं में पर्दा प्रथा को कठोरता से अपनाने की चर्चा की है। कुछ मुस्लिम परिवारों को छोड़कर, दक्षिण भारत के लोगों ने पर्दे को नहीं अपनाया। विजयनगर साम्राज्य में पर्दा सिर्फ राज। परिवारों में सीमित था। पर्दा जैसी व्यवस्था मध्यम वर्गीय हिंदू समाज में तथा अन्य सामान्य हिंदुओं के बीच कभी भी नहीं थी।

बाल विवाह

उन दिनों ऐसी मान्यता थी कि लड़कियों को अपने माता-पिता के घर छह से आठ वर्ष की उम्र के बाद नहीं रहना चाहिए। यह रिवाज काफी कठोरता के साथ बाल विवाह के साथ जुड़ा हुआ था। इस कारण से दूल्हा या दुल्हन को अपने पसंद के साथी चुनने का मौका ही नहीं मिलता था। दहेज मांगा जाता था और कुछ जातियों तथा क्षेत्रों में दुल्हन की कीमत लगाई जाती थी।

एक विवाह प्रथा

हिंदू-मुस्लिम दोनों समुदायों में एक विवाह की प्रथा निम्न जातियों में प्रचलित थी। अकबर के समय में इबादत खाना में उलेमाओं का विचार था कि एक मनुष्य अनेक शादियां कर सकता है किंतु निकाह द्वारा सिर्फ चार शादी कर सकता है। अकबर का मानना था कि सामान्य आदमी को एक से अधिक शादी तब तक नहीं करनी चाहिए जब तक कि उसकी पहली पत्नी बाँझ न हो। बहुविवाह की प्रथा अमीरों में प्रचलित थी।

विधवाओं की स्थिति

तलाक तथा पुनर्विवाह की प्रथा मुस्लिमों में सामान्यतया पाई जाती थी किंतु हिंदू महिलाओं के लिए यह बिल्कुल मना था। मध्यकालीन युग में हिंदुओं के बीच विधवा-विवाह, कुछ निम्न जातियों को छोड़कर, बिलकुल प्रचलित नहीं था। सती प्रथा का प्रचलन था। यहां तक कि पत्नी को अपने पति के शव के साथ आत्मदाह करना पड़ता था। वे विधवाएं जो अपने पति के शव के साथ आत्मदाह नहीं कर पाती थी, उन्हें समाज की प्रताड़ना का शिकार होना पड़ता था।

सती प्रथा

दिल्ली के कुछ सुलतानों ने सती प्रथा को समाप्त करने का प्रयास किया जो हिंदू समाज में विशेषकर राजपूतों के बीच प्रचलित थी। यद्यपि दक्षिण भारत में सती प्रथा स्वैच्छिक था और विधवाओं पर इसके लिए जोर नहीं दिया जाता था किंतु यह बात समझ में नहीं आती कि यह विजय नगर साम्राज्य में ज्यादा प्रचलित क्यों थी? शायद विजय नगर शासकों ने इसे रोकने का प्रयास नहीं किया। मध्यकालीन भारत में मोहम्मद तुगलक पहला शासक था जिसने इसे रोकने का प्रयास किया था। अकबर ने भी इसे रोकने का प्रयास किया और कोतवालों को यह आदेश दिया था कि वे ये देखें कि विधवाओं को उनकी इच्छा के खिलाफ न जलाया जाए। औरंगजेब एक ऐसा पहला मुगल शासक था जिसने एक साफ तथा स्पष्ट फरमान में कहा था कि उसके साम्राज्य के किसी भाग में सती प्रथा का आयोजन नहीं किया जा सकता।

आर्थिक स्थिति

मध्यकालीन भारत में मुस्लिम महिलाओं को अधिकार के तौर पर उनके पिता के परिवार से एक निश्चित हिस्सा मिलता था। शादी के पश्चात भी उसे यह अधिकार प्राप्त था किंतु हिंदू महिलाओं को नहीं। मेहर मुस्लिम महिलाओं के लिए शादी के समय किया गया वादा था जिसका विपत्ति काल में वह इस्तेमाल करती थी किंतु हिंदू महिला को अपनी पति की पैतृक संपत्ति में कोई अधिकार प्राप्त नहीं था। एक हिंदू महिला को जीवनयापन हेतु आवासीय खर्च के साथ आभूषण इत्यादि लेने का अधिकार था। इस तरह से महिलाओं की स्थिति बदतर हो गई थी और वो अपने जीवन के प्रत्येक पक्ष में किसी दूसरे पर आश्रित थीं। चोल शासकों के शासन के दौरान दक्षिण भारत में महिलाओं को संपत्ति प्राप्त करने का अधिकार था।

अभ्यास प्रश्न

1. बाबर ने अपनी यादें तुजुक-ए-बाबरी में किस भाषा में लिखी थीं–

(a) फारसी (b) अरबी
(c) मंगोल (d) तुर्की

2. पानीपत के दूसरे युद्ध में मुगलों के विरुद्ध अफगान सेना का सेनापति हेमू किस सूर राजा का सेनापति था?

(a) इस्लाम शाह (b) मुहम्मद आदिल शाह
(c) सिकंदर शाह (d) शेर शाह

3. इनमें से किस राजपूत ने सर्वप्रथम अपने आप अकबर के सामने समर्पण किया था?

(a) हाड़ा (b) सिसोदिया
(c) राठौर (d) कच्छवाहा

4. इनमें से अकबर का कौन-सा अमीर अफगानों के विद्रोह को दबाने के एक अभियान में मारा गया था?

(a) मान सिंह (b) टोडर मल
(c) बीरबल (d) भगवान दास

5. राजकुमार सलीम के भड़काने पर इनमें से किसने 1602 में अकबर के दरबारी इतिहासकार अबुल फजल की हत्या की थी?

(a) मिर्जा गियासबेग (b) बीर सिंह बुंदेल
(c) राजा टोडर मल (d) राजा भगवान दास

6. इनमें से किसे बंदोबस्ती प्रथा के रूप में भी जाना जाता था?
(a) जब्त (b) दहसाला
(c) नरक (d) कानकुत

7. नूरजहाँ का मूल नाम क्या था?
(a) जेब-उन-निसा (b) फातिमा बेगम
(c) मेहर उन निसा (d) जहांआरा

8. इनमें से किस मुगल सम्राट के समय तंबाकू भारत आया था?
(a) औरंगजेब (b) जहांगीर
(c) अकबर (d) शाहजहां

9. दुअम्प से सिहस्प क्या था तथा इसे किसने प्रारंभ किया था?
(a) राजस्व व्यवस्था, अकबर युग
(b) अलंकर प्रथा, शाहजहां द्वारा
(c) एक विशेष दर्जा जिनका सवार जात से अधिक होता था, औरंगजेब द्वारा
(d) सवारों का उपदर्जा, जहांगीर द्वारा

10. मुगल काल की जागीर प्रथा सल्तनत काल की किस प्रथा के समान थी।
(a) खलीसा (b) इनाम
(c) वक्फ (d) इक्ता

11. मुगलकाल में तनब क्या था?
(a) सबसे छोटी राजस्व इकाई
(b) नाप की एकरूप मध्यम इकाई
(c) बांस की बनी तथा लोहे की कड़ी से जुड़ी नाप की मशीन
(d) किसान, उनकी जमीन तथा राजस्व के बारे में बताने वाली पुस्तिका

12. मुगलकाल की जजमानी प्रथा क्या थी?
(a) एक राजस्व व्यवस्था जिसमें अधिकारियों को वेतन के बदले जमीन दी जाती थी।
(b) एक प्रशासनिक व्यवस्था जिसमें सैन्य अधिकारी, महत्वपूर्ण व्यक्तियों की संख्या के रूप में श्रेणीबद्ध किया जाता था।
(c) किसान तथा दूसरे वर्गों के बीच भारतीय गांवों में पाई जाने वाली प्रथा।
(d) भारतीय शहरों में बड़े व्यापार में सहायता देने हेतु विकसित व्यवस्था।

13. इनमें से किसे बड़े बगीचे के बीचों-बीच स्थित होने के कारण ताजमहल का प्रथम प्रारूप कहा जाता है?
(a) हुमायूँ का मकबरा, दिल्ली।
(b) जहांगीर का मकबरा, लाहौर।
(c) एत्माउदौला का मकबरा, आगरा।
(d) सलीम चिश्ती का मकबरा, फतेहपुर सीकरी।

14. इनमें से किस मुगल मस्जिद को मोती मस्जिद कहते थे?
(a) जामा मस्जिद, दिल्ली।
(b) जामा मस्जिद, फतेहपुर सिकरी।
(c) मोती मस्जिद, आगरा।
(d) लाल किले में औरंगजेब की मस्जिद।

15. औरंगजेब के काल का इतिहास किसने पूरी तरह गोपनीय रूप से लिखा क्योंकि सुल्तान इसके विरुद्ध था तथा इस पुस्तक का नाम क्या था?
(a) खैफी खान, *मुंतखब-अल-लुबाब*।
(b) मिर्जा मुहम्मद काजिम का *आलमगीर नामा*।
(c) मुहम्मद साकी का *मासीर-ए-आलमगीरी*।
(d) अकुल खान राजी का *जफर नामा-ए-आलमगीर*।

16. अकबर के समय कुछ विद्वानों ने महाभारत को फारसी में अनुवादित किया था। इस फारसी रूप का नाम क्या था?
(a) सकीनत-इल-औलिया (b) रज्म नामा
(c) इकबाल नामा (d) अकबर नामा

17. नूरजहां के 'जुनहा' में उनके अलावा थे–
(i) महाबत खान (ii) आसफ खान
(iii) राजकुमार खुसरो (iv) एत्माउदौला
(v) राजकुमार खुर्रम (vi) शेर अफगान
सही उत्तर नीचे के कूट से चुनें–
(a) उपरोक्त सभी
(b) (i), (ii), (iii) तथा (iv)
(c) (ii), (iii), तथा (iv)
(d) (ii), (iv) तथा (v)

18. इनमें से मुगलों की मनसब व्यवस्था की विशेषता चुनें–
(i) सभी सवारधारक जातधारक भी थे, पर इसका विपरीत सही नहीं था।
(ii) सवार पद के पहले सदैव जात आता था।
(iii) जात पद आमतौर पर सवार के बराबर या उससे अधिक होता था।
(iv) बड़े मनसबदारों की सेना छोटे मनसबदारों को मिलाकर बनती थी।

सही उत्तर नीचे दिए कूटों से चुनें–

(a) उपरोक्त सभी
(b) (i), (ii), (iii) तथा (iv)
(c) (ii), (iii), तथा (iv)
(d) (i), (iii) तथा (iv)

19. मुगल स्थापत्य कला की मुख्य खासियत थी–

(i) बागवानी की फारसी परंपराओं का भारतीय भव्यताओं के साथ समावेश
(ii) पूरे राज्य में भवन निर्माण के तरीके में एकरूपता
(iii) बगीचे के मध्य ऊंचे चबूतरे पर मकबरों का निर्माण
(iv) दोहरी गुबंद, भीतरी तथा बाहरी का निर्माण
(v) कोने पर खड़े स्तंभों पर बने कपोला, बड़े हॉल, भव्य दरवाजे इत्यादि।

सही उत्तर नीचे दिए कूटों से चुनें–

(a) उपरोक्त सभी
(b) (i), (ii), (iii) तथा (v)
(c) (ii), (iii), (iv) तथा (v)
(d) (i), (iii), (iv) तथा (v)

20. इनमें से कौन-सा भवन फतेहपुर सीकरी में है?

(i) सलीम चिश्ती का मकबरा
(ii) बुलंद दरवाजा
(iii) मरियम तथा सुल्ताना का महल
(iv) हुमायूँ का मकबरा
(v) पंच महल
(vi) रंग महल

सही उत्तर नीचे दिए कूटों से चुनें–

(a) उपरोक्त सभी
(b) (i), (ii), (iii) तथा (iv)
(c) (i), (ii), (iii) तथा (v)
(d) (i), (iii), (iv) तथा (vi)

21. मुगल शैली की चित्रकला की विशेषता है–

(i) लघु चित्रकला
(ii) लोगों के चित्र तथा रंगों के प्रयोग में विशेषता
(iii) प्रकृति चित्रण
(iv) लोकप्रिय तथा लोगों को सुलभ
(v) दरबारी तथा अमीर लोगों का चित्रण
(vi) धर्मनिरपेक्ष तथा वस्तुवादी
(vii) धार्मिक तथा रहस्यवादी

सही उत्तर नीचे दिए कूटों से चुनें–

(a) (i), (ii), (iii), (iv) तथा (v)
(b) (i), (ii), (iii) तथा (vi)
(c) (ii), (iii), (iv), (v) तथा (iv)
(d) (ii), (iv) तथा (vi)

22. इनमें से शेरशाह के राजस्व सुधार के लिए क्या सही है?

(i) जमीन के नाप के आधार पर भू-राजस्व का आकलन
(ii) नाप की नई इकाई इलाही गज प्रारंभ करना
(iii) उपज के आधार पर जमीन का अच्छा, बुरा तथा मध्यम में वर्गीकरण
(iv) तीनों की औसत उपज का 1/3 भाग भू-राजस्व के रूप में लिया जाता था
(v) किसानों को पट्टा देकर उनसे कबूलियत ले ली जाती थी।

सही उत्तर नीचे दिए कूटों से चुनें–

(a) उपरोक्त सभी
(b) (i), (ii), (iii) तथा (iv)
(c) (ii), (iii), (iv) तथा (v)
(d) (i), (ii), (iii) तथा (v)

23. इनमें से किसका मिलान सही हुआ है?

(a) कछवाहा-मेवाड़ (b) राणा-मारवाड़
(c) हाड़ा-रणथंगौर (d) राठौर-अंबेर

24. इसका मिलान कीजिए–

	सूची-I		**सूची-II**
(i)	*जामा*	A.	जमीन की एक इाकई से अनुमानित या निर्धारित राजस्व
(ii)	*हासिल*	B.	जमीन की इकाई से निर्धारित अंतिम तथा स्थायी राजस्व
(iii)	दस्तूर	C.	जमीन से प्राप्त वास्तविक राजस्व
(iv)	*बही*	D.	जमीन की एक खास इकाई
(v)	*बीघा*	E.	गांव के स्तर पर रखी जाने वाली राजस्व किताब

कूट:
(a) (i)-A, (ii)-C, (iii)-B, (iv)-E, (v)-D
(b) (i)-A, (ii)-B, (iii)-C, (iv)-D, (v)-E
(c) (i)-B, (ii)-C, (iii)-D, (iv)-A, (v)-E
(d) (i)-C, (ii)-A, (iii)-B, (iv)-E, (v)-D

25. सूची-I तथा II पर विचार करें। इनमें से किसका मिलान सही नहीं है? सही उत्तर का चयन नीचे दिए कूटों से करें–

सूची-I	सूची-II
(i) *बटाई*	नाप के आधार पर भू-राजस्व निर्धारण
(ii) *कानकूत*	अलग तरीकों से मिश्रित खेती
(iii) *नश्क*	पूर्व तजुर्बे के आधार पर राजस्व निर्धारण
(iv) *जब्ती*	नमूनों द्वारा पूरे क्षेत्र की उपज का निर्धारण
(v) *दहशाला*	पिछले 10 वर्ष की औसत उपज के 1/3 की वसूली

कूट:
(a) (i), (ii) तथा (iii)
(b) (i), (ii) तथा (iv)
(c) (ii), (iii) तथा (iv)
(d) (i), (iii) तथा (iv)

26. इनमें से किस कूट से इन मुगलों तथा इनके मकबरे की सही सूची मिलती है?

सूची-I	सूची-II
(i) बाबर	A. काबुल
(ii) हुमायूं	B. दिल्ली
(iii) अकबर	C. सिकंदरा
(iv) जहांगीर	D. लाहौर
(v) शाह जहां	E. आगरा
(vi) औरंगजेब	F. औरंगाबाद

कूट:
(a) (i)-A, (ii)-C, (iii)-B, (iv)-E, (v)-F, (vi)-D
(b) (i)-A, (ii)-B, (iii)-C, (iv)-D, (v)-E, (vi)-F
(c) (i)-B, (ii)-C, (iii)-D, (iv)-E, (v)-F, (vi)-A
(d) (i)-B, (ii)-D, (iii)-C, (iv)-A, (v)-E, (vi)-F

27. सूची-I तथा II को मिलाकर उत्तर नीचे दिए कूटों से चुनें–

सूची-I	सूची-II
(i) इतिमाउदौला का मकबरा	A. इसके निर्माण में बौद्ध विहार का प्रभाव
(ii) हुमायूं का मकबरा	B. मुगलों द्वारा सफेद संगमरमर का प्रयोग प्रारंभ
(iii) अकबर का मकबरा	C. ताजमहल का प्रतिरूप
(iv) औरंगजेब की पत्नी का मकबरा	D. औरंगाबाद में मोती मस्जिद की नकल
(v) लाल किले में औरंगजेब की मस्जिद	E. ताजमहल की नकल

कूट:
(a) (i)-B, (ii)-C, (iii)-E, (iv)-A, (v)-D
(b) (i)-C, (ii)-B, (iii)-E, (iv)-D, (v)-A
(c) (i)-B, (ii)-C, (iii)-A, (iv)-E, (v)-D
(d) (i)-C, (ii)-B, (iii)-A, (iv)-E, (v)-D

28. बैरम खान के विरुद्ध षड्यंत्र करने वाले अतकाह खैल कौन थे?
(a) बैरम के शत्रु
(b) अकबर के रिश्तेदार
(c) मुगल दरबार के सुन्नी अमीर
(d) मुगल दरबार के गैर-फारसी अमीर

29. अकबर के साथ विचार करने वाला ईसाई प्रचारक था–
(a) रादोल्फ अक्वातीवा (b) अन्टोनी मोन्सीराट
(c) सर थामर रो (d) फ्रांसीस हेनरीवनेज

30. किसने स्वेच्छा से शाहजहां के साथ रहना चुना तथा उसे बाद में औरंगजेब द्वारा सम्मानित किया गया?
(a) जहांआरा (b) जेन-अ-निशा
(c) जीनत महल (d) रोशनआरा

31. जहांगीर के दरबार में आने वाला पहला अंग्रेज कौन था?
(a) विलियम एडवर्ड (b) जार्ज बारलो
(c) थामर रो (d) हॉकिन्स

32. चित्रकला की एक नई शैली स्याही कलाम किसके शासनकाल में लोकप्रिय हुआ?
(a) अकबर (b) औरंगजेब
(c) जहांगीर (d) शाहजहां

33. अकबर ने फतेहपुर सीकरी में एक नए शहर की नींव किसके सम्मान में रखी थी?

(a) बाबर (b) मोइनुद्दीन चिश्ती

(c) सलीम चिश्ती (d) निजामुद्दीन औलिया

34. किस मुगल शासक के समय तंबाकू का प्रयोग प्रारंभ हुआ?

(a) जहांगीर (b) अकबर

(c) शाहजहां (d) औरंगजेब

35. अकबर की उदार धार्मिक नीति सुलह कुल पर आधारित थी जिसका अर्थ है–

(a) सहनशीलता (b) शांति

(c) उदारवादी नीति (d) भगवानों का एक होना

36. औरंगजेब ने सिक्कों पर कलमा लिखना बंद कर दिया क्योंकि–

(a) यह परंपरा तुर्कों से ली गई थी।

(b) यह लोगों के पैरों के नीचे आकर अपमानित होता था।

(c) इससे जब्ती प्रक्रिया पर असर पड़ा।

(d) यह एक अधार्मिक कार्य था।

37. मीर जुमला, जिन्हें औरंगजेब ने बंगाल का नायक बनाया, मूलतः थे–

(a) अहमदनगर के (b) बीजापुर के

(c) गुजरात के (d) गोलकुंडा के

38. पेशकशी जमींदार थे–

(a) प्रांतीय जमींदार जो राज्य की सैन्य सेवा नहीं करते थे।

(b) प्रांतीय जमींदार जो राज्य की सैन्य सेवा करते थे।

(c) प्राथमिक जमींदार जो विधि व्यवस्था बनाए रखते थे।

(d) मध्यस्थ जमींदार जो राज्य के लिए कर संग्रह करते थे।

39. उस फ्रांसीसी का नाम क्या था जो शाहजहां तथा औरंगजेब के शासनकाल में छह बार भारत आया तथा अपना वृतांत 'छह यात्राएं' के नाम से लिखा?

(a) ताबरनीयर (b) मुन्क्की

(c) थेवेनोट (d) बरनीयर

40. आदमी के पूरे चित्र बनाने के लिए प्रसिद्ध था–

(a) मंसूर (b) सन्नाद बेग

(c) मीर हुसैन (d) दशावंत

41. सूरदास, बैजू बावरा तथा रामदास प्रसिद्ध गायक किसके काल के थे?

(a) अकबर (b) जहांगीर

(c) शाहजहां (d) औरंगजेब

42. फ्रांसीसी यात्री फ्रांकोइस बरनीयर किसके चिकित्सक थे?

(a) अकबर (b) जहांगीर

(c) शाहजहां (d) औरंगजेब

43. मुगल काल के मुराक्का थे–

(a) सूक्ष्म चित्रों की पुस्तिका

(b) परगना स्तर के राजस्व अधिकारी

(c) मुगल अमीरों के भाड़े के सैनिक

(d) सूफियों के संगीत

44. इसमें से वास्को डि गामा के बारे में क्या सही है?

(i) उन्होंने यूरोप से भारत का एक नया समुद्री रास्ता खोजा था।

(ii) वे 17 मई 1498 को कोचीन तट पर पहुँचे थे।

(iii) उन्हें कोचीन के राजा के विरोध का सामना करना पड़ा था।

(iv) 1502 में वे दूसरी बार भारत आए थे।

उत्तर नीचे दिए कूटों से चुनें–

(a) (i) तथा (ii) (b) (ii) तथा (iv)

(c) (i) तथा (iv) (d) (i) तथा (iii)

45. इनमें से अलफांसो डी अलबुकुरकु के लिए क्या सही है?

(i) 1509 में वे भारत के पुर्तगाली गवर्नर बन गए।

(ii) 1511 में उन्होंने अहमदनगर के शासकों से गोवा छीना था।

(iii) उन्होंने मुस्लिमों की हत्या की तथा पुर्तगालियों को भारतीय महिलाओं से विवाह करने से रोका।

(iv) 1520 में उनकी मृत्यु के समय पुर्तगाली भारत की सबसे शक्तिशाली नौसैनिक शक्ति थी।

उत्तर नीचे दिए कूटों से चुनें–

(a) (i), (ii) तथा (iv) (b) (ii) तथा (iii)

(c) (iii) तथा (iv) (d) (ii), (iii) तथा (v)

46. गेराल्ड ओन्जीर कौन था?

(a) भारत आने वाला पहला अंग्रेज

(b) मुंबई का पहला गवर्नर तथा इसके उदय के लिए उत्तरदायी

(c) सूरत की समिति के पहले प्रधान

(d) चेन्नई की समिति के पहले प्रधान

47. 1690 में सुतानुती में किसने कारखाना लगाया था?
(a) जॉब चारनोइक
(b) सर जॉन चाइल्ड
(c) सर विलियम कोरटेन
(d) ऐरे कोटे

48. चेन्नई किसने किससे प्राप्त किया था?
(a) कप्तान हॉकिन्स, कर्नाटक के नवाब से
(b) सर थॉमस रो, हैदराबाद के निजाम से
(c) सर चार्ल्स आयरे, वालिकोंडापुरम के राजा से
(d) फ्रांसिस डे, चंद्रागिरी के राजा से

49. इनमें से पश्चिमी तट पर अंग्रेजों की गतिविधि के लिए क्या सही हैं?
(i) 1687 तक पश्चिमी तट के सभी कारखाने सूरत के कारखाने के प्रधान के अधीन थे।
(ii) 1670 में कंपनी ने 100 पौंड की मामूली कीमत पर चार्ल्स II से मुंबई खरीदा
(iii) 1687 में पश्चिमी तट पर सूरत के स्थान पर कंपनी का मुख्यालय मुंबई हो गया।
(iv) 1658 में सर जॉन चाइल्ड के नेतृत्व में अंग्रेजों ने मुगल जहाजों पर पश्चिमी तट पर कब्जा कर लिया तथा हज यात्रियों की यात्रा को अवरुद्ध किया।
सही उत्तर नीचे दिए कूटों से चुनें–
(a) (i), (ii) तथा (iii)
(b) (i), (iii) तथा (iv)
(c) (ii), (iii) तथा (iv)
(d) (i), (ii) तथा (iv)

50. इनमें से बंगाल में अंग्रेजों के लिए क्या गलत है?
(i) अंग्रेजों ने 1698 में बंगाल के गवर्नर से सुतानुती, कालीकट तथा गोबिंदपुर गांव खरीदे थे।
(ii) 1699 में सुतानुती के अपने कारखाने की घेराबंदी उन्होंने बंगाल के मुगल गवर्नर की अनुमति से की।
(iii) 1700 में सुतानुती के कारखाने का नाम फोर्ट विलियम रखा गया।
(iv) 1700 में बंगाल के सभी अंग्रेजों के अधीन भाग को फोर्ट विलियम के अधीन कर दिया गया।
सही उत्तर नीचे दिए कूटों से चुनें–
(a) (i) तथा (iii) (b) (i) तथा (ii)
(c) (ii) तथा (iii) (d) (iii) तथा (iv)

51. इनमें से कौन-सा कथन सही है?
(i) डचों ने अपना अंतिम कारखाना 1663 में कोचीन में लगाया था।
(ii) 1690 तक भारत में उनकी गतिविधि का मुख्य केंद्र पुलीकट था।
(iii) डचों ने 1658 में नेगापट्टम में कारखाना लगाया था।
(iv) 1690 के बाद उनकी गतिविधि का मुख्य केंद्र नेगापट्टम बन गया।
सही उत्तर नीचे दिए कूटों से चुनें–
(a) (i), (ii) तथा (iii)
(b) (i), (iii) तथा (iv)
(c) (ii), (iii) तथा (iv)
(d) उपरोक्त सभी

52. इन कथनों में से फ्रांसीसी ईस्ट इंडिया कंपनी के लिए क्या सही है?
(i) इसकी स्थापना 1600 में फ्रांसीसी व्यापारियों के एक समूह ने की थी।
(ii) इसके लिए उत्तरदायी व्यक्ति कोलबर्ट था।
(iii) यह फ्रांसीसी सरकार के लिए स्वामित्व तथा नियंत्रण में थी।
(iv) इसे 1725 में समाप्त कर दिया गया गाि।
सही उत्तर नीचे दिए कूटों से चुनें–
(a) (i) तथा (ii) (b) (ii) तथा (iii)
(c) (iii) तथा (iv) (d) (i) तथा (iii)

53. इनमें से भारत में डेनमार्क की कंपनी के लिए क्या सही है?
(i) उन्होंने तमिलनाडु के ट्राकोबार में 1620 में एक कारखाना लगाया था।
(ii) उन्होंने बंगाल के श्रीरामपुर में 1676 में अपनी बस्ती लगाई थी।
(iii) भारत में उनका मुख्यालय ट्राकोबार था।
(iv) भारत में उनका मुख्यालय श्रीरामपुर था।
सही उत्तर नीचे दिए कूटों से चुनें–
(a) (i) तथा (iii) (b) (ii) तथा (iii)
(c) (i), (ii) तथा (iv) (d) (i), (ii) तथा (iii)

54. यूरोपीय व्यापार के अच्छे परिणामों में इनमें से क्या तथ्य सही था।

(i) भारत से होने वाले निर्यात में वृद्धि
(ii) नील की खेती का व्यावसायीकरण
(iii) भारत में वस्तुओं की कीमत में तेजी से वृद्धि
(iv) भारत तथा विश्व बाजार के बीच नजदीकी संबंधों की स्थापना।

सही उत्तर नीचे दिए कूटों से चुनें–

(a) (i), (ii), (iv) तथा (v)
(b) (i), (iii), (iv) तथा (v)
(c) (i), (ii), (iii) तथा (v)
(d) उपरोक्त सभी

55. भारत के किस क्षेत्र से यूरोपीयों को सर्वोत्तम अफीम तथा शीरा मिलता था?

(a) कोरोमंडल (b) गुजरात
(c) बिहार (d) मालाबार

56. इंग्लैंड के चार्ल्स को ब्रगैंजा के कैथरीन के साथ विवाह में दहेज स्वरूप मुंबई किसने दिया था?

(a) स्पेन (b) पुर्तगाली
(c) डच (d) डेनिस

57. 1632 में अंग्रेजों ने कोरोमंडल तट पर घेराबंद कारखाना लगाने का अतिमहत्वपूर्ण फरमान किससे प्राप्त किया था?

(a) गोलकुंडा के सुल्तान
(b) बीजापुर के सुल्तान
(c) चंद्रगिरी के राजा
(d) मुगल बादशाह

58. भारतीय राजाओं के आपसी झगड़े में पड़कर, किसी एक का समर्थन कर विजय के बाद आर्थिक, व्यापारिक तथा क्षेत्रीय लाभ लेने की नीति को किसने प्रारंभ किया था?

(a) अलबुकर्क (b) रॉबर्ट क्लाइव
(c) डूप्ले (d) वैलेसली

59. कारताजे व्यवस्था, जिसमें यूरोपीय शक्तियों को सुरक्षित जगहों के साथ भारतीय जहाजों से व्यापार करने वालों को रास्ते में लूट तथा जब्ती से बचने के लिए अनुमति पत्र लेना होता था, भारत में किसने प्रारंभ की थी?

(a) पुर्तगाली (b) डच
(c) फ्रांसीसी (d) अंग्रेज

60. 'इंटरलोपर' कौन थे?

(a) ईस्ट इंडिया कंपनी से हटाए गए कर्मचारी
(b) ईस्ट इंडिया कंपनी द्वारा व्यापारियों के साथ काम-काज के लिए सेवा में लिए गए मध्यस्थ
(c) ईस्ट इंडिया कंपनी के एकाधिकार के बावजूद एशिया के साथ व्यापार करने वाले मुक्त व्यापारी
(d) कंपनी में भारतीय महिलाओं को रखने वालों के लिए प्रयोग किया जाने वाला शब्द

उत्तरमाला

1. (d)	2. (b)	3. (d)	4. (c)	5. (b)	6. (a)	7. (c)
8. (b)	9. (d)	10. (d)	11. (c)	12. (c)	13. (a)	14. (c)
15. (a)	16. (b)	17. (d)	18. (d)	19. (a)	20. (c)	21. (b)
22. (c)	23. (c)	24. (a)	25. (b)	26. (b)	27. (d)	28. (b)
29. (b)	30. (b)	31. (d)	32. (d)	33. (c)	34. (a)	35. (b)
36. (b)	37. (d)	38. (a)	39. (a)	40. (a)	41. (a)	42. (d)
43. (a)	44. (c)	45. (d)	46. (b)	47. (a)	48. (d)	49. (b)
50. (b)	51. (d)	52. (b)	53. (d)	54. (a)	55. (c)	56. (b)
57. (b)	58. (c)	59. (b)	60. (c)			

खण्ड C

आधुनिक भारत

- मुगल साम्राज्य का पतन (1707-1761)
- अंग्रेजों का विस्तार
- ब्रिटिशराज का आर्थिक प्रभाव
- सांस्कृतिक टकराव तथा सामाजिक परिवर्तन
- ब्रिटिशराज के खिलाफ प्रतिरोध
- भारत का स्वतंत्रता संग्राम-प्रथम चरण
- गांधी और उनके विचार
- भारतीय राष्ट्रीय राजनीति में अलगाववादी प्रवृत्तियाँ
- स्वतंत्र भारत (1964 तक)

घटनाक्रम - आधुनिक भारत

1707 : जजुआ की लड़ाई, बहादुरशाह प्रथम राज्यारोहण।

1708 : गुरु गोविंद सिंह की मृत्यु।

1712 : बहादुरशाह प्रथम की मृत्यु, जहांदार शाह का राज्यारोहण।

1713 : फारूख सियार का राज्यारोहण, जहांदार शाह की मृत्यु।

1714 : हुसैन अली दक्कन के वायसराय बनाए गए, मराठों एवं हुसैन अली के बीच संधि।

1716 : बंदा बहादुर को फांसी, शाही दरबार में सुरमान राजदूतों का आगमन।

1717 : बादशाह फारूख सियार को ईस्ट इंडिया कंपनी का फरमान, मुर्शीद कुली खां बंगाल का सूबेदार।

1719 : फारूख सियार की हत्या, बादशाह कठपुतली की तरह बनाए गए एवं हटा दिए गए, मुहम्मदशाह का राज्यारोहण।

1720 : सैयद बंधुओं का पतन।

1724 : सआदत खान अवध का सूबेदार, दक्कन के निजाम की स्वतंत्रता, कमरूद्दीन की वजीर के रूप में नियुक्ति।

1739 : नादिरशाह द्वारा दिल्ली पर कब्जा कर लूटपाट, सुजा-उ-द्दीन की मृत्यु के पश्चात् उसके पुत्र की नियुक्ति, सरफराज बंगाल का सूबेदार। मराठों द्वारा बसीन और सैलसट पर अधिकार।

1740 : अलीवर्दी खान द्वारा सरफराज खान की मृत्यु बंगाल का नवाब पद ग्रहण।

1742 : मराठों द्वारा बंगाल पर आक्रमण डूप्ले की पांडिचेरी के गवर्नर के रूप में नियुक्ति।

1744-48 : प्रथम कर्नाटक (आंग्ल-फ्रांसीसी) युद्ध।

1745 : रोहिल्लों द्वारा रोहिलखंड पर अधिकार।

1746 : ला बरडोनेस द्वारा मद्रास पर अधिकार।

1747 : अहमद शाह अब्दाली द्वारा आक्रमण।

1748 : निजाम चिनकिलीच खान की मृत्यु, बादशाह मुहम्मद शाह की मृत्यु, अहमद शाह द्वारा राज्यारोहण।

1749 : अंग्रेजों को मद्रास वापस।

1749-54 : द्वितीय कर्नाटक युद्ध।

1750 : निजाम नासिर जंग की हार एवं मृत्यु, मुजफ्फरजंग की निजाम के रूप में नियुक्ति।

1751 : रॉबर्ट क्लाइव द्वारा आरकट पर कब्जा कर उसकी रक्षा, मुजफ्फरजंग की मृत्यु, सलाबत जंग की निजाम के रूप में नियुक्ति, नवाब अलीवर्दी खान द्वारा कटक मराठों को सौंपना, संधि स्थापित कर ली।

1754 : डुप्ले को वापस बुलाकर गोदेहू का गवर्नर नियुक्त करना, अंग्रेजों से संधि। आलमगीर द्वितीय द्वारा राज्य पर आक्रमण।

1756 : अलीवर्दी खान की मृत्यु (21 अप्रैल), सिराजुद्दौला द्वारा (20 जून) राज्य पर आक्रमण, कलकत्ता पर अधिकार।

1757 : अंग्रेजों का कलकत्ता पर अधिकार (2 जनवरी), अहमद शाह अब्दाली द्वारा दिल्ली एवं मथुरा में (जनवरी में) लूटपाट, सिराज एवं अंग्रेजों के बीच (9 फरवरी को) अलीनगर की संधि, चंदरनागोर पर अंग्रेजों द्वारा (मार्च में) कब्जा, प्लासी का युद्ध (23 जून) और मीर जाफर को नवाब बनाया (28 जून), को सिराजुद्दौला की हत्या (2 जुलाई)।

1758-63 : तृतीय कर्नाटक युद्ध।

1758 : लैली का भारत में आगमन। पंजाब पर मराठों द्वारा अधिकार, कोरदे द्वारा मसूलीपटनम् अधिकृत।

1759 : बेदारा युद्ध, शहजादा अली गौहर द्वारा बिहार पर निरर्थक आक्रमण, गाजीउद्दीन द्वारा बादशाह आलमगीर की हत्या।

1760 : वांडीवॉश लड़ाई और उदगीर लड़ाई, मीर कासिम को बंगाल का नवाब बनाना, बंसीटार्ट की बंगाल के गवर्नर के रूप में नियुक्ति।

1761 : पानीपत की तीसरी लड़ाई (14 जनवरी), अंग्रेजों को पांडिचेरी वापस, अली गौहर की शाह आलम द्वितीय के रूप में राज्य पर चढ़ाई, शुजाउद्दौला को वजीर नियुक्त कर हैदर अली मैसूर का शासक।

1763 : मीर कासिम का बंगाल एवं बिहार से भगाना।

1764 : बक्सर युद्ध।

1765 : मीर जाफर की मृत्यु, क्लाइव दूसरी बार बंगाल का गवर्नर, इलाहाबाद की संधि के पश्चात् शाह आलम द्वितीय बंगाल, बिहार एवं ओडिशा की दीवानी कंपनी को अनुदान में।

1766 : कंपनी का उत्तरी सरकार पर कब्जा।

1766-69 : प्रथम मैसूर युद्ध।

1767 : क्लाइव द्वारा प्रस्थान, वेरेलस्ट को बंगाल का गवर्नर बनाना।

1770 : बंगाल का महा-अकाल।

1772 : वारेन हेस्टिंग्स बंगाल का गवर्नर, पेशवा माधव राव की मृत्यु, पेशवा नारायण राव द्वारा राज्य पर आक्रमण, उसकी हत्या।

1773 : रेगुलेटिंग एक्ट लागू, रघुनाथ राव पेशवा।

1774 : नारायण राव पेशवा, रोहिल्ला युद्ध के पश्चात् वारेन हेस्टिंग्स को गवर्नर जनरल बनाना। कलकत्ता में उच्चतम न्यायालय की स्थापना।

1775 : नंदकुमार की सुनवाई एवं फांसी, प्रथम मराठा युद्ध 1782 तक चला।

1776 : पुरंदर की संधि।

1779 : बडगांव का समझौता।

1780 : जनरल पोफम द्वारा ग्वालियर पर अधिकार, द्वितीय मैसूर युद्ध (1780-84) का प्रारंभ।

1781 : चैत सिंह को राज्यच्युत, रेगुलेटिंग में सुधार।

1782 : अवध की बेगमों की गतिविधियां, सालबाई की संधि, हैदर अली की मृत्यु।

1783 : फॉक्स इंडिया बिल।

1784 : मंगलौर संधि के साथ ही द्वितीय मैसूर युद्ध का अंत, पिट्स इंडिया एक्ट।

1785 : वारेन हेस्टिंग्स द्वारा गवर्नर जनरल पद से त्याग-पत्र।

1786 : लॉर्ड कार्नवालिस गवर्नर जनरल।

1790 : 1790-92 में तृतीय मैसूर युद्ध।

1792 : श्रीरंगपट्टनम् संधि द्वारा तृतीय मैसूर युद्ध का अंत, रंजीत सिंह सिख समुदाय के प्रमुख।

1793 : बंगाल में भू-राजस्व का स्थायी बंदोबस्त, कंपनी के अधिकार-पत्र में नवीनीकरण, लॉर्ड कार्नवालिस की सेवा निवृत्ति के पश्चात् सर जॉन सोर गवर्नर जनरल।

1794 : माहादजी सिंधिया की मृत्यु।

1795 : खरदा या खरदला का युद्ध, अहिल्या बाई की मृत्यु।

1796 : पेशवा माधव राव नारायण की मृत्यु, बाजीराव द्वितीय पेशवा।

1797 : पंजाब में जमन शाह। अवध के नवाब आसफउद्दौला की मृत्यु।

1798 : लॉर्ड वेलेज्ली गवर्नर जनरल बनाया गया एवं निजाम द्वारा सहायक संधि स्वीकृत।

1799 : चौथा मैसूर युद्ध प्रारंभ, टीपू सुल्तान की मृत्यु, श्रीरंगपट्टनम् का पतन, मैसूर का विभाजन; मैसूर में हिंदू राज्य परिवारों का प्रतिस्थापन, जामन शाह द्वारा रंजीत सिंह को लाहौर का सूबेदार नियुक्त करना; मालकोलम द्वारा पर्शिया के लिए इंग्लिश मिशन का प्रतिनिधित्व करना एवं विलियम कैरे द्वारा श्रीरामपुर में बापटिस्ट मिशन खोलना।

1800 : नाना फड़नवीस की मृत्यु।

1801 : ब्रिटिश साम्राज्य में कर्नाटक को मिलाना।

1802 : पूना की लड़ाई, बसीन की संधि।

1803 : 1803-05 में द्वितीय मराठा युद्ध की शुरुआत, अलीगढ़ पर अधिकार, दिल्ली, असाये, लसवारी एवं अरगांव की लड़ाइयां प्रारंभ, देवगांव की संधि एवं कटक का त्याग तथा सुरजी अर्जुनगांव की संधि।

1804 : होल्कर के साथ युद्ध, मनसन की हार, दीग की लड़ाई।

1805 : अंग्रेजों द्वारा भरतपुर पर कब्जा करने में असफल होना, लॉर्ड वेलेज्ली की वापसी, पुनः लॉर्ड कार्नवालिस दूसरी बार गवर्नर जनरल बना, लॉर्ड कार्नवालिस की मृत्यु, गवर्नर जनरल होल्कर के साथ संधि।

1806 : वेल्लौर विद्रोह।

1807 : 1807-13 में लॉर्ड मिंटो प्रथम गवर्नर जनरल की नियुक्ति।

1808 : इंग्लिश मिशन मालकोलम के प्रतिनिधित्व में पर्शिया को एवं एलफिस्टोन के प्रतिनिधित्व में काबुल को मिलना।

1809 : अंग्रेजों एवं रंजीत सिंह के बीच अमृतसर की संधि।

1813 : कंपनी चार्टर का नवीनीकरण एवं लॉर्ड मिन्टो प्रथम द्वारा अवकाश ग्रहण, गवर्नर जनरल लॉर्ड हेस्टिंग्स (1813-23) में नियुक्ति।

1814 : नेपाल के साथ युद्ध की शुरुआत (1814-1816)।

1816 : सुगौली की संधि द्वारा नेपाल के साथ युद्ध की समाप्ति।

1817-18 : पिंडरी का युद्ध तथा तृतीय मराठा युद्ध, किरकी एवं सीताबाल्डी की लड़ाइयां, अप्पा साहब भोंसले को राज्य से हटाना, माहिदपुर की लड़ाई, होल्कर के साथ संधि।

1818 : अष्टी की लड़ाई, कोरेगांव की सुरक्षा, पेशवा बाजीराव द्वितीय द्वारा आत्मसमर्पण।

1819 : असीरगढ़ का शर्तनामा, पेशवा की समाप्ति, बाजीराव द्वितीय ब्रिटिश पेंशनर के रूप में बिठूर में, राजपूताना राज्यों के साथ संरक्षण संधियां, भूकंप।

1820 : 1820-27 में सर थॉमस मुनरो मद्रास के गवर्नर।

1823 : लॉर्ड हेस्टिंग्स का प्रस्थान, मिस्टर एडम्स की कार्यवाहक गवर्नर जनरल के रूप में नियुक्ति, लॉर्ड एमहरस्ट गवर्नर जनरल।

1824 : 1824-26 में प्रथम बर्मा (म्यांमार) युद्ध, बैरकपुर विद्रोह।

1826 : भरतपुर का पतन, यानदाबो की संधि, असम, अराकान एवं तेनासरीम पर कब्जा।

1827 : "द ऐंटरप्राइज" (भाप चालित) नामक युद्धपोत मद्रास में रुका।

1828 : लॉर्ड विलियम बेंटिंक (1828-36) की गवर्नर जनरल के रूप में नियुक्ति।

1829-37 : थुगी का दमन।

1830 : कचर पर कब्जा, राजा राममोहन राय द्वारा इंग्लैंड प्रस्थान।

1831 : मैसूर के राजा की गद्दी छिनना तथा अंग्रेजों द्वारा प्रशासन की बागडोर संभालना, बर्नो की सिंधु नदी तक यात्रा और लॉर्ड विलियम बेंटिंक एवं रंजीत सिंह की रोपड़ में मुलाकात।

1832 : जयतिया पहाड़ियों पर कब्जा।

1833 : कंपनी चार्टर का नवीनीकरण, विभिन्न सुधार।

1834 : कुर्ज पर कब्जा, सर्वोच्च परिषद में लॉ मैम्बरों की नियुक्ति तथा लॉर्ड मैकाले की इस पद पर प्रथम नियुक्ति।

1835 : कलकत्ता मेडिकल कालेज की स्थापना, शिक्षा प्रस्ताव प्रस्तुत, लॉर्ड विलियम बेंटिंक द्वारा अवकाश ग्रहण, सर चार्ल्स मेटकॉफ कार्यवाहक गवर्नर जनरल, प्रैस पर से नियंत्रण समाप्त।

1836 : 1836-42 में लॉर्ड ऑक्लैंड गवर्नर जनरल की नियुक्ति।

1837-38 : उत्तरी भारत में सूखा।

1838 : अंग्रेजों और शाहशुजा व रंजीत सिंह के बीच ट्रीपार्टाईट की संधि।

1839 : सिंध के अमीरों पर नई संधि लागू, रंजीत सिंह की मृत्यु (1839-42) में प्रथम अफगान युद्ध, गजनी एवं काबुल पर अधिकार।

1840 : अफगान कबीलों का उदय, दोस्त मुहम्मद की गद्दी छिनना।

1841 : अफगानों द्वारा बर्ना एवं मैकनाथन की हत्या।

1842 : अफगान में अंग्रेजों का विध्वंस शुरू, डॉ. ब्रायडन का अकेले जलालाबाद प्रस्थान, लॉर्ड अलेमवरो (1842-44) में गवर्नर जनरल, जलालाबाद की मुक्ति, काबुल पर पुनः अधिकार। अंग्रेजों द्वारा अफगानिस्तान छोड़कर दोस्त मुहम्मद को पुनः नियुक्त करना।

1843 : सिंध के अमीरों के साथ युद्ध डाबो एवं मिचानी की लड़ाइयां, सिंध पर अधिकार, महाराजपुर की लड़ाई, दास प्रथा का दमन।

1844 : लॉर्ड एलेनबरो की वापसी, (1844-48) में लॉर्ड हार्डिंग गवर्नर जनरल।

1845 : 1845-46 में प्रथम सिख युद्ध, मुडकी एवं फिरोजपुर की लड़ाइयां।

1846 : अलीवल एवं सोबराओ की लड़ाइयां तथा लाहौर की संधि।

1848 : 1846-56 लॉर्ड डलहौजी गवर्नर जनरल मूलराज का विद्रोह, (1848-49) में द्वितीय सिख युद्ध में ''डॉक्ट्राइन ऑफ लैप्स'' की घोषणा एवं सतरा पर अधिकार।

1849 : चिलियांवाला एवं गुजरात की लड़ाइयां, पंजाब पर अधिकार, कलकत्ता में लड़कियों के लिए बेथुन स्कूल, जैतपुर एवं संबलपुर पर अधिकार।

1850 : सिक्किम के एक भाग पर दंड के रूप में अधिकार।

1851 : द्वितीय बर्मा (म्यांमार) युद्ध, पेंगु पर अधिकार, पूर्व पेशवा बाजीराव द्वितीय की मृत्यु, पेंशन समाप्त।

1853 : बंबई एवं ठाणें के बीच भारत में प्रथम रेलगाड़ी की शुरुआत, कलकत्ता एवं आगरा एडिनबोरो के बीच टेलीग्राफ लाइन, झांसी एवं नागपुर पर अधिकार, निजाम द्वारा बेरार का समर्पण, कंपनी चार्टर का नवीनीकरण, आई.सी.एस. की प्रतियोगिता परीक्षा प्रारंभ।

1854 : सर चार्ल्स वुड का शिक्षा संदेश।

1855 : संथाल राज्य विद्रोह।

1856 : अवध पर अधिकार, इंडियन यूनिवर्सिटीज एक्ट, रिलीजियस डिसएबिलीटीज एक्ट, हिंदू विडो रीमैरेज एक्ट, लॉर्ड डलहौजी का प्रस्थान एवं लॉर्ड कैनिंग की गवर्नर जनरल की पद पर नियुक्ति, क्रेमियन युद्ध की समाप्ति, समाज सेवा आदेश, पर्शियन युद्ध तथा (1856-60) चीन में युद्ध, इनफील्ड रायफल एवं विवादास्पद कारतूस का प्रयोग।

1857 : सिपाही विद्रोह या विद्रोह की शुरुआत; कलकत्ता, बम्बई एवं मद्रास यूनिवर्सिटीज की स्थापना।

1858 : बहादुर शाह सुनवाई (जनवरी-मार्च), लॉर्ड कैनिंग द्वारा (जुलाई) शांति की घोषणा, भारत में बेहतर शासन के लिए कानून (अगस्त), रानी द्वारा घोषणा (नवंबर), लॉर्ड कैनिंग की वायसराय के रूप में नियुक्ति (नवंबर में)।

1859 : ''डॉक्ट्राइन ऑफ लैप्स'' वापस, आदेश की क्रमश: बहाली (1859-60) में नील वाद-विवाद बंगाल में शुरू।

1860 : इंडियन पीनल कोड का लागू होना।

1861 : इंडियन काउंसिल एक्ट, उच्च न्यायलयों की स्थापना। सिविल सर्विस एक्ट, उत्तर-पश्चिम भारत में सूखा एवं अपराध दंड-संहिता लागू।

1862 : लॉर्ड कैनिंग की सेवा निवृत्ति, (1862-63) में लॉर्ड इलगीन प्रथम वायसराय, सुप्रीम एवं सदर कोर्ट का उच्च न्यायालयों में विलय।

1864 : सर जॉन लॉरेंस वायसराय नियुक्त, भूटान युद्ध।

1865 : 1865-67 में में सूखा, यूरोप के साथ टेलिग्राफिक संपर्क शुरू।

1868 : अंबाला से दिल्ली रेलगाड़ी की शुरुआत।

1869 : 1869-72 में लॉर्ड मायो वायसराय नियुक्त, एडिनबोरो के ड्यूक का आगमन।

1872 : लॉर्ड मायो की हत्या, (1872-76) में नार्थब्रुक वायसराय।

1873 : बिहार में सूखा (1873-74)।

1875 : मल्हार राव गायकवाड़ की राज्यच्युति, प्रिंस ऑफ वेल्स एडवर्ड का आगमन।

1876 : लॉर्ड नार्थब्रुक सेवानिवृत्त, (1877-80) में लॉर्ड लिटन प्रथम वायसराय, रॉयल टिटल्स एक्ट पारित, क्वेटा पर अधिकार, दक्कन में सूखा।

1877 : दिल्ली दरबार (1 जनवरी) में रानी विक्टोरिया भारत की साम्राज्ञी घोषित।

1878 : वर्नाक्यूलर प्रैस एक्ट की शुरुआत (1878-80) में द्वितीय अफगान युद्ध।

1880 : लॉर्ड लिटन प्रथम का त्याग पत्र, (1880-84) में लॉर्ड रिपन वायसराय।

1881 : मैसूर को वापस लौटाया, प्रथम फैक्ट्री एक्ट और प्रथम आम जनगणना की शुरुआत।

1882 : वर्नाक्यूलर प्रैस एक्ट वापस, हंटर कमीशन लागू।

1883 : भारत में स्थानीय स्वशासन के लिए कानून निर्माण एवं इल्बर्ट बिल लागू।

1884 : लॉर्ड रिपन का त्याग पत्र लॉर्ड डफरीन वायसराय।

1885 : तृतीय बर्मा (म्यांमार) युद्ध, भारतीय राष्ट्रीय कांग्रेस का प्रथम सम्मेलन, बंगाल पर स्थानीय स्वशासन एक्ट लागू।

1886 : ऊपरी बर्मा (म्यांमार) पर अधिकार, ग्वालियर किले की वापसी।

1887 : रानी विक्टोरिया की जुबली।

1888 : लॉर्ड डफरीन का त्याग पत्र, लॉर्ड लैंसडाऊन (1888-94) में वायसराय।

1889 : ''प्रिंस ऑफ वेल्स'' एडवर्ड का दूसरी बार आगमन।

1891 : द्वितीय फैक्टरी एक्ट, एज ऑफ कन्सेंट, मणिपुर विद्रोह।

1892 : इंडियन काउंसिल एक्ट।

1893 : काबुल में ड्यूरंड मिशन, विवेकानंद की अमेरिका यात्रा।

1894 : 1894-99 में लॉर्ड इलगिन द्वितीय वायसराय।

1896 : 1896-1900 में बम्बई में प्लेग का प्रकोप, (1896-97) में सूखा।

1897 : फेमिन मिशन।

1899 : 1899-1905 में लॉर्ड कर्जन वायसराय।

1900 : सूखा एवं लैंड एलिगेशन एक्ट।

1901 : रानी विक्टोरिया की मृत्यु, राजा एडवर्ड VII का राज्यारोहण, उत्तर-पश्चिम सीमांत प्रांत।

1903 : तिब्बत अभियान (1903-04)।

1904 : इंडियन यूनिवर्सिटीज एक्ट, को-ऑपरेटिव सोसाइटी एक्ट।

1905 : बंगाल का विभाजन, (1905-10) में लॉर्ड मिंटो द्वितीय वायसराय, मोरले भारत का सेक्रेटरी ऑफ स्टेट, स्वदेशी एवं बायकाट प्रारंभ।

1906 : मुस्लिम लीग की स्थापना, कलकत्ता कांग्रेस अधिवेशन में प्रेसीडेंट दादा भाई नौरोजी द्वारा स्वराज्य कांग्रेस का लक्ष्य घोषित करना।

1907 : आंग्ल-रशियन सम्मेलन, सूरत में कांग्रेस का विभाजन।

1908 : न्यूज पेपर एक्ट।

1909 : इंडियन काउंसिल एक्ट, मोरले-मिंटों सुधार, आतंक गतिविधियां आरंम्भ, वायसराय की कार्यकारिणी परिषद में प्रथम भारतीय (एस. पी. सिन्हा) की नियुक्ति।

1910 : 1910-16 में लॉर्ड हार्डिंग वायसराय।

1911 : राजा जॉर्ज V एवं उसकी रानी की भारत यात्रा, दिल्ली दरबार, बंगाल के विभाजन में सुधार, राजधानी का कलकत्ता से दिल्ली स्थानान्तरण की घोषणा।

1912 : कलकत्ता से राजधानी दिल्ली स्थानान्तरित, बिहार एवं ओडिशा अलग राज्य, लॉर्ड हार्डिंग। दिल्ली के बम विस्फोट में घायल।

1913 : रवींद्रनाथ टैगोर को नोबेल पुरस्कार।

1914 : प्रथम विश्व युद्ध की शुरुआत, (4 अगस्त) युद्ध की घोषणा (29 सितंबर) भारतीय सेना फ्रांस पहुंची।

1915 : डिफेंस ऑफ इंडिया एक्ट।

1916 : लॉर्ड चेम्सफोर्ड वायसराय, सैडलर कमीशन लागू (1916-27), लीग एवं कांग्रेस के बीच लखनऊ समझौता; होमरूल लीग की स्थापना, पूना में महिला विश्वविद्यालय स्थापित।

1917 : सेक्रेटरी ऑफ स्टेट।

1918 : किंग कमीशन के लिए भारतीय योग्य घोषित, इंडियन नेशनल लिबरल फेडरेशन की स्थापना, मोंटेग-चेम्सफोर्ड रिपोर्ट का प्रकाशन, संसद में उस पर बहस, प्रथम विश्व युद्ध समाप्त।

1919 : गवर्मेंट ऑफ इंडिया एक्ट, 1919 में पंजाब में अशांति।

1920 : खिलाफत आंदोलन की शुरुआत एवं बाल गंगाधर की मृत्यु, भारतीय राष्ट्रीय कांग्रेस द्वारा महात्मा गांधी के नेतृत्व में असहयोग आंदोलन, लॉर्ड सिन्हा बिहार एवं ओडिशा के गर्वनर।

1921 : असहयोग आंदोलन जारी, चैम्बर ऑफ प्रिंसेस, मोपला विद्रोह की शुरुआत, प्रिंस ऑफ वेल्स एडवर्ड की भारत यात्रा, आम जनगणना, (1921-26) में लॉर्ड रीडिंग वायसराय।

1922 : मोंटेग द्वारा त्याग-पत्र, असहयोग आंदोलन वापस।

1923 : 'स्वराज्य पार्टी' की स्थापना, नमक कर का प्रमाणीकरण प्रस्तुत, भारतीय सेना की कुछ पलटनों पर भारतीयों के नियंत्रण का निर्णय।

1925 : सी.आर. दास की मृत्यु, अंतर-विश्वविद्यालय बोर्ड की स्थापना, लॉर्ड लिटन द्वितीय कार्यवाहक वायसराय बने।

1926 : 1926-31 में लॉर्ड इरविन वायसराय, रुपए का अवमूल्यन।

1927 : साइमन कमीशन की नियुक्ति, राष्ट्रीय कांग्रेस के मद्रास सत्र में ''स्वतंत्रता भारतीयों का लक्ष्य है'' को अपनाया।

1928 : सर्वदलीय सम्मेलन, नेहरू रिपोर्ट प्रस्तुत।

1929 : 31 अक्टूबर को लॉर्ड इरविन द्वारा उद्घोषित करना कि "भारतीय संवैधानिक प्रगति का मुख्य उद्देश्य प्रभुत्व स्थिति (Dominion status) की प्राप्ति है, लाहौर सत्र तथा पूर्ण स्वराज्य'' का प्रस्ताव पारित।

1930 : 6 अप्रैल को सविनय अवज्ञा आंदोलन, साइमन कमीशन की रिपोर्ट, बर्मा में विद्रोह, प्रथम गोलमेज सम्मेलन का आयोजन।

1931 : (5 मार्च) को गांधी-इरविन समझौता, भारत की जनगणना, (सितंबर-दिसंबर) में गांधी जी द्वितीय गोलमेज सम्मेलन में सम्मिलित हुए, (1931-36) में लॉर्ड वेलिंगटन वायसराय।

1932 : गांधी जी को जेल (जनवरी), कांग्रेस गैर-कानूनी घोषित, जोरदार दमन, में कम्युनल एवार्ड की घोषणा (अगस्त), गांधी जी का अनशन, पूना समझौता तथा देहरादून में राष्ट्रीय सेना अकादमी की स्थापना।

1933 : प्रस्तावित सुधारों पर श्वेत-पत्र जारी, संयुक्त चयन समिति का गठन।

1934 : सविनय अवज्ञा आंदोलन वापस, बिहार में भूकंप फैक्टरीज एक्ट लागू, रॉयल इंडियन नेवी की स्थापना।

1935 : गवर्मेंट ऑफ इंडिया एक्ट लागू।

1936 : सम्राट जॉर्ज V की मृत्यु, एडवर्ड VIII का राज्यारोहण, (1936) में लॉर्ड वायसराय बना।

1937 : प्रांतीय स्वशासन की शुरुआत (1 अप्रैल), अंतरिम मंत्री परिषद का गठन, वायसराय का कथन (जून) में कांग्रेस मंत्रिपरिषद का छह प्रांतों में गठन (जुलाई), संघीय न्यायालय की स्थापना।

1939 : द्वितीय विश्व युद्ध प्रारंभ (3 सितंबर), भारतीय नेताओं से वायसराय की मीटिंग, कांग्रेस द्वारा युद्ध के अभिप्राय के बारे में शीघ्र जानकारी प्रदान करने की मांग, को वायसराय द्वारा घोषणा कि युद्ध के बाद संवैधानिक विकास का लक्ष्य प्रभुत्व स्थिति प्रदान की जाएगी (17 अक्टूबर), प्रांतीय कांग्रेस मंत्रिपरिषदों द्वारा त्याग-पत्र।

1940 : मुस्लिम लीग द्वारा पाकिस्तान की मांग घोषित।

1941 : सुभाष चंद्र बोस नजरबंदी तोड़कर जर्मनी के लिए रवाना।

1942 : ब्रिटिश का बर्मा में शर्तनामा, जिसमें 90,000 भारतीय सेना वहां छोड़ी गई, विजाग (अप्रैल) में जापान द्वारा बमबारी, क्रिप्स मिशन का आगमन, भारत छोड़ो आंदोलन, उसका दमन, बंगाल में सूखा, कांग्रेस नेताओं को जेल।

1943 : बंगाल में सूखा, (1943-47) में लॉर्ड वैवल गवर्नर जनरल।

1944 : जापान द्वारा असम पर चढ़ाई, आई.एन.ए. की स्थापना, जापान एव इंडियन नेशनल आर्मी की कोहिमा के निकट मणिपुर में हार।

1945 : जापान द्वारा आत्मसमर्पण, भारत में आम मतदान, मुस्लिम लीग द्वारा उत्तर-पश्चिम सीमांत प्रांत को छोड़कर सभी प्रांतों में अधिकांश मुस्लिम सीटों पर अधिकार कांग्रेस द्वारा केंद्र एवं सभी प्रांतों की सामान्य सीटों पर अधिकार।

1946 : रॉयल इंडियन नेवी का विद्रोह (18 फरवरी), भारत में केबिनेट मिशन, मुस्लिम लीग द्वारा ''डायरेक्ट एक्शन डे'' (16 अगस्त), कलकत्ता में खूनी सांप्रदायिक दंगे, 20 अगस्त को ढाका में सांप्रदायिक दंगे, 2 सितंबर को अंतरिम सरकार गठित, 'नोआखली एवं टिपरा' में 14 अक्टूबर को सांप्रदायिक दंगे, 25 अक्टूबर को बिहार में सांप्रदायिक दंगे, 26 अक्टूबर को मुस्लिम लीग द्वारा अंतरिम सरकार में विलय, संविधान सभा का 9 दिसंबर को प्रथम सत्र।

1947 : लॉर्ड माउंटबेटेन गवर्नर जनरल, पंजाब में सांप्रदायिक दंगे, 3 जून को भारत एवं पाकिस्तान के बंटवारे के आधार पर भारत को स्वतंत्रता प्रदान करने की लॉर्ड माउंटबेटेन की घोषणा, "इंडिपेंडेंस ऑफ इंडिया'' एक्ट (15 अगस्त) प्रारंभ।

वंशानुक्रम तालिका — आधुनिक भारत

अवध के नवाब

- मीर मुहम्मद नासिर
  - सादत खान बुरहान-उल-मुल्क (1722-1739)
    - पुत्री
  - पुत्री
    - सफदर जंग (1754-54)
      - शुजाउद्दौला (1754-75)
        - आसफउद्दौला (1775-97)
          - वजीर अली (1797-98)
            - सादत अली (1798-1814)
              - हैदर (1814-27)
                - नसीरूद्दीन हैदर (1827-37)
              - अली शाह (1837-42)
                - अमजदअली शाह(1842-47)
                  - मुस्ताफ अली
                  - वाजीद अली शाह (1847-56)
                    - बिरजिस कादर (1857)
                  - सुलेमान कादर

बड़ौदा के गायकवाड़

- दामाजी I
- जिंगोजी
  - पीलाजी (1721–1732)
    - दामाजी II (1732–1768)
      - गोविंदराव (1768–71; 1793–1800)
        - आनंदराव (1800–19)
        - सियाजीराव (1818–47)
          - गणपतराव (1847–56)
          - खांडेराव (1856–70)
          - मल्हारराव (1870–75)
            - सायाजीराव III (दत्तक) (1875–1939)
      - सायाजीराव I (1771–78)
      - फतेह सिंह (1778–89)
      - मानाजी 1789–93)

इंदौर के होल्कर

चुंडाजी

मल्हारराव (1728-64)

खांडेराव (निधन-1754) | अहिल्याबाई (1765-95)

मालेराव (1764-66) | मुक्तिबाई

तुकोजी होल्कर I (1795-97)
(1767 में अहिल्याबाई द्वारा कमांडर नियुक्त)

काशीराव | मल्हारराव | जसवंत राव I (1798-1811) | विठोजी

मल्हारराव II (1811-33)

हरिराव (1834-43)

तुकोजीराव II (1843-86)

शिवाजीराव (1886-1903)

तुकोजीराव III (1903-26)

जसवंतराव II (1926-?)

नागपुर के भोंसले

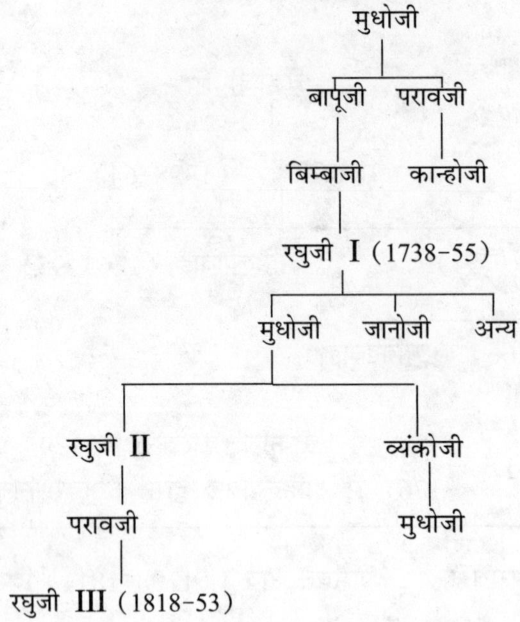

ग्वालियर के सिंधिया

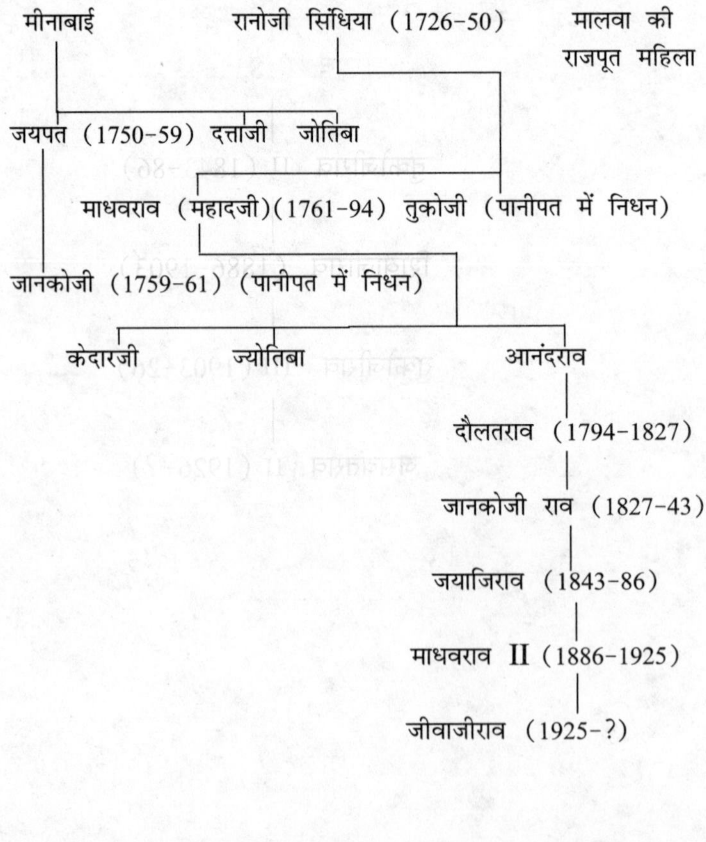

महाराजा रणजीत सिंह का परिवार

- बुधसिंह (सुकरचाकिया मिसल का संस्थापक) (1716 में निधन)
  - चंद्रसिंह (सिंधियावाला शाखा के वंशज)
  - नोधसिंह (1752 में निधन)
    - चरतसिंह (1774 में निधन)
      - माहा सिंह (सबसे बड़ा पुत्र) (1792 में निधन)
        - रणजीत सिंह (1792-1839)
          - खड़क (1839-40)
            - नवनिहाल (1840)
          - शेर (1841-43)
            - बाख
            - परताब
            - देवा
            - शाहदेव
            - नारायन
              - हरनाम सिंह
              - अवतार सिंह
            - ठाकुर
            - करम
          - तारा
          - कश्मीरा
          - पिशोरा
          - मुल्ताना
          - दिलीप (1843-49)

- जींद के राजा गजपत सिंह
  - पुत्री

हैदराबाद के निजाम

ख्वाजा आबिद अली खान (अजमेर का गवर्नर)

गाजिउद्दीन फिरोज जंग (गुजरात का गवर्नर)

1. निजामुलमुल्क आसफजाह (1724-48)

गाजिउद्दीन (1748-50) | नासिरजंग (1751-60) | सलाबतजंग (1760-83) | 2.निजाम अली | बलासतजंग | पुत्री

मुजफ्फरजंग (1750-51)

3. सिकंदरजाह (1803-29)

4. नासिरउद्दौला (1829-57)

5. अफजलउद्दौला (1867-69)

6. महबूब अली खान (1869-1911)

7. उस्मान अली खान (1911-?)

अर्काट के नवाब

1. जुल्फिकार अली खान (1690–1703)
(औरंगजेब द्वारा कर्नाटक के नवाब का पद निर्मित)

2. दौलतखान (1703–1710)

3. सआदतउल्ला खान (1710–1732)　　गुलाम अली

4. दोस्त अली खान (1732–1740)

हुसैन　　5. सफदरअली खान (1740–42)　　पुत्री　　पुत्री चंदा साहब (1749)

6.सआदतउल्ला खान (1742–44)

7. अनवरूद्दीन (नवाब के नवाब नियुक्त)(1744–49)

महफूज खान　　8. मुहम्मद अली (1749–95)　　अब्दुलरहीम　　अब्दुलवहाब　　नजीबुल्ला

9. ओमदत उल उमरा (1795–1801)　　अमीर उल उमरा

अली हसैन　　10. अजीमुद्दौला (1801–19)

11. आजमजाह (1819–25)　　12. अजीमजाह बहादुर (अर्काट के युवराज) (1867-74)

बंगाल के नवाब

मुर्शीद अली खान (1703-1727)

पुत्री

शुजाउद्दीन (1727-39)

सरफराज खान (1739-40)

(मिर्जा मुहम्मद, तुर्कमेनिस्तान से साहसिक अभियान)

अलीवर्दी खान (1740-56)

हाजी अहमद

पुत्री (अमीना बेगम)

जैनुउद्दीन

सिराजुद्दौला (1756-57)

मीर जाफर (प्रथम बार 1757-60)
(द्वितीय बार 1763-65)

पुत्री
(फातिमा बेगम) मां- मीरखान (1760-63)

निजामुद्दौला (1765-66)

सैफुद्दौला (1766-70)

गवर्नर-जनरलों की सूची

I. बंगाल में फोर्ट विलियम के गवर्नर-जनरल (1773 का रेग्यूलेटिंग एक्ट)

(अस्थाई, कार्यवाहक)

1774 (अक्टूबर) वॉरेन हेस्टिंग्स

1785 (फरवरी) सर जॉन मैक्फर्सन

1786 (सितम्बर) अर्ल (मार्क्वेस) कार्नवालिस

1793 (अक्टूबर) सर जॉन शोर (लार्ड टेंगमाउथ)

1798 (मार्च) सर ए. क्लार्क

1798 (मई) अर्ल ऑफ मार्लिंग्टन (मार्क्वेस वेलेज्ली)

1805 (30 जुलाई) मार्क्वेस कार्नवालिस (दूसरी बार)

1805 (अक्टूबर) सर जॉर्ज बार्लो

1807 (जुलाई) बैरन (प्रथम अर्ल) मिंटो प्रथम

1813 (4 अक्टूबर) अर्ल ऑफ मोइरा (मार्क्वेस ऑफ हेस्टिंग्स)

1823 (जनवरी) जॉन एडम

1823 (1 अगस्त) बैरन (अर्ल) एमहर्स्ट

1828 (मार्च) विलियम बटरवर्थ बेले

1828 (4 जुलाई) लार्ड विलियम कैवेंडिस बेंटिक

II. भारत के गवर्नर-जनरल (1833 का चार्टर एक्ट)

1833 लार्ड विलियम कैवेंडिस बेंटिक

1835 (20 मार्च) सर चार्ल्स (लार्ड) मेटकॉफ

1836 (मार्च) बैरन (अर्ल ऑफ) ऑकलैंड

1842 (फरवरी) बैरन (अर्ल ऑफ) एलनबरो

1844 (जून) विलियम विल्बरफोर्स बर्ड

1844 (जुलाई) सर हेनरी (विस्काउंट) हार्डिंग

1848 (जनवरी) अर्ल (मार्क्विस) ऑफ डलहौजी

1856 (फरवरी) विस्काउंट (अर्ल) कैनिंग

III. गवर्नर-जनरल एवं वायसराय

1858 (1 नवंबर) विस्काउंट (अर्ल) कैनिंग

1862 (8 मार्च) अर्ल ऑफ एल्गिन प्रथम

1863 सर रॉबर्ट नेपियर (बैरन नेपियर ऑफ मगदाला)

1863 सर विलियम टी. डेनिसन

1864 (जनवरी) सर जॉन (लार्ड) लॉरेंस

1869 (जनवरी) अर्ल ऑफ मेयो

1872 सर जॉन स्ट्रेंची

1872 लार्ड नेपियर ऑफ मार्किन्सटन

1872 (मई) बैरन (अर्ल ऑफ) नॉर्थब्रुक

1876 (अप्रैल) बैरन (प्रथम अर्ल ऑफ) लिटन प्रथम

1880 (जून) मार्क्विस ऑफ रिपन

1884 (दिसम्बर) अर्ल ऑफ डफरिन (मार्क्विस ऑफ डफरिन एवं अवा)

1888 (दिसम्बर) मार्क्वेस ऑफ लैंसडाउन

1894 (9 जनवरी) अर्ल ऑफ एल्गिन द्वितीय

1899 (6 जनवरी) बैरन (मार्क्विस) कर्जन ऑफ केलेस्टोन

1904 (अप्रैल) लार्ड एम्पिथिल

1899 (दिसम्बर) बैरन (मार्क्विस) कर्जन ऑफ केलेस्टोन (पुनर्नियुक्ति)

1905 (नवंबर) चौथा अर्ल ऑफ मिन्टो द्वितीय

1910 (नवंबर) पुनसर्ट द्वितीय का बैरन हार्डिंग

1916 (अप्रैल) बैरन चेम्सफोर्ड

1921 (अप्रैल) अर्ल ऑफ रीडिंग

1925 द्वितीय अर्ल ऑफ लिटन

1926 (अप्रैल) लार्ड इरविन

1929 लार्ड गोसेन (लार्ड इरविन के अवकाश पर होने की वजह से)

1931 (अप्रैल) अर्ल ऑफ विलिंग्डन

1934 (मई-अगस्त) सर जार्ज स्टेनली (कार्यवाहक)

1934 अर्ल ऑफ विलिंग्डन

1936 (18 अप्रैल) मार्क्विस ऑफ लिनलिथगो

III. गवर्नर-जनरल एवं ताज के प्रतिनिधि (1935 का अधिनियम)

1937 (31 मार्च) मार्क्विस ऑफ लिनलिथगो

1938 (जून-अक्टूबर) बैरन ब्रैबोर्न (कार्यवाहक)

1938 मार्क्विस ऑफ लिनलिथगो

1943 विस्काउंट (अर्ल) वैवेल

1945 सर जॉन कोलविले (कार्यवाहक)

1947 (मार्च-अगस्त) विस्काउंट (अर्ल) माउंटबैटन (संयुक्त भारत के अंतिम गवर्नर-जनरल तथा स्वतंत्र भारत के प्रथम गवर्नर-जनरल)

V. गवर्नर-जनरल (भारतीय स्वतंत्रता अधिनियम)

भारतीय संघ

1947 अर्ल माउंटबैटन

(नवंबर) श्री चक्रवर्ती राजगोपालाचारी (कार्यवाहक)

1948 (जून) श्री चक्रवर्ती राजगोपालाचारी

पाकिस्तान

1947 कायद-ए आजम मुहम्मद अली जिन्ना

1948 (सितम्बर) ख्वाजा निजामुपीन

1951 गुलाम मुहम्मद

1955 मेजर जनरल इस्कंदर मिर्जा

अध्याय

13

मुगल साम्राज्य का पतन (1707-1761)

13.1 परवर्ती मुगल : पतन के कारण

परवर्ती मुगल (1707-1857 ई.)

बहादुर शाह (1707-12)

बहादुर शाह, औरंगजेब के तीन बेटों में उत्तराधिकार की लड़ाई के बाद मुगल सिंहासन पर आसीन हुआ। शीघ्र ही उसने 'शाह आलम' प्रथम की उपाधि ग्रहण की। उसने अपने शासन काल में गुरू गोविंद सिंह को मुगल सेवा में भर्ती कर सिखों के साथ मेल-मिलाप स्थापित कर लिया। गुरू गोबिंद सिंह की मृत्यु के बाद सिखों ने बंदा बहादुर के नेतृत्व में विद्रोह कर दिया और उसका सिखों के साथ सामंजस्य समाप्त हो गया। बहादुर शाह ने अपनी सेवा में बुंदेल प्रमुख छत्रसाल तथा जाट प्रमुख चूरामल को भर्ती कर उनके साथ भी मेल-मिलाप स्थापित किया था। उसके शासन काल में साहु के कैद से छूटने के बाद साहु और ताराबाई के बीच मराठा गृहयुद्ध प्रारंभ हो गया था।

जहांदार शाह (1712-13)

बहादुर शाह के चार बेटों में छिड़ी उत्तराधिकार की लड़ाई में जुल्फिकार खान के सहयोग से यह उत्तराधिकारी बना। इसके साथ ही अभिजात वर्ग का बादशाह-निर्माता (King maker) होने का रिवाज शुरू हुआ। बाद में जहांदार 1713 में अपने भतीजे फारूख सियार से पराजित हो गया।

फारूख सियार (1713-19)

सईद बंधुओं (अब्दुल्ला खान और हुसैन अली खान) ने फारूख सियार के उत्तराधिकार में अत्यंत महत्त्वपूर्ण भूमिका अदा की। उसके राज्यारोहण के साथ बादशाह और सईद बंधुओं में सत्ता की लड़ाई प्रारंभ हुई। सईद बंधुओं में बड़ा भाई वजीर नियुक्त किया गया तथा छोटा भाई मीर बख्शी बना। सईद बंधुओं ने फारूख सियार की हत्या कर दी और बहादुर शाह के पौत्र रफीउद्-जरात को बादशाह बना दिया।

मुहम्मद शाह (1719-48)

रफी-उद्-जरात की मृत्यु के पश्चात् मुहम्मद शाह सईद बंधुओं की मदद से मुगल सिंहासन पर आसीन हुआ। कुछ अभिजातों ने एक षड्यंत्र के तहत 1720 ई. में सईद बंधुओं की हत्या कर दी। मुहम्मद के शासन काल में निजाम-उल-मुल्क ने 1720 में स्वायत हैदराबाद राज्य की स्थापना की। नादिर शाह ने 1738-39 में भारत पर आक्रमण कर दिल्ली पर अधिकार कर लिया। इससे सिंधु से पश्चिम के प्रांत, कोहिनूर हीरा, मयूर सिंहासन तथा अन्य वस्तुएं मुगलों से छिन गईं।

अहमद शाह (1748-54)

उसके शासन काल में अफगानिस्तान के शासक तथा नादिर शाह के पूर्व सेनापति अहमद शाह अब्दाली ने 1748 में भारत पर पहला आक्रमण किया। उसके वजीर ईमाद-अल-मुल्क ने उसे अंधा कर दिया तथा आलमगीर द्वितीय को गद्दी पर बिठाया।

आलमगीर द्वितीय (1754-59)

वह 1759 में अपने वजीर ईमाद-अल-मुल्क के हाथों मारा गया।

शाह आलम द्वितीय (1759-1806)

वह आलमगीर द्वितीय का पुत्र था और हालांकि उसने 1759 में सत्ता संभाली। वह अपने शासन के शुरू के वर्षों में अपने वजीर के डर से अपनी राजधानी में नहीं रहता था। वह 1764 बक्सर के युद्ध में पराजित हुआ। अंग्रेजों ने दिल्ली पर 1803 में अधिकार कर लिया और 1806 में उसकी मृत्यु एक ब्रिटिश कैदी के रूप में हुई।

अकबर द्वितीय (1806-37)

उसने राम मोहन रॉय को 'राजा' की उपाधि प्रदान की तथा उनसे इंग्लैंड जाकर बादशाह की पेंशन बढ़ाने की सिफारिश करने का आग्रह किया।

बहादुर शाह द्वितीय (1837-62)

वह आखिरी मुगल बादशाह था। उसे 1857 के विद्रोह के बाद रंगून निर्वासित कर दिया गया जहां उसकी मृत्यु 1862 में हो गई।

पतन के कारण

मुगल सत्ता का पतन निम्न कारणों से हुआ:

- औरंगजेब की गलतियाँ।
- उत्तराधिकार के युद्ध।
- बाद के मुगल शासकों का कमजोर व्यक्तित्व।
- मुगल अभिजात वर्ग के संगठन और चरित्र में अवनति।
- मुगल अर्थव्यवस्था का उसकी जनसंख्या की न्यूनतम आवश्यकताओं की पूर्ति में असफलता।
- मुगल प्रशासन तथा सेना की शक्ति में क्षीणता।
- विदेशी आक्रमण।
- मुगल साम्राज्य की जनता में राजनीतिक राष्ट्रवाद का अभाव।
- वंशानुगत तानाशाही तथा केंद्रीय सरकार की आंतरिक खामियां।
- सिख गुरुओं, महाराष्ट्र के रामदास, सतनामी, महदवी, रौशनिया तथा अन्य धर्म सुधारकों का अप्रत्यक्ष प्रभाव।।

13.2 पेशवा के अधीन मराठा शक्ति

बालाजी विश्वनाथ (1713-20)

उन्होंने अपना जीवन एक छोटे से राजस्व अधिकारी के रूप में प्रारंभ किया था तथा 1708 में साह ने उन्हें 'सेना कर्ता' की उपाधि दी थी। वे 1713 में पेशवा बने तथा उन्होंने इस पद को सबसे महत्त्वपूर्ण तथा शक्तिशाली के साथ-साथ वंशगत बना दिया। उन्होंने गृह युद्ध में महत्त्वपूर्ण भूमिका अदा की तथा सभी मराठा सरदारों को साहु के साथ कर उनकी विजय में महत्त्वपूर्ण भूमिका अदा की। उन्होंने सैयद बंधुओं से एक संधि की जिसके द्वारा मुगल सम्राट (फारूख सियार) ने उन्हें अपने स्वराज का राजा मान लिया, उनके सभी परिवारजनों को कैद से मुक्त कर दिया तथा दक्कन के छह प्रांतों से चौथ तथा सरदेशमुखी वसूलने की उन्हें आजादी दी गई।

बाजी राव I (1720-40)

बालाजी विश्वनाथ के बड़े पुत्र बाजी राव अपने पिता के बाद मात्र 20 वर्ष की आयु में पेशवा बन गए। शिवाजी के बाद वे गुरिल्ला युद्ध के सबसे बड़े प्रवर्तक थे तथा मराठा शक्ति उनके अधीन अपने शीर्ष पर पहुंच गई।

उनके समय मराठा गणसंघ का उदय हुआ तथा मराठा प्रधान उभरने लगे। इसके अधीन, हरेक महत्त्वपूर्ण मराठा सरदार को उसका एक अधिकार क्षेत्र दिया गया जिस पर वह विजय प्राप्त कर स्वतंत्र प्रशासन स्थापित कर सकता था। इससे अनेक मराठा परिवार महत्त्वपूर्ण होकर देश के विभिन्न भागों में स्थापित हो गए (a) बड़ौदा के गायकवाड़ (b) नागपुर के भोंसले (c) इंदौर के होल्कर (d) ग्वालियर के सिंधिया तथा (e) पुणा के पेशवा।

मुख्य भूमि से जंजीरा के सिद्धियों को भगाने के बाद (1722) उन्होंने पुर्तगालियों से बसीन तथा सालसेट्टे जीते (1733)। उन्होंने भोपाल के निकट निजाम-उल-मुल्क को पराजित किया तथा उनसे दुराई सराई की संधि की जिससे उन्हें मालवा तथा बुंदेलखंड मिला (1737)। उन्होंने उत्तर में अनेक सफल अभियानों के द्वारा मुगल शक्ति को कमजोर किया तथा मराठों को भारत की सर्वोच्च शक्ति बना दिया। उन्होंने कहा, "हमें कमजोर होते पेड़ के धड़ पर प्रहार करना चाहिए, टहनियां अपने-आप गिर जाएंगी।"

बालाजी बाजी राव (1740-61)

नाना साहब के नाम से लोकप्रिय ये 20 वर्ष की अवस्था में पिता के स्थान पर पेशवा बने थे। साहु की मृत्यु के बाद (1749) राज्य का सभी काम उनके हाथ में आ गया। साहु की मृत्यु संतानहीन हुई थी। यद्यपि उन्होंने रामराजा (राजाराम का पोता) को अपना उत्तराधिकारी नियुक्त किया था, परंतु पेशवा ने उन्हें सतारा में नकल के शक पर बंदी बना लिया।

मुगल सम्राट (अहमदशाह) तथा पेशवा के बीच एक समझौता हुआ था (1752) जिसके अधीन उत्तर पश्चिमी प्रांत से चौथ वसूलने के अधिकार तथा आगरा और अजमेर के राजस्व के बदले मराठा मुगल राज्य की भीतरी तथा बाहरी (अहमदशाह अब्दाली) रक्षा करेंगे। इस संधि के कारण मराठों का अफगानिस्तान के अहमदशाह अब्दाली से सीधा संघर्ष हो गया।

पानीपत के युद्ध में (14 जनवरी, 1761) मराठा अहमद शाह अब्दाली द्वारा पराजित हुए तथा इसमें विश्वास राव (नाना साहेब के पुत्र), सदासिव राव भाऊ (नाना साहेब के चचेरे भाई) एवं अनेक मराठा प्रमुख तथा सैनिक (25,000) मारे गए। इससे यह सिद्ध हो गया कि कौन भारत पर शासन नहीं करेगा। इस समाचार को सुनकर 23 जून, 1761 का नाना साहब की मृत्यु हो गई।

उनके बाद माधव राव (1761-72), नारायण राव (1772-73) सवाई माधव राव (1773-95) तथा बाजी राव (1795-1818) पेशवा की गद्दी पर आए।

मराठा गणसंघ

उत्पत्ति तथा कारण—यह दूसरे पेशवा बाजी राव I के समय बना था। इसके लिए कुछ हद तक मराठा सेनापति दाबोदी का क्षत्रिय प्रतिरोध तथा कुछ हद तक मराठा राज्य का विस्तार जिम्मेदार था।

उत्पत्ति तथा विकास—पेशवा बाजी राव I ने अपने करीबी लोगों को बड़ा भाग दिया जिसमें रघुजी भोंसले, रानोजी सिंधिया, मल्हार राव होल्कर तथा दामाजी गायकवाड़ प्रमुख थे। अपने समय तक बाजी राव ही इस गणसंघ के प्रमुख रहे जिसमें मराठा शक्ति को दिल्ली, पंजाब तक पहुंचा दिया।

दोष तथा पतन—पानीपत के युद्ध में पराजय तथा पेशवा की मृत्यु एवं साथ-साथ अयोग्य उत्तराधिकारियों के कारण यह कमजोर होता गया। सदस्यों के बीच के आपसी झगड़े से भी खासकर होल्कर तथा सिंधिया के बीच, यह कमजोर पड़ता गया।

13.3 बंगाल क्षेत्रीय राज्य (1717-1772)

मुर्शीद कुली खान (1717-72)

औरंगजेब ने 1700 में उसे बंगाल का दीवान बनाया। नायब सूबेदार के रूप में उसकी नियुक्ति 1713 में फारूख सियार ने की तथा 1717 में उसे सूबेदार बना दिया। बंगाल में 1700 ई. से चल रहे उसके वास्तविक शासन को 1717 में वैधता प्राप्त हो गई (बहादुर शाह का पुत्र आजीम 1700 से 1707 के बीच तथा 1707 से 1713 के बीच आजीम का पुत्र फारूख सियार बंगाल के सूबेदार थे)।

फारूख सियार ने 1719 में उसे ओडिशा की भी सूबेदारी सौंप दी। वह अपनी राजधानी ढाका से मुर्शिदाबाद ले गया। धीरे-धीरे उसने स्वायत्तता हासिल करनी शुरू कर दी, हालांकि मुगल बादशाह को वह कर देता रहा।

उसने निम्नलिखित सुधार किए–

- वित्तीय व्यवस्था का पुनर्गठन–जागीर भूमि के काफी बड़े हिस्से को उसने खालिसा भूमि में परिवर्तित कर दिया तथा कर कृषि (Revenue-farming) प्रथा की शुरुआत की।
- किसानों के व्यक्तिगत प्रयोग, खेती में सुधार तथा अकाल के समय भूमिकर देने के लिए उन्हें तलवी ऋण दिया गया। प्रशासनिक पुनर्गठन लिया गया तथा हिदुओं और मुसलमानों को रोजगार के समान अवसर प्रदान लिए गए। स्थानीय हिंदू जमीदारों तथा साहूकारों के कर-कृषकों (Revenue-farmer) के रूप में नियुक्ति से बंगाल में एक नए अभिजात वर्ग का जन्म हुआ जो भूमि पर आश्रित थे।
- भारतीय तथा विदेशी व्यापारियों को प्रोत्साहन देकर व्यापार को विस्तृत किया गया। इसके साथ-साथ उन्हें सड़कों तथा नदियों में सुरक्षा दिए जाने, अधिकारियों के निजी व्यापार पर अंकुश तथा सीमा शुल्क प्रशासन में व्याप्त गड़बड़ियों पर रोक लगाने के लिए कदम उठाए गए।
- विदेशी व्यापारी कंपनियों की गतिविधियों पर कठोर अंकुश लगाए गए, ईस्ट इंडिया कंपनी के सेवकों द्वारा 1691 में औरंगजेब तथा 1717 में फारूख सियार द्वारा दिए गए मुगल फरमानों के दुरुपयोग रोकने के कदम उठाए गए।
- विद्रोही जमींदारों का दमन कर कानून और व्यवस्था की स्थापना की गई।

शुजा-उद-दीन (1727-39)

वह मुर्शीद का दामाद था। उसने मुर्शीद की नीतियां और सुधार जारी रखे। मुगल बादशाह मुहम्मद शाह ने 1733 में उसे बिहार की सूबेदार भी सौंप दी। इसके बाद से बंगाल के नवाब, बंगाल बिहार और ओडिशा पर शासन करने लगे।

सरफराज खान (1739-40)

वह शुजा का बेटा था तथा 1740 में बिहार के नायब सूबेदार अलीवर्दी खान ने उसकी हत्या कर दी।

अलीवर्दी खान (1740-56)

गद्दी हथियाने के बाद उसने मुगल बादशाह मुहम्मद शाह को दो करोड़ रुपए दिए तथा उससे फरमान प्राप्त कर अपनी स्थिति को वैध कर लिया। उसके शासन काल में मराठों के आक्रमण बंगाल पर लगातार होते रहे। अत: उसने 1751 में ओडिशा के एक हिस्से का भूमिकर तथा बंगाल की चौथ के रूप में 12 लाख रुपए प्रतिवर्ष देकर रघुजी भोंसले के साथ शांति स्थापित की।

उसने अंग्रेजों को उनके अधिकारों के दुरुपयोगों से रोका तथा उन्हें और फ्रांसीसियों को क्रमश: कोलकाता और चंद्रनगर में उनके कारखानों की किलाबंदी करने से रोका। उसकी मृत्यु के पहले ही उसके उत्तराधिकार से संबंधित विवाद शुरू हो गए थे, हालांकि उसने अपना उत्तराधिकारी अपनी सबसे छोटी बेटी के लड़के सिराज-उद-दौला को चुना था। उसने 1746 में मुगल बादशाह को कर देने बन्द कर दिए।

सिराज-उद-दौला (1756-57)

उसने कोलकाता के ब्रिटिश गवर्नर को पत्र लिखकर अतिरिक्त किलेबंदी को गिराने तथा शौकत जंग (जो घसीटी बेगम का बेटा तथा सिराज-उद-दौला का मौसेरा भाई था और बंगाल का नवाब बनना चाहता था) को सहयोग बंद करने को कहा। उसने शौकत के सहायक राजवल्लभ के परिवार को भी आश्रय देने से मना किया।

ब्रिटिशों ने उसके आदेशों की अवहेलना की तो उसने कासिम बाजार के अंग्रेज कारखाने पर 4 जून 1756 को तथा कोलकाता का 15 जून 1756 को अधिकार कर लिया।

ब्लैक होल घटना (20 जून 1756)

एक अंग्रेज हॉलवेल के अनुसार रात में 146 अंग्रेज कैदी एक छोटे कमरे में बंद कर दिए जिनमें सिर्फ 23 जीवित बचे तथा शेष दम घुटने से मर गए। इस वृत्तांत पर कई तरह के सवाल उठाए गए हैं। जो भी हो, इसके लिए सिराज को व्यक्तिगत तौर पर दोषी नहीं ठहराया गया है।

इस घटना के बाद सिराज की पराजय हुई तथा शौकत जंग की हत्या कर दी गई जिसने हाल ही में मुगल बादशाह आलमगीर द्वितीय से बंगाल की सूबेदारी का फरमान प्राप्त किया था। शौकत जंग बंगाल के कुछ महत्त्वपूर्ण व्यक्तियों तथा अंग्रेजों के साथ एक षड्यंत्र के तहत बंगाल की गद्दी हथियाने का प्रयत्न कर रहा था। इसके शीघ्र बाद अंग्रेज नवाब के दरबार के कुछ महत्त्वपूर्ण व्यक्तियों के साथ मिलकर षड्यंत्र करने लगे। इन लोगों में मीर बख्शी मीर जाफर, कोलकाता का अधिकारी मानिकचंद, कोलकाता का एक धनी व्यापारी ओमीचंद, कोलकाता का मशहूर साहूकार जगत सेठ एवं अभिजात वर्ग के राय दुर्लभ एवं खादिम खान शामिल थे।

मद्रास से कर्नल क्लाईव तथा एडमिरल वाटसन के नेतृत्व में 14 दिसंबर 1756 को अंग्रेजी सेना की एक टुकड़ी कलकता पहुंची तथा बिना अधिक मारकाट के उन्होंने 2 जनवरी, 1757 को कलकता पर पुन: अधिकार कर लिया।

अलीनगर की संधि (1757)–सिराज-उद-दौला ने 1 जून 1756 को कलकता पर अधिकार कर उसका नाम अलीनगर रखा। राबर्ट क्लाईव के नेतृत्व में अंग्रेजों की एक छोटी सैन्य टुकड़ी ने 5 फरवरी, 1757 की रात नवाब के सैनिकों को बुरी तरह पराजित किया। इसके चार दिन बाद नवाब को अंग्रेजों से समझौता करने पर मजबूर होना पड़ा। इस संधि के अनुसार–

- कंपनी ने अपनी मांगों की एक सूची दी।
- यथापूर्व स्थिति बहाल करने पर सहमति;
- नवाब द्वारा कई फरमान और दस्तक जारी किए गए; तथा
- जब तक नवाब इस समझौते को मानता रहेगा, अंग्रेज हमेशा उसके दुश्मनों को अपना दुश्मन मानेंगे तथा यथाशक्ति नवाब को सभी सहयोग प्रदान करेंगे।

कुल मिलाकर कंपनी को पहले जितने व्यावसायिक अधिकार प्राप्त थे उनकी पुष्टि हुई। उन पर कोई प्रश्न नहीं उठाया जा सकता था। इसके अतिरिक्त अंग्रेजों को संभावित फ्रांसीसी आक्रमण से रक्षा के लिए कोलकाता के किलेबंदी

की अनुमति मिल गई तथा वे अपने सिक्के जारी कर सकते थे। जहां नवाब अंग्रेजों के हुए नुकसान की भरपाई तथा संधि की शर्तों पर अमल करने के लिए राजी हुआ, वहां अंग्रेजों ने मित्रता तथा सहयोग का वादा किया।

अंग्रेजों द्वारा मार्च 1757 में चंद्रनगर पर अधिकार करने पर इस संधि का अतिक्रमण हुआ। सिराज ने इसका विरोध किया और फ्रांसीसियों को प्रश्रय दिया।

अंग्रेजों ने जून 1757 में सिराज को हटाने का षड्यंत्र किया। उसी वर्ष क्लाईव ने ओमीचंद को प्रसन्न करने के लिए वाटसन के जाली दस्तखत किए। ओमीचंद अंग्रेजों तथा अन्य भारतीय षड्यंत्रकारियों के बीच मध्यस्थ की भूमिका निभाने के बदले काफी बड़ी रकम की मांग कर रहा था।

पलासी का युद्ध (पलासी भागीरथी के किनारे पर एक स्थान का नाम है) 23 जून 1757 को लड़ा गया। इस युद्ध में मीर जाफर तथा राय दुर्लभ का विश्वासघात; मोहन लाल और मीर मदान के अधीन एक छोटी सेना की बहादुरी; नवाब के सैनिकों तथा सिराज का मैदान छोड़कर भागना, उसका पकड़ा जाना तथा मीर जाफर के पुत्र मीरान के द्वारा उसकी हत्या देखने को मिली।

मीर जाफर (1757-60)

उसने कोलकाता पर हुए आक्रमण की भरपाई हेतु 17.7 करोड़ रुपए तथा ब्रिटिश अधिकारियों को अनेक 'उपहारों' के अलावा बंगाल, बिहार और ओडिशा में मुक्त व्यापार का अधिकार 24 परगना की जमींदारी सौंपी उसके काल में भारत से ब्रिटेन धन का दोहन (Drain of wealth) शुरू हुआ। उसे अंग्रेजों के स्थान पर डचों को लाने का निरर्थक प्रयास किया पर अंग्रेजों ने डचों को 1759 में बेढरा में पराजित कर दिया।

मीर कासिम (1760-63)

उसने 2.90 करोड़ रुपए अंग्रेज अधिकारियों को देने के अलावा बर्दवान, मिदनापुर तथा चटगांव की जमींदारी भी सौंपी। उसने अपनी स्थिति मजबूत करने के लिए सेना तथा करों में कई सुधार किया। उसके शासन काल में नवाब तथा अंग्रेजों में संप्रभुता के लिए संघर्ष प्रारंभ हो गया। वह 1762 में अपनी राजधानी मुर्शिदाबाद से मुंगेर ले गया। उसने दस्तक (कंपनी को दिए गए निशुल्क पास) का दुरुपयोग रोक दिया तथा 1763 में, अंग्रेजों की इच्छा के विरुद्ध भारतीय व्यापारियों की हितों की रक्षा हेतु आंतरिक व्यापार पर लगे सभी कर हटा दिए।

उसके शासन काल में अंग्रजों तथा तीन सहयोगियों—मीर कासिम, अवध का शुजा-उद-दौला तथा शाह आलम द्वितीय के बीच बक्सर का युद्ध 22 अक्टूबर, 1764 को लड़ा गया। यह युद्ध मेजर हेक्टर मुनरो के नेतृत्व में ब्रिटिश सैनिकों द्वारा सहयोगियों की पराजय के साथ संपन्न हुआ।

मीर जाफर (1763-65)

अंग्रेजों द्वारा 1763 में, मीर कासिम से युद्ध के बाद, उसकी दुबारा नियुक्ति की गई। उसकी मृत्यु 1765 में हो गई।

नज्म-उद-दौला (1765-72)

मीर जाफर का पुत्र नज्म 1765 में नवाब बना तथा 'दोहरी प्रणाली शासन प्रणाली' के काल में अंग्रेजों के हाथ में कठपुतली बना रहा। अंग्रेजों ने 1772 में जब बंगाल का नियंत्रण अपने हाथ में ले लिया तब उसे पेंशन देकर सेवानिवृत्त कर दिया गया।

13.4 अवध (1722-1856)

सआदत खान बुरहान-अल-मुल्क (1722-39)

बादशाह मुहम्मद शाह ने उसे अवध का नवाब नियुक्त किया था। बाद में 1722 में उसने वहां एक स्वायत्त राज्य की स्थापना की। उसने कई कर एवं सैनिक सुधार लागू किए, जिसके कारण अवध आर्थिक एवं राजनैतिक रूप से शक्तिशाली हो गया। वह नियुक्ति के मामले में हिंदुओं तथा मुसलमानों से एक जैसा व्यवहार करता था। दिल्ली पर नादिर शाह के आक्रमण के समय उसे दिल्ली बुलाया गया। सन् 1739 में उसने अज्ञात कारणों से आत्महत्या कर ली।

सफदर जंग (1739-54)

उसे मुगल साम्राज्य का वजीर नियुक्त किया गया था तथा 1748 में मुगल बादशाह ने उसे इलाहाबाद का प्रांत भी सौंप दिया। सन 1748 के बाद अवध के नवाब अब नवाब वजीर कहे जाने लगे क्योंकि सफदर तथा उसके उत्तराधिकारी अवध के नवाब के साथ-साथ मुगल साम्राज्य के वजीर पद पर भी बने रहे। रोहिल्लों, जाटों तथा मराठों के विरुद्ध उसके युद्धों के कारण उसके क्षेत्र का विस्तार हुआ।

शुजा-उद-दौला (1754-75)

शुजा-उद-दौला (सफदर का पुत्र) 1754 में अवध का नवाब तथा मुगल साम्राज्य का वजीर बना। वह बक्सर के युद्ध (1764) में सम्मिलित हुआ था जिसके कारण इलाहाबाद तथा कारा उसके हाथ से निकल गए। उसे अंग्रेजों को युद्ध के हर्जाने के रूप में काफी बड़ी रकम देनी पड़ी; तथा उसे अंग्रेजों के साथ एक रक्षात्मक संधि पर हस्ताक्षर करने पड़े। उसने वारेन हेस्टिंग्स के साथ बनारस की संधि (1773) की, जिसके द्वारा उसने कारा एवं इलाहाबाद को खरीद लिया; ब्रिटिश सेना की एक टुकड़ी नवाब की रक्षा के लिए अवध में रखी गई जिसके लिए उसे अंग्रेजों को भुगतान करना पड़ा। उसने अंग्रेजों की सहायता से रोहिल्लों को पराजित किया तथा रोहिलखंड को 1774 में अवध में मिला लिया।

आसफ-उद-दौला (1775-97)

फैजाबाद की संधि (जो अंग्रेजों तथा आसफ-उद-दौला के बीच हुई) के बाद वह नवाब बना।

फैजाबाद की संधि (1775)–सत्ता में आने के बाद आसफ-उद-दौला ने अंग्रेजों के साथ यह संधि की जिसके अनुसार–

- संधि करने वाले पक्ष शत्रुता एवं अव्यवस्था करने में अपने कृषकों को प्रोत्साहित नहीं करेंगे।
- नवाब ने बंगाल के पूर्व नवाब मीर कासिम को कोई सहायता नहीं देने का वादा किया।
- इलाहाबाद तथा कारा जिले नवाब के अधिकार में बने रहेंगे।
- अपनी सुरक्षा के लिए नवाब ने राजा चौत सिंह के अधीन सभी जिलों (बनारस, गाजीपुर तथा जौनपुर) को हमेशा के लिए कंपनी की संप्रभुता के अधीन सौंप दिया।
- अगर अंग्रेजी सेना नवाब के पास रखी जाती है तो वह इसके लिए प्रतिमाह 2.6 लाख रुपए देगा। अगर अपने क्षेत्र की सुरक्षा के लिए नवाब को सहायता की आवश्यकता पड़ती है तो वह इसके लिए अतिरिक्त भुगतान करेगा।

नए नवाब के लिए यह संधि कीमती सिद्ध हुई क्योंकि इसके द्वारा उसका दायित्व बढ़ गया तथा करों में भारी कमी आ गई।

आसफ-उद-दौला 1775 में अपनी राजधानी फैजाबाद से लखनऊ ले गया। उसके शासन काल में अवध की बेगमों (आसफ की माँ तथा दादी) के साथ नवाब वजीर तथा वारेन हेस्टिंग्स (1781-82) ने दुर्व्यवहारपूर्वक उनसे भारी रकम वसूली।

वजीर अली (1797-98)

वजीर अली (आसफ अली का पुत्र) का समय बहुत छोटा एवं शांत था।

सादत खान

आसफ अली का बड़ा भाई था तथा अंग्रेजों की सहायता से गद्दी पर बैठा।

सआदत अली

लॉर्ड वेलेसली के साथ नवंबर 1801 में सहायक संधि पर हस्ताक्षर किया जिसमें नवाब को आधा क्षेत्र सहायक सेना के रखरखाव के लिए दिया गया।

वाजिद अली शाह

अवध का यह अंतिम शासक था। इसे फरवरी 1856 में लॉर्ड डलहौजी द्वारा अवध पर अधिकार कर लेने के बाद, कोलकाता भेज दे दिया गया। इसे अंग्रेजों द्वारा पेंशन प्राप्त थी।

13.5 हैदराबाद

निजाम-उल-मुल्क आसफ जाह 1724-1748)

प्रथम बार 1713 से 1715 तक वह दक्कन का सूबेदार था। (उसका असली नाम चिनकीलीच खान था, लेकिन बादशाह फारूख सियार ने उसे पहले ''खान-ए-दौरेन'' तथा बाद में ''निजाम-उल-मुल्क'' की उपाधि दी थी) वह 1720 से 1722 तक दक्कन का दूसरी बार सूबेदार बना। 1722-1724 में मुहम्मद शाह द्वारा वह मुगल साम्राज्य का वजीर नियुक्त हुआ, मुगल दरबार की राजनीति से उसे विरक्ति हो गई, 1724 में वह बादशाह की अनुमति के बिना दक्कन वापस चला गया।

1724 में निजाम हैदराबाद स्थापित किया तथा मुगल बादशाह निजाम को दंडित करने में असफल रहा। 1725 में उसे बादशाह द्वारा ''आसफजाह'' की उपाधि दी गई तथा दक्कन की सूबेदारी दी गई। व्यवहारिक रूप में निजाम स्वतंत्र था, फिर भी वह बादशाह को अपना मानता रहा।

निजाम द्वारा किए गए सुधारों में प्रमुख हैं–शांति एवं सुरक्षा की व्यवस्था जो कि उसने सभी असंतुष्ट अभिजात वर्ग का दमन तथा डकैती को रोककर की थी।

मराठों द्वारा की जाने वाली लूटपाट को रोकने की कोशिश की गई, कृषकों एवं कारीगरों को प्रोत्साहित किया गया ताकि कृषि एवं उद्योग में उन्नति हो सके।

नासिर जंग (1748-50)

मुजफ्फर जंग (नासिर जंग की बहन का पुत्र था एवं निजामउल-मुल्क का पोता था) ने इसकी हत्या कर दी।

मुजफ्फर जंग (1750-51)

वह फ्रांसीसियों की सहायता से गद्दी पर बैठा। उसके शासन का अंत अचानक दुर्घटना में हुई उसकी मृत्यु के कारण हुआ।

सलाबत जंग (1751-60)

निजाम-उल-मुल्क का यह तीसरा पुत्र फ्रांसीसियों की सहायता से गद्दी पर बैठा।

यद्यपि सल्तनत के राजकीय इतिहासकार नासिर, मुजफ्फर जंग एवं सलाबत को स्वतंत्र शासक नहीं मानते थे किंतु निजाम अली को निजाम उल मुल्क का वैध उत्तराधिकारी मानते थे।

अन्य निजाम थे-निजाम अली (1760-1803), सिकंदर जाह (1803-29), नसीर-उल-दौला (1829-57), अफजलउल-दौला (1857-69), महबत अली खान (1869-1911) और उसमान अली खान (1911-49)।

निजाम के साथ अंग्रेजों के संबंध

निजाम के अंग्रेजों के साथ निम्नलिखित संबंध थे–

- अंग्रेजों ने सर्वप्रथम 1750 में हैदराबाद कार्य में हस्तक्षेप किया जिसमें उन्होंने मुजफ्फरजंग के खिलाफ नासिर जंग को सहायता प्रदान की लेकिन वे असफल ही रहे।
- 1759 में अंग्रेजों एवं सलाबत जंग के बीच एक संधि हुई जिसे मसूलीपटनम की संधि के नाम से जाना जाता है।
- 1766 में हैदराबाद की संधि हुई। अंग्रेजों को नवाब से सैनिक सहायता के बदले पांच उत्तरी सरकार (इलूर, सिकाकोल राजामुंद्री, मुस्ताफरनगर और मूर्तिजानगर) प्राप्त हुए, 1768 में हैदराबाद संधि का नवीनीकरण किया गया।
- दूसरे मैसूर युद्ध में नवाब की तटस्थता, तथा तीसरे और चौथे मैसूर युद्धों में उसका अंग्रेजों को सहयोग देना।
- 1798 में लॉर्ड वेलेसली एवं निजाम अली के बीच सहायक संधि पर हस्ताक्षर किए, (1800) हैदराबाद में सहायक सेना के रख-रखाव के लिए निजाम द्वारा तृतीय एवं चौथे मैसूर युद्धों में प्राप्त सभी क्षेत्रों को अंग्रेजों को दे देना।
- 1753 में डलहौजी द्वारा सहायक रकम के बदले बेरार को निजाम से वापस ले लिया गया।
- निजाम द्वारा 1857 के विद्रोह में अंग्रेजों की सहायता करना।

13.6 कर्नाटक

1720 ई. में सादुतुलाह खान द्वारा कर्नाटक की एक स्वतंत्र राज्य के रूप में स्थापना की गई, जो कि पहले वहां का सूबेदार था। हैदराबाद निजाम के नियंत्रण में था। कर्नाटक पहले दक्कन में मुगल साम्राज्य का एक प्रांत था जिसकी राजधानी आरकोट में बनाई गई।

दोस्त अली का (सादुतुल्लाह खान का भतीजा) नवाब के रूप में राज्यारोहण जिसकी 1740 ई. में मराठों द्वारा हत्या कर दी गई। उसके बाद में सफदर अली (दोस्तअली का पुत्र) गद्दी पर बैठा जिसकी हत्या उसके एक संबंधी द्वारा कर दी गई, जिसके कारण निजाम ने कर्नाटक कार्य में हस्तक्षेप किया। बाद में 1743 ई. में अनवरूद्दीन कर्नाटक का नवाब नियुक्त हुआ।

फ्रांस की सहायता से 1749 ई. में अनवरुद्दीन की हत्या कर चंदा साहिब गद्दी पर बैठा लेकिन एक ब्रिटिश सहायक द्वारा चंदा साहब की भी हत्या कर दी गई एवं अनवर के पुत्र मुहम्मद अली को 1752 ई. में गद्दी पर बैठाया गया। 1801 ई. में लॉर्ड वेलेसली ने कर्नाटक पर अधिकार कर लिया, अंतिम नवाब को अंग्रेजों द्वारा पेंशन प्राप्त थी।

13.7 मैसूर (1761-99)

हैदर अली (1761-82)

मैसूर के अंतर्गत सर्वप्रथम वह एक सैनिक था। (मैसूर राज्य विजयनगर साम्राज्य के पतन के पश्चात वैदेयर वंश के अंतर्गत 1565 ई. में स्वतंत्र राज्य बना) डिंडीगुल के फौजदार के रूप में उसने प्रशंसनीय कार्य किए उसकी अन्य सफलताएं थीं- पश्चिमी पद्धति पर अपने सैनिकों का

प्रशिक्षण देना एवं 1755 ई. में फ्रांस की सहायता से एक आधुनिक शस्त्रागार की स्थापना करना। 1759 ई. में (मैसूर की की राजधानी) श्रीरंगपटनम को मराठों के विरुद्ध बचाने में उसे नंजराज द्वारा 'फतेह हैदर बहादुर' की उपाधि प्राप्त हुई। नंजराज मैसूर के शासक चिक्का कृष्ण राजा प्रथम का प्रधानमंत्री एवं वास्तविक शासक था। 1761 ई. में नंजराज को पराजित कर हैदर अली ने सत्ता पर कब्जा कर लिया लेकिन कृष्ण राजा को कानूनी तौर पर शासक मानता रहा।

उसने अनेक क्षेत्रों पर विजय प्राप्त की जिसमें प्रमुख हैं कुर्ज, मालाबार, बेल्लरी, गुटी, कुड्डापाह इत्यादि। उसने प्रशासन में सुधार कर मैसूर को एक महत्त्वपूर्ण शक्तिशाली राज्य बनाया। उसने प्रथम आंग्ल-मैसूर युद्ध एवं द्वितीय आंग्ल-मैसूर युद्ध की लड़ाइयां लड़ीं सन् 1782 ई. में युद्ध के दौरान कैंसर से मृत्यु हो गई।

टीपू सुल्तान (1782-99)

हैदरअली के बाद टीपू गद्दी पर बैठा। उसने द्वितीय आंग्ल-मैसूर युद्ध 1785 ई. तक लड़ा। उसने (1790-92) तृतीय आंग्ल-मैसूर युद्ध एवं चतुर्थ आंग्ल-मैसूर युद्ध (1799) की लड़ाइयां लड़ीं एवं युद्ध के दौरान ही (1799 ई.) में अंग्रेजों द्वारा मारा गया।

आर्थिक सुधार–वह एकमात्र भारतीय शासक था जो महत्त्वपूर्ण सैन्य शक्ति की स्थापना के लिए आर्थिक शक्ति के महत्त्व को समझता था। उसने नए एवं आधुनिक उद्योगों की स्थापना के लिए विदेशों से विशेषज्ञों को बुलाया। फ्रांस, टर्की, ईरान एवं पेंगु में अपने राजदूत भेजकर विदेश व्यापार को बढ़ाने का प्रयत्न किया। उसने यूरोपियन पद्धति पर नई व्यापारिक कंपनी स्थापित की। भार एवं माप की नई प्रणाली तथा नई मुद्रा प्रणाली की शुरुआत की।

कर सुधार–राज्य की आय बढ़ाने के लिए उसने पोलीनगर के पैतृक अधिकार को कम किया एवं जागीर प्रथा को समाप्त कर दिया। अवैध चुंगी संग्रह को रोका एवं कृषकों को ऋण माफ कर उनकी स्थिति में सुधार के प्रयत्न किए।

सैनिक सुधार–उसने यूरोपियन पद्धति पर अपनी पैदल सेना को संगठित किया और आधुनिक नौसेना बनाई। उसने दो बंदरगाह स्थापित किए।

उसने श्रीरंगपटनम में एक ''ट्री ऑफ लिबर्टी'' लगाया एवं जैकोबिन क्लब का सदस्य बना जिसके कारण उसकी फ्रांस की क्रांति में रुचि का पता चलता है।

पंजाब (1792-1839)

सिख गुरुओं के अधीन पंजाब में सिखों की उन्नति हुई। 1767 ई. में अहमद शाह अब्दाली के कारण वहां अव्यवस्था फैल गई। बाद में सिख पंजाब में 12 मिस्लों में संगठित हुए और इस तरह उनका उत्थान हुआ।

रंजीत सिंह (1792-1839)

इनका जन्म 1780 ई. में सुकरचकिया मिस्ल में हुआ। 1792 ई. में वह नाबालिग के रूप में गद्दी पर बैठे, जबकि उनकी मां द्वारा राज्य का प्रतिनिधित्व किया जाता रहा। 1796 ई. में वह पूर्ण रूप से शासक बन गए।

अफगानिस्तान के जमनशाह की मदद से उन्होंने 1799 ई. में लाहौर पर एवं 1802 ई. में अमृतसर पर अपना कब्जा कर लिया। अमृतसर के स्वर्णमंदिर पर उन्होंने स्वर्ण गुबंद बनवाया। 1799 ई. में उन्होंने लाहौर के महाराज की उपाधि धारण कर ली। धीरे-धीरे उन्होंने सिखों की सभी मिसलों पर अपना अधिकार कर लिया। 1806 ई. में उन्होंने लुधियाना पर अधिकार किया।

अमृतसर की संधि (1809)–भारत में फ्रांसीसियों के प्रभाव को रोकने के लिए जनरल मेटकॉफ को रंजीत सिंह के साथ संधि स्थापित करने के लिए भेजा गया। लेकिन, दोनों दलों द्वारा अपने-अपने स्वार्थ के लिए अलग रास्ते एवं साधन प्राप्त करने के कारण बैठक स्थगित हो गई। अंग्रेजों के बढ़ते प्रभाव एवं चतुर मेटकॉफ की इस नीति ने कि वह दूसरे क्षेत्रों में बिना ब्रिटिश हस्तक्षेप के विजय प्राप्त कर सकता था, रंजीत सिंह को रोक दिया। अंग्रेजों की उपस्थिति तथा कुछ पंजाब के प्रधानों के अंग्रेजों के अधीन हो जाने से उत्पन्न होने वाले संभावित खतरे को दूर करने के लिए सिख शासक को संधि के लिए प्रेरित किया। 25 अप्रैल को 1809 ई. में अमृतसर में औपचारिक स्वीकृति मिली, जिसके अनुसार–

- रंजीत सिंह के साथ अनवरत मित्रता तथा एक शक्तिशाली मित्र के रूप में स्वीकृति।
- सतलज से उत्तर के क्षेत्रों पर रंजीत सिंह की संप्रभुता की स्वीकृति।
- नदी के बाएं किनारे पर उस क्षेत्र की आंतरिक सुरक्षा मात्र के लिए सेना रखने की अनुमति।

कांगड़ा (1809), एटौक (1813), मुल्तान (1818), काश्मीर (1819), पेशावर (1823) और अन्य कई जगहों जैसे टौंक कोहट, बानु इत्यादि पर अधिकार करने के अलावा उन्होंने 1814 ई. में अफगानिस्तान के शाह शुजा को संरक्षण देकर उससे कोहिनूर हीरा प्राप्त कर लिया। (यह नादिर शाह द्वारा मुगलों से लिया गया था, जिसे बाद में अहमद शाह अब्दाली ने प्राप्त किया और उसके वंशज शाह शुजा द्वारा रंजीत सिंह को दिया गया। द्वितीय आंग्ल-सिख युद्ध के पश्चात् ब्रिटिश इसे इंग्लैंड ले गए। जहां यह आज भी सुरक्षित है) 1831 ई. में रंजीत सिंह एवं लॉर्ड बेनटिंक के बीच बैठक हुई।

अफगानिस्तान पर आक्रमण कर शाह शुजा गवर्नर जनरल लॉर्ड ऑकलैंड एवं रंजीत सिंह के बीच एक त्रिपक्षीय संधि हुई जिसमें शाह शुजा को 1838 ई. में गद्दी पर बैठाने की बात थी, जिसके कारण (1838-42) में प्रथम अफगान युद्ध हुआ परंतु रंजीत सिंह ने अपने क्षेत्र में ब्रिटिश सेना को युद्ध के दौरान जाने से मना कर दिया।

रंजीत सिंह के सुधार–इन्होंने निम्नलिखित सुधार किए जिनमें प्रमुख इस प्रकार से हैं–

यूरोपीयों की सहायता से अपनी सेना को पश्चिमी पद्धति पर संगठित किया; सिखों के अतिरिक्त गोरखा, बिहारी, पंजाबी, पठान एवं मुस्लिम इत्यादि को सेना में शामिल किया; आधुनिक तोप बनाने वाले कारखाने की स्थापना की जिससे उनकी सेना एशिया में दूसरे स्थान पर मानी जाती थी (प्रथम स्थान पर ब्रिटिश सेना); योग्य मुस्लिमों एवं हिंदूओं को सेनापति एवं मंत्री के रूप में नियुक्त किया।

एविटेबाइल (1791-1850)–इनका जन्म इटली में हुआ। 1826 ई. में काबुल होते हुए ये लाहौर पहुंचे जहां रंजीत सिंह द्वारा नौकरी में लगा दिए गए। वे एक सफल लेकिन क्रूर शासक थे। 1829 ई. में वजीराबाद के गर्वनर नियुक्त हुए। सैनिक पलटन पर असैनिक गवर्नर के रूप में इनका अधिकार था। 1834 ई. में पांच वर्ष बाद वे पेशावर के गवर्नर बने। उसकी उपस्थिति प्रथम आंग्ल-अफगान युद्ध से पहले एवं बाद में दोनों ही परिस्थितियों में अंग्रेजों के लिए अपरिहार्य सिद्ध हुई क्योंकि त्रिपक्षीय संधि के अंतर्गत रंजीत सिंह द्वारा तैयार किए गए सैनिक अंग्रेजों के साथ नहीं बल्कि उनके खिलाफ लड़ने के इच्छुक थे। काबुल से लौटने के क्रम में 1842 ई. में इन्होंने ईस्ट इंडिया कंपनी के सैनिकों को हर संभव सहायता प्रदान की।

ये रंजीत सिंह के उत्तराधिकारियों के अधीन भी कार्य करते रहे और 1843 ई. में छोड़ने की अनुमति प्राप्त की। इन सब के पीछे यह कहा जाता है कि ये राष्ट्रद्रोही संवाददाता के रूप में हेनरी लॉरेंस के साथ कार्य करते रहे एवं अंग्रेजों को सिख सैनिकों की गतिविधियों को सूचना देते रहे।

13.8 अफगानी

नादिर शाह का आक्रमण

नादिर शाह ने दिल्ली पर हमला 1739 के पूर्वार्द्ध में किया था। और वह तीन साल के राजस्व के बराबर की लूट, कोहिनूर हीरा और मोर वाली राजगद्दी अपने साथ परशिया ले गया था। लेकिन इसके साथ ही निराशा ने उसे घेर लिया, वह हर व्यक्ति को दुश्मनी की नजर से देखने लगा। अंततः वह पागल हो गया। 1747 को जब उसकी हत्या की गई तब वह उस समय का सबसे घृणित व्यक्ति था। उसकी मृत्यु के साथ ही परशिया का विभाजन शुरू हुआ और अंत में काजर वंश का उदय हुआ। हमेशा से लड़ाई करने वाले अफगानी एक नए राज्य के निर्माण में लग गए। नादिर शाह के भारत पर आक्रमण की सबसे अधिक हानि काबुल का भारत के आधिपत्य से जाना था।

अब्दाली का उदय

अफगानों के बीच उनका सबसे प्रिय नेता अहमद शाह अब्दाली। था। वह ऊसर तथा बंजर देश के लोगों का शासक रह सकता था। बाबर की तरह उसमें भी जीतने की क्षमता थी। लेकिन बाबर की तरह वह राजनीतिक रूप से चतुर नहीं था तथा जीते हुए प्रदेशों को कैसे नियंत्रण में रखा जाए, इसकी जानकारी उसे नहीं। थी। बाबर ने परशिया (ईरान) तथा तुर्की के अतिरिक्त अफगान कबीलों को भी अपने साथ रखा था। इन लोगों का अधिक समय धर्मांधता के पीछे और विभिन्न रंग और जाति के लोगों के खिलाफ लड़ने में लगा। कहा जाता है कि मुगल पेशे से राजा थे और उनके पदाधिकारी मूलवृत्ति से साम्राज्यवादी। अफगानी लोग शुरू से ही लड़ने-भिड़ने वाले थे और उनके पहाड़ी लोग धार्मिक कट्टरपंथी, जिन्हें लड़कर जीतना तो आता था किंतु राज करना नहीं। वे किसी एक कारण के लिए मर सकते थे किंतु उसके लिए समझौता नहीं कर सकते थे।

अब्दाली का आक्रमण

अहमद शाह अब्दाली ने अपना प्रथम आक्रमण 1748 ई. में मुगल साम्राज्य के ऊपर किया। यदि मुगल साम्राज्य शक्तिशाली होता तो सिंधु नदी के पूर्व में आने का कोई साहस नहीं कर सकता था। उसी वर्ष सम्राट मोहम्मद शाह की मृत्यु हो गई और उसकी जगह उसका लड़का अहमद शाह शासक बना। अहमद शाह के शासन काल में दिल्ली दरबार में मतभेद पैदा हो गया और इस स्थिति का फायदा लेने के लिए अहमद शाह अब्दाली ने दूसरी बार 1749 में भारत पर आक्रमण किया लेकिन लाहौर के राज्यपाल ने उसे आगे नहीं बढ़ने दिया। 1751-52 में अब्दाली ने पुन: भारत पर आक्रमण किया और लाहौर को चार महीने तक घेरने के बाद उस पर अपना आधिपत्य जमाया। इस बार साम्राज्यवादी सरकार ने पंजाब और मुल्तान देकर अपनी स्थिति बचाई।

1756 में गृह युद्ध तथा राजनीतिक हत्याओं के कारण मुगल साम्राज्य काफी कमजोर हो गया था। स्थिति का लाभ लेते हुए अहमद शाह अब्दाली ने दिल्ली पर आक्रमण कर उसे अपने कब्जे में ले लिया और रोहिलों के प्रमुख नाजिब खान को नए शासक के अभिभावक के रूप में नियुक्त किया। इस समय स्थानीय शक्तियां आपस में मिल-जुलकर मराठों के साथ आगे बढ़ीं।

पानीपत की तीसरी लड़ाई

अहमदशाह अब्दाली ने भारत पर पांचवी बार 1759 में आक्रमण किया और इस समय उसका प्रतिरोध मुगल शासक नहीं बल्कि मराठा कर रहे थे। दोनों पक्षों के साथ पानीपत में अट्ठारह (18) महीने तक लड़ाई चली जिसमें अहमद शाह अब्दाली मराठों को मिलने वाली मूलभूत सुविधाओं से वंचित करने में सफल रहा। अंतत: मराठे पराजित हुए। अब्दाली के चरणों पर सारा भारत न्योछावर था। मराठे छिन्न-भिन्न हो गए, मुगल सरदारों के बंटने से उनकी शक्ति कमजोर हो गई थी और ब्रिटिश इंडिया कंपनी अभी दूर बंगाल में ही सीमित थी। इस बीच अब्दाली की सेना वेतन मांगने लगी। वह काबुल वापस जाना चाहती थी। वे बाबर के मुगल साम्राज्य से बहुत खुश नहीं थी क्योंकि बाबर के समय के पहले जो धन यहां था, अब वैसी स्थिति नहीं रही।

इससे बदतर स्थिति मुगल साम्राज्य की क्या हो सकती थी। कि जब अफगानों ने इसके ऊपर कब्जा जमाया तो यहां की संपत्ति से उनकी सेनाओं को देने के लिए वेतन भी नहीं उपलब्ध हो पाया। अहमद शाह अब्दाली स्थिति को समझते हुए खुद ही वापस जाने को बाध्य हुआ और उसने अपनी प्रतिष्ठा बचाने के लिए शाह आलम को अपना सम्राट नियुक्त किया तथा नजीब-उदै-दौला को उसका मंत्री। दूसरे शब्दों में हम यह कह सकते है कि अब्दाली को खुद ही साम्राज्य का त्याग करना पड़ा और इस प्रकार भारत का पंजाब और सिंध क्षेत्र ही उसके नियंत्रण में रहा। वह दिल्ली पुन: वापस नहीं आया और उसका अपना ही साम्राज्य अगले पचास साल में टूटकर क्षत-विक्षत हो गया।

13.9 सवाई जयसिंह, खगोलशास्त्री

सवाई जयसिंह II का जीवन

महाराजा जयसिंह (1699-1743) का जन्म 1688 में हुआ था। उन्हें राज सिंहासन पर 1699 में आसीन किया गया जब वे नाबालिग थे। उन्होंने अपने नाम पर 1728 में जयपुर नामक नगरी बसाई। इस समय कच्छवाहों की राजधानी अम्बर अपना महत्व खो चुकी। बाद के धुंधर शासकों ने भी जयपुर को ही राजधानी बनाया। जयसिंह अपने समय के एक बहुत ही प्रमुख और वैज्ञानिक सोच वाले आदमी थे। वे उस समय पैदा हुए जब भारत में अराजक स्थिति बनी हुई थी। जब जयसिंह सिंहासन पर बैठे उस समय अंबर राज्य के पास सिर्फ तीन जिले अंबर, दोसा और बासुआ थे और इनका राजनीतिक महत्व बहुत ही कम था।

उनकी मृत्यु के समय राजोर तथा देवती प्रांतों का विलय उनके साम्राज्य में हो चुका था और शेखावती संग भी उनके राज्य का सहायक बन चुका था। इस प्रकार अंबर एक छोटे से राज्य से बढ़कर बहुत बड़े राज्य के रूप में उभरा। पहली बार जयपुर को साम्राज्य के रूप में तथा राजस्थान के एक प्रमुख राज्य के रूप में गिना जाने लगा। जयसिंह ने अपने आपको एक वैज्ञानिक, एक सैनिक तथा एक निर्माता के रूप में प्रस्तुत किया। वे संस्कृत तथा फारसी के विद्वान थे तथा उनकी ज्यादा अभिरुचि गणित और खगोलशास्त्र में थी।

1721 में जब सैयद भाइयों को हटाकर मुहम्मद शाह दिल्ली की गद्दी पर बैठा था उसी समय जयसिंह ने खगोलशास्त्र और इतिहास का अध्ययन करते हुए दिल्ली,

जयपुर, उज्जैन, मथुरा तथा बनारस में जंतर-मंतर (वेधशाला) की स्थापना की। खगोलशास्त्र में उनकी पकड़ इतनी मजबूत थी कि उन्होंने पुर्तगाल के राजा द्वारा तालिका डी०ला० हायर में गलतियां निकालीं और उन्हें वापस भेज दिया। उलुग वेब की वेधशाला, समरकंद की राजशाही वेधशाला और तुर्कों द्वारा प्रयोग में लाए जाने वाली वेधशाला इत्यादि जयसिंह के प्रश्नों का जवाब देने में असफल रहती थी।

1723 में जयसिंह ने अपनी एक तालिका (टेबल) प्रकाशित की, जिसका नाम जिच मोहम्मद शाही (खगोलीय पिंडों की गति) रखा। एक मराठा तथा प्रसिद्ध खगोलशास्त्री सम्राट जगन्नाथ भट्ट ने जयसिंह के खगोलशास्त्रीय अनिवेशन में सहयोग दिया। जयपुर शहर की योजना बनाने वाला ढालाराम जयसिंह का मुख्य वास्तुविद् था।

जयसिंह ने अश्वमेघ यज्ञ कराया था। यद्यपि जयसिंह अनियमित लड़ाइयों में भी भाग लेते थे लेकिन इन्होंने इस क्षेत्र में भी अपनी तेजस्विता का प्रदर्शन किया और उनकी सोच नागरिक सरकार तथा गुप्तचरी में कई मिलट्री पदाधिकारियों से बेहतर साबित हुई।

जयसिंह ने खगोलशास्त्रीय वेधशाला के निर्माण के साथ-साथ यात्रियों के लिए सराय का भी निर्माण कराया। इन्होंने अपने राज्य के सर्वांगीण विकास के लिए हर संभव प्रयास किए। जयसिंह विश्व की सभी जगहों से ज्ञान को प्राप्त करते थे। उनके पास एक बहुत बड़ा पुस्तकालय भी था।

जयसिंह संगीत और महिलाओं को बहुत पसंद करते थे। उनकी 31 पत्नियां और अनेक रखैलें थीं। वे एक विलासपूर्ण जीवन व्यतीत करते थे। इनकी मृत्यु 44 साल तक शासन करने के बाद 1743 में हुई। उनका अंतिम संस्कार ब्रह्मपुरी के गेटोर में हुआ। उनके पीछे दो पुत्र छोड़े।

जयसिंह की वेधशालाएं

महाराजा सवाई जयसिंह II पलोमी, यूकलीड तथा अन्य कई पारसी खगोलशास्त्रियों की किताबों को पढ़ते थे। भारत के तिथिपत्र (calander) को सुधारने तथा सूर्य की गति के बारे में जानकारी प्राप्त करने के लिए उन्होंने पांच खगोलीय वेधशालाओं का निर्माण किया। इन जगहों पर बनाई गई वेधशालाओं में प्रयुक्त किए गए औजारों का प्रारूप मुस्लिम प्रारूप था, जो 15वीं शताब्दी के समरकंद तथा उलुग बेग की वेधशाला से मेल खाता था। इन वेधशालाओं में बड़े-बड़े ढांचे खड़े किए गए थे। और खगोलीय पिंडों को देखने के लिए कोणमापक भी रखे गए थे। सबसे बड़ा जंतर-मंतर या "औजारों का घर" जयपुर में स्थित है जिसमें 18 बड़े-बड़े यंत्र हैं। सबसे बड़ा यंत्र सम्राट यंत्र है जो 90 फीट लंबा है और उत्तर दक्षिण की दिशा में 27° के कोण पर अवस्थित है। जयपुर 27° अक्षांश उत्तर पर स्थित है। इसलिए उस बड़े यंत्र का ढलान 27° पर है। ढलान के दोनों तरफ दो बड़े-बड़े वृत्त या वर्ग बनाए गए हैं। चतुवर्गों को ढलान की नजदीकी धार के पास रखा गया है।

इनमें से एक महत्वपूर्ण यंत्र जय प्रकाश यंत्र है। ऐसा माना जाता है कि इसका आविष्कार सवाई जयसिंह II ने ही किया था। अनेक धूप घड़ियां भी हैं और उनमें एक सुंदर सीधी खड़ी धूप घड़ी है। एक छोटी-सी धूप घड़ी भी है। दो बड़ी-बड़ी वेधशालाओं का निर्माण खगोलीय पिंडों की गतिशीलता उन्नयन तथा दिगंशीय को जानने के लिए किया गया था।

13.10 उर्दू भाषा का उत्थान

उर्दू भाषा की उत्पत्ति

तुर्क भाषा 'उर्दू' का शाब्दिक अर्थ कैंप' होता है जो कई तरह की बोलियों और भाषाओं के मिलने से बना है। मुस्लिम विभिन्न भाषाओं को भारत में लाए। इनका मिलन भारतीय भाषाओं के साथ खुल कर हुआ। 13वीं शताब्दी में दिल्ली पर मुस्लिम शासकों के राज के समय दिल्ली के आसपास मुख्यत: ब्रज भाषा तथा शौरसैनी बोली जाती थी। कालांतर में ये भाषाएं फारसी के साथ मिलकर मुस्लिम शासकों की राज भाषा बन गई। बाद में अरबी तथा तुर्की भाषाओं का आगमन भारत में हुआ। इस प्रकार समय के साथ-साथ यहां की मुख्य भाषाओं के शब्दों में परिवर्तन आया। लेकिन उनकी व्याकरण नहीं बदली। 13वीं शताब्दी में भारत में बोली जाने वाली मुख्य भाषाएं हिंदवी, हिंदी तथा ब्रज भाषा थी, जिन्हें देवनागरी लिपि में लिखा जाता था। उर्दू का नाम इसी भाषा को शाहजहां द्वारा दिया गया। इस भाषा का प्रयोग दक्कन में 14वीं शताब्दी में तुगलक तथा खिलजी राजाओं के सैनिकों द्वारा किया गया।

दक्षिण भारत की भाषाओं से प्रभावित होने के कारण उर्दू को दक्कनी कहा जाने लगा और इसने फारसी भाषा की लिपि को अपनाया और कार्यालयों में फारसी भाषा को

हटाकर अपना स्थान बनाया। उर्दू के पहले कवि अमीर खुसरो (1253-1325) थे। बाद के वर्षों में इस भाषा को समृद्ध करने में कबीर, मीराबाई, गुरुनानक, मलिक मुहम्मद जायसी तथा अब्दुर्रहीम खान-ए-खाना का नाम उल्लेखनीय है।

उर्दू का विकास

अमीर खुसरो के पहले कविता की भाषा मुख्यत: क्षेत्रीय भाषाएं, विशेष रूप से ब्रज भाषा थी। अमीर खुसरो ने इसे फारसी भाषा के साथ मिलाया जिस ने कालांतर में गजल का रूप धारण किया। यह प्रक्रिया दक्कन में 15वीं-16वीं शताब्दी में उभरी। शुरू की गजलों में ढांचों पर ध्यान नहीं दिया जाता था। वे सरल होती थी और कवि जो अपनी आंखों से देखता था, उसे ही लिपि बद्ध कर देता था। ऐसा हमें दक्कन के कुतुबशाही कवियों के लेखन में मिलता है। वली (1668-1744) ने गजल के ढांचों को सुधारने में महत्वपूर्ण योगदान दिया। वली का काम जब दिल्ली 1720 में पहुंचा तो उस समय यह शहर शोर गुल में डूबा था। इसके एक दशक के अंदर उर्दू कविता की भाषा बन गई।

कई छोटे कवियों जैसे हतीम, नाजी, मजमून तथा आबरू के कामों ने उर्दू भाषा के ढांचे को 18वीं शताब्दी के उत्तरी भारत, खास कर दिल्ली में मजबूत किया। उर्दू गजलों का स्वर्णिम युग मीर-तकी-मीर के साथ प्रारंभ हुआ। शुरू की उर्दू गजलों में जिस सरलता के साथ भावनाओं का उल्लेख किया गया था उस में अभूतपूर्व परिवर्तन आया। गालिब संभवत: उर्दू गजलों के सबसे बड़े कवि धीरे-धीरे उर्दू गजलें फारसी भाषा के शब्दों से बोझिल हो गई।

15वीं से 18वीं शताब्दी के बीच उर्दू संक्रमण काल से गजी क्योंकि उस समय सामाजिक परिवर्तन का दौर चल रहा था। वैसे भारत के लिए भी 18वीं शताब्दी संक्रमण काल था क्योंकि महान मुगलों का अंतिम प्रभावशाली शासक औरंगजेब 1707 में चल बसा और उसके साथ ही साम्राज्य का विघटन प्रारंभ हो गया। राजधानी दिल्ली कई बार आक्रमणकारियों का शिकार बनी और नादिरशाह तथा अहमद शाह अब्दाली की सेनाओं द्वारा उजाडी गई। अंतत: ब्रिटिश भी इस पर धोखाधड़ी से अपना सिक्का जमाने में सफल हो गए।

इन बदलती हुई परिस्थितयों ने मनुष्य की विचारधारा पर लगाम लगा दी। अनिश्चितता के दौर के कारण कई लोग कला और साहित्य के पुनर्जागरण की बात करने लगे। उर्दू कविताओं को इस परिस्थिति में सबसे अधिक लाभ मिला।

अनिश्चितता तथा संदेह का दौर 18वीं शताब्दी से लेकर 19वीं शताब्दी तक चला। इस बीच 1857 के विद्रोह ने उत्तरी भारत के सामाजिक तथा सांस्कृतिक क्षेत्रों में कई प्रश्न चिन्ह खड़े किए। कई नई भाषाओं का प्रयोग पुरानी हकीकतों को बयान करने में किया गया। अब शासन व्यवस्था अंग्रेजों के हाथ आ गई थी और ईसा मसीह शासक वर्ग के प्रतीक बन गए तथा कलीसा को (चर्च) नया नाम दिया गया।

मुगल साम्राज्य का बुझता हुआ चिराग जिसका प्रतिनिधि बहादुर शाह जफर था, ने भी मुगल परंपराओं को जीवित रखने का प्रयास किया। बीते हुए गौरव पर व्यथा व्यक्त करना तत्काल उर्दू कविता का विषय बन चुका था। संक्षेप में, उर्दू गजल की जडें मुगल साम्राज्य के विषादपूर्ण युग में पली थीं। गजलों के कारण ही उर्दू लोकप्रिय हो सकी और बहुत कम समय में इसने अपनी जीवन-यात्रा पूरी की।

अभ्यास प्रश्न

1. इनमें से शिवाजी का धर्म गुरु कौन थे?

(a) तुकाराम (b) रामदास

(c) एकनाथ (d) ज्ञानदेव

2. अफजल खान कौन था?

(a) दक्कन का मुगल नायब जिसे शिवाजी को दबाने भेजा गया था।

(b) निजामशाही अमीर जिसने मुगलों के विरुद्ध शिवाजी को प्रश्रय दिया।

(c) आदिल शाही अमीर, शिवाजी को दबाने भेजा गया, पर उनके द्वारा मारा गया।

(d) कुतुबशाही मंत्री जिसने बीजापुर के विरुद्ध शिवाजी से संधि की।

3. शिवाजी ने पुरंदर की संधि कब तथा किससे की थी?

(a) 1645–शाइस्ता खां

(b) 1650–अफजल खां

(c) 1660–राजा जसवंत सिंह

(d) 1665–राजा जय सिंह

4. मराठों की गुरिल्ला युद्ध नीति दक्कन में उनकी शक्ति के रूप में उभरने का प्रमुख कारण थी। उन्होंने इसे संभवत: किससे लिया था?
(a) मुहम्मद गवन बहमनी सल्तनत
(b) मलिक अंबर-अहमदनगर
(c) राणा प्रताप सिंह-मेवाड़
(d) चांद बीबी-अहमदनगर

5. मराठों के अधीन सरनजाम क्या था?
(a) राजस्व व्यवस्था जिसमें भू-राजस्व का निर्धारण जमीन की नाप के आधार पर किया जाता था।
(b) व्यापारी से लिया जाने वाला कर
(c) मराठा प्रधानों द्वारा शासक को दी जाने वाली भेंट
(d) जमीन की इकाई जिसका राजस्व सैनिक अधिकारियों को उनके वेतन के बदले दिया जाता था।

6. इनमें से किसे शिवाजी के बाद गुरिल्ला युद्ध शैली का प्रवर्तक माना जाता है?
(a) ताराबाई (b) बालाजी विश्वनाथ
(c) राजाराम (*d*) बाजीराव I

7. किसके पेशवा काल में मराठा संगठन का कार्य प्रारंभ हुआ था?
(a) बालाजी बाजी राव (b) सवाई माधव राव
(c) साहु (d) बाजी राव II

8. इनमें से कौन नाना साहेब के रूप में जाने जाते थे?
(a) बाजी राव I (b) बालाजी बाजी राव
(c) बालाजी विश्वनाथ (d) सवाई माधव राव

9. संभाजी को एक मुगल अमीर ने 1689 में पकड़कर औरंगजेब के आदेश पर मार दिया। उस मुगल अमीर का नाम क्या था तथा यह कहां हुआ था?
(a) शाइस्ता खां–पुरंधर
(b) दिलेर खान–रायगढ़
(c) राजा जय सिंह–जिन्जी
(d) मुकर्रब खान–संगमेश्वर

10. शिवाजी के उत्तराधिकारियों को क्रमगत सजाएं?
(i) राजाराम (ii) रामराजा
(iii) संभाजी (iv) साहु
(v) शिवाजी II

सही उत्तर नीचे के कूट से चुनें–
(a) (iii), (ii), (v), (i), (iv)
(b) (iii), (i), (v), (iv), (ii)
(c) (ii), (iv), (v), (i), (iii)
(d) (v), (iii), (i), (iv), (ii)

11. इन पेशवाओं का ऐतिहासिक क्रम क्या था?
(i) बाजी राव (ii) बालाजी बाजी राव
(iii) माधव राव (iv) सवाई माधव राव
(v) बालाजी विश्वनाथ (vi) नारायण राव

सही उत्तर नीचे के कूट से चुनें–
(a) (i), (v), (ii), (iii), (vi)
(b) (ii), (iii), (iv), (v), (vi)
(c) (v), (i), (ii), (iii), (vi), (iv)
(d) (v), (ii), (iii), (iv), (vi), (i)

12. शिवाजी के शासन काल की इन घटनाओं को कालबद्ध कीजिए–
(i) शाइस्ता खां की सैन्य छावनी पर उनका आक्रमण
(ii) औरंगजेब के दरबार का उनका भ्रमण, कैद तथा भागना
(iii) उनका जालवी किला विजय
(iv) रायगढ़ में उनका राज्याभिषेक तथा छत्रपति की पदवी का धारण

सही उत्तर नीचे के कूट से चुनें–
(a) (i), (ii), (v), (iv), (iii)
(b) (ii), (iv), (i), (iii), (v)
(c) (iv), (ii), (i), (iii), (v)
(d) (iii), (i), (ii), (v), (iv)

13. इनमें से पुरंधर की संधि के लिए क्या सही है?
(i) शिवाजी ने अपने 35 में से 25 महल मुगलों को दे दिए।
(ii) मुगलों ने बदले में उन्हें सूरत तथा अहमदनगर के जिले दिए।
(iii) शिवाजी के पुत्र संभाजी को मुगलों ने 5000 का मनसब दिया।
(iv) शिवाजी से मुगलों द्वारा स्वराज का स्वतंत्र राजा मान लिया गया।
(v) मुगलों ने शिवाजी के बीजापुर राज्य के कुछ हिस्सों पर दावे को मान लिया।

सही उत्तर नीचे दिए कूटों से चुनें–
(a) उपरोक्त सभी
(b) (i), (ii), (iii) तथा (iv)
(c) (i), (iii) तथा (v)
(d) (i), (ii) तथा (iv)

14. इसमें से शिवाजी के राजस्व प्रशासन के बारे में क्या गलत है?
(i) उन्होंने नाप पर आधारित एकरूप भू-राजस्व निर्धारण प्रारंभ किया।
(ii) उन्होंने अधिकारियों का वंशागत राजस्व पूरी तरह हटा दिया।
(iii) उन्होंने अपने स्वराज के किसानों से भू-राजस्व के साथ-साथ चौथ तथा सरदेशमुखी भी वसूला।
(iv) उन्होंने अपने सभी छोटे-बड़े, सैनिक-असैनिक अधिकारियों को सिर्फ नकद वेतन दिया।
सही उत्तर नीचे दिए कूटों से चुनें–
(a) (ii), (iii) तथा (iv) (b) (iii) तथा (iv)
(c) (ii) तथा (iv) (d) सिर्फ (iii)

15. इनमें से संभाजी के बारे में क्या सही है?
(i) गद्दी पर आने के पहले उन्हें अपने छोटे भाई राजाराम के प्रतिरोध को झेलना पड़ा।
(ii) उन्होंने मुगल सम्राट औरंगजेब के विद्रोही पुत्र अकबर को सम्राट के विरुद्ध मदद दी।
(iii) मुगल दबाव में उन्होंने जिन्जी को अपनी राजधानी बनाया।
(iv) मुगलों द्वारा उनकी हत्या के बाद उनकी पत्नी तथा पुत्र को भी मुगलों ने गिरफ्तार कर लिया।
सही उत्तर नीचे दिए कूटों से चुनें–
(a) (i), (ii) तथा (iii)
(b) (i), (ii) तथा (iv)
(c) (ii), (iii) तथा (iv)
(d) उपरोक्त सभी

16. इसमें से राजाराम के बारे में क्या सही नहीं है?
(i) 1989 में कैद से छूटने के बाद मंत्रियों ने उन्हें गद्दी पर बैठाया।
(ii) मुगलों द्वारा रायगढ़ पर अधिकार करने के बाद उन्होंने मुदरै में शरण ली।
(iii) अपने शासन के अंत में उन्होंने सतारा को अपनी राजधानी बनाया।
(iv) उनकी मृत्यु संतानहीन हुई थी, उनके बाद गद्दी पर उनकी पत्नी आई।
सही उत्तर नीचे दिए कूटों से चुनें–
(a) (i) तथा (ii) (b) (ii) तथा (iii)
(c) (iii) तथा (iv) (d) (ii) तथा (iv)

17. 1707 से 1714 के बीच के मराठा गृह युद्ध के बारे में इनमें से क्या सही है?
(i) यह साहु के मुगलों द्वारा आजाद करते ही उनके तथा ताराबाई के बीच प्रारंभ हो गया।
(ii) 1708 में खंड के युद्ध में साहु ने ताराबाई को पराजित कर सतारा पर अधिकार कर लिया था।
(iii) 1714 में ताराबाई को साहु ने अंततः पराजित कर कैद कर लिया।
(iv) मराठा राज्य का दक्षिणी हिस्सा राजाराम के वंशजों के पास ही रहा तथा इसकी राजधानी कोल्हापुर थी।
सही उत्तर नीचे दिए कूटों से चुनें–
(a) उपरोक्त सभी (b) (i), (ii) तथा (iv)
(c) (i), (ii) तथा (iii) (d) (i) तथा (iii)

18. इनमें से 1719 के मराठा-मुगल संधि के बारे में क्या सही है?
(i) यह बालाजी विश्वनाथ तथा सैयद बंधुओं में से बड़े हुसैन अली के बीच हुआ था।
(ii) इसके द्वारा साहु को मुगलों ने उसके स्वराज का राजा माना।
(iii) साहु की मां तथा अन्य परिवारजनों को मुगलों ने छोड़ दिया।
(iv) साहु को छह दक्कनी सूबों से चौथ तथा सरदेशमुखी लेने का अधिकार दिया गया।
(v) बदले में मराठों को मुगलों के लिए 15000 घुड़सवार रखने थे।
सही उत्तर नीचे दिए कूटों से चुनें–
(a) (i), (ii) तथा (iii)
(b) (i), (iii) तथा (iv)
(c) (ii), (iii), (iv) तथा (v)
(d) उपरोक्त सभी

19. इनमें से बालाजी बाजी राव के बारे में क्या सही है?
(i) उन्होंने राजाराम के पोते तथा साहु के घोषित उत्तराधिकारी रामराजा को सतारा में कैद कर लिया था।

(ii) 1751 में वे मराठा गणसंघ के औपचारिक अध्यक्ष बन गए तथा अपनी राजधानी हटाकर पूना कर ली।
(iii) उनके पेशवा काल में मराठा शक्ति अपने शीर्ष पर पहुंच गई।
(iv) 1752 में उन्होंने मुगलों से एक संधि की जिसके द्वारा वे मुगल राज्य के आंतरिक तथा बाहरी खतरे से संरक्षक बन गए।

सही उत्तर नीचे दिए कूटों से चुनें–
(a) (i), (ii) तथा (iii)
(b) (ii), (iii) तथा (iv)
(c) (i), (iii) तथा (iv)
(d) उपरोक्त सभी

20. इनमें से 1761 के पानीपत के तीसरे युद्ध के बारे में क्या सही है?
(i) मराठा सेना का नेतृत्व बालाजी बाजीराव तथा अफगान सेना का नेतृत्व अहमद शाह अब्दाली कर रहे थे।
(ii) मराठों ने इसमें गुरिल्ला पद्धति का पूरा उपयोग किया।
(iii) मराठों को अनेक राजपूत प्रमुखों से सहायता मिली परंतु इसके बाद भी वे पराजित हो गए।
(iv) अनेक मराठा प्रमुख जैसे सदाशिवराज भाऊ तथा विश्वास राव इस युद्ध में मारे गए।

सही उत्तर नीचे दिए कूटों से चुनें–
(a) (i) तथा (ii) (b) (iv)
(c) (i), (ii) तथा (v) (d) (i)

21. सूची I तथा II पर विचार करें–

सूची-I (मराठा)	**सूची-II** (शिवाजी से संबंध)
(i) लखजी जादव राव	पिता
(ii) मालोजी भोंसले	मामा
(iii) शाहजी भोंसले	दादा
(iv) जीजा बाई	माता
(v) ताराबाई	पुत्रवधू

इनमें से किसका मिलान सही है। सही उत्तर नीचे दिए कूटों से चूनें–
(a) (i) तथा (ii) (b) (ii) तथा (iv)
(c) (iv) तथा (v) (d) (ii) तथा (v)

22. सूची I तथा II को मिलाकर सही उत्तर नीचे दिए कूटों से चुनें–

सूची-I	**सूची-II**
(i) *मजूमदार*	A. शाही पत्राचार का प्रमुख
(ii) *वकनवीस*	B. गुप्तचर डाक तथा अन्य कामों का प्रमुख
(iii) *चिटनिस*	C. समारोहों का प्रमुख
(iv) दबीर	D. प्रारंभ में महालेखापाल, बाद में वित्त मंत्री
(v) पंडित राव	E. धार्मिक मामलों तथा दान के प्रमुख

(a) (i)-D, (ii)-B, (iii)-A, (iv)-C, (v)-E
(b) (i)-B, (ii)-A, (iii)-C, (iv)-E, (v)-D
(c) (i)-C, (ii)-E, (iii)-D, (iv)-A, (v)-B
(d) (i)-A, (ii)-C, (iii)-E, (iv)-D, (v)-B

23. सूची I तथा II को मिलाकर सही उत्तर नीचे दिए कूटों से चुनें–

सूची-I	**सूची-II**
(i) पेशवा	A. इंदौर
(ii) भोंसले	B. ग्वालियर
(iii) होल्कर	C. पूना
(iv) गायकवाड़	D. नागपुर
(v) सिंधिया	E. बड़ौदा

(a) (i)-C, (ii)-A, (iii)-D, (iv)-E, (v)-B
(b) (i)-C, (ii)-D, (iii)-A, (iv)-B, (v)-E
(c) (i)-C, (ii)-D, (iii)-A, (iv)-E, (v)-B
(d) (i)-C, (ii)-A, (iii)-E, (iv)-B, (v)-D

24. किसने कहा था?–'हमें गिरते पेड़ के धड़ पर प्रहार करना चाहिए, टहनियाँ अपने आप गिर जाएंगी...इस तरह मराठा झंडा कृष्णा से सिंधु तक लहराएगा।'
(a) शिवाजी (b) बालाजी विश्वनाथ
(c) बाजी राव I (d) बालाजी बाजी राव

25. बहादुर शाह के बारे में निम्नलिखित में से कौन-से कथन सत्य हैं?
(i) बादशाह बनने से पहले वह अपने भाईयों के साथ उत्तराधिकार की लड़ाई लड़ा।
(ii) बादशाह बनने के बाद उसने शाह आलम प्रथम की उपाधि धारण की।

(iii) उसका शासन काल 1700 से 1712 ई. के बीच था।
(iv) उसके शासन काल में ताराबाई और साहु के बीच मराठा गृह युद्ध प्रारंभ हुआ।

उत्तर नीचे दिए कूटों से चुनें–

(a) (i) तथा (ii) (b) (ii), (iii) तथा (iv)
(c) (i), (ii) तथा (iv) (d) (iii) तथा (iv)

26. जहांदार शाह के बारे में निम्न में से कौन-सा/से कथन सत्य है/हैं?

(i) बहादुर शाह की मृत्यु के बाद उत्तराधिकार के युद्ध में वह जुल्फिकार खान के सहयोग के कारण सफल हुआ।
(ii) वह बहादुर शाह का पोता था।
(iii) उसका शासनकाल 1713 से 1719 ई. के बीच था।
(iv) उसके शासन काल में मुगल अभिजात वर्ग में 'बादशाह निर्माता' की प्रथा शुरू हुई।
(v) उसके भतीजे फारूख सियार ने पराजित कर उसकी हत्या कर दी।

उत्तर नीचे दिए कूटों से चुनें–

(a) (i) तथा (ii) (b) केवल (ii)
(c) केवल (iii) (d) (ii) तथा (iii)

27. सईद बंधुओं के बारे में निम्न में से कौन-से कथन सत्य हैं?

(i) फारूख सियार के उत्तराधिकार में उन्होंने महत्वपूर्ण भूमिका निभाई।
(ii) भारतीय इतिहास में उन्हें बादशाह निर्माता (king makers) के नाम से जाना जाता है।
(iii) फारूख सियार ने दोनों भाइयों में बड़े अब्दुला खान को मीर बख्शी बना दिया।
(iv) उन्होंने 1719 में फारूख सियार की हत्या कर जल्दी-जल्दी दो शहजादों को बादशाह बनाया।
(v) उनकी हत्या 1720 में उनके विरोधियों द्वारा की गई।

उत्तर नीचे दिए कूटों से चुनें–

(a) (i), (ii), (iv) तथा (v)
(b) (ii), (iii) तथा (iv)
(c) (i), (ii), (iii) तथा (v)
(d) (ii), (iii), (iv) तथा (v)

28. हैदर अली के बारे में निम्न में से कौन-से कथन सत्य नहीं हैं?

(i) उसने अपनी जीवन-वृत्ति की शुरुआत हिंदू वोडियार वंश द्वारा शासित मैसूर राज्य की सेवा में एक सैनिक के यप में की।
(ii) जब वह डिंडीगुल का फौजदार था तब उसने वहां एक आधुनिक गोदी-बाड़ा (dockyard) स्थापित किया।
(iii) मैसूर के राजा नंजराजार ने उसे, 1759 में मराठों के विरुद्ध श्री रंगपटनम की सफलतापूर्वक रक्षा के लिए 'फतेह हैदर बहादुर' की उपाधि दी।
(iv) यह न सिर्फ एक सफल सैनिक नेता तथा योग्य प्रशासक था बल्कि काफी पढ़ा-लिखा व्यक्ति भी था।

उत्तर नीचे दिए कूटों से चुनें–

(a) (ii) तथा (iii) (b) (ii) तथा (iv)
(c) (i), (ii) तथा (iv) (d) (ii), (iii) तथा (iv)

29. निम्नलिखित में से हैदर अली के बारे में क्या सत्य है?

(i) उसने नंजराजार का तख्ता पलट कर सारी शक्ति अपने हाथ में ले ली।
(ii) उसने कुर्ग, मालबार, बेलारी तथा गूटी और अन्य स्थानों को जीतकर अपने राज्य में मिला लिया।
(iii) उसने अंग्रेजों के विरुद्ध प्रथम और द्वितीय आंग्ल-मैसूर युद्ध लड़ा।
(iv) द्वितीय आंग्ल-मैसूर युद्ध में अंग्रेजों ने उसकी हत्या कर दी।

उत्तर नीचे दिए कूटों से चुनें–

(a) (ii) तथा (iii) (b) (i), (iii) तथा (iv)
(c) (i), (ii) तथा (iii) (d) (i) तथा (iv)

30. टीपू सुल्तान ने–

(i) विदेशी विशेषज्ञों को बुलाकर मैसूर में आधुनिक उद्योग लगाने की कोशिश की।
(ii) विदेशी व्यापार को विकसित करने हेतु फ्रांस, तुर्की, ईरान तथा पेगू में राजदूत भेजे।
(iii) यूरोप की तरह एक व्यावसायिक कंपनी स्थापित करने की कोशिश की।
(iv) नए सिक्के, माप-तौल की नई प्रणाली तथा एक नया कैलेंडर चलाया।
(v) फ्रांसीसियों की सहायता से डिंडीगुल में एक आधुनिक शस्त्रागार की स्थापना की।

उत्तर नीचे दिए कूटों से चुनें–
(a) (i), (iii), (iv) तथा (v)
(b) (i), (ii), (iii) तथा (iv)
(c) (ii), (iii), (iv) तथा (v)
(d) (i), (ii), (iv) तथा (v)

31. टीपू सुल्तान के बारे में निम्न में से कौन-सा/से कथन गलत है/हैं?
(i) उसने कर-कृषि (revenue farming) के द्वारा राज्य की आय बढ़ाने की कोशिश की।
(ii) उसने पोलीगरों की वंशानुगत संपत्ति में कमी की।
(iii) उसने किसानों से लिए जाने वाले अवैध उपकारों (cesses) पर रोक लगा दी।
(iv) उसने विपरीत परिस्थितियों में भी किसानों को भूमिकर में छूट देने से मना कर दिया।
उत्तर नीचे दिए कूटों से चुनें–
(a) केवल (i) (b) (i) तथा (ii)
(c) (iii) तथा (iv) (d) (i) तथा (iv)

32. टीपू और कार्नवालिस के बीच हुई श्रीरंगपटनम की संधि में–
(i) टीपू ने अपने राज्य का लगभग आधा क्षेत्र दे दिया जो अंग्रेजों, निजाम और मराठों में बांटा जाना था।
(ii) टीपू ने युद्ध में हुए नुकसान के बदले लगभग तीन करोड़ रुपयों की भरपाई की।
(iii) श्री रंगपटनम में अंग्रेज अधिकारी रखा गया।
(iv) टीपू ने बंधक के रूप में अपने दो बेटों को अंग्रेज खेमे में भेजा।
उत्तर नीचे दिए कूटों से चुनें–
(a) (i) तथा (ii)
(b) (i) तथा (iii)
(c) (i), (ii) तथा (iv)
(d) (i), (iii) तथा (iv)

33. मैसूर राज्य के बारे में निम्न में से कौन-से कथन असत्य हैं?
(i) चौथे आंग्ल-मैसूर युद्ध के बाद अंग्रेजों ने मैसूर के एक बड़े भाग पर कब्जा कर लिया।
(ii) इसके एक छोटे भाग को मैसूर के अवयस्क बेटे को सौंप दिया गया।
(iii) अंग्रेजों ने मैसूर के नए राजा के साथ सहायक (subsidary) संधि स्थापित की।
(iv) 1849 में मैसूर के शासक के कुशासन के कारण लॉर्ड डलहौजी ने इसका प्रशासन अपने हाथों में ले लिया।
उत्तर नीचे दिए कूटों से चुनें–
(a) (i) तथा (ii)
(b) (ii) तथा (iv)
(c) (ii) तथा (iii)
(d) (iii) तथा (v)

34. रंजीत सिंह के बारे में निम्न में से कौन-से कथन सत्य हैं?
(i) उसके उत्कर्ष से पहले पंजाब में 12 सिख मिस्लों का शासन था।
(ii) वह कनहैया मिस्ल का प्रमुख का बेटा था।
(iii) वह अपने मिस्ल का प्रमुख बनने के समय अवयस्क था तथा उसकी माँ प्रति-शासक (तमहमदज) थी।
(iv) 16 वर्ष की आयु के बाद वह अपने मिस्ल का पूरी तरह प्रमुख बन गया।
उत्तर नीचे दिए कूटों से चुनें–
(a) (i) तथा (ii) (b) (iii) तथा (iv)
(c) (iii) तथा (v) (d) (ii), (iii) तथा (iv)

35. निम्न में से कौन-से कथन रंजीत सिंह के बारे में सत्य हैं?
(i) यूरोपीयों की सहायता से उसने अपनी सेना पाश्चात्य प्रणाली पर स्थापित की।
(ii) अफगानिस्तान के जमन शाह ने जब 1799 में पंजाब पर आक्रमण किया तो रंजीत सिंह ने उसका साथ दिया।
(iii) उसकी सेना में सिर्फ सिख भर्ती किए जाते थे।
(iv) तोपों के निर्माण के लिए उसने आधुनिक संधानशालाएं (foundries) बनवाईं।
उत्तर नीचे दिए कूटों से चुनें–
(a) (i), (ii) तथा (iii) (b) (i), (ii) तथा (iv)
(c) (ii) तथा (iv) (d) (iii) तथा (iv)

36. त्रिपक्षीय संधि निम्न में से किनके बीच हुई?
(i) जमन शाह (ii) रंजीत सिंह
(iii) विलियम बेनटिंक (iv) शाह शुजा
(v) लॉर्ड ऑकलैंड

सही उत्तर नीचे दिए कूटों से चुनें–
(a) (i), (ii) तथा (iii)
(b) (ii), (iii) तथा (iv)
(c) (ii), (iv) तथा (v)
(d) (i), (ii) तथा (iv)

37. रंजीत सिंह के निम्न उत्तराधिकारियों को सही घटना क्रम दें–

(i) शेर सिंह	(ii) खड़क सिंह
(iii) दिलीप सिंह	(iv) नव निहाल

सही उत्तर नीचे दिए कूटों से चुनें–
(a) (ii), (iv), (i) तथा (iii)
(b) (ii), (i), (iv) तथा (iii)
(c) (i), (iii), (ii) तथा (iv)
(d) (i), (iv), (iii) तथा (ii)

38. लाहौर की संधि के अनुसार–
(i) जालंधर दोआब अंग्रेजों को सौंप दिया गया तथा युद्ध में हुए नुकसान की भरपाई के लिए 1 करोड़ रुपए दिए गए।
(ii) लाहौर में ब्रिटिश अधिकारी की नियुक्ति।
(iii) दलीप सिंह की पंजाब के शासक के रूप में मान्यता समाप्त।
(iv) सिख सेना में कमी कर उसे 20,000 पैदल सैनिक तथा 12,000 अश्वारोहियों तक सीमित कर दिया गया।
(v) पंजाब के शासक को यह अनुमति दी गई कि वह बिना अंग्रेजों की सलाह के किसी यूरोपीय की नियुक्ति कर सकता है।

दिए गए कूटों से अपना उत्तर चुनें–
(a) (i), (ii) तथा (iii) (b) (i), (ii) तथा (iv)
(c) (ii), (iv) तथा (v) (d) (iii), (iv) तथा (v)

39. भैरोवल की संधि के अनुसार–
(i) पंजाब के लिए एक प्रतिशासक परिषद (Council Regency) नियुक्त।
(ii) प्रतिशासक परिषद में आठ सिख सरदार सदस्य थे। जिसकी प्रमुख रानी जिंदन थीं।
(iii) सिखों द्वारा 22 लाख रुपए दिए जाने के एवज में लाहौर में एक अंग्रेज सेना रखी गई।
(iv) गवर्नर जरनल को यह अधिकार दिया गया कि पंजाब के किसी किले में रक्षक सेना रख सकता है तथा उस पर अधिकार कर सकता है।
(v) पंजाब के एक भाग पर अंग्रेजों का अधिकार।

सही उत्तर नीचे दिए कूटों से चुनें–
(a) (i), (ii) तथा (iii)
(b) (i), (ii) तथा (iv)
(c) (iii), (iv) तथा (v)
(d) (i), (iii) तथा (iv)

40. अंग्रेजों द्वारा पंजाब पर अधिकार के बाद 1849 में पंजाब के शासन के लिए तीन आयुक्तों का एक बोर्ड बनाया गया। वे तीन ब्रिटिश कौन थे?

(i) हेनरी लौरेंस	(ii) जॉन लौरेंस
(iii) वाल्टर गिलबर्ट	(iv) चाल्सी जी. मैंसेल
(v) वी. रिचर्ड टेम्पल	

सही उत्तर नीचे दिए कूटों से चुनें–
(a) (i), (iii) तथा (v)
(b) (i), (ii) तथा (iv)
(c) (ii), (iii) तथा (iv)
(d) (ii), (iv) तथा (v)

41. रानी जिंदन के बारे में निम्न में से कौन-से कथन असत्य है?
(i) वह रंजीत सिंह की पत्नी तथा दलीप सिंह की मां थीं।
(ii) वह 1845 में पंजाब की प्रतिशासक बनीं।
(iii) लाहौर की संधि के द्वारा उन्हें प्रतिशासक के पद से हटा दिया गया।
(iv) प्रथम आंग्ल सिख युद्ध के बाद उन्हें अंग्रेजों के विरुद्ध एक षडयंत्र में फंसाकर बंदी बनाया गया तथा पहले शिकारपुर और फिर बनारस ले जाया गया।
(v) द्वितीय आंग्ल-सिख युद्ध के बाद अंग्रेजों ने उन्हें मृत्यु दंड दे दिया।

दिए गए कूटों से उत्तर चुनें–
(a) (i) और (iv) (b) (iii) और (v)
(c) (ii) और (iii) (d) (iv) और (v)

42. निजाम-उल-मल्क के बारे में निम्न में से कौन-से कथन सत्य हैं?

(i) उसका असली नाम चिनकिलीच खान था।
(ii) 1713-15 के बीच वह पहली बार दक्कन का सूबेदार बना था।
(iii) 1715-20 के बीच वह मुगल साम्राज्य का वजीर था।
(iv) 1720-26 के बीच वह मुगल साम्राज्य का दूसरी बार वजीर बना।
(v) फारूख सियार ने उसे 'निजाम-उल-मुल्क' तथा 'खान-ए-दौरा' की उपाधि प्रदान की।

दिए गए कूटों से उत्तर चुनें

(a) (i), (ii) और (iii)
(b) (ii), (iii) और (iv)
(c) (ii), (iii) और (v)
(d) (i), (ii) और (v)

43. निजाम-उल-मुल्क–

(i) स्वेच्छा से मुगल साम्राज्य की वजारत छोड़कर बादशाह की अनुमति के बगैर दक्कन चला गया।
(ii) 1720 में हैदराबाद राज्य की स्थापना की।
(iii) 1725 में मुहम्मद शाह ने उसे दक्कन की सूबेदार तथा 'आसफ जाह' की उपाधि प्रदान की।
(iv) मुगल बादशाह को संप्रभु शासक मानता रहा।

दिए गए कूटों से उत्तर चुनें–

(a) (i), (ii) और (iii)
(b) (i), (iii) और (iv)
(c) (ii), (iii) और (iv)
(d) (i), (ii) और (iv)

44. आंग्ल-निजाम संबंध के बारे में कौन-से कथन सत्य हैं?

(i) 1750 में पहली बार अंग्रेजों ने हैदराबाद की गतिविधियों में हस्तक्षेप का प्रयास किया।
(ii) नासिर जंग तथा मुजफ्फरजंग के बीच उत्तराधिकार के विवाद में उन्होंने नासिरजंग को सहयोग दिया।
(iii) 1760 में कर्नल फोर्दे ने मुजफ्फरजंग के साथ मित्रता की संधि की।
(iv) तीसरे तथा चौथे आंग्ल-मैसूर युद्ध में निजाम मैसूर को सहयोग दिया।

उत्तर नीचे दिए कूटों से चुनें–

(a) (i), (ii) तथा (iii)
(b) (ii), (iii) तथा (iv)
(c) (i), (ii) तथा (iv)
(d) (i), (iii) तथा (iv)

45. हैदराबाद के निजामों के बारे में कौन-से कथन असत्य हैं?

(i) फ्रांसीसियों की मदद से मुजफ्फरजंग ने नासिर जंग की हत्या की।
(ii) अंग्रेजों की मदद से सलाबत जंग ने मुजफ्फरजंग की हत्या की।
(iii) मुजफ्फरजंग का उत्तराधिकारी सिकंदर जाह था।
(iv) ओस्मान अली खान हैदराबाद का आखिरी निजाम था।

दिए गए कूटों से उत्तर चुनें–

(a) (i) और (ii) (b) (i) और (iii)
(c) (ii) और (iii) (d) (ii) और (iv)

46. किस निज़ाम ने लार्ड वेलेसली के साथ सहयोग की संधि पर हस्ताक्षर किए?

(a) सलाबत जंग (b) निज़ाम अली
(c) मुजफ्फर जंग (d) सिकंदर जाह

47. सआदत खान बुरहान-उल-मुल्क के बारे में कौन-से कथन सत्य हैं?

(i) उसने अवध राज्य की स्थापना की।
(ii) उसने अवध के विद्रोही जमींदारों का दमन किया तथा कानून और व्यवस्था स्थापित की।
(iii) नियुक्ति में वह हिंदुओं से भेदभाव बरतता था।
(iv) कर तथा सैनिक सुधार लाकर उसने अवध को आर्थिक तथा सैन्य दृष्टि से मजबूत बनाया।

दिए गए कूटों से उत्तर चुनें–

(a) (i), (ii) तथा (iii)
(b) (i), (ii) और (iv)
(c) (i), (ii) और (iv)
(d) (ii), (iii) और (iv)

48. सफदर जंग के बारे में कौन-से कथन सत्य हैं?

(i) 1739 में वह अवध का सूबेदार बना।
(ii) 1748 में उसे मुगल साम्राज्य के वजीर का अतिरिक्त प्रभार दिया गया।
(iii) उसने जाटों, रोहिल्लों आदि से सफलतापूर्वक युद्ध कर अपने साम्राज्य का विस्तार किया।
(iv) मराठों ने एक युद्ध में उसकी हत्या कर दी।

दिए गए कूटों से उत्तर चुनें–
(a) (i), (ii) और (iii)
(b) (ii), (iii) और (iv)
(c) (i), (ii) और (iv)
(d) (i), (iii) और (iv)

49. शुजा-उद्-दौला–
(i) 1764 में अवध का नवाब तथा मुगल साम्राज्य का वजीर बना।
(ii) 1774 में रोहिल्लों द्वारा पराजित किया।
(iii) पलासी के युद्ध में पराजय के बाद अंग्रेजों के साथ उसने सहायक संधि पर हस्ताक्षर किए तथा युद्ध में हुए नुकसान की भरपाई के रूप में काफी बड़ी रकम दी।
(iv) 1773 में अंग्रेजों से इलाहाबाद और कारा खरीदा।

दिए गए कूटों से उत्तर चुनें–
(a) (i), (ii) और (iii) (b) (i), (iii) और (iv)
(c) (ii) और (iii) (d) (i) और (iv)

50. आसफ-उद्-दौला–
(i) अंग्रेजों के साथ फैजाबाद की संधि की।
(ii) 1775 में अपनी राजधानी लखनऊ से फैजाबाद ले गया।
(iii) अवध की बेगमों के साथ बदसलूकी कर उनसे काफी बड़ी रकम वसूली।
(iv) कुशासन के कारण अंग्रेजों द्वारा अवध के नवाब में पद से हटा दिया गया।

दिए गए कूटों से उत्तर चुनें–
(a) (i) और (iii) (b) (ii) और (iv)
(c) (i) और (iv) (d) (ii) और (iii)

उत्तरमाला

1. (b)	2. (c)	3. (d)	4. (b)	5. (d)	6. (d)	7. (c)
8. (b)	9. (c)	10. (b)	11. (c)	12. (d)	13. (c)	14. (a)
15. (b)	16. (d)	17. (a)	18. (d)	19. (d)	20. (b)	21. (c)
22. (a)	23. (c)	24. (c)	25. (c)	26. (d)	27. (a)	28. (d)
29. (c)	30. (b)	31. (d)	32. (c)	33. (b)	34. (c)	35. (b)
36. (c)	37. (a)	38. (b)	39. (d)	40. (b)	41. (b)	42. (d)
43. (b)	44. (a)	45. (c)	46. (b)	47. (b)	48. (a)	49. (d)
50. (a)						

अध्याय 14

अंग्रेजों का विस्तार

14.1 परिचय

ब्रिटिश उपलब्धियों का परिमाण—करीब दो शताब्दियों तक मुठ्ठी भर अंग्रेजों ने इस प्राचीन सभ्यता को जीतकर व्यथित कर डाला। 1757 से 1857 तक का काल अंग्रेजी ईस्ट इंडिया कंपनी की विजय एवं विस्तार का काल था। इस काल में कंपनी ने सभी देशी राज्यों पर अप्रत्यक्ष रूप से शासन किया।

- भारतीय उप-महाद्वीप की 75 प्रतिशत जनता वाला लगभग 2.5 मिलियन स्क्वायर किलोमीटर या 1 मिलियन स्क्वायर मील का यह क्षेत्र प्रत्यक्षत: ईस्ट इंडिया कंपनी के अधिकार एवं प्रभाव क्षेत्र में था।
- दूसरे शब्दों में अंग्रेजों द्वारा शासित तीन-चौथाई जनसंख्या वाला भाग, भारत का 3/5 भाग था, जबकि देशी राज्यों की एक-चौथाई जनसंख्या वाला भाग इस उपनिवेश का 2/5 भाग था।
- अंग्रजों ने विजय की होड़ में सभी उपनिवेशों पर प्रत्यक्ष विजय या शासन की तुलना में अप्रत्यक्ष शासन करने की नीति अपनायी। उन्होन परोक्ष रूप से भारतीय राज्यों को अनाधिकृत कर लिया तथा भारतीय राजाओं का प्रयोग मात्र राजनीतिक पहचान के लिये ही किया।
- काफी विचार-विमर्श के उपरांत अंग्रजों ने यह निर्णय लिया कि वे एक-एक करके भारतीय उपनिवेशों को अधिकृत करेंगे।

व्याख्यायें एवं स्पष्टीकरण—अंग्रजों द्वारा भारतीय राज्यों को विजित करने का प्रत्येक निर्णय यूरोपीय एवं भारतीय जनता दोनों को इस प्रकार ध्यान में रखकर लिया गया था कि उनके इस कार्य को वैधता मिलती रहे। 1757 से 1857 तक के काल में भारतीय राज्यों के प्रति अंग्रजों के व्यवहार, परिस्थिति व आधिकारिक नीतियों में काफी परिवर्तन आया। आगे चलकर राज्यों की परिस्थितियां एवं आधिकारिक नीतियां आवश्यकतानुसार परिवर्तित होती गयीं। इन समस्त परिवर्तनों के साथ-साथ विस्तार के संबंध में भी अंग्रेजों की नीतियां परिवर्तित हुईं।

भारतीयों की भूमिका—अधिग्रहण को अधिक विस्तार से समझने के लिये हमें भारतीयों एवं साथ ही अंग्रजों दोनों की परिस्थितियों को समझना होगा। भारतीय समाज में भारतीय राज्यों, वर्गों एवं लोगों ने भी भारत में अंग्रेजी साम्राज्य के स्वरूप ग्रहण करने में प्रभावी भूमिका निभाई।

- 1757 से 1857 तक के काल में भारतीय राजा अपनी स्थिति के संबंध में ईस्ट इंडिया कंपनी को चुनौती या मान्यता देने के न ही इच्छुक थे और न ही परिस्थितियां ऐसी थीं।
- भारतीय शासक सामान्यतया राजनीतिक एवं सैन्य नीतियों का अनुसरण करते थे। इसकी वजह से क्षेत्र से उनका प्रभाव धीरे-धीरे कम होने लगा। चूंकि व्यापार ईस्ट इंडिया कंपनी व उसके सहयोगियों के हाथों में था, इसलिये आर्थिक क्षेत्रों से इन शासकों का प्रभाव कमजोर पड़ने लगा तथा उनकी आर्थिक स्थिति में भी पराभव आया।
- कई भारतीय परिवारों जो प्रारंभ में मुगल या अन्य राज्यों की प्रशासनिक या सैन्य सेवा में थे, उनको कंपनी में सेवा के अधिक आकर्षक अवसर प्राप्त हुये। वास्तव

में इन भारतीयों के निरंतर सहयोग ने अंग्रेजों को भारत में अपने शासन के विस्तार में अत्यधिक सहायता की।

- इससे भी अधिक कई अन्य तत्व भी नयी परिस्थितियों में उदित हुये तथा अठारहवीं एवं उन्नीसवीं सदियों में इनका विकास हुआ।

तकनीक एवं विधियां—तब कैसे और किन-किन साधनों का प्रयोग कंपनी ने भारत में अधिग्रहण हेतु किया। कंपनी के अधिकारियों ने भारतीय राज्यों को अधिगृहित करने से पूर्व उन पर नियंत्रण स्थापित करने हेतु विभिन्न विधियों का प्रयोग किया। वस्तुत: कंपनी ने अधिग्रहण और विस्तार की अपनी प्रक्रिया में सीधे अपनी सेना को नहीं उतारा।

- भारतीय राज्यों के लिये कंपनी के सैन्य संबंधों की तुलना में उसके साथ स्थापित राजनीतिक एवं आर्थिक संबंध अधिक कष्टकारी थे। कंपनी ने प्रमुख भारतीय राज्यों में अपने व्यावसायिक एवं राजनीतिक प्रतिनिधियों को नियुक्त कर दिया। 1757 से 1857 तक की अवधि में, जब कंपनी का तेजी से प्रसार हो रहा था, तब उसने कई प्रदेशों की स्वायत्तता को समाप्त कर दिया।
- प्रत्येक राज्य के संबंध में कंपनी के हस्तक्षेप करने की नीति सामान्यतया संधियों तक ही सीमित थी। लेकिन कंपनी के अधिकारी बिना किसी संधि के ही कुछ राज्यों में हस्तक्षेप करने लगे। कंपनी ने इन राज्यों में काफी धन लगाया। यह धन या तो राज्यों को सहायता देकर या अनुदान देकर या व्यापार के रूप में लगाया गया। यद्यपि इससे कंपनी ने प्रभूत मात्रा में धन भी कमाया।
- कंपनी ने इन भारतीय राज्यों के नियंत्रण वाली सेना के प्रभाव एवं संख्या में कटौती कर दी। कंपनी ने राज्य से बाहर के कार्यों में इस सेना के प्रयोग को काफी हद तक सीमित कर दिया तथा राज्य के आंतरिक कार्यों, यथा-राजस्व वसूली जैसे कार्यों में भी इसका ज्यादा प्रयोग निषिद्ध कर दिया।
- कंपनी ने भारतीय राज्यों की सैन्य शक्ति को कंपनी की सहायक सेना के रूप में परिणित कर दिया (इस सेना का व्यय संबंधित शासक ही उठाता था) तथा कई भारतीय राजाओं को इस स्थिति में ला दिया कि वे प्रत्यक्ष रूप से कंपनी का विरोध करने में असमर्थ हो गये।
- इस प्रकार कंपनी ने पहले तो सैन्य विजय द्वारा अप्रत्यक्ष रूप से भारतीय राज्यों को दुर्बल किया फिर अपने किसी कठपुतली शासक को उस राज्य की गद्दी पर बैठाकर उस राज्य को अपनी गिरफ्त में ले लिया। कुछ मामलों, जैसे-बंगाल, आदि; के उदाहरण को छोड़कर अन्य सभी राज्यों में कंपनी ने अपना प्रभाव जमाने के लिये सभी प्रकार के साधनों का प्रयोग किया।

भारतीयों पर प्रभाव—कंपनी द्वारा प्रत्येक भारतीय राज्य के किये गये अधिग्रहण ने उस राज्य के निवासियों को गहराई से प्रभावित किया तथा वे भारतीय शासन से ब्रिटिश शासन के तले आ गये।

- शासकों एवं उनके परिवार वालों के लिये कंपनी ने उनके राजनीतिक अधिकारों में कटौती करने की नीति अपनायी तथा उन्हे पदच्युत करके कंपनी का पेंशनर बना दिया।
- नये शासन में पुराने कर्मचारियों एवं अधिकारियों को उनके पहले के अनुभव के कारण या तो राजनीतिक नीतियों एवं सिद्धांतों का एक नया स्वरूप मिला या तो वे बेरोजगार हो गये।
- व्यापारिक वर्ग एवं जमींदारों के लिये नये शासन से नियमों का नया स्वरूप प्रस्तुत किया तथा इनके लिये नये प्रकार कानून निर्धारित किये गये।
- राज्य के शहरों, कस्बों एवं गावों के लोगों के लिये अधिग्रहण का प्रभाव यह हुआ कि उनकी परिस्थितियों के अनुरूप राजनीतिक, आर्थिक एवं सामाजिक क्षेत्रों में कई परिवर्तन हुये।
- ये सभी परिवर्तन अस्थाई नहीं थे अपितु इनका दीर्घकालिक प्रभाव हुआ।

14.2 ऐतिहासिक परिप्रेक्ष्य

अठारवीं शताब्दी के मध्य की स्थिति

1757 में एक शताब्दी पश्चात् ब्रिटिश ताज का यह स्वरूप होगा, न ही किसी भारतीय और न ही किसी अंग्रेज ने सोचा था। 1757 में, जागरुक भारतीय नागरिक अभी तक मुगलों एवं नवोदित भारतीय राज्य की कल्पना में ही खोये हुये थे। यह भी निश्चित नहीं था कि अंग्रेजी ईस्ट इंडिया कंपनी व्यापारिक प्रतिद्वंद्विता में अन्य सभी यूरोपीय कंपनियों को पीछे छोड़ देगी तथा समृद्ध भारतीय राज्यों के लिये अकेली रह जायेगी। वस्तुत: भारत की सभी व्यापारिक कंपनियों में फ्रांसीसी कंपनी पहली कंपनी थी, जिसने भारतीय राज्यों के आंतरिक मामलों में हस्तक्षेप करने की नीति अपनायी।

अंग्रेजों के समय आंतरिक विभाजन एवं मतभेद–हमें यह मानकर भी चलना चाहिये की अंग्रेजों के मध्य कोई मतभेद नहीं था या पूर्ण सौहार्द के साथ काम कर रहे थे। इस पूरी अवधि में लंदन की सरकार तथा कंपनियों की नीतियों में समय-समय पर परिवर्तन होते रहे तथा कंपनी द्वारा लिये गये निर्णयों के संबंध में उनमें मतभेद भी होते रहे।

- सामाजिक एवं आर्थिक नीतियों के संबंध में अंग्रेजों के आंतरिक मतभेद एवं राजनीतिक परिवर्तनों की वजह से भी इन परिवर्तनों पर प्रभाव पड़ा। भारतीय राज्यों के प्रति कंपनी की परस्पर विरोधाभासी नीतियों ने विस्तार की प्रक्रिया को प्रभावित किया।
- कंपनी के भीतर ही नीति-निर्धारण के कई स्तर विद्यमान थे। बोर्ड ऑफ कंटोल (पिट्स इंडिया एक्ट, 1784 द्वारा कंपनी के सर्वेक्षण हेतु निर्मित), कोर्ट ऑफ डायरेक्टर्स (ईस्ट इंडिया कंपनी के स्वामियों से विभिन्न वर्गों का प्रतिनिधित्व करने वाले), कलकत्ता में गवर्नर-जनरल की परिषद (इसे रेग्यूलेटिंग एक्ट 1773 द्वारा मद्रास एवं बंबई के गवर्नरों के अधीक्षण का अधिकार दिया गया था), मद्रास एवं बंबई के प्रेसीडेंसी के गवर्नर तथा विभिन्न राज्यों एवं कंपनी में कार्यरत कंपनी के अधिकारी भी भारतीय राज्यों के संबंध में कंपनी की नितियों को प्रभावित करते थे।
- कंपनी में न केवल आंतरिक विभाजन था अपितु इन सभी तथा ब्रिटिश सरकार के बीच मतभेद भी थे। इसके अलावा कंपनी के कुछ कार्यों ने ब्रिटेन के लोगों को भी रुष्ट कर दिया तथा इनके विरुद्ध वहां तीव्र प्रतिक्रिया हुयी।

भारतीय राज्यों की स्थिति–भारतीय पक्ष में भी स्थिति अत्यंत बदतर थी। यहां तक की भारतीय राज्यों के स्तर में शासकों की नीतियों में पर्याप्त विरोधाभास थे।

- 18वीं सदी तक आते-आते मुगल साम्राज्य कई टुकड़ों में विभक्त हो चुका था। मुगल शासक शनैः-शनै अपने प्रदेशों से अपना नियंत्रण खोते जा रहे थे। यद्यपि 1858 तक मुगल शासक देश का औपचारिक प्रधान बना रहा। मुगल दरबार षड्यंत्रों का केन्द्र बन चुका था तथा दरबारी अपनी महत्वाकांक्षाओं की परिपूर्ति में संलग्न थे। मुगल दरबार की दुर्बलतायें एवं तनाव जगजाहिर हो रहे थे। इन सबके अलावा दरबार में यूरोपियों के हस्तक्षेप ने स्थिति को बदतर बनाने में आग में घी का काम किया। इन सबने साम्राज्य के बिखराव के उत्तरदायी कारकों को प्रोत्साहित किया।
- मुगल साम्राज्य के कई प्रांतीय गवर्नर अपने-अपने क्षेत्रों में स्वायत्त शासक बन बैठे। ये क्षेत्र अत्यंत समृद्ध थे तथा इनसे प्राप्त होने वाले राजस्व एवं संसाधनों से केंद्रीय साम्राज्य वंचित हो गया। अवध, बंगाल तथा हैदराबाद इत्यादि ऐसे क्षेत्रों के उदाहरण थे। इन स्वायत्त राज्यों में शासकों के अधीन अधिकारियों ने भी अपने वंशानुगत राज्य स्थापित कर लिये थे, जैसे-कर्नाटक एवं बनारस।
- मुगल दरबार से स्वतंत्र इन स्थानीय शासकों के अपने क्षेत्र के लोगों से प्रगाढ़ संबंध थे तथा इन शासकों ने पारंपरिक मुगल शासन की परम्पराओं का अनुसरण करते हुये मुगल साम्राज्य के प्रति अपनी निष्ठा घोषित की। इन क्षेत्रीय शासकों में पंजाब के राजा रणजीत सिंह, उत्तर भारत के सभी प्रमुख राजपूत शासक, सिंध के अमीर एवं मध्य भारत के कई छोटे मराठा शासक सम्मिलित थे। इसके अतिरिक्त इन शासकों ने कई प्रमुख जमींदारों इत्यादि को भी संरक्षण प्रदान किया, जिनमें मालाबार एवं अवध के जमींदार सम्मिलित थे।
- इन समस्त विभिन्नताओं के मध्य ईस्ट इंडिया कंपनी से संबंधित विभिन्न घरानों की भी भूमिका थी। ऐसे घरानों, राजाओं एवं जमींदारों के अंग्रेजों से व्यक्तिगत संबंध थे। यद्यपि निश्चित नीतियों के अभाव में ये सभी कालांतर में दुर्बल हो गये।
- **भारत के अन्य वर्गों की भूमिका**–अंग्रजों के साम्राज्य विस्तार को एक निश्चित स्वरूप प्रदान करने में भारतीय समाज के अन्य वर्गों ने भी महत्वपूर्ण भूमिका निभाई। यद्यपि ये संबंध उतने प्रभावी नहीं थे, जितने राजाओं के तथा इनका विश्लेषण करना भी एक श्रमसाध्य कार्य है।
- भारतीय राज्यों के प्रशासन एवं सेना में कार्य करने वाले विभिन्न तत्वों ने कंपनी की नीतियों से संबंध एवं सामंजस्य स्थापित करने में महत्वपूर्ण भूमिका निभाई। तत्कालीन परिस्थितियों में अंग्रजों को ऐसे भारतीय माध्यमों की आवश्यकता भी थी, जो भारतीय राज्यों से संबंध स्थापित करने में सहयोग एवं संरक्षण प्रदान कर सकें।
- भारतीय व्यापारिक वर्ग, जिसमें व्यापारी एवं उत्पादक दोनों सम्मिलित थे, कंपनी की नीतियों एवं गतिविधियों से प्रभावित भी हुए तथा इन्होंने कंपनी की नीतियों को प्रभावित भी किया। यह कार्य कंपनी के विस्तार के पहले एवं बाद दोनों ही स्थितियों में जारी रहा।
- भारतीय कृषक एवं मजदूर भी कंपनी के विस्तार से प्रभावित हुये बिना नहीं रह सके तथा इन्होंने नयी

आर्थिक, राजनीतिक एवं सामाजिक परिस्थितियों के प्रति विभिन्न प्रकार से प्रतिक्रिया व्यक्त की।

14.3 विस्तार के कारण

विद्वानों के मत–आधुनिक विद्वान सामाजिक-आर्थिक परिवर्तनों व राजनीतिक हितों को अंग्रजों के प्रसार का कारण नहीं मानते। वे अंग्रेजों को एक शक्ति के रूप में न देखकर उनके आंतरिक मतभेदों की ओर ज्यादा बल देते हैं। उन्होंने ईस्ट इंडिया कंपनी तथा ब्रिटिश सरकार के आपसी तत्वों पर विचार एवं मंथन किया है। आगे चलकर इन विद्वानों ने अधिग्रहण एवं विस्तार को वैश्विक आर्थिक एवं राजनीतिक कारकों से जोड़कर देखा है।

अंग्रेजों को लाभ–सत्रहवीं एवं अठारवीं शताब्दी में ब्रिटेन एवं यूरोप के अन्य भागों में होने वाले राजनीतिक, आर्थिक एवं सामाजिक परिवर्तनों की झलक कंपनी के संगठन एवं कर्मचारियों में भी परिलक्षित होती है।

- सैन्य क्षेत्र में ब्रिटेन एवं यूरोप में होने वाले विकास एवं आविष्कारों ने भारतीय राज्यों साथ कंपनी के संघर्ष में अत्यधिक सहायता एवं सहयोग प्रदान किया।
- ब्रिटेन में केंद्रित नयी वैश्विक व्यवस्था ने परंपरागत भारतीय व्यावसायिक एवं राजनीतिक स्थिति में प्रभाव डाला। यह प्रभाव उसके अतिरिक्त था, जो भारत में हो रहे परिवर्तनों से उत्पन्न हो रहा था।
- सामाजिक एवं तकनीकी परिवर्तनों ने नि:संदेह ब्रिटेन को भारतीय संसाधनों का दोहन करने एवं भारतीय राज्यों पर विजय स्थापित करने में सहायता प्रदान की।
- ब्रिटेन की सामाजिक क्रांति ने, जिससे नवोदित मध्य वर्ग ने शक्ति प्राप्त की थी, तथा सैन्य एवं तकनीकी विकास ने जिससे ब्रिटिश नौसेना एवं ईस्ट इंडिया कंपनी की सेना ने अन्य यूरोपीय शक्तियों तथा द. एशिया में भारतीय शक्तियों पर सर्वोच्चता हासिल की थी, प्रमुख कारक थे।
- दूसरे शब्दों में, नवीन एवं आक्रमक ब्रिटिश नीतियों ने एशियाई व्यापारिक पैटर्न को परिवर्तित कर दिया तथा भारतीय राज्यों से धन का प्रवाह ब्रिटेन को होने लगा। इसके परिणामस्वरूप नकद एवं भूमिकर से प्राप्त आय ने कंपनी को व्यवस्थित नौकरशाही प्रशासन एवं यूरोपीय पद्धति पर आधारित नयी भारतीय सैन्य शक्ति प्रदान की।

भारतीयों को होने वाली हानि–इस परिप्रेक्ष्य में भारतीय राजनीतिक परिदृश्य में प्रभावी वर्गों ने अंग्रेजों के प्रति वफादार की भूमिका निभाई। इनमें परंपरागत रूप से सम्मिलित शासक, सैन्य अधिकारी, प्रशासक एवं वंशानुगत जमींदार शामिल थे। भारतीय समाज में नयी सामाजिक एवं आर्थिक ताकतें प्रभावी हो रहीं थीं। व्यापार के परिदृश्य में बदलाव से समाज के विभिन्न वर्गों के बीच संबंधों को परिवर्तित कर दिया।

- मुगल साम्राज्य का धीरे-धीरे स्थानीय छोटे शासकों, राजस्व एवं सैन्य शक्ति से नियंत्रण समाप्त होने लगा तथा इससे उनका स्थानीय जमींदारों एवं किसानों से प्रभाव कम हुआ। ये सभी मुगल साम्राज्य में राजस्व के प्रभावी स्रोत थे।
- इन परिस्थितियों में अंग्रेजों ने अपनी राजनीतिक शक्ति का प्रयोग करके भारतीय अर्थव्यवस्था पर अधिकार कर लिया तथा भारतीयों को मिलने वाला लाभ स्वयं कमाने लगे। प्रारंभ में भारतीय अंग्रेजों के इस गणित को नहीं समझ सके किंतु शीघ्र ही उन्हे इसके दुष्प्रभाव दिखाई देने लगे। भारतीय प्रशासन एवं नौकरशाही का अंग्रेजों ने अपने हितों के अनुरूप यूरोपीयकरण कर दिया।
- पश्चिमी तट में भी यूरोपीय व्यापारिक शक्तियों ने भारतीय समाज को हानि पहंचायी तथा लगभग उसे विनाश के कगार पर पंहुचा दिया। इसी तरह, वे भारतीय राज्य (इनमें मैसूर एवं मराठा शामिल थे) जिन्होंने अंग्रेजों के विरुद्ध सिर उठाया, कंपनी को अपनी सैन्य शक्ति को सशक्त बनाने के लिये प्रेरित किया। प्रारंभ में तो इन राज्यों ने अंग्रेजों के विरुद्ध प्रसंशनीय ढंग से विरोध व्यक्त किया लेकिन शीघ्र ही अपने संसाधनों के दोहन एवं अंग्रेजों की सैन्य शक्ति के आगे ये झुक गये तथा कंपनी को निर्णायक टक्कर देने की स्थिति में नहीं रहे। अंग्रेजों ने इन राज्यों के व्यापारिक मार्गों को अवरुद्ध कर दिया। ब्रिटेन ने एक सोची-समझी रणनीति के तहत भारत को अपने अंतर्राष्ट्रीय व्यापार पर आश्रित बना लिया, भारतीय समाज को जड़ कर दिया तथा पूरे भारत के शासकों को शक्तिहीन कर दिया।

14.4 ऐतिहासिक प्रवृत्तियां

औपनिवेशिक अधिकारी एवं इतिहासकार–भारत में ब्रिटिश विस्तार के संबंध में समय-समय पर विद्वानों ने अपनी अवधारणायें प्रस्तुत की हैं। इस संबंध में रॉबर्ट क्लाइव, जान मैल्कम एवं अन्य ब्रिटिश अधिकारियों का मानना है कि वे भारत में ब्रिटिश विस्तार के सहभागी थे, तत्कालीन भारतीय परिस्थितियों ने इस कार्य में सहायता प्रदान की। उस समय

भारत में राजाओं के मध्य आपसी एकता का अभाव था। इसका अंग्रेजों ने भरपूर लाभ उठाया। लेकिन स्वतंत्रता के बाद इस अवधारणा को नहीं माना जाता है। यहां तक की कुछ ब्रिटिश लेखक एवं विद्वान भी इन ब्रिटिश अधिकारियों की इस नीति से सहमत नहीं दिखते हैं।

औपनिवेशिक दौर के बाद के इतिहासकार–इस दौर के इतिहासकार अंग्रेजों की इस नीति को नकारते हैं कि उनमें सांस्कृतिक श्रेष्ठता का गुण विद्यमान था, इसीलिये उन्होंने भारत की विजय प्राप्त की। अब इस विषय पर और आगे अध्ययन किया जा रहा है। इनके अनुसार अंग्रेजों को परिस्थितियों को समझने की क्षमता की वजह से ही उन्हें भारत एवं विश्व के अन्य भागों में विजय का हकदार बनाया। यद्यपि किसी सीमा तक ये विद्वान अंग्रेजों की सांस्कृतिक श्रेष्ठता के गुण को स्वीकार भी करते हैं लेकिन विद्वानों का यह वर्ग यह सिद्ध करने में असफल दिखता है कि अंग्रेजों ने क्यों भारत में विस्तारवादी नीति अपनायी।

राष्ट्रवादी इतिहासकार–कुछ राष्ट्रवादी इतिहासकारों ने ब्रिटिश विस्तार को परा-भारतीय राष्ट्रवादी कारक के परिप्रेक्ष्य में देखा है। इनके विश्लेषण का मुख्य मुपा यह है कि किस प्रकार अंग्रेजों ने कुछ भारतीय राज्यों को संरक्षित किया एवं किस प्रकार कुछ को पूरी तरह अधिगृहित कर लिया। एक ओर ये ईस्ट इंडिया कंपनी की साम्राज्यवादी नीति की आलोचना करते हैं तथा यह कहते हैं ब्रिटिश विस्तार के पूर्व भारतीय राज्यों में राजनैतिक एवं आपसी एकता का घोर अभाव था तथा इसी का सबसे अधिक लाभ अंग्रेजों ने उठाया। वे यह मानते हैं कि अंग्रेजों का प्रत्येक अधिग्रहण न्याय की कसौटी से काफी दूर था। यद्यपि कुछ इतिहासकार ऐसे भी हैं कि जो यह मानते हैं कि ब्रिटिश विस्तार के अधीन कुछ भारतीय राज्यों को लाभ भी हुआ तथा उनके समाजार्थिक स्थिति में सुधार आया।

इस वर्ग के इतिहासकारों का मानना है कि अंग्रेजों ने अनुचित तरीके से राज्यों को अधिगृहित कर अपने प्रतिनिधियों को तैनात कर दिया तथा उन राज्यों की आंतरिक स्वायत्तता का हरण कर लिया। इस समय अंग्रेजों ने इन राज्यों में उभरते राष्ट्रवादी आंदोलन को रोकने का भी भरपूर प्रयास किया। इन दशाओं में यद्यपि विस्तार अन्यायपूर्ण था लेकिन इससे कुछ अप्रत्याशित एवं सकारात्मक परिणाम भी प्राप्त हुये। इस प्रकार ब्रिटिश विस्तार की इस नीति ने तत्कालीन राष्ट्रवादी नेताओं को उत्तेजित एवं प्रोत्साहित किया। अंग्रेजों के इस कार्य से अप्रत्यक्ष रूप से राष्ट्रवादी भावनाओं के प्रसार में भी सहायता मिली। 1757 से 1857 की अवधि के संबंध में यद्यपि इस समूह के इतिहासकार एकमत हैं किंतु 1947 से पूर्व की अवधि के संबंध में इनमें मतैक्य परिलक्षित होता है।

मार्क्सवादी इतिहासकार–इसी तरह मार्क्सवादी इतिहासकार भी ब्रिटिश विस्तार को एक पृथक् नजरिये से देखते हैं। इस समूह के इतिहासकारों ने ब्रिटिश विस्तार को यूरोपीय साम्राज्यवाद का ही एक रूप माना है लेकिन कुछ ऐसे भी इतिहासकार हैं, जो यह मानते हैं कि भारतीय समाज के पूंजीवादी वर्ग के रूप में विकास के लिये ब्रिटिश विस्तार आवश्यक भी था।

14.5 विस्तार की घटनायें

भारतीय मामलों में अंग्रेजों की बढ़ती संलग्नता– अठारहवीं शताब्दी के मध्य से आगे ईस्ट इंडिया कंपनी भारतीय समाज, राजनीति एवं अर्थव्यवस्था में ज्यादा संलग्नता दिखाने लगी। इस अवधि में कई अंग्रेज व्यापारियों ने भारतीय राजाओं को अपने फायदे के लिये शोषित किया तथा इनका यह कार्य पहले के अन्य यूरोपीय व्यापारियों से कहीं और आगे जा कर था। यद्यपि अंग्रेजों ने शीघ्र ही अपनी सैन्य एवं आर्थिक ताकत का प्रयोग भी इन भारतीय शासकों के संबंध में किया। यूरोपीय सैन्य हथियारों, तरीकों एवं संसाधनों से परिपूर्ण अंग्रेजों की सेना ने शीघ्र ही भारतीय राज्यों के आंतरिक मामलों में हस्तक्षेप करना प्रारंभ कर दिया तथा इन राज्यों के व्यय पर ही वहां अपना डेरा जमा लिया। प्रतिनिधियों के रूप में नियुक्त अंग्रेज अधिकारियों ने भी इन राज्यों के आंतरिक मामलों में खूब हस्तक्षेप किया। प्रारंभ में कंपनी व्यापारिक कार्यों के संबंध में इन राज्यों में अपनी घुसपैठ करती थी, बाद में अपनी सैन्य ताकत तथा राजनीतिक समर्थन की वजह से शीघ्र ही अपनी स्थिति मजबूत कर लेती थी।

फ्रांसीसी प्रतिद्वंद्विता की समाप्ति–आंग्ल-फ्रांसीसी व्यापारिक प्रतिस्पर्द्धा तथा भारतीय राज्यों के आंतरिक मामलों में हस्तक्षेप करने की होड़ की परिणति कर्नाटक युद्धों के रूप में हुयी। तृतीय कर्नाटक युद्ध की समाप्ति पर फ्रांसीसी प्रतिद्वंद्विता समाप्त हो गयी तथा अब वे अंग्रेजों के लिये चुनौती नहीं रहे। अभी तक यही फ्रांसीसी दक्षिण भारत की राजनीति में अंग्रेजों को कड़ी प्रतिद्वंद्विता प्रस्तुत कर रहे थे। इस काल में ही भारत के कुछ अन्य महत्वपूर्ण क्षेत्रों की राजनीतिक स्थिति में तीव्रता से बदलाव आ रहे थे। इनमें बंगाल सबसे महत्वपूर्ण था। यह राज्य भारत के समृद्धतम एवं उपजाऊ प्रदेशों में प्रमुख था।

बंगाल के राजा-निर्माता–बंगाल, जो कि मूलतः एक मुगल प्रांत था, 18 वीं शताब्दी में एक स्वायत्त राज्य के उभरा। तत्कालीन बंगाल के नवाब सिराजुद्दौला ने अंग्रेजों की गतिविधियों से रूष्ट होकर उन पर नियंत्रण लगाने का निश्चय किया। इसके प्रत्युत्तर में कई प्रमुख घटनायें घटीं, जिनमें प्लासी का युद्ध सबसे प्रमुख था। इस युद्ध ने अंग्रेजों को बंगाल में राज-निर्माता का दर्जा प्रदान कर दिया। राज्य में अंग्रेजों की कुत्सित गतिविधियों की परिणति बक्सर के युद्ध के रूप में हुयी, जिसने अंग्रेजों को बंगाल का वास्तविक शासक बना दिया यद्यपि औपचारिक सना अभी भी नवाब के हाथों में ही थी।

ब्रिटिश विस्तार का प्रारंभ–बंगाल में अपना सशक्त आधार बनाकर अंग्रेजों ने धीरे-धीरे अन्य भारतीय राज्यों को अधिगृहित करने की योजना पर कार्य प्रारंभ किया। कर्नाटक युद्धों में विजय एवं उससे भी अधिक बंगाल पर विजय ने अंग्रेजों को इस कार्य के लिये प्रोत्साहित किया तथा वे अब यह मानकर चलने लगे कि कोई भी भारतीय शासक उनका मुकाबला नहीं कर सकता है। 1765 में अंग्रेज न केवल बंगाल, बिहार एवं ओडिशा के अप्रत्यक्ष शासक बन गये अपितु उन्होंने कर्नाटक एवं अवध के नवाबों का शोषण भी प्रारंभ कर दिया। यद्यपि अगली आधी शताब्दी तक अंग्रेजों को मराठों के तीव्र प्रतिरोध का सामना करना पड़ा तथा इस अवधि में उन्हें हैदराबाद एवं मैसूर में भी कुछ प्रतिद्वंद्विता का आभास हुआ। धीरे-धीरे भारत के अन्य राज्य भी अंग्रेजों के नियंत्रणाधीन होते चले गये।

दक्षिण में मैसूर का प्रतिरोध–दक्षिण भारत में कंपनी को मैसूर के शासक हैदर अली (1761-82) तथा टीपू सुल्तान (1782-99) ने कड़ी चुनौती प्रस्तुत की। इनकी चुनौती की वजह से कंपनी की मद्रास एवं कर्नाटक में स्थिति डगमगाने लगी। लंदन से कंपनी पर युद्ध करने के सामान्य प्रतिरोध के उपरांत भी भारत में नियुक्त उसके अधिकारियों ने मैसूर के साथ युद्ध को जायज ठहराया तथा ब्रिटेन की जनता एवं संसद के समक्ष यह तर्क प्रस्तुत किया की कंपनी के मद्रास में व्यापारिक हितों को मैसूर के शासक नुकसान पहुंचा रहे थे इसलिये उनके साथ युद्ध करना अपरिहार्य था। मैसूर में फ्रांसीसी उपस्थिति से भी कंपनी के अधिकारियों को अपना पक्ष सशक्त बनाने में सहायता मिली तथा इंग्लैंड में भी इसने प्रभाव डाला। अंततोगत्वा कंपनी ने चार मैसूर युद्ध (1767-69, 1780-84, 1790-92 एवं 1799) लड़े। इनमें से अंतिम दो युद्धों में कंपनी ने दक्षिण भारत का एक विशाल क्षेत्र प्राप्त करने में सफलता प्राप्त की।

वैलेज्ली की आक्रमक नीति–अठारहवीं शताब्दी के अंत तथा उन्नीसवीं शताब्दी के प्रारंभिक दशकों में कंपनी ने अपने साम्राज्य विस्तार में अत्यंत आक्रमक नीति का अनुसरण किया तथा युद्धों की शृंखला एवं व्यापक अधिग्रहण की प्रक्रिया अपनायी। यह कार्य स्पष्टतया एक व्यक्ति से अधिक का कार्य था एवं इस नीति का जनक गर्वनर-जनरल रिचर्ड वैलेज्ली (1793-1802, 1803-1814), जिसे यथासंभव कंपनी के साम्राज्य का विस्तार करने का आदेश देकर भेजा गया था। यद्यपि अंग्रेजों के साथ फ्रांसीसियों का युद्ध केवल भारतीय परिस्थितियों का ही प्रतिफल नहीं था अपितु यह सम्पूर्ण विश्व में दोनों औपनिवेशिक शक्तियों के बीच संसाधनों के लूट-खसोट का मुद्दा था।

- भारत में, वेलेज्ली ने सम्पूर्ण पीढ़ी को राजनीतिक रूप से प्रशिक्षित करने का कार्य प्रारंभ किया। (कंपनी के वे कर्मचारी एवं अधिकारी जो विशेष रूप से भारतीय राज्यों के साथ राजनीतिक संबंधों की स्थापना में संलग्न थे) बाद में इन लोगों ने इन नीतियों को भारतीय राज्यों के साथ लागू किया तथा यह कार्य 1805 में कोर्ट ऑफ डायरेक्टर्स द्वारा वेलेज्ली को वापस बुलाये जाने तक जारी रहा।
- आर्थर वेलेज्ली (जिसने अपने भाई की आव्मक नीतियों का बचाव किया है) ने इस नीति को कंपनी के युवा अधिकारी के रूप में मैसूर एवं मराठा युद्धों में सीखा तथा बाद में इसे यूरोप जाकर इसका क्रियान्वयन किया। बाद में वह वेलिंग्टन का ड्यूक भी बना।
- वेलेज्ली के अधीन भारतीय राज्यों के प्रति कंपनी की नीतियां अत्यंत कठोर हो गयीं। यद्यपि वेलेज्ली ने भी इन राज्यों में अप्रत्यक्ष नियंत्रण रखने की नीति ही अपनायी। वेलेज्ली की 'सहायक संधि' की नीति ने भारतीय राज्यों के प्रति अधिग्रहण की एक नयी व्यवस्था को जन्म दिया तथा विभिन्न राज्यों की स्वायत्तता का इस नीति ने हरण कर लिया।
- अवध जैसे राज्य जो पहले से ही कंपनी के अप्रत्यक्ष नियंत्रण में थे, अपनी स्वतंत्रता खो बैठे तथा अन्य राज्यों को भी इस नीति ने अत्यंत हानि पहुंचायी। इस नीति के तहत वेलेज्ली ने कंपनी के हितों को पूरा करने के लिये मराठा जैसे राज्यों को भी नहीं छोड़ा।
- अवध के मामले में अवध के शासक द्वारा 1801 में कंपनी को आधा साम्राज्य (गंगा-यमुना दोआब) देने के बावजूद भी हेनरी वेलेज्ली ने अत्यंत अन्यायपूर्ण रवैया

अपनाया। अवध के संबंध में वेलेज्ली द्वारा अपनायी गयी नीति की यद्यपि सर्वत्र भर्त्सना की गयी किंतु इससे उस पर कोई प्रभाव नहीं पड़ा।

- इसी तरह, वेलेज्ली ने मैसूर से प्राप्त क्षेत्र को भी अधिगृहित कर लिया, हालांकि उसने पहले इसे अपने मित्र शासक हैदराबाद के निजाम को दे दिया था।

आंग्ल-मराठा संबध–वेलेज्ली के अधीन, कंपनी ने सीमा क्षेत्र में उन राज्यों के विरुद्ध युद्ध जारी रखा जो अभी तक कंपनी के नियंत्रण में नहीं आये थे। इन राज्यों में मध्य एवं पश्चिमी भारत में स्थित मराठा राज्य सबसे प्रमुख था। ईस्ट इंडिया कंपनी की बम्बई प्रेसीडेंसी इस मराठा राज्य के लगभग बीच में स्थित थी, किंतु अभी तक वह इस पर कोई प्रभावी नियंत्रण लगाने में असफल रही थी।

- बंबई एवं विभिन्न मराठा शासकों के मध्य प्रारंभ से ही युद्ध चल रहा था। बंबई में कंपनी की सरकार किसी भी प्रकार से इन राज्यों पर नियंत्रण लगाने एवं उन्हें अपने अधीन करने में असफल रही थी।
- 1799 में कंपनी ने हालांकि मैसूर पर निर्णायक विजय प्राप्त कर ली थी किंतु इससे उसके साम्राज्य की सीमायें मराठों के निकट पहुंच गयीं तथा इसके परिणामस्वरूप दोनों के मध्य कई युद्ध (1803-05, 1817-18) हुये।
- यहां हम यह देखते हैं कि कंपनी जैसे-जैसे भारतीय राज्यों को अधिगृहित करके अपनी सीमाओं का विस्तार करती जाती थी, उसकी सीमायें धीरे-धीरे उन राज्यों के निकट पहुंच जाती थीं जो कंपनी के शत्रु थे। यद्यपि कंपनी ने अपनी प्रत्येक विजय से अपने सीमाक्षेत्र का विस्तार किया तथा मराठों को पराजित करने के उपरांत मध्य भारत में उसके भू-क्षेत्र में वृद्धि होती गयी (कुल मिलाकर यह 180,000 वर्ग मील या 466,000 वर्ग किलोमीटर था)।
- वेलेज्ली की इन विजयों से संबंधित राज्यों की राजनीतिक गतिविधियां भी कंपनी को प्रभावित करने लगीं तथा कंपनी के लिये यह भी एक प्रमख मुद्दा बनता चला गया।
- वेलेज्ली के अधीन कंपनी की नयी अधिग्रहण नीति से कंपनी का साम्राज्य अत्यंत विस्तृत हो गया तथा यह अंतिम मैसूर युद्ध के उपरांत (1799) गंगा-यमुना दोआब से अवध (1801) तक फैल गया। इसी प्रकार मराठा युद्ध के बाद (1803-05) भी कंपनी के भू-क्षेत्र में वृद्धि हुयी। अब कंपनी का क्षेत्र विस्तृत होकर 135,000 वर्ग मील हो गया तथा इसका आकार एकीकृत जर्मनी के बराबर पहुंच गया।

अहस्तक्षेप की नवीन नीति–साम्राज्य के विस्तार की वेलेज्ली की नीति से सभी ब्रिटिश नीति-निर्धारक सहमत नहीं थे। वेलेज्ली ने इस संबंध में एकतरफा अपनी नीति को क्रियान्वित किया तथा किसी के परामर्श की आवश्यकता नहीं समझी। यहां तक कि उसने अपने वरिष्ठ लोगों की भी उपेक्षा की, जो उसकी नीति पर अंकुश लगाना चाहते थे। 1805 में कोर्ट ऑफ डायरेक्टर्स ने एक आदेश पारित कर वेलेज्ली को भारत से वापस बुला लिया तथा भारतीय राज्यों के संबंध में अहस्तक्षेप की नीति अपनाने के आदेश के साथ लार्ड कार्नवालिस को पुनः भारत का गवर्नर-जनरल नियुक्त किया। कार्नवालिस की मृत्यु के उपरांत डायरेक्टरों ने जॉर्ज बार्लो (1805-07) को नियुक्त किया तदुपरांत गिल्बर्ट इलियट, अर्ल ऑफ मिंटो (1807-13) को अहस्तक्षेप की नीति को जारी रखने के लिये नियुक्त किया गया। हालांकि न लंदन और न भारत में कंपनी ने अहस्तक्षेप की इस नीति को संतोषजनक पाया।

हेस्टिंग्स द्वारा सर्वोच्चता की स्थापना–लार्ड हेस्टिंग्स (लार्ड मोयरा, गवर्नर-जनरल 1813-1823) के अधीन कंपनी ने अपने अधिकारियों की मांगों के मद्देनजर भारत में कई युद्ध किये तथा तथा प्रत्येक युद्ध के उपरांत अधिग्रहण के एक कार्य को अंजाम दिया। इनमें प्रमुख थे–नेपाल युद्ध (1814-16), पिंडारी युद्ध (1817-19) एवं तृतीय मराठा युद्ध (1817-18)। हेस्टिंग्स की आधिकारिक नीति को सर्वोच्चता की नीति के नाम से जाना गया, जिसमें कंपनी सर्वोच्च थी तथा समस्त भारतीय राज्यों के शासक उसके अधीन थे। कंपनी की सर्वोच्चता की इस नीति के अधीन कंपनी राज्यों के अधिग्रहण हेतु अधिकृत थी तथा उसे यह अधिकार था कि यदि कोई भारतीय राज्य कंपनी के हितों के विरुद्ध कार्य करता है या कंपनी के विरुद्ध किसी प्रकार के षड्यंत्र में संलग्न पाया जाता है तो कंपनी को यह अधिकार है कि वह उसे अधिगृहित कर ले। इसके लिये संधियों जैसे कुछ प्रावधान भी किये गये थे किंतु वास्तव में कंपनी ने कभी भी इन प्रावधानों का पालन नहीं किया तथा स्वयं के हित में एकतरफा कार्यवाही करके भारतीय राज्यों को अधिगृहित किया तथा अपने साम्राज्य का विस्तार किया।

पूर्व की ओर प्रसार एवं स्थाईकरण–उत्तर-पूर्व में सुरक्षित सीमा की स्थापना तथा बंगाल की खाड़ी में पूर्ण अधिकार

करने की कंपनी की इच्छा को लार्ड एमहर्स्ट (1823-28) कंपनी ने प्रथम बर्मा युद्ध (1824-28) के रूप में क्रियान्वित किया। इसकी वजह से भारत का उत्तर-पूर्वी क्षेत्र अधिग्रहण एवं विस्तार के विभिन्न प्रयासों (मुख्यतया असम एवं नागालैंड तथा बर्मा में अराकान एवं टेनासेरिम) का साक्षी बना।

- गवर्नर-जनरल बेंटिक (1823-1835) ने यद्यपि कोई युद्ध नहीं किया किंतु उसने कई भारतीय राज्यों के शासकों की गतिविधियों की वजह से या तो उन्हें धमकी दी या उनके राज्य को अधिगृहित कर लिया। 1830 में, उसने उत्तर-पूर्व में स्थित कछार को अधिगृहित कर लिया क्योंकि राज्य के पास कंपनी द्वारा मान्यता प्राप्त कोई शासक नहीं था।
- 1831 में, मैसूर में बेंटिक ने शासक को एक तरफ करके राज्य का सम्पूर्ण शासन कंपनी के अधिकारियों को सौंप दिया। यद्यपि स्थानीय नाममात्र का औपचारिक शासक बना रहा (यह वंश पांच वर्ष बाद 1881 में पुनः सनारूढ़ हुआ, जब ब्रिटिश नीति में परिवर्तन किया गया)। 1834 में कुशासन के आधार पर कुर्ग के अधिग्रहण को भी बेंटिक ने जायज ठहराया।
- 1840 तक कोर्ट ऑफ डायरेक्टर्स जो पहले अधिग्रहण की आक्रमक नीति का विरोध कर रहा था, अब अपनी नीति को परिवर्तित कर चुका था तथा अब उसने भारतीय राज्यों के अधिग्रहण की नीति को मान्यता देना प्रारंभ कर दिया। 1841 में इस संबंध में गवर्नर-जनरल को और अधिकार संपन्न बनाया गया तथा इस अवसर पर डायरेक्टरों ने कंपनी के भारत में स्थित अधिकारियों को भारतीय राज्यों के संबंध में और आक्रमक नीति अपनाने का सुझाव दिया।

उत्तर-पूर्वी सीमांत नीति–इस अवधि में साम्राज्यवादी रूस के एशिया में बढ़ते प्रभाव ने अंग्रेजों को भारत में उसके उपनिवेश की सुरक्षा के प्रति भयभीत कर दिया। भारत के उत्तर-पूर्व में स्थित अफगानिस्तान में अंग्रेजों के बढ़ते हस्तक्षेप से रूस एवं अंग्रेजों का टकराव लगभग तय हो गया।

- जबकि रूस एवं अंग्रेज अफगानिस्तान के संबंध में सीधे मैदान में नहीं आये थे, किंतु वीमिया के युद्ध (1854-56) से इनके मध्य टकराव की स्थिति निर्मित हो गयी तथा इसकी झलक भारत में भी दिखाई पड़ने लगी।
- भारत में सभी गवर्नर-जनरलों ने अपने समय में भारतीय राज्यों के प्रति आक्रमक नीति का पालन किया। लार्ड ऑकलैंड (1836-42) ने कंपनी के कठपुतली शासक को अफगानिस्तान की गद्दी पर बैठाने के लिये वहां सैन्य कार्यवाही की, जिसकी परिणति प्रथम अफगान युद्ध (1838-42) के रूप में हुयी।
- लार्ड एलनबरो (1842-44) ने सिंध का अधिग्रहण (1843) किया।
- हेनरी हाडि द्वग (1844-48) ने प्रथम सिख युद्ध (1845-46) का निर्देशन किया, जिससे पंजाब के अधिग्रहण (1846) संभव हो सका। उसने कश्मीर के राजा को भी पदच्युत करने के लिये धमकाया।

अधिग्रहण की डलहौजी की नीति–लार्ड डलहौजी ने गवर्नर-जनरल के रूप में (1848-56) में भारत के अधिकांश राज्यों को कंपनी के साम्राज्य में सम्मिलित कर लिया। डलहौजी ने भारतीय राज्यों के अधिग्रहण हेतु व्यपगत के सिद्धांत के रूप में हड़प की नयी नीति का प्रयोग किया तथा अपने कार्यों को पूरा करने के लिये उचित-अनुचित हर साधन का प्रयोग किया। उसने यह नियम बनाया कि किसी राज्य में राजा की संतान न होने पर उसके राज्य को कपंनी के साम्राज्य में सम्मिलित कर लिया जायेगा। इस कार्य में उसने कई राज्यों को दत्तक पुत्रों को लेने से भी मना कर दिया। डलहौजी के काल में अधिगृहित भू-क्षेत्र लगभग 680,000 वर्ग किलोमीटर था। यह भू-क्षेत्र पहले के किसी भी गवर्नर-जनरल द्वारा अधिगृहित भू-क्षेत्र से काफी अधिक था। डलहौजी ने इस कार्य में कई बार डायरेक्टरों की इच्छा के विरुद्ध भी कार्य किया।

'व्यपगत के सिद्धांत' (इसका अर्थ यह था कि किसी राज्य के संबंध में यदि कोई वास्तविक उत्तराधिकारी नहीं है तो वहां के उत्तराधिकारी के संबंध में निर्णय कंपनी करेगी तथा उसे कंपनी द्वारा ही मान्यता दी जायेगी)। डलहौजी ने अपने इस सिद्धांत का प्रयोग करके सतारा (1848) नागपुर (1853) एवं झांसी (1854) के साथ ही आठ अन्य छोटे राज्यों का अधिग्रहण कर लिया। द्वितीय सिख युद्ध (1848-49) के बाद उसने पंजाब में सतलज पार के क्षेत्रों को अधिगृहित कर लिया। द्वितीय बर्मा युद्ध (1852-53) के पश्चात् उसने पेगू को कंपनी के साम्राज्य में मिला लिया। इसी प्रकार कुशासन के आधार पर उसने अवध (1856) का विलय कर लिया। डलहौजी ने मराठों के पेशवा (1851) बंगाल के नवाब (1854) कर्नाटक के नवाब (1855) तथा तंजौर के राजा के उत्तराधिकारियों को मान्यता देने से इंकार करके इन राज्यों के शासकों की पेंशनों पर रोक लगा दी। उसने हैदराबाद के शासक से 1853 में बरार का प्रशासन भी छीन लिया।

वास्तव में व्यपगत के सिद्धांत का जनक डलहौजी नहीं था उसने केवल इस सिद्धांत को पुनः उभारा तथा अन्य गवर्नर-जनरलों की तुलना में उसका खुलकर प्रयोग किया। इस सिद्धांत के प्रावधान भी विचारणीय हैं। सतारा एवं झांसी के राजाओं, दोनों ने संतानें न होने की वजह से अपनी मृत्यु से पहले संतानों को गोद लिया (क्रमशः 1847 एवं 1853 में)। इन राज्यों द्वारा दत्तक पुत्र लेने की प्रक्रिया पूर्णतया नियमानुसार थी किंतु कंपनी ने इनकी संतानों को राज्य का उत्तराधिकारी मानने से इंकार कर दिया। नागपुर में, स्थानीय शासक की स्वयं की या दत्तक ली गयी किसी भी प्रकार की कोई संतान नहीं थी। 1853 में राजा के निधन के बाद कंपनी ने नागपुर को अधिगृहित कर लिया।

14.6 कर्नाटक की लड़ाइयां

प्रथम युद्ध (1745-48)

युद्ध के मुख्य घटनाक्रम निम्नांकित हैं-

- बरनेट की देख-रेख में 1745 ई. में अंग्रेजी नौसेना द्वारा फ्रांसीसी नौकाओं पर अधिकार कर लिया गया और बदले में 1746 ई. में डूप्ले द्वारा मद्रास पर कब्जा कर लिया गया।
- मद्रास पर अपने अधिकार के लिए एवं खुद अपने बचाव के लिए अंग्रजों द्वारा कर्नाटक के नवाब से अनुरोध करना पड़ा।
- फ्रांसीसियों द्वारा नवाब अनवरुद्दीन का आदेश अस्वीकृत करने के उपरांत दोनों सेनाओं के बीच सेंट थॉम में युद्ध हुआ, जिसमें नवाब की हार हुई। इस युद्ध से यूरोपियन प्रशिक्षित सेना के विरुद्ध भारतीय सेना की कमजोरियों का पता चला।
- यूरोप में आस्ट्रियन उत्तराधिकारियों के लिए युद्ध खत्म हो गए, जिसके परिणामस्वरूप भारत में आंग्ल-फ्रांसीसी शत्रुता खत्म हो गई। 1748 ई. में फ्रांसीसियों द्वारा मद्रास अंग्रेजों को लौटा दिया गया।

द्वितीय युद्ध (1749-54)

युद्ध की मुख्य घटनाएं इस प्रकार से हैं–

- हैदराबाद एवं कर्नाटक में मुजफ्फरजंग का कब्जा एवं चंदा साहिब को फ्रांसीसियों द्वारा सहयोग दिया गया।
- अंग्रेजों द्वारा (हैदराबाद में नासिर जंग एवं कर्नाटक में अनवरुद्दीन अपने दोनों विरोधियों के विरुद्ध सहयोग), उसके पुत्र मुहम्मद अली को सहयोग दिया गया।
- फ्रांसीसियों द्वारा दोनों राज्यों में 1749 ई. में अपने विरोधियों की हत्या कर अपने सहयोगियों को गद्दी पर बैठाने में सफलता मिली।
- 1751 ई. में क्लाइव के अधीन अंग्रेजों को हरा आरकोट पर कब्जा कर लिया एवं अंग्रेजों द्वारा फ्रांसीसियों को हराया गया।
- 1752 ई. में तंजौर के जनरल, जो कि अंग्रेजों का सहयोगी था, ने युद्ध में चंदा साहिब की हत्या करके उसकी जगह मुहम्मद अली को कर्नाटक की गद्दी पर बैठाया।
- 1753-54 ई. में डूप्ले द्वारा दिशा बदलने का अनर्थक प्रयास किया गया, जिससे फ्रांस की सरकार ने 1754 ई. में उसे वापस बुला लिया।
- हैदराबाद पर बुसी द्वारा फ्रांसीसी स्थिति को पुनः प्राप्त किया गया।

तृतीय युद्ध (1758 -63)

युद्ध की शुरुआत हुई, 1757 ई. में क्लाइव एवं वॉट्सन ने बंगाल के चंद्रनागोर पर कब्जा कर लिया एवं 1758 ई. में काउंट डी लैली का फ्रांस की स्थिति मजबूत करने के लिए भारत आगमन हुआ।

- पीकॉक के नेतृत्व में तीन नौसैनिक लड़ाइयां। अंग्रेजी नौसेना द्वारा फ्रांसीसी नौसेना की डी एक के नेतृत्व वाली सेना की हार हुई एवं 1759 ई. में डी एक की फ्रांस वापसी हुई।
- 22 जनवरी, 1760 ई. में वांडीवॉश की लड़ाई में काउंट लैली ने अंग्रेज जरनल आयुर कोटे को हराया।
- मार्च 1760 ई. में अंग्रेजों द्वारा निजाम के सरंक्षण के लिए फ्रांसीसियों का स्थान ले लिया गया, 1761 ई. में फ्रांसीसियों द्वारा पांडिचेरी अंग्रेजों को दिया गया एवं भारत के अन्य स्थानों पर फ्रांसीसियों की हार हुई।
- 1763 ई. में फ्रांसीसियों के साथ शांति प्रस्तावना प्रस्ताव स्थापित हुए।

14.7 बंगाल पर जीत

प्लासी का युद्ध (1757)

कारण–प्लासी युद्ध के निम्नलिखित कारण थे–

- 1717 ई. में अंग्रेजों ने मुगल फरमान की गलत व्याख्या की एवं दस्तक का गलत उपयोग किया गया।

- सिराजुद्दौला, जो बंगाल का नया नवाब बना, एक जवान एवं कर्मठ व्यक्ति था। वह अपने पूर्वजों के समान ही अंग्रेजों पर अधिकार रखना चाहता था। लेकिन दक्षिण भारत में अपनी सफलता के बाद अपने को शक्तिशाली समझने लगा, परंतु अपने अधिकारों का विरोध नहीं कर सका।
- नवाब के देश के विरुद्ध अंग्रेजों ने कलकत्ता में किलाबंदी की।

घटनाक्रम–प्लासी, जो कि 'पलसी' अपभ्रंश है, मुर्शिदाबाद से 20 मील दूर तक गांव और परगना का नाम हैं 23 जून, 1757 ई. में नवाब सिराजुद्दौला एवं अंग्रेजों के बीच लड़ाई हुई। ब्रिटिश सेना का नेतृत्व रॉबर्ट क्लाइव कर रहा था जिसमें 613 यूरोपियन पैदल सैनिक, 100 यूरोपियन सिपाही, 171 तोपखाने एवं 2100 भारतीय पैदल सैनिक थे। इधर नवाब के पास 35000 पैदल सैनिक, 15000 घुड़सवार, 53 तोपखाने थे, जिसे चलाने के लिए 40 से 50 फ्रांसीसी थे। अंग्रेजों के कुल 52 सिपाही एवं 20 यूरोपीय मारे गए जबकि नवाब की तरफ से 500 लोग मारे गए थे। हानियां महत्वहीन हैं।

अंग्रेजों की विजय का कारण उनकी चुस्ती एवं फुर्ती के साथ-साथ उनके द्वारा किए गए अनेक षड्यंत्र एवं धोखाधड़ी थी, जिसके चलते उन्होंने शत्रु खेमे के अनेक लोगों को अपने साथ मिला लिया था। सिर्फ दो सेनापति मीर-मदान तथा मोहनलाल ने ईमानदारी से युद्ध लड़ा जबकि तीन अन्य सेनापति-मीर जाफर, यार-लुतुफ-खान तथा राय दुर्लभ जो कि अंग्रेजों के साथ षड्यंत्र में लिप्त थे, मूक दर्शक बने रहे।

महत्व एवं परिणाम : प्लासी युद्ध के कारण?

- अंग्रेजों का बंगाल एवं अंततः संपूर्ण भारत पर अपना अधिकार करना आसान हो गया।
- अंग्रेजों की प्रतिष्ठा बढ़ी जिसके कारण वे भारतीय साम्राज्य के प्रबल प्रत्याशी बन गए।
- बंगाल के लोगों से कम्पनी एवं उसके सेवकों द्वारा अवैध धन वसूलने में मदद मिली।
- भारत में पूंजी का दोहन अर्थात अंग्रेजों द्वारा भारतीय अर्थव्यवस्था का शोषण प्रारंभ हो गया।

बक्सर की लड़ाई (1764)

कारण–बक्सर की लडाई के निम्नांकित कारण थे–

- बंगाल के नवाब मीर कासिम एवं अंग्रेजों के बीच संप्रभुता की लड़ाई शुरू हो गई।
- अंग्रेजों द्वारा 1717 के फरमान एवं दस्तक का दुरुपयोग किया गया एवं नवाब के द्वारा आंतरिक व्यापार पर सभी करों को हटा दिया गया।
- अंग्रेजों द्वारा नवाब के अधिकारियों के साथ दुर्व्यवहार किया गया एवं कंम्पनी के सेवकों द्वारा बंगाल के लोगों पर अत्याचार किया जाने लगा।

घटनाक्रम–बक्सर शहर पटना से 120 किलोमीटर पश्चिम में स्थित है। 22 अक्टूबर, 1764 ई. में अंग्रेजों और मीर कासिम, शुजाउद्दौला एवं शाह आलम द्वितीय की संयुक्त सेना के बीच यहां लड़ाई हुई। अंग्रेजों की सेना का नेतृत्व मेजर हेक्टर मुनरो कर रहा था, जिसकी सेना की संख्या 7,702 थी जिसमें 857 यूरोपियन 5,297 सिपाही एवं 918 भारतीय घुड़सवार थे, जबकि संयुक्त सेना की संख्या लगभग 50 हजार थी। संयुक्त सेना के हारने का मुख्य कारण तीनों सेनाओं के बीच आपसी असहयोग था।

इस लड़ाई में अंग्रेजों के लगभग 847 सैनिक मारे गए जबकि संयुक्त सेना के लगभग 2000 सैनिक मारे गए। मीर कासिम एक योग्य सेनापति नहीं था। वह यूरोपियन सेनानायकों पर आश्रित था, मारकर एवं सुमरो की पलटनों ने युद्ध के दौरान यूरोपियनों का साथ देकर मीर-कासिम को हराने में मुख्य भूमिका निभाई।

महत्व एवं परिणाम : बक्सर के युद्ध के कारण

- अंग्रेज बंगाल, बिहार एवं ओडिशा के वास्तविक शासक बन गए।
- बंगाल का नवाब अंग्रेजों पर आश्रित था तथा मुगल बादशाह उनका पेंशनर हो गया, जिससे अंग्रेजों की प्रतिष्ठा बढ़ी।
- अंग्रेजों की सैनिक दक्षता एवं हथियारों की श्रेष्ठता का प्रदर्शन हुआ।

कलकता या फोर्ट विलियम के गर्वनर (1756-72)

ड्रेक (1756-58)–सिराज द्वारा कलकत्ता पर अधिकार कर लिया गया एवं ब्लैक होल घटना घटी। इधर क्लाइव द्वारा कलकत्ता पर पुनः कब्जा कर लिया गया एवं प्लासी का युद्ध शुरू हो गया।

क्लाइव (1758-60)–कलकत्ता की काउंसिल द्वारा जून 1758 ई. में क्लाइव गवर्नर के रूप में निर्वाचित हुआ तथा दिसंबर 1756 ई. में कंपनी के गृह अधिकारियों द्वारा इस

निर्वाचन को कानूनी वैधता दी गई, 1760 ई. फरवरी में क्लाइव इंग्लैड वापस लौट गया।

बैंसीटार्ट (1760-65)—मीर-जाफर को हटाकर मीरकासिम को 1760 ई. में नवाब बनाया। पुनः 1763 ई. में मीरजाफर को पुनः नवाब बनाया, 1764 ई. में बक्सर की लड़ाई छिड़ गई एवं मीरजाफर के मृत्यु होने के उपरांत निजामुद्दौला को उत्तराधिकारी बनाया गया। 20 फरवरी, 1765 ई. में अंग्रेजों और नए नवाब के बीच संधि हुई, जिसके अनुसार प्रशासन का कार्य नायब सूबेदार के हाथों में था। ये अंग्रेजों द्वारा नियुक्त था एवं बिना उनकी अनुमति के नवाब उसे नहीं हटा सकता था। इस तरह नवाब की सेना का एक बड़ा भाग समाप्त कर दिया गया।

क्लाइव (1765-67)—1765 ई. मई में क्लाइव दूसरी बार गवर्नर बनकर भारत आया। इलाहाबाद में कंपनी का नेतृत्व क्लाइव कर रहा था एवं निजामुद्दौला (बंगाल का शासक) और शुजाउद्दौला के बीच 16 अगस्त, 1765 ई. में एक त्रिपक्षीय संधि हुई। इस संधि की शर्तों के अनुसार–

- अवध शुजाउद्दौला को दिया गया जबकि इलाहाबाद एवं कड़ा दो जिले शाह-आलम को दिए गए।
- किसी भी बाहरी आक्रमण के समय सभी पक्षों द्वारा एक-दूसरे का सहयोग करने का वादा किया गया।
- शुजा द्वारा 50 लाख रुपये युद्ध के हर्जाने में दिए गए।
- राजा बलवंत सिंह, का गाजीपुर, बनारस एवं अन्य जिलों पर नियंत्रण जारी रहा।
- शुजा को अपने खर्चे पर एक अंग्रेजी रक्षक सेना का रखरखाव करने की अनुमति दी गई एवं कंपनी को अपने संपूर्ण अधिकृत क्षेत्र में व्यापारिक सुविधा प्रदान करने का वादा मिला।
- इस संधि के चार दिन पहले मुगल बादशाह शाह आलम ने कंपनी को बिहार, बंगाल एवं ओडिशा तीन प्रांतों पर दीवानी अधिकार प्रदान कर दिया था, जिसके बदले कंपनी द्वारा शाह आलम को बंगाल के कर से प्रतिवर्ष 26 लाख रुपए अनुदान प्राप्त होता था।

वेरेल्स्ट (1767-69) और कार्टीयर (1769-72)

वारेन हेस्टिंग्स (1772-73)—उसने दोहरी शासन व्यवस्था (Dual government) को समाप्त किया एवं नवाब को पेंशन देकर हटा दिया। बंगाल के प्रशासन पर सीधा नियंत्रण स्थापित किया। अवध के नवाब के साथ 7 दिसंबर, 1773 ई. में बनारस संधि की; जिसके अनुसार–

- इलाहाबाद एवं कड़ा दो जिलों को नवाब वजीर को बेचना पड़े, इन जिलों पर पहले मुगल बादशाह का नियंत्रण था, जिसे 1765 ई. में कंपनी को दीवानी अधिकार देकर प्राप्त किया गया था, लेकिन बादशाह ने मराठों का सहयोग करके अंग्रेजों की कृतज्ञता का अधिकार खो दिया, जिससे इन क्षेत्रों पर से बादशाह का नियंत्रण वापस ले लिया गया। इसके बदले कंपनी को नवाब ने 50 लाख रुपए दिए।
- कंपनी द्वारा नवाब की रक्षा के लिए रखी गई सेना की एक वाहिनी पर नवाब द्वारा 2.1 लाख रुपए प्रतिमाह के हिसाब से देने का वादा हुआ।

14.8 मैसूर और ब्रिटिश साम्राज्यवाद से प्रतिरोध

प्रथम युद्ध (1766-69)

कारण—इस युद्ध के निम्नलिखित कारण थे–

- हैदर अली द्वारा अंग्रेजों को कर्नाटक अंततः भारत से भगाने की महत्वाकांक्षा रखना, इस तरह अंग्रेजों को हैदर से उत्पन्न खतरे का पता चलना।
- हैदर के विरुद्ध अंग्रेजों, एवं मराठों के बीच त्रिपक्षीय संधि हुई।
- हैदर द्वारा संधि तोड़ने में सफलता मिली और अंग्रेजों के साथ युद्ध की घोषणा की गई।

घटनाक्रम—युद्ध की मुख्य घटनाएं निम्नलिखित थीं–

- हैदर की अंग्रेजों पर विजय एवं मार्च 1769 ई. में पांच मील के क्षेत्र तक मद्रास में उसका अधिकार हो गया।
- युद्ध का अंत हो गया एवं अप्रैल 1769 ई. में रक्षात्मक संधि पर हस्ताक्षर किए गए।

मद्रास की संधि (1769)—यह संधि हैदर अली, तंजौर के राजा, मालाबार के शासक एवं कंपनी के बीच हुई थी जिसके अंतर्गत–

- मैसूर के शासक को दिए गए कारुर एवं इसके जिलों को छोड़कर बाकी क्षेत्रों पर आपसी सहयोग से सबका अधिकार था।
- किसी भी पक्ष पर आक्रमण करने की स्थिति में सभी दलों द्वारा एक-दूसरे का सहयोग करने का वादा किया गया।

- हैदर अली द्वारा मद्रास सरकार के सभी बंदी कर्मचारियों को रिहा कर दिया गया।
- तंजौर के राजा के साथ हैदर अली द्वारा मित्रतापूर्वक व्यवहार करना।
- बॉम्बे प्रेसीडेंसी एवं अंग्रेजी कारखानों की व्यापारिक सुविधाएं पूर्ववत् कायम रखी गईं।

द्वितीय युद्ध (1780-84)

कारण–द्वितीय युद्ध के मुख्य कारण निम्न हैं–

- अंग्रेजों द्वारा परस्पर संदेह करना। 1717 ई. में हैदर पर मराठों द्वारा आक्रमण करने पर अंग्रेजों द्वारा रक्षात्मक संधि की शर्तों को मानने से इनकार कर दिया गया।
- इधर अमेरिकन स्वतंत्रता युद्ध के समय अंग्रेजों एवं फ्रांसीसियों के बीच शत्रुता बढ़ गई।
- हैदर अधिकृत एक फ्रांसीसी ठिकाने पर अंग्रेजों द्वारा कब्जा कर लिया गया। अंग्रेजों के विरुद्ध हैदर 1779 ई. में मराठों एवं निजाम के साथ संधि कर ली।

घटनाक्रम–द्वितीय युद्ध की निम्न घटनाएं थीं–

- हैदर ने कर्नल वेली को हटाकर 1780 ई. में आरकोट पर कब्जा कर लिया।
- सर आयर कोटे द्वारा पोर्टेनोवो 1781 ई. में हैदर की हार हुई।
- 1782 ई. में हैदर ने कर्नल ब्रेथवेट को हराया।
- 1783 ई. में टीपू द्वारा ब्रिगेडियर मैथ्यू एवं उसके आदमियों पर कब्जा कर लिया गया।
- 1784 ई. में लॉर्ड मैकार्टनी (मद्रास के गवर्नर) एवं टीपू के बीच मार्च में मंगलौर की संधि हुई।

मंगलौर की संधि (1784)–इस संधि में–

- दोनों पक्ष एक-दूसरे के शत्रुओं को सीधे या परोक्ष रूप में मदद नहीं करेंगे एवं एक-दूसरे के सहयोगियों के साथ युद्ध नहीं करेंगे।
- 1770 ई. में हैदर अली द्वारा कंपनी की दी गई व्यापारिक सुविधाएं पूर्ववत् कायम रहीं।
- दोनों पक्ष अम्बोरगुर एवं सतगुर महलों को छोड़ के बाकी क्षेत्रों पर पूर्ववत् अधिकार के लिए राजी हुए और टीपू भविष्य में कर्नाटक पर दावा नहीं करने के लिए तैयार हुआ।
- टीपू युद्ध के सभी बंदियों को, जिनकी संख्या 1,680 थी, छोड़ने के लिए तैयार हुआ।
- कंपनी को कालीकट 1779 ई. में जो कारखाने तथा अधिकार प्राप्त थे, टीपू उसे वापस देने के लिए राजी हुए।

तृतीय युद्ध (1790-92)

कारण–तृतीय युद्ध के मुख्य कारण इस प्रकार थे–

- टीपू ने विभिन्न आंतरिक सुधारों द्वारा अपनी स्थिति को मजबूत करने में सफलता प्राप्त की, जिसके कारण अंग्रेजों, निजाम एवं मराठों को भय उत्पन्न हुआ।
- 1787 ई. में फ्रांस एवं तुर्की में टीपू द्वारा अपने दूत भेजकर उनकी मदद प्राप्त करने की कोशिश करना।
- 1789 ई. में टीपू द्वारा अपने पडोसियों मुख्यत: त्रावणकोर के राजा (जो अंग्रेजों का सहयोगी था) की सीमा में अपने सीमा क्षेत्र का विस्तार करना।
- 1790 ई. में अंग्रेजों द्वारा निजाम एवं मराठों के साथ टीपू के विरुद्ध संधि कर ली गई।

घटनाक्रम–युद्ध की निम्न घटनाएं थीं–

- टीपू द्वारा 1790 ई. में मेजर जनरल मेडोस की हार और जनवरी 1791 ई. कार्नवालिस द्वारा स्वयं सेना का संचालन करना।
- 1792 ई. फरवरी में कार्नवालिस द्वारा श्रीरंगपट्टनम पर विजय प्राप्त करना।
- मार्च 1792 ई. में श्रीरंगपट्टनम की संधि के साथ युद्ध की समाप्ति।

श्रीरंगपट्टनम की संधि (1792)–यह संधि टीपू एवं अंग्रेजों और उसके सहयोगी निजाम एवं पेशवा के बीच हुई। इस संधि में–

- अंग्रेजों एवं मैसूर के पूर्व शासकों के बीच हुई संधियों को प्रमाणित किया गया।
- टीपू ने अपने राज्य का आधा भाग अंग्रेजों एवं उसके सहयोगियों के बीच बांट दिया, जिसमें निजाम एवं मराठों को अपने सीमा क्षेत्र का भाग एवं कावेरी का उत्तरी-पूर्व क्षेत्र कंपनी के अधिकार में और नदी का दक्षिण-पश्चिम भाग टीपू को मिला।
- टीपू द्वारा युद्ध में हुए हर्जाने के 3.6 करोड़ रुपए दिए गए। बाकी 2 करोड़ तीन किस्तों में चुकाए गए।
- टीपू ने युद्ध के सभी बंदियों को छोड़ दिया।
- इन शर्तों के पूरा करने हेतु अंग्रेजों ने उसके दो पुत्रों को जमानत के रूप में रखा।

निजाम को क्षेत्र का सबसे बड़ा भाग मिला, जबकि मराठों ने अपने राज्य का फैलाव तुंगभद्रा एवं कृष्णा नदी तक किया। अंग्रेजों द्वारा मालाबार तट पर कैन्नोर तक एवं दक्षिण में पुनानी नदी तक का क्षेत्र अधिकृत कर लिया गया, जिसमें कुर्म को अंग्रेजों ने अपना रक्षात्मक क्षेत्र बनाया। अंग्रेजों ने बारामहल जिला एवं डिंडीगुल पर भी अपने कब्जे पर कर लिया लेकिन त्रावणकोर के राजा, जिसके लिए प्रत्यक्ष रूप से लड़ाई हुई थी, को कुछ नहीं मिला।

चौथा युद्ध (1799)

कारण–चौथे युद्ध के मुख्य निम्न कारण थे–

- टीपू द्वारा अंग्रेजों से अपनी शर्मनाक हार का बदला लेने एवं अपने ऊपर लगाए गए प्रतिबंधों के लिए बदला लेने की इच्छा प्रबल हुई और मैसूर को पुन: मजबूत बनाने में सफलता मिली।
- टीपू द्वारा क्रांतिकारी फ्रांसीसियों, अरब, काबुल और तुर्की के मुसलमानों से अंग्रेजों को भारत से भगाने के लिए मदद प्राप्त करने की कोशिश की गई (उसने इन सभी देशों में अपने दूत भेजे और 1798 ई. अप्रैल को फ्रांसीसी सेना की एक छोटी टुकड़ी मंगलौर पहुंची)
- नया गवर्नर जरनल लॉर्ड वेलेज्ली द्वारा टीपू से उत्पन्न भय को खत्म करने का निर्णय लिया गया।

घटनाक्रम–चौथे युद्ध की निम्न घटनाएं थीं–

- पहली बार 5 मार्च को स्टुअर्ड द्वारा सेदासीर में एवं 27 मार्च को जनरल हैरिस द्वारा मालवेली में टीपू की हार हुई।
- टीपू का श्रीरंगपट्टनम चला जाना, जहां 4 मई को युद्ध में उसकी मृत्यु हो गई। आर्थर वेलेज्ली ने जो गवर्नर जनरल का भाई था, जिसने वॉटर लू के युद्ध में नेपोलियन को हराया था, भी इस युद्ध में भाग लिया।
- इस तरह मैसूर के बड़े हिस्से पर अंग्रेजों का कब्जा हो गया और एक छोटे हिस्से को अंग्रेजों द्वारा वोड़यार वंश के राजा कृष्णराजा तृतीय को दे दिया गया, जो कि पांच वर्ष का बालक था।
- 1799 ई. में नए राजा के साथ अंग्रेजों ने एक सहायक संधि पर हस्ताक्षर किए। मैसूर के शासक द्वारा अच्छी तरह से शासन नहीं करने के कारण विलियम बेनटिंक ने 1831 ई. में प्रशासन अपने हाथों में ले लिया। लेकिन 1881 ई. में लॉर्ड रिपन द्वारा पुन: वहां के शासक को प्रशासन की बागडोर वापस कर दी गई।

14.9 आंग्ल-मराठा युद्ध और संधियां

प्रथम आंग्ल-मराठा युद्ध (1775-82)

कारण–प्रथम आंग्ल-मराठा युद्ध के निम्न कारण थे–

- मराठों के बीच की लड़ाई (सवाई माधव राव जिसे नाना फड़नवीस की सहायता प्राप्त थी एवं उसके चाचा रघुनाथ राव के बीच)
- अंग्रेजों द्वारा रघुनाथ राव की मदद कर इस लड़ाई का फायदा उठाने की काशिश की गई।

घटनाक्रम–प्रथम आंग्ल-मराठा युद्ध की निम्न घटनाएं थीं–

- 1776 ई. में मराठों ने तेलेगांव में अंग्रेजों को पराजित किया।
- 1779-80 ई. में गोडार्ड के नेतृत्व में ब्रिटिश सेना का कलकत्ता के मध्य भारत होते हुए अहमदाबाद आई एवं रास्ते में उसने कई स्थानों पर विजय प्राप्त की।
- 1781-82 ई. तक दो वर्षों में तनावपूर्ण स्थिति बनी रही।

परिणाम–इस युद्ध के निम्न परिणाम थे–

- 1782 ई. में सालबाई संधि, जिसमें वस्तुस्थिति का बना रहना एवं मराठों के साथ अंग्रेजों ने 20 वर्षों तक शांति बनाए रखने का वादा किया।
- इस संधि से अंग्रेजों को मराठों की मदद मिली, जिससे हैदर अली पर दबाव बनाने एवं उसके क्षेत्रों पर कब्जा स्थापित करने में सहायता मिली।
- इस संधि से अंग्रेजों ने अपने को भारतीय शक्ति के सामूहिक विरोध से बचा लिया एवं दूसरी तरफ भारतीय शक्ति को विभाजित करने में सफलता प्राप्त कर ली।

द्वितीय आंग्ल-मराठा युद्ध (1803-05)

कारण-इस युद्ध के मुख्य कारण थे–

- लॉर्ड वेलेज्ली द्वारा मराठों के आंतरिक कार्य में दखलंदाजी करने की नीति अपनाना एवं उन पर सहायक संधि लागू करने की इच्छा उस पर निर्भर थी।
- अठारहवीं शताब्दी के अंत तक मराठों के सभी बुद्धिमान एवं अनुभवी शासकों के मर जाने से अंग्रेजों को अवसर प्राप्त हुए।
- मराठा सरदारों में एक भाई द्वारा दूसरे भाई की हत्या का क्रम जारी रहा, जिसके चलते पेशवा बाजीराव द्वितीय ने बेसिन में 1802 ई. में अंग्रेजों के साथ सहायक संधि पर हस्ताक्षर किए।

परिणाम–इस युद्ध के निम्न परिणाम थे–

- 1803 ई. में वेलेज्ली के नेतृत्व में सिंधिया और भोंसले की संयुक्त सेना को असाये और अरगांव में अंग्रेजों द्वारा हटाया गया एवं उनके द्वारा सहायक संधि पर हस्ताक्षर किए गए।
- होल्कर को हराने में अंग्रेज असफल रहे तथा राजपुरघाट संधि द्वारा शांति स्थापित की गई।
- मराठा साम्राज्य में ब्रिटिश हितों की स्थापना हुई।
- इस युद्ध के बाद कंपनी का भारत में सर्वश्रेष्ठ शक्ति बनना।

पिंडारी युद्ध (1817-18)–पिंडारी एवं उसके सहयोगी पठान धीरे-धीरे कंपनी द्वारा सीधे या परोक्ष रूप से शासित क्षेत्र में फैलने लगे, जिसके कारण निदेशक मंडल के आदेश पर गवर्नर जनरल हेस्टिंग्स ने पिंडारियों के जत्थे एवं उसके सरदार करीम खान, वसील मुहम्मद एवं चित्तू को जड़ से उखाड़ देने के लिए एक सेना का गठन किया।

मालवा में हारने के बाद पिंडरी मेवाड़ की तरफ भाग गए। जहां वे आत्मसमर्पण करने के लिए बाधित किए गए। करीम खान ने आत्मसमर्पण कर दिया, जिसे वासपुर रियासत दे दी गई, वसील मुहम्मद को हथियार डाल देने के लिए मजबूर कर दिया गया जिसकी कारावास में मृत्यु हो गई और चित्तू के हारने के बाद फिर कभी उसके बारे में नहीं सुना गया। यह युद्ध लगभग एक वर्ष तक चला जिसमें पिंडारियों का पूर्णतया विनाश हो गया।

तृतीय आंग्ल-मराठा युद्ध (1817-18)

कारण–इस युद्ध के दो मुख्य कारण थे–

- अपनी स्वतंत्रता खो देने के कारण मराठों का अंग्रेजों से द्वेष उत्पन्न।
- अंग्रेज अफसरों द्वारा मराठा सरदारों पर कठोर नियंत्रण किया गया।

परिणाम–इस युद्ध के निम्न परिणाम थे–

- पेशवा को गद्दी से हटाकर उसके संपूर्ण अधिकार क्षेत्र पर कब्जा कर अंग्रेजों द्वारा बम्बई प्रेसीडेंसी स्थापित की गई।
- मराठों के आत्मगौरव को रखने के लिए पेशवा की भूमि से सतारा राज्य की स्थापना की गई।
- मराठा सरदारों के बड़े भू-भाग पर कंपनी का अधिकार हो गया।
- इस युद्ध के बाद मराठा सरदारों का अंग्रेजों का दयापात्र बन जाना।

आंग्ल-मराठा संधि

सूरत की संधि (1775)–सलसेती और बसीन के द्वीपों पर अधिकार करने के लिए बहुत लंबे समय से बंबई प्रेसीडेंसी पर निदेशक मंडल दबाव बना रहे थे इसी बीच पेशवा माधव राव की 1772 ई. में मृत्यु हो गई और रघुनाथ राव और नारायण राव के बीच गद्दी की लड़ाई होने लगी, जो कि अंग्रेजों के लिए वरदान साबित हुई। 1773 ई. में रघुनाथ राव द्वारा नारायण राव की हत्या करने के बाद मराठा सरदार नाना फड़नवीस उसके विरुद्ध हो गए जिससे रघुनाथ राव सूरत भाग गया जहां उसने कंपनी से मदद के लिए मांग की। बंबई सरकार ने, एक संधि पर हस्ताक्षर किए, जिसकी शर्तें इस प्रकार थीं–

- कंपनी एवं पूर्व पेशवा के बीच हुई संधियों को प्रमाणित किया गया।
- अंग्रेजों द्वारा रघोबा को पेशवा की उम्मीदवारी में मदद करने के लिए 2500 सैनिकों का दल भेजा गया।
- रघोबा द्वारा अंग्रेजों के संरक्षण में 6 लाख रुपए के गहने बंधक दिए गए और सैनिकों के रख-रखाव के लिए प्रतिवर्ष 50,000 रुपए देने का वादा किया गया।
- बसीन, सलसेती और बंबई के पास चार द्वीपों को वह अंग्रेजों को हमेशा के लिए सौंपने को तैयार हो गया।
- बंगाल एवं कर्नाटक पर मराठों द्वारा आक्रमण नहीं किया जाएगा और बिना अंग्रेजों के रघोबा पूना के अधिकारियों के साथ कोई समझौता नहीं करेगा।

इस युद्ध के बाद कम्पनी पूरी तरह से आंग्ल-मराठा युद्ध से जुड़ गई।

पुरंधर की संधि (1776)–बंबई प्रेसीडेंसी द्वारा 1773 ई. में रघुनाथ राव की पेशवा की उम्मीदवारी के दावे के लिए दी गई मदद को कलकत्ता काउंसिल द्वारा अस्वीकृत कर दिया गया एवं उन्हें पूना के पेशवा दरबारियों से पुनः बातचीत करने को कहा गया। उनके बीच 1 मार्च, 1776 ई. में संधि हुई, जिसकी शर्तों के अनुसार–

- कंपनी सलसेती एवं उसके आस-पास के द्वीपों पर अधिकार कायम रखेगी।
- पूना द्वारा 12 लाख रुपए युद्ध के हर्जाने के रूप में देने का वादा किया।
- कंपनी का गुजरात के उन क्षेत्रों पर अधिकार कायम रहेगा, जो उन्हें रघुनाथ राव या गायकवाड़ द्वारा दिए गए थे।

- रघोबा एवं गायकवाड़ के साथ हुई संधियां खत्म कर दी गईं एवं पेशवा के दरबारियों के साथ 1739 एवं 1756 ई. में पुनः संधि की गई।

वडगांव की संधि (1779)–12 जनवरी, 1779 को कंपनी के सिपाहियों का वडगांव में इकट्ठा होना एवं उनके उपदूत के परिणामस्वरूप, यह संधि 16 जनवरी को मराठा के सरदार महादजी सिंधिया एवं बंबई सेना के संचालक कर्नल जॉन कार्बक के बीच हुई, इसके अनुसार–

- बंबई सरकार रघुनाथ राव को संरक्षण नहीं देगी, 1773 ई. से पहले जिन क्षेत्रों को अधिकृत किया गया था, इस संधि के द्वारा वापस कर दिए जाएंगे।
- बंगाल से आ रही सेना रोक दी जाएगी और 41000 रुपए एवं विलियम फार्मर और चार्ल्स स्टेवार्ट को इस शर्त के पूरा होने तक जमानत पर रखे जाएंगे।
- बरोच सिंधिया को दे दिया जाएगा।

बाद में बंबई एवं बंगाल दोनों सरकारों ने इस संधि को अस्वीकृत कर दिया क्योंकि उनके द्वारा कहा गया कि कर्नल कार्बक ने अपने अधिकृत क्षेत्र से बाहर जाकर यह संधि की थी।

सलबाई की संधि (1782)–सलबाई ग्वालियर से 32 कि. मी. दक्षिण में स्थित है। यहां 17 मई, 1782 ई. को पेशवा माधव राव के कार्यवाहक महादजी सिंधिया एवं अंग्रेजों के बीच प्रथम आंग्ल-मराठा युद्ध को समाप्त करते हुए एक संधि हुई, जिसकी शर्तों के अनुसार–

- कंपनी द्वारा अधिकृत किए गए पेशवा एवं गुजरात में गायकवाड़ के सभी क्षेत्र वापस कर दिए गए।
- सलसेटी और इसके तीन पड़ोसी द्वीप तथा बरोच शहर अंग्रेजों के अधिकार में रखे गए।
- कंपनी द्वारा रघुनाथ राव को दिए गए संपूर्ण क्षेत्र मराठों को वापस कर दिए गए।
- कंपनी द्वारा रघुनाथ राव की मदद एवं संरक्षण नहीं देने का वादा किया गया।
- पेशवा को हैदर अली द्वारा ब्रिटिश क्षेत्र पर किए गए दावे से मुक्त कराना।
- दोनों पक्षों द्वारा एक-दूसरे पर और सहयोगियों पर आक्रमण नहीं करना जबकि अंग्रेजों की अनुमति के बिना पेशवा द्वारा किसी यूरोपीय शक्ति को अपने अधिकृत क्षेत्र में न तो स्थापित करना, और न ही उनकी सहायता करना।
- कंपनी को प्राप्त व्यापारिक सुविधाएं जारी रखना।

यह संधि कंपनी के लिए महत्वपूर्ण साबित हुई क्योंकि इससे कंपनी एक निर्णायक भविष्य के तरफ बढ़ी। इस संधि से कंपनी की मराठों के साथ 20 वर्षों तक शांति व्यवस्था बनी रही और इस तरह बिना किसी कठिनाई से व्यवस्थित होने एवं भारतीय राजनीति में पकड़ बनाने में सहायता मिली।

बसीन की संधि (1802)–उन्नीसवीं शताब्दी के प्रारंभ तक मराठा आपसी ज्वलनशीलता एवं रोज के झगड़े के कारण एक कमजोर शासक हो गए थे। पेशवा के दरबार में दौलतराव सिंधिया और यशवंतराव होल्कर प्रभुत्व के लिए लड़ रहे थे। यशवंत राव होल्कर ने मल्हार राव होल्कर की हत्या कर उसके पुत्र कांडे राव को बंदी बना लिया, इसके कुछ दिनों बाद ही पेशवा बाजीराव द्वितीय ने विप्योजी होल्कर की हत्या कर दी, इससे यशवंत राव पूना चला गया। सिंधिया ने, जो उत्तर में अपना अधिकार बना चुके थे, पेशवा की मदद के लिए सेना भेजी परंतु उनकी संयुक्त सेना होल्करों द्वारा हरा दी गई, बाद में बाजीराव अपनी सत्ता की पुनः प्राप्ति के लिए अंग्रेजों के साथ संधि करने के लिए बसीन चला गया, अंततः 13 दिसंबर, 1802 ई. को अंग्रेजों एवं पेशवा के बीच एक सहायक संधि हुई, जिसमें पेशवा ने लगभग अपना एवं अपने लोगों की स्वतंत्रता के साथ ही समझौता कर लिया। इस संधि के अनुसार पेशवा निम्न शर्तों को मानने के लिए तैयार हो गया–

- एक सहायक सेना, जिसमें 6000 पैदल सैनिक और उसी अनुपात में तोपखाने; जिसके रखरखाव का प्रतिवर्ष 25 लाख रुपए खर्च था।
- अंग्रेजों के किसी भी विदेशी विरोधी नागरिक को अपनी सेवा में नहीं रखने के लिए तैयार होना।
- निजाम एवं गायकवाड़ के साथ अपने मतभेदों को दूर करने के लिए अंग्रेजों की मध्यस्थता स्वीकार करना और अन्य किसी भी राज्य से अपने मतभेदों को दूर कराने की कोशिश नहीं करना।
- किसी भी राज्य के साथ अपने मतभेदों को सुलझाने के पूर्व कंपनी का आदेश लेना।
- सूरत शहर से अपने सभी अधिकार एवं दावे, वापस लेना।

बाद में 16 दिसंबर, 1803 को एक परिशिष्ट संधि (supplementary treaty) पर हस्ताक्षर हुए जिसमें एक घुड़सवार सेना का दस्ता अंग्रेजी सेना में सम्मिलित किया गया। बसीन की संधि से अंग्रेजों को पेशवा के आंतरिक कार्यों में

दखलंदाजी करने का अधिकार प्राप्त हो गया। कुछ मराठा सरदारों द्वारा इसका विरोध करने के कारण द्वितीय आंग्ल-मराठा युद्ध में इन मराठों का विघटन हुआ। आधुनिक इतिहासकार इस संधि को अंग्रेजों का भारत में प्रभुत्व स्थापित करने की एक प्रबल घटना मानते हैं। लेकिन अंग्रेज इतिहासकारों का यह मानना है कि इस संधि से उस समय अंग्रेजों को पश्चिम में अपनी स्थिति मजबूत करने का मौका मिला, दुर्भाग्यवश पेशवा की शक्ति क्षीण हो चुकी थी, वेलेज्ली के शब्दों में यह संधि एक शून्य के साथ (अर्थात् पेशवा के साथ) थी।

देवगांव की संधि (1803)–द्वितीय आंग्ल-मराठा युद्ध के दौरान 17 दिसंबर, 1803 को रघुजी भोंसले एवं कंपनी के बीच यह संधि हुई। इस संधि के अनुसार भोंसले निम्न शर्तों को मानने के लिए तैयार हुआ–

- कटक एवं वालासोर छोड़ देना एवं मद्रास और बंगाल प्रेसीडेंसियों को मिलाने के लिए पूर्वी समुद्री किनारे को कंपनी के अधिकार में दे देना।
- अपनी सेवा से सभी विदेशियों को निकाल देना।
- निजाम एवं पेशवा के साथ अपने मतभेदों को सुलझाने के लिए अंग्रेजों की मध्यस्थता स्वीकार करना।
- मराठा सरदारों से स्वयं एवं अपने उत्तराधिकारियों को दूर रखना।
- अपने दरबार में एक अंग्रेज दरबारी रखना (माउंटस्ट्राट एल्फिन स्टोन इस पद पर नियुक्त हुआ)

सूरजी अर्जनगांव की संधि (1803)–30 दिसंबर, 1803 को सिंधिया इस संधि के अंतर्गत निम्न शर्तें मानने को राजी हुए–

- गंगा एवं यमुना के बीच के क्षेत्र को छोड़ देना।
- दिल्ली, आगरा एवं अन्य राजपूत राज्यों पर से अपना नियंत्रण हटा लेना।
- अपने दरबार में एक अधिकृत मंत्री रखना (जॉन माल्कोहम प्रथम अंग्रेज दूत के रूप में इस पद पर नियुक्त हुआ)।
- बुंदेलखंड, अहमदनगर, बरूच के भाग एवं अंजता पहाड़ी के पश्चिम क्षेत्रों का आत्मसमर्पण करना।
- बसीन की संधि मानना।
- पेशवा, मुगल बादशाह, निजाम एवं गायकवाड़ के ऊपर सभी दावों का त्याग करना एवं कंपनी को संप्रभुत्व शक्ति के रूप में स्वीकृत करना।
- अंग्रेजों की अनुमति के बिना किसी भी यूरोपीय को अपनी सेवा में नहीं रखना।
- बदले में कंपनी ने निम्न शर्तें पूरी करने का वादा किया।
- सिंधिया को पैदल सेना की छह बटालियनें देना, जिनका खर्च उसके द्वारा दिए गए क्षेत्रों से प्राप्त भूमिकर से दिया जाएगा।
- असीरगढ़, बुरहानपुर, पोवनपुर, दोहद, खांडेस और गुजरात के क्षेत्रों को भोंसले को सौंपना।

27 फरवरी, 1804 ई. बुरहानपुर की एक अन्य संधि द्वारा अंग्रेजों ने उन्हें एक सहायक सेना की सहायता दी।

राजपुरघाट की संधि (1805)–यह संधि 24 दिसंबर 1805 ई. को हुई, जिसमें यशवंत राव होल्कर निम्न शर्तें मानने के लिए तैयार हुए–

- बूंदी हिल के उत्तरी क्षेत्रों पर अपना दावा समाप्त करना।
- अपनी सेवा में किसी यूरोपीय को नहीं लगाना।
- इसके बदले में अंग्रेजों ने वादा किया।
- मालवा एवं मेवाड़ में होल्करों का अधिकार था चंबल के दक्षिणी शासकों को नहीं छेड़ना।
- कंपनी द्वारा ताप्ती नदी के दक्षिण अधिकृत क्षेत्र को वापस करना।

बाद में 2 फरवरी, 1806 ई., को अंग्रेजों ने बूंदी हिल के उत्तरी क्षेत्र पर अपना अधिकार कर लिया तथा इस संधि के द्वारा द्वितीय मराठा-आंग्ल युद्ध का अंत हो गया।

पूना की संधि (1817)–अंग्रेजों को यह भय था कि अंतिम पेशवा बाजीराव द्वितीय उनसे विरोध की भावना रखते हुए अपनी सेना को मजबूत कर रहा है। अत: 13 जून, 1817 ई. को बसीन संधि को पूरा करने के लिए एक नई संधि अंग्रेजों एवं पेशवा के बीच हुई। इस संधि में पेशवा निम्न शर्तों को मानने के लिए तैयार हुआ।

- अंग्रेजों को कुछ और भूमि हमेशा के लिए देना।
- बसीन की संधि मानना, जो नई संधि के विरुद्ध नहीं थी।

ग्वालियर की संधि (1817)–पिंडारियों के विरुद्ध अपनी तैयारी के दौरान लॉर्ड हेस्टिंग्स एवं दौलतराम सिंधिया के बीच 5 नवंबर, 1817 को एक संधि हुई, जिसमें–

- दोनों पक्ष पिंडारियों एवं अन्य लुटेरों के विरोध में अपनी सेना तैनात करेंगे।

- सिंधिया पिंडारियों की पुनः नियुक्ति नहीं करेगा और न मदद करेगा। सिंधिया पिंडारियों के विरुद्ध 5000 घुड़सवार तैयार करेगा।
- सिंधिया अंग्रेजों की सहमति के बिना अपनी सेना की स्थिति परिवर्तन एवं उनकी बढ़ोतरी नहीं करेगा।
- हांडी एवं असीरगढ़ के किलों में ब्रिटिश सेना को जाने की अनुमति।
- अर्जनगांव और सुरजी की संधियों के होने के बावजूद अंग्रेजों को उदयपुर, जोधपुर, कोटा, बूंदी और चंबल के किनारे के अन्य राज्यों के साथ संबंध बनाने में छूट होगी।
- 22 नवंबर, 1805 ई. में हुई सुरजी, अर्जनगांव एवं मुस्तफापुर की संधियां, जो कि नई संधि से प्रभावित नहीं थीं, पूरी तरह से लागू रहेंगी।

इस संधि ने सिंधिया को तृतीय आंग्ल-मराठा युद्ध में मूक दर्शक बना दिया था।

मंदसौर की संधि (1818)–यह संधि 6 जनवरी, 1818 को तृतीय आंग्ल-मराठा युद्ध के दौरान मल्हार राव होल्कर द्वितीय द्वारा की गई, जिसमें होल्कर द्वारा निम्न शर्तें मानी गईं–

- पिंडारी प्रमुख नवाब मीर अली खान को ब्रिटिशों द्वारा आश्वासन तथा उसको दिए गए क्षेत्र पर कोई भी दावा नहीं करना।
- कोटा के राजा जालिम सिंह द्वारा लिए गए चार परगना क्षेत्र को हमेशा के लिए वापस करना।
- उदयपुर, जयपुर, जोधपुर, कोटा, बूंदी एवं करौली के राजाओं पर लागू कर एवं उपहार के दावे को अंग्रेजों को देना।
- बूंदी पहाड़ियों के उत्तरी क्षेत्रों पर से अपना दावा छोड़ना।
- सतपुड़ा पहाडियों के दक्षिणी क्षेत्रों को अंग्रेजों को देना।
- एक ब्रिटिश रक्षक सेना क्षेत्र को उसकी आंतरिक सुरक्षा का वादा करना।
- कंपनी की अनुमति के बिना किसी भी यूरोपीय को अपनी सेवा में नहीं रखना।
- अधिकृत ब्रिटिश मंत्री को दरबार में रखना।

इसके बदले में अंग्रेजों ने पेशवा और उसके उत्तराधिकारियों को मल्हार राव एवं उसके उत्तराधिकारियों पर किसी भी प्रकार का दावा और संप्रभुत्व अधिकारों का उपयोग करने की अनुमति नहीं देने का वादा किया।

14.10 आंग्ल-सिख युद्ध (1845-1846)

कारण–प्रथम युद्ध के निम्न कारण थे–

- रंजीत सिंह की मृत्यु के बाद पंजाब में अव्यवस्था; खड़क सिंह, नवनिहाल सिंह एवं शेरसिंह इन तीन शासकों की (1839-45) छह साल के अंदर हत्या, रंजीत सिंह के पुत्र दलीप सिंह का (1845 ई.) गद्दी पर बैठना, सेना (खालसों) पर नियंत्रण का अभाव।
- 1833 ई. में अंग्रेजों की पंजाब में घेराबंदी की नीति अपनाना, (फिरोजपुर एवं सिखरपुर में क्रमशः 1835 एवं 1836 में कब्जा, लुधियाना एवं सिंध में 1838 ई. में ब्रिटिश रेसीडेंट्स की नियुक्ति) और उनकी सैनिक तैयारियां जिनमें 1836 ई. में सैनिकों की संख्या 2500 से बढ़कर 1843 ई. में 14000 हो गई थी।
- 1843 ई. में अंग्रेजों द्वारा सिंध पर किए गए कब्जे से सिख सेना की संदेह-पुष्टि।

घटनाक्रम–युद्ध की निम्न घटनाएं थीं–

- प्रधानमंत्री लाल सिंह के नेतृत्व की सिख सेना को 1845 ई. में मुंडकी में सर हग गफ द्वारा हराया जाना।
- 1845 ई. में सेनापति तेजसिंह की नेतृत्व वाली सिख सेना को अंग्रेजों द्वारा हराया जाना।
- रंजुर सिंह मझीधिया के नेतृत्व की सिख सेना को हैरी स्मिथ द्वारा संचालित ब्रिटिश सेना द्वारा 1846 ई. में हराया जाना।
- 1846 ई. में स्थि द्वारा अलीवाल एवं सोबरांव में सिखों की हार और अंग्रेजों द्वारा सतलज पार करके लाहौर पर कब्जा करना। इसमें सोबरांव की लड़ाई भारतीय इतिहास की भीषण लड़ाइयों में से एक मानी जाती है।

परिणाम–मार्च 1846 ई. में लाहौर की संधि के साथ इस युद्ध का अंत हुआ, जिसके परिणामस्वरूप–

- जालंधर दोआब और 1½, करोड़ रुपए अंग्रेजों को हर्जाने के रूप में दिए गए। इस राशि का आधा भाग ही सिखों द्वारा भुगतान किया गया और शेष अंग्रेजों द्वारा काश्मीर पर अधिकार कर प्राप्त किया गया जिसे बाद में कंपनी द्वारा गुलाब सिंह को बेच दिया गया।
- सर हेनरी लॉरेंस का ब्रिटिश रेजीडेंट के रूप में लाहौर में नियुक्त होना, दलीप सिंह को पंजाब का शासक और रानी जिंदन को रीजेन्ट के रूप में प्रमाणित किया गया।

- सिख सेना में कमी करना एवं इसके शासकों द्वारा अंग्रेजों की अनुमति के बिना किसी भी यूरोपीय को अपनी सेवा में नहीं रखना।
- ब्रिटिश सेना को जब भी जरूरत हो तब सिखों के अधिकार क्षेत्र से आने-जाने की अनुमति प्राप्त थी।

इसके कुछ दिनों बाद ही दिसंबर 1846 ई. में भैरोंवाल की संधि हुई जिसमें–

- रानी जिंदन को रीजेन्ट पद से हटाया जाना तय हुआ एवं रीजेंसी काउंसिल की स्थापना की गई, जिसमें आठ सिख सरदार थे और इसका प्रेसीडेंट हेनरी लॉरेंस था।
- एक ब्रिटिश सेना लाहौर में स्थापित की गई जिसके लिए सिखों को 22 लाख रुपए देने का वादा किया गया।
- भारत के गवर्नर जनरल को पंजाब के किसी भी क्षेत्र को अपने अधिकार में करने का अधिकार था।

द्वितीय युद्ध (1848-49)

कारण–द्वितीय सिख-आंग्ल युद्ध के निम्न कारण थे–

- सिख सेना द्वारा अपने पहले युद्ध के दमन का बदला लेने की इच्छा।
- पंजाब पर ब्रिटिश नियंत्रण से सिख सरदारों में असंतुष्टि।
- रानी जिंदन के साथ अंग्रेजों का बुरा व्यवहार सबसे पहले उसे शेखपुर एवं बाद में बनारस भेजा जाना और उसकी पेंशन में कमी करना।
- मुलतान के गवर्नर मूलराज का विद्रोह और वहां भेजे गए दो प्रशासनिक अंग्रेज अधिकारी बैंस एगन्यू लेफ्टिनेंट एंडरसन की हत्या हो जाना।
- मूलराज के दमन के लिए मुलतान भेजे गए शेर सिंह द्वारा विद्रोह में शामिल हो जाने से सभी सिख सरदारों एवं सिख सेना द्वारा आम विद्रोह की घोषणा करना।

घटनाक्रम–युद्ध की घटनाएं निम्न थीं–

- 1848 ई. में शेर सिंह एवं ब्रिटिश सेनानायक लॉर्ड गफ के बीच रामनगर की लड़ाई एवं 1849 ई. में चिलीयांवाला युद्ध। ये दोनों लड़ाईयां बिना किसी परिणाम के समाप्त हो गईं।
- अलॉर्ड गफ द्वारा मुल्तान पर अधिकार और मूलराज द्वारा आत्मसमर्पण, जिसे बाद में देश निकाला दिया गया।
- 1849 ई. में गुजरात लड़ाई में चेनाब शहर के निकट गुघ द्वारा सिखों की पूरी तरह से पराजय। शेर सिंह एवं अन्य सिख सरदारों द्वारा आत्मसमर्पण किया गया।

परिणाम–इस युद्ध के निम्न परिणाम थे–

- पंजाब पर लॉर्ड डलहौजी का अधिकार, दलीप सिंह को पेंशन देकर हटाया जाना तथा रानी जिंदन के साथ उसे वापस इंग्लैंड भेज देना।
- 1849 ई. में पंजाब के प्रशासन के लिए तीन कमिश्नरों की परिषद (लॉरेंस का भाई जॉन हेनरी तथा चार्ल्स. जी. मेंसल) की नियुक्ति।
- परिषद को हटाया जाना एवं सर जॉन लॉरेंस की 1853 ई. में पंजाब के प्रथम मुख्य कमिश्नर के रूप में नियुक्ति।

14.11 सिंध पर अधिकार (1843)

सिंध का स्वतंत्र राज्य के रूप में उदय

सर्वप्रथम कालोरों के अंतर्गत एवं बाद में बलूचिस्तान के अमीरों के अधीन 1783 ई. में मुगल साम्राज्य से अलग होने के पश्चात् सिंध का स्वतंत्र राज्य के रूप में उदय हुआ। बलूची वर्ग (Tribe) के अमीरों द्वारा हैदराबाद, मीरपुर एवं खैरपुर में तीन भागों में इसका विभाजन हो गया। ये तीनों भाग इस वर्ग की अलग-अलग शाखाओं के रूप में स्थापित हुए।

कारण–अंग्रेजों द्वारा सिंध पर अधिकार करने के मुख्य कारण निम्न थे–

- सिंधु नदी की व्यापारिक संभावनाएं।
- एशिया के पूर्व की तरफ फैलने से अंग्रेजों को भय।
- सिंध पर नियंत्रण द्वारा पर्शिया एवं अफगानिस्तान पर अंग्रेजों द्वारा अपना प्रभाव बढ़ाने की इच्छा जागृत हुई।

सिंध एवं अंग्रेजों के बीच प्रारंभिक संबंध–सिंध एवं अंग्रेजों के बीच प्रारंभिक संबंध निम्न घटनाओं से जुड़े हैं–

- 1805 ई. में लॉर्ड मिंटो प्रथम द्वारा आमीर के पास दूत भेजकर एक मित्रवत संधि स्थापित करना।
- 1831 ई. में एलेक्जेंडर बर्नस द्वारा अपनी लाहौर की यात्रा में सिंधु नदी तक यात्रा करना।
- 1832 ई. में लॉर्ड बेंटिक एवं उनके बीच संधि जिसमें सिंध नदी के रास्ते अंग्रेजी व्यापार के लिए खोल दिए गए।
- 1839 ई. में लॉर्ड ऑकलैंड द्वारा आमीर को सहायक संधि पर हस्ताक्षर करने के लिए मजबूर करना।

युद्ध एवं अधिकार

सिंध के साथ युद्ध एवं अधिकार के निम्नांकित कारण थे–

- लॉर्ड एलेनबरो द्वारा सिंध के आमीर एवं लोगों को युद्ध के लिए उकसाना।
- सर चार्ल्स नेपियर का मेजर जेम्स ऑट्रम के स्थान पर ब्रिटिश रेजीडेंट के रूप में 1843 ई. में सिंध में नियुक्त होना।
- बलूचियों द्वारा 1843 ई. में ब्रिटिश रेजीडेंट पर आक्रमण एवं युद्ध की घोषणा।
- बलूची सेना को नेपियर द्वारा मियली में हराना एवं कुछ अमीरों का आत्मसमर्पण करना।
- दाबो में नेपियर द्वारा मीरपुर के अमीर शेख मुहम्मद को हराना।
- सिंध से शेर मुहम्मद को भगाना।
- 1843 ई. में सिंध पर अंग्रेजों का अधिकार होना।
- सर नेपियर की सिंध के प्रथम गवर्नर के रूप में नियुक्ति।
- सिंध पर कब्जा करने के बारे में यह कहा जाता है कि उसने गवर्नर जनरल के पास यह कहते हुए टेलीग्राम भेजा था कि "I have sin(ne)d"

14.12 ब्रिटिशराज का सैद्धांतिक आधार

ब्रिटिश साम्राज्यवाद के दो चरण

16 वीं शताब्दी में आयरलैंड की विजय एवं सामान्य अर्थों में भौगोलिक अन्वेषणों के साथ ही अंग्रेज धीरे-धीरे 'नये रोमनों' के रूप में उभरने लगे तथा उन्होंने यह दावा करना प्रारंभ कर दिया कि विश्व के पिछड़े लोगों को वे सभ्य बना रहे हैं। उनका दावा था कि उनका यह कार्य आयरलैंड से अमेरिका तथा भारत से अफ्रीका तक चल रहा है। इंग्लैंड के इस साम्राज्यवादी इतिहास को दो चरणों में देखा जा सकता है। 'प्रथम साम्राज्य' अटलांटिक के पार अमेरिका तथा वेस्टइंडीज की ओर था तथा 'दूसरा साम्राज्य' जो 1783 (पेरिस की शांति) से प्रारंभ होता है, पूर्व की ओर बढ़ा यानि एशिया एवं अफ्रीका की ओर। ब्रिटिश साम्राज्यवाद का यह रूप धीरे-धीरे विकसित होने लगा तथा इसने शीघ्र ही उपनिवेशवाद का रूप ले लिया। उपनिवेशवाद के इस क्रम में उसने संसार के सभी क्षेत्रों की ओर प्रसार किया।

श्वेत लोगों के भार का सिद्धांत–बौद्धिक विकास के वातावरण के उपरांत की अवधि में अंग्रेजों ने स्वयं को आधुनिक या सभ्य लोगों के रूप में प्रस्तुत करना प्रारंभ कर दिया तथा स्वयं को विश्व का सर्वश्रेष्ठ घोषित किया। इनकी इस मानसिकता की वजह से ये शीघ्र ही साम्राज्यवादी प्रवत्ति की ओर मुड़ गये तथा 19वीं शताब्दी में यह प्रवत्ति सामने आने लगी, जिसे उन्होंने तथाकथित रूप से 'सुधार का युग' कहा। दूसरे शब्दों में, भारत के प्रति भी अंग्रेजों की साम्राज्यवादी एवं औपनिवेशिक नीति का कारण उनकी यही सोच थी। साम्राज्यवादी संबंधों में समय के साथ परिवर्तन आया किंतु इसके आधारभूत सिद्धांत में कोई परिवर्तन नहीं हुआ।

अंग्रेजी सरकार की प्रारंभिक प्रकृति–भारत में ईस्ट इंडिया कंपनी की सरकार ने मुगल शासक की तरह शासन किया। यानि उसने मुगल शासक की भांति स्वयं को वैध माना, सिक्के जारी किये, फारसी को कार्यालयीय भाषा के रूप में प्रयोग किया न्यायालय में हिन्दू एवं मुस्लिम कानून लागू किये। लार्ड क्लाइव ने स्वयं 'द्वैध शासन' की व्यवस्था को अपनाया, जिसके अंतर्गत निजामत संबंधी मामलों को नवाब के हाथों में छोड़ दिया गया, दीवानी मामलों की देखभाल कंपनी स्वयं करती थी। अत्यल्प हस्तक्षेप की यह नीति लोगों के रोष एवं अस्थिरता से बचने के लिये अपनायी गयी थी। प्रारंभ में निःसंदेह भारत में अंग्रेजियत की इस व्यवस्था का प्रारंभ हो चुका था लेकिन कालांतर में इस व्यवस्था के काफी गंभीर परिणाम हुये। दूसरे शब्दों में, ब्रिटिश अधिकारियों के अनुसार, यह क्रांतिकारी परिवर्तन नहीं था।

प्राच्यवाद का प्रारंभ–प्रारंभ में भारत में पश्चिम की छवि उसके पूर्व की उपलब्धियों से प्रकाशमान थी। प्रारंभ में अंग्रेजों के मन में भारतीय संस्कृति एवं परम्पराओं को जानने एवं समझने की एक उत्कंठा थी, जो विलियम जोन्स जैसे विद्वानों के कार्यों में परिलक्षित होती है। उन्होंने इस कार्य के लिये भारतीय भाषा सीखी, जिससे कि वे भारतीयों को अपनी स्वयं की संस्कृति का महत्व समझा सकें तथा उनकी विधिक व्यवस्था को नये रूप में परिभाषित कर सकें, जो अभी तक हिंदू पंडितों एवं मुस्लिम मौलवियों द्वारा चलायी जा रही थी। जोन्स ने संस्कृत, ग्रीक एवं यूनानी भाषाओं में साम्यता स्थापित कर यह बताने का प्रयास किया कि ये सभी भाषायें एक ही परिवार की हैं। विलियम जोन्स ने भारत की संस्कृति को पश्चिम के समान ही समृद्ध बताया। उनके इन प्रयासों की अभिव्यक्ति कलकत्ता मदरसा (1781),

एशियाटिक सोसायटी ऑफ बंगाल (1784) एवं बनारस में संस्कृत महाविद्यालय की स्थापना (1794) के रूप में परिलक्षित होता है। वास्तव में इन सभी संस्थाओं की स्थापना का उद्देश्य भारतीय भाषाओं एवं पांडुलिपियों के अध्ययन को प्रोत्साहित करना था।

प्राच्यवाद का प्रभाव–प्राच्यवादियों ने प्रारंभ में वॉरेन हेस्टिंग्स के अधीन कंपनी की नीतियों का समर्थन किया क्योंकि उस अवधि में कपनी की सरकार भारतीयों के संबंध में ज्यादा हस्तक्षेप की नीति नहीं अपना रही थी तथा भारतीय अधिकांशतया अपनी नीतियों एवं परम्पराओं से शासित थे। इस अवधि में इन्होंने भारतीय समाज के संबंध में अपनी समझ को और बढ़ाने का प्रयास किया। कुछ समय के लिये इस प्रक्रिया को 'उल्टे सांस्कृतिकरण' की संज्ञा दी गयी।

- इसने इस बात को रेखांकित किया कि यदि अंग्रजों को भारतीयों पर शासन करना है तो उन्हे भारतीयों की संस्कृति एवं परंपरा से परिचित होना अपरिहार्य है। इसी उद्देश्य की वजह से लार्ड वेलेज्ली ने 1800 में भारत में नियुक्त होने वाले युवा अधिकारियों के लिये कलकत्ता में फोर्ट विलियम कॉलेज की स्थापना की, जहां उन्हें भारतीय भाषाओं एवं संस्कृति का अध्ययन कराया जाता था।
- प्राच्यवाद का अन्य राजनीतिक पक्ष भी है। भारतीय एवं अंग्रेजों के बीच शास्त्रीय संबंधों की स्थापना के उपरांत उन्होंने किसी सीमा तक औपनिवेशिक शासन का गुणगान प्रारंभ कर दिया। हालांकि इनका इस संबंध में काफी बड़ा योगदान था कि उन्होंने भारतीय समाज को उसके स्वयं के भूल चुके अतीत से परिचित करवाने का प्रयास किया।
- इन विद्वानों ने न केवल आर्यो द्वारा स्थापित भारत के प्राचीन वैभव को महिमामंडित किया अपितु यह भी कहा की पर्याप्त संरक्षण एवं ध्यान के अभाव में दिन-प्रतिदिन इस संस्कृति का पराभव होता जा रहा है। इन लोगों ने भारतीयों को यह विश्वास दिलाने का प्रयास किया कि उनकी सभ्यता एवं संस्कृति किसी भी प्रकार से यूरोपीय सभ्यता एवं संस्कृति से कम नहीं है। इन्होने प्रारंभ में कुछ हद तक अंग्रेजी शासन को इस कार्य के लिये प्रभावित भी किया तथा उसका सहयोग भी प्राप्त किया।

एंगिलिकन एवं व्हिग सिद्धांत का प्रभाव–हेस्टिंग्स की नीति को लार्ड कार्नवालिस द्वारा उलट दिया गया। उसने भारतीय प्रशासन का अधिकाधिक अंग्रेजीकरण करने का प्रयास किया तथा ब्रिटिश सरकार के व्हिग सिद्धांत को लागू करने का प्रयास किया। लार्ड वैलेज्ली ने हालांकि इस तरह के कुछ प्रारंभिक प्रयास किये थे। उसका प्रयास था कि भारतीय राजनीतिक परम्पराओं में यथासंभव कम हस्तक्षेप किया जाये। उसने कार्यपालिका एवं न्यायपालिका के मध्य शक्तियों के पृथक्करण का भी प्रयास किया। इस स्थिति में राज्य को व्यक्तिगत अधिकारों तथा निजी सम्पत्ति की रक्षा में न्यून भूमिका का निर्वहन् करना था।

- अंग्रजों की विजय के प्रारंभ से ही, कंपनी के अधिकारियों ने मुगल राज्य पर नियंत्रण करने के प्रयास प्रारंभ कर दिए थे, जिससे की उन्हें निर्बाध व्यापार करने में सहायता हो तथा वे आसानी से राजस्व का संग्रहण कर सकें।
- अपने इन उद्देश्यों की प्राप्ति के लिये उन्होंने सोची-समझी रणनीति के तहत कार्य प्रारंभ कर दिया था। इसीलिये उन्होने अपने सिक्के जारी करने, टकसाल लगाने इत्यादि के कार्य किये।
- इस अवसर पर यह सुझाया गया कि किसी सशक्त राज्य के उदित होने पर उसके पड़ोसी राज्य स्वतंत्रतापूर्वक व्यवहार नहीं कर पाते हैं।
- कुछ अंग्रेजों, जैसे- विलियम जोन्स ने भारतीय संस्कृति को महिमामंडित करने का भरपूर प्रयास किया तथा यह बताया की आर्य सभ्यता के रूप में भारतीय सभ्यता किसी से कम नहीं है।

प्रशासन की विरोधाभासी एवं टकराव वाली व्यवस्था–ईस्ट इंडिया कंपनी के भारतीय प्रशासन में धीरे-धीरे दो विरोधाभासी रुझान उभर रहे थे, हालांकि दोनो बिल्कुल पृथक् नहीं थे। एक ओर, कार्नवालिस की व्यवस्था थी, जो स्थायी बंदोबस्त पर आधारित थी तथा इसका केन्द्र बंगाल था। लार्ड कार्नवालिस ने बंगाल में स्थायी बंदोबस्त व्यवस्था का शुभारंभ किया। उसे यह उम्मीद थी कि इससे विधि के शासन की स्थापना होगी तथा निजी सम्पनि की धारणा सरकारी नियंत्रण की ओर परिवर्तित हो जायेगी। उसे यह भी लग रहा था कि वह इस व्यवस्था से समाज एवं अर्थव्यवस्था का आधुनिकीकरण करने में सक्षम होगा। लेकिन मद्रास में टॉमस मुनरो एवं पश्चिमी एवं उत्तरी भारत में उसके समर्थकों, यथा-मांसटार्ट एल्फिंस्टन, जॉन मैल्कम एवं चार्ल्स मैटकॉफ ने यह निष्कर्ष निकाला कि कार्नवालिस की व्यवस्था भारतीय परंपराओं एवं अनुभवों के अनुरूप नहीं है। यद्यपि उसने शक्तियों के पृथक्करण वाले विधि के शासन

का विरोध नहीं किया। इनका मानना था कि, इन सुधारों को भारतीय परिस्थितियों के अनुरूप संशोधित करके लागू किया जाना चाहिये। इसके साथ ही इन्होने यह भी अनुभव किया कि वैयक्तिक प्रशासन की भारतीय परम्पराओं के कुछ पहलुओं को जारी रखना चाहिये। इसी परिप्रेक्ष्य में मुनरो ने रैयतवाड़ी व्यवस्था प्रारंभ की, जिसका उद्देश्य भारतीय ग्रामीण समुदाय के हितों का संरक्षण करना था। यद्यपि उसकी व्यवस्था को दक्षिण में अधिक प्रभावी ढंग से लागू किया गया, जहां कंपनी के अधिकारी ग्रामीण किसानों से सीधे राजस्व संग्रहण करते थे तथा यह कार्य मैसूर के शासक टीपू सुल्तान की व्यवस्था से ग्रहण किया गया था।

विरोधाभासी व्यवस्था में समानतायें–इस प्रकार, दोनों व्यवस्थायें केन्द्रीकृत सार्वभौमत्व के आधारभूत सिद्धांतों एवं वैयक्तिक संपत्ति की मान्यता, जो की ब्रिटिश कानून द्वारा संरक्षित थी, पर आधारित प्रतीत होती हैं। स्पष्टतया ये दोनों व्यवस्थायें राजनीतिक एवं प्रशासनिक कार्यों में भारतीयों की प्रत्यक्ष सहभागिता के विरुद्ध थीं। सम्मान एवं पितृत्व, इसलिये भारत में प्रारंभिक ब्रिटिश शासन के दो प्रमुख सिद्धांत थे। इसके अलावा जल्द ही यह भी अनुभव कर लिया गया कि भारत में शासन के सफल संचालन के लिये ब्रिटिश सार्वभौमत्व के साथ ही स्थानीय प्राधिकारियों, यथा- बंगाल में जमींदार एवं मद्रास में मिरासदार तथा ग्रामीण भारतीय समाज के अन्य प्रमुख तत्वों को साथ लेकर चलना आवश्यक है। जहां तक बंगाल में जमींदार एवं मद्रास में मिरासदारों की बात है कार्नवालिस की व्यवस्था एवं मुनरो की व्यवस्था दोनों में इन्हें महत्व प्रदान किया गया था तथा इनकी शक्तियों का उपभोग किया गया था। यदि अवध के ताल्लुकदारों को अपदस्थ किया गया तो इसकी परिणति 1857 के विद्रोह के रूप में सामने आयी एवं विद्रोह के पश्चात् प्राचीन वैभव एवं प्राधिकार की पुनः स्थापना हुयी।

नवीन बौद्धिक लहर एवं स्वतंत्र व्यापार–1800 के लगभग ब्रिटेन की औद्योगिक क्रांति ने नयी आर्थिक दशाओं एवं आवश्यकताओं को जन्म दिया। इसके अलावा ब्रिटेन में नवीन बौद्धिक लहर की स्वतंत्र बयार बही तथा इसने निःसंदेह भारत को भी प्रभावित किया। इस अवधि में ब्रिटेन के व्यापारी भारतीय व्यापार में कंपनी के एकाधिकार के विरुद्ध एकजुट हो गये तथा कुछ अन्य कारकों ने भारत में कंपनी के प्रशासन में परिवर्तन को बामय कर दिया। ये दोनों ही विचारधारायें इस बात पर बल देती थीं कि भारत की विजय अपराध या पाप के सहारे की गयी है लेकिन इस पापी या अपराधी औपनिवेशिक व्यवस्था का उन्मूलन करने की बजाय उन्होने इसमें परिवर्तन एवं सुधारों की मांग की, जिससे कि भारतीय इस प्रशासन से लाभान्वित हो सकें तथा इसे अपना हितैषी मानने लगें। इस प्रकार इन दोनों ही सिद्धांतों ने इस बात का समर्थन किया कि भारत में कंपनी का प्रशासन भारतीयों के हित में है तथा भारत में उसकी विद्यमानता स्थायी रूप से आवश्यक है।

ईसाई धर्माधिकारियों की भूमिका–ईसाई धर्माधिकारियों ने भारतीय बर्बरता के विरुद्ध धर्मयुद्ध प्रारंभ कर दिया तथा यह विचार प्रतिपादित किया कि भारत की असंयमित प्रकृति को परिवर्तित करने के लिये भारत में ब्रिटिश शासन आवश्यक है। भारत में, इस विचार की मुख्य प्रवर्तक कलकना के समीप सेरामपोर में कार्यरत ईसाई मिशनरी थी। इस मिशनरी के प्रमुख चार्ल्स ग्रांट थे। 1792 में उन्होंने कहा कि भारत में मुख्य समस्या यह है कि भारत में धार्मिक विचार अत्यंत पुरातन हैं तथा लोग उन्हें ही ढोते चले जा रहे हैं। इस पर प्रहार करने का एकमात्र माध्यम ईसाईयत है। इसके अनुसार भारत में अंग्रेजों का शासन एक पवित्रता का कार्य है, जो ब्रिटेन द्वारा किया जा रहा है। विलियम विल्बरफोर्स ने दृढ़तापूर्वक ग्रांट के विचारों को 1813 का चार्टर अधिनियम पारित होने के समय संसद के सम्मुख रखा। इस अधिनियम में ईसाई मिशनरियों को भारत में अपना कार्य करने की छूट प्रदान की गयी थी। कालांतर में व्यापारिक वर्ग ने भी स्वतंत्र व्यापार के अपने स्वार्थ एवं अपने हितों का पक्षपोषण करने के लिये मिशनरियों के विचारों का समर्थन किया एवं उन्हे कुछ हद तक सहयोग भी प्रदान किया। इस अवस्था में इन मिशनरियों एवं व्यापारियों के विचारों में काफी समानता परिलक्षित हुई। चार्ल्स ग्रांट भारत में कंपनी के व्यापारिक एकाधिकार को समाप्त किये जाने का पक्षधर था, अंततः उसी के प्रयासों से 1833 के चार्टर अधिनियम द्वारा भारत से कंपनी के व्यापारिक एकाधिकार को समाप्त कर दिया गया।

उपयोगितावादियों की भूमिका–यह काल ब्रिटिश उदारवाद के चरमोत्कर्ष का भी साक्षी है। उपयोगितावाद, इसी ब्रिटिश उदारवाद का एक पक्ष है, जिसमें ब्रिटिश उदारवाद की कई विशेषतायें परिलक्षित होती हैं। जेर्मी बेंथम के अनुसार, इस सिद्धांत का प्रमुख उद्देश्य विश्व के अधिकाधिक लोगों को अधिकाधिक प्रसन्नता प्रदान करना है। उनके विचार में अच्छा कानून तथा प्रभावी एवं दक्ष प्रशासन ही परिवर्तन के प्रभावी माध्यम हैं। जेम्स मिल, जो कि बेंथमवाद के एक प्रमुख समर्थक माने जाते हैं, लंदन स्थित ईस्ट इंडिया कंपनी के

कार्यालय से आये थे तथा इन्होंने भारत में कंपनी के सिद्धांतों को परिवर्तित करने में एक महत्वपूर्ण भूमिका निभाई। 1817 में प्रकाशित '*द हिस्ट्री ऑफ ब्रिटिश इंडिया*' नामक अपनी पुस्तक में मिल ने सबसे पहले भारत की सांस्कृतिक एवं आर्थिक समृद्धि को निराधार बताया तथा इसे एक मिथक की संज्ञा दी तदुपरांत इसे उन्होंने विलियम जोन्स जैसे लोगों द्वारा प्रचारित किया गया एवं अविश्सनीय कार्य बताया। भारत को विकास के लिये किस चीज की आवश्यकता है, इसके लिये उन्होने पारंपरिक बेंथमवादी फैशन को प्रमुख माध्यम बताया तथा कहा कि इसके लिये अच्छे विधानों के निर्माण की आवश्यकता है। वास्तव में, यह उन्हीं के प्रयासों का प्रतिफल था कि 1833 में लार्ड मैकाले की अध्यक्षता में विधि आयोग का गठन किया गया, जिसने पूर्णतया बेंथमवादी मॉडल पर भारतीय दंड संहिता की रूपरेखा प्रस्तुत की।

- उपयोगितावादी कई महत्वपूर्ण पहलुओं के उदारवादी होने से असहमत थे, मुख्यतया आंग्लवादी व्यवस्था के प्रश्न पर। लार्ड मैकाले ने 1835 के अपने प्रसिद्ध स्मरण-पत्र में अत्यंत प्रभावी ढंग से शिक्षा का माध्यम अंग्रेजी को बनाये जाने की वकालत की, जबकि मिल जैसे प्राच्यवादी अभी भी देशी-भाषायी माध्यम से शिक्षा की वकालत कर रहे थे। दूसरे शब्दों में, हम कह सकते हैं कि उन्नीसवीं शताब्दी के पूवार्द्ध में आंग्लवादियों एवं प्राच्यवादियों के मध्य विवाद एवं असमंजस की स्थिति बनी हुयी थी।
- लार्ड बैंटिक ने भी मिल के विचारों का ही समर्थन किया। मिल के कट्टर समर्थक बैंटिक ने विधान बनाकर सती प्रथा एवं बाल हत्या पर रोक लगा दी। लेकिन इसी समय, उन्होने भारतीय परंपराओं के प्रति अपना अनुराग भी व्यक्त किया तथा यह इच्छा व्यक्त की कि वह भारतीयों को उनके सच्चे धर्म से परिचित कराना चाहता है। यही वजह थी कि सती प्रथा उन्मूलन हेतु विधान बनाये जाने के समय आवश्यक विचार-विर्मश के समय इस बात का पूरा ध्यान रखा गया की क्या प्राचीन हिंदू शास्त्र इस कार्य की वकालत करते हैं या नहीं।
- इससे आगे, 1835 में निर्मित भारतीय दंड संहिता 1860 तक कानून का रूप नहीं ले सकी। उन्नीसवीं शताब्दी में कई प्रकार के असमंजस की स्थितियां बनीं हुयी थीं। वैसे लार्ड डलहौजी भी मिल के विचारों का समर्थक था तथा उसने अनेक अवसरों पर इसकी झलक भी दी है।

विक्टोरियाई उदारवाद एवं पितृत्ववाद–1857 के उपरांत भारत में ब्रिटिश शासन में विक्टोरियाई उदारवाद एवं पितृत्ववाद के भी दर्शन होते हैं। विद्रोह के उपरांत कई अंग्रजों की यह धारणा निर्मित हुयी की भारत में किये जाने वाले सामाजिक सुधार 'अनावश्यक एवं खतरनाक' हैं तथा भारतीयों को कभी भी इस कार्य के लिये दक्ष नहीं बनाया जा सकता है। लेकिन इसका अभिप्राय यह भी नहीं था कि सुधार सदैव के लिये समाप्त हो गये। 1858 में महारानी की उद्घोषणा के बाद भी भारतीय परिषद अधिनियम, 1861 तथा स्थानीय शासन अधिनियम, 1882 में कई कार्यों के लिये सुधार के प्रावधान किये गये, जिनमें शिक्षा प्रमुख थी। किंतु दूसरी ओर, भारतीय संस्कृति के संबंध में बहुत सोच-समझकर चलने का निश्चय किया गया।

- अब अंग्रजों ने न केवल भारतीयों के मतभेदों पर बल दिया अपितु वे भारतीयों को नीचा दिखाने का प्रयास भी करने लगे। उन्नीसवीं शताब्दी में विक्टोरियाई इंग्लैंड में प्रजातीय विज्ञान के उद्‌भव से आगे इन विचारों को अनुसमर्थन प्राप्त हुआ। इसने भाषायी विशेषताओं एवं प्रजातीय पहचान को प्रमुखता दी।
- इस प्रजातीय मानव विज्ञान ने मानव की प्राचीन सभ्यता को नकार दिया तथा यह सभ्य श्वेत चर्म वाले यूरोपियों एवं काली चर्म वाले दासों के बीच स्थापित संघर्ष का कारण बन गया। इस प्रकार यह तथ्य पुनर्स्थापित हुआ कि श्वेत चर्म वाले आर्यों ने काली चर्म वाले दासों को पराजित करके वैदिक संस्कृति की स्थापना की थी।
- दूसरे शब्दों में, आंग्लवादियों ने भारतीयों की छवि एक पिछड़े लोगों के रूप में प्रस्तुत की तथा भारतीय समाज को पिछड़ा बताया। इन्होंने पुन: यह राग आलापना प्रारंभ कर दिया कि औपनिवेशिक शासन भारतीयों के हित में है।
- इस प्रकार भारतीयों द्वारा स्वयं शासन करने के सभी तर्कों को नकार दिया गया तथा यह निश्चय किया गया की भारत पर शासन करने के लिये भारतीय समाज से ज्यादा छेड़छाड़ न की जाये। यदि किसी प्रकार के सुधार किये भी गये तो वे राजनीतिक मांगों या राजनीतिक उद्देश्यों की पूर्ति के लिये थे, न कि भारतीयों का भला करने क` लिये।

प्रजातीयतावाद का सिद्धांत एवं व्यवहार: अंग्रेजों द्वारा अपनी प्रजातीय श्रेष्ठता के सिद्धांत की घोषणा पहली बार उन्नीसवीं शताब्दी में ही नहीं की गयी थी अपितु इस प्रकार

के विचार अठारहवीं शताब्दी के अंतिम वर्षों में भी व्यक्त किये गये थे। जब कार्नवालिस ने कंपनी की नौकरशाही को प्रशिक्षित एवं सभ्य लोगों का दर्जा दिया, उस समय उसने कंपनी के अधिकारियों को यह भी कहा कि वे स्वयं को भारतीयों से दूर रखें। इससे भी अधिक, कंपनी के अधिकारियों एवं कर्मचारियों को भारतीय महिलाओं से विवाह करने की मनाही की गयी तथा अंग्रेजी पत्नी रखने को कहा गया, जिससे अंग्रेजों की प्रजातीय सर्वश्रेष्ठता बरकरार रहे। हेनरी डंडास के अनुसार, जो बोर्ड ऑफ कंट्रोल के प्रथम अध्यक्ष थे, ने यद्यपि इस कार्य को 'भारतीय साम्राज्य को विनष्ट' करने वाले कदम की संज्ञा दी।

- शासक एवं शासित के मध्य इस प्रकार के पृथक्तावादी संबंध प्रशासन की दृष्टि से सर्वथा अनुचित होते हैं तथा साम्राज्य की सत्य धारणा के ये विरुद्ध हैं।
- अठारहवीं शताब्दी के प्रारंभिक वर्षों में प्रजातीय श्रेष्ठता के सिद्धांत ने बल प्राप्त करना प्रारंभ कर दिया था। इस अवधि में नगरों एवं कस्बों में श्वेत एवं कालों की अलग-अलग बस्तियां इस भावना की परिचायक थीं।
- 1791 से यूरेशियाई लोगों की साम्राज्यवादी स्थिति में अनवरत पराभव आ रहा था, जब वे समर्पित सिविल एवं उच्च क्षमतायुक्त सैन्य सेवाओं से पृथक् किये जाने लगे। औपनिवेशिक समाज का प्रजातीय विभाजन अभी पूर्ण नहीं हुआ था। उन्नीसवीं शताब्दी के प्रारंभ में भारतीयों एवं अंग्रेजों के बीच प्रजातीय भेदभाव की झलक झलकना जैसे नगरों में आसानी से देखी जा सकती थी, जहां कि इनके लिये लगभग पृथक् निवास क्षेत्र थे।
- उन्नीसवीं शताब्दी के प्रारंभ में अंग्रेजों की प्रजातीय सर्वश्रेष्ठता की भावना की चरम परिणति लार्ड मैकाले जैसे लोगों के कार्यों एवं विचारों में दिखाई देती है, जब उसने अपने प्रसिद्ध स्मरण-पत्र के माध्यम से यह घोषित किया की उसका उद्देश्य भारत में ऐसे लोगों का वर्ग तैयार करना है, जो त्वचा से भारतीय एवं विचार, प्रज्ञा, खानपान एवं आदतों से अंग्रेज हो। यद्यपि 1857 का विद्रोह इस प्रजातीय भेदभाव का भी एक परिणाम था।
- 1877 में शाही दरबार, जिसमें एक घोषणा द्वारा ब्रिटेन की महारानी को भारत की साम्राज्ञी घोषित किया गया, कंपनी की सरकार ने भारत में शाही सर्वोच्चता की घोषणा की। इस घोषणा से भारत के सभी लोग साम्राज्ञी की प्रजा हो गये तथा अंग्रेज उनके शासक बन गये। इस घोषणा द्वारा वायसराय को भारत में शासन का केंद्र बिन्दु घोषित किया गया।
- 1883 के इल्बर्ट बिल विवाद से अंग्रेजों की मानसिकता से एक बार पुनः भारतीय रूबरू हुये। इस बिल द्वारा जब भारतीयों को यूरोपियों के बराबर मानने का प्रयास किया गया तो सभी श्वेत चर्म लोगों ने एक स्वर से इसका तीव्र विरोध किया।

14.13 ब्रिटिशराज का स्वरूप

ब्रिटिश के अधीन राज्य एवं भारत सरकार का स्वरूप

ब्रिटिश साम्राज्य में राज्यों का स्वरूप उपनिवेश या परावलंबन का था। ब्रिटिश संसद को अनियंत्रित वैधानिक शक्ति प्राप्त थी यद्यपि भारत पर ब्रिटिश संसद की संप्रभुता की कानूनी घोषणा 1858 ई. तक कहीं नहीं थी। 1858 ई. की विधायिका द्वारा भारतीय शिक्षा प्रशासन ब्रिटिश क्राऊन के हाथों में चला गया।

गृह सरकार (Home government)–ह्वाइटकाल में एक भारतीय कार्यालय की आवश्यकता ने 'गृह सरकार' को जन्म दिया। कंपनी द्वारा भारत में अपने क्षेत्रों को अपनी निजी संपत्ति के रूप में दावा करने और ब्रिटिश सरकार द्वारा इस दावे की मौन स्वीकृति देने से ब्रिटिश सरकार इस दुविधा में पड़ गई थी कि इन क्षेत्रों पर सीधा नियंत्रण रखा जाए या इसे कंपनी के हाथों में सौंप दिया जाए। 1773 ई. की विधायिका ने कंपनी के प्रबंध परिषद के पुन: निर्माण एवं गनर्वर जनरल परिषद के गठन में प्रमुख योगदान दिया। 1784 ई. की विधायिका से दोहरी सरकारी व्यवस्था (निदेशक मंडल एवं नियंत्रक मंडल) का गठन हुआ।

ब्रिटिश क्राऊन द्वारा भारत में सीधा प्रशासन–1858 ई. की विधायिक द्वारा कोर्ट एवं बोर्ड को भारत के राज्य सचिव (Secretary of State) एवं उसकी परिषद द्वारा स्थानांतरित कर दिया गया। गृह सरकार को नियंत्रित करने एवं चलाने के लिए निर्विवाद प्राधिकार की स्थापना हुई, लेकिन भारतीय सरकार को भारत में चलाने की आवश्यकता के लिए यह आवश्यक था कि ये अधिकार किसी योग्य व्यक्ति को दिया जाए।

ब्रिटिश भारतीय सरकार की व्यवस्था–इस व्यवस्था का स्वरूप एकल एवं अत्यंत केंद्रीयकृत था। यह अविभाजित प्राधिकार के साथ सर्वोच्च था। प्रांतीय व्यवस्था यद्यपि

ऐतिहासिक रूप से बहुत पुरानी थी जिसका अंत 1833 ई. तक हो गया और बाद में प्रांतीय सरकारों का पुनः प्रचलन हस्तांतरण एवं विकेंद्रीकरण पर आधारित हो गया था।

एकल व्यवस्था या केंद्रीयकृत सरकार का विकास–भारत में केंद्रीय प्राधिकार नहीं था और प्रत्येक प्रांत कंपनी निदेशकों की सीधी जिम्मेदारी थी। केंद्रीयकरण का पहला संकेत 1773 ई. की विधायिका में दिखायी देता है, जिसमें कलकत्ता के गवर्नर को बंगाल का गवर्नर जनरल मनोनीत किया गया। बाद में केंद्र सरकार की शक्ति 1793 ई. एवं 1813 ई. की विधायिका द्वारा बढ़ाई गई यद्यपि युद्ध एवं शांति को छोड़कर अन्य सभी प्रांत स्वतंत्र थे। 1833 ई. की विधायिका ने कलकत्ता के केंद्रीय प्राधिकार को और ज्यादा शक्तिशाली बना दिया जबकि अन्य सभी को मूक प्रतिनिधि बना दिया। 1833 ई. में एकल व्यवस्था शुरू हुई, जो 1919 तक प्रचलित रही।

हस्तांतरण एवं विकेंद्रीकरण की प्रक्रिया–1870 ई. में लॉर्ड मायो द्वारा विकेंद्रीकरण का पहला प्रयास वित्त व्यवस्था के क्षेत्र में शुरू किया गया, लेकिन 1918 ई. के बाद इसका वास्तविक विकास हुआ। 1919 ई. की विधायिका ने केंद्र एवं प्रांतीय सरकारों के बीच उद्देश्यों का बंटवारा कराया और प्रांतों में द्विशासन व्यवस्था की शुरुआत की। 1935 ई. की विधायिका ने प्रांतों में द्विशासन व्यवस्था को खत्म कर प्राविध स्वशासन की स्थापना की।

उपनिवेशिक सरकार का ढांचा

सरकार की शाखाएं–सरकार की निम्न शाखाएं थीं–

कार्यकारी शाखा: गवर्नर जनरल, राज्य सचिव का संवैधानिक दायित्व और प्रांत का प्रमुख था, जो नियमों के द्वारा घिरा हुआ था। व्यावहारिक रूप से योग्य व्यक्ति का सिद्धांत खत्म हो गया था।

गवर्नर जनरल की कार्यकारी समिति एवं गवर्नर उपयुक्त आकार प्राप्त करने लगे। यद्यपि 1773 ई. के बाद इस आकार में कमी आई। शुरू में समिति के प्रमुखों को कोई विशेष अधिकार प्राप्त नहीं था परंतु बाद में उन्हें समिति को प्रत्यादेश करने का अधिकार प्राप्त हुआ। कैनिंग के व्यवसायी नियमों के अंतर्गत शुरू के दुर्व्यविहीन एवं विलंबकारी प्रस्तावों को पत्राधान व्यवस्था द्वारा हस्तांतरित कर दिया गया।

वैधानिक शाखा–भारत में वैधानिक प्रक्रिया का विकास निम्नांकित परिणामों से हुआ। 1833 ई. की विधायिका द्वारा भारत में गवर्नर जनरल समिति को विधायिका का एकमात्र अधिकार देना, मैकॉले के अधीन लॉ कमीशन की नियुक्ति, वैधानिक कार्य-प्रणाली का 1853 ई. के द्वारा पुनः निर्माण, गवर्नर जनरल समिति में अन्य सदस्यों को जोड़कर एक कार्यकारिणी विधायिका का निर्माण किया गया, जिससे प्रांतीय विधायिका स्थापित हुई। विधायिका समिति को बढ़ाना एवं 1892 ई. में सदस्यों के चुनाव का प्रस्ताव 1909 ई. में मोरले-मिंटो द्वारा सुधार एवं मॉट-फोर्ड द्वारा 1919 ई. में सुधार किए गए।

न्यायिक शाखा–भारत में न्यायिक व्यवस्था का विकास निम्नलिखित घटनाओं का साक्ष्य है। वारेन हेस्टिंग्स द्वारा 1772 ई. में सुव्यवस्थित न्यायिक व्यवस्था की स्थापना करने का प्रयास, 1781 ई. एवं 1861 ई. के बीच समानांतर दो कोर्टों की व्यवस्था, जिसमें एक कंपनी की सहायक थी तथा दूसरी इससे स्वतंत्र थी। 1861 ई. के विधायिका द्वारा सभी प्रांतों में हाईकोर्ट की स्थापना करना, शासकीय कानून एवं समानता के कानून (Equality before law) के सिद्धांतों की शुरुआत। दो आवर्तक कठिनाइयां थीं–यूरोपियन्स को भारतीय जजों द्वारा उनके मुकद्दमों के विचार पर अनिच्छा प्रकट करना तथा कार्यपालक अधिकारियों द्वारा न्यायिक अधिकारों का प्रयोग करना।

सरकार का विभागीकरण–कंपनी पहले केवल दो समितियों या विभागों में गोपनीय एवं प्रवर समिति द्वारा कार्य करती थी परंतु सरकार की कार्यक्षमता को बढ़ाने एवं सुचारू रूप से कार्य करने के लिए बाद में कई अन्य विभागों का गठन किया गया।

जिला प्रशासन का विकास–प्रशासन की एक महत्वपूर्ण इकाई जिला था और इसकी देखरेख कलेक्टर करता था, जो कि प्रत्यक्ष रूप से प्रांतीय सरकार के प्रति जिम्मेदार था। कलेक्टर के कार्य एवं भूमिका ने दो विचारधाराओं-अंग्रेजी विचारधारा और भारतीय विचारधारा के बीच विवाद उत्पन्न कर दिया। अंग्रेजी विचारधारा वाले सीमित भूमिका चाहते थे, जबकि भारतीय विचारधारा वाले पैतृक भूमिका और पूर्ण अधिकार चाहते थे। कार्नवालिस के सुधारों में अन्य बातों के साथ कर प्रशासन को न्यायिक एवं पुलिस प्रशासन से अलग कर दिया गया। मुनरो, एलफिंस्टोन और लॉरेंस (जो भारतीय विचारधारा के समर्थक थे) ने कलक्टर-मजिस्ट्रेट के पुनः स्थापन का कार्य किया और अंततः उनके प्रयास के परिणामस्वरूप 1857 ई. के बाद कलक्टर-मजिस्ट्रेट पूर्ण रूप से स्थापित हो गया। बाद में अन्य कारणों, जैसे- सरकार द्वारा कल्याण कार्य में वृद्धि, स्वशासित स्थानीय सरकार में वृद्धि इत्यादि के फलस्वरूप कलक्टर

की जिम्मेदारियों को कम करने की प्रवृत्ति हुई, यद्यपि कलक्टर अभी तक जिले का प्रमुख अधिकारी बना रहा।

स्थानीय स्वशासित सरकार का विकास–अंग्रेजों ने वाणिज्यिक चरण में और पुनः 1850 ई. से 1860 के बीच आधे मन से निगम प्रशासन के गठन का प्रयास शुरू किया। इस प्रयास में रिपन द्वारा किए गए सुधारों से प्रोत्साहन मिला, लेकिन 1919 ई. के पहले स्थानीय प्रशासन में लोकतांत्रिक प्रवृत्ति की कमी थी और यह अनुचित आधिकारिक प्रभुत्व से आक्रांत था।

सिविल सेवा

भारत की सरकार एक अधिकारी वर्ग या अधिकारियों की सरकार के रूप में निम्न चरणों से होकर अस्तित्व में आई–कंपनी की सेवा का 'वाणिज्यिक सेवा' से 'प्रशासनिक सेवा' में हस्तांतरण; कार्नवालिस के सुधारों द्वारा आधुनिक सिविल सेवा का प्रसंविद (कोवनेटेल) भारत की सिविल सेवा (जो 1816 ई. के बाद भारतीय सिविल सेवा के नाम से जानी जाती है) का गठन; वेलेज्ली द्वारा फोर्ट विलियम कॉलेज की कलकत्ता में स्थापना; बाद में इसके स्थान पर इंग्लैंड में हेलीबरी कॉलेज की स्थापना तथा सिविल सेवा में संरक्षण के स्थान पर खुली प्रतियोगी परीक्षा की प्रथा शुरू की गई।

बाद में उन्नीसवीं शताब्दी के मध्य के बाद कई जगह कई विशिष्ट एवं तकनीकी सेवाओं की शुरुआत और 1890 ई. के बाद प्रांतीय एवं अधीनस्थ सेवाओं की शुरुआत की गई।

क्लाइव एवं वारेन हेस्टिंग्स के अधीन सिविल सेवा में कई भारतीय शामिल थे। परंतु कार्नवालिस के समय भारतीयों को सिविल सेवा से बाहर कर दिया गया। बेटिंक ने भारतीय अधिकारियों की स्थिति में सुधार के लिए कई उपाय किए।

उच्च सेवाओं का भारतीयकरण (1868)– छात्रवृत्ति योजना एवं वैधानिक नागरिकों की योजना (1879) सिविल सेवा के भारतीयकरण के लिए दो सफल कदम थे। इनमें पहली योजना का लक्ष्य प्रतिभाशाली भारतीय विद्यार्थियों को भारतीय सिविल सेवा परीक्षा देने के लिए इंग्लैंड जाने में मदद करना था, जबकि दूसरी योजना का उद्देश्य भारतीय सिविल सेवा में हुई रिक्तियों का पांचवां भाग पढ़े-लिखे युवा भारतीयों द्वारा भरा जाना था। 1886 ई. में लॉर्ड डफरिन द्वारा एचीसन कमीशन की नियुक्ति उच्च सेवाओं में और अधिक भारतीयों को प्रत्यक्ष रूप से नियुक्त करने के लिए साधन खोजने के लिए की गई, लेकिन कमीशन ने इस प्रस्ताव के रखने से पूर्व मुख्य प्रशासनिक नियुक्तियों को पूरा कर शेष पदों को प्रत्येक प्रांतों में गठित कर भारतीय प्रांतीय सेवा का हस्तांतरण करते हुए भारतीय सिविल सेवा की संख्या में कमी करने की सिफारिश की। भारतीय सिविल सेवा की परीक्षा एक साथ इंग्लैंड तथा भारत में 1922 ई. में पहली बार शुरू की गई। 1924 ई. में लॉर्ड रीडिंग द्वारा ली कमीशन की स्थापना हुई, जिसमें लोकप्रिय नियंत्रण को दी गई विशिष्ट सेवाओं की भर्ती में रोक लगा दी गई तथा अन्य सेवाओं के भारतीयकरण में तीव्रता लाई गई। 1926 ई. में केंद्र में लोक सेवाओं का गठन तथा बाद में प्रांतीय आयोग अन्य महत्वपूर्ण घटनाएं थीं।

14.14 गवर्नर जनरल एवं वायसराय

ब्रिटिश भारत में 1773 ई. से 1857 ई. के बीच तेरह गवर्नर जनरल आए। इनके शासन काल में निम्नांकित मुख्य घटनाएं एवं विकास हुए–

वारेन हेस्टिंग्स (1773-85)

- 1773 ई. का रेगुलेटिंग एक्ट।
- 1781 ई. की विधायिका (इसके द्वारा गवर्नर जनरल परिषद एवं कलकत्ता उच्चतम न्यायालय के न्यायिक अधिकार क्षेत्र का निर्धारण करना)।
- 1784 ई. का पिट्स इंडिया एक्ट।
- 1774 ई. में रोहिल्ला युद्ध एवं अवध के नवाब द्वारा अंग्रेजों की मदद से रोहिलखंड पर अधिकार करना।
- प्रथम मराठा युद्ध (1775-82) और 1782 ई. में सालबाई की संधि।
- द्वितीय मैसूर युद्ध (1780-84)। (प्रथम युद्ध 1766-69 ई. में)
- चैत सिंह का मामला (1778), जो बनारस का राजा था।
- (1782) अवध की बेगमों का मामला।
- 1784 ई. में सर विलियम जोंस एवं हेस्टिंग्स द्वारा एशियाटिक सोसाइटी ऑफ बंगाल की स्थापना करना।

1785 ई. में उसके इंग्लैंड वापसी के बाद हाऊस ऑफ लॉर्डस में एडमुंड बुर्के, चार्ल्स जेम्स, फॉक्स, सेरीडन एवं गिल्बर्ट इलियट द्वारा उस पर महाभियोग चलाया गया। एडवर्ड लॉ, प्लमर एवं डालास उसके समर्थक थे। सात वर्ष के लंबे मुकद्दमे के बाद उसे निर्दोष घोषित कर दिया गया।

लॉर्ड कार्नवालिस (1786-93)

- (1790-92) ई. में तृतीय मैसूर युद्ध एवं (1792 ई.) में श्रीरंगपट्टनम की संधि।
- 1793 ई. में बंगाल एवं बिहार में स्थायी कर व्यवस्था तथा जमींदारी प्रथा की शुरुआत।
- (1793 ई.) में न्यायिक सुधार, विभिन्न स्तरों के कोर्ट की स्थापना एवं कर प्रशासन को न्यायिक प्रशासन से अलग करना, सिविल सर्विस की शुरुआत तथा प्रशासन तथा शुद्धिकरण के लिए सुधार।

सर जॉन शोर (1793-98)

स्थायी बंदोबस्त (1793) के शुरू करने में इन्होंने राजस्व बोर्ड के अध्यक्ष के रूप में महत्वपूर्ण योगदान दिया, लेकिन उनके गवर्नर जनरल काल में कोई महत्वपूर्ण घटना नहीं हुई।

लॉर्ड वेलेज्ली (1798-1805)

- (1798 ई.) में सहायक संधि व्यवस्था की शुरुआत और हैदराबाद के निजाम के साथ 1798 ई. में प्रथम सहायक संधि।
- चौथा मैसूर युद्ध (1799) एवं मैसूर के कई भागों पर कब्जा।
- (1802) बसीन की सहायक संधि और द्वितीय मराठा युद्ध (1803-05)
- तंजौर एवं कर्नाटक राज्यों पर कब्जा करने के बाद मद्रास प्रांत की स्थापना।

लॉर्ड मिंटो प्रथम (1807-13)

- मिंटो के पहले सर जॉर्ज बारलो दो वर्षों (1805-07) के लिए गवर्नर जनरल बना। उसके शासन काल की मुख्य घटना वैल्लोर विद्रोह (1806) था।
- रंजीत सिंह के साथ अमृतसर की संधि (1809)।
- 1813 ई. का चार्टर एक्ट।

लॉर्ड हेस्टिंग्स (1813-23)

- नेपाल के साथ युद्ध या गोरखा युद्ध (1814-16), इस युद्ध में विजय के कारण वह 1816 ई. में मारक्विज ऑफ हेस्टिंग्स बना।
- तृतीय मराठा युद्ध (1817-1818) पेशवा का पद खत्म कर दिया गया एवं उसके सभी क्षेत्रों पर अधिकार कर लिया गया, बंबई प्रांत बनाया गया (1818)।
- पिंडरी युद्ध (1817-1818)।
- गवर्नर थॉमस मुनरो द्वारा 1820 ई. में मद्रास प्रांत में रैयतवाड़ी व्यवस्था लागू की गई।

लॉर्ड एम्हर्ट (1823-28)

- प्रथम बर्मा (म्यांमार) युद्ध (1824-26)।
- भरतपुर पर कब्जा (1826)।

लॉर्ड विलियम बेंटिक (1828-35)

- सती प्रथा पर रोक (1829)।
- थुग्गियों का दमन (1829-35)।
- 1833 ई. का चार्टर एक्ट।
- मैकॉले माइन्यूट अनुदेश के माध्यम के रूप में अंग्रेजी की शुरुआत (1835)
- राममोहन राय की 1830 ई. में इंग्लैंड यात्रा एवं 1833 ई. में उनका वहां निधन।
- मैसूर के राजा की राज्यच्युति एवं क्षेत्रों पर कब्जा (1831)।
- जयंतिया पहाड़ियां एवं कछार पर कब्जा (1832)।
- कुर्ग पर कब्जा (1834)।
- आगरा प्रांत का गठन (1834)।
- प्रांतीय अपील को एवं सर्किट कोर्यों की समाप्ति एवं उसके स्थान पर कमिश्नरों की नियुक्ति।

लॉर्ड ऑकलैंड (1835-42)

ऑकलैंड से पहले सर मेटकॉफ, जो कि एक छोटे समय के लिए प्रशासन का प्रभारी बना था, ने 1835 ई. में भारतीय प्रैसों को प्रतिबंधों से मुक्त कर दिया।

- प्रथम अफगान युद्ध (1836-42) युद्ध में ब्रिटिशों को भारी क्षति एवं ऑकलैंड को वापस बुला लिया जाना।
- रंजीत सिंह की मृत्यु (1839)।

लॉर्ड एलनबरो (1842-44)

- प्रथम अफगान युद्ध की समाप्ति (1842)।
- सिंध पर कब्जा (1843)।
- ग्वालियर के साथ युद्ध (1843)।

लॉर्ड हार्डिंग (1844-48)

- प्रथम सिख युद्ध (1845-46) एवं लाहौर की संधि (1846)।
- कन्या शिशु हत्या पर रोक। गोंड एवं मध्य भारत में मानव बलि प्रथा का दमन।

लॉर्ड डलहौजी (1848-56)

- द्वितीय सिख युद्ध (1848-49) एवं पंजाब पर कब्जा।
- द्वितीय बर्मा युद्ध (1852) एवं बर्मा के निचले भाग पर कब्जा।
- 1853 ई. का चार्टर एक्ट।
- डॉक्ट्राइन ऑफ लैप्स लागू किया जाना और सतारा (1848), संबलपुर (1849), झांसी (1853), नागपुर (1854) इत्यादि पर कब्जा। अवध पर कब्जा।
- वुड्स शिक्षा डिस्पैच (1854) और अंग्रेजों द्वारा जन-समुदाय को शिक्षित करने की जिम्मेदारी लेना।
- रेलवे (बंबई से ठाणें के बीच प्रथम रेल), टेलीग्राफ (कलकत्ता से आगरा के बीच प्रथम लाइन) और 1853 ई. में डाक व्यवस्था की शुरुआत।
- (1856) विधवा पुनर्विवाह विधेयक।
- सभी प्रांतों में अलग लोक निर्माण विभाग की स्थापना।
- संथाल विद्रोह (1855-56)।

लॉर्ड कैनिंग (1856-57)

- तीन विश्वविद्यालयों (कलकत्ता, मद्रास एवं बंबई 1857 ई. में) की स्थापना।
- 1857 ई. का विद्रोह।

वायसराय (1858-62)

लॉर्ड कैनिंग (1858-62)

- रानी विक्टोरिया की घोषणा एवं 1858 ई. का भारत सरकार।
- ई.आई.सी.ओ. के यूरोपीय सैनिकों द्वारा 1859 ई. में ह्वाइट म्यूटीनि।
- 1861 ई. की भारतीय परिषद विधायक।

लॉर्ड एल्गिन प्रथम (1862)

- 1862 ई. में उसकी अचानक मृत्यु हो गई। सर नेपियर एवं सर डेनिसन द्वारा 1862 ई. से 1864 ई. तक प्रशासन की देखरेख।

लॉर्ड जॉन लॉरेंस (1864-69)

- भूटान के साथ 1865 ई. में युद्ध।
- कलकत्ता, बंबई एवं मद्रास में 1885 ई. में हाई कोर्टों की स्थापना।

लॉर्ड मेयो (1869-72)

- भारतीय राजकुमारों की शिक्षा एवं राजनैतिक प्रशिक्षण के लिए दो कॉलेजों की स्थापना। इनमें से प्रथम कठियावाड़ में राजकोट कॉलेज एवं दूसरा राजस्थान के अजमेर शहर में मेयो कॉलेज की स्थापना।
- भारत के सांख्यिकीय सर्वेक्षण का गठन।
- कृषि एवं वाणिज्य विभाग की स्थापना।
- राज्य रेलवे व्यवस्था की शुरुआत।
- अंडमान में एक कैदी द्वारा 1872 ई. में उसकी हत्या।

लॉर्ड नॉर्थ ब्रूक (1872-76)

- प्रिंस ऑफ वेल्स एडवर्ड III की 1875 ई. में भारत यात्रा।
- अफगान प्रश्न पर उसका त्याग-पत्र।

लॉर्ड लिटन (1876-80)

- 1876 ई. का रॉयल टाइटल्स विधेयक और रानी विक्टोरिया द्वारा भारत की महारानी की उपाधि प्राप्त करना, जनवरी 1877 ई. में दिल्ली दरबार।
- 1878 ई. का वर्नाक्युलर प्रैस विधेयक एवं आर्म्स विधेयक।
- द्वितीय अफगान युद्ध (1878-80)।
- सर रिचर्ड स्ट्रैचे के अधीन 1878 ई. में प्रथम फेमीन कमीशन की नियुक्ति।

लॉर्ड रिपन (1880-84)

- 1881 ई. का प्रथम फैक्ट्री विधेयक।
- 1881 ई. में भारत की प्रथम जनगणना-254 मिलियन जनसंख्या आंकी गई।
- 1882 ई. में स्थानीय स्वशासित सरकार की शुरुआत।
- वर्नाक्युलर प्रैस विधेयक 1882 ई. में रद्द।
- केंद्रीय वित्त का 1882 ई. में विभाजन
- सर विलियम हंटर के अधीन शैक्षिक आयोग का 1882 ई. में गठन।
- इल्बर्ट बिल विवाद (1883)।
- 1883 ई. में फेमीन संहिता का आना।

लॉर्ड डफरिन (1884-88)

- तृतीय बर्मा युद्ध (1885-86)।
- भारतीय राष्ट्रीय कांग्रेस की स्थापना (उस समय लॉर्ड क्रॉस राज्य सचिव थे)।

लॉर्ड लैन्सडाउने (1888-94)

- 1891 ई. का फैक्टरी विधेयक।
- सिविल सेवा का साम्राज्य, प्रांतीय एवं अधीनस्थ तीन भागों में विभाजन।।
- 1892 ई. का भारतीय परिषद विधेयक।
- डूरंड कमीशन की नियुक्ति एवं इसके द्वारा ब्रिटिश भारत एवं अफगानिस्तान के बीच (अभी पाकिस्तान एवं अफगानिस्तान के बीच) डूरंड रेखा सुनिश्चित करना।

लॉर्ड एल्गिन द्वितीय (1894-99)

- पूना के चापेकर भाईयों द्वारा 1897 ई. में दो ब्रिटिश अधिकारियों की हत्या।

लॉर्ड कर्जन (1899-1905)

- सर थॉमस के अधीन 1902 ई. में विश्वविद्यालयों में आवश्यक सुधारों हेतु सुझाव देने के लिए एक आयोग का गठन किया गया, इसकी सिफारिशों के आधार पर 1904 ई. में भारतीय विश्वविद्यालय विधेयक पास किया गया।
- 1904 ई. का प्राचीन स्मारक संरक्षण विधेयक।
- दिल्ली के पूसा में कृषि अनुसंधान संस्थान की स्थापना।
- 1905 ई. में बंगाल का विभाजन।
- 1904 ई. में कर्नल यंगहसबैंड का तिब्बत अभियान।

लॉर्ड मिंटो द्वितीय (1905-10)

- विभाजन विरोधी एवं स्वदेशी आंदोलन।
- सूरत सत्र एवं कांग्रेस का विभाजन (1907)।
- मिंटो-मोरले सुधार या 1909 ई. का भारतीय परिषद विधेयक।
- ढाका के नवाब आगा खान एवं अन्य द्वारा 1909 ई. मुस्लिम लीग की स्थापना।

लॉर्ड हार्डिंग द्वितीय (1910-16)

- बंगाल के विभाजन को खत्म कर मद्रास एवं बंबई की तरह गवर्नरशिप का गठन (1911) (बिहार एवं ओडिशा के लिए लेफ्टीनेंट गवर्नरशिप और असम के लिए मुख्य कमिश्नरशिप)।
- राजकीय राजधानी का 1919 ई. में कलकत्ता से दिल्ली स्थानांतरण। राजा जॉर्ज एवं रानी मेरी का दिसंबर 1911 में दिल्ली में अभिषेक दरबार।
- 1915 ई. में गोपाल कृष्ण गोखले की मृत्यु।
- मदन मोहन मालवीय एवं कुछ पंजाबी नेताओं द्वारा 1915 ई. में हिंदू महासभा की स्थापना।

लॉर्ड चेम्सफोर्ड (1916-21)

- दो होम रूल लीग की स्थापना, पहली तिलक द्वारा अप्रैल 1916 ई. में एवं दूसरी श्रीमती ऐनी बेसेंट द्वारा सितंबर 1916 ई. में।
- लखनऊ सत्र एवं कांग्रेस का पुनर्मिलन (1916)। (ऐनी बेसेंट द्वारा पुनर्मिलन में महत्वपूर्ण भूमिका निभाई गई)।
- कांग्रेस एवं मुस्लिम लीग के बीच लखनऊ समझौता (1916) (तिलक ने इसमें महत्वपूर्ण भूमिका निभाई)।
- (1915) ई. में गांधी का भारत वापस आना, साबरमती आश्रम की स्थापना (1916), चंपारण सत्याग्रह (गांधी ने पहली बार 1917 ई. में भारत में अपना नया तकनीकी का प्रयोग किया), अहमदाबाद में सत्याग्रह (1918), खेड़ा सत्याग्रह (1918)।
- राज्य सचिव मॉण्टेग्य का 1917 ई. में अगस्त घोषणा और मॉण्ट-फोर्ड सुधार या 1919 ई. का गवर्नमेंट ऑफ इंडिया एक्ट।
- एस.एन. बनर्जी के नेतृत्व में कुछ अनुभवी नेताओं द्वारा कांग्रेस से त्याग-पत्र एवं उनके द्वारा इंडियन लिबरल फैडरेशन की 1918 ई. में स्थापना।

- रौलेट एक्ट (मार्च 1919), जलियांवाला बाग हत्याकांड (13 अप्रैल, 1919)।
- तिलक की 1 अगस्त, 1920 ई. को मृत्यु।
- खिलाफत समिति का गठन और खिलाफत आंदोलन (1919-20) की शुरुआत।
- असहयोग आंदोलन की शुरुआत (1920-22)।
- दिसम्बर 1920 में कांग्रेस का नागपुर सत्र, कांग्रेस के संविधान में परिवर्तन।
- पूना में महिला विश्वविद्यालय (1916) की स्थापना।
- सर एस.पी. सिन्हा की बिहार के लेफ्टिनेंट गवर्नर के रूप में नियुक्ति (सर सिन्हा गवर्नर बनने वाले प्रथम और ब्रिटिश संसद के सदस्य बनने वाले दूसरे भारतीय थे, पहले दादा भाई नौरोजी भारतीय थे)।

लॉर्ड रीडिंग (1921-26)

- चौरी-चौरा घटना (5 फरवरी, 1922) और गांधी द्वारा असहयोग आंदोलन वापस लेना।
- सी.आर. दास (देशबंधु) और मोती लाल नेहरू द्वारा दिसंबर 1922 ई. में स्वराज्य पार्टी का गठन।
- रौलेट एक्ट रद्द कर दिया गया।
- 1923 ई. में भारतीय सिविल सेवा का इंग्लैंड एवं भारत दोनों स्थानों पर एक साथ परीक्षा की शुरुआत।
- भारतीय नौसेना के अधिकारी वर्ग का भारतीयकरण शुरू।
- भारतीय कम्युनिस्ट पार्टी की 1925 ई. में स्थापना।

लॉर्ड इरविन (1926-31)

(क्रिश्चियन वायसराय के रूप में लोकप्रिय)

- साइमन कमीशन की नियुक्ति (नवंबर 1927) और कांग्रेस द्वारा कमीशन का बहिष्कार।
- हारकोर्ट बटलर के नेतृत्व में इंडियन कमीशन की नवंबर 1927 ई. में नियुक्ति (इस कमीशन की नियुक्ति भारतीय राज्यों एवं केंद्रीय सरकार के बीच अच्छे संबंध स्थापित करने के लिए की गई थी) और इसकी प्रतिक्रिया में राज्य की जनता द्वारा अखिल भारतीय राजकीय जनता सम्मेलन (All India States Peoples Conference) का दिसंबर 1927 ई. में आयोजन।
- प्रथम भारतीय युवा कांग्रेस का दिसंबर 1928 ई. में सम्मेलन।
- सर्वदलीय समिति का आयोजन एवं इसके द्वारा मोतीलाल नेहरू के नेतृत्व में भारत के लिए संविधान तैयार करने के लिए एक समिति का गठन, समिति द्वारा अगस्त 1928 ई. में 'नेहरू रिपोर्ट' के रूप में अपनी रिपोर्ट प्रस्तुत; इस रिपोर्ट की हिंदू महासभा एवं मुस्लिम लीग इत्यादि द्वारा अस्वीकृति।
- लॉर्ड इरविन द्वारा (1929) ई. में दीपावली घोषणा।
- कांग्रेस का लाहौर सत्र और संपूर्ण स्वराज का संकल्प, 26 जनवरी, 1930 ई. को पहला स्वतंत्रता दिवस निश्चित किया गया (दिसंबर 1929)।
- 12 मार्च, 1930 ई. को गांधी द्वारा दांडी मार्च के साथ सविनय अवज्ञा आंदोलन शुरू, 1930 ई. में कांग्रेस द्वारा प्रथम गोलमेज सम्मेलन का बहिष्कार; गांधी-इरविन समझौता और मार्च 1931 ई. में आंदोलन की समाप्ति।

लॉर्ड वेलिंग्डन (1931-36)

- गांधी द्वारा दूसरे गोलमेज सम्मेलन में भाग लिया गया (सितंबर 1931) और सम्मेलन की असफलता; गांधी की भारत वापसी और आंदोलन की पुनः शुरुआत; मई 1934 ई. में आंदोलन की पूर्णतया समाप्ति।
- कांग्रेस के बिना प्रतिनिधित्व के तीसरा गोलमेज सम्मेलन (1932 ई.)।
- ब्रिटिश प्रधानमंत्री रैमसे मैक्डॉनल्ड द्वारा कम्युनल एवॉर्ड की घोषणा; यरवदा जेल में गांधी का आमरण अनशन, गांधी और अंबेडकर के बीच सितंबर 1932 ई. में पूना पैक्ट (1932 ई.)।
- 1935 ई. का गवर्नमैंट ऑफ इंडिया एक्ट।
- 1935 ई. में बर्मा (म्यांमार) का भारत से अलग होना।
- 1934 ई. में आचार्य नरेंद्र देव और जयप्रकाश नारायण द्वारा सोशलिस्ट कांग्रेस पार्टी की स्थापना।
- 1936 ई. में संपूर्ण भारत किसान सभा की स्थापना।

लॉर्ड लिनलिथगो (1936-43)

- 1937 ई. में अनेक प्रांतों में कांग्रेस मंत्रिमंडल बना।
- 1939 ई. में सुभाष चन्द्र बोस द्वारा कांग्रेस के अध्यक्ष पद तथा सदस्यता से त्याग-पत्र देना, बोस एवं उनके समर्थकों द्वारा 'फॉरवर्ड ब्लॉक' की 1939 ई. में स्थापना।
- द्वितीय विश्व युद्ध की शुरुआत के बाद कांग्रेस मंत्रिमंडल द्वारा त्याग-पत्र (1939 ई.)।

- कांग्रेस मंत्रिमंडलों के त्यागपत्र को मुस्लिम लीग द्वारा 'मुक्ति दिवस' के रूप में मनाया जाना (1939 ई.)। मार्च, 1940 ई. को मुस्लिम लीग द्वारा लाहौर प्रस्ताव में मुस्लिमों के लिए अलग राज्य की मांग की गई (इसी सत्र में जिन्ना ने दो देशों का सिद्धांत स्थापित किया)।
- लिनलिथगो द्वारा अगस्त प्रस्ताव (1940 ई.) कांग्रेस द्वारा इसकी अस्वीकृति और गांधी द्वारा सत्याग्रह की शुरुआत।
- 1941 ई. में सुभाष चन्द्र बोस द्वारा भारत से भाग निकलना।
- क्रिप्स मिशन द्वारा भारत को 'स्वशासन' प्राप्त और कांग्रेस द्वारा इसका बहिष्कार (मार्च 1942 ई.)।
- कांग्रेस द्वारा 'भारत छोड़ो आंदोलन' की शुरुआत सभी कांग्रेस नेताओं का बंदी बनाया जाना (8 अगस्त, 1942 ई.)।

लॉर्ड वेवैल (1943-47)

- सी-राजगोपालाचारी द्वारा सी.आर. फॉर्मूला प्रस्तुत करना और इस पर 1944 ई. में गांधी-जिन्ना वार्ता; वार्ता की असफलता।
- वेवैल योजना और इस पर विचार करने के लिए शिमला सम्मेलन और इसकी असफलता (1945 ई.)।
- आई.एन.ए. पर मुकद्दमा और (1946 ई.) में नौसैनिक विद्रोह।
- लॉरेंस, क्रिप्स और एलेक्जेंडर तीन सदस्यों का कैबिनेट मिशन तथा (1946 ई.) कांग्रेस और लीग दोनों द्वारा इसकी स्वीकृति।
- सितंबर 1946 ई. में कांग्रेस द्वारा अंतरिम सरकार का गठन।
- लीग द्वारा प्रत्यक्ष कार्यवाही दिवस की शुरुआत, 17 अगस्त, 1946 लेकिन अक्टूबर 1946 ई. में इसका अंतरिम सरकार में शामिल हो जाना यह संवैधानिक सभा से अलग थी।

लॉर्ड माउंटबेटेन (मार्च-अगस्त 1947)

- माउंटबेटेन योजना; भारत का विभाजन एवं स्वतंत्रता की प्राप्ति।

14.15 संवैधानिक विकास (1773-1947)

1773 ई. का रेग्युलेटिंग एक्ट

- निदेशक मंडल के संविधान में परिवर्तन (जैसे कि डायरेक्टर की शर्तें, मताधिकार की योग्यता इत्यादि) और ब्रिटिश सरकार के प्रति उनके कार्यों की अधीनता।
- फोर्ट विलियम के गवर्नर जनरल एवं उनकी परिषद के चार सदस्यों द्वारा बंगाल की सरकार को चलाया जाना। (वारेन हेस्टिंग्स फोर्ट विलियम का प्रथम गवर्नर जनरल बना)
- बंबई और मद्रास प्रांतों में शांति और युद्ध मामलों में गवर्नर जनरल को परिषद की देखरेख एवं नियंत्रित करने का अधिकार प्राप्त था।
- कलकत्ता में सुप्रीम कोर्ट की स्थापना, जिसमें एक मुख्य न्यायाधीश होता था (पहला मुख्य न्यायाधीश-इम्पे) और तीन अन्य प्रशासनिक न्यायाधीश जो कि पूरे बंगाल प्रांत के ब्रिटिश मामलों के उत्तरदायी थे (सिविल और क्रिमिनल दोनों मामलों में)।
- कंपनी के सेवकों को किसी भी प्रकार का उपहार एवं घूस लेने पर रोक।

1784 ई. का पिट्स इंडिया एक्ट

- भारत सरकर की देखरेख एवं नियंत्रण के लिए छह सदस्यों वाले बोर्ड निदेशकों की स्थापना (जो कि कमिश्नर कहलाते थे)।
- निदेशक मंडल को भारत में सभी प्रकार की नियुक्ति करने एवं बुलाने का अधिकार प्राप्त था।
- गवर्नर जनरल की शक्ति और कार्यक्षमता बढ़ाने के लिए इसकी परिषद के सदस्यों की संख्या चार से तीन कर दी गई।
- गवर्नर जनरल एवं परिषद की बंबई एवं मद्रास प्रांतों के प्रजातंत्र, युद्ध और कर संबंधी सभी मामलों पर पूर्ण अधिकार प्राप्त था।

1813 ई. का चार्टर एक्ट

- भारतीय व्यापार को ब्रिटिश विषयों के सभी मामलों के लिए खोल देने से कंपनी के चाय के व्यापार एवं चीन के साथ व्यापार के एकाधिकार में कोई बाधा उत्पन्न नहीं हुई।
- शिक्षा के विकास के लिए एक लाख रुपया देना।

◆ सेवा में आने से पूर्व कंपनी सेवकों को इंग्लैंड जाकर कुछ प्रशिक्षण प्राप्त करने की आवश्यकता थी।

1833 ई. का चार्टर एक्ट

◆ कंपनी द्वारा चीन के साथ व्यापार और चाय के व्यापार का एकाधिकार समाप्त कर निःशुल्क व्यापार को भारत में लागू किया गया।

◆ फोर्ट विलियम के गवर्नर जनरल का भारत के गवर्नर जनरल के रूप में पुनः नामकरण (विलियम बेंटिक बंगाल प्रांत का गवर्नर के साथ-साथ भारत का प्रथम गवर्नर जनरल बना)।

◆ गवर्नर जनरल की परिषद में एक कानूनी सदस्य को लिया गया (मैकाले जो कि प्रथम कानूनी सदस्य था)।

◆ विधायी विकेंद्रीयकरण को समाप्त करना (विभिन्न प्रांतों को कानून बनाने का अधिकार देना)। संपूर्ण ब्रिटिश भारत के लिए कानून बनाने का अधिकार गवर्नर जनरल एवं उसकी परिषद को था।

1853 ई. का चार्टर एक्ट

◆ बंगाल के लिए अलग लेफ्टिनेंट गवर्नर की नियुक्ति और डलहौजी (बिना किसी अतिरिक्त कार्यभार का) भारत का प्रथम गवर्नर जनरल बना।

◆ भारतीय अधिकारियों की नियुक्ति करने एवं वापस बुलाने के (निदेशक मंडल) कंपनी के अधिकार की समाप्ति। भारतीय सिविल सेवा के अंतर्गत भारतीय अधिकारियों की नियुक्ति के लिए खुली प्रतियोगिता परीक्षा की शुरुआत।

◆ गवर्नर जनरल परिषद में अतिरिक्त सदस्यों को शामिल करना, जिसे विधायी परिषद के रूप में कार्य करना था।

1858 ई. का गवर्नमेंट ऑफ इंडिया एक्ट

◆ कंपनी का शासन समाप्त एवं ब्रिटिश क्राऊन द्वारा शासन संभालना।

◆ बोर्ड निदेशक एवं निदेशक मंडल को समाप्त कर दिया गया।

◆ भारत के लिए एक राज्य-सचिव की नियुक्ति ब्रिटिश मंत्रिमंडल का सदस्य जो परिषदों, जैसे कि भारत परिषद जिसके 15 सदस्य थे, की सहायता से भारत पर शासन करेगा (सर चार्ल्स वुड, जो बोर्ड निदेशक के अंतिम अध्यक्ष थे, भारत के प्रथम राज्य सचिव बने)।

◆ भारत का गवर्नर जनरल वायसराय भी बना (लॉर्ड कैनिंग भारत का प्रथम वायसराय के साथ-साथ गवर्नर जनरल बना) ब्रिटेन एवं भारत के बीच सीधा टेलीग्राफ संपर्क बन जाने के कारण ब्रिटिश गृह सरकार का भारत के राज्य सचिव द्वारा वायसराय के ऊपर नियंत्रण बढ़ा।

1861 ई. का इंडियन काउंसिल एक्ट

◆ वायसराय की परिषद के विधायी पक्ष को बड़ा किया गया (इसके बाद राजकीय विधायी परिषद के नाम से यह जाना जाने लगा)।

◆ लॉर्ड कैनिंग के कार्य नियमों पर आधारित पोर्टफोलियो प्रणाली की शुरुआत, जिसके अंतर्गत वायसराय के कार्यकारी परिषद के प्रत्येक सदस्य को एक-एक विभाग का कार्यभार सौंपा गया।

◆ कई प्रांतों, जैसे- मद्रास, बंबई एवं बंगाल में विधायी परिषदों की स्थापना।

1892 ई. का इंडियन काउंसिल एक्ट

◆ राजकीय एवं प्रांतीय विधायी परिषदों के गैर-सरकारी सदस्यों के अप्रत्यक्ष चुनाव की शुरुआत। राजकीय परिषद के सदस्य बंगाल चैंबर ऑफ कॉमर्स एवं प्रांतीय विधायी परिषदों द्वारा मनोनीत किए जाते थे और प्रांतीय विधायी परिषदों के सदस्य स्थानीय समितियों जैसे कि विश्वविद्यालयों, जिला परिषदों, न्यायपालिकाओं इत्यादि द्वारा बनाए जाते थे। दोनों स्तरों पर आधिकारिक बहुलता विधेयक बरकरार रही।

◆ दोनों परिषदों को बजट पर विवाद करने एवं कार्यकारणियों से प्रश्न करने का अधिकार प्राप्त था।

1909 ई. का इंडियन काउंसिल एक्ट या मॉर्ले-मिंटो सुधार

◆ विधायी परिषदों से सीधे चुनाव की शुरुआत।

◆ मुस्लिमों के लिए अलग निर्वाचन क्षेत्र की व्यवस्था।

◆ प्रांतीय विधायी परिषद को बड़ा किया गया और उसकी आधिकारिक बहुलता समाप्त कर दी गई।

◆ राजकीय विधायी परिषद में आधिकारिक बहुलता रखी गई।

◆ परिषद के दोनों स्तरों पर के कार्यों में वृद्धि।

◆ अभी भी दोनों स्तरों पर अधिकतर गैर-अधिकारी चुने जाते थे।

1919 ई. का गवर्नमेंट ऑफ इंडिया एक्ट या मॉण्टेग्यू-चेम्सफोर्ड सुधार या मॉण्ट-फोर्ड सुधार

- प्रांतों में दुहरी शासन की व्यवस्था की शुरुआत, प्रांतीय मामलों का 'आरक्षित मामलों' (पुलिस, जेल, भूमिकर, सिंचाई, वन इत्यादि जो कि गवर्नर एवं उसके कार्यकारी परिषद के अधिकृत क्षेत्र में थे) और स्थानांतरित मामलों (शिक्षा, स्थानीय स्वयं शासन, लोक सफाई एवं स्वास्थ्य, रक्षा, कृषि, उद्योग इत्यादि जो गवर्नर एवं मंत्रियों के देखरेख में था) में विभाजन।
- हालांकि प्रांतों को सत्ता का हस्तानांतरण सत्ता का संघीय वितरण नहीं समझा जाना चाहिए क्योंकि इस परिस्थिति में राज्यों को केन्द्र द्वारा सत्ता प्रदान की गई थी न कि संवैधानिक वितरण के कारण।
- केंद्रीय विधायिका को द्विसदनीय (जिसमें राज्य परिषद तथा विधायी सभा थे) बनाया गया। आधिकारिक बहुलता को समाप्त कर प्रत्यक्ष रूप से चुने गए और गैर-आधिकारिक प्रतिनिधियों की बहुलता स्थापित हुई।
- भारत के राज्य सचिव एवं उसके सहयोगियों का वेतन ब्रिटिश कर से दिया जाएगा। अभी तक वे भारतीय कर से वेतन प्राप्त करते थे)।
- भारत के उच्चायुक्त को लंदन में नियुक्त करना, जो कि भारत सरकार के प्रति जिम्मेदार था और उसका वेतन भारत सरकार द्वारा दिया जाता था, उसका कार्य भारत सरकार के लिए भंडार प्राप्त करना, व्यापार को बढ़ाना एवं उससे संबंधित सूचनाएं देना और भारतीय छात्रों की शिक्षा की देखरेख करना था।

1935 ई. का गवर्नमेंट ऑफ इंडिया एक्ट

- एक अखिल भारतीय संघ की स्थापना का प्रस्ताव, यह ब्रिटिश भारतीय प्रांतों तथा राजाओं द्वारा शासित राज्यों का संघ होगा (यह नहीं बन सका क्योंकि राजाओं द्वारा शासित राजाओं ने संघ में शामिल होने की सहमति नहीं दी)।
- तीन भागों में शक्ति का बंटवारा-संघीय, प्रांतीय एवं समवर्ती सूची, शेष शक्तियां गवर्नर जनरल के पास रहेंगी।
- प्रांतीय स्वायत्तता-प्रांतों में उत्तरदायी सरकार बनाना एवं दुहरा शासन समाप्त करना।
- छह प्रांतों (बंगाल, मद्रास, बंबई, उत्तर प्रदेश, बिहार एवं असम) को पहली बार द्विसदनीय बनाया गया।
- सिखों, यूरोपीय, भारतीय इसाइयों, एंग्लो-इंडियन के लिए निर्वाचन के अलग सिद्धांत का विस्तार।
- गवर्नर जनरल एवं गवर्नरों को विवेकाधिकार।
- 1937 ई. में एक संघीय कोर्ट की दिल्ली में स्थापना, जिसमें एक मुख्य न्यायाधीश एवं अन्य न्यायाधीशों की संख्या छह से अधिक नहीं थी।

अभ्यास प्रश्न

1. सुमेलित करें–

	तालिका-I		तालिका-II
A.	अनवरुद्दीन	(i)	मराठों द्वारा मारा गया।
B.	दोस्त अली	(ii)	तंजौर के जनरल द्वारा मारा गया।
C.	सफदर अली	(iii)	फ्रांसीसियों द्वारा मारा गया।
D.	चंदा साहिब	(iv)	एक रिश्तेदार द्वारा मारा गया।

कूट:

	A	B	C	D
(a)	(ii)	(iii)	(i)	(iv)
(b)	(iii)	(i)	(iv)	(ii)
(c)	(i)	(iv)	(ii)	(iii)
(d)	(iv)	(ii)	(iii)	(i)

2. स्वतंत्र कर्नाटक राज्य की स्थापना किसने की?

(a) सफदर अली (b) दोस्त अली
(c) सादुतुल्लाह खान (d) अनवरुद्दीन

3. कर्नाटक राज्य की राजधानी थी–

(a) त्रिचिनापल्ली (b) आर्कोट
(c) श्रीरंगम (d) तंजौर

4. प्रथम कर्नाटक युद्ध के बारे में कौन-से कथन सत्य है?

(i) यह 1945 में प्रारंभ हुआ तथा 1748 में समाप्त हुआ।
(ii) कर्नाटक के नवाब अनवरुद्दीन ने इसमें अंग्रेजों की ओर से हस्तक्षेप किया।
(iii) फ्रांसीसियों ने नवाब की बात को मानने से इनकार कर दिया तथा नवाब ने उन्हें आड्यार नदी के किनारे सेंट थॉम में पराजित किया।
(iv) युद्ध के बाद फ्रांसीसियों ने मद्रास अंग्रेजों को वापस कर दिया।

दिए गए कूटों से उत्तर चुनें–

(a) (ii), (iii) और (iv) (b) (i), (ii) और (iii)
(c) (i), (ii) और (iv) (d) (i), (iii) और (iv)

5. कर्नाटक युद्ध के बारे में कौन-से कथन सत्य हैं?
(i) यह 1749 में प्रारंभ हुआ और 1754 से समाप्त हुआ।
(ii) कर्नाटक में फ्रांसीसियों ने चंदा साहिब का समर्थन किया तथा अंग्रेजों ने अनवरुद्दीन का।
(iii) 1749 में अनवरुद्दीन तथा अंग्रेजों की संयुक्त सेना ने चंदा साहिब को पराजित कर उसकी हत्या कर दी।
(iv) 1752 में अनवरुद्दीन मुहम्मद अली द्वारा मार डाला गया, जो उसके बाद कर्नाटक का नया नवाब बना।
दिए गए कूटों से उत्तर चुनें–
(a) (i) और (ii) (b) (ii) और (iii)
(c) (i) और (iv) (d) (iii) और (iv)

6. किस अंग्रेज जनरल ने 2 जनवरी, 1760 को वांडीवाश के युद्ध के काउंट की लैली को पराजित किया?
(a) जनरल फोर्दे (b) जनरल हैमिल्टन
(c) जनरल हैरि (d) जनरल आयर कूट

7. कब और किस गवर्नर जनरल ने कर्नाटक को ब्रिटिश कब्जे में ले लिया?
(a) 1792–लॉर्ड कार्नवालिस
(b) 1797–सर जॉन शोर
(c) 1801–लॉर्ड वेलेज्ली
(d) 1808–लॉर्ड मिंटो

8. सिंध के बारे में कौन-से कथन सत्य हैं?
(i) मुगल साम्राज्य के पतन के बाद यह कलोरों के नेतृत्व में स्वतंत्र हो गया।
(ii) 1783 में अंतिम कलोर शासक को बलूचिस्तान की तालपुरा जनजाति ने हटा दिया।
(iii) अमीरों के काल में सिंध पांच इकाइयों में विभाजित था और प्रत्येक उस जनजाति की एक अलग शाखा के अधीन था।
(iv) सिंध के अमीर अफगानिस्तान के शासक के प्रति नाममात्र की स्वामिभक्ति रखते थे।
दिए गए कूटों से उत्तर चुनें–
(a) (i), (ii) और (iii) (b) (i), (ii) और (iv)
(c) (i) और (ii) (d) (iii) और (iv)

9. अंग्रेजों द्वारा सिंध पर अधिकार किए जाने के कारण थे–
(i) सिंध में व्यावसायिक संभावनाएं।
(ii) अंग्रेज सेना का सिंध से गुजरने की अनुमति देने से अमीरों का इनकार।
(*iii*) रूसी साम्राज्य के पूर्व की ओर बढ़ने के खतरे से अंग्रेज चिंतित।
(iv) सिंध पर अधिकार पर पर्शिया और अफगानिस्तान में प्रभाव बढ़ाने की ब्रिटिश इच्छा।
(*v*) ऑकलैंड की बड़ी रकम की मांग को पूरा करने में अमीरों द्वारा नकारा जाना।
दिए गए कूटों से उत्तर चुनें–
(a) (i), (iii) और (iv) (b) (ii), (iii) और (iv)
(c) (iii), (iv) और (v) (d) (ii), (iv) और (v)

10. सिंध के विलय के समय गवर्नर जनरल था–
(a) लॉर्ड ऑकलैंड (b) लॉर्ड एलेनबरो
(c) लॉर्ड डलहौजी (d) रॉबर्ट मोंटगोमेरी

11. किसने स्वीकार किया? "कई बैलियों और ब्रेदवेटों की पराजय से उनका कुछ नहीं बिगड़ेगा। जमीन पर मैं उनके स्रोतों को तो नष्ट कर सकता हूं, लेकिन मैं समुद्र को नहीं सुखा सकता?"
(a) हैदर अली (b) टीपू सुल्तान
(c) शेर सिंह (d) अनवरुद्दीन

12. किसने स्वीकार किया?–"हमें सिंध पर कब्जा करने का कोई अधिकार नहीं है, फिर भी हम ऐसा करेंगे, और यह अत्यंत लाभदायक, उपयोगी तथा मानवीय धूर्तता होगी"।
(a) लॉर्ड ऑकलैंड
(b) लॉर्ड एलनबरो
(c) सर चार्ल्स नेपियर
(d) मेजर जेम्स ओट्रम

13. मुर्शीद कुली खान अपनी राजधानी ढाका से कहां ले गया?
(a) कासिम बाजार (b) मुंगेर
(c) मुर्शीदाबाद (d) गौर

14. प्लासी के युद्ध के बाद किसने सिराज-उद्-दौला को पकड़कर उसकी हत्या की?
(a) मीरान, मीर जाफर का बेटा
(b) रॉबर्ट क्लाइव, फोर्ट विलियम का नया गवर्नर
(c) मीर जाफर, बंगाल का नया नवाब
(d) मीर कासिम, मीर जाफर का दामाद

15. अंग्रेजों द्वारा 1757 के क्लाइव के नेतृत्व में कलकत्ता पर अधिकार के बाद सिराजुदौला ने अंग्रेजों की सभी मांगों को मानते हुए एक संधि पर हस्ताक्षर किए। यह कौन-सी संधि थी?
(a) कलकत्ता संधि (b) अलीनगर की संधि
(c) फुतला की संधि (d) कासिम बाजार की संधि

16. अंग्रेजों ने सिराजुद्दौला को हटाने के लिए कई महत्वपूर्ण लोगों के साथ एक षड्यंत्र किया। लेकिन उनमें से एक षड्यंत्रकारी ने पूर्व स्वीकृत शर्तों से बाद में ज्यादा हिस्सा मांगा, जिसकी संतुष्टि के लिए क्लाइव ने प्रसिद्ध जालसाजी की। वह षड्यंत्रकारी कौन था?

(a) माणिक चंद्र (b) जगत सेठ
(c) राय दुर्लभ (d) ओमी चंद

17. तथाकथित "ब्लैक होल घटना" का एक तरफा विवरण हमें एक अंग्रेज से प्राप्त होता है। वह अंग्रेज कौन था?

(a) विलियम हैमिल्टन (b) जॉन सुरमैन
(c) हॉलवेल (d) स्टीफेन्सन

18. मुर्शीद कुली खान के बारे में कौन-से कथन सत्य हैं?

(i) 1700-1707 के बीच वह मुगल साम्राज्य का वजीर था।
(ii) फारूख सियार ने 1713 में उसे बंगाल का नायब सूबेदार तथा 1717 में सूबेदार बनाया।
(iii) 1719 में उसे बिहार की भी सूबेदारी सौंप दी।
(iv) 1720 के बाद उसने मुगल बादशाह को अपना संप्रभु शासक मानने से इनकार कर दिया।

कूटः

(a) (i) और (ii) (b) (i) और (iv)
(c) (ii) और (iv) (d) (ii) और (iii)

19. मुर्शीद कुली खान ने क्या नहीं किया?

(i) व्यावहारिक रूप से स्वतंत्र होते हुए मुगल बादशाह को कर एवं उपहार देना बंद कर दिया।
(ii) जागीर भूमि को खालिसा भूमि में परिवर्तित किया।
(iii) सरकारी अधिकारियों द्वारा कर वसूले जाने के स्थान पर कर-कृषि प्रणाली शुरू की।
(iv) रोजगार के मामलों में हिंदुओं और मुसलमानों में भेदभाव बरतता था।

कूटः

(a) (i) और (ii) (b) (ii) और (iv)
(c) (i) और (iii) (d) (i) और (iv)

20. बंगाल में व्यापार के विकास के लिए मुर्शीद कुली खान ने कई कदम उठाए। इनमें से कौन-सा/से कदम उसने नहीं उठाया/उठाये?

(i) सड़कों तथा नदियों में व्यवसायियों को सुरक्षा।
(ii) अपने अधिकारियों को निजी व्यापार को छूट।
(iii) सीमा-शुल्क प्रशासन में व्याप्त भ्रष्टाचार पर रोक।
(iv) भारतीय व्यापारियों को प्रोत्साहित किया तथा विदेशी व्यापारियों को हतोत्साहित किया।

कूटः

(a) (ii) (b) (ii) और (iv)
(c) (iv) (d) (iii) और (iv)

21. शुजाउद्दीन के बारे में कौन-सा/से कथन सत्य है/हैं?

(i) 1727 से 1739 के बीच वह बंगाल और ओडिशा का सूबेदार था।
(ii) वह मुर्शीद कुली खान का बेटा था।
(iii) मुगल बादशाह मुहम्मद शाह ने 1733 में उसे बिहार की सूबेदारी भी सौंप दी।
(iv) वह मुगल बादहशाह को अपना संप्रभु शासक मानता रहा।

कूटः

(a) (ii) और (iii) (b) (iii) और (iv)
(c) (ii) (d) (iii)

22. कौन-से कथन सत्य हैं?

(i) सरफराज खान शुजाउद्दीन का उत्तराधिकारी था।
(ii) अलीवर्दी खान शुजाउद्दीन का उत्तराधिकारी था।
(iii) सरफराज खान शुजाउद्दीन का दामाद था।
(iv) सरफराज की हत्या कर नवाब बनने से पहले अलीवर्दी खान बिहार का नायब सूबेदार था।

कूटः

(a) (i), (iii) और (iv) (b) (i) और (iv)
(c) (ii) और (iii) (d) (i) और (iii)

23. अलीवर्दी खान के बारे में कौन-से कथन सत्य हैं?

(i) मुगल बादशाह को 1740 में दो करोड़ रुपए दकर एक फरमान प्राप्त किया जिसके द्वारा वह बंगाल, बिहार और ओडिशा का नवाब बना।
(ii) 1748 में एक फरमान के द्वारा जब मुगल बादशाह ने कर की मांग की तो उसने देने से इनकार कर दिया।
(iii) वह अपने बेटों में शौकत जंग को चाहता था तथा उसे ही अपना उत्तराधिकारी चुना।
(iv) उसने अंग्रेजों और फ्रांसीसियों पर क्रमशः कलकत्ता और चंद्रनगर में उनकी फैक्टरियों की किलेबंदी पर रोक लगा दी।

कूटः

(a) (i), (ii) और (iii) (b) (ii) और (iii)
(c) (i), (iii) और (iv) (d) (i), (ii) और (iv)

24. सिराजुउद्दौला ने–
(i) अंग्रेजों को कलकत्ता में अतिरिक्त किलेबंदी को गिरा देने को कहा।
(ii) अंग्रेजों के साथ एक संधि कर उनकी लगभग सारी बातें मान लीं।
(iii) चंद्रनगर पर अंग्रेजों के अधिकार का विरोध किया।
(iv) अंग्रेजों द्वारा फ्रांसीसियों को हरा दिए जाने के बाद फ्रांसीसियों को सुरक्षा देने से इनकार कर दिया।

कूट:
(a) (i), (ii) और (iv) (b) (i), (ii) और (iii)
(c) (iii) और (iv) (d) (ii) और (iii)

25. सिराजुद्दौला के बारे में कौन-से कथन सत्य हैं?
(i) 1756 में उसने कलकत्ता पर घेरा डालकर कब्जा कर लिया।
(ii) कलकत्ता मीर जाफर के अधीन छोड़कर वह मुर्शीदाबाद लौट गया।
(iii) वह 'ब्लैक होल दुर्घटना' के लिए जिम्मेदार नहीं था जिसमें 123 अंग्रेज मारे गए बताए जाते हैं।
(iv) अंग्रेजों के विरुद्ध प्लासी के युद्ध में उसके कुलीनों तथा सैनिकों ने उसका पूर्ण समर्थन किया।

कूट:
(a) (i) और (ii) (b) (ii) और (iii)
(c) (i) और (iii) (d) (iii) और (iv)

26. मीर जाफर के बारे में कौन-सा/से कथन असत्य है/हैं?
(i) प्लासी के युद्ध के पहले वह सिराजुद्दौला का दीवान था।
(ii) अंग्रेजों द्वारा नवाब बनाए जाने के बाद उसने उन्हें 24-परगना की जमींदारी के साथ बंगाल, बिहार और ओडिशा में स्वतंत्र व्यापार की अनुमती दे दी।
(iii) उसने अंग्रेजों के स्थान पर डचों को लाना चाहा, पर अंग्रेजों ने डचों को बेदरा में पराजित कर दिया।
(iv) उसने अपने दामाद मीर कासिम के पक्ष में स्वेच्छा से गद्दी छोड़ दी।

कूट:
(a) (i) और (iv) (b) (ii)
(c) (iv) (d) (iii) और (iv)

27. मीर कासिम–
(i) अंग्रेजों को बर्दवान, मिदनापुर और चटगांव की जमींदारी सौंप दी।
(ii) अपनी राजधानी मुर्शीदाबाद से ढाका ले गया।
(iii) अंग्रेजों द्वारा दस्तक के दुष्प्रयोग पर रोक लगाई।
(iv) बक्सर के युद्ध में पराजय के बाद जिंदा बच निकला।

कूट:
(a) (i) और (ii) (b) (i)
(c) (ii) (d) (i) और (iv)

28. निम्न नवाबों को सही घटनाक्रम दें–
(i) अलीवर्दी खान (ii) नज्मुद्दौला
(iii) सरफराज खान (iv) सिराजुद्दौला
(v) शुजाउद्दीन

कूट:
(a) (v), (i), (ii), (iv) और (iii)
(b) (v), (iii), (i), (iv) और (ii)
(c) (i), (v), (iv), (iii) और (ii)
(d) (i), (iv), (v), (ii) और (iii)

29. निमन घटनाओं को सही घटनाक्रम दें–
(i) मीर जाफर की मृत्यु
(ii) बक्सर का युद्ध
(iii) ब्लैक होल दुर्घटना
(iv) इलाहाबाद की संधि
(v) कलकत्ता के गवर्नर के रूप में प्रथम सेवाकाल के बाद क्लाइव का इंग्लैंड प्रस्थान।

कूट:
(a) (i), (ii), (v), (iii) और (iv)
(b) (iii), (ii), (iv), (i) और (v)
(c) (iii), (v), (ii), (i) और (iv)
(d) (i), (iv), (iii) और (ii)

30. निम्न घटनाओं का सही घटनाक्रम क्या है?
(i) मीर जाफर की नवाब के रूप में पुनः नियुक्ति।
(ii) क्लाइव का कलकत्ता के गवर्नर के रूप में चुनाव।
(iii) प्लासी का युद्ध।
(iv) मुगल बादशाह द्वारा अंग्रेजों को बंगाल, बिहार और ओडिशा की दीवानी सौंपी गई।
(v) क्लाइव कलकत्ता के गवर्नर के रूप में दूसरे सेवाकाल में भारत आया।

कूट:
(a) (iii), (ii), (i), (v) और (iv)
(b) (iii), (i), (ii), (iv) और (v)
(c) (ii), (iii), (i), (v) और (iv)
(d) (i), (iii), (ii), (iv) और (v)

31. निम्न घटनाओं का सही घटनाक्रम क्या है?
(i) नज्मुद्दौला का बंगाल का नवाब बनना।
(ii) मीर कासिम द्वारा अवध के नवाब तथा मुगल बादशाह के साथ सहयोग स्थापित करना।
(iii) मीर कासिम और अंग्रेजों के बीच युद्ध प्रारंभ।
(iv) भारत से इंग्लैंड पूंजी का दोहन प्रारंभ।
(v) बंगाल में प्रशासन की दोहरी प्रणाली की समाप्ति।

कूट:
(a) (ii), (iii), (i), (v) और (iv)
(b) (ii), (i), (iii), (iv) और (v)
(c) (iv), (ii), (i), (iii) और (v)
(d) (iv), (iii), (ii), (i) और (v)

32. अंग्रेजों ने सिराजुद्दौला को हटाने के लिए नवाब के दरबार के कुछ महत्वपूर्ण लोगों के साथ षड्यंत्र रचा। निम्न में से कौन इस षड्यंत्र में शामिल नहीं थे?
(i) माणिकचंद (ii) कृष्णदास
(iii) जगत सेठ (iv) घसीटी बेगम
(v) ओमी चंद

कूट:
(a) (i) और (ii) (b) (ii) और (iii)
(c) (ii) और (iv) (d) (iii) और (iv)

33. तथाकथित 'ब्लैक होल दुर्घटना' कहां घटी थी?
(a) मुर्शीदाबाद (b) ढाका
(c) मुंगेर (d) कलकत्ता

34. 1700 में स्थापित फोर्ट विलियम परिषद का प्रथम अध्यक्ष कौन था?
(a) सर चार्ल्स आयर (b) सर जॉन चाईल्ड
(c) सर जॉब चारनोक (d) सर विलियम नौरिस

35. 1715 में मुगल दरबार में गए अंग्रेज मिशन का नेता था जिसने 1717 में फारूख सियार ने फरमान प्राप्त किय?
(a) थामस पिट्ट (b) विलियम हैमिल्टन
(c) एडवर्ड स्टीफेंसन (d) जॉन सुरमैन

36. बंगाल के दोहरे प्रशासन के अंतर्गत एक ही व्यक्ति नवाब के नायब सूबेदार तथा कंपनी के नायब दीवान के रूप में काम करता था। वह कौन था?
(a) मीर मदान (b) अब्दुला खान
(c) शौकत जंग (d) मुहम्मद रजा खान

37. वारेन हेस्टिंग्स ने 1773 में अवध के नवाब के साथ एक संधि की, जिसके अनुसार 50 लाख रुपए के बदले इलाहाबाद और काड़ा जिले उसे सौंप दिए गए। वह कौन-सी संधि थी?
(a) इलाहाबाद की संधि
(b) लखनऊ की संधि
(c) बनारस की संधि
(d) फैजाबाद की संधि

38. 1773 के रेगुलेटिंग एक्ट के बारे में कौन-सा/से कथन असत्य है/हैं?
(i) इसने निदेशक मंडल के संगठन में परिवर्तन किया तथा उनके कार्यों को ब्रिटिश सरकार के अधीन कर दिया।
(ii) इसके द्वारा भारत के प्रथम गवर्नर जनरल तथा तीन सदस्यीय परिषद का गठन किया गया।
(iii) परिषद के साथ गवर्नर जनरल को बंबई तथा मद्रास प्रेसिडेंसियों के कुछ मामलों में निरीक्षण तथा नियंत्रण का अधिकार दिया गया।
(iv) इसके द्वारा कलकत्ता में एक सुप्रीम कोर्ट की स्थापना की गई।
(v) इसने कंपनी के सेवकों को उपहार प्राप्त करने की अनुमति दी, पर रिश्वत नहीं।

कूट:
(a) (ii) और (iii) (b) (iii) और (iv)
(c) (ii) और (v) (d) सिर्फ (v)

39. 1784 के पिट्स इंडिया एक्ट के बारे में कौन-से कथन सत्य हैं?
(i) इसने एक छह सदस्यीय बोर्ड ऑफ कंट्रोल की स्थापना की।
(ii) इसने गवर्नर जनरल की परिषद के सदस्यों की संख्या बढ़ा दी।
(iii) इसने निदेशक मंडल को भारत में अधिकारी भेजने तथा वापस बुलाने का अधिकार दे दिया।
(iv) इसके अनुसार गवर्नर जनरल तथा उसकी परिषद द्वारा लोक दायित्वों को निभाने में कलकत्ता की सुप्रीम कोर्ट का अधिकार नहीं होगा।
(v) इसने कुछ मामलों में बंबई तथा मद्रास प्रेसीडेंसी को स्पष्टतः गवर्नर जनरल तथा उसकी परिषद के अधीन कर दिया।

कूट:
(a) (i), (ii) तथा (iv) (b) (ii), (iii) तथा (iv)
(c) (i), (iv) तथा (v) (d) (i), (iii) तथा (v)

40. 1793 के चार्टर एक्ट द्वारा-
(i) कंपनी के आदेश पत्र का नवीनीकरण और 20 वर्षों के लिए कर दिया गया।

(ii) कंपनी के वित्त को व्यवस्थित किया गया।
(iii) तय किया गया कि बोर्ड ऑफ कंट्रोल तथा इसके कर्मचारियों का वेतन ब्रिटिश कर से दिया जाएगा।
(iv) कमांडर-इन-चीफ को गवर्नर जनरल की परिषद का सदस्य होने से रोक दिया गया।

कूटः
(a) (i), (ii) तथा (iii) (b) (i), (ii) तथा (iv)
(c) (i) तथा (ii) (d) (ii) तथा (iii)

41. 1813 के चार्टर एक्ट द्वारा क्या नहीं किया गया?
(i) कंपनी का आदेश पत्र समाप्त।
(ii) चीन के साथ चाय के व्यापार पर कंपनी के एकाधिकार का अंत।
(iii) कंपनी का व्यापार पर एकाधिकार का अंत।
(iv) कंपनी के सेवकों को पहले इंग्लैंड में प्रशिक्षण की आवश्यकता।

कूटः
(a) (i) और (ii) (b) (ii) और (iii)
(c) सिर्फ (i) (d) सिर्फ (iv)

42. 1833 के चार्टर एक्ट द्वारा–
(i) भारतीय व्यापार सभी ब्रिटिश नागरिकों के लिए खोल दिया गया।
(ii) फोर्ट विलियम के गवर्नर जनरल का नाम भारत का गवर्नर कर दिया गया।
(iii) विभिन्न प्रेसिडेंसियों को अपने-अपने कानून बनाने की इजाजत दी गई।
(iv) गवर्नर जनरल की परिषद में एक विधि सदस्य जोड़ा गया।

कूटः
(a) (i) और (iv) (b) (ii), (iii) और (v)
(c) (i), (ii) और (iv) (d) (ii) और (iii)

43. सुमेलित कर दिए गए कूटों से उत्तर चुनें–

तालिका-I	**तालिका-II**
A. फोर्ट विलियम का प्रथम गवर्नर जनरल	(i) लॉर्ड मैकॉले
B. सुप्रीम कोर्ट का प्रथम मुख्य न्यायाधीश	(ii) लॉर्ड कैनिंग
C. गवर्नर जनरल की परिषद का प्रथम विधि सदस्य	(iii) वारेन हेस्टिंग्स
D. प्रथम वायसराय तथा भारत का गवर्नर जनरल	(iv) एलिजा इम्पे

कूटः

	A	**B**	**C**	**D**
(a)	(iii)	(i)	(iv)	(ii)
(b)	(iii)	(iv)	(ii)	(i)
(c)	(ii)	(iv)	(i)	(iii)
(d)	(iii)	(iv)	(i)	(ii)

44. निम्नलिखित को कालक्रमानुसार सजाएं–
(i) लंदन में भारत के उच्चायुक्त की नियुक्ति।
(ii) भारत तथा इंग्लैंड के बीच सीधे टेलीग्राफ संपर्क की स्थापना।
(iii) दिल्ली में संघीय न्यायालय की स्थापना।
(iv) विधायी परिषदों में प्रत्यक्ष चुनाव की शुरुआत।

कूटः
(a) (ii), (iii), (i) और (iv)
(b) (iv), (ii), (i) और (iii)
(c) (ii), (iv), (i) और (iii)
(d) (iv), (ii), (iii) और (i)

45. सुमेलित कर दिए गए कूटों से उत्तर चुनें–

तालिका-I	**तालिका-II**
A. प्रांतीय विधायी परिषदों में अधि-काउंसिल एक्ट कारिक बहुलता का अंत	(i) 1861 का इंडियन
B. केंद्र में द्विसदनीय व्यवस्था	(ii) मॉर्ले-मिंटो सुधार
C. विभिन्न समुदायों के लिए अलग चुनाव क्षेत्र	(iii) मॉण्ट-फोर्ड सुधार
D. विधायी परिषदों इंडिया एक्ट सदस्यों का अप्रत्यक्ष चुनाव	(iv) 1935 का गवर्नमेंट ऑफ गैर-सरकारी

कूटः

	A	**B**	**C**	**D**
(a)	(i)	(iv)	(ii)	(iii)
(b)	(ii)	(iii)	(iv)	(i)
(c)	(ii)	(iv)	(i)	(iii)
(d)	(ii)	(iii)	(iv)	(i)

46. द्वैध प्रशासन के अंतर्गत प्रांतों में 'सुरक्षित विषयों' का प्रशासन गवर्नर तथा उसकी कार्यपालक परिषद करती थी। इनमें से कौन-से विषय उसके अंतर्गत आते थे?
(i) कानून और व्यवस्था
(ii) भूमिकर (iii) कृषि
(iv) सिंचाई (v) उद्योग

कूट:

(a) (i), (ii) और (iii) (b) (i), (ii) और (iv)

(c) (i), (ii) और (v) (d) (i), (iv) और (v)

47. 'स्थानांतरिक विषयों' का प्रशासन गवर्नर जनरल तथा उसकी मंत्री परिषद द्वारा किया जाता था। निम्नलिखित में से कौन इसके अंतर्गत नहीं आता/आते था/थे?

(i) शिक्षा

(ii) वन

(iii) स्थानीय स्व-प्रशासन

(iv) जेल

(v) जन-स्वास्थ सुरक्षा

नीचे दिए गए कूटों से उत्तर चुनें–

(a) सिर्फ (ii) (b) (ii) और (iii)

(c) सिर्फ (iv) (d) (ii) और (iv)

48. लंदन में भारत के उच्चायुक्त के क्या कार्य थे?

(i) भारत सरकार के लिए भंडार प्राप्त करना।

(ii) भारत की गतिविधियों के बारे में ब्रिटिश संसद को जानकारी प्रदान करना।

(iii) व्यापारिक जानकारियां प्रदान करना तथा भारत और इंग्लैंड के बीच वाणिज्य को बढ़ावा देना।

(iv) भारत के गवर्नर जनरल तथा भारत के राज्य सचिव के बीच संपर्क सूत्र के रूप में कार्य करना।

(v) इंग्लैंड में भारतीय विद्यार्थियों की शिक्षा का ध्यान रखना।

कूट:

(a) (i), (iii) और (v) (b) (i), (ii) और (iv)

(c) (ii), (iii) और (v) (d) (ii), (iii) और (iv)

49. किन प्रांतों में 1935 में सर्वप्रथम द्विसदनीय व्यवस्था लागू की गई?

(i) बंगाल (ii) पंजाब

(iii) उत्तर प्रदेश (iv) बिहार

(v) केंद्रीय प्रांत (vi) असम

कूट:

(*a*) (i), (ii), (iii) और (v)

(b) (i), (iii), (iv) और (vi)

(*c*) (i), (ii), (iv) और (v)

(d) (i), (iv), (v) और (vi)

50. 1935 में किन समुदायों के लिए अलग चुनाव क्षेत्र की व्यवस्था की गई?

(i) सिख (ii) अस्पृश्य

(iii) यूरोपीय (iv) भारतीय ईसाई

(v) एंग्लो-इंडियन

कूट:

(a) (i), (ii), (iii) और (v)

(b) (i), (iii) और (v)

(c) (i), (iii), (iv) और (v)

(d) (iii), (iv) और (v)

उत्तरमाला

1. (b)	2. (c)	3. (b)	4. (c)	5. (d)	6. (d)	7. (c)
8. (b)	9. (a)	10. (b)	11. (a)	12. (c)	13. (c)	14. (d)
15. (b)	16. (d)	17. (c)	18. (c)	19. (d)	20. (b)	21. (c)
22. (b)	23. (c)	24. (b)	25. (c)	26. (a)	27. (d)	28. (b)
29. (c)	30. (a)	31. (d)	32. (c)	33. (d)	34. (a)	35. (d)
36. (d)	37. (c)	38. (c)	39. (d)	40. (b)	41. (a)	42. (c)
43. (d)	44. (c)	45. (b)	46. (b)	47. (d)	48. (a)	49. (b)
50. (c)						

अध्याय 15

ब्रिटिशराज का आर्थिक प्रभाव

15.1 साधारण सर्वेक्षण

भारतीय अर्थव्यवस्था की परिवर्तित होती प्रकृति–ब्रिटिश शासन के प्रभाव में भारत का मौलिक स्वरूप धीरे-धीरे परिवर्तित होना प्रारंभ हुआ, जिसने 1850 की बाद और गति पकड़ ली। यह बदलाव यातायात, संचार, व्यवसायिक ढांचा, कृषि व्यवस्था, उद्योग, सामाजिक और राजनीतिक संगठनों तथा विशेष रूप से लोगों के व्यवहार सभी में देखने को मिला। 17वीं सदी के दौरान और 18वीं सदी के प्रारंभ में यूरोपीय व्यापारिक कंपनियां भारत से तैयार माल यूरोपीय बाजार के लिए खरीदा करती थीं। लेकिन उस समय भारत में यूरोपीय माल के लिए बाजार बहुत सीमित था। वहां अधिकांश आयात भारत से ही होता था। यूरोपीय देश सोने और चांदी की धातुएं खरीदारी की कीमत में देते थे।

व्यापारिक नीतियों का भारत पर प्रभाव–व्यापारिक दृष्टि से भारतीय निर्यात के बदले यूरोपीय देशों द्वारा सोने और चांदी का भुगतान शीघ्र ही यूरोपियों की आंखों मे खटकने लगा। इसके अतिरिक्त भारत में निर्मित वस्तुओं के आयात ने इन देशों के निर्माण उद्योग को ठप्प कर दिया था। भारतीय वस्तुओं को स्वतंत्र व्यापारिक विचारों और व्यावहारिक दृष्टि से भी हानिकारक माना जा रहा था। इसके परिणामस्वरूप इस आयात-निर्यात में प्रतिबंध आरोपित किये जाने लगे। इंग्लैंड से लगातार आ रही इन रुकावटों से भारतीय व्यापार और उद्योगों पर एकाएक विपरीत प्रभाव पड़ा। धीरे-धीरे भारत पर कच्चे माल का निर्यात करने का दवाब बढ़ने लगा। इंग्लैंड को इस कच्चे माल की जरूरत धीमी गति से विस्तार कर रहे अपने निर्माण उद्योगों के विकास के लिए थी (1750 से इंग्लैंड में औद्योगिक क्रांति शुरू हो गई)। भारत पर इस बात का भी दबाव बनाया गया कि वह इस कच्चे माल के बदले में विदेश में निर्मित वस्तुओं का आयात करे।

वाणिज्यवाद का मुक्त व्यापार नीति में परिवर्तन–औद्योगिक और सैन्य क्षेत्र में उत्कृष्ट स्थान प्राप्त करने के उपरांत वाणिज्यवाद की बाधक व्यापार नीति के साथ इंग्लैंड ने मुक्त व्यापार का सिद्धान्त अपनाया। यह सिद्धान्त 1815 में नेपोलियन के अंत तक़ प्रभावशाली ढंग से लागू रहा। 1853 तक भारत और इंग्लैंड के बीच व्यापार में आने वाली भी कठिनाइयों को व्यवहारिक तौर पर खत्म कर दिया गया। इससे दोनों देशों के बीच व्यापार में तेजी से वृद्धि हुई। सन् 1845 से 1859 के मध्य भारत का वार्षिक निर्यात बढ़कर 22.2 करोड़ रुपये और आयात 15.37 करोड़ रुपये का हो गया। 1840 के बाद कुछ और उल्लेखनीय विकास कार्य हुए। 1840 में नौकाओं का स्थान भाप के जहाजों ने लिया। 1869 में स्वेज नहर के खुलने पर भारत और यूरोप के बीच व्यवहारिक रूप से व्यापार का विभाजन हो गया। पनडुब्बी और बढ़ती डाक सुविधाओं ने अन्तर्राष्ट्रीय व्यापार में और तेजी ला दी। लंबे समय तक भारत का आयात-निर्यात इंग्लैंड के साथ चला लेकिन धीरे-धीरे यह जर्मनी की ओर झुकना प्रारंभ हो गया। 19 वीं शताब्दी के अंत तक अमेरिका और जापान ने भी भारतीय बाजारों में अपनी निर्मित वस्तुएं भेजनी प्रारंभ कर दीं।

भारत पर प्रभाव–1850 के बाद भारत के आंतरिक बाजार भी खोल दिए गए। इसी दौरान रेल और सड़क निर्माण

कार्यक्रम भी देश में शुरू हो गए। लार्ड डलहौजी द्वारा स्थापित लोक निर्माण विभाग ने यहां आधुनिक सड़क बनाने का कार्य प्रारंभ कर दिया था। भारत में पहली रेल लाइन 1853 में खोली गई। जल्दी ही यहां एक ऐसा बहुआयामी आंतरिक बाजार बनने वाला था, जो पहले कभी नहीं था। 1853 के बाद प्रारंभ इस रेल निर्माण के कार्य ने भारत के सुदूरवर्ती इलाकों को बंबई और कलकत्ता जैसे शहरों से जोड़ा, जिससे कि पिछड़े इलाकों का सामान वहां के बन्दरगाहों तक आए और यहां उतरा तैयार माल वहां के लोगों तक पहुंचे। इन पर लगाए जाने वाले कर ने तैयार माल के स्वतंत्र वितरण में कठिनाई पैदा की, जो तरीका 1836 में शुरू किया गया था। 1835 के बाद कानूनी रूप से रुपये का देश की करेंसी के रूप में प्रयोग किया जाने लगा। इस करेंसी के एक रूप ने व्यापार के विस्तार में सहायता की। 1815 के पश्चात् इंग्लैंड द्वारा अपनाई गई मुक्त व्यापार नीति की वजह से 1882 तक धीरे-धीरे आयात पर सभी कर समाप्त कर दिए गए। समान रूप से 1888 तक निर्यात पर भी सभी कर और ड्यूटी खत्म कर दी गई।

15.2 उपनिवेशवाद के तीन चरण

ब्रिटिश उपनिवेशवाद ने भारत में अपनी जड़ तीन चरणों में जमाईं। प्रत्येक चरण में उपनिवेश का एक अलग प्रकार का अधीनीकरण देखने को मिलता है, जिसके परिणामस्वरूप अलग-अलग उपनिवेशवादी नीतियां, विचारधाराएं बनीं। इसके अलग-अलग परिणाम हुए तथा उपनिवेश की जनता की प्रतिक्रियाएं भी अलग-अलग थीं। एक चरण से दूसरे चरण में परिवर्तन का कारण कुछ तो राजधानी के अंदर के ही परिवर्तन थे तथा कुछ उपनिवेशों में परिवर्तन थे।

ये तीनों चरण सही अर्थों में संबद्ध नहीं हैं। लेकिन प्रत्येक चरण के कुछ मुख्य लक्षण हैं, हालांकि पहले वाले चरण के लक्षण बाद वाले चरण में भी हो सकते हैं। कुछ उपनिवेशों में कुछ चरण एक साथ मिल गए हैं जैसे कि भारत में तीसरा चरण।

वाणिज्यवाद का काल (1757-1813)

इस काल में अंग्रेजों के उद्देश्य व्यापार पर एकाधिकार तथा करों की प्रत्यक्ष प्राप्ति रहे हैं। मुख्य लक्षण निम्न थे–

- लूटपाट पर जोर तथा सत्ता पर प्रत्यक्ष अधिकार।
- बड़े पैमाने पर ब्रिटिश वस्तुओं की आयात की अनुपस्थिति।
- उपनिवेश के प्रशासन, न्याय व्यवस्था, संस्कृति, अर्थव्यवस्था आदि में मूलभूत परिवर्तन न करना।

मुक्त व्यापार का काल (1813-1860)

इस काल के मुख्य लक्षण निम्नलिखित थे–

- राजधानी के औद्योगिक बुजुर्आ वर्ग के हितों को ध्यान में रखकर उपनिवेश की प्रशासकीय नीतियों तथा आर्थिक ढांचे का निर्धारण।
- उपनिवेशों को एक अधीनस्थ व्यवसाय सहयोगी बनाया गया जो कच्चे माल का निर्यात तथा तैयार माल का आयात करें।
- ब्रिटिश हितों की रक्षा तथा शोषण को तीव्र करने हेतु उपनिवेश की अर्थव्यवस्था, राजनैतिक अवस्था, प्रशासन, समाज, संस्कृति तथा विचारधारा को परिवर्तित कर विकास एवं आधुनिकता का जामा पहनाया गया।

वित्तीय साम्राज्यवाद (1860-1947)

इस काल के मुख्य लक्षण निम्नलिखित थे-

- औद्योगिक देशों में नए सुरक्षित तथा विशिष्ट बाजार एवं कच्चे माल के स्रोतों पर अधिकार के लिए संघर्ष।
- इन देशों द्वारा उपनिवेशों को पूंजी का निर्यात।
- उपनिवेशों के प्रशासन में उदारवादी नीतियों के स्थान पर प्रतिक्रियावादी नीतियों का समावेश।

15.3 धन का दोहन

अर्थ तथा प्रकृति

अंग्रेजों के 200 वर्षों के दौरान भारत ने जो भी पाया उसका बहुत बड़ा हिसाब इसे चुकाना पड़ा। भारत का जो राजनैतिक, आर्थिक तथा सामाजिक विकास अंग्रेजों के कारण हुआ, उसके अनुपात में भारत को ज्यादा कीमत चुकानी पड़ी और अंग्रेजों ने भारत को ''अमीरी के बावजूद गरीब मुल्क'' बनाकर छोड़ा। अंग्रेजों ने भारत से धन का दोहन काफी किया जिसे अर्थशास्त्री आर० सी० दत्त, दादाभाई नौरोजी तथा अन्य लोग आर्थिक दोहन के नाम से पुकारते हैं।

भारत के राष्ट्रवादी चिंतकों ने आर्थिक दोहन के सिद्धांत को प्रतिपादित किया ताकि भारत की गरीबी के कारणों का मूल्यांकन किया जा सके। ''निर्यात की तुलना में आयात का ज्यादा होना और उससे प्राप्त धन का ब्रिटेन जाना'' मुख्यतः दोहन का प्रमुख रूप था। यह आर्थिक दोहन औपनिवेशिक शासन का ही परिणाम था।

इंग्लैंड द्वारा बिना कुछ दिए गए या जो कुछ दिया गया वह भारत से भेजे गए संसाधनों की तुलना में काफी कम था और इस तरह से भारतीय धन का इंग्लैंड जाना ही दोहन के नाम से जाना गया। दादा भाई नौरोजी ने अपनी पुस्तक **''पॉवर्टी एण्ड अन-ब्रिटिश रूल इन इंडिया (1871)''** में इस समस्या पर गंभीरता से विचार किया है।

दादाभाई नौरोजी ने अपनी इस किताब में दोहन के कारण, दोहन की मात्रा और उसके परिणामों की चर्चा की है। दादाभाई ने यह प्रमाणित करने का प्रयास किया है कि भारत में व्याप्त गरीबी इस दोहन का सीधा परिणाम थी।

दोहन के प्रकार

दादा भाई नौरोजी के अनुसार निम्नलिखित प्रकार के दोहन व्याप्त थे–

1. यूरोपियनों द्वारा इंग्लैण्ड में रह रहे अपने परिवार वालों तथा बच्चों की शिक्षा पर किए गए खर्च का भारत से जाना।
2. कंपनी के कर्मचारियों द्वारा बचाए गए वेतन के भाग का निवेश इंग्लैण्ड में किया जाना।
3. ब्रिटिश सामानों की खरीदारी ब्रिटिश कर्मचारियों के लिए।
4. ब्रिटेन में बने सामानों का यहां की सरकार द्वारा स्टोर के लिए खरीदा जाना।
5. सार्वजनिक कर्ज पर सूद दिया जाना, जिसे भारत में निवेश किया गया था।
6. भारत सरकार के धन का काफी बड़ा हिस्सा इंग्लैंड में कार्यरत कर्मचारियों, जो राजनैतिक, प्रशासनिक तथा व्यावसायिक कामों को देखते थे, के ऊपर खर्च होता था जिसे ''होम चार्ज'' कहा जाता था वे इस प्रकार हैं–
   (a) सार्वजनिक निवेश पर दिया गया सूद जो इंग्लैंड में ऊंची दरों पर लिया गया था।
   (b) रेलवे तथा सिंचाई कार्यों पर किए गए निवेश पर किया गया वार्षिक भुगतान।
   (c) असैनिक विभाग में कार्यरत अंग्रेजों को दिया जाने वाला वेतन।
   (d) इंडिया ऑफिस के खर्च, जो पदाधिकारियों की पेंशन (जिन्होंने भारत में या भारत के लिए इंग्लैंड में काम किया थे), सेना तथा नौसेना के पदाधिकारियों को दिया जाने वाला खर्च।

दोहन का मूल्यांकन

ब्रिटिश शासन के दौरान भारत से इंग्लैंड को जाने वाले संसाधनों तथा सोने की मात्रा का अनुमान लगाना काफी मुश्किल है। कुछ विद्वानों द्वारा अनुमानित दोहन को देखा जा सकता है।

वेरलेस्ट के अनुसार प्लासी युद्ध के 5 साल के अंदर लगभग 4.94 मिलियन पौंड का माल तथा सोना भारत से बाहर गया। आई.सी. सिन्हा का कहना है कि 1757 से 1780 के बीच अकेले बंगाल से 38 मिलियन पौंड का दोहन हुआ है।

उपलब्ध सूत्रों से पता चलता है कि भारत के राजस्व का एक-चौथाई 'होम चार्ज' के लिए इंग्लैंड चला जाता था।

विभिन्न राष्ट्रीय नेताओं ने प्रतिवर्ष भारत से इंग्लैंड जाने वाले दोहन का आकलन किया। परंतु उनके आकलन में भिन्नताएं भी पाई गई हैं क्योंकि उन्होंने अलग-अलग तरीकों से दोहन की तीव्रता मापी। भारत की अत्यधिक निर्यात की प्रकृति लगातार बदलती जा रही थी।

15.4 दो विचारधाराओं का युद्ध

इंग्लिश या बंगाल विचारधारा

कार्नवालिस के आदर्श और उद्देश्य-ब्रिटिश सरकार ने 1893 में बंगाल में स्थायी बंदोबस्त के माध्यम से इंग्लिश ह्विग दर्शन लागू करने की दिशा में पहला प्रयास किया। यह ह्विग मत पर आधारित था जिसके अनुसार, राजसत्ता की चमक भ्रष्ट करने वाली होती है और इसका प्रयोग संभल कर संतुलित रूप में करना चाहिए।

- कार्नवालिस के अनुसार लोगों की जानमाल की सुरक्षा का दायित्व सरकार का है तथा सरकार को इनकी सुरक्षा सुनिश्चित करनी चाहिए। राज्य द्वारा भूमि पर राजस्व की मांग के स्थायी रूप से सीमित करके किया जा सकता है। इस संदर्भ में उन्होंने यह भी स्वीकार किया की कार्यकारी शाखा अपनी शक्ति के दुरुपयोग के लिए तब तक बाध्य हुआ है, जब तक कि राज्य पर हर वर्ष बदलती अपनी मांगों को स्थाई नहीं करता।
- राजस्व की मांग को स्थाई रूप से सीमित करना और इसे सम्भव बनाने के लिए कार्यकारी शक्तियों पर नियंत्रण स्थाई बंदोबस्त के लिए एक निर्णायात्मक विशेषता थी, जिसे भूमि पर निजी सम्पत्ति अधिकार लाकर या कानून

व्यवस्था का पश्चिमी तरीका अपना कर सम्भव बनाया जा सकता था। कार्नवालिस ने पाया कि सभी कुछ जमींदारों या बड़े किसानों के भूमि संबंधी अधिकारों पर निर्भर था और वास्तव में इन लोगों की सम्पत्ति राजनैतिक दलों की ह्विग विचारधारा का तत्व था।

- कार्नवालिस का सिद्धान्त, जॉन लॉक के उत्कृष्ट सिद्धान्त का एक छोटा-सा हिस्सा था। ऐसा लगता था कि वो बंगाल संहिता, 1793 की नीतियों के कानून का रूप देना चाहते थे। इसी के मद्देनजर उन्होंने सभी शीर्ष आधिकारिक पदों से भारतीयों को हटा दिया, बंगाल के जमींदारों को उनकी सम्पत्ति से बेदखल कर दिया तथा हथियार रखने वाले लोगों को उनके जिले की पुलिस को सौंपा गया। उन्होंने सभी के लिए एक समान कानून की तलाश की।
- ब्रिटिश प्रशासनिक व्यवस्था की आधारभूत इकाई जिला थी, जहां जिला मजिस्ट्रेट और जिला न्यायाधीश होते थे। इसे कार्नवालिस कोड के आधार पर प्रशासन करने अधिकार मिला था। जिला न्यायाधीश का पुलिस पर नियंत्रण रहता था और उसकी स्थिति और वेतन दोनों की कलेक्टर से ज्यादा थे।

वेलेज्ली का योगदान–गवर्नर जनरलों में एक और बड़ा नाम लार्ड वेलज्ली (1798-1805) का है। वह ब्रिटिश सिद्धान्तों का पुरजोर समर्थक था। उसने घोषणा की कि ब्रिटिश संविधान ने उसे कार्नवालिस की तरह कार्य करने की शक्ति दी है तथा उसने अनुभव किया कि वह यह कार्य अच्छी तरह कर रहा है। उसने गवर्नर जनरल को न्यायिक कार्यों से पृथक कर सदर, दीवानी और निजामत अदालतों का गठन किया।

15.5 भारतीय विचारधारा अथवा पितृवादी विचारधारा

मुनरो विचारधारा का व्यवहार-ब्रिटिश संवैधानिक सिद्धान्तों को भारतीय प्रशासन पर लागू करने का वेलेज्ली के अधीन कार्यरत कई अधीनस्थों द्वारा विरोध किया गया। इनमें मुनरो, एलफिंस्टन, मैल्कम और मेटकॉफ शामिल थे। इनमें विचारों एवं कार्यों के फलस्वरूप अंग्रेजी व्यवस्था के विकल्प के तौर पर एक नई प्रशासनिक व्यवस्था सामने आई। उसे जानने की काफी कोशिश हुई क्योंकि 1818 के बाद आंतरिक प्रशासन को प्रभावित करने वाली नीतियों पर पहली बार उदारवादियों का दबदबा था। उम्र और स्वभाव में भिन्नता के बावजूद राजनीतिक परंपरा के निर्माताओं के विचारों में एकता थी। उनके महान कार्य कार्नवालिस पद्धति की भावनाओं का विभिन्न रूपों में विरोध करते थे।

- चूँकि इनमें से अधिकांश ने अपना कार्य सैनिक अथवा कूटनीतिक के रूप में किया था, फलतः उनकी ठोस उपलब्धि भूमि सुधार की रैयतवाड़ी पद्धति और सामान्य प्रशासन के रूप में सामने आई। इसे सबसे पहले मुनरो ने शुरू किया और मद्रास का गवर्नर रहते हुए 1817 से 1827 के बीच पूरे मद्रास प्रांत में लागू किया।
- माउंट स्टुअर्ट एलफिंस्टन, जिसे 1819 में मराठों के खिलाफ महत्वपूर्ण उपलब्धि हासिल हुई थी, बंबई का गवर्नर रहते हुए पश्चिमी भारत के बड़े हिस्से में रैयतवाड़ी व्यवस्था लागू की। उसके कार्य को बाद में उसके उत्तराधिकारी जॉन मेल्कम ने आगे बढ़ाया।
- उत्तर भारत में, मेटकॉफ ने जो कि एक नौजवान गवर्नर था, विजित प्रांतों में कार्नवालिस पद्धति को लागू किये जाने के खिलाफ था। उसने सुनिश्चित किया कि राजस्व व्यवस्था का आधार ग्रामीण समुदाय तैयार करता है और प्रशासनिक तथा न्यायिक कार्य स्थायी रूप से कलेक्टर के पास हैं।
- मुनरो, एलफिंस्टन, मैल्कम और मेटकॉफ के कानर्वालिस सिद्धांत के प्रति व्यवहार विशेष रूप से महत्वपूर्ण हैं क्योंकि इससे इनका झुकाव सूक्ष्म रूप से सुधार आंदोलन की ओर दिखता है, जिसने 18वीं सदी में काफी तेजी पकड़ी।
- ब्रिटिश-भारतीय इतिहास की रोमांटिक पीढ़ी ने कार्नवालिस पद्धति को ठंडी, निर्जीव तथा यांत्रिक सिद्धांत बताकर उसके खिलाफ विद्रोह किया। ये लोग भारतीय समाज पर अंग्रेजी विचारों और संस्थाओं को थोपने में कामयाब रहे। उन्होंने कानून के नियम और शक्ति के विभाजन के सैद्धान्तिक गुणों से इन्कार नहीं किया, लेकिन इनका विरोध इस बात को लेकर था कि ये जो चीजें भारत में अविकसित तरीके से लाई गईं।

मुनरो सिद्धांत या विचारधारा के सामान्य एवं विशिष्ट उद्देश्य–इनका सामान्य उद्देश्य भारतीय समाज की मूल संस्थाओं का संरक्षण था, न कि नए समाज का निर्माण।

- मेटकॉफ ने वेलेज्ली के अभिमनपूर्ण स्कूल में शिक्षा पाई थी, जिसे भारतीय अभिजात्यता का दंभ था और वह इससे घृणा करता था। लेकिन उसकी दृष्टि शुभचिंतक पितृवाद की थी, जो उसे 'ग्रामीण गणतंत्रों' से मिली थी

और उसने कभी भी सीधे शासन की बात नहीं सोची, जिससे कि भारत का पुनर्निर्माण पश्चिम की तरह हो। उसने मुनरो के कार्यों को कभी बंद नहीं किया और मुनरो के समृद्ध समाज के आदर्शों को पाने के लिए स्वतंत्र सम्पत्ति के अधिकार का समर्थन किया।

- मैल्कम और एलफिंस्टन किसानों की कीमत पर अभिजात्यता के बलिदान की धारणा को नापसंद करते थे और भारतीय समाज को उसके पूरे समृद्ध रूप में संरक्षित रखना चाहते थे।
- लेकिन, कार्नवालिस पद्धति के खिलाफ चारों लोगों की आवाज एक थी। उन्होंने देखा कि अमूर्त सिद्धान्तों पर बनी यह पद्धति भारत में लागू होने लायक नहीं है।
- कानून के नियम के विपरीत, मुनरो सिद्धांत ने निजी सरकार की भारतीय परम्परा को जारी रखने को प्राथमिकता दी। मेटकॉफ के आरक्षण से हटकर उन्होंने अपने उद्देश्यों की पूर्ति के लिए भारतीय राज्यों के संरक्षण और उसी समय भारतीय जन-मानस को अतिशय सम्मान की तरकीब ढूंढ़ निकाली।
- रजवाड़ों की सरकारों के दमनकारी और अनियमित रवैये की जानकारी रहते हुए भी उन्होंने महसूस किया कि यही उनके आदर्शों के निकट हैं। रैयत के लिए, सरकार को सामान्य तरीके अपनाने चाहिए, न कि अधिकारियों और प्रपत्रों की जटिलता की भरमार करनी चाहिये। उनका मानना था कि इसके लिए सिर्फ एक अधिकारी हो, जिसके जांच, निरीक्षण, सजा इत्यादि का अधिकार हो। यह अधिकारी कहीं दूर देश में रहने वाला नहीं, बल्कि एक चिर-परिचित स्वामी हो जो हर वक्त उन्हें उपलब्ध हो।
- मेटकॉफ ने पृथक् न्यायापालिका को खत्म करने के लिए अपने तर्क किए, लेकिन उन सभी का कहना था कि कलैक्टर के पास न्यायिक शक्तियां रहनी चाहिए। इससे उसका जिला पुलिस और दंडात्मक शक्ति पर नियंत्रण बना रहेगा।

15.6 भूमि राजस्व बंदोबस्त

जमींदारी या स्थायी बंदोबस्त

लॉर्ड कार्नवालिस का एक महत्वपूर्ण योगदान बंगाल में 1793 का भूमि राजस्व का स्थायी बंदोबस्त था। 1765 में कंपनी को बंगाल का दीवानी अधिकार मिला और उसके बाद 25 वर्षों तक राजस्व का बंदोबस्त प्रतिवर्ष हुआ करता था किन्तु उसी समय से स्थायी बंदोबस्त की बात उठाई जाती रही थी।

10 जनवरी, 1790 को बंगाल के राज्यपाल ने दस वर्ष पर बंदोबस्त करने की बात उठाई। इसके तीन वर्ष उपरांत कोर्ट ऑफ डायरेक्टर्स ने इसकी अनुमति दी और 22 मार्च, 1793 को इसे स्थायी बंदोबस्त बनाया गया। यह रेगुलशन I के नाम से जाना जाता है क्योंकि 1 मई को कलकत्ता सुप्रीम कांउसिल ने कई रेगुलेशन पारित किए थे और ये सभी 'कार्नवालिस संहिता' के नाम से जाने जाते हैं।

इस नयी संहिता के मुताबिक, जमींदारों को भू-स्वामी माना गया। भू-राजस्व को निश्चित किया गया। सरकार को बढ़ा हुआ राजस्व नहीं दिया गया और न ही जमींदारों को राजस्व भुगतान में कोई रियायत दी गई।

कार्नवालिस का मानना था कि इन उपायों से जमींदार अधिक-से-अधिक प्रयास कर उपज बढ़ाने तथा बंजर भूमि को कृषि योग्य बनाने में करेंगे और सरकार को एक निश्चित आमदनी नियत समय पर बिना समय बर्बाद किए मिलती रहेगी। यह जमींदारी वंशानुगत बनाई गई किंतु इसमें कृषकों के हितों की बात ताक पर रखकर उन्हें बड़े जमींदारों की मर्जी पर छोड़ दिया गया।

गवर्नर जनरल के विचारों का उनके ही परामर्शदाताओं, विशेषकर जॉन शोर तथा चार्ल्स ग्रांट ने विरोध किया। जॉन शोर चाहते थे कि पहले एक पूर्ण सर्वेक्षण होना चाहिए और उसके पश्चात् बंदोबस्त होना चाहिए चार्ल्स ग्रांट का मानना था कि जमीन पर जमींदारों के स्वामित्व को मानने से पहले पूर्व के रिकॉर्डों का अध्ययन जरूरी है। जॉन शोर जो कार्नवालिस के पश्चात् गवर्नर जनरल बना, उसे ही स्थायी बंदोबस्त के परिणामों को देखना पड़ा, जिसका विरोध उसने बड़े ही खुले स्वर में किया था।

स्थायी बंदोबस्त का सबसे बुरा असर सामाजिक अराजकता के रूप में परिणित हुआ। कृषकों के भू-स्वामित्व का नाश, पुराने तथा नये घरों में तनाव, अनुपस्थितता, जमीन बेचने की बाध्यता, यथोचित न्यायालय का अभाव, पुलिस व्यवस्था का अभाव, स्थानीय लोगों का बड़े पदों से दूर रहना, व्यापार तथा वाणिज्य का पतन और उद्योग-धंधों पर बुरा असर-सभी मिलकर बहुत ही बुरी सामाजिक स्थिति को जन्म देने में सहायक बने। ऐसी हालात में जमींदार पूर्णतः विफल रहे। अपने आप में सुधार लाने की बजाय जमींदार ज्यादा उत्पादकहीन तथा शोषक बने।

यह स्थायी बंदोबस्त एक कठिन अभ्यास था जिसके पीछे बहुत से कारक काम कर रहे थे और उनमें कार्नवालिस का सतही विचार एक प्रमुख था, जो यथार्थ से काफी दूर था। कर्नवालिस ने न सिर्फ इस व्यवस्था को वैधानिक

मान्यता दी, बल्कि राजस्व की वसूली को कठोर तथा कठिन बना दिया। उसके विचार ब्रिटेन के शासक वर्ग के विचार से मिलते थे जो तात्कालिक लाभ की बात सोचते थे और बंगाल की सामाजिक वास्तविकता से कोसों दूर थे। बंदोबस्त पूर्णतः व्यावसायिक तथा आर्थिक परिपेक्ष्यों को ध्यान में रखकर किया गया था। किंतु इसके कारण भविष्य में राजस्व की वसूली में अत्यधिक कमी आई। प्रशासनिक स्तर पर इसे सफल बनाने के लिए कए मजबूत तथा विस्तृत संस्थान की जरूरत थी। लेकिन इस बंदोबस्त ने इन सब चीजों पर ध्यान नहीं दिया जिसके कारण भारत के एक सामाजिक वर्ग में दुविधा और संदेह पैदा होता रहा।

रैयतवाड़ी बंदोबस्त

कार्नवालिस का स्थायी बंदोबस्त बंगाल में लागू करते ही यह प्रश्न उठने लगा कि जॉन कंपनी द्वारा अधिकृत क्षेत्रों में भी इसे लागू किया जाए। तीसरे मैसूर युद्ध में टीपू सुल्तान से बारह महल तथा दिन्दीगुल प्राप्त करने, उत्तरी सरकार का 1794 में जागीर के रूप में समापन आदि इन प्रश्नों को पुनः उठाया। 1799 में तंजौर तथा कोयम्बटूर तथा 1801 में मालाबार और आरकट के नवाब के राज्य का मद्रास प्रेजीडेन्सी में विलय हुआ। इस क्षेत्र में भू-राजस्व की बंदोबस्ती के लिए एलेक्जेण्डर रीड तथा लावलेन प्लेस की नियुक्ति हुई। थॉमस मुनरो रीड का एक सहायक था। सन् 1800 में मुनरो का तबादला कनारा से हटाकर हैदराबाद के निजाम द्वारा छोड़े गए दक्कन के जिलों में किया गया।

जबकि ये सारे पदाधिकारी भू-राजस्व की समस्या का समाधान ढूंढने में व्यस्त थे, उसी समय गवर्नल जनरल लॉर्ड वेलेज्ली ने यह आदेश दिया कि बंगाल वाली स्थायी बंदोबस्त की व्यवस्था को मद्रास प्रेजीडेन्सी में लागू किया जाए। इस आदेश की अवमानना की गई क्योंकि उस समय तक मुनरो और उसके सहायक अनुभव प्राप्त कर चुके थे तथा वे बंगाल के स्थायी बंदोबस्त से हुई, परेशानियों से परिचित थे। इन्होंने अपने स्थानीय विचार को रखना चाहा। तत्कालीन मद्रास का गवर्नर विलियम बेंटिक इस सुझाव के प्रति आकर्षित हुआ और उसने जमींदारी बंदोबस्त को कुछ समय तक रोकने के लिए कहा। 1808 में मुनरो द्वारा प्रस्तावित ग्राम पंचायत आधारित रैयतवाड़ी बंदोबस्त को स्वीकृति दे दी गई। रैयतवाड़ी व्यवस्था के प्रबल समर्थक मुनरो थे। 1908-09 के करीब रैयतवाड़ी व्यवस्था को अधिकांश जिलों में लागू किया गया। जबकि हडसन गांव के साथ बंदोबस्त करने के खिलाफ थे।

1818 में बड़े भू-स्वामियों का दमन, न्यायिक अदालतों की स्थापना तथा राजस्व व्यवस्था में सुधार लाया गया था लेकिन इससे काफी हानि भी उठानी पड़ी। 1820 में जैसे ही मुनरो गवर्नर बना उसने रैयतवाड़ी व्यवस्था को पूरे मद्रास प्रैजीडेन्सी में लागू किया। उसने हर मौके का तलाश कर जहां तक हो सका पुरानी भू-राजस्व की व्यवस्था को हटाकर रैयतवाड़ी बंदोबस्त को लागू किया।

मुनरो की इस व्यवस्था का मुख्य लक्षण यह था कि सरकार द्वारा जमीन पर लगान अब हमेशा के लिए तय हो चुका था और कृषकों को यह आजादी थी कि जमीन पर लगाए गए लगान ज्यादा लगने पर वे इच्छानुसार जमीन को ले सकें या छोड़ सकें। मुनरो ने राजस्व निर्धारण को करीब-करीब आधे से घटाकर पैदावार के एक-तिहाई के बराबर निश्चित किया, कुछ स्थितियों में पैदावार का एक-तिहाई संपूर्ण आर्थिक किराये के बराबर था और इस प्रकार यह व्यवस्था भी शोषण पर आधारित थी।

अन्य दो कारकों ने भी स्थिति को गंभीर बनाए रखा। पहला यह कि, किसानों को पैदावार होने या न होने पर एक निश्चित पैसा देना ही पड़ता था। दूसरे, लगान स्थानीय निकायों की सहायता से निर्धारित नहीं किया गया था जैसा कि उत्तर-पश्चिम प्रांतों में हुआ था, बल्कि लगान का निर्धारण कम वेतन भोगी, अधिकारियों द्वारा कराया गया था जो न्यायसंगत नहीं था। मुनरो को इसका श्रेय जाता है कि उसने अपने सात साल के प्रशासन में इस बंदोबस्त से उठने वाली सभी बुराइयों को दूर किया।

बंबई क्षेत्र में मराठों द्वारा चलाई जा रही राजस्व वसूली के तरीकों को अपनाया गया। जिलों को देसाइयों के हवाले किया गया तथा गांव को पटेलों के हवाले। कलक्टर या उसके ऐजेंट जिन्हें मामलादार कहा जाता था, उनको अपने प्रयास से देसाइयों से अधिक-से-अधिक राजस्व वसूली करने को कहा जाता था। 1819 के बाद रैयतवाड़ी व्यवस्था को इन क्षेत्रों में भी लागू किया गया और तल्ती या ग्रामीण लेखापाल की नियुक्ति बंबई सरकार द्वारा सीधे की गई। इन लोगों ने देसाई तथा पटेल के स्थान लिए। मद्रास तथा बंबई प्रेजीडेन्सी में रैयतवाड़ी व्यवस्था पूर्णतः लागू थी जबकि बेरार, असम, बर्मा तथा कुर्ग में स्थानीय परिस्थिति को देखते हुए कुछ संशोधन कर इस व्यवस्था को लागू किया गया।

महालवाड़ी बंदोबस्त

19वीं शताब्दी के प्रारंभ में यह प्रश्न उठने लगा कि विजित तथा अर्पित प्रांतों में किस तरह का भू-राजस्व बंदोबस्त लागू किया जाए। अर्पित प्रांतों में अवध के नवाब तथा फैजाबाद के नवाब का नाम उल्लेखनीय है और विजित प्रांतों में मराठों के ऊपर लॉड लेक की 1803 की विजय संदर्भित है जो बाद में उत्तर-पश्चिम प्रांत के नाम से जाना गया।

बोर्ड ऑफ कमीशनर्स के कहने पर होल्ट मेकैंजी ने 1819 में एक प्रारूप तैयार किया, जिसके अनुसार हर गांव का सर्वेक्षण और निरीक्षण के पश्चात बंदोबस्त करना था। इस काम को पूरा करने के लिए अधिकारों के दस्तावेज को तैयार किया गया जिसमें गांव के समुदायों का प्रतिनिधत्व करने वाले गांव के प्रधान 'लम्बरदार' की भूमिका महत्वपूर्ण थी।

1821 में सभी पक्षों पर विचार करने के पश्चात् बंगाल व्यवस्था को छोड़ दिया गया और मैकेंजी का सुझाव नई बंदोबस्त प्रणाली का आधार बना जो रैयतवाड़ी बंदोबस्त के नाम से जाना गया। संक्षेप में, उसका विचार था कि भू-राजस्व को एक संतुलित दर पर लगाया जाए। जमीन पर सामूहिक अधिकार वाले पूरे गांव समुदाय के जमींदारों या कृषक मालिकों के साथ बंदोबस्त व्यवस्था की जाए। जमींदार या ताल्लुकदार जो जमीन पर अपने अधिकार को समझते थे, उनको सरकार की ओर से मुआवजा दिया गया और इसे बाद में गांव में नियुक्त नए जमींदारों से वसूल किया गया। यह बंदोबस्त हर एक गांव तथा हर एक महाल के साथ करना था इसीलिए इसे महालवाड़ी बंदोबस्त कहते हैं। इस बंदोबस्त का आधार सम्पूर्ण उत्पादन से कृषि खर्च तथा मजदूरी घटाने के बाद बचे उत्पादन के आधार पर होना निश्चित हुआ।

1822 के रेगुलेशन VII के अनुसार यह बंदोबस्त असफल घोषित हुआ क्योंकि अधिकारों के दस्तावेज बनाने का काम पूरा नहीं हो सका, प्रत्येक क्षेत्रों में होने वाली फसल का अनुमान लगाना काफी कठिन साबित हुआ, सरकार द्वारा फसल के उत्पादन का 80 प्रतिशत राजस्व के रूप में लेना असंभव प्रतीत हुआ। विलियम बेंटिक का 1833 का IX रेगुलेशन बाद में बंदोबस्त का आधार बना। इसके मुताबिक सरकार ने कुल उत्पादन का दो-तिहाई राजस्व के रूप में लिया। इस बंदोबस्त के लागू होने में पूरे तीस साल लगे। उत्तर-पश्चिम प्रांत के लैफ्टिनेंट गवर्नर आर. एम. बर्ड ने इस बंदोबस्त को लागू किया और इसीलिए उनको उत्तरी भारत के भू-बंदोबस्त का पिता कहा जाता है। कालांतर में यह व्यवस्था मध्य प्रांत, पंजाब इत्यादि क्षेत्रों में लगाई गई।

15.7 भारतीय रेल

भारतीय रेल के विकास को मुख्यत: पांच चरणों में बांटा जा सकता है—(i) प्राचीन गारंटी प्रणाली, 1849-69; (ii) राज्य निर्माण एवं स्वामित्व, 1869-82; (iii) विकसित गारंटी प्रणाली, 1882-1924; (iv) राष्ट्रीयकरण, 1924-48; तथा (v) एकीकरण एवं वर्गीकरण, 1948-52।

प्रथम चरण (1849-69)

प्रारम्भ में, 1845 में, तीन प्रयोगिक रेल लाइनें डाली गईं। पूर्वी रेल, कलकत्ता से रानीगंज (120 मील); विशाल भारतीय प्रायद्वीपीय रेल, बंबई से कल्याण (32 मील); तथा मद्रास रेल, मद्रास से अकोणम (30 मील)।

लेकिन भारतीय रेल का निर्माण सही अर्थों में इस विषय पर 1853 में लॉर्ड डलहौजी के मेमो के बाद हुआ। इस प्रक्रिया में तेजी 1857 के विद्रोह के बाद आई। जब ब्रिटिश सरकार को तीव्र यातायात एवं संचार के साधनों की आवश्यकता महसूस हुई।

इस दिशा में बड़े स्तर पर निजी पूंजी का निवेश नहीं हो रहा था। अत: कंपनी ने इसमें अंग्रेज कंपनियों की पूंजी निवेश का फैसला किया जिनकी पूंजी पर सरकार द्वारा ब्याज की गारंटी दी गई। 1859 के अंत तक 5000 मील रेल लाइन बिछाने के लिए इस प्रकार की आठ कंपनियों से अनुबंध पर हस्ताक्षर किए गए। इन परिस्थितियों में सरकार ने पूंजी की स्वीकृति दी तथा इस पर 5 प्रतिशत ब्याज की गारंटी दी। इस कार्य के लिए मुफ्त भूमि उपलब्ध करवाई गई। इसके एवज में कंपनियों को आय का अधिशेष सरकार के साथ बांटने का अधिकार दिया गया। 25 साल के बाद शर्तों के मुताबिक ये रेल लाइनें सरकार को बेची जानी थीं। इस बीच इसके कार्यों एवं खर्चे पर सरकार का नियंत्रण रहना था।

इस व्यवस्था के दो अत्यंत विवादास्पद पहलू थे- **पहला** प्राइवेट कंपनियों का इन रेल लाइनों पर स्वामित्व, तथा **दूसरा** इनकी पूंजी पर सरकार द्वारा एक न्यूनतम आय की गारंटी।

द्वितीय चरण (1869-82)

द्वितीय चरण में गृह एवं भारतीय सरकारों ने राज्य द्वारा निर्माण की योजना स्वीकार की। अपने 1869 के मेमो में जॉन लॉरेंस ने राज्य द्वारा रेलों के निर्माण तथा स्वामित्व पर बल दिया। हालांकि इस दिशा में प्रगति तीव्र नहीं थी। इस प्रकार 186991 के बीच सरकारी ऐजेंसियों द्वारा कुल 3297 मील लाइन और जोड़ी गई। लेकिन निर्माण एवं प्रशासन में सरकारी ऐजेंसियां कंपनियों से बेहतर सिद्ध हुईं।

प्राचीन गारंटी प्रणाली रेलों में सबसे पहले 1879 में, पूर्वी रेल को खरीदा गया। जहां तक नई लाइनों का प्रश्न है, 1869 के वर्षों बाद तक वादे पूरे नहीं किए जा सके। 1879 के अंत तक कई कंपनियों द्वारा 6128 मील रेल लाइन बिछाई जा चुकी थी जबकि राज्य द्वारा मात्र 2175 मील लाइन बिछाई गई थी।

तृतीय चरण (1882-1924)

वर्तमान कंपनियों द्वारा आवश्यक रेलवे लाइन बिछाने के लिए आवश्यक पूंजी देने से इन्कार करने के बाद केंद्रीय सरकार को अन्य स्त्रोतों से धन इकट्ठा करना पड़ा। इसके लिए छोटे-छोटे टुकड़ों में लाइनें बिछानी पड़ीं, जिसका नुकसान प्रांतीय सरकारों का उठाना पड़ा। अत: एक विकसित गारंटी प्रणाली 1882-1924 ई. के बीच चलाई गई। सरकारी एवं गैर-सरकारी दोनों ऐजेंसियों ने निर्माण का कार्यभार संभाला, सरकार ने केवल सामरिक दृष्टि से महत्वपूर्ण लाइनों या सूखा राहत कार्यों तथा अन्य अत्यावश्यक कार्यों के लिए जरूरी लाइनों पर अपना ध्यान केंद्रित किया।

इसके अतिरिक्त भारतीय राज्यों, जिला बोर्डों तथा अन्य स्थानीय प्राधिकारों को अपने क्षेत्रों में रेलवे लाइनें बिछाने तथा उसका संचालन करने के लिए वित्तीय सहायता प्रदान करने हेतु प्रोत्साहित किया गया।

मार्च 1923 तक भारत में रेल लाइनों की लम्बाई 37,618 मील थी जिसके 66 प्रतिशत से अधिक पर सरकार, सरकारी ऐजेंसियों तथा भारतीय राज्यों का स्वामित्व था, हालांकि अधिकतर रेलवे लाइनों की व्यवस्था प्राइवेट कंपनियों के हाथ में थी। सिर्फ तीन मुख्य रेलवे उत्तर-पश्चिम, पूर्वी बंगाल तथा अवध एवं रोहिलखंड और दो छोटी लाइनें, जोरहाट तथा अदन रेलवे, सरकार के सीधे नियंत्रण तथा व्यवस्था के अंतर्गत थीं, बाकी कंपनियों के अधीन थीं।

सन् 1900 ई. में पहली बार रेलवे से कुछ मुनाफा हुआ। बाद के वर्षों में यह काफी तेजी से बढ़ा। सन् 1918-19 में रेलवे की कुल आमदनी 10 मिलियन पौंड थी।

रेलवे के संपूर्ण संगठन तथा कार्य की परीक्षा के लिए 1901 में थॉमस रॉबर्ट्सन विशेष आयुक्त बनाया गया। उसने 1903 में बड़े पैमाने पर परिवर्तन की सिफारिश की तथा एक रेलवे बोर्ड बनाए जाने का सुझाव दिया जिसका एक अध्यक्ष, दो सदस्य तथा एक सचिव होगा। औपचारिक तौर पर इस बोर्ड का गठन मार्च 1905 में किया गया तथा इसे सरकार के अधीनस्थ बनाया गया।

सन् 1907 में राज्य सचिव जॉन मॉर्ले ने रेलवे के वित्तीय तथा प्रशासनिक ढांचे की जांच-पड़ताल के लिए सर जेम्स मैके के नेतृत्व में एक समिति का गठन किया। इसने महसूस किया कि रेलवे बोर्ड का गठन जिस उद्देश्य से किया गया था, उसे यह ठीक से पूरा नहीं कर रहा है; बोर्ड तथा सरकार के बीच तनाव था तथा बोर्ड के गठन में ही गड़बड़ी थी।

रेलवे बोर्ड, जिसका गठन 1905 में हुआ, 1909 में इसमें सुधार किया गया तथा फिर 1914 में सुधार किया गया, यह ठीक तरह से काम नहीं कर रहा था। शुरू में इसके अध्यक्ष तथा सदस्य रेलवे क्षेत्र के अनुभव और ज्ञान वाले व्यक्ति थे। इसमें 1914 में पुन: सुधार किया गया जब वित्तीय एवं वाणिज्यिक अनुभव का एक व्यक्ति इसका सदस्य बनाया गया। यह स्थिति 1920 में बदल दी गई जब यह फैसला किया गया कि सभी तीनों सदस्यों को रेलवे क्षेत्र का अनुभव होना चाहिए। सन् 1921 के बाद, जब सरकार ने राज्यों के रेलवे पर प्रत्यक्ष नियंत्रण कर लिया, इसने सभी अधिकार रेलवे बोर्ड को सौंप दिए।

रेलवे की नीतियों, वित्त तथा प्रशासन के सभी प्रश्नों पर गौर करने के लिए 1920 में राज्य सचिव ने सर विलियम ऑर्कवर्थ की अध्यक्षता में ईस्ट इंडिया रेलवे कमेटी की स्थापना की। इसे ऑर्कवर्थ कमेटी के नाम से भी जाना जाता है, जिसके 10 सदस्य थे तथा इनमें से तीन भारतीय थे- बी.एस. श्रीनिवास शास्त्री (राज्य परिषद के सदस्य), सर राजेंद्र नाथ मुखर्जी (कलकत्ता के उद्योगपति) तथा पुरुषोत्तम दास ठाकुर दास (बंबई के उद्योगपति)। समिति ने राज्य द्वारा व्यवस्था का सुझाव दिया तथा इस समिति के सुझाव बाद के रेलवे विकास के आधार बने।

समिति के सुझावों में से एक था-रेलवे मुख्य आयुक्त की नियुक्ति। उसने रेलवे बोर्ड के अध्यक्ष का स्थान लिया तथा वह रेलवे की नीतियों एवं तकनीकी पहलुओं के लिए अकेला जिम्मेदार था। रेलवे बोर्ड के अध्यक्ष की तरह वह अपने सहयोगियों द्वारा किसी मसले पर अलग-थलग नहीं किया जा सकता था। इस पद पर पहली नियुक्ति 1923 में सी.डी.एम. हिंडले की हुई।

ऑर्कवर्थ समिति ने रेल वित्त को सामान्य वित्त से अलग करने पर भी विचार किया। इसने सुझाव दिया कि पहले इसकी जांच रेलवे वित्त समिति तथा केंद्रीय विधायी सभा द्वारा की जानी चाहिए। बाद में दोनों ने इसे अलग किए जाने के पक्ष में फैसला लिया तथा **1924-25 से रेलवे बजट सामान्य बजट से अलग कर दिया गया।**

चौथा चरण (1924-48)

सन् 1932-33 में रेलवे संचालन के सभी पहलुओं की जांच के लिए पी.ए. पोप की अध्यक्षता में एक समिति का गठन किय गया। इंजनों का व्यापक प्रयोग, गैर-लाभकारी बोगियों को हटा देना, अलग-अलग रेलवे के स्रोतों को एक साथ जोड़ना, बिना टिकट यात्रा, आय बढ़ाने के तरीके आदि के सुझाव इस रिपोर्ट के मुख्य सुझाव थे। रेलवे की आय बढ़ाने तथा रेलवे वित्त को सुगठित करने के उद्देश्य से 1936 में सर रॉल्फ वेजवुड के अधीन इंडियन रेलवे इनक्वायरी कमेटी का गठन किया गया। इसकी रिपोर्ट जून 1937 में रेलवे बोर्ड को जमा की गई, जिसने इसके कुछ सुझावों को लागू करने का फैसला किया।

अंततः सरकार ने 1947 में के.सी. नियोगी की अध्यक्षता में एक रेलवे इनक्वायरी कमेटी का गठन किया। देश की तत्कालीन अस्त-व्यस्त तथा अनिश्चित स्थिति के कारण यह कमेटी जल्द ही समाप्त कर दी गई।

पांचवां चरण (1948-52)

देश के विभाजन के कारण पश्चिम में उत्तर-पश्चिम रेलवे के भाग तथा पूर्व में बंगाल और असम रेलवे पाकिस्तान में चले गए। जोधपुर रेलवे के सिंध खंड के साथ पाकिस्तान को 6958 मील रेलवे लाइन सौंप दी गई। उत्तर-पश्चिम रेलवे का भारत में बचा हुआ भाग पूर्वी पंजाब रेलवे कहलाया। बंगाल-असम रेलवे की बड़ी लाइन पूर्वी भारतीय रेलवे के साथ जोड़ दी गई, जबकि इसकी छोटी लाइन अलग असम रेलवे कहलाई।

निष्कर्ष

सन् 1944 के पूर्व मोटेतौर पर भारतीय रेलवे की निम्न श्रेणियां थीं- (i) राज्यों के सरकारी स्वामित्व तथा व्यवस्था वाली लाइनें; (ii) राज्यों के सरकारी स्वामित्व तथा निजी कंपनियों द्वारा व्यवस्थित लाइनें; (iii) कंपनी स्वामित्व तथा व्यवस्था वाली लाइनें; (iv) भारत सरकार की लाइनें, तथा (v) विविध लाइनें, कंपनी लाइनें तथा जिला बोर्डों की लाइनें।

सन् 1944 तक दूसरी और तीसरी श्रेणी की लाइनों का पूर्णतया राष्ट्रीयकरण कर दिया गया; लगभग 533 मील छोड़कर बाकी सभी लाइनें सरकार अथवा इसकी ऐजेंसियों के अधीन थीं।

इस प्रकार 1944 तक व्यावहारिक तौर पर, सभी रेल लाइनों का राष्ट्रीयकरण हो चुका था। सन् 1946 में रेलवे लाइनों की स्थिति इस प्रकार थी- बड़ी लाइन 20,686.60 मील; मीटर लाइन 16,004.23 मील तथा छोटी लाइन 3827.08 मील।

15.8 कृषि का व्यवसायीकरण

कारण—अपनी खपत के स्थान पर बिक्री के लिए फसलों का उत्पादन करने के कई कारणों के फलस्वरूप व्यावसायिक कृषि विकसित हुई। इसका एक प्राथमिक कारण राज्यों द्वारा कृषकों पर लगाए गए करों को भरने के लिए कृषकों द्वारा रास्ता खोजना था। कृषकों ने केवल एक विशेष फसल उगानी शुरू की। कई गांवों की सामूहिक भूमि एक साथ उपयोग की जाती थी, क्योंकि यह भूमि एक कृषीय फसलों, जैसे कि कपास, पटसन, गेहूं, गन्ना और तिलहन इत्यादि की खेती के लिए विशेष उपयुक्त होती थी। नकदी फसलों की खेती में तीव्र वृद्धि का कारण ब्रिटिश सरकार द्वारा इसे प्रोत्साहित करना था। इंग्लैंड में आधुनिक उद्योगों की वृद्धि के साथ इन उद्योगों के लिए कच्चे माल की आवश्यकता बढ़ी। ब्रिटिश सरकार ने भारत में ब्रिटिश उद्योगों के लिए आवश्यक कच्चे माल के अधिक उत्पादन हेतु उसके अनुरूप आर्थिक नीतियां अपनाईं। सरकार द्वारा परिवहन की सुविधा में किए गए सुधारों से कृषि उत्पादित वस्तुओं का व्यापार व्यापक हो गया। अतः सरकार ने भारतीय कृषि के विशिष्टीकरण एवं व्यवसायीकरण को बढ़ावा दिया।

परिणाम—कृषि के विशिष्टीकरण एवं व्यवसायीकरण के कारण पारंपरिक भारतीय गांव में कृषि एवं उद्योग की एकता का विघटन हुआ। अतः भारत का पुराना ग्रामीण ढांचा जो कि नई भूमि व्यवस्था से कमजोर हो चुका था व्यापारिक कृषि के फैलाव से नष्ट हो गया।

व्यवसायीकरण से कृषकों की आर्थिक स्थिति पर प्रतिकूल प्रभाव बढ़ा। वे अब भारतीय एवं विश्व दोनों बाजारों के लिए उत्पादन करते थे और सभी प्रकार के फेरबदल एवं बाजार की अनिश्चितता का जिम्मेदार थे। उन्हें अमेरिका, यूरोप एवं आस्ट्रेलिया के बड़े-बड़े कृषकों के साथ, जो आधुनिक कृषि मशीनों का प्रयोग करते थे, अपने उत्पादन से बराबरी करनी थी जबकि वे अपने छोटे से भूमि के टुकड़े पर बैलों एवं प्राचीन हल से खेती करते थे। बाद में कृषि के व्यवसायीकरण के कारण वे अपनी उपज की बिक्री के लिए मध्यस्थ व्यापारियों पर आश्रित हो गये। व्यापारी वर्ग, जिनकी आर्थिक स्थिति सुदृढ़ थी, कृषकों की गरीबी का पूरा लाभ उठाते थे। गरीब कृषकों को अपनी

उपज, राजकीय कर एवं महाजन का कर्ज चुकाने के लिए फसल बिचौलिये को बेच देनी पड़ती थी। इससे कृषकों को अपनी आवश्यकताओं की पूर्ति के लिए धन की बहुत कम मात्रा प्राप्त होती थी, जबकि बिचौलियों को लाभ का एक बड़ा भाग मिल जाता था।

ग्रामीण ऋणग्रस्तता की स्थिति–20वीं सदी तक ग्रामीण ऋणग्रस्तता में अभूतपूर्व वृद्धि हो चुकी थी। 20वीं सदी के आरम्भ तक भारत का कुल ग्रामीण ऋण 300 करोड़ रुपये था। लेकिन 1929 के केन्द्रीय बैंकिंग जांच समिति के अनुसार, यह लगभग 900 करोड़ रुपये था। विश्वव्यापी मंदी के बाद तो सिर्फ ब्रिटिश भारत में ग्रामीण ऋण बढ़कर 1200 करोड़ रुपये हो गया।

ग्रामीण साख नीति–बिना किसी नियमित ग्रामीण नीति के किसान साहूकारों के शिकार बन गए। वास्तव में, सरकार की ऋण नीति से बहुत ही कम किसान लाभान्वित हो पाते थे। वह भी बहुत जटिल प्रक्रिया थी। 1875 बम्बई प्रेसीडेंसी में हुए व्यापक दंगों से सरकारी अधिकारियों ने स्थिति की गम्भीरता को समझा। यह उल्लेखनीय है कि, 19वीं सदी में हुए तमाम विद्रोहों में साहूकार विरोधी तत्व आसानी से देखे जा सकते हैं। यहां तक कि 1857 में विद्रोह में भी कई बार किसानों का रोष साहूकारों पर प्रकट हो चुका था। 1850 के मध्य में हुए संथाल विद्रोह में वास्तव में तात्कालिक रूप से साहूकार समुदाय को ही निशाना बनाया गया था।

सरकारी कानून–1875 में हुए दक्कन दंगों ने उस समस्या को हल करने के लिए कानूनों की शृंखला बनाने की प्रेरणा दी साथ ही ऋण के लिए बैंक खोलने की भी सिफारिश की। 1883 का भूमि सुधार अधिनियम, कृषि ऋण भूमि अधिनियम (1884), दक्कन कृषक राहत अधिनियम (1879) तथा पंजाब भूमि हस्तांतरण अधिनियम कुछ ऐसे कानून थे, जिन्होंने किसानों को ऋणदाताओं यानी साहूकारों के चुंगल से मुक्ति दिलाने में कुछ हद तक सहायता की और सरकार द्वारा किसानों को ऋण देना भी सुनिश्चित किया। 20 वीं शताब्दी में कृषि ऋणग्रस्तता संबंधी कई विधेयक पारित किए गए, इनमें गिरवी छुटकारा अधिनियम, 1935, सूदखोर ऋण अधिनियम 1935, यू. पी. कृषक राहत अधिनियम, 1934 और सूदखोर ऋण संशोधन अधिनियम (इसमें यह सुनिश्चित किया गया कि सुरक्षित कर्ज पर 7 प्रतिशत से ज्यादा ब्याज नहीं लिया जा सकता) इत्यादि। ये अधिनियम हालांकि ग्रामीणों को लाभ पहुंचाने के उद्देश्य से पारित किए गए थे, लेकिन पूरी तरह से उन्हें संरक्षण दे नहीं पाए क्योंकि इनमें तमाम ऐसी कमियां थीं, जिनसे साहूकार किसानों को अपने शोषण के चंगुल में फंसा लेते थे।

ब्रिटिश नीतियों का उत्तरदायित्व–इस सन्दर्भ में, ग्रामीण ऋणग्रस्तता पर ब्रिटिश नीतियों का प्रभाव संबंधी अवधारणा स्पष्ट कर देनी चाहिए। ऐसा नहीं था कि पहले शोषित और शोषक न रहे हों, लेकिन ब्रिटिश कानूनों के परिणामस्वरूप इनके बीच संबंधों के चरित्र में बदलाव आया। न्यायालयों की स्थापना के साथ साहूकारों ने, जो कि पहले ग्रामीण समुदायों के ही अंग थे, अपनी शक्तियों में वृद्धि कर ली। जमीन मूल्यवान और बिक्री योग्य वस्तु हो गई। वे कितना भी ब्याज ले लेते थे और अगर भारक इसे नहीं दे पाता था तो उन्हें उसकी जमीन पर कब्जा कर लेने का अधिकार था। ग्रामीण ऋणग्रस्तता का खुलासा करते हुए भारतीय अर्थशास्त्रियों ने दावा किया है कि उस समय के साहूकार ब्रिटिश आर्थिक सिद्धांतों के प्रत्यक्ष उत्पाद थे।

15.9 ग्रामीण ऋणभार तथा भूमिहीन मजदूरों का उदय

कृषकों की गरीबी के निम्न कारण थे–

- जमींदारी क्षेत्र में कृषकों की गरीबी का कारण जमींदारों द्वारा उनका शोषण था।
- रैयतवाड़ी क्षेत्र में उनकी गरीबी का कारण सरकार द्वारा अत्यधिक कर लागू करना था।
- सरकार द्वारा कृषि के प्रोत्साहन के लिए बहुत कम निवेश करना।
- गरीब किसान महाजनों से कर्ज लेते थे जिसकी ब्याज दर बहुत अधिक थी, जिसे उनकी आर्थिक स्थिति खराब हो जाती थी और अंततः वे अपनी जमीन से हाथ धो बैठते थे।

महाजनों के उदय एवं भूमि स्थानांतरण के निम्न कारण थे–

- कर वसूली की नई नीति।
- नई कानून व्यवस्था।
- सूखा पड़ने से खाद्यान्नों में कमी होने लगी।
- कृषि के व्यवसायीकरण का बढ़ना।

बड़ी संख्या में भू-स्वामियों की गरीबी के कारण कृषि श्रमिकों की संख्या में वृद्धि हुई भूमि के मालिक गरीब

किसानों की स्थिति इतनी खराब थी कि उनमें एवं कृषि श्रमिकों की स्थिति में कोई खास अंतर नहीं था। कृषि श्रमिक एवं गरीब किसान मिलकर कृषि जनसंख्या का सबसे बड़ा भाग बनाते थे। बड़े किसानों में गरीबी बढ़ने एवं उनकी भूमि के छीन लिए जाने क कारण इनकी संख्या में काफी वृद्धि हुई।

एक तरफ असंरक्षित भू-स्वामियों की भूमि महाजनों के हाथों में एकत्र हाने लगी तो दूसरी तरफ बड़ी संख्या में कृषक पहले पट्टेधारी और बाद में कृषि श्रमिक होने लगे। इस प्रक्रिया में ब्रिटिश सरकार के राजनैतिक प्रभाव एवं अधिकारों ने महाजनों के समर्थकों के रूप में एक महत्वपूर्ण भूमिका निभाई।

कृषि जनसंख्या के अनुपात में कृषि श्रमिकों की संख्या सबसे ज्यादा रैयतवाड़ी क्षेत्रों में तथा सबसे कम महालवाड़ी क्षेत्रों में थी। इसका मुख्य कारण रैयतवाड़ी क्षेत्र में भूमि के हस्तांतरण में आसानी होने के कारण महाजनों द्वारा कृषकों की भूमि हड़प ली जाती थी और उन्हें कृषि श्रमिक बनने पर मजबूर कर दिया जाता था, लेकिन यह महालवाड़ी में अधिक कठिन था क्योंकि संयुक्त गांव पूरी संपत्ति का स्वामी था तथा भागीदार अपनी जिम्मेदारी से मुक्त नहीं हो सकते थे जो कि स्वामित्व की शर्त थी।

15.10 उद्योगों का पतन

हथकरघा, बुनाई एवं कताई उद्योग सिल्क एवं ऊन उद्योग, कच्चे बर्तन, कांच, कागज, धातु, चमड़ा एवं रंगाई उद्योग ब्रिटिश नीतियों से सबसे ज्यादा प्रभावित हुए। भारतीय हथकरघा की बुरी स्थिति के निम्न कारण थे–

- अंग्रेजों द्वारा एकतरफा मुक्त व्यापार की नीति अपनाकर विदेशी वस्तुओं को लाना।
- रेलवे के निर्माण से ब्रिटिश उत्पादकों को देश के सुदूर गांवों तक अपनी वस्तुओं को पहुंचाने में सुविधा हुई।
- ईस्ट इडिया कंपनी एवं इसके सेवकों द्वारा बुनकरों को अपने लागत मूल्य से कम में अपनी वस्तुएं बेचनी पड़ती थीं।
- यूरोपीय बाजारों में भारतीय वस्तुओं पर अत्यधिक आयात कर एवं आयात पर कई अन्य प्रतिबंध लगाए जाने के कारण भारतीय उत्पादकों द्वारा यूरोपीय बाजार खो देना।
- शहरी हथकरघा के मुख्य खरीदार भारतीय शासकों का धीरे-धीरे लुप्त हो जाना।
- कच्चे माल की निर्यात की ब्रिटिश नीति के कारण इनके दामों में वृद्धि।

भारतीय उद्योगों के पतन के निम्न कारण थे।

- शहरों और गांवों की जनसंख्या में कमी हुई, जो अपने उत्पादकों के लिए मशहूर थी।
- आधुनिक उद्योगों में कमी के कारण बेरोजगारी में वृद्धि हुई।
- पूरे देश में कृषि एवं घरेलू उद्योगों की एकता खत्म हो गई, जिससे आत्मनिर्भर ग्रामीण अर्थव्यवस्था नष्ट हो गई।
- कारीगरों के बेकार हो जाने से कृषकों की संख्या बढ़ी और प्रति व्यक्ति भूमि पर दबाव बढ़ा।

अनौद्योगीकरण के कारण

सांख्यिकीय प्रमाण: द्वितीयक क्षेत्र में रोजगार संबंधी जो सांख्यिकीय प्रमाण उपलब्ध हैं, वे इस तथ्य की ओर इशारा करते हैं कि कारखानों एवं खानों के उदय के उपरांत भी उन्नीसवीं शताब्दी में इन पर निर्भर जनसंख्या में महत्वपूर्ण ढंग से निरंतर कमी आ रही थी। आधुनिक उद्योगों के उदय ने हस्तशिल्प उद्योग को कोई लाभ नहीं पहुंचाया। यहां पर 1800 एवं 1900 में उद्योगों पर निर्भर जनसंख्या संबंधी सर्वेक्षण के मात्र कुछ आंकड़े ही उपलब्ध हैं।

- ये आंकड़े बुकानन हैमिल्टन द्वारा एकत्रित किये गये हैं, जो उन्होंने 1809 में बिहार में गंगा के तट पर स्थित एक जिले के सर्वेक्षण के दौरान एकत्रित किये थे।
- इस सर्वेक्षण यह तथ्य उभरकर सामने आता है कि उद्योगों पर निर्भर जनसंख्या के अनुपात में निरंतर गिरावट आ रही थी। यह 1809 में जहां 18.6 प्रतिशत थी, वहीं 1901 में घटकर 8.5 प्रतिशत रह गयी थी।

इसका प्रमुख कारण गंगा के तटीय क्षेत्र में निवास करने वाले बुनकरों एवं जुलाहों की स्थिति आधुनिक उद्योगों के विकास से होने वाली बर्बादी थी। यद्यपि हैमिल्टन के सर्वेक्षण की परिशुद्धता पर संदेह व्यक्त किया गया है किंतु 19वीं शताब्दी के प्रारंभ में किया गया यह एकमात्र सर्वेक्षण है तथा इसकी विश्वसनीयता उन आंकड़ों से कहीं ज्यादा है जो मात्र अनुमान के आधार पर निकाले गये हैं। इन मतमतांतरों के मध्य इस क्षेत्र संबंधित विद्वान इतना अवश्य मानते हैं कि इस अवधि में आधुनिक उद्योगों के विकास के बावजूद ग्रामीण कुटीर उद्योगों का तेजी से पराभव हो रहा था तथा इस पर आश्रित जनसंख्या में लगातार गिरावट आती जा रही थी। इसका कारण यह था कि कुटीर उद्योगों का पतन होने की

वजह से इस पर आश्रित जनसंख्या विकल्प के रूप में अन्य कार्यों की ओर जा रही थी।

कृषि का स्थायित्व एवं पतन

कृषि पर दबाव बढ़ने एवं सामंतीकरण के कारण भूमि के छोटे-छोटे टुकड़े हो गए, जिसके कारण कृषि का विकास करना कठिन हो गया। कृषि के विकास के लिए साधनों और सहायता की कमी का मुख्य कारण कृषकों का अत्यंत गरीब होना था। सरकार तथा जमींदारों द्वारा निष्ठुर लगान वसूली और सरकार द्वारा लोक निर्माण एवं कृषि विकास के क्षेत्र में सौतेले व्यवहार के कारण कृषि की स्थिति में और गिरावट आई।

15.11 आधुनिक उद्योगों का विकास

परिचय

धीमी एवं बाधायुक्त प्रारंभिक प्रक्रिया–प्रारंभ में ब्रिटिश भारत में उद्योग एवं व्यापार का विकास यूरोप की तुलना में काफी धीमी गति से प्रारंभ हुआ। उन्नीसवीं शताब्दी के अंत में विभिन्न आधुनिक उद्योगों में भारतीयों ने पर्दापण किया तथा बंबई एवं अहमदाबाद में अपवादस्वरूप कुछ उद्योग लगाये गये। 1850 से 1880 के दशक में यूरोपीय आधिपत्य में भारत के पूर्वी भाग में चाय बागान, कोयले की खानें, जूट मिल इत्यादि की स्थापना की गयी। बंबई प्रेसीडेंसी में अनुकूल दशाओं के कारण कपास मिलों का विकास हुआ तथा इनकी स्थापना कुछ पारसी एवं गुजराती समुदाय के लोगों के द्वारा की गयी।

भारतीयों का बाजार तक ही सिमटे रहना–इस अवधि में भारतीय व्यापारिक समुदाय नितांत कुछ विभिन्न प्रकार की गतिविधियों में संलग्न थी। ये गतिविधियां थीं-कृषि उत्पादों का विपणन, देशी व्यापार में वस्तुओं का वित्तीयन तथा हस्तनिर्मित वस्तुओं को प्रोत्साहन इत्यादि। व्यापारी ये कार्य विनियम के तात्कालिक माध्यम के द्वारा संपन्न करते थे, जिसे 'हुंडी' के नाम से जाना जाता है। इस कार्य में कुछ दलाली करने वाली वाली संस्थायें भी संलग्न थीं, जिन्हें आढ़तश के नाम से जाना जाता था। ये व्यापारी अपनी जमा पूंजी से वस्तुयें खरीदते थे तथा उनका लोगों को विक्रय करते थे। यह कार्य सामान्यतया प्रथम विश्व युद्ध से लेकर भारतीय स्वतंत्रता तक चलता रहा।

भारतीय उद्योग पर अंग्रेजों का प्रभाव–इन विभिन्न मत-मतांतरों के बीच एक तथ्य यह अवश्य उभरता है कि भारतीय उद्योगों के विकास पर ब्रिटिश सरकार एवं ब्रिटिश पूंजी ने किस प्रकार का प्रभाव डाला। इनमें से कुछ ऐसे हैं जो इसे भारतीय उद्योगों के लिये लाभकरी मानते हैं तो अधिकांश का यह मत है कि इसने भारतीय उद्योगों को बर्बाद कर दिया तथा इसने भारतीय अर्थव्यवस्था को बुरी तरह से प्रभावित किया।

- क्या भारत का वास्तव में अंग्रेजों ने अनौद्योगीकरण कर दिया था?
- 19वीं शताब्दी के उत्तरार्द्ध में भारत में बड़े पैमाने पर उद्योगों की स्थापना की गयी तथा इसके कारण देश में मशीनी युग की प्रक्रिया का शुभारंभ हुआ। देश में मुनाफे की व्यापक संभावनायें, अच्छी संभावना वाले बाजार की उपलब्धता, सस्ते श्रम की उपलब्धता एवं कुछ अन्य कारकों ने इस संबंध में योगदान दिया। नौकरशाही द्वारा उद्योगों को अच्छा समर्थन देने से भी व्यापारी एवं पूंजीपति प्रोत्साहित हुये।
- इस संबंध में दूसरे मत की अवधारणा है कि भारत तकनीकी रूप से काफी पिछड़ा हुआ था तथा भारतीय अर्थव्यवस्था का स्वरूप संकुचित एवं पिछड़ा था। इस संबंध में एक बात यह उल्लेखनीय है कि, देश की कुछ परंपरायें एवं मान्यतायें भी इस संबंध में अड़चनें पैदा कर रहीं थीं, जैसे- हिंदू धर्म में विभिन्न जातियों के लोगों को अलग-अलग प्रकार के व्यवसाय करना निषिद्ध था।

संबंधित मुद्दे: भारत में उद्योग के इतिहास के संबंध में अनेकानेक प्रश्न किये जाते हैं।

- भारत में उद्योगों में पूंजी का प्रवाह इतनी देर से क्यों हुआ?
- भारत में निर्मित वस्तुयें उच्चस्तरीय विश्व बाजार का मुकाबला नहीं कर सकीं तथा यहां निर्मित उत्पादों को इंग्लैंड में ही बेचना आवश्यक हो गया।
- वे कौन-सी परिस्थियां थीं, जिनमें यूरोपीय व्यापारिक जगत विश्व बाजार में प्रतिस्पर्द्धा करने में सक्षम था, जबकि उन्हीं में से एक इंग्लैंड, भारतीय उद्योग को यह स्वरूप प्रदान नहीं कर सका?
- आर्थिक विकास के संदर्भ में यूरोपीय भारत से किस प्रकार का लाभ कमाना चाहते थे?
- प्रारंभिक दौर में उद्योगों का विकास बंबई से ही क्यों प्रारंभ हुआ?
- इस प्रकार के प्रश्न आधारभूत प्रश्नों से निकटता से संबंधित हैं, जैसे कि क्यों भारतीय अर्थव्यवस्था औद्योगिक क्रांति के प्रभाव से अछूती रह गयी?

- क्या 1800 में इतना ज्यादा पिछड़ापन था, जो 19वीं शताब्दी में आकर भी दूर नहीं हो सका?
- क्या भारत का वास्तव में अंग्रेजों ने अनौद्योगीकरण कर दिया था?

मशीनों पर आधारित उद्योग–भारत में मशीन युग की शुरुआत 1850 ई. में सूती वस्त्र उद्योग, जूट उद्योग एवं कोयला उत्खनन उद्योग के साथ शुरू हुआ। अन्य यांत्रिकीय उद्योगों का विकास जैसे कि चावल, आटा एवं लकड़ी मिलें, चमड़ा, ऊनी वस्त्र, कागज, चीनी, लोहा एवं स्टील उद्योग इत्यादि उन्नीसवीं शताब्दी के मधय एवं बीसवीं शताब्दी के बीच शुरू हुआ। इन उद्योगों की स्थापना से भारत में आधुनिक उद्योगों का विकास हुआ।

पौधारोपण उद्योग–उन्नीसवीं शताब्दी में पौधारोपण उद्योग का विकास जैसे कि अफीम, चाय और कॉफी ब्रिटिश भारतीय आर्थिक इतिहास की एक महत्वपूर्ण घटना थी।

विदेशी पूंजी के भारत में आकर्षित होने के निम्न कारण थे–

- उच्च लाभ की आशा
- अत्यंत सस्ते श्रमिकों की उपलब्धता।
- सस्ते एवं तैयार कच्चे माल की सुविधा।
- भारत एवं इसके पड़ोसी देशों द्वारा कई वस्तुओं के लिए तैयार बाजार उपलब्ध कराना।
- कई भारतीय वस्तुएं जैसे कि जूट एवं मैगनीज की विश्व में मांग।
- उपनिवेशक सरकार एवं अधिकारियों द्वारा सभी प्रकार की मदद देने की इच्छा।

भारतीय आधुनिक उद्योगों पर भारतीय पूंजी के बजाय विदेशी पूंजी के प्रभावी होने के निम्न कारण थे–

- ब्रिटिश इंटरप्राइजों द्वारा अन्य ब्रिटिश मशीन सप्लायर, नौका, परिवहन विभाग कंपनियों, बैंकों, सरकारी अधिकारियों तथा राजनैतिक नेताओं के साथ अपने अच्छे संबंध होने का उपयोग करना।
- भारतीय पूंजी के बदले में विदेशी पूंजी को प्रोत्साहित करने की सरकारी नीति।
- सरकार की रेलवे नीति के द्वारा भारतीय इंटरप्राइजों के प्रति भेदभाव, जिसके अंतर्गत विदेशी वस्तुओं का आयात एवं वितरण आसान एवं सस्ता था परंतु भारतीय वस्तुओं का वितरण अधिक कठिन एवं महंगा था।

भारतीयों को विदेशियों द्वारा संचालित उद्योगों से निम्न लाभ एवं हानियां थीं–

- भारतीयों को केवल अप्रशिक्षित नौकरियों की प्राप्ति का लाभ था।
- लेकिन इससे प्राप्त लाभ उससे प्राप्त हानि से अधिक थे, जिसमें भारतीय श्रमिकों को बहुत कम पैसे पर लंबे समय तक काम करना पड़ता था।
- इसके लगभग सभी तकनीकी कर्मचारी विदेशी थे और उनके द्वारा प्राप्त वेतन का बड़ा भाग विदेश चला जाता था।
- ये कम्पनियां लगभग अपनी सभी मशीनें एवं उपकरण विदेशों से खरीदती थीं।

भारतीय औद्योगिक विकास की निम्न विशेषताएं थीं–

- भारतीय उद्योगों का कम विकास करना और इसके द्वारा देशी हथकरघा के उत्पादन एवं रोजगार दोनों की तुलना में हुई क्षति को पूरा करने में असमर्थता। भारतीय औद्योगिक विकास की इस स्थिति का मुख्य कारण सरकार द्वारा इसके प्रारम्भिक अवस्था में आर्थिक मदद एवं सुरक्षा न प्रदान करना, कृत्रिम रूप से भारतीय उद्योगों का विकास कम करना एवं रोकना था।
- भारी एवं पूंजीगत वस्तुओं के उद्योगों की अनुपस्थिति, जिसके बिना उद्योगों का तीव्र एवं स्वतंत्र विकास नहीं हो सकता था।
- यह क्षेत्रीय असंतुलन से भी प्रभावित था। भारतीय उद्योग देश के कुछ क्षेत्रों एवं शहरों में ही केंद्रित था। इस प्रकार आर्थिक विकास ने न सिर्फ क्षेत्रीय विभिन्नता को जन्म दिया बल्कि राष्ट्रीय अखंडता को भी प्रभावित किया।
- नए सामाजिक वर्गों का विकास तथा जन्म–इस सीमित औद्योगिक विकास के कारण देश में नए सामाजिक वर्गों की उत्पत्ति हुई। ये औद्योगिक पूंजीपति वर्ग एवं मजदूर वर्ग थे। इनकी संख्या हालांकि भारतीय जनसंख्या में अत्यंत कम थी, पर ये एक नई तकनीक, आर्थिक संगठन की नई प्रणाली, नए सामाजिक संबंधों तथा नए विचारों का प्रतिनिधित्व करते थे।

15.12 औद्योगिकरण की अवस्थाएँ

औपनिवेशक भारत में बड़े उद्योगों का विकास तीन मुख्य अवस्थाओं में हुआ। ये सभी अवस्थाएं एक-दूसरे से जुड़ी हैं; फिर भी इन्हें तीन भागों में बांटा जा सकता है–(1) 1850-1914; (2) 1914-39 (3) 1939-47

प्रथम अवस्थाः इस अवस्था में यूरोपीय प्रबंधन संस्थाओं का प्रभुत्व था। इसमें हल्के निर्माण और खनन उद्योग का विकास हुआ, जिसने विदेशी बाजारों में विश्वास जमाया। पूर्वी भारत के जूट और चाय उद्योग हैं। मुख्य रूप से निर्यात-प्रधान उद्योग थे। बम्बई से सूती वस्त्र उद्योग ने भी सुदूर-पूर्व के एक बड़े हिस्से में अपने प्रभुत्व कायम किया था। भारत के घरेलू बाजार पर ही निर्भर था, खपत मुख्य रूप से उपनिवेशक बंदरगाहों को जोड़ने वाले रेलवे में थी। इस्पात हांलाकि बहुत कम मात्रा में था, फिर भी घरेलू बाजार में इसकी पहुंच थी। इस अवस्था में उद्योगों का विकास प्राकृतिक लाभ वाले क्षेत्रों में हुआ, जो ब्रिटेन से आयातित थे।

द्वितीय अवस्थाः द्वितीय चरण में प्रवेश करने पर हमें कुछ नई चीजें देखने को मिलती हैं। प्रारंभ में घरेलू बाजार की तरफ झुकाव वाले उद्योग साधारण तकनीक के सहारे ये छोटे उत्पादक सभी तरह के युद्ध, शुल्कों और अवसरों से सुरक्षित थे। सूती वस्त्र, चीनी, कागज इत्यादि के उत्पादन ने सामान्य तकनीक की मदद से ही संरक्षित घरेलू बाजार को अन्य सभी विदेशी कागज उद्योग भारतीय व्यापारियों और उद्योगपतियों द्वारा कमोवेश बाजार से बाहर कर दिया गया। एक महत्वपूर्ण घटनाक्रम जो कि इन बदलावों के लिए उत्तरदायी था, वह था- टाटा आयरन एंड स्टील कम्पनी (1916-24) की विस्तार योजना, जिसके कारण पहली बार इस्पात उद्योग में महत्वपूर्ण उपलब्धि हासिल हुई।

तृतीय अवस्थाः इस विकास के बिना तृतीय अवस्था का औद्योगीकरण सम्भव नहीं था, जो कि पूंजीगत उद्योगों की शुरूआत थी। युद्ध के बीच के समय में औद्योगिक वृद्धि ने धीरे-धीरे भारी इंजीनियरिंग और रासायनिक उद्योगों के लिए बाजार तैयार किया फिर भी, इसे द्वितीय विश्व युद्ध के दौरान की तकनीकी छलांग ही कहा जाएगा, जिसने भारतीय उद्योग को इस नई दिशा की ओर प्रेरित किया। भारी और आधारभूत उपकरण, मशीनरी और तकनीकी जानकारी बहुत कम थी। इस समस्या ने 1947 तक बड़े भारतीय घरानों और बहुराष्ट्रीय कम्पनियों के बीच सहयोग के एक नए युग का सूत्रपात किया।

यातायात एवं संचार के साधनों का विकास

ब्रिटिश भारत में यातायात एवं संचार के विकास हेतु निम्नलिखित कदम उठाए गए-

- नदियों में वाष्पचलित जहाजों का उपयोग
- सड़कों का निर्माण तथा सुधार।
- रेल प्रणाली का प्रयोग।
- आधुनिक डाक एवं टैलीग्राफ प्रणाली का प्रयोग।

अभ्यास प्रश्न

1. किस गवर्नर जनरल ने भारत की पारस्परिक स्वीकृति सिविल सेवा (Corenanted Civil Service) की शुरुआत की जिसे 1861 के बाद से भारतीय सिविल सेवा (Indian Civil Services) कहा गया?
(a) विलियम बेंटिक (b) वेलेज्ली
(c) कार्नवालिस (d) वारेन हेस्टिंग्स

2. भारत में अंग्रेजों की मुक्त व्यापार नीति का क्या उद्देश्य था?
(a) भारतीय व्यापार पर ईस्ट इंडिया कंपनी के एकाधिकार की स्थापना।
(b) भारतीय हस्तशिल्प तथा कुटीर उद्योग की वस्तुओं के इंग्लैंड निर्यात पर लगे सभी प्रतिबंध हटाना।
(c) भारत में आधुनिक उद्योगों की स्थापना हेतु ब्रिटिश पूंजी का भारत को निर्यात।
(d) भारतीय कच्चे माल के इंग्लैंड निर्यात तथा ब्रिटिश तैयार वस्तुओं के भारत आयात पर लगे सभी प्रतिबंध हटाना।

3. भारत के युवा सिविल सेवकों को शिक्षित करने के लिए कलकत्ता में कॉलेज ऑफ फोर्ट विलियम की स्थापना किसने की?
(a) वेलेज्ली (b) डलहौजी
(c) विलियम बेंटिक (d) कार्नवालिस

4. किस वायसराय के काल में कलकत्ता, मद्रास तथा बंबई में हाई कोर्टों की स्थापना हुई?
(a) वारेन हेस्टिंग्स (b) जॉन लॉरेंस
(c) डलहौजी (d) कैनिंग

5. विधवा पुनर्विवाह विधेयक किसने पारित किया?
(a) कैनिंग (b) डलहौजी
(c) ऑकलैंड (d) विलियम बेंटिक

6. जोनाथन डंकन ने 1792 में संस्कृत कॉलेज की स्थापना कहां की?
(a) कलकत्ता (b) इलाहाबाद
(c) बंबई (d) वाराणसी

7. अंग्रेजों ने शिक्षा का माध्यम अंग्रेजी कब बनाया?
(a) 1813 (b) 1833
(c) 1835 (d) 1844

8. भारत में बालिकाओं की शिक्षा की अधिकारिक अनुमति किसने दी?
(a) डलहौजी (b) विलियम बेंटिक
(c) हार्डिंग प्रथम (d) एलनबरो

9. सर चार्ल्स वुड, जिसने 1854 के एजुकेशन डिस्पैच तैयार किया था, उस समय क्या था?
(a) भारत का राज्य सचिव
(b) निदेशक मंडल का अध्यक्ष
(c) नियंत्रक बोर्ड का अध्यक्ष
(d) इंग्लैंड का प्रधान मंत्री

10. भारतीय शिक्षा आयोग, 1882, का अध्यक्ष कौन था?
(a) थॉमस रेले (b) डब्लू.डब्लू. हंटर
(c) मैकाले (d) सैडलर

11. भारतीय विश्वविद्यालयों में अध्यापन कब प्रारंभ हुआ?
(a) 1857 (b) 1882
(c) 1897 (d) 1904

12. शिक्षा पर भारतीय नियंत्रण किस विधेयक के द्वारा स्थापित हुआ?
(a) 1892 का इंडियन काउंसिल एक्ट
(b) 1909 का इंडियन काउंसिल एक्ट
(c) गवर्नमेंट ऑफ इंडिया एक्ट, 1935
(d) गवर्नमेंट ऑफ इंडिया एक्ट, 1935

13. गृह सरकार के स्तर पर नियंत्रक बोर्ड तथा निदेशक मंडल की दोहरी सरकार कब स्थापित हुई?
(a) 1784 (b) 1813
(c) 1833 (d) 1853

14. किस विधेयक द्वारा प्रेसीडेंसी प्रणाली का अंत हुआ?
(a) 1773 का रेगुलेटिंग एक्ट
(b) 1784 का पिट्स इंडिया एक्ट
(c) 1813 का चार्टर एक्ट
(d) 1833 का चार्टर एक्ट

15. वित्तीय प्रशासन के विकेंद्रीकरण का प्रथम प्रयास किसने किया?
(a) रिपन (b) मेयो
(c) कर्जन (b) लिटन

16. किस विधेयक द्वारा सर्वप्रथम भारत में 'अधिकारिक विधायिका' की स्थापना हुई?
(a) 1861 का इंडियन काउंसिल एक्ट
(b) 1892 का इंडियन काउंसिल एक्ट
(c) 1833 का चार्टर एक्ट
(d) 1853 का चार्टर एक्ट

17. तथाकथित 'भारतीय विचारधारा' का कौन व्यक्ति था जिसने कलक्टर के लिए पितृसम भूमिका की सिफारिश की, जबकि 'अंग्रेजी विचारधारा' उसकी सीमित भूमिका के पक्ष में थी?
(a) थॉमस मुनरो (b) एलफिंस्टन
(c) कार्नवालिस (d) जॉन लॉरेंस

18. आधुनिक भारत में स्थानीय स्वशासन का जनक कौन है?
(a) रिपन (b) मेयो
(c) लिटन (d) कर्जन

19. भारतीय सिविल सेवा परीक्षा इंग्लैंड तथा भारत में एक साथ कब से आयोजित की जाने लगी?
(a) 1912 (b) 1922
(c) 1932 (d) 1935

20. ब्रिटेन की आर्थिक नीतियों के कारण किस काल में 'अनौद्योगीकरण' की प्रक्रिया प्रारंभ हुई?
(a) 1600–1757 (b) 1757–1813
(c) 1813–1860 (d) 1860–1947

21. वारेन हैस्टिंग्स द्वारा भूमिकर वसूली का अधिकार अधिकतम कीमत लगाने वाले व्यक्ति को सौंपना किसके समान था?
(a) विजय नगर की पोलीगर प्रणाली
(b) दिल्ली सल्तनत की इक्ता प्रणाली
(c) मुगलों की जागीर प्रणाली
(d) मुगलों की इजरा प्रणाली

22. भारत में अपनी एक औपनिवेशिक नीति को सही साबित करने के लिए 1854 तक अंग्रेजों ने 'अधोगामी निस्यंदन सिद्धांत' जारी रखा। वह कौन-सी नीति थी?
(a) सामाजिक नीति (b) वाणिज्यिक नीति
(c) औद्योगिक नीति (d) शिक्षा नीति

23. जिस समय कार्नवालिस ने बंगाल तथा बिहार में स्थायी बंदोबस्त लागू किया उस समय बोर्ड ऑफ रेवेन्यू का अध्यक्ष कौन था?

(a) सर जॉन शोर (b) सर मेटकॉफ
(c) सर चार्ल्स नेपियर (d) सर डेनिसन

24. मद्रास में रैयतवाड़ी प्रणाली लागू करने के लिए मुख्य रूप से कौन जिम्मेदार था?
(a) एलफिंस्टन (b) थॉमस मुनरो
(c) मैकार्टनी (d) जॉन लॉरेंस

25. ब्रिटिश भारत में साहूकारों की उत्पत्ति का कारण क्या नहीं है?
(a) नई भूमिकर नीति (b) नई न्याय व्यवस्था
(c) नई शिक्षा नीति (d) कृषि का वाणिज्यीकरण

26. कृषिगत जनसंख्या से कृषि मजदूरों का अनुपात–
(a) जमींदारी क्षेत्रों में अधिकतम तथा रैयतवाड़ी क्षेत्रों में न्यूनतम था।
(b) महालवाड़ी क्षेत्रों में अधिकतम तथा जमींदारी क्षेत्रों में न्यूनतम था।
(c) रैयतवाड़ी क्षेत्रों में अधिकतम तथा जमींदारी क्षेत्रों में न्यूनतम था।
(d) रैयतवाड़ी क्षेत्रों में अधिकतम तथा महालवाड़ी क्षेत्रों में न्यूनतम था।

27. अंग्रेजों द्वारा भारतीय हस्तशिल्प उद्योग के नष्ट किए जाने का क्या परिणाम नहीं हुआ?
(a) शहरों तथा नगरों की जनसंख्या में कमी तथा उनकी बर्बादी।
(b) आत्मनिर्भर ग्रामीण अर्थव्यवस्था का उदय
(c) बेरोजगारी में बढ़ोतरी
(d) कृषि में भीड़-भाड़

28. अन्य चीजों के अतिरिक्त भारत से इंग्लैंड को लगातार पूंजी के प्रवाह को दिखाने वाले 'दोहन सिद्धांत' का जनक कौन था?
(a) दादा भाई नौरोजी
(b) गोपालकृष्ण गोखले
(c) आर.सी. दत्त
(d) एस.एन. बनर्जी

29. भारत में आने वाले प्रारंभिक उद्योगों में से कौन मशीन पर आधारित उद्योग नहीं था?
(a) सूती वस्त्र उद्योग
(b) जूट उद्योग
(c) लौह एवं स्टील उद्योग
(d) कोयला खदान उद्योग

30. ब्रिटिश भारत में कौन एक पौधा रोपण उद्योग नहीं था?
(a) नील (b) चाय
(c) कॉफी (d) शोरा

31. लॉर्ड डलहौजी द्वारा 1853 में शुरू की गई पहली टेलीग्राफ लाइन कहां से कहां के बीच थी?
(a) बंबई से ठाणें (b) कलकत्ता से मद्रास
(c) बंबई से आगरा (d) कलकत्ता से आगरा

32. किसके काल में भारत में यूरोपीय सैनिकों का तथाकथित 'ह्वाइट म्यूटिनी' हुआ था?
(a) डलहौजी (b) कैनिंग
(c) मेयो (d) रिपन

33. निम्नलिखित गवर्नर जनरलों का कालक्रम क्या है?
(ii) मिंटो (ii) जॉन शोर
(iii) कार्नवालिस (iv) वॉरेन हेस्टिंग्स
(v) लॉर्ड हेस्टिंग्स (vi) वेलेज्ली

कूटः
(a) (iv), (iii), (ii), (vi), (i) और (v)
(b) (iv), (ii), (iii), (vi), (i) और (v)
(c) (iv), (vi), (ii), (iii), (v) और (i)
(d) (iv), (v), (i), (iii), (vi) और (ii)

34. निम्नलिखित गवर्नर जनरलों को कालक्रम में सजाएं–
(i) एलनबरी प्रथम (ii) विलियम बेंटिक
(iii) कैनिंग (iv) ऑकलैंड
(v) डलहौजी (vi) हार्डिंग प्रथम

कूटः
(a) (iv), (ii), (v), (vi), (i) और (iii)
(b) (vi), (i), (ii), (v), (iv) और (iii)
(c) (ii), (iv), (i), (vi), (v) और (iii)
(d) (v), (ii), (vi), (iv), (i) और (iii)

35. निम्नलिखित वायसरायों का ऐतिहासिक क्रम क्या है?
(i) नॉर्थब्रुक (ii) डफरिन
(iii) लिटन (iv) मेयो
(v) रिपन

कूटः
(a) (ii), (v), (iii), (i) और (iv)
(b) (v), (i), (iii), (iv) और (ii)
(c) (iii), (ii), (iv), (i), और (v)
(d) (iv), (i), (iii), (v) और (ii)

36. निम्नलिखित वायसरायों को कालक्रमानुसार सजाएं–

(i) हार्डिंग द्वितीय (ii) रीडिंग
(iii) चेम्सफोर्ड (iv) कर्जन
(v) मिंटो द्वितीय

कूटः

(a) (v), (iv), (i), (iii) और (ii)
(b) (iv), (v), (i), (iii) और (ii)
(c) (iii), (iv), (ii), (i), और (v)
(d) (ii), (iv), (v), (i) और (iii)

37. निम्नलिखित वायसरायों का ऐतिहासिक क्रम क्या है?

(i) लिनलिथगो (ii) वैवेल
(iii) इरविन (iv) माउंटबैटन
(v) वेलिंगडन

(a) (v), (i), (iii), (ii) और (iv)
(b) (ii), (iii), (v), (i) और (iv)
(c) (iii), (v), (i), (ii), और (iv)
(d) (i), (v), (iii), (ii) और (iv)

38. वारेन हेस्टिंग्स के काल की निम्नलिखित घटनाओं का घटनाक्रम क्या है?

(i) अवध की बेगमों का मामला
(ii) नंदकुमार प्रकरण
(iii) चैत सिंह का मामला
(iv) रोहिल्ला युद्ध
(v) बंगाल के एशियाटिक सोसाइटी की स्थापना

कूटः

(a) (iv), (ii), (iii), (i) और (iv)
(b) (ii), (i), (iii), (v) और (iv)
(c) (iii), (ii), (v), (iv), और (i)
(d) (v), (ii), (iv), (i) और (iii)

39. ब्रिटिशकालीन सामाजिक तथा मानवीय घटनाओं का घटनाक्रम क्या है?

(i) मानव बलि पर रोक
(ii) सती पर रोक
(iii) कन्या शिशु की हत्या पर रोक
(iv) नेटिव मैरेज एक्ट पास किया गया
(v) विधवा पुनर्विवाह विधेयक पारित किया गया

कूटः

(a) (ii), (iv), (i), (iii) और (v)
(b) (iii), (i), (ii), (iv) और (v)
(c) (i), (ii), (iii), (v), और (iv)
(d) (ii), (iii), (i), (v) और (iv)

40. भारत में शिक्षा के क्षेत्र की निम्न घटनाओं का घटनाक्रम क्या है?

(i) भारत में प्रथम तीन विश्वविद्यालयों की स्थापना
(ii) भारतीय शिक्षा सेवा की स्थापना
(iii) प्रांतीय शिक्षा विभागों की स्थापना
(iv) सैडलर कमीशन
(v) हंटर कमीशन
(vi) रेले कमीशन

कूटः

(a) (i), (ii), (iii), (vi), (iv) और (v)
(b) (iii), (i), (v), (ii), (vi) और (iv)
(c) (ii), (i), (iv), (iii), (v) और (vi)
(d) (v), (ii), (i), (iii), (vi) और (iv)

41. भारत में सिविल सेवा के विकास की निम्नलिखित घटनाओं का सही कालक्रम क्या है?

(i) ली कमीशन
(ii) एचीसन कमीशन
(iii) यू.पी.एस.सी. की स्थापना
(iv) स्कॉलरशिप स्कीम
(v) स्कीम ऑफ स्टैचुटरी सिविलियन्स

कूटः

(a) (iii), (ii), (i), (v) और (iv)
(b) (ii), (vi), (v), (i) और (iii)
(c) (iv), (v), (ii), (i), और (iii)
(d) (v), (iii), (i), (iv) और (ii)

42. ब्रिटिश भारत में निम्नलिखित भूमि कर प्रणालियों का सही कालक्रम क्या है?

(i) रैयतवाड़ी प्रणाली। (ii) स्थायी बंदोबस्त
(iii) महालवाड़ी प्रणाली (iv) नीलामी प्रणाली

कूटः

(a) (iv), (ii), (i), और (iii)
(b) (ii), (iii), (i) और (v)
(c) (iv), (i), (ii), और (iii)
(d) (i), (iv), (ii) और (iii)

43. कौन-सा युग्म सुमेलित हैं?

(a) वुड का डिस्पैच-प्रथमिक शिक्षा

(b) हंटर कमीशन-माध्यमिक शिक्षा

(c) रेले कमीशन-विश्वविद्यालय शिक्षा

(d) सैडलर कमीशन-निस्यंदन सिद्धांत अस्वीकृत

44. सुमेलित कर दिए गए कूटों से उत्तर चुनें-

	तालिका-I		तालिका-II
A.	कार्नवालिस	(i)	सहायक संधि प्रणाली
B.	वेलेज्ली	(ii)	डॉक्टरिन ऑफ लैप्स
C.	विलियम बेंटिक	(iii)	न्याय प्रशासन कर प्रशासन से अलग
D.	डलहौजी	(iv)	प्रांतीय अपील एवं सर्किट कोर्टों का अंत

कूटः

	A	B	C	D
(a)	(i)	(iii)	(iv)	(ii)
(b)	(iii)	(i)	(iv)	(ii)
(c)	(iii)	(i)	(iv)	(ii)
(d)	(i)	(iii)	(ii)	(iv)

45. सुमेलित कर दिए गए कूटों से उत्तर चुनें-

	तालिका-I		तालिका-II
A.	बंबई प्रेसीडेंसी	(i)	विलियम बेंटिक
B.	मद्रास प्रेसीडेंसी	(ii)	डलहौजी
C.	आगरा प्रांत	(iii)	वेलेज्ली
D.	लोक निर्माण विभाग	(iv)	हेस्टिंग्स
		(v)	कार्नवालिस

कूटः

	A	B	C	D
(a)	(i)	(iv)	(ii)	(v)
(b)	(ii)	(v)	(iii)	(iv)
(c)	(iv)	(iii)	(i)	(ii)
(d)	(iii)	(ii)	(iv)	(i)

46. निम्न तालिकाओं का सुमेल किस कूट में है-

	तालिका-I		तालिका-II
A.	गोरखा युद्ध	(i)	मेटकॉफ
B.	ठगी का दमन	(ii)	हेस्टिंग्स
C.	भारतीय प्रेस की स्वतंत्रता	(iii)	डलहौजी
D.	डाक प्रणाली की शुरुआत	(iv)	विलियम बेंटिक

कूटः

	A	B	C	D
(a)	(iii)	(ii)	(iv)	(i)
(b)	(ii)	(iv)	(iii)	(i)
(c)	(iii)	(iv)	(i)	(iv)
(d)	(ii)	(iv)	(i)	(iii)

47. निम्न तालिकाओं पर ध्यान दें-

तालिका-I	तालिका-II
(i) मेयो	राज्य रेलवे प्रणाली की शुख्यात
(ii) नॉर्थब्रुक	प्रिंस ऑफ वेल्स का भारत दौरा
(iii) लिटन	दिल्ली दरबार का आयोजन
(iv) रिपन	भारत की पहली जनगणना

इनमें से कौन सुमेलित हैं?

(a) उपरोक्त सभी

(b) (i), (ii) और (iii)

(c) (ii), (iii) और (iv)

(d) (i), (ii) और (iv)

48. निम्न तालिकाओं पर ध्यान दें-

तालिका-I	तालिका-II
(i) क्वीन विक्टोरिया की घोषणा	लिटन
(ii) भारत का सांख्यकीय सर्वेक्षण	कैनिंग
(iii) स्ट्रैची फेमिन कमीशन	मेयो
(iv) वर्नाक्युलर प्रैस एक्ट की वापसी	रिपन

इनमें से कौन सुमेलित हैं?

(a) उपरोक्त सभी (b) (i), (ii) और (iii)

(c) (ii), (iii) और (iv) (d) (i), (iii) और (iv)

49. सुमेलित कर दिए गए कूटों से उत्तर चुनें-

	तालिका-I		तालिका-II
A.	कर्जन	(i)	कृषि एवं वाणिज्य विभाग
B.	रिपन	(ii)	अकाल संहिता
C.	मेयो टूट,	(iii)	डूरंड आयोग
D.	लैंसडीने	(iv)	प्राचीन स्मारक रक्षा विधेयक

कूटः

	A	B	C	D
(a)	(ii)	(ii)	(iii)	(i)
(b)	(ii)	(iv)	(i)	(iii)
(c)	(iv)	(ii)	(i)	(iii)
(d)	(ii)	(iv)	(iii)	(i)

50. निम्नलिखित तालिकाओं को सुमेलित करें तथा दिए गए कूटों से उत्तर चुनें:-

	तालिका-I	तालिका-II
A.	स्कॉलरशिप योजना	(i) डफरिन
B.	स्कीम ऑफ स्टैचुटरी सिविलियंस	(ii) जॉन लॉरेंस
C.	ऐचींसन आयोग	(iii) रीडिंग
D.	ली आयोग	(iv) लिटन

कूट:

	A	B	C	D
(a)	(i)	(iii)	(iv)	(ii)
(b)	(iii)	(i)	(ii)	(iv)
(c)	(iv)	(ii)	(iii)	(i)
(d)	(ii)	(iv)	(i)	(iii)

तर्क एवं कथन

निर्देश:

अगर सिर्फ 'कथन' सत्य हो तो (a) अंकित करें। अगर सिर्फ 'तर्क' सत्य हो तो (b) अंकित करें।
अगर 'कथन' और 'तर्क' दोनों सत्य हैं तथा 'तर्क' 'कथन' की व्याख्या करता है तो (c) अंकित करें।
अगर 'कथन' और 'तर्क' दोनों सत्य हैं, पर 'तर्क' 'कथन' की व्याख्या नहीं करता है तो (d) अंकित करें।

51. ***कथन:*** भारत में ब्रिटिश उपनिवेशवाद के वाणिज्यिक चरण में ब्रिटिश वस्तुओं का बड़े स्तर पर भारत निर्यात नहीं हो रहा था।

तर्क: उपनिवेशवाद के प्रथम चरण में अंग्रेजों ने भारत के आर्थिक सामाजिक तथा सांस्कृतिक क्षेत्रों में कोई मौलिक परिवर्तन नहीं किया।

52. ***कथन:*** सन 1813 ई. के बाद से भारत में अंग्रेजों की आर्थिक तथा गैर-आर्थिक नीतियां इंग्लैंड के औद्योगिक बुर्जुआ वर्ग को ध्यान में रखकर बनाई गईं।

तर्क: ब्रिटिश उपनिवेशवाद के द्वितीय चरण में भारत को इंग्लैंड के साथ बराबरी का व्यापारिक दर्जा प्रदान किया गया।

53. ***कथन:*** निदेशक मंडल ने कलकत्ता के कॉलेज ऑफ फोर्ट विलियम के स्थान पर हेलीबरी में ईस्ट इंडिया कॉलेज की स्थापना की।

तर्क: गृह सरकार भारत में ब्रिटिश शासन की स्थापना तथा गठन का कार्य भारतीयों पर नहीं छोड़ना चाहती थीं

54. ***कथन:*** अंग्रेजों ने सभी भारतीयों के लिए चाहे वह जिस धर्म के हों, एक समान नागरिक संहिता लागू की।

तर्क: लॉर्ड मैकॉले के नेतृत्व में गठित एक कानून आयोग ने सभी उपलब्ध भारतीय कानूनों को संहिताबद्ध किया।

55. ***कथन:*** ब्रिटिश सरकार ने भारत में सामान्यत: अंशत: परिवर्तन तथा आधुनिकता की नीति का अनुसरण किया।

तर्क: सभी अंग्रेज, चाहे वे रूढ़िवादी हों या अतिवादी, भारत में ब्रिटिश शासन की सुरक्षा तथा स्थायीकरण चाहते थे।

56. ***कथन:*** सन 1844 के बाद बंगाल, बंबई तथा मद्रास प्रेसिडेंसियों में अंग्रेजी शिक्षा की अच्छी प्रगति हुई।

तर्क: लॉर्ड हार्डिंग ने वैसे भारतीयों को रोजगार देने का फैसला किया जो अंग्रेजी विद्यालयों से शिक्षित थे।

57. ***कथन:*** भारत में ब्रिटिश शासन के अंतर्गत जन-शिक्षा के क्षेत्र में बहुत कम प्रगति हुई।

तर्क: भारत में ब्रिटिश सरकार ने कुछ कॉलेजों के बजाय बड़ी संख्या में प्राथमिक विद्यालयों को खोलने की नीति का अनुसरण किया।

58. ***कथन:*** सन 1854 का वुड का डिस्पैच साधारणत: 'भारत में अंग्रेजी शिक्षा का मैग्नाकार्टा' कहा जाता है।

तर्क: इसने भारत में भावी शिक्षा प्रणाली की विस्तृत योजना की रूपरेखा खींची।

59. ***कथन:*** जमींदारी प्रथा के अंतर्गत कर संग्रहक तथा अन्य मध्यस्थ रातों-रात जमींदार भू-स्वामी बन गए।

तर्क: इस प्रणाली के अंतर्गत जमींदार को किसान से प्राप्त कर का ग्यारहवां भाग मिलता था, जबकि शेष सरकार को प्राप्त होता था।

60. ***कथन:*** स्थायी बंदोबस्त के कारण प्रारंभ में कृषि उत्पादन बढ़ा।

तर्क: इस प्रणाली में अपने क्षेत्र पर किसी प्रकार की कर वृद्धि को जमींदार स्वयं रख लेता था।

61. ***कथन:*** रैयतवाड़ी क्षेत्रों में किसानों को उत्पादन अंशत: अथवा पूर्णत: नष्ट हो जाने पर भी भूमि कर देना पड़ता था।

तर्क: रैयतवाड़ी प्रणाली के अंतर्गत सरकार द्वारा भूमि कर की मांग एक बार में सदा के लिए तय कर दी गई थी।

62. ***कथन:*** महालवाड़ी क्षेत्रों में कर भुगतान के लिए प्रत्येक किसान व्यक्तिगत रूप से सरकार के प्रति जिम्मेदार था।

    तर्क: इन क्षेत्रों में सरकार ने भूमि कर को समय-समय पर पुन: निर्धारित करने का अधिकार सुरक्षित रखा था।

63. ***कथन:*** नई कर प्रणालियों के अंतर्गत किसान हमेशा पैसों की आवश्यकता महसूस कर रहा था।

    तर्क: इंग्लैंड में आधुनिक उद्योगों के उदय के कारण भारत से कच्चे माल की मांग बड़ी।

64. ***कथन:*** भारत में कृषि के वाणिज्यीकरण के कारण किसानों की आर्थिक स्थिति बुरी तरह प्रभावित हुई।

    तर्क: किसानों को अपना उत्पाद बेचने के लिए मध्यस्थों पर निर्भर करने के अलावा वाणिज्यीकरण ने उसे भारतीय तथा विश्व बाजारों के अप्रत्याशित उतार-चढ़ाव से प्रभावित किया।

65. ***कथन:*** बंगाल की दीवानी प्राप्त करने के बाद कंपनी ने प्रत्यक्ष तौर पर पूंजी का दोहन प्रारंभ किया।

    तर्क: सन 1765 के बाद कंपनी ने बंगाल के करों को 'निवेश' के रूप में इंग्लैंड भेजना प्रारंभ किया।

उत्तरमाला

1. (c)	2. (d)	3. (a)	4. (b)	5. (b)	6. (d)	7. (c)
8. (a)	9. (c)	10. (b)	11. (d)	12. (c)	13. (a)	14. (d)
15. (b)	16. (d)	17. (c)	18. (a)	19. (b)	20. (c)	21. (d)
22. (d)	23. (a)	24. (b)	25. (c)	26. (d)	27. (b)	28. (a)
29. (c)	30. (d)	31. (d)	32. (b)	33. (a)	34. (c)	35. (d)
36. (b)	37. (c)	38. (a)	39. (d)	40. (b)	41. (c)	42. (a)
43. (c)	44. (b)	45. (c)	46. (d)	47. (a)	48. (b)	49. (c)
50. (d)	51. (c)	52. (a)	53. (d)	54. (b)	55. (c)	56. (c)
57. (a)	58. (c)	59. (d)	60. (c)	61. (a)	62. (b)	63. (d)
64. (c)	65. (c)					

अध्याय

16

सांस्कृतिक टकराव तथा सामाजिक परिवर्तन

16.1 सामान्य सर्वेक्षण

भारतीय समाज की पुनरुद्भवः उन्नीसवीं सदी में भारत ने मध्य युग से आधुनिक युग में प्रवेश किया। मिशनरियों की गतिविधियों और ब्रिटिश सरकार की नीतियों ने भारतीय धर्मों को ईसाई प्रहार से बचाने के लिए सामाजिक-धार्मिक पुनर्जागरण आंदोलन को जन्म दिया, इसका परिणाम यह हुआ कि भारतीय संस्कृति और सभ्यता पर धब्बा बनी कुछ सामाजिक कुरीतियों को खत्म करने के प्रयास हुए। ये आंदोलन सामान्यतया धार्मिक विश्वासों और क्रियाओं से जुड़े थे। राजा राममोहन राय, ईश्वरचन्द्र विद्यासागर, विवेकानंद, स्वामी दयानंद सरस्वती, वीरेसालिंगम् पुंतुल और कई अन्य सुधारकों के विचार एवं कार्यक्रम भारतीय समाज के पुनर्जागरण से ही जुड़े थे।

भारत के सामने समस्याएं—जातीय असहिष्णुता देशभर में फैली एक सामान्य व्याधि थी। निरक्षरता सभी जगह व्याप्त थी, यहां तक कि शिक्षितों में भी अधिकांश रूढ़िवादी विचारों के ही पोषक थे। महिलाओं की स्थिति निम्नतम स्तर पर थी। बहुसंख्यक आबादी को उपेक्षा से निजात दिलाने के लिए, कुछ उदारवादी लोगों ने भारतीय समाज को सुधारने का बीड़ा उठाया। सुधार आंदोलनों से जुड़े शुरूआती लोगों से ज्यादातर पश्चिमी शिक्षा प्राप्त बुद्धिजीवी थे, जो उच्च वर्ग या ममय वर्ग से संबंधित थे। लेकिन धार्मिक मोर्चे पर दयानन्द जैसे कुछ नेताओं ने पश्चिमी सभ्यता का पुरजोर विरोध किया।

पुनर्निर्माण एवं पुनर्जागरण—समाज सुधार की दिशा में प्रयास के दौरान लगभग सभी नेताओं ने शिक्षा को महत्व दिया। सती प्रथा का अंत, विधवा पुनर्विवाह, महिलाओं के संपत्ति के अधिकार जैसे सुधारों को जोर-शोर से उठाया गया। आर्य समाज, थियोसिफिकल सोसायटी जैसे कुछेक संगठनों ने पुनर्निर्माण से पुनर्जागरण को ज्यादा महत्व दिया। इससे समाज और सुधार आंदोलनों दोनों पर बुरा प्रभाव पड़ा। हिन्दू समाज को ऊपर उठाने में स्वामी विवेकानंद का योगदान अभूतपूर्व रहा। उनकी आवाज ने लोगों में राष्ट्राभिमान की भावना जगाई। सैयद अहमद खान मुस्लिम समाज सुधारकों में अग्रणी थे। उन्होंने मुस्लिमों को आधुनिक शिक्षा दिलाने और अपने समुदाय को अंग्रेजों की सहानुभुति दिलाने में सहायता की।

भारतीय पुनर्जागरण की प्रकृति—यह उल्लेखनीय तथ्य है कि तिलक जैसे कुछेक सुधारकों को छोड़कर ज्यादातर सुधार आंदोलनों की प्रकृति धार्मिक थी। उनके राजनीतिक और आर्थिक विचार कभी भी उग्र सुधारवादी नहीं रहे इसलिए तत्कालीन प्राकृतिक आर्थिक सिद्धान्तों के अनुरूप नहीं थे। दिशा और तरीकों को लेकर तमाम सुधारकों में मतभेद भी थे। इसलिए 19वीं सदी के सुधार आंदोलन इतने प्रभावोत्पादक नहीं थे। फिर भी उन्होंने एक शुरूआत दी और भविष्य की रूपरेखा तय की। सांस्कृतिक क्रांति से उपजी राष्ट्रवाद की भावना ने पुनर्जागरण के लिए लड़ने की शक्ति प्रदान की।

16.2 पश्चिमी शिक्षा और आधुनिक विचारों का प्रयोग

पहला चरण (1758-1812)

इंग्लिश ईस्ट कंपनी ने इस काल में यहां के लोगों की शिक्षा के लिए बहुत कम रुचि दिखाई। इस काल में दो अपवादों के रूप, में 1781 ई. में मुस्लिम कानून एवं उससे संबंधित विषयों के अध्ययन के लिए कलकत्ता में मदरसे की स्थापना हुई। 1792 ई. में हिंदू कानून तथा दर्शन के अध्ययन के लिए जॉनेथन डेकर द्वारा वाराणसी में संस्कृत महाविद्यालय की स्थापना की गई। इन दोनों संस्थाओं की स्थापना मुख्यत: कंपनी कोर्ट में कानून प्रशासन में सहायता के लिए योग्य भारतीयों की नियुक्ति के लिए की गई।

एशियाटिक सोसाइटी

जनवरी 1784 ई. में सर विलियम जोन्स एवं तीस सदस्यों द्वारा इसकी स्थापना हुई जो कि एशियाटिक अध्ययन की अन्य शाखाओं से संबंधित थे। इसकी सदस्यता स्वैच्छिक थी परंतु 1829 ई. तक कोई भारतीय इसका सदस्य नहीं था। इसका प्रकाशन 1789 ई. में एशियाटिक रिसर्च के प्रथम भाग में प्रकाशित किया गया। इंग्लैंड एवं पश्चिम में भारत से संबंधित विभिन्न विषयों के अध्ययन के प्रसार का श्रेय एशियाटिक सोसाइटी को दिया जाता है।

दूसरा चरण (1813-53)

ईसाई मिशनरियों एवं कई मानवतावादियों (जिनमें कुछ भारतीय भी शामिल थे) द्वारा भारत में आधुनिक शिक्षा को बढ़ावा देने के लिए 1813 ई. में चार्टर एक्ट द्वारा कंपनी को भारत आधुनिक विज्ञान के ज्ञान एवं शिक्षित भारतीयों को बढ़ावा देने के लिए प्रतिवर्ष 1 लाख रुपए खर्च करने को बाध्य किया गया। इस चरण के प्रथम भाग में शिक्षा की प्रकृति के बारे में दो विवाद सामने आए जो कि इस प्रकार थे–

प्रथम विवाद, आधुनिक पाश्चात्य शिक्षा या परंपरागत भारतीय शिक्षा प्रणाली के प्रसार के बीच था। **द्वितीय विवाद**, स्कूलों एवं कॉलजों में भारतीय भाषा क्या अंग्रेजी को पाश्चात्य शिक्षा के प्रसार के लिए शिक्षा का माध्यम बनाने के लिए थी?

मैकाले का शिक्षा विवरण (मैकाले माइन्यूट ऑन एजूकेशन)–थॉमस बेबिंगटन मैकाले शासकीय अनुदेशों की समिति का अध्यक्ष था। इसके द्वारा 2 फरवरी, 1835 ई. में एक शैक्षिक नीति प्रस्तुत की गई। यह भारत में कंपनी की शैक्षिक नीति की शुरुआत की आधार थी। इससे तथाकथित 'एंग्लिसिस्ट' एवं प्रगतिशील भारतीयों की 'ओरियंटलिस्ट' पर विजय प्राप्त हुई। एंग्लिसिस्ट एवं प्रगतिशील भारतीय अंग्रेजी शिक्षा की शुरूआत एवं लोकप्रियता के समर्थक थे जबकि 'ओरियंटलिस्ट' प्राचीन भारतीय शिक्षा पद्धति पर विश्वास रखते थे।

जनवरी 1835 ई. में समिति के दोनों पक्ष 'ओरियंटलिस्ट' (जेम्स-सदरलैंड, जॉन शेक्सपीयर, जेम्स एवं हेनेरी प्रिंसेप बंधु और इलियट मैकनाथन) और एंग्लिसिस्ट (डब्लू. डब्लू. बर्ड, सी. बी. सैंडर्स, जी. ए. बुशबाई, जे.आर. कॉल्विन, एवं सी. ई. ट्रेवेलयन) ने अपने-अपने तर्क सर्वोच्च परिषद के समक्ष रखें। 'ओरियंटलिस्ट' का यह तर्क था कि संस्कृत एवं अरबी अनुदेशों में किसी भी प्रकार की वास्तविक कमी चार्टर एक्ट 1813 के प्रतिकूल होगी। दूसरी तरफ मैकाले द्वारा समिति में एंग्लिसिस्ट के विचारों का समर्थन किया गया। मैकाले माइन्यूट के आधार पर बेंटिक ने शिक्षा कोष के सभी धन को अंग्रेजी शिक्षा पर खर्च करने का आदेश दिया। अंतत: मैकाले माइन्यूट पर आधारित एक प्रस्ताव विलियम बेंटिक की सरकार द्वारा 7 मार्च, 1835 ई. में लागू किया गया, जिसमें अंग्रेजी को भारत में सरकारी भाषा के रूप में प्रस्तुत किया गया।

मैकॉले के अनुसार, "इस नई पद्धति से भारत में एक ऐसे समुदाय का उदय होगा जो देखने एवं खून से भारतीय होंगे परंतु उनके विचार, शिक्षा तथा प्रतिभा अंग्रेजों जैसी होगी। ये भारतीय न सिर्फ अंग्रेज शासकों तथा भारतीय जनता के बीच दुभाषियों का कार्य करेंगे बल्कि पाश्चात्य, नामकरण पद्धति कई वैज्ञानिक शब्दों का प्रयोगकर स्थानीय भाषाओं, को सुसंस्कृत कर उसे आम लोगों तक पहुंचाने में मदद करेंगे।"

1844 ई. में लॉर्ड हार्डिंग द्वारा भारतीय शिक्षकों को इंग्लिश स्कूलों में सरकारी नौकरी देने का निर्णय लिथा गया। इस प्रकार अंग्रेजी शिक्षा को सफलता मिली और इसने बंगाल, बंबई तथा श्वास की तीन प्रेसीडेंसियों में अच्छी सफलता प्राप्त की। इस तरह देश में 1813, 1853 के बीच के स्कूल व कॉलेज खोल दिए गए। इस चरण में तीन अन्य विकास हुए–

- मिशनरियों के कार्य में वृद्धि जिन्होंने आधुनिक शिक्षा के लगभग सभी क्षेत्रों में महत्वपूर्ण कार्य किए।
- मेडिकल, इंजीनियरिंग और लॉ कॉलेजों की स्थापना। इस तरह व्यवसायी शिक्षा की शुरुआत हुई।

◆ लड़कियों की शिक्षा को अधिकारिक स्वीकृति दी गई। (लॉर्ड डलहौजी ने इस क्षेत्र में सरकारी समर्थन दिया)

बड़ी संख्या में प्राथमिक स्कूलों के बदले कुछ अंग्रेजी स्कूल एवं कॉलेजों को खोलने की सरकारी नीति, जन-समुदाय की शिक्षा के प्रति उपेक्षा थी, क्योंकि सरकार शिक्षा पर एक निश्चित रकम ही खर्च करा चाहती थी। अपनी इन नीतियों की कमी को पूरा करने के लिए अंग्रेजों ने अधोगामी निस्यंदन सिद्धांत (Down wardfilteration theory) का सहारा लिया, जिसके अंतर्गत यह माना गया कि शिक्षा एवं आधुनिक विचार ऊपरी वर्ग से नीचे की तरफ निस्यंदित होगा, दूसरे शब्दों में इसका मतलब यह था कि, कुछ उच्च एवं मध्यम वर्गीय शिक्षित लोग आधुनिक विचार को फैलाने एवं जन-समुदाय को शिक्षित करने का कार्यभार लेंगे। यह सिद्धांत व्यावहारिक तौर पर ब्रिटिश शासन काल के लगभग अंत तक लागू रहा जबकि आधिकारिक रूप से इसे 1854 ई. में ही समाप्त कर दिया गया था।

तीसरा चरण (1854-1900)

1854 ई. का एजुकेशन डिस्पैच जिसे वुड्स डिस्पैच के नाम से जाना जाता है, को भारत में अंग्रेजी शिक्षा का मैग्नाकार्टा के रूप में माना जाता है। यह विज्ञप्ति (Dispatch) उस समय के निदेशक मंडल के अध्यक्ष एवं बाद में भारत के प्रथम राज्य सचिव (Secretary of state) द्वारा उद्घोषित की गई थी। इसे भारत में आधुनिक शिक्षा के इतिहास में एक ऐतिहासिक घटना के रूप में माना जाता है। यह एक व्यापक कार्यक्रम था, जिससे बाद में भारत में शैक्षिक व्यवस्था के आधार पर पूर्ति हुई। इस विज्ञप्ति में निर्स्यंदित सिद्धांत को अस्वीकृत करते हुए जन-समुदाय की शिक्षा, महिलाओं की शिक्षा, बोलचाल की भाषा में सुधार, शिक्षा का लौकिकीकरण कर इसे प्राथमिक स्तर से उच्चतम स्तर तक जोड़ने की व्यवस्था पर बल दिया। उन्नसवीं शताब्दी का दूसरा भाग 1854 ई. की विज्ञप्ति की नीतियों को धीरे-धीरे लागू करने की पुष्टि करता है।

1855 ई. में बंबई, मद्रास, बंगाल, पंजाब एवं उत्तर-पश्चिमी प्रांतों में एवं बाद में नए प्रांतों में भी शैक्षिक विभागों का सृजन हुआ। वरिष्ठ पदों को पूरा करने के लिए 1897 ई. में इंडियन एजुकेशन सर्विस को संगठित किया गया। इस समय शैक्षिक विकास की अन्य उपलब्धियों को पूरा करने के लिए-कलकत्ता (जनवरी 1857), बंबई (जुलाई 1857), मद्रास (सितम्बर 1857), पंजाब (1882) एवं इलाहाबाद (1887) विश्वविद्यालयों की स्थापना हुई।

1882 ई. में लॉर्ड रिपन द्वारा इंडियन एजुकेशन कमीशन जिसे 'हंटर कमीशन' के नाम से भी जाना जाता है, को नियुक्त किया गया, जिसमें 1854 की विज्ञप्ति के सिद्धांतों को लागू किए जाने के ढंग की जांच करने एवं प्राथमिक शिक्षा में आवश्यक सुझाव देने का कार्य प्रारंभ हुआ। इस समिति ने प्राथमिक शिक्षा की देखरेख की व्यवस्था नई स्थापित स्थानीय समितियों (जिला परिषद एवं नगरपालिका) के सुपुर्द करने की सिफारिश की।

गैर-सरकारी संस्थाओं के संबंध में इस समिति ने यह परामर्श दिया कि कुछ कॉलेजों, माध्यमिक स्कूलों एवं अन्य आवश्यक संस्थानों को सरकारी व्यवस्था में लेकर, अन्य सभी क्षेत्र गैर-सरकारी संस्थाओं के सुपुर्द कर दिए जाएं। कमीशन द्वारा की गई सभी सिफारिशें सरकार द्वारा मानी गईं एवं लागू की गईं।

चौथा चरण (1901-20)

1901 ई. में लॉर्ड कर्जन ने सभी सरकारी अनुदेशों के निदेशकों का एक सम्मेलन बुलाया और इसके निर्णयों के आधार पर शैक्षिक सुधारों के एक नए काल की शुरुआत हुई। उन्होंने थॉमस रेले, जो वायसराय के कार्यकारी परिषद के कानूनी सदस्य थे, के नेतृत्व में 1902 ई. में एक विश्वविद्यालय आयोग की नियुक्ति की, जिसकी सिफारिशों के आधार पर 1904 ई. में इंडियन यूनिवर्सिटीज एक्ट पास किया गया।

इस एक्ट के द्वारा विश्वविद्यालयों ने शैक्षणिक कार्य अपने हाथ में ले लिया (अभी तक इनका मुख्य कार्य परीक्षा लेना था)। इसके आधार पर कार्यों के शीघ्र समाधान के लिए विभिन्न संस्थानों की स्थापना हुई। इन विभिन्न संस्थानों को स्वीकृति प्रदान करने हेतु कठोर शर्तें रखी गईं तथा समय-समय पर इनके निरीक्षण की योजनाएं बनीं।

इन सभी उपायों के कारण उच्च शिक्षा में गुणात्मक सुधार हुए हालांकि राष्ट्रवादी भारतीयों ने अत्यधिक सरकारी नियंत्रण के आधार पर इसकी आलोचना की।

1901 ई. में केन्द्र में शिक्षा का एक अलग विभाग स्थापित हुआ। शैक्षिक नीति पर भारत सरकार ने 1913 ई. में आवासीय विश्वविद्यालयों की स्थापना और प्राथमिक तथा माध्यमिक विद्यालयों के शिक्षकों के प्रशिक्षण को संशोधित करने का प्रस्ताव रखा।

लॉर्ड चेम्सफोर्ड द्वारा कलकत्ता विश्वविद्यालय के कार्य का सर्वेक्षण करने के लिए सैडलर कमीशन (1917-19) की नियुक्ति की गई। इस कमीशन ने माध्यमिक शिक्षा को

माध्यमिक शिक्षा बोर्ड के नियंत्रण में छोड़ देने और स्नातक पाठ्यक्रम की अवधि तीन वर्षों में पूरा करने की सिफारिश की।

भारत में 1921 ई. तक विश्वविद्यालयों की संख्या बढ़कर 12 हो गई, जिसमें बनारस, मैसूर, पटना, अलीगढ़, ढाका, लखनऊ एवं उस्मानिया में सात नए विश्वविद्यालय स्थापित किए गए। माध्यमिक एवं प्राथमिक स्तर की शिक्षा में इसी प्रकार की वृद्धि हुई, लेकिन यह वृद्धि दर जन-समुदाय की शिक्षा के लिए अपर्याप्त थी।

इसी चरण में गांधी, लाला लाजपतराय और ऐनी बेसेंट जैसे भारतीय नेताओं द्वारा राष्ट्रीय शिक्षा की बात उठाई गई। उनके अनुसार वर्तमान शिक्षा व्यवस्था राष्ट्रीय विकास के लिए असहायक ही नहीं, बल्कि प्रतिकूल भी थी। उन्होंने कहा कि एक नई व्यवस्था विकसित की जानी चाहिए जो मातृभूमि के प्रति प्रेम को प्रोत्साहित करे। अत: कई राष्ट्रीय संस्थान जैसे कि काशी विद्यापीठ एवं जामिया मिलिया इस्लामिया स्थापित किए गए जो आधिकारिक तंत्र से स्वतंत्र होकर कार्य करते थे।

पांचवां चरण (1921-47)

इस चरण में शिक्षा पहली बार आधिकारिक तौर पर भारतीय नियंत्रण में आई। मॉण्टफोर्ड एक्ट 1919 ई. के प्रस्तावों में प्रांतीय हस्तांतरित विषय का प्रशासन प्रांतीय विधायिका के जिम्मेदार मंत्री के हाथों में था। इसके परिणामस्वरूप सभी स्तर की शिक्षा में अपूर्व विकास हुआ। इस समय के कुछ महत्वपूर्ण विकास इस प्रकार से थे- विश्वविद्यालयों की संख्या में विकास हुए जिनकी संख्या 1947 में 20 हो गई; सैडलर कमीशन की सिफारिशों पर आधारित सुधारों को लागू करने से उच्च शिक्षा की स्थिति में सुधार हुआ; 1924 ई. में अंतर-विश्वविद्यालय बोर्ड की स्थापना हुई। अंतर-महाविद्यालय एवं अंतर-विश्वविद्यालय क्रियाकलाप की शुरुआत हुई, महिलाओं की शिक्षा तथा पिछड़े वर्ग के लोगों को लोकप्रिय मिशनरियों द्वारा दिए गए अनुदान से उन्हें शिक्षा के क्षेत्र में महत्वपूर्ण सफलता मिली।

हार्टो समिति रिपोर्ट (1928-29)–ब्रिटिश भारत में हुए शिक्षा में विकास पर विवरण देने एवं इस क्षेत्र में संभावित वृद्धि के अन्वेषण के लिए सैडलर कमीशन ने सर फिलिप जोसेफ की अध्यक्षता में एक पांच सदस्यीय समिति का मई 1928 ई. में गठन किया। अपने विवरण में समिति ने निम्नांकित टिप्पणी की–

- जन-समुदाय की शिक्षा की जिम्मेदारी प्राथमिक रूप से राज्यों पर है। सभी के लिए शैक्षिक सुविधाएं पूर्णतया स्थानीय समितियों की दया पर नहीं छोड़ी जानी चाहिए।
- माध्यमिक शिक्षा की आम-स्थिति संतोषपूर्ण थी परंतु बड़ी संख्या में माध्यमिक परीक्षा की असफलता विस्मयकारी थी।
- एकल विश्वविद्यालय अपर्याप्त थे, इन सभी में बड़ी संख्या में अयोग्य विद्यार्थी भरे हुए थे।
- प्राथमिक समुदाय में मानव शक्ति की मुख्यत: विशेष हानि हो रही थी। अत: इसे समाप्त करने के लिए कई सुझाव दिए गए।
- दिल्ली में एक केंद्रीयकृत शैक्षिक शाखा की स्थापना की आवश्यकता थी।
- प्राथमिक शिक्षा पर नियंत्रण स्थानीय समितियों को हस्तांतरित करना वांछनीय नहीं था और प्रांतीय सरकारों को अधिक अधिकार रखने की आवश्यकता थी।
- अंत में, शिक्षकों के वेतन में सुधार की आवश्यकता, निरीक्षक वर्ग में वृद्धि करना, पाठ्यक्रम में सुधार, कॉलेजों में शैक्षिक कार्य पर दबाव, यौन शिक्षा तथा अन्य सम-क्षेत्रीय विषयों के अध्ययन में सुधार करना था।

मौलिक शिक्षा या वर्धा शिक्षा (1937)–मौलिक शिक्षा, जिसे नई तालीम भी कहा जाता था, शिक्षा की एक पद्धति ही नहीं बल्कि एक नए जीवन एवं समाज की अभिव्यक्ति थी। इसके पीछे मूल बात यह थी कि शिक्षा की केवल इसी व्यवस्था द्वारा भारत एक स्वतंत्र एवं अहिंसक समाज बन सकता था। यह योजना सर्वप्रथम महात्मा गांधी द्वारा अपनी साप्ताहिक पत्रिका **'हरिजन'** में लेखों के क्रम में 1937 ई. में प्रकाशित की गई। उन्होंने राष्ट्रीय स्तर पर नि:शुल्क एवं अनिवार्य प्राथमिक शिक्षा को कुछ-कुछ हस्तचालित या उत्पादित कार्य में जुड़े रहने पर जोर दिया। यथासम्भव दिए जाने वाले प्रशिक्षण ऐसे केंद्रीय शिल्प से जुड़े होने चाहिए जो बच्चे के पर्यावरण से संबंध रखता हो।

"राष्ट्रीय शिक्षा" पर पहला सम्मेलन 22-23 अक्टूबर 1937 ई. को वर्धा में आयोजित किया गया। इसमें डॉ. जाकिर हुसैन की अध्यक्षता में पाठ्यक्रम तैयार करने के लिए एक समिति का गठन किया गया, जिसे इस समिति द्वारा दिसंबर 1937 ई. को पूरा कर लिया गया।

यह योजना वस्तुत: गांधी की सामाजिक-राजनैतिक विचारधारा का एक महत्वपूर्ण अंग था। स्वतंत्रता के बाद यह

योजना प्राथमिक स्तर पर राष्ट्रीय शिक्षा के रूप में केंद्र तथा राज्य सरकारों द्वारा स्वीकृत की गई।

सार्जेंट शिक्षा रिपोर्ट (1944)–केंद्रीय शिक्षा सलाहकार बोर्ड ने सर जे. पी. सार्जेंट की अध्यक्षता में भारत में युद्धोपरांत शैक्षिक विकास पर 1944 ई. में अपना विवरण प्रस्तुत किया। इस रिपोर्ट के अंतर्गत–

- 3 से 6 वर्ष के बच्चों को पूर्ण प्राथमिक शिक्षा देना।
- 6 से 14 वर्ष के सभी बच्चों को नि:शुल्क एवं अनिवार्य प्राथमिक शिक्षा देना।
- 11 से 17 वर्ष के कुछ चुने गए बच्चों को छह वर्षों की उच्च विद्यालय शिक्षा देना।
- माध्यमिक विद्यालय परीक्षा के बाद शुरू होने वाले तीन वर्षीय विश्वविद्यालय पाठ्यक्रम की शिक्षा कुछ चुने हुए छात्रों को देना।
- तकनीकी, व्यावसायिक तथा कला की शिक्षा पूर्णकालिक व अंशकालिक विद्यार्थियों को उचित वेतनमान पर देना।
- प्रौढ़ निरक्षरता को समाप्त करना तथा 20 वर्षों में सार्वजनिक पुस्तकालय व्यवस्था का विकास करना।
- शिक्षकों की योजना को चालू रखने तथा लागू करने के लिए आवश्यक प्रशिक्षण देना।
- शारीरिक शिक्षा को अनिवार्य बनाना, उपचार के उपरांत चिकित्सा निरीक्षण कराना, अल्पपोषित बच्चों को दूध तथा दिन का भोजन उपलब्ध कराने का प्रस्ताव।
- रोजगार विभाग का गठन करना।
- शारीरिक एवं मानसिक रूप से असक्षम बच्चों को शिक्षा देना।
- उचित अनुदान पर सामाजिक एवं मनोरंजन की सुविधा उपलब्ध कराना।

16.3 भारतीय पुनर्जागरण : सामाजिक तथा धार्मिक आन्दोलन

परिचय

अनुभव और प्रतिक्रियाओं में विभिन्नता–अंग्रेजों द्वारा विजित और प्रशासित लोगों के अनुभवों में खासी विभिन्नता थी। उनकी प्रतिक्रियाएं भी क्षेत्रीय संस्कृति, सामाजिक सोपानक्रम में उनकी जगह और उनके धर्म के अनुसार ही थीं। यहां तक कि अंग्रेजों ने खुद अपनी संस्कृति और व्यवहार में परिवर्तन किया, जो कि 18वीं सदी से 19वीं और फिर 19वीं से 20वीं सदी में रखा जा सकता है।

उपनिवेशवादी वातावरण का अभिप्राय एवं सन्दर्भ–'उपनिवेशवादी वातावरण' शब्द का तात्पर्य उस समय और स्थान से है, जहाँ भारतीय उप-महद्वीपीय सभ्यता ब्रिटिश संस्कृति के प्रत्यक्ष सम्पर्क में आई। सबसे पहले इस क्षेत्र पर सैन्य एवं राजनैतिक नियंत्रण स्थापित किया गया, जबकि सांस्कृतिक मेल-मिलाप उसके बाद पनपना शुरू हुआ। विजेताओं ने सभी लोगों के लिए अनिवार्य रूप से उपनिवेशवादी वातावरण ही तैयार नहीं किया, बल्कि यहां रहने वाले लोगों के मिलने-जुलने, सांस्कृतिक आदान-प्रदान और एक-दूसरे की आवश्यकताओं से स्वयंमेव उत्पन्न हुआ।

दो प्रकार के आन्दोलन–ब्रिटिश शासन के अन्तर्गत असमान विकास और विभिन्न सामाजिक-धार्मिक स्थितियों की वजह से दो तरह के आंदोलन चले-**एक** परिवर्ती अथवा संक्रामक और **दूसरा** संस्कृति-संक्रमण।

- **परवर्ती आन्दोलन**- इसकी जड़ें पूर्व-औपनिवेशिक विश्व में थीं और बिखरे हुए सामाजिक-धार्मिक विसंगतियों से यह सामने आया। इस आन्दोलन ने पूर्व-औपनिवेशिक काल को ब्रिटिश प्रभाव वाले राजनीतिक काल से जोड़ा।
- **संस्कृति संक्रमण आन्दोलन**- इसका उद्‌भव उपनिवेशवादी वातावरण से हुआ और इसका नेतृत्व उन लोगों ने किया, जो सांस्कृतिक मेल-जोल से निकले हुए थे। यह निश्चित रूप से नहीं कहा जा सकता कि इसके संस्थापक ब्रिटिश संस्कृति के लोग थे, लेकिन इसके अनुयायी ज्यादातर ब्रिटेन शिक्षित भारतीय थे जो वहां की संस्कृति से प्रभावित थे। उपरोक्त दोनों आंदोलनों में प्रमुख अंतर उनकी उत्पत्ति का ही है।

उनकी ऐतिहासिक भूमिका–एक निश्चित क्षेत्र के धार्मिक-सामाजिक आंदोलनों का मूल्यांकन ब्रिटिश प्रभाव और राजनैतिक प्रभुत्व के परिप्रेक्ष्य में ही होना चाहिए। अत: इनका ऐतिहासिक मूल्यांकन उसी सन्दर्भ में होना चाहिए, जहां से वे उत्पन्न हुए और जो उनका कार्यक्षेत्र था।

ब्रह्म समाज

1828 ई. में राजा राममोहन राय ने ब्रह्म समाज की स्थापना कलकत्ता में हिंदू धर्म में सुधार करने तथा एकेश्वरवाद का प्रचार करने के लिए की। उनके नेतृत्व में समाज तर्क तथा प्राचीन हिंदू धर्म ग्रंथों (**वेद** एवं **उपनिषद**) के दो स्तंभों

पर टिका हुआ था। इसके अंतर्गत अन्य धर्मों के सुधार की बातें भी थीं।

राममोहन राय (1772-1833)

इनका जन्म 1772 ई. में पश्चिमी बंगाल के वर्द्धमान जिले के राधानगर स्थान पर हुआ। ये सर्वसम्मति से प्रथम 'आधुनिक पुरुष' माने जाते हैं। ये आधुनिक भारत में सामाजिक, धार्मिक एवं राजनैतिक सुधार आंदोलनों के पथ प्रदर्शक थे। उनकी मृत्यु 1833 ई. में इंग्लैंड के ब्रिस्टल में हुई। उनको मुगल बादशाह द्वारा पेंशन की रकम बढ़ाने के लिए ब्रिटिश क्राऊन से निवेदन करने के लिए भेजा गया था।

उनके धार्मिक विचार एवं सुधार–विभिन्न धार्मिक ग्रंथों के मूल रूप को पढ़ने के लिए उन्होंने कई भाषाओं (फारसी, अरबी, संस्कृत, अंग्रेजी, फ्रेंच, लैटिन, ग्रीक, हिब्रू इत्यादि) का अध्ययन किया। वे एकेश्वरवाद में विश्वास रखते थे तथा मूर्ति पूजा का विरोध करते थे। 1803 ई. में वे एक फारसी पुस्तक **तहफत-अल-मुवाहीदीन** या एकेश्वरवादियों को एक भेंट का प्रकाशन किया जिसमें उन्होंने एकेश्वरवाद के प्रति अपने विचारों को स्पष्ट किया है।

एकेश्वरवाद को बढ़ावा देने एवं हिंदू धर्म के बुरे रिवाजों एवं प्रथाओं के विरुद्ध लड़ने के लिए उन्होंने 1815 ई. में कलकत्ता में आत्मीय सभा की स्थापना की। बाद में 1828 ई. में हिंदू धर्म को शुद्ध करने एवं एकेश्वरवाद का प्रचार करने के लिए कलकत्ता में ब्रह्म समाज की स्थापना की।

धार्मिक मामलों में उन्होंने मानवीय तर्क पर बल दिया। 1820 ई. में एक पुस्तक दी **परसेप्ट्स ऑफ जीसस, दि गाइड टु पीस एंड हेप्पीनेस**, का प्रकाशन किया, जिसमें जीसस के नैतिक एवं आध्यात्मिक ज्ञान का वर्णन था। उन्होंने ईसाई धर्म पर भी तर्क का प्रयोग किया। बाद में उनके द्वारा हिंदू धर्म एवं वेदांत दर्शन जो कि **वेदों** एवं **उपनिषदों** में पाया जाता है, को ईसाई मिशनरियों द्वारा किए गए अज्ञात आक्रमण से बचाया।

उनके सामाजिक विचार एवं सुधार–वे जीवनपर्यंत सती प्रथा का विरोध करते रहे तथा 1829 ई. में इसे पूरी तरह समाप्त करने के लिए लॉर्ड विलियम बेंटिक को राजी करने में सफल रहे। उन्होंने महिलाओं के अधिकारों, जैसे- उत्तराधिकार एवं संपत्ति का अधिकार, बहुविवाह प्रथा पर रोक एवं विधवाओं की दयनीय स्थिति का समर्थन किया। उनके द्वारा आधुनिक शिक्षा को अंग्रेजी माध्यम द्वारा शुरू करने एवं प्रचारित करने के लिए प्रयास किया गया। उन्होंने बंगाल में बंगाली को शिक्षित वर्ग के लोगों के परिचय का माध्यम बनाया।

उनके राजनैतिक विचार एवं सुधार–वे भारत में राष्ट्रीय चेतना लाने के लिए भारतीय समाज के विभिन्न वर्गों के एकीकरण में विश्वास रखते थे। उन्होंने राजनैतिक प्रश्नों जैसे- ब्रिटिश प्रशासन, व्यापार एवं आर्थिक नीतियों इत्यादि में सुधार लाने की आवश्यकता पर लोक आंदोलन शुरू किया। उन्होंने समसामयिक घटनाओं के बारे में लोगों को शिक्षित करने तथा सरकार के समक्ष लोक-विचार प्रस्तुत करने के लिए पत्रकारिता को भी बढ़ावा दिया।

रॉय के बाद ब्रह्म समाज

देवेंद्रनाथ टैगोर (1817-1905)

राममोहन रॉय के विचारों को प्रचारित करने के लिए इन्होंने 1839 ई. में कलकत्ता में तत्वबोधिनी सभा की स्थापना की। ये 1843 ई. में ब्रह्म समाज में सम्मिलित हुए। इनके द्वारा एक बंगाली मासिक **तत्वबोधिनी पत्रिका** द्वारा भारतीय इतिहास के क्रमबद्ध अध्ययन को बढ़ावा दिया गया। ये ब्रह्म समाज के 1866 ई. तक नेता बने रहे तथा रॉय द्वारा शुरू किए गए सामाजिक-धार्मिक सुधारों को पूरा करते रहे।

केशव चंद्र सेन (1838-84)

ये 1857 ई. में ब्रह्म समाज में शामिल हुए तथा देवेंद्रनाथ का दायां हाथ बन गए। इसी दौरान पुराने एवं रूढ़िवादी वर्ग, जिसके नेता देवेंद्रनाथ का दायां हाथ बन गए, एवं प्रगतिशील वर्ग, जिसके नेता सेन थे, के बीच समाज सुधार (मुख्यतया जाति प्रथा) तथा ब्रह्मवाद एवं हिंदू धर्म के बीच संबंध (जिसमें प्रगतिशील वर्ग जाति प्रथा को पूरी तरह से समाप्त करना चाहता था एवं ब्रह्मवाद को हिंदू धर्म से अलग मानता था। इसके विपरीत रूढ़िवादी वर्ग जाति प्रथा की सख्ती की आलोचना करते हुए भी इसे बरकरार रखना चाहता था तथा ब्रह्मवाद को हिंदू धर्म का समर्थक मानता था) को लेकर मतभेद उत्पन्न हो गए। इसके फलस्वरूप प्रगतिशील वर्ग पैतृक संस्था (जिसे आदि ब्रह्म समाज कहा जाता था) से 1865 ई. में अलग हो गया एवं 1866 ई. में एक नए संगठन के रूप में स्थापित हुआ जिसे भारत के ब्रह्म समाज के नाम से जाना जाता था।

इस संस्था ने बंबई एवं मद्रास सहित भारत के अन्य भागों में अपने भ्रमण द्वारा ब्रह्म समाज के संदेश को फैलाया। इन्होंने समाज सुधार की मौलिक एवं व्यापक योजना को

अपनाकर भक्ति को ब्रह्मवाद से जोड़ा। बाद में भारतीय संघ की स्थापना हुई (1870) ब्रिटिश सरकार को 1872 ई. का नेटिव मैरिज एक्ट (जिसे अब सिविल मैरिज एक्ट के नाम से जाना जाता है) लाने के लिए राजी कर लिया इससे ब्रह्म विवाह कानूनी हो गया एवं दूल्हे एवं दुल्हन की न्यूनतम आयु क्रमश: 18 वर्ष तथा 14 वर्ष निर्धारित की गई।

ब्रह्मवाद में दूसरा विच्छेद

ब्रह्म समाज का दूसरा विच्छेद 1878 ई. में हुआ; जब सेना के समर्थकों के एक वर्ग द्वारा आनंद मोहन बोस एवं शिवनाथ शास्त्री के नेतृत्व में उसे छोड़कर साधारण ब्रह्म समाज स्थापित किया गया। इस विभाजन का कारण समाज की व्यवस्था के बारे में प्रश्न एवं सेन द्वारा नेटिव मैरिज एक्ट को भंग करना (उसने अपनी बड़ी बेटी का विवाह कूच बिहार के शासक के साथ किया, लेकिन दोनों में से कोई एक्ट द्वारा निर्धारित विवाह की उम्र को पूरा नहीं करते थे) था।

मानव धर्म सभा

दुर्गाराम मंछाराम (1809-78), शिक्षित गुजरातियों के एक छोटे समूह का नेता था, जो 1830 ई. के दशक में समकालीन समाज का प्रभावशाली आलोचक बना। इस समूह के अन्य प्रमुख सदस्य दादोबा पांडुरंग, दिनमणि शंकर, दलपत्रम भगुबाई एवं दामोदर दास थे। उन्होंने 1844 ई. में सूरत में मानव धर्म सभा की स्थापना की, जिसकी प्रत्येक रविवार को बैठक होती थी एवं इस बैठक में अपनी इच्छानुसार अन्य लोग भी भाग ले सकते थे।

अपने कार्यक्रम के एक भाग के रूप में मानव धर्म सभा ने जादूगरों एवं झाड़-फूंक करने वालों को अपनी कला दिखाने का विरोध किया। वे जाति प्रथा के भी आलोचक थे लेकिन उन्होंने इसके विरुद्ध कोई सीधी कार्रवाई नहीं की। मानव धर्म सभा का एक क्रियाशील संगठन के रूप में छोटा जीवन था। 1846 ई. में दादोबा पांडुरंग के बंबई लौट जाने के बाद यह विघटित हो गया तथा दुर्गाराम मंछाराम द्वारा 1852 ई. में राजकोट चले जाने के बाद यह पूर्णत: समाप्त हो गया। यद्यपि इसकी एक छोटी आयु थी, लेकिन सभा के सदस्य, जो इसके विचार एवं आंदोलन से जुड़े थे, वैसे ही अन्य संगठनों के नेता बन गए थे। बाद में इनके द्वारा महाराष्ट्र एवं गुजरात के विकास के लिए कई कार्य किए गए। अत: यह कहा जा सकता है कि यह सभा महाराष्ट्र एवं गुजरात में बाद के विकासों से जुड़ी हुई थी।

परमहंस मंडली

इसका इतिहास मानव धर्म सभा एवं दादोबा पांडुरंग (1814-82) से जुड़ा था। दादोबा ने धर्म विवेचन (1848 ई.) में अपना सिद्धांत प्रस्तुत किया। उन्होंने सात सिद्धांतों को सूचीबद्ध किया जो इस नई संस्था का आधार बना। वे इस प्रकार से थे–

- केवल ईश्वर की पूजा होनी चाहिए।
- वास्तविक धर्म प्रेम एवं नैतिक व्यवहार पर आधारित है।
- अध्यात्म एक धर्म है।
- प्रत्येक व्यक्ति को चिंतन की स्वतंत्रता होनी चाहिए।
- हमारा दैनिक कार्य तर्क के अनुकूल होना चाहिए।
- संपूर्ण मानव समुदाय एक जाति है।
- अच्छा ज्ञान सभी को देना चाहिए।

ये सिद्धांत हिंदू धर्म के लोकप्रिय बहुदेववाद, जाति प्रथा एवं ब्राह्मणों के ज्ञान पर एकाधिकार का खंडन करते हैं।

1849 ई. में दादोबा एवं उनके मित्रों ने बंबई में परमहंस मंडली की एक मूल सामाजिक धार्मिक संस्था की स्थापना की। इनकी बैठक गुप्त रूप से होती थी, रामकृष्ण जयकर मंडली के अध्यक्ष बने। सभी सदस्यों को जाति प्रतिबंधों का परित्याग करने का वचन लेना पड़ता था तथा सभी नए सदस्यों को निम्न जाति द्वारा बनाया गया भोजन एवं पानी ग्रहण करना पड़ता था। सभी सदस्यों तथा समर्थकों के घर एक नियत सभा होती थी। वे समाचार-पत्र पढ़ते थे एवं विभिन्न प्रकार के सामाजिक एवं धार्मिक विषयों पर विचार करते थे। इस समुदाय ने दो मुख्य सिद्धांतों पर समझौता किया। पहला सिद्धांत था कि वे किसी अन्य धर्म पर आक्रमण नहीं करेंगे और दूसरा अगर कोई भी धर्म ग्रामतित्व (infallibility) का दावा करेगा तो उसे अस्वीकृत कर देंगे।

इस संस्था की शाखाएं पूना, अहमदनगर एवं रत्नागिरि में स्थापित हुईं। मंडली ने मानव धर्म सभा का अनुसरण किया एवं जाति प्रथा, मूर्ति पूजा, रूढ़िवादी धार्मिक यज्ञों तथा ब्राह्मणों के प्रभुत्व को अस्वीकृत किया, जिसमें इसे कुछ सफलता मिली। इसके द्वारा गोपनीय संस्था के रूप में कार्य करना इसके हिंदू परंपरा, निष्ठा को खुली चुनौती देने की अनिच्छा को प्रदर्शित करता था। अभी तक मानव धर्म सभा एवं परमहंस मंडली के विचार एक सामाजिक-आर्थिक आंदोलन के रूप में प्रकाशित होते हैं।

प्रार्थना समाज

ब्रह्म समाज की एक शाखा; इसकी स्थापना 1867 ई. में डॉ. आत्माराम पांडुरंग द्वारा बंबई में हुई। एम.जी. रानाडे एवं आर.जी. भंडारकर 1870 ई. में इससे जुड़े एवं इसे एक नई शक्ति प्रदान की। यह हिंदू धर्म में एक सुधार आंदोलन था जिसने अंतर्जातीय भोजन, विवाह, विधवा विवाह, महिलाओं तथा पिछड़े वर्ग के पुनरुत्थान के लिए अपना ध्यान केंद्रित किया।

आर्य समाज

स्वामी दयानंद सरस्वती द्वारा आर्य समाज की स्थापना 1875 ई. में बंबई में की गई। आर्य समाज का सबसे विशिष्ट कार्य शुद्धि आंदोलन था। इसका अर्थ था-बलपूर्वक या अपनी इच्छा से दूसरे धर्मों में चले गए हिंदुओं का पुन: धर्म परिवर्तन कर हिंदू धर्म में लाना। आर्य समाजियों द्वारा यह आंदोलन भारत की सामाजिक, धार्मिक तथा राजनैतिक एकता का प्रभावशाली साधन माना जाता था। आर्य समाज यद्यपि बंबई में स्थापित किया गया था, लेकिन शीघ्र ही यह पंजाब, राजस्थान, उत्तर प्रदेश, गुजरात एवं देश के अन्य भागों में फैल गया।

स्वामी दयानंद सरस्वती (1824-83)

दयानंद, जिनका वास्तविक नाम मूल शंकर था, का जन्म 1824 ई. में गुजरात के तंकारा शहर में हुआ था। उन्होंने 15 वर्ष (1845-60 ई. तक) घुम्मकड़ तपस्वी के रूप में बिताए तथा बाद में मथुरा के स्वामी ब्रिजानंद से शिक्षा प्राप्त की। 1875 ई. में उन्होंने बंबई में आर्य समाज की स्थापना की।

उनके धार्मिक एवं सामाजिक विचार तथा सुधार–वे वेदों को अपरिवर्तनीय एवं अमोघ मानते थे तथा मूर्ति पूजा, धार्मिक अनुष्ठान एवं पुरोहित्व (उनके अनुसार पुरोहित **पुराणों** की मदद से, जो गलतियों से भरे हैं, हिंदू धर्म का दुरुपयोग करते हैं) के विरुद्ध थे। उनके द्वारा बाल विवाह और जन्म पर आधारित जाति प्रथा का विरोध किया गया; अंतर्जातीय विवाह एवं विधवा पुनर्विवाह को बढ़ावा दिया गया; पाश्चात्य विज्ञान के फैलाव को बढ़ावा दिया गया एवं प्राकृतिक संकट के समय समाज सेवा का संगठन किया गया। उन्होंने शुद्धि आंदोलन की शुरूआत की।

उन्होंने तीन पुस्तकें लिखीं, यथा-**सत्यार्थ प्रकाश** (हिंदी में) **वेदभाष्य भूमिका** (आधी हिंदी एवं आधी संस्कृत में) तथा **वेदभाष्य** (संस्कृत में)। उन्होंने अपनी शिक्षा का प्रसार भारत भ्रमण द्वारा किया।

दयानंद की मृत्यु (1883 ई.) के बाद शिक्षा की पद्धति के अनुसरण के प्रश्न पर आर्य समाज के दो समुदायों में मतभेद शुरू हुआ, जिसके परिणामस्वरूप इसका विभाजन 1892 ई. में हुआ। एक समुदाय गुरुकुल समुदाय था, जो स्वामी श्रद्धानंद के नेतृत्व में था और हिंदू शिक्षा की पारंपरिक पद्धति का समर्थक था। उसके द्वारा लड़कों के लिए संस्थाओं की स्थापना हुई, जिसमें सबसे महत्वपूर्ण हरिद्वार में था। दूसरा समुदाय कॉलेज समुदाय था, जिसके नेता लाला लाजपत राय एवं हंसराज थे। इनके द्वारा अंग्रेजी शिक्षा के प्रचार के लिए कई दयानंद एंग्लो-वैदिक (डी.ए.वी.) स्कूलों एवं कॉलेजों की स्थापना की गई, जिसमें लड़कियां एवं लड़के दोनों एक साथ पढ़ते थे। इसमें सबसे महत्वपूर्ण संस्था लाहौर में थी।

रामकृष्ण मिशन तथा रामकृष्ण मठ

रामकृष्ण मिशन की स्थापना 1897 ई. में स्वामी विवेकानंद द्वारा स्कूल, कॉलेजों, अस्पतालों, अनाथालयों, मानवतावादी सहायता एवं समाज सेवा के लिए वेलूर में की गई। रामकृष्ण मठ की स्थापना स्वामी विवेकानंद द्वारा एक धार्मिक संस्था के रूप में, रामकृष्ण परमहंस की शिक्षा के प्रचार हेतु, मठवासियों को अस्तित्व में लाने के लिए 1887 ई. में बारानगर में की गई। वेलूर 1898 ई. में मठ एवं मिशन दोनों का मुख्यालय बन गया यद्यपि वैधानिक तौर पर मठ एवं मिशन अलग-अलग थे, लेकिन व्यावहारिक रूप से दोनों एक ही संस्था थे। मठ के सदस्य मिशन के मुख्य कार्यकारी सदस्य थे तथा मठ के सदस्य (ट्रस्टी) मिशन की प्रबंध-परिषद के सदस्य थे।

रामकृष्ण परमहंस (1836-1886)

रामकृष्ण परमहंस का वास्तविक नाम गदोधर चट्टोपाध्याय था। उनका जन्म पश्चिमी बंगाल के हुगली जिले के कमरपुकूर ग्राम में 1836 ई. में हुआ था। कलकत्ता के नजदीक दक्षिणेश्वर में वे 1856 ई. में माता काली मंदिर में पुजारी बने। 1860 ई. में उन्होंने एक नाबालिग लड़की शारदामणि से विवाह किया (जो बाद में दक्षिणेश्वर आ गई एवं अंत तक उनकी सेवा करती रही)। वे धार्मिक मुक्ति के लिए गृहत्याग, चिंतन एवं भक्ति के पारंपरिक नियमों के पक्षधर थे। उनका मानना था कि ईश्वर प्राप्ति के कई साधन हैं तथा मानव सेवा ही ईश्वर की सेवा है।

स्वामी विवेकानंद (1863-1902)

इनका वास्तविक नाम नरेंद्र दत्त था तथा 1863 ई. में

कलकत्ता में इनका जन्म हुआ था। 1881 ई. में वे सर्वप्रथम अपने गुरु रामकृष्ण परमहंस के पास गए एवं इसके बाद वे उनके पास हमेशा जाने लगे। अपने गुरु की मृत्यु के बाद उन्होंने बारानगर में 1887 ई. में एक मठ की स्थापना की।

उन्होंने भारत में व्यापक रूप से भ्रमण किया, जिससे उन्हें लोगों के साथ नजदीक संबंध बनाने तथा भारत की सही स्थिति के बारे में जानकारी मिली। उनके द्वारा 1893 ई. में शिकागो (यू.एस.ए.) की विश्व धर्म संसद में भाग लिया गया, इससे हिंदू धर्म एवं भारत की प्रतिष्ठा बढ़ी। अमेरिका से वे यूरोप चले गए तथा 1897 ई. में भारत वापस आए। इसी बीच उन्होंने दो समाचार पत्रों का प्रकाशन शुरू किया-**प्रबुद्ध भारत**, मासिक अंग्रेजी में तथा **उद्बोधना** पाक्षिक बंगाली में। बाद में 1899 ई. में वे दूसरी बार अमेरिका गए तथा पेरिस (1900 ई.) में कांग्रेस में धर्म के इतिहास पर भी बोले। वे 1900 ई. में भारत लौटे तथा बीमारी के कारण 1902 ई. में उनकी मृत्यु हो गई।

उनके सामाजिक-धार्मिक विचार एवं सुधार–उनके द्वारा अपने गुरु के धार्मिक संदेश को लोकप्रिय बनाने का प्रयास किया गया तथा इसे समकालीन भारतीय समाज की आवश्यकताओं के अनुरूप प्रस्तुत करने का प्रयास किया गया। उन्होंने यह बल दिया कि सामाजिक कार्य अत्यावश्यक है जिसके बिना इस संसार में ज्ञान का कोई उपयोग नहीं है। वे जाति प्रथा एवं वर्तमान हिंदू समाज के धार्मिक अनुष्ठानों एवं समारोहों के निंदक थे। उन्होंने लोगों में स्वतंत्रता, समानता एवं मुक्त चिंतन की भावना विकसित करने का प्रयास किया।

थियोसोफिकल सोसायटी

इसकी स्थापना मैडम एच.पी. ब्लावत्सकी (1831-91 ई. में) एक रूसी महिला तथा एच. एस. अल्कॉट (1832-1907), एक अमेरिकी कर्नल, द्वारा न्यूयॉर्क (यू.एस.ए.) में 1875 ई. में की गई। इसके तीन मुख्य उद्देश्य थे–

- मनुष्यों में विश्व-बंधुत्व स्थापित करना।
- प्राचीन धर्मों एवं दर्शनों के अध्ययन को प्रोत्साहन।
- जीव एवं अजीव की रहस्यमयी क्षमताओं का क्रमवार अध्ययन, जिसे रहस्यवाद कहा जाता है।

वे 1879 में भारत आए तथा 1882 में मद्रास के निकट अड्यार में अपना मुख्यालय स्थापित किया। बाद में श्रीमती एनी बेसेंट 1893 में भारत आईं तथा 1907 में अल्कॉट की मृत्यु के पश्चात् सोसायटी की अध्यक्ष बनीं।

बेसेंट के नेतृत्व में सोसाइटी ने हिंदू धर्म तथा इसके प्राचीन विचारों के पुनरुत्थान पर अपना ध्यान केंद्रित किया। हिंदू धार्मिक निर्देश प्रदान करने के उद्देश्य से उन्होंने वाराणसी में 1898 में सेंट्रल हिंदू स्कूल की स्थापना की, जिसे बाद में मदन मोहन मालवीय ने बनारस हिंदू विश्वविद्यालय के रूप में विकसित किया।

यंग बंगाल आंदोलन

इसके संस्थापक हेनरी विवियन डेरोजियो थे, जिनका जन्म कलकत्ता में 1809 में हुआ था। उन्होंने 1826 से 1831 तक हिंदू कॉलेज में अध्यापन किया था। हैजे के कारण 1831 में उनकी मृत्यु हो गई। उनके अनुयायी डेरोजियंस कहे जाते हैं तथा उनका आंदोलन यंग बंगाल मूवमेंट के नाम से जाना जाता है।

सामाजिक धार्मिक विचार–उन्होंने प्राचीन रीति-रिवाजों एवं परंपराओं का विरोध किया। उन्होंने महिला अधिकार एवं महिला शिक्षा की सिफारिश की तथा प्रैस एवं जन-संगठनों के माध्यम से जनता को समकालीन सामाजिक-आर्थिक एवं राजनैतिक विषयों पर शिक्षित किया। उन्होंने प्रैस की स्वतंत्रता, जूरी द्वारा मुकद्दमों की सुनवाई, किसानों की रक्षा आदि के प्रश्नों पर जन-आंदोलन किया।

अन्य हिंदू सुधारक एवं समाज सेवक पंडित ईश्वर चंद्र विद्यासागर

विधवा विवाह के लिए संघर्ष (उनके प्रयासों का फल 1856 में मिला जब अंग्रेजों ने हिंदू विधवा पुनर्विवाह विधेयक पारित किया), बाल विवाह का विरोध, बहुपत्नी प्रथा का विरोध तथा महिला शिक्षा के लिए अभियान छेड़कर उन्होंने भारतीय महिलाओं के स्तर को ऊंचा उठाने में योगदान किया।

इन्होंने संस्कृत अध्यापन की एक नई तकनीक तथा बंगाली में एक आधुनिक गद्य शैली विकसित की। इन्होंने कलकत्ता के संस्कृत महाविद्यालय (जिसके 1851 में वह प्राचार्य बने) में गैर-ब्राह्मण छात्रों को प्रवेश दिया तथा वहां पाश्चात्य विचारों का अध्ययन प्रारंभ करवाया।

गोपाल हरि देशमुख

लोकहितवादी के नाम से प्रसिद्ध ये महाराष्ट्र में नई शिक्षा एवं समाज सुधार के प्रवर्तक थे। उन्होंने हिंदू परंपरावादियों का कड़ा विरोध किया एवं धार्मिक तथा सामाजिक समानता की शिक्षा दी।

एम.जी. राणाडे

महाराष्ट्र का यह प्रमुख समाज-धर्म सुधारक प्रार्थना समाज के मुख्य सदस्यों में से एक था। ये अगरकर द्वारा 1884 में स्थापित दक्कन शिक्षा समाज के प्रेरणा स्रोत थे। इन्होंने 1887 में इंडियन नेशनल सोशल कांफ्रेंस की शुरूआत की। जी.के. गोखले इन्हें अपना गुरु मानते थे।

गोपाल गणेश अगरकर

ये महाराष्ट्र के प्रमुख चिंतकों में से एक थे तथा इन्होंने मानव तर्क शक्ति को अत्यधिक महत्व दिया। भारत के बीते समय के झूठे महिमामंडन के लिए परंपरा में पूर्णत: अंधविश्वास का विरोध किया। बी.जी. तिलक, वी.के. चिपलूकर एवं माधवराव नामजोशी के सहयोग से इन्होंने 1884 में पूना में दक्कन शिक्षा समाज की स्थापना की।

ज्योतिबा फूले

महाराष्ट्र के एक निचली जाति के सदस्य एवं अस्पृश्यों और गैर-ब्राह्मणों की स्थिति से परिचित, इन्होंने अपने सत्यशोधक समाज (1873) के माध्यम से जीवनपर्यंत उच्च जाति के वर्चस्व एवं ब्राह्मण श्रेष्ठता के विरुद्ध संघर्ष किया। इन्होंने महाराष्ट्र में विधवा पुनर्विवाह तथा महिला शिक्षा के क्षेत्र में अग्रणी भूमिका निभाई।

तुलसी राम

शिव दयाल साहब के नाम से प्रसिद्ध 1861 में आगरा में एकेश्वरवादी सिद्धांत के प्रचार के लिए इन्होंने राधा स्वामी सत्संग की स्थापना की। इनके अनुसार मुक्ति का एकमात्र साधन संत सतुगुरु अथवा ईश्वर का सच्चा प्रेमी बनने में है। 'सूरत शब्दयोग' इनका मंत्र है। इनकी शिक्षाओं का संकलन दो पुस्तकों में है तथा प्रत्येक का नाम **सार वचन** है। यह पंथ हिंदू संप्रदाय के किसी देवता, मंदिर अथवा पवित्र स्थान को नहीं मानता है। ये सिर्फ गुरु अथवा उनके अवशेषों के स्थानों को मानते हैं।

शिवनारायण अग्निहोत्री

ये उत्तर प्रदेश के निवासी थे तथा रुड़की के इंजीनियरिंग कॉलेज से शिक्षित थे। बाद में ये आर्य समाज की लाहौर शाखा के सदस्य बने। लेकिन समाज के अन्य सदस्यों के मतभेद के कारण इन्होंने इसे छोड़ दिया तथा 1887 में लाहौर में देव समाज की स्थापना की। इनके उद्देश्यों में आर्य समाज के उद्देश्यों के अतिरिक्त एक नया तत्व था-गुरु की सर्वोच्चता। इस समाज का धार्मिक ग्रंथ **देवशास्त्र** था तथा इसकी शिक्षा देवधर्म थी। गुरु में अलौकिक शक्ति मानी जाती थी तथा इसके सदस्य गुरु को देवता मानकर पूजा करते थे।

गोपाल कृष्ण गोखले

ये प्रसिद्ध उदारवादी राष्ट्रीय नेता एवं प्रसिद्ध सामाजिक कार्यकर्ता भी थे। इन्होंने 1905 में बंबई में 'भारत सेवक समाज' की स्थापना की, जिसका उद्देश्य मातृभूमि की सेवा के लिए भारतीयों को कई क्षेत्रों में शिक्षित करना था। ये पहले दक्कन शिक्षा समाज (अगरकर द्वारा 1884 में पूना में स्थापित) के सदस्य थे लेकिन बाद में तिलक (जो कि दक्कन शिक्षा समाज के सदस्य थे) से मतभेद उत्पन्न होने पर इन्होंने शिक्षा समाज को छोड़ दिया।

एन.एम. जोशी

ये पहले गोखले के 'भारत सेवक समाज' के सदस्य थे। इन्होंने जनता के बेहतर जीवन एवं काम के उद्देश्य से 1911 में बंबई में 'सोशल सर्विस लीग' की स्थापना की। इन्होंने 1920 में बंबई में ऑल इंडिया ट्रेड यूनियन कांग्रेस की स्थापना भी की, पर जब यह संगठन सोवियत संघ की ओर झुकने लगा तो 1929 में इससे अलग होकर इन्होंने इंडियन ट्रेड यूनियन फेडरेशन की स्थापना की।

एच.एन. कुंजरू

इन्होंने प्राकृतिक विपदाओं, शिक्षा के प्रसार, सफाई, दैहिक संस्कृति आदि के लिए समाज सेवा प्रदान करने के उद्देश्य से 1914 में इलाहाबाद में सेवा समिति की स्थापना की। ये पहले 'भारत सेवक समाज' के भी सदस्य थे।

श्रीराम वाजपेयी

ये भी भारत सेवक समाज के सदस्य थे। विश्वव्यापी बेडेन पावेल संस्था, जिसने तब अपनी संस्था में भारतीयों के प्रवेश पर रोक लगा रखी थी, की तर्ज पर इन्होंने 1914 में बंबई में सेवा समिति बाल स्काउट्स एसोसिएशन की स्थापना की। हालांकि बाद में बेडेन पॉवेल ने भारत के निजी दौरे के समय रंग पर आधारित प्रतिबंध हटा लिया, पर वाजपेयी ने अपनी संस्था जारी रखी क्योंकि उनका उद्देश्य भारत में बाल स्काउट मूवमेंट का पूर्णतया भारतीयकरण था।

विरेशलिंगम पंतुलु

19वीं सदी के उत्तरार्द्ध में ये दक्षिण भारत के सर्वप्रमुख

समाज सुधारक थे। विधवा पुनर्विवाह के मुख्य उद्देश्य से इन्होंने आंध्र प्रदेश में 1878 में राजामुंडी सोशल रिफॉर्म एसोसिएशन की स्थापना की।

मुस्लिम धर्म सुधार आंदोलन

अलीगढ़ आंदोलन

भारत के मुसलमानों के सामाजिक एवं शैक्षणिक विकास के उद्देश्य से सर सैयद अहमद खान (1817-98) ने इस आंदोलन को प्रारंभ किया। आंदोलन के अन्य प्रमुख सदस्य थे- अल्ताफ हुसैन हाली, डॉ. नजीर अहमद, नवाब मुसीन-उल-मुल्क, चिराग अली इत्यादि। सर सैयद ने मध्यकालीन कट्टरता पर अपनी पत्रिका **तहजीब-उल-अखलाक** के माध्यम से प्रहार किया तथा धर्म के प्रति एक उचित दृष्टिकोण की सिफारिश की। उन्होंने धार्मिक कानूनों की अंधभक्ति को अस्वीकार किया तथा समय की नई धारा के अनुसार **कुरान** की पुनर्व्याख्या की मांग की। मुसलमानों में अंग्रेजी शिक्षा के प्रसार के लिए उन्होंने 1875 में अलीगढ़ में एक आधुनिक विद्यालय की स्थापना की, जो कि 1877 में मुहम्मडन एंग्लो ओरिएंटल कॉलेज तथा बाद में एक विश्वविद्यालय बना। सन् 1866 में उन्होंने मुसलमानों में उदारवादी विचारों के प्रसार के उद्देश्य से मुहम्मडन एजुकेशनल कॉन्फ्रेंस की स्थापना की, लेकिन दुर्भाग्यवश, बाद के काल में हिंदू प्रभुत्व के गलत भय के कारण यह आंदोलन कांग्रेस विरोधी, हिंदू विरोधी एवं ब्रिटिश समर्थक हो गया।

देवबंद आंदोलन

इस आंदोलन की शुरूआत मौलाना हुसैन अहमद एवं अन्य लोगों द्वारा 1866 में देवबंद में दार-उल-उलूम की स्थापना के साथ हुई। इसका उद्देश्य क्लासिकी इस्लाम को पुनर्जीवित कर मुसलमानों की आध्यात्मिक एवं नैतिक स्थिति को सुधारना था। इसके संस्थापकों द्वारा इस्लाम की उदारवादी व्याख्या के कारण इसके अनुयायियों में राजनैतिक जागृति आई तथा उनमें से मौलाना अबुल कलाम आजाद जैसे कुछ लोगों ने राष्ट्रीय आंदोलन में महत्वपूर्ण भूमिका निभाई।

अहरार आंदोलन

इस आंदोलन की शुरूआत 1910 में अलीगढ़ आंदोलन की राजभक्त राजनीति के विरुद्ध मौलाना मुहम्मद अली, हकीम अजमल खान, हसन इमाम, मौलाना जफर अली खान एवं मौलाना मजहर-उल-हक द्वारा हुई। स्वशासन के आधुनिक विचारों से प्रभावित होकर इसके सदस्यों ने राष्ट्रीय आंदोलन में सक्रिय सहयोग का आह्वान किया।

अहमदिया आंदोलन

इसे कादियानी आंदोलन भी कहा जाता है तथा इसकी स्थापना 19वीं सदी के अंत में पंजाब के कादियानी में मिर्जा गुलाम अहमद द्वारा हुई। इसका उद्देश्य इस्लाम में सुधार तथा ईसाई मिशनरियों एवं आर्य समाजियों के आक्रमणों से इस्लाम की रक्षा करना था। इसने आधुनिक औद्योगीकरण एवं तकनीकी प्रगति को धार्मिक स्वीकृति प्रदान की। यह भारत का सर्वाधिक संगठित मुस्लिम समूह था।

अन्य मुस्लिम धर्म सुधारक

मुहम्मद इकबाल

इन्होंने आधुनिक विश्व द्वारा प्रस्तुत समस्याओं के मद्देनजर मुस्लिम धार्मिक विचारों के पुनर्गठन पर बल दिया; धर्म के उन तत्वों की आलोचना की जिन्होंने मनुष्य को परजीवी तथा निष्क्रिय बना दिया था तथा आत्म-अनुभव एवं आत्म-घोष की सिफारिश की; अपने कलामों से समकालीन मुस्लिम धार्मिक विचारधारा को प्रभावित किया।

मौलाना शिबली नुमानी

इन्होंने मुस्लिम शिक्षा प्रणाली के पुनर्गठन, धर्म विज्ञानों के विकास, मुस्लिम नैतिकता में सुधार तथा इस्लाम में व्याप्त धार्मिक विवादों को समाप्त करने के उद्देश्य से लखनऊ में 1894 में नवदा-उल-उलामा संस्थान की स्थापना की।

सैयद नजीर हुसैन

19वीं सदी के उत्तरार्द्ध में इन्होंने पंजाब में अहल-इ-हदीश की स्थापना की। यह समूह इस्लाम में सिर्फ हदीश (पैगंबर के वचन) एवं कुरान की सत्ता स्वीकार करता था तथा धर्मविज्ञान की अन्य चार विचारधाराओं को इसने अस्वीकार कर दिया।

अब्दुल्लाह चक्रालवी

19वीं सदी के अंत में इन्होंने पंजाब में अहल-ए-कुरान की स्थापना की। इसके सदस्यों को चक्रालवी भी कहा जाता है। इन्होंने इस्लाम में सिर्फ **कुरान** की सत्ता को स्वीकार किया।

अहमद रिजा खान

19वीं सदी के अंत में इन्होंने पंजाब में बरेलवी विचारधारा की स्थापना की। इसके सदस्यों ने, जिन्हें 'बरेलवी' कहा जाता है, कई प्राचीन इस्लामी प्रथाओं की शुरुआत की शिक्षा

दी तथा इन्होंने देवबंद विचारधारा तथा उसकी शिक्षाओं का कड़ा विरोध किया।

पारसी धर्म सुधार आंदोलन

ईरान से आए शरणार्थी जरथ्रुष्ट्रवादी, जिन्हें पारसी कहा जाता है, 936 ई. में गुजरात आए। उनके मंदिर एवं दोक्मा, जहां मृतकों को रखा जाता है, में गैर-पारसियों को जाने की इजाजत नहीं थी। धीरे-धीरे ईरान में रहने वाले जरथ्रुष्ट्रवादियों, जिन्हें 'गबार' कहा जाता है, से भारतीय पारसियों के सम्पर्क कम हुए। सन् 1746 में भारतीय पारसी दो समूहों में बंट गए। एक समूह ने ईरानी कैलेंडर स्वीकार किया तथा 'कदमी' (प्राचीन) कहलाए तथा दूसरे वर्ग ने गुजरात में प्रचलित कैलेंडर स्वीकार किया और शहंशाही कहलाए। यह विभाजन 20वीं सदी तक बना रहा। पारसियों के आंदोलन से एक दूसरा विभाजन बंबई में हुआ जहां उनमें से अनेक व्यापारी, जहाज निर्माता तथा व्यावसायिक दलालों के रूप में काफी धनी हो गए थे।

इसके अलावा पारसी धर्म पर ईसाई मिशनरियों के आक्रमण होते रहते थे। इस परिप्रेक्ष्य में नौरोजी फुरदुनजी ने जरथ्रुष्ट्रवाद की रक्षा के लिए 1840 के दशक में एक पत्रिका **'फम-ए-फमशिद'** का संपादन किया। इन्होंने कई पम्फलेट लिखे तथा एक पुस्तक, **तरिखा फरथोस्त** (1850), प्रकाशित की जिसमें उन्होंने लिखा कि जरथ्रुष्ट ईसा मसीह से पहले आए थे। इन सभी घटनाओं ने जरथ्रुष्ट्रवादी धर्म को संहिताबद्ध किए जाने एवं पारसी सामाजिक जीवन को एक नया रूप देने के समाज धर्म-सुधार आंदोलनों को जन्म दिया।

सन् 1851 में, बंबई के शिक्षित पारसियों के एक छोटे वर्ग ने रहनुमाई मज्दयास्नन सभा (पारसी धर्म सुधार समाज) की स्थापना की, जिसके लिए धन के.एन. कामा ने प्रदान किया। फुरदुनजी नौरोजी इसके अध्यक्ष बने तथा एस. एस. बंगाली सचिव बने। बंगाली एक महत्वपूर्ण लेखक थे जिन्होंने प्राचीन ईरान की महानता तथा नए पाश्चात्य ज्ञान को लोकप्रिय बनाने के लिए बहुत कुछ लिखा। शिक्षित पारसी वर्ग में अपने विचारों की स्वीकृति के लिए उन्होंने 1850 में एक मासिक पत्रिका **जगत मित्र** का प्रकाशन आरंभ किया। प्राचीन ईरान के ज्ञान के प्रसार के लिए 1851 में उन्होंने एक अन्य पत्रिका **जगत प्रेमी** का प्रकाशन आरंभ किया। सभा ने अपने आंदोलन की बात अपनी पत्रिका **रस्त गोफ्तार** (सत्य वक्ता) के माध्यम से लोगों के सामने रखी। सभा के सदस्यों ने सगाई, विवाह तथा अंतिम संस्कार जैसे मौकों पर अनावश्यक उत्सवों की आलोचना की। उन्होंने शिशु विवाह तथा ज्योतिष शास्त्र का विरोध किया।

लेकिन सभा की गतिविधियों के कारण पारसी दो समूहों में बंट गए—वे जो अतिवादी परिवर्तन के पक्षधर थे तथा वे जो रीति-रिवाजों एवं कर्मकांडों में मामूली परिवर्तन चाहते थे। दूसरे वर्ग ने रहेरस्त्नुमाई मज्दयास्नन सभा पहले वर्ग के विरुद्ध बना ली। सन् 1863 में एम.एच. कामा ने परंपरावादी पत्रिका **सूर्योदय** का प्रकाशन आरंभ किया, जिसके संपादक एम.बी. मिनोधीर थे। अतिवादी एवं परंपरावादी पारसियों के बीच यह विभाजन 20वीं शताब्दी में भी जारी रहा।

सिख धर्म सुधार आंदोलन

निरंकारी

शुद्धि एवं वापसी के इस आंदोलन की स्थापना बाबा दयाल दास (1783-1855) द्वारा की गई। उन्होंने उन्नीसवीं शताब्दी के चौथे दशक में सिख धर्म को इसके मूल तक वापस लाने तथा ईश्वर की निरंकार के रूप में पूजा करने पर बल दिया। इस प्रस्ताव का अर्थ मूर्तिपूजा, मूर्ति पूजा से जुड़े धार्मिक अनुष्ठान एवं इन अनुष्ठानों का संचालन करने वाले पुजारियों का त्याग करना था। गुरु नानक एवं **आदि ग्रंथ** के महत्व पर जोर देते हुए उन्होंने मांस खाने, शराब पीने, झूठ बोलने, धोखा देने तथा गलत बंटवारे का उपयोग करने पर रोक लगाई। अपनी मृत्यु के पहले दयाल दास ने अपने पुत्र बाबा दरबारा सिंह (1814-70) को अपना उत्तराधिकारी बनाया।

हिंदू धर्म से सभी संबंध जोड़ लेने के लिए बाबा दरबारा सिंह ने हुक्मनामा जारी करना शुरू किया। उनके नेतृत्व में निरंकारियों ने बहुत तेजी में अपना विस्तार किया; पंद्रह वर्षों के अंतराल में उन्होंने 40 नए उपकेंद्र खोले।

रतन चंद, दरबारा सिंह का छोटा भाई तथा उत्तराधिकारी ने भी नए केंद्र खोले तथा प्रत्येक संगत के लिए बिरेदार (लीडर) नियुक्त किए। बिरेदार इन समूहों का निरीक्षण करते थे तथा हुक्मनामों का हर पंद्रहवें दिन पाठ करते थे। अतः वे निरंकारी आंदोलन के प्रमुख एवं इसके सदस्यों के बीच कड़ी का काम करते थे। बाबा गुरुदीत सिंह, जो रतन चंद का पुत्र एवं उत्तराधिकारी था, ने 1909 एवं 1947 के बीच आंदोलन की कमान संभाली।

गुरु गोविंद सिंह द्वारा आनंदपुर में खालसा की स्थापना के पूर्व निरंकारी गुरु नानक एवं सिख धर्म पर बल देते थे। इस प्रक्रिया में उन्होंने परंपरावादी केशधारी सिखों एवं अदीक्षित सहजधारी सिखों को अपनाया लेकिन इसके अधिकतर सदस्य सिख समुदाय के गैर-शहरी जाट थे। शुद्ध धर्म के आदर्श के लिए इनके गुरु नानक एवं प्रारंभिक सिख धर्म पर निर्भर रहना इनको नामधारी आंदोलन से अलग करता है।

नामधारी

इस आंदोलन की शुरुआत बाबा राम सिंह (1818-85) द्वारा की गई थी। वे कूका आंदोलन के बालक सिंह के अनुयायी थे। बालक सिंह के नेतृत्व में रहने वाले सभी लोग गुरु गोविंद सिंह को अवतार मानते थे। अपनी मृत्यु से पूर्व बालक सिंह ने राम सिंह को अपना उत्तराधिकारी बनाया।

गुरु गोविंद सिंह ने खालसा की स्थापना के समय जो कर्मकांड अपनाया था, उसी तरह के कर्मकांडों के आधार पर राम सिंह ने 1857 ई. में नामधारी आंदोलन शुरू किया। नए

समुदाय में समर्थकों की दीक्षा के लिए राम सिंह ने गुरुवाणी (**ग्रंथ साहिब** से स्रोत) का पाठ, अरदास (सिख प्रार्थना), एक ध्वज का उपयोग किया। प्रत्येक दीक्षित सिख को पांच संकेतों कवचकों को पहनना होता था। तलवार के बदले राम सिंह ने उन्हें लाठी रखने को कहा। नामधारी सफेद पगड़ी के साथ सफेद वस्त्र पहनते थे तथा एक माला रखते थे जो उनको अन्य सभी से अलग प्रदर्शित करता था।

नामधारियों को मूर्ति, देवी, देवता, कब्र, पेड़, सांप इत्यादि की पूजा का त्याग करना होता था। उनको शराब पीना, चोरी करना, व्यभिचार, गलत काम तथा धोखाधड़ी इत्यादि से भी बचना होता था। बाद में गाय के मांस का उपयोग करने की उनको सख्त मनाही थी, क्योंकि पशुधन सुरक्षा नामधारियों का एक महत्वपूर्ण मुद्दा था।

सिंह सभाएं

अमृतसर सिंह सभा—नामधारियों द्वारा अशांति, आर्य समाज के शारदा राम के भाषण तथा ईसाईयों द्वारा धर्म परिवर्तन से त्रस्त होकर सिखों के छोटे समूह ने अमृतसर की सिंह सभा स्थापित करने का निर्णय लिया। इसकी पहली बैठक पहली अक्टूबर 1873 ई. को हुई। ठाकुर सिंह संघवालिया इसके अध्यक्ष एवं ज्ञानी ज्ञान सिंह सचिव बनाए गए। इस सभा के निम्नांकित लक्ष्य थे–

- सिखों को इसके पूर्व शुद्ध रूप में लाना।
- पंजाबी के उपयोग द्वारा ज्ञान का विस्तार करना।
- ऐतिहासिक धार्मिक पुस्तकों एवं पत्रिकाओं का प्रकाशन करना।
- सिख धर्म त्यागियों को पुनः उनके मूल धर्म में लाना तथा
- उच्च पदों पर आसीन अंग्रेजों को सिखों के शैक्षिक कार्यक्रमों में शामिल करना।

इस सभा में कई भू-स्वामी, विभिन्न प्रकार के मंदिरों के सेवक-पुजारी, ग्रंथी, महंत, ज्ञानी तथा गुरुओं के अनुयायी शामिल हुए। सभा के महत्वपूर्ण कार्यों में से एक **दशम ग्रंथ** के निर्णायक ग्रंथ का निर्माण था।

इसको पूरा करने के लिए एक अलग संगठन गुरु मत ग्रंथ प्रचारक सभा की स्थापना की गई। सभा ने कई पुस्तक तथा पुस्तिकाओं का प्रकाशन किया तथा पंजाबी, गुरुमुखी लिपि एवं सिख धर्म पर मासिक पुस्तिका प्रकाशित करने के लिए 1894 ई. में खालसा ट्रैक्ट सोसाइटी की स्थापना की।

लाहौर सिंह सभा—अमृतसर सिंह सभा के अनुकरण पर एक नई संस्था लाहौर सिंह सभा स्थापित की गई, जिसकी पहली बैठक 2 नवंबर, 1879 ई. को हुई। इसके नेता प्रोफेसर गुरुमुख सिंह एवं भाई दीत्त सिंह थे। इसका लक्ष्य अमृतसर सिंह सभा के समान ही था। इसके प्रथम अध्यक्ष दीवान बूटा सिंह एवं सचिव भाई गुरुमुख सिंह थे।

दोनों संगठनों के बीच मतभेद शीघ्र ही सामने आया। लाहौर सभा ज्यादा लोकतांत्रिक थी और इसमें सभी जातियों के सदस्य शामिल थे। सिख धर्म के शुद्धिकरण का उनका कार्यक्रम अमृतसर सभा के विरुद्ध था। भाई दीत्त सिंह का जीवन इन दो संगठनों के बीच हुए मतभेदों को प्रदर्शित करता है। दीत्त सिंह, जो निचली जाति के थे, सिख समुदाय से जाति प्रथा के दोष एवं गुरु की संस्था को समाप्त करना चाहते थे। उनकी पुस्तिका **सुदान नाटक** में धार्मिक व्यवस्था की खिल्ली उड़ाई गई, जिसके कारण अदालत में मुकद्दमा दायर किया गया। लाहौर सभा का विस्तार पंजाब के कई शहरों में स्थानीय सभाओं के माध्यम से हुआ। अमृतसर सभा की अपनी इकाइयां थीं, लेकिन इसका विकास लाहौर सभा की अपेक्षा कम हुआ।

अन्य सभाएं—सभी सिंह सभाओं को एक केंद्रीय संगठन प्रदान करने की दृष्टि से 1880 ई. में अमृतसर में एक सामान्य सभा की स्थापना हुई। 11 अप्रैल, 1883 ई. को इसका नाम खालसा दीवान अमृतसर रखा गया। इसके अंतर्गत 36 से 37 सिंह सभाएं तथा लाहौर सभा भी थीं। लेकिन एकता का यह प्रयास बहुत कम समय तक सफल रहा। 1886 ई. में लाहौर सिंह सभा ने अपनी खालसा दीवान (सिख परिषद्) बना ली। सिर्फ फरीदकोट, अमृतसर तथा रावलपिंडी की सभाएं मूल दीवान के साथ जुड़ी रहीं; अन्य ने लाहौर के नेतृत्व को तथा इसके सामाजिक एवं धार्मिक परिवर्तन के अतिवादी विचारों को स्वीकार किया। लाहौर खालसा दीवान का संरक्षक नाभा

का महाराजा था जबकि सर अतर सिंह इसका अध्यक्ष एवं भाई गुरुमुख सिंह इसके सचिव थे।

सिंह सभाओं का विस्तार होता रहा, नई शाखाओं की स्थापना होती रही। कई बार इनके अलग विचार एवं कार्यक्रम होते थे। भाई तेजा सिंह के नेतृत्व में बसुर सिंह सभा सिख उग्रवाद का केंद्र बन गई। इसकी विचारधारा अत्यंत उग्र थी। धीरे-धीरे यह पंच खालसा दीवान में बदल गई तथा अन्य खालसा दीवानों की प्रतियोगी बन गई। अन्य स्थानीय सिंह सभाओं का उत्साह इतना विवादास्पद साबित नहीं हुआ।

जालंधर दोआब के छोटी जाति के सिखों ने, खासकर रहतियों (अस्पृश्य जुलाहे) ने, सिंह सभाओं से उन पर लगे धार्मिक प्रतिबंधों, जाति प्रथा को समाप्त करने की मांग उठाई। चूंकि सिंह सभा के नेताओं ने उनकी मांगों पर ध्यान नहीं दिया अतः वे आर्य समाज में चले गए जिसने रहतियों के लिए आम शुद्धि उत्सव आयोजित करवाए।

इस प्रकार बीसवीं शताब्दी में सिंह सभाओं का प्रभाव अन्य संस्थानों के कारण कम हो गया। पहले दशक में खालसा दीवानों के कारण उनके प्रभाव में कमी आई तथा दूसरे दशक में सिख पूजा स्थलों पर नियंत्रण के लिए संघर्ष का कारण बन गए।

तालिका 16.1: हिंदू धार्मिक-सामाजिक आंदोलन

संस्था का नाम	वर्ष	स्थान	संस्थापक	टिप्पणी
आत्मीय सभा	1815	कलकत्ता	राममोहन रॉय	इसका उद्देश्य हिंदू धर्म की बुराइयों पर आक्रमण तथा एकेश्वरवाद का प्रचार-प्रसार था।
ब्रह्म समाज	1828	कलकत्ता	राममोहन रॉय	पहले इसका नाम ब्रह्म सभा था तथा इसका उद्देश्य उपरोक्त था।
धर्म सभा	1829	कलकत्ता	राधाकांत देव	इसकी स्थापना ब्रह्म समाज के विरोध में हुई तथा इसका उद्देश्य कट्टरपंथी हिंदू धर्म की रक्षा था।
तत्वबोधिनी सभा	1839	कलकत्ता	देवेंद्रनाथ टैगोर	इसका उद्देश्य राममोहन रॉय के विचारों का प्रचार था।
मानव धर्म सभा	1844	सूरत	दुर्गाराम मंछाराम	इसका मुख्य उद्देश्य जाति प्रथा के बंधनों को तोड़ना था।
परमहंस मंडली	1849	बंबई	दादोबा पांडुरंग	इसका मुख्य उद्देश्य जाति प्रथा के बंधनों को तोड़ना था।
राधा स्वामी सत्संग	1861	आगरा	तुलसी राम	इसका उद्देश्य एकेश्वरवादी सिद्धांतों का प्रचार था।
भारत का ब्रह्म समाज	1866	कलकत्ता	केशव चंद्र सेन	मूल ब्रह्म समाज (राय द्वारा स्थापित) से अलग होकर सेन ने इस नई संस्था की स्थापना की जिसका मुद्दा समाज सुधार था। इस विभाजन के बाद मूल समाज आदि ब्रह्म समाज कहा गया।
प्रार्थना समाज	1867	बंबई	डॉ. आत्मारंग पांडुरंग	एम.जी. राणाडे तथा आर.जी. भंडारकर 1870 में इसके सदस्य बने। इसका उद्देश्य हिंदू धर्म के विचारों तथा प्रचलनों में सुधार था।
आर्य समाज	1875	बंबई	स्वामी दयानंद सरस्वती	इसका उद्देश्य हिंदू धर्म में सुधार तथा हिंदुओं का धर्म परिवर्तन रोकना था।
थियोसोफिकल सोसासटी	1878	न्यूयॉर्क (यू.एस.ए.)	मादाम एच.पी. ब्लावत्सकी एवं कर्नल एच.एस. अल्कॉट	वे भारत आए (1879) तथा अपना मुख्यालय मद्रास के समीप अड्यार में स्थापित किया (1882), मुख्य उद्देश्य प्राचीन धर्म एवं दर्शन का प्रसार तथा विश्व बंधुत्व था।

संस्था का नाम	वर्ष	स्थान	संस्थापक	टिप्पणी
साधारण ब्रह्म समाज	1878	कलकत्ता	आनंद मोहन बोस, शिवनाथ शास्त्री आदि	ब्रह्म समाज में दूसरा विभाजन, समाज की व्यवस्था तथा समाज सुधार के प्रश्न पर के.सी. सेन के युवा अनुयायियों के एक वर्ग ने उन्हें छोड़ दिया।
दक्कन शिक्षा समाज	1884	पूना	जी.जी. अगरकर	इसका उद्देश्य युवाओं को देश सेवा के लिए तैयार करने हेतु शिक्षा का पुनर्गठन था।
इंडियन नेशनल सोशल कॉन्फ्रेस	1887	बंबई	एम.जी. राणाडे	इसका उद्देश्य भारतीय समाज में प्रचलित बुराइयों को दूर करना तथा महिला कल्याण था।
देव समाज	1887	लाहौर	शिवनारायण अग्निहोत्री	इसका उद्देश्य ब्रह्म समाज की तरह था पर इसके विपरीत इसके अनुयायी गुरु को पूजते थे।
रामकृष्ण मिशन	1897	बेलूर	स्वामी विवेकानंद	इसका उद्देश्य मानवतावादी एवं सामाजिक कार्य करना था।
भारत सेवक समाज	1905	बंबई	गोपाल कृष्ण गोखले	इसका उद्देश्य मातृभूमि की सेवा के लिए भारतीयों को विभिन्न क्षेत्रों में शिक्षित करना था।
पूना सेवा सदन	1909	पूना	श्रीमती रमाबाई राणाडे एवं जी.के. देवधर	इसका उद्देश्य महिला कल्याण को बढ़ावा देना था।
सोशल सर्विस लीग	1911	बंबई	एन.एम. जोशी	इसका उद्देश्य आम जनता के लिए जीवन तथा कार्य के बेहतर मौके प्रदान करना था।
सेवा समिति	1914	इलाहाबाद	एच.एन. कुंजुरू	इसका उद्देश्य प्राकृतिक विपदाओं के समय समाज सेवा, शिक्षा, सफाई शारीरिक संस्कृति आदि का विकास था।
सेवा समिति बाल स्काउट एसोसिएशन	1914	बंबई	श्रीराम वाजपेयी	इसका उद्देश्य भारत में बाल स्काउट आंदोलन का भारतीयकरण था।
वीमेंस इंडियन एसोसिएशन	1923	मद्रास	अनुपलब्ध	इसका उद्देश्य भारतीय महिलाओं का कल्याण था (1926 से ऑल इंडिया वीमेंस कॉन्फ्रेंस की वार्षिक बैठक प्रारंभ हुई)।
रहनुमाई मज्दयास्नन सभा (पारसी धर्म सुधार संगठन)	1851	बंबई	नौरोजी फुरदूनजी, दादाभाई नौरोजी, एस.एस. बंगाली व अन्य	इसका उद्देश्य जरथुश्ट्र धर्म सुधार तथा पारसी महिलाओं का आधुनिकीकरण था (**जींद अवेस्ता**-पवित्र धर्मग्रंथ, अहुर मज्दा-उनका देवता, जरथुश्ट्र-धर्म का संस्थापक)।
निरंकारी	1840	पंजाब	दयाल दास, दरबारा सिंह, रतन चंद आदि	सिख धर्म का शुद्धीकरण
नामधारी	1857	पंजाब	राम सिंह	उपरोक्त

तालिका 16.2: मुस्लिम धार्मिक-सामाजिक आंदोलन

आंदोलन/संस्थान	वर्ष	स्थान	संस्थापक	उद्देश्य एवं महत्व
दार-उल-उलूम	1866	देवबंद	मौलाना हुसैन अहमद व अन्य	इसका उद्देश्य क्लासिकी इस्लाम को पुनर्जीवित करना तथा मुसलमानों की आध्यात्मिक एवं नैतिक स्थिति को सुधारना था। इसके संस्थापकों द्वारा इस्लाम की उदारवादी व्याख्या के कारण इसके अनुयायियों में राजनैतिक जागरूकता फैली। इनमें से मौलाना अबुल कलाम आजाद जैसे कुछ लोगों ने राष्ट्रीय आंदोलन में महत्वपूर्ण भूमिका निभाई।
नवदा-उल-उलामा	1894	लखनऊ	मौलाना शबली नूमानी व अन्य	इसका उद्देश्य मुस्लिम शिक्षा व्यवस्था की पुनःस्थापना, धर्म विज्ञान का विकास, मुसलमानों का नैतिक सुधार तथा इस्लाम के धार्मिक विवादों का अंत था।
अहल-ए-हदी	19वीं सदी का उत्तरार्द्ध	पंजाब	मौलाना सईद नजीर हुसैन	धर्मवेत्ताओं के इस वर्ग ने धर्मशास्त्र की चार विचारधाराओं के अस्तित्व को अस्वीकार किया तथा सिर्फ **हदीस** (पैगंबर के वचन) एवं **कुरान** को इस्लाम का वास्तविक धर्मग्रंथ माना।
अहल-ए-कुरान	19वीं सदी का उत्तरार्द्ध	पंजाब	मौलवी अब्दुल्ला चक्रालवी (उसके समर्थक चक्रालवी भी कहे जाते हैं)	इन्होंने सिर्फ **कुरान** को इस्लाम का वास्तविक ग्रंथ स्वीकार किया।
बरेलवी	19वीं सदी का उत्तरार्द्ध	पंजाब	मौलाना अहमद रिजा खान	उन्होंने कई प्राचीन इस्लामी प्रथाओं की शुरुआत की तथा देवबंद विचारधारा की शिक्षाओं का कड़ा विरोध किया।
कादियानी अथवा अहमदिया आंदोलन	19वीं सदी के अंत में	पंजाब में कादियान	मिर्जा गुलाम अहमद	इसका उद्देश्य इस्लाम में सुधार तथा ईसाई मिशनरियों एवं आर्य समाजियों से इस्लाम की रक्षा करना था। इसने आधुनिक औद्योगिक एवं तकनीकी प्रगति को स्वीकृति दी; यह भारत का सर्वाधिक संगठित मुस्लिम समूह था।
मुहम्डन एजुकेशनल कॉन्फ्रेंस	1886	अलीगढ़	सर सईद अहमद खान एवं अन्य	इसका उद्देश्य मुस्लिम जनता को पश्चिमी शिक्षा की तर्ज पर शिक्षित करना था (सर सईद अहमद तथा उनके अनुयायियों की गतिविधियां 'अलीगढ़ आंदोलन' के नाम से जानी जाती हैं)

19वीं सदी के पुनर्जागरण की प्रकृति एवं सीमाएँ

प्रकृति एवं चरित्र

- इस युग की सामाजिक-धार्मिक उपलब्धि की प्रकृति धार्मिक थी। धर्मनिपेक्षता का कोई खास मतलब नहीं था, हालांकि कुछ लोगों ने इस दिशा में काम किया। नेताओं ने अपनी बातें धार्मिक भाषा में कहीं और लोगों ने इन्हें आध्यात्मिक विचारों की भांति सुना।
- ये लोग करीब-करीब राजनीति से दूर ही रहे। सिर्फ कुछ लोगों ने ही ब्रिटिश शासन की मुखालफत की और इसे उखाड़ फेंकने का आह्वान किया।
- समाज सुधारकों के आर्थिक विचार बहुत ही परंपरागत थे। उन्होनें कभी भी आधुनिक विचारों पर ध्यान नहीं दिया।
- इनमें कई प्रकार के मतभेद भी थे, विशेषकर दिशा और तौर-तरीकों को लेकर। राममोहन राय को परम्परागत हिन्दू समाज में बहिष्कृत कर दिया गया, वहीं दयानंद सरस्वती ने विदेशी के प्रति बेहद पूर्वाग्रही रैवया अपनाए रखा।

पुनजार्गरण की उपलब्धियाँ

- 19वीं सदी के सुधारकों को सामाजिक और धार्मिक जागरुकता प्रारंभ करने का श्रेय दिया जाना चाहिए।
- यह उन्हीं के प्रयत्नों का फल था कि भारतीयों के अंदर आत्म-सम्मान, आत्म-विश्वास और गर्व की भावना जागृत हुयी।
- लगभग सभी सुधारकों द्वारा महिलाओं की समस्याओं को उठाया गया। हालांकि उसके परिणाम बहुत उत्साहजनक नहीं रहे, फिर भी एक मार्ग जरूर खुला।
- 20वीं सदी के आरंभिक दो दशकों में समाज के दलित वर्ग की समस्याओं पर काफी ध्यान दिया गया।

पुनर्जागरण की सीमायें

- इस समय, जबकि धार्मिक सुधार आंदोलनों पर लोगों का ध्यान केंद्रित था, देश के बहुत कम लोगों को इसका लाभ मिला।
- बाद में उसने अतीत को देखना शुरू किया और अतीत की गौरव गाथा गाई।
- मनुष्य की प्रभुसत्ता को कमतर आंका गया।
- मध्यकालीन इतिहास की उपेक्षा की गई, जिसने बाद में सामाजिक और राजनैतिक स्तर पर तीव्र मतभेद पैदा किए।
- पुनर्जागरण की सबसे बड़ी कमजोरी रही- एकता की कमी और एक ठोस संगठन का अभाव। सुधारकों की हर कोशिश का रूढ़िवादी लोगों द्वारा विरोध किया गया, जैसे- राधाकांत देव ने धर्म सभा की स्थापना, राममोहन राय का विरोध करने के लिए की। इसी प्रकार सैयद अहमद खान का, रूढ़िवादी देवबंद आंदोलन द्वारा विरोध किया गया।
- थियोसोफिकल सोसायटी ने भी सुधार आंदोलन को कमजोर किया।
- अतिवादी राष्ट्रवाद ने इन प्रवृत्तियों और शक्तियों को और मजबूत किया।
- लेकिन सबसे प्रमुख रहा- सामांतवाद का जारी रहना और सुधारकों द्वारा इसे समाप्त कर पाने में उनकी विफलता।
- दूसरे शब्दों में, भारतीय समाज की पिछड़ी जाति व्यवस्था इस पूर्वी क्षेत्र के निर्माण का आधार थे। इस भारतीय दशा ने भारत में साम्राज्यवाद के अधिकार को तर्कपूर्ण आधार दिया।
- भावनात्मक और जातीयता के आधारों पर भारतीयों की स्वशासन की मांग खारिज कर दी गई और शासकों को समान व्यवस्था लाने के लिए शासन का विशेषाधिकार दिया गया। इस दौरान जो सुधार किए भी गए वो केवल राष्ट्रवादी भारतीयों की राजनीतिक मांगों को देखते हुए किए गए।

अकाली आंदोलन

दूसरा महत्वपूर्ण सिख धर्म सुधार आंदोलन 1920 के दशक का अकाली आंदोलन था। अकालियों का मुख्य उद्देश्य सिख गुरुद्वारों से भ्रष्ट एवं स्वार्थी महंतों को हटाकर गुरुद्वारा को शुद्ध करना था। इनके आंदोलन के कारण अंग्रेजों ने 1925 ई. में नया सिख गुरुद्वारा विधेयक लागू किया। इस आंदोलन की सहायता से कभी-कभी प्रत्यक्ष विरोधों द्वारा गुरुद्वारों से महंतों को हटाकर शिरोमणि गुरुद्वारा प्रबंधक समिति द्वारा व्यवस्था को संभाला गया।

16.4 भारत के मध्यमवर्गीय लोगों का उदय

1833 के चार्टर एक्ट के द्वारा ईस्ट इंडिया कंपनी एक व्यापारिक संगठन से बदलकर राजनैतिक संगठन बन गई। इसके कारण कंपनी व्यावसायिक तथा व्यापार संबंधी कार्य करने से वंचित हो गई और भारत सारे यूरोपीयों के लिए

व्यापार हेतु खुल गया। इस क्रम में बहुत-से यूरोपीय पूंजीपति भारत आए और उन्होंने पूंजी का निवेश किया। परिणामत: भारत का आयात-निर्यात कई गुना बढ़ा। इस व्यावसायिक विकास में भारतीयों की भागीदारी नगण्य थी।

भारत की जो भी भागीदारी थी, उसका अधिकांश हिस्सा मारवाड़ी, मुगलों तथा पारसी लोगों के हाथों में केंद्रित था। इन तीन समुदायों के बाद बंगालियों का स्थान आता था। व्यापार और वाणिज्य के विकास के साथ नायब, गोमस्था, शेयर दलाल तथा लेखापाल समुदायों का उदय हुआ। शिक्षा के प्रचार तथा प्रसार से अधिवक्ता, शिक्षकों, डॉक्टरों इत्यादि की संख्या में वृद्धि हुई। इन सभी वर्गों के लोगों को मिलाकर मध्यम वर्ग का जन्म हुआ जो समाज का एक बहुत प्रभावशाली वर्ग बना। पुराने शासक वर्गों की सामाजिक प्रतिष्ठा तथा शक्ति को कम करना तथा समाज में एक नए वर्ग का उदय ब्रिटिश प्रशासन का सबसे महत्वपूर्ण योगदान है।

भारत में ब्रिटिश शासन की स्थापना के साथ, विशेषकर, यूरोपीय व्यापारी तथा मिशनरियों के साथ काम करने से भारतीय लोगों की मानसिक सोच तथा सामाजिक व्यवहार में आमूल परिवर्तन आया। इस परिवर्तन की शुरुआत 18वीं शताब्दी के उत्तरार्द्ध से लेकर 19वीं शताब्दी तक चली। पाश्चात्य शिक्षा और संस्कृति का प्रभाव भारतीय समाज पर धीरे-धीरे बढ़ता गया और विस्तृत होता गया। इसका परिणाम सबसे पहले बंगाल में और बाद में अन्य प्रांतों में महसूस किया गया।

पहले हुए सामाजिक विभाजन की जगह नए वर्गों का विभाजन शुरू हुआ। धन, शिक्षा, व्यवसाय के क्षेत्र में अंतर होने के बावजूद लोग एक नए वर्ग से जुड़ते गए, जो बाद में मध्यम वर्ग कहलाया। पश्चिम में मध्य वर्ग के लोग सामंतवाद और पोपवाद का अंत करने में सफल रहे और वे सामाजिक, आर्थिक तथा व्यक्तिगत स्वतंत्रता, आर्थिक एककवाद और प्रतियोगिता की स्वतंत्रता को स्थापित करने में सफल रहे, वहीं दूसरी तरफ भारत का मध्यम वर्ग उसी अनुपात में कामयाब नहीं रहा। किंतु इस वर्ग द्वारा दिए गए योगदान को नकारा नहीं जा सकता है। राष्ट्रवाद की भावना को भारतीयों के बीच प्रसारित करने तथा देश को आजाद करने में मध्यम वर्ग की भूमिका अत्यधिक महत्वपूर्ण रही। भारत में मध्यम वर्ग के उदय के दो प्रमुख कारण थे– सामंतवादी मानसिकता का अंत होना और पुराने शासक वर्गों का सफाया। नए जमींदार, व्यापारी तथा बुद्धिजीवी वर्गों का उदय।

भारत में मध्यम वर्ग का उदय मुख्यत: यूरोपियनों द्वारा चलाई गई व्यापार, वाणिज्य और औद्योगिक गतिविधियों के द्वारा हुआ। इन्हीं कारणों से कलकत्ता, बंबई तथा मद्रास में मध्यम वर्ग का सबसे पहले उदय हुआ। इन नगरों में सबसे पहले पश्चिमी शिक्षा प्रणाली तथा पाश्चात्य नगर जीवन शैली की शुरुआत हुई। व्यापारी, औद्योगिक, उद्यमी, पूंजीपति, तकनीकी विशेषज्ञ तथा आयात-निर्यात में दक्ष लोगों ने कलकत्ता को सबसे पहले अपना केंद्र बनाया और बाद में उनका कार्यक्षेत्र अन्य प्रेसीडेंसियों में भी बना।

मध्यम वर्ग का उदय सबसे पहले शहरों तथा नगरों में हुआ लेकिन धीरे-धीरे यह वर्ग गांवों में बढ़ा। बंगाल में स्थायी बंदोबस्त के कारण बड़े जमींदारों की संख्या सिर्फ 20,000 थी, वहीं छोटे जमींदारों की संख्या 1,30,000 थी। बड़े जमींदार शहरों में विलासपूर्ण जीवन व्यतीत करने आए, जबकि छोटे जमींदार गांवों में रहने लगे और ग्रामीण मध्य वर्ग के केंद्र बने। इस वर्ग में नायब, गोमस्था, ऋणदाता और दारोगा भी शामिल थे।

प्रशासनिक कारणों से अंग्रेजों को अंग्रेजी शिक्षा के प्रसार पर ध्यान देना पड़ा। अशिक्षित भारतीयों को कंपनी में नौकरी दी गई। इन नौकरी पेशा लोगों को सड़कों तथा भवनों का निर्माण करने वाले ठेकेदारों और व्यापारियों के यहां काम करने वालों ने शहरों में रहने वाले मध्यम वर्ग की संख्या को बढ़ाया। ठेकेदार, छोटे व्यापारी, दलाल, बनिया इत्यादि यद्यपि बहुत ज्यादा शिक्षित नहीं थे किंतु इन्होंने अत्यधिक पैसा कमाया और समाज में बाबू वर्ग के नाम से जाने गए, ये आरामपसंद जीवन बिताने लगे।

यहां इस बात की चर्चा करना आवश्यक है कि ब्रिटिश यह कभी भी नहीं चाहते थे कि यहां राष्ट्र निर्माता, बुद्धिजीवी, राष्ट्र को नेतृत्व देने वाले व्यक्ति और सेना के उच्च पदों के योग्य व्यक्ति बनें। ऐसे व्यक्तियों का उदय ब्रिटिश साम्राज्य के लिए खतरा साबित हो सकता था।

पश्चिमी शिक्षा प्रणाली के प्रसार से डॉक्टर, इंजीनियर, अधिवक्ता, शिक्षक, व्यापारी वर्ग, सरकारी तथा गैर-सरकारी नौकरी करने वालों के कारण मध्य वर्ग का उदय, विशेषकर सर्वप्रथम बंगाल में हुआ। यह मध्यम वर्ग अपने अधिकारों और सामाजिक प्रतिष्ठा के प्रति काफी जागरूक था और विकास के लिए प्रयासरत था। शासक वर्गों द्वारा जब उनके संपूर्ण विकास में बाधा डाली गई तो ये लोग राष्ट्रीय स्तर पर जागरुक हुए और इन्होंने राष्ट्रीय आंदोलन की शुरूआत की। मध्यमवर्गीय लोगों को इस बात का एहसास हो गया था कि उनका सामाजिक, राजनैतिक तथा आर्थिक विकास तब तक नहीं होगा जब तक यहां से विदेशी शासन की समाप्ति नहीं हो जाती।

16.5 प्रैस और इसका प्रभाव

उत्पत्ति

भारतीय प्रैस मुख्यत: अंग्रेजी संस्था थी। भारत में प्रथम अखबार साप्ताहिक **'बंगाल गजट'** जनवरी 1780 में कलकत्ता से प्रकाशित हुआ जिसे इसके संस्थापक जे. ए. हिक्की के नाम पर **'हिक्की गजट'** भी कहा जाता है। **'कलकत्ता गजट'** का प्रकाशन 1784 में प्रारंभ हुआ, जो बंगाल सरकार के आधिकारिक प्रवक्ता की तरह था।

भारतीय भाषाओं में प्रथम अखबार **'समाचार दर्पण'** था, जिसका प्रकाशन 1818 में बांगला भाषा में प्रारंभ हुआ। इसके प्रकाशन में प्रसिद्ध श्रीरामपुर मिशनरी के विलियम वार्ड, विलियम केरी तथा जोशुआ मार्यमैन का महत्वपूर्ण योगदान था। सन् 1835 से 1857 के बीच प्रैस का विस्तार अन्य शहरों-दिल्ली, आगरा, ग्वालियर तथा लाहौर में हुआ। लेकिन 1857 के विद्रोह के प्रारंभ के 33 प्रसिद्ध प्रकाशनों में से सिर्फ 6 बचे रह सके। लिटन के 1878 के वर्नाक्युलर प्रैस एक्ट IX ने भारतीय भाषाओं की प्रैस को कुचल दिया।

19वीं सदी के अंत में विस्तार—आम डाक सेवा व्यवस्था के 1870 में प्रारंभ होने के कारण सभी दूरियों के लिए एक समान डाक दर का निर्धारण हुआ। इस काल की दूसरी महत्वपूर्ण घटना ऊर्जा चलित छपाई के प्रैस का अविष्कार थी। **'स्टेट्समैन'** ने सर्वप्रथम घूर्णी छपाई मशीन का आयात किया। **'रॉयटर'** का कार्यालय भारत में 1866 में ही स्थापित हो गया। 'एसोसिएटिड प्रैस ऑफ इंडिया' की स्थापना इस काल की अन्य महत्वपूर्ण उपलब्धि है, हालांकि ए.पी.टी. के विचार पूर्वाग्रह से प्रेरित थे।

पत्रकारिता के इतिहास में कांग्रेस का गठन एक महत्वपूर्ण घटना है। **'इलस्ट्रेटिड वीकली'** (1878) की स्थापना बंबई में हुई तथा कलकत्ता में **'कैपिटल'** (1888) के प्रकाशन का प्रारंभ व्यावसायिक एवं वित्तीय साप्ताहिक के रूप में हुआ।

20वीं सदी में प्रारंभ में विस्तार—बीसवीं शताब्दी में प्रैस का और भी विस्तार हुआ। फिरोजशाह मेहता की प्रेरणा से **'बॉम्बे क्रॉनिकल'** का प्रकाशन 1913 में प्रारंभ हुआ। पंडित मदन मोहन मालवीय ने इलाहाबाद से **'लीडर'** का प्रकाशन शुरू किया। यह नरम दल का प्रवक्ता सिद्ध हुआ। होम रूल आंदोलन को लोकप्रिय बनाने के लिए एनी बेसेंट ने **'मद्रास स्टैंडर्ड'** का प्रकाशन प्रारंभ किया तथा बाद में उसका नाम **'न्यू इंडिया'** रखा।

बी.एस. श्रीनिवास शास्त्री के संपादन में **'सर्वेंट्म ऑफ इंडिया'** का प्रकाशन 1918 में प्रारंभ हुआ। मोतीलाल नेहरू ने 1919 में **'इंडीपेंडेंट'** की स्थापना की, जो सिर्फ चार वर्षों तक चला। के. एम. पणिक्कर के संपादन में 1919 में **'हिंदुस्तान टाइम्स'** का प्रकाशन प्रारंभ हुआ। बाद में यह स्वराज पार्टी का अधिकारिक पत्र बन गया।

भारत में पत्रकारिता के विकास में गांधी का भी योगदान रहा है- दक्षिण अफ्रीका में उन्होंने **'इंडियन ओपीनियन'** तथा भारत में **'यंग इंडिया'** (अंग्रेजी साप्ताहिक) तथा **'नवजीवन'** (गुजराती साप्ताहिक) का प्रकाशन किया। हिंदी दैनिक **'आज'** की स्थापना 1920 में हुई, जो कांग्रेस के कार्यक्रमों का समर्थक था। भारत की प्रथम राष्ट्रीय समाचार एजेंसी, **'फ्री प्रैस ऑफ इंडिया'** की स्थापना 1927 में हुई। एनी बेसेंट, एम.आर. जयकर, पुरुषोत्तम दास ठाकुरदास, जी. डी. बिड़ला तथा बालंचद हीराचंद ने इसे वित्तीय सहयोग प्रदान किया तथा एस. सदानंद इसके व्यवस्था निदेशक थे।

1930 के दशक में विस्तार—सविनय अवज्ञा आंदोलन के समय अनेक राष्ट्रवादी समाचार पत्रों की स्थापना हुई। **'इंडियन एक्सप्रेस'** तथा **'दीनमणि'** (तमिल) की मद्रास में 1933 में स्थापना हुई। मुस्लिम लीग के समर्थन में **'स्टार ऑफ इंडिया'** का प्रकाशन कलकत्ता में प्रारंभ हुआ जबकि **'डॉन'** की स्थापना जिन्ना ने की। **'हिंदुस्तान टाइम्स'** के समकक्ष हिंदी में **'हिंदुस्तान'** का प्रकाशन 1930 के अंत में प्रारंभ हुआ तथा साप्ताहिक **'ब्लिट्ज'** का प्रकाशन बंबई में 1947 में प्रारंभ हुआ।

सरकारी प्रतिबंध—सन् 1882 से 1907 तक कोई अलग प्रैस विधेयक नहीं लाया गया तथा राजद्रोह का दमन भारतीय दंड संहिता की धारा 124। के तहत किया गया। समाचार पत्र (अपराध के लिए प्रोत्साहन) विधेयक, 1908 में पारित हुआ। सन् 1910 के भारतीय प्रैस विधेयक का उद्देश्य प्रैस को वैध विवादों के अंतर्गत सीमित रखना था। सन् 1908 एवं 1910 के विधेयकों के कारण कई प्रैसों तथा समाचार, पत्रों का प्रकाशन बंद हो गया।

1930 के भारतीय प्रैस अध्यादेश ने प्रैस की स्वतंत्रता पर और भी अंकुश लगा दिया क्योंकि अब अपराध की परिभाषा और भी व्यापक कर दी गई थी। सन 1931 के भारतीय प्रैस (आपातकालीन अधिकार) विधेयक ने किसी भी प्रकार के कांग्रेसी प्रचार के प्रकाशन पर प्रतिबंध लगा दिया। इसकी समाप्ति स्वतंत्रता के बाद हुई।

तालिका 16.3: भारतीय प्रैस का विकास

समाचार पत्र/पत्रिका	संस्थापक	वर्ष	स्थान
बंगाल गजट (भारत का प्रथम समाचार-पत्र)	जेम्स ऑगस्टस हिक्की	1780	–
इंडिया गजट	अनुपलब्ध	1787	कलकत्ता
मद्रास कुरियर (मद्रास से प्रकाशित प्रथम समाचर-पत्र)	अनुपलब्ध	1784	मद्रास
बॉम्बे हेराल्ड (बंबई से प्रकाशित प्रथम समाचार-पत्र)	अनुपलब्ध	1789	बंबई
दिग्दर्शन (प्रथम बांगला मासिक)	अनुपलब्ध	1818	कलकत्ता
समाचार दर्पण (प्रथम बांगला समाचार-पत्र)	विलियम कैरी एवं अन्य	1818	कलकत्ता
मिरात-उल-अखबार (प्रथम फारसी पत्रिका)	राजा राममोहन राय	1822	कलकत्ता
जाम-ए-जहां नुमा (उर्दू में प्रथम समाचार-पत्र)	एक अंग्रेजी फर्म	1822	कलकत्ता
बंगदूत (चार भाषाओं- अंग्रेजी, बांगला, हिंदी एवं फारसी में साप्ताहिक)	राममोहन राय, द्वारकानाथ टैगोर एवं अन्य	1822	कलकत्ता
बॉम्बे समाचार (गुजराती में प्रथम समाचार-पत्र)	अनुपलब्ध	1838	बंबई
बॉम्बे टाईम्स (1861 ई. में यह टाइम्स ऑफ इंडिया बना)	अनुपलब्ध	1838	बंबई
रस्त गोफ्तार (एक गुजराती पाक्षिक)	दादा भाई नौरोजी	1851	बंबई
हिंदू पैट्रियॉट	गिरीश चंद्र घोष (बाद में हरीशचंद्र मुखर्जी इसके मालिक एवं संपादक बने)	1853	कलकत्ता
सोम प्रकाश (प्रथम बांगला समाचार-पत्र जो राजनीति से जुड़ा था)	द्वारकानाथ विद्याभूषण	1858	कलकत्ता
इंडियन मिरर	द्वारकानाथ टैगोर	1862	कलकत्ता
बंगाली	गिरिश चंदू घोष (1879 ई. में एस.एन. बनर्जी मालिक बने)	1862	कलकत्ता
नेशनल पेपर	द्वारकानाथ टैगोर	1865	कलकत्ता
मद्रास मेल (भारत में प्रथम सांध्य समाचार-पत्र)	अनुपलब्ध	1868	मद्रास
अमृत बाजार पत्रिका (बांगला समाचार-पत्र के रूप में शुरू, लेकिन वर्नाक्युलर प्रैस एक्ट से बचने के लिए 1828 ई. में अंग्रेजी समाचार-पत्र बन गया)	शिशिर कुमार घोष	1868	कलकत्ता

समाचार पत्र/पत्रिका	संस्थापक	वर्ष	स्थान
बंग दर्शन (एक बांगला मासिक)	बंकिम चंद्र चटर्जी	1873	कलकत्ता
हिंदू	जी.एस. अय्यर एवं वीर राघवाचारी	1878	मद्रास
स्टेट्समैन	रॉबर्ट नाइट (भारतीय प्रैस द्वारा 'बेयर्ड ऑफ इंडिया' कहे जाते थे)	1875	कलकत्ता
ट्रिब्यून	दयाल सिंह मजीठिया	1881	लाहौर
केसरी (मराठा दैनिक) एवं **मराठा** (अंग्रेजी साप्ताहिक) (तिलक के संपादक बनने के पूर्व अगरकर तथा केलकर द्वारा इसका संपादन किया जाता था)	तिलक, चिपलंकर, अगरकर इत्यादि	1881	बंबई
स्वदेश मित्रम (एक तमिल समाचार-पत्र)	जी.एस. अय्यर		मद्रास

16.6 आधुनिक साहित्य का भारतीय भाषाओं में उदय

बांगला साहित्य

आधुनिक बांगला साहित्य मुख्यत: श्रीरामपुर के मिशनरियों तथा पोर्ट विलियम कॉलेज के सहयोग से आगे बढ़ा और विकसित हुआ। नाथानील बी. हालहेड ने 1778 में बांगला व्याकरण प्रकाशित की। विलियम कैरे ने 1801 में बाईबिल का 19वीं शताब्दी में संस्कृत, अरबी और फारसी शब्दों के मिलने से हुआ।

पहला बांगला काव्य रामराम बासु द्वारा लिखित **'राजा परातादित्य चरित'** से हुआ, जिसका प्रकाशन 1802 में हुआ था। इसी लेखक ने बाद में एक अन्य पुस्तक **'लिपि माला'** का संकलन किया। 1802 में मृत्युंजय विद्यालंकार ने **'बालीसा सिंहासन'** लिखा। इसी लेखक ने तीन अन्य महत्वपूर्ण पुस्तकें- **'हितोपदेश'**, **'राजबाली'**, **'वेदांत-चंद्रिका'** तथा **'प्रबोध-चंद्रिका'** लिखीं। राजाराममोहन रॉय ने अपनी पुस्तक **वेदांत ग्रंथ** को 1815 में प्रकाशित किया। 1815 और 1830 के बीच राममोहन राय ने बांगला में तीस किताबें लिखी। उन्होंने कुछ उपनिषदों का बांगला अनुवाद भी किया। **'भगवद् गीता'** का बांगला में अनुवाद इनकी ही देन है। बाद में बंकिम चंद्र, शरत चंद्र चटर्जी, रवींद्रनाथ टैगोर, ईश्वर चंद्र विद्यासागर, प्यारीचाँद मित्रा तथा टेक चंद्र ठाकुर ने से बांगला काव्य को अपनी कीर्ति से काफी उन्नत बनाया। इसके पश्चात् बांगला काव्य धीर-धीरे पूर्णत: की ओर अग्रसर होता गया।

ईश्वर चंद्र विद्यासागर (1820-91) आधुनिक बांगला साहित्य के जन्मदाता माने जाते हैं। इन्होंने 1854 में **'शकुंतला'**, 1860 में **'सीता बनवास'** तथा 1869 में **'भ्रांति विलास'** काव्यों की संरचना की।

अन्य बांगला साहित्य के लेखक तथा नाटककार निम्नलिखित थे-चारू चंद्र बनर्जी (1876-1938), इंदिरा देवी (18801922), अनुरूपा देवी (1882-1958), निरूपमा देवी (18831951), सुरिंद्र मोहन मुखर्जी (1884-1966), राखाल दास बनर्जी (1885-1930), गोकुल चंद्र नाग (1895-1925), सिलजा नंद मुखर्जी (1900-1976), विभूतिभूषण बैनर्जी (1899-1950), रविंद्र नाथ मैत्र (1896-1933), राजशेखर बसु (1880-1960), प्रबोध कुमार सान्याल (ई. 1907), सीता देवी (1896-1974) और शांता देवी (ई. 1894)।

टैगोर के कार्यों की एक झलक

कवितायें एवं पुस्तकें

मानसी (1890)
सोनारतारी (1893)
चित्रा (1896)
गीतांजली (1910)
बालक (1916)
कर्ण एवं कुंती (1896)
चैताली (1896)
कल्पना (1900)

क्षानिका (1900)

नैवैद्य (1901)

पूर्वी (1925)

महुआ (1929)

प्रांतिका (1938)

नवजातक (1940)

जन्मदिन (1941)।

शिशु (1903)

शिशु भोलानाथ (1922) बच्चों की कवितायें थीं।

गद्य-कवितायें

पुनस्का (1932)

शेष सप्तका (1935)

पत्रपुत्र (1936) तथा *श्यामल आई* (1936)

उपन्यास

बौथाकुरानिर हाट (1885)

चोखेर बाली (1902)

गोरा (1910)

चतुरंग (1916)

राजा और रानी, मुक्तधारा, राजऋषि, घरे बाहरे (1916)

सेसेर कविता (1929)

योगायोग (1930)

कर अध्याय (1934) एवं *नौका डूबी बिंदोनी*

लघु कथायें

काबुली वाला एवं *क्षिदित पाषाण*

संगीतमय रचनायें

मालिनि (1936)

चित्रांगदा (1938)

श्यामा (1934)

चंद्रालिका (1938)

नाटक

राजा और रानी (1889)

विसर्जन (1890)

गोदय गलद (1892)

मालिनी (1895)

वैकुठर खता (1897)

चिरकुमार सभा (1901)

सभा (1901)

राजा (1910)

अचाल्यातान (1911)

दघर (1912)

ताप्ती (1920)

मुक्तधारा (1922)

रक्तकरवी (1924)

तासेर देशा (1933)

बनारसी (1933)

हिंदी साहित्य

हिंदी साहित्य का आधुनिक काल 19वीं शताब्दी के मध्य से शुरू होता है। इस समय की सबसे महत्वपूर्ण घटना खड़ी बोली काव्य का विकास तथा खड़ी बोली में कविताओं का संकलन ब्रज भाषा की जगह पर होना है। इस अवधि को हिंदी के विकास के लिए चार अवस्थाओं में बांटा जा सकता है—भारतेंदु या पुनर्जागरण (1868-1893), द्विवेदी युग (1893-1918), छायावाद युग (1918-1937) तथा समकालीन युग (1937 से आज तक)।

भारतेंदु हरिशचंद्र (1849-1882) को आधुनिक हिंदी साहित्य का पिता माना जाता है क्योंकि इन्होंने आधुनिक मत के हिंदी साहित्य में समावेश किया। राधाकृष्ण दास, प्रताप नारायण मिश्र, बाल कृष्ण भट्ट, बद्री नारायण चौधरी तथा सुधाकर द्विवेदी इस युग के अन्य महत्वपूर्ण लेखक थे।

महावीर प्रसाद द्विवेदी (1868-1938) को आधुनिक हिंदी साहित्य का महत्वपूर्ण स्तंभ माना गया है क्योंकि ये हिंदी भाषा में सूक्ष्मता लाए। इस काल में सामाजिक, राजनैतिक तथा आर्थिक समस्याओं को काव्यों के माध्यम से चित्रित करने की कोशिश की गई है। इस युग के अन्य महत्वपूर्ण लेखक थे—नाथूराम शर्मा शंकर (1859-1932), अयोध्या सिंह उपाध्याय (1865-1947), मैथली शरण गुप्त (1886-1964), राम नरेश त्रिपाठी (18891962) और गोपाल सरन सिन्हा (1891-1960), मैथिली शरण गुप्त ने महाकाव्यों की परंपरा की शुरुआत निम्नलिखित काव्यों के रूप में की **'जयद्रथ वध'** (1910), **'पंचवटी'** (1925), **'साकेत'** (1931) और **'यशोधरा'** (1932), उन्होंने मधुसूदन दत्त की **'मेघनाथ वध'** काव्य का अनुवाद हिंदी में किया। यह युग भारतेंदु युग तथा छायावाद युग की कड़ी था।

द्विवेदी युग के उत्तरार्द्ध में नई रोमांसकारी कविताओं का सृजन छायावाद के रूप में हुआ। ये कविताएं आंदोलन पवित्र तथा वस्तुपूरक थीं जिन्होंने औपचारिकता तथा रूढ़िवादिता के खिलाफ विद्रोह किया। माखन लाल चतुर्वेदी (1888-1968), बालकृष्ण शर्मा ''नवीन'' (1897-1959), सियाराम शरण गुप्त (ई. 1895), जयशंकर प्रसाद, सूर्यकांत त्रिपाठी "निराला'' (1897-1963), सुमित्रानंदन पंत (1900-1977), महादेवी वर्मा (ई. 1907-1987) और सुभद्रा कुमारी चौहान (1904-1948) आदि इस युग के प्रमुख कवि थे। माखनलाल चर्तुवेदी की कृतियां थीं–**हिम किरीटनी** तथा **हिम तरंगिनी**। निराला द्वारा लिखित महत्वपूर्ण कृतियां थी–**जूही की कली, परिमल, अनामिका, अर्चना** और **अराधाना**। सुमित्रानंदन पंत की प्रमुख कृतियां थीं–**'पल्लव', 'गुंजन', 'युगवाणी', 'ग्राम्य', 'स्वर्णकिरण', 'शिल्पी'** तथा **लोकायतन**। छायावाद युग के अन्य महत्वपूर्ण साहित्यिक काम थे–जयशंकर प्रसाद की **'कमायनी', 'झरना', 'आंसू'** तथा **'लहर'**, महादेवी वर्मा की **'रश्मि'** (1932), **'नीरजा'** (1934), **'सांध्यगीत'** (1936), **'यम'** (1940) तथा **'दीपशिखा'** (1942); बालकृष्ण नवीन के **क्वासी** तथा अपालका गुप्त के **'गांधी', 'उन्मुक्त', 'नकुल'** और **'मृगनयनी'**; सुभद्रा कुमारी चौहान की **झांसी की रानी**, **मुकुल** (1931) तथा **उन्मादनी** प्रमुख हैं।

छायावाद के पतन के साथ ही हिंदी काव्य में विभिन्न प्रकार के वादों का उदय हुआ। एक लोकप्रिय काव्य अभिव्यक्ति 'प्रगतिवाद' के नाम से मशहूर हुई और इसमें बालकृष्ण नवीन, भगवती चरण वर्मा, रामधारी सिंह दिनकर, रामेश्वर शुक्ल 'अकेला' तथा नरेंद्र शर्मा का योगदान महत्वपूर्ण है। हरिवंश राय बच्चन ने हिंदी काव्य को अपने तीन काव्यों **'मधुशाला'** (1935), **'मधुबाला'** (1936) और **'मधुकलश'** (1936) से अधिक समृद्ध किया। बच्चन की कविताएं छायावाद की रोमांसकारी तथा प्रगतिवाद की उत्साहपूर्ण कविताओं से भिन्न थी। इनकी कविताओं को कभी-कभी ह्रदयवाद या ''भावनाओं की कविताओं'' से जाना जाता है। इसके पश्चात् प्रयोगवाद एक आंदोलन के रूप में आया और इसमें रची कविताएं प्रयोगवादी कविताएं कही गईं, जो बाद में नयी कविताओं के नाम से प्रचलित हुईं। इस वाद में कविता में नए प्रतीकों का प्रयोग किया गया। इस आंदोलन के मुख्य अग्रणी–एस. एच. वात्सयायन अज्ञेय, शिवमंगल सुमन, गिरिजा कुमार माथुर, गजाननमाधव मुक्तिबोध (1918-1964), धर्मवीर भारती, निर्मल वर्मा आदि थे। इस प्रकार हिंदी काव्यों का इतिहास करीब-करीब हजार वर्षों से अधिक का है।

हिंदी काव्य के विकास को तीन अवस्थाओं में बांटा गया है- प्रथम अवस्था (1868-1918), दूसरी अवस्था (19181937) तीसरी अवस्था (1937 से अब तक)।

- भारतेंदु हरिशचंद्र तथा द्विवेदी की काव्य रचनाएं प्रथम अवस्था में आती हैं। इस युग के लेखकों ने नाटक, छोटी कहानियां उपन्यास, लेख तथा साहित्यिक आलोचना को बढ़ाया। भारतेंदु हरीशचंद्र, बाल कृष्ण भट्ट और राधाकृष्ण दास इस युग के प्रमुख लेखक थे।
- दूसरी अवस्था में जयशंकर प्रसाद (छाया, आकाशदीप), रायकृष्ण दास, महादेवी वर्मा के गद्य-काव्य यात्रा को आगे बढ़ाया गया। प्रेम चंद (1880-1936), इस युग के एक महान लेखक थे। उनका कथा साहित्य निम्नलिखित हैं-**सेवा सदन, प्रेमाश्रम, निर्मला, कायाकल्प, रंगभूमि, गबन** और **गोदान**। उनकी **''गोदान''** का अनुवाद भारत की सभी प्रमुख भाषाओं में हुआ है।
- समकालीन युग के प्रमुख लेखक हैं-जैनेंद्र कुमार (**सुनीता और त्याग पत्र, सुखदा**), फणीश्वर नाथ रेणु (**मैला आंचल**), सच्चिदानंद वात्सयायन (**शेखर एक जीवन**) धर्मवीर भारती (**सूरज का सांतवां घोड़ा**), यशपाल (**दादा-कामरेड, देशद्रोही, दिव्या** और **मनसुय्या के रूप**), जगदम्बा प्रसाद दीक्षित (**मुर्दाघर**) राही मासूम रजा (**आधा गांव**)।

उर्दू साहित्य

आधुनिक उर्दू साहित्य 19वीं शताब्दी के उत्तरार्द्ध से शुरू होकर अभी तक चल रहा है। इसको दो कालों में बांटा जा सकता है–सर सैयद अहमद खान द्वारा शुरू किया गया अलीगढ़ आंदोलन और दूसरा सर मुहम्मद इकबाल द्वारा शुरू किया गया प्रगतिशील आंदोलन और हलक-ए-अरबाब-ए-जक, आधुनिकता तथा उत्तर आधुनिकता।

अल्ताफ हुसैन हाली (1837-1914) को अधुनिक उर्दू काव्य का जन्मदाता माना जाता है। हाली ने लोगों की जीवन कथाओं को आलोचनात्मक रूप में प्रस्तुत किया। उनके द्वारा लिखी गई जीवन कथाएं-**हयात-ए-सादी** तथा **हयात-एजावीद** प्रमुख हैं। शिबली नुमानी (b. 1857) को आधुनिक उर्दू इतिहास का जन्मदाता माना जाता है। उन्होंने इस्लामिक इतिहास पर कई पुस्तकें काफी शोध के पश्चात लिखीं जिनमें **सीतर-उन-नुमन** (1892) तथा अल-फारूक (1899) महत्वपूर्ण हैं। मुहम्मद हुसैन आजाद इस युग के एक अन्य महत्वपूर्ण लेखक एवं कवि थे, जिन्होंने आधुनिक उर्दू कविता की नींव डाली।

इस युग के अन्य महत्वपूर्ण कवि सैयद अकबर हुसैन अकबर इलाहबादी (1846-1921) हैं, जिन्होंने कविता में हास्य और व्यंग का समावेश किया। इसके अतिरिक्त खुशी मुहम्मद नाजिर (1872-1944), मुहम्मद इकबाल (1873-1938), दुर्गा सहाय सुरूर (ई. 1910), मुहम्मद अली जौहर (ई. 1931) तथा हसरत मुहानी (ई. 1951) आदि भी हैं। इकबाल की कविताएं कई अवस्थाओं से गुजरीं। पहले रोमांसकारी, उसके बाद भारतीय राष्ट्रीयता से प्रभावित थीं तथा बाद में पाकिस्तान समर्थित हो गईं।

उर्दु में लघु कहानियों की शुरूआत मुंशी प्रेमचंद की **सोजेवतन** (1908) से शुरू हुई। प्रेमचंद की लघु कहानियां एक दर्जन से अधिक पुस्तक खंडों में प्रकाशित हुई हैं। मुहम्मद हुसैन अस्करी तथा ख्वाजा अहमद अब्बास, उर्दू के लघु कहानियों के प्रमुख कहानीकार थे।

उर्दू उपन्यास की शुरुआत नाजिर अहमद (1836-1912) के **मीरत-उल-उरस** (1869), **तौबत-उन-नासुह** (1877), **फसाना-ए-मुबतला** (1885), **आयाम** (1891) और अन्य से हुई। पंडित रतन नाथ सरशार (1845-1903) की **'फसाना-ए-आजाद'**, अब्दुल हलीम शहरार (1860-1920) की **'बद्र-उन-निसा'** की मुसीबत और आगा सादिक की **'शादी'**, मिर्जा मुहम्मद हादी, रूसवा की **उमराव जान अदा** (1899) आदि इस युग की प्रमुख रचनाएं थीं। न्याज फतेह पुरी (18871966) और काजी-अब्दुल गफ्फार (1862-1956) आदि उर्दू उपन्यास के रोमांचक पहलू से संबंधित थे।

प्रेमचंद ने उर्दू उपन्यास में पहली बार यथार्थवादी धारा का समावेश किया। उनके महत्वपूर्ण उपन्यास हैं-**बजार-ए-हुस्न, गोशा-ए-आफियत, चौगन-ए-हस्ती, मैदान-ए-अमल,** और **गोदान**। प्रेमचंद के यथार्थवादी प्रयोग को भारतीय प्रगतिशील लेखक संघ के सदस्य सज्जाद जहीर, कृष्ण चंदर तथा इस्मत चुगतई ने आगे बढ़ाया।

मराठी साहित्य

आधुनिक युग को चार अवस्थाओं में बांटा जा सकता है- **प्रथम अवस्था** 1800 से 1885 तक, **दूसरी अवस्था** 1885 से 1920 तक, **तीसरी अवस्था** 1921 से 1945 तक **चौथी अवस्था** 1946 से आज तक। इस युग में सभी तरह के काव्यों तथा गद्यों और वैज्ञानिक तथा तकनीकी साहित्य का समावेश है।

अंग्रेजी से मराठी में अनुवाद के लिए अनेक प्रयास किए। गए। पहला मराठी शब्दकोश तथा पहली मराठी व्याकरण 1829 में प्रकाशित हुई जब कि पहला मराठी अखबार 1835 में निकला। 'केसरी' अखबार के 1880-81 में निकलने से मराठी साहित्य के विकास में सहायता मिली।

केशवसुता (1866-1905) को आधुनिक मराठी काव्य आंदोलन के प्रणेता माना जाता है, जो 1885 में शुरू हुआ। 1923 के आसपास मराठी कवियों का एक समूह माधव जूलियन (1894-1939) के नेतृत्व में इकट्ठा हुआ जिसे बाद में रविकिरण मंडली के नाम से पुकारा गया, जल्द ही मराठी साहित्य लोकप्रिय हो गया। माधव जूलियन का काव्य **'वृहतारंग'** एक प्रशंसनीय कार्य है। बी.आर. ताम्बे (1874-1941), चंद्र शेखर गोरे (1871-1937) मनोरमबाई रानाडे (1896-1926) आदि रविकिरण मंडली के महत्वपूर्ण कवि थे।

राष्ट्रवादी कवियों में बाल गंगाधार तिलक, वी.डी. सावरकर, जी.टी. दावेकर (1874-1956), एस.एन. रानाडे (1892-1984) तथा एन.जी. देशपांडे, बी.एस. मार्देकर, पी.एस. रागे, एन. सी. केलकर (1872-1947), ए.के. कोल्हातकार, सी.वी. जोशी, विन्दा करनदिकर, वसन्त बापट तथा शांता शेल्के आदि मराठी साहित्य की अंतिम अवस्था के प्रमुख नाम है।

हरि नारायण आप्टे (1864-1919) की **'मधाली स्थिति'** इस भाषा में प्रकाशित होने वाला पहला उपन्यास है। बाबा पद्मजी का **'यमुना पर्यटन'** (1857) मराठी भाषा का पहला उपन्यास है, जो समाज सुधार के ऊपर लिखा गया है। मराठी भाषा के अन्य लोकप्रिय उपन्यासकार थे-नाथ माधव, सी.वी. वैद्या, प्रो. वी.एम. जोशी, वी.एस. खांडेकर, साने गुरुजी, कुसुमवती देशपांडे और कमलाबाई तिलक। दया पवार की आत्मकथा **'बलुता'** मराठी भाषा की पहली दलित आत्मकथा है।

तमिल साहित्य

आधुनिक तमिल साहित्य पर इस्लाम और ईसाई धर्म का प्रभाव पाया गया है। उमारूप्पुलवर (1605-1703) पहले मुस्लिम तमिल कवि हैं। उन्होंने **'सिराप्पुर्णम'** की रचना की, जो पैगम्बर मुहम्मद के जीवन से संबंधित है। मोहम्मद इब्राहीम ने **'मुहैदिन पूर्णम'** की रचना की, जो इस्लामी विश्वास से जुड़ा है। कांस्टेजियों बेस्की (1680-1747) ने **'तेमबाभवनी'**, ईसा मसीह के जीवन पर एक बहुत सुन्दर कृति लिखी। सुब्रह्मण्यम भारती (1882-1921) भी आधुनिक तमिल साहित्य के एक लोकप्रिय साहित्यकार हैं।

वे देशभक्ति, भक्ति तथा सामाजिक पहलुओं पर लिखने वाले सशक्त लेखक हैं। उनकी **'पंचाली शब्दम'** एक महाकाव्य के समाज है, जो महाभारत की सिर्फ एक कथावस्तु पर लिखी गयी है। उनकी अन्य महत्वपूर्ण कृति है- **कलिपत्तू**, **कन्नापत्तू** और **कुयिलपत्तू**।

आधुनिक तमिल साहित्य की अन्य महत्वपूर्ण कृतियां हैं–वी.ओ. चिदम्बरम की **मेययरिभ्यू** तथा **पादल तिरातयू**, देशिकाविंग्यम की **मालरूम-मालांयुम** तथा **उमराकययम्-पदलकल**; **कल्याण सुन्दरम** की **पोदुमई वेत्तल**, **तामिझन इदायम** तथा **संकोली**; एन.के. रामलिंगम। **अवलूम अवनुम**; भारती दसन की **अजाकीन सिरिपयू**, **पांडियन पारिसयू**।

18वीं शताब्दी की सबसे पहले तमिल उपन्यास का उदाहरण विरामामुनियर द्वारा लिखित **परमार्ता गुरुकथाय** है। लेकिन वेदांनागयम पिल्लई (1824-1889) को तमिल में पहला उपन्यास लिखने का श्रेय जाता है जो 1875 में **पिराताबा मुदालियरचरितम** के नाम से प्रकाशित हुई। सी.एन. अन्नादुराई ने भी दो महत्वपूर्ण पुस्तकें लिखी हैं–**नालातम्बी** और **रंगून राधा** (1952)।

भारत में अंग्रेजी साहित्य

भारत में अंग्रेजी साहित्य की शुरूआत 18वीं शताब्दी के अंत और 19वीं शताब्दी के प्रारंभ में तीन महत्वपूर्ण नगरों-कलकत्ता, मद्रास तथा बंबई में हुई।

अंग्रेजी साहित्य लिखने वाले ज्यादातर लोग प्रारंभ के दिनों में कलकत्ता से आए क्योंकि इसी जगह पर अंग्रेजों की पकड़ सबसे पहले बनी थी। राममोहन राय अंग्रेजी साहित्य पर काम करने वाले अग्रणी भारतीय थे। 19वीं शताब्दी में राममोहन राय के अतिरिक्त हेनरी डेरोजियो तथा माइकल मधुसूदन दत्त आदि प्रमुख कवि थे। दत्त शुरू में अंग्रेजी कविताओं को लिखते थे किंतु बाद में उन्होंने बंगाली भाषा पर ध्यान दिया।

21 वर्ष की अल्पायु प्राप्त तोरू दत्त (1855-1876) की कविताएं तथा बंकिचंद्र चटर्जी द्वारा लिखित उपन्यास **'राममोहन्स वाइफ'** को विद्वानों के बीच अच्छी पहचान मिली। तोरु दत्त ने न सिर्फ अंग्रेजी कविताओं का सृजन किया बल्कि फ्रांसीसी कविताओं का अनुवाद भी किया। तोरू दत्त की अन्य महत्वपूर्ण कृतियां हैं-**ऐंशियटं बल्लाडस** तथा **लीजेंड्स ऑफ हिंदुस्तान**।

अंग्रेजी साहित्य के प्रमुख साहित्यकार रवींद्रनाथ टैगोर (1861-1941) थे, जो 1913 में अपनी पुस्तक **गीतांजलि** के लिए नोबल पुरस्कार से पुरस्कृत हुए। सरोजनी नायडू एक अन्य अंग्रेजी साहित्यकार थीं, जिनकी रोमांचकारी कविताओं को भारत तथा यूरोप में काफी सराहा गया। उनकी **गोल्डन थ्रेसहोल्ड** (1905) तथा **द ब्रोकन विंग** (1917) साहित्यिक कृतियां हैं। दार्शनिक तथा महात्मा अरविंद घोष (1872-1950) की कविताएं आध्यात्म से संबंधित हैं। उनका महाकाव्य **'सावित्री'** तथा **'लाइफ डिवाइन'** (2 खंडों में) अंग्रेजी साहित्य में एक बहुत ही महत्वपूर्ण योगदान हैं।

आजादी की लड़ाई ने बड़े ही आक्रमक लेखकों को जन्म दिया, जिन्होंने ब्रिटिश साम्राज्य के खिलाफ आवाज उठाई। देश के विभिन्न भागों से अनेक राजनेता इस आंदोलन में शामिल हुए जिन्होंने अंग्रेजी साहित्यों के माध्यम से अपने विचारों को व्यक्त किया। जिनमें प्रमुख हैं-बाल गंगाधर तिलक, लाला लाजपत राय, कस्तूरी रंगा आयंगर और टी. प्रकाशम्। अंग्रेजी भाषा गांधी जी हाथों में एक तेजधार वाला हथियार साबित हुई और उन्होंने **'यंग इंडिया'** तथा **'हरिजन'** का संपादन किया। उन्होंने अपनी आत्मकथा, **"माई एक्सपैरिमेंट विद ट्रूथ''** लिखा, जो अंग्रेजी साहित्य की एक अच्छी कृति है। जवाहर लाल नेहरू एक अन्य लोकप्रिय नेता थे जिनका अंग्रेजी साहित्य में योगदान सराहनीय है। उनकी कृति हैं–**ग्लिम्पसेज ऑफ वर्ल्ड हिस्ट्री, डिस्कवरी ऑफ इंडिया** तथा **एन ऑटोबायोग्राफी**।

मुल्क राज आनंद, आर.के. नारायण तथा राजाराव अंग्रेजी भाषा में लिखने वाले अग्रणी उपन्यासकार हैं जिन्होंने 1930 के दशक में लिखना शुरू किया था। मुल्क राज आनंद अपनी लघु कथा **'द लॉस्ट चाइल्ड'** के अतिरिक्त अन्य कई काव्य नाटक तथा गद्य आदि के लिए मशहूर हैं। उनके उपन्यास **कुली** (1933), **अनटचेबल** (1935) तथा **द वूमैन एण्ड द काउ** (1960) आदि उनकी गरीबों तथा असहाय लोगों के प्रति चिंता को दर्शाते हैं। उनके अधिकांश काम, उपन्यास स्वामी एंड फ्रेंड्स (1935) जो मालगुड़ी शहर में लिखे गए। उनके अन्य लोकप्रिय उपन्यास **बैचलर ऑफ आर्ट्स** (1937), **द फाइनेन्शियल एक्सपर्ट** (1952), **द गाइड** (1959) और **वेटिंग फॉर द महात्मा** (1955) आदि हैं। अंग्रेजी साहित्य में राजा राव का योगदान काफी महत्वपूर्ण है उनके उपन्यास **कन्थपूरा** (1938) ने भारत की ग्रामीण जीवन शैली का चित्रण किया है। उनके अन्य उपन्यास हैं- **द सरपेन्ट एन्ड द रोप** (1960) और **द कैट शैक्सपियर** (1965)। नीरद चौधरी (1897-1999) अंतर्राष्ट्रीय स्तर के ख्याति प्राप्त अंग्रेजी साहित्यकार थे, जिनकी महत्वपूर्ण कृति उनकी आत्मकथा **ऐन अननोन इण्डियन** (1951) है।

16.7 1857 के पहले सामाजिक सुधार

मनुष्यों का बलिदान तथा छोटी बच्चियों की हत्या

1802 में सरकार का ध्यान मानव बलिदान तथा शिशु (कन्या) हत्या की तरफ गया। बैपटिस्ट मिशनरी, विलियम कैरे द्वारा किए गए शोधकार्य के पश्चात् लॉर्ड वेलेज्ली ने मानव बलिदान की प्रथा का अंत किया। शिशु हत्या (कन्या) सर्वव्यापी था और यह सिर्फ आदिवासियों में ही नहीं बल्कि कुछ राजपूत जातियों में भी था। 1795 के बंगाल रेगुलेशन एक्ट XXI के अनुसार इस प्रथा का पालन करने वालों को हत्यारा माना जाता था। बाद में इस रेगुलेशन को भारत के अन्य भागों में प्रभावी किया गया। यद्यपि कई राज्यों ने शिशु हत्या पर पाबंदी लगाई है किंतु यह अभी भी प्रचलन में है। 1870 में सरकार ने एक अन्य कानून बनाया जिसमें लड़कियों के जन्म का पंजीकरण करना तथा इसका नियमित सर्वेक्षण करना कि, वह बच्ची अभी भी जीवित है, या नहीं, आदि थे। कालांतर में शिशु हत्या समाप्त होने लगी।

सती प्रथा का उन्मूलन

सती एक बहुत ही खराब तथा अनैतिक सामाजिक बुराई थी। इस रीति को पति के साथ मरना भी कहते थे। यह प्रथा भारत में काफी लंबे समय से चली आ रही थी। इसमें विधवाओं को अपने पति के साथ अर्थी पर बैठकर साथ ही जल कर मरना पड़ता था। यह प्रथा सामान्यता ऊंची जाति के हिंदुओं के बीच थी। मुस्लिम आक्रामक जब भारत आए तो उन्होंने इस प्रथा का विरोध किया और मुगल शासकों ने इसे खत्म करने का प्रयास किया।

यद्यपि कई अंग्रेज अधिकारियों ने व्यक्तिगत स्तर पर सती प्रथा को रोकने का प्रयास किया किंतु यह सरकारी नीति नहीं थी। 1803 में लॉर्ड वेलेज्ली ने यह प्रयास किया कि इस प्रथा का अंत ब्रिटिश शासित क्षेत्रों में बंद कराया जाए लेकिन उसने पहले अपने विचार को सुप्रीम कोर्ट, कलकत्ता के सामने रखा। कोर्ट का उत्तर था कि सरकार को सतर्क रहना चाहिए और धीरे-धीरे इस मामले पर अमल करना चाहिए। कोर्ट का कहना था कि सरकार को धार्मिक नेताओं से बात करनी चाहिए तथा स्थानीय लोगों को विश्वास में लेना चाहिए। इस प्रकार सरकार अपनी नीति स्पष्ट नहीं कर सकी। सरकार के व्यवहार से सती प्रथा की घटनाओं में कमी नहीं आई।

गवर्नर जनरल एमहर्स्ट का मानना था कि वैधानिक स्तर पर इस प्रथा का उन्मूलन करने का अभी उपयुक्त समय नहीं था। किंतु जब विलियम बेंटिंक गवर्नर बना तब माहौल बदला हुआ था। बेंटिंक को सलाह दी गई कि जल्द या विलम्ब से, इस प्रथा को समाप्त करने के लिए प्रयास किया जाना चाहिए। बेंटिंक ने इस प्रथा को जल्द ही समाप्त करने की पेशकश की जबकि राममोहन राय तथा एच.एच. विल्सन ने यह सहमति जताई कि धीरे-धीरे इस प्रथा को समाप्त करने के लिए माहौल बनाना चाहिए अन्यथा लोगों में असंतोष की भावना पैदा होगी। बेंटिंक का मानना था कि असंतोष की भावना नहीं होगी और उसने इस प्रथा को जल्द ही समाप्त करने का निर्णय लिया।

4 दिसंबर, 1829 को सती प्रथा को गैर-कानूनी घोषित कर दिया गया और इसके बंगाल प्रेसीडेंसी का XVII रेगूलेशन पास हुआ। इस रेगुलेशन के तहत यह कहा गया कि कोई भी यदि सती को सहायता देगा तो उसे मानव बलिदान का अपराधी माना जाएगा और यदि किसी ने सती प्रथा को सम्पन्न होने में बल सहायता दी तो उसे मृत्यु दंड दिया जाएगा। ऐसा प्रस्ताव मद्रास की प्रेसीडेंसी ने 2 फरवरी, 1830 में पास किया तथा इसी तरह का कदम बंबई प्रेसीडेंसी में भी उठाया गया। बंगाल में इस कदम के खिलाफ आंदोलन शुरू हुआ और बेंटिंक को ज्ञापन भी दिया गया। आंदोलनकर्ता प्रिवी काउंसिल में जनवरी 1830 में इस आदेश के खिलाफ गए। अपील प्रिवी काउंसिल में खारिज हो गई और भारत में कोई भी आंदोलन नहीं हुआ।

ठगी का अंत

सरकार ने एक अन्य एक्ट बनाकर एक सामाजिक बुराई का अंत किया, जिससे सभी लोगों को फायदा हुआ और इसके खिलाफ कोई भी प्रदर्शन नहीं हुआ। 'ठग' शब्द की उत्पत्ति संस्कृत की ''ठगना'' शब्द से हुई है। ठग ऐसे लोग कहे जाते थे जो लोगों की गर्दन दबा कर जान से मार देते थे और उन्हें लूटते थे। इसलिए ठगों को फांसीदार भी कहा जाता था।

ठगी की शुरूआत बहुत पुरानी थी। पहली बार इतिहास में इसकी चर्चा 14वीं शताब्दी में आई है लेकिन यह प्रथा उससे भी पुरानी है। शाहजहां के शासन काल में एक फ्रांसिसी यात्री "दी थेबेनॉट'' भारत आया था और उसका कहना था कि दिल्ली और आगरा के बीच की सड़क ठगों से भरी पड़ी है। 18वीं शताब्दी के अंत में अंग्रेज इस बात से अवगत हुए। किंतु इन्होंने 1829 के पहले इसके खिलाफ कोई भी कारगार कदम नहीं उठाया।

विलियम सिलीमैन को पूरे उत्तरी भारत में कार्यरत ठगों के एक बहुत बड़े संघ के विषय में मालूम हुआ। 1829 में सुधारों के क्रम में यह काम एक खास विभाग के सुपुर्द किया कि वे इस ठगी के बारे में पता करें और इसे खत्म करने का सुझाव दें। सिलीमैन इस काम के लिए 1835 में नियुक्त हुआ और 1829 में वह ठगी तथा डकैती उन्मूलन का कमिश्नर नियुक्त हुआ। ठगों के गिरोह को अक्सर छोटे राजाओं और जमींदारों के द्वारा आश्रय प्राप्त होता था। किंतु अंग्रेज ठगी का अंत हर हालत में करना चाहते थे। इन्होंने अपनी पूरी शक्ति के साथ इस सामाजिक बुराई को खत्म किया। 1831 और 1837 के बीच लगभग 3000 ठगों को बंदी बनाया गया जिनमें से 500 ने अपना जीवन ठगों के बारे में सूचना देकर बचाया। 1860 में ठगी खत्म हो गई यद्यपि ठगी तथा डकैती उन्मूलन कमिश्नर का ऑफिस 1904 तक बना रहा।

नारियों की मुक्ति

सैनिक अभ्यास में व्यस्त सरकार का ध्यान सुधार आंदोलनों की ओर 1830 के बाद गया। हिंदू समाज में रह रही महिलाओं की स्थिति बहुत अच्छी नहीं थी। किंतु इस विषय में कोई विशेष प्रयत्न नहीं किया गया।

नारी शिक्षा की तरफ सरकार बिल्कुल भी उत्सुक नहीं थी और कंपनी सरकार ने अंत तक इस क्षेत्र में कुछ विशेष नहीं किया। लड़कियों से संबंधित विद्यालय मुख्यत: ईसाई मिशनरियों द्वारा चलाए जाते थे। ईसाई मिश्नरियों के दबाव तथा पाश्चात् उदारवादी विचारों के भारत में पदार्पण के कारण समाज में महिलाओं की स्थिति के विषय में, विशेषकर विधवाओं की स्थिति के विषय में चर्चा आरंभ हुई।

बहुत-से भारतीयों ने यह सुझाव दिया कि ऐसा कानून बनाया जाए, जिसमें लड़की के विवाह की न्यूनतम उम्र तय की जाए और साथ ही हिंदू विधवाओं को दूसरी शादी करने का अधिकार भी दिया जाए। यद्यपि सरकार इस मामले पर कोई कानून नहीं बनाना चाहती थीं क्योंकि उसका मानना था कि ऐसा करने से हिंदू उसके खिलाफ हो जाएंगे और उनके धार्मिक मामले में यह दखलअंदाजी होगी। इसी क्रम में ईश्वर चंद्र विद्या सागर ने अपना आंदोलन चलाया और सरकार द्वारा हिंदू विडोज रीमैरेज एक्ट ऑफ, 1856 को पास कराने में सक्षम रहे।

हिंदू समाज में बहुविवाह प्रथा चली आ रही थी, जिसके खिलाफ 1855 और 1857 के बीच लोगों ने सरकार का ध्यान आकर्षित किया। यह सामाजिक बुराई बंगाल की ब्राह्मण जाति में व्याप्त थी, जो अपने आपको कुलीन कहते थे। इस दिशा में विवाह का प्रारूप तैयार किया गया किंतु सिपाही विद्रोह शुरू होने के कारण इस पर रोक लग गई। बाद में बंगाल के लेफ्टिनेंट गवर्नर ने भारत सरकार से अनुरोध किया कि वह इस पर कानून बनाए लेकिन इसे इस आधार पर अस्वीकार कर दिया गया कि बंगाल के बाहर भी अन्य समुदायों, खास कर मुस्लिमों, में बहु विवाह की प्रथा व्याप्त है।

यह कहा जा सकता है कि 1857 तक समाज सुधार से संबंधित कुछ कानून बनाए गए जिन्होंने समाज सुधार के लिए लोगों को उत्साहित किया। किंतु ब्रिटिश सरकार इस दिशा में और अधिक कुछ नहीं करना चाहती थी। भारतीय बुद्धिजीवियों पर धार्मिक तथा धर्म निरपेक्ष पश्चिमी विचारधाराओं का प्रभाव था। हिंदू समाज सुधार आंदोलन का उदय कुछ तो, सरकार द्वारा लाए गए सुधार कार्यक्रमों तथा कुछ, 'कुछ न करने की इच्छा' के कारण भी हुआ।

16.8 सामाजिक सुधार के केंद्र में महिलाएं

परिचय

अंग्रेजों का सभ्य बनाने का अभियान—उन्नीसवीं शताब्दी में 'महिलाओं का प्रश्न' तेजी से उभरा। प्रश्न यह नहीं था कि 'महिलायें क्या चाहती हैं?' अपितु प्रश्न यह था कि 'वे कैसे स्वयं को आधुनिक बना सकती हैं?' ब्रिटिश भारत में उन्नीसवीं शताब्दी में यह मुख्य मुद्दा बन गया क्योंकि विदेशी शासकों ने समाज के एक विशेष पहलू पर अपना ध्यान केंद्रित किया। अपने को सभ्य बनाओ अभियान में प्रभावशाली अंग्रेजी लेखकों ने महिलाओं के संबंध में भारतीय धर्म, संस्कृति एवं समाज के रीति-रिवाजों की तीव्र आलोचना की।

अंग्रेजी शासकों को प्रभावित करने वाले विचार: इस संबंध में अंग्रेजी शासकों को प्रभावित करने वाले प्रमुख विचार थे—मानवतावाद, उपयोगितावाद, सामाजिक डार्विनवाद एवं राष्ट्रवाद। सकारात्मक एवं सामाजिक डार्विनवादी सिद्धांत ने प्रजातीय उद्‌विकास के सिद्धांत द्वारा यह सिद्ध करने का प्रयास किया की भारतीय मध्य-पूर्व या पश्चिमी यूरोप से काफी पिछड़े हैं। यदि भारत के लिये आशा की कोई किरण है तो वह है-पाश्चात्य विचारों एवं संस्थाओं का अनुकरण करना। हालांकि अभी भी भारतीय समाज के कुछ पाश्चात्य आलोचक वास्तव में यह विश्वास कर रहे थे कि अभी भी पूर्ण पुनरोद्‌भव संभव है। किसी भी कीमत पर नवीन

लैंगिक विचारधारा एवं महिलाओं के प्रति व्यवहार में व्यापक बदलाव ही सकारात्मक परिवर्तन को संभव बना सकते हैं।

औपनिवेशिक चुनौतियों के प्रति भारत की प्रतिक्रिया

लैंगिक संबंधों की पुनर्व्याख्या–औपनिवेशिक प्रभुत्व की वजह से परिवर्तन की जो बयार बही, उस आधार पर भारतीय आयातित विचारों तथा संस्थाओं को भारतीय सामाजिक तथा सांस्कृतिक परिदृश्य में समाहित करने के उद्देश्य से उसकी पुनर्व्याख्या की गयी। इस आयातित विचारधारा का प्रथम प्रभाव बंगाल के पुनर्जागरण पर परिलक्षित हुआ, जबकि पूर्वी भारत एवं के बुद्धिजीवियों ने अपने अतीत की खोज तथा नये बौद्धिक कार्यों को संपन्न करने का कार्य किया। इस आधार पर लैंगिक संबंधों की पुनर्व्याख्या का जो स्वरूप सामने आया वह नवीन विदेशी विचारधारा, एकल पद्धति एवं महिलाओं के मिश्रित स्वरूप को अभिव्यक्त कर रहा था।

दो वर्गों का अभ्युदय–लैंगिक संबंधों में परिवर्तन की आवश्यकता पर सभी बुद्धिजीवी एकमत नहीं थे। कई बुद्धिजीवियों का मानना था कि भारतीय तथा यूरोपीय महिलाओं की स्थिति में कोई विशेष अंतर नहीं है। दोनों ही देशों में महिलाओं को कठिन परिस्थितियों का सामना करना पड़ता है। भारतीय संस्कृति के अनुसार उनकी स्थिति फिर भी संतोषजनक है। वे लोग जो महिलाओं की स्थिति में पराभव का कारण सामाजिक बुराइयों को मानते थे, उन्होंने समाज के प्रत्येक क्षेत्र में महिलाओं की सहभागिता बढ़ाने पर बल दिया तथा स्त्री शिक्षा को प्रोत्साहित करने की वकालत की। लेकिन कालांतर में दोनों ही समूहों ने जिस राष्ट्रीय परियोजना से महिलाओं की प्रगति को संबंधित किया उसने घर को संसार से पृथक् कर दिया।

दया, सुधार का प्रभावी कारक–उन्नीसवीं शताब्दी के अंतिम दशकों में सुधारवादी विचारधारा पूर्णरूपेण स्थापित हो चुकी थी। इस विचारधारा का आकार, विशेष रूप में महिलाओं के संबंध में, बीसवीं सदी में आकर अपना पूर्ण स्वरूप ग्रहण कर सका। प्राचीन काल में भारतीय महिलायें दया का पात्र समझी जाती थीं। 1839 में महेशचंद्र देव ने 'सोसायटी फॉर एक्वाजीशन एवं जनरल नॉलेज' में युवा विवाहित महिलाओं के संबंध में कहा कि, ''इस अवस्था के उपरांत भारतीय महिला की एक उत्तरदायित्वपूर्ण अवस्था की शुरूआत हो जाती है। तथा वह कार्यों के बोझ तले दब जाती है।''

मानवतावाद एवं पुनः प्रवर्तनवाद का सम्मिश्रण–देव के भाषण से तत्कालीन महिलाओं की स्थिति का भान होता है। उनके द्वारा व्यक्त ये विचार भारतीय समाज के संबंध में व्यक्त किये गये पाश्चात्य आलोचकों के विचारों में प्रतिध्वनित होते हैं तथा पूरी शताब्दी में ये विचार प्रमुखता से व्यक्त किये जाते रहे। लेकिन मानवतावाद एकमात्र ऐसा तर्क था, जो सुधारों के संबंध में प्रयुक्त हो रहा था। पाश्चात्य विचारों से प्रभावित एवं प्रेरित इन समाज सुधारकों ने अपनी परम्पराओं एवं रीति-रिवाजों में भी परिवर्तन किये। राममोहन राय, प. विद्यासागर, स्वामी दयानंद सरस्वती एवं कई अन्य समाज सुधारक यह मानकर चल रहे थे कि भारत धीरे-धीरे अपने अंध युग से बाहर निकल रहा है। इन सभी के अनुसार कभी एक 'स्वर्ण युग' था, जब महिलायें को पूर्ण सम्मान प्राप्त था तथा उन्हें उच्च पर प्रदान किये जाते थे। इन विचारकों ने वैदिक युग की धारणाओं को स्वीकार किया। मिल के विचारों में भी इनकी झलक प्राप्त होती है। इनके अनुसार, इस स्वर्ण युग में महिलायें शिक्षित थीं तथा उनका विवाह युवा होने पर ही किया जाता था। उन्हें स्वतंत्रतापूर्वक विचरण की छूट थी तथा वे सभी सामाजिक एवं राजनैतिक गतिविधियों में सहभागी बनती थीं। महिलाओं के संबंध में इस प्रकार के सकारात्मक विचारों ने तात्कालिक के साथ ही वर्तमान विद्वानों को प्रभावित किया है।

स्वर्ण एवं अंध युग का जुड़वा सिद्धांतः स्वर्ण युग की अवधारणा सर्वरूपेण स्वीकारणीय थी, किंतु इसका पतन कैसे हुआ इस संबंध में भिन्न-भिन्न मत व्यक्त किये गये। कुछ सुधारकों ने इसके लिये युद्ध एवं बाह्य आक्रमण का दोषी बताया। इनके अनुसार कालांतर में इन कारकों से उपजी राजनीतिक अस्थिरता से महिलाओं की शिक्षा एवं अन्य दशाओं में पराभव आया।

- कुछ सुधारकों के अनुसार, महिलाओं की स्थिति में स्मृति काल से गिरावट आना शुरू हुयी। इस काल में **मनुस्मृति** एवं **पुराणों** की रचना हुयी। इन ग्रंथों में महिलाओं के प्रति दोयम दर्जे के विचार व्यक्त किये गये तथा इसने महिलाओं के पतन का मार्ग प्रशस्त किया।
- लेकिन अधिकांश सुधारक इसके लिये मुस्लिम शासन को उत्तरदायी मानते हैं। ये सुधारक इस बात की भी उपेक्षा करते हैं कि अकबर जैसे शासक ने सती प्रथा पर रोक लगायी थी तथा मुस्लिम विधि में हिंदू विधि की तुलना में महिलाओं को उच्च दर्जा प्रदान किया गया

है। ये सुधारक बाल विवाह, विधवा पुनर्विवाह पर रोक, बहुविवाह इत्यादि सभी कुरीतियों के लिये मुसलमानों के शासन को उत्तरदायी मानते हैं।

- स्वर्ण एवं अंध युग दोनों सिद्धांत इतिहासकारों के लिये समस्या उत्पन्न करते हैं लेकिन सामाजिक सुधारों में कहीं-न-कहीं इन सिद्धांतों की उपयोगिता रही है।
- ये सुधारक पुन: प्रवर्तनवादी नहीं थे। ये अंग्रेजी नौकरशाही से इस क्षेत्र में साधारण रूप से मयान देने की वकालत कर रहे थे। दूसरी ओर अंग्रेजी नौकरशाही का यह भी मानना था कि धर्म भारतीय समाज का केंद्र बिंदु है तथा भारतीय लोग धर्म के दास हैं। इनके अनुसार सती जैसी प्रथायें धार्मिक प्रथायें हैं।
- भारतीयों की सैन्य दुबर्लता एवं अंग्रेजों की सफलता ने इस विचार की ओर अपना मयान केंद्रित किया। अंग्रेज तकनीकी रूप से उन्नत होने की वजह से भारत में सफलता प्राप्त करने में सफल रहे। तदुपरांत उन्होंने भारत की सामाजिक बुराइयों की ओर भी देखा।

प्राकृतिक नियमों एवं तर्क से सुधारकों का अनुराग–स्वर्ण युग की खोज से एक बात यह रेखांकित हुई कि एक अवस्था ऐसी थी, जब भारतीय महिलाओं की दशा अत्यंत उन्नत थी तथा इससे इस बात की संभावना बलवती हुई की यदि प्रयास किये जायें तो आज भी वह स्थिति प्राप्त की जा सकती है। इस कार्य में यद्यपि समुचित प्रयासों की आवश्यकता है। यदि महिलाओं के संबंध में प्रचलित विभिन्न कुरीतियों, यथा–बाल विवाह, बहुविवाह इत्यादि पर रोक लगा दी जाये तो उनकी दशा में सुधार किया जा सकता है।

- राजा राममोहन राय ने लिखा कि महिलायें बलपूर्वक सामाजिक बेड़ियों से बंधी हुई हैं, उत्पीड़न का शिकार हैं तथा अपने पतियों की दासता के बोझ तले दबी हुई हैं। विद्यासागर ने उन प्रथाओं के संबंध में लिखा जो भारतीय महिलाओं की निम्न स्थिति के लिये जिम्मेदार हैं। डी. के.कर्वे ने भी इस संबंध में अपने विचार व्यक्त किये। इन सभी सुधारकों के अनुसार, ये सभी प्रथायें इस प्रकार तोड़ी-मरोड़ी गयी हैं कि वे हर स्थिति में महिलाओं के लिये हानिकारक एवं पीड़ादायक हैं।
- पाश्चात्य शिक्षा प्राप्त युवाओं की प्रथम पीढ़ी ने इस प्रकार की सभी प्रथाओं एवं रीतियों पर प्रश्न चिन्ह खड़े किये। इन्होने तर्कवाद की कसौटी पर परखकर सुधारों को प्रारंभ करने तथा स्वर्ण युग की वापसी के लिये प्रयास किये जाने की वकालत की।
- विवेकानंद ने कहा कि धर्म के विज्ञान की व्याख्या करने के लिये यदि पाश्चात्य विचारों का ढाल के रूप में प्रयोग किया जाता है तो इसमें कोई बुराई नहीं है। इस कार्य में किसी भी प्रकार की कोई हिचक नहीं होनी चाहिये। इसी प्रकार स्वामी दयानंद सरस्वती ने कहा कि वे हिंदू धर्म के गलत तत्वों का बचाव नहीं करेंगे तथा अन्य धर्मों के समान हिंदू धर्म की कमियों को भी उन्होंने ही अनावृत किया। विभिन्न कारणों की जांच-पड़ताल से इन सुधारकों के उस सामाजिक तंत्र के दावे को समर्थन मिला, जो कि स्वर्ण युग में विद्यमान था।

महिलाओं के जीवन में परिवर्तन

सुधार से पहले महिलाओं की स्थिति–इस परिवर्तन के ठीक पहले हम महिलाओं के जीवन के बारे में क्या जानते हैं? दरअसल, इस संबंध में समाज सुधारकों ने तमाम बातें कही हैं, लेकिन अतिशय बाल-विवाह की वजह से इनमें विकृति आ गई। औपनिवेशिक शासन से पहले महिलाओं के जीवन का सही चित्रण बड़ा मुश्किल है, हालांकि आधुनिक स्त्रीवादी शोधों में इन पुराने विचारों का काफी समावेश किया गया है। ब्रिटिश-पूर्व अभिलेखों में इस संबंध में तमाम जानकारियां मिलती हैं, लेकिन इसके अलावा भी कुछ तथ्य महिलाओं के वास्तविक जीवन पर प्रकाश डालते हैं।

- त्र्यंबकयज्वन की **'स्त्री धर्मपणति'** (इसमें महिलाओं की धार्मिक स्थिति एवं कतर्व्यों के संबंध में निर्देश हैं) पूरी तरह से महिलाओं के जीवन का चित्रण है। सुधारवादी कार्यक्रमों के पहले, अठारहवीं शताब्दी में लिखित इस ग्रंथ में उच्च वर्ग के लोगों में महिलाओं की स्थिति पर प्रकाश डाला गया।
- दुर्भाग्य से 'उन महिलाओं के संदर्भ में कोई जानकारी नहीं मिलती जो दरबार से बाहर खेती, दुकानदारी अथवा अन्य कामों में लगी थीं।'
- उच्च जातियों में, कन्याएं अपनी युवावस्था विवाह की तैयारी में ही गुजार देती थीं। उनका विवाह उसी जाति के और अपेक्षाकृत ऊँचे कुल में उसके माता-पिता करते थे। विवाहोपरांत वह अपने पति के घर चली जाती थी और फिर उसे वहां के रीति-रिवाजों को निभाना होता था।
- उम्र बढ़ने के साथ महिलाओं को बच्चों की देखभाल, उनका विवाह एवं फिर दादी-नानी अथवा सास की भूमिका निभानी होती थी। यदि महिला का पति उससे पहले मर जाता था तो उसे जीवन भर संयमित तरीके से

वैधव्य के नियमों का पालन करते हुये उसी की तरह जीवन निर्वहन करना पड़ता था।

विभिन्न प्रतिक्रियाएं–महिलाओं ने लंबे समय तक इन नियमों और तौर-तरीकों का धर्म, जाति, वर्ग, उम्र और परिवार में अपनी स्थिति के अनुसार पालन किया। अधिकांश महिलाएं इन नियमों को आदर्श मानकर चलती रहीं, लेकिन कुछेक ने इनके खिलाफ विद्रोह भी किया। ऐतिहासिक साक्ष्यों से स्पष्ट होता है कि महिलाओं ने धर्म और शिक्षा में अपनी पारंपरिक भूमिकाओं से आजादी पाने की कोशिश की और कभी-कभी इसके लिए राजनीतिक तौर-तरीके भी अपनाए। कुछ महिलाएं तो पैतृक घर छोड़कर राजदरबारों में उच्च स्थिति पाने में भी सफल रहीं।

लेकिन ऐसी असाधारण प्रतिभावाली अथवा जीवन से निराश महिलाओं के विकल्प बहुत सीमित थे। साक्ष्यों से पता चलता है कि कुछ महिलाएं शिक्षित हुईं, ख्याति अर्जित की और यहां तक कि सेना का भी नेतृत्व किया, लेकिन अधिकांश को शिक्षा, संपत्ति और सामाजिक कुलीनता के पुरुषों के अधिकारों में हस्तक्षेप से वंचित किया गया।

सुधारकों का उदय–19वीं सदी के द्वितीयार्द्ध तक ब्रिटिश भारत के सभी भागों में सुधार समूहों का अस्तित्व था। इन्होंने सती प्रथा, कन्या वध, बहु-विवाह, बाल-विवाह, पर्दा, महिला शिक्षा का निषेध, देवदासी और संयुक्त परिवार जैसे मुद्दों पर स्वयं को केंद्रित किया। इनके कार्यों ने अन्य क्षेत्रों के सुधारवादी लोगों को प्रेरणा दी और धीरे-धीरे देशभर में तमाम सुधार समूह अस्तिव में आने लगे।

पुरुष सुधारकों का योगदान–बंगाल सहित सम्पूर्ण भारत में ऐसे कई समाज सुधारक हुए, जिन्होंने महिलाओं के हित में ठोस काम किए। बंगाल में ईश्वरचन्द्र विद्यासागर ने स्त्री शिक्षा पर जोर दिया और विधवा पुनर्विवाह को कानूनी मान्यता दिलाने वाले अभियान का नेतृत्व किया। केशवचंद्र सेन ने महिलाओं को स्कूलों, प्रार्थना सभाओं और दूसरे तरीकों से उनकी भूमिका निर्धारित की। शताब्दी के अंत में स्वामी विवेकानंद इस बात पर जोर दे रहे थे कि महिलाएं एक शक्तिशाली स्थान अर्जित कर सकती हैं।

उत्तार भारत–उनर भारत में स्वामी दयानंद सरस्वती ने स्त्री शिक्षा को बढ़ावा दिया और इन प्रथाओं की आलोचना की जो महिलाओं के पतन के लिए जिम्मेदार थीं। इनमें बेमेल विवाह, दहेज और बहुविवाह शामिल थे। उसी समय राय सीलिक राम, जिन्हें हूजूर महाराज भी कहा जाता था और जो राधास्वामी के अनुयायी थे, ने **'प्रेम पत्र'** नामक अपने काव्य संग्रह में महिला उद्धार की वकालत की। मुस्लिम सुधारकों में ख्वाजा अल्ताफ हुसैन हाली और शेख महमूद अबदुल्ला ने लड़कियों की शिक्षा के लिए प्रयास किए।

पश्चिमी भारत–यहां महादेव गोविंद रानाडे ने समाज सुधारों की ओर ध्यान केंद्रित करने के लिए 'राष्ट्रीय सामाजिक सम्मेलन' की स्थापना की। उसी समय पारसी पत्रकार बहरामजी मालाबारी के लेखों के **'द टाइम्स'** में छपने से ब्रिटिश पाठकों का ध्यान बाल विवाह से होने वाली हानि एवं युवा महिलाओं पर बलात् वैधव्य की घटनाओं की ओर खिंचा। धोंधो केशव कर्वे ने पूना में विधवाओं के लिए एक विद्यालय प्रारंभ किया, जहां वे शिक्षित होकर स्कूलों में पढ़ाने लगती थीं।

दक्षिण भारत–दक्षिण भारत में आर. वेंकटरत्नम ने देवदासी प्रथा का विरोध किया, जबकि वीरेशलिंगम पुंतुलु ने विवाह सुधार पर काम किया। दोनों ने ही महिलाओं को शिक्षा में अधिक अवसर देने की वकालत की। इन्होंने अनेक मुद्दों पर भाषण दिए, जो मुख्यतया विवाह और स्त्री शिक्षा के महत्व से संबंधित थे।

सुधारकों की विशेषताएं–उन्नीसवीं सदी के सुधारकों की जो सबसे बड़ी विशेषता थी, वह थी- उनकी सक्रियता। उनके लैंगिक विचार अपने अनुभवों से जुड़े थे। जीवन भर इन लोगों ने अपने उपेश्यों की पूर्ति के लिए अथक परिश्रम और प्रयास किये। ये केवल सामान्य प्रतिक्रिया नहीं व्यक्त कर रहे थे, बल्कि ये वास्तविक मुद्दे थे और इनके लिए वे पूर्णरूपेण प्रयासरत थे।

उनकी दुर्बलतायें–सुधारकों ने महिलाओं के मुद्दे को बहस, सामाजिक कृत्य, शिक्षा तथा कानून के माध्यम से हल करने की कोशिश की।

- प्रारंभ में ये अपने ही परिवारों के भीतर रिश्तों में परिवर्तन करके महिलाओं को उनके सीमित और नियंत्रित स्त्रीत्व से मुक्ति दिलाना चाहते थे।
- महिलाएं खुद अपने पुनरूद्धार के लिए बन रही योजनाओं में शामिल नहीं थी। बल्कि कभी-कभी तो ऐसा लगता था कि वे अपनी ही आजादी का विरोध कर रही हैं। प्रथम दृष्ट्या इन महिलाओं का व्यवहार ऐसा था कि वे अपने पतियों अथवा पिताओं द्वारा सुझाए गए रास्तों से बिल्कुल भी नहीं भटकना चाहती थीं। इसे नवजात स्त्रीवाद प्रतिरोध कहा जा सकता है या फिर बदलाव का विरोध करना कहा जा सकता है, हालांकि यह सब उन्हीं के हित में था।

- लेकिन ये सुधारक महिलाओं द्वारा पैतृक शक्तियों अथवा धन में हिस्सेदारी को त्यागने के सख्त विरोधी थे। वे एक ऐसी दुनिया का स्वप्न देख रहे थे, जहां महिलाएं बाल-विवाह, सती, बहु-विवाह इत्यादि जैसी सामाजिक कुप्रथाओं से मुक्त रहें। लेकिन ठीक उसी समय कुछ महिलाएं तथाकथित घर एवं परिवार के प्रति समर्पित भी थीं।

उन्नीसवीं सदी के उत्तरार्द्ध की 'नई महिलाएं'

स्त्रीवाद नई अवधारणा–उन्नीसवीं सदी के दौरान महिलाओं के रहन-सहन में परिवर्तन आना शुरू हो गया था। वास्तव में इस दौरान 'संपूर्ण पत्नी' की अवधारणा पुनर्परिभाषित हो रही थी।

- सर्वप्रथम, महिलाओं के जीवन के हर स्तर पर परिवर्तन हो रहा था।
- दूसरे, महिलाएं के कार्यक्षेत्र का दायरा बढ़ रहा था।
- तीसरे, व्यक्तिवाद की स्वीकृति में वृद्धि हो रही थी।

घरेलू कार्यों से अलगाव–ब्रिटिश द्वारा भारत विजय के क्रम में आए बदलावों के कारण, 19वीं सदी के अंत तक शिक्षित, स्पष्टवादी, गतिशील और जनहित के कार्यों में संलग्न रहने वाली महिलाओं की संख्या काफी अधिक हो चुकी थी। ग्रामीण जीवन में पुरुष और महिला दोनों ही मुख्य रूप से घरेलू कार्यों में संलग्न थे। शहरीकरण में वृद्धि के पश्चात् और साम्राज्यवादी प्रभुत्व के फलस्वरूप बढ़े नए व्यवसायों की वजह से लोगों का कार्यक्षेत्र घर से दूर हो रहा था।

नई संस्थाओं की स्थापना–इन बदलावों के समानांतर ही नई शैक्षिक, धार्मिक और सामाजिक संस्थाओं की भी स्थापना हो रही थी। जैसे-जैसे परिवारों का गांवों से शहरों में पलायन हुआ वैसे-वैसे विदेशियों के संपर्क में आने से परंपरागत पारिवारिक गतिविधियों में क्षरण हुआ। पुरानी पीढ़ी के लड़कों की तरह अब लड़कियां भी शैक्षिक संस्थाओं, सामाजिक गोष्ठियों और धार्मिक समारोहों में शामिल होने लगीं। ये 'नई महिलाएं' आधुनिकीकरण आंदोलन का हिस्सा थीं, जो महिला और पुरुष को बराबरी का दर्जा दिलाने के लिए चलाया जा रहा था।

विचारों एवं कार्यों में बदलाव–इन 'नई महिलाओं' में अधिकांश की शिक्षा घर पर हुईं थी, उसके बाद इन्होंने स्कूल जाना प्रारंभ किया। महिला शिक्षा के प्रति जागरुक माता-पिता विवाह के पहले तक अपनी बेटियों को पढ़ाते थे, हालांकि कई महिलाओं ने विवाहोपरांत भी अध्ययन जारी रखा।

- इन महिलाओं ने बाद में मां बन कर अपने बच्चों के भविष्य निर्माण में महत्वपूर्ण भूमिका अदा की। उन्हें ऐसे कार्यों का भी मौका मिला जो कि पुरानी पीढ़ी की महिलाओं के लिए संभव नहीं था।
- इस विचार में भी महत्वपूर्ण बदलाव आया कि महिलाएं क्या कर सकती हैं? लेकिन यह बदलाव न तो अचानक आया और न ही यह स्थाई था। दुर्भाग्य से कई महिलाएं जो थोड़े समय के लिए स्कूल गईं थीं और मुश्किल से पर्दा प्रथा से बाहर निकल पाईं थी, दोबारा लौटकर परंपरागत तरीके से घरेलू कार्यों में संलग्न हो गईं।

आत्माभिव्यक्ति के बढ़ते अवसर–महिलाओं ने भी स्वयं को लोगों के सामने अभिव्यक्त करने के विभिन्न अवसरों का अनुभव किया। हालांकि पहले भी वे निश्चित तौर पर किसी अविभाज्य समूह में नहीं थीं। औपचारिक शिक्षा और विशेष रूप से महिलाओं द्वारा किए गए लेखन ने उन्हें एक स्वर उपलब्ध कराया। उस समय के संपूर्ण साहित्य का विवरण यहां संभव नहीं है, लेकिन बंगाली महिलाओं ने कम-से-कम 400 ग्रंथों की रचना की, जिनमें कविता, उपन्यास, आत्मकथा के अलावा 21 पत्रिकाएं भी शामिल हैं। अपने लेखन के माध्यम से वे एक-दूसरे से संपर्क बढ़ाने में सक्षम हुईं एवं उनके सामाजिक दायरे में वृद्धि हुई।

निष्कर्ष

भारत की गुलामी की नई व्याख्या की आवश्यकता–पुरुष सुधारकों का लक्ष्य प्रगति पर था। महिलाओं की स्थिति में सुधार के बिना समाज सुधार हो नहीं सकता था। औपनिवेशिक स्थिति में अपमानित 19वीं सदी के भारतीय शक्ति और क्षमता मुद्दे पर काफी अपमानित किए गए थे। वे अपनी हार के कारणों की तलाश में थे और अपनी शक्ति बढ़ाने का प्रयास कर रहे थे। 19वीं सदी की यूरोपीय महिलाओं की मजबूत स्थिति और भारतीय महिलाओं की दयनीय दशा के लिए भारतीय रीति-रिवाजों को दोषी ठहराने संबंधी यूरोपीय निष्कर्षों ने भारतीय को अपनी पराभव के कारण और सुधार के प्रेरक तत्व प्रदान किए।

भारत माता की अवधारणा का उद्भव–बंकिमचंद्र चटर्जी के देशभक्ति पूर्ण उपन्यास **'आनंदमठ'** (1882) ने राष्ट्रवादियों को मातृभूमि की दुर्दशा और उपेक्षा से लोगों को परिचित कराया। इन लोगों ने मातृभूमि के पुनरूद्धार का संकल्प लेते हुए **'वंदे मातरम्'** का नारा ग्रहण किया।

आधुनिक भारत की तीन प्रतिज्ञाएं—महान सुधारक स्वामी विवेकानंद के नेतृत्व में देवी की पूजा, मातृभूमि के प्रति श्रद्धा और स्त्री शिक्षा के प्रति समर्पण और उनकी स्थिति में सुधार हर आधुनिक व्यक्ति का संकल्प हो गया। लेकिन विवेकानंद ने अपने समकालीन सुधारकों के कार्यों का सम्मान किया भले ही वे राष्ट्र निर्माण के महान कार्य में अपर्याप्त थे। बदलाव जरूरी था लेकिन पश्चिमी मानदंडों के सहारे नहीं। यह भारतीयों द्वारा ही होना था, जो बौद्धिक लोगों द्वारा शिक्षित और निर्देशित थे।

सम्मति आयु अधिनियम—1891 में सम्मति आयु अधिनियम, जिसके तहत विवाह की आयु 10 से 12 वर्ष कर दी गयी थी, भारतीय महिलाओं की लैंगिकता पर नियंत्रण का आरोप लगाते हुए एक युद्ध-सा छेड़ दिया। इस समय तक देश के उच्च-शिक्षित और प्रभावी व्यक्ति राष्ट्रवादी राजनीति से जुड़े थे और महिलाओं का प्रश्न ऐसा नहीं था, जिस पर कि ब्रिटिश शासक और भारतीय शिक्षित वर्ग सहमत न होते। लेकिन ये मुद्दे अलग कर दिए गए क्योंकि इन नई महिलाओं ने खुद आगे बढ़कर अपने संगठनों की स्थापना की और समाज सुधार को प्राथमिकता दी।

महिलाओं की मुक्ति का आधुनिकीकरण से जुड़ाव—पुरुष सुधारकों द्वारा प्रस्तावित बदलाव महिलाओं की समस्याओं को हल नहीं कर सके। उन्हें अपने घर की महिलाओं को छोड़कर अन्य के जीवन के बारे में बहुत कम जानकारी थी। अधिकांश को कानूनी प्रयासों की क्षमता पर भी संदेह था। फिर भी, इन सुधारकों ने महिलाओं की स्थिति सुधारने के मुद्दे को आधुनिकीकरण के ऐजेंडे में प्रथम स्थान दिया। इनके अभियानों और प्रयासों से नई संस्थाओं का गठन हुआ, जिसने नई पीढ़ी की महिला नेताओं को काफी सहायता की।

अभ्यास प्रश्न

1. भारतीय सुधार संघ की स्थापना 1870 में किसने की?
(a) राममोहन राय (b) देवेंद्र नाथ टैगोर
(c) केशव चंद्र सेन (d) ईश्वर चंद्र विद्यासागर

2. कौन-सी पुस्तक स्वामी दयानंद सरस्वती द्वारा नहीं लिखी गई?
(a) *सत्यार्थ प्रकाश* (b) *वेद प्रकाश*
(c) *सत्यार्थ भूमिका* (b) *वेद भाष्य भूमिका*

3. थियोसोफिकल सोसायटी ने भारत में कब और कहां अपना मुख्यालय बनाया?
(a) 1882-अड्यार (b) 1885-बेलूर
(c) 1890-अवाडी (d) 1895-वेल्लोर

4. महाराष्ट्र का कौन समाज-धर्म-सुधारक लोकहितवादी के नाम से प्रख्यात है?
(a) ज्योतिबा फुले (b) एम.जी. राणाडे
(c) गोपाल हरि (d) जी.जी. अगरकर

5. अलीगढ़ आंदोलन का संस्थापक कौन था?
(a) मुहम्मद इकबाल (b) अबुल कलाम आजाद
(c) बदरुद्दीन तैयब जी (d) चिराग अली

6. देवबंद विचारधारा के किस विद्वान ने राष्ट्रीय आंदोलन में महत्वपूर्ण भूमिका निभाई?
(a) अबुल कलाम आजाद
(b) मुहम्मद अली जिन्ना
(c) बदरुद्दीन तैयब जी
(d) चिराग अली

7. शारदामणि कौन थीं?
(a) राममोहन राय की पत्नी
(b) रामकृष्ण परमहंस की पत्नी
(c) विवेकानंद की मां
(d) केशवचंद्र सेन की पुत्री

8. निम्नलिखित धर्म सुधार आंदोलनों का कालक्रम क्या है?
(a) भारत का ब्रह्म समाज
(b) आदिब्रह्म समाज
(c) साधारण ब्रह्म समाज
(d) आत्मीय सभा

कूटः
(a) (iii), (i), (ii) और (iv)
(b) (iv), (ii), (i) और (iii)
(c) (i), (ii), (iv) और (iii)
(d) (ii), (iv), (iii) और (i)

9. निम्नलिखित धर्म सुधारकों का जन्म के अनुसार सही कालक्रम क्या है?
(i) रामकृष्ण परमहंस (ii) स्वामी दयानंद सरस्वती
(iii) राममोहन राय (iv) देवेंद्रनाथ टैगोर
(v) स्वामी विवेकानंद (vi) केशवचंद्र सेन

कूट:

(a) (i), (iii), (ii), (vi), (iv) और (v)
(b) (ii), (iii), (i), (iv), (vi) और (v)
(c) (iii), (iv), (ii), (i), (vi) और (v)
(d) (iv), (iii), (i), (ii), (v) और (i)

10. स्वामी विवेकानंद के जीवन की निम्न घटनाओं का घटनाक्रम क्या है?

(i) पेरिस में धर्म के इतिहास पर आयोजित कांग्रेस में भाषण।
(ii) भारत का प्रथम विस्तृत भ्रमण।
(iii) बड़ानगर में एक विहार की स्थापना।
(iv) शिकागो में विश्व धर्म संसद में भाषण।

कूट:

(a) (iii), (ii), (iv) और (i)
(b) (ii), (iii), (iv) और (i)
(c) (iii), (i), (ii) और (iv)
(d) (iv), (ii), (i) और (iii)

11. निम्नलिखि संघों की स्थापना का ऐतिहासिक क्रम क्या है?

(i) आर्य समाज (ii) तत्वबोधिनी सभा
(iii) प्रार्थना समाज (iv) रामकृष्ण मिशन
(v) दक्कन शिक्षा समाज
(vi) इंडियन नेशनल सोशल कॉन्फ्रेंस

कूट:

(a) (iii), (iv), (ii), (i), (v) और (vi)
(b) (ii), (v), (iv), (vi), (i) और (iii)
(c) (v), (iv), (ii), (i), (iii) और (vi)
(d) (ii), (iii), (i), (vi), (vi) और (iv)

12. राममोहन राय के जीवन की घटनाओं को कालक्रमानुसार सजाएं-

(i) उनकी पुस्तक द *परसेप्ट्स ऑफ जीसस दि गाइड टू पीस एंड है हैप्पिनेस* का प्रकाशन।
(ii) मुगल बादशाह के राजदूत के रूप में उनकी इंग्लैंड यात्रा।
(iii) उनकी फारसी पुस्तक *तुहफात-उल-मुवाहिदीन* का प्रकाशन।
(iv) आत्मीय सभा की स्थापना।

कूट:

(a) (iv), (ii), (i) और (iii)
(b) (i), (iv), (ii) और (iii)
(c) (ii), (iv), (i) और (ii)
(d) (ii), (iii), (iv) और (i)

13. राममोहन राय के धार्मिक विचारों के संबंध में कौन-से कथन सत्य हैं?

(i) वह एकेश्वरवाद में विश्वास करते थे।
(ii) उन्होंने वेदों को शाश्वत तथा अभ्रांत माना।
(iii) उन्होंने सभी धार्मिक मुद्दों में मानवीय तर्कों के प्रयोग पर बल दिया।
(iv) उन्होंने मूर्ति पूजा का विरोध किया।

कूट:

(a) (i), (ii) और (iii)
(b) (i), (iii) और (iv)
(c) (ii), (iii) और (iv)
(d) (i), (ii) और (iv)

14. राममोहन रॉय के बारे में कौन-से कथन असत्य हैं?

(i) ईसाई धर्म के ऊपर उनकी पुस्तक में यीशु की नैतिक तथा आध्यात्मिक शिक्षाओं के साथ-साथ चमत्कारी घटनाओं का वर्णन है।
(ii) उन्होंने इसाई आक्रमणों से हिंदू धर्म तथा इसके वेदांत दर्शन की रक्षा की।
(iii) ब्रह्म समाज की बैठकों में उन्होंने सभी गैर-ब्राह्मणों को वेद पढ़ने की अनुमति दी।
(iv) उन्होंने अन्य धर्मों की अच्छी शिक्षाओं का संकलन किया।

कूट:

(a) (i) और (ii) (b) (ii) और (iii)
(c) (iii) और (iv) (d) (i) और (iv)

15. राममोहन राय ने-

(i) सती प्रथा के विरुद्ध अभियान छेड़ा तथा ब्रिटिश सरकार द्वारा इसको समाप्त करवाने में सफल रहे।
(ii) महिलाओं के अधिकार, जैसे- उत्तराधिकार और संपत्ति के अधिकारों की सिफारिश की।
(iii) बहुपत्नी प्रथा तथा विधवाओं की दयनीय स्थिति का विरोध किया।

(iv) संस्कृत माध्यम द्वारा परंपरागत शिक्षा के प्रसार का प्रयत्न किया।
(v) बंगाल में बुद्धिजीवी विवादों के लिए बंगाली भाषा को अपनाया।

कूट:
(a) (i), (ii), (iii) और (v)
(b) (ii), (iii) और (iv)
(c) (i), (ii), (iii) और (v)
(d) (i), (iii), (iv) और (v)

16. राममोहन राय–
(i) का प्रयत्न भारत में राष्ट्रीय जागरुकता लाने के लिए था।
(ii) ने समसामयिक विषयों पर जनता को शिक्षित करने के लिए भारतीय पत्रकारिता की शुरुआत की।
(iii) ने ब्रिटिश प्रशासन में सुधार की आवश्यकता जैसे प्रश्नों पर लोगों द्वारा विरोध प्रारंभ करवाया।
(iv) की मृत्यु भारत में 1833 में हुई।

कूट:
(a) (i), (ii) और (iii)
(b) (ii), (iii) और (iv)
(c) (i), (iii) और (iv)
(d) (i), (iii) और (iv)

17. देवेंद्रनाथ टैगोर के बारे में कौन-से कथन असत्य हैं?
(i) वे रवींद्रनाथ टैगोर के बड़े भाई थे।
(ii) उन्होंने औपचारिक तौर पर 1843 में ब्रह्म समाज की सदस्यता ग्रहण की तथा इसका पुनर्गठन किया।
(iii) उन्होंने एक बंगाली मासिक तत्त्वबोधिनी पत्रिका का प्रकाशन आरंभ किया।
(iv) वह जीवनपर्यंत ब्रह्म समाज के निर्विरोध प्रमुख बने रहे।

कूट:
(a) (i) और (ii) (b) (ii) और (iii)
(c) (i) और (iv) (d) (ii) और (iv)

18. ब्रह्म समाज में प्रथम विभाजन के बारे में कौन-से कथन सत्य हैं?
(i) ब्रह्म समाज में प्रथम विभाजन पुराने और युवा वर्ग के मतभेदों के कारण हुआ।
(ii) युवा वर्ग जाति प्रथा की पूर्णतः समाप्ति के पक्ष में था।
(iii) पुराना वर्ग जाति प्रथा की कठोरताओं की आलोचना करते हुए इसे जारी रखने के पक्ष में था।
(iv) युवा वर्ग ने इस बात पर बल दिया कि ब्रह्म समाज का धर्म हिंदू धर्म है।
(v) पुराने वर्ग का मानना था कि ब्रह्म समाज का धर्म सर्वव्यापी है, अतः हिंदू धर्म से अलग है।

कूट:
(a) (i), (ii) और (iii)
(b) (ii), (iii) और (iv)
(c) (iii), (iv) और (v)
(d) उपरोक्त सभी

19. केशवचंद्र सेन के बारे में कौन-से कथन सत्य हैं?
(i) वह 1857 में ब्रह्म समाज के सदस्य बने।
(ii) पुराने वर्ग में मतभेद के कारण ब्रह्म समाज से अलग होकर उन्होंने एक नए संगठन की स्थापना की।
(iii) भारत का व्यापक भ्रमण करने वाले वे प्रथम समाज सुधारक थे।
(iv) उनकी मृत्यु 1905 में हुई।

कूट:
(a) (i) और (ii)
(b) (ii) और (iii)
(c) (i), (ii) और (iii)
(d) उपरोक्त सभी

20. केशवचंद्र सेन ने–
(i) समाज सुधार की विस्तृत एवं अतिवादी योजना स्वीकार की।
(ii) ब्रह्म समाज के धर्म में भक्ति के सिद्धांत को अपनाया।
(iii) बंबई तथा मद्रास के समाज सुधारकों को प्रभावित किया।
(iv) भारत में पाश्चात्य शिक्षा लागू किए जाने का विरोध किया।

कूट:
(a) (i), (ii) और (iii)
(b) (ii), (iii) और (iv)
(c) (i), (iii) और (iv)
(d) उपरोक्त सभी

21. नेटिव मैरेज एक्ट, 1872 के संदर्भ में कौन-से कथन असत्य हैं?

(i) यह सिविल मैरेज एक्ट के नाम से प्रसिद्ध था।
(ii) इसे लॉर्ड लिटन द्वारा जारी किया गया।
(iii) इसने ब्रह्म विवाहों को वैध करार दिया।
(iv) उसने लड़कों की विवाह आयु 20 वर्ष तथा लड़कियों की विवाह आयु 18 वर्ष निर्धारित की।

कूट:
(a) (i) और (ii) (b) (ii) और (iii)
(c) (iii) और (iv) (d) (ii) और (iv)

22. ब्रह्म समाज में द्वितीय विभाजन के संदर्भ में कौन-से कथन सत्य हैं?

(i) यह विभाजन 1870 में हुआ।
(ii) केशवचंद्र सेन के अनुयायियों, आनंदमोहन बोस तथा शिवनाथ शास्त्री आदि ने सेन की संस्था छोड़ दी।
(iii) अलग हुए समूह ने 'साधारण ब्रह्म समाज' नामक एक नई संस्था स्थापित की।
(iv) सेन की अवयस्क पुत्री का कूच बिहार के अवयस्क शासक से विवाह इस विभाजन के कारणों में से एक था।

कूट:
(a) (i), (ii) और (iii)
(b) (ii), (iii) और (iv)
(c) (i), (ii) और (iv)
(d) (i), (iii) और (iv)

23. प्रार्थना सभा के बारे में कौन-से कथन सत्य हैं?

(i) यह भारत के ब्रह्म समाज से उत्पन्न हुआ था।
(ii) एम.जी. राणाडे तथा आर.जी. भंडारकर ने इसकी सदस्यता 1870 में ग्रहण की तथा इसमें एक नई शक्ति का प्रवाह किया।
(iii) यह हिंदू धर्म से अलग सुधार आंदोलन था।
(iv) इसने अपना ध्यान सहभोज, अंतर्विवाह, विधवा पुनर्विवाह, महिला तथा दलित वर्गों के उत्थान जैसे समाज सुधारों पर केंद्रित किया।

कूट:
(a) (i), (ii) और (iii)
(b) (ii), (iii) और (iv)
(c) (i), (ii) और (iv)
(d) (i), (iii) और (iv)

24. स्वामी दयानंद सरस्वती के बारे में कौन-से कथन असत्य हैं

(i) उनका जन्म 1824 में पंजाब के एक छोटे शहर में हुआ था।
(ii) वह वैश्य जाति के थे।
(iii) उन्होंने 15 वर्ष घुमंतू संन्यासी के रूप में बिताए।
(iv) उन्होंने मथुरा के स्वामी बिरजानंद से शिक्षा ग्रहण की।
(v) उनकी मृत्यु 1890 में हुई।

कूट:
(a) (i), (ii) और (iii)
(b) (ii), (iii) और (iv)
(c) (iii), (iv) और (v)
(d) (i), (iii) और (iv)

25. स्वामी दयानंद–

(i) वेदों को भ्रांत मानते थे।
(ii) मूर्तिपूजा, कर्मकांड तथा पुरोहितवाद के विरुद्ध थे।
(iii) पुराणों को झूठ से भरा हुआ मानते थे।
(iv) *रामायण* तथा *महाभारत* को साहित्यिक पुस्तकों से अधिक नहीं मानते थे।
(v) जन्म पर आधारित जाति प्रथा के समर्थक थे।

कूट:
(a) (i), (ii) और (iii)
(b) (ii), (iii) और (iv)
(c) (iii), (iv) और (v)
(d) (i), (iii) और (iv)

26. स्वामी दयानंद ने-

(i) बहुपत्नी प्रथा एवं बाल विवाह का विरोध किया।
(ii) अंतर्जातीय एवं विधवा पुनर्विवाह को प्रश्रय दिया।
(iii) पाश्चात्य विज्ञानों के प्रसार का विरोध किया।
(iv) बाढ़, अकाल, महामारी जैसी प्राकृतिक आपदाओं के समय समाज सेवा की।

कूट:
(a) (i), (ii) और (iii)
(b) (ii), (iii) और (iv)
(c) (i), (ii) और (iv)
(d) (i), (iii) और (iv)

27. किन क्षेत्रों में आर्य समाज का प्रभाव बढ़ा?

(i) पंजाब (ii) उत्तर प्रदेश
(iii) बंगाल (iv) राजस्थान
(v) गुजरात (vi) मद्रास

कूट:

(a) (i), (ii), (iii) और (iv)
(b) (ii), (iii), (iv) और (v)
(c) (i), (ii), (iv) और (v)
(d) (ii), (iv), (v) और (vi)

28. आर्य समाज में 'महान विभाजन' के संदर्भ में कौन-से कथन सत्य हैं?

(i) यह विभाजन 1892 में शिक्षा प्रणाली का अनुसरण किए जाने के प्रश्न पर हुआ।
(ii) 'गुरुकुल भाग' ने हिंदू शिक्षा की प्राचीन प्रणाली स्वीकार किए जाने की सिफारिश की।
(iii) 'महाविद्यालय भाग' ने अंग्रेजी शिक्षा की सिफारिश की।
(iv) 'गुरुकुल भाग' के नेता लाला लाजपत राय थे तथा 'महाविद्यालय भाग' के नेता लाला हंसराज थे।

कूट:

(a) (i), (ii) और (iii)
(b) (ii), (iii) और (iv)
(c) (i), (ii) और (iv)
(d) (i), (iii) और (iv)

29. रामकृष्ण परमहंस–

(i) दक्षिणेश्वर के काली मंदिर के पुजारी बने।
(ii) त्याग, चिंतन तथा भक्ति जैसे परंपरागत तरीकों से धार्मिक मुक्ति के पक्षधर थे।
(iii) मानते थे कि ईश्वर और मुक्ति का पथ एक ही है।
(iv) मानते थे कि मानव सेवा ईश्वर सेवा है।

कूट:

(a) (i), (ii) और (iii)
(b) (ii), (iii) और (iv)
(c) (i), (ii) और (iv)
(d) (i), (iii) और (iv)

30. स्वामी विवेकानंद के बारे कौन-से कथन सत्य हैं?

(i) उन्होंने अपने गुरु के सर्वव्यापी संदेश, वेदांत का प्रसार किया तथा इसे समकालीन भारतीय समाज के आवश्यकता अनुरूप बनाया।
(ii) उन्होंने सामाजिक कार्यों पर बल दिया जिसके बिना संसार में ज्ञान अर्थहीन है।
(iii) उन्होंने सभी धर्मों के आवश्यक अद्वैत भाव की घोषणा की।
(iv) उन्होंने वेदांत को पूर्णतः उचित प्रणाली बताया।

कूट:

(a) (i), (ii) और (iii)
(b) (ii), (iii) और (iv)
(c) (i), (ii) और (iv)
(d) उपरोक्त सभी

31. थियोसोफिकल सोसायटी के मुख्य उद्देश्य क्या थे?

(i) मानव के सर्वव्यापी विश्व बंधुत्व का निर्माण।
(ii) विश्व में ईसाई धर्म का प्रचार।
(iii) प्राचीन धर्मों एवं दर्शनों के अध्ययन को बढ़ावा देना।
(iv) रहस्यवाद अथवा जीव एवं अजीव की रहस्यमयी क्षमताओं का क्रमानुसार अध्ययन।

कूट:

(a) (i), (ii) और (iii)
(b) (ii), (iii) और (iv)
(c) (i), (ii) और (iv)
(d) (i), (iii) और (iv)

32. थियोसोफिकल सोसायटी के मूल संस्थापक कौन थे?

(i) मदाम एच. पी. ब्लावल्स्की
(ii) श्रीमति ऐनी बेसेंट
(iii) कर्नल एच.एस. अल्कॉट
(iv) कर्नल ओ.पी. वालबर्न

कूट:

(a) (i) और (ii) (b) (ii) और (iii)
(c) (i) और (iii) (d) (iii) और (iv)

33. 'रहनुमाई मज्दयास्नन सभा' की स्थापना से कौन लोग जुड़े हुए थे?

(i) जी. के. देवधर (ii) एस. एस. बंगाली
(iii) दादाभाई नौरोजी (iv) आर.जी. भंडारकर

कूट:

(a) (ii) और (iii) (b) (i) और (iv)

(c) (ii) और (iv) (d) (i) और (iii)

34. श्रीमती ऐनी बेसेंट के बारे में कौन-से कथन सत्य हैं?

(i) वह थियोसोफिल सोसायटी के संस्थापकों में से एक थीं।

(ii) वह 1907 में सोसायटी की अध्यक्ष बनीं।

(iii) उनके नेतृत्व में सोसायटी ने हिंदू धर्म तथा इसके प्राचीन विचारों के उत्थान पर अपना ध्यान केंद्रित किया।

(iv) हिंदू धार्मिक निर्देशों के लिए उन्होंने इलाहाबाद में केंद्रीय हिंदू विद्यालय की स्थापना की।

कूट:

(a) (i) और (ii) (b) (ii) और (iii)

(c) (iii) और (iv) (d) (i) और (iv)

35. हेनरी विवियन डेरोजियो के बारे में कौन-से कथन सत्य हैं?

(i) उनका जन्म कलकत्ता में 1809 में हुआ था 1

(ii) उन्होंने 1826 से 1830 तक संस्कृत महाविद्यालय में अध्यापन किया।

(iii) हैजे के कारण उनकी 1835 में मृत्यु हो गई।

(iv) उनके अनुयायी 'डेरोजियस' कहे गए तथा उनका आंदोलन 'यंग बंगाल मूवमेंट' के नाम से जाना गया।

कूट:

(a) (i) और (ii) (b) (ii) और (iii)

(c) (iii) और (iv) (d) (i) और (iv)

36. पंडित ईश्वरचंद्र विद्यासागर ने–

(i) विधवा पुनर्विवाह के पक्ष में संघर्ष किया।

(ii) बहुपत्नी प्रथा एवं बाल विवाह का विरोध किया।

(iii) महिलाओं की शिक्षा के लिए अभियान चलाया।

(iv) संस्कृत एवं आधुनिक बंगाली गद्य पढ़ाने के लिए एक नई तकनीक का विकास किया।

(v) कलकत्ता के संस्कृत महाविद्यालय के प्राचार्य का पदभार ग्रहण किया तथा इसमें गैर-ब्राह्मण छात्रों को प्रवेश दिया।

कूट:

(a) (i), (ii) और (iii)

(b) (ii), (iii) और (iv)

(c) (iii), (iv) और (v)

(d) उपरोक्त सभी

37. ज्योतिबा फुले के बारे में कौन-से कथन सत्य हैं?

(i) वे महाराष्ट्र के एक उच्च जाति परिवार से थे।

(ii) उन्होंने ब्राह्मणों की श्रेष्ठता का जीवनपर्यंत विरोध किया।

(iii) उन्होंने महाराष्ट्र में विधवा पुनर्विवाह के क्षेत्र में अग्रणी भूमिका निभाई।

(iv) उन्होंने महिला शिक्षा के लिए काम किया।

कूट:

(a) (i), (ii) और (iii)

(b) (ii), (iii) और (iv)

(c) (i), (iii) और (iv)

(d) उपरोक्त सभी

38. गोपाल कृष्ण गोखले के बारे में कौन-से कथन सत्य हैं?

(i) वह प्रसिद्ध उदारवादी राष्ट्रवादी नेता तथा समाज सेवक थे।

(ii) वह दक्कन शिक्षा समाज के सक्रिय सदस्य थे।

(iii) एम.वी. राणाडे के साथ मतभेद उत्पन्न होने पर उन्होंने दक्कन शिक्षा समाज छोड़ दिया।

(iv) उन्होंने भारतीयों को मातृभूमि की कई प्रकार से सेवा करने के लिए एक नई संस्था स्थापित की।

कूट:

(a) (i), (ii) और (iii)

(b) (i), (ii) और (iv)

(c) (i), (iii) और (iv)

(d) उपरोक्त सभी

39. एन.एम. जोशी के बारे में कौन-से कथन सत्य नहीं हैं?

(i) उन्होंने जनता के बेहतर जीवन एवं कार्य के लिए एक समाज सेवा संगठन की स्थापना की।

(ii) उन्होंने 1910 में कलकत्ता में ऑल इंडिया ट्रेड यूनियन कांग्रेस (AITUC) की स्थापना की।

(iii) उन्होंने 1929 में ऑल इंडिया ट्रेड यूनियन कांग्रेस को छोड़कर इंडियन ट्रेड यूनियन फेडरेशन की स्थापना की।

(iv) उनकी मृत्यु 1930 में हुई।

कूट:

(a) (i) और (ii) (b) (ii) और (iii)

(c) (ii) और (iv) (d) (iii) और (iv)

40. विरेशलिंगम पंतुलु के बारे में कौन-से कथन सत्य हैं?
(i) 19वीं सदी के उत्तरार्द्ध में वे दक्षिण भारत के सर्वाधिक प्रमुख समाज सुधारक थे।
(ii) उन्होंने आंध्र प्रदेश में रजामुंडी सोशल रिफॉर्म एसोसिएशन की स्थापना की।
(iii) इसका मुख्य उद्देश्य महिला शिक्षा था।
(iv) इसका मुख्य उद्देश्य विधवा पुनर्विवाह को बढ़ावा देना था।

कूटः
(a) (i), (ii) और (iii) (b) (ii), (iii) और (iv)
(c) (i), (ii) और (iv) (d) उपरोक्त सभी

41. भारत सेवक समाज के प्रमुख सदस्य कौन थे?
(i) गोपाल गणेश अगरकर (ii) एन. एम. जोशी
(iii) एच. एन. कुंजरू (iv) श्री राम वाजपेयी
(v) ज्योतिबा फुले

कूटः
(a) (i), (ii) और (iii)
(b) (ii), (iii) और (iv)
(c) (iii), (iv) और (v)
(d) (i), (iii) और (v)

42. अहरार आंदोलन के बारे में कौन-से कथन सत्य हैं?
(i) इसकी स्थापना 20वीं शताब्दी के पूर्वार्द्ध में हुई।
(ii) मौलाना मुहम्मद अली इसके संस्थापकों में से एक थे।
(iii) वह अलीगढ़ आंदोलन के राजभक्त राजनीति के विरोध में प्रारंभ हुआ।
(iv) आधुनिक विचारों एवं स्वशासन की भावना से प्रेरित इसके सदस्यों ने राष्ट्रीय आंदोलन में सक्रिय भूमिका निभाने का आह्वान किया।

कूटः
(a) (i), (ii) और (iii)
(b) (ii), (iii) और (iv)
(c) (i), (ii) और (iv)
(d) उपरोक्त सभी

43. अहरार आंदोलन के प्रमुख सदस्य कौन थे?
(i) हकीम अजमल खान
(ii) सैयद नजीर हुसैन
(iii) हसन इमाम
(iv) मौलाना जफर अली खान
(v) चिराग अली
(vi) मजहर-उल-हक

कूटः
(a) (i), (ii), (iii) और (iv)
(b) (ii), (iii), (iv) और (v)
(c) (i), (iii), (iv) और (vi)
(d) उपरोक्त सभी

44. सर सैयद अहमद खान के बारे में कौन-से कथन सत्य हैं?
(i) उनका जन्म 1817 में हुआ था।
(ii) जीवनपर्यंत उन्होंने भारतीय मुसलमानों की सामाजिक एवं शैक्षणिक तरक्की के लिए काम किया।
(iii) उन्होंने *तहजीब-उल-अखलाक* नामक एक पत्रिका का प्रकाशन किया।
(iv) उनकी मृत्यु 1908 में हुई।

कूटः
(a) (i), (ii) और (iii)
(b) (ii), (iii) और (iv)
(c) (i), (iii) और (iv)
(d) उपरोक्त सभी

45. सर सैयद अहमद खान ने-
(i) मध्य काल के रूढ़िवाद का विरोध किया तथा धर्म के प्रति उचित दृष्टिकोण की सिफारिश की।
(ii) तर्क के आधार पर, समय की नई धाराओं से मेल खाते हुए, कुरान की पुनर्व्याख्या का आह्वान किया।
(iii) अलीगढ़ में 1875 में एक आधुनिक विद्यालय की स्थापना की, जो 1877 में मुहम्मडन एंग्लो-ओरिएंटल कॉलेज तथा बाद में एक विश्वविद्यालय बना।
(iv) 1186 में मुसलमानों के बीच उदारवादी विचारों के प्रसार के लिए मुहम्मडन एजुकेशनल कॉन्फ्रेंस की स्थापना की।

कूटः
(a) (i), (ii) और (iii)
(b) (ii), (iii) और (iv)
(c) (i), (ii) और (iv)
(d) उपरोक्त सभी

46. अलीगढ़ आंदोलन की व्याख्या के लिए कौन-से शब्द सही हैं?

(i) ब्रिटिश विरोधी हैं। (ii) ब्रिटिश समर्थक
(iii) कांग्रेस विरोधी (iv) कांग्रेस समर्थक
(v) हिंदू विरोधी (vi) हिंदू समर्थक

कूटः

(a) (i), (ii) और (iii)
(b) (ii), (iii) और (iv)
(c) (ii), (iii) और (v)
(d) (i), (iii) और (v)

47. मुहम्मद इकबाल–

(i) आधुनिक विश्व द्वारा प्रस्तुत समस्याओं के संदर्भ में मुस्लिम धार्मिक विचार धारा के पुनर्गठन के हिमायती थे।
(ii) मुस्लिम धार्मिक विचारधारा के गृहत्यागी गुणों के समर्थक थे।
(iii) आत्म-अनुभव तथा आत्म-घोषणा के पक्षधर थे।
(iv) 1883 में पैदा हुए तथा 1948 में उनकी मृत्यु हुई।

कूटः

(a) (i), (ii) और (iii) (b) (ii), (iii) और (iv)
(c) (i), (ii) और (iv) (d) उपरोक्त सभी

48. शिबली नूमानी द्वारा 1894 में स्थापित नदवा-उल-उलामा के क्या उद्देश्य थे?

(i) मुस्लिम शिक्षा का पुनर्गठन।
(ii) धर्म विज्ञानों का विकास।
(iii) मुस्लिम नैतिकता में सुधार।
(iv) इस्लाम में व्याप्त धार्मिक विवादों की समाप्ति।

कूटः

(a) (i), (ii) और (iii) (b) (ii), (iii) और (iv)
(c) (i), (ii) और (iv) (d) (i), (iii) और (iv)

49. अकाली आंदोलन के बारे में कौन-से कथन सत्य हैं?

(i) इसका मुख्य उद्देश्य गुरुद्वारों के प्रबंध का शुद्धीकरण था।
(ii) इसके कारण अंग्रेजों द्वारों 1920 में सिख गुरुद्वारा विधेयक पारित किया गया।
(iii) अकालियों ने प्रत्यक्ष विरोध एवं नए विधेयक की सहायता से गुरुद्वारों से भ्रष्ट महंतों को निकाल बाहर किया।
(iv) इन्होंने शिरोमणि गुरुद्वारा प्रबंधक समिति द्वारा गुरुद्वारों की व्यवस्था प्रारंभ की।

कूटः

(a) (i), (ii) और (iii) (b) (ii), (iii) और (iv)
(c) (i), (ii) और (iv) (d) सभी

50. अलीगढ़ आंदोलन के प्रमुख सदस्य कौन थे?

(i) अल्ताफ हुसैन हाली
(ii) नजीर अहमद
(iii) अबुल कलाम आजाद
(iv) नवाब मुशीन-उल-मुल्क
(v) चिराग अली
(vi) बदरुद्दीन तैयबजी

कूटः

(a) (i), (ii), (iii) और (iv)
(b) (ii), (iii), (iv) और (v)
(c) (i), (ii), (iv) और (v)
(d) (iii), (iv), (v) और (vi)

51. देवबंद विचारधारा के बारे में कौन-से कथन सत्य हैं?

(i) इसकी स्थापना 1866 में देवबंद में हुई।
(ii) बदरुद्दीन तैयबजी इसके संस्थापकों में से एक थे।
(iii) इसका उद्देश्य कलासिकी इस्लाम को पुनर्जीवित करना तथा मुसलमानों की अध्यात्मिक एवं नैतिक स्थिति में सुधार था।
(iv) इसके संस्थापकों द्वारा इस्लाम की उदारवादी व्याख्या के कारण इसके अनुयायियों में राजनैतिक जागरुकता का जन्म हुआ।

कूटः

(a) (i), (ii) और (iii) (b) (ii), (iii) और (iv)
(c) (i), (ii) और (iv) (d) उपरोक्त सभी

52. सुमेलित करें एवं दिए गए कूटों से उत्तर चुनें-

तालिका-I	**तालिका-II**
A. भारत सेवक समाज	(i) मद्रास
B. सेवा समिति	(ii) बंबई
C. वीमेंस इंडियन एसोसिएशन	(iii) कलकत्ता
D. इंडियन रिफॉर्म एसोसिएशन	(iv) इलाहाबाद

कूटः

	A	B	C	D
(a)	(iv)	(ii)	(iii)	(i)
(b)	(iii)	(i)	(iv)	(ii)
(c)	(ii)	(iv)	(i)	(iii)
(d)	(i)	(iii)	(ii)	(iv)

53. सुमेलित करें एवं दिए गए कूटों से उत्तर चुनें-

	तालिका-I	तालिका-II
A.	रहनुमाई मज्दयास्नन सभा	(i) देवबंद
B.	दार-उल-उलूम	(ii) बंबई
C.	नवदा-उल-उलामा	(iii) अलीगढ़
D.	मुहम्मडन एजुकेशनल कॉन्फ्रेस	(iv) लखनऊ
		(v) कानपुर

कूट:

	A	B	C	D
(a)	(i)	(ii)	(iii)	(v)
(b)	(ii)	(i)	(iv)	(iii)
(c)	(iv)	(iii)	(i)	(ii)
(d)	(iii)	(iv)	(ii)	(v)

54. कौन-सा युग्म सुमेलित है?

(a) आत्मीय सभा-राधाकांत देव

(b) धर्म सभा-देवेंद्रनाथ टैगोर

(c) तत्वबोधिनी सभा-राममोहन रॉय

(b) प्रार्थना समाज-डॉ. आत्माराम पांडुरंग

55. सुमेलित करें तथा दिए गए कूटों से उत्तर चुनें-

	तालिका-I	तालिका-II
A.	इंडियन सोशल	(i) राममोहन रॉय कॉफ्रेंस
B.	ब्रह्म समाज	(ii) आनंद मोहन बोस
C.	भारत का ब्रह्म	(iii) केशव चंद्र सेन समाज
D.	साधारण ब्रह्म समाज	(iv) एम.जी. राणाडे

कूट:

	A	B	C	D
(a)	(i)	(iii)	(iv)	(ii)
(b)	(iii)	(i)	(iv)	(ii)
(c)	(iv)	(i)	(iii)	(ii)
(d)	(ii)	(iii)	(i)	(iv)

56. निम्नलिखित को सुमेलित करें-

	तालिका-I	तालिका-II
A.	आर्य समाज	(i) स्वामी विवेकानंद
B.	राम कृष्ण मिशन	(ii) शिवनारायण अग्निहोत्री
C.	दक्कन शिक्षा समाज	(iii) दयानंद सरस्वती
D.	देव समाज	(iv) जी.जी. अगरकर
		(v) बाल गंगाधर तिलक

कूट:

	A	B	C	D
(a)	(iii)	(i)	(iv)	(ii)
(b)	(iii)	(ii)	(v)	(iv)
(c)	(iii)	(i)	(iv)	(iii)
(d)	(v)	(iii)	(i)	(iv)

57. निम्नलिखित तालिकाओं का सुमेल किस कूट में है?

	तालिका-I	तालिका-II
A.	पूना सेवा सदन	(i) एच.एन. कुंजरू
B.	सोशल सर्विस लीग	(ii) श्रीराम वाजपेयी
C.	सेवा समिति ए	(iii) एन.एम. जोशी
D.	सेवा समिति बाल स्काउट्स एसोसिएशन	(iv) जी.के गोखले
E.	भारत सेवक समाज	(v) श्रीमती रमाबाई राणाडे

कूट:

	A	B	C	D
(a)	(iii)	(iv)	(ii)	(i)
(b)	(v)	(iii)	(i)	(iv)
(c)	(i)	(v)	(iv)	(ii)
(d)	(ii)	(i)	(iii)	(v)

58. कौन-सा युग्म सुमेलित है?

(a) अहल-ए-हदीश-मौलवी अब्दुल्लाह चक्रालवी

(b) अहल-ए-कुरान-मौलाना अहमद रिजा खान

(c) कादियानी-मिर्जा गुलाम अहमद

(d) बरेलवी-मौलाना सैयद नाजिर हुसैन

59. सुमेलित करें तथा दिए गए कूटों से उत्तर चुनें-

	तालिका-I	तालिका-II
A.	राममोहन रॉय	(i) टंकारा
B.	दयानंद सरस्वती	(ii) कलकत्ता
C.	रामकृष्ण परमहंस	(iii) राधानगर
D.	स्वामी विवेकानंद	(iv) कमरपुकुर

कूट:

	A	B	C	D
(a)	(ii)	(ii)	(iii)	(iv)
(b)	(i)	(iv)	(ii)	(iii)
(c)	(ii)	(iii)	(i)	(iv)
(d)	(iii)	(i)	(iv)	(ii)

60. कौन-सा कूट निम्नलिखित तालिकाओं को सुमेलित करता है?

	तालिका-I	तालिका-II
A.	दयानंद सरस्वती	(i) तुलसी राम
B.	रामकृष्ण परमहंस	(ii) मूल शंकर
C.	स्वामी विवेकानंद	(iii) गदोधर चट्टोपाध्याय
D.	शिव दयाल साहेब	(iv) नरेंद्र नाथ दत्त

कूट:

	A	B	C	D
(a)	(iii)	(iv)	(i)	(ii)
(b)	(ii)	(iii)	(iv)	(i)
(c)	(i)	(ii)	(iii)	(iv)
(d)	(iv)	(i)	(ii)	(ii)

61. निम्नलिखित को सुमेलित करें:-

	तालिका-I	तालिका-II
A.	ब्रह्म समाज	(i) पूना
B.	परमहंस मण्डली	(ii) न्यूयार्क
C.	दक्कन शिक्षा समाज	(iii) कलकत्ता
D.	थियोसोफिकल सोसायटी	(iv) बंबई
		(v) नागपुर

कूट:

	A	B	C	D
(a)	(iii)	(v)	(iv)	(ii)
(b)	(iii)	(iv)	(i)	(ii)
(c)	(iv)	(iii)	(i)	(ii)
(d)	(iii)	(iv)	(v)	(i)

62. निम्नलिखित तालिकाओं पर ध्यान दें-

तालिका-I	तालिका-II
(i) देव समाज	लाहौर
(ii) तत्वबोधिनी सभा	कलकत्ता
(iii) आर्य समाज	बेलूर
(iv) रामकृष्ण मिशन	बम्बई

इनमें से कौन सुमेलित हैं? उत्तर निम्नलिखित कूटों से चुनें-

कूट:

(a) (i) और (ii) (b) (ii) और (iii)

(c) (iii) और (iv) (d) (i) और (iii)

कथन एवं तर्क

निर्देश:

अगर 'कथन' सत्य है, पर 'तर्क' गलत है तो (a) अंकित करें।

अगर 'कथन' असत्य है, पर 'तर्क' सत्य है तो (b) अंकित करें।

अगर 'कथन' और 'तर्क' सत्य हैं तथा 'तर्क' 'कथन' की व्याख्या करता है तो (c) अंकित करें।

अगर 'कथन' और 'तर्क' सत्य हैं पर 'तर्क' 'कथन' की व्याख्या नहीं करता है तो (d) अंकित करें।

63. ***कथन:*** राममोहन राय को एकमत से प्रथम आधुनिक भारतीय माना जाता है।

तर्क: कई धार्मिक ग्रंथों को उनके मूल रूप में अध्ययन के लिए उन्होंने फारसी, अरबी, हिब्रू तथा संस्कृत जैसी कई भाषाओं का अध्ययन किया।

64. ***कथन:*** भारत की सामाजिक-धार्मिक तथा राजनैतिक एकता के लिए ब्रह्म समाज ने शुद्धि आंदोलन का प्रयोग किया।

तर्क: शुद्धि आंदोलन का अर्थ उन हिंदुओं को पुन: हिंदू बनाना था जिन्होंने कभी स्वेच्छा से अथवा जबर्दस्ती दूसरे धर्म स्वीकार कर लिए थे परंतु अब हिंदू धर्म में वापस आने को इच्छुक थे।

65. ***कथन:*** रामकृष्ण मठ की स्थापना समाज सेवा के लिए की गई।

तर्क: इसका उद्देश्य समर्पित लोगों का एक ऐसा समूह तैयार करना था, जो रामकृष्ण परमहंस की शिक्षाओं का प्रसार करे।

66. ***कथन:*** रामकृष्ण मिशन एक कल्याणकारी समाज है।

तर्क: इसका उद्देश्य मानवतावादी कार्य एवं समाज सेवा है।

67. ***कथन:*** रामकृष्ण मठ एवं रामकृष्ण मिशन अलग-अलग स्रोत एवं वित्त वाली दो अलग-अलग संस्थाएं हैं।

तर्क: मठ के सदस्य मिशन के मुख्य कार्यकर्ता हैं तथा मठ के ट्रस्टी मिशन के निदेशक मंडल के सदस्य हैं।

68. ***कथन:*** भारत की एक निजी यात्रा के बाद लॉर्ड बेडेन पॉवेल ने रंग पर आधारित प्रतिबंध समाप्त कर अपने विश्वव्यापी संगठन में भारतीयों को प्रवेश दिया।

तर्क: भारतीयों पर से रंग पर आधारित प्रतिबंध हटा लेने के बाद सेवा समिति बाल स्काउट्स एसोसिएशन का बेडेन पॉवेल की संस्था में विलय कर दिया गया।

69. ***कथन:*** *जींद अवेस्ता* पारसियों का पवित्र ग्रंथ है।

तर्क: के. आर. कामा ने पारसी समाज के सुधार तथा पारसी महिलाओं के उत्थान में महत्वपूर्ण योगदान दिया।

70. ***कथन:*** बाल गंगाधर तिलक ने 1891 के एज ऑफ कमेंट एक्ट का विरोध किया था।

तर्क: तिलक के अनुसार अंग्रेजों को भारतीयों के धार्मिक एवं सामाजिक रीति-रिवाजों में हस्तक्षेप का कोई अधिकार नहीं था।

71. *कथन:* आर्य समाज के 'गुरुकुल भाग' ने 1902 में हरिद्वार गुरुकुल की स्थापना की।
तर्क: 'गुरुकुल भाग' के नेता स्वामी श्रद्धानंद थे, जिनका वास्तविक नाम लाला मुंशीराम था।

72. *कथन:* 1929 के चाइल्ड मैरिज रिस्ट्रेंट एक्ट को शारदा एक्ट भी कहा जाता है।
तर्क: यह केंद्रीय विधायिका में राय साहिब हरबिलास शारदा द्वारा लाया गया था।

73. यह किसकी टिप्पणी है?
''हमारे धर्म के रसोईघर में चले जाने का खतरा है। हममें से अधिकतर न तो वेदांतवादी हैं, न ही पुराणवादी अथवा तंत्रवादी। हम सिर्फ 'नहीं छूने वाले' हैं। हमारा धर्म रसोईघर में है। हमारा देवता बर्तन में है तथा हमारा धर्म कहता है, 'मुझे मत छूना, मैं पवित्र हूं।' अगर कुछ और शताब्दियों तक यह जारी रहा तो हममें से प्रत्येक पागलखाने में होगा।''
(a) राममोहन राय (b) देवेंद्रनाथ टैगोर
(c) केशव चंद्र सेन (d) स्वामी विवेकानंद

74. किसने कहा था? 'आज हम जिसे अपने चारों ओर देख रहे हैं वह एक गिरा हुआ राष्ट्र है-एक राष्ट्र जिसकी पहले की महानता खंडहरों में दबी है।''
(a) राममोहन राय
(b) केशवचंद्र सेन
(c) स्वामी दयानंद सरस्वती
(d) स्वामी विवेकानंद

75. यह किसकी टिप्पणी है?
''हम किसका पुनरुत्थान करेंगे? क्या हम अपने लोगों की उन पुरानी आदतों को पुनर्जीवित करेंगे जब हमारी जातियां सर्वोच्च घृणा में लिप्त थीं? मरने वाले, सदा के लिए जला दिए जाने वाले एवं मृत भूत को पुनर्जीवित नहीं किया जा सकता।''
(a) ईश्वरचंद्र विद्यासागर
(b) गोपाल कृष्ण गोखले
(c) एमजी. राणाडे
(a) बाल गंगाधर तिलक

76. किसने कहा? ''जब तक लाखों लोग भूख एवं अज्ञानता में जीवित रहेंगे, मैं उस प्रत्येक व्यक्ति को देशद्रोही मानूंगा जो उनकी कीमत पर शिक्षित होकर भी उन पर ध्यान नहीं देते हैं।''
(a) स्वामी विवेकानंद (b) एमके. गांधी
(c) बी.जी. तिलक (d) जी.के.गोखले

उत्तरमाला

1. (c)	2. (b)	3. (a)	4. (c)	5. (d)	6. (a)	7. (b)
8. (b)	9. (c)	10. (a)	11. (d)	12. (c)	13. (b)	14. (a)
15. (c)	16. (a)	17. (c)	18. (a)	19. (c)	20. (a)	21. (d)
22. (b)	23. (c)	24. (d)	25. (d)	26. (c)	27. (c)	28. (a)
29. (c)	30. (d)	31. (d)	32. (c)	33. (a)	34. (b)	35. (d)
36. (d)	37. (b)	38. (b)	39. (c)	40. (c)	41. (b)	42. (d)
43. (c)	44. (a)	45. (d)	46. (c)	47. (c)	48. (d)	49. (c)
50. (c)	51. (c)	52. (c)	53. (b)	54. (d)	55. (c)	56. (a)
57. (b)	58. (c)	59. (d)	60. (b)	61. (b)	62. (a)	63. (d)
64. (b)	65. (b)	66. (c)	67. (d)	68. (a)	69. (d)	70. (c)
71. (d)	72. (c)	73. (d)	74. (b)	75. (c)	76. (a)	

अध्याय 17

ब्रिटिशराज के खिलाफ प्रतिरोध

17.1 सामान्य सर्वेक्षण

1857 के विद्रोह के कारण–आम जीवन का ऐसा कोई पहलू नहीं था जो कि उपनिवेशी शक्तियों के शोषण से अछूता रहा हो। इसने परंपरागत अर्थव्यवस्था को तबाह कर दिया जिससे लाखों लोग बेरोजगार हो गए और उन्हें तथा उनके परिवारों को संकट का सामना करना पड़ा। उपनिवेशी शासन ने भारत में हिन्दुओं और मुसलमानों, दोनों की धार्मिक भावना को चोट पहुँचाई। ईसाई मिशनरियों की गतिविधियों ने उनमें यह संदेह पैदा कर दिया कि उनका धर्म परिवर्तन किया जा सकता है। राजनैतिक रूप से लॉर्ड डलहौजी और पूर्ववर्ती जनरलों के अहंकारी और तानाशाही रवैये से देश के परंपरागत शासकों को ठेस पहुँची। उसकी राज्य हड़पने की नीति ने भारतीय शासकों को नाराज कर दिया। कुशासन के आरोप में अवध का विलय अंग्रेजों की विस्तारवादी नीति का सबसे शर्मनाक प्रयास था, जिसने सरकार के प्रति लोगों के विश्वास को डिगा दिया। भारतीय सिपाहियों और ब्रिटिश सेना के जवानों की स्थिति बेहद शोचनीय थी। विध्वंस के लिए एक छोटे-से बहाने की आवश्यकता थी और चर्बीयुक्त कारतूसों के प्रवेश ने वह भी कर दिया, हालांकि सिर्फ चर्बीयुक्त कारतूस ही इसके लिए जिम्मेदार नहीं थे बल्कि इसके पीछे और भी कई कारण थे।

विद्रोह की तीव्रता एवं प्रसार-विद्रोह प्रारंभ होने के साथ ही पूरे उत्तर भारत में यह जंगल की आग तरह फैल गया। मई 1857 में ब्रिटिश भारतीय सेना के जवानों ने अपने अधिकारियों को गोली मारी और दिल्ली की ओर कूच किया। इनके विद्रोह ने उन विद्रोहियों को प्रोत्साहित किया, जिसमें उत्तरी और मध्य भारत के कुछ नागरिक भी शामिल थे। यह क्षेत्र पश्चिम में दिल्ली से लेकर पूर्व में बनारस तक था। कुछ महीनों तक ब्रिटिश सेना इस क्षेत्र में घेरा डाले रही जब तक कि आक्रमण के द्वारा 1858 में ब्रिटिश साम्राज्य की सत्ता दोबारा स्थापित नहीं हो गई। महत्वपूर्ण घटनाओं में दिल्ली की घेराबंदी और फिर सितंबर के अंत तक ब्रिटिश सेना द्वारा इसे पुनः प्राप्त कर लेना कानपुर और लखनऊ के आस-पास सैन्य कार्यवाही और केन्द्रीय भारत में 1858 में तात्या टोपे और रानी लक्ष्मीबाई का अंग्रेजों के विरुद्ध अभियान शामिल रहे। इस महान अवसर पर, तमाम देशी राजे सिक्स और कुछ अन्य वर्ग अंग्रेजों का समर्थन करते रहे। इसके अलावा दक्कन और दक्षिण भारत का बड़ा हिस्सा विद्रोह से दूर रहा। यह युद्ध दोनों ओर से वीरता के साथ लड़ा गया और अंग्रेजों ने बहुत ही क्रूर तरीके से बदला लिया।

अंग्रेजों द्वारा आत्म-विश्लेषण-ब्रिटिश जनता विद्रोह की तीव्रता देखकर आश्चर्यचकित थी। इसके अलावा दोनों पक्षों में जनहानि बहुत हुई थी अंग्रेजों ने तो पकड़े गए विद्रोहियों को कत्ल-ए-आम किया और महिलाओं तथा बच्चों को भी नहीं बख्शा गया। इस विद्रोह से अंग्रेजों को जो झटका लगा, बाद में उन्होंने आत्ममंथन किया। भारतीयों को बेहद रूढ़िवादी समझा जाता था जिनकी परंपराओं और रीति-रिवाजों का अंग्रेजों ने अपमान किया था। सुधार, नए कानून, नई तकनीक, यहां तक कि ईयाईयत उन पर जबरन थोपे गए। उनमें इसके प्रति रोष पैदा हुआ और उन्होंने हिंसा से इसका प्रतिवाद किया।

विद्रोह की प्रकृति पर मतभेद–विद्रोह की प्रकृति और चरित्र पर लोगों में गहरे मतभेद हैं। यहां उन तमाम प्रश्नों का उत्तर देने का प्रयास किया गया है जिसमें इसे विद्रोह, प्रथम भारतीय स्वाधीनता संग्राम, सिपाही विद्रोह, सैनिक विद्रोह अथवा प्लासी और बक्सर के युद्ध के बाद अंग्रेजों के प्रति भारतीयों की नाराजगी की सबसे खतरनाक अभिव्यक्ति कहा गया था। हालोंकि साम्राज्यवादी इतिहासकार इसे 'सिपाही विद्रोह' की संज्ञा देते हैं, लेकिन भारतीय इतिहासकारव इसे 'प्रथम भारतीय स्वतंत्रता संग्राम' कहते हैं। पं. नेहरू के शब्दों में- ''यह सैनिक विद्रोह से कहीं बढ़कर था और तेजी से बढ़कर पहले लोकप्रिय जन विद्रोह और फिार स्वतंत्रता के प्रयास में बदल गया।''

17.2 ब्रिटिश शासन के विरुद्ध प्रारंभिक आंदोलन

तालिका 17.1: गैर-जनजातीय आंदोलन

आंदोलन का नाम	प्रभावित क्षेत्र	वर्ष	नेता	मुख्य कारण	आंदोलन का घटनाक्रम
कट्टाबोम्मन का विद्रोह	तमिलनाडु में तिरूनेलवेली	1792-99	वीरपांड्य कट्टाबोम्मन (पंचालाबुरिचि) का शासक	अंग्रेजों द्वारा कट्टाबोम्मन को अधिराज्य मानने के लिए दबाव	कट्टाबोम्मन द्वारा 7 वर्षों वर्षों तक अंग्रेजों की अवज्ञा तथा अंग्रेजों द्वारा उस पर निर्णायक कब्जा तथा उसे फांसी पर लटका देना (1799) उसके क्षेत्रों पर अंग्रेजों द्वारा अधिकार कर लेना (1799)।
पायक विद्रोह	ओडिशा	1804-06	खुरदा के राजा के नेतृत्व में पहली बार एवं जंगबन्यू के नेतृत्व में बाद में	ओडिशा पर अंग्रेजों का कब्जा (1803); एक नागरिक सेना जो भूमि कर मुक्त भूमि पर जमींदारों के अधीन रहती थी, अंग्रेजों की भूमि एवं भूमि कर नीतियों से नाराजगी।	खुरदा के राजा द्वारा पायकों के सहयोग से एक विद्रोही संगठन बनाने की कोशिश। अंग्रेजों द्वारा उसके क्षेत्रों को अपने अधिकार में लेना (1804) 1804 और 1806 ई. के बीच पायकों के बीच अशांति, जंगबंधु के नेतृत्व में पायकों का उदय एवं अंग्रेजों द्वारा दमन।
वेलु थांबी का विद्रोह	त्रावणकोर	1808-09	वेलु थांबी (त्रावणकोर का दीवान)	सहायक व्यवस्था के अंतर्गत अंग्रेजों द्वारा आर्थिक बोझ देना, वहां के ब्रिटिश रेजिडेंस की निरंकुशता, तथा दीवान को हटाने की अंग्रेजों की मांग	दोनों पक्षों के बीच दिसंबर 1808 ई. में लड़ाई की शुरुआत, त्रिवेंद्रम त्रावणकोर की राजधानी) पर अंग्रेजों द्वारा फरवरी 1809 ई. में अधिकार, घायल होने के कारण वेलु थांबी की जंगल में मृत्यु।
राव भारमल का विद्रोह	कच्छ और काठियावाड	1816-19	राव भारमल (कच्छ का शासक)	अंग्रेजों की राज्य विस्तारण नीति, एवं कच्छ के आंतरिक मामलों में दखल-अंदाजी के कारण अंग्रेज विरोधी भावना	दोनों पक्षों के बीच दिसंबर 1808 ई. में लड़ाई की शुरुआत; त्रिवेंद्रम (त्रावणकोर की राजधानी) पर अंग्रेजों द्वारा फरवरी 1809 ई. में अधिकार, घायल होने के कारण वेलु थांबी की जंगल में मृत्यु
रामोसी विद्रोह	पूना	1822-29	चित्तूर सिंह एवं उमा जी	अंग्रेजों द्वारा 1818 ई. में पेशवा के क्षेत्रों पर अधिकार कर लेने के परिणामस्वरूप रामोसियों (जो पेशवा के अधीन पुलिस का कार्य करते थे) की एक बड़ी संस्था का बेकार हो जाना।	चित्तूर सिंह के नेतृत्व में रामोसी विद्रोह (1822-24); एवं उमा जी के नेतृत्व में उनका विद्रोह (1822-24); अंग्रेजों द्वारा रामोसियों की गलतियों को माफ कर, उन्हें पहाड़ी क्षेत्रों में पुलिस की नौकरी, भूमि वितरण कर शांति व्यवस्था करना

आंदोलन का नाम	प्रभावित क्षेत्र	वर्ष	नेता	मुख्य कारण	आंदोलन का घटनाक्रम
कित्तूर विद्रोह	कित्तूर (कर्नाटक में धारवाड़ के नजदीक)	1824-29	चेनम्मा तथा रयप्पा	कित्तूर के शिवलिंग देसाई की मृत्यु (1824), जिसकी कोई पुरुष संतान नहीं थी, अंग्रेजों द्वारा दत्तक पुत्र को देसाई मानने से इनकार एवं कित्तूर प्रशासन को अपने हाथों में ले लेना।	1824 ई. में चेनम्मा (स्व. देसाई की विधवा) का विद्रोह एवं ठाकरे (धारवाड़ का कलक्टर) सहित कई अंग्रेजों की हत्या, कित्तूर पर अंग्रेजों का अधिकार; 1829 में रयप्पा के नेतृत्व में कित्तूर लोगों द्वारा विद्रोह एवं अपने को स्वतंत्र घोषित कर दत्तक पुत्र को देसाई बनाना; रयप्पा को अंग्रेजों द्वारा फांसी और चेनम्मा की धारवाड़ जेल में मृत्यु।
संबलपुर का विद्रोह	संबलपुर (उड़ीसा)	1827-40	सुरेंद्र साईं	अंग्रेजों द्वारा संबलपुर के आंतरिक मामलों, जैसे- उत्तराधिकार के मामलों में दखलंदाजी करना	महाराज साईं (शासक) की मृत्यु तथा सिविल युद्ध की शुरुआत; मोहनकुमारी (स्व. राजा की विधवा) का अंग्रेजों की सहायता से राज्यारोहण तथा सुरेंद्र साईं के नेतृत्व में अन्य दावेदारों द्वारा विद्रोह; अंग्रेजों द्वारा 1840 ई. में सुरेंद्र साईं को बंदी बनाना और उसे आजीवन कारावास की सजा देना।
सतारा अशांति	सतारा (महाराष्ट्र)	1840-41	धरराव पवार एवं नरसिंह दत्तात्रेय पाटेकर	अंग्रेजों द्वारा प्रतापसिंह की पदक्षति एवं देश निकाला, जो कि सतारा का लोकप्रिय शासक था।	1840 ई. में धरराव के नेतृत्व में सतारा की जनता द्वारा विद्रोह 1841 ई. में नरसिंह के नेतृत्व में उनका विद्रोह तथा बादामी पर कब्जा; अंग्रेजों द्वारा नरसिंह की हार तथा उस पर कब्जा (उसे आजीवन काला पानी की सजा हुई)
बुंदेला विद्रोह	सागा एवं दमोह (बुंदेलखंड)	1842	मधुकर शाह एवं जवाटीर सिंह	ब्रिटिश भूमि कर नीति से नाराजगी	शाह तथा सिंह के नेतृत्व में बुंदेलों का विद्रोह, पुलिस अधिकारियों की मत्यु एवं ब्रिटिश प्रशासन का विघटन; अंग्रेजों द्वारा मधुकर शाहर एवं सिंह को फांसी देना।
गदकारी विद्रोह	कोल्हापुर (महाराष्ट्र)	1844-45	उपलब्ध नहीं है	अंग्रेजों द्वारा कोल्हापुर पर अधिकार करना तथा डी.के. पंडित के सुधार; गदकारियों (एक नागरिक सेना वर्ग जिसे अपनी सेवा के बदले में पूर्व शासकों से भूमि प्राप्त थी) की कर सुधार नीति से नाराजगी।	गदकारी विद्रोह पूरे कोल्हापुर में एवं कोल्हापुर राज्य के सभी भागों में एक लोकप्रिय विद्रोह था, अंग्रेजों द्वारा इस आंदोलन का निर्णायक दमन कर दिया गया।
सतवंदी विद्रोह	सतवंदी (महाराष्ट्र)	1839-45	फोंड सावंत (प्रमुख सामंत) और अन्ना साहिब (प्रत्यक्ष उत्तराधिकारी)	खेन सावंत सतवंदी के शासक) की पदक्षति और राज्य का प्रशासन चलाने के लिए एक ब्रिटिश अधिकारी की नियुक्ति, ब्रिटिश प्रशासन व्यवस्था से लोगों की नाराजगी।	सामंतों द्वारा विद्रोह एवं अंग्रेजों को हटाने का प्रयासय विद्रोह का एक लोकप्रिय आंदोलन में परिवर्तन, जिसमें पूरे राज्य की जनता अंग्रेजों के विरुद्ध एकजुट हो गई, अंग्रेजों द्वारा मार्शल कानून लागू कर दोलन का दमन करना।

आंदोलन का नाम	प्रभावित क्षेत्र	वर्ष	नेता	मुख्य कारण	आंदोलन का घटनाक्रम
राजू विद्रोह	विशाखापट्टनम (आन्ध्र प्रदेश)	1827–33	वीरभद्र राजू	वीरभद्र को अंग्रेजों द्वारा पेंशन की एक छोटी रकम देकर अपनी जागीर से हटा दिया गया।	वीरभद्र द्वारा अंग्रेजी शासक की अवज्ञा तथा विद्रोह जब तक वह पकड़ा नहीं गया।
पालकोंडा विद्रोह	पालकोंडा (आन्ध्रप्रदेश)	1831–32	पालकोंडा का जमींदार	कर की अदायगी नहीं करने के कारण जमींदारों की संपत्ति जब्त।	जमींदारों का विद्रोह, विद्रोह का दमन एवं पालकोंडा जागीर को ब्रिटिश शासन के अधीन ले लेना।
गुम्सर विद्रोह	गुम्सर (गंजाम जिला)	1835–37	धनंजय भांजा (गुम्सर के जमींदार)	अंग्रेजों को बकाया कर चुकाने में उसकी असफलता	जमींदार विद्रोह, मिस्टर रसेल की आयुक्त के रूप में नियुक्ति, 1837 ई. में बड़ी संख्या में सैनिक अभियान के बाद अंदोलन की समाप्ति।
परलाकीमेडी विद्रोह	परलाकीमेडी (उड़ीसा)	1829–35	जगन्नाथ गजपति एवं नारायण राव	1827 ई. में अंग्रेजों द्वारा एवं बकाया के लिए जमींदारी नारायण राव की संपत्ति जब्त कर ली गई।	जमींदार का विद्रोह जिससे जनता द्वारा एक लोकप्रिय आंदोलन शुरू, आंदोलन का दमन।
फरैजी आंदोलन (जो बाद में बहाई आंदोलन से जुड़ गया)	पूर्वी बंगाल	1804–60	शरायतुल्लाह तथा मुहम्मद मुशीन (जिसे दूदू मियां के नाम से जाना जाता था)	इस्लामी पतन तथा अंग्रेजों द्वारा सत्ता पर अधिकार कर लेना (इसका लक्ष्य इस्लामी समाज की कमियों को दूर करना तथा अंग्रेजों को भारत से भगाकर मुस्लिम शासन पुनः स्थापित करना था।	फरीदपुर के शरायतुल्लाह द्वारा आंदोलन की शुरुआत। उनके अधीन यह दोलन धार्मिक आचरण का था, यद्यपि वह अंग्रेजों को शत्रु घोषित कर चुका था, 1837 ई. मे उसकी मृत्यु, दूदू मियां द्वारा दोलन का नेतृत्व अपने हाथ में लेना, वह पूर्वी बंगाल के सभी मुस्लिम कृषकों को जमींदारों एवं नील खेतिहरों के विरुद्ध करने में सफल रहा, उसे गिरफ्तार कर अलीपुर जेल में कैद कर दिया गया।
वहाबी आंदोलन (विस्तार में जानने के लिए वहाबी आंदोलन का नोट देखें)	उत्तरी भारत एवं दक्कन	1820–70	सैयद अहमद (आंदोलन के संस्थापक)	इस्लामी समाज का अद्यःपतन तथा अंग्रेजों द्वारा मुस्लिम शासकों की सत्ता पर अधिकार कर लेना।	वहाबियों द्वारा अंग्रेजों से 50 वर्षों तक लड़ाई तथा 1860 के दशक तक अंग्रेजों द्वारा पूर्णतया दमन।
पागलपंथियों का आंदोलन	शेरपुर (पूर्वी बंगाल)	1825–33	करमशाह एवं टीपू	जमींदारों के शोषण के विरुद्ध कृषकों की नाराजगी।	करमशाह (संस्थापक) के नेतृत्व में यह एक धार्मिक दोलन था, लेकिन टीपू (शाह का पुत्र एवं उत्तराधिकारी) के नेतृत्व में अंग्रेजों के विरुद्ध राजनैतिक दोलन बन गया। अंग्रेजों द्वारा बड़ी संख्या में सैनिक अभियान द्वारा दोलन का दमन।
कूका आंदोलन (विस्तार में जानने के लिए कूका आंदोलन का नोट देखें)	पंजाब	1845–72	भगत जवाहरमल (संस्थापक)	सिख संप्रदाय का अद्यःपतन (संस्थापक) तथा सिख प्रभुत्व की समाप्ति।	यद्यपि यह आंदोलन धार्मिक सुधार के रूप में शुरू हुआ था लेकिन अंग्रेजों का पंजाब पर अधिकार करने के पश्चात् यह सिखों के प्रभुत्व के पुनरुद्धार का आंदोलन बन गया।

वहाबी आंदोलन

उन्नीसवीं शताब्दी के प्रारंभ में वहाबीवाद की उत्पत्ति एक धार्मिक-राजनैतिक आंदोलन के रूप में हुई। धार्मिक रूप में इसका उद्देश्य भारत में इस्लामी समाज की बुराइयों को दूर करना था। राजनैतिक रूप में इसका उद्देश्य भारत से अंग्रेजों को बाहर कर मुस्लिम शक्ति का पुनरुत्थान करना था।

1820 ई. में बरेली के अहमद द्वारा इसकी स्थापना हुई, इसकी शुरुआत रोहिलखंड में हुई तथा बाद में इसका विस्तार बिहार, बंगाल, पंजाब, पश्चिमोत्तर सीमांत प्रांतों एवं दक्कन में हुआ। सैयद अहमद द्वारा 1822 ई. में इसका संगठन तथा विलायत अली, शाह मुहम्मद हुसैन एवं फरहत हुसैन (सभी पटना के रहने वाले थे) को खलीफा या आध्यात्मिक प्रतिनिधि के रूप में नियुक्त किया गया।

वहाबियों को हथियार चलाने का प्रशिक्षण तथा सैयद अहमद का पंजाब के सिखों के विरुद्ध अपने धार्मिक युद्ध के लिए जन-जातियों से सहायता प्राप्त करने के लिए पश्चिमोत्तर सीमांत प्रांतों को जाना (अंग्रेजों के पंजाब पर अधिकार करने तक वहाबी आंदोलन केवल ब्रिटिश विरोधी ही नहीं, बल्कि सिख विरोधी भी था); सिखों के विरुद्ध उसका युद्ध (1826- 31) एवं बालाकोट की लड़ाई 1831 ई. में उसकी मृत्यु प्रारंभिक चरण की अन्य मुख्य घटनाएं थीं।

वहाबियों का नेतृत्व संभालने के बाद, विलायत अली ने अंग्रेजों एवं सिखों के साथ युद्ध में मौलवी नसीरुद्दीन को वहाबियों का कमांडर-इन-चीफ बनाया। रंजीत सिंह की मृत्यु के बाद वहाबियों द्वारा सिखों के कुछ क्षेत्रों पर अधिकार कर लिया गया, लेकिन अंग्रेजों द्वारा 1847 ई. में पंजाब पर अधिकार करने पर उन्हें पंजाब से भगा दिया गया।

विलायत अली की मृत्यु के पश्चात इनायत अली 1852 ई. में वहाबियों का नेता बना, इनायत अली द्वारा अंग्रेजों के विरुद्ध युद्ध की तैयारी तथा वहाबियों द्वारा मेरठ, बरेली, दिल्ली एवं बंगाल के कई जिलों में राजद्रोह का खुला उपदेश दिया जाना, 1853 ई. में अंग्रेजों के साथ मुठभेड़ में इनायत अली की हार एवं उसका भाग जाना, 1858 ई. में स्वात में बीमारी के कारण इनायत अली की मृत्यु एवं मकसूद अली का नेता बनना उन्नीसवीं शताब्दी के मध्य के कुछ महत्वपूर्ण विकास थे।

1857 ई. के विद्रोह में वहाबियों ने कोई भूमिका नहीं निभाई, यद्यपि कुछ स्थानों पर वहाबियों ने विद्रोह में भाग लिया। मकसूद अली की मृत्यु (1861 ई.) के पश्चात् विलायत अली का बेटा अब्दुल्लाह, सित्ताना में वहाबियों का नेता बना। सित्ताना, जो कि पश्चिमोत्तर सीमांत प्रांत में था, 1850 ई. से वहाबियों का मुख्यालय बना।

सित्ताना में वहाबी शिविरों के विरुद्ध ब्रिटिश अभियान–

- 1850 से 1857 ई. के बीच सित्ताना स्थित वहाबियों को नष्ट करने में 16 ब्रिटिश अभियान असफल रहे।
- 1858 ई. में सर सिडनी कॉटन के नेतृत्व में ब्रिटिश अभियान एवं इसके द्वारा सित्ताना पर अधिकार।
- जुलाई 1863 ई. में वहाबियों द्वारा सित्ताना की पुनः प्राप्ति एवं सर नेविल चेंबरलेन की अक्टूबर 1863 ई. में विद्रोहियों को दमन करने तथा इस पर पुनः अधिकार करने में असफलता।
- 1863 ई. में जनरल गारवोक द्वारा वहाबियों की हार।

भारत में वहाबी आंदोलन पर राजकीय मुकदमा तथा उसका दमन–

- अंबाला मुकदमा एवं याह्या अली, अब्दुल रहीम, मुहम्मद जफर एवं कई अन्य को आजीवन कालेपानी की सजा (मई 1864 ई.)।
- पटना मुकदमा अहमदुल्लाह (पटना में वहाबियों का नेता था) को आजीवन कालेपानी की सजा (1865 ई.)।
- मालदा मुकदमा (सितंबर 1870 ई.) एवं मालदा के मौलवी अमीरूद्दीन को आजीवन कालेपानी की सजा। राजमहल मुकदमा (अक्टूबर 1870 ई.) एवं इस्लामपुर के इब्राहिम को आजीवन कालेपानी की सजा।

भारत में आंदोलन के दमन के परिमाणस्वरूप सित्ताना में भी आंदोलन समाप्त हो गया, क्योंकि उसे सभी प्रकार के साधनों की पूर्ति भारत से होती थी।

कूका आंदोलन

वहाबी आंदोलन की तरह कूका आंदोलन भी पंजाब में एक धार्मिक तथा राजनैतिक आंदोलन थाय धार्मिक लक्ष्य-सिख धर्म में सुधार था। राजनैतिक लक्ष्य-अंग्रेजों को भगाकर पंजाब में सिखों के प्रभुत्व को पुनः स्थापित करना। इसकी स्थापना भगत जवाहरमल, जिसे सियन साहिब के नाम से जाना जाता था, द्वारा पश्चिमी पंजाब में उन्नीसवीं शताब्दी में की गई। जवाहरमल के बाद बालक सिंह कूका लोगों का नेता बना। बालक सिंह के नेतृत्व में आंदोलन का राजनैतिक दृष्टिकोण सर्वोत्तम प्रदर्शित हुआ। पंजाब के विभिन्न भागों में पंथ को संगठित करने के लिए सूबा एवं नायब सूबा की नियुक्ति, बड़ी संख्या में (मुख्यतया जाट) लोगों की नियुक्ति एवं उन्हें

सैनिक प्रशिक्षण देना; मंदिरों एवं मूर्तियों को नष्ट करना, गाय मारने वाले कसाईयों का कूका लोगों द्वारा हत्या इत्यादि के कारण उनका ब्रिटिश अधिकारियों के साथ सीधा संघर्ष शुरू हुआ। कूका लोगों द्वारा विद्रोह शुरू एवं मलौध और कोटला पर आक्रमण कर 10 लोगों की हत्या; 68 कूका लोगों द्वारा आत्मसमर्पण एव सभी को अंग्रेजों द्वारा फांसी [इनमें से चार (4) लोगों को मिस्टर क्राउन लुधियाना के उपायुक्त द्वारा बिना मुकदमा चलाए फांसी दी गई तथा अन्य पर मुकदमा चलाने के बाद फांसी दी गई (जनवरी 1872)]। 1872 ई. में रामसिंह को कूका विद्रोह के लिए जिम्मेदार घोषित कर रंगून भेज दिया गया जहां 1885 ई. में उसकी मृत्यु हो गई। कूका लोगों ने केवल गुरु गोविंद सिंह को सिखों का वास्तविक गुरु माना था। उनके धार्मिक सुधारों में सभी प्रकार की पूजा से निषेध, जाति प्रथा की समाप्ति, अंतर्विवाह पर रोक, मांस, मदिरा, ड्रग्स एवं मुक्त शारीरिक संबंध से परहेज शामिल थे।

जनजातीय विद्रोह के मुख्य कारण

जनजातीय आंदोलन के निम्न कारण थे–

- जनजातियों का अपने क्षेत्रों में ब्रिटिश शासन के फैलाव से नाराजगी जैसे कि चुआर का विद्रोह (1768), भील (1818-48), हो (1820-22), खासी (182-93), सिंहपो (1830) इत्यादि
- बाहरी लोगों, जैसे- महाजनों, व्यापारियों, ठेकेदारों इत्यादि द्वारा उनके क्षेत्रों पर अधिकार करने तथा ब्रिटिश सरकार द्वारा इन बाहरी लोगों को संरक्षण देने से इनकी नाराजगी जैसे कि भील विद्रोह (1818-48), हो (1832), खासा (1829-32), कोया संथाल (1855-56), मुंडा (1899-1900) इत्यादि।
- वन क्षेत्रों में कर के लिए अंग्रेजों द्वारा नियंत्रण बढ़ाने के कारण उनकी नाराजगी, जैसे- थाडो कूकी विद्रोह (1917), उरांव (1914), चेन्चु (1921-22)
- जनजातीय क्षेत्रों में ईसाई मिशनरियों की गतिविधियों के विरुद्ध जनजातियों की प्रतिक्रिया, जैसे- मुंडा विद्रोह (1899 1900)।
- ब्रिटिश अधिकारियों द्वारा जनजातीय श्रमिकों से बेगारी कराने के कारण उनमें नाराजगी जैसे कि थाडो कूकी विद्रोह (1917-1919), कोया विद्रोह (1922-24) इत्यादि।
- बाल हत्या, नरबलि इत्यादि जनजातीय परंपराओं के दमन के लिए किए गए प्रयासों के प्रति नाराजगी जैसे कि खोंड विद्रोह (1846-48) ई.।

तालिका 17.2: 19वीं तथा 20वीं शताब्दी के जनजातीय विद्रोह

जनजाति	प्रभावित क्षेत्र	वर्ष	नेता	विद्रोह का घटनाक्रम एवं परिणाम
चुआर	नानभूम एवं बीरभूम (पश्चिम बंगाल)	1768 एवं 1832	अनुपलब्ध	चुआरों द्वारा ब्रिटिश सत्ता का विरोध अग्रेजों द्वारा सुलह सफाई एवं सेना बल द्वारा विद्रोह का दमन
भील	खानदेश	1818-1848	अनुप्रलब्ध	खानदेश पर 1818 मे ब्रिटिश अधिकार के बाद विद्रोह की शुरुआत तथा उनके द्वारा 30 वर्षों तक अग्रेजों का विरोध, सेना तथा सुलह द्वारा विद्रोह का दमन।
हो	सिंहभूम एवं छोटानागपुर	1820, 1822 एवं 1832	अनुपलब्ध	सिंहभूम पर ब्रिटिश कब्जा तथा हो विद्रोह (1820); सेना द्वारा विद्रोह दमन, 1832 मे पुन: विद्रोह
कोली	सह्याद्री पहाड़ी (गुजरात एवं महाराष्ट्र)	1824, 1828, 1839 एवं 1844-48	अनुपलब्ध	अनेक कोली विद्रोह तथा उनके सभी नेताओं को अंतत: पकड़कर विद्रोह का दमन।

जनजाति	प्रभावित क्षेत्र	वर्ष	नेता	विद्रोह का घटनाक्रम एवं परिणाम
खासी	खासी पहाड़ी (असम एवं मेघालय)	1829-32	तिरुत सिंह और बर मनिक (क्रमशः नौनक्लो एवं मोलिम प्रमुख)	अपने क्षेत्रों से अग्रेजों को बाहर निकालने का असफल खासी प्रयास; सभी खासी प्रमुखों का आत्मसमर्पण, जिनमे तिरुत सिंह भी था (1832)।
सिंहपो	असम	1830-39	अनुपलब्ध	1830 के विद्रोह का कर्नल न्यूफ्विले द्वारा दमन, असम के अंग्रेज राजनैतिक ऐजेंट कर्नल ह्वाइट की 1839 मे सिंहपो द्वारा हत्या किंतु अंत में उनकी पराजय।
कोल	छोटा नागपुर	1831-32	बुद्धो भगत	व्यापक सैनिक कार्यवाही के बाद अंग्रेजों द्वारा विद्रोह का दमन तथा भगत की मृत्यु।
कोया	रंपा क्षेत्र (आंध्र प्रदेश में चोड़वरम)	1840, 1845, 1858, 1861-62, 1879-80, 1922-24	अल्लुरी सीतारामराजू (1922-24)	अनेक कोया विद्रोह, जिनमें से 1879-80 तथा 1922-24 क प्रमुख अंग्रेजों द्वारा मई 1924 मे राजू को पकड़कर फांसी दी गई।
खोंड	खोंडमल (उड़ीसा)	1846-48, 1855 एवं 1914	चक्रा बिसायी	बिसाया के नेतृत्व में शुरू के विद्रोहों का अंग्रेजों ने अत्यंत कठिनता से दमन किया।
संथाल	राजमहल पहाड़ी (बिहार)	1855-56	सिद्धू एवं कान्हू	संथालों का विद्रोह तथा उनकी अपनी सरकार स्थापित (जुलाई 1855); संथालों द्वारा मेजर बरो के नेतृत्व मे अंग्रेजों की पराजय; प्रभावी क्षेत्र सेना को सुपुर्द तथा 1856 के अंत तक विद्रोह का दमन; भविष्य में संथालों का विद्रोह रोकने हेतु संथाल परगना जिला निर्मित।
नायकदा	पंचमहल (गुजरात)	1858-59 एवं 1868	रूपसिंह एवं जोरियाभगत	रूपसिंह के नेतत्व में 1858 मे नायकदो का विद्रोह एवं रूपसिंह तथा अंग्रेजों के बीच 1859 मे संधि; 1868 मे उनका पुनः विद्रोह तथा एक राज्य की स्थापना जिसका अध्यात्मिक प्रमुख जोरिया तथा धार्मिक प्रमुख रूपसिंह; जोरिया एवं रूपसिंह को पकड़कर फांसी एवं विद्रोह का दमन।
काचा नागा	चाचर (असम)	1882	संभुदान	-----

जनजाति	प्रभावित क्षेत्र	वर्ष	नेता	विद्रोह का घटनाक्रम एवं परिणाम
मुंडा	छोटानागपुर	1899-1900	बिरसा मुंडा	एक नए धार्मिक सप्रदाय की बिरसा द्वारा स्थापना, जिसका वास्तविक देवता सिंह बोंगा था (1895); बिरसा के उपदेशों के कारण अंग्रेजों में भय; बिरसा को पकड़कर बंदी बनाया गया (1895-97); बिरसा की मुक्ति तथा उसका उपदेश प्रारंभ (1898); मुंडो द्वारा विद्रोह तथा गिरजाघरों एव पुलिस थानों पर आक्रमण; अंग्रेजों द्वारा मुडों की पराजय (जनवरी 1900) तथा बिरसा की गिरफ्तारी (वह हैजा के कारण जून 1900 में जेल में मरा)।
भील	बांसवाड़ा एवं डूंगरपुर (दक्षिण राजस्थान)	1914-15	जत्रा भगत	यह शुद्धि आंदोलन के रूप में प्रारंभ हुआ लेकिन बाद में एक राजनैतिक आंदोलन में बदल गया; ब्रिटिश सैनिक हस्तक्षेप के कारण उनके द्वारा भील राज स्थापित करने के प्रयास असफल।
थाओडे कूकी	मणिपरु	1917-19	जादोनांग एवं रानी गिडाल्यू	अंग्रेजों के विरुद्ध उनका विद्रोह तथा दो वर्षों तक गुरिल्ला युद्ध।
चेंचू	नल्लमल पहाड़ी (आंध्र प्रदेश)	1921-22	हनुमन्थु	जंगलों पर बढ़ते ब्रिटिश नियंत्रण के कारण उनका विद्रोह।

17.3 1857 का विद्रोह

पृष्ठभूमि

दो अर्द्धांशों का इतिहास: 1857 की क्रांति से अंग्रेजों ने यह सबक सीखा कि भारत में शासन करने के लिए कुछ सावधानी बरतने की आवश्यकता है, यथा- भारतीय परंपराओं का सम्मान करना होगा और इन परंपराओं के कल्पित अभिभावकों, जैसे-पुरोहित, राजा अथवा जमींदारों को साथ लेकर शासन चलाना होगा। इस प्रकार 19वीं सदी के ब्रिटिश भारत का इतिहास 1857 के पहले और बाद में दो भागों में बांटा जा सकता है। एक भाग में सुधार संबंधी विचारों के प्रसार और दूसरे में रूढ़िवादी युग। रूढ़िवादिता, दरअसल एक दूसरे प्रकार की प्रतिक्रिया जगाने के लिए अपनाई गई और इसी से आधुनिक भारत में राष्ट्रवाद का जन्म हुआ। इसीलिए 19वीं सदी के भारतीय इतिहास विभाजन की यह व्याख्या बड़ी कठिन है कि सुधार कार्यक्रमों ने तो विद्रोह को जन्म दिया और रूढ़िवादिता ने राष्ट्रवाद को ओर वह भी एक-दूसरे के बाद। इस तथ्य की झलक भारत में ब्रिटिश शासकों के इरादों कुछ हद तक मिलती है लेकिन इससे ब्रिटिश कितने प्रेरित हुए और वे क्या प्राप्त करने में सफल रहे, दोनों बिल्कुल अलग चीजें हैं।

असंतोष की उत्पत्ति–19वीं सदी के प्रथमार्द्ध में, जबकि ब्रिटेन के नाम पर ईस्ट इंडिया कंपनी शासन कर रही थी, उस समय भी कुछ ब्रिटिश क्षेत्रों में सुधार कार्यक्रम चल रहे थे। थॉमस मैकॉले की यह बनाने की इच्छा कि "ऐसे लोगों का वर्ग, जो रक्त और रंग से भारतीय हो, लेकिन विचार, बुद्धि, नैतिकता और रुचि में अंग्रेज" अक्सर उद्धृत की जाती है। साथ ही यह भी उद्धृत किया जाता है कि, "हमारे सीमित संसाधनों से सभी लोगों को शिक्षित करना असंभव है।"

- वास्तव में कंपनी के शासन में संसाधन सीमित थे। संसाधनों का ज्यादातर हिस्सा सशस्त्र सेनाओं पर खर्च

होता था, विकास योजनाओं पर नहीं। चूंकि कंपनी की सरकार खुद को असुरक्षित महसूस करती थी, इसलिए कोई भी कदम बहुत सावधानी से उठाती थी। इस समय भारतीय अर्थव्यवस्था बिल्कुल स्थिर थी

- यूरोपियों ने सबसे ज्यादा भारतीय शहरों को प्रभावित किया। यह बात अंग्रेजों के पुराने भारतीय ठिकानों, जैसे- कलकत्ता, मद्रास और बंबई के बारे में बिल्कुल ठीक थी, जहां भारतीय बौद्धिकता ने अपनी जड़ें जमानी प्रारंभ कर दीं थीं। अंग्रेजों का इरादा कुछ भी रहा हो लेकिन उनकी प्रारंभिक गतिविधियों से यही संकेत मिलता है कि वे भारत में परंपरागत बौद्धिक कहे जाने वाले लोगों पर अपनी पकड़ केन्द्रित कर रहे थे। इसका परिणाम यह हुआ कि ब्राह्मणों की शक्ति और जातिवादी पृथक्करण की भावना कमजोर होने की बजाय और सशक्त हुई।
- गांवों में मुख्य मुद्दे थे-भूमि पर नियंत्रण, कर की मात्रा, जो किसान अदा करते थे और उनके अतिरेक उत्पादन पर उन्हें मिलने वाला लाभ। आरंभिक ब्रिटिश शासन बहुत ही विघटनकारी था, उनकी अभिजात्यता ने इन नए शासकों की शक्ति को क्षीण कर दिया, जिसकी वजह से भू-धारण पद्धति में परिवर्तन लाया जा सकता था। इसका परिणाम यह हुआ कि किसानों से कर बलपूर्वक वसूला गया।

असंतोष का विकास–1857 के विद्रोह को परंपरागत भारतीयों द्वारा सुधार कार्यक्रमों को नकारने से जोड़कर देखना बहुत ही अपरिपक्वता कही जाएगी। 1857 से पहले सुधार कार्यक्रम बेहद कमजोर और असमान थे। बंगाल और दक्षिण भारत में, जो कि लंबे समय से ब्रिटिश सत्ता के अधीन था, कोई विद्रोह नहीं हुआ। 1859 में जिन क्षेत्रों में विद्रोह हुआ, वहां अंग्रेजों के खिलाफ असंतोष था। अंग्रेजों द्वारा विलय किए गए सभी राज्यों में से अवध में सिर्फ 1856 में राज्य का विलय किया गया, बल्कि अंग्रेजों ने वहां के तमाम तालुकेदारों को भी बेदखल कर दिया।

- शहरों में पाश्चात्य प्रभाव बहुत सीमित थे, लेकिन पहले ईसाई मिशनरियों की उपस्थिति और फिर वहां नए कॉलेजों की स्थापना और मुसलमानों, दोनों ने ही इसका विरोध किया उन्हें ईसाई आक्रमण और धर्मांतरण का भी डर सता रहा था।
- उत्तरी भारत में ब्रिटिश सरकार के प्रतिरोध का एक दीर्घकालिक इतिहास रहा है। 19वीं सदी के समय से ही इस क्षेत्र के विभिन्न भागों में यदकदा सरकार के विरुद्ध असंतोष के स्वर उभरने लगे थे।
- ये बंगाल की सेना के सिपाही थे, जिनके असंतोष ने प्रत्यक्ष रूप से 1857 के विद्रोह को जन्म दिया। बंगाल की सेना की भर्ती बंगाल से नहीं की गयी थी अपितु इसके सैनिकों की भर्ती उत्तरी भारत के विभिन्न क्षेत्रों से की गयी थी, जिनमें अवध सबसे प्रमुख था। बंगाल की सेना के सैनिक इस उच्च सेवा कार्य से धीरे-धीरे जुड़ते गये। सिपाही स्वयं को विशेषाधिकार प्राप्त समझते थे। कई वर्षों तक बंगाल की सेना अंग्रेजों के लिये ईमानदारीपूर्वक लड़ती रही किंतु इसमें उनकी स्वयं की शर्तें होती थीं।
- बंगाल की सेना की इस मनोवृत्ति के विपरीत नेपाल एवं पंजाब से ऐसे सैनिकों की भर्ती की गयी, जो अंग्रेजों के लिये ज्यादा विश्वसनीय थे। इसके साथ ही बंगाल की सेना को कहा गया कि उन्हें विदेशों में जाकर सेवा करनी पड़ेगी। बंगाल की सेना में नयी राइफलों का प्रयोग भी प्रारंभ किया गया।
- इस प्रकार के सभी आदेशों को बंगाल की सेना के सैनिकों ने अपना अपमान करने की अंग्रेजों की रणनीति समझा तथा जब सेना में यह खबर फैली की अब बंदूकों के लिये ऐसे कारतूसो का प्रयोग किया जायेगा जिसमें जानवरों की चर्बी होगी तो असंतोष अपने चरम पर पहुंच गया। इसके पश्चात् सेना अपने संयम पर काबू न रख सकी तथा विद्रोह हो गया, जो एक छावनी से दूसरी छावनी फैलता गया।
- जब सैनिकों ने अंग्रेज अधिकारियों की बात मानने से इंकार कर दिया तो राजाओं एवं अन्य लोगों की भूमिका महत्वपूर्ण हो गयी। गांव तथा शहरों में निवास करने वाले लोग भी अंग्रेजी नीतियों से पीड़ित थे फलतः वे भी विद्रोह में शामिल हो गये।

कारण

देशी शासकों की शिकायतें

डलहौजी द्वारा डॉक्ट्रीन ऑफ लैप्स के अंतर्गत राज्यों पर कब्जा करना। 1858 ई. में सतारा; 1849 ई. में जैतपुर (यू.पी.) एवं संबलपुर (उड़ीसा); 1850 ई. में बाघाट (सतलज के दक्षिण का एक पहाड़ी राज्य); 1852 ई. में उदयपुर (केंद्रीय प्रांतों का एक राज्य न कि राजपूताना का); 1853 ई. में झांसी और 1854 ई. में नागपुर बाघाट और

उदयपुर पर किए गए अधिकार को रद्द कर दिया गया और उसे पुन: वहां के शासकों को लौटा दिया गया जब डलहौजी ने डॉक्ट्रीन ऑफ लैप्स को करोली (राजपूताना) पर लागू करना चाहा तो निदेशक मंडल द्वारा अस्वीकृत कर दिया गया

1856 ई. मे डलहौजी ने कुशासन के आधार पर अवध पर कब्जा कर लिया सर जेम्स ऑट्रम, जो 1854 ई. से वहां ब्रिटिश रेजीडेंट था, 1856 ई. में वहां का मुख्य आयुक्त नियुक्त हुआ। लेकिन कुछ ही महीनों में उसे हटाकर सर हेनरी लॉरेंस को मुख्य आयुक्त बनाया गया, जो विद्रोह के प्रारंभ तक कार्यरत था

उपाधि की समाप्ति और पेंशन का निलबंन –डलहौजी ने कर्नाटक के नवाब एवं तंजौर के राजा की उपाधि समाप्त कर दी और 1851 ई. में अंतिम पेशवा बाजीराव द्वितीय की मृत्यु के पश्चात् उसके दत्तक पुत्र नाना साहेब (धोंधू पंडित) को पेंशन देने से इन्कार कर दिया। उसने 1849 ई. में यह भी घोषणा की कि बहादुरशाह द्वितीय के उत्तराधिकारियों को लाल किला छोड़ देना होगा। कैनिंग ने 1856 ई. में घोषणा की कि, बहादुरशाह के उत्तराधिकारी राजाओं के बदले राजकुमारों के नाम से जाने जाएंगे।

सिपाहियों की शिकायतें

वेतनमान एवं पदोन्नति में भेदभाव, ब्रिटिश अधिकारियों द्वारा सिपाहियों के साथ दुर्व्यवहार करना, सुदूर प्रदेशों जैसे पंजाब एवं सिंध में लड़ते समय अंग्रेजों द्वारा विदेशी सेवा भत्ता (वाटा) देने से इनकार करना, लॉर्ड कैनिंग के जनरल सर्विस इनलिस्टमेंट एक्ट (1856), जिसके तहत सभी भर्ती सिपाहियों को भारत एवं भारत से बाहर (समुद्र के पार) तैनात होने के लिए तैयार रहने का आदेश दिया गया था, जिससे उच्च जाति के हिंदू सिपाहियों में धार्मिक आपत्ति उत्पन्न हुई, ब्रिटिश सैनिक अधिकारियों द्वारा ईसाई मिशनरियों को प्रोत्साहन देना आदि। इन सभी कारणों से सिपाहियों के बीच असंतोष था, जो 1857 ई. के पहले कई बार विद्रोह के रूप में प्रदर्शित हो चुका था। ये इस प्रकार हैं–

- बंगाल में 1764 ई. में सिपाही विद्रोह।
- 1806 ई. में वैल्लोर विद्रोह।
- 1824 ई. में बैरकपुर की 47वीं रजिमेंट में सिपाही विद्रोह।
- 1844, 1849, 1850 एवं 1852 ई. में 34वीं नेटिव इन्फैंट्री (एन. आई.), 22वें एन. आई. 66वें एन.आई. एवं 37वे एन. आई. में क्रमश: विद्रोह।

ये सभी विद्रोह उपर्युक्त शिकायतों, जिनमें से मुख्यतया तीसरी एवं चौथी शिकायत के कारण हुए। इन सभी विद्रोहों को अंग्रेजों ने भयावह हिंसात्मक रूप से दबाया। इसके सभी नेताओं को फांसी पर लटका दिया गया एवं इन सभी की रेजिमेंटों को भंग कर दिया गया।

रूढ़िवादी एवं सनातनी लोगों की शिकायतें

(दोनों मुस्लिम तथा हिंदू) भारतीयों को इसाई मिशनरियों के कार्यों एवं उनको ब्रिटिश सरकार द्वारा दी जाने वाली सुरक्षा एवं प्रोत्साहन के कारण भय था। इधर सरकार द्वारा शुरू किए गए समाज सुधार और मानवतावादी कार्य जैसे कि सती प्रथा की समाप्ति (1829), विधवा पुनर्विवाह का वैधीकरण, नागरिक अधिकार की सुरक्षा (रिलीजियस डिसएबिलीटी एक्ट 1956) द्वारा, जिसमें हिंदू का धर्म परिवर्तन संभव था। पाश्चात्य शिक्षा का प्रसार इत्यादि के कारण रूढ़िवादी एवं सनातनी लोगों की नाराजगी, मंदिरों, धार्मिक संस्थानों, मस्जिदों इत्यादि की जमीनों पर कर लगाने की सरकारी नीति से असंतोष इत्यादि। इन सभी कारणों ने इस समुदाय को अंग्रेजों से विमुख कर दिया।

कारीगरों, कृषकों एवं जमींदारों की शिकायतें

कलाकारों एवं कारीगरों-ग्रामीण हस्तशिल्प का अंग्रेजों द्वारा एकतरफा नि:शुल्क व्यापार की नीति द्वारा हास कर देना।

कृषक: अंग्रेजों द्वारा भूमि कर नीतियां मुख्यतया रैयतवाड़ी व्यवस्था, कानून एवं प्रशासन व्यवस्था (जिसमें महाजनों द्वारा किसानों के घाटे पर लाभ प्राप्त था) के कारण कृषकों की भूमि महाजनों द्वारा हड़प ली गई।

पारंपरिक जमीदार: अंग्रेजों द्वारा कर वसूलने की कड़ी नीति एवं स्थायी बंदोबस्त के कारण कई पुराने जमींदारों की जमींदारी शहरों में रहने वाले नए वर्ग, अनुपस्थित भू-स्वामियों, द्वारा हासिल कर ली गई।

मध्य एवं उच्च वर्ग की शिकायतें

उच्च आधिकारिक एवं सैनिक पदों से पूर्ण बहिष्कृत करने के कारण उन लोगों की तबाही हुई जो भारतीय शासकों पर निर्भर थे एवं कला तथा साहित्य के समर्थक थे।

अंग्रेजों की मौलिक विदेशियत

अंग्रेज अन्य भारतीय आक्रमणकारियों मुगल या दिल्ली सल्लनत से मौलिक रूप से अपनी जातिगत श्रेष्ठता एवं भारत को अपना घर बनाने में भिन्न थे।

सैनिक कारण

ब्रिटिश सैनिक शक्ति को कुछ घटनाओं से धक्का लगा, जैसे कि प्रथम अफगान युद्ध, आंग्ल-सिख युद्ध, क्रिमियन युद्ध एवं संथाल विद्रोह। इसके साथ ही ब्रिटिश भारतीय सेना में यूरोपीयों का विषम अनुपात (6:1) और सेना की टुकड़ियों के गलत वितरण (दिल्ली एवं इलाहाबाद की सैनिक शक्ति की तुलना में केवल एक महत्वहीन यूरोपीय सैनिकों की संख्या थी) के कारण विद्रोह के समय सिपाहियों को मनोबल मिला।

तात्कालिक कारण

अंग्रेजों द्वारा नई एनफील्ड राइफल का प्रयोग करना (जनवरी 1857 ई.) जिसमें चर्बीदार कारतूसों (संभवत: गाय एवं सुअरों का चर्बी) का उपयोग होता था। इन कारतूसों को राइफल में भरने से पहले इसके चर्बीदार भाग को दांत से काटना होता था, जिससे सिपाहियों के अंदर असंतोष की भावना पैदा हुई, इसके परिणामस्वरूप बरहमपुर बैरक के 19वीं नेटिव इन्फैंट्री के सिपाहियों ने 26 फरवरी, 1857 ई. को आदेश मानने से इंकार कर दिया बाद मे ब्रिटिश सरकार द्वारा इस इन्फैंट्री को बंद कर दिया गया (इसका कमांडिंग ऑफिसर कर्नल मिचेल था)।

इसी कारण बैरकपुर की 34वीं नेटिव इन्फैंटी के एक सिपाही मंगल पांडे ने 24 मार्च, 1857 ई. को विद्रोह कर दिया उसने बैरकपुर के कमांडिंग ऑफिसर जनरल हियरसे के सहयोगी लेफ्टिनेंट बीग को बुरी तरह से घायल कर दिया, इसके बाद उसके द्वारा आत्महत्या करने का निरर्थक प्रयास किया गया बाद में अंग्रेजों ने उसे फांसी पर लटका दिया और इनफैंट्री को समाप्त कर दिया। मेरठ की तीसरी केवेलरी के 85 लोगों ने आदेश मानने से इंकार कर दिया, जिन्हें 24 मार्च को कोर्ट मार्शल कर जेल मे बंद कर दिया गया। लखनऊ की 7वीं अवध रेजिमेंट ने 2 मई, 1857 को चर्बीदार कारतूसों का प्रयोग करने से कर दिया, जिसे बाद में समाप्त कर दिया गया

विद्रोह का घटनाक्रम

शुरुआत

10 मई, 1857 ई. को मेरठ की तीसरी कैवलरी के सिपाहियों ने जेल में बंदी अपने साथियों को छुड़ाते हुए खुला विद्रोह कर दिया (इस इकाई के 85 सैनिक, जिन्होंने चर्बीदार कारतूसों को छूने से इन्कार कर दिया था, कोर्ट मार्शल करने के पश्चात वे इस जेल मे बंद थे) शीघ्र ही 11वीं एवं 20वीं नेटिव इन्फैंट्री के सिपाहियों ने इनके साथ मिलकर विद्रोह मे भाग लेते हुए कुछ अंग्रेज अधिकारियों की हत्या (जिसमें 11वीं नेटिव इन्फैंट्री का कर्नल फिनिस भी था) करके दिल्ली की तरफ चल दिए। मेरठ के कमांडिंग ऑफिसर जनरल हेविट द्वारा विद्रोहियों को समझाने में असफलता, मेरठ के सिपाहियों का 11 मई को दिल्ली (जहां एक भी यूरोपीय रेजिमेंट का बैरक नहीं था) आगमन और बहादुरशाह द्वितीय को भारत का बादशाह घोषित किया। ब्रिटिश सिविल एवं सैनिक अधिकारियों का सामूहिक हत्या कर दी। दिल्ली शस्त्रागार के अधिकारी लेफ्टीनेट विलॉधबी द्वारा कुछ दिनों तक उसका रक्षा करने के बाद शस्त्रागार उड़ा दिया गया। विद्रोह की शुरुआत की ये सभी अन्य महत्वपूर्ण घटनाए थीं।

विस्तार

पंजाब के कुछ स्थानों (नौशेरा एवं होती मार्दन) पर विद्रोह की शुरुआत हुई लेकिन पंजाब के मुख्य आयुक्त सर जॉन लॉरेंस द्वारा इसे शीघ्र दबा दिया गया। उन्होंने पूरे विद्रोह काल में पंजाब में शांति बनाए रखी, इस तरह सिख सेना ने विद्रोह को दबाने में महत्वपूर्ण योगदान दिया। अन्य स्थानों मथुरा, लखनऊ बरेली, शाहजहांपुर कानपुर, बनारस, झांसी, इलाहाबाद एवं उत्तरी भारत के कई स्थानों पर विद्रोह फैल गया।

महत्वपूर्ण केंद्र एवं उसके नेता

- **दिल्ली**-बहादुरशाह द्वितीय (मनोनीत नेता) एवं जनरल बख्त खान (ये बरेली में ब्रिटिश सेना का एक सूबेदार था और दिल्ली में विद्रोही सिपाहियों का नेतृत्व कर रहा था)।
- **कानपुर**-नाना साहब, राव साहेब (नाना का भतीजा) तात्या टोपे और अजीमुल्ला खान (नाना का परामर्शदाता)।
- **लखनऊ**-अवध की बेगम (हजरत महल) और अहमदुल्ला (अवध के पूर्व नवाब का परामर्शदाता)।
- **बरेली**-खान बहादुर खान रोहीखंड के अंतिम शासक का पौत्र)।
- **आरा**-कुंवर सिंह (बिहार के जगदीशपुर का बेदखल जमींदार और अमर सिंह का भाई)।
- **अन्य नेता**-फैजाबाद के मौलवी अहमदुल्लाह, फिरोज शाह (मुगल बादशाह का एक संबंधी)।

दमन

दिल्ली–जनरल जॉन निकोलसन द्वारा सितंबर 1857 ई. में इस पर पुनः अधिकार कर लिया गया (निकोलसन कुछ ही दिनों में, लड़ाई के दौरान लगे घाव के कारण मर गया) लेफ्टिनेंट हडसन द्वारा मुगल बादशाह के पुत्रों एवं पौत्रों की हत्या, बहादुरशाह द्वितीय को बंदी बनाकर रंगून भेज दिया गया।

कानपुर–सर ह्यूज व्हीलर द्वारा नाना के विरुद्ध 26 जून, 1857 ई. तक इसकी रक्षा और नाना द्वारा इलाहाबाद तक सुरक्षित पहुंचाने के वादे के बाद 27 जून को अंग्रेजों द्वारा आत्मसमर्पण (27 जून को सभी अंग्रेज पुरुषों की हत्या कर दी गई एवं 15 जुलाई को सभी अंग्रेज महिलाओं एवं बच्चों की कुछ समय कैद के बाद हत्या कर दी गई)। मेजर जनरल हैवलक द्वारा 17 जुलाई को नाना को लड़ाइयों की एक श्रृंखला में हराकर कानपुर पर पुनः अधिकार कर लिया गया। (ब्रिगेडियर जनरल नील ने कई भारतीयों को मारकर इस घटना का बदला लिया), नवंबर 1857 ई. में तात्या टोपे के अधीन ग्वालियर की विद्रोही टुकड़ी द्वारा इस पर अधिकार, तथा दिसंबर 1857 ई. में सर कोलीन कैम्पबेल द्वारा इस पर निर्णायक अधिकार कर लिया गया (वह अगस्त 1857 ई. में भारतीय सेना का कमांडर इन चीफ बना)।

लखनऊ–2 जुलाई, 1857 ई. को लखनऊ की ब्रिटिश रेजिडेंसी पर अधिकार तथा सर हेनरी लॉरेंस की मृत्यु; 25 दिसंबर को हैवलक, ऑट्रम तथा नील द्वारा सेना के साथ लखनऊ आगमन तथा नील की मृत्यु; 17 नवंबर को अंग्रेज बंदियों की सर कोलीन कैम्पबेल द्वारा मुक्ति, दिसंबर 1857 ई. में हैवलक की मृत्यु तथा उस पर तात्या टोपे का अधिकार; कैम्पबेल द्वारा 21 मार्च, 1858 ई. को इस पर निर्णायक अधिकार।

झांसी और ग्वालियर–4 अप्रैल, 1858 ई. को सर ह्यूज रोज द्वारा झांसी पर पुनः अधिकार एवं रानी लक्ष्मीबाई का बच निकलना; ग्वालियर (जिसके सैनिक अपने शासक सिंधिया को हटाकर विद्रोही बन गए थे) पर रानी एवं तात्या द्वारा कब्जा; 17 जून, 1858 ई. को रानी की मृत्यु एवं 20 जून को रोज द्वारा ग्वालियर पर पुनः अधिकार।

बरेली–5 मई, 1858 ई. को कैम्पबेल द्वारा इस पर पुनः अधिकार।

आरा–विलियम टेलर एवं विंसेंट इयरे द्वारा कुंवर सिंह के नेतृत्व वाले बिहार आंदोलन का अगस्त 1857 ई. में अस्थायी रूप से दमन, कुंवर सिंह का अवध के लिए बच निकलना और अपनी अंतिम लड़ाई लड़ने के लिए अप्रैल 1858 ई. में बिहार वापस आना (9 मई को उनकी मृत्यु हो गई)।

बनारस एवं इलाहाबाद–नील द्वारा 1857 ई. में इन पर पुनः अधिकार।

मध्य भारत–1858 ई. में सर ह्यूज रोज द्वारा पूर्वार्द्ध में मध्य भारत का पूरा भाग और बुंदेलखंड पर अधिकार कर लिया गया, लेकिन तात्या टोपे, जो ग्वालियर छोड़ने के बाद मध्य भारत भाग गया था, दस महीनों तक गुरिल्ला युद्ध लड़ता रहा, अंततः मानसिंह द्वारा धोखा देकर पकड़वा दिया गया और अंग्रेजों द्वारा 18 अप्रैल, 1859 ई. को फांसी पर लटका दिया गया। नाना साहब, अवध की बेगम और खान बहादुर नेपाल भाग गए। उनकी वहीं मृत्यु हो गई। जनरल बख्त खान दिल्ली के पतन के बाद अवध चला गया और 13 मई, 1859 ई. को अंग्रेजों के साथ युद्ध में मारा गया। जून 1858 ई. में पुवैन के राजा द्वारा मौलवी अहमदुल्लाह की हत्या कर दी गई।

असफलता के कारण

कई देशी शासकों एवं उसके मंत्रियों का कठोर व्यवहार और विद्वेष, सिंधिया तथा उसका मंत्री सर दिनकर राय, निजाम एवं उसका मंत्री सर सालार जंग, होल्कर, कश्मीर के गुलाब सिंह, भोपाल की बेगम, सर जंग बहादुर (नेपाल के प्रधानमंत्री) जोधपुर के राजा, राजपूताना के अन्य शासक तथा कई अन्य।

बंगाल, बंबई, मद्रास, पश्चिमी पंजाब तथा राजपूतानों द्वारा भाग नहीं लेना, आधुनिक शिक्षित भारतीय भी इसमें शामिल नहीं थे।

महाजनों, व्यापारियों, पारंपरिक जमींदारों का एक महत्वपूर्ण भाग तथा शहरों में रहने वाले भू-स्वामियों का विद्वेष। विद्रोहियों की कमजोरियां-संगठन, अनुशासन, कार्य की सामूहिक योजना, केंद्रीय नेतृत्व, आधुनिक हथियार एवं युद्ध की अन्य सामग्रियों की कमी, नेताओं की गुटबंदी एवं स्वार्थपन इत्यादि।

अंग्रेजों के मजबूत बिंदु-विशाल भंडार, उच्च कोटि के सैनिक हथियार एवं तकनीक, योग्य नेतृत्व, क्रिमियन युद्ध की समाप्ति से वे और सुदृढ़ हो गए थे।

1857 के विद्रोह की प्रकृति

विद्रोह की प्रकृति के बारे में अलग-अलग विचार व्यक्त किए गए हैं जिन्हें दो खंडों में विभाजित किया जा सकता है- *पहली* विचारधारा का यह मानना है कि यह मुख्यत: सिपाहियों का आंदोलन था जबकि *दूसरी* विचारधारा यह मानती है कि वह विद्रोह भारत का प्रथम स्वतंत्रता संग्राम था।

ब्रिटिश इतिहासकार इस बात पर जोर डालते हैं कि यह विद्रोह सिर्फ सिपाहियों का आंदोलन था और इसके अतिरिक्त कुछ नहीं। उनका कहना है कि सेना का मुख्य स्तंभ सिख थे जो सरकार के प्रति वफादार थे और देशी राज्य इस समय निरपेक्ष भाव से खड़े थे। अंग्रेजों ने चर्बीयुक्त बारूदों तथा विद्रोही सिपाहियों पर ध्यान दिया था। गैर-सैनिक लोगों के द्वारा भाग लिए जाने को बिल्कुल नकार दिया।

वी.डी. सावरकर इसे भारत का प्रथम स्वाधीनता संग्राम मानते हैं किंतु स्वाधीनता के लिए एक निश्चित योजना और संस्था की जरूरत होती है। जिस परिस्थिति में बहादुर शाह, नाना साहिब, झांसी की रानी लक्ष्मी बाई तथा अन्य लोगों का सिपाहियों ने साथ दिया, उससे यह पता लगता है कि उनके पास न तो कोई योजना थी और न ही कोई ऐसी संस्था। इससे इस विचारधारा की कमी का पता चलता है।

जितनी जल्दी और अचानक यह सिपाही विद्रोह देश के कोने-कोने में फैला, उससे तो यही लगता है कि इसके बारे में उनकी कोई योजना पहले से ही बनी हुई थी। चपाती का बड़े स्तर पर वितरण इस बात के प्रमाण को प्रस्तुत करता है किंतु संदेहास्पद स्थिति में चपातियों का वितरण किया गया इसका जवाब नहीं दिया गया। ऐसी स्थिति में यह कहना गलत होगा कि विद्रोह सावधानीपूर्वक बनाई गयी योजना के तहत शुरू हुआ था।

1857 के विद्रोह को राष्ट्र का स्वतंत्रता संग्राम भी नहीं कहा जा सकता है क्योंकि यह मुख्यत: उत्तरी भारत में केंद्रित था। वर्तमान समय की राष्ट्रीयता वाली भावना का विकास उस समय नहीं हुआ था। एक बहुत बड़ी संख्या वास्तव में अंग्रेजों के साथ मिलकर विद्रोह को दबाने में सफल रही।

यह बात स्पष्ट है कि, यह सिपाहियों का सिर्फ छोटा-सा आंदोलन नहीं था और यह राष्ट्रीय स्वतंत्रता संग्राम भी नहीं था। नि:संदेह यह सिपाहियों का ऐसा विद्रोह था, जिसमें भारत के लाखों लोगों ने भाग लिया। हमें बहुत-से ऐसे साक्ष्य मिले हैं, जिसके आधार पर हम यह कह सकते हैं कि यह एक बड़े स्तर पर होने वाली बगावत थी।

यह आंदोलन सभी जगह एक झंडे और एक संप्रभुता के लिए शुरू हुआ। इसे व्यापक जनाधार प्राप्त था। इसका प्रमुख प्रमाण इस समय हुई सांप्रदायिक सद्भावना के विकास से लगाया जा सकता है, जिसके तहत दोनों समुदाय एक दूसरे की सहायता करने के लिए तत्पर थे। यद्यपि विद्रोह का आधार धार्मिक था किंतु इसकी विषय-वस्तु राजनैतिक थी। इसके नेता धार्मिक गुरु नहीं बल्कि समाज से आए सामान्य लोग थे।

यह क्रांति एक तरीके से पुराने और परंपरागत संबंधों को प्राप्त करने के लिए की गई थी। वास्तव में यह कहा जा सकता है कि प्रतिक्रियावादी तत्व, असंतुष्ट राजा तथा सामंतवादी शक्तियों ने इस आंदोलन का साथ दिया और इनके साथ जन-मानस भी जुट गया क्योंकि वह करों के दबाव से टूट चुका था तथा उन्हें समाज में अपमान का सामना करना पड़ता था। इस प्रकार यह विद्रोह सामंतवादी विचारों का पुन: उद्गम था। यह विद्रोह सभी का प्रतिनिधित्व न कर पाया और लोकप्रिय न हो सका। इसे सिर्फ उन्हीं लोगों का समर्थन प्राप्त था, जो असंतुष्ट थे या कर्ज में डूबे हुए थे।

मूल्यांकन

यह आंदोलन इतिहास में एक अभूतपूर्व घटना थी क्योंकि इसमें हिंदू-मुस्लिम कंधे-से-कंधे मिलाकर दुश्मन के खिलाफ लड़े। इसने भारतीय लोगों के मानस पटल पर एक अमिट छाप छोड़ी और उन्हें भविष्य में एक सशक्त आंदोलन के लिए तैयार किया।

इस विद्रोह के बाद ब्रिटिश शासन की नीतियों में आमूल परिवर्तन हुआ। अब छोटे-छोटे राजाओं को ब्रिटिश सरकार ने सरंक्षण देना शुरू किया। समाज के प्रतिक्रियावादी तत्वों तथा धार्मिक रूढ़िवादी तत्वों को प्रश्रय दिया गया ताकि वे प्रगतिशील विचारधाराओं के खिलाफ मजबूत पड़ सकें। शुरू में अंग्रेजों का मुस्लिमों के प्रति कड़ा रुख था किंतु बाद में उनके हितों की रक्षा के लिए वे आगे आए।

इस आंदोलन का सीधा प्रभाव कंपनी शासन का अंत तथा भारत में ब्रिटिश रानी के शासन के आगमन पर पडा।

1857 के विद्रोह के पश्चात्

नयी राजशाही सरकार की रूढ़िवादिता: विद्रोह को दबाने के पश्चात 'ईस्ट इंडिया कम्पनी' के स्थान पर आयी नई राजशाही सरकार ने भारत के आन्तरिक विषयों में हस्तक्षेप नहीं करने का वचन दिया। साथ ही ईसाई मिशनरियों से

भी इसने दूरी बना ली। राजाओं के अधिकारों के हनन की रोकथाम करके जमींदारों के अधिकारों के प्रति सजगता दिखायी गयी। नयी शाही सेना में अधिकतर सैन्य नियुक्तियाँ लड़ाकू जातियों से होने लगीं। नयी राजशाही सरकार ने रूढ़िवादिता का संकेत देते हुए विशाल सेना व बड़े दरबारों को अपनाया, जिससे पारंपरिक भारतीय राज्यों से सामंजस्य हो सके।

भारतीय समाज में त्वरित परिवर्तनः रूढ़िवादिता के सजीव शृंगार के पीछे उन्नीसवीं शताब्दी के आधे चरण तक, भारतीय समाज में पहले की अपेक्षा त्वरित गति से बदलाव हुए। अंग्रेजों के पास भारतीयों को देने के लिए बहुत कुछ था 1857 के दशक से पहले भारत में पश्चात्य तकनीकी का आयात काफी सीमित था।

- तत्पश्चात् एक विशाल रेलवे तंत्र का निर्माण हुआ। 1904 तक 28,000 रेलवे लाइनें बिछायी गयीं-सदी के आखिरी बीस वर्षों में नहरों को जोड़कर कुछ परियोजनाएँ प्रारंभ की गयीं, जिससे पहले से दोगुने क्षेत्र की सिंचाई हो सके।
- भाप से चलने वाले इंजन के आविष्कार ने रेलवे में क्रांतिकारी बदलाव ला दिये तथा स्वेज नहर के निर्माण ने भारतीय किसानों को विश्व बाजार से जोड़ा। इसके परिणामस्वरूप किसानों की एक निश्चित इकाई फसलों को बेचकर लाभ कमाया और अतिरिक्त जमीनों का अधिग्रहण किया।
- कुछ उद्योग विकसित हुए, जिनमें पश्चिम भारत में पनप रहा कपड़ा उद्योग मुख्य था। 1880 व 1890 के दशक में अकाल के कारण आर्थिक विकास की गति धीमी जरूर रही फिर भी 19 वीं शताब्दी का आर्थिक स्थायित्व टूट गया।
- गाँवों और शहरों में कई विद्यालय, महाविद्यालय और विश्वविद्यालय खुले, जिनमें भारतीयों का मुख्य योगदान रहा। उन्होंने लॉर्ड मैकाले की सोच पर चलते हुए अंग्रेजों के प्रतिरूप नहीं तैयार किये; बल्कि अपनी ही भाषाओं के साथ-साथ और पाश्चात्य तकनीकी व सभ्यता के आकर्षक व चुनिंदा तथ्यों को भारतीय सभ्यता में समन्वित किया।
- अब प्रभावशाली बौद्धिक आन्दोलन पश्चिमीकरण नहीं कहलाते थे। बल्कि ये हिन्दू व इस्लाम धर्मों के सुधार आन्दोलन हो गये। साथ ही भारतीय भाषाओं में छिपी संस्कृतियों के विकास के कारण भी बने।
- उपनिवेशवादी विवशता के फलस्वरूप, 19 वीं शताब्दी के अंत तक आधुनिक भारत अखण्ड हो चुका था। भले ही इस अखण्डता की प्रक्रिया में अंग्रेजों की भूमिका रही हो, फिर भी अखण्ड भारत को यह स्वरूप उपनिवेशवादी छवि के बजाय भारतीयों का प्रेरणा स्रोत बना। विरोध के नये क्षेत्रों में, भारत पर अंग्रेजों द्वारा थोपे गये तंत्र की अवरोधी शक्तियां खूब प्रचलित हुई थीं। एक बार जब ब्रिटिश ताकत को उत्तर भारत में क्षति पहुँची तो विनाशकारी ताकतों के साथ लोगों के कष्ट भी पनपने लगे और इस विद्रोह के कुचले जाने से लोगों के कष्टों का कोई समाधान नहीं हो सका।

17.4 जाति आंदोलन

दक्षिण भारत

जस्टिस दोलन—1915-16 ई. में यह एक मध्यवर्गीय जातीय आंदोलन के रूप में सी. एन. मुदलियार, टी. एम. नायर तथा पी. त्यागराज चेट्टी द्वारा मध्यवर्गीय जातियों (जैसे-तमिल, वेल्लास मुदालियार एवं चेत्तियरय तेलुगू रेड्डी, कामा एवं बालीजा नायडू तथा मलयाली नायर) का उत्थान एवं ब्राह्मणों की शिक्षा, सरकारी नौकरी एवं राजनीति में अधिपत्य का विरोध करने के लिए मद्रास में प्रारंभ किया गया।

जस्टिस पार्टी, को एक नई राजनैतिक पार्टी के नाम से स्थापित किया गया जिसमें अधिक सरकारी नौकरियां एवं नई विधायिका में प्रतिनिधित्व की क्षमता थी, जो ब्रिटिश सरकार के प्रति निष्ठावान थी।

आत्म-सम्मान आंदोलन—यह एक लोकप्रिय अतिवादी आंदोलन था, जिसकी स्थापना ई.वी. रामास्वामी, जो पेरियार के नाम से प्रसिद्ध थे, के द्वारा ब्राह्मणों के अधिपत्य के विरुद्ध 1925 ई. में तमिलनाडु में की गई। इस आंदोलन के द्वारा पुरोहित के बिना शादी, मंदिरों में बलपूर्वक प्रवेश, *मनुस्मृति* को जला देना तथा नास्तिकता को स्पष्ट करने का समर्थन किया गया। पेरियार ने अपने विचारों के विस्तार के लिए 1924 ई. में *'कुडी अरासु'* नामक तमिल पत्रिका का प्रकाशन किया।

नाडार आंदोलन—तमिलनाड के रामनाड जिले की अस्पृश्य जनजातियां, ताड़ी निकालने वाले एवं कृषि श्रमिक जिन्हें 'शाना' कहा जाता था, उन्नीसवी शताब्दी के अंत तक समृद्ध व्यापारी वर्ग के रूप में उभरने लगीं तथा स्वयं को क्षत्रियों का दर्जा देते हुए 'नाडार' का गौरवपूर्ण उपनाम प्राप्त किया।

इनके द्वारा 1910 ई. में 'नाडार महाजन संगम' की स्थापना की गई। उच्च जातियों के रिवाज एवं आचरण सांस्कृतिकरण) को अपनाया तथा शैक्षिक एवं सामाजिक कल्याणकारी कार्यों के लिए पैसा इकट्ठा किया गया।

पल्ली आंदोलन–उत्तरी तमिलनाडु के एक निम्न जाति के व्यक्ति 'पल्ली' 1871 ई. में स्वयं को क्षत्रियों के वर्ग में रखने लगे। वे अपने को 'बनिया कुल क्षत्रिय' कहने लगे एवं ऊपरी जाति के रीति-रिवाज, जैसे कि विधवा पुनर्विवाह का निषेध इत्यादि का अनुसरण करने लगे।

एझावा आंदोलन–केरल की अस्पृश्य जाति एझावा ने बीसवीं शताब्दी के शुरू में नानू असन (जिसने नारायण गुरु के नाम से जाना जाता था) के नेतृत्व में 'श्री नारायण धर्म परिपालन योगम' आंदोलन आरंभ किया। इसके दो प्रमुख उद्देश्य थे- *पहला*, अस्पृश्यता को समाप्त करना तथा *दूसरा*, पूजा, विवाह तथा अंत्येष्टी जैसे अनुष्ठानों को सरल बनाना। उन्होंने उच्च जाति के रीति-रिवाजों को अपनाया, बाद में वे केरल में कम्युनिस्ट पार्टी के समर्थक हो गए।

नायर आंदोलन–उन्नीसवीं शताब्दी के अंत में त्रावणकोर की मध्यवर्गीय जाति नायर ने नंबूदरी ब्राह्मणों एवं गैर-मलयाली ब्राह्मणों (तमिल तथा मराठी) के राजनैतिक एवं सामाजिक प्रभुत्व के विरुद्ध एक प्रबल आंदोलन प्रारंभ किया।

सी.वी. रमण पिल्लै ने 'मलयाली मेमोरिमल' की 1891 ई. में स्थापना की, जिसके द्वारा ब्राह्मणों के सरकारी नौकरी में अधिपत्य का विरोध किया गया। उनके ऐतिहासिक उपन्यास *मार्तंड वर्मा* (1891) ने विलुप्त नायर सैनिक गौरव को पुनः प्राप्त करने का प्रयास किया। उनका समूह 1890 के दशक तथा अधिकृत अभिजात वर्ग में सरलता से समायोजित हो गया। 1914 ई. के बाद के रामाकृष्ण पिल्लै तथा एम. पद्मनाभ पिल्लै के अधीन एक क्रियाशील नायर नेतृत्व का आविर्भाव हुआ। के. रामाकृष्ण पिल्लै ने 1906 ई. से 1919 ई. तक *स्वदेश अभिमानी* का संपादन किया। उनके द्वारा वैधानिक कार्यों का विरोध किया गया तथा राजनैतिक अधिकारों की मांग की गई जिसके परिणामस्वरूप उन्हें त्रावणकोर से निष्कासित कर दिया गया। 1914 ई. में पद्मनाभ पिल्लै ने नायर सेवा समिति का गठन किया जिसका कार्य नायरों का सामाजिक एवं राजनैतिक विकास करना था।

पश्चिमी भारत

सत्यशोधक आंदोलन–यह आंदोलन ज्योतिबा फुले, द्वारा महाराष्ट्र में प्रारंभ किया गया। फुले ने अपनी पुस्तक *गुलामगिरी* (1872 ई.) तथा अपने संगठन *'सत्यशोधक समाज'* (1873 ई.) द्वारा निचली जातियों को पाखंडी ब्राह्मणों एवं उनके अवसरवादी धर्म ग्रंथों से बचाने हेतु यह उद्घोषणा की।

यह आंदोलन द्वैत स्वभाव का था। अर्थात् इसमें शहरी अभिजात वर्ग पर आधारित रूढ़िवादिता थी शहरी 'संभवतः मध्यवर्गीय एवं निचली जातियों के शिक्षित सदस्यों का संस्कृतिकरण द्वारा ऊपर उठने की इच्छा को दर्शाता था) तथा ग्रामीण जनसमुदाय पर आधारित अतिवाद था (ग्रामीण मराठा कृषकों को जाति प्रथा को समाप्त करने की इच्छा का प्रदर्शित करता था)।

माहार आंदोलन–महाराष्ट्र के अस्पृश्य माहारों द्वारा डी. भीमराव अंबेडकर (उनके प्रथम स्नातक) के नेतृत्व में यह आंदोलन शुरू हुआ, जो 1920 के दशक में और तीव्र हो गया। उनकी प्रमुख मांगें सार्वजनिक पेय जल तथा तालाबों का उपयोग, मंदिरों में प्रवेश करने का अधिकार, माहार वतन (ग्राम प्रधानों की पारंपरिक सेवाएं) को समाप्त करना तथा वैधानिक परिषदों में अलग प्रतिनिधित्व था। 1927 ई. से इनमें से कुछ ने हिंदू धर्म से अपने अलग होने का प्रदर्शन करने के लिए *मनु स्मृति* को जलाना शुरू किया।

डॉ. भीमराव अंबेडकर (1890-1956)–भीमराव रामजी का जन्म मध्य प्रदेश के मऊ में एक अस्पृश्य समुदाय महार में हुआ था। उनके पिता, जो सेना में सूबेदार थे, बम्बई प्रांत के रत्नागिरि जिले के अंबद नामक स्थान के रहने वाले थे। उनका उपनाम अंबावाडेकर अपने गांव के नाम पर रखा गया जो बाद में अंबेडकर के रूप में स्कूल में बदल गया।

1913 ई. में वे न्यूयॉर्क के कोलंबिया विश्वविद्यालय चले गए जहां उन्होंने अर्थशास्त्र में स्नातकोत्तर की शिक्षा पाई तथा 1926 ई. में डॉक्टर की उपाधि प्रदान की, इसी अंतराल में उन्होंने 1916 ई. में लंदन स्कूल ऑफ इकनॉमिक्स में वकालत की तैयारी की। एक साल बाद आर्थिक समस्या के कारण उन्हें बीच में ही पढ़ाई बंद करनी पड़ी। 1921 ई. में उन्होंने पुनः लंदन में अपनी पढ़ाई शुरू की तथा मास्टर्स इन साइंस (M.Sc.) एवं डॉक्टर्स इन साइंस (D.Sc.) की उपाधियां 1921 एवं 1923 ई. में प्राप्त कीं।

1924 में अंबेडकर बंबई उच्च न्यायालय में वकालत शुरू करने के लिए भारत आए। उसी वर्ष उन्होंने अस्पृश्पों के भौतिक एवं नैतिक विकास के लिए बंबई में 'बहिष्कृत हितकारिणी सभा' स्थापित की। 1927 ई. में उनके द्वारा एक मराठी पाक्षिक पत्रिका *'बहिष्कृत भारत'* तथा नवंबर 1930 ई. में साप्ताहिक पत्रिका *जनेता* का प्रकाशन किया

गया। 1927 ई. में अंबेडकर द्वारा अन्य संस्था 'समाज समता बंध' की स्थापना की गई, जिसका उद्देश्य हिंदू जाति एवं निम्न जातियों के बीच सामाजिक एकता के सिद्धांत को बढ़ावा देना था।

1927 ई. में अंबेडकर ने अस्पृश्यों को सार्वजनिक तालाब से पानी निकालने का अधिकार दिलाने हेतु कोलाबा जिले के मलाद नामक स्थान पर सत्याग्रह शुरू किया। 1930 ई. में उन्होंने नासिक के प्रसिद्ध मंदिर कालाराम में अपने समुदाय के लोगों को प्रवेश दिलाने के लिए दूसरा सत्याग्रह शुरू किया।

इसी बीच उन्हें दलित वर्ग का नेता बना दिया गया तथा बंबई में (1926-34 ई.) वे वैधानिक परिषद के मनोनीत सदस्य बने। उन्हें गोलमेज सम्मेलन का औपचारिक सदस्य घोषित किया गया। ब्रिटिश सरकार के कम्युनल अवॉर्ड के बाद, गांधी एव अंबेडकर के बीच एक संधि हुई जिसे ''पूना पैक्ट'' के नाम से जाना जाता है। यह संधि आम हिंदू निर्वाचन क्षेत्रों में दलित वर्ग की आरक्षण देने के संबंध में की गई थी।

उन्होंने 1936 ई. में 'इंडिपेंडेंट लेबर पार्टी' की स्थापना की, जिसने 1936-37 ई. के आम चुनाव में सभी अनुसूचित जाति की सीटों पर कब्जा कर लिया। 1942 ई. में उन्होंने अखिल भारतीय अनुसूचित जाति संघ (ऑल इंडिया शेड्यूल कास्ट फेडरेशन) का एक राजनैतिक दल के रूप में गठन किया। अपने समुदाय के लोगों के शैक्षिक विकास के लिए उनके द्वारा लोक शिक्षा समिति 'पीपुल्स एजुकेशन सोसायटी' की जुलाई 1945 ई. में स्थापना की गई।

अंबेडकर ने गवर्नर जनरल की कार्यकारी परिषद के श्रम सदस्य के रूप में 1942-46 ई. तक काम किया। बाद में उन्हें कांग्रेस द्वारा संविधान सभा में नामजद किया गया जहां उन्होंने बहसों में महत्वपूर्ण भूमिका निभाई। जवाहरलाल नेहरू के कैबिनेट में विधि मंत्री होने के अलावा, वे संविधान सभा की प्रारूप समिति के अध्यक्ष भी थे। हिंदू कोड बिल की प्रारूपता में भी उन्होंने सांकेतिक भूमिका निभाई थी, जिसके कारण उन्हें 'आधुनिक मनु' कहा जाता है। उनकी महत्वपूर्ण पुस्तकें *'कास्ट इन इडिया: देयर मैकेनिज्म जेनेसिस एंड डेवलपमेंट'* (1960 ई.) तथा *'पाकिस्तान या पार्टिशन इन इंडिया'* (1946 ई.), थी।

उन्नीसवीं शताब्दी के अंत में सभी माहार गोपाल बाबा वालंगकर के नेतृत्व में एकत्रित हुए, जो एक भूतपूर्व सैनिक थे। उनके द्वारा सरकारी नौकरियों एवं सेना में अधिक नौकरियों की मांग की गई।

उत्तरी तथा पूर्वी भारत

कैवर्त-ये बंगाल के मिदनापुर के रहने वाले निचली जाति के लोग थे जो आर्थिक रूप से मजबूत थे। ये अपने को महिष्या 'कहने लगे। इन्होंने 1897 ई. में' 'जाति निर्धारिणी सभा' एवं 1901 ई. 'महिष्या समिति' की स्थापना की, जिसने बाद में राष्ट्रीय आंदोलन में महत्वपूर्ण भूमिका निभाई।

नामशूद्र-नामशूद्र बंगाल के फरीदपुर में अस्पृश्य जाति के गरीब किसानों का समूह था। इन्होंने 1901 ई. के बाद कुछ शिक्षित लोगों एवं मिशनरियों के प्रोत्साहन पर एक संगठन के रूप में अपने को गठित करना प्रारंभ किया।

कायस्थ-उत्तरी एवं पूर्वी भारत के कायस्थ, जो अंतर्प्रांतीय व्यवसाय से संबध रखते थे, इन लोगों ने 1919 ई. में 'अखिल भारतीय कायस्थ समाज' का गठन किया तथा इलाहाबाद पर आधारित *'कायस्थ समाचार'* नामक अखबार शुरू किया। उत्तरी एवं पूर्वी भारत में ब्राह्मणों का प्रभुत्व कम था तथा अन्य उच्च जाति के लोग (जैसे' उत्तर प्रदेश एवं बिहार में राजपूत एवं क्षत्रिय तथा बंगाल में वैश्य एवं कायस्थ) प्रतिरोधक का कार्य करते थे, जिसके परिणामस्वरूप इन दोनों में जातीय गतिशीलता, पश्चिमी एवं दक्षिणी भारत की तुलना में बाद में आई। इसके अतिरिक्त इन क्षेत्रों में मध्यवर्गीय एवं निम्न जातियों का आंदोलन उतना महत्वपूर्ण नहीं था जितना कि पश्चिमी एवं दक्षिणी भारत में शक्तिशाली था।

जातीय आंदोलनों के उदय के कारण-इस आंदोलन का एक महत्वपूर्ण कारण मध्यवर्गीय एवं निम्न जाति के शिक्षित लोगों की शिकायतें थीं कि उनके साथ भेदभाव करने वाली इस व्यवस्था के विरुद्ध आवाज उठाई जाए जैसे कि दक्षिण भारत का जस्टिस दोलन तथा महाराष्ट्र का 'सत्यशोधक आंदोलन' में किया गया था। कुछ निम्न जातियों के संस्कृतिकरण (जिसमें समाज के उच्च वर्गों से रीति-रिवाजों, निषेधों एवं व्यवहारों का अनुसरण करना सम्मिलित था) द्वारा समाज में अपने स्थान की इच्छा भी जातीय आंदोलन को जन्म देती है, जैसे-तमिलनाडु का नाडार, पल्ली आंदोलन, केरल का एझावा एवं नायर आंदोलन में किया गया था।

कुछ अतिवादी तत्वों द्वारा ब्राह्मणों के अधिपत्य को समाप्त कर, तथा जाति प्रथा को खत्म कर निम्न एवं मध्यमवर्गीय जातियों की स्थिति में सुधार लाने की इच्छा ने भी इस आंदोलन में एक महत्वपूर्ण भूमिका निभाई। जैसे-तमिलनाडु का सेल्फ रेसपेक्ट आंदोलन तथा महाराष्ट्र का माहार एवं सत्यशोधक आंदोलन।

अंततः अंग्रेजों द्वारा भी इन आंदोलनों के उदय में अपना योगदान दिया गया। 1901 ई. के पूर्व उनका परोक्ष योगदान (फूट डालो एवं राज करो की नीति द्वारा एक जाति को दूसरी जाति के विरुद्ध करना) था, तथा जो 1901 ई. के बाद (जनगणना द्वारा जातिगत भिन्नता के आधार पर सामाजिक दर्जा दिया गया, जिससे कई जातियों में आपसी मतभेद हो गए) शुरू हो गया था।

17.5 किसान आंदोलन

परिचय

टकराव के नये क्षेत्रों का प्रादुर्भाव–19वीं शताब्दी के उत्तरार्द्ध में जब साम्राज्यवादी शक्तियाँ एकजुट हुई तब विरोध के कई क्षेत्र समन्वित हो गए। इन विरोधों को राज्यों ने आसानी से समन्वित कर लिया। संचार में सुधार, हथियारों का विकास व आधुनिकीकरण और सेना व पुलिस का विस्तार; कुछ ऐसे मुद्दे थे, जिन्होंने राजद्रोह को स्थानीय क्षेत्रों में पनपने से पहले कुचल दिया। इस प्रकार विद्रोह क्षेत्रीय स्तर तक ही सीमित रह गया।

ग्रामीण संघर्षों के असम्बद्ध समूहों का इतिहास–ब्रिटिश शासन में ग्रामीण विद्रोहों के असंलग्न व अक्रमिक इतिहास का संकलन उपलब्ध है। 1918 के पश्चात् महात्मा गाँधी के नेतृत्व में किसानों व ग्रामीणों का प्रचलित विद्रोह दिखता है, जिसमें 'कांग्रेस' की अहम भूमिका है। फिर भी यदि 1857 के विद्रोह की बात छोड़ दें, तो ये ब्रिटिश सरकार को सीधी चुनौती नहीं, बल्कि क्रमिक व धीरे-धीरे असर करने वाली प्रक्रिया थी, जिसने उच्च अधिकारियों को हमेशा चिंतित रखा।

सैन्य अधिकारी एवं इतिहासकार–ब्रिटिश प्रशासकों और सैन्य इतिहासविदों ने, हमेशा ही ऐसे अवरोधों की प्रासंगिकता को नकारा है। विरोधों को 'पिछड़े हुए' व 'अविकसित' होने का तमगा पहनाया गया और लोगों को अंधविश्वास का दास मान लिया गया। सैन्य अधिकारी मानते हैं कि वे जानते थे कि भारतीयों के हित में क्या है? और उनके भले के लिए ही उन्हें राज्य द्वारा थोपे हुए नियमों को मानने के लिए बाध्य किया जाता था।

भारतीय इतिहासकारों द्वारा सैन्य शब्दावली की पुनरावृत्ति–स्वतंत्रता के पश्चात् भी कुछ भारतीय इतिहासकारों ने ग्रामीणों के प्रति पुराना रुख अपनाये रखा एवं प्रचलित आन्दोलनों को केवल ब्रिटिश नीति के परिप्रेक्ष्य में देखा। इन इतिहासकारों ने विद्रोह को पिछड़ेपन की एक कार्यवाही निरूपित करते हुये इसे 'अंधविश्वासों से भरा कृत्य' एवं 'अविकसित कार्य' जैसी उपमायें दीं। औपनिवेशिक नौकरशाही इस बात से परिचित थी कि भारतीयों के हित में क्या है? इसीलिये उन्होंने राज्य द्वारा ऐसी नीतियां निर्मित करवायी हैं, जो उनका पक्षपोषण करती हैं।

उनके दृष्टिकोण में न तो लोगों की भावनाओं के विषय में कोई सहानुभूति परिलक्षित होती है और न ही उनके एकजुट होकर संघर्ष करने की इच्छाशक्ति की झलक मिलती है। प्राप्त विवरणों में केवल ब्रिटिश सैन्य अधिकारियों के विचारों की पुनरावृत्ति ही दिखाई पड़ती है।

कई विवरणों में इस बात पर बल है कि ये विद्रोह ऊँचे तबकों द्वारा संचालित किये जाते थे और इनका नेतृत्व जमींदारों व अमीर किसानों के हाथ में था, जिन्होंने गरीब किसानों को एकजुट किया।

1857 के महान विद्रोह की कुछ विशिष्ट व्याख्या हुई, जिसके अनुसार गरीबों द्वारा किये गए विद्रोह को 'सामुदायिकता' का नाम दिया गया और उसे भारतीय इतिहास के पन्नों से अलग रखा गया।

नक्सलवाद के कारण किसान विद्रोहों में हितों का उद्धार- कुछ विद्वानों ने किसानों के विद्रोह के संबंध में काफी सटीक व्याख्या की है और इस विद्रोह को ब्रिटिश सरकार के विरुद्ध मजबूत संकल्प माना है। 1960 के दशक के उपरांत 19 वीं शताब्दी के समाज को ब्रिटिश दृष्टिकोण से हटकर, भारतीय इतिहास का हिस्सा माना गया है। 1960 के बाद के नक्सलवादी आन्दोलनों ने कुछ भारतीय इतिहासविदों को, इतिहास संबंधी पुराने व प्रचलित दृष्टिकोण की पुनः समीक्षा करने पर बाध्य किया। इस विद्रोह द्वारा यह साबित किया गया कि गरीब और भूमिरहित किसान भी अमीर वर्ग के बराबर ही दृढ़ निश्चयी व राजनीतिक थे। नक्सलवादी आन्दोलनों की सहायता से भारतीय किसान-राजद्रोह के इतिहास पर नई रोशनी ड़ाली गयी। यह माना गया कि प्रचलित इतिहास में काफी हद तक वास्तविक इतिहास को नकारा गया है। मगर कुछ लोग ही नक्सलवादी आन्दोलनों में किसान राजद्रोह के लम्बे इतिहास का साबित कर सके।

कृषक अवरोधों के प्रकार

कुछ विद्वानों ने प्रचलित अवरोधों को पाँच भागों में विभाजित करने का प्रयास किया है:

(1) अंग्रेजों को भगाने के लिए पुष्टित होता राजद्रोह तथा पुराने शासक की पुनर्स्थापना और सामाजिक संबंध (2) क्षेत्रों को उदार बनाने के लिए धार्मिक आन्दोलन। भक्ति गुटों की सहायता से सरकार के नए स्वरूप की स्थापना। (3) सामाजिक निषेध (4) आतंकी बदला (5) किस विशिष्ट कष्ट के लिए सामूहिक राजद्रोह।

इसके अतिरिक्त कुछ विद्वान अवरोधों के प्रमुख निम्न क्षेत्र मानते हैं- (1) यूरोप विरोधी बागान मालिक, (2) जमींदार विरोधीय, (3) सूदखोर विरोधी, (4) भूमिकर अधिकारी विरोधी और (5) वनाधिकारी विरोध।

ब्रिटिश प्रशासन की अवरोध संबंधी प्रचलित धारणा, नई असमान आन्दोलनों से जुड़ी रही होगी।

अवरोध को कभी भी एकत्रित विस्फोटक ताकतों से नहीं जोड़ा गया, जिससे यह स्थानीय संघर्ष से विस्तृत राजद्रोह का रूप ले सके। एक बार यह 1857 में हुआ, फिर 1920-22 में थोड़ी नाटकीयता के साथ हुआ; मगर 1942 के बाद यह विस्तृत रूप में दिखता है।

किसान आन्दोलन के तीन चरण–ऐतिहासिक दृष्टिकोण से स्वतंत्रता के पूर्व के किसान आन्दोलनों का इतिहास मुख्यत: तीन चरणों में बँटा हुआ है- *पहला चरण* बिना किसी नेतृत्व के विद्रोह द्वारा चिन्हित है। *दूसरा चरण* महात्मा गाँधी व काँग्रेस पार्टी के नेतृत्व में सुगठित आन्दोलन के रूप में चिन्हित है और *तीसरा चरण* संचालित आन्दोलन के रूप में चिन्हित है। इन आन्दोलनों की विशिष्टता यह है कि यह उस वर्ग द्वारा संचालित आन्दोलन है; जिनका मुख्य आकर्षण किसानों की समस्या है।

बंगाल का नील आंदोलन (1859-60)–यूरोपीय नील बागान मालिकों द्वारा बंगाल में किसानों के शोषण के परिणामस्वरूप बंगाल का नील आंदोलन शुरू हुआ, जिसे (1869 ई. में) दीनबंधु मित्र द्वारा अपने नाटक *'नील दर्पण'* में दर्शाया गया था। किसानों ने बागान मालिकों के शोषण से तंग आकर नील की खेती के विरुद्ध एक होकर हथियार उठा लिए। विष्णुचरण विश्वास तथा दिगंबर विश्वास ने इस आंदोलन में महत्वपूर्ण भूमिका निभाई। बाद में बंगाल के बुद्धिजीवी वर्ग ने विद्रोही किसानों की सहायता करने के लिए एक शक्तिशाली अभियान चलाया। इसके परिणामस्वरूप 1869 ई. में सरकार ने नील आयोग गठित किया तथा नील की खेती में होने वाले कुछ शोषणों को समाप्त किया।

पाबना आंदोलन या पूर्वी बंगाल में किसान आंदोलन (1872-76)–पूर्वी बंगाल में जमींदारों द्वारा किसानों का शोषण विभिन्न तरीकों से किया जाता था, जैसे-प्रताड़ना, संपत्ति पर गलत रूप से अधिकार करना, कर राशि में वृद्धि कर जबरदस्ती वसूली करना इत्यादि, जिसके परिणामस्वरूप नहीं कर चुकाने वाले किसानों के एक वर्ग द्वारा जमींदारों के समर्थकों पर आक्रमण कर दिया गया। इस आंदोलन का मुख्य केंद्र पाबना जिला था इसी कारण इस आंदोलन को पबना आंदोलन कहा जाता है।

यद्यपि सरकार द्वारा सैन्य शक्ति का प्रयोग कर इस आंदोलन का दमन कर दिया गया तथापि बाद में किसानों की शिकायतों की जांच करने के लिए एक जांच समति का गठन किया गया इसके परिणामस्वरूप सरकार द्वारा एक एक्ट लागू किया गया।

बंगाल टीनेंसी एक्ट (1885)–नर कानून के अनुसार किसानों द्वारा 12 वर्षों तक एक ही गांव में एक ही भूमि पर खेती करने पर उसे उस भूमि का दखलंदाजी अधिकार दे दिया गया; भूमि स्थानांतरण बंद कर दिया गया। भूमि का गलत प्रयोग अर्थात् इकरारनामे के उल्लंघन करने की स्थिति को छोड़ कर अन्य किसी भी परिस्थिति में अन्य किसी को भी उसकी भूमि से निष्कासित करना संभव नहीं था अत: दखलंदाजी का अधिकार वंशानुगत बना दिया गया लेकिन ये सभी अहस्तांतरित थे। इसके अलावा किसान भू-स्वामी की अनुमति के बिना सब-लीज नहीं दे सकता था। कर की वृद्धि सीमा समाप्त कर दी गई तथा न्यायालय से बाहर अनुबंध द्वारा यह 12 प्रतिशत बढ़ाया जा सकता था। भूमि से निष्कासन की स्थिति में हर्जाना देना पड़ता था।

इससे स्पष्ट है कि, विधेयक की इन जटिलताओं ने जमींदारों को कानून की शरण में जाने के अधिक अवसर दिए पर कृषकों को नहीं। साथ ही जमींदार न्यायालयों में जाने के आदी थे। अब एक छोटी-सी धमकी पर भी किसान कर में वृद्धि के लिए राजी हो जाते थे।

इसके बावजूद किसानों को तीन लाभ हुए-उचित कर, निर्धारित काश्तकारी तथा दखलदांजी अधिकारों को बेचने का अधिकार। काश्तकारों को यद्यपि सुरक्षा मिली लेकिन वह बहुत कम थी। अत: इस नए कानून का महत्व मुख्यत: भूमि पर उनके अधिकारों की स्वीकृति के रूप में देखा जा सकता है जिसने भावी विधेयकों के निर्माण में एक मिसाल स्थापित की।

दक्कन उपद्रव (1875)–अंग्रेजों द्वारा अत्यधिक भूमि-कर की मांग, जिससे महाजनों द्वारा किसानों का शोषण करना आसान हो गया। इसी कारण दक्कन उपद्रव हुआ। महाराष्ट्र

के अहमदनगर तथा पूना जिले में कृषकों द्वारा महाजनों का सामाजिक बहिष्कार किया गया। बाद में यह विद्रोह हिंसात्मक हो गया। किसानों द्वारा महाजनों के ऋण-पत्रों विज्ञप्तियों तथा अन्य महत्वपूर्ण दस्तावेजों को छीनकर आग लगा दी गई। पुलिस द्वारा विद्रोहियों के दमन के लिए सेना की मदद ली गई। इसके लिए एक आयोग गठित हुआ तथा बाद में 1879 ई. में 'दक्कन कृषक राहत एक्ट' लागू किया गया। महाराष्ट्र में दक्कन के किसानों को महाजनों का ऋण नहीं चुकता करने की स्थिति में बंदी बनाने से रोकने का प्रावधान था।

पंजाब में किसान उपद्रव (1890–1900) महाजनों द्वारा किसानों की भूमि के अपवर्तन से हुई नाराजगी के फलस्वरूप किसानों द्वारा महाजनों की बेइज्जती तथा हत्या कर दी गई। सरकार ने इसकी प्रतिक्रिया में 1902 ई. में पंजाब भूमि अपवर्तन विधान लागू किया, जिसमें किसानों से महाजनों को भूमि के हस्तांतरण तथा बंधक-पत्रों को 20 वर्षों से अधिक होने पर रोक लगा दी गई।

चंपारण सत्याग्रह (1917)–इस आंदोलन का मुख्य कारण यूरोपीय नील बागान मालिकों का तिनकठिया द्वारा चंपारण (बिहार का एक जिला) के किसानों का शोषण करना था। ये बागान मालिक स्थानीय बड़े जमींदारों से भूमि ठेकेदारी पर लेते थे तथा किसानों को कम दामों पर नील की खेती करने के लिए बाध्य करते थे। अगर किसान नील उगाने से छुटकारा चाहते थे तो उन्हें शरहबेशी या तवन के रूप में अतिरिक्त कर देना पड़ता था। इन शोषणों से तंग आकर किसानों द्वारा नील की खेती करने तथा गैर-कानूनी कर देने से साफ इनकार कर दिया गया। किसानों की स्थिति जांचने तथा उनकी शिकायतों को दूर करने के लिए डॉ. राजेंद्र प्रसाद, जे.बी. कृपलानी, ए.एन. सिन्हा, मजहर-उल-हक, महादेव देसाई आदि नेताओं के साथ गांधी जी का आगमन हुआ। सरकार द्वारा शुरू में आंदोलन के दमन का प्रयास किया गया लेकिन एक जांच कमेटी को नियुक्त करने में गांधी जी को सफलता मिली, जिसमें वे स्वयं एक सदस्य थे। इस तरह सरकार द्वारा कमेटी की सिफारिशों को स्वीकृत कर तिनकठिया प्रथा को समाप्त कर दिया गया।

खेड़ा सत्याग्रह (1918)–इसके निम्न घटनाक्रम थे-गुजरात के खेड़ा जिले में सूखे के कारण फसल का नहीं होना, सरकार द्वारा कृषकों का भूमि कर माफ करने से इनकार करना, गांधी तथा बल्लभ भाई पटेल के नेतृत्व में खेड़ा के किसानों द्वारा कर नहीं देने का अभियान शुरू हुआ, सरकार द्वारा अस्थायी रूप से कर वसूली को रोक दिया गया।

मोपला विद्रोह (1921)

इस आंदोलन का मुख्य कारण ब्रिटिश सरकार तथा हिंदू जमींदारों द्वारा मालाबार (केरल) के मुस्लिम मोलपा कृषकों का शोषण था। इसकी मुख्य घटनाएं थीं-अगस्त 1921 ई. (हथियारों की खोज के लिए तिरूरंगडी मस्जिद में पुलिस छापे के बाद) में विद्रोह की शुरुआत तथा विद्रोहियों द्वारा पुलिस स्टेशनों, सरकारी कार्यालयों, संचार विभाग, शोषण करने वाले भू-स्वामियों एवं महाजनों के घरों पर आक्रमण किया गया। अंग्रेजों का इर्नाड तथा वालुवनाड ताल्लुकों पर कई महीनों तक नियंत्रण खो देना, मोपलाओं द्वारा कुन्हम्माद हाजी कलथिंगल मोहम्मद अली मुसालियर, सिथी कोया अंगल इत्यादि नेताओं के नेतृत्व में कई स्थानों पर गणतंत्र स्थापित किया गया; अंग्रेजों द्वारा विद्रोहियों का रक्तरंजित दमन, जिसमें 2,337 लोग मारे गए 1650 लोग घायल हुए तथा 45,000 से अधिक बंदी बना लिए गए। 20 नवंबर, 1921 को 66 मोपला बंदियों को रेल की एक बोगी में बंद कर दिया गया, जिससे उनकी मृत्यु दम घुटने से हो गई 1

यह एक अंग्रेज जमींदार एवं कुछ हद तक हिंदू (क्योंकि अधिकतर जमींदार हिंदू थे) विरोधी विद्रोह था।

बारदोली सत्याग्रह (1928)–गुजरात के बारदोली जिले में अंग्रेजों द्वारा 1927 ई. में कर में 22 प्रतिशत वृद्धि कर देने के कारण, वहां के किसानों द्वारा वल्लभ भाई पटेल के नेतृत्व में कर नहीं जमा करने का अभियान शुरू किया गया तथा नई दर पर भूमि कर चुकाने से इनकार कर दिया गया। सरकार द्वारा बड़ी संख्या में पशुओं एवं भूमि को जब्त करके इस आंदोलन का दमन करने का प्रयास किया गया। अंततः भूमि कर निर्धारण की जांच के लिए एक समिति गठित हुई तथा समिति की सिफारिशों के आधार पर भूमि कर में कमी की गई।

वर्ग चेतन किसान संगठनों का उदय–जुलाई-नवंबर 1923 ई. में एन.जी. रंगा के नेतृत्व में बीसवीं शताब्दी के तीसरे दशक में आंध्र प्रदेश के गुंटूर जिले में 'रैयत संघ' तथा 'कृषि श्रमिक संघ' जैसे संगठनों की शुरुआत हुई, जो धीरे-धीरे कृष्णा एवं पश्चिमी गोदावरी जिलों (1924-26) तक फैल गए थे। बंगाल, बिहार, उत्तर प्रदेश एवं पंजाब (1926-27) में किसान सभा का गठन किया गया। 1935 ई. में 'दक्षिण भारतीय किसान श्रमिक संघ' की स्थापना हुई जिसके महासचिव एन. जी, रंगा एवं सह-सचिव ई. एम. एस. नंबूदरीपाद थे। इसके बाद लखनऊ में प्रथम अखिल

भारतीय किसान कांग्रेस का संगठन हुआ तथा 'अखिल भारतीय किसान सभा' 1936 ई. में स्थापित हुई। इसके प्रथम सत्र की अध्यक्षता बिहार के किसान नेता स्वामी सहजानंद द्वारा की गई। 1936 ई. के बाद किसान दिवस प्रतिवर्ष 1 सितंबर को मनाया जाता है। 1936 के किसान घोषणा-पत्र में जमींदारी की समाप्ति, वर्तमान भूमि कर के स्थान पर 500 रुपए से अधिक आय की स्थिति में कृषि पर एक अंश तक कर तथा ऋण को माफ करने की मांग हुई। इसके साथ एक न्यूनतम मांग पत्र भी संलग्न था: करों में 500% की कमी, सभी किसानों की पूर्ण दखलंदाजी अधिकार, बेगार की समाप्ति, ऋणों की राशि तथा ब्याज दरों में कमी, परंपरागत अधिकारों की पुनर्वापसी आदि। इसने भारत के विभिन्न भागों में कई संघर्ष किए। उदाहरणस्वरूप आंध्र प्रदेश में जमींदारी अत्याचारों के विरुद्ध बंदोबस्त विरोधी आंदोलन, बिहार तथा उत्तर प्रदेश में जमींदारी की समाप्ति के लिए आंदोलन, दक्षिण भारत में दमनकारी वन कानूनों के विरुद्ध आंदोलन इत्यादि।

किसान संगठनों की प्रकृति एवं सीमाएँ

कुछ विद्वानों ने 1925 से 1947 के बीच में किसान संगठनों के विकास और ह्रास को लेकर प्रयोगात्मक अनुमान लगाये हैं, जो निम्नवत् हैं-

संक्रमित स्वभाव–जिस तरह से भारत में किसान कई संगठनों में एकत्रित हुए, उससे उनका व्याकुल स्वभाव साफ जाहिर है। उन्हें 'पार्टी' या 'संगठन' न कहकर व्याकुल ग्रामीण असंतोष कहना अधिक उचित होगा। उनके दु:खों में बढ़ोतरी व कमी के आधार पर वे एकजुट होकर प्रयास करते थे या बिखर जाते थे। इस तरह संगठनों का स्वभाव संक्रमित प्रतीत होता है।

पहचान का अभाव–किसान संगठन अपनी विशिष्ट पहचान न होने के कारण काफी जूझते से लगते हैं। ये काँग्रेस, समाजवादी और कम्युनिस्ट पार्टियों जैसी राष्ट्रवादी पार्टियों पर, अपनी पहचान को लेकर आश्रित होते थे। इस कारण राजनीतिक पार्टियों द्वारा इनके अस्तित्व व स्वाधीनता का शोषण हो जाता था। बाद में उन्होंने किसान सभा जैसा तंत्र तैयार किया और अपनी राजनीतिक हितों की पूर्ति हेतु इसका उपयोग करने लगे।

जातीय सीमाएँ–किसान सगंठनों के प्रारम्भिक दौरन में जाति संबंधी पहचान का काफी महत्व था। मगर नीति-निर्धारण में इसका विशेष महत्व नहीं था। यद्यपि यह नीति या कार्यक्रम निर्धारण की दृष्टि से बहुत महत्वपूर्ण नहीं था। इनके प्रदर्शनों किसानों के किसी विशेष हितों की ही झलक मिलती है।

क्षेत्रीय दृष्टिकोण–भले ही किसान संगठनों ने किसान आंदोलन के एकीकरण में श्रेष्ठ भूमिका निभायी हो परन्तु उन्हें देशव्यापी स्तर पर सफलता न मिलकर क्षेत्रीय स्तर पर ही मिली है। वे मजबूत देशव्यापी विद्रोही संगठन बनाने में पूरी तरह सफल नहीं हो पाये। इसी वजह से वे किसी क्रांतिकारी संगठन का निर्माण करने में असफल रहे।

वर्ग संगठन–किसान संगठनों का नेतृत्व, मुख्यतया मध्यवर्गीय किसान या शहरी मध्यवर्गीय बुद्धिजीवियों व राजनीतिज्ञों ने ही किया। वास्तविक किसान नेतृत्व की दौड़ में कभी-कभी ही दिखा। मूलत: नेताओं के व्यक्तित्व के समक्ष किसानों की चेतना धूमिल प्रतीत होती है। इस तरह विभिन्न वर्गों के प्रति नेताओं का दृष्टिकोण स्पष्ट है, जिन्होंने आगे चलकर पार्टियों में जाति व वर्ग संरचना में परिवर्तन भी किये। प्रारंभ में इन नेताओं ने किसान आंदोलनों में प्रभावी भूमिका निभाई किंतु आगे चलकर ये इसका राजनीतिक उपयोग करने लगे तथा अपनी पार्टी के घोषणा-पत्र का हिस्सा बनाने लगे। इससे किसान आंदोलनों के संगठन में प्रभाव पड़ा।

धनी वर्ग की ओर झुकाव–वर्ग आधारित कृषक संगठन संरचित होने के कारण 1925 से 1938 तक इस आन्दोलन में धनी व मध्यवर्गीय किसानों का वर्चस्व रहा। 1940 के बाद अखिल भारतीय किसान संगठन जैसी प्रभावशाली संस्था ने गरीब व बेघर किसानों की समस्या पर आवाज उठाई, जिसका परिणाम अति प्रबल रहा।

मिश्रित विचारधाराएँ–किसान आन्दोलनों की विचारधारा एक तरफ से गाँधीवाद से प्रभावित थी, तो दूसरी ओर कुछ संगठन लेनिनवाद व माक्सवाद से प्रभावित भी थे। दोनों विचारधाराओं तथा अवसरवादी समाजवादी विचारधारा के समागम ने आन्दोलन की मुख्य माँगों तथा नीतियों को निर्धारित किया। मगर आगे चलकर से कृषक संगठन गाँधीवादी विचारधारा से विमुख हो गए तथा मार्क्सवादी प्रभाव को अपना लिया।

विभाजित उद्देश्य–तत्कालीन कृषक संगठनों की खास विशेषता थी। उनमें तत्कालीन भारत के जटिल कृषक तंत्र व समाज के प्रति व्यापक समझ का न होना। साथ ही वे ग्रामीण समाज में जाति विरोधाभास व बढ़ते हुए ग्रामीण अभाव को भली-भांति समझने में भी असफल रहे। किसानों की मूल समस्या व मुद्दों की प्रधानता के विषय में संगठनों का असमंजस भी इस आंदोलन की विफलता का कारण रहा।

किसान आंदोलनों की समालोचना–इन विफलताओं के कारण यह आन्दोलन निरन्तर दबता रहा और राष्ट्रीय

आन्दोलनों में ये संगठन महज एक राजनीतिक गठबंधन बनकर रह गए।

- भले ही किसान आन्दोलनों की विफलाएँ उसकी सफलताओं पर हावी रहीं, परन्तु इससे ऐतिहासिक दृष्टि से उसका महत्व कम नहीं होता है।
- किसान आन्दोलनों की देन इतनी अप्रभावशाली भी नहीं रही, जितनी प्रतीत होती है। प्रत्येक आन्दोलन के कुछ विधायी मानदण्ड रहे, जिनके परिणामस्वरूप भूमि सुधार, भूमि नियंत्रण से संबंधी सुधार आदि परिवर्तन दिखते हैं।
- 1947-50 के विकासात्मक चरण के पहले तक इनकी स्थिति में विशेष परिवर्तन नहीं हुआ। केवल छोटे-छोटे भूमि आवंटन संबंधी परिवर्तन हुए। इस काल में कोई विशेष परिवर्तन, जैसे-आर्थिक शक्तियों का पुनर्विभाजन न होकर पुराना ढाँचा ही व्यवस्थित रहा।

17.6 मजदूर आंदोलन

उत्पत्ति एवं विकास के कारण

भारतीय मजदूरों को उद्योगों, कारखानों, खदानों पादपरोपण उद्योगों में असह्य परिस्थितियों में कार्य करना पड़ता था।

भारतीय एवं विदेशी उद्योगपतियों के साथ-साथ औपनिवेशिक सरकार मजदूरों की स्थिति नहीं सुधारना चाहती थी।

प्रथम विश्व युद्ध के पिछड़ने के कारण माल लाने एवं ले जाने के लिए जहाजों की कमी हुई, जिसके परिणामस्वरूप भारत का आयात सीमित हो गया। इसके विपरीत मित्र राष्ट्रों एवं निष्पक्ष राष्ट्रों के बीच भारतीय उत्पादों की मांग में काफी वृद्धि हुई। भारतीय व्यापार एवं उद्योग में अप्रत्याशित वृद्धि हुई। एक ओर जहां आवश्यक वस्तुओं एवं सेवाओं की कीमतें बहुत तेजी से बढ़ रही थीं वहीं दूसरी ओर मजूदरी से जीवन निर्वाह संभव नहीं था। इसके कारण मजदूरों ने विद्रोह कर दिया।

इस आंदोलन को कुछ राष्ट्रवादी नेताओं का निर्देश तथा नेतृत्व प्राप्त हुआ जो मजदूरों से अपने आंदोलन के लिए सहयोग की अपेक्षा कर रहे थे।

1917 की रूसी क्रांति तथा यू.एस.एस.आर. की स्थापना के बाद मजदूरों के लिए एक नई सामाजिक व्यवस्था की उम्मीद पैदा हो चुकी थी।

प्रथम विश्व युद्ध की समाप्ति के बाद 1919 में 'अंतर्राष्ट्रीय श्रम संगठन' (आई. एल. ओ. की स्थापना हुई। इसके द्वारा मजूदरों के अधिकारों की रक्षा तथा इसके त्रिपक्षीय संविधान ने भारत में भी मजदूर संगठन के विकास में सहयोग किया।

भारत के मजदूर आंदोलनों को निम्नलिखित चरणों में रखकर अध्ययन किया जा सकता है–

प्रथम चरण (1875-1918)–संपूर्ण प्रथम चरण में न तो कोई मजदूर संघ बना, न ही इस दिशा में कोई ठोस प्रयत्न किए गए। सिर्फ कुछ नेताओं ने कुछ बैठकें आयोजित कीं तथा सरकार द्वारा नियुक्त आयोगों एवं समितियों के समक्ष अपनी मांगें तथा प्रतिनिधित्व प्रस्तुत किए।

प्रथम फैक्टरी आयोग एवं विधेयक-फैक्टरी प्रणाली के बढ़ते हुए कुप्रभावों के कारण बंबई में 1875 में 'प्रथम फैक्टरी आयोग' का गठन किया गया तथा प्रथम फैक्टरी विधेयक 1881 में पारित किया गया। इस विधेयक की मुख्य बातें निम्नलिखित थीं–

- 7 वर्ष से कम उम्र के बच्चों की नियुक्ति पर रोक; 7 से 12 वर्ष के बच्चों को दिन में सिर्फ 9 घंटे काम करना था; बच्चे कोई खतरनाक मशीन नहीं चला सकते थे तथा एक ही दिन दो अलग-अलग फैक्टरियों में नहीं नियुक्त किए जा सकते थे।
- एक महीने में चार छुट्टियां तथा काम के बीच एक घंटे की छुट्टी का प्रावधान रखा गया।
- हालांकि वयस्क मजदूरों की नियुक्तियों पर कोई प्रतिबंध नहीं थे, पर खतरनाक मशीनों की घेराबंदी एवं दुर्घटनाओं की सूचना की व्यवस्था की गई।
- कानून के पूर्णतया लागू किए जाने के लिए प्रांतीय सरकारों द्वारा पर्यवेक्षक नियुक्त किए जाने का प्रावधान था।
- फैक्ट्री को इस प्रकार परिभाषित किया गया: 'कोई भी स्थान (नील, चाय, काफी रोपण उद्योग को छोड़कर) जहां एक वर्ष में कम-से-कम चार महीने काम होता हो, जहां मशीन अथवा स्टीम इंजन का इस्तेमाल किया जाता हो तथा जहां कम-से-कम 100 व्यक्ति नियुक्त हों।'

हालांकि यह विधेयक एक 'शुरुआत' था, पर लगभग सभी प्रांतों में उचित जांच मशीनरी के अभाव में यह एक मृत पत्र साबित हुआ। अधिकतर फैक्ट्रियां सूर्योदय से सूर्यास्त तक चलती थीं, रविवार को भी पूर्ववत् कार्य होते रहे। हालांकि कुछ समाचार-पत्रों ने इस विधेयक को एक मानवीय कदम बताया, पर अधिकतर ने इसे नवजात भारतीय सूती एवं जूट

उद्योगों का गला घोंटने वाला बताया। इसके अतिरिक्त चाय, कॉफी तथा नील रोपण उद्योगों, जिस पर अंग्रेजों का वर्चस्व था, को इस विधेयक के अधिकार क्षेत्र से बाहर रखने के कारण इसकी आलोचना जातीय भेदभाव के आधार पर भी हुई।

द्वितीय फैक्टरी आयोग एवं विधेयक—दूसरा फैक्ट्री आयोग 1884 में गठित किया गया। लोखण्डे ने बंबई में मजदूरों का एक सम्मेलन आयोजित किया तथा आयोग के समक्ष प्रस्तुत करने के लिए एक मांग-पत्र तैयार किया। यह भारत में मजदूर संघवाद की शुरूआत थी। इस मांग-पत्र में साप्ताहिक विश्राम, आधे घंटे का विश्राम, शारीरिक अयोग्यता पर हर्जाना, प्रत्येक माह के 15 तारीख तक भुगतान तथा कार्यकाल 6 बजे सुबह से 6 बजे शाम तक निर्धारित करने की मांग की गई। लेकिन द्वितीय फैक्ट्री आयोग की सिफारिशों पर पारित द्वितीय फैक्टरी विधेयक ने भी निराश किया क्योंकि इसने साप्ताहिक अवकाश, महिलाओं एवं बच्चों के लिए कार्यावधि का निर्धारण ही प्रदान किया तथा पुरुषों की कार्यावधि नहीं निर्धारित की गई।

द्वितीय चरण (1918-24)—द्वितीय चरण में काफी श्रमिक संघों की स्थापना हुई। भारत में आधुनिक प्रकार का प्रथम संघ 'मद्रास श्रमिक संघ' (1918) था। होमरूल आंदोलन के एक सक्रिय सदस्य बी.पी. वाडिया ने इसके विकास में अत्यंत महत्वपूर्ण योगदान प्रदान किया। अन्य स्थानों पर भी कई संघों की स्थापना हुई।

सन् 1920 में बंबई में एन.एम. जोशी ने ऑल इंडिया ट्रेड यूनियन कांग्रेस (ए.आई.टी.यू.सी.) की स्थापना की, जिसके साथ 1,40,000 की कुल सदस्यता के साथ 64 अन्य मजदूर संघ जुड़े हुए थे। इसके प्रथम सत्र (1920) की अध्यक्षता लाला लाजपत राय ने की। विभिन्न उद्योगों के श्रमिकों के हितों का ध्यान उनसे संबद्ध संघ रखते थे तथा ए.आई.टी.यू.सी. उनके सामान्य हितों का ध्यान रखती थी।

मजदूर संघों की उत्पत्ति के साथ-साथ बड़ी संख्या में. हड़तालें भी शुरू हुई। वेतन वृद्धि बोनस, चावल भत्ता, काम के घंटों में कमी तथा अतिरिक्त छुट्टियां मजदूरों की प्रमुख मांगें थीं।

इस काल के मजदूर संघों का एक अन्य महत्वपूर्ण लक्षण इसके द्वारा खदान, वस्त्र, जूट इत्यादि निर्माण उद्योगों में अपना स्थान नहीं बना सकना है। लेकिन तथाकथित 'व्हाइट कॉलर मजदूरों' के बीच यह स्थिर एवं मजबूत हो चुका था।

तृतीय चरण (1924-34)—कांग्रेस के गया अधिवेशन (1922) में प्रस्ताव परित कर इसके सदस्यों को मजदूर संघों की गतिविधियों में भाग लेने की अनुमति दी गई। लेकिन 1925 के बाद कम्युनिस्ट प्रभाव मजबूत हो गया। मास्को की ओर झुकाव वाले दो नेता, धुंदीराज थेंगडी तथा एस.बी., घाटे, उभरकर तब आगे आए जबकि एन.एम. जोशी, दीवान चमन लाल तथा वी.वी. गिरी जैसे पुराने नेताओं ने यूनाइटेड किंगडम के ट्रेड यूनियन कांग्रेस और लेबर पार्टी एवं अन्य यूरोपीय जनतांत्रिक समाजवादी पार्टियों से संपर्क बनाए। कम्युनिस्टों ने 1928 में ए.आई.टी.यू.सी. पर अधिकार करने का महत्वपूर्ण प्रयत्न किया। हालांकि उनके अध्यक्ष पद के प्रत्याशी, बीडी. कुलकर्णी, बहुत कम मतों से, जवाहर लाल नेहरू से पराजित हो गए। इस असफलता के बावजूद 1928 की बंबई वस्त्र उद्योग हड़ताल कम्युनिस्टों एवं मुंबई गिर्नी कारागर संघ की महान विजय थी।

इस प्रकार इस चरण में काम पर कम्युनिस्ट विचारधारा का प्रभाव स्पष्ट देखने को मिलता है। मजदूर संघों में कम्युनिस्टों का प्रवेश 1925 से ही प्रारंभ हो चुका था। उनके प्रवेश से हड़तालों के रूप में एक परिवर्तन आया। अब कठोर एवं असभ्य भाषा तथा हिंसात्मक तरीकों का प्रयोग आम हो गया।

इस चरण में मजदूर संघों के सैद्धांतिक विवादों के कारण मजदूर संघवाद में रुकावट उत्पन्न हुई। उग्रवादी तत्व, जो मजदूर आंदोलन को आगे रखकर अपना राजनैतिक स्वार्थ सिद्ध करना चाहते थे, मास्को से भारतीय राजनैतिक ढांचे की रूपरेखा खींचने लगे। जबकि नरम दल वाले मजदूर आंदोलन को कम्युनिस्टों से दूर रखना चाहते थे। अंततः ए.आई.टी.यू. सी. में अपनी शक्ति बढ़ाने तथा स्थान को मजबूत करने के उनके प्रयासों के फलस्वरूप कांग्रेस एवं कम्युनिस्ट समर्थकों के बीच दूरियां बढ़ती गईं।

इन सैद्धातिक मतभेदों के कारण 1929 ई. में ए.आई.टी. यू.सी. का विभाजन हो गया तथा नरम दल वालों ने इससे अलग होकर एक नया संगठन 'भारतीय मजदूर संघ' (आई. टी.यू.एफ.) स्थापित किया। बाद में ए.आई.टी.यू.सी. का पुनः विभाजन हुआ तथा एम.एन. राय के नेतृत्व में एक वर्ग ने 'रेड टुक' का गठन किया। ये सभी घटनाएं उस समय हुईं जब देश में महान अवनति (Great Depression) का काल था तथा सविनय अवज्ञा आंदोलन शुरू हो चुका था।

मजदूर संघ दोलन की सबसे महत्वपूर्ण सफलता 1926 ई. में मजदूर संघ विधेयक का लागू होना था। इस

विधेयक द्वारा मजदूर संघों के स्वैच्छिक पंजीकरण की व्यवस्था हुई तथा कुछ बंधनों के बदले इन पंजीकृत मजदूर संघों को कुछ, अधिकार एवं सुविधाएं दी गईं। इस काल के अंत तक विभिन्न मजदूर संघों की एकता का प्रयास किया गया। एन.एम. जोशी, आर.आर. बासले इत्यादि के प्रयासों से 1933 ई. में राष्ट्रीय मजदूर संघ की स्थापना हुई।

ह्वीटले आयोग (1929-1931)– जॉन हेनरी ह्वीटले की अध्यक्षता में 1929 ई. में ह्वीटले आयोग या रॉयल आयोग स्थापित किया गया। आयोग ने 1931 ई. में अपनी रिपोर्ट प्रस्तुत की, जिसमें ग्यारह सदस्य थे, इन सदस्यों में छह भारतीय थे, यथा- श्रीनिवास एस. शास्त्री, इब्राहिम रहीमतुल्ला, कबीरूद्दीन अहमद, जी.डी. बिड़ला, एन.एम. जोशी तथा डी. चमनलाल। इसे भारतीय उद्योगों तथा पादपरोपण उद्योगों में मजदूरों के वर्तमान स्थिति की जांच करनी थी–

आयोग द्वारा निम्नांकित सिफारिशें की गईं-

- बंबई की सूती मिलों में मानकीकृत वेतन की नीति अपनाई जानी चाहिए तथा जूट उद्योग में भी इस दिशा में शीघ्र कदम उठाए जाने चाहिए।
- प्रबंधकों एवं कर्मचारियों के बीच मैत्रीपूर्ण संबंधों को बढ़ाने के लिए तीन उपाय सुझाए गए।
- स्थायी मजदूर संघों का विकास, मजदूर अधिकारियों की नियुक्ति एवं कार्य समितियों का गठन। इसमें विवाद के प्रारंभिक चरण में दोनों पक्षों के बीच मतभेद दूर करने के लिए सुलहकर्ता अधिकारियों की नियुक्ति का प्रस्ताव किया गया।
- आयोग द्वारा विचार किए जाने वाले अन्य विषय थे- परिवहन सेवाएं; लोक निर्माण अनुबंधय दंड एवं छूट मुआवजा, असम के चाय बागानों, खाद्यानों एवं रेलवे में मजदूरों की बहाली, श्रम विधान, फैक्ट्री एवं अपंजीकृत फैक्ट्रियों की कार्य स्थिति।
- सुलहकर्ता अधिकारियों की नियुक्ति को छोड़कर जिसके लिए 1938 ई. के ट्रेड डिस्प्यूट एक्ट (संशोधन) में प्रस्ताव था। आयोग द्वारा सिफारिश किए गए अन्य प्रस्तावों को लागू करने के लिए लंबे समय तक कोई कदम नहीं उठाया गया।

चौथा चरण (1935-39)–इस चरण में संघ की गतिविधियों का पुनर्जागरण हुआ तथा हड़तालों में वृद्धि हुई। इस काल में संघ की गतिविधियों के कारण निम्न थे-

सन् 1935 ई. के भारतीय सरकार विधेयक के द्वारा जिन प्रांतों में कांग्रेस की सरकारें बनीं उन्होंने मजदूर संगठनों के दुश्मन तथा उनकी मांगों की अस्वीकृति के द्वारा नहीं, बल्कि उन्हें जीवन के न्यूनतम स्तर पर रहने का सुझाव दिया तथा सामान्य नागरिक अधिकार प्रदान कर औद्योगिक शांति की नीति अपनाई।

1935 ई. के विधेयक में मजदूर संघ निर्वाचन क्षेत्रों द्वारा मजदूर प्रतिनिधियों के चुनाव का प्रावधान था।

मालिकों के व्यवहार में परिवर्तन ने भी मजदूर संघवाद वृद्धि को प्रोत्साहित किया। आई.एल.ओ. द्वारा यह सलाह दी गई कि मालिकों को मजदूर संघों के साथ शत्रुतापूर्वक नहीं, बल्कि मित्रवत् व्यवहार करना चाहिए।

एकता की कोशिश शुरू किए जाने के फलस्वरूप भारतीय मजदूर संघ (आई.टी.यू.एफ. का राष्ट्रीय मजदूर संघ एनटीयूएफ में विलय 'रेड टुक' का ए.आई.टी.यू.सी. में मिलना तथा अंत में 1938 ई. में एन.टी.यू.एफ. का ए.आई. टी.यू.सी. में विलय हो गया।

पांचवां चरण (1939-45)–पांचवां चरण युद्ध-काल से मेल खाता है। द्वितीय विश्व युद्ध ने अप्रत्यक्ष रूप से भारतीय उद्योगों को संरक्षण प्रदान किया। भारतीय बाजार में विदेशी वस्तुओं की कमी हो गई जिसके दो कारण थे-एक तो माल लाने एवं ले जाने के लिए जहाजों की कमी हो गई, और दूसरा विदेशी एवं भारतीय ब्रिटिश कंपनियों ने युद्ध सामग्री का निर्माण शुरू कर दिया। इसके कारण भारतीय उद्योगों ने अपनी गतिविधियां बढ़ा दीं। भारत का औद्योगिक उत्पादन काफी बढ़ गया। हालांकि ग्रेट ब्रिटेन द्वारा भारत में लगातार खरीदारी के कारण कीमतें भी काफी बड़ी और मुद्रा स्थिति की स्थिति पैदा हो गई। लाभ में तेजी से वृद्धि हुई, पर वेतन में नहीं।

हालांकि हड़तालें काफी कम हुई और जहां भी हुई, उनसे मजदूरों को लाभ प्राप्त हुआ। हड़तालों की संख्या में कमी आने के कुछ कारण थे-

- युद्ध का समर्थन करने वाले कम्युनिस्ट नेताओं ने हड़तालों का विरोध किया।
- मजदूर संघों के अन्य भागों के पास सही नेतृत्व का अभाव था जो कि मजदूरों की शिकायतों को उचित रूप देकर आंदोलन को नेतृत्व प्रदान कर सकते थे।
- मालिकों का व्यवहार भी दुर्भावनापूर्ण नहीं था।
- भारत सरकार ने डिफेंस ऑफ इंडिया रूल्स के अंतर्गत हड़तालों को रोकने की शक्ति तथा किसी भी विवाद के निपटारे की शक्ति अपने हाथ में ले ली।

◆ व्यापक तौर पर मजदूर संघों के महत्व में वृद्धि हुई। सरकारी प्रतिनिधियों, मजदूर संघ के नेताओं तथा मालिकों के बीच एक स्थायी त्रिपक्षीय मशीनरी का गठन हुआ। सर 1940 के नेशनल सर्विस ऑर्डिनेंस के द्वारा मजदूरों के अधिकारों की रक्षा की गई जबकि, साथ ही, यह स्पष्ट किया गया कि काम करना उनका कर्तव्य है। इसी प्रकार 1941 के एसेंशियल सर्विसेज मेंटिनेंस ऑर्डिनेंस के द्वारा बिना वैध कारणों के मालिकों द्वारा मजदूरों को निलंबित किए जाने पर प्रतिबंध लगा दिया गया।

छठा चरण (1945-47)–युद्ध की समाप्ति से मजदूरों को कोई आर्थिक लाभ प्राप्त नहीं हुआ इसलिए छठे चरण में, अर्थात् युद्ध के बाद के काल में, मजदूर संघों की गतिविधियों में और वृद्धि हुई। युद्ध के काल के बाद कीमतों में तथा जीवनयापन के मूल्यों में कमी के कोई संकेत नजर नहीं आ रहे थे। इस काल के राजनैतिक घटनाक्रम ने भी मजदूर आंदोलनों की वृद्धि में सहयोग किया। प्रत्येक राजनैतिक दल मजदूर आंदोलनों में अपने पांव जमाने की कोशिश कर रहा था। इसके अलावा, इस दिशा में ब्रिटिश सरकार के विचार भी सहायक सिद्ध हुए। केंद्र तथा राज्य सरकारों ने मजदूर आंदोलनों. को दबाने के बजाय महसूस किया कि बदली हुई परिस्थिति में मजदूर महत्वपूर्ण भूमिका निभा सकते हैं। अत: 1947 में ट्रेड यूनियन विधेयक को संशोधित कर मालिकों द्वारा मजदूर संघों की स्वीकृति को आवश्यक कर दिया गया, हालांकि इसकी कुछ शर्तें थीं।

इस काल के मजदूर आंदोलन की एक अन्य विशेषता थी– मजदूर संघों में महिलाओं की संख्या में वृद्धि। इसके कारण मजदूर संघों तथा समाज में उनकी स्थिति में बहुत सुधार आया।

बड़ी संख्या में छोटे-छोटे संघों का गठन हुआ। लेकिन ये छोटे एवं स्थानीय संघ अपनी मांगें सामूहिक रूप से रख कर उन्हें मनवाने में असफल रहे जबकि दूसरे मजदूर संगठन केंद्रीकृत एवं शक्तिशाली थे। इसने मजदूरों की नई अंतर्राज्यीय एवं अंतर-क्षेत्रीय संस्थाओं की आवश्यकता पैदा की।

इसके कारण हड़तालों की संख्या में वृद्धि हुई। औद्योगिक विवादों में बंबई और पश्चिम बंगाल के बाद मद्रास और उत्तर प्रदेश राज्यों का स्थान था। भारत सरकार अत्यंत चिंतित थी क्योंकि बढ़ती हुई अशांति के कारण औद्योगिक उत्पादनों में कमी आ रही थी। अत: 1947 के दिसंबर में एक इंडस्ट्रीज ट्रूस कॉन्फ्रेंस आयोजित की गई, जिसमें सरकार, मजदूरों तथा मौलिकों के प्रतिनिधियों ने भाग लिया। इसके बाद मजदूर सुलह के लिए राजी हो गए तथा उन्होंने सरकार द्वारा आवश्यक सुलह तथा मध्यस्थता की बात को सैद्धांतिक रूप में स्वीकार कर लिया। इसके बाद 1947 का इंडस्ट्रियल डिस्प्यूट्स एक्ट (जिसमें सुलह की मशीनरी का प्रावधान था) पारित हुआ।

अभ्यास प्रश्न

1. डलहौजी द्वारा ब्रिटिश साम्राज्य में कुछ राज्यों को मिलाए जाने का निर्णय निदेशक मंडल द्वारा रद्द कर दिया गया। वे कौन राज्य थे?

(i) संभलपुर (ii) बघात

(iii) नागपुर (iv) उदयपुर

(iv) झांसी

कूट:

(a) (i), (ii) और (iv) (b) (ii), (iii) और (v)

(c) (i) और (ii) (d) (ii) और (iv)

2. दिल्ली में मुगल सम्राट की पत्नी ने अंग्रेजों को सूचना देकर विद्रोहियों की योजना असफल कर दी। उसका क्या नाम था?

(a) हज़रत महल (b) ज़ीनत महल

(c) मुमताज महल (d) फातिमा महल

3. नाना साहब के बारे में कौन-से कथन सत्य हैं?

(i) नाना साहब अंतिम पेशवा का दत्तक पुत्र था।

(ii) नाना साहब का मूल नाम धोंदू पंडित था।

(iii) नाना साहब ने अंतिम पेशवा बाजीराव द्वितीय की हत्या कर दी।

(iv) डलहौजी ने नाना साहब को पेशवा मानने से इनकार कर दिया तथा उनकी पेंशन बंद कर दी।

कूट:

(a) (i), (ii) और (iii) (b) (i), (ii) और (iv)

(c) (ii), (iii) और (iv) (d) (i), (iii) और (iv)

4. डलहौजी के बारे में कौन-से कथन असत्य हैं?
(i) डॉक्ट्रीन ऑफ लैप्स के आधार पर उसने राजपूताना के करौली राज्य को ब्रिटिश साम्राज्य में मिला लिया।
(ii) उसने कर्नाटक तथा त्रावणकोर के पूर्व शासकों की मृत्यु के बाद उनकी उपाधि समाप्त कर दी।
(iii) उसने घोषणा की कि बहादुरशाह द्वितीय के उत्तराधिकारियों को लाल किला छोड़ना पड़ेगा।
(iv) उसने घोषणा की कि बहादुरशाह द्वितीय के उत्तराधिकारी शाहजादा कहे जाएंगे, बादशाह नहीं।

कूट:
(a) (i) और (ii) (b) (ii) और (iii)
(c) (iii) और (iv) (d) (i) और (iv)

5. सिपाहियों के असंतोष के क्या कारण थे?
(i) वेतन भुगतान तथा पदोन्नति में भेद-भावपूर्ण व्यवहार।
(ii) ब्रिटिश अधिकारियों के सिपाहियों के साथ दुर्व्यवहार।
(iii) दूर-दराज के क्षेत्रों में युद्ध करने के लिए ब्रिटिश अधिकारियों द्वारा भत्ता दिए जाने से मनाही।
(iv) जरूरत पड़ने पर सिपाहियों को विदेशों में सेवा प्रदान करने हेतु ब्रिटिश सरकार का आदेश।
(v) ब्रिटिश सेना अधिकारियों द्वारा क्रिश्चियन मिशनरियों को प्रोत्साहन।

कूट:
(a) (i), (ii) और (v) (b) (i), (iii) और (iv)
(c) (ii), (iii) और (v) (d) उपरोक्त सभी

6. ब्रिटिश सरकार द्वारा 1856 में कौन-से विधेयक पारित किए गए?
(i) हिंदू विधवा पुनर्विवाह विधेयक
(ii) सती प्रथा समाप्ति (रेगुलेशन XVII)
(iii) रिलीजियस डिसएबिलिटीज एक्ट
(iv) जनरल सर्विसेज इनलिस्टमेंट एक्ट

कूट:
(a) (i) और (ii) (b) (ii) और (iv)
(c) (i), (iii) और (iv) (d) (i), (ii) और (iii)

7. भारतीय समाज के परंपरावादी तथा रूढ़िवादी समुदायों की क्या शिकायतें थीं?
(i) ब्रिटिश सरकार द्वारा क्रिश्चियन मिशनरियों को संरक्षण तथा प्रोत्साहन।
(ii) ब्रिटिश सरकार द्वारा शुरू किए गए समाज सुधारों तथा मानवीय उपायों के प्रति विरोध।
(iii) मंदिरों, मस्जिदों तथा जन-कल्याण संस्थाओं पर कर लगाए जाने की ब्रिटिश अधिकारियों की नीति।
(iv) ब्रिटिश सरकार द्वारा भारतीय संस्कृति की अनदेखी।

कूट:
(a) (i), (ii) और (iii) (b) (ii), (iii) और (iv)
(c) (i) और (ii) (d) (ii) और (iv)

8. 1857 के विद्रोह के पूर्व ब्रिटिश भारतीय सेना में भारतीय तथा यूरोपीय सिपाहियों का क्या औसत था?
(a) 4:1 (b) 5:1
(c) 6:1 (d) 7:1

9. मंगल पांडेय के बारे में कौन-से कथन सत्य नहीं हैं?
(i) वह बरहामपुर स्थित 19वीं नेटिव इन्फैंट्री में सिपाही था।
(ii) मार्च 1857 में उसने अकेले विद्रोह कर दिया तथा दो अंग्रेज अधिकारियों को मार दिया।
(iii) परिस्थिति की आशाहीनता महसूस करने के बाद उसने आत्महत्या करने का निरर्थक प्रयत्न किया।
(iv) अंग्रेजों ने उसे फांसी दे दी।

कूट:
(a) (i) और (ii) (b) (ii) और (iii)
(c) (i) और (iv) (d) (i) और (iii)

10. निम्नलिखित तालिकाओं का सुमेल किस कूट में है?

	तालिका-I		तालिका-II
A.	कर्नल मिशेल	(i)	विद्रोह के समय कानपुर का कमांडिंग ऑफिसर
B.	जनरल हियर्से	(ii)	बैरकपुर में 34वीं नेटिव इन्फैंट्री का कमांडिंग ऑफिसर
C.	जनरल हेविट	(iii)	बरहामपुर में 19वीं नेटिव इन्फैंट्री का कमांडिंग ऑफिसर
D.	सर ह्यूज ह्वीलर	(iv)	विद्रोह के समय मेरठ का कमांडिंग ऑफिसर

कूट:

	A	B	C	D
(a)	(iv)	(i)	(iii)	(ii)
(b)	(i)	(iv)	(ii)	(iii)
(c)	(ii)	(iii)	(i)	(iv)
(d)	(iii)	(ii)	(iv)	(i)

11. सुमेलित कर दिए गए कूटों से उत्तर चुनें–

	तालिका-I		**तालिका-II**
A.	लेफ्टिनेंट बॉग	(i)	दिल्ली स्थित शस्त्रागार अधिकारी जिसने शस्त्रागार विद्रोहियों के हाथों में पड़ने के भय से उसे उड़ा दिया।
B.	कर्नल फिनिस	(ii)	अधिकारी, जिसने दिल्ली पर पुनः अधिकार करने के बाद मुगल बादशाह के पुत्रों की हत्या कर दी।
C.	लेफ्टिनेंट विलोबी	(iii)	अधिकारी जिसे मंगल पांडेय ने बुरी तरह घायल कर दिया।
D.	लेफ्टिनेंट हडसन	(iv)	मेरठ में 11वीं नेटिव इन्फैंट्री का कमांडिंग ऑफिसर जिसे सिपाहियों ने मार दिया।

कूट:

	A	B	C	D
(a)	(iv)	(i)	(ii)	(iii)
(b)	(i)	(ii)	(iii)	(iv)
(c)	(iii)	(iv)	(i)	(ii)
(d)	(ii)	(iii)	(iv)	(i)

12. निम्न युग्मों पर ध्यान दें–

(i) नाना साहब–कानपुर
(ii) बेगम हजरत महल–लखनऊ
(iii) रानी लक्ष्मीबाई–झांसी
(iv) खान बहादुर खान–आरा
(v) कुंवर सिंह–बरेली

इनमें से कौन सुमेलित हैं? दिए गए कूटों से उत्तर चुनें–

(a) सभी (b) (i), (ii) और (iii)
(c) (ii), (iii) और (iv) (d) (iii), (iv) और (v)

13. बख्त खान के बारे में कौन-से कथन सत्य हैं?

(i) वह ब्रिटिश सेना में एक साधारण सूबेदार था।
(ii) उसने मेरठ में सिपाहियों के विद्रोह का नेतृत्व किया तथा उन्हें दिल्ली लाया।
(iii) दिल्ली में वह सिपाहियों का वास्तविक नेता था, मुगल बादशाह नाममात्र का नेता था।
(iv) दिल्ली पर अंग्रेजों द्वारा पुनः अधिकार के बाद वह अवध चला गया तथा अंग्रेजों से युद्ध करते हुए मई 1859 में उसकी मृत्यु हुई।

कूट:

(a) (i) और (ii) (b) (iii) और (iv)
(c) (i), (iii) और (iv) (d) (ii), (iii) और (iv)

14. निम्नलिखित कूटों की मदद से इन्हें सुमेलित करें–

	स्थान		**अंग्रेज जिन्होंने वहां पुनः अधिकार किया**
A.	दिल्ली	(i)	सर कोलिन कैम्पबेल
B.	कानपुर	(ii)	सर ह्यूज रोज
C.	लखनऊ	(iii)	मेजर जनरल हेवलॉक
D.	झांसी	(iv)	जनरल जॉन निकाल्सन
E.	इलाहाबाद	(v)	ब्रिगेडियर जनरल नील

कूट:

	A	B	C	D	E
(a)	(iii)	(v)	(iv)	(i)	(ii)
(b)	(iv)	(iii)	(i)	(ii)	(v)
(c)	(ii)	(v)	(iv)	(iii)	(i)
(d)	(i)	(iv)	(ii)	(v)	(iii)

15. 1857 के विद्रोह के दौरान कानपुर के बारे में कौन-से कथन सत्य हैं?

(i) घेराबंद अंग्रेजों ने कुछ दिनों तक विरोध करने के बाद विद्रोहियों के समक्ष आत्मसमर्पण कर दिया।
(ii) नाना साहब द्वारा सुरिक्षत इलाहाबाद ले जाए जाने के वादे के बावजूद जब अंग्रेज कानपुर से नाव द्वारा जा रहे थे तब विद्रोही सिपाहियों ने सभी अंग्रेजों की हत्या कर दी।
(iii) कुछ समय तक कैद रखने के बाद नाना साहब के अनुयायियों ने सभी अंग्रेज महिलाओं तथा बच्चों की हत्या कर दी।
(iv) नाना साहब को पराजित कर जुलाई 1857 में अंग्रेजों ने कानपुर पर पुनः अधिकार कर लिया।
(v) तात्यां टोपे के (अधीन विद्रोही ग्वालियर रेजीमेंट ने नवंबर 1857 में इस पर अधिकार करना चाहा, पर असफल रहे।

कूट:

(a) (i), (ii), (iii) और (iv)
(b) (i), (ii), (iv) और (v)
(c) (ii), (iii), (iv) और (v)
(d) (i), (iii), (iv) और (v)

16. सुमेलित कर दिए गए कूटों से उत्तर चुनें–

	तालिका-I		**तालिका-II**
A.	कुंवर सिंह	(i)	अंग्रेजों से लड़ते हुए ग्वालियर में मृत्यु
B.	नाना साहब	(ii)	चोट के कारण पैतृक निवास में मृत्यु हुई
C.	बख्त खान	(iii)	पुवैन के राजा द्वारा मारा गया
D.	मौलवी अहमदुल्लाह	(iv)	नेपाल भाग गया
E.	रानी लक्ष्मीबाई	(v)	अंग्रेजों से लड़ते हुए अवध में मृत्यु

कूट:

	A	B	C	D	E
(a)	(iv)	(v)	(i)	(iii)	(ii)
(b)	(i)	(iii)	(iv)	(ii)	(v)
(c)	(ii)	(iv)	(i)	(iii)	(i)
(d)	(iii)	(iv)	(ii)	(i)	(v)

17. तात्यां टोपे के बारे में कौन-से कथन सत्य हैं?

(i) वह नाना साहब का भाई था।

(ii) कानपुर पर अंग्रेजों के अधिकार के बाद वह रानी लक्ष्मीबाई के साथ अंग्रेजों के विरुद्ध लड़ा।

(iii) ग्वालियर पर अंग्रेजों के अधिकार के बाद वह मध्य भारत चला गया जहां उसने 10 महीनों तक गुरिल्ला युद्ध जारी रखा।

(iv) उसको सिंधिया के एक (अधीनस्थ शासक मानसिंह ने धोखा दिया तथा उसे अंग्रेजों के हवाले कर दिया।

(v) अंग्रेजों ने अप्रैल 1859 में उसे आजीवन कारावास दे दिया।

कूट:

(a) (i), (iii) और (v) (b) (ii), (iii) और (iv)

(c) (ii), (iii) और (v) (d) (ii), (iv) और (v)

18. किन ब्रिटिश अधिकारियों ने लखनऊ में अपने प्राण गंवाए?

(i) जनरल जॉन निकल्सन

(ii) ब्रिगेडियर जनरल नील

(iii) मेजर जनरल हैवलॉक

(iv) सर हेनरी लॉरेंस

कूट:

(a) उपरोक्त सभी (b) (i), (ii) और (iii)

(c) (ii), (iii) और (iv) (d) (i), (iii) और (iv)

19. लखनऊ के बारे में कौन-से कथन सत्य हैं?

(i) विद्रोह भड़कने पर अंग्रेजों ने सर हेनरी लॉरेंस के (अधीन लखनऊ रेजिडेंसी में शरण ली।

(ii) हैवलॉक तथा ऑट्रम सेना लेकर लखनऊ पहुंचे पर उन्हें भी घेर लिया गया।

(iii) लखनऊ में घेरे गए अंग्रेजों को सर ह्यू रोज ने मुक्त किया।

(iv) तात्यां टोपे के समर्थकों ने दिसंबर 1857 में पुनः इस पर अधिकार कर लिया।

(v) कोलिन कैम्पबेल के नेतृत्व में 1858 में अंग्रेजों ने इस पर निर्णायक अधिकार प्राप्त कर लिया।

कूट:

(a) (i), (ii) और (iii)

(b) (ii), (iii) और (iv)

(c) (i), (ii), (iv) और (v)

(d) (i), (ii), (iii) और (iv)

20. 1857 के विद्रोह में किन वर्गों ने भाग लिया?

(i) कृषक (ii) पूंजीपति

(iii) शिल्पकार (iv) पुराने जमींदार

(v) विस्थापित शासक

कूट:

(a) (i), (iii) और (v)

(b) (ii), (iv) और (v)

(c) (i), (ii), (iv) और (v)

(d) (i), (iii), (iv) और (v)

21. विद्रोहियों के 1857-58 में असफलता के क्या कारण थे?

(i) अव्यवस्था

(ii) अनुशासन की कमी

(iii) आम जनता का योगदान

(iv) आम स्वार्थ

(v) विकेंद्रित नेतृत्व

(vii) परंपरागत हथियारों का प्रयोग

कूट:

(a) (i), (ii), (iii) और (v)

(b) (ii), (iv), (v) और (vii)

(c) (i), (ii), (v) और (vii)

(d) (ii), (iii), (iv) और (vii)

22. अंग्रेजों द्वारा 1857 के विद्रोह को दबाने में सफलता के कारण थे?
(i) अत्यधिक स्रोत
(ii) बेहतर सैन्य तकनीक एवं हथियार
(iii) योग्य नेतृत्व
(iv) कुछ भारतीय शासकों का सहयोग
(v) क्रीमिया युद्ध का अंत: जिसके कारण उन्होंने अपनी अधिकतर सेना भारत भेजी।

कूट:
(a) (i), (ii) और (iv) (b) (ii), (iii) और (v)
(c) (i), (iii) और (iv) (d) उपरोक्त सभी

23. दिल्ली पर अंग्रेजों द्वारा पुन: अधिकार के बाद उनके द्वारा पुरुष नागरिकों के कत्ल-ए-आम को देखने वाला प्रसिद्ध शायर कौन था?
(a) फिराक गोरखपुरी (b) जोश मलीहाबादी
(c) मिर्जा गालिब (d) मीर बाबर अली अनीस

24. किस ब्रिटिश जनरल ने झांसी की रानी लक्ष्मीबाई को 'विद्रोहियों का सर्वोत्तम एवं सबसे बहादुर नेता' बताया है?
(a) सर कोलीन कैम्पबेल
(b) मेजर जनरल हैवलॉक
(c) सर जेम्स ऑट्रम
(d) सर ह्यू रोज

25. निम्नलिखित पुस्तकों को उनके लेखकों के साथ सुमेलित करें तथा दिए गए कूटों से उत्तर चुनें–

	पुस्तक		लेखक
A.	*हिस्ट्री ऑफ इंडियन म्यूटिनी*	(i)	जी.बी. मैलसन
B.	*ए हिस्ट्री ऑफ सिपाय म्यूटिनी इन इंडिया*	(ii)	सर जे.डब्लू. के.
C.	*इंडियन म्यूटिनी ऑफ 1857*	(iii)	एस.एन. सेन
D.	द सिपाय रिवोल्ट, *इट्स कॉजेज एंड कॉन्सीक्वेंसेज*	(iv)	एच. मीड
E.	*एटीन फिफ्टी सेवेन*	(v)	टी.आर. होम्स

कूट:

	A	B	C	D	E
(a)	(v)	(ii)	(i)	(iv)	(iii)
(b)	(ii)	(i)	(iv)	(iii)	(v)
(c)	(i)	(iv)	(iii)	(v)	(ii)
(d)	(iv)	(iii)	(v)	(ii)	(i)

26. द *इंडियन वार ऑफ इंडीपेंडेंस, 1857* नामक पुस्तक का लेखक कौन था?
(a) सर सईद अहमद खान
(b) वी.डी. सावरकर
(c) एस.आर. शर्मा
(d) आर.सी. मजूमदार

27. वीर पांड्य कट्टबोम्मन के बारे में कौन-से कथन सत्य हैं?
(i) वह तामिलनाडु के तिरूनेलवेली जिला स्थित पंचालाकुरिची का शासक था।
(ii) ब्रिटिशों द्वारा अपनी सत्ता उस पर स्थापित करने के प्रयासों के कारण उसने विद्रोह कर दिया।
(iii) अंत में अंग्रेजों ने उस पर अधिकार प्राप्त कर उसकी हत्या की दी।
(iv) उसका क्षेत्र उसके अवयस्क पुत्रों में से एक को सौंप दिया गया।

कूट:
(a) उपरोक्त सभी (b) (ii) और (iv)
(c) (i), (ii) और (iii) (d) (iii) और (iv)

28. वेलु थांबी के बारे में कौन-से कथन सत्य हैं?
(i) वह त्रावणकोर राज्य का राजा था।
(ii) अंग्रेजों द्वारा उसे हटाए जाने की मांग पर उसने विद्रोह किया।
(iii) उसकी सेना द्वारा कड़े विरोध के बावजूद अंग्रेजों ने त्रावणकोर की राजधानी त्रिवेंद्रम पर अधिकार कर लिया।
(iv) अंग्रेजों ने उसे पकड़कर फांसी दे दी।

कूट:
(a) (ii) और (iii) (b) (i) और (ii)
(c) (ii) और (iv) (d) (iii) और (iv)

29. निम्नलिखित तालिकाओं को सुमेलित कर दिए गए कूटों से उत्तर चुनें–

	तालिका-I		तालिका-II
A.	चित्तूर सिंह	(i)	कित्टूर विद्रोह का नेता
B.	चेनम्मा	(ii)	सतारा विद्रोह का नेता
C.	धर राव पवार	(iii)	बुंदेला विद्रोह का नेता
D.	मधुकर शाह	(iv)	रामोसी विद्रोह का नेता

कूट:

	A	B	C	D
(a)	(iv)	(ii)	(i)	(iii)
(b)	(iv)	(i)	(ii)	(iii)
(c)	(i)	(ii)	(iv)	(iii)
(d)	(ii)	(iii)	(i)	(iv)

30. रामोसियों के बारे में कौन-से कथन सत्य हैं?
(i) वे पेशवा के अधीन पुलिस में कार्यरत थे।
(ii) अंग्रेजों ने पेशवा के क्षेत्र को ब्रिटिश साम्राज्य में मिलाकर उनकी सेवाओं को समाप्त कर दिया।
(iii) उनके विद्रोह के कारण पूना तथा आसपास के क्षेत्र काफी लंबे समय तक अस्त-व्यस्त रहे।
(iv) विद्रोह में भाग लेने वाले सभी रामोसियों को पकड़कर अंग्रेजों ने फांसी दे दी।

कूट:
(a) (i), (ii) और (iv) (b) (ii), (iii) और (iv)
(c) (i), (ii) और (iv) (d) (i), (iii) और (iv)

31. कित्तूर के बारे में कौन-से कथन सत्य हैं?
(i) कित्तूर काठियावाड़ में एक छोटा राज्य था।
(ii) इसके प्रमुख देसाई के कोई पुत्र संतान नहीं थी जब उनकी मृत्यु हुई।
(iii) अंग्रेजों ने दत्तक पुत्र को देसाई मानने से इनकार कर दिया तथा कित्तूर का प्रशासन अपने हाथ में ले लिया।
(iv) देसाई के समर्थकों ने विद्रोह कर दिया तथा कुछ अंग्रेज अधिकारियों की हत्या कर दी।
(v) अंग्रेजों ने विद्रोह का दमन कर दिया लेकिन कित्तूर को देसाई के वंशजों के सुपुर्द कर दिया।

कूट:
(a) (i), (ii) और (iv) (b) (ii), (iii) और (iv)
(c) (ii), (iii) और (v) (d) (i), (ii) और (v)

32. सुमेलित करें तथा दिए गए कूटों से उत्तर चुनें–

	तालिका-I		तालिका-II
A.	फरैजी आंदोलन	(i)	करम शाह
B.	वहाबी आंदोलन	(ii)	शरीयतुल्लाह
C.	पागल पंथी	(iii)	भगत जवाहर मल आंदोलन
(iv)	कूका आंदोलन	(iv)	सईद अहमद

कूट:

	A	B	C	D
(a)	(iv)	(ii)	(iii)	(i)
(b)	(iii)	(i)	(iv)	(ii)
(c)	(ii)	(iv)	(i)	(iii)
(d)	(i)	(iii)	(ii)	(iv)

33. फरैजी आंदोलन के बारे में कौन-से कथन सत्य हैं?
(i) इसकी शुरुआत 1820 में हुई।
(ii) शुरू में यह एक धर्म सुधार आंदोलन था।
(iii) इसकी गतिविधियां बिहार तथा उत्तर प्रदेश में केंद्रित थीं।
(iv) बाद में यह पागलपंथी आंदोलन में समाहित हो गया।

कूट:
(a) (i) और (iii) (b) (ii) और (iv)
(c) (i) और (ii) (d) (iii) और (iv)

34. पागलपंथी आंदोलन के बारे में कौन-से कथन सत्य हैं?
(i) इसकी शुरुआत दमनकारी जमींदारी तथा अंग्रेजों के विरुद्ध एक राजनैतिक आंदोलन के रूप में हुई लेकिन बाद में यह एक धर्म सुधार आंदोलन बन गया।
(ii) इसका काल 1825 से 1833 तक था।
(iii) यह पश्चिम बंगाल में शेरपुर तक सीमित था।
(iv) टीपू के अधीन इस आंदोलन का दमन अंततः अंग्रेजों द्वारा बड़े पैमाने पर सैन्य प्रयोग के बाद हुआ।

कूट:
(a) (i) और (ii) (b) (iii) और (iv)
(c) (ii) और (iv) (d) (i) और (iv)

35. वहाबी आंदोलन के बारे में कौन-से कथन सत्य हैं?
(i) इसकी स्थापना भारत में 1810 में एक धार्मिक राजनैतिक आंदोलन के रूप में हुई।
(ii) धार्मिक रूप में इसका उद्देश्य इस्लामी समाज की बुराइयां दूर करना था।
(iii) राजनैतिक रूप में इसका उद्देश्य भारत में मुस्लिम शक्ति को पुनर्जीवन कर इसकी पुनः स्थापना थी।
(iv) इस आंदोलन की शुरुआत सर्वप्रथम रोहिलखंड में हुई।

कूट:
(a) (i), (ii) और (iii) (b) (ii), (iii) और (iv)
(c) (i), (ii) और (iv) (d) (i), (iii) और (iv)

36. वहाबियों के बारे में कौन-से कथन सत्य हैं?
(i) रंजीत सिंह की मृत्यु के बाद वहाबियों ने पंजाब के एक भाग पर कब्जा कर लिया।
(ii) पंजाब पर अंग्रेजों द्वारा अधिकार के बाद अंग्रेजों ने वहाबियों को पराजित कर पंजाब से बाहर कर दिया।

(iii) अंग्रेजों ने इनायत अली के नेतृत्व में वहाबियों को एक बड़ी झड़प में पराजित किया।
(iv) अंग्रेजों ने इनायत अली को पकड़कर फांसी दे दी।

कूट:
(a) (i), (ii) और (iii) (b) (ii), (iii) और (iv)
(c) (i), (ii) और (iv) (d) (i), (iii) और (iv)

37. कूका आंदोलन के बारे में कौन-से कथन सत्य हैं?
(i) इसकी शुरुआत पश्चिमी पंजाब में उन्नीसवीं शताब्दी के छठे दशक में हुई।
(ii) इसका धार्मिक उद्देश्य सिख धर्म से सुधार था।
(iii) इसका राजनैतिक उद्देश्य सिख संप्रभुता की स्थापना था।
(iv) इसके संस्थापक का प्रसिद्ध नाम सिआन साहिब था।

कूट:
(a) (i), (ii) और (iii) (b) (ii), (iii) और (iv)
(c) (i), (ii) और (iv) (d) (i), (iii) और (iv)

38. राम सिंह–
(i) 1860 में कूका नेता बना।
(ii) द्वारा संप्रदाय के संगठन के लिए पंजाब के कई भागों में सूबा तथा नायब-सूबा की नियुक्ति की गई।
(iii) द्वारा बड़ी संख्या में जाट कूका संप्रदाय के सदस्य बनाए गए।
(iv) द्वारा अपने अनुयायियों को सैनिक शिक्षा दी गई।
(v) लुधियाना में 1855 में मरा।

कूट:
(a) (i), (ii) और (iv) (b) (i), (ii) और (v)
(c) (ii), (iii) और (iv) (d) (ii), (iv) और (v)

39. कूका आंदोलन के धर्म सुधार क्या थे?
(i) सभी प्रकार की पूजा का विरोध
(ii) जाति प्रथा का अंत
(iii) अंतर्विवाह पर रोक
(iv) मांस, मदिरा तथा नशीले पदार्थों से परहेज
(v) पुरुषों तथा महिलाओं के बीच स्वतंत्र शारीरिक संपर्क पर रोक।

कूट:
(a) (i), (ii) और (iii) (b) (ii), (iii) और (iv)
(c) (iii), (iv) और (v) (d) (i), (ii) और (iv)

40. सुमेलित करें तथा दिए गए कूटों से उत्तर चुनें–

	तालिका-I		**तालिका-II**
A.	चुआर	(i)	सह्याद्री पहाड़ियां
B.	भील	(ii)	पश्चिम बंगाल
C.	कोली	(iii)	मेघालय
D.	खासी	(iv)	खानदेश

कूट:

	A	B	C	D
(a)	(iv)	(i)	(ii)	(iii)
(b)	(ii)	(iv)	(i)	(iii)
(c)	(ii)	(iii)	(iv)	(i)
(d)	(iii)	(iv)	(i)	(ii)

41. निम्न तालिकाओं पर ध्यान दें–

तालिका-I	**तालिका-II**
(i) नायकदा	असम
(ii) काचानाग	गुजरात
(iii) थाडो कूकी	मणिपुर
(iv) चेंचु	आन्ध्र प्रदेश

इनमें से कौन सुमेलित हैं? अपने उत्तर निम्न कूटों से चुनें–
(a) (i), (ii) और (iii) (b) (ii), (iii) और (iv)
(c) (ii) और (iii) (d) (iii) और (iv)

42. संथाल विद्रोह के बारे में कौन-से कथन सत्य हैं?
(i) राजमहल पहाड़ी के संथालों ने अंग्रेजों के विरुद्ध 1855 में विद्रोह कर दिया।
(ii) उन्होंने अपनी सरकार स्थापित की तथा कर्नल ह्वाइट के नेतृत्व वाली अंग्रेज सेना को पराजित किया।
(iii) प्रभावित क्षेत्र को 1856 में सेना को सौंपकर अंग्रेजों ने विद्रोह का दमन किया।
(iv) संथालों को भविष्य में विद्रोह करने से रोकने के लिए अंग्रेजों ने एक अलग संथाल परगना जिले की स्थापना की।

कूट:
(a) (i), (ii) और (iii) (b) (i), (iii) और (iv)
(c) (ii), (iii) और (iv) (d) (i), (ii) और (iv)

43. निम्न तालिकाओं का सुमेल किस कूट में है?

	नायक		**जनजातीय विद्रोह**
A.	बुद्धो जगत	(i)	1846-48 का खोंड विद्रोह
B.	अल्लुरी सीतराम राजू	(ii)	1831-32 का कोल विद्रोह

C. चक्रा बिसायी (iii) 1882 का काचा नागा विद्रोह

D. संभुदन (iv) 1922-24 का कोया विद्रोह

कूट:

	A	B	C	D
(a)	(ii)	(iv)	(i)	(iii)
(b)	(i)	(iv)	(iii)	(ii)
(c)	(iv)	(ii)	(i)	(iii)
(d)	(iii)	(i)	(ii)	(iv)

44. निम्नलिखित तालिकाओं को सुमेलित करें तथा दिए गए कूटों से उत्तर चुनें–

तालिका-I	**तालिका-II**
A. ओरॉव विद्रोह	(i) 1899-1900
B. चेंचू विद्रोह	(ii) 1914-1915
C. मुंडा विद्रोह	(iii) 1917-1919
D. थाडो कूकी विद्रोह	(iv) 1921-1922

कूट:

	A	B	C	D
(a)	(iv)	(i)	(iii)	(ii)
(b)	(i)	(iii)	(ii)	(iv)
(c)	(iii)	(ii)	(iv)	(i)
(d)	(ii)	(iv)	(i)	(iii)

45. बिरसा मुंडा के बारे में कौन-से कथन सत्य हैं?

(i) उसने एक नए धार्मिक संप्रदाय की स्थापना की जिसका देवता सिंग बोंगा था।

(ii) मुंडा जनजातियों में अपने उपदेशों के कारण अंग्रेजों द्वारा उसे पकड़कर बंदी बनाया गया।

(iii) दो वर्षों तक कैद के बाद वह जेल से भाग गया तथा पुनः मुंडा लोगों के बीच अपने उपदेश देने लगा।

(iv) इसके नेतृत्व में मुंडा लोगों ने विद्रोह कर दिया तथा गिरजाघरों और पुलिस थानों पर आक्रमण किया।

(v) वह अंग्रेजों के साथ एक युद्ध में मारा गया।

कूट:

(a) (i), (ii) और (iii) (b) (ii), (iii) और (iv)

(c) (i), (ii) और (iv) (d) (iii), (iv) और (v)

46. अंग्रेजों के विरुद्ध जनजातीय विद्रोहों के क्या कारण थे?

(i) ब्रिटिश शासन का जानजातीय क्षेत्रों में विस्तार के कारण उनमें क्षोभ।

(ii) मैदानी भाग के लोगों का उनके क्षेत्रों में आने तथा अंग्रेजों द्वारा उन्हें संरक्षण प्रदान किए जाने के कारण जनजातियों में क्षोभ।

(iii) जंगली क्षेत्रों पर बढ़ते हुए ब्रिटिश नियंत्रण के कारण क्षोभ।

(iv) अंग्रेजों द्वारा जनजातीय मजदूरों से बेगार कराने के कारण क्षोभ।

कूट:

(a) (i), (ii) और (iii) (b) (ii), (iii) और (iv)

(c) (i), (iii) और (iv) (d) उपरोक्त सभी

47. ब्रिटिश सरकार द्वारा मानव बलि बंद किए जाने के प्रयासों के कारण किस जनजाति ने विद्रोह किया?

(a) थाडो कूकी (b) खोंड

(c) उरॉव (d) नायकदा

48. 'पेरियार' नाम से कौन प्रसिद्ध है?

(a) सी.वी. रमन पिल्लै

(b) सी.एन. मुदालियार

(c) ई.वी. रामास्वामी नायकर

(d) के. रामकृष्ण पिल्लै

49. गुलामगीरी कब और किसने लिखा?

(a) 1925–बी.आर. अंबेडकर

(b) 1872–ज्योतिबा फुले

(c) 1900–गोपाल हरि देशमुख

(d) 1895–एम.जी. राणाडे

50. तामिल पत्रिका *कुडि अरासु* का संस्थापक कौन था?

(a) अन्ना दुरई (b) पी. त्यागराज चेट्टी

(c) टी.एम. नायर (d) ई.वी. रामास्वामी

51. जस्टिस आंदोलन के बारे में कौन-से कथन सत्य हैं?

(i) सरकारी नौकरियों एवं राजनीति में ब्राह्मणों के वर्चस्व के विरोध में यह मध्यवर्गीय जातियों का आंदोलन था।

(ii) यह 1915-16 के लगभग प्रारंभ हुआ।

(iii) यह ब्राह्मण वर्चस्व के विरुद्ध निचली जातियों का आंदोलन था।

(iv) यह ब्रिटिश विरोधी प्रकृति का आंदोलन था।

कूट:

(a) (i) और (ii) (b) (ii) और (iii)

(c) (iii) और (iv) (d) (i) और (iv)

52. सेल्फ रिस्पेक्ट (आत्म-सम्मान) आंदोलन के बारे में कौन-से कथन सत्य हैं?

(i) यह ब्राह्मण वर्चस्व के विरुद्ध लोक आंदोलन था।

(ii) इसकी स्थापना 1925 ई. वी. रामास्वामी नायकर ने 1925 में की।

(iii) यह 'जस्टिस सभ्रांतता' का अतिवादी विपर्याय था।
(iv) अपने विचारों के प्रसार के लिए ई.वी. रामास्वामी नायकर ने एक अंग्रेजी पत्रिका का प्रकाशन प्रारंभ किया।

कूटः

(a) (i), (ii) और (iii) (b) (ii), (iii) और (iv)
(c) (i), (ii) और (iv) (d) उपरोक्त सभी

53. सेल्फ रिस्पेक्ट (आत्म सम्मान) आंदोलन ने किन चीजों की सिफारिश की?

(i) ब्राह्मण पुजारियों के बगैर विवाह
(ii) मंदिरों में जबर्दस्ती प्रवेश
(iii) *मनुस्मृति* जलाना
(iv) नास्तिकता

कूटः

(a) (i), (ii) और (iii) (b) (i), (iii) और (iv)
(c) (ii), (iii) और (iv) (d) उपरोक्त सभी

54. पल्ली आंदोलन के बारे में कौन-से कथन सत्य हैं?

(i) पल्ली निचली जाति के लोग थे।
(ii) उन्होंने 1871 के बाद उत्तरी तमिलनाडु में अपना आंदोलन प्रारंभ किया।
(iii) उन्होंने स्वयं को 'वन्निय कुल क्षत्रिय' बताया।
(iv) उन्होंने विधवा पुनर्विवाह पर प्रतिबंध जैसे उच्च जातीय रीति-रिवाजों की नकल की।

कूटः

(a) (i), (ii) और (iii) (b) (ii), (iii) और (iv)
(c) (i), (ii) और (iv) (d) उपरोक्त सभी

55. एझावा लोगों के बारे में कौन-से कथन सत्य नहीं हैं?

(i) वे अस्पृश्य जाति के थे।
(ii) उन्होंने 20वीं सदी के प्रारंभ में ब्राह्मणों के वर्चस्व पर आक्रमण किया।
(iii) शंकर नायर उनका नेता था।
(iv) बाद में वे कम्युनिस्टों के प्रबल विरोधी हो गए।

कूटः

(a) (i) और (ii) (b) (ii) और (iv)
(c) (iii) और (iv) (d) (i) और (iv)

56. ज्योतिबा फुले के बारे में कौन-से कथन सत्य हैं?

(i) वह महाराष्ट्र की एक निचली जाति, माहार, के सदस्य थे लेकिन अच्छी तरह से शिक्षित थे।
(ii) उन्होंने 1870 के दशक में सत्यशोधक आंदोलन की स्थापना की।
(iii) उन्होंने निचली जातियों को पाखंडी ब्राह्मणों तथा उनके अवसरवादी धर्मग्रंथों से बचाने की आवश्यकता पर बल दिया।
(iv) उन्होंने 1880 में एक समाचार-पत्र *'न्यू इंडिया'* की स्थापना की।

कूटः

(a) (i) और (ii) (b) (iii) और (iv)
(c) (ii) और (iii) (d) (i) और (iv)

57. सत्यशोधक आंदोलन के बारे में कौन-से कथन सत्य हैं?

(i) इस आंदोलन में अभिजातवर्गीय परंपरावादिता तथा आम जनता की अतिवादिता की प्रवृत्तियों का सम्मिश्रण था।
(ii) अभिजात वर्गीय प्रवृत्ति मध्यवर्गीय एवं निम्नवर्गीय शिक्षित वर्ग द्वारा संस्कृतिकरण द्वारा सामाजिक सीढ़ी पर ऊपर बढ़ने की इच्छा में नजर आती है।
(iii) आम जनता की अतिवादिता ग्रामीण मराठा कृषकों द्वारा जाति प्रथा के दुर्गुणों से मुक्त होने की इच्छा में नजर आती है।
(iv) फिर भी, दोनों प्रवृत्तियां ब्रिटिश विरोधी थीं।

कूटः

(a) (i), (ii) और (iii) (b) (i), (ii) और (iv)
(c) (i), (iii) और (iv) (d) उपरोक्त सभी

58. माहार आंदोलन के बारे में कौन-से कथन सत्य हैं?

(i) माहार महाराष्ट्र के अस्पृश्य थे।
(ii) 19वीं सदी के अंत में वे सर्वप्रथम गोपाल बाबा वालंगकर के नेतृत्व में संगठित होकर सरकारी सेवाओं में अधिक नौकरियों को मांग करने लगे।
(iii) सन् 1920 के बाद उन्होंने अपने प्रथम स्नातक डॉ. बी.आर. अंबेडकर के नेतृत्व में स्वायत्त आंदोलन चलाया।
(iv) उन्होंने 1927 में अपनी पहली राजनीतिक सभा को संबोधित किया।

कूटः

(a) (i), (ii) और (iii) (b) (ii), (iii) और (iv)
(c) (i), (iii) और (iv) (d) उपरोक्त सभी

59. माहारों की मांगें क्या थीं?

(i) तालाबों के प्रयोग एवं मंदिरों में प्रवेश के अधिकार।
(ii) माहार वतन अथवा ग्राम प्रमुखों के प्रति उनकी परंपरागत सेवाओं की समाप्ति।

(iii) इसके सदस्यों को सरकार द्वारा करमुक्त भूमि दी जाने की मांग।
(iv) विधायिका परिषदों में अलग प्रतिनिधित्व।

कूट:
(a) (i), (ii) और (iii) (b) (i), (ii) और (iv)
(c) (ii), (iii) और (iv) (d) उपरोक्त सभी

60. किस कूट में निम्नलिखित तालिकाओं का सुमेल हैं?

तालिका-I (संस्था)	**तालिका-II (संस्थापक)**
A. मैसूर प्रजा मित्र मंडली	(i) ज्योतिब फुले
B. सत्यशोधक समाज	(ii) सी.वी. रमन पिल्लै
C. ऑल-इंडिया अनटचेबिलिटी लीग	(iii) सी.आर. रेड्डी
D. मलयाली मेमोरियल	(iv) एम.के. गांधी

कूट:

	A	**B**	**C**	**D**
(a)	(ii)	(iv)	(i)	(iii)
(b)	(iii)	(i)	(ii)	(iv)
(c)	(ii)	(iv)	(iii)	(i)
(d)	(iii)	(i)	(iv)	(ii)

61. निम्नलिखित तालिकाओं पर ध्यान दें–

तालिका-I	**तालिका-II**
(i) सत्यशोधक आंदोलन	महाराष्ट्र
(ii) एझावा आंदोलन	केरल
(iii) नाडार आंदोलन	दक्षिण तमिलनाडु
(iv) पल्ली आंदोलन	उत्तर तमिलनाडु

इनमें से कौन सुमेलित हैं? उत्तर निम्न कूटों से चुनें–

कूट:
(a) (i), (ii) और (iii) (b) (ii), (iii) और (iv)
(c) (i), (iii) और (iv) (d) उपरोक्त सभी

62. आखिल भारतीय किसान सभा की स्थापना कब और कहां हुई?
(a) 1935–बम्बई (b) 1942–कानपुर
(c) 1935–कलकत्ता (d) 1936–लखनऊ

63. सन् 1936 के किसान घोषणा-पत्र की न्यूनतम मांगें क्या थीं?
(i) कर एवं लगान में पचास प्रतिशत की कमी।
(ii) सभी किसानों को दखलंदाजी अधिकार।
(iii) बेगार की समाप्ति।
(iv) ऋणों एवं ब्याज दों में कमी।
(v) परंपरागत वन अधिकारी की पुनः बहाली।

कूट:
(a) (i), (ii) और (iii) (b) (ii), (iii) और (iv)
(c) (iii), (iv) और (v) (d) सभी

64. *'नील दर्पण'* नाटक के बारे में कौन-से कथन सत्य हैं?
(i) इसे 1860 में लिखा गया था।
(ii) इसके लेखक प्रेमचंद हैं।
(iii) इसके लेखक दीनबंधु मित्र हैं।
(iv) इसमें साहूकारों द्वारा दक्कन के किसानों का शोषण दिखाया गया है।
(v) इसमें यूरोपीय नील रोपकों द्वारा बंगाल के किसानों का शोषण दिखाया गया है।

कूट:
(a) (i), (ii) और (iv) (b) (i), (iii) और (iv)
(c) (i), (ii) और (v) (d) (i), (iii) और (iv)

65. बंगाल के नील विद्रोह के बारे में कौन-से कथन सत्य हैं?
(i) किसानों ने नील की खेती करने से इनकार कर दिया तथा यूरोपीय रोपकों के विरुद्ध सशस्त्र विद्रोह कर दिया।
(ii) उनके विरोधों ने विष्णुचरण विश्वास एवं दिगंबर विश्वास ने महत्वपूर्ण भूमिका निभाई।
(iii) बंगाल के बुद्धिजीवी वर्ग ने विद्रोही किसानों के समर्थन में एक महत्वपूर्ण अभियान आयोजित किया।
(iv) इस विद्रोह के बावजूद बंगाल में नील की खेती की सभी कुप्रथाएं जारी रहीं।

कूट:
(a) (i), (ii) और (iii) (b) (i), (ii) और (iv)
(c) (i), (iii) और (iv) (d) सभी

66. पबना आंदोलन के बारे में कौन-से कथन सत्य हैं?
(i) इस आंदोलन का मुख्य कारण जमींदारों द्वारा किसानों का दमन था।
(ii) किसानों ने लगान न देने के लिए संघों का निर्माण किया तथा जमींदारी एवं उनके ऐजेंटों पर सशस्त्र आक्रमण भी किया।

(iii) अंततः इसे बल प्रयोग द्वारा दबा दिया गया।
(iv) एक समिति की सिफारिश पर सरकार ने कुछ वर्गों के किसानों को स्थायी अधिकार प्रदान किए।

कूटः

(a) (i), (ii) और (iii) (b) (i), (iii) और (iv)
(c) (i), (ii) और (iv) (d) उपरोक्त सभी

67. दक्कन दंगों के बारे में कौन-से कथन सत्य है?
(i) इन दंगों में किसानों के आक्रमणों के मुख्य लक्ष्य साहूकार थे।
(ii) सूरत तथा कोल्हापुर इन दंगों के मुख्य केंद्र थे।
(iii) पुलिस जब इन दंगों को दबाने में असफल रही तो इसके लिए सेना बुलाई गई।
(iv) अंग्रेजों ने 1879 में एक विधेयक पारित कर किसानों द्वारा साहूकारों को ऋण अदा न किए जाने की स्थिति में उन्हें बंदी बनाए जाने पर प्रतिबंध लगा दिया।

कूटः

(a) (i), (ii) और (iii) (b) (i), (ii) और (iv)
(c) (i), (iii) और (iv) (d) उपरोक्त सभी

68. चंपारण सत्याग्रह के बारे में कौन-से कथन सत्य हैं?
(i) इस आंदोलन का मुख्य कारण यूरोपीय नील रोपकों द्वारा चंपारण के किसानों का दमन था।
(ii) चंपारण के किसानों ने अपनी मदद के लिए वहां गांधी को बुलाया।
(iii) गांधी सरकार से एक समिति नियुक्त करवाने में सफल रहे, जिसके एक सदस्य वे खुद भी थे।
(iv) सरकार ने समिति की सिफारिशें स्वीकार कीं तथा चंपारण के किसानों की शिकायतों को दूर किया।

कूटः

(a) (ii), (iii) और (iv) (b) (i), (iii) और (iv)
(c) (i), (ii) और (iv) (d) सभी

69. खेड़ा आंदोलन के बारे में कौन-से कथन सत्य हैं?
(i) अकाल के कारण फसल नष्ट होने के बावजूद खेड़ा के किसानों का लगान सरकार द्वारा माफ न किए जाने के कारण यह आंदोलन प्रारंभ हुआ।
(ii) खेड़ा के किसानों ने गांधी तथा वल्लभ भाई पटेल के नेतृत्व में कर नहीं देने के लिए अभियान छेड़ दिया।
(iii) आंदोलन के कारण कर वसूली फिलहाल स्थगित कर दी गई।
(iv) सरकारी दमनकारी नीतियों के कारण आंदोलन पूर्णतः असफल रहा।

कूटः

(a) (i), (ii) और (iii) (b) (ii), (iii) और (iv)
(c) (i), (ii) और (iv) (d) (i), (iii) और (iv)

70. मोपला विद्रोह के बारे में कौन-से कथन सत्य हैं?
(i) मुस्लिम मोपला किसानों ने हिंदू जमींदारों तथा ब्रिटिश सरकार द्वारा अपने शोषण का विरोध किया।
(ii) विद्रोह का तात्कालिक कारण था- अगस्त में तिरूरंगादी मस्जिद में हथियारों की तलाश में पुलिस का छापा पड़ना।
(iii) मोपला विद्रोहियों ने कुछ क्षेत्रों पर अपना पूर्ण नियंत्रण स्थापित कर लिया तथा कुछ स्थानों पर अपना 'गणराज्य' भी स्थापित कर लिया।
(iv) इस विद्रोह में 2399 मोपला विद्रोहियों की मृत्यु हुई।

कूटः

(a) (i), (ii) और (iii) (b) (i), (ii) और (iv)
(c) (ii), (iii) और (iv) (d) उपरोक्त सभी

71. बारदोली आंदोलन के बारे में कौन-से कथन सत्य हैं?
(i) यह बारदोली जिले में ब्रिटिश सरकार द्वारा भूमि कर बढ़ाए जाने के विरोध में प्रारंभ हुआ।
(ii) वल्लभ भाई पटेल के नेतृत्व में बारदोली के किसानों ने बढ़ी हुई दरों पर भूमि कर देने से इनकार कर दिया।
(iii) अंग्रेजों ने बड़े पैमानों पर भूमि तथा मवेशी जब्त कर आंदोलन को दबाने में सफलता प्राप्त की।
(iv) भूमि कर बढ़ी हुई दरों पर वसूला जाता रहा।

कूटः

(a) (i) और (ii) (b) (ii) और (iv)
(c) (i) और (ii) (d) (iii) और (iv)

72. वर्ग-चेतन किसान संगठनों की उत्पत्ति के संदर्भ में कौन से कथन सत्य हैं?
(i) बी.वी. रत्नम द्वारा 1922 में आंध्र प्रदेश के कृष्णा जिले में प्रथम रैयत संघ की स्थापना हुई।
(ii) एन.जी. रंगा द्वारा 1923 में आंध्र प्रदेश के गुंटूर जिले में प्रथम रैयत संघ की स्थापना हुई।

(iii) आंध्र प्रदेश के कृष्णा तथा पश्चिम गोदावरी जिलों में 1929 एवं 1962 में रैयत तथा मजदूरों संघों का संगठन बना।

(iv) सन् 1926 और 1927 के बीच बंगाल, बिहार, उत्तर प्रदेश तथा पंजाब में कई किसान सभाओं का गठन हुआ।

कूट:

(a) (i), (ii) और (iii) (b) (ii), (iii) और (iv)

(c) (i), (iii) और (iv) (d) (i), (ii) और (iv)

73. भारत का प्रथम आधुनिक मजदूर संघ कौन था तथा इसकी स्थापना कब हुई?

(a) बंबई मजदूर संघ–1919

(b) कलकत्ता मजदूर संघ–1914

(c) मद्रास मजदूर संघ–1918

(d) अहमदाबाद मजदूर संघ–1919

74. किस विधेयक/अध्यादेश के द्वारा मालिकों द्वारा मजदूर संघों की आवश्यक स्वीकृति प्राप्त की गई?

(a) 1947 का इंडस्ट्रियल डिस्प्यूट्स एक्ट

(b) 1939 का डिफेंस ऑफ इंडिया एक्ट

(c) 1940 का नेशनल सर्विस ऑर्डिनेंस

(d) 1947 का मजदूर संघ (संशोधन) विधेयक

75. फैक्टरी आयोगों तथा विधेयकों के बारे में कौन-से कथन सत्य हैं?

(i) प्रथम फैक्टरी आयोग 1875 में गठित किया गया।

(ii) प्रथम आयोग की सिफारिशों पर 1875 में प्रथम फैक्टरी विधेयक पारित किया गया।

(iii) द्वितीय फैक्टरी आयोग 1886 में गठित किया गया।

(iv) द्वितीय आयोग की सिफारिशों पर आधारित द्वितीय फैक्ट्ररी विधेयक 1891 में पारित हुआ।

कूट:

(a) (i) और (iv) (b) (ii) और (iii)

(c) (i), (ii) और (iii) (d) उपरोक्त सभी

76. द्वितीय फैक्ट्ररी विधेयक के क्या प्रावधान थे?

(i) एक साप्ताहिक अवकाश।

(ii) कार्य दिवस में आधे घंटे का अवकाश।

(iii) शारीरिक अयोग्यता के लिए हर्जाना।

(iv) महिलाओं तथा बच्चों के लिए कार्य अवधि का निर्धारण।

(v) पुरुषों के लिए कार्य अवधि का निर्धारण।

कूट:

(a) (i), (ii) और (iii) (b) (ii), (iii) और (iv)

(c) (i), (ii) और (iv) (d) (i), (iii) और (v)

उत्तरमाला

1. (d)	2. (b)	3. (b)	4. (d)	5. (d)	6. (c)	7. (a)
8. (c)	9. (a)	10. (d)	11. (c)	12. (b)	13. (c)	14. (b)
15. (a)	16. (c)	17. (b)	18. (c)	19. (c)	20. (d)	21. (c)
22. (d)	23. (c)	24. (c)	25. (a)	26. (b)	27. (c)	28. (a)
29. (b)	30. (a)	31. (b)	32. (c)	33. (c)	34. (c)	35. (b)
36. (a)	37. (b)	38. (c)	39. (d)	40. (b)	41. (d)	42. (b)
43. (a)	44. (b)	45. (c)	46. (d)	47. (b)	48. (c)	49. (b)
50. (d)	51. (a)	52. (a)	53. (d)	54. (d)	55. (c)	56. (c)
57. (a)	58. (d)	59. (b)	60. (d)	61. (d)	62. (d)	63. (d)
64. (b)	65. (a)	66. (d)	67. (c)	68. (d)	69. (a)	70. (d)
71. (c)	72. (b)	73. (c)	74. (d)	75. (a)	76. (c)	

अध्याय 18

भारत का स्वतंत्रता संग्राम–प्रथम चरण

18.1 राष्ट्रीय भावना का विकास

आधुनिक संदर्भ में, भारत में ब्रिटिश शासन का मुख्य कारण, उस समय के लोगों में राष्ट्रीयता की भावना की कमी थी। देश कई स्वतंत्र राज्यों में विभक्त था, केवल स्थानीय प्रमुखों में क्षेत्रीय देशभक्ति या वफादारी थी। अंग्रेजों के विरुद्ध 1857 ई. का विद्रोह संपूर्ण देश के इसमें भाग न लेने के कारण असफल रहा। इस विद्रोह की असफलता के बावजूद अन्य कई कारणों ने भारत में राष्ट्रीय जागरण या स्वतंत्रता संग्राम की शुरुआत में अपना महत्वपूर्ण योगदान दिया।

भारतीय समाज के विभिन्न वर्गों की शिकायतें–अंग्रेजों की आर्थिक नीतियों ने (व्यापार, उद्योग एवं कर नीतियां) भारतीय समाज के सभी वर्गों-कृषक, मजदूरों, मध्यवर्गीय वर्ग मुख्यतया शिक्षित वर्ग एवं उद्योगपतियों इत्यादि को प्रतिकूल रूप से प्रभावित किया। जिन वर्गों का ब्रिटिश शासन में अपना स्वार्थ निहित था वे भी अंग्रेजों की जातीय श्रेष्ठता एवं विभेद से क्षुब्ध थे। इन वर्गों में मुख्यतया भू-स्वामी जमींदार, महाजन एवं देशी शासक सम्मिलित थे।

भारत का आर्थिक तथा प्रशासनिक एकीकरण–अंग्रेजों ने सरकार को एक रूप करके एवं आधुनिक पद्धति की शुरुआत करके पूरे देश को प्रशासनिक तौर पर एकीकृत किया। ग्रामीण तथा स्थानीय आत्मनिर्भर अर्थव्यवस्था का विघटन तथा पूरे भारत में आधुनिक व्यापार एवं उद्योगों की शुरुआत ने भारत के आर्थिक जीवन को एक कर पूरे देश के विभिन्न भागों में रहने वाले लोगों के आर्थिक लाभों को एक-दूसरे के साथ जोड़ दिया। नए परिवहन तथा संचार अर्थात् (रेलवे, टेलीग्राफ तथा डाक व्यवस्था) आदि साधनों की शुरुआत ने देश के विभिन्न भागों को एक साथ जोड़ा तथा लोगों के मुख्यतया नेताओं के परस्पर संबंधों को बढ़ाया। यह एकीकरण अंग्रेजों द्वारा अपने निहित स्वार्थ के लिए किया गया था। यद्यपि इन कारणों से भी भारत में राष्ट्रीय आंदोलन के विकास को बढ़ावा मिला।

पाश्चात्य शिक्षा तथा चिंतन का विस्तार-अंग्रेजी भाषा, जिसे 1935 ई. में स्कूलों एवं कॉलेजों में अनुदेश का माध्यम बताया गया, संपूर्ण भारत के शिक्षित लोगों की भाषा बन गई। यह भाषा उनके मेल-मिलाप तथा आपसी नजदीकी संबंधों का सबसे अच्छा माध्यम बनी। इनमें से कुछ शिक्षित भारतीय पाश्चात्य विचारों एवं चिंतन (स्वतंत्रता, समानता, प्रजातंत्र एवं समाजवाद इत्यादि) के संपर्क में आए तथा कुछ पाश्चात्य सभ्यता के सीधे संपर्क में आए। इन अंग्रेजी शिक्षित भरतीयों द्वारा राष्ट्रीय दोलन का नेतृत्व एवं संगठन किया गया।

प्रिंटिंग प्रैस की शुरुआत–भारत में प्रैस की शुरुआत के बाद यह राष्ट्रवादी भारतीयों के लिए देशभक्ति का संदेश एवं आधुनिक स्वतंत्र विचारों के प्रसार का मुख्य साधन बन गई। उन्नीसवीं शताब्दी के उत्तरार्द्ध से अंग्रेजी के अलावा कई अन्य भारतीय भाषाओं में समाचार-पत्रों एवं पत्रिकाओं का प्रकाशन होने लगा। तथाकथित वर्नाक्यूलर तथा अंग्रेजी अखबारों ने आधिकारिक नीतियों की आलोचना की, भारतीय विचारधारा को पेश किया तथा स्वशासन, प्रजातंत्र आदि

आधुनिक विचारधाराओं को लोकप्रिय बनाने के साथ-साथ लोगों ने एक होकर राष्ट्रीय कल्याण के लिए कार्य करने का आह्वान किया। उपन्यासों, लेखों तथा देशभक्ति की कविताओं जैसे राष्ट्रवादी साहित्य ने भी राष्ट्रीय जागरूकता को उभारने में महत्वपूर्ण योगदान दिया।

धर्म-समाज सुधार आंदोलन–राजा राममोहन राय, स्वामी विवेकानंद, स्वामी दयानंद सरस्वती आदि सुधारकों ने भारत की समृद्ध सांस्कृतिक धरोहर के प्रति भारतीयों के ध्यान को आकृष्ट कर उनमें आत्म-विश्वास तथा अपने धर्म एवं संस्कृति के प्रति सम्मान की भावना को जागृत किया। इस प्रकार उन्होंने अंग्रेजों के इस दुष्प्रचार का विरोध किया कि भारतीयों ने भूतकाल में कभी भी अपने ऊपर शासन नहीं किया है, हिंदू तथा मुसलमान आपस में लड़ते रहे हैं तथा भारतीयों की नियति विदेशियों से शासित होने की रही है। उदाहरणार्थ, स्वामी दयानंद ने सर्वप्रथम स्वराज शब्द का प्रयोग किया। कई आर्य समाजी भारतीय राष्ट्रीय आंदोलन की अग्रिम पंक्ति में थे तथा उन्होंने भारतीय राष्ट्रीय कांग्रेस में अतिवादिता की भावना को जन्म दिया। थियोसोफिकल सोसायटी ने भी भारतीयों में आत्म-विश्वास एवं आत्म-सम्मान की भावना को बढ़ावा दिया।

अंग्रेजों की जातिगत श्रेष्ठता तथा उनकी सामाजिक विशिष्टता–नागरिक पदों हेतु योग्यता न्याय प्रशासन, वेतन तथा निजी मामलों में भी खुलेआम जातिगत भेदभाव बरता जाता था। भारतीय समाचार-पत्रों में इस का खुलेआम प्रचार किया जाता था, जिसके कारण भारतीयों में राष्ट्रीय तिरस्कार की भावना उत्पन्न हुई। इसके कारण अंग्रेजों के विरुद्ध भारतीयों की भावना-प्रज्ज्वलित हुई, जिसने राष्ट्रीय जागरूकता को उत्पन्न करने में सहयोग दिया।

लॉर्ड लिटन (1876-80) का प्रतिक्रियावादी काल तथा इल्बर्ट बिल विवाद (1883)– लॉर्ड लिटन के कारण भारतीय राष्ट्रवाद को एक मूर्त रूप प्राप्त हुआ जबकि इल्बर्ट बिल के कारण यह संगठित हुआ। लॉर्ड लिटन के काल में वर्नाक्यूलर प्रेस एक्ट द्वारा प्रेस की स्वतंत्रता पर रोक लगा दी गई, आर्म्स एक्ट के द्वारा बड़े पैमाने पर भारतीयों को हथियार रखने से वंचित कर दिया गया, द्वितीय अफगान युद्ध के कारण भारतीय अर्थव्यवस्था बुरी तरह प्रभावित हुई, भयानक अकाल के दौरान दिल्ली में इम्पीरियल दरबार का आयोजन किया गया, ब्रिटिश वस्त्रों पर से आयात कर हटा लिया गया तथा आई.सी.एस. परीक्षा में अधिकतम आयु सीमा में कमी लाकर इसमें भारतीयों के प्रवेश की संभावना को और कम कर दिया गया। इन सभी घटनाओं ने अंग्रेजी शासन के विरुद्ध पनप रहे असंतोष को बढ़ावा दिया तथा इल्बर्ट बिल विवाद ने चिंगारी को भड़का दिया।

इल्बर्ट बिल (1884)

इल्बर्ट बिल (तत्कालीन गवर्नर जनरल की कार्यकारी परिषद के न्याय सदस्य सर इल्बर्ट के नाम से प्रसिद्ध), जिसका अधिकारिक नाम 'क्रिमिनल प्रोसीजर एमेंडमेंट कोड बिल' था, फरवरी 1883 में प्रस्तावित किया गया। इसका उद्देश्य भारतीय जिला मजिस्ट्रेटों तथा सत्र न्यायाधीशों को यूरोपीय तथा अंग्रेज अपराधियों के मुकद्दमों की सुनवाई का अधिकार सौंपना था। इसके अलावा इसका उद्देश्य स्थानीय सरकार को भारतीय सिविल सेवकों में से योग्यता के आधार पर न्यायाधीशों की नियुक्ति का अधिकार सौंपना भी था। प्रस्तावित परिवर्तनों के लिए राज्य सचिव की सहमति भी प्राप्त कर ली गई थी।

लेकिन यूरोपीय अधिकारी तथा गैर-अधिकारी वर्ग ने इसका घोर विरोध किया। उन्होंने एक 'यूरोपियन एंड एंग्लो-इंडियन डिफेंस एसोसिएशन' का निर्माण कर अपने अधिकारों एवं सुरक्षा की रक्षा की मांग की। दूसरी ओर भारतीयों ने इस उपाय का स्वागत किया तथा बिल के समर्थन में अखिल भारतीय अभियान छेड़ा। इस प्रकार खुलेआम संघर्ष की स्थिति उत्पन्न हो गई। हालांकि रिपन ने बिल को वापस लेने से इनकार कर दिया, लेकिन वह समझौते के लिए राजी हो गया। संशोधन के बाद इस बिल को जनवरी 1884 में पास कर दिया गया।

नए कानून के अनुसार सभी जिला मजिस्ट्रेट तथा सत्र न्यायाधीश शांति हेतु पदेन न्यायाधीश बने, जिन्हें यूरोपीय तथा ब्रिटिश नागरिकों की सुनवाई तथा सजा सुनाने का अधिकार प्राप्त था। लेकिन समझौता यह हुआ कि यूरोपीय अथवा ब्रिटिश नागरिक जूरी द्वारा सुनवाई की मांग कर सकते थे। इस जूरी के आधे सदस्य यूरोपीय या अमेरिकी होंगे। इस प्रकार यह समझौता मूल बिल के आवश्यक अंग का विरोधी था।

यूरोपीयों की सफलता से विरोध और तीव्र हुआ तथा भारतीय राष्ट्रीय जागरूकता में वृद्धि हुई, जिसके परिणामस्वरूप शीघ्र ही भारतीय राष्ट्रीय कांग्रेस की स्थापना हुई।

18.2 संगठनों का उदय

संगठन	संस्थापक	वर्ष	स्थान
लैंड होल्डर्स सोसाइटी	द्वारकानाथ टैगौर	1830	कलकत्ता
ब्रिटिश इंडिया सोसाइटी	विलियम एडम	1839	लंदन
बंगाल ब्रिटिश इंडिया सोसाइटी	अनुपलब्ध	1843	कलकत्ता
ब्रिटिश इंडिया एसोसिएशन (प्रथम दो संगठनों के विलय से बना)	देवेंद्रनाथ टैगोर	1851	कलकत्ता
मद्रास नेटिव एसोसिएशन	अनुपलब्ध	1852	मद्रास
बॉम्बे एसोसिएशन	जगन्नाथ शंकर सेठ	1852	बंबई
ईस्ट इंडिया एसोसिएशन	दादा भाई नौरोजी	1866	लंदन
नेशनल इंडियन एसोसिएशन	मेरी कारपेंटर	1867	लंदन
पूना सार्वजनिक सभा	एस.एच. चीपलंकर जी.वी. जोशी, एमजी, रानाडे इत्यादि	1870	पूना
इंडियन सोसायटी	आनंदमोहन बोस	1872	लंदन
इंडियन एसोसिएशन	आनंदमोहन बोस एवं एस.एन. बैनर्जी	1876	कलकत्ता
मद्रास महाजन सभा	जी.एस. और एम. वीर राघवचारी आनंदचार्लू इत्यादि	1884	मद्रास
बॉम्बे प्रेसीडेंसी एसोसिएशन	फिरोजशाह मेहता, के.टी. तेलंग, बदरुद्दीन तैयब जी इत्यादि	1885	बंबई

18.3 भारतीय राष्ट्रीय कांग्रेस की स्थापना

हालांकि कांग्रेस की स्थापना के पहले अच्छी-खासी संख्या में राष्ट्रवादी संस्थाओं की उत्पत्ति हुई, पर इनमें सर्वाधिक महत्वपूर्ण 1876 में सुरेन्द्रनाथ बनर्जी तथा आनंदमोहन बोस द्वारा स्थापित कलकत्ता की इंडियन एसोसिएशन थी। इस संगठन ने सिविल सेवा परीक्षा प्रणाली में सुधार, जमींदारों के विरुद्ध कृषकों के अधिकारों की सुरक्षा, विदेशी चाय बागान मालिकों के विरुद्ध उसके मजदूरों के अधिकारों की रक्षा आदि के लिए विरोधों का आयोजन किया। इसकी शाखाएं बंगाल के गांवों तथा शहरों एवं बंगाल के बाहर भी कई शहरों में खुलीं। सन 1883 एवं 1885 में दो अखिल भारतीय सम्मेलनों का आयोजन कर इसने अखिल भारतीय संस्था का स्तर प्राप्त करने का भी प्रयत्न किया।

कांग्रेस के पूर्व की सभी राष्ट्रवादी संस्थाओं ने महत्वपूर्ण भूमिका निभाई। लेकिन, इंडियन एसोसिएशन समेत, इन सभी संस्थाओं का कार्य क्षेत्र, सदस्यता तथा कार्य प्रक्रिया स्थानीय थी। अतः राजनैतिक रूप से जागरुक भारतीय एक अखिल भारतीय संगठन की आवश्यकता महसूस कर रहे थे। फलतः जब एक सेवानिवृत्त सिविल सर्वेंट ए.ओ. ह्यूम, ने ऐसी संस्था की स्थापना के लिए कदम उठाया तो सभी ने उसको सहयोग दिया। इस प्रकार भारतीय राष्ट्रीय कांग्रेस की स्थापना हुई। इसका प्रथम अधिवेशन डब्ल्यू.सी. बनर्जी की अध्यक्षता में दिसंबर 1885 में बंबई में संपन्न हुआ, जिसमें देशभर से आए 72 प्रतिनिधियों ने भाग लिया। इसका दूसरा अधिवेशन दिसंबर 1886 में कलकत्ता में हुआ।

इसके बाद का भारतीय राष्ट्रीय आंदोलन तीन चरणों अथवा कालों में देखा जा सकता है–उदारवादी चरण अथवा प्रारंभिक राष्ट्रवादियों का काल (1985-1905) अतिवादी चरण अथवा आतंकवादी राष्ट्रवादियों का काल (1905-18) तथा गांधी का युग (1918-47)।

18.4 उदारवादी अवस्था (1885-1905)

उदारवादियों के अधीन कांग्रेस की बदलती हुई प्रकृति

शुरू में कांग्रेस ने ब्रिटिश सरकार के कुछ कार्यों एवं नीतियों की आलोचना में प्रस्ताव पारित किया तथा सुधारों की मांग की। सरकारी नीतियों की आलोचना में कांग्रेस ने प्रतिष्ठित एवं उदारवादी भाषा का प्रयोग किया। प्रतिवर्ष इसने ब्रिटिश क्राऊन के प्रति निष्ठा का प्रस्ताव पारित किया। शुरू में कांग्रेस के प्रति ब्रिटिश सरकार का रवैया अनुकूल था, पर शीघ्र ही सरकार कांग्रेस को एक छोटे-से वर्ग का प्रतिनिधि मानने लगी। अंग्रेजों के विचारों में परिवर्तन के साथ-साथ 19वीं शताब्दी के अंत तक कांग्रेस की मांगों तथा इसके द्वारा विरोध प्रदर्शन के तरीकों में भी परिवर्तन आने लगा। बीसवीं शताब्दी के प्रारंभ में उदारवादी राष्ट्रवादियों ने ऑस्ट्रेलिया, न्यूजीलैंड तथा कनाडा के उपनिवेशों की तरह ब्रिटिश साम्राज्य के अधीन स्वशासन की मांग पेश की। कांग्रेस के प्लेटफॉर्म से यह मांग सर्वप्रथम 1905 में गोखले ने तथा 1906 में दादाभाई नौरोजी ने की।

महत्वपूर्ण उदारवादी

महत्वपूर्ण उदारवादी नेता दादाभाई नौरोजी, एम.जी. रानाडे, सुरेन्द्रनाथ बनर्जी, फिरोजशाह मेहता, बदरुद्दीन तैयब जी, गोपाल कृष्ण गोखले, दिनशॉ वाचा, आनंद मोहन बोस, रास बिहारी घोष तथा अन्य थे।

उदारवादियों की मुख्य मांगें–उदारवादियों की मुख्य मांगें थीं–

- प्रशासन पर लोकप्रिय नियंत्रण के लिए विधायी परिषदों का विस्तार एवं सुधार।
- आई.सी.एस. परीक्षा इंग्लैंड तथा भारत में आयोजित कर लोक सेवा में भारतीयों को अधिक अवसर देने की मांग।
- सूती वस्त्रों पर आयात कर पुनः लागू किया जाना। सैन्य खर्च में कटौती।
- तकनीकी एवं सामान्य शिक्षा का विस्तार।
- कार्यपालिका का न्यायपालिका से अलगाव।
- ऑस्ट्रेलिया, कनाडा आदि उपनिवेशों की तरह भारत को ब्रिटिश साम्राज्य के अधीन स्वशासन को अधिकार आदि (1905)।

उदारवादियों की कार्यपद्धति

उदारवादियों की कार्यपद्धति को 'संवैधानिक विरोध प्रदर्शन' कहा जा सकता है। उन्होंने स्वयं को बैठकों, भाषणों, प्रस्तावों तथा आवेदनों तक सीमित रखा। बहुत ही कम अवसरों पर उन्होंने विदेशी वस्तुओं का बहिष्कार तथा भारतीय वस्तुओं (स्वदेशी) का प्रयोग किया। वे शांतिपूर्ण तथा अहिंसक संघर्ष में विश्वास करते थे। उनकी राजनैतिक गतिविधियां सिर्फ शिक्षित वर्गों तक सीमित थीं तथा उन्होंने राष्ट्रीय आंदोलन में आम जनता को सम्मिलित नहीं किया। वे राजनैतिक अधिकार धीरे-धीरे प्राप्त करना चाहते थे, अचानक नहीं।

उदारवादियों की उपलब्धियां

उदारवादियों की मुख्य उपलब्धियां थीं–

- जनता में राष्ट्रीय भावना की उत्पत्ति तथा उन्हें राजनैतिक कला का प्रशिक्षण प्रदान करना।
- जनता के बीच जनतंत्र तथा राष्ट्रीयता के विचारों को लोकप्रिय बनाना।
- ब्रिटिश साम्राज्यवाद की शोषक नीतियों तथा उसके दुष्परिणामों को जनता के समक्ष रखना, उदाहरण के लिए दादाभाई नौरोजी का दोहन सिद्धांत।
- एक सामान्य राजनैतिक तथा आर्थिक योजना का निर्माण जिसके लिए भारतीयों ने एकत्रित होकर संघर्ष किया।
- एक ठोस आधार का निर्माण जिस पर बाद के वर्षों में भारतीय राष्ट्रीय आंदोलन को बल तथा गति प्राप्त हुई।
- मध्यकालीन अज्ञानता तथा अधिकार तंत्र के विरुद्ध अभियान को बल।
- अंग्रेजों द्वारा 1892 का इंडियन काउंसिल एक्ट पारित कराना।

उदारवादियों की असफलताएं

इन्होंने जन-संघर्ष के महत्व को नहीं- समझा तथा उनका आंदोलन शिक्षित मध्य वर्ग तक सीमित रहा। इन्हें काफी दिनों तक अंग्रेजों की वास्तविक प्रकृति का भी एहसास नहीं हो

सका। 19वीं शताब्दी के अंत तक ही वे इस बात को समझ सके कि अंग्रेजों की न्यायप्रियता में उनका विश्वास गलत था। अंततः संवैधानिक तरीकों से कुछ खास प्राप्त करने में भी वे असफल रहे।

18.5 उग्रवाद का विकास (1906-1918)

अतिवादिता की उत्पत्ति के कारण

भारतीयों की चेतना में वृद्धि-भारतीयों के बीच ब्रिटिश औपनिवेशिक शासन के विरुद्ध चेतना में वृद्धि हो रही थी। ब्रिटिश शासन के आर्थिक दुष्परिणाम 1896 तथा 1900 के बीच के अकालों में और भी स्पष्ट हो गए।

विरोध प्रदर्शन के उदारवादी तरीकों की असफलता- ब्रिटिश सरकार से कुछ विशेष प्राप्त करने में उदारवादी तरीकों, बैठक, प्रस्ताव, आवेदन तथा विधायी परिषद में भाषण) की असफलता के कारण और कठोर तरीके अपनाए जाने की आवश्यकता महसूस हुई। उदाहरणार्थ, 1892 के इंडियन काउंसिल एक्ट से भारतीयों को घोर निराशा हुई।

ब्रिटिश सरकार की दमनकारी नीतियां-ब्रिटिश सरकार की कुछ दमनकारी नीतियों ने भी उग्रवाद को बढ़ावा दिया। उदाहरणार्थ, राष्ट्रवाद के प्रचार को अपराध मानने वाला कानून (1898) तथा प्रैस की स्वतंत्रता पर रोक लगाने वाला इंडियन ऑफिशियल सीक्रेट्स एक्ट (1904)। तिलक तथा कुछ अन्य संपादकों को राष्ट्रवाद फैलाने के जुर्म में कारावास (1897) तथा नाटू बंधुओं को बिना सुनवाई के कालापानी की सजा ने भारतीयों की भावनाओं को और भी भड़काया।

जन-आंदोलन की आवश्यकता महसूस होना-जन-आंदोलनों (आंदोलन में आम जनता को शामिल कर) की आवश्यकता तथा वार्षिक सम्मेलनों के स्थान पर अनवरत राजनैतिक गतिविधियों ने स्वराज प्राप्ति के लिए आम जनता की अतिवादिता को बढ़ावा दिया।

भारतीयों के आत्मसम्मान में वृद्धि-भारतीयों में स्वशासन तथा अपना भविष्य स्वयं निर्धारित करने हेतु उनमें आत्मसम्मान तथा आत्मविश्वास की भावना का उदय हुआ। इसने उग्रवादी विचारों को जन्म दिया। इसी कारण तिलक ने घोषणा की कि स्वराज प्रत्येक भारतीय का जन्मसिद्ध अधिकार है, कोई उपहार नहीं जिसे अंग्रेजों द्वारा बताई गई सभी जांचों में खरा उतरने के बाद भारतीयों को दिया जाए।

पाश्चात्य शिक्षा तथा विचारों का प्रभाव-पाश्चात्य शिक्षा तथा विचारों एवं बड़े पैमाने पर बेरोजगारी ने भी उग्रवाद की भावना को जन्म दिया। पाश्चात्य शिक्षा में विकास के कारण भारतीय अधिक संख्या में शिक्षित हुए तथा उन पर प्रजातंत्र, राष्ट्रवाद तथा उग्रवाद जैसे पाश्चात्य विचारों का प्रभाव बढ़ा। शिक्षित भारतीयों को बेरोजगारी का भी सामना करना पड़ा तथा उन्होंने महसूस किया कि इस समस्या का हल ब्रिटिश शासन में संभव नहीं था।

ब्रिटिश शासन के सामाजिक एवं सांस्कृतिक दोष-लोगों के बीच ब्रिटिश शासन के सामाजिक एवं सांस्कृतिक दुर्गुणों का भी कटु अनुभव फैल रहा था। उदाहरण के लिए शिक्षा के क्षेत्र में संतुलित विकास (प्राथमिक और तकनीकी शिक्षा का कम विकास) नहीं हो रहा था तथा ब्रिटिश शिक्षा प्रणाली राष्ट्र विरोधी भी थी। अतः विभाजन विरोधी तथा स्वदेशी आंदोलन के काल-से राष्ट्रीय शिक्षा के विकास का प्रयास किया गया (उदाहरणार्थ, बंगाल में रवीन्द्रनाथ टैगोर का शांति निकेतन तथा सतीशचंद्र मुखर्जी की डॉन सोसायटी)।

उग्रवादी विचारधारा की उपस्थिति-राष्ट्रवादी आंदोलन के प्रारंभ से ही उग्रवादी विचारधारा का अस्तित्व देखने में आ रहा था (बंगाल में राजनारायण बोस तथा अश्विनी कुमार दत्त एवं महाराष्ट्र में विष्णु शास्त्री चिपलुंकर इसके प्रतिनिधि थे। बीसवीं शताब्दी के प्रारंभ में कई उग्रवादी नेताओं का उदय हुआ, जैसे कि महाराष्ट्र में बाल गंगाधर तिलक; बंगाल में विपिन चंद्र पाल तथा अरबिंदो घोष; पंजाब में लाला लाजपत राय तथा अजीत सिंह (भगत सिंह के चाचा); आंध्र में टी. प्रकाशम् तथा एम. कृष्ण राव; दक्षिण तमिलनाडु में वी.ओ. चिदंबरम पिल्लै, आदि।

अंतर्राष्ट्रीय घटनाओं का प्रभाव-कुछ अंतर्राष्ट्रीय घटनाओं, जैसे कि जापान का उदय तथा 1905 में इसके द्वारा रूस की पराजय, 1896 में इथियोपिया द्वारा इटली की पराजय (इन घटनाओं ने यूरोप की अजेयता के मिथक को तोड़ दिया) आयरलैंड रूस, मिस्र, तुर्की तथा चीन में क्रांतिकारी आंदोलन तथा दक्षिण अफ्रीका में बोअर युद्ध ने भारतीयों को स्वराज के लिए आंदोलन प्रारंभ करने की प्रेरणा दी।

तात्कालिक कारण : कर्जन का शासन काल

उग्रवाद की उत्पत्ति का तात्कालिक कारण लॉर्ड कर्जन (1889-1905) का प्रतिक्रियावादी शासन तथा बंगाल का विभाजन (1905) था।

कर्जन का वायसराय के रूप में शासन काल ब्रिटिश काल के एक युग का अंत माना जाता है। उसके शासन काल को दिल्ली दरबार (1903) की विभाजन रेखा मानकर दो

भागों में बांटा जा सकता है। प्रथम चार वर्षों में उसे भारत के साथ-साथ इंग्लैंड में भी प्रशंसा हासिल हुई, जबकि बाद के दो वर्षों में भारत में तो उसकी लोकप्रियता कम हुई ही, गृह सरकार के साथ भी उसके संबंध तनावपूर्ण हो गए।

पूर्वार्द्ध में उसने बारह वृहत् क्षेत्रों में प्रशासकीय सुधार का कार्यक्रम लागू किया। सिंचाई, रेलवे, कृषि, बैंक तथा पुलिस व्यवस्था में सुधार के लिए आयोगों का गठन हुआ। उसके वित्तीय सुधारों से काफी लाभ हुआ तथा उसके मुद्रा सुधार की काफी प्रशंसा हुई।

उसने कलकत्ता म्युनिसिपल एक्ट (1899) के द्वारा भारतीय नियंत्रण को समाप्त कर नगर प्रशासन पर अधिकारी वर्ग के प्रभाव को बढ़ाना चाहा। यह उपाय अत्यंत विवादास्पद सिद्ध हुआ तथा 1923 में उसे समाप्त कर दिया गया।

सन् 1897-98 के व्यापक अकाल के कारण उसने अकाल संहिता का पुनरावलोकन किया। पंजाब लैंड एलिनेशन एक्ट (1901) के द्वारा उसने कृषकों के अधिकारों की रक्षा की। कृषि उत्पादन को बढ़ावा देने के लिए उसने दिल्ली के पूसा में एक कृषि शोध संस्थान की स्थापना की। उसने सर कालिन स्कॉट मोनोरिफ के अधीन भूमि सर्वेक्षण का आदेश दिया, जिसने व्यापक सिंचाई की सिफारिश की। उद्योग एवं व्यापार का एक नया विभाग शुरू किया गया जिसका उद्देश्य, अन्य चीजों के अलावा, रेलवे निर्माण था।

सेना के सभी पहलुओं की जानकारी प्राप्त करने के लिए सर एंड्रयू फ्रेजर के अधीन पुलिस आयोग (1901) की नियुक्ति की गई। इसकी सिफारिशों के आधार पर एक नई पुलिस सेवा तथा आपराधिक खुफिया विभाग की स्थापना हुई।

कर्जन के शासन काल में किंग एडवर्ड-VII (1902-12) के राज्यारोहण के उपलक्ष्य में दिल्ली दरबार (1903) का आयोजन हुआ।

कर्जन ने बंगाल का विभाजन कर दिया। ऊपरी तौर पर इसका कारण प्रशासकीय सुविधा बताया गया पर वास्तव में इसका उद्देश्य बढ़ते राष्ट्रवाद को रोकना था। भारतीयों ने स्वदेशी आंदोलन के रूप में निष्क्रिय विरोध किया। कर्जन ने राष्ट्रवाद का दमन नौकरशाही से करना चाहा। वास्तव में अपने कार्यों के द्वारा उसने ब्रिटिश विरोधी ताकतों को रोकने के बजाय उन्हें और बल प्रदान किया।

उग्रवादियों के मुख्य उद्देश्य

उनका मुख्य उद्देश्य स्वराज अथवा पूर्ण स्वतंत्रता था, न कि ऑस्ट्रेलिया, न्यूजीलैंड आदि उपनिवेशों के जैसा स्वशासन (उदावादियों का उद्देश्य) तथा इसे यथाशीघ्र प्राप्त करना था, धीरे-धीरे नहीं।

उग्रवादियों की कार्य-पद्धति

उग्रवादियों के तरीके थे-

- निष्क्रिय विरोध अर्थात् सरकारी सेवाओं, न्यायालयों, स्कूलों तथा कॉलेजों का बहिष्कार कर ब्रिटिश सरकार के साथ असहयोग।
- स्वदेशी को बढ़ावा तथा विदेशी वस्तुओं का बहिष्कार।
- राष्ट्रीय शिक्षा के द्वारा एक नए राष्ट्र का निर्माण।

निम्नलिखित उग्रवादी नेताओं ने अत्यंत महत्वपूर्ण भूमिका निभाई।

बाल गंगाधर तिलक (1856-1920)

भारतीय इन्हें 'लोकमान्य' कहते थे, जबकि ब्रिटिश उन्हें 'भारतीय अशांति का जनक' मानते थे। इन्होंने अपने राजनैतिक जीवन की शुरुआत एक उदारवादी के रूप में की तथा 19वीं शताब्दी के अंत तक वे उदारवादी बने रहे, लेकिन 20वीं शताब्दी के प्रारंभ में वे उग्रवादी हो गए।

इन्होंने कई चीजों की शुरुआत की। उदाहरण के लिए व्यापक जन-संपर्क के लिए गणपति उत्सव (1893) का आयोजन कर इन्होंने धार्मिक रूढ़िवादिता का सहारा लिया। शिवाजी उत्सव (1895) के आयोजन द्वारा इन्होंने सर्वप्रथम देश प्रेमी ऐतिहासिकता को बढ़ावा दिया। इसके अलावा 1896-97 में महाराष्ट्र के अकाल पीड़ित किसानों को कर नहीं देने का अभियान चलाने की प्रेरणा दी।

समाज सुधार पर उनके विचार–हालांकि राजनीति में ये अतिवादी थे पर समाज सुधार के प्रश्न पर वे रूढ़िवादी थे। सामाजिक तथा राजनैतिक सुधारों को अलग-अलग मानते थे, एक-दूसरे से जुड़ा हुआ नहीं। इनका सुझाव था कि समाज सुधार के पहले राजनैतिक स्वतंत्रता प्राप्त होनी चाहिए। ये ब्रिटिश सरकार (चूंकि यह एक विदेशी सरकार थी) तथा कांग्रेस पार्टी (क्योंकि उससे जनता क्षुब्ध हो जाएगी) के प्रयत्नों के विरोधी थे।

दक्कन शिक्षा समाज के एक प्रमुख सदस्य थे। इन्होंने न्यू इंग्लिश स्कूल के स्थापना में मदद की जो बाद में फर्ग्यूसन कॉलेज बना। वे दो समाचार-पत्रों के संपादक थे–*महारत्ता* (अंग्रेजी) तथा *केसरी* (मराठी)। उन्होंने अप्रैल 1916 में होम रूल लीग की स्थापना भी तय घोषणा की कि, "स्वराज मेरा जन्मसिद्ध अधिकार है और मैं इसे लेकर रहूंगा।"

अपनी राष्ट्रवादी गतिविधियों के कारण अंग्रेजों द्वारा उन्हें दो बार जेल भेजा गया-पहली बार 1897 में 18 महीनों के लिए तथा दूसरी बार 1908 में 6 वर्षों के लिए (उन्हें बर्मा के मांडले जेल में रखा गया)। उन्होंने 1905-08 के विभाजन विरोधी आंदोलन में महत्वपूर्ण भूमिका निभाई तथा इसे एक अखिल भारतीय आंदोलन बनाया।

लाला लाजपत राय (1865-1928)

'पंजाब केसरी' के नाम से लोकप्रिय, ये आर्य समाज के 'कॉलेज' घटक के नेता थे तथा अपने जीवन के प्रारंभिक वर्षों में इन्होंने शिक्षा एवं समाज सुधार के लिए कार्य किया। 20वीं शताब्दी के प्रारंभ में ये एक उग्रवादी नेता बन गए तथा विभाजन विरोधी आंदोलन में इन्होंने महत्वपूर्ण भूमिका निभाई, जिसके कारण अंग्रेजों ने 1907 में इन्हें बर्मा जेल भेज दिया। वहां से छूटने के बाद ये अमेरिका गए जहां इन्होंने 1914 में होम रूल लीग की स्थापना की।

ये *'पंजाबी'* नामक अखबार के संपादक तथा *'अनहैप्पी इंडिया'* नामक पुस्तक के लेखक थे। साईमन कमीशन के विरुद्ध एक विरोध प्रदर्शन का नेतृत्व करते हुए ये घायल हो गए, जिसकी चोट से बाद में इनकी मृत्यु हो गई।

विपिन चंद्र पाल (1858-1932)

'भारत में क्रांतिकारी विचार के जनक' के रूप में लोकप्रिय, ये 'लाल-बाल-पाल' की उग्रवादी तिकड़ी के सदस्य थे। इनका पत्रकारिता का जीवन *'परिदर्शक'* (साप्ताहिक) के संपादन से प्रारंभ हुआ तथा बाद में *'बंगाल पब्लिक ओपिनियन'* एवं *'ट्रिब्युन'* के सह-संपादक बने। राष्ट्रवाद के अपने विचारों के प्रसार के लिए इन्होंने 1901 में *'न्यू इंडिया'* का प्रकाशन प्रारंभ किया।

हालांकि पाल ने अपना राजनैतिक जीवन एक उदारवादी के रूप में प्रारंभ किया, पर सांवैधानिक पद्धति की असफलता के कारण ये इस विचार से दूर हो गए। बंगाल के विभाजन के पश्चात् पाल ने विरोध के अतिवादी तरीके अपना लिए। अरबिंदो घोष के साथ इन्हें नए राष्ट्रीय आंदोलन का मुख्य प्रवर्तक माना जाता है जिसका आदर्श स्वराज, स्वदेशी, बहिष्कार और राष्ट्रीय शिक्षा था।

'वंदे मातरम्', जिसका प्रकाशन अरबिंदो घोष तथा पाल के संपादन में 1906 में प्रारंभ हुआ, ने उग्रवादी विचारधारा के प्रसार में महत्वपूर्ण भूमिका निभाई। *'वंदे मातरम्'* मुकदमे में अरबिंदो के विरुद्ध गवाही देने से अस्वीकार करने के कारण 1907 में इन्हें छह महीने के कारावास की सजा सुनाई गई।

कारावास (मार्च-अगस्त 1908) के बाद इंग्लैंड स्वनिष्कासन (1908-11) के दौरान इनके राजनैतिक विचार में बदलाव आया। अपने जीवन के अगले 20 वर्षों तक इन्होंने राष्ट्रीय आंदोलन में कोई सक्रिय भूमिका नहीं निभाई।

अरबिंदो घोष (1872-1950)

बड़ौदा में व्याख्याता पद पर कार्य करते हुए इन्होंने *'न्यू लैम्प्स फॉर ओल्ड'* (1893-94) शीर्षक से प्रकाशित लेखों की एक श्रृंखला में उदारवादी राजनीति की क्रमबद्ध आलोचना की। *'वंदे मातरम्'* जिसके कि वे संपादक थे, में 1907 में प्रकाशित लेखों की एक श्रृंखला में इन्होंने 'निष्क्रिय विरोध' के सिद्धांत का भी प्रसार किया। विभाजन विरोधी आंदोलन में भी महत्वपूर्ण भूमिका निभाई। 1906 में राष्ट्रीय शिक्षा योजना के तहत स्थापित कलकत्ता के नेशनल कॉलेज में प्राचार्य बने।

केनेडी हत्याकांड में इनकी भूमिका के कारण अंग्रेजों ने 1908 में इन्हें गिरफ्तार कर लिया, जिसके बाद 1910 में ये पांडिचेरी चले गए तथा अपना ध्यान दार्शनिक, अध्यात्मिक तथा साहित्यिक गतिविधियों पर केंद्रित किया। इनकी कुछ पुस्तकें हैं- *'सावित्री'* (अंग्रेजी में सबसे लंबा महाकाव्य) *'दि लाईफ डिवाईन'* आदि।

18.6 आर्थिक राष्ट्रवाद एवं स्वदेशी आंदोलन

परिचय

उदारवादियों की असफलता के कारण लाल, बाल एवं पाल का अभ्युदय–राष्ट्रीय दलन के संबंध में प्रारंभिक राष्ट्रवादियों की एक प्रमुख असफलता यह थी कि वे भारतीयों विशेषतया मध्य वर्ग को शिक्षित करने के प्रयासों में ही उलझे रहे एवं उनकी गतिविधियां मुख्यताया प्रेसिडेंसियों तक ही सीमित रहीं। इनके कार्य करने की प्रकृति विधिक

थी एवं यह प्रक्रिया अत्यंत धीमी थी। लेकिन शीघ्र ही भारतीय नेताओं का अंग्रेजी सरकार से मोह भंग हो गया तथा नये नेताओं ने स्वराज की मांग प्रारंभ कर दी। उनके अनुसार यह केवल लोगों के मध्य कार्य करने एवं उनकी सहभागिता से ही प्राप्त किया जा सकता था। पुनर्जागरण के उद्देश्य से वे गणेश उत्सव जैसे महोत्सवों को जन-प्रचलित करते थे। साथ ही वे हड़ताल तथा विदेशी वस्तुओं के बहिष्कार द्वारा राजनीतिक विरोध भी प्रदर्शित करते थे। प्रमुख विप्लववादी या अतिवादी नेता थे-पंजाब के लाला लाजपत राय (1865-1928) महाराष्ट्र के लोकमान्य बाल गंगाधर तिलक (1856-1920) बंगाल के विपिन चन्द्र पाल आदि। बिटिश सरकार की रणभेरी स्वरूप, लाल-बाल-पाल ने त्रिगुट बनाया। तिलक जी का नारा "स्वराज मेरा जन्मसिद्ध अधिकार है और मैं इसे लेकर की रहूँगा।" उनका मराठी अखबार *'केसरी'* व अंग्रेजी अखबार *'मराठा'* राष्ट्रवादियों के लिये आवाज बना।

उदारवादियों के अधीन विभाजन विरोधी आंदोलन का प्रादुर्भाव-16 अक्टूबर, 1905 को, बंगाल के वृहद प्रशासन को देखते हुए लार्ड कर्जन ने उसका विभाजन किया। यह विभाजन बंगाली व गैर-बंगाली क्षेत्रों पर आधारित न होकर, हिन्दू-मुस्लिम समुदायों पर आधारित था। इसके पीछे अंग्रेजों का लक्ष्य इन दोनों समुदायों के बीच तनाव पैदा करना था। यह विभाजन भारतीय राष्ट्रवादियों के लिए अपमानजनक था। इसके विरोध में नरम दलीय नेताओं ने आंदोलन प्रारंभ कर दिया। सैन्य व उग्रवादी नेतृत्व बाद में सक्रिय हुआ। अब आम आदमी का नारा था 'स्वदेशी' व 'स्वराज' और समूचा भारत राष्ट्रवादी आंदोलन में कूद पड़ा।

क्रमिक परिवर्तन-स्वदेशियों ने विदेशी वस्तुओं के बहिष्कार तथा स्वदेश में निर्मित वस्तुओं के ही उपयोग पर बल दिया। स्वराज से अभिप्राय स्वचालित सरकार से था। 1915-16 में तिलक और ऐनी बेसन्ट के नेतृत्व में 'होम रूल आंदोलन' प्रारम्भ हुआ। उन्होंने प्रथम विश्व युद्ध के पश्चात् पूर्ण स्वराज की अंग्रेजों से माँग की। बढ़ती राष्ट्रवादी विचारधारा के चलते 1916 के लखनऊ अधिवेशन में, दो प्रमुख ऐतिहासिक निर्णय लिये गए। नरम दल व गरम दल एकजुट हो गए तथा दूसरा, कांग्रेस ने मुस्लिम राजनीतिक मुद्दों को उठाया। यह घटना भारतीय इतिहास में 'लखनऊ समझौते' के नाम से विख्यात हुई।

विभाजन विरोधी आंदोलन

विभाजन सम्बन्धी विधेयक पर आकस्मिक विरोध–दिसम्बर 1903 में बंगाल विभाजन सम्बन्धी विधेयक सबके आगे रखा गया, जिसका त्वरित व आकस्मिक विरोध हुआ। विरोध की प्रबलता इस बात से साफ जाहिर है कि घोषणा के दो महीने के भीतर ही पूर्वी बंगाल में करीब 500 सभाएँ आयोजित हुई, जिनके प्रमुख केन्द्र ढाका, मेमनसिंह तथा चिटगांव थे। विभाजन के विरोध में पूरे बंगाल में करीब पाँच हजार पेम्पलेट की प्रतियां वितरित की गयीं।

विभाजन के प्रस्ताव पर प्रेस का अभियान–सुरेन्द्रनाथ बनर्जी, कृष्ण कुमार मित्र, पृथ्वीश चन्द्र राय और कई नेताओं ने 'बंगाली', 'हितवादी' तथा साँझीवाणी जैसे अखबार व पत्रिकाओं के द्वारा इस विभाजन का विरोध किया। मार्च 1904 तथा जनवरी 1905 में विभाजन के विरोध में, कलकत्ता के टाउन हॉल में वृहद स्तर पर सम्मेलन हुए। इनमें 7000 लोगों के हस्ताक्षर वाली एक याचिका, भारतीय सरकार तथा 'भारत सचिव' को भेजी गयी। साथ ही कांग्रेस के बुद्धिजीवी पत्रकार वकील आदि के साथ खड़े जमींदार भी विरोध में खड़े हो गए। विभाजन के पक्ष में सरकार का निर्णय-पूरे राष्ट्र में हो रहे इन विरोध प्रदर्शनों के उपरांत भी भारतीय सरकार अपने निर्णय पर ही कायम रही। भारी विरोध के बाद भी सरकार ने 19 जुलाई, 1905 को बंगाल विभाजन की घोषणा कर दी। अब नरमवादी राष्ट्रवादी विचारधारा का केन्द्र था, इसलिए उसका विभाजन राष्ट्र के लिए गहरी चोट थी। राष्ट्रवादियों के समक्ष यह स्पष्ट हो चुका था कि उदारवादियों की नीतियां सही नहीं हैं तथा अब भिन्न प्रकार की रणनीति अपनाने की आवश्यकता है। जिस दिन सरकार ने विभाजन की घोषणा की उस दिन पूरे राष्ट्र के विभिन्न स्थानों, यथा-दिनाजपुर, पाबना, फरीदपुर, तांगेल, जेसोर, ढाका, बीरभूम एवं बारिसल इत्यादि। इन सभी स्थानों में आयोजित सभाओं में लोगों से विदेशी वस्तुओं का बहिस्कार करने का आह्वान किया गया। कलकत्ता में छात्रों ने विभाजन के विरोध में सभायें कीं तथा स्वदेशी को समर्थन देने का आह्वान किया।

स्वदेशी आंदोलन की प्रतिक्रिया

स्वदेशी आंदोलन का उद्भव–स्वदेशी आंदोलन, वास्तव में विभाजन विरोधी आंदोलन का ही एक भाग था। हालांकि

यह सत्य है कि बंगाल की 78 मिलियन जनसंख्या को प्रशासनिक रूप से नियंत्रित करना एक कठिन कार्य था। वैसे बंगाल के विभाजन का वास्तविक उद्देश्य राजनीतिक था। तत्कालीन समय में बंगाल राष्ट्रवादी आंदोलन का केंद्र बिंदु था तथा बंगाल के विभाजन का वास्तविक उद्देश्य इस राष्ट्रवादी आंदोलन को दुर्बल करना था। स्वदेशी आंदोलन के अस्तित्व में आने से स्वाधीनता संग्राम को एक नई दिशा मिली। लोग अपनी दिनचर्या से निकलकर राजनीति के वृहद् स्तर पर सक्रिय हुए। इस आंदोलन ने राष्ट्रवादी आंदोलनों में राजनीति के सभी आयामों की आवश्यकता पर बल दिया।

आंदोलन का प्रारम्भ–अगस्त 1905 को, कलकत्ता के टाऊन हॉल में इस आंदोलन की विधिवत घोषणा हो गयी। साथ ही इसमें कुछ नरमदलीय नेता, जैसे–सुरेन्द्रनाथ बनर्जी ने देश भ्रमण करके, मानचेस्टर के कपड़ों व लिवरपूल के नमक के त्याग की मुहिम छेड़ी। 1 सितम्बर को सरकार ने घोषणा की कि विभाजन 16 अक्टूबर से प्रभावी होगा। प्रतिदिन बंगाल में हजारों सभाएँ आयोजित होने लगीं। इसके परिणामस्वरूप अंग्रेजों द्वारा निर्मित कपड़े की माँग सितम्बर 1904 से 1905 के भीतर पाँच से 15 बार गिरी।

वंदे मातरम् प्रसंग–16 अकबर, 1905 यानि विभाजन के दूसरा दिन, पूरे देश में शोक दिवस घोषित किया गया। घरों में उस दिन चूल्हे नहीं जले और लोगों ने व्रत रखा। कलकत्ता में हड़ताल हुई। लोग गंगा में स्नान करके, नंगे पाँव सड़कों पर *'वन्दे मातरम...'* गाते हुए निकल पड़े, जिसे उसी वक्त इस आंदोलन का प्रासंगिक गीत घोषित कर दिया गया। बंगाल में लोगों ने एक–दूसरे को राखी बाँधकर एकता प्रदर्शित की। अगले दिन सुबह, आनन्द मोहन बोस और सुरेन्द्रनाथ बनर्जी ने 50,000 से 75,000 के बीच की भीड़ को संबोधित किया। यह अभी तक का सबसे बड़ा सम्मेलन था। कुछ ही घंटों में 50,000 रुपये तक की राशि इस आंदोलन के लिए एकत्रित कर ली गयी।

मेलों और महोत्सवों का रचनात्मक उपयोग–लोगों तक पहुँचने के लिए स्वदेशी आंदोलन के काल में प्रचलित महोत्सवों व मेलों का भरपूर प्रचलन रहा। तिलक द्वारा प्रचारित गणेश व शिवाजी महोत्सव पश्चिमी भारत के साथ बंगाल में भी प्रचलित हुए। तिलक ने भाषण के साथ–साथ बांग्ला में निबन्ध, कहानी व कविताओं के माध्यम से जन–चेतना फैलायी। साथ ही उनकी संगीतात्मक रचना ने भी देशवासियों में देश के प्रति गर्व व देशप्रेम को बढ़ावा देने का कार्य किया।

स्वदेशी आंदोलन का प्रभाव

आर्थिक प्रभाव–स्वदेशी व घरेलू उद्योगों का स्वचालित होना इस आंदोलन का मुख्य ध्येय रहा।

- इस काल में कपड़ा मिलें, साबुन माचिस, बैंक, दुकानें आदि देशी उद्योग पल्लवित हुए।
- इनमें से वे उद्योग जो इस आंदोलन के साथ थे वो अधिक समय तक नहीं चल सकें, क्योंकि इसका दृष्टिकोण व्यापारिक नहीं था।
- मगर कुछ उद्योग, जैसे–आचार्य पी. सी. राय का बंगाल केमिकल उद्योग सफल भी रहे।
- इस आंदोलन के परिणामस्वरूप उन कारीगारों व किसानों को वह काम वापस मिल गया, जो ब्रिटिश नीति के तहत उनसे छिन गया था।

सांस्कृतिक प्रभाव–सांस्कृतिक परिप्रेक्ष्य में भी यह आंदोलन काफी प्रभावी रहा।

- रवीन्द्रनाथ टैगोर, रजनीकान्ता सेन, द्विजेन्द्रलाल राय, मुकुन्द दास, सैम्मद अबू मोहम्मद आदि कवियों द्वारा लिखे गए गीत तत्कालीन समाज में राष्ट्रभक्ति के स्रोत बन गये।
- रविन्द्रनाथ टैगोर द्वारा रचित *'अमार सोनार बाँग्ला...'* नामक गीत बांग्लादेश के संघर्ष में काफी प्रचलित रहा और आगे चलकर 1971 में इसे बांग्लादेश का राष्ट्रगीत घोषित कर दिया गया।
- बंगाली लोक गीतों के लोकप्रिय होने से स्वदेशी आंदोलन पर इनका काफी प्रभाव दिखा।
- इस आंदोलन ने दक्षिणरंजन मित्र मजूमदार द्वारा लिखी हुई परी कथाएँ, जैसे- *'ठाकुरमर झूली'* (दादी माँ की कहानियाँ) ने बच्चों में देशभक्ति की भावना का संचार किया।

कलात्मक तथा वैज्ञानिक प्रभाव

- इस काल में कई राष्ट्रवादी चित्रकारों ने भी अपनी प्रतिभा की झलक दिखाई। रवीन्द्रनाथ टैगोर ने भारतीय चित्रकला में विक्टोरियन प्रकृतिवाद का समन्वय करते हुये भारत की राजपूत, अजंता एवं एलोरा जैसी समृद्ध चित्रकला में कई नमूने उत्कीर्ण किये।
- नंदलाल बोस, जिन्होंने भारतीय चित्रकला में अपनी अमिट छाप छोड़ी है, 1907 में इंडियन सोसायटी ऑफ ओरिएंटल आर्ट की फैलोशिप प्राप्त करने वाले प्रथम भारतीय बने।

- विज्ञान में, जगदीश चंद्र बोस, प्रफुल्लचंद्र राय एवं अन्य कई वैज्ञानिकों ने कई ऐसे शोध कार्य किये, जिनकी पूरे विश्व में मुक्त कंठ से सराहना की गयी।

राजनीतिक प्रभाव

- इस अभियान ने लोगों में राष्ट्रवादी भावनाओं की एक नवीन लहर संचारित की।
- छात्रों ने सरकारी स्कूल एवं कालेजों का बहिष्कार किया तथा सभायें प्रदर्शन, बहिष्कार एवं विदेशी कपड़ों की होली जलाने जैसे कार्य किये।
- यहां तक की महिलायें भी आंदोलन में कूद पड़ीं तथा पुरुषों के कंधे-से-कंधा मिलाकर सभाओं प्रदर्शनों, हड़तालों, फेरियों एवं विदेशी कपड़ों की होली जलाने जैसे कार्यक्रमों मे भाग लिया।

सूरत विभाजन

नरमवादियों की कमियां–1907 तक नरमवादियों ने अपना ऐतिहासिक महत्व खो दिया। उनकी देन प्रभावशाली थी किंतु उनमें राजनीतिकता का अभाव था। साथ ही उन्हें काफी मुश्किलें भी झेलनी पड़ी। मगर कई विफलताएँ भी उनके हाथ लगीं। वे आम आदमी के बीच विश्वास खोते गए और उनकी जड़ें कमजोर होती गयीं। उन्होंने किसी तरह का सार्वजनिक विरोध नहीं किया और जब स्वदेशी व बहिष्कार आंदोलन प्रारंभ हुआ तो वे उसमें सक्रियता दिखाने में असफल रहे। उनका प्रयास आर्थिक व राजनीतिक सुधारों के अनुमान पर अधिक आधारित था न कि वास्तविकता पर। अंग्रेज भी उनसे सम्मान की अपेक्षा उन पर रौब जमाते थे।

'फूट डालो राज करो' की ब्रिटिश नीति–तत्कालीन वायसराय लार्ड मिण्टो व राज्य सचिव जॉन मॉर्ले के नेतृत्व वाली विदेशी सरकार ने 1906 के प्रारम्भ में कांग्रेस के वरिष्ठ नरम दलीय नेताओं के समक्ष कुछ नए सुधार रखे, जिससे ये नेता सरकार का साथ दें। परिणामस्वरूप राष्ट्रवादियों में फूट पड़ गई। इसके बाद उदारवादी सरकार के साथ सहयोग करने को तैयार हो गये तथा व्यापक जन-आंदोलनों के उपरांत भी सुधारों पर चर्चा करने लगे। इन सुधारों के माध्यम से सरकार देशवासियों एवं नेताओं को भ्रमित करना चाहती थी। इसका परिणाम यह हुआ कि राष्ट्रवादी आंदोलनकारियों में आपस में फूट पड़ गयी।

नरम दल व गरम दल के मध्य बढ़ते मतभेद–1905-07 के बीच नरम दलीय व गरम दलीय विचारधाराओं में काफी तनाव आ गया था। बंगाल विभाजन में साथ काम करने के बावजूद ये मतभेद वैसे ही थे। गरम दलीय इस आंदोलन का प्रसार पूरे भारत में करना चाहते थे। साथ ही वे सभी इकाइयों में विदेशी वस्तुओं के बहिष्कार की माँग कर रहे थे। नरमवादी इससे असहमत थे। बात तब और बढ़ गयी जब 1906 में कलकत्ता अधिवेशन में अध्यक्ष पद का चुनाव हुआ। इसका समाधान दादा भाई नैराजी को अध्यक्ष मानकर हुआ, जो सभी में सम्माननीय थे। स्वदेशी बहिष्कार, राष्ट्रीय शिक्षा व स्वराज्य जैसे चार मुद्दे इस सम्मेलन में मुखर रहे। 1907 की समाप्ति तक इन दोनों दलों ने अपनी विचारधारा से प्रेरित होकर, उनके इन चार मुद्दों को परिभाषित किया। 1907 के अंत तक ये दोनों दल राजनीतिक विरोधी बन गये।

अलगाव का क्रियाविधि अध्ययन

दोनों पक्षों के कट्टरपंथियों की भूमिका–अतिवादी मानते थे कि जन-चेतना के साथ ही स्वधीनता संग्राम शुरू हो गया और इसमें लोगों की व्यापक सहभागिता आवश्यक थी। वहीं नरमवादियों के लचीले रुख से गरम दलीय नेता सहमत नहीं थे। अरविन्द घोष के नेतृत्व में कई गरम दलीय नेताओं ने स्वयं को नरमवादियों से बिल्कुल अलग कर लिया तथा कांग्रेस से अलग दूसरा रास्ता चुन लिया। फिरोजशाह मेहता के नेतृत्व में नरमवादी वैसे ही रहे। बचे हुए गरम दलीय नेताओं ने अलगाव को जल्दबाजी में किया हुआ राजद्रोह का प्रयास मानकर, कांग्रेस का दामन नहीं छोड़ा।

उच्च नेतृत्व के समाधान संबंधी प्रयास–दोनों दलों के मुख्य नेता तिलक (गरम दल) व गोखले (नरम दल) ने अलगाव से उपजे खतरे को पहचान लिया था। तिलक का मानना था कि प्रबल राष्ट्रीय आंदोलन बिना राष्ट्रवादियों की एकता के सम्भव नहीं है। उनका प्रयास जनता का सहयोग प्राप्त करना था और नरमवादियों को अपने पक्ष में समझौते के लिए राजी करना था। मगर उनके अनुगामी प्रमुखतया महाराष्ट्र से थे इसलिए उन्होंने बंगाल में अरविन्द घोष जैसे नेताओं की सहायता ली। साथ ही गोखले ने भी यह अलगाव टालने की भरपूर कोशिश की मगर उन पर भारी दबाव के कारण वह इसमें सफल नहीं हो सके।

सूरत की अप्रिय घटना–26 दिसंबर, 1907 को सूरत में कांग्रेस सम्मेलन हुआ। गरमवादी दलों में अफवाह फैल गयी कि नरम दलीय चार मुद्दों में बदलाव करने वाले हैं। इससे नरम दलीय नेताओं को गहरा दुःख हुआ। वातावरण पूर्णतया तनावपूर्ण हो गया। गरमवादी दलों ने तत्कालीन अध्यक्ष

रासबिहारी बोस का विरोध किया। तनाव व आक्रोश के इस माहौल में कुछ व्यक्तियों ने फिरोजशाह मेहता व सुरेन्द्रनाथ बनर्जी पर जूते से वार किया। इस अप्रत्याशित घटना ने सूरत सम्मेलन को वहीं समाप्त कर दिया।

फूट की भरपाई–तिलक को खतरा साफ नजर आ रहा था। उन्होंने अन्तिम चरण तक इसे रोकने के विफल प्रयास किये। मगर अपने कार्यकर्ताओं को रोकने में वह विफल रहे। सूरत काण्ड से तिलक भी अचम्भित हुए तथा उन्होंने घाव भरने का प्रयास भी किया। उन्होंने अपने विरोधी दल से माफी माँगी व रासबिहारी बोस को अध्यक्ष स्वीकार कर लिया परन्तु फिरोजशाह मेहता इसके लिये तैयार नहीं हुए। उन्होंने अपने विचारों को मानते हुए, कलकत्ता व बनारस सम्मेलन के अनुबंध को तोड़कर गरम दल को कांग्रेस पार्टी से पूर्णतया अलग कर दिया।

सरकार का कहर-सरकार ने भी गरम दल पर अचानक हमला बोल दिया। उनके मुख्य नेता तिलक को कारावास की सजा देकर मांडले जेल में 6 महीने के लिए भेज दिया गया। निर्दोष साबित होने के पश्चात् उन्होंने राजनीति का त्याग कर दिया। बी.सी. पाल ने राजनीति से अवकाश ले लिया तथा लाला लाजपत राय 1908 में ब्रिटेन रवाना हो गए। 1908 के पश्चात् यह आंदोलन दुर्बल होता चला गया। लोगों ने अगले चरण तक इंतजार किया और 1914 में तिलक ने जेल से छूटने के बाद पुनः आंदोलन की कमान सम्भाली।

18.7 1909 का कानून तथा अंग्रेजों की 'फूट डालो और राज करो' की नीति

1909 एक्ट की भूमिका

इसे मिंटो-मोर्ले सुधार के नाम से भी जाना जाता है क्योंकि इसके पीछे इन्हीं दो पदाधिकारियों का योगदान था। मिंटो तत्कालीन गवर्नर-जनरल थे और जॉन मोर्ले इंडिया के सेक्रेटरी ऑफ स्टेट थे। 1908 में ब्रिटिश पार्लियामेंट ने रॉयल कमीशन ऑफ डीसेन्ट्रालाइजेशन का गठन किया ताकि केंद्र और प्रांतीय सरकारों के संबंधों को समझा जा सके और उनके संबंधों के बीच और घनिष्टता लाई जा सके। विशेषकर, इससे यह पूछा गया था कि, "सरकार की प्रशासनिक व्यवस्था को कैसे बेहतर बनाया जा सके ताकि यह लोगों की आवश्यकताओं और विभिन्न प्रांतीय लोक-कल्याण को पूरा कर सके।" इसके एक वर्ष उपरांत इन्हीं सुझावों के आधार पर मई 1909 में एक बिल पार्लियामेंट में पेश किया, जो एक नए संवैधानिक सुधार के रूप में प्रस्तुत हुआ।

1909 के एक्ट की धाराएं

इस एक्ट के लेखकों का मानना है कि इसके द्वारा लेजिस्लेटिव काउंसिल को ज्यादा विस्तृत किया गया और इसके साथ ही इसे ज्यादा प्रतिनिधित्व वाली तथा सशक्त बनाया गया। इन सुधारों को दो प्रकार से किया जाता था-संवैधानिक तथा प्रकार्यात्मक। संवैधानिक रूप से काउंसिल ज्यादा बड़ी हो गई थी और इसके सदस्यों की संख्या दुगनी तथा कुछ स्थानों पर दुगनी से भी ज्यादा हो गई। 1892 के काउंसिल ऑफ इंडिया एक्ट द्वारा अधिक-से-अधिक 16 अतिरिक्त सदस्य रह सकते थे किंतु अब इनकी संख्या 60 हो गई। उसी तरह मद्रास, बंबई तथा बंगाल प्रेसीडेंसी में अतिरिक्त सदस्यों की संख्या 20 से बढ़ाकर 50 तक की गई।

गवर्नर जनरल काउंसिल में अधिकारियों और गैर-अधिकारियों के अनुपात को काफी घटाया गया और अब नयी संख्या 36 से घटकर 32 रह गई। इन 32 सदस्यों में 27 सदस्य चुनकर लाए गए तथा 5 सदस्य मनोनीत थे। इस प्रकार काउंसिल में अभी भी सरकारी सदस्यों का वर्चस्व था, ऐसा जान बूझकर किया गया था। प्रांतों में पहली बार गैर-सरकारी लोगों का वर्चस्व बना। बंगाल में निर्वाचित लोगों का एक वर्चस्व था, जो सरकारी तथा मनोनीत लोगों की संख्या से ज्यादा था।

चुनाव की पद्धति को अपनाया गया। इस एक्ट के तहत कुछ पंजीकृत निकायों तथा संस्थानों को अपना सदस्य मनोनीत करने का अधिकार था जो शायद ही कभी वापस भेजे जाते थे। इस एक्ट के तहत दिए गए निर्देशों के मुताबिक निर्वाचित कुछ लोगों को प्रतिनिधित्व का अधिकार दिया गया था। इस निर्देश के मुताबिक मुस्लिमों, जमींदारों, चैम्बर ऑफ कॉमर्स तथा विश्वविद्यालयों के लोगों को अलग इलेक्टोरेट के आधार पर चुनने का अधिकार दिया गया। इसके पीछे तर्क यह दिया गया कि, "जहां विभिन्न समुदायों तथा प्रतिरोधी विचार हों, वहां पर उचित प्रतिनिधित्व असंभव है।" इन्हीं कारणों से मुस्लिमों के लिए पृथक् निर्वाचन की व्यवस्था की गई, जिसके बारे में साइमन कमीशन ने कहा कि यह एक प्रमुख समस्या है और जब कभी भी भारतीय चुनावी प्रक्रिया में सुधार लाना होगा तब यह विवाद का कारण बनेगा।

संविधान के अलावा, काउंसिल के कार्यों में भी आमूल परिवर्तन हुआ। वे अब, उदाहरण के लिए बजट पर बहस कर सकते थे और प्रस्ताव पास कर सकते थे। बजट के अलावा अब सदस्य काउंसिल में अन्य समस्याओं पर भी प्रस्ताव पारित कर सकते थे और बहस कर सकते थे। साथ ही उन्हें

प्रश्न तथा पूरक प्रश्नों को पूछने का अधिकार भी दिया गया। सदस्यगण प्रस्तावों को सुझाव के रूप में रख सकते थे परंतु सरकार इन्हें मानने के लिए बाध्य नहीं थी।

अब भारतीय भी गवर्नर जनरल की कार्यकारी परिषद एक्जीक्यूटिव काउंसिल में नियुक्त हो सकते थे, मद्रास तथा बंबई की काउंसिल में भारतीयों को नियुक्त किया गया। सत्येंद्र प्रसन्ना सिन्हा, जो बाद में लॉर्ड सिन्हा बने, भारत के पहले विधि सदस्य भी थे। ''सैकेट्री ऑफ स्टेट'' की काउंसिल में भी दो भारतीयों को नियुक्त किया गया। मद्रास तथा बंबई के एक्टीक्यूटिव काउंसिल के सदस्यों की संख्या को बढ़ाकर दो से चार किया गया। ऐसे ही काउंसिलों की स्थापना प्रांतों में लेफ्ट० गवर्नर के अधीन की जानी थी। इस प्रकार बंगाल में एक्वीक्यूटिव काउंसिल 1909 में तथा बिहार तथा उड़ीसा में 1912 में बनाई गई। संयुक्त प्रांत में इसकी स्थापना 1915 में हुई।

एक्ट का मूल्यांकन

1909 के सुधार किसी उत्तरदायी सरकार के गठन के लिए नहीं थे। एक्जीक्यूटिव को काउंसिल में वोट देकर बाहर नहीं निकाला जा सकता था। गवर्नर जनरल एक्जीक्यूटिव काउंसिल ''सैक्रेट्री ऑफ स्टेट'' के होते हुए ब्रिटिश पार्लियामेंट के प्रति उत्तरदायी था। इसी स्थिति पर मॉण्अेग्यू चेम्सफोर्ड की रिपोर्ट, प्रतिक्रिया व्यक्त करते हुए कहती है कि, 1909 के सुधार भारत की राजनैतिक समस्याओं का उत्तर देने में अक्षम रहे और वह इस प्रश्न का उत्तर दे भी नहीं सकते थे।

मोर्ले द्वारा शुरू से ही स्पष्ट था कि इस एक्ट से उसका उद्देश्य क्या है, ''यदि मैं भारत में संसदीय शासन व्यवस्था को स्थापित करने का प्रयास करता और इस सुधार से उस संसदीय व्यवस्था के स्थापित होने में थोड़ी भी मदद मिलती तो मैं अकेले यह कह सकता हूं कि मुझे इस से कुछ भी लेना देना नहीं है।'' उसने आगे भी कहा कि भारत को एक स्वशासित कॉलोनी के रूप में देखना एक स्वप्न के अतिरिक्त और कुछ नहीं है।

अंग्रेजों की 'फूट डालो और राज करो' की नीति

अंग्रेजों ने अलग-अलग नीतियां अपनाईं ताकि उभरता हुआ राष्ट्रीय आंदोलन रोका जा सके। इन्होंने अंग्रेज समर्थक व्यक्तियों, जैसे- सर सैयद अहमद खान, राजा शिव प्रसाद जैसे लोगों को आगे बढ़ाया ताकि वे कांग्रेस के आंदोलन को दबा सकें। बाद में इन्होंने हिंदू-मुस्लिम सांप्रदायिकता को बढ़ावा दिया और इसकी शुरूआत पहले शिक्षित भारतीयों के बीच और बाद में आम जनता के बीच सांप्रदायिकता पर आधारित चुनाव व्यवस्था को लागू करके की। इन्होंने हिंदी-उर्दू विवाद तथा गो-रक्षा आंदोलन का नाजायज फायदा उठाया। अंग्रेजों ने यह अथक प्रयास किया कि राष्ट्रीय आंदोलन के नेताओं तथा उनके कैडरों के बीच विवाद हो और इसी कारण इन्होंने रूढ़िवादी नेताओं की तरफ ज्यादा झुकाव रखा। 1890 के दशक में उग्र-उमूलनवादी नेता जस्टिस रानाडे को दादा भाई नौरोजी से अलग करने का प्रयास किया गया। इसी तरह से बीसवीं शताब्दी के प्रथम दो दशकों में नर्मपंथी नेताओं को गर्मपंथी नेताओं के खिलाफ भड़काने की कोशिश की गई थी। अंग्रेजों ने सफलतापूर्वक पारंपरिक सामंती वर्ग जैसे राजाओं और जमींदारों को नए बुद्धिजीवी वर्ग के खिलाफ खड़ा करने का प्रयास किया। 1921 में चैंबर ऑफ प्रिन्सेज की स्थापना कर राजकुमारों को जीतने का प्रयास किया गया। जमींदार पहले से ही स्थायी बंदोबस्त के कारण अंग्रेज समर्थक बन गए थे। एक जाति के खिलाफ दूसरी जाति को भड़काने का काम भी अंग्रेजों ने किया। उदाहरण के लिए 1932 का कम्यूनल अवार्ड इसका गवाह है, जिसमें हरिजनों को एक अलग राजनीतिक समुदाय के रूप में देखा गया।

अंग्रेजों की नरम और गरम नीति

अंग्रेजों ने एक तरफ तो समझौते की नीति को अपनाया और दूसरी तरफ दमनकारी नीति का प्रयोग राष्ट्रीय आंदोलन को दबाने के लिए किया। कुछ रियायतें, जैसे- 1892 और 1909 में इंडियन सिविल सर्विस का गठन, इंडियन काउंसिल एक्ट का बनाया जाना और 1919 और 1935 का एक्ट का बनना आदि शामिल है। उसी तरीके से दमनकारी नीति का भी प्रयोग अपने वर्चस्व को बनाने के लिए किया गया। इस नीति का दुरुपयोग आजादी की लड़ाई के दौरान, विशेषकर बंगाल विभाजन, असहयोग आंदोलन, सविनय अवज्ञा आंदोलन तथा भारत छोड़ो आंदोलन के दौरान किया गया।

प्रतिक्रियावादी तत्वों के प्रति उदारवादी नीति

अंग्रेज ऐसा मानते थे कि आधुनिक शिक्षा के प्रसार के कारण राष्ट्रवाद की भावना का उदय हुआ है। इसलिए यह समाज के उन सभी प्रतिक्रियावादी तत्वों के साथ हाथ मिलाते थे जो आधुनिक विचारों के प्रचार-प्रसार को रोकने में सहायक होते थे। यह योजना भी बनाई गई कि शिक्षा पर सरकार का नियंत्रण हो और शिक्षा को उदारवादी विचारधारा से हटाकर रूढ़िवादी विचारधारा से प्रभावित किया जाए। निष्पक्ष आधुनिक शिक्षा को बदलकर धार्मिक विचारों पर आधारित

शिक्षा प्रणाली को अपनाने की बात कही जा रही थी। यह नई शिक्षा नीति प्रतिक्रियावादी थी क्योंकि यह उदारवादी विचारों को पसंद नहीं करती थी और लोगों की सकारात्मक सोच के खिलाफ थी।

18.8 कांग्रेस-लीग समझौता (1916)

यह समझौता 1916 में लखनऊ में भारतीय राष्ट्रीय कांग्रेस तथा मुस्लिम लीग के बीच हुआ, जो हिंदू-मुस्लिम एकता की दिशा में एक महत्वपूर्ण कदम था। यह समझौता मुख्यत: तिलक के प्रयासों के कारण संभव हो सका तथा इसके द्वारा दोनों संगठनों ने ब्रिटिश सरकार के समक्ष राजनैतिक सुधारों की एक आम योजना रखी और वे मॉण्टफोर्ड सुधार लागू करवाने में सफल रहे। लेकिन ये सुधार सांप्रदायिक निर्वाचन क्षेत्र पर आधारित थे, जो बाद में देश के लिए घातक सिद्ध हुए।

मुस्लिम बाहुल्य प्रांतों में कम नुकसान के बावजूद मुस्लिम अल्पसंख्यक प्रांतों में उन्हें सामान्य से दो गुना प्रतिनिधित्व प्राप्त हुआ। इसी प्रकार अतिरिक्त मुस्लिम चुनावी क्षेत्रों से केंद्रीय विधायी परिषद् में उन्हें एक-तिहाई प्रतिनिधित्व प्राप्त हुआ। बाद में इस समझौते के सभी सिद्धांत तथा संवैधानिक प्रावधान 1919 के मॉण्टेग्यू चेम्सफोर्ड सुधार में शामिल किए गए।

इस समझौते का महत्व इस बात में है कि इसे हिंदू-मुस्लिम समस्या का आम सहमति का हल माना गया। लेकिन इसी में देश के भावी विभाजन के बीज छिपे हुए थे। मुसलमान पहले स्वयं द्वारा मानी गई सीटों के निश्चित तथा असमानुपाती प्रतिशत से असंतुष्ट हुए; दूसरी ओर, मुसलमानों को अलग समूह मानकर हिंदुओं ने अनजाने में उनके लिए अलग राज्य मांग लिया।

अतिवादिता का मूल्याकंन

उपलब्धियां- अतिवादियों की मुख्य उपलब्धियां निम्नलिखित हैं-

- उन्होंने सर्वप्रथम स्वराज को प्रत्येक भारतीय का जन्म सिद्ध अधिकार माना।
- उन्होंने सर्वप्रथम स्वतंत्रता संग्राम में जनता को सम्मिलित करने का सुझाव दिया तथा इस प्रकार राष्ट्रीय आंदोलन के सामाजिक आधार को बड़ा किया।
- राजनैतिक प्रक्रिया की तकनीक को सुधारने के. क्रम में उन्होंने सर्वप्रथम संघर्ष के एक बड़े सिद्धांत (passive resistance) को विकसित किया।
- उन्होंने सर्वप्रथम विभाजन विरोधी, जैसे- अखिल भारतीय राजनैतिक आंदोलनों का आयोजन किया।

असफलताएं-अतिवादियों की दो मुख्य असफलताएं थीं-

- हालांकि वे जन-आंदोलन में विश्वास करते थे, पर वे किसानों, कृषक मजदूरों तथा अन्य मजदूरों तक पहुंचकर उन्हें सक्रिय बनाने में असफल रहे।
- संघर्ष के बड़े सिद्धांत को विकसित करने के बावजूद वे इसे पूरी तरह लागू नहीं कर सके।

18.9 होम रूल आंदोलन (1916-1917)

दो होम रूल लीगों की स्थापना

दो होम रूल लीग स्थापित की गईं पहली अप्रैल 1916 ई. में बी.जी. तिलक द्वारा तथा दूसरी सितंबर 1916 ई. में श्रीमती ऐनी बेसेंट द्वारा। 1914 ई. में श्रीमती ऐनी बेसेंट द्वारा होमरूल लीग को शुरू करने का विचार दिया गया जिसे उन्होंने सितंबर 1915 ई. में सार्वजनिक रूप से घोषित किया। यद्यपि तिलक द्वारा बेसेंट के पहले लीग की शुरुआत कर दी गई थी।

इसकी स्थापना के मुख्य कारण–इसकी स्थापना का मुख्य कारण था, भारतीय राष्ट्रीय कांग्रेस, जो नरम दल वालों के नेतृत्व में पूर्णत: एक विचारक संस्था बन गई थी तथा जो किसी भी प्रकार के अधिक समय तक चलने वाले राजनैतिक संकट का विरोध नहीं कर सकती थी। होम रूल आंदोलन की प्रेरणा का स्रोत आयरलैंड का होमरूल आंदोलन भी था। 1915 ई. में कांग्रेस के बंबई अधिवेशन में श्रीमती बेसेंट द्वारा होमरूल लीग का प्रस्ताव रखा गया लेकिन कांग्रेस अध्यक्ष द्वारा इसकी अनुमति नहीं दी गई।

मुख्य उद्देश्य–इसका मुख्य उद्देश्य ब्रिटिश साम्राज्य के अंतर्गत (ऑस्ट्रेलिया एवं न्यूजीलैंड के स्वायत्त उपनिवेशों की तरह) भारत के लिए होम रूल प्राप्त करना था। उदाहरणार्थ–तिलक, ने विभाजन विरोधी आंदोलन के दौरान पूर्ण स्वतंत्रता की मांग करते हुए और 1916 ई. में यह घोषणा करते हुए स्पष्ट कर दिया कि, ''आज का स्वराज्य साम्राज्य के अधीन है, इससे स्वतंत्र नहीं।''

लीग के कार्यकलाप–इसके अंतर्गत शहरों में परिचर्चा समूहों, वाचनालयों की व्यवस्था करना तथा पोस्टरों की बिक्री तथा भाषण यात्राएं शामिल थीं। ये गतिविधियां पुराने नरम दल की गतिविधियों से बहुत अलग नहीं थी लेकिन प्रभाव एवं विस्तार के संदर्भ में ये अत्यंत नई थीं।

दोनों लीगों के बीच सहयोग–भारत के लिए होम रूल की अपनी मांग को आगे बढ़ाने के लिए दोनों-कांग्रेस एवं मुस्लिम लीग एक-दूसरे के साथ (लखनऊ समझौते के पश्चात्) सहयोग करते थे। तिलक के नेतृत्व में लीग महाराष्ट्र एवं केंद्रीय प्रांतों में अपना ध्यान केंद्रित कर रही थी तो उधर श्रीमती बेसेंट के नेतृत्व में लीग आंदोलन को देश के अन्य भागों में कार्यान्वित कर रही थी।

महत्व–दोनों लीगों एवं इनके दोलन का वास्तविक महत्व, राष्ट्रीय आंदोलन को नए क्षेत्रों एवं समूहों (शहरी व्यवसायी समूह-जैसे-संयुक्त प्रांतों में कायस्थ तथा कश्मीरी ब्राह्मण, सिंध में अल्पसंख्यक हिंदू युवा गुजराती उद्योगपति, बंबई एवं गुजरात शहरों के व्यापारी एवं वकील) तथा एक नई पीढ़ी (इलाहाबाद में जवाहार लाल नेहरू, मद्रास में सत्यमूर्ति, कलकत्ता में जितेंद्रलाल बनर्जी, बंबई एवं गुजरात में जमनादास द्वारकादास, उमर शोमानी तथा अन्य) में फैलाना था।

आंदोलन का अंत–1917 ई. में मॉण्टेग्यू के विश्वसनीय सरकार के वादे के बाद श्रीमती बेसेंट के ब्रिटिश समर्थक हो जाने के कारण तथा वेलेन्टाइन सीरोल के विरुद्ध मानहानि का मुकदमा लड़ने के लिए तिलक ने सितंबर 1918 ई. में लंदन जाने के कारण होम रूल आंदोलन शांत हो गया। गांधी के आगमन के बाद होमरूल आंदोलन पूर्णतया निस्तेज हो गया।

अगस्त (1917) घोषणा

20 अगस्त, 1917 ई. को भारत के राज्य सचिव मॉण्टेग्यू ने हाऊस ऑफ कॉमन्स में भारत में होने वाले महत्वपूर्ण राजनैतिक सुधारों के लिए ब्रिटिश नीति उद्घोषित की। भारतीय अतिवादी राष्ट्रवादियों तथा होम रूल समर्थकों के बढ़ते हुए दबावों के कारण ब्रिटिश सरकार को भारतीयों के लिए कुछ राजनैतिक छूट देने के मामले पर विचार करना पड़ा।

इस घोषणा के अनुसार ब्रिटिश सरकार की नीति थी-प्रशासन के प्रत्येक क्षेत्र में भारतीयों का अधिक-से-अधिक सहयप्ता प्राप्त करना तथा स्वशासी संस्थाओं का क्रमिक विकास करना तथा विश्वसनीय सरकार का गठन था। इस घोषणा का यह महत्व है कि इसके द्वारा साम्राज्य का परिवर्तन राष्ट्रमंडल देशों में हो गया।

1919 का भारत सरकार अधिनियम

पृष्ठभूमि

- 20 अगस्त 1917 में आया मॉण्टेग्यू-चेम्सफोर्ड सुधार नामक एक्ट, तत्कालीन राज्य सचिव ई. एस. मॉण्टेग्यू तथा गर्वनर जनरल लॉर्ड चेम्सफोर्ड के नाम पर आधारित था।
- इस सिद्धान्त ने माना कि सरकार के पास प्रशासन व जिम्मेदारी दोनों ही भारत के परिप्रेक्ष्य में होगी। इसके सूत्राधार लंदन में राज्य सचिव, भारत में गर्वनर जनरल व विभिन्न राज्यों के गर्वनर होंगे।
- इसके अनुसार भारतीयों की एक समिति होगी, जो प्रशासन में अपने विचारों को भी रखेगी। साथ ही कुछ हद तक प्रशासनिक अधिकार भी भारतीयों को विधायी तौर पर दे दिये जायेगें।
- 1921 में 'हाउस ऑफ कॉमन्स' के अध्यक्ष ने घोषणा की कि प्रदेशों की हस्तान्तरित विषयों पर संसदीय बहस नहीं होगी। साथ ही केन्द्र सरकार व प्रदेशों के स्थायी विषय संसद के अधिकार में होंगें।

संयुक्त चयन कमेटी ने 1919 के भारतीय बिल पर टिप्पणी की कि संसद के उत्तरदायित्वों के मद्देनजर इसमें किसी प्रकार का हस्तक्षेप नहीं होगा। राज्य सचिव का भारतीय मसलों में हस्तक्षेप विशिष्ट परिस्थितियों में ही होगा।

कर संबंधी नीति निर्धारण पर भी यह बात लागू होती है। भारत सचिव व गर्वनर जनरल के मध्य संबंध भी सामान्य सिद्धान्तों द्वारा संचालित होगें, जिस तरह स्थायी विषयों का संचालन होता है।

केन्द्रीय प्रशासन

दो प्रधान सिद्धान्तः केन्द्रीय प्रशासन के संबंध में इस अधिनियम में दो सिद्धान्त थेः

(i) भारत सरकार संसद के प्रति उत्तरदायी होगी, जबकि केंद्रीय विधान परिषद का विस्तार किया जायेगा तथा इसमें लोकप्रिय नेतृत्व को स्थान दिया जायेगा।

(ii) भारत सरकार (एवं राज्यों में) पर संसद व राज्य सचिव के नियंत्रण में छूट दी जायेगी तथा इसके संबंध में आवश्यक परिवर्तन के लिये प्रावधान में परिवर्तन किया जायेगा।

हस्तांतरण के नियम–इस अधिनियम के अन्तर्गत 'हस्तांतरण के नियमों' को केन्द्र सरकार व प्रादेशिक सरकार से अलग रखा गया।

वित्तीय हस्तांतरण के क्रम में अब प्रदेशों ने अपना अलग बजट बनाया जबकि पहले ये बजट केन्द्र सरकार के बजट का ही भाग था। साथ ही उन्होंने अपना अलग कर निर्धारण किया, जो कि पहले भारत का गर्वनर जनरल ही कर सकता था।

विधायी हस्तांतरण के अंतर्गत केन्द्र के प्रभाव का पुनर्विलोकन हुआ। गवर्नर को अपनी सहमति का आशय-पत्र गवर्नर जनरल को देना अनिवार्य होगा। गर्वनर जनरल यदि गर्वनर के निर्णय से सहमत है तो यह प्रति भारत सचिव की सहमति प्राप्त करने के लिए प्रेषित की जाएगी।

कार्यकारी शक्ति–केंद्र के संबध में शक्तियों के हस्तांतरण का कोई प्रावधान नहीं था। अभी भी गवर्नर जनरल की परिषद भारत सचिव की परिषद के माध्यम से सभी मामलों में संसद के प्रति उत्तरदायी थी।

- 1919 के अधिनियम के पहले गवर्नर जनरल की कार्यकारी परिषद की संख्या 6 थी। इसमें 5 साधारण एवं 1 विशेष सदस्य था।
- नये अधिनियम के अंतर्गत, परिषद के विस्तार की अपार संभावनायें थीं। अब इसमें भारतियों की संख्या 2 से बढ़कर 3 हो गयी थी।

केन्द्रीय व्यवस्थापिका

द्विसदनीय व्यवस्था: विधायिका केन्द्र में द्विसदनीय थी। पहला सदन विधानसभा यानि निम्न सदन तथा दूसरा सदन, राज्य परिषद यानि उच्च सदन था।

- विधान सभा की निर्वाचन प्रक्रिया सीधी थी। निर्वाचन का मूल आधार सामुदायिक था, जबकि उद्योगपतियों, व्यापारियों व जमींदारों का अलग वर्ग था।
- वैसे विधानसभा के सदस्यों की कुल संख्या 145 थी जो आवश्यकता के अनुसार बढ़ायी जा सकती थी। इसके कुल सदस्यों में से पांच-सात निर्वाचित थे जबकि शेष एक-तिहाई मनोनीत किये जाने थे।
- समुदाय एवं विशेष हितों से संबंधित सदस्यों के प्रभाव में वृद्धि की गयी थी।
- कुछ विशिष्ट निर्वाचन क्षेत्रों के अतिरिक्त दोनों सदनों के निर्वाचित सदस्य संपत्ति व शिक्षा के आधार पर निर्वाचित होंगे।

विधायी प्रक्रिया–प्रादेशिक विधायिका की कार्यप्रणाली सामान्य होगी जबकि केन्द्र से जुड़ा वार्षिक बजट केन्द्रीय विधानसभा द्वारा पारित होगा।

- जैसा कि विदित है कि गर्वनर जनरल संसद के प्रति उत्तरदायी था न कि केन्द्रीय विधायिका के प्रति। वह व्यक्तिगत रूप से विधेयक पारित कर सकता था एवं अनुदान प्रदान कर सकता था। उसे अध्यादेश जारी करने का भी अधिकार था।
- विधायी क्षेत्र में राज्य परिषद व विधानसभा एक-दूसरे को सहयोग करेंगी। इस तरह सरकार विधायी मामलों में सहमति हेतु राज्य परिषद पर आश्रित रहती है।
- बजट में कई विषय अनिर्वाचनीय होते थे। ऐसी स्थिति में विधायिका असहाय हो जाती थी।

गर्वनर जनरल की शक्तियां–विधायी क्षेत्र में गर्वनर जनरल की शक्तियां असीमित थीं।

- वह कुछ एक विधेयकों को लाने से मना कर सकता था, जिनके संबंध में पूर्वानुमति आवश्यक थी।
- अगर विधायिका उसके द्वारा लाये गए विधेयक को नहीं पारित करती थी तो वह अपने विधेयक को ब्रिटिश सरकार के हित में देखते हुए स्वयं पारित कर सकता था।
- उस पर निरीक्षण का एक ही तरीका था कि कुछ अधिनियम आठ दिनों पहले स्वीकृति के लिए संसद के समक्ष रखे जाएं।
- यदि आवश्यक हो तो वह विधायिका द्वारा पारित किसी विधेयक को मानने से इंकार कर सकता था, जिसके संबंध में वह यह समझता था कि ऐसा करना आवश्यक है।
- वित्तीय मामलों में, विधानसभा द्वारा रोकी या काटी हुई सहायता को वह पुन: प्रारंभ कर सकता था।

द्वैध शासन

द्वैध शासन का उद्देश्य–अगस्त घोषणा के तहत अब शासन की बागडोर धीरे-धीरे भारतीयों के हाथों में सौंपी जानी थीं। चूंकि प्रांतों की पूरी जिम्मेदारी एक साथ सौंपना जल्दबाजी में उठाया गया कदम साबित हो सकता था। इसलिए द्वैध शासन की व्यवस्था लागू की गई।

कर्टिस और उसके गोलमेज समूह का योगदान–लियोनल जॉर्ज कर्टिस एवं उसके गोलमेज समूह ने शासन की भागीदारी सुनिश्चित करने के लिए विस्तार से कार्य किया और द्वैध शासन (1920) नामक अपने शोध-कार्य में इसका पूरा उल्लेख किया। इसके तहत विधायिका के प्रति उत्तरदायी मंत्रियों को जो विषय सौंपे जाने थे उन्हें आम भाषा में 'हस्तांरित विषय' कहा गया, जबकि गर्वनर और उसके पार्षदों को जो विषय सौंपें गए थे उन्हें 'आरक्षित विषय' कहा गया। इसके लिए वे ब्रिटिश संसद के प्रति उत्तरदायी थे।

प्रान्तीय विषयों का विभाजन

हस्तातंरित विषय इसके अंतर्गत स्थानीय स्वशासन, चिकित्सा प्रणाली, यूरोपियन और एंग्लो-इंडियन को छोड़कर शेष के लिए शिक्षा, कृषि, मत्स्य उद्योग, सहकारी समितियाँ, आबकारी, उद्योगों का विकास तथा धार्मिक कार्यों से एकत्रित होने वाला धन आदि सम्मिलित थे।

आरक्षित विषय इसके अंतर्गत भूमिकर, प्रशासन, महिला सहायता न्याय प्रणाली पुलिस तथा जेल रखे गए। स्थानांतरित विषयों के लिए विस्तृत रूप से निम्नलिखित शर्तें रखी गईं–

- जो स्थानीय आधार पर सबसे अधिक जानकारी रखते हों और अपनी सेवा देने के इच्छुक हों।
- जिनमें भारतीयों ने खुद रुचि दिखाई हों।
- गलतियां, चाहे वे कितनी भी गंभीर क्यों न हों, अक्षम्य नहीं हो सकेंगी।
- जो विकास के संबंध में अत्यधिक उत्कंठित हो।
- जो ऐसे लोगों के हितों से सम्बन्ध रखते हों जिनका विधायिका में पर्याप्त प्रतिनिधित्व हो (उनका नहीं, जिनका प्रतिनिधित्व न के बराबर हो)

राजस्व के स्रोत–आरक्षित तथा हस्तांरित दोनों के कार्यक्षेत्र स्पष्ट रूप से निश्चित कर दिए गए थे, लेकिन दोनों के राजस्व स्रोत एक ही थे। दोनों ओर से होने वाला व्यय एक समझौते पर आधारित था और मतभेद की स्थिति में गर्वनर मध्यस्थ की भूमिका निभा सकता था।

- कर-निर्धारण के तरीके अथवा प्रस्ताव पर पूरी सरकार विचार करती थी लेकिन अंतिम फैसला उसी का माना जाता था, जो इसे प्रारंभ करता था।
- पूरी शासन व्यवस्था में दोनों पक्ष अपना कार्य सही ढंग से करते रहें इसकी जिम्मेदारी राज्यपाल पर होती थी।
- मंत्रियों और पार्षदों के बीच सामूहिक विचार-विमर्श होता रहे, इसे वह सदैव प्रोत्साहित कम रहता था।

गवर्नरों की शक्तियाँ–हालांकि कुछ विशेष क्षेत्रों में शक्तियों का स्पष्ट विभाजन किया गया था फिर भी उचित कारणों के चलते गवर्नर अपने मंत्रियों की सलाह को अस्वीकार कर सकता था।

- अगर प्रांत की सुरक्षा अथवा शांति व्यवस्था पर किसी तरह का खतरा हो तो गवर्नर सभी शक्तियां अपने पास रख कर स्व-विवेक से कार्य कर सकता है। इसके अलावा अल्पसंख्यक समुदाय-साम्प्रदायिक और जातीय हितों के लिए सरकारी सेवाओं में कार्यरत सदस्यों के प्रभावित होने या व्यापारिक अथवा औद्योगिक लाभ के लिए अन्यायपूर्ण भेदभाव की स्थिति में भी वह अपनी शक्तियों का प्रयोग कर सकता है।
- इन सबसे ज्यादा गवर्नर का महत्वपूर्ण कार्य यह था कि वह सुनिश्चित करे कि आम लोग राजनीतिक कार्यों के लिए तैयार हों और जल्द-से-जल्द शासन की बागडोर खुद सम्भालने योग्य हो जायें।
- जहां तक प्रांतीय प्रशासन का सम्बन्ध है जहां तक सम्भव था, उन्हें पूरी स्वतंत्रता थी। खासतौर पर स्थानीय शासन के मुद्दे पर भारत सरकार अनावश्यक हस्तक्षेप नहीं करती थी।

प्रान्तीय विधान परिषदें

विधान परिषदों का विस्तार तथा लोकतंत्रीकरण–इस व्यवस्था में परिषदों का आकार विस्तृत किया गया। परिषदों में निर्वाचित सदस्यों की संख्या कम-से-कम 70 प्रतिशत, जबकि सरकारी सदस्य मात्र 20 प्रतिशत तक सीमित रह गए।

- 1926 के विधानमंडल में सभी प्रान्तों से 14.5 प्रतिशत सरकारी सदस्य, 85 प्रतिशत गैर-सरकारी मनोनीत सदस्य जो पिछड़ी जातियों, एंग्लो-इंडियन तथा मजदूर वर्ग से आते थे। इसके अलावा 99 प्रतिशत निर्वाचित सदस्य जमींदार वर्ग, विश्वविद्यालयों वाणिज्य एवं उद्योग जैसे विशेष क्षेत्रों का प्रतिनिधित्व कर रहे थे और बाकी 67 प्रतिशत सदस्य प्रादेशिक निर्वाचन क्षेत्र से आए थे।
- अंतिम श्रेणी के सदस्यों में सामान्य, मुसलमान सिख (पंजाब से), भारतीय ईसाई (मद्रास से), एंग्लो-इंडियन (मद्रास तथा बंगाल से), तथा पंजाब, बरार तथा असम को छोड़ सभी प्रान्तों से आने वाले यूरोपियन शामिल थे।
- जिन मतदाताओं को जाति, धर्म अथवा किसी भी अन्य विशेष श्रेणी में शामिल नहीं किया गया था, उन्हें सामान्य निर्वाचन क्षेत्र में स्थान दिया गया। सीटों के बंटवारे में अल्पसंख्यक समुदाय को अधिक महत्व दिया गया। उनकी जनसंख्या की तुलना में उन्हें ज्यादा प्रतिनिधित्व दिया गया।
- मताधिकार के लिए सम्पत्ति होने की योग्यता को कम महत्व दिया गया और सभी प्रान्तों में महिलाओं को भी मतदान का अधिकार दिया गया। 1926 से कुल मतदान में इनकी संख्या 2.8 प्रतिशत तक रही।
- चूंकि पहले से निर्धारित निर्वाचन क्षेत्र भारतीय वातावरण के अनुकूल नहीं थे, इसलिए खासतौर से किसी सम्प्रदाय

(जैसे-मुस्लिम) या विशेष क्षेत्र (जैसे-जमींदार) को ध्यान में रखकर प्रादेशिक निर्वाचन क्षेत्र तैयार किए गए थे।

- मताधिकार बहुत ही सीमित था। सिर्फ वे ही लोग मतदान कर सकते थे-
  - जो एक निर्धारित समय से निर्वाचन क्षेत्र के नागरिक हों।
  - एक ऐसे घर के मालिक हों, जिसकी सरकार द्वारा न्यूनतम निर्धारित कीमत हो।
  - न्यूनतम नगर निगम कर अथवा आयकर या अन्य कर अदा करते हों, या फिर सेना से पेंशन प्राप्त करने की रसीद हो।

विधानमंडल की कार्य प्रणाली–आमतौर पर सभी विधायी कार्य तथा वार्षिक बजट प्रांतीय परिषदों द्वारा ही पारित किये जाते थे, फिर भी 'आरक्षित' भाग परिषद की पहुंच से बाहर था। गवर्नर अपनी शक्तियों का इस्तेमाल कर उन विधेयकों को पास कर सकता था, जिन्हें विधानमंडल द्वारा अस्वीकार कर दिया गया था अगर उसे लगता हो कि ऐसा करना संसद की जिम्मेदारी निभाने के लिए आवश्यक है।

- हालांकि 1909 के अधिनियम के तहत विधान परिषदों में सीटों की संख्या अधिकतम की गई थी, फिर भी 1919 में यह न्यूनतम हो गई। जहाँ 1909 में राज्यों में अधिकतम 50 सीटों की व्यवस्था थी वहीं 1919 में यह कम-से-कम 100 थी। मद्रास विधान सभा में 118 सीटें, बम्बई में 111 और बंगाल में 125 सीटें थीं।
- सदस्य मुख्य प्रश्नों के साथ पूरक प्रश्न भी पूछ सकते थे। वे आम जनता की शिकायतों को दूर करने के प्रस्तावों पर विचार-विमर्श कर सकते थे और जनता से संबंधित अति महत्वपूर्ण विषयों के लिए सदन स्थगित करने का नोटिस भी दे सकते थे। वे सिर्फ बजट पर विचार ही नहीं कर सकते थे, बल्कि उस पर मत विभाजन भी करा सकते थे।
- अधिनियम की सबसे बड़ी कमी यह थी कि गर्वनर के पास कानून बनाने तथा बजट पर मत देने, दोनों का ही अधिकार था।
- परिषद् की अवधि तीन वर्ष थी। इसके विघटन के बाद छह माह के भीतर नयी परिषद् का चुनाव होता था।

अभ्यास प्रश्न

1. '*अमृत बाजार पत्रिका*' की स्थापना किसने की?
(a) शिशिर कुमार घोष
(b) गिरीशचंद्र घोष
(c) हरीशचंद्र मुखर्जी
(d) एस.एन. बनर्जी

2. बंकिमचंद्र चटर्जी द्वारा 1873 में स्थापित एवं संपादित बंगाली मासिक पत्रिका का क्या नाम था?
(a) *सोम प्रकाश* (b) *बंगदूत*
(c) *बंगदर्शन* (d) *बंगाली*

3. भारतीय राष्ट्रीय कांग्रेस की स्थापना के समय भारत का राज्य सचिव कौन था?
(a) लॉर्ड मोर्ले (b) लॉर्ड एल्गिन
(c) लॉर्ड हैमिल्टन (d) लॉर्ड क्रॉस

4. बंबई में कांग्रेस के प्रथम अधिवेशन में कौन सम्मिलित नहीं हुआ?
(a) डब्लू.सी. बनर्जी (b) एस.एन. बनर्जी
(c) बदरुद्दीन तैयबजी (d) के.टी. तेलंग

5. कौन-सा वायसराय अपनी अंडमान यात्रा के दौरान अपने एक कैदी का शिकार हो गया?
(a) लिटन (b) रिपन
(c) मेयो (d) कर्जन

6. कौन-सा कथन सत्य नहीं है?
(a) '*अमृत बाजार पत्रिका*' शुरू में एक बंगाली समाचार-पत्र था लेकिन 1878 के वर्नाक्युलर प्रैस एक्ट को मात करने के लिए यह पूर्ण-रूपेण अंग्रेजी समाचार-पत्र बन गया।
(b) '*हिंदू*' की स्थापना जी.एस. अय्यर तथा वीर राघवाचारी ने की।
(c) मराठी सामचार पत्र '*संजीवनी*' की स्थापना 1883 में हुई थी।
(d) '*बंबई टाइम्स*' 1861 में '*टाइम्स ऑफ इंडिया*' हो गया।

7. कौन-सा कथन सत्य नहीं है?

(a) *'केसरी'* (एक मराठा दैनिक) तथा *'महारत्ता'* (एक अंग्रेजी साप्ताहिक) के संपादक, तिलक से पहले, क्रमशः अगरकर तथा प्रोफेसर केलकर थे।

(b) 19वीं सदी के प्रसिद्ध संपादकों में से एक हरिश्चंद्र मुखर्जी काफी लंबे समय तक *'हिंदू पैट्रियॉट'* के संपादक रहे।

(c) भारत के प्रति सहानुभूति रखने वाले कुछ अंग्रेज पत्रकारों में से एक रॉबर्ट नाइट को भारतीय प्रेस ने 'बयार्ड ऑफ इंडिया' कहा था।

(d) *'बंगाली'* की स्थापना सुरेंद्रनाथ बनर्जी ने की थी।

8. स्थापना के समय भारतीय राष्ट्रीय कांग्रेस का उद्देश्य क्या नहीं था?

(a) अंग्रेजों से पूर्ण स्वतंत्रता प्राप्त करना।

(b) देश के विभिन्न भागों के राष्ट्रवादी कार्यकर्ताओं के बीच मैत्रीपूर्ण संबंधों को बढ़ावा देना।

(c) राष्ट्रीय एकता की भावना का विकास एवं स्थायित्व।

(d) लोकप्रिय मांगों का निर्धारण तथा ब्रिटिश सरकार के समक्ष उसकी प्रस्तुति।

9. निम्नलिखित में से क्या सत्य है/हैं?

(i) भारत पर अधिकार करने के क्रम में 1857 से पहले अंग्रेज इसे एक राज्य मानते थे।

(ii) भारत पर अपने अधिकार को अंग्रेजों ने यहाँ के लोगों की भलाई के नाम पर सही ठहराया।

(iii) 1857 के बाद भी वे भारत को एक राज्य ही मानते रहे क्योंकि इससे उन्हें फायदा था।

(iv) 1857 के बाद उन्होंने भारतीयों में फूट डालने की नीति का पालन कम उत्साह से किया।

(v) 1857 के बाद उन्होंने देशी राज्यों के महत्व को पहचाना।

कूट :

(a) (i), (iii), (iv) और (v)

(b) (ii), (iii), (iv) और (v)

(c) (i), (ii) और (v)

(d) (i) और (ii)

10. निम्नलिखित में से कौन असत्य है/है।?

(i) अंग्रेज विद्वान मानते थे कि भारत कभी एक राज्य नहीं था।

(ii) भारतीय विद्वानों का मानना था कि भारत राजनैतिक रूप से विभाजित था, पर सांस्कृतिक रूप से हमेशा से एक था।

(iii) अंग्रेजों ने भारतीयों की इस धारणा को अस्वीकार कर दिया कि अंग्रेजों ने यहाँ आने के पहले से ही भारत में राष्ट्रीयता के तत्व विद्यमान थे।

(iv) भारतीयों ने अंग्रेजों की इस धारणा को अस्वीकार कर दिया कि भारत में आधुनिक संदर्भ में राष्ट्रीयता यहाँ अंग्रेजों के आने के बाद ही विकसित हुई।

कूट :

(a) (ii) और (iii) (b) सिर्फ (i)

(c) (ii) और (iv) (d) सिर्फ (iv)

11. भारतीय राष्ट्रीय आंदोलन की उत्पत्ति एवं विकास के कारणों में से एक था- भारतीय समाज के कई वर्गों (कुछ को छोड़कर) की अंग्रेजों के विरुद्ध शिकायतें। समाज के कौन-से वर्ग इसके अपवाद थे?

(i) किसान एवं शिल्पकार

(ii) देशी शासक एवं जमींदार

(iii) मध्य वर्ग एवं आधुनिक बुद्धिजीवी

(iv) मजदूर एवं उद्योगपति

(v) साहूकार एवं परंपरागत बुद्धिजीवी

कूट:

(a) (ii) और (iv) (b) (iii) और (v)

(c) (iv) और (v) (d) (ii) और (v)

12. अंग्रेजों द्वारा भारत के प्रशासकीय एवं आर्थिक एकीकरण ने भारतीय राष्ट्रीय आंदोलन का मार्ग प्रशस्त किया। इस संदर्भ में कौन-से कथन असत्य है/हैं?

(i) अंग्रेजों ने एक समान आधुनिक शासन प्रणाली अपनाकर भारत का प्रशासकीय एकीकरण किया।

(ii) स्थानीय आत्मनिर्भर अर्थव्यवस्था के अंत ने भारतीय आर्थिक जीवन के टुकड़े-टुकड़े कर दिए।

(iii) आधुनिक व्यापार और उद्योगों की शुरुआत ने भारत के विभिन्न भागों में रहने वालों को एक सूत्र में बाँधा।

(iv) यातायात एवं संचार के आधुनिक साधनों के प्रयोग ने लोगों में परस्पर सहयोग को बढ़ावा दिया।

कूट:

(a) (ii) और (iii) (b) सिर्फ (ii)

(c) सिर्फ (iii) (d) (iii) और (iv)

13. लोगों में राष्ट्रपति तथा आधुनिक विचारों के प्रसार में भारतीय प्रेस ने महत्वपूर्ण भूमिका निभाई। इसकी गतिविधियों के बारे में क्या सत्य नहीं है/हैं?

(i) सरकारी प्रेस की आलोचना।
(ii) लोगों से एकजुट होकर राष्ट्र कल्याण के लिए कार्य करने का आग्रह।
(iii) भारतीयों तथा ब्रिटिश सरकार के विचारों को बताना।
(iv) स्व-शासन, जनतंत्र तथा इसके समान अन्य आधुनिक विचारों को लोकप्रिय बनाना।
(v) राष्ट्रवादी कार्यकर्ताओं में विचारों का आदान-प्रदान।

कूट :
(a) सिर्फ (iii) (b) सिर्फ (i)
(c) (i) और (iii) (d) (iv) और (v)

14. भारतीय प्रेस के बारे में कौन-सा/से कथन असत्य है/हैं?
(i) साप्ताहिक समाचार पत्र *'बंगाल गजट'* एक अंग्रेज जेम्स ऑगस्टस हिक्की द्वारा 1780 में प्रारंभ किया गया।
(ii) भारत में पत्रकारिता के जनक हिक्की के तत्कालीन गवर्नर जनरल वारेन हेस्टिंग्स के साथ अत्यंत मित्रतापूर्ण संबंध थे।
(iii) *'कलकत्ता जर्नल'* 1818 में जे.एस. बकिंघम द्वारा शुरू किया गया।
(iv) *'बंगाली'* तथा *'अमृत बाजार पत्रिका'* भारत की देशी भाषाओं में प्रकाशित होने वाले प्रथम समाचार-पत्र थे।

कूट :
(a) (ii) और (iii) (b) (iii) और (iv)
(c) (i) और (iii) (d) (iii) और (iv)

15. 'भारतीय प्रेस का मुक्तिदाता' किनको कहा जाता है?
(i) सर चार्ल्स मेटकाफ
(ii) लॉर्ड मिंटो
(iii) सर थॉमस मुनरो
(iv) लॉर्ड मैकॉले
(v) लॉर्ड वेलेज्ली

कूट :
(a) (i) और (iii) (b) (ii), (iv) और (v)
(c) (i) और (iv) (d) (iii) और (iv)

16. 1878 के वर्नाक्युलर प्रेस एक्ट के संदर्भ में कौन-से कथन सत्य है/हैं?
(i) इसे लॉर्ड मेयो ने पारित किया।
(ii) इसे 'गैगिंग एक्ट' के नाम से भी जाना गया।
(iii) इसने प्रतिबंधों से भारतीय प्रेस को मुक्त कर दिया।
(iv) इसे लॉर्ड रिपन ने 1882 में बदल दिया।

कूट :
(a) (i) और (ii) (b) (ii) और (iv)
(c) (i) और (iii) (d) (iii) और (iv)

17. लॉर्ड लिटन (1876-80) के शासन काल के बारे में कौन-सा/से कथन सत्य है/हैं?
(i) लॉर्ड लिटन के प्रतिक्रियावादी शासन काल ने भारतीय राष्ट्रवाद को एक दर्शनीय स्वरूप प्रदान किया।
(ii) उसके काल के द्वितीय अफगान युद्ध से भारत की आर्थिक स्थिति मजबूत हुई।
(iii) उसने रानी विक्टोरिया को भारत की महारानी घोषित करने के लिए दिल्ली दरबार आयोजित किया।
(iv) उसके आर्म्स एक्ट के द्वारा भारतीयों को हथियार रखने का अधिकार प्राप्त हुआ।

कूट :
(a) (ii) और (iv) (b) सिर्फ (ii)
(c) सिर्फ (iii) (d) (i) और (iii)

18. इल्बर्ट बिल के बारे में कौन-सा/से कथन सत्य नहीं है/हैं?
(i) इल्बर्ट बिल विवाद के कारण भारतीय राष्ट्रवाद को संगठित रूप प्राप्त हुआ।
(ii) मूल बिल के अनुसार भारतीय जज यूरोपियों के मामलों की भी सुनवाई कर सकते थे।
(iii) ये बिल भारत में रह रहे ब्रिटिश नागरिकों के अत्यधिक विरोध के बावजूद बिना किसी सुधार के पास हुआ।
(iv) भारतीयों ने बिल के समर्थन में किसी प्रकार का प्रचार नहीं किया।

कूट :
(a) (i) और (iv) (b) (ii) और (iii)
(c) (iii) और (iv) (d) सिर्फ (iv)

19. निम्नलिखित संगठनों का कालक्रम क्या है?
(i) पूना सार्वजनिक सभा
(ii) इंडियन एसोसिएशन ऑफ कलकत्ता
(iii) बंबई प्रेसिडेंसी एसोसिएशन
(iv) मद्रास महान सभा

कूट :

(a) (i), (ii), (iv) और (iii)
(b) (ii), (iii), (iv) और (i)
(c) (i), (iv), (ii) और (iii)
(d) (iii), (ii), (i) और (iv)

20. निम्नलिखित संगठनों का कालक्रम क्या है?

(i) लंदन का ईस्ट इंडिया एसोसिएशन
(ii) कलकत्ता की लैंड होल्डर्स सोसायटी
(iii) मद्रास नेटिव एसोसिएशन
(iv) बंगाल ब्रिटिश इंडियन एसोसिएशन
(v) ब्रिटिश इंडियन एसोसिएशन

कूटः

(a) (ii), (iii), (i), (iv) और (v)
(b) (i), (iv), (iii), (v) और (ii)
(c) (iii), (v), (iv), (i) और (ii)
(d) (ii), (iv), (v), (iii) और (i)

21. निम्नलिखित घटनाओं का सही कालक्रम क्या है?

(i) वर्नाक्युलर प्रैस एक्ट की वापसी।
(ii) प्रथम फेगीन कमीशन की नियुक्ति।
(iii) इल्बर्ट बिल का पारित होना।
(iv) प्रथम फैक्ट्री विधेयक का पारित होना।

कूटः

(a) (ii), (iv), (i) और (iii)
(b) (ii), (i), (iii) और (iv)
(c) (iv), (ii), (i) और (iii)
(d) (iv), (ii), (iii) और (i)

22. सुमेलित कर दिए गए कूटों से उत्तर चुनें–

तालिका-I	**तालिका-II**
A. *दिग्दर्शन* (1818)	(i) उर्दू में पहला अखबार
B. *समाचार दर्पण* (1818)	(ii) प्रथम बंगाली मासिक
C. *मिरात-उल-अखबार* (1822)	(iii) फारसी की पहली पत्रिका
D. *बंबई समाचार* (1822)	(iv) प्रथम बंगाली अखबार

कूटः

	A	B	C	D
(a)	(iv)	(ii)	(i)	(iii)
(b)	(ii)	(iv)	(i)	(iii)
(c)	(iv)	(ii)	(iii)	(i)
(d)	(ii)	(iv)	(iii)	(i)

23. निम्नलिखित को सुमेलित करें–

तालिका-I	**तालिका-II**
A. बंगदूत	(i) बंबई का पहला अखबार
B. मद्रास कूरियर	(ii) मद्रास का पहला अखबार
C. बॉम्बे हेराल्ड	(iii) चार भाषाओं में एक साप्ताहिक
D. बॉम्बे समाचार	(iv) गुजरात का पहला अखबार
	(v) बंगाल का पहला अखबार

कूटः

	A	B	C	D
(a)	(v)	(ii)	(iv)	(i)
(b)	(iii)	(ii)	(i)	(iv)
(c)	(iv)	(ii)	(i)	(iii)
(d)	(iii)	(ii)	(i)	(v)

24. निम्न में से कौन सुमेलित है?

तालिका-I	**तालिका-II**
(i) *हिंदू पैट्रियॉट* (1853)	गिरिशचंद्र घोष
(ii) *रस्त गोफ्तार* (1851)	दादाभाई नौरोजी
(iii) *अखबार-ओ-सौदागर* (1852)	दबाधि कवास जी
(iv) *इंडियन मिरर* (1862)	देवेंद्रेनाथ टैगोर

कूटः

(a) उपरोक्त सभी
(b) (i), (ii) और (iii)
(c) (ii), (iii) और (iv)
(d) (i), (iii) और (iv)

25. इनमें से कौन सुमेलित हैं?

(i) *स्टेट्समैन* (1875)–देवेंद्रनाथ टैगोर
(ii) *नेशनल पेपर* (1865)–रॉबर्ट नाईट
(iii) *ट्रिब्यून* (1862)–दयाल सिंह मजीतिया
(iv) *बंगाली* (1881)–गिरीशचंद्र घोष

कूटः

(a) (i) और (ii) (b) (ii) और (iii)
(c) (iii) और (iv) (d) (i) और (iv)

26. निम्नलिखित को सुमेलित करें–

तालिका-I	**तालिका-II**
A. नेशनल इंडियन एसोसिएशन (1867)	(i) विलियम एडम
B. इंडियन सोसायटी (1872)	(ii) गोखले

C. भारत सेवक समाज (1905) — (iii) मैरी कारपेंटर

D. ब्रिटिश इंडिया सोसायटी (1839) — (iv) आनंद मोहन बोस

कूट:

	A	B	C	D
(a)	(i)	(iii)	(ii)	(iv)
(b)	(iii)	(iv)	(ii)	(i)
(c)	(iv)	(i)	(ii)	(iii)
(d)	(iii)	(i)	(ii)	(iv)

27. निम्नलिखित तालिकाओं का सुमेल किस कूट में है?

तालिका-I	तालिका-II
A. कांग्रेस का द्वितीय अधिवेशन (कलकत्ता)	(i) फिरोजशाह मेहता
B. तृतीय अधिवेशन (मद्रास)	(ii) दादाभाई नौरोजी
C. चौथा अधिवेशन (इलाहाबाद)	(iii) सर विलियम वेडरबर्न
D. पांचवां अधिवेशन (बम्बई)	(iv) बद्रूद्दीन तैयबजी
E. छठा अधिवेशन (कलकत्ता)	(v) जार्ज युल

कूट:

	A	B	C	D	E
(a)	(ii)	(iv)	(v)	(iii)	(i)
(b)	(ii)	(i)	(iii)	(iv)	(v)
(c)	(iii)	(ii)	(i)	(iv)	(v)
(d)	(i)	(v)	(iii)	(ii)	(iv)

कथन एवं तर्क

निर्देश:

अगर 'कथन' सत्य है, पर 'तर्क' गलत है तो (*a*) अंकित करें।

अगर 'कथन' गलत है पर 'तर्क' सत्य है तो (*b*) अंकित करें।

अगर 'कथन' एवं 'तर्क' सत्य हैं तथा 'तर्क' 'कथन' की व्याख्या करता है तो (*c*) अंकित करें।

अगर 'कथन' एवं 'तर्क' सत्य हैं पर 'तर्क' 'कथन' की व्याख्या नहीं करता है तो (*d*) अंकित करें।

28. ***कथन:*** भारत में राष्ट्रीयता के उदय एवं विकास का एक महत्वपूर्ण कारण पाश्चात्य प्रणाली की शिक्षा तथा अंग्रेजी भाषा का प्रयोग था।

तर्क: अंग्रेजी भाषा माध्यम का प्रयोग किए बिना भारतीय राष्ट्रीय आंदोलन संभव नहीं था।

29. ***कथन:*** 19वीं सदी के उत्तरार्द्ध से भारतीय राजनैतिक नेताओं ने शिक्षा प्रणाली में भारतीय भाषाओं की बड़ी भूमिका की माँग के लिए विरोध प्रदर्शन किया।

तर्क: आधुनिक विचारों का विकास उन देशों में अधिक हुआ था जहाँ इन्हें अंग्रेजी की अपेक्षा देशी भाषाओं के माध्यम से फैलाया गया था।

30. ***कथन:*** भारतीय राष्ट्रीय कांग्रेस में अतिवादिता की भावना के प्रसार के लिए आर्य समाजी जिम्मेदार हैं।

तर्क: उनमें से अधिकतर राष्ट्रीय आंदोलन की अग्रिम पंक्ति में थे।

31. ***कथन:*** स्वामी दयानंद ने सर्वप्रथम स्वदेशी की सिफारिश की।

तर्क: उन्होंने सर्वप्रथम स्वराज शब्द का प्रयोग किया।

32. ***कथन:*** भारत के ब्रिटिश निवासियों ने इल्बर्ट बिल का कड़ा विरोध किया।

तर्क: बिल ने न्याय प्रशासन में सामाजिक समानता का प्रस्ताव किया।

33. ***कथन:*** 19वीं सदी के उत्तरार्द्ध में आधुनिक भारतीय बुद्धिजीवी वर्ग ने कई राजनैतिक संगठनों की स्थापना की।

तर्क: इस काल में राष्ट्रीय राजनीतिक भावनाओं का तीव्र विकास हुआ।

34. ***कथन:*** राजा राममोहन राय प्रथम भारतीय नेताओं में से एक थे जिन्होंने राजनैतिक सुधारों के लिए आंदोलन प्रारंभ किया।

तर्क: उन्होंने 1838 में कलकत्ता में लैंड होल्डर्स सोसायटी की स्थापना की।

35. ***कथन:*** कांग्रेस से पूर्व की अधिकतर राष्ट्रवादी संस्थाएँ प्रतिनिधि सभाएं नहीं थीं।

तर्क: उनका नेतृत्व तथा उनकी सदस्यता कुछ लोगों तक सीमित थी तथा वे मुख्यत: स्थानीय समस्याओं से संबद्ध थे।

36. ***कथन:*** दादाभाई नौरोजी ने लंदन में ईस्ट इंडिया एसोसिएशन की स्थापना की।

तर्क: वह ब्रिटिश जनता के विचारों को प्रभावित करना चाह रहे थे।

37. ***कथन:*** द्वारकानाथ टैगोर कलकत्ता के लैंड होल्डर्स सोसायटी के संस्थापक सदस्यों में से एक थे।

तर्क: शिकायतों के निवारण के लिए गठित संवैधानिक आंदोलनों में प्रथम उदाहरण लैंड होल्डर्स सोसायटी है।

38. ***कथन:*** लैंड होल्डर्स सोसायटी तथा बंगाल ब्रिटिश इंडियन सोसायटी का 1851 में विलय हुआ तथा ब्रिटिश इंडियन एसोसिएशन का गठन हुआ।

तर्क: इसके विलय में सुरेंद्रनाथ बनर्जी ने महत्वपूर्ण भूमिका निभाई।

39. ***कथन:*** बंबई प्रेसिडेंसी में स्थापित होने वाला प्रथम राजनैतिक संगठन बॉम्बे एसोएिसशन है, जिसकी स्थापना 1852 में हुई।

तर्क: मद्रास नेटिव एसोसिएशन शुरू में कलकत्ता के ब्रिटिश इंडियन एसोसिएशन की एक शाखा थी, लेकिन बाद में यह एक स्वतंत्र संगठन बन गया।

40. ***कथन:*** कांग्रेस से पूर्व के राष्ट्रवादी संगठनों में कलकत्ता का इंडियन एसोसिएशन सर्वाधिक महत्वपूर्ण था।

तर्क: कांग्रेस से पूर्व के संगठनों में यह पहला संगठन था जिसने दो अखिल भारतीय सम्मेलन आयोजित कर गंभीरतपूर्वक अखिल भारतीय संस्था बनने का प्रयास किया।

41. भारतीय राष्ट्रीय कांग्रेस की प्रथम महिला अध्यक्ष कौन बनीं?

(a) सरोजिनी नायडू
(b) सुचेता कृपलानी
(c) राजकुमारी बमृत कौर
(d) ऐनी बेसेंट

42. भारतीय राष्ट्रीय कांग्रेस का प्रथम मुस्लिम अध्यक्ष कौन बना?

(a) मुहम्मद अली जिन्ना
(b) बदरुद्दीन तैयब जी
(c) सर सैयद अहमद खान
(d) अब्दुल कलाम अजाद

43. भारतीय राष्ट्रीय कांग्रेस के सूरत अधिवेशन का अध्यक्ष कौन था?

(a) दादाभाई नौरोनी (b) गोपाल कृष्ण गोखले
(c) रासबिहारी घोष (d) एस.एन. बनर्जी

44. राष्ट्रवाद की शिक्षा को अंग्रेजों ने कब अपराध घोषित कर दिया?

(a) 1890 (b) 1895
(c) 1898 (d) 1904

45. बाल गंगाधर तिलक को 'फादर ऑफ इंडियन अनरेस्ट' किसने कहा है?

(a) वेलेंटाइन चिरोल (b) डिजरायली
(c) मिंटो द्वितीय (d) चेम्सफोर्ड

46. तिलक ने कब घोषणा की कि, ''स्वराज मेरा जन्मसिद्ध अधिकार है और मैं इसे लेकर रहूँगा।''

(a) 1905 (b) 1907
(c) 1914 (d) 1916

47. 'निष्क्रिय विरोध' के सिद्धांत का जनक कौन है?

(a) बी.जी. तिलक (b) अरबिंदो घोष
(c) जी.के. गोखले (d) एम.के. गाँधी

48. तिलक के बारे में कौन-से कथन असत्य हैं?

(i) उनका मानना था कि समाज सुधार से पहले राजनैतिक स्वतंत्रता आनी चाहिए।
(ii) वह समाज सुधार कांग्रेस द्वारा शुरू किए जाने के पक्ष में थे।
(iii) वह समाज सुधार के मामले में ब्रिटिश सरकार की पहल के विरोधी थे।
(iv) वह सामाजिक तथा राजनैतिक सुधारों को एक-दूसरे से जुड़ा हुआ मानते थे।
(v) उन्होंने धर्म को राजनीति से अलग रखा।

कूट :

(a) सिर्फ (v) (b) (ii) और (v)
(c) (ii), (iv) और (v) (d) सिर्फ (iv)

49. गोखले के बारे में कौन-से कथन सत्य नहीं हैं?

(i) वह राजनीति में नरम दल के थे पर समाज सुधार के मामलों में अतिवादी थे।
(ii) वह चाहते थे कि राजनैतिक प्रगति तथा समाज सुधार साथ-साथ चलने चाहिए।
(iii) वह भारत तथा दक्षिण अफ्रीका में 'निष्क्रिय विरोध' के विरोधी थे।
(iv) वह पाश्चात्य सभ्यता के बिल्कुल खिलाफ थे।

कूट :

(a) सिर्फ (v) (b) (iii) और (v)
(c) (ii) और (v) (d) (ii), (iii) और (v)

50. 'निष्क्रिय विरोध' में क्या सम्मिलित नहीं थे?
(i) सरकार के साथ सहयोग से अस्वीकार।
(ii) सरकार को आवेदन भेजना।
(iii) सरकारी नौकरियों, न्यायालयों, स्कूलों तथा कॉलेजों का बहिष्कार।
(iv) जमींदारी को लगान भुगतान से अस्वीकार।

कूट :
(a) सिर्फ (ii) (b) (i) और (ii)
(c) सिर्फ (iv) (d) ((ii) और (iv)

51. निम्नलिखित उद्धरण किसने लिखा है?
''मैं कांग्रेस को कहता हूँ कि इसके लक्ष्य गलत हैं जिस भावना से यह उनकी प्राप्ति की दिशा में अग्रसर है, उस भावना में सच्चाई नहीं है... इसने जो तरीके अख्तियार किए हैं वे तरीके ठीक नहीं हैं तथा जिन नेताओं में इसकी आस्था है वे नेता होने के योग्य नहीं हैं, संक्षेप में, अभी हमारा नेतृत्व अंधों के द्वारा किया जा रहा है, अगर वे अंधे नहीं हैं तो कम-से-कम एक आँख के अवश्य हैं...''
(a) लाला लाजपत राय
(b) बिपिन चंद्र पाल
(c) तिलक
(d) अरबिंदो घोष

52. किसने कहा?–''कांग्रेस आंदोलन को न तो आम जनता से प्रेरणा प्राप्त हो रही थी न ही उन्होंने इसकी योजना बनाई थी?''
(a) लाला लाजपत राय
(b) सर सैयद अहमद
(c) लॉर्ड कर्जन
(d) लॉर्ड डफरिन

53. किसने कहा?–"जब रानी की इच्छा है कि कोई मरना नहीं चाहिए, जब गवर्नर की घोषणा है कि सभी को जीवित रखना चाहिए...क्या आप भीरूता से और भूखे मर कर अपने प्राण दे देंगे?"
(a) बिपिनचंद्र पाल
(b) दादाभाई नौरोजी
(c) बाल गंगाधर तिलक
(d) गोखले

54. निम्नलिखित को सुमेलित कर दिए गए कूटों से उत्तर चुनें–

	तालिका-I		तालिका-II
A.	हिंदू महासभा	(i)	1906
B.	इंडियन लिबरल फेडरेशन	(ii)	1915
C.	मुस्लिम लीग	(iii)	1916
D.	होम रूल लीग	(iv)	1918

कूट:

	A	B	C	D
(a)	(ii)	(iv)	(i)	(iii)
(b)	(ii)	(i)	(iv)	(iii)
(c)	(iii)	(ii)	(iv)	(i)
(d)	(iv)	(i)	(iii)	(ii)

55. निम्नलिखित को सुमेलित करें–

	तालिका-I		तालिका-II
A.	महिला विश्वविद्यालय की स्थापना	(i)	लॉर्ड लैंसडावने
B.	बंगाल में गवर्नर के पद का सृजन	(ii)	लॉर्ड कर्जन
C.	एंशिएंट मान्यूमेंट प्रिजर्वेशन एक्ट	(iii)	लॉर्ड हार्डिंग द्वितीय
D.	1891 का इंडियन काउंसिल एक्ट	(iv)	लॉर्ड चेम्सफोर्ड

कूट:

	A	B	C	D
(a)	(ii)	(i)	(iii)	(iv)
(b)	(iv)	(iii)	(i)	(ii)
(c)	(iii)	(iv)	(ii)	(i)
(d)	(iv)	(iii)	(ii)	(i)

उत्तरमाला

1. (a)	2. (c)	3. (d)	4. (b)	5. (c)	6. (c)	7. (d)
8. (a)	9. (c)	10. (d)	11. (d)	12. (b)	13. (a)	14. (b)
15. (c)	16. (b)	17. (a)	18. (c)	19. (a)	20. (d)	21. (a)
22. (d)	23. (b)	24. (a)	25. (c)	26. (b)	27. (a)	28. (a)
29. (c)	30. (c)	31. (b)	32. (c)	33. (c)	34. (a)	35. (c)
36. (c)	37. (d)	38. (a)	39. (d)	40. (c)	41. (d)	42. (b)
43. (c)	44. (c)	45. (a)	46. (d)	47. (b)	48. (b)	49. (b)
50. (d)	51. (d)	52. (a)	53. (c)	54. (a)	55. (d)	

अध्याय 19

गांधी और उनके विचार

19.1 गांधी (1869–1948)

मुस्लिमों द्वारा एक व्यावसायिक संघ की मांग पर 1893 ई. में गांधी दक्षिण अफ्रीका के ट्रांसवाल की राजधानी प्रिटोरिया पहुंचे। थोरियों के लेख '*सिविल डिसओबीडियन्स*' से प्रभावित होकर उन्होंने 1909 ई. में लियो टालस्टाय से पत्राचार शुरू किया, जिनके '*किंगडम ऑफ गॉड इज विदिन यू*' से गांधी काफी प्रभावित थे। जॉन रस्किन की '*अनटु दिस लास्ट*' ने भी उन्हें प्रभावित किया।

1901 ई. में जोहंसबर्ग वकालत करने के लिए गए तथा जल्द ही दक्षिण अफ्रीका में भारतीय समुदाय के नेता बन गए उनके द्वारा डर्बन के नजदीक एक फीनिक्स फार्म भी स्थापित किया गया। 1907 ई. में जब ट्रांसवाल विधायिका ने सभी एशिया निवासियों को पंजीकरण कार्ड की आवश्यकता का कानून पारित किया तो इसके विरोध में उन्होंने अभियान शुरू किया, जिसे 'सत्याग्रह' का नाम दिया गया। उनके द्वारा 1910 ई. में इस आदोलन में भाग लेने वालों के लिए टालस्टाय फार्म की स्थापना की गई।

उन्होंने अपने विचारों का प्रसार '*इंडियन ओपीनियन*' से करना शुरू किया, जिसकी स्थापना उन्होंने 1903 ई. में की थी। पुरुषों, महिलाओं तथा बच्चों के जिस शांतिपूर्ण मार्च का ट्रांसवाल तक उन्होंने नेतृत्व किया था, वह विलक्षण था। शुरू की दमनकारी गतिविधियों के बाद सरकार को अंततः झुकना पड़ा। गांधी-स्मट्स समझौते (जून 1914 ई.) के द्वारा समस्या का समाधान हुआ, जिसके बाद गांधी वापस भारत आए। स्वदेश वापस लौटते समय गांधी ने इंग्लैंड में एक भारतीय अस्पताल इकाई स्थापित की, जिसके लिए वापस आने पर उन्हें केसर-ए-हिंद का स्वर्ण पदक दिया गया। भारत वापस आने के बाद उन्होंने अहमदाबाद के नजदीक साबरमती के तट पर सत्याग्रह आश्रम बनाया। अगले दो वर्षों (1916–18) के दौरान उन्होंने चंपारण (बिहार) तथा खेड़ा (गुजरात) में किसान आदोलन संगठित किया।

रौलेट एक्ट, जलियांवाला बाग नरसंहार तथा खिलाफत द्वारा उत्पन्न परिस्थिति में कांग्रेस ने गांधी के नेतृत्व में असहयोग आदोलन शुरू किया। 1922 ई. में एक मुकदमे में उन्हें 6 साल का कारावास हुआ, लेकिन फरवरी 1924 ई. में उन्हें छोड़ दिया गया। अगले पांच वर्षों तक गांधी द्वारा 'रचनात्मक कार्यक्रम' पर अपना ध्यान केंद्रित किया गया कताई तथा खादी, हिंदू-मुसलमान एकता, मद्य-निषेध, ग्रामीण सुधार इत्यादि।

गांधी-इरविन समझौते द्वारा अस्थायी सौर पर उनके द्वारा शुरू किया गया सविनय अवज्ञा आंदोलन समाप्त हो गया तथा इसी बीच इंग्लैंड में गोलमेज सम्मेलन के दूस्से अधिवेशन में उन्होंने भाग लिया। स्वदेश वापस आने पर उन्होंने पुनः आदोलन की शुरूआत की लेकिन फिर से जेल भेज दिए गए। अगस्त 1932 ई. में कम्युनल एवार्ड की घोषणा के समय उनके द्वारा अनशन शुरू किया गया तथा पूना पैक्ट पर हस्ताक्षर किए गए। जेल से छूटने के बाद उन्होंने एक साप्ताहिक पत्रिका *हरिजन* (1933 ई.) शुरू की जिसने उनके पहले समाचार-पत्र *यंग इंडिया* (1919–32 ई.) का स्थान ले लिया।

उन्होंने 1334 ई. में औपचारिक रूप से कांग्रेस छोड़ दी लेकिन उनकी मृत्यु तक उन्हें पार्टी का प्रेरणास्त्रोत माना जाता रहा। उनके द्वारा वर्धा के नजदीक सेवाग्राम में एक नए आश्रम की स्थापना की गई, जिसमें उनके रचनात्मक कार्यक्रमों तथा अन्य कार्यों के अतिरिक्त प्राथमिक शिक्षा की सक्रिय योजना भी शामिल थी, 1940 ई. में उन्होंने अल्प समय के लिए कांग्रेस का नेतृत्व संभाला लेकिन अगले वर्ष इसे छोड़ दिया।

स्वतंत्रता प्राप्ति की उनकी मांग ने एक नारे का रूप ले लिया लेकिन भारत छोड़ो आंदोलन शुरू करने के पहले ही उन्हें जेल भेज दिया गया। जब वह पूना के आगा खान महल में बंदी थे, उन्हीं दिनों उनकी पत्नी कस्तूरबा का निधन हो गया। 1944 ई. में-जेल से छूटने के बाद वे राजनैतिक समझौते के लिए जिन्ना के साथ अर्थहीन बातचीत में लगे रहे। सन् 1945 ई. के बाद कांग्रेस के नेताओं पर गांधी का प्रभाव बहुत कम हो गया।

19.2 गांधी का जनमानस को प्रभावित करने का तरीका

सत्याग्रह की नीति और कार्य

सत्याग्रह अत्य और अहिंसा पर आधारित था। यह थोरू, एमर्शन तथा टॉलस्टॉय के विचारों से प्रभावित था। सत्याग्रह का शाब्दिक अर्थ है- सत्य के लिए आग्रह। गांधी इस बात से चिंतित थे कि सत्याग्रह को कैसे निष्क्रिय प्रतिरोध से अलग किया जाए क्योंकि सत्याग्रह एक अलग तकनीक पर आधारित था, जिसमें उपवास, हिज़रत, बंदी तथा हड़ताल प्रमुख हथियार थे।

भारत में गांधी ने पहली बार बिहार के चंपारण जिले में 1917 में सत्याग्रह का प्रयोग किया। दूसरी बार उन्होंने इसका प्रयेग 1918 में अहमदाबाद में किया। उसी साल सत्याग्रह का तीसरा प्रयोग गुजरात के खेड़ा जिले में किया गया। ये सभी सत्याग्रह वहां की स्थानीय समस्याओं के समाधान के लिए किए गए थे किंतु इन सारे सत्याग्रह आंदोलनों ने गांधी को बाद में अखिल भारतीय स्तर पर आंदोलन करने में सहायता प्रदान की। सत्याग्रह की तकनीक अहिंसा पर आधारित थी जिसके कारण जनमानस आसानी से इसकी ओर आकर्षित होता था। लेकिन एक राजनीतिज्ञ के रूप में गांधी ने बहुत कम बार सत्याग्रह का प्रयोग, अहिंसा से थोड़ा कम उद्देश्य प्राप्ति के लिए किया था। गांधी की यह तकनीक काफी सफल रही क्योंकि इसमें समाज में विभाजित लोगों के हितों और भावनाओं का ख्याल रखा गया। गांधी का यह मॉडल व्यापारी वर्ग तथा स्थानीय स्तर पर प्रभुत्वशाली लोगों को भी पसंद आया क्योंकि वे जानते थे कि राजनैतिक आंदोलन में कुछ पाने के लिए कुछ खोना भी पड़ता है और अगर ऐसा नहीं किया गया तो आंदोलन और उग्र हो सकता था, जिससे उनकी परेशानी बढ़ सकती थी, घट नहीं सकती थी। इसी कारण से अहिंसा के सिद्धांतों को गांधी और गांधी समर्थक लोगों ने अपनाया।

असहयोग तथा सविनय अवज्ञा आंदोलन

गांधी का मानना था कि हरेक सभ्य आदमी का यह कर्तव्य बनता है कि गलत करने वालों के साथ असहयोग करे। गांधी इसे कम दबाव वाला आंदोलन मानते थे और उसका प्रयोग उन्होंने 1921–22 में किया। इस तकनीक का आम जनता ने स्वागत किया।

गांधी के अनुसार किसी अराजक तथा अन्यायी प्रशासन के खिलाफ सविनय अवज्ञा करना प्रत्येक मनुष्य का कर्तव्य है। इस तकनीक का प्रयोग काफी खतरनाक तथा शक्तिशाली हो सकता है यदि इसकी तुलना सशस्त्र विद्रोह से की जाए। इसलिए इसका प्रयोग सबसे अंत में किया जाना चाहिए। 1920 के दशक में आर्थिक मंदी के कारण किसानों की स्थिति सभी सीमाओं को पार कर चुकी थी। ऐसी हालत में उनकी समस्याओं को दूर करने के लिए गांधी ने इस तकनीक का प्रयोग किया।

गांधी के सकारात्मक कार्यक्रम

- खादी का कार्यक्रम किसानों तथा शिल्पकारों के लिए एक बहुत बड़ा आकर्षण था।
- गांव के पुनर्निर्माण के कारण उनको ग्रामीणों का समर्थन मिला।
- हरिजनों के कल्याण के लिए कल्याणकारी योजना का निष्पादन, ताकि उनकी स्थिति में सुधर हो सके। इस कारण से वे उनके चहेते बन गए।
- हिंदू-मुस्लिम एकता कार्यक्रम ने दोनों ही समुदायों को आकर्षित किया।

19.3 असहयोग तथा खिलाफत आंदोलन

रौलेट एक्ट (1919)

सन् 1917 ई. में सर सिडनी रौलेट की अध्यक्षता में क्रांतिकारी गतिविधियों की देख-रेख के लिए एक समिति

गठित की गई। इस समिति की सिफारिशों पर एनार्किकल एंड रिवोल्युशनरी क्राइम्स एक्ट 1919 (अराजकता तथा क्रांतिकारी अपराध विधेयक) लागू किया गया, जिसका लोकप्रिय नाम रौलेट एक्ट था। समिति ने सभी गैर-कानूनी तथा खतरनाक गतिविधियों के दमन के लिए सरकार को शक्तिशाली बनाने की सिफारिश की। इस समिति की रिपोर्ट के आधार पर सरकार ने आतंकवादी गतिविधियों को रोकने के लिए कानून की लंबी प्रक्रिया को छोटा करने में स्वयं को समर्थ बनाने का एक बिल पास किया।

केंद्रीय विधायी परिषद में सभी दलों के चुने गए 22 भारतीय सदस्यों ने इस बिल का विरोध किया, हालांकि 35 सरकारी सदस्यों के इसके पक्ष में मत देने से यह बिल पास हो गया, जिनमें एकमात्र भारतीय शंकर नायर थे, जो वायसराय के कार्यकारी परिषद के सदस्य थे।

काला विधेयक (ब्लैक एक्ट) के रूप में घोषित इसका सभी जगह विरोध किया गुया। 6 अप्रैल, 1919 ई. को एक अखिल भारतीय हड़ताल का आह्वान किया गया जो सत्याग्रह आंदोलन की शुरूआत का संकेत था। पूरे देश में इस विधेयक की जन अस्वीकृति पाने के लिए बैठकें की गई। लेकिन दुर्भाग्यवश पंजाब, गुजरात तथा बंगाल में कई हिंसक घटनाएं हो गईं। अत्यंत दु:खी होकर गांधी ने स्वीकार किया कि बिना पूर्व तैयारी के इस आंदोलन को शुरू करने में उन्होंने 'हिमालय के समान भूल' की थी तथा इसे वापस लेने का निश्चय किया लेकिन इस रौलेट सत्याग्रह ने इससे जुड़ी हुई कई घटनाओं को जन्म दिया जिसके कारण जलियांवाला बाग नरसंहार तथा उसके बाद की घटनाएं हुईं।

जलियांवाला बाग नरसंहार

महाराजा रंजीत सिंह के दरबारी पंडित जाला द्वारा जलियांवाला बाग को एक बगीचे के रूप में विकसित किया गया। जो उनके नाम से जाना जाने लगा। कांग्रेस द्वारा 8 अप्रैल (1919) ई. को एक हड़ताल का आह्वान किया गया जिसे अभूतपूर्व समर्थन मिला। हिंसक स्थिति को देखते हुए असैनिक सरकार ने प्रशासन की बागडोर बिग्रेडियर जनरल डायर के अधीन सैनिक अधिकारियों के सुपुर्द कर दी।

डायर ने न केवल सार्वजनिक बैठकों पर ही रोक लगाई बल्कि महत्वपूर्ण राजनैतिक नेताओं को जेल में बंद कर दिया। इस अशांत परिस्थिति में नियमों की खुले आम अवज्ञा करते हुए जलियांवाला बाग में 23 अप्रैल को एक सार्वजनिक बैठक का आयोजन किया गया, जिसमें बाग में काफी संख्या में लोग एकत्रित हुए। स्थिति की सूचना मिलते ही डायर वहां पहुंचा तथा बिना किसी पूर्व चेतावनी के भीड़ पर गोली चलाने का आदेश दे दिया। लोगों की व्यग्र भीड़ भागने के प्रयास में सभी निकास द्वारों की तरफ बढ़ी लेकिन उन पर सामने से गोली चलाई जा रही थी, करीब 20,000 लोग गोलियों की चपेट में आ गए। गोलियां लगभग 10 से 15 मिनट तक चलती रहीं। गोलियां तभी रुकीं जब बे समाप्त हो गईं।

यह नरसंहार एक अकेली घटना नहीं थी, बल्कि थोड़ा कम की परिणाम समान नृशंसता पंजाब में कई स्थानों पर दोहराई गई। दूसरी तरफ इससे स्वतंत्रता संग्राम को आश्चर्यजनक प्रोत्साहन मिला। हजारों की संख्या में निरक्षर, निष्पक्ष जनता राजनैतिक आंदोलन के भंवर में कूद पड़ी। इस प्रकार स्वतंत्रता आंदोलन ने राष्ट्रीय आंदोलन का रूप ले लिया।

खिलाफत आंदोलन

कारण—ऑटोमन तुर्क साम्राज्य की प्रथम विश्व युद्ध में हार के कारण मुसलमानों का नाराज होना इस आंदोलन का *पहला* कारण था। *दूसरा*, सेवर की संधि (1920 ई.) ई में तुर्को के साथ कठोर शर्तों ने आग में घी का काम किया। तीसरा, अंग्रेजों द्वारा तुर्की की सुल्तान (खलीफा) के विरुद्ध उकसाए जाने से अरब में विद्रोह हुआ, जिससे भारत में मुस्लिमों की भावनाएं आहत हुई। यह आंदोलन मुस्लिमों के इस विश्वास पर आधारित था कि तुर्की का खलीफा पूरी मुस्लिम जाति का धार्मिक तथा लौकिक प्रमुख था।

भूमिका—मुस्लिम लीग के 1918 ई. के दिल्ली में वार्षिक अधिवेशन में एम.ए. अंसारी ने अरब भूमि को खलीफा को वापस करने की मांग की। गांधी के नेतृत्व में कांग्रेस ने अंसारी की भावना को दुहराया तथा मुस्लिमों के उद्देश्य को पूरा समर्थन दिया। सितंबर 1919 ई. में लखनऊ के एक सम्मेलन में अखिल भारतीय खिलाफत समिति का गठन किया गया, जिसके अध्यक्ष बंबई के सेठ छोटानी तथा सचिव मौलाना शौकत अली थे।

फरवरी 1920 ई. को मौलाना अबुल कलाम आजाद के नेतृत्व में खिलाफत सम्मेलन कलकत्ता में हुआ, जिसमें असहयोग आंदोलन के पक्ष में एक प्रस्ताव पारित हुआ तथा एक खिलाफत दिन मनाने का निर्णय लिया गया। अगले कुछ महीनों में कई अन्य बैठकें हुईं। जब 15 मई, 1920 ई.

को तुर्की के साथ सेवर संधि की घोषणा हुई, तब केंद्रीय खिलाफत समिति ने अपनी बंबई बैठक में 1 अगस्त से असहयोग आंदोलन शुरू करने का निर्णय लिया।

घटनाक्रम–दिसंबर 1920 ई. को कांग्रेस के नागपुर अधिवेशन में खिलाफत आंदोलन के समर्थन में एक प्रस्ताव पारित किया गया। कांग्रेस तथा खिलाफत समिति के त्रिपक्षीय उद्देश्यों में शामिल थे- पंजाब की शिकायतों को दूर करना, खिलाफत की गलतियों को संशोधित करना तथा स्वराज्य की स्थापना।

यह आंदोलन पूरे, देश में फैल गया जिस पर थोड़ी-बहुत ब्रिटिश प्रतिक्रिया हुई। परिणामस्वरूप, 8 जुलाई, 1921 ई. में अखिल भारतीय खिलाफत सम्मेलन कराची में हुआ, जिसमें भारतीय सेना में मुस्लिम सैनिकों को अपनी नौकरी छोड़ देने का आह्वान किया गया।

गांधी द्वारा 1922 ई. के शुरू में असहयोग आंदोलन को समाप्त करने के निर्णय ने खिलाफतियों को विभाजित कर दिया। 1922 ई. तुर्की में केमलिस्ट विद्रोह ने आंदोलन से ध्यान भंग कर इसे निरर्थक बना दिया।

असहयोग आंदोलन (1921–22)

कारण

असहयोग आंदोलन के मुख्य कारण निम्न थे-

- रौलेट एक्ट को रद्द करना तथा पंजाब में हुई गलतियों में सुधार अर्थात् अमृतसर में हुई घटनाओं पर ब्रिटिश सरकार द्वारा खेद प्रकट किया गया।
- 'खिलाफत के दौरान हुई गलतियों' का सुधार करना अर्थात् अंग्रेजों को तुर्की के साथ सौम्य व्यवहार करना चाहिए जो प्रथम विश्व युद्ध के दौरान हारे हुए देशों में से एक था।
- नए महत्वपूर्ण तथा अर्थपूर्ण सुधारों द्वारा राष्ट्रवादियों की स्वराज्य की मांग को पूरा करना।

शुरुआत

अंग्रेजों द्वारा कांग्रेस की मुख्य मांगों में से किसी की भी स्वीकृति नहीं दिए जाने के कारण जून 1920 ई. में एक सर्वदलीय सम्मेलन का आयोजन इलाहाबाद में किया गया, जिसके अंतर्गत सरकारी स्कूलों, कॉलेजों तथा विधि न्यायालयों के बहिष्कार करने की एक योजना पारित की गई। सितंबर 1920 ई. में कांग्रेस द्वारा एक विशेष अधिवेशन हुआ, जिसमें अंग्रेजों द्वारा मांगों की पूर्ति नहीं किए जाने पर असहयोग आंदोलन शुरू करने का प्रस्ताव पारित किया गया बाद मे, दिसंबर 1920 ई. में हुए नागपुर अधिवेशन में इस निर्णय को स्वीकृति दी गई। इस प्रकार जनवरी 1921 ई. में कांग्रेस द्वारा गांधी के नेतृत्व में ईमानदारीपूर्वक असहयोग आंदोलन प्रारंभ किया गया।

कार्यक्रम

जटिला में कुछ खास सकरात्मक तथा नकारात्मक कार्यक्रम शामिल थे। नकारात्मक कार्यक्रम निम्न थे–

- सरकारी या अर्द्ध-सरकारी स्कूलों, कॉलेजों, न्यायालयों द्वारा 1919 ई. के सुधारों पर आधारित परिषदों के चुनाव तथा अंततः विदेशी वस्तुओं का बहिष्कार करना था।
- उपनामों तथा अवैतनिक कार्यालयों का समर्पण करना, तथा स्थानीय संस्थाओं की मनोनीत सीटों से त्याग-पत्र देना।
- सरकारी या अर्द्ध-सरकारी कार्यक्रमों में शामिल होने से इनकार करना।
- सैनिक, लिपिकीय तथा मजदूर वर्ग द्वारा मेसोपोटामिया में स्वयं को बहाल किए जाने से इनकार करना।

इन नकारात्मक कार्यक्रमों द्वारा भारतीयों द्वारा अंग्रेजों को प्रशासन तथा अपनी मातृभूमि के शोषण करने में सहायता करने से इनकार कर दिया गया। सकारात्मक कार्यक्रम निम्न प्रकार थे-

- राष्ट्रीय स्कूलों, कॉलेजों तथा निजी मध्यस्थ न्यायालयों की, जिसे पंचायत कहा जाता था, पूरे देश में स्थापना करना।
- हाथ से सूत कताई एवं बुनाई को पुनर्जीवित कर स्वदेशी तथा खादी को लोकप्रिय बनाना।
- हिंदुओं तथा मुसलमानों के बीच एकता का विकास करना।
- हरिजन कल्याण के लिए अस्पृश्यता समाप्त कर अन्य सुधार करना।
- महिलाओं का उत्थान तथा विकास करना।

इनमें से प्रथम दो कार्यक्रमों से जन-समुदाय के कष्ट को खत्म करना था तथा अन्य तीन कार्यक्रम द्वारा आंदोलन की सफलता के लिए मुसलमानों, हरिजनों तथा महिलाओं की भागीदारी को सुनिश्चित करना था।

विभिन्न चरण

प्रथम चरण (जनवरी-मार्च 1921 ई.) की विशेषताएं थीं- सरकारी स्कूलों, कॉलेजों के शिक्षकों एवं छात्रों द्वारा तथा न्यायालयों के वकीलों द्वारा बहिष्कार करना।

दूसरे चरण (अप्रैल-जून 1921 ई.) के अंतर्गत 'तिलक स्वराज कोष' के लिए पैसा इकट्ठा (एक करोड़ रुपए) करना; सामान्य व्यक्ति को कांग्रेस का सदस्य बनाना, तथा बड़ी संख्या में चरखे लगाना था।

तीसरे चरण (जुलाई-नवबर, 1921 ई.) की विशेषता थी, विदेशी वस्तुओं का बहिष्कार तथा प्रिंस ऑफ वेल्स के आगमन के समय राष्ट्रीय स्तर पर हड़ताल करने के लिए स्वयंसेवी मंडलियों का संगठन करना।

चौथे चरण (नवंबर, 1921 ई. फरवरी 1922 ई.) की कुछ खास घटनाओं ने सरकार को इसके घुटनों पर ला दिया। कुछ अतिवादी वर्ग ब्रिटिश सरकार की दमनकारी नीतियों से क्रोधित थे, पूर्ण स्वतंत्रता की मांग कर रहे थे तथा अंहिसा के सिद्धांत को छोड़ देने के पक्ष में थे। जनता की मनोदशा भी उग्र रूप में आ चुकी थी। लेकिन, उत्तर प्रदेश के गोरखपुर जिले के चौरी-चौरा में 5 फरवरी, 1922 ई. में क्रोधी किसानों द्वारा 22 पुलिस वालों को जिंदा जला देने के समाचार सुनकर गांधी ने 11 फरवरी, 1922 ई. में आंदोलन अचानक वापस ले लिया।

महत्व

भारतीय राष्ट्रीय आंदोलन के इतिहास में पहली बार भारतीय समाज के विभिन्न वर्गों जैसे कि-किसानों, मजदूरों, छात्रों तथा शिक्षकों, महिलाओं तथा व्यापारियों इत्यादि के इस आंदोलन में भाग लेने से इसको एक विशाल वास्तविक जन-समर्थन मिला था, यद्यपि बड़े उद्योगपति, पूंजीपति तथा जमींदार अभी भी विदेशी बने रहे।

दूसरा, आंदोलन ने राष्ट्रवाद को देश के सुदूर प्रदेशों तक फैला दिया।

तीसरा, इस आंदोलन ने भारतीय राष्ट्रीय कांग्रेस को एक विमर्शी सभा से क्रियात्मक संस्थान में परिवर्तित कर दिया जैसा कि इसके कार्यक्रमों से प्रतीत होता है।

चौथा, यह आंदोलन हिंदू-मुस्लिम एकता की चरम सीमा को प्रदर्शित करता है, जो खिलाफत आंदोलन के मिलने से स्पष्ट हो जाता है। अंततः यह आंदोलन राष्ट्रीय स्वतंत्रता के लिए जनता की कठिनाई तथा त्याग करने की इच्छा एवं योग्यता को दर्शाता है।

हालांकि यह आंदोलन अपने तीन मुख्य उद्देश्यों में से किसी भी एक को पाने में असफल रहा तथापि भारतीय राष्ट्रीय आंदोलन में इस आंदोलन का अपना बहुत बड़ा योगदान था।

19.4 सविनय अवज्ञा आंदोलन

साइमन कमीशन (1927)

8 नवंबर, 1927 ई. को ब्रिटिश सरकार ने सर जॉन साइमन के नेतृत्व में भारतीय वैधानिक आयोग (इंडियन स्टेचुरटी कमीशन) के गठन की घोषणा की। इस आयोग में अध्यक्ष के अतिरिक्त छह अन्य सदस्य थे, जिनमें चार कंजरवेटिव एक लिबरल तथा दो लेबर पार्टी के सदस्य थे। यह श्वेत आयोग, जिसमें कोई भारतीय प्रतिनिधि नहीं था, ब्रिटिश भारत में सरकार के कार्यों की जांच तथा विश्वसनीय सरकार की वांछनीयता एवं सीमा निर्धारण करने के सिद्धांत पर रिपोर्ट प्रस्तुत करने के पूर्व ही बड़े विवाद के घेरे में आ गया।

इसके भारत आगमन पर इसका राजनैतिक तथा सामाजिक बहिष्कार किया गया। सभी प्रमुख राजनैतिक पार्टियों-कांग्रेस, अखिल भारतीय उदारवादी संघ, मुस्लिम लीग, हिंदू महासभा, भारतीय वाणिज्य मंडल संघ तथा मिल मालिक संघ इत्यादि द्वारा आयोग के बहिष्कार विवरण पर हस्ताक्षर किए गए जिन लोगों ने इसका स्वागत किया था वे विभाजित वर्ग, जैसे-मुस्लिम लीग का एक वर्ग या सांप्रदायिक स्वार्थ वाले जैसे-यूरोपीय, एंग्लो-इंडियन तथा शोषित लोग थे।

आयोग ने फिर भी अपना कार्य पूरा किया तथा 1930 ई. में अपनी रिपोर्ट प्रस्तुत की, जिसमें भारत को स्वतंत्र उपनिवेश का दर्जा देने की बात दूर तक नहीं थी। केंद्र में सत्ता के हस्तांतरण को अस्वीकार कर दिया गया। मॉण्टफोर्ड की द्वैध शासन व्यवस्था के स्थान पर प्रांतों की स्वायत्तता में कोई नई बात नहीं थी। अनुमानतः मुस्लिम लीग सहित देश के सभी प्रमुख राजनैतिक दलों द्वारा इस प्रस्ताव को अस्वीकार कर दिया गया, यहां तक कि लॉर्ड इरविन ने भी इसकी रिपोर्ट में 'कल्पनाशक्ति की कमी' पाई तथा आगे आने वाले गोलमेज सम्मेलन की स्वतंत्र भूमिका की तरफ ध्यान बंटाना चाहा। इसके अतिरिक्त आयोग की उपलब्धियां, नेहरू रिपोर्ट तथा भविष्य में भारत को स्वतंत्र उपनिवेश का दर्जा दिए जाने की 31 अक्टूबर, 1929 ई. की वायसराय की घोषणा के आगे कमजोर पड़ गईं।

बटलर समिति (1927)

साइमन कमीशन के साथ ही ब्रिटिश सरकार ने हरकोर्ट बटलर, डब्ल्यू.एस. होल्ड्सबर्थ तथा एस.सी. पील की तीन सदस्यीय समिति का गठन किया, जिसे सर्वोपरि सत्ता तथा भारतीय राज्यों के बीच संबंधों की जांच के लिए तथा उनके

एवं ब्रिटिश भारत के बीच वर्तमान आर्थिक संबंधों को अधिक संतोषपूर्ण बनाने के रास्ते एवं साधन की सलाह देने के लिए कार्य करना था। अधिकारिक रूप से इसे भारतीय राज्यीय समिति (इंडियन स्टेट्स समिति) कहा जाता था जो, 16 भारतीय राज्यों में भेजी गई। सन् 1929 ई. में इसने अपनी रिपोर्ट प्रस्तुत की, जिसमें कहा गया कि सर्वोपरि सत्ता तथा राज्यों के बीच संबंध केवल नाममात्र के (दिखावटी) नहीं थे, बल्कि इतिहास तथा मत पर आधारित परिस्थितियों एवं नीति द्वारा निर्मित एक क्रियाशील विकसित संबंध हैं। बाद में इसने संबंध के ऐतिहासिक स्वरूप का समर्थन करते हुए कहा कि राज्य बिना अपनी रजामंदी के भारतीय विधायिका के प्रति जिम्मेदार ब्रिटिश भारत की किसी भी नई सरकार के साथ संबंध के लिए स्थानांतरित नही किया जा सकता है।

बाद में साइमन कमीशन द्वारा बटलर समिति की उपलब्धियों को स्वीकृति दी गई तथा इस बात पर सहमति हुई कि देशी राजाओं के साथ 'सर्वोपरि सत्ता का प्रतिनिधि' वायसराय होगा, गवर्नर जनरल तथा उसकी परिषद् नहीं। 1935 ई. के 'गवर्नमेंट ऑफ इंडिया एक्ट' ने यह भी निर्धारित किया कि गवर्नर जनरल तथा वायसराय के कार्य वास्तव में अलग-अलग हैं।

नेहरू रिपोर्ट (1928)

साइमन कमीशन की नियुक्ति के विरोध में दिल्ली में 12 फरवरी, 1928 ई. को एक सर्वदलीय सम्मेलन हुआ जिसमें 29 संगठनों के प्रतिनिधियों ने भाग लिया। 19 मई, 1928 ई. बंबई के सर्वदलीय सम्मेलन में भारत के सिद्धांतों पर विचार करने एवं इसे निर्धारित करने के लिए नेहरू की अध्यक्षता में एक समिति गठित की गई।

नेहरू समिति ने अपनी रिपोर्ट सर्वदलीय सम्मेलन के चौथे अधिवेशन में अगस्त, 1928 ई. लखनऊ में प्रस्तुत समिति की सिफारिशों का केंद्रीय मूल विषय देश के नए संविधान का स्वतंत्र उपनिवेश पर आधारित होने की मान्यता थी।

रिपोर्ट की अन्य महत्वपूर्ण सिफारिशें थीं–

(i) विवेक, व्यवसाय तथा धर्म की स्वतंत्र व्यवस्था।

(ii) केंद्रीय विधायिका तथा प्रांतीय परिषदों के अंदर सदन में संयुक्त मिश्रित निर्वाचन के तहत मुस्लिमों तथा हिंदुओं को उनके अल्पसंख्यक निर्वाचन क्षेत्रों में आरक्षण के आधार पर सदस्यों का चुनाव करना।

(iii) पंजाब तथा बंगाल में मुस्लिमों के लिए अलग से कोई आरक्षण नहीं।

(iv) सीटों का आरक्षण जनसंख्या के आधार पर तथा 10 वर्षों के नियत समय तक।

(v) युवा सर्वव्यापक मताधिकार की व्यवस्था।

कलकत्ता के सर्वदलीय सम्मेलन में जब इस रिपोर्ट की प्रस्तुति हुई तब जिन्ना (मुस्लिम लीग के प्रतिनिधि) तथा एम.आर. जयकर (हिंदू महासभा के प्रतिनिधि) के बीच हिंसात्मक रवैया अपनाया गया। जिन्ना केंद्रीय विधायिका की प्रस्तावित सीटों का एक-तिहाई भाग मुस्लिमों के लिए मांग कर रहे थे जबकि दूसरी तरफ जयकर द्वारा जिन्ना की अधिकारिता पर सवाल उठाया गया तथा रिपोर्ट पर सम्मेलन को चेतावनी दी गई। परिणामस्वरूप जिन्ना द्वारा प्रस्तावित संशोधनों को मतदान में पराजित कर दिया गया। इस प्रकार रिपोर्ट उपयोगी साबित नहीं हुई तथा केवल एक ऐतिहासिक कागजात बनकर रह गई।

मुस्लिम लीग के चौदह सूत्री कार्यक्रम (1929)

मुस्लिम लीग द्वारा एम.ए. जिन्ना के नेतृत्व में 28 मार्च, 1929 ई. को दिल्ली की बैठक में चौदह सूत्री कार्यक्रमों की घोषणा की गई। नेहरू रिपोर्ट को अस्वीकृत करने के बाद जिन्ना द्वारा यह कहा गया कि जब तक इन सिद्धांतों को लागू नहीं किया जाता तब तक भारत सरकार के भविष्य की योजनाओं को मुस्लिमों द्वारा स्वीकार नहीं किया जाएगा। ये सिद्धांत निम्न थे–

1. भविष्य का संविधान संघीय हो तथा प्रांतों में विशिष्ट शक्ति निहित हो।
2. सभी विधानमंडल तथा अन्य चुनी गई संस्थाएं प्रत्येक प्रांत में अल्पसंख्यकों के पर्याप्त प्रतिनिधित्व के सिद्धांत पर बनी हों।
3. सभी प्रांतों को एकरूप स्वायत्तता प्राप्त हो।
4. केंद्रीय विधायिका में मुस्लिम प्रतिनिधियों की संख्या एक-तिहाई से कम न हो।
5. सांप्रदायिक वर्गों का प्रतिनिधित्व अलग निर्वाचन क्षेत्रों द्वारा जारी रहना चाहिए।
6. पंजाब, बंगाल तथा उत्तर-पश्चिमी सीमांत प्रांतों में (एन. डब्ल्यू. एफ. पी.) भविष्य में कोई भी प्रदेशीय पुनर्वितरण मुस्लिम बहुलसंख्या को प्रभावित नहीं करना चाहिए।

7. सभी संप्रदायों को पूर्ण धार्मिक स्वतंत्रता प्राप्त होनी चाहिए।
8. किसी भी चुनावी संस्था में कोई भी बिल पारित नहीं होगा यदि किसी संप्रदाय के तीन-चौथाई चुने गए सदस्यों द्वारा इसका विरोध किया गया हो।
9. बंबई प्रांत से सिंध को अलग कर देना चाहिए।
10. अन्य प्रांतों की तरह बलूचिस्तान तथा उत्तर-पश्चिमी सीमांत प्रांतों में सुधार शुरू करने चाहिए।
11. सभी प्रकार की सेवाओं में मुस्लिमों को पर्याप्त हिस्सा दिया जाना चाहिए।
12. मुस्लिम सभ्यता में सुरक्षा के लिए पर्याप्त रक्षा के उपाय किए जाने चाहिए।
13. कम-से-कम एक-तिहाई मुस्लिम मंत्रियों के बिना किसी भी मंत्रिमंडल को स्वीकार नहीं किया जाए।
14. संघ शासित राज्यों की सहमति के बिना संविधान में कोई परिवर्तन नहीं होना चाहिए।

नेशनलिस्ट मुस्लिम पार्टी

बंबई में 29 जुलाई, 1929 ई. को राष्ट्रवादी मुसलमानों के संगठन कांग्रेस मुस्लिम पार्टी से जोड़ा गया अखिल भारतीय राष्ट्रवादी मुस्लिम सम्मेलन की इलाहबाद में अध्यक्षता करने वाले अबुल कलाम आजाद ने मुसलमानों को अपने अंदर राष्ट्रीयता की भावना जागृत करने का आह्वान किया। इसके पूर्व, मार्च 1929 ई. दिल्ली में मुस्लिम लीग के अधिवेशन में खिलाफत सम्मेलन के नेताओं द्वारा नेहरू रिपोर्ट का समर्थन किया गया, लेकिन कुछ बाहरी व्यक्तियों द्वारा सदन में हंगामा कर रिपोर्ट के समर्थकों को बाहर निकाल दिया गया। इन्हीं में से कुछ मुस्लिमों के द्वारा नेशनलिस्ट मुस्लिम पार्टी के गठन का निर्णय लिया गया।

अपने कार्यक्रमों तथा नेहरू रिपोर्ट पर समर्थन पाने के लिए कांग्रेस चाहती थी कि राष्ट्रवादी मुस्लिम अपना एक अलग संगठन बनाएं अत: कांग्रेस द्वारा इस नेशनलिस्ट मुस्लिम पार्टी के गठन में समर्थन किया गया। अतंत: खालीकुज्जामन, बंगाल तथा पंजाब के कुछ प्रतिनिधियों के साथ ही डॉ. शेख मुहम्मद आलम द्वारा इस नई मुस्लिम नेशनलिस्ट पार्टी का गठन किया गया। डॉ. एम. ए. अंसारी को इसका अध्यक्ष तथा खालीकुज्जामन को सचिव बनाया गया। यद्यपि मौलाना अबुल कलाम आजाद तथा रफी अहमद किदवई द्वारा इस नई पार्टी का विरोध कर इससे अपने को अलग रखा गया। खान अब्दुल गफ्फार खान तथा डॉ. खान साहिब द्वारा खुदाई खिदमतगार (लाल कुर्ती) के नेतृत्व में उत्तर-पश्चिम सीमांत प्रांतों में समर्थन दिया गया, जिससे राष्ट्रवादी मुस्लिम विचारधारा और मजबूत हुई।

सविनय अवज्ञा आंदोलन (1930-34)

मांग एव शुरुआत

आंदोलन की शुरूआत के पूर्व गांधी द्वारा ब्रिटिश सरकार से 'ग्यारह सूत्री अंतिम मांग पत्र', जिसमें पूर्ण स्वतंत्रता की मांग शामिल नहीं थी, प्रस्तुत किया गया। इस अंतिम पत्र में भारतीयों की अन्य महत्वपूर्ण मांगों की प्रस्तुति की गई, जो इस प्रकार थे–

- भूमि कर में 50% की कमी।
- नमक कर तथा सरकार द्वारा नमक पर एकाधिकार की समाप्ति।
- तटीय संचार पर भारतीयों के लिए आरक्षण।
- रुपया-स्टर्लिंग विनिमय अनुपात को कम करना।
- देशी कपड़ा उद्योगों को संरक्षण देना।
- सैनिक खर्च पर 50% की कमी।
- सिविल प्रशासन पर 50% खर्च में छूट (कमी)।
- मादक द्रव्यों पर पूर्णतया रोक।
- सभी राजनैतिक कैदियों की रिहाई।
- सी. आई. डी. में परिवर्तन।
- आर्म्स एक्ट में परिवर्तन, जिससे नागरिक अपनी सुरक्षा के लिए हथियार रख सकें।

प्रथम दो मांगें किसानों की मांगें थीं। संख्या तीन से पांच तक बुर्जुआ प्रकृति की मांगें थीं जबकि अंतिम छह मांगें भारत की आम जनता द्वारा की गई थीं। गांधी द्वारा 41 दिनों तक सरकार की प्रतिक्रिया का इंतजार किया गया, अंतत: दांडी मार्च (मार्च 12 से अप्रैल 6, 1930 ई.) में साबरमती से गुजरात के तट दांडी तक का आयोजन कर आंदोलन प्रारंभ किया गया।

दांडी मार्च

(दिसंबर 1929 ई.) कांग्रेस के लाहौर अधिवेशन में पूर्ण स्वराज्य का झंडा फहराया गया। गांधी द्वारा उद्घोषणा हुई कि 'शैतान ब्रिटिश शासन' के समक्ष समर्पण "ईश्वर तथा मानव के विरुद्ध अपराध है (गांधी के शब्द)"। इस घोषणा के साथ ही 26 जनवरी, 1930 ई. में पूरे देश में 'स्वतंत्रता दिवस' मनाया गया। नमक कानून तोड़कर गांधी द्वारा अपने

अभियान की शुरुआत की गई। 12 मार्च को गांधी तथा उनके 78 या 79 स्वयंसेवकों द्वारा साबरमती आश्रम से गुजरात के तट दांडी तक की यात्रा शुरू कर दी गई। इसमें पूरे देश से आए हुए सत्याग्रहियों में से दो मुस्लिम, एक ईसाई तथा शेष सभी हिंदू थे।

5 अप्रैल को गांधी अपने दलों के साथ दांडी पहुंचे जहां अगली सुबह गांधी तथा उनके सहयोगियों द्वारा तट पर पड़े नमक को उठाकर सांकेतिक रूप से नमक कानून को तोड़ा गया। इसके साथ ही नमक भारत की आजादी की इच्छा-संकेत बन गया। नमक सत्याग्रह अन्य दो महीनों तक चला, मानसून के आने के साथ ही यह शिथिल पड़ गया।

विभिन्न चरण

प्रथम चरण (मार्च से सितंबर 1930 ई.) में विभिन्न कार्यक्रमों को प्रारंभ किया गया, जैसे-नमक कर नहीं देना, शराब की दुकानों पर धरना देना तथा चौकीदारी कर गैर-अदायगी इत्यादि पर रोक लगाना।

दूसरे चरण (अक्टूबर 1930 से मार्च 1931 तक) में शहरी व्यापारी तथा उद्योगपति द्वारा आंदोलन में कमी तथा उनके द्वारा सरकार एवं कांग्रेस के बीच समझौता कराने का प्रयास किया गया, जिसके परिणामस्वरूप गांधी-इरविन समझौता मार्च 1931 ई में हुआ।

तीसरे चरण (जनवरी 1932 से अप्रैल 1934 ई. तक) में सरकार द्वारा जनता का निष्ठुरतापूर्वक दमन था। इसके बाद कांग्रेस द्वारा आंदोलन वापस ले लिया गया।

गांधी-इरविन समझौता

सर तेजबहादुर सप्रू, डॉ. जयकर तथा अन्य लोगों द्वारा लगातार प्रयासों के बाद सरकार तथा कांग्रेस के बीच समझौता हुआ। इसके परिणामस्वरूप गांधी तथा गर्वनर जनरल लॉर्ड इरविन द्वारा मार्च 1931 ई. में एक समझौता पत्र (गांधी-इरविन समझौता) पर हस्ताक्षर किए गए। इस समझौते द्वारा सरकार निम्न शर्तों को मानने पर राजी हुई–

- सभी अध्यादेशों की वापसी तथा अभियोगों की समाप्ति।
- हिंसा के दोषी राजनैतिक कैदियों को छोड़कर अन्य सभी राजनैतिक कैदियों की रिहाई।
- सत्याग्रहियों की जब्त संपत्ति को उन्हें वापस करना। शराब तथा विदेशी कपड़े की दुकानों पर शांतिपूर्वक धरना देने की अनुमति देना।
- समुद्री तटों से कुछ दूरी तक रहने वाले लोगों को मुफ्त नमक इकट्ठा करने तथा बनाने की अनुमति देना। इसके बदले में कांग्रेस द्वारा निम्न शर्तें मानी गई।
- सविनय अवज्ञा आंदोलन की समाप्ति।
- द्वितीय गोलमेज सम्मेलन में भाग लेने के लिए राजी होना।
- पुलिस ज्यादती पर जांच के लिए दबाव नहीं देना।

इस तरह गांधी द्वारा लंदन में द्वितीय गोलमेज सम्मेलन में भाग लिया गया लेकिन इसकी असफलता तथा सरकार द्वारा दमनकारी नीतियों को फिर से लागू करने के कारण जनवरी 1932 ई. में सविनय अवज्ञा आंदोलन की पुनः शुरुआत की गई।

सविनय अवज्ञा आंदोलन तथा असहयोग आंदोलन के बीच तुलना

सविनय अवज्ञा आंदोलन (1930-34) असहयोग आंदोलन (1921-22) से कई विषयों पर एक कदम आगे था-

- सविनय अवज्ञा आंदोलन का उद्देश्य पूर्ण स्वतंत्रता की प्राप्ति था।
- जैसा कि नाम से प्रतीत होता है सविनय अवज्ञा आंदोलन, असहयोग आंदोलन से कम हिंसक प्रवृत्ति का था।
- सविनय अवज्ञा आंदोलन में लोगों की भागीदारी, असहयोग आंदोलन से ज्यादा जोखिम भरी थी, जैसे-सविनय आंदोलन के प्रति शुरू से सरकार ने निष्ठुर दमनकारी नीति अपनाई।
- सविनय अवज्ञा आंदोलन में महिलाओं, व्यापारी वर्ग तथा किसानों की भागीदारी, असहयोग आंदोलन से ज्यादा थी।
- सविनय अवज्ञा आंदोलन के बाद कांग्रेस असहयोग आंदोलन की तुलना में संगठनात्मक रूप से ज्यादा मजबूत हो गई।
- सविनय अवज्ञा आंदोलन कुछ खास दृष्टिकोण से असहयोग आंदोलन की तुलना में अवनतिशील था।
- सविनय अवज्ञा आंदोलन में असहयोग आंदोलन की हिंदू-मुस्लिम एकता की विशेषता नहीं थी। इस आंदोलन में मुस्लिमों की कम भागीदारी थी।
- मजदूरों की भागीदारी सविनय अवज्ञा आंदोलन से असहयोग आंदोलन में अधिक थी।

गोलमेज सम्मेलन

भारतीय गोलमेज सम्मेलन के तीन अधिवेशन हुए, जिन्हें प्रथम, द्वितीय तथा तृतीय गोलमेज सम्मेलन कहा जाना गलत है।

प्रथम अधिवेशन

(नवंबर 12, 1930 ई. से 19 जनवरी, 1931 ई.)

साइमन कमीशन (जिसे मिस्टर बाल्डविन के नेतृत्व वाले कंजरवेटिव मंत्रिमंडल ने 1919 ई. के सुधार कार्यों तथा भारत के लिए बाद के संवैधानिक सुधारों पर रिपोर्ट देने के लिए नियुक्त किया था), जिसके अध्यक्ष सर जॉन साइमन थे, ने ब्रिटेन के प्रधानमंत्री सर रैम्से मैकडॉनाल्ड (जिनकी लेबर पार्टी 1929 ई. में सत्ता मे आई थी) को 16 अक्टूबर, 1929 ई. को भारत से एक पत्र लिखकर भारत के लिए संवैधानिक सुधारों के प्रश्न पर अंतिम निर्णय लेने के लिए ब्रिटिश भारत तथा भारतीय राज्यों के प्रतिनिधियों का एक सम्मेलन आयोजित करने का आग्रह किया था। उसका सुझाव ब्रिटिश मंत्रिमंडल द्वारा स्वीकार कर लिया गया तथा भारत के गवर्नर जनरल लॉर्ड इरविन ने प्रसिद्ध 'दीपावली घोषणा' (31 अक्टूबर, 1929 ई.) को घोषित किया। इसके अनुसार ब्रिटिश नीति का उद्देश्य भारत को स्वतंत्र उपनिवेश देना तथा साइमन कमीशन के रिपोर्ट के बाद लंदन में गोलमेज सम्मेलन आयोजित करना था।

इसमें ब्रिटेन के तीनों राजनैतिक दलों के 16 प्रतिनिधि भारतीय राज्यों के 16 प्रतिनिधि तथा ब्रिटिश भारत के 57 प्रतिनिधियों ने भाग लिया। साइमन कमीशन के रिपोर्ट से असंतुष्ट कांग्रेस ने उस सम्मेलन में भाग नहीं लिया किंतु अन्य पार्टियों के सदस्यों, जैसे-मुस्लिम लीग के मुहम्मद अली, मुहम्मद शफी, जिन्ना, आगा खान तथा फजुल हक; हिंदू महासभा के मुंजे तथा जयकर; इंडियन लिबरल फेडरेशन के तेज बहादुर सप्रू, सी.वाई. चिंतामणि, एम. आर. जयकर तथा श्रीनिवास शास्त्री; दलित वर्ग के प्रतिनिधि बी. आर. अंबेडकर थे, ने उसमें भाग लिया।

भारतीय राजाओं द्वारा एक कमजोर परंतु जिम्मेदार संघीय केंद्र सरकार की सहमति के बाद इस सम्मेलन की समाप्ति हो गई (अंग्रेजों ने यह सुनिश्चित किया कि केंद्रीय दायित्व के वादे में कई प्रकार के बंधन हों)। लेकिन अल्पसंख्यकों के प्रतिनिधित्व के प्रश्न पर सांप्रदायिक दलों में कोई समझौता नहीं हुआ। अंग्रेजों ने भारत के लिए संवैधानिक सुधारों के प्रश्न पर कांग्रेस के प्रतिनिधियों की अनुपस्थिति में सम्मेलन आयोजित करने की निरर्थकता को महसूस किया।

दूसरा अधिवेशन

(सितंबर 7 से दिसंबर 1931 ई.)

इसमें कांग्रेस के एकमात्र प्रतिनिधि गांधी (गांधी-इरविन समझौता 1931 के अनुसार) द्वारा अन्य दलों के प्रतिनिधियों के साथ भाग लिया। किसी भी प्रकार के विकास के पूर्व ही अल्पसंख्यकों के प्रश्न पर सम्मेलन में गतिरोध पैदा हो गया। मुस्लिम लीग के अलग निर्वाचन क्षेत्रों की मांग साथ-साथ दलित वर्ग, भारतीय ईसाई वर्ग, एंग्लो-इंडियन तथा यूरोपीय भी मांग करने लगे। गांधी द्वारा संवैधानिक प्रगति को सांप्रदायिक प्रश्न से जोड़ने के हर प्रयास का विरोध किया गया। उन्होंने मुसलमानों के दावों को स्वीकार करने के लिए यह शर्त रखी कि मुसलमान कांग्रेस द्वारा स्वतंत्रता की मांग का समर्थन करेंगे। मुस्लिम प्रतिनिधियों द्वारा इसे अस्वीकृत कर दिया गया जबकि हिंदू महासभा तथा सिखों द्वारा इसका कड़ा विरोध किया गया। संघ के प्रश्न पर भारतीय राजा पहले अधिवेशन की अपेक्षा संतुष्ट नहीं थे। सम्मेलन की समाप्ति रैमसे मैकडॉनाल्ड द्वारा दो नए मुस्लिम बाहुल्य प्रांतों (उत्तर-पश्चिमी सीमांत प्रांत तथा सिंध) के गठन तथा इंडियन कंसलटेटिव कमेटी एवं तीन विशेषज्ञ समितियों (नागरिकता, अर्थ तथा राज्य) की स्थापना के साथ की गई, उसमें यह भी कहा गया कि भारतीय अल्पसंख्यक के प्रश्न पर सहमत नहीं होते हैं तो ब्रिटिश कम्युनल अवार्ड लागू किया जाएगा। अंग्रेजों द्वारा असंतुष्ट गांधी जी को भारत में आते ही गिरफ्तार कर लिया गया था।

तीसरा अधिवेशन

(नवंबर 1932 से दिसंबर 17 से 24 तक)

इस अधिवेशन में कांग्रेस के किसी भी प्रतिनिधि द्वारा भाग नहीं लिया गया तथा कुल प्रतिनिधियों की संख्या पहले दो अधिवेशनों से बहुत कम थी। इस अधिवेशन में लगभग सभी विषयों पर प्रतिनिधि सहमत हो गए। ब्रिटिश सरकार ने तीन अधिवेशन पर हुए विचारों के आधार पर भारतीय संविधान के सुधारों का प्रस्ताव प्रस्तुत किया, जिसको मार्च 1933 ई. में प्रकाशित श्वेत-पत्रों में शामिल किया गया। ब्रिटिश संसद के संयुक्त सचिव द्वारा श्वेत-पत्र की जांच कर इसकी स्वीकृति (अक्सर 1934 ई.) दी गई। इसकी रिपोर्ट पर आधारित एक बिल ब्रिटिश संसद में पारित किया गया जिसे गवर्नमेंट ऑफ इंडिया एक्ट 1935 के नाम से जाना जाता है।

कम्यूनल अवॉर्ड (1932)

भारतीय समुदाय की प्रांतीय विधायिका में प्रतिनिधित्व के बारे में 16 अगस्त, 1932 ई. को प्रधानमंत्री रैम्से मैकडॉनाल्ड द्वारा ब्रिटिश संसद में एक घोषणा की गई जिसे कम्युनल अवार्ड के नाम से जाना जाता है। इसमें मुस्लिम, सिख, ईसाई, एंग्लो-इंडियन तथा यूरोपीयों को अलग निर्वाचन क्षेत्र देने की बात कही गई थी। दूसरा, दलित वर्गों को विशेष निर्वाचन क्षेत्र सहित आम निर्वाचन क्षेत्रों में भी मताधिकार निश्चित किया गया। तीसरा, एन.डब्ल्यू.एफ.पी. को छोड़कर अन्य प्रांतों में महिलाओं के लिए अलग सांप्रदायिक निर्वाचन क्षेत्र के साथ विशेष निर्वाचन क्षेत्र का गठन करना था तथा अंत में बंबई प्रांत के बाहुल्य सदस्यीय निर्वाचन क्षेत्रों में सात सीटें मराठों के लिए आरक्षित करना था।

दलित वर्गों के लिए दिया गया प्रस्ताव एक गंभीर विवाद का मुद्दा बन गया। गांधी जी द्वारा जेल से ही इसका विरोध किया गया तथा उनके आमरण अनशन (सितंबर 1932) के निर्णय के फलस्वरूप बी. आर. अंबेडकर के साथ पूना पैक्ट के तहत एक समझौता हुआ, जिससे वास्तविक प्रस्ताव में कई संशोधन किए गए। अंततोगत्वा इस समझौते को कम्युनल अवॉर्ड के अनिवार्य भाग के रूप में शामिल किया गया।

भारत सरकार अधिनियम, 1935

पृष्ठभूमि

मॉण्टफोर्ड सुधारों से मोह भंग- मॉण्टेग्यू-चेम्सफोर्ड सुधार शीघ्र जनता के असंतोष का कारण बन गये। दूसरे शब्दों में, देश के राजनीतिक दलों को संतुष्ट करने की उसकी असफलता ने सभी दलों को एकजुट होकर भविष्य के संवैधानिक सुधारों हेतु प्रदर्शन करने को प्रेरित किया।

- यहां तक कि पुनर्गठित प्रांतीय परिषदों के शुरूआती वर्षों में केन्द्रीय विधानमंडल में एक प्रस्ताव भी लाया गया, जिसमें प्रांतों में पूर्ण उत्तरदायी सरकार के गठन की बात कही गई। इसके अलावा सेना तथा प्रांतों को विदेश मामलों को छोड़कर सभी केन्द्रीय विभागों को हस्तांतरित करने की बात कही गई।
- विधानमंडल में आम जनता के दबाव के चलते तत्कालीन गृह सदस्य के नेतृत्व में मुड्डीमैन समिति का गठन किया गया। हालांकि इसकी सिफारिशें बहुत ही सीमित थीं। यहां तक कि बहुमत की राय थी कि नई प्रणाली से कुछ खास हासिल नहीं हो सका, जबकि कुछ लोगों ने इस बात पर बल दिया कि द्वैध शासन प्रणाली असफल हो गई है इसलिए किसी दूसरे तंत्र का गठन न किया जाए।
- इसके अतिरिक्त एक ऐसे संविधान के गठन की आवश्यकता थी, जो सरकार को स्थायित्व प्रदान कर सके और आम जनता का समर्थन हासिल कर सके।
- जैसा कि उम्मीद थी, ब्रिटिश सरकार ने बहुमत की रिपोर्ट के विरुद्ध जाने से इंकार कर दिया और 1927 में तो लार्ड इरविन ने यह चेतावनी भी दे डाली कि कांग्रेस की नीतियों को बलपूर्वक संसद पर थोपा नहीं जा सकता।

सरकार के व्यवहार में परिवर्तन–लेकिन साइमन कमीशन की नियुक्ति सरकार की सोच में आए बदलाव का एक अर्थपूर्ण प्रमाण थी। इस कमीशन को बहिष्कार और असहयोग आंदोलन के वातावरण में अपना कार्य करना पड़ा। हालांकि इसकी आवाज सर्वदलीय सम्मेलन तथा नेहरू रिपोर्ट के बीच दबकर रह गई।

- इस बीच लॉर्ड इरविन द्वारा भारत में डोमिनियन स्टेट्स की घोषणा और गोलमेज सम्मेलन के फैसले ने साइमन कमीशन को अप्रसांगिक बना दिया।
- गोलमेज सम्मेलन के अंतिम सत्र के समाप्त होने के बाद राज्य सचिव ने तीन बातों की पुष्टि की- (1) नए संवैधानिक ढांचे को संघीय रूप तभी दिया जाएगा, जब भारतीय राज्यों की आधी से ज्यादा जनसंख्या इसको माने। (2) केन्द्रीय विधानमंडल में ब्रिटिश भारत के कुल प्रतिनिधित्व का एक-तिहाई भाग मुस्लिमों को देना। तथा (3) सिंध और ओडिशा अलग राज्य होंगे।
- बाद में 1993 में इन प्रस्तावों पर श्वेत-पत्र जारी किया गया। यह तीन मुख्य सिद्धांतों-एक संघ की स्थापना प्रांतीय स्वायत्तता एवं कार्यपालिका में निहित विशेष उत्तरदायित्व और सुरक्षा केन्द्र और प्रांतों दोनों को पर आधारित था।

सर्वाधिक जटिल एवं विशालतम विधान–श्वेत-पत्र प्रस्ताव आधारित नई विधायिका के विवादों में घिर जाने के बाद इसे लॉर्ड लिनलिथगो की अध्यक्षता वाली संसद की संयुक्त समिति को सौंप दिया गया। इस समिति में ब्रिटिश भारत व भारतीय रजवाड़ों से 21 प्रतिनिधियों को इसमें शामिल किया गया। समिति ने अपनी रिपोर्ट नबम्बर 1934 में प्रस्तुत की।

- इसकी सिफारिशों पर आधारित, भारत शासन अधिनियम संसद द्वारा पारित होने के बाद 2 अगस्त, 1935 को शाही स्वीकृति के लिए भेज दिया गया।

- नए अधिनियम में 15 अनुसूचियों सहित 451 धाराएं थीं। इससे पहले ब्रिटिश संसद ने इतने बड़े तथा जटिल संविधान को नहीं अपनाया था।
- इसमें दो मुख्य विशेषतायें थीं- इसमें प्रस्तावना नहीं थी, मताधिकार के प्रस्ताव पर विचार करने का अधिकार संसद को था।

संघवाद

1935 का अधिनियम शासन की संघीय प्रणाली को दर्शाता था। इसके अंतर्गत सर्वप्रथम ब्रिटिश भारत को स्वायत्त प्रांतों में विभाजित किया गया और इसके बाद उसे संघीय ढांचे में ढाल लिया गया जिसमें भारतीय रजवाड़े भी शामिल थे। राज्यों को संगठित करने के लिए लिये विलय-पत्र भी तैयार किए गए। सैद्धान्तिक रूप से यह अलग-अलग राज्यों में अलग हो सकता था और इसी के चलते भारतीय राज्यों में कई छोटे-छोटे संघ तैयार हो गए।

केन्द्रीय कार्यकारणी-महारानी विक्टोरिया द्वारा पांच वर्ष के लिए नियुक्त गवर्नर जनरल को दोहरी भूमिका निभानी होती थी। वह ब्रिटिश भारत के लिए गर्वनर जनरल था तो दूसरी ओर भारतीय रजवाड़ों के साथ बातचीत के समय वह महारानी का प्रतिनिधित्व करता था।

- गर्वनर जनरल के रूप में वह संघीय कार्यकारिणी का अध्यक्ष था, लेकिन दूसरी भूमिकाओं में सरकारी विशेषाधिकार प्राप्त होने के नाते राज्य के मामले में वह सर्वोच्च अधिकारी था। रक्षा, विदेश, धर्म सम्बन्धी मामले, सरकार का बहिष्कार करने जैसे मामलों में वह स्वेच्छा से निर्णय ले सकता था।
- तीन पार्षद उसकी सहायता के लिए थे, जो कि सिर्फ गर्वनर जनरल के प्रति ही उत्तरदायी थे। हालांकि इनका काम सिर्फ सलाह ही देना था।
- स्वेच्छा से कार्य करने के बावजूद गर्वनर जनरल भारत सचिव के प्रति उत्तरदायी था और इस प्रकार अप्रत्यक्ष रूप से ब्रिटिश संसद के प्रति भी।
- केन्द्र सरकार की कार्यकारिणी का स्वरूप द्वैध शासन पर आधारित होने के कारण स्थानांतरित विषयों पर गर्वनर जनरल मंत्रिमंडल की सहायता भी ले सकता था। इस मंत्रिमंडल की जवाबदेही संघीय विधानमंडल के प्रति थी। तकनीकी रूप से गर्वनर जनरल स्थानांतरित विषयों के मामलों में संवैधानिक अध्यक्ष के रूप में कार्य करता था।
- लेकिन मंत्रिमंडल द्वारा किए जाने वाले कार्यों की कुछ सीमाएं भी थीं:
  (i) भारतीय रिजर्व बैंक और संघीय रेल अधिकरण की स्वायत्त शक्तियां व विशेष अधिकार प्रशासन पर भारी पड़े।
  (ii) अल्पसंख्यकों की सुरक्षा के लिए गर्वनर जनरल को दिए गए विशेष अधिकार।
  (iii) व्यावसायिक भेदभाव के सन्दर्भ में।

द्विसदनीय संघीय विधायिका

देशी राजाओं का प्रतिनिधित्व: राज्य परिषद (उच्च सदन) की सीटों पर भारतीय राज्यों की संख्या 2/5 थी, जबकि निचले सदन में यह एक-तिहाई थी।

- परिषद में सीटों का आवंटन राज्य की महत्ता तथा उसके दर्जे पर निर्भर था, जबकि विधानसभा में राज्य की जनसंख्या को आधार माना गया।
- सिर्फ कुछ ही राज्य ऐसे थे, जो व्यक्तिगत प्रतिनिधि की हैसियत रखते थे। बाकी राज्यों को दो समूहों में बांट दिया गया। अधिनियम के अनुसार या तो एक साथ मिलकर आते थे, या फिर एक समय में एक।
- राज्यों के लिए निर्धारित पदों पर सदस्यों के चुनाव की प्रक्रिया राजाओं की सहमति पर निर्भर थी। हालांकि उम्मीद की जा रही थी कि जल्द ही लोकप्रिय चुनाव प्रणाली पर विचार किया जाएगा।

ब्रिटिश भारत का प्रतिनिधित्व: ब्रिटिश भारत में दोनों ही सदनों में सीटों का आवंटन जनसंख्या के आधार पर था।

- मुस्लिमों के ब्रिटिश भारत में एक-तिहाई सीटों के दावे के मद्देनजर उन्हें सांप्रदायिक प्रतिनिधित्व दिया गया।
- माना जा रहा था कि सभी राज्यों के प्रतिनिधियों के साथ सभी समुदायों को संतुष्ट करने पर आम सहमति बन सकेगी।
- ब्रिटिश भारत के उच्च सदन के सदस्य अपने-अपने निर्वाचन क्षेत्र में चुनावों द्वारा दोबारा वापसी कर सकते थे जबकि निचले सदन में वापसी के लिए सदस्यों का चुनाव प्रांतीय विधानमंडल के सदस्यों द्वारा निर्मित निर्वाचक मंडल द्वारा होना था।
- दूसरे शब्दों में, सामान्यत: मुस्लिम और सिख समुदायों के सदस्य जो प्रांतीय विधान-सभाओं के सदस्य थे, एकल संक्रमणीय मत प्रणाली द्वारा उन्हें चुन सकते थे।

निचले सदन की सदस्य संख्याः निचले सदन के सदस्यों की कुल संख्या 375 थी, जिसमें 250 ब्रिटिश भारत से और 125 भारतीय राज्यों से थे। ब्रिटिश भारत के सदस्यों में से 3 व्यावसायिक और उद्योगों का प्रतिनिधित्व करते थे, जबकि एक सदस्य मजदूरों का। इस सदन का कार्यकाल 5 वर्ष था।

उच्च सदन की सदस्य संख्याः उच्च सदन में सदस्यों की संख्या 260 थी जिसमें 156 ब्रिटिश भारत से और 104 भारतीय राज्यों से थे। भारतीय राज्यों का प्रतिनिधित्व करीब 40 प्रतिशत था। ब्रिटिश भारत के सदस्यों में 7 यूरोपियन, 1 एंग्लो-इंडियन, 2 भारतीय ईसाई तथा 6 गर्वनर जनरल द्वारा मनोनीत होने थे। इसके अलावा सभी सदस्य विभिन्न प्रांतों से चुने गए थे। यह एक स्थाई सदन था, जिसके एक-तिहाई सदस्य हर दो वर्ष बाद अवकाश ग्रहण करते थे।

कार्यकारिणी की सर्वोच्चताः गर्वनर जनरल विधानमंडल का एक अनिवार्य अंग था।

- अपनी ऐच्छिक शक्तियों का प्रयोग करते हुए वह किसी भी सदन को तलब या फिर स्थगित कर सकता था। विधानसभा को भंग करने की शक्ति भी उसके पास थी।
- वह किसी खास विषय पर चल रही चर्चा को रोक सकता था। उसके पास यह अधिकार था कि वह दोनों सदनों को संबोधित करे या अपना संदेश उन तक पहुंचाए।
- विधायिका द्वारा पारित किसी विधेयक पर वह अपना मत व्यक्त कर सकता था, इसे रोक सकता था, पुनर्विचार के लिए वापस भेज सकता था अथवा अपने पास सुरक्षित रख सकता था।
- जब सत्र नहीं चल रहा हो वह उस समय अध्यादेश जारी कर सकता था और अपने अधिकार क्षेत्र के विषयों पर तो गर्वनर जनरल सत्र के दौरान भी अध्यादेश पारित कर सकता था।
- अपनी विशेष जिम्मेदारियों को निभाने के लिए वह गर्वनर जनरल अधिनियम के रूप में स्थायी कानून भी तैयार कर सकता था।

गर्वनर जनरल के अधिकार क्षेत्र के विषयः गर्वनर जनरल के अधिकार क्षेत्र में बहुत से विषय आते थे, जिनमें प्रमुख हैं

(i) भारत और उसके किसी भी भाग की शांति व्यवस्था पर मंडराने वाले किसी भी तरह के खतरे को रोकना।

(ii) संघीय सरकार के वित्तीय पक्ष को स्थायित्व प्रदान करना।

(iii) अल्पसंख्यकों के अधिकारों की सुरक्षा।

(iv) सरकारी सेवा में कार्यरत सदस्यों के अधिकारों की सुरक्षा तथा समानाधिकार बनाए रखना।

(v) ब्रिटिश मामलों में कार्यपालिका द्वारा भेदभाव को रोकना।

(vi) ब्रिटिश वस्तुओं के संबंध में कार्यपालिक भेदभाव पर रोक लगाना या ब्रिटिश मूल के वे लोग, जो भारत में कार्यरत हैं या व्यावसायिक गतिविधियों में संलग्न हैं, के विरूद्ध भेदभाव का निषेध करना।

(viii) सभी भारतीय राज्यों और उसके शासकों के अधिकारों की सुरक्षा।

(viii) स्वेच्छा से किए गए किसी भी फैसले को सुरक्षित रखना अथक किसी विषय पर स्वयं निर्णय देना।

विधायिका की सीमाएं–वास्तव में संघीय विधायिका की भूमिका औपचारिक ही थी। विधानसभा और वित्तीय दोनों ही मामलों में इसके हाथ बंधे थे और शक्तियां सीमित थीं। इसके पास राजस्व संबंधी मामलों में कोई पहल करने की शक्ति नहीं थी और राजस्व से जुड़े मामलों में इसका नियंत्रण बहुत कम था।

संघीय न्यायालय

गठन एवं कार्यकालः न्यायालय में कम-से-कम तीन न्यायाधीश रखे गए, जिसमें एक मुख्य न्यायाधीश और दो सहायक न्यायाधीश थे। इसे दिल्ली में स्थापित किया गया।

- महारानी इन न्यायाधीशों की नियुक्ति करती थी, जो 65 वर्ष की उम्र तक अपने पद पर रहते थे।
- उनके वेतन नियुक्ति के समय ही निर्धारित कर दिए जाते थे और बाद में उसमें कटौती नहीं होती थी।
- इन न्यायाधीशों को केवल उनके गलत आचरण के सिद्ध होने पर ही हटाया जा सकता था।
- न्यायाधीशों को कार्यकाल के आधार पर पदमुक्त होने पर पेंशन का अधिकार होता था।
- इन न्यायाधीशों के आचारण पर विधायिका अथवा उसके बाहर कोई परिचर्चा नहीं की जा सकती थी।

न्यायालय के त्रिस्तरीय क्षेत्राधिकारः न्यायालय के क्षेत्राधिकार में तीन क्षेत्र थे- वास्तविक, अपीलीय एवं सलाहकारी।

- प्रथम क्षेत्राधिकार के अंतर्गत यह संघ की सभी इकाइयों के बीच के विवादों का निपटारा करती थी। इसके

अलावा यह संघ एवं उसकी इकाइयों के बीच, एक या एक से अधिक इकाइयों के बीच भी उस स्थिति में अपना निर्णय देती थी, जहां संविधान की व्याख्या करने की आवश्यकता हो। दूसरे क्षेत्राधिकार के अंतर्गत यह केवल उच्च न्यायालय द्वारा दिये गये उन निर्णयों को सुनती थी जिसमें किसी संवैधानिक अधिनियम को परिभाषित करने की आवश्यकता होती थी।

- संघीय न्यायालय द्वारा दिये गये किसी निर्णय के विरुद्ध प्रिवी काउंसिल की न्यायिक समिति में अपील की जा सकती थी।
- न्यायालय के सलाहकारी अधिकार क्षेत्र में विधि से संबंधित वे मामले आते थे जिन पर गवर्नर जनरल द्वारा परामर्श की अपेक्षा की जाती थी।

प्रांतीय स्वायत्तता

प्रांतीय कार्यपालिका

द्वैध शासन का पुनर्गठन एवं समाप्ति–प्रांतों के संदर्भ में बर्मा (म्यांमार) भारत से अलग हो चुका था और ओडिशा और सिंध दो नए प्रांत बन गए थे। केन्द्र में सरकार के संघीय रूप के मद्देनजर प्रांतों को कानूनी जामा पहना दिया गया था। द्वैध शासन के समापन के साथ ही सभी प्रांतीय विषयों को लोकप्रिय नियंत्रण की ओर स्थानान्तरित कर दिया गया था।

- गवर्नरों की नियुक्ति राज्य सचिव की सलाह पर पांच वर्ष के लिए होती थी। आमतौर पर इस पद हेतु आई सी. एस. के वरिष्ठ अधिकारियों को ही चुना जाता था हालांकि बाहरी लोगों की नियुक्ति पर कोई प्रतिबन्ध नहीं था।
- गर्वनर को तीन प्रकार से काम करना होता था–अपने मंत्रियों की सलाह पर खुद के निर्णय से अथवा स्वेच्छा से। यद्यपि मंत्रियों से वह परामर्श लेता था किंतु उनका परामर्श मानने को वह बाध्य नहीं था। स्वविवेक की स्थिति में वह बिना मंत्रिपरिषद् की सलाह के ही कोई फैसला ले सकता था।
- कर्तव्यों के निर्वहन् में सलाह देने के लिए गर्वनर, मंत्रिपरिषद का चयन करता था। मंत्रिपरिषद् का गठन वह एक ऐसे व्यक्ति के नेतृत्व में करता था, जिसे गुर्वनर की नजर में विधायिका का बहुमत हासिल हो। मंत्रिपरिषद, गर्वनर के प्रसाद पर्यन्त काम करती थी।
- लेकिन प्रांतों में महाधिवक्ता की नियुक्ति व बर्खास्त के लिए गर्वनर अपने व्यक्तिगत फैसले पर निर्भर था।

गर्वनर की विशेष शक्तियां- गर्वनर की विशेष शक्तियां तथा उत्तरदायित्व इस प्रकार थे- (1) प्रांतों में शांति व्यवस्था बनाए रखना; (2) अल्पसंख्यकों के हितों का संरक्षण; (3) अन्य क्षेत्रों में शांति स्थापना सुनिशचित करना; (4) भारतीय राज्यों एवं राजाओं के हितों का संरक्षण; (5) गर्वनर जनरल द्वारा दिए गए निर्देशों को लागू करना।

गर्वनर की वित्तीय शक्तियां- राज्य की समस्त कार्यपालिका शक्तियां गर्वनर में निहित थीं तथा उसके पास विशेष वित्तीय शक्तियां थीं।

- वित्त विधेयक गर्वनर की ही सिफारिश पर पेश हो सकता था।
- वह वार्षिक वित्तीय विवरण यानि बजट प्रस्तुत करने की व्यवस्था करता था। इसे विधायिका के समक्ष दो भागों में रखा जाता था। एक भाग में राज्यों के राजस्व पर भारित व्यय होता था तथा दूसरे भाग में उन कार्यों एवं विषयों के लिये धन का प्रावधान होता था, जो प्रांतों के राजस्व से संबंधित होते थे।
- अपने स्वविवेक से गवर्नर किस विषय पर मत विभाजन आवश्यक है और किस पर नहीं। विधायिका इसे स्वीकार कर सकती थी या अस्वीकार कर सकती थी या इस भारित मद को छोड़कर अन्य में कटौती के लिये प्रावधान करने हेतु स्वीकार कर सकती थी।
- किसी अनुदान के खारिज होने की स्थिति में गवर्नर अपने स्वविवेक से इसे स्वीकृत कर सकता था बशर्ते उसे यह महसूस हो कि यह अनुदान आवश्यक है तथा इसके नहीं होने पर कोई विपरीत प्रभाव उत्पन्न होने की आशंका है।

गर्वनर की विधायी शक्तियां: उसे विधायी क्षेत्र में भी महत्वपूर्ण अधिकार प्राप्त थे:

- जब भी आवश्यक हो वह विधानमंडल की बैठक आहूत कर सकता था या दोनों सदनों की संयुक्त अधिवेशन बुला सकता था।
- वह विधानमंडल की कार्य संचालन प्रक्रिया को दिशा-निर्देशित कर सकता था बैठक को संबोधित कर सकता था या उसे संदेश भेज सकता था।
- वह व्यवस्थापिका द्वारा पारित किसी विधेयक को स्वीकृति प्रदान कर सकता था उसे रोककर रख सकता था, उसे पुनर्विचार के लिये वापस भेज सकता था या गवर्नर जनरल के लिये आरक्षित कर सकता था।

- वह दोनों सदनों का सत्र आहूत कर सकता था एवं निचले सदन को भंग कर सकता था।
- पुलिस बल से संबंधित कोई विधेयक, गवर्नर के अध्यादेश से संबंधित कोई विधेयक, उसके स्वविवेक से किये गये कार्य से संबंधित कोई विधेयक तथा किसी अन्य कार्य से संबंधित कोई विधेयक बिना उसकी पूर्वानुमति के सदन में प्रस्तुत नहीं किया जा सकता था।
- जब व्यवस्थापिका सत्र में न हो तो वह कोई अध्यादेश जारी कर सकता था।
- गवर्नर जनरल की बिना पूर्व स्वीकृति के वह कोई अध्यादेश जारी करने का अधिकारी नहीं था। लेकिन अत्यावश्यक परिस्थितियों में यदि ऐसा करना पड़ा तो बाद में उसे इससे परिचित करवाना या इसकी सूचना देना अनिवार्य था।

व्यवस्थापिका के कार्यपालिक उत्तरदायित्वः संसदीय व्यवस्था की वास्तविक प्रकृति व्यवस्थापिका के कार्यपालिक उत्तरदायित्व के सिद्धांत में निहित है।

- या तो कार्यपालिका, व्यवस्थापिका के प्रति उत्तरदायी है या बाद में इसके विघटन के उपरांत नयी व्यवस्थापिका कार्यपालिक कर्तव्यों के निर्वहन् के लिये गठित होती है।
- 1935 के अधिनियम के अंतर्गत यद्यपि एक तीसरे विकल्प का भी प्रावधान है। यदि किसी समय गवर्नर को यह महसूस होता है कि किसी प्रांत में सरकार द्वारा किसी आवश्यक अधिनियम के संबंध में अध्यादेश जारी नहीं किया जा रहा है तो इस स्थिति में वह उस प्रांत का प्रशासन अपने हाथों में ले सकता है।
- इसके परिप्रेक्ष्य में यह कहा गया है कि प्रांतों में संसदीय व्यवस्था अति नियंत्रित है तथा मूलतः इसकी वास्तविक शक्तियां गवर्नर के हाथों में होती हैं।

प्रांतीय व्यवस्थापिका का संगठन एवं प्रकृति

- छह प्रांतों (यथा-असम बंगाल बिहार, बम्बई मद्रास एवं संयुक्त प्रांत) में द्विसदनीय विधायिका थी। इसमें एक विधानसभा एवं दूसरी विधान परिषद। विधानसभा निम्न सदन एवं विधान परिषद, उच्च सदन थी।
- अन्य पांच प्रांतों (यथा-पंजाब उ.प्र. सीमा प्रांत सिंध, ओडिशा, मध्य प्रांत एवं बरार) में मात्र एकसदनीय विधायिका थी। इसका नाम विधानसभा था।
- विधायिका के सदस्य विभिन्न निर्वाचन क्षेत्रों से धार्मिक, प्रजातीय व अन्य विभिन्न प्रकार के प्रतिनिधित्व के आधार पर चुने जाते थे। मुस्लिम सिख, आंग्ल-भारतीय ईसाई एवं यूरोपियों के लिये सांप्रदायिक आधार पर स्थानों की व्यवस्था की गयी थी।
- 'सामान्य' निर्वाचन क्षेत्रों के अलावा समाज के अन्य वर्गों को भी प्रतिनिधित्व देने की व्यवस्था थी। ये क्षेत्र थे- उद्योग, व्यापार, वाणिज्य, जमींदारी, विश्वविद्यालय एवं श्रमिक। कुछेक स्थान महिलाओं के लिये भी आरक्षित किये गये थे।
- प्रत्यक्ष आधार पर निर्वाचन की व्यवस्था थी। यद्यपि मताधिकार के आधार में एक प्रांत से दूसरे प्रांत में भिन्नता थी। सामान्यतया इसका आधार एक व्यक्ति द्वारा उसके पास निहित भूमि के एवज में अदा किये गये राजस्व या गृहकर था।
- मताधिकार हेतु एक निश्चित शैक्षणिक योग्यता एवं सैन्य सेवा को भी माना जाता था। कुल 14 प्रतिशत जनसंख्या में से 1919 के अधिनियम द्वारा केवल 3 प्रतिशत को ही मत देने का अधिकार मिल सका था।
- विधानसभा का कार्यकाल 5 वर्ष था। विधान परिषद एक स्थाई सदन थी, जिसके एक-तिहाई सदस्य प्रत्येक तीसरे वर्ष सेवानिवृत्त हो जाते थे।
- विधानसभा में ज्यादातर सदस्य निर्वाचित होते थे। कुछ अप्रत्यक्ष रीति से चुने जाते थे तथा कुछ गवर्नर द्वारा मनोनीत होते थे।

विधायी शक्तियां एवं कार्यप्रणाली

वित्तीय मामलों के अतिरिक्त दोनों सदनों को समान शक्तियां प्राप्त थीं। लेकिन धन विधेयक केवल विधानसभा में ही पेश किया जा सकता था। अनुदानों के संबंध में विधान परिषद को कोई अधिकार नहीं था। दोनों, सदनों के मध्य टकराव की स्थिति में गवर्नर स्थिति का समाधान करने के लिये दोनों सदनों का संयुक्त अधिवेशन बुला सकता था।

प्रांत राज्य सूची में वर्णित सभी विषयों पर कानून बना सकते थे। यद्यपि इस संबंध में दो प्रतिबंध थे- (i) यदि दो या दो अधिक राज्य अपनी विधानसभाओं में इस आशय का प्रस्ताव पारित कर केंद्रीय सरकार से किसी प्रांतीय विषय के संबंध में विधान बनाने का आग्रह करें, तथा; (ii) आपातकाल की स्थिति में गवर्नर जनरल केंद्रीय सरकार से किसी प्रांतीय विषय के संबंध में विधान बनाने को कहे।

प्रांतीय सरकार से समवर्ती सूची के विषय पर भी उस स्थिति में कानून बना सकती थी जब ऐसा करने के उपरांत

उसका केंद्र सरकार से कोई टकराव न हो लेकिन यदि इस प्रकार का कोई टकराव होता है तो गवर्नर जनरल को यह अधिकार था कि वह केंद्रीय कानून के ऊपर राज्य द्वारा बनाये गये कानून को विधिमान्य घोषित कर सकता था।

अधिनियम का कार्यान्वयन

वैसे इस अधिनियम की संघीय व्यवस्था दोषपूर्ण थी। अधिनियम में जिस संघ के निर्माण की कल्पना की गयी थी, उसके प्रति न तो सरकार गंभीर थी और न ही इसके लिये कोई निश्चित प्रावधान किये गये थे। संघ में शामिल होने या न होने का निर्णय देशी रियासतों की इच्छा पर छोड़ दिया गया था। इसीलिये संघ निर्माण की अवधारणा कभी पूर्ण नहीं हो सकी। केंद्र से संबंधित अन्य प्रावधान 1919 के अधिनियम के अनुरूप ही चलते रहे।

- 1937 से 1939 के मध्य अर्थात् 1935 के अधिनियम के कार्यान्वयन की अवधि में भारतीय राजनेताओं ने प्रथम बार यह अवसर प्राप्त किया कि वे संयुक्त उत्तरदायित्व के सिद्धांत के आधार पर सरकार का गठन करें।
- इस अधिनियम के द्वारा ही भारत में प्रथम बार प्रधानमंत्री एवं मंत्रिपरिषद जैसे शब्दों का प्रयोग किया गया।
- बहुमत से गवर्नर या कैबिनेट के कार्य में कोई बाधा नहीं आयी।
- कोई भी ऐसा अवसर नहीं आया जब गवर्नर ने किसी राज्य सरकार को बर्खास्त किया हो या सरकार एवं उनके मध्य कोई तनाव की स्थिति उत्पन्न हुयी हो।
- कार्यों का वितरण एवं विभागों का आवंटन मुख्यतया मंत्रियों की इच्छा पर ही किया गया तथा इसमें गवर्नर की कोई विशेष भूमिका नहीं रही।
- सरकार में राजनीतिक नेतृत्व के संबंध में प्रशिक्षण देने हेतु संसदीय सचिवों की नियुक्ति की गयी।
- किसी नये प्रस्तुत विधान के संबंध में गवर्नर की ओर से बहुत कम प्रतिरोध किया गया।
- गवर्नरों ने मुख्यतया संवैधानिक प्रमुख के रूप में ही कार्य किया तथा प्रांतीय सरकारें अन्य विषयों में अपने स्वविवेक से कार्य करती रहीं।
- व्यवहार्य में विधायिका के प्रतिनिधिक चरित्र एवं कार्यपालिक उत्तरदायित्व ने शांतिपूर्वक अपनी भूमिका निभाई।

कांग्रेस मंत्रिमंडल, 1937-39

1937 के आम चुनाव

- भारतीय शासकों के असंतोष तथा राजनैतिक पार्टियों के प्रतिकूल व्यवहार के चलते 1935 के अधिनियम का संघीय भाग लागू नहीं हो सका। सिर्फ अधिनियम प्रांतों से संबंधित दूसरा हिस्सा ही 1937 में लागू हो सका। परिणामस्वरूप फरवरी 1937 में प्रांतीय विधानमंडल के चुनाव हुए।
- हालांकि अधिनियम के कई प्रावधानों का कांग्रेस ने बहुत ही कड़ा विरोध किया। बावजूद इसके इन प्रावधानों को नष्ट करने के लिए कांग्रेस ने चुनाव लड़ने का भी फैसला किया। दूसरे शब्दों में, सरकार को सहयोग ने कर प्रांतीय स्वायत्तता को असम्भव बनाना ही कांग्रेस एकमात्र लक्ष्य था। अधिनियम की उपयोगिता को परखने के लिए मुस्लिम लीग और उदारवादियों ने भी चुनाव लड़ने का निश्चय किया।
- इन चुनावों के सार्थक परिणाम सामने आए। मद्रास, बिहार, यू पी., बाम्बे, मध्य प्रांत तथा ओडिशा में कांग्रेस को स्पष्ट बहुमत प्राप्त हुआ, जहां दो-तिहाई भारतीय आबादी रहती थी। असम में 108 सीटों में से 35 सीटें जीतकर कांग्रेस सबसे बड़ी पार्टी के रूप में सामने आई। उत्तर-पश्चिमी सीमांत प्रांत में भी इसे 50 में से 19 सीटें प्राप्त हुईं।
- उत्तर-पश्चिमी सीमांत प्रांत चुनावों में मुस्लिम लीग की स्थिति बेहद दयनीय रही। प्रांतीय विधानसभा में मुसलमानों के लिए आरक्षित 482 सीटों में वह 31 सीटों पर ही चुनाव जीत सकी। कांग्रेस के टिकट पर 58 सीटों पर चुनाव लड़े गये। राष्ट्रवादी मुसलमानों ने 26 सीटों पर कब्जा किया। यहां तक कि पंजाब, बंगाल तथा उत्तर-पश्चिमी सीमांत प्रांत जैसे मुस्लिम बहुल इलाकों में भी मुस्लिम लीग की स्थिति खराब रही। हालांकि यूपी. मध्य प्रांत, बॉम्बे तथा अन्य हिन्दू बहुल राज्यों में मुस्लिम लीग को अच्छा लाभ प्राप्त हुआ।
- सभी सम्प्रदायों के गठबंधन से निर्मित यूनियनिस्ट पार्टी पंजाब में सबसे मजबूत पार्टी के रूप में उभरी। वहीं बंगाल में प्रजा पार्टी तथा निर्दलीय उम्मीदवारों का कुल सीटों का दो-तिहाई प्राप्त हुआ।
- कांग्रेस द्वारा विजित प्रांतों में मंत्रिमंडल के गठन को लेकर विवाद पैदा हो गए। विवाद में पलड़ा कांग्रेस

का भारी होने के चलते उसने जुलाई 1937 में यू.पी., बिहार, मद्रास, बॉम्बे, ओडिशा तथा मध्य प्रांत में अपना मंत्रिमंडल गठित किया जबकि असम और उत्तर-पश्चिमी सीमांत प्रांत में वह दूसरी पार्टियों के साथ गठबंधन कर साझा मंत्रिमंडल बनाने के लिए तैयार हो गई।

- जिन प्रांतों में कांग्रेस को पूर्ण बहुमत मिला था, वहां उसने लीग को कैबिनेट में किसी भी तरह की छूट नहीं दी। उनका मानना था कि भिन्न-भिन्न विचारधाराओं के लोग एकजुट होकर कार्य नहीं कर सकते थे। हालांकि कैबिनेट में लीग को शामिल न करना नुकसानदायक सिद्ध हुआ। इससे हिन्दुओं तथा मुसलमानों के बीच तनाव पैदा हो गया। मुहम्मद अली जिन्ना ने कांग्रेस पर कई तरह के आरोप लगा दिए।

प्रांतीय स्वायत्तता की कार्य प्रणाली

ब्रिटिश भारत की ग्यारह प्रांतीय सरकारें—1937 में 11 प्रांतों में गठित सभी मंत्रालयों की अपनी अलग कहानी थी। ये सुचारू रूप से कार्य नहीं कर सकीं। बंगाल, सिन्ध और पंजाब में यह नई व्यवस्था दस वर्षों तक चली। दूसरे प्रांतों में तथाकथित जिम्मेदार समझी जाने वाली सरकार सिर्फ दो वर्षों तक चली। अक्टूबर, 1939 में आठ प्रांतों के कांग्रेसी मंत्रिमंडल ने विश्व युद्ध के मुद्दे पर त्याग-पत्र दे दिया। इन प्रांतों के सभी गर्वनरों ने आपात् स्थिति की घोषणा कर सभी कार्यकारी व विधायी शक्तियां अपने हाथों में ले लीं। 1946 में जब तक दोबारा सभी प्रांतों में लोकप्रिय सरकार नहीं बनीं तब तक इनका शासन गवर्नरों द्वारा चलता रहा।

कांग्रेस शासित राज्यों में गर्वनर की भूमिका—कांग्रेस शासित राज्यों में गवर्नरों ने सामान्यतया सभ्यतापूर्ण व्यवहार किया। जहां कांग्रेस का दबदबा था वे मंत्रियों के कार्यों में अधिक हस्तक्षेप नहीं करते थे। गर्वनर अपनी विशेष शक्तियों का भी प्रयोग यदा-कदा ही करते थे। वे विधायिका द्वारा किसी अधिनियम को पास करने में मंत्रियों को पूरा सहयोग प्रदान करते थे। इसलिए विशेष शक्तियों के तहत गर्वनर द्वारा अड़चन पैदा करने की जो प्रारंभिक आशंका थी वह निराधार साबित हुयी। साथ यह भी कि वह मंत्रियों के कार्यों को स्थगित कर देगा भी गलत सिद्ध हुआ। इसमें कोई शक नहीं है कि कांग्रेस के शासन में प्रांतों में कुछ कमियां तथा विवाद पैदा हुए, लेकिन उन्हें जल्द ही सुलझा लिया गया।

उत्तर प्रदेश व बिहार में राजनैतिक कैदियों का मामला—उत्तर प्रदेश व बिहार के कांग्रेसी मंत्रिमंडलों ने फरवरी 1938 में सभी राजनैतिक कैदियों को रिहा करने का फैसला लिया। हालांकि दोनों ही प्रांतों के गर्वनरों ने इस फैसले पर यह कहकर आपत्ति जताई कि इससे वहां की शांति व्यवस्था भंग होगी। गर्वनर जनरल ने अधिनियम की धारा 126 के तहत गर्वनरों को आदेश दिया कि वे अपनी विशेष शक्ति के प्रयोग द्वारा इन कैदियों की रिहाई पर रोक लाएं। मंत्रिमंडलों ने इस मुद्दे को अपनी प्रतिष्ठा का प्रश्न बना लिया और त्याग-पत्र दे दिया। कुछ समय के लिए ऐसा लगने लगा कि अधिनियम का प्रांतीय भाग भी सुचारू रूप से काम नहीं कर पाएगा। अंततः अंग्रेज सरकार को नरम रुख अपनाना पड़ा। गर्वनर जनरल और कांग्रेस के बीच विचार-विर्मश होने के उपरांत अंततः यह फैसला लिया गया कि सभी कैदियों के मुकदमों की बारी-बारी से जांच के बाद उन्हें छोड़ दिया जाएगा।

कांग्रेस पर उत्तर प्रदेश में मुसलमानों के साथ भेदभाव करने का आरोप—किसी भी साम्प्रदायिक पार्टी के साथ हाथ न मिलाने का फैसलों कांग्रेस के लिए नुकसानदेह साबित हुआ। कांग्रेस द्वारा मंत्रियों के चुनाव में लीग को शामिल न करने के मुद्दे को मुस्लिम लीग ने हिन्दू-मुस्लिम धर्म का मुद्दा, बना लिया। उनके द्वारा प्रचार किया जाने लगा कि मुसलमानों को दबाने के लिए ऐसा किया जा रहा है। मुस्लिम लीरा ने कांग्रेस पर आरोप लगाया कि यह एक ऐसा हिन्दू संगठन है, जो गरीब मुसलमानों के साथ जानवरों जैसा व्यवहार कर रहा है।

लीग द्वारा लगाए गए इन आरोपों के जवाब में कांग्रेस ने पूरे मामले की न्यायिक जांच की मांग कर डाली। हालांकि वायसराय ने जांच के प्रस्ताव को अस्वीकृत कर दिया क्योंकि यह स्वयं कांग्रेस के निष्पक्ष व धर्मनिरपेक्ष व्यवहार से संतुष्ट थे।

गर्वनर जनरल तथा गवर्नर ने अल्पसंख्यकों के अधिकारों की सुरक्षा के नाम पर कांग्रेस के कार्यों में हस्तक्षेप करने से इकार कर दिया। इसके चलते जिन्ना काफी मायूस हो गये।

इस प्रकार 1939 तक प्रांतीय स्वशासन की कार्य प्राणाली सुचारू ढंग से काम करती रही। गर्वनर जनरल द्वारा कांग्रेस को दिलाए गए भरोसे के प्रति सभी गर्वनर पूर्णतः असीमित शक्तियों का उपभोग कर रहे थे। गवर्नर राज्यों में संवैधानिक प्रमुख के रूप में कार्य कर रहे थे। 1939 में कांग्रेस मंत्रिमंडलों के त्याग-पत्र देने के उपरांत वे पुनः राज्य के सर्वेसर्वा बन गये तथा समस्त शक्तियां उनके पास आ गयीं।

गैर-कांग्रेसी प्रांतों में गवर्नरों द्वारा निभायी गयी भूमिका-गैर-कांग्रेसी प्रांतों में गवर्नरों द्वारा असीमित शक्तियों का उपभोग किया गया। इन प्रांतों में गवर्नरों के हस्तक्षेप को रोकने के लिये कोई सशक्त एवं संगठित पार्टी नहीं थी।

उदाहरण के तौर पर राजनैतिक कैदियों के संबंध में गवर्नर जनरल द्वारा पंजाब से पूछने के बाद उसने मुख्यमंत्री सर सिकंदर हयात खां से सलाह किए बिना ही पत्र भेज दिया कि पंजाब सरकार इन कैदियों को रिहा नहीं करेगी।

अक्टूबर 1942 में सिंध के मुख्यमंत्री अल्ला बख्श को राज्यपाल ने पक्षपातपूर्ण ढंग से बर्खास्त कर दिया। इसका कारण सिर्फ यह था कि उसने ब्रिटिश सरकार द्वारा लड़े जा रहे विश्व युद्ध के इस दावे पर कि वह यह युद्ध आम जनता के लिए लड़ रहा है, संदेह जाहिर किया था। जब अल्ला बख्श द्वारा अपनी उपाधि खान बहादुर को दे दी गयी तो गवर्नर ने तुरंत अत्यंत अन्यायपूर्ण तरीके से उन्हें बर्खास्त कर दिया, जबकि विधानसभा में उनके पास पूर्ण बहुमत था।

सिंध, बंगाल एवं उत्तर-पश्चिमी सीमांत प्रांत में राज्यपाल ने लीग का एकतरफा एवं अनुचित पक्ष लिया तथा विधानसभा में इसके अत्यंत कम प्रतिनिधि होने के बावजूद उसे सत्ता देने की कोशिश की। यह पूर्णतया असंवैधानिक था। इसी कारण श्री श्यामाप्रसाद मुखर्जी को यह कहने के लिए बाध्य होना पड़ा कि मुसलमानों के पक्षधर बंगाल के गर्वनर को मुस्लिम लीग की बेंच पर बैठना चाहिए।

मंत्रिमंडलों की कार्य प्रणाली

परम्परा तथा फैसले—प्रांतों की उत्तरदायी सरकारें दो वर्षों तक निर्बाध ढंग से कार्य करती रहीं। परमपरा के अनुसार, बहुमत हासिल करने वाली पार्टी के नेता को मंत्रिमंडल गठित करने के लिए आमंत्रित किया जाता था। मंत्रिमंडल तब तक अपना काम कर सकता था जब तक उसे सदन में बहुमत प्राप्त था। मंत्रियों के विभाग आवंटित करने का जिम्मा वैसे तो गर्वनर पर था, लेकिन यह बहुमत पार्टी के अध्यक्ष की सलाह के आधार पर यह चुनाव करता था।

संयुक्त उत्तरदाचित्व का सिद्धान्त—मंत्रिमंडलों ने अपना कार्य संयुक्त उत्तरदायित्व के आधार पर भी किया। सदन के सदस्य मंत्रियों से प्रश्न पूछ सकते थे और उसके संबंध में विस्तृत जानकारी मांग सकते थे। अविश्वास प्रस्ताव पारित कर सदन में मंत्रिमंडल के त्याग-पत्र की भी मांग की जा सकती थी। सभी कांग्रेसी प्रांतों के मुख्यमंत्रियों ने केबिनेट में मुसलमानों को रखने का निर्णय भी लिया। हालांकि ओडिशा में कांग्रेस ने ऐसा नहीं किया, क्योंकि वहां पर एक भी मुसलमान मंत्री पद के योग्य नहीं समझा गया। गर्वनर ने मुसलमानों को भरोसा दिलाते हुए कहा कि हालांकि वह इस मामले में हस्तक्षेप नहीं कर सकते हैं, फिर भी उनके अधिकारों का पूरा ख्याल रखा जाएगा।

उत्तरदायी सरकार—अधिनियम के तहत मंत्रिमंडल की बैठक गर्वनर की अध्यक्षता में होनी थी। कांग्रेस को उत्तरदायी सरकार की संकल्पना असंगत प्रतीत हुई क्योंकि संविधान में संशोधन नहीं हो सकता था इसलिए कांग्रेसी मंत्रिमंडलों ने बिना गर्वनर को बुलाए अनौपचारिक बैठकें प्रारंभ कर दीं। राज्यपाल या गवर्नर की अध्यक्षता में होने वाली औपचारिक बैठकों में मंत्रिमंडल महत्वपूर्ण विषयों पर चर्चा ही नहीं करता था। गैर-कांग्रेसी प्रांतों में हालांकि गर्वनर की उपस्थिति का स्वागत किया गया। पंजाब के मुख्यमंत्री सर सिकदर हयात खान ने एक बार कहा था कि मंत्रिमंडल की बैठकों में गर्वनर के प्रशासनिक अनुभव से बहुत सहायता मिलती है।

कांग्रेसी मंत्रिमंडलों का त्याग-पत्र—कांग्रेसी मंत्रिमंडलों के त्याग-पत्र देने के बाद भी ब्रिटिश सरकार ने एक उत्तरदायी सरकार चलाने के कुछ विफल प्रयास किए।

ओडिशा तथा असम में गर्वनर ने मंत्रिमंडल के गठन के लिए अल्पसंख्यक समुदायों के प्रतिनिधियों को बुलाया। यहां तक कि ओडिशा में मुख्यमंत्री पद के लिए एक ऐसे व्यक्ति को आमंत्रित किया गया, जिसे सदन के 60 सदस्यों में से सिर्फ 14 का समर्थन प्राप्त था। इसी तरह चुनाव हारने के बावजूद असम के मुख्यमंत्री अपने पद पर बने रहे।

वहीं दूसरी ओर सिंध और बंगाल के मुख्यमंत्रियों को स्पष्ट बहुमत के बाद भी हटा दिया गया।

इसके बाद एक और अजीबो-गरीब फैसला लिया गया कि एक मंत्री की बर्खास्तगी सभी मंत्रियों के त्याग-पत्र के रूप में मान्य नहीं होगी। इस तरह की व्यवस्था एक उत्तरदायी सरकार के लिए प्रतिकूल सिद्ध हुई।

इसकी वजह से लंबे समय से चली आ रही सामूहिक उत्तरदायित्व की परम्परा टूट गई और इसका परिणाम यह हुआ कि सदन षड्यंत्रकारियों और दुश्मनों से भर गया। मंत्रिमंडल अस्थायी हो गया। 1937 सं 1948 तक अकेले सिंध में पांच बार सरकार बनाई और गिराई गई।

मंत्रिमंडलों की उपलब्धियां

रचनात्मक कार्य: कांग्रेस मंत्रिमंडलों ने अपने कार्यकाल के दौरान कई राज्यों में सराहनीय कार्य किए कांग्रेसी मंत्रियों ने स्वयं को रचनात्मक कार्यों में लगाए रखा।

- कार्य भार सम्भालते ही उन्होंने बुनियादी शिक्षा, औद्योगिक मजदूरी लघु उद्योग और हरिजनों के उद्धार के विषय में प्रश्न उठाने प्रारंभ कर दिये।
- उन्होंने किसानों को कर्ज से मुक्ति दिलाई।
- शराबबंदी के लिए प्रसास किए गए तथा पट्टाधारी कानून पास कर किसानों को राहत दी।
- राजनैतिक कैदियों को रिहा कर उनकी सम्मत्ति वापस दिलाई गई।

अन्य लाभदायक परिणाम–प्रांतीय स्वायत्तता के कुछ लाभदायक परिणाम अन्य माध्यमों से भी सामने आए।

- लोक प्रशासन के लिए यह एक अच्छा प्रशिक्षण आधार सिद्ध हुआ।
- आजादी के छोटे से शासन काल ने आम जनता को स्वशासन का स्वाद चखा दिया। जिसमें उसकी पूर्ण स्वतंत्रता की मांग आगामी वर्षों में दिन-प्रतिदिन बढ़ती ही चली गई।

19.5 भारत छोड़ो आंदोलन

8 अगस्त, 1940 की घोषणा

द्वितीय विश्व युद्ध के प्रारंभ होने तथा भारत द्वारा इसमें बिना इंग्लैंड की सहमति से भाग लेने पर कांग्रेस द्वारा ब्रिटिश भारत पर लागू किए जाने वाले शांति एवं युद्ध के उद्देश्यों की मांग रखी गई। जुलाई 1940 ई. में कांग्रेस द्वारा इंग्लैंड से भारत को स्वतंत्रता प्रदान करने तथा केंद्र में औपचारिक राष्ट्रीय सरकार स्थापित करने की मांग प्रस्तुत की गई। गवर्नर जनरल में इस विषय पर कई राजनैतिक दलों के नेताओं से विचार-विमर्श के उपरांत 8 अगस्त को शिमला से एक बयान जारी किया। इसके अनुसार *पहला*, वायसराय की कार्यकारी परिषद् भारतीयों की संख्या बढ़ाकर परिषद् का विस्तार करना; *दूसरा*, ब्रिटिश भारत तथा भारतीय राज्यों के प्रतिनिधियों की एक युद्ध सलाहकार परिषद का गठन करना; *तीसरा*, युद्ध के उपरांत प्रतिनिधि व्यवस्था की स्थापना के लिए भारतीयों में सहमति।

तथाकथित 'अगस्त घोषणा' के खिलाफ तीखी प्रतिक्रिया हुई। व्यवहारिक रूप से इसका अर्थ ब्रिटिश संसद से भारतीय विधायिका को सत्ता का हस्तांतरण किए बिना गवर्नर जनरल की कार्यकारी परिषद में कुछ और भारतीय सदस्यों को शामिल करना था। हालांकि अंग्रेजों ने इसका क्रियान्वयन कर दिया। इसके अनुसार, जुलाई 1941 ई. में वायसराय की कार्यकारी परिषद् में सदस्यों की संख्या 7 से बढ़ाकर 12 कर दी गई, जिसमें 4 ब्रिटिश तथा 8 भारतीय थे (पहले भारतीयों की संख्या तीन थी)। लेकिन कांग्रेस अथवा लीग का कोई भी सदस्य नई परिषद् में शामिल नहीं हुआ।

क्रिप्स मिशन (1942 ई.)

ब्रिटिश युद्ध मंत्रिमंडल के एक सदस्य सर स्टैफर्ड क्रिप्स के द्वारा इंग्लैंड ने भारत के राजनैतिक गतिरोध को दूर करने का गंभीर प्रयास किया गया। क्रिप्स योजना दो भागों में थी। पहले में स्वतंत्र उपनिवेश संविधान के गठन की क्रियाविधि थी। इस दिशा में पहले कदम के रूप में सभी प्रांतीय विधायिकाओं के आम चुनाव कराए जाने थे। संविधान निर्माता मंडल निर्वाचित प्रतिनिधियों एवं भारतीय राज्यों के प्रतिनिधियों द्वारा चुना जाना था। इसमें यह प्रावधान था कि अगर कोई प्रांत भारत के संविधान को स्वीकार करने की अनिच्छा व्यक्त करता है तो वह भारतीय संधि में शामिल होने से इनकार कर सकता है तथा अपना संविधान बना सकता है। इस योजना का दूसरा भाग युद्ध के दौरान शीघ्र एवं अंतरिम उपायों से संबद्ध था। हालांकि इसमें 1935 ई. के गवर्नमेंट ऑफ इंडिया एक्ट अथवा भारत की रक्षा के ब्रिटिश नियंत्रण में कोई नया परिवर्तन नहीं किया गया था।

प्रथम भाग में प्रांतीय स्वतंत्रता के प्रश्न पर कांग्रेस ने असहमति व्यक्त की गई। इसमें पाकिस्तान की सैद्धांतिक स्वीकृति थी। देशी राज्यों के शासकों द्वारा उनके प्रतिनिधि चुने जाने के प्रश्न पर भी कांग्रेस ने अपनी अप्रसन्नता व्यक्त की। दूसरे भाग में कार्यकारी परिषद तथा इसके रक्षा मंत्री की स्थिति के प्रश्न पर विवाद उत्पन्न हुआ। हालांकि कांग्रेस द्वारा यह स्वीकृत किया गया कि भारतीय स्वतंत्रता युद्ध के बाद ही स्वीकृत हो सकती है, पर आग्रह किया कि 'डी फैक्टो' पॉवर और वास्तविक सत्ता का दायित्व पाए हस्तानांतरण कोई महत्व होगा। अतः प्रस्तावित 'राष्ट्रीय सरकार' के प्रश्न पर इसके द्वारा संतोषप्रद आश्वासन की मांग हुई। जब इसकी कोई मांगे नहीं मानी गईं तो गांधी द्वारा इसे एक 'डूबते हुए बैंक का उत्तरदिनांकित चेक' कहकर अस्वीकृत कर दिया गया।

अन्ततः क्रिप्स को उसकी अपनी ही सरकार ने 'राष्ट्रीय सरकार' तथा सुरक्षा के प्रश्न पर अस्वीकार कर दिया। वास्तव में ऐसा लगता है कि उसको भेजने का मुख्य उद्देश्य आम जनता को अपने पक्ष में करना था क्योंकि इसकी भावना भारतीयों को सत्ता का हस्तांतरण नहीं करने की थी, बल्कि युद्ध मित्रों के दबाब के कारण इंग्लैंड को ऐसा करने के लिए मजबूर होना पड़ा था।

सिर्फ मुस्लिम लीग द्वारा क्रिप्स योजना का स्वागत किया गया जबकि अन्य राजनैतिक दल-अकाली, हिंदू महासभा नेशनल लिबरल फेडरेशन तथा भारतीय इसाई इसके विरोधी थे।

भारत छोड़ो आंदोलन या 1942 का विद्रोह

कारण

जापानियों द्वारा दक्षिण-पूर्व एशिया में अंग्रेजों को पराजित किए जाने के कारण अगस्त 1942 में लोगों में उत्साह था। लोगों को विश्वास हो गया था कि अंग्रेजों को पराजित किया जा सकता है।

तेजी से बढ़ती मुद्रास्फीति तथा युद्ध के कारण खाद्य-सामग्री की अत्यंत कमी की भी महत्वपूर्ण भूमिका थी। अंग्रेज अपनी गृह अर्थव्यवस्था का सफल संचालन कर रहे थे, पर उन्होंने भारत में ऐसा नहीं किया। भारत में ठहराए गए अधिकतर विदेशी सैनिकों (ब्रिटिश, अमेरिकी तथा आस्ट्रेलियाई) के उद्दंड व्यवहार ने आग में घी का काम किया।

गांधी समेत कई अन्य कांग्रेसी नेताओं का अनुमान था, तथा जिसकी 1942 के मध्य उम्मीद भी थी कि, युद्ध में मित्र राष्ट्रों की पराजय होगी।

भारत छोड़ो आंदोलन के पूर्व अंग्रेजों की छेड़छाड़ तथा कांग्रेस द्वारा इसे पारित किए जाने के बाद उनकी दमनकारी नीतियां 1942 के विद्रोह के लिए समान रूप से जिम्मेदार थीं।

विद्रोह की शुरूआत

क्रिप्स मिशन की असफलता के बाद कांग्रेस और ब्रिटिश सरकार में सुलह की कोई संभावना नहीं थी। कांग्रेस ने स्वतंत्रता की अपनी मांग अंग्रेजों से मनवाने के लिए सक्रिय कदम उठाए। अखिल भारतीय कांग्रेस कमेटी की 8 अगस्त, 1942 को बैठक हुई, जिसमें प्रसिद्ध 'भारत छोड़ो' प्रस्ताव पारित किया गया तथा जिसमें इसके उद्देश्यों की प्राप्ति के लिए अहिंसात्मक जन-आंदोलन प्रारंभ करने का प्रस्ताव था। इसी रात गांधी ने 'करो या मरो' का नारा दिया। लेकिन कांग्रेस द्वारा अहिंसक आंदोलन प्रारंभ किए जाने के पूर्व ही 9 अगस्त की सुबह सरकार ने गांधी समेत सभी महत्वपूर्ण नेताओं को गिरफ्तार कर लिया। सरकार के इस कृत्य के कारण अभूतपूर्व देशव्यापी जन-विरोध हुआ। बिना नेता अथवा बिना संगठन के लोगों ने जैसा चाहा वैसा किया।

विभिन्न चरण

प्रथम चरण (अगस्त 9 से 15) अत्यंत विशाल एवं हिंसात्मक था लेकिन इसका शीघ्र दमन कर दिया गया। यह मुख्यत: शहरों में हुआ। अधिकतर शहरों में हुड़तालें हुईं एवं पुलिस तथा सेना के साथ लोगों की मुठभेड़ हुईं।

द्वितीय चरण (15 अगस्त से 30 सितंबर) में ग्रामीण क्षेत्रों में इस आंदोलन का प्रभाव बढ़ा। शहरी क्षेत्रों के अतिवादी छात्रों ने ग्रामीण क्षेत्रों में जाकर किसान विद्रोहों का नेतृत्व किया तथा बड़े पैमाने पर संचार व्यवस्था को क्षति पहुंचाई।

तृतीय चरण (अक्टूबर से दिसंबर) में शिक्षित युवकों ने संचार व्यवस्था, पुलिस तथा सेना के ठिकानों पर आतंकवादी हमले किए। लेकिन इस प्रकार की गतिविधियों के कारण ब्रिटिश युद्ध योजना को कोई गंभीर खतरा नहीं उत्पन्न हुआ।

महत्व

अंग्रेज हालांकि विद्रोह को दबाने में सफल रहे, पर उन्होंने इस प्रकार के विशाल एवं हिंसक विद्रोह को संघर्ष की अपेक्षा समझौते से समाप्त करने का महत्व समझा।

कांग्रेस नेताओं के बंदी बनाए जाने के अप्रत्यक्ष लाभ हुए। इसके कारण वे जापानी युद्ध पर कोई आम राय व्यक्त करने से बच गए, जो कि उनको दुविधा में डाल सकता था क्योंकि जब मित्र राष्ट्र स्पष्टत: युद्ध जीत रहे थे, उस समय सुभाषचंद्र बोस की आईएनए असम की सीमा पर थी।

इस विद्रोह के कारण वामपंथी समूहों तथा पार्टियों का भारत में प्रभाव कमजोर हो गया। समाजवादियों तथा बोस के समर्थकों ने कम्युनिस्टों पर 'धोखेबाजी' का आरोप लगाया (कम्युनिस्टों ने सोवियत संघ सहित मित्र राष्ट्रों को युद्ध में समर्थन दिए जाने के कारण विद्रोह में भाग नहीं लिया था) जबकि कम्युनिस्टों ने उन पर 'मौकापरस्ती' का आरोप लगाया (क्योंकि समाजवादी ध्रुवीय शक्तियों के सहयोग से स्वतंत्रता प्राप्त करना चाहते थे)

19.6 राष्ट्रीय क्रांतिकारी संगठनों की अन्य धाराएं

भारत एवं विदेशों में गुप्त संस्थाओं का गठन

अनुशीलन-समिति–1902 ई. में अनुशीलन समिति का गठन कलकत्ता में बरीद्रकुमार घोष, जतींद्र नाथ बनर्जी तथा प्रमोथ मित्र द्वारा किया गया। ढाका की अनुशीलन समिति

पुलिन दास द्वारा 1902 ई. में स्थापित की गई। ये बंगाल की प्रथम क्रांतिकारी गुप्त संस्थाएं थीं।

मित्र मेला–1899 ई. में सावरकर बंधुओं द्वारा मित्र मेला का गठन किया गया, जो भारत तथा महाराष्ट्र की प्रथम संस्था थी।

अभिनव भारत–गणेश शंकर (बी.डी. सावरकर के बड़े भाई) ने 1907 ई. में अभिनव भारत की स्थापना की।

हिंदुस्तान रिपब्लिकन एसोसिऐशन–सचिन सान्याल तथा योगेश चंद्र चटर्जी ने 1924 ई. में 'हिंदुस्तान रिपब्लिकन एसोसिएशन' का गठन किया यह अखिल भारतीय स्तर पर पहला संगठन था।

गदर पार्टी–सन् 1913 ई. में लाला हरदयाल तथा सोहन सिंह द्वारा गदर पार्टी का गठन यू. एस. ए. (सेन फ्रांसिस्को) में हुआ।

इंडियन इंडीपेंडेंस लीग-इंडियन इंडीपेंडेंस लीग की स्थापना रासबिहारी बोस द्वारा 1942 ई. जापान में की गई।

समाचार पत्रों तथा पत्रिकाओं का प्रकाशन–इस काल में प्रकाशित होने वाले महत्वपूर्ण समाचार-पत्र तथा पत्रिकाएं थीं-

- *युगांतर* (1906), वरींद्र कुमार घोष तथा भूपेंद्र दत्त द्वारा बंगाल में।
- *संध्या* (1906), बंगाल में ब्राह्मोबांधव उपाध्याय द्वारा। कल (1906), महाराष्ट्र में।
- *इडियन सोशियोलॉजिस्ट*, श्यामजी कृष्ण वर्मा द्वारा लंदन से।
- *वंदे मातरम्* मैडम कामा द्वारा पेरिस से।
- *तलवार* वीरेंद्रनाथ चट्टोपाध्याय द्वारा बर्लिन से।
- *फ्री हिंदुस्तान* तारकनाथ दास द्वारा वैन्हवर से।
- *गदर* गदर पार्टी द्वारा सैन फ्रैंसिस्को से।
- *लागल तथा गनबनी* (1927), गोपू चक्रवर्ती तथा धरानी गोस्वामी द्वारा बंगाल में।
- कीर्ति (1926), संतोष सिंह द्वारा पंजाब में।
- *क्रांति* (1927), एस. एस. मिराजकर, के. एन. जोगलेकर तथा एस.वी. घाटे द्वारा महाराष्ट्र में।
- *बंदी जीवन* सचींद्रनाथ सान्याल द्वारा बंगाल में।
- *आत्मशक्ति, सारथि, धूमकेतु*, बिजोली इत्यादि बंगाल में।

अत्याचारी अधिकारियों की हत्या–इस काल में क्रांतिकारियों द्वारा अत्याचारी अधिकारियों की हत्या करने के कई सफल तथा असफल प्रयास किए गए थे, जो निम्न प्रकार से थे:

- दो अलोकप्रिय अंग्रेज अधिकारियों (मिस्टर रैंड तथा लेफ्टिनेंट येर्स्ट) की 1897 ई. में चापेकर बंधुओं (दामोदर तथा बालकृष्ण) द्वारा पूना में हत्या कर दी गई।
- 1906 में पूर्वी बंगाल के लेफ्टिनेंट गवर्नर (फूलर) की वीरेंद्र कुमार घोष तथा भूपेंद्रनाथ दत्त द्वारा हत्या का असफल प्रयास किया गया।
- 1908 ई. में खुदीराम बोस तथा प्रफुल्ल चाकी द्वारा केनेडी की हत्या; यद्यपि इसका निशाना मुजक्करपुर का जॉन किंग्सफोर्ड था, जो सही सलामत बच गया (केनेडी की हत्या के बाद अरबिंदो घोष सहित कई क्रांतिकारी गिरफ्तार किए गए)।
- नई राजधानी दिल्ली में अपने अधिकारिक प्रवेश के समय 1912 ई. में वायसराय लॉर्ड हार्डिंग की रासबिहारी बोस तथा सचिन सान्याल द्वारा हत्या का प्रयास किया गया।
- 1909 ई. मदनलाल धीगंरा द्वारा इंडिया ऑफिस के एक अधिकारी कर्नल वीली की हत्या कर दी गई।
- भगत सिंह, आजाद तथा राजगुरु, द्वारा लाला लाजपत राय पर हुए हमले के बदले में दिसंबर 1928 ई. को सांण्डर्स की हत्या की गई।
- भगतसिंह तथा बटुकेश्वर दत्त द्वारा केंद्रीय विधान सभा में अप्रैल 1929 ई. बम फेंका गया।
- हिंदुस्तान सोशलिस्ट रिपब्लिकन एसोसिएशन के कुछ सदस्यों द्वारा दिसंबर 1929 ई. को लॉर्ड इरविन की ट्रेन को दिल्ली के नजदीक उड़ाने का असफल प्रयास किया गया।
- बंगाल में टिप्पेरा के जिला दंडाधिकारी मिस्टर स्टीवन की दो स्कूली छात्राओं शांति एवं सुनीति चौधरी द्वारा दिसंबर 1932 में हत्या कर दी गई।

कामागाटा मारू घटना (1914-15)

कामागाटा मारू प्रवासी भारतीयों को कनाडा ले जाने के लिए गुरदीत सिंह द्वारा अधिकृत एक जापानी जहाज था। 23 मई 1914 ई. को इसमें 376 यात्री वैन्कुवर पहुंचे; लेकिन वहां कनेडियन अधिकारियों द्वारा उतरने से रोक दिए गए परिणामस्वरूप जहाज को मजबूरन लौटना पड़ा।

इस जहाज के असहाय यात्रियों को जिनमें से 25 को छोड़कर अन्य सभी सिख थे, वापस आने पर अत्यंत कठिनाइयों का सामना करना पड़ा। इन लोगों के कलकत्ता पहुंचने पर अंग्रेजों ने प्रतीक्षारत रेल में उन्हें भरकर वापस भेज दिया।

कनाडा की जातिगत भेदभाव की नीति तथा भारतीय ब्रिटिश सरकार की उदासीनता ने देश एवं विदेश में राष्ट्रवादियों को जागृत किया। इस समय तक गदर पार्टी की गतिविधियां भी चर्मोत्कर्ष पर थीं। बदले की भावना से प्रेरित होकर गदर आंदोलन के सदस्य अपने विदेशी मालिकों को देश से बाहर निकालने हेतु स्वदेश वापस आए।

क्रांतिकारी अतिवादियों के अन्य कार्य

क्रांतिकारी अतिवादियों के अन्य कार्य निम्न थे–

- जतिन मुखर्जी (जो बाध जतिन के नाम से लोकप्रिय थे) के नेतृत्व में बंगाल के क्रांतिकारियों द्वारा रेलवे तथा संचार व्यवस्था को तोड़-फोड़ करने तथा फोर्ट विलियम पर कब्जा करने की योजना बनाई गई। जतिन की अंग्रेजों से लड़ते हुए बालासोर (ओडिशा) में सितंबर 1915 ई. में मृत्यु हो गई तथा सहयोग की कमी के कारण योजना असफल हो गई।
- रासबिहारी बोस, सचिन सान्याल तथा अन्य गदरवादियों द्वारा फिरोजपुर, लाहौर एवं रावलपिंडी की रक्षक सेनाओं के विद्रोह पर आधारित एक सहयोगी विद्रोह करने की 21 फरवरी, 1915 ई. की योजना, धोखे-बाजी के कारण विद्रोह की असफलता, रासबिहारी बोस जापान भाग गए एवं सान्याल को आजीवन कालेपानी की सजा हुई। 'जिम्मरमैन योजना' के अंतर्गत जर्मन विदेश कार्यालय के सहयोग से वीरेंद्रनाथ चटर्जी, भूपेंद्रनाथ दत्त तथा लाला हरदयाल द्वारा 1915 ई. में बर्लिन में इंडिया इंडीपेंडेंस कमेटी का गठन किया गया।
- महेंद्र प्रताप, बरकतउल्लाह (गदर पार्टी का एक कार्यकर्ता) ओबेदुल्ला सिंधी (एक देवबंद मुल्ला) द्वारा स्वतंत्र भारत की अस्थायी सरकार का 1915 ई. में काबुल में गठन हुआ।
- सूर्य सेन के नेतृत्व में क्रांतिकारियों द्वारा 1930 ई. में चिटगांव शस्त्रागार पर कब्जा तथा इंडियन रिपब्लिकन आर्मी के नाम से स्वतंत्रता घोषणा-पत्र जारी किया गया। जतिनदास की 1929 ई. में आत्मबलिदान राजनैतिक कैदियों की स्थिति में सुधार के लिए भूख हड़ताल के 64वें जेल में मृत्यु हो गई।
- अंग्रेजों द्वारा भगतसिंह, सुखदेव तथा राजगुरु को 23 मार्च, 1931 ई. को फांसी दे दी गई।
- इलाहाबाद के एक सार्वजनिक पार्क में पुलिस के साथ मुठभेड़ में 1931 ई. में चंद्रशेखर आजाद की मृत्यु। सूर्य सेन की 1933 ई. में गिरफ्तारी तथा उन्हें कुछ ही दिनों के पश्चात फांसी दे दी गई।
- जतींद्रनाथ बंदोपाध्याय अपने जीवन के अंतिम दिनों में रामकृष्ण मिशन के स्वामी बनाए गए।

19.7 स्वराजी

उत्पत्ति तथा उद्देश्य–(दिसंबर 1922 ई.) कांग्रेस के गया अधिवेशन में जब सी. आर. दास, मोतीलाल नेहरू हकीम अजमल खान, अली बंधु सहित कुछ प्रमुख सदस्यों द्वारा असहयोग आंदोलन को असफल घोषित किया गया, उसी समय स्वराज पार्टी की उत्पत्ति की रूपरेखा तैयार हुई। उन लोगों द्वारा आंदोलन को एक छोटा रूप देने की वैकल्पिक योजना प्रस्तुत की गई, जिसके द्वारा कांग्रेसी सदस्य 1919 ई. के मॉण्टफोर्ड सुधारों द्वारा स्थापित विधायी परिषदों में प्रवेश करेंगे तथा ब्रिटिश सरकार पर भारतीय स्वशासन की मांग के लिए नैतिक दबाव डालेंगे। लेकिन सी. राजगोपालाचारी के नेतृत्व में एक बड़े तथा शक्तिशाली वर्ग ने गांधी के उद्देश्यों एवं कार्यक्रमों से विचलित होने का विरोध किया। पहला समूह परिवर्तन का पक्षधर कहा जाने लगे तथा बाद वाला समूह परिवर्तन विरोधी कहलाने लगा।

1 जनवरी, 1923 ई. को सी.आर. दास ने कांग्रेस के अंदर एक नई पार्टी के गठन की औपचारिक घोषणा की। इसका लक्ष्य कांग्रेस के समान ही था। किंतु-स्वशासन की प्राप्ति के लिए प्रयोग की जाने वाली पद्धतियां अलग थीं। सर्वप्रथम वे उन लोगों द्वारा प्रत्यावर्ती विधेयकों तथा राष्ट्र को उसके लक्ष्य प्राप्त करने से रोकने वाले विधेयकों का विरोध करना चाहते थे। दूसरे, उनकी योजना राष्ट्र की परिस्थितियों के अनुकूल संविधान सुनिश्चित करना थी। तीसरे, अगर सरकार से सहयोग नहीं मिला तो उनके द्वारा परिषदों के माध्यम से सामान्य कार्यक्रम को रोका जाना था।

कांग्रेस के साथ संबंध–फरवरी, 1923 ई. के प्रारंभ में मौलाना अबुल कलाम आजाद द्वारा विभाजित कांग्रेस के मतभेदों को समाप्त करने का प्रयास किया गया। अंततः

मई में कांग्रेस कार्यकारी समिति ने स्वराज पार्टी के स्वयं चुनाव लड़ने की मांग का समर्थन किया। 1925 ई. के बाद गांधी द्वारा भी स्वराज पार्टी को कांग्रेस के राजनैतिक पक्ष में स्वीकार कर लिया गया।

गतिविधियां–नवंबर, 1923 ई. में स्वराजवादियों के आम चुनाव में नरमपंथियों तथा उदारवादियों को सफलतापूर्वक अलग कर दिया गया। केंद्रीय प्रांतों में उन्होंने पूर्ण बहुमत प्राप्त किया, जबकि बंगाल, संयुक्त प्रांत, बंबई तथा असम में काफी सफलता मिली। केंद्रीय विधायी परिषद में इसके 48 सदस्य चुने गए जहां एम.ए. जिन्ना के नेतृत्व में निर्दलियों के साथ मिलकर नेशनलिस्ट पार्टी का गठन किया गया।

उन्होंने शिकायतों को स्वर दिया तथा राजनैतिक कैदियों को रिहा करने तथा असैनिक एवं सैनिक सेवाओं के भारतीयकरण की मांग की। सरकारी नीतियों का भी विरोध किया गया तथा इसके सभी कार्यो को प्रदर्शित किया गया। 924 ई. में केंद्रीय विधायी सभा में वित्त विधेयक अस्वीकार कर दिया गया। राष्ट्रवादियों तथा निर्दलियों को शांत करने के लिए मुद्दीमन समिति का गठन किया गया।

पतन–धीरे-धीरे स्वराजवादियों में क्रमशः मतभेद शुरू हुआ तथा सन् 1926 ई. में इसकी पकड़ कमजोर हो गई। पंजाब तथा संयुक्त प्रांतों में सबसे ज्यादा नुकसान हुआ तथा मद्रास, बंगाल तथा असम में भी इसकी स्थिति सामान्य से भी निम्न हो गई। अंततः 1930 ई. में स्वराजवादी विधायिका का बहिष्कार कर कांग्रेस में सम्मिलित हो गए।

मुद्दीमन समिति (1924)

मॉण्टेग्यू-चेम्सफोर्ड सुधारों के द्वैध शासन कार्यों की जांच के लिए सर एलेक्जेंडर मुद्दीमन की अध्यक्षता में एक नौ सदस्यीय सुधार जांच समिति गठित की गई। इसने दो भागों में 1925 ई. में अपनी रिपोर्ट प्रस्तुत की। इनमें अधिकारी वर्ग तथा उदारवादी बहुसंख्यकों ने यह महसूस किया कि इस व्यवस्था द्वारा उचित प्रयोग नहीं किया गया है। कुछ छोटे परिवर्तनों की भी सिफारिश की गई। दूसरी तरफ, अल्पसंख्यकों (जिनमें केवल गैर-अधिकारी भारतीय शामिल थे) ने द्वैध शासन को पूरी तरह से असफल घोषित कर दिया। भविष्य के यंत्रवत् विकास के लिए एक स्थायी संविधान की आवश्यकता को ध्यान में रखते हुए बृहत जांच के लिए मुक्त निर्देश शर्तो सहित रॉयल समिति या अन्य संस्था के गठन की सिफारिश की गई। लेकिन उस समय भारत के राज्य सचिव लॉर्ड बर्कनहेड ने बहुसंख्यकों की रिपोर्ट के आधार पर कार्यवाही करने का निर्देश दिया गया।

19.8 वामपंथी

उनके उत्थान के कारण

अति प्रतिक्रियावादी वर्ग गांधी के आदर्शों और व्यवहारों से संतुष्ट नहीं था। कांग्रेस की कृषि तथा मजदूर नीति के कारण ऐसे लोगों को अत्यधिक निराशा हुई। स्वतंत्र कृषक तथा कामगारों की संस्था के जन्म और विकास के पीछे कांग्रेस का ही हाथ था क्योंकि कांग्रेस ने अति संवेदनशील प्रश्नों पर भी नर्म रुख अपनाया था।

ऐसे लोग धीरे-धीरे समाजवाद की ओर आकर्षित हुए। यद्यपि सभी लोग हिंसात्मक संघर्ष से सहमत नहीं थे किंतु बहुत-से लोगों का मानना था कि आजादी का मुख्य उद्देश्य समाजवाद की स्थापना होनी चाहिए और नहीं तो, कम-से-कम समाज का आधार समाजवादी होना चाहिए।

विश्व में आई मंदी ने वामपंथी लोगों की पकड़ को और मजबूत किया। कर्मचारीगण बेहतर कार्यव्यवस्था की मांग कर रहे थे जबकि सरकार तथा मिल मालिक ऐसा कुछ भी करने के लिए तैयार नहीं थे। सोवियत संघ में हुई प्रगति ने लोगों के अंदर और उमंग भर दी।

सोशलिस्ट

कांग्रेस सोशलिस्ट पार्टी का गठन 1934 में आचार्य नरेंद्र देव, जयप्रकाश नारायण तथा अन्य कांग्रेसी लोगों के मिलने से हुआ, जो समाजवाद के आधार पर अहिंसात्मक तरीके से एक नए समाज का निर्माण करना चाहते थे। इस पार्टी का उत्तर प्रदेश में उदय काफी क्षणिक था। इसके समर्थक अवसरवादी थे। फिर भी इस पार्टी के प्रचार से कांग्रेस के नेता कृषकों की समस्या तथा मजदूरों की समस्या आदि पर ध्यान देने के लिए मजबूर हुए।

कम्युनिस्ट

प्रथम अवस्था (1920-1928)

1920, में एम०एन० राय, अबानी मुखर्जी तथा कुछ मुजाहिर लोगों ने मिलकर ताशकंद में कम्युनिस्ट पार्टी ऑफ इंडिया की स्थापना की लेकिन कुछ विशेष नहीं बन सका। मुजाहिर, जो भारत में घुसना चाहते थे, पेशावर षड्यंत्र (1922-1927) के तहत गिरफ्तार कर लिए गए। 1924 में मुज्जफर अहमद, एस०ए० डांगे तथा नलिनी गुप्ता कानपुर षड्यंत्र के तहत जेल में डाल दिए गए।

1925 में इंडियन कम्युनिस्ट कॉन्फ्रेंस कानपुर में हुई और जल्द ही इसकी औपचारिक घोषणा भी हो गई। 1925

से 1927 के बीच कर्मचारी तथा किसानों की 4 पार्टियां बनीं लेकिन कुछ भी सफलता नहीं मिली, जब तक कुछ कम्युनिस्ट ब्रिटेन से भारत नहीं आए थे। संक्षेप में, यह कहा जा सकता है कि कम्युनिस्टों ने एकता तथा संघर्ष की नीति को कांग्रेस के साथ अपनाया, साथ ही इसकी आलोचना भी की किंतु साम्राज्यवाद के खिलाफ ये एकजुट थे।

दूसरी अवस्था (1929-34)

इसकी शुरूआत छठे अंतर्राष्ट्रीय साम्यवादी ऐलिवेशन से हुआ जब इसने अति वामपंथी नीति को अपनाया। इन्होंने कांग्रेस पर आक्रामक रूप बनाया, जिसके कारण ये अलग-थलग पड़ गए हालांकि इस समय ये लोग AITUC के नेतृत्व पर कब्जा जमाने में सफल रहे। इन्होंने सफल आम हड़ताल की किंतु सरकार ने CPI तथा अन्य दर्जनों मजदूर यूनियनों को गैर-कानूनी घोषित कर दिया।

तीसरी अवस्था (1934-40)

इस अवस्था में कम्युनिस्टों ने कांग्रेस में घुसने की नीति अपनाई। CSP फॉरवर्ड ब्लॉक तथा अन्य छात्र संगठन कांग्रेस में सक्रिय हुए। प्रारंभ में उन्हें सफलता भी मिली किंतु उनके यह खेल जल्द ही खत्म हो गए और वे कांग्रेस से बाहर निकाले गए।

चौथी अवस्था (1941-47)

द्वितीय विश्व युद्ध ने CPI के लिए एक समस्या खड़ी कर दी। क्योंकि सोवियत संघ ने भारत के साम्यवादियों को यह निर्देश दिया कि वे भारत स्थित ब्रिटिश सरकार को भरपूर सहायता दें। CPI ने इसके लिए सहमति जताई और वह सरकार द्वारा वैध ठहराई गई। साम्यवादियों ने इसके लिए अंग्रेजों के प्रति वफादारी दिखाई किन्तु आम भारतीयों के नजरों में पार्टी की छवि बहुत अधिक गिर गई।

19.9 सुभाषचंद्र बोस और आईएनए

प्रारंभिक जीवन

इनका जन्म 1897 में हुआ था और ये बंगाल के तत्कालीन बौद्धिक तथा सांस्कृतिक जीवन से बहुत प्रभावित थे। अपने स्कूल तथा कॉलेज के दिनों में ये बहुत बड़े मानववादी, समाज सुधारक तथा एक राजनैतिक कार्यकर्ता थे। इन्होंने कलकत्ता विश्वविद्यालय से स्नातक किया, कैंब्रिज विश्वविद्यालय से दर्शन शास्त्र की पढ़ाई की तथा बाद में इंडियन सिविल सर्विस में चयनित हुए। यहां भी इनका मानवतावादी दर्शन वैसे ही बरकरार रहा। कालंतर में इन्होंने इंडियन सिविल सर्विस से त्याग-पत्र दे दिया क्योंकि ये "गुलामी के प्रतीक" को ढोना नहीं चाहते थे।

कांग्रेसी के रूप में इनका योगदान

असहयोग आंदोलन तथा खिलाफत आंदोलन के दौरान सुभाषचंद्र बोस ने चित्तरंजन दास को अपना राजनैतिक गुरु स्वीकार किया क्योंकि उन्होंने भारत की आजादी का सपना हिंदू-मुस्लिम एकता के आधार पर देखा था। बर्मा (म्यांमार) में अप्रवास के दौरान सुभाषचंद्र बोस एक लैफ्टिनैंट से एक नेता बने। ये जवाहर लाल नेहरू की तरह ही वामपंथी विचारों से जुड़े हुए उपनिवेशवाद के खिलाफ लड़ने वाले युवा नेता थे। उनका कहना था कि भारत एक स्वतंत्र संघीय गणतंत्र बने। वे चाहते थे कि भारत राष्ट्रवाद राजनैतिक लोकतंत्रवाद और सामाजिक रूढिवाद का मिश्रण न बने।

1928 की कलकत्ता कांग्रेस में उन्होंने कहा कि भारत के राष्ट्रवादियों का लक्ष्य ''संपूर्ण आजादी'' होना चाहिए न कि ''डोमिनियन स्टेट्स'', इस तरह से वे अपने समकालीनों से एक कदम आगे ही थे। उन्होंने समाज के तीन महत्वपूर्ण अंगों- महिलाओं, दलित तथा मजदूर वर्ग के हितों की रक्षा के लिए आवाज उठाई। जब सविनयय अवज्ञा आंदोलन शुरू हुआ, उस समय सुभाष बोस जेल में थे। जेल में रहने के बावजूद वे 1932 में कलकत्ता के मेयर चुने गए। कराची कांग्रेस तथा उसके एक साल पहले हुई 'नवजवान भारत सभा' में सुभाष चंद्र बोस ने कहा कि भारत को एक अलग तरीके के समाजवाद की जरूरत है। 1933 की फरवरी में सुभाष चंद्र बोस रिहा किए गए और यूरोप की यात्रा पर जहाज से गए। उनके जीवन के अज्ञातवास का अधिकांश समय भारत के राजदूत के रूप में गुजरा। यह वही समय था जब सुभाष चंद्र बोस एक नेता से परिवर्तित होकर एक राजनेता के रूप में उभरे। यद्यपि वे अस्वस्थ रहते थे फिर भी उन्होंने भारत की आजादी की कहानी पूरे यूरोप और उत्तरी अफ्रीका में फैलाई। घर लौटने के बाद सुभाष चंद्र बोस कांग्रेस के अध्यक्ष बनाए गए और उस समय उन्होंने विश्वव्यापी ब्रिटिश साम्राज्यवाद की मजबूतियों और कमजोरियों का जिक्र किया तथा एक समतामूलक आजाद भारत की कल्पना की। कांग्रेस के अध्यक्ष के पद पर रहने के दौरान उनका मतभेद 1935 के एक्ट के संघीय मुद्दे पर गांधीवादी वामपंथी कांग्रेसियों के साथ हो गया। ये महात्मा गांधी समर्थित कांग्रेस के सभापति के पद के प्रत्याशी पट्टाभिसीता रमैया को हराकर कांग्रेस के

सभापति के रूप में 1939 में पुनः निर्वाचित हुए। महात्मा गांधी द्वारा उनके खिलाफ चलाई गई असहयोग की नीति से तंग आकर इन्होंने इस पद से त्याग-पत्र दे दिया।

इस विपरीत परिस्थिति में इन्हें सबसे अधिक सहयोग अपने छोटे भाई शरद् चंद्र बोस तथा रविंद्र नाथ टैगोर से मिला। टैगोर सुभाष चंद्र बोस को ''देश नायक'' के रूप में मानते थे और उनका कहना था कि सुभाष की यह आंशिक हार इन्हें हमेशा के लिए विजयी बनाएगी।

बोस का विदेश जाना और आजाद हिंद फौज के साथ संबंध- 2 जुलाई, 1940 को सुभाष चंद्र बोस ग्यारहवीं (11) बार गिरफ्तार किए गए। दस दिनों से आमरण अनशन पर बैठे सुभाष को 5 दिसंबर, 1940 को घर भेजा गया था। जैसे ही इनके स्वास्थ्य में सुधार हुआ सरकार ने इनको पुनः जेल में डाल दिया। 16-17 जनवरी, 1941 को पहले से निश्चित एक योजना के तहत सुभाष चंद्र बोस यहां से भाग निकले। वे अपने कलकत्ता स्थित ''ऐलिगन रोड'' आवास से अपने भतीजे सुशील बोस के साथ गोमो तक मोटरगाड़ी से भाग निकले। गोमो से पेशावर और अंततः जर्मनी पहुंच गए।

यूरोप जाने के पीछे सुभाष चंद्र बोस का उद्देश्य यह था कि वे ब्रिटिश इंडियन आर्मी के युद्ध बंधक बनाई गई सेनाओं के साथ संपर्क स्थापित करना चाहते थे। उनका यह मानना था कि भारत से ब्रिटिश साम्राज्यवाद का अंत करने के लिए भारतीय सेनाओं की वफादारी को तोड़ना होगा। जर्मनी द्वारा सोवियत संघ पर आक्रमण करने से सुभाष चंद्र बोस की उत्तर-पश्चिम दिशा से भारत में चल रहे स्वतंत्रता आंदोलन को दी जाने वाली योजना बीच में ही खत्म हो गई। इसके बाद वे 90 दिन की जलमार्ग यात्रा कर के दक्षिण-पूर्व एशिया पहुंचे।

नेता जी ने आजाद हिंद फौज की कमान संभाली। दक्षिण-पूर्व एशिया में रह रहे 20 लाख से अधिक भारतीयों ने इनकी पुकार ''संपूर्ण सैन्य संगठन'' को काफी गंभीरता से लिया। इनकी सेना में पंजाबी, मुस्लिम, सिख, पठान के अतिरिक्त तमिल तथा मलयाली समुदाय के लोग भी थे। अपनी इस सेना के माध्यम से इन्होंने यह प्रदर्शित किया कि हिंदू-मुस्लिम सद्भाव से रह सकते हैं और महिलाओं को सार्वजनिक कामों में नेतृत्व प्रदान के लिए मौका दिया जा सकता है।

इन्होंने सिंगापुर में आजाद भारत की अस्थायी सरकार की घोषणा की और ''दिल्ली चलो'' का नारा दिया और इसके साथ ही आजाद हिंद फौज ने भारत-बर्मा सीमा से होते हुए भारत में प्रवेश किया। नेताजी को यह दौरा इम्फाल में ही रोकना पड़ा और अपनी सेनाओं के साथ मलाया वापिस जाना पड़ा। उन्होंने लिखा है कि, ''दिल्ली पहुंचने के रास्ते अनेक हैं और दिल्ली अभी भी हमारा लक्ष्य है।''

मूल्यांकन

1945 की सर्दियों में नेताजी की सेनाओं को दिल्ली के लाल किले में लाया गया। सेनाओं के कुछ पदाधिकारियों पर मुकदमा चला और आजाद हिंद फौज की कहानी घर-घर पहुंच गई। नेताजी ने महात्मा गांधी को ''राष्ट्रपिता'' के नाम से पुकारा। गांधी जी ने उनको ''देशभक्तों में एक राजकुमार'' के नाम से पुकारा। आज वे हमारे बीच नहीं है किंतु आज भी उनके हमारे बीच प्रेरणा के स्रोत के रूप में हैं।

अलगाववादी धाराएं

कारण

भारतीय राष्ट्रीय राजनीति में अलगाववादी विचारों के सृजन के पीछे अल्पसंख्यक मुस्लिम समुदाय की बहुसंख्यक हिंदू समुदाय के प्रति असहिष्णुता थी क्योंकि व्यापार, उद्योग, सरकारी नौकरी, शिक्षा तथा पेशों में हिंदुओं का वर्चस्व था। जब अंग्रेजों ने मुस्लिम शासकों को हटाकर शासन की बागडोर अपने हाथ में ली तो उससे इस अल्पसंख्यक समुदाय को धन के मामले में अत्यधिक हानि हुई और सामाजिक प्रतिष्ठा और राजनीतिक स्थिति में गिरावट आई। 1857 के विद्रोह ने मुस्लिमों की आकांक्षाओं और सामाजिक प्रतिष्ठा को बहुत कम किया। सरकारी नौकरियों में पश्चिमी शिक्षा का आधार होने के कारण इस क्षेत्र में मुस्लिमों की संख्या काफी कम हो गई। मुस्लिमों के राजनैतिक तथा आर्थिक पिछड़ेपन का कारण उनकी सामंती मानसिकता, पश्चिमी शिक्षा के प्रति दुराव तथा व्यापार और वाणिज्य से दूर रहना था।

देश के आर्थिक पिछड़ेपन ने भी अलगाववादी शक्तियों को बल दिया। बेरोजगारी एक बहुत ही बड़ी समस्या थी। नौकरियों की संख्या कम होने से लोगों के बीच प्रतिस्पर्द्धा अधिक थी। बहुत-से लोग इन समस्याओं का समाधान सांप्रदायिक, प्रांतीय और जाति पर आधारित आरक्षण में देखते थे।

सर सैयद अहमद खान द्वारा प्रसारित शैक्षणिक आंदोलन ने मुस्लिम समुदाय के मध्य हीन मान्यता को बढ़ावा दिया। राजनैतिक तथा बौद्धिक रूप से विकसित हिंदुओं ने यह दावा करना शुरू किया कि भारत भारतीयों का है जिसका मतलब था कि भारत बहुसंख्यक हिंदुओं का है। बहुत-से मुस्लिम ये

सोचने लगे कि भविष्य के भारत में उनकी सुरक्षा के लिए कोई इंतजाम नहीं होगा। इस तरह की सोच ने विघटनकारी तत्वों को बढ़ावा दिया।

उन दिनों कॉलेज और विद्यालय में पढ़ाया जाने वाला भारतीय इतिहास भी इसके लिए जिम्मेदार है। ब्रिटिश तथा भारतीय इतिहासकारों ने प्राचीन भारत के इतिहास को हिंदू काल तथा मध्यकालीन इतिहास को मुस्लिम काल के नाम से पुकारा। इस तरह से इतिहास की इस सांप्रदायिक सोच से भी अलगाववाद को बढ़ावा मिला।

उग्रवादी तथा क्रांतिकारी गतिविधियां सभी जगह फैली थीं जिसका प्रयोग राष्ट्रीय एकता के लिए किया जाता था किंतु उनके भाषणों तथा लेखों में हिंदू धर्म के प्रति झुकाव रहता था। वे भारतीय संस्कृति की चर्चा करते हुए मध्यकालीन भारत पर ध्यान नहीं देते थे। इसका मतलब यह नहीं था कि उग्रवादी राष्ट्रवादी मुस्लिमों के खिलाफ थे या उनके प्रति सांप्रदायिक भाव रखते थे। अधिकांश लोग हिंदू-मुस्लिम एकता के पक्ष में थे किंतु इस बात से इनकार नहीं किया जा सकता है कि उनके राजनैतिक कार्यों तथा विचारों में हिंदुओं के प्रति थोड़ा झुकाव था।

प्रकृति और दिशा

मुस्लिमों के बीच 1906 में अलगाववादी विचारधारा अपनी चरम सीमा पर तब पहुंची जब ''ऑल इंडिया मुस्लिम लीग'' की स्थापना हुई। मुस्लिमों ने बंगाल विभाजन का समर्थन किया और मुस्लिमों की विशेष सुरक्षा के लिए उपायों की मांग की। बाद में इसे पृथक् प्रतिनिधित्व व्यवस्था प्राप्त हुई। शीघ्र ही लीग अंग्रेजों के हाथ का खिलौना बन गई, जिसका प्रयोग उन्होंने बढ़ते हुए राष्ट्रीय आंदोलन के खिलाफ किया।

यद्यपि हिंदुओं का कोई संगठित सांप्रदायिक संगठन नहीं था किंतु धीरे-धीरे इनके बीच भी सांप्रदायिक भावनाओं का विकास हुआ। बहुत-से हिंदू लेखक और राजनीतिक कार्यकर्ताओं ने हिंदू राष्ट्र की बात उठाई और यह बताया कि ये मुस्लिम विदेशी हैं। हिंदू सांप्रदायिकता एक संगठन के रूप में सामने आई जिसका नाम हिंदू महासभा रखा गया जिसके संस्थापक ''मदन मोहन मालवीय'' थे। 1925 में एक अन्य हिंदू सांप्रदायिक संस्था ''राष्ट्रीय स्वंय सेवक संघ'' की स्थापना हुई। हिंदू संप्रदायों ने भी मुस्लिम संप्रदायों की तरह दो राष्ट्र की नीति को अपनाया।

इस तरह ये दोनों समुदाय एक संकीर्ण मानसिकता के तहत सामाजिक, राजनीतिक तथा अन्य पहलुओं पर सोचने लगे, जिससे अंग्रेजों की ''फूट डालो और राज करो'' की नीति को और भी बढ़ावा मिला। ब्रिटिश शासक भारत में अपने स्थायित्व और सुरक्षा को लेकर चिंतित थे। बढ़ती हुई राष्ट्रीयता की भावना और भारतीयों के बीच एकता को देखकर उन्होंने यह निश्चय किया कि लोगों को सांप्रदायिकता के नामों पर बांटना अत्यावश्यक है। 1905 का बंगाल विभाजन और 1909 में दिया गया अलग प्रतिनिधित्व इस बात का प्रमाण है कि अंग्रेज 'फूट डालो और राज करो' वाली नीति को अपना रहे थे। सांप्रदायिक शक्तियां कांग्रेस के खिलाफ हाथ मिलाने में पीछे नहीं हटीं। वे सरकार के साथ हाथ मिलाने को तैयार थीं। यह सत्य है कि किसी भी संस्था तथा पार्टी ने अंग्रेजों के खिलाफ चलाए जा रहे आंदोलन में भाग नहीं लिया। इसके अतिरिक्त उन्होंने आम लोगों से संबंधित किसी भी समस्या की ओर ध्यान नहीं दिया। ये संस्थाएं एक सुविधा भोगी संस्थाओं के रूप में आई और वैसे ही रहीं।

परिणाम

- इन्होंने राष्ट्रवादी शक्तियों को कमजोर किया और लोगों को सांप्रदायिकता के आधार पर विभाजित किया।
- इनके कारण सांप्रदायिक संस्थाओं का उदय और विकास हुआ।
- इन्होंने स्वतंत्रता प्राप्ति में कुछ वर्षों का विलंब कराया।
- मुस्लिमों के लिए एक अलग राज्य की मांग अंततः भारत के विभाजन के साथ समाप्त हुई।
- इन सभी चीजों के कारण एक नए सामाजिक तनाव के फलस्वरूप सांप्रदायिक दंगे हुए, जिसमें हजारों निर्दोष लोग मारे गए और यह आजाद भारत की एक स्थायी समस्या बन गई।

इंडियन नेशनल आर्मी (आई.एन.ए)

सन् 1942 के विद्रोह तथा 1945 में युद्ध समाप्ति के बीच शायद ही कोई राजनैतिक गतिविधि देखने को मिलती है। हालांकि भारतीय सीमा से बाहर इंडियन नेशनल आर्मी अथवा 'आजाद हिंद फौज' भारतीय राष्ट्रीय आंदोलन की ही एक अभिव्यक्ति थी। हालांकि 'आजाद हिंद' फौज की स्थापना कैप्टन मोहन सिंह ने 1942 में सिंगापुर में जापानियों की सहायता से की थी, लेकिन 1943 मे सुभाषचंद्र बोस ने इसे अपने अधीन लाकर इसका पुनर्गठन किया।

आजाद हिंद फौज ने जापानी सेना के साथ भारत पर आक्रमण किया तथा मई 1944 में कोहिमा पर अधिकार

भी कर लिया। लेकिन 1945 में जापान की पराजय तथा आत्मसमर्पण के साथ आजाद हिंद फौज ने भी मित्र राष्ट्रों के समक्ष आत्मसमर्पण कर दिया। सुभाषचंद्र बोस के बारे में माना जाता है कि टोकियो जाते हुए एक हवाई दुर्घटना में उनकी मृत्यु हो गई।

हालांकि आजाद हिंद फौज अपने उद्देश्यों को प्राप्त करने में असफल रही लेकिन भारतीय राष्ट्रीय आंदोलन में इसका बहुत महत्व है। इसकी उपलब्धियां निम्नलिखित थीं–

- आजाद हिंद फौज ने भारतीय स्वतंत्रता के प्रश्न का अंतर्राष्ट्रीयकरण किया तथा इसकी गति तीव्र की।
- इसने साबित कर दिया कि भारतीय सिपाही सिर्फ भाड़े के सैनिक नहीं हैं, उनमें देशप्रेम भी है; अतः ब्रिटिश उनसे अपने ही देश का दमन कराने के लिए उन पर अधिक दिनों तक आश्रित नहीं रह सकते हैं।
- इसने दिखा दिया कि स्वतंत्रता संघर्ष के लिए कांग्रेस सिर्फ अहिंसक तरीकों पर ही निर्भर नहीं है।
- इसने सांप्रदायिक सौहार्द का बहुत महत्वपूर्ण उदाहरण पेश किया।

राष्ट्रीय आंदोलन में महिलाओं की भूमिका

परिचय

राष्ट्रीय आंदोलन का वैधानीकरण- साम्राज्यवादी शासन के खिलाफ संघर्ष में समय के हर वर्ग की महिलाओं ने बढ़-चढ़ कर हिस्सा लिया। इनमें रूढ़िवादी भारतीय परिवारों से लेकर शहरी, ग्रामीण, जवान, वृद्ध, विवाहित अविवाहित हर वर्ग की महिलाएं शामिल थीं। संख्या में कम होने के बावजूद इस आंदोलन में उनकी भागीदारी काफी महत्वपूर्ण थी। महिलाओं की भागीदारी ने जहां ब्रिटिश शासन के अधिकार पर प्रश्नचिन्ह खड़ा किया वहीं भारतीय राष्ट्रीय आंदोलन को भी वैधता प्रदान की। साथ ही आंदोलनकारी महिलाओं को भारतीय पुरुषों की सहमति उनकी बहुत बड़ी जीत थी।

संगठित महिलाओं की गतिविधियां और उनके परिवतर्तित लब्ध–राजनीति ने संगठित महिलाओं के लक्ष्यों और गतिविधियों को पूरी तरह बदल दिया। शिक्षा, समाज सुधार और महिला अधिकारों जैसी बातों ने कुछ प्रगतिशील महिलाओं को प्रेरित किया लेकिन देश को ब्रिटिश शासन एक सोची समझी रणनीति के तहत किसानों, कर्मचारियों और महिला संगठनों को जन-आंदोलनों के लिए तैयार किया। महिलाएं भी बड़े आश्चर्य का अनुभव कर रही थीं, क्योंकि उनकी राजनीतिक भागीदारी को उन पुरुषों का समर्थन हासिल हो रहा था, जो अपनी पत्नियों को धर्मग्रंथों के कथनानुसार घर में ही रखने के पक्षधर थे।

अन्य परिणाम–राष्ट्रीय आंदोलन में महिलाओं की भूमिका सिर्फ यहीं तक सीमित नहीं थी कि एक आदेश पर वे जुलूस में शामिल हो जाएं और जब कहा जाए तो अलग हो जाएं। आंदोलन में शामिल कुछ महिलाएं तो इससे बहुत आगे बढ़ गईं हालांकि उनकी संख्या बहुत कम थी। उनके कार्यां ने लोगों में यह प्रभाव छोड़ा कि महिलाएं खुद को किस ढंग से परख रही हैं और दूसरे लोग राष्ट्र के विकास में उनकी सामर्थ्य को कितना आंक रहे हैं। ठीक इसी समय उनकी मौजूदगी ने महिलाओं ने महिलाओं के दृष्टिकोण और उनके लक्ष्य को भी परिमार्जित किया।

राष्ट्रीय आंदोलन में उनके आरम्भिक योगदान

दिखावटी और प्रतीकात्मक योगदान- बंकिम चन्द्र चटर्जी (1834-94) द्वारा लिखित उपन्यास '*आनन्दमठ*' मातृभूमि के लिए खुद का बलिदान देने वाले क्रांतिकारियों को समर्पित था। उनका भावुक गीत, '*वंदे मातरम्*' पूरे भारत में प्रसिद्ध हुआ। इस गीत ने न सिर्फ मातृभूमि की रक्षा का आवाहन करके महिलाओं को राजनीतिक आंदोलन से जोड़ा, बल्कि राष्ट्रवाद में स्त्रीवादी विचारधारा का भी समावेश किया।

- स्थिति में व्यापक परिवर्तन उस समय आया, जब इल्बर्ट विधेयक के समर्थन में अनगिनत बंगाली महिलाओं ने वायसराय को पत्र लिखा। राष्ट्रीय कांग्रेस की स्थापना के चार वर्ष बाद 1889 में, इसकी वार्षिक बैठक में 10 महिलाओं ने भाग लिया। 1890 में स्वर्णकुमारी घोषाल नामक उपन्यासकार एवं कादंबिनी गांगुली नामक पहली महिला स्नातक और पहली महिला डॉक्टर ने एक प्रतिनिधिमंडल का नेतृत्व किया।
- इसके बाद से कांग्रेस के हर अधिवेशन में महिलाओं ने बड़ी संख्या में हिस्सेदारी की और अब वे सिर्फ प्रतिनिधि के तौर पर ही नहीं, बल्कि पर्यवेक्षक के तौर पर भी शामिल होने लगीं। पिता और पतियों के साथ उनका योगदान काफी आकर्षक और प्रतीकात्मक था।
- 1901 में देशभर से आई 56 लड़कियों ने सामूहिक रूप से गीत गाया। अगले वर्ष दो गुजराती बहनों ने इसी गीत का गुजराती अनुवाद गाया।
- इन शिक्षित और राजनीतिक रूप से दक्ष लड़कियों और उनकी माताओं ने दुनिया को दिखा दिया कि सामाजिक

भागीदारी में भारतीय महिलाएं उतनी ही आधुनिक हैं जितनी की यूरोपीय देशों की।

स्वदेशी आंदोलन में सहभागिता–1905 में जब अंग्रेजों ने बंगाल का विभाजन किया, उस समय महिलाओं ने विदेशी वस्तुओं के बहिष्कार और स्वदेशी वस्तुओं की खरीदारी के माध्यम से विरोध प्रदर्शन करके पुरुषों का पूरा साथ दिया। नीरद चौधरी याद करते हुए बताते हैं कि किस प्रकार उनके माता-पिता ने विदेशी कपड़ों को तिलांजलि देकर स्वदेशी वस्त्रों को अपनाया। उसके बाद 1909 में अचानक उनकी माताजी को कांच के बर्तनों से इतनी घृणा हुई कि उन्होंने अपने पुत्र से उसे तोड़ देने को कहा यही भावना स्वदेशी आंदोलन का अस्तित्व बनाए रखने में सफल रही।

क्रांतिकारी अतिवाद का समर्थन–महिलाओं ने क्रांतिकारी संगठनों को हर स्थिति में अपना समर्थन जारी रखा। नानीबाला देवी नामक महिला 15 वर्ष की आयु में ही विधवा हो गई, जिसे उसके भतीजे अमरेन्द्रनाथ चट्टोपाध्याय के पास शरण लेने के लिए बाध्य किया गया। वो उस युगान्तर पार्टी के अध्यक्ष थे जो विदेशी शासकों को हिंसा के बल पर बाहर खदेड़ने के लिए दृढ़ संकल्पित थी। नानीबाला युगान्तर पार्टी में शामिल हो गई, जिनकी भूमिका वहां देख-रेख की थी, इसके अलावा कभी-कभी वो क्रांतिकारियों की पत्नी होने का नाटक भी करती थीं।

वैयक्तिक एवं सार्वजनिक भूमिकाओं का विभाजन–जहाँ तक विचारधारा और कार्यकर्ता स्तर पर निजी और सार्वजनिक भूमिका के विभाजन का सवाल था, महिलाएं अपने राजनीतिक क्रियाकलाप गुपचुप तरीके से करती थी जिससे अंग्रेज अधिकारियों को उनकी भनक न लगें।

- महिलाओं ने हथियार छिपाने, भगोड़ों को शरण देने और पुरुषों को क्रांतिकारी गतिविधियों में शामिल होने के लिए प्रोत्साहित किया। इन बंगाली महिलाओं की स्वदेशी आंदोलन के प्रति यह सद्भावना भारतीय राष्ट्रीय कांग्रेस में भाग लेने वाले प्रतिनिधियों से बिल्कुल अलग थी।
- उनमें कुछ महिलाओं ने पुरुषों के बराबर खुद को प्रस्तुत किया, लेकिन इसका महत्व केवल प्रतीकात्मक था। उन्होने भारत माता की प्रशंसा में गीत गाये तथा पुनरोद्भित भारतीय महिलावाद को नये रूप में प्रस्तुत किया।
- बंगाल विभाजन के विरोध में महिलाओं ने पुरुषों से हटकर भूमिका निभाई। पुरुषों के विपरीत उन्होने अंग्रेज सरकार का विरोध करने का प्रभावी कार्य किया।
- सार्वजनिक एवं निजी दोनों स्तरों पर इन महिलाओं ने सक्रिय भूमिका का निर्वहन् किया तथा अपनी स्थिति को नये रूप में परिभाषित करने का प्रयास किया। उनके हर व्यवहार को एक राजनीतिक अर्थ मिला।

महिलाओं को प्रेरित करने में गांधीजी की भूमिका

गांधीजी की प्रारंभिक सलाह–दक्षिण अफ्रीका से लौटने और बंबई के समाज से परिचय के बाद गांधीजी ने समाज सुधार संस्थाओं से जुड़ी महिलाओं से मुलाकात की। इन्हीं समूहों में से एक ने समाज में गरीबी के मुद्दे पर एक पुरिचर्चा के लिए उन्हें आमंत्रित किया, जिसमें मध्यवर्गीय महिलाएं शामिल थीं। उन्होंने अपने संबोधन में कहा कि, भारत को पुराने समय की सीता, दमयंती और द्रौपदी जैसी सद्चरित्र बात की पक्की और आत्म-नियंत्रण वाली आदर्श चरित्र की महिलाओं की आवश्यकता है। गांधीजी ने यह बात महिलाओं में पुरुषों से कंधे-से-कंधा मिलाकर काम करने की भावना जाग्रत करने के लिए कही। उनके अनुसार अपनी पूर्वज स्त्रियों के चरित्र से प्रेरणा लेकर ही उन्हें स्वतंत्रता के अधिकार की सही समझ आ सकती है।

महिलाओं के लिए कार्यक्रम की रूपरेखा–विश्व युद्ध की समाप्ति और स्वशासन की मांग के बाद गांधी ने महिलाओं के लिए एक कार्यक्रम की रूपरेखा तैयार की। 6 अप्रैल को भारत बंद के दौरान एक सभा में सभी समुदायों और वर्गों की महिलाओं को संबोधित करते हुए उन्होंने सत्याग्रह आंदोलन में पुरुषों के साथ कदम-से-कदम मिलाकर चलने की अपील की। एक सप्ताह के अन्दर ही अमृतसर में चारों तरफ दीवारों से घिरे एक बाग में शांतिपूर्वक आंदोलन कर रहे सैकड़ों लोगों का कल्लेआम हो गया। अंग्रेजों के "सभ्य बनाओ अभियान" की कलई खोलने वाले इस नृशंस हत्याकांड में मरने वालों में पुरुषों और महिलाओं के साथ बच्चे भी थे। गांधीजी ने अपना अभियान बंद कर दिया लेकिन महिलाएं अंग्रेजों के खिलाफ लड़ाई में साथ देने का फैसला कर चुकी थी। गांधी ने उन्हें स्वदेशी वस्तुएं अपनाने और प्रतिदिन चर्खा कातने के लिए प्रोत्साहित किया। उन्होंने भारत में निर्धनता की मुख्य वजह स्वदेशी हथकरघा उद्योग की उपेक्षा और विदेशी वस्तुओं की खरीदारी को बताया।

धार्मिक ग्रंथों का उत्तेरक के रूप में प्रयोग–हिन्दू महिलाओं को राजनीति से जोड़ने के लिए गांधी ने पवित्र धार्मिक ग्रंथों विशेषकर *रामायण* को उदाहरणस्वरूप प्रस्तुत किया। अंग्रेजों के पंजाब के किए गए अत्याचारों को रावण द्वारा सीताहरण

और अन्य दुराचारों से जोड़ते हुए अपने लेखों और भाषणों में खूब प्रयोग किया। ऐसे समय में जब सम्प्रदायवाद में उलझकर लोग अपनी धार्मिक भावनाएं भी खोते जा रहे थे। गांधीजी ने कहा कि रामराज्य तभी आ सकता है, जबकि महिलाएं बहादुर सीता से प्रेरणा लेते हुए अनैतिक शासकों के खिलाफ पुरुषों के साथ एक होकर लड़े। पटना में मौलाना शौकत अली के साथ एक सभा में गांधीजी ने अपने भाषणों में और बदलाव किए और महिलाओं से सूत कताने और अपने पतियों को आंदोलन में सहयोग देने की अपील की। कई अवसरों पर गांधी ने अंग्रेज शासकों की तुलना शैतान से की। उन्होंने मुसलमान महिलाओं को यह समझाने का भरसक प्रयास किया कि इस्लाम की रक्षा के लिए उन्हे विदेशी वस्त्रों को त्यागना ही होगा।

महिलाओं को प्रेरित करने में गांधीजी की सफलता– मद्रास से गांधी के विश्वसनीय समर्थकों में से एक श्रीमती अम्बुजामल ने उल्लेख किया है कि, किस तरह गांधीजी ने हिंदू और मुसलमान महिलाओं का प्रभावित किया।

- सर्वप्रथम उन्होंने महिलाओं को आंदोलन में उनकी जगह बताई और फिर उनके साहस पर विश्वास व्यक्त किया।
- गांधी ने कहा कि घर-परिवार की उपेक्षा किए बिना भी आंदोलन में शामिल हुआ जा सकता है। ''जो आप कर सकती हैं।'' गांधीजी ने महिलाओं को सलाह दी कि वे प्रत्येक कार्य को तन्मयता के साथ करें।
- साथ ही उन्होंने परिवार के अन्य लोगों को भी यकीन दिलाया कि महिलाओं के आंदोलन में हिस्सा लेने से परिवार के सम्मान के साथ समझौता नहीं होगा।
- सुचेता कृपलानी ने पुरुष व्यवहार पर विशेष ध्यान के लिए गांधी की तारीफ की। उन्होंने कहा कि ''गांधीजी के व्यक्तित्व ने महिलाओं में आत्म-विश्वास ही नहीं जगाया बल्कि उनके परिवार के संरक्षकों, यथा-उनके पतियों पिताओं एवं भाइयों को भी प्रोत्साहित किया है।''

महिला राष्ट्रवादियों के खिलाफ पुलिस हिंसा

अंग्रेजों के यभ्य बनाओ अभियान पर प्रश्न चिन्ह– 1920 के असहयोग आंदोलन में महिलाओं की भूमिका और 1930 के सविनय अवज्ञा आंदोलन ने अंग्रेजों के भारत में सभ्य बनाओ अभियान पर सवालिया निशान खड़ा किया गया। 19 वीं सदी की शुरूआत में ही ब्रिटिश शासकों ने भारतीय महिलाओं के गिरते स्तर पर ध्यान आकर्षित कर अपने शासन को तर्कसंगत ठहराया। उन्हें शिक्षा और चिकित्सा संबंधी सुविधाएं मुहैया कराने के लिए उन्होंने कानून बनाए और उन कानूनों को अपने नैतिक प्रयासों के बतौर प्रारम्भ किया।

- महिलाओं के राष्ट्रवादी आंदोलन में भागीदारी ने अंग्रेजों के शासन के अधिकार को चुनौती दी और उपयुक्त राजनीतिक उत्तराधिकारियों के लिए कांग्रेस को पूरा सहयोग दिया।
- अंग्रेजी शासन की नैतिकता पर भी प्रश्नचिन्ह लगाया गया। इसके लिए देशवासियों के शांतिपूर्ण आंदोलनों पर उनके पर हिंसात्मक आक्रमणों का विस्तार से प्रचार किया गया। महिलाओं के साथ अंग्रेजों के दुर्व्यवहार, उनकी लिंग आधारित विचारधारा और स्वयंभू संरक्षक के मिथक को तोड़ा।
- हिन्दू और इस्लामी ग्रंथों ने महिलाओं के नम्र और पवित्र आचरण की बात कही। अपने पति के प्रति विश्वासपात्र महिलाओं को आदर्श बताया गया। इसलिए इस दौरान महिलाओं को संरक्षण देने वाले पुरुषों को भी सम्मानित किया गया।
- गांधीजी ने भी आंदोलन में भाग लेने वाली महिलाओं को सरलता के आचरण पर चलने को कहा। ब्रिटिश शासकों की तुलना रावण से करते हुए उन्होंने रामराज की वापसी के बिना देश के सभी दिशाओं में जाने की सम्भावना को खारिज किया।
- गांधीजी के ये विचार उनकी स्त्री श्रोताओं और सहयोगियों से बहुत समानता रखते थे, जिनके लिए सीता एक जीता जागता स्मारक थी। स्कूल न जाने वाली लड़कियों को ये बातें घर में ही बताई जाती थीं। यहां तक कि निम्न जाति के लोगों में और कहानियों के माध्यम ये बात बार-बार याद कराई जाती थी।

महिला प्रदर्शनकारियों के साथ नृशंस व्यवहार- प्रारंभ में महिला प्रदर्शनकारियों के साथ अंग्रेजों ने नृशंस व्यवहार किया। सन् 1920 में सरोजिनी नायडू ने पुलिस पर पंजाब मे लगे मॉर्शल लॉ में महिलाओं के साथ दुर्व्यवहार करने का आरोप लगाया। अंग्रेजों ने इस पर खेद जाहिर किया। उस समय राज्य सचिव एडविन मॉण्टेग्यू और इनके सचिव ने अपने जवाब में कहा कि हमें ये विश्वास करना मुश्किल हो रहा है कि कोई एक पल के लिए भी ऐसी घटनाओं के बारे में कोई सोच सकता है। इसके जवाब में श्रीमती नायडू ने भारतीय राष्ट्रीय कांग्रेस की जांच समिति के प्रतिवेदन का हवाला दिया। उन्होंने मॉण्टेग्यू के सचिव को याद दिलाया कि भारतीय महिलाओं के लिए पर्दा उतना ही पवित्र है

जितना कि कैथोलिक नन का नकाब। एक भारतीय महिला को सरेआम बेपर्दा कर शासकों ने अपने खिलाफ रोष की लहर को जन्म दिया है।

- नागरिक अवज्ञा आंदोलन के दौरान पुलिस द्वारा महिलाओं पर की गई बर्बरता के गंभीर परिणाम रहे। गुजरात के बारदौली जिले में बामनी गांव के किसानों ने कर देना बंद कर दिया। गांववालों को डराने की मंशा से पुलिस ने लोगों को पीटना शुरू कर दिया। यहां तक कि एक वृद्ध महिला को एक घर में भूखा-प्यास बंद रखा गया।
- बंबई में भी तीन जवान महिलाओं ने पुलिस के अभद्र व्यवहार की शिकायत की। उन्हें सरजेंट मैकेंजी नाम के एक पुलिस अधिकारी ने बंदी बनाया, फिर आधी रात के समय एक सिपाही के साथ जेल में इनकी कोठरी में बदतमीजी की।
- देश सेविकाओं की नेता पुलिस लीलावती मुंशी ने इस घटना को उस समय अपने भाषण का विषय बनाया जब लोग जवाहर लाल नेहरू के जेल की सजा होने पर बधाई देने के लिए जुटे थे।
- प्रदर्शनकारी महिलाओं को पुलिस द्वारा उठाने, अन्यत्र स्थानों पर भेजने और रात के समय एक जंगल में छोड़ देने के खिलाफ बंबई में एक बडी विरोध रैली आयोजित की गई। लेडी जगमोहनदास ने इस कृत्य की तुलना बलात्कार से की।
- ग्रामीण इलाके पुलिस के भारी दबाव में थी। अखबारों और कांग्रेस की रिपोर्टों में कभी कभार ऐसी घटनाओं का उल्लेख होता था, जिनमें महिलाओं के नाम भी दिये जाते थे। पुलिस के इस दुर्व्यवहार को अंग्रेजों के भारत माता और स्त्रीवाद के अपमान के रूप में दर्शाया जाता था।
- उदाहरण के लिए जनवरी 1931 में पुलिस ने बोरसद की महिला प्रदर्शनकारियों को तब तक मारा जब तब वे बेहोश नहीं हो गईं। कस्तूरबा गांधी ने बताया कि पुलिस ने उनके बाल खींचे उनकी छातियों पर प्रहार किया और उन्हें भद्दी गालियाँ दीं।
- जबकि अंग्रेज अधिकारियों ने इस घटना से इनकार किया लेकिन कुछ अखबारों पर छपी खबरों के आधार पर न्यायालय पीड़ित महिलाओं की बात सुनती थी। अंग्रेज महिलाओं की पीड़ा को अन्य भारतीय विषयों की तरह लेते हुए भारतीय महिलाओं का भी सम्मान नहीं करते थे। जब तक कि उनका संरक्षक पुरुष उनकी जान-माल की हिफाजत करने में सक्षम नहीं होता था।

इंडिया लीग का जांच अभियान–भारतीय राष्ट्रीय कांग्रेस ने सन् 1932 में लंदन की इंडियन लीग को पुलिस की बर्बरता की जांच के लिए आमंत्रित किया। लीग ने इसे स्वीकार किया और प्रथम दृष्टया स्थिति के अवलोकन के लिए उनका एक प्रतिनिधिमंडल भेजा गया, जिसमें दो अंग्रेज महिलाएं, एक अंग्रेज पुरुष और एक भारतीय शामिल था।

- भारत में इस प्रतिनिधिमंडल ने जेलों को निरीक्षण और बंद राजनीतिक कैदियों से बात करने की अनुमति मांगी। प्रतिनिधिमंडल का कार्य शुरू होने से पहले ही इसमें अविश्वास जताते हुए अंग्रेजों ने राजनीतिक कैदियों से साक्षात्कार करने की मांग अस्वीकार कर दी।
- जांच दल को हिंसा के पर्याप्त सुबूत मिले। चाहे वह नियमों को थोपने की बात हो या फिर जेलों में बंद कैदियों की। महिलाओं के साथ मार-पीट और बलात्कार के पुख्ता सुबूतों का हवाला देते हुए प्रतिनिधिमंडल ने लिखा कि भारत में तथाकथित सभ्य सरकार में महिलाओं के प्रति सम्मान की कोई भावना नहीं है।
- इसकी रिपोर्ट ने अंग्रेज और भारतीय जनता को स्पष्ट तौर पर बताया कि अंग्रेज शासक महिलाओं के संरक्षक नहीं बल्कि उत्पीड़क की भूमिका में हैं।

महिलाओं की भूमिका का मूल्यांकन

आन्दोलनकारी राजनीति में महिलाओं की भूमिका का मूल्यांकन अवश्य होना चाहिए। सबसे पहले, राष्ट्रवादी अन्दोलन में इनका महत्व दूसरा किस तरह से इन गतिविधियों ने महिला आंदोलन का रूप ले लिया?

विशेषताएँ

- महिलाओं की भागीदारी ने **भारतीय राष्ट्रीय कांग्रेस को कानूनी रूप** दे दिया। महिलाओं की गतिविधियों ने भारतीय एकता और सत्याग्रह को और मजबूत किया। सत्याग्रह से तौर-तरीकों में राज करने की नैतिक जिम्मेदारी, नि:शस्त्रीकरण और अहिंसात्मक संरचना की थी। यहां तक कि अंग्रेज भी समझ चुके थे कि ये तरीका विशेष रूप से महिलाओं को जोड़ने के लिए चुना गया है।
- स्वतंत्रता आंदोलन में महिलाओं की भागीदारी ने महिला **अधिकारों को भी नया आयाम** दिया। विशेष तौर पर भारतीय शासन प्रणाली में उनका स्थान सुनिश्चित करने की मांग को भी वैधानिक अधिकार मिला। सरला

देवी चौधरानी ने प्रश्न किया किस तरह से हम अपने अधिकार प्राप्त कर सकते हैं और स्वयं ही उत्तर दिया गया-अपनी आंदोलन की शक्ति के साथ। हमें पुरुषों पर दबाव बनाना चाहिए कि हमारी मांगों को स्वीकार करें और उनका प्रचार महिलाओं में भी करना चाहिए।

- **अपने राजनीतिक कार्यों के लिए महिलाओं ने सम्मान के साथ-साथ सामाजिक लाभ भी प्राप्त किया।** सविनय अवज्ञा आंदोलन के दौरान अधिक-से-अधिक महिलाएं विभिन्न व्यवसायों में आई और कुछ पुरुषों ने भी काम करने के तौर-तरीके उनसे सीखे। परिवार कानून के लिए कानूनी ढांचे की समीक्षा की गई और उनमें सुधार के प्रयास किए गए और इससे मनोवैज्ञानिक रूप से से भी लाभ पहुंचा। विभिन्न लोग इस बात पर विचार-विमर्श करने लगे कि महिलाओं की भागीदारी सर्वश्रेष्ठ रूप में कैसे हो सकती है?

कमियां

- आंदोलन में महिलाओं की भागदारी की कुछ कमियां भी रहीं। हालांकि प्रदर्शनकारियों में सभी वर्गों की महिलाओं के शामिल होने का दावा किया गया। उच्च और मध्य वर्ग के अलावा अन्य वर्गों की महिलाएं ज्यादा नहीं थी। कुछेक मुसलमान महिलाएं गांधी जी की पक्की समर्थक थीं, लेकिन अधिकांश महिलायें हिन्दू विचारधारा पर आधारित गांधी के विचारों से सहमत नहीं थीं या फिर कांग्रेसी संगठनकर्ताओं ने उनकी उपेक्षा की।
- कांग्रेसी नेताओं के साथ सम्बन्धों और राष्ट्रवादी मुद्दों को महिला हितों के साथ जोड़ने में तमाम क्षेत्रीय विषमताएं आड़े आ रही थीं।
  - **बम्बई** की महिलाएं सबसे ज्यादा व्यवस्थित और आत्मनिर्भर थीं, जिन्होंने बड़े स्तर पर प्रदर्शन किए। उनकी बहुत-सी नेता महिला संस्थाओं से संबंधित थीं। उन्होंने स्पष्ट तौर पर स्त्रीवादी राष्ट्रवाद को पहचान दी।
  - **बंगाल** में महिलाओं के सैन्य गुणों ने लोगों का ध्यान उनकी ओर खींचा। कांग्रेस परेड में पुरुषों के साथ हिस्सा लेकर और बाद में आंदोलनकारी दलों का हिस्सा बनकर वे लोक संगीत और कहानियों का विषय बनीं। उनके शांतिपूर्ण प्रदर्शन करने के बावजूद उन्होंने उन क्षेत्रों को भी प्रभावित किया, जहां पर्दा प्रथा विद्यमान थी। उन्हें अपनी नारीवादी विद्यालय को बड़े संघर्ष की कीमत पर किनारे करना पड़ा।
  - **मद्रास** में नेताओं की महिलाओं को आंदोलन से दूर रखने की इच्छा के बावजूद कुछेक महिलाएं इसका हिस्सा बनीं।
  - उत्तरी भारत में नेहरू और जुत्शी परिवारों से आईं सशक्त महिला नेताओं ने राष्ट्रवादी कार्यक्रमों को प्राथमिकता दी। महिला मुद्दों को महत्व देने के बावजूद उन्होंने राजनीतिक आंदोलनों के लिए महिलाओं को प्रेरणा देने का काम किया। उनके अनुसार महिला मुद्दों ओर राजनीति के लिए महिला चेतना को एक साथ जागृत करना सम्भव नहीं था।
- ज्यादातर महिलाएं भर्ती के समय **सम्मान की अपनी परिभाषा को उम्मीद के अनुसार पाने में असमर्थ थीं।** ऐसी महिलाओं का क्रांतिकारी आंदोलनों को हिस्सा बनना अपवाद ही था। वे पुरुषों के निकट रहकर काम करती थीं, अलग-अलग भेष बनाती थीं, अकेले और अजनबियों के साथ यात्रायें करती थीं। इसके अलावा कार चलाने, निशाने साधने और बम बनाने का प्रशिक्षण भी लेती थीं। बावजूद इसके उन्हें सम्मानीय मानी जाने वाली वार्ता महिलाओं से आदर नहीं मिलता था। गांधीजी उन्हें 'लिंगरहित' (unsexed) कहा करते थे। श्री रविन्द्रनाथ टैगोर ने इन पर एक उपन्यास लिखा, जिसमें उन्होंने क्रांतिकारी आंदोलन की इन नायिकाओं द्वारा पुरुष सदस्यों का आंदोलन के लिए सिखाने सम्बन्धी कार्यों का उल्लेख किया। क्रांतिकारी महिलाओं ने देश के लिए सामान्य स्त्रियों से संबंधित विवाह, परिवार और बच्चों जैसी सभी अभिलाषाओं के त्याग की घोषणा की इस पर भी भारतीय नारीवाद की क्रांतिकारी प्रतिनिधियों के बारे में ध्यान देने वाला कोई नहीं था।
- शहर में महिलाओं के संगठित प्रदर्शन भी महिलाओं को जागृत करने में आशिक रूप से ही सफल रहे। वे अलग समूहों में यात्रा करतीं, पिकेट बनातीं और अपनी शुद्धता और त्याग को दिखाने के लिए सफेद और संतरी रंग के वस्त्र धारण करती थीं। अपने कार्यों के लिए उन्हें कांग्रेस कमेटी से निर्देश प्राप्त होते। ग्रामीण क्षेत्रों में विधवायें भी अपने परिवार के साथ संघर्ष में उतरती थी। हालांकि भारतीय स्वतंत्रता आंदोलन का स्वरूप पितृसत्तात्मक नहीं था, फिर भी पूरे आंदोलन के दौरान पुरुष संरक्षणवाद हावी रहा। महिलाएं घरों में संकट को देखते हुए आंदोलन का हिस्सा बन रही थीं।

अभ्यास प्रश्न

1. निम्नलिखित को सुमेलित करें–

तालिका-I	तालिका-II
A. तिलक की मृत्यु	(i) 1918
B. गोखले की मृत्यु	(ii) 1904
C. एस.एन. बनर्जी का कांग्रेस से त्याग-पत्र	(iii) 1920
D. कर्नल यंग का तिब्बत अभियान	(iv) 1915

कूट:

	A	B	C	D
(a)	(iii)	(iv)	(i)	(ii)
(b)	(iv)	(i)	(ii)	(iii)
(c)	(iv)	iii	(i)	(ii)
(d)	(iii)	(i)	(iv)	(ii)

2. इनमें से कौन सुमेलित है?

(a) विभाजन विरोधी एवं स्वदेशी आंदोलन–लॉर्ड लैंसडावने

(b) 1891 का फैक्ट्री विधेयक–लॉर्ड कर्जन

(c) पूसा में कृषि शोध संस्थान की स्थापना–लॉर्ड मिंटो

(d) रौलेट एक्ट–लॉर्ड चेम्सफोर्ड

3. निम्न तालिकाओं पर ध्यान दें–

तालिका-I	तालिका-II
(i) *संध्या*	ब्रह्मबांधब उपाध्याय
(ii) *वंदे मातरम*	सतीशचंद्र मुखर्जी
(iii) *न्यू इंडिया*	बिपिनचंद्र पाल
(iv) *डॉन*	अरबिंदो घोष

इनमें-से कौन सुमेलित हैं? उत्तर निम्न कूटों से चुनें–

(a) (i) और (ii) (b) (ii) और (iii)

(c) (iii) और (iv) (d) (i) और (iii)

4. कौन-सा युग्म सुमेलित है?

(a) *पंजाबी*–टी. प्रकाशम् एवं एम. कृष्ण राव

(b) *भारत माता*–अजीत सिंह

(c) *कृष्ण पत्रिका*–एम.जी. रानाडे

(d) *क्वार्टरली जर्नल*–लाजपत राय

5. दिए गए कूटों की सहायता से सही युग्मों को चुनें–

तालिका-I	तालिका-II
A. कामरेड	(i) श्रीमती एनी बेसेंट
B. अल-हिलाल	(ii) मुहम्मद अली
C. जमींदार	(iii) अबुल कलाम आजाद
D. कॉमन-वेल्थ	(iv) जफर अली खान

कूट:

	A	B	C	D
(a)	(i)	(ii)	(iv)	(iii)
(b)	(iii)	(ii)	(iv)	(i)
(c)	(ii)	(iii)	(iv)	(i)
(d)	(i)	(iii)	(iv)	(ii)

6. निम्नलिखित को सुमेलित करें–

तालिका-I	तालिका-II
A. रवींद्रनाथ टैगोर	(i) *नील दर्पण*
B. दादाभाई नौरोजी	(ii) *इकानॉमिक हिस्ट्री ऑफ इंडिया*
C. दीनबंधु मित्र	(iii) *गोरा*
D. आर.सी. दत्त	(iv) *पॉवर्टी एंड दि ब्रिटिश रूल इन इंडिया*

कूट:

	A	B	C	D
(a)	(iii)	(iv)	(ii)	(i)
(b)	(iii)	(ii)	(iv)	(i)
(c)	(iii)	(ii)	(i)	(iv)
(d)	(iii)	(iv)	(i)	(ii)

7. इनमें से किनको/किसको बंकिमचंद्र चटर्जी ने लिखा?

(i) *सीताराम* (ii) *देवी चौधरानी*

(iii) *आनंद मठ* (iv) *घरे बायरे*

कूट:

(a) सिर्फ (iii) (b) (i), (ii) और (iii)

(c) (iii) और (iv) (d) सिर्फ (iv)

8. दादाभाई नौरोजी के बारे में कौन-से कथन असत्य हैं?

(i) उनको अंग्रेजों की अच्छी भावनाओं एवं उचित न्याय पर भरोसा था।

(ii) उनका मानना था कि कांग्रेस को समाज सुधार का प्रश्न लोगों के ऊपर नहीं छोड़ना चाहिए।

(iii) अपनी मांगों की पूर्ति हेतु उनका संवैधानिक तरीकों में विश्वास था।
(iv) उन्होंने किसी भी मौके पर किसी भी विषय में भारत में ब्रिटिश शासन को अभिशाप नहीं माना।
(v) वह ब्रिटिश सुधारों के बहिष्कार की अपेक्षा उन्हें लागू किए जाने के पक्ष में थे।

कूट:
(a) सिर्फ (ii) (b) (ii) और (v)
(c) (ii) और (iv) (d) सिर्फ (iv)

9. निम्नलिखित घटनाओं को घटनाक्रम के अनुसार सजाएं–
(i) चंपारण सत्याग्रह
(ii) खिलाफत आंदोलन की शुरुआत
(iii) कांग्रेस का पुन: एकीकरण
(iv) नागपुर का कांग्रेस अधिवेशन

कूट:
(a) (iii), (i), (ii) और (iv)
(b) (iii), (i), (iv) और (ii)
(c) (i), (iii), (iv) और (ii)
(d) (i), (iv), (iii) और (ii)

10. निम्नलिखित घटनाओं का घटनाक्रम क्या है?
(i) अगस्त घोषणा
(ii) लखनऊ समझौता
(iii) जलियांवाला बाग नरसंहार
(iv) खेड़ा सत्याग्रह

कूट:
(a) (iv), (ii), (iii) और (i)
(b) (iii), (i), (ii) और (iv)
(c) (ii), (iv), (i) और (iii)
(d) (ii), (i), (iv) और (iii)

कथन एवं तर्क

निर्देश:

अगर 'कथन' सत्य है, पर 'तर्क' गलत है तो (*a*) अंकित करें।

अगर 'कथन' गलत है पर 'तर्क' सत्य है तो (*b*) अंकित करें।

अगर 'कथन' एवं 'तर्क' सत्य हैं तथा 'तर्क' 'कथन' की व्याख्या करता है तो (*c*) अंकित करें।

अगर 'कथन' एवं 'तर्क' सत्य हैं पर 'तर्क' 'कथन' की व्याख्या नहीं करता है तो (*d*) अंकित करें।

11. ***कथन:*** दादाभाई नौरोजी के काल में उदारतावाद तथा आधुनिकतावाद से अतिवादिता एवं आतंकवाद में सक्रमण की गति काफी धीमी थी।

तर्क: उनका ब्रिटिश राजनेताओं तथा नीतियों के प्रति भ्रम धीरे-धीरे समाप्त हो रहा था।

12. ***कथन:*** 19वीं सदी के अंत तक तिलक ने 'निष्क्रिय विरोध' की सिफारिश नहीं की।

तर्क: स्वशासन अर्थात् पूर्ण स्वायत्तता के उनके विचार में उनकी मृत्यु तक कोई परिवर्तन नहीं आया।

13. ***कथन:*** गोखले ने स्वशासन की मांग अधिकार के रूप में नहीं बल्कि बुद्धिमत्ता, अनुभव तथा नरमपंथी विचारों के पुरस्कार के रूप में किया।

तर्क: वह अंग्रेजों के नरमपंथी एवं शांतिपूर्ण विकास के विचारों से अत्यंत प्रभावित थे।

14. ***कथन:*** अरबिंदो घोष क्रांतिकारी राष्ट्रवादिता के अध्यात्मिक तथा धार्मिक पहलुओं के सच्चे प्रतिनधि थे।

तर्क: उनके अनुसार राष्ट्रवाद एक राजनैतिक कार्यक्रम नहीं बल्कि ईश्वर द्वारा प्रदत्त एक धर्म है।

15. ***कथन:*** बिपिनचंद्र पाल 1904 तक नरमपंथी थे।

तर्क: अपने क्रांतिकारी विचारों के कारण बिपिनचंद्र पाल को अजीत सिंह के साथ 1907 में देश निकाला दे दिया गया।

16. उपन्यास '*पाथेर दाबी*', जिसमें हिंसक क्रांति की महत्ता बताई गई है तथा जिसे अंगेजों ने प्रतिबंधित कर दिया, किसके द्वारा लिखा गया था?
(a) प्रेमचंद (b) शरत्चंद्र चटर्जी
(c) बंकिमचंद चटर्जी (d) अजय घोष

17. गुप्त संस्था 'अभिनव भारत' के संस्थापक कौन थे?
(a) नरेन भट्टाचार्जी (b) जतिन मुखर्जी
(c) गणेश सावरकर (d) दामोदर चापेकर

18. कौन क्रांतिकारी आतंकवादी अपने जीवन के अंत में रामकृष्ण मिशन का स्वामी बन गया?
(a) अरबिंदो घोष (b) हेमचंद्र कानूनगो
(c) अजीत सिंह (d) जतींद्रनाथ बंदोपाध्याय

19. महाराष्ट्र से प्रकाशित होने वाला अखबार/पत्रिका कौन-सी है?
(a) *क्रांति* (b) *आत्मशक्ति*
(c) *सारथि* (d) *संध्या*

20. बंगाल से प्रकाशित होने वाला अखबार/पत्रिका कौन-सी नहीं है?
(a) *युगांतर* (b) *काल*
(c) *बंदी जीवन* (d) *धूमकेतु*

21. भारत में क्रांतिकारी आतंकवाद की उत्पत्ति तथा विकास के क्या कारण थे?
(i) नरमपंथियों की संवैधानिक पद्धति तथा गरम दल के निष्क्रिय विरोध के कारण युवा वर्ग की कुंठा।
(ii) बंगाल विभाजन को वापस कराने में स्वदेशी तथा विभाजन विरोधी आंदोलनों की विफलता।
(iii) जनता द्वारा आतंकवादियों को दिया गया संरक्षण एवं सहयोग।
(iv) अंग्रेजों के जातिगत घमंड तथा दमनकारी नीतियों के कारण विदेशी शासन के प्रति युवा वर्ग में बढ़ता विरोध।
(v) आयरलैंड के आतंकवादियों तथा रूस के शून्यवादियों का प्रभाव।

कूट:
(a) (i), (ii) और (iv)
(b) (ii), (iii) और (v)
(c) (i), (ii), (iv) और (v)
(d) (ii), (iii), (iv) और (v)

22. क्रांतिकारी आतंकवादियों के बारे में कौन-से कथन सत्य हैं?
(i) भारत एवं विदेश में गुप्त संस्थाओं का गठन।
(ii) समाचार-पत्रों, पत्रिकाओं तथा पम्पलेटों का प्रकाशन।
(iii) दमनकारी ब्रिटिश अधिकारियों तथा देशद्रोही भारतीयों की हत्या।
(iv) सैनिक षड्यंत्रों का गठन।
(v) बैंकों, पुलिस थानों तथा सरकारी शस्त्रागारों पर छापे।
(vi) आम जन-सभाओं का गठन।

कूट:
(a) (i), (ii), (iv), (v) और (vi)
(b) (i), (ii), (iv) और (v)
(c) (i), (iii), (v) और (vi)
(d) (i), (ii), (iii), (iv) और (v)

23. क्रांतिकारी आतंकवादियों के बारे में कौन-से कथन सत्य हैं?
(i) वे अधिकतर निम्न वर्गों के थे।
(ii) उनमें से अधिकतर उच्च जातियों के थे।
(iii) उनमें से अधिकतर ग्रामीण क्षेत्रों के थे।
(iv) उन्होंने किसानों एवं मजदूरों की वास्तविक मांगों को अनदेखा किया।

कूट:
(a) (i), (ii) और (iii) (b) (ii) और (iv)
(c) (ii), (iii) और (iv) (d) (i) और (iii)

24. क्रांतिकारी आतंकवादियों के असफल होने का/के क्या कारण नहीं था/थे?
(i) वर्ग एवं जाति सीमाएं।
(ii) केंद्रीय नेतृत्व एवं आम योजना की कमी।
(iii) आतंकवादियों के धर्मनिरपेक्ष विश्वास।
(iv) संचार सुविधाओं की कमी।
(v) अंग्रेजों की दमनकारी नीतियां।

कूट:
(a) सिर्फ (ii) (b) सिर्फ (iii)
(c) (i) और (iii) (d) (iii) और (iv)

25. क्रांतिकारी आतंकवादियों का/के योगदान क्या नहीं था/थे?
(i) मातृभूमि के लिए मृत्यु को पराजित करने जैसी बहादुरी के विरले उदाहरण।
(ii) कांग्रेस से काफी पहले 'स्वतंत्र उपनिवेश' की मांग।
(iii) देशभक्ति के गीतों की रचना तथा क्षेत्रीय इतिहास एवं लोक परंपरा में नई अभिरुचि जागृत करना।
(iv) विश्वव्यापी संपर्कों की स्थापना।

कूट:
(a) सिर्फ (ii) (b) सिर्फ (iv)
(c) (ii) और (iv) (d) (iii) एवं (iv)

26. कौन व्यक्ति 1902 में कलकत्ता की अनुशीलन समिति का/के सदस्य नहीं था/थे?
(i) प्रमोथ मित्तर (ii) अबनी मुखर्जी
(iii) बरींद्र कुमार घोष (iv) जतींद्रनाथ बनर्जी
(v) पुलिन दास

कूट:
(a) (ii) और (iv) (b) (iii) और (v)
(c) (ii) और (v) (d) (iii) और (iv)

27. हिंदुस्तान रिपब्लिकन एसोसिएशन के बारे में कौन-सा/से कथन असत्य है/हैं?
(i) इसकी स्थापना सचिन सान्याल एवं जोगेशचंद्र चटर्जी द्वारा हुई।
(ii) यह अखिल भारतीय स्तर पर प्रथम क्रांतिकारी आतंकवादी संगठन था।
(iii) चंद्रशेखर आजाद ने इसका पुनः नामकरण हिंदुस्तान कम्युनिस्ट रिपब्लिकन एसोसिएशन किया।
(iv) भगत सिंह बाद में इसके सदस्य बने।
(v) इसके कुछ सदस्यों ने 1929 में दिल्ली के निकट लॉर्ड रीडिंग की ट्रेन को उड़ाने का प्रयत्न किया।

कूटः
(a) सिर्फ (iii) (b) (iii) और (iv)
(c) सिर्फ (v) (d) (iii) और (v)

28. सुमेलित कर दिए गए कूटों से उत्तर चुनें–

	तालिका-I	**तालिका-II**
A.	मित्र मेला (1899)	(i) हर दयाल
B.	ढाका की अनुशीलन समिति (1902)	(ii) रासबिहारी बोस
C.	गदर पार्टी (1913)	(iii) सावरकर बंधु
D.	इंडियन इंडिपेंडेंस लीग (1913)	(iv) पुलिन दास

कूटः

	A	B	C	D
(a)	(iii)	(iv)	(i)	(ii)
(b)	(ii)	(iii)	(iv)	(i)
(c)	(iii)	(iv)	(ii)	(i)
(d)	(ii)	(i)	(iii)	(iv)

29. निम्नलिखित को सुमेलित करें–

	तालिका-I	**तालिका-II**
A.	*युगांतर*	(i) संतोख सिंह
B.	*संध्या*	(ii) बरींद्र कुमार घोष
C.	*कीर्ति*	(iii) सचिन सान्याल
D.	*बंदी जीवन*	(iv) ब्रह्मो बांधब उपाध्याय

कूटः

	A	B	C	D
(a)	(ii)	(iv)	(i)	(iii)
(b)	(iii)	(i)	(ii)	(iv)
(c)	(ii)	(i)	(iv)	(iii)
(d)	(iv)	(ii)	(i)	(iii)

30. निम्नलिखित तालिकाओं को सुमेल किस कूट में है?

	तालिका-I	**तालिका-II**
A.	*इंडियन सोशियो-लॉजिस्ट*	(i) वीरेंद्रनाथ चट्टोपाध्याय
B.	*वंदे मातरम*	(ii) तारकनाथ दास
C.	*तलवार*	(iii) श्यामजी कृष्ण वर्मा
D.	*फ्री हिंदुस्तान*	(iv) मैडम कामा
E.	*गदर*	(v) सोहन सिंह भकना

कूटः

	A	B	C	D	E
(a)	(ii)	(i)	(v)	(iii)	(iv)
(b)	(iii)	(iv)	(i)	(ii)	(v)
(c)	(i)	(iii)	(iv)	(ii)	(v)
(d)	(iv)	(ii)	(i)	(iii)	(v)

31. कौन-सा युग्म सुमेलित है?
(a) चापेकर बंधु–डें
(b) मदनलाल ढींगरा–रैण्ड एवं लेफ्टिनेंट अयर्स्ट
(c) गोपीनाथ साहा–कर्जन वायली
(d) भगत सिंह–सौंडर्स

32. सुमेलित कर दिए गए कूटों से उत्तर चुनें–

	तालिका-I	**तालिका-II**
A.	भूख हड़ताल करते हुए जेल में शहादत	(i) चंद्रशेखर आजाद
B.	अंग्रेजों द्वारा गिरफ्तार एवं फांसी	(ii) जतिन मुखर्जी
C.	एक पार्क में पुलिस मुठभेड़ में मृत्यु	(iii) जतिन दास
D.	गिरफ्तारी एवं कालापानी	(iv) भगत सिंह
E.	पुलिस मुठभेड़ में बालासोर में मृत्यु	(v) सचिन सान्याल

कूटः

	A	B	C	D	E
(a)	(ii)	(v)	(iii)	(iv)	(i)
(b)	(iv)	(v)	(i)	(iv)	(iii)
(c)	(iii)	(ii)	(v)	(iv)	(i)
(d)	(iii)	(iv)	(i)	(ii)	(iv)

33. निम्नलिखित को कालक्रमानुसार सजाएं–
(i) भगत सिंह एवं बी.के. दत्त द्वारा केंद्रीय विधान सभा में बम फैंका गया।

(ii) बी.के. घोष एवं भूपेन दत्ता द्वारा पूर्वी बंगाल के लेफ्टिनेंट गवर्नर फुल्लर की हत्या का प्रयास।
(iii) दिल्ली के निकट लॉर्ड इरविन की ट्रेन को उड़ाने का प्रयास।
(iv) रासबिहारी बोस एवं सचिन सान्याल द्वारा लॉर्ड हार्डिंग की हत्या का प्रयास।

कूट:
(a) (ii), (i), (iii) और (iv)
(b) (ii), (iv), (i) और (iii)
(c) (i), (ii), (iv) और (ii)
(d) (i), (iv), (ii) और (iii)

34. कौन-सा/से कथन सत्य है/हैं?
(i) खुदीराम बोस तथा प्रफुल्ल चाकी ने मुज़फ्फरपुर के जज किंग्सफोर्ड की हत्या की।
(ii) बंगाल के टिप्पेरा के जिला मजिस्ट्रेट की हत्या शांति एवं सुनीति चौधरी ने की।
(iii) केनेडी हत्याओं के शीघ्र बाद अंग्रेजों ने अरबिंदो घोष समेत कई अन्य क्रांतिकारियों को गिरफ्तार किया।
(iv) बिपिनचंद्र पाल पर हुए पुलिस हमले के विरोध में भगत सिंह व अन्य ने सौंडर्स की हत्या की।

कूट:
(a) सिर्फ (i) (b) (i) और (iv)
(c) सिर्फ (iv) (d) (ii) और (iv)

कथन एवं तर्क

निर्देश:

अगर 'कथन' सत्य है, पर 'तर्क' गलत है तो (*a*) अंकित करें।

अगर 'कथन' गलत है पर 'तर्क' सत्य है तो (*b*) अंकित करें।

अगर 'कथन' एवं 'तर्क' सत्य हैं तथा 'तर्क' 'कथन' की व्याख्या करता है तो (*c*) अंकित करें।

अगर 'कथन' एवं 'तर्क' सत्य हैं पर 'तर्क' 'कथन' की व्याख्या नहीं करता है तो (*d*) अंकित करें।

35. ***कथन:*** सूर्य सेन एवं उनके समूह ने चटगाँव के शस्त्रागार पर अधिकार कर लिया।

तर्क: सूर्य सेन अपने सहयोगियों के साथ जापान चले गए।

36. ***कथन:*** अंग्रेजों ने रासबिहारी बोस को पकड़कर फाँसी दे दी।

तर्क: उन्होंने सचिन सान्याल के साथ फरवरी 1915 में एक विद्रोह करने की योजना बनाई थी।

37. ***कथन:*** जतिन मुखर्जी के नेतृत्व में बंगाल के क्रांतिकारियों ने बंगाल में रेल संचार को अस्त-व्यस्त करने तथा फोर्ट विलियम पर अधिकार करने की योजना बनाई थी।

तर्क: जतिन मुखर्जी 'बाघ जतिन' के नाम से लोकप्रिय थे।

38. ***कथन:*** क्रांतिकारी आतंकवाद के शुरू के मुसलमान या तो इससे अलग रहे या इसका विरोध किया।

तर्क: शुरू की अधिकतर गुप्त संस्थाओं में धर्म का अत्यधिक प्रभाव था।

39. ***कथन:*** क्रांतिकारी आतंकवादियों की अदम्य योजनाओं तथा भीषण कर्तव्यों के कारण राष्ट्र की स्मृति में उनका अमिट स्थान है।

तर्क: राजनैतिक रूप से जागरूक अधिकतर लोग राजनैतिक तरीकों से सहमत नहीं थे।

40. ***कथन:*** शस्त्र एवं शरण के लिए क्रांतिकारी आतंकवादी के विश्वव्यापी संपर्क के महत्वपूर्ण विचारगत प्रभाव हुए।

तर्क: बाद के काल में अधिकतर क्रांतिकारी आतंकवादियों समाजवादी तथा कम्युनिस्ट बन गए।

41. गाँधी के सरल एवं संत तुल्य आदतों के कारण जनता उनसे आकर्षित हुई। निम्नलिखित में से कौन उनमें शामिल नहीं है/हैं?
(i) प्राकृतिक चिकित्सा।
(ii) ब्रह्मचर्य का प्रयोग।
(iii) हिंदुस्तानी के स्थान पर अंग्रेजी का प्रयोग।
(iv) तीसरे दर्जे में यात्रा।
(v) 1921 के बाद सिर्फ लंगोटा पहनना।

कूट:
(a) सिर्फ (ii) (b) (ii) और (iii)
(c) सिर्फ (iii) (d) (i) और (iii)

42. गाँधी की 'सत्याग्रह' तकनीक अतिवादियों के 'निष्क्रिय विरोध' से अलग थी। इस अंतर के बारे में क्या असत्य है/हैं?
(i) निष्क्रिय विरोध स्वार्थ-परायणता है जबकि सत्याग्रह एक नैतिक अस्त्र है जो कि भौतिक बल पर आत्मिक बल की श्रेष्ठता पर आधारित है।

(ii) पहला कमजोर लोगों का हथियार है लेकिन दूसरा बहादुरों का।
(iii) पहला स्थित है जबकि दूसरा गतिमान है।
(iv) पहले का तरीका नकारात्मक है जबकि दूसरे का तरीका सकारात्मक है।
(v) पहले का उद्देश्य विरोधी की गलतियों से लाभ उठाना है जबकि दूसरे का उद्देश्य विरोधी को लज्जित कर उससे समर्पण कराना है।

कूटः
(a) (ii) और (iii) (b) सिर्फ (v)
(c) (ii) और (v) (d) सिर्फ (ii)

43. सत्याग्रह तकनीक के कई तरीके थे। इनमें से किस/किन तरीके/तरीकों का प्रयोग गांधी ने नहीं किया?
(i) उपवास
(ii) हिजरत अथवा स्वैच्छिक प्रयास
(iii) सर्वाक्षर नीति
(iv) हड़ताल
(v) भूमिगत गतिविधियां

कूटः
(a) (iii) और (v) (b) सिर्फ (iii)
(c) सिर्फ (v) (d) (iv) और (v)

44. गांधी ने अपने सामाजिक-आर्थिक कार्यक्रमों के द्वारा भी लोगों को आकर्षित किया। इनमें से कौन-सा कार्यक्रम उन कार्यक्रमों में नहीं था?
(i) खादी कार्यक्रम
(ii) औद्योगीकरण कार्यक्रम
(iii) ग्राम पुनर्निर्माण कार्यक्रम
(iv) हिंदू-मुस्लिम एकता कार्यक्रम
(v) हरिजन कल्याण कार्यक्रम

कूटः
(a) (v) (b) (iv)
(c) (ii) (d) (i)

45. गांधी ने असहयोग आंदोलन कुछ मांगों के लिए अंग्रेजों पर दबाव डालने के लिए प्रारंभ किया था। निम्नलिखित में से कौन-सा/सी मांग इसमें शामिल नहीं था/थीं?
(i) पंजाब की गलतियों का सुधार।
(ii) खिलाफत की गलतियों का सुधार (तुर्की के लिए ज्यादा आसान शर्तों की मांग)
(iii) पूर्ण स्वराज की राष्ट्रवादी मांगों को पूरा करना।
(iv) रौलेट एक्ट का रद्दीकरण।

कूटः
(a) सिर्फ (iii) (b) (iii) और (iv)
(c) सिर्फ (iv) (d) (ii) और (iii)

46. जलियांवाला बाग नरसंहार के संदर्भ में कौन-सा/से कथन सत्य है/हैं?
(i) अपने लोकप्रिय नेता डॉ. सत्यपाल और डॉ. किचलू की गिरफ्तारी और देश निकाला का विरोध करने के लिए लोग अमृतसर के बगीचे में एकत्रित हुए थे।
(ii) उस समय पंजाब का लेफ्टिनेंट गवर्नर जनरल डायर था।
(iii) माइकेल ओ डायर ने निहत्थी भीड़ पर पुलिस फायरिंग का आदेश दिया।
(iv) जनसंहार के विरोध में रबींद्रनाथ टैगोर ने अपनी 'नाइट' की उपाधि तयाग दी।
(v) जनसंहार के विरोध में गांधी ने अपना 'कैसर-ए-हिंद' का तगमा वापस कर दिया।

कूटः
(a) (i), (ii) और (iv) (b) (i), (iv) और (v)
(c) (i), (iii) और (iv) (d) (i) और (iv)

47. असहयोग आंदोलन के सकारात्मक कार्यों में क्या शामिल नहीं था/थे?
(i) राष्ट्रीय विद्यालयों, महाविद्यालयों तथा निजी मध्यस्थ न्यायालयों की स्थापना।
(ii) स्वदेशी को लोकप्रिय बनाना तथा खादी का प्रयोग।
(iii) हिंदुओं और ईसाईयों के बीच सामंजस्य का विकास।
(iv) हरिजन कल्याण हेतु अस्पृश्यता की समाप्ति।
(v) नारी उद्धार एवं कल्याण।

कूटः
(a) सिर्फ (v) (b) (iii) और (v)
(c) सिर्फ (iii) (d) (ii) और (iv)

48. असहयोग आंदोलन में किन सामाजिक समूहों तथा वर्गों ने भाग नहीं लिया?
(i) छात्र एवं शिक्षक
(ii) कृषक एवं मजदूर
(iii) जमींदार
(iv) व्यवसायी
(v) बड़े पूंजीपति एवं उद्योगपति

कूटः

(a) (iii), (iv) और (v) (b) (iii) और (v)

(c) (ii), (iii) और (v) (d) (ii) और (iv)

49. उद्योगपतियों के वर्ग ने 1920 में एक असहयोग विरोधी संघ की स्थापना की। कौन-से व्यक्ति इस वर्ग के सदस्य नहीं थे?

(i) पुरुषोत्तमदास ठाकुरदास

(ii) जमनालाल बजाज

(iii) जमुनादास द्वारकादास

(iv) सेताल्वेद

(v) जी.डी. बिड़ला

कूटः

(a) (ii) और (v) (b) (i) और (ii)

(c) (iii) और (iv) (d) (iv) और (v)

50. असहयोग एवं खिलाफत आंदोलनों के संदर्भ में कौन-सा/से कथन असत्य है/हैं?

(i) अखिल भारतीय कांग्रेस कमेटी के विजयवाड़ा अधिवेशन (अप्रैल 1921) में असहयोग आंदोलन को धन उपलब्ध कराने के लिए तिलक स्वराज फंड की स्थापना की गई।

(ii) उसी अधिवेशन में जून 1921 तक कांग्रेस के लिए एक करोड़ सदस्य बनाने का निर्णय लिया गया।

(iii) कराची खिलाफत सम्मेलन में जुलाई 1921 में अली बंधुओं ने मुसलमानों को सेना से इस्तीफा देने की सलाह दी, अतः अंग्रेजों ने नवंबर 1921 में उन्हें जेल भेज दिया।

(iv) हसरत मोहानी जैसे कुछ खिलाफत सदस्यों ने 1921 के अंत तक पूर्ण स्वराज की मांग शुरू कर दी थी।

(v) दिल्ली में जामिया मिलिया इस्लामिया की स्थापना 1921 में हुई।

कूटः

(a) सिर्फ (iv) (b) (iii) और (iv)

(c) सिर्फ (v) (d) (iv) और (v)

51. सविनय अवज्ञा आंदोलन शुरू किए जाने के पहले गांधी ने लॉर्ड इरविन के समक्ष ग्यारह मांगों का एक अंतिम निर्णय मांग पत्र भेजा था। इसमें कौन-सी मांग शामिल नहीं थी?

(i) भूमिकर में 50% की कमी, नमक कर की समाप्ति तथा नमक पर से सरकारी एकाधिकार की समाप्ति।

(ii) रुपया-स्टर्लिंग विनिमय अनुपात में कमी, वस्त्र उद्योग को संरक्षण तथा तटीय परिवहन का भारतीयों के लिए आरक्षण।

(iii) सैनिक एवं असैनिक प्रशासन के खर्च में 50% की कमी।

(iv) गोहत्या पर प्रतिबंध।

(v) सभी राजनैतिक बंदियों की रिहाई तथा आर्म्स एक्ट में परिवर्तन।

कूटः

(a) सिर्फ (ii) (b) (ii) और (v)

(c) (iv) और (v) (d) सिर्फ (iv)

52. गांधी-इरविन समझौते में किनकी भूमिका महत्वपूर्ण थी?

(i) मोतीलाल नेहरू

(ii) तेजबहादुर सप्रू

(iii) मदनमोहन मालवीय

(iv) जयकर

(v) चिंतामणि

कूटः

(a) (i) और (ii) (b) (ii) और (iv)

(c) (ii) और (iii) (d) (iv) और (v)

53. गांधी-इरविन समझौते में कौन-सी शर्त/शर्तें शामिल नहीं थी/थीं?

(i) सभी अध्यादेशों की वापसी तथा सुनवाई वापस लिया जाना।

(ii) सभी प्रकार के राजनैतिक बंदियों की रिहाई।

(iii) सत्याग्रहियों की जब्त संपत्ति की वापसी।

(iv) शराब, अफीम तथा विदेशी वस्त्रों के दुकानों की शांतिपूर्ण घेराबंदी की अनुमति।

(v) सभी भारतीयों को कर मुक्त नमक एकत्रित करने अथवा निर्मित करने की अनुमति।

कूटः

(a) सिर्फ (ii) (b) (i) और (ii)

(c) (ii) और (v) (d) सिर्फ (i)

54. कुछ अपवादों को छोड़कर सविनय अवज्ञा आंदोलन असहयोग आंदोलन से बेहतर था। वे अपवाद क्या हैं?
   (i) उल्लिखित उद्देश्य
   (ii) प्रयुक्त तरीके
   (iii) महिलाओं एवं युवा वर्ग का सहयोग
   (iv) हिंदू-मुस्लिम एकता
   (v) व्यवसायी वर्ग की प्रतिक्रिया
   (vi) मजदूरों का सहयोग

   कूट:
   (a) (iii), (iv) और (vi)
   (b) (iv) और (vi)
   (c) (iv) और (v)
   (d) (iii) और (v)

55. भारत छोड़ो आंदोलन अथवा 1942 के विद्रोह के क्या कारण थे?
   (i) एक एशियाई शक्ति (जापान) द्वारा दक्षिण-पश्चिम एशिया में अंग्रेजों की पराजय से अगस्त 1942 में प्रभावित लोकप्रिय भावना।
   (ii) भारत स्थित अधिकतर विदेशी सेनाओं का निंदनीय व्यवहार।
   (iii) कीमतों में वृद्धि तथा चावल और नमक जैसी आवश्यक वस्तुओं की कमी।
   (iv) कांग्रेसी नेताओं द्वारा 1942 में मित्र राष्ट्रों की पराजय का अनुमान।
   (v) भारत छोड़ो प्रस्ताव पारित किए जाने से पूर्व अंग्रेजों की छेड़ तथा बाद में इसके पूर्णतः दमन की नीति।

   कूट:
   (a) (i), (ii), (iii) और (v)
   (b) (i), (ii) और (v)
   (c) (i), (iii) और (v)
   (d) उपरोक्त सभी

उत्तरमाला

1. (a)	2. (d)	3. (d)	4. (b)	5. (c)	6. (d)	7. (b)
8. (c)	9. (a)	10. (d)	11. (c)	12. (a)	13. (c)	14. (c)
15. (a)	16. (b)	17. (c)	18. (d)	19. (a)	20. (b)	21. (c)
22. (d)	23. (b)	24. (b)	25. (a)	26. (c)	27. (d)	28. (a)
29. (a)	30. (b)	31. (d)	32. (d)	33. (b)	34. (b)	35. (a)
36. (b)	37. (d)	38. (c)	39. (d)	40. (c)	41. (c)	42. (b)
43. (a)	44. (c)	45. (a)	46. (d)	47. (c)	48. (b)	49. (a)
50. (c)	51. (d)	52. (b)	53. (c)	54. (b)	55. (d)	

अध्याय

20

भारतीय राष्ट्रीय राजनीति में अलगाववादी प्रवृत्तियां

20.1 अलगाववादी प्रवृत्तियाँ

कारण

भारतीय राष्ट्रीय राजनीति में अलगाववादी प्रवृत्तियों के विस्तार की मुख्य वजह अल्पसंख्यक मुसलमानों द्वारा बहुसंख्यक हिन्दुओं के व्यापार, उद्योग, सरकारी नौकरियों शिक्षा तथा व्यवसाय में प्रभुत्व के विरोध-स्वरूप विकसित हुआ। अंग्रेजों के आने पर मुसलमानों को राजनैतिक सत्ता के साथ-साथ आर्थिक तथा सामाजिक क्षति भी उठानी पड़ी। 1857 के विद्रोह की विफलता ने मुसलमानों को और नुकसान पहुंचाया। सरकारी नौकरियों में अंग्रेजी भाषा की अनिवार्यता की वजह से उनकी संख्या क्रमशः कम होती गयी। पश्चिमी ज्ञान का विरोध, व्यापार तथा उद्योग से विमुखता और सामंती प्रवृत्तियों की बहुलता की वजह से ये लोग पिछड़ गए।

देश की अर्थव्यवस्था के पिछड़ेपन ने भी अलगाववादी प्रवृत्तियों को बढ़ावा दिया। बेरोजगारी भी एक विकट समस्या थी जिसकी वजह से कम नौकरियों के लिए ज्यादा मारा-मारी थी। बहुत-से लोगों ने इसका निदान साम्प्रदायिक क्षेत्रीय तथा जातीय आधार पर नौकरियों में आरक्षण के रूप में किया। सर सैयद अहमद खान द्वारा शुरू किए गए शिक्षा आन्दोलन ने मुसलमानों की अपने सम्प्रदाय के प्रति हीन भावना को और बढ़ाया। हिन्दू विचारकों ने भारत को भारतीयों के लिए का नारा बुलंद किया अर्थात् बहुसंख्यकों का राज्य। ज्यादातर मुसलमानों ने भारतीय गणतंत्र के इस राष्ट्रवादी स्वरूप को नकार दिया, जिसमें मुसलमानों की सुरक्षा के प्रति कोई प्रावधान नहीं किया गया। फलस्वरूप राष्ट्रविरोधी या हिन्दू विरोधी गतिविधियों का नया चरण शुरू हुआ।

स्कूलों और महाविद्यालयों में इतिहास शिक्षण पद्धति ने भी सम्प्रदायवादी विचारों को प्रबल बनाया। अंग्रेज तथा भारतीय इतिहासकारों ने मध्य काल को मुस्लिमकाल तथा प्राचीन काल को हिन्दू काल के नाम से प्रचारित किया। इतिहास के प्रति इस सम्प्रदायिक रवैये ने अलगाववादी प्रवृत्तियों को भड़काया। राष्ट्रीय एकता को छोड़कर बाकी सब क्षेत्रों में उग्रवाद तथा क्रांतिकारी आतंकवाद ने महत्वपूर्ण योगदान दिया। उग्रपंथी तथा क्रांतिकारियों के लेखन और भाषण में एक प्रबल हिन्दू धार्मिक स्वर सुनाई पड़ता है। उन्होंने प्राचीन भारतीय संस्कृति को बढ़ावा देते हुए मध्यकालीन भारतीय संस्कृति का बहिष्कार किया। इससे यह बिल्कुल नहीं समझना चाहिए की उग्रपंथी मुस्लिम विरोधी थे और न ही पूर्णतः साम्प्रदायिक। इनमें ज्यादातर हिन्दू-मुस्लिम एकता के हिमायती थे, फिर भी उनके राजनैतिक लेखन और विचारों में हिन्दू धर्म की उन्मुखता को नकारा नहीं जा सकता।

स्वरूप तथा विस्तार

1906 में ऑल इंडिया मुस्लिम लीग की स्थापना के साथ ही मुसलमानों के एक वर्ग में अलगाववादी प्रवृत्तियाँ अपने चरम पर पहुँचीं। लीग ने बंगाल विभाजन का सर्मथन किया तथा मुसलमानों की सुरक्षा के प्रति विशेष प्रावधानों की मांग की। तत्पश्चात् पृथक्-निर्वाचन की मांग भी पूरी करवा ली। विकसित होते हुए राष्ट्रीय आंदोलन के खिलाफ अंग्रेजों ने लीग में अपना एक महत्वपूर्ण सर्मथक पाया।

देखा जाए तो मुस्लिम लीग के समकक्ष कोई सम्प्रदायिक पार्टी विकसित नहीं हुई थी तथापि सम्प्रदायिक भावनाओं का जोर बढ़ रहा था। बहुत-से हिन्दू लेखकों और राजनीतिज्ञों ने हिन्दू राष्ट्रवाद की बातचीत भी शुरू की तथा मुसलमानों को विदेशी भी घोषित किया। 1925 में मदन मोहन मालवीय द्वारा हिन्दू महासभा की स्थापना के साथ ही हिन्दू राष्ट्रवाद का संस्थागत विकास देखने को मिलता है। तत्पश्चात् 1925 में आर. एस. एस. की स्थापना से संस्थागत हिन्दू सम्प्रदायिकता को बढ़ावा मिला। हिन्दू सम्प्रदायिक ताकतों में मुस्लिम सम्प्रदायिक ताकतों की प्रतिध्वनि सुनने को मिलती है और दो राष्ट्रों की अवधारणा को सर्मथन भी दिया।

अपने-अपने सम्प्रदायों की आर्थिक सामाजिक तथा राजनैतिक विकास की बहुत ही संकीर्ण स्वकेन्द्रित नजरिए से देखते हुए अपने हितों की बात शुरू की। यह प्रवृत्ति ब्रिटिशों द्वारा 'फूट डालो और राज्य करो' की नीति के द्वारा और ज्यादा प्रज्ज्वलित की गयी। ब्रिटिश राजनीतिज्ञ भारत में अपने साम्राज्य के स्थायित्व के प्रति चिंतित थे। राष्ट्रीय एकता को भंग करने के लिए उन्होंने धर्म का सहारा लिया। 1905 का बंगाल विभाजन तथा 1906 के सुधारों द्वारा पृथक् निर्वाचन मंडल को मान्यता, अंग्रेजों की फूट डालो और राज्य करो की नीति को साफ दर्शाती है।

कांग्रेस के खिलाफ एकजुट होने में सम्प्रदायिक ताकतें कभी नहीं हिचकीं। सरकार सर्मथक रुख अपना लेना इनकी दूसरी महत्वपूर्ण राजनैतिक प्रवृत्ति थी। विदेशी ताकतों से युद्ध में साम्प्रदायिक ताकतों ने कभी हिस्सा नहीं लिया। सबसे महत्वपूर्ण यह है कि इन्होंने कभी भी जन-मानस की मांगों का प्रतिनिधित्व नहीं किया। यह अन्य वर्ग की संस्था के रूप में जन्मे और उन्हीं का प्रतिनिधित्व करते रहे।

परिणाम

- अलगाववादी ताकतों ने साम्प्रदायिक भावनाओं के आधार पर राष्ट्रवादी आन्दोलन को कमजोर किया।
- साम्प्रदायिक संस्थाओं का उद्‌भव और विकास हुआ।
- इनकी वजह से स्वतंत्रता प्राप्ति को कम से कम कुछ वर्षों के लिए रुकना पड़ा।
- मुसलमानों के लिए अलग राज्य की मांग, जिसके फलस्वरूप राष्ट्र का विभाजन हुआ।
- सबसे महत्वपूर्ण बात यह है कि स्वतंत्र भारत में भी सम्प्रदायिक दंगों की प्रक्रिया अनवरत जारी है और लाखों निर्दोष व्यक्तियों की नृशंस हत्या होती रही है।

20.2 मुस्लिम लीग का उत्थान तथा विकास

इसकी स्थापना दिसंबर 1906 में नवाब विकार-उल-मुल्क ने ढाका में की, जो इसके पहले अधिवेशन के अध्यक्ष भी थे। अक्सर 1906 में शिमला में मिंटो के पास मुस्लिम प्रतिनिधि-मंडल भेजे जाने के बाद आगा खान ने मुसलमानों से उनके अपने राजनैतिक संगठन स्थापित करने को कहा था। सन 1906 से 1910 तक पार्टी का केंद्रीय कार्यालय अलीगढ़ में स्थित था तथा इसके शिक्षा संस्थानों के सहायक से अधिक नहीं था। लेकिन बाद में इसका मुख्यालय लखनऊ चला गया तथा इसकी राजनैतिक गतिविधियां बढ़ गईं।

मौलाना मोहम्मद अली, मौलाना शौकत अली, फजल-उल-हक, मजहरूल हक तथा फजल-ए-हुसैन के नेतृत्व में 1912 में न सिर्फ कई युवा मुसलमान इसके सदस्य बने वरन् कई कांग्रेसी मुसलमानों ने भी इसकी सदस्यता ग्रहण की, हालांकि वे कांग्रेस के भी सदस्य बने रहे। खिलाफत आंदोलन (1920-24) के दौरान पार्टी का अस्तित्व नाममात्र का था तथा इसके अधिवेशन वहीं होते थे, जहां खिलाफत आंदोलन सम्मेलन होते थे। जिन्ना द्वारा 1934 में इसका नेतृत्व ग्रहण किए जाने तक पार्टी की हालत बहुत अच्छी नहीं थी। उदाहरण के लिए 1927 में पार्टी के सदस्यों की संख्या मात्र 1330 थी; 1930 में इलाहाबाद अधिवेशन के समय, जब डॉ. मुहम्मद इकबाल ने भारत के उत्तर-पश्चिम में मुस्लिम राज्य की स्थापना का ऐतिहासिक भाषण दिया तब इसकी सामान्य वार्षिक बैठक में 75 सदस्यों का कोरम भी पूरा नहीं था।

जिन्ना ने 1936 में केंद्रीय तथा प्रांतीय विधायिकाओं के चुनाव लड़ने के लिए संसदीय बोर्ड का गठन किया। पंजाब में जिन्ना को समर्थन नहीं मिला क्योंकि वे गवर्नर जनरल की एक्वीक्यूटिव काउंसिल से सेवानिवृत्त होकर अपने गृह राज्य में युनियनिस्ट पार्टी का पुनगर्ठन कर रहे थे। जिन्ना का चुनावी भविष्य अंधकारमय लग रहा था क्योंकि आगा खान ने भी लीग के स्थान पर युनियनिस्ट पार्टी को आर्थिक समर्थन प्रदान किया। हालांकि मुस्लिम लीग ने शीघ्र ही भारतीय मुसलमानों के बीच स्वयं को कांग्रेस के बाद एक राजनैतिक दल के रूप में स्थापित कर लिया। प्रारंभिक सीमाओं के बावजूद 1937 के आम चुनावों में पार्टी का प्रदर्शन बहुत खराब नहीं रहा। इसके सदस्य मुसलमानों ने आरक्षित सीटों में से 50 प्रतिशत से अधिक पर चुनाव लड़े तथा उनमें से

लगभग 60 प्रतिशत सीटों पर सफल रहे। फिर भी, बंगाल को छोड़कर, मुस्लिम बहुल प्रांतों में इसे कोई लाभ नहीं हुआ।

लखनऊ अधिवेशन (1937) ने द्वि-राष्ट्र सिद्धांत में पुन: विश्वास व्यक्त किया लेकिन देश के विभाजन का प्रस्ताव लाहौर अधिवेशन (1940) में पारित हुआ। भारतीय राष्ट्रीय प्रैस ने लाहौर प्रस्ताव को 'पाकिस्तान प्रस्ताव' का नाम दिया हालांकि प्रस्ताव में अथवा भाषणों में इस शब्द का उल्लेख नहीं हुआ था। द्वितीय विश्व युद्ध के दौरान कांग्रेस पार्टी की राजनैतिक गतिविधियों में कमी तथा सरकार के गुप्त समर्थन के कारण लीग काफी मजबूत हो गई। सन् 1964 तक लीग के सदस्यों की संख्या 30 लाख तक पहुंच गई तथा इसका प्रभाव ग्रामीण क्षेत्रों में भी जमने लगा था। विधायिकाओं के आम चुनाव में, (1946) पार्टी का प्रदर्शन बहुत अच्छा रहा तथा इसे केंद्रीय एवं प्रांतीय विधायिकाओं में मुसलमानों के लिए आरक्षित सीटों में अधिकतर पर सफलता प्राप्त हुई। लीग को लगभग 45 लाख अथवा कुल मुसलमान मतों के 75 प्रतिशत मत प्राप्त हुए तथा केंद्रीय एवं प्रांतीय विधायिकाओं में मुसलमानों के लिए आरक्षित 533 सीटों में से 460 पर लीग का अधिकार स्थापित हुआ।

20.3 पाकिस्तान के लिए आंदोलन

भूमिका

1930 के दशक में ही यह स्पष्ट हो गया था कि आने वाले स्वतंत्र भारत की रूपरेखा क्या होगी। इस दशक में ब्रिटिश सरकार ने यह नहीं कहा कि वे भारत को छोड़ने वाले हैं या ऐसा भी नहीं लग रहा था कि स्वतंत्रता की प्राप्ति जल्द ही होने वाली है। इस समय तक ब्रिटिशों का मत भी स्पष्ट नहीं था लेकिन इस समय तक भारत की उन शक्तियों का ध्रुवीकरण हो रहा था जिनके साथ अंग्रेजों का समझौता होना अवश्यम्भावी लग रहा था। 1920 के दशक की घटनाओं की प्रवृत्ति तथा गांधी जी के उन घटनाओं पर प्रमाव तथा कांग्रेस की स्थिति एवं मांग ने यह स्पष्ट कर दिया था कि 1930 का दशक मुस्लिम लीग को एक शक्ति प्रदान करेगा और यह भी अपने आपको एक जन-मानस समर्थित संस्था बनाने का प्रयास करेगी। इस दशक के अंत तक यह स्पष्ट हो गया कि यदि अंग्रेजों ने यहां से जाने का निश्चिय किया या निकट भविष्य में जाने पर मजबूर किए गए तो भारत की कौन-सी शक्तिशाली राजनीतिक शक्तियां होंगी और कौन-सी समस्याएं उत्पन्न होंगी। अंग्रेजों को यह सोचना होगा कि शक्ति का हस्तांतरण किसके हाथों में किया जाएगा।

इस दशक में हुई महत्वपूर्ण घटनाओं का प्रभाव अंग्रेजों द्वारा हाल ही में बनाई गई संविधान-निर्माण की प्रक्रिया पर पड़ा। 1935 को गवर्मेंट ऑफ इंडिया एक्ट इसका प्रमाण है। इसे ब्रिटेन के संसदीय इतिहास में दिया जाने वाला सबसे बड़ा विधायी पत्र (आज्ञापत्र) माना जाता है। इसका आकार उस समय की घटित घटनाओं के साथ मेल खाता है। इस संबंध में पहले पहल साइमन कमीशन का गठन 1927 के रूप में हुआ किंतु बाद में इसकी रिपोर्ट को छोड़ दिया गया। दूसरा, 1930 में राउंड टेबल कॉन्फ्रेंस का इंग्लैंड में बुलाया जाना था, जहां अंग्रेज तथा भारतीयों ने सामूहिक रूप से कहा कि इसके सुझावों को संसद के समक्ष रखा जाए। बाद में सरकार ने इस मुद्दे पर श्वेत-पत्र जारी किया और संसद में यह बहस हुई कि भारत को दी जाने वाली नई उत्तरदायी सरकार का प्रारूप क्या होगा।

प्रांतों में कांग्रेस मंत्रिमंडलों में गठन और उनके सफलतापूर्वक प्रदर्शन ने उन लोगों को आश्चर्यचकित कर दिया जो भारतीयों के शासन करने की क्षमता पर प्रश्न करते रहे थे। थोड़े से समय में अत्यधिक कानूनों का बनाया जाना इस बात का संकेत है। इन्होंने उन सारे पहलुओं को उठाया जिस पर ब्रिटिश शासन चुप था। मौलिक शिक्षा तथा प्रौढ़ शिक्षा की समस्याओं पर ध्यान दियाय ग्रामीण उत्थान तथा कृषि संबंधी सुधार और जनमानस के स्वास्थ्य के साथ गांधी जी की मद्य-निषेध की बातों को आगे बढ़ाया। सब मिलाकर इनका प्रदर्शन प्रशंसनीय था और कांग्रेस मुख्यालय से निर्देशित होकर सभी प्रांतों में एक जैसे ही कार्यक्रमों को शुरू किया जब कि उस समय संघीय प्रावधान की धारा का प्रयोग सरकार द्वारा प्रभावी नहीं किया गया था। यद्यपि प्रांतीय सरकारों के अंदर कुछ आपसी मतभेद चल रहे थे। इनके खिलाफ कई बेबुनियाद आरोप लगाए गए कि इनकी गतिविधियां सांप्रदायिक तथा मुस्लिमों के खिलाफ थीं।

1930 के दशक में कांग्रेस राजनीतिक गतिविधियों का केंद्र थी। यह भी सही है कि यह इस समय देश की सबसे बड़ी संस्था थी और अखिल भारतीय स्तर पर कोई इसे चुनौती देने वाला नहीं था फिर भी कुछ संस्थाएं और पार्टियां कांग्रेस का विरोध करती थीं। चुनावों के दौरान तथा मंत्रिमंडल के गठन के पश्चात् कांग्रेस को मुस्लिमों तथा मुस्लिम लीग से कई बार परेशानियों का सामना करना पड़ा। इन्हीं संघर्षों के फलस्वरूप मुस्लिम लीग ने अपने आपको मजबूत करना शुरू किया और 1940 तक यह एक शक्तिशाली पार्टी के रूप में उभर कर सामने आई। इसने मुस्लिमों के लिए एक अलग

राज्य बनाने की मांग की। यह एक महत्वपूर्ण तथा निर्णायक चुनौती थी। पहले मुस्लिमों के हितों की रक्षा की बात और फिर उनकी अलग पहचान की बात और अंततः मुस्लिमों के लिए एक स्वतंत्र राष्ट्र की बात उठाई गई।

आंदोलन की शुरुआत

इस आंदोलन की शुरुआत को 19वीं सदी के अंतिम दशकों तथा 20वीं सदी के प्रारंभ के वर्षों में देखा जा सकता है। समय-समय पर मुस्लिम विचारक तथा नेता मुस्लिमों के लिए एक स्वायत्त राज्य की स्थापना की आवाज उठाते रहे थे। उस समय इन विचारों का महत्व कम था और तात्कालिक घटनाओं पर इनका प्रभाव भी कम था। इस समुदाय की अलग पहचान और उनके हितों की सुरक्षा की बात सर सैयद खान द्वारा उठाई गई और इसी के अनुरूप मॉर्लेमिंटो सुधार को लाया गया। इसके एक दशक के पश्चात् मॉण्टेग्यू-चेम्सफोर्ड के सुधार इसी दिशा में उठाया गया एक कदम था। 1920 के दशक के कुछ वर्षों में यह महसूस किया जाने लगा कि ये सारे कदम प्रर्याप्त नहीं है। 1921 में मुस्लिम लीग के अध्यक्ष मौलाना हसरत मोहानी ने सुझाव दिया कि चार मुस्लिम बहुल प्रांतों का प्रयोग सात हिंदू बहुल प्रांतों के खिलाफ दबाव के रूप में किया जाना चाहिए। केंद्र को कम तथा प्रांतों को अधिक शक्तियां मिलनी चाहिए। किंतु इन सुझावों के साथ मुस्लिमों के लिए एक विशेष क्षेत्र या प्रांत की बात नहीं उठाई गई क्योंकि मुस्लिम अभी भी अखंड भारत में रहना चाहते थे। 1920 के दशक के अंत तक आगा खान द्वारा विशेष बल देकर कहा गया कि मुस्लिम प्रांतों का स्वतंत्र संघ होना चाहिए। 1930 के पहले तक बिस्कुल साफ एवं स्पष्ट शब्दों में दो राष्ट्र वाली नीति को जनमानस के बीच नहीं उठाया गया। किंतु इसके बाद, वे कुछ अस्पष्ट थे।

1930 में मुस्लिम लीग के अध्यक्ष मुहम्मद इकबाल थे, जो संभवतः भारत के सबसे लोकप्रिय तथा प्रभावशाली कवि थे। अपने अध्यक्षीय भाषण में इकबाल ने कहा कि इस्लाम का धार्मिक विचार मुख्यतः सामाजिक व्यवस्था के संबंधित था। किसी एक पक्ष को मना करने का अर्थ था, दूसरे पक्ष को मना करना। भारत में जहां हरेक समुदाय, हरेक धर्म एक-दूसरे के प्रतिद्वंद्वी हैं, वहां भविष्य के भारत को इन मान्यताओं को जोड़ने या एकीकृत का प्रयास नहीं करना चाहिए बल्कि उनके बीच सौहार्दपूर्ण सामंजस्य स्थापित करना चाहिए। इकबाल ने यह भी कहा कि ऐसी स्थिति में मुस्लिमों को अलग से अधिकार दिए जाने चाहिए और उन्हें अपनी इच्छा के मुताबिक इन अधिकारों के प्रयोग की स्वतंत्रता भी होनी चाहिए। इकबाल ने आजादी के लिए लड़ी जा रही लड़ाई का समर्थन किया तथा पिछले साल दिल्ली में हुई ''ऑल पार्टीज: मुस्लिम कॉन्फ्रेंस'' द्वारा पारित प्रस्ताव को भी स्वीकार किया जिसमें यह कहा गया था कि स्वतंत्र भारत संघीय व्यवस्था के मॉडल पर बनेगा जिसमें प्रांतीय सरकारों को ज्यादा स्वायत्तता दी जानी चाहिए। इनके अध्यक्षीय भाषण में ऐसा कुछ भी नया नहीं था। लेकिन इन्होंने आगे कहा, ''व्यक्तिगत स्तर पर मैं इन मांगों से आगे जाना चाहता हूं (जैसा कि मुस्लिम कॉन्फ्रेंस के अधिवेशन में प्रस्ताव पारित किया था)। मैं चाहता हूं कि पंजाब, उत्तरी पश्चिमी सीमांत प्रांत, सिंध और बलूचिस्तान को मिलाकर एक बड़ा राज्य बनाया जाए। ब्रिटिश साम्राज्य के अंदर एक स्वशासी या ब्रिटिश साम्राज्य के बाहर, उत्तर-पश्चिमी भारत के मुसलमानों का अपना राज्य के रूप में होना ही इनकी भविष्य की नियति होगीं।''

इकबाल ने जो कुछ कहा वह बहुत स्पष्ट नहीं था-बाद के आलोचकों का कहना है कि उन्होंने भविष्य में बनने वाली एक स्वतंत्र मुस्लिम राष्ट्र की रूप रेखा खींची। किंतु यह कुछ विवादपूर्ण लगता है क्योंकि इकबाल संभवतः एक स्वायत्तशासी मुस्लिम एकीकृत राज्य की बात, एक कमजोर संघ (फैडरेशन) की बात कर रहे थे। उन्होंने जो कुछ भी विचार व्यक्त किए वे नितांत उनके अपने थे। ये किसी भी मुस्लिम लीग के प्रस्ताव में नहीं लाए गए और न ही मुस्लिम बुद्धिजीवियों के बीच लोक-प्रिय हो सके। किंतु 1930 के मध्य दशक तक इकबाल की बातें स्पष्ट होने लगी। उस समय तक उन्होंने मुस्लिमों को ''एक राष्ट्र तथा एक विशेष राजनीतिक इकाई'' के रूप में देखा और जिन्ना को अपने विचारों के नजदीक लाने के प्रयास में पूर्णतः सफल रहे। इस बीच ''गवर्नमेंट ऑफ इंडिया एक्ट, 1935'' के ऊपर विचार-विमर्श होने लगे थे; जिसमें मुस्लिमों को एक अन्य तथा विशेष समुदाय के रूप में देखा गया और उनके प्रतिनिधित्व की बात को बड़ी ही गंभीरता से स्वीकारा गया। इस एक्ट ने मुस्लिमों को सिर्फ अलग सीट ही नहीं दी बल्कि एक परंपरा भी स्थापित की। मुस्लिम बहुल प्रांतों सिंध और उत्तर-पश्चिम सीमांत प्रांत के साथ-साथ पंजाब और बंगाल में 48.6 प्रतिशत सीटें दीं। इसके बावजूद भी हिंदू-आधिपत्य की बात मुस्लिमों के मन में बैठी रही क्योंकि प्रस्तावित संघीय व्यवस्था में केंद्र को अधिक शक्तियां प्रदान

की गई थीं और प्रांतों को कम। इस प्रकार आंदोलन यद्यपि एक मुस्लिम राज्य की तरफ संवैधानिक प्रावधानों के तहत बढ़ता जा रहा था किंतु एक निर्णायक स्थिति में नहीं पहुंच पाया था।

1933 में कैंब्रिज के एक मुस्लिम छात्र रहमत अली ने एक प्रपत्र (पंफलेट) निकाला, जिसमें उसने उत्तर-पश्चिम भारत के मुस्लिम राज्य को एक अलग राज्य में बताया। उसने इसका नाम पाकिस्तान रखा, जिसका मतलब था- "पवित्रों की भूमि।" इस शब्द की उत्पत्ति संबंधित मुस्लिम प्रांतों के नामों के पहले अक्षरों को मिलाने से हुई थी और वे राज्य थे पंजाब, अफगानिया (NWFP), कश्मीर, सिंध और बलूचिस्तान। किंतु इसमें बंगाल का नाम नहीं लिया गया, जबकि यह एक मुस्लिम बहुल राज्य था। इस प्रकार मुस्लिमों के लिए एक अलग राष्ट्र का सपना 'पाकिस्तान' के नाम से एक निश्चित आकार में आया। 1935-36 तक इस विचार का महत्व ज्यादा नहीं था और न ही आम लोगों के बीच यह चर्चा का विषय था। मुस्लिमों ने इस तथ्य को स्वीकारा कि उनके समुदाय की पहचान और हित हिंदुओं से अलग हैं किंतु वे मुस्लिमों को एक स्वतंत्र राष्ट्र के रूप में देखने को तैयार नहीं थे, किंतु अगले पांच वर्षों में मुस्लिमों का यह विचार पूर्णत: बदल गया।

आंदोलन का विकास

1934 में भी मुस्लिम राजनीति दुविधा में थी। लीग में एकता भंग हो गई थी, यह सिमट गई थी और इसके सदस्यों की संख्या काफी कम थी। इस पर सुविधाभोगी लोगों का वर्चस्व था। इसका प्रभाव मुस्लिम राजनीति पर कम था। उत्तर-पश्चिम सीमांत प्रांत में उस समय कांग्रेस समर्थित 'रेड-शर्ट' खुदाई खिदमतगार, जो अब्दुल गफ्फार खान के नेतृत्व में थी, का बोल-बाला था, पंजाब में यूनियनिस्ट पार्टी (इसमें गैर-मुस्लिम सदस्य थे) का नेतृत्व सर फजल-ए-हुसैन, सिंध में तीन विभिन्न मुस्लिम संस्थाएं और बंगाल में सबसे प्रभावशाली फजल-उल-हक की नेतृत्व वाली कृषक प्रजा समिति की पकड़ थी। उत्तर प्रदेश और बंबई में मुस्लिम बहुसंख्यक नहीं थे किंतु इन प्रदेशों में इनकी पकड़ आंशिक किंतु मजबूत थी।

मुस्लिम लीग की स्थिति में सुधार 1934 के बाद हुआ जब स्थायी तौर पर इंग्लैंड में रहने वाले जिन्ना को उत्तर प्रदेश के राजनीतिज्ञ लियाकत अली खान ने मुस्लिम लीग के नेतृत्व की कमान संभालने के लिए तैयार कराया। वे इसके लिए तैयार हुए और मार्च 1934 में लीग के स्थायी सभापति बनाए गए। जल्द ही जिन्ना ने अपनी उपस्थिति का एहसास कराया। इस समय तक वे कांग्रेस के साथ बराबरी के अधिकार से काम करना चाहते थे। अभी तक सांप्रदायिक भावनाओं का प्रयोग न तो लीग के नेताओं द्वारा किया जा रहा था और न ही जनमानस ने इसे अपनाया था। उस समय तक तनाब काफी कम था और दंगे बहुत कम होते थे।

1937 का चुनाव परिणाम स्थिति को थोड़ा बदलने वाला था। चुनाव की रणनीति के तहत जिन्ना ने सोचा कि मुस्लिमों के प्रभाव को बढ़ाने के लिए यह जरूरी है कि उसके प्रतिनिधि एक मुस्लिम पार्टी के टिकट पर विधान सभाओं और विधान परिषदों में जाएं। 1936 के बंबई लीग अधिवेशन में जिन्ना की बातों को स्वीकार किया गया और चुनाव में भाग लेने की बात पर भी आम सहमति बनी। सेंट्रल पार्लियामेंट्री बोर्ड का गठन किया गया और तीन सूत्रीय कार्यक्रमों को कार्यान्वित करने हेतु जिन्ना को अधिकृत किया गया।

1935 के एक्ट द्वारा बनाई गई परिस्थिति और चुनाव परिणामों से लीग ने बड़े ही दूरगामी निष्कर्ष निकाले। मुस्लिम अल्पसंख्यक प्रांतों में यह बात स्पष्ट हो गई थी कि वे वहां अपनी सरकार कभी भी नहीं बना सकते और वहां हमेशा कांग्रेस की गैर-मुस्लिम समर्थित सरकार बनेगी। यदि संघीय व्यवस्था को लागू किया जाएगा तो वहां भी हिंदुओं का ही वर्चस्व होगा क्योंकि केंद्र में सिर्फ एक-तिहाई स्थान मुस्लिमों को दिया जाना तय हुआ था। हिंदू बहुल प्रांतों में मुस्लिम लीग की स्थिति अच्छी नहीं थी, इन्हें सिर्फ बंगाल तथा पंजाब में आशातीत सफलता मिली। सब मिलाकर ऐसा लग रहा था कि लीग अपने आपको इन परिस्थितियों से नहीं बचा पायेगी। और उसे हर हालत में मुस्लिम बहुल प्रांतों को अपने आधिपत्य में लाना होगा, खासकर गैर-लीग मुस्लिम नेताओं को नजदीक लाना होगा। इसके साथ ही इसे हर संवैधानिक योजना का विरोध करना होगा किंतु राजनीतिक स्तर पर यह अप्रभावी सिद्ध हुआ। अपने अंतिम दौर में लीग ने अपना परिचय एक अलग अल्पसंख्यक समुदाय के रूप में नहीं, बल्कि एक अलग राष्ट्र के रूप में प्रस्तुत करने की योजना बनाई।

इस तरह की परिवर्तित सोच 1937 के चुनाव परिणामों के बाद हुई। कांग्रेस और मुस्लिम लीग चुनावों के दौरान एक-दूसरे के प्रतिद्वंद्वी के रूप में आमने-सामने नहीं आए।

विशेष रूप से, उत्तर प्रदेश में इन दोनों पार्टियों के बीच एक अनौपचारिक समझौता था कि दोनों एक-दूसरे को समर्थन देंगे। कांग्रेस अपनी सफलता के बल पर ही सरकार बनाने को आगे बढ़ी। इसने मुस्लिम नेताओं को भी मंत्रिमंडल में भी शामिल करने का प्रस्ताव दिया। शर्त यह थी कि मुस्लिमों को कांग्रेस के सिद्धांतों को मानना होगा तथा यह भी मानना होगा कि कांग्रेस ही एक ऐसी संस्था है जो ब्रिटिशों के खिलाफ संघर्षरत संस्था है। इससे मुस्लिम लीग के नेता नाराज हुए और कांग्रेस मंत्रिमंडल में कोई शामिल न हुआ। भविष्य में यह एक बड़ी घटना साबित हुई।

1937 में लीग ने लखनऊ में यह निश्चय किया कि वह 1936 के कार्यक्रमों को फिर से शुरू करेगी। जिन्ना ने इस बात पर बल दिया कि लीग को फिर से मजबूत करने के लिए जनमानस से सम्पर्क बढ़ाना होगा न कि बुद्धिजीवियों से। तीन महीने के अंदर लीग की 170 शाखाएं खोली गईं। अकेले उत्तर प्रदेश में एक लाख से अधिक नए सदस्य बनाए गए। मुल्ला और पुजारी शहरों तथा गांव के लोगों के बीच मुस्लिम लीग की नीतियों का प्रचार करने में लगाए गए और गैर-मुस्लिम लीग राजनीतिज्ञों को प्रांतीय लेजिस्लेचर में प्रभावित करने का प्रयास किया गया।

कांग्रेस विरोधी अफवाह फैलाने की पूरी कोशिश की गई, मुस्लिमों को यह कहा गया कि, उन्हें कांग्रेस राज में न्याय नहीं मिल सकता और कांग्रेस के कु-प्रशासन की भी बात उठाई गई। पीरपुर रिपोर्ट तथा शरीफ रिपोर्ट में कुछ विशेष घटनाओं को दिखाया गया और यह कहा गया कि कांग्रेस के मंत्री मुस्लिमों के साथ ज्यादती कर रहे हैं, यह भी कहा गया कि नए प्रशासन ने मस्जिदों के सामने संगीत बजाने को बढ़ावा दिया है, गो-हत्या नहीं होने दी और मस्जिदों के साथ छेड़खानी की गई। इन आरोपों की सत्यता संदेहास्पद है किंतु इन्होंने मुस्लिम भावनाओं को कांग्रेस के खिलाफ भड़काने में बहुत काम किया और इस तरह मुस्लिम लीग की स्थिति सुधरी। 1939 में कांग्रेस मिनिस्ट्री के त्याग-पत्र दिवस को जिन्ना ने मुक्ति दिवस के रूप में मनाया।

इस समय तक मुस्लिमों का पाकिस्तान के बारे में सपना साकार होने लगा था। 1938 में सिंध प्रोविन्शियल मुस्लिम लीग ने पहली बार लीग के प्रापेगेंडा में ''राष्ट्र'' शब्द का इस्तेमाल किया और उसी साल लीग ने अपने वार्षिक अधिवेशन में जिन्ना को वैकल्पिक सरकार बनाने के लिए अधिकृत किया। इस समय इकबाल का जिन्ना पर अत्यधिक प्रभाव था। 1939 में लीग की वर्किंग कमेटी ने एक सब-कमेटी का गठन किया, जो विभिन्न प्रकार के उपायों पर ध्यान देती थी। 1940 के लाहौर अधिवेशन में लीग ने एक प्रस्ताव पारित किया, जिसे 'पाकिस्तान प्रस्ताव' कहा जाता है।

दूसरे शब्दों में, लीग ने यह निर्णय लिया कि भारत का विभाजन संप्रदायों के आधार पर होना चाहिए और उसी के अनुरूप राष्ट्रों का निर्माण। उनका कहना था कि भारत में दो राष्ट्र रहते हैं और दोनों के लिए अपना घर, अपनी भूमि और अपनी सरकार होनी चाहिए। भारत की समस्या आंतरिक नहीं है बल्कि अंतर्राष्ट्रीय है। कांग्रेस इस विचार से असहमत थी और उसका कहना था कि यह एक धर्मनिरपेक्ष पार्टी है जो इस देश के सभी समुदायों के लोगों का प्रतिनिधित्व करती है। भारत एक राष्ट्र है और स्वतंत्रता के बाद भी यह धर्मनिरपेक्ष तथा अविभाजित राष्ट्र रहेगा। ये दोनों ही विचारधाराएं एक-दूसरे के विपरीत थीं, जिसका समाधान ढूंढने में आगे के सात वर्ष और लगे।

निष्कर्ष

यह कहना बहुत आसान है कि पाकिस्तान की मांग को हालात के मुताबिक नकारा नहीं जा सकता था। इस पर काम कर रही शक्तियों पर ध्यान दिया जाए तो पता चलता है कि 1937, उससे भी पहले 1934, या 1920 या 1919 की सभाएं कार्य, आंदोलन या सर सैयद अहमद खान के प्रयत्न। इन वर्षों की घटनाएं अपने आपमें काफी महत्वपूर्ण रहीं, जो मील के पत्थर के समान थीं और वे अंततः पाकिस्तान तक पहुंची। यहां तक कि लाहौर प्रस्ताव ने भी नहीं सोचा था कि वह एक इस्लामिक सरकार को गठन करने जा रहा था। 1940 में पाकिस्तान की मांग कुछ अस्पष्ट थी। उस समय तक यह बात मुस्लिम बुद्धिजीवियों और नेताओं द्वारा ही गंभीरता से नहीं ली जातीं थीं तो मध्यमवर्गीय और आम जनता का क्या कहना। कुछ लेखकों का यह मानना है कि पाकिस्तान की मांग लीग ने एक सौदे के तहत रखी थी ताकि वह भविष्य के संविधान में अधिक-से-अधिक लाभ प्राप्त कर सके। यदि ऐसा था तो 1940 के बाद भी पाकिस्तान अवश्यम्भावी नहीं था और ऐसा लगता था कि जिन्ना भी बाद में पाकिस्तान से नीचे बात मानने को तैयार थे। यह विषय दक्षिण एशियाई इतिहास में आज भी एक विवाद का विषय बना हुआ है।

20.4 1945 के बाद की प्रवृत्तियां : विभाजन तथा आजादी

सी. राजगोपालाचारी फॉर्मूला (1944)

भारत द्वारा स्वतंत्रता की प्राप्ति के लिए कांग्रेस एवं मुस्लिम लीग के बीच समझौते की आवश्यकता महसूस कर सी. राजगोपालाचारी ने 1944 में एक फॉर्मूला तैयार किया। इसके प्रावधान निम्नलिखित थे–

- संक्रमण काल में मुस्लिम लीग को अंतरिम सरकार की स्थापना में कांग्रेस के साथ सहयोग करना चाहिए।
- युद्ध की समाप्ति के बाद भारत के उत्तर-पश्चिम एवं पूर्व के मुस्लिम बाहुल्य जिलों की पहचान के लिए एक आयोग का गठन होगा। इन जिलों के लोग जनमत संग्रह द्वारा भारत से अलग होने का फैसला करेंगे।
- अलग होने की स्थिति में रक्षा, वाणिज्य, संचार तथा अन्य आवश्यक क्षेत्रों के हितों की रक्षा के लिए दोनों सरकारों में परस्पर सहमति होगी।

गांधी जिन्ना वार्ता (1944)

बातचीत बंबई में 9 सितंबर, 1944 को शुरू हुई तथा 27 सितंबर तक जारी रही, जब जिन्ना ने बातचीत की समाप्ति तथा समझौते की असफलता की घोषणा की। गांधी का मानना था कि 'सी.आर. फॉर्मूले' ने मुस्लिम लीग की अधिकांश मांगों को मान लिया है अतः लीग को अपना लाहौर प्रस्ताव त्याग देना चाहिए, जो कि दो-देशों के सिद्धांत पर आधारित था। लेकिन जिन्ना का तर्क था कि गांधी को यह आधार स्वीकार करना चाहिए तथा यह मानना चाहिए कि हिंदू और मुसलमान दो अलग-अलग देश हैं।

देसाई-लियाकत समझौता (1945)

कांग्रेस के नेता भूलाभाई जीवनजी देसाई तथा लीग के नेता लियाकत अली खान के बीच वार्ता 1942-45 के राजनैतिक गतिरोध के हल के लिए हुई थी। पेशावर में 22 अप्रैल, 1945 को देसाई की घोषणा के बाद लियाकत अली ने समझौते का मुख्य अंश प्रकाशित किया। इसके अनुसार कांग्रेस और लीग केंद्र में अंतरिम सरकार की स्थापना निम्न प्रकार से करेंगे–(i) केंद्रीय कार्यपालिका में दोनों द्वारा बराबर सदस्य नामजद होंगे, तथा; (ii) अल्पसंख्यकों, खासकर अनुसूचित जातियों एवं सिखों का प्रतिनिधित्व।

इस समझौते को कांग्रेस और लीग दोनों ने ही औपचारिक रूप से स्वीकार नहीं किया।

वैवेल योजना तथा शिमला सम्मेलन (1945)

सी. आर. फॉर्मूले पर आधारित गांधी-जिन्ना वार्ता के असफल होने के बाद तत्कालीन गवर्नर जनरल लॉर्ड वैवेल ने संवैधानिक गतिरोध समाप्त करने के लिए एक नई योजना प्रस्तुत की। उसने 1945 में भारतीय राजनैतिक पार्टियों एवं संबद्ध वर्गों के नेताओं का एक सम्मेलन शिमला में आयोजित किया।

उसने कमांडर-इन-चीफ को छोड़कर, कार्यपालिका परिषद भारतीयों के हाथ में देने का प्रस्ताव किया, जिसमें हिंदुओं तथा मुसलमानों का बराबर प्रतिनिधित्व होगा। भारत के नए संविधान का प्रारूप तैयार होने तक यह एक अंतरिम व्यवस्था होगी।

लेकिन जिन्ना के नेतृत्व में मुस्लिम लीग के हठ के कारण यह योजना तथा सम्मेलन असफल रहे। वह चाहते थे कि कार्यपालिका परिषद के मुस्लिम सदस्यों का चुनाव सिर्फ लीग करे जो कि कांग्रेस को स्वीकार्य नहीं था।

कैबिनेट मिशन योजना (1946)

इंग्लैंड के 1945 के आम चुनावों में चर्चिल के नेतृत्व वाली कंजर्वेटिव पार्टी बुरी तरह से पराजित हुई तथा लेबर पार्टी विजयी रही, जिसके नेता सी. आर. एटली वहां के नए प्रधानमंत्री बने। शीघ्र ही लॉर्ड वैवेल को लंदन बुलाया गया तथा बताया गया कि ब्रिटेन ने भारत छोड़ने का मन बना लिया है।

बाद में, उसी वर्ष (1945-46) भारत में केंद्रीय एवं प्रांतीय विधायिकाओं के चुनाव हुए। इन चुनावों में कांग्रेस को केंद्रीय विधायिका में 57 सीटें मिलीं। मुस्लिम लीग ने सभी सुरक्षित 30 सीटों पर विजय प्राप्त की। प्रांतों में कांग्रेस को 1937 में जहां 714 सीटें मिली थीं, वहीं 1946 में उसे 923 सीटें मिलीं। लीग को और भी फायदे हुए-1937 में इसके प्रतिनिधियों की संख्या मुसलमानों के लिए आरक्षित 492 सीटों में मात्र 109 थीं, 1946 में इसने 86 प्रतिशत मत प्राप्त कर 425 सीटें जीतीं।

भारत को शीघ्र स्वतंत्रता प्राप्ति में मदद करने के लिए 24 मार्च, 1946 को कैबिनेट मंत्रियों का एक विशेष मिशन भारत आया जिसके सदस्य लॉर्ड पेथिक-लॉरेंस, सर स्टैफोर्ड क्रिप्स एवं ए.बी. एलेक्जेंडर थे। इस मिशन ने लगभग पांच हफ्तों तक भारतीय राज्यों तथा ब्रिटिश भारत के प्रतिनिधियों से विचार-विमर्श किया। अंततः प्रांतों के वर्गीकरण संघ की प्रकृति तथा

संविधान निर्माता मशीनरी के संगठन के लिए कांग्रेस तथा लीग के नेताओं का एक सम्मेलन 5 मई को शिमला में प्रारंभ हुआ।

जब कांग्रेस तथा लीग के मतभेद समाप्त नहीं हुए तो सम्मेलन समाप्त कर दिया गया। मिशन ने 16 मई को अपनी अनुशंसाओं के आधार पर एक कथन प्रकाशित किया जिसे कैबिनेट मिशन प्लान कहा गया। इसके मुख्य प्रस्ताव निम्नलिखित थे-

1. भारत का संघ, जिसमें ब्रिटिश भारत या देशी राज्य होंगे, तीन विषयों-विदेश विभाग, रक्षा तथा संचार से तालुक रखेगा।
2. इसकी एक कार्यपालिका तथा विधायिका होनी चाहिए।
3. संघीय विषयों को छोड़कर सभी शक्तियां ब्रिटिश भारत के प्रांतों के अधीन रहेंगी।
4. संघ को सौंपी गई शक्तियों के अतिरिक्त सभी शक्तियां देशी राज्यों के पास रहेंगी।
5. प्रांत समूह (उप-संघीय) बनाने के लिए स्वतंत्र होंगे।
6. संघ तथा समूहों के संविधान में एक प्रावधान होना चाहिए। जिसके द्वारा प्रारंभिक दस वर्षों के बाद कोई प्रांत विधायिका के बहुमत द्वारा संविधान की शर्तों पर पुनर्विचार कर सके।
7. हाल में चुने गए प्रांतीय विधायिकाओं से प्रांत की जनसंख्या के अनुपात में सीट निर्धारित कर संविधान सभा का गठन। यह चुनाव एकल संक्रमण प्रणाली पर आधारित आनुपातिक प्रतिनिधित्व पद्धति द्वारा होना था।
8. संविधान निर्माण के दौरान देश का प्रशासन चलाने के लिए बड़े राजनैतिक दलों के समर्थन से एक अंतरिम सरकार बनाई जानी चाहिए।

प्रस्तावित संविधान सभा में ब्रिटिश भारत के 292 तथा देशी राज्यों के 93 सदस्य होने थे। ब्रिटिश भारत के सदस्यों में 210 सामान्य (मुसलमानों एवं सिखों को छोड़कर) 78 मुसलमान तथा 4 सिख थे। प्राथमिक बैठक में सभा को अध्यक्ष तथा अन्य अधिकारियों के साथ-साथ एक सलाहकार समिति भी नियुक्त करना था। इसे प्रांतों को 'A', 'B' और 'C' वर्गों में बांटना था। वर्ग 'A' के प्रांत थे-

मद्रास, बंबई संयुक्त प्रांत, बिहार, केंद्रीय प्रांत तथा उड़ीसा वर्ग 'B' में पंजाब, उत्तर-पश्चिम सीमांत प्रांत तथा सिंध थे तथा वर्ग 'C' में बंगाल और असम थे।

इसके अलावा, किसी भी वर्ग से उस प्रांत का अलग होने का फैसला नए संविधान के अंतर्गत प्रथम आम चुनावों के बाद की विधायिका करेगी।

कैबिनेट मिशन के प्रस्तावों के प्रति कांग्रेस तथा लीग दोनों की प्रतिक्रियाएं उभयभावी थीं तथा प्रस्तावित अंतरिम सरकार में पदों पर नियुक्ति के संदर्भ में अधिक मतभेद था।

दो बड़े राजनैतिक दलों में समझौता करा पाने में कैबिनेट मिशन सफल नहीं रहा क्योंकि मिशन के सदस्य न तो कांग्रेस को संतुष्ट कर सके और न ही लीग को। अंततः वे 29 जून को इंग्लैंड वापस चले गए।

कांग्रेस चुनाव लड़ने तथा संविधान सभा में भाग लेने को राजी हो गई किंतु अंतरिम सरकार में सम्मिलित होने से इनकार कर दिया। इधर वायसराय ने भी ऐसा करने से इनकार कर दिया। इस पर मुस्लिम लीग ने कैबिनेट मिशन योजना से अपनी सहमति वापस ले ली।

वैवेल ने 12 अगस्त, 1946 को कांग्रेस को अंतरिम सरकार बनाने के लिए आमंत्रित किया। कांग्रेस ने अपना पुराना फैसला बदलकर सरकार बनाना स्वीकार कर लिया। शुरू में लीग ने अंतरिम सरकार में हिस्सा नहीं लिया, पर बाद में इसमें शामिल हो गई। लीग ने संविधान का प्रारूप तैयार करने वाली सभा में भाग लेने से इनकार कर दिया। यह अपनी पाकिस्तान के जिद पर अड़ा रहा तथा ब्रिटिश सरकार से संविधान सभा को भंग करने को कहा।

प्रत्यक्ष कार्यवाही दिवस

लीग ने 30 जुलाई को फैसला किया कि वह 16 अगस्त को प्रत्यक्ष कार्यवाही दिवस (डायरेक्ट एक्शन डे) पूरे देश में मनाएगा। इस तनावपूर्ण स्थिति में वायसराय द्वारा कांग्रेस को अंतरिम सरकार बनाने के आमंत्रण ने आग में घी का काम किया। कलकत्ता में 16 अगस्त को लीग ने विरोध प्रदर्शन तथा हड़तालों का आयोजन किया, जिसके कारण संपूर्ण शहर में झड़पें तथा दंगे हुए। भीड़ का रोष लगातार चार दिनों तक जारी रहा, जिसके बाद स्थिति सामान्य हुई। लीग के नेता एच.एस. सोहरावर्दी के नेतृत्व वाली बंगाल सरकार ने 16 अगस्त को आम अवकाश घोषित कर दिया, जिसके कारण स्थिति और बिगड़ी। स्थिति को हाथ से निकलने तक सेना भी नहीं बुलाई गई।

अंतरिम सरकार (1946-47)

चौदह सदस्यीय सरकार के व्यक्ति तथा उनके विभाग इस प्रकार थे-जवाहर लाल नेहरू (कार्यकारी परिषद के उपाध्यक्ष, विदेश विभाग तथा राष्ट्रमंडल संबंध); वल्लभभाई पटेल (गृह, सूचना एवं प्रसारण); बलदेव सिंह (रक्षा); डी. जॉन मथाई (उद्योग एवं अर्प्रित); सी. राजगोपालाचारी

(शिक्षा); सी.एच. भाभा (कार्य, खान एवं ऊर्जा); राजेन्द्र प्रसाद (खाद्य एवं कृषि); आसफ अली (रेल); जगजीवन राम (श्रम); लियाकत अली खान (वित्त); टी.टी. चुंद्रीगर - (व्यवसाय); अबदुर रब निश्तार (संचार); गजनफार अली खान (स्वास्थ्य); तथा जोगेंद्र नाथ मंडल (विधि)। शुरू के नौ कांग्रेस के प्रतिनिधि थे, जबकि अंतिम पांच लीग के।

संविधान सभा (1946-50)

संविधान सभा के चुनाव जून 1946 के अंत तक समाप्त हो गए। ब्रिटिश भारतीयों को दी गई 292 सीटों में से चार खाली रह गईं क्योंकि सिखों ने सभा में सम्मिलित होने से इनकार कर दिया। शेष 288 तीन वर्गों में बंट गए: 'A', 'B' और 'C'। वर्ग 'A' में कांग्रेस ने 162 सामान्य तथा दो मुस्लिम सीटों पर विजय प्राप्त की, लीग ने 19 सीटें जीतीं तथा निर्दलीय एक सीट पर सफल रहा। वर्ग 'B' में कांग्रेस ने 7 सामान्य तथा दो मुस्लिम लीग ने 19, यूनियनिस्ट पार्टी ने 3 तथा निर्दलीय को एक सीट मिली। वर्ग 'C' 'में कांग्रेस ने 32 लीग ने 35, कम्युनिस्टों ने एक, अनुसूचित जाति ने दो तथा कृषक प्रजा पार्टी ने एक सीट जीती। इस प्रकार कांग्रेस ने कुल 201, मुस्लिम लीग ने 73, निर्दलीय ने 8 तथा अन्य पार्टियों ने 6 सीट जीतीं।

सभा की प्रथम बैठक 9 दिसंबर को काउसिल चैंबर के पुस्तकालय में हुई, जिसमें 205 सदस्यों ने भाग लिया। लीग तथा देशी राज्यों के सदस्यों ने इसमें भाग नहीं लिया। प्रारंभिक कार्यों में सभा ने 15 सदस्यीय एक समिति का गठन किया, जिसके कार्य कार्यविधि के नियम बनाने थे तथा इसके अध्यक्ष डॉ. राजेन्द्र प्रसाद थे।

सर्वाधिक महत्वपूर्ण प्रस्ताव 'उद्देश्य प्रस्ताव' संविधान सभा द्वारा 22 जनवरी, 1947 को पारित किया गया। इसे बाद में भारत के संविधान का प्राक्कथन बनाया गया। तीन वर्षों के कठोर श्रम के बाद संविधान सभा द्वारा अंतत: 26 नवंबर, 1949 को इस संविधान को स्वीकृति प्रदान की गई जो 26 जनवरी, 1950 को लागू हुआ।

माउंटबैटन योजना तथा स्वतंत्रता प्राप्ति (1947)

लॉर्ड माउंटबैटन ने मार्च 1947 में लॉर्ड वैवेल का स्थान ग्रहण किया 1 उसने सत्ता का हस्तानांतरण शीघ्र करने का निर्णय लिया तथा कांग्रेस एवं लीग के नेताओं से लंबे विचार-विमर्श के बाद एक समझौता योजना तैयार की।

इस योजना के अनुसार भारत को स्वतंत्र होना था पर संयुक्त रूप से नहीं। इस योजना के मुख्य प्रावधान थे-

तीन जून की योजना (1947)

1. हालांकि वर्तमान संविधान सभा का कार्य जारी रहना था, पर यह संविधान उन लोगों पर लागू नहीं होना था जो इसे स्वीकार नहीं करना चाहते थे।
2. देश के विभिन्न भागों की इच्छा की पूर्ति के लिए दो उपाय सुझाए गए- (i) वर्तमान संविधान सभा द्वारा जिसमें विरोधी भागों के प्रतिनिधि होंगे, या (ii) विरोधी भागों की अलग संविधान प्रतिनिधि सभा द्वारा।
3. प्रांतों के संदर्भ में निम्नलिखित व्यवस्था की गई। (i) पंजाब तथा बंगाल विधायिका का विभाजन मुस्लिम बहुल तथा गैर-मुस्लिम जिलों के सदस्यों के आधार पर होगा। अगर वे प्रांतों का विभाजन चाहें तो प्रत्येक वर्ग उस प्रांत की संविधान सभा में शामिल हो सकता है; (ii) प्रांतों के संविधान सभा में शामिल होने का निर्णय उस प्रांत की विधायिका के पास रहेगा; (iii) उत्तर-पश्चिम सीमांत प्रांत में इसे जनमत संग्रह द्वारा तय किया जाएगा; (iv) असम का सिल्हट जिला भी अपनी इच्छा जनमत संग्रह द्वारा ही तय करेगा; (v) बलूचिस्तान के लोगों की इच्छा के निर्धारण के लिए उपयुक्त तरीका गवर्नर जनरल तय करेगा; (vi) पंजाब, बंगाल तथा सिल्हट में संबद्ध संविधान सभाओं के प्रतिनिधियों के लिए चुनाव होंगे।
4. निम्नलिखित विचार-विमर्श होने थे—(i) उत्तराधिकारी सरकारों के बीच केंद्रीय विषयों के बारे में; (ii) सत्ता हस्तानांतरण के कारण उत्पन्न मसलों पर उत्तराधिकारी सरकारों एवं इग्लैंड के बीच; (iii) प्रांतीय विषयों के प्रशासन के मसले पर विभाजित प्रांतों के भागों के बीच।
5. भारतीय राज्यों पर ब्रिटिश सरकार की सर्वोच्चता समाप्त हो जाएगी। उत्तराधिकारी सरकारों में शामिल होने का निर्णय उन राज्यों द्वारा किया जाएगा।

इंडियन इंडिपेंडेंस एक्ट (1947)

ब्रिटिश संसद में 12 दिनों (4 से 16 जुलाई) के भीतर एक बिल पारित कर उसे विधायक का रूप दे दिया गया। इस विधायक के अनुसार दोनों स्वतंत्र उपनिवेशों का गठन 15 अगस्त, 1947 को तय किया गया। इसने भारत का क्षेत्रीय विभाजन तथा पंजाब एवं बंगाल का संगठन निर्धारित किया। इसमें प्रत्येक स्वतंत्र उपनिवेश के लिए गवर्नर जनरल तथा एक विधायिका का प्रावधान था।

तालिका 20.1: कांग्रेस के अधिवेशन

वर्ष	स्थान	अध्यक्ष	टिप्पणी
1885	बंबई	डब्लू. सी. बनर्जी	72 प्रतिनिधि उपस्थित थे।
1886	कलकत्ता	दादाभाई नौरोजी	प्रतिनिधियों की संख्या बढ़कर 436 हो गई।
1887	मद्रास	सैयद बदरुद्दीन तैयबजी	प्रथम मुस्लिम अध्यक्ष
1888	इलाहाबाद	जॉर्ज यूल	प्रथम अंग्रेज अध्यक्ष
1889	बंबई	सर विलियम वेदरबर्न	प्रतिनिधियों की संख्या 1889 हो गई।
1890	कलकत्ता	फिरोजशाह मेहता	
1891	नागपुर	आनंदचालू	
1892	इलाहाबाद	डब्लू. सी. बनर्जी	
1893	लाहौर	दादाभाई नौरोजी	
1894	मद्रास	ए. वेब	
1895	पूना	सुरेंद्रनाथ बनर्जी	
1896	कलकत्ता	एम. रहीमतुल्ला सयानी	
1897	अमरावती	सी. शंकर नायर	
1898	मद्रास	आनंद मोहन बोस	
1899	लखनऊ	रोमेश चंद्र बोस	
1900	लाहौर	एन.जी. चदूवरकर	
1901	कलकत्ता	ई. दिनशॉ वाचा	
1902	अहमदाबाद	सुरेंद्रनाथ बनर्जी	
1903	मद्रास	लालमोहन घोष	
1904	बंबई	सर हेनरी कॉटन	
1905	बनारस	जी. के. गोखले	
1906	कलकत्ता	दादाभाई नौरोजी	'स्वराज्य' शब्द का प्रथम बार प्रयोग अध्यक्ष द्वारा किया गया।
1907	सूरत	रासबिहारी घोष	कांग्रेस का विभाजन एवं सत्र की समाप्ति।
1908	मद्रास	रासबिहारी घोष	कांग्रेस के लिए एक संविधान
1909	लाहौर	मदनमोहन मालवीय	
1910	इलाहाबाद	सर विलियम वेदरबर्न	
1911	कलकत्ता	बिसन नारायण धर	
1912	पटना	आर. एन. मुधालकर	
1913	कराची	सैयद मुहम्मद बहादुर	
1914	मद्रास	भूपेंद्रनाथ बोस	
1915	बंबई	सर एस. पी. सिन्हा	
1916	लखनऊ	ए. सी. मजूमदार	कांग्रेस का मुस्लिम लीग के साथ मिलना
1917	कलकत्ता	श्रीमती ऐनी बेसेंट	प्रथम महिला अध्यक्ष

वर्ष	स्थान	अध्यक्ष	टिप्पणी
1918	बंबई (विशेष)	सैयद हसन इमाम	
1918	दिल्ली	मदनमोहन मालीवय	नरम दल वालों जैसे एस.एन. बनर्जी का त्याग-पत्र
1919	अमृतसर	पंडि मोती लाल नेहरू	
1920	नागपुर	सी. विजय राघवाचार्य	कांग्रेस के संविधान में परिवर्तन
1921	अहमदाबाद	हकीम अजलम खान (कार्यकारी अध्यक्ष)	अध्यक्ष सी.आर. दास जेल में कैद
1922	गया	सी.आर. दास	स्वराज्य पार्टी का गठन
1923	दिल्ली (विशेष)	अबुल कलाम आजाद	सबसे कम उम्र के अध्यक्ष
1923	कोकोनाडा	मोलाना मुहम्मद अली	
1924	बेलगांव	महात्मा गांधी	
1924	कानपुर	श्रीमती सरोजनी नायडू	प्रथम भारतीय महिला अध्यक्ष
1926	गोवाहाटी	श्रीनिवास अयंगर	
1927	मद्रास	एम.ए. अंसारी	जवाहर लाल नेहरू के आग्रह पर पहली बार 'स्वतंत्रता प्रस्ताव' पारित हुआ।
1928	कलकत्ता	मोतीलाल नेहरू	प्रथम अखिल भारतीय युवा कांग्रेस
1929	लाहौर	जवाहर लाल नेहरू	'पूर्ण स्वराज्य' प्रस्ताव
1930	अधिवेशन नहीं हुआ	लेकिन जवाहर लाल नेहरू अध्यक्ष बने रहे	
1931	कराची	वल्लभ भाई पटेल	मूल अधिकारों तथा राष्ट्रीय आर्थिक नीति प्रस्ताव
1932	दिल्ली	आर.डी. अमृतलाल	
1933	कलकत्ता	श्रीमती नलिनी सेनगुप्ता	
1934	बंबई	राजेंद्र प्रसाद	कांग्रेस सोशलिस्ट पार्टी का गठन
1935	अधिवेशन नहीं हुआ	लेकिन राजेंद्र प्रसाद अध्यक्ष बने रहे	
1936	लखनऊ	जवाहर लाल नेहरू	
1937	फैजपुर	जवाहर लाल नेहरू	पहली बार गांव में सत्र हुआ।
1938	हरिपुरा	सुभाष चंद्र बोस	
1939	त्रिपुरी	सुभाष चंद्र बोस	बोस का त्याग-पत्र, राजेंद्र प्रसाद का अध्यक्ष बनना तथा बोस द्वारा 'फॉरवर्ड ब्लॉक' का गठन।
1940	रामगढ़	अबुल कलाम आजाद	
1941-45	अधिवेशन नहीं हुआ	लेकिन आजाद अध्यक्ष बने रहे	
1946	मेरठ	जे.पी. कृपलानी	
1947	दिल्ली	राजेंद्र प्रसाद	

अभ्यास प्रश्न

1. सभी राजनैतिक पार्टियों तथा वर्गों ने, दो को छोड़कर, साइमन कमीशन का विरोध किया। ये दो कौन थे?
(i) हिंदू महासभा (ii) जस्टिस पार्टी
(iii) मुस्लिम लीग (iv) पंजाब यूनियनिस्ट

कूट :
(a) सिर्फ (ii) (b) सिर्फ (iii)
(c) (ii) और (iv) (d) (iii) और (iv)

2. किस पूंजीपति ने अखिल भारतीय कांग्रेस कमेटी के खजांची के पद पर काफी दिनों तक काम किया तथा 1930 में जेल भी गए?
(a) जी.डी. बिड़ला (b) जमनालाल बजाज
(c) जे.आर.डी. टाटा (d) बालचंद हीराचंद

3. प्रेमचंद द्वारा लिखित उपन्यास कौन-से हैं?
(i) *प्रेमाश्रम* (ii) *चार अध्याय*
(iii) *रंगभूमि* (iv) *गोदान*

कूट :
(a) (i), (ii) और (iv) (b) (i) और (iv)
(c) (i), (iii) और (iv) (d) (ii) और (iii)

4. 'दीपावली घोषणा' किसने और कब की?
(a) 1929 में लॉर्ड इरविन ने
(b) 1940 में लॉर्ड लिनलिथगो ने
(c) 1930 में गांधी ने
(d) 1941 में सुभाषचंद्र बोस ने

5. किसने कहा?–"मुस्लिम सुरक्षा मांग कर मूर्खता कर रहे हैं तथा हिंदू उसे अस्वीकार कर उससे बड़ी मूर्खता कर रहे हैं?"
(a) जवाहरलाल नेहरू (b) अबुल कलाम आजाद
(c) मुहम्मद अली (d) सुभाष बोस

6. किसने कहा?–"यह अनुशासित अराजकता समाप्त होनी चाहिए और इसके चलते अगर पूर्णत: अव्यवस्था छाए तो मैं वह खतरा भी उठा सकता हूं।"
(a) जवाहरलाल नेहरू (b) गांधी
(c) राजगोपालाचारी (d) वल्लभभाई पटेल

7. फेडरेशन ऑफ इंडियन चैंबर्स ऑफ कॉमर्स एंड इंडस्ट्री (फिक्की) की स्थापना कब हुई?
(a) 1905 (b) 1907
(c) 1917 (d) 1927

8. इंडियन मुस्लिम लीग द्वारा प्रकाशित अखबार का क्या नाम है?
(a) *कौम* (b) *इंकलाब*
(c) *स्टार ऑफ इंडिया* (d) *बॉम्बे क्रॉनिकल*

9. निम्नलिखित को सुमेलित कर दिए गए कूटों से उत्तर चुनें–

	तालिका-I	तालिका-II
A.	स्वराज पार्टी की स्थापना	(i) 1922
B.	अखिल भारतीय युवा कांग्रेस की पहली बैठक	(ii) 1925
C.	राष्ट्रीय स्वयं सेवक संघ की स्थापना	(iii) 1927
D.	अखिल भारतीय स्टेट्स पीपुल्स कॉन्फ्रेंस का प्रथम अधिवेशन	(iv) 1928

कूट :

	A	B	C	D
(a)	(ii)	(iv)	(iii)	(i)
(b)	(i)	(ii)	(iv)	(iii)
(c)	(i)	(iv)	(ii)	(iii)
(d)	(ii)	(i)	(iii)	(iv)

10. निम्नलिखित को सुमेलित करें–

	तालिका-I	तालिका-II
A.	साइमन कमीशन की नियुक्ति	(i) लॉर्ड रीडींग
B.	1935 का गवर्नमेंट ऑफ इंडिया एक्ट	(ii) लॉर्ड इरविन
C.	रौलेट एक्ट की वापसी	(iii) लॉर्ड वेलिंगडन
D.	क्रिप्स मिशन	(iv) लॉर्ड लिनलिथगो

कूट :

	A	B	C	D
(a)	(ii)	(iii)	(i)	(iv)
(b)	(i)	(iii)	(ii)	(iv)
(c)	(iii)	(i)	(iv)	(ii)
(d)	(ii)	(iv)	(iii)	(i)

11. कौन-सा युग्म सुमेलित है?

(a) अखिल भारतीय किसान सभा की स्थापना–1935
(b) कांग्रेस समाजवादी पार्टी की स्थापना–1934
(c) फॉरवर्ड ब्लॉक की स्थापना–1936
(d) भारतीय कम्युनिस्ट पार्टी की स्थापना–1939

12. इनमें से कौन सुमेलित है?

	तालिका-I	**तालिका-II**
(i)	बर्मा भारत से (प)ृथक्	लॉर्ड रीडिंग
(ii)	भारतीय राजय आयोग की स्थापना	लॉर्ड इरविन
(iii)	भारत एवं इंग्लैंड में एक साथ आई.सी.एस. की परीक्षा	लॉर्ड वेलिंगडन
(iv)	अगस्त घोषण	लॉर्ड लिनलिथगो

कूट :

(a) (i) और (ii) (b) (ii) और (iii)
(c) (ii) और (iv) (d) (iii) और (iv)

13. निम्न तालिकाओं पर ध्यान दें–

	तालिका-I	**तालिका-II**
(i)	मोतीलाल नेहरू की मृत्यु	1925
(ii)	लाजपत राय की मृत्यु	1928
(iii)	सी.आर. दास की मृत्यु	1931
(iv)	रवींद्रनाथ टैगोर की मृत्यु	1941

इनमें से कौन सुमेलित है? उत्तर निम्न कूटों से चुनें–

(a) (i) और (ii) (b) (i) और (iii)
(c) (ii) और (iv) (d) (iii) और (iv)

14. निम्न तालिकाओं पर ध्यान दें–

	तालिका-I		**तालिका-II**
A.	नागपुर अधिवेशन (1920)	(i)	कांग्रेस के संविधान में परिवर्तन
B.	मद्रास अधिवेशन (1927)	(ii)	छह वर्षों बाद गांधी की सक्रिय राजनीति में वापसी
C.	कलकत्ता अधिवेशन (1928)	(iii)	जवाहरलाल नेहरू के आग्रह पर सर्वप्रथम स्वतंत्रता का प्रस्ताव पारित।
D.	लाहौर अधिवेशन (1929)	(iv)	मौलिक अधिकारों तथा राष्ट्रीय आर्थिक नीति का प्रस्ताव
E.	कराची अधिवेशन (1931)	(v)	पूर्ण स्वराज प्रस्ताव

कूट :

	A	**B**	**C**	**D**	**E**
(a)	(i)	(ii)	(iii)	(v)	(iv)
(b)	(iv)	(ii)	(iii)	(v)	(iv)
(c)	(i)	(iii)	(ii)	(v)	(iv)
(d)	(iv)	(iii)	(ii)	(v)	(iv)

15. दिए गए कूटों से निम्न तालिकाओं का सुमेल प्राप्त करें–

	तालिका-I		**तालिका-II**
A.	प्रथम गोलमेज अधिवेशन	(i)	लॉर्ड रीडिंग
B.	भारतीय सेना में अधिकारी वर्ग का भारतीयकरण	(ii)	लॉर्ड इरविन
C.	कैबिनेट मिशन योजना	(iii)	लॉर्ड लिनलिथगो
D.	प्रांतों में कांग्रेस सरकारों का गठन	(iv)	लॉर्ड वैवेल

कूट :

	A	**B**	**C**	**D**
(a)	(ii)	(i)	(iv)	(iii)
(b)	(i)	(ii)	(iv)	(iii)
(c)	(ii)	(i)	(iii)	(iv)
(d)	(iii)	(iv)	(i)	(ii)

16. निम्नलिखित को कालक्रमानुसार सजाएं–

(i) द्वितीय गोलमेज सम्मेलन
(ii) गांधी-इरविन समझौता
(iii) कम्युनल अवॉर्ड
(iv) तृतीय गोलमेज सम्मेलन
(v) पूना पैक्ट

कूट:

(a) (ii), (i), (iv), (v) और (iii)
(b) (ii), (i), (iv), (iii) और (v)
(c) (ii), (iii), (i), (iv) और (v)
(d) (ii), (i), (iv), (iii) और (v)

17. निम्नलिखित को ऐतिहासिक कालक्रमानुसार सजाएं–

(i) सुभाषचंद्र बोस का भारत से पलायन।
(ii) मुस्लिम लीग द्वारा 'मुक्ति दिवस' मनाना।
(iii) कांग्रेस सरकारों का त्याग-पत्र।

(iv) मुस्लिम लीग का अलग मुस्लिम राज्य के लिए लाहौर प्रस्ताव।

(v) कांग्रेस का 'भारत छोड़ो' प्रस्ताव।

कूट :

(a) (iii), (iv), (ii), (i) और (v)

(b) (iii), (i), (ii), (iv) और (v)

(c) (iii), (ii), (iv), (i) और (v)

(d) (iii), (iv), (i), (ii) और (v)

18. निम्नलिखित घटनाओं का घटनाक्रम क्या है?

(i) शिमला सम्मेलन

(ii) आजाद हिंद फौज की स्थापना

(iii) गांधी-जिन्ना वार्ता

(iv) नौसेना विद्रोह

(v) आई.एन.ए. सुनवाई

कूट :

(a) (i), (iii), (ii), (iv) और (v)

(b) (ii), (iii), (i), (v) और (iv)

(c) (ii), (i), (iv), (iii) और (v)

(d) (i), (iii), (ii), (v) और (iv)

19. निम्नलिखित घटनाओं का घटनाक्रम क्या है?

(i) कांग्रेस द्वारा अंतरिम सरकार की स्थापना।

(ii) कैबिनेट मिशन।

(iii) मुस्लिम लीग द्वारा डायरेक्ट एक्शन डे।

(iv) लॉर्ड वैवेल का वापस बुलाया जाना तथा वायसराय के रूप में लॉर्ड माउंटबेटन की नियुक्ति।

(v) मुस्लिम लीग अंतरिम सरकार में शामिल।

कूट :

(a) (ii), (iii), (i), (v) और (iv)

(b) (ii), (i), (iii), (iv) और (v)

(c) (ii), (iii), (i), (iv) और (v)

(d) (ii), (i), (iii), (v) और (v)

20. निम्नलिखित वायसरायों को कालक्रमानुसार सजाएं–

(i) लॉर्ड लिनलिथगो (ii) लॉर्ड इरविन

(iii) लॉर्ड वेलिंगटन (iv) लॉर्ड वैवेल

(v) लॉर्ड रीडिंग

कूट :

(a) (ii), (iii), (v), (i) और (iv)

(b) (v), (iii), (ii), (i) और (iv)

(c) (v), (ii), (iii), (i) और (iv)

(d) (ii), (v), (iii), (i) और (iv)

कथन एवं तर्क

निर्देश:

अगर 'कथन' सत्य है, पर 'तर्क' गलत है तो (a) अंकित करें।

अगर 'कथन' गलत है पर 'तर्क' सत्य है तो (b) अंकित करें।

अगर 'कथन' एवं 'तर्क' सत्य हैं तथा 'तर्क' 'कथन' की व्याख्या करता है तो (c) अंकित करें।

अगर 'कथन' एवं 'तर्क' सत्य हैं पर 'तर्क' 'कथन' की व्याख्या नहीं करता है तो (d) अंकित करें।

21. ***कथन:*** गांधी का सत्याग्रह सत्य एवं अहिंसा के सिद्धांतों पर आधारित था।

तर्क: सत्याग्रह का शाब्दिक अर्थ सत्य के लिए आग्रह है।

22. ***कथन:*** गांधी के अनुसार सविनय अवज्ञा राजनैतिक आंदोलन का अतिवादी रूप है।

तर्क: गांधी के वियार से सविनय अवज्ञा शस्त्र विद्रोह से अधिक शक्तिशाली एवं खतरनाक हो सकता है।

23. ***कथन:*** वह विधेयक, जो बाद में रौलेट एक्ट बना, उसका विरोध केंद्रीय विधायिका परिषद के प्रत्येक गैर-सरकारी सदस्य ने किया था।

तर्क: इस विधेयक ने किसी भी व्यक्ति को बिना सुनवाई के कैद करने का सरकार को अधिकार देने का प्रस्ताव किया था।

24. ***कथन:*** असहयोग आंदोलन की एक महत्वपूर्ण विशेषता थी, मजदूरों द्वारा बड़ी संख्या में हड़ताल किया जाना।

तर्क: गांधी ने भी असहयोग आंदोलन के कई कार्यक्रमों में हड़ताल को शामिल किया था।

25. ***कथन:*** असहयोग आंदोलन के दौरान इतिहास में सर्वप्रथम भारतीय राष्ट्रीय आंदोलन को वास्तविक जनाधार प्राप्त हुआ।

तर्क: असहयोग आंदोलन में किसानों तथा मजदूरों ने बड़ी संख्या में भाग लिया।

26. ***कथन:*** गांधी ने जनवरी 1930 के लॉर्ड इरविन को दिए ग्यारह सूत्री अंतिम मांगपत्र को कई कांग्रेसियों ने पूर्ण स्वराज के प्रस्ताव से एक दुःखद वापसी माना।

तर्क: अन्य बातों के अलावा इसमें पूर्ण स्वराज की नहीं, बल्कि 'स्वतंत्र उपनिवेश' की मांग की गई थी।

27. ***कथन:*** फेडरेशन ऑफ इंडियन चैंबर्स ऑफ कॉमर्स एंड इंडस्ट्री (फिक्की) ने सविनय अवज्ञा आंदोलन का विरोध किया।

तर्क: जी.डी. बिड़ला ने असहयोग आंदोलन के लिए एक से पाँच लाख रुपए दिए।

28. ***कथन:*** द्वितीय गोलमेज सम्मेलन कुछ भी प्राप्त करने में असफल रहा।

तर्क: अंग्रेजों ने भगत सिंह तथा उसके सहयोगियों के मृत्युदंड की सजा को आजीवन कारावास में बदलने से इनकार कर दिया तथा उनको फांसी दे दी।

29. ***कथन:*** गांधी ने रैम्से मैकडॉनाल्ड के 'कम्युनल अवॉर्ड' के विरोध में येरावदा जेल में आमरण अनशन किया।

तर्क: अन्य बातों के अलावा 'कम्युनल अवॉर्ड' में अस्पृश्यों के लिए अलग चुनाव क्षेत्रों की प्रस्तावना थी।

30. ***कथन:*** सविनय अवज्ञा आंदोलन नारी मुक्ति की दिशा में एक महत्वपूर्ण कदम था।

तर्क: सविनय अवज्ञा आंदोलन में काफी बड़ी संख्या में महिलाओं ने हिस्सा लिया।

31. ***कथन:*** सी. राजगोपालाचारी तथा भूलाभाई देसाई ने जुलाई 1942 में कांग्रेस से त्याग-पत्र दे दिया।

तर्क: युद्ध के दौरान आंदोलन प्रारंभ किए जाने के प्रश्न पर उनका गांधी से मतभेद हो गया।

32. ***कथन:*** अगस्त विद्रोह अथवा 1942 के विद्रोह का सर्वाधिक प्रभाव पूर्वी उत्तर प्रदेश एवं उत्तरी पश्चिमी बिहार में देखा गया।

तर्क: विद्रोह के पूर्व उत्तर प्रदेश तथा बिहार में अंग्रेजी फौजों का जमाव सर्वाधिक था।

33. ***कथन:*** अस्पृश्यता का मुकाबला करने के लिए गांधी ने 1932 में एक अखिल भारतीय अस्पृश्यता विरोधी लीग का गठन किया।

तर्क: अस्पृश्यता के विरुद्ध अभियान हेतु उन्होंने 1933 में एक *'यंग इंडिया'* नामक समाचार-पत्र का प्रकाशन प्रारंभ किया।

34. ***कथन:*** लिनलिथगो ने 'अगस्त घोषणा' में भारत को शीघ्र 'स्वतंत्र उपनिवेश का दर्जा' दिए जाने का प्रस्ताव किया।

तर्क: कांग्रेस ने इस प्रस्ताव को अस्वीकार कर दिया तथा गांधी ने व्यक्तिगत सत्याग्रह प्रारंभ किया जिसमें विनोबा भावे पहले तथा नेहरू दूसरे सत्याग्रही थे।

35. ***कथन:*** कांग्रेस ने 1939 के त्रिपुरा अधिवेशन में पट्टाभि सीमारमैय्या को अध्यक्ष के पुनः चुनाव में सुभाषचंद्र बोस ने पराजित किया।

तर्क: पट्टाभि सीतारमैय्या को इस चुनाव में गांधी का समर्थन प्राप्त था।

उत्तरमाला

1. (c)	2. (b)	3. (c)	4. (a)	5. (b)	6. (b)	7. (d)
8. (c)	9. (c)	10. (a)	11. (b)	12. (c)	13. (b)	14. (c)
15. (a)	16. (d)	17. (c)	18. (b)	19. (a)	20. (c)	21. (d)
22. (c)	23. (c)	24. (a)	25. (c)	26. (a)	27. (b)	28. (d)
29. (c)	30. (c)	31. (c)	32. (a)	33. (a)	34. (b)	35. (d)

अध्याय 21

स्वतंत्र भारत (1964 तक)

घटनाक्रम 1947-64

15 अगस्त 1947	:	भारत ब्रिटेन की आधीनता से स्वतंत्र हुआ, जवाहर लाल नेहरू भारत के प्रथम प्रधानमंत्री बने।
अक्टूबर 1947	:	कश्मीर के महाराजा कश्मीर को भारत के साथ मिलाने को तैयार
नवंबर 1947	:	जॉन मथाई ने स्वतंत्र भारत का प्रथम रेल बजट प्रस्तुत किया
जनवरी 1947	:	भारतीय रिजर्व बैंक का राष्ट्रीयकरण
30 जनवरी, 1947	:	महात्मा गांधी की नई दिल्ली में हत्या
सितंबर 1947	:	भारतीय सेना हैदराबाद राज्य में घुसी
नवंबर 1948	:	बी.आर.अंबेडकर ने संविधान का पहला प्रारूप संविधान सभा में पेश किया
1 जनवरी, 1947	:	संयुक्त राष्ट्र के तहत कश्मीर में युद्ध विराम
सितंबर 1949	:	रुपये का लगभग 31 प्रतिशत अवमूल्यन
26 नवंबर, 1949	:	भारत का नया संविधान स्वीकार हुआ
26 जनवरी, 1950	:	भारत का संविधान प्रयोग में लाया गया
मार्च 1950	:	योजना आयोग बना
जुलाई 1951	:	प्रथम पंचवर्षीय योजना का शुभारंभ
21 फरवरी, 1952	:	प्रथम सामान्य चुनाव
1952	:	बंबई में परमाणु ऊर्जा संस्थान स्थापित किया गया; चंदेरनगर का भारत में विलय
1953	:	निजी एयरलाइन का राष्ट्रीयकरण; चंडीगढ़ पंजाब की राजधानी बना
29 दिसंबर 1953	:	राज्यों का पुनर्गठन कमीशन बना
अप्रैल 1954	:	भारत चीन के बीच संधि
जुलाई 1954	:	नेहरू ने भाखडा बांध (डैम) का शुभारंभ किया
दिसम्बर 1954	:	इम्पीरियल बैंक का नाम स्टेट बैंक ऑफ इंडिया रखा गया
1955	:	चीन की सेना भारत के उत्तर प्रदेश के गढ़वाल जिले में घुसी
18 मई, 1955	:	हिंदू मैरेज एक्ट में संशोधन
1 जून, 1955	:	अस्पृश्यता कानून प्रयोग में आया
1956	:	दूसरी पंचवर्षीय योजना
जनवरी 1956	:	बीमा कंपनियों का राष्ट्रीयकरण
17 जून 1956	:	हिंदू सक्सेशन एक्ट

24 फर.-9 जून, 1957	:	दूसरे सामान्य चुनाव
सितंबर 1957	:	सम्पत्ति कर बिल पारित हुआ
फरवरी 1958	:	वित्त मंत्री टी.टी. कृष्णामाचारी ने मुद्रा एल.आई.सी. घोटाले के कारण त्याग-पत्र दिया
1959	:	तेल एवं प्राकृतिक गैस कॉरपोरेशन का गठन; दूरदर्शन प्रसारण नई दिल्ली में शुरू; भारत-पुर्तगाल विवाद
मार्च 1959	:	दलाई लामा तिब्बत छोड़कर भारत आए
अक्टूबर 1959	:	अक्साई चिन के मुद्दे पर चीन के साथ सैनिक टकराव
19 अप्रैल, 1960	:	अफ्रीकी-एशियाई देशों की नई दिल्ली में कॉन्फ्रेंस
1960	:	बंबई प्रेसीडेंसी का विभाजन कर महाराष्ट्र तथा गुजरात राज्यों का निर्माण
21 जनवरी, 1961	:	रानी एलिजाबेथ का नई दिल्ली में आगमन
19 दिसंबर, 1961	:	गोवा मुक्त हुआ
16 फर.-6 जून, 1962	:	तीसरे सामान्य चुनाव
अक्टूबर 1962	:	भारत-चीन युद्ध
जनवरी 1963	:	सोना नियंत्रण आदेश प्रभावी बना
10 अगस्त, 1963	:	कामराज प्लान
27 मई, 1964	:	जवाहर लाल नेहरू का निधन
9 जून, 1964	:	लाल बहादुर शास्त्री प्रधानमंत्री बने

21.1 प्रस्तावना

नये भारत को आजादी मध्य रात्रि को मिली। जैसे ही 14 अगस्त, 1947 की मध्य रात्रि नजदीक आई, भारत के पहले प्रधानमंत्री बनने वाले नेहरू ने कुछ शब्द कहे, ''काफी वर्ष पहले, हमने अपने भाग्य से एक समझौता किया था, और अब वह समय आ गया है जब हमें अपनी प्रतिज्ञा को न केवल पूरे अर्थों और शब्दों में बल्कि बहुत मजबूती के साथ साकार करना है। इस मध्य रात्रि के क्षण में, जब सारा विश्व सो रहा होगा, भारत अपने जीवन की स्फुरण शक्ति के साथ जागेगा और आजादी.... एक ऐसा अवसर जो इतिहास में असामान्य अवसर है जब हम एक पुराने से नूतन व्यवस्था, जब एक युग का अंत होता है, और जब राष्ट्र की आत्मा, जो सदियों से दब गई थी, कुछ बोलने को अग्रसर होगी..... हमें आजाद भारत के उस सुनहरे महल का निर्माण करना है जहां हमारे बच्चे आनंदपूर्वक रह सकें।''

अच्छे शब्द और ऊंची महत्वाकांक्षाएं। नेहरू ने इन शब्दों से श्रोताओं को भावपूर्ण कर दिया लेकिन आगे वाली कठिन परिस्थितियों से वे परिचित थे जो एक पहाड़ के समान खड़ी थीं। हम तात्कालिक परिस्थितियों पर यदि एक नजर डालें तो पाएंगे कि उस समय की स्थिति अच्छी नहीं थी। एक विशाल तथा गरीब देश, जिसकी आर्थिक स्थिति बदतर है, जो अपने आपको खिलाने में असमर्थ है, जिसके ज्यादातर लोग अशिक्षित हैं जो जाति तथा धर्म के नाम पर विभाजित हैं, जिसकी जनसंख्या 350 लाख के लगभग है और शीघ्र ही एक भयावह स्थिति में तब्दील होने वाली है और इन सबके साथ पाकिस्तान का निर्माण, एक बड़े हिस्से का इस उप-महाद्वीप से टूट जाना, एकीकृत भारत का सपना तोड़ गया।

प्रजातांत्रिक सरकार का गठन

भारत प्राकृतिक संपदा तथा मानव संसाधन में धनी था। अंग्रेजों ने रेल की एक ठोस तथा व्यापक व्यवस्था छोड़ी थी। न्यायिक तथा कानून व्यवस्था सुचारू रूप से प्रभावी थी। सिविल सेवा को आदरपूर्वक देखा जाता था। इसके अलावा ब्रिटेन की संसदीय व्यवस्था पर आधारित सरकार भारत को मिली थी। भारतीय बुद्धिजीवी तथा राजनीतिज्ञों ने इस व्यवस्था को पसंद किया और थोड़ा-बहुत संशोधन कर इसे अपनाया। 26 जनवरी, 1950 को भारत ने अपनी पहचान ब्रिटेन के अधीनस्थ कॉमनेवल्थ की एक सदस्य देश से हटाकर एक संपूर्ण संप्रभु राष्ट्र के रूप में बनाई लेकिन यह बात अलग है कि भारत आज भी राष्ट्रमण्डल (कॉमनवैल्थ) का सदस्य है। उसी वर्ष भारत का संविधान भी लागू हुआ। नेहरू तथा उनके सहयोगियों की विचारधारा को आगे बढ़ाते हुए इस संविधान ने भारत को एक ''प्रजातांत्रिक समाजवादी धर्मनिरपेक्ष गणतंत्र'' के रूप में परिभाषित किया। इनमें से सभी उद्देश्यों का एक विशेष महत्व है क्योंकि इन्होंने भारत को नई दिशा दी और आज हम जो भी हैं–अच्छे या बुरे–वह इसी की देन हैं। आधुनिक भारत के निर्माताओं ने प्रजातंत्र को यहां के नागरिकों की अभिव्यक्ति की स्वतंत्रता तथा मतदान स्वतंत्रता के रूप में देखा। इस नए राष्ट्र की धर्मनिरपेक्षात्मक प्रकृति ने सभी धर्मों तथा उनके अनुयायियों को समानता का अधिकार दिया जबकि यहां बहुसंख्यक हिंदू हैं।

हितकारिणी समाजवाद, नियंत्रित पूंजीवाद

समाजवादी दृष्टिकोण को परिभाषित करना तथा अपनाना काफी कठिन था। कांग्रेस पार्टी भी उस समय समाजवाद को पूर्णतया अपनाने में परेशानी महसूस कर रही थी। 1950 के दशक में जब पार्टी में वामपंथी विचारों का प्रभाव था, इसके समर्थन में खुले स्वर में बोलने वाला एक छोटा समूह था। प्रधानमंत्री नेहरू स्वयं ही एक फेबियन थे जिनकी प्रजातांत्रिक समाजवादी सोच 1920 और 1930 के दशक की घटनाओं से प्रभावित थी। लेकिन नेहरू ने मार्क्सवादी-साम्यवादी नीतियों के कारण राजनीतिक अधिकारों में हुए पतन तथा उनका दुरुपयोग भी देखा था और साथ ही सोवियत संघ में हुए आर्थिक विकास को भी। इसलिए उन्होंने समाजवाद को एक नए ढंग से परिभाषित किया जिसमें पूंजीवाद का प्रयोग केंद्रीय सरकार के अधीन राष्ट्रीय हित में रखकर होगा, ऐसा निश्चित किया गया।

विस्तृत सार्वजनिक संस्थान, जो नेहरू का सपना था यद्यपि आदर्श के स्तर पर अच्छा था किंतु अंत में इसने अनेक समस्याओं को जन्म दिया। व्यवस्था के अंदर व्याप्त लाल फीताशाही, अकर्मण्यता तथा भ्रष्टाचार अपनी चरम सीमा पर पहुंच गया। सरकार नियंत्रित उद्योग-धंधे जिन्हें प्रतिस्पर्द्धा से बचाया गया था, अकर्मक बन गए और घटिया स्तर का सामान पैदा करने लगे। जो भी थोड़ी-सी पूंजी बची थी उनका प्रयोग सार्वजनिक निकायों में होने वाली हानि की पूर्ति में लगाया गया। भ्रष्टाचार प्रशासन के हर स्तर पर व्याप्त होने लगा।

भारत की गुटनिरपेक्ष नीति

आर्थिक तथा सामाजिक नीति निर्माण के प्रति सजगता के साथ-साथ नेहरू का ज्यादा झुकाव कूटनीति तथा अंतर्राष्ट्रीय नीति के प्रति था। मिस्त्र के राष्ट्राध्यक्ष नासिर और युगोस्लाविया के राष्ट्रपति टीटो के साथ मिलकर 1950 के दशक में नेहरू ने गुटनिरपेक्ष आंदोलन की शुरूआत की जिसके सदस्यों ने यह प्रतिज्ञा ली कि शीतकालीन युद्ध में वे किसी भी पक्ष का साथ नहीं देंगे।

नेहरू ने गुटनिरपेक्ष दर्शन को शांति बहाल करने वाली शक्ति के रूप में देखा तथा महात्मा गांधी के आदर्शों को लड़ाई की विभीषिकाओं पर विजय पाने के रूप में देखा। लेकिन अमेरिका तथा इसके सहयोगी देशों ने भारत को वाशिंगटन की तुलना में मास्को के ज्यादा नजदीक पाया।

इसके बाद प्रश्न था- सहयोग धनराशि का। भारत संयुक्त राज्य अमेरिका से जहाजों भरा अनाज यहां की भुखमरी तथा अकाल वाली स्थिति से निपटने के लिए लेता था। इसलिए वाशिंगटन तकनीकी तथा औद्योगिक सहायता देने से हिचकिचाता रहा, जिसके कारण नई दिल्ली मास्को के नजदीक आई। 1960 के दशक में सोवियत संघ की सहायता से भारत में स्टील तथा अन्य कई बड़े-बड़े प्रोजेक्ट्स स्थापित किए। भारत ने मिलिट्री साज सज्जा तथा युद्ध पोत मास्को से खरीदे। इन आर्थिक तथा सैनिक गठबंधनों ने अमेरिका के मन में भारत के प्रति संदेह पैदा किया और इसके कारण विश्व के इन दो बड़े प्रजातांत्रिक देशों के बीच संबंध में दुराव आया। नेहरू की विदेश नीति में सबसे बड़ा संक्रमण काल या सबसे बड़ी भूल पश्चिमी देशों के साथ नहीं बल्कि भारत के उत्तर-पूर्व पड़ोसी देश चीन के साथ हुई। वर्षों से दोनों देश दो सीमावर्ती क्षेत्रों को लेकर आपस में तनावपूर्ण स्थिति में रहे हैं-पहला क्षेत्र अक्साई चीन का है जहां कश्मीर चीन से मिलता है और दूसरा क्षेत्र उतना ही सुदूर पर्वतीय है जो उत्तर-पूर्व भारत के नाम से जाना जाता है। इस विवाद को सुलझाने के लिए अनेक कूटनीतिक प्रयास किए गए और भारत सरकार ने इसे आधिकारिक तौर पर 'हिंदी चीनी भाई-भाई' का नारा भी दिया लेकिन 1962 में जब यह सीमा विवाद पूर्णरूप से एक युद्ध में परिवर्तित हो गया तब असलियत का मुखौटा सामने आया। चीन की सेना ने बहुत बड़ी संख्या में भारत के उत्तर-पूर्व सीमा से प्रवेश किया और भारतीय सेनाओं पर अपना अभूतपूर्व दबाव बनाया।

अपनी ध्येय की प्राप्ति के पश्चात् चीन ने शीघ्र ही अपनी सेना वापस बुला ली। इस प्रकरण में भारत की अस्मिता पर प्रश्न चिन्ह लग गया और इसकी सेना पूर्णतः हिल गई। महत्वपूर्ण संसाधनों को युद्ध की स्थिति से निपटने के लिए अलग दिशा में उस समय मोड़ना पड़ा जब कि पिछले दो वर्षों से खराब पैदावार हुई इन सबने मिलकर भारत की आर्थिक बदहाली की तथा तीसरी पंचवर्षीय योजना को फलीभूत होने से रोका। तेजी से बढ़ती हुई जनसंख्या ने स्थिति को और भी गंभीर बनाया और अब तक जो भी आर्थिक विकास हुआ था उसको भी इस जनसंख्या ने नकारात्मक स्थिति में बदलना चाहा।

जवाहर लाल नेहरू कभी भी इस सदमे से बाहर नहीं निकल पाए, जो बाद में ''हिमालय जैसी बड़ी-भूल'' के नाम से जाना गया। उनकी मृत्यु मई 1964 में हुई। उनकी मृत्यु आज भी चर्चा का विषय बनी हुई है। उनके लाखों प्रशंसक उनकी भारत के प्रति निष्ठा और प्रेम तथा उनकी उदारवादी विचारधारा की ओर इंगित करते हैं, जबकि उनके आलोचक उनके द्वारा अपनाई गई आर्थिक नीतियों से उत्पन्न दुर्दशा (वे नीतियां जिनका दूरगामी परिणाम भारत को काफी लंबे समय तक भुगतना पड़ेगा) की ओर इशारा करते हैं।

21.2 नया गणतंत्र तथा 1950 का संविधान

संविधान का निर्माण

संविधान सभा पहली बार 9 दिसंबर, 1946 को नई दिल्ली के कॉन्सटीट्यूशन हॉल में हुई जो आजकल सेंट्रल हॉल ऑफ पार्लियामेंट के नाम से जाना जाता है। इसमें 207 सदस्य, जिनमें 9 महिलायें भी थीं, उपस्थिति थे। सभा का शुभारंभ 11 बजे सुबह डॉ. सचिदानंद सिन्हा की प्रस्तावना भाषण तथा आचार्य कृपलानी की कार्यकारी अध्यक्षता के बीच हुआ।

संविधान सभा ने लगभग पूरे तीन वर्ष (दो वर्ष, ग्यारह माह और सत्तरह दिन) स्वतंत्र भारत के संविधान के निर्माण में लगाए। इस दौरान सभा ने 165 दिनों में 11 सत्र पूरे किए। इनमें 114 दिन ड्राफ्ट कॉन्स्टीट्यूशन (संविधान के मुख्य उदेश्य इत्यादि) के लिखने में लगा।

संविधान सभा का गठन केबिनेट मिशन के द्वारा दर्शाए गए सुझावों के मुताबिक प्रांतीय विधान सभाओं द्वारा निर्वाचित सदस्यों के मिलने से हुआ। यह व्यवस्था इस प्रकार थी– (i) 292 सदस्यों का निर्वाचन प्रांतीय विधान सभाओं से होना था, (i) 93 सदस्य इंडियन प्रिंसली स्टेट्स से मनोनीत थे, (iii) 4 सदस्य चीफ कमिशनर्स प्रॉमिन्सेस के मनोनीत सदस्य थे। संविधान सभा की कुल सदस्य संख्या 389 होनी थी। लेकिन माउंटबेटन प्लान (3 जून, 1947) के तहत बंटवारे के कारण पाकिस्तान के लिए एक अलग संविधान सभा का गठन किया गया जिसके कारण कुछ प्रांतों के प्रतिनिधि भारत की संविधान सभा के सदस्य बनने से वंचित रह गए। अंततः संविधान सभा की सदस्य संख्या घटकर 299 हो गई।

13 दिसंबर, 1946 को जवाहर लाल नेहरू ने लक्ष्य संकल्प (objective resolution) का प्रस्ताव रखा। इसे संविधान सभा ने बिना किसी मतभेद के 22 जनवरी, 1947 को पारित किया। 14 अगस्त, 1947 की मध्य रात्रि में सभा ने कॉन्सटीट्यूशन हॉल में बैठक की और उसी रात से इसका एक अन्य नाम लेजिस्लेटिव एसेंबली ऑफ इंडिपेंडेंट इंडिया रखा गया। 29 अगस्त, 1947 को संविधान सभा ने बी. आर. अंबेडकर के सभापतित्व में ड्राफ्टिंग कमेटी का गठन प्रारुप संविधान बनाने के लिए किया। प्रारुप संविधान पर अपना विचार देने के साथ ही साथ संविधान सभा ने 2,473 संशोधनों पर तर्क-वितर्क कर उसको अपनाया या निरस्त किया जबकि कुल संशोधनों की संख्या 7,635 थी।

भारत का संविधान 26 नवंबर, 1949 को स्वीकार किया गया इसके सदस्यों ने अपने हस्ताक्षर 24 जनवरी, 1950 तक किए। कुल मिलाकर 284 सदस्यों ने हस्ताक्षर किए।

भारत का संविधान 26 जनवरी, 1950 से प्रभावी हुआ। उस दिन संविधान सभा का अस्तित्व खत्म हुआ और यह तब तक प्रोवीजनल पार्लियामेंट ऑफ इंडिया के नाम से जाना गया जब तक नयी संसद का गठन 1952 में नहीं हो गया।

भारत का संविधान, 1950

संविधान के प्रारूप निर्माताओं ने यह प्रयास किया कि इसमें ''ब्रिटेन की संसदीय संप्रभुता का सिद्धांत तथा अमेरिका की न्यायिक सर्वोच्चता के सिद्धांत'' में उपस्थित अच्छे तथ्यों का समावेश हो। भारतीय संविधान ने संसद को केंद्रीय भूमिका में रखा है लेकिन मूलभूत अधिकार संसद के अधिकारों पर अंकुश लगाते हैं। इस प्रकृति के सकारात्मक मूलभूत अधिकारों को संविधान में समाविष्ट किया गया है ये सिर्फ सरकार के कार्यकलापों पर अंकुश लगाते हैं। इनके उल्लंघन होने पर संसदीय तथा न्यायिक उपाय संभव हैं।

अमरीकी मॉडल से भिन्न, अधिकारों का सिद्धांत जो भारतीय संविधान को प्रेरित करता है, व्यक्तिगत अधिकारों के अलावा समुदायों तथा समूहों के अधिकारों को एक विशेष भूमिका देता है। अधिकारों पर लगने वाले अंकुशों का भी संविधान में समावेश किया गया है, जिनका सबसे अधिक महत्व इन अधिकारों की व्याख्या तथा प्रयोग के समय होता है। भारतीय संविधान में उन भाषाओं का भी समावेश है जो अंकुशों पर लगते हैं क्योंकि बहुत-से अनुच्छेद मौलिक अधिकारों को परिभाषित करते हैं। अधिकारों पर लगने वाले अंकुश इस प्रकार विशेष रूप से परिभाषित हैं न

कि सामान्य रूप से लिखे गए हैं, जबकि विश्व के किसी भी अधिकार-संबंधित संविधान में ऐसा प्रावधान नहीं है। उदाहरण के तौर पर अनुच्छेद 19 को देखें जो पहले भाग में दिए गए स्वतंत्रता के मौलिक अधिकारों की चर्चा करता है और इसके दूसरे भाग से छठे भाग तक इन अधिकारों पर लगाए गए अंकुशों का वर्णन है। इन प्रावधानों के द्वारा संविधान के प्रारूपकर्ताओं ने पुलिस को दिए जाने वाले अधिकारों की चर्चा की तथा अधिकारों पर लगने वाले अन्य अंकुशों की जिन्हें अमेरिका के न्यायालयों ने मुकदमों के आधार पर चित्रित किया।

संविधान प्रदत्त अधिकारों का स्रोत अमरीकी संविधान तथा फ्रांस की 1789 की घोषणा के साथ ही भारतीय लोगों की सामाजिक आवश्यकताएं तथा समस्याएं भी हैं। उदाहरणस्वरूप, भारत और पाकिस्तान के विभाजन के कारण उत्पन्न परिस्थिति के कारण नागरिकता के प्रश्न पर विशेष प्रावधानों का उल्लेख है। कुछ अधिकारों का प्रयोग समाज की जाति व्यवस्था से उत्पन्न विकारों तथा हिंदू-मुस्लिम वैमनस्यता को कम करने के लिए किया गया है।

भारतीय संविधान में दोनों तरह के अधिकार-नागरिक, राजनीतिक तथा आर्थिक व सामाजिक अधिकार समाहित हैं। इनमें से बहुत-से आर्थिक तथा सामाजिक अधिकार ''निदेशक सिद्धांत'' में रखे गए हैं। अनुच्छेद 37 के अंतर्गत सरकार (कार्यपालिका तथा विधायिका) का यह कर्तव्य है कि वह इन सिद्धांतों को कानून बताते समय अमल में लाए। लेकिन इस काम के लिए न्यायालय उसे बाध्य नहीं कर सकता है, जबकि ऐसा लगता है कि यह कर्तव्य और सिद्धांत अपने आपमें न्याय योग्य हैं और इस स्थिति में न्यायालय हस्तक्षेप कर सकती है।

21.3 जवाहरलाल नेहरू का अवलोकन

नेहरू का योगदान

द्वितीय विश्व युद्ध के पश्चात् नेहरू ने कुछ समय के लिए दिव्य अवस्था प्राप्त कर ली थी। उनके द्वारा की गई घोषणाओं पर सारा विश्व चर्चा करता था, पश्चिमी देशों की राजधानियों में उनका भव्य स्वागत होता था, उनके लेखों को जन-समुदाय पसंद करता था। वास्तव में, नेहरू उस समय विश्व स्तर के ख्याति प्राप्त नेता थे। वे उस समय आजाद हुए राष्ट्रों के प्रतिनिधियों को एक नया दिशा-निर्देश देने वाले नेता के रूप में उभर रहे थे, साथ ही उस भारत की अनन्य क्षमताओं के प्रतिनिधि भी थे जो दुनिया के मानव इतिहास में सबसे बड़ा प्रजातंत्र था और जो अपने चिरनूतन विवेक तथा आधुनिक विचारों को संजोए रखने से बना था।

यह उल्लासोन्माद जल्द ही फीका पड़ने लगा। नेहरू का आदर तथा सम्मान बढ़ते हुए शीत युद्ध की तुलना में जल्द ही गिरने लगा। पश्चिमी देश नेहरू की गुट निरपेक्ष वाली नीति से असहमत हो गए। लघु समाजवाद की नीतियां भारत की आर्थिक कठिनाइयों को दूर करने में विफल रहीं। भारत वास्तव में आधुनिकता की दौर से गुजरने के बदले अपनी जनसंख्या की समस्या, राष्ट्रीय एकता की समस्या तथा सामाजिक रूढ़िवादिता का शिकार बना। प्रजातंत्र की जड़ों को मजबूत करने, एक उत्तरदायी सरकार बनाने तथा आधुनिक राष्ट्र के निर्माण करने में नेहरू के योगदान को बहुत कम सराहा गया। आने वाले युवा पीढ़ी के बीच नेहरू धीरे-धीरे एक पुरातन युग से संबंधित एक प्रतिमा के रूप में पहचाने जाने लगे जिसे उदात्त ख्यालों से काम शुरू किया किंतु उसका कोई भी सपना साकार नहीं हुआ। ऐसा होना कई अर्थों में अनुचित भी था। नेहरू वास्तव में बीसवीं शताब्दी के कुछ गिने हुए उन दार्शनिक राष्ट्र निर्माताओं में से एक थे, जिनमें अलौकिक बौद्धिक क्षमता तथा एक कुशल राजनीतिक होने के सारे गुण मौजूद थे। वे एक निर्भीक स्वतंत्रता सेनानी, व्यक्तिगत तथा विश्व इतिहास के लेखक, एक अंतर्राष्ट्रीय ख्याति प्राप्त नेता खासकर विश्व कूटनीति में दक्ष थे। वे भारत के प्रधानमंत्री 1947 से लेकर अपनी मृत्यु 1964 तक बने रहे। नेहरू की समाजवाद तथा आर्थिक योजना के प्रतिबद्धता के बारे में यह कहा जा सकता है कि नेहरू ने भारतीय अर्थव्यवस्था में न सिर्फ सार्वजनिक निकायों को बढ़ावा दिया बल्कि भारतीय व्यापारियों को भी बढ़ावा दिया। नेहरू ने आधुनिक तकनीक तथा आधारिक संरचना की आवश्यकता समाज के विकास के लिए जरूरी बताई। निजी उद्यमी इस तरह के काम में पूंजी लगा भी सकते थे और नहीं भी। उन दिनों एक नव स्वतंत्र राष्ट्र को राजनीतिक कारणों से न यह संभव था और न उचित कि बहुराष्ट्रीय पूंजी का यहां निवेश हो। ऐसी स्थिति में राष्ट्र के निर्माण में सरकार ही एकमात्र माध्यम बनी जहां 70 प्रतिशत लोग गांव में रहते थे और 30 प्रतिशत लोग गरीबी रेखा से नीचे जीवन व्यतीत कर रहे थे।

शीतकालीन युद्ध के प्रारंभिक वर्षों के नेहरू ने गुट निरपेक्षता को भारत की विदेश नीति के रूप में अपनाया। भारतीय कूटनीति ने तृतीय स्तर के देशों के समूह को खड़ाकर इस आंदोलन को एक बड़ा ही ऊंचा आयाम

दिया। लेकिन जल्द ही अंतर्राष्ट्रीय राजनीति के बदलते हुए समीकरण ने कठोर सच को सामने ला खड़ा किया और वह यह था कि आकार या समूह में शक्ति नहीं है क्योंकि शक्ति गरीबों के बीच शायद ही हो पाती है। बहुत-से सदस्य देश महाशक्तियों के साथ संधियां करने लगे। और उन्होंने गुट निरपेक्षता की नीति का त्याग कर दिया। परिणामत: गुटनिरपेक्ष आंदोलन धीरे-धीरे कमजोर पड़ता गया। कभी इस आंदोलन की शिखरवार्ता पूरे विश्व का ध्यान केंद्रित करती थी, जो बाद में अपनी अस्मिता खोती गई। शीतकालीन युद्ध के उत्तरार्द्धा में इसकी महत्ता पर प्रश्न चिह्न ही लग गया।

नेहरू का दृष्टिकोण-एक विकसित समाजवादी समाज

नेहरू आधुनिक भारत के निर्माता ही नहीं, बल्कि इसके क्रमिक विकास के लिए दी गई नीतियों और योजनाओं के लिए भी जाने जाते थे। नेहरू का आर्थिक दर्शन भारतीय राष्ट्रीय कांग्रेस के लखनऊ सत्र (1936) में उनके द्वारा कही गई बातों को दोहराता है, ''मैं यह पूरे दावे के साथ कह सकता हूं कि विश्व की समस्याओं का समाधान तथा भारत की समस्याओं का निराकरण समाजवाद में......इस का मतलब है एक नई दसभ्यता......अगर भविष्य आशाओं से परिपूर्ण है तो यह सोवियत रूस के कारण है और मैं इस बात से पूरी तरह सहमत हूं कि यदि विश्व में कोई प्राकृतिक आपदा नहीं आए तो यह नई सभ्यता अन्य क्षेत्रों में भी बढ़ेगी और युद्ध तथा तनाव की स्थिति, जिसे पूंजीवाद ने जन्म दिया है, को खत्म करने में सहायक होगी।

''नेहरू द्वारा दिए गए मॉडल के तत्व हैं- योजना, शक्तिशाली सार्वजनिक निकाय सभी उत्पादक शक्तियों का अधिकतम उपयोग, परिवर्तन और विकास के लिए विज्ञान और प्रौद्योगिकी (टैक्नोलॉजी) का अधिकतम सदुपयोग, क्रांतिकारी भूमि सुधार, कृषि का आधुनिकीकरण तथा असमानता में कमी। भारत को एक धर्मनिरपेक्ष प्रजातांत्रिक गणतंत्र बनाने में उनकी भूमिका वास्तव में सर्वोपरि है। आज के भारतीयों के बीच आम धारणा यह है कि नेहरू के अपने योगदान में सबसे अधिक सिर्फ ''समाज का समाजवादी सिद्धांत है।'' जिसे आवाड़ी कांग्रेस सेशन (1955) में भी स्वीकारा गया। इस अधिवेशन में निम्नलिखित नीतियों पर निर्णय लिए गए-भूमि सुधार, योजनाबद्ध आर्थिक विकास जिसमें सार्वजनिक निकायों की प्रमुख भूमिका हो, औद्योगिक उन्नति, प्राकृतिक संपदा, रेलवे तथा यातायात के अन्य साधन और बाद में बैंकों का सुचारू संचालन। समाजवाद के प्रति नेहरू के इस गहरे रुझान को समझते हुए विपिन चंद्र ने अपनी पुस्तक ''इंडिया आफ्टर इंडिपेंडेंस'' में इस बात का जिक्र किया है कि, प्रजातांत्रिक व्यवस्था को कायम रखते हुए नेहरू ने एक सुदृढ़ आर्थिक आधार, भौतिक तथा मानवीय आधारित संरचना भी दी, जिसके कारण देश अपने स्वतंत्र औद्योगीकरण की ओर तेजी से बढ़ा। इन्हीं कारणों से भारत अन्य स्वतंत्र हुए राष्ट्रों की तरह नव-उपनिवेशवाद के पकड़ में नहीं आया अन्यथा इसकी अर्थव्यवस्था आज भी विदेशी हित के चंगुल से बाहर नहीं आती।

नेहरू ने राष्ट्रीय योजना की आवश्यकता को समझा और यह चाहा कि सरकार को सार्वजनिक निकायों के माध्यम से उत्पादन प्रक्रिया में भाग लेना चाहिए। भारी उद्योगों पर ध्यान देने के साथ-साथ नेहरू ने श्रम पर आधारित लघु तथा गृह उद्योगों को भी बढ़ावा दिया। उपभोक्ता वस्तुओं का उत्पादन सामुदायिक विकास योजनाओं तथा कृषि सहकारिता के माध्यम से कराया। उन्होंने विकास के उपायों को समय के साथ जोड़ने का अथक प्रयास किया। उद्योग तथा कृषि क्षेत्र में केंद्रीयकरण और विकेंद्रीयकरण की समस्या से जुड़े पहलुओं पर ध्यान दिया। इन सभी मामलों में नेहरू की नीति पूर्णतया सफल नहीं रही। उन्होंने पंचायती राज को ग्रामीण विकास के रूप में देखा। लेकिन यहां भी नेहरू द्वारा उठाए गए साहसपूर्ण कदम जन-मानस को विकास की प्रक्रिया में पूरी तरह शामिल नहीं कर पाए।

दुर्भाग्यवश, ये सारी प्रक्रियाएं लंबे तथा जटिल नियंत्रण व्यवस्था और औद्योगिक लाईसेंस पर आधारित थीं। घरेलू उद्योग-धंधों को ज्यादा संरक्षण देने के परिणामस्वरूप कुछ समय के बाद अकर्मण्यता तथा तकनीकी पिछड़ेपन की स्थिति पैदा हो गई। अर्थव्यवस्था को ज्यादा नियंत्रित करने वाले सार्वजनिक निकाय बाद के दिनों में औद्योगिक अकुशलता के मुख्य कारण बने। 1956-57 में हुई अत्यधिक विदेशी मुद्रा की कमी ने सरकार को कठोर आयात नीति बनाने तथा विदेशी मुद्रा पर नियंत्रण के लिए बाध्य किया। विपिन चंद्र के शब्दों में, ''लाइसेंस कोटा के द्वारा बनाए गए नियम और कानून की जडें इस तरह बाद के वर्षों में मजबूत हो गईं कि वे भारत की अर्थव्यवस्था पर पूरी तरह हावी हुईं और उन्हें खत्म करना बहुत ही कठिन साबित होने लगा। नौकरशाही-राजनीतिज्ञों ने अपने स्वार्थ की पूर्ति के लिए इस व्यवस्था को बनाए रखने के हर संभव प्रयास किए।''

21.4 योजना तथा सरकार नियंत्रित औद्योगीकरण

योजना की भूमिका तथा प्रथम योजना

शुरू के दिनों में चिंता का मुख्य कारण यह था कि 15 अगस्त, 1947 को अस्तित्व में आने वाले एक स्वतंत्र राष्ट्र का योजना-बद्ध विकास किन तौर तरीकों से किया जाए ताकि उसी के अनुरूप संस्थाओं तथा ढांचे का निर्माण किया जाए। हालांकि इस ढांचे का निर्माण कार्य बहुत पहले ही शुरू हो गया था। समाज के 15 प्रमुख विद्वानों को विभिन्न क्षेत्रों से लाकर राष्ट्रीय योजना कमेटी का गठन किया गया। जवाहर लाल नेहरू के सभापतित्व में दिसंबर 1938 से कुछ क्षेत्रों में विशेष काम भी शुरू किया लेकिन द्वितीय विश्व युद्ध के शुरू होने के कारण इस कमेटी का काम रुक गया।

एक नए राष्ट्र के जन्म ने फिर से इस बात की आवश्यकता पर सोचने को बाध्य किया कि एक स्पष्ट तथा सही विकास का ढांचा कैसा हो। तात्कालिक राष्ट्रीय नेताओं ने इस चुनौती को गंभीरता से लिया। विभिन्न क्षेत्रों से आए हुए बुद्धिजीवियों, व्यवसायिक पेशेवरों की सहायता से एक ढांचा तैयार किया गया। परिणामत: 1950 में नेहरू की अध्यक्षता में योजना आयोग का गठन किया गया। यह आयोग जल्द ही उस समय के अर्थशास्त्रियों का आकर्षण केंद्र बना तथा एक समग्र समुचित विकास की योजना बनाने में सफल रहा जिसे पंचवर्षीय योजना के नाम से जाना गया।

इस बात का उल्लेख करना यहां आवश्यक है कि देश के आजाद होते ही लोग एक विशेष तरह के ढांचे तथा योजना को अपनाने के लिए मानसिक स्तर पर तैयार हो चुके थे। यह महसूस किया जा रहा था कि कैसे तत्कालीन पिछड़ेपन तथा गतिहीनता से बाहर निकला जाए। चर्चा का विषय उस समय यह नहीं था कि हमें एक योजना की आवश्यकता है बल्कि प्रश्न यह था कि हमें किस तरह की योजना चाहिए। और अन्य अनेक सुझाव जो अलग-अलग दर्शनों पर आधारित थे जैसे-बंबई योजना, पीपुल प्लान (people plan) तथा गांधीवादी योजना। इस समय योजना की आवश्यकता पर जोर सिर्फ भारत के लिए ही नहीं था बल्कि उन सभी गरीब मुल्कों के लिए था जो हाल ही में आजाद हुए थे। यह सुझाव उभरते अर्थशास्त्र के एक विद्यालय द्वारा प्रतिपादित किया गया जिसे 'डेवलपमेंट इकोनॉमिक्स' के नाम जाना गया। सोवियत संघ में हुए आर्थिक विकास ने इस विवाद को और गहराया।

योजनाबद्ध विकास का ढांचा मुख्यतया दुत औद्योगीकरण पर आधारित था ताकि आधुनिकता और संपन्नता का युग शुरू हो सके। नेहरू ने साफ-साफ शब्दों में कहा था, ''हम लोग कोशिश कर रहे हैं कि जितना जल्द हो सके हम उस औद्योगिक क्रांति को प्राप्त कर सकें जो काफी पहले पश्चिम के देशों में हुई थी। यह बात इस चीज को दर्शाती है कि देश के बुद्धिजीवी वर्ग का एक बड़ा समूह विकास के अर्थशास्त्र के सिद्धांत को काफी महत्ता देता था। सोवियत संघ में हुई आर्थिक सफलता के पीछे भी इसी तर्क ने काम किया था।''

इस तरह बार-बार एक ही बात बुद्धिजीवियों के बीच से निकलकर आती थी कि सरकार की भूमिका आर्थिक विकास में हर तरीके से मुख्य है। सार्वजनिक निकायों को इन्हीं कारणों से अत्यधिक-प्राथमिकता दी गई ताकि संयुक्त ढांचे में औद्योगीकरण तेज गति से हो सके। अंतत: इस बात का भी ध्यान रखा गया कि उपरोक्त उद्देश्य की प्राप्ति विश्व पूंजीवाद के साथ मिलकर नहीं बल्कि कुछ स्वायत्तता वाली स्थिति बरकरार रखते हुए ही हो। दूसरे शब्दों में आत्मनिर्भरता अपने आपमें एक पूर्ण उद्देश्य नहीं था जैसा कि आलोचकों द्वारा कहा जाता है, बल्कि एक योजनाबद्ध आवश्यकता थी।

अन्य कई आर्थक चुनौतियां भी थीं जिन्हें इस नए आर्थिक ढांचे में समावेशित किया गया, जो निम्नलिखित हैं– क्षेत्रीय विकास का विकेंद्रीकरण, आर्थिक शक्ति के केंद्रीयकरण पर रोक तथा आर्थिक विषमता में कमी, लघु तथा घरेलू उद्योगों का विकास, रोजगार की बेहतर अवसर उपलब्ध कराना विशेष कर गरीबी का उमूलन संभव नहीं हो तो उसमें एक निश्चित समय सीमा के अंदर ज्यादा गिरावट करना (प्रथम पंचवर्षीय योजना 1951 के अनुसार 30 वर्ष के अंदर)। ये सारे उद्देश्य एक-दूसरे से बिकुल अलग नहीं थे बल्कि एक-दूसरे से संबंधित थे। अभी यह स्पष्ट नहीं है कि क्या उस समय के नीति-निर्माता इन उद्देश्यों को एक साथ मिला कर थोड़े समय के लिए देखना चाहते थे क्योंकि यह सुनने में अच्छा लगता था। इस, ''समाज की समाजवादी व्यवस्था के आधार पर'' प्राप्त किया जा सकता था या ये सारे उद्देश्य गंभीरता से देखे गए और इनके ऊपर समुचित चिंतन तथा विश्लेषण किया गया। यहां पर तीन अन्य बातों को भी नीचे रखा जा रहा है–

- पहला, यद्यपि विस्तृत विकास के ढांचे की रूपरेखा 1950 के दशक के पहले भाग में तैयार कर ली गई थी लेकिन इनको ज्यादा शक्ति के साथ 50 के दशक के उत्तरार्द्धा में, खासकर औद्योगिक नीति प्रस्ताव (1956) तथा द्वितीय पंचवर्षीय योजना के साथ किया गया।

- दूसरा, इस ढांचे को काफी बल बुद्धिजीवियों एवं अन्य लोगों से मिला जबकि वामपक्षी विचारधारा वाले जमीन सुधार के लिए ज्यादा जोर दे रहे थे। ताकि ऊपर दी गई चुनौतियों का सामना किया जा सके और गरीबी दूर हो सके। वामपक्षियों के विपरीत नौकरशाही व्यवस्था सिर्फ ऊपर से ही जमीन सुधार की बात करती रही और इस विशेष प्रश्न पर अस्पष्ट थी।
- तीसरा, नौकरशाही ढांचे ने गांधी जी के दिए गए आर्थिक विचारों को बिल्कुल ही नकार दिया। इतिहास की ऐसी विडंबना है कि जिन आर्थिक विचारों का गांधी जी ने राजनीतिक इस्तेमाल अंग्रेजों के खिलाफ एक जन-आंदोलन के तहत किया था, उन्हीं विचारों को आजादी के बाद उनके ही शिष्यों के द्वारा छोड़ दिया गया।

इस प्रश्न पर गंभीरता से विचार करना होगा कि गांधी जी के विचारों के लिए स्वतंत्र भारत में कोई स्थान था या नहीं और यदि उन विचारों को प्रयोग में लाया जाता तो क्या ये इससे बेहतर फल देते और वह भी सिर्फ पारिस्थितिकि संकेतक के रूप में नहीं बल्कि भारत के एक विशाल जन-समूह को एक सुखद जीवन भी देते?

प्रथम पंचवर्षीय योजना (1951-1956) ने अत्यधिक महत्व बचत के स्तर को बढ़ाने पर दिया ताकि इसे अर्थव्यवस्था में विकास की गति को बढ़ाने में लगाया जा सके, जबकि हमेशा यह पाया गया है कि इस सरल मॉडल के बाहर, प्रायः सभी महत्वपूर्ण योजनाओं को एक साल मिलाकर एक हल्का-सा कार्यक्रम बनाया जाता। इसके लिए एक कठिन प्रयास भी नहीं किया गया ताकि सभी क्षेत्रों में की जो रहे निवेश का एकीकृत उद्देश्य हो। द्वितीय पंचवर्षीय योजना के दौरान राष्ट्रीय आय काफी बड़ी और अपने मॉडल की अपेक्षा से अधिक रही। योजना निर्माताओं की उम्मीद इस बढ़ी हुई आमदनी की नहीं थी और वह भी स्वतंत्रता प्राप्ति के पहले के दीर्घ समयाकालीन रिकॉर्ड के परिप्रेक्ष्य में।

सरकार नियंत्रित औद्योगीकरण तथा द्वितीय योजना

आलोचकों के मुताबिक द्वितीय पंचवर्षीय योजना बौद्धिक स्तर पर बहुत ही आकर्षक थी। इस योजना को नेहरू-महालोनोबिस योजना भी कहते हैं क्योंकि इसने नेहरू के दृष्टिकोण को अपनाया तथा पी.सी. महालोनोबिस इसके मुख्य निर्माता थे। इस योजना का मुख्य ध्येय इस प्रकार था,

''यदि औद्योगीकरण को तेज करना है तो देश उन आधारभूत उद्योगों को बढ़ावा दे, जो मशीन बनाते हैं और उन मशीनों का उपयोग विकास की प्रक्रिया को बढ़ाने में हो''।

महालोनोबिस मॉडल यह दर्शाता है कि किसी दी गई परिस्थिति में, अधिक-से-अधिक निवेश माल-उत्पादन में किया जाए। जितनी अधिक निवेश दर होगी उतना ही लाभ होगा, जिससे विकास की दर और बढेगी। इस बात पर जोर दिया जा रहा था कि अधिक-से-अधिक उत्पादन क्षमता बड़े या यह व्यवस्था जल्द से जल्द सुदृढ़ होकर औद्योगिक विकास कर सके। इस बात की चर्चा यहां करना जरूरी है कि इस मॉडल को सैद्धांतिक तथा बौद्धिक समर्थन मिला हालांकि कुछ लोगों ने विरोध भी किया। तीसरी पंचवर्षीय योजना करीब-करीब दूसरी पंचवर्षीय योजना का विस्तार थी क्योंकि इसने भी उन्हीं महत्वपूर्ण उद्योगों विशेषकर मशीनरी तथा स्टील के विकास की बात कही।

जल्दी ही ऊपर दिए गए उपायों को अपनाने से काफी संतोषप्रद औद्योगिक विकास होने लगा, जो कि इस योजना का मुख्य उद्देश्य था। उदाहरण के लिए मशीनरी का उत्पादन 1955-56 में 192 था, जो 1960-61 में 503 हो गया। इस अवधि में अन्य सभी उद्योगों की विकास दर भी अच्छी रही। संक्षेप में, हम यही कह सकते हैं कि प्रथम दो योजनाओं के कार्यान्वियन में जिन उपायों को किया गया उस से एक बहुत ही अच्छी बहुमुखी औद्योगिक संरचना का विकास काफी कम समय में संभव हो पाया और यह अपने आप में एक बहुत बड़ी उपलब्धि थी।

लेकिन धीरे-धीरे योजना में अपनाए गए तौर-तरीकों की कमियां सामने आने लगीं। भारी उद्योग (मशीनरी इत्यादि) अन्य उद्योगों की तुलना में काफी बढ़े, जिसके कारण विषमता की स्थिति पैदा हो गई। दूसरी और तीसरी योजनाओं की अवधि में विकास की दर में कमी आई, जो यह दर्शाती है कि योजना के कार्यान्वयन के तौर तरीकों में कोई कमी है। परिणामतः नेहरू-महालोनोबिस योजना की आलोचना शुरू हो गई। अनेक तरह के विचार प्रस्तुत किए गए और यह जानने का प्रयास किया गया कि भारतीय अर्थनीति में क्या भूल हुई और उनका निराकरण कैसे संभव होगा।

यहां इस बात पर भी गौर करना होगा कि 1960 के दशक में न केवल औद्योगिक विकास के आंतिरक कारणों से आशा के विपरीत रही बल्कि इसी समय बाहरी परिस्थितियां भी प्रतिकूल थीं, जिन्होंने भारत के आर्थिक विकास पर गहरा प्रभाव डाला। एक के बाद एक दो सैन्य अभियानों (1962

तथा 1965) ने यह मजबूर किया कि सार्वजनिक निकायों में पूंजी निवेश कम हो, जिसके कारण भारी औद्योगिक क्षेत्र की उत्पादन क्षमता बढ़े।

1956-66 में मानसून का असफल रहना भी अनाज के उत्पादन में गिरावट लाया। इसकी उपलब्धता में आई कमी ने नकारात्मक भूमिका अपनाई, जिससे समस्त विकास की गति धीमी हो गई। यह इस बात को दर्शाता है कि भारत कितना कमजोर है कि वह यहां के आम लोगों की मूलभूत आवश्यकताएं भी पूरी नहीं कर पाता। भारत पहले से ही अमेरिका के ऊपर आंशिक रूप से गेहूं के निर्यात के लिए निर्भर था। इन सूखों ने भारत की स्थिति को और अधिक दयनीय बना दिया।

ये विपरीत परिस्थितियां इतनी शक्तिशाली थीं कि भारत को अपनी पंचवर्षीय योजना छोड़नी पड़ी और वार्षिक योजना से ही अगले तीन साल तक काम चलाना पड़ा। ये वार्षिक योजनाएं अपने उद्देश्य में काफी छोटी थीं और मूलत: बजट अभ्यास थीं। इसलिए इस अवधि को (1966 से 1969) को योजना अवकाश (Holiday) भी कहते हैं। इस समय सार्वजनिक निवेश में सबसे अधिक कटौती पाई गई जिसके प्रतिकूल प्रभाव औद्योगिक तथा विकास की संभावनाओं पर पड़े।

यह पहले ही जिक्र किया जा चुका है कि नेहरू महालोनोबिस योजना 1960 तथा 70 के दशक में कई कारणों तथा कई दिशाओं से आलोचना का विषय बनी हुई थी। आलोचकों ने योजना के तौर-तरीकों को पूर्णत: नकार दिया और योजना से हुई क्षति की ओर इंगित किया। उनका कहना था कि इसके द्वारा घरेलू उद्योगों को नुकसान हुआ आयात की तीव्रता को आवश्यकता से कम का गया, अनावश्यक निर्यात हुआ, निराशावादी लालफीताशाही प्रवृत्तियां पनपीं तथा कृषि से अत्यधिक उम्मीद लगाई गईं।

21.5 भूमि संबंधी सुधार

नेहरू के लिए एक प्रमुख मुद्दा भूमि सुधार था। नेहरू ने भूमि सुधार पर विशेष ध्यान दिया। 1930 के किसान आंदोलन में उन्होंने भाग लिया। उस समय स्थिति करीब-करीब वैसी ही थी जैसी ''ब्रिटिश इंडियन टीनेन्सी'' एक्ट के काल में हुआ करती थी। ये सारे कानून (एक्ट) उन किसानों के अधिकारों की रक्षा करते थे जो जमींदारों से सीधे जमीन लेकर खेती करते थे। लेकिन उप-काश्तकारों तथा अन्य श्रेणी के गरीबों को असुरक्षित छोड़ दिया गया। जमींदारी उन्मूलन वास्तव में एक कारगर भूमि सुधार साबित हुआ। उसने जमींदारों को उनके अधिकारों से वंचित किया और ये लोग पुराने किसानों की पसी से जुड़ गए। ऐसे ही लोग कालांतर में कृषक जमींदार के रूप में आए जिन्हें गरीब ग्रामीणों के लूटने की पूरी आजादी थी। यद्यपि जमीन रखने की सीमा विधायिका द्वारा निर्धारित की गई थी और जमीन की उप-काश्तकारी मना थी लेकिन अधिकारों का एक समुचित कागजी प्रमाण न होने से बनाए गए कानूनों का उल्लंघन होता रहा और विधायिका मूक दर्शक बनी रही। अंग्रेजों द्वारा बनाए गए कानूनों तथा कांग्रेस द्वारा जमींदारी उन्मूलन कानून से लाभप्रद कृषकों का एक बड़ा भारी समुदाय समय के साथ-साथ राजनीतिक स्तर पर बड़ा शक्तिशाली बना, यह समुदाय सिर्फ कांग्रेस का ही सामाजिक आधार नहीं बना अपितु उन सभी राजनीतिक दलों का आधार बना जो गांव में अपनी पहुंच मजबूत बनाना चाहते थे। जमीन के छोटे टुकड़े वाले गरीब किसानों और भूमिविहीन मजदूरों के लिए राजनीतिक संगठन शायद ही बनाए गए। गांव के गरीब लोगों की निर्भरता तथा गुलाम मानसिकता इस कदर जटिल है कि ये लोग अपने अधिकारों का उपभोग तक सही ढंग से नहीं कर पाते। प्रसिद्ध भूमि सुधारक विनोबा भावे तथा उनका ''भूदान आंदोलन'' भी गांव के स्तर पर बहुत प्रभावी नहीं रहा। सामुदायिक विकास योजना यद्यपि सरकार ने बड़े उत्साह और उम्मीद के साथ शुरू की थी लेकिन इसकी भी वही दुर्दशा हुई जो अन्य सरकारी विभागों की, वहां के नौकरशाहों के कारण होती है।

आजादी के उत्तरार्द्ध वाले भारत में भूमि संबंधी संक्रमण काल अंतत: एक सामाजिक किंतु संकीर्ण कृषक पूंजीवाद में परिवर्तित हो गया। यह सत्य है कि ऊंचे स्तर पर जमीन मालिकों के सामाजिक स्तरीकरण में परिवर्तन आया है (पुराने जमीदारों के पतन तथा धनी किसानों के उत्थान)। किंतु सारी जमीनों का भू-स्वामित्व सिर्फ 15 प्रतिशत जमीन मालिकों के बीच था, इसमें कोई गिरावट नहीं आई थी। ये सारे जमीन मालिक एक तरह के सामाजिक वर्ग का प्रतिनिधित्व करते थे और इन्हें ही तरह-तरह सुविधाएं उपलब्ध कराई जाती थीं जिसके कारण ये एक पूंजीवादी किसान के रूप में उभरे। इस तरह हमारे गांवों में ग्रामीण जनता पूंजीवादी तथा प्राक् पूंजीवादी शोषणों का शिकार रही है। गरीब ग्रामीणों का ये उत्पीड़न पूंजीवादी विकास को रोकता है। फिर भी जब हम इसकी तुलना ब्रिटिश शासन के अंतिम पचास सालों में आए संक्रमण काल से करते हैं, हम ऐसा पाते हैं कि इस काल में कृषि के क्षेत्र में कुछ ज्यादा ही विस्तार हुआ है।

इन सभी तथ्यों को सही परिप्रेक्ष्य में देखने के लिए हमें इतिहास के एक संक्षिप्त विवरण की ओर जाना होगा। कृषि उत्पादों के व्यापार पर कभी भी नियंत्रण नहीं था। किंतु इसके विपरीत उपनिवेश काल में पूरी अर्थव्यवस्था करीब-करीब उन्मुक्त व्यापार की थी। आंतरिक युद्धों के बीच उद्योगों को संरक्षण दिया गया था। विशेषकर कृषि, किसी भी तरह के बंधनों से पूर्णत: उन्मुक्त थी (यहां तक कि बंगाल में अकाल के वर्षों में भी वहां से चावल का निर्यात किया गया)। इस तरह की स्वतंत्रता से उन फसलों के उत्पादन में बढ़ावा मिला जिन्हें निर्यात किया जा सकता था और जिनका नकद पैसा मिलता था। किंतु सिंचाई की सुविधा बढ़ाने के लिए बहुत कम निवेश किया गया (पंजाब के कनाल कॉलेनी को छोड़ कर)।

कृषि की पैदावार में बढ़ोतरी न होने से आम आदमी की प्रति इकाई दर में काफी गिरावट आई। 1893-1947 के बीच खाद्य पदार्थ के उत्पादन में प्रतिवर्ष 0.11 प्रतिशत की वृद्धि हुई, जबकि गैर-खाद्य पदार्थ में 1.31 प्रतिशत की वृद्धि हुई, प्रति व्यक्ति आमदनी बिकुल ही रुकी रही जिसके कारण खाद्य पदार्थों के उत्पादन में आई गिरावट की भरपाई आयात के द्वारा भी नहीं हो पाई और इस तरह से खाद्य-पदार्थों की उपलब्धता तेजी से गिरी। अंतर-युद्ध के दौरान बंगाल में यह उपलब्धता 38 प्रतिशत गिरी जबकि सबसे खुशहाल राज्य पंजाब में 20 प्रतिशत गिरी। खाद्य पदार्थों की गिरावट से इस प्रकार लोगों में गरीबी बढ़ी और इसने लोगों को भुखमरी की कगार पर ला दिया जिसके कारण बंगाल का अकाल बढ़ा। इस तरह के हालात में जहां लोगों को अपना जीवन बचाने की क्षमता पर ही प्रश्न चिह्न लगा था, उस हाल में युद्ध के खर्चों के अधिभार ने वास्तव में लोगों की कमर हमेशा के लिए तोड़ दी।

आजादी के उत्तरार्द्ध वाले काल में सरकार ने इस स्थिति से निपटने के लिए अपनी नीति बनाई। किंतु भूमि सुधार के क्षेत्र में कोई क्रांतिकारी कदम नहीं उठाया गया जिसके कारण भारतीय कृषि की उत्पाद क्षमता का दोहन पूर्णत: नहीं हो पाया (दूसरी तरफ चीन में जहां पर मनुष्य और जमीन के बीच का अनुपात काफी बुरा है वहां प्रति व्यक्ति खाद्य पदार्थों के उत्पादन में भारत की तुलना में काफी अधिक वृद्धि हुई) सरकार ने अनेक कार्यक्रम-सिंचाई के क्षेत्र में, सार्वजनिक निवेश के क्षेत्र में सस्ती दर पर ऋण की सुविधा इत्यादि बनाए किंतु खाद्य पदार्थों का उत्पादन जनसंख्या की वृद्धि की तुलना में बहुत ज्यादा नहीं बढ़ पाया। 1960 के दशक में, खाद्य पदार्थों की कमी को देखते हुए एक विस्तृत भोजन उपलब्धता तथा वितरण प्रणाली का निर्माण किया गया। उत्पादन में बढ़ावा देने के लिए पूंजीवादी व्यवस्था को अपनाया गया जिसने भूमि संबंधी कृषक व्यवस्था को और अधिक शोषक तथा कष्टकारक बनाया। यह भी सही है कि जन-वितरण प्रणाली की पहुंच कुछ ही ग्रामीण क्षेत्रों, केरल और पश्चिमी बंगाल राज्यों को छोड़ कर, हो पाई और इसके कारण गांवों में रहने वाले गरीब लोगों की ज्यादा संख्या किसी भी तरह के संरक्षण से वंचित ही रही।

लेकिन यह कहना अनुचित नहीं होगा कि ब्रिटिशकालीन भारत में हुए अकाल के स्तर तथा तीव्रता की पुनरावृत्ति आजाद भारत में नहीं हुई। उपनिवेश काल के अंतिम 50 सालों में खाद्य पदार्थों के उत्पादन में प्रति व्यक्ति इकाई में आई गिरावट को रोका गया तथा उसे आशिक रूप से विपरीत दिशा में मोड़ा गया। बहुत सारे बंधनों के बावजूद ऐसा होना अपने आपमें एक संतोषप्रद स्थिति थी। आतंकवाद तथा हिंसा के समय इतने बड़े गरीब देश में जहां भोजन की थोड़ी भी कमी एक बदतर स्थिति को ला सकती थी, वैसी स्थिति का न आना गर्व की बात थी। स्वतंत्र बाजार को उन्मुक्त नीति पर नहीं छोड़कर सरकारी नियंत्रण रखकर ऐसी स्थिति को प्राप्त करना एक बहुत बड़ी उपलब्धि थी।

कृषि के क्षेत्र में उठाए गए अपर्याप्त कदम ब्रिटिश काल की सबसे बड़ी भूल के रूप में देखे गए परिणामत: कृषि के विकास के लिए एक नई योजना बनाने पर विचार किया गया। 1969 में शुरू की गई चौथी पंचवर्षीय योजना में इस नीति का खुलासा किया गया। इसे जन-मानस को ''हरित क्रांति'' के नाम से बताया गया। इस प्रकार चौथी पंचवर्षीय योजना से विकास हेतु एक नई नीति पर जोर दिया गया जो भारी उद्योग-धंधों से हटकर कृषि पर आधारित थी।

यहां पर इस बात की चर्चा करना जरूरी है कि वामपक्षी विचारधारा वाले लोग शुरू से ही प्रारंभिक योजना के लिए अपनाए गए तौर-तरीकों से असहमत थे क्योंकि भूमि सुधार की बात बड़े सशक्त ढंग से नहीं उठाई जा रही थी। कृषि पर आधारित योजना की शुरूआत चौथी पंचवर्षीय योजना से हुई, उसने भी भूमि सुधार के मुद्दे पर कुछ नहीं कहा और कृषि के तकनीकीकरण पर विशेष बल दिया और इस तरह से पहले से मजबूत और शक्तिशाली भू-स्वामियों को और अधिक मजबूत बनाया। इस उद्देश्य से विभिन्न तरीकों की

संरक्षण नीतियां, जैसे- उधार तथा मूल्य-संरक्षण आदि की व्यवस्था की गई। इस नई नीति ने अपनी कुछ सीमाबद्धता के बावजूद अच्छे परिणाम दिए, जिससे 1970 के बाद खाद्य-पदार्थों का आयात इस मुल्क में बंद कर दिया गया। भारत इस क्षेत्र में अपने आपको आत्मनिर्भर मानता है।

21.6 भारत की विदेश नीति

नीतियां और आदर्श

भारत की विदेश नीति की नींव स्वतंत्रता के आंदोलन के दौरान हमारे नेताओं द्वारा रखी गई जो उस समय किसी विशेष उद्देश्य के लिए लड़ रहे थे। उस समय रखे गए भारत की विदेश नीति के आधार, बाद के समय में सही उतरे। हम विश्व के सभी देशों के साथ मित्रतापूर्ण संबंध रखना चाहते हैं, संघर्ष की स्थिति को शांति के तरीके से सुलझाना चाहते हैं, सभी राष्ट्रों को बराबर का दर्जा देते हैं, गुटनिरपेक्ष में निहित नीति-विचारों तथा कार्य की स्वतंत्रता को बढ़ावा देते हैं तथा अंतर्राष्ट्रीय संबंधों में निष्पक्षता का भाव रखते हैं।

जवाहर लाल नेहरू के नेतृत्व में भारत गुटनिरपेक्ष आंदोलन का संस्थापक-सदस्य बना। इस आंदोलन को सशक्त बनाने में भारत की अहम भूमिका रही है। इसके द्वारा भारत सभी विकासशील देशों की उम्मीदों व हितों का प्रतिनिधित्व करता रहा है और विकास, शांति तथा स्थायित्व के मुद्दे पर ध्यान आकर्षित कराता रहा है। उपनिवेशवाद के खिलाफ भारत विश्व स्तर पर अग्रणी रहा है। वास्तव में, भारत की स्वतंत्रता ने अपने आपमें उपनिवेशवाद के खिलाफ उत्प्रेरक का काम किया, जिसके कारण विश्व के अन्य कई देश भी, खासकर अफ्रीका, स्वतंत्र हुए। भारत ही ऐसा पहला देश था, जिसने दक्षिणी अफ्रिका मे चलाई जा रही रंगभेद की नीति के खिलाफ 1946 में आवाज उठाई। भारत की विदेश नीति का सबसे महत्वपूर्ण पहलू परमाणु निःशस्त्रीकरण के मुद्दे को सशक्त आवाज में बुलंद करना है, जिसमें नाभिकीय निःशस्त्रीकरण को अत्यधिक महत्व दिया गया। इसके समर्थन में भारत ने संयुक्त राष्ट्र के अंदर और बाहर अनेक प्रयास किए।

संयुक्त राष्ट्र का निर्माता-सदस्य होने के कारण भारत पूर्ण रूप से इसके उद्देश्यों तथा नीतियों के प्रति निष्ठावान रहा है और इसने कई महत्वपूर्ण योगदान (शांति बहाल प्रक्रिया) दिए। भारत ने कोरिया, मिस्र, कांगो, सोमालिया, अंगोला तथा रवांडा इत्यादि देशों में चलाई गई शांति बहाल प्रक्रिया में सशक्त भूमिका निभाई। भारत संयुक्त राष्ट्र के अंदर काफी सकारात्मक रवैया अपनाते हुए विश्व में आर्थिक साम्यता स्थापित करने के लिए प्रयासरत रहा। अन्य मुद्दे जैसे- पर्यावरण संतुलित विकास, मानवाधिकारों का प्रोत्साहन तथा संरक्षण आदि प्रश्न भी भारत की विदेश नीति का एक महत्वपूर्ण अंग हैं।

राष्ट्रीय हितों तथा सुरक्षा का ध्यान रखते हुए भारत द्विपक्षीय संबंधों में सुधार लाने का हिमायती रहा है और इसी कारण से भारत के विदेशी संबंध, विश्व के सभी देशों के साथ स्थायी तथा मधुर रहे हैं। भारत के संबंध पड़ोसी देशों के साथ भी ठीक रहे हैं, जो कि भारत की विदेश नीति का एक आधार स्तंभ है।

भारत की विदेश नीति में पड़ोसियों के साथ केंद्रीयकृत वृत्त के बढ़ते हुए प्रभाव उनके ऐतिहासिक तथा सांस्कृतिक समरूपता पर आधारित हैं। इसी कारण से भारत ने दक्षिणी-पूर्वी एशिया पर अधिक ध्यान दिया। 1947 में भारत ने "एशियन रिलेशन्स कॉन्फ्रेंस" का आयोजन किया था। 1954 में भारत ने "इंटर नेशनल कंट्रोल कमीशन" का सभापतित्व किया तथा 1955 में "बडुंग अधिवेशन" में प्रमुख भूमिका निभाई। आज भी भारत "पूर्व की ओर देखो" की नीति को कार्य में लाने के लिए प्रयास कर रहा ह, जो भविष्य में आर्थिक विकास की गति को त्वरित करेगा।

गुटनिरपेक्षता की विदेश नीति

गुटनिरपेक्षता की नीति यह कोशिश करती है कि कोई विकासशील देश विश्व की महाशक्तियों के साथ राजनीतिक या आदर्शगत कारणों से न जुड़े। शीत युद्ध (1945-1990) के दौरान गुटनिरपेक्षता की यह नीति भारत, तत्कालीन युगोस्लाविया तथा एशिया और अफ्रीका के नए स्वतंत्र हुए देशों ने आगे बढ़ाई। इन सभी देशों ने साम्यवादी महाशक्ति के अगुआ सोवियत संघ या पश्चिमी देशों के नेता अमेरिका के साथ अपने आप को न जोड़ने का हर संभव प्रयास किया। यद्यपि ये देश गुटनिरपेक्ष थे लेकिन अंतर्राष्ट्रीय मुद्दे पर अपनी स्थिति समय-समय पर परिस्थिति के मुताबिक बदलते रहते थे। गुटनिरपेक्षता तथा उदासीनता दोनों अलग-अलग पहलू हैं क्योंकि गुटनिरपेक्षता अंतर्राष्ट्रीय कानून के तहत एक दायित्व है जिसमें प्रत्येक देश को एक न्यायिक लड़ाई में भाग लेना ही पड़ता है।

इस आंदोलन की शुरूआत 1955 के बडुंग अधिवेशन से हुई, जिसमें अफ्रिका तथा एशिया के 29 देशों ने हिस्सा लिया किंतु गुटनिरपेक्ष राष्ट्रों की पहली मीटिंग 1961 में ''बेलग्रेड'' में हुई। गुटनिरपेक्ष राष्ट्रों का अन्य सम्मेलन 1964, 1970 में हुआ और इसके बाद तीन साल के अंतराल पर होने लगा। इस आंदोलन में करीब-करीब 100 से भी ज्यादा देश सक्रिय रूप से अपनी भूमिका निभा रहे हैं। ये सारे देश अमेरिका, सोवियत संघ या अन्य किसी भी देश का साथ देने को तैयार नहीं हैं, जो आक्रमण की नीति अपना कर किसी राष्ट्र की संप्रभुता पर आघात करें। इन्हीं-सब कारणों से ये सारे देश किसी एक देश के खिलाफ या पक्ष में अपनी बात नहीं रखते। एशिया तथा अफ्रिका के राष्ट्र जो पहले पश्चिमी यूरोपीय देशों के उपनिवेश थे, स्वतंत्रता प्राप्ति के बाद गुटनिरपेक्ष आंदोलन के सक्रिय सदस्य बने। ये सभी देश, पश्चिमी देशों के साथ कोई स्थायी समझौता नहीं करना चाहते थे जबकि इन्हें कई तरह के आर्थिक प्रलोभन दिए गए। दूसरी तरफ ये सोवियत संघ के भी बहुत नजदीक नहीं आना चाहते थे, जिससे उनकी अस्मिता पर प्रश्न चिह्न लगे। प्रयोग के स्तर पर यह देखा गया कि गुटनिरपेक्षता की नीति अपनाकर भी ये दो महाशक्तियों से अपने संबंध बरकरार रखते हुए आर्थिक सहायता प्राप्त करते रहे। 1990 में शीतकालीन युद्ध की समाप्ति तथा 1991 में सोवियत संघ के विघटन ने गुटनिरपेक्षता की भूमिका को खत्म कर लिया और अब यह उनकी विदेश नीति का एक प्रमुख अंग नहीं रहा।

गुटनिरपेक्षता का मूल्यांकन

गुट निरपेक्षता ने भारत को शीत युद्ध की विभीषिकाओं से कैसे बचाया जबकि एशिया तथा अफ्रिका के अन्य देश पूरी तरह से इसकी चपेट में थे? प्रथमत: शीत युद्ध पश्चिमी देशों तथा खासकर अमेरिकी-विदेश नीति का एक प्रभावी कारक नहीं था। शीत युद्ध संपूर्ण युद्ध को तुलना में सिर्फ थोड़े समय की लड़ाई थी और यह मान्यता पाश्चात्य देशों के घर प्रथम विश्व युद्ध के बाद आई। संपूर्ण युद्ध का मतलब है कि सारे समाज का प्रभावित होना और राष्ट्र के सभी व्यक्तियों को लड़ाई के लिए तैयार करना। इस समय भारत का किसी भी शक्तिशाली राष्ट्र का पिछलग्गू न बनना, वास्तव में सराहनीय है। द्वितीय विश्व युद्ध के उपरांत आदश या वर्चस्व की स्थापना खासकर नए स्वतंत्र हुए देशों के बीच को जा रही थी। सैन्यीकरण के इस दौर में, भारत ने अपनी स्वतत्रता के पश्चात् भी अपनी विदेश नीति को शीत-युद्ध के खिलाफ रखा, यद्यपि वह इस प्रयास के अंदर हुआ पूर्वी-पश्चिमी टकराव नहीं रोक सका।

भारत का इस युद्ध के बाहर रहना कई कारणों से उचित था। इसका पहला मतलब यह था कि, शांति की ही विजय होगी। भारत में प्रजातंत्र इसके प्रारंभिक नेताओं की देन है। भारत की प्रजातांत्रिक मूल्यों के प्रति निष्ठा और वह भी एक विकासशील देश के रूप में, आज भी आलोचकों के लिए एक चर्चा का विषय है। वामपक्षी तथा दामपक्षी विचारधारा वालों का यह मानना है कि प्रजातंत्र हरेक आदमी के लिए सब कुछ नहीं दे सकता। दूसरे शब्दों में, कहने का तात्पर्य यह है कि पश्चिमी देशों या सोवियत संघ के मॉडल के बगैर स्थिति नहीं सुधर सकती। लेकिन यह सत्य है कि, भारत में प्रजातंत्र आज भी सुरक्षित है, चाहे वह पूर्ण है या अपूर्ण, ऐसा इस लिए हैं कि भारत ने शुरू से ही अपने आपको गुटनिरपेक्षता की स्थिति में रखा। यदि भारत की चिंतनधारा आजादी के समय गुटनिरपेक्षता से दूर होती तो आज भारत की भी वही स्थिति होती जो शीत युद्ध के दौरान अन्य दक्षिण एशियाई देशों की हुई जहां खून-खराबे तथा सैनिक शासन जनमानस पर किसी-न-किसी बहाने थोपे गए।

गुटनिरपेक्षता के कारण ही भारत सामाजिक तथा राजनीतिक सैन्यीकरण से बचा रहा जबकि शीत-युद्ध में भाग ले रहे देश इसकी गिरफ्त में आए। पाकिस्तान और बंगलादेश द्वारा शीत युद्ध में अमेरिका का साथ देने पर वहां पर सैनिक शासन की स्थापना हुई। इसका परिणाम सामाजिक क्षेत्र में भी देखा गया। अमेरिका तथा सोवियत समाज को अपने नेताओं की गुटबाजी के कारण हुई क्षति का अंदाजा लगाना मुश्किल है। अमेरिका में प्रथम विश्व युद्ध के बाद सभी कानूनों ने किसी न किसी रूप में समाज पर दबाव बढ़ाया। दोनों देशों के बुद्धिजीवियों तथा कलाकारों की क्षमता को साम्यवाद विरोधी या पूंजीवाद विरोधी कहकर दबा दिया गया। भारत इस मामले में भाग्यशाली रहा क्योंकि इसने गुटनिरपेक्षता की नीति शुरू से ही अपनाई और अपने आपको सैन्यीकरण से बचाया-आपातकालीन स्थिति को छोड़कर-भारत इस तरह की बर्बादी से बचा रहा।

21.7 चीन के साथ सीमा विवाद तथा चीन का भारत पर आक्रमण

विवाद की भूमिका

भारत 1947 में आजाद हुआ और इसने अपना मिशन ल्हासा तथा गांगस्टे से भी बरकरार रखा। भारत और तिब्बत के बीच का संबंध सदियों पुराना है यहां तक कि अंग्रेजों से की गई संधि के पहले अभी तिब्बत का आयात-निर्यात विश्व के अन्य देशों के साथ भारत होकर ही होता था। 1950 तक तिब्बत को एक स्वतंत्र राष्ट्र माना जाता था यहां तक कि चीन का भी एक मिशन ल्हासा में था, जो यह दर्शाता है कि तिब्बत एक स्वतंत्र राष्ट्र था।

8 जुलाई, 1949 को च्यांग काई शेक की राष्ट्रीय सरकार गिरने के बाद वहां गृह युद्ध शुरू हो गया। तिब्बत की सरकार ने चीन के मिशन को देश खाली करने के लिए एक स्वतंत्र राष्ट्र की हैसियत से कहा। तिब्बत के साक्ष्य यह बताते हैं कि तिब्बत ने एक साल पहले से ही वहां के उच्चायोग के अधिकारियों को निकालने का कार्यक्रम बना लिया था। चीन ने तिब्बतियों को 1950 के दशक में यह संदेश भिजवाया कि वे लोग चीन में मिल जाएं और अपनी इस बात को मनवाने के लिए पूर्वी तिब्बत में सेना की एक यूनिट का भी गठन कर लिया। तिब्बतियों का एक प्रतिनिधि दल स्थिति को देखते हुए पीकिंग की ओर रवाना हुआ। 7 अक्टूबर, 1950 तक स्वायत्तशासी राष्ट्र रहे तिब्बत का कालांतर में कभी चीन के साथ विलय हुआ है तो कभी भारतीय शासकों के साथ।

1904 में कर्नल चंग के नेतृत्व में एक सैनिक अभियान भेजा गया ताकि चीन किसी विदेशी शक्ति के प्रभाव में नहीं आए। आंग्ल-तिब्बत संधि पर हस्ताक्षर हुए जिसके तहत अंग्रेजो को व्यापार करने का अधिकार मिला और इस प्रकार अंग्रेजी प्रभाव इस क्षेत्र में बढ़ा। 1906 में दूसरी संधि अंग्रेजों और चीन के बीच हुई। 1913 में तिब्बत को स्वतंत्र घोषित कर दिया गया और इसी से संबंधित एक कॉन्फ्रेंस शिमला में 1914 में की गई।

शिमला कॉन्फ्रेंस त्रिपक्षीय थी, जिसमें तिब्बत को चीन और ब्रिटिश भारत के साथ वार्तालाप में बराबर का दर्जा दिया गया था। यद्यपि तिब्बत की स्वतंत्रता पर कानूनी स्थिति तय होना बाकी थी, क्योंकि चीन तिब्बत का एक प्रांत रहा था, तिब्बत ने एक मांग की कि उसे एक स्वतंत्र राष्ट्र के रूप में स्वीकारा जाए तब चीन ने इस पर असहमति जताई जबकि इस पर इसका वास्तविक आधिपत्य था ही नहीं।

अंततः हेनरी मैकमाहोन तथा लोचन शाट्रा के द्वारा प्रतिनिधित्व की गई 1914 की कॉन्फ्रेंस में ब्रिटिश-भारत तथा तिब्बत ने एक संधि पर हस्ताक्षर किए जिसके अनुसार दोनों को मान्य सीमा का निर्धारण हुआ और वही बाद में मैकमाहोन लाइन के नाम से जानी गई। इसके लिए चीन के प्रतिनिधि को शामिल नहीं किया क्योंकि मैकमाहोन लाइन द्वारा ब्रिटिश भारत तथा तिब्बत के बीच सामरिक महत्व के ठिकानों पे वर्चस्व स्थापित करना था ताकि पश्चिमी, मध्य, दक्षिण तथा दक्षिण-पूर्व एशिया के क्षेत्रों में होने वाली गतिविधियों पर ध्यान दिया जा सके और वहां अपनी उपस्थिति का प्रभाव डाला जा सके।

1842 में स्वायत्तशासी तिब्बत और जम्मू-कश्मीर के डोगरा शासकों के बीच ''पुराने तथा स्थापित संबंधों'' को ध्यान रखते हुए एक-दूसरे पर आक्रमण न करने की संधि की गई। सीमा का निर्धारण नहीं किया गया। इसको स्पष्ट करने के लिए अंग्रेजों ने 1847 में स्पीती नदी से पंगाग लेक तक सीमा का निर्धारण किया किंतु कराकोरम दर्रे के उत्तर वाला क्षेत्र ऐसे ही रहा। सीमा का निर्धारण पहली बार लिखित रूप से 1865 में सर्वे ऑफ इंडिया के डब्लू.एच. जॉनसन के नेतृत्व में हुआ जब वे अक्साई चिन से होकर गुजरे। उन्होंने जम्मू-कश्मीर क्षेत्र को भी इस निर्धारण में शामिल किया। इसके पश्चात् जॉनसन लद्दाख में कश्मीर के कमिश्नर नियुक्त किए गए। तात्कालिक विदेश विभाग का विचार था कि कुन लुन तक सीमा बढ़ाई जाए और अक्साई चिन का विलय हो तथा ब्रिटिश नियंत्रित (बफर) अंतःस्थ राज्य का निर्माण हो, ताकि रूस द्वारा भविष्य में किए जाने वाले आक्रमण से बचा जा सके लेकिन इसका परिणाम कुछ भी नहीं निकला।

1892 में चीन में कराकोरम दर्रे के पास सीमा को चिन्हित किया तथा अंग्रेज आफिसर व यात्री, कैप्टन चंग को यह बतलाया कि चीन की सीमा का प्रारंभ वहां (कराकोरम दर्रे) से होता है और यहां कराकोरम क्षेत्र के साथ-साथ गुजरता है। चीन वास्तव में यह कहना चाहता था कि अक्साई चिन उसका ''आंतरिक'' और ''अभिन्न'' अंग है। किन्तु इस दावे का न तो कोई एतिहासिक साक्ष्य है और न ही कोई वैधानिक मान्यता जबकि हकीकत यह है कि ऐतिहासिक स्तर पर तिब्बतियों का एक प्रतिनिधि दल यहाँ

पहुंचने वाला था कि उसी दिन पीपुल्स लिबरेशन आर्मी ऑफ चायना के 80 हजार जवानों ने तिब्बत के ऊपर आक्रमण कर यह बतालाया कि दोनों देशों का आपस में विलय हो गया है। सरकार के दबाव में आकर दलाई लामा को 23 मई, 1951 को एक 17 सूत्रीय कार्यक्रम पर समझौता करना पड़ा, जिसके मुताबिक तिब्बत में चीन की सरकार तिब्बतियों के द्वारा बुलाई गई थी न कि चीन की कम्युनिस्ट सरकार ने उस क्षेत्र को मिलाने के लिए अपनी सेना भेजी थी। चीन द्वारा उठाया गया यह कदम तिब्बत के लोगों तथा उनकी संस्कृति पर एक गहरा प्रहार था। भारत तथा तिब्बत चीन की इस हरकत से आश्चर्यचकित रह गए। इस मुद्दे पर प्रतिक्रिया व्यक्त करते हुए नेहरू ने कहा, ''मुझे चीन के विदेश मंत्रालय ने इस बात के लिए आश्वस्त किया कि भविष्य में चीन तिब्बती लोगों के प्रतिनिधियों से, मिलकर इस समस्या का शांतिपूर्वक समाधान निकालेगा।'' चीन के इस आक्रमण के खिलाफ पूरे भारत में जबरदस्त विरोध जताया गया और इस समस्या के राजनीतिक तथा सांस्कृतिक पक्षों को उजागर किया गया। स्वतंत्रता प्राप्ति के पहले अंग्रेजों ने तिब्बत को ब्रिटिशकालीन भारत तथा चीन और रूस के बीच एक अंतररोधी राज्य के रूप में मान्यता दी थी।

नेहरू ने अपनी विदेश नीति का हवाला देते हुए कहा कि अंतर्राष्ट्रीय मामले में हमें गुटनिरपेक्षता तथा पारंपरिक सद्भाव रखना चाहिए। ऐसी परिस्थिति में भारत चीन के साथ अपने संबंधों को बिगाड़ना नहीं चाहता और विशेष कर, उस समय जब कोरिया युद्ध चल रहा था। पटेल, दूसरी तरफ चीन के खिलाफ एक सशक्त कदम उठाने के पक्ष में थे। भारत को चीन के इस आक्रामक रवैये के खिलाफ अंतर्राष्ट्रीय समर्थन प्राप्त था। यहां इस बात की ऐतिहासिक संक्षिप्त जानकारी देना जरूरी है कि तिब्बत के मामले पर विवाद के पीछे मैकमाहोन लाइन थी जो भारत और चीन के बीच सीमा का निर्धारण करती है। तिब्बत पर आक्रमण करने से पहले चीन ने यह बात कही कि, ''हमारा मकसद तीस लाख तिब्बतियों को साम्राज्यवादी अधिग्रहण से मुक्त कराना है, चीन का एकीकरण करना है और देश के सीमांत क्षेत्रों को सुरक्षा प्रदान करना है। संक्षेप में कहा जा सकता है कि, तिब्बत पर आक्रमण करने का उद्देश्य वहां की आधिकारिक वार्ता थीय इस प्रकार यह स्पष्ट है कि सभी पक्ष, चीन समेत, इस बात पर सहमत थे कि तिब्बत को ब्रिटिश भारत के साथ वैधानिक संधि करने का अधिकार था। यह बात स्पष्ट है कि मैकमाहोन लाइन से वैधानिक स्तर से चीन को कोई मतलब नहीं था''।

आज तक चीन द्वारा भारत के क्षेत्रों पर आधिकार जमाने का कारण उसके द्वारा मैकमाहोन लाइन का स्वीकार न करना है, इसके साथ ही चीन द्वारा तिब्बत की स्वायत्तता को स्वीकार न करना तथा उसके ऊपर अपना गलत आधिपत्य जताना भी है। 1950 के दशक में, स्थिति को देखते हुए चीन ने तिब्बत के ऊपर आक्रमण किया ताकि उसकी वैधानिक मान्यता बन सके। तिब्बत के ऊपर चीन के आक्रमण के कारण निम्नलिखित क्षेत्र भारत और चीन के बीच विवाद के कारण बने–

- **पूर्वी खंड :** 90,000 वर्ग कि.मी. जो भारत नियंत्रण में था जिसे औप NEFA कहा जाता है।
- **मध्य खंड :** 20,000 वर्ग कि.मी. हिमालय के किसी एक तरफ जलविभाजक तथा दर्रे का क्षेत्र।
- **पश्चिमी खंड :** 30,000 वर्ग कि.मी. ऊंची पठार जो अक्साई चिन के नाम से जाना जाता है, जो जम्मू-कश्मीर के लद्दाख जिले में है और तिब्बत और चीन के जिनझांग क्षेत्र का है।

चीन-भारत संबंध 1950 के दशक में

''पांच सिद्धांतों'' पर आधारित 1950 की भारत-चीन संधि, जिसे पंचशील समझौता भी कहते हैं, ने चीन को तिब्बत पर असंवैधानिक तौर पर अपनी संप्रभुता बनाने की इजाजत दे दी और अंततः तिब्बत चीन का अभिन्न अंग माने जाने लगा। समझौते वाले यह पांच सिद्धांत इस प्रकार है:–

1. एक-दूसरे की क्षेत्रीय अखंडता तथा संप्रभुता का सम्मान करना
2. एक-दूसरे पर आक्रमण नहीं करना
3. एक-दूसरे के आंतरिक मामले में हस्तक्षेप न करना
4. बराबरी तथा सद्भाव का संबंध कायम रखना
5. शांतिपूर्व रहना।

संधि के तहत यह स्वीकार किया गया कि छह दर्रों शिप्की ला, माना, निति, कुनतीविनरी, दरमा तथा लिपु लेख) को सीमा दर्रों के रूप में स्वीकार किया गया, जिसके द्वारा दोनों देशों के ''व्यापारी तथा यात्री'' आना-जाना कर सकते थे। इस शांति को बढ़ावा देने के कारण 1955 के बडुंग सम्मेलन में चीन कूटनीतिक पृथकीकरण की स्थिति से उभरा। किंतु 1950 के दशक के दौरान चीन की विदेश नीति में आया बदलाव ज्यादा आक्रामक हुआ और चीन तीन माह के अन्दर ही पंचशील समझौते से मुकर गया।

सीमा विवाद

1950 से 1960 तक भारत-चीन सीमा विवाद बढ़ता गया कुछ छिट-पुट टकराव भी हुए। भारत चीन के प्रति एक विस्तृत विदेश नीति बनाने में असफल रहा तथा साथ ही उसके इन घटनाओं पर भी ध्यान नहीं दिया। चीन ने तिब्बत पर अपने आधिपत्य को और अधिक मजबूत बनाने के उद्देश्य से आधारभूत सुविधा उपलब्ध करना चाहा। इसके लिए एक सड़क का निर्माण किया गया जो चीन से लेकर तिब्बत तक जाती थी और वहां से काराकोरम क्षेत्र होते हुए सिनक्यांग और मंगोलिया और फिर चीन वापस आती थी। अक्साई चिन को स्पर्श करने वाले जन्म-कश्मीर-लद्दाख क्षेत्र, ने इस सड़क निर्माण से असहमति जताई और चीन को काफी कठिन एक अन्य क्षेत्र-तकला मकान मरुभूमि से सड़क बनाने को बाध्य किया। ऐसी परिस्थिति में चीन के पास दो ही रास्ते थे-एक संक्षिप्त सड़क जो भारत से होकर जाती थी और दूसरा तकला मकान होते हुए, जो काफी दुर्गम था। चीन की नयी सरकार (PRC) ने भारतीय क्षेत्र से होते हुए सड़क निर्माण की योजना की स्वीकृति दी। चीन ने इस बात का हवाला दिया कि चूंकि इसने शिमला समझौता के दौरान हस्ताक्षर नहीं किए थे और न ही द्विपक्षीय वार्ता का सदस्य ही था, इसलिए चीन ने अपने मानचित्र में अक्साई चिन को भी अपना आधिपत्य वाला क्षेत्र दर्शाया और भारत के पूर्व वाली मैकमाहोन लाइन को अस्वीकृत कर दिया जो सीमा को निर्धारित करती थी।

दानों देशों के मध्य 1958 के अखूबर में एक निर्मित सड़क पाई गई, जिससे कूटनीति हलचल बनी और दोनों देशों के बीच बातचीत हुई। दोनों देश एक-दूसरे पर, क्षेत्र के उचित अनुग्रहण की बात करते रहे। जब यह बात आम लोगों को मालूम हुई तो संसद में नेहरू की आलोचना हुई और एक बार गुस्से में आकर नेहरू ने कहा कि इस मुद्दे पर मैं लड़ाई करूं।

इन सीमा विवादों के पहले, नेहरू ने यह विचार व्यक्त किया कि भारत तथा चीन की सरकारों को अपने ऐतिहासिक साक्ष्यों के आधार पर सीमा का निर्धारण करना चाहिए। चाऊ-एन-लाई ने 7 नवंबर, 1959 को यह सुझाव दिया कि पूरी सीमा के 20 कि.मी. के क्षेत्र को सैन्यीकरण से दूर रखा जाए जिसमें मैकमाहोन लाइन पूर्व में तथा ''वास्तविक नियंत्रित रेखा'' पश्चिम में आती थी। यह पूर्णरूपेण पूर्व में भारत की स्थिति को खतरे में डालता तथा पश्चिमी में पीकिंग को क्षेत्र अधिग्रहण का मौका देता। मुख्यतः चीन सैन्य तथा सामरिक स्थितियों पर आधारित सीमा विवाद का हल चाहता था, जबकि भारत सिर्फ दो सौ वर्ष पुराने समझौते की पुनरावृत्ति चाहता था।

मार्च 1959 में दलाई लामा 20 हजार अनुयायियों के साथ भारत में आए और उनका बहुत बढ़िया स्वागत भी किया गया, इन कारणों से भारत-चीन का संबंध और तनावपूर्ण हुआ। माओ ने इसे बहुत बुरा माना और सोचा कि ''चीन को किसी क्षेत्र पर विजय की जरूरत है।'' इसी कारण चीन 1959 के वर्ष से NEFA की बात उठाने लगा।

नेहरू तथा चाऊ-एन-लाई ने 1959 की वार्ता के दौरान यह स्वीकार किया कि मैकमाहोन की दो मील की सीमा के भीतर सेना नहीं भेजी जाएगी। लेकिन 7 अगस्त, 1959 को करीब 200 चीनी भारत के शागला रिझ के कमगेर सीमांत के खेनजेमन में घुस आए। भारत की सेना ने जब इस अतिक्रमण का विरोध किया तो चीन की सेना ने जवाबी हमला बोलते हुए भारत की सेना को द्रोकंग सांबा के पास तक ढकेल दिया।

25 अगस्त, 1959 को करीब 300 चीनी भारत के क्षेत्र में घुस आए सुभासीन सीमा के लौंग्यू क्षेत्र पर आक्रमण कर दिया। भारतीय सीमा चौकी पर पहरा दे रहे सैनिकों को घेर लिया जिन्हें बाद में मुक्त करा लिया गया। इन दोनों ही स्थितियों में चीन ने भारतीय सेना को ज्यादा नुकसान पहुंचाया। इस आक्रमण से भारतीय चौकी बिल्कुल अलग-थलग पड़ गई और सिर्फ हवाई माध्यम से ही वहां सुविधा मुहैया कराई जा सकी। इन चौकियों पर 10-12 सैनिक रहते थे और इनका सड़क से संबंध नहीं था। इन सब का बुरा असर आने वाले दिनों में पड़ना था। भारत के विदेश मंत्रालय ने चीन को उसकी हरकतों के खिलाफ कुछ टिप्पणियां कर छोड़ दिया।

1959 के अंत तक चीन का भारतीय क्षेत्र में अतिक्रमण धीरे-धीरे काफी बढ़ गया और परिणामतः नेफा (NEFA) का क्षेत्र सेना के हवाले किया गया। भारत की चौथी बटालियन को पंजाब से हटाकर असम में जाने को कहा गया। यह भी निर्देश दिया गया कि भारतीय सेना भूटान से लेकर बर्मा की सीमा तक संपूर्ण मैकमाहोन लाइन की गश्त लगाए। दुर्भाग्यवश, हमारी सेना के पास इसके लिए कोई तैयारी नहीं थी और वे अत्याधुनिक हथियारों से लैस नहीं थे। भारत का शांति अभियान कुछ समय के लिए इन अतिक्रमणों से भंग हो गया।

1960 में भारत ने पुनः यह कोशिश की कि इस समस्या का समाधान चाऊ-ऐन-लाई के भ्रमण के दौरान हो। चाऊ- ऐलन-लाई यह चाहते थे कि 2,000 मील लंबी सीमा फिर से खोली जाए। उन्होंने पूर्व में भारत के उत्तरी-पूर्वी क्षेत्र पर, भारत द्वारा दावे को स्वीकृति दी लेकिन चीन पहुंचते ही अपनी वार्ता से मुकर गए और भारत पर यह इल्जाम लगाना शुरू किया कि यह एकतरफा चाह है कि ''चीन-भारत सीमा के पूर्वी भाग में भारत का वर्चस्व बढ़े।''

चीन का आक्रमण (1962)

ऊपर के कथनों से यह स्पष्ट था कि चीन भारत के कुछ क्षेत्रों पर अपना दावा करना चाहता था और अगर संभव हुआ तो बल का प्रयोग भी कर सकता था। 1962 में वह समय आ ही गया जब चीन की सेना ने भारत की भूमि पर अतिक्रमण किया, जिसके कारण दोनों देशों के बीच सीमा पर लड़ाई शुरू हुई।

चीन ने 1962 के आक्रमण को ''आत्मरक्षा के लिए किया गया आक्रमण'' बताया और इसे वैध ठहराया कि विवाद की भूमि चीन का ही अंग थी। भूमि-विवाद का मुख्य क्षेत्र अक्साई चिन का क्षेत्र था जिसे भारत अपने राष्ट्र का एक अंग मानता था, क्योंकि ऐसा मैकमाहोन लाइन खींचते वक्त कहा गया था। लेकिन चीन मैकमाहोन लाइन द्वारा निर्धारित भारत-चीन सीमा को मान्यता नहीं देता था क्योंकि उसके अपने हिसाब से अक्साई चिन का हिस्सा उसका (चीन) अपना है।

अब विवाद का प्रश्न मैकमाहोन लाइन थी और यह निर्धारित करना था कि यह लाइन चीन-भारत सीमा को दर्शाती है या नहीं क्योंकि यह लाइन ब्रिटिश-भारत तथा तिब्बत के समझौता के दौरान हुई थी न कि चीन के साथ। चीन का यह मानना था कि ब्रिटिश-भारत को संधि करने का कोई अधिकार नहीं था और इस संधि की कोई वैधानिक मान्यता नहीं थी। आंग्ल-चीन कन्वेशन 1906 तथा आंग्ल-एशियन संधि 1907 के मुताबिक ब्रिटेन ने यह स्वीकार किया था कि वह तिब्बत के साथ ऐसे किसी भी तरह का समझौता नहीं करेगा-यदि उसमें चीन उपस्थित न हो। इसी कारण 1914 में चीन की सरकार आग्ल-चीन समझौते पर हस्ताक्षर नहीं करना चाहती थी। उसने उस समय साफ तौर पर कहा था कि, ''वह ऐसी संधि या दस्तावेज को मान्यता नहीं देगा जो अभी या बाद में ब्रिटेन और तिब्बत के बीच होगी।'' 1962 की लड़ाई में चीन जीता, किंतु उसे वे सारे क्षेत्र नहीं मिले जिस पर वह दावा करता था। अभी चीन अक्साई चिन के पश्चिमी खंड पर अधिकार बनाए हुए है और भारत पूर्वी खंड पर अधिकार बनाए हुए है। इस बात की संभावना कम लग रही कि दोनों में कोई भी पक्ष अपना अधिकार छोड़ने को तैयार हो। चीन का कहना है कि लड़ाई तो ''सिर्फ क्षेत्रीय भू-भागों पर दावा करने'' के लिए की गई थी। भारत दूसरी तरफ चीन को ''अभाग्यशाली धोखेबाज'' के रूप में देखता है। 1962 की भारत-चीन लड़ाई को इन दोनों परिप्रेक्ष्यों से देखा जा सकता है। भारत का मानना है कि भारत का तिब्बत में हुए विद्रोह में साथ देना और बाद में दलाई लामा का भारत में आश्रय देना, चीन को बुरा लगा और यही आक्रमण का मुख्य कारण बना, जबकि चीन का यह मानना है कि युद्ध-का मुख्य कारण तो सीमा विवाद है और तिब्बत के विद्रोह के प्रति भारत के रुख ने उसमें उत्प्रेरक का काम किया। चाहे जो भी विचार सही हो किंतु इस बात को नकारा नहीं जा सकता है कि भारत का तिब्बत-विद्रोह के प्रतिसर्मथन तथा बाद में दलाई लामा का भारत में आश्रय दिया जाना, युद्ध का एक कारण बना। यह संयोग की बात है कि चीन का भारत पर आक्रमण दलाई लामा को आश्रय देने के तुरंत बाद ही हो गया।

टकराव का प्रभाव

1962 के युद्ध ने भारत की युद्ध के प्रति तैयारी की क्षमता की कमियों को ध्यान दिलाया। प्रथमतः इसने यह जाहिर किया कि यह राजनीतिक भूल और अंतर्राष्ट्रीय कूटनीतिक सोच की कमी थी। भारत का कूटनीति संबंध भूलों से भरपूर और अपरिपक्वता का परिचायक है। उदाहरण के तौर पर खुफिया ऐजेंसी की सूचना थी कि अक्साई चिन के साथ-साथ सड़क का निर्माण हो रहा है लेकिन भारत सरकार ने कोई प्रयास न किया और इस सामरिक महत्व वाले तथ्य पर ध्यान नहीं दिया बल्कि यह करीब-करीब एक दशक तक हिंदी-चीनी भाई-भाई का नारा देता रहा। धोखेबाजी के उजागर के पश्चात् भी भारत की प्रतिक्रिया कमजोर ही थी।

इस युद्ध ने इस बात का भी पर्दाफाश किया कि भारतीय सेना आधुनिक हथियारों से लैस नहीं है और हिमालय की तराइयों में होने वाले संघर्षों के लिए भी तैयार नहीं है, जो लंबे समय तक भी चल सकती थी। एक तरफ भारतीय सेना का वहां की परिस्थितियों से परिचित न होना तथा दूसरी ओर लद्दाख में उनकी सेना के पास ज्यादा हथियार होने के साथ-साथ परिस्थितियों के अनुरूप ढलना, इस बात को उजागर करता है कि हम युद्ध की स्थिति से निपटने के लिए तैयार नहीं थे। इस युद्ध का भावनात्मक तथा राजनीतिक प्रभाव काफी पड़ा।

इस युद्ध के कारण शीत युद्ध के दौरान गुटनिरपेक्ष रहे भारत की पहचान ''तीसरे स्तर के देशों'' में कम हो गई। किंतु इसने सारे देश को राष्ट्रीय भावना से प्रेरित किया। कृष्णा मेनन ने त्याग-पत्र दिया और नेहरू का चीन-भारत मित्रता का सपना टूट गया, किंतु भारत ने अपनी गुटनिरपेक्षता की नीति को नहीं छोड़ा यद्यपि इसके नेतृत्व पर एक धब्बा अवश्य लग गया था। चीन की नयी सरकार (PRC) का यह कहना कि वह चीन को एक मॉडल के रूप में प्रस्तुत करना चाहती है। और 1958 में बीजिंग का ताइवान स्ट्रेट में हस्तक्षेप, तथा 1962 के भारत-चीन युद्ध ने कई तृतीय स्तर के देशों को आश्चर्यचकित कर दिया। तृतीय स्तर के देशों ने चीन द्वारा दी गई सहायता के प्रति सहानुभूति जताई किंतु चीन का सैन्यीकरण पर ध्यान बढ़ता गया। ये सैन्यीकरण अंततः पंचशील के सिद्धांतों के खिलाफ गया और गुटनिरपेक्ष आंदोलन पर चीन की नयी सरकार का प्रभाव भी कम होता गया।

अभ्यास प्रश्न

1. निम्नलिखित में से कौन-सा दस्तावेज सबसे पहले मौलिक अधिकारों की चर्चा करता है?
(a) नेहरू रिपोर्ट, 1928
(b) साइमन कमीशन रिपोर्ट, 1929
(c) कराची प्रस्तावना, 1931
(d) गांधी-इरविन समझौता, 1931

2. 'मिश्रित अर्थव्यवस्था' सबसे पहले कहा प्रयोग में लाई गई?
(a) संविधान की प्रस्तावना में
(b) प्रथम पंचवर्षीय योजना में
(c) द्वितीय पंचवर्षीय योजना में
(d) बंबई प्लान में

3. सोवियत संघ में भारत का पहला राजदूत कौन था?
(a) वी.पी. कृष्णा मेनन
(b) विजयलक्ष्मी पंडित
(c) के.एम. पाणिक्कर

4. अफ्रीकी-एशियन नेताओं का बडुंग कॉन्फ्रेंस कब हुई थी?
(a) 1951 (b) 1953
(c) 1955 (d) 1957

5. चीन के साथ समझौते वाले पंचशील के सिद्धांत में समाहित हैं–
(i) एक-दूसरे की संप्रभुता तथा क्षेत्रीय अखंडता के प्रति आस्था
(ii) एक-दूसरे पर आक्रमण न करना
(iii) आंतरिक मामलों में हस्तक्षेप नहीं
(iv) महाशक्तियों के साथ गुटनिपेक्षता
(v) समानता तथा पारस्परिक लाभ
(vi) शांतिपूर्वक रहना

सही उत्तर दिए गए कूट से चयनित करे–
(a) (i), (ii), (iii), (iv) तथा (vi)
(b) (i), (ii), (iv), (v) तथा (vi)
(c) (i), (ii), (iii), (v) तथा (vi)
(d) (i), (iii), (iv), (v) तथा (vi)

6. संविधान सभा द्वारा 21 जुलाई, 1947 को स्वीकार किए गए राष्ट्रीय ध्वज का प्रारूप किसने तैयार किया था।
(a) बदरुद्दीन तैयबजी
(b) रवींद्र नाथ टैगोर
(c) अबनिंद्र नाथ टैगोर
(d) अबुल कलाम आजाद

7. प्रथम एशियाई खेल नयी दिल्ली में किस वर्ष खेले गए?
(a) 1950 (b) 1951
(c) 1952 (d) 1953

8. निम्नलिखित में किसने, युगोस्लाविया के ब्रिनोई में 1956 में हुए गुटनिरपेक्ष आंदोलन में भाग नहीं लिया था?
(a) नेहरू (b) टीटो
(c) सुहार्तो (d) नासिर

9. कौन-सा क्षेत्र चीन के आक्रमण का निशाना बना?
(a) तकला माकन (b) भूटान
(c) सिक्किम (d) अक्साई चिन

10. पहली दो पंचवर्षीय योजनाओं का मुख्य निर्माणकर्ता कौन था?
(a) बी.ए.आर. मेहता (b) वी.एन. गाडगिल
(c) महालोनोबीस (d) एस.ए. सेन

11. निम्नलिखित घटनाओं का उचित कालक्रम क्या है?
(i) महात्मा गांधी की हत्या
(ii) प्रथम रेल बजट की प्रस्तुति

(iii) कश्मीर का भारत में मिलना
(iv) रिजर्व बैंक ऑफ इंडिया का राष्ट्रीयकरण
सही उत्तर दिए गए कूटों से चुने–
(a) (i), (ii), (iii) तथा (iv)
(b) (ii), (iv), (iii) तथा (i)
(c) (iii), (ii), (iv) तथा (i)
(d) (iv), (ii), (i) तथा (iii)

12. निम्नलिखित में से कौन-सा युग्म गलत है?
(a) 1948 – हैदराबाद में पुलिस कार्यवाही
(b) 1949 – भारतीय रुपये का अवमूल्यन
(c) 1950 – योजना आयोग का गठन
(d) 1951 – परमाणु ऊर्जा कमीशन का गठन

13. निम्नलिखित घटनाओं के सही कालक्रम थे–
(i) निजी हवाई जहाज कंपनियों का राष्ट्रीयकरण
(ii) राज्यों का पुनर्गठन आयोग
(iii) चंदेरनगर का भारत में विलय
(iv) भाखडा नंगल डैम का उद्घाटन

कूट:
(a) (ii), (iv), (i) तथा (iii)
(b) (iii), (i), (ii), तथा (iv)
(c) (iv), (ii), (iii) तथा (i)
(d) (i), (ii), (iii) तथा (iv)

14. निम्नलिखित एक्टों का सही कालक्रम क्या है?
(i) हिन्दू मैरिज (अमेंडमेट) एक्ट
(ii) हिंदू सक्सेशन एक्ट
(iii) अनटचेबलिटी एक्ट

कूट:
(a) (i), (iii) तथा (ii) (b) (ii), (iii) तथा (i)
(c) (i), (ii) तथा (iii) (d) (iii), (ii) तथा (i)

15. कौन-सा युग्म गलत है?
(a) 1954–भारत-चीन समझौता
(b) 1957–दलाई लामा का भारत आना
(c) 1959–अक्साई चिन के मुद्दे पर चीन से तनाव
(d) 1962–भारत-चीन युद्ध

16. निम्नलिखित घटनाओं को देखें और इनका सही कालक्रम लिखें–
(i) प्राकृतिक गैस तथा तेल आयोग का गठन
(ii) वेल्थ टैक्स बिल का पास होना
(iii) बीमा कंपनियों का राष्ट्रीकरण
(iv) मुंध्रा एल.आई.सी. घोटाला

कूट:
(a) (i), (ii), (iii) तथा (iv)
(b) (ii), (iv), (iii) तथा (i)
(c) (iii), (ii), (iv) तथा (i)
(d) (iv), (i), (ii) तथा (iii)

17.

तालिका-I	तालिका-II
A. 1959	(i) तीसरा सामान्य चुनाव
B. 1961	(ii) कामराज योजना
C. 1962	(iii) टेलिविजन प्रसारण
D. 1963	(iv) गोवा की मुक्ति

कूट:

	A	B	C	D
(a)	(iii)	(iv)	(ii)	(i)
(b)	(iv)	(iii)	(ii)	(i)
(c)	(iv)	(iii)	(i)	(ii)
(d)	(iii)	(iv)	(i)	(ii)

18.

तालिका-I	तालिका-II
(i) 1953	गुजरात का विभाजन
(ii) 1956	हिंदू सक्शेसन एक्ट
(iii) 1960	अफ्रीकी-एशियाई देशों का दिल्ली में सम्मेलन
(iv) 1961	ऐलिजाबेथ का आगमन

कौन-सा युग्म सही है?
(a) उपरोक्त सभी
(b) (ii), (iii) तथा (iv)
(c) (i), (iii) तथा (iv)
(d) (i), (ii) तथा (iii)

19.

तालिका-I	तालिका-II
A. बिमल राय	(i) *गर्म हवा*
B. एम.एस. साथ्यू	(ii) *पाथेर पांचाली*
C. सत्यजीत रे	(iii) *मेघे ढाका तारा*
D. रित्विक घटक	(iv) *दो बीघा जमीन*

कूट:

	A	B	C	D
(a)	(iv)	(i)	(iii)	(ii)
(b)	(i)	(iv)	(iii)	(ii)
(c)	(iv)	(i)	(ii)	(iii)
(d)	(i)	(iv)	(ii)	(iii)

20. 1947 तक 532 में से सिर्फ तीन प्रिंसली स्टेटों को छोड़कर सभी का भारत में विलय हो चुका था। निम्न में से कौन-सा वह स्टेट नहीं है?
(a) भावननगर (b) हैदराबाद
(c) जूनागढ़ (d) कश्मीर

21. बहादुरी के लिए दिया गया पदक परमवीर चक्र, जिसे 1947 में शुरू किया गया, सबसे पहले किसे दिया गया?
(a) कैप्टन विक्रम सिंह
(b) मेजर सोमनाथ शर्मा
(c) मेजर विजय राठौड़
(d) कैप्टन संजय शर्मा

22. किसने "खालिस्तान" शब्द का उछाला जो 1947 में एक स्वतंत्र राष्ट्र की ओर इंगित करता है?
(a) मास्टर तारा सिंह
(b) सरदार करतार सिंह
(c) प्रो. कपूर सिंह
(d) सरदार बलदेव सिंह

23. जुलाई 1948 में गठित किया गया पहला सार्वजनिक निकाय कौन-सा था?
(a) जीवन बीमा निगम
(b) फूड कॉरपोरेशन ऑफ इंडिया
(c) स्टेट ट्रेडिंग कॉरपोरेशन
(d) दामोदर वैली कॉरपोरेशन

24. 1949 तक प्रेस ट्रस्ट ऑफ इंडिया का क्या नाम था जब रॉयटर इसका मालिक था तथा इसे संचालित भी करता था?
(a) इंटर प्रेस सर्विस
(b) एसोसिएटेड प्रेस ऑफ इंडिया
(c) युनाइटेड न्यूज इंफोर्मेशन
(d) एसोसिएटेड न्यूज सर्विस

25. तमिलनाडु में 1949 के किसने द्रविड़ मुनैत्र कड़गम् की स्थापना की?
(a) ई.वी. रामास्वामी नयकर
(b) एम. करुणानिधि
(c) सी.एन. दुरई
(d) कुमारस्वामी कामराज

26. गांधीजी हत्या के लिए किसे अम्बाला जेल में एन.वी. गोडसे के साथ 1949 में फांसी के तख्त से लटकाया गया था?
(a) नारायण दत्तात्रेय आप्टे
(b) दामोदर घोरपड़े
(c) वी.डी. सावरकर
(d) विष्णु चिपलुंकर

27. निम्नलिखित कथनों को पढ़ें–
(i) '*जन गण मण*' को भारत के राष्ट्रीय वंदना के रूप में स्वीकारा किया गया
(ii) '*वन्दे मातरम्...*' को भारत के राष्ट्रीय गीत के रूप में स्वीकारा गया
(iii) '*सारे जहां से अच्छा*' को भरत के राष्ट्रीय संगीत विषय के रूप में स्वीकारा
(iv) हरबर्ट मुरिश्ल के वाद्यवृंद की धुन को राष्ट्रीय वंदना के लिए चुना गया

सही उत्तर दिए गए कूटों से चुने–
(a) (i), (ii) तथा (iii)
(b) (ii), (iii) तथा (iv)
(c) (i), (ii) तथा (iv)
(d) (i), (iii) तथा (iv)

28. जनवरी 20, 1950 को गठित हुए सर्वोच्च न्यायालय का पहला मुख्य न्यायाधीन कौन बना?
(a) दिलीप बोस (b) हीरालाल जे. कनिया
(c) एस.पी. मुखर्जी (d) नंदलाल बोस

29. विनोबा भावे के भूदान आंदोलन में सबसे पहले किसने 80 एकड़ भूमि तेलांगना में दी?
(a) एन. संजीव रेड्डी
(b) टी. प्रकाशम्
(c) जे. वेंगल राव
(d) वी. नामचंद्र रेड्डी

30. इन लोगों की मृत्यु का सही कालक्रम क्या है?
(i) वल्लभभाई पटेल
(ii) शरत चंद्र बोस
(iii) अबनींद्रनाथ टैगोर
(iv) अरविंद घोष
(v) महर्षि रमण

कूटों से सही उत्तर चुने–
(a) (iii), (iv), (i), (v) तथा (ii)
(b) (iv), (iii), (i), (ii) तथा (v)
(c) (ii), (v), (iv), (i) तथा (iii)
(d) (v), (i), (iv), (iii) तथा (ii)

31. कौन-सा युग्म गलत है?
(a) प्रेम माथुर – पहली महिला विमान चालक
(b) इला मजूमदार – पहली महिला चिकित्सक
(c) अन्ना आर. मल्होत्रा – पहली महिला आई.ए.एस.
(d) विजयलक्ष्मी पंडित – संयुक्त राष्ट्र की सामान्य सभा की पहली महिला सभापति

32. भारत की पहली रंगीन फिल्म *झांसी की रानी* किसने बनाई?
(a) वी. शांताराम (b) राजकपूर
(c) जी. नागरेड्डी (d) सोहराब मोदी

33. किस राज्य के निर्माण के लिए पोती श्रीरामूलू ने आमरण अनशन किया?
(a) महाराष्ट्र (b) कर्नाटक
(c) आंध्र प्रदेश (d) केरल

34. किस भारतीय को 1952 में सबसे पहले लेनिन शांति पुरस्कार मिला था?
(a) जवाहरलाल नेहरू
(b) सैफुद्दीन किचलू
(c) सी. राजगोपालाचारी
(d) एस. राधाकृष्णन

35. के.डी. यादव ने हेलसिंकी में हुए ओलंपिक में कांस्य पदक 1952 में प्राप्त किया था। भारत का यह पहला पदक ओलंपिक के किस खेल में मिला?
(a) कुश्ती (b) तैराकी
(c) भारोत्तोलन (d) निशानेबाजी

36. कौन प्रथम भारतीय था जिसे वेटिकन द्वारा कॉर्डिनल नियुक्त किया?
(a) ऐ.जे. कूरियोकोस (b) सी.एच. फ्रांसिस
(c) वेलेरियन ग्रेसिया (d) मामन मैथ्यू

37.

	तालिका-I		तालिका-II
A.	जनवरी 1953	(i)	साहित्य एकादमी
B.	मार्च 1954	(ii)	ललित कला एकादमी
C.	नवंबर,1954	(iii)	संगीत नाटक एकादमी
D.	मई 1955	(iv)	चिल्ड्रेन फिल्म सोसाइटी

कूटः

	A	B	C	D
(a)	(iii)	(i)	(iv)	(ii)
(b)	(i)	(iii)	(iv)	(ii)
(c)	(i)	(iii)	(ii)	(iv)
(d)	(iii)	(i)	(ii)	(iv)

38. भारत का पहला सेनाध्यक्ष कौन था?
(a) सुब्रतो मुखर्जी (b) के.एम. करियप्पा
(c) एफ.जे. मानेकशॉ (d) आर.डी. कटारी

39. 1954 में निम्नलिखित में से किसे भारत रत्न नहीं दिया गया?
(a) बी.आर. अंबेडकर
(b) सी. राजगोपालाचारी
(c) एस. राधाकृष्णन
(d) सी.वी. रमण

40. किस फिल्म को बेहतरीन फिल्म के लिए 1954 में गठित राष्ट्रीय फिल्म पुरस्कार सबसे पहले मिला?
(a) वी. शांताराम की *शंकुतला*
(b) सत्यजीत रे की *पाथेर पांचाली*
(c) पी.के. आत्रे की *श्यामची आई*
(d) सोहराब मोदी की *झांसी की रानी*

41. कौन-सा युग्म गलत है?
(a) आर.डी. कटारी – प्रथम जलसेनाध्यक्ष
(b) सुब्रोतो मुखर्जी – प्रथम वायुसेनाध्यक्ष
(c) के.एम. करियप्पा – प्रथम थलसेनाध्यक्ष
(d) देवी प्रसाद चौधरी – प्रथम संयुक्त अध्यक्ष प्राधिकरण

42. 'अप्सरा' नाम किसे दिया गया था?
(a) इंडियन एयरलाइंस की व्यावसायिक हवाई जहाज
(b) भारत के नाभिकीय अनुसंधान रिएक्टर
(c) भारत की ताप विद्युत परियोजना
(d) भारत के लक्जरी क्रूसी लाइनर

43. भारत के कौन-से विश्वविद्यालय ने दो वर्ष की एम.बी.ए. पाठ्यक्रम शुरू किया?
(a) बनारस हिंदू विश्वविद्यालय
(b) इलाहाबाद विश्वविद्यालय
(c) आंध्र विश्वविद्यालय
(d) मद्रास विश्वविद्यालय

44.

	तालिका-I		तालिका-II
A.	1954	(i)	भारतीय स्टेट बैंक
B.	1955	(ii)	भाभा परमाणु अनुसंधान केंद्र
C.	1956	(iii)	अखिल भारतीय आयुर्विज्ञान संस्थान
D.	1957	(iv)	राष्ट्रीय विकास परिषद

कूट:

	A	B	C	D
(a)	(iv)	(i)	(iii)	(ii)
(b)	(iv)	(i)	(ii)	(iii)
(c)	(i)	(iv)	(ii)	(iii)
(d)	(i)	(iv)	(iii)	(ii)

45. किसने सबसे पहले मैग्सेसे पुरस्कार प्राप्त किया?
(a) बी.आर. अम्बेडकर
(b) विनोबा भावे
(c) जवाहरलाल नेहरू
(d) एस. राधाकृष्णन

46. किसने स्वतंत्र पार्टी की स्थापना 1959 में की?
(a) एस.पी. मुखर्जी
(b) एन.एम. जोशी
(c) सी. राजागोपालाचारी
(d) नरेंद्र देव

47. निम्नलिखित में कौन साम्यवादी नहीं था?
(a) पी.सी. जोशी
(b) एन.एम. जोशी
(c) अजॉय घोष
(d) ई.एम.एस. नम्बूदरीपाद

48. कौन-सा युग्म गलत है?
(a) ऊषा सप्रे–माउन्ट एवरेस्ट पर चढ़ने वाली पहली महिला
(b) अन्ना चांडी–किसी उच्च न्यायालय की प्रथम महिला न्यायाधीश
(c) आरती साहा–पहली एशियाई महिला जिसने इंग्लिश चैनल को पार किया
(d) गीता चंदा–प्रथम महिला जो वायु सेना में पाराटूपर थी

49. अमेरिका का कौन-सा राष्ट्रपति 1959 में पहली बार भारत आया?
(a) एफ.डी. रूजवेल्ट
(b) जे.एफ. कैनेडी
(c) डी.डी. आइजनऑवर
(d) रिचर्ड निक्सन

50. नेहरू के पहले कैबिनेट में पांच गैर-कांग्रेसी कौन लोग थे?
(i) अजॉय घोष
(ii) बी.आर. अंबेडकर
(iii) एस.पी. मुखर्जी
(iv) जॉन मथाई
(v) सी.एच. भाभा
(vi) मुखम् चेट्टी

कूट:
(a) (i), (ii), (iii), (iv) तथा (v)
(b) (i), (ii), (iv), (v) तथा (vi)
(c) (i), (ii), (iii), (iv) तथा (vi)
(d) (ii), (iii), (iv), (v) तथा (vi)

उत्तरमाला

1. (a)	2. (d)	3. (b)	4. (c)	5. (a)	6. (a)	7. (c)
8. (c)	9. (d)	10. (c)	11. (c)	12. (d)	13. (b)	14. (b)
15. (c)	16. (c)	17. (b)	18. (b)	19. (c)	20. (a)	21. (b)
22. (c)	23. (b)	24. (c)	25. (a)	26. (a)	27. (c)	28. (b)
29. (d)	30. (c)	31. (a)	32. (d)	33. (b)	34. (a)	35. (c)
36. (c)	37. (d)	38. (b)	39. (a)	40. (c)	41. (d)	42. (b)
43. (a)	44. (b)	45. (d)	46. (c)	47. (b)	48. (a)	49. (c)
50. (d)						

खण्ड D

पुनरावृत्ति

- मध्यकालीन तथा आधुनिक भारत की आर्थिक शब्दावली
- व्यक्तित्व

मध्यकालीन तथा आधुनिक भारत की आर्थिक शब्दावली

सामाजिक-आर्थिक प्रणालियां

अयगार प्रणाली यह एक सामाजिक आर्थिक प्रणाली थी जिसकी उत्पत्ति प्राचीनकाल में कर्नाटक क्षेत्र में हुई तथा मध्यकाल में इसका प्रसार तमिल तथा आंध्र क्षेत्रों में हुआ। इसका अर्थ यह था कि कुछ वस्तुओं तथा सेवाओं के संदर्भ में ग्रामीण जनता की आवश्यकताओं की पूर्ति उद्यमियों के एक वर्ग द्वारा होती थी जिनका भुगतान उनके द्वारा किए गए कार्य से नहीं बल्कि सकल कृषि-उत्पाद के एक अंश से होता था। अतः प्रशासनिक कर्मचारियों सहित सभी ग्रामीण शिल्पकार तथा मजदूर अयगार (अयम प्राप्त करने वाले) कहे जाते थे।

बलूता प्रणाली यह अयगार की तरह की प्रणाली थी जो मध्यकाल के दौरान पश्चिम भारत तथा दक्कन में प्रचलित थी। इस प्रणाली के अंतर्गत प्रत्येक कृषक परिवार के अनाज तथा फल-फूल के उत्पाद का एक निश्चित हिस्सा, जिस बलूता कहा जाता था, लगभग 12 ग्रामीण सेवकों तथा शिल्पकारों के जीवन निर्वाह के लिए निर्धारित कर दिया जाता है इन सेवकों तथा शिल्पकारों को बलूतादार (बढ़ई, लुहार, कुम्हार, नाई, धोबी, मोची, रस्सी बनाने वाले, महार इत्यादि) कहा जाता था। ये व्यक्तिगत कृषक परिवारों द्वारा नियुक्त नहीं किए जाते थे (जैसा कि जजमानी प्रणाली में था। बल्कि इनकी नियुक्ति पूरे गांव द्वारा होती थी तथा यह अपेक्षा की जाती थी कि ये आवश्यकता पड़ने पर अपनी जाति के अनुरूप ग्रामीणों की सेवा करेंगे)।

जजमानी प्रणाली यह विशेष ग्रामीण परिवारों में निर्धारित अधिकारों तथा दायित्वों की परस्पर प्रणाली थी। इस प्रणाली के अंतर्गत जजमानी परिवार, साधारणतः भूमिपति, ग्रामीण शिल्पकार तथा सेवक परिवार से (जिन्हें कमीन कहा जाता था) वस्तु तथा सेवाएं प्राप्त करते थे तथा उन्हें परंपरागत भुगतान करते थे। यह मध्यकालीन भारत की ग्रामीण अर्थव्यवस्था की विशेषता थी, हालांकि इसमें क्षेत्रीय विभिन्नताएं अत्यधिक थीं। इस प्रणाली में उत्पादन निर्वाह तथा परंपरागत वितरण के स्तर

तक होता था, बाजार के लिए नहीं। इसके विकास तथा इसकी निरंतरता का कारण संभवतः यह था कि इससे बार-बार आने वाले अकाल से सुरक्षा प्राप्त हुई।

कर प्रणालियां तथा प्रचलन

बटाई यह मध्यकालीन भारत में प्रचलित कर निर्धारण तथा संग्रहण की कई विधियों में से एक थी। इस प्रणाली में कई तरीकों द्वारा कटाई के पहले तथा बाद में फसल का वितरण कृषक तथा सरकार के बीच होता था। इसे गल्ला-बख्शी प्रणाली भी कहा जाता था।

भागीदारी इस प्रणाली के अंतर्गत भागीदार (साझेदार) व्यक्तिगत नहीं बल्कि सामूहिक रूप से सरकार को कर देने के लिए जिम्मेदार थे।

दहसाला यह एक प्रकार की कर प्रणाली थी जिसमें पिछले 10 वर्षों में उत्पादित विभिन्न फसलों का औसत तथा मूल्य का औसत निकाल कर औसत उत्पादन का एक तिहाई, नकद रूप में, राज्य द्वारा भूमि कर के रूप में लिया जाता था। इसकी शुरूआत अकबर ने अपने शासन काल के 24वें वर्ष में की थी।

दानबंदी यह एक प्रकार की कर प्रणाली थी जिसमें अनुमानित फसल, न कि वास्तविक फसल (जैसे कि बटाई, प्रणाली में होता था), कृषक तथा सरकार अथवा उसके एजेंटों के बीच बांटी जाती थी। ब्रिटिश काल के दौरान स्थायी बंदोबस्त के तहत जमींदार अनुमानित हिस्से का भुगतान अनाज के रूप में नहीं बल्कि बाजार की दर पर नकद के रूप में मांग करते थे जो कृषकों के लिए नुकसानदेह सिद्ध हुआ।

इजरा इस प्रचलन के अंतर्गत खेती करने अथवा कर संग्रहण का अधिकार सरकार द्वारा जमींदारों के माध्यम से अस्थाई तौर पर सर्वाधिक बोली लगाने वाले को सौंपा जाता था। इसके बदले दजारदार को कुछ अन्य लाभों के अलावा 4 से 6 प्रतिशत कमीशन मिलता था। इस प्रचलन की उत्पत्ति शहजहां के शासन काल में हुई, औरंगजेब के काल में यह आम हो गया। परवर्ती मुगल शासकों के दौरान इसका व्यापक प्रचलन हो गया था। अंग्रेजों ने भी पूर्वी भारत में कुछ समय के लिए प्रचलन का प्रयोग किया।

कानकूत यह कर निर्धारण की एक विधि थी जिसमें कृषक तथा सरकारी अधिकारी नमूने के सर्वेक्षण के आधार पर उत्पादन का आकलन परस्पर सहमति के आधार पर करते थे तथा उसी हिसाब से सरकार का हिस्सा निर्धारित किया जाता था।

महलवारी यह भूमि आकलन की एक प्रणाली थी जिसमें आकलन की इकाई महल अथवा एक क्षेत्र था, न कि व्यक्तिगत भूखंड। इस प्रणाली में भूमिकर देने का दायित्व सामूहिक था तथा समय-समय पर करों की दर में परिवर्तन का अधिकार सरकार के पास सुरक्षित था। अंग्रेजों ने इसका प्रचलन गंगा की घाटी, पंजाब, उत्तर-पश्चिम प्रांत तथा मध्य भारत के हिस्सों में प्रारंभ किया।

नसक इस विधि के अंतर्गत कृषक द्वारा दिए जाने वाले कर का निर्धारण पूर्व अनुभवों के आधार पर किया जाता था।

रैयतवारी यह कर बंदोबस्त की एक विधि थी जिसमें व्यक्तिगत कृषक (रैयत) को उसकी भूमि का मालिक स्वीकार किया गया। इस प्रणाली में समय-समय पर कर पुनः निर्धारण का अधिकार सरकार के पास सुरक्षित था। अंग्रेजों ने इसका प्रचलन मद्रास प्रेसीडेंसी तथा बाद में बॉम्बे प्रेसीडेंसी में प्रारंभ किया।

जब्ती इस प्रणाली में भूमिकर का निर्धारण तनब (बांस की छड़ी को लोहे की कड़ी से जोड़कर बनाया गया यंत्र) की सहायता से माप के आधार पर किया जाता था। इसे बंदोबस्त प्रणाली भी कहा जाता है इसका प्रचलन अकबर ने अपने शासनकाल के 15वें वर्ष में प्रारंभ किया था।

कर अधिकारी तथा संग्रहकर्त्ता

आमिल मध्यकाल तथा ब्रिटिश काल के प्रारंभ में कर संग्रहकार्ताओं का सामान्य नाम था।

देसाई अथवा देशमुख पश्चिम भारत तथा दक्कन में जिला (सरकार) अथवा उपजिला (परगना) स्तर पर वंशानुगत मुख्य कर अधिकारी को कहा जाता था।

देशपांडे पश्चिम भारत तथा दक्कन में जिला तथा उपजिला सतर पर कर संग्रहण का वंशानुगत लेखाकर को देशपांडे कहा जाता था।

इजारदार पूर्वी भारत का कर कृषक।

इक्तादार दिल्ली सल्तनत काल के दौरान इक्ता धारक। इन्हें मुक्ति भी कहा जाता था।

जागरीदार मुगलों के काल में जागीर धारक।

कुलकर्णी पश्चिम भारत तथा इक्कन में ग्रामीण लेखाकार।

मालगुजार अंग्रेजों के काल में उत्तर भारत तथा मध्य भारत में मालगुजारी, अर्थात कर अधिकार, धारक।

मालमतदार मराठों के अधीन पश्चिम भारत तथा इक्कन में जिला तथा उपजिला स्तर पर गैर-वंशानुगत कर अधिकारी।

मुकद्दम उत्तर भारत में ग्राम प्रधान, इन्हें खोत भी कहा जाता था।

पालेगर अथवा पोलीगर दक्षिण भारत में कर संग्रहण का वंशानुगत अधिकार रखने वाले जमींदार।

पटेल अथवा पाटिल पश्चिम भारत तथा दक्कन के ग्राम प्रधान।

पटवारी उत्तर तथा मध्य भारत के ग्रामीण लेखाकार।

ठीकादार ब्रिटिश काल में पूर्वी भारत में जमींदार से जमीन का ठेका प्राप्त करने वाले।

विभिन्न कर

अबवाब जमींदारों तथा जन-अधिकारियों द्वारा लगाए जाने वाले विभिन्न प्रकार के कर।

चौथ मुगलों तथा स्थानीय शासकों द्वारा अपरिभाषित भूमि क्षेत्र पर भूमिकर का एक चौथाई भाग जो मराठों को दिया जाता था ताकि मराठा सैनिक उन क्षेत्रों पर आक्रमण न करें।

जिज्या इस्लामी राज्य में जिम्मी (गैर-मुस्लिमों) द्वारा सरकार को दिया जाने वाला धार्मिक कर।

खराज मध्यकालीन भारत के मुस्लिम शासित क्षेत्रों में भूमि कर।

खम्श परंपरागत रूप से लूट, गड़े खजाने, खान आदि में से राज्य द्वारा लिया जाने वाला पांचवां भाग जो अलाउद्दीन खिलजी के काल से पांच में से चार भाग हो गया।

सैर अथवा सयीर भूमिकर के अतिरिक्त कर; मुख्यतः पारगमन कर।

सरदेशमुखी इस प्रतिशत का अतिरिक्त कर जो वंशानुगत अधिकारों का दावा करते हुए मराठा शासक महाराष्ट्र क्षेत्र से लेते थे।

जकात इस्लामी राज्य में धनी मुसलमानों द्वारा अपने गरीब भाइयों के निर्वाह के लिए जाने वाला एक धार्मिक कर।

कृषि में संलग्न वर्ग

बरगदार पूर्वी भारत के बटाईदार। भू-स्वामी जब चाहे तब उन्हें जमीन से बेदखल कर सकता था।

भागदार पश्चिम भारत के कुछ भाग में एक संयुक्त गांव का हिस्सेदार। इन्हें पाटीदार तथा नरवादार भी कहा जाता था।

ग्रंतिदार पूर्वी भारत के कुछ भागों (जैसे कि जैसोर जिला) में सीधे सरकार अथवा जमींदार के अधीन भूमिधारक (ग्रंति)। पूर्वी भारत के अन्य भागों में इस प्रकार के भूमिधारकों के कई नाम थे- रंगपुर जिले में जोतदार, बाकरगंज जिले में हवलदार, पुर्णिया जिले में गचदार तथा दिमनापुर जिला में मंडल। ये लोग अधिकतर बड़े भूमिधारक थे तथा अपनी भूमि पर खेती करवाने के लिए भाड़े के मजदूरों पर निर्भर थे। इनकी उत्पत्ति का कारण मुख्यत: ब्रिटिश काल में बेकार भूमि को बड़े पैमाने पर खेती के अधीन लाने से था।

हली अथवा हलिया पश्चिम भारत के बंधुआ कृषि मजदूर।

कमिया पूर्वी भारत के बंधुआ कृषि मजदूर।

कनमदार केरल में जमींदारों (जेन्मी) के अधीन भूमिधारक। भूधारिता के दौरान (साधारणत: 12 वर्ष) कनमदार जेन्मियों को अन्य कृषकों से कम लगान देते थे। शुरू में उन्हें जेन्मियों को एक मोटी रकम (कनम) देनी पड़ती थी तथा उनके द्वारा दिया जाने वाला लगान उसी हिसाब से कम किया जाता था। कनमदार या तो भूमि पर स्वयं खेती करते थे अथवा अन्य कृषकों, जैसे पट्टादारों को दे देते थे।

खुदकाश्त मुगलकालीन भारत के वैसे कृषक जिनका गांव में स्थायी निवास था, भूमि का स्वामित्व था, खेती के अपने उपकरण थे तथा जो सीधे राज्य को कर देते थे। महाराष्ट्र में इन्हें मिरासदार (मिरास के धारक) तथा राजस्थान में घरूहाला अथवा गवेति कहा जाता था।

कोर्फा पूर्वी भारत में भूमि में कुछ विशेष प्रकार के अधिकार रखने वाले कृषक।

मुजरियान मुगलकालीन भारत का बटाईदार।

नत्तार तमिलनाडु में स्थानीय भूमि तथा जनता पर प्रभाव रखने वाला स्थानीय शासक वर्ग का व्यक्ति।

पाही मुगलकालीन भारत का कृषक जो मूल रूप से 'बाहरी' था लेकिन किसी गांव में या पड़ोस में रहकर दूसरे की भूमि पर खेती करता था। महाराष्ट्र में इन्हें ऊपरी कहा जाता था।

पटनीदार पूर्वी भारत के कुछ भागों (जैसे कि बर्दवान जिला) में किसी जमींदारी में पटनी धारक।

व्यावसायिक प्रणालियां तथा प्रचलन

कार्टेज प्रणाली यह एक ऐसी प्रणाली थी जिसके अंतर्गत भारतीय जहाजों को, ऐसे स्थानों पर, जो कि पुर्तगालियों के लिए सुरक्षित नहीं थे, जाने के लिए तथा अपनी सामग्री को जब्त होने से बचाने के लिए गोवा के पुर्तगाली वायसराय के पास (कार्टेज) लेना पड़ता था।

दादनी प्रणाली इस प्रणाली के अंतर्गत व्यवसायी (भारतीय तथा यूरोपीय) नकद तथा कच्चा माल अग्रिम (दादन) में शिल्पकारों को देते थे तथा बाद में तैयार माल को खरीदते थे। हालांकि इसकी उत्पत्ति तथा विकास बंगाल में हुआ लेकिन बाद में इसका प्रसार भारत के अन्य भागों में भी हुआ। यह 'पुटिंग आउट' प्रणाली की तरह नहीं था। क्योंकि इस प्रणाली की खरीद-बिक्री में शिल्पकार को काफी स्वतंत्रता प्राप्त थी।

दामदुपाट पश्चिम भरत में प्रचलित एक कानून जिसके अंतर्गत कोई भी कर्जदार ऋण की मूल रकम से अधिक ब्याज देने के लिए बाध्य नहीं था।

हुंडी मुगलकाल में प्रचलित देशी विनिमय पत्र जिसमें एक खास समय के बाद (दो महीने या कम) भुगतान करने का वादा किया जाता था। भुगतान का यह वादा एक खास स्थान पर किया जाता

था जिसमें, छूट, ब्याज, बीमा शुल्क तथा मुद्रा के स्थानांतरण की कीमत साथ होती थी। 18वीं शताब्दी के दौरान हुंडी बड़े व्यावसायिक लेन-देन का मानकीकृत माध्यम बन गया। लंबी दूरी के व्यापार में इससे न सिर्फ बढ़ते हुए उधार की मांग को पूरा करने में मदद मिली बल्कि दूरस्थ स्थानों पर नकद रकम ले जाने में संलग्न खतरों से मुक्ति प्राप्त हो गई। यह व्यवसाय मुख्यतः पेशागत पुद्रा परिवर्तकों अथवा बैंकरों के हाथ में था जिन्हें सर्राफ कहा जाता था।

खतबंदी एक अधिनियम जिसके द्वारा पूर्वी भारत के शिल्पकार 1770 के बाद अपना उत्पाद सिर्फ इंग्लिश ईस्ट इंडिया कंपनी को बेचने के लिए बाध्य कर दिए गए।

व्यवसायी वर्ग

बनिया पूरे उपमहाद्वीप में व्यवसायी। कुछ क्षेत्रों में ये बैंकरों तथा मुद्रा परिवर्तकों के रूप में भी कार्य करते थे।

बंजारा पूरे भारत में कारवां व्यापार। खासकर अनाज, नमक तथा मवेशी का व्यापार करने वाले व्यवसायी।

चेट्टी अथवा चेट्टीयार दक्षिण भारत के व्यवसायी।

गोलदार गोला (गोदाम) वाले थोक व्यापारी।

महाजन पूर्वी, उत्तर तथा पश्चिमी भारत के थोक व्यापारी या बड़े बैंकर।

मारवाड़ी राजस्थान के मारवाड़ के निवासी जो बैंकरों, व्यवसायियों अथवा दलालों का काम करते थे।

पैकार व्यवसायियों के एजेंट जो पूर्वी भारत में शिल्पकारों का सामान खरीदते थे।

साहूकार पश्चिम भारत के बैंकर तथा महाजन।

सौदागर पूर्वी भारत के लंबी दूरी के व्यापार में लगे व्यवसायी।

सेठ पूर्वी, पश्चिमी तथा उत्तरी भारत के बैंकर तथा महाजन।

सर्राफ पेशागत बैंकर जो हुंडियों के द्वारा उधार देते थे।

विविध शब्दावली

औरांग उत्पादित वस्तुओं का गोदाम अथवा स्थानीय निर्माण क्षेत्र।

भाईचारा भूमि अथवा अन्य सम्पत्ति पर सामूहिक अधिकार।

बीघा भूमि की माप जो क्षेत्रीय विभिन्नताओं से प्रभावित थी, पर कभी भी एक एकड़ से बड़ी नहीं हो सकती थी।

चौकी सीमा-शुल्क चौकी।

कौड़ी विनिमय के माध्यम की तरह प्रयुक्त सीपियां।

दारोगा पुलिस, सीमा शुल्क अथवा उत्पाद शुल्क का प्रमुख।

दीवानी किसी प्रांत का कर एकत्र करने का अधिकार।

फरमान शाही आदेश या फरमान।

गंज व्यापर केंद्र अथवा बाजार।

हासिल किसी क्षेत्र से वास्तव में एकत्रित भूमि कर।

हाट समय-समय पर लगने वाले ग्रामीण मेले।

इनाम किसी व्यक्ति को उसकी सेवाओं के बदले प्राप्त कर मुक्त भूमि या अन्य उपहार।

इक्ता दिल्ली सल्तनत में सरकारी अधिकारियों को उनके वेतन के बदले प्राप्त भूमि की इकाई जिसका कर उन्हें सौंपा जाता था।

जागीर दिल्ली सल्तनत के इक्ता का मुगलकालीन समतुल्य।

जमा किसी क्षेत्र से प्राप्त होने वाला कुल अनुमानित भूमि कर।

जमाबंदी किसी क्षेत्र, गांव अथवा जिले के आकलित कर का बंदोबस्त।

कारखाना दिल्ली सल्तनत तथा मुगलकाल में शाही दरबार तथा सेना के लिए विभिन्न प्रकार की सामग्री का निर्माण करने वाला शाही कारखाना।

खालिसा शाही अथवा राज्य की भूमि।

मदद-ए-माश ऐसी भूमि जिसका कर राज्य द्वारा धार्मिक तथा विद्वान व्यक्तियों अथवा संस्थाओं को सौंप दिया गया था।

मालिकाना जमींदार के भूमि पर बेहतर अधिकारों के कारण राज्य द्वारा जमींदारों को भूमिकर का विशेष भत्ता।

मंडी थोक बाजार।

मनौतीदार बैंकर अथवा साहूकार जो एक राशि (मनौती) लेकर मध्यस्थ कर संग्रहकर्ता के लिए गारंटी प्रदान करता था।

मिल्की भू-स्वामित्व।

मोहर स्वर्ण मुद्रा।

माउफी कर मुक्त भूमि।

नजराना निम्नतर व्यक्तियों द्वारा उच्चतर व्यक्तियों को दिया जाने वाला उपहार जो कि अक्सर जबर्दस्ती लिया जाता था।

मुकर्ररी निश्चित लगान अथवा दर पर भू-धारिता।

पट्टा कर अधिकारियों द्वारा करदाताओं को दिया गया पत्र जिसमें दी जाने वाली रकम तथा भू-धारित की शर्तों का विवरण होता था।

पट्टीदारी किसी ग्राम अथवा क्षेत्र का संयुक्त स्वामित्व।

कबूलियत वह पत्र जिसमें करदाता सरकार द्वारा नियम, नियमों तथा शर्तों को स्वीकार करता था।

तक्कवी उत्पादन के लिए सरकार द्वारा कृषकों को दी गई अग्रिम राशि अथवा ऋण।

तिनकठिया एक प्रणाली जिसके अंतर्गत यूरोपीय नीलरोपकों ने पूर्वी भारत में स्थानीय जमींदारों से ठेका पर भूमि लेकर अपनी भूमि पर कृषकों के, अत्यंत कम कीमत पर, नील बोना अनिवार्य कर दिया, तथा अगर वे नील की खेती से छुटकारा पाना चाहते तो उनहें शरहबेशी (बढ़ा हुआ लगान) या तवान (मोटा-मोटी भुगतान) या कभी-कभी दोनों की देना पड़ता था।

वतन वंशानुगत भूमि।

जेरात यह प्रणाली जिसके अंतर्गत पूर्वी भारत में यूरोपीय नीलरोपकों ने ठेकेदारी पर भूमि लेकर उन पर अत्यंत कम भुगतान कर, कृषि मजदूरों की सहायता से नील उगाना प्रारंभ किया।

व्यक्तित्व

अब्दुल गफ्फार खान–'सीमांत गांधी' के नाम से लोकप्रिय, ये उत्तर-पश्चिम सीमांत प्रांत के प्रमुख राष्ट्रवादी थे। इन्होंने 'खुदाई खिदमतगार' (ईश्वर के सेवक) नामक राष्ट्रवादी संस्था की स्थापना की जो 'लाल कमीज' के नाम से लोकप्रिय थी। इन्होंने स्वतंत्रता के बाद पाकिस्तान 'पख्तूनिस्तान' के लिए आंदोलन प्रारंभ किया जिसके लिए इन्हें पाकिस्तान सरकार ने बंदी बना लिया। भारत सरकार ने मरणोंपरांत इन्हें 'भारत रत्न' की उपाधि प्रदान की।

अब्दुल हामिद लाहौरी–शाहजहां का आधिकारिक इतिहासकार तथा *पादशाहनामा* का लेखक।

अब्दुल्लाह बर्हा सईद–ये प्रसिद्ध सईद बंधुओं में बड़ा भाई था, छोटा हुसैन था। इन्होंने मुगल शासन में 1713 से 1722 के बीच राजा बनाने की भूमिका निभाई थी।

अब्दुर रहीम खान-ए-खाना–बैरम खान का पुत्र जो बाद में अकबर का सेनापति बना। इसने बाबर की स्मृतियों का फारसी में अनुवाद किया तथा साहित्य में अन्य योगदान किए।

अब्दुर रज्जाक लारी–गोलकुंडा के अंतिम कुतुबशाही शासक (अबुल हसन) का सेनापति जिसने ओरंगजेब के आक्रमण के समय अत्यंत बहादुरी के साथ किले की सुरक्षा की। बाद में औरंगजेब ने इसे अपने अधीन नियुक्त कर लिया।

अबुल फजल–शेख मुबारक का पुत्र पता फैजी (कवि) का भाई, अबुल फजल अबकर का आधिकारिक इतिहासकार तथा निकट सहायक था। इसने *आइने अकबरी* (अकबर के साम्राज्य का सांख्यिकीय विवरण) तथा *अकबर नामा* (अकबर के शासनकाल का इतिहास) का लेखन किया। शहजादा सलीम (बाद में जहांगीर) के उकसाए जाने पर सिंह बुंदेला ने 1602 में अबुल फजल की हत्या कर दी।

आदम खान–माहम अनगा (अकबर की विमाता) का पुत्र, जो बैरम खान के पतन के बाद दो वर्षों (1560-62) के लिए अत्यंत शक्तिशाली हो गया था। तत्कालीन वजीर, शमसुद्दीन अतगा खान (1562) की हत्या के कारण अकबर ने उसे मृत्युदंड दे दिया।

अफजल खान–बीजापुर का सेनापति जिसे शिवाजी के दमन के लिए भेजा गया था, पर जब दोनों बातचीत के लिए मिले (1659) तो शिवाजी ने बाघ नख से उसकी हत्या कर दी।

अहल्या बाई–इंदौर के मल्हार राव होल्कर की विधवा बहू जिसने इंदौर पर 1764 से 1795 के बीच शासन किया। यह बनारस के अन्नपूर्णा मंदिर तथा गया के विष्णु मंदिर तथा कलकत्ता से बनारस के बीच गांड ट्रंक सड़क के निर्माण के लिए प्रसिद्ध है। उसके उत्तराधिकारी तुकोजी होल्कर थे।

अहमद शाह अब्दाली–यह अफगानिस्तान के दुर्रानी वंश का था तथा शुरू में इसने नादिर शाह के अधीन काम किया था। अफगानिस्तान के अपने स्वतंत्र शासन के दौरान (1747-1773) इसने भारत पर आठ बार आक्रमण किया तथा पानीपत के तृतीय युद्ध (1761) में इसने मराठों को पराजित किया।

अहमद शाह वली–बहमनी राज्य का नौवां सुल्तान जो अपने भाई फिरोज शाह बहमनी की हत्या कर सुल्तान बना। यह अपनी राजधानी गुलबर्गा से बीदर ले गया।

अहमद शाह–गुजरात सल्तनत का महानतम शासक (1411-41) जिसने प्राचीन हिंदु नगर आसवाल के निकट अहमदाबाद का शहर बसाया तथा इसे अपनी राजधानी बनाया।

अहमद निजाम शाह बाहरी–निजामशाही वंश का संस्थापक जिसने अहमदनगर शहर को बसाया तथा इसे अपनी राजधानी बनाया।

अहसान शाह, जलालुद्दीन–मुहम्मद बिन तुगलक के सेनापतियों में से एक था जिसने विद्रोह कर 1335 में मदुरै सल्तनत की स्थापना की, हालांकि 1377 में विजयनगर के शासक ने इसे विजयनगर में मिला लिया।

अजातशत्रु–बिंबिसार का पुत्र, वह मगध के हर्यंक वंश का दूसरा शासक (516-480 ई. पू.) था उसने लिच्छवी राज्य को जीता, कोशल के राजा (प्रसेनजित) को पराजित किया तथा उसकी पुत्री से विवाह किया। उसके शासनकाल में राजगृह के प्रथम बौद्ध परिषद का आयोजन हुआ।

अजीत सिंह–मारवाड़ के शासक राजा जसवंत सिंह की मृत्यु के बाद पैदा होने वाला पुत्र जिसे औरंगजेब ने कैद कर लिया था लेकिन बाद में दुर्गादास के अधीन राठौरों ने उसे दिल्ली से छुड़ा लिया। मेवाड़ के राणाओं की सहायता से राठौरों ने अजीत सिंह के लिए मुगलों से 1709 तक युद्ध किया जब बहादुर शाह प्रथम ने अतंत: उन्हें मेवाड़ का शासक स्वीकार किया।

अकबर (शहजादा)– दिलरास बानो बेगम से उत्पन्न औरंगजेब का तृतीय पुत्र जिसने 1681 में अपने पिता के विरूद्ध विद्रोह कर दिया, पर उसे पराजित कर दिया गया तथा उसे संभाजी के द्वारा शरण प्रदान की गई। दक्कन में बादशाही की निजी उपस्थिति के कारण इसे कुछ भी प्राप्त करने में असफलता मिली तथा अंतत: फारस चला गया।

अलाउद्दीन हसन बहमन शाह–बहमनी राज्य का संस्थापक जिसने गुलबर्गा को अपनी राजधानी बनाया। मूलत: वह दक्कन में मुहम्मद बिन तुगलक का एक अधिकारी था। अपने शासन काल (1347-58) के दौरान उसने अपना अधिकार उत्तर मेमं वैन गंगा से दक्षिण में कृष्णा तक स्थापित किया। उसका राज्य चार तरफ (प्रांतों) में विभाजित था- गुलबर्गा, दौलताबाद, बेरार तथा बीदर। इसके शासन काल की जानकारी हमें समकालीन ग्रंथ बुरहान-ए-माशीर से प्राप्त होती है।

अलाउद्दीन हुसैन शाह–बंगाल के हुसैन शाही वंश का संस्थापक जिसने गौड़ को अपनी राजधानी बनाया। इसने 24 वर्षों (1493-1518) तक शासन किया।

आलम शाह–बहलोल लोदी का तृतीय पुत्र तथा इब्राहिम लोदी का चाचा जिसने दौलत खान लोदी से मिलकर भारत पर आक्रमण करने के लिए बाबर को आमंत्रित किया।

आलमगीर द्वितीय–जहांदार शाह (आठवां मुगल बादशाह) का पुत्र जिसे शक्तिशाली वजीर गाजीउद्दीन इमादुलमुल्क ने सोलहवां मुगल बादशाह (1754-59) बनाया।

अलबरूनी–मूलत: मध्य एशिया में खीवा का निवासी, यह गजनी आया तथा महमूद के आक्रमण के साथ भारत आया। इसका वास्तविक नाम अबु रिहान मुहम्मद था लेकिन बाद में 'अलबरूनी' के नाम से लोकप्रिय हो गया जिसका अर्थ होता है 'मालिक'। यह स्वयं एक बड़ा विद्वान था तथा इसने संस्कृत सीखकर भारतीय विज्ञान तथा दर्शन का गहन अध्ययन किया। इसकी प्रसिद्ध पुस्तक *तारीखे हिंद अथवा किताबे हिंद* में भरत पर तुर्की आक्रमण से पूर्व की स्थिति का वास्तविक विवरण मिलता है।

अज-हज्जाज–वालिद के खलीफा के काल में ईराक का अरब गर्वनर जिसने सिंध जीतने के लिए तीन अभियान दल भेजे। लेकिन इनमें से अंतिम, जोकि इसके अधीनस्थ तथा दामाद मुहम्मद बिन कासिम के द्वारा हुआ, राऔर के युद्ध (712 ई.) में राजा दाहिर को पराजित कर सिंध में अरब शासन स्थापित करने में सफल हुआ।

अल-मसूदी–प्रतिहार शासक महीपाल प्रथम के शासन काल में प्रतिहार राज्य में 915 ई. में आने वाला अरब यात्री जिसने प्रतिहार घुड़सवार सेना की योग्यता की प्रशंसा की।

एपिरस का एलेक्जेंडर–अशोक के वृहत शिलालेख XIII में इसे 'अलिकसुद्दर' के नाम से उल्लेख मिलता है।

अली आदल शाह प्रथम–बीजापुर का पांचवां शासक जिसने विजयनगर के शासक राम राय से मिलकर अहमदनगर पर आक्रमण (1558) किया लेकिन बाद में विजयनगर पर आक्रमण के समय अन्य मुस्लिम शासकों से मिल गया तथा उन्हें बन्नहीहट्टी अथवा तालिकोटा के युद्ध (1565) में पराजित किया। उसका विवाह अहमदनगर की चांद बीबी से हुआ था।

अली बारिद–बीदर (बहमनी राज्य से उत्पन्न) के बारिदशाही वंश का संस्थापक।

अली मुहम्मद–प्रमुख राष्ट्रवादी नेता तथा शौकत अली के भाई। ये खिलाफत तथा असहयोग आंदोलन के नेता था। ये 1923 में भारतीय राष्ट्रीय कांग्रेस के अध्यक्ष बने।

अली मुहम्मद रूहेला–अवध से उत्तर पश्चिम, हिमालय के नीचे, रोहिलखंड में रोहिल्ला और रूहेला शक्ति का संस्थापक। इन्हें 1774 में पराजित कर दिया गया तथा इनके अंतिम नवाब, हाफिज रहमत खान की अत्या अबध के नवाब ने अंग्रेजों की सहायता से की।

अमर सिंह–मेवाड़ के राणा प्रताप के पुत्र एवं उत्तराधिकारी। इन्होंने अकबर तथा बाद में जहांगीर के काल में मुगलों के

विरूद्ध संघर्ष जारी रखा। लेकिन बाद में शाही दरबार में इनकी व्यक्तिगत उपस्थिति की जिद छोड़ देने के बाद 1614 में इन्होंने मुगलों के साथ शांति स्थापित कर ली।

अंबर मलिक–एक अबीसीनियायी दास को अहमदनगर में बसा तथा निजामशाही शासकों का प्रधानमंत्री बना। इसने कई कर-सुधार लागू किए, निजामशाही सेना को गुरिल्ला युद्ध कला में प्रशिक्षित किया, सेना में कई मराठों को भर्ती किया तथा निजामशाही राज्य को मुगल साम्राज्य में मिलाने के जहांगीर के प्रयत्न को विफल कर दिया। लेकिन 1616 में शहजादा खुर्रम (बाद में शाहजहां) ने उसे अहमदनगर का किला मुगलों को सौंप देने पर मजबूर कर दिया।

आंबी–सिंकदर के आक्रमण के समय तक्षशिला का शासक जिसने स्वेच्छा से सिंकदर के समक्ष आत्मसमर्पण कर दिया तथा बाद में पोरस अथवा पुरूषोत्तम के विरूद्ध सिकंदर के युद्ध में सिकंदर की मदद की।

अमीर खुसरो–'तूतिये हिंद' के नाम से लोकप्रिय, ये दिल्ली सल्तनत के प्रसिद्ध कवि, इतिहासकार तथा संगीतज्ञ थे। ये फारसी, उर्दू तथा हिंदी में लिखते थे तथा इन्हें बलवन से गियासुद्दीन तुगलक तथा सभी सुल्तानों का संरक्षण प्राप्त था। इनकी मृत्यु 1324 ई. में हुई।

अनंतवर्मन चोड़ गंग–उड़ीसा के पूर्वी गंग शासकों में सर्वाधिक महत्वपूर्ण शासक जिन्होंने 12वीं शताब्दी में पुरी के प्रसिद्ध जगन्नाथ मंदिर का निर्माण करवाया।

अंसारी, डॉ. (1880-1936)–पेशे से चिकित्सक, शुरू में ये मुस्लिम लीग की राजनीति से जुड़े हुए थे तथा इसके 1920 के अधिवेशन में अध्यक्ष थे। लेकिन बाद में कांग्रेसी हो गए तथा भारतीय राष्ट्रीय कांग्रेस के मद्रास अधिवेशन (1927) के अध्यक्ष बने। इन्होंने सविनय अवज्ञा आंदोलन में भाग लिया तथा 1930 एवं 1932 में दो बार जेल गये।

अंतिअल्किदास–तक्षशिला का इंडो-ग्रीक शासक (140-130 ई. पू.), इसने विदिशा के पांचवें शुंग शासक काशीपुत्र भागभ्रद के दरबार में हेलियोडोरस को राजदूत के रूप में भेजा। मध्य प्रदेश में विदिशा के निलकट बेसनगर स्तंभ लेख पर अंतिआल्किदास का उल्लेख हुआ है।

अंतिगोनस गोनातस–मकदूनिया का शासक (277-239 ई. पू.), अशोक के वृहत शिलालेख XIII में इसका उल्लेख 'अंतिकिनी' नाम से हुआ है। यह यूनानी शासकों में से एक था जिनके साथ अशोक के मित्रवत संबंध थे।

अंतिओकस प्रथम–सेल्युकस निकेटर का पुत्र, यह सीरिया का शासक था तथा बिंदुसार के दरबार में दिमाकस को अपने राजदूत के रूप में भेजा। जब बिंदुसार ने उससे मीठी शराब, सूखे अंजीर तथा एक विदूषक भेजने का आग्रह किया तो उसने जवाब दिया कि शराब तथा अंजीर भेज दिया जाएगा पर विदूषक नहीं क्योंकि कानून इसके बेचने की अनुमति नहीं देता।

अंतिओकस द्वितीय थिओस–सीरिया का यूनानी राजा (261-246 ई.पू.) जिसका उल्लेख अशोक के वृहत शिलालेख XIII में 'अंतियोको' के रूप में हुआ है। अशोक के साथ इसके मित्रवत संबंध थे।

अनुरूद्ध–मगध के हर्यंक वंश के उदयन का पुत्र एवं उत्तराधिकारी जो श्रीलंकाई बौद्ध इतिहास के अनुसार इस वंश का अंतिम शासक था।

अप्पोलोडोटस–एक इंडो-ग्रीक शासक जो लगभग 156 ई. पू. अपने पिता यूक्रेटाइड्स की हत्या कर सत्ता में आया।

एक्वाविवा, फादर रिडोल्फो–गोवा में कार्यरत जेसुइट घर्म प्रचारक जिसे अकबर के आग्रह पर पुर्तगाली सरकार द्वारा फादर मांसरेट के साथ पहतहपुर सीकरी भेजा गया क्योंकि अकबर ईसाइयत के मूलभूत सिद्धांतों को जानना चाहता था।

अर्जुन, गुरू–सिखों के पांचवें गुरू (1581-1606), ये गुरू रामदास के पुत्र एवं उत्तराधिकारी थे। इन्होंने *आदि ग्रंथ* को संकलित किया तथा अमृतसर शहर में प्रसिद्ध हरमंदिर साहिब का निर्माण करवाया। इस स्थान को 1577 में अकबर ने रामदास को दान में दिया था जिन्होंने यहां शहर बसाया। गुरू अर्जुन ने सिखों से 'आध्यात्मिक कर' एक प्रकार का धार्मिक कर लेना प्रारंभ किया जिसके कारण गुरूओं के पास संपत्ति एकत्रित होने लगी। इन्हें जहांगीर के आदेश पर शहजादा खुसरो की सहायता देने के कारण मृत्युदंड दिया गया जिसने जहांगीर के विरूद्ध विद्रोह किया था।

आसफ खान–अकबर का सेनापति जिसने रानी दुर्गावती से गढ़कटंगा को जीता तथा हल्दी घाटी के युद्ध में महाराणा प्रताप को पराजित करने में मान सिंह का साथ दिया था।

आसफ खान–मिर्जा गियास बेग (इतिमादुद्दौला) का पुत्र तथा मेहरूनिन्नसा (नूरजहां) का भाई जिसकी बेटियों, अंजुमन तथा बानू बेगम (मुमताज महल), का विवाह शहजादा खुर्रम (शाहजहां) को बादशाह बनाने में महत्वपूर्ण भूमिका निभाई। बाद में यह अपने दामाद का वजीर बना।

असांग–प्रसिद्ध विद्वान, भिक्षु तथा लेखक, असांग चौथी शताब्दी में था तथा वसुबंधु (समुद्रगुप्त का गुरू एवं मंत्री) का भाई था। वह *सूत्रालंकार* (महायानवाद के योगचार विचारधारा का प्राचीनतम ग्रंथ) तथा *योगाचार भूमि शास्त्री* का लेखक था।

अश्वघोष–कनिष्क के काल का बौद्ध (महायानवादी) भिक्षु तथा विद्वान जिसने चतुर्थ बौद्ध परिषद में महत्वपूर्ण भूमिका निभाई। वह *बुद्धचरित* (बुद्ध की जीवनी), *राष्ट्रपाल* तथा *सारिपुत्र प्रकाश* (नाटक) का लेखक था।

आतिश दीपांकर–पाल काल के प्रसिद्ध वज्रयानी बौद्ध भिक्षु तथा उपदेशक (981-1054 ई.) इनका मूल नाम चंद्रगर्भ था। ये लगभग 18 वर्षों तक विक्रमशिला विश्वविद्यालय के प्राचार्य रहे तथा बाद में तिब्बत चले गए जहां इन्होंने 12 वर्षों तक उपदेश दिया।

अवंतिवर्मन–कन्नौज का मौखरी शासक जो ग्रहवर्मन का पिता था जिसका विवाह पुष्यभूति वंश के हर्षवर्धन की बहन राजश्री के साथ हुआ था।

अजीमुद्दौला–स्वायत्त कर्नाटक राज्य का अंतिम नवाब जिसे लार्ड वेलेसली ने 1801 में ब्रिटिश साम्राज्य में मिलाकर पेंशन देकर हटा दिया था।

बादल एवं गोरा–मेवाड़ के राजपूत बहादुर जिन्होंने अलाउद्दीन की सेना से चित्तौड़ की रक्षा करते हुए अपनी जान दे दी।

बदायुनी–अकबर के काल का एक प्रसिद्ध इतिहासकार जिसने मुतखाब-उल-त्वारीख की रचना की जिसमें अकबर के उदारवादी शासन काल का आलोचनात्मक विवरण है।

बहादुर शाह–गुजरात का शासक (1526-37), इसने अपने पड़ोसियों, मालवा के सुल्तान तथा मेवाड़ के राजा को पराजित किया तथा उनके क्षेत्रों में अपना साम्राज्य विस्तार किया। हालांकि हुमायूं ने 1535 में उसे पराजित कर राज्यविहीन कर दिया था परंतु उसने शीघ्र ही मुगल सेना को खदेड़कर अपने क्षेत्र पर अधिकार कर लिया। लेकिन 1537 में पुर्तगालियों से जहाज पर बातचीत करते हुए डूब जाने से उसकी मृत्यु हो गई।

बहार खान लोहानी–बिहार का अफगान शासक तथा फरीदखान (बाद में शेरशाह सूरी) का संरक्षक, इसने फरीद को 'शेर खान' की उपाधि दी तथा उसे अपना नायब नियुक्त किया।

बैरम खान–अकबर का अभिभावक तथा बाद में प्रतिशासक (1556-60) इसने पानीपत की दूसरी लड़ाई जीतने तथा ग्वालियर, अजमेर एवं जौनपुर जीतने में अकबर की सहायता की। जब 18 वर्ष की आयु में अकबर ने प्रशासन को अपने प्रत्यक्ष नियंत्रण में लिया तो बैरम ने विद्रोह कर दिया जिसे दबा कर इसे माफ कर दिया गया। मक्का जाते हुए गुजरात के पाटन नामक स्थान पर इसके कुछ शत्रुओं ने इसकी हत्या (1561) कर दी।

बल्लाल सेन–बंगाल का द्वितीय स्वतंत्र सेन शासक (1158-79) जिसने अपने राज्य का काफी विस्तार किया। यह संस्कृत का प्रसिद्ध लेखक था तथा इसने *दान सागर* तथा *अद्भुत सागर* की रचना की। रूढ़िवादी हिंदू धर्म का संरक्षक होने के कारण इसने बंगाल के कायस्थों तथा ब्राह्मणों के बीच कुलीनबाद का प्रचलन प्रारंभ किया।

बंदा बहादुर–दसवें तथा अंतिम सिख गुरू गोविंद सिंह के शिष्य बंदा बहादुर 1708 से 1715 के बीच सिखों के राजनैतिक गुरू थे। इन्होंने मुगल अधिकारी वजीर खान से बदला चुकाया जिसने गुरू के पुत्रों की हत्या की थी। मुगलों ने अंततः 1715 में पकड़कर इनकी हत्या कर दी।

बरनी, जियाउद्दीन–फिरोजशाह तुगलक के काल का रूढ़िवादी इतिहासकार जिसकी *तारीखे फिरोजशाही* में फिरोज के काल तक तुगलकों के बारे में जानकारी मिलती है।

बारवेल रिचर्ड–ईस्ट इंडिया कंपनी का एक अधिकारी जिसे 1773 के एक्ट के द्वारा गवर्नर जनरल की कौंसिल का सदस्य बनाया गया। अन्य तीन सदस्यों के विपरीत इसने वारेन हेस्टिंग्स का पूर्ण समर्थन दिया।

बाज बहादुर–मालवा का शासक जिसकी राजधानी मांडा थी। यह स्थापत्य कला तथा संगीत के संरक्षण के लिए प्रसिद्ध है। अकबर ने इसके राज्य पर अधिकार कर लिया, पर बाद में इसे अपने साम्राज्य की सेवा में रख लिया। इसकी पत्नी रूपमती अपनी सुंदरता के कारण जानी जाती थी।

बेस्ट, कप्तान–अंग्रेज जहाज 'ड्रैगन' का कमांडर। इसने 1622 में स्वाली (सूरत के निकट) में पुर्तगाली सैनिक टुकड़ी को पराजित किया जिसके कारण जहांगीर ने अंग्रेजों को सूरत में कारखाना स्थापित करने की अनुमति दे दी।

बेथुन, जे. ई. डी.–गवर्नर जनरल की परिषद का विधि सदस्य, यह भारतीय महिलाओं की शिक्षा के लिए प्रसिद्ध है। यह कलकत्ता के बेथुन स्कूल फॉर गर्ल्स के संस्थापक थे।

भगवान दास–आंबेर के कछवाहा शासक तथा राजा बिहारी मल (जिसने स्वेच्छा से अकबर के समक्ष आत्म समर्पण किया) के पुत्र भगवान दास ने अकबर के अधीन काफी तरक्की की। राजा मान सिंह, जिसने अकबर की कई प्रकार से सेवा की, उनके पुत्र थे।

भानी–थानेश्वर का शक्तिशाली सामंत जिसने हर्ष के राज्यारोहण में महत्वपूर्ण भूमिका निभाई।

भास–प्राचीन भारत का संस्कृत नाटककार जिसने 13 नाटकों की रचना की जिनमें से *स्वप्नवासवदत्त, चारूदत्त प्रतिमा* सबसे अधिक लोकप्रिय हैं।

भास्काराचार्य–12वीं शताब्दी का प्रसिद्ध भारतीय खगोलशास्त्री तथा गणितज्ञ भास्काराचार्य का जन्म बीजापुर में हुआ था तथा इन्होंने *सिद्धांत शिरोमणि,* जिसे लीलावती के नाम से भी जाना जाता है, की रचना की।

भास्करवर्मन–कामरूप (असम) का प्रसिद्ध शासक। यह कन्नौज के हर्षवर्धन का समकालीन एवं मित्र था। हर्ष ने गौड़ (बंगाल) के शशांक की शक्ति पर अंकुश लगाने में उसकी सहायता की। उसने हर्ष द्वारा कन्नौज एवं प्रयाग में आयोजित दो सभाओं में भाग लिया। चीनी धर्मयात्री ह्वेनसांग उसके दरबार में गया था।

भवभूति–प्रारंभिक आठवीं शताब्दी का संस्कृत कवि एवं नाटककार, यह कन्नौज के राजा यशोवर्मन के दरबार में था। *उत्तरचरित* तथा *मालतीमाधव* उसकी रचनाओं में से हैं।

भीमल–प्रसिद्ध सोमनाथ मंदिर (शिव का) पर 1025 में मजमूद गजनी के आक्रमण के समय गुजरात का सोलंकी शासक।

भीम द्वितीय–गुजरात का सोलंकी शासक जो मुहम्मद गौरी को पराजित करने वाला प्रथम भारतीय था, जब गौरी ने 1178 में पश्चिमी क्षेत्र से भारत में घुसने का प्रयत्न किया था।

भोज प्रथम (मिहिर)–यह कन्नौज के गुर्जर प्रतिहार राजाओं में महानतम था। एक अरब यात्री, सुलेमान के अनुसार उसकी घुड़सवार सेना भारत में सर्वोत्तम थी।

भोज द्वितीय–भोज प्रथम का पौत्र, इसने दसवीं शताब्दी के प्रथम दशक में दो वर्षों के अत्यंत छोटे अंतराल के लिए प्रतिहार राज्य पर शासन किया।

भोज (मालवा का)–मालवा का 1018 से 1060 के बीच का परमार अथवा पवार शासक जिसकी राजधानी धार थी। यह विद्वानों का महान संरक्षक था। इसने कई संस्कृत ग्रंथों की रचना की। इसने प्रसिद्ध भोजपुर झील (250 वर्ग मील) का निर्माण करवाया जो 15वीं शताब्दी तक बनी रही।

बिहारी लाल–तुलसीदास के बाद वह 17वीं शताब्दी के सबसे महत्वपूर्ण कवि थे तथा इन्होंने *सतसई* की रचना की।

बिल्हण–विक्रमादित्य छठवें (1076-1127), कल्याण के चालुक्य शासक का दरबारी कवि जिसने *विक्रमांकचरित* की रचना की।

बीर नारायण–गढ़कटंगा का अवयस्क शासक जिसकी मां, रानी दुर्गावती की मृत्यु अकबर के विरूद्ध अपने किले की रक्षा करते हुए युद्ध में हुई।

बीर सिंह बुंदेला–यह बुंदेल प्रमुख था जिसने शहजादा सलीम (जहांगीर) के कहने पर अबुल फजल की हत्या की। उसने 33 लाख रुपये की लागत से मथुरा के केशव देव मंदिर का निर्माण करवाया।

बीरबल, राजा–अकबर की सेवा में एक राजपूत प्रमुख। यह सम्राट का प्रिय था जिसने उसे 'राजा' तथा 'कवि प्रिय' (उसकी हिंदी कविता के लिए) की उपाधियां प्रदान की। उनकी मृत्यु 1586 में उत्तर-पश्चिम भारत में युसुफजाई कबीले के विरूद्ध एक अभियान में हुई।

बर्ड, आर.एम.–उत्तर-पश्चिम प्रांतों में भूमिकर बंदोबस्त के ब्रिटिश प्रभारी, इसने अपना काम दस वर्षों (1830-40) में किया जिसे महलवाड़ी बंदोबस्त कहा जाता है।

ब्रायडन, डॉन–ब्रिटिश सेना का एक शल्य चिकित्सक तथा प्रथम अफगान युद्ध (1839-42) में बचने वाला एकमात्र व्यक्ति।

बुसी, मार्कीड डे–डूप्ले के अधीन एक प्रमुख फ्रांसीसी सेनापति, यह सात वर्षों (1751-58) तक सलाबत जंग हैदराबाद के निजाम का सैनिक सलाहकार रहा। काउंट डी लैली (डूप्ले का उत्तराधिकारी) द्वारा उसे हैदराबाद से वापस बुला लिए जाने के कारण निजाम के दरबार में फ्रांसीसी प्रभाव समाप्त हो गया।

बटलर, सर हारकोर्ट–पहले वायसराय की कार्यकारी परिषद का सदस्य तथा बाद में संयुक्त प्रांत एवं बर्मा का गर्वनर। यह भारतीय राज्यों तथा ब्रिटिश सरकार के बीच संबंधों की जांच तथा उसके सुधारने के लिए उपाय सुझाए जाने वाली इंडियन स्टेट्स कमेटी (1927) का अध्यक्ष था। कमेटी ने अपनी रिपोर्ट 1929 में सौंपी।

केरी, विलियम–प्रारंभिक 19वीं शताब्दी का एक बैप्टिस्ट मिशनरी। इसने बंगाल में ईसाइयत का प्रसार किया। कई पुस्तकों तथा दो बंगाली पत्रिकाओं (दिग्दर्शन और समाचार दर्पण) के प्रकाशन से बंगाली गद्य को बढ़ावा प्रदान किया। पाश्चात्य विज्ञान तथा अंग्रेजी साहित्य को बढ़ावा देने की सिफारिश की तथा सती प्रथा का विरोध किया। उसने बेनटिंक की सामाजिक तथा शिक्षा नीति को अत्यधिक प्रभावित किया।

चैत सिंह–बनारस का राजा जिसे वारेन हेस्टिंग्स ने अधिक से अधिक उपहार के लिए निरंतर तंग किया। अंततः हेस्टिंग्स ने इसके राज्य को जब्त कर लिया जबकि राजा ग्वालियर भाग गया। बाद में हेस्टिंग्स के महाभियोग में यह एक महत्वपूर्ण मुद्दा बना।

चंपत राय–बुंदेल प्रमुख जिसने औरंगजेब के विरूद्ध विद्रोह कर दिया। मुगलों द्वारा पकड़े जाने से बचने के लिए इसने आत्महत्या कर ली। हालांकि इसके पुत्र छत्रसाल ने औरंगजेब के विरूद्ध अपना संघर्ष जारी रखा।

चामुंड राय–मैसूर के पश्चिमी गंग शासकों का एक मंत्री। इसने 982 ई. में श्रवण बेलगोला में एक पहाड़ी की चोटी पर जैन साधु गोमतेश्वर अथवा बाहुबली की प्रसिद्ध मूर्ति (56.5 फीट ऊंची) स्थापित करवाई।

चंद बरदाई–अजमेर के पृथ्वीराज चौहान का दरबारी कवि जिसने *पृथ्वीराज रासो* (जिसे चंद रैसा भी कहा जाता है) की रचना की जिसमें उसके संरक्षक की संयुक्ता से विवाह, उसके जीवन तथा उसकी उपलब्धियों का उल्लेख है।

चांद बीबी–अहमदनगर के हुसैन निजाम शाह की पुत्री तथा बीजापुर के अली आदिल शाह की पत्नी। अहमदनगर पर अकबर के आक्रमण के विरूद्ध उसकी प्रतिरक्षा के लिए प्रसिद्ध हुई।

चरक–कनिष्क के काल का प्रसिद्ध वैद्य। इन्होंने दवाओं तथा जांच से संबंधित प्रसिद्ध पुस्तक चरक संहिता लिखी।

चारनोक, जॉब–भारत में आने वाले प्रारंभिक अंग्रेज व्यापारियों में से एक, इसने 1690 में कलकत्ता की नींव डाली।

चारवाक–भारत के प्रारंभिक भौतिकवादी दार्शनिकों में से एक, लोकायत विचारधारा। इन्होंने अमर आत्मा के अस्तित्व को तथा पुनर्जन्म के सिद्धांत को अस्वीकार किया एवं लोगों को इस जीवन में सुखी रहने की सलाह दी क्योंकि एक बार जल जाने के बाद शरीर का पुनर्निर्माण नहीं होता।

चारुमति–अशोक की पुत्रियों में से एक। यह एक बौद्ध भिक्षुणी बनी, अपने पिता के साथ नेपाल की यात्रा पर गई तथा पिता के वापस आने पर वहीं रह गई।

छत्रसाल–चंपत राय बुंदेला का पुत्र। इन्होंने औरंगजेब के विरूद्ध विद्रोह कर दिया तथा 1671 में पूर्वी मालवा में एक स्वतंत्र राज्य स्थापित किया जिसकी राजधानी पन्ना थी। बाद में बहादुर शाह प्रथम ने इन्हें मुगल सेवा में भर्ती कर लिया।

चाइल्ड सर जॉन–सूरत के अंग्रेजी कारखाने का अध्यक्ष। औरंगजेब की आज्ञा की अवहेलना करने पर औरंगजेब ने इनकी फैक्ट्री जब्त कर लिया। कुछ समय बाद अंग्रेजों को माफ कर दिया गया तथा उन्हें सूरत लौटने की अनुमति मिल गई।

चाइल्ड, सर जोसिआ–ईस्ट इंडिया कंपनी के निदेशक मंडल के अध्यक्ष। ये बलपूर्वक पूर्वी भारत के कुछ क्षेत्रों पर अधिकार करना चाहते थे, जिसके कारण 1688 में अंगेजों को बंगाल से अस्थायी तौर पर निष्कासित कर दिया गया।

क्लेवरिंग, सर जॉन–सन् 1773 और 1777 के बीच गवर्नर जनरल की कौंसिल का सदस्य। इसने अपने सहयोगी फिलीप फ्रांसिस के साथ हमेशा वारेन हेस्टिंग्स का विरोध किया।

कूट, सर आयर–ब्रिटिश सेनापति जिसने वांडीवाश के युद्ध (1760) में फ्रांसीसियों पर निर्णायक जीत दर्ज की। इसने हैदर अली के विरूद्ध पोर्टो नोवों का युद्ध (1781) भी जीता। लेकिन हैदर के विरूद्ध पलिलुर में एक अन्य युद्ध में इसे अपने एक पैर से हाथ धोना पड़ा।

काटन, सर आर्थर थामस–प्रसिद्ध अंग्रेज इंजीनियर जिसने कावेरी, कृष्णा एवं गोदवारी नदियों द्वारा सिंचाई संबंधी उपाय किए तथा दक्षिण भारत की सिंचाई प्रणाली में आम सुधार किया।

काटन, सर हेनरी–एक अंग्रेज आई.सी.एस. अधिकारी। 1920 में सेवानिवृत होने से पूर्व इसने कई महत्वपूर्ण पदों पर काम किया। ये भारतीय राष्ट्रवाद के पक्षधर थे तथा 1904 के भारतीय राष्ट्रीय कांग्रेस के बंबई अधिवेशन के अध्यक्ष थे।

कन्निंघम, सर सलेक्जेंडर–पेशे से अभियंता, 1861 तक इंजिनियरिंग विभाग में कई महत्वपूर्ण पदों पर काम किया जिसके बाद ये भारत सरकार के पुरातत्व विभाग के प्रमुख सर्वेक्षक तथा बाद में इस विभाग के निदेशक (1870-85) बने। भरतीय पुरातत्व संबंधी इनके योगदानों से हमें प्राचीन भारतीय इतिहास के बारे में काफी महत्वपूर्ण जानकारियां प्राप्त होती हैं। उसके कार्य (द एंशिएंट जियोग्राफी ऑफ इंडिया, कार्पस इंस्क्रिप्शनम इंडिकेनम, द स्तूप ऑफ भरहुत इत्यादि आज भी काफी महत्व रखते हैं।

दादू दयाल–ये मध्यकालीन भारत के एक प्रमुख निर्गुण संत थे। ये अहमदाबाद के एक सूत निर्माण के पुत्र थे पर शाहजहां के शासनकाल में अधिकतर राजस्थान में रहे। इन्होंने हिंदू-मुस्लिम एकता पर कई कविताओं की रचना की। इनके अनुयायी दादूपंथी कहे गए।

दाहिर–चाच का पुत्र। वह सिंध पर अरबों द्वारा अधिकार किए जाने के समय वहां का राजा था। हालांकि उसने शुरू के दो अरब आक्रमणों को असफल कर दिया, पर मुहम्मद बिन कासिम के अधीन अरबों के आक्रमण (712 ई.) में राओर के युद्ध में वह पराजित हुआ तथा उसकी हत्या कर दी

गई। शीघ्र ही संपूर्ण सिंध, राजधानी आलोर के साथ, अरब शासन के अधीन चला गया।

दारा शिकोह–शाहजहां एवं मुमताज का सबसे बड़ा एवं सबसे प्रिय पुत्र। यह सूफी धर्म में रूचि रखता था तथा सभी धार्मिक मतों के प्रति सहिष्णु था। जब इसका पिता 1756 में बीमार पड़ा तब यह उसके साथ था, पर गद्दी पर इसके दावे का उसके तीन छोटे भाइयों (शुजा, औरंगजेब तथा मुराद) ने चुनौती दी। जिसके कारण सभी भाईयों में उत्तराधिकार का युद्ध (1656-58) छिड़ गया। हालांकि उसे अपने पिता का समर्थन प्राप्त था पर औरंगजेब ने खरमात, समुगढ़ तथा देवराय के तीन लगातार युद्धों में इसे पराजित किया। उसके बाद यह भगोड़ा बन गया तथा दादर (सिंध) के अफगान प्रमुख जीवन खान के पास शरण प्राप्त की, हालांकि जीवन खान के बाद में दारा शिकोह के साथ धोखेबाजी की और और उसे मुगल सेना को सौंप दिया। बाद में धर्म के विरूद्ध जाने का मुकदमा इसके ऊपर चला तथा अगस्त 1659 में औरंगजेब ने इसे मृत्युदंड दे दिया।

दास, चित्तरंजन–प्रसिद्ध अधिवक्ता जिन्होंने पहली बार प्रसिद्ध अलीपुर बम कांड में सफलतापूर्वक अरबिंदों घोष को बचाकर नाम कमाया। इन्होंने असहयोग आंदोलन में भाग लेने के लिए अपना पेशा छोड़ दिया। ये भरतीय राष्ट्रीय कांग्रेस के 1922 के अधिवेशन के अध्यक्ष बने पर इन्होंने विधायी परिषदों से अलग रहने की नीति की अर्थहीनता को शीघ्र ही महसूस कर लिया। मोतीलाल नेहरू के साथ इन्होंने भारतीय राष्ट्रीय कांग्रेस के अधीन स्वराज पार्टी का निर्माण किया जिसकी घोषित नीति परिषदों में जाकर उनके कार्यों में बाधा पहुंचा (इसे 'जिम्मेवाद सहयोग' भी कहा जाता है) था। इनकी पार्टी को विधायिकाओं में कई सीटें मिलीं तथा ये इसकी नीतियों को कार्यान्वित कर रहे थे कि जून 1925 में अचानक उनकी मृत्यु हो गई। राष्ट्रहित के लिए इनके महान योगदान के कारण इन्हें 'देशबंधु' कहा गया।

दौलत खान लोदी–पंजाब का लोदी गवर्नर। सुल्तान इब्राहिम लोदी द्वारा अपने पुत्र (दिलावर खान) के प्रति दुर्व्यवहार के कारण यह सुल्तान के विरूद्ध हो गया तथा आलम खान (इब्राहिम का चाचा) एवं मेवाड़ के राणा संग्राम सिंह के साथ भारत पर आक्रमण करने के लिए बाबर को आमंत्रित किया।

दावर बख्श–शहजादे खुसरो (जहांगीर का सबसे बड़ा बेटा जिसकी मृत्यु 1622 में हो गई थी) का पुत्र, आसफ खान ने शाहजहां को दक्कन से आकर बादशाह बनने तक की अवधि के बीच इसे 1627 में गद्दी पर बिठाया।

देवभूति (अथवा देवभूमि)–अंमित शंगु शासक जिसकी 75 ई.पू. में हत्या पर उसके मंत्री वासुदेव ने कण्व वंश की नींव डाली।

देवनामपिय पिदस्ससी–एक उपाधि। अशोक के सभी अभिलेखों में इसका उल्लेख हुआ है। मासकी के अभिलेख में उसका उल्लेख 'अशोक पियदस्सी' के नाम से हुआ है। इस अभिलेख से अशोक की उपाधि तथा नाम की गुत्थी सुलझ गई। इस उपाधि का अर्थ है 'देवताओं का प्रिय जो सबका कल्याण देखता है।'

धोयी–यह बंगाल के लक्ष्मण सेन (अंतिम सेन शाक जिसे बख्तियार खिलजी ने पराजित किया) का दरबारी कवि था। उसने पवनदूतम् की रचना की जिसमें उसके संरक्षक के साहसिक कार्यों का उल्लेख है।

दिगनाग–प्रसिद्ध बौद्ध भिक्षु एवं शिक्षक। यह संभवत: चंद्रगुप्त विक्रमादित्य के काल में था।

डिग्बी, जॉन–रंगपुर का कलक्टर जिसके अधीन राममोहन राय ने 1809 और 1814 के बीच शरीस्तादार (किरानी) के रूप में काम किया तथा अंग्रेजी सीखी।

दिलरास बानो बेगम–औरंगजेब की सबसे बड़ी एवं सबसे प्रिय पत्नी जिसकी मृत्यु के बाद औरंगजेब ने औरंगाबाद में एक मकबरे का निर्माण करवाया जो ताजमहल की तर्ज पर बना हुआ है।

डफ्फ, अलेक्जेंडर–स्कॉटिश प्रेसबायटेरियन मिशनरी, इसने 1830 और 1863 के बीच बंगाल में समाज सुधार तथा पाश्चात्य शिक्षा के प्रसार के लिए महत्वपूर्ण कार्य किया। राममोहन राय की सहायता से इसने कलकत्ता में एक इंग्लिश स्कूल (1830) शुरू किया जो बाद में डफ्फ कॉलेज के नाम से प्रसिद्ध हुआ। इसने भारत में विश्वविद्यालय स्थापित करने के लिए सरकार को प्रेरित करने में महत्वपूर्ण भूमिका निभाई।

डुंडास, हेनरी–नियंत्रक मंडल (1784 के पिट्ट इंडिया एक्ट द्वारा स्थापित) के प्रथम अध्यक्ष। इन्होंने भारत के मामले में नियंत्रक मंडल को अत्यंत शक्तिशाली बनाया।

डूरंडद्व सर हेनरी मोरटाइमर–विशिष्ट आई. सी. एस. अधिकारी। ये 1884 और 1894 के बीच भारत सरकार के विदेश सचिव थे तथा भारत और अफगानिस्तान की प्रसिद्ध सीमा रेखा 'डूरंड लाइन' निर्धारित करने वाले आयोग के अध्यक्ष थे।

दुर्लभ राय–सिराजुद्दौला के सेनापतियों में से एक इसने मीर जाफर तथा अन्य षड्यंत्रकारियों के साथ मिलकर प्लासी के युद्ध में अपने मालिक को धोखा देकर अंग्रेजों का साथ दिया।

दुर्लभवर्धन–कश्मीर के कारकोटा वंश (सातवीं ने नवीं शताब्दी) के संस्थापक जिस वंश के प्रमुख राजा ललितादित्य तथा जयपाद विनयादित्य हुए। इस वंश को नवीं शताब्दी में तुपाल वंश ने विस्थापित किया।

दत्त, रोमेश चंद्र–आई.सी.एस. में चुने जाने वाले प्रारंभिक भारतीय में से एक, इन्होंने सिविल सेवा के भारतीयकरण में महत्वपूर्ण भूमिका निभाई तथा भारतीय राष्ट्रवाद तथा समाज सुधार में उल्लेखनीय योगदान किया। सेवानिवृत्त होने के बाद इन्होंने भारतीय राष्ट्रीय आंदोलन में सक्रिय रूप से भाग लिया तथा 1899 के भारतीय राष्ट्रीय कांग्रेस के लखनऊ अधिवेशन का सभापतित्व किया। इनकी पुस्तक इकॉनॉमिक हिस्ट्री ऑफ ब्रिटिश इंडिया (1757–1900) ब्रिटिश शासन के दौरान भरतीय अर्थव्यवस्था के शोषक का विद्वतापूर्ण अध्ययन है।

डायर, जनरल–सैनिक जनरल जो 13 अप्रैल, 1919 के जलियांवाला बाग हत्याकांड (379 मृत तथा 1208 घायल) के लिए जिम्मेदार था। बाद में उसने मार्शल लॉ लागू कर पंजाबियों को बेइज्जत किया। बाद में लॉर्ड हंटर की अध्यक्षता के अधीन गठिन एक समिति की सिफारिश पर सरकार द्वारा उस पर अभियोग चलाया गया तथा सेवा से हटा दिया गया।

फैजी–शेख मुबारक का पुत्र तथा अबुल फजल का बड़ा भाई। यह अकबर के दरबार का प्रमुख कवि था।

फखरूद्दीन–दिल्ली का कोतवाल तथा बलबन का करीबी मित्र। इसने 2000 शम्सी घुड़सवारों की भूमि जब्ती के आदेश को सुल्तान से वापस करवाया जो बूढ़ा हो गए थे तथा सैनिक कार्य के लिए अक्षम थे।

परिश्ता, मुहम्मद कासिम–बीजापुर का प्रमुख इतिहासकार (सोलहवीं सदी के अंत तथा सत्रहवीं सदी के प्रारंभ में। यह इब्राहिम आदिल शाह द्वितीय के दरबार में था तथा भारत में मुस्लिम शासन का विवरण देने वाली पुस्तक पारीखे फरिश्ता का लेखक था।

फोर्दे, कर्नल–प्रतिभाशाली अंग्रेज सैन्य अधिकारी। इसने चंदुर्थी के युद्ध (1759) में फ्रांसीसियों को पराजित किया तथा मसूलीपटनम् पर अधिकार किया जिसे उत्तरी सरकारों पर फ्रांसीसी नियंत्रण समाप्त हो गया। उसी वर्ष बाद में इसने बेदेरा के युद्ध में डचों को पराजित किया जिससे बंगाल में डचों की चुनौती समाप्त हो गई।

फ्रॉसिस, सर फिलिप–रेगुलेटिंग एक्ट के द्वारा गवर्नर जनरल की कौंसिल के चार सदस्यों में से एक सदस्य। इसने मौनसम तथा क्लेवरिंग के साथ वारेट हेस्टिंग्स के महाभियोग के आयोजन तथा संचालन में सक्रिय भूमिका निभाई।

गंगू–ब्राह्मण ज्योतिषविद। (फरिश्ता के अनुसार) यह हसन का गुरू था तथा इसने बहमनी राज्य के संस्थापक की महानता की भविष्यवाणी की थी।

घोष, रासबिहारी–कलकत्ता के प्रमुख अधिवक्ता। भारतीय राष्ट्रीय कांग्रेस के सूरत अधिवेशन (1907) के अध्यक्ष चुने गए जिसके अंत में कांग्रेस में विभाजन हो गया। अगले वर्ष (1908) ये उदारवादियों के भारतीय राष्ट्रीय कांग्रेस के मद्रास अधिवेशन के अध्यक्ष बने।

गुलाम हुसैन खान–मुगलकाल के दौरान बंगाल का प्रमुख इतिहासकार। यह *सियार-उल-मुतखरिम* ग्रंथ का लेख था जो कि मुगल साम्राज्य के पतन का आधिकारिक तथा विश्वनीय विवरण प्रस्तुत करता है। (इसमें बंगाल में 1780 तक अंग्रेजों की प्रगति का विवरण भी है)।

गुलबदन बेगम–बाबर की पुत्री। यह प्रतिभासंपन्न महिला थी तथा इसने अपने भाई हुमायूं के शासनकाल का आधिकारिक विवरण *हुमायूंनामा* में लिखा है।

ग्वायर, सर मौसिर लिनफोर्ड–ये भारत (संघीय न्यायालय) का 1937 से 1948 तक प्रथम मुख्य न्यायाधीश तथा सेवानिवृत्ति के बाद दिल्ली विश्वविद्यालय के कुलपति बने। इन्होंने भारत के संविधान के प्रारूपण में भी उल्लेखनीय योगदान किया।

हैलिडै, सर एफ. जे.–ये बंगाल, बिहार, उड़ीसा तथा असम के प्रथम लेफ्टिनेंट गवर्नर थे। 1853 के चार्टर एक्ट द्वारा सेवामुक्त किए जाने से पहले इन्होंने गवर्नर जनरल प्रशासन का अतिरिक्त कार्यभार संभाला।

हामिदा बानू बेगम–हुमायूं की पत्नी तथा अकबर की माता। अकबर के व्यक्तित्व पर इनका अत्याधिक प्रभाव था।

हेयर, डेबिड–पेशे से घड़ीसाज। ये भारत में पाश्चात्य शिक्षा के प्रसार में विशेष रुचि रखते थे। मुख्यतः इन्हीं के प्रयासों के कारण 1817 में कलकत्ता के हिंदू कॉलेज की स्थापना हुई। अंग्रेजी तथा बंगाली पुस्तकों की छपाई के लिए इन्होंने स्कूल बुक सोसायटी की स्थापना की।

हरि विजय सूरी–अकबर के काल का प्रसिद्ध जैन शिक्षक जिसे अकबर ने फतेहपुर सीकरी के 'इबादत खाना' में आयोजित होने वाली धार्मिक बहसों में भाग लेने के लिए आमंत्रित किया।

हेमचंद्र–बारहवीं शताब्दी का प्रमुख जैन लेखक जिसने *त्रिशष्टिसलाका पुरुषचरित* की रचना की जिसमें 126 जैन संतों की जीवनी है। *परिशिष्टपर्वन* (जिसमें अन्य बातों के अलावा चंद्रगुप्त मौर्य के जैन बनने का उल्लेख है। इनका पूरक ग्रंथ है।

हुविष्क–कनिष्क का पुत्र तथा उत्तराधिकारी। इसने बड़ी संख्या में सिक्के जारी किए जिससे ज्ञात होता है कि इसका शासन इसके पिता द्वारा स्थापित बड़े साम्राज्य पर था।

इलबर्ट, सर कर्टनी–वायसराय की कार्यकारी परिषद का, 1882 तथा 1886 के बीच, विधि सदस्य; जिसने प्रसिद्ध इलबर्ट बिल का प्रतिपादन किया तथा बाद में विधायिका द्वारा कुछ मौलिक सुधारों (यूरोपीय विरोध के कारण) के बाद इसे लागू किया। बाद में यह कलकत्ता विश्वविद्यालय का कुलपति बना।

इम्पे, सर एलिजा–ये इन्हें 1773 के रेग्युलेटिंग एक्ट के द्वारा कलकत्ता के सुप्रीम कोर्ट का प्रथम मुख्य न्यायाधीश नियुक्त किया गया था। इन्होंने 1775 में नंद कुमार पर जालसाजी का आरोप लगाया तथा उसे मृत्युदंड दे दिया। यह संभवत: वारेन हेस्टिंग्स (जो कि इम्पे का वर्ग मित्र था) के इशारे पर किया गया था। सन् 1779 में इनके नेतृत्व में अधिकार के प्रश्न पर सुप्रीम कोर्ट का गवर्नर जनरल की परिषद से झगड़ा प्रारंभ हुआ।

इस्लाम शाह सूर–शेरशाह सूर का पुत्र एवं उत्तराधिकारी। इसने 1545 से 1554 तक दिल्ली पर शासन किया, सेना की कुशलता बनाए रखी तथा अपने पिता द्वारा जारी किए गए कई सुधारों को जारी रखा।

जहांआरा–शाहजहां की दो बेटियों में बड़ी। उत्तराधिकार के युद्ध में इसने दारा का साथ दिया तथा औरंगजेब के उत्तराधिकारी बनने के बाद इसने स्वयं को अपने कैद पिता की सेवा में समर्पित कर दिया। वह एक महान् कवयित्री भी थी।

जयदेव–प्रसिद्ध कवि तथा लक्ष्मन सेन (12वीं शताब्दी के अन्त में) का समकालीन, जयदेव ने प्रसिद्ध *गीत गोविंद* की रचना की।

जयमल–मेवाड़ का महान योद्धा, जब अकबर ने चित्तौड़ पर आक्रमण किया जो राणा उदय सिंह ने उसे चित्तौड़ दुर्ग का प्रभारी बनाया। मुगल सेना से पराजित होने के पूर्व इसने बहादुरीपूर्वक चार महीने तक किले की रक्षा की।

जय सिंह–आंबेर का कछवाहा शासक। इसने शाहजहां के जीवन के अंतिम वर्षों तथा औरंगजेब के शासनकाल के प्रारंभिक वर्षों में महत्वपूर्ण भूमिका निभाई। उत्तराधिकार के युद्ध में इसे शहजादा शुजा के विरूद्ध लड़ने के लिए भेजा गया था जिसे इसने पराजित कर बंगाल तक पीछा किया। बाद में औरंगजेब ने इसे क्षमा कर दिया तथा इसकी नियुक्ति दक्कन में हुई जहां उसने सफलतापूर्वक अपना अभियान चलाया तथा शिवाजी को पुरंदर की संधि (1665) स्वीकार करने के लिए बाध्य किया।

जयपाल–उत्तर-पश्चिम भारत में वैहिंद (उदभांडपुर) का हिंदुशाही शासक, उसे महमूद गजनी ने 1001 में पेशावर के निकट एक युद्ध में बुरी तरह परास्त किया। बताया जाता है कि बेइज्जती के कारण इसने अपने पुत्र आनंदपाल को राजा बनाकर आत्महत्या कर ली। लेकिन इसके पुत्र को भी महमूद ने 1008 में पराजित किया जिसके बाद हिंदुशाही वंश का अंत हो गया।

जसवंत सिंह–मारवाड़ (राजधानी जोधपुर) का राठौर शासक। उत्तराधिकार के युद्ध में इसे शाहजहां द्वारा औरंगजेब के विरुद्ध भेजा गया था, पर उज्जैन के निकट धर्मात के युद्ध (1658) में यह पराजित हो गया। बाद में इसे औरंगजेब ने माफ कर दिया तथा मुगल सेवा में रख लिया। उत्तर-पश्चिम में सेवा के दौरान 1678 में इसकी मृत्यु हो गई। जसवंत सिंह की मृत्यु के बाद उत्पन्न हुए पुत्र (अजीत सिंह) को औरंगजेब द्वारा वैधानिक उत्तराधिकार के रूप में अस्वीकार करने के कारण इसके समर्थकों ने औरंगजेब के विरुद्ध विद्रोह कर दिया।

जिन्ना, मुहम्मद अली–पाकिस्तान के संस्थापक। इनका जन्म कराची में हुआ था। इन्होंने कानून का अध्ययन किया तथा बंबई में सफल वकील बने। कांग्रेस के दादाभाई नौरोजी तथा जी. के. गोखले जैसे उदारवादी नेताओं के अनुयायी के रूप में भारतीय राजनीति में आए तथा 1910 में केंद्रीय विधायी परिषद के सदस्य बने। पर शीघ्र ही ये मुस्लिम लीग के सदस्य बने। राष्ट्रीय राजनीति में गांधी के आने के बाद ये कांग्रेस से पूर्णत: अलग हो गए तथा लीग का पुनर्गठन शुरू कर दिया। धार्मिक आधार पर भारत के बंटवारे की मांग की (1940)। 'कायेद आजम' (महान नेता) के नाम से लोकप्रिय, वह स्वतंत्र पाकिस्तान के प्रथम गवर्नर जनरल बने।

जोंस, सर विलियम–प्रसिद्ध ब्रिटिश प्राक्विद् तथा न्यायविद्। इन्होंने 1789 में कलकत्ता में एशियाटिक सोसायटी ऑफ बंगाल की स्थापना की तथा 1794 में अपनी मृत्यु तक इसके अध्यक्ष बने रहे। भारत में अपने प्रवास (1784-94) के दौरान ये कलकत्ता की सुप्रीम कोर्ट के न्यायाधीश भी बने। फारसी तथा संस्कृत भाषाओं के विद्वान होने के कारण इन्होंने कई हिंदू तथा मुस्लिम ग्रंथों का अंग्रेजी में अनुवाद किया।

केडफिशेज प्रथम–भारत में कुषाण वंश के संस्थापक, ये प्रथम शताब्दी में थे। इनके साम्राज्य में बैक्ट्रिया, अफगानिस्तान तथा भारत के उत्तर-पश्चिमी भाग थे।

काफूर मलिक–मूलत: एक हिंदू थे। इसे अलाउद्दीन खिलजी ने अपने गुजरात अभियान (1297) के दौरान पकड़कर

मुसलमान बनाया। ये एक योग्य सेनापति तथा सुल्तान का सबसे विश्वनीय अधिकारी साबित हुआ। इसने सुल्तान के लिए देवगिरी, वारंगल, द्वारसमुद्र, मालाबार तथा मदुरै राज्यों पर अधिकार किया। लेकिन अलाउद्दीन की मृत्यु के बाद इसने सुल्तान के अवयस्क पुत्रों में से एक को गद्दी पर बिठाया तथा वास्तविक नियंत्रण अपने हाथ में रखा। अंततः सभी विरोधियों ने एकत्र होकर इसकी हत्या कर दी।

कल्हण–काश्मीर के राजाओं के इतिहास *राजतरंगिनी* के लेखक। इनका काल 12वीं शताब्दी था।

कामरानश यशहजादा–बाबर का द्वितीय पुत्र। इसके बड़े भाई हुमायूं ने इसे अफगानिस्तान क्षेत्र सौंपा था। लेकिन हुमायूं के बुरे दिनों में इसने हुमायूं को शरण नहीं दी। अंततः भारत पर पुनः अधिकार करने से पूर्व हुमायूं ने फारसियों की सहायता से अफगानिस्तान पर अधिकार कर लिया।

करण सिंह–मेवाड़ के राणा प्रताप का पौत्र तथा राणा अमर सिंह का पुत्र। इसके पिता से समझौता हो जाने के बाद जहांगीर ने 1614 में इसे 5000 का मनसब प्रदान किया। बाद में यह अपने पिता का उत्तराधिकारी बना तथा मुगलों के साथ मित्रवत संबंध बनाए रखे।

काश्यप मतंग–चीनी सम्राट मिंग द्वारा भेजे गए मिशन के आग्रह पर प्रथम शताब्दी के उत्तरार्द्ध में चीन जाकर वहां बौद्ध धर्म का प्रारंभ करने वाला प्रथम भारतीय बौद्ध भिक्षु।

कौडिन्य–कंबोडिया की परंपरा के अनुसार यह एक भारतीय ब्राह्मण था जिसने आधुनिक कंबोडिया में कबोज देश राज्य की स्थापना की।

खाफी खान–इस नाम से मुहम्मद हाशिम ने अपना प्रसिद्ध ऐतिहासिक ग्रंथ *मुंतखबुल लुबाब* लिखा। यह ग्रंथ औरंगजेब के शासन काल में गुप्त रूप से लिखा गया था क्योंकि औरंगजेब इसके विरुद्ध था। इसने शिवाजी की विजयों तथा उनके गुणों का निष्पक्षता के साथ वर्णन किया है।

खारवेल–कलिंग (उड़ीसा) के प्रारंभिक राजाओं में महानतम, इसके शासन काल तथा उपलब्धियों का उल्लेख पुरी जिले के उदयगिरी पहाड़ियों की एक जैन गुफा से प्राप्त एक अभिलेख में हुआ है जिसे हाथीगुंफ का अभिलेख कहा जाता है। यह चेत वंश का था तथा इसने संपूर्ण कलिंग तथा पड़ोसी राज्यों पर अपना अधिकार स्थापित किया। इसने जैन धर्म को संरक्षण प्रदान किया तथा कई जनोपयोगी कार्य किए।

खुसरो, शहजादा–जहांगीर (सलीम) का सबसे बड़ा बेटा। इसने अकबर की मृत्यु (1605) के बाद अपने पिता के विरुद्ध गद्दी पर अपना दावा पेश किया। अपने मामा, आंबेर के मान सिंह, के सहयोग के बावजूद यह अपने पिता के विरुद्ध सफल नहीं हुआ। जहांगीर ने उसे पराजित कर माफ कर दिया। जहांगीर के शासनकाल के दौरान भी उसने गद्दी पर अधिकार करने के कई असफल प्रयत्न किए, तथा अंततः उसे पकड़कर उसके छोटे भाई खुर्रम (शाहजहां) के हवाले कर दिया गया जो उसकी मृत्यु का कारण बना।

ख्वाजा जहां–मलिक सरवर की उपाधि, जो 1394 में नसीरुद्दीन मुहम्मद तुगलक द्वारा पूरब का मालिक, 'मालिक-उस-शर्क', नियुक्त किया गया जिसकी राजधानी जौनपुर में थी। इसके पुत्र ने संपूर्ण गंगा-यमुना दोआब पर अपना अधिकार स्थापित किया तथा शर्की वंश की स्थापना की।

कीरत सिंह–बुंदेलखंड में कालिंजर का राजा, जिस पर रेवा के राजा बीर सिह को शरण देने के कारण शेर शाह सूर अप्रसन्न था। इसके कड़े प्रतिरोध के बावजूद शेर शाह ने 1545 में किले पर अधिकार कर लिया पर इसमें शेर शाह घायल हो गया तथा शीघ्र की उसकी मृत्यु हो गई।

कुंभा–मेवाड़ का राणा। यह मेवाड़ के महानतम राजाओं में से एक था जिसने मालवा तथा गुजरात के मुस्लिम शासकों को विरुद्ध सफलतापूर्वक युद्ध किया। यह एक महान् निर्माता भी था। इसने मेवाड़ राज्य में लगभग 32 किलों का तथा चित्तौड़ में 'कीर्ति स्तंभ' अथवा विजय स्तंभ का निर्माण करवाया।

लियाकत अली खान–उत्तर प्रदेश में जन्में, ये मुस्लिम लीग के प्रमुख नेताओं में से एक थ। अंतरिम सरकार (1946-47) में वित्त मंत्री थे तथा विभाजन के बाद पाकिस्तान के प्रथम प्रधानमंत्री बने। एक आम सभा में एक अज्ञात हत्यारे ने इनकी हत्या कर दी।

मैकॉले, थॉमस बेबिंग्टन–प्रसिद्ध अंग्रेज विद्वान, लेखक, इतिहासकार तथा राजनीतिज्ञ। गवर्नर जनरल की कार्यकारी परिषद के प्रथम विधि सदस्य के रूप में यह 1834 में भारत आया। इसने दंड संहिता का प्रारूप तैयार किया जो बाद में भारतीय अपराध संहिता का आधार बना जिसमें कानून के समक्ष भारतीय तथा यूरोपीयों के बीच समानता बरती गई। इसने अंग्रेजी माध्यम से पाश्चात्य प्रणाली के आधार पर उदारवादी शिक्षा प्रणाली प्रारंभ की।

मैकडॉनल, सर एंथनी–ये लार्ड कर्जन द्वारा 1900 में नियुक्त फेमीन कमीशन का अध्यक्ष थे।

मेकमोहन, सर हेनरी–ये तिब्बत एवं चीन तथा उत्तर-पश्चिम सीमांत एजेंसी (भारत) के बीच प्रसिद्ध 'मैकमोहन लाइन' निर्धारित करने वाले आयोग के अध्यक्ष थे।

माधव राव, पेशवा–तीसरे पेशवा (बाला जी बाजी राव) का द्वितीय पुत्र जो 1761 में 17 वर्ष की उम्र में अपने पिता का उत्तराधिकारी बना। पानीपत के तीसरे युद्ध में मराठों की बुरी तरह पराजय के बाद इसने फिर से मराठा शक्ति एवं शौर्य का पुनरुत्थान किया। इसने निजाम तथा हैदर अली सहित अपने सभी पड़ोसियों को पराजित किया। उत्तर भारत में मालवा तथा बुंदेलखंड पर पुनः अधिकार किया, जाट और रोहिल्लों को पराजित किया, दिल्ली पर पुनः अधिकार किया तथा दिल्ली की गद्दी मुगल बादशाह शाह आलम द्वितीय को सौंप दी जो बहुत दिनों से इलाहाबाद में अंग्रेजों का बंदी था।

महाबत खान–मूलत: 'जमाना बेग' के नाम से ज्ञात, 'महाबत खान' की उपाधि इसे जहांगीर द्वारा प्रदान की गई थी। ये एक योग्य सेनापति सिद्ध हुआ। मेवाड़ के राणा अमर सिंह को महाबत खान ने पराजित किया। लेकिन नूरजहां के प्रभाव में आकर जहांगीर ने 12 वर्षों तक इसे अनदेखा किया, अत्यंत क्षोभ के कारण महाबत खान ने विद्रोह कर दिया। इसने कुछ दिनों के लिए बादशाह को भी बंदी बना लिया था। शाहजहां के बादशाह बनने में सहयोग के कारण शाहजहां ने उसे एक महत्वपूर्ण पद प्रदान किया।

महमूद बेगर्हा–गुजरात के महानतम शासकों में से एक। इसने 52 वर्षों (1459–1511) की लंबी अवधि तक शासन किया तथा अपने अनेक पड़ोसियों को पराजित किया। इसने गुजरात तट पर पुर्तगालियों के प्रसार को रोका। इतालवी यात्री वार्थिमा ने अपने विवरण में महमूद की भूख का उल्लेख किया है।

मल्हार राव होल्कर–इंदौर के होल्कर परिवार का संस्थापक। यह पेशवा बाजीराव प्रथम के प्रति अपनी कुशल तथा निष्ठापूर्वक सेवा के कारण प्रकाश में आया तथा इसके बदले उसे बहुत बड़ा क्षेत्र प्रदान किया गया जो उसके उत्तराधिकारियों के पास इसके स्वतंत्र भारत में सम्मिलित होने तक 1948 तक बना रहा।

मालवीय मदनमोहन–प्रमुख राष्ट्रवादी नेता, प्रख्यात शिक्षाविद् तथा समाज सुधारक। इन्होंने 1885 तथा 1907 के बीच तीन पत्रिकाओं (*हिंदुस्तान, इंडियन यूनियन तथा अभ्युदय*) का संपादन किया। ये भारतीय राष्ट्रीय कांग्रेस के सदस्य बने तथा दो बार (1909–1918) इसके अध्यक्ष बने। इनकी महानतम उपलब्धि 1915 में बनारस हिंदू विश्वविद्यालय की स्थापना है। धार्मिक मुद्दों पर ये कट्टर हिंदू थे पर शुद्धि (धर्म पुनः परिवर्तन आंदोलन) तथा अस्प्रश्यता हटाये जाने में विश्वास रखते थे। हिंदू महासभा के तीन बार अध्यक्ष बने।

मयूरसर्मण–बनवासी (मैसूर क्षेत्र) के कादंब वंश के संस्थापक, इसने संभवत: चौथी शताब्दी में पल्लवों के विरुद्ध विद्रोह कर दिया तथा स्वतंत्र राज्य की स्थापना की।

मेघवामा–श्रीलंका का शासक तथा समुद्रगुप्त का समकालीन। इसने समुद्रगुप्त के दरबार में राजदूत तथा उपहार भेजे एवं श्रीलंका के बौद्ध धर्म प्रचारकों के लिए बोधगया के उत्तर में एक बौद्ध विहार बनावाने के लिए समुद्रगुप्त की अनुमति प्राप्त की।

मिहिरकुल–हूण शासक तोरामण का पुत्र एवं उत्तराधिकारी। पांचवीं शताब्दी के अंत में गुप्त साम्राज्य के पश्चिमी सीमांत एवं मध्य मालवा पर इनका शासन था। यह 500 ई. के लगभग गद्दी पर बैठा था। पंजाब के साकल (सियालकोट) में इसकी राजधानी थी। बलादित्य (मगध का राजा) तथा यशोवर्मन (मंदसौर का राजा) ने लगभग 528 ई. में उसे पराजित कर खदेड़ दिया।

मिनहाज-ए-सिराज–दास सुल्तान नसीरुद्दीन मुहम्मद के काल का प्रसिद्ध इतिहासकार। यह *तबाकत-ए-नासिरी* का लेखक था जो दिल्ली सल्तनत के प्रारंभिक दौर का विश्वसनीय विवरण है।

मीर फतह अली खान–बलूचिस्तान के तालपुरा कबीले से संबद्ध, इसने सिंध में 1783 में कलोरा शासन को उखाड़ फेंका तथा इस पर 1802 तक शासन किया। इसकी मृत्यु के बाद इसके वंशज तीन परिवारों में विभक्त हो गए और 1843 में सिंध पर अंग्रेजों के अधिकार से पूर्व हैदराबाद, मीरपुर तथा खैरपुर से शासन करते रहे।

मीर जुमला-फारवसी साहसी–व्यवसायी। इसने अपना जीवन गोलकुंडा के सफल हीरे व्यापारी के रूप में शुरू किया। अब्दुल्ला कुतबशाह की सेवा में भर्ती हुआ तथा उसका मुख्यमंत्री बना। बाद में यह औरंगजेब की सहायता से शाहजहां की सेवा में आया जिसे उसने प्रसिद्ध कोहिनूर हीरा भेंट किया। उत्तराधिकार के युद्ध के समय इसने औरंगजेब का साथ दिया, बंगाल का सूबेदार बनाकर पुरस्कृत किया गया। बाद में इसने असम के अहोम शासकों पर आक्रमण किया, उसके शासक को पराजित किया तथा असम का एक हिस्सा एवं भारी हर्जाना मुगलों को देने को बाध्य किया (1662)। ढाका लौटते समय रास्ते में 1663 में उसकी मृत्यु हो गई।

मुहम्मद अली–अपने भाई शौकत अली के साथ इन्होंने 1920 में खिलाफत आंदोलन का नेतृत्व किया तथा बाद में असहयोग आंदोलन में भाग लिया। ये कांग्रेस के गया अधिवेशन (1922) के अध्यक्ष बने तथा, इन्होंने नवनिर्मित स्वराज पार्टी तथा गांधी जी के अनुयायियों के बीच समझौता करवाया।

मुहम्मद रेजा खान–प्रसिद्ध अधिवक्ता तथा शिक्षाविद्। ये कलकत्ता उच्च न्यायालय के न्यायाधीश तथा बाद में मुख्य न्यायाधीश बने। चार बार कलकत्ता विश्वविद्यालय के कुलपति बने तथा अपनी मृत्यु तक इससे जुड़े रहे। अपने अथक परिश्रम की बदौलत इन्होंने इस विश्वविद्यालय को पूरब के सर्वोत्तम विश्वविद्यालयों में से एक बनाया।

मूलराज–सौलंकी राज्य के संस्थापक। इस राज्य की राजधानी अनहिलवाड़ा में थी तथा इनका शासन काल 942 से 997 ई. के बीच था।

मुनरो, सर हेक्टर–कंपनी की सेवा में कार्यरत एक सेनापति। इसने अंग्रेजों के लिए बंगाल के मीर कासिम तथा अवध के शुजाउद्दौला की सेनाओं के विरुद्ध प्रसिद्ध बक्सर का युद्ध (1764) जीता।

मुनरो, सर थॉमस–विशिष्ट ब्रिटिश कर अधिकारी। ये जिलाधिकारी (कलक्टर) के पद से मद्रास के गवर्नर (1820-27) बने। इनकी महानतम उपलब्धि मद्रास प्रेसीडेंसी में रैयतवाड़ी प्रणाली की शुरूआत है।

मुकर्रब खान–औरंगजेब का योग्य सैन्य अधिकारी। इसने संगमेश्वर में संभाजी को बंदी बनाकर सबको आश्चर्यचकित कर दिया तथा बाद में उनकी हत्या कर दी।

नायडू, श्रीमती सरोजिनी–स्वतंत्रता सेनानी, कवयित्री एवं वक्ता। ये 1925 में भारतीय राष्ट्रीय कांग्रेस के कानपुर अधिवेशन की अध्यक्ष थी तथा, इस प्रकार, कांग्रेस की प्रथम भारतीय महिला (श्रीमती एनी बेसेंट प्रथम महिला अध्यक्ष थीं)। ये राज्यपाल (उत्तर प्रदेश, 1947-49 के बीच) नियुक्त होने वाली प्रथम महिला थी।

नाना फड़नवीस–एक मराठा ब्राह्मण। ये अवयस्क पेशवा माधव नारायण राव के अभिभावक तथा मुख्य मंत्री बने। व्यावहारिक रूप से 1774 से 1800 ई. में अपनी मृत्यु तक इन्होंने मराठा गतिविधियों को स्वयं संभला।

नेहरू, पंडित मोतीलाल–जवाहरलाल नेहरू के पिता तथा महान देशभक्त। इन्होंने अपना जीवन एक सफल अधिवक्ता के रूप में प्रारंभ किया तथा 1919 में कांग्रेस पार्टी के सदस्य बने। भारतीय राष्ट्रवाद के समर्थन में इन्होंने एक पत्रिका, *इंडिपेंडेंट* का प्रकाशन प्रारंभ किया। इन्होंने अपना फलता-फूलता पेशा तथा भारतीय विधायी सभा की सदस्यता को त्यागकर असहयोग आंदोलन में भाग लिया। विधायी कार्यों में विरोध डालने के उद्देश्य से इन्होंने 1922 में सी. आर. दादा के साथ स्वराज पार्टी की स्थापना की। ये भारतीय राष्ट्रीय कांग्रेस के दो बार अध्यक्ष चुने गए (1919, कलकत्ता अधिवेशन तथा 1928 अमृतसर अधिवेशन)। भारत के संविधान के भविष्य पर पेश की गई नेहरू रिपोर्ट (1928) बनाने वाली समिति के ये अध्यक्ष भी थे। सविनय अवज्ञा आंदोलन के दौरान 1931 में उनकी मृत्यु हो गई।

निवेदिता, बहन–स्वामी विवेकानंद की प्रसिद्ध शिष्या। ये आयरलैंड की महिला थीं जिनका मूल नाम मार्गरेट नोबल था। विवेकानंद के आमंत्रण पर भारत आकर इन्होंने स्वयं को समाज सुधार तथा कन्या शिक्षा के कार्यों में समर्पित किया।

निजामुद्दीन अहमद–अकबर के काल का प्रसिद्ध इतिहासकार जिसने समकालीन आधिकारिक ग्रंथ *तबकाते अकबरी* की रचना की।

पद्मिनी, रानी–मेवाड़ के राणा रतन सिंह की मुख्य रानी, ये अपनी सुंदरता के लिए इतनी प्रसिद्ध थीं कि बताया जाता है कि उसे जबरन प्राप्त करने के लिए अलाउद्दीन खिलजी ने 1303 में चित्तौड़ पर आक्रमण किया। राजपूतों द्वारा दुर्ग की रक्षा में असफल रहने के कारण उसने अन्य शाही महिलाओं के साथ जौहर कर लिया।

परमार्दि (अथवा परमाल)–जेजामुक्ति का अंतिम चंदेल राजा (1166-1203) जो इस वंश का स्वतंत्र राजा था। उसे पहले पृथ्वीराज चौहान ने तथा बाद में कुतुबुद्दीन ऐबक ने पराजित कर उसकी राजधानी कालिंजर पर अधिकार कर लिया।

पिगट, लार्ड–मद्रास का गवर्नर (1775-78)। उसने कंपनी के अधिकारियों में व्याप्त भ्रष्टाचार पर रोक लगाने की कोशिश की, लेकिन इसके अपने अधीनस्थों ने ही इसे पदच्युत कर बंदी बना लिया। उसकी मृत्यु मद्रास में बंदीगृह में हुई।

पीर मुहम्मद खान–इसने अपना जीवन बैरम के सेवक के रूप में प्रारंभ किया, पर शीघ्र ही बैरम-विरोधी खेमे में चला गया। बताया जाता है कि बेरम के प्रति उसके दुर्व्यवहार के कारण बैरम से विद्रोह किया था। बैरम के पतन के बाद उसे कई महत्वपूर्ण पदों पर काम किया। खानदेश पर अधिकार करने के असफल प्रयत्न (1562) के दौरान लौटते वक्त उसकी मृत्यु नर्मदा में डूब जाने से हुई।

प्रसाद, राणा—सिंध में अमरकोट का शासक। इसने हुमायूं तथा उसकी पत्नी हमीदा बानू को शरण दी थी। इनका पुत्र अकबर 1542 में यहीं पैदा हुआ था।

प्रसेनजित—कोशल का राजा। वह बुद्ध एवं महावीर का समकालीन था दोनों ही उसके राज्य में गए थे। उसने बिंबिसार की बहन से विवाह किया तथा उसकी बहन का विवाह बिंबिसार से हुआ। वैवाहिक संबंध के बावजूद मगध तथा कोशल के बीच शत्रुता बनी रही तथा अजातशत्रु ने उसे एक गांव (काशी के निकट) मगध को सौंपने को मजबूर किया। प्रसेनजित की मृत्यु के बाद कोशल का पतन हो गया।

पुरुषोत्तम—हिंदू दार्शनिक। अकबर ने फतहपुर सीकरी के इबादतखाना में आयोजित होने वाले धार्मिक शास्त्रार्थ में भाग लेने के लिए इन्हें आमंत्रित किया था।

पुष्यगुप्त—रुद्रदमन प्रथम के जूनागढ़ अभिलेख में उल्लिखित, यह चंद्रगुप्त मौर्य का रिश्तेदार तथा सौराष्ट्र का मौर्य गवर्नर (राष्ट्रीय) जिसने कृषि कार्य के लिए प्रसिद्ध सुदर्शन झील का निर्माण करवाया।

कासिम खान—मुगल अभिजात। इसे शाहजहां ने बंगाल का सूबेदार नियुक्त किया तथा उसे पुर्तगाली व्यापारियों को समाप्त करने का आदेश दिया जो बंगाल में बस गए थे तथा अपने व्यापारिक अधिकारों का दुरुपयोग कर रहे थे। उसने 1632 में हुगली पर अधिकार किया तथा पुर्तगालियों पर अंकुश लगाने में सफल रहा।

राधाकांत देव—19वीं शताब्दी में बंगाल के हिंदू समुदाय के प्रसिद्ध परंपरावादी नेता। इन्होंने उदारतापूर्वक पूर्वी तथा पाश्चात्य शिक्षा को संरक्षण प्रदान किया। इन्होंने डेबिड हेयर को उसकी शैक्षणिक गतिविधियों में सहयोग प्रदान किया, लेकिन ये समाज सुधारों (सती प्रथा सहित) तथा राममोहन राय के ब्रह्म समाज की गतिविधियों के विरुद्ध थे।

रघुजी भोंसले—नागपुर के भोंसले परिवार के संस्थापक। पेशवा बाजी राव प्रथम ने बेरार में मराठा शक्ति को स्थापित करने के लिए इन्हें पूरी छूट दे रखी थी। इनके वंशजों ने बेरार पर 1853 तक शासन किया। इनकी राजधानी नागपुर थी। संतानहीन रघुजी तृतीय की 1853 में मृत्यु के बाद लॉर्ड डलहौजी ने इसे ब्रिटिश साम्राज्य में मिला लिया।

रहमत अली चौधरी—कैंब्रिज में अध्ययनरत एक भारतीय मुसलमान। इन्होंने 1933 में 'पाकिस्तान' शब्द का प्रतिपादन किया। यह मुसलमानों की बहुसंख्यक जनसंख्या पर आधारित भारतीय संघ की इकबाल की धारणा का विकास था। इस विचार को बाद में जिन्ना ने ग्रहण किया तथा पाकिस्तान को वास्तविकता में बदल दिया।

राजशेखर—प्रतिहार राजा महिंद्रपाल (890-910) के दरबार का प्रसिद्ध कवि एवं नाटककार। इसने संस्कृत में तीन तथा प्राकृत में एक (*कर्पूर मंजरी*) नाटक लिखा।

रामानंद—उत्तर भारत (15वीं शताब्दी) के प्रारंभिक भक्ति संतों में से एक। इनका जन्म इलाहाबाद के ब्राह्मण परिवार में हुआ था। हालांकि ये उत्तर के थे, पर इन्होंने अपने जीवन का अधिकांश भाग दक्षिण में बिताया। ये रामानुज से अत्यधिक प्रभावित थे, राम के पूजक थे तथा इन्होंने जाति एवं लिंग का भेदभाव किए बिना सबको उपदेश दिया। उनके शिष्यों में कबीर एवं पद्मावती थे।

रोशनआरा—शाहजहां (मुमताज महल से उत्पन्न) की छोटी एवं दूसरी बेटी, उत्तराधिकार के युद्ध में उसने औरंगजेब का साथ दिया तथा सभी महत्वपूर्ण सूचनाएं गुप्त रूप से औरंगजेब को भेजकर उसकी काफी सहायता की।

रुद्रमा देवी—वारंगल के काकातिया शासक गणपति देव की पुत्री, वह अपने पिता की उत्तराधिकारी बनी तथा उसका शासन काल 13वीं शताब्दी के अंतिम दशक में था जब मार्को पोलो पूर्वी तट पर आया था।

रूपमती—मालवा के बाज बहादुर की पत्नी। भारतीय-इस्लामी परंपरा में उनका प्यार काफी महत्व रखता है। इन दोनों के लिए बने दो खूबसूरत महल आज भी मांडू में अवस्थित हैं।

सलीमा बेगम—बाबर की बेटी तथा अकबर की फुफेरी बहन। पहले इसका विवाह बैरम खान से हुआ था। बैरम खान के पतन तथा मृत्यु के बाद अकबर ने इससे विवाह कर लिया।

सांगा, राणा—मेवाड़ का शासक (1509-29) तथा रायमल्ल का पुत्र। यह समकालीन भारत का महानतम योद्धा था। बाबर से तैमूर की तरह व्यवहार करने की अपेक्षा में इसने बाबर को आमंत्रित किया, पर उसकी गणना सही साबित नहीं हुई। अतः उसके नेतृत्व में राजपूत बाबर की सेना के समक्ष खानवा के युद्ध (1527) में मिले, पर संख्या में अधिक होने के बावजूद बुरी तरह परास्त हो गए। कुछ मामूली चोटों के साथ सांगा बच निकला। पर बताया जाता है कि दूसरी बार बाबर से युद्ध करने की इच्छा के कारण इसे इसके सरदारों ने मार दिया।

शमस-ए-सिराज अफीक—फिरोजशाह तुगलक के काल का प्रसिद्ध इतिहासकार एवं अधिकारी। ये *तारीखे फिरोजशाही* का लेखक था।

सिन्हा, सर सत्येन्द्र प्रसन्ना–बंगाल में जन्में तथा पेशे से वकील। ये अंग्रेजों द्वारा गवर्नर (1920 से 1924 तक बिहार एवं उड़ीसा के) नियुक्त होने वाले प्रथम भारतीय थे। ये वायसराय की कार्यकारी परिषद (1909) में भी नियुक्त तथा 'पीयर' दर्जा प्राप्त करने वाले प्रथम भारतीय थे। राजनीति में काफी देर से आए तथा भारतीय राष्ट्रीय कांग्रेस के बाम्बे अधिवेशन (1915) के अध्यक्ष थे।

टैगोर, द्वारकानाथ–कलकत्ता में जोरासांकों के प्रसिद्ध टैगोर परिवार के संस्थापक। व्यवसाय में इन्होंने काफी धन कमाया तथा यूनियन बैंक की स्थापना की जो बैंकिंग क्षेत्र में बंगाल का पहला कदम था। इन्होंने समकालीन उदारवादी आंदोलन को समर्थन प्रदान किया। ये ब्रह्म समाज के प्रारंभिक समर्थकों में से एक थे।

टैगोर, सत्येंद्रनाथ–आई.सी.एस. परीक्षा पास करने वाले प्रथम भरतीय (1864), देवेन्द्र नाथ टैगोर के द्वितीय पुत्र तथा रबीन्द्रनाथ टैगोर के बड़े भाई थे।

तानसेन–प्रसिद्ध संगीतकार। इन्हें अकबर ने संरक्षण प्रदान किया। मुगल दरबार में इनका आगमन ऐसी महत्वपूर्ण घटना थी कि अकबर ने 1562 में इनकी स्मृति में रंगीन चित्र बनवाया। इसके पहले उनके संरक्षक ग्वालियर के मान सिंह (तोमर वंश) थे।

तीवर–ये अशोक की दूसरी रानी, कारूवाकी से उत्पन्न पुत्रों में से एक थे। इनका उल्लेख अशोक अभिलेखों में से एक में हुआ है, पर और कुछ ज्ञात नहीं।

तुघ्रील खान–तुर्की अभिजात। बलबन ने इन्हें बंगाल का गवर्नर नियुक्त किया था। इसने 1278 में विद्रोह कर दिया पर तीन वर्षों के एक अभियान के बाद सुल्तान द्वारा इस विद्रोह को दबा दिया गया तथा इसकी हत्या कर दी गई।

तुस्सप–अशोक के शासनकाल में गुजरात अथवा काठियावाड़ का गवर्नर, मौर्य सेवा में यह एक फारसी व्यक्ति था। चंद्रगुप्त मौर्य के काल में निर्मित प्रसिद्ध सुदर्शन झील में निकास नालियों बनवाने का श्रेय इसे प्राप्त है।

उदय सिंह, राणा–मेवाड़ का शासक। यह राणा सांगा का पुत्र तथा उत्तराधिकारी एवं राणा प्रताप का पिता था। जब इसकी राजधानी, चित्तौड़ पर अकबर का अधिकार हो गया तो उसने उदयपुर में नई राजधानी का निर्माण किया।

उम्दूत-उल-उमरा–कर्नाटक का नवाब, जिसकी 1801 में मृत्यु के पश्चात लॉर्ड वेलेसली ने कर्नाटक का प्रशासन अपने हाथों में इस आधार पर ले लिया कि उम्दूत का टीपू के साथ षडयंत्रकारी पत्र व्यवहार का संपर्क था।

उपगुप्त–प्रसिद्ध बौद्ध भिक्षु जिसने अशोक को बौद्ध बनाया। यह अशोक के साथ बौद्ध धर्म से संबंद्ध महत्वपूर्ण पवित्र स्थानों के दौरे पर गया। अशोक को बुद्ध का जन्म स्थान दिखाया जहां पर अशोक ने रुमिमनदेई स्तंभ अभिलेख स्थापित करवाया। समकालीन बौद्ध ग्रंथों में इसे 'मोगलिपुत्त तिस्स' के नाम से भी संबोधित किया गया है।

उस्ताद ईसा–यह संभवत: ताज का डिजाइन निर्माता था तथा ताज का निर्माण उसकी देखरेख में हुआ।

विज्ञेश्वर (विज्ञानेश्वर)–प्रसिद्ध हिंदू विधि निर्माता। यह कल्याणी के चालुक्य राजा विक्रमांक (1076-1126) के काल का था। हिंदू उत्तराधिकार के नियमों पर उसका ग्रंथ, *मिताक्षर* अत्यंत महत्वपूर्ण है।

विष्णुवर्धन (अथवा बिट्टी देव)–द्वार समुद्र का होयसल राजा (1110-41)। इसका शासनकाल धार्मिक एवं सांस्कृतिक महत्व का है। मूलत: यह जैन था लेकिन रामानुज के संपर्क में आने से वैष्णव हो गया। अपने धर्म परिवर्तन के बाद इसने अपना नाम बिट्टीदेव से बदलकर विष्णुवर्धन कर लिया। अपने नए धर्म के विकास के लिए इसने कई विशाल मंदिर बनवाए तथा उनमें से कुछ आज भी बेलूर एवं हलेबिड में विद्यमान है। इनमें से हलेबिड का होयसालेश्वर मंदिर सर्वोत्तम उदाहरण है।

विश्वास राव–पेश्वा बालाजी राव का पुत्र तथा भविष्य का उत्तराधिकारी। यह पानीपत के तृतीय युद्ध में अहमदशाह अब्दाली की सेना से पराजित होने वाली मराठा सेना का नाममात्र का प्रमुख था। इसके चाचा (सदाशिव राव भाओ), जो सेना का वास्तविक सेनापति था, के साथ इसकी हत्या इस युद्ध में हो गई।

वेडरबर्न, सर विलियम–विशिष्ट अंग्रेज आई.सी.एस. अधिकारी सेवानिवृत्त होने के बाद इसने कांग्रेस की राजनीति में सक्रिय भाग लिया। इसने कांग्रेस के प्रथम अधिवेशन में भाग लिया तथा 1899 एवं 1910 के कांग्रेस अधिवेशनों का अध्यक्ष बना।

याज्ञवल्क्य–प्रसिद्ध प्राचीन हिंदू दार्शनिक तथा ऋषि। परंपरा के अनुसार ये मिथिला के प्रसिद्ध दार्शनिक-राजा जनक से संबद्ध है।

यशोमति–थानेश्वर के पुष्यभूति शासक प्रभाकरवर्धन की रानी तथा हर्ष की मां। बाण के *हर्षचरित* के अनुसार अपने पति की मृत्यु के बाद ये सती हो गई।

यूल, जार्ज–विरले गैर-आधिकारिक अंग्रेज व्यवसायियों में से एक जिसकी भारतीयों की राजनैतिक आकांक्षाओं के प्रति सहानुभूति थी। इसने भारतीय राष्ट्रीय कांग्रेस का समर्थन किया तथा 1888 में आयोजित इलाहाबाद के चौथे अधिवेशन में कांग्रेस का अध्यक्ष बना।

जैनुल अबिदिन-कश्मीर का आठवां सुल्तान (1420-60)। ये धार्मिक सहिष्णुता एवं साहित्य के संरक्षण के लिए प्रसिद्ध है। इन्होंने *महाभारत* तथा *राजतरंतगिनी* का अनुवाद फारसी में करवाया।

जेबुनिन्नसा-औरंगजेब की बेटियों में से एक। ये एक अत्यंत प्रतिभाशाली महिला थी, फारसी तथा अरबी की ज्ञाता तथा विशेषज्ञ सुलेखकार थी जिसका अपना पुस्तकालय था।